历代科举文献整理与研究丛刊

主编 陈文新

明代状元史料汇编（上）

郭皓政 甘宏伟 编著

武汉大学出版社
WUHAN UNIVERSITY PRESS

《历代科举文献整理与研究丛刊》编纂委员会

《历代科举文献整理与研究丛刊》总序

陈文新

（一）

科举是中国古代最为健全的文官制度。它渊源于汉，始创于隋，确立于唐，完备于宋，兴盛于明、清两代。如果从隋大业元年（605 年）的进士科算起，到清光绪三十一年（1905 年）被废除，科举制度在中国有整整 1300 年的历史。科举制度还曾“出口”越南、朝鲜等国，扩大了汉文化的影响。始于 19 世纪的西方文官考试制度，其创立也与中国科举的启发相关。孙中山在《五权宪法》等演讲中反复强调：中国的科举制度是世界各国中所用以拔取真才之最古最好的制度。胡适也说，“中国文官制度影响之大，及其价值之被人看重”，“是我们中国对世界文化贡献的一件可以自夸的事”①。

科举制度具有如此强大的生命力，其原因在于，它在保证“程序的公正”方面具有空前的优越性。官员选拔的理想境界是“实质的公正”，即将所有优秀的人才选拔到最合适的岗位上。但这个境界人类至今未达到过。不得已而求其次，“程序的公正”就成为优先选择。“中国古代独特的社会结构是家族宗法制，家长统治、任人唯亲、帮派活动、裙带关系皆为家族宗法制的派生物，在重人情与关系的社会文化背景下，若没有可以操作的客观标准，任何立意美妙的选举制度都会被异化为植党营私、任人唯亲的工具，汉代的察举推荐和魏晋南北朝的九品官人法走向求才的死胡同便是明证。”“古往今来科举考试一再起死回生的历史说明：自古以来，中国就是一个人情社会，人情与关系在社会生活中起着重要的作用，为了防止人情的泛滥，使社会不至于陷入无序的状态，中国人发明了考试，以考试作为维护社会公平和社会秩序的调节阀。悠久的科举历史与普遍的考试现实一再雄辩地证明，考试选才具有恒久的价值。”② 从这一角度看，科举制度不但在诞生之初有着巨大的进步意义，而且在整个中国历史和世界历史上，都是一个了不起的创造。较之前代的选官制度，如汉代的察举、征辟制和魏文帝时开始推行的九品中正制等，科举制度都更加公正合理。

---

① 胡适：《胡适文集》第 12 册，北京大学出版社 1998 年版，第 508 页。

② 刘海峰：《科举学导论》，华中师范大学出版社 2005 年版，第 113、136 页。

作为一项从整体上影响国民生活的官员选拔制度，科举制度对于提高全民族的文化水准，其作用也是显而易见的。余秋雨曾说：“科举以诗赋文章作试题，并不是测试应试者的特殊文学天才，而是测试他们的一般文化素养。测试的目的不是寻找诗人而是寻找官吏。其意义首先不在文学史而在政治史。中国居然有那么长时间以文化素养来决定官吏，今天想来都不无温暖。”① 丰富的常识、健全的理解力和良好的涵养是文官选拔的三个必要条件，而科举考试以经学、诗文、策问为主体部分，已足以满足文官选拔的基本要求。《儒林外史》第十一回写到一位擅长八股文的才女——鲁编修的女儿鲁小姐，她的那份功课单颇值得留意。“鲁编修因无公子，就把女儿当作儿子，五六岁上请先生开蒙，就读的是《四书》、《五经》；十一二岁就讲书读文章，先把一部王守溪的稿子读的滚瓜烂熟。教她做‘破题’、‘承题’、‘起讲’、‘题比’、‘中比’、‘成篇’。送先生的束脩，那先生督课，同男子一样。这小姐资性又高，记心又好，到此时，王、唐、瞿、薛，以及诸大家之文，历科程墨，各省宗师考卷，肚里记得三千余篇，自己作出来的文章，又理真法老，花团锦簇。”鲁小姐的这份功课单，明清时代的读书人见了，一定不会有陌生之感，因为他们正是打这条路上走过来的。鲁编修曾感慨说：“假若是个儿子，几十个进士、状元都中来了！”这提示我们，鲁小姐大体可以代表明清时代的进士水准。以鲁小姐为个案，我们可以明确地指出：鲁小姐不一定是优秀的学者（科举考试的目的本来就不是挑选学者），鲁小姐也不一定是文学天才（科举考试的目的本来就不是挑选文学天才），但她的文化素养之高是不容置疑的（科举考试的目的本来就是挑选文化素养较高、具有健全的理解能力和丰富常识的官员）。以鲁小姐为个案，我们还可以进一步指出：虽然明清时代进士的总量不大，即使加上举人和生员，他们在全部人口中所占的比例也不高，但是，鲁小姐这份功课单的使用人数却远大于进士、举人和生员的总和，社会的整体文化素养由此得到了提高。这是一个毋庸置疑的事实。以鲁小姐为个案，我们还可以附带指出：就明清时代的教育体制而言，国家的投资是很小的，其主体部分已分解到社会的基本单位——家庭。国家主要管考，用考试的办法促使国人学习知识，并没有花多少经费在办学上。以较少的国家投入而能达到激励国民普遍向学的效应，科举考试提供了可资借鉴的经验。

作为一项从整体上影响国民生活的官员选拔制度，科举制度对于维护我们这个幅员辽阔的多民族国家的统一稳定，其作用是无论怎样估计也不会过高的。胡适这位新文化运动的领袖，虽然一再愤愤不平地说到中国文化的种种不是，但在《考试与教育》一文中，他也毫不含糊地指出：在古代那种交通极为不便的情形下，中央可以不用武力来维持国家的统一是由于考试制度的公开和公平。胡适所说的公平，包括三种含义：一是公开考选，标准客观。二是顾及到各地的文化水准，录取的人员，并不偏于一方或一省，而是遍及全国。三是实行回避制度，“就是本省的人不能任本省的官吏，而必须派往其他省份服务。有时候江南的人，派到西北去，有时候西北的人派到东南来。这种公

① 余秋雨：《十万进士》，《收获》1994 年第 4 期。

道的办法，大家没有理由可以反对抵制。所以政府不用靠兵力和其他工具来统治地方，这是考试制度影响的结果"①。这些话出于胡适之口，足以说明，即使是文化激进主义者，只要具有清明的理性，也不难看出科举制度的合理性。

作为一项从整体上影响国民生活的官员选拔制度，科举制度不仅具有历史研究的价值，而且有助于我们思考当今人事制度的改革问题。2005 年，任继愈曾在《古代中国科举考试制度值得借鉴》一文中提出设立"国家博士"学位的设想。其立论前提是：我国目前由各高校授予的博士学位缺少权威性和公正性。之所以不够权威和公正，不外下述几个原因。其一，"各校有自己的土标准，执行起来宽严标准不一，取得学位后，它的头衔在社会上流通价值都是同等的"，这当然不公平。其二，研究生入学后，第一年大部分时间用在外语上，第二年大部分时间忙于在规定的某种等级的刊物上发论文，第三年忙于找工作，这样的情形，怎么可能培养出货真价实的博士？其三，几乎所有名牌大学都招收"在职博士生"，有的博士研究生派秘书代他上课，甚至不上课而拿文凭，这样的博士能说是名副其实的吗？只有设立"国家博士"学位，采用统一标准选拔人才，这样的"博士学位"才具有权威性和公正性。而国家在高级人才的选拔方面统一把关，不仅可以避免"跑"博士点和博士生扩招带来的许多弊病，有助于社会风气的改善，而且，由于只管考而不必太多地管教，还可以节省大量开支。就这一点而言，中国古代的科举制度的确是值得参考借鉴的。任继愈的这篇文章现已收入《皓首学术随笔·任继愈卷》(中华书局 2006 年版)，有心的读者不妨一阅。

与任继愈的呼吁相得益彰，早在 1951 年，钱穆就发表了《中国历史上的考试制度》一文。针对民国年间（1911—1949 年）人事管理腐败混乱的状况，他痛心疾首地指出：科举制"因有种种缺点，种种流弊，自该随时变通，但清末人却一意想变法，把此制度也连根拔去。民国以来，政府用人，便全无标准，人事奔竞，派系倾轧，结党营私，偏枯偏荣，种种病象，指不胜屈。不可不说我们把历史看轻了，认为以前一切要不得，才聚九州铁铸成大错"②。钱穆的意思是明确的：参考借鉴科举制度，有助于人事管理的规范化和公正性。1955 年，他在《中国历代政治得失》一书中进一步指出："无论如何，考试制度，是中国政治制度中一项比较重要的制度，又且由唐迄清绵历了一千年以上的长时期。中间递有改革，递有演变，在历史进程中逐渐发展，这绝不是偶然的。直到晚清，西方人还知采用此制度来弥缝他们政党选举之偏陷，而我们却对以往考试制度在历史上有过上千年以上根柢的，一口气吐弃了，不再重视，抑且不再留丝毫顾惜之余地。那真是一件可诧怪的事。"③ 现代中国的人事管理理应借鉴源远流长的科举制度，这是毫无疑问的。至于如何借鉴，则是我们需要认真思考的问题。

---

① 胡适：《胡适文集》第 12 册，北京大学出版社 1998 年版，第 506 页。

② 钱穆：《国史新论》，三联书店 2001 年版，第 114 ~ 115 页。

③ 钱穆：《中国历代政治得失》，三联书店 2001 年版，第 89 页。

（二）

作为一项从整体上影响国民生活的官员选拔制度，科举制度以其“程序的公正”为国家选拔了大量行政官员，在提高全民族的文化水准和维护我们这个多民族国家的统一稳定方面，发挥了直接而巨大的作用，这是其显而易见的功能；它还有其他不那么显著却同样值得重视的功能，即意识形态功能和人文教育功能：科举制度以其对社会的整体影响力将儒家经典维持世道人心的作用发挥到极致。我们试就此略作讨论。

明清时代有一项重要规定：科举以《四书》、《五经》为基本考试内容。这一规定是耐人寻味的。《论语》、《孟子》等儒家经典是秦汉以来中国传统社会维系人心、培育道德感的主要读物。我们经常表彰“中国的脊梁”，一个毋庸置疑的事实是，秦汉以降，“中国的脊梁”大多是在儒家经典的教育下成长起来的。以文天祥为例，这位南宋末年的民族英雄，曾在《过零丁洋》诗中说：“人生自古谁无死？留取丹心照汗青。”“丹心”，就是蕴蓄着崇高的道德感的心灵。他还有一首《正气歌》，开头一段是：“天地有正气，杂然赋流形：下则为河岳，上则为日星。于人曰浩然，沛乎塞苍冥。皇路当清夷，含和吐明庭。时穷节乃见，一一垂丹青。”身在治世，正气表现为安邦定国的情志，身在乱世，则表现为忠贞坚毅的气节。即文天祥所说：“当其贯日月，生死安足论。”1282 年，他在元大都（今属北京）英勇就义，事前，他在衣带中写下了这样的话：“孔曰‘成仁’，孟曰‘取义’。惟其义尽，所以仁至。读圣贤书，所学何事？而今而后，庶几无愧。”《四书》、《五经》的教诲，确乎是他的立身之本。

文天祥是宝祐四年的状元。这是一个值得关注的事实。它表明：进士阶层在实践儒家的人格理想方面，其自觉性远远高于社会的平均水平。宋代如此，明代如此，甚至连元代也是如此。清代史学家赵翼曾论及“元末殉难者多进士”这一现象：“元代不重儒术，延祐中始设科取士，顺帝时又停二科始复。其时所谓进士者，已属积轻之势矣，然末年仗节死义者，乃多在进士出身之人。”① 接下来，赵翼列举了余阙、泰不华、李齐、李黼、王士元、赵琏、周镗、聂炳元、刘耕孙、丑闾、彭庭坚、普颜不花、月鲁不花、迈里古思等死难进士，最后归结说：“诸人可谓不负科名者哉，而国家设科取士亦不徒矣。”② 在元末殉难的进士中，余阙（1303—1358 年）是最早战死的封疆大臣。他的朋友蒋良，一次和他谈起国难，余阙推心置腹地说：“余荷国恩，以进士及第，历省居馆阁，每愧无报。今国家多难，授予兵戎重寄，岂余所堪。然古人有言：‘为子死孝，为臣死忠。’万一不幸，吾知尽吾忠而已。”余阙殉难后，蒋良作《余忠宣公死节记》，开篇即强调说：“有元设科取士，中外文武著功社稷之臣历历可纪。至正辛卯，

---

① 赵翼：《元末殉难者多进士》，《廿二史札记》卷 30。

② 赵翼著、王树民校证：《廿二史札记校证》，中华书局 1984 年版，第 706 页。

兵起淮、颍，城邑尽废，江、汉之间能捍御大郡、全尽名节者，守豫帅余公廷心一人而已。”① 在余阙“擢高科”的履历与他忠勇殉节的人格境界之间，人们确认有其内在联系。无独有偶，《元史·泰不华传》在记叙元末另一著名的死节之臣泰不华（1305—1352年）时，也着重指出：其人生信念的基本依据是他作为“书生”所受的儒家经典教育。在与方国珍决战前夕，泰不华曾对部从说过一番词气慷慨的话：“吾以书生登显要，诚虑负所学。今守海隅，贼甫招徕，又复为变。君辈助我击之，其克则汝众功也，不克则我尽死以报国耳。”“书生”“所学”与捐躯“报国”之间关系如此密切，足见以《四书》、《五经》作为基本考试教材的科举制度，在维持世道人心方面的作用的确是巨大而深远的。

儒家经典维持世道人心的功能不仅泽及宋元，泽及明清，甚至泽及已经废除了科举制度的现代。其实这并不令人感到奇怪。原因在于，不少现代名流的少年时光是在科举时代度过的，他们系统地受过这种教育，耳濡目染，其人生观在早年即已确立并足以支配一生。儒家经典的生命力由此可见。科举制度的余泽亦由此可见。

这里我想特别提及五四新文化运动的领袖胡适，并有意多引他的言论。之所以关注他，是因为，世人眼中的胡适，只是一个文化激进主义者，以高倡“打倒孔家店”著称。人们很少注意到，胡适在表面上高呼“打倒孔家店”，但在内心里仍对孔子和儒家保留了足够的敬意，是儒家人生哲学的虔诚信奉者和实行者。唐德刚编译《胡适口述自传》，第二章有胡适的如下自白：“有许多人认为我是反孔非儒的。在许多方面，我对那经过长期发展的儒教的批判是很严厉的。但是就全体来说，我在我的一切著述上，对孔子和早期的‘仲尼之徒’如孟子，都是相当尊崇的。我对十二世纪‘新儒学’（Neo-Confucianism）（‘理学’）的开山宗师的朱熹，也是十分崇敬的。”“在这场伟大的‘新儒学’（理学）的运动里，对那（道德、知识；也就是《中庸》里面所说的‘诚则明矣；明则诚矣’的）两股思潮，最好的表达，便是程颐所说的：‘涵养须用敬，进学则在致知。’后世学者都认为‘理学’的真谛，此一语足以道破。”同一章还有唐德刚的一段插话：“‘要提高你的道德标准，你一定要在“敬”字上下功夫；要学识上有长进，你一定要扩展你的知识到最大极限。’适之先生对这两句话最为服膺，他老人家不断向我传教的也是这两句。一次我替他照相，要他在录音机边作说话状，他说的便是这两句。所以胡适之先生骨子里实在是位理学家。他反对佛教、道教乃至基督教，都是从‘理学’这条道理上出发的。他开口闭口什么实验主义的，在笔者看来，都是些表面账。吾人如用胡先生自己的学术分期来说，则胡适之便是他自己所说的‘现代期’的最后一人。”② 胡适是在少年时代接受儒家经典教育的，在经历了废止科举、“打倒孔家店”等种种变故后，儒家的人生哲学仍能贯彻其生命的始终，由此不难想见，在中国传统社会尤其是科举时代，儒家经典对社会精神风貌的塑造可以发挥多么强大的功

---

① 杨讷等编：《元代农民战争史料汇编》，中编第一分册，中华书局1985年版，第268页。

② 胡适：《胡适文集》第1册，北京大学出版社1998年版，第418、433页。

能。虽然生活中确有教育目标与实际状况两歧的情形，但正面的成效仍是不容忽视的。

“精神文明”是中国人常用的一个概念。“精神文明”是相对物质文明而言的，就个人而言，需要长期的修养，就民族而言，需要长期的培育。中国古人对这一点体会很深，所以常常强调“潜移默化”，经由耳濡目染的长期熏陶，价值内化，成为一种道德规范。如果这种道德规范大体近于人情，既“止乎礼义”而又“发乎性情”，它对社会的稳定，对人类精神境界的提升，都将发挥重要作用。这就是文化的功能。目前教育界所说的“深厚的人文知识素养，有助于塑造高尚的精神世界，提高健康的审美能力”，与这个意思是相通的。《四书》、《五经》作为科举时代的基本读物，人文教育功能是其不容抹杀的价值，并因制度的保障而得到了充分的发挥。

美国学者罗兹曼认为：科举制在中国传统社会结构中居于中心的地位，是维系儒家意识形态和儒家价值体系正统地位的根本手段。科举制在1905年被废止，从而使这一年成为新旧中国的分水岭：它标志着一个时代的结束和另一个时代的开始，其划时代的重要性甚至超过辛亥革命；就其现实和象征性的意义而言，科举革废代表着中国已与过去一刀两断，这种转折大致相当于1861年沙俄废奴和1868年的日本明治维新后不久的废藩。① 罗兹曼的意见也许是对的。而我想要补充的问题是：在科举制废止之后，如何才能保证《四书》、《五经》的人文教育功能得以继续发挥？

（三）

科举制度曾经有过辉煌的历史，它对现代中国的发展更有足资借鉴的意义。整理与研究历代科举文献，其意义也需要从历史与现实两个角度加以说明：一方面是传承文化，传承文明，让这份丰厚的遗产充分发挥塑造民族精神的作用，另一方面是去粗取精，古为今用，让它在现实的中国社会重放异彩，成为人事制度改革的重要智力资源。这是我们编纂出版《历代科举文献整理与研究丛刊》的初衷，也是我们不辞劳苦从事这一学术工作的动力。

历代科举文献整理与研究，重点包括下述内容：

1. 整理、研究反映科举制度沿革、影响及历代登科情形的文献。

唐代杜佑《通典》中特设“选举”类。从《新唐书》开始，历代正史多有《选举志》。历代《会要》、《实录》、《纪事本末》等史传、政书之中，相当一部分是关于科举制度沿革的资料。还有黄佐《翰林记》、陆深《科场条贯》、张朝瑞《明贡举考》、冯梦祯《历代贡举志》、董其昌《学科考略》、陶福履《常谈》、傅增湘《清代殿试考略》等一批专书。历代《登科录》和杂录类书籍，也保存了大量关于科举的材料。唐

① ［美］吉尔伯特·罗兹曼主编《中国的现代化》中译本，江苏人民出版社1988年版，第335、635页。

代登科记多已散失亡佚，有清代徐松的《登科记考》可供参考。宋代以后的登科记保存较多，明清有关材料更为繁富。

2. 整理、研究与历代考试文体相关的教材、试卷、程文及论著等。

八股文是最引人注目的考试文体。八股文集有选本、稿本之分。重要的选本，明代有艾南英编《明文定》、《明文待》，杨廷枢编《同文录》，马士奇《澹宁居文集》，黎淳编《国朝试录》等；清朝有纪昀《房行书精华》，王步青编《八法集》；还有《百二十名家集》，选文3000篇，以明代为主；《钦定四书文》，明文4集，选文480篇，清文1集，选文290篇。稿本为个人文集。明清著名的八股大家，如明代的王鏊、钱福、唐顺之、归有光、艾南英，清代的刘子壮、熊伯龙、李光地、方苞、王步青、袁枚、翁方纲等人，均有稿本传世。相关著述数量也不少。清梁章钜《制义丛话》等，是研究八股文的重要论著。其他考试文体，如试策、试律等，也在我们关注的范围之内。这些科举文献，一般读者不易见到，或只能零零星星地见到一些，或虽然见到了也难以读懂，亟待系统地整理出版，以供研究和阅读。

《历代科举文献整理与研究丛刊》的编纂出版预计需要8年左右的时间。前4年（2006—2009年）用来整理出版与科举相关的文献。在此基础上，后4年（2010—2013年）内陆续推出10本以上的研究性著作。

《历代科举文献整理与研究丛刊》第一批书目包括以下数种：《历代制举史料汇编》、《历代律赋校注》、《唐代试律试策校注》、《八股文总论八种》、《七史选举志校注》、《四书大全校注》、《游戏八股文集成》、《明代科举与文学编年》、《明代状元史料汇编》、《钦定四书文校注》、《翰林掌故五种》、《贡举志五种》、《〈游艺塾文规〉正续编》、《钦定学政全书校注》、《〈清实录〉科举史料汇编》、《梁章钜科举文献二种校注》、《二十世纪科举研究论文选编》。也许需要说明的是，此前曾有断代或内容单一的科举文献陆续问世，如台湾学生书局1969年出版了《明代登科录汇编》66种（未经整理），台湾成文出版社1992年出版了一大套精装本《清代朱卷集成》（未经整理），高等教育出版社2003年出版了由杨学为主编的7册10卷近千万字的《中国考试史文献集成》，宁波出版社2006年影印出版了《天一阁藏明代科举录选刊·登科录》（未经整理），龚延明主持的《中国历代登科录》也在编纂之中。所有这些都极有价值，但它们所涉及的只是某一类别，或限于登科录，或限于朱卷，或限于考试，尚不具备综合性的品格。我们这套综合性的历代科举文献，以涵盖面广和分量厚重为显著特征，可以从多方面满足阅读和研究之需。而在整理、研究方面投入的心力之多，更是有目共睹。我们的目的是为推进学术做出力所能及的贡献。

《历代科举文献整理与研究丛刊》是一项规模宏大、任务艰巨、意义深远的大型出版文化工程。编纂任务主要由武汉大学专家承担，并根据需要从中国人民大学、南京大学、中国艺术研究院、厦门大学、华中师范大学、陕西师范大学、扬州大学、中南民族大学、中南财经政法大学等高校或科研院所聘请了若干学者。参与这一工程的各位专家不辞辛苦，努力工作，保证了编纂进度和质量；武汉大学出版社鼎力支持中国第一部综合性的《历代科举文献整理与研究丛刊》的出版。所有这些，我们将永远铭记在心。

2008 年 12 月 28 日

于武汉大学

目　　录

前　言

自1905年清政府废除科举考试之后，科举便如同一幅泛黄的老照片，成为遥远而陌生的回忆。但是，科举时代也在我们民族的记忆中留下了一些磨不掉的印迹，例如“状元”这一称谓就已经融入了人们的日常生活，乃至形成了一种“状元文化”。状元文化伴随着科举制度的产生而产生，在科举消亡之后，状元文化依然绵延未绝。由古至今，状元一直是人们津津乐道的话题。在野史笔记、小说戏曲、民间传说当中，经常出现状元的形象。但是，这些传说中的状元形象，是否符合历史事实？他们与历史上真实的状元之间，到底有多大差距？这一系列问题，都值得我们深入探讨。同时，作为科举选拔出来的庞大进士群体的代表，作为极少数登上科举金字塔塔尖的佼佼者，在一定意义上，状元亦是科举文化的象征。科举能否得人？历代统治者的用人主张如何？科举的利弊何在？只有对历史上真实的状元有所了解，才能对这些问题给出令人信服的答案。明代，中国科举社会步入鼎盛时期。“状元”之称在明代成为定制，这在一定程度上反映了明代统治者对状元的重视。与前代相比，明代状元留存下来的史料相对完整、丰富。但遗憾的是，这些史料一直没有引起足够重视，大多未经整理，或者过于分散，给研究者带来诸多不便。为此，我们广采遗编，汇成此书，力求为读者呈现一幅完整、真实的明代状元历史画卷。

（一）

明人沈德符在《万历野获编》卷二十六中记载了一段趣闻：“向来有《四喜诗》曰：‘久旱逢甘雨，他乡遇故知。洞房花烛夜，金榜挂名时。’成、弘间人曾以宋公序、子京兄弟事实之演为传奇，后因戊辰科有广文登第者，山阴王对南相国，每一句上加二字，曰‘十年’、曰‘万里’、曰‘和尚’、曰‘教官’，以谑之，已堪捧腹。至今上壬辰科，翁青阳太史以浙中教职抡大魁，馆中又于七字之下，增曰‘甘雨又带珠’，‘故知为所欢’，‘和尚乃选驸马’，‘教官乃得状元’。一时传笑，以为无加矣。近复有覆试被斥者，改四喜为四悲，曰：‘雨中冰雹损稼’，‘故知是索债人’，‘花烛娶得石女’，

‘金榜以覆试除名’。盖俱重在末句，而他则借以翻案，闻者亦为之捧腹。”①

文中提到的《四喜诗》，原作者已不可考。该诗流布广泛，久为人知。它从某种程度上反映了科举制度对国人生活的深刻影响。不过，在《四喜诗》的最早版本中，只提及“金榜挂名时”，即中进士，并没有特别强调中状元。这与科举制度的发展史有一定关系。

包括进士科在内的科举制度，早在唐代已经确立。当时，状元与其他进士的差别还不太明显。“状元”最早只是作为一种美称、俗称而存在。清人赵翼考证：“世称进士廷试第一甲三人为状元、榜眼、探花。按状元之名，唐已有之，自武后初试贡士于殿前，别其等第，门下例有奏状，其居首者因曰状头，亦曰状元。”② 晚清末代探花商衍鎏亦认同这一观点：“状元之称始于唐，因唐制举人赴礼部试者，皆须投状，殿试第一谓为状元，意义如此。武后试贡士于殿前，故居首者曰状头，亦曰状元。”③ 今人岑仲勉亦云：“唐时府州送士用解文，故曰解头。礼部奏用状，故曰状头。弘词宣以敕，故曰敕头。”④ 这种看法已基本形成共识，即将“状元”中的“状”字解释为投状、奏状，类似于现代的“身份证”、“报名表”之类，上面有举子的姓名、籍贯、履历等信息。不过，也有人将“状”理解为“榜”，明人朱舜水便持这种观点，他说：“进士以三月十五日廷试，十八日传胪，天子亲笔书第一甲第一名某人等字，属有黄榜张挂，礼部更有题名录，缄縢而付该司收掌，所谓状也。元即元首之元，所谓‘君恩赐状头’可证也。”⑤ 虽然朱舜水的解释更易被今人理解和接受，但是从历史发展的角度来看，“投状”之说似更为可信。所谓“第一甲第一名”云云，乃是明代的情形。唐代的科举门类繁多，进士科只是其中一种，录取数量很少，因而进士并不分等级。不过，由于唐人对进士科非常看重，其名列榜首者自然更加荣耀，所以，在唐人的笔记小说如孙棨《北里志》中，已出现了“状元”之称。宋代对状元的重视程度有所增加。朱舜水援引的“君恩赐状头”一句诗，出自相传为北宋汪洙所作的《神童诗》：“玉殿传金榜，君恩赐状头。”该诗中还有“朝为田舍郎，暮登天子堂”一句，亦广为人知。

明代，“状元”之名始得到官方的正式认可。明代科举较前代更加完善，也更为规范，如：每三年开科一次，逢子、午、卯、酉乡试，辰、戌、丑、未会试。乡试一般在秋天举行，会试一般在次年春天举行，会试后接着举行殿试。会试考中者，殿试时一般不再黜落，仅将其划分为三甲，其中“一甲止三人，曰状元、榜眼、探花，赐进士及第。二甲若干人，赐进士出身。三甲若干人，赐同进士出身。状元、榜眼、探花之名，制所定也”⑥。可以说，会试主要是“选进士”，而殿试主要是“选状元”。状元、榜

---

① 沈德符：《万历野获编》卷二十六《谐谑》，中华书局1959年版，第670页。
② 赵翼：《陔余丛考》卷二十八《状元、榜眼、探花》，商务印书馆1957年版，第584页。
③ 商衍鎏：《清代科举考试述录及有关著作》，百花文艺出版社2004年版，第149页。
④ 孟二冬：《登科记考补正》，燕山出版社2003年版，第1357页。
⑤ 朱舜水：《朱舜水集》卷十《答源光国问十一条》，中华书局1981年版，第346页。
⑥ 张廷玉等：《明史》卷七十，中华书局2000年版，第1131页。

眼、探花的称谓从此正式固定下来。因此，状元这一称谓得以“转正”，还应归功于朱元璋。朱元璋的这一举措，自有其深远的政治用意，那就是借“状元、榜眼、探花”的选拔，作为国家选择人才标准的象征，进一步增强科举对士人阶层的吸引力和控制力。事实也正是如此。例如：明人对状元津津乐道的程度，远胜于前代。与此相关，明代的状元文化，也较前代更为发达。明正统十年（1445）乙丑科状元商辂为“三元”（即乡试中解元、会试中会元、殿试中状元），世人乃作传奇《三元记》以示歆羡；而《四喜诗》也被明代弘、正年间的士人沈龄演为传奇《四喜记》。沈龄原作已佚，今存嘉靖间谢谠《四喜记》，该剧将《四喜诗》与宋代“三元”宋庠附会到一起。而万历壬辰科状元翁正春以教官中状元，更是将“人生四喜”中的“金榜挂名”之乐发挥到极致，从而使流传已久的《四喜诗》在明代又演绎出了新的版本。

（二）

明代状元不但有其“名”，还有其“实”。殿试后，一甲三人立即授官，状元授翰林院修撰，官阶从六品；榜眼、探花授翰林院编修，官阶七品。修撰与编修都是史官。可别小看这小小的修撰之职，在翰林院任职，官阶虽然不高，然为天子文学侍从，故仪制同于大臣，职位清贵，受人艳羡。

状元的任用，反映了明代统治者的用人方针及其演变。明朝开国皇帝朱元璋对于科举制度正、反两方面的作用都有深刻的认识，他在明朝尚未正式建立之前，便迫不及待地着手准备施行科举，《明史·选举志》记载：“初，太祖起事，首罗贤才。吴元年设文武二科取士之令，使有司劝谕民间秀士及智勇之人，以时勉学，俟开举之岁，充贡京师。”① 洪武三年（1370），朱元璋正式下诏实行科举，他在总结、批判唐、宋两朝“但贵文学而不求德艺之全”、元代“待士甚优，而权豪势要，每纳奔竞之人，夤缘阿附，辄窃仕禄”的基础上，要求本朝科举“务取经明行修、博通古今、名实相称者”，并“使中外文臣皆由科举而进，非科举者毋得与官”②。对科举寄予厚望。但是，他不久便对现行科举制度感到不满，认为“今有司所取，多后生少年，观其文词，若可与有为，及试用之，能以所学措诸行事者甚寡。朕以实心求贤，而天下以虚文应朕，非朕责实求贤之意也”③。并于洪武六年下令暂停科举，改行荐举。荐举制度早在汉代便已经产生，后于隋唐时期被科举制度所取代。事实上，任何制度都无法做到尽善尽美。历史上，科举能够取代荐举，本身便已经说明科举制度具有更大的优越性，其优越性主要体现在制度的相对公平方面。明初科举一度中断，一方面是由于科举本身缺陷的暴露，

① 张廷玉等：《明史》卷七十，中华书局2000年版，第1132页。

② 张廷玉等：《明史》卷七十，中华书局2000年版，第1132、1133页。

③ 杨士奇等：《明太祖实录》卷七十九。

另一方面也是受客观环境的制约。明朝开国之初，百废待举，急需用人，但需要的不是“后生少年”，而是不必经过培养、立刻能够为国效力的老成之士。从这一角度着眼，荐举确实比科举收效更快。但这毕竟是权宜之计，从长远考虑，实行科举还是利大于弊。因而，洪武十七年（1384），朱元璋又下诏恢复科举。

明初一度中断的科举制度，至洪武十七年得以恢复，还有一个重要契机，就是宰相制度的废除，以及翰林制度的完善。洪武十三年（1380），朱元璋因权相胡惟庸谋反，废除了在中国有着悠久历史的宰相制度，从而强化了皇权，削弱了士阶层在国家政治生活中的影响力。由此，也加深了士人阶层对皇帝的依赖性。同时，朱元璋还对官制不断进行调整，于洪武十八年（1385），对翰林院的正官、属官、史官的品秩和员额作出了明确规定。同年，重新开科取士，“廷试擢一甲进士丁显等为翰林院修撰，二甲马京等为编修，吴文为检讨。进士之入翰林，自此始也”①。从此，进士和翰林便被紧密地捆绑到一起了。这是明代对科举的一次成功改革，较好地解决了人才选拔、培养与任用的关系。

明代有“非进士不入翰林，非翰林不入内阁”② 之说。“翰林”一词，最早见于西汉扬雄《长扬赋》：“聊因笔墨之成文章，故藉翰林以为主人。”李善注曰：“翰林，文翰之多若林也。”③ 唐时始建翰林院，为儒臣文学供奉待诏之所。此后，各朝代皆沿袭之。翰林院的职位清闲，又能够接近皇帝，历来被视为清要之地，有瀛洲、玉堂等美称，受到士人艳羡。明代翰林制度较以往有较大变革，主要体现于两个方面：一是自洪武十八年起，翰林制度成为科举制度的延伸；二是永乐时期设立内阁，内阁是从翰林院分化出来的，两者有着密切的联系。此后阁权不断得以强化，内阁大学士手握重权，虽无宰相之名，而行宰相之实。翰林院的一端连着科举，另一端通往内阁。明初时，翰林官员的遴选尚有荐举、科举、他官改任等三途。到了天顺以后，翰林便逐渐被进士们垄断了。《明史·选举志》称明代“科举视前代为盛，翰林之盛则前代所绝无也”④。因为有着这样远大的前途，更增加了科举制度的吸引力。当然，并不是所有的进士都有机会进入翰林院。明代进士分为三甲，一甲仅三名，即状元、榜眼、探花，合称“鼎甲”或“三及第”。殿试之后，只有这鼎甲三人被直接授予官职，得以进入翰林院，任史官。其他二甲、三甲进士当中，再选拔若干名优秀者进入翰林院学习，无任何职务，称为“庶吉士”。其他进士则作为观政进士，分配到各衙门实习。庶吉士至少要“三年学成”，通过“馆选”，始被委任史官之职。尽管如此，新科进士依然对庶吉士趋之若鹜。明代正统十三年（1448）戊辰科状元彭时曾经不无自得地说：“翰林官职清务简，世谓之‘玉堂仙’。好事者谓第一甲三人为‘天生仙’，余为‘半路修行仙’，以三人即除撰编，余选庶吉士，须教养数年而后除也。”⑤

---

① 张廷玉等：《明史》卷七十，中华书局2000年版，第1133页。

② 张廷玉等：《明史》卷七十，中华书局2000年版，第1137页。

③ 萧统：《文选》卷九，上海古籍出版社1986年版，第404页。

④ 张廷玉等：《明史》卷七十，中华书局2000年版，第1137页。

⑤ 彭时：《可斋杂记》涵芬楼影印明刻历代小史本。

在翰林院中任职，升迁非常慢。“词林虽号清华，然迁转最迟。”① 初进翰林院，如果没有机会参加修书等活动，至少要在史官的位置上坐九年的冷板凳。但这冷板凳也不是白坐的，一旦获得升迁，便有机会接近皇帝或太子，并在日后进入内阁。故当时有谚云：“翰林九年，就热去寒。”② 沈德符《万历野获编》卷十《词林·翰林升转之速》：“本朝迁官故事，必九年方升二级。他官犹内外互转，惟词臣不离本局，确守此制，以故有积薪之叹。”③ 正统七年（1442）壬戌科状元刘俨用一个形象的比喻表达了自己的切身感受：“翰林之职固清高可喜，而淹滞亦可叹。譬如金水河中鱼，化龙之时未可必其有，纲罟之患则可必其无。”

明代统治者虽然给状元铺设了一条诱人的金光大道，但并不是所有的状元最终都能够顺利抵达终点——进入内阁为相。

从洪武初年（1368）到崇祯末年（1644），有明一代276年间，共举行过88次正规的科举考试（包括完整的乡试、会试和殿试过程），产生了89名状元。其中，洪武三十年（1397）丁丑科因“南北榜”事件产生了两名状元。是年依惯例于二月会试，三月殿试，初榜所取进士全部为南方人，称“南榜”或“春榜”。这激起了北方士子的不满。朱元璋于是决定在六月份对落榜举子重新殿试，所取全部为北方人，称“北榜”或“夏榜”。两榜各有一名状元，春榜状元为陈𨚫，夏榜状元为韩克忠。在明代的这89名状元当中，官至大学士入阁辅政或非大学士而入阁辅政者有17人，分别是：建文状元胡广，永乐状元陈循，宣德状元马愉、曹鼐，正统状元商辂、彭时，成化状元谢迁、费宏，弘治状元顾鼎臣，嘉靖状元李春芳、申时行，万历状元朱国祚、黄士俊、周延儒、钱士升，天启状元文震孟，崇祯状元魏藻德。

大部分状元未能入阁，原因是多方面的。有些是因为寿命的原因，如状元林环、施槃均在夺魁后不久即英年早逝。有些状元虽然才华横溢，但个性太强，无法适应官场，或被卷入复杂的政治斗争的漩涡。如弘治年间的状元钱福，因为得罪同僚，在朝廷对翰林官员的例行考核中被斥免，这在翰林官员中是极少见的。而状元康海，则是为救李梦阳而不顾惜自己的前途，向宦官刘瑾求情，后刘瑾被诛，康海也受到牵累，终身不被起用。在嘉靖初的“大礼议”政治风波中，有不少状元被卷入其中，状元杨慎便是其中最著名的一位。归根结底，状元能否入阁，不仅仅取决于他们自身的能力，还要受各种不可预知的外部因素的制约。在入阁为相的状元中，亦有人品不足称者，如周延儒被《明史》列入《奸臣传》，魏藻德亦因误国而为后人所不齿。没有入阁为相的状元中，亦不乏才俊。因此，科举虽然是一种文官选拔制度，状元亦大多以入阁为相作为自己的奋斗目标，我们却不应以此作为评判明代状元的最终标准。

---

① 沈德符：《万历野获编》卷十，中华书局1959年版，第263页。

② 朱彝尊：《明诗综》卷一百，文渊阁四库全书本。

③ 沈德符：《万历野获编》卷十，中华书局1959年版，第259页。《汉书·汲黯传》：“陛下用群臣如积薪耳，后来者居上。”“积薪”喻选用人才后来居上。

事实上，很多状元虽然在仕途上不很顺利，却在其他方面取得了突出的成就。如状元康海、吕柟、杨慎、焦竑、罗洪先等，他们或以文学见长，或以学问、思想见长，都在中国文化史上占有一席之地。

明代状元中虽然也有少数平庸之辈，但大多数状元，无论道德、学问，还是政治才干，都有值得称道的地方。认为科举选拔出来的都是追求功名富贵的平庸之辈，这种观点无疑是站不住脚的。

（三）

明代科举制度的兴盛以及明人对状元的重视，造就了明代状元文化的繁荣，为我们留下了丰富的有关状元的史料。这对我们研究明代状元，并且以状元作为切入点深化科举研究，提供了有利条件。我们应当充分利用这笔宝贵的历史文化遗产。同时，由于与状元有关的史料当中往往夹杂着很多附会、传说，对史料的考订辨误、去伪存真也是一项艰巨的任务。

明代有很多以考证状元生平事迹为主的专书，仅《千顷堂书目》卷九中著录的就有《明状元考》四卷、《皇明状元图考》五卷、《皇明三元考》十四卷、《科名盛事录》七卷、《明元魁表》、《状元纪事》三卷等。此外，《明状元图考·缉〈状元图考〉采用书目》中还列举了《状元录》、《状元全考》、《状元奇异编》等书。明人不但关注本朝状元，对前代状元也十分关注。如张干《状元纪事》三卷，其纪事起于宋太祖建隆庚申科，止于明世宗嘉靖己丑科。

在这类专书中，《明状元图考》是流传较广的一种。该书万历三十五年黄氏刻本卷端下题“句吴大学士顾鼎臣孙祖训汇编，新都后学吴承恩锡父、程一桢君宁父校益”。顾鼎臣是弘治十八年（1505）乙丑科状元，汇编者顾祖训为其后人。顾鼎臣本人虽然没有参与此书的编纂，但也不能说他与此书毫无关系。顾鼎臣“童子时即善丹青，绘《状元归去马如飞》、《独立朝纲》、《一路功名到白头》三图，各题七言绝句于上”①。万历年间，礼部尚书徐学谟与顾氏后人有姻亲，顾氏后人将上述三幅图装潢成轴，请徐学谟题跋。徐学谟在跋中称：“乃知天生豪杰，固自不偶。留侯所谓‘天授，非人力也’。”② 这三幅图，无论就形式还是思想内容而言，都与《明状元图考》相通，《明状元图考》的编纂或许是受此启发。继顾祖训之后，此书由海阳吴承恩③于万历间增补，清代陈枚续补。顾编止于隆庆辛未（缺正统十三年戊辰科状元彭时），所记多梦兆、星占、谶应之事，反映了“科名前定，不由人力”的观念。后有总考，备载历科会元、

---

① 徐学谟：《顾鼎臣〈戏写三图并题三绝〉跋》，《海隅集》，明万历五年东海徐氏刊本。

② 徐学谟：《顾鼎臣〈戏写三图并题三绝〉跋》，《海隅集》，明万历五年东海徐氏刊本。

③ 此人非淮安吴承恩，与小说《西游记》之作者无关。

状元、榜眼、探花姓氏履历，并附状元《谢恩表》四篇、状元命造评注等。吴承恩增补万历间部分状元的事迹，并增补状元诗歌一卷。经吴氏增补重订后，全书共五卷。清代陈枚续补了晚明至康熙朝状元的事迹。经陈枚续补后，全书增至六卷。该书图文并茂，刻工精细，在当时非常畅销。该书征引了《状元奇异编》、《状元纪事》、《状元录》、《状元全考》等许多专书，说明至少在明代中期，状元文化已备受关注。清代还有一些类似的书籍，如阎湘蕙编的《明鼎甲征信录》等。这些文献虽然宣扬了科名天定的宿命论思想，但是也保存了不少珍贵的资料，同时也为我们了解当时的状元文化打开了一扇窗口。

万历十七年（1589）己丑科状元焦竑编纂的《历科廷试状元策》十卷、《总考》一卷，保存了许多珍贵文献，特别是历科的状元策，有利于我们进一步了解明代状元选拔的真实情形。另外，焦竑编的《国朝献征录》一书，虽不以状元为主，但书中收集了包括状元在内的许多明人的碑传，且大多采自第一手资料，同样具有重要的文献价值。

明代士人对状元津津乐道，在明人笔记中有突出体现。许多明人笔记，如徐应秋《玉芝堂谈荟》、王世贞《弇山堂别集》、焦竑《玉堂丛语》、蒋一葵《尧山堂外纪》等，都记载了大量的状元轶事，包括对状元的夺魁年龄、地域分布、仕途遭际等都做了不少饶有趣味的统计。有些笔记不但关注本朝的状元，还将触角伸向前代。如《玉芝堂谈荟》卷二有“历代状元”条。这些都为后人研究状元文化提供了宝贵的资料。

明代状元文化的发达，亦表现在各种冠以状元名目出版的形形色色的书籍方面。这些书籍主要有以下几类：一是与科举相关的书籍；二是经典著作，如《杨升庵先生批点文心雕龙音注十卷》（《藏园群书经眼录》）、《杨升庵先生批选史记市言八卷》（《普林斯顿大学葛思德东方图书馆中文善本书志》）、茅瓒《茅见沧史记评抄》；三是通俗文艺作品，如《镌杨升庵批点隋唐两朝志传十二卷一百二十二回》（《日本东京所见小说书目》）。这些出版物中，有不少是假托状元之名以扩大销路。不管是真是假，我们都可以看出状元在当时具有相当大的社会影响力。

明代状元史料保存得比较丰富，但是问题也不少，特别是以讹传讹的现象较为严重，甚至有些状元的名字也被搞错了。例如明代首科状元吴伯宗，以字行，名“祏”。明代较早的一些相关文献，如《南雍志》、《殿阁词林记》、《国朝列卿纪》、《开国臣传》等大多是这样记载的。而稍后的一些文献中有些将吴伯宗的名误写为“祐”，甚至连《明史》也犯了同样的错误。清章宗瀛《明史·卷一百三十七考证》据雷礼《国朝列卿纪》、《开国臣传》改正了这一错误。

又如，明代历史上只出现过一位“三元”，即商辂。明代文献中，大多称黄观中乡试为“举乡荐”或“发解京府”，从未提到黄观中解元。而到了清代，查继佐《罪惟录》称黄观“领乡荐第二”①，傅维麟《明书》则称黄观“领乡荐第一”②。不知道所

① 查继佐：《罪惟录》列传卷十二上，浙江古籍出版社1986年版，第1811页。

② 傅维麟：《明书》卷一百四，丛书集成初编本，商务印书馆1935—1937年版，第2083页。

凭何据？笔者推测，这大概是对“发解京府”的误解。唐制，举进士者皆由地方解送入试，故后世称乡试第一名为解元。“发解京府”者，未必是解元。由于黄观会试、殿试都是第一，后人便据此称黄观也是“三元”，清人续编的《状元图考》、清人汪有典《史外》等，都持此说。直到今天，还有人支持这一“发现”。

又如，永乐二年（1404）状元曾棨，名“棨”，字子启。不少文献中都将“曾棨”写成“曾啓”，也是不对的。诸如此类，都说明了对原始文献的调查、整理的重要性。只要稍微留意一下，上述史料在转录、传抄过程中产生的错误便不难被发现。而史实方面的考证，就需要我们下更多的功夫了。特别是明初的状元，由于年代较久，开科不固定，且发生过“南北榜”等科场大案，相关的文献记载较为缺乏，有的还存在不少出入。例如：任亨泰是洪武二十一年（1388）戊辰科状元，《礼部志稿》、《皇明开国臣传》、《明分省人物考》等都写作“洪武十八年”，也是一个人云亦云、以讹传讹的典型例子。

明清两代关于状元的专书、笔记、杂史等保存了不少关于状元的传闻轶事，并做了不少考证工作，值得我们重视，但是在利用这些资料的时候一定要留意鉴别。出于篇幅的考虑，本书对于一些世人比较熟悉的状元的史料，择要而录之。对于一些世人不太熟悉的状元，或者史料记载有出入者，则尽量罗列，以供研究者考辨。

（四）

明人别集无疑是研究状元文学的重要文献。现存明人别集数量十分丰富。以状元为例，明代共有89名状元，据笔者初步统计，有别集现存者不下47人，许多别集未经认真整理和深入研究。

明初和晚明的状元别集，佚失较为严重，这与当时恶劣的政治环境有关。有些状元，其存世别集可能只是残本。如吴伯宗的《荣进集》，《四库全书总目》称：“（吴伯宗）所著有《南宫集》、《使交集》、《成均集》，共二十卷，又《玉堂集》四卷，今皆未见。此本中有《奉使安南》、《国学释奠》、《玉堂燕坐》诸诗，疑原集散佚，后人掇拾残剩，合为此编也。”① 又如罗万化的《世泽编》，原本或应为十六卷，现仅残存文部的五、六两卷。从这些残篇断简中，我们只能窥其文学面貌之一斑。

从研究情况来看，在明代状元中，康海、杨慎无疑是最受文学研究者重视的状元。有些状元在其他学术领域也颇受重视，如明代著名学者吕柟、罗洪先、焦竑等。这些状元的别集，都颇为后人重视，得到了较好的整理和研究。但是也有一些状元的别集则长期被埋没。例如，现代中小学教材中曾经选收了一首古诗《明日歌》，作者署名“钱鹤滩”，该诗系转录自清人钱泳笔记《履园丛话》。原文为：

---

① 永瑢等：《钦定四库全书总目》，中华书局1997年版，第2281页。

后生家每临事，辄曰“吾不会做”，此大谬也。凡事做则会，不做则安能会耶？又做一事，辄曰“且待明日”，此亦大谬也。凡事要做则做，若一味因循，大误终身。家鹤滩先生有《明日歌》最妙，附记于此：“明日复明日，明日何其多。我生待明日，万事成蹉跎。世人苦被明日累，春去秋来老将至。朝看水东流，暮看日西坠。百年明日能几何，请君听我《明日歌》。”①

文中只称“家鹤滩先生”，许多教辅书不知道这个“钱鹤滩”是何许人也，有的老老实实地标明“生平不详”，有的则胡乱揣测，赫然署上“清·钱鹤滩”，乃至以讹传讹。更有甚者，有人竟然还做过专门考证，称“《明日歌》并非钱鹤滩所作”②。还有学者认为《明日歌》为明人文嘉（1501—1583）所写。文嘉是明代书画家文征明之次子，确实曾经写过《明日歌》，其原文为：“明日复明日，明日何其多！日日待明日，万事成蹉跎！世人皆被明日累，明日无穷老将至。晨昏滚滚水东流，今古悠悠日西坠。百年明日能几何？请君听我《明日歌》。”与《履园丛话》中的《明日歌》字句稍有出入。于是有人据此推测可能是“钱鹤滩”抄录文嘉原歌，而略加改窜，又未注明出处，致使钱泳误认为是“钱鹤滩”本人所作了。如果这个“钱鹤滩”真是清人的话，这一推测自然是不错的。但“钱鹤滩”不是清代人，而是明代弘治三年（1490）庚戌科状元钱福。钱福（1461—1504），字与谦，因其家居临近鹤滩，故自号鹤滩。《明日歌》见于钱福《鹤滩稿》卷一。③《鹤滩稿》至今尚存。钱福与文嘉都生活在吴中地区，钱福去世之前三年，文嘉才出生，只能是文嘉抄录钱福的作品，而不是钱福抄袭文嘉之作。钱福生前才华横溢，但因为个性狂放而遭到贬斥和非议，致使其诗文长期受到冷落。钱福是明代状元中才名较高的一位，其文集尚受此冷落，其他状元的文集更可想而知了。明代文学研究中存在着明显的不均衡现象，对明人文集的整理和研究亟待加强。

明代状元的诗文，除见于别集者外，在各种总集、选集、方志等文献中，也常可见到零章散篇。此外，与状元生活在同一时期的其他明人的别集中，也保存了不少与状元的赠答之作。这些资料，有助于我们加深对状元的社会活动及其影响的了解。但限于篇幅，本书只能择要而收之，其余只好忍痛割爱，或作存目处理。

别集之外，明代状元还有不少其他方面的著述存世。笔记是状元比较偏爱的一种文学体裁，许多状元都曾经涉足这一文体。如状元商辂《蔗山笔麈》，彭时《彭文宪公笔记》，焦竑《焦氏笔乘》、《玉堂丛语》、《焦氏类林》，秦鸣雷《谈资》，张懋修《墨卿谈乘》，文震孟《姑苏名贤小记》等。这与他们在翰林院的供职经历有一定关系。翰林院的重要职能之一是修史，为了给修史做准备，他们要积累很多材料，这些材料便成为

---

① 钱泳：《履园丛话》卷七，中华书局 1979 年版，第 199 页。

② 万联众：《〈明日歌〉并非钱鹤滩所作》，《集萃》，1982 年第 1 期，第 34 页。

③ 钱福：《鹤滩稿》卷一，明万历三十六年沈思梅居刻本。

写作笔记的好素材。同时，在翰林院还可以阅读到大量秘籍，接触许多重要的人物和事件，这也为状元从事笔记写作奠定了基础。有些状元还写过传奇，像杨慎有《仓庚传》，并假托汉人之名写了《杂事秘辛》这样的艳情之作。有些状元在词曲创作领域取得了较高的成就，比如康海和杨慎。吕天成《曲品》中，将杨慎和康海划归“不作传奇而作散曲者”之列，称“杨状元美才甘放，康翰林绝技矜庄”①。康海有《沜东乐府》，杂剧《中山狼》、《王兰卿》。杨慎著有《升庵长短句》三卷，《陶情乐府》四卷，《二十一史弹词》十二卷，杂剧《洞天玄记》等。秦鸣雷（1518—1593）是嘉靖二十三年（1544）甲辰科状元，著有《清风亭》（一名《合钗记》），原作已不可考，但据其内容改编的花部戏曲《清风亭》，在乾隆时期极其流行。至今仍是地方戏中一部流传相当广泛的剧作。吕天成《曲品》将秦鸣雷列为“中之中”，称其“以状元而乐归隐”，“观其词、学，俱铮铮者也”②。对秦鸣雷的文品和人品作了肯定。此外，明代状元对儒家经典大多有较深的研究，有不少学术著作。除私人著述之外，状元在翰林院任职期间，还要参与许多官方文献的编撰，为推动明代文化事业的发展做出了贡献。

（五）

综前所述，状元在明代政治、思想、文化等诸多领域都占有重要地位。而且，状元大体上每三年产生一位，均匀分布于明代各个历史阶段。同时，状元的特殊身份，使他们能够接触到社会的各个层面。因此，不论是对个别状元的研究，还是将明代状元作为一个整体加以研究，都非常有意义。

20世纪80年代以来，国内出版了不少有关状元的普及性读物，这对普通读者了解历史上的状元有一定帮助，但却远远无法满足学术研究的需要。前文中，我们罗列了一些历史文献记载中的讹谬、出入之处。类似的问题，在当代一些出版物中也同样存在。造成这类错误的一个重要原因，就是对史料掌握得不够完整。要将状元研究推向深入，首先应当从文献的整理做起。这项工作虽然艰苦，但却是一项基础工程，意义深远。

基于上述认识，我们在搜集史料时，首先力求齐全，然后再加删汰，并尊重原文，认真核实，不妄加改动，力求保持原文的风貌。尽管如此，由于文献的涉及面太广，相关文献浩如烟海，疏漏在所难免。有些已经搜求到手的材料，虽然有一定价值，但因篇幅或时间所限，不得不割爱，或作存目处理。本书对所收史料的编排，不仅以类相从，而且以时为序。为此我们耗费了大量精力去考证、编排。有些文献具体的成书年代较难核实，只能根据其作者的生卒年大体推算。这样做，目的是为了方便读者明源流，辨真伪。具体效果如何，尚有待读者的检验。需要申明的一点是，本书中所援引的史料，虽

---

① 吕天成撰，吴书荫校注：《曲品校注》，中华书局1990年版，第211页。

② 吕天成撰，吴书荫校注：《曲品校注》，中华书局1990年版，第216页。

然力求可信，但鉴于编者能力有限，错误疏漏之处或许难免。书中已将史料来源详细注明，尚祈对研究明代状元感兴趣的读者亲自核实原始文献为盼，以免鲁鱼亥豕。

以上所谈，是编者在本书编纂过程中的一些粗浅想法。不当之处，恳请专家学者予以批评指正。本书的选题、策划，出自武汉大学中国传统文化研究中心陈文新先生。在本书编写过程中，陈先生给予我们许多宝贵的指导。没有他的热心帮助、严格把关，没有武汉大学出版社的鼎力支持，本书不可能顺利面世。本书的前半部分（正德之前）主要由郭皓政负责编纂，后半部分（正德之后）主要由甘宏伟负责编纂。这只是大致的分工，书中许多史料的搜集、整理，都是在我们的通力合作下完成的。《武汉大学学报》编辑部的何坤翁、《写作》杂志编辑部的江俊伟等同志也为我们提供了一些宝贵的帮助，在此一并致谢。

编者

2009 年春

凡　　例

一、本书分为“概况”和具体状元史料两大部分。“概况”部分主要搜集与明代状元相关的典章制度，以及涉及多位状元的史料，意在使读者首先对明代状元的整体状况有一个大致了解。凡“概况”部分收录的内容，涉及某一位具体状元的，在后文相关状元的名下一般不再重复出现。

一、具体状元史料部分，状元的排列以科第先后为序。每位状元名下，分“传记”、“科第”、“仕宦”、“轶事”、“著作”、“评论”、“杂录”等类目。其中，以“传记”为主，其余内容作为对“传记”资料的补充。凡“传记”部分收录的内容，下文不再重复出现。

一、本书所收史料，先以类相从，后以时为序。存目的史料，置于每一类目的最后。

一、“科第”分“乡试”和“会试、殿试”两部分，意在考察状元参加科举考试的具体情况，其中以殿试为主，凡《状元策》、《谢恩表》、《进士题名记》等均归入此类。

一、“仕宦”收状元的历官情况及宦期内的重要事迹。

一、“轶事”收野史笔记当中记载的状元生活片断、轶闻趣事。

一、“著作”为状元著述情况概况。以《千顷堂书目》、《明史·艺文志》、《四库全书总目》的著录为主，兼采其他；至于各种总集、选集、方志中收录的状元作品，因状元本人别集具在，且卷帙浩繁，一般不加收录，或作存目处理；个别状元别集不存者，偶录其零章散篇。

一、“评论”乃同时代人及后人对状元人品、政绩、文艺、学术等各方面的评价。他人为状元别集所作的序跋（以介绍成书过程为主的序跋则归入“著作”类）、像赞、诗词曲话等均归入此类。

一、凡以上未收的史料，均归入“杂录”。状元的家世、交游、社会影响等，可由此略见一斑。明人别集中存在大量与状元的应酬文字，因篇幅所限，不可能全部收录，仅择其要者而收之。

一、本书所录史料均改繁体字为规范的简体字，并进行了标点。对原文不能识别的字或脱漏，加□标明，以为备考。

一、所取资料遇原文有注释或小字号文字处，本书以楷体并加括弧以示区分。遇有因史料取舍而致使某些史实所系的时间、人物等不清的情况，本书则据上下文直接添加，并以宋体加括弧以示区分。

概　况

开　科

（明）解缙等《明太祖实录》卷五十二　洪武三年五月己亥，诏设科取士。诏曰："朕闻成周之制，取才于贡士，故贤者在职，而其民有士君子之行。是以风淳俗美，国易为治，而教化彰显也。汉、唐及宋，科举取士各有定制，然但贵词章之学，而不求德艺之全。前元依古设科，待士甚优，而权豪势要之官，每纳奔竞之人，夤缘阿附，辄窃仕禄，所得资品或居贡士之上，其怀材抱道之贤，耻与并进，甘隐山林而不起，风俗之弊，一至于此。今朕统一华夷，方与斯民共享升平之治。所虑官非其人，有殃吾民，愿得贤人君子而用之。自今年八月为始，特设科举，以起怀才抱道之士，务在经明行修，博通古今，文质得中，名实相称。其中选者，朕将亲策于廷，观其学识，第其高下，而任之以官。果有才学出众者，待以显擢，使中外文臣皆由科举而选，非科举者毋得与官。彼游食奔竞之徒，自然易行。于戏，设科取士，期必得于全材，任官惟贤，庶可成于治道。咨尔有众，体予至怀。"

又，卷六十　洪武四年春正月丁未，上谓中书省臣曰："今天下已定，致治之道，在于任贤。既设科取士，令各行省连试三年，庶贤才众多，而官足任使也。自后则三年一举，著为定例。"

又，卷七十九　洪武六年二月乙未，上谕中书省臣曰："朕设科举以求天下贤才，务得经明行修、文质相称之士，以资任用。今有司所取，多后生少年，观其文词，若可与有为，及试用之，能以所学措诸行事者甚寡。朕以实心求贤，而天下以虚文应朕，非朕责实求贤之意也。今各处科举，宜暂停罢。别令有司察举贤才，必以德行为本，而文艺次之。庶几天下学者知所向方，而士习归于务本。"

又，卷一百四十七　洪武十五年八月丁丑朔，诏礼部设科举取士。令天下学校期三年试之，著为定制。

又，卷一百六十　洪武十七年三月戊戌朔，命礼部颁行科举成式。凡三年大比，子、午、卯、酉年乡试，辰、戌、丑、未年会试。举人不知额数，从实充贡。乡试八月初九日第一场，试《四书》义三道，每道二百字以上，经义四道，每道三百字以上。未能者，许各减一道。《四书》义主朱子《集注》，经义《诗》主朱子《集传》，《易》主程朱《传》、《义》；《书》主蔡氏《传》及古注疏；《春秋》主左氏、公羊、谷梁、胡氏、张洽《传》；《礼记》主古注疏。十二日第二场，试论一道，三百字以上，判语五条，诏诰章表内科一道。十五日第三场，试经史策五道，未能者，许减其二，俱三百字以上。次年礼部会试，以二月初九日、十二日、十五日为三场，所考文字与乡试同。乡试直隶府州县则于应天府，在外府州县则于各布政司。其举人则国子学生，及府州县学生员之学成者，儒士之未仕者，官之未入流者，皆由有司申举性资敦厚、文行可称者应之。其学校训导专教生徒，及罢闲官吏、倡优之家，与居父母丧者，并不许入试。其中式者官给廪，传送礼部会试。考试官皆访经明公正之士，官出币帛先期敦聘。主文考试官二人，文币各二表里。同考试官乡试四人，会试八人，文币各一表里。提调官在内乡试应天府官一人，会试礼部官一人，在外布政司官一人。监试官在内监察御史二人，在外按察司官二人。供给官在内应天府官一人，在外府官一人。收掌试卷官一人，弥封官一人，誊录官一人，对读官四人，受卷官二人，皆选居官之清慎者充之。巡绰、监门、搜检怀挟官四人，在内从都督府委官，在外从守御官委官。凡供用笔札饮食之属，皆官给之。举人试卷自备，每场草卷、正卷各用纸十二幅。首书三代姓名，及其籍贯年甲，所习经书。在内赴应天府，在外赴布政司印卷，会试、殿试赴礼部印卷。试之日黎明，举人入场，每人用军一人守之，禁讲问代冒。至晚纳卷未毕者，给烛三枝。文字回避御名、庙讳，及不许自序门第。弥封者编号作三合字。誊录者用朱，考试官用墨，以防欺伪。其会试中式者，三月朔日赴殿试。

（明）叶盛《水东日记》卷十六　读湖广《新编国朝进士题名录》，惜其任己意为之，脱略讹谬不可枚举。即如永乐二年甲申、四年丙戌两科，第二甲所刻策皆略去，且洪武中尤甚脱略，殊无足观。《题名记》王抑庵云："自洪武辛亥至正统丙辰二十科。"陈德遵云："自洪武乙丑岁至景泰五年进士题名太学者二十四榜。"两人故史官，其言不甚同如此。如抑庵言则洪武三年庚戌开科，辛亥会试，至洪武二十七年甲戌张信榜前尚有五科，盖自张信至丙辰周旋则十五科也。但辛亥至甲戌二十三年中不知五科者的在何年也。如陈言则自洪武十七年甲子开科，乙丑会试，至甲戌为四科，则是景泰五年为二十四科，较之抑庵所云则又当作二十六科矣。虽陈似止言题名太学，以今《题名录》考之，乙丑、辛未二榜未知为谁，碑之有无又未可知。又闻杨文贞公云："洪武辛未至宣德丁未临轩策士十有六。"盖又有不同焉者。因念前代名臣事迹，如宋之言行有录，奏议文鉴有编，详备可考，下至军旅医药亦有《武经总要》、《大观本草》等书，皆有成书，皆可师法。今登科一事，即洪武中事已无能悉者，然则当兰台芸馆之任，擅玉堂金马之清，有金匮石室之富，予盖不能无待于今日之诸君子焉。

（明）黄溥《闲中今古录摘抄》卷一　本朝开进士科始于洪武四年，后止至十七年开科。乡试例以子、午、卯、酉年，会试例以辰、戌、丑、未年。洪武十八年乙丑状元丁显；二十一年戊辰状元任亨泰；二十四年辛未状元许观，吾鄞董恭礼、陈裕二人，皆此年进士。今有刊本《国朝登科录》行世者，去许观名，及此科进士姓名俱不刊，乃别录第一甲一名韩克忠，二名王忠，三名焦胜，第二甲蔡彧等二十九名，第三甲苏文等二十九名，俱北方人，无一名江南人，不知何谓而然？二十七年甲戌状元张信，而榜眼、探花俱无。三十年丁丑状元陈䢿。已后则革除年间，庚辰状元胡靖，后更名广者是也。永乐甲申状元曾棨，厥后六十年为天顺八年甲申，状元彭教也。噫！有数存焉，例以辰、戌、丑、未开科取进士，兹者两度甲申进士为号数，岂得而逃乎？

（明）王世贞《弇山堂别集》卷十八·皇明奇事述三·甲榜非正科 国朝科甲，以丑、辰、戌、未为正，而洪武开科之岁，进士吴伯宗等，则辛亥也。永乐壬午，靖内难，明年癸未始乡试，甲申赐进士曾棨等。己丑会试中陈璲等，上北征，辛卯赐进士萧时中等。天顺庚辰，试场火，秋会试中吴钦等，甲申赐进士彭教等。正德庚辰，会试中张治等，上南巡，明年新帝登极，为辛巳，赐进士杨惟聪等。凡五科非正科，而两皆甲申，最后辛巳相去亦三年。

又，卷八十一·科试考一 初设科举条格诏：洪武三年五月初一日，奉天承运皇帝诏曰："朕闻成周之制，取材于贡士，故贤者在职，而其民有士君子之行，是以风俗淳美，国易为治，而教化彰显也。汉、唐及宋，科举取士，各有定制，然但贵词章文学，而未求六艺之全。至于前元，依古设科，待士甚优。而权豪势要之官，每纳奔竞之人，辛勤岁月，辄窃仕禄，所得资品，或居士人之上，怀材抱德之贤，耻于并进，甘隐山林而不起。风俗之弊，一至于此。今朕统一中国，外抚四夷，与斯民共享升平之治。所虑官非其人，有伤吾民，愿得君子而用之。自洪武二年八月为始，特设科举，以取怀材抱德之士，务在经明行修，博古通今，文质得中，名实相称。其中选者，朕将亲策于廷，观其学识，品其高下，而任之以官，果有材学出众者，待以显擢。使中外文武皆由科举而选，非科举毋得与官。敢有游食奔竞之徒，坐以重罪，以称朕责实求贤之意。所有合行事宜，条列于后：

一、乡试会试文字程序。

……

殿试时务策一道，惟务直述，限一千字以上。

一、出身。

第一甲第一名从六品，第二、第三名正七品，赐进士及第。

第二甲一十七名，正七品，赐进士出身。

第三甲八十名，正八品，赐同进士出身。

一、乡试。各省并直隶府州等处，通选五百名为率，人材众多去处，不拘额数，若人材未备不及数者，从实充贡。

河南省四十名，山东省四十名，山西省四十名，陕西省四十名，北平省四十名，福建省四十名，江西省四十名，浙江省四十名，湖广省二十五名。在京乡试直隶府州一百名。

一、会试额取一百名。

一、高丽国、安南、占城等国，如有经明行修之士，各就本国乡试，贡赴京师会试，不拘额数选取。

一、开试日期。

乡试，八月初九日第一场，十二日第二场，十五日第三场。

会试，次年二月初九日第一场，十二日第二场，十五日第三场。

殿试，三月初三日。

一、三年一次开试。

一、于洪武三年乡试，洪武四年会试。

一、各省自行乡试，其直隶府州赴京乡试。……

一、仕宦已入流品及曾于前元登科并曾仕宦者，不许应试。其余各色人民并流寓各处者一体应试。

一、有过罢闲人吏、娼优之人，并不得应试。

一、应举不第之人，不许喧闹摭拾考官及擅击登闻鼓，违者究治。

一、凡试官不得将弟男子侄亲属徇私取中，违者许赴省台指实陈告。

一、科举取士，务得全材，但恐开设之初，骑射书算未能遍习，除今科免试外，候二年之后，须要兼全方许中选。于戏，设科取士，期必得乎全材，任官惟能，庶可成于治道。咨尔有众，体朕至怀，故兹诏示，想宜知悉。

（明）沈德符《万历野获编》卷十五·科场·洪武开科 洪武四年辛亥，始开科取士，得吴伯宗等，此世所知也。不知先一年庚戌，以明经荐至京师者，上俱亲策问之，赐徐大全等出身有差。广东番禺人李德者，以明《尚书》荐与焉，授洛阳典史，历济南、西安二府经历，告改湖广汉阳教谕，又改任广西义宁县，致仕归。见黄泰泉（佐）所为德传中，则庚戌实开天第一科。又《苏州钱氏世谱》云，洪武庚戌状元安大全，则又徐字之误也。杨升庵又纪洪武五年壬子科会元陈忠，福建莆田人，而状元则为朱善。盖连三年，三赐廷对，得大魁三人，而世知之者鲜矣。至六年癸丑科，命罢会试，选河南举人张惟等四名、山东举人王琏等五名，俱拜翰林院编修，命赞善大夫宋濂等教习，而正史及诸家记载俱不书。直至十八年乙丑，始复会试廷试，以至于今。

又，卷十五·科场·乡会试并举 洪武三年庚戌，开科乡试，次年辛亥会试，状元吴伯宗，在纪载中久矣。乃四年京畿乡试，以前元贡士鲍恂与学士宋濂为考试官，而解大绅学士文又云："家君以洪武辛亥主考江西"，则是岁乡闱，与南宫同开矣。……又《临江先哲录》云："洪武五年八月礼部侍郎曾鲁，奉旨为京畿考官"，则是庚戌、辛亥、壬子连三年，俱举乡试，尤奇之奇也。虽国初典制未定，而后学则未之知。若连三年廷试，则已纪之矣。

又，补遗卷二·科场·永乐补试再试　永乐元年癸未三月，礼部言科举旧制，应子、午、卯、酉年乡试。去年兵革仓猝，有未及举行者，请以今年秋八月令应天府及浙江等布政司皆补试。其北京郡县学校近废于兵者，宜暂停止，俟永乐三年仍旧乡试。制曰："可。"本年秋八月，命侍读胡广、编修王达为应天考官。次年甲申即会试，取四百七十二人，为本朝稀有之盛。盖补癸未会试，且仿洪武乙丑科例也。至四年丙戌会试，始为正科，仅取二百十六人。放榜后，廷试已取林环等三人为一甲，授史官如制矣。再命乙榜举人廷试，取周翰等三人如一甲例，授翰林，则异典也。至七年己丑会试，取中陈璲等八十四人，其数益少，时文帝幸北京，未及赐廷对，皇太子命授副榜第一孔谔为左中允，竟赐出身。虽用丙戌例，而正榜多士尚未试，先拜乙榜为官僚，尤为殊宠。会御史劾试官侍讲邹缉等出题误谬，下狱，命再试下第者，得熊概等十数人，俱候至辛卯年上自行在回，同廷试。

（明）申时行等《大明会典》卷七十七·科举　国初仿古宾兴之制。定以子、午、卯、酉年秋八月，各直省皆试士于乡，中式者贡于礼部。次年春，礼部奏请会试天下贡士。取中式者引奏陛见，上亲策试之，钦定甲第，赐进士及第出身有差。

（明）王圻《续文献通考》卷四十六·选举考·举士四　按，洪武辛亥有进士，永乐癸未无进士，天顺癸未亦然。永乐初即位，天顺南省火，皆以明年甲申会试。永乐己丑，长陵北征，又明年殿试，故有辛卯进士。正德庚辰，康陵南巡，明年，世宗即位，故有辛巳进士。我朝二百六十年，癸未惟一举。

（明）皇甫录《皇明纪略》　洪武癸未，文皇渡江，天顺癸未，贡院灾，皆以其年八月会试，明年三月殿试，于是有前后甲申科之称。正德庚辰，以武宗南巡，故其年春会试。明年三月殿试，于是有辛巳科三科皆登极之年，于运数使然。

（明）朱之瑜《朱舜水集》卷二·安南供役纪事　或问取士法。答曰："……乡试中式者为解元、经魁、举人。会试中式者为会元、会魁、进士。廷试策壹道，磨勘进呈，台司读卷，天子标题。第一甲第一名为状元，二名榜眼，三名探花。第二甲、三甲为进士、同进士出身。多则四百名，少则三百名，国初亦有中一百名之时。子、午、卯、酉为乡试四科，辰、戌、丑、未为会试四科。"问曰："既如此，如何有癸巳科状元①?"曰："此永乐以虏警亲征，皇太子监国于南都，太孙监国于北京，避嫌不敢临轩策士，故迟廷试之期，原是壬辰科进士。"

（清）谈迁《枣林杂俎》·圣集　洪武四年吴伯宗榜，六年金铸榜，十八年丁显

---

① 永乐年间并无"癸巳科状元"，所指应为辛卯科状元。

榜。(《绍兴府志》) 按，六年不开榜，存疑可也。

洪武五年乡举，六年是科状元莫考，一云未尝殿试，径照会试名次选授方征、王寅、方毅俱进士。(《兴化府志》)

洪武十七年甲子三月，诏贡士不拘额，从实充贡。十八年乙丑科，会元黄子澄，状元丁显。(《衡州府志》) 邓伟奇，安仁人，乙丑会试第一，上亲制廷试策问，以丁显第一，伟奇次之，俱授翰林修撰。伟奇天姿秀异，博洽颖敏，善属文，尤长于诗。第二甲□□为编修，吴文为检讨。三甲杨靖为庶吉士，蹇瑢为中书舍人。或以练安、黄子澄为是科，恐未深考云。

(清) 查继佐《罪惟录》·志卷十八·科举志 洪武三年庚戌五月，诏设科取士。其乡试，京师一百名，行省河南、山东、江西、陕西、北平、福建、山西、浙江、湖广并额四十名，惟广西附广东二十五名。久之，贵州并试于云南。高丽、安南、占城各就本国乡试，贡赴京师会试，不以额。凡有过罢闲人吏、娼优之家，及仕宦已入流品，或曾于前元登科入仕者，并不许应试。会试后十日，各中式者面试骑射书算与律。定殿试出身，一甲第一名从六品，二名、三名正七品，并赐进士及第；二甲一十七名，正七品，赐进士出身；三甲八十名，正八品，赐同进士出身。历朝遵行，无复更定。是年，主试为御史中丞刘基、治书侍御史秦裕伯。宋濂为之序。乡贡士一百二十三人，中式者七十二人。初场经书义各一道，二场论诰表笺内科一道，三场策一道。试文略仍元制。

四年辛亥二月，合诸省共会试。有知贡举、主文、同考、掌卷、提调、印卷、受卷、弥封、誊录、对读等官。凡前学士、前贡士皆预。就试一百八十九人，中式俞友仁等一百二十人。九月始殿试，有总提调、提调、读卷、监试、掌卷、受卷、弥封、对读等官。赐吴伯宗、郭翀、吴公达等及第出身有差。初拟翀第一，貌寝，改伯宗。伯宗名祐，以字行，庚戌解元。其府判王巘梦乡解当复为状头，果然。授员外郎。余及出身主事，同出身县丞。高丽入试三人，惟金涛登第，授安丘县丞。外林实、刘伯儒以不通华言归国。时儒籍中者六十三人。而李森，都察院吏；南旻，刑部吏；郑温，松陵驿丞。时连举乡试三年。壬子，增四川行省乡试。中式即赴铨用，悉免会试。时解缙父主考江西，未尝分籍。是后或儒士主考、品官同考不等。序文亦不拘篇数。序中或书总兵武职、镇守中官。时用字不讳，但“光”字、“则”字往往罹显祸云。中式石坚，系军伍。

六年，以有司所贡文词可观，不堪任用，诏暂停科举，专任荐辟。而前解额年最少者，河南为张唯、王辉、李端、张翀，山东为王琏、张凤、任敬、陈敏、马亮，共九人，授编修。又选国子监生蒋学等六人授给事中，并赴文华殿肄业。命太子赞善大夫宋濂、太子正字桂彦良分教之。

十七年甲子，复命礼部颁行科举成式。三年大比，子午卯酉乡试，辰戌丑未会试。乡试以八月九日、十二日、十五日，会试以二月，殿试以三月之一日。第一场《四书》义三道，每二百字以上；经义四道，每三百字以上。未能者，许各减一道。《书》义主朱子《集注》，经义、《诗》主朱子《集注》，《易》主程朱《传》、《义》（后世专主朱解，坊刻废程义不问）。《书》主蔡氏《传》及古注疏，《春秋》主左氏、公羊、谷梁、胡氏、张洽《传》，《礼记》主古注疏、陈氏。二场试论一道，三百字以上；判语五条；诏诰表章内科一道。三场试经史策五道，未能者，许减其二，俱三百字以上。其会试如之。凡主考官二人，聘以文币，各二表里。同考试官，乡试四人，会试八人，聘以表里。回避御名、庙讳。禁讲问、代冒、匿丧、门地等弊。是年，应天中式廖孟瞻等二百二十九人，内多太学生。上悦，命有司出榜原籍旌之。其岁贡生在京中式者，亦令出榜原籍。榜载圣谕如习常语，不文。

十八年乙丑二月，会试贡士，黄子澄第一，练子宁次之，后皆为忠臣。花纶又次之，浙江解元也。合中式四百七十二人。三月殿试，赐花纶及子宁、子澄等及第出身有差。既启封，而上以夜梦故，改丁显第一，纶第三，而抑子澄三甲，为庶吉士。一甲俱授修撰，二甲马京为编修，吴文为检讨，李震为承敕郎，陈广为中书舍人，三甲危瓛为卫府纪善，李鸣冈为潭府奉祠正，杨靖为吏科庶吉士，黄耕为承敕郎，蹇瑢等为中书舍人，邹仲实为国子助教。诸进士观政翰林院、承敕监、近侍衙门者，称庶吉士；在六部，称进士。时有为参军府庶吉士者。凡岁贡，一试不中，还学读书；再不中，罚为吏，教官罚俸。

二十一年戊辰，试贡士，得施显等九十七人。赐任亨泰、唐震、卢原质等及第出身有差。赐坊亨泰于襄阳。亨泰以编修被知遇，每呼不名。原质为忠臣。刻程文自是年始。

二十四年辛未，试贡士，得许观等三十一人。赐许观、张显宗、吴信等及第出身有差。观原姓黄，以父赘许，从母姓，建文中改姓，为忠臣。擢下第举人张孟镛为主事。诏科举、岁贡命题于《大诰》中科取。是年始有试录定式，以后遵行。

二十七年甲戌，试贡士，得彭德（后更名泰）等一百人。赐张信、戴德彝、景清等及第出身有差。后信以侍读教韩王写杜诗，坐含刺忤旨，又敕稿削御制二语，复坐考试事伏诛。而彭泰亦坐事除名。两第一皆不终。清为忠臣。清本姓耿，报籍误景。

三十年丁丑，试贡士，得宋琮等五十一人。赐福建陈䢵第一，尹昌隆、刘士谔次之。后昌隆入乘时。时大江以北无预者，下第咸蜚语噪之，诏覆试，文多不称。上怒，罪考官刘三吾、白信蹈等，追附三吾胡蓝之党。御殿亲试，得韩克忠、王恕、焦胜等。世称为南北榜。克忠等三人为修撰、编修、行人司副，进士陈善为行人，陈诚为检讨。䢵与第三士谔安置边卫，赦回，授官，卒杀之。会试第一琮，拜御史。明年，再试寄监下第举人，中式者四百一十五人，次其等第，除教授、教谕、训导。不中者八十七人，为州吏目。

建文二年庚辰，试贡士，得吴溥等百十有八人。赐胡广、王艮、李贯等及第出身有差。四人皆江西籍。初拟艮第一，以貌不如广，更之。御改广为靖。及第者俱授修撰。二甲首三人授编修，余授给事中。始定乙榜举人署教职，年未三十者听，给俸三年，复预会试。其所教得中乡试者，就进士出身资格递升一级，否，从本级。其下第而所教得中乡试者，与实授。

四年，以逊国用兵处不及乡试。

永乐元年癸未，以靖难渡江，不克，如期会试。八月，补旧年用兵处乡试。

二年甲申二月，补会试贡士，得杨相等四百三十二人。赐曾棨、周述、周孟简等及第出身有差。洪武中多亲制策问，时特命学士采辑礼乐制度为问，棨对特详，几二万言不属草。上手评“贯通经史，识达天人”等语。又以述与孟简从兄弟，嫌弟先于兄，为更置之。是后定例：状元授修撰，二三名授编修。旋命翰林院试下第举人张钦等六十一人，召见，赐冠带，就学国子监。诏选进士二十八人入文渊阁，以比二十八宿云，号庶吉士。先是，刘子钦会试后，翰林解缙赏其才，嘱曰：“状元属子矣。”子钦辄自负不下。缙又密以题意示曾棨，棨得状元，而子钦次十名之外，终于教职云。时会元系泰和，状元丰城，又榜眼、探花及二甲一二三四皆吉安府。按同榜江西中式一百十人，而吉安占三十有六，吉水刘子钦又系解元。是科人才，莫盛于江西。

四年丙戌，试贡士，得朱缙等二百二十人。赐林环、陈金、刘素等及第出身有差。时举人监生被选习四彝译书者，俱得与《春秋》试，但识卷尾，场毕先送翰林定去取，复送入场定榜。既登第，仍在馆译书。复取副榜举人廷试之，擢周翰等三人，俱赐冠带，读书太学。至宣德中，犹循此例。后不复行。

五年，云南始开科。

七年己丑，帝巡狩北京。二月，监国试贡士，得陈璲等九十五人，候驾回殿试。御史劾出题《孟子节文》、《尚书》“洪范九畴”偏题，诏主试邹缉、徐善述俱下狱。是科皇太子在南都。廷试副榜第一人孔鹗，赐出身，为左春坊左中允。鹗系先圣五十七代孙。

九年辛卯三月，补殿试，赐进士萧时中、苗衷、黄赐等及第出身有差。命翰林院覆试下第举人，得熊概、金犀、张铉等十余人，赐冠带，入国学，以俟后举。

十年壬辰，试贡士，得林志等一百人。上亲览试策，称马铎气象广大。赐铎及林志、王珏等及第出身有差。

十二年，北京行部请举乡试。始命翰林侍读曾棨、侍讲邹缉为主考。监国命司经局洗马兼编修杨溥、编修周述主应天乡试。此两京主试之始。

十三年乙未，始诏天下举人会试北平。二月，会试，得洪英等三百五十人。初录陈循，与主考梁潜同乡，避嫌，置第二。复简程文秸，又以秸字难解，乃抑第三。洪为第一。时第二、第三皆《书经》，称六魁。而王翱第五，及第六皆儒士。上喜畿甸抡魁，翱以布衣召见，赐酒食。既殿试，赐陈循、李贞、陈景著等及第出身有差。循系甲午解元，几掇三元，后为名臣。试下第举人，取二十四人，并赐冠带，给教谕俸，送国子监肄业。

十六年戊戌，始命翰林主考。二月，行在试贡士，得董璘等二百五十人。赐李骐、刘江、邓真等及第出身有差。骐初名马，上手更之。与壬辰状元马铎同母异父，丁酉解元也。诏进士年二十以下者归本学肄业，预注职衔。

十九年辛丑，试贡士，得陈忠等二百人。赐曾鹤龄、刘矩、裴纶等及第出身有差。初拟刘矩第一，上以梦故，遂更之。

二十一年，广东乡榜中式文中，病未及会试，内艰。宣德六年赴部，以违限，充大通关提举司。寻覆试复之。

二十二年甲辰，试贡士，得叶恩等百五十人。赐邢宽、梁禋、孙曰恭等及第出身有差。初曰恭拟第一，上嫌"曰恭"二字合为"暴"，乃曰："孙暴不如邢宽。"仍用朱书亲填黄榜，一时称为盛事。

洪熙元年，宣宗即位。七月，定会试南北中三卷。先是，仁庙拟一科每百人，以六四判南北。是时三分之，姑以百名为率，南北各退五名为中卷。北卷则北直隶、山东、河南、山西、陕西，中卷则四川、广西、云南、贵州及庐、凤二府，徐、滁、和三州，余皆属南卷。定额：南京及国学八十名，北京及国学五十名，江西五十名，浙江、福建各四十五名，湖广、广东各四十名，河南、四川各三十五名，陕西、山东、山西各三十名，广西二十名，云南十名，贵州愿试者就试湖广。时上亲征逆汉，顺天不及乡试。时乡试中式李志道，系军伍。

宣德二年丁未，试贡士，得赵鼎等一百人。赐马愉、杜宁、谢琏等及第出身有差。先是，乡试有王子璠者，已抡魁。拆号，姓名类王子反。主考以汉初平嫌，已之。后改子玉，进士，为翰林。按宣德以前十五科，无北士居及第第一者，自愉始。是科命进士江玉琳等九十六人归家力学，止取原习译书邢恭为庶吉士。

宣德五年庚戌，试贡士，得陈诏等一百人。赐林震、龚锜、林文等及第出身有差。时试录礼部尚书称总提调兼知贡举，革掌行科举文字。执事官由举人称贡士。赋《策士歌》示读卷官。

七年九月，顺天府尹李庸检举乡试诈冒事，言官请治庸罪。上姑宥之，曰："斯事因庸觉察，不然，弊不复露矣。"

八年癸丑，试贡士，得刘哲等一百人。赐曹鼐、赵恢、钟复等及第出身有差。随选进士六人。命乙榜少年美质者二十四人送国子监，仍赐冠带，给训导俸。翰林院三月一试之，以俟后举。鼐以乡荐就代州学正，改泰和典史，自请与会试，为第一人，后死土木之难。帝亲试三科进士于文华殿。

正统元年丙辰，诏增乡试额，顺天至八十人，应天满百人，浙江、福建六十人，江西六十五人，河南、广东五十人，湖广五十五人，山东、四川四十五人，陕西、山西四十人，广西三十人，云南二十人。自后科始。三月，策进士刘定之等一百人。赐周旋、陈文、刘定之等及第出身有差。廷试时，读卷微问同事："周旋人物何如?"同事误听以为周瑄，微曰："白皙而伟。"及首捷，则大畔此语。

三年八月，顺天初场火，试卷残缺，诏更试日。

四年乙未，试贡士，得杨鼎等一百人。赐施槃、杨鼎、倪谦等及第出身有差。初，上取昆山张和第一，使黄门密侦之，以有目眚，置二甲第一名，而易槃。

七年壬戌，试贡士，得姚夔等一百五十人。赐刘俨、吕原、黄谏等及第出身有差。

是科同考有永新知县陈员韬、京卫教授纪振，俱系进士。其杂流中式，有岐阳教训彭学，及都察院吏、刑部吏并驿丞。

十年乙丑二月会试，同考一教授、二教谕。三月，策贡士商辂等一百三十人。赐商辂、周洪谟、刘俊等及第出身有差。辂，宣德乙卯乡试亦居第一，称三元，为名臣。是科试录，“天”字作“萸”写。廷试读卷为兵部尚书徐晞、户部侍郎李亨，皆从吏员起。命副榜及下第者九百余人俱入太学。

十三年戊辰二月会试，同考二教谕、二训导。得岳正等一百五十人。办事官舒廷谟亦预中式。三月，赐彭时、陈鉴、岳正等及第出身有差。时谢恩失期，锦衣卫奉旨出寻时，上不问，后为名臣。《登科录》：李泰填三代，书父永昌司礼监太监。时读卷官太常少卿程南，系习书字人。右都御史、掌鸿胪寺杨善，系生员出身。是科杂流中式舒廷谟及汪甫，燕山卫小旗；李泰，太监李永昌养子。

景泰元年，顺天乡试，解首刘宣系卢龙卫军。时同考以军故争之，主考刘铉不夺，卒首宣。

二年辛未，试贡士，得吴汇等二百人。赐柯潜、刘昇、王㑥等及第出身有差。是科读卷官工部尚书、大学士列礼部尚书后。先是，诏不分南北。给事中李侃争之。礼部覆奏：“古周公、孔子皆北方中土人。即靖远伯王骥、左都御史王翱、王文，皆永乐中不分南北所取士。”遂如诏行。殿试时，王越卷为大风扬去，上复给卷足成之。有吴祯者，以民人译字四彝馆，得中乡会试。

四年，顺天榜二百五十名，内儒士十人，译字、听选、书算、承差、都吏、令史、卫吏、医士、武生、军余、军舍、人军共二十五人。福建溢额至二百二十七人，莆田居四十。礼部主事周骙奏严娼优吏卒、刑丧过犯之禁，及容情、冒名、冒籍、换卷、截卷、传提、关节诸弊。时顺天乡首解为吉安罗崇岳，以冒籍，黜充原籍学生。至丙子，复荐江西。山西解首谢廷桂，其分考徐霖批有“文与人同，理与人异”之语，都御史李秉疑有蹈袭背理之弊，按之不果，诏治霖罪。

五年甲戌，诏同考官宜用京官由科第有学行者，不得用教官。著为令。有《登科录》牛轮者，书叔玉司礼监左监丞。三月，策进士彭华等三百五十人。赐孙贤、徐溥、徐辖等及第出身有差。贤貌黑，溥白，辖黄，一时称“铁状元，银榜眼，金探花”云。同榜有杂流译字官吴祯。有交趾黎庸者，清威人；阮勤者，多翼人。二人愿留中国。

七年，增解额，两直隶各三十五名，江、浙、湖、河及山东各三十名，两广、川、陕及山西各增二十名，云南增十名。大学士陈循、王文以译字官刘淳送试不中，谓考官刘俨、黄谏不遵旧制，且以其子瑛、伦见格，称鉴别不公，遂指出题偏驳，犯宣宗御讳，为考官罪。诏覆验。发号，五魁与原榜合，惟第六名林珽朱卷无判语。珽及房考官俱下卫狱鞫讯，余不问。诏准瑛、伦一体会试。言官讦阁臣私其子，上以辅道功宽之。覆验官大学士高谷乞致仕，不许。

天顺元年丁丑，试贡士，得夏积等三百人。赐黎淳、徐琼、陈秉中等及第出身有差。时同考多出权贵所荐，于是尚宝少卿钱溥、司丞李泰、翰林典籍徐㻒预。读卷官亦更旧例，武功伯徐有贞、靖远伯王骥、兴济伯杨善预。许道中之子、石亨之侄，皆以关节中式。场题“颜渊问为仁”二句，致失去上句。《孟》义“公都子之言”误云“告子”。歌谣遍长安，上不问。久之，石亨从子竟坐亨败除名，怨谤肆市。先是，岳阳楼案上忽有十二字云“岸嘴长，状元出。城巢鹳，藩王过”。时洞庭湖滨久不见嘴，忽沙垦似嘴，黎淳果殿试第一。而衡王初封，过楼下。或云吕仙笔迹也。

三年，顺天主考刘定之、倪谦坐妄讦，请戍。

四年庚辰，试贡士，得陈选等一百五十人。赐王一夔、李永通、郑环等及第出身有差。有下第举子万经，以大学士李贤弟让不预中式，揣贤必衔考官，鼓众腾谤。贤持之，荷校谤者。诏遵前朝例，庶吉士二十人。且谕阁臣贤宜止选北方，南方如彭时者方可入选。于是南选止三人，而张元桢得与。初，殿试拟祁顺压卷，以北方音，恐传胪时与御名相似，遂改用王一夔，而顺落二甲。时同榜交趾阮文英，慈山人；何广，扶宁人。

七年癸未二月会试，闱中大火，焚死者九十余人。主考官越墙免。上怜举子之被焚者，并赐进士出身，谕祭于郊。礼部尚书姚夔伏地大哭，哀动百里。苏人奚昌元作诗记事。八月补试，得吴钎等二百五十人，钎后改姓陆。明年殿试，赐彭教、吴钎、罗璟等及第出身有差。陆容尝自题《魁星图》，一夕失去，偶见此图陆鼎彝案上。是年，鼎彝中式而容落。同榜刘淳系译字官，马愈系天文生。

成化二年丙戌，试贡士，得章懋等三百五十人。赐罗伦、程敏政、陆简等及第出身有差。伦后为名臣。旧例，状元对策，必经删润入梓，独伦一字不窜。是科五经镌木各三首，二场刻诏一首。阁臣李贤婿程敏政、商辂子良臣亦预。而俞赞者，以译字得中乡会试。是年，裁定以二月七日锁闱。

五年己丑，试贡士，得费訚等二百五十人。赐张昇、丁溥、董越等及第出身有差。时进士张燧已拟首甲，以援例抑置二甲第一。是科三传胪俱张姓，昇与燧外，三甲第一为张晓。

六年八月，定科目出身，历事三年，不限内外，通选御史之职。中书舍人吕憙乞就顺天乡试，许之。

八年壬辰，试贡士，得吴宽等二百五十人。赐吴宽、刘震、李仁杰等及第出身有差。宽后为名臣。是年，以悼恭太子发引，改殿试于月望，后遂因之。重定科场条例：殿试后之三日，上御皇极殿，传胪官传旨唱名，礼部官捧黄榜，鼓乐，导挂长安右门。顺天府官仪从送状元归第。明日，赐宴礼部，竟席酒七爵。赴鸿胪寺习仪。二十一日，赐冠带。次日谢恩，又次日诣先师庙行释菜礼。国子监立石题名。后历朝遵为定制。

十年，黎淳、刘健主顺天乡试，录大有误，上命翰林官就闱中摹勘。淳以前后场文理悬甚，勾勘得截卷状发勘，故有是命。

十一年乙未，试贡士，得王鏊等三百人。赐谢迁、刘戬、王鏊等及第出身有差。鏊，甲午解元。或曰鏊已拟状元，主考大学士徐溥心忌，抑置第三。后鏊作座师墓表，有微词。

十三年，申饬科举定式，御讳、庙讳下一字减写笔画。

十四年戊戌，试贡士，得梁储等三百五十人。赐曾彦、杨守址、曾追等及第出身有差。时大学士万安得彦策，大称赏。且初过堂，美而颀长也，立持第一。彦实六十余，多髭，颓琐也。安为惘然，覆阅其策，平平无奇。同榜谭溥系山东□县驿丞。议各省主试亦如两京例，俱用翰林官，诏可。

十六年，浙江乡榜初以王华为首，监试以华白衣，置之，而首李旻。后两皆状元，华辛丑，旻甲辰。

十七年辛丑，试贡士，得赵宽等三百人。赐王华、黄恂、张天瑞等及第出身有差。华为守仁之父，得赠新建伯。先是，内阁刘诩使其子柬西席黄恂，汉七制、唐三宗、宋远过汉唐者八事宜知之。恂露此柬案上。顷，王华看恂，得柬，预构以应试，遂及第第一，黄次之。同榜李旦，系榆林卫军。

二十年甲辰，试贡士，得储瓘等三百人。赐李旻、白钺、王敕等及第出身有差。是科，瓘及旻、钺皆由解元，敕乡试亦第二，称一时之盛。杂流中式，总旗张纶、卫吏王璠。

二十二年，礼部奏乡榜卷多乖谬，诏追夺分考训导黄□原聘礼，所在御史按治之。有张□□□山东中式，督学毕瑜作诗褒之。有旨：举人授教□□□□□□许会试。

二十三年丁未，试贡士，得程楷等三百五十人。赐费宏、刘春、涂端等及第出身有差。是岁南北卷更减二以益中卷。

弘治元年，阁臣刘吉闻监中一老举人以诗嘲吉，吉恨之，奏举人监生三科不中者，不许会试。举人林润陈请再宽一科，许之。逾年，弛此例。

三年庚戌，试贡士，得钱福等三百人。赐钱福、刘存业、靳贵等及第出身有差。福廷试无草。许医生食粮执役者得应试。

六年癸丑，试贡士，得汪俊等三百人。赐毛澄、□□、罗钦顺等及第出身有差。澄后为名臣。是科以前，凡选庶吉士，必预呈窗课于内阁，略仿宋制科例，谓之投献。是后恐徇私，不许。明年，始命小录中考试等官不许称张公、李公。乙卯，有贤书代人乡闱及试礼部得俊，清议大作。是后定例，每学首验视其案中，入场毕，然后人。

八年，增云贵乡试，共五名。

九年丙辰，试贡士，得陈澜等三百人。赐朱希周、王瓒、陈澜等及第出身有差。希周后为名臣。□□□□试，有友送《宋鉴》云："司马公五规，不可不读。"朱留心。

十二年己未，试贡士，得伦文叙等三百人。赐伦文叙、丰熙、刘龙等及第出身有差。时南畿□□□□□同里□□□题，并累诏勒副主考、礼部侍郎□□□□□更黜□□□余人。言官林廷玉等亦坐调。落职数人。

十五年壬戌，试贡士，得鲁铎等三百人。赐康海、孙清、李廷相等及第出身有差。海为名臣，以救李梦阳误□□□□。有一士已通关节，即号舍，忽天色昏黯，似有人□□□舍前，惊惧，究不能书一字。

十七年，始议京官出考各省。惟浙江聘杨廉，山东聘王□仁，时皆在告。

十八年乙丑，试贡士，得董玘等三百三人。□□□□，祈得真才。会榜，玘之下，湛若水、崔诜、谢丕、□□□□□林。赐顾鼎臣、董玘、谢丕等及第出身有差。□□□□臣。初，阁臣拟魏校第一，因校策有“陛下在坤宁之时多，在乾清宫之时少”等语，遂置二甲第九，而更鼎臣。

正德元年，始行武举，三年一次。文举□□开科入试，钦命试官，有录进呈，揭榜于兵部，赐宴于中府。

三年戊辰，试贡士，得邵锐等三百四十九人。赐吕柟、景旸、戴大宾等及第出身有差。柟后为名臣。时阁臣焦芳子黄中二甲第一，刘宇子仁二甲第四，皆逆瑾党也。因刻程黄中及三甲第一胡缵宗策，诏授翰林院简讨。改仁及邵锐、黄中为庶吉士，俱不由馆试。逾月，黄中、仁、锐并骤擢编修，黄中再进侍读。焦芳为《题名记》，盛称所改之制为当。后瑾诛，黄中、仁咸削为民。锐、缵宗并坐贬。相传会试锁院后，逆瑾以片楮刻五十人姓名投之，主司不敢拒。瑾曰：“比开科，增额为是也。”于是大增外省解额。陕西原额三十五名，以瑾旧籍，增满百名。时有倚马万言科，相传进士徐子熙称旨。

六年辛未，试贡士，得邹守益等三百五十人。赐杨慎、余本、邹守益等及第出身有差。慎为名臣。初，慎父大学士廷和请回避，不许。或传首揆李文正预示慎策题，以是得首诸策。言官复论副考学士靳贵家人鬻题通贿，不报。给事中陈鼎发四川中式廖鹏之子铠冒籍有弊，反为所中，坐削籍。

九年甲戌，试贡士，得霍韬等四百人。赐唐皋、黄初、蔡昂等及第出身有差。初与大学士费宏同籍，朱宁论宏私其乡人，罢去。上尝手摘《会试录》越例三条，使太监张永传谕阁臣：“姑念衙门体面，但与先生辈知之。”

十二年丁丑，试贡士，得伦以训等三百五十人。伦下汪应轸、叶式、江晖、王廷五魁皆入翰林。赐舒芬、伦以训、崔桐等及第出身有差。芬后为名臣。先是，大学士靳贵以病在告，临场忽愈，入主会试，益滋群议，致仕去。时督学萧鸣凤谙星命，预告人今科舒梓溪当压辈，果然。芬因就质终身，曰：“功名寿算，总与罗一峰上下。”后果谪闽提举，寿亦止此，且配食一峰祠。

十四年，江西以宸濠乱，辍乡试。

十五年庚辰，试贡士，得张治等三百五十人。时上方南巡，未及殿试。世庙入继大统，于辛巳之二月望御门策士。赐杨维聪、陆钎、费懋中等及第出身有差。

嘉靖元年，江西以前辍试，亦倍增解额为一百九十名。

二年癸未，试贡士，得李舜臣等四百人。赐姚涞、王教、徐阶等及第出身有差。

五年丙戌，试贡士，得赵时泰等三百人。赐龚用卿、杨维杰、欧阳衢等及第出身有差。先是，殿试弥封官潜识会试前列送阁，以备一甲之选。至是革之，著为令。

六年，张璁请各省如两京例，京官主试。两京分考尽用甲科，宜一例行。

七年，准主考外省用科部等官二人。顺天榜后，御史周易论中式卷裁改圣经，且复失体。主试右春坊右庶子韩邦奇降南京太仆寺丞，左春坊左庶子方鹏夺俸。

八年己丑三月，主会试系大礼贵人张孚敬、霍韬。初变文格，主简劲，程文仅三百言。得唐顺之三百人。殿试，御制策题。赐罗洪先、程文德、杨名等及第出身有差。洪先后为名臣。时呈览洪先等三人外，又三卷为唐顺之、陈束、任瀚，上皆手评。于洪先曰："学正有见，言说而意必忠。"于文德曰："探本之论。"于名曰："能守圣学。"于顺之曰："条论精详。"于束曰："'仁智之用，本之吾心。'此不易之论。"于瀚曰："'勉吾敬一之为主。'忠哉!"六卷除一甲外，余皆列庶吉士。

十年正月，定科举、岁贡、荐举三途并用。十月，辽东生儒原试山东，德州卫生儒原试顺天，两易。

十一年壬辰，礼部尚书夏言请禁浮诞磔裂，以正文体。上可之。三月，策进士林春等三百二十人。赐林大钦、孔天胤、高节等及第出身有差。先是，仪制司奉旨饬勉诸士，大钦后至，无所闻。及入对，起不用对冒，文气娇越，置第三，上手拔之。天胤以王亲例补外，为湖广提学佥事。是岁，庶吉士已定，上疑，报罢，复选吕怀等十一人，并前钱亮等共二十一人。嗣试就教选贡士于礼部。主试言倡韵为诗，同官及诸士咸有和，为盛事。

十三年，顺天乡试，进题迟。时吏部尚书汪鋐有子不第，上疏指摘主考廖道南场事，不问。尝有进呈试卷，结用"作聪明"等语，坐诽谤死。又或以大本堂作表题，及闻此堂为懿文皇太子事，惊惧欲死，厚赂阁下得免。至有"幅员"作"幅帧"书者。

十四年乙未，试贡士，得许谷等三百三十人。赐韩应龙、孙升、吴山等及第出身有差。时进呈李机等十二卷，皆有御批。于应龙曰："是题本意。"于升曰："说仁礼之意好。"于山曰："敬为心学之极，此论好。"及考庶吉士，题由睿制。七月，诏贵州另自开科取士，试格悉如各省。

十六年，上览应天试录，考官失填名，策题对语颇多讥讪。自主考江汝璧、欧阳衢以下，俱逮治，所中式不许会试。礼部尚书严嵩奏："广东试录，如'圣谟'、'帝懿'、'四郊'、'上'、'帝'俱不行抬头，及称'陈白沙'、'伦迂冈'，有失君前臣名之义。且文体大坏，词义荒谬。"有旨："考官学正王本、布政司陆杰、按察司蒋淦等俱本省拷问，御史金光法司逮问。'白沙为老者安之'三句，破题曰'物各有其等，圣人等其等'，大乖制体。"先是，贵州附云南乡试，共五十五名。是年分科，云南增至四十名，贵州增至二十五名。湖广龙潜之地，增至九十名。

十七年戊戌正月，礼部请正文体，禁引用庄列不经语。诏可。试贡士，得袁炜等三百二十人。阁拟陆师道一甲第一，上手判二甲第五，取袁炜第一。文华殿宣读已出，上复改为第三，特简茅瓒第一，而罗珵次之，炜又次之。

十九年，增湖广解额五名。戒乡试卷离经叛道，治试官及监临罪。

二十年辛丑，策贡士，得林树声等三百人，后改姓陆。赐沈坤、潘晟、邢一凤等及第出身有差。坤后以祭酒为御史林润所劾，死狱中。

二十二年，以山东、贵州试录含讥讪，内外帘逮罪有差。监临御史叶经毙杖下，魏洪冕黜为民。革顺天中式冒籍郑梦纲、陶大壮等六人原籍应试。又发主试翰林浦应麒等卖题事，并主试秦鸣夏俱逮治。革举人翟钟玉等。后戊午，大壮改大顺，举浙江乡试第四，乙丑与子允淳同榜。时福建乡解第三黄谦、第四林御成、第五江从春，而广西第二林文宾，皆系莆田人，莆田立五魁坊。

二十三年甲辰，试贡士，得瞿景淳等三百人。赐秦鸣雷、瞿景淳、吴情等及第出身有差。时阁拟吴情第一，北音呼无为吴，上曰："无情岂宜第一！"因夜闻雷声，遂拔鸣雷为首。是科主会试礼部尚书张潮病卒贡院，《试录后序》同考修撰茅瓒代为之。及殿试，上拟弥封卷内，必有大学士少傅翟銮之子汝俭、汝孝二人名，改第一为第三，复改第三为二甲第四。拆卷，第三者果汝孝也。给事中王蛟、王尧等遂合论主考汪汝璧、沈坤，分考彭凤、欧阳暎、高节朋私通贿，云大学士銮子汝俭、汝孝与其业师崔奇勋、姻契焦清坐系一号中式，又系同盟。分考欧阳暎素系俭、孝之师，引嫌别经，助本房彭凤搜卷。又中式陆炜、彭谦、汪一中系入贿坤、节所得，宜明正其罪。诏銮及其子俭、孝、奇勋、清俱为民，汝璧等罪轻重差，彭谦死杖下。时有"一銮当道，双凤齐鸣"之谣。上怒不可解，于是言官又追论顺天乡试有弊十三人，诏分别处分。

二十五年，增贵州乡解五名，共三十名。

二十六年丁未，试贡士，得胡正蒙等三百人。赐李春芳、张春、胡正蒙等及第出身有差。春芳后为名臣。

二十八年，应天乡试呈策，言"初开内阁，俱由翰林"。时无发其谬者。盖永乐时七人中，为中书舍人、为审理副、为给事中，亦预。

二十九年庚戌，试贡士，得傅夏器等三百人。赐唐汝楫、吕调阳、姜金和等及第出身有差。或曰汝楫与首辅有连，故得殊拔。

三十二年癸丑，试贡士，得曹大章等四百人。赐陈谨、曹大章、温应禄等及第出身有差。

三十五年丙辰，试贡士，得金达等三百人。赐诸大绶、陶大临、金达等及第出身有差。

三十八年己未，试贡士，得蔡茂春等三百人。赐丁士美、毛惇元、林士章等及第出身有差。

四十年，给事中丘岳等奏应天录文已经传布，而考官吴情屡行改易，监场胡杰不行救正，合是同弊。各调外任。情系无锡人，时同邑得俊十三人，物论大哗。自是南畿之在翰林者，不得主南试，以为例。

四十一年壬戌，试贡士，得王锡爵等三百人。赐申时行、王锡爵、余有丁等及第出身有差。兵部尚书杨博、左都御史潘恩以子中式，辞读卷，不许。是科考庶吉士，得旨行矣，以科疏罢。

四十三年，黜顺天乡试中式陈道箴、吕祖望等回籍充附。又冒籍章礼五人原籍勘实奏夺。高堂、项元深覆试免议。以后两京同考，仍用教职，罢部遣。

四十四年乙丑，以闱弊滋多，有替代、怀挟、买号，不胜数，诏加监试二名。试贡士，得陈栋等四百人。赐范应期、李自华、陈栋等及第出身有差。应期后以祭酒致仕，以物议坐累，自经死。是科陶大顺与子允淳同榜进士。

隆庆元年，上用言官议，革去“皿”字号。两监中式，大不如额，南监生哗。诏治哗者，编号如初。

二年戊辰，策贡士，得田一儁等三百五十人。赐罗万化、黄凤翔、赵志皋等及第出身有差。时阁拟定李长春、王家屏、田一儁，忽内旨更用二甲前列万化等。

四年，顺天试录进呈，有重叶者，夺府丞宋纁等俸两月。江西乡试，其落提学科案者几四万人，覆校，都司署喧呶。都司王国光呵叱之，扰相践踏，死者六十余人。诏国光行抚臣逮问，提学官陈万言以不及，降调。

五年辛未，策贡士邓以讚等四百人。赐张元忭、刘瑊、邓以讚等及第出身有差。元忭后为名臣。

万历元年，湖广乡试，当国大学士张居正子嗣文得中式。文兄懋修之预顺天试者不得中式。时顺天主考为侍读王锡爵、编修陈经邦。

二年甲戌，试贡士，得孙鑛等三百五十人。居正子嗣文不预。赐孙继皋、俞梦麟、王应选等及第出身有差。

四年，顺天乡试，大学士居正次子嗣修中式。时同考官吕调阳子兴周、张四维子嘉祯各中式本籍。

五年丁丑，试贡士，得冯梦祯等三百五十人。赐沈懋学、张嗣修、曾朝节等及第出身有差。时拟宋希尧一甲第一，嗣修二甲第一。及拆卷，上特置嗣修第二，盖慈寿太后及大珰冯保意也。希尧遂居二甲第一，而易懋学。

七年，湖广乡试，首辅居正子懋修中式。

八年庚辰，试贡士，得萧良有等三百人。时懋修与其兄敬修、次辅四维子嘉祯复俱中式。敬修即嗣文也。殿试，赐张懋修、萧良有、王廷撰等及第出身有差。时一甲俱有兄弟同榜，懋修、敬修外，良有弟良誉、廷撰弟廷谕。懋修后坐革。

十年八月，新首辅张四维子甲征山西中式第二名。次辅申时行子用懋顺天中式第六名，次子用嘉浙江中式。太宰王国光子甲、少宰王篆子之衡俱中式本籍。篆次子之鼎亦中式应天。言官遂论居正私其三子，而并及所昵篆。坐中式者俱勒为民。时居正已卒，不究试事。

十一年癸未，试贡士，得李廷机等三百六十人。赐朱国祚、李廷机、刘应秋等及第出身有差。

十三年，奏定外省主试必用京官；分考，教官与有司合聘。中式到京，必行覆试。是年乡试后，顺天卷入内发还，无所问。卷中浙江冒籍者为胡正道等八人。都下蜚语哄闻，诏发原籍为民。并连编修史珂、主考张一桂褫调。而八人中，冯用诗、章维宁独拷讯枷示。各省见革者十余人。时御史丁此吕追论前应天主考侍郎高启愚命题“舜亦以命禹”，意在劝进太师，大不敬。启愚坐削夺去。（太师指张居正）

十四年丙戌，试贡士，得袁宗道等三百五十人。赐唐文献、杨道宾、舒弘志等及第出身有差。初，阁拟宗道第二，道宾第三。上以宗道卷大学士许国读之，音楚，置二甲第一，而拔进呈末卷舒弘志居第三。弘志年十九，策奇丽多规，抚臣应龙子也。时科臣朱维藩追论前壬午考官修撰沈懋学鬻题应天，诏五贡士赴京覆试。上黜贺学礼一人为民，懋学降一级调外。

十六年，浙江提学佥事苏濬、江西提学副使沈九畴坐所取优等卷怪诡罚俸。顺天中式李鼎，原名李一鹗，副使逊子也，南场以弊问斥，改名幸取，仍落为民。应天分考、当涂知县章嘉祯自行检举所取《诗经》“荒”字十号误将《春秋》“荒”字十号墨卷拆填，系曹祖正。奉旨查革，嘉祯罚俸五月。又礼部郎中高桂摘发顺天场弊，第四名郑国望稿止五篇；十一名李鸿篇中“囡”字；二十二名屠大壮多书别字，如“创”作“瓶”，如“阁”作“璧”，如“蜉蝣”作“浮游”；至于遗失朱卷，尤属弊端。又指内阁王锡爵子解元衡为可疑。诏覆试，准留。主事饶申复争之，归罪考官黄洪宪。申坐革职，桂降调边方。山东应试士子冯镇等阻挠搜简，杖斥。其中式贾三凤，国子监肄业，改省再考，方准会试。

十七年己丑，试贡士，得陶望龄等三百五十人。赐焦竑、吴道南、陶望龄等及第出身有差。

二十年壬辰，试贡士，得吴默等三百人。赐翁正春、史继阶、顾天峻等及第出身有差。正春以龙溪教谕发第。

二十二年，诏增监生中式二十名，不为例。

二十三年乙未，试贡士，得汤宾尹等三百人。赐朱之蕃、汤宾尹、孙慎行等及第出身有差。

二十五年，两京各增监生中式十名，不为例。时顺天文多奇诡，偏坐副主考焦竑外调，中式数人被革。后定离经之禁。

二十六年戊戌，试贡士，得顾起元等三百人。赐赵秉忠、邵景尧、顾起元等及第出身有差。

二十八年，诏增监生中式十五名，不为例。

二十九年辛丑，试贡士，得许獬等三百人。赐张以诚、王衡、曾可前等及第出身有差。以诚以选贡生及第。

三十二年甲辰，试贡士，得杨守勤等三百人。赐杨守勤、孙承宗、吴宗达等及第出身有差。

三十五年丁未，试贡士，得施凤来等三百人。赐黄士俊、施凤来、张瑞图等及第出身有差。

三十七年，辽东原属山东，诏以地辽远，改入试顺天，特增辽东中式五名，著为令，以“夹”字编号。

三十八年庚戌，试贡士，得韩敬等三百人。赐韩敬、马之麒、钱谦益等及第出身有差。自丙戌以来，庶吉士每科皆选，诏依往例，每隔科一选。

四十年，应天、浙江、江西、湖广、陕西主考官，部阁屡疏，至七月终始下，以致应天、陕西初场改八月十九日，江西改八月二十六日，浙江、湖广改二十九日。

四十年，诏增顺天、应天乡解各十名，陕西五名。华亭张拱端、履端、轨端同榜，系同胞兄弟。

四十一年癸丑，会试，得周延儒等三百五十人。时内阁止叶向高一人入阁，犹兼票拟。中使捧本到门，监临御史送至院门外，中门开，内阁官捧入内帘。门开，置本于案。中书官接入。票既，复开门，传送中使进御。日以为常。科臣官应震奏廷对关防宜密，均二甲而州部何以分，均三甲而中行推知，忽前忽后，漫无定衡，使排卷官得工下其手，避五避十，取一取六，滋弊不少。宜糊名易书，后先预定，可无希幸。三月殿试，赐周延儒、庄奇显、赵思尹等及第出身有差。延儒后以大学士得罪，暴卒。

四十三年，诏增中式应天十三名，浙江七名，江、福、河、湖、山东西、广东、四川各五名，广西三名，云、贵各二名。又诏顺天解首须用本省人，著为令。

四十四年丙辰，试贡士，得沈同和等三百五十人。主考吴道南及房考韩光祐自行检举同和卷前四首系坊刻时文，逮讯。后三篇为同号赵鸣阳所口授。鸣阳亦中式第六名。沈遣戍，赵为民。三月殿试，赐钱士升、贺逢圣、林钎等及第出身有差。先是乙卯，南场有鱼见于圊，论者谓文明失位之象。吴人谣曰："丙辰会录，断幺绝六。"鸣阳最有才名，士论惜之。逢圣后死国。

四十六年，以主考命不下，应天、浙江、江西、湖广、河南、陕西六省更期入闱。

四十七年己未，试贡士，得庄际昌等三百十人。赐庄际昌、孔贞运、陈子壮等及第出身有差。际昌进呈卷有别字，有洗补字，"醪纩"，"醪"字写作"胶"字。科臣杨涟疏曰："以状元而别字，必全榜皆不识字人乃可。以状元而洗补，必全榜皆曳白乃可。"一时韪其直言，不问。

天启元年辛酉，浙江主试钱谦益所中式钱千秋，首场七篇，文尾合之为"一朝平步上青天"之句，被讦。实千秋素负才誉，奇奸为伪关节，以希幸获，谦益不知也。后坐是为口实，不及枚卜。诏加额两京各五名，"皿"字号各十五名，不为例。大省三名，中省二名，小省一名，亦不为例。圣裔及宗生中式本省，于原额外不拘名数。禁分房互搜。巡抚薛国用请复辽东科举，以乱后废阁故也。覆试举人张世伟照常会试。

二年壬戌，试贡士，得刘必达等三百人。四月，补殿试，赐文震孟、傅冠、陈仁锡等及第出身有差。一甲后皆为名臣。乡试查廷棣、高如麟、张惟勤等覆试，免议。科臣甄淑请文武一例殿试，下部，不果。

五年乙丑，追论湖广、山东、江西、福建乡试策问含讥讪，正副主考八人咸降三级调外。独陈子壮坐试录讥讪，连其父科臣熙昌并削夺。二月，策贡士华琪芳等三百人。赐余煌、华琪芳、吴孔嘉等及第出身有差。煌后为忠臣。

六年，以典试郝土膏策文讪上，提问追赃重拟。

七年，诏辽东定额中式四名，预山东榜者一，其三权试于宁前道，俟后科尽属顺天。

崇祯元年戊辰，试贡士，得曹勋等三百人。赐刘若宰、何瑞征、管绍宁等及第出身有差。

四年辛未，试贡士，得吴伟业等三百人。赐陈于泰、吴伟业、夏曰瑚等及第出身有差。

七年甲戌，试贡士，得李青等三百人。赐刘理顺、吴国华、杨昌祚等及第出身有差。理顺后为忠臣。

九年，诏定乡会试二三场兼武经书算，中式者试骑射。

十年丁丑，试贡士，得吴贞启等三百人。赐刘同升、陈之遴、赵士春等及第出身有差。刘后为忠臣。

十二年，诏会试先期较射，定为例。

十三年庚辰，试贡士，得杨琼芳等三百人。赐魏藻德、葛世振、高尔俨等及第出身有差。

十五年，浙江乡试查嗣馨病中语人："今科闱题务本二句，中式同姓二人。"果以此题与继甲同榜。

十六年癸未，试贡士，得陈名夏等四百人。赐杨廷鉴、宋之绳、陈名夏等及第出身有差。

乙酉，唐藩南奔闽，称福京，开乡试。诏编修刘以修为主考，流寓福京者亦预试。榜首为胡姓者，失其名，共二百四十人。主嫌胡字与建文初试首赐胡广同姓，故诏覆试，亲定，乙百六人，以叶瓒为解首，而胡居第三。

乙未，桂主安龙亲试，赐刘蒞、钱秉镫等八人进士，五人授翰林，三人科道。

□□，桂主开乡试于云南，以翰林杨在、汪蛟为主考，得王□□□等三十余人。

（清）张廷玉等《明史》卷七十·志第四十六·选举二　三年大比，以诸生试之直省，曰乡试，中式者为举人。次年以举人试之京师，曰会试。中式者天子亲策于廷，曰廷试，亦曰殿试。分一、二、三甲以为名第之次。一甲止三人，曰状元、榜眼、探花，赐进士及第。二甲若干人，赐进士出身。三甲若干人，赐同进士出身。状元、榜眼、探花之名，制所定也。而士大夫又通以乡试第一为解元，会试第一为会元，二、三甲第一为传胪云。

又　初，太祖起事，首罗贤才。吴元年设文武二科取士之令，使有司劝谕民间秀士及智勇之人，以时勉学，俟开举之岁，充贡京师。洪武三年诏曰："汉、唐及宋，取士各有定制，然但贵文学而不求德艺之全。前元待士甚优，而权豪势要，每纳奔竞之人，夤缘阿附，辄窃仕禄。其怀材抱道者，耻与并进，甘隐山林而不出。风俗之弊，一至于此。自今年八月始，特设科举，务取经明行修、博通古今、名实相称者。朕将亲策于廷，第其高下而任之以官。使中外文臣皆由科举而进，非科举者毋得与官。"于是京师行省各举乡试：直隶贡额百人，河南、山东、山西、陕西、北平、福建、江西、浙江、湖广皆四十人，广西、广东皆二十五人，才多或不及者，不拘额数。高丽、安南、占城，诏许其国士子于本国乡试，贡赴京师。明年会试，取中一百二十名。帝亲制策问，试于奉天殿，擢吴伯宗第一。午门外张挂黄榜，奉天殿宣谕，赐宴中书省。授伯宗为礼部员外郎，余以次授官有差。

又　历科事迹稍异者：永乐初，兵革仓猝。元年癸未，始令各省乡试。二年甲申会试，以事变不循午未之旧。七年己丑会试，中陈燧等九十五人。成祖方北征，皇太子令送国子监进学，俟车驾还京廷试。九年辛卯，始擢萧时中第一。

宣德五年庚戌，帝临轩发策毕，退御武英殿，谓翰林儒臣曰："取士不尚虚文，有若刘蕡、苏辙辈直言抗论，朕当显庸之。"乃赋《策士歌》以示读卷官，顾所擢第一人林震，亦无所表见也。八年癸丑，廷试第一人曹鼐，由江西泰和典史会试中式。

正统七年壬戌，刑部吏南昱、公陵驿丞郑温亦皆中式。十年乙丑，会试、廷试第一皆商辂。辂，淳安人，宣宗末年乙卯，浙榜第一人。三试皆第一，士子艳称为"三元"，明代惟辂一人而已。廷试读卷尽用甲科，而是年兵部尚书徐晞、户部侍郎奈亨乃吏员。天顺元年丁丑，读卷左都御史杨善乃译字生，时犹未甚拘流品也，迨后无杂流会试及为读卷官者矣。七年癸未试日，场屋火，死者九十余人，俱赠进士出身，改期八月会试，明年甲申三月始廷试。时英宗已崩，宪宗以大丧未逾岁，御西角门策之。

正德三年戊辰，太监刘瑾录五十人姓名以示主司，因广五十名之额。十五年庚辰，武宗南巡，未及廷试。次年世宗即位，五月御西角门策之，擢杨维聪第一。而张璁即是榜进士也，六七年间，当国用事，权侔人主矣。

嘉靖八年己丑，帝亲阅廷试卷，手批一甲罗洪先、杨名、欧阳德，二甲唐顺之、陈束、任瀚六人对策，各加评奖。……十四年乙未，帝亲制策问，手自批阅，擢韩应龙第一。降谕论一甲三人及二甲第一名次前后之由。礼部因以圣谕列登科录之首，而十二人对策俱以次刊刻。二十年辛丑，考选庶吉士题，文曰"原政"，诗曰"读大明律"，皆钦降也。四十四年乙丑廷试，帝始不御殿。神宗时，御殿益稀矣。

天启二年壬戌会试，命大学士何宗彦、朱国祚为主考。故事，阁臣典试，翰、詹一人副之。时已推礼部尚书顾秉谦，特旨命国祚，国祚疏辞，帝曰："今岁朕首科，特用二辅臣，以光重典，卿不必辞。"嗣后，二辅臣典试以为常。

又　（崇祯）七年甲戌，知贡举礼部侍郎林钎言："举人颜茂猷，文兼《五经》，作二十三义。"帝念其该洽，许送内帘。茂猷中副榜，特赐进士，以其名另为一行，刻于试录第一名之前。《五经》中式者自此接迹矣。

（清）秦蕙田《五礼通考》卷一百七十五·嘉礼四十八·学礼　初，太祖起事，首罗贤才。吴元年设文武二科取士之令，使有司劝谕民间秀士及智勇之人，以时勉学，俟开举之岁，充贡京师。洪武三年，诏曰："汉、唐及宋，取士各有定制，然但贵文学而不求德艺之全。前元待士甚优，而权豪势要，每纳奔竞之人，夤缘阿附，辄窃仕禄。其怀材抱道者，耻与并进，甘隐山林而不出。风俗之弊，一至于此。自今年八月始，特设科举，务取经明行修、博通古今、名实相称者。朕将亲策于廷，第其高下而任之以官。使中外文臣皆由科举而进，非科举者毋得与官。"于是京师行省各举乡试：直隶贡额百人，河南、山东、山西、陕西、北平、福建、江西、浙江、湖广皆四十人，广西、广东皆二十五人，才多或不及者，不拘额数。高丽、安南、占城，诏许其国士子于本国乡试，贡赴京师。明年会试，取中一百二十名。帝亲制策问，试于奉天殿，擢吴伯宗第一。午门外张挂黄榜，奉天殿宣谕，赐宴中书省。授伯宗为礼部员外郎，余以次授官有差。

科　　第

（一）仪制

（明）陆容《菽园杂记》卷一　今《进士登科录》，首录礼部官奏殿试日期、合请读卷及执事官员数、进士出身等第。圣旨俞允，谓之玉音。次录读卷、提调、监试、受卷、弥封、掌卷、巡绰、印卷、供给各官职名。又次录三月一日诸贡士赴内府殿试。上御奉天殿，亲试策问。三日早，文武百官朝服，锦衣卫设卤簿于丹陛丹墀内，上御奉天殿，鸿胪寺官传制唱名，礼部官捧黄榜，鼓乐导出长安左门外张挂毕，顺天府官用伞盖仪从送状元归第。四日，赐宴于礼部，宴毕，赴鸿胪寺习仪。五日，赐状元朝服冠带及进士宝钞。六日，状元率诸进士上表谢恩。七日，状元、诸进士诣先师孔子庙，行释菜礼。礼部奏请，命工部于国子监立石题名。朝廷或有事，则殿试移他日，谓之恩荣次第。又次录进士甲第，第一甲三人，赐进士及第。第二甲若干人，赐进士出身。第三甲若干人，赐同进士出身。每人名下各具家状。最后录第一甲三人所对策。其家状式姓名下云：贯某府某州某县某籍某生，治某经。字某，行几，年几岁，某月某日生。曾祖某。祖某。父某。母某氏。祖父母、父母俱存曰“重庆下”，父母俱存曰“具庆下”，父存母故曰“严侍下”，父故母存曰“慈侍下”，父母俱故曰“永感下”。兄某，弟某，娶某氏。某处乡试第几名，会试第几名。

（明）黄佐《翰林记》卷十四·殿试读卷执事　《会典》云：凡殿试读卷官，内阁于大学士、学士等官内具名。从该部奏请。至日与各衙门该读卷官详定试卷。次日同赴文华殿，内阁官将第一甲三卷以次进读，俟御笔批定，出将二甲、三甲姓名填写黄榜。又次日早同赴华盖殿，内阁官进至御座前，以次拆卷，将姓名、籍贯面奏。司礼监官授制敕房官填榜毕，开写传胪帖子，内阁官捧榜出，至奉天殿，授礼部尚书。制敕房官将帖子授鸿胪寺官传胪。其受卷、弥封、掌卷官从内阁于本院及春坊等官并制敕房官内推选，与各衙门官相兼执事。本院坊局始不过五人，后增至七人，遂为例。按，读卷官国初用祭酒、修撰等官，正统中侍讲犹预，其后非执政大臣不得与，而其去取之柄则在内阁。殿试之明日，大学士择其中优者三卷圈点以朱，明日早持诣文华殿对上读之，御笔亲标其名第。又明日即传胪矣。盖读卷止在一日，咸病其太亟，不能遍观，故本院坊局之执事者始得试卷时，预鉴别其高下为差等以付读卷官，内阁乃易于裁定。叶盛曰：“景泰二年，予为殿试弥封官，最知读卷事。第一甲盖阁老预属意于受卷官，已皆知之。余皆分送读卷诸大臣，且率以三分，上一等、次二等各置一所。少顷阁老收，上一等则判二甲，次二等则判三甲也。将午，三人者持一甲卷诣文华殿进读，午后填黄榜。明早榜出矣。盖辰巳二时榜中人第已定。若曰须一一品量高下次第，固有所不能也。”盛所谓“预属意”云者，岂有为而发欤？

又，卷十四·覆试 洪武三十年丁丑六月辛巳朔，上御奉天殿策试下第举人。先是礼部会试者多而中式者少，被黜落者咸以为言。上命翰林儒臣考下第卷，中择文理优长者得六十一人，至是复廷试之，择韩克忠为第一，仍赐克忠等进士及第出身有差。乙酉，以克忠为修撰，第二人王恕、第三人焦胜为编修。七月，命太常寺丞张显宗署国子监祭酒事，因命克忠署司业事，其见宠擢如此。永乐二年，上临轩策士，传胪之明日，进会试所选副榜士于廷，亲试之。上御右顺门，命侍讲学士杨士奇、金幼孜谕旨，令就试者从容尽所蕴，毋苟且取具。命光禄给食，中官夕给烛。遂亲拔三人，命进学翰林，余第为二等，付吏部，除学官。其第一人则周翰也，预修《永乐大典》，七年除典籍云。按，宣德间副榜举人，得冠带读书太学，盖循此制，然不可考。正统后，副榜始不复廷试矣。杨士奇云：“宣德丁未以前有十五科。前此南北士合试，未有北士占首选者，有之实自丁未始。”犹不数覆试之科。王直云：“自洪武辛亥至正统丙辰为二十科。”则并韩克忠一榜数之也。

（明）廖道南《殿阁词林记》卷十四·殿试 《会典》云：凡殿试读卷官，内阁于大学士、学士等官内具名。从该部奏请。至日与各衙门该读卷官详定试卷。次日，同赴文华殿，内阁官将第一甲三卷以次进读，俟御笔批定，出将二甲、三甲姓名填写黄榜。又次日早同赴华盖殿，内阁官进至御座前，以次拆卷，将姓名、籍贯面奏。司礼监官授制敕房官填榜毕，开写传胪帖子，内阁官一员捧榜出，至奉天殿，授礼部尚书。制敕房官将帖子授鸿胪寺官传胪。其受卷、弥封、掌卷官从内阁于本院及春坊等官并制敕房官内推选，与各衙门官相兼职事。本院坊局始不过五人，后增至七人，遂为例。按，读卷官国初用祭酒、修撰等官，正统中犹预，其后非执政大臣不得与，而其去取之柄则在内阁。殿试之明日，大学士择其中优者三卷圈点以朱，明早持诣文华殿读之，御笔亲标其名第。又明日即传胪矣。盖读卷止在一日，咸病其太亟，不能遍观，故本院坊局之执事者始得试卷时，预鉴别其高下为差等以付读卷官，内阁乃易于裁定。叶盛曰：“景泰二年，盛为殿试弥封官，最知读卷事。第一甲盖阁老预属意于受卷官，已得之。余皆分送读卷诸大臣，且率以三分，上一等、次二等各置一所。少顷阁老收，上一等则判二甲，次二等则判三甲也。将午，三人者持一甲卷诣文华进读，午后填黄榜。明早榜出矣。”盖辰巳二时榜中人次已定。若曰须一一品量高下次第，固有所不能也。嘉靖壬辰，今上御文华殿，辅臣以次读卷，其第二卷孔天胤对《农桑策》云：“帝王敦本以厚天下之生，达权以通天下之变。”则臣道南所拔也。至乙未殿试策问，其第二卷孙升对云：“人君有仁以联天下之心，有礼以一天下之轨。”又出臣道南所拔。上皆亲赐批卷，君相造命，岂亦有数乎？

（明）申时行等《大明会典》卷五十一·策士 凡士之举于礼部者，国初以三月朔日御殿而亲试之，谓之殿试。后率以三月十五日，间以他事更日。并读卷、传胪等仪，具列于后。

殿试仪 先期一日，鸿胪寺官设策题案于殿之东，光禄寺备试桌于两庑。至日早，礼部官引贡士入至皇极殿丹墀内东西，北向序立。文武百官各具公服侍立如常仪。鸿胪寺官请升殿，上常服御皇极殿。鸣鞭。文武百官行叩头礼，侍班。执事官举策题案于殿中，内侍官以策题付礼部官，置于案上。鸿胪寺官引贡士就拜位。执事官举策题案由左阶降，置御道中。赞贡士行五拜三叩头礼，各分东西侍立。执事官随举策题案于丹墀东。鸿胪寺官奏礼毕。鸣鞭。驾兴。文武百官退。军校举试桌列于丹墀东西，北向置定。礼部官散题，贡士仍列班跪受，叩头就试。是日如遇天雨，或大风，试桌即移设于两庑。

读卷仪 殿试后二日早，常朝毕。驾诣文华殿，免日讲，不用侍班侍卫等项。读卷官各执卷随至文华门外候上升座。传读卷官进。各官趋至丹陛，行叩头礼，入殿内东西序立。传读卷，读卷官居首者，至御前跪。展卷朗读毕，司礼监官接卷置御案。本官叩头，兴，复班。其各读卷官以次进读如仪。读三卷后，临时候旨再读几卷。如奉旨免读，各官即执卷同至御前跪。司礼监官以次接卷俱置御案。各官叩头，兴，复班。传各官退。各读卷官出至丹陛行叩头礼毕，即出至文华门外，候上将试卷裁定。御批第一甲第一名、第一甲第二名、第一甲第三名毕，其余各卷发出内阁官领收。上回宫。是日，各读卷官先将第二甲第一名以下拆卷，填写黄榜。

传胪仪 先期一日，设黄榜案于中极殿内稍东。至期，文武百官各具朝服，伺候行礼。是日早，鼓未鸣，先开左掖门，放读卷及提调并执事官，进入中极殿门外候。上具皮弁服升座，各官入行叩头礼毕，进入殿内供事。读卷官拆第一卷，奏第一甲第一名某人。拆第二卷，奏第一甲第二名某人。拆第三卷，奏第一甲第三名某人。填写黄榜讫，尚宝司官用宝完备，起鼓。执事官整束黄榜，翰林院官捧出皇极殿伺候。其余读卷、提调等官，俱先退出。鸿胪寺官赞执事官行五拜三叩头礼毕，奏请升殿。导驾官前导上升座。作堂下乐。鸣鞭。执事官举案至帘前置定。翰林院官捧榜授礼部官，接置于案。执事官引贡士入拜位，赞四拜。传制官跪奏传制。俯伏，兴。由殿左门出，至丹陛东立，西向。执事官举榜案至丹墀御道中置定。传制官称有制。鸣赞赞跪。制曰：“某年三月十五日，策试天下贡士。第一甲赐进士及第，第二甲赐进士出身，第三甲赐同进士出身。第一甲第一名某人，第一甲第二名某人，第一甲第三名某人。第二甲某人等若干名。第三甲某人等若干名。”传讫。赞俯伏，兴。赞四拜。毕。进士分东西侍立。执事官举案由皇极门左门出。进士随出观榜。鸣赞赞排班。文武百官入班。致词官于丹陛中跪，致词曰：“天开文运，贤俊登庸，礼当庆贺。”赞五拜三叩头礼，毕。鸣鞭。驾兴。

状元率诸进士上表谢恩仪 先期一日，鸿胪寺官设表案于皇极殿门之东。至日早，锦衣卫设卤簿驾。鸿胪寺官引状元捧表置于案，退立丹墀御道稍东。其诸士以次序立。

上具皮弁服御中极殿。执事官行叩头礼毕，鸿胪寺官奏请升殿。导驾官前导，上升座。作堂下乐。鸣鞭。文武百官各具朝服行礼侍班如常仪。鸿胪寺官引状元及进士入班。赞四拜。赞进表。鸿胪寺官举表案置于殿中，赞宣表目。礼部官跪，宣表目，讫。俯伏，兴。彻案。状元及进士又四拜礼，毕。鸣鞭。驾兴。

又，卷七十七·殿试　凡殿试。洪武三年定，殿试时务策一道，惟务直述，限一千字以上。其出身，第一甲第一名，从六品。第二第三名，正七品，赐进士及第。第二甲，正七品，赐进士出身。第三甲，正八品，赐同进士出身。四年，定恩荣次第。二月十九日，御奉天殿策试贡士。二十日，午门外唱名，张挂黄榜。奉天殿钦听宣谕，同除授职名。于奉天门谢恩。二十二日，赐宴于中书省。二十三日，国子学谒先圣，行释菜礼。永乐二年定，前期礼部奏请读卷并执事等官。其读卷以内阁官，六部、都察院、通政司、大理寺正官，詹事府、翰林院堂上官。提调以礼部尚书、侍郎。监试以监察御史二员。受卷、弥封、掌卷俱以翰林院、春坊、司经局、光禄寺、鸿胪寺、尚宝司、六科及制敕房官。巡绰以锦衣等卫官。印卷以礼部仪制司官。供给以光禄寺、礼部精膳司官。至日，上御奉天殿。亲赐策问（仪见“策士”）。诸举人对策毕，诣东角门纳卷出。受卷官以试卷送弥封官，弥封讫，送掌卷官转送东阁读卷官处详定高下。明日读卷官，俱诣文华殿读卷。御笔亲定三名次第。赐读卷官宴（仪见“策士”）。宴毕仍赐钞。退于东阁拆第二甲、三甲试卷。遂，旋封送内阁，填写黄榜。明日读卷官俱诣华盖殿。内阁官拆上所定三卷，填榜讫。上御奉天殿传制，毕（仪见“策士”）。张挂黄榜于长安左门外。顺天府官用伞盖仪从送状元归第。明日，赐状元及进士宴于礼部。命大臣一员待宴，读卷、执事等官皆预。进士并各官皆簪花一枝（花剪彩为之。其上有铜牌，钑“恩荣宴”三字。惟状元所簪花，枝叶皆银，饰以翠羽，其牌用银抹金），教坊司承应。宴毕，状元及进士赴鸿胪寺习仪。又明日，赐状元冠带朝服一袭。诸进士宝钞，人五锭。后三日，状元率诸进士上表谢恩（仪见“策士”）。明日，状元率诸进士诣国子监谒先师庙，行释菜礼。礼毕，易冠服。礼部奏请命工部于国子监立石题名。弘治六年奏准，读卷并发榜等项，递移次一日。嘉靖五年奏准，受卷弥封官，不许检看文字，及与掌卷官往来。各卷糊名毕，用关防钤盖送掌卷官处，转送读卷官。内除内阁首一人总看各卷，不必分授。其余读卷官，各将所看文字第为三等。先将上等一卷，送内阁公同定拟一甲三名。余卷从内阁至翰林院，各填一卷。周而复始。

（明）张朝瑞《皇明贡举考》卷一·殿试　洪武四年殿试，玉音总提调官以中书省右丞相、左丞相二员，读卷官以国子监祭酒、前太常寺博士、□科给事中、翰林院修撰四员，监试官以监察御史二员，掌卷官以工部员外郎一员，受卷官以工部主事一员，弥封官以秘书监监丞一员，对读官以尚宝司司丞、翰林院编修二员，搜检官、监门官、巡绰官各以卫镇抚一员，提调官以礼部尚书二员。

恩荣次第二月十九日，廷试二十日，午门外唱名，张挂黄榜，奉天殿钦听宣谕，同日除授职名，于奉天门谢恩。二十二日赐宴于中书省，二十三日诣先师孔子庙，行释菜

礼。（俱《登科录》）

又，卷一·殿试事例（见《大明会典》，通论弘治十五年以前事）　凡殿试用三月初一日（《会典》自注云："后或用十五日"），先期本部奏请读卷并执事等官。其读卷以内阁官及六部、都察院、通政司、大理寺正官，詹事府、翰林院堂上官。提调以礼部尚书、侍郎。监试以监察御史二员。受卷、弥封、掌卷俱以翰林、春坊、司经局、光禄寺、鸿胪寺、尚宝司、六科及制敕房官。巡绰以锦衣、金吾等卫官。印卷以礼部仪制司官。供给以光禄寺、礼部精膳司官。至日早，上御奉天殿，文武百官各具公服行叩头礼毕，侍立如常仪。礼部官引诸举人至丹墀内东西，北向立。上赐策题，序班举策案，由左阶降，置中道，赞礼，诸举人行五拜三叩头礼毕，分列序立。礼部等官分题，诸举人各就试案。对策毕，诣东角门纳卷而出。受卷官以试卷送弥封官，弥封讫，送掌卷官转送东阁读卷官处详定高下。明日（《会典》自注云："今用殿试后二日"）读卷官俱诣御前叩头跪。内阁官以取定第一甲三名试卷，以次进读。读讫，俟御笔亲定三名次第，读卷官俱叩头。赐宴，宴毕仍赐钞，退拆第二甲、三甲试卷，填写黄榜。明日清晨，读卷官俱诣华盖殿。内阁官进至御座前，以次拆上所定三卷，面奏第一甲第一名某姓名某贯人，第二、第三名亦如之。司礼监官授制敕房官填榜毕，开写传胪帖子。尚宝司官将榜用宝讫，内阁官一员捧榜出，至奉天殿授礼部尚书。制敕房官将帖子授鸿胪寺官传胪。是日，上具皮弁服，锦衣卫陈设仪仗。教坊司设中和韶乐大乐于殿上，如常仪。鸿胪寺设案于殿内稍东，置黄榜于上。文武百官各具朝服侍班。诸举人先期赴国子监领进士巾服，至是服之，列班北向。执事官于华盖殿行礼毕，鸿胪寺官奏请升殿，乐作。导驾官前导升座，乐止。序班举榜案于殿中赞礼，举人四拜讫，传制官跪奏传制。俯伏，兴。由东门出诣丹陛，东立西向。执事官举榜案至丹墀，御道中置定，称"有制"，赞礼。举人皆跪。传制曰：某年某月某日，策试下天贡士，第一甲赐进士及第，第二甲赐进士出身，第三甲赐同进士出身。复传第一甲第一名某，胪传序班递唱讫，序班引出班前跪。传第二名、第三名如之。复传第二甲某等几名，第三甲某等几名，仪并如前，惟不出班赞礼。诸举人俯伏，乐作，四拜，兴，平身。执事官举榜由奉天门左门出，乐止。伞盖鼓乐迎导，诸举人后从，至长安左门外张挂。顺天府官用伞盖仪从送状元归第。是日榜初出，文武百官入班，鸿胪寺官诣丹陛中道，跪致词云："天开文运，贤俊登庸，礼当庆贺。"赞五拜三叩头，礼毕而出。明日，赐状元及进士宴于礼部。命大臣一员待宴，读卷、执事等官皆预。进士并各官皆簪恩荣宴牌花，教坊司承应。宴毕，状元及进士赴鸿胪寺习仪。又明日，赐状元冠带朝服一袭，诸进士宝钞，人五锭。后三日，状元率进士上表谢恩，文武百官仍朝服侍班。先期鸿胪寺设表案于奉天殿门之东。至日，锦衣卫设卤簿，上具皮弁服御华盖殿，执事官行叩头礼毕，鸿胪寺官请升殿，乐作。导驾官导引如常仪，升座，乐止，鸣鞭。文武官行礼侍班如常仪。鸿胪寺官引状元及进士入班，赞四拜，兴，平身，赞进表。鸿胪寺官举表案于殿中，赞宣表，宣讫，俯伏，兴。彻案，状元及进士又四拜，兴，平身，礼毕。明日，状元率诸进士诣国子监谒先师孔子庙，行释菜礼。礼毕，易冠服。礼部奏请命工部于国子监立石题名。

俞氏宪曰："读卷官，国初用祭酒、修撰等官，正统中犹与其事。其后非执政大臣不得与，而去取之柄则在内阁。"

嘉靖五年，奏准殿试弥封官不得与送卷事，阅卷官退朝直宿礼部。

俞氏宪曰："先是，举人廷试纳卷之日，弥封官以会试首列数卷潜送内阁，以备一甲之选，或内阁密觇状头仪貌及平昔声望，间有因而为奸者。阅卷官出自东阁，归宿私第，卷未入御览，而消息先播于外。是年，礼部尚书席公书历疏其弊，请乞弥封官不得与送卷事，阅卷官退朝直宿礼部。上从之，嗣是少夤缘之奸，而一甲三人往往拔自末列，不可注拟矣。"

又，卷一·殿试在丧 天顺八年三月十五日，殿试恭遇英宗睿皇帝大丧礼，先期本部奏准事宜从简。是日早，引诸贡士于西角门行五拜三叩头礼毕，赴奉天殿前丹墀内，俟候策问（不御殿，只传策）。三月十七日早，文武百官素服侍班，上御西角门，鸿胪寺举案置于中，翰林院捧黄榜授礼部，置于案，诸进士服进士衣巾行五拜三叩头礼，礼部捧黄榜，乐设而不作，导引出长安左门外张挂，状元率诸进士于西角门上表谢恩。(《登科录》)

（按，正德十六年五月，殿试遇武宗大丧礼，诸事宜亦如之。）

又，卷一·殿试免黜落 洪武二十一年三月，殿试罢对策不称旨者二人。(《登科考》)

（按，宋嘉祐二年亲试举人，凡与殿试者，始免黜落。我朝惟洪武戊辰科黜落二人，其余前后诸科，俱免黜落。）

（明）王圻《续文献通考》卷四十五·选举考·举士三 （洪武）十七年，颁行科举成式：……举人试卷及笔墨砚自备，每场草卷、正卷各纸十二幅，首书姓名、年甲、籍贯、三代、本经，会试、殿试同。

又，卷四十六·选举考·举士四 国初，凡士之举于礼部者，以三月朔日御殿而亲试之，谓之殿试。后率以三月十五日，间以他事更日。并读卷、传胪等仪具列于后。

凡殿试，用三月初一日，后或用十五日。先期本部奏请读卷并执事等官。其读卷以内阁官及六部、都察院、通政司、大理寺正官，詹事府、翰林院堂上官。提调以本部尚书、侍郎。监试以监察御史二员。受卷、弥封、掌卷俱以翰林、春坊司经局、光禄寺、鸿胪寺、尚宝司、六科及制敕房官。巡绰以锦衣、金吾等卫官。印卷以本部仪制司官。供给以光禄寺、本部精膳司官。至日早，上御奉天殿，文武百官各具公服，行叩头礼毕，侍立如常仪。礼部官引诸举人至丹墀内东西，北向立。上赐策题，序班举策案由左阶降，置中道，赞礼。诸举人行五拜三叩头礼毕，分列序立。礼部等官分题，诸举人各就试案对策。毕，诣东角门纳卷而出。受卷官以试卷送弥封官，弥封讫，送掌卷官转送东阁读卷官处详定高下。殿试后二日，读卷官俱诣御前叩头跪，内阁官以取定第一甲三名试卷进读。读讫，御笔亲定三名次第，读卷官俱叩头。赐宴，宴毕仍赐钞。退拆第二甲、三甲试卷，填写黄榜。明日清晨，读卷官俱诣华盖殿，内阁官拆上所定三卷，奏第一甲第一名某姓名某贯人，第二、第三名亦如之。制敕房官填榜，尚宝司官用宝讫，内阁官捧出授礼部官。是日，上具皮弁服，锦衣卫陈设仪仗，教坊司设中和韶乐大乐作于殿上，如常仪。鸿胪寺设案于殿内稍东，置黄榜于上。文武百官各具朝服侍班。诸举人先期赴国子监领进士巾服，至是服之，列班北向。执事官于华盖殿行礼毕，鸿胪寺官奏请升殿，乐作。导驾官前导升座，乐止。序班举榜案于殿中赞礼，举人四拜讫，传制官跪奏传制，俯伏，兴，由东门出。诣丹陛，东立西向，执事官举榜案至丹墀御道中置定，称有制，赞礼，人皆跪。传制曰："某年某月某日策试天下贡士，第一甲赐进士及第，第二甲赐进士出身，第三甲赐同进士出身。"复传第一甲第一名某，传胪序班递唱讫，序班引出班前跪，传第二名、第三名如之。复传第二甲某等几名、第三甲某等几名，并如前，惟不出班。赞礼，诸举人俯伏，乐作，四拜，兴，平身。执事官举榜案由奉天门左门出，乐止。伞盖鼓乐迎导，诸举人后从，至长安左门外张挂。顺天府官用伞盖仪从送状元归第。是日，榜初出，文武百官人班，鸿胪寺官诣丹陛中道跪，致词云："天开文运，贤俊登庸，礼当庆贺。"赞五拜三叩头，礼毕而出。明日，赐状元及进士宴于本部。命大臣一员侍宴，读卷、执事等官皆预。进士并各官皆簪恩荣牌花，教坊司承应。宴毕，状元及进士赴鸿胪习仪。又明日，赐状元冠带朝服一袭，诸进士宝钞，人五锭。后三日，状元率诸进士上表谢恩，文武百官仍朝服侍班。先期鸿胪寺设表案于奉天殿门之东，至日，锦衣卫设卤簿，上具皮弁服，御华盖殿。执事官行叩头礼毕，鸿胪寺官请升殿，乐作，导驾官导引如常仪。升座，乐止，鸣鞭，文武官行礼，侍班如常仪。鸿胪寺官引状元及进士人班，赞四拜，兴，平身。赞进表，鸿胪寺官举表案于殿中。赞宣表，宣讫，俯伏，兴，彻案。状元及进士又四拜，兴，平身，礼毕。明日，状元率诸进士诣国子监谒先师孔子庙，行释菜礼。毕，易冠服。本部奏请命工部于国子监立石题名。

（明）顾祖训原编、（明）吴承恩增补、（清）陈枚续补《状元图考》卷首·国朝廷试事仪　三月初十日，礼部尚书兼翰林院臣某等于皇极门奏："为科举事：会试天下举人，取中三百（缺）名，本年三月十五日殿试，合拟读卷官及执事等官少师兼太子太师吏部尚书中极殿大学士某等六十四员。其进士出身等第，恭依太祖高皇帝钦定资格，第一甲例取三名，第一名从六品，第二、第三名正七品，赐进士及第；第二甲从七品，赐进士出身；第三甲正八品，赐同进士出身。"奉圣旨："是。钦此。"

读卷官：三阁下，六部尚书，吏部左侍郎兼翰林侍读学士，詹事府詹事及少詹事，翰林院侍读及侍讲学士，都察院及大理寺官员，共一十七人。

提调官：礼部尚书及左右侍郎三人。

监试官：监察御史二人。

受卷官：翰林侍讲、侍读及都给事，共四人。

弥封官：翰林、光禄、鸿胪、都科、部属中书舍人，共十四人。

掌卷官：翰林修撰、编修、检讨及二都科共六员。

巡绰官：都督至指挥武职共八员。

印卷官：礼部郎中及主事共四员。

供给官：光禄少卿、寺丞及礼部主事司务共六员。

（明）王世贞《凤洲杂编》卷四 嘉靖丙戌，赐龚用卿及第。先是举人廷试，纳卷之日，弥封官以会试首列数卷，潜送内阁，以备一甲之选，或内阁密觇状头仪貌及生平有声者。阅卷官出自东阁，归宿私第。是岁礼部尚书席书疏其弊，乞弥封官不得与送卷，读卷官退朝直宿礼部，诏曰："可。著为令。"

（明）朱国祯《涌幢小品》卷七·殿试改期 旧制殿试在三月初一日，谢恩在初六日。成化八年以悼恭太子发引，改十五日，至今仍之。然初一日太促，毕竟十五日为妥，此虽人事，亦天意之相合也。

（明）杨士聪《玉堂荟记》卷下 辛未武场，定令技勇策论兼优者为最，策论优而技勇稍劣者次之，技勇优而策论不能者又次之。其技勇劣者不准。榜出，仍有言者，遂至下主考于狱。至甲戌二场，大风步箭，中者甚少。监者恐入场人数不及原额，上疏请之，但有一箭，亦准入场，是所重又不在技勇也。两科之中，立法参差，一至于此。至于原卷进呈，往往取马上九箭者，第为状元，假使上亲至武场，见所为马箭者，未有不哂其儿戏者也。甚乃移之文试，使人控马而驰，相去尺许，插箭于上，此必敌人相遇，皆木偶泥塑而后可也，将焉用之！……初议胪传武榜，谓殿廷不便于骑射，若止令对策，则与文试无异，故仍取原卷进呈。然自古临轩策士，未有不与试而仍用原卷者也。此制终属迁就，非确议也。辛未状元王来聘，选得扬州游击，以武元而官腹地，殊为未称，后升昌平参将。丙子死于敌，亦可以无愧矣。丁丑武状元姓文，江西人，同一科而文武状元俱在江西，此不因于地必验于天，惜倪鸿宝不在此，当烦其推算耳。

（明）余继登《典故纪闻》卷十六 旧制殿试毕次日读卷，又次日放榜。弘治三年，大学士刘吉等言："时日迫促，阅卷未精，请再展一日，至第四日放榜。"至今为例。

（明）焦竑辑、（清）胡任兴增辑《历科廷试状元策》·明朝廷试仪制 三月初十日，礼部尚书兼翰林院学士臣某等于皇极门奏："为科举事：会试天下举人，取中□百□十名，本年三月十五日殿试，合拟读卷官及执事等官少师兼太子太师吏部尚书中极殿大学士某等六十四员。其进士出身等第，恭依太祖高皇帝钦定资格，第一甲例取三名，第一名从六品，第二、第三名正七品，赐进士及第；第二甲从七品，赐进士出身；第三甲正八品，赐同进士出身。"奉圣旨："是。钦此。"

读卷官：三阁下，六部尚书，吏部左侍郎兼翰林侍读学士，詹事府詹事及少詹事，翰林院侍读及侍讲学士，都察院及大理寺官员，共一十七人。

提调官：礼部尚书及左右侍郎三人。

监试官：监察御史二人。

受卷官：翰林侍讲、侍读及都给事，共四人。

弥封官：翰林、光禄、鸿胪、都科、部属中书舍人，共十四人。

掌卷官：翰林修撰、编修、检讨及二都科共六员。

巡绰官：都督至指挥武职共八员。

印卷官：礼部郎中及主事共四员。

供给官：光禄少卿、寺丞及礼部主事司务共六员。

（清）孙承泽《春明梦余录》卷四十一·礼部三·科场变异 旧制，殿试在三月初三日，状元率进士上表谢恩在初六日。成化八年，以悼恭太子发引，改殿试于十五日。又旧制，殿试毕，次日读卷，又次日发榜。弘治三年，阁臣刘吉等言时日迫促，阅卷未精，再展一日，第四日发榜。颁历旧在十一月朔，成化十五年，是日值冬至，命改于十月朔，日后皆因之。

（清）曹仁虎等《钦定续文献通考》卷三十五·选举考·举士 （明代）三年大比，以诸生试之直省，曰乡试，中式者为举人。次年以举人试之京师，曰会试，中式者天子亲策于廷，曰廷试，亦曰殿试。分一、二、三甲以为名第之次。一甲止三人，曰状元、榜眼、探花，赐进士及第。二甲若干人，赐进士出身。三甲若干人，赐同进士出身。子、午、卯、酉年乡试，辰、戌、丑、未年会试。乡试以八月，会试以二月，皆初九日为第一场，又三日为第二场，又三日为第三场。廷试以三月朔。乡试，直隶于京府，各省于布政司。会试于礼部。举子则国子生及府、州、县学生员之学成者，儒士之未仕者，官之未入流者，皆由有司申举性资敦厚、文行可称者应之。

（二）策对

（明）黄佐《翰林记》卷十四·殿试拟撰策问 圣祖策进士，多亲制策问。洪武四年、十八年皆然。其后，或命本院儒臣拟撰以进，取自圣裁而用之。

（明）廖道南《殿阁词林记》卷十四·殿策 圣祖策进士，多亲制策问。洪武四年、十八年皆然。其后，或命本院儒臣拟撰以进，取自圣裁而用之。……今上临轩策士，其第一甲三人皆亲赐裁定，批数语于卷首，彬彬然有永乐之风焉。

（明）张朝瑞《皇明贡举考》卷一·文体（限字附） （洪武）三年五月，诏五经义不拘旧格，惟务经旨通畅，限五百字以上，四书限三百字以上，论亦如之。策惟务直述，不尚文藻，限一千字以上，殿试策亦如之。（《登科考》、《宪章录》）

又 （洪武）十七年三月，定四书义每道二百字以上，经义每道三百字以上，论三百字以上，策亦如之（不及殿试策，疑仍限一千字以上）。（《会典》）

又，卷一·进士登科录 首玉音，次恩荣次第，次进士家状，次制策，终进士对策。

又，卷一·玉音 钦命进士出身等第及读卷官、执事等官，各官上书官书名，下双行书出身。

又，卷一·制策 洪武三年登科录刻制策（至今因之）。（见《录》）

丘氏濬曰："殿廷试士，始于唐武后时，宋初沿之，然皆试以诗赋，至神宗熙宁三年始，专试以策，限对者以千字，至今用之。俞氏宪曰：洪武辛亥、乙丑皆亲制策问，其后间命翰林拟撰，取自圣裁用之。"

又，卷一·进士对策 洪武二十一年登科录初刻进士对策。（《登科考》）

（按，对策例刻一甲进士三篇，惟永乐二年、四年，嘉靖十四年兼刻二甲进士对策。若正德三年取二甲、三甲各第一名对策刻之，则逆瑾之行私也。

又按，《状元考》云："永乐二年刻对策各附读卷官批语于后，今举人留十八空行于卷末者，殆谓此也。"）

《琐缀录》曰："国朝状元对策皆经阁老笔削或自删润乃入梓，独罗伦一策，未尝改窜，盖一笔写正，不具稿，既掇魁。以外调不及改，然其策亦自详赡。"

宣德五年三月，上御奉天门策会试中式举人。上临轩发策毕，退御武英殿，谓翰林儒臣曰："朕于取士，不尚虚文，欲得忠鲠之士为用，其间有若刘蕡、苏辙辈能直言抗论，庶几所望，朕当显庸之。于是赋《策士歌》以示诸读卷官云。"

丘氏濬曰："宋熙宁三年，亲试进士，时苏轼为编排官，见一时举人所试策多阿谀顺旨，乃拟一道以进。大略谓：'科场之文，风俗所系。所收者，天下莫不以为法；所弃者，天下莫不以为戒。今始以策取士，而士之在甲科者，多以谄谀得之。天下观望，谁敢不然。风俗一变，不可复返。正人衰微，则国随之。'噫！观轼兹言，则知朝廷以言试士虽若虚文，而一时人心之邪正，国势之兴衰，实关于此，识治体者，不可不加之意。"

（按，宋绍兴二十七年，王十朋御试对策曰："自权臣以身障天下之言路，而庠序之士养吏成风，科举之文不敢以一言及时务。欲士气之振可乎？臣闻嘉祐间仁宗以制科取士，时应诏者数人，眉山苏辙之言最为切直，考官以上无失德而辙妄言欲黜之，独司马光慨然主其事。仁宗曰：'朕以直言求士，其可以直言弃之邪？'擢置异等。此陛下取士之家法也。"王十朋之言如此。大抵临轩策士，固所以品才，亦所以考政资理也。上以诚求之，言无不行；下以诚应之，言无不尽。斯得之矣。古今对策称上下无负者，汉董仲舒，唐刘蕡，宋苏轼、苏辙，此其章明较著者也。本朝练子宁、罗伦，其殆庶几乎？近世以来，阿谀成风，殆不止于苏氏、王氏之所忧而已。时人雄冒楷书十八行之语，岂无自哉？）

（明）徐阶《世经堂集》卷四·奏对·请廷试策问　（隆庆二年三月初八日）兹者殿试在迩，所有策题，先年系是阁臣拟进。嘉靖年间，先帝特降御制，或循故事命阁臣拟撰。于时士子廷对者，咸以得奉御制为荣。仰惟皇上天资明睿，圣学弘深，当兹策士之初，尤万方观听之会，伏乞亲试策问，明示德意，使知向方。……臣等未敢擅便，谨题请旨。奉圣旨：你每撰来。

（明）李逊之《崇祯朝记事》卷一　殿试故事，内阁拟策问二条，请上点用其一，无所窜改。

（清）孙承泽《春明梦余录》卷七·策士　殿前策士，最称重典。会试后于三月十五日，上升殿，百官公服，行一拜三叩头。礼毕，分班立。礼部引中式举人行五拜三叩头礼，各领题，在殿前对策，至晡而出。其题内阁拟呈，先一日召中书官于六科廊缮写，内珰监之。是夜，司礼监镌刻三鼓始竣，仍锸中书于内，至御殿始放出。

宣德五年，廷策诸士。上临轩发策毕，退御武英殿，赋《策士歌》以示诸读卷官。

弘治乙丑廷试，上于宫中焚香吁天，期得真才，以资实用。

嘉靖己丑廷试，上阅诸卷，于罗洪先卷批曰："学正有见，言说而意必忠，宜擢之首。"于程文德卷批曰："探本之论。"于杨名卷批曰："能守圣学，以为本此知要之说。"于唐顺之卷批曰："条论精详殆尽。"于陈束卷批曰："'仁智之用，本诸吾心。'此不易之说。"于任瀚卷批曰："'勉吾敬一之为主。'忠哉！"罗洪先，一代大儒，上首拔之时，称得人。乙未廷试，上批韩应龙卷曰："是题本意，可第一甲第一名。"批孙升卷曰："说仁礼之意好，可第二名。"批吴山卷曰："敬为心学之极，此论好，可第三名。"崇祯戊辰廷试卷，阁拟刘若宰第一，庄应会次之。上翻驳再三，竟用刘第一，而抑庄为二甲首，其第二、第三皆特拔，第三管绍宁策内"诚"字少一撇，御书足之，因自号诚斋。甲戌廷试，阁拟李焆为第一，上在文华殿翻阅初进十二卷。顷之，阁臣趋出，入阁再搜十二卷以进，特拔第二十二卷刘理顺为状元，而李焆为二甲首，第二杨昌祚、第三吴国华皆特拔也。庚辰殿试日，上御舆张盖下丹墀，遍观诸进士对策，及十六日呈进。十七日，上忽召四十人对文华殿，遂拔顺天通州魏藻德第一，鄞县葛世振、静海高尔俨俱一甲，而复拔赵玉森、姚宗衡、刘瑄、孙一脉、严似祖为简讨，命蒋德璟、王锡衮教习之，周鼎等为科道吏部主事有差。至癸未廷试在九月十五日，是年，以兵事会试改八月，廷试以三月十五日，而十八日传胪，二十二日谢恩，赐状元袍服。故事，上皆视殿，自永陵之末，元嘿不出，后遂以为常。至崇祯御极，始照例升殿，并武举亦如文举传胪。至于撤御膳赐阁臣如嘉靖之壬戌、隆庆之辛未、万历之癸丑。是时，慈溪、江陵、福清三公皆受主眷最隆，故有殊典不多见也。

（清）查继佐《罪惟录》·志卷十八·科举志·科举盛事·顺治之谶　天启二年壬戌殿试策题，及五年乙丑殿试策题，又崇祯十年丁丑殿试策题，皆有"顺治"样，与卢沟门榜同，岂非天为之哉！

（清）查慎行《人海记》卷上·廷试误笔　廷试策偶误笔，以涂抹不便，例多任之。万历己未科状元庄际昌，“醪”误“胶”。崇祯辛未状元陈于泰，“阳”误“易”。

（三）录取

（明）杨士聪《玉堂荟记》卷上　殿试分卷在受卷官，其实中书掌房者主张居多。读卷多人，每人分不及三十卷，若授意中书，以书字不工之卷聚于一处，而以注意之卷入其中，不拘分到何人，自是第一。但得第一，则一、二、三名惟首辅之所置，他人不敢问矣。然是科江西陈泰来因梦状元而改今名，如舒芬、刘国裳者，则又前定之数也。

（明）陆埛《篑斋杂著》　国朝廷试，一甲三名，读卷官先日圈点，于文华殿进读，余以次填榜，未必经御览也。御批自永乐中曾棨后亦鲜见。乙未进呈凡十二卷，上一一详览，一甲俱御批，益以敕谕，并十二策录之，前此未有也。

（明）沈德符《万历野获编》卷十五·科场·读卷官取状元　若状元卷，则必出揆地所读，方得居首。间有出上意更置前后者，十不一二也。

（清）曹仁虎等《钦定续文献通考》卷三十五·选举考·举士·明登科总目　太祖洪武四年三月，廷试天士贡士俞友仁等一百二十人，赐吴伯宗等进士及第出身有差。

帝亲制策问，试于奉天殿，寻赐宴中书省。授伯宗礼部员外郎，余各以次授官。高丽金涛中三甲，授安邱县丞，以不通华言，请还本国，命给道里费送归。

十八年三月，廷试黄子澄等四百七十二人，赐丁显等进士及第出身有差。

是科练子宁对策，极言今日朝廷用人徇其名而不求其实，以小善而遽进之，以小过而遽戮之，因历陈古昔所以教养任用之道，言甚剀切，不顾忌讳，帝嘉之，擢第二。

二十一年三月，廷试施显等九十七人，赐任亨泰等进士及第出身有差。

二十四年三月，廷试许观等三十一人，仍赐观进士第一，余及第出身有差。

观，贵池人，乡、会试俱第一，后复姓黄。

二十七年三月，廷试彭德等百人，赐张信等进士及第出身有差。

三十年三月，廷试宋琮等五十二人，赐陈䢿等进士及第出身有差。

六月，廷试任伯安等六十一人，赐韩克忠等进士及第出身有差。

是年有春榜、夏榜之号。

惠帝建文二年三月，廷试吴溥等一百十人，赐胡广、王艮、李贯三人进士及第，并授翰林院修撰，余赐进士出身有差。

是科对策艮最优，已擢第一。帝见其貌寝，置第二，而以广易之，赐名靖，后复名广。与同榜杨荣、金幼孜、杨溥、胡濙、顾佐、陈洽皆为永乐时名臣，而艮独死建文之难，士论多之。

成祖永乐二年三月，廷试杨相等四百七十二人，赐曾棨等进士及第出身有差。

四年三月，廷试朱缙等二百一十九人，赐林环等进士及第出身有差。

九年三月，廷试陈燧等八十四人，赐萧时中等进士及第出身有差。

七年，帝北巡，仁宗监国，礼部会试得陈燧等八十四人，送国子监读书，至是始廷试。

十年三月，廷试林志等一百六人，赐马铎等进士及第出身有差。

十三年三月，廷试洪英等三百五十一人，赐陈循等进士及第出身有差。

十六年三月，廷试董璘等二百五十人，赐李骐等进士及第出身有差。

十九年三月，廷试陈中等二百一人，赐曾鹤龄等进士及第出身有差。

二十二年三月，廷试叶恩等一百五十人，赐邢宽等进士及第出身有差。

宣宗宣德二年三月，廷试赵鼎等一百一人，赐马愉等进士及第出身有差。

五年三月，廷试陈诏等一百人，赐林震等进士及第出身有差。

帝临轩发策毕，退御武英殿，谓翰林儒臣曰："取士不尚虚文，有若刘蕡、苏辙辈直言抗论，朕当显庸之。"乃赋《策士歌》以示读卷官。顾所擢第一人林震亦无所表见焉。

八年三月，廷试刘哲等九十九人，赐曹鼐等进士及第出身有差。

鼐以泰和典史，运粮至京师，会试中式。及廷试策问河洛象数，鼐对称旨，遂擢第一。

英宗正统元年三月，廷试刘定之等一百人，赐周旋等进士及第出身有差。

四年三月，廷试杨鼎等九十九人，赐施槃等进士及第出身有差。

七年三月，廷试姚夔等一百四十九人，赐刘俨等进士及第出身有差。

十年三月，廷试商辂等一百五十人，仍赐辂进士第一，余及第出身有差。

辂，淳安人，宣宗乙卯浙江榜第一人，三试皆第一。明代三元，黄观后，惟辂一人而已。

十三年三月，廷试岳正等一百五十人，赐彭时等进士及第出身有差。

景帝景泰二年三月，廷试吴汇等二百一人，赐柯潜等进士及第出身有差。

五年三月，廷试彭华等三百四十五人，赐孙贤等进士及第出身有差。

英宗天顺元年三月，廷试夏积等二百九十四人，赐黎淳等进士及第出身有差。

四年三月，廷试陈选等一百五十六人，赐王一夔等进士及第出身有差。

八年三月（时宪宗已即位），以谅阴不御殿。传会试吴钎等二百四十七人，赐彭教等进士及第出身有差。

七年二月，礼部试日火，死者九十余人，英宗命俱赠进士出身，改期八月会试，至是，宪宗御西角门策之。

宪宗成化二年三月，廷试章懋等三百五十三人，赐罗伦等进士及第出身有差。

五年三月，廷试费訚等二百四十七人，赐张昇等进士及第出身有差。

八年三月，廷试吴宽等二百五十一人，仍赐宽进士第一，余及第出身有差。

十一年三月，廷试王鏊等三百人，赐谢迁等进士及第出身有差。

十四年三月，廷试梁储等三百五十人，赐曾彦等进士及第出身有差。

十七年三月，廷试赵宽等二百九十八人，赐王华等进士及第出身有差。

二十年三月，廷试储巏等三百人，赐李旻等进士及第出身有差。

二十三年三月，廷试程楷等三百五十一人，赐费宏等进士及第出身有差。

孝宗弘治三年三月，廷试钱溥等二百九十八人，赐钱福等进士及第出身有差。

六年三月，廷试汪俊等二百九十八人，赐毛澄等进士及第出身有差。

九年三月，廷试陈澜等二百九十八人，赐朱希周等进士及第出身有差。

十二年三月，廷试伦文叙等三百人，仍赐文叙进士第一，余及第出身有差。

十五年三月，廷试鲁铎等二百九十七人，赐康海等进士及第出身有差。

十八年三月，廷试董玘等三百三人，赐顾鼎臣等进士及第出身有差。

武宗正德三年三月，廷试邵锐等三百四十九人，赐吕柟等进士及第出身有差。

六年三月，廷试邹守益等三百四十九人，赐杨慎等进士及第出身有差。

九年三月，廷试霍韬等三百九十六人，赐唐皋等进士及第出身有差。

十二年三月，廷试伦以训等三百四十九人，赐舒芬等进士及第出身有差。

十六年五月（时世宗已即位），策试张治等三百五十人，赐杨惟聪等进士及第出身有差。

十五年，治等试礼部中式，以武宗南巡，未廷试。至是世宗御西角门策之。

世宗嘉靖二年三月，廷试李舜臣等四百一十人，赐姚涞等进士及第出身有差。

五年三月，廷试赵时春等三百一人，赐龚用卿等进士及第出身有差。

八年三月，廷试唐顺之等三百二十三人，赐罗洪先等进士及第出身有差。

十一年正月，廷试林春等三百一十六人，赐林大钦等进士及第出身有差。

十四年四月，廷试许谷等三百二十五人，赐韩应龙等进士及第出身有差。

十七年三月，廷试袁炜等三百二十人，赐茅瓒等进士及第出身有差。

二十年三月，廷试林树声等二百九十八人，赐沈坤等进士及第出身有差。

二十三年三月，廷试瞿景淳等三百二十二人，赐秦鸣雷等进士及第出身有差。

时少傅翟銮子汝俭、汝孝俱在试中，帝疑二人滥首甲，抑第一为第三，以第三置二甲，及拆卷而所拟第三者果汝孝也。给事中王交、王尧日因劾会试考官少詹事江汝璧等阿附銮罪。汝璧等逮问，銮父子皆削籍。

二十六年三月，廷试胡正蒙等三百一人，赐李春芳等进士及第出身有差。

二十九年三月，廷试傅夏器等三百二十人，赐唐汝楫等进士及第出身有差。

三十二年三月，廷试曹大章等四百一人，赐陈谨等进士及第出身有差。

三十五年三月，廷试金达等二百九十六人，赐诸大绶等进士及第出身有差。

三十八年三月，廷试蔡茂春等三百三人，赐丁士美等进士及第出身有差。

四十一年三月，廷试王锡爵等二百九十九人，赐徐时行等进士及第出身有差。

四十四年三月，廷试陈栋等三百九十四人，赐范应期等进士及第出身有差。

穆宗隆庆二年三月，廷试田一儁等四百三人，赐罗万化等进士及第出身有差。

五年三月，廷试邓以讃等三百九十六人，赐张元忭等进士及第出身有差。

神宗万历二年三月，廷试孙鈩等二百九十九人，赐孙继皋等进士及第出身有差。

五年三月，廷试冯梦祯等三百一人，赐沈懋学等进士及第出身有差。

八年三月，廷试萧良有等三百二人，赐张懋修等进士及第出身有差。

十一年三月，廷试李廷机等三百四十一人，赐朱国祚等进士及第出身有差。

十四年三月，廷试袁宗道等三百四十五人，赐唐文献等进士及第出身有差。

十七年三月，廷试陶望龄等三百四十七人，赐焦竑等进士及第出身有差。

二十年三月，廷试吴默等三百四人，赐翁正春等进士及第出身有差。

二十三年三月，廷试汤宾尹等三百四人，赐朱之蕃等进士及第出身有差。

二十六年三月，廷试顾起元等二百九十二人，赐赵秉忠等进士及第出身有差。二十九年三月，廷试许獬等三百一人，赐张以诚等进士及第出身有差。

三十二年三月，廷试杨守勤等三百八人，仍赐守勤进士第一，余及第出身有差。

三十五年三月，廷试施凤来等二百九十八人，赐黄士俊等进士及第出身有差。

三十八年三月，廷试韩敬等三百二人，仍赐敬进士第一，余及第出身有差。

是科会试，庶子汤宾尹为同考官，韩敬出其门。明年御史孙居相劾宾尹私韩敬，以敬故与各房互换闱卷。时吏部方考察，尚书孙丕扬因置宾尹、敬于察典。敬有文名，众颇惜之。

四十一年三月，廷试周延儒等三百四十四人，仍赐延儒进士第一，余及第出身有差。

四十四年三月，廷试赐钱士升等三百四十四人进士及第出身有差。

时吴江沈同和会试第一，同里赵鸣阳第六。同和素不能文，文多出鸣阳手。事觉，两人并谪戍。

四十七年三月，廷试庄际昌等三百四十五人，仍赐际昌进士第一，余及第出身有差。

熹宗天启二年三月，廷试刘必达等四百九人，赐文震孟等进士及第出身有差。

五年三月，廷试华琪芳等三百人，赐余煌等进士及第出身有差。

愍帝崇祯元年三月，廷试曹勋等三百五十三人，赐刘若宰等进士及第出身有差。

四年三月，廷试吴伟业等三百四十九人，赐陈于泰等进士及第出身有差。

七年三月，廷试李青等三百二人，赐刘理顺等进士及第出身有差。

十年三月，廷试吴贞启等三百一人，赐刘同升等进士及第出身有差。

十三年三月，廷试杨琼芳等二百九十六人，赐魏藻德等进士及第出身有差。

十五年，特赐史惇等二百六十三人进士出身。

十六年九月，廷试陈名夏等三百九十五人，赐杨廷鉴等进士及第出身有差。

（四）恩荣

（明）黄佐《翰林记》卷十六·赐姓名　永乐十六年三月，上策会试士，以李马为进士第一，御笔赐名骐，胪传三唱，无敢应者，上曰："即李马也。"乃出受诏。二十二年三月，上策进士，内阁奏以孙曰恭为状元，上以"曰恭"名近"暴"字，乃擢邢宽第一，而改"邢"为"刑"，志仁爱也。宽后复之。

（明）张朝瑞《皇明贡举考》卷一·赐进士 举人出身第一甲三名，第一名从六品，第二名、第三名正七品，赐进士及第。第二甲从七品，赐进士出身。第三甲正八品，赐同进士出身。（《诸司职掌》）

又，卷一·赐宴（宋太平兴国九年，进士始锡宴琼林苑） 洪武四年，锡宴于中书省。永乐九年，赐宴于会同馆。十三年，赐宴于北京留守行后军都督府。宣德五年，赐宴于行在中军都督府。八年，赐宴于礼部，遂为例。（俱《登科录》）

又，卷一·上表谢恩 状元及第谢表，旧状元代作，亦相传故事或有自制云者。（《状元考》）

又，卷一·释菜 洪武四年，令进士诣先师孔子庙，行释菜礼（至今因之）。

《周礼》："大胥春入学舍（音释）采（读为菜）合舞。"郑玄曰："菜，蘋蘩之属。"宋氏濂曰："古者士见师以菜为挚，故始入学者，必释菜以礼其先师。"

又，卷一·坊牌 洪武二十一年，任亨泰状元及第，太祖曰："新状元得人。"敕有司立坊牌以荣之，故坊上特揭圣旨字，他坊惟恩荣小扁，此我朝天下坊牌之始。（《襄阳志》）

南充韩士英曰："牌坊者，所以表厥宅里，揭名彰善，今尤重之。然出于旧例及题请者，上也；出于当道有司之作与者，次也；然此达官显宦有所干求，亦非矣。"尝阅《菽园杂记》有曰："《中吴纪闻》载宋蒋侍郎希曾不肯立坊名，昆山郑介庵晚年撤去进士坊牌，云无遗后人笑。呜呼！名者，圣人所不能胜也，况其下者乎？今既不免于从俗，当图其不朽，毋为后人笑，斯可矣。岂徒夸耀一时已乎？"

（明）王世贞《弇山堂别集》卷十一·皇明异典述六·文臣赐第 文臣赐第京师，若高帝时有之。以后蹇忠定、夏忠靖、杨文贞、杨文敏、胡忠安、吴荣襄，至翰林臣曾棨、王英，在宣庙俱有赐，文贞力辞而止。于肃愍、陈芳洲、高文义、王毅愍、商文毅，在景庙亦有之，袁彬所请，则文毅赐第也。天顺，李文达、王忠肃、马恭襄，俱有赐第，又为忠肃造第原籍盐城。嘉靖间，张文忠治第京师，上闻，以银币羊酒赐之。今人不考，遂以为赐第，非也。其原籍始以书院请，特命有司给夫价资营造，后夏文愍亦继之，然不名言赐也。

（明）顾祖训原编、（明）吴承恩增补、（清）陈枚续补《状元图考》卷首·恩荣次第 某年三月十五日早，诸贡士赴内府殿试。上御皇极门，亲赐策问。

三月十八日早，文武百官朝服侍班。是日锦衣卫设卤簿于丹陛丹墀内。皇极殿鸿胪寺官传制唱名。礼部官捧黄榜，鼓乐导引出长安门外张挂毕，顺天府官用伞盖仪从送状元归第。

三月十九日，赐宴于礼部毕，赴鸿胪寺习仪。

三月二十一日，赐状元朝服冠带及进士宝钞。

三月二十二日，状元率诸进士上表谢恩。

三月二十三日，状元率诸进士诣先师孔子庙，行释菜礼。

礼部奏请，命工部于国子监立石题名。

（明）焦竑辑、（清）胡任兴增辑《历科廷试状元策》·恩荣次第 某年三月十五日早，诸贡士赴内府殿试。上御皇极门，亲赐策问。

三月十八日早，文武百官朝服侍班。是日锦衣卫设卤簿于丹陛丹墀内。皇极殿鸿胪寺官传制唱名。礼部官捧黄榜，鼓乐导引出长安门外张挂毕，顺天府官用伞盖仪从送状元归第。

三月十九日，赐宴于礼部毕，赴鸿胪寺习仪。

三月二十一日，赐状元朝服冠带及进士宝钞。

三月二十二日，状元率诸进士上表谢恩。

三月二十三日，状元率诸进士诣先师孔子庙，行释菜礼。

礼部奏请，命工部于国子监立石题名。

（明）俞汝楫《礼部志稿》卷五九·状元谢恩 凡状元上表谢恩于三月二十二日，本部表具奏本奏目，状元率诸进士赴午门前行礼，表文状元亲付司礼监官捧进。凡遇出朝，备黄绫壳表副表目三本，二本送鸿胪寺宣读，一本本部备照。如免朝，不用。

又，卷一八·状元冠服 朝冠二梁，朝服绯罗为之，圆领白绢，中单锦绶，全蔽膝，全槐笏一把，纱帽一顶，光素银带一条，药玉佩一副，朝靴毡袜各一双。礼部官引至御前颁赐，上表谢恩日服之，俱内府制造。

（清）谈迁《枣林杂俎》·圣集 鼎甲胪传讫，出长安左门，京兆候迎。谢恩毕，宴堂上，南向，京兆北向。席特盛，用太常乐。仍谢恩出，京兆送归私第，茶别。状元同乡宦京朝者，例邀京兆宴之，榜眼、探花不预。（故事，御批一甲三人卷，用玉管笔，折卷在中极殿左。）

（清）鄂尔泰、张廷玉等《词林典故》卷六《仪式》引《明良记》 明初，京官俱不用伞，惟考试官入场及状元归第，乃得而用之。

（五）立石题名

（明）张朝瑞《皇明贡举考》卷一·立石题名 洪武十八年，令立进士题名碑于国子监。（《登科考》）二十一年，立石题名，著为令。永乐二年三月，命工部建进士题名

碑于国子监，命侍读学士王逵撰《记》（疑题名碑有记始此）。（俱《宪章录》）

（清）朱彝尊《曝书亭集》卷五十一·北京国子监进士题名碑跋 唐人及第书名雁塔，未必镂诸石也。明自永乐二年，命工部建进士题名碑于南京国子监，撰记者翰林侍读学士王达也。十三年，会试天下贡士于北京，《登科考》谓是岁即命立石国子监，然今无有。有之，自宣德五年林震榜始也。由宣德讫崇祯十三年，碑凡七十一通。思陵厌薄进士，故将下第举人与廷试贡士史惇等百六十三人又吴康侯等百人尽留特用。于是惇等请援进士例，谒孔庙行释菜礼，并立石题名，帝如所请。大学士周延儒奉敕撰文，太仆寺少卿翰林院侍书朱国诏奉敕书石篆额，工部营缮司郎中王灏监工，立于进士题名之次。而十六年杨廷鉴榜，遂无隙地可树碑矣。予辑《日下旧闻》，既撮其大略笔之于卷。

（清）张廷玉等《明史》卷六十九·志第四十五·选举 宋讷、吴颙等由儒士擢祭酒，讷尤推名师。历科进士多出太学，而戊辰任亨泰廷对第一，太祖召讷褒赏，撰《题名记》，立石监门。辛未许观亦如之。进士题名碑由此相继不绝。

（清）秦蕙田《五礼通考》卷一百七十一·嘉礼四十四·学礼 宋讷、吴颙等由儒士擢祭酒，讷尤推名师。历科进士多出太学，而戊辰任亨泰廷对第一，太祖召讷褒赏，撰《题名记》，立石监门。辛未许观亦如之。进士题名碑由此相继不绝。

（清）窦光鼐等《钦定日下旧闻考》卷六十七·官署六 臣等谨按，元代题名三碑，本朝国子监祭酒吴苑于启圣祠土中得之。至明代七十有六碑。始永乐十八年李骐榜，讫崇祯十六年杨廷鉴榜。谓始于宣德五年林震榜者，误也。其缺者，惟万历八年、崇祯十年两碑耳。

（原永乐十三年乙未陈循榜、十六年戊戌李骐榜、十九年辛丑曾鹤龄榜、二十二年甲辰邢宽榜、宣德二年丁未马愉榜，碑无。

宣德五年庚戌林震榜，太子少保礼部尚书兼武英殿大学士金幼孜撰文，礼部精膳司郎中陈景茂篆书。宣德八年癸丑曹鼐榜，礼部尚书兼翰林学士杨溥撰文，礼部郎中黄养正书。

正统元年丙辰周旋榜，碑无。正统四年己未施槃榜，翰林院学士钱习礼撰文，太常寺少卿兼翰林院侍书程南云书。正统七年壬戌刘俨榜，碑无。正统十年乙丑商辂榜，翰林院学士经筵官曹鼐撰文，中书舍人程学书。正统十三年戊辰彭时榜，兵部右侍郎兼翰林院侍读学士苗衷撰文，中书舍人黄采书。

景泰二年辛未柯潜榜，少保兼太子太傅户部尚书文渊阁大学士陈循撰文，太常寺少卿王谦书。景泰五年甲戌孙贤榜，少保兼太子太傅户部尚书文渊阁大学士陈循撰文，吏部考功司郎中董玙书。

天顺元年丁丑黎淳榜，吏部尚书兼翰林院学士知制诰李贤撰文，顺天府丞余谦书。天顺四年庚辰王一夔榜，吏部尚书兼翰林院学士李贤撰文，礼部仪制司员外郎凌耀宗书。天顺七年癸未彭教榜，少保吏部尚书兼华盖殿大学士李贤撰文，礼部祠祭司员外郎谢宇书。

成化二年丙戌罗伦榜，太子少保礼部尚书兼文渊阁大学士陈文撰文，礼部郎中陈纲书。成化五年己丑张昇榜，太子少保吏部尚书兼文渊阁大学士彭时撰文，太常寺少卿林章书。成化八年壬辰吴宽榜，碑仆。成化十一年乙未谢迁榜，太子少保户部尚书兼翰林院学士万安撰文，太常寺少卿谢宇书。成化十四年戊戌曾彦榜，太子少保户部尚书兼文渊阁大学士刘□撰文，礼部仪制司主事兼司经局正字凌晖书。成化十七年辛丑王华榜，碑仆。成化二十年甲辰李旻榜，碑仆。成化二十三年丁未费宏榜，少傅兼太子太傅吏部尚书谨身殿大学士徐溥撰文，太仆寺少卿姜立纲书。

弘治三年庚戌钱福榜，少保兼太子太保户部尚书武英殿大学士邱濬撰文，大理寺右寺副刘棨书。弘治六年癸丑毛澄榜，太子太保礼部尚书武英殿大学士刘健撰文，大理寺左寺副兼司经局正字周文通书。弘治九年丙辰朱希周榜，太子太保户部尚书兼谨身殿大学士李东阳撰文，尚宝司卿兼司经局正字刘棨书。弘治十二年己未伦文叙榜，少师兼太子太师吏部尚书华盖殿大学士刘健撰文，太常寺少卿周文通书。弘治十五年壬戌康海榜，碑仆。弘治十八年乙丑顾鼎臣榜，碑仆。

正德三年戊辰吕柟榜，少师兼太子太师吏部尚书华盖殿大学士焦芳撰文，太常寺少卿周文通书。正德六年辛未杨慎榜，碑仆。正德九年甲戌唐皋榜，少师兼太子太师吏部尚书华盖殿大学士杨廷和撰文，太常寺卿刘棨书。正德十二年丁丑舒芬榜，少保兼太子太保礼部尚书武英殿大学士贾咏撰文，太常寺少卿兼经筵侍书刘棨书。正德十六年辛巳杨维聪榜，少师兼太子太师吏部尚书华盖殿大学士杨廷和撰文，太常寺卿刘棨书。

嘉靖二年癸未姚涞榜，少师兼太子太师吏部尚书华盖殿大学士费宏撰文，大常寺卿刘棨书。嘉靖五年丙戌龚用卿榜，碑仆。嘉靖八年己丑罗洪先榜，太子太保吏部尚书兼武英殿大学士李时撰文，顺天府丞周今书。嘉靖十一年壬辰林大钦榜，少师兼太子太师吏部尚书华盖殿大学士夏言撰文，大仆寺卿张文宪书。嘉靖十四年乙未韩应龙榜，吏部右侍郎兼东阁大学士李本撰文，通政司使张文宪书。嘉靖十七年戊戌茅瓒榜，少傅兼太子太师吏部尚书谨身殿大学士严嵩撰文，礼部左侍郎兼司经局正字张电书。嘉靖二十年辛丑沈坤榜，太子太保礼部尚书兼翰林院学士徐阶撰文，工部右侍郎谈相书。嘉靖二十三年甲辰秦鸣雷榜，礼部尚书兼翰林院学士孙承思撰文，大理寺右寺副□□书。嘉靖二十六年丁未李春芳榜，太子太保礼部尚书顾可学撰文，大理寺左寺正吴昂书。嘉靖二十九年庚戌唐汝楫榜，吏部尚书李默撰文，大理寺右评事吴应凤书。嘉靖三十二年癸丑陈谨榜，少保兼太子太傅礼部尚书徐阶撰文，山东布政司参议王槐书。嘉靖三十五年丙辰诸大绶榜，碑文剥落。嘉靖三十八年己未丁士美榜，太子宾客吏部左侍郎兼翰林院学士郭朴撰文，中书舍人管翰林院典籍事顾从礼书。嘉靖四十一年壬戌申时行榜，少保兼太子太保户部尚书武英殿大学士知制诰袁炜撰文，大理寺右寺正丛恕书。嘉靖四十四年乙丑范应期榜，太子太保吏部尚书兼武英殿大学士知制诰严讷撰文，大理寺左评事兼翰林院侍书李中书。

隆庆二年戊辰罗万化榜，太子太师吏部尚书建极殿大学士李春芳撰文，尚宝司少卿兼翰林院侍书吴自成书。隆庆五年辛未张元忭榜，少师兼太子太师吏部尚书中极殿大学士申时行撰文，太仆寺少卿兼司经局正字徐继申书。

万历二年甲戌孙继皋榜，大学士王锡爵撰文，光禄寺少卿兼司经局正字成楫书。万历五年丁丑沈懋学榜，少傅兼太子太傅礼部尚书建极殿大学士许国撰文，太仆寺少卿兼司经局正字马极文书。万历八年庚辰张懋修榜，大学士叶向高撰文，通政司知事唐尚中书。万历十一年癸未朱国祚榜，太子太保礼部尚书兼武英殿大学士王锡爵撰文，大理寺右寺副赵应宿书。万历十四年丙戌唐文献榜，记无。万历十七年己丑焦竑榜，记无。万历二十年壬辰翁正春榜，太子太保户部尚书兼文渊阁大学士张位撰文，通政司经历章如铤书。万历二十三年乙未朱之蕃榜，太子少保礼部尚书兼文渊阁大学士陈于陛撰文，通政司经历汤应龙书。万历二十六年戊戌赵秉忠榜，记无。万历二十九年辛丑张以诚榜，记无。万历三十二年甲辰杨守勤榜，记无。万历三十五年丁未黄士俊榜，记无。万历三十八年庚戌韩敬榜，记无。万历四十一年癸丑周延儒榜，少师兼太子太师吏部尚书中极殿大学士叶向高撰文，通政司知事周承禹书。万历四十四年丙辰钱士升榜，记无。万历四十七年己未庄际昌榜，记无。

天启二年壬戌文震孟榜，记无。五年乙丑余煌榜，记无。

崇祯元年戊辰刘若宰榜，记无。崇祯四年辛未陈于泰榜，记无。崇祯七年甲戌刘理顺榜，记无。崇祯十年丁丑刘同升榜，记无。崇祯十三年庚辰魏藻德榜，记无。崇祯十六年癸未杨廷鉴榜，碑未立。《六馆日抄》：原在城市门，今移政。）

（清）倪涛《六艺之一录》卷一百·石刻文字七十六·明碑刻·历科进士题名碑

宣德五年林震榜进士题名碑，金幼孜撰文，礼部精膳司郎中陈景茂篆书。（刘中柱《六馆日抄》，下同）

正统十年商辂榜进士题名碑，曹鼐撰，中书舍人程学书。

景泰二年柯潜榜进士题名碑，大学士陈循撰文，太常寺少卿王谦书。

景泰五年孙贤榜进士题名碑，大学士陈循撰文，吏部考功司郎中董玙书。

天顺元年黎淳榜进士题名碑，吏部尚书李贤撰文，顺天府府丞余谦书。

天顺四年王一夔榜进士题名碑，吏部尚书李贤撰，礼部仪制司员外郎凌耀宗书。

天顺七年彭教榜进士题名碑，吏部尚书兼华盖殿大学士李贤撰文，礼部祠祭司员外郎谢宇书。

成化二年罗伦榜进士题名碑，大学士陈文撰文，礼部郎中陈纲书。

弘治三年钱福榜进士题名碑，大学士丘濬撰文，大理寺右寺副刘棨书。

弘治六年毛澄榜进士题名碑，大学士刘健撰文，大理寺左寺副兼司经局正字周文通书。

嘉靖二十六年李春芳榜进士题名碑，礼部尚书顾可学撰文，大理寺左寺正吴昂书。

嘉靖二十九年唐汝楫榜进士题名碑，吏部尚书李默撰文，大理寺右评事吴应凤书。

嘉靖三十二年陈谨榜进士题名碑，礼部尚书徐阶撰文，东布政司参议王槐书。

嘉靖三十八年丁士美榜进士题名碑，吏部左侍郎郭朴撰文，中书舍人顾从礼书。

嘉靖四十一年徐时行榜进士题名碑，大学士知制诰袁炜撰文，大理寺右寺正丛恕书。

嘉靖四十四年范应期榜进士题名碑，大学士严讷撰文，大理寺左评事兼翰林院侍书李中书。

隆庆二年罗万化榜进士题名碑，大学士李春芳撰文，尚宝司少卿兼翰林院侍书吴自成书。

隆庆五年张元抃榜进士题名碑，大学士申时行撰文，太仆寺少卿兼司经局正字徐继申书。

万历二年孙继皋榜进士题名碑，大学士王锡爵撰文，光禄寺少卿兼司经局正字成楫书。

万历五年沈懋学榜进士题名碑，大学士许国撰文，太仆寺少卿兼司经局正字马继文书。

万历八年张懋修榜进士题名碑，大学士叶向高撰文，通政司知事詹尚忠书。

万历十一年朱国祚榜进士题名碑，大学士王锡爵撰文，大理寺右寺副赵应宿书。

万历二十年翁正春榜进士题名碑，大学士张位撰文，通政司经历章如铤书。

万历二十三年朱之蕃榜进士题名碑，大学士陈于陛撰文，通政司经历汤应龙书。

万历四十一年周延儒榜进士题名碑，大学士叶向高撰文，通政司知事周承禹书。(以上俱《六馆日抄》)

（清）梁国治等《钦定国子监志》卷四十八·金石三·题名附·明 永乐十三年乙未科，赐陈循等三百五十一名及第出身，题名碑翰林学士杨荣撰文，中书舍人朱晖书。(在大成门外东南，北向。)

十六年戊戌科，赐李骐等二百五十名及第出身，题名碑翰林学士杨荣撰文，中书舍人朱晖书。

十九年辛丑科，赐曾鹤龄等三百一名及第出身，题名碑大学士杨荣撰文，中书舍人陈景茂书。(以上二碑在大成门外之西，南向。)

二十二年甲辰科，赐邢宽等一百五十名及第出身，题名碑大学士杨士奇撰文，吏部考功司郎中夏衡书。宣德九年补立。

宣德二年丁未科，赐马愉等一百名及第出身，题名碑大学士杨士奇撰文，中书舍人程南云书。

五年庚戌科，赐林震等一百名及第出身，题名碑大学士金幼孜撰文，礼部郎中陈景茂书。

八年癸丑科，赐曹鼐等一百名及第出身，题名碑礼部尚书杨溥撰文，礼部郎中王养正书。（以上四碑在大成门外东南，北向。）

正统元年丙辰科，赐周旋等一百名及第出身，题名碑少詹事王直撰文，行在吏部主事夏昶书。

四年己未科，赐施槃等一百名及第出身，题名碑翰林学士钱习礼撰文，太常寺少卿程南云书。（以上二碑在大成门外之东，南向。）

七年壬戌科，赐刘俨等一百四十九名及第出身，题名碑翰林学士陈循撰文，太常寺少卿程南云书。

十年乙丑科，赐商辂等一百五十名及第出身，题名碑翰林学士曹鼐撰文，中书舍人陈学书。

十三年戊辰科，赐彭时等一百五十名及第出身，题名碑翰林学士苗衷撰文，中书舍人黄采书。

景泰二年辛未科，赐柯潜等二百十二名及第出身，题名碑大学士陈循撰文，太常寺少卿汪谦书。（谨按，是年司业赵琬奏：进士题名立石国子监大成门下，俾诸生出入，皆得瞻仰，诚激劝后学之意。正统间移于大成门外，风雨飘淋，易于损坏，乞敕工部造屋覆盖，以图经久。从之。）

五年甲戌科，赐孙贤等三百四十九名及第出身，题名碑大学士陈循撰文，吏部郎中董玙书。

天顺元年丁丑科，赐黎淳等三百名及第出身，题名碑吏部尚书李贤撰文，顺天府府丞余谦书。

四年庚辰科，赐王一夔等一百五十名及第出身，题名碑吏部尚书李贤撰文，礼部员外郎凌耀宗书。

八年甲申科，赐彭教等二百四十七名及第出身，题名碑吏部尚书李贤撰文，礼部员外郎谢宇书。

成化二年丙戌科，赐罗伦等三百五十名及第出身，题名碑大学士陈文撰文，礼部郎中陈纲书。

五年己丑科，赐张昇等二百五十名及第出身，题名碑大学士彭时撰文，太常寺少卿林章书。

八年壬辰科，赐吴宽等二百五十名及第出身，题名碑户部尚书商辂撰文，太常寺少卿谢宇书。

十一年乙未科，赐谢迁等三百名及第出身，题名碑户部尚书万安撰文，太常寺少卿谢宇书。

十四年戊戌科，赐曾彦等三百五十名及第出身，题名碑大学士刘珝撰文，司经局正字凌晖书。

十七年辛丑科，赐王华等二百九十名及第出身，题名碑大学士刘吉撰文，山东布政司左参议凌晖书。

二十年甲辰科，赐李旻等三百名及第出身，题名碑大学士刘吉撰文，吏部郎中姜立纲书。

二十三年丁未科，赐费宏等三百五十一名及第出身，题名碑大学士徐溥撰文，太仆寺少卿姜立纲书。

宏治三年庚戌科，赐钱福等二百九十八名及第出身，题名碑大学士邱濬撰文，大理寺右寺副刘棨书。（自正统戊戌至此，计十七碑。正统壬戌、戊辰，景泰甲戌，天顺庚辰，成化丙戌、壬辰、戊戌、甲辰，弘治庚戌，九碑俱在大成门外之西，南向。正统乙丑，景泰辛未，天顺丁丑，成化甲申、己丑、乙未、辛丑、丁未，八碑俱在大成门外之东，南向。）

六年癸丑科，赐毛澄等二百九十八名及第出身，题名碑大学士刘健撰文，大理寺左寺副周文通书。

九年丙辰科，赐朱希周等三百名及第出身，题名碑大学士李东阳撰文，尚宝司卿刘棨书。（以上二碑在大成门外之东，南向。）

十二年己未科，赐伦文叙等三百名及第出身，题名碑大学士刘健撰文，太常寺少卿周文通书。

十五年壬戌科，赐康海等二百九十七名及第出身，题名碑大学士谢迁撰文，吏部郎中蒋恭书。

十八年乙丑科，赐顾鼎臣等三百名及第出身，题名碑大学士李东阳撰文，吏部郎中沈冬魁书。（以上三碑在大成门外之西，南向。）

正德三年戊辰科，赐吕柟等三百四十九名及第出身，题名碑大学士焦芳撰文，太常寺少卿周文通书。（在大成门外之西，南向。）

六年辛未科，赐杨慎等三百五十名及第出身，题名碑大学士石珤撰文，太常寺少卿刘棨书。（在大成门外之西，南向。）

九年甲戌科，赐唐皋第四百名及第出身，题名碑大学士杨廷和撰文，太常寺卿刘棨书。

十二年丁丑科，赐舒芬等三百五十名及第出身，题名碑大学士贾咏撰文，太常寺卿刘棨书。（以上二碑在大成门外之东，南向。）

十六年辛巳科，赐杨维聪等三百三十名及第出身，题名碑大学士杨廷和撰文，太常寺卿刘棨书。

嘉靖二年癸未科，赐姚涞等四百十一名及第出身，题名碑大学士费宏撰文，太常寺卿刘棨书。（以上二碑在大成门外之西，南向。）

五年丙戌科，赐龚用卿等三百名及第出身，题名碑大学士李时撰文，碑已磨泐，无书者姓名。

八年己丑科，赐罗洪先等三百二十三名及第出身，题名碑大学士李时撰文，顺天府府丞周令书。（谨按，时大学士李时上言：旧例进士开科，礼部奏请于国子监立石题名，命儒臣撰记，以昭盛典，传之永久。正德六年以来，国家多事，因循不作。皇上敦化宗文，始命辅臣追记补之。嘉靖五年丙戌题名记，佥谓臣职当撰述。臣窃谓此记虽礼部题请命翰林院撰文，然未尝奉旨专命何官，而各年碑石并书。臣某奉敕撰其文，又未尝呈览，揆之事体，似有未安。窃闻先朝大学士杨荣、李贤等连科撰述，皆出宸命，况皇上圣文溢发，凡近日册诏诰敕有所指点，皆非臣等所及。臣谨以本年所撰稿录进，伏乞少运睿思，改发工部，仍行翰林院拟定制敕房官一员书写刻石。从之，著为例。明《太学志》不载是科碑记，漏也。）

十一年壬辰科，赐林大钦等三百二十名及第出身，题名碑大学士夏言撰文，太仆寺卿张文宪书。嘉靖三十一年补立。

十四年乙未科，赐韩应龙等三百二十五名及第出身，题名碑大学士李本撰文，通政司通政使张文宪书。嘉靖三十年补立。

十七年戊戌科，赐茅瓒等三百二十名及第出身，题名碑大学士严嵩撰文，礼部侍郎张电书。嘉靖三十年补立。

二十年辛丑科，赐沈坤等二百九十八名及第出身，题名碑礼部尚书徐阶撰文，碑已磨泐，无书者姓名。嘉靖三十年补立。（谨按，《日下旧闻》载此碑为工部侍郎谈相书。）

二十三年甲辰科，赐秦鸣雷等三百十二名及第出身，题名碑礼部尚书孙承恩撰文，大理寺卿孙□书。嘉靖三十年补立。

二十六年丁未科，赐李春芳等三百一名及第出身，题名碑礼部尚书顾可学撰文，大理寺左寺正吴昂书。嘉靖三十年补立。

二十九年庚戌科，赐唐汝楫等三百二十名及第出身，题名碑吏部尚书李默撰文，大理寺右寺左评事吴应凤书。

三十二年癸丑科，赐陈谨等四百三名及第出身，题名碑大学士徐阶撰文，山东布政使司右参议王槐书。

三十五年丙辰科，赐诸大绶等二百九十六名及第出身，题名碑礼部尚书吴山撰文，碑已磨泐，无书者姓名。

三十八年己未科，赐丁士美等三百三名及第出身，题名碑吏部侍郎郭朴撰文，中书舍人顾从礼书。

四十一年壬戌科，赐徐时行（后复姓申）等三百名及第出身，题名碑大学士袁炜撰文，大理寺右寺正严恕书。

四十四年乙丑科，赐范应期等四百名及第出身，题名碑大学士严讷撰文，大理寺左寺左评事李中书。

隆庆二年戊辰科，赐罗万化等四百三名及第出身，题名碑大学士李春芳撰文，尚宝司少卿吴自成书。

五年辛未科，赐张元忭等四百名及第出身，题名碑大学士申时行撰文，太仆寺少卿徐继甲书。万历十五年补立。（自嘉靖丙戌科至此共十六碑，俱在大成门外西南北向。）

万历二年甲戌科，赐孙继皋等三百名及第出身，题名碑大学士王锡爵撰文，光禄寺少卿□成楫书。

五年丁丑科，赐沈懋学等三百一名及第出身，题名碑大学士许国撰文，太仆寺少卿冯继文书。

八年庚辰科，赐张懋修等三百二名及第出身，题名碑大学士叶向高撰文，通政使司知事唐尚志书。

十一年癸未科，赐朱国祚等三百五十名及第出身，题名碑大学士王锡爵撰文，大理寺左寺副赵应宿书。十八年补立。

十四年丙戌科，赐唐文献等三百四十五名及第出身，题名碑无记。

十七年己丑科，赐焦竑等一百四十七名及第出身，题名碑无记。

二十年壬辰科，赐翁正春等三百名及第出身，题名碑大学士张位撰文，通政司经历章如铤书。

二十三年乙未科，赐朱之蕃等三百四名及第出身，题名碑大学士陈于陛撰文，通政司经历汤应龙书。

二十六年戊戌科，赐赵秉忠等二百九十二名及第出身，题名碑无记。

二十九年辛丑科，赐张以诚等三百一名及第出身，题名碑无记。

三十二年甲辰科，赐杨守勤等三百八名及第出身，题名碑无记。

三十五年丁未科，赐黄士俊等二百九十八名及第出身，题名碑无记。

三十八年庚戌科，赐韩敬等三百二名及第出身，题名碑无记。

四十一年癸丑科，赐周延儒等三百四十四名及第出身，题名碑大学士叶向高撰文，无书者姓名。（谨按，《日下旧闻》载此碑为通政司知事周承禹书。）

四十四年丙辰科，赐钱士升等三百四十四名及第出身，题名碑无记。

四十七年己未科，赐庄际昌等三百四十五名及第出身，题名碑无记。

天启二年壬戌科，赐文震孟等四百九名及第出身，题名碑无记。

五年乙丑科，赐余煌等三百名及第出身，题名碑无记。（自万历至此十八碑，在大成门外东南，北向。）

崇祯元年戊辰科，赐刘若宰等三百五十名及第出身，题名碑无记。

四年辛未科，赐陈于泰等三百四十九名及第出身，题名碑无记。

七年甲戌科，赐刘理顺等三百二名及第出身，题名碑无记。

十年丁丑科，赐刘同升等三百一名及第出身，题名碑无记。

十三年庚辰科，赐魏藻德等二百九十六名及第出身，题名碑无记。

十五年壬午科，赐特用出身史惇、吴康侯等二百六十三名，题名碑大学士周延儒撰文，太仆寺少卿朱国诏书。（自辛未科至此，计六碑在大成门外西南，北向。谨按，朱彝尊《进士题名跋》云：明自永乐二年建进士题名碑于南监，十三年会试北京，立石太学，今不存。有之，自宣德五年林震榜始。宣德讫崇祯十三年，碑凡七十一通。思陵厌薄进士，故将下第举人史淳等百人尽留特用，立碑题名云云。今考明题名碑，自永乐十三年乙未及戊戌、辛丑、甲辰，宣德丁未，五碑现存，不得谓自宣德五年始，亦不得谓碑只七十一通也。)

又，卷五十九·艺文三 明自永乐二年，命工部建进士题名碑于南京国子监。十三年，会试天下贡士于北京。《登科考》谓：是年，即命立石国子监，然今无有。有之，自宣德五年林震榜始。

又 沛时方纂修《国子监志》核题名碑，见存桥门外者元三碑，为本朝吴祭酒苑于启圣祠土中得者。明七十六碑，始永乐十八年李骐榜，讫崇祯十六年杨廷鉴榜。或谓始于宣德五年林震榜，殆误也。其缺者，惟万历八年、崇祯十年两碑耳。

（六）关节·舞弊

（明）黄佐《翰林记》卷八·申救 （景泰）七年顺天府乡试，太常卿兼侍读刘俨为考官。时大学士陈循之子英、王文之子伦入试不中，二人交章奏俨去取不公，欲置于法，乞诏翰林六科十三道覆考。谷时以病不出，闻之，即强起预。考毕，入言曰："大臣子与寒士并进已不可，况又不安于命，欲杀考官，可乎？"由是俨得释，而诏以英、伦为特赐举人。谷由此与二人者不合，屡求退。

（明）宋端仪《立斋闲录》卷四 景泰丙子秋，顺天府乡试。以春坊大学士刘俨、侍讲学士吕原为主考官，御史林鹗等监试。是时，少保户部尚书兼文渊阁大学士陈循，少保吏部尚书兼大学士王文俱在内阁。循子瑛、文子伦入试，俱不与选。循等论奏俨、原等不公。有旨，令翰林并科道官复考。瑛、伦又无。当时遂以瑛、伦文章合格，特赐举人。礼科给事中张宁劾奏循等罪状，乞加黜罢。不报。俨等问罪还职。未几，景帝晏驾，循等得罪英皇，循发铁岭卫充军，文伏诛。宪庙登基，二家遇恩宥，子姓放还。伦有子宗彝，第丙戌进士，今为侍郎。

（明）王世贞《凤洲杂编》卷四·钦赐举人 景泰中，北京乡试陈循、王文以考官刘俨、吕原抑其子，诉于上，谓俨私解元徐经及所取士，颠倒，实不私也。诏复试，如初定，然难陈、王二相，特各许其子会试，时谓之钦赐举人。

（明）沈德符《万历野获编》卷十四·科场·关节状元 今上庚辰科状元张懋修，为首揆江陵公子，人谓乃父手撰策问，因以进呈，后被劾削籍，人皆云然。前此正德辛未科状元杨慎，为次揆新都公子，人谓首揆长沙公，先以策题示之，故所对独详。其后新都公议大礼忤时，为新贵所聚攻，亦微及前事。盖以用修博洽，无忝大魁，而不免议论如此。又前此永乐二年甲申科，学士解缙为正主考，得江西泰和人刘子钦为第一。刘本省癸未解元联捷，解爱其才，面许以必得状元，刘直任不让，解心薄之，以题密示江西永丰人曾棨得状元。其题以礼乐制度为问，上意必欲得渊博之士，然非夙构，不能详对，故子钦竟绌，犹得选庶吉士。然则曾襄敏重名高第，亦不免以关节得大魁矣。今世多知杨、张，而未必知曾。然曾与刘子钦俱吉水人，而曾棨亦同郡人，当时不以为嫌也。是科选庶吉士二十八人，以为上应列宿。而江西占十七人，吉安一府又居其半；浙江得七人；南直隶二人，福建、湖广各一人。所谓挨宿周忱者，又吉水人也。而蜀、两粤、云、贵以及中原四大省及北直无一焉。正与正统戊辰科但选蜀人与北人相反之极。

（清）孙承泽《春明梦余录》卷四十一·礼部三·科场变异 洪武丁丑，言者谓考官刘三吾所取南士多、北士少，有私，遂罢陈䢿等五十一名，俱不刻登科录，而改试中韩克忠等六十人。……万历丙辰，会元沈同和以怀挟事露，并第六人赵鸣阳送法司治罪，荷校礼部门，一月谪戍，会试录遂除名无元。是科武状元亦以赝卷被黜。

仕 宦

（一）授官

（明）黄佐《翰林记》卷三·进士铨注 洪武初年，本院官皆由荐举进，四年辛亥虽设进士科，未有入翰林者。十八年三月丙子，以第一甲赐进士及第丁显、练安、黄子澄为修撰，第二甲赐进士出身马京、齐麟等为编修，吴文等为检讨，皆出简用，不由选法。命下，礼部惟铨注而已。后遂为例。二十一年，策进士，以第一人任亨泰为修撰，第二人唐震、第三人卢原质为编修，著为令，至今因之。二十四年则许观、张显宗、吴言信，二十七年则张信、景清、戴德彝，三十年则陈䢿、尹昌隆、刘谔。是年六月覆试，则韩克忠、王恕、焦胜。

革除庚辰科，遵洪武乙丑之例，第一甲胡广、王艮、李贯皆修撰，第二甲吴溥、杨子荣、杨溥、刘现皆编修。

永乐二年，进士第一人曾棨擢修撰，第二人周述、第三人周孟简仍铨编修，则复遵戊辰之令也。四年林环、陈全、刘素。九年萧时中、苗衷、黄旸。十年马铎、林志、王钰。十三年陈循、李贞、陈景著。十六年李骐、刘江、邓珍。十九年曾鹤龄、刘矩、裴纶。二十二年邢宽、梁禋、孙曰恭。宣德二年马愉、杜宁、谢琏。五年林震、龚锜、林文。八年曹鼐、赵恢、钟复。正统元年周旋、陈文、刘定之。四年施槃、杨鼎、倪谦。七年刘俨、吕原、黄谏。十年商辂、周洪谟、刘俊。十三年彭时、陈鉴、岳正。景泰二年柯潜、刘升、王㑺。五年孙贤、徐溥、徐辖。天顺元年黎淳、徐琼、陈秉中。四年王一夔、李永通、郑环。八年彭教、吴钎、罗璟。成化二年罗伦、程敏政、陆简。五年张昇、丁溥、董越。八年吴宽、刘震、李仁杰。十一年谢迁、刘戬、王鏊。十四年曾彦、杨守址、曾追。十七年王华、黄珣、张天瑞。二十年李旻、白钺、王敕。二十三年费宏、刘春、涂瑞。弘治三年钱福、刘存业、靳贵。六年毛澄、徐穆、罗钦顺。九年朱希周、王瓒、陈澜。十二年伦文叙、丰熙、刘龙。十五年康海、孙清、李廷相。十八年顾鼎臣、董玘、谢丕。正德三年吕柟、景旸、戴大宾（时大学士焦芳用事，第二甲第一人焦黄中，芳子也。有中旨，以黄中及第三甲第一人胡缵宗俱为检讨。及黄中之败也，缵宗亦坐贬）。六年杨慎、余本、邹守益。九年唐皋、黄初、蔡昂。十二年舒芬、伦以训、崔桐。十六年杨惟聪、陆钎、费懋中。

盖自永乐以来，进士得铨注者，惟第一甲，而二甲、三甲必改庶吉士乃得铨注云。

（明）廖道南《殿阁词林记》卷二十一·荐举·铨注 洪武初年，本院官皆由荐举进，虽设进士科，未有入翰林者。以第一甲赐进士及第丁显、练安、黄子澄为修撰，第二甲赐进士出身马京、齐麟等为编修，吴文等为检讨，皆出简用，不由选法。命下，礼部惟铨注而已。后遂为例。策进士，以第一人任亨泰为修撰，第二人唐震、第三人卢原质为编修，著为令，至今因之。则许观、张显宗、吴言信，则张信、景清、戴德彝，则陈郊、尹昌隆、刘谔。是年六月覆试，则韩克忠、王恕、焦胜。遵洪武乙丑之例，第一甲胡广、王艮、李贯皆修撰，第二甲吴溥、杨子荣、杨溥、刘现皆编修。进士第一人曾棨擢修撰，第二人周述、第三人周孟简仍铨编修，则复遵戊辰之令也。林环、陈全、刘素，萧时中、苗衷、黄旸，马铎、林志、王钰，陈循、李贞、陈景著，李骐、刘江、邓珍，曾鹤龄、刘矩、裴纶，邢宽、梁禋、孙曰恭，马愉、杜宁、谢琏，林震、龚锜、林文，曹鼐、赵恢、钟复，周旋、陈文、刘定之，施槃、杨鼎、倪谦，刘俨、吕原、黄谏，商辂、周洪谟、刘俊，彭时、陈鉴、岳正，柯潜、刘升、王佫，孙贤、徐溥、徐辖，黎淳、徐琼、陈秉中，王一夔、李永通、郑环，彭教、吴钎、罗璟，罗伦、程敏政、陆简，张昇、丁溥、董越，吴宽、刘震、李仁杰，谢迁、刘戬、王鏊，曾彦、杨守址、曾追，王华、黄珣、张天瑞，李旻、白钺、王敕，费宏、刘春、涂瑞，钱福、刘存业、靳贵，毛澄、徐穆、罗钦顺，朱希周、王瓒、陈澜，伦文叙、丰熙、刘龙，康海、孙清、李廷相，顾鼎臣、董玘、谢丕，吕柟、景旸、戴大宾（时大学士焦芳用事，第二甲第一人焦黄中，芳子也。有中旨，以黄中及第三甲第一人胡缵宗俱为检讨。及黄中之败也，缵宗亦坐贬），杨慎、余本、邹守益，唐皋、黄初、蔡昂，舒芬、伦以训、崔桐，杨惟聪、陆钎、费懋中，盖自永乐以来，进士得铨注者，惟第一甲，而二甲、三甲必改庶吉士乃得铨注云。

（明）张朝瑞《皇明贡举考》卷一·一甲进士选格 洪武四年，一甲第一吴伯宗授礼部员外郎，第二郭翀授吏部主事，第三吴公达授户部主事。（《登科考》）

洪武初，翰林院官皆由荐举进，虽设进士科，未有入翰林者。乙丑科以第一甲丁显、练安、黄子澄为修撰，第二甲马京、齐麟等为编修，吴文等为检讨，皆出简用，不由选法。命下，吏部惟铨注而已。至戊辰以第一人任亨泰为修撰，第二人唐震、第三人卢原质为编修，著为令。建文庚辰胡靖、王艮、李贯皆修撰，如乙丑例。自成祖而后，则皆如戊辰之例云。

（按，此条见《殿阁词林续记》，内原称洪武丁丑覆试一甲皆修撰，今考《吾学编》、《宪章录》不然，故削之。）

礼部□送新科进士一甲三人，吏部查照太祖皇帝钦定品级具题除授。(《吏部职掌》)

射策后惟一甲三名即日拜官，相传以为天选，虽吏部亦无统属，相见则入其后门。(《状元考》)

(按，洪武四年三甲俱同日除授职名，后惟一甲即授官，二甲、三甲观政后方以次授官。)

又，卷一·选进士为庶吉士 凡进士间选为庶吉士，洪武间分置近侍衙门，永乐以后止隶翰林院，命学士等官教之。学业成者，除翰林官。其后二甲除编修、三甲除检讨兼除科道部属等官。(《会典》)

洪武十八年三月初，选进士为翰林院、承敕监、六科庶吉士。(《吾学编》)

《宪章录》曰：其在翰林等近侍衙门者取庶常吉士之意，称为庶吉士，其在六部诸司者仍称进士。

永乐二年，选进士杨相等为翰林庶吉士，并修撰曾棨，编修周述、周孟简，凡二十八人，以应二十八宿，就文渊阁进学。时进士周忱自陈年少亦愿进学，上喜曰："有志之士也。"命增忱为二十九人。以解缙领其事，优礼给赐有加焉。上谕曰："今须立志，志立则功就，未有无志而能建功成事者。尔等拔千百人中为进士，又拔进士中至此，固皆今之英俊，然当立心远大，不可安于小成，为学必造道德之微，具体用之全，为文必并驱班马韩欧，如此立心，日进不已，未有不成者。古人文学岂皆天成，亦积功所致，尔等勉之。朕不任尔以事，文渊阁古今载籍所萃，各食其禄，日就阁中玩索，务实得于己。庶国家将来皆得尔用，不可自怠，负朕期待之意。"(《吾学编》)

三年三月，选庶吉士法司理刑。(《吾学编》)

宣德八年冬，诏令临御以来三科进士御文华殿亲试之，拔其尤者郑建等二十八人与修撰马愉等九人同进学文渊阁，其优礼给赐一循永乐甲申之制，仍赐御制诗以示勉励云。

又 《殿阁续记》曰：翰林官惟第一甲三人即除授，其余进士选为庶吉士者，教养数年而后除，远者八九年，近者四五年，有复除他职者。虽二甲第一人及会元，或选而不与，或预而不留者，盖重其选也。然职清务简，优游自如，世谓之玉堂仙。世之好事者因谓一甲三人为天生仙，余为半路修行仙，亦切喻也。

(按，考选庶吉士亦无定数，或二十八人，或并一甲三人为二十八人，或三十人，或十数人，皆临期取旨定夺。所考题目以诗论等篇，博览群籍、攻古文辞者多与耳，盖亦制科之遗意也。)

(明) 郎瑛《七修类稿》卷十四 本朝科场，自洪武三年……殿试一二甲选部属，三甲选县佐。今则皆异于前矣。

（明）王世贞《弇山堂别集》卷八·皇明异典述三·首甲不授翰林　洪武四年，初开科。状元吴伯宗授礼部员外郎（时正六品），第二、第三人郭翀、吴公达，俱吏部主事（从六品）。而会元俞友仁中三甲，为县丞，盖官制未定也。丁丑状元陈𬩽、第三人刘锷成谪，补鸿胪寺司宾署丞，尹昌隆授礼部主事，以人言考官私南人故也。

（明）陆楫《蒹葭堂杂著摘钞》　自隋设进士科，至宋则定甲第，其第一甲赐进士及第，或二十余人。及国朝我太祖高皇帝定制，进士第一甲例取三名，释褐日即授翰林修撰、编修等，一储之馆阁，以备台辅，其重无以加矣。然读苏老泉之文，有曰：今进士三人之中，释褐之日，天下望为卿相，不十余年未有不为两制者。岂宋时第一甲进士虽多，而铨选资序或亦以三人为重，国朝之制，亦祖其意而为之欤？然不可考矣。

（明）申时行等《大明会典》卷五·选官　洪武二十六年定：第一甲等一名从六品；第二名、第三名正七品，赐进士及第。第二甲从七品，赐进士出身。第三甲正八品，赐同进士出身。

凡进士选除，洪武间定第一甲第一名除翰林院修撰。第二名、第三名除编修。其余分送各衙门办事，内外以次兼除。

（清）查继佐《罪惟录》·志卷十八·科举志　洪武三年庚戌五月，诏设科取士。……定殿试出身，一甲第一名从六品，二名、三名正七品，并赐进士及第；二甲一十七名正七品，赐进士出身；三甲八十名正八品，赐同进士出身。历朝遵行，无复更定。

（清）鄂尔泰、张廷玉等《词林典故》卷二·官制（附詹事府）　按，洪武十八年三月，既殿试，以第一甲丁显等三人并为修撰。至二十一年策进士，以第一甲第一人任亨泰为修撰，第二人唐震、第三人卢原质为编修。自是遂为定式。

（清）曹仁虎等《钦定续文献通考》卷三十五·选举考·举士　（明代）状元授修撰，榜眼、探花授编修，二、三甲考选庶吉士者，皆为翰林官。其他或授给事、御史主事、中书行人、评士太常、国子博士，或授府推官、知州、知县等官。举人、贡生不第，入监而选者，或授小京职，或授府佐及州县正官或授教职。

（二）翰林

（明）黄佐《翰林记》卷二·东阁储用　正统丁卯，诏选本院官之有誉望者，入东阁读中秘书。修撰刘俨、商辂，编修陈文、吕原等凡十人，且命之侍经筵，日在内府进学不倦，盖储之以待大用也。其后多入内阁为名臣者，然非职掌之旧，殆与庶吉士同矣。

又，卷四·东阁进学 景帝兴自藩邸，议者谓与太宗同，故在御恒思复太宗之旧。景泰二年，诏选庶吉士并首甲柯潜等二十八人，命进学于东阁，赐居第，给大官酒馔及膏烛纸费，命内阁大臣典领之，盖不别立师，不出就外公署，一如永乐初科故事。然车驾未尝亲莅教也。五年，亦选庶吉士暨首甲孙贤等十八人，遂遵正统时例矣。

又，卷五·添设 成化中，改修撰罗伦为南京翰林院修撰，伦养病而去。二十三年，修撰曾彦、编修杨守址同以秩满，有嗛之者，俱升南京侍读，食从五品俸，弘治改元召还本院。皆添设也，然非初制矣。

又，卷五·给假 在京官凡省亲、展墓、归娶及送子还乡、改葬先墓具有定制，独本院儒臣多出特恩。……（宣德元年）十月，大学士张瑛给假省父，侍读曾鹤龄告归省，亦俞允。……正统初，大学士杨士奇还乡展墓，甫数旬而还，诏劳赉之。于是侍读林环，侍讲邢宽，编修陈全、江渊、龚锜皆得请。……（正统）十二年四月，学士马愉以父病乞归省，诏许之，赐以驿骑并药饵费，实异数云。天顺初，洗马兼修撰柯潜拜尚宝少卿，兼职如故，即告归省，得允。……（成化）二年，大学士彭时乞归省，诏驰驿往还，太监许安致道里费，长随张敬护送抵家，未逾月，手敕促还朝。明年二月至，上慰劳之。……大率近侍衙门多沾恩赐，而本院尤渥，故予告之，典亦多旷，见者姑识，所闻如此。

又，卷九·开经筵 正统元年二月，降敕曰："朕祗奉天命，嗣承祖宗大宝，统御天下，用主神人，而即位以来，勿遑夙夜，永惟厥道，必学乃明。今以初九日御经筵，命尔翰林院春坊儒臣分直侍讲。夫道原于天，尧舜禹汤文武以隆政教，而周公孔子阐明之。我祖宗世所师法，以安天下。卿等宜一心竭诚，相与讨论，务归至当，毋隐而弗彰，毋曲而徇好，庶明之于心，诚之于行，以兴治化，以福苍生，用不忝天与祖宗之命。钦哉。"于是以太师英国公张辅知经筵事，少傅兵部尚书兼华盖殿大学士杨士奇、少傅工部尚书兼谨身殿大学士杨荣、礼部尚书兼学士杨溥同知经筵事，詹事府少詹事兼侍读学士王直、少詹事兼侍讲学士王英、侍读学士李时勉、钱习礼、侍讲学士陈循、侍读田衷、侍讲高谷、修撰马愉、曹鼐兼经筵官。然讲官推举实出内阁，吏礼二部承其意而已，遂定为制。

又，卷九·经筵恩赉 天顺八年八月，宪宗御经筵，讲官学士柯潜等赐金三十两，宝钞三千贯，文绮二表里。……成化四年十二月，赐经筵儒臣七人袭衣冠履，时柯潜已闻父丧，上命即其家赐之。十二年，大学士商辂等题奏言："太常寺卿兼侍读刘珝日侍经筵，进讲经史，其劳与少詹事兼侍读学士柯潜、李泰同，但翊以三品而兼翰林属官，会揖之际，甚为不便，宜于所兼侍读之下加'学士'二字。"从之。……正德元年，开经筵，赐宴及白金彩币有差。……同知经筵事者：……少傅兼太子太傅礼部尚书武英殿大学士谢迁。兼经筵官：……太常少卿兼侍读费宏，左春坊左庶子兼侍读毛澄……

又，卷十一·应制诗文 （洪武）十二年，上制十题命典籍吴伯宗赋之，援笔立就，词语峻洁，上嘉其才敏，赐织金锦衣。……永乐八年二月，上亲征北方，壬戌度野狐岭，至岭山巅，召学士胡广等指示山川形势，与语良久，奉制各于马上赋《平边诗》。……三月乙未，次清水源，水皆苦咸不可饮，人马俱渴。明日，营西北二三里许忽有泉涌出，清澈可爱，命广与荣往观，遣中官以银瓶汲取，上亲尝之，味甚甘美。赐广等饮讫，士马争趋之，皆给足，命曰“神应泉”。又明日，应制撰《神应泉诗铭》，上嘉之，各赐上尊。又尝命诸文学侍从赋《青海天马歌》，修撰曾棨最先成，为上所褒美。宣德中，每遇令节，令词臣应制赋诗，是时太平无事，上留意词艺，翰林儒臣尝被命赋《京师八景》诗以献。……（弘治初）又尝命内阁撰祭三清乐章，大学士刘健李东阳、谢迁上疏言：“天子祭天地以简为贵，祭不过南郊，故祀五帝，儒者非之，况三清者，道家邪妄之说，不敢奉诏。”上遂止。愚按，国初勋戚大臣神道碑铭，多出本院儒臣奉敕撰述，其后不过私家谒请而已。至于应制诗文，虽内阁罕闻焉。盖故事寝废久矣。

又，卷十二·纂修　国初纂修皆用山林隐逸之士。《洪武日历》纂修者皆儒士，职官独员外郎吴伯宗一人。

又　永乐初，重修《太祖实录》，纂修为……侍读胡靖……及再重修，其纂修者：……侍讲学士曾棨

又　《太宗仁宗两朝实录》纂修官为左春坊大学士兼侍读学士曾棨……（侍讲）陈循……（修撰）曾鹤龄

又　《宣宗皇帝实录》纂修官为……侍讲学士陈循……（侍读）曾鹤龄、马愉……（侍讲）邢宽……（修撰）曹鼐

又　《英宗皇帝实录》纂修官为学士柯潜……太常寺少卿兼侍读孙贤……左谕德黎淳……修撰王一夔、彭教

又　《宪宗皇帝实录》纂修官为……左庶子兼侍读谢迁……侍读曾彦……纂修兼校正官为……左庶子兼侍读吴宽

又　《孝宗皇帝实录》纂修官为……（侍读）朱希周……修撰顾鼎臣

又，卷十三·修书升赏　《太宗仁宗两朝实录》，吏部据行在翰林院备开修史官员人等姓名，具题请旨，奉圣旨：曾棨……都升少詹事，支正四品俸，仍兼原兼职事。……陈循……都升侍讲学士。……邢宽……都升侍讲。

《宣宗实录》据行在礼部开报具题，奉圣旨：……曾鹤龄、高谷、马愉俱升侍读学士。……曹鼐……升侍讲。……邢宽……俱照本等品级各升俸一级，内有原升俸的还照例加俸一级。陈循……既丁忧且不升。

《英宗实录》成，吏部据翰林院开报具题，奉圣旨：……彭时升太子太保兼兵部尚书，俱文渊阁大学士。……柯潜……升詹事府少詹事。孙贤……升太常寺卿，仍兼旧职。……黎淳升左庶子。……王一夔升左谕德。……彭教……升侍讲。

《宪宗实录》成，吏部据本院除事故不开外，将见在开报具题奉敕：……谢迁、吴宽……少詹事，俱兼侍讲学士。曾彦……左谕德。

又，卷十四·考两京乡试　永乐癸未，命侍读胡广、编修王达为应天府考试官，赐宴于本府，自是遂为例。正统戊午，侍讲学士曾鹤龄主考顺天府乡试，初试之夕，场屋

火，试卷有残缺者，有司惧罪不敢以更试为言，惟欲请葺场屋，以终后两试。鹤龄曰：“必更试，然后百弊涤，至公著。不然，虽无所私，亦招谤。朝廷何惜一日之费，以成此盛举哉？”有司具二说以进，命下，悉如鹤龄所言，众皆惧服，得士亦审。景泰丙子，洗马柯潜奉命主考应天府乡试，舟维淮扬，有举子鬻私者暮夜投潜，潜叱之，彼固以请，以所赂遗置前，潜怒命执付有司惩以法。成化甲午，左庶子黎淳主考顺天府乡试，有试卷奇甚，后场不类，疑有弊，勾稽墨卷，果得誊录生截卷状，移外帘按其事，而取是卷为解首，则名士马中锡也。此三事皆可为应变之法。……（景泰七年）丙子，顺天府主考为右春坊大学士刘俨、侍讲学士吕原，时少保兼大学士陈循、王文用事，循子瑛、文子伦入试俱不中，二人论奏俨、原不公，有旨令翰林并科道覆考瑛、伦文字，遂以为合格，得特赐举人。俨等问罪还职，礼科给事中张宁劾奏循等罪状，乞黜，不报。未几，英庙复辟，文诛，循戍铁岭，瑛、伦皆为民。此科试之大变也。

又，卷十七·正官题名·学士① 胡广（光大。江西吉水人。庚辰进士第一。永乐十年以大学士兼）。

陈循（德遵。江西吉安人。乙未进士第一。正统十年以户部尚书兼）。

曹鼐（直隶宁晋人。癸丑进士第一。正统十四年以侍郎兼）。

商辂（弘载。浙江淳安人。乙丑进士第一。景泰元年任。成化三年以侍郎兼）。

彭时（纯道。江西安福人。戊辰进士第一。天顺元年十二月以太常寺少卿兼）。

柯潜（孟时。福建莆田人。辛未进士第一。成化三年八月以少詹事兼）。

谢一夔（大韶。江西新建人。庚辰进士第一）。

吴宽（原博。直隶长洲人。壬戌进士第一）。

毛澄（宪清。直隶太仓州人。癸丑进士第一）。

（按，天顺元年，以太常少卿兼侍读刘俨掌院事。皆不书者，以非学士故事。）

又，卷十七·正官题名·侍读学士 曾棨（子启。江西吉安人。永乐甲申进士第一。十五年六月由侍讲升）。

陈循（见前）。

朱希周（懋忠。直隶昆山人。丙戌进士第一）。

又，卷十七·正官题名·侍讲学士 曾鹤龄（延年。江西泰和人。永乐辛丑进士第一。正统中任）。

陈循（见前）。

马愉（性和。山东临朐人。宣德丁未进士第一。终侍郎）。

吴宽（见前）。

谢迁（于乔。浙江余姚人。乙未进士第一）。

毛澄（见前）。

又，卷十七·属官题名·侍读 张信（浙江定海人。洪武甲戌进士第一）。

---

① 《翰林记》卷十七、卷十八所有官职题名，只录状元，余俱略。下同。

胡靖（后改名广。见前）。

曾鹤龄（见前）。

马愉（见前）。

彭时（见前）。

林环（崇璧。福建莆田人。永乐丙戌进士第一）。

孙贤（舜卿。河南杞人。景泰甲戌进士第一。景泰中任。终太常少卿）。

吴宽（见前）。

谢迁（见前）。

曾彦（士美。江西泰和人。成化戊戌进士第一）。

朱希周（见前）。

又，卷十七·属官题名·侍讲 陈循（见前）。

曹鼐（见前）。

邢宽（见前）。

彭教（敷五。江西吉安人。天顺甲申进士第一）。

顾鼎臣（九和。直隶昆山人。弘治乙丑进士第一）。

又，卷十七·属官题名·典籍 吴伯宗（名同。以字行。江西金溪人。洪武辛亥进士第一）。

又，卷十七·史官题名·修撰 丁显（彦晖，福建建阳人。洪武乙丑进士第一）。

任亨泰（湖广襄阳人。洪武戊辰进士第一）。

许观（澜伯，直隶贵池人。洪武进士第一。累官尚宝卿，终礼部侍郎）。

张信（见前）。

陈郊（福建福州人。洪武丁丑进士第一）。

韩克忠（山东武城人。洪武丁丑覆试进士第一。终按察佥事）。

胡靖（见前）。

王艮（钦止。江西吉水人。庚辰进士第一）①。

马铎（彦声。福建长乐人。永乐壬辰进士第一）。

陈循（见前）。

李骐（彦良。福建长乐人。永乐戊戌进士第一）。

曾鹤龄（见前）。

邢宽（见前）。

马愉（见前）。

林震（敦声。福建长乐人。宣德庚戌进士第一）。

曹鼐（见前）。

周旋（中规。浙江永嘉人。正统丙辰进士第一。终春坊庶子）。

---

① 此处原文有误。王艮应为“庚辰进士第二”。该科进士第一为胡靖。

施槃（宗铭。直隶吴县人。正统丙辰进士第一）。

刘俨（见前）。

商辂（见前）。

彭时（见前）。

孙贤（见前）。

柯潜（后升。尚宝司卿。仍兼任。余见前）。

黎淳（太朴。湖广华容人。天顺丁丑进士第一）。

彭教（见前）。

王一夔（复姓谢。见前）。

罗伦（应魁。江西永丰人。成化丙戌进士第一。降提举。复改任）。

张昇（启昭。江西南城人。成化己丑进士第一。终礼部尚书）。

吴宽（见前）。

谢迁（见前）。

曾彦（见前）。

王华（德辉。浙江余姚人。成化辛丑进士第一。终南吏部尚书）。

李旻（子阳。浙江仁和人。成化甲辰进士第一。终太常卿）。

费宏（子充。江西铅山人。成化丁未进士第一）。

钱福（与谦。直隶华亭人。弘治庚戌进士第一）。

毛澄（见前）。

朱希周（见前）。

伦文叙（伯畴。广东南海人。弘治己未进士第一。终右谕德）。

康海（德涵。陕西武功人。弘治壬戌进士第一。以事除籍）。

顾鼎臣（见前）。

吕柟（仲木。陕西高陵人。正德戊辰进士第一）。

杨慎（用修。四川新都人。正德辛未进士第一）。

唐皋（守之。直隶歙人。正德甲戌进士第一）。

舒芬（国裳。江西进贤人。正德丁丑进士第一）。

杨维聪（达夫。顺天固安人。正德辛巳进士第一）。

又，卷十七·史官题名·检讨（国子监丞等官及王府长史互兼者俱不书） 吴伯宗。

又，卷十七·南京掌院题名 马铎（永乐中以修撰掌院事）。

邢宽（景泰三年任南京侍读学士。五年卒）。

曾彦（弘治七年任南京侍读学士。食正五品俸。十年致仕）。

又，卷十八·庶吉士题名 永乐甲申科（凡六千人在本院读书，其选在文渊阁进学者，同首甲曾棨等，凡二十八人。后增周忱为二十九人云）。

景泰辛未科（二十五人。首甲柯潜等，同进学于东阁）。

（明）黄瑜《双槐岁钞》卷三·历事六科　宣德癸丑冬，章皇命吏部选在外庶官有文学者六十八人，令内阁试诸廷，择其优者……上令改进士为庶吉士，与知县教官俱历事六科，以备用。是时合三科进士选庶吉士二十八人，与修撰马愉、陈恂、林震、曹鼐，编修林文、龚琦、钟复、赵恢，评事张益，同进学文渊阁。庶吉士分翰林、六科两等，为此年为然。

（明）沈德符《万历野获编》卷十·词林·选庶吉士之始　今会试后考选庶吉士，人谓始于文皇帝永乐甲申科，取二十八人以应列宿，相传已久，而竟不然。自太祖洪武四年开科取士，至六年癸丑，又当会试，诏命罢之，特选河南举人张唯等四名，山东举人王琏等五名，俱授翰林院编修，命赞善大夫宋濂、桂彦良等教习，此即选考庶常，权舆于此矣。至十八年乙丑科，而一甲三名丁显、练子宁、黄子澄，俱授翰林院修撰，此鼎甲得词林之始也。是科即有庶吉士杨靖者，试事于吏科，寻出使还，即升户部侍郎，则遴考庶常，似是此年创始。然读《大诰》，又载承敕庶吉士廖孟瞻，以受赃诛，事在十八年，则不始于乙丑矣。又《徐孟昭传》云：孟昭举洪武乙丑进士，拜江西道监察御史，入为礼科庶吉士。其传为梁用之所作。又户部尚书追封汤溪伯郭资，亦乙丑科翰林庶吉士。至二十一年戊辰，解缙亦为中书庶吉士。自戊辰至甲申，又七科，而文皇帝修太祖故事，一甲曾棨、周述、周孟简三人，俱授修撰，又选杨相等二十八人为吉士，并挨宿周忱为二十九人耳。向来纪述者殊未核。按洪武十八年状元，有云花纶者，则见《永平志》；有云邓伟奇为榜眼者，见《楚纪》；是科会元有云黄子澄者，有云邓伟奇者。俱未知孰是。

又，卷十·词林·鼎甲同为庶常　国初选庶吉士，不独诸进士也，亦不独新科也。如永乐甲申科，则一甲曾棨等三人，杨相等廿五人，为廿八宿，而以周忱为挨宿。宣德三年戊申，将立太子，上欲选贤才备宫寮，上出题亲试，为“诸葛孔明可兴礼乐论”，拔翰林官及进士共三十一人。比永乐二十八宿例，则有官者不列宿中矣。特状元马愉仍为选首，而以所为二十八人者，正史及纪载诸书俱不载姓名，今无可考。惟是宣宗在御十年，凡三开科：宣德二年为丁未，仅留邢恭一人为庶吉士，以译字得第，因留之，是年所得吉士又有萧镃，共二人而已。五年为庚戌科，命大学士杨士奇等选萨奇等八人为庶吉士，上亲试“用人何以得其力论”，命侍读学士王直为之师，给房舍酒馔如永乐例。至八年为癸丑科，是年三月命礼部尚书胡濙等选新进士尹昌等六员，上命改庶吉士同萨琦等，进学赐赉亦如永乐例，仍命王直督之，三月一考其文，本年十一月又命尚书蹇义等选前科之俊，并癸丑新科，得徐理等十三人为庶吉士，同萨琦等于翰林进学，仍以王直训督，而杨荣考校之。本月之己酉日，上又谓吏部尚书郭琎曰：“在外庶官，亦必有文学可取者，朕欲得其人用之。命卿选择。”明日琎即引六十八人入奏，上命杨士奇等试于廷，得知县孔友谅，进士胡端桢、廖庄、宋琏，教谕黄纯、徐惟超，训导娄升等，共七人。上命改进士为吉士，同黄纯等，历事六科以备用。则是年凡三试庶常，外吏教官亦列其中。若孔友谅者为永乐戊戌科吉士，授知县以出，已十八年，又人为庶常，尤为奇事，而丁未、庚戌两科，尚读书未散馆也。至九年甲寅三月，上命行在翰林修撰马愉、陈询、林震、曹鼐，编修林文、龚琦、钟复、赵恢，大理寺左评事张益开，庶吉士萨琦、何瑄、郑建、江渊、李绍、姜洪、徐理、林补、赖世隆、潘洪、尹昌、黄缵、方熙、许南杰、吴节、叶锡、王玉、刘实、虞英、赵智、陈金、王振、逯端、黄回祖、傅纲、萧镃、陈惠、陈睿三十七人，于文渊阁进学，至是召入左顺门试之。上亲第高下，赐赉有差，以少詹兼读学王直有训励劳，赐钞千贯。其前修撰四员，马、林、曹三人，俱丁未庚戌癸丑状元，陈询者，则永乐戊戌庶常，至是已十七年老词臣矣。编修四人亦皆鼎甲，乃与廷试吉士同业同考，俱异典也。未几宣宗升遐，三科吉士皆不及授官，至正统而始拜职云。前所记萧镃，景泰拜相，而史竟不云曾为吉士，镃本传中云：宣宗选萧镃等二十人入馆，改庶常读书。则当时癸丑散馆，又不止三次。又庚戌科赵忠，为吾邑人，亦选吉士，而史不载。以上见各家记述中者，什仅得一二。修史之卤莽，罪不胜诛矣。至景泰二年辛未，选吴汇等二十五人，与状元柯潜等三人，共二十八人，如永乐甲申之制，始尽复旧规，皆读书东阁中。不别立馆司，不出居外署，惟命阁臣教习考试，其制特为隆重云。若鼎甲之不同庶常习学，未知起于何科。至隆庆五年，阁臣高拱等建白，始同诸吉十读书，亦辛未科云。王文端自丁未至正统丙辰，四科为吉士教习，自癸丑、丙辰、己未，连三科为会试主考，俱本朝所无。

（清）查慎行《人海记》卷上·选馆概课 弘治壬戌科选庶吉士，并修撰康海、编修孙清、李廷相，俱课书，学士梁储、王华教习。先是，天顺四年，选庶吉士刘健等十五人，并修撰王一夔、编修李永通、郑环，命学士刘定之、侍读钱溥教习。此外鼎甲率不在馆课之列。万历壬辰后，选馆概课，而鼎甲不出序。

（三）升迁

（明）黄佐《翰林记》卷五·降谪 （洪武）十六年，典籍吴伯宗降太常寺丞，不拜；又除国子司业，又辞，忤旨，贬金县知县。……（成化）三年，修撰罗伦以言大学士李贤夺情起复事，忤旨，降福建泉州市舶司副提举。……未几，伦亦召还。时人谓之“翰林四谏”。修撰舒芬等以谏，亦谪副提举等官。观诸圣祖时，降谪虽或不免，而其牵复眷顾之恩，与各衙门自不同矣。优待儒臣，夐出前代，盖未尝有一斥不复者，此所以为文明之世也。

又，卷五·起用 （洪武）十六年，驿召金县知县吴伯宗，除检讨，寻拜武英殿大学士。以荐举失人，出知三河县，复召还为检讨。……（成化）三年三月，起用前学士商辂于内阁。……六年，复市舶提举罗伦为修撰。

又，卷十八·詹事府题名 詹事：……任亨泰（见前洪武中任）。

少詹事：……任亨泰……曾棨（宣德初，兼侍读学士任）……柯潜（兼学士）……黎淳……张昇、吴宽、谢迁。

又，卷十八·春坊题名 左春坊大学士：……胡广、曾棨、商辂。

右春坊大学士：……刘俨（兼侍讲景泰三年任）。

左春坊左庶子：……黎淳……张昇、吴宽、谢迁、毛澄。

右春坊右庶子：……胡广（永乐初，任兼侍读）……周旋。

左春坊左谕德：……谢一夔、黎淳、李旻、曾彦……费宏……顾鼎臣。

右春坊右谕德：……王华……毛澄、伦文叙。

左春坊左中允：……孙贤。

右春坊右中允：……柯潜（兼修撰，景泰三年任）。

左春坊左赞善：……张昇、费宏。

又，卷十八·司经局题名·洗马 柯潜（景泰中任，兼修撰）。

（明）尹直《謇斋琐缀录》卷三 宣德五年二月，《两朝实录》成。纂修兼考校官左春坊大学士兼翰林院侍讲学士曾棨……（侍讲）陈循……白金各五十两，彩币各四表里，素罗衣各一袭。纂修官……（修撰）曾鹤龄……白金各四十两，彩币各三表里，素罗衣各一袭。……誊稿及稽考参对官行在翰林院修撰邢宽……白金各十五两，彩币各一表里，素罗衣各一袭。……左春坊大学士兼翰林院侍读学士曾棨为詹事府少詹事，仍兼翰林院侍读学士。……侍讲蒋骥、陈循俱为侍讲学士。……（修撰）邢宽……为侍讲。……（修撰）曾鹤龄……以九年考满，听吏部请。

成化三年八月二十四日，进《英宗实录》于奉天殿。明日出手敕，加……总裁官尚书兼翰林学士陈文、彭时俱太子少保尚书兼文渊阁大学士。……纂修官学士柯潜、万安、侍讲学士李泰俱少詹事。太常少卿兼侍读孙贤、刘珝俱太常卿兼侍读。……其赏赐则总裁官各白金六十两，彩币六表里，织金罗衣一袭，马一匹，鞍一副。副总裁官各白金五十两，彩币五表里，织金罗衣一袭。纂修官各白金三十两，彩币三表里，素罗衣一袭。每袭计三疋，各有本色生绢一疋为里。誊录官各白金二十五两，二表里，有差。稽考参对官各白金十两，一表里。先是，文华殿中书以写经完，各进官一级。其中将满九年者，皆陈情乞候满日如例升二级，朝廷亦患不均，乃改升二级。至是预诏吏部具录纂修等官履历以进，定以六年以下者一级，六年以上者二级。时直以历编修俸八年有半矣，仅同六年以上者例，而柯、万、孙、刘升二级者，以从四从三无相应之职耳。李泰则素托日讲，先期托许太监，浼阁老升必齿万先生，于是独升三级，士论不惬焉。初，贤、珝二人恐为商先生所少，自叹此升非光禄则太仆之卿耳。直乃乘间谓商先生曰："翰林儒臣，素无带光禄、太仆之衔者，若处二人以此职，则是以饱卿马卿作讲官矣。即处以太常卿，虽多一级，亦是斯文相重意。"先生曰："然。"及是，果如拟。是春，商先生复起，书将完，陈、彭二先生欲请增为总裁，而主静、与俭俱以母老，恐商为总裁，书虽完，沮之。及是，召入文华殿拟升赏，陈、彭二先生止定纂修以下官，遂避己嫌，先出，独留商后。故正副总裁所加官皆商所拟，不尽满意云。

（明）张朝瑞《贡举纪略》·甲科朊仕

洪武二十一年戊辰科

官二品一人　任亨泰，礼部尚书。

洪武二十四年辛未科

官二品一人　黄观，礼部侍中。

革除建文二年庚辰科

直内阁四人　胡广。……

赐谥六人　胡文穆广，文渊阁大学士。……

永乐二年甲申科

赐谥六人　曾襄敏棨，少詹事。……

永乐十三年乙未科

直内阁四人　陈循。……

官一品四人　陈循，少保。……

宣德二年丁未科

直内阁二人　马愉。……

赐谥一人　马襄敏愉，礼部侍郎。

宣德八年癸丑科

直内阁三人　曹鼐。……

赐谥三人　曹文忠鼐，吏部侍郎。……

正统十年乙丑科

直内阁一人　商辂。

官一品一人　商辂。

赐谥八人　商文毅辂。……

正统十三年戊辰科

直内阁五人　彭时。……

官一品六人　彭时，少保。

赐谥九人　彭文宪时。……

景泰五年甲戌科

赐谥九人　……孙襄敏贤，太常寺卿。

天顺元年丁丑科

官二品六人　黎淳，南礼部尚书。……

赐谥五人　黎文僖淳。……

天顺四年庚辰科

官二品三人　……谢一夔，工部尚书。

赐谥六人　……谢文庄夔。

成化二年丙戌科

赐谥十人　……罗文毅伦，修撰。
成化五年己丑科
官一品三人　张昇，太子太保。……
赐谥四人　张文僖昇。……
成化八年壬辰科
官二品九人　……吴宽，礼部尚书。
赐谥七人　……吴文定宽。
成化十一年乙未科
直内阁三人　谢迁。……
官一品四人　谢迁，少傅。……
赐谥三人　谢文正迁。……
成化十七年辛丑科
官二品八人　……王华，南吏部尚书。
成化二十三年丁未科
直内阁四人　费宏。……
官一品五人　费宏，少师。……
赐谥十五人　费文宪宏。……
弘治六年癸丑科
官一品四人　毛澄，太子太傅。……
赐谥十六人　毛文简澄。……
弘治九年丙辰科
官二品八人　朱希周，南吏部尚书。……
弘治十八年乙丑科
直内阁四人　……顾鼎臣
官一品六人　……顾鼎臣，少保。
赐谥十四人　顾文康鼎臣。……
正德三年戊辰科
赐谥十人　……吕文简柟，南礼部侍郎。

（明）王世贞《弇山堂别集》卷八·皇明异典述三·状元谪任　状元授官以后谪为他官者：罗伦、舒芬俱自修撰谪市舶司副提举，吕柟自修撰谪解州判官，张昇自左庶子谪工部员外郎，俱以言事；陈谨自修撰谪广州府推官，以公误；范应期以修撰谪南京太理寺评事，以被论。

又，卷十·皇明异典述五·光学超迁　翰林以光学士为重，若讲读以下得超迁者，诚为异典。今按，以侍读迁者，曹文忠鼐、商文毅辂……以修撰迁者，李太师春芳……又彭文宪时以侍读，杨文忠廷和以左中允，俱迁左春坊大学士。

又，卷十八·皇明奇事述三·同官相去科第悬绝 杨少保溥与曹学士鼐同相，杨建文庚辰，曹宣德癸丑，相去三十三年。陈少保循，高少保谷与商兵侍辂同相，陈、高永乐乙未，商正统乙丑，相去三十年。杨少师一清、谢少傅迁与张少保璁同相，杨成化壬辰，谢成化乙未，张乃嘉靖辛巳也，杨与张相去四十九年，谢与张相去四十六年。杨又与桂少保萼同相，相去三十九年。严少师嵩与袁少保炜同相，严弘治乙丑，袁嘉靖戊戌，相去三十三年。徐少师阶与李少傅春芳同相，徐嘉靖癸未，李丁未，相去二十四年。胡少傅濙与杨公宁同为礼部尚书，胡庚辰，杨庚戌，相去亦三十年。胡公庚辰，左侍郎姚夔以正统壬戌，相去四十二年。王太宰直以永乐甲申，左侍郎项文曜以正统乙丑，相去四十余年。桂少保萼以正德辛未，继谢少傅相去三十六年。夏少傅言以正德丁丑，继费少师宏相，宏丁未，相去三十年。

又，卷十八·皇明奇事述三·功名迟速悬绝 吉水解大绅缙，自翰林待诏，不二年而为左春坊大学士兼翰林院学士。其所取同邑刘子钦，以解元会魁高第，几五十年而自戍所起，为学官终身。邢宽为状元近三十年始得南院讲学，而曹文忠鼐为状元十年、彭文宪公为状元一年、商公为状元四年即入内阁，商又三载为兵侍、学士，而庚戌及第林文犹为修撰。戊戌庶吉士尹凤岐以侍讲剩员卒家，山阴胡德为刑部主事三十年不迁，张文忠孚敬、桂文襄萼俱以主事之次午拜学士，又四年至极品。迟速之不同如此。

（明）焦竑辑，（清）胡任兴增辑《历科廷试状元策》·历科状元总考 状元荫后者三人：胡广（子穜入翰林），吴宽（卒后荫二子），曹鼐（亡土木之变。一子为大理□事，一为修撰。至英庙复辟，又官其长孙为锦衣百户）。

状元有谥者十八人：国朝状元谥俱文，惟曾公棨追谥曰襄，施公槃伤谥曰庄，朱公希周避谥曰恭。……

（四）入阁

（明）黄佐《翰林记》卷二·参预几务 内阁参预几务，虽肇自文皇践阼之初，然职惟大学士暨学士而已。（正统）十一年二月，溥卒。于是老成尽矣。是时侍讲学士陈循进户部左侍郎兼学士，入阁参预几务；侍读苗衷，侍讲学士高谷、马愉，侍讲曹鼐，以经筵日讲官命与循同视事。未几，鼐进学士，又进吏部左侍郎兼学士；衷进兵部左侍郎兼侍读学士。愉进礼部右侍郎，谷进工部右侍郎，俱兼侍讲学士。愉寻卒。十四年八月，鼐扈从北征，没于土木之难。景帝以郕王监国，擢修撰商辂、彭时入阁办事。及即位，藩府旧僚推恩官止侍郎不得厕内阁，而循、谷各进本部尚书兼学士，时皆进侍读。时以忧去。

又 景泰元年二月，衷进本部尚书兼学士，寻致仕。九月，辂进学士。十一月，以礼部左侍郎王一宁、国子监祭酒萧镃各兼学士。俱入阁参预几务。寻加循少保兼文渊阁大学士，谷少保兼东阁大学士，仍兼尚书如故。四月命循、谷俱兼太子太傅，升渊、一宁、镃俱太子少师，辂兵部左侍郎学士兼左春坊大学士。一宁寻卒。十月，命太子太保兼都察院左都御史王文入阁办事，外官不由翰林得参预几务者始此。初文与中官王诚结为兄弟，谋入阁，尝私以语高谷，会中旨增内阁员，陈循举萧维祯，谷遂举文。奏上，果用文，人皆骇愕。四年二月，命文为太子太保吏部尚书兼学士，寻加少保兼东阁大学士尚书如故。七年五月，改循兼华盖殿大学士。

又 英宗复辟……诏罪谋立襄藩者，王文伏法，陈循、江渊谪戍，萧镃、商辂发为民。盖事关社稷，有所不得已故也。……（天顺元年）九月，命太常寺少卿兼侍读彭时复入阁参预机务。十二月，时进兼学士，改原为侍读学士。

又 宪宗嗣位……（成化）三年三月，复商辂原职，视事如故。八月，文、时俱加太子少保，仍前尚书兼文渊阁大学士。……（十年）十月，辂进本部尚书。……十一年正月，时进少保，三月，卒。四月，辂进文渊阁大学士。十二年六月，加太子少保，改吏部。十三年二月，进兼谨身殿大学士。十四年，辂致仕去，加少保。终成化之世，又有刘珝、万安、刘吉、尹直、彭华。弘治中，则徐溥、丘濬、刘健、李东阳、谢迁。正德中，则……费宏……

又，卷十七·翰林院官入阁题名 胡广（侍讲）……（以上七人俱洪武三十五年九月任）……陈循（户部侍郎兼学士，正统十一年二月任）……马愉（侍讲学士）……曹鼐（侍讲）（以上四人俱正统十一年任）……商辂（编修，正统十四年任）、彭时（编修，正统十四年任）……彭时（太常少卿兼侍读，天顺元年九月再任）。

又，卷十八·大学士题名 华盖殿：陈循（景泰七年五月，以少保兼太子太傅户部尚书兼任）。

谨身殿：商辂（成化十三年四月，以太子太保吏部尚书兼任）。

武英殿：吴伯宗（洪武十五年，由检讨任）、谢迁、费宏。

文渊阁：胡广（永乐十四年四月乙亥，由学士改任）、陈循（景泰元年十一月，以太子太保兵部尚书兼任）、商辂（成化十一年四月，以户部尚书兼任）、谢迁。

东阁：谢迁。

（明）叶盛《水东日记》卷四 予为举子时，闻同举者云："国朝状元，多不能至金带。"时陈泰和、马临朐、曹恒山皆在内阁。未几，三人皆进官侍郎，盛矣！己巳以来，商同年继之，彭纯道又继之，商亦至金带。今马、曹逝矣，陈谪戍，商归田，惟彭预阁事，官太常少卿云。

（明）陈洪谟《治世余闻》下篇卷二 乙卯，谢木斋迁以詹事入阁。我朝状元入阁者，自洪武开科至今三十八科，惟六人。若胡文穆广、曹文忠鼐、陈芳洲循、商文毅、彭文宪与木斋而已。时人有诗云："皇朝三十八龙首，身到黄扉已六人。"后又增费文宪、顾未斋二人。

（明）郎瑛《七修类稿》卷十三·状元入阁 本朝百八十年，为龙首者六十矣，而入阁者止胡文穆公广、曹文忠公鼐、陈芳洲公循、商文毅公辂、彭文宪公时、谢木斋公迁、费鹅湖公宏、顾味斋公鼎臣八人而已，可以为难矣。较宋人咏曰："圣朝龙首四十二，身到黄扉止六人"，则又过矣。虽然，此数也，又不在于功业文章论。

（明）何良俊《四友斋丛说》卷九·史五 我朝状元以直谏而被谪者三人：罗伦、张昇、舒芬也。罗伦论李文达夺情起复，张昇论刘吉，舒芬谏武宗南巡，此三人者真可谓不负大科矣。然三人皆江西，亦奇事也。罗一峰之高风大节，昭如日星，独张、舒二公，世或有不知者，余故表而著之。

（明）王世贞《弇山堂别集》卷三·皇明盛事述三·林下九相 宣德初，内阁大臣俱在位。正统元年少保黄公淮、太子宾客胡公俨居林下，二人。景泰元年无。天顺元年苗公衷及少保高公谷乞归。成化元年少保陈公循、武功伯徐公有贞自赦所归，侍郎许公彬，三人。弘治元年少师万公安罢，与太子太保刘公珝、太子少保彭公华、尹公直，凡四人。正德元年尹公直一人。嘉靖元年少师刘公健、梁公储、少傅谢公迁、刘公忠、王公鏊、杨公一清，五人，唯梁公初罢归，其余皆以名德存问。隆庆元年少傅李公本、太子太保严公讷，二人。万历元年李公改姓为吕，及严公，少师徐公阶、李公春芳，前少师高公拱，少傅郭公朴、陈公以勤，少保殷公士儋，太子太保赵公贞吉，凡九人，皆一品腰玉，逍遥林下，尤前代所无。

又，卷三·皇明盛事述三·壬戌首甲三相 首甲三人无俱至尚书者，惟嘉靖壬戌二十二年中第一人申时行今为少师中极殿学，第三人余有丁至少傅建极殿学，第二人王锡爵今为太子太保武英殿学。光绝前古。

又，卷三·皇明盛事述三·内阁三元 万历乙酉，内阁首揆申公时行壬戌状元，次揆许公国辛酉解元，三揆王公锡爵壬戌会元，而皆南直隶，近代所无。

又，卷三·皇明盛事述三·一榜四相 大约一榜中有一相者，二相、三相者，以四相为盛。洪武庚辰，文渊阁大学士胡广，谨身殿大学士杨荣，武英殿大学士金幼孜、杨溥、王统。戊辰，文渊阁大学士彭时，华盖殿大学士万安、刘吉，谨身殿大学士刘□，而益以吏部二尚书尹直、王恕。景泰甲戌，华盖殿大学士徐溥，武英殿大学士丘濬，宫保学士彭华、尹直，而益以吏部二尚书耿裕、李裕。成化丁未，华盖殿大学士费宏，谨身殿大学士蒋冕、毛纪，武英殿大学士石珤，而益以吏部一尚书陆完，又石公亦拜焉。弘治乙丑，华盖殿大学士严嵩，谨身殿大学士翟銮，武英殿大学士方献夫、顾鼎臣，又益以吏部一尚书闻渊，而方公亦拜焉。若至五相者，则嘉靖辛丑，中极殿大学士高拱，武英殿大学士严讷、陈以勤、潘晟，而严公复正吏部，高公兼领之久，尤为盛事，潘至中途返，正得半耳。

又，卷三·皇明盛事述三·一科六玉带 一科中六人至一品腰玉者为盛。永乐乙未，少保陈循、高谷，太子太保陈镒、俞士悦、何文渊、王翱。正统戊辰，少师万安、刘吉，少保彭时，太子太傅尹旻，太子太保刘珝、王恕。嘉靖辛丑，少师高拱，少傅陈以勤，少保王崇古、方逢时，太子太保严讷、潘晟，皆六玉。若弘治乙丑，少师严嵩，少傅翟鸾，少保顾鼎臣、方献夫、张瓒，太子太保闻渊、顾可学，凡七玉，为尤盛。若五玉，则天顺甲申，少师李东阳、焦芳，少保闵珪，太子太保刘大夏、王轼。成化壬辰，少师杨一清，少傅刘宇，少保陈金，太子太保李燧、王璟；丁未，少师费宏，少傅蒋冕，少保毛纪、石珤，少保陆完。弘治庚戌，少保彭泽、席书、廖纪，太子太保靳贵、王宪，亦庶几焉。

永乐丙戌一伯则王骥，宣德癸丑一伯则除有贞，景泰辛未一伯则王越，弘治己未一伯则王守仁，嘉靖丁未一太师则张居正。亦甲科之盛事也。

又，卷四·皇明盛事述四·文臣遍历三孤 文臣以少师为极，凡二十四人：若吴荣襄中、费文宪宏不为少傅，杨文敏荣、万文康安、徐文靖溥不为少保，亦以躐加故也。其遍历三孤者，蹇忠定义、杨文贞士奇、刘文穆吉、刘文靖健、马端肃文升、李文正东阳、杨文忠廷和、梁文康储、王恭襄琼、杨文襄一清、张文忠孚敬、夏文愍言、严分宜嵩、高新郑拱、徐华亭阶、李兴化春芳、张江陵居正、张蒲州四维，与今申吴县时行，凡十九人。内忠定、文贞皆不带宫职，忠定以半岁中加少保、少傅、少师，尤为奇也。分宜、华亭，一加太子太保，再加少保，三加兼太子太傅，四加少傅，五加太子太师，六加少师。江陵一加少保、太子太保，再加兼太子太傅，三加少傅，四加太子太师，五加少师，六加太傅，七加太师，遂真为三公，比诸公尤详。

又，卷四·皇明盛事述四·遍历殿阁 天顺以前诸殿阁，除文华不以授人，凡五衔，一兼其官者，用师傅为次序，遂终其身不复转。成化而后，始以序迁矣，然无有遍历者。惟近时申吴县时行始以吏侍兼东阁，继以礼书兼文渊，三以户书兼武英，四以少傅吏书兼建极，五以少师兼中极，扬历悉遍。若历三殿者，则刘文穆吉、徐文靖溥、刘文靖健、焦泌阳芳、杨文忠廷和、梁文康储、费文宪宏、杨文襄一清、严分宜嵩、李文定春芳、高新郑拱、张文忠居正，凡十二人。内二刘、徐、杨、费不为东阁，而张不为文渊阁，余皆未历阁任者。

又，卷四·皇明盛事述四·文臣久任 文臣莅任之久者，李韩公善长实掌中书省十年，为太师二十三年。蹇忠定公义在吏部，胡忠安公濙在礼部，杨文敏公荣在内阁，俱三十余年。黄忠宣公福为尚书四十年。杨文贞公士奇在内阁四十三年，中间辅东宫十八年，为首揆二十年。夏忠靖公原吉、郭忠襄公资在户部，金文靖公幼孜在内阁，俱二十五年。彭文宪公时、万文康公安、刘文靖公健及分宜，在内阁俱二十年。商文毅公辂两任，及刘文穆公吉、李文正公东阳，俱十八年。今少师华亭徐公阶十七年。太师张公居正十六年。杨文定公溥、陈芳洲循、高文义公谷、李文达公贤、徐文靖公溥、杨文忠公廷和、梁文康公储、李少傅本，在内阁俱十余年。王文端公直、王忠肃公翱、尹恭简公旻，在吏部俱十余年。王靖远公骥、马端肃公文升、许文简公赞，为尚书俱二十有余年。

又，卷五·皇明盛事述五·早达 三十二岁……胡文穆广以侍读……入内阁。

三十四岁……彭少保时以修撰入内阁。

三十六岁……许公观为礼部侍中……商少保辂以侍读入阁。

三十七岁……胡文穆广为学士。

三十九岁……许公观为礼部侍中。

四十岁……商少保辂为兵部左侍郎在内阁，费文宪宏为礼部侍郎，申少保时行以少詹兼学士。

四十二岁……彭文宪时以太常少卿再入阁……费少师宏为礼部尚书。

四十三岁……申少保时行为礼侍，加太子宾客。

四十四岁……申公时行以太子宾客吏部左侍郎为文渊阁大学士。

四十五岁……费文宪宏……加太子太保。

四十七岁，谢文正迁以詹事入阁。

四十八岁……申公时行加太子太保。

四十九岁……申公时行以少傅居首揆。

五十岁……申公时行以少师华盖殿学居首揆。

又，卷五·皇明盛事述五·旧德 黄文简淮以永乐甲申右庶子主考会试，后以宣德癸丑致仕少保谢恩主会试，相去三十年。谢文正迁以弘治乙卯入相，至嘉靖戊子复召，相去三十年。费文宪宏以正德辛未入相，辛巳再召，至嘉靖乙未三召，相去二十五年。可谓旧德。

又，卷五·皇明盛事述五·骤贵 正统，曹状元鼐以侍讲入内阁，进翰林院学士，遂进吏部左侍郎兼学士，居首揆。

景泰，商状元辂以侍读入内阁，进翰林院学士，遂进兵部左侍郎兼大坊学。嘉靖末……严讷以侍读、李春芳以修撰、董份以左中允，俱为翰林院学士，俱进太常少卿。后讷至太子太保武英殿大学士，春芳至少师吏部尚书中极殿大学士，份至礼部尚书兼学士。

又，卷五·皇明盛事述五·会元入内阁 前商公辂、岳公正、刘公定之、王公鏊，景泰彭文思华，成化梁文康储，正德张文隐治，今王太保锡爵及袁公炜。凡九人。

又，卷五·皇明盛事述五·会元二品 前吴文定公……凡九人。案，会元至太宰者一人，而状元遂阙。

又，卷五·皇明盛事述五·状元入内阁 永乐状元胡文穆广、陈芳洲循，宣德马侍郎愉、曹文忠鼐，正统商文毅辂、彭文宪时，成化谢文正迁、费文宪宏，弘治顾文康鼎臣，嘉靖李文定春芳及今申公时行，凡十一人。入阁而不得大学士者，马公及曹公也。官大学士而非入阁者，吴公伯宗也。入阁又为大学士而止五品者，胡公也。

又，卷五·皇明盛事述五·状元一品 少师前费公，少傅前谢公、李公，少保前陈公、商公、彭公、顾公，成化状元、太子太傅张公昇，弘治状元、太子太傅毛公澄，嘉靖状元、少师申公时行，凡十人。

又，卷五·皇明盛事述五·状元二品 洪武状元礼部任尚书亨泰、许侍中观，天顺南京礼部黎尚书淳、工部谢尚书一夔，成化礼部吴尚书宽、南吏部王尚书华，弘治南吏部朱尚书希周，嘉靖南礼部秦尚书鸣雷，凡八人。

又，卷五·皇明盛事述五·状元三品　前侍郎马公、曹公及景泰状元孙太常卿贤，成化李吏侍旻，正德吕礼侍柟、杨光禄惟聪，嘉靖茅吏侍瓒，隆庆诸吏侍大绶、丁吏侍士美、罗礼侍万化，凡十人。

又，卷五·皇明盛事述五·状元得谥　状元得谥者，胡文穆广、曹文忠鼐、刘文介俨、商文毅辂、彭文宪时、黎文僖淳、谢文庄一夔、罗文毅伦、张文僖昇、吴文定宽、费文宪宏、毛文简澄、朱恭靖希周、顾文康鼎臣、吕文简柟、罗文恭洪先、李文定春芳、诸文懿大绶、丁文恪士美，凡十九人。

又，卷七·皇明异典述二·学士二衔　弘文馆学士兼翰林院侍读学士危素。文渊阁大学士兼翰林院学士胡广、杨荣、金幼孜。左春坊大学士兼翰林院学士解缙、胡广、商辂。左春坊大学士兼侍读学士曾棨、杨廷和、彭时。右春坊大学士兼侍读学士王英、刘俨、吕原。杨公以弘治末年加坊学，不设五十年矣。自杨公后八十余年绝不复设。

又，卷七·皇明异典述二·阁臣扈从　永乐北征凡四：其前二，则胡文穆广以文渊阁学与杨文献荣、金文靖幼孜扈从；其后二，则杨、金二公俱以文渊阁学扈从。宣德征汉庶人一，杨少傅士奇、杨宫傅荣、金宫保幼孜、杨学士溥从巡；边二，其一则三杨与金，其一独三杨从。正统北征，曹学士鼐、张学士益从。

又，卷七·皇明异典述二·赠官内阁吏部衔　大臣殁，有赠官，独内阁大学士及吏部尚书不以加赠。如梁武之于朱异，宋神宗之于韩琦，非破例不可。惟景泰中赠侍郎曹鼐，嘉靖初赠左长史张景明，俱文渊阁大学士；赠左都御史宋景为太子少保吏部尚书。

又，卷四十五·内阁辅臣年表·华盖殿大学士嘉靖四十一年改中极殿

以吏部尚书兼者：……费宏……李春芳……申时行。

以户部尚书兼者：陈循。

兼文渊阁大学士者：陈循。

又，卷四十五·内阁辅臣年表·谨身殿大学士嘉靖四十年改建极殿　以吏部尚书兼者：……商辂……费宏……李春芳……申时行……

以户部尚书兼者：……商辂……谢迁……申时行……

又，卷四十五·内阁辅臣年表·武英殿大学士　以吏部尚书兼者：……李春芳……

以户部尚书兼者：……费宏……申时行……

以礼部尚书兼者：……谢迁、费宏……顾鼎臣……李春芳……

无兼官：吴伯宗。

又，卷四十五·内阁辅臣年表·文渊阁大学士　以华盖殿大学士兼者：陈循。

以吏部尚书兼者：彭时……

以户部尚书兼者：陈循……商辂……

以礼部尚书兼者：……费宏……顾鼎臣……申时行……

兼学士者：胡广……

又，卷四十五·内阁辅臣年表·东阁大学士　以兵部尚书兼者：谢迁以吏部左侍郎兼者：……申时行……

入内阁终不得为殿阁大学士者：……马愉、曹鼐……

又，卷四十五·内阁辅臣年表·殿阁大学士不预阁务者 初在内阁，不以首次轻重。弘、正以后，居首者始秉笔，地望与次相悬绝矣。今列于后。

……胡广（凡十三年）……曹鼐（凡二年）、陈循（凡八年）……彭时（凡八年）、商辂（凡四年）……费宏（前三年，后二月）……李春芳（凡四年）……申时行（见任）。

又 景泰初，赠侍郎曹鼐少傅文渊阁大学士。

又，卷四十五 按，内阁臣职在司内外制而已，未有所谓调旨也。自宣德中，大学士二杨公与尚书蹇夏始有调旨之说，而二杨公复以位尊恶烦，特奏以少詹事兼讲读学士曾棨、王直、王英兼知诰敕，然内阁实总之。后棨卒，直、英迁礼部侍郎，仍司内制。直出理部事迁吏书，英出理部事，而以侍讲学士陈循、马愉、侍讲曹鼐代之，寻革，并入内阁。弘治甲寅，复奏以学士李东阳兼礼部右侍郎掌诰敕，说者以为李公入阁地也。李入阁，太常卿程敏政代；敏政以礼侍致仕，礼侍傅瀚代；瀚迁尚书，吏侍吴宽代，以尚书卒。

又，卷四十七·吏部尚书表·吏部尚书兼殿阁大学士者 ……彭时、商辂……费宏……李春芳……申时行……

又，卷四十八·户部尚书表·户部尚书兼殿阁大学士者 ……陈循……商辂……费宏、谢迁……申时行。

又，卷四十八·户部尚书表·户部兼学士者 陈循……商辂……

又，卷四十九·礼部尚书表·礼部尚书兼殿阁大学士者 武英殿：……谢迁、费宏……顾鼎臣……李春芳……申时行……

文渊阁：……费宏……顾鼎臣……申时行……

又，卷五十·兵部尚书表·尚书兼内阁大学士者 东阁：彭时、谢迁。

又，卷五十·兵部尚书表·尚书兼内阁学士者 彭时、商辂……

（明）王世贞《凤洲杂编》卷四·阁臣出主会试者 胡广……商辂……彭时……谢迁……李春芳，凡二十六人。

（明）徐𤊹《徐氏笔精》卷八·杂记·状元宰相 宋状元为宰相者六人：吕蒙正、王曾、李迪、宋祁、留梦炎、文天祥。国朝状元为相者十四人：吴伯宗、胡广、马愉、曹鼐、陈循、彭时、谢迁、费宏、顾鼎臣、李春芳、申时行、朱国祚、周延儒、商辂。

（明）张弘道、张凝道《科名盛事录》卷五·官爵盛事·状元宰相 （宋状元入相者吕蒙正、王曾、李迪、宋庠四人，而我朝入相者十二人，盖远过于宋矣。）

洪武庚辰胡广，文渊阁学（十六年）。永乐乙未陈循，华盖殿学（十四年）。宣德丁未马愉，东阁学士（十年）。宣德癸丑曹鼐，东阁学士（十年）。正统乙丑商辂，谨身殿学（两入相，凡十九年）。正统戊辰彭时（两入相，凡十九年）。成化乙未谢迁（两入相，凡十三年）。成化丁未费宏（三入相，凡十一年）。弘治乙丑顾鼎臣（凡三年）。嘉靖丁未李春芳（凡七年）。嘉靖壬戌申时行（凡十四年）。万历癸未朱国祚（新入阁）。

（明）焦竑《玉堂丛语》卷六·科目 状元入阁办事者十一人：胡广、曹鼐、马愉、陈循、商辂、彭时、谢迁、费宏、顾鼎臣、李春芳、申时行。

状元官学士者二十三人：吴伯宗、胡广、曾棨、陈循、曾鹤龄、邢宽、马愉、曹鼐、刘俨、商辂、彭时、柯潜、孙贤、王一夔、吴宽、谢迁、曾彦、费宏、顾鼎臣、唐皋、姚涞、李春芳、罗万化。

状元兼学士二衔者五人：胡广文渊阁学兼翰学，胡广左坊学兼翰学，商辂同上。曾棨左坊学兼读学，彭时同上。刘俨右坊学兼读学。

状元兼殿学二衔者一人：陈循以华盖殿兼文渊阁学，修《寰宇通志》。

状元赠三官者一人，本朝所无之典：曹鼐赠少傅、吏部尚书、文渊阁学士。

状元有谥者二十七人：胡文穆广、曾襄敏棨、马襄敏愉、曹文忠鼐、施庄僖槃、刘文介俨、商文毅辂、彭文宪时、孙襄敏贤、黎文僖淳、谢文庄一夔、罗文毅伦、张文僖昇、吴文定宽、谢文正迁、费文宪宏、毛文简澄、朱恭靖希周、顾文康鼎臣、吕文简柟、舒文节芬、罗文恭洪先、李文定春芳、诸文懿大绶、丁文恪士美、申文定时行、罗文懿万化。

状元三主会试者二人：曾棨，永乐戊戌、甲辰以读学，丁未以左坊学，三主会试，复再主顺天。柯潜，天顺庚辰、癸未以宝少两主会试，癸未火发而出，仍以洗马主之，而景泰丙子以学士主顺天乡试。

状元两主会试者二人：吴宽，成化丁未以右谕德，弘治壬戌以吏侍学士，两主会试。申时行，万历丁丑以詹事学士，庚辰以尚书大学士，两主会试。

陈循以正统九年入内阁，至户书，景泰中，至华盖殿学，典枢机者十年。天顺初谪戍，五年十二月放还。

商辂，正统己卯领解浙江，乙丑为会试、廷试第一人，士林艳羡。盖年二十二发解，十年而成进士，四年而以修撰入阁，七年而以兵侍归。归十年而复入，二十年而以少保归，又十年乃卒。在内阁十八年。

朱希周，弘治丙辰状元，盛德为天下师表，寿至八十四，及见嘉靖丙辰状元诸大绶而殁，亦为盛事。

彭时在内阁二十年。

谢迁腰玉者二十九年。

状元加上柱国一人，申时行。

《弇州别集》云：状元入内阁者，自国初至今十一人，入阁而不得大学士者，马公及曹公也。官大学士而非入阁者，吴公伯宗也。入阁又为大学士而止五品者，胡公也。

（明）徐应秋《玉芝堂谈荟》卷二·三及第俱拜相　嘉靖壬戌一科首甲三人状元申时行、榜眼王锡爵、探花余有丁，皆大拜，位师傅。万历丙辰状元钱士升、榜眼贺逢圣、探花林钎，亦俱大拜，但在位俱不久。其最不显而又不利者，无如嘉靖癸丑状元陈谨为乱卒所殴死；榜眼曹大章以废疾罢，复用，胁受商人财，削职为民；探花温应禄，次年即举家疫死。洪武丁丑状元陈䢿同刘锷俱责徙安置，取回俱杀之；尹昌隆以中允下狱死。

又，卷二·三元　状元官至一品者：少师前费公，少傅前谢公、李公，少保前陈公、商公、彭公、顾公，成化状元、太子太傅张公昇，弘治状元、太子太傅毛公澄，嘉靖状元、少师申公时行。

又，卷二　王弇州曰：朱恭靖希周，弘治丙辰状元，盛德为天下师表，虽寿止八十四，而及见嘉靖丙辰状元诸大绶。江西成化丙戌状元罗公伦以言事外谪，后复官止修撰，赠左谕德，谥文毅；嘉靖己丑状元罗公洪先亦以言事为民，止赞善，赠光禄少卿，谥文恭；相去一甲子，大魁同，言事同，讲学同，从六品得谥同，赠官从五品同。

（明）沈德符《万历野获编》卷七·内阁·词林大拜　本朝自英宗天顺以后，揆地鲜不出词林者。惟正德十年，杨丹徒以外僚入，后无继者。至世宗登极，袁石首以长史入，则从龙恩也。至六年丁亥，而张永嘉用议礼，以外吏骤取相位。八年己丑，而桂安仁继之。壬辰，方南海又继之，此时词林遂大不振。以往姑勿论，即桂安仁登第之岁，为正德辛未，则杨慎为状元，合庶常三十六人，无一拜相者，而杨以修撰终。九年甲戌科，则一甲三人无庶常，状元唐皋，仅五品讲学。十二年一甲合庶常三十七人，无一拜相者，状元舒芬，以修撰外谪，仅得复官。嘉靖辛巳科，则一甲合庶常共二十七人，无一拜相者，状元杨惟聪外谪，仅从外藩，一转冏卿而止。癸未一甲三人，无庶常，而徐华亭以探花为首揆，斯为创见。而丙戌、己丑两科，戌元龚用卿至祭酒，丑元罗洪先仅止选赞善，合二科庶常四十人，为永嘉所恶，俱授外官，至无一人留词林矣。壬辰一甲，最为不竞，首林大钦止修撰；榜眼孔天允，以王亲授佥事；探花高节，以编修谪戍；庶常惟吕余姚一人入阁，差强人意耳。己未状元韩应龙，止修撰，而庶常又有赵内江一人入相。戊戌则袁慈溪以一甲继之，是年无庶常，而张永嘉已先一年卒，桂安仁则下世已久，而夏贵溪自外吏入用事，自此大拜不复有他官矣。二十年为辛丑科，沈坤为状元，官祭酒；合庶常三十六人，遂有四相出焉。岂惟张、桂诸公真能夺造化之钟锤耶？甲辰状元秦鸣雷至大宗伯，斯为仅见，是科无庶常。丁未则李兴化大拜为首揆，盖弘治乙丑之后所不经见，而庶常二十八人，张江陵相公在其中，虽一人已可当什佰，而殷历城亦得大拜。庚戌则唐汝楫，状元，官止谕德，是年无庶常，而榜眼李桂林为相。癸丑陈谨为状元，官止中允，庶常二十八人，而张蒲坂、马同州为相。丙辰诸大绶，己未丁士美，二元俱至侍郎，此一科无庶常。至壬戌虽不考馆，而首甲三公，俱登揆地，又一时同朝，则制科以来，未有之盛。其去张、桂用事时，恰将六十年矣。天运一周，岂其然乎？乙丑状元范应期至祭酒，庶常二十八人，则许新安、沈归德入相。至隆庆戊辰状元罗万化至礼部尚书，而探花赵志高及庶常三十人，有陈南充、沈四明、王山阴、朱山阴、张新建、于东阿，共宰相七人，真词林盛事，二百余年所仅有耳！此后则辛未一甲，合庶常共三十三人，无一大拜。状元张元忭止谕德五品，万历甲戌状元孙继皋至侍郎，是年无庶常。丁丑一甲庶常共三十一人，无一大拜，状元沈懋学止修撰，榜眼张嗣修至遣戍。庚辰无庶常，而状元张懋修，甫授修撰匝岁，亦削籍矣。盖壬戌戊辰极盛之后，自难其继，亦消息之互理也。癸未科则状元朱国祚，以少宰在告，李廷机以榜眼大拜，叶向高以庶常同入相，亦称盛事。其他诸公，向用方新，且议定每科，考选吉士，将来步武纶扉，正不可屈指矣。

（明）焦竑辑，（清）胡任兴增辑《历科廷试状元策》·历科状元总考 状元入相者十二人：胡广、陈循、马愉、曹鼐、商辂、彭时、谢迁、费宏、顾鼐臣、李春芳、申时行、朱国祚。

状元官至尚书未及入阁者十人：任亨泰、黎淳、王一夔、张昇、吴宽、王华、毛澄、朱希周、秦鸣雷、罗万化。

（清）谈迁《枣林杂俎》圣集·鼎甲俱入相 嘉靖壬戌科一甲：申时行、王锡爵、余有丁。万历丁未科一甲：黄士俊、张瑞图、施凤来。丙辰科一甲：钱士升、林钎、贺逢圣。以上俱入相。壬戌固极盛，而丁未诸公颇有遗议。士升，丁酉岁选太学，文不售，考选例当县丞而止；乙卯举北雍，联捷，跻于政府。

（清）孙承泽《春明梦余录》卷二十三·内阁一·列辅起家考 洪武九年，先置中书省。十五年，始置殿阁，胡惟庸以上俱中书省。

……吴伯宗（礼部员外，名祐，以字行）。

又 永乐七人：……胡广（修撰）。

又 正统八人：……陈循（修撰）、曹鼐（修撰）、马愉（修撰）。

景泰九人：陈循（见前）……彭时（修撰）、商辂（修撰）。

天顺八人：彭时（见前）。

成化十人：彭时（见前）……商辂（见前）。

弘治六人：……谢迁（修撰）。

正德十四人：……谢迁（见前）……费宏（修撰）。

嘉靖二十七人：……费宏（见前）……谢迁（见前）……顾鼎臣（修撰）……李春芳（修撰）。

隆庆八人：……李春芳（见前）。

万历二十人：……申时行（修撰）。

又 天启二十一人：……朱国祚（修撰）。

崇祯五十人：……周延儒（修撰）……钱士升（修撰）……文震孟（修撰）……黄士俊（修撰）……魏藻德（修撰）。

又，卷三十四·久任 内阁久任，则杨文贞公士奇历三朝四十三年，杨文敏公荣三十五年，金文靖公幼孜二十五年，杨文定公溥二十一年，陈芳洲循十三年，商文毅公辂前后十七年，彭文宪公时前后二十年，李文达公贤十年，刘文穆公吉十九年，徐文靖公溥十二年，刘文靖公健二十年，谢文正公迁十一年，李文正公东阳十七年，杨文忠公廷和前后十四年，费文宪公宏前后十三年，张文忠公孚敬八年。

（清）王士禛《池北偶谈》卷十·崇祯五十相 崇祯朝阁臣五十人：……周延儒……钱士升……文震孟……黄士俊……魏藻德

（清）宫梦仁《读书纪数略》卷二十二·人部·辅佐类·龙首四人 明状元宰相十二人：胡广（洪武庚辰），陈循（永乐乙未），马愉（宣德丁未），曹鼐（宣德癸丑），商辂（正统乙丑。两入相，凡十九年），彭时（正统戊辰。两入相，凡十九年），谢迁（成化乙未。两入相，凡十三年），费宏（成化丁未。三入相，凡十一年），顾鼎臣（弘治乙丑），李春芳（嘉靖丁未），申时行（嘉靖壬戌。凡十四年），朱国祚（万历癸未）。

（清）曹仁虎等《钦定续通典》卷二十七·职官·尚书下·礼部尚书 明礼部尚书一人掌天下礼仪、祭祀、宴飨、贡举之政令，凡典乐典教，内而宗藩，外而诸藩，上自天官，下逮医师、膳夫、伶人之属，靡不兼综，职任綦重。成化以后，率以翰林诸臣为之，其由此登公孤任辅导者最多，盖冠于诸部焉。（弘治以后，费宏……顾鼎臣……李春芳……朱国祚……周延儒……钱士升……黄士俊……皆以礼部尚书入阁为大学士。）

侍郎二人为尚书之贰。洪武十三年，设侍郎一人，寻复增置一人。（天顺以后，为侍郎者多入阁。……文震孟……皆以礼部侍郎入阁为大学士。）

轶　事

（明）祝允明《野记》卷二 仁宗皇帝日记万言，太宗亲称之。昭帝圣学缉熙，词翰并精，尤喜举业。在青宫，每得试录，辄指摘瑕病，手标疏之，以示宫臣，往往审当。语之曰："使我应举，岂不堪作状元天子耶？"

（明）王鏊《王文恪公笔记》·吴宽谢迁 成化、弘治间，翰林声望最重者吴宽、谢迁，二人皆状元及第，仪干修整。宽温粹含弘，迁明畅亮直，宽诗文俱有古意，迁亦次之，故一时至有公辅之望。及丘文庄公卒，宽适以忧去，迁服将阕，遂用迁。入内阁十余年间，号能持正，不失为贤相。宽遂逗遛，终不获入阁，人颇为不平，而宽处之裕如也。惟迁亦以先之为不安。时刘健为首相，迁数言宽当入阁，健曰："待我去，用之。"他日又以为言，又曰："待我去，用之。"迁争之不得，至声色俱厉曰："吾岂私于宽耶？故宽之科第先于予，年齿先于予，闻望先于予，越分在此，吾心慚焉，故言之，而公终不入，何耶？"健但笑而已。其后天变，师保皆上章求退，迁上疏求去不得，复上疏举宽及鏊自代。健不悦，宣言于内，以迁为王党也。按，世俗之情，地逼则相倾，位近则相轧，望重则相忌，虽平时握手相亲，出肺腑以相示，及一旦遇得失，临利害，反面若不相识，非惟不一引之，又从而挤之下石焉者皆是也，此韩昌黎所谓慨然太息也。孰有如迁之举宽以自代，以宽科第、年齿、闻望皆先，自以越俎为慚，而不可多见。已故十余年，号为持正贤相云。而刘健不悦，以迁为王党，有愧于古大臣风矣。

（明）黄瑜《双槐岁钞》卷九·龙洲魁谶　泰和古名西昌，芳洲陈阁老德遵循家于东城。永乐甲午，乡试第一，明年礼部会试第二，廷试第一。先中尝有识云："龙洲过县前，泰和出状元。"至是，杨文贞公士奇为谕德。在南京寄二绝，其一云："龙洲过县千年谶，黄甲初登第一名。从此累累题榜首，东城迎喜过西城。"其后六年辛丑科，城西曾鹤龄举进士第一，后十八年为宣德癸丑，真定曹鼐为泰和典史，亦进士第一，文贞以为诗谶，而其初则为芳洲发也。至成化十四年戊戌科，曾彦复为进士第一，丘文庄公濬时为祭酒，以其门下士也，为彩联以迎之云："江右贤科十回虎榜魁天下，西昌文运三应龙洲过县前。"盖不数曹者，以曹乃宦游人故耳。龙洲在县治南，三人登魁时，亦未尝见其过县前也，民之伪言，遂成谶耳。

（明）孙绪《沙溪集》卷十三·杂著·无用闲谈　正德丁丑，广东伦以训会试礼部，有人夜梦黄衣人谓曰："伦以训作会元矣。"比揭晓果然。廷试日，其人又梦曰："伦作状元矣。"逾时，复来曰："非也，状元乃江西舒芬。"初拟伦为状元，杨阁老不欲其以父子状元得名，故黜为第二。盖伦之父文叙，己未状元也，既而果不谬。嘉靖癸未，固安杨维杰廷试，亦梦人报曰："公作状元矣。"无何，又有人来曰："非也，状元乃福建龚用卿。"公本状元，费阁老不欲公以兄弟状元得名，故黜为第二。盖维杰之弟维聪，辛巳状元也。然则忮害妒媢之情，鬼神既已先知之矣。可畏哉！

（明）杨士聪《玉堂荟记》卷下　云构有子羽明，甲戌中式，廷试之日，云构牙牌及羽明丝绦皆奋起怒张，见者异之，良久复故。人以为羽明且为状元，榜出在三甲尾二三名，选得行人而已，意下体所佩，近尾之象也。

（明）焦竑《玉堂丛语》卷六·科目　正统戊子，吴县学池中莲一茎三花，巡抚周文襄见之曰："行有当之者。"明年，施修撰槃以县学生状元及第。成化辛卯，郡学池莲亦一茎二花，明春，甘露降于学之桃梅，越二月，而吴文定为状元。又吴人旧传云："穹窿石移，状元来归。"弘治丙辰，状元为朱学士希周；前一岁穹窿山风雨中大石自移，时学士犹为诸生云。(《庚巳编》)

又 成化丙戌，罗状元伦以言事谪外，复官修撰，赠谕德，谥文毅。嘉靖己丑，罗状元洪先亦以言事为民，官止赞善，赠光禄少卿，谥文恭。两人地同姓同，大魁同，言事同，讲学同，从六品得谥同，赠官从五品同，尤为奇绝。

诸大绶第时，越卧龙山鸣，声闻数里，君子知公非常人。其后十五年，而张元忭及第，是山亦鸣。

宋乾道间，单尚书夔生母滕也，又往耿氏，生侍郎延年。及死，尚书、侍郎争葬其母，事达朝廷，孝宗曰："二子毋争，朕为葬之。"一时以为美谈。永乐中，长乐马某娶妾，生子铎矣，而妻妒不容，嫁之同邑李氏，方有娠，未几生子，故以马名之。后铎中永乐壬辰状元，马中戊戌状元，一母而孕两状元，可谓旷古之奇。

国朝状元，正统丙辰周旋，至弘治丙辰则朱希周；正德甲戌唐皋，万历甲戌则孙继皋，亦一奇。

(明) 杨仪《明良记》 太学之制，"广业"最在后，初入监生员必由此以渐迁转至"率性堂"，则升诸吏部而爵禄之。其后此法不行，人以出入走班在六堂诸生之后，遂有"朝朝一背日，夜夜满头霜"之嘲。然居此堂者多得高科，如吴文定、王靖远皆从此堂出也。复有解嘲者大书于壁云："勋业重开靖远伯，甲科累出状元郎，尝闻圣祖贻谋在，有福孩儿到此堂。"世传太学初成，太祖视之，直抵"广业堂"，叹曰："有福孩儿到此堂。"盖总指六堂而发，非止为"广业"也，然玉音既出，堂中遂成吉谶，后人亦据此为故事云。

(清) 张英《文端集》卷十五·《存诚堂诗集》十一·近体诗九十首·龙吟山房诗 (越州相传，明隆庆中，朱金庭赓、诸南明大绶、罗康洲万化、张阳和元忭同读书卧龙山下，大风雨夜，各祝曰："吾辈若皆成状元，则闻龙吟。"如是龙吟者三。朱独起而祝曰："吾作宰相，当连吟。"果连吟者三。诸丙辰，罗戊辰，张辛未俱胪唱第一。朱独秉钧衡。因识其处为龙吟山房。三公皆谥文懿，张谥文恭。)

考　证

(一) 姓名

(明) 徐应秋《玉芝堂谈荟》卷二·历代状元 国朝洪武三年庚戌，始开科。四年，状元吴伯宗。乙丑，状元丁显。戊辰，状元任亨泰。辛未，状元张显。甲戌，状元张信。丁丑，状元陈郊，上亲赐策问，擢状元韩克忠。

建文三年庚申①，状元胡广。

永乐二年甲申，状元曾棨。丙戌，状元林环。辛卯，状元萧时中。壬辰，状元马铎。乙未，状元陈循。戊戌，状元李骐。辛丑，状元曾鹤龄。甲辰，状元邢宽（仍用朱书填黄榜）。

宣德二年丁未，状元马愉。庚戌，状元林震。癸丑，状元曹鼐。

正统元年丙辰，状元周旋。己未，状元施槃。壬戌，状元刘俨。乙丑，状元商辂（本朝中三元惟辂一人，又云许观亦三元）。戊辰，状元彭时。

景泰二年辛未，状元柯潜。甲戌，状元孙贤。

天顺元年丁丑，状元王一夔。癸未，状元彭教。

成化二年丙戌，状元罗伦。己丑，状元张昇。壬辰，状元吴宽。乙未，状元谢迁。戊戌，状元曾彦。辛丑，状元王华。甲辰，状元李旻。丁未，状元费宏。

弘治三年庚戌，状元钱福。癸丑，状元朱希周。己未，状元伦文叙。壬戌，状元康海。乙丑，状元顾鼎臣。

正德三年戊辰，状元吕柟。辛未，状元杨慎。甲戌，状元唐皋。丁丑，状元舒芬。辛巳，状元杨维聪。

嘉靖二年癸未，状元姚涞。丙戌，状元龚用卿。己丑，状元罗洪先。壬辰，状元林大钦。乙未，状元韩应龙。戊戌，状元茅瓒。辛丑，状元沈坤。甲辰，状元秦鸣雷。丁未，状元李春芳。庚戌，状元唐汝楫。癸丑，状元陈谨。丙辰，状元诸大绶。乙未，状元丁士美。壬戌，状元徐时行。乙丑，状元范应期。

隆庆二年戊辰，状元罗万化。辛未，状元张元忭。

万历二年甲戌，状元孙继皋。丁丑，状元沈懋学。庚辰，状元张懋修。癸未，状元朱国祚。丙戌，状元唐文献。己丑，状元焦竑。壬辰，状元翁正春。乙未，状元朱之蕃。戊戌，状元赵秉忠。辛丑，状元张以诚。甲辰，状元杨守勤。丁未，状元黄士俊。庚戌，状元韩敬。癸丑，状元周延儒。丙辰，状元钱士升。己未，状元庄际昌。壬戌，状元文震孟。乙丑，状元余煌。戊辰，状元刘若宰。辛未，状元陈于泰。甲戌，状元刘理顺。

（明）杨慎《丹铅总录》卷十·国朝登科录　《国朝登科录》自洪武四年始，盖开科之首也，大魁吴伯宗，然考苏州《钱氏世谱》云：“庚戌安大全榜”；《姑苏志》云：“金玮榜。”盖一岁而三开科，三榜取士也。如乙丑之岁，春榜状元花纶；秋榜状元丁显。辛未春榜尽取南士，状元许观；夏榜（六月一日殿试）尽取北士，状元韩克忠——是一岁二开科也。又有状元张显、陈郊，不知为何科，相去未二百年，已不得其详。

---

① 建文时无庚申年，当作“建文二年庚辰”。

（明）郎瑛《七修类稿》卷十四·国初状元　国家洪武元年乃戊申，以辰、戌、丑、未论为殿试，则当在庚戌是也。故苏州《钱氏世谱》：庚戌安大全为状元；《姑苏志》又以为金琦。殊不知当时求才之急，一年二三开科也，如乙丑之榜。吾杭花伦，又有丁显，是春秋二次矣。且或每年或间一年，亦不可知。《登科录》以为自四年始，则为辛亥，而非子、午、卯、酉之期，是国初不可以今日论也。洪武丁丑，福州人陈郊知天文，传胪之日，私语同辈曰："今岁状元必不利。"唱名乃郊，太祖以其榜中皆南人，诛考官刘三吾等并郊，后复别取，乃北人韩克忠为首。杨升庵在本朝极博者，亦以韩为辛未，与许观一年而二状元，且不知陈事，盖世远难知故耳。

（明）皇甫录《皇明纪略》　国朝科第，自洪武庚戌至甲寅，五年皆秋试，辛亥春试。宋濂所谓"二月会试毕，三月太祖幸临豪，八月驾旋，九月廷试，传胪唱名于午门外"是也。会元俞友仁，状元吴伯宗。十五年以后仍举秋试，而春试定于乙丑。方孝孺撰《南畿乡试录》，序谓"至甲子而始盛"。己丑春试，会元黄子澄，状元吉安《登科录》作程以善，《平阳县志》作丁显，当是。戊辰会元施显，状元任亨泰。辛未会、状元皆许观，即黄观。《登科记》作韩克忠，《杂志》是年状元福建陈郊。太祖以一榜皆南人，覆试得克忠以下皆北人。故陈郊无传。甲戌会元彭德，《登科录》不载。状元张信，丁丑会元宋琮，吉安《题名记》以尹昌隆为状元，或云宋琮、陈郊皆除名，故以尹昌隆为首。陈都宪凤梧言"国初有詹状元者，以事除名"，吉安《登科录》缺，而国子监碑亦废，疑即是科也。庚辰会元缺，状元胡靖，即胡广。广与杨溥同与廷试，初拟溥为状元，而广次之。上偶问今年状元何人，中官以胡广人对，盖谓溥也。馆阁误闻，遽以广为第一。永乐甲申会元杨相，《水东日记》作刘子钦，状元曾棨。丙戌会元郑文兴，吉安《题名录》作朱缙，状元林环。己丑会元陈璲，是永乐七年试毕，上幸北京，至九年辛卯廷试，状元萧时中，见王直撰《钱文肃神道碑》。壬辰会元林志，而状元亦拟之。太宗曰："马铎气象广大，林志学问渊源，当以铎为首，志次之。"故马铎为状元。乙未会元洪英，状元陈循，戊戌后皆有录可考。而永乐甲辰状元初定丰城孙曰恭，文皇曰："朕方用刑尚宽，期无为而化"，遂以无为刑宽为首，曰恭第三。《水东日记》谓"临汀张显宗状元及第，前一夕高皇梦檐下有一钉挂两丝堕地"，《抚汀志》皆载"显宗进士及第"。按显宗当为汀之宁化人，及按地志作丁显，《日记》误也。正统戊辰廷试前一日，上梦儒释道三人来见，传胪，状元彭时，儒士；榜眼陈鉴，尝为神乐观道童；探花岳正，尝为庆寿寺书记。《东里集》载："丰城朱善字备万，初授教授，洪武八年起取赴京，廷试第一，除翰林修撰，后至文渊阁学士。"不知是举为何名。《莒州志》载："程瑗登洪武丙辰科进士，任御史。于宾、杨睿登洪武己未科进士，宾任给事中，睿任中都国学分教。"则庚戌以后，乙丑以前，皆举春试矣。卢熊作《吴郡志》，谓："洪武四年金琦榜。琦，昆山人。"续志者皆以列于状元施槃之前。历考昆志及访昆之耆旧，皆无所谓琦者。练安子宁作《金川玉屑集》，有《送花状元奉诏归娶诗》，亦无考。

（明）沈德符《万历野获编》卷八·命名被遇 我朝世宗极重命名，如甲辰状元，以梦闻雷，即取秦鸣雷为首。……姓被遇者，如弘治丙辰，上拆进呈卷，得朱恭靖（希周），因谓首揆徐文靖曰："此人乃同国姓。"徐曰："其名希周，周家卜年八百。"遂钦定为第一，盖兼姓名得之。又今上癸未，得吾乡朱少宰，乙未得金陵朱宫谕，俱以国姓抡大魁，闻亦出圣意特拔。其以名近似而落者，如以孙曰恭为孙暴，徐黔为害今，俱不得状元。

又，卷十五·科场·二张忠义 洪武二十四年辛未科，一甲第二名张显宗，福建宁化人，拜编修，历官工部右侍郎，以事遣戍兴州，起至交阯左布政使，卒于官，此史所纪也。叶文庄《水东日记》云："显宗举洪武辛未状元，官至祭酒，闻燕邸靖难师兴，遂从陕西起义兵，后不知所终。"二说不同，叶云显宗状元，或承俗刻之误，而起义兵一事则伟矣。显宗初从工部侍郎谪戍也，正代张昺之任。昺为浙江慈溪人，从工部侍郎，出为北平左布政使，知燕邸有异谋，欲偕其僚发之，为库吏李友直所告，文皇帝捕昺斩之，即以其时举兵，立授友直为北平布政司参议。寻升刑部侍郎、尚书，以至工部尚书，至正统间始殁于位。二张死节，同官同时，今惟昺之名见于史，而显宗忠义，后人无能名之者。革除义士，其湮没者多矣！又他书纪显宗为状元，不止叶文庄一人。又《练子宁别传》云"登张显宗榜进士第二人"。

（明）陆深《俨山外集》卷十二·玉堂漫笔卷中 国朝进士科始于洪武四年，辛亥吴伯宗为状元，自后罢试。至十八年乙丑为丁显榜。二十一年戊辰为任亨泰榜。二十四年辛未为许观榜，是年五月重试，则韩克忠为状元。二十七年甲戌为张信榜。洪武中又有张显忠、花纶皆称状元，《送花状元归娶诗》见《练子宁集》。丁丑年有陈䢿榜，庚辰则胡靖也。

又，卷十八·豫章漫抄一 《江西通志》载："丰城朱善备万，洪武初赴廷试第一，授翰林院修撰。"则备万当为本朝状元第一，而无录传焉。《实录》所载"善按，本朝科第，乡试则以子、午、卯、酉年，会试则以辰、戌、丑、未年，因事则移易，故进士科有两甲申，其一以太宗渡江，其一以文场火故也"。太祖以洪武三年庚戌乡试，明年辛亥，则吴伯宗为状元。后至十八年开科，值乙丑，则程以善为状元（一云陈以善），《登科录》又载丁显。按，临江练安子宁登洪武乙丑榜第二名，则花纶为状元，今《金川玉屑》中所载《送花状元应诏归娶诗》。又按，《水东日记》载高皇帝梦双丝坠地，时张显宗状元及第，岂即丁显，或更姓耶？二十一年戊辰则任亨泰为状元。世传太祖首开科，得亨泰甚喜，其名盖据所刻《登科录》而言，其实不然，自任以前已有人矣。辛未则许观(《备遗录》以为黄观)，今《登科录》所载则韩克忠，是岁六月再廷试故也。甲戌则张信。丁丑则陈䢿。庚辰则胡靖，建文之首科也，更名广（一云本名广，靖则唱第时所更也）。

（清）陶成等《江西通志》卷一百六十一·杂记三　《陆文裕外集》纪太祖开科事甚悉，内称：《江西通志》载朱善廷试第一，辩之最详，似为核实。至云洪武十八年乙丑，则程以善为状元（一云陈以善）。《登科录》又载丁显。按，临江练子宁登洪武乙丑榜第二，则花纶为状元。今《金川玉屑》中所载《送花状元应诏归娶诗》。又按，《水东日记》载高皇帝梦双丝坠地，时张显宗状元及第，岂即丁显，或更姓耶？二十一年戊辰则任亨泰，太祖首开科，得亨泰甚喜，盖据所刻《登科录》而言，其实不然，自任以来，已有人矣。辛未则许观，《备遗录》以为黄观，今《登科录》所载则韩克忠，是岁六月再廷试故也。甲戌则张信，丁丑则陈郊，及考之别纪，则公所云皆误也。乙丑状元丁显载《通纪》、《宪章录》最明，若花纶则第三，高皇帝以“三丝坠地”之梦，并丁显、练安与纶俱赐为状元也。张显宗，许观榜第二，余已于前练状元事纪之矣。若任亨泰，则命有司建状元坊。而许观之为黄观，盖复姓也。韩克忠为丁丑状元，六月再试，盖丁丑事，是岁二月礼部会试天下举人，学士刘三吾取泰和宋琮等五十二人，殿试以陈郊为第一，中原西北士子俱被黜落，咸以为言，上阅所取多南士，心亦疑之，乃诏三吾及郊等下狱，命翰林儒臣重阅落卷，得六十一人，而廷试克忠第一，故世有两榜状元之说。今曰辛未再试，而以郊为丁丑，克忠为辛未，皆误也。郊既下狱，止应以克忠为是科龙首。按杨太史《丹铅录》又云：国朝登科录自洪武四年始，盖开科之首也，大魁吴伯宗。然考苏州《钱氏世谱》云“庚戌安大全榜”，《姑苏志》云“金铸榜”，盖一岁而三开科，二榜取士也。如乙丑之岁春榜状元花纶、秋榜状元丁显；辛未春榜尽取南士，状元许观，夏榜六月一日殿试，尽取北士，状元韩克忠，是一岁二开科也。又有状元张显、陈郊不知为何科，相去未二百年，已不得其详。乃知前辈传疑，要非一人也。（《河上楮谈》）

（清）纪昀等《钦定四库全书》集部六·别集类五·明·练中丞集提要　《练中丞集》二卷，明练子宁撰。子宁名安，以字行，号松月居士，新淦人，洪武乙丑进士，建文时官左副都御史，燕兵入，殉节死，事迹具《明史》本传。当燕王篡立之初，诬建文诸臣为奸党，禁其文字甚严。弘治中，王佐始辑其遗文，名曰《金川玉屑》。故徐泰《诗说》有“金川练子宁，玉屑无多，为世所宝”之语。此本乃泰和郭子章重编，附以《遗事》一卷，其裔孙绮复增辑之。黄溥《简籍遗闻》尝记集中可疑者三事：一曰《送花状元归娶》诗，谓洪武辛亥至建文庚辰状元但有吴伯宗、丁显、任亨泰、许观、张信、陈郊、胡靖七人，无所谓状元花纶，纶乃洪武十七年浙江乡试第二，不应有奉诏归娶事。一曰《故耆老理庭黄公墓志》，谓子宁及第在洪武十八年，此志后题洪武丙辰三月之吉，乃洪武九年，不应结衔称赐进士及第、授翰林院修撰。一曰集后《杂考》引叶盛《水东日记》载“长乐郑氏有手卷，练子宁赋，张显宗跋”，称显宗状元及第。洪武时亦无此状元。其言颇核，盖子宁一代伟人，人争依托，因而影撰者有之。

（二）三元

（明）张朝瑞《贡举纪略》·三试皆元 商辂。

又，会元登状元 黄观。吴宽（戊子应天第三）。钱福。伦天叙。

又，解元登状元 一本载李骐解元，又本载林环（永乐乙酉）、萧时中（戊子）、柯潜（正统丁卯）俱解元。查《登科录》，乡试时中第二，潜第三十一，环、骐未及考。吴伯宗。陈循（会试第二）。彭教（会试第二）。谢迁（会试第三）。李旻。杨维聪。

又，□□大魁（除吴、陈、彭、谢、林、杨、王、李八人见前外） 杨慎，乡试第三，会试第二，廷试第一。

唐皋，乡试第二（癸酉，应天），会试第四，廷试第一。

（明）张朝瑞《皇明贡举考》卷一·五魁 凡乡、会试中前五名者，五经各一，时称五经魁，六名以后不拘经。

《双槐岁抄》曰："国初所取士，五名内或经魁不备，如洪武辛未第一人许观、第五人胡泰皆治《书》是已。"

又，卷一·三元（榜眼、探花附） 世称乡试第一为解元，会试第一为会元，殿试一甲第一为状元，第二为榜眼，第三为探花郎。《书言》曰："解者，除也。选士才高德厚者而贡之，曰解。乡试头名者曰解元。"《诗学》曰："桂三种，红为状元，黄为榜眼，白为探花郎。"《孤树裒谈》曰："状元及第不问贤否，固已不泯，顾其人何如耳。"

（明）王世贞《弇州四部稿》卷一百六十一·说部·宛委余编六 唐有"四元"崔延翰，又为制科首也。宋"三元"则王丞相曾、杨学士置、冯枢使京。金孟学士宗献。元王宪佥宗哲。明商少保辂。若欧阳少师修，则本州及太学、礼部试称"三元"，而廷试在第五，非真三元也。

（明）王世贞《弇山堂别集》卷五·皇明盛事述五·三元 国朝商少保辂，正统乙卯领解浙江，乙丑为会试、廷试第一人，士林艳羡。商公年二十二发解，十年而成进士，四年而以修撰入阁，七年而以兵侍归，归十年而复入，入十年而以少保归，又十年乃卒，尤为奇也。

又，卷五·皇明盛事述五·会元状元 许侍中观（洪武乙丑）、吴宗伯宽（成化壬辰）、钱修撰福（张治庚戌）、伦宫谕文叙（弘治乙未），内文叙乡试复第三人。

又，卷五·皇明盛事述五·解元状元 吴学士伯宗（洪武庚戌、辛亥）、林侍讲环（永乐乙酉、丙戌）、萧修撰时中（永乐戊子、辛卯）、陈少保循（永乐甲午、乙未）、柯少詹潜（正统丁卯、景泰辛未）、彭侍讲教（天顺壬午、甲申）、谢少傅迁（成化甲午、乙未)、李少宰旻(成化庚子、甲辰)、杨光禄惟聪(正德己卯、辛巳),内陈循、彭教会试第二人,谢迁会试第三人。

又,卷五·皇明盛事述五·三试魁元 乡、会试俱五名之内、廷试三名之内,除前所纪吴、王、陈、彭、谢、李六人外,花解元纶会试、殿试俱第三,杨状元慎乡试第三、会试第二,陈会元澜、袁会元炜俱乡试第二、廷试第三,王会元锡爵乡试第四、廷试第二,金会元达乡、廷试俱第三,靳解元贵会试、廷试俱第二,谢解元丕会试第四、廷试第三,陶太史望龄乡试第二、殿试第三。

(明)徐树丕《识小录》卷一·状元三元 宋朝父子状元有梁灏,子固安;德裕,子守亮;张去华,子师德。魏野诗《封禅汾阴》:“连岁榜状元,俱是状元儿。”惟我朝绝少,即三元亦不如宋之多也。《杂录》载:“刘子钦(江西人)自省元至会元,解缙称之曰:‘状元属子矣。’刘不逊谢。缙乃以题意密示曾棨,棨遂为状元,而刘列十人之后,后亦不显。”相传王文恪将作状元,而商文毅辂嫌其并己,抑为第三。文毅之意,谓我朝止已一人三元也。不知洪武辛未状元许观(贵池人),乡、会俱第一,死于靖难,妻翁氏及二女亦死节。则许观已三元矣,不独文毅一人也。而今人俱知有商,则革除削籍而人不知耳。

(明)焦竑《玉堂丛语》卷六·科目 会元登状元者八人:黄观、商辂、吴宽、钱福、伦文叙、杨守勤、韩敬、周延儒。

状元曾登解元者十一人:黄观、吴伯宗、林环、萧时中、陈循、商辂、柯潜、彭教、谢迁、李旻、杨维聪。

(明)徐应秋《玉芝堂谈荟》卷二·三元 国朝以会元而状元者:洪武乙丑许侍中观,成化壬辰吴宗伯宽,弘治庚戌钱修撰福,弘治己未伦宫谕文叙,万历甲辰杨守勤、庚戌韩敬、癸丑周延儒、己未庄际昌。

解元而状元者:吴学士伯宗,洪武庚戌解元,辛亥状元;林侍讲环,永乐乙酉解元,丙戌状元;萧修撰时中,永乐戊子解元,辛卯状元;陈少保循,永乐甲午解元,乙未状元;柯少詹潜,正统丁卯解元,景泰辛未状元;彭侍讲教,天顺壬午解元,甲申状元;谢少傅迁,成化甲午解元,乙未状元;李少宰旻,成化庚子解元,甲辰状元;杨光禄惟聪,正德己卯解元,辛巳状元。

……

三试魁元者,除(伦文叙、杨守勤)两元而乡试第三人,李廷机、林志,解元、会元而廷试复第二;王鏊,解元、会元而廷试第二;陈循、彭教,解元、状元而会试第二人;谢迁,解元、状元而会试第三人。至花解元纶会试、殿试俱第三,杨状元慎乡试第三、会试第二,陈会元澜、袁会元炜乡试第二、廷试第三,王会元锡爵乡试第四、廷试第二,金会元达乡廷试俱第三,谢解元丕会试第四、廷试第三,陶会元望龄乡试第

二、殿试第三。

至正统，己未会元杨鼎以解元登第一甲第二人，壬戌会元姚夔以解元登第二甲第一人，乙丑会元商辂以解元登第一甲第一人。杨以太子太保卒，谥庄敏；姚以太子少保卒，谥文敏；商以少保卒，谥文毅。三公连三科，俱己巳年起拜，俱不历卿寺馆幄，为奇也。

（明）焦竑辑、（清）胡任兴增辑《历科廷试状元策》·历科状元总考 状元曾登解元及会元者一人：商辂。

状元曾登解元者八人：吴伯宗、陈循、李骐、商辂、彭教、谢迁、李旻、杨惟聪。

状元曾登会元者八人：许观、吴宽、钱福、伦文叙、杨守勤、韩敬、周延儒、庄际昌。

（三）年龄

（明）张朝瑞《贡举纪略》·状元早达 费宏，二十。林大钦，二十二。施槃，二十三。朱希周、杨慎，俱二十四。孙继皋、张懋修、朱国祚，俱二十五。胡广、彭教、张昇、龚用卿、罗洪先，俱二十六。谢迁、秦鸣雷，俱二十七。丁显、康海、申时行，俱二十八。萧时中、陈循、柯潜、陈谨，俱二十九。

又·状元晚达 唐皋，四十六。刘俨，四十九。曾彦，五十四。

（明）张朝瑞《皇明贡举考》卷一·年少进士 永乐十六年，敕进士年二十以下者遣归本学肄业，皆豫注拟其官于登科录，待阙取用。(《野记》)

（按，马况曰："大材当晚成，良工不示人，以朴诸葛武侯□瞻聪慧可爱，嫌其早成，不为重器。"程伊川曰："少年登高科，不幸也。"是故洪熙中，俞建辅有年过二十五者许令入试之疏，今例进士年二十以下者遣归肄业，年三十以上者方选科道官，盖皆裁折成就之意云。）

《长语》曰：古称大器晚成，马况所以知朱悖非远到之器也，以我朝诸公论之，少师李东阳五岁能作大字，以神童入禁中，十七登进士；少傅杨一清亦以神童举，亦十七登进士；少师杨廷和十二占乡试；少傅蒋冕十八为解元，少师费宏二十为状元，皆极品，年寿亦高，则晚成之说殆未盖然也。

（明）王世贞《弇山堂别集》卷五·皇明盛事述五·早达 十六岁……费少师宏……中乡试。

二十岁，费少师宏举状元，邹司成守益、伦司成以训俱会元，又与戴编修大宾俱及第。

二十二岁……林修撰大钦状元及第。

二十三岁，施修撰槃状元及第。

又，卷五·皇明盛事述五·晚达 刘文介俨四十九，曾学士彦五十四，唐学士皋五十八，焦竑五十，俱登状元。

（明）沈德符《万历野获编》卷十五·科场·魁元再甲子 弘治九年丙辰科状元朱希周，苏之昆山人，仕至南京吏部尚书，及见嘉靖丙辰状元诸大绶，次年卒，赠太子太保，谥恭靖。嘉靖二年癸未科探花徐阶，松江之华亭人，仕至少师吏部尚书大学士，及见万历癸未科会元李廷机，去胪唱数日卒，赠太师，谥文贞。嘉靖二十年辛丑科会元陆树声，松江华亭人，仕至太子少保礼部尚书，及见万历辛丑科同邑人状元张以诚，又五年始卒，赠太子太保，谥文定。三公者以南宫首荐，咸（咸原作或，据写本改）高第鼎甲，俱词林巨公，荣哀始终，名德无玷，登第周一甲子而始下世，皆在吴中数十里之内，盛哉！

（明）焦竑辑、（清）胡任兴增辑《历科廷试状元策》·历科状元总考 状元年少者十六人（皆未及三十者）：费宏（二十），林大钦（二十二），施槃（二十三），杨慎（二十四），朱希周（二十四），龚用卿（二十六），罗洪先（二十六），彭教（二十六），谢迁（二十七），秦鸣雷（二十七），康海（二十八），陈谨（二十九），徐时行（二十八），孙继皋（二十六），朱国祚（二十五），周延儒（二十五，未娶）。

状元永年者二十人（皆六十以上者）：朱希周（六十二），谢迁（八十二），王华（七十七），商辂（七十二），杨慎（七十二），吴宽（七十），黎淳（七十），彭时（七十八），费宏（六十八），顾鼎臣（六十八），刘俨（六十四），吕柟（六十四），毛澄（六十三），罗洪先（六十二），曾棨（六十一），秦鸣雷（八十），李春芳（七十七），罗万化（六十一），申时行（八十），焦竑（缺）。

状元不永者五人：彭教，曾彦，施槃，韩应龙，林大钦。

（清）姚之骃《元明事类钞》卷十二·仕举门·状元·最少年 《明盛事》记状元最少年者：费宏二十，林大钦二十二，施槃二十三，朱希周、杨慎二十四，孙继皋二十五。

（四）地域

（明）黄佐《翰林记》卷十九·文运 丘濬曰："国朝文运，盛于江西。"开国之四年，策士以文，即得伦魁于金溪。又十余年，始定今制，会试天下士，裒然举首者，分宜人也。永乐甲申，选庶吉士读书中秘，以应二十八宿，其中十二人出江西，而官翰林者七人。宣德甲寅，合丁未、庚戌、癸丑三科选之，亦如甲申之数，出江西者七人，留翰林者四人。奉敕教之者，前则吉水解公大绅，后则西昌王公行俭，是又皆江西人也。盖当时有"翰林多吉安"之谣。首甲三人或纯出江西者凡数科，间亦有连出福建者，士论或以为杨士奇、荣互相植党，岂其然耶？士奇尝曰："宣德五年春，翰林进《两朝实录》，赐宴赉既，敕吏部进纂修以下官。侍讲余学夔不竢吏部覆奏，不谋于相知，即入疏自陈老疾致仕，上可之，竟不加官而去。士奇交学夔逾三十年，同在京二十五六年，其为人明经博古，负直气，侃侃遇事径发，不肯苟有阿徇。”是时江西士风如此，不特文运之盛而已，目以植党，盖私言也。

（明）刘仕义《新知录摘抄》·吉安文物之盛　江西一省可谓冠裳文物之盛，而吉安一府为尤最。自洪武辛亥至嘉靖己未，凡六十科，吉安进士七百八十八人，状元十一人，榜眼十一人，探花十人，会元八人，解元三十九人，登第者二十八人，官至内阁九人，一品六人，赠三人，尚书二十二人，赠四人，左右都御史六人，得谥二十五人。盛哉！吉水刘充化尝赋吉郡十状元诗云：“天开文运盛庐陵，累占鳌头已十人。胡广时中兼子棨，彭时刘俨与罗伦。后来彭教同曾彦，前有陈循并鹤龄。何事三元争些子，斯文颙望在明春。”既而罗念庵洪先复与进士第一。盛哉！

（明）周晖《金陵琐事》卷一　郑淡泉谓，金陵形势山形散而不聚，江流去而不留，非帝王都也。亦无状元、宰相者，因世禄之官太多，亦被他夺去风水。余极喜其论。及万历己丑、乙未，连中状元，乃知书生之言不足深信。

（明）尹直《謇斋琐缀录》卷八　吉水刘充化虽瞽而能吟。尝赋吉郡十阁老、九尚书、十状元诗，皆皇明之盛际。但不依次序，或名或字号，盖取协韵故耳。尝过予，口占，因录之：“皇明内阁秉衡钧，吉郡堂堂已十人。东里（士奇）后来名尹直，南皋（萧镃）先进是陈循。定之安简胡光大，纯道彭华解缙绅。千载贞元嘉会合，天教诸老佐昌辰。”

右《十阁老》。

……

“天开文运盛庐陵，累占鳌头已十人。胡广时中兼子棨，彭时刘俨与罗伦。后来彭教同曾彦，前有陈循并鹤龄。何事三元争些子，斯文颙望在明春。”

右《十状元》。

（明）黄溥《闲中今古录摘抄》卷一　本朝状元，洪武四年辛亥科起，至正德九年甲戌科，凡四十科。吾浙状元自正统元年丙辰科周旋、十年乙丑科商辂，成化十一年乙未科谢迁、十七年辛丑王华、二十年甲辰李旻，五人之中周与商、王与李俱同乡举，一举各两状元，固可美。而商、谢、李俱发解首冠，又可美。其商之三元，开科以来一人，尤可美也。然商与谢又皆入阁，岂但状元乎哉？书此以感发吾浙之后学。

（明）张朝瑞《皇明贡举考》卷一·取士之地　（按，国初文运，江西独盛，故时有“翰林多吉水，朝内半江西”之谣。正统乙丑商辂举三元之后，浙省遂盛于天下，江西□不及矣。成化以后，则南畿与浙江并盛。）

（明）王世贞《弇山堂别集》卷一·皇明盛事述一·南直隶盛事·状元十七人 许观、邢宽、施槃、吴宽、钱福、毛澄、朱希周、顾鼎臣、唐皋、沈坤、李春芳、丁士美、申时行、孙继皋、沈懋学、唐文献、焦竑。

又，卷三·皇明盛事述三·一郡三及第 建文庚辰，状元胡靖、第二名王艮（吉水人）、第三名李贯（庐陵人）俱吉安府，而二甲第一名吴溥、第三名朱箸皆江西，溥又会元也。永乐甲申，状元曾棨（永丰人）、第二名周述、第三名周孟简（俱吉水人），二甲第一名杨相、第四名王直（俱泰和人），第二名宋子环（吉水人），第三名王训（庐陵人），相又会元也；七人皆吉安府。而内阁学士读卷五人：解缙、胡广、杨士奇、胡俨、金幼孜皆江西，中三人皆吉安府，可谓极盛。

又，卷三·皇明盛事述三·一郡八座三元 甲、丙之际，吾郡申公时行以状元，王公锡爵以会元居内阁，袁公洪愈以解元为大宗伯，真一时之选。

又，卷三·皇明盛事述三·一郡同榜两元 永乐甲申，状元曾棨（永丰人），会元杨相（泰和人），俱吉安府。嘉靖壬戌，状元申时行（吴县人），会元王锡爵（太仓人），俱苏州府，至丁丑，二公俱为詹事府詹事兼翰林院侍读学士，王公掌府，申公掌院。

又，卷三·皇明盛事述三·吴中盛事 会元凡七人：……长洲吴宽……

状元凡六人：吴县施槃，长洲吴宽，昆山毛澄、朱希周、顾鼎臣，吴县申时行。又山阳沈坤，原籍昆山，亦当为七人。

内阁七人：……昆山顾武英鼎臣……今吴县中极申公时行……

一品十人：……太子太傅毛公澄，少保顾公鼎臣……少师今申公时行……

学士十五人：……吴公宽……毛公澄，朱公希周，顾公鼎臣……申公时行……实为光学者，毛、顾、严三人。

赠三公二人：……太保顾公鼎臣。

得谥者十八人：……吴文定宽，毛文简澄……朱恭靖希周……顾文康鼎臣……

赠三孤三人：……毛公澄……

赠东宫一品五人：……朱公希周……吴公宽。

（明）王同轨《耳谈》卷四·吉安科甲 江西吉安府自开科至嘉靖己未，计六十科七百八十八人。状元十一人，榜眼十一人，探花十人；会元八人；解元三十九人。官至内阁者九人。一品者六人。尚书二十二人。得谥者二十五人。

（明）朱国祯《涌幢小品》卷七·元会 天顺以后，我浙有六元会、七元会，聚散不常。要之，常六人以上。吕阁老文懿公原、杨侍郎文懿公守陈、杨尚书文公守址，俱解元。姚太宰文敏公夔，会元。商阁老文毅公，三元。南京吏部侍郎范公理、副使胡公廷瑞，俱解元。谢阁老文正公迁，状元、解元。谢修撰丕、兵部主事杨质，其以未第至者。芦楷、黄廷玺，俱解元。内芦楷入太学。救祭酒邢让、陈鉴之枉有名，姚于酒中赠诗云："芦生倜傥才。"谅矣！

（明）杨士聪《玉堂荟记》卷上 辛未馆选后，言宜兴者有曰：何地不生才，而鼎甲三人及会元、馆元，必出于苏、松、常、淮四府。以淮与江南并称四府，此何以服宜兴之心？乃不辨此而辨馆元曰：至于选馆首名，亦别无优异，未名亦别无差殊，安所得馆元而称之？夫馆元岂无，此可以服言者之心否耶！但馆元虽有，实无关系，从来亦无以此自标者。甲戌曾就义刻树牌，扁称馆元及第，则又咄咄怪事矣。

（明）焦竑辑、（清）胡任兴增辑《历科廷试状元策》·历科状元总考 南直隶状元二十四人：许观，邢宽，施槃，吴宽，钱福，毛澄，朱希周，顾鼎臣，唐皋，沈坤，李春芳，丁士美，申时行，孙继皋，沈懋学，唐文献，焦竑，朱之蕃，张以诚，周延儒，文震孟，刘若宰，陈于泰，杨廷鉴。

浙江状元二十人：张信，周旋，商辂，谢迁，王华，李旻，姚涞，韩应龙，茅瓒，秦鸣雷，唐汝楫，诸大绶，范应期，罗万化，张元忭，朱国祚，杨守勤，韩敬，钱士升，余煌。

江西状元十七人：吴伯宗，胡广，曾棨，萧时中，陈循，曾鹤龄，刘俨，彭时，王一夔，彭教，罗伦，张昇，曾彦，费宏，舒芬，罗洪先，刘同升。

福建状元十一人：丁显，陈郊，林环，马铎，李骐，林震，柯潜，龚用卿，陈谨，翁正春，庄际昌。

湖广状元三人：任亨泰，黎淳，张懋修。

山东状元四人：韩克忠，马愉，赵秉忠，魏藻德。

广东状元三人：伦文叙，林大钦，黄士俊。

河南状元二人：孙贤，刘理顺。

陕西状元二人：康海，吕柟。

四川状元一人：杨慎。

又，明朝历科状元姓氏、籍贯、履历 （存目）

（清）沈翼机等《浙江通志》卷二百八十·杂记下 《闲中今古录》："吾浙状元自正统元年丙辰科周旋、十年乙丑科商辂、成化十一年乙未科谢迁、十七年辛丑科王华、二十年甲辰科李旻，五人之中，周与商、王与李，俱同乡举，一举两状元，固可美。而商、谢、李俱发解首，商之'三元'开科以来一人，商与谢又皆入阁，尤为盛事也。"

（五）门第

（明）黄佐《翰林记》卷十九·门第 馆阁中门第最盛者曾鹤龄，举进士第一，其子蒙简举进士二甲第一，蒙简子追举进士第二，三世皆传胪。大学士谢迁以解元及第第一，丕亦以解元及第第三，会试皆为魁。伦文叙以会元及第第一，子以训亦以会元及第第二，其科目尤显。……正统以后，商辂、子良臣……父子皆官翰林。今大学士杨廷和子慎为状元，尤东阁郎君之仅见者。……今大学士费宏、从弟寀、从子懋中皆官翰林。若大学士彭时、彭华于编修琉为从子，时以状元、华以会元，先后入阁，世有“大小彭”之目，虽为疏远从兄弟，然亦衣冠盛事云。

（明）张朝瑞《贡举纪略》·父子巍科 伦文叙，会元、状元；子以谅，解元；以训，会元、榜眼。

谢迁，解元、会魁、状元，子丕，解元、会魁、探花。

王华，状元；子守仁，会魁。

秦文，解元；子鸣雷，状元。……

又，兄弟巍科（除伦、孙兄弟见前外） 杨维杰，榜眼；弟维聪，解元、状元。

张嗣修，榜眼；弟懋修，状元。……

又，祖孙巍科 曾鹤龄，状元；孙追，探花。……

（明）陈洪谟《治世余闻》下篇卷四 西曹有一对云：“一双状元子，两个探花爷。”是虽资谑，然亦奇事，盖主事有张恩、王守仁，其父尚书升、学士华，皆状元也。又有刘凤仪、李瓒，其子内翰廷相、内翰龙，皆探花也。

（明）王世贞《弇山堂别集》卷二·皇明盛事述二·父子翰林 父子同在翰林者：……胡阁学广，检讨穜。……曹学士鼐，修撰恩。……商殿学辂，侍讲良臣。……谢殿学迁，学士丕。……杨殿学廷和，修撰慎。伦谕德文叙，谕德以训。……张殿学居正，编修嗣修，修撰懋修。内胡氏、金氏、曹氏，皆以荫叙得之，而倪公父子光学，尤为盛事。

又，卷二·皇明盛事述二·一门高第 谢文正迁以解元会魁中状元，而子丕复以解元会魁及第。伦谕德文叙以会元中状元，而长子通参以谅复领省解，次子祭酒以训会元及第，此其最盛者也。黄行人乾亨、子御史如金，伍参政囗、子都御史符，史佥事俊、子尚书道，毛文简纪、子太仆渠，张侍郎志淳、子副使合，俱父子解元。曾状元鹤龄、孙追，费状元宏、从子懋中，罗文庄钦顺、从子理，俱进士及第。孙文恪升及第，而子铤乡荐第一，鑛会试第一，升弟堪武会举第一，至都督。刘尚书龙，祖副使洁，父刑部凤仪，俱乡试第四人，龙及子郎中承恩俱第二人。葛少保守礼与其孙庶吉士曦，俱山东解元。若兄弟高科，如永乐甲申周庶子述、长史孟简，同科及第。正统、景泰中，彭文宪时中状元，文思华中会元，然是从弟兄耳。杨文懿守陈、尚书守阯，刘文简春、参政台，王文庄鸿儒、布政鸿渐，俱解元，而守阯、春复及第，其三兄俱谥“文”。杨光禄惟聪己卯解元，辛卯状元，而兄庶子惟杰丙戌及第，尤为盛事。吾州王宫保锡爵经魁、会元及第，而弟鼎爵复会试第五人，宫保子衡北京乡试第一人。江陵张嗣修第一甲第二人，弟懋修第一甲第一人。王刑侍宗沐以《春秋》中第三人，而子郎中士琦、知州士崧、知县士昌，俱连以《春秋》中第五人，俱成进士。参政曹楼与祖父俱应天解元。

（明）焦竑辑、（清）胡任兴增辑《历科廷试状元策》·历科状元总考 状元父子兄弟叔侄翰林者一：费宏，从弟寀（由庶吉士至礼部侍郎），子懋贤（由庶吉士任礼部郎中），从子懋中（正德辛巳探花）。

状元父子翰林者三：谢迁，子丕（弘治乙丑探花）；费宏（见前）；伦文训，子以训（正德丁丑榜眼）。

状元兄弟翰林者五：曾鹤龄，兄鹤椿（庶吉士）；彭时，从弟华（景泰甲戌会元，庶吉士）；费宏（见前）；秦鸣雷，兄鸣夏（嘉靖壬辰中允）；张懋修，兄嗣修（万历丁丑榜眼）。

状元兄弟入阁者一：彭时，从弟华。

状元兄弟翰林官至一品者一：费宏，从弟寀。

两状元同胞者一：马铎，李骐。

状元祖孙鼎甲者一：曾鹤龄，孙追（成化戊戌探花）。

状元父子合三元者一：伦文叙，子以谅、以训。

状元父子尚书者一：王华（大宗伯），王守仁（大司马）。

状元父子两中元魁、官至卿贰者一：谢迁，子丕。

状元兄弟贰卿者一：彭时（礼部尚书），华（礼部尚书），礼（工部侍郎，华弟）。

状元以儒士中者三人：王华，伦文叙，林大钦。

状元由卑官者二人：曹鼐（由泰和县典史），翁正春（由龙溪县教谕）。

……

状元六世科第者一：柯潜……

状元四世科第者三：王一夔……费宏……林环……

状元三世科第者六：吴伯宗……任亨泰……秦鸣雷……黎淳……曾鹤龄……张元忭……

（六）巧合

（明）张志淳《南园漫录》卷十·戊魁 国朝大魁，前甲戌张信，无闻。丙戌林环、戊戌李骐、庚戌林震，皆终修撰。壬戌刘俨，终礼侍。后甲戌孙贤，终太常卿兼学士。丙戌罗伦，终修撰。戊戌曾彦，终太常卿兼侍读。庚戌钱福、壬戌康海，皆终修撰。今甲戌唐皋，闻亦老矣。凡戌魁无一人至台辅，岂有数耶！然如罗公之道高一世，名闻四海，则气数固不能以胜理矣。

（明）王世贞《弇山堂别集》卷十七·皇明奇事述二·丙辰、甲戌状元 正统丙辰状元周旋，弘治丙辰状元则朱希周。正德甲戌状元唐皋，万历甲戌状元则孙继皋。考景泰甲戌状元则孙贤，尤为奇绝。

又，卷十七·皇明奇事述二·绍兴二首甲 嘉靖丙辰，绍兴状元诸公大绶，榜眼陶公大临同里闬，为婚姻。诸自礼部右侍郎为吏部右侍郎、翰林院侍读学士，修《实录》，经筵日讲官，以万历元年卒，赠礼部尚书。陶亦自礼侍代之，衔位、赠谥无不同者，以二年卒，赠官亦同。寻，己未状元丁公，亦自礼侍代之，仅一转而卒，赠官亦同。三人后皆有谥，陶得文僖，丁得文恪，诸最后得文懿。

又，卷十七·皇明奇事述二·三唐状元皆戌科 国朝唐姓状元仅三人，其一为侍读学士唐皋，系正德甲戌。历丙戌、戊戌而至嘉靖庚戌，为太常少卿唐汝楫。又历壬戌、甲戌而至万历丙戌，为今翰林修撰唐文献。奇甚！

又，卷十七·皇明奇事述二·一母孕两状元 晋江王怀中言长乐马某娶妾，有子铎，而妻妒不容，嫁之同邑李氏，生子骐，初曰马。后铎中永乐壬辰科状元，骐中戊戌状元。

又，卷十七·皇明奇事述二·丁丑状元 正德丁丑状元舒芬，字国裳，授修撰之未几，以谏南幸谪外，召复官，卒。万历丁丑状元沈懋学，字君典，授修撰之未几，以上书谏张相丁忧不合，移病归，卒。二公才气略相同，而修撰皆无满任，寿皆四十二。

又，卷十八·皇明奇事述三·癸丑、壬戌“三及第”之异 嘉靖壬戌一科，首甲三人，申时行、王锡爵、余有丁，皆大拜，位师傅，已见《盛典》矣。其最不显而又最不利者，无如嘉靖之癸丑，其明年第三人温应禄举家疫死。又明年第一人陈谨被逮，谪推官，累迁至右中允，丁忧归，为乱卒所殴死。后第二人曹大章以编修废疾罢，复用胁受商人财，削职为民。二科荣辱之相反如此。按洪武丁丑廷试三人，尤为不祥。状元陈䢼、刘锷责徙昌化安置，取回为鸿胪寺司宾署丞，寻俱杀之。惟尹昌隆为礼部主事，永乐初改春坊右中允，亦不狱赐死。其复取进士内，仅状元韩克忠至按察佥事，余二人俱终本官。

又，卷十八·皇明奇事述三·福建大魁无显者 福建自开科至宣德间最多高第，以后寥寥矣，然少显贵者。状元则乙丑丁显，丁丑陈䢼，丙戌林环，壬辰马铎，戊戌李骐，庚戌林震，辛未柯潜，丙戌龚用卿，癸丑陈谨，凡九人。仅柯至少詹事，龚至祭酒，四品而已。陈至右中允，余俱修撰，皆夭。而䢼仅为司宾署丞，以不令终。会元则壬辰林志，乙未洪英，辛丑陈中，庚戌傅夏器，己未蔡茂春五人，惟洪至右都御史。及第者戊辰唐震，辛未张显宗，丙戌陈全，辛卯黄旸，壬辰林志，乙未李贞、陈景著，丁未谢琏，庚戌林文，癸丑赵恢，壬辰李仁杰，戊辰戴大宾，凡十二人，仅谢琏至侍郎，林文太常少卿，仁杰祭酒，张显宗曾为侍郎，终交阯布政而已。无论阁部、一品，俱不可得。今己未及第林宗伯士章，始破天荒矣。

又，卷十八·皇明奇事述三·丙戌、己未无内阁冢宰 国朝诸科第往往有通无内阁冢宰者，而三丙戌为永乐，为成化，为嘉靖。又三己未为正统，为弘治，为嘉靖。凡六科。唯丙戌有冢宰屠襄惠滽一人，余皆无之。亦奇事也。

又，卷二十五·史乘考误六　《近峰闻略》言，戊年大魁无登台辅者，至唐皋而止。至谓刘俨终礼侍，曾彦终太常卿，皆非也。刘仅为太常少卿，曾侍讲学士耳。唐之后，丙戌龚用卿以祭酒罢，戊戌茅瓒至吏部左侍郎，庚戌唐汝楫止太常少卿，至壬戌申公时行大拜。

（明）徐应秋《玉芝堂谈荟》卷二　正德丁丑状元舒芬授修撰未几，以谏南幸谪外，召复官，卒。万历丁丑状元沈懋学授修撰未几，以上书谏张相丁忧，不合，移病归，卒。二公才气略相同，而修撰皆无满任，寿皆四十二。

又，卷五·事有巧合　国朝正统元年丙辰状元周旋，至弘治九年丙辰则状元朱希周；正德九年甲戌状元唐皋，至万历二年甲戌则状元孙继皋，科分、姓名适合。

（七）杂考

（明）徐树丕《识小录》卷二·状元归娶　少年及第奉旨归娶诗，明初练子宁《送花状元》云："二月都门莺乱啼，郎君春色上春衣。潘生况拟供调膳，张敞仍须学画眉。南陌酒香银瓮熟，西湖月朗画船归。极知身□君恩重，莫遣心随粉黛移。"……白正蒙《送同状元延儒》云："才子承恩出建章，风流千载一周郎。人间玉杵偕仙配，天上金莲簇艳妆。绛蜡影摇宫锦色，绣帏春拥御炉香。即今已在蓬瀛境，不用吹箫下凤皇。"……明朝二百六十余年，归娶者不数人。

（明）孙承恩《文简集》卷三十·方齿录序　是岁也，余实与蜀郡虚山学士席公主试事，道出淮泗之间而得异兆，有巨鲤跃入予舟。予骇且喜，曰："兹行也，其有名士入吾网罗，以副吾之所求矣乎?"及竣事，则一百三十五人者，固皆魁伟宏博之器，颖敏特达之才，一时誉髦士也。逮上礼闱，由壬辰及今凡六举，而获荐者几五十人，则固已盛矣。而有沈子坤者，辛丑魁天下；有吴子情者，甲辰传胪三人；有李子春芳者，丁未复魁天下。

（明）王世贞《弇山堂别集》卷八·皇明异典述三·连岁状元　永乐辛卯，始廷试寄监中式举人陈璲等，赐萧时中、苗衷、黄旸及第。明年，复廷试中式举人林志等，赐马铎、林志、王钰及第。连岁二状元，而皆不显。

又，卷八·皇明异典述三·一岁两状元　洪武丁丑廷试，赐陈䢿、刘锷、尹昌隆及第。后以举人诉，复试，复取韩克忠、王恕、焦胜及第。凡二榜两状元，而二公官俱不显。

（明）朱国祯《涌幢小品》卷七·进士书榜首　元时及第第二者，亦称状元。盖其时第一必蒙古人，以中国人居第二，故中国自以状元称之。其余进士系中国人者，亦曰"某人榜进士"，皆第二也。诸公多致疑，或曰从俗所称，或曰讹，殆未之究耳。如李黼榜进士，黼亦第二也。

唐、宋人无有书状元于己官衔之上者，逮元犹然。独会稽杨维祯廉夫，当元季书李黼榜进士，至刻之印章。盖黼死节之臣，廉夫书之者，欲自附于忠节之后。其意固有在，且与黼相知，不忍忘也。后之人乃有效廉夫故事，书朱文公为“王佐榜进士”。谓佐足为文公重乎？惟志书宜用此法，盖一榜之首，存之足以征信也。

（意大利）利玛窦《利玛窦中国札记》第一卷第五章 考试结束后，考试结果在上面提到过同一地方以同样的方式公布。惟一增加的项目是新博士全都转移到皇宫，在那里当着朝廷阁臣，有时也当着皇帝的面，就一个给定的题目写一篇论文。这次竞争的结果决定这些博士将授予三级官员之中的哪一级。这是一次著名的考试，全部内容只是做一篇相当简短的论文。在正规的博士考试中已取得第一名的人，在这次终试中最少也能保证第三名，而那些在这次考试中取为第一、第二名的则被赋予殊荣，他们一生都可确保高级公职。他们享有的地位相应于我们国家的公爵或侯爵的地位，但其头衔并不世袭传授。

（明）朱之瑜《朱舜水集》卷十·答源光国问丨一条 进士以二月十五日廷试，十八日传胪，天子亲笔书第一甲第一名某人等字，属有黄榜张挂，礼部更有题名录，缄滕而付该司收掌，所谓状也。元即元首之元，所谓“君恩赐状头”可证也。“状”字与“壮”字形声俱近，写榜字制端方；韩人之来者无学，或者一时误对，而固执以饰其非耶？自汉及今，皆云状元，考之书史，未闻“壮元”之说。韩人亦何所本，而遽以为大魁之号？且三韩小国，何敢创立异名？况壮头者，天下之亵语耶！必不然已。

评　　论

（明）朱国祯《涌幢小品》卷七·制科盛际 永嘉、江陵两相公最得君，最强悍，其可恨处不少，却有一件最得意处。永嘉典嘉靖己丑试，会元唐荆州顺之，状元罗念庵洪先；江陵典隆庆辛未试，会元邓定宇以赞，状元张阳和元汴。四人者，何处得来，且同道同心事座主，不阿附，亦不抗忤，最为得体。若天生此人，以应二相之求，而二相之目力亦加人数等矣。成化丙戌，会元章枫山懋，状元罗一峰伦，人品最高，冠绝前后。其爵位之崇，名实之相称，莫如成化乙未，会元为王文恪鏊，状元谢文正迁，可谓盛矣。然比其柄用，厄于奸臣，不久而去。文正又多晚年一出。后则嘉靖之壬戌，为会元王文肃锡爵、状元申文定时行，相继为首揆，更胜于前。而因循否隔，不得尽行其志。文肃至以哭子并命。自来全盛之事，似亦若造化所忌也。

（明）陈沂《畜德录》 吴文定公举壬辰状元，大宗伯毛公（澄）举癸丑状元，公（朱希周）举丙辰状元，皆厚德直操，人不可及，非风气所能染也。

（明）陈洪谟《治世余闻录》下篇卷四 本朝状元惟钱与谦无足取，延世如罗一峰尚矣。前此若商文毅辂、彭文宪时亦有可观，若曾公棨、曹公鼐之才，刘公俨、任公亨泰之介，张公显宗、许公观之节，皆无忝大科。其它则碌碌无述焉。若彭公教则夺于寿，曾公彦则限于年矣。

（明）焦竑《玉堂丛语》卷六·科目 我朝状元，以直谏而被谪者三人，罗伦、张昇、舒芬也。罗伦论李文达夺情起复，张昇论刘吉，舒芬谏武宗南巡。此三人者，直可谓不负大科矣。

（明）沈德符《万历野获编》卷十六·科场·畿元取乡人 顺天乡试，大抵取南士为解元，盖以胄监多才，北人不敌。间取一二北士，多不惬众论，其推服者，仅今上丙子魏允中一人耳。顷乙卯科，给事中刘文炳，真定人也，为其乡人不平，请取北人为解者，谓燕赵乃至尊丰镐，不当使他方人得之。上允其议，且定为永制。时首揆方中涵，京师人，亦欲私其桑梓也，窃以故元用蒙古人为状元，而中华人次之，此陋俗何足效。善乎世宗之言曰："天下皆是我秀才，何云冒籍?"圣哉!

（清）查继佐《罪惟录》·志卷十八·科举志·科举志总论 考历朝元魁及文章知名，咸能建奇勋，树劲节，千古不没，盖以副高皇帝崇儒好道之意，非偶然也。

（清）姜绍书《韵石斋笔谈》卷上·名贤著述 昭代藏书之家，亦时聚时散，不能悉考。就其著述之富者，可以类推，时则有……吴文定宽……杨升庵慎……焦澹园竑……文湛持震孟……以上诸公皆当世名儒，翱翔艺苑，含英咀华，尚论千古。其所储典籍，纵未必有张茂先之三十乘，金楼子之八万卷，然学海词源，博综有自，亦可见其插架之多矣。

（清）倪涛《六艺之一录》卷三百六十三·屠隆书家评 国朝书家当以祝允明为上，今之人不啻家临池而人染翰，然无敢与希哲抗衡也。

文征仲以法胜，王履吉以韵胜，然文之书画，有亲藩中贵及外国人虽遗以隋珠赵璧而欲购片纸只字，平生必不肯应，此文之名益重于世。宋仲温、仲珩当与王文并驾之，四子者亚于祝者也。

陆深、沈度、徐元玉、李应祯、吴宽五人，其又次者也。

……胡文穆、曾棨……杨慎、罗洪先……其又次者也。

专　书

（明）沈一贯《序〈状元图考〉》　于都休哉！章缝士一旦对策天子明廷，六字亲题，裒然举首，绕殿者雷，利见者龙，被身若天孙之锦，祥云烂为五色，仙驺分自日边，时则群英大贤推其前，骤上公硕辅，隆其神仪，远裔穷陬，新其姓字，岂不亦荣耀无两也哉！……意者天有特钟，运有特盛，山川有特胜，乃产此人中之龙乎？不佞适睹千佛名经而卒业焉，见有黄舆结孕者，见有宅兆毓灵者，见有命造殊尤者，见有梦寐预占、古谶征应者，见有星躔示象而人合天符者。总之，事属前定，不由人力也。古来制科非一代，占龙头非一人，第表表赫赫者若而人矣，泯泯没没者亦若而人矣。将望名传而所占名者不尽传也，岂其人能传其名，而望名终不能传其人耶？罗一峰氏有言曰："吾十年方去得状元二字。"夫状元也，未得而胸中有之，既得而胸中无之，是足以为状元矣！是空其名与望人俱传矣，是足以副圣天子拔异材属龙头之意矣。

（录自［明］顾祖训原编、［明］吴承恩增补、［清］陈枚续补《状元图考》卷首）

（明）吴承恩《〈状元图考〉凡例》　一、兹考也，原本昆山顾氏，兼博采京省诸刻，诠订鲁鱼，付之杀青，庶几可称全集。

一、顾氏旧刻，止于隆庆辛未，坊刻万历十一科者又略而未详，兹会集诸刻，细加雠校，兼的访今科事实、梦兆增入，试悬国门，可以唤醒尘梦。

一、图者，像也。像也者，象也。象其人，亦象其行。余因梦征校益，兹考得良史黄兆圣氏，以像属，即鼎元诸公始终履历殆难尽摹，而人各绘一事，事各揭其铮铮者，沉思细绘，令当年神采异世如见，盖窥一斑可知全豹矣。且以备绘事之赏鉴。

一、字贵宋体，取其端楷庄严，可垂永久。黄嗣宗氏最擅临池，兹刻盖其手笔，深有宋意。

一、绘与书双美矣，不得良工，徒为灾木。属之剞劂，即歙黄氏诸伯仲，盖雕龙手也。

一、及第诸公诗词多脍炙人口，顾氏旧刻寥寥数首，诸刻亦不过百首。今访之诗家捃摭遗编，校增六十余首，共成一卷。谓颂诗知人尚友者所不废也。其有限于闻见所未及者，不惮旁求，以待后科增刻。

一、状元及第例有谢表，旧刻仅四篇，今仍刊入，以附诗后。

一、顾氏《考》未有总考，而诸刻亦有通考、总考、分考者，盖备载"三及第"、会元姓氏履历。兹并刻卷末，以便考核。

一、士人应试占梦兆者固多，而谈星学者亦不少。顾氏《考》末有《状元命造评注》诸刻，又附"三及第"、会元命造，今并附卷终，庶无遗珠之叹，亦见司命之独异云。

海阳吴承恩君锡父谨识。

（明）吴道南《〈历科廷试状元策〉序》　状元策者，我国家列圣策士之雄谟，诸先达自献之羔雉也。历科以来，清问昭垂，如纶如綍；条答具在，胪列丝分，累牍连篇，千端万绪，若籍籍乎靡一总之。诸先达披沥阙廷，符券明旨，钜可黼黻乎庙谟，细可斧藻乎几务者也。普天薄海，望而知其为经世石书矣。吾辈可须臾去此帙哉？曩金陵唐氏演次成帙，付之剞氏，传布域中，已非一日。余三复卒业领其謦款，亦非一日。然犹嫌近科二三策之未备，顷陪对公车，谬次弱侯。甫后间尝偕弱侯甫取旧本一审订之，复取科二三策而补葺之，洋洋洒洒，庶几称一代完策云。盖无令后之业是编者，复如吴生向抱遗珠之憾也。是为序。

（录自［明］焦竑辑、［清］胡任兴增辑《历科廷试状元策》卷首）

（清）黄虞稷《千顷堂书目》卷九·典故类　《明历科殿试录》七十卷，又《历科会试录》七十卷（俱起洪武辛亥，迄崇祯庚辰科）。

黎淳《国朝试录》六百四十卷（辑明成化以前试士之文，丘濬序）。

俞宪《皇明进士登科考》十二卷。

《皇明历科进士考》二十卷。

《皇明贡举考》八卷（南京礼部仪制司郎中隆昌、郭元柱汇辑，鹿邑知县海州张朝瑞同辑。起洪武四年辛亥，迄万历八年庚辰科。）

《明状元考》四卷。

顾祖训《皇明状元图考》五卷。

张弘道《皇明三元考》十四卷，又《科名盛事录》七卷。

又　（宋端仪）《高科录》。

又　（雷礼）《明元魁表》。

又　张干《状元纪事》三卷（起宋太祖建隆庚申，至明世宗嘉靖己丑科）。

又，卷三十二·制举类　《明状元策》十二卷。

（清）黄之隽等《江南通志》卷一百九十一·艺文志·史部·职制·明　《明历科殿试录》七十卷，《历科会试录》七十卷，《明贡举考》九卷（俱海州张朝瑞）。

（清）张廷玉等《明史》卷九十七·志第七十三·艺文二·史类·故事类　张朝瑞《皇明贡举考》八卷。《明历科殿试录》十七卷。《历科会试录》七十卷。

又，卷九十九·志第七十五·艺文四·集类·总集类　《明状元策》十二卷（坊刻本）。

（清）曹仁虎等《钦定续通志》卷一百五十八·艺文略·史类第五上·故事·贡举

《明贡举考》九卷（明张朝瑞撰）。

又，卷一百五十九·艺文略·史类第五下·传记·科第 《明三元考》十四卷（明张宏道、张凝道同撰）。

（清）纪昀等《钦定四库全书总目》卷八十三·史部三十九·政书类存目一·《明贡举考》九卷（浙江鲍士恭家藏本） 明张朝瑞编。朝瑞有《忠节录》，已著录。是书专考明代科举之制。首为场屋事例一卷，于沿革之故言之颇详，附以《贡举纪略》，不入卷数。二卷以下则起洪武三年庚戌，迄万历十七年己丑，其目录止于万历癸未，盖丙戌以后又以次而增也。每科载会试考官、试题及所刻程文之目，殿试之榜首尾全录，会试之榜则惟录前五人，乡试之榜则惟录各省第一人，其有名臣硕儒足传于后者，皆附注于制策之末，名姓、籍贯之异同，亦附注焉。其考据颇为详核，惟《贡举纪略》载状元年老年少之类，类乎说部，于体例为未安。第一卷事例之中杂引诸儒之论，至于引桂有三种，红为状元，黄为榜眼，白为探花，以证鼎甲三人名所自起，尤为芜杂矣。

又 《明三元考》十四卷（浙江汪启淑家藏本） 明张宏道、张凝道同撰。宏道字成儒，凝道字明儒，武进人。其书专纪明代乡、会、殿试之得元魁、鼎甲者，或非元魁而后至贵显，及一门科名极盛者，亦咸载焉。始于洪武三年庚戌乡试，终于万历四十七年己未会试，每科具详京、省主试官，大致与张朝瑞书互相出入。

（清）曹仁虎等《钦定续文献通考》卷一百六十八·经籍考·史·故事·明 张朝瑞《明贡举考》九卷。

又 张宏道、张凝道《三元考》十四卷。

洪武四年（1371）辛亥科状元吴伯宗

传　　记

（明）李贤等《明一统志》卷五十四·抚州府·名宦　吴伯宗（金溪人。生而颖悟，十岁通举子业，先达见其文，叹曰："玉光剑气，终不可掩！"洪武四年，廷对擢第一，授礼部员外郎。性刚直不屈，忤胡惟庸，坐谪。未几，召还，累迁国子司业、武英殿大学士。所著有《南宫稿》、《使交集》、《成均稿》、《玉堂稿》。）

（明）项笃寿《今献备遗》卷五·吴伯宗　吴伯宗，金溪人，洪武四年进士第一人。时初开科取士，赐袍笏冠带，擢礼部员外郎，命与学士宋讷同修《大明日历》。胡惟庸方用事，欲人附己，伯宗性刚直不肯下，惟庸恨之。八年，惟庸竟中伯宗。谪居凤阳，论时政，因言惟庸专恣不法，不宜独在中书，辞甚剀切。上得奏，即召之还。十二年，进讲东宫，陈正心诚意之说。明年，改翰林典籍。上制十题命赋，援笔立就，词语峻洁。上曰："伯宗才子。"除太常寺丞，辞。改国子司业，又固辞。忤旨，贬金县学教谕。至，召还翰林检讨。十五年初，设殿阁学士，伯宗为武英殿大学士。十六年冬，坐弟仲宴为三河知县谬荐人，词连伯宗，复为翰林检讨。明年卒。所著有《南宫》、《使交》、《成均》、《玉堂》诸集。

（明）黄佐《南雍志》卷二十二·武英殿大学士吴伯宗传　吴伯宗，名祐，以字行。抚州金溪人，父仪，元乡贡进士，遭乱隐居教子。伯宗十岁通举子业，先达见其文，叹曰："此儿玉光剑气，终不可掩。"洪武庚戌乡荐举首，辛亥中书省会试名在前列。及廷对，高皇帝亲制策问，略曰："古者敷奏以言，明试以功，汉之贤良，宋之制科，得人为盛。今特延子大夫于廷，不知古帝王敬天勤民，其道何由欤？"伯宗条对称旨，擢进士第一人。时初开科取士，得伯宗，高皇帝甚喜，赐袍笏冠服，擢礼部员外郎，命与学士宋讷等同修《日历》。胡惟庸方用事，欲人附己，伯宗性刚直不肯降屈，惟庸每衔之。八年，惟庸中伤以事，谪居凤阳。伯宗上书论时政，因言惟庸专恣不法，不宜独任以事，恐滋久为国大蠹，辞甚剀切。上得其奏，即召还，赐袭衣钞锭。奉使安南，得驯象方物以归献之，除国子助教。十二年，命进讲东宫，首陈正心诚意之说，皇太子嘉纳。明年，改为翰林典籍。御制十题命赋之，伯宗援笔立就，词语俊洁。上嘉其才敏，大加称赏，赐织锦衣。十四年以为太常寺丞，辞不拜。十五年又以为国子司业，掌监事，又固辞不拜。由是忤旨，贬陕西金县教谕。至淮安，召还，以为翰林检讨。未几，拜武英殿大学士。十六年冬，弟仲实为三河知县，荐举不以实，伯宗为所累，复降为翰林检讨。十四年四月乙未，坐文字进不以时，谪云南，卒。伯宗为人温厚详雅，博学能文，然不苟婞阿，故屡获罪咎。所著有《南宫集》、《使交集》、《成均》、《玉堂集》。

（又见于［明］焦竑《国朝献征录》卷十二）

（明）廖道南《殿阁词林记》卷一·殿学·武英殿大学士吴伯宗 吴伯宗，名祐，以字行。抚州金溪人，父仪，元乡贡进士。伯宗生而岐嶷，十岁通举子业，识者奇之，叹曰："此儿玉光剑气，终不可掩。"洪武庚戌乡试、辛亥廷试，俱第一。是时初议开科取士，命国子祭酒魏观、博士孙吾与修撰王僎为读卷官，高皇帝亲制策问，略曰："古者敷奏以言，明试以功，汉之贤良，宋之制举，得人为盛。今特延子大夫于廷，不知古帝王敬天勤民，其道何由？"伯宗条对称旨，上擢为第一，赐袍笏冠服，授承直郎、礼部员外郎，命与学士宋讷等同修《日历》。时丞相胡惟庸专横，伯宗性刚直不屈，惟庸衔之。八年，坐贬凤阳。伯宗上疏论时政，因指斥胡惟庸罪状，"不宜独任以政，恐滋久为国大蠹"，辞甚切直。上览其奏，即召还，赐袭衣钞锭，奉使安南，获驯象方物以归献之，改国子助教。十二年，进讲东宫，首陈正心诚意之学，皇太子嘉纳。明年，改典籍，御试以十题命赋诗，伯宗援笔立就，风格峻绝，上大称赏，赐织金锦衣。十四年，迁太常丞，不拜。十五年，又以为国子司业，又不拜。忤旨，贬陕西金县教谕。行至淮，召还，以为检讨，拜武英殿大学士。十六年冬，至弟仲晏为三河令，荐举不以实，坐是复降检讨，卒。伯宗为人温厚贞谅而不苟婞婀，故屡获罪。所著有《南宫集》、《使交集》、《成均》、《玉堂》诸稿。

廖道南曰："乔林之枝，风折之残。当衢之兰，物践之伤。若伯宗者，以忤惟庸，竟坐贬斥，其直气劲操，屡折不回。说者以为开科第一人，名德俱称，非耶？"

赞曰："矫矫烈士，大廷之魁。侃侃直节，君子之才。积忤权臣，乃遭奇祸。人亦有言，义不可过。历数往哲，如君几人？谁其继之，一峰罗伦。"

（明）陈鎏《皇明历科状元录》卷一·洪武四年辛亥状元吴伯宗 廷对之士俞友仁等一百二十人，擢吴伯宗第一，赐伯宗等进士及第出身有差。

吴伯宗，名祐，以字行。抚州金溪人，父仪，元乡贡进士。伯宗生而岐嶷，十岁通举子业，识者奇之，叹曰："玉光剑气，终不可掩。"洪武庚戌乡试□□□□，及试大廷，俱第一。是时初开科，高皇帝亲制策问，伯宗条对称旨，擢为第一，赐袍笏冠服，授承直郎、礼部员外郎，命与学士宋讷等同修《日历》。时丞相胡惟庸专横，伯宗性刚直不屈，惟庸衔之，贬凤阳。伯宗上疏论时政，因指斥胡惟庸罪状，“不宜独任以政，恐滋久为国大蠹”，辞甚切直。上览其奏，即召还，赐袭衣钞锭，奉使安南，获驯象方物以归献之，改国子助教。十二年，进讲东宫，首陈正心诚意之学，皇太子嘉纳。明年，改典籍，御试以十题命赋诗，伯宗援笔立就，风格峻洁，上大称赏，赐织金锦衣。十四年，迁太常丞，不拜。十五年，又以为国子司业，又不拜。忤旨，贬陕西金县教谕。行至淮，召还，以为检讨，拜武英殿大学士。十二年，以弟仲宴为三河令，荐举不以实，坐降检讨，卒。伯宗为人温厚贞谅而不苟婞婀，故屡获罪。其直气劲操，屡折不回。说者以为开科第一人，名德俱称。所著有《荣进集》、《南宫集》、《使交集》、《成均》、《玉堂》诸稿。廖道南赞曰：

“矫矫烈士，大廷之魁。侃侃直节，君子之才。积忤权臣，乃遭奇祸。人亦有言，义不可过。历数往哲，如君几人？谁其继之，一峰罗伦。”

俞宪《登科考》云：洪武六年罢科举，专用辟荐，其目有经明行修，有怀才抱德，有贤良方正，有人材，有孝廉，群举于朝，而各省贡士皆令卒业太学，以次除用，盖罢进士之科者十有三年而复举之。

（明）雷礼《国朝列卿纪》卷七·开国侍臣殿阁大学士行实·吴伯宗 （编者按，与《殿阁词林记》“武英殿大学士吴伯宗”条基本相同。略。）

（明）林之盛《皇明应谥名臣备考录》卷十·文章名臣·大学士吴伯宗 （编者按，与《殿阁词林记》“武英殿大学士吴伯宗”条基本相同。首句吴伯宗之名写作“祐”。略。）

（明）邓球《皇明泳化类编》·人物·吴伯宗 （编者按，与《殿阁词林记》“武英殿大学士吴伯宗”条基本相同。首句吴伯宗之名写作“祐”。略。）

（明）尹守衡《明史窃》卷三十七·列传第十五·吴伯宗 吴伯宗，名祐，金溪人也。伯宗十岁即通举子业，有先达见其文，叹曰：“此儿玉光剑气，终不可掩。”洪武四年，首开取士科，士就廷试，高皇帝亲策问曰：“古者敷奏以言，明试以功，汉之贤良，宋之制科，得人为盛。今特延子大夫于廷，不知古帝王敬天勤民，其道何由？”是时伯宗已举乡试，为第一人，联隽中书省，于是廷对复称旨，上遂擢为进士第一人，赐袍笏靴带，特宠荣之，授礼部员外郎，命与学士宋濂同修《大明日历》。时丞相胡惟庸方用事，伯宗不肯相屈下，惟庸遂坐以他事中伤之，谪居凤阳。八年，伯宗上疏论时政，因及惟庸颛恣不法，不宜独在中书，恐滋久为国大蠹。上览奏，即召伯宗还朝，仍赐之衣钞。奉使安南归，为国子助教。进讲东宫，首陈正心诚意之学。明年，改翰林典籍。上闲喜吟咏，尝制十题命伯宗赋之，援笔立就，上喜，称“才子”，赐织金锦衣，每赓和其诗，见御集中。十四年除太常丞，辞。明年改国子司业，又固辞。由是忤旨，谪陕西教谕。及淮，召还为检讨。是年命为武英殿大学士。十六年，伯宗弟仲实为三河知县，谬荐人，连伯宗，复降检讨。十七年，进文字不以时，谪云南，卒。

（明）顾祖训原编、（明）吴承恩增补、（清）陈枚续补《状元图考》卷一·状元吴伯宗　洪武四年辛亥，廷对之士俞友仁等一百二十人，擢吴伯宗第一，赐伯宗等进士及第出身有差。

按，吴伯宗字，名祐。江西金溪人，父仪，元乡贡进士。伯宗生而岐嶷，十岁通举子业，识者奇之，叹曰："玉光剑气，终不可掩。"洪武庚戌乡试及殿试俱第一。是时初开科，高皇帝亲制策问，伯宗条对称旨，赐袍笏冠服，授承直郎、礼部员外郎，第二、第三授承事郎，二、三甲同。

《登科考》：洪武六年罢科举，专用辟荐，其目有经明行修，有怀才抱德，有贤良方正，有人材，有孝廉，群举于朝，而各省贡士皆令卒业太学，以次除用，盖罢进士之科者十有二年而复举之。是科，高丽国人试者三人，惟金涛登第，授东昌府安丘县丞，寻以不通华言请还本国，诏给道里费，遣之。《登科录》止刻策一篇。

（明）俞汝楫《礼部志稿》卷五十七·列传·郎署·吴伯宗　吴伯宗，抚州金溪人。洪武四年进士第一。时初开科，取士得伯宗，上甚喜，赐袍笏冠服，擢礼部员外郎，命与学士宋濂等同修日历。胡惟庸方用事，欲人附己，伯宗性刚直，不肯与之相降屈，惟庸每衔之。八年竟坐忤庸，庸中伤以事，谪居凤阳。伯宗上书论时政，因言惟庸专恣不法，不宜独任以事，恐久为国患，词甚剀切。上得其言，即召还，赐袭衣钞锭。奉使安南，得驯象方物以归，除国子助教。十二年命进讲东宫，首陈正心诚意之说，皇太子嘉纳之。明年改为翰林典籍，御制十题命赋之，伯宗援笔立就，词语峻洁，上嘉其才敏，赐织金锦衣。十四年除太常寺丞，辞不拜。十五年除国子司业，复固辞。由是忤旨，贬陕西金县教谕，至淮安召还，除翰林检讨，未几拜武英殿大学士。十六年冬，坐弟仲实为三河知县荐举不以实，伯宗为所累，复降为翰林检讨，十七年卒。伯宗为人温厚详雅，博学能文章，所著有《南宫集》、《使交集》、《成均》、《玉堂》等集。

（清）钱谦益《列朝诗集小传》甲集卷十四·吴殿学伯宗　伯宗，名佑，以字行，金溪人。洪武辛亥初开科，高皇帝亲制策问，擢为第一，授礼部员外郎。十四年，拜武英殿大学士。是冬，降简讨①。

（清）傅维麟《明书》卷一百十六·列传四·名臣传一·吴伯宗传　吴伯宗，本名祐，以字行。金溪人。父仪，字明善，元季乡荐，世称"东吴先生"，讲学授徒，多所

---

① 简讨：原文如此。同"检讨"。下同。

成就，尤深于《春秋》，著《稗传》、《类编》、《五伦辨义》三书，辞深密。尝言世有杨子云，其将好之矣。壬辰寇起，集乡党自保。入明，其太守聘起之，力辞，卒。伯宗十岁能文，先达见者叹曰："此儿玉光剑气，终不可掩。"举洪武庚戌乡试第一，府判官王巘梦城中迎状元，告人曰："必吴子也。"明年辛亥中会试，及廷对，太祖亲制策问，询以古帝王敬天勤民之道。伯宗条答称旨，果擢第一人。时初开科取士，伯宗仪观俨恪，应对明辨，上甚喜，赐袍笏冠带，授承直郎、礼部员外郎，与学士宋讷同修《日历》。时胡惟庸方用事，罗致庭臣入其党。伯宗亢直不为屈，惟庸中以事，谪居凤阳。上书论时政，并言惟庸专恣，不可独任。上得奏，即召还。使安南，得方物以献，为国子助教。十二年，进讲东宫，首陈正心诚意之说，皇太子嘉纳。明年，改翰林典籍。御制十题命赋之，立就，词语峻洁，上常称曰"才子也"，赐织锦衣。升太常寺丞，转国子司业，皆辞不拜。忤旨，贬金县教谕。至淮安，复召还为检讨。壬戌拜武英殿大学士。十六年，以弟仲宴为三河知县荐举不实，坐累，复降检讨。十七年，坐文字进不以时，谪云南，卒。伯宗博学能文，详雅不苟合，屡获谴，无所悔。著有《南宫》、《使交》、《成均》、《玉堂》诸集。

史官曰：明以制科取士，士亦以此自重，故得人于斯为盛。凌彝至于季世，而采春华，忘秋实。为王、杨、卢、骆者，多不称其行。制科遂为天下诟。吴伯宗，制科初开第一人也，惊才绝学，不呈身权相，首陈正心诚意之说，其树立何如哉？予故表而出之，为取士权舆云。

（清）徐开任《明名臣言行录》卷四·大学士吴公伯宗　名祐，以字行。江西金溪人。洪武四年辛亥开科进士廷对第一，官至武英殿大学士。公生而岐嶷，十岁通举子业，识者奇之，叹曰："此儿玉光剑气，终不可掩。"洪武庚戌乡试、辛亥廷试俱第一。是时初开科取士，高皇亲制策问，询以古帝王敬天勤民之道。公条答称旨，擢第一人，赐袍笏冠服，授承直郎、礼部员外郎，与学士宋讷同修《日历》。胡惟庸方用事，欲人附己。公性刚直，不肯相屈下，惟庸恨之。八年，惟庸竟中伤公，谪居凤阳。公上书论时政，因言惟庸专恣不法，不宜独在中书，恐久之为国患，辞甚剀切。上得奏，即召公还，赐衣钞，使安南，归为国子助教。十二年，进讲东宫，首陈正心诚意之说，皇太子嘉纳。明年，改翰林典籍，御制十题命赋，立就，风格峻洁，上大称赏曰："才子也。"赐织锦衣。十四年升太常寺丞，明年为国子司业，皆辞不拜。忤旨，贬金县教谕。至淮安，召还为简讨。壬戌初设殿阁学士，以为武英殿大学士。十六年，弟仲宴为三河知县，荐举不实，公为所累，复降简讨。十七年，坐文字进不以时，谪云南，卒。公温厚详雅，博学能文，性不苟合，屡获谴，无所悔。所著有《南宫》、《使交》、《成均》、《玉堂》诸集。

（清）徐乾学等《明史》卷十二·吴伯宗　吴伯宗，名祐，以字行，金溪人。洪武三年庚戌乡荐举首。明年辛亥，廷对擢进士第一。时开科之始，得伯宗帝甚喜，赐冠带袍笏，授礼部员外郎，与修《大明日历》。胡惟庸用事，欲人附己，伯宗性刚直，不肯相屈下。惟庸衔之，中伤以事，谪居凤阳。伯宗上书论时政，因言惟庸专恣不法，不宜独任以事，久之必为国患。辞甚剀切。帝得奏，召还，赐衣钞。奉使安南，得驯象方物以献，除国子助教，命进讲东宫，首陈正心诚意之说。改翰林典籍。帝制十题命赋，援笔立就，词旨峻洁，帝称为“才子”，赐织金锦衣。除太常寺丞，辞。改国子司业，又辞。忤旨，贬金县教谕。至淮安，召还为翰林检讨。十五年进武英殿大学士。明年冬，坐弟仲实为三河知县荐举不实，词连伯宗，降检讨。伯宗温厚详雅，不苟媕阿，故屡获谴。逾年，卒于官。

（清）王鸿绪《明史稿》卷一百二十五·列传第二十·吴伯宗 吴伯宗，名祐，以字行，金溪人。洪武三年庚戌乡荐举首。明年辛亥，廷对擢进士第一。时开科之始，得伯宗帝甚喜，赐冠带袍笏，授礼部员外郎，与修《大明日历》。胡惟庸用事，欲人附己，伯宗性刚直，不肯相屈下。惟庸衔之，中伤以事，谪居凤阳。伯宗上书论时政，因言惟庸专恣不法，不宜独任以事，久之必为国患。辞甚剀切。帝得奏，召还，赐衣钞。奉使安南，得驯象方物以献，除国子助教，命进讲东宫，首陈正心诚意之说。改翰林典籍。帝制十题命赋，援笔立就，词旨峻洁，帝称为“才子”，赐织金锦衣。除太常寺丞，辞。改国子司业，又辞。忤旨，贬金县教谕。至淮安，召还为翰林检讨。十五年进武英殿大学士。明年冬，坐弟仲实为三河知县荐举不实，词连伯宗，降检讨。伯宗温厚详雅，不苟媕阿，故屡获谴。逾年，卒于官。

（清）陶成等《江西通志》卷八十一·人物十六·抚州府二·明·吴伯宗传 吴伯宗，名祐，以字行，金溪人。洪武庚戌乡荐举首。辛亥廷对，擢进士第一。时开科之始，得伯宗帝甚喜，赐冠带袍笏，授礼部员外郎，与修《大明日历》。胡惟庸用事，欲人附己，伯宗性刚直，不肯相下。惟庸衔之，谪居凤阳。伯宗上书论时政，因言惟庸专恣不法，辞甚剀切。帝得奏，召还。奉使安南，得驯象方物以献，除国子助教，改翰林典籍。帝制十题命赋，援笔立就，词旨峻洁，帝称曰“才子”，赐织金锦衣。除太常寺丞，辞。改国子司业，又辞。忤旨，贬泾县教谕。至淮安，召还为翰林检讨。十五年，进武英殿大学士。坐弟仲实为三河知县荐举不实，词连伯宗，降检讨。逾年，卒于官。所著有《南宫》、《使交》、《成均》、《玉堂》四集。（《列卿录》）

（清）张廷玉等《明史》卷一百三十七·列传第二十五·吴伯宗 吴伯宗，名祐，以字行，金溪人。洪武四年，廷试第一。时开科之始，帝亲制策问。得伯宗甚喜，赐冠带袍笏，授礼部员外郎，与修《大明日历》。胡惟庸用事，欲人附己，伯宗不为屈。惟庸衔之，坐事谪居凤阳。上书论时政，因言惟庸专恣不法，不宜独任，久之必为国患。辞甚恺切。帝得奏，召还，赐衣钞。奉使安南，称旨。除国子助教，命进讲东宫，首陈正心诚意之说。改翰林典籍。帝制十题命赋，援笔立就，词旨雅洁，赐织金锦衣。除太常司丞，辞。改国子司业，又辞。忤旨，贬金县教谕。未至，诏还为翰林检讨。十五年进武英殿大学士。明年冬，坐弟仲实为三河知县荐举不实，词连伯宗，降检讨。伯宗为人温厚，然内刚，不苟婞阿，故屡踬。逾年，卒于官。伯宗成进士，考试官则宋濂、鲍恂也。

（清）章宗瀛《〈明史〉卷一百三十七考证》 《吴伯宗传》："名祐。"臣章宗瀛按，雷礼《列卿》记载："吴伯宗，名祏。"《开国臣传》亦同。谨附改。

《吴伯宗传》（附《鲍恂传》）："洪武三年，初科举取士，召为同考官。"臣章宗瀛按，《明太祖本纪》：洪武三年五月，始命设科取士。旧本作"四年"，误。谨改。

（清）和珅等《钦定大清一统志》卷二百四十七·抚州府二·名宦 吴伯宗（名祐，以字行，金溪人。父仪博极群书，尤精《春秋》，学者称东吴先生。伯宗洪武初廷对第一，授礼部员外郎，与修《大明日历》。胡惟庸用事，伯宗性刚直，惟庸衔之，中伤以事，谪居凤阳。上书论时政，因言惟庸专恣不法，不宜独任，词甚剀切。帝召还，历翰林典籍。帝制十题命赋，援笔立就，词旨峻洁，帝称才子。后进武英殿大学士，所著有《南宫》、《使交》、《成均》、《玉堂》四集。）

（清）陈田《明诗纪事》甲签卷十二·吴伯宗（一首） 伯宗，名祐，以字行，金溪人。洪武辛亥开科，廷对擢进士第一，授礼部员外郎，与修《日历》。以事谪居凤阳，寻召还。奉使安南归，除国子助教，改翰林典籍。除太常寺丞，辞。改国子司业，又辞。贬金县教谕。召还，为翰林检讨，进武英殿大学士，降检讨。有《南宫》、《使交》、《成均》、《玉堂》集二十四卷。

（明）唐枢《国琛集》上卷·吴伯宗 （存目）

（明）王兆云《皇明词林人物考》卷一·吴伯宗 （存目）

（明）汪国楠《皇明名臣言行录新编》卷二十八·大学士吴伯宗 （存目）

（清）查继佐《罪惟录》·列传卷八中·启运诸臣列传·吴伯宗 （存目）

（清）阎湘蕙《明鼎甲征信录》卷一·吴伯宗 （存目）

科　第

（一）乡试

（明）张朝瑞《皇明贡举考》卷二·（庚戌）**洪武三年京畿十一省乡试·解元** 江西吴伯宗（金溪县，辛亥状元，《书》）。

（明）张弘道、张凝道《皇明三元考》卷一·洪武三年庚戌科乡试解元 江西吴伯宗（金溪人。名祏，以字行。治《书》。生而岐嶷。十岁通举子业，识者奇之曰："玉光剑气，终不可掩。"辛亥状元及第。授礼部员外郎。性刚直不屈，忤胡惟庸，坐谪。未几，召还，累迁国子监司业，兼武英殿大学士，不预阁务。寻降检讨。所著有《南宫集》、《使交集》、《成均玉堂》诸稿。父仪元，乡贡进士。弟仲实，三河知县）。

（清）陶成等《江西通志》卷五十二·选举四·明洪武三年庚戌乡试 吴伯宗，金溪人，解元。

又，卷八十八·人物二十三·饶州府二·明·蔡深 己酉，江西设科举，藩省礼致，司文衡。得临川吴伯宗，发解廷对，状元及第。人咸服其识鉴。（《人物志》）

（清）张廷玉等《明史》卷七十·志第四十六·选举二 初，太祖起事，首罗贤才。吴元年设文武二科取士之令，使有司劝谕民间秀士及智勇之人，以时勉学，俟开举之岁，充贡京师。洪武三年，诏曰："汉、唐及宋，取士各有定制，然但贵文学而不求德艺之全。前元待士甚优，而权豪势要，每纳奔竞之人，夤缘阿附，辄窃仕禄。其怀材抱道者，耻与并进，甘隐山林而不出。风俗之弊，一至于此。自今年八月始，特设科举，务取经明行修、博通古今、名实相称者。朕将亲策于廷，第其高下而任之以官。使中外文臣皆由科举而进，非科举者毋得与官。"于是京师行省各举乡试：直隶贡额百人，河南、山东、山西、陕西、北平、福建、江西、浙江、湖广皆四十人，广西、广东皆二十五人，才多或不及者，不拘额数。高丽、安南、占城，诏许其国士子于本国乡试，贡赴京师。明年会试，取中一百二十名。帝亲制策问，试于奉天殿，擢吴伯宗第一。午门外张挂黄榜，奉天殿宣谕，赐宴中书省。授伯宗为礼部员外郎，余以次授官有差。

（二）会试、殿试

（明）吴伯宗《荣进集》卷一·御试策 制曰：盖闻古先帝王之观人，莫不敷奏以言，明试以功。汉之贤良，宋之制举，得人为盛。朕自临御以来，屡诏有司搜罗贤俊，然而杰特犹若罕见，故又特延子大夫于庭而亲策之，以庶几于古先帝王之盛节焉。历代之亲策，往往以敬天勤民为务，古先帝王之敬天勤民者，其孰为可法欤？所谓敬天者，果惟于圜丘郊祀之际致其精一者为敬天欤？抑他有其道欤？所谓勤民者，宜莫如自朝至于日中昃不遑暇食者矣，其所以不遑暇食者，果何为耶？岂勤于庶事之任耶？自昔而观，宜莫急于明伦厚俗，伦何由而可明，俗何由而可厚耶？三代而下，惟东汉之士俗、赵宋之伦理差少疵议，果何道而致然欤？盖必有可言者矣，宜著于篇，毋泛毋略。

臣谨对：臣闻，古先帝王之治天下，莫不以敬天勤民为务，以明伦厚俗为急。故汲汲于求贤者，凡以为此也。钦惟陛下进臣等于廷，策臣以古先帝王之务。臣愚昧，何所通晓？然叨奉大对，敢不竭心尽知，上答圣问之万一乎？谨俯伏以对。

臣伏读制策曰："盖谓古先帝王之观人，莫不敷奏以言，明试以功。汉之贤良，宋之制举，得人为盛。朕自临御以来，屡诏有司搜罗贤俊，然而杰特犹若罕见，故又详延士大夫于廷而亲策之，足以庶几于古先帝王之盛节焉。"而臣有以见陛下求贤之切也。臣闻，言者心之声也，人藏其心，不可测度，即其言之得失，而心之邪正可见。然言之匪难，而行之惟难，固有能言而行不逮者矣。是以古先帝王之观人，必敷奏以言而观其蕴，明试以功而考其成，然后有以得夫贤才之实焉。三代而后，若汉若宋，其取人之法，有贤良制举，是有得于奏言试功之遗意。故在汉之时，若董仲舒天人三策，蔚为醇儒。而宋之诸儒，仿佛三代，尤为得人之盛，良以此也。钦惟陛下以神武定区宇，以文德绥太平，屡降德音，广求贤俊，而又设科目为取士之方，详延草茅之士，亲策于廷。陛下求贤之心，可谓切矣，将见必有杰特之士出而为邦家之用，而臣则不足以及此也。

伏读制策曰："历代之亲策，往往以敬天勤民为务。古先帝王之敬天勤民者，其孰可为法欤？所谓敬天者，果惟于圜丘祭祀之际致其精一者为敬天欤？抑它有其道欤？所谓勤民者，宜必如自朝至于日昃，不遑暇食者矣。其所以不遑暇食者，果何为耶？岂勤于庶事之任耶？"臣有以见陛下深知为君之道，而后有此言也。臣闻帝者莫盛于尧舜，王者莫盛于禹汤文武，稽之于经，若尧之钦明文思，舜之温恭允塞，兢兢业业而戒饬于时几，同寅协恭而懋勉于政事，此唐尧虞舜之敬天勤民者也。陛下能法尧舜，则陛下即尧舜矣。敬德以先天下，祗肃以顾諟天之明命，克勤克俭而尽力乎沟洫，昧爽丕显而子惠乎困穷，此夏禹商汤之敬天勤民者也。陛下能法禹汤，则陛下即禹汤矣。小心翼翼而视民如伤，敬事上帝而作民父母，此文武之敬天勤民者也。陛下能法文武，则陛下即文武矣。夫古先帝王之可为法者，孰有过于尧舜禹汤文武者乎？臣闻天生民而立之君，使司而牧之，君所以代天理民者也。古之帝王审知乎此，故位曰天位，职曰天职，禄曰天禄，民曰天民，无一事不本于天，亦无一事不存乎敬。敦典庸礼，君之所以为教也，而必推之天序天秩焉，是敬天之心见于施教者然也。命德讨罪，君之所以为政也，而必归之于天命天讨焉，是敬天之心形于施政者然也。一动一静，常若有天在前，一语一默，常若有天在中。以至天工之不敢废，天职之不敢旷，何往而非敬天之事哉！若夫圜丘郊祀之际以致其精一，是特敬天之一事，固不专在于是也。

制策谓"抑它有其道"，可谓深达敬天之道矣。非陛下敬天之至，何以及此？臣闻民本有饥食渴饮之欲，不能以自治，必赖君有以养之。有秉彝好德之性，不能以自遂，必赖君有以教之。君人者，兼君师之任者也。是以古之帝王审知乎此，既为之制其田里，教之树畜，使有以安其生，而设为庠序之教，申之以孝悌之义，使民有以遂其性。如文王之自朝至于日昃，不遑暇食者，凡以此而已，故曰即康功田功。康功者，安民之功，而田功者，养民之功也。又曰"怀保小民"，曰"惠鲜鳏寡"，盖欲使天下之民无一不得其安，无一不得其养而后已也。圣人之道一也，观文王不遑暇食如此，则尧舜禹汤周武之心从可知矣。臣闻人主能以一心总天下之万机，不能以一身兼天下之众职。古帝王之勤民者，非事事而亲之，要在责成臣下而已。故曰"劳于求才，逸于任贤"，此之谓也。钦惟陛下奉天承运，抚临亿兆，严恭寅畏，无顷刻不在于天，宵衣旰食，无顷刻不在于民。孜孜勉勉，励精图治之心，即尧舜禹汤文武之心也。而制策犹以古先帝王之孰为可法为问，臣有以知陛下不自满足之心也。臣愿陛下常存此心而不已焉，则唐虞三代之盛，岂能及哉！

臣伏读制策曰："自昔而观，宜莫急于明伦厚俗。伦何由而可明，俗何由而可厚耶？三代而下，惟东汉之士俗、赵宋之伦理差少疵议，果何道致然欤？盖必有可言者矣。宜著于篇，毋泛毋略。"臣闻自昔帝王之为治，莫急于明人伦、厚风俗，而人伦之所明，风俗之所厚者，皆由于崇学校以兴教化而已。盖教化行而人心正，则伦理明而风俗厚，此必然之理也。唐虞三代，无以议为矣。若东汉之士俗，赵宋之伦理，卓然于三代之后，岂无其道而致然哉？臣闻汉光武初定天下，首访求山林遗逸之士。明帝尊师重傅，临雍拜老，宗戚子弟莫不受学。是以养成一代人心风俗，皆知崇尚节义，耻于奔竞。此汉之士俗所以为美者，以有其教化也。臣闻宋太祖即位之后，偃息兵革，崇尚文治，虽疆宇之广不及汉唐，而教化之美几及三代。当时人君无不学，而所用无非儒，是以天下翕然以道学为事。又有濂洛诸儒出而接夫道统之传，以为学者之宗，斯宋之伦理所以为美者，亦以其有教化也。方今上自皇都，下逮府州若县，亦既莫不有学，而陛下又躬行于上，日召儒臣讲求治道，固已论之精而行之当矣。制策称以伦何由而可明、俗何由而可厚为问，臣以谓明伦厚俗，惟在于崇学校以兴教化也。臣愿陛下益重教官之选，严守令之责，使居学校者果能如胡安定之教于苏湖，居府县者果能为文翁之化于蜀郡，则人伦不患其不明，士俗不患其不厚，而唐虞三代之治，无以异矣，又岂汉宋之可拟伦也哉！

臣愚不足以奉大对，谨竭其一得之愚，惟陛下裁择。

（明）廖道南《殿阁词林记》卷六·馆学·侍读学士拜祭酒魏观　（洪武）四年廷试进士，观与博士孙吾与、修撰王僎为读卷官，乃得吴伯宗等一百二十人。时开科之始，得人最盛，而伯宗卒为名臣。人以此多观之识。

（明）陆容《菽园杂记》卷一　近见洪武四年《御试录》，总提调：中书省官二人。读卷官：祭酒、博士、给事中、修撰各一人。监试官：御史二人。掌卷、受卷、弥封官，各主事一人。对读官：司丞、编修二人。搜检怀挟、监门、巡绰，所镇抚各一人。礼部提调官：尚书二人。次御试策题。又次恩荣次第云。洪武四年二月十九日廷试。二十日，午门外唱名，张挂黄榜，奉天殿钦听宣谕。同日，除授职名，于奉天门谢恩。二十二日，锡宴于中书省。二十三日，国子学谒先圣，行释菜礼。第一甲三名，赐进士及第。第一名授员外郎，第二名、第三名授主事。第二甲一十七名，赐进士出身，俱授主事。第三甲一百名，赐同进士出身，俱授县丞。姓名下籍状与今式同，国初制度简略如此。

（明）佚名《皇明本纪》 （洪武四年）二月甲戌，上策试举人，赐进士吴伯宗以下一百人及第出身有差。

（明）张朝瑞《皇明贡举考》卷二·（辛亥）**洪武四年会试** 中式举人一百二十名：俞友仁，浙江仁和县人，《易》。林信孚，福建怀安县人，《书》。杨自立，江西泰各县人，《春秋》。杜濬，江西泰和县人，《诗》。时执亮，山东东阿县人，《礼记》。此五人俱见后甲第中。以明经之首，故特书之，后各科同。

二月十九日，上御奉天殿策试天下贡士，制曰：盖闻古先帝王之观人，莫不敷奏以言，明试以功，汉之贤良，宋之制举，得人为盛。朕自临御以来，屡诏有司搜罗贤俊，然而杰特犹若罕见，故又特延子大夫于庭而亲策之，以庶几于古先帝王之盛节焉。历代之亲策，往往以敬天勤民为务，古先帝王之敬天勤民者，其孰为可法欤？所谓敬天者，果惟于圜丘郊祀之际致其精一者为敬天欤？抑他有其道欤？所谓勤民者，宜莫如自朝至于日中昃不遑暇食者矣，其所以不遑暇食者，果何为耶？岂勤于庶事之任耶？自昔而观，宜莫急于明伦厚俗，伦何由而可明，俗何由而可厚耶？三代而下，惟东汉之士俗、赵宋之伦理差少疵议，果何道而致然欤？盖必有可言者矣，宜著于篇，毋泛毋略。

（时廷对之士一百二十人，赐吴伯宗等进士及第出身有差，赐伯宗袍笏冠带。后伯宗上疏时政，斥胡惟庸罪状，进讲东宫，首陈正心诚意之学。上制十题命赋，伯宗援笔立就，辞语峻洁。上曰："伯宗才子。"赐织金锦衣。伯宗温淳贞谅而不苟婞婟，屡折而不回，说者以开科第一人名德俱称云。所著有《南宫集》、《使交集》、《成均》、《玉堂》诸集，官至武英殿大学士。是科伯宗为名臣，□砥有名。）

第一甲三名赐进士及第（第一名授礼部员外郎，第二名授吏部主事，第三名授户部主事）：吴伯宗，江西金溪县。郭翀，山西壶关县。吴公达，浙江丽水县。

（明）张弘道、张凝道《皇明三元考》卷一·洪武四年辛亥科大魁 状元吴伯宗（庚戌江西解元）。

又 解元中式：……吴伯宗（浙江）。

名臣：吴伯宗。

（明）张弘道、张凝道《科名盛事录》卷一·元魁盛事·两中元魁 金溪吴伯宗，洪武庚戌解元，辛亥状元。

（清）查继佐《罪惟录》·志卷十八·科举志 （洪武）四年辛亥二月，合诸省共会试。有知贡举、主文、同考、掌卷、提调、印卷、受卷、弥封、誊录、对读等官。凡前学士、前贡士皆预。就试一百八十九人，中式俞友仁等一百二十人。九月始殿试，有总提调、提调、读卷、监试、掌卷、受卷、弥封、对读等官。赐吴伯宗、郭翀、吴公达等及第出身有差。初拟翀第一，貌寝，改伯宗。伯宗名祐，以字行，庚戌解元。其府判王瀫梦乡解当复为状头，果然。授员外郎。余及出身主事，同出身县丞。

（清）陶成等《江西通志》卷五十二·选举四·明洪武四年辛亥吴伯宗榜 吴伯宗（金溪人，名祐，状元）。

又，卷一百六十一·杂记三 按，杨太史《丹铅录》又云："国朝《登科录》自洪武四年始。"盖开科之首也，大魁吴伯宗。（《河上楮谈》）

（清）张廷玉等《明史》卷二·本纪第二·太祖二 （洪武四年）三月乙酉朔，始策试天下贡士，赐吴伯宗等进士及第出身有差。

又，卷一百三十六·列传第二十四·陶凯 凯独任，定科举式。明年会试，以凯充主考官，取吴伯宗等百二十人程文进御，凯序其首简，遂为定例。

（清）章宗瀛《〈明史〉卷一百四十考证》 《魏观传》："五年，廷臣荐观才，出知苏州。"臣章宗瀛按，《明书》云："洪武四年，廷试进士，观为读卷官，得吴伯宗。"开科之始，得人最盛，史略其事，谨附识。

（清）舒赫德等《御定资治通鉴纲目三编》卷一 （洪武四年）三月，策试天下贡士，赐吴伯宗等进士及第出身有差。（乙酉朔，策贡士于奉天殿，登第者百二十人。赐吴伯宗等三名进士及第，二甲十七人赐进士出身，三甲百人赐同进士出身。伯宗授礼部员外郎。高丽入试者三人，惟金涛登第。）质实（此廷试始。吴伯宗，名祐，以字行，金溪人。）

仕　宦

（明）黄佐《翰林记》卷二·殿阁大学士 洪武十五年十二月戊午，仿宋制，置殿阁学士，以……检讨吴伯宗为武英殿大学士。

又，卷三·荐举 （洪武十三年五月）典籍吴伯宗荐儒士宋季子，皆降敕召之。

又，卷十三·修书 （洪武）十四年五月朔，编修吴沉、典籍刘仲质、吴伯宗进《千家姓》，凡为姓一千九百六十有八。

（明）廖道南《殿阁词林记》卷九·殿阁 洪武十五年十一月戊午，仿宋制，置殿阁学士，以礼部尚书刘仲质为华盖殿大学士、翰林院学士宋讷为文渊阁大学士、检讨吴伯宗为武英殿大学士、典籍吴沉为东阁大学士。是月辛酉，复命耆儒鲍恂、余诠、张长年为文华殿大学士，皆辞不拜，既而全思诚始拜。

又，卷十三·应制 （洪武十年）十二月，上制十题，命典籍吴伯宗赋之。援笔立就，词语峻洁。上嘉其才敏，赐织金锦衣。

又，卷十七·纂修 国初，纂修皆用山林隐逸之士。洪武《日历》纂修者皆儒士，职官独员外郎吴伯宗一人。

又，卷十八·谪谴 （洪武）十六年，典籍吴伯宗降太常寺丞，不拜。又除国子司业，又辞。忤旨，贬知金县。

又，卷十八·起用 （洪武）十六年，驿召金县知县吴伯宗，除检讨，寻拜武英殿大学士。以荐举失人，出知三河县，复召为检讨。

（明）王世贞《弇山堂别集》卷七·皇明异典述二·大学士非内阁 洪武中，华盖等殿大学士刘仲质、邵质、余思诚、鲍恂、余铨、张长年、吴伯宗、朱善、宋讷、吴沈，其时原无内阁也。若洪熙时，文华殿大学士权谨及陈山教内竖，后皆非内阁臣矣。

又，卷十二·皇明异典述七·更定旧官 洪武末，设华盖、谨身、文华、武英诸殿、文渊阁、东阁大学士，俱正五品。华盖以刘仲质、邵质，文华以全思诚、鲍恂、余铨、张长年，武英以吴伯宗，文渊以朱善、宋讷，东阁以吴沈为之，而无所领，惟从容备顾问而已。

又，卷四十五·殿阁大学士未预阁务者 吴伯宗，江西金溪人，洪武辛亥状元。十五年，任武英殿大学士，十六年，降检讨。

又，卷八十一·科试考一 是岁，取中俞友仁等。廷试，赐吴伯宗、郭翀、吴公达俱及第。状元授员外郎，余及出身俱授主事，同出身授县丞。会元亦授县丞。高丽生人试者三人，唯金涛登三甲第五，授东昌府安丘县丞，余皆不第，三人俱以不通华言请还本国，诏厚给道里费，遣舟送之。涛寻为其国相。儒籍中者六十三人。

（清）孙承泽《春明梦余录》卷四十一·礼部三·贡院 洪武辛亥，状元授员外郎，及第出身俱授主事，同出身授县丞，会元亦授县丞。金涛系高丽人，在三甲第五名，后归国为相。

（清）查继佐《罪惟录》·志卷十九·直阁志·太祖 吴伯宗（佑仪，金溪人。由首解、状元、检讨，进武英殿大学士。谪谥文庄）。

（清）陶成等《江西通志》卷一百六十二·杂记补 洪武四年，廷对之士俞友仁等百二十人。擢江西吴伯宗第一，授礼部员外郎；第二山西郭翀，授吏部主事；第三浙江吴公达，授户部主事；二甲十七名，授刑部主事；三甲一百名，俱授县丞，无一人入翰林者。至洪武十八年，一甲三人始分授修撰、编修，余点庶吉士，遂为定例。（《登科录》）

（清）张廷玉等《明史》卷三·本纪第三·太祖三 （洪武十五年）十一月戊午，

置殿阁大学士，以邵质、吴伯宗、宋讷、吴沉为之。

又，卷七十二·志第四十八·职官一 （洪武）十五年，仿宋制，置华盖殿、武英殿、文渊阁、东阁诸大学士。（礼部尚书邵质为华盖，检讨吴伯宗为武英，翰林学士宋讷为文渊，典籍吴沉为东阁。）

又，卷三百八·列传第一百九十六·奸臣·胡惟庸 学士吴伯宗劾惟庸，几得危祸。自是，势益炽。

（清）章宗瀛《〈明史〉卷一百三十六考证》 《刘仲质传》："十五年，拜礼部尚书。是年冬，改华盖殿大学士。"臣章宗瀛按，《洪武实录》：是年十一月，始仿宋殿阁之制，置大学士官。同拜命者，宋讷、吴伯宗、吴沉与质，共四人。谨附考。

（清）傅恒等《御批历代通鉴辑览》卷一百·明·太祖皇帝·（洪武十五年）十一月置殿阁大学士 以礼部尚书邵质为华盖殿大学士；翰林学士宋讷为文渊阁大学士；检讨吴伯宗（名祐，以字行，金溪人）为武英殿大学士；典籍吴沉为东阁大学士；又置文华殿大学士，征耆儒鲍恂、余诠等为之，以辅导太子，秩俱正五品。当是时，以翰林春坊详看诸司奏启，兼司平驳。大学十特侍左右，备顾问而已。

著　作

（清）黄虞稷《千顷堂书目》卷十八·别集类·洪武辛亥科（四年） 吴伯宗《南宫》、《使交》、《成均》三集二十卷，又《玉堂稿》四卷（字伯宗，名祐，以字行，金溪人，一甲第一人，武英殿大学士）。

（清）谷应泰《明史纪事本末》卷七十三 （洪武）十五年，命大学士吴伯宗等译《回回历》、《经纬度》天文诸书。

（清）张廷玉等《明史》卷三十一·志第七·历一 （洪武）十五年九月，诏翰林李翀、吴伯宗译回回《历书》。

又，卷三十七·志第十三·历七·回回历法一 回回《历法》，西域默狄纳国王马哈麻所作。其地北极高二十四度半，经度偏西一百零七度，约在云南之西八千余里。其历元用隋开皇己未，即其建国之年也。洪武初，得其书于元都。十五年秋，太祖谓西域推测天象最精，其五星纬度又中国所无，命翰林李翀、吴伯宗同回回大师马沙亦黑等译其书。

又，卷九十九·志第七十五·艺文四·集类三 《吴伯宗集》二十四卷（《南宫》、《使交》、《成均》、《玉堂》，凡四种）。

又，卷一百二十八·列传第十六·宋濂　（洪武）六年七月，（宋濂）迁侍讲学士，知制诰，同修国史，兼赞善大夫。命与詹同、乐韶凤修《日历》，又与吴伯宗等修《宝训》。

又，卷一百三十六·列传第二十四·詹同　（詹同）又以渡江以来，征讨平定之迹，礼乐治道之详，虽有纪载，尚未成书，请编《日历》。帝从之，命同与宋濂为总裁官，吴伯宗等为纂修官。（洪武）七年五月书成，自起兵临濠至洪武六年，共一百卷。同等又言：《日历》秘天府，人不得见。请仿唐《贞观政要》，分辑圣政，宣示天下。帝从之。乃分四十类，凡五卷，名曰《皇明宝训》。嗣后凡有政迹，史官日记录之，随类增入焉。

（清）纪昀等《钦定四库全书总目》卷一百六十九·集部二十二·别集类二十二·《荣进集》四卷（江西巡抚采进本）　明吴伯宗撰。伯宗名佑，以字行，金溪人。洪武辛未进士第一。官至武英殿大学士。后降检讨以终。事迹具《明史》本传。伯宗守正不阿，虽忤时贬谪，不少悔。胡惟庸擅权之日，势焰张甚，独毅然上疏劾之，风节棱棱，殊不可及。所著有《南宫集》、《使交集》、《成均集》，共二十卷，又《玉堂集》四卷，今皆未见。此本中有《奉使安南》、《国学释奠》、《玉堂燕坐》诸诗，疑原集散佚，后人掇拾残剩，合为此编也。一卷冠以廖道南《殿阁词林记小传》一篇，次为乡试、会试、御试卷。二卷、三卷皆诗，而附以赋及诗补遗。四卷为杂文。目录首列序文，而卷首无之，盖传写佚脱。诗文皆雍容典雅，有开国之规模。明一代台阁之体，胚胎于此。其乡试、会试诸篇，可以考见当时取士之制，与文字之式。惟陆深《金台纪闻》称："洪武前三科犹沿元制，用经疑。至二十一年戊辰，始定今三场之制。"而集中所载试卷，乃经义而非经疑，殊不可解。又第三卷有《上问安南事》五言诗，与诸选本所载《日本使臣嗒哩嘛哈答明太祖诏问日本风俗诗》，仅字句小异，未详孰是。然其诗皆夸大日本之词，不应出自伯宗之手，或伯宗后人因其曾使安南，误剿入之欤。今姑仍旧本录之，而记其所疑，以备参考焉。

（清）永瑢等《钦定四库全书简明目录》卷十八·集部六·别集类五（明洪武至崇祯）《荣进集》四卷。

（明吴伯宗撰。伯宗有《南宫》、《使交》、《成均》、《玉堂》四集，今皆未见。此本乃后人所合编。一卷为《殿阁词林记》小传及乡试、会试、御试卷，二卷、三卷为诗赋，四卷为杂文。诗文皆典雅雍容，明一代台阁之体于是滥觞。）

评　论

（明）廖道南《殿阁词林记》卷三·阁学·文渊阁大学士胡广　廖道南曰："国朝

选士，擢冠于廷者，自吴伯宗、任亨泰辈受知皇祖，至广益大。”

（明）李绍文《皇明世说新语》卷五·容止 吴伯宗少时，举止不凡，识者奇之曰：“此儿玉光剑气，殆不可掩。”

（清）张廷玉等《明史》卷一百三十七·列传第二十五·吴伯宗 伯宗之使安南也，以名德为交人所重。其后，襄阳任亨泰亦举洪武二十一年进士第一，以礼部尚书使安南，交人以为荣。前后使安南者，并称“吴、任”云。

（清）纪昀等《钦定四库全书总目》卷一百八十九·集部四十二·总集类四·《经义模范》一卷（浙江鲍士恭家藏本） 考：吴伯宗《荣进集》，亦载其洪武辛亥会试中式之文，是为明之首科，其所作亦与此不相远，知立法之初，惟以明理为主，不以修词相尚矣。

杂　　录

（明）宋濂《文宪集》卷二十二·故东吴先生吴公墓志铭 惟吴氏初自延陵而分，图谱之局废，不能详其爵里世次。五季末有讳嗣者，自广信迁抚之金溪。其诸孙宋含光尉邦基生郇，从象山陆文安公传道德性命之学。郇生福州教授行世，行世生太学进士益，益生乡贡进士饶漕、贡进士可，景定甲子进士名扬，兄弟并以文鸣。可生泰连，泰连生俨仪。仪字明善，世称为东吴先生，自幼以缵承家学为事，鸡初号辄起，秉火挟册而读之。时建昌江公存礼、谢公升孙皆前进士，先生负笈从之游，继登乡先达虞文靖公集之门，于是博极群书，其学绝出于四方。先是，元至正甲申，先生伯兄俨与其子裕同举进士，裕连三荐始擢辛卯进士第，名在第二，冠南士之首。及至丙申，先生暨再从弟立盛又荐于乡。立，饶之孙。盛，名扬之孙也。乡人荣之，指先生之居相语曰：“是家在前朝以明经词赋知名者先后相望，今复如斯，书诗之泽，厥有衍庆。”会海内兵起，先生遂无意北上，下帷讲授，遐迩学徒争奔走其门，先生随其资器孳孳训迪，必使优柔厌饫而后已。凡所敷绎，皆五经奥义，不拘泥于笺记，而大旨自畅。晚尤专心于《春秋》，且谓圣人之经一而诸家异传，大道榛塞，职此之由，乃著三书，曰《禅传》，曰《类编》，曰《五论辨》，辞义严密，多先儒所未言。尝抚卷叹曰：“此书吾积学之所致，后世有扬子云，其将好之矣。”然于文辞尤丰赡有力，下笔之顷，思如涌泉，开阖抑扬，不愆矩度，论者谓“如晴峦出云，气势突兀，不假雕琢，天然成章”。先生则曰：“作文不原于圣经，不关于世教，虽工无益也。”先生涵养既深，造诣益殊，其于律己之功庄悫而端严，隆寒极暑必正衣冠而坐。家人闻其声欬辄肃容而立，不敢妄动。天性笃于孝友，事二亲惟恐违其意。季弟伟早夭，其室周氏方少，子衷仅五岁。先生经营其家，抚衷至成人，周氏得以遂其节。先生为人刚直，自将巽懦者不侮，强御者不畏。或以非理来挠，必峻言折之，其人悻悻见于色，弗少顾。稍知感悔，即遇之如初。有寸善播扬，唯恐不闻。壬辰之夏，县毁于寇，所在恶少年持白梃相挻为乱，先生椎牛釃酒集里中耄倪，谕以祸福，皆稽首听命。他乡为乱者皆罹草薙禽狝之惨，或无孑遗独，先生之乡获免。及入国朝，抚州守侯君元善闻先生名，欲聘起之，先生以病力辞。洪武庚戌，江西乡闱试多士，府判官王巘梦州城中迎状元，既而先生之子伯宗实在首选。明年辛亥对策大廷，复以第一人赐进士及第，召见奉天殿，授承直郎、礼部员外郎。或者以梦之前征为先生世科之符，而先生已殁不及见矣。先生之殁，在辛亥二月二十八日，上距所生大德丁未之岁得年六十有五。配何氏，生丈夫子三人，长即伯宗，初名祐，今以字行。次褕，次祁，皆以经术教授州里。女三人，曾雅、周礼、黄显其婿也。孙，男一人，某。女三人，尚幼。初，伯宗会试南宫，予尝奉敕与考试事，伯宗因来谒，以先生文集序为请，予未暇为，而先生讣音至矣。伯宗乃泣拜求撰墓文，将选以其年某月日葬里之球场山，且勒文悬绖之碑。予闻世之右族重珪迭组者有之矣，索其家学相仍数世而弗坠，十百之中或一二见焉。况夫科名尤造物者之所靳哉。今先生之门，何其奕叶联辉至于如是也？

（清）陶成等《江西通志》卷十·山川四·抚州府　御屏山在一十五都，方耸若御屏，明大学士吴伯宗家其下。

（清）纪昀等《钦定四库全书总目》卷一百十六·子部十六·天文算法类·《七政推步》七卷　考《明史·历志》，回回历法乃西域默德讷国王玛哈穆特所作，元时入中国而未行，洪武初得其书于元都，十五年命翰林李翀、吴伯宗同回回大师玛沙伊赫等译其书，遂设回回历科，隶钦天监。

洪武十八年（1385）乙丑科状元丁显

传　记

（明）李贤等《明一统志》卷七十六·建宁府·人物　丁显（建阳人，博通经史。洪武乙丑进士第一，授翰林院修撰。国朝状元及第自显始。）（《郡志》）

（明）凌迪知《万姓统谱》卷五十五　丁显（字彦伟，福建人。洪武进士第一，博通经史，援笔立成。国朝状元及第自显始）。

（明）顾祖训原编、（明）吴承恩增补、（清）陈枚续补《状元图考》卷一·状元丁显　洪武十八年乙丑，会试中式士四百七十二人，黄子澄第一，练子宁次之，皆监生也。第三名花纶，乃浙江新解首。及殿试，读卷官奏纶第一，子宁次之，子澄又次之。是年童谣云："黄练花，花练黄。"时人莫解。比会试，及读卷官所拟名数正协童谣。先一夕，上梦殿前一巨钉缀白丝数缕，悠扬日下，及拆首卷，乃花纶。上以其年少抑之，已而得丁显卷，姓名与梦符，且"显"字日下双丝也，遂擢状元。花之被选，一时无不知者，故同榜皆呼为"花状元"。《练子宁集》有《送花状元归娶诗》。

按，丁显字彦伟，福建建阳县人，时年二十八，授修撰，后获谴归。德业文章无闻焉。

《殿阁词林记》：洪武初，翰林院官皆由荐举进。虽设进士科，未有入翰林者。是科以第一甲赐进士及第，丁显、练子宁、黄子澄为修撰；第二甲赐进士出身，马京等为编修；吴文等为检讨。皆出简用，不由选法，命下，吏部惟铨注而已。至戊辰，以第一任亨泰为修撰，第二唐震、第三卢原质为编修，著为令。

（明）陈鎏《皇明历科状元录》卷一·洪武十八年乙丑状元丁显　会试中式士四百七十二人，黄子澄第一，练子宁次之，皆监生也。第三名花纶，乃浙江新解首。及殿试，读卷官奏纶第一，子宁次之，子澄又次之。是年童谣云："黄练花，花练黄。"时人莫解。比会试，及读卷官所拟名数正协童谣。先一夕，上梦殿前一巨钉缀白丝数缕，悠扬日下，及拆首卷，乃花纶。上以其年少抑之，已而得丁显卷，姓名与梦符，且“显”字古文双丝也，遂擢状元。花之被选，一时无不知者，故同榜皆呼为“花状元”。《练子宁集》有《送花状元归娶诗》。后世不知，谓国初有花状元，非也。又《水东日记》谓洪武乙丑、辛未二榜状元未知为谁，盖其时革除，党禁尚严也。今刻《历科状元图》者，乃谓洪武三十年状元张显宗，显宗辛未榜眼，因失许观之名于辛未，故妄以韩克忠补之，昧陈䢿之名于丁丑，故指张显宗而名之耳。（黄佐《登科考证》）

丁显，字彦伟，建阳人，时年二十八，授修撰，后获谴归。德业文章无闻焉。建阳旧谶：“淮沙圆，出状元”，显应之。

诗咏素丝，洁纯可重。双丝飘飘，伊何入梦。古文为显，帝心豫动。及第在廷，国琛斯贡。未比传形，莱齐征宋。

是科一甲练安子宁、黄子澄革除间皆柄用，侵削藩王，靖难师起，以奸党戮之，仆碑削籍，故部本不存。俞宪《登科考》以《会试录》姓名刻之，内有程以善者，不知《江西志》何所据，称为榜首。

洪武初，翰林院官皆由荐举进，虽设进士科，未有入翰林者。是科以第一甲赐进士及第丁显、练安、黄子澄为修撰，第二甲赐进士出身马京、齐麟等为编修，吴文等为检讨，皆出简用，不由选法。命下，吏部惟铨注而已。（廖道南《殿阁词林续记》）

（明）过庭训《明分省人物考》卷七十二·福建建宁府·丁显　丁显，建阳人，博通经史。洪武乙丑进士第一，授翰林院修撰。国朝状元及第自显始。显才华炳奕，内行修谨，人咸谓不负其科名。

（清）郑方坤《全闽诗话》卷六·丁显　洪武乙丑会试，命翰林待诏朱善、前助教聂铉为考试官，取中式四百七十二人，黄子澄第一，练子宁次之，皆监生也。第三名花纶，乃浙江新解首。及殿试，有司奏纶第一，子宁次之，子澄又次之。先一夕，上梦殿前一铁巨钉，缀白丝数缕，悠扬日下，觉以语左右，莫知其为何祥。及拆状元卷，乃花纶也，上嫌其不叶梦，取第二人为首。已而得丁显卷，姓名与梦相符，遂擢为状元。显时年二十八。子宁次之，纶又次之。三人皆拜修撰。而第二甲马京、齐麟为编修，吴文及三甲蔡福南为检讨。子澄抑置三甲，为翰林庶吉士，久之亦授修撰云。或传童谣曰：“黄练花，花练黄。”上恶其语，以纶及子澄年少高科，故抑之也。显字彦伟，建阳人，德业文章无闻焉。尝得其《题兰窗》诗云：“公子善居室，猗兰蔚东窗。素荣浥轻露，冷风振芬芳。流玩引日夕，恍若临沅湘。岂不艳桃李？懿兹王者香。况逢同心友，结佩森翱翔。嘉名既云锡，咏言列篇章。持谢二三子，德馨尚无忘。”显后获谴归，终于修撰。（《双槐岁钞》）

（清）谢道承等《福建通志》卷四十七·人物五·建宁府 丁显，字彦伟，建阳人。洪武乙丑会试第三人，及廷试，显居首唱。先是太祖梦三丝坠地，及传胪三人姓名俱有丝，与梦叶，太祖甚喜。赐状元，授翰林修撰。后坐言事，谪广西驯象卫，死谪所。太祖闻之，怒曰："显年少自喜，吾故裁之，武将何得不护持，令其赍志没耶?"悉论武将罪。

（清）钱元昌等《广西通志》卷八十六·迁客（流寓附）**·明** 丁显，字彦伟，建宁人。洪武乙丑进士，殿试第一人。以言事谪戍驯象卫，积十有五年，一时名流咸与为莫逆交。(《旧志》)

科 第

（一）乡试

（清）谢道承等《福建通志》卷三十七·选举五·明·举人上·洪武八年（乙卯）**科** 丁显（应天中式。乙丑会、状）。

（二）会试、殿试

（明）《明太祖实录》卷一百七十二 洪武十八年三月壬戌朔，上御奉天殿策试举人。制策曰："朕稽古名世者，惟敬事而畏神人，趋事以历知，涉难以立志，日运不息，岁运无已，虽在寝食，未尝忘其所以，由是大辅人君，福臻黎庶，所以名世者，为此也。朕自伐元统一华夷，官遵古制，律仿旧章，孜孜求贤，数用不当。有能者委以腹心，或面从而志异。有德者授以禄位，或无所建明。中材下士，寡廉鲜耻，不能克己。若此无已，奈何为治？尔诸文士当进学之秋，既承朕命，悉乃心力，立身扬名，在斯始举，其条陈之。"时廷对者四百七十二人，擢丁显为第一。临轩发策日，锦衣卫设卤簿仪仗。读卷官用翰林院及朝臣之文学优者。越三日，上复御奉天殿，传制唱名。是日，举人皆给帽笄大带青罗袍皂绿平巽服之以朝。第一甲第一名从六品，第二、第三名正七品，俱赐进士及第。第二甲从七品，赐进士出身。第三甲正八品，赐同进士出身。礼部捧黄榜，揭于通衢，遂赐诸进士宴于会同馆。应天府以仪仗送状元归第。明日，诸进士诣国子监孔子庙行释菜礼。又明日，上表谢恩。赐状元冠带朝服一袭，及进士钞有差。

（明）张朝瑞《皇明贡举考》卷二·（乙丑）洪武十八年会试 中式举人四百七十二名：黄子澄，江西分宜县人，国子生。练子宁，江西新淦县人，国子生。花纶，浙江仁和县。四名以后缺。

三月初一日，上御奉天殿策试天下贡士，制曰：朕稽古名世者，惟敬事而畏人神，趋事以历知，涉难以立志，日运不息，岁运不已，虽在寝食，未尝忘其所以。由是大辅人君，福臻黎庶。所以名世者，为此也。朕自代元统一华夷，官遵古制，律效旧章，孜孜求贤，数用弗当。其有能者委以心腹，多面从而志异。纯德君子，授以禄位，但能敷古，于事束手。中才下士，廉耻无知，身命弗顾，造罪渊深，永不克己，彰君之恶。若非贞贤至圣，亦莫不被其所惑。若此无已，奈何为治？尔诸文士虽在建学之秋，未博乎庶典，但能条陈可否，则知利钝。既承朕命，悉乃心力，志根名世，在斯始举，必如朕意。

（时廷对之士四百七十二人，赐丁显等进士及第出身有差，初，读卷官奏花纶第一，上以其年少，抑之，遂首显。练子宁对策言："近日朝廷用人拘名而不求实，小善即进，小过辄裁。"因历陈古人教养任用之道，剖切不顾忌讳，上亲擢第二。显所著有《建阳集》，官止修撰。是科初选进士为庶吉士，后蹇义、郭资、刘俊俱为名臣，资赠汤阴伯；马京、向宝、周丹俱有名，子宁与黄子澄、暴昭、王彬、卓敬、齐泰、徐子权俱死建文君之难。是《录》部本缺，湖本不全，此据俞根才本录之，二甲缺五名，三甲缺一百八十二名，有以一甲第一为程以善，第三为黄子澄者，恐误。）

第一甲三名赐进士及第（俱授修撰）：丁显，福建建阳县。练子宁，江西新淦县。花纶，浙江仁和县。

（明）张弘道、张凝道《皇明三元考》卷一・洪武十八年乙丑科大魁　状元丁显（福建建阳人，字彦伟。甲子举人。博通经史，下笔立成。年二十八。授修撰，后获谴归。所著有《建阳集》）。

又　探花黄子澄（按《殿阁词林续记》及《状元考》皆谓子澄为探花，而《弇州笔记》则云：会试黄子澄第一，练子宁次之，花纶又次之。及廷试，读卷拟纶第一，次子宁，次子澄。既启封，上自以梦故，用丁显为状元）。

（清）曹仁虎等《钦定续文献通考》卷三十五・选举考・举士　（洪武）十八年三月，廷试黄子澄等四百七十二人，赐丁显等进士及第出身有差。

（清）张廷玉等《明史》卷三・本纪第三・太祖三　（洪武十八年）三月壬戌，赐丁显等进士及第出身有差。

仕　宦

（清）秦蕙田《五礼通考》卷一百七十五・嘉礼四十八・学礼　（洪武）十八年廷试，擢一甲进士丁显等为翰林修撰，二甲马京等为编修，吴文为检讨，进士之入翰林自此始也。使进士观政于诸司，其在翰林、承敕监等衙门者曰庶吉士。进士之为庶吉士亦自此始也。其在六部、都察院、通政司、大理寺等衙门者仍称进士。“观政进士”之名亦自此始也。

（清）张廷玉、鄂尔泰等《词林典故》卷二·官制（附詹事府） 按，洪武十八年三月，既殿试，以第一甲丁显等三人并为修撰。至二十一年策进士，以第一甲第一人任亨泰为修撰，第二人唐震、第三人卢原质为编修，自是遂为定式。

（清）张廷玉等《明史》卷七十·志第四十六·选举二 （洪武）十八年廷试，擢一甲进士丁显等为翰林院修撰；二甲马京等为编修；吴文为检讨。进士之入翰林自此始也。使进士观政于诸司。其在翰林、承敕监等衙门者曰“庶吉士”。进士之为庶吉士，亦自此始也。其在六部、都察院、通政司、大理寺等衙门者，仍称进士。“观政进士”之名亦自此始也。

（清）严福等《明史考证》卷一百四十三《王艮传》“并授修撰如洪武中故事” 臣严福按，洪武四年虽设进士科，未有入翰林者。至十八年三月，以第一甲丁显、练安、黄子澄为修撰，后遂为例。见黄佐《翰林记》。谨附考。

（清）傅恒等《御批历代通鉴辑览》卷一百·明太祖皇帝 （洪武十八年）三月，始选进士入翰林及为庶吉士。帝廷试进士，擢一甲丁显（建阳人）等为翰林院修撰；二甲冯京等为编修；吴文等为检讨。（进士入翰林自此始）命进士观政于诸司，其在翰林院、承敕监、中书六科者曰庶吉士，在六部、都察院诸司者仍称进士。（庶吉士及观政进士之名亦俱自此始。）

（清）曹仁虎等《钦定续通典》卷十九·选举三·历代制下 （洪武）十八年，擢一甲丁显等为修撰，二甲马京等为编修，吴文为检讨，而其余皆观政于诸司。其在翰林、承敕监等衙门者曰庶吉士。其在六部、都察院、通政司、大理寺等衙门者仍称进士。进士有庶吉士及观政进士之名自此始也。

（清）曹仁虎等《钦定续文献通考》卷三十五·选举考·举士 （洪武）十八年三月，初选进士为翰林院、承敕监、六科庶吉士。时廷试，擢一甲进士丁显等为翰林院修撰；二甲马京等为编修；吴文为检讨。进士之入翰林自此始。使进士观政于诸司，其在翰林、承敕监等衙门者曰庶吉士，其在六部、都察院、通政司、大理寺等衙门者仍称进士。进士之为庶吉士及观政进士之名自此始。

轶　事

（明）练子宁《练中丞集》·中丞遗事附录　洪武乙丑，殿试前一日，高皇帝梦三丝堕地。至鸿胪寺唱名，丁显第一，练子宁次之，黄子澄又次之。及发榜，丁已物故，乃以练为第一，黄次之，二甲第一花纶又次之。簪花游宴，姓名旁各有丝，实符夙梦。上甚喜之，故当时有“丁练黄，花练丁”之谣。（出《野史》）

（明）黄瑜《双槐岁钞》卷二·国子试魁　洪武甲子，复位科举之制，即今三场程序也。是科京闱，国子监生为魁，且中者居半。九月，圣祖命礼部尚书任昂各出榜于原籍，以荣耀之。自此科举日重，非由此进者不至大用矣。次年乙丑会试，翰林待诏朱善、前助教聂铉为考试官，取中式四百七十二人，黄子澄第一，练子宁次之，皆监生也。第三名花纶，乃浙江新解首。自余监生前列者多。上甚喜，升善为文渊阁大学士。欲用铉，铉，铉固辞，乞教谕俸，许之。及殿试，有司奏纶第一，子宁次之，子澄又次之。先一夕，上梦殿前一铁巨钉，缀白丝数缕，悠扬日下，觉，以语左右，莫知其为何祥。及拆状元卷，乃花纶也，上嗛其不叶梦，取第二人为首。已而得丁显卷，姓名与梦相符，遂擢为状元。显时年二十八。子宁次之，纶又次之。三人皆拜修撰。而第二甲马京、齐麟为编修，吴文及三甲蔡福南为检讨。子澄抑置三甲，为翰林庶吉士，久之亦授修撰云。或传童谣曰：“黄练花，花练黄。”上恶其语，以纶及子澄年少高科，故抑之也。显字彦伟，建阳人，德业文章无闻焉。尝得其《题兰窗诗》云：“公子善居室，猗兰蔚东窗。素荣浥轻露，冷风振芬芳。流玩引日夕，恍若临沅湘。岂不艳桃李，懿兹王者香。况逢同心友，结佩森翱翔。嘉名既云锡，咏言列篇章。持谢二三子，德馨尚无忘。”显后获谴归，终于修撰。

（明）黄溥《闲中今古录摘抄》卷一　洪武十八年乙丑，复开进士科。三月一日廷试毕，揭晓前夕，上梦一铁钉挂丝于殿前，觉而语左右。及拆卷，乃状元丁显也。协于梦兆，不爽如此。

（明）蒋一葵《尧山堂外纪》卷七十九·国朝　花纶（杭州人。洪武十八年乙丑会试，黄子澄第一，练子宁第二，纶第三。乃浙江新解首也。及殿试，读卷官奏纶第一，子宁次之，子澄又次之。是年童谣云：“黄练花，花练黄。”时人莫解。比会试，及读卷所拟名数，正协童谣。先一夕，上梦殿前一巨钉缀白丝数缕，悠扬日下，及拆首卷，乃花纶，上慊其不叶梦。已而得丁显卷，姓名与梦相符，遂擢为状元。然花之被选，一时无不知者，故同榜皆呼为花状元。后世遂谓国初有花状元，非也）。

又　丁显，建阳人，后谴归，德业文章无闻焉。尝得其《题兰窗》诗一首：“公子善居室，猗兰蔚东窗。素荣浥轻露，冷风振芬芳。流玩引日夕，恍若临沅湘。岂不艳桃李，懿兹王者香。况逢同心友，结佩森翱翔。嘉名既云锡，咏言列篇章。持谢二三子，德馨尚无忘。”（是科泰和萧子韶，木匠之子，高皇帝问其家世，对以一绝云：“严亲曾习鲁班机，常年制下青云梯。腰间带得纯钢斧，要斫蟾宫第一枝。”）

（明）焦竑《玉堂丛语》卷六·科目 洪武十八年乙丑会试，黄子澄第一，练子宁第二，花纶第三。及殿试，读卷官奏花纶第一，子宁次之，子澄又次之。是年童谣云：“黄练花，花练黄。”时人莫解，后果验。殿试先一夕，上梦殿一巨钉缀白丝数缕，悠扬日下，及拆首卷，乃花纶。上以其年少抑之，已而得丁显卷，姓名与梦符，遂擢居第一。数先定矣。

（明）王世贞《弇山堂别集》卷八十一·科试考一 （洪武）十八年乙丑会试，命待诏朱善、前典籍聂铉为考试官。取黄子澄第一，练子宁次之，花纶又次之。纶，浙江解元也。及廷试，纶第一，子宁次之，子澄又次之。既启封，上自以梦故，用丁显为状元，子宁如故，纶第三。抑子澄三甲，为庶吉士。然三人俱授修撰。亡何，亦擢子澄为修撰云。见刻丁显策者，仅三百字，称“上”为“上位”，余多不成语。

（清）姚之骃《元明事类钞》卷十二·仕进门·钉缀丝 《玉堂丛话》：洪武乙丑殿试，先一夕，上梦殿上一巨钉，缀白丝数缕，悠扬日下。及拆首卷，乃花纶，以年少抑之。已而得丁显卷，悟姓名与梦符，遂擢第一。

杂　录

（明）王偁《虚舟集》卷五·潢州忆丁显 故人自是龙头客，何似南荒久不归。欲把一觞陈楚些，月江烟雨正霏霏。

（明）王世贞《凤洲杂编》卷四·甲子复位三场程试及三年大比之制 是秋，京闱中试者多国子生，上悦，命有司出榜原籍旌之。次年乙丑会试，黄子澄第一，练子宁次之，花纶又次之。纶，浙江解元也。及廷试，花纶第一，子宁次之，子澄又次之。既启封，上自以梦故，用丁显为状元，子宁如故，纶第三，抑子澄三甲为庶吉士。然三人俱授修撰，亡何，亦擢子澄修撰云。

（清）汪森编《粤西文载》卷六十七·传·迁客 罗时周、易大年，俱江西人，同谪驯象卫十五、六年，与丁显、周禹文、谭翼辈讨论性理，商榷古今，一寓之于诗，更唱迭和。数公竟卒于贬所。

杜伯恭，秦邮人，洪武间由国子生出知武缘，有循良风，以言事谪戍驯象卫。与丁显辈为莫逆交，后膺荐剡得归。

丁显，字彦伟，建宁人，洪武乙丑进士及第第一人，以言事谪戍驯象卫。

洪武二十一年（1388）戊辰科状元任亨泰

传　　记

（明）李贤等《明一统志》卷六十·襄阳府·人物　任亨泰（襄阳人，洪武中举，进士第一，授翰林修撰。学行重于士林。进升詹事府詹事，官至礼部尚书。尝使交阯，其国王曰："状元不可得也，当异其礼。"待之加重）。

（明）凌迪知《万姓统谱》卷六十五　任亨泰（字左雍，襄阳人。洪武戊辰举进士第一，授翰林修撰。学行重于士林。进升詹事府詹事，至礼部尚书。尝使交趾，其国王曰："状元不可得也，当异其礼。"待之加重）。

（明）陈鎏《皇明历科状元录》卷一·洪武二十一年戊辰状元任亨泰　廷对之士施显等九十九人，擢任亨泰第一，罢对□不称旨者二人。

任亨泰，襄阳人。有司推荐赴应天，由监生中式。洪武二十一年廷试，亨泰条对详切，即以天下为己任，上亲擢为第一，宠遇特隆。授修撰，每召建议，即赐手诏，书"襄阳任"而不名。二十五年七月，改詹事院为府，以亨泰为少詹事，兼修撰。二十七年，陟礼部尚书，改正《书经》蔡传，命亨泰刊布其书，仍令诸儒愿从者遣之。二十八年四月，上谓亨泰曰："秦王既没，世子长成，宜令袭爵。尔其集议以闻。"亨泰同翰林诸臣议，以"汉诸王薨，遣使者拜嗣子为王。则玄冠衰绖素服以承诏，事丧服记。诸侯受天子之命，亦宜服其命服。使者出，返丧位，即位而哭，既合于礼，且协人情"。诏从，服命服之礼行之。二十九年二月，命亨泰同监察御史严震直使安南，谕以讨龙州赵宗寿之故，以龙州邻于安南，恐其疑，或纳叛也。亨泰等至安南，陈日焜即奉诏曰："朝廷矜恤蛮夷，覆煦教戒，天地父母之德也，下国畏天事上之诚，惟亮察而已。"见亨泰，曰："状元不可得也。"异其礼待之。使竣还朝，左迁监察御史，以其私市蛮奴也。所著有《使交集》。子显宗，以乡荐，官吏部稽勋主事。孙春，西安府同知。

（明）俞汝辑《礼部志稿》卷五十一·列传·尚书任亨泰　任亨泰，字古雍，湖广襄阳人。由岁贡入太学中。洪武十八年①三月殿试，擢亨泰第一。召祭酒宋讷褒谕之，命撰《进士题名记》，立碑于监门。授翰林院修撰。二十五年，改詹事院为府，升亨泰少詹事，仍兼修撰。二十七年五月癸亥，上重其学行，擢礼部尚书。时青州日照民江伯儿以母病，割股肉食之，不愈，乃祷于岱岳祠，誓云："母病愈，则杀子以祀。"既而母病愈，竟杀其三岁子祭。有司以闻，上怒曰："父子，人伦至重。礼，父为长子三年服。今百姓无识，杀其子，绝灭伦理，宜亟捕治之，勿使伤坏风化。"因命礼部定议旌表孝行事例，行于天下。亨泰等议，上诏从之。又诏国子博士钱宰等至，上语正定蔡氏《书》传，命翰林院学士刘三吾等总其事，开局翰林院。时礼待诸儒甚厚，各赐以绮缯衣被等物。又御制诗，令次韵和之。朝参则班于侍卫之前，宴享则赐坐殿中。时酒楼成，人赐钞，宴其上。各献诗谢，上大悦。复遣亨泰谕旨诸儒："有年老愿归，先遣之。"众皆愿留。至是书名《蔡氏集传》，得者存之，失者正之，又集诸家之说，足其未备。三吾等率诸儒进，上赐名曰《书传会选》，命礼部刊行天下，赐诸儒及宴钞，俾驰驿而还。二十八年三月，秦王樉薨，诏定丧礼。亨泰奏曰："考之丧制，宜辍朝五日。今遇时享，宜暂辍朝一日。服制与鲁王同。"从之。四月辛未，上谕亨泰曰："秦王既没，国事无统。世子长成，宜命袭爵。尔其集议以闻。"亨泰同翰林诸臣议："汉诸王薨，遣使者立嗣为王。则玄冠衰绖素服以承诏，事毕，反丧服。诸侯受天子之命，亦宜服其命服。使者出，反丧服，即位而哭，既合于礼，且协人情。"诏依服，命礼部行之。九月庚戌，命颁祖训条章于内外文武诸司。十月辛卯朔，亨泰曰："百官朝参赐食，实出厚恩。缘职事众多，供亿为难，请罢赐。"从之。十一月，出使安南。时将征龙州，以其地界安南，故先命亨泰同监察御史严震直奉制书谕之。亨泰等至丘温，先以书遗王，其略曰："亨泰等辞阙之日，面奉旨谕，云南梁王元之子孙，本欲存宗祀，奈何自谋弗靖，匿逋逃诱边人，天讨不容，所以灭亡。今龙州不臣，允廷臣议奏，兴十万之师，问彼之罪，地界安南五县。人民若有容纳逋逃者，尽行剿除。然犹念前王之笃实，悯嗣王之弱冠，复恐国人惊骇，故遣亨泰等亲诣安南款谕。"国王日焜以中朝状元，又亨泰议论英发，敬之尽礼。至二十九年春二月，使还，上闻其在安南私市蛮人为仆，降为监察御史。后以事免。

（明）朱国祯《皇明开国臣传》卷七·任公　任公名亨泰，字□□。襄阳县人。贡入太学。洪武十八年②殿试第一。召祭酒宋讷褒谕之，命撰《进士题名记》，立碑监门。授修撰。二十五年，改詹事院为府，起兵部尚书唐铎兼詹事，寻升亨泰少詹事，兼修撰。二十七年，擢礼部尚书。时日照民江伯儿以母病割股肉食之，不愈，乃祷于岱岳

---

① 此处记载有误，应为洪武二十一年。

② 此处记载有误，应为洪武二十一年。

祠，誓云："母病愈，则杀子以祀。"母愈，竟杀三岁子祭。有司以闻，上怒曰："父子，人伦至重。小民无识，杀其子，绝灭伦理，宜亟捕治之，勿使伤坏风化。"遂逮伯儿，杖一百，谪戍海南。因命礼部定议旌表孝行事例。亨泰等议曰："人子之事亲，居则致其敬，养则致其乐，有疾则托之良医，投以善药。至于呼天告地、思慕恳切之至，此为人子所当为也。卧冰割股，前古所无，虽出后世，亦是间□。至若割肝，残害尤甚。且如父母止有一子，割肝刮股，□至丧生，卧冰或冻死，使父母无依，宗祀永绝，反为不孝之大者。原其所自，皆迂昧之徒务为诡异，以警世骇俗，希求旌表，规避差役。割股不已，至于割肝；割肝不已，至于杀子。违道伤生，莫此为甚！自今人子遇父母有疾，医治弗愈，无所控诉，不得已而割肝卧冰，亦听其所为，不在旌表之例。"从之。诏与博士钱宰等正定蔡氏《书》传，学士刘三吾等总其事，开局翰林院正定。时礼待诸儒甚厚，酒楼成，人赐钞，宴其上，各献诗谢，上大悦，复遣亨泰谕之。二十八年，秦王樉薨，诏定丧礼。亨泰奏曰："考之丧制，宜辍朝五日。今遇时享，暂辍朝一日，服制与鲁王同。"从之。四月，上谕亨泰曰："秦王既没，国事无统。世子长成，宜命袭爵。尔其集议以闻。"亨泰议："汉诸王薨，遣使者立嗣为王，则玄冠衰绖表服以承诏，事毕，反丧服。诸侯受天子之命，亦宜服其命服。使者出，反丧服，即位而哭，既合于礼，且协人情。"诏制衣服，命礼部行之。八月，工科给事中陈洽等奏："凡大臣犯重罪，虽蒙恩宥，不宜仍列本班，必少加降抑示劝惩。"上从之，诏礼部："凡大臣犯重罪得免者，叙列八品九品班后。"九月庚戌，谕亨泰颁祖训条章于内外文武诸司。十月，奏职事众多，供亿为难，请罢朝参赐食。先是，每旦视朝奏事毕，赐百官食，上御奉天门或华盖、武英等殿，公侯一品官侍坐于门内，二品至四品及翰林院等官坐于门外，其余五品以下官于丹墀内，文东武西重行列位赞礼赞拜叩头，然后就坐。光禄寺进膳案，后以次设馔。食毕，百官仍拜叩头而退，率以为常。至是奏上，从之。十一月，将征龙州，以其地界安南，故预命亨泰同御史严震直奉制书谕之。至丘温先以书遗王。国王日焜以中朝状元，又议论英发，敬之尽礼。明年使还。上闻市蛮人为仆，降御史，寻免。

（明）过庭训《明分省人物考》卷七十七·湖广襄阳府·任亨泰　任亨泰，襄阳县人。由岁贡入太学。洪武十八年①殿试，擢亨泰第一，授翰林院修撰。二十五年，改詹事院为府，寻升亨泰少詹事，仍兼修撰。二十七年癸亥，上重其学行，擢礼部尚书。时青州日照民江伯儿以母病割股肉食之，不愈，乃祷于岱岳祠，誓云："母病愈，则杀子以祀。"既而母病愈，竟杀其三岁子祭。有司以闻，上怒曰："父子，人伦至重。《礼》，父为长子三年服。今百姓无识，杀其子，绝灭伦理，宜亟捕治之，勿使伤坏风化。"遂逮伯儿，杖一百，谪戍海南。因命礼部定议旌表孝行事例；行于天下。凡割肝卧冰之事，第听其所为，不在旌表之例。又诏国子博士钱宰等至，上语正定蔡氏《书》传，

① 此处记载有误，应为洪武二十一年。

且曰："尔等知天象乎？"皆对以不知。上曰："朕观天象，自洪武初有黑气凝于奎壁，乃文章之府。朕甚异焉。今年春暮，其间黑气始消，文运当兴。尔等宜考古证今，有所述作，以称朕意。"于是命翰林院学士刘三吾等总其事，开局翰林院正定是书。时礼待诸儒甚厚，各赐以绮缯衣被等物。二十八年三月，秦王樉薨，诏定丧礼。亨泰奏以"考之丧制，宜辍朝五日。今遇时享，宜暂辍朝一日，服制与鲁王同"。从之。九月庚戌，颁祖训条章于内外文武诸司。十月辛卯朔，亨泰奏："百官朝参赐食，实出厚恩。缘职事众多，供亿为难，请罢赐。"从之。十一月，出使安南款谕。国王日焜以中朝状元，又亨泰议论英发，敬之尽礼。至二十九年春二月使还。上闻其在安南私市蛮人，降为监察御史，后以事免归。

（明）顾祖训原编、（明）吴承恩增补、（清）陈枚续补《状元图考》卷一·状元任亨泰 洪武二十一年戊辰，廷对之士施显等九十九人，擢任亨泰第一，罢对策不称旨者二人。

按，任亨泰，湖广襄阳人。有司推荐赴应天，由监生中式。廷试条对详切，即以天下为己任。上亲擢为第一，宠遇特隆。授修撰，每召建议，即赐手诏，书"襄阳任"而不名"襄阳任亨泰状元及第"。太祖曰："新状元得人。"敕有司立牌坊以荣之。故坊上特揭圣旨字，他坊惟恩荣小扁。此我朝天下牌坊之始。十三岁时，尝题扇面云："杲日初升万木低，画船撑出小楼西。先生正熟朝天梦，门外山禽莫乱啼。"其贵达也，人以是诗预占之。

《状元记事》：赴考前夕，问响卜木杓，指北行。闻有病内热者，覆医人曰："昨服第一种，甚亨泰。"即回曰："吾已得谶矣。"

（清）查继佐《罪惟录》·列传卷八下·启运诸臣传·任亨泰 任亨泰，湖广襄阳人。洪武十八年①殿试第一。历礼部尚书。时日照民江伯儿杀子以祷母病，上怒，杖伯儿百，戍海南，命亨泰等定旌表例：凡人子遇父母有疾割肝卧冰者听，不在风劝之例。诏正定蔡氏《书》传，学士刘三吾等总其事，亨泰亦与焉。二十八年，秦王樉薨，亨泰奏："丧制宜辍朝五日。今遇时享，暂辍朝一日。"因议世子袭爵礼："凡诸侯受天子之命，宜服其命服。使者出，反丧服，即位而哭。"时议大臣犯重罪，虽蒙宥，不得列本班，叙八品九品班后。请罢朝参赐食。故事，每旦视朝，坐公侯一品宜于门内，二品至四品及翰林院等官门外，五品以下于丹墀，光禄寺以次设馔，叩头而退。亨泰以事烦，请罢，上从之。奉谕安南，市蛮人为仆，降御史。上厚赐同官，而令亨泰负系持砺石，磨国子监题名碑，自除其名，乃已。

（清）傅维麟《明书》卷一百十七·列传四·名臣传二·任亨泰 任亨泰，襄阳

---

① 此处记载有误，应为洪武二十一年。

人。贡入太学。洪武十八年①殿试第一。授翰林修撰，升少詹事。二十七年，擢礼部尚书。时日照民江伯儿以母病割股食之，不愈，乃杀三岁子以祷祭。有司以闻，上怒曰："绝灭伦理，宜亟捕治之。"遂逮杖一百，戍海南。命亨泰等定议旌表例，亨泰议："凡人子遇父母有疾，医治弗愈，割肝卧冰者听，不在旌表之例。"从之。诏定蔡氏《书》传，学士刘三吾等总其事，亨泰与焉。时酒楼成，人赐钞，宴其上，各献诗谢，上大悦。二十八年，秦王樉薨，诏定丧礼。亨泰奏："丧制宜辍朝五日。今遇时享，暂辍朝一日。"因议世子袭爵礼："尔其集议以闻。"亨泰议："凡汉诸王薨，遣使者立嗣为王，则玄冠衰绖丧服以承诏，事毕，反丧服。诸侯受天子之命，亦宜服其命服。使者出，反丧服，即位而哭。"又议大臣犯重罪，虽蒙恩宥，不得列本班，必少加降抑示劝惩，上命列九品班后。请罢朝参赐食。先是，每旦视朝御门殿，公侯一品官于门内，二品至四品及翰林院等官于门外，五品以下官于丹墀。叩头皆坐，光禄以次设馔，叩头而退，率以为常。亨泰以事烦，请罢，从之。十一月，将征龙州，以其地界安南。命亨泰同御史严震直往谕之。国王日焜以壮貌磊落、议论英发，敬礼之，明年使还。上闻市蛮人为仆，降御史，寻免。

（清）王鸿绪《明史稿》卷一百二十六·列传第二十一·任亨泰　任亨泰，襄阳人。洪武二十一年进士及第，授翰林院修撰。是岁再行科举法，亨泰由太学生擢第一，太祖喜召祭酒宋讷褒谕之。久之，设詹事府，即擢亨泰为少詹事。亨泰仪观甚伟，端重自持，进止皆有容度，人以此称之。二十七年，进礼部尚书。日照民江伯儿以母病割股，不愈，祷岱岳："母愈，当杀子以祀。"母病痊，竟杀其三岁子。有司以闻，帝怒曰："《礼》，为长子三年服。伯儿灭绝伦理，亟捕治之。"杖百，戍海南。命亨泰定旌表孝行事例，亨泰议曰："人子事亲，居则致其敬，养则致其乐，有疾则谨其医药。卧冰割股，事匪恒经。割股不已，至于割肝；割肝不已，至于杀子。违道伤生，莫此为甚！堕宗绝祀，尤不孝之大者，宜严行戒谕。倘愚昧无知，亦听其所为，不在旌表之例。"诏从之。明年，议秦王丧礼，因定凡世子袭爵之礼。会讨龙州赵宗寿，命同御史严震直使安南，谕以谨边方，无纳逋逃。时帝以安南篡弑，绝其贡，勿与通。至是闻诏使至，震恐。亨泰为书述朝廷用兵之故，以安慰之。初吴伯宗尝使其国，以名德为交人所重。亨泰科名与伯宗埒，国人以为盛事，敬礼有加。及杨靖征其军租，遂奉命惟谨。先后使安南者，并称吴、任云。使还，坐私市蛮人为仆，降御史。未几，思明土官与安南争界，词复连亨泰，坐免。

（清）和珅等《钦定大清一统志》卷二百七十一·襄阳府二·人物·明　任亨泰（襄阳人，少颖悟。洪武中，擢进士第一，历官礼部尚书。太祖重其学行，每呼"襄阳任"而不名。出使安南，为蛮邦所重）。

---

① 此处记载有误，应为洪武二十一年。

（清）夏力恕等《湖广通志》卷五十四·人物志（行业）**·襄阳府·明·任亨泰**　《分省人物考》：泰，襄阳县人。幼颖敏出群，年十三，即赋《朝天诗》，识者奇之。洪武戊申廷试，太祖亲擢第一，授修撰，历升礼部尚书。定旌表孝行事例，并议定世子袭爵之礼。甲午，命与监察御史严正直使安南，谕以讨龙州赵宗寿之故。日焜闻命震恐，即奉诏。使竣还朝，以私市交人，降为监察御史。所著有《使交集》。子显宗，永乐癸未乡荐，历官吏部稽勋主事。孙春，西安府同知。

（清）张廷玉等《明史》卷一百三十七·列传第二十五·吴伯宗（附任亨泰）　伯宗之使安南也，以名德为交人所重。其后襄阳任亨泰亦举洪武二十一年进士第一，以礼部尚书使安南，交人以为荣。前后使安南者，并称吴、任云。亨泰为礼部尚书时，日照民江伯儿以母病，杀其三岁子祀岱岳。有司以闻，帝怒其灭绝伦理，杖百，戍海南。因命亨泰定旌表孝行事例，亨泰议曰："人子事亲，居则致其敬，养则致其乐，有疾则谨其医药。卧冰割股，事非恒经。割股不已，至于割肝；割肝不已，至于杀子。违道伤生，莫此为甚。堕宗绝祀，尤不孝之大者，宜严行戒谕。倘愚昧无知，亦听其所为，不在旌表之例。"诏曰："可。"明年，议秦王丧礼，因定凡世子袭爵之礼。会讨龙州赵宗寿，命偕御史严震直使安南，谕以谨边方，无纳逋逃。时帝以安南篡弑，绝其贡使。至是闻诏使至，震恐。亨泰为书述朝廷用兵之故，以安慰之，交人大悦。使还，以私市蛮人为仆，降御史。未几，思明土官与安南争界，词复连亨泰，坐免官。

（清）章宗瀛等《〈明史〉卷一百三十七考证》　《任亨泰传》："明年议秦王丧礼"。臣章宗瀛按，亨泰以洪武二十七年由少詹事擢尚书，定旌表孝行例，生二十八年议秦王丧礼。故传称明年。但前此未经记年，尚欠明晰。谨识。

（清）陈田《明诗纪事》甲签卷二十九·任亨泰（一首）　亨泰，字古雍，襄阳人。洪武戊辰第一人及第。授修撰，历少詹事，擢礼部尚书，以事降御史，未几免。有《遗稿》两卷。

科　　第

（一）乡试

（清）夏力恕等《湖广通志》卷三十四·选举志·明·举人·洪武十七年甲子乡试榜　任亨泰（襄阳人，状元）。

（二）会试、殿试

（明）宋讷《西隐集》卷五·赐进士题名记 洪武戊辰春三月一日，皇上亲策多士。临轩命题，问以祀礼。纶言炳焕，云汉昭回。济济在列者，悉精白一心，对扬圣制。翌日，户部右侍郎臣沈士荣、翰林学士臣刘三吾等奉卷进读，上陈睿览，断自宸衷，以定其选，赐进士及第任亨泰等九十七人。既锡恩荣宴以宠异之，又谕礼部尚书臣李原名令冬官砻石题名，祭酒宋讷撰记。臣祗承明命，不敢以疏谫辞，谨拜手稽首而言曰："成周之制，三年大比。乡大夫考士之德行道艺，兴其贤者、能者于司徒。司徒升之学，又升之司马，曰进士。辨论其官材，论定而官之，故得人之效，于周为盛。我国家平定海宇，致治以文，学校之教，遍于天下。酌古定制，每岁选士之秀者，升诸太学，又合乡校之士，程其文艺于春官，进之大廷，列试诸司，然后任之以官，盛制犹周也。士之膏沐清化，获预兹选者，可谓荣矣。登名贞石，能以忠义自励，则上不负朝廷作人之盛意，下不负平日所学，庶几流誉于无穷，使来者睹兹石，指其名氏曰'忠于国者'，曰'惠于民者'，曰'廉介其身者'，曰'建大义、树崇勋者'，幸也。其有否者，则斥之曰'奸也，回遹也，墨以败者也。'为进士者，可不慎哉！是知圣天子涵濡之深，煦育之厚，期待之至，养贤劝士之道度越百工，盖将得真儒，弘文治，而基太平于亿万年也。然则题名有刻，所以垂永久。而丕昭盛典，曷可无辞。臣谨为记。"

（明）杨士奇等《明太祖实录》卷一百八十九 洪武二十一年三月乙卯朔，上御奉天殿策试举人。制策曰："事神之道，志人之心，莫不同焉。虽然，始古至今，凡所祀事，必因所以，而乃祀焉。然圣贤之制礼有等杀，自天子至于臣民，祭礼之名，分限之定，其来远矣。其主祭者又非一人，然而笃于敬者甚多，有且信且疑者亦广，甚于不信而但应故事者无限。所以昔人有云：'能者养之以福，不能者败以取祸。'朕未知其必然。尔诸文士陈其所以，朕将览焉。"时廷对者九十七人，擢任亨泰为第一，赐亨泰等进士及第、出身有差，特建题名碑于太学门。

（明）利瓦伊樾、林增志《忠贞录》卷二 按武进薛公应旂《宪章录》：洪武二十一年戊辰三月，上御奉天殿，会试举人，赐任亨泰等九十九人进士及第出身有差。特命立石题名于太学，著为令。

（明）张朝瑞《皇明贡举考》卷二·（戊辰）**洪武二十一年会试** 中式举人九十九名：施显，直隶常熟县。二名以后缺。

三月初一日，临策天下贡士，制曰：事神之道，世人之心，莫不同焉。虽然，始古至今，凡所祀事也，必因所以，而乃祀焉。然先圣之制礼有等杀，所以自天子至于臣民，祭礼之名，分限之定，其来远矣。其主祭者又非一人而已。然而有笃于敬者甚多，有且信且疑者亦广，甚于不信而但应故事者无限。所以昔人有云："能者养之以福，不能者败以取祸。”朕未知其必然。尔诸文士，陈其所以，朕将览焉。

（时廷对之士九十九人，赐任亨泰等九十七人进士及第出身有差。亨泰条对详切，即以天下为己任，上亲擢为第一。罢对策不称旨者二人，刻制策一篇、对策三篇。上宠遇亨泰，命有司建状元坊以旌之，每诏建议，即赐手诏书“襄阳任”而不名。顾英称，亨泰隆德望于深严之地，完名节于开创之初，要其所学，卒泽于道，德旷如也。所著有《任状元遗稿》，官至礼部尚书。是科解缙为名臣，卢原质死建文君之难。是《录》部本缺，闽本存。今除黜落二人，尚缺二人。）

第一甲三名赐进士及第（第一名授修撰，第二、第三名俱授编修，著为令）：任亨泰，湖广襄阳县。唐震，福建闽县。卢原质，浙江宁海县。

（明）张弘道、张凝道《皇明三元考》卷一·洪武二十一年戊辰科大魁 状元任亨泰（湖广襄阳人。治《易》。国子生。一卯，应天举人。授修撰，甚被宠任。上命有司于襄阳建状元坊以旌之。每召议，手书襄阳任而不名。历迁礼部尚书。顾英称其隆德望于深严之地，先名节于开创之初，要其所学，卒泽于道，德旷如也。尝使交阯，其国王曰：“状元不可得也。当异其礼，待之加重。”还朝，市蛮人为仆，左迁监察御史。所著有《任状元遗稿》。

子显宗，永乐癸卯举人。孙春，景泰庚午，经魁同知）。

又 二品：任亨泰（礼部尚书）

（明）俞汝楫编《礼部志稿》卷五十一·列传·尚书李原名 （洪武二十一年）三月，上亲策多士，临轩命题，策问祀礼。命户部右侍郎沈士荣、翰林学士刘三吾等读卷，赐进士及第任亨泰等九十七人。又命原名砻石题名，祭酒宋讷撰记。

（清）夏力恕等《湖广通志》卷三十二·选举志·洪武二十一年戊辰任亨泰榜 任亨泰（襄阳人，状元）。

（清）陶成等《江西通志》卷一百六十一·杂记三 （洪武）二十一年戊辰，则任亨泰。“太祖首开科，得亨泰甚喜。”盖据所刻《登科录》而言。其实不然，自任以来，已有人矣。

（清）张廷玉等《明史》卷三·本纪第三·太祖三 （洪武二十一年）三月乙亥，赐任亨泰等进士及第出身有差。

（清）曹仁虎等《钦定续文献通考》卷三十五·选举考 （洪武）二十一年三月，廷试施显等九十七人，赐任亨泰等进士及第出身有差。

仕宦

（明）钱宰《临安集》卷三·会试小录序　洪武二十三年冬十二月初吉，皇帝御奉天殿，诏天下三年大比，宾兴贤能。明年春，合天下士会试于春官，于以广四海同文之治也。于是内而邦畿，外而藩屏、侯甸，东极青、齐，西逾川、陕，南际荆、吴、闽、广，北至于梁、晋、宋、卫、幽、燕，合十二道之士，凡六百五十人，来会于京师。钦明诏也，先是命礼曹聘天下章逢耆艾，俾司校艺。及期，又命翰林学士刘三吾俾典文衡，修撰任亨泰同考试春官，贰卿张智董行试事，而监察御史张存中、韩杰监临焉。于是济济多士，峨冠垂绅，趋跄后先，相与试艺于春闱，中选者得三十一人。

（明）黄佐《翰林记》卷三·兼职　本院官始惟与詹事府、左右春坊、司经局互兼职事。洪武中未设编修时，多以修撰兼国史编修官。其后以修撰任亨泰为詹事府少詹事兼修撰，则东宫官兼本院官之始也。

又，卷五·迁转　圣祖定本院官为近侍清贵之职。凡迁转，皆出自上裁，未尝付诸铨衡，百余年来，遵之不易。然洪武中，自本院官迁转者多大拜。……（洪武）二十七年九月，以少詹事任亨泰为礼部尚书。

（明）廖道南《殿阁词林记》卷十八·迁转　（洪武）二十七年九月，以少詹事任亨泰为礼部尚书。

又，卷二十一·兼职　本院官始惟与詹事府、左右春坊、司经局互兼职事。洪武中，未设编修时，多以修撰兼国史编修官。其后，以修撰任亨泰为詹事府少詹事兼修撰，则东宫官兼本院官之始。

（明）雷礼《国朝列卿纪》卷十七·国初詹事府少詹事年表　任亨泰，湖广襄阳人。进士。洪武二十五年任少詹事兼修撰。二十七年升礼部尚书。

（明）焦竑《玉堂丛语》卷三·宠遇　状元任亨泰，圣祖宠遇特隆，命有司建状元坊以旌之。圣旨建坊自此始。亨泰，襄阳人，为修撰。每召建议，即赐手诏，书“襄阳任”而不名。寻与黄子澄并拜詹事府少詹事，仍兼修撰，而擢礼部尚书。

（明）俞汝楫编《礼部志稿》卷四十一·任亨泰　湖广襄阳人。洪武戊辰状元，二十七年任（礼部尚书），二十九年以私市蛮人降监察御史，后以事免。

又，卷六十七·圣学备考·储宫备考·储教上　（洪武）二十五年九月，以冯胜、傅友德、李景隆、蓝玉、詹徽、茹瑺、任亨泰、杜泽、楚樟、康铎、杨靖皆兼东宫师傅等官。

又，卷八十六·诸王丧礼·洪武初行 洪武二十八年三月，秦王樉薨。王上第二子，孝慈王后所生也。年十五受封，二十三之国，至是薨，年四十。讣闻，诏定丧礼。礼部尚书任亨泰奏曰："臣考之宋制，宜辍朝五日。今遇时享，宜暂辍朝一日。皇帝及亲王、王妃、宫主、世子、郡王、郡主及靖江王、世子、郡君服制皆与鲁王丧礼同。"

（清）徐乾学《读礼通考》卷七十六·丧仪节三十九·国恤十一 洪武二十八年三月癸丑，秦王樉薨。上第二子，孝慈皇后所生也。年十五受封，二十三之国，至是年四十。讣闻，诏定丧礼。礼部尚书任亨泰奏曰："考之宋制，宜辍朝五日。今遇时享，宜辍朝一日。"

又，卷一百五·变礼五 《明太祖实录》：洪武二十八年夏四月辛未，上谕礼部尚书任亨泰曰："秦王既没，国事无统，世子长成，宜命袭爵。尔其集议以闻。"亨泰同翰林诸臣议："汉诸王薨，遣使者拜嗣子为王，则玄冠衰绖素服以承诏，事讫，反丧服即位。而哭既合于礼，且协人情。"诏依服命服礼行之。

（清）曹仁虎等《钦定续通典》卷七十六·礼（凶） 明太祖洪武二十八年，秦王樉薨，诏定丧礼。礼部尚书任亨泰言："考宋制，宜辍朝五日。今遇时享，请暂辍一日。"

（清）曹仁虎等《钦定续文献通考》卷九十九·王礼考·国恤·诸王及妃公主丧 洪武二十八年，秦王樉薨，诏定丧礼。礼部尚书任亨泰言："考宋制，宜辍朝五日。今遇时享，请暂辍一日。"

（清）张廷玉等《明史》卷五十九·志第三十五·礼十三 洪武二十八年，秦王樉薨。诏定丧礼。礼部尚书任亨泰言："孝宗制，宜辍朝五日。今遇时享，请暂辍一日。"

又，卷三百十九·列传第二百七·广西土司三 复遣礼部尚书任亨泰、监察御史严震直使安南，谕以讨龙州赵宗寿之故，令陈日焜慎守边境，毋助逆，勿纳叛。

又，卷三百二十一·列传第二百九·外国二·安南 （洪武二十八年）大军方讨龙州赵宗寿，命礼部尚书任亨泰、御史严震直谕日焜毋自疑。

轶　事

（明）王世贞《弇山堂别集》卷八十一·科试考一 （洪武）二十一年戊辰会试，命翰林院编修苏伯衡、李叔荆为考试官，取中施显等。廷试擢任亨泰第一，命有司于襄阳建状元坊以旌之。亨泰甚被上宠任，每召议，手书"襄阳任"而不名。后自礼书谪御史，不知所终。

（明）蒋一葵《尧山堂外纪》卷七十九·国朝 任亨泰（襄阳人，洪武二十一年戊辰赴试前夕，问向卜木杓，指北行。闻有病内热者，覆医人曰：“昨服第一钟，甚亨泰。”即回曰：“吾已得谶矣。”既而果状元及第，宠遇特隆，命有司建状元坊以旌之。圣旨建坊自此始）。

任亨泰十三岁时，尝题扇面云：“杲日初升万木低，画船撑出小楼西。先生正熟朝天梦，门外山禽莫乱啼。”其贵达也，人以是诗预占之。

（明）黄瑜《双槐岁钞》卷二·圣旨立坊 洪武戊辰会试，以苏伯衡及李叔荆为考试官，得京闱新解首施显为第一人，谓传胪必复叶上前梦矣。及取状元，乃监生任亨泰也。圣祖宠遇特隆，有旨命有司建状元坊以旌之。圣旨建坊自此始也。亨泰，襄阳人，为修撰，每召建议，即赐手诏，书“襄阳任”而不名。寻与黄子澄并拜詹事府少詹事，仍兼修撰。已而擢礼部尚书，奉使交趾，后左迁监察御史。任十三岁时尝题扇面云：“杲日初升万木低，画船撑出小楼西。先生正熟朝天梦，门外山禽莫乱啼。”其贵达也，人以是诗预占之。

（明）陈鎏《皇明历科状元录》卷一·洪武二十一年戊辰状元任亨泰 亨泰状元及第，太祖曰：“新状元得人。”敕有司立坊牌以荣之，故坊上特揭“圣旨”字，他坊惟恩荣小扁。此我朝天下坊牌之始。（《襄阳志》）

十三岁时尝题扇面云：“杲日初升万木低，画舡撑出小楼西。先生正熟朝天梦，门外山禽莫乱啼。”其贵达也，人以是诗预占之。

赴考前夕，问响卜木杓，指北行，闻有病内热者，覆医人曰：“昨服第一钟，甚亨泰。”即回曰：“吾已得谶矣。”（《状元记事》）

（明）王世贞《凤洲杂编》卷四·襄阳任 戊辰会试，以苏伯衡、李叔荆为会试考官，擢任亨泰第一，命有司于襄阳建状元坊旌之。泰亨甚被上宠任，每召议手书“襄阳任”而不名，后自礼书谪御史。

著　作

（清）黄虞稷《千顷堂书目》卷十八·建文 任亨泰《任状元遗稿》二卷（襄阳人。洪武戊辰状元。官礼部尚书，左迁御史）。

（清）张廷玉等《明史》卷九十九·志第七十五·艺文四 任亨泰《遗稿》二卷。

评　　论

（明）陈鎏《皇明历科状元录》卷一·洪武二十一年戊辰状元任亨泰　廖道南曰："儿时偶获任状元诗，读之，其词邕，其气和，其律庄以严。"及见顾佥事英集其遗文，跋曰："隆德望于深严之地，完名节于开创之初，要其所学，卒泽于道，德旷如也。"赞曰："岘山之阳，汉水之阴，笃生英哲，振武儒林。博学宏词，天下之士，擢冠大廷，洋洋大对。肆居宫端，宗伯是迁。稽古议礼，嘉猷允宣。"

（清）张英等《御定渊鉴类函》卷二百八十·人部三十九·修整二　明《任亨泰传》曰：洪武二十一年，亨泰由太学生为进士第一，授修撰，即擢少詹事。仪观甚伟，端重自持，进止皆有容度，人以此称之。

杂　　录

（明）李贤等《明一统志》卷六十·襄阳府·陵墓　任亨泰墓（在南凤山。亨泰，状元。官礼部尚书，敕葬）。

（明）王世贞《弇山堂别集》卷十一·皇明异典述六·特赐额号　高帝以魏国公达勋业非常，于居第左右特各建一坊，榜曰"大功"。又特署八字于德庆侯廖永忠门，曰"功超群将，智迈雄师"，以旌异之。后襄阳任亨泰为礼部尚书，得幸，敕于原籍立状元坊，不为例。

（明）徐应秋《玉芝堂谈荟》卷三·赐居第额对　后襄阳任亨泰为礼部尚书，得幸，敕于原籍立状元坊，不为例。

（明）朱国祯《涌幢小品》卷七·题石建坊　任亨泰，襄阳人，父杜林，从外家姓。洪武二十一年廷试，太祖高皇帝亲擢第一，官修撰。复命题名于石，建坊于门，宠异之（此建坊之始，要知各进士通行）。寻请复姓，上以恩自任出，勿听。《殿试录》，赐其妻姓曰朱氏。盖母乃元乌古伦公主，妻亦蒙古人故也。都御史陈镐录其末路大节甚详。官至礼部尚书。子显宗，孙春，皆领乡荐。显宗不乐仕进，后以荐为吏部稽幼主事。春，西安府同知。时余公子俊为知府，同心协力。丁内艰，贫不能归，余为斋发，乃得行。服阕，擢知府，卒。

（清）陶成等《江西通志》卷一百六十一·杂记三　若任亨泰则命有司建状元坊。

（清）夏力恕等《湖广通志》卷八十一·陵墓志·襄阳府·明　尚书任亨泰墓，在襄阳县城南凤山，敕葬。

（清）和珅等《钦定大清一统志》卷二百七十一·襄阳府二·陵墓·明　任亨泰墓（在襄阳县东南凤凰山）。

洪武二十四年（1391）辛未科状元许观（又名黄观）

传　记

（明）李贤等撰《明一统志》卷十六·池州府·人物　黄观（贵池人。初从舅氏许姓，后复黄姓。洪武辛未进士，会、殿试皆第一。官至礼部右侍郎。岁壬午，靖难师起，募兵上游。次李阳河，闻事定，具衣冠，号泣北向，自沉于罗刹矶。妻雍夫人暨二女家属十余人尽死）。（《畿志》）

（明）尹直《侍中许公言行录》　许观，字□□，直隶贵池县人，进士第一。洪武末历官礼部侍中，死节。

观，洪武辛未会元、状元，官至礼部侍中，死于忠，举家溺死。（《池州府志·忠臣类》）

尝观人之为学，平居无事，坐言其志曰："我欲为忠臣，为孝子。"及临利害，遇事变，则所行非所知，所守非所学。君子则不然，必欲得于己而后行于人，行于近而后行于远。孟子曰："身不行道，不行于妻子。"诗曰："刑于寡妻。"正谓是欤？前礼部侍中池郡许观早读圣贤书，学圣贤道，擢魁天下，位亚宗伯，其所以得于己、行于人者有素。一旦我太宗文皇帝举仁义之师，肃清内难后，受亿兆推戴以正大统，在廷之臣莫不攀龙附凤，而观独念其平昔之遇，略不计其后来之荣，宁赴江流葬鱼腹，非所学有得而舍生取义者，岂能然哉？妻及二女念事至此，亦投秦淮而没，而非身能行道而行于妻子者，又能然哉？第恐史官讳忌不书，使其一门忠节将日泯焉无闻。惟阁下生观之郡，睹观之仪，详观之事，宜作传一通，以补郡志阙略，则往者不泯，来者受教，而彰善之义不明有及哉。昔张巡之死，韩愈得于嵩之言于张籍而□其传始备。段秀实之死，柳宗元召边上故老卒吏而后得其详，以告史官韩愈。今观之死与张、段同一善道，而阁下同其乡，睹其仪，详其事，比愈之得于他人者实相倍蓰。后有迁其人者，包罗古今，成一家言，欲纪观之事，征诸是传，岂不贤于征荆轲、韩信于夏无且淮阴人者邪？（《教授黎扩与柯宪使逞书》）

洪武末，观为尚宝卿，闻靖难之师已渡淮，奉命起上游之兵以入援。兵至湖州府，闻靖难师已驻金川门，哭于江上，谓其友柯暹曰："吾妻有志节，必不肯受辱。"暹招魂，葬之江上。越明日，其家僮自京逃来，言执政大人有观望欲推戴者，索传国宝不得，或言许尚宝已赴上游起兵矣，因命执其妻女配象奴。象奴叱，其妻出金银钗钏之类，持之市酒肴，欲供合欢之费。其妻俟象奴出，与其女及家属十人俱赴淮清桥下死。柯暹为之作传，载其事甚详。柯之子天顺中为湖属县知县，予尝询观死事，其言皆同，索其文则不肯出。许观，元待制黄哻门生，其节义无愧于其师。自古女妇之死节者多矣，然未有若许观妻女之烈也，岂可使之泯灭耶？（《并何司寇乔新回尹直书》）

予尝致书司寇何公，询及名臣言行，公复书以张冢宰及许观死事见示，但谓许为尚宝卿，与予所考《池州府志》称侍中不合，而黎扩之书以许之妻女亦投秦淮而没，则与何公谓赴淮清桥下死不同，然秦□、淮清同一汨罗之水耳，盖不足辨。至谓尚宝卿，岂许尝历官尚宝而人呼之熟邪？许自洪武二十四年殿魁，至是十年，岂止官尚宝，而侍中正其时增次尚书之员，当以侍中为是，惜柯之传不载于志，岂柯欲为之传而未果，抑已为之而柯之子终以忌讳，匿而不肯出耶？

尹直赞曰：烈烈侍中，学有师承。春元殿魁，历试春卿。国步斯棘，奉诏征兵。兵未入援，世已变更。自度厥偶，志节刚贞。痛哭江上，招魂以盟。维妻与女，果不苟生。遽率十口，投死淮清。身随家殒，上友屈平。贞节烈义，今古同称。孰纪其事，而匿其文。其文则匿，其名则馨。

（录自［明］徐纮《皇明名臣琬琰录》前集卷十二）

（明）郁衮《革朝遗忠录》卷下·黄观（朝官抱节自死之二）　黄观，字澜伯，一字尚宾，池州贵池人也。父赘在城许氏，生观，遂从其姓。少以《书》补邑庠生。尝筑翠微书舍，读书其间。受业于元翰林待制黄哻，哻常奇其为人。哻死国难，观益慷慨砥砺，以忠义自许。洪武二十三年，应贡入太学，即发解京府。明年会试第一，廷对御戎策，大要以"天道福善祸淫之机，人事练兵讲武之法"为言，高庙嘉之，擢状元及第，除翰林修撰，历尚宝司卿。建文初，擢礼部右侍郎。时改官制，增设左右侍中员，以尚书。迁观为右侍中，仍兼尚宝卿，始奏复黄姓。与方孝孺等日见亲用。

靖难师起，太宗自军中来，请诛齐泰、黄子澄二人以息兵。观奉命当制，讽其散军归藩，或束身谢孝陵，词涉诋斥。时北兵已至中原，明年渡淮。观往上游诸郡征兵入援，奋不顾家，且行且募兵。至安庆，太宗已过江矣。下令谕京城军民，暴左班文职奸臣罪状，观名列第六。已而，群臣推戴太宗即位，索宝，不知所在，或言黄观取宝，已赴上游起兵矣。即命有司追捕，没入家资，收其妻翁氏并二女，皆给配象奴。初，观驻安庆，闻变恸哭，谓人曰："吾妻素有志节，必不受辱。"越明日，其家僮自京逃来言状。是日，翁果被象奴叱，出金银钗钏之属市酒肴，以供合欢之费，佯顺诺，悉解，与持去。俟既出户，即乘间率二女及家属十人俱赴淮清桥下死。观遂招魂，葬之江上（或云招魂葬江上在未得家僮报之先，今据《池州府新志》正之。然玩尹阁老之赞，又似在未得报之先。未知孰是)。舟次李阳河，闻报者曰：“上已出奔，过池之建德，而群臣奉新皇帝即位，今三日矣。”观自分大事已去，力不能支，乃朝服东向再拜，于罗杀矶湍急处，给舟人奋棹，佯为溲解，投水而死（或云使者召观，观给以见新君必当习礼，乃于舟中朝服再拜，跳入水而死。今据《池新志》改正）。舟人急以钩挽之，仅得珠丝棕帽，后追捕者得之以献。命购其尸，不获，疑有匿之者，遂族观家，且逮其姻党百余人系诏狱。仁庙初，悉放还。其发戍边徼者又数十人。景泰中，进士邑人孙仁使辽，有老卒朱懒给事公馆，亦以观累戍边者。懒故为诸生，尝从观游。仁问旧事，且泣且言甚悉：“翁氏，池口人。没时，有收其尸并二女，且棺殓以待朝命，不报。”天顺中，池人至南京柳林，破棺犹有存者。询之父老，咸曰“此黄状元妻女”云。郡人柯暹尝作观传，匿不示人。近清江龚守愚知贵池，始于学宫西偏即其故址立祠祀之（或传故尚书泰州储巏家藏有观集，尚存）。

尹文和公赞曰：烈烈侍中，学者师承。春元殿魁，历试春卿。国步斯棘，奉命征兵。兵未入援，世已变更。自度厥偶，志节刚贞。痛哭江上，招魂以盟。惟妻与女，果不苟生。遽率十口，投死淮清。身随家殒，上友屈平。贞节烈义，今古同称。孰记其事，而匿其文。其文则匿，其名则馨。

（明）黄佐《革除遗事》（节本）卷四·黄观　黄观，字澜伯，一字尚宾，池州贵池人。父赘于同邑许氏，生观，遂从母家姓。明《尚书》，补邑诸生。尝筑翠微书舍，读书其间。受业于元翰林待制黄哻。天兵入大都，哻死之，观益砥砺，以忠义自许。洪武庚午贡入胄监，是岁领乡荐，明年会试第一人。对御戎策，大要以“天道福善祸淫之机，人事练兵讲武之法”为言，高庙嘉之，擢状元及第。由翰林历尚宝司卿、礼部侍郎。革除年间，改官制，增侍中员，次尚书，以观为之，仍掌尚宝司。奏复其姓。与方孝孺等日见亲用。

靖难师起，观奉命草诏，极论大义。师既渡淮，又奉命征兵上游诸郡入援，观奋不顾家，且行且募兵。至安庆，闻京城已定，痛哭谓人曰：“吾妻素有志节，必不肯受辱。”遂招魂，葬之江上。明日，家僮自京逃来，言当国索传国宝不得，或言许尚宝已赴上游起兵矣，因命执其妻翁氏并二女配象奴。奴叱，取钗钏出，市酒肴，翁遂携二女率家属十人赴淮清桥下溺焉（一云城南冢中）。观舟次李阳河，闻报者曰：“上已出奔，过池之建德，而群臣奉新皇帝即位，今三日矣。”大事去，已力不能支，乃东向再拜，于罗刹矶湍急处，给舟人奋棹，投水而死。舟人急钩之，仅得珠系棕帽，后追捕得之以献。命购其尸，不获，疑有匿之者，遂族观家，且逮其姻党百余人坐系诏狱。仁庙初，悉释不问。其谪戍边徼又数十人。景泰中，进士邑人孙仁使辽，有老卒朱懒者给事中馆，亦以观累戍辽。懒故为诸生，尝从观游。仁问旧事，且泣且言云：“翁氏，池口人。殁，有司收其尸，并二女具棺殓以待朝命，不报。”天顺中，池人至南京柳林，破棺犹有存者。询之父老，咸曰“此黄状元妻女”云。近知县龚守愚于居故址学宫之西祠祀之。或传故尚书泰州储巏家藏有观集，尚存。

（明）不著撰者《建文遗迹》 侍忠黄观奉命征兵上游诸郡入援，奋不顾家，且行且募兵。至安庆，闻天兵渡江，知事不济，痛哭谓人曰："吾妻素有志节，必不受辱。"遂招魂，葬之江上。明日，家僮自京逃来，果言夫人翁氏暨二女俱被执，有象奴得之，叱取钗钏出市酒肴，夫人遂携二女赴淮清桥下溺焉。观舟至李阳河，度大事已去，不可为，乃东向再拜，于罗汉矶湍急处，给舟人奋棹，遂自溺焉。观字澜伯，一字尚宾，贵池人。父赘于许，幼从其姓，及第后始复姓。观自幼颖异，长受业于元待制黄殷士。天兵入大都，殷士死之，观亦砥砺，以忠义自许。尝筑翠微精舍，读书其间。

洪武庚午，领乡荐。辛未，入对御戎策，大要以"天道福善祸淫之机，人事练兵讲武之法"为言也。高庙嘉之，擢状元及第，授官翰林。寻升礼部右侍郎。

建文年间，嗣皇改官制，增侍中员，次尚书，以观为之，与方孝孺日见亲用，至是死节。

（明）袁帙《皇明献实》卷六·黄观 黄观，字澜伯，一字尚宾，池州贵池人也。初从母姓许。受业于元翰林待制黄哻。天兵入大都，哻死之。洪武庚午，观以贡入太学，是岁领乡荐。明年会试第一，廷对御戎策，大要以"天道福善祸淫之机，人事练兵讲武之法"为言。高皇帝嘉之，擢状元及第。由翰林历尚宝司卿、礼部右侍郎。革除年间，改官制，增侍中员，次尚书，以观为之，仍掌尚宝司事。奏复姓。与方孝孺等亲信用事。靖难师起，观奉命草诏，极论大义。师既渡淮，奉命征上游诸郡兵入援，观奋不顾身，且行且募兵。至安庆，闻京城已定，痛哭谓其友何暹曰："吾妻素有志节，必不受辱。"遂招魂，葬之江上。明日，家僮自京师逃来，言文皇帝索传国宝不得，或言许尚宝已赴上游起兵，因命执翁夫人并二女配象奴。奴叱取钗钏出，市酒肴，翁夫人遂携二女及家属十人俱赴淮清桥下死。观舟次李阳河，闻上已出奔，而群臣奉新皇帝即位三日矣，度大事已去，乃东向再拜，于罗刹矶湍急处，给舟人奋棹，投水而死。舟人急钩之，仅得珠系棕帽，后追捕得之以献。命购其尸，不获，疑有匿之者，遂族观家，姻党坐系诏狱者百余人。仁庙初，悉释不问。

（明）张芹《备遗录》·礼部右侍中黄公 公讳观，字澜伯，一字尚宾，池州贵池人。父赘于同邑许氏，从其姓。公既仕，始复姓。公自幼颖异，长受业于元翰林待制黄公殷士。天兵入大都，殷士死之，公益砥砺，以忠义自许。洪武庚午，领乡荐。辛未，入对御戎策，大要以"天道福善祸淫之机，人事练兵讲武之法"为言也，高庙嘉之，擢状元及第，授官翰林。寻升礼部右侍郎。革除年间，改官制，增侍中员，次尚书，以公为之。与方公孝孺等日见亲用。靖难师既渡淮，公征兵上游，率诸郡入援，奋不顾身，且行且募兵。至安庆，闻京城已定，痛哭谓人曰："吾妻素有志节，必不受辱。"遂招魂葬之江上。明日，家僮自京师逃来，果言夫人翁氏暨二女俱被执，有象奴得之，叱取钗钏出市酒肴，夫人遂携二女率家属十人赴淮清桥下溺焉。公舟至李阳河，度大事已去，不可为，乃东向再拜，于罗汉矶，湍水急迅，给舟人奋棹，遂自溺焉。郡人柯暹尝为传其事，匿不示人。后知县清江龚守愚于公所居故址学宫之西立祠祀之。

（明）郑晓《建文逊国臣记》卷三·礼部侍中黄观 黄观，字澜伯，一字尚宾，贵池人。初从父赘姓许。幼颖敏，受学元黄哻。哻死节，观益自砥砺。尝筑翠微精舍读书。洪武二十四年会试，礼部第一。廷对御戎策，大要以“天道福善祸淫之机，人事练兵讲武之法”为言。擢进士第一，授官翰林。复黄姓。累升尚宝卿、礼部右侍郎。建文中改侍中，掌尚宝司事，与方、齐并见信用。文皇索齐、黄，时观草诏，极其诋斥。建文四年，观奉诏募兵上游，且督诸郡勤王。至安庆，闻变，痛哭谓人曰：“吾妻翁有志节，必不辱。”招魂葬之江上。明日，家人自京奔至，言翁夫人暨二女同被执，有象奴得之，索钗钏出，市酒肴，夫人急携二女率家属十人投淮清桥下死。观恸哭，至李阳河，闻建文君避位，朝服东向再拜，投湍流中死。籍其家并逮姻党。仁宗初，得释。柯暹为观传，秘不肯示人。后三十年，县尹清江龚守愚于观故址立祠祀之。

（明）陈鎏《皇明历科状元录》卷一·洪武二十四年辛未状元许观 廷对之士许观等三十一人，擢许观第一。

许观，字澜伯，一字尚宾，池州贵池人。本姓黄氏，从母姓为许。既仕，始复姓。自幼颖异，长受业于元翰林待制黄殷士。天兵入大都，殷士死之，观益砥砺，以忠义自许。尝筑翠微书舍，读书其间。洪武庚午，领乡荐。辛未会试第一，廷对御戎策，大要以“天道福善祸淫之机，人事练兵讲武之法”为言。高庙嘉之，擢状元及第，时年二十八，授官翰林。历尚宝司卿，升礼部右侍郎。革除年间，改官制，增侍中员，次尚书，以观居之，仍掌尚宝，与方孝孺等日见亲用。靖难师既渡淮，公征兵上游诸郡入援，奋不顾家，且行且募兵。至安庆，闻京城已定，痛哭曰：“大事去矣，不可复为矣！吾妻素有志节，必不受辱而死。”遂招魂葬之江上。明日，家僮自京逃来，言临时索传国宝不得，或言许尚宝已赴上游起兵矣。因命执其妻翁氏并二女配象奴。翁氏诡言：“有金银若干寄城外所亲，须吾母子去方可取。”象奴利其物，因与俱往，至城门，行人填隘。翁氏云：“吾母女须裾相结，恐稠人中相失。”奴许之。比至江侧，遂絷二女同溺水死。观兵至李阳河，间者报曰：“上已出奔，新皇帝即位已三日矣。”观复大哭，东向再拜，于罗汉溪自投于水，舟人急钩之，仅得珠丝棕帽，后追捕者得之以献。郡人何暹为传其事，匿不示人。后知县清江龚守愚于观所居故址立祠祀之。少保尹直赞曰：

“烈烈侍中，学有师承。春元殿魁，历贰春卿。国步斯棘，奉命征兵。兵未入援，世已变更。自度厥偶，志节刚贞。痛哭江上，招魂以盟。惟妻与女，果不苟生。遽率十口，投死淮清。身随家殒，上友屈平。贞节烈义，今古同称。孰纪其事，而匿其文。其文则匿，其名则馨。”

（明）俞汝楫《礼部志稿》卷五十五·列传·侍郎黄观　黄观，字伯澜，池州贵池人。父赘于邑城许氏，生观，遂从母家姓。明《尚书》，补邑诸生。受业于元翰林待制黄哻。哻死王事，观益砥砺，以忠义自许。洪武甲子，贡入太学。是岁领乡荐。罹外艰，起复。仍入监，造诣日益深，同舍推服。尝绘父母墓为图，携以自随，阅之泪辄下。辛未会试、廷试皆第一，拜翰林院修撰。日侍御前，敷奏明爽，上甚爱重，每赐顾问，命编写《省贪》等录。上以其有政事才，凡法司诸榜文，令观撰成即书之。又令清理军职贴黄，兼管注销诸司案牍，侍东宫讲论。累迁尚宝司卿、礼部右侍郎，乃奏复其姓。会更官制，进本部侍中。壬午五月，往上游诸郡征兵，至安庆，闻内难已平，恸哭谓人曰："吾妻素有志节，必不肯受辱。"明日家僮自京逃来，言将执家属，夫人翁氏出通济门，先挤二女于河，即自沉焉。观遂招魂葬之江上。舟次李阳河，乃朝服东向再拜，于罗刹矶湍急处，给舟人奋棹，佯为溲解，投水，死时年三十九。都察院右都御史陈瑛言："观及周是修等不顺天命，请加追僇。"文皇帝曰："彼食其禄，自尽其心尔。"竟不问。永乐末，诏观亲党有编伍者皆释之。

（明）宋端仪《立斋闲录》卷二　许观，字尚宾，池州贵池人。复姓黄。洪武二十四年殿试第一。建文初，历词垣、礼部右侍郎。属官制改，进位为侍郎。尝草燕王书。北兵将近，观募民，义于池。文庙既即位，乃召观京师。渡江中流，给使者曰："今至京，须盛服行见礼，若不先习，至期不能无失。"乃朝服南向拜，毕，即自沉。观建文末迁侍郎，金华王仲缙有《题黄侍郎翠微书舍》诗曰："决策当大廷，题名独先夺。"又云："词垣暨南宫，终岁知几迁？"

（明）陆钛《病逸漫记》　黄观，安庆人，状元及第，官至学士承旨。靖内兵至南京，观走死。其一妻二女俱被执，有旨配象奴。妻诡言："避难时有金银若干寄城外某家，须吾母子去取，不尔，为其所匿矣。"奴利其物，因与俱往。至城门，市人填隘。妻云："吾母子当以衣裾幅相结，恐稠人中相失不便。"奴许，因固结之。其二女亦不解母意，比至江侧，遂挈二女同溺水死。

（明）雷礼《国朝列卿纪》卷四十三·国初礼部侍郎行实　黄观，字澜伯，一字尚宾，直隶池州府贵池县人。父赘在城许氏，生观，遂从其姓。少以《书》补邑庠生。尝筑翠微书舍，读书其间，受业于元翰林待制黄哻，死国难，观益慷慨砥砺，以忠义自许。洪武甲子，应贡入太学。即发解京府，寻罹外难，戊辰十月起复。仍入监，造诣益深。尝绘父母像为图，携以自随，阅之泪下。明年会试第一，廷对御戎策，大要以"天道福善祸淫之机，人事练兵讲武之法"为言，高庙嘉之，擢状元及第，时年二十八，除翰林修撰。日侍御前，敷奏明爽，上甚眷重，每赐顾问，命编写《省贪录》。及以其有政事才，凡法司诸榜文令撰成即书之。又令清理军职贴黄，兼管注销诸司按牍。二十九年升尚宝司卿，未几，擢礼部右侍郎。建文元年改官制，增设左右侍中员，次尚书。迁为礼部侍中，仍兼尚宝司卿，始奏复黄姓。与方孝孺等日见亲用。

靖难师起，成庙自军中来，请诛齐泰、黄子澄二人以息兵。观奉命当制，讽其散军归藩，或束身谢孝陵，辞涉诋斥。时北兵已至平原，明年渡淮。观往上游诸郡征兵入援，奋不顾身，且行且募兵。至安庆，成庙已过江矣。下令谕京城军民，暴左班文职奸臣罪状，观名第六，而群民推戴成庙即位，索宝，不知所在，或言黄观取宝已赴上游起兵矣。即命有司追捕，没入家资，收其妻翁氏并二女，给配象奴。初，观驻安庆，闻变恸哭，谓友曰："吾妻素有志节，必不受辱。"越明日，其家僮自京逃来言状。是日翁氏果被象奴叱出金银钗钏之属市酒肴，以供合欢之费，佯顺诺，悉解，与持去。奴既出户，即乘间率二女及家属十人俱赴淮清桥下死。观遂招魂葬之江上。次李阳河，闻报者曰："上已出奔，过池之建德，而群臣奉新皇帝即位，今三日矣。"观自分大事已去，力不能支，乃朝服东向再拜，于罗钗矶湍急处，给舟人奋棹，佯为溲解，投水而死。舟人急以勾挽之，仅得珠丝棕帽，后追捕者得之以献。命购其尸，不获，疑有匿之者，遂族观家，且逮其姻党者百余人诏系狱。仁庙初，悉放还。其发戍边徼者又数十人。景泰中，进士邑人徐仁使辽，有老卒朱巘给事公馆，亦以观累戍边者。巘故为诸生，尝从观游。仁问旧事，且泣且言甚悉："翁氏，池口人。没时，有收其尸，并二女具棺殓以待朝命，不报。"天顺中，池人至南京柳林，破棺犹有存者。询之父老，咸曰"此黄状元妻女"云。郡人柯暹曾自作观传，匿不示人。近清江龚守愚知贵池，始于学宫西偏即其故址立祠祀之。今有《阐幽集》刻其试文。《革除录》云："初，郡县为公建状元坊，随以踣，独存其扁于故家。后议复建岁，有持以献者，人咸惊异云。"

（明）刘孟雷《圣朝名世考》卷四·忠靖传·黄观　黄观，字澜伯，一字尚宾。池州贵池人也。初从母姓许。受业于元翰林侍制黄哻。天兵入大都，哻死之。洪武庚午，观以贡入太学。是岁领乡荐。明年会试第一，廷对御戎策，大要以"天道福善祸淫之机，人事练兵讲武之法"为言。高皇帝嘉之，擢状元及第。由翰林历尚宝寺卿、礼部右侍郎。革除年间，改官制，增侍中员，次尚书，以观为之，仍掌尚宝司事。奏复姓。与方孝孺等亲信用事。

靖难师起，观奉命草诏，极论大义。师既渡淮，奉命征上游诸郡兵入援，观奋不顾身，且行且募兵。至安庆，闻京城已定，痛哭，谓其友柯暹曰："吾妻素有志节，必不受辱。"遂招魂葬之江上。明日，家僮自京师逃来，言文皇帝索传国宝不得，或言许尚宝已赴上游起兵，因命执翁夫人并二女配象奴。奴叱取钗钏出，市酒肴，翁夫人携二女及家属十人俱赴淮清桥下死。观舟次李阳河。闻上已出奔，而群臣奉新皇帝即位三日矣。度大事已去，乃东向再拜，于罗刹矶湍急处投水死。舟人急钩之，仅得珠丝棕帽，后追捕得之以献。命购其尸，不获，疑有匿之者，遂族观家，姻党坐系诏狱者百余人。仁庙初，悉释不问。

（明）朱国祯《皇明逊国臣传》卷二·（礼部）侍中黄公　公名观，字澜伯，一字尚宾，又曰尚观，贵池人。初从父赘姓许。幼颖敏，受学元待制黄冔。冔死节，观益自砥砺。尝筑翠微书舍，诵读甚勤。遂博通今古，有声名。洪武甲子，贡入太学。是岁领乡荐第一。外艰，起复，仍入监。尝绘父母墓为图，携以自随，阅之泪辄下。辛未会试第一，廷对御戎策，大要以“天道福善祸淫之机，人事练兵讲武之法”为言，复擢第一，拜修撰。日侍御前，敷奏明爽，上甚爱重，每赐顾问，命编写《省贪》等录。上以其有政事才，凡法司诸榜文令观撰成即书之。又令清理军职贴黄，兼管注销诸司案牍，侍东宫讲论。累迁尚宝卿、礼部侍郎，乃复其姓。建文中，更官制，每部增侍中一员，位次尚书，命观为之，仍掌尚宝司事，与方、齐并见信用。

燕兵起，索齐、黄，时观草诏，极其诋斥。四年，北兵已迫，密奉诏募兵上游，且督诸郡勤王。文皇已即位，列文职奸臣罪状，观名第六。先索宝不知所在，或言已付黄观，出起兵矣。观至安庆，闻变痛哭，谓人曰：“吾妻翁有志节，必不辱。”招魂葬之江上。明日，家人自京奔至，言夫人暨二女同被执，有象奴得之，索钗钏出市酒肴，夫人急携二女率家属十人投淮清桥下死（一曰赛工桥，今葬其处）。观恸哭，至李阳河，闻建文皇帝避位，新天子即位三日矣。朝使索宝来召，知不可为，绐曰：“入贺新朝，礼当豫习。”朝服东向再拜，投罗刹矶湍流中。人急以钩挽之，仅得珠丝棕网以献。命束刍蒙观帽而剉于市，年三十九。逮姻党百余人系狱。仁庙初，悉放还。友人柯暹立传，不敢出。是后清溪居民时见冠裳者一人携二三女郎立溪畔，人谓公也，骇叹，立祠。景泰中，邑人进士孙仁使辽，有老卒朱巘给事公馆，亦以观累戍边者。巘故为诸生，从观游。仁问旧事，且泣且言甚悉。其文集尚存泰州储尚书家。天顺中，池人至南京柳林，有破棺倚颓垣下，询之父老，咸曰“此黄状元妻女”云。盖投水时三人执手如贯，土人惧有后命，具棺将盛以奏，后亦不问，故置之。尹直赞曰：“烈烈侍中，学有师承。帝擢大魁，历贰春卿。国步斯棘，奉命征兵。兵未入援，鼎革符更。自度厥偶，志节刚贞。痛哭江上，招魂以盟。身遽赴水，言友屈平。从容慷慨，二俱可称。孰记其事，而匿其文。其文则匿，其名则馨。”清江龚守迁知贵池，始于学宫西偏即其故址立祠祀之。而南京祠亦益拓。同时金侍郎，失其名，建文末年命与观、张显宗、王叔英等征兵江西等处。……

叶少师《黄侍中忠烈祠记》：忠烈祠者，祀建文中死难黄公及夫人翁氏与二女也。据旧《志》，黄公募兵江上，闻建文君逊国，自沉罗刹矶。夫人诏配象奴，不辱，与二女俱沉淮清桥下。青溪之居民怜而祠焉。或者曰：“淮清桥非夫人死所也。夫人之死乃在赛工桥，今葬骼其处，祠宜于赛工，不宜青溪也。”余曰：“公夫人神无不在，即两祠何不可者？且赛工僻，久则没矣。青溪通衢，过者式焉，是可以风也。”或又曰：“青溪故有小姑祠，乃蒋子文之妹，亦烈女也，讹为翁夫人耳？”余曰：“赵宗伯记中称居民时时见冠裳者携女郎二三人立溪畔，故就其地构祠仅三楹。以时禁未解，置二谷神蔽焉。”又云：“顾瞻遗像，欷嘘泣下。则公夫人之有祠有像所从来矣，非自小姑讹也。岂小姑故有祠，今失其处耶？公夫人祠得宗伯而显。”又后数年，而少宰晋江李公稍加饬焉。然堂迫于门，门迫于街，浅陋哗嚣，登降无所。余时为礼官，念欲改作而力诎未皇。……祠故背河，改而面之，庙貌翼如，颜曰："一门忠烈。"客有过祠下谈靖难时事者，辄咨嗟感叹于诸臣之死，若有难于言，而且引叩马事为解。

（明）过庭训《明分省人物考》卷三十九·南直隶池州府·黄观 黄观，字澜伯，一字尚宾，贵池县人。父赘在城许氏，生观，遂从其姓。少以《书》补邑庠生，尝筑翠微书舍，读书其间。受业于元翰林侍制黄哻，观益慷慨砥砺，以忠义自许。洪武甲子，应贡入太学，即发解京府。寻罹外艰，戊辰十月起复，仍入监，造诣益深。尝绘父母像为图，携以自随，阅之泪下。明年会试第一，廷对御戎策，大要以"天道福善祸淫之机，人事练兵讲武之法"为言，高庙嘉之，擢状元及第，时年二十八，除翰林修撰。日侍御前，敷奏明爽，上甚眷重，每赐顾问，命编写《省贪录》。又以其有政事才，凡法司诸榜文令撰成即书之。又令清理军职贴黄，兼管注销诸司按牍。二十九年升尚宝司卿，未几擢礼部右侍郎。建文元年改官制，增设左右侍中员，次尚书。迁为礼部侍中，仍兼尚宝司卿，始奏复黄姓。与方孝孺等日见亲用。

靖难师起，成庙自军中来，请诛齐泰、黄子澄二人以息兵。观奉命当制，讽其散军归藩，或束身谢孝陵，辞涉诋斥。时北兵已至平原，明年渡淮。观往上游诸郡征兵入援，奋不顾身，且行且募兵。至安庆，成庙已过江矣。下令谕京城军民暴左班文职奸臣罪状，观名第六，而群民推戴成庙即位，索宝，不知所在，或言黄观取宝，已赴上游起兵矣。即命有司追捕，没入家资，收其妻翁氏并二女，给配象奴。初，观驻安庆，闻变恸哭，谓友曰："吾妻素有志节，必不受辱。"越明日，其家僮自京逃来言状。是日翁氏果被象奴叱出金银钗钏之属市酒肴，以供合欢之费，佯顺诺，悉解与持去。奴既出户，即乘间率二女及家属二人俱赴淮清桥下死。观遂招魂葬之江上。次李阳河，闻报者曰："上已出奔，过池之建德，而群臣奉新皇帝即位，今三日矣。"观自分大事已去，力不能支，乃朝服东向再拜，于罗钗矶湍急处，绐舟人奋棹，佯为溲解，投水而死。舟人急以勾挽之，仅得珠丝棕帽，后追捕者得之以献。命购其尸，不获，疑有匿之者，遂族观家，且逮其姻党者百余人诏系狱。仁庙初，悉放还。其发戍边徼者又数十人。景泰中，进士邑人徐仁使辽，有老卒朱㦸给事公馆，亦以观累戍边者。㦸故为诸生，尝从观游。问旧事，且泣且言甚详："翁氏，池口人。没时，有收其尸，并二女具棺殓以待朝命，不报。"天顺中，池人至南京柳林，破棺犹有存者。询之父老，咸曰"此黄状元妻女"云。郡人柯暹曾自作观传，匿不示人。近清江龚守愚知贵池，始于学宫西偏即其故址立祠祀之。今有《阐幽集》刻其试文。《革除录》云："初，郡县为建状元坊，随以踣，独存其扁于故家。后议复建，乃有持以献者，人咸惊异云。"今金陵赛工桥亦有翁夫人暨二女墓，盖夫人及二女死时，尸流至此，土人怜而藁葬。万历癸卯，青阳施益臣始为封树立祠，请于京兆，春秋祀不绝云。又南礼部建黄公祠于文德桥之左，皆前左侍郎台山叶公题额。

（明）邓元锡《皇明书》卷三十一·忠节 黄观，贵池人。少受学元学士黄哻。哻死难，观益自砥砺。洪武中擢进士第一，官翰林。建文中改侍中。与方、齐等并见信用。奉召募兵，督诸道勤王。至安庆，闻变，大恸哭。已，谓人曰："吾妻有志节，必不辱。"即招魂葬之江上。明日，家人自京师来，言翁夫人暨二女同被执，果携二女赴上清桥自沉死矣。于是乃恸哭，自沈李阳河中。

（明）焦竑《国朝献征录》卷三十五·礼部侍中黄观（《太学志》） 黄观，字澜伯，池州贵池人。父赘于邑城许氏，生观，遂从母家姓。明《尚书》，补邑诸生。受业于元翰林待制黄哻，哻死王事，观益砥砺，以忠义自许。洪武甲子，贡入太学。是岁领乡荐。罹外艰，起复，仍入监。造诣日益深，同舍推服。尝绘父母墓为图，携以自随，阅之泪辄下。辛未会试、廷试皆第一，拜翰林院修撰。日侍御前，敷奏明爽，上甚爱重，每赐顾问，命编写《省贪》等录。上以其有政事才，凡法司诸榜文令观撰成即书之。又令清理军职贴黄，兼管注销诸司案牍，侍东宫讲论。累迁尚宝司卿、礼部右侍郎，乃奏复其姓。会更官制，进本部侍中。壬午五月，往上游诸郡征兵，至安庆，闻内难已平，恸哭谓人曰："吾妻素有志节，必不肯受辱。"明日家僮自京逃来，言将执家属，夫人雍氏出通济门，先挤二女于河，即自沉焉。观遂招魂葬之江上。舟次李阳河，乃朝服东向再拜，于罗刹矶湍急处，绐舟人畚棹，佯为溲解，投水，死时年三十九。都察院右都御史陈瑛言："观及周是修等不顺天命，请加追僇。"文皇帝曰："彼食其禄，自尽其心尔。"竟不问。永乐末，诏观亲党有编伍者皆释之。

（明）李贽《续藏书》卷五·逊国名臣·礼部侍中黄公 黄观，字澜伯，贵池人。初从父赘姓许。幼颖敏，受学元黄哻。哻死节，观益砥砺。尝筑翠微书舍读书。洪武二十四年会试礼部第一。廷对御戎策，擢进士第一，授官翰林。复黄姓。累升尚宝卿、礼部右侍郎。建文中改侍中，掌尚宝司事，与方、齐并见信用。文皇索齐、黄，时观草诏，极其诋斥。建文四年，观奉诏募兵上游，并督诸郡勤王。至安庆，闻变，观痛哭谓人曰："吾妻翁有志节，必不辱。"招魂葬之江上。明日，家人奔自京师，言翁夫人与二女同被执，有象奴得之，翁持钗钏佯使出市酒肴，遂急携二女率家属十余人投通济门桥下死（阖门忠义，千古罕有）。观至李阳河，既闻建文逊去，朝服东向再拜，亦自投罗刹矶湍流之中。籍其家，逮及姻党。柯暹初为观传，秘不肯示人。后三十年，县尹清江龚守愚于观故址立祠祀之。今金陵赛工桥侧亦有翁夫人暨二女墓祠。

（明）焦竑《玉堂丛语》卷四·忠节 黄观，字澜伯，洪武二十三年发解京府，明年会试第一。廷试对御戎策，以"天道福善祸淫之机，人事练兵讲武之法"为言，高皇嘉之，擢状元，授修撰，复黄姓，历尚宝卿。建文初，迁礼部右侍郎，定官制，增左右侍中员，次尚书，改观为礼部侍中，与孝孺等日见亲用。文皇索齐、黄，时观草制，极陈大义，辞多指斥。北师渡淮，观奉诏征兵上游，率诸郡入援。至安庆，闻金川门变，痛哭谓人曰："吾妻翁素有志节，必不辱。"遂招魂葬之江上。文皇命收观妻翁氏并二女，给配象奴。翁持钗钏，佯使出市酒肴，遂携二女投通济门桥下死。观至东阳河，知事不可为，会有朝使召观，观给使者曰：“入贺新朝，礼当预习。”乃朝服东向再拜，遂自投罗刹矶湍急处，舟人急钩之，仅得珠丝棕帽以献。命束刍象观，帽之，而剉于市，籍其家。初，翁夫人及二女尸，顺流至赛工桥侧，土人藁葬之。万历癸卯，青阳施益臣立墓祠，请于京兆春秋祭祀不绝。

（明）邓球《皇明泳化类编》人物卷四十九·许观 观，字闰①伯，直隶池州府贵池县人。幼颖异。本姓黄，父某赘于许，遂冒母姓。长受业于元翰林侍制黄殷士。以《书》补邑庠生。后天兵定金陵，殷士死焉，观自砥砺，以忠义律己。尝筑翠薇书院，读书其间。洪武庚午，领乡荐。明年会试第一人，对大廷，高皇帝策以《御戎》，观对以“天道福善祸淫之机，人事练兵讲武之法”，称旨，擢状元及第，授翰林编修。……论曰：观登洪武辛未状元，历建文，官至侍郎，则身已有所事矣。庄子以君臣之义“无所逃天地之间”，即所事为君，殆非也。有所事则不可以有二也。观得之矣。心知妻必不负己，观其肯负妻哉？夫妻节义，相信固如此。

（明）顾祖训原编、（明）吴承恩增补、（清）陈枚续补《状元图考》卷一·状元许观 洪武二十四年辛未，廷对之士许观等三十一人，擢许观第一。

按，许观，字澜伯，直隶贵池人。本姓黄，从母姓许。尝筑翠微书舍，勤读书。乡、会试俱第一，时年二十八。廷对御戎策，以“天道福善祸淫之机，人事练兵讲武之法”为言，高庙嘉之，擢状元及第。官至礼部侍郎。后建文中死于靖难，妻翁氏及二女亦赴水死节。按，此则许观已三元矣，当时不传，想削籍而人不知故耳。

（明）刘廷元《国朝名臣言行录》卷四 黄观，字澜伯，一字尚宾，贵池人。洪武二十四年进士，仕至礼部侍中。公初从父赘姓许。幼颖敏，受学元黄哻，哻死节，公益自砥励。尝筑翠微书舍读书。洪武二十四年会试礼部第一。廷对御戎策，大要以“天道福善祸淫之机，人事练兵讲武之法”为言，擢进士第一，官翰林。复黄姓。累升礼部侍中，掌尚宝司事，与方、齐并见信用。文皇索齐、黄，时观草诏，极其诋斥。建文四年，观奉诏募兵上游。

（明）钱士升《皇明表忠纪》卷三·死义列传·黄观（妻翁、二女） 黄观，字澜伯，一字尚宾，南直贵池人。父赘许，因冒许姓。幼学于元翰林黄哻，哻死节，观益自砺。筑翠微书舍读书。洪武甲子，入太学。乡试第一。至辛未会试、廷试皆第一，授翰林院修撰。……太学生许重熙为之铭曰：“汤汤淮流，炳炳梁石。爰滞贞魂，乃昭灵迹。金光隐见，玉颜映睹。冤并飞青，怪疑藏碧。昭哉侍中，有赫烈媛。命际蛇穷，时

---

① “闰”疑误，当为“澜”。

逢龙战。神逐魂浮，光垂唾现。年岁可迁，精英不变。俨然慈相，恍同梵侣。郁影沉云，幽香阴雨。蓬鬓悽容，严凝悴宇。仆固留痕，明月印础。灵修容与，峨峨凄凄。孝娥圣母，骖螭驾霓。饬我巾帼，嗤彼须眉。贞砥不毁，千载传彝。

（明）曹参芳《逊国正气纪》卷三·文忠列传·黄观（妻翁、二女） 礼部侍中黄观，贵池人，字伯澜，一字尚宾。父赘许姓，生观，初从其姓。幼颖敏好学，有节操，治《尚书》，补邑庠生。尝筑翠微书舍。受业元翰林待制黄哻，哻死节于元，观感奋，益以忠义自励。洪武甲子，应贡入太学。发解南畿，寻罹外艰，治丧遵古礼，起复。仍入监，造诣益深。尝绘父母像为图，携以自随，逐日瞻拜，辄泪下。辛未会试第一，廷对御戎策，大要以“天道福善祸淫之机，人事练兵讲武之法”为言，高庙嘉之，擢状元，除翰林修撰。日侍御前，敷奏明爽，上甚眷重，每赐顾问，命编写《省贪录》。又以有政事材，凡法司诸榜文令撰成即书之。复命清理军职贴黄，兼管注销诸司按牍。二十九年，擢尚宝司卿，未几，升礼部右侍郎。建文初，属定官制，增左右侍中员，次尚书。乃改观侍中，仍兼尚宝司卿，与方孝孺等日见亲用。始复黄姓。时燕王来朝，观密疏请留，不听。及靖难兵起，观奉命草制，讽其散军归藩，束身谢罪，辞极诋斥。时北兵已至济、徐间，明年渡淮。观奉诏征兵上游，率诸郡入援，奋不顾身，且行且募，至安庆，燕王已渡江矣。未几即位，下令暴左班文职奸臣罪状，观名第六。既而索国宝，不知所在，或言观取宝已赴上游起兵矣。即命有司追捕，没入家资，收其妻翁氏并二女，给配象奴。初，观驻安庆，闻变恸哭，谓友曰：“吾妻素有志节，必不受辱。”越明日，家僮自京逃至言状。是日夫人果被象奴叱出金银钗钏之属市酒肴，以供合欢需，翁佯诺，悉与奴持去。比出户，即乘间携二女并家属等人俱赴淮清桥下死。观闻言而恸，招魂葬之江上。次李阳河，复闻帝已出亡，新主御极三日矣。观自分大事已去，力不能支，乃朝服再拜，自投罗刹矶湍急处死。舟人急钩挽之，仅得珠丝棕帽以献。文皇怒，命束刍象观，帽之，而剉于市，族其家，并逮姻党生员朱巘及翁赛儿、翟金刚奴等百余人谪戍。观弟觐先匿其幼子，逃之他乡。又云觐妻毕孀居母家，遗腹生子招，其苗裔世居陡滩。观故宅在学宫西，贵池令龚守愚即其所，立祠祀之。有《阐幽集》录其遗稿传世。

翁夫人，池口人。素以女诫自闲，志节如丈夫。初没时，及二女尸顺流至赛工桥，相持而立，颜面如生，鸢鱼不敢侵，久之，土人瘗于桥侧。人过咸式之。又久之，池人恸其梓里，相与虆梩而掩之，递年覆土，遂成塚焉。万历癸卯，青阳施益臣为封树立墓，贵池里人为建祠置产，以供奉祠。应天焦竑有墓祠记勒石。

先，夫人投水时，愤甚，呕血于石中，成小影，阴雨则见之，相传为大士影，相戒勿践。有僧忽舁至庵中，夫人见梦于僧曰：“我翁夫人，黄状元妻也。”僧惊讶之，因沃以清水，悲悽之容恍然侧立东向，仿佛鬘鬟，人咸异之。少司空徐良彦移置清溪侍中祠，颜其上曰：“翁夫人血影石”，太学生许重熙为之铭曰：……先是，宣德二年，清溪诸民时时见一冠裳人携二三女郎立溪畔，薄暮若有声，土人惊异，心知其为公也，遂就其地构庙为三楹，旁列二夹室。缘时禁未解，不敢显言，置土谷神像以蔽之。后宗伯叶向高、史继偕、沈漼等顾瞻遗像，唏嘘涕泗，捐资拓宇，颜其门曰“清溪忠节祠”。池之诸生，三年秋闱，合奠以祭。

逸史曰：侍中观，余同里人也。考其先世，德立行修，尊贤好义，故子姓获忠孝报云。

（清）钱谦益《列朝诗集小传》甲集·黄侍中观　观，字伯澜，一字尚宾，贵池人。初从父赘姓许，受学于黄哻，哻死，节益自励。洪武二十一年①，会试、廷试皆第一人，授官翰林，累升礼部右侍郎。建文中，改侍中，掌尚宝司事。与方、齐并见信用。奉召募兵上游，闻建文群避位，投李阳河湍流中死。其妻翁携二女，先投淮清桥下死。

（清）查继佐《罪惟录》·列传卷十二上·致命诸臣传上·黄观（黄魁）　黄观，字澜伯，一字尚宾，直隶贵池人。……贡洪武甲子，入太学。是岁领乡荐第二。……复姓。建文初，更官制，每部增侍中一员，位次尚书，命观为之，仍掌尚宝司事。……时有吉安黄魁，为礼部侍郎，亦不屈死，附观祠，连族六十二人。弘光初，追赠观太子太保，谥文贞，妻翁氏贞懿夫人。

（清）傅维麟《明书》卷一百四·列传二·忠节传四·黄观　黄观，字伯澜，一字尚宾，贵池人。……洪武甲子贡入太学。是岁领乡荐第一。……有金有声为刑部侍郎，与观及张显宗等征兵浙江，至南昌，将入援，为取部百户刘恩缚送京，死之。又有松江同知周继瑜，闻观奉勤王诏，乃榜募义勇入援。

（清）徐乾学等《明史》卷十九·黄观　黄观，字伯澜，一字尚宾，贵池人。父赘许，从许姓。受学元待制黄哻，哻死节，观益自砺。筑翠微书舍读书。洪武中贡入太学，领乡荐。……与观同为侍郎者黄魁，不详何许人，有学行，习典礼，尚书陈迪与观皆爱敬之。燕兵入，亦不屈死。福王时，赠观太子太保，谥文贞。妻谥贞懿。魁赠尚书。

（清）王鸿绪等《明史稿》卷一百三十二·列传二十七·黄观　黄观，字伯澜，一字尚宾，贵池人。父赘许，从许姓。受学元待制黄哻，哻死节，观益自砺。筑翠微书舍读书。洪武中贡入太学，领乡荐，父艰，服阕，仍入监。绘父母墓为图，瞻拜辄泪下。二十四年，会试、廷试皆第一，授翰林修撰，累迁尚宝司卿、礼部右侍郎，乃奏复姓。建文初，更官制，左右侍中次尚书，改观右侍中，仍兼尚宝司卿，与方孝孺等并亲用。

---

① 此处记载有误，当为洪武二十四年。

燕王举兵，观草制，讽其散军归藩，束身谢罪，辞极诋斥。四年，奉召募兵上游，且督诸郡兵赴援。至安庆，燕王已渡江入京师，未几，下令暴左班文职奸臣罪状，观名第六。既而索国宝，不知所在，或言已付观出收兵矣。命有司追捕，收其妻翁并二女，给象奴。奴索钗钏市酒肴，翁佯诺，悉与奴持去，急携二女及家属十人投淮清桥下死。观闻金川门不守，叹曰："吾妻有志节，必死。"招魂，葬之江上。明日，家人自京奔至，白翁死状，观恸哭。至李阳河，或谓曰："宫已焚，失帝，新皇帝即位三日矣。"观命舟至罗刹矶，朝服东向拜，投湍急处死。事闻，籍其家，并戍姻党，仁宗初，得释还。

观弟觐，先匿其幼子，逃他乡。或云觐妻毕孀居母家，遗腹生子，故黄氏有后于贵池。初，观妻投水时，呕血石上，成小影，阴雨则见，相传为大士像。僧舁至庵中，翁夫人见梦曰："我黄状元妻也。"比明，沃之以水，影愈明，有愁惨状。后移至观祠，名翁夫人血影石。与观同为侍郎者黄魁，不详何许人，有学行，习典礼，尚书陈迪与观皆爱敬之。燕兵入，亦不屈死。福王时，赠观太子太保，谥文贞，妻谥贞懿。魁赠尚书。

（清）张廷玉等《明史》卷一百四十三·列传第三十一·黄观　黄观，字伯澜，一字尚宾。贵池人。父赘许，从许姓。受学于元待制黄冔，冔死节，观益自励。洪武中，贡入太学，绘父母墓为图，瞻拜辄泪下。二十四年，会试、廷试皆第一，累官礼部右侍郎，乃奏复姓。建文初，更官制，左右侍中次尚书，改观右侍中，与方孝孺等并亲用。

燕王举兵，观草制，讽其散军归藩，束身谢罪，辞极诋斥。四年，奉召募兵上游，且督诸郡兵赴援。至安庆，燕王已渡江入京师，下令暴左班文职奸臣罪状，观名在第六。既而索国宝，不知所在，或言已付观出收兵矣。命有司追捕，收其妻翁氏并二女，给象奴。奴索钗钏市酒肴，翁氏悉与之持去，急携二女及家属十人投淮清桥下死。观闻金川门不守，叹曰："吾妻有志节，必死。"招魂，葬之江上。命舟至罗刹矶，朝服东向拜，投湍急处死。

观弟觐，先匿其幼子，逃他处。或云觐妻毕氏孀居母家，遗腹生子，故黄氏有后于贵池。初，观妻投水时，呕血石上，成小影，阴雨则见，相传为大士像。僧舁至庵中，翁氏见梦曰："我黄状元妻也。"比明，沃以水，影愈明，有愁惨状。后移至观祠，名翁夫人血影石，今尚存。

（清）徐开任《明名臣言行录》卷八·侍郎黄文贞公观　字澜伯，池州贵池人。洪武辛未进士，仕至礼部侍郎。建文四年殉难南都。补谥文贞。

初从父赘姓许。幼颖敏，受学元待制黄哻，哻死节，公益砥砺，尝筑翠微书舍，诵读甚勤。洪武甲子，贡入太学。是岁领乡荐第一。辛未会试第一，廷对御戎策，大要以"天道福善祸淫之机，人事练兵讲武之法"为言，复擢第一，拜修撰。日侍御前，每赐顾问，命编写《省贪》等录。上以其有政事才，凡法司诸榜文令公撰成即书之。又令清理军职贴黄，兼管注销诸司案牍。侍东宫讲论。累迁尚宝卿、礼部侍郎，乃复其姓。建文中改侍中，掌尚宝司事，与方、齐并见信用。文皇索齐、黄，时公草诏，极其诋斥。建文四年，公奉诏募兵上游，并督诸郡勤王。文皇已即位，列文职奸臣罪状，公名第六。先索宝不知所在，或言已付黄观出起兵矣。公至安庆，闻变恸哭，谓人曰："吾妻翁有志节，必不辱。"　　招魂葬之江上。明日，家人自京奔至，言夫人暨二女同被执，有象奴得之，索钗钏出市酒肴，夫人急携二女率家属十人投淮清桥下死，公恸哭。至李阳河，闻建文皇帝避位，新天子即位三日矣，朝使索宝来召，知不可为，给曰："人贺新朝，礼当豫习。"朝服东向再拜，投罗刹矶湍流中。人急以钩挽之，仅得珠丝棕网以献。命束刍蒙公，帽而剉于市，年三十九。逮姻党百余人系狱。仁庙初，悉放还。友人柯暹立传，不敢出。是后清溪居民时见冠冕者一人携二三女郎立溪畔，人谓公也，骇叹，立祠。

景泰中，进士邑人孙仁使辽，有老卒朱巘给事公馆，亦以公累戍边者。巘故为诸生，从公游。仁问旧事，且泣且言甚悉："翁氏，池口人。没时，有司收其尸，并二女具棺殓以待朝命，不报。"天顺中，池人至南京柳林，破棺犹有存者。询之父老，咸曰"此黄状元妻女"云。清江龚守愚知贵池，始于学宫西偏即其故址立祠祀之。今金陵赛工桥侧亦有翁夫人暨二女墓祠。

（清）黄之隽等《江南通志》卷一百五十五·人物志·忠节三·池州府·明　黄观，字澜伯，贵池人。洪武辛未会试、廷试皆第一，授翰林修撰。日侍御前，命编写《省贪录》，撰法司榜文，历礼部侍郎。建文元年改官制为侍中。及靖难师渡淮，观奉诏征上游诸郡兵入卫，还抵安庆，闻金川门之变，朝服再拜，自沉于罗刹矶急湍中。妻翁氏暨二女家属十余人尽死。

（清）和珅等《钦定大清一统志》卷八十三·池州府二·人物·明　黄观（字澜伯，贵池人。洪武中，会试、廷试皆第一，授修撰，累迁礼部右侍郎。建文初，更官制，迁侍中，与方孝孺等并亲用。燕王举兵，观奉诏募兵。至安庆，燕王已入京。观闻，投江死。本朝乾隆四十一年赐谥忠节。）

（清）汪有典《史外》卷一·黄侍中传　公讳观，字澜伯，一字尚宾，贵池人。榜姓许。洪武甲子贡入太学，领解，登上第。胡季安为祭酒。太祖以监生许观乡试、会试、殿试皆第一，特诏褒奖之，是为国初"三元"也。

（清）阎湘蕙《明鼎甲征信录》卷一　黄观，字伯澜，江南贵池人。幼颖敏，受学于元待制黄冔，事之甚谨，冔死节，观益自励。洪武中贡入太学，绘父母墓为图，瞻拜辄泪下。二十四年，会试第一。廷对御戎策，举"天道福善祸淫之机，人事练兵讲武之法"为言，上遂首擢。累官右侍中。遇建文之难，投水死。妻翁氏与二女亦俱投水

死节云。(《明史》并《续藏书》)

(明)何乔远《名山藏》·臣林外纪·黄观 (存目)
(明)陈仁锡《皇明世法录》卷九十一·表忠·黄观 (存目)
(明)尹守衡《明史窃》卷七十八·列传第五十六·黄观 (存目)

科 第

(明)黄佐《翰林记》卷十四·考会试 (洪武)二十四年,取黄观等三十二人。

(明)廖道南《殿阁词林记》卷十四·会试 (洪武)二十四年,取黄观等三十二人。

(明)《明太祖实录》卷二百八 洪武二十四年三月丁酉,上御奉天殿,策试礼部会试中式举人。制策曰:"昔列圣之相继,大一统而驭宇,立纲陈纪,礼乐昭明,当垂衣以治,何自弗宁?少壮尽行,内骚华夏,外戍八荒,牝马胎驹于行伍,旌旗连岁于边陲,此果好杀而有此欤?抑蛮貊欲窥而若是欤?观之往事,亦甚艰矣!今欲罢乘机,绝远戍,垂衣以治,又恐蛮貊生齿之繁,不数十年后为中国患。当此之际,似乎失今可乘之机,岂不为恨?今兴止未判,其于乘机绝,孰可孰不可?尔诸文士论之,以妥内外。朕将亲览焉。"时廷对者三十一人,擢许观为第一,赐观等进士及第出身有差。

(明)张朝瑞《皇明贡举考》卷二·(辛未)洪武二十四年会试 时会试之士六百五十人,取许观等三十一人,刻程文□□□篇。部本缺,《显忠录》姓氏存。

……

中式举人三十一名:许观,直隶池州府贵池县人,监生,《书》。张徽,山西平阳府绛州人,监生,《易》。蔡祯,四川嘉定州人,监生,《诗》。王羽,浙江仁和县人,杭州府学生,《春秋》。胡泰,江西南昌府南昌县人,监生,《书》。

三月初一日,临策天下贡士,制曰:昔列圣之相继,大一统而驭宇,直纲陈纪,礼乐昭明,当垂衣以治,何自弗宁?少壮尽行,内骚华夏,外戍八荒,牝马胎驹于行伍,旌旗连岁于边陲,此果好杀而有此欤?抑蛮貊欲窥而若是欤?观之往事,亦甚艰矣。今欲罢乘机,绝远戍,垂衣以治,又恐蛮貊生齿之繁,不数十年后为中国患。当此之际,似乎失今可乘之机,岂不为恨?今兴止未判,其于乘机绝戍,孰可孰不可?尔诸文士论之,以安内外,朕将亲览焉。

(时廷对之士三十一人,赐许观等进士及第出身有差。观廷对御戍策,大要以"天道福善祸淫之机,人事练兵讲武之法"为言。上嘉之,遂首擢。观本黄姓,从母家姓许，寻复之。建文二年，官至礼部侍中。四年，奉诏募兵上游，且督诸郡勤王。至安庆，闻建文君避位，朝服东向再拜，投湍流中死，妻翁氏及二女俱死节云。瑞按：观当大事未去则竭力勤王，大事既去则从容就义，且忠贞素笃，妻孥化焉。明之得黄观，犹宋之得文天祥也，真增重科目哉！惜革除间，党禁方严，其文章节义之详不尽传于世耳。《显忠录》称观庚午乡试中三十一名，辛未魁天下，年三十三，则诸本称观“三元”者，误矣。是科观为忠臣，张显宗有名，部本缺，闽本不全，胡本误以韩克忠榜充之，俞振才本姓氏存。）

第一甲三名赐进士及第：许观，直隶贵池县。张显宗，福建宁化县。吴言信，福建邵武县人，抄钞局副使。

（明）张弘道、张凝道《皇明三元考》卷一·洪武二十四年辛未科大魁 会元许观（直隶贵池人。本姓黄，字澜伯，一字尚宾。父赘许氏，遂从舅姓。治《书》。国子生。自幼颖异，长受业于元翰林待制黄殷士。天兵入大都，殷士死之，观益砥砺，以忠义自许。庚午，领乡荐，联登会、状元，时年三十二。授修撰，历尚宝司卿、礼部侍郎属。建文改官制，又为侍中，复姓黄。靖难兵起，观往上江诸郡征兵。亡何，而上渡江正大统矣。观自分大事已去，乃朝服东向再拜，投罗刹矶水中死。妻翁氏携二女投于通济桥下。

按，《显忠录》谓，观庚午乡试三十一名。《池州府志》亦云，洪武庚午科举人，会试、廷试俱第一人。而《皇明通纪》乃云，庚午解元，不知何据，然庚午解元为黄文忠，则非许观可知。）

状元许观。

又 名臣：许观。

（明）张弘道、张凝道《科名盛事录》卷一·元魁盛事·两中元魁 贵池许观，洪武辛未会元、状元。

仕　宦

（明）宋端仪《立斋闲录》卷二 洪武三十五年六月十三日，燕王令旨，谕在京军民人等知道：“予昔者守固藩国，以左班奸臣窃弄威福，骨肉被其残害，起兵诛之，盖以扶持宗社、保安亲藩也。于六月十三日抚定京城。奸臣之有罪者予不敢赦，无罪者予不敢杀，惟顺乎天而已。或有无知小人，乘时有事，图报私雠，擅自绑缚，劫掠财物，祸及无辜，非予本意。今后凡有首恶，有名，听人擒拿；余无者，不许擅自绑缚。惟恐有伤治道，谕尔众庶，咸使闻知。”计开奸臣：……礼部右侍郎黄观（即许观）。

轶事

(明) 周晖《金陵琐事》卷四·花练黄 杭州花纶、黄观榜，及第三人，初读卷官进卷，以花纶第一，练子宁第二，黄观第三。太祖改定，以黄第一，练第二，花第三。故南京谚有“花练黄，黄练花”之语。

著作

(清) 钱谦益《列朝诗集小传》甲集·许布衣观 观，字澜伯，吴城人。文征仲《跋江贯道画卷》云：“南郭民为许观澜伯，天人，有高行，不仕。”同时别有许观，亦字澜伯，建文侍中死难者，与此许观不同。以《续鼓吹诗》考之，与张翰宸和诗者，吴城许观也。诸选并入《侍中集》，今正之。

(清) 陈田《明诗纪事》乙签卷一·黄观（一首） 田按，贯道《长江图》号为名迹，事已具别卷。王常宗诗后。文征仲跋此图后云：“南郭氓为许观澜伯，不仕，有文学之名。”同时别有许观，亦字澜伯，死于靖难时，乃池州人，与此许观不同，而皆有文学，不知此诗谁作也？余以唐人两集并存之例存之。

(清) 张其淦撰，祁正注《元八百遗民诗咏》卷二·许澜伯（观） 同时竟有两许澜伯，同字同名，事仅奇。此是吴城许处士。

评论

(明) 钱士升《皇明表忠纪》卷十·逊国文武诸臣议谥计一百二十八·侍中黄观、礼科给事中黄钺 观征兵江上，钺扶义同仇，知时事之已非，赴江流以长逝。不负故君，不负死友，其志洁，其行芳，直与三闾大夫千秋鼎立矣。法宜上谥。谨议：忠洁（杀身报国，不污不义）；忠节（杀身报国，能固所守）。

杂录

(明) 黄瑜《双槐岁钞》卷二·两魁天下 洪武二十四年辛未二月，天下贡士会试者六百六十有奇，中式者许观，贵池人，监生。《书》。……凡三十一人，盖二十而取一也。入对大廷，观擅第一，国朝两魁天下者自观始，时年二十八。张显宗次之，吴言信又次之。上以连科状元皆出太学，召祭酒宋讷面褒谕焉。《水东日记》谓显宗为状元，非也。自乙丑以来，进士多有为县丞者，是年登科绝少，上乃擢下第举人张孟镛等，俱授主事，盖特恩也。观后复姓黄，官至少宗伯，死于靖难，其妻翁氏夫人暨二女亦死节云，可谓不负魁名矣。惜制作散佚。世传其《酬张隐君》诗云："漫批华什咀余甘，欲报琼瑶愧不堪。一自返舟睟邑后，几回飞梦石湖南。莺花敢续春吟句，灯火空陪入夜酣。茶气拂帘清宵午，想应宾主正高谈。"气概不类其为人，盖赝本也。

（明）王世贞《凤洲杂编》卷四·连科状元出太学 辛未天下会试六百六十人，中式三十一人，廷试赐许观及第，时年二十八。张显宗次之，吴言信又次之。上以连科状元出太学，召祭酒宋讷面褒谕焉。

（明）严从简《殊域周咨录》卷一·东夷·朝鲜 成桂于是代王氏，更名旦，徙居汉城，遣使请改国号。诏更号曰朝鲜，遣仪制郎熙光宣赐之。修撰黄观赠光诗曰："东服来王荷宠褒，遥宣圣泽属仪曹。九重锡予皇恩渥，万里驰驱使节劳。入仰中天红日近，星环北极紫微高。来迎父老应相语，风不鸣条海不涛。"观，建文忠臣也。

（清）黄之隽等《江南通志》卷三十七·舆地志·黄忠节祠 在桃叶渡祀明侍中黄观妻翁氏及其二女。又一在赛工桥东。

附 明焦竑《记》：侍中黄公死靖难间，其夫人翁与二女及家属十人并日死金陵，今去之二百年所矣。乃有公乡人施益臣者，索而封且树之醵金，为祠若干楹，并貌公其中。会宛陵徐公大任以大光禄来摄京兆。徐公廉直好义，所在著声，与余善，闻之而忻然往拜焉。荐苹藻祠，春秋勒为常仪，其于表章忠贤之典始备。按，公讳观，字澜伯，一字尚宾，池州贵池人也。幼受学元翰林黄哻。哻死节于元，公感奋，以忠义自许。洪武二十四年，廷对擢进士第一，授修撰，历尚宝卿。建文初，迁礼部右侍郎，属定官制，增左右侍中员，次尚书，改公为侍中，与方、齐日见亲用。文皇索齐、黄，时公草制，极陈大义，辞多指斥。未几，公奉诏征兵入援，至安庆，闻金川门变，痛哭谓人曰："吾妻翁素有志节，必不辱。"招魂葬之江上。是时，有司果收翁及二女，给配象奴，翁佯以钗钏付奴市酒肴，以其间携二女自沉于水，而家属十人者随之。公旋至李阳河，亦朝服东向再拜，投罗刹矶以死。公初以侍中掌尚宝司事，而尹公直去公未远，乃已漫漶莫决。又，《实录》载：翁死于通济门河。翁既给象奴，今翁房正在通济门外，当可信不疑。传闻夫人及二女尸顺流而下，至今赛工桥相持而立，颜面如生，乌鸢类皆不敢近。或为具棺收之待朝命，久而不报。天顺中，池人至京师柳林，破棺犹有存者。土人指示曰："此黄状元妻女也。"乃相与藁梩而掩之。余尝与益臣辈梱而问焉，三四至其处，仿佛低徊，为之凄然者久之。野史，翁讹为雍，又为龚，且言淮清桥为其死所。后人弗加检镜，辄即青溪姑庙以为祠，其失远矣。赛工桥乃夫人二女埋玉处，因祠焉，而并以祀公固当。嗟乎！人生何常？惟义之归。以彼炎隆重辏，在势处显，而一旦身死名灭，冰消火尽，既已圻墟灰烬荆榛矣。即今白杨悲风，累累道傍者皆是也。如夫人者，迄于今为樵夫牧竖之所称识，仁人义士之所欷歔，历久而不能忘，岂非忠孝之性得于天者无以异，而兴于感者不可遏欤？余生其地而又幸及知之，不为之发潜扬微，何以示后？公阖门之节，臣死其君，妇死其夫，女死其父母，而臧获辈死其主，光日月而振宇宙者，不待余言！乃征之实录，考之父老之口，其实迹历历可证，而至为妄庸者所瞀乱，此余生其地者之责也，殆不可以不辨。且喜益臣矢力于下，徐公振废于上，见好仁扶义者之犹有人，而于以甄陶世风羽翼圣化也匪细。于是为之记。

又，卷一百七十九·人物志·列女·明礼部侍中黄观妻翁氏　贵池人。靖难兵入，观征兵江上，命收观妻女给配象奴，象奴至，翁出钗珥给之市酒脯，乘间携二女投通济桥下死，其尸流赛洪桥，母女相抱立水中，面色如生。

洪武二十七年（1394）甲戌科状元张信

传　记

（明）陈鎏《皇明历科状元录》卷一·洪武二十七年甲戌状元张信　廷试彭德等一百人，擢张信第一，赐信等及第出身有差。

谨人单仲友征至京师备顾问，因言本府名明州，与国号同，请易之。上徐思之曰："汝言是也。"复询仲友山川谶纬之详，仲友对曰："昌国县舟山之下有状元桥，盖因谶故名。而童谣谓'状元出定海'，以臣观之，二邑素无颖异，将有待耶?"上闻定海之名，喜曰："海定则波宁，宜改名宁波。"时洪武十四年也。迄二十年省昌国并入定海。二十七年，县人张信果应其谶，盖信即昌国在城人也。（《双槐岁钞》）

张信字诚甫，举进士第一，授翰林修撰，二十九年擢侍读。谕之曰："翰林虽以论思为职，然既列近侍，旦夕在朕左右，凡政治得失、生民利病，当知无不言。昔唐陆贽、崔群、李绛之徒，皆能正言谠论，补益当时，显闻后世。尔等当以古人自期，毋负朕擢用之意。"

郡中初架石梁，有谣曰："人从桥上行，状元此时生。"其父首从桥行，逮还家有生儿之喜。及举乡荐赴京，梦以竹片反押青犬头置兀上，详者曰："竹片反押青犬乃状字，置兀上凑元字，况当甲戌，必魁天下。"果如言。

时韩王、安王、靖江王以幼小，俱在文渊阁讲学，适右赞善王俊华及韩、安二府长史黄章同坐，观杜诗绝句云："舍下笋穿壁，庭中藤刺檐。地晴丝冉冉，江白草纤纤。"章以问俊华，俊华曰："此盖伤唐室衰微，观其无题，可见矣。"信曰："此时与贞观之风大异，宜有此诗。"已而，诸王至，奉旨各写古诗一首呈览，信即以此与韩王写去。御览大怒，韩王曰："张信教儿写耳。"上由是恶之。二十九年二月，同编修戴彝誊敕谕女户百户稿进呈，奉旨增二语。信还文渊阁写成，仍旧弗增。彝劝信增之，不从，谓曰："事涉欺罔，祸可既乎?"三十年，坐覆阅会试卷，与章等同诛。呜呼！人臣事君，以不欺为本，信之掇祸如此，岂足以赍山川、应谣谶也哉?（《双槐岁钞》）

危科首跻，帝恩何沃！授官温言，君宠尤笃。为国求才，宜公简录。同事匪良，法网斯触。郡志弗存，沦于碌碌。伟矣舟山，永祠不辱。

（明）顾祖训原编、（明）吴承恩增补、（清）陈枚续补《状元图考》卷一·状元张信 洪武二十七年甲戌，廷试彭德等一百人，擢张信第一。

按，张信，字诚甫，浙江定海人。谨人单仲友征至京师备顾问，因言本府名明州与国号同，请易之。上徐思之曰："汝言是也。"复询仲友山川谶纬之详，仲友对曰："昌国县舟山之下有状元桥，盖因谶故名。而童谣谓'状元出定海'，以臣观之，二邑素无颖异，将有待耶？"上闻定海之名，喜曰："海定则波宁，宜改名宁波。"时洪武十四年也。迄二十年省昌国并入定海。二十七年，县人张信果应其谶，盖信即昌国在城人也。又郡中初架石梁，有谣曰："人从桥上行，状元此时生。"其父首从桥行，逮还家有生儿之喜。及举乡荐赴京，梦以竹片反押青犬头置兀上。解者曰："竹片反押青犬乃状字，置兀上凑元字，况当甲戌，必魁天下。"果如言。

（清）王鸿绪《明史稿》卷一百三十四·列传第二十九·张信 （存目）

科　第

（明）《明太祖实录》卷二百三十二 洪武二十七年三月庚子朔，上御奉天殿，策试会试举人。制策曰："昔列圣之驭宇也，其立纲陈纪，皆精思远虑，至当无疵，著为典章，垂法万世。夫何历代创业之君，于革命之际必有损益，果前代立法有未善欤，抑时君乐于更张而有损益欤？尔诸文士当立志之秋，正宜讲此。其悉陈之，朕将览焉。"时廷对者百人，以张信为第一，赐信等进士及第出身有差。

（明）张朝瑞《皇明贡举考》卷二·（甲戌）洪武二十七年会试 中式举人一百名：彭德，陕西凤翔县。余缺。（《吾学编》云：耿清试礼部第三。）

三月初一日，临策天下贡士，制曰：昔列圣之驭宇也，其立纲陈纪皆精思远虑，至当无疵，著为典章，垂法万世。夫何历代创业之君，于革命之际，必有损益，果前代立法有未善欤？抑时君乐于更张而有损益欤？尔诸文士，当立志之秋，正宜讲此，其悉陈之，朕将览焉。

（时廷对之士百人，赐张信等进士及第出身有差。信洪武三十年升侍读。是科一甲景清、戴德彝俱死建文君之难。部本缺。）

第一甲三名赐进士及第：张信，浙江定海县。耿清（即景清），陕西贞宁县。戴德彝，浙江奉化县。

（明）张弘道、张凝道《皇明三元考》卷一·洪武二十七年甲戌科大魁 状元张信

（浙江定海人。字诚甫。治《书》。国子生。庚午举人。授修撰，升侍读，以教韩王写杜诗“含讥刺”及敕稿“削御制”二语得罪，复以丁丑考试事诛。）

仕　宦

（明）黄佐《翰林记》卷十七·属官题名·侍读　张信（浙江定海人。洪武甲戌进士第一）。

又，卷十七·史官题名·修撰　张信（见前）。

（明）王世贞《凤洲杂编》卷四·张信杜诗　甲戌状元张信。信，定海人也，为侍读，后坐以教韩王写杜诗含讥刺及敕稿削御制二语得罪，复以考试事诛。

（明）皇甫录《皇明纪略》　太祖尝命状元张信训诸王子，信以杜诗“舍下笋穿壁”四句为字式，太祖怒曰：“堂堂天朝，何讥诮如此?”腰斩以徇经生。信，四明人，时为翰林修撰。

杂　录

（明）王世贞《弇山堂别集》卷十六·皇明奇事述一·大臣姓名同　五张信（一永乐隆平侯，一弘治彭城伯，一宣德兵部左侍郎。又洪武有状元侍读及孝子尚宝卿）。

洪武三十年（1397）丁丑科（春榜）状元陈䢿

传　记

（明）陈鎏《皇明历科状元录》卷一·洪武三十年己丑状元（陈䢿三月榜、韩克忠六月榜）　二月，会试天下贡士，学士刘三吾、安府纪善白信稻为考官，取泰和宋琮等五十二人，中原、西北士了无预者。二月，殿试以闽县陈䢿为第一，北方举人咸以为言。上阅所取皆南士，疑之，命儒臣再考下第卷，中择其优者取之。于是侍读张信、侍讲戴彝、赞善王俊华、司宪司直张谦、校书严叔载、正字董贯并二府长史黄章及甲首陈䢿等受命，人各阅十卷，或传三吾与信稻至其所，嘱以卷之最陋者进呈。上阅卷，果以不堪文字奏进。上益怒，于是取六十一人殿试，再试策问，以山东韩克忠为首，时六月辛巳朔，皆山东、山西、河南、北平、陕西、四川士也。会诸臣纂述《历代事迹》，至汉武帝以长安狱中有天子气，遣使诣郡邸狱，罪无轻重，皆杀之云云。上以其讥诛胡党，因命刑部拷讯，诸阅卷官皆出胡党，三吾、信稻及司宪为蓝党，惟戴彝不与焉。诏宥三吾死，谪戍边。余悉磔于市。以䢿等进卷不行明白，用笔不直，有惑圣听，发威虏安置，恩宥回，降鸿胪寺宾署丞，已而御史劾奏，皆连坐死。（《皇明纪》）

䢿，闽人，精数学。就试之日，谓所亲曰："今岁状头当刑，奈何？"已而身罹之。（《登科考》）

（明）顾祖训原编、（明）吴承恩增补、（清）陈枚续补《状元图考》卷一·状元陈䢿（三月榜）　洪武三十年二月，会试天下贡士，学士刘三吾等为考官，取泰和宋琮等五十二人，中原、西北士子无预者。三月，殿试以闽县陈䢿为第一，北方举人咸以为言。上阅所取皆南士，疑之，命儒臣再考下第卷，中择其优者取之。于是侍读张信等受命，人各阅十卷，果以不堪文字奏进。上益怒，于是取六十一人殿试，再试策问，以山东韩克忠为首，时六月辛巳朔，皆山东、山西、河南、北平、陕西、四川士也。

《登科考》：陈䢿，闽人，精数学。就试之日，谓所亲曰："今岁状元当刑，奈何？"已而身罹之。……

世称“春榜”、“夏榜”，以此又谓“南北榜进士”。郊等伏法削籍，故今但有克忠榜，而郊榜无可考矣。若会试录则犹存也。

（明）张弘道、张凝道《皇明三元考》卷一·洪武三十年丁丑科大魁·春榜 状元陈䢵（福建闽县人。字仲安。治《礼记》。丙子应天举人。博学多艺能，尤精于象纬之术，一时名流多与之游。）

……

笔记云：时试官刘三吾、白信稻，取宋琮等五十一人，中原、西北士子无登第者。及入对，䢵为首，尹昌隆次之，刘谔又次之。下第者以三吾等南人为言。上怒，命儒臣再考落卷中文理长者第之。于是侍读张信、侍讲戴彝、赞善王俊华、司直郎张谦、司经校书严叔载、正字董贯、长史王章、纪善周衡、萧楫及䢵、昌隆、谔各阅十卷，或言刘、白嘱信等以陋卷呈，上阅卷益怒，亲赐策问，取克忠等六十一人，皆山东、山西、河南、北平、陕西、四川士也。考官信等俱磔杀之，三吾以老戍边，䢵、谔安置威虏，惟戴彝、尹昌隆得释。寻取䢵、谔归为司宾司仪署丞，复杀之。

《登科考》云世称“春夏榜”，以此又谓之“南北榜”。䢵等伏法削籍，故今但有克忠榜，而䢵榜无可考矣。若《会试录》则犹存也。

（清）陈田《明诗纪事》甲签卷二十九·陈䢵（一首） 䢵，字仲，一字叔恭。闽县人。洪武丁丑第一人及第，授翰林院修撰。

（俞宪《登科考》：洪武三十年丁丑，廷对之士五十一人，擢陈䢵第一。既而北方举人下第，言取士不公。上阅所取多南士，疑之，诏考官刘三吾及䢵等皆下狱，命翰林儒臣重阅落卷，得六十一人，皆山东、山西、北平、河南、陕西、四川士也。䢵，闽人，精数学，就试之日，谓所亲曰：“今岁状元当刑，奈何？”已而果然。事得之闽父老云。）

科　第

（一）乡试

（清）谢道承等《福建通志》卷三十七·选举五·明举人上·洪武二十九年（丙子）**李骐榜** 陈䢵，应天中式，丁丑进士第一人。

（二）会试、殿试

（明）《明太祖实录》卷二五一 洪武三十年三月癸丑朔，上御奉天殿策试举人。制策曰：“朕闻古之造理之士，务欲助君，志在行道，受君之赐而民供之。所以操此心，固此志，以待时机之来，张君之德，布君之仁，补其不足而节有余，妥苍生于市野。于斯之士，古至于今，历代有之。载之方册，昭如日月，流名千万世不磨。朕自为王为帝三十四年，尚昧于政事，岂不思古而然欤？抑志士之难见欤？诸生敷陈其道，朕亲览焉。”时廷对者五十一人，擢陈䢿为第一，赐䢿等进士及第出身有差。

（明）黄瑜《双槐岁钞》卷二·丁丑再试 洪武丁丑会试，考试官学士刘三吾、安府纪善宝坻白信稻，取宋琮等五十一人，中原、西北士子无登第者。入对大廷，赐进士及第，闽县陈䢿为首，吉安尹昌隆次之，会稽刘谔又次之。被黜落者咸以为言，上大怒，下诏命儒臣再考下第卷，中择文理优长者复其科第。于是侍读定海张信、侍讲奉化戴彝、春坊右赞善宁海王俊华、平度司宪右司直郎永嘉张谦、司经局校书瑞安严叔载、正字乐安董贯、二府长史惠安黄章、韩府纪善无锡周衡、靖江府纪善吉水萧楫及陈䢿等首甲三人，受命人各阅十卷。或闻三吾与信稻至其所，嘱以卷之最陋者进呈，上益怒。章进一卷《答君臣同游策》，有曰“贵而在上者君也，贱而在下者臣也，贵以临贱，贱以承贵。”叔载进《易义》，有曰：“一气交而岁功成。”上曰：“君臣同游，本为君明臣良，以成千载一时之盛，今言贵贱，正讥如今臣下犯罪不复宽容矣。阴阳必二气乃交感，今日一气交，则独阳不生，孤阴不成，诚为悖理。”于是取六十一人殿试，再赐策问，以山东韩克忠为首。六月辛巳朔也。先是丙子春，上命翰林院官三吾及张信等，詹事府官司宪王俊华、张谦、严叔载、董贯及黄章等，编纂历代帝王凡三百君，除伏羲至帝喾世远史不详载，自帝尧至元顺帝三千七百余年，行事善可为法、恶可为戒者，提其精要，列注各君之下，一览事迹，粲然易晓。至是年四月撰述汉武帝以长安狱中有天子气，遣使诣郡邸狱，罪无轻重皆杀之，丙吉治狱，拒不纳。上见之，以其讥诛胡党也，因命刑部拷讯。诸阅卷者并祭酒杨淞皆出胡党，惟三吾、信稻及司宪为蓝党，彝及昌隆不与，并宥三吾，余皆磔戮。䢿、谔进卷，不行明白，用笔此直，有惑圣览，吏部奏发威虏安置。四月初二日恩宥取回，䢿降鸿胪寺司宾署丞，谔降司仪署丞。已而御史劾奏，皆连坐以死。而彝及昌隆竟免焉。详载《薄福不臣榜》中。

（明）张朝瑞《皇明贡举考》卷二·（丁丑）洪武三十年会试 中式举人五十二名：宗琮，江西泰和县，《易》。尹昌隆，江西泰和县，《书》。余缺。

三月初一日，临策天下贡士，制曰：朕闻之曰，造理之士，务欲助君，志在行道，受君之赐而民供之。所以操此心，固此志，以待时机之来，张君之德，布君之仁，补其不足而节有余，妥苍生于市野。于斯之士，古至于今，历代有之。载之方册，照如日月，流名千万世不磨。朕自为王为帝三十四年，尚昧于政事，岂不思古而然欤？抑志士之难见欤？诸生敷陈其道，朕亲览焉。

（时廷对之士五十一人，赐陈䢿等进士及第出身有差。田汝成本云：“䢿精数学，就试之日，谓所亲曰：‘今岁状头当刑，奈何？’已而身罹之。”是榜黄淮为名臣。尹昌隆有名，曾凤韶、陈性善、郑华俱死建文君之难。部本、湖本俱缺，俞振才本详。）

第一甲三名赐进士及第：陈䢿，福建闽县。尹昌隆，江西泰和县。刘谔，浙江山阴县。

（明）王世贞《弇山堂别集》卷十七·皇明奇事述二·大科更易 洪武丁丑，取中状元陈䢿等五十一人，俱不刻《登科录》，而亲试中韩克忠等六十一人。言者谓考试官刘三吾等有私，俱下狱故也。

（明）王世贞《凤洲杂编》卷四·中原西北士子无登第 （洪武）丁丑会试，考官学士刘三吾、吉府纪善白信蹈，取宋琮等五十一人，中原、西北士子无登第者。入对，闽县陈䢿首，吉安尹昌隆次之，会稽刘谔又次之。下第者以三吾等南人□言。上怒，命儒臣再考落卷中文理长者第之，于是侍读张信、侍讲戴彝、右赞善王俊华、司直郎张谦、司经校书严叔载、正字董贯、长史黄章、纪善周衡、萧楫及䢿、昌隆、谔人各阅十卷。或言刘、白嘱信等以陋卷进呈，上益怒，亲赐策问韩克忠等六十一人及第有差。主考信等俱磔杀之，三吾以老戍，䢿、谔安置威虏，唯赦戴彝、尹昌隆。䢿、谔取回复杀之。

轶　　事

（明）李绍文《皇明世说新语》卷六 陈䢿精数学，谓所亲曰："今岁状头当刑。"已而身罹之。

杂　　录

（清）李清馥《闽中理学渊源考》卷四十四·王开若先生肇 王肇，字开若，侯官人，父褒。少业于陈䢿，学诗林鸿，学书王偁，学画高棅。永乐、宣德间，以文学屡征不起。所著有《蒙斋集》。（《闽书》、《通志》）

洪武三十年（1397）丁丑科（夏榜）状元韩克忠

传　记

（明）雷礼《国朝列卿纪》卷一百六十一·国初国子监司业行实　韩克忠，字□□，山东东昌府武城县人，洪武丁丑状元，授翰林院修撰。三十二年任，三十三年升河南佥事，永乐元年调云南，卒。

（明）陈鎏《皇明历科状元录》卷一·洪武三十年己丑状元（陈䢿三月榜、韩克忠六月榜）　韩克忠，山东城武人。授翰林修撰，学行淳实。七月，命太常寺丞张显宗署国子祭酒事，命克忠署司业事，其见宠擢如此。克忠兴敝补坏，修明学政，论者谓祭酒宋讷之后克忠足以继之。寻迁河南佥事，卒。（《山东志》）

世称“春榜”、“夏榜”，以此又谓“南北榜”进士。䢿等伏法削籍，故今但有克忠榜，而䢿榜无可考矣。若《会试录》则犹存也。

匪陈则废，韩何以兴？春夏迭榜，南北攸分。孰谓贤科，匪争实争。帝心惟公，成韩令名。爰司国业，师范斯成。庶几膺眷，克笃其贞。

（明）顾祖训原编、（明）吴承恩增补、（清）陈枚续补《状元图考》卷一·状元韩克忠（六月榜）　洪武三十年二月，会试天下贡士，学士刘三吾等为考官，取泰和宋琮等五十二人，中原、西北士子无预者。三月，殿试以闽县陈䢿为第一，北方举人咸以为言。上阅所取皆南士，疑之，命儒臣再考下第卷，中择其优者取之。于是侍读张信等受命，人各阅十卷，果以不堪文字奏进。上益怒，于是取六十一人殿试，再试策问，以山东韩克忠为首，时六月辛巳朔，皆山东、山西、河南、北平、陕西、四川士也。……

《山东志》：韩克忠，山东武城人。授翰林修撰，学行淳实。七月，命克忠署司业事，其见宠擢如此。克忠兴敝补坏，修明学政，论者谓祭酒宋讷之后克忠足以继之。寻迁河南佥事，卒。

世称“春榜”、“夏榜”，以此又谓“南北榜进士”。郯等伏法削籍，故今但有克忠榜，而郯榜无可考矣。若《会试录》则犹存也。

（明）于慎行《翰林院修撰韩公克忠传》 韩克忠，字守信，武城人。登洪武丁丑进士第一，授行在翰林院修撰。太祖爱其学行淳实，仅三月，命署国子监司业。自祭酒宋讷后，学政多隳。忠与祭酒张显宗创制立法，兴废补坏，编立监规，参酌时宜，永为遵守，学政自此振举。革除二年升河南佥事，未几卒官。初，忠之会试也，不与中式之列。考官刘三吾、白信稻所取者宋琮等五十二人，江北无与者。及殿试，赐闽人陈郯为第一，被黜落者咸以为言。太祖怒，命讲读官张信、戴彝等十一人再阅下第卷，中择文理优长者复其科第。或传言三吾复嘱信等以卷之陋者进呈，太祖益怒，谓其胡、蓝余党，诏谪三吾戍边，余皆凌迟于市。于是复阅取六十一人，皆北人也。六月朔殿试，再赐策问，以忠为第一。今祀学官。

（录自［明］焦竑《国朝献征录》卷二十一）

（明）过庭训《明分省人物考》卷九十五·山东兖州府·韩克忠 韩克忠，字守信，武城人。登洪武丁丑进士第一，授行在翰林院修撰。太祖爱其学行淳实，仅三月，命署国子监司业。自祭酒宋讷后，学政多隳。忠与祭酒张显宗创制立法，兴废补坏，编立监规，参酌时宜，永为遵守，学政自此振举。革除一年升河南佥事，未几卒官。初，忠之会试也，不与中试之列。时所取者宋琮等五十二人，江以北无一与者。及殿试，赐闽人陈郯为第一，被黜落者咸以为言。太祖怒，命讲读官张信、戴彝等十一人再阅下第卷，中择文理优长者复其科第。或传言三吾嘱信等以卷之陋者进呈，太祖益怒，谓其胡、蓝余党，诏谪三吾戍边，余皆凌迟于市。于是复阅取六十一人，皆北人也。六月朔殿试，再赐策问，以忠为第一。今祀学官。

科　第

（明）《明太祖实录》卷二百五十三 洪武三十年六月辛巳朔，上御奉天殿策试下第举人。先是，礼部会试者多，而中式者少。被黜落者咸以为言。上命翰林儒臣考下第卷，中择文理优长者得六十一人，至是复廷试之。制策曰：“天生需民有欲，必命君以主之。君奉天命，必明教化以导民。然生齿之烦，人情不一，于是古先哲王设五刑，以弼五教。善者旌之，恶者绳之，善恶有所劝惩，治道由斯而兴。历代相因，未尝改也。朕承天命，君主生民，宵衣旰食三十余年，储思积虑，惟欲妥安生民。其不御教者亦有，由是不得已施之五刑，今欲民自不犯，抑别有其术欤？尔诸文士陈其所以，朕将览焉。”时廷对中擢韩克忠为第一，仍赐克忠等进士出身有差。

（明）张朝瑞《皇明贡举考》卷二·（丁丑）洪武三十年会试 六月初一日，临策覆试（或曰命题覆试，或曰重阅落卷）贡士。制曰：天生蒸民有欲，必命君以生之。君奉天命，必明教化以导民，然生齿之繁，人情不一，于是古先哲王设以刑，以弼五教，善者旌之，恶者绳之，善恶有所劝惩，治道由斯而兴。历代相因，未尝改也，朕承天命，君主生民，宵衣旰食三十余年，储思积虑，欲妥安生民，其不循教者亦有。由是不得已施之五刑，今欲民自不犯，抑别有其术欤？尔诸文士，陈其所以，朕将览焉。

（先二月，中式者少，而北士被黜落者咸言取士不公，上阅所取皆南士，亦疑之。命儒臣张信、戴彝等及甲首陈䢿再考下第卷，中择其优者取之，或传前考官刘三吾、白信稻至阅卷所嘱以卷之最陋者进呈，上阅卷验之，果以不堪文字奏进，益怒。命刑部考讯，戴彝无罪，三吾谪戍边，余皆凌迟于市。乃覆阅取六十一人，皆山东、山西、北平、河南、陕西、四川士也。至是再赐策问，时与试者六十一人，赐韩克忠等进士及第出身有差，世称春榜、夏榜，又称南北榜进士。以此《山东志》称克忠学行淳实，署国学，修明学政，迁河南佥事卒。部本、闽本俱缺，湖本虽存，误充辛未榜缺，今正之。）

第一甲三名赐进士及第：韩克忠，山东武城县。王恕，山东长清县。焦胜，山西乐平县。

（明）张弘道、张凝道《皇明三元考》卷一·洪武三十年丁丑科大魁·夏榜 状元韩克忠（山东武城人。字守信。授修撰。学行淳实。擢国子司业，修明学政，论者谓祭酒宋江讷之后，克忠足以继之。寻升河南佥事）。

（清）张廷玉等《明史》卷三·本纪第三·太祖三 （洪武三十年）六月辛巳，赐礼部覆试贡士韩克忠等进士及第出身有差。

又，卷七十·志第四十六·选举二 （洪武三十年）六月复廷试，以韩克忠为第一。皆北士也。

建文二年（1400）庚辰科状元胡广

传　记

（明）杨士奇《东里文集》卷十二·神道碑·故文渊阁大学士兼左春坊大学士赠荣禄大夫少师礼部尚书谥文穆胡公神道碑铭　太宗皇帝御天下二十有三年，文武之臣各展其才能，达诸事功，若竭诚效力，始终不渝者，其身虽没，所以宠眷之率有进而不衰，其文臣遭遇之盛者，文渊阁大学士兼左春坊大学士胡公尤著者也。公初以进士第一为翰林修撰，阶承直郎。又明年，太宗皇帝入正大统，升侍讲，逾月改侍读，进承德郎。永乐二年，升右春坊右庶子，阶奉议大夫，仍兼侍读。四年，进翰林学士兼左春坊大学士，阶奉政大夫，进文渊阁大学士，仍兼左春坊大学士。又三年得疾且剧，上数命太医集众医之良者往视，且遣中使问疾。既卒，上悼叹不已，命工部具棺，礼部赐祭者再，赠资善大夫、礼部尚书，谥文穆。国朝文臣有谥，自太子少师姚公广孝与公始也。又命官给舟还其丧，命有司治祠、坟。时仁宗皇帝监国南京，公之丧过焉，遣官临祭，赐赙甚厚。葬毕，其子入谢，官其长子穜为翰林检讨。仁宗既嗣位，追念公旧人，加赠荣禄大夫、少师、礼部尚书，遣官谕祭，且厚赐其家。公遭逢二圣，恩备始终，何其愈久而愈盛也？

公居官敬慎，在上前承顾问应对，必尽诚，必据理，而忠厚为本，未尝及人过失事。于奉旨制敕视草，即有所见，必具可否以闻，多见采纳。所撰进文字，上知出公笔辄称善。所奏对语及所治几务，退未尝出口，虽亲厚不敢私涉有问，盖自守之严有素。事太宗皇帝十有七年，凡巡幸北京，亲征北边，翰林率公与杨公勉仁、金公幼孜在扈从，信任甚笃。礼部郎中周讷建请封禅，群臣亦多言此太平盛事，上皆不听。时独公之言与上意合，既退，作《却封禅颂》奏之。丁母忧，召还。上问："百姓安否?"对曰："安。但郡县穷治奸恶外亲，为民厉。"遽诏罢之。其兼春坊也，小心尽诚，多所裨益，故尤为储君所厚。而沉静谦约，以满为戒，未尝干人以私，人亦无敢以私干之。两考京畿乡试，四为廷试读卷，鉴别公明。奉敕修《高皇帝实录》及《五经四书性理大全》书，皆为总裁。志于扶植名教，奖掖善类，果于义事，于利不苟取与，未尝一比匪人，所与交必辅之于善，不善去之，不复顾。小人有不满公者，屡造言毁之，赖上深知之，不听，遽黜毁者。而公自执愈坚，意度萧散。虽身处荣禄，未尝一日忘山林幽淡闲远之趣。公退，闭户读书赋诗而已。

初名广，廷试传胪，更名靖，永乐初，复旧名，其字光大，其斋居名晃庵，因以为号。公十数岁丧父，已有志问学，内浸渍其母训，外则日受从祖子贞先生之教，故德器不凡。居家笃伦谊，处乡曲恂恂执恭让。既冠，薄游闽中，闽之前辈君子率忘年与交。归而从黄伯器先生讲论，得所归宿之地而日进焉。其学博究经史百氏，下逮医卜老释之说亦皆旁通，而用志性命道德之旨。晚益有造诣，为文援笔立就，顷刻千百言，沛然行云流水之势。赋诗取适其性情，近体得盛唐之趣。工书法，行草之妙，独步当世。四方重其文翰，求者日接踵户外，虽无厌倦意，然非其人不苟予。其卒以永乐戊戌五月八日，春秋四十有九。其先自金陵徙庐陵。宋忠简公铨，其十二世祖也。曾祖鼎亨。祖弥高。父子祺，累官延平知府。母，吴元进士永丰县丞师尹之子。永乐中，赠公父翰林学士，封母太宜人。公娶夏初封宜人，洪熙初进封夫人。子男三，长即穜，次穋，次穗；女三，长嫁陈年，次嫁解祯亮，次嫁宋怀。孙男六，女七。所著文章有《晃庵集》、《扈从集》若干卷。公与士奇同郡同官，知契最深，未卒前二年有后死则铭之约，既卒，其孤又奉临终之命索文刻墓石。呜呼！士奇先公生五年，岂谓竟铭公墓哉！盖今九年乃克成之。

铭曰：经国所资，文武并施。维武以靖，维文以治。巍巍太宗，统御九有。任武暨文，如左右手。公职词垣，十有九祺。秉恭执勤，司帝之制。玉册金简，天章龙文。光华日星，敷宣帝仁。万几燕闲，清问前席。公所入告，惟帝时怿。公所蓄志，宽惠被下。沕穆泯焉，密赞鸿化。春宫辅德，平直之行。二圣惟明，烛鉴公诚。好文之朝，儒林之首。人耸其瞻，公视无有。泊虚之存，简肃之度。彼其何心，有好有恶。仲尼有言，善者好之。善有好公，没思不衰。宠章骈蕃，贲终犹始。始终之全，旷代其几。金螺在左，文川在右。埋璧有光，上贯牛斗。墓道之碣，为寻有多。最行琢辞，来者是仪。

（又见于［明］程敏政《明文衡》卷七十六；［明］徐纮《皇明名臣琬琰录》前集卷十九；［明］焦竑《国朝献征录》卷十二；［明］黄训《名臣经济录》卷二等。）

（明）黄佐《革除遗事》（节本）卷六·胡广　胡广，字光大，吉水人。生八岁而孤。自幼好学，日记数千言。革除庚辰，擢进士第一，赐名靖，除翰林院修撰，擢侍读。

归附太宗，复名广，拜翰林学士，兼左春坊大学士。为上所知，一时制诰戒谕之文多出其手。诏修《五经四书性理大全》，命广总裁。尝从上巡北虏，出居庸关，入沙漠，王师所至，功烈炳耀，皆广记述之。十一年春，上幸北京，再扈从出塞，灭虏还。既丁艰，服阕，进文渊阁大学士兼春坊。尝上《却封禅颂》，历数前代帝王不务国事，矫诬上天，卒贻天下后世笑，时称其有识。自称澹庵之后，喜谈忠义事，尝序《文山集》，并为附录，梓之以传。卒年四十九。累赠少师，谥文穆。

与广同时者解缙、杨士奇、夏原吉、杨溥、杨荣、黄淮、金幼孜、蹇义辈，皆攀龙附凤，为时大臣云。西涯《读文山集附录诗》云："状元忠义古今传，野史何如旧史全，删述总烦胡学士，姓名犹记丙申年。"其意最婉。百年后公论乃定，大都如此。

（明）袁帙《皇明献实》卷十·胡广 胡广，字光大，吉水人也。少孤，好学。革除庚辰，擢进士第一，赐名靖，除翰林院修撰。文皇帝入正大统，复名广，升侍讲，寻改侍读，升右春坊右庶子，拜翰林学士，兼左春坊大学士。为上所知，一时制诰敕谕之文多出其手。诏修《五经四书性理大全》，命广总裁。扈从北征，出居庸，入大漠，王师所至，功烈炳耀，皆广纪述之。癸巳，再扈从出塞。礼部郎中周纳奏请封禅，群臣亦多以为言，上皆不听。广作《却封禅颂》上之。丁母忧，召还。上问："百姓安否?"对曰："安。但郡县穷治奸恶外亲，为民厉耳。"遽诏罢之。进文渊阁大学士，兼官如故。戊戌卒，赠礼部尚书，谥文穆。仁庙初，加赠少师。

（明）廖道南《殿阁词林记》卷三·阁学·文渊阁大学士胡广 胡广，字光大，江西吉水人，延平守子祺之孙，永丰丞师尹之子也。幼受学于叔祖子贞，及长，之闽从黄仲器游。建文庚辰，举进士第一，赐名靖，授修撰。

文皇登极，简用儒臣，入文渊阁，擢侍讲。疏请复其旧名，允之。逾月，改侍讲，阶承德郎。上一日问："百姓安否?"广对曰："郡县穷治奸党外亲，深为民厉。"诏免究，赖全活者甚众。四年七月，又问曰："昨有中官自江西来，言田家刈稻已毕，何独太早?"对曰："臣乡民多勤，且多种早稻。"上曰："勤之一字，岂独农家为然？至于人君，尤当致勤于心。朕每退朝静坐，必思今日所行几事，果当于天理，合于人情，则心安矣。否则，中夜必思，命左右记之，俟旦改之。盖一事失当，民受其弊，故不得不勤尔。"广对曰："诚如圣谕。"未几，陟右庶子，仍兼侍读。四年七月，命撰《神木山碑文》。皇太子立，迁广为学士兼右春坊大学士，阶奉政大夫。谕吏部曰："广等侍朕日久，继自今秩满，勿改外任。"五年七月，命同淇国公丘福等辅导皇太孙，赐之敕谕，略曰："宏材之建，必由匠石之功；圭瓒之成，必假琢磨之力。卿等皆懋简德艺，职辅东宫，东宫之子，必资兼弼。宜协心同志，辅导于成，推广仁义道德之源，开陈二帝三王之治，涵养本原，恢弘智量，以成其德器。庶国家有无穷之休，卿等亦有无穷之闻。"五年冬，广进呈文字，上览之称善，问曰："黄淮不满于杨士奇，何也?"广对曰："淮有政事，士奇有文学，盖因解缙重士奇、轻淮故，并及于臣。"上曰："知汝不容于淮，惟朕不为所惑。"广顿首谢。六年七月，命撰《浡泥国恭顺王碑文》。七年二月甲戌，《圣学心法》成，谕广曰："古人治天下，皆有其要。虽生知之圣，亦资学问。由唐虞至宋，圣贤名训，具著经传，然简帙浩繁，未易遽领，帝王之学，惟得其要，笃信力行，足以为治。朕惟皇太子天下之本，今当进学，贵在知要。朕因机暇，采辑古圣之学，如执中建极切于身心家国天下者，类为成书，卿等试观之。"广曰："帝王道德之要，备载此书，宜与典谟训诰并传万世。”八年，上大阅誓师，闻瓦喇使者言，谕广曰：“国家无所用兵，今日此举非得已也。”广对曰：“孔子所慎齐战疾愿致谨焉。”上曰：“孔子又言，我战则必胜，祭则受福，诚敬之至，效可必也。”三月丙子，上北征，次凌霄峰，谕广曰：“诸将此来不进一言，何也?”广曰：“成算在上，莫之能裨。”上曰：“好问则裕，自用则小，虽圣人，资于刍荛，朕曷敢任己以掩群策?”暨旋师，广等颁赉有差。九年，督罕提吉并女直野人来朝，上谕广曰：“朕非欲并其土地，良以此辈贪残，数为边患，宋岁赂以金币，剥民膏血，若饵虎狼。今既畏服，授官赐赉，捐小费以弭大患可也。”十一月乙巳，重修《高庙实录》，命广同胡俨等为纂修官。十二年十月甲寅，谕广等曰：“五经四书，皆圣贤精义要道，其传注之外，诸儒议论有发明余蕴者，尔等采其精语，增附于下，其周、程、张、朱诸君子性理之言，如《太极》、《通书》、《西铭》、《正蒙》之类，皆六经羽翼，尔等亦别类成编，务极详备，庶几可垂后世。”命广为总裁官。书成，广等撰表进呈，上亲制序文，擢广为文渊阁大学士。时礼部郎中周讷建请封禅，群臣多从之，广撰《却封禅颂》以进，上大嘉赏。十六年五月，婴疾卒，年四十九。仁宗登极，赠官赐谥，奠章有云：“卿德行文学，士林所重。事我皇考，论思宥密。十有七年，清慎恭勤，始终一节。辅朕春宫，小心直谅。今特加赠荣禄大夫、少师、礼部尚书，谥文穆，仍赐其家金钞文绮，官其子穜为检讨。”

杨士奇铭其墓曰：“经国所资，文武并施。惟武以靖，惟文以治。巍巍太宗，统御九有。任武暨文，如左右手。公职词垣，十有九祼。秉恭执勤，司帝之制。玉册金简，天章龙文。光华日星，敷宣帝仁。万几燕闲，清问前席。公所入告，惟帝时怿。公所蓄志，宽惠被下。沕穆泯焉，密赞鸿化。春宫辅德，平直之行。二圣惟明，独鉴公诚。好文之朝，儒林之首。人耸其瞻，公视无有。泊虚之存，简肃之度。彼其何心，有好有恶。宠章骈蕃，贲终犹始。始终之全，旷代其几。金螺在左，文江在右。埋璧有光，上贯牛斗。”廖道南曰：“国朝选士，擢冠于廷者，自吴伯宗、任亨泰辈受知皇祖，至广益大，以肆表章。《六经》及《性理》诸书，可谓有大造于后学者。观其扈跸帷幄之筹，与夫典枢纶綍之文，蔚然炳矣。视文贞以下，鲜与其俪云。”

赞曰：东壁之躔，月合星联。西昆之岫，玉泽珠悬。彼美人兮，龙见于田。运逢九五，风云翕焉。本天亲上，上际九玄。本地亲下，下彻九渊。七俊回翔，颉颃谁先。宏猷秘略，公也则然。

（明）陈鎏《皇明历科状元录》卷一・状元胡广①　（上缺）灭虏。十二年，亲征瓦剌，皇长孙侍行，上命广等三人，行营有暇，即与讲解。修《五经四书性理大全》，广为总裁官。书成，上亲制序文，擢为文渊阁大学士，兼春坊如故。时有请封禅者，密疏谏止，复上《却封禅颂》以揄扬圣德，上大嘉赏。十六年五月以疾卒于京，年四十四，上恸悼久之，赠礼部尚书，谥文穆。文臣赐谥，自姚广孝与广始也。其兼春坊，小

① 原书缺页，题目为编者所加。

心尽诚，多所裨益，尤为太子所厚。逮仁宗立，加赠荣禄大夫、少师。两考京畿乡试，四为廷试读卷官。为人惇厚慎重，论事持大体，宠御日盛，而自处泊如，恒以盛满为戒。公退，惟杜门读书，庭无私谒。廉靖之操，朝野重之。小人屡有造毁者，成祖咸黜之，广自守愈坚。意度萧散，身处荣禄，未尝忘山林闲远之趣。博究经史百氏，下逮医卜老什之说，众皆旁通。为文顷刻千百言。有《晃庵集》、《扈从集》。（杨士奇《志》）

尹直赞曰：内阁肇建，选宅相儒。显允文穆，德器伟如。黼黻帝制，密赞化枢。讽止封禅，累扈平胡。夙夜寅畏，终始弗渝。眷礼优渥，人莫能俱。伊昔谁似，唐陆德舆。

廖道南曰："国朝选士，擢冠于廷者，自吴伯宗、任亨泰辈受知皇祖，至胡广益大，以肆表章。六经及性理诸书，可谓有大造于学者。观其扈跸帷幄之筹，与夫典枢纶綍之文，蔚然炳矣。视文贞以下，鲜与俪云。"

吉水县治东二里有鉴湖，谚云："青湖水决鉴湖坛，文江出状元。"是岁胡广中甲科。后正统壬戌鉴湖又决，吉水刘俨及第，又应前谶云。

广喜谈忠义，尝序《文山集》，为作传刻之。西涯李东阳读其状，作诗云："状元忠义古今传，野史何如旧史全。删述总烦胡学士，姓名犹记丙申年。"其意最婉。

廷试定王艮第一，建文君以艮貌侵，不及胡广，且广策有"亲藩陆梁，人心摇动"之语，称旨，遂以广易之，艮次焉。艮字钦止，江西吉水人，授翰林修撰，屡上言时政，正色端容，凛不可犯，闻靖难师起，服脑子死，辛巳九月也。建文君命礼部左侍郎黄观谕祭。（《革除录》）

国初不设宰相，成祖即位，以万机丛脞，乃开内阁于东角门内，召审理副杨士奇、中书舍人黄淮为编修，给事中金幼孜、知县胡俨为检讨，解缙为侍读，胡靖为侍讲，杨荣为修撰，谕以委任腹心至意。俾入处其中，专典密务，每旦奏事退，内阁之臣造扆前进呈文字，商机密，承顾问，率漏下十数刻始退。至十八年，荣、幼孜皆为文渊阁大学士。十九年，改士奇为左春坊大学士。终永乐之世，内阁之臣不过五品，虽不崇以穹秩，然皆出于亲擢，谏行言听，得尽其启沃。至仁宗即位，以荣等辅导年久，升荣太常卿，幼孜、士奇为侍郎，黄淮为通政，俱掌内制，内阁带三品官衔始此。九月，加士奇少保，荣太子太傅，幼孜太子太保，内阁位至三孤始此。尊师重傅之礼极矣！洪熙元年，淮进户部尚书，士奇进兵部尚书，幼孜进礼部尚书，内阁带尚书官衔始此。（《词林记》）

（明）雷礼《国朝列卿纪》卷九·内阁大学士行实　胡广，字光大，江西吉水人，幼孤力学，内浸渍其母训，外则受从祖子贞先生之教，故德器不凡。己卯，以《诗经》领乡荐。革除二年，廷试吴溥等一百一十人，王艮当第一。上以艮貌寝，不及胡广，且策有"亲藩陆梁，人心摇动"之语，称旨，遂擢进士第一，易其名曰靖。授翰林院修撰。靖难兵至，广与周是修、解缙、杨士奇、金幼孜诸人约死难，及广归家，解缙使人瞷之，知其志不果。及期，是修缢于应天府学银杏树上，广不往。

文皇履极……已而开内阁，命解缙、黄淮入典机密，又选广与杨士奇、胡俨、杨荣、金幼孜与之同事，遂进侍讲，仍复旧名。逾四月，改侍读。广小心敬畏，出入禁闱，目不忤视，在上前承顾问，应对必尽诚据理，而忠厚为本，未尝及人过失事。于奉旨制敕视草，即有所见，必具可否以闻，多见采纳。永乐二年，升右春坊右庶子，仍兼侍读。命侍皇太子，与缙等分阅讲义：解缙阅《书》，金幼孜阅《春秋》，杨士奇阅《易》，广阅《诗》。每有疑处，皇太子必召解、胡四人相与辨析，畅而后已。

永乐四年七月，上一日问曰："昨有中官自江西来，言田家刈稻已毕，何独太早？"对曰："臣乡民多勤，且多种早稻。"上曰："勤之一字，岂独农家为然？至于人君，亦当致勤于心。朕每退朝静坐，必思今日所行几事，果当于天理，合于人情，则心安矣。否则，中夜必思，命左右记之，俟旦改之。盖一事失当，民受其弊，故不得不勤尔。"广对曰："诚如圣谕。"未几，命撰《神木山碑文》。

五年，迁翰林院学士兼右春坊大学士，阶奉政大夫。谕吏部曰："广等侍朕日久，继自今秩满，勿改外任。"

六年七月，命同淇国公丘福等辅导皇太孙，赐之敕谕，略曰："宏材之建，必由匠石之功；圭瓒之成，必假琢磨之力。卿等皆懋简德艺，职辅东宫，东宫之子，必资兼弼。宜协心同志，辅导于成，推广仁义道德之源，开陈二帝三王之治，涵养本原，恢弘智量，以成其德器，庶国家有无穷之闻。"本年冬，广进呈文字，上览之称善，问曰："黄淮不满于杨士奇，何也？"广对曰："淮有政事，士奇有文学，盖因解缙重士奇、轻淮故，并及于臣。"上曰："知汝不容于淮，惟朕不为所惑。"广顿首谢。

七年正月，扈巡北京。二月甲戌，《圣学心法》成，谕广曰："古人治天下，皆有其要。虽生知之圣，亦资学问。由唐虞至宋，圣贤明训，具著经传，然简帙浩繁，未易遽领，帝王之学，惟得其要，笃信力行，足以为治。朕惟皇太子天下之本，今当进学，贵在知要。朕因几暇，采辑古圣之学，如执中建极切于身心家国天下者，类为成书，卿等试观之。"广曰："帝王道德之要，备载此书，宜与典谟训诰并传万世。"

八年，扈征本雅失里，上大阅誓师，闻瓦剌使者言，谕广曰："国家无所用兵，今日此举非得已也。"广对曰："孔子所慎齐战疾愿致谨焉。"上曰："孔子又言，我战则必胜，祭则受福，诚敬之至，效可必也。"三月丙子，上北征，次凌霄峰，谕广曰："诸将比来不进一言，何也？"广曰："成算在上，莫之能裨。"上曰："好问则裕，自用则小，虽圣人资于刍荛，朕曷敢任己以掩群策？"暨旋师，广等颁赉有差。

九年，督罕提吉并女直野人来朝，上谕广曰："朕非欲并其土地，良以此辈贪残，数为边患，宋岁赂以金帛，剥民膏血，若饵虎狼。今既畏服，授官赐赉，捐小费以弭大患可也。"十一月乙巳，重修《高庙实录》，命广同杨荣、胡俨等为纂修官。

十二年十月甲寅，谕广等曰："五经四书皆圣贤精义要道，其传注之外，诸儒议论有发明余蕴者，尔等采其精语，增附于下，其周、程、张、朱诸君子性理之言，如《太极》、《通书》、《西铭》、《正蒙》之类，皆六经羽翼，尔等亦别类成编，务极详备，庶几可垂后世。"命广为总裁官。十三年，书成，广等撰表进呈，上亲制序文。十四年，擢广为文渊阁大学士。时礼部郎中周讷建请封禅，群臣多从之，广撰《却封禅颂》以进，上大嘉赏。会丁母忧，召还，上问百姓安否。对曰："安，但郡县穷治奸恶外戚为民厉。"上诏罢之。

永乐十六年，寝疾不起，寻卒于官，寿四十九。上谕侍臣曰："天生人才难得，广速折乃尔！"恸悼久之，命有司治棺殓，赠资善大夫、礼部尚书，谥文穆。国朝文臣有谥，自太子少师姚广孝与广始也。

仁宗登极，加赠荣禄大夫、少师，仍赐其家金钞文绮，官其子穜为检讨。

广博学经史百氏，下逮医卜老释之谈，亦皆旁通，而用志性命道德之旨。为文援笔立就，顷刻百千言。奉敕修《高皇帝实录》、《五经四书性理大全》书，皆为总裁。两考京畿乡试，四为廷试读卷。尤工书法，行草之妙，独步当时。所著有《晃庵集》、《扈从集》若干卷。

《麈谈录》云：胡文穆公广，初名靖。建文庚辰科状元也。初读卷时，翰林拟吉水王艮为首选，当宁览之而易以胡，故艮止为榜眼。后文庙靖难师起，艮家居不食而死。广被知遇，入内阁，荐台辅，虽有王魏之功，而罪过之矣。知人惟帝，其难谅哉。

《琐缀录》云：太宗渡江时，解、胡、金三先生与杨文贞、周是修相约自尽于应天府学。既而解先生使人觇胡动静，因得胡先生庸如厕，回问家人曾饲猪否。解先生笑曰："一猪尚不肯舍，岂肯舍性命？"盖初无意于死也。……

《阁学记》云：国朝选士，擢冠于庭者，自吴伯宗、任亨泰辈受知皇祖，至广益大，以肆表章。《六经》及《性理》诸书，可谓有大造于后学者。观其扈跸帷幄之筹，与夫典枢纶綍之文，蔚然炳矣。视文贞以下，鲜与其俪云。

又，卷十九·翰林院学士讲读学士直学士行实 胡广，江西吉安府吉水人。进士。永乐五年任翰林学士，掌院事。行实详《内阁》。

（明）项笃寿《今献备遗》卷七·胡广 胡广，字光大，吉水人。革除庚辰，擢进士第一，赐名靖，授翰林院修撰。文皇帝入正大统，复名广，拜翰林学士，兼左春坊大学士。为上所知，一时制命多出其手。诏修《五经四书性理大全》，命广总裁。扈从北征，出居庸，入大漠，王师所至，皆广所纪。癸巳，再扈从出塞。礼部郎中周讷奏请封禅，群臣多以为言，上皆不听。广作《却封禅颂》上之。丁母忧，召还，上问："百姓安否？"对曰："安。但郡县穷治奸恶外亲，为民厉耳。"遽召罢之。进文渊阁大学士，兼官如故。卒赠礼部尚书，谥文穆。仁庙初，加赠少师。

（明）邓球《皇明泳化类编》人物卷五十一·胡广 广字光大，庐陵人。父名子祺，洪武三年为御史，疏请迁都关中，已而出为按察佥事，调知彭州，升延平知府，卒。广幼孤，受其从祖子贞之教，长从黄伯器进于学问。建文初以进士廷对，策问"尧舜之世，亲则象傲，臣则共鲧之凶"，意在燕府。而广对有"亲藩陆梁"语，建文君善之，擢及第第一。文君曰："胡可广邪？"赐名靖，授官修撰。

成祖即位，以旧名见，升侍讲。亡何，与解缙等七人选入文渊阁，累官大学士，仍兼左春坊大学士。上北征虏，与杨荣、金幼孜从，师中文字多广纪述。广敦厚周慎，在上前未尝及人过失。入所应对，出不语人。公退，闭户读书赋诗而已。不亡交与，自不干人，人亦无敢干者，以故竟身恩宠，无有辱惊。时人为之语曰："汉朝胡广号中庸，今日中庸又胡公。"年四十九卒，赠资善大夫、礼部尚书，谥文穆。国朝文臣有谥自姚广孝及广始。仁宗嗣位，遣官赐祭，其文曰："卿德行文学，士林所重。事我皇考，论思宥密，十有七载，而兼辅朕东宫，盖逾一纪。清慎恭勤，小心直谅。虽哀荣之典已备，朕之怀贤未尝已也。特加赠卿为荣禄大夫、少师，灵爽如存，庶其歆服。"而厚赐其家。

郎曰：杨荣、金幼孜、胡广在成祖左右，故具有终始，无畏无忧，荣以敏，幼孜以憝，而广以从。世言成祖师临，江学士董伦遣人收城外所畜羊鹅诸物，而广方如厕，行视其家人牧豭。不能死君则亦已矣，宁牧豭时耶？抑何与对策初意戾也？论思被遇之臣，不敢不载云尔。

（明）顾祖训原编、（明）吴承恩增补、（清）陈枚续补《状元图考》卷一·状元胡广　洪武三十三年庚辰，实革除二年也。廷对之士吴溥等一百一十人，擢胡广第一。

按，胡广，字光大，号晃庵，江西吉水。生八岁而孤，好学，日记数千言，德器不凡。及登第，建文谓其名与汉臣同，且胡人岂可容广，更明靖，时年三十六。

《状元录》：吉水县东有鉴湖，谚云："鉴湖水决，出状元。"是岁水决，胡广应之。

《西樵野记》：胡广、吴溥廷试俱取首甲，而状元未定。上虽注意于溥，然试问小内竖曰："今年状元在何处？"即对曰："在湖广。"阅之，胡广其名也，遂举第一。

《革除录》：廷对定王艮亦第一，建文以艮貌不及广，且广策有"亲藩陆梁，人心摇动"之语，称旨，遂以广易之。

《登科考》：上名靖，至永乐中，得幸，复疏名广耳。

（明）过庭训《明分省人物考》卷六十四·江西吉安府二·胡广　胡广，庐陵人。初名广，廷试传胪更名靖。永乐初，复旧名。字光大。斋居名晃庵，因以为号。十数岁丧父，已有志问学。内浸渍其母训，外则受从祖子贞之教，故德器不凡。既冠，薄游闽中，前辈率忘年与交。归而从黄伯器讲论，得所归宿之地而日进焉。以进士第一为翰林修撰。永乐入正大统，升侍读，二年升右春坊，四年进文渊阁大学士，又三年卒。赠资善大夫、礼部尚书，谥文穆。国朝文臣有谥，自姚广孝与广始。仁宗嗣位，加赠荣禄大夫、少师。公居官慎，在上前承顾问，必据理对，而忠厚为本，未尝及人过。于奉旨制敕视草，即有所见，必具可否以闻，多见采纳。事太宗十有七年。周讷建请封禅，上不听。独广言与上意合，既退作《却封禅颂》奏之。丁母忧，召还。上问："百姓安否？"对曰："安。但郡县穷治奸恶外亲，为民厉。"遽诏罢之。两考京畿乡试，四为廷试读卷，鉴别公明。奉敕修《高皇帝实录》及《五经四书性理大全》书，皆为总裁。志于扶植名教，奖掖善类，果于义事，于利不苟取与，与匪人不苟比。小人有不满公者，屡造言毁之，上不听，遽黜毁者。而广执之愈坚，意度萧散。虽身处荣禄，未尝一日忘山林幽淡闲远之趣。公退，闭户读书赋诗而已。其学博究经史百氏，下逮医卜老释之谈，亦皆旁通。为文援笔立就，顷刻千百言，沛然行云流水之势。赋诗取适其性情，近体得盛唐之趣。工书法，行草之妙。卒年四十九。所著有《晃庵》、《扈从》集。

（明）焦竑编次，翁正春校《皇明人物考》卷三·文穆公胡广 庐陵人。建文二年，公以进士第一为翰林修撰。长陵入正大统，升侍讲，寻改侍读，升右庶子。（永乐）五（年），进翰林学士兼左春坊大学士。十二年十一月，进文渊阁大学士，仍兼前职。又三年得疾且剧，上使医来问疾。寻卒。赠礼部尚书，谥文穆。献陵嗣位，加赠少师，谕祭，厚赠其家。遭逢二圣，恩何盛也！公居官敬慎，在上前承顾问，应对必尽诚必据理，而忠厚为本，未尝及人过失事。于奉旨制敕视草，即有所见，必具可否以闻，多见采纳。所撰进文字，上知出公笔辄称善。所奏对语及所治几务，退未尝出口，虽亲厚不敢私涉有问，盖自守之严有素。事太宗皇帝十有七年，凡巡幸北京，亲征北边，翰林率公与杨公勉仁、金公幼孜在扈从，信任甚笃。礼部郎中周讷建请封禅，群臣亦多言此太平盛事，上皆不听。时独公之言与上意合，既退作《却封禅颂》奏之。丁母忧，召还。上问："百姓安否?"对曰："安。但郡县穷治奸恶外亲，为民厉。"遽诏罢之。其兼春坊也，小心尽诚，多所裨益，故尤为储君所厚，而沉静谦约，以满为戒，未尝干人以私，人亦无敢以私干之。两考京畿乡试，四为廷试读卷，鉴别公明。奉敕修《高皇帝实录》及《五经四书性理大全》书，皆为总裁。志于扶植名教，奖掖善类，果于义事，于利不苟取与，未尝一比匪人。所与交，必辅之于善，不善去之，不复顾。小人有不满公者，屡造言毁之，赖上深知之，不听，遽黜毁者。而公自执愈坚，意度萧散。虽身处荣禄，未尝一日忘山林幽淡闲远之趣。公退，闭户读书赋诗而已。

（明）邓元锡《皇明书》卷十五·臣谟·胡广 胡文穆公广，庐陵人。敦质简重，持大体，存心爱人。建文中，擢进士第一，更名靖。永乐初，以翰林修撰入内阁，预机密，复名广。上谅其朴厚，信待亚于东阳①。奔母丧还，与纂修《五经四书性理大全》，成，进文渊阁大学士，兼坊学如故。再扈北征。礼部郎周讷奏请封禅，广以时多故，力言其非，徒縻费事，得寝。奔母丧还朝，上问民疾苦，广顿首曰："百姓颇安给。独有司穷治建文时奸党，枝附扳连，善良坐诬者苦耳。"上立命罢追诘者。广于禁廷应对慎密不泄，又操履清谨，寡交游，崇俭素，故愈久而毁言不行。卒赠礼部尚书，谥文穆。官其子一人曰穜为翰林为检讨。昭皇帝即位，念广于上左右，有拥护功，赠太师。

---

① "阳"字当为"杨"。东杨，指杨荣。

（明）王兆云《皇明词林人物考》卷一·胡文穆广 公名广，字光大，庐陵人，父子祺，洪武初为御史，疏请迁都关中。已而出为按察佥事，转延平知府，卒。建文二年，公以进士第一为翰林修撰。长陵入正大统，升侍讲，寻改侍读，升右庶子。五年，进翰林学士兼左春坊大学士。十二年一月，进文渊阁大学士，仍兼前职。又三年，得疾且剧，上使医来问疾。寻卒。赠礼部尚书，谥文穆。献陵嗣位，加赠少师，谕祭，厚赐其家，遭逢二圣恩何盛也！公居官敬慎，在上前承顾问，应对必尽诚，必据理，而忠厚为本，未尝及人过。每于制敕视草，必具可否以闻，多见采纳。所奏对语未尝出口。长陵巡幸北京，亲征北虏，公与杨荣、金幼孜扈从，信任甚笃。礼部郎中周讷请封禅，公力言封禅非礼，因上《却封禅颂》。奔母丧还朝，上问："百姓安否?"对曰："安。但郡县穷治建文时奸党，为民厉。"遽召罢之。其兼春坊也，小心尽诚，多所裨益。两考京畿乡试，四为廷试读卷官，鉴别公明。奉敕修《高祖实录》及《五经四书性理大全》书，皆总裁，志在于植名教，奖善类，未尝一比匪人。人或毁公，上不之信。公身处荣禄，未尝一日忘山林幽淡闲远之趣。公退，闭户读书赋诗而已。著有《晃庵集》、《扈从集》若干卷。

（明）汪国楠《皇明名臣言行录新编》卷二十九·尚书文穆公胡广 胡广，字光大，江西吉水人也。少孤好学。革除庚辰，擢进士第一，赐名靖，永乐初，复旧名。除翰林院修撰。

（明）朱谋垔《续书史会要》 胡广，字光大，号晃庵，庐陵人。初名广，传胪第一，更名靖。永乐初复旧名。官至大学士，谥文穆。公深处荣禄，不忘山林幽淡之趣。公退，闭户读书赋诗而已。行草之妙，独步当时。虽求者接踵户外，然非其人则不苟予。

（明）尹守衡《明史窃》卷四十一·列传第十九·胡广 胡广，字光大，庐陵人。父寿昌，字子祺，洪武三年以荐为御史，疏请迁都关中。已而出为广西佥宪，调知彭州，升延平太守，有治声。广八岁而孤，稍长从商粤中，旦节驵侩，夜亲经史。建文初，连举乡会试。时丁靖难兵起，广对制指斥亲藩，建文君喜擢进士第一，曰："北方边兵与鞑靼为乱，胡可广乎?"更名靖，授翰林院修撰。文皇入国，升侍讲。复名广。召入内阁，寻改侍读。永乐二年，简用东宫官，升右庶子。五年，进翰林院学士兼左春坊大学士。八年，文皇出塞亲征虏，令与庶子荣、侍讲幼孜皆扈从。广不知兵，以文墨备顾问。上过塞外名山峻险，辄立马召广三人与语，或下马少坐山冈上，赐酒肴。驻跸召语帐殿前，或夜漏数刻方遣出。道中相失，必急遣兵骑四出寻诸学士，时时顾左右，问诸学士来未。上不得诸学士相与语，不悦也。三人追上不及，常脱衣乘散马渡河，河水没马，及腰以上，状良苦。白上，上笑曰："今日方见艰难，汝三人亡恐乎?"塞上四月见威尚严，广犹衣皮裘，戴狐帽，上笑谓广曰："卿今为冷学士矣。"广书法遒美，上见奇迹欲镌磨崖碑，辄命广书。塞外无大笔，广用小羊毫笔钩勒上石，甚壮伟可观，上喜甚。十二年，上出征瓦剌，三人复扈从皇长孙侍行。上谓广三人曰："卿等每日营中间暇，即以经史长孙前讲说。文事武备，不可偏废也。"师旋，奉敕纂修《五经四书性理大全》。十四年，进文渊阁大学士兼左春坊大学士。广敦质简重，上知其朴厚，信任亚于东杨。广公退辄杜门读书，与解缙皆以文翰见称。缙性骨鲠，广不如缙。上命西僧荐福，有卿云天花金仙罗汉见云表，广献《圣孝瑞应颂》，上缀为佛曲，令宫中歌舞之。礼部周讷请封禅，不许，广献《却封禅颂》，皆迎上好取容，人比之汉之胡广云。永乐十六年，广卒，年仅四十有九。献陵加赠少师。初，广同缙共侍文渊阁，文皇曰："缙、广少同业，仕同官，今缙已有子，广宜妻之以女。"广顿首曰："臣妻有娠，未卜男女。"上曰："必生女，勿疑矣。"已而女也，遂订盟。缙子祯亮。缙死，妻、子戍边，广欲悔婚，女窃截耳自誓曰："薄命之婚，皇上主之，父面承之，一与之盟，终身不改。背君忘亲，何用生为？"数年，解氏蒙宥，女归祯亮，事姑孝谨。人以广为建文状元，愧其女矣。

（明）何乔远《名山藏》·臣林纪·胡广　字光大，庐陵人。宋胡铨之后。父子祺，高帝时以文学选为御史，请都关中，仕终延平知府，所至以宽大长者闻。广幼孤，受其从祖子贞之教，长从黄伯器进于学问。建文初以进士廷对，策问"尧舜之世，亲则象傲，臣则共鲧之凶"，意在燕府。而广对有"亲藩陆梁"语，建文君善之，擢及第第一。文君曰："胡可广邪？"赐名靖，授官修撰。

成祖即位，以旧名见，升侍讲。亡何，与解缙等七人选入文渊阁，累官大学士，仍兼左春坊大学士。上北征虏，与杨荣、金幼孜从，师中文字多广纪述。广敦厚周慎，在上前未尝及人过失。人所应对，出不语人。公退，闭户读书赋诗而已。不亡交与，自不干人，人亦无敢干者，以故竟身恩宠，无有辱惊。时人为之语曰："汉朝胡广号中庸，今日中庸又胡公。"年四十九卒，赠资善大夫、礼部尚书，谥文穆。国朝文臣有谥自姚广孝及广始。仁宗嗣位，遣官赐祭，其文曰："卿德行文学，士林所重。事我皇考，论思宥密，十有七载，而兼辅朕东宫，盖逾一纪。清慎恭勤，小心直谅。虽哀荣之典已备，朕之怀贤未尝已也。特加赠卿为荣禄大夫、少师，灵爽如存，庶其歆服。"而厚赐其家。

郎曰：杨荣、金幼孜、胡广在成祖左右，故具有终始，无畏无忧，荣以敏，幼孜以慤，而广以从。世言成祖师临，江学士董伦遣人收城外所畜羊鹅诸物，而广方如厕，行视其家人牧豭。不能死君则亦已矣，宁牧豭时耶？抑何与对策初意戾也？论思被遇之臣，不敢不载云尔。

（清）钱谦益《列朝诗集小传》乙集第一·胡阁学广　广，字光大，庐陵人。父子祺，以御史知延平府，称徇吏，所谓"胡延平"者也。建文二年对策，建文君亲擢进士第一，更名靖，除翰林修撰。靖难后，直内阁，复名广。历讲读翰学，进文渊阁大学士，兼坊学，卒赠礼部尚书，谥文穆。

（清）傅维鳞《明书》卷一百十九·列传四·名臣传四·胡广 胡广字光大，庐陵人。父子祺，洪武三年为御史，疏请迁都关中。已而出为按察佥宪，调知彭州，升延平知府卒。建文二年，燕兵起，广对制有曰“亲藩陆梁，人心不摇”语，建文君喜，擢进士第一，更名靖，为翰林修撰。太宗即位，召入内阁，升侍讲。复名广。改侍读。升右庶子。永乐五年，进翰林院学士兼左春坊大学士。敕吏部：“广等侍朕日久，继今考满，勿改外任。”十二年十一月，命广及杨荣、金幼孜纂修《五经四书性理大全》。明年九月，书成，进文渊阁大学士，兼坊学。再从上出塞征虏，上时召帐殿语移时，或夜漏数刻遣出。道中相失，必急遣兵骑四出寻诸学士，时时顾左右，问诸学士来未。广不知兵，以文墨论议侍上，备顾问。上不得诸学士相与语，不悦也。广敦质简重，持大体，存心爱人。上谅其朴厚，信任亚于杨荣。禁廷应对，慎密不泄，操履清谨。广退辄杜门读书赋诗，寡交游，崇俭素。下笔滔滔，制命典册，多出其手。礼部郎中周讷请封禅，广力言封禅非礼，上斥讷言，广因上《却封禅颂》。奔母丧，还朝，上问民间疾苦，顿首对曰：“百姓颇安给，惟有司穷治建文时奸党，枝附扳连坐，诬善良甚苦。”上立命罢追诘者。人或毁广，上不信，或遽斥去毁者。广善书，行草尤善。十六年卒。赠礼部尚书，谥文穆。已而上念广，官其子穜翰林检讨。仁宗加赠少师。杨士奇曰：“我朝文臣有谥，自姚广孝及公始。”然建文时，尝谥王袆文节。

（清）黄虞稷《千顷堂书目》卷十·传记类 《胡文穆公两朝宠泽录》一卷。

（清）徐乾学等《明史》卷二十四·胡广 胡广字光大，吉水人。父寿昌，字子祺，自有传。建文二年，廷试策问“尧舜之世，亲则象傲，臣则共鲧之凶”，意在燕王。广对策有“亲藩陆梁，人心摇动”语，帝擢广第一，更名靖，授翰林院修撰。成祖即位，广偕解缙迎附，擢侍讲。改侍读。复名广。迁右春坊右庶子，兼侍读。进翰林学士，兼左春坊大学士。寻拜文渊阁大学士，兼官如故。帝北征，广与杨荣、金幼孜常从。时时召语帐殿。过山川厄塞，立马议论。或时失道，必急遣骑亟求诸学士。诸学士追帝不及，常脱衣乘散马渡河，河水没马及腰以上，帝顾劳良苦。广善书，每勒石，皆令书之。帝征瓦剌，皇长孙从，命讲经史行在所。广以醇谨见幸，时人以方汉胡广。帝命西僧为法会，言见诸异应，广乃献《圣孝瑞应颂》，帝缀为佛曲，令宫中歌舞之。礼部郎中周讷请封禅，广言其不可，遂不许，广上《却封禅颂》，帝益亲爱之。

广慎密。帝前所言及所治职务，出未尝语人。颇宽厚持大体。侍讲王洪不得为学士，密疏广父子祺知延平府以罪死，广与修《实录》，不当隐其事。帝知子祺实死于官，遂不直洪。已而，帝命广择主乡试者，广以洪名上。已得请，而洪复讦子祺事。帝怒，夺其礼币，出为礼部主事。洪恚死。广丁母忧，召还，帝问百姓安否。对曰：“安。但郡县穷治建文时奸党，株及枝亲，为民厉。”诏悉罢之。永乐十六年卒，年四十九。赠礼部尚书，谥文穆。仁宗即位，官其子穜为翰林检讨。加赠广少师。文臣得谥，自姚广孝及广始。

（清）王鸿绪《明史稿》卷一百三十七·列传第三十二·胡广 胡广字光大，吉水人。父寿昌，字子祺，自有传。建文二年，廷试策问“尧舜之世，亲则象傲，臣则共鲧之凶”，意在燕王。广对策有“亲藩陆梁，人心摇动”语，帝擢广第一，更名靖，授翰林院修撰。成祖即位，广偕解缙迎附，擢侍讲。改侍读。复名广。迁右春坊右庶子，兼侍读。进翰林学士，兼左春坊大学士。寻拜文渊阁大学士，兼官如故。帝北征，广与杨荣、金幼孜常从。时时召语帐殿。过山川厄塞，立马议论。或时失道，必急遣骑亟求诸学士。诸学士追帝不及，常脱衣乘散马渡河，河水没马及腰以上，帝顾劳良苦。广善书，每勒石，皆令书之。帝征瓦剌，皇长孙从，命讲经史行在所。广以醇谨见幸，时人以方汉胡广。帝命西僧为法会，言见诸异应，广乃献《圣孝瑞应颂》，帝缀为佛曲，令宫中歌舞之。礼部郎中周讷请封禅，广言其不可，遂不许，广上《却封禅颂》，帝益亲爱之。

广缜密，帝前所言及所治职务，出未尝语人。颇宽厚持大体。侍讲王洪不得为学士，密疏广父子祺知延平府以罪死，广与修《实录》，不当隐其事。帝知子祺实死于官，遂不直洪。已而，帝命广择主乡试者，广以洪名上。已得请，而洪复讦子祺事。帝怒，夺其礼币，出为礼部主事。洪恚死。广丁母忧，召还，帝问百姓安否。对曰：“安。但郡县穷治建文时奸党，株及枝亲，为民厉。”诏悉罢之。永乐十六年卒，年四十九。赠礼部尚书，谥文穆。仁宗即位，官其子穜为翰林检讨。加赠广少师。文臣得谥，自姚广孝及广始。

（清）张廷玉等《明史》卷一百四十七·列传第三十五·胡广 胡广，字光大，吉水人。父子祺，名寿昌，以字行。陈友谅陷吉安，太祖遣兵复之，将杀胁从者千余人。子祺走谒帅，力言不可，得免。洪武三年，以文学选为御史，上书请都关中。帝称善，遣太子巡视陕西。后以太子薨，不果。子祺出为广西按察佥事，改知彭州。所至平冤狱，毁淫祀，修废堰，民甚德之。迁延平知府，卒于任。广，其次子也。建文二年廷试，时方讨燕，广对策有“亲藩陆梁，人心摇动”语，帝亲擢广第一，赐名靖，授翰林修撰。

成祖即位，广偕解缙迎附。擢侍讲，改侍读，复名广。迁右春坊右庶子。永乐五年，进翰林学士，兼左春坊大学士。帝北征，与杨荣、金幼孜从。数召对帐殿，或至夜分。过山川厄塞，立马议论，行或稍后，辄遣骑四出求索。尝失道，脱衣乘骣马渡河，水没马及腰以上，帝顾劳良苦。广善书，每勒石，皆命书之。十二年，再北征，皇长孙从，命广与荣、幼孜军中讲经史。十四年，进文渊阁大学士，兼职如故。帝征乌思藏僧作法会，为高帝、高后荐福，言见诸祥异。广乃献《圣孝瑞应颂》，帝缀为佛曲，令宫中歌舞之。礼部郎中周讷请封禅，广言其不可，遂不许。广上《却封禅颂》，帝益亲爱之。

广性缜密。帝前所言及所治职务，出未尝告人。时人以方汉胡广，然颇能持大体。奔母丧还朝，帝问百姓安否。对曰："安。但郡县穷治建文时奸党，株及支亲，为民厉。"帝纳其言。十六年五月卒，年四十九。赠礼部尚书，谥文穆。文臣得谥，自广始。丧还，过南京，太子为致祭。明年，官其子穜翰林检讨。仁宗立，加赠广少师。

（清）阎湘蕙《明鼎甲征信录》卷一·胡广 字光大，吉水人。父子祺，名寿昌，以字行。力行阴陟。陈友谅陷吉安，太祖遣兵复之，将杀胁从者千余人。子祺走谒帅，力言不可，得免。洪武初，以明经举，拜监察御史，擢广西按察佥事，三年改知彭州。所至平冤狱，毁淫祀，修废堰，民甚德之。寻升知延平府，敦崇礼教，立李愿中祠以风邦人。兴举废坠，延民悉爱戴焉。以疾卒于官。广，其次子也。八岁而孤，洪武中尝至广州濠畔殖货，不废经史，广士多与之交。建文二年举一甲一名进士，赐名靖，永乐初复旧名。官至文渊阁大学士，广人旧识至京师，相见辄礼待，以是多称其厚云。卒赠少师，谥文穆。明初文臣赠谥自姚广孝、胡广二人始。子祺一生积德，故诞生贵子，显大其门户如此。（《江西通志》并《广东通志》、《吉水县志》、《余冬叙录》）

（明）张芹《备遗录》·胡广 （存目）

（明）唐枢《国琛集》上卷·胡广 （存目）

科　第

（一）乡试

（清）陶成等《江西通志》卷五十二·选举四·明·建文元年己卯乡试 王艮（解元，吉水人）。胡广（吉水人）。

（二）会试、殿试

（明）胡广《殿试策》 制曰：诸生盖闻致治之主论治道之盛，必以唐虞三代为准。尧舜禹汤文武此数圣人者，其德厚矣，然所以本诸身，发于政事，施泽于民者，其先后始终亦可得而言欤？夫由亲以及疏，笃近而举远，百王之所同也。尧舜之时，黎民于变时雍矣。以亲则有象之傲，臣则有共、鲧之凶，将圣人之化有所弗及欤？抑为恶之人有不得而化者欤？朕绍承大统，每思古先圣帝明王之治，何修何为而可使家给人足，比屋有可封之俗？行何善政而可使囹圄空虚，刑措不用欤？图治莫切于用贤，而患贤才之难致。化民莫先于教学，而患礼乐之难兴。果何由而可使野无遗贤，而民皆乐于为善欤？兹欲使海内皓皓熙熙，如唐虞三代时，致之必有其道，施为必有其序。诸生习于圣贤之说久矣，其具著于篇，朕将亲览焉。

臣对：臣闻孔子曰：天地之大德曰生，圣人之大宝曰位，何以守位曰仁，何以聚人曰财，理财正辞、禁民为非曰义。大哉！仁义之道乎！尧舜用之而成化，禹汤文武用之而致治也。有志之君，愿治之主，莫不于是而取法焉。稽之于古，三代有天下率数百年之久，其所以致隆盛者，莫不以仁义之道也。及其后世之衰，亦莫不以不行仁义之故，而遂至于不有天下。至于论致治之隆、民俗之美、致贤才之众、兴礼乐之盛，何莫不由于斯？今陛下以隆古之道、致治之由，下策微臣，此盖陛下之所已行，而不待臣之言也。虽然，天生一代之圣君，必生一代之贤才，所以能致非常之治，而开非常之太平者，由其能旁求博询，取诸人以为善者也。臣敢不献切时之正论，而徒角无用之虚文也哉。

夫尧、舜、禹、汤、文、武之为君，皋、夔、稷、契、周召之为臣，都俞吁咈者，无非仁义之言；赓歌戒饬者，无非仁义之语。所以扬言乎庙堂之上，而化行乎海隅之中，无一民之不被，无一夫之不化，而成黎民于变时雍之美。然而亲则有象之傲，臣则有共、鲧之凶，亦非圣人仁义之化有所不及，而为恶之人将圣人有不能化之者。故孔子曰：惟上智与下愚不移。盖自暴自弃者，虽圣人与居不能化之也，岂可以此而病尧舜之治哉！夫天之生物，鼓之以雷霆，润之以风雨，未尝不同。而发荣滋长，凋瘁销落，有倍蓰而不齐者，亦岂天之不能成物也哉？圣人之治亦由是也。

陛下思古先帝王之治，而欲垂宪于万世，非仁义则不能有所为也。夫仁义者治天下之大经，大用之则大效，小用之则小效。自陛下嗣位以来，宽租负之征，下养老之诏，省刑罚之繁，四海之民莫不欣戴。近以陆梁远近骚动，而天下之民心不摇者，此陛下躬和仁义之效，固结于人心者，又非一日也。此臣所谓陛下已行之验者。臣愿陛下终始而行之，持之以久，积之以岁月而不求其近功，则何修而不得，何为而不成？况夫陛下居至尊之位，操可致之柄，岂宜薄此而不为哉？

夫囹圄非仁义不空，刑罚非仁义不措，贤才非仁义不兴，礼乐非仁义不作。故孔子曰：礼云礼云，玉帛云乎哉。乐云乐云，钟鼓云乎哉。又曰：人而不仁如礼何？人而不仁如乐何？事得其序，物得其和，则礼乐见而仁义著矣。故仁义之道行之于一身，推之于一家，又推而达之国与天下，同身修家齐国治而天下平，自有不期然而然者矣。今陛下举仁义于上，则公卿大臣躬行仁义于下。远近百执事倡导仁义以相渐靡，而民亦以仁义相教习。将见礼乐可兴，而致凤凰来仪之美，贤才毕出，而致国家咸宁之休。囹圄何患其不虚，刑罚何患其不措哉！将见唐虞三代之盛，熙熙皓皓之俗，复见于今日矣。臣固以圣贤仁义之道，为陛下始终而敷之。伏愿陛下不以臣言为迂，而加意笃行，则其效将不止于今日矣。

抑臣闻之：汉武帝策贤良，董仲舒以教化对，信乎武帝不能行也，惟好尚功名而喜于方士，以至末年乃有轮台之悔。今陛下策臣，臣以仁义为对者，欲陛下力行之以致太平。使天下后世知陛下之策臣者求实言，而臣之应陛下者以实对。臣虽不敢自侪于仲舒，又岂敢以武帝望陛下为三代之君。臣既不敢过谀，亦不敢激。愿陛下少垂睿览，非惟臣之幸甚！天下幸甚！臣谨对。

（明）张朝瑞《皇明贡举考》卷二·（庚辰）**建文二年会试** 中式举人一百一十名：吴溥，江西崇仁县。余缺。

临策天下贡士，制曰：诸生盖闻致治之主论治道之盛，必以唐虞三代为准，尧、舜、禹、汤、文、武以数圣人者，其德厚矣。然所以本诸身，发于政事，施泽于民者，其先后始终亦可得而言欤？夫由亲以及疏，笃近而举远，百王之所同也。尧舜之时，黎民于变时雍矣。以亲则有象之傲，臣则有共鲧之凶，将圣人之化有所弗及欤？抑为恶之人有不得而化者欤？朕承大统，每思古先圣帝明主之治，何稽何为而可使家给人足，比屋有可封之□□，何善政而可使囹圄空虚，刑措不用欤？图治莫切于用贤，而思贤才之难致；化民莫先于教学，而患礼乐之难兴。果何由而可使野无遗贤而民皆乐于为善欤？兹欲使海内皞皞熙熙如唐虞三代时，致之必有其道，施为必有其序，诸生习于圣贤之说久矣，其具著于篇，朕将亲览焉。

（时廷对之士一百一十人，赐胡靖等进士及第出身有差。王艮对策最优，以貌不扬□。靖对有"亲藩陸梁，人心不摇"之语，称旨。遂易靖第一，艮次之。靖，宋胡忠简公铨十二世孙也，初名广，上更以今名。永乐中复疏名广。为文豪宕，所著有《晃庵集》、《扈从集》。官至文渊阁大学士，谥文穆。是科广与杨荣、金幼孜、杨溥、胡濙、顾佐俱为永乐时名臣，而艮与陈继之、王嵩、黄戟、刘端俱死建文君之难。以瑞言之，建文君亲擢胡靖为状元，恩幸无比，而靖弃之若弁髦焉。胡濙亦建文君亲擢士也，不死旧君，亦已矣，又从而踪迹之者十数年，倘获建文君，果北面而君父之耶，抑南面而俘囚之耶，果纵之而去耶，抑执之而归耶？殆有难处难言者矣。诸不死难者，犹可原也。二臣忍心如此，列之名臣，何以垂世教哉？《吾学编》称刘端南昌人，今据诸本，南昌无刘端，有刘复，再详。部本缺，湖、闽本俱存。）

第一甲三名赐进士及第：胡靖（后名广），江西吉水县。王艮，江西吉水县。李贯，江西庐陵县。

（明）王世贞《凤洲杂编》卷四·是岁得人最多 庚辰廷试，王艮当第一，貌不及胡广，且广策斥亲藩，上遂擢第一，改名靖。是岁得人最多，如广及二杨、胡濙，俱登显要，为名臣。而艮能殉节，尤可重也。

（明）张弘道、张凝道《皇明三元考》卷一·洪武三十三年庚辰科大魁（实建文二年） 状元胡广（江西吉水人。字光大，号晃庵。年三十六，己卯举人。授修撰。建文君谓其名与汉臣同，且胡岂可广，更名靖。寻入内阁。文皇登极，复名广。累官翰林学士兼左春坊大学士，进文渊阁大学士。广生八岁而孤，好学，日记千言。内受母训，外受从祖子贞之教，德器不凡。及入仕，惇厚慎操履，论事持大体。一时制册多出其手，宠遇日盛，而自处淡然。公退，杜门读书赋诗，未尝干人以私。卒年四十九。累赠少师、礼部尚书，谥文穆。所著有《晃庵集》、《扈从集》。

父子祺，延平知府。子穜，以荫入翰林为检讨。)

又 入阁：胡广（建文四年，由侍讲入东阁。永乐十六年，至文渊阁学，卒）。

（清）李调元《制义科琐记》卷一・胡广 胡广，吉水人。建文二年殿试，廷问："尧舜之世，亲则象傲，臣则共鲧。"意在燕王也。广对有"亲藩陆梁，摇动人心"语，擢为第一。见姓名曰："又一胡广耶！"改名靖，后谥文穆。文臣得谥自广始。

仕 宦

（明）皇甫录《皇明纪略》 永乐四年八月，集翰林儒臣及修书秀才十数人，于丹墀内同赋白象诗，擢右庶子胡广为第一，王涯为第二，余赏赉有差。

（明）郑晓《今言》卷一 永乐初，内阁儒臣考满升任，不必在内阁，如胡若思出为祭酒。以故永乐五年十一月，长陵谕蹇太宰曰："胡广等侍朕日久，继今考满，勿改外任。"

（明）黄佐《翰林记》卷二・内阁亲擢 洪武之末，翰林不及十数人。壬午六月，太宗即位，首诏吏部及本院举文学行谊才识之士授职。……修撰胡靖为侍讲。……九月，遂开内阁，于东角门内召七人者，谕以委任腹心之意。俾入处其中，专典密务，虽学士王景辈不得与焉。明日赐织金罗衣各一袭。……十一月，升缙为侍读学士，靖、淮、俨皆侍读，荣、士奇、幼孜皆侍讲。寻复改靖名广。永乐元年九月，上御右顺门，召缙等谕之曰："朕即位以来，尔七人者，朝夕相与共事，鲜离左右。朕嘉尔等恭慎不懈，皆赐五品公服。"二年正月，七人皆赐二品织金衣，且劳之曰："天下事咸朕与若等同计，非若六卿之分理也。"三月，册立皇太子，进缙为学士兼左春坊大学士、奉议大夫；淮为左春坊左庶子，广为右春坊右庶子，皆奉议大夫，仍兼侍读……各赐袍笏。九月，俨出为国子祭酒。四年，缙坐事去，广遂进学士兼左春坊大学士、奉政大夫。……十四年四月，广进文渊阁大学士，荣、幼孜进学士，三人仍兼春坊原职。……十六年五月，广卒。……盖虽不崇以穹秩，然皆出于亲擢，寄以天下大政，而且谏行言听，得以奏其启沃之功，此所以为儒者之至荣也。

又，卷十・皇太孙辅导讲读 永乐六年七月，命内阁胡广等辅导皇长孙。

又，卷十三・订辑经传 永乐十二年十一月甲寅，上谕学士胡广、杨荣、金幼孜曰："五经四书皆圣贤精义要道，传注之外，诸儒议论有发明者，尔等宜采附于下，周、程、张、朱诸君子性理之言，如《太极图》、《通书》、《西铭》、《正蒙》之类，皆六经羽翼，然各自为书，未有统会。卿等宜类聚成编，务极精备，用垂永久。"命广等三人总其事，仍举朝臣及在外教官有文学者同修，开馆东华门外，命光禄寺给朝夕馔甚丰。十三年九月己酉书成，赐名《性理大全》，广等表上之，上亲为序冠其首，诏颁于六部、两京国子监及天下学校。按，圣祖命刘三吾定科举取士之制，《四书》义主朱氏集注、章句；《易》主程氏传、朱氏本义；《书》主蔡氏传及古注疏，后主会选；《诗》主朱氏集传，《春秋》主三传及胡氏、张洽传；《礼记》主古传疏。广等所定，惟《四书》及《易》、《诗》如旧，《书》主蔡氏，《春秋》主胡氏，《礼记》主陈澔集说。尝求其故，盖当时编纂，惟据元人《四书五经性理会通》稍加删润而成，非为异也。

又，卷十五·扈从　永乐七年正月，车驾巡北京，学士胡广、谕德杨荣、金幼孜及修撰王英等扈从，赐绵衣狐裘鞍马。荣时有母丧，特留之。三月，抵北京，赐广等宴，荣辞以忧，弗与，特命中官以珍馔送之。八年二月，上亲出塞征布尼雅实，广等三人仍扈从，赐衣被鞍马，途次命光禄给酒馔。……十月，荣与广等扈驾南还，赐鞍马绵衣袴韈及路费，途中屡赐珍馔嘉果。抵京，赐广等钞帛有差。十一年正月，复巡北京，遂征北寇，广等三人偕修撰王直、梁潜扈从，赐衣被钞果等物。十二年三月，亲征瓦剌，时皇孙侍行，上命广等三人凡行宫有暇，即与讲析义理，开其聪明。十四年，复扈从南还，赐广等绵衣鞍马钞币。十五年三月壬子，车驾复巡北京，三人者复扈从，上屡问民情，荣等悉以实对，赐白金钞币、金织纱罗、纻丝衣服等物。

又，卷十六·赐游观　永乐七年三月，车驾至京，命学士胡广、谕德杨荣、金幼孜、修撰王英等从游万岁山。

又，卷十六·赐观灯　永乐十八年正月甲寅元宵节，上御午门观灯，赐百官宴，并示御制诗。学士胡广、杨荣等奉和以进，上览而悦之，赐以羊酒钞币，自是车驾驻两京皆赐观灯于午门，以为例。（编者按，胡广卒于永乐十六年，此条或有误。）

（明）雷礼《国朝列卿纪》卷八·直内阁元辅及同直辅臣年表　同直胡广，江西吉水人。状元。由修撰升侍讲，进右春坊右庶子兼侍读。

又　胡广自永乐四年三月以右春坊右庶子兼侍读为元辅，历文渊阁大学士兼左春坊。大学士至永乐十六年五月卒于官，凡一十二年零三月，赠少师、礼部尚书，谥文穆。

又，卷九·殿阁大学士年表　胡广（江西吉水人。状元。革除四年，由修撰入，历文渊阁大学士兼左春坊学士。十六年卒，赠少师、礼部尚书，谥文穆）。

又，卷十九·国初翰林院学士承旨并学士讲读学士直学士年表　胡广（江西吉水人。进士。永乐五年任翰林学士，掌院事。直内阁。历文渊阁大学士）。

（明）王世贞《弇山堂别集》卷二十二·史乘考误三　《双溪杂记》言："永乐间，胡广等所兼不过春坊大学士，是时殿阁大学士不设已久。"非也。是时，胡广、杨荣、金幼孜俱兼文渊阁大学士。

（清）查继佐《罪惟录》·志卷十九·直阁志·太宗 胡广（晃庵，吉水人。建文中，改名靖。状元、修撰，从燕侍讲，历左春坊大学士，进文渊阁。谥文穆）。

（清）张廷玉等《明史》卷一百四十七·列传第三十五·解缙 成祖入京师，擢侍读。命与黄淮、杨士奇、胡广、金幼孜、杨荣、胡俨并直文渊阁，预机务。内阁预机务自此始。

寻进侍读学士，奉命总裁《太祖实录》及《列女传》。书成，赐银币。永乐二年，皇太子立，进缙翰林学士兼右春坊大学士。帝尝召缙等曰："尔七人朝夕左右，朕嘉尔勤慎，时言之宫中。恒情，慎初易，保终难，愿共勉焉。"因各赐五品服，命七人命妇朝皇后于柔仪殿，后劳赐备至。又以立春日赐缙等金绮衣，与尚书埒。缙等入谢，帝曰："代言之司，机密所系，且旦夕侍朕，裨益不在尚书下也。"一日，帝御奉天门，谕六科诸臣直言，因顾缙等曰："王、魏之风，世不多有。若使进言者无所惧，听言者无所忤，天下何患不治？朕与尔等共勉之。"其年秋，胡俨出为祭酒，缙等六人从容献纳。帝尝虚己以听。

又 缙初与胡广同侍成祖宴。帝曰："尔二人生同里，长同学，仕同官。缙有子，广可以女妻之。"广顿首曰："臣妻方娠，未卜男女。"帝笑曰："定女矣。"已而果生女，遂约婚。缙败，子祯亮徙辽东，广欲离婚。女截耳誓曰："薄命之婚，皇上主之，大人面承之，有死无二。"及赦还，卒归祯亮。

又，卷一百四十七·列传第三十五·黄淮 永乐五年，解缙黜，淮进右春坊大学士。明年与胡广、金幼孜、杨荣、杨士奇同辅导太孙。

又，卷一百四十七·列传第三十五·金幼孜 成祖即位……时翰林坊局臣讲书东宫，皆先具经义，阁臣阅正，呈帝览，乃进讲。解缙《书》，杨士奇《易》，胡广《诗》，幼孜《春秋》。

永乐五年，迁右谕德兼侍讲，因谕吏部直内阁诸臣胡广、金幼孜等考满，勿改他任。七年，从幸北京。明年北征，幼孜与广、荣扈行……尝与广、荣及侍郎金纯失道陷谷中。暮夜，幼孜坠马，广、纯去不顾。……十二年，命与广、荣等纂《五经四书性理大全》，迁翰林学士。

（明）雷礼《内阁行实》卷一·胡广 （存目）

轶　事

（明）金幼孜《北征录》 永乐八年二月初十日，上亲征北虏。是日，驾出德胜门，幼孜与光大胡公由安定门出。

又 （二月）二十五日，大风寒，发万全。行数里，至城下。上谓幼孜三人曰：

"此城朕所筑。"过城北，见城西诸山积雪。上曰："此亦西山晴雪也。"过城北，入德胜口。上指关口曰："如此险，人马安能渡？"山皆碎石，若堆粟然。入关，两峡石壁崎峭如削。时车马辏集，拆关垣以度。过关，由山峡中行，地冻冰滑，马蹄时踣。间度涧，积雪未消，从冰梁上行。大风甚寒，下马便旋，靴底沾雪，凝冻滑甚。上马尤难，两手攀鞍，皆冻不能屈伸。行二十余里，上野狐岭，上指东南诸峰曰："至此看山，则尽在下矣。"时风沙眯目，小石击面，面为风所吹皆紫黑。下山顶，度关，关门为车所塞。从土堤而下，地滑，马多仆者。午后至兴和城北下营。既而上召，独光大往，上曰："足寒时不要即附火，只频行足自暖。"又曰："金幼孜何在？恐冻伤其足。"光大曰："适同至，仆者未到，在彼控马。"

又　（四月）初六日早，发屯云谷，霜气甚寒，皆衣皮裘，戴狐帽。行十余里，上召曰："云《豳风》'一之日觱发，二之日栗烈'，今已莠葽之时，而气尚栗烈，人皆衣狐裘，未经此者，与之言自是不信。"光大对曰："诚所谓'井蛙不可以语海，夏虫不可以语冰'，臣若不涉此，亦不深信。"上笑曰："尔等诚南士也。"午次五雪冈，见上于帐殿。上见光大衣狐裘暖帽，笑曰："今为冷学士矣。"

又　（四月）二十一日，次捷胜冈。有泉涌出，名曰"神献泉"。上令光大书"捷胜冈"三大字于石。山多云母石，并书"云石山"三字，刻于石。

又　（五月）初九日，上以轻骑逐虏，人各赍粮二十日。其余军士，令清远侯帅领驻札河上。扈从文臣，止令尚书方宾及光大、勉仁数人随行。命幼孜留营中。初十日早，雨。驾将发，余同光大诣帐殿见上，请随驾同往。上曰："尔不能战阵，往亦无益。前途艰难，朕一时顾盼有不及，或为尔累，尔留此岂不安？"幼孜叩头，不胜感激。食后送光大、勉仁出营门，马上相别，殊觉怆然。是日，哨马营获胡寇数人及羊马辎重送至大营，清远侯复遣人护送驰诣上所，盖欲以为向导也。

又　（五月）二十一日，早饭出城外候驾，光大、勉仁先至营中相见，且喜且戚。

又　（五月）二十八日，发双清源。午至河，水益深，多用柳枝缚筏以渡。晚次平山甸。上立帐殿前，召幼孜三人问津河之由。上叹曰："朕渡河时已命筏上渡，汝何不由彼？"光大曰："臣辈不知，及至彼，又无与臣言者，故不由彼渡。"上笑曰："今日方为艰难，汝得无惧乎？"因渡水，得一木板，上有虏字，就以进，上命译史读之，乃祈雨之言也。虏语谓之札达，华言云诅风雨，盖虏中有此术也。

又　永乐十二年三月十七日庚寅，上躬帅六师，往征瓦剌胡寇答里巴、马哈木、太平、把秃孛罗等，马步官军凡五十余万，予与学士胡公光大、庶子杨公勉仁偕扈从。

（明）尹直《謇斋琐缀录》卷六　太宗渡江时，解、胡、金三先生与杨文贞、周是修相约自尽于应天府学。既而解先生使人觇胡动静，因得胡先生庸如厕，回问家人曾饲猪否。解先生笑曰："一猪尚不肯舍，岂肯舍性命？"盖皆初无意于死也。

（明）蒋一葵《尧山堂外纪》卷八十一·国朝·胡广　（字光大，吉水人，宋忠简公铨其十二世孙也。建文庚辰廷试，王艮当魁，貌不及广，且广策斥亲藩，上遂擢广第一，谓其名与汉臣同，且胡虏岂可容广，赐名靖。后艮死节，而靖永乐中得幸，复疏名广。）

牛首山在金陵南三十里，有二峰，东西相对，晋元帝初作宫殿。王导指双峰曰："此天阙也。"故又名天阙山。刘宋立郊坛于此。梁武帝又于山下建寺。山有石洞，洞中有石鼓。天欲雨，则石鼓自鸣。高庙怪此山独不北拱，杖之。永乐中，胡广扈从猎龙山，因游牛首佛窟寺，留诗曰："晓从銮舆出九关，偶寻牛首共跻攀。南唐古寺留碑在，西竺高僧度锡还。百尺岩龛过鸟上，半空钟鼓隔人间。暂游已觉尘缘息，到此方知佛窟闲。"

胡文穆与杨东里善，胡病笃时，人投诗假杨作云："汉朝胡广号中庸，今日中庸又见公。堪笑古今两奸宄，天教名姓正相同。"得诗惭愤，数日卒。初胡与杨约，致仕后，拿舟往来。及广死，杨梦与广对酒联句，恍然夙约也。诗有"金螺潇洒对芙蓉，惊渚渔洲窈窕通"之句。（宋陈贾劾朱子，人诮之云："姬周大圣犹遭谪，伊洛名贤亦被讥。堪笑古今两陈贾，如何专把圣贤非。"讥广诗祖此。）

（明）黄瑜《双槐岁钞》卷二·姓名相同　庚辰廷试，王艮当魁，貌不及胡广，且广策斥亲藩，上遂擢广第一，赐名靖。后复旧名。与杨东里善，约致仕后拏舟往来。及广死，杨梦与广对酒联句，恍然夙约也。诗有"金螺潇洒对芙蓉，鹭沽渔洲窈窕通"之句。广病笃时，人投诗假杨作，云"汉朝胡广号中庸，今日中庸又见公。堪笑古今两奸宄，天教名姓正相同"。得诗惭愤，数日卒。按，宋陈贾劾朱子，人诮之云"姬周大圣犹遭谤，伊洛名贤亦被讥。堪笑古今两陈贾，如何专把圣贤非"，诗盖祖此。广在内阁，歌颂祥瑞，以启佛老大兴，杨实怂恿之。

（明）焦竑《玉堂丛语》卷六·师友　永乐间，胡文穆公与杨文贞公俱在内阁，文穆尝语文贞曰："吾二人将老，得退，即各具小舟可二僮操者，舟中贮书册、楮笔、壶觞、棋局。如广访君，舣舟君门外一里所，遣童子招君，君径入舟，溯流至五云驿，望夫容峰则返棹，至君入舟处，君独归。君访广亦然，但溯流至玉峡而返，岁必五六过，用此共适余年。"及文穆殁后半岁，文贞夜梦偕文穆泛舟，自快阁至郡城下，同载甚乐。共联诗，文穆起首句，文贞续第二、第三句，相续成一律，觉而忘第六、第七二句，文贞悲怆不胜，遂补之，诗曰："金螺潇洒对夫容，鹭渚渔洲窈窕通。远树白云秋色净，故人清兴酒尊同。河山梦冷讴吟后，生死交深感慨中。犹想胜缘如夙昔，并骑黄鹤过江东。"

（明）张萱《西园闻见录》卷二十一·仕行·胡广　大学士胡文穆公广擢高科，陟华要，历朝三十年，襟度萧散，以满为戒。乃心每在丘园，命善绘者图其故居曰长林书屋。杨公士奇赞之曰："夫古云仁人君子，其处也未尝忘斯民；及出而任矣，亦未尝忘乎其平昔丘园栖遁之适。盖其所学必在乎兼济，而所自得于内者，不以穷达而有所变易也。苟一朝得乎彼，忽忘乎此，沉酣溺焉，变易其所素，此其人可与有为者乎？公少居于此，乐于此，久而不忘于此，盖人之情也。顾今遭逢圣明，居斯文之首，任宠待之隆，千载一时也。公于是时方图尽其所当为者以仰答盛遇之不暇，其暇乎望山林处士之适哉？然则公之斯图殆所谓寄意者乎？”

又，卷二十七·宰相中·佳行　胡文穆公广建文二年廷试第一，更名靖。靖难后召入内阁，在上前承顾问，必据理对，而以忠厚为本，未尝及人过。奉旨制敕视草，即有所见，必具可否以闻，多见采纳。所撰进文字，上知出公笔辄称善。所奏对语及所治几务，退未尝出口，虽于亲厚亦然。礼部郎中周讷建请封禅，群臣亦多言此太平盛事，上不听。时独公之言与上意合，既退作《却封禅颂》奏之。

（清）陶成等《江西通志》卷九·山川三　鉴湖：在吉水县东二里地。谶云：“青湖水决鉴湖弦，文江出状元。”明洪武庚辰胡广应谶，正统壬戌刘俨复应之。

著　作

（明）叶盛《水东日记》卷三十八　庐陵胡文穆公、杨文贞公两人同被文皇馆阁之命，一时文誉，固有定价。然文穆颇厌为人序谱，以其多牵合不实也。文贞平生所叙谱几五十余家，自昔文人序谱，盖莫盛于此。文穆之严近于义，文贞之厚近于仁。然文贞文与位称，享有高寿，而亦当夫承平熙洽之时，士大夫皆惇本务礼，此亦可为世道之幸，而彼自薄者则又在所不足议焉。

（明）黄佐《翰林记》卷六·侍游禁苑　永乐中学士解缙、胡广等七人从上幸北京，每令节燕闲扈驾登万岁山，侍宴广寒殿，泛太液池，以为常。广等多为歌诗以纪之。

又，卷十一·进呈书诗文序　（永乐二年）甘露屡降，嘉禾呈瑞，外国献麒麟、白雉、元兔、白鹿、白象、灵犀、白兔之属，荣与学士胡广等咸为诗歌以进，上嘉之。……四年二月，视学……学士胡广进《视学诗》，一时词林诸儒臣咸和之。十八年正月，礼部郎中周讷请封禅，大臣有阴主之者，于是学士胡广献《却封禅颂》，上遂止。……自正统后，此事寝不闻矣。

又，卷十二·总裁　《太祖皇帝实录》总裁者始为礼部左侍郎兼学士董伦与侍讲方希直，重修李景隆与侍读解缙，再重修则文渊阁大学士兼左春坊大学士胡广、学士兼右庶子杨荣、祭酒兼侍讲胡俨也。……若《四书五经性理大全》、《宋元资治通鉴纲目》等书多不设总裁，止用纂修官。

又，卷二十·节会倡和　永乐七年中秋之夕，学士胡广合同院之士会于北京城南公宇之后，酒酣分韵赋诗成卷，学士王景为之序，此节会倡和之始也。

（明）焦竑《玉堂丛语》卷四·纂修 永乐甲午十一月，上谕行在学士广，侍讲荣、幼孜曰："五经四书皆圣贤精义要道，其传注之外，诸儒议论有发明余蕴者，尔等采其切当之言，增附于下，其周、程、张、朱诸君子性理之言，如《太极》、《通书》、《西铭》、《正蒙》之类，皆六经羽翼，然各自为书，未有统会，尔等亦类聚成编，务极精备，庶几垂后。"广等总其事，举朝臣及教官有文学者同修，开馆东华门外。明年九月书成，上御殿受之，群臣表贺。

（清）黄虞稷《千顷堂书目》卷一·诗类 《诗集传大全》二十卷（永乐间命胡广等四十一人编辑。）

又，卷三·四书类 《四书大全》三十六卷（永乐十二年十一月谕胡广，杨荣，金幼孜曰："五经四书皆圣贤精义要道，传注之外，诸儒议论有发明精蕴者，尔等采其切要至当之言，增附于下。"命广等总其事，仍命举朝臣及在外文学者同纂修，开馆于东华门外，命光禄寺给酒馔。十三年九月书成，命礼部刊刻。十五年正月，颁于六部及两京国子监、天下郡县学，赐纂修官钞币有差。）

又，卷十·传记类 胡广《文丞相传》一卷。

又，卷十一·儒家类 《性理大全》七十卷（永乐十二年十一月，既命翰林儒臣胡广等纂修《五经四书大全》，又以周程张朱诸君子性理之言，如《太极》、《通书》、《西铭》、《正蒙》之类，皆六经之羽翼，各自为书，未有统会，令广等类聚成编，务极精备，庶几以垂后世。命广及杨荣，金幼孜总其事，传送廷臣及在外教官有文学者同纂修，明年九月书成，帝亲制序，令礼部刊行）。

又，卷十五·类书类 又《再续百川学海（八十卷）》：戊集·卷三十六《胡文穆公杂著》（胡广）。

又，卷十八·别集类·建文庚辰科（二年） 胡广《胡文穆公集》十九卷，又《晃庵扈从集》（初名广，上改为靖，永乐中复疏名广，字光大，吉水人，一甲第一人，文渊阁大学士，□□□卒，赠少师，礼部尚书，谥文穆）。

（清）米嘉绩《胡文穆先生文集序》 夫道莫大于仁，论莫定于孔子。余读《明史》，尝掩卷三复而叹靖难诸贤之不得其平也。鼎革之际，人所难言。若非鼎革□□以鼎革应之，并欲悉天□□□勇功之士蹈海穴山，而使父不得贻人材于子弟，不得受臣工于兄，是五臣不如巢许之高，而微箕不如比干之忠也，岂定论哉？盖于胡文穆先生重有感焉。方公之魁多士也，在洪武大定之后，洎乎建文，齐、黄诸人变更祖制，皆汲汲如狂，而公独无所建白，得毋有百里奚之见与？逮永乐而后，初登卿贰，再入奎阁，大文胜笔，叠出不穷，庙堂资其运筹，闾阎受其惠泽。数百年之下，诵其文章，想其风采，休休之度，跃然纸上。伟哉，其利济之仁人乎。或不能无求焉。或又为之考其日月以辨之，余皆无取也。孔子之论管仲曰：“如其仁，如其仁。”又曰：“岂若匹夫匹妇之为谅也，自经于沟涂，而莫之知也。”孟子之论百里奚曰：“知虞公之不可谏而去之，知穆公之可与有为而相之，可不谓贤乎。”夫穆公犹可相，而况其子若弟耶？若青田阿璟之辫发，魏国勋戚之闭户，则士各有志，人各有能有不能耳。要皆与于仁而用不同者也。方邑诸君子重辑邑乘日，余持是义久矣，暨书成，公之嗣孙张书等将重梓公集，而求言于余，余即以是义授之。

乾隆十五年岁次庚午季冬月，关中米嘉绩题于文江官衙。

（录自［明］胡广《胡文穆公文集》）

（清）米嘉绩《重修胡文穆先生文集序》 ……吾邑文穆胡先生遭遇明时，躬逢圣主，擢甲第，位卿相，生有令名，死有荣谥，可谓前明一代之福人矣。及读《明史》所载，先生预禁苑，读秘书，置身清华论思之地十有七年。而又以扈从北征，深入沙漠，一切山川所经，风雨所遇，尽涵濡于得心应手之趣，与夫鸟语卉睹，采其奇状，恣情记臆，时流露于歌思翰墨之余，而其体格风蕴，类多司马子长、欧阳文忠之遗意焉。盖天所以笃厚其材，每于功名福泽之中，隐寓有忧戚玉成之道，此古来克胜大任者，就令富贵素履，未有不动心忍性，以增前因其材能者也。欣逢志书告成之前二年，合邑同志人士广求先贤著作，而先生孙嗣赴局缴卷，余翻阅之下，惜其字画脱落疑误，而以及时重镌为劝。今其令嗣张书君等捐资重修，不数月而工告竣，而又持其卷帖偕余四弟诰以求弁端于余。余仰慕先生之福泽，生荣死哀为不可及。今捧读先生之文章，又得窥其学问充积，光辉发越。……

乾隆十六年辛未孟春月良旦，赐进士出身原任江南芜湖县知县邑后学上官谟撰。

（录自［明］胡广《胡文穆公文集》）

（清）张书《重修文穆祖集序》 吾祖有明大魁，当代祠臣，弱冠入庠序，廿二成状元，文章彬彬郁郁，光朝宁而映龙日。其生平所纂《四书五经性理大全》及《周易备睹》诸书，当世固已颁行天下，稿存秘府。其他从行吟咏献纳歌谣，与夫一切承制裁答应酬时务，有文若干，嗣祖穜、稄、穗汇而刊刻行世。明末兵燹，集版毁没，仅有纸刻存留于家。因时际衰微，未获重镌。己巳岁，邑修志乘，需吾祖集入局证佐。自惭祖德深厚，后嗣弗克继述，而琅玕珠玑，可任其日即消亡乎？且一二姻友亦以词勖，因不揣贫乏，谋为重新。记其原本一十九卷，仍前编定，其扈从诗四小卷未入卷内，兹将此卷合为一卷，足成二十。其中二次扈从北京北征照原分别。吾祖精英庶几其与河汉并流矣。但中有残缺，曾为广求补葺，一时未获，俟得原本，原加刊凑。宝气定光牛斗，明珠岂或晦暗。祖德自辉，后嗣又何劳乎？今雕镂告竣，爰立数语，俾知美玉自不磨也。后裔张书等谨识。

（录自［明］胡广《胡文穆公文集》）

（清）朱彝尊《经义考》卷四十九·胡氏（广）等《周易传义大全》二十四卷又《义例》一卷（存）　《明成祖实录》：……十三年九月己酉，《五经四书大全》成，广等以进。上览而嘉之，亲制序于卷首，御奉天殿受之，命礼部刊赐天下。庚戌，赐纂修官翰林院学士兼左春坊大学士胡广……钞币有差，仍赐宴于礼部。

按，永乐中，诏修《五经四书大全》，开馆则给月馔，书成则赐钞赐币赐燕，又御制序文颁行，称为“广大悉备”。不知胡广诸人，止就前儒之成编，一加抄录而去其名，如《诗》则取诸刘氏，《书》则取诸陈氏，《春秋》则取诸汪氏，《四书》则取诸倪氏，《礼》则于陈氏集说，外增益吴氏之纂言，《易》则天台鄱阳二董氏、双湖云峰二胡氏，于诸书外全未寓目。所谓“大全”，乃至不全之书也。夫既窃其廪赐，并未效纤毫搜采之勤，攘私书为官书，以罔其上，岂不顾博闻之士见而齿冷乎！即此可见胡广心术之不纯，而同事诸臣亦苟且游戏甚矣。

又，卷八十七·胡氏（广）等《书传大全》十卷（存）　吴任臣曰：“《书传》旧为六卷，今分十卷，大旨本二陈氏纂修。诸臣则翰林院学士兼左春坊大学士奉政大夫胡广、奉政大夫右春坊右庶子兼翰林院侍讲杨荣、奉直大夫右春坊右谕德兼翰林院侍讲金幼孜、翰林院修撰承务郎萧时中……凡四十二人。”

又，卷一百十二·胡氏（广）等《诗集传大全》二十卷（存）

又，卷一百四十四·胡氏（广）等《礼记大全》三十卷（存）

（清）张廷玉等《明史》卷九十七·志第七十三·艺文二·史类·传记类　胡广《文丞相传》一卷。

又，卷九十九·志第七十五·艺文四·集类·别集类　《胡广集》十九卷。

（清）纪昀等《钦定四库全书总目》卷五·经部五·易类五·《周易大全》二十四卷（内府藏本）　明胡广等奉敕撰。……

又，卷十二·经部十二·书类二·《书传大全》十卷（通行本）　明胡广等奉敕撰。……

又，卷十六·经部十六·诗类二·《诗经大全》二十卷（通行本）　明胡广等奉敕撰。……

又，卷二十一·经部二十一·礼类三·《礼记大全》三十卷（少詹事陆费墀家藏本）　明胡广等奉敕撰。……

又，卷二十八·经部二十八·春秋类三·《春秋大全》七十卷（内府藏本）　明永乐中，胡广等奉敕撰。……

又，卷三十六·经部三十六·四书类二·《四书大全》三十六卷（通行本）　明永乐十三年，翰林学士胡广等奉敕撰。……

又，卷九十三·子部三·儒家类三·《性理大全书》七十卷（兵部侍郎纪昀家藏本）　明胡广等奉敕撰。……

又，卷一百二十二·子部三十二·杂家类六·《胡文穆杂著》一卷（浙江范懋柱家天一阁藏本）　明胡广撰。广，字光大，建文庚辰进士第一。惠帝以其名与汉胡广同，更名靖。除翰林院修撰，靖难兵至，迎降。永乐初，复原名，累官文渊阁大学士，卒谥文穆。事迹具《明史》本传。所著有《晃庵》、《扈从》诸集。是书乃其随手札记，已载入《文穆集》中，此其别行之本也。其中如谓《资治通鉴》论维州悉怛谋事，司马光非不知李是牛，非特以意主和邻，不欲生衅，故矫为此言，引其临终与吕公著简为证，可谓深明时势。又谓灞陵尉禁人夜行，乃其本职，李广憾之为私意。谓子产论黄熊为启信妄喜怪之渐。谓申屠嘉大节凛然，班固称其学术不及，陈平其说非是，持论亦正。他如谓《易卦》吉凶皆戒占者当反求诸己，与《左传》穆姜南蒯之事合谓问名，纳吉纳币之卜皆卜，其日非卜吉凶，程子所疑未可凭。谓李白非无与杜甫诗，《容斋随笔》所考未确。谓灌婴实定豫章李白诗，不误，而胡若思指为陈婴反误，亦颇有考据。广文集未足名家，此书在明初说部之中则犹为可取。至论季布不死一条，谓班固之言抑扬太过，与其负王艮而迎成祖截然相反，岂书作于建文壬午以前耶？然论汉黄生、宋苏轼、武王非圣人之说，又似曲为靖难解者。或自知大节有亏，而故为成仁取义之言，以掩后世之耳目欤？

又，卷一百七十五·集部二十八·别集类存目二·《胡文穆集》二十卷（江西巡抚采进本）　明胡广撰。广有《胡文穆杂著》已著录。是集其裔孙张书等所刻。凡诗八卷，应制诗文一卷，各体文七卷，题跋二卷，扈从诗及《扈从北征日记》一卷，其第十九卷即所谓杂著也。朱彝尊《明诗综》录其《杨白花》一首，谓世传袁景文赋此题。盖缘让皇逊国而作，不无故主之思。集中过颜平原文《信国余青阳祠》，辄有吊古之作。其《题宋思陵所书洛神赋》，词意凄惋，不类牧猪奴云云。似有意为广湔洗。又卷首米嘉积序，极论靖难之事，斥死节诸臣之非，而以广之迎降为是。然公论久定，要非可以他说解也。集中论“汉高祖初入关，秦王子婴献传国玺。王莽篡汉，亦从孺子婴取传国玺。其受传相似，所谓天时，非人力所致”。又论“李若水乃宋之贼，岂可以列之忠义，宋史失讨贼之公”云云。持论殊为倒置。惟《记高昌碑》有裨史事，《李元忠神道碑》所载事迹颇详，亦足备唐史之阙耳。

又，卷一百九十一·集部四十四·总集类存目一·《燕山八景图诗》一卷（两淮盐政采进本）　明永乐十二年，左春坊左中允吉水邹缉等倡和之作也。……此本凡诗百二十首，皆缉首倡，而翰林学士胡广，国子祭酒胡俨，右庶子杨荣，右谕德金幼孜，侍讲曾棨、林环，修撰梁潜、王洪、王英、王直，中书舍人王绂、许翰等十二人和之，广独再和焉。前有广序，后有杨荣跋，称写《八景图》，并集诸作置各图之后，裱为一卷，藏之箧笥。则此集乃后人从图卷中录出者也。

评　论

（明）金幼孜《大学士胡公挽诗序》　公以故家大族承先人之遗绪，笃志厉行，力学好古，端方纯确，不事表暴。自其少时已有声，煜然驰于远迩。而其气识之超诣，风韵之遒逸，尤非他人所能及。一旦出而战艺文场，决巍科，践清华，遂知名天下。今天子入正大统，公特被眷遇，秉代言之政，侍从之久，几二十年。小心慎密，克尽于职。公雅善笔札而才思敏速。其为文温润典则，每数敕俱下，公索笔一挥，恒数千百言顷刻而就，略无血指汗颜之态。至于典册之施，诏诰之播，故实之讲，所以黼黻赞襄而裨益于国家者，公可谓兼尽其美者矣。

（明）唐枢《国琛集》上卷　胡广，大学士，谥文穆，吉水人。太宗简入内阁七人，以公为首推。论思宥密，十有七年，始终一节，而辅导东宫、扈跸行幄时，各有发明。有请封禅者，公作颂却之。其纂修充总裁官，铺扬文治，为一代大典。

（明）焦竑《玉堂丛语》卷五·慎密　胡文穆公广小心敬畏，出入禁闼，目不忤视。在上前承顾问，应对必尽诚据理，而忠厚为本，未尝及人过失。于奉旨制敕视草，即有所见，必具实以闻，多见采纳。

（明）沈德符《万历野获编》补遗卷二·科场·建文庚辰榜　建文帝在位，止开南宫一次。是科为庚辰，以礼部左侍郎兼学士董伦为主考，太常寺右少卿高逊志副之，知贡举为礼部尚书陈迪、礼部侍郎黄观、监试御史为王度、俞士吉，同考试官为右拾遗朱逢吉，编修吴勤、叶惠仲、赵友士、徐旭、张秉彝，所得士如崇仁吴溥、吉水王艮、庐陵胡靖、新淦金幼孜、常熟黄钺、武进胡濙、莆田陈继之、建安杨子荣、石首杨溥、太康顾佐，俱知名于时。金今官大学士少保谥文靖，东杨改名荣，官大学士太师谥文敏，南杨官大学士太师谥文定，顾佐官左都御史。吴溥为是年会元，二甲第一名，特授翰林编修，虽官不振，而其子与弼为大儒，陪祀孔庙，亦荣异甚矣。惟状元胡靖，本名广，建文赐改今名，后文皇御极，仍复其名为广，虽官为宰相，少师得谥文穆，然依阿附会，时人以配汉之胡广。若胡濙受知文皇，为礼部尚书，逾三十年官至太保得谥忠安，亦以循谨致大位。以上诸人，品格不同，要皆建文所植，以济后世之用，亦奇事也。但榜中诸公皆以降附登进，独王艮一人能徇节。而知举两大臣、监试两御史，亦以死难见称，斯为可贵耳。高逊志者本产徐之萧县，后以元乱，徙居吾邑，遂为嘉兴人。洪武中以布衣征修《元史》，授编修，至今官，而故老无能举之者，因并一时在事诸人纪之。

初胡广对策，极谈藩王之横，有晁家令之谋，故建文帝喜而首拔之。此后宣力永乐间，备极勤瘁，以结主知，颜亦孔厚矣。高逊志，字士敏，靖难后匿迹不出，竟免于难，且全节善终，较之殉国诸贤，忠稍后，而智足多矣。庚辰科一甲三人，首胡靖、江西吉水人；次王艮、亦吉水人；第三李贯，为庐陵，俱同郡人，真奇事。而永乐初元，开科一甲三人亦皆吉安，尤奇。又董倫前序云，是年入试者千余人，较之洪武辛亥会试，已五倍之矣。

（清）张廷玉等《明史》卷一百四十七·列传第三十五 赞曰：明初罢丞相，分事权于六部。成祖始命儒臣直文渊阁，预机务。沿及仁、宣，而阁权日重，实行丞相事。解缙以下五人，则词林之最初入阁者也。夫处禁密之地，必以公正自持，而尤贵于厚重不泄。缙少年高才，自负匡济大略，太祖俾十年进学，爱之深矣。彼其动辄得谤，不克令终，夫岂尽嫉贤害能者力固使之然欤。黄淮功在辅导，胡广、金幼孜劳著扈从，胡俨久于国学。观诸臣从容密勿，随事纳忠，固非仅以文字翰墨为勋绩已也。

（清）查慎行《人海记》卷下·胡广有愧科名 建文二年廷试，擢王艮状元，嫌其貌寝，抑置第二，而以胡广易之。及靖难师至金陵，广与翰林周公是修，刻其约同死。周既自经，胡负约，与金幼孜、解缙等迎降。艮后竟死节。若广，所谓有愧科名者也。

（清）朱彝尊《明诗综》卷十九·胡广（二首） 广字光大，庐陵人，建文庚辰赐进士第一，更名靖，除翰林修撰。靖难后直内阁，复名广。累官文渊阁大学士，卒赠少师、礼部尚书，谥文穆，有《晃庵》、《扈从集》。杨东里云：“胡公赋诗，取适性情，近体颇得盛唐之趣。”

（《诗话》：杨东里《杨白花》云：“杨白花，逐风起，含霜弄雪太轻盈，荡日摇春无定止。楼中佳人双翠颦，坐见纷纷渡江水。天长水阔花渺茫，一曲悲歌思千里。”胡光大《杨白花》云：“杨白花，渡江竟不还。非汝故来急，恐落泥涂间。春光憔悴如花颜，相思不见空长叹，浮云流水何漫漫。安得随风返高树，仍结柔条莫飞去。”世传袁景文赋此题，盖缘让皇逊国而作，然则两公诗亦不无故主之思矣。然邪？否邪？诋光大者谓金川门之变，约周纪善同死，既而人侦之尚在喂豕。果尔，则可鄙已甚。观集中过颜平原、文信国、余青阳祠辄有吊古之作，其《题宋思陵所书洛神赋》云：“静夜焚香阅旧书，洛神下笔意何如？可怜不写平戎策，千古中兴恨有余。汴水园林迹已荒，南来宫馆燕钱塘。卧薪有志图恢复，好写招魂酹岳王。”其辞凄惋，不类牧猪奴。东里尤与相契。胡语杨曰：“吾两人实兄弟，后死则铭。”及胡没后，杨夜梦偕胡泛舟自快阁，至郡城下联句，胡云：“金螺潇洒对芙蓉”，杨云：“鹭渚渔舟窈窕通。远树白云秋色净”，胡云：“故人清兴酒船同。河山梦冷讴吟后”，杨觉而续之云：“生死交深感慨中。犹想胜缘如夙昔，并骑黄鹤过江东。”永嘉谢庭循为作图。相传东里亦与纪善誓同死，后语其子曰：“吾若偕亡，谁与尊公作传？”岂两人品行相近，故友谊谆谆若是耶？）

（清）陈田《明诗纪事》乙签卷四·胡广（三首） 广，字光大，吉水人。知府子祺子。建文庚辰第一人及第，更名靖，授修撰。永乐初，直内阁，复名广。历侍讲、侍读、右庶子、翰林学士兼左春坊大学士，进文渊阁大学士。卒赠礼部尚书，谥文穆。洪熙初，加赠少师。有《文穆集》二十卷。

（《东里集》：文穆为文援笔立就，顷刻千百言，沛然行云流水之势。赋诗取适其性情，近体得盛唐之趣。工书法，行草之妙，独步当世。

《翰林记》：永乐八年，礼部郎中周讷建请封禅，大臣有阴主之者。学士胡广献《却封禅颂》，上遂止。

《艺苑卮言》：胡文穆善真行草，名不及解大绅，而遇过之。北征诸镇，皆其勒石。

《金陵琐事》：……

《国史唯疑》：永乐四年，集儒臣及修书秀才数十人于丹墀内，同赋《白象诗》，胡广第一。

田按，光大诗和平蕴藉，西杨称其近体，尚非溢美。）

杂　录

（明）杨士奇《东里续集》卷四十三·胡母传　胡母，吉之永新人，姓吴氏。吴故宦族。父师尹，元至正戊子进士，永丰县丞，有贤名，尤深于《诗》、《书》，至今学者宗之称莘乐先生。母少习《诗》、《礼》，兼通《孝经》、《四书》、《列女传》、《女教》诸书，而笔札女红皆善，父母爱之相攸，以嫁吉水胡子祺。子祺，宋忠简公铨十世孙，洪武初举明经，历官延平知府，治行焯焯于时。母归胡氏，谨妇道，执俭素，内助其夫。于丧乱艰窭之际，不及事舅姑，于春秋荐祭尤谨。夫有从弟妹，孤无依，悉长育之，后又为之嫁娶，待其族之人尽恩义。子祺素阔略，不屑意生产事，且其出仕时兵乱初定，母独留躬勤，起其家既有余矣。无几，子祺没。恒书哭丧祭皆如礼。是时，长子直甫弱冠，次子广才数岁，亲授广《论语》诸书，晓以大义。又迎其女兄之孀无子者同处，日共讲论书史，令广从旁习闻渐渍，以涵养其本源。广已出就外傅，暮归必叩其所业，而益加励之。间其子以先生朋友从外来，辄坐屏后，聆所论说，即其所说当道辄喜，亲治酒馔供客，虽日屡屡不厌也。间暇，语其子以父之善行，曰："必勉继之毋忘。"广后举进士及第，累官。今为翰林学士兼左春坊大学士，永乐十年特恩封母太宜人。后二年，年八十三卒。

赞曰：昔欧阳修早孤，母郑守节自誓，苦志教修，学问卒以有立，显名于天下。君子盖多郑之能母道也。推此较彼，其贤智卓然，胡母非其俦匹者欤？然余尝考永丰延平之为人，胡母之行其有所自哉！其有所自哉！

（明）黄佐《翰林记》卷十九·真草篆隶　永乐二年，始诏吏部简士之能书者储翰林，给廪禄，使进其能，用诸内阁办文书然。一时翰林善书者，有解缙之真、行、草，胡广之行、草……皆知名当世。

（明）宋端仪《立斋闲录》卷三 祖宗时，于文臣少有赠谥。至仁宗登基，思念旧臣……翰林学士赠礼部尚书文穆公胡广加赠少师。

（明）王世贞《弇山堂别集》卷十四·皇明异典述九·天子赐名 有胡文穆，初名广，建文君易之曰靖，后文皇命仍故名。

又，卷十七·史乘考误二 《纪略》：庚辰状元胡靖，即胡广。广与杨溥同与廷试，初拟溥为状元，而广次之，上偶问："今年状元何人？"中官以湖广人对，盖谓溥也。馆阁误闻遽以广为第一。按《革除录》言：是岁王艮第一，以貌寝故，改用广。且使《纪略》所载为真，则文定何以不为第二而在二甲耶？建文于文事极留心，不应孟浪乃尔。

又，卷四十四·赠公孤宫臣表 高皇帝下江左，因胜国之旧，为五等爵以赠勋臣及文武之死绥者，其后有王公侯伯之典而罢子男，至公孤绝不以为赠。文皇帝复因之，有赠爵而无赠官。中间仅一二：朱长史复之相藩邸、胡学士广之侍左右，皆久，而皆五品，未及贵，故追崇之，然亦仅至尚书而止。盖五十余年而寥寥如也。仁宗即位，复置公孤官以居英公辅、尚书义等。于是加赠，姚广孝、胡广得少师，马京得少傅，墨麟得少保，文臣之赠三孤，自广孝等始也。

又，卷七十·谥法考序 至建文，而待制王祎得谥文节矣，文臣之有谥，自祎始也；其谥小臣者，亦自祎始。永乐制严矣，终太宗世，文臣之得者仅姚恭靖广孝、胡文穆广。而恭靖之爵则公也，文臣之有谥仅文穆一也。

（明）郭良翰《明谥纪汇编》卷十四·臣谥上·文臣·文穆 胡广（大学士，赠礼部尚书，加赠少师。永乐。勤学好问，布德执义。江西吉水人）。

（明）沈德符《万历野获编》卷十八·刑部·三杨子孙 胡广之子穜，亦坐杀人抵罪。

永乐二年（1404）甲申科状元曾棨

传　记

（明）杨荣《西墅曾公墓志铭》　宣德七年春正月辛巳，詹事府少詹事兼翰林侍读学士曾公卒于北京之官舍。予与少傅杨公往哭之，士大夫皆往会哭。翌日，予二人以闻，皇上悼叹，即命礼部赐祭，赠嘉议大夫、礼部左侍郎，命工部治坟茔给舟归其丧。将行，其季子种谒予拜且泣曰："种父未卒前二日，属春坊庶子周公状其事，行命种请志于先生，先生幸赐以慰先人于地下。"予闻而益悲。予与公交好三十年，而今已矣！奚可辞铭？

公讳棨，字子棨，吉之永丰人。其先世出自武城。西汉末十四代孙讳据者避王莽之乱，率族人南迁，散居南丰、庐陵诸郡。至宋，兵部侍郎、江西湖南安抚使赠武城伯讳晞颜者，公之高祖也。元翰林直学士讳德裕者，公之伯祖。翰林编修、知制诰讳巽申者，公之祖也。考讳叔用，妣张氏。公幼颖敏端重，言笑不易。五岁尽识象戏字。七岁从学伯父两皋。十五以其所学训族人子弟。十七出教新淦胡氏塾，已有名，时儒者邹仲熙、邹幼亨辈皆忘年与之交。二十充邑庠生，教谕戴正心文学老成，尤重公。既作诗励之，复为龙说，期其大用。永乐元年，中江西乡试，明年礼部会试中选者四百七十人，公在第八。廷试遂中第一，赐进士及第。太宗皇帝奇其才，亲批所对策褒美之。赐冠带朝服，授翰林修撰、承务郎。未几，诏选进士二十八人俾进学文渊阁，公为之首。上尝召问典故，公奏对如响。每应制诗文皆立就，由是深沐宠眷。纂《永乐大典》，命为副总裁，授儒林郎。五年，升侍讲，授承直郎。丁内艰。大驾巡狩北京，起复扈从。同邑有坐奸党事逮公，人以为危，太宗特原之，谓曰："朕惜尔才也。"公所居西长安门外，家人不戒火，延及禁垣，上亦以公故置不问。尝与诸才俊赋《天马海青歌》于上前，公独先成，词气豪磊，太宗深加叹赏。升承德郎，秩满升侍讲学士，预《太祖高皇帝实录》。书成，重沐赐赉。丁父忧。复起就职。仁宗皇帝嗣位，皇上正为储宫，升左春坊大学士，仍兼侍读学士。授奉议大夫，赐诰命，赠其父为奉议大夫、左春坊大学士兼翰林侍读学士，母为宜人。洪熙初元，侍皇上监国南京。宣德改元，《两朝实录》书成，赐金织袭衣白金文绮，进詹事府少詹事，赐宝带。日直文渊阁，岁时屡拜御酒珍馔白金钞币之赐，恩意隆洽。一日趋朝，以咳嗽遽引退。上遥见之，诏免朝参。公益敬慎弗懈。逾年疾复作，上亟命医往视。公知不可起，自为《赞》遗相知者诀别云："官詹不小，运周不夭。我固已多，人以为少。易箦盖棺，此外焉求。云白山青，乐哉归休。"遂卒。

公生洪武壬子八月戊戌，享年六十有一。既卒，公侯六卿以下皆往奠，而士君子咸悼惜，以为斯人不可复得矣。配钟氏有贤行，封宜人。子男三，长秬先卒，次积，次种。女五，刘毅会、钟公铉、周秀夫、胡颛勉、高钦夫，其婿也。公姿貌魁伟，襟度夷旷，孝友忠实，出乎天性。而才气志行尤超卓不群。两京乡试、礼部会试，屡典文衡，去取率公平，素奖励后进以为己务。宗姻乡党有急难，靡不用情。善饮酒，与宾朋觞咏，谈笑倾倒，意豁如也。为文章才思滂沛，顷刻千百言，不待思索。工书，而草书尤精，得晋人风致。四方慕而求之者足，相蹑于其门，至于商確古今，讲论政治，无不切当。其葬以某年某月某日。铭曰：伟哉曾公，卓荦愧奇。少处乡邑，才已不羁。永乐初科，首赐及第。玉质金声，为国令器。居官翰苑，克慎克勤。文行之懿，远近著闻。历事三朝，竭心赞翊。宠眷殊深，屡进清职。弗究厥施，遽止于斯。恩命之隆，生荣死哀。惟兹乡邑，山盘水绕。铭诸其藏，千古有耀。

（录自［明］曾棨《曾西墅先生集》卷首，又见［明］杨荣《文敏集》卷二十一）

（明）杨士奇《西墅曾公神道碑》　天之生才甚难也，然而高明强毅、弘博奇伟、智能勇略之士，世未尝乏用。惟文章者不易得，夫探造化之秘，征帝王之法，通古今之绩，渟滀融会，而后出之。上焉者，发挥性道，修正人纪，此圣贤之事，不可几及。次焉者，推明义理，纪述功德，时为风雅，以鸣国家之盛，司马迁、相如、扬雄、班固，至于韩、柳、欧、苏，作者之事，然亦代不数人焉。

国家自洪武以来，有文之士其可以嗣迁、固者盖有之。太宗皇帝御天下，慨然作新人才，兴起斯文，而龙飞第一科进士第一人曾君子棨杰然其特出焉。君名棨，既登第，授翰撰、承务郎。无几，简进士明秀通敏者二十八人就文渊阁，尽出中秘书俾进所业，朝暮太官供膳，月给内帑钞为膏烛费，盖期之于古人。子棨其首也，昼夜淬砺，文与学俱进。上时召试，子棨迅笔千百言立就，不费思索，而理致文采皆到，其苦思力索者有不能及。上屡举群书中隐僻事以验所学，靡不悉对，以是深见奖重，遂名闻天下。明年修《永乐大典》，为副总裁。五年，升侍讲，授承直郎。七年，扈车驾巡幸北京，数侍燕闲，应制赋诗，并荷褒嘉。后有荐文士于上，必问："得如曾棨否?"卒之考其能未有庶几跂及者。升承德郎，预修《太祖高皇帝实录》。十一年，复扈从巡北京。十二年，考北京乡试。十三年，廷试充读卷官。《实录》成，赐钞袭衣文绮。十六年，考礼部会试，升侍读学士，授奉训大夫。修《天下郡志》，为副总裁。二十二年，考礼部会试。仁宗皇帝嗣位，升左春坊大学士，仍兼侍读学士，两俸俱支。日以经史进讲文华殿。从皇上之南京，还，预修《太宗皇帝、仁宗皇帝实录》。宣德二年，考礼部会试。

五年，充廷试读卷官。两朝《实录》成，赐金织袭衣银币加厚，升詹事府少詹事，仍兼翰林院侍读学士，赐宝带。

子棨为文章，如源泉混厚，沛然奔放，一泻千里；又如园林得春，群芳奋发，组绣烂然，而部分整饬。赋咏之体，必律唐人。兴之所至，笔不停挥，状写之工，极其天趣，他人不足，己恒有余。四方求者，无间贵贱，日集庭下，靡不酬应。一时文人所作碑、碣、记、序、表、赞、传、铭、诗、赋，流布远迩，盖未有子棨之富者。尤工书法，草书雄放，有晋人风致，自解大绅、胡光大后，独步当世。仪貌魁伟、襟度坦夷而神情洒落，善谈论，简而有味。良辰清景择胜而游，未尝以事废。其天性孝友慈厚，善奖拔士类。交际有始终之义，急人之急，无论识与不识，平生以及物为心。使之临民，必大有所济，惜其仕三十年，恒以文学在侍近，其所及者未广也。素有痰疾，一日侍朝疾作，遽引退。上遥见之，敕勉常朝。宣德六年冬，疾大作，上命太医视疗。明年正月廿一日卒。讣闻，上为悼惜，赠嘉议大夫、礼部左侍郎，遣侍郎章敞赐祭，命有司营葬，给舟还其丧。朝臣自公侯、尚书以下，皆赴临奠。春秋六十有一。呜呼！人才之难成！一代之文如子棨何可多得？而今已矣！盖上下悼惜之无间言云。

曾氏世家吉之永丰，其高祖晞颜，宋兵部侍郎，江西、湖南安抚使，元赠武城郡伯，妣萧氏。曾祖巽申，元应奉翰林文字，同知制诰，国史院编修官，与其兄翰直学士德裕皆有盛名于世，妣胡氏。祖如瑸，元集贤院司直，妣周氏。考叔用，洪熙初以子启贵赠奉议大夫、左春坊大学士、翰林院侍读学士，而赠其妣张氏宜人，配钟氏封宜人。子男三，秬务学力文，有志继述，甫冠而卒，缙绅咸惜之。次积，次种。女五，刘敦会、钟公铉、周秀夫、胡颛勉、高钦夫，其婿也。公之易箦也，以身后事属少傅建安杨公及予。杨公既为著《葬铭》，予为书墓石，而系以诗曰：

鄫出有夏少康裔，曲列启封国为氏。去邑为曾适鲁仕，郕国圣学述传义，亲承素王道统系。后十余叶新莽际，爰以阖宗徙南避。宅盱与吉心洙泗，章逢蝉联如栉比。欧阳之乡吉之委，宋元连绵起禄位。天启文运赫昭晰，公奋而兴属隆世。天经煌煌表人瑞，彯缨垂组侍廷陛。操觚含毫应帝制，岷江茫洋万里势。春空澄明云锦丽，重瞳回瞩天容霁。纪功述德封金匮，操执权衡品文艺。宏章大什耀海内，朝阳和鸣凤翙翙。儒林翘翘拔其萃，矜恻焚溺怀惠济。惟仁攸存未弘施，没奚憾兮此赍志。①

（录自［明］曾棨《曾西墅先生集》卷首，又见［明］杨士奇《东里文集》卷十四，［明］徐纮《皇明名臣琬琰录》前集卷二十一）

（明）李贤等《明一统志》卷五十六·吉安府·人物·本朝　曾棨（永丰人。永乐甲申进士第一，翰林修撰。时简拔进士二十八人进学秘阁，月试优劣，棨信笔百千言，以是名闻天下。为人温雅英迈。官至少詹事，兼翰林侍讲学士。预修《两朝实录》。卒赠礼部左侍郎）。

① “觚含毫应帝制……没奚憾兮此赍志”据（明）徐纮《皇明名臣琬琰录》补。

（明）程敏政《新安文献志》·先贤事略下·国朝　曾西墅（棨），字子棨，庐陵人。永乐甲申进士第一。历官詹事府少詹事，兼翰林侍读学士。赠礼部左侍郎。

（明）廖道南《殿阁词林记》卷六·宫学·右春坊大学士曾棨　曾棨，字子启，江西永丰人。永乐甲申进士第一，授修撰。躯仪肤硕，问学敏赡，太宗奇其才。命解缙选二十八人为庶吉士进文渊阁，棨为之冠。上尝召问，棨应对如响。命撰《天马海青歌》，挥笔立就，词气豪宕。预修《永乐大典》，充副总裁官。丁亥，转侍讲，守制。车驾幸北京，起复，扈从。同邑有坐建文间党系者，人咸为棨危，又所居西长安门失火延及禁垣，上皆以棨故不问。秩满，进侍读学士。重修《高庙实录》成，骈沐赐赉。仁宗嗣位，迁右春坊大学士，仍兼侍读，阶奉议大夫。宣德改元，预修《两朝实录》成，赐金织袭衣宝带，擢少詹事，仍兼侍讲学士。卒赠礼部侍郎。杨荣铭其墓曰："永乐初科，首赐及第。玉质金声，为国令器。居官翰苑，克慎克勤。文行之懿，远近著闻。"廖道南曰："予观《国史》，谓棨温雅英迈，喜推荐士，学博才旷，为文沛然。惜乎天不假之以年，未究厥终也。"赞曰：渥洼神驹，奔风逸电。丹穴威凤，云辉星烂。子启之才，夙自天成。大廷擢魁，宫府垂名。天夺之速，赍志以没。长篇大章，照耀石室。

（明）袁帙《曾襄敏公棨传》　曾襄敏公棨，字子启，永丰人。永乐二年进士第一人，授翰林院修撰。命解缙选取进士进学文渊阁，名翰林庶吉士。公学问日进。时召入试，迅笔千言立就，词理皆到。上屡摘群书隐僻事问公，悉能对，以故喜公，公名闻天下。明年，修《永乐大典》，为副总裁。升侍讲。数侍燕闲，应制赋诗。有荐文士者，必问："得如曾棨否？"考其文，竟不如棨远甚。内艰，起复扈从。邑人坐奸党事，词及公，诏特原曰："朕惜尔才也。"公居长安右门外，火延禁垣，亦不问。升侍读学士。修《天下郡县志》，为副总裁。书成，升左春坊大学士，仍兼侍读。从宣皇帝自南京还，升少詹事。公预修三朝《实录》。再扈北巡，三考会试。为文章如源泉混混，沛然千里；又如园林得春，群芳烂然。兴致所到，笔不停挥，状写之工，极其天趣，他人不足，己尝有余。工书法，草书雄放，有晋人风，自解、胡后，独步当世。仪貌魁伟、襟度坦夷而神情洒落，能饮酒，善谈论，平生以及物为心。使之临民，必有所济，惜仕三十年，徒以文学自见。卒赠礼部左侍郎。袁帙曰："明兴，刘、宋以宗工司制代言，文体浑厚；继以东里，温醇雅则，有欧阳少师之风。子启天才雄丽，倚马万言，其文如苏长公，浩如悬河，注之不竭，所乏者谨严精洁耳。人之才固各有所长也。诗古体有魏晋风，律宗初唐，亦一代之鸿匠也。"

（录自［明］焦竑《国朝献征录》卷十八）

（明）陈鎏《皇明历科状元录》卷一·永乐二年甲申状元曾棨　廷对之士杨相等四

百七十二人，遵洪武乙丑例也，擢曾棨第一。首甲三策皆有御批，二甲前数名俱刊策，附读卷官批语，于后选庶吉士，则刊策者皆与。

曾棨，字子棨，吉之永丰人。自幼颖敏端重，言笑不易。五岁尽识象戏字，称“江西才子”。治《书》经举进士，对策几二万言不属草。太宗奇其才，擢第一，赐冠带朝服，授翰林修撰，时年三十六，躯仪肤硕。诏选庶吉士二十八人进文渊阁，棨为之冠。上召问典故，辄应口对。命撰《天马海青歌》，挥笔立就，词气豪宕。赐玛瑙带，深沐眷宠。群士有以文士荐者，每曰：“得如吾曾棨否邪?”修《永乐大典》，充副总裁官。五年，转侍读，居忧。七年，车驾幸北京，起复扈从，应制纪述多被褒嘉。同邑有坐建文间奸党事，人为棨危；又所居西长安门失火，延及禁垣，上皆以棨故不问。十六年，秩满，进侍读学士。重修《高庙实录》成，骈沐赐赍。仁宗嗣位，迁右春坊大学士，仍兼侍读学士，□旨两俸并给。宣德改元，从驾之南京。还，预修太宗、仁宗《实录》成，赐织金袭衣宝带，擢少詹事兼侍读学士，卒年六十一。赠礼部左侍郎，赐祭，诔词有“三十年小心端谨”之褒，追谥荣襄。主顺天乡试一，主会试考三，读廷试卷二。棨仪貌魁伟，襟度洒落，善谈论，性孝友，喜奖拔后进。

杨士奇评其文：“如源泉奔放，一泻千里；又如园林得春，群芳烂然。盖其得之天者为最多，赋咏之体，必律唐人。他人不足，己常有余。”又称其“推明义理，纪述功德，以鸣国家之盛”，“工书法，草书雄放，独步当世”。袁帙曰：“明兴，刘、宋以宗工司制代言，文体浑厚。继以东里，温醇雅则，有欧阳少师之风。子启天才雄丽，倚马万言，其文如苏长公，浩如河悬，注之不竭，所乏者谨严精洁耳。人之才固各有所长也。诗古体有魏晋风，律宗初盛唐，亦一代之鸿匠也。”

廖道南赞曰：渥洼神驹，奔风逸电。丹穴威凤，云辉星烂。子棨之才，夙自天成。大廷擢魁，官府垂名。天夺之速，赍志以没。长篇大章，照耀石室。

洪武辛亥、乙丑廷试，皆亲制策问。其后或命翰林拟撰，取自圣裁用之。至是，成祖欲求博闻多识之士，命学士解缙采天文律历、礼乐制度拟撰为题，意士必为所窘。及得棨卷，学问渊邃，敷奏详明。成祖奇其才，批云：“贯通经史，识达天人。有讲习之学，有忠爱之诚。擢冠天下，昭我文明。尚资启沃，惟良显哉!”其第二、第三名亦皆批评，前此所未有也，是年《登科录》刻对策十余篇。(《登科考》)

元年癸未，本会试之期，以登极未暇，因命再乡试，以明年甲申会试。是科一甲第二周孟简、第三周述，兄弟也。初，述在孟简之前，成祖曰：“弟不可以先兄。”乃置述于后，此即二宋故事。

文皇初御极，慨然欲兴起斯文，命学士解缙等选新进士才识英敏者，俾就文渊阁读中秘书。于是，缙等选曾棨等二十八人，以应二十八宿，时庶吉士周忱自陈年少愿进学，上喜曰：“此有志之士也。”命增忱，乃二十九人，遂命司礼监给纸笔墨，光禄给朝暮膳，礼部月给膏烛，工部择近第宅居之。仍命缙领其事。上或时出馆中，程试课业，或召至便殿，问以经史诸子故实，且搜奇书僻事以验所学，每五日一休沐，使内臣随之，校尉备驺，从人莫不歆其荣。故是科多得人，如王文端直、王文安英、李忠愍时勉、周文襄忱、罗侍郎肃、陈祭酒敬宗、李布政桢、曾学士棨，皆名臣也。后上亲征巡狩，虽有庶吉士之选如甲申例，而车驾不及亲莅焉。(《皇明通纪》)

有虏使至，称善饮。有司推能伴饮者，才得一武弁，犹恐不胜。上令廷臣自荐，曾请往。上问："卿量几何?"对曰："无论量，但当陪过此虏。"逮往，三人默饮终日，虏使已醉，武人亦潦倒，内翰爽然复命。上叹曰："无论文学，此酒量岂不为大明状元邪?"锡以内酿甚厚。(《野记》)

附录曾棨《喜萧时中状元及第》诗：

"乡衮曾抡宋殿魁，庐陵文运喜初回。九重天上承恩渥，八十人中识俊才。蠹简几年窥夜雪，龙门一日动春雷。行人若向青原望，定有红光烛上台。"

（明）凌迪知《万姓统谱》卷五十七 曾棨（字子启，永丰人。永乐进士第一。授翰林修撰，时简拔进士二十八人进学秘阁，月试优劣，棨信笔百千言，以是名闻天下。为人温雅英迈。官至少詹事，兼翰林侍讲学士，预修《两朝实录》。卒赠礼部左侍郎，谥恭襄）。

（明）雷礼《国朝列卿纪》卷十八·詹事府·曾棨 曾棨，字子启，江西吉安府永丰县人。幼颖敏端重，言笑不易。五岁尽识象戏字。七岁从学伯父两皋。十五以其所学训族人子弟。十七出教新淦胡氏塾，已有名，时儒者邹仲熙、邹幼亨辈皆忘年与之交。二十充邑庠生，教谕戴正心文学老成，尤重公。既作诗励之，复为龙说，期其大用。永乐元年，中江西乡试，明年礼部会试中选者四百七十人，公在第八。廷试遂中第一，赐进士及第。太宗皇帝奇其才，亲批所对策褒美之。赐冠带朝服，授翰林修撰、承务郎。未几，诏选进士二十八人俾进学文渊阁，公为之首。上尝召问典故，公奏对如响。每应制诗文皆立就，由是深沐宠眷。纂《永乐大典》，命为副总裁，授儒林郎。五年，升侍讲，授承直郎。丁内艰。七年，大驾巡狩北京，起复，扈从。同邑有坐奸党事逮公，人以为危，太宗特原之，谓曰："朕惜尔才也。"公所居西长安门外，家人不戒火，延及禁垣，上亦以公故置不问。尝与诸才俊赋《天马海青歌》于上前，公独先成，词气豪宕，太宗深加叹赏。升承德郎。十六年，秩满升侍讲学士，预《太祖高皇帝实录》。书成，重沐赐赍。丁父忧，复起就职。仁宗皇帝嗣位，皇上正为储宫，升左春坊大学士，仍兼侍读学士。授奉议大夫，赐诰命，赠其父为奉议大夫、左春坊大学士兼翰林侍读学士，母为宜人。洪熙初元，侍皇上监国南京。宣德改元，修《两朝实录》。五年，书成，赐金织袭衣白金文绮，进詹事府少詹事，赐宝带。日直文渊阁，岁时屡拜御酒珍馔白金钞币之赐，恩意隆洽。一日趋朝，以咳嗽遽引退。上遥见之，诏免朝参。公益敬慎弗懈。七年，疾复作，上亟命医往视。公知不可起，自为《赞》遗相知诀别，遂卒，年六十有一。赠礼部左侍郎，谥襄敏。

又，卷二十·翰林院学士讲读学士行实 曾棨，字子启，江西吉安府永丰县人。永乐元年，中江西乡试。明年，礼部会试，中选者四百七十人，名在第八。廷试遂中第一，赐进士及第。成祖奇其才，亲批所对策褒美之。赐冠带朝服，授翰林修撰、承务郎。未几，诏解缙选进士二十八人俾进学文渊阁，棨为之首。五年，升侍讲，授承直郎。六年，丁内艰。七年，大驾巡狩北京。起复，扈从。十六年，满，升侍读学士，与修《太祖高皇帝实录》。书成，重沐赐赉，丁父忧。复起就职。二十二年，命主考会试。仁宗嗣位，宣宗正位储，官升左春坊大学士，仍兼侍读学士，授奉议大夫。赐诰命，详詹事府。

(明)项笃寿《今献备遗》卷十五·曾棨　曾棨，字子启，江西吉水人也。永乐甲申，进士第一人。文皇帝初御极，欲兴起斯文，乃选进士中秀敏者二十八人为庶吉士以应列宿，开文渊阁使读中秘书。大官供膳，月给内帑钞为膏火费。棨以翰林修撰居首选，上时召试二十八人，棨迅笔立就，诸吉士弗如也。上数举群书问，棨辄应口对，深见奖重。修《永乐大典》为副总裁。五年，升侍讲。七年，扈从巡北京，数侍燕间，应制赋诗辄称旨。人有荐文士者，必问如曾棨否。预修《高皇帝实录》成，赐文绮衣钞。十六年，考礼部会试，升侍读学士。修《天下郡志》，为副总裁。二十二年，考礼部会试。仁宗初，升左春坊大学士，仍兼翰林侍读学士。宣德二年，考礼部会试。《两朝实录》成，升少詹事，仍兼侍读学士，赐宝带。七年，卒，赠礼部左侍郎。

论曰：国初刘、宋以司制代言，文体浑厚。至子启，天才雄丽，倚马万言，其文如苏长公，浩浩不竭；所乏者，谨严精洁耳。要之才致，固各有长。其所为诗，古体有魏晋风，律宗初盛唐，亦一代之鸿匹也。

(明)刘孟雷《圣朝名世考》卷十·文献传·曾棨　曾棨，字子启，江西吉安永丰人。永乐二年进士第一，授翰林修撰。上命解缙选进士进学文渊阁，棨及编修周述、周孟简，进士杨相、刘子钦、彭汝器、王英、王直、余鼎、章敞、王训、柴广敬、王道、熊直、陈敬宗、沈升、洪顺、章朴、余学夔、罗汝敬、卢翰、汤留、李时勉、段民、倪维哲、袁天禄、吴绅、杨勉被选名翰林庶吉士，入见，上谕曰："人须立志，志立则功就。天下古今之人，未有无志而能建功成事者。汝等简拔于千百人中为进士，又简拔于进士中至此，固皆今之英俊，然当立志远大，不可安于小成。为学必造道德之微，必具体用之全，为文必并驱班、马、韩、欧之间，如此立心，日进不已，未有不成者。古之文学之士，岂皆天成？亦积功所至也。汝等勉之。朕不任尔以事。文渊阁古今载籍所萃，尔各食禄，日就阁中，恣尔玩赏，务实得于己，庶国家将来皆得尔用，不可自怠，以孤朕期待之意。"棨学问日进。上时召试，迅笔千言立就，而词理皆到。上屡摘群书隐僻事问公，悉能对，以故喜棨，棨名闻天下。会修《永乐大典》，为副总裁。升侍讲。数侍燕闲，应制赋诗。有荐文士者，必问："得如曾棨否?"内艰，起复，扈从。邑人坐奸党事词及棨，上特原曰："朕惜尔才也。"棨居长安右门外，火延禁垣，上不问。即升侍读学士。修《天下郡志》，为副总裁。仁宗即位，升左春坊大学士，仍兼翰林进讲。从宣宗南京还，升少詹事。棨预修三朝《实录》。再扈北巡，三考会试。为文章如源泉混混，沛然千里；又如园林得春，群芳烂然。兴致所到，笔不停挥，状写之工，极其天趣，他人不足，己尝有余。工书法，草书雄放，有晋人风，自解、胡后，独步当世。仪貌魁伟、襟度坦夷而神情洒落，能饮酒，善谈论，平生以及物为心。使之临民，必有所济，惜仕三十年，徒以文学自见。卒赠礼部左侍郎。

（明）王兆云《皇明词林人物考》卷二·曾襄敏　公名棨，字子启，永丰人。永乐二年进士第一人，授修撰。上命解缙选进士进学文渊阁，公及编修周述、周孟简，进士杨相、刘子钦、彭汝器、王英、王直、余鼎、章敞、王训、柴广敬、王道、熊直、陈敬宗、沈升、洪顺、章朴、余学夔、罗汝敬、卢翰、汤留、李时勉、段民、倪维哲、袁天禄、吴绅、杨勉被选名翰林庶吉士，入见，上谕曰："人须立志远大，不可安于小成。为学必造道德之微，具体用之全，为文必并驱班、马、韩、欧，如此未有不成者。尔等勉之，庶将来皆得尔用。"公学问日进。上时召试，迅笔千言立就，而词理皆到。上屡摘群书隐僻事问公，悉能对，以故喜公，公名闻天下。会修《永乐大典》，为副总裁。升侍讲。数侍燕闲，应制赋诗。有荐文士者，必问："得如曾棨否?"内艰，起复扈从。邑人坐奸党事，词及公，上特原之。后升侍读学士。修《天下郡志》，为副总裁。献陵即位，升左春坊大学士。从景陵南京还，升少詹事。公预修三朝《实录》。再扈北巡，三考会试。为文章如源泉混混，沛然千里；状写之工，极其天趣。工书法，草书雄放，有晋人风致，自解、胡后，独步当世。仪貌魁伟，襟度坦夷而神情洒落，能饮酒，善谈论，平生以及物为心。使之临民，必有所济，惜仕三十年，徒以文学自见云。卒年六十有一。赠礼部左侍郎，谥襄敏。有《巢睫集》。余所有者，尚少五言律。及查《皇明珠玉》等集，公五言律实与七言律伯仲也。

（明）顾祖训原编、（明）吴承恩增补、（清）陈枚续补《状元图考》卷一·状元曾棨　永乐二年甲申，廷对之士杨相等四百七十一人。遵洪武乙丑例也，擢曾棨第一。

按曾棨，字子棨，江西吉水人。自幼颖敏端重，言笑不苟。五岁识象戏字，治《书》经举进士，对策几二万言不起草。上奇其才，召问典故，辄应口对命。撰《天马海青歌》，挥笔立就，词气豪宕。赐冠带朝服、马瑙带，深沐眷宠。群士有以文士荐者，每曰："得如吾曾棨否耶?"

《登科考》：成祖欲求博闻多识之士，命学士解缙采天文律历为题，意士必为所窘。及得棨卷，学问渊邃，敷奏详明。上批："贯通经史，识达天人。有讲习之学，有忠爱之诚，擢冠天下，昭我文明，尚资启沃，惟良显哉!"

《山野记》：有外使至，称善饮。有司推能伴饮者，得一武弁，犹恐不胜。上令廷臣自荐，曾请往。上问："卿量几何?"对曰："无论量，但当陪过此使。"逮往，三人默饮终日，外使已醉，武人亦潦倒，内翰爽然复命。上笑曰："无论文学，此酒量岂不为大明状元耶?"锡以内酝甚厚。

（明）苏茂相《皇明宝善类编》·编中名公姓氏　曾棨，字子棨，永丰人。永乐甲申进士第一，仕至少詹事。

（明）张弘道、张凝道《皇明三元考》卷二·永乐二年甲申科大魁　状元曾棨（江西丰城人，字子启。治《书》。癸未举人。廷对策几二万言，不属草。成祖奇其才，擢第一，赐冠带朝笏，授修撰。时年三十六。仕至少詹事兼侍讲学士。预修两朝《实录》。棨自幼颖敏端重，寡言笑。五岁尽识象戏字。长称江南才子。及入翰林，上时召试，迅笔千言立就，词理皆到。上屡摘群书隐僻事问公，辄应口对。群臣有以文士荐者，必问："得如曾棨否?"其为文章，兴致所到，笔不停挥，状写之工，极其天趣。尤工书法，草书雄放，有晋人风，自解、胡后，独步当世。襟度坦夷而神情洒落，喜推荐士。平生以及物为心。卒年六十一。赠礼部左侍郎，谥襄敏。所著有《巢睫集》)。

（明）汪国楠《皇明名臣言行录新编》卷二十八·曾棨　曾棨，字子启，江西吉水人也。永乐二年甲申，状元及第。廷对策几二万言，不属草，宏博鲜俪。……明兴，刘、宋以宗工司制代言，文体浑厚；继以东里，温醇雅则，有欧阳少师之风。子启天才雄丽，倚马万言，其文如苏长公，浩如悬河，注之不竭，所乏者谨严精洁耳。人之才固各有所长也。诗古体有魏晋风，律宗初唐，亦一代之鸿匠也。（并《献实》）

（明）李贽《续藏书》卷二十六·文学名臣·詹事曾公棨　曾襄敏公棨，字子启，永丰人。永乐二年进士第一人，授翰林院修撰。命解缙选取进士进学文渊阁，名翰林庶吉士。公学问日进。时召人试，迅笔千言立就，词理皆到。上屡摘群书隐僻事问公，悉能对，以故喜公，公名闻天下。明年，修《永乐大典》，为副总裁。升侍讲。数侍燕闲，应制赋诗。有荐文士者，必问："得如曾棨否?"考其文，竟不如棨远甚。内艰，起复扈从。邑人坐奸党事，词及公，诏特原曰："朕惜尔才也。"公居长安右门外，火延禁垣，亦不问。升侍读学士。修《天下郡县志》，为副总裁。书成，升左春坊大学士，仍兼侍读。从宣皇帝自南京还，升少詹事。公预修三朝《实录》。再扈北巡。三考会试。为文章如源泉混混，沛然千里；又如园林得春，群芳烂然。兴致所到，笔不停挥，状写之工，极其天趣，他人不足，己尝有余。工书法，草书雄放，有晋人风，自解、胡后，独步当世。仪貌魁伟、襟度坦夷而神情洒落，能饮酒，善谈论，平生以及物为心。使之临民，必有所济，惜仕三十年，徒以文学自见。卒赠礼部左侍郎。袁帙曰："明兴，刘、宋以宗工司制代言，文体浑厚；继以东里，温醇雅则，有欧阳少师之风。子启天才雄丽，倚马万言，其文如苏长公，浩如悬河，注之不竭，所乏者谨严精洁耳。人之才固各有所长也。诗古体有魏晋风，律宗初唐，亦一代之鸿匠也。"

（明）过庭训《明分省人物考》卷六十三·江西吉安府一　曾棨，字子启，永丰人。永乐二年进士第一人，授翰林院修撰。命解缙选取进士进学文渊阁，名翰林庶吉士。棨学问日进。时召入试，迅笔千言立就，词理皆到。上屡摘群书隐僻事问棨，悉能对，以故喜棨，棨名闻天下。明年，修《永乐大典》，为副总裁。升侍讲。数侍燕闲，应制赋诗。有荐文士者，必问：“得如曾棨否?”考其文，竟不如棨远甚。内艰，起复扈从。邑人坐奸党事，词及棨，诏特原曰：“朕惜尔才也。”棨居长安右门外，火延禁垣，亦不问。升侍读学士。修《天下郡县志》，为副总裁。书成，升左春坊大学士，仍兼侍读。从宣皇帝自南京还，升少詹事。棨预修三朝《实录》。再扈北巡，三考会试。为文章如源泉混混，沛然千里；又如园林得春，群芳烂然。兴致所到，笔不停挥，状写之工，极其天趣，他人不足，己尝有余。工书法，草书雄放，有晋人风，自解、胡后，独步当世。仪貌魁伟、襟度坦夷而神情洒落，能饮酒，善谈论，平生以及物为心。使之临民，必有所济，惜仕三十年，徒以文学自见。卒赠礼部左侍郎。谥襄敏。

（明）朱谋垔《续书史会要》·明　曾棨，字子棨，吉永丰人。永乐进士第一。官至少詹。工行草，自解、胡后，独步当时。评者谓其草书雄放而不逾绳墨。

（明）尹守衡《明史窃》卷六十四·曾杨罗王崔郑雷列传第四十二　曾棨，字子启，吉永丰人也。永乐二年进士第一人，授翰林院修撰。棨对策几二万言，上嘉其才，故以冠多士，赐冠服银带。上命解缙选进士中才识敏达者定为翰林庶吉士，与三及第共二十八人俾进学文渊阁，上谕之曰：“人须立志，志立则功就。未有无志而能建功成事者。尔等拔千百人中为进士，又拔进士中至此，固皆今之英俊，然当立心远大，不可安于小成。为学必造道德之微，具体用之全，为文必并驱班、马、韩、欧之间，如此立心，日进不已，未有不成者。古人文学岂皆天成？亦积功所至。尔等勉之。朕不任尔等以事。文渊阁古今载籍所萃，各食其禄，日就阁中玩索，务实得于己，庶国家将来皆得尔用，不可自怠，负朕期待之意。”……饮酒百石不醉，岁时上每出大内，上尊赐之。

（清）钱谦益《列朝诗集小传》·乙集·曾少詹棨　棨，字子棨，吉之永丰人。永乐二年进士，廷试第一人。太宗亲批所对策，褒美之。诏选进士二十八人进学文渊阁，子棨为之首。尝召问典故，奏对如响。应制赋《天马海青歌》于上前，子棨独先成，赐宝带名马。躯干丰伟，饮酒至数石不醉。居长安右门外，因醉不戒于火，延及禁垣，上弗问也。历侍讲、读学、右春坊大学士。宣德初，进詹事府少詹事，日直文渊阁。逾年，卒于位，年六十一。病革将绝，呼酒痛饮，自为《赞》曰：“官詹非小，六十非夭。我以为多，人以为少。易箦盖棺，此外何求？青山白云，乐哉斯丘!”子棨为文章，才思奔放，顷刻千百言，文不加点。杨文贞称其诗文如“园林得春，群芳奋发，锦绣烂然，可玩可悦。状写之工，极其天趣，他人不足，彼尝有余”。而王元美《诗评》则云：“曾子启如封节度募兵，精华杂沓，殊少精骑。”合两公之论，则子棨之所造为可见矣。

（清）张豫章等《御选明诗》姓名爵里二·诸家姓名爵里 曾棨（字子启，永丰人。永乐甲申赐进士第一，选进学文渊阁，授翰林修撰，历侍讲、侍读学士，左春坊大学士，进詹事府少詹。赠礼部左侍郎，谥襄敏。有《巢睫集》）。

（清）傅维麟《明书》卷一百四十六·列传十·文学传二 曾棨，字子敬。……

（清）徐乾学等《明史》卷三十·曾棨 曾棨，字子启，永丰人。生而颖异，貌魁伟，博闻强识，工于文词。……

（清）王鸿绪《明史稿》卷一百四十三·列传第三十八·曾棨 ……天子知其好饮，每出内酝赐之。竟以饮得疾，宣德七年卒于官，年六十一。赠礼部左侍郎，谥襄敏。

（清）陶成等《江西通志》卷七十七·人物十二·吉安府三·明 曾棨，字子启，吉永丰人。永乐二年殿试第一，授翰林修撰。寻诏解缙选进士二十八人进学文渊阁，棨为首。司礼监月给笔墨纸，光禄给朝暮馔，礼部月给膏烛钞，工部择近第宅居之。帝尝亲试《天马海青歌》，棨援笔立就，又尝摘记载诸隐僻事问，棨条对无遗误，由是见褒宠。有荐文士者，帝必问才学如棨否，或命就棨辨论以观其能。修《永乐大典》，为副总裁，进侍读学士。修《天下郡邑志》，复为副总裁。仁宗立，除左春坊大学士。宣宗立，进少詹事，预修《三朝实录》。再扈北巡，三典会试。为文如源泉，一泻千里，馆阁中自解、胡后，诸大制作多出其手。宣德七年，卒于官，年六十一。赠礼部左侍郎，谥襄敏。（《列卿录》）

按，曾棨所著名《巢睫集》，今传者惟《西墅残稿》二卷，有诗而无文。

（明）袁帙《皇明献实》卷十八·曾棨 （存目）

（明）王世贞《明诗评》卷三·曾少詹棨 （存目）

（清）查继佐《罪惟录》·列传卷十八·文史诸臣列传·曾棨 （存目）

科第

（一）乡试

（清）陶成等《江西通志》卷五十二·选举四·明·永乐元年癸未乡试 曾棨（永丰人）。

（二）会试、殿试

（明）杨士奇等《明太宗实录》卷二十九 永乐二年三月壬寅朔，上御奉天殿，试礼部选中举人杨相等四百七十二人。制策曰："朕闻圣人之治天下，明于天之经，察于地之义，周于万物之务，其道贯古今而不易也。是故黄帝、尧、舜统承先圣，垂衣而治，神化宜民，朕惟欲探其精微之蕴。《历象》、《禹贡》、《洪范》载于《书》，《大衍》、《河图》、《洛书》著于《易》，古今异说，朕惟欲致其合一之归。兴学有法，立贤无方，而古今异制，朕惟欲通其所以教育，参其所以明扬。古者，礼乐皆有书，今《仪礼》、《曲礼》、《周礼》仅存，而《乐书》阙焉，朕惟欲考《三礼》之文，补《乐书》之阙，定黄钟之律，极制作之盛，皆圣人治道所当论也。咨尔多士，承朕皇考圣神文武钦明放运俊德成功统天大孝高皇帝作新余四十年，必知务明体适用之学，敷纳于编，朕亲考焉。"

（明）黄佐《翰林记》卷十四·殿试拟撰策问 永乐初科，太宗思求博闻之士，命学士解缙择天文律历、礼乐制度拟撰为题。上意士子必为所窘，及得曾棨卷，记诵详尽，叹异，以为第一人。御笔批曰："贯通经史，识达天文，有讲习之学，有忠爱之诚。擢魁天下，昭我文明，尚资启沃，惟良显哉。"其第二人周述、第三人周孟简亦皆批评，前此所未有也。闻之李贤谓缙嗛刘子钦，先以问，目示棨，棨遂获首，而置子钦于二甲。果尔，则缙不可以言无私矣。

（明）皇甫录《皇明纪略》 永乐二年，曾棨举状元及第，周述、周孟简次之，皆江西人。述与孟简兄弟也。文皇御批棨策曰："贯通经史，识达天人，有讲习之学，有忠爱之诚。擢魁天下，昭我文明，尚资启沃，惟显良哉。"批述曰："瑰伟之才，充实之学，朕用尔嘉，擢居第二，勿自蒲假，惟时懋哉。"批孟简曰："辞足以达意，学足以明理，兄弟齐名，古今罕比。擢尔第三，勉其未至，罔俾二苏，专美于世。钦哉。"

（明）廖道南《殿阁词林记》卷一·武英殿大学士黄淮 永乐二年，命同解缙考试天下士，得曾棨等四百七十二人。

又，卷十四·殿策 永乐初，成祖思求博闻多识之士，命学士解缙采天文律历、礼乐制度拟撰为题。上意士子必为所窘，及得曾棨卷，记诵详尽，叹异，以为第一人。御笔批曰："贯通经史，识达天人，有讲习之学，有忠爱之诚。擢魁天下，昭我文明，尚资启沃，惟良显哉。"其第二人周述、第三人周孟简亦皆批评，前此所未有也。

（明）张朝瑞《皇明贡举考》卷二·（甲申）永乐二年会试 中式举人四百七十二名：杨相，江西泰和县。余缺。

三月初一日，临策天下贡士。制曰：朕闻圣人之治天下，明于天之经，察于地之义，周于万物之务，其道贯古今而不易也。是故黄帝、尧、舜统承先圣，垂裳而治，神化宜民，朕惟欲探其精微之蕴。《历象》、《禹贡》、《洪范》载于《书》，《大衍》、《河图》、《洛书》著于《易》，古今异说，朕惟欲致其合一之归。兴学有法，立贤无方，而古今异制，朕惟欲通其所以教育，参其所以明扬。古者礼乐皆有书，今《仪礼》、《曲礼》、《周礼》仅存，而《乐书》阙焉，朕惟欲考《三礼》之文，补《乐书》之缺，定黄钟之律，极制作之盛，皆圣人治道所当论也，咨尔多方多士，朕承皇考作新余四十年，必知务明体适用之学，敷纳于篇，朕亲考焉。

（时廷对之士四百七十人，赐曾棨等进士及第出身有差。上欲求特闻多识之士，命学士解缙采天文律历、礼乐制度拟撰为题，意士子必为所窘，及得棨卷，记诵详尽，几万言不属草。上奇其才，擢第一，批云："贯通经史，识达天人，有讲习之学，有忠爱之诚。擢魁天下，昭我文明，尚资启沃，惟良显哉。"其第二、第三亦有御批，前此未有也。周述乃周孟简之兄，初孟简第二，述第三，传胪时，上曰："弟不可以先兄。"遂先述登科。时刻对策十余篇，各附读卷官批语于后。棨素称江南才子，上时召试，迅笔千言立就，理词皆到。上屡摘群书匿僻事问，棨悉能对，以故喜棨。有荐文士者，必问得如曾棨否。棨为文章，如源泉混混，沛然千里，又如园林得春，群芳烂然，兴致所到，笔不停挥，状写之工，极其天趣。工书法，草书雄放，有晋人风，自解、胡后，独步当世。襟度坦夷而神情洒落，喜推荐士，平生以及物为心。所著有《巢睫集》。官至詹事府少詹事，谥襄敏。是科选杨相等为庶吉士，并一甲三人，凡二十八人，复增周忱，共二十九人，后王直、周忱、王英、段民、李时勉、陈敬宗俱由庶吉士为名臣，棨与萧省身、张宗琏俱有名。部本缺，闽、湖本俱存。

《天顺日录》云：刘子钦为举子业最工，由省元至会元，将殿试，解缙在翰林会间，称之曰："状元属子矣。"子钦自负，略不少逊避，缙少之，密以题意示曾棨。明日廷对，棨策详最，遂为状元，刊十人之后，方及子钦，厌其负也。后子钦终于教职，名位竟不显云。按：以子钦为会元，再详。）

第一甲三名赐进士及第（以后一甲授官，俱遵洪武、戊辰例，第一名修撰，第二、第三名编修）：曾棨，江西吉安永丰县。周述，江西吉水县。周孟简，江西吉水县。

（明）王世贞《弇山堂别集》卷八十一·科试考一 永乐二年甲申会试，命侍读学士解缙、侍读黄淮为考试官，取礼乐制度为问，欲以求博洽之士，唯曾棨卷记独详。上喜，御批："贯通经史，识达天人，有讲习之学，有忠爱之诚。擢魁天下，昭我文明，尚资启沃，惟良显哉。"

（明）王世贞《凤洲杂编》卷四·二十八宿 癸未以太宗渡江，明年甲申会试。是岁开科，取杨相等四百七十二人，廷试，上命采天文律历、礼乐制度□问，欲以求博洽之士。惟曾棨卷独详，上喜，御批："贯通经史，识达天人，有讲习之学，有忠爱之诚。擢魁天下，昭我文明，尚资启沃，惟良显哉。"第二、第三周述、周孟简，从昆季也，亦皆有御批褒许之辞。

（清）李光地《榕村语录》卷二十七·治道一 明代科场解大绅便作弊。永乐命拟人所不讲事为问，解泄之于其乡人，吉安一府遂至鼎甲居其二，前十名居其七。状元曾棨记资好，将书册上语成片写入，至卷纸不足，书于殿砖上。永乐阅卷未完，传问，具以对，乃命就砖上录而阅之。

（清）李调元《制义科琐记》卷一·批卷 永乐二年甲申，上命侍读学士解缙、侍讲黄淮为考官。先是，江西有刘子钦者，缙同乡，由省元至会元。将殿试，缙在翰林间称之曰："状元属子矣。"子钦自负，略不逊避，缙少之，密以题意示同乡曾棨。明日廷对，棨策最详，殆及万言，遂擢第一。上亲批其卷云："贯通经史，学达天人，有讲习之学，有忠爱之诚。擢魁天下，昭我文明，尚资启沃，惟良显哉。"遂擢第一。殿试罢，棨以诗纪之曰："晓开三殿降丝纶，衮冕临轩策小臣。红烛影催金阙曙，紫霞香泛玉壶春。云霄九万扶摇近，礼乐三千制作新。浅薄未能宣圣德，原歌棫朴播皇仁。"

（清）陶成等《江西通志》卷五十二·选举四·明·永乐二年甲午曾棨榜 曾棨（永丰人。状元，学士。谥襄敏）。

（清）岳濬等《山东通志》卷十五之一·选举志·明·制科（进士）·甲申科（永乐二年曾棨榜） 曾棨（四氏学。状元。学士）。

（清）张廷玉等《明史》卷六·本纪第六·成祖二 （永乐二年）三月乙巳，赐曾棨等进士及第出身有差。

仕宦

（明）雷礼《国朝列卿纪》卷十八·詹事府少詹事年表 曾棨（江西永丰人。进士。宣德五年任，兼侍读学士。七年卒，赠礼部左侍郎，谥襄敏）。

又，卷二十·翰林院学士讲读学士年表 曾棨（江西永丰人。进士。永乐十六年，任侍读学士。详少詹事）。

（明）张朝瑞《皇明贡举考》卷三·（戊戌）永乐十六年会试 考试官：侍读学士曾棨（子棨，江西吉安府永丰县人，甲申进士）。

又，卷三·（甲辰）永乐二十二年会试 考试官：侍读学士曾棨（见戊辰）。

又，卷三·（丁未）宣德二年会试　考试官：《吾学编》云“曾棨仕三十三年，三考会试”，或指戊戌、甲辰并今科也。又云段民宣德二年考会试。或云同考会试。民，直隶武进县人，甲申进士。

（明）黄瑜《双槐岁钞》卷二·甲申庶吉士　永乐甲申会试，取杨相等四百七十二人，遵乙丑例也。殿试首甲曾棨、周述、周孟简三策皆有御批，二甲前数名俱刊策，而附读卷官姓名批语于后。选庶吉士入翰林，则刊策者皆在，且分二等。……凡百有十一人，选首甲三人，二甲杨相至罗汝敬，王英至余鼎，三甲章敞至杨勉，凡二十八人，以应二十八宿，进学文渊阁。而周忱自陈，亦与焉。余八十五人，惟于本院待选而已。每月奉旨赐读书秀才曾棨等灯油诸费，而忱不与。次科丙戌首甲林环等三人及三月二十日覆考举人周翰、蓝勖，赐冠带，支教谕俸，俱与曾棨等同读书，月赐亦如之。而文翰优等庶吉士朱瑨等十有三人不与。其后进学内府者凡六年，惟王直、王英、余学夔、余鼎、罗汝敬、彭汝器授修撰，余多为刑部主事。至戊戌六月，侍读李时勉、侍讲陈敬中皆以刑部主事改，而周、蓝二举人仅三年得授典籍。盖史馆清华，官不轻授如此。

（明）杨士奇等《明太宗实录》卷一九七　永乐十六年二月丁亥，行在礼部会试天下举人，奏请考试官。上命行在翰林院侍讲学士曾棨、侍讲王英考试，赐宴于本部。

又，卷二六八　永乐二十二年春二月壬子，礼部会试天下举人，奏请考试官。命翰林院侍读学士曾棨、侍讲余鼎考试，赐宴于礼部。

（明）黄佐《翰林记》卷二·缮写疏章　宣宗时复增左春坊大学士曾棨俾入直，未几，棨卒。

又，卷三·改擢　学士官虽五品，序秩于尚书之上。……曾棨以状元及第，事太宗将二十年，始得侍讲学士，上顾左右谓曰：“曾棨与学士矣。”意犹谓其得之早也。

又，卷四·文渊阁进学　永乐三年正月壬子，先是太宗命学士兼右春坊大学士解缙等，新进士中选材质美敏者，俾就文渊阁进学。至是，缙等选修撰曾棨，编修周述、周孟简，庶吉士……二十八人入见。上谕勉之曰：“人须立志，志立则功就。天下古今之人，未有无志而能建功成事者。汝等简拔于千百人中为进士，又简拔于进士中至此，固皆今之英俊，然当立志远大，不可安于小成。为学必造道德之微，必具体用之全，为文必并驱班、马、韩、欧之间，如此立心，日进不已，未有不成者。古之文学之士，岂皆天成？亦积功所至也。汝等勉之。朕不任尔以事。文渊阁古今载籍所萃，尔各食禄，日就阁中，恣尔玩赏，务实得于己，庶国家将来皆得尔用，不可自怠，以孤朕期待之意。”时庶吉士周忱自陈年少愿进学，上喜曰：“有志之士也。”命增忱为二十九人，遂命司礼监月给笔墨纸，光禄寺给朝暮膳，礼部月给膏烛钞人三锭，工部择近第宅居之，且命缙领其事。数召至便殿，问以经史诸子故实，或至抵暮方退。五日一休沐，使内臣道之校尉备驺从，人莫不歆其荣艳。上时搜奇书僻事以验所学，棨等多对诵如流，上甚喜之，多所奖赉，恒顾群臣曰："秀才辈性子直，可亲近。"

又，卷五·优老 永乐中，学士曾棨年逾六十，老疾。一日侍朝遄引退，上见之辄免当日朝。

又，卷十四·考会试 （永乐）十六年，侍讲曾棨为考试官，取董璘等二百五十人。

又 （永乐）二十二年，侍读学士曾棨为考试官，取叶恩等一百五十人。

又 宣德二年，右春坊大学士曾棨为考试官，取赵鼎等一百人。

又，卷十五·扈从 洪熙元年正月，命皇太子往祭皇陵孝陵，右春坊大学士兼侍读学士曾棨、左谕德兼侍读周述等从行，则是东宫行幸亦有扈从矣。

又，卷十五·留守 洪熙元年，宣宗在东宫受命祀陵，因留南京监国，旧学之臣曾棨辈皆从焉。

又，卷十七·正官题名·侍读学士 曾棨（子启，江西吉安人。永乐甲申进士第一。十五年六月，由侍讲升）。

（明）廖道南《殿阁词林记》卷十四·会试 （永乐）十六年，侍讲曾棨为考试官，取董璘等二百五十人。

又 （永乐）二十二年，侍读学士曾棨为考试官，取叶恩等一百五十人。

又 宣德二年，右春坊大学士曾棨为考试官，取赵鼎等一百人。

（明）王世贞《弇山堂别集》卷四十五·内阁臣不由甲第者 按，内阁臣职在司内外制而已，未有所谓调旨也。自宣德中，大学士二杨公与尚书蹇夏始有调旨之说，而二杨公复以位尊恶烦，特奏以少詹事兼讲读学士曾棨、王直、王英兼知诰敕，然内阁实总之。后棨卒，直、英迁礼部侍郎，仍司内制，直出理部事迁吏书，英出理部事，而以侍讲学士陈循、马愉，侍讲曹鼐代之，寻革，并入内阁。

又，卷四十六·讲读学士表 曾棨，江西永丰人，状元及第。永乐十六年，任读学，迁左坊学少詹，俱仍兼任。

又，卷七十六·赏赉考上·修史之赏 纂修官翰林院学士兼右春坊左谕德、金幼孜，赏同胡广等。侍读学士曾棨、侍讲邹缉、王英，修撰俞鼎、罗汝敬，主事李时勉、陈敬宗，人钞百锭，彩币一，表里纱衣一袭。

（明）程敏政《新安文献志》先贤事略下·国朝 曾西墅（棨），字子棨，庐陵人。永乐甲申进士第一。历官詹事府少詹事，兼翰林侍读学士。赠礼部左侍郎。

（明）雷礼《国朝列卿纪》卷十八·詹事府少詹事行实·曾棨 （存目）

轶　事

（明）李贤《天顺日录》　刘子钦，江西人，为举子业最工。由省元至会元，将殿试，解缙在翰林会间称之曰："状元属子矣。"子钦自负，略不逊避，缙少之，密以题意示曾棨。明日廷对，棨策最详，殆及万言，遂为状元。列十人之后，方及子钦，压其负也。后子钦终于教职，名位淹不显云。

（明）尹直《謇斋琐缀录》卷七　仁庙在东宫时，尝观二内侍象奕，因命曾子棨先生应制，诗云："两君对敌立双营，坐运神机决死生。千里封疆驰铁马，一川波浪动金兵。虞姬歌舞悲垓下，汉将旌旗逼楚城。兴尽计穷征战罢，松阴花影满残枰。"仁庙和云："二国争强各用兵，摆成队伍定输赢。马行曲路当先道，将守深宫戒远征。乘险出车收败卒，隔河飞炮下重城。等闲识得军情事，一著功成见太平。"词意宏伟，尤胜前诗，君臣之器量见矣。

（明）王锜《寓圃杂记》卷九·曾詹事　曾詹事棨，永乐元年状元及第，其答策约有万余言，太宗喜其才，命大书其策，以示远人。某殿成，宣棨作文。棨体素肥，又盛夏中，至则有汗如雨，上将视其草，忽厌其污秽，遂起。及进其文，上亦无佳赏。亦一时之不遇也。

（明）叶盛《水东日记》卷六　尝闻曾状元在翰林凡若干年，而后得侍讲学士。太宗一日顾近臣曰："曾棨已与学士矣。"意犹谓其得之早也。祖宗之慎重名爵，磨砺人才如此。

（明）曹安《谰言长语》　曾学士棨《巢睫集》绝似唐人。予天顺六年校文江西，舟迴泊鄱阳湖女儿港，舟人下舟问予读何书，予呵之。其人曰："我少从曾棨学士泊此港，有一诗。"予索一诵，其人即诵，予笔之。诗云："彭蠡湖边女儿港，秋水未干湖水长。女儿一去今几秋，时有行人来系舟。岸柳汀花湿红翠，柳似颦眉花溅泪。茅屋参差石径斜，港口人烟凡几家。当初知是谁家女，后来嫁作谁家妇。嫁时湖上堕弓鞋，至今尚想凌波步。我欲回头问小姑，小姑迢迢隔重湖。我欲前从大姑问，大姑默默凝新恨。红颜薄命真堪惜，女儿名姓无人识。年去年来湖水春，空使行人吊陈迹。君不见古来多少大丈夫，老死湖山名亦无。"《巢睫集》中无此，岂非沧海遗珠？

（明）祝允明《野记》卷三　曾内翰棨之饮亦大量也。有虏使至，称善饮。有司推能伴者，才得一武弁，犹恐不胜。上令廷臣自荐，曾请往，上问："卿量几何？"对曰：

“无论臣量，且当陪过此虏。”上喜，令往。二人默饮终日，初不可计，虏使已酣，武人亦潦倒，内翰爽然复命。上笑曰：“无论文学，此酒量岂不为大明状元乎？”锡以内酝甚厚。

（明）黄佐《翰林记》卷五·宥过 永乐中，侍讲曾棨起复，扈从。同邑有坐奸党事连棨者，人以为危，太宗特原之曰：“朕惜尔才也。”所居西长安门外，家人不戒火，延及禁门止，亦以棨故不问。

（明）刘昌《悬笥琐探》·曾状元绝笔词 曾状元，字子启，名棨，永丰人。仕为少詹事兼侍读学士。善草书，能诗歌，称江西才子。有荐一士人至者，既入内，将试，上曰：“堂堂翰林，独无一人如彼者乎？”众以子启应诏。御试《天马歌》，子启之文先成，文多溜亮；士人后成，词复蹇涩。上立赐子启玛瑙带，始授士人官，由是子启宠遇日至。既而有疾，自惟不可起，乃捉笔书曰：“宫詹不小，岁周非夭。我以为多，人以为少。易箦盖棺，此外何求。白云青山，乐哉斯丘。”卒赠礼部侍郎。

（明）蒋一葵《尧山堂外纪》卷八十一·国朝·曾棨 （字子棨，永丰人。五岁尽识象戏字，称江西才子。永乐中甲状元。其生洪武乙巳九月七日亥时，其孙追亦生洪熙乙巳九月七日亥时，年月日时皆同，因名追。成化戊戌，追亦探花及第。）

永乐初，曾棨赴会试，同乡有刘子钦者，由省元至会元，将殿试，解缙在翰林，会间称之曰：“状元属子矣。”子钦自负，略不少逊避，缙少之，密以题意示棨。明日廷对，棨策详最，殆及万言，遂擢第一。殿试罢，作诗有曰：“晓开三殿降丝纶，衮冕临轩策小臣。红烛影催金阙曙，紫霞香泛玉壶春。云霄九万扶摇近，礼乐三千制作新。浅薄未能宣圣德，原歌棫朴播皇仁。”（太宗赐教庶吉士曾棨等二十八人，督责甚严，尝亲为试诵。一日，令背《捕蛇者说》，莫有全诵者，诏戍边而贷之，令拽大木。棨等以书诉执政，执政袖书见上，极陈辛苦状，因得释归。）

永乐戊子，庐陵萧时中以诗首荐于乡，明年中式会试，上巡北京，留太学。又明年中榜。曾棨赠以诗曰：“乡衮曾抡宋殿魁，庐陵文运喜初回。九重天上承恩渥，八十人中识俊才。蠹简几年窥夜雪，龙门一日动春雷。行人若向青原望，定有红光烛上台。”

曾学士《冬日扈从猎龙山，同游牛首佛窟寺，和胡学士诗》云：“数声清磬远微微，始觉尘缘到此稀。僧向定时闻叶落，客从坐处见云归。佛居叶藏那营窟，心会真诚即悟机。赐得宫袍新制锦，未应还羡五铢衣。”

曾学士《送陈郎中重使西域》云：“重宣恩诏向穷边，蕃落依稀似昔年。酋长拜迎张绣幌，羌姬歌舞散金钱。葡萄夜醉氍毹月，骤衮晨嘶苜蓿烟。百宝嵌刀珠饰靶，部人知是汉张骞。”

鄱阳湖有女儿港，曾学士泊此，赋诗云：“彭蠡湖边女儿港，秋水未干湖水长。女儿一去今几秋，时有行人来系舟。岸柳汀花湿红翠，柳似颦眉花溅泪。茅屋参差石径斜，港口人烟凡几家。当初知是谁家女，后来嫁作谁家妇。嫁时湖上堕弓鞋，至今尚想凌波步。我欲回头问小姑，小姑迢迢隔重湖。我欲从前大姑问，大姑默默迎新恨。红颜薄命真堪惜，女儿名姓无人识。年去年来湖水春，空使行人吊陈迹。君不见古来多少大丈夫，老死湖山名亦无。”

有虏使至，称善饮，有司推能匹者，才得一武弁，犹恐不胜。上令廷臣自荐，曾请往，三人默饮终日，虏使已酣，武人亦潦倒，棨爽然复命。上笑曰：“无论文学，此酒量岂不当作大明状元邪！”锡以内酝甚厚。后病卒，且气绝，呼酒饮至醉，题曰：“宫詹非小，六十非夭。我以为多，人以为少。易箦盖棺，此外何求。白云青山，乐哉斯丘。”

（明）王肯堂《郁冈斋笔麈》 国初，曾状元棨道经举场，见举子三场毕占课者，笑曰：“此秀才必不济。”有人为考官，阅卷庸庸者多，而解额有限，难于去取。因思举子在外，如何不去占卜。故凡昧昧前途，而听于卜筮者，皆自信不过者也，岂独举子乎！

（明）焦竑《玉堂丛语》卷六·科试 永乐二年，曾棨举状元及第，周述、周孟简次之，皆江西人，述与孟简，兄弟也。文皇御批棨策曰：“贯通经史，识达天人，有讲习之学，有忠爱之诚。擢魁天下，昭我文明，尚资启沃，惟良显哉。”批述曰：“瑰伟之才，充实之学，朕用尔嘉，擢居第二。勿自满假，惟时懋哉。”批孟简曰：“辞足以达意，学足以明理，兄弟齐名，古今罕比。擢尔第三，勉其未至，罔俾二苏专美于世。钦哉。”

又，卷七·豪爽 永乐中，曾状元棨，体貌魁硕，文学充赡，朝野咸耸望焉。有交趾贡使饮量绝人，上令左右举善饮者款之，或举二都护以对，上曰：“朝廷上无一能饮者乎？”曾闻之，即自请往。上问曰：“卿量几何？”曰：“款此二使足矣，不必尽臣量。”于是饮彻夜，二使皆醉愧而去。翼旦，俟谢恩，上悦曰：“不论卿文学，只是酒量，岂不作我明状元耶！”益赐之酒。后病卒。且气绝，呼酒，饮至醉，题曰：“宫詹非小，六十非夭。我以为多，人以为少。易箦盖棺，此外何求？白云青山，乐哉斯丘。”

（明）张萱《西园闻见录》卷二十五 曾学士棨病卒。且气绝，呼酒，饮至醉，题曰：“宫詹非小，六十非夭。我以为多，人以为少。易箦盖棺，此外何求？白云青山，乐哉斯丘。”

（清）张英等《御定渊鉴类函》卷六十九·设官部九·殿阁总载三 文字如棨（《明通纪》曰：曾棨，永丰人，永乐进士。以修撰进文渊阁。帝召问典故，辄应口对，有以文字荐者，曰：“如曾棨否？”）。

又，卷二百·文学部九·射策四 增亲批所对（《明史纪事》：曾棨，永乐三年廷对第一人，太宗亲批所对策，褒美之）。

（清）秦蕙田《五礼通考》卷一百三十五·嘉礼八 《琐缀录》：今制，早朝班定鸿胪官宣赞谢恩见辞。行礼毕，各官将奏事，皆预咳一声，文武班中不约而同，声震如雷，俗谓之"打扫"。其有痰咳不可忍者，许引退自便。宣德间，少詹事曾棨以痰咳作，于班中引退，上遥见之，敕免其常朝。

（清）姚之骃《元明事类钞》卷十六·人品门二·聪敏·条对僻事 明《曾棨传略》：成祖摘记载诸隐僻事问，棨条对无遗误，由是见宠。有荐文字者，帝必问才学如棨否。

著　作

（清）黄虞稷《千顷堂书目》卷十八·别集类·永乐甲申科（二年） 曾棨《西墅集》十卷（字子启，永丰人。一甲第一人。詹事府少詹事，赠礼部左侍郎，谥襄敏）。又《巢睫集》五卷。

（清）张廷玉等《明史》卷九十九·志第七十五·艺文志四 《曾棨集》十八卷。

又，卷一百五十二·列传第四十·陈济 成祖诏修《永乐大典》，用大臣荐，以布衣召为都总裁，修撰曾棨等为之副。

（清）曹仁虎等《钦定续通志》卷一百六十二·艺文略·文类第十二上·别集·明

《西墅诗集》十卷（明曾棨撰）。

（清）纪昀等《钦定四库全书总目》卷一百三十七·子部四十七·类书类存目一·《永乐大典》二万二千八百七十七卷、目录六十卷（翰林院藏本） 明永乐元年七月奉敕撰，二年十一月奏进，赐名《文献大成》，总其事者为翰林院学士兼右春坊大学士解缙，与其事者凡一百四十七人，既而以所纂尚多未备，复命太子少保姚广孝、刑部侍郎刘季篪与缙同监修，而以翰林学士王景、侍读学士王达、国子祭酒胡俨、司经局洗马杨博、儒士陈济为总裁，以翰林侍读邹辑，修撰王褒、梁潜、吴溥、李贯、杨觐、曾棨，编修朱纮，检讨王洪、蒋骥、潘畿、王偁、苏伯厚、张伯颖，典籍梁用行，庶吉士杨相，左春坊左中允尹昌隆，宗人府经历高得旸，吏部郎中叶砥，山东按察司佥事晏璧为副总裁，与其事者凡二千一百六十九人，于永乐五年十一月奏进，改易名曰《永乐大典》。（案：以上俱见《明实录》）

又，卷一百七十五·集部二十八·别集类存目二·《西墅集》十卷（浙江朱彝尊家曝书亭藏本） 明曾棨撰。棨字子棨，永丰人，永乐甲申进士第一，官至少詹事。棨文章捷敏，信笔千百言立就。刘昌《悬笥琐探》称，成祖尝御试《天马歌》，棨文先成，词旨浏亮，成祖赐以玛瑙带，其思速可见。然集中一题百首，往往才气用事，而按切肌理，不耐推敲，是亦速成之过也。此本乃万历中永丰知县德清吴期照所选录，虽颇为简汰，而菁华终鲜。郑瑗《井观琐言》曰："曾子棨诗佳处不减昆体。"曹安《谰言长语》亦曰："曾学士棨《巢睫集》绝似唐人。"殆未确焉。

（清）曹仁虎等《钦定续文献通考》卷一百九十一·经籍考·集（别集三）**·明曾棨《西墅集》十卷。**

棨，字子棨，永丰人。永乐甲申进士第一。官至少詹事。

评 论

（明）王直《抑庵文集》后集卷八·序·曾子启挽诗序 乌呼！予于曾公之亡，其心有不能已于哀者，其故何也？斯文之中如公者无几，而今已矣！况复有乡郡之好，友朋之谊，而欲已于哀可得邪？初予从公取进士入翰林，凡上之所命与身之所处，大要皆同，其所不同者，独以忧去五六年之间耳。及其后也，公与临川王君及予三人者其官同，其所任事同，饮食起居无不同者凡十年。常自谓三人之契合如此，宜相与保其终。孰知公乃先弃之，则予之哀其可已邪？公之质端厚凝重，其存心也仁，其处友也周，其待物也宽而惠，其学于书无所不读，至其为文则思发如涌泉，大篇短章各极其趣，诗词尤雄放清丽，出入盛唐诸大家。精于草书，笔势纵逸，若秋隼奋扬，天骥决骤，不可追蹑。四方之人，爱之若拱璧，则今之有慕于公而不可得者，其谁不悼叹。矧同气之求，受丽泽之益若予者，其何能不哀邪？初公之讣闻，天子为之恻然，赠公礼部左侍郎，令有司致祭。归其丧永丰，为治坟葬焉，可谓恩荣始终矣！然士大夫惜公不久存而尽伤于怀者不以是而衰，于是皆为挽诗使执绋者歌以送公而寓其哀。呜呼！于此亦可以观公之德矣。予固不能已于哀者，故书其所可哀，以为《挽诗序》，使观者得详焉。

（明）吴期照《刻曾西墅先生集序》 惟我文皇帝登极之年，西墅曾公以文学应制，魁于南州。明年举进士第一，拜官翰林。公博览群籍，神采天授，藻思滃然。凡馆阁奏对，以至扈从吟咏，无一不称上旨。世之学士大夫相传其事而侈谈之者，盖犹有艳慕之心焉。公真史局之宗工，儒臣之盛轨哉！乃至于今，则其华章大篇□可尽睹矣。兹集也，录杞宋之□，盖存什一于千百，非其全□，因是重有慨焉。《传》称不朽□，立言其一也。曾公娴于文词，受知当宁，讵不谓能言之士？顾二百年来，言与人而俱逝，则所谓不朽者，又何居乎？余闻之，言以阐性灵，宣理道，上之并包天地，而下之综理民物，诵之可以羽翼圣真，而用之可以咸登三五，是故其言足重，而藏之名山，发之金匮，其或散之诗歌则亦采，而被之管弦之中俾世人，人咸奉以为蓍蔡，而莫敢厌斁，是为不朽。苟徒以绮縠之文夸耀一世，即拟之登坛作者，而自有道观之，只与剑映春英等尔。其言之存与亡也奚重焉？曾公厚于德，尤工于文。读其大廷一对，已可想见其蕴。言固有足重者，独求其所为不朽之事，则仅仅此集之文已焉？岂当时之所以赞圣谟而弘典制，凡有关于理乱兴衰之大者，尽在秘阁清严之地，而民间未之见耶？余盖不能无惑矣！杨文贞公撰公《神道碑》谓："公素以及人为心，惜其居官三十年，尝为天子近侍之臣，故其及于人者未广。"嗟哉！虎观石渠，本以处博学弘文之士，而达人负用世之具者，乃以此或限之，则知人生所遇，犹有未偶者乎？虽然，启沃君心，辅养台德，惟近侍得专其能，又岂与封疆之吏布德宣惠争能于尺寸者比哉？执此以求曾公，则其所恃以不朽者，或自有在而不在此也，然非余所知也。丰阳故多儒硕，惟公与罗文毅公先后状元及第，今两公之集余皆并刻以传，盖欲存此邦之文献，庶几哉不朽云尔。后之继两公而作者，仰止前修，惟所愿学尚图所以不朽者□。时万历辛卯岁季秋望后二日，知永丰县事德清吴期照顿首书。

（录自［明］曾棨《曾西墅先生集》卷首）

（明）郑瑗《井观琐言》卷一 曾子启诗，佳处不减昆体。

（明）王世贞《明诗评》卷三·曾少詹棨 曾棨，字子启，泰和人。举进士第一，为翰林院修撰，迁侍讲，再迁侍读学士。以史成，擢左春坊大学士，久之进少詹事。卒年六十一。有集行于世。评曰："少詹词锋艳发，如青萍倚天，韵语清华，若红蕖秀水。《天马》之歌，援毫面试，宝带之锡，同袍莫比。又如封节度东征，旌甲曳札，衣装鲜烂，然多市人，堪战者寡也。"

（明）顾起纶《国雅品》·士品二 曾少詹子启，该博逸荡，其才长于七言古，遂切直健捷为工，颇以繁靡为累。故永、成间多效其体。先辈于肃愍、杨文贞诸公，互相宗尚，亦一时艺林风气使然也。其《行路难》、《敦煌》二作颇不失唐家声。袁氏《献实》云："曾公浩如悬河，所乏严洁。"此是确喻。

（明）焦竑《玉堂丛语》卷一·文学 曾襄敏棨，廷对策几二万言，不属草，宏博鲜俪。时文皇初御极，慨然欲兴起斯文，乃选进士中秀敏者二十八人为庶吉士，以应列宿，开文渊阁，尽出中秘书使读之，朝暮大官供膳，月给内帑钞为膏火费。棨以翰林修撰，居选首。上时召试二十八人，棨信笔千百言立就，辞理俱到，深见奖重，遂名闻天下。扈从巡北京数，燕间应制赋诗，辄称上意。后有荐文士于上者，必问得如曾棨否。其文如源泉奔放，一泻千里，又如园林得春，群芳组绣，读其文信然。工书法，草书雄放，独步当世。

（明）徐泰《诗谈》 吉安曾棨，天马行空，不可控御，同郡作者莫之与敌。

（录自［明］陶宗仪《说郛》卷七十九下）

（清）朱彝尊《明诗综》卷二十·曾棨（八首） 棨，字子启，吉安永丰人。永乐甲申赐进士第一，授翰林修撰，历侍讲、侍读学士、左春坊大学士，进詹事府少詹事。卒赠礼部左侍郎，谥襄敏。有《巢睫集》。

（杨东里云："子启迅笔千言，不费思索，而理致文采皆到，虽沉思者有所不及。"又云："子启诗如园林得春，群芳奋发，锦绣烂然。状写之工，极其天趣，他人不足，彼尝有余。"

王行俭云："曾公诗词雄放清丽，出入盛唐诸大家。"

徐子元云："曾诗如天马行空，不可控御。"

袁永之云："曾公浩若悬河，所乏严洁。"

王元美云："曾子启如封节度，募兵东征，鲜华杂沓，精骑殊少。"

项子长云："子启天才雄丽，所乏者谨严精洁耳。"

穆敬甫云："曾诗富于才情，涌泻如泉，在永乐中可称独步。"

顾玄言云："少詹才长七古，该博逸荡，惟以健捷为工，颇以緐靡为累。"

蒋春甫云："少詹词锋艳发，若青萍倚天。韵语清华，如红蕖透水。又如金羁玉勒，微有踶啮之恨。"

《静志居诗话》："子启下笔不休，不事推敲，偶合绳墨。五言如：'断云京口树，残月广陵钟。''暝色迎官舫，春寒到客衣。''雨从江北少，山到宿州多。''残烛明官舫，疏钟出郡楼。''寒潮瓜步月，残雨秣陵舟。'七言如：'云中鸾凤扶雕辇，水底鱼龙识翠华。''草绿野塘多是水，雨晴沙路不成泥。''平铺碧甃连驰道，倒泻银河入苑墙。'均不失唐人风格。"）

（清）沈德潜、周准《明诗别裁集》卷三·曾棨（三首） （棨，字子启，永丰人。永乐甲申赐进士第一，历官詹事府少詹事，赠礼部侍郎，谥襄敏。子启五言如"断云京口树，残月广陵钟"，有中唐风致。）

（清）陈田《明诗纪事》乙签卷八·曾棨（七首） 棨字子启，吉安永丰人，永乐甲申以第一人及第，授翰林修撰，历侍讲、侍读学士、左春坊大学士，进詹事府少詹事。卒赠礼部左侍郎，谥襄敏。有《巢睫集》十卷。

（《诗薮》："宣庙好文，海内和豫。虽大手希闻，而名流错出。若曾子启、刘孟熙、张静之、李昌祺及闽中诸王辈，皆浸润明风，解脱元习，然才俱不甚宏钜，非国初比。"

《东里集》：太宗皇帝龙飞第一科，"简进士明秀通敏者二十八人就文渊阁，尽出中秘书俾进所业，朝暮大官供膳，月给内帑钞为膏火费，盖期之于古人。曾君子棨，其首也”。“有荐文士于上者，必问得如曾棨否?”“子棨为文章，如源泉混厚，沛然奔放，一泻千里；又如园林得春，群芳奋发，组绣烂然，可玩可悦。赋咏之体，必律唐人。兴之所至，笔不停挥，状写之工，极其天趣，他人不足，已尝有余。”“工书法，草书雄放，有晋人风致，自解大绅、胡光大后，独步当世。”

《抑庵集》:“曾公为文，思发如涌泉。大篇短章，各极其趣。诗词雄放清丽，出入盛唐诸大家。”徐子元云：“曾诗如天马行空，不可控御。”

《殿阁词林记》:“洪武、永乐、洪熙、宣德四朝，近侍官轮班入直，若本院官则日在馆阁。吴沉、刘三吾、胡广、杨士奇、胡俨、王英、王直辈，尝有《内直倡和诗》。曾棨《东华门内新馆初成，入直有作》云：‘东华楼观郁岩峣，高阁新成抗碧霄。秘府图书金作匮，御沟流水玉为桥。草分碧色承般辂，鸟弄歌声和舜韶。当直几番清坐久，隔帘时有御香飘。’盖当时车驾尝临幸馆阁故也。”

《井观琐言》:“曾子启诗，佳处不减昆体。”

《国雅》:“曾少詹该博逸荡，其才长于七言古，遂切直健捷为工，颇以繁靡为累。故永、成间多效其体。先辈于肃愍、杨文贞诸公，互相宗尚，亦一时艺林风气使然也。其《行路难》、《敦煌》二作颇不失唐家声。”

《艺苑卮言》:“曾子启如封节度募兵东征，鲜华杂沓，精骑殊少。上尝召试《天马海青歌》，援笔立就。佳之，赐宝带。又因醉遗火，延烧民，上弗罪也。后病卒，且气绝，呼酒饮至醉，题曰：官詹非小，六十非夭。我以为多，人以为少。易箦盖棺，此外何求?白云青山，乐哉斯丘!”

《明诗选》:陈卧子曰：“学士诗如南金在握，未入丹鼎；又如金羁玉勒，微有啼啮之痕。”

田按，洪武中，选举人张唯等，肄业文华堂。永乐二年，选进士为庶吉士百有十一人，又选二十五人，合一甲三人进学文渊阁，世比之二十八宿，所得人才为多。肄业文华堂者无甚表现，盖洪武时所选者仅河南、山东二省，永乐时则合天下之士而精其选也。二十八人者，永丰曾棨……子启及东王、西王、南祭酒陈光世、北祭酒李时勉，其表表者也。子启未第时，见赏于解大绅，为作《莲竹堂记》。其文章烂漫，亦颇似大绅。不甚持择，故遭讥议。然论人才于永乐时，终为轶群之骏也。)

杂　录

(明)解缙《文毅集》卷十·莲竹轩记　子棨观物而悟理，穷则如竹之于冬日也，使人以为难，达则如莲之于夏日也，使人皆悦之，则庶几无累于物也。若于其荣瘁开落、栽培倾覆为祥为不祥，屑屑然如场师圃人之为，则又深为物之所累者，吾知子棨之无是也。

右记一首，余十年前所作。子棨今状元及第，同官翰林，出其旧卷，乃误数字，因为重述之。

（明）祝允明《野记》 永乐三年，进士发榜后，诏选二十八人入文渊阁缉学，以比二十八宿，号庶吉士。其人曰：曾棨、周述、周孟简、杨相、刘子钦、彭汝器、王英、王直、余鼎、章敞、王训、柴广敬、王道、熊直、陈敬宗、沈升、洪顺、章朴、余学夔、罗汝敬、卢翰、汤留、李时勉、段民、倪维哲、袁天祥、吴绅、杨勉也。周文襄不与，乃自请于上，诏从之，时谓之"挨宿"。此称遂遍于人间，凡未至其地而强攀附者，以此称之。

（明）廖道南《殿阁词林记》卷三·文渊阁学士兼左春坊大学士解缙 缙襟宇旷略，绝无城府，喜引拔士类，如曾棨等二十八人俱所奖进。

（明）丘濬《论简侍从之臣》三 太宗永乐甲申，命学士解缙选新进士中材质英敏者，得修撰曾棨，编修周述、周孟简，庶吉士杨相、王英、王直等二十八人，又增周忱为二十九人，俾就文渊阁进其学，且谕之曰："文渊阁古今载籍所萃，尔各食其禄，日就阁下，恣尔玩索，务实得于己，庶国家皆得尔用命。司礼监给笔札，光禄寺给饮食，分钞以市膏烛，赐第以为居止。"列圣相承，按为故事，每遇开科间，于进士中选其俊异者如甲申制，读书中秘，以储养之，前后得人比诸他年进士，为多用之。当时有得贤之效，书之史册，为儒者之荣，是诚一代之盛举也。臣伏读文皇帝谕棨等有曰："人须立志，立志则功就，未有无志而建功成事者。汝等皆今之英俊，当立志远大，不可安于小成。为学必造道德之微，必具体用之全，为文必驱班、马、韩、欧之间，古之文学之士，岂皆天成，亦积功所致也。"一时诸贤服膺圣训，莫不奋发立志，勉进学业，皆大有所成就，留者擅文学之名，出者播政事之誉。

（录自［明］黄训《名臣经济录》卷十五）

（明）丰坊《书诀》·本朝书 （曾棨，字子启，吉水人，号西墅。官至礼部尚书。谥文昭。书学钟繇小楷。）

（明）朱谋垔《续书史绘要》 曾棨，字子棨，吉永丰人，永乐进士第一，官至少詹。工行草。自解、胡后，独步当时，评者谓其草书雄放而不逾绳墨。

（清）黄虞稷《千顷堂书目》卷二十九·元 曾德裕《小轩初稿》（德裕应茂材异等，官翰林文字兼国史院编修。明时者元京师坊名，吴中所居也。明状元曾棨是其曾孙）。

（清）孙岳颁《御定佩文斋书画谱》卷四十一·书家传二十·明二·曾棨 曾棨，字子启，永丰人。永乐二年进士第一人，授翰林修撰，读书文渊阁。宣宗时，为少詹事。赠礼部左侍郎，谥襄敏。工书法，草书雄放，有晋人风。自解、胡后，独步当世。（《书画记》）

（清）倪涛《六艺之一录》卷三百六十三·历朝书谱·明·曾棨 曾棨，字子启，永丰人。永乐二年进士第一人，授翰林修撰，读书文渊阁。宣宗时为少詹事，赠礼部左侍郎，谥襄敏。工书法，草书雄放，有晋人风。自解、胡后，独步当世。（《吾学编》）

（清）陶成等《江西通志》卷一百十·邱墓·吉安府·明 修撰曾棨墓在永丰县。

（清）张廷玉等《明史》卷七十·志第四十六·选举二 庶吉士之选，自洪武乙丑，择进士为之，不专属于翰林也。永乐二年既授一甲三人曾棨、周述、周孟简等官，复命于第二甲择文学优等杨相等五十人，及善书者汤流等十人，俱为翰林院庶吉士，庶吉士遂专属翰林矣。复命学士解缙等选才资英敏者，就学文渊阁。缙等选修撰棨，编修述、孟简，庶吉士相等共二十八人，以应二十八宿之数。

（清）纪昀等《钦定四库全书总目》·集部三·别集类二·宋·《曲阜集》 《曲阜集》四卷，宋曾肇撰。肇字子开，南丰人，巩与布之弟也。治平四年进士，官至中书舍人、龙图阁学士……事迹具《宋史》本传。……明永乐十年其裔孙刊行《奏议》，曾棨为序。

又，卷一百七十·集部二十三·别集类二十三·《王舍人诗集》五卷（浙江巡抚采进本） 明王绂撰。……《石山房稿》前有曾棨、王进序，后附章昞如、胡广等所作行状墓表。

（清）傅恒等《御批历代通鉴辑览》卷一百二 （甲申）永乐二年春三月，始选进士为翰林院庶吉士。

洪武时，庶吉士不专属翰林（事见前）。及是春，廷试进士赐曾棨（字子启，永丰人）等及第出身有差，复命于第二甲择文学优等杨相等五十人，及善书者汤流等十人，俱为翰林院庶吉士，于是庶吉士遂为翰林官。寻又命学士解缙等选才资英敏者就学文渊阁，缙等选修撰棨、庶吉士相等共二十八人，以应二十八宿之数。庶吉士周忱自陈年少愿学，帝喜而俞之。时人为之挨宿，以其在二十八宿之外也。

（清）舒赫德等《御定资治通鉴纲目三编》卷五 甲申（成祖文皇帝永乐）二年春三月，始选进士为翰林院庶吉士。

（先是，庶吉士不专属翰林。及是春，廷试进士赐曾棨等及第出身有差，复命于第二甲择文学优等杨相等五十人，及善书者汤流等十人，俱为翰林院庶吉士，于是庶吉士遂为翰林官。寻又命学士解缙等选才资英敏者就学文渊阁，缙等选修撰棨庶吉士相等二十八人，以应二十八宿之数。庶吉士周忱自陈年少愿学，帝喜而俞之，时人谓之挨宿，以其在二十八宿之外也。）质实（……曾棨，字子启，永丰人。……按《实录》，缙等选修撰曾棨，编修周述、周孟简，庶吉士杨相、刘子钦、彭汝器、王英、王直、余鼎、章敞、王训、柴广敬、王道、熊直、陈敬宗、沈升、洪顺、章朴、余学夔、罗汝敬、卢翰、汤流、李时勉、段明、倪维哲、袁添禄、吾绅、杨勉二十八人，就学文渊阁，命司礼监月给笔墨纸，光禄给朝暮膳，礼部月给膏烛钞人三锭，工部择近第宅居之）。

永乐四年（1406）丙戌科状元林环

传　记

（明）李贤等撰《明一统志》卷七十七·兴化府·莆田县·人物　林环（莆田人，幼聪慧，读书数遍即成诵。甫成童，肆笔成章。永乐丙戌进士第一，除翰林修撰。明年升侍读，预修《永乐大典》。为《书经》总裁官。两为会试考官，所取多得人。卒于官）。

（明）陈鎏《皇明历科状元录》卷一·永乐四年丙戌状元林环　廷对之士朱缙等二百一十九人，擢林环第一。

林环，字崇璧，福建莆田人。幼聪敏，读书数遍即成诵。甫成童，肆笔成章。永乐丙戌进士第一，除翰林修撰。明年升侍读，预修《永乐大典》，为《书》经总裁官。两为会试考官，所取多得人。十三年，扈从北京，进讲经筵，音语洪亮，大被眷宠。卒年四十。有《䌹斋集》行于世。（《八闽志》）

环将试春闱，梦友李文渊送犬肉一片，环弯一臂受之。迨揭榜，环状元及第。盖一片犬肉乃“状”字，弯一臂类“元”字，后官文渊阁学士，始悟梦李文渊者乃先兆也。（《梦征录》）

巍巍文渊，于惟帝居。爵列于兹，岂曰幸而。林君有兆，友以名符。片肉入梦，亵而匪虚。与修国典，讲幄功滋。谟训总裁，文衡再司。䌹哉锦哉，久矣大儒。

往九仙观卜兆，路遇道士，云为代占梦。赤犬化为龙，明年应作状元也。乃言犹在耳说之词。及赴京，适符绐语。

（明）凌迪知《万姓统谱》卷六十四　林环（字崇璧，莆田人。幼聪慧，读书数遍即成诵。甫成童，肆笔成章。永乐丙辰进士第一，除翰林修撰。明年升侍讲，预修《永乐大典》，为《书》经总裁官。两为会试考官，所取多得人。卒于官）。

（明）顾祖训原编、（明）吴承恩增补、（清）陈枚续补《状元图考》卷一·状元林环 永乐四年丙戌，廷对之士朱缙等二百一十九人，擢林环第一。

按，林环，字崇璧，福建莆田人。

《八闽志》：幼时矢口成诵，甫成童，肆笔成章。登第授修撰，修《永乐大典》，两为会试考官。从幸北京，进讲经筵，音语洪亮，大被眷宠。卒年四十。

《梦征录》：环将试春闱，梦友李文渊送犬肉一片，环弯一臂受之。盖片犬乃“状”字，弯一臂类“元”字，后官文渊阁学士，始悟李文渊乃先兆也。

（明）张弘道、张凝道《皇明三元考》卷二·永乐四年丙戌科大魁 状元林环（福建莆田人，字崇璧，治《书》。乙酉举人。幼聪慧，读书数过即成诵。甫成童，肆笔成章。及第之明年升侍讲，预修《永乐大典》，为《书》经总裁官。两为会试考官，所取多得人。为经筵讲官，音语洪亮，大被宠眷。卒年四十。所著有《絅斋集》行世。从弟文，宣德庚戌探花）。

（清）张豫章等《御选明诗》姓名爵里二·诸家姓名爵里 林环（字崇璧，莆田人。永乐丙戌赐进士第一，授翰林修撰，历侍讲。有《絅斋集》）。

（清）谢道承等《福建通志》卷五十一·文苑·林环 字崇璧，莆田人。永乐丙戌，廷对第一，授翰林修撰，转侍讲，预修《永乐大典》。十三年，扈从巡幸，卒于北京，年四十。著有《絅斋集》二十二卷。

（清）李清馥《闽中理学渊源考》卷五十二·林三复、林絅斋、顾在轩三先生学派·侍讲林絅斋先生环 林环，字崇璧，莆田人，唐九牧苇之裔。幼聪慧过人，阅书多成诵，尤精伏氏经。方在泽宫时，文章已为人所重。永乐四年廷试第一，授翰林修撰。明年升侍讲，预修《永乐大典》。两考会试，声名籍甚。十三年，扈从巡幸，卒于北京，年四十。环负材晓世务，特为成祖所器，一时儒硕亦厚重之，没无不悼惜焉。所著有《絅斋集》二十二卷。

（清）阎湘蕙《明鼎甲征信录》卷一·林环 （存目）

科　第

（一）乡试

（清）谢道承等《福建通志》卷三十七·选举五·明举人上·永乐三年（乙酉）

杨端仪榜 莆田县林环（丙戌廷对第一人）。

（二）会试、殿试

（明）杨士奇等《明太宗实录》卷五二 永乐四年三月壬寅，上御奉天殿，试礼部选中举人朱瑨等二百一十九人。制策曰："朕承皇考太祖高皇帝鸿业，舆图之广，生齿之繁，从古莫比。故穷发之地，咸为编户，雕题椎髻，悉化冠裳，来虽如归，而治虑未浃。朕夙夜惟念，期在雍熙，然十室之邑，人人教之，且有弗及。矧天下之大，兆民之众，夫存神过化不见其迹。欲臻其极，谅必有要，不明诸心，曷由远效。唐、虞、三代之治，其来尚矣。而汉、唐、宋之治，犹可指而言之。自夔典乐教胄子而学校兴，而汉、唐、宋之学校有因革，其教化可得而闻。自大司徒以乡三物教万民而科目举，而汉、唐、宋之科目有异同，其名实可得而议。自小司徒经土地而田制定，而汉、唐、宋之制田有屯营，其计画可得而言。自校人掌王马之政而马政立，而汉、唐、宋之畜牧有耗息，其详悉可得而数之。数者有宜于古而合于今，若何施而可以几治？夫政不稽古则不足以验今，事不究迩则无以见实。诸生博古以知今，明体以适用，陈其当否，以著于篇，毋从毋隐。朕将亲览焉。"

（明）张朝瑞《皇明贡举考》卷二·（丙戌）永乐四年会试 中式举人二百二十名：朱缙，江西吉安永丰县。

三月初一日，临策天下贡士，制曰：朕承皇考太祖圣神文武钦明启运俊德成功统天大孝高皇帝洪业，舆图之广，生齿之繁，从古莫比。故穷发之地，咸为编户，雕题椎结，悉化冠裳，来虽如归，而治虑未浃。朕夙夜惟念，期在雍熙，然十室之邑，人人教之，且有弗及。矧天下之大，兆民之众，夫存诚过化不见其迹。欲臻其极，谅必有要，不明诸心，曷由达效？唐虞三代之治，其来尚矣，而汉唐宋之治，犹可指而言之。自夔典乐教曾子而学校兴，而汉唐宋之学校有因革，其教化可得而闻。自大司徒以乡三物教万民而科目举，而汉唐宋之科目有异同，其名实可得而议。自小司徒经土地而田制定，而汉唐宋之田制有屯营，其计画可得而言。自校人掌王马之政而马政立，而汉唐宋之畜牧有耗息，其详悉可得而数之。数者有宜于古而合于今，若何施而可以几治？夫政不稽古则无以验今，事不究迹则无以见实。子大夫博古以知今，明体以适用，陈其当否，以著于篇，毋泛毋隐。朕将亲览焉。

（时廷对之士二百一十九人，赐林环等进士及第出身有差。环所著有《絅斋集》。官至侍讲。是科王骥、鲁穆俱为名臣，骥以军功封靖远伯，子孙世袭。部本缺。《水东日记》言甲申、丙戌二甲进士策对皆录刻之，而闽本止□一甲三篇，盖脱略也。）

第一甲三名赐进士及第：林环，福建莆田县。陈全，福建长乐县。刘素，江西吉安永丰县。

（明）王世贞《凤洲杂编》卷四·取副榜举人 （永乐）丙戌，赐林环等及第，取副榜举人廷试之，擢周翰等三人进学翰林，余除学官。

（清）孙承泽《春明梦余录》卷四十一·礼部三·贡院　永乐丙戌，赐林环等及第。取副榜举人廷试之，擢周翰等三人进学翰林，余除学官。

（清）谢道承等《福建通志》卷三十六·选举四·明进士·永乐四年（丙戌）**林环榜**　莆田县林环（第一人。传见《文苑》）。

（清）张廷玉等《明史》卷六·本纪第六·成祖二　（永乐四年三月）乙巳，赐林环等进士及第出身有差。

仕　宦

（明）黄佐《翰林记》卷五·给假　正统初，大学士杨士奇还乡展墓，甫数旬而还，诏劳赉之。于是侍读林环、侍讲邢宽、编修陈全、江渊、龚锜皆得请。

轶　事

（清）张英等《御定渊鉴类函》卷三百二十一　又莆田林环永乐丙戌廷试，梦其友李文渊送犬肉一片，乃“状”字；又弯一臂接之，乃“元”字。历官文渊阁学士，始悟梦文渊者乃先兆也。

（清）谢道承等《福建通志》卷五十一·文苑·陈实　字吉生，莆田人，永乐丙戌进士。时林环居首唱，实疏论状元不公。成祖召诘之，对曰：“臣百问百答。”成祖命解缙发策以“七十二贤，贤贤何德；二十八将，将将何功”为问。成祖临轩对试，顷刻间条对详悉，文采可观。环亦悉对无遗。乃罪实，廷议发戍边卫，卒于伍。

又，卷六十六·杂记丛谈二　陈吉士实，明永乐四年登林环榜进士，负才不相下。疏言取状元不公，成祖召诘之，对曰：“臣百问百答。”遂命学士解缙撰百问策一道，缙拟以“圣门七十二贤，贤贤何德；云台二十八将，将将何功”及《记里鼓论》。成祖临轩命林环、陈实对试，环条答详悉，而实词义更觉斐然。竟以廷争违旨发戍三边充军，由曰“廷争状元”云。实赴伍无何，卒。盖以奇才负奇气而得奇祸也。

著　作

（清）黄虞稷《千顷堂书目》卷十八·别集类·永乐丙戌科（四年）　林环《䌹斋集》（字崇璧，莆田人。一甲第一人，翰林院侍讲。文十卷，诗三卷）。

（清）谢道承等《福建通志》卷六十八·艺文一　林环《通鉴记纂》。林环《䌹斋集》十卷。

（清）张廷玉等《明史》卷九十九·志第七十五·艺文四·集类·别集类　《林环文集》十卷、《诗》三卷。

评　论

（明）黄仲昭《未轩文集》补遗卷下·吴源、林长懋、林环、林文、翁世资、陈俊、柯潜、彭韶、朱宽、杨琅、林诚列传论　林环博学通才，太宗所重；……柯潜海内倾仰，期以大用；……是皆有德业位望，卓然名一时者也。故特论著而列诸名臣云。

（明）丰坊《书诀》　林环，字崇璧，莆田人。官至礼部尚书，谥文敏，书宗王、赵小楷。

（清）朱彝尊《明诗综》卷二十一·林环（一首）　环字崇璧，莆田人。永乐丙戌赐进士第一，授翰林修撰，升侍讲。有《䌹斋集》（《诗话》：侍讲未第之先，纵酒自放。虽在玉堂，诗无台阁气）。

杂　录

（明）梁潜《泊庵集》卷五·林氏族谱序　林氏之先系出殷王子比干之后。比干谏而死，夫人方娠，惧而遁于长林石室之间，已而生子。及武王之克殷也，求比干后，得所生子，封之，以其诞于林中石上也，赐之姓林氏，名之曰坚。此林氏得姓之始也。历汉太子太傅尊，尊以尚书论石渠始居济南。晋永嘉之乱，黄门侍郎颖从中宗南渡，颖二子：曰懋，为下邳太守，林氏居下邳者，皆懋之后也；曰禄，自散骑中常侍合浦，浦郡太守改晋安，因家焉。至唐，林氏在晋安者尤盛，高士廉等承诏定正天下氏族，凡九十八家，林氏首称于晋安，所谓林、黄、陈、郑是也。其后族益繁，散处旁郡多林氏，盖皆禄之后。禄十五世曰饶州太守宠，宠子披，披子九人，同时为州刺史者八人，曰端州刺史苇，始居莆田之前埭，号前埭林家者，苇之后也。苇八世曰贲，三子曰矩，曰伯林，曰国华。今谱自贲而上，既总为图以统其世次。自矩三人而下，生齿既多，又别为图者三，而于先世出处隐显言行生卒之概，则以世备著于图之后，其端绪本末最为较著，其为谱则因唐之旧而增续之，无有所易，故方之欧阳氏、苏氏二家之谱编集，分合又自有谊例，不相同也。国华几世孙崇璧以属予序之。崇璧以永乐丙戌进士及第，入翰林为修撰，寻选侍讲，方以文章显名于时，而其用心不屑屑于声利，于敦宗重本孝弟友爱油然不匮如此。世徒慕其文，于其行未尽知也。然自其诸父昆弟为当世名宦者甚众，又不独崇璧一人，独予知崇璧之深也。崇璧既同被命来北京，朝夕往还，因得观其谱，因其先世之显庸光昭而又有如崇璧者，皆克世其家，乃掇其世次源流，以为之序云。

（明）杨士奇《东里文集》卷九·题顾知州《墓铭》后 《吉太和州知州顾侯墓志铭》，亡友翰林侍读兼右春坊赞善梁潜用之所作，其稿尚藏吾家。用之没后六年，侯孙婿刑部主事陈亢宗得录本，而题云“翰林侍读林环作”，非也。林，莆田人，与余同官十余年，其于侯及侯之子若孙盖未尝相闻也，非传录之误耶？

（明）彭韶撰《彭惠安集》卷三·重修陈先生祠堂记 先生尝典闽、广文衡，所取皆公论，而亲炙弟子若殿元林环辈尤多名士。

（明）张弘道、张凝道《科名盛事录》卷一·元魁盛事·兄弟元魁 莆田林环（永乐丙戌状元）。从弟文（宣德庚戌探花）。

又，卷三·科第盛事·四世科第 莆田林环（永乐丙戌状元）。子继（举人。教谕）。思承（景泰甲戌进士。知州。从子）。孙偃（举人。教谕）。伋（举人。助教）。茂达（弘治壬戌进士。副都御史。思承子）。曾孙□（举人。知县）。禛（举人。教谕）。

（清）葛万里《别号录》卷四·䌹 林环（崇璧。侍讲。永。闽。）

（清）谢道承等《福建通志》卷四十·选举八·明·荐辟·莆田县 黄原仁（本府训导，状元林环等出其门）。

又，卷五十五·列女二 林氏（莆田状元林环元孙女。诸生龚夔妻。年十九寡，矢志守节，寿八十五）。

又，卷六十二·古迹·兴化府·宅墓·明 状元林环墓（在白石山之原）。

又，卷六十二·古迹 薛公池（旧在莆田县治，宋县令薛奎所凿，名梦草池。后奎入参大政，人思之改为薛公池。元至顺中，始改为县学。明弘治五年，知府王弼造石桥跨池上，池中植莲，花开并蒂则状元出，林环、柯潜皆应其瑞）。

（清）窦光鼐等《钦定日下旧闻考》卷八·形胜四 原林环《金台夕照》诗：“高台曾记置黄金，人去台空碧草深。落日未穷千里望，青山遥映半城阴。雁将秋色来平野，鸦带寒光过远林。昭代贤才登用尽，不须怀古动长吟。”（《絅斋集》）

（清）和珅等《钦定大清一统志》卷三百二十七·兴化府·陵墓 明林环墓（在莆田县西北使华陂白石山之原）。

永乐九年（1411）辛卯科状元萧时中

传　　记

（明）李贤等《明一统志》卷五十六·吉安府·人物　萧时中（庐陵人。兄不敏事母尽孝，与时中自相师友。时中登永乐辛卯进士第一，入翰林为修撰，不敏亦以《诗经》荐上春官。会时中充考官，即以避嫌不入，归，教授于乡，远近从学者多取高第）。

（明）陈鎏《皇明历科状元录》卷一·永乐九年辛卯状元萧时中　（永乐）七年己丑会试，中式者陈璲等八十四人。值上巡狩北京，诏礼部以璲等寄监读书。是年，车驾还京，乃举廷试，擢萧时中第一。传胪后，赐诸进士宴于会同馆。（《登科考》）

萧时中，名可后，以字行，庐陵人。与兄不敏相师友，以学名于时。永乐戊子，以《诗》首乡荐，明年中式会试。上巡北京，留太学。又明年辛卯乃廷试，擢第一，授翰林修撰。为人温循谨饬，若不自持，其中则确有定守，虽细行必审检。因奉天殿灾陈八事，极尽时弊，善导缓讽，上皆嘉纳焉。预修《四书五经性理大全》。时中卒，同官尹凤蛟以诗挽之曰："沉酣醲郁醉葩经，礼乐三千对大廷。天上几年依化日，斗南一夜暗文星。玉堂仙去名犹在，石室人归户已扃。千里故乡回□榇，白头老母泪零丁。"（《谰言编》、《江西志》）

时中登进士，兄不敏亦以《诗经》荐上春官。会时中充考官，避嫌不入，归，教授于乡。

时中少负大志，每言不怕神鬼。时吉安郡学尊经阁中多怪，诸友试之，先以衣置阁中，暮令往取之，曰："能此方见心正。"时中至阁中，闻妇人声，乃问曰："此何邪也？"妇曰："我学前某人妻，被二鬼迷至此，鬼见君来，遂曰'萧状元来了'，二鬼逃去。"时中因出呼其夫入内携妻归。（《义命编》）

盛矣庐陵，状元比肩。维丁有一，公处其三。夙领士望，友于则全。抗言有疏，修辑功专。岂不简在，而弗永年。

时中赴试，至赣江，见一大鳖撞舟来，喜曰："此状元祥也。"以葩经首选。(《状元纪事》)

(明) 凌迪知《万姓统谱》卷二十九 萧时中（庐陵人。兄不敏事母尽孝，与时中自相师友。时中永乐进士第一，授修撰。不敏亦荐上春官，会时中充考官，即避嫌归，教于乡，远近从学者多取高第）。

(明) 张弘道、张凝道《皇明三元考》卷二·永乐七年己丑科大魁 状元萧时中（江西庐陵人，名可，以字行。与兄不敏相师友，以学名于时。戊子以《诗》首荐，遂联登第。为人温醇谨饬，若不自持，其中则确有定守，虽细行必检。因灾陈八事，极尽时弊，善道缓讽，上嘉纳焉。卒于修撰。兄不敏亦以《诗》经荐上春官。时中为考官，避嫌不入，归，教授于乡）。

(明) 顾祖训原编、(明) 吴承恩增补、(清) 陈枚续补《状元图考》卷一·状元萧时中 永乐九年辛卯，廷对之士擢萧时中第一。

七年己丑，中会试陈璲等八十四人。上巡狩北京，诏礼部以璲等寄监读书，昪年，驾还京，乃举廷试。

按，时中，字可后，江西庐陵人。少负大志，每言不怕鬼。时郡学尊经阁多怪，诸友试之，先以衣置阁中，暮令往取，曰："能此方见心正。"时中至阁中，闻妇人声，问曰："此何邪也?"妇曰："我学前某人妻，二鬼迷至，鬼见君来，遂曰萧状元来，悉逃。"时中出呼其夫携其妻归。

(清) 陶成等《江西通志》卷七十七·人物十二 萧时中，名可，以字行，庐陵人。永乐辛卯进士第一，授翰林修撰。奉天殿灾，陈言八事，极尽时弊，善导婉讽，上嘉纳焉。尝预修《四书五经性理大全》诸书。(《豫章书》)

科　第

（一）乡试

(清) 陶成等《江西通志》卷五十二·选举四·永乐六年戊子乡试 萧时中（庐陵人）。

（二）会试、殿试

(明) 杨士奇等《明太宗实录》卷一百一十四 永乐九年三月辛酉朔，上御奉天殿，试礼部永乐七年会试中式举人陈璲等八十四人。制策曰：“朕承广大之业，抚鸿熙之运，临御以来，夙夜惕励，博求至道，以弘治化。而谭者类曰：礼乐刑政四达而不悖，则王道备矣。又曰：礼乐为国之根本，刑政为国之辅助，稽之于古，伯夷典礼，后夔典乐，见于《书》者尚矣。至于三代损益，缘人情而制礼，谐五音以成乐，至周大备。浩乎其有本，柴乎其有文，可以睹其功德之盛。若夫汉兴，承秦之弊，叔孙习于绵蕞，贾谊草具其仪，因循迁就，止于如此而已。唐因于隋，祖长孙、房玄龄之流，增益定制。太宗慨慕古典，拳拳于乙夜之读，虽河汾之派，而礼乐之问，汗浃无对，使一代之典，遂为阙文。宋初聂崇义、和岘之徒，所定礼乐大抵沿袭增损。数世相承者，求者非一，然犹恨残缺，制作之方，可谓难矣。汉唐宋之礼乐大概若此。而其刑政犹可得而议。伊欲循古先王之法，以洽和天下，使刑罚清而奸慝革，政事昭而百姓宁，其道何由而可？先儒谓庠序为礼乐之原，其曰：‘立大学以教于国，设庠序以化于邑。’今之教化盖亦若是其备矣，然而士鲜大道之归，国靡实材之用，其故何欤？子诸生明先圣之道，博古以知今，具体以适用，于三代汉唐宋礼乐刑政之序，讲问久矣。疏其得失，别其治否，有可裨益治道者，其详陈之。毋泛毋隐，朕将亲览焉。”……乙丑，赐萧时中冠服银带，余并赐钞五锭，赐宴于会同馆。……丙寅，上御奉天殿，进士萧时中等上表谢恩。

（明）俞汝楫《礼部志稿》卷五十二·列传·尚书吕震　（永乐）九年三月，震奏举廷试，上可其奏。赐萧时中以下及第出身有差。

（明）张朝瑞《皇明贡举考》卷二·（己丑）永乐七年会试　中式举人一百名：陈璲，浙江临海县学生，《诗》。杨慈，福建莆田县学生，《书》。陈衡，江西吉安府永丰县人，冠带举人，《易》。林文沣，福建怀安县人，监生，《春秋》。杨景春，浙江嘉兴府学生，《书》。

（辛卯）永乐九年三月初一日，临策天下贡士，制曰：朕承广大之基，抚鸿熙之运，临御以来，夙夜惕厉，博求至道，以弘治化。而谈者类曰：礼乐刑政四达而不悖，则王道备矣。又曰：礼乐为国之根本，刑政为国之辅助，稽之于古，伯夷典礼，后夔典乐，见于《书》者尚矣。至于三代损益，缘人情而制礼，谐五音以成乐，至周大备，浩乎其有本，粲乎其有文，可以睹其功德之盛。若夫汉兴，承秦之弊，叔孙习于绵绝，贾谊草具其仪，因循迁就，止于如此而已。唐因于隋，祖孝孙、房玄龄之流，增益定制。太宗慨慕古典，拳拳于乙夜之读，虽河汾之派，而礼乐之问，汗浃无对，使一代之典，遂为阙文。宋初聂崇义、和岘之徒，所定礼乐大抵沿袭增损。数世相承，考求者非一，然犹恨残缺，制作之方，可谓难矣。汉唐宋之礼乐大概若此，而其刑政犹可得而议。伊欲循古先王之法以洽和天下，使刑罚清而奸慝革，政事昭而百姓宁，其道何由而可？先儒谓庠序为礼乐之原，其曰：“立太学以教于国，设庠序以化于邑。”今之教化盖亦若是其备矣，然而事鲜大道之归，国靡实材之用，其故何欤？子诸生明先圣之道，博古以知今，具体以适用，于三代汉唐宋礼乐刑政之典，讲闻久矣。疏其得失，别其治否，有可以裨益治道者，其详以敷陈之，毋泛毋隐，朕将亲览焉。

（先，己丑会试之二月，值上巡狩北京，诏礼部以陈璲等寄监读书。庚寅十一月，车驾还京，至是乃举廷试，时廷对之士八十四人，赐萧时中等进士及第出身有差。时中温循谨饬，若不自持，其中则确有定守，虽细行必审检，因灾陈八事，极尽时弊，善导缓讽，上嘉纳焉。卒于修撰。是科钱习礼、邝埜俱为名臣，何忠、陈祚俱有名。）

第一甲三名赐进士及第：萧时中，江西庐陵县。苗衷，直隶定远县。黄旸，福建莆田县。

（明）王世贞《弇山堂别集》卷八·皇明异典述三·连岁状元 永乐辛卯，始廷试寄监中式举人陈璲等，赐萧时中、苗衷、黄旸及第。明年，复廷试中式举人林志等，赐马铎、林志、王钰及第，连岁二状元而皆不显。

（清）陶成等《江西通志》卷五十二·选举四·永乐九年辛卯萧时中榜 萧时中（庐陵人。状元。修撰）。

又，卷七十一·人物六 王纲，字存纪，上高人，永乐进士。下第，与萧时中等具奏考试不公，文皇复亲策副榜举人。纲与时中等十八人皆赐冠带，令祭酒司业亲教之。后科果登上第。

（清）张廷玉等《明史》卷六·本纪第六·成祖二 （永乐九年春）三月甲子，赐萧时中等进士及第出身有差。

又，卷七十·志第四十六·选举二 （永乐）九年辛卯，始擢萧时中第一。

（清）秦蕙田《五礼通考》卷一百七十五 历科事迹稍异者：……（永乐）七年己丑，会试中陈燧等九十五人。成祖方北征，皇太子令送国子监进学，俟车驾还京廷试。九年辛卯，始擢萧时中第一。

（清）曹仁虎等《钦定续文献通考》卷三十五·选举考·举士 （永乐）九年三月，廷试陈燧等八十四人，赐萧时中等进士及第出身有差。

仕 宦

（明）黄佐《翰林记》卷八·建言 永乐二十年，三殿灾。……御史萧时中言致灾八事……皆不见用。

（明）廖道南《殿阁词林记》卷十六·条疏 永乐二十年，三殿灾。金幼孜、杨荣等陈便宜十数事皆见施行，他官建言如萧仪辈多获罪死。侍读李时勉自刑曹入院即慨然论天下事，被系两岁。洪熙初复抗言极谏，被扑不死，改交趾道御史，又三上章，下诏狱不死，盖未始有申拯之者。修撰罗汝敬亦言时政十五事，降云南道御史。萧时中言致灾八事，侍讲谢琏上治安十五事，皆留中。

杂 录

（明）杨士奇《东里文集》卷二十一·翰林修撰萧时中妻安人刘氏墓碣铭 永乐十四年五月七日，翰林修撰庐陵萧时中之妻安人刘氏卒于南京，年三十有三。既归葬其乡，时中自状其行，以其子缉来拜乞铭。余尝闻安人孝行于其姑矣，则于表之以励俗，不当以辞。永乐十二年时中迎其母太安人就养来南京，而安人侍行。既至，逾月，时中被召赴北京。又明年，安人得疾，太安人百方求医，竟弗治。太安人昼夜哭恸，余于时中同乡且同寮，偕周编修孟简往吊焉。太安人春秋已七十，泣谓客曰："新妇初归吾家，即事舅姑如事父母，处长幼贵贱咸宜，其为人和柔恭慎，未尝有违礼。自有此妇，凡吾家缝纫、浣漱、馈食之事，皆其所为，不以及吾，而皆精洁如吾意。自有此妇吾无日不适，今老矣方倚孝妇终余年，奈何其遽死乎！"而泣下不已，言愈酸楚不忍闻。又数月，太安人将以其丧归，是时，时中已南还，旦夕且至矣。余又与孟简往问之，盍稍缓母子一见而后行乎？太安人泣下潸潸曰："人情谁不念少子？顾老矣，无孝妇终养，今幸归有冢子冢妇能养吾，意决矣。"遂行。余尝自叹："妇而致其姑爱之如爱子，丧之如丧子，非诚孝能然哉？"安人讳冬，字严贞，刘氏，初自安成，徙庐陵，家于敖城板塘里，世儒家。其父楚玉，母颜氏，其子男一人即缉也。铭曰：此刘孝妇之墓，无践其茔，无翦其树，孝有锡类，其来无替。

（明）杨士奇《东里诗集》卷二·萧时中挽诗 当日兴贤对大廷，天门金榜冠群英。一经勤苦承家世，千载遭逢荷圣明。溟海鹍鹏真自致，兰苕翡翠不胜清。可怜万里归埋玉，欲赋招魂惨不成。

（明）金幼孜《金文靖集》卷十·跋萧氏族谱后 君子之所以重其谱者，盖所以敬其先而重其所出也。族之有谱，虽衰世之事而亦少寓宗法之意，故后世赖之。庐陵之曲山萧氏，其先为湖南人，五代时有文昌者避马氏之乱，始来居庐陵。今翰林修撰时中，距文昌十有三世，盖已五百年于此矣。谱有乾派，有坤派者，盖本于文昌之五世孙廷珣、廷瑜兄弟，各以其子孙系于二大派之后，今时中出于乾派，则为廷珣之裔也。廷珣之子麟为仁化令者，尝修缉家谱，其后亡轶，十不存八九。至时中之考乐存先生，乃掇其遗亡，补其缺略，于是世次之先后族属之疏戚，子孙之传叙，始粲然备见于其间，而所谓旧谱者至是复完而无恙矣。时中间以示予，而复求一言以识之，予故推本其先与其祖考致重斯谱之意，以告其后之人。俾于是有以敬其先而重其所出，而不至于轻忽废坠，则其诗书福泽之美，子孙科目之盛，将由是而益光显矣。诗曰："毋念尔祖，聿修厥德。"吾于萧氏尚深有望焉。

（明）梁潜《泊庵集》卷五·庐陵曲山萧氏族谱序 萧氏居庐陵曲山者，其先徙自长沙，至今翰林修撰时中，凡十有三世，几五百年于此矣。阖其族之众至数千，指纪于其谱者有乾派、坤派，分而自为居，盖五十余室，亦何其盛也。其修仁植德，或分财以赈贫者，或以诗书自力，以科第进身仕于时者，又卓然有善政可纪。及时中遂以进士第一入翰林，为侍从之臣，又何其显者之多也。大抵世族之久，则其生必繁，繁则分，而凡材且贤者，亦尝出乎其中，此势之所必至也。惟古之人于其生之众也，常有以统之，而于其分也，又常有以合之。故有宗法焉，有祭法焉，居而统其众于宗祭，而合其族于庙，由是其族虽众而其序不紊，其势虽分而能相与恭敬，悲慕于夫灌献祝嘏奠荐之际，盖常有以启其敦宗重本之心，未尝有已也。自夫宗法之废，而祭法不明，岂惟浅陋苟简而失其礼之甚？生者之众至无所统分者之势至不可以合，于是欺诈暴慢之习日益长茂，而仁慈忠孝之心日益寡少，其俗之偷教之悖实由此矣，其可悲也已夫如是！宜乎，士君子于其谱之修有不可缓者，盖庶几乎统之合之之道少有契焉耳。萧氏之族众矣，而备见于谱者，如在阖门之内，其散而分者势不可遏矣，而知其为一人之身者按图而即见。盖尝修是谱者，时中之六世曰麟，其重修之者，又其先君乐存先生也，时中被召来北京携之来以求予序，盖知其所系之重而不可缓者如此也。因为之书。

（明）王直《抑庵文后集》卷三十·于先生墓志铭 一时名公，如解、胡二学士、修撰萧时中、国子博士罗师程辈，皆与先生有文字之雅。欲推挽俾见用于世而惜其病也。

（明）李时勉撰《古廉文集》卷六·送孙知县之任庐陵序 永乐十有八年秋九月，以南城兵马指挥孙公为庐陵县尹，吾友翰林修撰萧时中相率作为诗歌以赠之，而属予序。

（明）曾棨《喜萧时中状元及第》 绣衮曾抡宝殿魁，庐陵文运喜初回。九重天上承恩渥，八十人中识俊才。蠹简几年窥夜雪，龙门一日动春雷。行人若向青原望，定有虹光烛上台。

（录自［明］曹学佺《石仓历代诗选》卷三百五十）

（明）曹安《谰言长语》 挽诗，今人多作。余鼎《挽萧时中状元》云："待漏共趋丹凤阙，联班每侍建章宫。芳郊游览轩车并，秘阁编摩几席同。沈约体羸吟独苦，相如病渴赋尤工。死生一旦悲乖隔，追想前时似梦中。”又尹凤岐一首云：“沉酣酴郁醉葩经，礼乐三千对大廷。天上几年依化日，斗南一夜暗文星。玉堂仙去名犹在，石室人归户已扃。万里故乡回旅榇，白头老母泪零丁。”

（清）陶成等《江西通志》卷一百十·邱墓·吉安府·明 修撰萧时中墓，在庐陵南五十里藤邓桥。

永乐十年（1412）壬辰科状元马铎

传　记

（明）杨士奇《东里文集》卷二十·故翰林修撰马君墓志铭　永乐十年进士第一人长乐马铎，授翰林修撰。明年车驾幸北京，十五年再幸，皆留侍监国。其于公事所当为者，虽劳且艰，不避。虽数独任，不辞。皇太子屡顾翰林学士杨士奇曰："马铎可谓质实无伪者矣。"自是，翰林学士、国子祭酒、司业有公务出，皆命摄其事。盖署翰林者，再署国子者一。众咸谓皇太子明于用人，而铎无忝厥命者也。

铎，字彦声，其先家饶州乐平。宋宰相廷鸾之弟廷龙始居长乐，廷龙之后有兄弟三人，曰隆，曰杰，曰钧，皆举进士。至源夫伯载、谷进，其曾祖、祖父也。母卓氏。彦声自幼已嶷然异常儿，稍长即有志问学。初授《礼》于乡先生郑孟宣，遂旁通《易》、《诗》、《书》，于子史百家多所博涉，为文援笔辄就。自太学生中应天府永乐九年乡试，明年中会试，廷对赐及第，为修撰，授承务郎。一考升儒林郎，三考皆最，仍命复职。先是，上自北京遣使以御制书赐南京国子学，学师生将诣谢，会长官以他事去职。逾月，彦声来署学事，即具装偕行，众谓彦声后至可不行，彦声不可，则相率助道里费，彦声曰："铎乃用是，烦劳诸君耶！"一谢却之。处事公恕，监官有挟前辈数与为异同者，彦声面折之以大义，卒帖服。春秋释奠先师，制用翰林国子官四员分献，翰林献位故在左，后有易之，及彦声行事，卒辨而复之。于内有孝友之行，一弟笃爱之。弟死哀恸，既葬其乡县山之原，顾其子昕曰："他日葬我必于此，吾兄弟生死不违也。"

为人耿介伉直，无崖岸，表里一致，临义执言，侃侃无所顾避，不为外饰，自奉俭薄，虽贵不变。与人交必诚必尽，遇危急必济之。在京师，直所居道侧洿池中尝冬夜有冻溺者，闻而遽出之，几毙矣，易其衣，予饮食及药，久乃苏。所为类此，皆未尝自言。闲暇读书鼓琴以自适，所居据山林之胜，尝名其书室曰"梅岩"，后遂以为号。永乐二十一年六月初六日以疾卒于官，享年五十有八。娶郑氏，子男二，昕、旺。女二，长嫁林浩，次嫁陈裯。孙男三，绳、绎、纯。其卒之明年，昕始克闻讣，自长乐走北京，奉丧归葬县山，合于弟之窆。遂奉翰林修撰李骐所具事状，并介李君求余铭。

呜呼！彦声，余考会试所取士也。又同处翰林十年，相好厚而相知深，宜其以求于余也。铭曰：马氏之乡，有湖洋洋。湖有浮石，马氏之祥。昔也其兆，兄弟联登。今也其兆，彦声之征。嗟嗟彦声，允直而刚。曷其奋兴，弗施之闳。嗟嗟彦声，奄归以藏。其垂弗泯，史氏有铭。

（明）李贤等《明一统志》卷七十四·福州府·人物 马铎（长乐人，永乐壬辰进士第一，授翰林修撰。铎为人坦直，无崖岸，尝建言国子监分献十哲宜用翰林院官，朝廷从之）。

（明）陈鎏《皇明历科状元录》卷一·永乐十年壬辰状元马铎 廷对之士林志等一百六十人，擢马铎第一。

马铎，字彦声，号梅岩，福州长乐人。举进士第一，授翰林修撰。车驾两幸北京，皆留侍监国。仁宗皇帝屡谓侍臣曰："马铎可谓质实无伪者矣。"自是，翰林学士、国子祭酒有公务出，皆命铎摄其事。尝建言国子监分献宜用翰林院官，朝廷从之。铎为人耿直，无崖岸，临义执言，侃侃无所顾避，不为外饰，自奉俭薄，虽贵不变。与人交必诚必尽。于经史百家多所涉猎，为文援笔立就。年五十八卒于官。（东里《志》文）

铎初与邑人林志同学，志高才博学，铎亦自知其不及。志乡试、会试皆第一，比殿试出，遍扣诸名士之作，皆不己若，深以魁选自负。迨传胪之夕，梦有马夺其首，志始怀疑。既而传胪，马果第一，志第二，甚怏怏不服。每欺铎："汝没学问状元，何以居我上？"一日互争于廷，上知之，乃曰："朕试汝等一对，对佳者即为真状元矣。"其对题曰："风吹不响铃儿草。"铎应声曰："雨打无声鼓子花。"帝大称许，志想逾时竟不能对，遂愧服。盖铎幼时，梦中有语之曰："雨打无声鼓子花。"不知何谓，至是用之，盖天设也，不然何以屈林志耶？（《义命编》）

县西太平港，旧名马江，江之东有十洋街。古谚云："十洋成市状元来。"铎应其兆。

（明）凌迪知《万姓统谱》卷八十五 马铎（字彦声，长乐人。永乐壬辰进士第一，授翰林院修撰。车驾两幸北京，皆留侍监国。仁宗皇帝屡顾侍臣杨士奇曰："马铎可谓质实无伪者矣。"自是翰林学士、国子祭酒有公务出，皆命摄其事。尝建言国子监分献宜用翰林院官，从之。铎为人性直，无崖岸，旁通经史百家，为文援笔辄就。卒于官）。

（明）顾祖训原编、（明）吴承恩增补、（清）陈枚续补《状元图考》卷一·状元马铎 永乐十年壬辰，廷对之士林志等一百六十人，擢马铎第一。

按，马铎，字彦声，号梅岩，福建长乐人。

《义命编》：铎初与邑人林志同学，志高才博学，铎亦自知其不及。志乡试、会试俱第一，比殿试出，遍扣诸名士之作，皆不己若，深以魁选自负。迨传胪之夕，梦有马夺其首，志始怀疑。既而传胪，马果第一，志第二，甚怏怏不服。每欺铎："汝没学问状元，何以居我上？"一日互争于廷，上知之，乃曰："试汝等一对，对佳者即为真状元矣。"其对题曰："风吹不响铃儿草。"铎应声曰："雨打无声鼓子花。"上大称许，志想逾时竟不能对，遂愧服。盖铎幼时，梦中有语之曰："雨打无声鼓子花。"不知谓何，至是用之，盖天设也，不然何以屈林志耶？

《状元录》：县西大平港，旧名马江，江之东有十洋街。古谚云："十洋成市状元来。"铎应其兆。

（清）朱彝尊《明诗综》卷二十一·马铎 铎字彦声，长乐人。永乐壬辰赐进士第一，除翰林修撰。有《玉岩集》。

（清）李清馥《闽中理学渊源考》卷四十二·修撰马彦声先生铎 马铎，字彦声，其先乐平人。宋宰相廷鸾之弟廷龙者自乐平来徙家。廷龙之后有弟兄三人，曰隆，曰杰，曰钧，皆举进士。铎初受《礼》于先辈郑宣，遂旁通《易》、《诗》、《书》、子史百家，为文援笔立就。永乐十年廷试，与闽县《林》志俱在及第之列。成祖知其同郡，试之对曰："风吹不响铃儿草。"铎应声："雨打无声鼓子花。"见志对迟成，遂以为第一。铎对盖出梦语，故响答如是。既授翰林修撰。成祖一再幸北京，命献陵监国，铎与诸臣侍，劳艰不避，独任不辞，献陵屡顾学士杨士奇曰："马铎可谓质实无二。"自是翰林学士、国子祭酒、司业有公务出，皆命铎署摄。铎耿介伉直，表里一致，处事平恕，而临义执言，自奉俭约，与人交尽诚，遇危难急济之。闲暇鼓琴读书，名其书室曰"梅岩"。（《闽书》）

（清）谢道承等《福建通志》卷四十三·人物一·马铎 字彦声，长乐人。永乐壬辰进士第一，授翰林修撰。铎初受《礼》于先辈郑宣，遂旁通《易》、《诗》、《书》、子史百家，为文章援笔立就。成祖一再幸北京，命献陵监国铎与诸臣侍，劳艰不避，独任不辞。仁宗屡顾学士杨士奇曰："马铎可谓质实无二。"自是，翰林学士、国子祭酒、司业有公务出，皆命铎署摄。铎耿介伉直，表里一致，处事平恕，而临义执言，自奉俭约。与人交尽诚，遇危难急济之。闲暇鼓琴读书，名其书室曰"梅岩"。

（清）张豫章等《御选明诗》姓名爵里二·诸家姓名爵里 马铎（字彦声，长乐人。永乐壬辰赐进士第一，除翰林修撰。有《玉岩集》）。

（明）焦竑《国朝献征录》卷二十一·翰林院二·修撰·马铎 （存目）

科　第

（一）乡试

（清）谢道承等《福建通志》卷三十九·选举七·明贡生　马铎（应天中式）。

又，卷三十七·选举五·明举人上·永乐九年（辛卯）**林志榜**　马铎（应天中式，壬辰进士第一人）。

（二）会试、殿试

（明）杨士奇等《明太宗实录》卷一二六　永乐十年三月乙酉朔，上御奉天殿，试礼部选中举人林志等百人，及前科未廷对举人林文澧等六人。制策曰："朕奉承宗社，统御海宇，夙夜祗畏，弗遑底宁，以图至治，于兹十年，未臻其效。虑化未洽，谨之以庠序之教。虑养未充，先之以足食之政。虑刑未清，详之以五覆之奏。求才备荐举之科，考课严黜险之令。然厉俗而俗益偷，革弊而弊不寝，若是而欲跻世泰和，果何行而可？六经著帝王为治之述，《易》以道阴阳，专名数者或流而为灾异，尚理政者，或论而为清谈。《书》以道政事，语知行则何以求其端？论经世则何以尽其要？《诗》以道志也，何以陈之于劝惩黜陟之典？《春秋》以道名分也，何以用之于闭阳纵阴之说？《礼》以道行而《乐》以道和也，何以道同六经而用独为急？夫道本一原，而治有全体，推明六艺，讲议异同，行则美矣，何以一归于杂？雅歌击磬，执经问难，志则勤矣，何以未复乎古？讨论文籍，考定五经，可谓劳矣，未足以致大治。更日侍读，质问疑义，可谓伟矣，仅足以成小康。迨夫五纬集奎，文运斯振，儒道光阐，圣经复明，较之往边，何胜何负？盖为治之道，宽猛相济，各适其宜。太宗宽厚长者，务崇德化，政足尚矣，而言者谓不若中宗之严明。显宗法令分明，幽枉毕达，严足尚矣，而言者谓不若肃宗之长者。论治若此，其将孰从？夫博闻经学之士，有以应变。子诸子蕴之有素，其于为治之要，时措之宜，悉心以陈，毋徒泛泛，朕将亲览。"

（明）马铎《殿试策》　臣对：臣闻治本于道，道载诸经。圣人出而三代之治为可复；真儒出而六经之道为大明。经以载道，固必待人而后明；道以出治，尤必待人而后行也。洪惟皇帝陛下尊履大宝，绍承鸿基，明照八表，知周万务，心存乎帝王之心，治绍乎帝王之治，尚虑阙漏，下询刍尧，此好问而好察迩言之意，尧舜禹汤文武之心也。然化已浃矣，选任师儒严督课业，简绌以惩庸，励进以劝善，而庠序之教唯谨。养已充矣，省其征徭，薄其税敛，禁一民之不得妄差，禁一毫之不得妄取。而足食之政尤先慎罚，而致三覆五覆之详，尚思夫罚罪之非当。用贤而惇荐举考之典，尚思夫任职之未宜。是盖陛下明经术之正，识帝王之大，不安小成，必跻斯世于唐虞三代之盛也。夫厉俗未底乎时雍，不害为俗之益偷。革弊未至乎于变，不害为弊之不寝。臣愚有以知陛下泰和之世可跻，唐虞三代之治可致。其厉俗革弊有不在政令之末耳。何则？陛下任奉承之重，统御宇之大，夙夜祗惧，而存心于不已，道本于一原，治具乎全体，若稽经籍而垂至治于无穷，六经之道固已蕴诸圣心矣。其视诸经传授之是非，历代为治之得失，昭昭而白黑分矣，奚以臣言？虽然，圣问所及，敢不罄竭，臣愚条悉以对。

夫自六经删述于孔氏，帝王之道由是而大明，自六经附会于汉儒，帝王之治由是而难复。《易》以道阴阳，伏羲神农黄帝之道无所不该。自田、何传至于焦、房，专尚名数，流而为灾异。自费直传至于辅嗣，专尚理致，沦而为清谈。于是理数分而《易》道微矣。《书》以道政事，而典谟、训诰、誓命之辞无不具焉。语知行则惟精惟一，所以示其端。论经世则洪范皇极，所以尽其要。自大、小夏侯之说殊，而《书》之义踳矣。《诗》所以道志也，先王命太师陈诗以观民风。善者可以感发人之善心，美之而民知所劝。恶者可以惩创人之逸志，刺之则民知所惩。以是巡行诸侯之境土，而黜陟行焉。自齐鲁毛韩之异尚，而《诗》之义隐矣。《春秋》所以道名分也，董仲舒大一统之论正谊明道、贵王贱伯之义，其得于《春秋》也大矣。而乃用于灾异之变，推阴阳所以错行，故有闭阳继阴之说，而《春秋》之义乖矣。《周礼》大司徒以五礼防万民之伪而教之中，此《礼》以道行也。以六乐防万民之情而教之和，此《乐》以道和也。《礼》有三千三百之仪，而一主乎敬。《乐》有五声十二律，而一本于和。制度品节之详而有所持循，情文节奏之备而有所感发。致礼以治躬，则齐庄中正，非僻之心无自而入。致乐以治心，则易直子谅，鄙诈之念无自而生。用之于邦国而邦国治，达之于天下而天下平，此六经之道同归，礼乐之用为急。而《易》、《书》、《诗》、《春秋》之蕴，必于《礼》、《乐》以著其用焉。然欧阳修所谓三代而下，治出于二，而以礼乐为虚名。则班《志》所谓礼乐之用为急，亦未见于实用也。然六经之道未极一原，尚何三代全体之治为可复乎？此汉之武帝推明六艺罢黜百家，孝宣章帝之石渠白虎讲议异同，行则美矣，而卒莫能循乎王道之正，而终归于霸道之杂。由乎六经之道，昧于一原，宜其治有所未纯焉。光武亲幸太学，诸生雅歌击磬。明帝临雍拜老，诸儒执经问难，其志虽曰勤矣，而未克以复乎古。不能四三王而六五帝，盖徒尚夫仪文之末，而未究夫圣道之本也。若唐太宗讨论文籍至于夜分，诏颜师古定五经，求治之心可谓劳矣。然而仅能致斗米三钱，外户不闭之效，而未足以为大治。玄宗更日侍读，质问疑义，怀素、无量常侍更直，好治之心亦可谓伟矣，而开元之治庶几贞观之风。惜其后不克终，以致祸乱，是皆亦由乎六经之道昧于一原，宜其治有所未至焉。迨夫五星聚奎，宋德隆盛，文运斯振，周、张二程光阐儒道于前，杨、罗、李、朱复明圣经于后，较之往迹大有径庭矣。儒道即阐，圣经复明，则治道胜负较之于前，不待论说而明矣。

夫天下之大经，仁义中正而已。仁以育万民，义以正万民，二者并行而不相悖。宽而不流于姑息，有猛者存。猛而不偏于苛察，有宽者在。严而泰，和而节，此理之自然，治道之全体也。汉文帝恭俭玄默，赐不朝以几杖，遗受赂以金钱，造露室惜十家之产，可谓宽厚长者，务崇德化，政足尚矣。然与匈奴疏绝，毅然讲武，盖未尝不猛焉。

宣帝综核名实，励精图治，流而至于苛刻，汉室忠厚之风几乎荡尽。明帝法度分明，幽枉必达，严足尚矣，而过于察察。章帝宽厚长者，而流于姑息，东京之政由是而衰矣。亦其学术不明，不能损过就中，而归于圣贤大学之道也。向若汉之文帝从贾谊而兴礼乐，武帝从董仲舒而明教化，则仲舒所谓道之大原出于天，正心以正朝廷，正朝廷以正百官，正百官以正万民，万民正而远近莫不一于正，则道之一原可知，治之全体可识，其治岂止于汉而已。迨夫宋之诸君能用诸儒，则经术之明见于治效，岂独载诸传、注而止哉！虽然，天运循环，无往不复。承天一统文明之运，表章六经圣人之道，比隆于唐虞三代，正有待于今日圣天子居天位，行天道，而著治效于无穷也。

臣愚生浅学，叨奉大问于廷，获闻道本一原，治有全体，不胜踊跃，庆唐虞三代之治复见于今日，宁不顿首为天下贺。非但为天下贺，当为万世贺。抑臣闻之，为治之要，《大学》一书，治天下之格律也。时措之宜，《中庸》一书，圣学传心之要法也。此皆陛下身体而力行之者也，故能致笃恭而天下平之效。臣愚学不能以博古，才不足以应变，伏愿陛下始终此心，始终此治，可以四三王而六五帝，岂但跨越汉唐宋而已哉！臣不揆浅陋，以此上尘圣览，干冒天威，岂胜战栗。臣谨对。

（清）谢道承等《福建通志》卷三十六·选举四·明进士·永乐十年（壬辰）**马铎榜**　长乐县马铎（第一人。传见《人物》）。

（清）张廷玉等《明史》卷六·本纪第六·成祖二　（永乐十年三月）戊子，赐马铎等进士及第出身有差。

仕　宦

（明）黄佐《翰林记》卷十五·陪祀分献　永乐中，修撰马铎建言："国子监分献十哲宜用翰林院官。"朝廷从之。

又，卷十七·史官题名·修撰　马铎（彦声，福建长乐人。永乐壬辰进士第一）。

（明）廖道南《殿阁词林记》卷十九·陪祀　永乐中，修撰马铎建言国子监分献十哲宜用翰林院官。今上肇建圜丘，分献大明、夜明、周天星辰、雷雨风云、四坛方泽，分献五岳、五镇、四海、四渎、四坛俱用辅臣，分献及帝社稷坛用日讲官陪祀。

（清）和珅等《钦定大清一统志》卷三百二十六·福州府·人物·明　马铎（字彦声，长乐人。永乐进士，博通经史。仁宗尝谓杨士奇曰："马铎可谓质实无二。"每翰林学士、国子祭酒缺，尝命铎摄之）。

轶　事

（明）王同轨《耳谈》卷三·状元马铎李骐　长乐县民马某娶妾，生一子名铎。嫡妒不容，嫁同邑李氏，复生一子，名马。后铎中永乐壬辰科状元，马戊戌科状元。上于马旁加其字，名李骐。一母生二状元，真是异事。

又，卷八·马状元梦　状元马铎，少时梦中有语之者，曰："雨打无声鼓子花。"不省所谓。后与同邑林志同举进士，志高才，乡、会皆第一。殿试时，忽梦马踏其首，以是怏怏。争于上前，上曰："朕有一对，对佳者状元也。曰'风吹不响铃儿草'。"马即以梦语对，而志思竭不能。于是得赐状元。

（明）张弘道、张凝道《科名盛事录》卷四·科第盛事·同胞两状元　永乐壬辰科马铎、戊戌科李马（御笔改"马"为"骐"）。

（宋乾道间，单尚书夔生母，媵也，又往耿氏生侍郎延年。及死，两家争葬其母，事达朝廷，孝宗为葬之，时以为美谈。永乐中，长乐马某娶妾生子铎矣，妾妒不容孕而嫁之同邑李氏，生子，故以马名之。后铎与马俱中状元。可谓奇矣。）

（明）焦竑《玉堂丛语》卷八·谐谑　罗汝敬、马铎同在馆阁，严冬冱寒之时，罗不带暖耳，铎不穿毡袜。时人戏之曰："裸耳马足。"（《闲中今古》）

（明）沈德符《万历野获编》卷十五·科场·马铎李骐同母　马铎者，举永乐壬辰状元；李骐者，举永乐戊戌状元，俱福建之长乐人。世传其母先嫁马氏生铎，再嫁李氏生子，即带马姓以为名，至文皇临轩胪唱，御笔改马为骐。二人固同母异父兄弟也。此说自幼闻之，弇州记奇事，亦以为诚然。及考二人志铭，则殊不尔。铎之母为卓氏，骐之嫡母为叶氏，先亡，继母黄氏，俱封安人，未几黄氏亦卒，骐寻下世。然则二人，本不同母，何以世有此说？或因一时并贵，因讳而易其姓耶，是不可考矣。

（清）谢道承等《福建通志》卷六十五　永乐十年，长乐首石山鸣。（谶云："首石山鸣出大魁。"是岁马铎及第，后六年李骐又及第。）

（清）姚之骃《元明事类钞》卷十二·神语佳对　《泳化编》：永乐时，马铎为状元，林志居二。志每诮铎"无学状元"，至互争于庭。上闻之，召入曰："朕试汝一对，佳者即真状元。"御题："风吹不响铃儿草。"铎即应声："雨打无声鼓子花。"上大称许，志竟不能对。盖铎幼时梦神语以七字，至是用之也。

（清）宫梦仁《读书纪数略》卷二十·同胞两状元 永乐中，长乐马某娶妾，生子铎。妻妒不容，孕而嫁之同邑李氏，生子故以马名。马铎（永乐壬辰）、李马（御笔改“马”为“骐”，戊戌）。

（清）郑方坤《全闽诗话》卷六·明·马铎 状元马铎，少时梦中有语之者曰：“雨打无声鼓子花。”不省所谓。后与同邑林志同举进士，志高才，乡、会皆第一。殿试时忽梦马踏其首，以是怏怏，争于上前，上曰：“朕有一对，对佳者状元也。曰‘风吹不响铃儿草’。”马即对以梦语，而志思竭不能。于是得赐状元。(《稗史汇编》)

长乐旧有“首石山鸣出大魁，十羊成市状元来”之谶。至永乐壬辰，其山大鸣，适三宝太监驻军十洋街，人物辏集如市，其年邑人马铎状元及第。戊戌首石又鸣，邑人李骐状元及第。(《稗史汇编》)

著　作

（明）黄虞稷《千顷堂书目》卷十八·别集类·永乐壬辰科（十年） 马铎《梅岩集》二卷（字彦声，长乐人。一甲第一人，翰林院修撰，两侍仁宗监国）。

（清）谢道承等《福建通志》卷六十八·艺文一·福州府·明 马铎《梅岩集》二卷。

杂　录

（清）纪昀等《钦定四库全书总目》·附录四库抽毁书提要·闽小纪四卷 国朝周亮工撰。……其中如辨李骐、马铎无同母事……颇有考证。

（明）王世贞《弇山堂别集》卷八·连岁状元 永乐辛卯，始廷试寄监中式举人陈璲等，赐萧时中、苗衷、黄旸及第。明年，复廷试中式举人林志等，赐马铎、林志、王钰及第。连岁二状元而皆不显。

（清）和珅等《钦定大清一统志》卷三百二十六·福州府·陵墓·明 马铎墓（在长乐县东北大宏里龙台山）。

（清）谢道承等《福建通志》卷六十二·古迹·福州府·宅墓·明 修撰马铎墓

（在龙台山）。

（清）葛万里《别号录》卷八·梅 马铎（彦声。状元。统。闽）。

永乐十三年（1415）乙未科状元陈循

传　　记

（明）姚舜牧《陈芳洲先生传》　孔子之作《春秋》也，信以传信，疑以传疑，圣人岂不欲尽得其信？第世远事湮，考信无据，不得已而传疑，而心滋戚矣。然则世有真忠苦节，独盟诸心，而百信不胜一伪，卒以蒙疑不白者，安忍不及时考信，任其久湮无据也？不佞牧流览经史，凡属可疑，必搜讨参订，质之大方，务求其信。乃于陈芳洲先生蒙疑事，窃有感焉。敢忘固陋，据实而为之传。传曰：

先生姓陈氏，名循，字德遵，号芳洲，吉之泰和人也。王大父源可、大父观定、父彦和，俱以先生贵，累赠如先生官。先生幼失怙，恃与仲兄德逊居，倍笃友爱，资特端颖，十七游邑庠，同里杨文贞公士奇一见，以远大期之。永乐甲午，中乡试第一。明年会试第二，廷试第一，授翰林院修撰，累官光禄大夫、少保、户部尚书、华盖殿大学士兼文渊阁大学士。历事五朝，凡四十余年，入则直庐，出则扈驾，以备顾问。预修三朝《实录》、《宝训》及《五经四书性理大全》、《历代名臣奏议》、《历代臣鉴》、《五伦书》、《通鉴》、《史记》等书，奉敕撰《太学进士题名记》者三，撰《重修南京先圣庙学碑》者一，又奉撰御制序说碑铭者九，盖先生文章妙天下，更习先朝典故，故国家大诏令、大典册多出其手。奉命典会试者一，典应天乡试者一，廷试读卷者四，受命释奠先师者七，侍经筵，与杨士奇等日侍讲读，改正讲章，入内阁参预机务，茂著忠勤，渥膺宠眷，以至恩褒四世，称千载明良，盛遇具载少师萧尚约公志中，不复赘。惟是正统北狩至天顺复辟，七八年间，运遘阳九，事势两难，毕智竭忠，拨乱反正，惟求济国兴君，而身名弗恤，有非庸众所能识者，文献犹足征也。正统十四年己巳，七月，虏也先大举犯边，上锐意亲征，举朝力沮不能止。驾发京师，以先生与同官高谷、尚书王直、胡濙辅郕王居守。八月，驾留虏廷。十七日闻于京，人情汹惧。又明日，有言拥立郕王者。先生即扬言于众曰："皇上为悯生灵、安社稷而出，皇天眷佑，不久必回。今当立皇太子正位东宫，以郕王辅之，徐图迎复，岂容有他议！"遂密与中贵金英言，乞请太后旨属稿。金英来云："殿下三位，长殿下今两周三岁。"先生曰："但生一日，即是主人。”随草懿旨追呈，内有“贤而且长”之语，颁行天下，人心称快。翼日先生进户部尚书，仍学士。于谦为兵部尚书。继荐商辂、彭时同入阁。数日之后，又闻虏寇欲犯京师，加以徐有贞妄言晓天象，胡人当复，倡议南迁，人心惶惶，举朝思得长君，以弭祸乱，遂请太后，以九月六日，郕王即皇帝位，草诏颁行天下。先生属草，谓：“立新君不过系天下心，大驾且归，定当还政复辟。今须遥进正统尊号，使虏人知皇上大于新天子，愈加尊敬。”故于诏中称大兄皇帝为太上皇帝，而属意可知已。当有贞妄议时，先生叱云：“徐有贞近日说话，失了本心。”胡濙曰：“文皇帝定陵初始于此，示子孙不拔计。”于谦曰：“欲迁者奏斩。为今之计，远召天下勤王兵，以死守之。”先生曰：“于尚书言是。”众亦为之翕然，中外始有固志。于是与金英、兴安等议，谨护京城。又会集多官昼夜为防御计，不遗余力，因出有贞操守彰德，使不得惑众，中外稍安。十月，也先率众拥入紫荆关，阳称送驾还京，突至德胜门，直欲犯阙。喜宁嗾也先遣使议和，索大臣胡濙、王直、于谦出迎。众言：“虏情谲诈，不可信。”先生曰：“大驾果来而不出迎，中国皆叛臣矣。所索大臣不可往，但遣使问安，觇其虚实。”于是以中书舍人王荣谙胡语，副以给事中王复充卿贰，往朝上皇。上皇谕曰：“彼无善意，尔等宜急回。”二人方还。而虏复纵骑剽掠攻城愈急。总兵石亨折亏，厉声曰：“宰相不出计策，莫能支矣！”先生不为动，独曰：“是宜升奖首将，固城守，慎勿轻战，盖彼、我胜皆危道。我胜固善，奈何驾在虏廷，恐非全利。彼胜，则中外俱难保矣。”于是加于谦少保、余官有差，令各督军背城而阵，又密令焚城外各马坊积草以困之。虏见草火，相视顿足，大骇。不数日，马果饥。先生又恐久则生变，请檄致宣府、大同、永平、辽东等四方边兵星驰入援。又恐虏营道梗，乃遣“夜不收”五人各赍一敕，分投东、北二路，间道兼程以往。以为但得一达，事济矣。既而二敕得达，其三为虏所截。虏见敕始惧，有退志。十五日夜，也先遁，随奉上皇北去。所召宣府总兵杨洪兵先至，即令西追遁贼。岁庚午，景泰纪元正月，虏入大同。先生悬示殊赏，购杀也先、喜宁。二月，宣府参将杨俊擒喜宁，槛送京师伏诛。俊即洪子，洪为先生腹心，故能使其子树勋。喜宁既诛，虏失向导。敕遣五将分镇诸州，建营立城以自固，国家神气益张，令彼虏无所乘以入犯，回銮有机。此皆先生神算，与于公谦深相结纳，将相调和，共图其成者也。

时景皇欲尊生母吴氏为皇太后，令访前代故事，先生曰：“惟宋以生母宸妃李氏为皇太妃一事耳，余无可准者。况今皇太后受尊号在先，自古尊无二上。”中贵以言，不允，必欲尊之，乃加皇太后为圣皇太后，吴氏为皇太后。

上皇在虏，数遣使问安，情义笃至。所谕虏敕词皆先生笔，凛然有口舌代斧钺之意。八月十五日，上皇驾还。先生闻中贵语将迎居南城，叹息曰：“若然，毋乃欲群臣朝朔望而已乎？”景皇闻之，拒以危言，盖疑先生有向旧之意。又中贵问：“上皇驾还，当诏告天下否？”先生曰：“此诚天佑国家，旷古未闻，岂特当布告，更须肆赦，以侈恩庆。”又礼部数请，令百官朝南宫朔望，不允。先生语胡濙曰：“礼部职掌礼仪，是天下第一等大事，虽不允，不可不亟请。但两宫嫌隙易生，恐无所补而坏大事，惟日加儆惧而已。”岁壬申，粤西土官黄竑希恩宠，驰奏请景皇立己子为皇太子，奏至，不发，令中贵以疏意觇先生。先生曰：“无易树子，霸者所禁。堂堂天朝，得无启万世之讥乎？”景皇怒曰：“父有天下传之子，自古未闻有讥者。”命以奏示礼部，会多官议。既而众议立见济为皇太子，更封皇太子为沂王。一时迁擢逾等，文武任师、保、傅者二十有三人，先生但以少保兼太子太傅，固辞不允。易储后，御用左少监阮浪侍上皇南宫，得所赏镀金梁扣绣茄袋、镀金结束刀一把，以畀侍者王尧。尧饮缇骑卢忠家，卢忠见袋、刀非常制，遂以酒醉尧，解之具告。南内谋复，皇储托尧以袋刀赏忠求外应，诏狱穷治不已。先生闻之，与中贵言曰：“人臣念主，或有此心；人情畏死，必无此事。况所指之人在此在彼，富贵等耳，何苦弃安就危？万一事出诬罔，宁不害及忠良，启上下之危疑乎？”语闻，遂止。乃集古帝王行事，汇为一书，名曰《勤政要典》，上进，盖潜寓规正之意。岁癸酉，皇太子冠，命胡濙、高谷、萧镃掌行冠礼，赐白金文绮颇侈。旬月后，沂王冠，命先生行礼，赐止绮二端、钞二千贯。盖以畴昔无易树子之议，故示之意也。岁甲戌，皇太子见济卒。岁乙亥，礼部郎章纶、御史钟同、大理寺少卿廖庄合疏请复沂王于东宫，诏狱锻炼备至。当此之时，先生惟恐见疑生端，坏事无益，屡因天变疏乞罢归，不允。因采古昔人主善恶可为法戒者，名曰《君鉴》，以备观览。又率同官高谷、萧镃、商辂等上疏，劝敦孝友、任旧德、躬勤政、戒侈用，因及禁掖慢游事。景皇召入问曰：“卿等言禁掖事何自而知？”先生曰：“得于都人之口。伏惟下有则改之，宗社生灵之福也。”景皇曰：“朕有固当改，但君臣同体，慎毋听人言离间。”自是不复召见矣。岁丁丑正月，景皇不豫，不能躬祀郊庙社稷。十四日至不能视朝。先生与高谷、萧镃、商辂往语中贵兴安曰：“永乐中，大驾或二三日不能视朝，则令百官赴东宫朝参启事，祖宗旧例，公所知也。今事如此，须请复立东宫代视朝参为便。”兴安首肯曰：“此公等大臣事，安当赞成于内。”先生即与礼部侍郎邹干、姚夔等议，集多官共为之。比多官至，议尚不一，先生请者先署姓名，从者遂众。明日章上，不允。又明日，先生复率百官上章，必期得请，因章尾衔名数多，书讫日晡，不及上。明旦四鼓，礼部主事俞钦进章至左掖门，门官不纳，而中外百官奉迎圣驾重登宝位矣。先生等皆欢忭致庆。上退御文华殿，召先生与萧镃、商辂，谕以仍旧办事，先生等皆顿首谢。就令宣谕百官，撰诏改元天顺。是举也，先生初在外廷，知景皇病而不知其病笃，惟石亨蒙宣至斋宫受命代行礼，闻状又秘不言。迨先生要亨入阁会议，请立东宫，亨遽止之，但言：“少停慢说。”即退，与徐有贞密图迎复。有贞衔彰德旧隙，遂力嘱亨，不令先生知，止约典内外兵柄者三四人及所亲厚武臣阴谋事，觊恩宠有归，大阿在握，初不知有朝廷大体也。有贞果挟迎驾功，日侍上前，气焰薰赫，与亨乘隙中人，无不立碎。既诬少保于公谋立外藩致辟，复以宿憾诬先生与萧、商三人与谋，并不能谏阻改立见济事，胁台省弹劾。赖上圣明，原宥勿问。当日先生闻班中偶语有石、徐分付“饶十遭，要弹十遭”之言，旬日内果弹劾，被逮谪戍，而先生铁岭之命下矣。先生东行道中及谪居之日，摘取古人诗句成绝，名曰《东行百咏》。自丁丑至辛巳，在戍凡五年，徐、石党逆事败，先生上章自明，奉旨特矜其诬害，回籍。壬午，先生自戍所还京，上表谢恩而归。抵家五阅月，以疾终。未几，被诬者俱得雪，赠谥恩恤有差，而先生恤典未备。迨宪庙践祚，先生仲嗣瑛及婿南工部郎李遇相继陈乞，业蒙赐荫还秩，遣官谕祭。瑛寻以中途病卒，荫仍未补，而易名之典则至今诎焉。

先生曾孙以跃起家孝廉，历官铜仁郡守，上疏矢言其事，蒙旨发该部，公道昭明有期。近铜仁公擢转运使，来驻吾浙，而不佞牧乌程畸儒也。偶值于湖上一见，欢然相与道先生往事甚悉，并贻先生《年谱》、《文集》，读之不觉喟然叹曰："有是哉先生之忠！有是哉先生之忠而见疑也！"辄不自量，愿一剖其疑。第恨牧与先生地相去二千余里，且吾生也晚，相后又百五十余年，虑不足以传信，因取年谱所载，参之《天顺日录》、《否泰录》、《复辟录》、于商二公《传》、《吾学编》、《宪章录》、《王弇州别集》诸书，一一考究，必详必确，而后属管。今其行事具在，言言实录也，庶足富《春秋》传信之义，然不免当年之疑，何哉？盖当其时，边衅墙阋，内外迭讧，而先生以首揆独履其冲，百责攸萃。最难者其持危定倾之巨略，最苦者其阴翊默护之隐衷。巨略人所共见，而隐衷人所难窥也。故居守建储付托本兵孰主张是？阻南迁、严城守、焚积刍、召勤王兵，孰发纵是？悬赏格、折虏谋，而喜宁擒、也先遁，孰居中而筹画是？此其功昭日星，畴不指为先生明伐然。念念迎驾而孰知？夫不急于迎驾者，乃所以善迎驾也。念念朝南宫而孰知？夫不固请朝南宫者，乃所以善安南宫也。念念计安太子而孰知？大不强争易太子者，乃所以善护太了也。观其抑黄竑之疏，解阮浪之狱，何尝一息不为太子计？而《要典》有献，《君鉴》有献，惓惓以敦孝友、任旧德为言，盖挽回格心之妙术也。昔狄梁公潜授五龙夹日以飞，韩魏公调和两宫□古侈为元勋。若先生所处，视二公难易何如哉？乃有谓："上皇返驾时，千户龚遂荣建议迎礼宜厚，景皇当逊位恳辞而后受命，礼部欲以闻，先生恚甚，治其罪。"此其说谬甚！遂荣果有是议，正合先生"请居南内不便"之言，当急赞成之，而肯加恚且治其罪耶？又有谓："景皇得黄竑易储疏，复奏署名，吏部王直有难色，先生执笔作半跪强之。"其说尤可痛恨。竑议发礼部各官，议不属先生，何从执笔？如果执笔，正合先生"无易树子"之言，方急为匿鬼画符，岂有大廷广众中，首辅肯作半跪，折节于冢宰耶？又有谓："景泰间，遣徐有贞治张秋决河，有贞怀玉带一束献先生曰'报玉带至矣。'"夫先生以景泰二年进秩少保，已一品腰玉，而有贞治河在四年，乃以玉带为豫报，有是事耶？此皆出于陈建《通纪》所载。建以粤人著《通纪》在嘉靖间，其地与时相去亦远，奚至生端诬蔑，丧心乃尔？无亦徐、石辈嗾众弹劾时捏辞罗织以蛊众吻，建遂袭为吠声之谭，以谗成伪，以伪成疑？即王弇州为当世人伦之鉴，其曰："先生功大过小，宜谥。"似得其概，亦未知先生之过，过于慎者也，观过正可以知仁也。今牧合百年文献，尽为剖晰，其易名特祠之典当与于忠肃公谦相俪美，夫复何疑！夫复何疑！且以俟史局名公秉《春秋》之笔者有采焉。

后学探讨六经霅上老人姚舜牧顿首拜撰。

（录自［明］陈循《芳洲文集续编》卷首）

（明）廖道南《殿阁词林记》卷一·殿学·华盖殿大学士陈循　陈循，字德遵，江西泰和人。永乐乙未进士第一，授翰林修撰。太宗特重儒臣，赐第万宝坊。驾幸北京，命循载秘书诣行在，遂留用之。三殿灾，循上疏，多采纳。洪熙改元，转侍讲。宣德初，命与杨溥轮直南宫，备顾问。又赐第于玉河西。庚戌，擢侍讲学士。时御史张楷上诗涉时政，佥事陈祚劝讲《大学衍义》，忤旨，宣庙震怒，循力救之，获免。正统初，兼经筵官。壬戌，擢学士。甲子，入内阁。乙丑，迁户部侍郎，寻陟尚书兼学士。奏复近侍翰林官于早朝时当立于金台左侧，于午朝时当先诸司奏事，悉从之。未几，加少保兼太子太傅。景泰初，兼文渊阁大学士。集古帝王行事，名曰《勤政要典》，上之。修《寰宇通志》成，进华盖殿大学士。时额森拥驾入关，索大臣于谦、胡濙、王直出迎，众知其诈，循奏请敕各边精骑入卫京师，又多发榜文，招谕回番，以疑其心。额森计穷，复遁。嗣后景帝临御既久，循秉钧轴，擅易储宫，啖以爵禄，遽变初志，恃权刚愎，不能容物。其子瑛入试不第，与王文诬奏考官刘俨、黄谏，欲抵之罪。又谋取乡人冢域，倾陷御史周鉴、王豪，士论鄙之。英宗复辟，言者发其奸状，谪戍辽东。及石亨败，奏雪已愆，释之，复其官。廖道南曰：予观《琐缀录》所载陈芳洲事，语多近俚，及观国史，乃见其城府深刻，罗钳结网，靡所不为。视厥初疏陈诸事，力救张楷、陈祚，若有睽焉。不然，又胡为乎力诋刘俨、黄谏，末流至此极也，岂孔子所谓患得患失者耶？赞曰：匪位之患，令名为艰。匪名之患，令终为艰。保初节易，保晚节难。于乎德遵，有腼斯颜。

（明）李贤等《明一统志》卷五十六·吉安府·人物·本朝　陈循（泰和人。永乐乙未进士第一。授翰林修撰，累官户部尚书、文渊阁大学士，兼太子太傅。立朝四十年，列圣宠遇最厚）。(《省志》)

（明）陈鎏《皇明历科状元录》卷一·永乐十三年乙未状元陈循　是岁始诏天下举人会试于北京，取洪英等三百五十人，廷试擢陈循第一。赐循等宴于留守行后军都督府，立石北京国子监。

陈循，字德遵，号芳洲，泰和人。永乐甲午乡试第一，明年会试第二，廷试擢进士第一，授翰林修撰。太宗特重儒臣，赐第万宝坊。驾幸北京，命循载秘书诣行在，遂留之。三殿灾，循上疏，多采纳。洪熙改元，转侍读。宣德初，命与杨溥轮直南宫，以备顾问。又赐第于玉河西。庚戌，擢侍读学士。时御史张楷上诗涉时政，佥事陈祚劝讲《大学衍义》忤旨，宣庙震怒，循力救之，获免。正统初，兼经筵官。壬戌，擢学士。甲子，入内阁。乙丑，迁户部侍郎，寻陟尚书兼学士。奏复近侍翰林官于早朝时当立于金台左侧，于午朝时当先诸司奏事，从之。未几，加少保兼太子太傅。景泰初，兼文渊阁大学士，集古帝王行事，名曰《勤政要典》，上之。修《寰宇通志》成，进华盖殿大学士。时也先拥众入关，索大臣于谦、王直出迎，众知其诈，循奏请敕各边精骑入卫京师，又多发榜文，招谕回达，以疑其心。也先计穷，遁去。后景帝临御，循秉钧轴，擅易储宫。循立朝四十年，列圣宠遇最厚，尤为宣庙所知，盖久在词垣，深知先朝典故。在内阁掌机务，典册制命皆出其手。徐有贞不乐循右己，小人尤不便。会景帝不豫，大臣欲俟大渐后反政上皇，而小人欲速富贵，说掌兵清武侯石亨、都督张軏，云少保王文、于谦与中官欲取立宗室矣。石亨等遂迎驾于南城，立之，杀王文、于谦，戍循于辽东。方驾之未迎也，国是两在，循模棱无定见。然而景皇八年之间，计安社稷为多。亨败，奏雪己愆，什之杜门阅古书，以寿终，遗命其子铭旌题主以“芳洲陈先生”称。讣闻，朝廷遣官致祭，文曰：“卿制科首选，纶阁重臣，祗事累朝，克副倚毗。顷因权奸诬构，暂谪遐方。先帝明并日月，寻赐昭雪，敕还故里，以天年终，可无憾矣。兹特复卿旧职，遣人谕祭。呜呼！哀其死而悯其忠，式遵先志，厄于前而伸于后，永惬人心。灵丧如存，歆予至意。”

初，徐有贞初方入相，以陈循辈在前，不得自专，乃助亨除之。未几，有贞亦为亨所嫉而出之。而亨复遭烈祸，循乃得还，人以为天道好还云。所著有《芳洲集》。（《吉安志》）

廖道南曰：予观《琐缀录》所载陈芳洲事，语多近俚，及观国史，乃见其城府深刻，罗钳结网，靡所不为。视厥初疏陈诸事，力救张楷、陈祚，若有睽焉。不然，又胡为乎力诋刘俨、黄谏，末流至此极也，岂孔子所谓患得患失者邪？赞曰：匪位之患，令名为艰。匪名之患，令终为艰。保初节易，保晚节难。于乎德遵，有腼斯颜。

王琼《双溪杂记》：景泰间易储，循在阁，制草实出其手。吏部尚书何文渊出谓人曰：“天佑下民，作之君父，有天下，传之子。吾所为也。”独石关报捷，诏奖之，循视草乃反谯责。厥后，循与文渊皆被祸。《殿阁续记》亦云。

僧自安至泰和，过怀仁渡时，水暴涨，人曰：“此江潭蜃出害民也。”僧投偈潭中，翌日水退涌洲起，名龙洲，在邑之南。僧留谶曰：“龙洲过县前，泰和出状元。”是岁水泛滥，循应其兆。

先是会试取陈循第一，考官梁潜以乡曲避嫌，改取林文秸，又以“秸”字罕见，改取洪英，曰：“此洪武中英才也。”英第一，循第二，王翱第五。成祖见翱名，喜北京初启会闱，而魁得一畿士，遂以布衣召见，赐酒饭劳之。后翱至宫保、太宰，遭遇有自来矣。（《登科考》）

循里中每岁九月作九皇醮，循家为倡，家北毛家滩有渔翁夜半闻岸上云：“明夜陈状元家放水灯，我辈去看。”渔翁开蓬视之，寂无人。次早，果有人来曰：“我陈秀才家，来讨渔船二只，今夜要放水灯。”渔翁送舟去，因言其事。

循登第，杨文贞士奇在南京寄一绝云：“龙洲过县千年谶，黄甲初登第一名。从此累累题榜首，东城迎喜过西城。”时循居泰和东城。后六年，城西曾鹤龄举进士第一。后十八年，真定曹鼐为泰和典史，亦举进士第一，文贞以为诗谶。而其初则为循发也。（黄瑜《双槐岁钞》）

《什罪谢恩表》云：“被陷于落井下石之雠人，遂谪以屯田备边之戍卒，斯须难保，颠沛靡宁。处患难于四五年间，临万死而得一生；受艰苦于数千里外，度危灾而存残喘。幽蛰春生于腐草，废炉暖发于寒灰。鸷鸟出笼，复遂山林之性；涸鱼得水，获逃鼎俎之灾。”

（明）雷礼《国朝列卿纪》卷二十·翰林院学士讲读学士行实 陈循，字德遵，江西吉安府泰和县人。永乐乙未进士第一，授翰林修撰。太宗特重儒臣，赐第万宝坊。驾幸北京，命循载秘书赴行在，遂留用之。三殿灾，循上疏多见采纳。洪熙改元，转侍讲。宣德初，命与杨溥轮直南宫，备顾问。又赐第于玉河西。五年庚戌，擢行在侍读学士。时御史张楷上诗涉时政，佥事陈祚劝讲《大学衍义》忤旨，宣庙震怒，循力救之，获免。正统初，兼经筵官。七年壬戌，擢本院学士。九年甲子，入内阁。详内阁。

（明）凌迪知《万姓统谱》卷十八 陈循（字德遵，江西庐陵人。正统进士第一。历官少师、尚书大学士。徐友贞陷于谦并及循戍边。未几，诏还乡，以寿终）。

（明）顾祖训原编、（明）吴承恩增补、（清）陈枚续补《状元图考》卷一·状元陈循 永乐十三年乙未，始诏天下举人会试于北京，取洪英等三百五十人，廷试擢陈循第一。

按，陈循，字德遵，江西泰和人。甲午，首乡荐。会试拟首，考官梁潜以乡曲避嫌，置第二。廷试首擢。昔水涌龙洲，谶曰：“龙洲过县前，泰和出状元。”适龙洲水溢，循应兆。

《状元录》：循家作醮度孤，有渔翁夜半闻云：“明夜陈状元家放水灯，我辈去看。”渔翁开蓬，寂无人。次早，果有陈秀才来叫渔船放水灯，渔翁言其事。

（清）黄虞稷《千顷堂书目》卷十·传记类 《陈芳洲年谱》一卷。《鸣湮录》一卷（记陈循事）。

（清）陶成等《江西通志》卷七十七·人物十二·吉安府三·明 陈循，字德遵，泰和人。永乐乙未进士第一，授翰林修撰。宣德初，与杨溥同受命直南宫，日承顾问，赐第玉河桥西。正统九年，入文渊阁，典机务。初，廷议时政三杨主之。至是，士奇、荣已卒，循及曹鼐、马愉皆得预议。明年，进户部右侍郎兼学士。土木之变，人情汹汹，循居中，所言多采纳，进户部尚书。也先犯京师，请敕各边精骑入卫，驰檄回番，以疑敌，帝皆从其计。寻进少保兼文渊阁大学士。尝集古帝王行事，名《勤政要典》，上之。英宗复位，于谦、王文死，杖循百，戍铁岭卫。石亨等败，诏释为民，一年卒。成化中，于谦事雪，循子引例请恤，乃复官赐祭。（《列卿纪》）

按，陈循所著有《芳洲集》。《林志》载其末路事，颇失实，今依《列卿录》。

（清）刘谨之等《钦定盛京通志》卷九十·流寓·明 陈循，字德遵，泰和人。永乐乙未廷试第一。历仕四朝，官大学士。景泰时，功在社稷，为徐有贞所忌。石亨迎驾，谮杀王文、于谦，并戍循铁岭卫。亨败，乃释归田里。

（清）张廷玉等《明史》卷一百六十八·列传第五十六·陈循 陈循，字德遵，泰和人。永乐十三年进士第一。授翰林修撰。习朝廷典故。帝幸北京，命取秘阁书诣行在，遂留侍焉。

洪熙元年，进侍讲。宣德初，受命直南宫，日承顾问。赐第玉河桥西，巡幸未尝不从。进侍讲学士。正统元年兼经筵官。久之，进翰林院学士。九年入文渊阁，典机务。

初，廷议天下吏民建言章奏，皆三杨主之。至是荣、士奇已卒，循及曹鼐、马愉在内阁，礼部援故事请。帝以杨溥老，宜优闲，令循等预议。明年进户部右侍郎，兼学士。土木之变，人心汹惧。循居中，所言多采纳。进户部尚书，兼职如故。也先犯京师，请敕各边精骑入卫，驰檄回番以疑敌。帝皆从其计。

景泰二年，以葬妻与乡人争墓地，为前后巡按御史所不直，循辄讦奏。给事中林聪等极论循罪。帝是聪言，而置循不问。循本以才望显，及是素誉隳焉。

二年十二月进少保兼文渊阁大学士。帝欲易太子，内畏诸阁臣，先期赐循及高谷白金百两，江渊、王一宁、萧镃半之。比下诏议，循等遂不敢诤，加兼太子太傅。寻以太子令旨赐百官银帛。逾月，帝复赐循等六人黄金五十两，进华盖殿大学士，兼文渊阁如故。循子英及王文子伦应顺天乡试被黜，相与构考官刘俨、黄谏，为给事中张宁等所劾。帝亦不罪。

英宗复位，于谦、王文死，杖循百，戍铁岭卫。

循在宣德时，御史张楷献诗忤旨。循曰“彼亦忠爱也”，遂得释。御史陈祚上疏，触帝怒，循婉为解，得不死。景帝朝，尝集古帝王行事，名《勤政要典》，上之。河南江北大雪，麦苗死，请发帑市麦种给贫民。因事进言，多足采者。然久居政地，刻躁为士论所薄。其严谴则石亨辈为之，非帝意也。

亨等既败，循自贬所上书自讼，言：“天位，陛下所固有。当天与人归之时，群臣备法驾大乐，恭诣南内，奏请临朝。非特宫禁不惊，抑亦可示天下万世。而亨等侥幸一时，计不出此，卒皆自取祸败。臣服事累叶，曾著微劳，实为所挤，惟陛下怜察。”诏释为民，一年卒。成化中，于谦事雪，循子引例请恤，乃复官赐祭。

（清）张豫章等《御选明诗》姓名爵里二·诸家姓名爵里 陈循（字德遵，泰和人。永乐乙未赐进士第一。除翰林修撰，累官户部尚书、少保兼太子太傅、华盖殿大学士。天顺初，戍铁岭，寻放还。有《芳洲集》）。

（明）王翔《芳洲先生年谱》 （存目。参见［明］陈循《芳洲文集》附录）

（明）焦竑《国朝献征录》卷十三·内阁二·前大学士陈循 （存目）

（明）焦竑《国朝献征录》卷十三·内阁二·大学士陈公循传 （存目）

（明）过庭训《明分省人物考》卷六十四·江西八·陈循　（存目）

（清）徐乾学等《明史》卷四十·陈循　（存目）

（清）汤斌《拟明史稿》卷九·陈循　（存目）

（清）王鸿绪《明史稿》卷一百五十三·列传第四十八·陈循　（存目）

（清）陈田《明诗纪事》乙签卷十一·陈循　（存目）

科　第

（一）乡试

（明）张朝瑞《皇明贡举考》卷三·（甲午）永乐十二年两京十三藩乡试·解元　江西：陈循（泰和县学生，《书》，乙未）。

（明）张弘道、张凝道《皇明三元考》卷二·永乐十二年甲午科解元　江西：陈循（泰和人，字德遵，号芳洲。治《书》，乙未会试第二名，廷试一甲第一名。仕至少保、户部尚书、华盖殿大学士。徐有贞陷于谦，并及循，因谪戍，后赦归。卒年七十七，后诏复官。所著有《芳洲集》）。

（明）张弘道、张凝道《科名盛事录》卷一·元魁盛事·两中元魁　泰和陈循，永乐甲午解元，乙未状元。

（清）陶成等《江西通志》卷五十二·选举四·明·永乐十二年甲午乡试　陈循（泰和人。解元）。

（二）会试、殿试

（明）杨士奇等《明太宗实录》卷一六二　永乐十三年三月己亥朔，上御奉天殿，试礼部选中举人洪英等三百四十九人，及前科未廷对举人刘进等二人。制策曰："朕为帝王之治，本之于道德，而见之于事功。道德为政治之本，事功著敬治之效。是故民俗之厚，在于教化；吏治之举，在于严课试；士风之振，在于兴学校；人才之得，在于慎选举；刑狱之平，在于谨法律。是数者，皆为治之先务，唐虞三代之盛，率由于此。而其道德之所施，事功之所成，亦必有其要者矣。三代而下，论治之盛者，曰汉、曰唐、曰宋，举其概而论之，渊默清净，则躬履俭朴矣；约己治人，则力于善矣；恭俭仁恕，则修己无矣，其所以为教化者何如？举殿而察以六条，考善最而差以九等，著能否而辨以三科，其所以篇课试者何如？表章六经而劝学兴礼，锐情经术而文治勃兴，讲学多闻而崇儒重道，其所以为兴学校者何如？四科四行之辟，六科四事之选，三经十科之制，其所以为选举者何如？作三章九章以明其禁，为律令格式以准其法，定刑统编敕以新其制，其所以为法律者何如？夫循名而实可见，究逃而治可推，即道德以较夫事功，其高下优劣，盖亦有可辨者矣。朕祇奉天命，统承太祖高皇帝洪业，临阼以来，夙夜孜孜，以图至治，亦惟取法于唐虞三代，舍汉唐宋而不为矣。然于是数者，犹未臻其效。子诸生抱经济之学，博古以知今，明体而适用。其敷陈当否，疏其所以化成于天下者，若何而可以臻夫唐虞三代之盛。其详著于篇，朕将亲览焉。”

（明）杨荣《文敏集》卷九·进士题名记　永乐十三年当会试之期，时皇上驻驿北京，天下之士来萃者凡数千人。礼部既合试之，择其中选者以进。三月朔旦，上御奉天殿，亲降制策，咨以古先帝王之治道。圣情谦冲，玉音涣发。在廷大小百执事之臣莫不殚力协心，踊跃承事。先是春雨方降，浃日未霁。及廷试之旦，玄云卷舒，将雨复止，详飙微来，天宇廓清，霁景融和，于是诸士子皆得雍容发舒，各据所蕴，以对扬圣训，上答宸衷，以自庆夫千载一时之遇，而天意于此，所以协相文明之运，有非偶然者。既赐陈循以下三百五十一人及第出身有差。胪传之日，都城人士抃舞称叹，以为北京之盛美，有以过越前代也。既而礼部请循旧制，立石题名于太学。

（明）张朝瑞《皇明贡举考》卷三·（乙未）永乐十三年会试　是岁，始会试天下举人于北京，取洪英等三百五十人，刻程文二十二篇。初，陈循当第一，考官梁潜以乡曲避嫌，欲首林文秸，又以“秸”字罕见，遂首洪英，曰此洪武中英才。□上见妃第三王翱名，喜北京初启会闱，而经魁得一畿甸士，遂以布衣召见，赐酒饭劳之。英官至右都御史，李氏贤称其“儒雅君子”，以考察浙江庶官，为被黜者谤去。既去，朝论惜之。曾孙世文，嘉靖戊戌进士；世迁，解元。

中式举人三百五十名：洪英，福建福州府学生，《礼记》。陈循，江西泰和县学生，《书》。王翱，北京盐山县人，监生，《书》。戴礼，江西永新县学生，《易》。萧仪，江西乐安县儒士，《诗》。林文秸，福建怀安县儒士，《春秋》。

三月初一日，临策天下贡士，制曰：朕惟帝王之治，本之于道德而见之于事功，道德为致治之本，事功著致治之效。不惟其本，何以为治？不臻其极，何以为效？是故民俗之厚，在于明教化；吏治之举，在于严课试；士风之振，在于兴学校；人材之得，在于慎选举；刑举之平，在于谨法律。是数者皆为治之先务。唐虞三代之盛，率由于此，而其道德之所施，事功之所成，亦必有其要者矣。三代而下，论治之盛者，曰汉、曰唐、曰宋，举其概而论之，渊默清净，则躬履俭朴矣，约己治人，则力于为善矣，恭俭仁恕，则修己无为矣，其所以为教化者何如？举殿最而察以六条，考善最而差以九等，著能否而辨以三科，其所以为课试者何如？表章六经而勤学兴礼，锐情经术而文治勃兴，讲学多闻而崇儒重道，其所以为学校者何如？四科四行之辟，六科四事之选，三经十科之制，其所以为选举者何如？三章九章以明其禁，为律令格式以准其法，定刑统编敕以新其制，其所以为法律者何如？夫循名而实可见，究迹而治可推，即道德以较夫事功，其高下优劣，盖亦有可辨者矣。朕祗奉天命，统承太祖高皇帝鸿业，临祚以来，夙夜孳孳，以图至治，亦惟取法于唐虞三代，舍汉唐宋而不为矣。然于是数者，犹未臻其效。子诸生抱经济之学，博古以知今，明体而适用，其敷陈当否，疏其所以化成于天下者，若何而可以臻夫唐虞三代之盛，其详著于篇，朕将亲览焉。

（时廷对之士三百五十一人，赐陈循等进士及第出身有差，循所著有《芳州集》，官至少保，直内阁。是科林文秩、林文秸，刘麒、刘凤，俱兄弟同登，麒、凤虽异籍，实兄弟也。后王翱、高谷俱为名臣。或以乙未会试，丙申补试者误。）

第一甲三名赐进士及第：陈循，江西泰和县。李贞，福建南靖县。陈景著，福建闽县。

（明）王世贞《凤洲杂编》卷四·诏天下举人会试　（永乐）乙未，始诏天下举人会试北京，考官梁潜，拆卷得第一名曰陈循，其乡人也。避嫌，故改置第二。……既廷试，复擢陈循第一，赐宴行后军都督府。

（明）王世贞《弇山堂别集》卷八十一·科试考一　（永乐）十三年乙未，始诏天下举人会试北京，命翰林院修撰梁潜、王洪为考试官。初拆卷，得第一名曰陈循，其乡人也，避嫌改置第二。……既廷试，复赐陈循及李贞、陈景著及第。

（明）张弘道、张凝道《皇明三元考》卷二·永乐十三年乙未科大魁　状元陈循（甲午江西解元）。

……

（考官取陈循第一，梁潜以乡曲避嫌，改置第二，而取林文秸，又以“秸”字难识，取洪英为第一，陈循次之，而文秸居第六。）

又　解元中式：陈循（江西）。

又　入阁：陈循（正统九年，由翰林学士入文渊阁，天顺元年至华盖殿大学士，谪戍）。

又　一品：陈循（少保）。

（清）孙承泽《春明梦余录》卷四十一·礼部三·贡院　（永乐）乙未，始诏天下举人会试北京，考官梁潜拆卷得第一名曰陈循，其乡人也，避嫌故改置第二，而擢林文秸，既又以“秸”字难识，定洪英第一。第五王翱者，盐山人也，上喜得畿辅士，以布衣召见，赐酒食。既廷试，复擢陈循第一，赐宴于后军都督府。

（清）陶成等《江西通志》卷五十二·选举四·明·永乐十三年乙未陈循榜　陈循（泰和人。状元。大学士）。

（清）张廷玉等《明史》卷七·本纪第七·成祖三　（永乐十三年春）三月己亥，策士于北京，赐陈循等进士及第出身有差。

（清）舒赫德等《御定资治通鉴纲目三编》卷六　（乙未永乐十三年春）三月，帝策士于北京。

（赐陈循等三百五十一人及第出身有差，建进士题名碑于北京国子监。）质实（陈循，字德遵，泰和人。）

仕　宦

（明）郑晓《今言》卷一　辅臣如东、西杨皆领三官，陈芳洲、高文义领五官矣。然皆领户、工尚书。

（明）黄佐《翰林记》卷十一·视草　景泰末，易储，大学士陈循等阴主其事。诏既下，视草实出循。吏部尚书何文渊谓人曰："诏语'天佑下民，作之君父有天下，传之子'，吾所为也。"独石关报捷诏奖之，循视草，乃反加诘责。其后与文渊皆被祸。循就逮时，或以复辟诏书问之，循为一联云："多难兴邦，高帝脱平城而祚汉；殷忧启圣，文王出羑里以开周。"上闻之喜，遂免循死。

又，卷十四·考会试　正统元年，少詹事兼侍读学士王直、侍讲学士陈循为考试官，取刘定之等一百人。

又，卷十五·充使　永乐中，修撰陈循被命往南京文渊阁取储书。

（明）廖道南《殿阁词林记》卷十四·会试　正统元年，少詹事兼侍读学士王直、侍讲学士陈循为考试官，取刘定之等一百人。

（明）雷礼《国朝列卿纪》卷八·直内阁元辅及同直辅臣年表　同直陈循，江西泰和人。状元。正统九年四月，以翰林院学士入直。十年十月，进户部右侍郎兼翰林院学士。

又　同直陈循，户部右侍郎兼学士。

又　陈循自正统十四年八月，以户部尚书兼学士为元辅，历少保兼太子太傅、户部尚书、华盖殿大学士。至天顺元年正月，谪戍辽东，凡七年半。

又，卷之九·殿阁大学士年表　陈循（江西泰和人。状元。正统九年由翰林学士入阁，历少保兼太子太傅、户部尚书、华盖殿大学士。天顺元年，谪戍）。

又，卷之二十·翰林院学士讲读学士年表　陈循（江西太和人。进士。宣德五年，任行在侍讲学士。正统七年，擢翰林院学士。详内阁）。

（明）王世贞《凤洲杂编》卷四·同考官秩大于主考者 庚戌，侍讲学士陈循、同考大常少卿魏骥；戊辰，修撰林文、同考侍讲刘俨。

（明）王世贞《弇山堂别集》卷四十一·公孤表·少保·文臣凡五十八人 陈循，江西庐陵人。景泰二年，以户部尚书、翰林院学士加，兼华盖殿大学士。天顺元年下狱，戍。

又，卷四十二·东宫三师表上·太子太傅·文臣凡四十六人 陈循，见前。景泰三年，以少保加兼。

又，卷四十五·内阁辅臣年表 陈循，字德遵，庐陵人。由永乐乙未状元，正统八年，以学士入。天顺元年，以少保华盖殿学戍，赦归。天顺七年卒，年七十七。后诏复官。

又，卷四十六·翰林诸学士表·学士 陈循，详内阁。正统七年任。八年，入阁。十年，升户右侍。十四年，升户书，仍兼任。

又，卷四十六·讲读学士表 陈循，见前。宣德五年，任读学。

又，卷八十一·科试考一 （正统）六年辛酉，命□□□主顺天试，命翰林院侍读学士陈循、翰林院侍讲陈用主应天试。

（明）尹直《謇斋琐缀录》卷一·翰林故事 五府、六部、都察院精微皆送翰林，注销掌于学士。陈芳洲先生入阁，兼掌翰林印，则委于博士、典籍、待诏、侍书等官，犹是也。

（明）宋端仪《立斋闲录》卷四 景泰八年正月十二日，礼部会内阁及文武群臣讲立东宫事，其本不允。十四日，内阁大臣陈循等招石亨至东阁会本，请复立茂陵为皇太子。亨对曰："上面有病，休要激恼他。"又言："少停，慢慢说话。"因见人多，不曾说得。初，景皇帝有病，群臣不知其危剧。本月十一日夜，石亨独蒙宣到郊坛斋宫榻前面受命，代行礼。亲见，知必难起，于是始有南城之谋。十七日早四更时，有郎中龙文至循家，盖文素善张轨，得之轨谓："前日，石总兵要与循计较，说道西边病重难起，若复请立东宫，不如就请太上皇复位，可以得功赏。要与循说，锛循不著，却与徐有贞计较，言：'先要与陈学士说，不曾说得。'本官回言：'陈学士往日在人前说你无功封侯，此事如何与他说？他见为首请立东宫，若他得知西边难起，是的。又会集百官，恳请太上皇复位。大众所为，必无功赏，切不可令之知。'令亨只约内外典兵柄者三五人密为之，庶几功勋有归，权宠在己。又与亨计：'必须捏个异故，方显得吾辈功高。'此事在今日早发。"（见《陈循辨冤录》）

（明）张朝瑞《皇明贡举考》卷三·（丙辰）正统元年会试 考试官：少詹事王

直（见癸丑）。侍讲学士陈循（德遵，江西泰和县人，乙未进士）。

（清）查继佐《罪惟录》·志卷十九·直阁志·英宗上 陈循（芳洲，太和人。由状元、翰林学士，内阁办事，户部右侍郎，兼原官）。

又，志卷十九·直阁志·代宗 陈循（进户部尚书，仍内阁办事，加少保、文渊阁大学士、太子太傅，进华盖殿，仍兼文渊阁）。

又，志卷十九·直阁志·英宗下 陈循（谪戍）。

（清）张廷玉等《明史》卷十·本纪第十·英宗前纪 （正统九年）夏四月丙戌，翰林学士陈循直文渊阁，预机务。

又，卷十二·本纪第十二·英宗后纪 丙戌，诏赦天下，改景泰八年为天顺元年，论夺门迎复功。……陈循、江渊、俞士悦谪戍，萧镃、商辂除名。

又，卷七十·志第四十六·选举二 辅臣子弟，国初少登第者。景泰七年，陈循、王文以其子北闱下第，力攻主考刘俨，台省哗然论其失。帝勉徇二人意，命其子一体会试，而心薄之。

又，卷九十六·志第七十二·艺文一 北京既建，诏修撰陈循取文渊阁书一部至百部，各择其一，得百柜，运致北京。

又，卷一百九·表第十·宰辅年表一 （正统）九年甲子：陈循，学士，四月入直。

又，卷一百十九·列传第七·景帝子怀献太子见济 景皇帝一子，怀献太子见济。母杭妃。始为郕王世子。英宗北狩，皇太后命立宪宗为皇太子，而以郕王监国。及郕王即位，心欲以见济代太子，而难于发，皇后汪氏又力以为不可，迟回久之。太监王诚、舒良为帝谋，先赐大学士陈循、高谷百金，侍郎江渊、王一宁、萧镃，学士商辂半之，用以缄其口，然犹未发也。……

五月，废汪后，立杭妃为皇后，更封太子为沂王，立见济为太子。诏曰："天佑下民作之君，实遗安于四海。父有天下传之子，斯本固千万年。"大赦天下，令百官朔望朝太子，赐诸亲王、公主、边镇、文武内外群臣，又加赐陈循、高谷、江渊、王一宁、萧镃、商辂各黄金五十两。

又，卷一百五十二·列传第四十·钱习礼 宣德元年修两朝实录，与侍讲陈敬宗、陈循同召还，进侍读学士。

又，卷一百五十二·列传第四十·周叙附刘俨 景泰中，典顺天乡试，黜大学士陈循、王文子，几得危祸。详《高谷传》。

又，卷一百五十八·列传第四十六·魏骥 景泰初，以请老至京师。大学士陈循，骥门生也，请间曰："公虽位冢宰，然未尝立朝。愿少待，事在循辈。"骥正色曰："君为辅臣，当为天下进贤才，不得私一座主。"退语人曰："渠以朝廷事为一己事，安得善终。"竟致仕去。

又，卷一百六十·列传第四十八·罗通 景帝监国，以于谦、陈循荐，起兵部员外郎，守居庸关。

又，卷一百六十二·列传第五十·陈祚 时天下承平，帝颇事游猎玩好。祚驰疏劝勤圣学。其略曰："帝王之学先明理，明理在读书。陛下虽有圣德，而经筵未甚兴举，讲学未有程度，圣贤精微，古今治乱，岂能周知洞晰。真德秀《大学衍义》一书，圣贤格言，无不毕载。愿于听政之暇，命儒臣讲说，非有大故，无得间断。使知古今若何而治，政事若何而得，必能开广聪明，增光德业，而邪佞之以奇巧荡圣心者自见疏远，天下人民受福无穷矣。"帝见疏大怒曰："竖儒谓朕未读《大学》耶。薄朕至此，不可不诛。"学士陈循顿首曰："俗士处远，不知上无书不读也。"帝意稍解。

又，卷一百六十八·列传第五十六·王文 是时，陈循最任，好刚自用。高谷与循不相能，以文强悍，思引与共政以敌之，乃疏请增阁员。循举其乡人萧维祯，谷遂举文。而文得中官王诚助，于是诏用文。寻自江、淮还朝，改吏部尚书，兼翰林院学士，直文渊阁。二品大臣入阁自文始。寻遭母丧，夺哀如前。文虽为谷所引，而谷迟重，循性明决，文反与循合而不附谷。

又，卷一百六十八·列传第五十六·江渊 阁臣既不相协，而陈循、王文尤刻私。渊好议论，每为同官所抑，意忽忽不乐。会兵部尚书于谦以病在告，诏推一人协理部事，渊心欲得之。循等佯推渊而密令商辂草奏，示以"石兵江工"四字，渊在旁不知也。比诏下，调工部尚书石璞于兵部，而以渊代璞，渊大失望。英宗复位，与陈循等俱谪戍辽东，未几卒。

又，卷一百六十九·列传第五十七·高谷 陈循及文构考官刘俨、黄谏，帝命礼部会谷覆阅试卷。谷力言俨等无私，且曰："贵胄与寒士竞进，已不可，况不安义命，欲因此构考官乎？"帝乃赐循、文子中式，惟黜林挺一人，事得已。

又，卷一百六十九·列传第五十七·王直 胡濙唯唯，文武诸臣议者九十一人当署名，直有难色。陈循濡笔强之，乃署，竟易皇太子。

又，卷一百七十一·列传第五十九·徐有贞 及土木难作，郕王召廷臣问计。珵大言曰："验之星象，稽之历数，天命已去，惟南迁可以纾难。"太监金英叱之，胡濙、陈循咸执不可。兵部侍郎于谦曰："言南迁者，可斩也。"珵大沮，不敢复言。……珵急于进取，自创南迁议为内廷讪笑，久不得迁。因遗陈循玉带，且用星术，言"公带将玉矣"。无何，循果加少保，大喜，因屡荐之。而是时用人多决于少保于谦。珵属谦门下士游说，求国子祭酒。谦为言于帝，帝曰："此议南迁徐珵邪？为人倾危，将坏诸生心术。"珵不知谦之荐之也，以为沮己，深怨谦。循劝珵改名，因名有贞。……内阁诸臣斥逐略尽。陈循素有德于有贞，亦弗救也。事权尽归有贞，中外咸侧目。

又，卷一百七十一·列传第五十九·杨善 于谦、王文之戮，陈循之窜，善亦有力焉。

又，卷一百七十二·列传第六十·朱鉴 初，景帝易储，鉴贻大学士陈循书，言不可。且曰："陛下于上皇，当避位以全大义。"循大骇。

又，卷一百七十六·列传第六十四·商辂 郕王监国，以陈循、高谷荐入内阁，参机务。

又，卷一百七十八·列传第六十六·韩雍 大学士陈循荐为右佥都御史，代杨宁巡抚江西。

又，卷一百七十八·列传第六十六·朱英 景泰初，御史王豪尝以勘陈循争地事，忤循，为所讦。至是，循草诏，言风宪官被讦者，虽经赦宥，悉与外除。

（清）张英等《御定渊鉴类函》卷六十九·设官部九·殿阁总载二 《通纪》曰：陈循，泰和人。景泰初，兼文渊阁大学士。上《勤政要典》，成《寰宇通志》，进华盖殿。循立朝四十年，在内阁掌机务，典册制命皆出其手。

（清）《明史》捃逸·陈循传 按，《识大录》及《献征录》御史给事中交疏言，少保陈循备天子股肱，私其子欲挠国法，请斥逐，以戒辅职亡状。

又，江渊传 “英宗复位与陈循等俱谪戍辽东。”按，谪戍辽东，史言与陈循等俱谪，殆亦为石亨辈所劾耶，且《识大录》及《献征录》亦有“后石亨败，复其官”之语。

又，高谷传 “陈循及文构考官刘俨黄谏。”按，陈循、王文以其子入试不中，因言解首徐经，故贾人子，俨等受其赂而以冠多士，景泰为之增解额乃已。见王世贞《别集》。

又，张宁传 按，宁在景泰时，尚有奏罢宛平等县和买均派及劾陈循、王文以子不中式屈陷考官二事。（见《明书》）

又，思明传 按，先遣人入京赂用事者，请易储，景帝大悦，命廷臣会议。大学士陈循力主之，遂易见济为皇太子。遂蒙大赦，原免复职，并进都督，赐诰命。（见《蛮司合志》）

（清）傅恒等《御批历代通鉴辑览》卷一百三·明·英宗皇帝 （甲子正统九年）夏四月，以翰林学士陈循（字德遵，泰和人）入内阁，预机务。

初，阁务皆三杨主之。及是，荣、士奇已卒，惟溥在。循及曹鼐、马愉遂皆参决。

又，卷一百四·明·英宗皇帝 （己巳十四年八月）皇太后命郕王监国。

败报闻，群臣聚哭，于朝议战守。时京师疲卒羸马不满十万，人情汹汹。侍讲徐理言：“验之天象，稽之历数，天命已去，莫若且幸南京。”尚书胡濙首言：“不可。”侍郎于谦曰：“欲迁者可斩。京师，天下根本，一动则大事去矣。独不见宋南渡事乎？请速召勤王兵誓以死守。”学士陈循是谦言，力赞之。太监兴安厉声曰：“若去陵庙将谁与守？”金英因叱理，出之，议遂定，中外始有固志。越三日，太后命郕王总百官，大小事俱启王始行。

又，卷一百四·明·景皇帝 （庚午景泰元年九月）南京吏部尚书魏骥致仕。

……（骥）至京。大学士陈循，骥门生也，请间曰："公虽位冢宰，未尝立朝，愿少待，事在循辈而已。"骥正色曰："君为辅臣，当为天下进贤才，不得私一座主。"退语人曰："渠以朝廷事如一己事，祗为私谋，安得善终？"竟致仕去。

又　（壬申三年）夏五月，废皇太子见深为沂王，立子见济为皇太子。

……（先是帝有易储意，恐文武大臣不从，乃赐陈循、高谷白金各百两，江渊、王一宁、萧镃、商辂半之，以缄其口。及太子立，又加赐黄金各五十两。……）

又　冬十月，以左都御史王文入内阁，预机务。

时阁中已有五人，陈循最宠任，高谷与循不相能，以文强悍，欲引文自助，乃请增阁员。循举其乡人萧维祯，谷举文，文方巡视江淮，以中官王诚助，遂召入阁。二品大臣入阁自文始，文既居政府，反与循比，而不附谷。人谓谷自生一敌云。

又　（癸酉四年春）三月，凤阳、淮、徐饥，巡抚佥都御史王竑赈之。

……初，竑奏淮扬饥，帝忧甚。及得竑自劾疏，喜曰："好都御史，不然饥死我百姓矣。"于是，尚书金濂、大学士陈循等颂竑功，就进左副都御史。

又　冬十月，以徐有贞为左佥都御史，治沙湾决河。

有贞即徐理，以倡议南迁为太监兴安、金英所叱，久不得迁。因谄事陈循，以玉带遗之，且用星术言："公带将玉矣。"无何，循果加少保，大喜。会太子立，因引为右谕德，寻复荐为国子监祭酒。帝曰："是议南迁者邪？为人倾邪？将坏诸生心术。"他大臣亦屡荐理，辄不用，循具以告理曰："若第更名，无为内家习知也。"理从之，遂改名有贞。时河决沙湾已七年矣，随筑随决，前后治者皆无功，廷臣共举有贞，乃擢佥都御史治之。

又　（乙亥六年）春正月，改工部尚书石璞为兵部、以学士江渊为工部尚书。

渊在内阁好议论，每为同官所抑，意忽忽不乐。会于谦以病在告，诏推一尚书协理部事，众佯推渊，渊欣然不辞，属商辂草奏。陈循、王文密示以"石兵江工"四字，渊在旁不知也。比诏下，渊大失望。

又　（丙子七年秋）九月，赐大学士王文、陈循子俱明年会试。

自设科以来，辅臣子弟少登第者。是秋，文子伦、循子瑛应顺天乡试被黜。文、循构考官刘俨、黄谏，欲杀之，台省哗然。高谷言于帝曰："大臣子与寒士竞进，已不可，况又不安于命，欲杀考官。可乎？"帝命翰林院礼部覆阅贡士卷，勉徇二人意，命其子一体会试，而心薄之。

又，卷一百五·明·景皇帝　（丁丑景泰八年春正月）诏改景泰八年为天顺元年，大赦天下。

又　杀于谦、王文，籍其家，戍陈循、江渊于铁岭卫，斥萧镃、商辂为民。

（清）舒赫德等《御定资治通鉴纲目三编》卷十　（甲子正统九年）夏四月，以翰林学士陈循入内阁，预机务。

（初，廷议天下吏民建言，章奏皆三杨主之。至是，荣、士奇已卒，循及曹鼐、马愉在内阁。礼部援故事请帝，以杨溥老，宜优，间令循等预议。于是，循与鼐、愉遂皆参决。）质实（陈循，字德遵，泰和人）。

又 （己巳十四年八月）皇太后命郕王监国。

（帝入敌营……群臣闻之，聚哭于朝，议战守。……侍讲徐理大言曰："验之星象，稽之天数，天命已去，惟南迁可以纾难。"尚书胡濙不可，曰："文皇定陵寝于此，示子孙不拔之计也。"侍郎于谦厉声曰："言南迁者，可斩也。京师，天下根本，一动则大事去矣。独不见宋南渡乎？请速召勤王兵，誓以死守。"学士陈循是谦言，力赞之。）

又，卷十一 （庚午景皇帝景泰元年）九月，南京吏部尚书魏骥、南京国子监祭酒陈敬宗致仕。

（初，骥为吏部侍郎，端慎劲直。王振方凌虐公卿，独严重骥，称先生。寻调南京进尚书。至是，以请老至京。大学士陈循，骥门生也，请问曰："公虽位冢宰，未尝立朝，愿少待，事在循辈而已。"骥正色曰："若为辅臣，当为天下进贤才，不得私一座主。"退语人曰："渠以朝廷事如一己事，只为私谋，安得善终？"竟致仕去。……）

又 （壬申三年）夏五月，废皇太子见深为沂王，立子见济为皇太子。

（帝即位后，久欲以见济代太子，而难于发言，迟回久之。太监王诚、舒良为帝谋，先赐陈循、高谷白金各百两，江渊、王一宁、萧镃、商辂半之，用以缄其口，然犹未发也。……）

又 冬十月，以左都御史王文入内阁，预机务。

（时王一宁既卒，阁中尚有五人，陈循、高谷、江渊、萧镃、商辂也，循最宠任。谷与循不相能，以文强悍，欲引文自助，乃请增阁员。循举其乡人萧维祯，谷举文，文方巡视江淮，以得中官王诚助，遂召入阁。二品大臣入阁自文始。文既居政府，反与循比，而不附谷。人谓谷自生一敌云。）质实（……于时，陈循则户部尚书、翰林学士、少保、太子太傅、华盖殿大学士、文渊阁大学士）。

又 （癸酉四年春）三月，凤阳、淮、徐饥，巡抚佥都御史王竑振之。

（……初，竑奏淮扬饥，帝忧甚。及得竑自劾疏，喜曰："好都御史，不然饥死我百姓矣。"于是，尚书金濂、大学士陈循等颂竑功，就进左副都御史。）

又 冬十月，以徐有贞为左佥都御史治沙湾决河。

（有贞即徐理，以倡议南迁，为太监兴安金英所叱，久不得迁。因谄事陈循，以玉带遗之，且用星术言："公带将玉矣。"无何，循果加少保，大喜。会太子立，因引为右谕德。时少保于谦方为帝所倚任，凡用人多密访之谦。理属谦门下士游说，求国子祭酒，谦为言于帝，帝曰："此议南迁者耶？为人倾危，将坏诸生心术。"理不知谦之荐之也，以为沮己，深怨谦。循揣帝恶理，告理曰："若第更名，无为内家习知，庶可希进用。"遂改名有贞。及是，河决沙湾已六年矣，随筑随决，前后遣王永和、石璞等治河，皆无功。璞所凿新河虽成，帝恐不能久，令璞且留处置，而命廷臣举一人以专治沙湾。众共推有贞，乃擢佥都御史以往。）

又 乙亥六年春正月，以江渊为工部尚书。

（渊在内阁，好议论，每为同官所抑，意忽忽不乐。会于谦以病在告，诏推一尚书协理部务，众佯推渊，渊欣然不辞，属商辂草奏。陈循、王文密示以“石兵江工”四字，渊在旁，方知也。比诏下，改工部尚书石璞于兵部，而以渊代璞，渊大失望。）

又　（丙子七年）九月，赐大学士王文、陈循子俱明年会试。

（自设科以来，辅臣子弟少登第者。是秋，文子伦、循子瑛应顺天乡试被黜，文、循构考官刘俨、黄谏，欲杀之，台省哗然。高谷言于帝曰：“大臣子与寒士竞进，已不可，况又不安于命，欲杀考官。可乎?”帝命翰林院礼部覆阅贡士卷，有优于伦瑛者，有相等者，有不及者，勉徇二人意，命其子一体会试，而心薄之。于是，六科给事中言：“宋范质为相，其从子求迁秩，质作诗戒之。韩亿之子维举进士，以父执政不就廷试。方之陈循、王文，贤不肖何如也?况应试者十八百有奇，而中式者百三十五人，倘一概援例求进，是坏科目之制矣。循等所行乖悖，乞正其罪。”诏姑贷之。）

又，卷十二　（丁丑景皇帝景泰八年）（英宗睿皇帝天顺元年）（春正月）下少保兵部尚书于谦及大学士王文于狱。

（……上皇御文华殿，命有贞以右都御史兼学士入内阁，预机务。召陈循等与有贞草诏，谕群臣日中御奉天殿即位。）

又　戍陈循、江渊于铁岭卫。

（明）雷礼《内阁行实》卷三·陈循　（存目）

轶　事

（明）尹直《謇斋琐缀录》卷一·翰林故事　正统九年，陈芳洲先生入阁后，学士惟刘铉先生一人，过自逊避，朝退止于东阁，不复会食视诰敕，以后学士皆因之。至今诰敕，阁老悉委于中书、序班、译字等官，一样画葫芦矣，然且诳人曰：“出其手。”一日，柯学士孟时谓中书黄琮曰：“某人敕命稿作，急誊上。”琮答曰：“尚未作。”孟时但窃笑之。诗曰：“维鹊有巢，维鸠居之。”孟子曰：“久假不归，恶知其非。”真有固此类欤！

五府、六部、都察院精微皆送翰林，注销掌于学士。陈芳洲先生入阁，兼掌翰林印，则委于博士、典籍、待诏、侍书等官，犹是也。至天顺二年，博士以下官悉缺，则直付于东诰敕房中书、郎中等官矣，而缴进文移，则代署学工职名耳。

又　正统间，钱文肃升礼部侍郎，陈芳洲先生继握院事。未几入阁，仍兼掌之。及进位少保，本院移文诸司，犹署职名，因具疏请止署姓。初，本院案牍，诸学士班署之后，各自重署者，惟掌院学士与孔目二人耳。成化己丑冬，直署院事，盖以侍读署自直始。时直见孔目不佥名，询之，曰：“自柯先生始革其弊。”直曰：“朝廷设首领官，正欲上下相制耳，其弊固当革，岂可遽革其职哉?”乃命署职名如旧，弊亦无能为也。

又　朝廷以内阁政机重繁，欲增一二人而未得。时锦衣刘挥使素善徐珵，荐于金太监，乃召至左顺门问计。徐甚言城不可守，必须南迁。众内臣皆叱詈之，而徐力主前议，至泣下，语瓒瓒不已。金乃命人扶出之。江时宜先生值于左掖门，问曰："如何?"徐曰："吾主南迁，不合矣。"江入，昌言固守之策，遂见称赏，命入阁。既而，徐屡被荐，皆不允。一日，徐为芳洲推一命状，侑以玉带一束，谒于芳洲先生，曰："推先生命，玉带当至矣。故敢以献。"先生纳之，乃教徐易名，庶朝廷忘前议而荐可允，于是更名有贞。他日，张秋河决，徐欲假往治进官，商先生托王公度诣内阁举之，遂升佥都。至景泰丙子十二月，修河功讫还。上召诣御前、慰劳给赏，升副都。有贞又求芳洲举其入阁，不得。乃潜告石亨等，上有病，容图举事。逾岁，春正月，遂以迎复功进阁，坐芳洲诸公以不轨，榜示天下。且私报商先生云："我无奈何回互，只得置足下于末。"其亦可谓蜜口剑腹者欤!

景泰间，高少保先生以陈芳洲先生独见宠任，乃疏请内阁增人，实欲援知己自助，意属钱原溥。方私托商先生赞之，良久不应。高曰："商公，如何?"商先生曰："再看。"殊不知二公素不相得，如水火然。及疏下内阁推举，芳洲曰："疏中有云，不拘繁剧衙门，则三法司亦可举。若然，则吾所知者，萧维祯也。"意实不在萧，特以沮钱耳。高先生遽改举王千之先生，又所以沮萧，于是千之遂有入阁之命。后千之深服芳洲之识量，而甚不足高之狭隘，竟用不合。时谓高先生自生一敌，然千之好恶固不私也。

又，卷二　景泰间，一日，驾从右顺门过，左顺门诸公多跻东阁门争睹之。上问左右："彼白衣者，皆何人?"左右对以必秀才出后，匠人收笔墨锁门也。诘旦，舒良太监道其故于阁老。芳洲见示诸公，皆唯唯，独刘主静出班拱手对曰："学生只在门内观。"芳洲厉声曰："门内亦见，此真以五十步笑百步，何其迂哉!"退后，众议之曰："祸福无不自己求之者。"主静之谓也。

纂修《寰宇通志》，馆中诸公日多不至，或失朝者有之。阁老乃命阁门吏每晨会后具报到否，揭不至者职名于东阁上。芳洲因揭一对云："朝参未到，荷圣朝恩有覃时；纂述不来，奈史馆书无成日。"人以为得斯文，相规体。

芳洲诸公总裁《寰宇通志》，于《郡县沿革》结语有曰："国朝因之者，或易以本朝因之，或易以今仍旧，卒改如初。"邢逊之因引一譬云：昔人有爱其猫甚，呼曰"天儿"。客有辨之者曰："天固尊矣，然云能掩之，是天不若云。"从而呼"云儿"。既又辨曰："云固掩天，然风能散之，是云不若风。"从而呼"风儿"。既又曰："风固能散云，然墙足以障之，不若呼墙儿。"于是呼"墙儿"。既又曰："墙固能障风，然鼠穴其下，墙则覆矣，不若呼鼠儿。"于是呼"鼠儿"。既又曰："鼠固能覆墙，然猫实能捕之，则鼠不足贵，不若猫儿之为愈也。"于是仍呼曰"猫儿"。此与国朝因之之语何异哉？馆中皆哄然。后芳洲闻之，亦失笑曰："有是哉!"

景泰丙子，刘宣化、黄廷臣主考顺天乡试。时王千之、陈芳洲二公之子不偶，适译字官刘淳卷已经翰林考中，送入场，不及填榜，疏略故耳。二公因劾以违制，并摭所命题"虽欲自绝，有无正统"等语，请如洪武间坐三吾等罪例，重开科考试。朝廷止命翰林会同多官校阅，众谓："去取颠错，题犯嫌讳，考官不能无罪。"二主考甚惧不测。惟高先生素厚黄同卿。翼日，早朝奏事毕，出班跪称："少保臣高谷有事门上说。"因召至榻前，具白其情，遂释主考不问，且许二公子会试。千之复上疏，内批云："再敢打搅，以大臣擅法论。"于是士论不韪之，然是科小录亦不足观。逾年，二公坐诬枉，王死陈戍。继而宣化亦以疾卒，时宣化同年陈汝言用事，言于英庙，遂得谥文介。盖二公竟以此失名，宣化偶以此得名，事有幸有不幸者如此夫！

又 宣庙最好词章，选南杨与陈芳洲二先生日直南宫应制，杨思迟，陈思敏。一日，命御制寿星赞，陈援笔赞云："渺南极兮一星，灿祥光兮八纮。兆皇家兮永龄，我怀思兮治平。赖忠贞兮弼成，宜寿域兮同升。"南杨以指圈画"寿域"二字，欲易而未就。时中官促进甚急，曰："先生有则改，无则罢。"遂取去。赐内阁，问二杨先生曰："'寿域'二字如何？"西杨应曰："八荒开寿域。"中官还诘南杨曰："'八荒开寿域'，此句诗如何？"南杨曰："好诗。"中官曰："先指'寿域'为未好，何也？"南杨默然。少顷，陈退食，遇西杨于端门，西杨语陈曰："适赐寿星一赞甚佳，必大手笔也。"陈唯唯。后正统间，朝钟一日不受杵，命内阁制祠钟文。南杨入室中翻旧稿不得，太监候久，促陈芳洲曰："先生何不作？"陈乃白南杨曰："旧无此稿，先生第口占我写。"南杨乃起一语，陈遂续成之。

又 十三年，彭可斋中状元。当上表谢恩之夕，坐以俟旦，至四鼓，乃隐几而寤，竟失朝。纠仪御史奏令锦衣卫拿，已奉旨，公（按，指胡濙）从容出班奏："状元彭时不到，合著锦衣卫寻。"上是之。不然，时新状元，遂被拘执如囚人，斯文不雅观矣。

又 英庙复辟之初，凡与拥戴者皆得升职，谓之"夺门功次"。每早，鸿胪宣谢恩姓名，辄以"夺门"为题，识者闻之，无不嗟惋。予私与彭纯道先生言："所夺者何门？禁门岂可夺，当时景帝果薨，群臣万姓不能不拥戴上皇以复宝位，何烦用兵蹀血于禁门耶？况当日景帝已拟力疾出视朝，若南宫出稍缓，事即不成，不知石亨辈置上皇于何地？此乃侥幸贪天之功，非万全之策。而今乃以夺门归其功，果何谓耶？"于是彭先生间言于李公元德，公时亦以张轨荐入内阁，未悟至此。及闻此言，亦为悚然，遂于顾对之余，从容言之，上顿悟，即加疏绝。亨辈反怏怏怨望，竟致诛夷，而陈芳洲诸公从此得释。

又 永乐乙未年，始开会闱于北京。泊庵先生主考，得一卷，三场俱优，取定为会元。拆卷，乃陈芳洲循。先生以乡故为嫌，欲取林文秸，而又以"秸"字难识，进呈不便，因见第五名洪英，曰："此洪武间英才也。"遂取为会元，而循居二，王翱第五。太宗见翱名，喜北京初启会闱，而经魁得一畿甸士，遂以布衣召见，赐酒饭。后翱至宫保、太宰，寿禄名位，非常可及，遭际有自来矣。

又，卷七 旧制，每早朝，阁老与司礼监太监对立于宝座东。太宗晚年健忘，宝座后常有一二宫嫔从立纪旨。时金文靖公嫌不自安，辞立丹陛下仗马之南。景泰间，陈芳洲请复立陛上，托言每遇雨雷不便，朝廷难之，事遂寝。

又，卷八 僧会郭师孔，少尝与芳洲同砚席。及芳洲自翰林归，以镦鸡为贺礼，而误书“镦”为“线”。芳洲改示之，僧会谢以一绝云：“泉丝不与镦金同，错认镦鸡用线缝。不是献芹将鄙意，肯教一字化愚蒙。”

（明）李绍文《皇明世说新语》卷一·言语上 陈循为首揆学士，陈文欲援引以进，循难之。文营于他所，英庙语循曰：“阁下缺人办事，陈文如何？”对曰：“文固宜，但少历练，欠老成耳。”文知之，诣循曰：“先生不能拔人，又于上前沮之。何也？”循曰：“此言密迩，公何由知？然则历练老成者，果未至也。”

又，卷四·规箴 陈循当国，纂修《寰宇通志》，馆中诸公日多不至。乃命门吏揭不至者职名，于东阁因揭一对云：“朝参未到，荷圣朝恩有覃时；纂述不完，奈至馆书无成日。”

（明）许浩《复斋日记》卷上 景泰丙子，顺天府乡试吉水刘公俨为考试官。阁老陈循、王文皆有子入场托之。刘不为录。二人令其子录其文以讼。上命翰林院取中式卷与相较。翰林院以二卷与中式在后之卷相等，试官批无点，特拘解额而不及录为对。上特命顺天府给公据赴礼部会试。先是庐陵罗崇岳中顺天府乡试第一，以冒籍发回本贯入学读书。人因为之语曰：“学中有榜，上有名字秀才；礼部有榜，上无名字贡士。”传以为笑。明年正月，英庙复位。王文被刑，陈循谪戍，而此命遂格不行。夫刘之守正，固不可尚，而科举祖宗良法，亦自不容紊也。后刘卒，众议以此谥之为文介云。

（明）陆容《菽园杂记》卷五 景泰年间，吏部尚书王公文、户部尚书陈公循，皆以少保、大学士居内阁。王之子伦、陈之子瑛，顺天府乡试俱不中式。二公交章指摘考试官刘俨之失，欲罪之。上不罪俨，而许伦、瑛得会试，是以阿附者有“钦赐举人”之称。此亦一代异事也。其后文遇害，循谪戍。俨卒官，谥文介。

（明）李贤《古穰集》卷二十七·天顺日录 景泰闻，陈循、王文之子会试不中，二人以私情怒考官取人不公，皆具奏考之不精，欲杀考官，朝廷不从，乃已。天顺四年，会试举子不中者俱怒考官，有鼓其说者，谓贤有弟让不中，亦怒考官。一举子遂奏考官校文颠倒，宜正其罪。上见其所言，疑而未定，召贤问曰：“此举子奏考官弊，何以处之？”贤对曰：“此乃私忿，考官实无此弊。如臣弟让亦不中，可见其公。”上意方回，乃命礼部会翰林院考此举子，验其学，多不能答题意，具奏其狂妄，遂枷于部前以示众，群议方息。不然，欲诉考官者尤众。贤谓此举子曰：“若尔所作文字有疵不中，是尔学力未至，非命也；若尔文字可取而不中，乃命也。不知安命，可为士乎！”初，亦有朝臣子弟不中者，皆助此举子，及见此事发，赧然而愧矣。

（明）黄佐《翰林记》卷二十·杏园雅集 正统二年三月，馆阁诸人过杨荣所居杏园燕集，赋诗成卷，杨士奇序之，且绘为图，题曰《杏林雅集》。预者，三杨、二王、钱习礼、李时勉、周述、陈循与锦衣千户谢庭循也。荣复题其后，人藏一本，亦洛社之余韵云。

（明）沈德符《万历野获编》卷十四·科场·奏讦考官 自来子弟不第，父兄无奏讦考官者，惟景泰丙子顺天乡试，内阁陈循、王文有之。循言子瑛，文言子伦，文字俱优，不为试官刘俨、王谏所识拔，欲罪之。赖大学士高谷力为救解，俨等宥罪。瑛、伦俱许会试。次年丁丑正月，睿皇复辟，而王文就诛，陈循遣戍矣。此事古今创见，宜其不旋踵而败，后人亦无敢效之者。

著　　作

（清）黄虞稷《千顷堂书目》卷六·地理类上 《寰宇通志》一百十九卷（景泰□□年陈循等修）。

又，卷七·地理类下 陈循《东行百咏》八卷（谪戍辽东时作）。

又，卷十八·别集类·永乐乙未科（十三年） 陈循《芳洲集》十卷（字德遵，太和人。甲午解元、会元，一甲第一人。户部尚书、少保兼太子太傅、华盖殿大学士。英庙复辟，戍铁岭，寻放还）。

又《续集》六卷。又《诗集》四卷。又《东行百咏》八卷。

又，卷三十一·骚赋类 陈循《神功圣德诗颂》一卷（循谪戍铁岭，天顺三年撰进成祖、仁宗、宣宗、英宗功德，为颂四章，诗二十章）。

（清）张廷玉等《明史》卷九十九·志第七十五·艺文四·集类 陈循《芳洲集》十六卷。

（清）曹仁虎等《钦定续通志》卷一百六十二·艺文略·文类第十二上·别集·明 《芳洲集》十卷（明陈循撰），《东行百咏集句》九卷附《芳洲年谱》一卷（明陈循撰）。

（清）永瑢《四库全书总目》卷一百七十五·集部二十八·别集类存目二·《芳洲集》十卷（江西巡抚采进本） 明陈循撰。循，字德遵，泰和人。永乐乙未进士第一。官至户部尚书、华盖殿大学士。英宗复辟，谪戍铁岭。石亨败后，循上疏自讼，诏放还，事迹具《明史》本传。是编其裔孙以跃所辑，附录一卷则谕、祭、文、志、铭、祭文、挽诗、乞恩复官疏及祀乡贤文移，首列奏对而无章疏，其自讼疏本传尚载其略，乃削而不存，未喻何故。殆久而佚其稿耶？

又，卷一百七十五·集部二十八·别集类存目二·《东行百咏集句》九卷附《芳

洲年谱》一卷（浙江汪汝瑮家藏本）　明陈循撰。是编乃其被谪东行时集古人诗句以成七绝，初得三百首，复叠和其韵至千余首。集句皆不著姓名，颇多窜易牵就，和韵诸作更多累句。后附《年谱》一卷，乃其门人王翔所录。当时敕谕及循所进诗颂俱加载其中，亦非体例也。

（清）曹仁虎等《钦定续文献通考》卷一百九十一·经籍考·集（别集三）**·明**陈循《芳洲集》十卷，《东行百咏集句》九卷附《芳洲年谱》一卷。

循，字德遵，泰和人。永乐乙未进士第一。累官至大学士。

评　论

（明）杨士奇《东里文集》续集卷十一·序·送翰林侍讲陈德遵诗序　余与德遵家居，里巷相比，幼而学也，孤苦相类；仕而官也，职业相联；于论议趋向，亦靡不相契。余去乡二十有五年，德遵亦十有余年，水木本源之念皆未尝斯须忽忘也。幸遇明天子推恩官，其先世又俾得以展省归。顾余之非薄，辱在公卿后，不敢先其私，而德遵奉命书还，登先人之丘垄，拜俯荐告，以昭宠贶，而申其孝思，退则会其族姻乡间以写。夫久别契阔之怀，何其荣且乐也。于是，士大夫相与赋诗赠之，而委首简于余，余因之有感。

夫族姻乡闾之素厚于吾徒者矣，始来而饯之也，爱之，祝之，冀速其达。闻其沾一命，进一职，则居者交庆于家，行者乐告于途，曰："吾邦之华也。"又闻克慎厥行，修厥职，则老者兴叹，少者兴慕，曰："吾邦之华也。"而闻有弗率于道则闵焉以戚，而犹几其改之，以不忝吾邦也。呜呼！其忠且厚于吾徒如此，吾何以报之哉！古之礼，君子虽贵且富不可以加于其宗其乡，而吾乡前辈尤致谨于斯，百年之间耳目所及，举其大者一二人。元盛时，先少傅吟窗先生以翰林待制朝列大夫归，恂恂谦温不改其布衣时，而岁时宴聚闾巷间，无贵贱贫富一以序齿而倾写无间。洪武中，刘槎翁先生以吏部尚书归，尤谨谨下乡里，于亲戚邻曲虽至贫贱恒相欢洽，虽童丱接之不见有惰容，虽蓄一骑未尝以行城郭中。君子于族姻乡闾，其道无不然也。前辈远矣，后生寡昧无闻，挟其贵富忘其桑梓之恭敬，忽父兄之交游，矜傲洪，其为薄如此。夫安知富贵之不可终恃也哉，幸吾乡之未见斯人也。而吾道路所见盖不少矣，每与德遵道论及此，未尝不共骇异愧汗，而何幸德遵之归，以继前辈君子之行，以答乡人长老爱厚之意。盖君子之行必信于乡人而后可以信于天下，德遵尚以吾言归谂诸来者，其毋俾胥沦于薄也。

（明）杨士奇《陈循像赞》　此永乐乙未进士第一人也。质秀而温，行谨而淳，擢芙蓉于秋水，敷五采于春云，潇洒玉堂之署，从容论思之臣，惟大道之不穷，而学海之无垠，奋千里之高足，益骎骎以忞忞。盖吾深望其为阿阁之凤而在郊之麟也。永乐丁西，同邑杨士奇赞。

（录自［明］陈循《芳洲文集》附录）

（明）郭子章《陈芳洲先生文集序》 大学士少保陈芳洲先生没百四十余年，其四世孙以跃为建安博士，粹公文十卷刻于建安。已，博士稍迁贵州思南邑丞，来绾贵阳符，属章序公集。予生也晚，未及严事公。顾章五世再从伯王父武略公实以子妻公。长老传闻公事最核。

公生而清惠，称神童，乡试、廷试俱第一人，南宫第二人，文章妙天下，咳唾熙叹，人争传写。官侍从三十年，拜相五年，元相八年，国家大诏令、大典册多出公手，黼黻宪猷，鼓吹休明，具载集中，奚俟予言？予惟国家当正、景之间，运遘阳九，中涓始祸，匈奴逆颜，行天子北狩，几为永嘉、靖康之续，外务也。比虏悔祸，裕陵反正，南宫静摄，东朝庚易，墙阋也。公于其时，内完都城，外归乘舆，不可谓非功。而处主上兄弟叔侄之间，为新主故主危，为故主新主猜，难之难矣。而天下后世终以不强谏易储求备，即章亦不能无疑。比读《豫章通志·萧尚约少师传》，景泰时，上以黄玹奏示东阁萧公曰："无易树子，伯者所禁，况堂堂天朝乎？"予大韪其言。已读尚约集铭陈公墓，则此三语出陈公。考当时公为元辅，萧次之，意公首发语，萧足之耳。以是知易储一事非公初心也。比景帝疾大渐，公率文武上章请复裕陵太子，不允。明日再上，而裕陵复辟矣。以后请立之疏合于初发，无易树子之说，亦足以明其心之无二，而无奈夺门者之欲速其功，令公疏不果行。则公负议于天下，诚不幸也。即以罪公，与王、于二公埒，王、于肆矣，公以元相戍辽海，下肆一等，不为不酷。比曹、石诛而王、于雪，于谥肃愍，且改忠肃矣，王谥毅愍矣，而公止谕祭复官，竟不易名，何冤同而报异也？或谓于沮南迁、却北虏，有安社稷之功。彼居庙堂，赞天子，不掣于之肘，以竟其画，非公耶？功于之功，不功用于者之功，何功同而报异也？天顺五年，公自辽海疏冤，上曰："循历事朝廷久，曾效勤劳，为石亨辈诬害。"览奏是非明白，特放回籍。夫薰莸不同器，萧兰不共砌，曹、石为莸为萧，则公为薰为兰，曹、石伏诛而公不谥，何品异而斥同也？嗟乎！不强谏易储，则以为公罪，用社稷臣安社稷，又不以为公功，曹、石用事则以公为不贤，曹、石逆诛又不以公为贤。《易》曰："晋昼也，明夷诛也。"昼者，昼日三接赏也。夷，伤也。诛者，罚也。诛所当诛，不昼所应昼，则其故莫之解矣。将以王、于在国逢难为可闵，而公尚生还耶？则人臣之谥，岂必皆死难，而何靳于公善乎？王司寇元美之议谥也，曰："陈芳洲功大罪轻，御虏之功亚于于，易储之罪下于王。"庶几公论矣。于、王可谥，公可独遗耶？郡丞将草疏乞公谥于朝，予因序公文而论其世如此。

万历丁未七月七日，赐进士出身，都察院右都御史兼兵部右侍郎、奉敕巡抚贵州、提督军务兼制湖广、四川等处地方、奉恩诏进勋阶资德大夫、正治上卿、同里后学郭子章拜撰。

（录自陈循《芳洲文集》）

（明）柯挺以《芳洲文集序》 陈君以跃于不佞豚儿伯延为博士师，间过从，端默而文，有所谭吐，皆先正格言。知必有家学原委，盖私心向往之矣。博士君亦不以予谫陋，时有所论说于不佞。因得其祖大学士公《芳洲遗集》凡若干卷，自为引，且征余不佞一言以弁之。余不佞自惟生晚，不获目公之当日，即公之宏抱硕画邃蓄醇中，莫能窃窥其万一，乃欲僭一言以自托于门墙，此与以耳食何异？虽然，博士君岂欺我哉？即不佞阅故牒，亦尝有惑于革除之际，谓其时棋局只关一着，宋人惟不识先着，故二舆必不可复，舟遂南渡，令虎臣略士扼腕而愤懑时事，至空挥一泪，即号为大儒，谆谆《春秋》复雠大义累数千言，亦竟尘纸上已耳。以今革除视建炎孰多？盖一着权局而宗社若太山四维之说者，侈谭肃愍是矣。肃愍之忠不过伟人，伟人无能为肃愍之策，则其中有掣肘者在，肃愍之策行，斯谁其尸之？即起肃愍于九原，当必不偃然敢居公右也。此足以论公矣，且其时亦大过矣哉。南宫养晦，武臣萌奸，易储议起，复辟患开，盖赵韩王所不能持之于母后，狄梁公所不能信之于其姊，而公主持其中，不惶不沮，竟定储位，以有英庙之终，宪庙之始。夺门之功，卒于不录，而公之磊落心事得自白于天日，此非有大过人之才畴能当此？则公之功盖未易以浅近窥矣。及考公生平所扬历，则自读中秘凡三十年而始执政，又十二年济大过。终公之世，靡一仟子，即任子不禄，才一再传出裔，至无以自存，则公之不矜不伐不封此足以概矣。夫自昔为国家定大难、立大功而不食报，往往而是。顾靡不伸于公评，而获报于其子孙。千万世而下，如核公当日，试举建炎矛盾诸臣相提而论，且诘金柜之所以渝盟，与溯虞渊之所以取日，公之功当侈，公评无已时。而以博士君为之后业，且绳武不朽，食报方未艾矣。矧今上褒功录节，慰英魄于九泉，来骏骨于千里，诏靡岁不下，直靳于革除也与哉？乃阅公所为文集，若陈说上前，则三代礼乐六经精微之旨；若代天言，则典谟训诰之体；若抒性灵，则风雅之遗；若所酬答，按事属辞，扬微阐幽，则元酒之味，太音之声。不佞匪曰知之，第于公之宏抱硕画，邃蓄醇中，亦藉以咀其一脔云。时万历甲午季春谷旦，武夷居士柯挺以拔父谨撰。

（录自陈循《芳洲文集》卷首）

（明）张应泰《陈少保遗草题辞》 此西昌故相陈公芳洲所手书遗草，而其裔孝廉君以跃十袭藏之者也。公年三十首举上公车，遂弁鼎甲，翱翔乎木天藜阁之中，躐清华，跻崇朊，以逮于宅揆秉成，掌记翩翩，岂诚称乏？而只字单辞，铅椠自操，今一披对之，抽颖若锋，骪规虞褚，即其间点涂窜易，而笔势犹存，绝无倾仄，此亦足觇公大都乎？夫鼎不尽脔，一脔见鼎。即心即学，柳河东、程河南有味乎其言之。由表测衷，公必为端亮亡疑。尝因是概公生平，盖有幸不幸者焉。己巳以前为幸，其境适功显而易知，己巳以后为不幸，其情危功深而难窥。夫事之嵬鳃险嵚有甚于正、景之时者乎？公执杓而运，万象拱环，卒令日月蒙尘而载朗，山河既荡而复宁，虽曰干城有具，而微仲则甫孰与成？洎夫保护南宫尤称荼苦，特其所不得辞者，庚置前星一事。嗟嗟！斯亦难言矣。无易树子，业已铮铮，迕旨一言，论功竟后，皇天后土，实照临之，而螌中射工，沉沦谪藉。未几险壬倾覆，遽荷生全剸。

英庙既洞公之极冤矣，同事诸臣悉易芳名，而公仅还故秩。即瞽宗序刻，今犹歉焉。安在其论定盖棺乎？夫宣孟之忠，一膺谗构，几踵若敖。而武居然以藐，厥申之。今孝廉君兢兢手泽，不翅球图，嗣服昭矣，且有子秀而文，绳祖亢宗，将于兹在。何言赵哉！何言赵哉！

万历二十五年秋七月，泾上张应泰谨书。

（录自陈循《芳洲文集》卷首）

（明）陈以跃《刻先公遗集小引乞言》 先公殁，今百余年矣，不肖以跃乃得编录其遗集付梓。呜呼！何遏佚十至此极也。慨自先公下世，家运陵替，后嗣沦丧，不能述祖德于文章金石之托，固为可憾。至如朝廷褒崇之典，同事诸公之后以例请者，尚未沥血诚叫阊阖，仰丐一视之恩，用慰九地之瞑，其恨尤大。不肖以跃感怅至此，辄哽咽不能下食矣。窃念先公恭事五朝，壮老一节。自永乐乙未擢廷魁，晋翰苑，侍讲筵，代纶綍，与三杨学士更直禁近垂三十年，一德同心，协佐太平之治，均沐宠眷之渥，三杨公竟举以自代。正统甲子，始参阁务，继文贞公相也，未几而有己巳土木之变，公居元相，国是秉成。首立宪庙为东宫，以定万年之世统；继赞景皇为监国，以一天下之政柄。力阻南迁之议而九鼎不移，躬迎北狩之銮而六龙光复，此其大主持，固赫赫显著已。至其当中外危疑之际，集忠贞不二之谋，铨枢重任，方镇大僚，悉简老成戮力之士，托肺腑而推毂之，俾其各展猷为归于定国，则公翕受之谟而人不知也。南宫养尊，嫌间易生，良工苦心善处其间，坚景皇事兄之至情，成英庙复辟之大业，兄狩弟摄，弟终兄复，同气无斁，本支百代，则公调护之密而人不知也。武臣希宠，易储议兴，公抗，无易树子之诤，上执以父传子之说，主意固不可回，定策凛乎难渝。天眷如初，元良终复，此尤公早见独矢之忠而人不知也。苏子曰："将相和调则士豫附，天下虽有变而权不分。"今之归御虏功者佥曰肃愍于公，不知所谓大将能立功于外者，谁主之也？昔岳武穆胡为不能行其志，晋宋之事令千古有遗憾，咎将谁归哉？先公殚心竭虑，鉴古俟后，不恤一身之祸危，不避一时之忌谤，直行其天日可表之衷，而图存济变，故能功收万全，事迈古今如此。顾同事于、王诸公，各以后裔陈情，国典备隆，独寒祚凋落，援乞无阶。先公之勋劳，显晦固自有时。国家录论之公，久而益定。为公之子孙如不肖者，则不能缓不孝不仁之罪矣。

先公平日诗文甚多，今所梓者，收之散逸之后，仅什一耳。大都布帛菽粟，国初浑噩之气自存，摅情止理，不事文彩以表见于后世。而其行已立朝，亦如其文质直自任，绝不市恩沽誉，为身后之计。凡可为国家植基本，为古今扶道脉，为海宇沛福泽，毅然行之，而名归主上。功泯己出，人罕知焉。当年大政纪可考镜已。夫文者，心之声也；功者，心之迹也。读先公之文，核先公之功，而可以论先公矣。集既梓，将乞言于鸿巨弁诸首简，故不忖其谫陋而直述之，惟名公采焉。幸甚！先公陈姓，讳循，字德遵，号芳洲，事迹详《附录》卷。万历二十一年，岁在癸巳，冬月吉，元孙陈以跃顿首拜书。

（录自陈循《芳洲文集》卷首）

（明）祁承㸁《殿阁芳洲陈先生续集序》 承㸁盖守吉矣。吉故老述芳洲先生之遗事甚悉，且得诵其遗集，亦甚详，而因叹魏公忠臣与良臣之说也。夫忠良宁有两哉？其境变而能矢一心者，岂其境常而怀二念者乎？盖康庄之雅步，与九折之崎岖，途则异，而非遵途者之有异也。余观芳洲先生柄政之时，当万乘北狩，九庙震惊，群情恇扰，此其时为屯屯，则有经纶之义，才可竭，猷可展，而心亦可以明白显著于天下。及南内之扃尘，对东宫之席再撤，此其时为睽睽，则即遇主于巷，而睽孤之地兆端见矣，茹荼而忍痛，公岂能以喻诸人哉。至翠幄朝临青宫，夕启宇宙，重开万方胥悦，此其时为革革，则公虽抱有孚之诚，而水火相息，其如徐石何？惟有东行以谢修郄者而已。夫辅不已，而帝者势也。帝则操众以成独，而复操独以制众。主势尊于上而主术行于下，即三事大臣其能以相抗而成两持者乎？犹之舟然，托于水，驶于风，而挽回于樯缆柁楫之用，故责舟师之出没于波涛，而操纵于迟速，长年三老之所能也。若身寄于舟而禁其不与舟而俱移，虽至巧不能。彼持局外之论者不过曰："曷不为李文靖之引烛焚诏耳？"不知公当代言之时，如所谓奉皇后于仁寿，以俟大兄銮舆之复，进皇太子母为贵妃，示重天下之本，则公之远识先机，其捧日之心，宁待虞渊之夜耀；而补天之手，岂烦炼石而后图哉！且大臣之体，批龙颔而撄鳞易，履虎尾而不咥难；游羿谷而捐一身易，处危机而全上下难。然则公固独为其难者，而终不能以所难之故自剖其心，则直委于所遇之不幸矣。虽然，博陆侯之忠于汉宣者，犹之汉昭也，乃一以大将军为忠臣，而一以为芒刺之在背。博陆之忠贞无改而后先之时势自移，古今一体，曷足怪哉！承㸁尝恭读纯皇帝之谕公也，哀其死而悯其忠，式遵先志厄于前而伸于后，永惬人心。大哉王言！公固与苏文忠所谓先帝已知其枉，朕心尤鉴其忠者，今古同符矣。直道在人，清时尤甚，宁有忠彻于主而犹湮没于昭代者乎？当必有继于忠肃而为公请者，余且藉此以征世焉。

山阴后学祁承㸁顿首书。

（录自陈循《芳洲文集续编》卷首）

（明）曾凤仪《〈陈芳洲先生文集续编〉序》 英庙当己巳秋，亲帅六师挞伐猃狁，权珰不戒，遂至蒙尘。赖二三元老内固国本，外振国威，虏拥乘舆入犯至再，数被创去，乃乞和，送天子还，迎归南宫。逾六载，复践帝祚，佑启列圣，永绥太平，此旷古未有之盛也。维持秉钧轴，赞密勿为。芳洲陈公初闻警，即草太后诏，立宪庙为皇太子，以郕王辅之，进于谦领本兵，拔罗通守居庸，留石亨、杨洪理京营，引商辂、彭时入阁共事，仓卒诏谕，缤纷四驰，安抚军民，协力拒虏，厥功伟矣。逮虏薄城下，遣使问上皇安，饬诸将固守勿战，遍烧马坊积草以困虏，密敕宣、大、辽东各镇选劲兵入卫，购有斩也先首献者，予万金爵。公复伪为喜宁书与太监，与安约诱也先入，共剿之。虏得书，疑喜宁。会宣、辽兵亦至，遂分道宵遁。徐有贞议南迁，京师汹汹，公力争，黜有贞，而人心帖然，此其功，载在实录，与商文毅略同。世徒重于忠肃功，而置政本勿论。谓发纵指示者，何已立景皇帝而皇太子名分犹存？自土官黄竑以夺袭故，倡为易储之说，内臣持以问公，公曰："无易，树子在伯者且然，而况堂堂圣朝乎？"帝不怿，下礼部会议，一时大小九卿，委曲徇上意，得兼宫坊衔者二十余人，宁独公咎也？至请复东宫廖庄、钟同系狱岁余，而同竟毙杖下，公为其乡人，能无岌岌？六七年间，每于经筵敷陈孝友，启沃良心，虽群臣请朝，上皇勿听，而嫌隙未萌，请复元良，勿听，而保护未衰，隐微之地，默默调剂，盖有外臣弗及知者。独王文以宠幸后进，专擅威福，公不能制，多为所累。文子与公子试京闱，不中，适翰林考取译字生，例应入录，而偶遗之，因纠论试官刘俨违制，且去取颠错。外有浮议，朝廷命多官校阅，相臣子诚才，特许会试，后文子登第至大僚，而公子竟不仕，亦足暴其心矣。况公荐薛文清可备馆阁，而文以不附己，下文清狱，其品格易辨。

公当宣庙时，尝力救张楷、陈祚得毋以忠言蒙罪，岂其晚节遽至与文介忤也？士论不察，概以此短公，毛举纤细，率悠谬无实然。公生平学行为三杨所重，既代文贞相，所荐文武材往往弘将相之业，而不令人知大都有功，社稷足为相天下者法，固未可泯也。今观公续编，尊圣母皇太后及生母皇太后诏中，并进皇太子母周氏族贵妃，示重天下之本，若逆知有黄竑之说而豫防之者，其卓识远虑乃尔，向使郕王负扆行周公之事，如公初议，天命有在，上皇必归，何至有夺门之衅哉！宪庙鉴公苦心，已准复爵，赐祭，荫一子入监读书，而谥尚阙如。兹公玄孙以跃为两浙都转运，凡三上疏乞恩，比照于谦、王文例请谥，功与于谦同，应谥；过于文同，亦应谥。矧功逾于谦而过不与文并，当事者必有定评矣。国朝馆阁名臣阙谥者为陶安、章溢、解缙，及公而四，礼臣旦暮当议，上公一片精忠，此其昭雪时也。因序公续编而详论之。

赐进士第南京礼部精膳司郎中安成后学曾凤仪谨识。

（录自陈循《芳洲文集续编》卷首）

（明）严尧日《〈陈少保芳洲先生文集续编〉序》　宇宙间恒存不泯者，精诚而已矣。精诚于干国为忠贞，于克家为孝慈，此皆可形外阅世者也。若夫履屯而忠贞，至艰若邅闵，而孝慈至岌殆，则其所经摧踣，磨炼精诚，更有百折不回者。造物于亏盈乘除之际，未必铢铢而称之，缕缕而度之也。迨事久比……

盖先生才思泉涌，笔景春和。……

（录自陈循《芳洲文集续编》卷首）

（清）朱彝尊《明诗综》卷二十一·陈循（六首）　循，字德遵，泰和人。永乐乙未赐进士第一。除翰林修撰，累官户部尚书、少保兼太子太傅、华盖殿大学士。英庙复辟，戍铁岭，寻放还。有《芳洲集》。（《诗话》：裕陵复辟，吴人盛夸徐元玉社稷之功，然夺门二字岂可示天下后世？李文达之言当矣。予尝见少保讼冤疏手稿，具陈元玉之谗，斯亦纂国史者所当知也。少保诗绝意规摹饶越石清刚之气。）

（清）张廷玉等《明史》卷一百六十八·列传第五十六 赞曰：《易》称内君子外小人为泰，外君子内小人为否。况端揆之寄，百僚具瞻者乎。陈循以下诸人，虽不为大奸慝，而居心刻忮，务逞己私。同己者比，异己者忌。比则相援，忌则相轧。至万安、刘吉要结近幸，蒙耻固位，犹幸同列多贤，相与弥缝匡救，而秽迹昭彰，小人之归，何可掩哉。

杂　　录

（明）叶盛《劾陈循疏》（景泰二年）　臣闻罪莫大于欺罔，而大臣欺罔者罪不容诛；法莫严于怙终，而小人怙终者法难轻贷。旧章具在，重典必加，窃照户部尚书兼翰林院学士陈循，一介书生，叨居清要。尚书、学士，官品极其崇高；内阁、经筵，责任最为深重；丰肴法酝，日给大官制带袭衣；迭出内帑，五朝作养，百辟具瞻恩封，上及其祖宗葬祭，下临干继室。儒臣遭际之幸，又孰有过于斯？乃陈循妄意要君，甘心负国，腼颜厚貌，全无补报之心，恃宠矜恩，大肆凶强之志，豪横乡曲，即并吞其坟山，暴虐贫寒，敢强占其田地。李遇乃奔竞小辈，以伊女之夫而代为诉冤。李武本激变元凶，以伊婿之兄而曲为营救，傅致平人于土豪事例，恣逞己威，构捏乡民，以人命重情，荧惑上听。周鉴执法不屈，反罗织以为奸，王豪勘事不阿，又支吾以文过情词，虚妄欺罔之罪，莫逃尘渎，再三怙终之恶大著。虽皇上宽仁大度，曲加保全，奈陈循稔恶不悛，愈无忌惮，迹虽蔑视风宪，实则愚弄朝廷。臣窃详方今多事之秋，而陈循谬当内相之首，救时急务曾一事之不闻，利己巧言乃连章而不厌，昧主忧臣辱之义，舍忘家徇国之心，谓天可欺，谓人可侮，谓祖宗之法度不足畏，谓士大夫之清议不足恤，是致九重烦厌，万口沸腾。盖孔子之不信宰予，知言行之莫掩；吕诲之必弹安石，识奸诈之难容。伏望皇上处以至公，断以大义，明彰祖训，大正邦刑，将陈循拏送法司，明正其罪，以为人臣欺罔怙终之戒。

疏入，帝不纳。

（录自《御选明臣奏议》卷三）

（明）黄佐《翰林记》卷十九·评骘　陈循当笔撰祭文，（杨）溥欲有所易，循忿然不平，见于言色，溥即已之。

（明）杨士奇《东里文集》卷四·陈氏族谱序　西昌陈氏有二族：其一，五代时讳晖者，自金陵徙；其一，宋季讳云仲者，自庐陵之武冈徙。自金陵来者，子孙为盛，盖于今二十世，其居已久，积而发之也多。自武冈来者裁八世，其居未久，积而发之也迟。溯武冈之先，出汉文范先生，六世孙逵仕晋为长城令，因家吴兴。吴兴之后，有讳洽者，仕唐为秘书郎，徙闽之剑浦。剑浦之后讳贞者，称栖衡处士，又徙温州之平阳。处士十二世至迪功郎崇忠，生涣龄，宋郴州桂阳主簿，入元改吉州路儒学教授。其子浚源家庐陵武冈之阳，遂为庐陵人。浚源子四人，仲子云仲赘西昌罗氏，遂为西昌人。云仲生文胜，文胜五子仲子原寿号碧潭，碧潭生民焘、观定。民焘生一敬，洪武中举孝廉，为荔波及贺县丞。观定生彦和，彦和生德逊、德遵。德遵名循，永乐乙未进士第一人及第，为翰林修撰。西昌科第自宋至国朝，彬彬乎盛矣！而第一人及第实始于循，发迟而弘者，理之固然也。武冈而上，其谱见于文。胜之孙观瑞所传一敬，始断自云仲以下，著西昌之谱，至是德逊俾德遵以西昌谱求序。余与陈氏宗族同里，闱一敬忠厚乐义，其卓识远略，度越群辈，佐治两县，皆得民心。德逊温雅惇行，德遵履操端洁，皆余所敬爱者也。第念一敬平生故人，少之时相辅以学，有莫逆之契，其罢官家居也，约余买田筑室东皋之上，将耦耕以终老。既先后皆以征起，不得如志，而在京师相聚处半岁，公务之暇，相与谭咏，酣嬉而忘其身之在客外也。一夕就余家奕棋饮酒，翛然而没，于今又十年矣。睹物兴怀，其能自已乎？故因序此谱，并致余情云耳。

永乐十六年（1418）戊戌科状元李骐

传　记

（明）杨荣《文敏集》卷二十一·墓志铭·翰林修撰承德郎李德良墓志铭　永乐乙巳某月某日，翰林修撰李德良卒于官。其孤辉奉柩将以某年某月某日葬于其乡某山之原，而以监察御史吴实《状》来乞《铭》。予忝同乡，且又同官，素与之善，谊弗可辞。

按《状》：德良其字，姓李名马，闽之长乐人。其先有仕宋为提干者，至今乡人称提干李家。曾祖某、祖某、父原善，皆隐德弗仕。德良少颖悟，甫十岁辄能通《孝经》、《论语》，悉其义。既长，学益进。入补县庠弟子员，昕夕勤励弗懈。肆笔为文，出人意表，前辈多让之。岁丁酉乡荐，戊戌试南宫，皆居前列。三月朔旦，殿试士凡二百五十人，上亲阅其文，擢为第一，改其名曰骐。越三日，传制唱名，凡三唱无敢应者，上曰："即李马也。"骐乃受诏，赐状元及第。明日，赐纱帽、银带、朝服，拜翰林修撰，中外相传以为荣。德良为人严毅方正，事父母极孝，敬奉继母尤谨。与人交和而有节，直而能信，非礼之言，不出诸口。人有不善，辄面言之，无有所隐。平居慊然若无所为，及议所当为者，则勇于为之不倦。亲族有孤贫者必收抚之，乡党有穷匮者必赈恤之。其与内廷纂修及在翰林考校，恭勤廉谨，不怠于所事，人无非之者。癸卯秋，承命典文衡京闱，去取进退，一循至公，士论归之。甲辰夏，忽遘疾，逾时乃愈。方愈，值太宗皇帝升遐，闻之惊悸哀怛，即出哭临，或劝其宜且慎疾，则曰："吾受主上厚恩，不能他有所裨益，今龙颜天语不可复瞻听矣！如又不获一出，涕拜几筵，以罄臣子之情，将抱恨无极，岂暇恤吾身哉！"未几疾复作，久而弗瘥，虽未至殆剧，然不能复事笔砚矣。明年己巳春正月，蒙朝廷恩典颁赐敕命，得以推恩，赐其父原善如德良之官，赠嫡母叶氏为安人，继母黄氏及妻陈氏皆封安人。冀病愈欲得所请以归焚黄，不数月而继母讣至，扶疾奔丧。抵家几一月，丧其配。又越月，德良竟以疾卒，享年四十有八。配即陈氏，有贤行。子男一人，即辉。孙男若干人。

呜呼！若德良者，可谓贤也已。而位未及大显，年未及中寿，夫妇相继而殁，诚可哀也！诚可哀也！乌可无铭以慰之。铭曰："徂徕之松，既材以构。荆山之璞，既琢而疢。胡畀其才，而啬其寿？位虽不丰，名则不朽。乡山之阳，郁其深秀。勒铭藏之，以垂永久。"

（明）李贤等《明一统志》卷七十四·福州府·人物 李骐（长乐人，永乐戊戌举进士第一，初名马，文庙亲改今名。为人耿介，有气节，不肯婞婀依随，仕终翰林修撰）。

（明）凌迪知《万姓统谱》卷七十三 李骐（长乐人，永乐戊戌举进士第一。初名马，文庙亲改今名。为人耿介有气节，不肯婞婀依随，仕终翰林修撰）。

（明）陈鎏《皇明历科状元录》卷一·永乐十六年戊戌状元李骐 廷对之士董璘等二百五十人，擢李骐第一。

李骐，字德良，初名马，福建长乐人。乡举第一，是岁以季春朔旦廷试，上喜骐文，擢第一。御笔改"马"为"骐"。越三日，胪传凡三唱，无应之者，成祖曰："即李马也。"骐乃受诏，赐状元及第。明日，赐纱帽、银带、朝服，拜翰林修撰，中外相传以为荣。为人严毅方正，有气节，不肯依随。方病，值成祖升遐，惊悸哀悼，即出临哭，病遂深，卒年四十八。终于修撰。（杨荣《志》文）

是岁，长乐水平港又应"十洋成市状元来"之谶。

是岁敕进士年二十以下者遣归本学肄业，皆豫注拟其官，待阙取用。

杨荣赞曰："徂徕之松，既材以构。荆山之璞，既琢而疢。胡异其才，而啬其寿。位虽不丰，名则不朽。"

（明）顾祖训原编、（明）吴承恩增补、（清）陈枚续补《状元图考》卷一·状元李骐 永乐十六年戊戌，廷对之士董璘等二百五十人，擢李骐第一。

按，李骐，字德良，福建长乐人，初名马，乡举第一，廷试御笔改"马"为"骐"。越三日，胪传凡三唱，无应之者，上曰："即李马也。"骐乃受诏，赐纱帽、银带、朝服，中外传以为荣。为人严毅有气节。方病，值上升遐，即出临哭，病遂深，卒年四十八。终于修文。

《状元录》：是岁，长乐大平港又应"十洋成市状元来"之谶。

（清）谢道承等《福建通志》卷四十三·人物一·李骐 字德良，长乐人，初名马，永乐丁酉乡试第一，戊戌廷对首唱，御改今名，授翰林院修撰。耿介有气节。在内廷纂修及典畿试，俱以公慎著。事父母孝，奉继母尤谨。与人交和而直，人有过必面告之，退无所毁。为文若不经意，每出人意表。甲辰忽遘疾，少瘳，闻成祖升遐，惊悸哀怛出哭。临或劝以疾，宜少护，骐曰："吾受主上厚恩，不能他有裨益。今龙颜天语不可复瞻听笑，如又不获涕拜几筵，一罄臣子之情，将抱恨无极，何暇为身恤哉。”疾复作，又奔继母丧，卒于家。

（明）焦竑《国朝献征录》卷二十一·翰林院二·修撰·李骐　（存目）

科　第

（一）乡试

（明）张朝瑞《皇明贡举考》卷三·（丁酉）永乐十五年两京十三藩乡试·解元　福建：李马（长乐县，戊戌）。

（清）谢道承等《福建通志》卷三十七·选举五·明举人上·永乐十五年（丁酉）李马榜　长乐县李马（第一名。戊戌进士第一人，赐名骐）。

（二）会试、殿试

（明）杨荣撰《文敏集》卷九·进士题名记　永乐十六年三月朔，上在北京廷试天下贡士，擢李骐等为进士，礼部尚书臣震请立石题名于国子监。于是上命臣荣记其实，臣荣谨受命拜手稽首言曰：“国家膺文明之运，抚太平之历，兴学育材，化成天下。取士之制，虽非一途，恒以进士为重，士子通经学古，以图进取而与名者，世率以为荣。夫当大比之秋，京郡合国子监及畿甸之士，天下布政司合所隶郡邑之士三试之，拔其尤者贡于礼部，盖什之一。明年春，礼部以其所贡士又合而三试之，拔其尤者进之大廷，盖二十之一。其选至精也。廷试之日，天子御正朝赐清问。翌旦，复御正朝亲览而次第之，胪传之。旦，文武群臣朝服称贺，宴赐恩数一循常典，宠光衣被盖渥如也。与其列者诚可谓荣矣。兹又立石题名以垂永久，后之人将历指其名曰：‘某也贤，某也才。’足为国家千万载之光，则荣孰大焉。或趣向有异，德业无闻，则亦不能免于公论矣。己之善否，人之劝戒，胥此焉。征于乎，可不敬慎之哉。”题名者凡二百五十人，第一甲第一名即李骐也，骐初名马，上特改今名云。

（明）杨士奇等《明太宗实录》卷一九八　永乐十六年三月辛亥朔，上御奉天殿试行在礼部选中举人董璘等二百五十人。制策曰：“帝王之治天下，必有要道，昔之圣人垂衣裳而天下治。唐虞之世，治道彰明，其命官咨牧，载之于书，有可见已。成周之官，倍徙唐虞，备存《周礼》，其详得而数之。《周礼》，周公所作也，何若是之烦？与较之唐虞之无为，盖有径庭。然其法度纪纲，至为精密，可行于天下后世，何至秦而遂废？汉承秦弊，去周未远，可以复古，何故因仍其旧而不能变？与唐因于隋，宋因五季，亦皆若是。有可议者，人之恒言，为治之道在于一道德而同风俗。今天下之广，生齿之繁，彼疆此域之限隔，服食趋向之异宜，道德何由而一，风俗何由而同？子诸生于经史时务讲之熟矣，凡有裨于治道，其详陈之毋隐，朕将亲览焉。”

（明）黄佐《翰林记》卷十六·赐姓名 永乐十六年三月，上策会试士，以李马为进士第一，御笔赐名骐，胪传三唱，无敢应者。上曰：“即李马也。”乃出受诏。

（明）祝允明《野记》卷二 永乐戊戌，取进士六百人，分为六甲，状元为李马，上改“马”为“骐”。既而，骐除名，故今人罕知。其尾榜者曰宜生。是年敕进士年二十以下者遣归，仍附本学肄业。皆豫注拟某官，待缺取用，悉出上意。人人自拟之，就注登科录。

（明）张朝瑞《皇明贡举考》卷三·（戊戌）永乐十六年会试 中式举人二百五十名：董璘，直隶高邮州。余缺。

三月初一日，临策天下贡士，制曰：帝王之治天下，必有要道。昔之圣人，垂衣裳而天下治。唐虞之世，治道彰明，其命官咨牧，载之于书，有可见已。成周之官，倍蓰唐虞，备存《周礼》，其详得而数之。《周礼》，周公所作也，何若是之烦欤？较之唐虞之无为，盖有径庭。然其法度纪纲至为精密，可行于天下后世，何至秦而遂废？汉承秦弊，去周未远，可以复古，何故因仍其旧而不能变欤？唐因于隋，宋因五季，亦皆若是。有可议者，人之恒言，为治之要在于一道德而同风俗。今天下之广，生齿之繁，彼疆此域之限隔，服食趋向之异宜，道德何由而一，风俗何由而同？子诸生于经史时务讲之熟矣，凡有裨于治道，其详陈之，毋隐而不言，毋言而不切，朕将亲览焉。

（时廷对之士二百五十人，赐李骐等进士及第出身有差。杨文敏《志》云：“骐初名马，上为改之。为人严毅方正，有气节，不肯依随。方病，成祖升遐，惊悸哀悼，即出临哭，病遂深，终于修撰。”是科金濂赠沭阳伯。部本缺。）

第一甲三名赐进士及第：李骐，福建长乐县。刘江，直隶江宁县。邓珍，江西吉水县。

（明）张弘道、张凝道《皇明三元考》卷二·永乐十六年戊戌科大魁 状元李骐（丁酉福建解元）。

（明）张弘道、张凝道《科名盛事录》卷一·元魁盛事·两中元魁 长乐李骐，永乐丁酉解元，戊戌状元。

（明）王世贞《弇山堂别集》卷十四·皇明异典述九·天子赐名 永乐时……李状元初名马，开榜日，上亲书其字于旁，遂名骐。

又，卷二十二·史乘考误三 《野记》言："永乐初状元，本曰李马，上改'马'为'骥'，既而除名，故今人罕知。"按，是科为戊戌，盖永乐十六年也。本名马，上于傍益之以其曰李骐，迨唱名，莫有应者。骐以二十二年由修撰属疾，闻上晏驾榆木，惊悼，疾甚，卒。今云"骥"，又云除名，误也。

（清）谢道承等《福建通志》卷三十六·选举四·明进士·永乐十六年（戊戌）**李骐榜** 长乐县李骐（第一人。传见《人物》）。

（清）张廷玉等《明史》卷七·本纪第七·成祖三 （永乐十六年春）三月甲寅，赐李骐等进士及第出身有差。

仕 宦

（明）黄佐《翰林记》卷十七·史官题名·修撰 李骐（彦良，福建长乐人。永乐戊戌进士第一）。

轶 事

（明）许浩《复斋日记》卷上 永乐间，李马廷试第一。御笔改为"骐"。唱名，马不知为己，不敢应。上曰："马也。"复唱"李马"，乃出拜赐。是改王拱辰之事，复见于昭代云。

（明）王世贞《凤洲杂编》卷四·唱名莫应 （永乐）戊戌，赐进士李骐等及第。骐初名马，上为改之，唱名莫有应者，上为道其故乃出。

（明）徐𤊹《徐氏笔精》卷七·以字行 国初名臣多以字行。……李骐旧名马，皆出上赐也。

（明）张萱《西园闻见录》卷二（《西园杂记》卷上） 永乐时，长乐李太史公名马，三月朔旦，殿试士凡二百五十人，上亲阅其文，擢为第一，改其名曰骐。越三日，传制唱名，凡三唱，无敢应者，上曰："即李马也。"骐乃受诏，赐状元及第。明日，赐纱帽、银带、朝服，拜翰林修撰，中外相传以为荣。

（明）沈德符《万历野获编》卷十五·科场·马铎李骐同母 马铎者，举永乐壬辰状元；李骐者，举永乐戊戌状元，俱福建之长乐人。世传其母先嫁马氏生铎，再嫁李氏生子，即带马姓以为名，至文皇临轩胪唱，御笔改“马”为“骐”。二人固同母异父兄弟也。此说自幼闻之，弇州记奇事，亦以为诚然。及考二人志铭，则殊不尔。铎之母为卓氏，骐之嫡母为叶氏，先亡，继母黄氏，俱封安人，未几黄氏亦卒，骐寻下世。然则二人，本不同母，何以世有此说？或因一时并贵，因讳而易其姓耶，是不可考矣。

（清）姚之骃《元明事类钞》卷十二·御笔改名　《泳化编》：李骐初名马，廷对时，成祖阅卷喜擢居首，御笔改“马”为“骐”，传胪三唱无应者，上曰：“即李马也。”骐乃受诏。

（清）郑方坤《全闽诗话》卷六·马铎　长乐旧有“首石山鸣出大魁，十羊成市状元来”之谶。至永乐壬辰，其山大鸣，适三宝太监驻军十洋街，人物辏集如市，其年邑人马铎状元及第。戊戌，首石又鸣，邑人李骐状元及第。（《稗史汇编》）

杂　录

（清）谢道承等《福建通志》卷六十二·古迹·福州府·宅墓·明　修撰李骐墓（在龙窟）。

又，卷六十五·杂纪·福州府·明　永乐十年，长乐首石山鸣。（谶云：“首石山鸣出大魁。”是岁，马铎及第，后六年，李骐又及第）。

（清）和珅等《钦定大清一统志》卷三百二十六·福州府·陵墓·明　李骐墓（在长乐县北南沙京龙窟山）。

永乐十九年（1421）辛丑科状元曾鹤龄

传　记

（明）刘球《两溪文集》卷二二·故翰林侍讲学士奉训大夫曾公行状　公姓曾，讳鹤龄，字延年，一字延之。其先有仕唐为光州团练使曰庆者，再传至构，避五季乱，自金陵徙江西，因家泰和。六传至宋彭泽令安定、清川丞安中、监察御史安强兄弟，俱起甲科，而族益显。彭泽九世至元瑞金教谕约，生九韶，仕洪武中，以弛利便民罢黄蓬湖官，归而教行于乡。其子赠翰林修撰伯高尤邃于学，举贤良、校官，皆不就，曰："吾上世连仕不达，而有德于民，食其报者在吾子乎？吾何以仕为？"即公之考也。母太安人胡氏梦星坠卧内，感而生公。

公少异常儿，及受学家庭，不烦督责，自力于业。既冠，与其兄椿龄以《书》经同领永乐乙酉乡荐。明年会试，留养未行，其兄遂第进士，为庶吉士翰林以没。仰事俯育之责，萃公一身。继遭父丧，内外斩然，无足赖者。又以间右龃临弗克康厥居。积学之余，稍出所有授徒以自给，久而从焉者众，赀入益不赀，乃营故业邑城之西，为久安计。诸子颇长足事事，遂辞太安人赴永乐辛丑会试，时令少师庐陵杨公司文衡，务先典实之作，以洗浮腐之弊。喜公诸篇悉优，多梓行之，至今评程文者以是科为最。廷对居第一，擢翰林修撰。洪熙乙巳受敕封赠父母妻。宣德改元，奉命如南岳及舜、神农二陵修祀事。宣德庚戌，同考礼部会试，修《太宗、仁宗实录》成，受白金绮币之赐，进秩为翰林侍读。明年乞归省，道闻太安人讣，哀毁终丧。复官，预修《宣宗实录》。正统戊午书成，受赐如初，进秩为翰林侍讲学士，寻授奉直大夫。是秋考顺天府乡试，初试之夕，场屋火，试卷亦有残缺者。有司惧罪，不敢以更试为言，惟欲请葺场屋以终后两试。公曰："必更试，然后百弊涤，至公著。不然，虽无所私，亦招外谤，朝廷何惜一日之费以成此盛举哉？"有司具二说以进。命下，悉如公言。众皆慑服，得士亦审。尝自谓："吾齿未甚艾，而精神觉已衰。吾生其不久乎？"一夕课其子忘倦，明旦造朝与同列言笑自若，退而得疾，未半昼没，盖正统辛酉三月二十一日也。馆阁中大为之恸。上闻，遣礼部左侍郎王公致祭。自公卿至勋戚贵臣，交致奠赙，闻者莫不悼惜。

公生洪武癸亥四月十八日，历春秋五十九。配陈氏，封安人。子男五，序、廉、应、庶、庾。序由进士起家，为行人司行人。廉乙卯贡士。女适里士胡仲璇严时。孙男八，孙女四。惟公中怀坦直，略无一毫□□矫枉，而处事遇物井然有理，起居休如也。事亲孝，于家极雍睦，训育其兄遗孤子庠，自睟至有室，卒成伟器，致有弋阳司训之荐。嫁庠女兄弟二人如己女。寡姊孤甥无不席其庇。尝分上赐金买田以给先祀，积俸余以周族人之贫者，亲故亦多蒙其惠。与人交，初若难合，久而益亲。所知为达官立当道者不少，每燕见必以公天下期之，未尝及于私。教学者欲其必先本领，毋徒徇外欲速，以自小其志，故经其指引者，无分达、未达，俱有儒者风。其文有诗歌词赋颂赞累千篇，传记序说半之，行状墓铭碑诔杂文三百，皆出新意，得古法，无所袭于外而有益于道德仁义之说为多，可谓没而有不可没者矣。公就殡之三月，序致使命自南夷至，将奉柩归故乡，用某年月日葬其邑某乡某山之原，以公同榜士独球一人在翰林，又素相厚，来请《状》以为谒《铭》，图不朽之地。义不可辞，因述其世出事行如此，庶立言君子有所考焉。

（明）王直《抑庵文集》卷九·墓铭·翰林侍讲学士曾君墓志铭 正统六年三月二十一日，翰林侍讲学士、奉训大夫曾君以疾终于位。是日，君晨兴尚无恙，退朝入馆阁营职如平时，惟觉嗌微痛。至午稍甚，亟归第呼医治之，须臾痰壅塞不能言，众医环视投药皆不效，及暮而终。士君子皆惊喟奔走会哭。明日公卿大夫与诸勋戚重臣闻之，皆来哭吊，曰："惜哉曾君也！"礼部以闻，上恻然命侍郎王直往祭之，于是勋戚重臣公卿大夫及诸君子皆奠赙如礼。既而长子序以使命归自西南夷，将奉柩返葬泰和，持翰林侍讲刘球求乐所述《行状》谒予曰："先人实托好先生，葬宜有《铭》，敢以请。"予念不腆之辞，不足以副孝子显扬其亲之心，屡辞不获，乃序而铭之。

君讳鹤龄，字延年，一字延之。其先家金陵。五代之乱，光州团练使庆之孙延构始徙家泰和，六传至宋彭泽令安止与其兄弟安中、安强，皆以科第入官，其族遂大显。彭泽十世生瑞金教谕约，约生黄蓬湖官九韶，九韶生伯高，则君之曾大父、大父、父也。伯高先生以君贵赠翰林修撰，配胡氏，封太安人。君少而喜学，与兄椿龄同领永乐乙酉乡荐，明年会试，君留养亲不果出，椿龄取进士，为翰林庶吉士以卒。而家事萃于君。寻丁外艰，居丧能尽礼。稍出所学以教乡人子弟，远近学者争师之。初曾氏居县公，元季避乱入南乡，至是君理故址，治室庐，复旧观，而诸子亦稍长，足以事太安人。岁辛丑，君会试礼部第二，而廷对第一，才名震天下，遂入翰林为修撰。宣德改元，奉命祀南岳及神农、虞舜陵。庚戌同考礼部会试，修《太宗、仁宗实录》成，有白金文绮之赐，升侍读。明年乞归省，遂丁太安人忧。终丧，复官，与修《宣宗实录》成，受赏赉升侍讲学士。戊午，考顺天府乡试，初试之夕，场屋火，其所试卷不能无缺失，有司不敢以闻，惟议修治庐舍以终事。君曰："必再试三场，庶尽至公，不然不免外议。"有司乃为二说以进，命下如君言，众始服君卓识。君优游翰林二十年，文章之美，中外称之无异词。其与人言必依于道德仁义，交朋友久而益亲。有求教于君而经口授指画者多成名。平生著述至千余篇，皆为人所爱重。其事亲既孝，念其兄椿龄尤笃，教孤侄庠学足以为人师，而嫁二侄女如己女。得赐金则买田以奉先祀，而推其余以周内外属及乡党邻里。君生于洪武癸亥四月十八日，享年五十九。娶陈氏，封安人。子男五，序、廉、应、庶、庚。序由进士官行人。廉乙卯贡士。女嫁胡仲璇严时。孙男八、女四。予尝谓君以学行取盛名，当必跻于显用，而享隆大悠久之福。今乃止于斯，岂非诚可惜哉！铭以昭之宜也。其葬在□年□月□日，其墓在□之原。铭曰：“曾氏之先，来自金陵。诗书相承，弥远弥兴。维君之升，进士第一。有靴其华，有蕡其实。盛大悠久，福禄具宜。忽焉而逝，云谁不悲？高坟峨峨，既安且固。利尔子孙，以笃终祜。”

（明）杨士奇《东里续集》卷二十七·故翰林侍讲学士奉训大夫曾君墓碑铭 正统辛酉三月二十有一日，翰林侍讲学士曾鹤龄卒于官。讣闻，命礼部左侍郎王直赐祭。朝之公卿大夫咸致吊祭。馆阁诸贤加赙赠焉。

曾君，吉安泰和人，鹤龄其讳，延年其字，一字延之。以《书》经中江西永乐乙酉乡试，辛丑会试礼部第二，廷试第一，赐进士及第，此其发身也。初除翰林修撰，授承务郎。宣德庚戌升侍读，授承直郎。正统戊午升翰林侍讲学士，授奉训大夫。此其历官也。初偕同官修《天下郡志》，未竟。遂预修《永乐、洪熙实录》，又修《宣德实录》。悉心纂述，事必究实，无虚誉，无曲贬。尝同考礼部会试，又考京畿乡试，咸致公选。始乡试初场毕，执事者不戒，火焚试卷三之一。有司苟且惜费，欲遂试后二场而竣事，焚卷者罢不复试。延年不可，曰：“焚卷岂皆其下者，罢之何以压士心？且朝廷以得士为重，岂惜一日之费？必更试。”有司具二说请旨，卒从延年，遂别命题试，士论大服。奉命代祀神农、虞舜之陵及南岳，咸严诚敬。此其所治职也。平居惇孝友，初与兄椿龄同中乡试，独留养亲。椿龄赴会试，遂登第，为翰林庶吉士，无几卒。延年归葬之，而教诲其遗孤男女，有成长皆为之婚嫁，于待寡姊孤甥皆厚，此其行之著于家也。为人和厚易直，交际以诚，表里不二，发言处事公而不私，能以义正，人亦乐受善言。虽嫉邪恶而辞气雍容，小人不怨。此其发诸己而施诸人也。幼嗜读书，长益勤励，默识讲析，经史通贯，其学也。形诸著作，和平简洁，明理为务，不事工巧，有诗赋序记传铭赞若干卷，藏于家，其文也。诲人必先德行而文艺次之，若诲人于文，必导之经术，使寻究旨归，后多成名，其施教也。

曾始居金陵，自唐光州团练使庆之孙延构避五季之乱，徙西昌，五世至孝子肃，四子俱起科第，自是而子孙益蕃，其先所自也。又十世至元瑞金教谕约，其曾祖也。洪武中沔阳黄蓬湖官九韶，生赠翰林修撰伯高，其祖及考也。封太安人胡氏，其妣也。陈氏兴宁县簿士瞻之女，封安人，其配也。五男，长序举进士，授行人司行人；次廉选乡贡；次应；次庶；次庚。二女，长嫁胡仲璇；次嫁严时其子也。八男四女，其孙也。旦入侍，朝退即馆阁偕其僚谈论訚訚。暮归，得痰疾，遽不起。其属纩日也。自癸亥至辛酉五十有九年，其寿也。西昌某乡某原，其葬也。重交游之谊，序其事行世次之概，使刻置墓道，其寮之长士奇也。序行于墓，必有铭，古之制也。

铭曰：西昌文献有鄫氏，唐之季叶由升至。后有孝子宋盛际，四男彬彬五擢桂。厥嗣振振显不匮，司教瑞金沿十世。迨其曾孙奋励志，明经射策起魁第。峨冠褒衣陟近侍，承明延阁联俊乂。石室金匮述有继，恪单乃心厘乃事。庶明于道正于义，叙劳稽绩进禄位。奄其归全靡怍愧，岿乎斯丘太史志，式祗承续在来裔。

（明）李贤《明一统志》卷五十六·吉安府·人物 曾鹤龄（泰和人。永乐辛丑进士第一，授翰林修撰。预修《实录》，升侍读学士。有《松坡集》、《臞叟集》藏于家）。

（明）廖道南《殿阁词林记》卷四·院学·翰林院侍讲学士曾鹤龄 曾鹤龄，字延年，江西泰和人。永乐辛丑进士第一，授修撰。庚戌，秩满转侍读。正统戊午，预修《三朝实录》，进侍讲学士，掌南京翰林院事。致仕。鹤龄为人和厚易直，交际以诚。作文典实，如其为人。初生时，母梦鹤翔空而下，后顶骨有红晕，故其父命之曰鹤龄云。孙追进士及第，官编修。廖道南曰："夫人之生，岂亦有殊状哉？宋文宪公之生也，紫衣未脱；薛文清公之生也，肌如水晶。奚必征诸往代，夫鹤龄亦有然者矣。然而功业未究，著述靡闻，岂其乘轩而弗鸣皋者耶？"

赞曰：有鹤南飞，翔于江皋。玄裳缟衣，高栖松巢。曾氏夙兆，诞瑞弥昭。孙绳祖武，振羽烟霄。

（明）凌迪知《万姓统谱》卷五十七 曾鹤龄（字延年，泰和人。永乐进士第一，授翰林修撰。预修《实录》，升侍讲学士。有《松坡集》、《臞叟集》藏于家）。

（明）陈鎏《皇明历科状元录》卷一·永乐十九年辛丑状元曾鹤龄 廷对之士陈中等二百人，擢曾鹤龄第一。

曾鹤龄，字延年，号松坡、臞叟，江西泰和人。父伯高。母胡氏梦星坠卧内，感而生鹤龄。既冠，以《书》擅名乡郡，由儒士与兄椿龄同榜领乡荐，明年会试，鹤龄留养于家，兄举进士，为翰林庶吉士以没。养母五年，学者争师之，赴省试得第，举进士第一，时年三十九，擢翰林修撰。庚戌同考礼部，预修《太祖、太宗、仁宗、宣宗实录》，并正统戊午书成，由侍读升侍讲学士。戊午，主顺天乡试。一夕，课子忘倦，明旦造朝与同列言笑自若，退而得疾，未半昼卒。为人端谨忠慎，坦怀直谅，尤笃于伦理。俸入，悉以周族里之贫者，卒年五十九，优游翰林二十年，文章之美，中外称之。所著有《松坡集》、《臞叟集》。子序登进士，起家行人司行人，廉贡士。（刘球《行状》、王直《墓》文）

《行状》称：五子续见曾追。《登科录》称：父蒙简，按察使；祖鹤龄，翰林学士。是又有子蒙简。追为编修，未浃年卒。

其岁龙洲沙甚涨、水甚溢，又应状元之谶。

廖道南曰："夫人之生，岂亦有殊状哉？宋文宪公之生也，紫衣未脱；薛文清公之生也，肌如水晶。奚必征诸往代，夫鹤龄亦有然者矣。赞曰：有鹤南飞，翔于江皋。玄裳缟衣，高栖松巢。曾氏夙兆，诞瑞弥昭。孙绳祖武，振羽烟霄。”

刘公球赞曰：“观公文章，卓欲古追。敛而就实，放而出奇。洪流巨浸，不可涯窥。至其为德，毅不苟随。外虽方严，内实坦夷。垣圭珙璧，莹莫为疵。第擢大魁，名足远施。官亚内相，位实不卑。享年近六，寿已如斯。”

吉水刘充化尝赋《吉郡十状元诗》云：“天开文运盛庐陵，累占鳌头已十人。胡广时中兼子启，彭时刘俨与罗伦。后来彭教同曾彦，前有陈循并鹤龄。何事三元争些子，斯文颙望在明春。”（尹直《琐缀录》）

（明）顾祖训原编、（明）吴承恩增补、（清）陈枚续补《状元图考》卷一·状元曾鹤龄 永乐十九年辛丑，廷对之士陈中等二百人，擢曾鹤龄第一。

按，曾鹤龄，字延年，号松坡，江西泰和人。母梦星坠卧内，乃生鹤龄。既冠，以《书》经擅名，由儒士与兄椿龄同中乡荐。明年会试，鹤龄留养于家，兄举进士，为翰林庶吉士以没。养母五年，学者争师之，母命赴试，得举进士，擢第一，授修撰，年三十九。是岁龙洲水溢，又应状元之谶。

（清）陶成等《江西通志》卷七十七·人物十二·吉安府三·明 曾鹤龄，字延年，永乐辛丑及第第一人，授修撰，历升侍讲学士。子蒙启、蒙简皆举进士。蒙简擢御史，卓有风裁，其子追进士及第，官编修。鹤龄所著有《松坡集》、《腘叟集》。（《豫章书》）

按，曾鹤龄事详见王文端所撰《墓志》中。

（清）张豫章等《御选明诗》姓名爵里二·诸家姓名爵里 曾鹤龄（字延年，泰和人。永乐辛丑赐进士第一，累官南京翰林院侍讲学士。有《松腘集》）。

（明）焦竑《国朝献征录》卷二十·翰林院一·侍讲学士·曾鹤龄 （存目）

（明）过庭训《明分省人物考》卷六十三·江西七·曾鹤龄 （存目）

（清）陈田《明诗纪事》乙签卷十一·曾鹤龄 （存目）

（清）阎湘蕙《明鼎甲征信录》卷一·曾鹤龄 （存目）

科　第

（一）乡试

（清）陶成等《江西通志》卷五十二·永乐三年乙酉乡试 曾鹤龄（泰和人）。曾春龄（泰和人）。

（二）会试、殿试

（明）杨荣《文敏集》卷九·进士题名记 永乐辛丑，实皇上正大统之二十年。先是上巡狩北京，营建都邑，至是告成。春正月元日乃御奉天殿受朝，万国来同，景命惟新。而是岁适当会试贡士之期，领乡荐而萃京师者三千人，礼部拔其尤者二百二人。三月望日，上临轩策试。越二日，以曾鹤龄为第一，刘矩次之，裴纶又次之，赐进士及第，余赐进士出身有差。揭黄榜于长安门外，公卿大夫暨士庶人咸谓："都邑肇建而人才汇进如此，夫岂偶然哉！"莫不欢忻鼓舞，以为目睹盛事，诚旷世之嘉遇也。有司复进题名于国子监，上命臣荣为记。

（明）杨士奇等《明太宗实录》卷二三五 永乐十九年三月丁丑，上御奉天殿，试礼部选中举人陈中等，及前科未廷试举人尹安，凡二百一人。制策曰："帝王之治天下，必有要道。粤自尧舜至于文武，圣圣相传，曰执中、曰建中、曰建极，千万世帝王，莫不守此以为天下治。朕自莅祚以来，夙夜祗承，亦惟取法于唐虞三代，然而治效未臻，其极者何欤？意所谓中极之外，抑别有其说欤？且古今论治之盛者，于舜则曰无为，于武王则曰垂拱，稽之于书，舜命九官十二牧，敬天勤民，制礼作乐，敷教明刑，皆有专焉，安在其无为？武王大告武成之后，列爵分土，简贤任能，修五教，举三事，立信义，行官赏，亦有为矣，安在其垂拱？朕今欲无为垂拱而治，会舜、武将何所取法欤？诸生讲习先圣之道，所以考之于古，而宜之于今者，必有其说。朕诚以为非尧舜无以为道，非文武无以为法，非无为垂拱不足以为治。然所以求尽其道，求底其法，求臻其治者，亦尚有可得而言欤？其备陈之，无泛无略，朕将亲览焉。"

（明）黄佐《翰林记》卷十四·试录程序文字 （抑庵）又称："永乐辛丑杨文贞公司会试文衡，务先典实之作，以洗浮腐之弊。喜曾鹤龄诸作，多梓行之，至今评程文者，以是科为最。"盖洪武永乐间程文体皆浑厚，不特是科而已，诚宜录出，以正文体而变士习。

（明）廖道南《殿阁词林记》卷十四·程试 抑庵又称："永乐辛丑杨文贞公司会试文衡，务先典实之作，以洗浮腐之弊。喜曾鹤龄诸作，多梓行之，至今评程文者，以是科为最。"盖洪武永乐间程文体皆浑厚，不特是科而已，诚宜录出，以正文体而变士习。

（明）张朝瑞《皇明贡举考》卷三·（辛丑）永乐十九年会试 中式举人二百名：陈中，福建莆田县。

三月初一日，临策天下贡士，制曰：帝王之治天下，必有要道。粤自尧舜至于文武，圣圣相传，曰执中，曰建中，曰建极，千万世帝王莫不守此以为天下治。朕自涖祚以来，夙夜祗承，亦惟取法于唐虞三代，然而治效未臻，其极者何欤？意所谓中极之外，抑别有其说欤？且古今论治之盛者，于舜则曰无为，于武王则曰垂拱，稽之于书，舜命九官十二牧，敬天勤民，制礼作乐，敷教明刑，皆有专焉，安在其无为？武王大告武成之后，列爵分土，简贤任能，修五教，举三事，立信义，行官赏，亦有为矣，安在其垂拱？朕今欲为无为垂拱而治，舍舜武将何所取法欤？诸生讲习先圣之道，所以考之于古而宜之于今者，必有所说，朕诚以为非尧舜无以为道，非文武无以为法，非无为垂拱不足以为治，然所以求尽其道，求底其法，求臻其治者，亦尚有可得而言欤？其备陈无泛略，朕将亲览焉。

（时廷对之士二百一人，赐曾鹤龄等进士及第出身有差。鹤龄方严坦夷，俸入，悉以周族里之贫者。文章敛而就实，放而出奇，所著有《松波集》、《臞叟集》。官至侍讲学士。子序，宣德丁未，蒙简，正统乙丑，俱进士。孙追，成化戊戌进士第三人。是科薛瑄为理学名臣，从祀孔庙。刘球、于谦俱为名臣，部本缺。）

第一甲三名赐进士及第：曾鹤龄，江西泰和县。刘矩，直隶开州。裴纶，湖广监利县。

（明）张弘道、张凝道《皇明三元考》卷二·永乐十九年辛丑科大魁 状元曾鹤龄（江西泰和人，字延平，号松坡、臞叟。弱冠以书擅名乡郡，由儒士与兄椿龄同领乙酉乡荐。明年，鹤龄留养于家，兄举丙戌进士，改庶吉士，以殁。鹤龄养母十五年，学者争师之。至是科及第，年三十九。为人方严坦夷，俸入，悉以周族之贫者。文章敛而就实，放而出奇。预修《实录》，升侍讲学士，掌南院，寻致仕。所著有《松坡集》、《臞叟集》，藏于家。子序，宣德丁未进士，参议；蒙简，正统乙丑进士二甲第一名，按察使。蒙简子追，成化戊戌探花；迥，举人。玄孙梅，嘉靖癸丑进士）。

……

又 榜眼：刘矩（廷试卷已拟状元矣，上梦鹤止殿上，翼日检卷得曾鹤龄，遂为第一，矩第二）。

（清）陶成等《江西通志》卷五十二·永乐十九年辛丑曾鹤龄榜 曾鹤龄（泰和人。状元。侍读学士）。

（清）张廷玉等《明史》卷七·本纪第七·成祖三 （永乐十九年）三月辛巳，赐曾鹤龄等进士及第出身有差。

仕　宦

（明）黄佐《翰林记》卷十四·考两京乡试　正统戊午，侍讲学士曾鹤龄主考顺天府乡试。初试之夕，场屋火，试卷有残缺者，有司惧罪，不敢以更试为言，惟欲请葺场屋以终后两试。鹤龄曰："必更试，然后百弊涤，至公著。不然，虽无所私，亦招外谤。朝廷何惜一日之费以成此盛举哉？"有司具二说以进，命下，悉如鹤龄所言。众皆惧服。得士亦审。

又，卷十七·正官题名·侍读学士　曾鹤龄（延年，江西泰和人。永乐辛丑进士第一。正统中任）。

又，卷十七·属官题名·侍读　曾鹤龄（见前）。

又，卷十七·史官题名·修撰　曾鹤龄（见前）。

（明）廖道南《殿阁词林记》卷十四·乡试　正统戊午，侍讲学士曾鹤龄主考顺天府乡试。初试之夕，场屋火，试卷有残缺者，有司惧罪，不敢以更试为言，惟欲请葺场屋以终后两试。鹤龄曰："必更试，然后百弊涤，至公著。不然，虽无所私，亦招外谤。朝廷何惜一日之费以成此盛举哉？"有司具二说以进，命下，悉如鹤龄所言。后皆慑服得士云。

（明）雷礼《国朝列卿纪》卷二十二·南京翰林院掌署院事年表　曾鹤龄（江西泰和人。永乐辛丑状元。正统三年，以侍讲学士署院事。五年，卒于官）。

又，卷二十二·南京翰林院学士附署印行实　曾鹤龄，字延年，江西泰和人。永乐辛丑状元。正统三年，以侍讲学士掌院事，五年卒。

（明）王世贞《弇山堂别集》卷四十六·讲读学士表　曾鹤龄（江西泰和人，状元及第。正统三年以讲学领南院）。

（明）焦竑《玉堂丛语》卷六·科试　曾公鹤龄考顺天乡试，初试之夕，场屋火，试卷有残缺者，有司惧罪，不敢以更试为言，惟欲请葺场屋，以终后试。公曰："必更试，然后百弊涤，至公著。不然，虽无所私，亦招怨谤。朝廷何惜一日之费以成此盛举哉？"有司具二说以进，命下，竟如公言，众皆慑服。

（清）窦光鼐等《钦定日下旧闻考》卷四十八　原正统三年翰林侍讲学士曾鹤龄主考顺天乡试，初试之夕，场屋火，试卷有残阙者，有司惧罪，不敢以更试为言，惟欲修葺场屋以终后两试。鹤龄曰："必更试。"有司具二说以进，命如鹤龄所言。（《贡

举考》)

轶　事

(明)李贤《明一统志》卷五十六·吉安府·山川　龙洲(在泰和县治南。古谚云:"龙洲过县前,泰和出状元。"永乐乙未陈循、辛丑曾鹤龄应之)。

(明)焦竑《玉堂丛语》卷八·谐谑　曾公鹤龄,永乐辛丑会试,与浙江数举子同舟,其人率年少狂生,议论锋出。曾为人简默,在众中若无能者,各举书中疑义问之,逊谢不知,皆笑曰:"夫夫也,偶然与荐耳。"共呼"曾偶然"。已,众下第,曾抡大魁,乃寄以诗曰:"捧领乡书谒九天,偶然趁得浙江船。世间固有偶然事,不意偶然又偶然。"(《陆延枝说听》)

(清)陶成等《江西通志》卷九·山川三·吉安府　龙洲,在泰和县南一里,有定光僧留谶云:"龙洲过县前,泰和出状元。"明永乐间陈循、曾鹤龄,宣德间县典史曹鼐,成化间曾彦,后先应谶。

著　作

(清)朱彝尊《明诗综》卷二十一·曾鹤龄(一首)　鹤龄,字延年,泰和人。永乐辛丑赐进士第一,历官南京翰林院侍讲学士。有《松臞集》。

《罗知州之交趾分韵得北字》:惆怅杯酒闲,踟蹰衢路侧。迩别情所难,况君远行客。行客适何许,南交乃绝域。山川阻且修,匹马独登陟。丈夫四海志,万里犹咫尺。苦辛谅不辞,所思在明德。俯视川从东,仰睇星拱北。还朝会有期,侧伫听消息。

(清)黄虞稷《千顷堂书目》卷十八·别集类·永乐辛丑科(十九年)　曾鹤龄《松臞集》三卷(字延年,泰和人,一甲第一人,翰林院侍讲学士,摄南院事)。

(清)张廷玉等《明史》卷九十九·志第七十五·艺文四　曾鹤龄《松臞集》三卷。

(清)曹仁虎等《钦定续通志》卷一百六十二·艺文略·文类第十二上·别集·明　《松臞集》二十八卷(明曾鹤龄撰)。

（清）纪昀等《钦定四库全书总目》卷一百七十五·集部二十八·别集类存目二·《松臞集》二十八卷（江西巡抚采进本）　明曾鹤龄撰。鹤龄，字延年，一字延之，泰和人，永乐辛丑进士第一，官至侍讲学士。诗多牵率之作，命意不深，而措词结局往往为韵所窘，殆非所擅长。文则说理明畅，次序有法，大抵规抚欧阳，颇近王直《抑庵集》，而沉著则不及也。直为作墓志，于其文章亦无所称誉云。

（清）曹仁虎等《钦定续文献通考》卷一百九十一·经籍考·集（别集三）**·明**　曾鹤龄《松臞集》二十八卷。鹤龄，字延年，一字延之，泰和人。永乐辛丑进士第一，官至侍讲学士。

杂　　录

（明）杨荣《文敏集》卷七·送侍读曾鹤龄归省　才高曾占甲科名，官任词垣独有声。载笔久看承雨露，宁亲今喜荷恩荣。长河风暖冰初泮，故里花开日正晴。想见升堂频拜舞，满倾春酒祝长生。

（明）杨士奇《东里文集》卷五·对雨诗序　永乐癸卯正月乙未，天子大祀于南郊，前期五日，百官斋沐出宿，将受誓戒。是日微风东兴，及午而雨霏霏冥冥，迨夕弗止。春阳初畅，寒冰不作。而斋庐同宿者，予与余学夔、钱习礼、陈光世、周恂如、曾鹤龄、陈德遵、彭显仁、胡永齐、周功叙、刘朝宗，咸心悦神融。

（明）杨士奇《东里续集》卷六·送刘鼎序　余奉命主文衡，凡得士二百人，而闽人陈中第一，吾邑曾鹤龄第二，又选可以为校官者三百人。既而二百人入对大廷，上亲擢鹤龄第一。于是公卿大夫皆欣喜庆告曰："天下之大公也。"

（明）金幼孜《金文靖集》卷一·五言古诗·万竿烟雨图为侍读曾鹤龄作　平生爱佳竹，常有江南情。忽此见新图，玩之有余清。千竿挺寒玉，一片潇湘青。离离紫凤梢，尚与烟云平。依微拂崖石，隐约入杳冥。声杂瀑泉小，色映寒溪明。茅亭亚苍雪，美韵谐琴声。旁有灌木聚，鸟雀时喧鸣。秋风即摇落，突兀枝交撑。独高此君节，寒暑无变更。不逐桃李芳，不随蒲柳零。惟应松与柏，可以同坚贞。

（明）王直《抑庵文集》后集卷一·节孝堂记　节孝堂者，龙泉教谕萧孔资奉母之堂也。奉母之堂而名之曰节孝者，所以著母德也。母孺人曾氏，故翰林侍讲学士鹤龄之女兄赠翰林修撰梅岩先生之子。曾故泰和儒家，闺门之内有礼法，故孺人在家为贤。女年十九嫁为同里萧□之妻。

又，后集卷十·序·文溪曾氏族谱序 予泰和多故家，文溪曾氏其一也。其先居金陵，有延构者避五季之乱，始徙焉。世至弥高又徙城西汝南坊。衣冠文物之盛，至于今累世矣。在宋之时，温甫先生博学笃行而极孝于亲，亲没，庐墓有慈乌随集之异。四子安辞、安止、安中、安强皆以科第入官，安止初得第即奏请回授其父，时虽不许，而士论高之。安中以直言忤宰相，置名党籍。安强孝行似其亲，而功业尤为当时所推重。有元盛时，怀可先生复以文行表乡邑。及其乱也，传道先生以绍兴路照磨居家，率乡兵御邻寇，兵败骂贼而死。源友先生以身扞贼刃，全其母于危亡之际，其所立卓然有过人者，此予幼所闻者也。其后乃得见九韶先生之子伯高、源友先生之子东铭、其从子性存之三君者，皆所谓端厚君子也。伯高君之子椿龄同余游，好学如饥渴之于饮食，其文行有足尚者，与予相继登第入翰林，不幸早卒。而其弟鹤龄遂举进士第一，入为修撰。曾氏之贤，前后相望如此，何其盛哉！予尝观之：贞松产乎原野，由一寸之萌，以至于大百围，历千岁，拂日月而干云霓，其材可以充栋梁、备榱桷，其精液之沦为茯苓、为琥珀，可以济于用，何也？必据夫土田之腴，水泉之润，其所滋殖者厚故也。故家大族，祖宗之德立，诗书之泽长，故其子孙有所凭藉，是宜贤才之多而传绪之远。曾氏之盛，其此之谓矣。然则盛衰之致，岂非系于人乎哉？盖积于前者既厚，而后之善继者亦无穷，则其盛也可以久长而不败。若伦理之不明，恩谊之不笃，下陵而上替，内肆而外侮，其能悠久盛大者少矣。曾氏之祖宗修其孝弟忠信之行，而诗书礼乐以文之，故鹤龄之兄弟与其族人之子弟皆得食其余矣。自是而后，其善继之哉！鹤龄有母年八十，而孝敬之心日笃，不忘抚其兄之子，不异于己子，其操行又如此，诚足以愧鄙夫，警流俗。使其一族之人皆若是其厚焉，则其后世子孙之盛可量哉？鹤龄以家谱求余言，故为之序如此，既信其已然，而又期其效于将然者也。

又，后集卷十三·赠曾侍读归省序 （存目）

又，后集卷二十三·送朱教谕考满诗序 岁辛丑，登进士者五人，而曾鹤龄又魁天下。鹤龄虽不自学校出，要以学校为之倡也。由是天下论士者，皆以泰和当甲乙之数，于乎！盛哉！

（明）黄佐《翰林记》卷十九·门第 馆阁中门第最盛者：曾鹤龄举进士第一，其子蒙简举进士二甲第一，蒙简子追举进士第二，三世皆传胪。

（明）张弘道、张凝道《科名盛事录》卷一·元魁盛事·祖孙元魁 泰和曾鹤龄（永乐辛丑状元），孙追（成化戊戌探花）。

又，卷二·科第盛事·三世进士 泰和曾鹤龄（永乐辛丑状元。侍讲学士），兄椿龄（丙戌。庶吉士），子序（宣德丁未。参议），蒙简（正统乙丑。廉使。俱鹤龄子），孙追（成化戊戌探花。编修），迥（举人。俱蒙简子）。

（明）徐应秋《玉芝堂谈荟》卷五·事有巧合 国朝永丰曾鹤龄中永乐甲申状元，

生洪武乙巳九月七日亥时；□□□追，中成化戊戌探花，亦生于洪熙乙巳九月七日亥时。祖孙高第而生辰年月日时皆同。

（清）葛万里《别号录》卷七·松 曾鹤龄（延年。松朧。学士。宣。江）。

永乐二十二年（1424）甲辰科状元邢宽

传　记

（明）廖道南《殿阁词林记》卷六·雝学·侍讲学士署祭酒邢宽　邢宽，字用大，直隶无为州人。幼颖敏，力学不辍。永乐甲辰廷试，初拟孙曰恭为第一，太宗皇帝以“曰恭”一“暴”字耳，及见“邢宽”二字，甚喜，遂亲擢为第一，授修撰。预修《仁宗实录》，转侍讲。正统戊午，预修《宣宗实录》，赐织金文绮，加从五品俸。己未，同考会试。寻引疾家居，上言民情十余事。丙寅，召至复任。丁卯，主考顺天乡试。景泰壬申，进侍讲学士，署南京国子监事，卒。廖道南曰：“予考《国史》，称宽居家孝友，与人交，终始不渝，且处心夷坦，于物无所忤。嗟乎，庸言之信，庸行之谨，岂一朝一夕之故哉，盖其所养者厚矣。”赞曰：霍山之麓，实为庐郡。佳气郁结，中启昌运。邢君之起，夙著休闻。历事四朝，蔚然有文。

（明）陈鎏《皇明历科状元录》卷一·永乐二十二年甲辰状元邢宽　廷对之士叶恩等一百四十八人，擢邢宽第一。

邢宽，字用大，直隶无为人。幼颖敏力学。永乐甲辰廷试，初拟孙曰恭为第一，太宗谓:“‘曰恭’乃一‘暴’字也。”及见“邢宽”二字，甚喜，亲擢第一，授修撰。预修《仁宗实录》，转侍讲。正统戊午，预修《宣宗实录》，赐织金文绮，加从五品俸。己未，同考会试。寻引疾家居，上言民情十余事。丙寅，召至复任。丁卯，主考顺天乡试。景泰壬申，以侍讲起复，适南京掌院员缺，吏部推宽，命以本职往莅。内阁奏言：“学行老成，使以属官从公卿后，事体未便。”乃得升侍讲学士，署南京国子监事。甲科至是将三十年矣，竟终于五品。廖道南曰：“予考《国史》，称宽居家孝友，与人交，终始不渝，且处心夷坦，于物无所忤。盖其所养者厚矣。”赞曰：“霍山之麓，实为庐郡。佳气郁结，中启昌运。邢君之起，夙著休闻。历事四朝，蔚然有文。”

永乐中，屡策进士，江北之人占名第一者，惟宽一人。太宗得之喜，以丹书其名于榜首。前此第进士未有丹书其名者，至是始有之。当时咸以为宠遇，意必大用也。宽家富且殷，宦游十数年归，而母安人尚无恙，兄弟子姓同居者千指，名园别墅远近相望，而芝岭、巢湖莫非其宴游之地、吟咏之资。其为乐也，当不减季真居鉴湖、乐天在龙门矣。（刘球《送行序》）

其先世有仕者，每为囚求生道曰：“与其杀不辜，宁失不经。”人多感之，因得此报。（《状元记事》）

（明）顾祖训原编、（明）吴承恩增补、（清）陈枚续补《状元图考》卷一·状元邢宽 永乐二十一年甲辰，廷对之士叶恩等一百四十八人，擢邢宽第一。

按，邢宽，字用大，直隶无为人。幼颖敏力学。廷试初拟孙曰恭第一。上谓：“‘曰恭’乃一‘暴’字也。”及见“邢宽”二字，甚喜，擢第一。以丹书其名，前此未有，当时咸以为宠遇。宽家富且殷，宦游十数年，及归，而母尚无恙。宽先世有仕者，每为囚求生道，曰：“与其杀不辜，宁失不经。”人多感之，因得此报。

（明）过庭训《明分省人物考》卷三十四·南直隶庐州府二·邢宽 （存目）

（清）阎湘蕙《明鼎甲征信录》卷一·邢宽 （存目）

科　第

（明）杨士奇《东里续集》卷一·永乐二十二年进士题名记 是岁（永乐甲辰）三月朔，太宗文皇帝临轩策士。其又明日传胪，赐邢宽等百五十人进士及第出身、同出身。未几，车驾北征，又未几文皇帝上宾，国家洊有大事，故树碑缓今。

（明）杨士奇等《明太宗实录》卷二六九 永乐二十二年春三月丁丑朔，上御奉天门试礼部选中举人叶恩等百五十人。制策曰：“朕惟圣帝明王之治天下，其大者在祀与戎。稽之方册，冬至祭天于圜丘，夏至祭地于方丘，又云合祀天地于南郊，分祭、合祭果有其说欤？《书》称禋于六宗，祭法乃云七祀，而《曲礼》又称五祀，其言之不同，何欤？古者天子推其祖之所自出而祭之，谓之禘。夫既有禘，而又有所谓祫祭，禘祫之外，复有所谓禴祠烝尝者，果何欤？郊社宗庙之礼，备著于经，其仪物制度尚可得而详辨欤？兵始于黄帝，然周设六军，因井田而制军赋，其法可得而闻欤？管子作内政以寓军令，抑有合于古否欤？汉置材官于群国，京师有南北军之屯；唐置府兵彍骑；宋置养兵，又有所谓厢兵、禁兵，其制可得而论欤？粤自三代以及汉、唐、宋之用兵，有谲有正有逆有顺，皆可指实而言欤？古之善用兵者，莫如孙子，其言曰：兵者，国之大事，必经之以五事。又曰：治兵不知九变之术，虽知五利，不能得人之用。此其言果何所本欤？曰五事、曰九变、曰五利，抑可得而悉数欤？朕自即位以来，于祀戎二者，未尝不致其谨，然其言论之异同，制度之沿革，不可以不考。诸士子博古通今，将有资于世用，其详陈之，毋泛毋略，将览焉。”

（明）张朝瑞《皇明贡举考》卷三·（甲辰）永乐二十二年会试 中式举人一百五十名：叶恩，浙江临海县。

三月初一日，临策天下贡士，制曰：朕惟圣帝明王之治天下，其大者在祀与戎。稽之方册，冬至祭天于圜丘，夏至祭地于方丘，又云合祀天地于南郊，分祭、合祭果有其说欤？《书》称禋于六宗，祭法乃云七祀，而《曲礼》又称五事，其言之不同，何欤？古者天子推其祖之所自出而祭之，则谓之禘。夫既有禘，而又有所谓祫祭，禘祫之外，复有所谓禴祠烝尝者，果何欤？郊社宗庙之礼备著于经，其仪物制度尚可得而详辩欤？兵始于黄帝，然周设六军，因井田而制军，赋其法可得而闻欤？管子作内政以寓军令，抑有合于古否欤？汉置材官于郡国，京师有南北军之屯；唐置府兵，号彍骑；宋置养兵，又有所谓厢兵、禁兵，其制可得而论欤？粤自三代以及汉唐宋之用兵，有谲有正有逆有顺，皆可指实而言之欤？古之善用兵者莫如孙子，其言曰：兵者，国之大事，必经以五事。又曰：治兵不知九变之术，虽知五利不能得人之用，此其言果何所本欤？曰五事、九变、曰五利，抑可得而悉数欤？朕自即位以来，于祀、戎二者，未尝不致其谨，然其言论之异同，制度之沿革，不可以不考。诸士子博古通今，将有资于世用，其详陈之，无泛无略，朕将亲览焉。

（时廷对之士一百四十八人，赐邢宽等进士及第出身有差。初拟孙曰恭第一，上谓：“‘曰恭’乃一‘暴’字也。”及见“邢宽”二字，甚喜，擢为第一。永乐中，屡策进士，江北之人占名第一者，惟宽一人。上丹书其名于榜首，以宠异之。国史称宽家居孝友，与人交，始终不渝，且处心夷坦，于物无所忤，官至侍讲学士。是科轩輗、耿九畴俱为名臣。部本缺。）

第一甲三名赐进士及第：邢宽，南直隶无为州。梁禋，顺天府宛平县。孙曰恭：江西丰城县。

（明）张弘道、张凝道《皇明三元考》卷二·永乐二十二年甲辰大魁 状元邢宽（直隶无为州人，字用大，累官侍讲学士，掌南院。宽家富且殷，宦游十数年归，而母尚无恙，兄弟子侄同居者千指。国史称其居家孝友，与人交，终始不渝，且处心夷坦，于物无所忤。）……（上初取孙曰恭第一，嫌其名近“暴”字，曰孙暴不如邢宽，擢宽第一，仍以丹书一甲第三名，一时称异事云。）

（清）张廷玉等《明史》卷七·本纪第七·成祖三 （永乐二十二年三月）己卯，赐邢宽等进士及第出身有差。

仕　宦

（明）黄佐《翰林记》卷十二·稽考参对　稽考参对《太宗、仁宗两朝实录》，以修撰邢宽、蒋礼、胡穜，编修陈询、刘矩、裴纶、梁禋、孔目沈寅为之，盖纂修之次也。然宽乃永乐甲辰进士第一，禋次之，孙曰恭又次之，宽、禋同为稽考参对，而曰恭乃得纂修，此类最多有不可晓者。

（明）雷礼《国朝列卿纪》卷二十二·南京翰林院掌署院事年表　邢宽（直隶无为人。永乐甲辰状元。景泰三年，以侍讲学士署院事。五年，卒于官）。

又，卷二十二·南京翰林院学士附署印行实　邢宽，字□□，南直隶无为人。永乐甲辰状元。景泰三年，以侍讲学士掌院事。五年，卒于官。

轶　事

（明）黄瑜《双槐岁钞》卷三·首甲朱书　永乐甲辰进士，邢宽第一，梁禋第二，孙曰恭第三。首甲姓名皆朱书，前此所未有也。先是，读卷官奏，以曰恭为状元，上以其名类"暴"而易以宽。相传文庙谓曰为日，杨士奇以曰对。问："何以知之？"曰："臣闻，名字者不以日月，不以山川，以是知之。"榜出，人以朱书之异，喧谓三人者必大用也。然禋终编修，曰恭终侍读。景泰壬申，宽以侍讲起复，适南京掌院员缺，吏部推宽，命以本职往莅。内阁奏言："宽学行老成，使以属官从公卿后，事体未便。"乃得升侍读学士。甲科至是将三十年矣，竟终于五品。

（明）王世贞《弇山堂别集》卷八·皇明异典述三·朱书黄榜　永乐甲辰，上临轩策士，初以孙曰恭为第一，邢宽为第二。既而曰："孙暴不如邢宽。"遂擢宽第一，曰恭第三，仍朱书黄榜。一时以为盛事。

（明）王世贞《凤洲杂编》卷四·孙暴邢宽　甲辰，赐邢宽等及第。上初取第一孙曰恭也，嫌其名近暴，曰："孙暴不如邢宽。"遂擢宽第一。梁禋第二，曰恭第三，俱用朱书填黄榜，远近称异事云。

（明）焦竑《玉堂丛语》卷六·科目　永乐甲辰，上临轩策士，以孙曰恭为第一，邢宽为第二。既而曰："孙暴不如邢宽。"遂擢宽第一，仍朱书其名于榜首，一时以为盛事。

（明）张萱《西园杂记》卷上·孙暴邢宽 甲辰赐邢宽等及第，上初取第一孙曰恭也，嫌其名近暴，不如邢宽，遂擢宽第一。

杂　录

（明）杨士奇《东里集》续集卷五十四·诗·题竹送邢侍讲归无为（二首） 永乐年中擢殿元，胪传第一拜金銮。五云东畔蓬莱阁，浩荡身沾四圣恩。

一枝苍玉赠卿行，不尽同官缱绻情。知有乡人候归旆，夜来南斗避文星。

宣德二年（1427）丁未科状元马愉

传　　记

（明）杜宁《赠翰林学士资善大夫礼部尚书马公行状》　公讳愉，字性和，号澹轩。其先系出扶风。宋时讳近者为青州教授，遂家临朐。高祖讳庆，曾祖讳天骖，祖讳景信。世业儒，皆有隐德不仕。父士贤以公贵封翰林修撰，再封翰林侍讲学士，阶奉直大夫，淳德懿行，乡称古人长者。母刘氏，继魏氏，皆赠宜人；张氏封宜人。

公生四岁知读书，能属对，声律出口不思，动有奇语。祖父异而钟爱之，抚其顶曰："儿他日当大吾门。"八岁母卒，哭踊如成人，三日勺饮不入口，朝夕哀慕，遂致瘠毁，终丧久之始愈。魏继育公，甚有恩义，丧之亦然。稍长，补邑庠弟子员，潜心笃学，殆忘食寝。处朋辈无狎言戏行，师友咸器重之。部使者莅学以考诸生，得公之文，惊曰："奇才！勉之，必魁天下，勿自足也。"以《礼》经中永乐庚子乡荐第三，赴会试，道遇疾而归，闭门读书，屏绝人事数年，无所不窥。宣德丁未，礼部中前选，廷试擢进士第一，赐朝服银带，除翰林修撰。今上为皇太子，将御春宫听学，欲选用臣属，宣宗皇帝御文渊阁召公等十余人试《诸葛孔明可与兴礼乐论》，公所作称旨，赐宝楮，月给灯烛费，使益进学，盖将为辅导计也。上嗣位，正统元年同考礼部会试，简拔精允。既而诏开经筵，以公兼经筵官，赐白金、宝楮、彩币，日以二帝三王周孔之道，正心、修身、经纶之要讲说左右，研极旨趣，反覆敷扬，所以开导上心，辅成圣德者备至，上深嘉纳，时赐金带及时服食物尤厚。以秩满升侍读，三年，纂修《宣庙实录》成，升翰林侍讲学士，赐金币如故事。五年，奉旨入文渊阁，预闻机务。十年，主考礼部贡士，未几，拜礼部右侍郎兼侍讲学士。公自释褐，登朝二十年，致位清显，承顾问，被宠遇，谋猷密勿，赞襄之益居多，士大夫以为荣，而公歉然若不胜，夙夜祗慎，以清静自守，门无私谒，淡如也。上益重公之贤，十二年九月壬辰起将趋朝，风中，仆不能言，上闻，遣中官并善药，以医来视。越乙未卒，年五十有三。讣闻，上深嗟悼，赐赙钞二千锭及棺敛，遣礼部尚书胡濙致祭，特赠翰林学士、资善大夫、礼部尚书。归其丧，命有司为营宅兆，公卿士大夫吊者相属，莫不陨涕痛惜焉。

公为人端重简默，和厚谦慎，喜愠不见，人莫窥其际。与人无贵贱少长，言如恐伤之，尤乐道人善，未尝及人之过。性至孝，事继母曲尽诚意，得其欢心。厥父学士先生惟公一子，欲迎就养，以年高不可，乃尽推其俸给于乡以养亲，甘旨丰备。每有内赐嘉味，必推使附之。先生在家疾，公忽心动，彷徨不寐，翼日即以情乞归视。上允之，命驰驿往，加赐道里费。公至，先生感激喜甚，疾愈。未浃旬，谓公曰："倚圣天子宠恩，吾幸复生。汝宜速还，竭忠图报，毋以我为念也。"公笃于为义，不事厚蓄，所得禄赐，遇乡人居京师贫者，周之；寒且饥者，衣食之；死则棺敛之，无吝色。为文章敏赡有法，不务雕斫，而浑厚驯雅，自不可及。有文集若干卷，藏于家。配陈氏封宜人，有贤行，与公合德。子男二，曰征，曰徽。女一人，淑婉未行。孙男一人石麟。以是年月日葬于乡之原。宁忝公同年，从公游且厚，知公平生为详，故述其大节为行状，乞辞于大人先生，用垂不朽云。

翰林侍讲杜宁谨状。

（录自［明］马愉《马学士文集》卷首）

（明）《赠学士礼部尚书马公神道碑铭》 天之生才，固将为世用，然亦关乎国家之气运焉。人君怀治道经远之虑，旁求贤才，尊礼荣养，以备任用，是能副天之意。贤才充夫天之所以与我者，随所任用以行其道，是能副君之意。上焉者，其道德法乎帝王，勋业著于社稷，铿锵振耀，流闻永世，固非众人之易及。其次，学问足以阐明治理，文章足以鸿猷光明，俊伟名著一代，若汉之董、贾，唐之韩、陆，宋之欧、苏诸君子，盖本天之所生，国家气运所关，岂易得哉！肆历代贤明之君所以汲汲焉简援储养，以膺国家之用，非徒尔也。我朝圣圣相承，教化浃洽，贤才彬彬辈出，其学问文章追美夫古之君子，盖有其人矣。

宣宗皇帝即位初，屡诏中外，博访学文才能之士，用图治理。明年，值龙飞第一科，上曰："自古制科以得人为盛，愿得忠孝士足矣。"及试毕，开卷首选得临朐马愉。制科北人占首选者自公始。上甚悦，授翰林修撰，且勉进学，以期后用。今上将御春宫，宣宗皇帝欲选贤才备臣属，拔翰林官及进士共三十一人，比永乐初二十八宿例，绩学秘阁，恩礼有加，公其首也。试《诸葛孔明可与兴礼乐论》，公所作称旨，赐以宝楮，益勉进学。今上嗣位之明年，改元正统，诏开经筵，馆阁之臣多预选，择礼部尚书兼翰林学士杨公溥等五人日侍讲读，公与之，岁时屡赐三品服带。二年，以秩满升侍读。三年，以《宣庙实录》成，恩升侍讲学士。五年，预闻机务于文渊阁。十年，迁礼部右侍郎兼侍讲学士。十二年九月六日以疾卒，享年五十有三。初得疾，上日赐药遣医视疗。既卒，深加悼惜，特循师保例赐赙万缗及棺椁，赠翰林学士、资善大夫、礼部尚书。自前文武大臣赠官者，率加其正职，公始并兼职加之，盖出特恩。复遣礼部尚书胡濙谕祭，命有司归丧营葬于乡。葬毕，其子人谢，诏为国子生。

公遭际圣明，恩礼隆厚，存殁光荣，何其如是之盛也？盖公端厚凝重，谨畏勤恪，其侍经筵惟以帝王仁义之道为陈，进退从容，有古君子风。其在秘阁，凡所论事务存宽厚，不尚琐细，得大臣体。初少师杨公士奇展墓还，言及所历郡县预备仓皆废弛，甚至垣址弗存者，民何所济？或曰：“兹废已久，比比然，其何能理？”公徐曰：“政之兴废在人。此养民之要，岂可少缓耶？”少师公即议以闻，遣廷臣遍历郡邑，修弊举废，民争出粟廪，所在充足，蒙其济者不可胜计。郡县疑狱被系，岁久不决，有诖误致死者。少师公累以为言曰：“古云死者不可复生，感伤和气率由于此。”遂议以言，诏遣中内法司练达刑名者详审之，直其冤，多所全活。夷寇鼠窃扰边，朝廷命率兵往剿之，会其别部四十余徒来，有请执朝议佥同。上遣左右问于馆阁，时公与予合辞对曰：“朝廷以赏善罚恶为治。苟赏罚至公，则人心信服。若因恶以执其善，岂为治之道?”左右辩问再三，公终不易辞。上从之，赏其使遣回，部属感悦，皆相率来谢。凡论言不轻先发，俟人尽其所长，审其可否，惟义是从，故于事多所裨益率类此。公与礼闱两为考官，克尽乃心。遣祭先圣孔子及凡陪祀必诚敬兼至，简在上心推恩优待，虽没身不衰。

性聪敏，自四岁知读书，稍长出语惊人，大父喜曰：“是儿必先大吾家!”暨选补邑生，刻志苦学，至忘寝食，师友咸器重之。上官课试，观其所作，必以奇才称之。永乐庚子，以《礼》经举乡选第三，遘疾不获会试，因得肆力问学，遂膺首选。既入翰林，种学绩文，日大以肆。平居至孝，八岁失恃，执丧如成人。事继母尽孝敬。以父母春秋高，无他兄弟奉养，请以所得俸给于乡以养亲。凡受诰封赠推恩及亲，再继母张氏累封宜人，其初继母魏氏未得请，公恳陈其情，特恩给之。父尝得疾，公心动，即请于朝，诏给驿及道里费归省。既至，父喜，即愈，人咸以孝诚所感。公自处愈若不逮，襟度闲雅，于士大夫交谦恭和易，有忤之者亦不较。乡人往来者率以礼相接，略不以势位介意。公平生实行若此，其符忠孝之期宜矣。使天假之以年，其所就庶几追美古之君子。惜乎竟以中年而没，故自勋贵至公卿大夫皆哀悼痛惜无已也。

公讳愉，字性和，其先扶风人，在宋有讳近者，为青州儒学教授，因家临朐。曾祖天骖，祖景信，皆业儒，有隐德。父士贤，乡称善人，封翰林修撰、儒林郎，再封翰林侍讲学士、奉直大夫。母刘氏累赠宜人，继母魏氏、张氏封赠如制，皆自公推恩也。配陈氏有淑行，封安人，进封宜人。子男二人，长即征，次徽。女一淑婉。孙男一人石麟。所著文章若干卷，藏于家。时户部侍郎兼翰林学士陈公尝为志之以葬。征复奉其父执侍讲杜宗谧所为状属予文，刻诸墓石。予自经筵馆阁十五年于兹进退起居，未尝一日相离，正资丽泽之益，而公遽溘先朝露，墓石之文，予岂可辞邪？述其概而铭之曰：

公昔挺生海岱间，清气洒洒起尘寰。登岱匪但穷巑岏，观海直欲瞰波澜。远究义轩扣玄关，往师孔颜造杏坛。文章五彩备凤鸾，乘时飞向青云端。高叫阊阖呈琅玕，引领群仙谒金銮。明良遭际天颜欢，云龙风虎何盘桓。彯缨垂组光儒冠，操觚濡毫耸世观。日侍圣学靡敢安，秪掌帝制竭寸丹。功成回首遂盖棺，清风明月路漫漫。神游八极天地宽，玉埋九泉松柏寒。殊恩没后犹重颁，穹碑懿行人难攀，于乎君子竟不还!

正统十三年。

（录自［明］马愉《马学士文集》）

（明）李贤等《明一统志》卷二十四·青州府·人物·本朝 马愉（临朐人。宣德丁未进士第一。授翰林院修撰，累迁侍讲学士，预闻机务，侍经筵。性资淳笃，论事务存宽厚，尝奏谳疑狱经年不决者。迁礼部右侍郎，兼侍讲学士。卒赠翰林院学士、礼部尚书）。

（明）廖道南《殿阁词林记》卷三·阁学·文渊阁学士赠礼部尚书马愉 马愉，字性和，山东临朐人。宣德丁未进士第一，授修撰。正统初，转侍读，倚经筵。预修《宣庙实录》，进侍读学士。庚申，命入内阁。乙丑，迁礼部侍郎兼侍读学士。尝奏谳疑狱，多所平反。两考会试，甄拔才隽，人咸称之。忽晨起赴朝，仆不能语。事闻，即命医往治，越四日卒。年五十三。上闻嗟悼，赐棺椁赙镪万缗，命有司营兆域。赠礼部尚书兼学士。旧例，赠者无兼官。兼之，自愉始。廖道南曰："予观《山东》志，谓愉淳雅宽厚，行义可式。及读国史，则又云端重简默，自处淡如，门无私谒。于乎，使居台揆者其门如市，其心如水，亦何愧于愉哉。"赞曰：青州之野，长应虚危。伦魁之擢，文炳壁奎。商彭匪寿，子渊匪夭。大化司之，若彼莽眇。于乎若人，入掌丝纶，胡为遽陨，天夺良臣。天夺之良，不憖遗老。搜幽秘史，丹青厥貌。

（明）雷礼《国朝列卿纪》卷二十·翰林院学士讲读学士行实 马愉，字性和，山东青州府临朐县人。宣德丁未进士第一，授修撰。正统初，转侍读，侍经筵。三年，预修《宣宗实录》，进侍读学士。乙丑，主考会试，得商辂，人服其识。十年，命入内阁。详内阁。

（明）陈鎏《皇明历科状元录》卷二·宣德二年丁未状元马愉 廷对之士赵鼎等一百人，擢马愉第一。

马愉，字性和，号淡庵，青州临朐人。举进士第一，授翰林修撰。十二年，父病，归，赐驿骑并药饵费。正统初，转侍读，侍经筵。预修《宣宗实录》，迁侍读学士。庚申，命入内阁，预闻机务。己丑，迁礼部左侍郎兼侍读学士，知制诰。时命三法司会学士审囚，愉奏谳经年不决之狱，多所平反。两考会试，甄拔人才，人咸称之。忽晨起趋朝，仆不能语。上闻之，命医往治，越四日卒。年五十三。上嗟悼，赐棺赙营兆。赠礼部尚书兼学士。旧例，赠无兼官。兼之，自愉始。廖道南曰："予观《山东》志，谓愉淳雅宽厚，行义可式。及读国史，则又云端重简默，自处淡如。"其所养可知矣。赞曰："青州之野，象应虚危。伦魁之擢，文炳壁奎。商彭匪寿，子渊匪夭。大化司之，若彼莽眇。于乎若人，入掌丝纶。胡为遽陨，天夺良臣。"

临朐渡口，有土人夜乘凉，闻渡口鬼揶揄曰："明日午时我辈得替矣，可托生也。"其人约明午伺验之。至期，见一舟载五六十人，解缆鼓枻，忽一妇求渡，舟子挽舟载之渡，竟无他。至夜，仍于渡口纳凉，鬼复揶揄且哭曰："却被马丞相救了一舡人，我辈苦也。"土人迹其妇，乃马融长子之妻，正怀娠。后生一子曰愉，宣德丁未状元，后入

阁。其为世瑞，鬼神乌得害之哉！(《客坐新闻》)

自洪武甲子一新科目，迨今凡十五科，以廷对魁天下士者恒出于东南，而北方学者鲜与焉。愉独以东齐之秀魁天下士，北方学者与有光。

(明) 凌迪知《万姓统谱》卷八十五 马愉（字惟和，临朐人。宣德丁未进士第一。授翰林院修撰，累迁侍读学士，预闻机务，侍经筵。性资淳笃，论事务存宽厚，尝奏谳疑狱经年不决者。迁礼部右侍郎兼侍讲学士。卒赠翰林院学士、礼部尚书，谥恭襄)。

(明) 顾祖训原编、(明) 吴承恩增补、(清) 陈枚续补《状元图考》卷一·状元马愉 宣德二年丁未，廷试赵鼎等一百人，擢马愉第一。

按，马愉，字性和，号璞庵，山东临朐人。七岁方言，下笔成诵，后廷试第一，授修撰。二年父病，归，赐驿骑并药饵费。卒年五十三。

《客坐新闻》：临朐渡口有士人夜乘凉，闻渡口鬼揶揄曰："明日午时我辈得替矣，可托生也。"其人明午伺验之。至期，见一舟载五六人，解缆鼓枻，忽一妇求渡，舟子挽舟载之渡，竟无他。至夜，仍于渡口纳凉，鬼复揶揄且哭曰："却被马丞相救了一船人，我辈苦也。"士人迹其妇，乃马融长子之妻，正怀娠，后生一子曰愉，官至入阁。其为世瑞，鬼神乌得害之哉！

《皇明通纪》：自洪武甲子一新科目，迨今凡一十五科，以廷对魁天下士者恒出于东南，而北方学者鲜与焉。愉独以东齐之秀魁天下士，北方学者与有光。

(清) 朱彝尊《明诗综》卷二十四·马愉（一首） 愉，字性和，临朐人。宣德丁未赐进士第一。仕至礼部右侍郎兼侍讲学士。有《澹轩集》。

(清) 岳濬等《山东通志》卷二十八之三·人物三·明 马愉（临朐人，宣德丁未进士及第，累官至礼部右侍郎，赠翰林大学士、礼部尚书。有《澹轩文集》行于世)。

(清) 倪涛《六艺之一录》卷三百六十四·历朝书谱·明·马愉 马愉，字性和，临朐人。宣德二年进士第一。正统中，以礼部右侍郎兼学士直内阁。赠礼部尚书。(《列卿纪》)

王世贞《国朝名贤遗墨》有马愉书。(《弇州续稿》)

(清) 孙岳颁《御定佩文斋书画谱》卷四十一·书家传二十·明二·马愉 马愉，字性和，临朐人。宣德二年进士第一。正统中，以礼部右侍郎兼学士直内阁。赠礼部尚书。(《列卿纪》)

王世贞《国朝名贤遗墨》有马愉书。(《弇州续稿》)

（清）张豫章等《御选明诗》姓名爵里二·诸家姓名爵里　马愉（字性和，临朐人。宣德丁未赐进士第一。仕至礼部右侍郎兼侍讲学士。有《澹轩集》）。

（清）张廷玉等《明史》卷一百四十八·列传第三十六·杨溥（附马愉）　马愉，字性和，临朐人。宣德二年进士第一，授翰林修撰。九年秋，特简史官及庶吉士三十七人进学文渊阁，以愉为首。正统元年，充经筵讲官，再迁至侍读学士。时王振用事，一日，语杨士奇、荣曰："朝廷事久劳公等，公等皆高年，倦矣。"士奇曰："老臣尽瘁报国。死而后已。"荣曰："吾辈衰残，无以效力，当择后生可任者，报圣恩耳。"振喜而退。士奇咎荣失言，荣曰："彼厌吾辈矣，一旦内中出片纸令某人入阁，且奈何？及此时进一二贤者，同心协力，尚可为也。"士奇以为然。翼日，遂列侍读学士苗衷、侍讲曹鼐及愉名以进。由是愉被擢用。五年，诏以本官入内阁，参预机务，寻进礼部右侍郎。十二年卒。赠尚书兼学士。赠官兼职，自愉始。愉端重简默，门无私谒。论事务宽厚，尝奏天下狱久者多瘐死，宜简使者分道决遣，帝纳焉。边警，方命将，而别部使至，众议执之，愉言："赏善罚恶，为治之本。波及于善，非法。乘人之来执之，不武。"帝然之，厚遣其使。

（清）和珅等《钦定大清一统志》卷一百三十六·青州府三·人物·明　马愉（字性和，临朐人。宣德中进士第一，授修撰。九年，特简史官及庶吉士三十七人进学文渊阁，以愉为首。正统五年，以侍读学士入阁，参预机务。愉以文学受知两朝，端重简默，门无私谒，尝奏："天下狱久者多瘐死，宜简使者分道决遣。"帝纳焉。边警，方命将，而别部所至，众议执之，愉言："赏善罚恶，为治之本。波及于善，非法。乘人之来执之，不武。"帝然之，厚遣其使。历官礼部左侍郎卒）。

（明）过庭训《明分省人物考》卷九十七·山东青州府·马愉　（存目）
（清）徐乾学等《明史》卷二十五·马愉　（存目）
（清）汤斌《拟明史稿》卷九·马愉　（存目）
（清）王鸿绪《明史稿》卷一百三十八·列传第三十三·马愉　（存目）
（清）陈田《明诗纪事》乙签卷十六·马愉　（存目）
（清）阎湘蕙《明鼎甲征信录》卷一·马愉　（存目）

科　第

（一）乡试

（清）岳濬等《山东通志》卷十五之一·选举志·明·制科（举人）·庚子科

（永乐十八年）　马愉（临朐人，丁未进士）。

（二）会试、殿试

（明）杨士奇等《明宣宗实录》卷二十六　宣德二年三月己丑朔，上御奉天门策试举人赵鼎等。制曰："朕惟礼乐之道，原于天地，具于人心，所以治天下国家之大器也。盖以和神人，以辨上下，以厚俗化，皆由于斯。故圣帝明王咸所重焉。我国家自太祖皇帝，暨我皇祖皇考，圣圣相承，功成治定，法古主制，极于盛矣。爰及朕躬，获承鸿绪永，惟海宇之广，生齿之繁，化理之方，躬行为要，肆夙夜饬励，恭己思道，罔敢息宁。诸生学古有年，究于治理。夫合父子之亲，明长幼之序，以敬四海之内，而兵革不试，五刑不用，百姓无患，此盛治之至也。爰始行之，其事何先？乐由中出，礼自外作，近世大儒又谓其本皆出于一。夫欲安上治民，移风易俗，不考其本，何以施之？知礼乐之旨能作，识礼乐之文能述，稽诸往古，畴其当之？昔者，圣人制作之盛，极于虞周，配以伯夷、后夔、周公为之辅，仲尼定万世之制，何独取其韶冕欤？夫礼乐之效，致人心之感，则道德一而风俗同，致和气之应，则膏露降而醴泉出，器车、马图、凤凰、麒麟之物毕至，亦理之所必臻欤？朕虚己图治，冀闻至理，其悉陈之，将亲择焉。"上既发策，退御左顺门，谓翰林儒臣曰："国家取士，科目为先，所贵得真才，以资任用。古人取士于乡，其行艺素有定论，至朝廷复辨其官才，所以得人为盛。后世惟考其文学，而遂官之，欲尽得真才，难矣。然文章论议本乎学识，有实学者其言多剀切，无实见者其言多浮靡。唐虞取士亦常敷奏以言，况士习视朝廷所尚，朝廷尚典实，则士习日趋于厚，朝廷尚浮华，则士习日趋于薄。此在朝廷激励成就之有道也。"又曰："我祖宗之法，取士尚惇厚，不尚浮华。尔等其精择之，朕将亲览焉。"

（明）杨士奇《东里文集》卷一·宣德二年进士题名记　宣德二年三月朔，廷试进士，得马愉等百有一人。国朝廷试，天子御正朝，亲出制策。既第其高下，明日陈卤簿传胪，天子服皮弁、绛纱袍御正朝，文武群臣朝服东西序立。传胪既，群臣上贺，其词曰："天开文运，贤俊登庸。"士之与于斯者，其荣矣哉。自设科兼取南北士，而前十有五科，南士往往数倍于北。皇上嗣统之初，诏礼部科举岁取百人，南士什六，北士什四，著为令。盖简用人材，南北并进，公天下之道也。至是合前科未廷试者一人，而其第一人出山东。前此南北士合试，未有北士占首选者，有之，实自今始。

（明）王世贞《弇山堂别集》卷八十一·科试考一　宣德二年丁未，命行在太常寺卿翰林院学士杨溥，左春坊大学士兼翰林院侍读学士曾棨为考试官，取中赵鼎等。廷试赐马愉、杜宁、谢琏及第。

（明）王圻《续文献通考》卷四十六·选举考·举士四　宣宗宣德二年三月，上御奉天殿策试举人。上既发策，退御左顺门，谓翰林儒臣曰："国家取士，科目为先，所贵得真才以资任用。古人取士于乡，其行艺素有定论，至朝廷复辨其官才，所以得人为盛。后世惟考其文学，欲尽得真才，难矣！然文章论议半于学识，有实学者其言多剀切，无实见者其言多浮靡。唐虞取士亦尝敷奏以言，况士习视朝廷所尚，朝廷尚典实，则士习日趋于厚，朝廷尚浮华，则士习日趋于薄，此在朝廷激励成就之有道也。尔等其精择之，朕将亲览焉。”上亲阅举人所对策，赐进士马愉等一百一人及第出身有差。按是科分南、北、中卷取士。愉，山东临朐人。杨士奇云：“宣德前皆南北士合试，未有北士居首选者，有之自愉始。”

（明）张朝瑞《皇明贡举考》卷三·（丁未）宣德二年会试 中式举人一百名：赵鼎，浙江黄岩县。

三月初一日，临策天下贡士，制曰：朕惟礼乐之道，原于天地，具于人心，所以治天下国家之大器也。盖以和神人，以辨上下，以厚俗化，皆由于斯。故圣帝明王咸所重焉。我国家自太祖皇帝暨我皇祖皇考，圣圣相承，功成治定，法古立制，极于盛矣。爰及朕躬，获承鸿绪永，惟海宇之广，生齿之繁，化理之躬行为要，肆夙夜饬励，恭己思道，罔敢怠宁。诸生学古有年，究于治理。夭合父子之亲，明长幼之序，以敬四海之内，而兵革不试，五刑不用，百姓无患，此盛治之致也。爰始行之，其事何先？乐由中出，礼自外作，近世大儒又谓其本皆出于一。夫欲安上治民，移风易俗，不考其本，何以施之？知礼乐之情能作，识礼乐之文能述，稽诸往古，畴其当之？昔者圣人制作之盛，极于虞周，况以伯夷、后夔、周公为之辅，仲尼定万世之制，何独取其韶冕欤？夫礼乐之效，致人心之感，则道德一而风俗同，致气和之应，则膏露降而醴泉出，器车、马图、凤凰、麒麟之物毕至，亦理之所必臻欤？朕虚己图治，冀闻至理，其悉陈之，将亲览焉。

（时廷对之士一百一人，赐马愉等进士及第出身有差。愉，《山东志》称其淳雅宽厚，行谊可式。国史称其端重简然，自处淡如，官至礼部右侍郎，直内阁，谥襄敏。部本缺。）

第一甲三名赐进士及第：马愉，山东临朐县。杜宁，浙江天台县。谢琏，福建龙溪县。

（明）张弘道、张凝道《皇明三元考》卷三·宣德二年丁未科大魁 状元马愉（山东临朐人，字惟和，号澹轩。累迁侍讲学士，入内阁，预闻机务。愉性资淳笃，论事务存宽厚，尝奏谳疑狱终年不决者。迁户部侍郎兼侍讲学士。卒年五十二，赠礼部尚书，谥襄敏。有《澹轩文集》行于世。杨士奇云：宣德以前十五科，皆南北士合试，未有北士居首选者，有之，自丁未始）。

又 入阁：马愉（正统五年由侍讲学士入，十二年至礼部侍郎，卒赠礼书，谥襄敏）。

（清）岳濬等《山东通志》卷十五之一·选举志·明·制科（进士）·丁未科（宣德二年马愉榜）　马愉（临朐人。状元。大学士）。

（清）张廷玉等《明史》卷九·本纪第九·宣宗　（宣德二年春）三月辛卯，赐马愉等进士及第出身有差。

仕　宦

（明）王圻《续文献通考》卷四十六·选举考·举士四　（正统）十年会试，命翰林学士钱习礼、侍讲学士马愉为考试官，取商辂等一百五十人。

（明）黄佐《翰林记》卷十四·考会试　（正统）十年，学士钱习礼、侍讲学士马愉为考试官，取商辂等一百五十人。

又，卷五·给假　（正统）十二年四月，学士马愉以父病乞归省，诏许之，赐以驿骑并药饵费，实异数云。

（明）廖道南《殿阁词林记》卷十八·给假　（正统）十二年四月，学士马愉以父病乞归省，允之，赐以驿骑并药饵费。

（明）王世贞《弇山堂别集》卷四十五·内阁辅臣年表　马愉，字惟和，山东临朐人。由宣德丁未状元，正统五年，以侍讲学士人。十年，以礼右侍讲学卒，年五十二。

又，卷四十六·讲读学士表　马愉，见内阁。正统三年，任讲学。

（明）雷礼《国朝列卿纪》卷八·直内阁元辅及同直辅臣年表　同直马愉，山东临朐人。状元。由侍讲学士于正统五年二月入直。

又　同直马愉，历礼部右侍郎兼学士。

又　同直马愉，礼部右侍郎兼学士，至正统十二年九月卒于官，赠礼部尚书兼翰林院学士，谥襄敏。

又，卷九·殿阁大学士年表　马愉（山东临朐人。状元。正统五年，由侍讲学士入直，升礼部右侍郎兼学士入阁。十三年卒，赠礼部尚书，谥襄敏）。

又，卷二十·翰林院学士讲读学士年表　马愉（山东临朐人。进士。正统三年，任行在侍讲学士。详内阁）。

（明）张朝瑞《皇明贡举考》卷四·（乙丑）正统十年会试　考试官：学士钱习礼（见庚戌）。侍讲学士马愉（性和，山东临朐县人，丁未进士）。

（清）查继佐《罪惟录》·志卷十九·直阁志·英宗上 马愉（澹轩，临朐人。由状元、翰林、侍讲学士，内阁办事，进礼部右侍郎，兼原官。卒赠礼部尚书，谥襄敏）。

（清）张廷玉等《明史》卷十·本纪第十·英宗前纪 （正统五年）二月乙亥，侍讲学士马愉、侍讲曹鼐入阁预机务。

又 （正统十二年）九月乙未，马愉卒。

又，卷一百九·表第十·宰辅年表一 五年庚申：马愉，翰林院侍讲学士，二月入。

（清）傅恒等《御批历代通鉴辑览》卷一百三·明·英宗皇帝 （庚申正统五年春）二月，以翰林院侍讲学士马愉（字性和，临朐人）、侍讲曹鼐入内阁，预机务。

王振至内阁，语杨士奇、杨荣曰："朝廷事久劳公等，公等皆高年倦矣。当若何？"士奇曰："老臣尽瘁报国，死而后已。"荣曰："不然，吾辈衰残，无以效力，当择后生可任者报圣恩耳。"振喜而退。士奇咎荣，荣曰："彼厌吾辈矣。一旦内中出片纸令某人入阁，且奈何？及此时进一二贤者，同心辅政，尚可为也。"士奇以为然。翌日，列愉、鼐及侍讲学士苗衷、侍讲高谷名以进（四人皆帝初御经筵，士奇等所荐），愉、鼐遂先被擢用。

（清）舒赫德等《御定资治通鉴纲目三编》卷九 （庚申英宗睿皇帝正统五年春）二月，以翰林院侍讲学士马愉、侍讲曹鼐入内阁，预机务。

（王振至内阁，语杨士奇、杨荣曰："朝廷事久劳公等，公等皆高年倦矣。当若何？"士奇曰："老臣尽瘁报国，死而后已。"荣曰："不然，吾辈衰残，无以效力，当择后生可任者报圣恩耳。"振喜而退。士奇咎荣，荣曰："彼厌吾辈矣。一旦内中出片纸令某人入阁，且奈何？及此时进一二贤者，同心辅政，尚可为也。"士奇以为然。翌日列愉、鼐及侍讲学士苗衷、侍讲高谷名以进伦务，遂先彼擢用。）质实（马愉，字性和，临朐人。苗衷，字秉彝，定远人。高谷，字世用，扬州兴化人。同曹鼐共四人，皆帝初御经筵，士奇等所荐。）

又，卷十 （丁卯十二年）九月，礼部侍郎兼学士马愉卒。

（愉端重简默，门无私谒，论事务宽厚。尝奏："天下狱久者多瘐死，宜简使者分道决遣。"帝纳焉。边警，方命将，而别部使至，众议执之，愉言："赏善罚恶，为治之本。波及于善，非法。乘人之来执之，不武。"帝然之。及是，卒赠尚书兼学士。赠官兼职自愉始。）

（明）雷礼《内阁行实》卷三·马愉 （存目）

轶事

（明）黄佐《翰林记》卷二十·聚奎堂宴集 大学士杨荣家于长安东门之内。宣德三年三月，学士杨溥掌院事，率寮友迎首甲马愉等三人，宴其中。杨士奇因名其堂曰“聚奎”，为文以识之，众皆赋诗，自是遂为例。不知何时此礼遂废。然馆阁相与宴集，犹谓之聚奎宴，盖自此始也。

著作

（清）黄虞稷《千顷堂书目》卷十·簿录类 马愉《秘阁书目》二卷。

又，卷十九·别集类·宣德丁未科（二年） 马愉《澹轩文集》七卷（字性和，临朐人，一甲第一人，礼部右侍郎，直内阁，谥襄敏）。

（清）朱彝尊《经义考》卷二百九十四·著录·明《文渊阁书目》 明正统六年少师杨士奇、学士马愉、侍讲曹鼐编定《文渊阁书目》，有册无卷，兼多不著撰人姓氏，致揽者茫然自失。其后藏书之家往往效之，虽以叶文庄之该洽，而《菉竹堂目》都不分卷。鄞县范氏《天一阁目》亦然。

（清）岳濬等《山东通志》卷三十四·经籍志·集总目·明 马愉《澹轩集》（二十卷）。

（清）张廷玉等《明史》卷九十九·志第七十五·艺文四·集类 马愉《澹轩文集》八卷。

（清）曹仁虎等《钦定续通志》卷一百六十二·艺文略·文类第十二上·别集·明 《澹轩集》七卷（明马愉撰）。《别本澹轩集》八卷（明马愉撰）。

（清）纪昀等《四库全书总目》卷八十七·史部四十三·目录类存目·《秘阁书目》（无卷数，两淮盐政采进本） 明钱溥撰。溥有《使交录》已著录。是编前有自序，盖其致仕归里后所作。称自选入东阁为史官，日阅中秘书凡五十余大橱，因录其目，藏以待考。近儿子山自京授职回，又录未收书目，芟其重复，并为一集。所载书祇有册数而无卷数，大抵多与《文渊阁书目》相出入。正统六年，杨士奇等奏疏一篇亦附于后，黄虞稷《千顷堂书目》载此书为马愉撰。而溥别有《内阁书目》一卷，然溥序实载此书卷首，疑虞稷所纪误也。

又，卷一百七十五·集部二十八·别集类存目二·《澹轩集》七卷（浙江巡抚采进本） 明马愉撰。愉字性和，临朐人。宣德丁未进士第一。正统五年，以侍讲学士入直文渊阁，官至礼部右侍郎，事迹附见《明史·杨溥传》。愉没后，诗文散失。成化庚子，山东参政邢居正命青州知府刘时勉裒集遗亡而刊之。凡诗赋四卷，杂文三卷，第六卷又有歌诗错杂其中，盖随得随编，故先后无序。诗多酬应之作，或佳者多佚耶？然史称愉端重简默，门无私谒，论事务宽厚，又载其清理滞狱及善处蕃使二事，绝不称及其著作，盖不以文采见也。

又，卷一百七十五·集部二十八·别集类存目二·《别本澹轩集》八卷（两淮盐政采进本） 明马愉撰。愉集散佚之后，其乡人都御史迟翔凤购得残本，更于愉家掇拾逸作，补葺刻之，故题曰《续刻》，目中注“续刻”字者，皆翔凤所增也。

（清）曹仁虎等《钦定续文献通考》卷一百九十一·经籍考·集（别集三）**·明** 马愉《澹轩集》七卷。

愉，字性和，临朐人。宣德丁未进士第一。官至礼部侍郎。

臣等谨案，愉诗文没后，均皆散佚。今本乃成化间邢居正等裒集遗篇，编次无序。又《别本澹轩集》八卷，则其乡人迟翔凤补辑刻之，故题曰《续刻》。

评　　论

（明）马说《〈续刻马学士澹轩文集〉跋》 我高祖《澹翁文集》一帙，旧刊历年多，其板已散落无存矣。孙等弗克嗣，每惧不能绍扬先德，几致手泽之失传也。恭惟我朐冈迟老先生雅爱斯文，壬戌之秋，奉命抚南藩，亲造愚家塾，力索其未刻者续刻焉。其所参入，各归于类。至于校正之际，读之凡再三四。其板比旧刻博寸许，其字更端大便观。及夫梓人廪饩之需，称事之赏，一推其俸给之。先生之用心可想见矣。适随军命北上，行李萧然，惟此刻凡数箧，其珍重之意又何如耶！刻成矣，仅僭言于后，以识其岁月，因以见斯文之兴也有待，益以见我朐翁表章之功亦甚勤且劳也。

时嘉靖四十又二年仲春吉旦，五世孙举人马说顿首谨跋。

（录自［明］马愉《马学士文集》卷末）

（明）刘珝《〈马学士澹轩文集〉序》 君子所以有誉于今后者，亦曰言之是托。夫言之精者为文，文岂易言哉？弗遇其时，弗文也；弗充其气，弗文也；弗正其学，弗文也。粤自造书契以来，世有升降，而文与之俱。宋不唐，唐不汉，汉不春秋、战国，春秋、战国不三代、黄虞。如老者不可复少，势不得不然也。况文以气为主，所养者正，则英华之发见者亦正。苟失所养，不易则艰，不隐则怪，不晦则诞，不俚则夸，其弊至于不可言者。乃若好学之君子者出，遭世隆平，养气正大，又通念乎群经，蒐猎乎百子，浸淫乎诸史，蕴于其心，发为华言，沛然为一代之文，其所以□□□□后者，职斯而已。齐鲁之□，东有大海，西有岱山，士生于兹，若圣若贤若君子，昭然可数。百年以前，不可尚已，百年以后，兼前三者而一之，临朐马先生性和其人。马先生生于海岱之间，上无师传，独能奋志于学，日取群经、百子、诸史，矻矻然穷之不释，且气禀淳正，无问识不识，皆称曰君子。为文肖其为人，无所谓艰易、怪隐、晦诞、夸俚之习，积益深而发益宏，不数载间，大魁天下。方是时，为宣庙绍统之初，诏礼部科举岁取百人，南士什六，北士什四，合南北士试之，先生独占魁焉。此盖隆平之时，文明之化，人材之出，骎骎唐虞三代，不春秋战国、不汉、不唐、不宋也。嗣是长史局，长翰苑，登内阁，晋位少宗伯，预机密，润色治道，与修《宣庙实录》、《五伦君鉴》诸书，蔚然馆阁鸿儒。平居为诗赋，为记序，为志说，为杂著，用字著语，皆有程度，典雅新邃，一归于正。惜乎中道谢世，稿之散落人间，不获睹其全焉。吾籓大参邢君居正巡临临朐，即其家索其稿，仅得是，乃属青州太守刘君时勉校雠锓梓，以广其传。噫！先生之文虽未全，其所遇之时、所养之气、所学之富，皆可即此而溯知也。彼千江之波，其水同原；千枝之秀，其水同本。即一波一叶，亦可以求水木之本原，然则先生之文，岂不可即此而逆其全耶?《传》曰：“诵其诗，读其书，不知其人可乎?”后之欲景范先生者，宜必有征于斯。若夫贤大参、太守寿斯集于不朽，其用心之仁又不可不知。成化庚子岁仲秋谷旦，资政大夫、太子少保、户部尚书兼文渊阁大学士、知制诰、经筵官兼修国史玉牒青齐刘珝书。

（录自［明］马愉《马学士文集》卷首）

（明）迟凤翔《续刻马学士澹轩文集序》　窃惟斯文之在宇宙，岂独有关夫人材之盛衰而已哉？然而国运之污隆，气化之淳漓，亦莫不于是焉系之矣。何者？夫有一代之兴，运祚方隆，则乾坤精粹之气会合冲和，钟之于人，则真纯未散。以是发而为文，匪雕匪琢，天趣浑成，而至理盈溢，犹酒之玄，犹音之稀，其天下之至味至声，质而不俚、淡而不厌者欤？今观前辈马公之作，其殆有契于是者乎？是故捧读经筵诸章，见其有启心沃心之道焉；应制诸篇，见其有昭功颂美之忠焉；时与上大夫赓和，辞雅而婉，义正而明，兹非訚訚之遗矩乎？与下大夫吟哦，进之理道而勉之未贞，又非侃侃之流风乎？或泻游宴之怀而节之以礼义之中正，乐而不淫也；或宣悲悼之情而原之以命数之几微，哀而不伤也。赠士大夫之谢政者，既已嘉其恬退，而复谕以君恩之不可忘，岂往而不反者之心乎？贺士大夫之晋秩者，既已宣其芳美，而复勉以官常之不可玷，岂溺而不止者之为乎？推而感寓、感兴、悲时、悼俗，以至下逮于飞潜蠢动之微、农圃医卜之贱者，则又莫不物各付物、以人治人，卒不诡于圣贤之道而咸得夫性情之正者矣。噫！我公之文岂直为东土之秀，而关系于国家者非小补也。愚总角游乡校时，已知窃慕私淑，且亟欲得公之遗文而读之。偶于历下书肆检得残编一帙，即东藩参伯邢君所校刻者，嗣是觅其原梓善本，俱已时远无存矣。愚于公之贤裔诸孙曰邑博仲衡、国子生亚衡暨邑庠生宗儒、宗商者相为友善，乃于家塾中检得散乱遗稿若干篇，即今目录中注有续刻者是也。维时愚适有提督抚治三藩之命，随携此以行，乃于视政暇日，令郧阳府学训导林震、生员秦守卿者重加校阅，合先后所得者厘为八卷，分为四册，付太守张君循募工刻之以传。因而深叹我朝运化之隆，故一时人文乃有如斯之盛美者也。若我公之行义在乡闾、事业在朝著，已有太史公采而纪之矣，愚末学又何敢复赘云。时嘉靖四十一年，岁次壬戌，孟冬吉旦，赐进士出身、都察院都御史、后学迟凤翔谨序。

（录自［明］马愉《马学士文集》卷首）

（明）张昇《〈马学士澹轩文集〉跋》 右诗文二册，乃故礼部右侍郎古齐马先生之遗稿也。先生以学行受知明圣，入司帝制，寻与机政。硕德重望，屹为当代伟人，九原不复作矣！而手笔犹存，天下之士敬仰愿见者也。然而散落甚多，十不存一二。顷赖山东参政邢君居正访缉，仅成此帙。青守刘君时勉又锓梓以传。噫！二君之用心厚矣，其亦景慕先生而不能已者与？

成化十六年八月既望，赐进士及第、左春坊左谕德、奉训大夫盱江张昇谨跋。

（录自［明］马愉《马学士文集》卷末）

杂　　录

（明）杨士奇《东里集》续集卷二·记·聚奎堂记 宣德二年春，太子少傅、工部尚书兼谨身殿大学士建安杨公得故廨宇于长安门之南而修葺之。……既成，会上临轩策士，其第一甲三人皆授职翰林。马愉修撰，杜宁、谢琏皆编修。于是馆阁诸贤相与置酒堂中，为三人贺，主献宾酬，觞行甚乐。

（明）杨荣《文敏集》卷十五·题聚奎堂卷后 古者士大夫之有官于朝，虽勤于职务，夙夜不懈，然亦必有休沐之时，优游燕息之所，以适其志，观于羔羊之诗可见矣。予来北京，其所居密迩东城，地僻且远，恒不得一遂退休之适，乃于长安东门之南得隙地，构屋数楹，缭以周垣，杂植花卉，轩槛虚明，几席净洁，退食之余，时得偃休于此。是岁三月己丑，皇上亲策天下士，以马愉为第一，拜翰林修撰；其次杜宁、谢琏，皆拜翰林编修。既入院就职，太常卿兼翰林学士江陵杨公率僚友致酒宴乐其中，衣冠伟然，众皆乐甚。

（明）李贤等《明一统志》卷二十四·青州府·陵墓 马愉墓（在临朐县南十里）。

（明）鲍应鳌《明臣谥考》卷下·襄敏　马愉（礼部侍郎，直阁。赠尚书。正统年谥。甲胄有劳，应事有功。山东临朐县人。谥法纂未载）。

（清）岳濬等《山东通志》卷三十二·陵墓志·青州府·临朐县　马愉墓（在县南十里）。

（清）和珅等《钦定大清一统志》卷一百三十五·青州府二·陵墓·明　马愉墓（在临朐县南十里朱位社）。

宣德五年（1430）庚戌科状元林震

传　记

（明）李贤等《明一统志》卷七十八·漳州府·人物·本朝　林震（长泰人。笃志问学。宣德中进士第一人，授翰林修撰。以疾归，卒于家）。

（明）凌迪知《万姓统谱》卷六十四　林震（长泰人。笃志问学。宣德中进士第一人，授翰林修撰。以疾归，卒于家）。

（明）陈鎏《皇明历科状元录》卷二·宣德五年庚戌状元林震　廷对之士陈诏等一百人，擢林震第一，赐震等宴于行在中军都督府。

林震，字起龙，漳州长乐人。性质颖悟，幼有大志。读书九龙山，见宋陈尧叟诗云："人生五马贵，山有九龙游"之句，遂续云："极品何荣贵，须先占状头。"及长，学问该博，果以状元及第，授翰林修撰，以疾辞归，卒。

滨海维漳，秀兼山水。岂曰少文，鼎科有二。李维骏发，林克继美。均起戊科，胡皆遽止。人亦有言，遇戊则否。河漳有才，皆厄其遇。五马未跻，九龙毕逝。命也奈何，卓哉有志。

国朝大魁，前甲戌张信无闻，丙戌林环、戊戌李骐、庚戌林震皆终于修撰，壬戌刘俨终礼侍，甲戌孙贤终太常卿兼学士，丙戌罗伦终修撰，戊戌曾彦终太常卿兼侍读，庚戌钱福、壬戌康海、甲戌唐皋皆终修撰。凡戌魁无一人台辅，岂有数耶？然罗伦道高一世，名闻四海，则气数固不能胜理也。（皇甫录《闻略》）

（明）顾祖训原编、（明）吴承恩增补、（清）陈枚续补《状元图考》卷一·状元林震　宣德五年庚戌，廷试陈诏等一百人，擢林震第一。

按，林震，字起龙，福建长泰人。性质颖悟，幼有大志。读书九龙山，见宋陈尧叟诗云："人生五马贵，山有九龙游"之句，遂续云："极品何荣贵，须先占状头。"

及长，每开卷辄曰："尼父韦编三绝，岂可少间?"学问该博，果状元及第，以疾归，卒。

（清）谢道承等《福建通志》卷五十一·文苑·漳州府·明 林震（字敦声，长泰人。家贫力学，记问该博。宣德五年进士第一人，寻告归，以文章自娱。卒之日，有星坠于庭）。

（清）李清馥《闽中理学渊源考》卷八十·修撰林敦声先生震 林震，字敦声，长泰人。事继母至孝。家贫力学，每樵耕，挟书自随，卧树下仰读不辍。宣德五年，殿试第一人，授翰林修撰。正统二年，以疾告归，娱心书史，非公事不至郡邑。广藩两聘主试，号称得人。卒于家。(《闽书》、《郡志》)

科第

（一）乡试

（明）张弘道、张凝道《皇明三元考》卷二·永乐十八年庚子科解元 是榜出三大魁：会元陈中，状元林震，榜眼赵恢。

（清）谢道承等《福建通志》卷三十七·选举五·明举人上·永乐十八年（庚子）吴观榜 林震（庚戌廷对第一人）。

（二）会试、殿试

（明）金幼孜《金文靖集》卷八·赐进士题名记 宣德五年，适当论造之期。故事，以三月朔旦天子临轩亲策之时，车驾谒祭先陵，礼部奏请试期，诏更是月望日。先是连日阴雨，及廷试，霁景澄明，士皆欢悦，各罄其所欲言。翊日复雨。传胪之旦，复霁。洎锡宴上表竣事，而雨复作。于乎，非上天敷佑以相文明之运，其曷克若是哉！是科得进士林震等百人，礼部尚书臣濙循旧制请刻石题名，以贻永久。上以命臣幼孜撰文以纪之。

（明）杨士奇等《明宣宗实录》卷六十四 宣德五年三月乙卯，上御奉天门策试举人陈诏等一百人。制曰："朕奉天命，嗣祖宗大位，期与天下咸跻雍熙。惟帝王之政，必有其要。舜绍尧治，申命稷契，夏商周迭兴，授田建学，稽古可见矣。我太祖高皇帝肇造鸿业，太宗文皇帝中兴邦家，仁宗昭皇帝恭己守成，孜孜爱人。三圣一心，重农事，崇学校，其法精备。朕恪谨继述，于兹有年，然犹田里未皆给足，风俗未底刑措。谓爱民若保赤子也，未尝不致其诚；德化本于躬行也，未尝不慎诸子；为政存乎用人也，牧守之吏，师表之职，未尝不择。何其效之未臻欤？抑别有其道欤？朕励精图理，诸生体用之学，讲明有素，其有可以行者，举要以对，务归中正，将亲览焉。"上临轩发策毕，退御武英殿，谓翰林儒臣曰："朕于取士，不尚虚文，欲得忠烦之士为用。其间有若刘蒉、苏辙辈，能直言抗论，庶几所望，朕当显庸之。"于是赋《策士歌》以示诸读卷官云。

（明）王圻《续文献通考》卷四十六·选举考·举士四　（宣德）五年三月，上御奉天门策会试中式举人。上临轩发策毕，退御武英殿，谓翰林儒臣曰："朕于取士不尚虚文，欲得忠鲠之士为用，其间有若刘蒉、苏辙辈能直言抗论，庶几所望，朕当显庸之。"于是赋《策士歌》以示诸读卷官云。是科，赐进士林震、龚锜、林文等一百人及第出身有差。

（明）张朝瑞《皇明贡举考》卷三·（庚戌）宣德五年会试　中式举人一百名：陈诏，浙江青田县人，国子生，《书》。吴节，江西安福县学生，《春秋》。范理，浙江天台县学生，《诗》。范宗，浙江诸暨县人，国子生，《易》。方熙，福建莆田县人，北京国子生，《书》。陈玑，浙江诸暨县人，国子生，《礼记》。

三月十五日，临策天下贡士，制曰：朕奉天命，嗣祖宗大位，期与天下咸跻雍熙。惟帝王之政，必有其要。舜绍尧治，申命稷契，夏商周迭兴，授田建学，稽古可见矣。我太祖高皇帝肇造鸿业，太宗文皇帝中兴邦家，仁宗昭皇帝恭己守成，孜孜爱人。三圣一心，重农事，崇学教，其法精备。朕恪谨继述，于兹有年，然田里未皆给足，风俗未底刑措。谓爱民若保赤子也，未尝不致其诚；德化本于躬行也，未尝不慎诸己；为政存乎用人也，牧守之吏，师表之职，未尝不择。何其效之未臻欤？抑别有其道欤？朕励精图理，诸生体用之学，讲明有素，其有可以行者，举要以对，务归中正，将亲览焉。

（时廷对之士一百人，赐林震等进士及第出身有差。震卒于修撰，是科刘实、寥庄俱为名臣，张清有名。）

第一甲三名赐进士及第：林震，福建长泰县。龚锜，福建建安县。林文，福建莆田县。

（明）张弘道、张凝道《皇明三元考》卷三·宣德五年庚戌科大魁　状元林震（福建长乐人，字起龙，治《书》，庚子举人，会试十五名。震性质颖悟，笃志问学。及第后以疾归，终于修撰）。

（清）谢道承等《福建通志》卷三十六·选举四·明进士·宣德五年（庚戌）**林震榜** 长泰县林震（第一人。传见《文苑》）。

（清）张廷玉等《明史》卷九·本纪第九·宣宗 （宣德五年三月）丁巳，赐林震等进士及第出身有差。

又，卷七十·志第四十六·选举二 宣德五年庚戌，帝临轩发策毕，退御武英殿，谓翰林儒臣曰："取士不尚虚文，有若刘蕡、苏辙辈直言抗论，朕当显庸之。"乃赋《策士歌》以示读卷官。顾所擢第一人林震，亦无所表见也。

（清）秦蕙田《五礼通考》卷一百七十五·嘉礼四十八·学礼 宣德五年庚戌，帝临轩发策毕，退御武英殿，谓翰林儒臣曰："取士不尚虚文，有若刘蕡、苏辙辈直言抗论，朕当显庸之。"乃赋《策士歌》以示读卷官。顾所擢第一人林震，亦无所表见也。

（清）曹仁虎等《钦定续文献通考》卷三十五 （宣德）五年三月，廷试陈诏等一百人，赐林震等进士及第出身有差。帝临轩发策毕，退御武英殿，谓翰林儒臣曰："取士不尚虚文，有若刘蕡、苏辙辈，直言抗论，朕当显庸之。"乃赋《策士歌》以示读卷官。顾所擢第一人林震，亦无所表见焉。

仕宦

（明）黄佐《翰林记》卷十七·史官题名·修撰 林震（敦声，福建长乐人，宣德庚戌进士第一）。

轶事

（清）谢道承等《福建通志》卷六十五·杂纪一·漳州府 明宣德五年，长泰县林震宅前两井鸣三日。是年震状元及第。

（清）郑方坤《全闽诗话》卷六·林震 林震，字起龙，福建长泰人。性质颖悟，幼有大志。读书九龙山，见宋陈尧叟诗云"人生五马贵，山有九龙游"之句，遂续云："极品何荣贵，须先占状头。"及长，每开卷辄曰："尼父韦编三绝，岂可少闲！"学问该博，果状元及第。（《状元图考》）

杂　录

（明）王直《抑庵文集》后集卷九·赠翰林林修撰诗序　临漳林震敦声，起诸生，为进士第一，即拜翰林修撰。既三年，遂蒙恩封其父母皆六品而锡之敕命。敦声复请告归省，又赐之楮币而遣之。于乎！敦声其荣也已。初，敦声之来也，岂有意于文冠天下而为史官之长哉？虽有意于显其亲，然亦安敢必哉？今而皆得焉。虽敦声有以取之，而圣天子逮下之仁，诚可谓至矣。今归其乡，乡人父兄子弟必将低徊羡慕而有不可及之叹，则敦声之所以震耀乎乡里者，讵可以寻常论哉！予闻之，君子之仕，必思尽其道。其道有未能尽，君子必慊然于其心。况受施厚者其报深，取名盛者其责厚乎。今敦声之取名不可谓不盛，其受施不可谓不厚矣，而人之所以责望，与敦声之所以图报者，当何如耶？昔之冠天下者可数也，其人之硕大，其功业之弘伟，亦可究而知之也。孰谓今之人不如古之人哉？要在求诸己而已。仁义之道，人所固有。仁必笃于亲，义必忠于君，以是存诸心而见诸行事，虽古之人奚过哉。宋皇祐中策进士，仁宗焚香以忠孝状元为祷，既而得郑獬。今之所求亦莫切于此。敦声于忠孝既已引其绪，当思益尽其道，此所谓仁义也。推而极之，至于仁义不可胜用。使天下之人仰而望之，曰进士第一人固如此，诚无愧于厚施，无负于盛名，而益低徊羡慕，有不可及之叹。则敦声非但为邦家之光，闾里之荣也。敦声去而速来，夙夜以图之，此君子之望也。将行，素相厚者赠以诗，而请予序。予亦厚敦声，不自知其言之切如此，敦声其亦亮予意否乎？

（明）李贤等《明一统志》卷七十八·漳州府·书院　状元书院（在登科山之西。正德六年，副使杨子器建塑状元林震像）。

（明）徐应秋《玉芝堂谈荟》卷二　《闽省贤书》载："一榜三及第"，宣德庚戌，状元长泰林震，榜眼建安龚锜，探花莆田林文。

（清）谢道承等《福建通志》卷六十三·古迹二·漳州府·宅墓·明　状元林震墓（在长泰县钦化里）。

又，卷六十七·杂纪三·漳州府　闽省一榜三及第：宣德庚戌，状元长泰林震，榜眼建安龚锜，探花莆田林文。（《闽小记》）

（清）李清馥《闽中理学渊源考》卷七十九·孝廉林先生皞　林皞，长泰人，志行高亢，刻意学问。与林震同学，为震所推。永乐庚子，与震同领乡荐。后隐居不出，自号后冈处士，后进皆师表之。（《闽书》）

（清）窦光鼐等《钦定日下旧闻考》卷六十七　（进士题名碑）至明代七十有六碑，始永乐十八年李骐榜，讫崇祯十六年杨廷鉴榜。谓始于宣德五年林震榜者误也。

（清）梁国治等《钦定国子监志》卷五十九　明自永乐二年命工部建进士题名碑于南京国子监，十三年会试天下贡士于北京。《登科考》谓："是年即命立石国子监，然今无有，有之自宣德五年林震榜始。"……明七十六碑，始永乐十八年李骐榜，讫崇祯十六年杨廷鉴榜。或谓始于宣德五年林震榜，殆误也。

宣德八年（1433）癸丑科状元曹鼐

传　记

（明）李贤等《明一统志》卷三·真定府·人物·本朝　曹鼐（宁晋人。初以乡举，历代州学官、泰和典史。宣德癸丑，擢进士第一，授翰林院修撰。升侍讲，入以内阁典制日侍讲读，累升吏部左侍郎兼学士。正统己巳随征，没于军中，赠太傅、吏部尚书兼文渊阁大学士，谥文襄，改谥文忠。官其子孙。鼐学赡行端，内刚外和，识达政体，才智出人，士林重之）。

（明）廖道南《殿阁词林记》卷三·阁学·吏部侍郎兼学士曹鼐　曹鼐，字万钟，真定宁晋人。曾祖克柔，祖庭训，父祉，咸隐德弗耀。鼐幼有遐志，日诵数千言，居常笃行，事继母备极孝养。初举乡荐，中乙榜，授代州学官，疏辞不受，铨曹衔之，改任泰和典史。时中使旁午置邮无虚日，鼐处之裕如。公暇即延礼师儒，讲明理性。宣德壬子，督部工匠赴阙，疏乞入试，中第二人，杨文真公一见奇之。明年廷试，宣皇策以羲禹河洛象数，鼐对称旨，上亲擢第一，授翰林修撰。从杨文定公游，所得益深。英庙初御经筵，抡选讲读官，鼐首预焉。敷纳明畅，闻者耸敬。预修《宣庙实录》，转侍讲。五年，简入内阁，参知政事。甲子，进学士。乙丑，廷试读卷，得商辂为第一。是岁陟吏部右侍郎，仍兼学士。己巳五月戊申，鼐奏："侍讲刘铉、修撰王振堪教庶吉士，修撰许彬、郎中潘勤堪督四夷馆。"从之。

七月，虏酋也先大举入寇，中官王振力请亲征，上命武官英国公张辅等、文官兵部尚书邝埜等及鼐与侍读学士张益扈从巡边。是月壬寅，车驾次鸡鸣山。癸卯，次万全峪，是夕金星犯亢。甲辰，次怀安，是夕黑气四塞。乙巳，次天城。丙午，次阳和，是夕火星犯土。丁未，次聚落驿。戊申，次大同。庚戌，次双寨。王振，蔚州人，邀上幸其第。辛亥，次滴水岩。壬子，次洪州。癸丑，次白登。王振益恣，迫挟进兵。成国公朱勇膝行听命，户部尚书王佐竟日跪伏草中，噤无一语。惟钦天监正彭德清首斥振曰："象纬示警，不可复前。若有疏虞，陷乘舆于草莽，谁执其咎？"鼐继之曰：

“臣子固不足惜，主上系宗社安危，岂可轻进?”振怒詈之曰：“傥有此，亦天命也。”八月辛酉，次土木，命太监吴亮相地布营阵未定，虏已据南河。次日，虏伪退，王振复矫制，起营追之，虏大蹂躏，我师败绩，死者十余万人，鼐及诸臣五十二员皆死之。景帝闻之，赠鼐荣禄大夫、少傅、吏部尚书、文渊阁大学士，谥文襄。遣官谕祭，官其子恩为大理评事。英宗复辟，加赠太傅，改谥文忠，又官其孙为锦衣百户。

廖道南曰：“予观李忠文公及刘文安公奏疏，谓自古夷狄之祸未有甚于土木之难者。夫汉之冒顿桀黠方张，唐之安禄豢养已久，宋之辽金及元则又中国偏安，势匪其敌。我明当全盛之时，王用三驱获狐射隼而乃受制阉竖，亲劳六飞至使全师覆没，善人殄瘁。如鼐者，褎然为廷魁首，元丧犬羊，身膏草野，不亦可悲乎？予故备述国史，亦以为世鉴也已。”

赞曰：六龙北狩，八骏西驰。龙沙辽邈，狼山逶迤。矫矫伦魁，耿耿大节。其身虽陨，其神犹烈。人亦有言，泰山鸿毛。之子之死，当辨秋毫。

（明）项笃寿《今献备遗》卷十二·曹鼐 曹鼐，宁晋人。国初乡举，署代州训导，非其好也。愿得一剧官自效，改泰和典史。益肆力问学，尝督工匠入京自陈，愿就礼部试。宣德八年，进士第一，授翰林修撰。正统五年，升侍讲。十一年，入内阁，与政典制，文词宏润，日讲音旨清畅，寻升吏部左侍郎兼学士。是时，东杨卒，凡议大政诸阁老推决于鼐，才识明敏类东杨，视王振正色，不少假，振益惮之。十四年，没土木。赠太傅、文渊阁大学士，谥文襄，改谥文忠，赐衣冠葬。官其孙荣锦衣世。百户论曰：“刘节敏以通材出参军旅，曹文忠正色立朝入赞帷帐，蒙难以死，不竟其用。惜哉!”

（明）陈鎏《皇明历科状元录》卷二·宣德八年癸丑状元曹鼐 廷对之士刘哲等九十九人，擢曹鼐第一，赐鼐等宴于礼部，遂为例。

曹鼐，字万钟，号恒山，真定宁晋人。幼有遐志，日诵数千言。居常笃行，事继母备极孝养。为人疏通爽俊，起诸生，中京闱第二名，以乙榜授代州学正事，上言：“年少寡学，未堪为人师，愿改别职自效。”命授幕职，遂改泰和典史。爱民如子，剧邑政繁，处之裕如。公暇则延师儒，讲明理性。宣德壬子，督部工匠赴阙，乞入省试，中第二。廷试问羲禹河洛象数，鼐对称旨，擢第一，授翰林修撰，年□□。从杨荣游，所得益深。英庙初，士奇荐入经筵，敷纳明畅。预修《宣庙实录》，转侍讲。五年，简入内阁，参知政事。甲子，进学士。乙丑，廷试读卷，得商辂为第一。是岁，陟吏部右侍郎，仍兼学士。自士奇罢相后，议大事多决于鼐，明敏之才，颇相类焉。虽王振恣横，曲加礼敬。己巳，随驾亲征，没于土木。景帝赠鼐荣禄大夫、少傅、吏部尚书、文渊阁大学士，谥文襄。遣官谕祭，官其子为大理评事。英宗复辟，加赠太傅，改谥文忠，官其孙为锦衣百户。鼐学赡行端，内刚外和，识达政体，才智出人，士林重之。弟鼎举进士。廖道南赞曰：六龙北狩，八骏西驰。龙沙辽邈，狼山逶迤。矫矫伦魁，耿耿大节。其身虽陨，其神犹烈。古人所称，泰山鸿毛。之子之死，能辨秋毫。

黄瑜《双槐岁抄》云：宋制，进士先有官者，选为状元，必逊寒畯。惟我朝无此例，若曹公鼐以典史遂大魁天下，前代所未有也。后至少宰兼学士入阁，死于土木。官其子恩修撰。荫入翰林者，金忠之子达、胡广之子穜与曹恩才三人。自余在近侍，惟尚宝中书而已。鼐父子沾被，可谓奇异。……

在泰和，每为尹所诮曰："可作状元。"鼐曰："不如是未已。"

（明）凌迪知《万姓统谱》卷三十二 曹鼐（字万钟，宁晋人。初以乡举，历代州学官，改泰和典史。宣德，擢进士第一，授翰林院修撰，升侍讲，入内阁典制，日侍讲读，累升吏部左侍郎，兼文渊阁大学士。正统间，随征没于军中，赠太傅，谥文忠，官其子孙。鼐学赡行端，内刚外和，识达政体，才智出人，士林重之）。

（明）顾祖训原编、（明）吴承恩增补、（清）陈枚续补《状元图考》卷一·状元曹鼐 宣德八年癸丑，廷试刘哲等九十九人，擢曹鼐第一，赐鼐等宴于礼部，遂为例。

按，曹鼐，字万钟，号恒山，直隶宁晋人。幼有遐志，日诵数千言。事继母备极孝养。乡试第二，以乙榜授学正，上言："年少寡学，未堪为师，愿改别职自效。"命授幕职，遂改泰和典史。爱民如子，剧邑政繁，处之裕如。公暇则延师儒，讲明理性。笃学如经生，每为尹所诮曰："可作状元。"曰："不如是不已也。"壬子，督部工匠赴阙，乞入会试，中第二。廷试问羲禹河洛象数，鼐对称旨，擢第一。以典史大魁天下，前代所未有也。后以少宰入阁，死于土木。官其子恩修撰。荫入翰林者，金忠之子达、胡广之子穜与曹恩才三人。鼐父子沾被，可谓奇异。

（明）雷礼《国朝列卿纪》卷二十·翰林院学士讲读学士行实 曹鼐，字德恒，一字万钟，直隶真定府宁晋县人。永乐癸卯初，举乡荐，中乙榜，授代州学官，疏辞不受，铨曹衔之，改任泰和典史。时中使旁午置邮无虚日，鼐处之裕如。公暇即延礼师儒，讲明理性。宣德壬子，督部工匠赴阙，疏乞入试，中第二人，大学士杨文贞公一见奇之。明年廷试，宣皇策以羲禹河洛象数，鼐对称旨，上亲擢第一，授翰林院修撰。从杨文定公游，所得益深。正统初，英庙初御经筵，抡选讲读官，鼐首御焉，敷纳明畅，闻者耸敬。三年，预修《宣庙实录》成，转侍讲。五年，简入内阁，参知政事。甲子，进翰林院学士。乙丑，廷试读卷，得商辂为第一。是岁，陟吏部右侍郎仍兼学士。详内阁。

（清）汤斌《曹鼐传》 曹鼐，字德恒，宁晋人。宣德初以举人署代州学正，自陈："年少不敢为人师，愿入太学肄业，或得一剧官自效。"改泰和县典史。七年，部匠役入都，疏乞会试，中礼部第二，廷试进士第一人，授翰林院修撰。正统元年，兼经筵讲官，预修《宣宗实录》。书成，进侍讲。五年二月，以杨士奇等荐，同马愉并直内阁，典机务。九年，进翰林学士。鼐为人内刚外和，通达政体，时士奇等相继卒，凡议大政，诸臣皆推决于鼐。中官王振用事，鼐正色不少假，振亦惮而忌之。寻迁吏部左侍郎，仍兼翰林学士。十四年，额森寇大同，王振劝帝亲征，鼐与诸大臣扈跸从至宣府，诸臣请班师，不听。鼐曰："臣子固不足惜，主上系天下安危，岂可轻进?"振怒曰："倘有此，亦天命也。"既而前驱败报踵至，振始惧，还次土木。额森遣使通和，帝召鼐草诏答之。寇骑突蹂阵而入，鼐及从官数十人皆死之。景帝立，赠荣禄大夫、少傅、吏部尚书兼文渊阁大学士，谥文襄。官其子恩大理评事。英宗复位，加赠太傅，改谥文忠。又官其子锦衣卫百户。

（录自（清）田易等《畿辅通志》卷一百四）

（清）田易等《畿辅通志》卷七十七·忠节·赵州·明 曹鼐（字禹钟，宁晋人。宣德中举进士第一。正统五年以侍讲入内阁，屡进吏部侍郎。卜四年边警，王振力请亲征，鼐力谏，不听。进至土木，英宗北狩。鼐及诸臣五十三人皆死之。景帝立，赠少傅，谥文襄。英宗复辟，赐谥文忠）。

（清）储大文等《山西通志》卷九十八·名宦十六·代州·明 曹鼐，宁晋人。宣德二年以举人授代州学正，有文名，课诸生顷刻十余草立就。寻以年冲乞烦剧自效，改太和典史。后举进士第一人，授翰林院修撰，累官内阁大学士。死土木之难，赠太傅，谥文忠。

（清）张廷玉等《明史》卷一百六十七·列传第五十五·曹鼐 曹鼐，字万钟，宁晋人。少伉爽有大志，事继母以孝闻。宣德初，由乡举授代州训导，愿授别职，改泰和县典史。七年，督工匠至京师，疏乞入试，复中顺天乡试。明年，举进士一甲第一，赐宴礼部。进士宴礼部，自鼐始。入翰林，为修撰。正统元年，充经筵讲官。《宣宗实录》成，进侍讲，锡三品章服。五年，以杨荣、杨士奇荐，入直文渊阁，参预机务。鼐为人内刚外和，通达政体。荣既殁，士奇常病不视事，阁务多决于鼐。帝以为贤，进翰林学士。十年，进吏部左侍郎兼学士。十四年七月，也先入寇，中官王振挟帝亲征。朝臣交章谏，不听。鼐与张益以阁臣扈从。未至大同，士卒已乏粮。宋瑛、朱冕全军没。诸臣请班师，振不许，趣诸军进。大将朱勇膝行听命，尚书邝埜、王佐跪草中，至暮不得请。钦天监正彭德清言天象示警，若前，恐危乘舆。振詈曰："尔何知！若有此，亦天命也。"鼐曰："臣子固不足惜，主上系天下安危，岂可轻进?"振终不从。前驱败报踵至，始惧，欲还。定襄侯郭登言于鼐、益曰："自此趋紫荆，裁四十余里，驾宜从紫荆入。"振欲邀帝至蔚州幸其第，不听，复折而东，趋居庸。八月辛酉次土木。地高，掘地二丈不及水。瓦剌大至，据南河。明日佯却，且遣使通和。帝召鼐草诏答之。振遽令移营就水，行乱。寇骑蹂阵入，帝突围不得出，拥以去。鼐、益等俱及于难。景帝立，赠鼐少傅、吏部尚书、文渊阁大学士，谥文襄，官其子恩大理评事。英宗复位，加赠太傅，改谥文忠，复官其孙荣锦衣百户。鼐弟鼎进士，历吏科都给事中。

（清）和珅等《钦定大清一统志》卷三十二·赵州·人物·明 曹鼐（字万钟，宁晋人。少伉爽有大志，事继母以孝闻。宣德初，由乡举授代州训导，乞剧职自效，改泰和典史。七年，督工匠至京师，疏乞入试，复中顺天乡试。明年，举进士第一，授翰林修撰。正统五年，以侍读入直文渊阁，参预机务。鼐为人内刚外和，通达政体。大学士杨士奇常病，不视阁务，多决于鼐。累进翰林学士、吏部左侍郎。额森入寇，扈从至土木，及于难。景帝立，赠吏部尚书、文渊阁大学士，谥文襄。英宗复位，加赠太傅，改谥文忠）。

（明）刘孟雷《圣朝名世考》卷二·硕辅传·曹鼐 （存目）
（明）唐枢《国琛集》上卷·学士曹鼐 （存目）
（明）焦竑《国朝献征录》卷十三·内阁二·大学士曹文襄公鼐传 （存目）
（明）焦竑《皇明人物考》卷六·曹鼐 （存目）
（明）汪国楠《皇明名臣言行录新编》卷五·侍郎文忠公曹鼐 （存目）
（明）过庭训《明分省人物考》卷七·北直隶真定府·曹鼐 （存目）
（明）邓球《皇明泳化类编》·忠烈卷一百一十一·曹鼐 （存目）
（明）尹守衡《史窃》第八十四卷·列传第六十二·曹鼐 （存目）
（清）查继佐《罪惟录》·列传卷十八·文史诸臣列传·曹鼐 （存目）
（清）傅维鳞《明书》卷一百六·列传二·忠节传六·曹鼐传 （存目）
（清）孙承泽《畿辅人物志》卷四·曹文襄鼐 （存目）
（清）孙奇逢《畿辅人物考》卷三·曹文忠公鼐 （存目）
（清）徐乾学等《明史》卷二十五·曹鼐 （存目）
（清）汤斌《拟明史稿》卷九·曹鼐 （存目）
（清）王鸿绪《明史稿》卷一百三十八·列传第三十三·曹鼐 （存目）
（清）徐开任《明名臣言行录》卷二十二·大学士曹文忠公鼐 （存目）
（清）阎湘蕙《明鼎甲征信录》卷一·曹鼐 （存目）

科　第

（一）乡试

（清）田易等《畿辅通志》卷六十四·举人·明·永乐癸卯科 曹鼐（宁晋人）。

（二）会试、殿试

（明）王圻《续文献通考》卷四六·选举考·举士四　（宣德）八年三月，上御奉天殿策试礼部中式举人，赐进士曹鼐等九十九人及第出身有差。先是，鼐举乡试，授代州学正，辞为泰和典史。会试第二，廷试策问羲禹河洛象数，鼐对称旨，上亲擢为第一，授翰林修撰。杨士奇荐入经筵，不数年人阁预政。

（明）杨士奇等《明宣宗实录》卷一百　宣德八年三月甲寅朔，上御奉天门，策礼部举人刘哲等九十九人。制曰："天启文治之祥，伏羲之王也，河出马图而八卦作；夏禹之兴也，洛出龟书而九畴叙。其理一原于天，而会于圣人之心，故以前民用以建皇极，万世允赖焉。夫一原于天也，而图与书何以不同具于圣人之心矣？何必卦因图而作，畴因书而叙？说者又谓洛书可以为《易》，河图亦可以为《范》。《易》、《范》之兴，果何所则？《易》至文王、周公、孔子，《范》至箕子，而后益明且备。夫伏羲与禹之圣作之，何以又未及备？宋周子作《太极图》、《通书》，所以发大《易》之蕴也，其要义安在？邵子推先天后天以明羲、文之《易》也，其异旨何适？大抵言天者莫深于《易》，而必征于人；言治者莫详于《范》，而一本于天。朕潜心往圣，究惟至道，诚志乎文治之兴也。诸生讲明有素，其敷陈于篇，将亲择焉。"

（明）张朝瑞《皇明贡举考》卷三·（癸丑）**宣德八年会试**　中式举人一百名：刘哲，江西南昌县人，国子生，《易》。曾翚，江西泰和县人，儒士，《书》。蒋箴，浙江台州府学生，《诗》。李绍，江西安福县学生，《春秋》。郑亮，福建闽县人，儒士，《礼记》。

三月初一日，临策天下贡士，制曰：天启文治之详，伏羲之王也，河出马图而八卦作；夏商之兴也，洛出龟书而九畴叙。其理一原于天而会于圣人之心，故以前民用以建皇极，万世允赖焉。夫一原于天也，而图与书何以不同具于圣人之心矣？何必卦因图而作，畴因书而叙？说者又谓洛书可以为《易》，河图亦可以为《范》。《易》、《范》之兴，果何所则？《易》至文王、周公、孔子，《范》至箕子，而后益明且备。夫伏羲与禹之圣作之，何以犹未及备？宋周子作《太极》、图《通书》，所以发大《易》之蕴也，其要义安在？邵子推先天后天以明羲、文之易也，其异旨何适？大抵言天者莫深于《易》，而必征于人；言治者莫详于《范》，而一本于天。朕潜心往圣，究惟至道，诚志乎文治之兴也。诸生讲明有素，其敷陈于篇，将亲览焉。

（时廷对之士九十九人，赐曹鼐等进士及第出身有差。鼐初中乙榜，授代州学训导，上言："年少学寡，未堪为人师，愿就太学读书，或授别职自效。"改泰和县典史，爱民善治，剧公职则延师儒，讲明理性，尹每诮之曰："可作状元。"鼐曰："不如是未已。"壬子，督部工匠赴阙，疏乞入试，果中式。廷对称旨，上亲擢为第一。鼐学赡行端，内刚外和，识达政体，才智出人。官至吏部左侍郎，直内阁。卒于土木之难，谥文忠。《双槐岁抄》云：“宋制，进士先有官者，选为状元，必逊寒畯，惟我朝无此例。”若曹公鼐以典史遂大魁天下，前代所未有也。是科合临御以来三科进士试之，取郑建等二十八人进学文渊阁，后□□、李贤俱为名臣，徐有贞以迎复功封武功伯。）

第一甲三名赐进士及第：曹鼐，直隶宁晋县人，江西泰和县典史。赵恢，福建连江县。钟复，江西吉安永丰县。

（明）王世贞《弇山堂别集》卷八·皇明异典述三·典史中会试 曹文襄鼐，以太和典史运粮至京，乞会试，得第二人，廷试复为第一人。不十年，遂登相位。

又，卷八十一·科试考一 （宣德）八年癸丑，致仕少保户部尚书武英殿大学士黄淮以谢恩至京，命与詹事府少詹事兼翰林侍读学士王直为考试官，取中刘哲等。廷试赐曹鼐、赵恢、钟复及第。先鼐举贡士为学官，上书愿得一剧职自效，改太和典史，以解粮至京，请与试，许之，中第二人。廷试，复第一人。十年之内入阁辅政矣。

（明）张弘道、张凝道《皇明三元考》卷三·宣德八年癸丑科大魁 状元曹鼐（直隶宁晋人，字万钟，号恒山。年三十二。幼有大志，事继母以孝闻。癸卯乡试第二名，以乙榜授代州学正。上书愿得剧职自效，改泰和典史。爱民如子，剧邑政烦，处之裕如。公暇延师儒，讲明理学。至是以督工匠赴京，请与试，许之，遂登第二人及第，授修撰。升侍讲，入内阁典制，日侍讲读，累迁吏部侍郎兼学士。正统己巳随征，殁于军中，年四十八，赠太傅、吏部尚书兼文渊阁大学士，谥文襄，改谥文忠，官其子恩修撰。鼐学赡行端，内刚外和，识达政体，才智出人，士林重之。弟鼎，正统戊辰进士，吏科给事中）。

又 名臣：曹鼐。

又 入阁：曹鼐，正统五年由侍讲入，十四年死难。

（明）张弘道、张凝道《科名盛事录》卷一·元魁盛事·卑官登鼎甲 宣德癸丑科状元曹鼐，由泰和县典史。

（清）孙承泽《春明梦余录》卷四十一·礼部三·贡院 曹鼐，宁晋人。以贡士为学官，上书愿得一剧职自效，改泰和典史。以解粮至京与试，中宣德癸丑科第二，廷试复第一。先是，洪武榜眼吴言信乃抄钞局副使也，正统壬戌进士；郑温乃松陵驿驿丞也，明初应天解元。

（清）田易等《畿辅通志》卷六十一·选举·宣德癸丑科曹鼐榜 曹鼐（宁晋人，大学士）。

（清）张廷玉等《明史》卷九·本纪第九·宣宗　（宣德八年春）三月丙辰，赐曹鼐等进士及第出身有差。

又，卷七十·志第四十六·选举二　（宣德）八年癸丑廷试第一人曹鼐，由江西泰和典史会试中式。

（清）秦蕙田《五礼通考》卷一百七十五·嘉礼四十八·学礼　（宣德）八年癸丑廷试第一人曹鼐，由江西泰和典史会试中式。

（清）傅恒等《御批历代通鉴辑览》卷一百三·明·宣宗皇帝　癸丑（宣德）八年春三月，赐曹鼐（字万钟，宁晋人）等进士及第出身有差。鼐初由乡举授训导，愿就别职，改泰和县典史。七年，督工匠至京疏，乞入试，复中顺天乡试。及是，举进士一甲第一，赐宴礼部。进士宴礼部，自鼐始。

（清）舒赫德等《御定资治通鉴纲目三编》卷九　（癸丑宣宗章皇帝宣德八年春）三月，赐进士宴于礼部。

（宁晋曹鼐，初由卿举授训导，愿就别职，改太和县典史。七年，督工匠至京师，疏乞入试，复中顺天乡试，及是举进士一甲第一，赐宴礼部。进士宴礼部自鼐始。）质实（曹鼐，字万钟，宁晋人。）

仕　宦

（明）李贤等《明一统志》卷五十六·吉安府·名宦·本朝　曹鼐（宣德间为泰和典史，爱民如子，虽政事繁冗，亦不废学问，立志远大。尝督工匠至京，陈情愿入乡试，遂中《经》魁。及廷试，状元及第）。

（明）黄佐《翰林记》卷十五·扈从　正统十四年七月，北敌也先入寇，司礼监太监王振劝上亲征，车驾遂行。内阁学士曹鼐及侍读学士张益等扈从，赐赉如故事。八月，遇敌于土木镇，鼐及益皆没。自后巡狩亲征之事遂寝矣。

（明）雷礼《国朝列卿纪》卷八·直内阁元辅及同直辅臣年表　同直曹鼐，直隶宁晋人。状元。于正统五年二月，以侍讲入直。九年正月进鼐翰林学士。

又　同直曹鼐，历吏部左侍郎兼翰林学士。

又　鼐自正统十一年七月，以吏部左侍郎兼翰林院学士为元辅。至正统十四年八月，扈英宗睿皇帝征胡，没于土木，凡三年。赠太傅、吏部尚书兼文渊阁大学士，谥文忠。

又，卷九·殿阁大学士年表　曹鼐（直隶宁晋人。状元。正统五年由侍讲入直，升吏部左侍郎兼学士。十四年，死于土木，赠太傅、吏部尚书兼文渊阁大学士，谥文忠）。

又，卷二十·翰林院学士讲读学士年表　曹鼐（直隶宁晋人。进士。正统九年，擢翰林学士。详内阁）。

（明）王世贞《弇山堂别集》卷七·皇明异典述二·赠官内阁吏部衔　大臣殁，有赠官，独内阁大学士及吏部尚书不以加赠。如梁武之于朱异，宋神宗之于韩琦，非破例不可。惟景泰中赠侍郎曹鼐，嘉靖初赠左长史张景明，俱文渊阁大学士。赠左都御史宋景为太子少保、吏部尚书（鼐赠三官，景赠二官，尤为本朝所无之典）。

又，卷十二·皇明异典述七·公孤超赠　故事：文臣少师、少傅、少保赠太师、太傅、太保；东宫三太赠三少；东宫三少赠东宫三太。然亦有不及等者，有超等者。今记其超等者于左：……太子太保靳贵、吏部左侍郎曹鼐俱太傅。

又，卷十二·皇明异典述七·累赠官　曹鼐为少傅、吏部尚书、文渊阁大学士，天顺再赠太傅。

又，卷二十三·史乘考误四　枝山《野记》言：正统末，王振谓三杨："朝廷事亏三位老先生，然三先生亦高龄倦瘁，具后当何如?"文贞曰："老臣当尽瘁，死而后已。"文敏曰："不然，杨先生休如此语。吾辈衰残，无以效力，当荐几个后生报圣恩耳。"振喜，令具名来。翌日，即同荐陈循、高谷、苗衷等，振欣然用之。文贞或让文敏，文敏曰："彼厌吾辈矣。吾辈纵自力，彼岂自已乎？一旦内中出片纸书几个名字，某入阁、某入阁，则吾辈束手而已。今数士竟是我辈人，又当一心力也。"文贞叹服。

按，此是后人归美文敏语耳，殆非实录。文敏以正统五年省墓卒于杭。又四年，文贞荐曹鼐以侍讲入阁，其年文贞卒。又三年，陈公始以学士入阁。又二年，苗、高二公始以读学入阁。今谓文敏为此言，而振欣然用之，盖相去远者几十年，近者亦四年矣。故曰非实录也。

又，卷四十四·赠公孤宫臣表·赠少傅·文臣　吏部左侍郎、翰林院学士曹鼐（景泰初赠）。

又，卷四十四·赠公孤宫臣表·赠太傅·文臣　吏部尚书、文渊阁大学士曹鼐（天顺再赠）。

又，卷四十五·内阁辅臣年表叙　曹鼐，字万钟，直隶宁晋人。宣德由癸丑状元、正统五年以侍讲入。十四年以吏左侍学士死难，年四十八。

又，卷四十五·内阁辅臣年表·殿阁大学士不预阁务者　景泰初，赠侍郎曹鼐少傅、文渊阁大学士。

又，卷四十五　景泰初，赠侍郎曹鼐少傅、文渊阁大学士。

又，卷四十六·翰林诸学士表·学士　曹鼐，详内阁。正统八年，由侍讲入阁升任。十年，升吏左侍，仍兼任。

又，卷九十一·中官考二 （正统）十四年七月甲午，车驾亲征北敌，发京师。是举也，司礼太监王振实劝成之。……学士曹鼐曰："臣下命不足惜，主上系宗社安危，岂可轻进?"振终不从。

（清）谷应泰《明史纪事本末》卷二十九·王振用事 （正统）五年春二月，命侍讲学士马愉、侍讲曹鼐并直内阁机务。先是王振语杨士奇曰："朝廷事赖三位老先生，然三公亦高年倦勤矣，后当何如?"士奇曰："老臣当尽瘁报国，死而后已。"荣曰："先生安得为此言？吾辈老，无能效力，当以人事君耳。"振喜。越日，即荐曹鼐、苗衷、陈循、高谷等，遂次第擢用。士奇因尤荣，荣曰："彼厌吾辈，吾辈纵自立，彼容能已乎？一旦内中出片纸，命某某入阁，则吾辈束手矣。今四人竟是我辈人，何伤也?"士奇是其言。

又，卷三十二·土默特之变 （英宗正统十四年）秋七月，额森图犯边，其势甚张。……八日，额森大举入寇，兵锋锐甚，大同兵失利，塞外城堡所至陷没，边报日至。乃遣驸马都尉井源等四将各率兵万人出御之。源等既行，太监王振劝上亲征，命下二日即行。事出仓卒，举朝震骇。命太师英国公张辅、太师成国公朱勇率师以从，户部尚书王佐、兵部尚书邝埜、学士曹鼐、张益等扈从。吏部尚书王直及大小群臣伏阙恳留，不允。十七日，命太监金英辅郕王居守，每旦于阙左门西面受群臣谒见。遂偕王振并官军五十余万人至龙虎台驻营。方一鼓，众军讹相惊乱，皆以为不祥。明日出居庸关，过怀来，至宣府，连日风雨，人情汹汹，声息愈急。随驾诸臣连上章留，振怒，悉令掠阵。未至大同，兵士已乏粮，僵尸满路，寇亦佯避，诱师深入。八月戊申朔，至大同。振又欲进兵北行，邝埜请回銮，振矫旨令与王佐随老营，埜乘马蹀躞而前，坠地几殆。王佐竟日跪伏草中请还，钦天监正彭德清斥振曰："象纬示警，不可复前。若有疏虞，陷乘舆于草莽，谁执其咎?"学士曹鼐曰："臣子固不足惜，主上系天下安危，岂可轻进?"振怒曰："倘有此，亦天命也。"于是井源等报败踵至。会暮，复有黑云如伞罩营，雷雨大作。王振恶之。会前军西宁侯朱瑛、武进伯朱冕全军覆没，镇守大同中官郭敬密言于振："势决不可行。"振始有还意。明日班师，大同总兵郭登告学士曹鼐等："车驾入宜从紫荆关，庶保无虞。"王振不听。……十五日壬戌，敌遣使持书来，以和为言。遂召曹鼐草敕与和，遣二通事与北使偕去。振急传令移营逾堑而行，回旋之间行伍已乱。南行未三四里，敌复四面攻围，兵士争先奔逸，势不能止。铁骑蹂阵而入，奋长刀以砍大军，大呼："解甲投刀者不杀。"众裸袒相蹈藉死，蔽野塞川。宦侍虎贲矢被体如猬。上与亲兵乘马突围不得出，被拥以去。英国公张辅，尚书邝埜、王佐，学士曹鼐、张益而下数百人皆死。

（清）查继佐《罪惟录》·志卷十九·直阁志·英宗上 曹鼐（恒山，宁晋人。由乡荐为典史，许会试。状元，侍讲，进文渊阁，兼翰林学士，进吏部左侍郎，仍原官）。

（清）孙承泽《春明梦余录》卷四十一·礼部三·贡院 曹鼐，宁晋人。以贡士为学官，上书愿得一剧职自效，改泰和典史。以解粮至京，与试，中宣德癸丑科第二，廷试复第一。

（清）陶成等《江西通志》卷六十一·名宦五·吉安府·明 曹鼐，字万钟，宁晋人。宣德间，为泰和典史，爱民如子，每以远大自期。因督工匠至京，陈情愿入乡试，果中经魁。明年，廷试状元及第。（《林志》）

（清）张廷玉等《明史》卷十·本纪第十·英宗前纪 （正统五年）二月乙亥，侍讲学士马愉、侍讲曹鼐入阁，预机务。

又，卷一百九·表第十·宰辅年表一 五年庚申：曹鼐侍讲，二月入。

又，卷一百四十八·列传第三十六·杨溥（附马愉） 时王振用事，一日，语杨士奇、荣曰："朝廷事久劳公等，公等皆高年，倦矣。"士奇曰："老臣尽瘁报国。死而后已。"荣曰："吾辈衰残，无以效力，当择后生可任者，报圣恩耳。"振喜而退。士奇咎荣失言。荣曰："彼厌吾辈矣，一旦内中出片纸令某人入阁，且奈何？及此时进一二贤者，同心协力，尚可为也。"士奇以为然。翼日，遂列侍读学士苗衷、侍讲曹鼐及愉名以进。

又，卷二百九十九·列传第一百八十七·方伎·皇甫仲和 英宗将北征，仲和时已老，学士曹鼐问曰："驾可止乎？胡、王两尚书已率百官谏矣。"曰："不能也，紫微垣诸星已动矣。"曰："然则奈何？"曰："盍先治内。"曰："命亲王监国矣。"曰："不如立储君。"曰："皇子幼，未易立也。"曰："恐终不免立。"及车驾北狩，景帝遂即位。

又，卷三百二十八·列传第二百十六·外国九·瓦剌 （正统十四年七月）军方动，也先集骑四面冲之，士卒争先走，行列大乱。敌跳阵而入，六军大溃，死伤数十万。英国公张辅，驸马都尉井源，尚书邝野、王佐，侍郎曹鼐、丁铉等五十余人死之，振亦死。帝蒙尘，中官喜宁从。

（清）傅恒等《御批历代通鉴辑览》卷一百三·明·英宗皇帝 （庚申正统五年春）二月，以翰林院侍讲学士马愉、侍讲曹鼐入内阁，预机务。

王振至内阁语杨士奇、杨荣曰："朝廷事久劳公等，公等皆高年倦矣。当若何？"士奇曰："老臣尽瘁报国，死而后已。"荣曰："不然。吾辈衰残无以效力，当择后生可任者，报圣恩耳。"振喜而退。士奇咎荣，荣曰："彼厌吾辈矣。一旦内中出片纸令某人入阁，且奈何？及此时进一二贤者，同心辅政，尚可为也。"士奇以为然。翌日，列愉、鼐及侍讲学士苗衷、侍讲高谷名以进。愉、鼐遂先被擢用。

又　（乙丑十年）冬十月，以兵部侍郎苗衷、工部侍郎高谷入内阁预机务。

衷、谷与马愉、曹鼐皆杨士奇所荐。及是，四人并在内阁，而鼐尤通达政体，阁务多取决焉。

又，卷一百四·明·英宗皇帝　（己巳十四年秋七月）帝亲征命郕王祁钰居守。

边报日数十至，王振劝帝亲征。……学士曹鼐曰："臣子不足惜，主上系宗社安危，岂可轻进？"振终不从。

又　八月，师还，溃于土木，额森以帝北去。

次日，次土木，日未晡，去怀来仅二十里，众欲入保城中，振辎重未至，留待之。即驻营土木，掘井二丈余不得水，人马饥渴，敌分道自旁近口入。都指挥郭懋拒战终夜，敌益增。明日围御营不得发。额森遣使请和，帝诏曹鼐草敕许之，敌佯退，振遽令移营，回旋间，行列已乱，敌大呼四面蹂躏入，众裸袒蹈藉死。帝与亲军突围不得出，下马据地坐，敌拥之去。中官喜宁从振等皆死，官军死伤者数十万。内阁学士曹鼐、张益等五十余人皆死。

（清）舒赫德《御定资治通鉴纲目三编》卷九　（庚申五年英宗睿皇帝正统春）二月，以翰林院侍讲学士马愉、侍讲曹鼐入内阁，预机务。

（王振至内阁，语杨士奇、杨荣曰："朝廷事久劳公等，公等皆高年倦矣。当若何？"士奇曰："老臣尽瘁报国，死而后已。"荣曰："不然，吾辈衰残无以效力，当择后生可任者报圣恩耳。"振喜而退。士奇咎荣，荣曰："彼厌吾辈矣。一旦内中出片纸令某人入阁，且奈何？及此时进一二贤者，同心辅政，尚可为也。"士奇以为然。翌日列愉、鼐及侍讲学士苗衷、侍讲高谷名以进伦务，遂先彼擢用。）质实（马愉，字性和，临朐人。苗衷，字秉彝，定远人。高谷，字世用，扬州兴化人。同曹鼐共四人，皆帝初御经筵，士奇等所荐）。

又，卷十　（乙丑十年）冬十月，以兵部侍郎苗衷、工部侍郎高谷入内阁，预机务。

（衷、谷与马愉、曹鼐皆杨士奇所荐。及是，四人并在内阁，而鼐尤通达政体，阁务多取决焉。）

又　（己巳十四年秋七月）帝亲征命郕王祁钰居守。

（边报日数十至，王振劝帝亲征。……学士曹鼐曰："臣子不足惜，主上系宗社安危，岂可轻进？"振终不从。……）

又　八月，师还，溃于土木，额森以帝北去。

（自土木傍麻路口入，都指挥郭懋拒战终夜。明日，围御营，不得发，额森遣使议和。帝诏曹鼐草敕许之。敌佯退，振据令移营，回旋间，行列已乱，敌以劲骑四面蹂躏入，大呼："解甲投刃者不杀。"众裸袒蹈藉，死尸蔽塞川野，诸宦监宿卫士矢被体如猬。帝与亲军突围，不得出，下马据地坐，敌拥之去。中官喜宁从振等皆死，官军死伤者数十万。英国公张辅……吏部左侍郎直内阁学士曹鼐……等五十余人皆死。……)质实(……曹鼐，赠少傅、尚书兼文渊阁大学士，谥文襄，后加太傅，改谥文忠)。

(明)雷礼《内阁行实》卷三·曹鼐　(存目)

轶　事

(明)唐枢《国琛集》上卷　学士曹鼐才志通爽，预经筵，敷纳甚明畅。正统末，扈从土木，权珰恣挟进兵，成国公朱勇膝行听命，尚书有竟日跪伏草中噤无一语者。公抗声曰："臣子不足惜，社稷安危之系曾无念乎！"寻被难，谥文襄。

(明)李绍文《皇明世说新语》卷一·德行　曹鼐为泰和典史，因捕盗获一女子甚美，目之心动。辄以片纸书"曹鼐不可"四字火之。已，复书，火之。如是者数十次，终夕竟不及乱。

又，卷二·文学　曹鼎元鼐中会试乙榜，不受教职，得烦剧　职自效，改泰和典史。公暇辄进学不倦，复修举子业，其尹诮之曰："可作状元。"鼎曰："不如是不已。"

(明)刘宗周《人谱类记》卷下　曹文忠公鼐，以明经作泰和典史。因捕盗获一女子于驿亭，色殊艳，意欲就公，公奋然曰："处子可犯乎？"取片纸书"曹鼐不可"四字火之，终夜不辍。天明，召其母领去。明年，会试状元及第。(《记警好色》)

(明)黄瑜《双槐岁钞》卷三·典史大魁　宋制，进士先有官者，当为状元，必逊寒畯。徽宗时，皇子嘉王楷廷对第一，诏升次名王昂为首，虽亲王亦然。惟我朝无此例，宁晋曹文忠公万钟鼐，起诸生，中京闱第二名，署代州学训导事。上章言："年少寡学，未堪为师，愿就太学读书，以需再试，或授别职，亦得自进。"命授幕职，遂改泰和县典史，许赴南宫。癸丑得隽，遂大魁天下，前代所未有也。后至少宰兼学士入阁，死于土木之难。官其子恩修撰。荫入翰林者，金忠之子达、胡广之子穜与恩才三人。自余在近侍，惟尚宝中书而已。其父子沾被，可谓奇异。

(明)王世贞《凤洲杂编》卷四·上书愿得一剧职　(宣德)癸丑，赐进士曹鼐等及第。先，鼐举贡士，为学官，上书愿得一剧职自效，改泰和典史。力学不废，以解粮至京与试，果中第二人，廷试复第一人。十年之内至相位矣。是岁用致仕大学士黄淮主考，淮以谢恩至。

（明）焦竑《玉堂丛语》卷一·行谊 曹鼐为泰和典史，因捕盗，获一女子，甚美，目之心动。辄以片纸书“曹鼐不可”四字火之，已复书，火之。如是者数十次，终夕竟不及乱。

（明）沈德符《万历野获编》卷十五·典史再举乡试 曹文忠（鼐）以典史中殿元，以辅臣死土木，人皆知之，又但知其以乡举弃校官改县尉耳。初鼐已中乡试，为山西代州教职，负才不屑卑冗，欲弃官再就试，为吏部驳奏，遂改授江西泰和典史。宣德七年，解部匠至京，值京师大比，乞入试，大学士杨士奇怜而许之，遂再中顺天第二人，因连捷，遂魁天下。事见国史甚明。今世徒以典史会试巍科为奇，而再登贤书，抑奇之奇矣！

（明）叶盛《水东日记》卷三 杨文定公最善王检讨振、张修撰益，相见辄出所作，就二人评，有所改易，即乐从。公亦喜改人文字。泰和陈学士当笔撰祭文，公欲有所易，陈忿然不平，见于言色，公即已之。曹文襄性敏，大篇下笔即成。马状元尚书措词颇涩，每为文襄所讥切，马才介也。一日饯客，所序文出文襄，反复余千言。二王先生适在座，文襄举似之曰：“草草写成耳。”二先生看读毕，佥曰：“才长，才长。”诸公才学心量之不能同，此亦可见。

（清）姚之骃《元明事类钞》卷十一·官品门四·县佐·愿得烦剧 《天顺日录》：曹文忠鼐为人疏通俊爽，为校官不乐，愿得烦剧一职，改泰和典史。治事之暇，进学不倦，复修举子业，登进士第。西杨荐入经筵，后入阁与政。

又，卷十二·仕进门·状元·曹鼐不可 《九朝野记》：曹鼐为太和典史，因捕盗获一女子，甚美，心悦之。晚至驿，令召侍，每目之心动，辄以片纸书“曹鼐不可”四字火之，如是终夕，竟不及乱。次日，遣还。后会试中式，廷对时忽大风起吹一纸条堕于公前，上有“曹鼐不可”四字，公大惊，下笔如有神助，遂状元及第。

评　　论

（明）李贤《古穰集》卷二十九·杂录 予榜状元曹鼐，为人疏通俊爽。初为校官，不乐，愿得繁剧一职，改泰和典史，益进学不倦。复修举子业，遂登进士第。西杨先生嘉其志，荐入经筵。复入阁与政，士林荣之。自东杨没后，议大事多决于鼐，明敏之才，颇相类焉。虽王振恣横，亦曲加礼敬。没于土木之难。

（明）宋端仪《立斋闲录》卷四 曹鼐，为人疏通俊爽。初授教官，不乐，愿将繁剧一职，改泰和典史。益进学不倦，复修举子业，遂登进士第一。杨文贞公嘉其志，荐入经筵。复入内阁与政，士林荣之。自杨文敏公没后，议大事多决于鼐，明敏之才，颇相类焉。虽王振恣横，亦曲加礼敬。没于土木之难。(《天顺日录》)

杂　录

(明）刘定之《否泰录》　（正统十四年秋七月）十七日，驾行。命郕王居守。每旦于阙左门西面坐，群臣谒见，朝政皆太监金英、吏部尚书王直、学士高谷、驸马焦敬等共议。其从驾行者，尚书王佐、邝埜，学士曹鼐等。

八月十三日，至狼山。虏追及，遣朱勇等三万骑还战，皆败死，无只骑回。是日，驾至土木。日尚未晡，去怀来城仅二十里，欲入之保怀来城。振辎重千余辆在后未至，留待之，遂驻土木。旁无水泉，又当虏冲。十四日，欲行。虏已逼，不敢动，兵士束手饥渴。十五日，虏使持书来，以求和为言。召曹鼐草诏与和，遣二通事与虏使偕去。

(明）王世贞《弇山堂别集》卷九·皇明异典述四·改谥　内阁学士曹鼐，初谥文襄，改文忠。

(明）鲍应鳌《明臣谥考》卷上·文忠　曹鼐（吏部侍郎直阁，加赠太傅，初谥文襄，天顺年改谥。勤学好问，危身奉上。北直隶宁晋县人）。

又，卷上·文襄　曹鼐（吏部侍郎直阁，赠少傅、吏部尚书。景泰年谥，后改文忠。勤学好问，因事有功。北直隶宁晋县人）。

(明）郭良翰《明谥纪汇编》卷十四·臣谥上·文臣·文忠　曹鼐（吏部侍郎直阁，加赠太傅。初谥文襄，天顺改谥。勤学好问，危身奉上。北直隶宁晋人）。

又，卷十四·臣谥上·文臣·文襄　曹鼐（吏部侍郎直阁，赠少傅、吏部尚书。景泰初谥，后改文忠。勤学好问，因事有功。北直隶晋宁人）。

(明）沈德符《万历野获编》卷十五·驿丞进士　宣德八年癸丑，曹鼐以泰和典史登状元，以为异事。而不知正统四年已未，第五十九名李郁，江西丰城人，下书“承差习《礼记》”；成化十四年戊戌科，第一百五十三名谭溥，其下直书“山东东阿县田县驿驿丞，习《书》”，此仅见之会录中耳。弇州《奇事述》及《科试考》，皆不之载。若正统七年壬戌科，一百二十一名郑温，为直隶松陵驿丞，则弇州已记之矣。

(清）张英等《御定渊鉴类函》卷六十九·设官部九·殿阁总载三　明敏类荣（《名臣记》曰：曹鼐，宁晋人。正统十一年，入内阁，与政典，兼学士。是时杨荣卒，凡议大政，诸阁老推决于鼐。鼐才明敏类荣，视中官王振，正色不少假，振益惮鼐)。

又,卷一百十五·设官部五十五·经学博士二 又曰:曹鼐,宁晋人。练达国契,才量出人。初乡举,署代州训导,非其好也。愿一剧官自效,改泰和典史。宣德八年,进士第一。

又,卷一百九十七·文学部六·制诰二 又曰:曹鼐,宁晋人。正统十一年,入内阁,与政典制,文词宏阔。

(清)陶成等《江西通志》卷三十九·古迹二·吉安府·状元旧署 《名胜志》:即泰和尉署。宣德癸丑,曹鼐由泰和典史登第,故今为“状元旧署”云。

又,卷一百八·祠庙·祠·吉安府 四贤祠在泰和县,祀黄廷坚、曹鼐、陆震、周诏。

又,卷一百六十一·杂记三 泰和山川秀丽,钟毓人文,由来科甲蝉联,登状元者接踵。明宁晋曹鼐以泰和典史而状元及第,至今衙署外颜曰“状元旧署”。(《敬业堂外纪》)

(清)田易等《畿辅通志》卷四十八·陵墓·赵州·明 曹鼐墓,在宁晋县南四里洨水上。

又,卷五十·祠祀·宣化府 显忠祠,在怀来县建,祀曹鼐等忠烈三十六人。

又,卷五十·祠祀·赵州 曹文忠公祠,在宁晋县东四里洨水上,祀明少傅、大学士曹鼐,邑人蔡叆建。

(清)张廷玉等《明史》卷一百八十五·列传第七十三·梁璟(附王诏) 王诏,字文振,赵人。生有异姿,学士曹鼐奇之,妻以女。天顺末,登进士,授工科给事中。

(清)窦光鼐等《钦定日下旧闻考》卷四十八·城市 臣等谨按,明季乡试分南北卷,北止五处,而南则十处。会试分南北中卷,广东置南卷,而安庆置中卷,偏枯之弊自所不免。……

(补,《国朝乡试》,直隶取百名,加国学三十名,又杂行五名,不拘僧道官吏各省来者皆可中之。故曹鼐以典史解粮赴京,中北直隶乡试,而廷试为状元,今杂行无中者矣。《耳谭》。

……

补,《王氏耳谭》谓,直隶乡试额取百名,外国学三十名,杂行五名。故曹鼐以典史解粮赴京,得中乡试,而廷试为状元。今杂行无中者矣。按,曹文忠以永乐癸卯中顺天乡试,本由诸生。宣德初,授代州学正,上书愿得剧职自效,改江西泰和县典史。督工匠赴京,乞与会试,遂中癸丑榜第二人,廷试第一。王氏谓“以典史中乡

试”，误也。至文忠第后，杂行中式者不乏。……《蓟邱杂抄》）

（清）和珅等《钦定大清一统志》卷三十二·赵州·陵墓·明 曹鼐墓（在宁晋县东四里，前有祠）。

正统元年（1436）丙辰科状元周旋

传　　记

（明）刘定之《周公行状》　公讳旋，字仲规，姓周氏，世居温郡永嘉。曾大父德铭。大父思贤。父大顺，赠翰林修撰。母陶氏，赠安人。公生六岁而孤，稍长入郡庠，未冠丧母，葬祭循理，不以贫故，致有遗憾。释服即吉，益勉励于学。时翰林检讨潘畿来主郡庠，得其诱掖，所造愈深。举于乡，屡弗偶，然同进咸推逊之。宣德乙卯，与荐《书》。明年正统丙辰，遂为进士第一人，授官翰林修撰。入院日，太师杨文贞公次共设宴席，事闻，遣使就赐羊酒。文贞言于上，命公等月为文章，就前宗伯临川王文安公、今少傅冢宰泰和王公视其成。所制率台阁典册，公尤悉心锐意，以求是正，久之，益有得。同考壬戌会试，公所取士若今春坊大学士刘公宣化亦魁多士，众谓公衡鉴之明，衣钵之授，信不爽矣。以病归里，累年还朝，适今上登极，安夏攘夷。公上疏条目甚多，至万言，其大者若保陵寝、迎车驾、亲贤远佞、勤政讲学，语尤切至，亦多所采纳。官满，推侍讲，与经筵，赐白金、文绮、楮币。怀献太子立，以本官进兼春坊左庶子，与修《君鉴》。公在郡庠日，为郡守何公文渊由郡政有声，入官刑部侍郎以归，公与内阁诸公连章荐起，来为冬官太保、吏部尚书。已而，见劾于言官，并及其为郡时事。公疏言治郡实廉，不可以并加污蔑也。言官因并劾公。上亮其然，不以为过。

公居家仁厚，叔父来官所，留，弗忍别。外姑既寡，以公为归。卒皆殡葬焉。待子弟不为严厉，然戒饬条约莫不备具，见者至刻石取法。与人交不为城府町畦，终日欢如也。奕棋投壶皆高妙，然用娱宾友，未尝以胜负介意。所著有诗文集若干卷，藏于家。景泰甲戌正月二日晨起将朝，遽卒，年五十有八。配同邑章氏，封安人，有妇行。子男五人，冕、冠、缨、纮，其季绶，侧室出也。孙男十一人，鼐、珍、琦、琰、珽、琏、环、珙、琭、球、珊也。惟公起孤惸，积学成名，可谓难能矣。遭逢圣明，思展抱负，以究厥用，降年弗永，尚赍志以殁。然其所以立有足纪者矣。用敢采于家，敬质于友论，撰次如右，以俟立言君子图其不朽焉。谨状。

赐进士及第、奉训大夫、太子洗马兼翰林院侍讲经筵官、同年友永新刘定之书。

（录自［明］周旋《畏庵集》附录）

（明）萧镃《周公碑记》 周公讳旋，字中规，温之永嘉人也。正统丙辰，擢进士第一，入为翰林修撰。九载绩最，升侍讲。景泰壬申，怀献太子立，进左春坊左庶子，兼旧官，授奉政大夫。又明年，是为景泰甲戌正月二日，夙兴盥栉造朝，忽得疾，寻卒。朝之贤大夫相知者闻之，咸惊愕悼惜，谓以周公为人，其造诣宜不止此，岂天于贤者固啬其进耶？何其卒之暴也！卒后一月，将归柩葬其乡，于是其孤冠与吏部郎中黄以载谒予文表墓。噫！君，予友也，奚辞。

按，君曾祖德铭，祖思贤，父大顺，皆弗仕。大顺以公贵，赠翰林修撰。母陶氏，赠安人。君六岁丧父，未冠丧其母，茕茕自立，入郡庠为弟子员，即奋发刻苦于学，辈类咸推让之。每科举，必以魁自期，虽屡弗偶，而其志不少挫，卒用有成。入翰林，适诏选庶吉士积学中秘，月为文章而考其成，君既在选首，日夜进学不倦，其业益修，其名益重。同考壬戌会试，得今春坊大学士刘君俨所作，大称赏，拟置高等，同事者阻之，君不平，争之愈力。已而廷试，刘君果魁选，人服其识。而君囚致疾在告，久之还朝，遇上即位，慨然叹曰："安夏攘夷，此其时也。"疏万余言，皆当时急务。其于亲贤远奸、勤政讲学之类，语尤剀切，多见纳用。进讲经筵，与修《历代君鉴》，皆受白金、文绮之赐。卒时年五十有八。君早孤，故家居虽俭，而于戚姻外内恩意尤厚。叔父常一至官所，留，弗忍别。外姑寡处，迎养终身。其卒也，皆葬殡焉。教诸子虽严为条约，然煦煦不忍伤之。与人交倾肝胆，不事畛域。有过从者，兴至即款留之，奕棋觞咏，忘其日之夕也。文章耻陈腐，务出己意，为奇语。每有作，即呼酒引满三数行，索笔一挥，千百言立就，汗漫演迤，理致油然。求者履于户，君应之常有余。集若干卷，藏于家。配同邑章氏，封安人。子男五，冕、冠、缨、纮、绶。女一，适士人姜立诚。孙男十一人，琱、珍、琦、琰、珽、琏、环、珙、琭、球、珊也。

国朝自洪武辛亥以来，至正统丙辰，六十六年之间，凡二十设科，状元及第者盖二十二人，率皆磊落瑰玮之士。其间得一命之迁而忽焉以没者岂少哉？君自少即有志于天下，及遭其时，意谓可行也，不幸困于疾。既疾之乎，乃不克少延，以竟所愿。岂人之君子，天之小人之说果然与？抑修短丰啬、幸不幸固自有命哉？然而扬历侍近，进大夫之列，其文章事业又卓卓著当时，名后世，如此视之他人，益可以无恨矣。表而揭之墓铭，以贻周氏子孙宜也，特论次之。

赐进士出身、资善大夫、太子少师兼户部右侍郎、翰林院学士、知制诰兼经筵官、前国子监祭酒泰和萧镃撰文。奉议大夫、吏部考功司郎中、同邑黄采书篆。

（录自［明］周旋《畏庵集》附录，［明］焦竑《国朝献征录》卷十九题为《左春坊左庶子兼翰林侍讲周君旋墓表》）

（明）李贤等《明一统志》卷四十八·温州府·人物·本朝 周旋（永嘉人。正统元年，擢进士第一，授翰林修撰，官至春坊庶子。旋为人性直尚义，作诗文操笔立就。卒于官，人多惜之）。

（明）凌迪知《万姓统谱》卷六十一 周旋（字仲观，永嘉人。正统元年擢进士第一。授翰林修撰，官至春坊庶子。旋为人性直尚义，作诗文操笔立就。卒于官，人多惜之）。

（明）陈鎏《皇明历科状元录》卷二·正统元年丙辰状元周旋 廷对之士刘定之等一百人，擢周旋第一。

周旋，字中规，号畏庵，浙江永嘉人。才思雄健，何冢宰文渊时知温郡，见所作即以状元许之。及乡试、省闱，皆居优列。及廷试，大学士杨士奇以所取一甲三卷将入殿读之，状头尚未决，问同事者曰："有识周旋否？其人仪表何如？"有对曰："面白而伟。"遂以旋卷首进。旋貌甚寝，陛见之日，舆论怅然。盖所问者永嘉周旋，所对者淳安周瑄也。官至春坊庶子，同考会试，以勤于事致疾，未几愈，寻卒。作诗文立就，有《畏庵集》。为人性真尚义，人多惜焉。

宣德癸丑春，温郡守何文渊进诸生讲经于明伦堂，有群蜂夹一巨蜂飞集楹间，声闻如雷。文渊顾谓庠士周旋曰："群蜂有巨蜂为之主，犹士林中有巨儒为之领袖，此来科状元之兆也。"果然。（《温州志》）

人匪贵貌，福厚其先。福予其厚，丑也可妍。周瑄之对，岂听则迁。数之攸属，匪误弗旋。巨蜂突至，适当讲前。谁卜大魁，识者文渊。

（明）顾祖训原编、（明）吴承恩增补、（清）陈枚续补《状元图考》卷二·状元周旋 正统元年丙辰，廷试刘定之等一百人，擢周旋第一。

周旋，字中规，号畏庵，浙江永嘉人。才思雄健，何冢宰文渊时知温郡，考所作即以状元许之。及乡试、会试，皆居优列。及廷试，大学士杨士奇以所取一甲三卷将入殿读之，状头尚未决，问同事者曰："有识周旋否？其人仪表何如？"有对曰："面白而伟。"遂以旋卷首进。旋貌甚寝，陛见之日，舆论怅然。盖所问者永嘉周旋，所对者淳安周瑄也。官至春坊庶子，同考会试，以勤于事致疾卒。

《温州志》：宣德癸丑春，温郡守何文渊进诸生讲经于明伦堂，有群蜂夹一巨蜂飞集楹间，声闻如雷。文渊顾谓庠士周旋曰："群蜂有巨蜂为之主，犹士林中有巨儒为之领袖，此来科状元之兆也。"果然。

（清）朱彝尊《明诗综》卷二十四·周旋（一首） 旋，字中规，永嘉人。正统丙辰赐进士第一。授翰林修撰，进侍讲，兼左春坊左庶子。有《畏庵集》。

（清）张豫章等《御选明诗》姓名爵里二·诸家姓名爵里 周旋（字中规，永嘉人。正统丙辰赐进士第。授翰林修撰，进侍讲，兼左春坊左庶子。有《畏庵集》）。

（清）沈翼机等《浙江通志》卷一百八十二·人物六·文苑五·温州府·明 周旋(《分省人物考》：字中规，永嘉人。正统丙辰进士第一，擢修撰，历左庶子，寻卒。旋为弟子员，即刻苦于学，既在选首，遂日夜进学不厌，为文耻袭陈言，务出己意。每日引满三数行，索笔千百言立就，汗漫演迤，理致泓然，求者接屦于户而应之，常若有余。有集若干卷)。

（清）陈田《明诗纪事》乙签卷十六·周旋 （存目）

（清）阎湘蕙《明鼎甲征信录》卷一·周旋 （存目）

科　第

（一）乡试

（明）张弘道、张凝道《皇明三元考》卷三·宣德十年乙卯科解元 是榜出两状元：商辂，周旋。

（清）沈翼机等《浙江通志》卷一百三十五·选举十三·明·举人·宣德十年乙卯科 周旋（永嘉人，丙辰状元）。

（二）会试、殿试

（明）王直《抑庵文集》卷一·记·进士题名记应制作 圣天子即位之初，恪遵成宪，诏天下于科目取士。明年改元正统，行在礼部会试如制，拔其尤者百人以闻。三月朔日，上策试于廷中，百人者皆祗若德意，竭其素蕴，以奉大对。越三日，少傅、兵部尚书兼华盖殿大学士臣士奇等以所对进奏。上亲定高下：第一甲三人，赐进士及第，擢周旋第一，余赐进士出身有差。既传胪宴赉，有司请如故事，立石题名北京国子监，诏臣直为记。

（明）张朝瑞《皇明贡举考》卷三·（丙辰）正统元年会试 三月初一日，临策天下贡士，制曰：自古帝王肇建国家，图惟宁永，必有典则以贻子孙。考之禹汤文武，概可见矣。继统之君率由典常。令闻长世，若夏之启，商之中宗、高宗、祖甲，周之成康，益表表者也，其所以保盈成之运，隆太平之绩者，尚可征欤？汉高帝有天下，次律令，制礼仪，定章程，修军法，史称其规摹弘远矣。传至文景，海内富庶，黎民醇厚，几致刑措，三代而下所仅有也。董仲舒对武帝乃谓更化则可善治，何欤？当时用其言，果能比隆于古欤？朕钦承大统，仰惟祖宗成宪，即尧舜禹汤文武之道，肆夙夜祗率，期与斯世斯民同跻雍熙，顾行之必有其序。诸生学崇孔孟，明于王道，详著于篇，朕将亲览焉。

（时廷对之士一百人，赐周旋等进士及第出身有差。初，大学士杨士奇以所取一甲三卷将入殿读之，状头尚未决，问同事者曰："有识周旋否，其人仪表何如？"浙人有误听作周瑄者，对曰："白而伟。"盖问者永嘉周旋，对者淳安周瑄也。遂以旋卷首入，旋貌甚侵，陛见之日，舆论怅然。旋性真尚义，才思雄健。所著有《畏斋集》。官至春坊庶子卒。是科选萧镃等十三人为庶吉士。后刘定之、李秉、崔恭俱为名臣。自此以后，诸科二《录》部本俱存。而闽本以曹鼐榜为是科取士，误矣。）

第一甲三名赐进士及第：周旋，浙江永嘉县。陈文，江西庐陵县。刘定之，江西永新县。

（明）王世贞《弇山堂别集》卷八十一·科试考一 正统元年丙辰，少詹事兼翰林院侍读学士王直、翰林院侍讲学士陈循为考试官取中刘定之等，廷试赐周旋、陈文、刘定之及第。或云，首揆既取，三卷未定，问同事者曰："有识周旋者否？状何如？"或曰："白而伟。"盖疑谓淳安周瑄也，遂首旋，既传胪貌甚寝，为之愕然。

（明）张弘道、张凝道《皇明三元考》卷四·正统元年丙辰科大魁 状元周旋（浙江永嘉人，字中规，号畏庵，乙卯举人，会试九十五名。为人性直尚义，作诗文操笔立就，才思雄健。以春坊庶子同考会试，勤于事，致疾，寻卒，人多惜之。所著有《畏斋集》。或云首揆既取，三卷未定，问同事者曰："有识周旋否，状何如？"曰："白而伟。"盖误谓淳安周瑄也，遂首旋。既传胪，貌甚寝，为之愕然）。

（清）沈翼机等《浙江通志》卷一百三十一·选举九·明·进士·正统元年丙辰科周旋榜 周旋（永嘉人。状元。左庶子）。

（清）张廷玉等《明史》卷十·本纪第十·英宗前纪 （正统元年春）三月己巳，赐周旋等进士及第出身有差。

仕 宦

（清）张廷玉等《明史》卷一百六十四·列传第五十二·曹凯 给事中林聪劾何文渊、周旋，诏宥之。凯上殿力诤，二人遂下吏。

又，卷一百八十三·列传第七十一·何乔新 灾异见，给事中林聪等劾文渊检邪。

左庶子周旋疏言其枉，聪并劾旋。御史曹凯复廷争之，遂与旋俱下狱。

轶　事

（明）陆容《菽园杂记》卷一　正统丙辰状元周旋，温州永嘉人。闻阁老预定第一甲三人，候读卷时，问同在内诸公云："周旋仪貌如何?"或以丰美对，阁老喜。及传胪，不类所闻。盖丰美者严州周瑄，听之不真而误对耳。天顺庚辰，曹钦反，连捕其党冯益损之甚急。一星士冯益谦之就逮，亦弃市。盖二人皆宁波人，且同名，故有此误。人之祸福，固非偶然，然亦有如此者，所谓命也。

（明）叶盛《水东日记》卷十六　正统丙辰廷试，阁老将进读卷，问同事诸公曰："孰能识周旋否？其人物何如?"浙人有误听者，答曰："面白而伟。"盖所问者温人周旋，而所对则淳安周瑄也。

（明）王世贞《凤洲杂编》卷四·周旋仪貌何如　（正统）丙辰，赐进士周旋及第。或云首揆既取三卷，未定，问同事者曰："有识周旋否？状何如?"或曰："白而伟。"盖疑谓淳安周瑄也。遂首旋，既传胪，貌甚寝，为之怅然。

（明）王同轨《耳谈》卷六·周旋　正统间，周旋亦温州人。殿试取居第一。主司未审其状貌，犹豫间有人告曰："仪容丰美。"主司遂决焉。及胪传，大不称，为之怅恨。盖丰美者，严州周瑄也。其人听之不真，误对耳。

（清）姚之骃《元明事类钞》卷四十·虫豸门·巨儒之象　《涌幢小品》：宣德癸丑，温州守何文渊于明伦堂集诸生讲书，有群蜂引一巨蜂集楹间，声如雷。公顾谓诸生曰："蜂有巨儒之象，来科状元定有其人。"后周旋果及第第一。

著　作

（明）周应期《重刻畏庵公集后序》　先太史畏庵公集，原录四十卷。前令尹安成刘公简而刻焉，汰三存一。乡先正章恭毅公为叙其首。凡天人之奏对、宫陛之献纳、亲友之赠贻、观览之哦咏，具在矣。应期为儿时，侍先大父，尝口授《赠章秀才》诗，私心津津，窃向往焉。稍长，从家严学日课有暇，辄命读公廷对及时务诸策，沉思三复，若有所得，然于他什概未遑也。己未之役，徼公灵，幸售南宫，奉使归省，乃始开函拂蠹，捧公全集细读之，大率以立诚豫修辞之本，主敬尽圣学之原，义愤激发于时危，昌言必中于事窾，彬彬乎质有其章，而非以藻绘鞶帨为贵者乎，泽俨然陟降不远矣。惟是篇章善泐，认鸿乙而多疑；锓梓弗工，辨豕鱼而悉舛。是用亲为雠较，授之副墨，购良梓再刻焉。凡卷帙序次悉依其旧，不能访求遗佚有所裨益，只厘葺其断误而已。于戏！右军墨妙用开智永之书，必简诗工大启少陵之咏。应期谫陋，深用恧焉。顾吾祖、吾父垂训之盛心尤当引伸于无穷者，乌可无述？敬书之末简，以志不忘尔。时崇祯改元长至日，七世孙应期谨识。

（录自［明］周旋《畏庵集》附录）

（清）黄虞稷《千顷堂书目》卷十九·别集类·正统丙辰科（元年）　周旋《畏庵集》十卷（字中规，永嘉人，一甲第一人，左春坊左庶子，兼翰林院侍讲）。

（清）沈翼机等《浙江通志》卷二百四十九·经籍九·集部二·别集·明　《畏庵集》二卷（万历《温州府志》：周旋著。字中规，永嘉人）。

（清）张廷玉等《明史》卷九十九·志第七十五·艺文四　《周旋文集》十卷。

（清）曹仁虎等《钦定续通志》卷一百六十二·艺文略·文类第十二上·别集·明　《畏庵集》十卷（明周旋撰）。

（清）纪昀等《钦定四库全书总目》卷一百七十五·集部二十八·别集类存目二·《畏庵集》十卷（两淮马裕家藏本）　明周旋撰。旋，字中规，别号畏庵，永嘉人。正统丙辰进士第一，官至左春坊左庶子。是集凡诗赋五卷，杂文五卷，乐清章纶为之序，称其典雅闲淡。然在当时犹驰驱于流辈之中，未能自辟蹊径。

（清）曹仁虎等《钦定续文献通考》卷一百九十一·经籍考·集（别集三）**·明**

周旋《畏庵集》十卷。

旋，字中规，号畏庵，永嘉人。正统丙辰进士第一。官至左春坊左庶子。

评　论

（明）章纶《畏庵周先生文集序》　故翰林侍讲兼春坊左庶子永嘉周先生旋著文若干卷、诗若干卷、廷对策一卷、建言时事一卷。今大尹安成刘侯逊将编录成集，命工锓梓以传于后，又命先生之子府学生缨来求予序。于乎！文岂易言哉！文言之精者所以足言诗，又文之精者所以言志，皆所谓载道之器，出乎心而本乎道，足以关世教之劝惩，系风俗之美刺，斯为知道之言，而垂法于天下后世者也。《易》、《书》、《春秋》、《礼》、《乐》之文，《国风》、《雅》、《颂》之诗，《论》、《孟》、《庸》、《学》之书，莫非圣贤心智神明，妙契斯道，故发而为言，皆天经地义、经天纬地之文，亘万古而不磨，与天地、四时、日月相为悠久，以道鸣者也。下至屈、宋之骚，贾、董之策，迁、固、彪、晔之史，班、左、张、杨之赋，苏、陶、谢、李、杜、元、白、欧、苏、曾、黄、虞、杨、范、揭诸公之诗，韩、柳、欧、苏、王、曾、陈、胡、姚、袁、程、马、刘、苏、宋、方诸公之文，乃他著作之显者不能尽举，盖皆大家名公文章正宗之显于天下后世，皆寓乎道而鸣者。譬如名山大川、五岳四渎之流峙于海内，为四方千载之望，卓卓乎不可及也。若夫关、闽、伊、洛、周、程、温、邵、张、朱诸君子，远继鲁、邹、洙、泗之绝统，直与孔、曾、思、孟性理之学相为表里，以道鸣于天下后世，又非汉唐诸儒文章之比。文岂易言哉！天下四方之善为诗文者多矣，若吾温郡有王景山、周行已、刘安节、宋之才、许景衡、叶味道、章仕尧、史伯璿诸先生，皆得伊洛之学，以道而寓诸文；戴述、张辉、张阐、陈鹏飞、王十朋、徐履、木待问、薛叔似、蔡幼学、叶适以至李孝光、孔克表、黄淮诸先生，皆得学术之醇，以诗文而本乎道，若今继黄之后，则周旋先生矣。先生自中规，自少游郡庠，笃志于学，登名澍闱，甲榜礼部，廷对第一，盖得乎道而发为文者。初授翰林修撰，升侍讲兼左春坊左庶子，侍从宫廷，出入禁掖，或承诏出使，或奉恩省祭，以及宴会、饯送、游观、赠别，皆形之咏歌，制为序记等文，悉皆典雅闲淡，适情遣兴，如行云流水，不假雕琢，而足以脍炙人口，矜式后学，盖皆出乎道而无愧乎前辈者知道之言也，故为之序。

成化壬寅春二月，赐进士、正议大夫、资治尹、南京礼部左侍郎致仕乐清章纶序。

（录自［明］周旋《畏庵集》卷首）

（明）姚希孟《畏庵先生文集序》　尝闻正人如松柏，节磊于中，则文荣于外。其人端者其文悫以素，其人亮者其文裁以决。若夫纵横诡矞，淫千万言而无一言之旨于道，此其人藤萝不剪者耳。永嘉周畏庵先生褒褒悖悖，为当世大儒。射明廷策得第一，徘徊史局，晋陟宫僚。尝有《治国安民启救时急务疏》，慷慨发抒，大类董仲舒、刘子政之风。其它歌什撰著，大略追镳于欧、苏，弭节于解、宋，而驰骋性灵以上下，其间逴逴，去滥而还约，锄华而敦实，卒泽于道德，炳如也。夫文以成概为斐，以可蹈为真，以贵我为宗，以简物为尚，先生之文，兼此四美，乃余所忾然兴慕，低回而想见其人者。念史臣簪笔禁林，雍颂都雅，蒿目时艰，深中难吐，其谁能志切于拔茅，虑轸于撤桑，犯树恩翘识之，嫌而不恤？向使当年迎驾之议得行，谁能攘南城为己力哉？夫文章之道使天下后世晓之何足贵，贵在人主晓之，而后经国大业庶可无忝。《上林》、《长杨》，雕镂小技，其神化所至，习能所伏，犹且输天地猎葩煜靡之气，以自通于人主，乃救世之文多抑而不见用。仲舒、子政且然，何况后人？然以救世为文者，可以有功于文；而以文救世者，并可以有功于世。先生固非詹詹立言者，乃“三不朽”差具矣。先生之后人宪副君应期承家学而光其传，欲新先生之集，而问序于余。夫序先生者则有章恭毅公在矣。恭毅公直节矫矫，生平慎许可，独矜契先生，为弁其集，此亦真松茂柏自然德邻之理也。宪副君之绳武先生不必言，而今之恭毅为谁？余之低回想见者，岂独先生乎？即序先生文亦溅焉泚笔而难为下矣。

年家后学吴郡姚希孟撰。

（录自［明］周旋《畏庵集》卷首）

（明）刘逊《题周状元先生畏庵集后》 永嘉周先生旋，字中规，明《书》经，登正统改元进士第一，累官左春坊左庶子。博览百家，锐志史业，尤工于诗、文、词、赋，类成四十余卷，辞理纯雅，不事浮夸，自题曰《畏庵集》，盖畏庵其别号也。景泰初，极言时政，多所建明。既而以疾卒于官，天下人皆以爵位未隆而所存未尽施于当时惜先生也。成化庚子，逊奉命来官，得阅是集，玩辞探志，喜慰实深。将欲板行，然以其不出亲书，未免鱼鲁之谬，而弗敢全录也。间因抽其不谬者，类为十卷，请少宗伯致政乐清章公序其首，赁工锓梓以传于世，余还诸乃子藏之，以俟后来将复有为之校正而全录者。呜呼！是集先生德言之所寓也，德言既传于后世，则其所存者由此亦庶乎可尽施矣。彼爵位之在天在人者不隆于当时，亦奚足为先生惜哉？借题此于末简，以为有识者道云。

后二年癸卯秋七月丁酉，安成刘逊识于公署味菜亭中。

（录自［明］周旋《畏庵集》卷首）

（明）李绍《挽诗序》 左春坊左庶子兼翰林院侍讲永嘉周公之卒也，与之交游者咸会哭。其将归葬，则相分为状、志、铭、表等，以述其行，以埋诸幽，以揭于其墓。既已，而情有未伸者，则又各赋诗歌诔词以哀挽之，连篇累牍，盛矣哉！盖当时之所未有也。自古贤人君子，其生也，志不获伸于时，其死或非正，或虽正而不得其寿焉，则人斯为之嗟悼悲伤，而形诸诗歌以哀挽之，若《薤露》、《篙里》之类，无非所以著其不幸者。公以儒生遭逢圣世，以明经选于乡，升之礼部，叨奉天子，临轩大对，擢为进士第一人，入翰林为修撰，升侍讲，进秩春坊庶子，预《国史》，讲经筵，青宫辅导，其志不可谓不伸矣。年几六十，非不寿也。以官卒于京师，不为不正也。是皆可以无憾矣，而人犹哀挽之至如此者，岂其复有所谓不幸者耶？盖鹍鹏之于众鸟，骐骥之于凡马，其技殊，故其所适者异。等而观之，固为非宜。士之宏才硕学，而欲与泛泛庸常者比，可乎？盖所挟持者大，则其所期望远。期之而未至，至而用未尽其有，此固其所谓不幸也欤？公自少有志天下，而屡举屡屈于有司。既壮，始得擢冠伦魁，克成大名于天下，而未几遂以疾归。既其复也，虽获资迁，而徒优文翰之场，其于枢要显荣之职，行道济时之事，凡平昔之所自期，与士大夫之所属望者，曾不一得以遂其愿欲，而竟止于此，是宜诸作者为之悲伤悼惜之如此也。嗟夫！诗之作虽所以哀公之不幸，而要其归，又在于记著其志与行，以传示于今与后也。迹公之所有，宜将大发，而竟濡滞抑塞，未遂而死。然即其所以见者，推之固不待尽施于事，而其所不可掩者，自可想见矣。然则公之所以不朽者，其将不在此乎？予于公卒后当观此，欲为之序，属有代祀南岳之命，去速而未果。今年其子冠复至京师来请，遂不辞而为之书云。

赐进士、礼部右侍郎、前翰林院学士兼修《国史》、经筵官安成李绍序。

（录自［明］周旋《畏庵集》附录）

（明）周旋《畏庵自赞》 尔之为貌，癯乎不扬。何以魁金榜，官玉堂？受朝廷之褒宠，与缙绅而翱翔。盖尝究心乎理义，覃思乎文章。是固荣名之所出，越亦先世之余庆。然而才非适用，病谢明光。无以著之制作，以鸣世道之昌。斯则实之不称，有愧乎为史之良。噫！赞乎尔前，用惕尔后。彼东隅之既失，曷不勉收于枣榆之乡也耶？

（录自［明］周旋《畏庵集》附录）

（明）彭时《翰林院侍讲周公像赞》 粹乎冰玉之姿，萧乎梧竹之标。学渊涌而山积，文彪炳而龙跳。冠巍科而名扬乎四海，跻清秩而忠著乎两朝。呜呼！斯人不可作矣！其威仪之似，犹可因丹青以见。而今德高致，远识宏度，所以见重于时者，抑岂丹青之可描耶？

赐进士及第、奉政大夫、左春坊大学士兼翰林院侍读安成彭时纯道拜赞。

（录自［明］周旋《畏庵集》附录）

杂　　录

（明）杨士奇《东里续集》卷五十八·诗·送周仲规修撰 恩拜龙头选，六年登禁闱。暂辞金殿直，遥著锦衣归。云净江天阔，潮平岛树微。舟行足清景，诗思未应稀。

（清）沈翼机等《浙江通志》卷二百四十·陵墓·温州府·永嘉县·明状元周旋墓 《永嘉县志》：在慈湖。（传详《文苑》）

正统四年（1439）己未科状元施槃

传　　记

（明）杨溥《翰林修撰施君墓志铭》　宗铭，讳槃，姓施氏，正统己未科廷试第一，授翰林修撰。明年五月丁卯卒于北京。从弟宗良舆其丧归葬，奉同郡行人吴惠《状》，请予为《墓铭》。呜呼！予忍为之铭耶？人之不幸，莫大于贤而不寿也。若宗铭者，假之以年，所就可量乎？予深有望于宗铭。今不幸死矣，尚忍为之铭耶？

宗铭，姑苏人。曾祖希敬、祖志方皆隐终。父遵道。母金氏有贤行。宗铭自幼警敏异常儿，甫成童，不屑就家人产业，奋然有志于学，乃从其父游淮扬，就师授经于大姓家。久之叹曰："归而求之，有余师也。"补乡校弟子员。未几遂有声，达官君子每加与进。既入翰林，取中秘书竟日读之，大有所益。立程度拟古人诗文，未几尽革其旧习，其力学如此。宗铭早丧母，事继母严氏无间言。父尝来京师，侍之出入极其恭谨，足为子弟法。宗铭在京，从学怡怡然，诲其所不及，遇乡郡先辈，应对间言若不出诸口，平居若不知其有官，其致行之笃如此。正统三年应乡试，明年试礼部，皆前列，廷试遂魁天下士，时年二十有三。国朝自开科以来，登首选而年少者莫如宗铭，故人尤称重之。宗铭恬静未尝轻论事。一日谒予曰："国子司业笞诸生之不律者因是疾，故论者欲偿死，过矣。"予曰："公素厚其人乎？"曰："非厚也，为师道故也。"予于是知其所养大矣。使其年益壮而位益显，则所设施不亦过于人乎？宗铭疾方剧，翰林诸先生为之求善医，日往视之。及卒也，又往哭之。呜呼，惜哉！娶吴氏，未有子。卒之年十月二十八日，葬洞庭山先茔之次。铭曰："孰丰其才？孰啬其寿？呜呼宗铭！孰执其咎？"

施槃状元墓在东洞庭山黄冈金塔下，后又迁于其墓三里许。钱溥《志》。

（录自［明］钱谷《吴都文粹续集》卷三十九）

（明）钱溥《翰林院修撰施君宗铭改葬铭》　正统己未春，苏之吴县施槃宗铭擢进士第一人，入翰林为修撰，年才二十三。明年夏，以疾卒，无子，以是冬归葬其邑洞庭山之阳。水啮山趾，滋及其墓，于是去墓三里许，择高爽地于山右而迁葬焉。初宗铭之举进士也，予同年而又同东吴人，情好颇密。明年五月十日，予受荐入翰林，宗铭见之欢甚。予谓："年何长而职且卑哉？"宗铭善推命，握予手曰："以君之命，吾自此知不及矣。"明日宗铭朝遇风雨，感寒疾，遂不起。予往问之，宗铭瞠示予曰："君将以文鸣天下，吾不免，能不为吾铭乎？"予深以理喻之，不释，二十六日果卒。国朝擢首选而年少者惟宗铭，而况其仪度楚楚然，性资坦坦然，文学拟古作者日烝烝然。其不已也，朝自元老大臣以及馆阁诸同寅遇之，率爱之、重之而推让之，而以远大期之。然宗铭亦善亲炙诸元老而礼下诸同寅，故誉之无间言，殆天授也。一旦奄然以殁，自元老大臣以及馆阁诸同寅相视骇然，奔走临哭于其家者越数日靡宁。噫！天又何夺之亟耶？宗铭既厌于世，而世之拟诸大用者犹曰："宗铭在，何可少也？论文学可以传世。"犹曰："宗铭在，岂吾辈所及也？何宗铭一策首选，而天亟夺之而不究其成，而吾辈落落然才不重于时、位不加于众，而天反久之，何耶？呜呼！岂诚有命也夫！岂诚有命也夫！"宗铭之墓危矣，岁辛巳，适都宪万安刘公考巡抚东吴，予为言之，公至吴访之果然，乃命郡守四明姚侯堂迁之。堂亦同年友也，为相地度材，环以砖垣，表以石门，载封载树，完固一新。明年予使交南还，其父遵道、弟宗贤逆予舟谢之，且索《铭》。夫宗铭初葬，得庐陵杨文贞公《哀词》、南郡杨文定公《墓铭》，予虽未副其所属，然得二公之作，亦窃为之喜矣。讵虞二十年后而改葬之铭，其重违宗铭意乎？宗铭既没，其配吴方娠，哭甚哀，予使人慰之。既而遵道来迎丧，予复戒其待产而殡。及归，竟殡于未产，吴果哭踊而伤，堕一子不育。后吴亦自尽，今合葬焉。以宗贤之子某为之子。宗铭其先皆以隐终，至遵道始挈之淮，依巨姓家就学，大有所得。归，吴巡抚侍郎庐陵周公奇其才，置之吴学，一掉鞅魁天下士，于是吴之学衢、淮之旅次与所居之洞庭皆建状元坊以歆艳之，至今犹重士心而厉乡俗云。铭曰："孰钟其才？孰畀其魁？孰阏其年，而不永其传？盖已定于天，而莫知其为然。舍危即安，于彼南山。既封且完，以罔后艰。"

（录自［明］钱谷《吴都文粹续集》补遗卷下）

（明）李贤等《明一统志》卷八·苏州府·人物·本朝　施槃（吴县人，家贫力学，颖悟过人。从父寓居淮安，登正统己未进士第一，擢翰林修撰。甫半载而卒）。

（明）王鏊《姑苏志》卷五十二　施槃，字宗铭，吴县洞庭山人。自幼警敏异常儿，既长，不屑就家人产业，奋然有志于学。从父游淮阳，就师授经。久之归补县学生。正统三年领乡荐，明年试礼部，皆前列。廷试第一，授翰林修撰，年甫二十三。既入翰林，日读中秘书，大有进益。其力学之勤，致行之笃，尤为杨文定公溥所重。未逾年而卒，天下伤之。

（明）陈鎏《皇明历科状元录》卷二·正统四年己未状元施槃　廷对之士杨鼎等

一百人，擢施槃第一。

施槃，字宗铭，吴县人。自幼警敏异常儿，甫成童，不屑就家人产业，奋然有志于学。从父客淮阳，就师授经。久之，叹曰："归而求之，有余师也。"寻补县学生。正统三年领乡荐，明年试礼部，名皆前列。入对大廷，以敬学主说，敷阐详明，赐第一，授翰林修撰。取中秘书日读之，大有进益。立程度拟古人诗文，未几尽变其旧习，其力学如此。应对间，言若不出诸口，平居若不知其有官，诸老属以远大，尤为杨文定溥所重。明年五月卒于京，天下伤之。或云谥庄僖。（杨文定作《志》文）

孰丰其才，孰啬其寿。呜呼宗铭，孰执其咎。

大学士王公鏊过槃墓，诗云："后生何敢望余芬，斗酒还过董相坟。行指冈峦位偃月（墓偃月冈），坐疑文彩上成云。两山已雪将军耻（以前皆将军居之），四海犹传制策文。贾谊夭年人莫恨，孔光张禹亦徒云。"

方宗铭之及第也，年才二十三耳。盖前是之为状元无若此少者，人固已异之，而宗铭又有俊爽之资，温恭之度，柔行而巽入，由是元老大臣咸欢然相接纳，而爱之、重之，而与进之，而以远大期之。朝野之人见其然，无论识不识，亦皆翕然称誉之，以为董、贾之复生也。虽宗铭亦以是自喜，锐然于进取。因执贽少保石首先生之门而讲学焉，其志之所图亦远大矣。岂意其一旦遘疾，遂不起邪？呜呼！宗铭其可哀也已。宗铭自成童而始学，学不及十年，一举为状元，岂人力哉？吾以是知宗铭之所以遇于是、夭于是者，皆天也。复何哀乎？顾吾之所为念夫宗铭者，以其徒有此遇，而文章、事业不少概见于世，泯焉与不遇者等耳。此余之所以虽欲已于哀，而不能不为之哀也。自朝之元老大臣以暨馆阁同寅诸君子，咸吊哭临其丧，既而又相与为诗以寓哀挽之意，盖重斯文之义也。余乃为次序其诗，标为一册，归之施氏。（徐有贞序）

正统三年，予始入吴庠，是科庠中得举者三人，施槃第十五。槃赴会试，作诗留别云："红云紫雾三千里，黄卷青灯十二时。"又《咏胡蝶》云："莫怪风前多落魄，三春应作探花郎。"果状元及第。（刘昌《悬笥琐探》）

正统戊午，吴县学池莲一茎三花，巡抚周公忱见之曰："行有当之者。"明年施槃以县学生状元及第。成化辛卯，苏州府学池莲亦一茎二花，明春有甘露降于学之桃树，两月，吴文定宽为状元。（陆粲《庚巳编》）

……

槃《赴宴诗》云："千里观光我独行，辞亲无奈惜离情。玉堂未拟登三辅，金榜先叨第一名。麟凤骈臻欣道泰，车书混一仰文明。太平天子恩如海，虎啸龙吟会匪轻。"

会元杨鼎未第时，梦谒神人，语之："汝欲知功名，盍见汝太祖？"寻至一所，上坐者若玉帝，诸天神、太祖居于下，意谓我高皇帝，出一甲三名示之，首一名以朱笔圈出，从鼎起。及廷试，鼎果第二名，槃寿不永。

（明）凌迪知《万姓统谱》卷四 施槃（吴县人。居家贫，力学，颖悟过人。从父官居淮安，年十八登正统己未进士第一，擢翰林修撰，甫半载而卒）。

（明）顾祖训原编、（明）吴承恩增补、（清）陈枚续补《状元图考》卷二·状元施槃 正统四年己未，廷试杨鼎等一百人，擢施槃第一。

按，施槃，字宗铭，直隶吴县人。自幼警敏，甫成童，不屑就家人产业，奋然志于学。从父淮阳就师。久之，叹曰："归而求之，有余师。"寻补学生。领乡荐，赴会试，作诗留别云："红云紫雾三千里，黄卷青灯十二时。"《咏胡蝶》云："莫怪风前多落魄，三春应作探花郎。"

《庚巳编》：戊午，吴县学泮宫池莲一茎三花，巡抚周公忱见之曰："行有当之者。"明年施槃以县学生状元及第。

（明）刘凤《续吴先贤赞》卷一·施槃 施槃者，吴县人，少落拓，宽博衣冠游里中，人多谓之狂生。从博士弟子诵学，而亦好为诗，故时诗近俚，犹有闺门衽席意。槃既雅自负选造，对策于廷第一，年才二十余，皆以洛阳年少遇之，公卿争前席，亡何遽卒。赞曰："天道不全，患在美好。故盈而若冲，用乃不穷。"槃少年有显名，方几进用，遽摧折悯伤，岂有所夺之耶？且也何足多，而似靳者吊适然遭之，而槃也已盈溢，不夭扎，亦将安之乎？

（清）黄之隽等《江南通志》卷一百六十五·人物志·文苑一 施槃，字宗铭，吴县人。家东洞庭山。幼警敏，有都宪张某令属对曰："新月如弓，残月如弓，上弦弓，下弦弓。"对曰："朝霞似锦，晚霞似锦，东川锦，西川锦。"张大惊。正统己未，年二十三，廷对擢第一。入翰林，日立程限读书，诗文逼古人，杨溥深重之。

（清）陈田《明诗纪事》乙签卷十七·施槃 （存目）

科　　第

（一）乡试

（明）杨溥《翰林修撰施君墓志铭》 正统三年应乡试，明年试礼部，皆前列。

（二）会试、殿试

（明）张朝瑞《皇明贡举考》卷三·（己未）正统四年会试 中式举人一百名：杨鼎，陕西宁县人，监生，《易》。张穆，南直隶昆山县，增广生，《书》。章纶，浙江□州，府学生，《诗》。钱溥，南直隶松江府学，增广生，《春秋》。王竑，陕西河州卫，□生，《礼记》。

三月初一日，临策天下贡士，制曰：帝王之道具载诸经，孔子纂而成之，肇自唐虞讫于周，以为万世楷范，皆可举而行。爰□汉唐以来，贤智之君，景仰徽猷，□遵彝典，用图治宁，咸有称□。当时贤人君子出膺世用者，亦莫不献忠效谋，以匡乃辟，考其致治成功，比之诗书所称，则有所不及，其故何欤？洪惟我国家，列圣相承，敦崇古道，以隆至治，巍巍乎其盛矣。朕嗣大历服，允怀继述，夙夜匪遑，期与臣民咸跻熙皞，深惟谨始图成，必有其要，推行之序，必有其宜。诸大夫以明经登进，其于致君泽民之方，讲之有素，必有实见，明著于篇，毋泛毋隐，朕将亲览焉。

（时廷对之士九十九人，赐施槃等进士及第出身有差。槃以“敬学”主说，敷阐详明，赐第一，授修撰。日读中秘书，其力学之勤，致行之笃，大为杨文定诸老所重。逾年寻卒，天下伤之，私谥庄僖。是科张和、张穆兄弟同登，后章纶、林聪、王竑俱为名臣，杨肃、胡拱辰俱有名。）

第一甲三名赐进士及第：施槃，南直隶吴县。杨鼎，陕西咸宁县。倪谦，应天府上元县。

（明）王世贞《弇山堂别集》卷八十一·科试考 一　（正统）四年己未，命行在礼部左侍郎兼翰林院侍读学士王直、行在翰林院学士钱习礼为考试官，取中杨鼎等。廷试赐施槃、杨鼎、倪谦及第。槃时年二十三，不久卒。

（明）张弘道、张凝道《皇明三元考》卷四·正统四年己未科大魁　状元施槃（直隶吴县人，字宗铭。少有奇质，随父商淮阳，主富人罗铎家。有张都宪者来顾，铎命其子与施偕见，都宪令属对曰：“新月如弓，残月如弓，上弦弓，下弦弓。”施应声曰：“朝霞似锦，晚霞似锦，东川锦。”① 铎固长者，即俾与子同学，给其资费。业成归，寻补县学生，戊午乡试第十名，会试前列，时年二十三。在翰林日读中秘书，其力学之勤，致行之笃，大为杨文定诸老所重。逾年卒，天下伤之，私谥庄僖）。

又　一郡三传胪：状元吴县施槃、二甲首昆山张和、三甲首吴县莫震，皆苏州府。

（清）黄之隽等《江南通志》卷一百二十一·选举志·进士三·己未科施槃榜　施槃（吴县人，状元）。

（清）张廷玉等《明史》卷十·本纪第十·英宗前纪　（正统四年三月）壬子，赐施槃等进士及第出身有差。

---

① 当脱“西川锦”三字。

仕　宦

（明）黄佐《翰林记》卷十七·史官题名·修撰　施槃（宗铭，直隶吴县人。正统丙辰进士第一）。

轶　事

（明）王锜《寓圃杂记》卷九·施槃应梦　洞庭施槃，字宗铭。己未殿试毕，夜梦一棺，己行其前，以手按之，后有百人随而号哭。明早传胪，遂得状元及第。时取进士止百名。其梦颇应。宗铭不及一载而卒。

（明）刘昌《悬笥琐探》·诗谶　正统三年六月一日，予始入吴县学为增广生。是年开科取士，而吴学之得举者三人：周郁为《春秋》魁第四名，张璥第十一，施槃第十五。既而赴会试，槃作诗留别，其词有曰："红云紫雾三千里，黄卷青灯十二时。"又咏胡蝶云："莫怪风前多落魄，三春应作探花郎。"己未，果状元及第。

（明）蒋一葵《尧山堂外纪》卷八十五·国朝·施槃　（字宗铭，苏之东洞庭山人。正统戊午，吴县学池莲一茎三苍，巡抚周公忱见之曰："行有当之者。"明年，槃以县学生状元及第，年才二十余。时皆以"洛阳年少"遇之，公卿争前席。亡何遽卒。）

施槃少有奇质，其父携之商山阳主富人罗铎家。有张都宪者求饮，铎命其子与槃偕出见，都宪令属对，曰："新月如弓，残月如弓，上弦弓，下弦弓。"槃应曰："朝霞似锦，晚霞似锦，东川锦，西川锦。"都宪异之，谓铎曰："有资如此，何不成之？"铎即俾与子同学，给其赀费，业成还乡。久之登荐，为魁天下，时年二十三。

施槃尝咏蝴蝶云："莫怪风前多落魄，三春应作探花郎。"赴会试留别云："红云紫雾三千里，黄卷青灯十二时。"恩荣宴赋诗曰："千里观光我独行，辞亲无奈惜离情。玉堂未拟登三辅，金榜先叨第一名。麟凤骈臻欣道泰，车书混一仰文明。太平天子恩如海，虎啸龙吟会匪轻。"

（明）焦竑《玉堂丛语》卷一·言语　施槃在翰林，宣宗问："卿家吴下，有何胜地？"答曰："有四寺四桥，皆胜地也。"上问："何名？"应声曰："四寺者，承天、万寿、永定、隆兴。四桥者，凤凰、来苑、吉利、太平。"

（明）朱国祯《涌幢小品》卷七·审探状元 先朝策士，凡鼎甲，圣上多密访而后定。英宗己未科临轩，已拟昆山张和第一，使小黄门密至邸识之，以目眚置二甲第一，拔施槃第一，盖慎重如此。一科之长，文运所系，可不慎与！至问周旋而误，则天也。

（清）张英等《御定渊鉴类函》卷四百四十五·虫豸部一·蝶 《悬笥琐探》：吴郡施槃尝作蝴蝶诗曰："莫怪东风多落魄，三春应作探花郎。"正统己未，果状元及第。

（清）姚之骃《元明事类钞》卷三十三·花草门一·莲兆状元 《庚巳编》：正统戊子，吴县学池中莲一茎三花，巡抚周文襄见之曰："行有当之者。"明年施槃状元及第。成化辛卯，郡学池莲亦一茎二花，既而吴文定宽为状元。

又，卷四十·虫豸门·作探花 《悬笥琐探》：吴郡施槃尝作蝴蝶诗曰："莫怪东风多落魄，三春应作探花郎。"正统己未，果状元及第。

（清）梁章钜《巧对录》卷五 施槃幼年而贫，谒张都宪。张曰："新月如弓，残月如弓，上弦弓，下弦弓。"槃应曰："朝霞似锦，晚霞似锦，东川锦，西川锦。"张即招入家塾。

著　　作

（明）钱谷《吴都文粹续集》卷二十三·题太湖（施槃） 木乔山秀草惟夭，西距姑苏百里遥。水泛具区留禹迹，地连南越见胥潮。霜林橘熟黄金颗，石洞人吹碧玉箫。叠巘层崖堪历览，白云飞处是夫椒。

评　　论

（明）杨士奇《东里集》续集卷四十六·施修撰哀辞 正统四年三月，上临轩策士，其第一人赐进士及第，授翰林修撰，苏之吴县施槃也。余时归江西，得《廷试录》，阅之良喜，盖非独为施氏。吾友侍郎周君恂如之巡抚三吴也，作意兴学。初吴县学舍隘陋且弊，周君择胜从而新之，小人不怿者造诬谤之，周君如罔闻，且益选民俊秀充子弟员其中，而槃与焉。至是亦为吴学与周君喜也。无几，余北还，道淮安，槃父遵道棹小舟迓余。虽初识之，而重其有子也，执其手贺之。遵道曰："非走之能父也。十数年前携槃客山阳，依罗氏以居。罗之老长曰文振特爱槃如子，育之、教之，又求儒师授之经，凡朝夕寒暑事师礼皆出罗氏。既冠以归，吴侍郎君于罗故，尝知槃之为所爱也，亦爱之，遂得入学，所以致槃有今日，实文振之德。”言既，文振来迓，亦于吾故也。余为举遵道之言，文振曰：“槃令质夙成，固施氏有先德，铎何预力？”余窃叹遵道之弗昧人德，文振之不居其功，非皆君子人乎？余既至北京，日与槃处。槃字宗铭，濯濯乎其资也，秩秩乎其仪也，坦坦乎其存也，孜孜乎其学也，颛颛乎其于职务也。旦暮率在公，其志端且锐，而于余久益亲，余固远大望之。一日，得寒疾，同官悉往视之，则医已投补剂，不胜困矣。众更为求他医，两医欲下之，一医持不可，宗铭拒不听，竟从下者。既下之，又明日，竟卒，五月廿六日也。年二十有四，无子。同官相率出赙归其丧，而始终经纪丧事者，编修徐瑾、行人吴惠。嗟乎！宗铭之不幸，非命也夫！不然，何以其临绝所遇之屡左也？余故为之《辞》哀之。《辞》曰：“其禀之良兮，其履之庄兮，既奋以升兮。噫！桂林之英兮，含辉而杨馨兮，何霜霰之奄零兮。噫！气清其弗长兮，抑谋夫之匪臧兮，固定命非人之所能兮。噫！”

（明）徐有贞《武功集》卷三·施宗铭挽诗序　余友施槃宗铭，以正统己未进士第一人为翰林修撰，一年而卒于官。自朝之元老大臣以暨馆阁同寅诸君子咸吊哭临其丧。既而又相与为诗以寓哀挽之意，盖重斯文之义也。余于宗铭同乡郡，且知之深，实哀宗铭之尤者，乃为次序其诗，标为一册，归之施氏。因洒泣而言曰：

呜呼！宗铭其可哀也夫！天何与之以其才，而不使之宏其用？丰之以其名，而啬之以其寿耶！呜呼！宗铭其可哀也夫！方宗铭之及第也，年才二十三耳，盖前是之为状元无若此少者，人固已异之。而宗铭又有俊爽之资，温恭之度，柔行而巽人，由是元老大臣咸欢然相接纳，而爱之、重之而与进之，而以远大期之。朝野之人见其然，无问识不识，亦皆翕然称誉之，以为董、贾之复生也。虽宗铭亦以是自喜，锐然于进取。因执贽少保石首先生之门而讲学焉，其志之所图亦远矣。岂意其一旦遘疾而遂不起耶！呜呼！宗铭其可哀也夫！虽然，宗铭之所得亦已多矣。今夫天下豪杰之士岂少哉？彼其摧厄困顿，白首穷经，曾不获策名天府而沾一命，或屡失而始得焉，又且蹭蹬仕途，略无知己，欲求如宗铭之遇何可冀也？岂其才之尽不及宗铭欤？是盖有命焉。宗铭自成童而始学，学不及十年而一举为状元，岂人力哉！吾以是知宗铭之所以遇于是、夭于是者，皆天也，亦复何哀乎？顾吾之所为念夫宗铭者，独以其徒有此遇，而文章事业不少概见于世，泯焉与不遇者等耳。此余之所以虽欲已于哀，而不能不为之哀者也。

（明）吴宽《家藏集》卷四十七·施修撰遗象赞（并序）　故翰林修撰施宗铭先生家藏遗象，其嗣子凤奉以求《赞》。《赞》曰：“具区之清，毓此国英。矫然孤凤，以鸣太平。何翔于甸，遽匿其形？维昔海内，盛播其名。幸哉遗象，以慰平生。孰尼其行，孰毁其成？命也在天，呜呼宗铭！”

杂　录

（明）倪谦《倪文僖集》卷十三·琼林宴归记　正统四年三月初一日，皇上将临轩策试礼部所进士百人。是日以颁降德音，诏移次日。及日上御奉天殿，策以“六经治道之要，将亲览焉。”读卷官自光禄大夫柱国少师工部尚书兼谨身殿大学士杨荣而下十有二人，提调等官自资德大夫正治上卿礼部尚书胡濙而下二十有六人，各共乃事惟谨，其进士裒然举者，各陈所见以对扬宏休，而谦与四明章绘预焉。明日各诣国学领进士巾袍履笏，始释褐。又明日，皇上衮冕御正殿，廷设卤簿，百官朝服侍班，鸿胪臣引进士至廷陛，传名发榜。时洞庭施槃魁天下士，谦第三人，赐进士及第。绘第二甲前列，进士出身。明日赐状元进士朝服冠带楮币有差。敕光禄具醪馔，赐宴礼部，命太师英国公张辅主宴，读卷等官咸在焉。实月之初五日也。明日拜表谢恩。又明日乃诣国学舍莱先师礼成而释服。时进士皆天下俊造攸萃旅寓京师，惟绘以赀富徙实家安定门外。宴之夕沾醉而归，乡闾好事者荣之，为肖其貌于毫素。绘喜其状之酷似且有警也，装褫成卷，题曰《琼林宴归》。以谦同年，属记其事。

又，卷三十·祭施修撰宗铭文　曩予与君道里隔越，名闻相接。比聆謦欬，闱棘始设，是缔交之由肇也。桂籍名侪，鹿鸣宴开，喁喁嘻嘻，欢咲孔谐，是乡荐之同领也。多士坌集，鏖战未息，予亦后君，脱颖而出，是春试之同升也。金榜题名，禹门激浪，联骑道周，听胪天上，又黄甲之同登也。冠佩辉煌，宠恩浃洽，通籍金闺，联班琐闼，又玉堂之同任也。然而稔数年之交，合四同之义，则取友天下若予与君者，果孰继哉？予以姻事未毕，别君远去，今式遄归，而君遽不谷。疾不及视，棺不及敛，痛裂肝肺，曷其可赎！惟君于德也修，于学也力，使天假以年，则成世巨儒，为时名臣不辱矣。乃丰其名而啬其寿，然则造物者噫何酷哉？玉碎瓦全，固君子所为痛哭也。韩子云：“生而不淑，孰谓之寿？死而不朽，孰谓其夭？”然则君之死可谓不朽且淑矣。灵将载途，用返故乡，勿震勿惊，丘首是藏。清酒是酹，永诀于兹。号叫恸悼，不知所辞。呜呼哀哉！

（明）刘铉《瑞莲诗》（有序）　正统四年春三月朔，吴庠生施槃廷试既擢为天下第一，苏人之闻者咸欣跃称贺。初，吴学在西城侧，卑隘陋简，于师生升降周旋规制弗称，郡侯况公钟遂欲卜迁，去其学东北一里许撤废第建之。适侍郎周公忱巡抚来兹，共协其议。岁乙卯夏四月，学甫迁。是秋，学之生伊侃遂中京闱，明年第进士，人咸以为迁吉所致。戊午夏，莲生泮池，忽有一茎三花之瑞，人又以为文明之兆。既而学之生中京闱者三人，曰周郁、张璛、施槃。而莲之兆验矣。及今状元果出于是，吁！不可已乎？按《郡志》，宋淳熙间，黄由、卫泾相继试为第一，迨今将三百祀，而第一者始复见焉。……翰林侍讲刘铉闻而喜之，赋诗以纪其盛。诗曰：“圣皇嗣位四载春，礼明乐备文运新。宵旰求贤方侧席，英髦群起来充宾。南宫会选谁上第？施君少年富才艺。虞廷俊乂欲争先，成周多士应堪继。大廷敷对帝临轩，三策天人缀万言。殿前敕赐闻胪唱，天下名魁识状元。状元今是东吴客，吴庠旧在西城陌。前当通衢舍卑陋，后抵墉陴地湫窄。郡侯方图重徙迁，亚卿来视亦云然。令丞经营虔筮吉，具材除地河之堧。堂阁门庑摠坚致，文庙高明更弘邃。一庭芳草自生春，三朵池莲发嘉瑞。瑞莲争睹人夸奇，吉兆先占众所知。两科叠出多魁杰，天与贤才佐盛时。宋朝黄卫世歆羡，三百年来今复见。遥望祥云彩色凝，况有魁星夜光炫。郡人咸诵我公能，学校人才屡作兴。事堪追古宁多让，常衮文翁合并称。仙郎已步瀛洲里，喜有先声到乡里。身荣霄汉新袍笏，辉耀家邦旧山水。共思报本聊摅诚，释奠先师具特牲。酬余请为郡侯寿，满堂陪饮皆簪缨。我嗟人胜地亦胜，盛事欣逢发歌咏。迭和菁莪泮水章，庸为朝廷得人庆。”

（录自［明］钱谷《吴都文粹续集》卷四）

（明）叶盛《水东日记》卷八　天地间事，凡有人用如此工夫，则必有如此效验。有是工夫，无是效验，虽间有之，然亦鲜矣。姑以予幼学时所闻所见事明之：庐陵彭祖期先生以监察御史提督南畿学校，化诱型范皆有法。礼部会试，三甲之魁与高等多出苏松、应天，如状元施槃，探花倪谦，二甲一、二名张和、钱溥，三甲之莫霞是也。

（明）罗伦《一峰文集》卷四·牧庵先生画像记　牧庵先生姓邓氏，名淮，字表臣，以字行，漕溪里人。……世《春秋》学名家。初考功教学淮南，苏人施槃往受学焉，先生弟视之。槃抡魁未几卒，没齿不忘焉。

（明）王鏊《姑苏志》卷十七·国朝以来坊八十二·状元坊三　为施槃、吴宽、朱希周立。

又，卷三十四　翰林院修撰施槃墓：在洞庭东山黄冈金塔下。（杨文定公溥《志》）

（明）王鏊《震泽集》卷五·诗·过故状元施宗铭坟　后生何敢望余芬？斗酒还过董相坟。行指冈峦低偃月（公葬偃月冈），坐疑文彩上成云。两山已雪将军耻（《郡志》旧传东西洞庭皆将军始居之，故两山无文士），四海犹传制策文。贾谊夭年人莫恨，孔光张禹亦徒云。

（明）王世贞《弇山堂别集》卷三·皇明盛事述三·一郡三传胪　正统丙辰①，第一甲第一名施槃，吴县人。第二甲第一名张和，昆山人。第三甲第一名莫震，吴江人。皆苏州府。

---

① 误。应为“正统己未”。

正统七年（1442）壬戌科状元刘俨

传　记

（明）李贤《古穰集》卷十四·墓碑铭·中顺大夫太常少卿兼翰林院侍读赠礼部左侍郎谥文介刘公墓碑铭　士之所存，文与行而已。惜乎今之世能具是二者鲜焉，若刘文介公其殆庶几乎。公讳俨，字宣化，别号时雨。上世自金陵徙江西泰和，复徙吉水，以儒术起家，为望族。五世祖天声以《书》经授家塾，宋咸淳进士，弟新民继之，于是刘氏经学盛传于时。曰益厚，曰维德，曰永宁，公之高、曾、祖也，皆能以先业相承。考原性，号退庵，隐居不仕，以公贵赠奉议大夫、右春坊大学士兼翰林院侍讲。妣杨氏，宋屯田员外郎清之裔，有淑德，赠宜人。生子三，公其季也。

公为人端介，自幼不凡，勤学励行，退庵知有远大志，遣从族之先达，时年十六七，为文必主理，虽修举子业，耻为口耳之学，务探底里。尝曰："读书岂但皮毛而已？"年二十四遂领乡荐，春闱中乙榜，不就而还，潜心林下二十六年。正统壬戌，乃得隽春闱，廷对有鲠直忠爱之词，遂擢进士及第第一，授翰林修撰，阶儒林郎。位既显，学益进，以古文名天下。八年，与修《五伦》书，获赏赉。十一年，充经筵讲官，赐敕命。景泰初，进侍讲，阶承直郎。三年，迁右春坊大学士兼旧职，阶奉议大夫。四年，与修《君鉴》书，有白金文绮之赉。五年，选进士十八人为庶吉士，与状元孙贤等属公教之。六年，赐诰命。是年修《寰宇通志》，为副总裁。继《续宋元通鉴纲目》，公复领之。七年，《志》书成，进太常少卿兼侍读，阶中顺大夫，锡赉益厚。寻主考京闱，有公卿之子欲侥幸科名者，公持公道落之，遂诬公重罪，赖学士高谷救之获免。天顺改元，皇上复位，奖用忠良，以公署翰林院事，将有宠任之渐，而一疾不起。

公天性孝友，初二亲垂白在堂，伯兄早亡，仲兄优游文翰间，惟公综理家务，虽公私多故，而二亲安公之养。及遭亲丧，立见毁形，凡附身附棺之事无所不用其极。居闲教子弟务底成材，有侄曰敩，官阜城而死，公哭之归榇于乡，族人数千指称，公无间言。凡窭者葬其丧，贫者成其配，寡弱者扶之得所。及上春官，乡人有贷者，悉焚其券。尝慕范文正之为人，立义仓于先祠之左，贮粟以周其乏，且自为《记》以见志。在朝言论侃侃，所交必正人，回邪者折之，不少借，用是直声大振。讣闻，上悼惜不已，特赠礼部左侍郎，谥文介，敕工部营葬事，复遣官谕祭其家。呜呼！若公者，斯可谓之士矣！

公生洪武甲戌正月十三日，卒天顺改元九月十二日，享年六十有四。配淑人王氏，故翰林编修觉非之女。子男三，长节，次即，次敉。女一，适钱启明。孙男存者二，孙女三。《铭》曰："黄茅白苇，天下纷纷。孤松秀拔，挺然不群。毅此刘公，得气之正。浩然流行，莫之敢竞。繄气所发，有行有文。名魁天下，义动壬人。翰苑春坊，太常之署。较艺编摩，绰有余裕。位不满德，士论惜之。才不尽用，我皇恤之。特进崇阶，载加美谥。光振庐陵，羞彼千驷。公行公文，耿兮不磨。诏尔后世，铭勒山阿。"

（又见［明］徐纮《皇明名臣琬琰录》后集卷八）

（明）李贤等《明一统志》卷五十六·吉安府·人物·本朝 刘俨（吉水人。正统壬戌举进士第一，累官春坊大学士、太常少卿兼翰林侍读。为人性刚直，遇事侃侃，不为势屈。为文章舂容典雅。卒赠礼部侍郎，谥文介）。

（明）廖道南《殿阁词林记》卷六·寺学·太常少卿兼侍读学士刘俨 刘俨，字宣化，江西吉水人。正统壬戌进士第一，授修撰。秩满，转侍讲。未几，进右春坊大学士兼侍讲。预修《历代君鉴》及《寰宇通志》成，迁太常少卿兼侍读学士。景泰七年，考顺天乡试，大学士陈循之子瑛、王文之子伦不第，共诬俨，欲置极典，赖大学士高谷救之，朝廷卒直俨至是。卒赠礼部侍郎，谥文介，敕有司为营葬祭。倪文僖公哭之曰："公挟其所得，掉鞅文场，早有声于乡解，是以一出而魁天下，多士景瞻，众山之宗岱。入官词林，大放厥辞，议论敷陈，则又瑰异而光怪。盖才之蕴于中也闳深，而气之畀于天者豪迈，故每纂述，删定笔削，繁简适中，而是非不贷。尝典文衡，华胄被黜，反交章而诬害，卒之邪不干正，志不少挫。廷议允伸，而圣明是赖。使尽用其才也，则可为士之矩矱，国之蓍蔡。奈何遽尔溘然，不登耇艾，恤典是加，而谥为文介。"廖道南曰："予嘉靖甲午自徽召还，是秋典顺天文衡，时当途如张阁老、汪冢宰、夏宗伯、林司空诸子侄咸就试不第，交构考官，置之重宪，既而仰赖宸断，洞烛群情，乃知刘文介之被诬不减于三吾也。"赞曰："劲松不屈，鸷鸟不朋。人亦有言，蹈道如奔。惟彼文介，力抗权幸。孤忠直气，挽回文运。眇予小子，时复仰高。实获我心，矢忠宣劳。"

（明）陈鎏《皇明历科状元录》卷二·正统七年壬戌状元刘俨 廷对之士姚夔等一百五十人，擢刘俨为首。

刘俨，字宣化，号时雨，吉水人。年十六七，为文根据义理，考圣贤言行之实而力行之。二十四领乡荐，春闱中乙榜，不就，潜心林下二十六年，慨然有魁天下之志，自叹曰："吾道宜可行矣，岂终不遇哉！"正统壬戌登春闱，廷试对策词简而意剀切，擢第一，时年四十九，授翰林修撰。以古文名天下。与修《五伦书》。充经筵官，多所启沃，上嘉之，赐之敕命。景泰初，进侍讲。三年，迁右春坊大学士兼侍讲。预修《历代君鉴》，充读卷官，领教状元孙贤等十八人，师严道尊，士论韪之。修《寰宇通志》，为副总裁。修《续宋元通鉴纲目》，辨析体例，多出其见。书成，进太常少卿兼侍读。主考京闱。天顺改元，署翰林院事。卒赠礼部左侍郎，谥文介，年六十四。敕有司营葬赐祭，有"文学老成，守法持正"之褒。俨天性孝友，居乡多义举，性刚介，遇事不为势屈，在朝言论侃侃，直声大震。为文平实根理，春容典雅，下笔亹亹不少滞。有《文介集》。

景泰丙子，刘俨、黄谏主考顺天乡试，取江阴徐泰居首。时吏书王文、户书陈循皆以少保、大学士居内阁，王之子伦、陈之子瑛皆不中式，而徐泰又以富嫌于人，文、循遂交劾以违制，且摭所命策题"虽欲自绝，有无正统"之语，请如洪武间坐刘三吾罪例，重开科试。朝廷命翰林会同多官校阅，众谓："去取颠错，题犯嫌讳，考官不能无罪。"阁老高谷时病，强起，力救之，言于上曰："大臣与寒士并进已不可，况又不安于命，欲构考官乎？"上悟，令前五名即禁中覆试，文成，皆称所第名次，其事遂白。上重违大臣意，诏许二臣之子会试，时称"钦赐举人"，诚一代异事也。高因与陈、王不协，寻乞归。给事中张宁劾循等私其子而暴才称屈，失大臣体，难居内阁，不报。景庙优礼辅臣，亦遇厚矣。后文遇害，循谪戍。逮俨卒，有司议谥，取此事谥曰文介。宪宗登极，二氏子侄放还，王伦以字宗彝中丙戌进士，仕至侍郎云。廖道南赞曰："劲松不屈，鸷鸟不朋。人亦有言，蹈道如奔。惟彼文介，力抗权幸。孤忠直气，挽回文运。"

（明）项笃寿《今献备遗》卷二十八·刘俨　刘俨，字宣化，吉水人。正统七年进士第一人，除翰林修撰。茂陵在东宫，为左春坊大学士。景泰七年，考顺天乡试，内阁陈循、王文有子试，属之，皆不得举。二人令其子录试文，讼考官阅文不明，取士徇私。会译字官刘淳卷注翰林院考中送入贡院，比书榜竟落淳名，二人因劾俨违制，并摘命题"虽欲自绝"语，请如洪武中刘三吾等坐罪。上命高文义公覆试诸得举者，朝退，高请奏事，门上力言二臣之子文亦可观，顾解有定额，俨等本无罪。上令顺天府准其子会试，王文复疏辨，上不喜，曰："敢再言者，以大臣擅法论。"遂已。先是，庐陵罗崇岳举顺天第一，以诡籍斥还县学，时人为之语曰："榜有姓名，还是学生。榜无名氏，京闱贡士。"明年，裕陵复位，二人得罪，其子竟不得试礼部。俨卒，赠礼部侍郎，谥文介。

（明）顾祖训原编、（明）吴承恩增补、（清）陈枚续补《状元图考》卷二·状元刘俨　正统七年壬戌，廷试姚夔等一百五十人，擢刘俨第一。

按，刘俨，字宣化，号时雨，江西吉水人。年十六七，为文根据义理，考圣贤言行之实而力行之。二十四领乡荐，赴春闱乙榜，不就，潜心林下二十六年，慨然有魁天下之志，自叹曰："吾道宜可行矣，岂终不遇哉！"正统壬戌登春闱，廷试擢第一，时年四十九，授修撰。以古文名天下。

《汝南诗话》：刘文介俨状元及第，有邵进者在甲尾。刘尝致柬于邵，自称年末。或谓邵云："刘公笑子殿甲尾，故云然。"邵怒曰："状元不是工夫上人做，我见刘必辱之。"刘笑解之以诗云："状元本是龙头选，龙尾分明属邵卿。龙尾掉时天必雨，龙头未必敢相轻。"邵闻之亦解颜。

（清）张廷玉等《明史》卷一百五十二·列传第四十·周叙（附刘俨） 同邑刘俨，字宣化。正统七年进士第一。历官太常少卿。景泰中，典顺天乡试，黜大学士陈循、王文子，几得危祸。详《高谷传》。天顺初，改掌翰林院事。卒官，赠礼部侍郎，谥文介。俨立朝正直，居乡亦有令德云。

（明）李贽《续藏书》卷十九·清正名臣·刘俨 （存目）

（明）过庭训《明分省人物考》卷六十五·江西吉安府三·刘俨 （存目）

（清）钱谦益《列朝诗集小传》丙集·刘读学俨 （存目）

（清）查继佐《罪惟录》·列传卷十五·清介诸臣列传上·刘俨 （存目）

（清）傅维麟《明书》卷一百二十一·列传四·名臣传六·刘俨 （存目）

（清）徐乾学等《明史》卷三十·周叙（附刘俨） （存目）

（清）汤斌《拟明史稿》卷十五·列传二十四·刘俨 （存目）

（清）徐开任《明名臣言行录》卷二十七·侍郎刘文介公俨 （存目）

（清）陈田《明诗纪事》乙签卷十七·刘俨 （存目）

科　第

（一）乡试

（清）陶成等《江西通志》卷五十二·选举四·明·永乐十五年丁酉乡试 刘俨（吉水人）。

（二）会试、殿试

（明）张朝瑞《皇明贡举考》卷三·（壬戌）**正统七年会试** 中式举人一百五十名：姚夔，浙江桐庐县人，监生，《春秋》。张澜，四川泸州学，增广生，《书》。骆敏，江西九江府学生，《诗》。白圭，直隶南昌县学生，《易》。刘贤，福建侯官县人，监生，《礼记》。

三月十五日，临策天下贡士，制曰：朕惟国家建官，共理天事，以安生民，必求真才实德，用图成绩。论者咸谓培养贵有素，选举贵有方，考课贵严明。今兹三者，亦尝修举，而百官有司未能尽得人，何欤？三代以上，稽诸经可见，若汉唐宋愿治之君，皆知以求贤为务，而得人之盛，独称虞周，何欤？期于怀济多士，秉文之德，九德咸事，俊乂在官，用臻雍熙泰和之治，果何道以致之欤？朕祗承祖宗大统，以安民为心，惓惓于兹久矣。诸生讲明治道，出膺时用，必有定论，其直述以对，无骋夸辞，无摭陈言，朕将采而行之。

（时廷对之士一百四十九人，赐刘俨等进士及第出身有差，俨年十六七。为文根据义理，考圣贤言行之实而力行之，二十四领乡荐，春闱中乙榜，不就，潜心林下二十六年，慨然有魁天下之志，自叹曰："吾道宜可行矣，岂终不遇哉！"至是年春闱，廷对策词简而意剀切，擢第一，时年四十九。俨天性孝友，居乡多义举，在朝守法持正，学有沉潜，文无险塞，所著有《文介集》，官至太常少卿，谥文介。是科，俨与吕原、姚夔、王概、项忠、韩雍、程信俱为名臣，薛远有名。）

第一甲三名赐进士及第：刘俨，江西吉水县。吕原，浙江秀水县。黄谏，陕西兰县。

（明）张弘道、张凝道《皇明三元考》卷四·正统七年壬戌科大魁 状元刘俨（江西吉水人，字宣化，号时雨。年十六、七时，为文章根据义理，考圣贤言行之实而力行之。二十四举永乐丁酉乡试，上春官，中乙榜，不就官，潜心林下二十六年。至是科始登第，累官太常寺少卿兼春坊大学士。为人天性孝友，居乡多义举，在朝守法持正，学有沉潜，文无险塞。卒赠礼部侍郎，谥文介。所著有《文介集》）。

又 名臣：刘俨。

（清）陶成等《江西通志》卷五十三·选举五·明·正统七年壬戌刘俨榜 刘俨（吉水人。状元。侍读。谥文介）。

（清）张廷玉等《明史》卷十·本纪第十·英宗前纪 （正统七年三月）戊寅，赐刘俨等进士及第出身有差。

仕　官

（明）黄佐《翰林记》卷十四·考会试 景泰二年，户部右侍郎兼学士江渊、修撰林文为考试官，取吴淮等二百人。同考试官有侍讲刘俨，秩视修撰为高，盖俨科第后于文故也。

（明）廖道南《殿阁词林记》卷十四·会试 景泰二年，户部右侍郎兼学士江渊、修撰林文为考试官，取吴淮等二百人。同考试官有侍讲刘俨，秩视修撰为高，盖俨科第后于文故也。

（明）张朝瑞《皇明贡举考》卷四·（丙子）**景泰七年两京十三藩乡试** （又，顺天乡试，右春坊大学士刘俨、侍讲学士黄谏为考试官，取江阴徐泰居首。时内阁陈循子瑛、王文子伦入试皆不得举，而泰又以富嫌于人，循等摘事奏俨、谏阅卷不公，请如洪武中罪刘三吾等例，重开科试士。上命翰林院覆阅取中试卷，少保高谷惧俨等祸不测，时病，强起力救之。上悟，令前五名即禁中覆试，文成，皆称所第名次，其事遂白。而循、文子特旨钦赐举人，许赴会试，一时异之。先是，癸酉庐陵罗崇岳举顺天第一，以诡籍斥还县学，时人为之语曰："榜有姓名，还是学生；榜无名氏，京闱贡士。"是科崇岳复举江西乡试，登天顺丁丑进士。后伦谪戍，宥还，以字行，为王宗彝，复举成化乙酉乡试，登丙戌进士，俱属异事云。）

（明）王世贞《弇山堂别集》卷八十二·科试考二 （景泰）七年丙子，太常寺少卿兼翰林院侍读刘俨、左春坊左中允兼翰林院编修黄谏主顺天试。

内阁大学士陈循、王文等言考中译字官刘淳送试不中，为失旧制，诏俨等回话，宥之。王文、陈循又言循子瑛、文子伦不中式为考官忽略之故，又出题偏驳，犯宣宗御讳。诏礼部同大学士高谷等覆验，取中举人徐泰等文卷，有优于伦、瑛者，有相等者，有不及者。又第六名林挺朱卷无批语。奏上，有旨："刘俨等考试不精，罪不容逃，但无私弊，俱宥之。"林挺并该房考官俱下锦衣卫狱，鞫问情实以闻，王伦、陈瑛明年俱准会试。六科论劾循、文罪当诛斥，有旨："览尔等所奏，诚为有理，但陈循、王文辅导有年，国之元老岂可以一事之失而遽加之罪？姑贷之。"少保高谷乞致仕，诏："卿持正之心、嫌疑之情，朕已具悉。但馆阁之职，正当用贤，不允所请。今后尚加秉忠直，以全名节。"盖谷面斥循、文之私而奏全俨等，不自安，乃有此奏也。

（明）沈德符《万历野获编》卷十四·科场·考官序次 景泰二年会试，吏部左侍郎江渊、修撰林文为考官。二人俱庚戌进士，林为一甲第三人，江则庶常也。林滞史官二十二年矣。知贡举礼部尚书杨宁亦其同年，三人者官爵高卑夐绝，而同事南宫，已为可异。至房考，则侍讲刘俨官反尊于副主考，而修撰、编修二人次之，南京刑部主事钱博、广东左参政罗崇本又次之，其末则教授、学正、训导各一人，凡分考八人。

（清）张廷玉等《明史》卷七十·志第四十六·选举二 景泰七年，陈循、王文以其子北闱下第，力攻主考刘俨，台省哗然论其失。帝勉徇二人意，命其子一体会试，而心薄之。

又，卷一百六十八·列传第五十六·陈循 循子英及王文子伦应顺天乡试被黜，相与构考官刘俨、黄谏，为给事中张宁等所劾。帝亦不罪。

又，卷一百六十八·列传第五十六·江渊 正统十二年诏与杜宁、裴纶、刘俨、商辂、陈文、杨鼎、吕原、刘俊、王玉共十人，肄业东阁，曹鼐等为之师。

又，卷一百六十九·列传第五十七·高谷 陈循及文构考官刘俨、黄谏，帝命礼部会谷覆阅试卷。谷力言俨等无私，且曰："贵胄与寒士竞进，已不可，况不安义命，欲因此构考官乎?"帝乃赐循、文子中式，惟黜林挺一人，事得已。

轶　　事

（明）祝允明《野记》卷三 景泰中，刘学士俨典北畿秋试，取江阴徐泰为解首。泰本富室，或以为有私，高阁老乃请覆试，上不可。比泰等赴礼闱，中旨特召北畿五经魁士入禁中覆试。陈阁老徐步观五士文章，至泰，微言曰："仍应以此卷为首。"亦不知其识泰否也。比拆封，其次一与原第符合，乃仍赐泰为解元。刘公初大不平，欲扣阍力辩，迨覆试乃已。后刘没，有司议谥，亦以此专谥曰"文介"焉。初，高之请，以于尚书、王都御史二子不第，乘此为之地耳。既而，朝廷徇其意，特命以二子登科，时目为钦赐举人。

（明）蒋一葵《尧山堂外纪》卷八十五·国朝 刘俨（字宣化，号时雨，吉水人）。

正统七年，廷试进士姚夔等百五十人，刘俨擢第一。有邵进者在甲尾，刘尝致柬于邵，自称为年末，或谓邵云："刘公笑子殿甲尾，故云然。"邵怒曰："状元不是工夫上人做，我见刘必辱之。"笑而解之以诗，云："状元本是龙头选，龙尾分明属邵卿。龙尾掉时天必雨，龙头未必敢相轻。"邵闻之亦解颜。

著　　作

（清）黄虞稷《千顷堂书目》卷十九·别集类·正统壬戌科（七年） 刘俨《刘文介公集》三十二卷（字宣化，吉水人。一甲第一人，太常寺少卿，兼侍读学士，摄院务。赠礼部侍郎，谥文介）。

（清）张廷玉等《明史》卷九十九·志第七十五·艺文四 《刘俨文集》三十二卷。

（清）纪昀等《钦定四库全书总目》卷一百七十五·集部二十八·别集类存目二·《刘文介公集》三十卷（两淮盐政采进本）　明刘俨撰。俨字宣化，吉水人，正统壬戌进士第一，累官太常寺少卿、春坊大学士，掌院事。《明史》附见周叙传，称其景泰中典顺天乡试，力持公道，黜大学士陈循、王文之子，几得危祸，盖刚正不挠之士也。是集策、表、讲章一卷，记四卷，序十四卷，杂著六卷，五、七言古今体诗五卷，尚沿台阁旧体，无疵累之可摘，亦无精华之可挹。

杂　　录

（明）张宁《方洲集》卷一·乡试时劾奏少保户部尚书大学士陈循、少保吏部尚书大学士王文　且今岁顺天府就试者一千八百余名，而中试者仅一百三十五名，刘俨等借使考试未精，则其间遗漏者亦未止王伦、陈瑛，设若一概援例求进，拒之则情偏，从之则弊起，是陈循等一举而坏科目之制矣。仰惟陛下优礼大臣，准令会试，恩已极矣，而循等乃欲将刘俨等问罪，以文其奸。

（明）黄佐《翰林记》卷十九·储养人才　刘俨曰："士莫先于涵养。涵养久，则德性坚定，知虑精纯，言行操履正大笃实，出而居大位、任大事，岂惟不动心哉，且有执而不失也。今之涵养，于官莫如翰林。所闻者圣贤之言，所习者圣贤之行，于凡钱谷簿书之事、机械变诈之巧，一无所动于中，而其养纯矣。故前后自翰林出者，率非寻常可及。"盖当因俨是言而求国朝建设本院之初意矣。

（清）张廷玉等《明史》卷一百六十七·列传第五十五·王佐（附龚全安等）从北征，濒行，诀妻子，誓以死报国，属翰林刘俨铭其墓。俨惊拒之，如墉笑曰："行当验耳。"后数日果死。

（清）李调元《制义科琐记》卷一·考官不叙爵　永乐中，各省乡试，多有儒士主考而品官同考者。景泰二年会试，莆田林文，修撰也，而为主考。吉水刘俨，侍讲也，而为同考。当日重在衡文，故不叙爵。

正统十年（1445）乙丑科状元商辂

传　记

（明）尹直《少保商文毅公墓志铭（辂）》　成化丙戌冬，诏起前兵部左侍郎兼翰林院学士商公于淳安山中。至则复职，仍参密务。公辞不允，乃感激就任。累迁太子少保、吏部尚书兼谨身殿大学士。丁酉，以疾恳休，上察其诚，从之。升太保，兼职如故，赐玺书金币袭衣宝镪，给驿以归。抵家十载始卒，丙午七月十八日也。距生永乐甲午二月二十五日，寿七十有三。讣闻，深见悼惜，赠特进荣禄大夫、太傅，谥文毅，遣官谕祭者四，命有司营葬如制。呜呼！始终荣哀至矣。

公讳辂，字弘载，号素庵，姓商氏。始祖讳瑗，宋嘉祐间，自西夏都知兵马使来归，赐地于邑之山，子孙因家焉。三世俱以荫补官，至祖敬中、考仲宣，咸因公贵累赠资政大夫、兵部尚书兼翰林院学士。祖妣胡氏、妣解氏，俱夫人。公幼颖敏卓越，宣德乙卯以书经发解浙闱。正统乙丑，会试、廷试俱第一，授翰林修撰。寻命进学东阁，务大期用。继选经筵展书，命遂进讲。己巳，升侍读，擢入内阁。时英庙北狩，国势危疑，妄有倡议南迁者，公力沮之。敌逼京城，公与文武元僚经略战守，遣官抚辑甸居之众，征各边师选兵入援，揭榜其营购敌，复伪为喜宁报诱擒额森书，故遗于敌营。敌得榜与书，故自相疑遁。明年景泰纪元之秋，往迎英庙回銮于居庸关，草诏称旨，赐酒果马匹。既而锦衣卢指挥妄言南内事，穷治不已，公言此不足信，狱遂不竟。壬申初，议易储，公谓："此国大事，有皇太后在上，臣下谁敢议此？"明日有旨会多官议，附和者众，公争不可。逾岁，钟同、章纶相继请复储，下狱，祸不测。公因召对力救，纶竟得免。丁丑春，景皇帝不豫，公即与陈公循倡请命复储以系人心，不允。继具疏，公援笔增二语："陛下为宣宗章皇帝之子，当立宣宗章皇帝之孙。"拟诘旦进。至期，变作。正月十七日也。先帝复辟，首召慰谕，且问改元，公对："当同循等具请裁定。"又明日权奸嗾言官招摭再劾，坐免。朝廷寻知非辜，欲复用，不果。公家居怡然，养母训子，杜门不出。及复起，首疏八事，举切时弊。戊子，以地震乞罢，谕以："方托调燮，岂宜去？"是夏，诏议慈懿皇太后葬礼，公同彭文宪公力言："附陵祔庙，理不可易。"至率廷臣伏阙泣请，卒从。寻因彗星见，言官有所诬诋，公力求退，奉旨："朕用卿不疑，何恤人言？"至诘责言臣曰："唐太宗用王魏，朕用商辂，何不可？"欲加谴调。公言："臣尝劝优容言官，已荷嘉纳。如修撰罗伦，复请召用。今因论臣而反责之，如公论何？"特允所言，召公至榻前，勉慰再三。寻升尚书，仍兼学士。蕃长满四叛，官军往讨未下，廷臣规再出师邀功，有危语，公与同官执不从。未几捷至，上喜赐公等俘奴各一。己丑冬，燠，公陈时政之弊。辛卯冬，彗见，复疏八事。壬辰，以天下水旱相仍，请省科敛、减力役、宽两税、弛利禁，悉从之。是冬奉敕修《续资治通鉴纲目》。乙未夏，进兼文渊阁大学士。丙申，加太子少保，改吏部，赐冠带一品服。时禁中建玉皇阁，公论毁之。又请建储，寻因黑眚见，极陈时弊。丁酉，兼殿学士。时内臣汪直创西厂刺事，权倾中外。公与同寅指斥激切，即为革罢，公亦决于去，遂得辞。

公配卢氏封夫人，先卒，敕葬邑西山之原。子男三，长良臣，第进士，仕至翰林侍讲，先公两月卒于京。次良辅，以公荫授礼部主事。孙男四，汝谦，国子生；汝顺，邑庠生；汝晋；汝泰。女四。曾孙男四。良辅将以卒之明年某月某日奉公柩启卢夫人之封而葬焉。前事以太常卿兼学士王臣所述事状属铭。直公门生，素承爱重，方闻讣悲慨不胜，铭何敢辞。惟公丰仪山立，襟度渊澄，词气温徐，平居敬慎不懈，接人恭逊。早擅三元，旋登内阁，以经济为己任，以荐贤为己首务。间论古今治乱、事机得失、人才贤否，亹亹不倦。文牍盈案，裁决如流。中遭诬间，夷然不校，权奸既败，事白复起，倚毗益切，建白良多。虽一时俭壬构倾举，无能为，卒之身退名完，德业著于当时，风声耸于后世，视古名相硕辅，如勃之厚重，崇之应变，旦之沉静，亦何忝哉！先后蒙赏赉金币冠服书籍鞍马饮食之类，频腆而自处泊然。尝一主考会试，五为廷试读卷官，皆称得士。于书无所不读，为文浑厚雅赡，诗主平淡，不雕刻。有集若干卷，传于家。盖一代伟人宗工，铭以昭之，宜矣。铭曰：

天佑皇明，川岳钟灵。笃生魁杰，为时伟人。有伟文毅，早擅三元。荐登内阁，参秉衡钧。展志行道，克济中兴。寻遭变故，东归角巾。坦怀泊虑，训子奉亲。蝇玷自白，宠命更新。匪躬匪懈，弼亮经纶。因天示变，谠言屡陈。宸衷孚契，海宇乂宁。明良鱼水，今昔奚频。群比丑正，力辨以贞。松柏挺秀，阴霾廓清。倚畸方切，其如功成。辞盈戒满，奉身完名。凉风曝日，洛社耆英。庆延哲嗣，泽在斯民。诸福克备，始终哀荣。流芳百世，视此铭文。

（录自［明］徐纮《皇明名臣琬琰录》后集卷十四；又见［明］焦竑《国朝献征录》卷十三）

（明）廖道南《殿阁词林记》卷二·殿学·谨身殿大学士商辂　商辂，字弘载，浙江淳安人。宣德乙卯乡试、正统甲子会试、明年廷试，皆第一。授修撰。丁卯，英庙命选词臣十八人进学东阁，辂预焉。已巳，景帝简入内阁，转侍读。是时北边告警，闽浙盗起，奏牍填委，辂悉心钊裁，绩效居多。景泰庚午，进学士。太上皇北还，辂迎至居庸关伏谒，命致书两宫及皇太弟。壬申，迁兵部侍郎兼左春坊大学士，仍兼学士，赐以居第。丁丑，英宗复辟，石亨辈嫉之，坐除名。成化丙戌，复入内阁。首言八事，咸切时政。戊子，慈懿皇太后崩，百官争礼，辂上疏定祔葬仪，从之。是岁陟兵部尚书。时皇庄甚为民厉，辂言："天子以天下为家，何以庄为?"丁亥六月戊申，辂上言八事：一曰勤圣政，二曰纳谏诤，三曰储将才，四曰饬边备，五曰汰冗滥，六曰广蓄积，七曰崇圣道，八曰谨士习。上嘉纳之。改户部尚书，仍兼前职。癸巳，《宋元通鉴纲目》成，进文渊阁大学士。丙申，加太子少保，改吏部尚书。值幸臣有欲建玉皇祠于掖庭者，辂争以为不可。宫门灾，工部请命，中官鸠材于楚蜀，辂又争，以为不可。俱从之。丁酉，兼谨身殿大学士。时中官汪直开西厂，大肆罗织，屡起巨狱，百官惊恐。辂上疏略曰："近日伺察太繁，政令太急，刑网太密，人心汹汹，各怀疑畏，盖缘委听断于汪直一人。而直又寄耳目于群小如韦瑛、王英辈，伤害良善，亏损国体，非所以示大观于天下也。"疏入，上震怒，命司礼监官怀恩至阁。辂曰："汪直违祖宗法，坏朝廷事，法所必诛。"而不以听。恩曰："此疏谁其草之?"众皆曰："直罪滔天，使辅臣不言，天下必有言者。与其使天下言，孰若二三人言之?"恩具入奏，上即命罢西厂，由是见忤于直。会前辅臣杨荣曾孙烨罪，逮至京，语连及辂。直从中主之，辂遂乞休。加少保，赐玺书，给驿以归。卒赠特进荣禄大夫、太傅，谥文毅。子良臣举进士，为翰林侍讲；良辅为刑部主事。孙汝谦为尚宝寺丞。廖道南曰："予尝发练浦，泛清溪，舣棹桐江，眺望文毅之庐，万峰回合，千岩蜿蜒，意其为间气所钟也。及读国史，乃见其诸疏侃侃有大节。于乎，宋之王旦、王曾、宋庠俱以三魁致位宰辅，若文毅者，视古先哲何如耶?"赞曰：三魁华名，士林所称。三孤崇秩，官箴所评。德不孚名，奚名之荣。勋不孚秩，奚秩之尊。允也文毅，大节峥嵘。龙山岌嶪，桐江渟潆。谁其荐之，明德惟馨。

（明）陈鎏《皇明历科状元录》卷二·正统十年乙丑状元商辂　廷对之士商辂等一百五十人，擢辂第一。

商辂，字弘载，一字尚质，号素庵，浙江淳安人。宣德乙卯，以《书》经发解。及会试，弗利，乃入太学。李长为祭酒，见而器之，特设馆东厢之后，俾卒业。及乙丑，会试、廷试俱第一，时年三十二岁，授翰林修撰。丁卯，英庙命选词臣十八人进学东阁，辂与焉。遂命进讲经筵。十四年八月，景帝简入内阁，升侍读。时英宗北狩，也先叩京城，人情汹汹，请郕王即真，与陈循等经略战守，抚辑畿甸，降胡，征边兵入援，揭榜贼营购虏首，伪为喜宁报太监兴安诱擒也先书，为虏逻卒所获。兴安，胡种也，虏得榜与书，果自疑遁。庚午，进学士。壬申，议易储，辂争之不能得。逾年，钟同、章纶请复储，下狱。辂力救，纶竟不死。迁兵部侍郎兼左春坊大学士，仍兼学士，赐以居第。景帝不豫，议所立，辂奋然曰："陛下为宣宗皇帝之子，但当复立章皇帝之孙。"言未及进，而夺门之兵启矣。英宗复位，即日以迎立事置少保于谦等于极刑，召亨辈并辂诏狱，欲诬致于刑。太监兴安曰："当时此辈附和南迁不省，将置朝廷于何地？今有夺门功，即复留矣。”上怒稍解，削为民。家居养母教子，杜门不出者十年。宪宗立，追念旧学，征之至，复原职，首疏八事。慈懿皇太后崩，诏议葬礼，辂与大学士彭时力言宜附陵祔庙，率廷臣伏阙泣请，从之。陟兵部尚书。时皇庄甚为民厉，辂言：“天子以天下为家，何以庄为？”丁亥六月，上言八事。彗出天田，入太微垣，陈弭灾七事。上一日议及郕王监国事，辂言有社稷功，当复位号，从之。时储贰已长，人不敢言，辂宛转探引，东宫乃立。复上疏略曰：“皇子聪明岐嶷，天下归心。重以贵妃保育，恩逾己出，内外弥贤。但外议皆云皇子之母因病别居，久不得见。揆之人情事体，诚为未顺。伏望敕令就近居住，使得朝夕接见，以遂母子至情。”逾月，东宫母纪贵妃薨。辂举宋李宸妃故事，殡殓悉如礼。改户部尚书，仍兼前职。癸巳，《宋元纲目》成，进文渊阁大学士。丙申，加太子少保，改吏部尚书。时掖庭欲建玉皇祠，论毁之。宫门灾，工部请命中官鸠材于楚蜀，辂不可，从之。因黑眚见，陈时弊八事。丁酉，兼谨身殿大学士。时中官汪直开西厂，大肆罗织，百官惊恐。辂上疏略曰：“近日伺察太繁，政令太急，刑网太密，人心汹汹，各怀疑畏，盖缘委听断于汪直一人。而直又寄耳目于群小，伤害良善，亏损国体，非所以示大观于天下也。”疏入，上震怒，令太监怀恩传旨切责。辂正色曰：“朝臣大小有罪，皆请旨收问。直敢擅抄扎三品以上京官。大同、宣府，一日不可阙人守者，直一日擒械数人。南京留守大臣，直敢擅自收捕。诸近侍直敢擅自换易。此人不黜，国家安乎？危乎？”上悟，即日撤去西厂。会前辅臣杨荣曾孙以罪逮至京，语连辂。直从中主之，辂遂乞归。加少保，赐玺书、金币、袭衣、宝镪，给驿以归。抵家又十载，卒，年七十三。赠特进荣禄大夫、太傅，谥文毅。在位《论修德弭灾》、《题省官员》、《题用贤》、《题招流移以填京城》、《题陵庙》诸疏，皆经纶之大者也。一主考会试，五为廷试读卷官。辂丰范玉立，襟度渊澄，词气温舒，间论古今治乱、事机得失、人才贤否，亹亹不倦。中遭诬间，身退名完。为文浑厚雅赡，诗主平淡。有集若干卷。子良臣，第进士，翰林侍讲。（尹直《志》）

袁帙曰：商公以三元超致宰辅，己巳之秋，颇著劳勋。及再起，多所匡益。惟易储一事，世多议之。要之，当以死争，岂以进退为念哉？故孔子论大臣曰：“以道事君，不可则止。”况乎元良万国之本，以密勿之臣坐视其易而不能救，又不能去，固不得辞其责矣。

廖道南曰：“予尝发练浦，泛清溪，舣棹桐江，眺望文毅之庐，万峰回合，千岩蜿蜒，意其为间气所钟也。及读国史，乃见其诸疏侃侃有大节。于乎，宋之王旦、王曾、宋庠俱以三魁致位宰辅，若文毅者，视古先哲何如耶？”赞曰：“三魁华名，士林所称。三孤崇秩，官箴所评。德不孚名，奚名之荣。勋不孚秩，奚秩之尊。允也文毅，大节峥嵘。龙山岌嶪，桐江渟潆。谁其荐之，厚德同馨。”

辂之父尝为严州府吏。辂生时，府公于夜间遥见吏舍有光，踪迹之，非火也。翌旦，问群吏家夜来有何事，云商某生一子。府公异之，语其父云：“此子必贵，宜善抚之。”后举三元，入内阁，天顺初罢归。有医善太素脉，诊之，云：“歇禄十年，当

再起。”成化初，复起入阁，官户书。（《菽园杂记》）

辂应浙江乙卯乡试，与姚文敏夔同舟，夔梦一吏持方简一片至舟，连呼解元者二，简上有“商辂”二字。夔问曰：“我中否?”其吏转过简后示之，又有“姚夔”二字。寤而共语曰：“岂有一科两解元邪?”是科辂第一。后戊午，夔第一。（《梦征录》）

辂为举子时，与其师洪士直同宿学舍中，辂梦有提人首三颗授之，觉而语洪，洪曰：“吉梦也。”后三元应之。（《梦征录》）

成化丁亥，诏起辂于家。初未有复职之命。至京日，众谓难称职名。及陛见，方巾丝绦，青布圆领，自称：“原籍为民臣商辂行取到京。”见皆谓其妥帖。一日，士大夫会饮，优呈《东窗事犯》之见岳武穆下狱状，艴然呵止，盖伤于虏也。（《琐缀录》）

宋朝举三元者三人，我朝三元惟商辂，况官至内阁，秩一品，事业为时名臣。岂以浙省山川气运之盛致然欤？盖国初文运惟江西独盛，故时有“翰林多吉水，朝内半江西”之谣。此后浙省遂盛于天下，江西稍不及矣。（《皇明通纪》）

罗修撰伦论阁老李贤夺情事，调广东市舶提举。章编修懋、黄编修仲昭、庄检讨泉皆论元夕观灯外谪。李贤没，商辂复入阁，言于上，皆复其官，时称“翰林四谏”。伦之谪，庐陵陈文与有力焉。文卒，士人有为诗悼之者曰：“九泉若见南阳李，为道罗生已复官。”（《菽园杂记》）

尹直赞曰：有伟文毅，早擅三元。荐登内阁，参秉衡钧。展志行道，克济中兴。寻以间去，久而复征。弼亮匪懈，谠言屡陈。辞荣戒满，泉石燕申。

清河丞真善翁言，辂父仲宣方生辂，有以冯文简中三元记馈之事，亦非偶然矣。（《状元纪事》）

《琐缀录》云：“商阁老三试首榜，及乙未读卷，有应首选者，商嫌并己，遂下其手焉。”盖指会元王鏊也。

（明）雷礼《国朝列卿纪》卷二十·翰林院学士讲读学士行实 商辂，字弘载，浙江淳安人。宣德乙丑状元。正统己巳，任侍讲。景泰元年，升翰林院学士。本年秋，英庙回銮，辂迎至居庸关伏谒，命草诏称旨，赐酒果马匹。既而，锦衣卫指挥卢忠妄言南内事中官阮浪等被重刑，犹欲穷治不已。辂极言不可轻听，以坏大伦，有伤骨肉之情。三年，迁兵部侍郎兼左春坊大学士。详内阁。

（明）项笃寿《今献备遗》卷十九·商辂 商辂字弘载，浙江淳安人。宣德己卯，浙江发解。正统乙丑，会试、廷试皆第一，授翰林修撰，进讲筵。己巳，升侍读，入内阁。时乘舆北狩，额森逼京城，有倡议南迁者，力排之，请郕王正位，与大学士陈循等经略战守，遣官抚辑畿甸降众，征边兵入援，揭榜购边人，伪为喜宁报诱擒额森书，故遗敌营中，敌得榜与书，果自相疑遁。锦衣指挥卢忠妄言南内事，中官阮浪等坐死，穷治不已，辂言之，狱遂不竟，忠得罪。壬申，谏议易储甚力。逾年，钟同、章纶请复储，下狱，辂因召对，力救纶，竟不死。英庙初，坐免。成化丙戌冬，诏起复任，首疏八事：勤政、纳谏、储将材、饬边备、革冗员、设社仓、崇先圣之号以配天、开人德之基以造士。上嘉纳之。戊子，议慈懿山陵，词甚切。至彗星见，言官有言辂者，上欲加罪，辂力救之，得已。寻升尚书，仍兼学士。是时穆苏叛，命将讨之未下，廷臣请再出师以邀功，辂执不可，卒以成功。己丑冬，燠，辂陈时政之弊。辛卯冬，彗出天田，人太微垣，复疏七事：崇正道、谨命令、亲贤臣、慎赏罚、纳谏诤、励官守、恤军民，言多采纳。上议及郕王监国事，辂言："有社稷功，当复位号。"左右皆泣，上亦泣，遂复景帝号。壬申，天下灾，请省科敛、减力役、宽两税、驰利禁，悉从之。丙申夏，皇子薨，上方以嗣续为忧。左右知西宫储贰已长，莫敢言，辂委曲言之，东宫乃立。禁中建玉皇阁，奏毁之。黑眚见，因陈弥灾八事，曰：番僧国师不得重给符券、四方常贡外勿受玩好、诸色人许直言自达、分遣部使者诸囚、停不急营造、实三边军储、守缘边关隘、增置云南巡抚，上皆嘉纳。丁酉，汪直创西厂刺事，权倾中外。辂疏其十罪以闻，怀恩传旨切责辂，复数直罪，又云："此人不黜，国家安乎？危乎？"怀安咋舌而退，即日撤西厂，寻乞致仕，进少保兼吏部尚书、谨身殿大学士如故，赐玺书，给驿以归家。居十年卒，赠太傅，谥文毅。论曰：彭文宪公与商文毅公皆以科名致位宰辅，诸所论建，切中时弊，概见施行，勋名行谊，相伯仲矣。易储一事，商公不能以死争之，不可则止之义，宁无愧乎？

（明）唐枢《国琛集》上卷　商辂，淳安人，本朝中三元一人。正统己巳人阁，时天子蒙尘，人心汹汹，公力主群议，请郕王即真，阻抑南迁之说，及回銮，卢忠妄言南内事并黄竑言易储事，公多阻之。已而曹、石用权，公数裁抑，被嗾，言官构论，削为民。成化改元，复公官，首疏新政八事及陈弭灾七事，复陈弭灾八事，力争慈懿葬礼，请复景皇号，婉辞引立东宫，疏止玉皇阁齐醮，疏汪直十罪以罢西厂。谥文毅。

（明）顾祖训原编、（明）吴承恩增补、（清）陈枚续补《状元图考》卷二·状元商辂　正统十年乙丑，廷试商辂等一百五十人，擢商辂第一。

按，商辂，字弘载，号素庵，浙江淳安人。宣德乙卯，以《书》经发解。及会试，弗利，乃入太学。李长为祭酒，见而器之，特设馆东厢之后，俾卒业。及乙丑，会试、廷试俱第一，时年三十二岁，授修撰。

《菽园杂记》：辂父尝为严州府吏。辂生时，府公于夜间遥见吏舍有光，踪迹之，非火也。翌旦，问群吏家夜来有何事，云商某生一子。府公异之，语其父云："此子必贵，宜善抚之。"后举三元，入内阁，天顺初罢归。有医善太素脉，诊之，云："歇禄十年，当再起。"成化初，复起入阁。

《梦征录》：辂尝与其师洪士直同宿学舍中，辂梦有提人首三颗授之，觉而语洪，洪曰："吉梦也。"后三元应之。

《状元纪事》：辂父仲宣方生辂，有以冯文简中三元记馈之事，亦非偶然矣。

（清）张廷玉等《明史》卷一百七十六·列传第六十四·商辂 商辂，字弘载，淳安人。举乡试第一。正统十年，会试、殿试皆第一。终明之世，三试第一者，辂一人而已。除修撰，寻与刘俨等十人进学东阁。辂丰姿瑰伟，帝亲简为展书官。郕王监国，以陈循、高谷荐入内阁，参机务。徐理倡南迁议，辂力沮之。其冬，进侍读。景泰元年，遣迎上皇于居庸，进学士。

三年，锦衣指挥卢忠令校尉上变，告上皇与少监阮浪、内使王瑶图复位。帝震怒，捕二人下诏狱，穷治之。忠筮于术者同寅，寅以大义折之，且曰："此大凶兆，死不足赎。"忠惧，佯狂以冀免。辂及中官王诚言于帝曰："忠病风，无足信，不宜听妄言，伤大伦。"帝意少解。乃并下忠狱，坐以他罪，降为事官立功。杀瑶，锢浪于狱，事得不竟。

太子既易，进兵部左侍郎，兼左春坊大学士如故，赐第南薰里。塞上腴田率为势豪侵据，辂请核，还之军。开封、凤阳诸府饥民流济宁、临清间，为有司驱逐。辂忧其为变，请招垦畿内八府闲田，给粮种，民皆有所归。钟同、章纶下狱，辂力救，得无死。《寰宇通志》成，加兼太常卿。

景帝不豫，群臣请建东宫，不许。将继奏，辂援笔曰："陛下宣宗章皇帝之子，当立章皇帝子孙。"闻者感动。以日暮，奏未入，而是夜石亨辈已迎复上皇。明日，王文、于谦等被收，召辂与高谷入便殿，温旨谕之，命草复位诏。亨密语辂，赦文毋别具条款。辂曰："旧制也，不敢易。"亨辈不悦，讽言官劾辂朋奸，下之狱。辂上书自诉《复储疏》在礼部，可覆验，不省。中官兴安稍解之，帝愈怒。安曰："向者此辈创议南迁，不审，置陛下何地。"帝意渐释，乃斥为民。然帝每独念"辂，朕所取士，尝与姚夔侍东宫"，不忍弃之。以忌者，竟不复用。

成化三年二月召至京，命以故官入阁。辂疏辞，帝曰："先帝已知卿枉，其勿辞。"首陈勤学、纳谏、储将、防边、省冗官、设社仓、崇先圣号、广造士法凡八事。帝嘉纳之。其言纳谏也，请召复元年以后建言被斥者。于是罗伦、孔公恂等悉复官。

明年，彗星见，给事中董旻、御史胡深等劾不职大臣，并及辂。御史林诚诋辂曾与易储，不宜用，帝不听。辂因求罢。帝怒，命廷鞫诸言者，欲加重谴。辂曰："臣尝请优容言者，今论臣反责之，如公论何?"帝悦，旻等各予杖，复职。寻进兵部尚书。久之，进户部。《宋元通鉴纲目》成，改兼文渊阁大学士。皇太子立，加太子少保，进吏部尚书。十三年，进谨身殿大学士。

辂为人，平粹简重，宽厚有容，至临大事，决大议，毅然莫能夺。

仁寿太后庄户与民争田，帝欲徙民塞外。辂曰："天子以天下为家，安用皇庄为?"事遂寝。乾清宫门灾，工部请采木川、湖。辂言宜少缓，以存警畏，从之。

悼恭太子薨，帝以继嗣为忧。纪妃生皇子，六岁矣，左右畏万贵妃，莫敢言。久之，乃闻于帝。帝大喜，欲宣示外廷，遣中官至内阁谕意。辂请敕礼部拟上皇子名，于是廷臣相率称贺。帝即命皇子出见廷臣。越数日，帝复御文华殿，皇子侍，召见辂及诸阁臣。辂顿首曰："陛下践祚十年，储副未立，天下引领望久矣。当即立为皇太子，安中外心。"帝颔之。是冬，遂立皇子为皇太子。

初，帝召见皇子留宫中，而纪妃仍居西内。辂恐有他患，难显言，偕同官上疏曰："皇子聪明岐嶷，国本攸系。重以贵妃保护，恩逾己出。但外议谓皇子母因病别居，久不得见。宜移就近所，俾母子朝夕相接，而皇子仍藉抚育于贵妃，宗社幸甚。"由是纪妃迁永寿宫。逾月，妃病笃。辂请曰："如有不讳，礼宜从厚。"且请命司礼监奉皇子，过妃宫问视，及制衰服行礼。帝皆是之。

帝将复郕王位号，下廷议。辂极言王有社稷功，位号当复，帝意遂决。帝建玉皇阁于宫北，命内臣执事，礼与郊祀等，辂等争罢之。黑眚见，疏弭灾八事，曰：番僧国师法王，毋滥赐印章；四方常贡外，勿受玩好；许诸臣直言；分遣部使虑囚，省冤狱；停不急营造；实三边军储；守沿边关隘；设云南巡抚。帝优诏褒纳。

中官汪直之督西厂也，数兴大狱。辂率同官条直十一罪，言："陛下委听断于直，直又寄耳目于群小如韦、瑛辈。皆自言承密旨，得颛刑杀，擅作威福，贼虐善良。陛下若谓擿奸禁乱，法不得已，则前此数年，何以帖然无事？且曹钦之变，由逯杲刺事激成，可为惩鉴。自直用事，士大夫不安其职，商贾不安于途，庶民不安于业，若不亟去，天下安危未可知也。"帝愠曰："用一内竖，何遽危天下，谁主此奏者？"命太监怀恩传旨，诘责厉甚。辂正色曰："朝臣无大小，有罪皆请旨逮问，直擅抄没三品以上京官。大同、宣府，边城要害，守备俄顷不可缺，直一日械数人。南京，祖宗根本地，留守大臣，直擅收捕。诸近侍在帝左右，直辄易置。直不去，天下安得无危？"万安、刘珝、刘吉亦俱对，引义慷慨，恩等屈服。辂顾同列谢曰："诸公皆为国如此，辂复何忧。"会九卿项忠等亦劾直，是日遂罢西厂。直虽不视厂事，宠幸如故。谮辂尝纳指挥杨晔贿，欲脱其罪。辂不自安，而御史戴缙复颂直功，请复西厂，辂遂力求去。诏加少保，赐敕驰传归。辂既去，士大夫益俯首事直，无敢与抗者矣。

钱溥尝以不迁官，作《秃妇传》以讥辂。高瑶请复景帝位号，黎淳疏驳，极诋辂。辂皆不为较，待之如平时。万贵妃重辂名，出父像，属为赞，遗金帛甚厚。辂力辞，使者告以妃意，辂曰："非上命，不敢承也。"贵妃不悦，辂终不顾。其和而有执如此。

及谢政，刘吉过之，见其子孙林立，叹曰："吉与公同事历年，未尝见公笔下妄杀一人，宜天之报公厚。"辂曰："正不敢使朝廷妄杀一人耳。"居十年卒，年七十三。赠太傅，谥文毅。

子良臣，成化初进士，官翰林侍讲。

（明）商汝颐《商文毅公遗行集》一卷 （存目。）

（明）商振伦《明三元太傅商文毅公年谱》四卷 （存目。）

（明）李贽《续藏书》卷十一·内阁辅臣·商文毅公 （存目）

（明）袁帙《皇明献实》卷二十三·商辂 （存目）

（明）刘孟雷《圣朝名世考》卷二·硕辅传·商辂　（存目）

（明）邓元锡《皇明书》卷十六·臣谟·商辂　（存目）

（明）王兆云《皇明词林人物考》卷三·商文毅　（存目）

（明）焦竑《国朝献征录》卷十三·内阁二·少保吏部尚书兼谨身殿大学士商公辂（《实录》）　（存目）

（明）汪国楠《皇明名臣言行录新编》卷十二·少保文毅公商辂　（存目）

（明）刘廷元《国朝名臣言行录》卷一·太傅商文毅公（辂）　（存目）

（明）过庭训《明分省人物考》卷五十五·浙江严州府·商辂　（存目）

（明）陈仁锡《皇明世法录》卷八十六·内阁辅臣·太傅商文毅公传　（存目）

（明）邓球《皇明泳化类编》·人物卷五十一·商辂　（存目）

（明）尹守衡《史窃》第六十七卷·列传第四十五·商辂　（存目）

（明）唐鹤徵编，陈睿谟评《皇明辅世编》卷二·商文毅辂　（存目）

（清）查继佐《罪惟录》·列传卷十一·经济诸臣列传上·商辂　（存目）

（清）傅维麟《明书》卷一百二十一·列传四·名臣传六·商辂　（存目）

（清）徐乾学等《明史》卷四十五·商辂　（存目）

（清）汤斌《拟明史稿》卷十一·商辂　（存目）

（清）王鸿绪《明史稿》卷一百五十九·列传第五十四·商辂　（存目）

（清）徐开任《明名臣言行录》卷二十九·少保商文毅公辂　（存目）

（清）陈田《明诗纪事》乙签卷十七·商辂　（存目）

（清）阎湘蕙《明鼎甲征信录》卷一·商辂　（存目）

科　　第

（一）乡试

（明）张朝瑞《皇明贡举考》卷三·（乙卯）宣德十年两京十三藩乡试·解元　浙江商辂（淳安县。《书》。乙丑）。

（明）张弘道、张凝道《皇明三元考》卷三·宣德十年乙卯科解元　浙江：商辂（淳安人，字弘载，号素庵。治《书》。乙丑会元。辂二十发解，又十年而登第，四年而以修撰入阁，七年而忤石亨为民，归十年而复召入，十年而以少保兼太子太保、吏部尚书、谨身殿学致仕，家居十年而卒。年七十二，赠太傅，谥文毅。辂为文浑厚雅赡，诗主平淡。在位多所匡益，有容人之量。所著有《商文毅奏略》等书。子良臣，成化丙戌侍讲学士）。

（明）张弘道、张凝道《科名盛事录》卷一・元魁盛事　三元（宋朝中三元者殆三人，而我朝止一商文毅，抑何寥寥也。岂会稽竹箭天下少双与?）。

淳安商辂，宣德乙卯解元，正统乙丑会元、状元。

三中元魁（已中解、会两元矣，竟不能首鼎甲而三之，无怪乎三元之难得也。虽然，不过四人尔，亦何容易）。

又，卷一・元魁盛事・元魁少年人及未娶　淳安商解元辂（年二十）。

（清）沈翼机等《浙江通志》卷一百三十五・选举十三・明・举人・宣德十年乙卯科　商辂（淳安人。乙丑会、状）。

（二）会试、殿试

（明）商辂《殿试策》　制曰：自昔二帝三王致理之道，必选任贤才以敷政化，安中国而抚四夷，其见诸载籍，靡不足为后世法也。下迨汉唐宋，贤明之君亦皆锐意于斯。而其人才治效，有可以比隆于古欤？洪惟我太祖高皇帝奉天明命，统一华夷，德威所被，罔不臣服。太宗文皇帝嗣登大宝，制治保邦，光前裕后。列圣相承，咸隆继述。是以群贤汇进，教化旁治，海内乂宁，夷狄宾服，功德之盛，吻合古昔而无间矣。朕缵承鸿业，倾惟祖宗之彝宪是训是行，屡诏中外简拔贤才，亦既得人为用矣。诚欲九德咸事，野无遗贤，举错之法尚有可行者乎？申敕诸司，修明治理，亦既建立事功矣。诚欲百工惟时，庶绩咸熙，督劝之典尚有可举者乎？内而中国生齿之繁，因其性而教养之矣。诚欲使皆阜厚化成，同归于至治，尚何所加乎？外而蛮貊近悦远来，因其俗而怀抚之矣。诚欲使皆讲信修睦，相安于永久，尚何所施乎？夫治道有本，而推行有序，不法诸古无以施于今，泥于古而不通于今，亦不以为治。诸生明于道义，必讲之有素。悉著于篇，朕将亲览焉。

臣对：臣闻图治莫急于用贤，用贤莫先于修身。非修身固无以为取人之本，非用贤又无以为图治之要。故《中庸》之书曰："为政在人，取人以身。"人君诚能修身以为用贤之本，用贤以为图治之要，则知至、意诚、心正、身修。贤者在位，能者在职，以之亮天工而熙庶绩，安中国而抚四夷，何往而不得其效哉！

钦惟皇帝陛下聪明睿智，文武神圣，存二帝三王之心，绍祖宗列圣之统，日御经筵，讲求至道，早晚视朝，裁决万几。好贤之诚，无间于话言；图治之切，常存于宵旰。乃进臣等于廷，降赐清问，拳拳欲闻古今用贤致理之方，所谓智周万务而不弃于一得之患，明照四方而必察于刍荛之贱是也。陛下是心，与古帝王兢兢业业不自满假，用人惟已望道未见之心，何以异哉？臣虽愚昧，敢不精白一心，以对明命之万一乎？

臣惟致治有要，用贤是也；用贤有本，修身是也。若昔唐虞三代之世，百姓昭明，万邦协和，而黎民有于变之风；百工惟时，庶绩咸熙，而万邦有咸宁之效。二帝致治之隆如此者，实本于其登庸元恺，不废困穷之功也。府事修和，文命四敷。在商邑用协于厥邑，在四方用丕式见德。以至万民咸和，丕单称德，三王致治之盛如此者，亦本于其吁俊尊帝，克知克用之力也。当是之时，若皋夔，若稷契，若伊周，各以圣贤之资，居辅弼之任，或陈九德而谐八音，或播百谷而敷五教。一德足以致天心之格，成绩足以笃烈考之光。多士济济，布列庶位，又岂无所自而然哉！盖由尧舜禹汤文武之君，或克明俊德而重华协帝，或祗台德先而圣敬日跻，或缉熙敬止而无竞惟烈，一皆本诸行者无不诚，见诸行者有其实。所谓为政取人之方著于载籍，足以垂法于后世者，何莫不自圣人修身中来耶？继此而称善治者，莫汉唐宋若也。其间贤明之君，未始不以用人为政治之本。观其孝廉之有选，贤良之有科，或以明经进，或以进士举，若汉贾谊之劝兴礼乐，董仲舒之明于王道。当时海内富庶，戎狄宾服，其治效固有可称者矣。唐韩愈之排斥佛老，陆贽之论谏仁义，当时中国久安，四夷宾贡，其治效亦有可观者焉。以至宋之韩、范、富、欧有以辅盛治于前，周、程、张、朱足以继绝学于后。中国致文明之盛，夷狄怀景仰之心，其人才治效虽不能比迹唐虞三代，亦非汉唐所可及也。虽然，汉唐宋之君其用贤图治之意固云美矣，而取人以身之道，则概乎未有闻焉。或诗书之安事，或礼乐之未遑，或闺门失德而治杂于夷，或任用不专而小人迭进，外有尊贤之名，内无用贤之实。此汉唐宋所以止于汉唐宋，而不能俪美于唐虞三代者，亦以修身之道有未至也。

洪惟圣朝太祖、太宗，以武功定天下，以文德致太平，德泽敷施，声教远被，薄海内外，莫不尊亲，际天极地，靡不臣服。列圣相承，光启文治，隆继述之道，尽任用之方。是以群贤向用，君子满朝，礼乐兴而风俗美，教化洽而治道隆，斯民阜厚而化成，夷狄倾心而内附。圣德神功，盖吻合乎二帝三王之盛，而汉唐宋之君，风斯下矣。肆惟皇上缵承鸿业，远稽帝王之道，近守祖宗之法，孜孜以图治为心，拳拳以求贤为念。其得人致治之盛，固已超轶乎古矣。而尤虑举错之法未尽行，督劝之典未尽举，内而教养未备，外而抚绥未至，欲探其本，而推行之以序。臣愚以为是数者，皆陛下之所已行，行之而既效者也。然犹欲求其本，岂有外于陛下之修身乎？陛下屡诏中外，简拔贤才，其举错之法至矣，而犹欲求可行之法。臣愿陛下谨修身以为举错之本，贤者必进，不肖者必退，如孔子所谓举直错诸枉，则九德咸事，野无遗贤之效，不难至矣。陛下申敕诸司，修明治理，其督劝之典备矣，而犹欲求可举之典。臣愿陛下谨修身以为督劝之原，劝者必赏，而怠惰者必罚，如《虞书》所谓戒之用休，董之用威，则百工惟时，庶绩咸熙之效，有可必矣。陛下既谨修身以为取人之本，将见人才之出，彬彬乎盛。所以阜厚化成乎天下者，此也；所以讲信修睦于夷狄者，亦此也。陛下尝轻徭薄赋以立民命，建学立师以复民性矣。使凡任教养之责者咸以利用，厚生教训，正俗为心，则人得以仰事俯育，而有尊君亲上之心。生齿虽繁，有不同归于至治乎？陛下尝柔远能迩，以怀弗庭，厚往薄来，以抚宾服矣。使凡典戎狄之职者，咸能论之以祸福，示之以恩信，去者不追，至者不拒，训兵练士，保境安民，则人畏威怀德，修贡称藩，四夷虽远，有不相安于永久乎？

夫为治之本，在于用人；用人之本，又在修身。必先其本，而后其末。故《论语》曰：君子务本，本立而道生。《大学》曰：身修而后家齐，家齐而后国治，国治而后天下平。《中庸》曰：知所以修身则知所以治人，治天下国家皆此意也。虽然，修自固为用人之本，而欲用人致治，尤不可以不法诸古。盖古者前代之法，圣帝明王精神心术之所存，仁义道德之所寓也。傅说告高宗曰：事不师古以克永世，匪说攸闻。使泥于古而或不通于今，则为徒法不能以自行矣。又必益之损之，与时宜之，《中庸》所谓时措之宜是也。

陛下之策臣者，臣既略陈之矣，而于篇终窃有献焉。臣惟始勤终怠者，众人之常情；慎终如始者，圣人之要道。是故天地有常运而后岁功成，帝王有常德而后治功著。陛下德配天地，明同日月，诚又加夫不息之诚，有常之念，终始惟一，宵旰无间，则以之修身任贤，以之安民致治，远足以追配二帝三王之道，近足以光昭祖宗四圣之业。上而致天地位，下而致万物育，而绵历数于无疆者，夫岂有越于此哉！臣干冒天威，不胜战栗之至。臣谨对。

（明）黄佐《翰林记》卷十四·考会试　（正统）十年，学士钱习礼、侍讲学士马愉为考试官，取商辂等一百五十人。

（明）廖道南《殿阁词林记》卷十四·会试　（正统）十年，学士钱习礼、侍讲学士马愉为考试官，取商辂等一百五十人。

（明）张朝瑞《皇明贡举考》卷四·（乙丑）正统十年会试　时会试之士一千二百有奇，取商辂等一百五十人，刻程文十九篇。

中式举人一百五十名：商辂，浙江淳安县人，监生，《书》。刘昌，南直隶吴县学生，《诗》。周宣，福建漳州府学生，《易》。史敏，南直隶淮安卫，监生，《礼记》。周鉴，湖广麻城县人，监生，《春秋》。

三月十五日，临策天下贡士，制曰：自昔二帝三王致理之道，必选任贤才以敷政化，安中国而抚四夷，其见诸载籍，靡不足为后世法也。下迨汉唐宋，贤明之君亦皆锐意于斯。而其人才治效，有可以比隆于古欤？洪惟我太祖高皇帝，奉天明命，统一华夷，德威所被，罔不臣服。太宗文皇帝嗣登大宝，制治保邦，光前裕后。列圣相承，咸隆继述。是以群贤汇进，教化旁治，海内乂宁，夷狄宾服，功德之盛，吻合古昔而无间矣。朕缵承鸿业，仰惟祖宗之彝宪是训是行，屡诏中外，简拔贤才，亦既得人为用矣。诚欲九德咸事，野无遗贤，举错之法尚有可行者乎？申敕诸司，修明治理，亦既建立事功矣。诚欲百工惟时，庶绩咸熙，督劝之典尚有可举者乎？内而中国生齿之繁，因其性而教养之矣。诚欲使皆阜厚化成，同归于至治，尚何所加乎？外而蛮貊近悦远来，因其俗而怀抚之矣。诚欲使皆讲信修睦，相安于永久，尚何所施乎？夫治道有本，而推行有序，不法诸古无以施于今，泥于古而不通于今，亦不足以为治。诸生明于道艺，必讲之有素。悉著于篇，朕将亲览焉。

（时廷对之士一百五十人，赐商辂等进士及第出身有差。辂三试皆第一，世称三元。在位多所匡益，而有容人之量。为文浑厚雅赡，诗主平淡，所著有《商文毅奏略》等集。官至少保，直内阁，谥文毅。子良臣，成化丙戌进士。是科辂与周洪谟、夏时正、叶盛俱为名臣，原杰、朱英俱有名。)

第一甲三名赐进士及第：商辂，浙江淳安县。周洪谟，四川长宁县。刘俊，陕西宝鸡县。

(明）张弘道、张凝道《皇明三元考》卷四·正统十年乙丑科大魁 会元商辂（乙卯浙江解元)。

状元：商辂。(《通纪》云：宋朝举三元者凡三人，而我朝惟商辂，况官至内阁，秩一品事业，为时名臣，岂非浙省山川气运之盛致然欤？盖国初文运惟江西独盛，故时有"翰林多吉水，朝内半江西"之谣，此后浙省益盛于天下，江西稍不及矣。)

又 解元中式：商辂（浙江)。

又 名臣：商辂。

又 入阁：商辂（正统十四年，由修撰入。天顺元年，以兵部侍郎兼学士，为民。成化三年复入，十三年至谨身殿大学士。致仕)。一品：商辂（少保)。

(清）沈翼机等《浙江通志》卷一百三十一·选举九·明·进士·正统十年乙丑科商辂榜 商辂（淳安人。三元。少保、吏部尚书、谨身殿大学士)。

(清）张廷玉等《明史》卷七十·志第四十六·选举二 (正统）十年乙丑，会试、廷试第一皆商辂。辂，淳安人，宣宗末年乙卯，浙榜第一人。三试皆第一，士子艳称为三元，明代惟辂一人而已。

仕　宦

(明）黄佐《翰林记》卷五·致仕优礼 成化十三年，太子少保吏部尚书兼谨身殿大学士商辂以疾致仕，诏升少保，兼职如故，赐玺书金币袭衣�

又，卷六·召慰 英庙既复位，退御文华殿，召大学士高谷、学士商辂谓曰："朕在南京，知尔二人无偏向心，如今正要用尔，好用心办事。"成化四年，彗见，言官劾内阁大臣商辂等，遂求退，奉旨："朕用卿不疑，何恤人言。"至诘责言者曰："唐太宗用王魏，朕用商辂，有何不可！"欲加谴调。辂奏言："臣尝劝陛下优容言官，已荷嘉纳。如修撰罗伦辈，复请召用。今因论臣而又责之，如公论何？"上以为然，乃释言官不问，而召辂至御榻前，慰勉再三。祖宗之礼貌儒臣，往往如此。

又，卷七·改元 英庙复辟，召内阁高谷、商辂至文华殿，问曰："今年号宜改否？"谷对曰："周虽旧邦，其命维新，宜改新元年。"辂曰："年号多与前代同者，臣等具数年号，请上自择。”上称善。已而，用徐有贞等言，用天顺改元。

又，卷七·议祀典　成化三年，用大学士商辂议，封仲舒为广川伯，安国为建宁伯，沈为崇安伯，德秀为浦城伯，从之。辂又请加孔子以“道配天地”之号，事寝不行。

又，卷八·筹边　英宗北狩，郕王即大位，有倡议南迁者，中外汹汹，大学士陈循、高谷、侍讲商辂等上言：“圣驾一移，大势去矣。”乃出榜晓谕，人心稍安。无何，寇大举进迫京城，众论战守不一，循等皆言：“兵败之余，只宜固守，且彼乘胜远来，势必难久，宜伏兵归路击之。”时京师戒严，内阁诸臣运谋设策，迄昏乃出，至忘寝食，外谕诸将，奖其忠义之心，日令操练军马，整饬器械，以备战守。遣官分投安辑畿内降人，以防不虞，严督边关，固守要害。然敌攻益急，总兵官石亨折弓矢厉声曰：“宰臣不出计策，我莫能支矣。”循与辂乃上疏，发敕宣府、辽东，令总兵官杨洪、曹义各选劲骑，刻期以进，与京军夹击，又为张榜各营，有能擒获也先者，加大爵厚赏。复写作喜宁，与司礼太监兴安云约诱也先入寇，宜乘其孤军，合兵剿杀。盖喜宁非汉种，为内侍至太监与敌通谋者也。敕与书为也先逻卒所获。未几，宣府辽东兵至，我军大振，敌闻，夕遁去，京师遂定。时闻江浙、两广、云贵皆盗发，羽书络绎，内阁筹划之功居多。

又，卷八·将顺　成化十一年十一月，诏复郕戾王位号。初，下群臣议，又遣太监怀恩等至内阁问大学士商辂、万安等。辂力陈所以当复之故，言甚剀切，左右皆泣，辂亦泣。上闻，为之感动。疏入，即允其请。辂举手加额曰：“皇上此举，尧舜之盛德也。”遂上景皇帝尊谥云。

又，卷八·诤得失　后太上居南宫，指挥卢忠妄言南内事，景帝欲穷治之，学士商辂请止罪忠一人，以全大体，上从之。……（成化）十二年七月，上建玉皇阁于宫北，别创礼仪乐章，将有事焉，学士商辂论毁之。十三年四月，太监汪直创西厂，立威拟至尊，内外官卧不帖席，辂与同寅疏其擅自抄没三品以上京官、擒械边将、换易近侍等十罪以闻上，即命革罢，而辂亦致仕去。

又，卷十三·修史　成化八年十月，诏修《宋元通鉴纲目》。十二年十一月成，凡若干卷，大学士商辂等表上之。

又，卷十四·考会试　（景泰）五年，兵部左侍郎翰林院学士兼左春坊大学士商辂、司经局洗马兼修撰李绍为考试官，取彭华等三百五十人。

又，卷十五·迎驾　景泰元年八月十三日，英宗自北狩回銮，遣内阁学士许彬迎于宣府，商辂迎候于居庸关。十四日驾至，上关，辂进见，英宗命辂草书二封达于皇太后及景帝。

（明）廖道南《殿阁词林记》卷十四·会试　（景泰）五年，兵部左侍郎翰林院学士兼左春坊大学士商辂、司经局洗马兼修撰李绍为考试官，取彭华等三百五十人。

又，卷十六·筹边　英宗北狩，景帝即大位，有倡议南迁者，中外汹汹。大学士陈循、高谷，侍讲商辂等上言："圣驾一移，大势去矣。"乃出榜晓谕，人心稍安。无何，敌大举逼京城，众论战守不一，循等皆言："兵败之余，宜固守。且敌乘胜远来，势必难久，可伏兵归路击之。"时京师戒严，内阁诸臣运谋设策，迄昏乃出，至忘寝食，外谕诸将，奖其忠义之心，日令操练军马，整饬器械，以备战守。遣官分头安戢畿内降夷，以防不虞，严督边关，固守要害。然敌攻益急，总兵官石亨折弓，厉声曰："宰臣不出计策，莫能支矣。"循等上疏请敕宣府、辽东，令总兵官杨洪、曹义各选劲骑以进，与京军夹击，又为张榜敌营，有能擒斩额森者，高爵厚赏。复写书作喜宁，与司礼太监兴安云约诱额森入寇，宜乘其孤军，合兵剿杀。盖喜宁以番人为内侍与敌通谋者，敕下，偶为敌人逻卒所获。未几，宣府辽东兵至，我军大振。敌闻之，一夕遁去，京师遂奠。

（明）雷礼《国朝列卿纪》卷八·直内阁元辅及同直辅臣年表 同直商辂，浙江淳安人。状元。由修撰于正统十四年九月同入直，历兵部左侍郎兼太常寺卿。至天顺元年正月，削籍。

又 同直商辂以为民，于成化三年二月起复原官兵部左侍郎兼学士，仍入直。

又 同直商辂，历兵部尚书兼学士。

又 商辂自成化十一年三月为元辅，历太子少保、吏部尚书、谨身殿大学士。至成化十三年六月，忤太监汪直，加少保，致仕，凡二年四月。卒于家。赠太傅，谥文毅。

又，卷九·殿阁大学士年表 商辂（浙江淳安人。状元。正统十四年由修撰入阁，历兵部左侍郎兼太常寺卿，天顺元年为民）。

又 商辂（详前。成化二年，再入阁，历少保兼吏部尚书、谨身殿大学士。十三年，致仕。卒赠太傅，谥文毅）。

又，卷二十·翰林院学士讲读学士年表 商辂（浙江淳安人。状元。景泰元年，任翰林院学士。四年，升兵部左侍郎，仍兼学士。详内阁）。

（明）王圻《续文献通考》卷四十六·选举考·举士四 （景泰）五年会试，以兵部左侍郎兼学士商辂、洗马李绍为考试官，取彭华等三百五十人。

（明）张朝瑞《皇明贡举考》卷四·（甲戌）**景泰五年会试** 考试官：兵部左侍郎学士商辂（弘载，浙江淳安县人，乙丑进士）。

（明）张弘道、张凝道《科名盛事录》卷五·官爵盛事·父子翰林 淳安商辂（由状元入阁），子良臣（成化丙辰，由侍讲学士）。

（明）皇甫录《皇明纪略》 景泰间，内阁商公辂等协府院奏西厂太监王质年幼，百户常英奸恶肆志，遂罢西厂。

（明）王世贞《凤洲杂编》卷四·阅三科为正科 （景泰五年）甲戌考试官商辂。辂，正统乙丑进士，阅三科为正科，已任兵部左侍郎兼翰林院学士、左春坊大学士，同考则侍讲兼中允杨鼎、赞善兼检讨钱溥，皆己未也。

又，卷四 （景泰五年）甲戌考试官商辂。辂，正统乙丑进士，阅三科为正科，已任兵部左侍郎兼翰林院学士、左春坊大学士。

（明）王世贞《弇山堂别集》卷五·皇明盛事述五·三元 国朝商少保辂，正统乙卯领解浙江，乙丑为会试廷试第一人，士林艳羡。商公年二十二发解，十年而成进士，四年而以修撰入阁，七年而以兵侍归，归十年而复入，入十年而以少保归，又十年乃卒，尤为奇也。

又，卷十七·皇明奇事述二·正统三会元 正统己未，会元杨鼎以解元登第一甲第二人，壬戌会元姚夔以解元登第二甲第一人，乙丑会元商辂以解元登第一甲第一人。杨由侍讲擢户部右侍郎转左，进尚书，加太子少保致仕卒，赠太子太保，谥庄敏。姚由吏科给事中擢礼部右侍郎，转左，以吏部进礼部尚书，改吏部，加太子少保卒，赠少保，谥文敏。商由侍读进学士入内阁，擢兵部左侍郎、尚书，改户部，进文渊阁大学士，改吏部，加太子少保、谨身殿大学士，以少保致仕卒，赠太傅，谥文毅。三公连三科，皆以己巳年超拜，俱不历卿寺馆幄，而名位、科甲，商尤胜绝，又与姚俱严郡，尤为奇也。

又，卷二十五·史乘考误六 史言：大学士商辂等劾汪直罪状，欲罢西厂，上震怒，命太监怀恩、覃昌、黄高至阁下，厉色传旨，诘问："朝廷用汪直缉访奸弊，有何坏事，尔等遽如此说？是谁先主意？"辂对曰："汪直坏祖宗法，坏朝廷事，失天下人心，辂等同心为朝廷除害，无有先后。"恩曰："不然，圣意疑此奏未必四人同然。必有先下笔者。"安曰："直之挟势害人，谁不欲论之？但不敢耳。安等受国厚恩，同一主意，谁独为先？"珝奋然泣曰："珝等侍皇上于青宫，迨今已二十年，天下之事忽为汪直坏之，何忍坐视？珝等誓不与共戴天。"吉曰："直之罪纵吉等不言，亦必有言之者，贬斥谪罚一惟命耳。"恩乃降色而谓曰："先生言善，恩等具以闻，倘上召对，毋变前言。"恩去而辂举手加额曰："众先生同心为国若此，辂复何忧？"盖以安三人皆青宫旧僚而已，则先朝执政恐见疑故也。寻有旨革西厂，命怀恩召汪直切责之，勒入内。无何，商公乞休，直复入西厂，开边衅。至十八年三月，六科十三道奏直苛察纷扰，大伤国体，请罢之。……然则汪直之两罢西厂，商公尚矣，项公次之，余俱不足道也。

（清）查继佐《罪惟录》·志卷十九·直阁志·代宗 商辂（素庵，淳安人。由三元、修撰，内阁办事，进翰林学士、兵部左侍郎，兼左春坊大学士，兼太常卿）。

又，志卷十九·直阁志·英宗下 商辂（削籍）。

又，志卷十九·直阁志·宪宗 商辂（起兵部左侍郎，兼翰林学士，仍内阁办事。礼部尚书，改户部，进文渊阁大学士、太子少保、吏部尚书、谨身殿大学士，加少保，致仕。卒赠大傅，谥文毅）。

（清）张廷玉等《明史》卷十·本纪第十·英宗前纪 （正统）十年春正月丙戌，大祀天地于南郊。戊子，诏举智勇之士。二月丁巳，京师地震。己未，免陕西逋赋。丙寅，兀良哈贡马，请贷犯边者罪，不许。壬申，如天寿山。三月丙子，还宫。庚辰，思机发入贡谢罪。庚寅，赐商辂等进士及第出身有差。

又，卷十一·本纪第十一·景帝 （正统十四年秋八月乙亥）修撰商辂、彭时入阁预机务。

又，卷十二·本纪第十二·英宗后纪 丙戌，诏赦天下，改景泰八年为天顺元年。论夺门迎复功，封石亨忠国公，张軏太平侯，张輗文安伯，杨善兴济伯，曹吉祥嗣子钦都督同知。丁亥，杀于谦、王文，籍其家。陈循、江渊、俞士悦谪戍，萧镃、商辂除名。

又，卷十三·本纪第十三·宪宗一 （成化三年）三月戊辰，召商辂为兵部侍郎，复入阁。……甲申，给事中董旻、御史胡深等九人请罢商辂及礼部尚书姚夔，下狱，杖之。

又，卷十四·本纪第十四·宪宗二 （成化十三年五月）丙子，大学士商辂、尚书项忠请罢西厂，从之。六月甲辰，罢项忠为民。庚戌，复设西厂。丁巳，商辂致仕。……赞曰：宪宗早正储位，中更多故，而践阼之后，上景帝尊号，恤于谦之冤，抑黎淳而召商辂，恢恢有人君之度矣。

又，卷十五·本纪第十五·孝宗 孝宗建天明道纯诚中正圣文神武至仁大德敬皇帝，讳祐樘，宪宗第三子也。母淑妃纪氏，成化六年七月生帝于西宫。时万贵妃专宠，宫中莫敢言。悼恭太子薨后，宪宗始知之，育周太后宫中。十一年，敕礼部命名，大学士商辂等因以建储请。

又，卷九十四·志第七十·刑法二 （成化）十二年，大学士商辂言："自八年遣官后，五年于兹，乞更如例行。"帝从其请。

又，卷一百十三·列传第一·英宗孝庄钱皇后 成化四年六月，太后崩，周太后不欲后合葬。帝使夏时、怀恩召大臣议。彭时首对曰："合葬裕陵，主祔庙，定礼也。"翼日，帝召问，时对如前。帝曰："朕岂不知，虑他日妨母后耳。"时曰："皇上孝事两宫，圣德彰闻。礼之所合，孝之所归也。"商辂亦言："不祔葬，损圣德。"刘定之曰："孝从义，不从命。"帝默然久之，曰："不从命，尚得为孝耶。"时力请合葬裕陵左，而虚右以待周太后。

又，卷一百十九·列传第七·景帝子怀献太子见济 景皇帝一子，怀献太子见济，母杭妃，始为郕王世子。英宗北狩，皇太后命立宪宗为皇太子，而以郕王监国。及郕王即位，心欲以见济代太子，而难于发，皇后汪氏又力以为不可，迟回久之。太监王诚、舒良为帝谋，先赐大学士陈循、高谷百金，侍郎江渊、王一宁、萧镃，学士商辂半之，用以缄其口，然犹未发也。……五月，废汪后，立杭妃为皇后，更封太子为沂王，立见济为太子。诏曰："天佑下民作之君，实遗安于四海。父有天下传之子，斯本固千万年。"大赦天下，令百官朔望朝太子，赐诸亲王、公主、边镇、文武内外群臣，又加赐陈循、高谷、江渊、王一宁、萧镃、商辂各黄金五十两。

又，卷一百五十二·列传第四十·孔公恂 商辂请复建言得罪者官。

又，卷一百五十九·列传第四十七·崔恭 成化五年，尚书李秉罢，商辂欲用姚夔，彭时欲用王概，而北人居言路者，谓时实逐秉，喧谤于朝。时称疾不出，侍读尹直以时、概皆己乡人，恐因此得罪，急言于辂，以恭代秉。

又，卷一百六十七·列传第五十五·袁彬 内阁商辂既罢，彬乞得其居第。

又，卷一百六十八·列传第五十六·江渊 江渊，字世用，江津人。宣德五年庶吉士，授编修。正统十二年，诏与杜宁、裴纶、刘俨、商辂、陈文、杨鼎、吕原、刘俊、王玉共十人，肄业东阁，曹鼐等为之师。……循等佯推渊而密令商辂草奏，示以"石兵江工"四字。

又，卷一百六十八·列传第五十六·万安 （成化）七年冬，彗见天田，犯太微。廷臣多言君臣否隔，宜时召大臣议政。大学士彭时、商辂力请。司礼中官乃约以御殿日召对，且曰："初见，情未洽，勿多言，姑俟他日。"将入，复约如初。比见，时言天变可畏，帝曰："已知，卿等宜尽心。"时又言："昨御史有疏，请减京官俸薪，武臣不免觖望，乞如旧便。"帝可之。安遂顿首呼万岁，欲出。时、辂不得已，皆叩头退。中官戏朝士曰："若辈尝言不召见。及见，止知呼万岁耳。"一时传笑，谓之"万岁阁老"。帝自是不复召见大臣矣。

又，卷一百六十八·列传第五十六·刘珝 初，商辂之劾汪直也，珝与万安、刘吉助之争，得罢西厂。

又，卷一百六十九·列传第五十七·王直 景帝疾亟，直、濙等会诸大臣台谏，请复立沂王为皇太子，推大学士商辂草疏。未上，而石亨、徐有贞等夺门迎上皇复位，杀王文等。疏草留姚夔所，尝出以示郎中陆昶，叹曰："是疏不及进，天也。"

又，卷一百七十六·列传第六十四·彭时 明年，郕王监国，令同商辂入阁预机务。……众危之，问时何见，曰："观忠疏曲折，知其能。若闻别遣禁军，将退避不敢任，贼不可知矣。"时惟商辂然其言。

又，卷一百七十七·列传第六十五·林聪 （景泰）四年春，学士商辂言聪敢言，不宜置之散地，乃复为吏科都给事中。

又，卷一百七十八·列传第六十六·项忠 （成化）四年，满俊反。满俊者，亦名满四。其祖巴丹，自明初率所部归附，世以千户畜牧为雄长。仍故俗，无科徭。其地在开城县之固原里，接边境。俊犷悍，素藏匿奸盗，出边抄掠。会有狱连俊，有司迹逋至其家，多要求。俊怒，遂激众为乱。守臣遣俊侄指挥铸往捕。俊杀其从者，劫玮叛，入据石城。石城，即唐吐番石堡。城称险固，非数万人不能克者也。山上有城砦，四面峭壁，中凿五石井以贮水，惟一径可缘而上。俊自称招贤王，有众四千。都指挥邢端等御之，败绩。不再月，众至二万，关中震动。乃命忠总督军务，与监督军务太监刘祥、总兵官都督刘玉帅京营及陕西四镇兵讨之。师未行，而巡抚陈价等先以兵三万进讨，复大败。贼因官军器甲，势益张。朝议欲益兵，忠虑京军脆弱不足恃，且更遣大将挠事权，因上言："臣等调兵三万三千余人，足以灭贼。今秋深草寒，若更调他军，恐往复需时，贼得远遁。且边兵不能久留，益兵非便。"大学士彭时、商辂主其议，京军得毋遣。

又，卷一百七十九·列传第六十七·罗伦 明年（按，指成化三年），以学士商辂言召复原职，改南京。

又，卷一百八十·列传第六十八·毛弘 帝从学士商辂请，改元后建言罢官者悉录用。

又，卷一百八十一·列传第六十九·徐溥 （弘治十年）三月甲子，御文华殿，召见溥及刘健、李东阳、谢迁，授以诸司题奏曰："与先生辈议。"溥等拟旨上，帝应手改定。事端多者，健请出外详阅。帝曰："盍就此面议。"既毕，赐茶而退。自成化间，宪宗召对彭时、商辂后，至此始再见，举朝诩为盛事。

又，卷一百八十二·列传第七十·王恕 （成化）十二年，大学士商辂等以云南远在万里，西控诸夷，南接交阯，而镇守中官钱能贪恣甚，议遣大臣有威望者为巡抚镇压之，乃改恕左副都御史以行，就进右都御史。……而是时商辂、项忠诸正人方以忤汪直罢，遂改恕掌南京都察院，参赞守备机务。能事立解，蕃勘上得实，置不问。

又，卷三百四·列传第一百九十二·宦官一·汪直 （成化十三年）五月，大学士商辂与万安、刘珝、刘吉奏其状。帝震怒，命司礼太监怀恩、覃吉、黄高至阁下，厉色传旨，言："疏出谁意？"辂口数直罪甚悉，因言："臣等同心一意，为国除害，无有先后。"珝慷慨泣下。恩遂据实以奏。顷之，传旨慰劳。翼日，尚书忠及诸大臣疏亦入。帝不得已，罢西厂，使怀恩数直罪而宥之，令归御马监，调韦、瑛边卫，散诸旗校还锦衣。中外大悦。

（明）雷礼《内阁行实》卷四·商辂 （存目）

轶　事

（明）尹直《謇斋琐缀录》卷二 正统中，朝廷选翰林讲读以下官仪表俊伟者十人，习制诰于东阁，盖以备内阁之选也。十人者，裴伦、杜宁、谢琏、王玉、江渊、陈文、吕原、李绍、商辂、刘俊。至十四年，有事乃罢。后入阁者，江、商、陈、吕四人耳。

又，卷四 景泰丙子春，兵部于少保病在告。朝廷谕旨内阁，求一人协同之。时江渊先生在内阁，每谓同事者沮抑，弗克如志，尝垂涎代于。诸阁老窥知其意，乘此谓之曰："兵部权任不轻，非江先生莫可。"江忻然不辞。乃属商先生具拟内批于便室，众仍对江坐阁中。少顷，王千之先起入商所，以指画掌中，作"江工"二字，又作"石兵"二字即出，商悟，颔之。陈芳洲先生继起，如王所指画。商书毕，封完，出置阁中桌上。江竟不加省，遂同商、萧三人往陪释奠。明日旨出，调工部尚书石璞于兵部，江补工部。江大恚失望。

是年夏，《寰宇通志》成。内阁先承密旨，拟进总裁、纂修等官之秩。时阁老皆职保、傅，止进兼官，独拟商先生升兵部尚书，钱原溥自赞善兼检讨拟升谕德兼侍讲，黄廷臣自编修拟进中允。稿定，属商缮正，商退钱兼编修若误笔。然芳洲欲改如初拟，商言："钱既越众二级，则兼官岂宜复升？"遂付王忱太监。将进，诸阁老送下阶却步，王千之先生独追送出阁门，耳语王忱云："诸总裁皆止进兼官，商岂可独升？亦须从众例。"商恬不知。至期，手敕出，商仍旧兵侍兼学士，加兼太常寺卿，乃愕然不满。

……

商阁老罢职家居，甫十载，成化丁亥被召再起。初，未有复职之命。至日，众窃谓难称职名。及陛见，方巾丝绦，青布圆领，自称："原籍为民臣商辂行取到京。"见闻者谓其妥帖。一日，士夫家会宴，优人呈《东窗事犯》之戏。中见岳武穆械系下狱之状，艴然呵止之，盖伤于时者也。

又，卷六 成化丙申秋，逆贼李子龙伏诛后，圣上自锐意欲知外事，顾近侍太监汪直年小便黠，乃命选锦衣官校善刺事者百余人，另置厂于灵济宫前，号"西厂"，以别东厂也。纵之出入，分命各校广刺督责，大政小事，方言俚谚，悉采以闻。

时福建都指挥杨华，以殴死人命，蒙羞刑部，锦衣官勘提。华逃匿京师其姊夫董中书玙家，董托锦衣百户韦英营解。适英正欲从汪刺事而无由，即潜报汪，调华东杨少师之曾孙，家资钜万，造恶百端，尝纳生人于棺，合置诸穴。今事露，乃挟黄白数千两来京，贿求内外，将欲招纳亡命，下海谋不轨。汪甚喜，昏夜驰至韦家酣饮，发官校掩捕华等，就韦舍鞫之，发厂监禁。搜得一单，拟送各当道士宦，商阁老及三法司堂上与司礼黄、陈二太监皆与焉。明旦，汪入奏出，追所挟黄、白，华、玙备尝刑具。如所谓琶者，锦衣极酷之刑，每上琶，遍身骨节俱离寸许，汗下如雨。几死复放，如是者三，妄供寄在其叔武选主事仕伟所。遽令数校径往兵部，捽缚而来，拷掠如华。又令当驾力士数十人围守仕伟等，方黎明，数校突入室，一妾以身捍门，妻仓皇揽衣起，及四五妾、婢并获至厂。汪略加讯责，仍命押回追搜，囊笈倾罄，绑、笞、敲、拶，昼夜苦楚，责追不已，哀号彻天，过者流涕，时成化丁酉二月十四日也。

是日，司礼太监到内阁议他事，商因白玙尝为华通，送金带一腰，即峻斥之，不容入门。且辂纵贪滥，岂忍受前辈先生家物乎？语得转达，有旨安慰。然同僚刘叔温又乘此挤排，商亦危矣。越三日，华死于狱中。汪召御史相验，到迟，罚跪数刻乃释。

而司礼诸太监亦畏汪诋毁，避嫌，莫敢龃龉，遂遣钱太监同英飙驰往闽。时勘提官已械华父致仕指挥泰等北来，英途中辄具本递奏勘提官受贿回互，俱坐谪罢。及至华家，尽没赀财、人口赴京，往还所过，鸱张虎噬，有司贿赆狼籍，送迎旁午。又搜得华每岁贿结巡按御史及在京当道簿籍，扬言面奏，闻者心惊魄丧。及抵京，英以赃败，戍边，簿亦莫达，人痛快之。泰坐死于狱，人口悉发宁家，惟二女妇以逃归外家，续获解至，乃发浣衣局。

初，汪太监出厂，士夫无与往还，惟都御史王越世昌日往候之，滋久相得。一日，司马项忠途遇汪，既过始觉，追回，下舆谢过，汪不为礼。寻以事遣校卒直上部堂，词色颇厉，项亦不之礼。王素垂涎代项，复毁短之，汪以是衔项，拾掇之，项危甚。乃约诸堂上疏汪过恶，尹冢宰旻不从。项遂具草，词意剀切，令郎中张瑾、姚璧持诣诸堂上佥名，而送稿于尹，俾收以自别，尹即潜报汪。疏入，上怒，罢厂，命汪回理司设监事。汪泣奏："此非外臣意，实黄赐、陈祖生二人所嗾。"且中黄以他危事，遂不容二人，见辞，出调南京。时御史戴缙以九年满，久不得升，陈言汪所行皆公，不宜革罢。汪即奉命仍旧刺事，缙亦骤进用。汪首发项过，廷鞫，项词颇真，俱有来历，竟坐赃罢。商阁老见机求去，乃升少保，赐敕给驿而回。汪权势愈炽。锦衣带俸千户吴授营求从汪书办，绶颇知书，汪任之，历升指挥，掌镇抚司事，言听计从。而一时诸大臣皆因越附汪，深自结纳，乘势嗾科道诋排异己，许各自陈。李都堂宾、董司寇方遂皆如请，余未允。不浃旬，薛尚书远，滕兵侍昭、程户侍万里、杨鸿胪宣、刘寺丞瀚复被劾退，廷绅侧目。而翁世资补薛缺，余子俊补项缺，御史冯瓘补寺丞缺，则以首为鹰犬之故，时成化丁酉五月日也。

（明）陆容《菽园杂记》卷十二　商文毅公辂父为府吏，生时，知府夜遥见吏舍有光，迹之，非火也。翌旦，问群吏家夜有何事，云商某生一子。知府异之，语其父云："此子必贵，宜善抚之。"后为举子，浙江乡试、礼部会试、廷试皆第一。景泰间，仕至兵部侍郎兼春坊大学士，入内阁。天顺初，罢归。有医善太素脉，公命诊之，云："歇禄十年，当再起。"成化初，复起入阁，数年致仕。

（明）黄瑜《双槐岁钞》卷五·场屋知人　近时所命之题，所刻之文，皆有一定规矩，所取必须全场，减则贴出，然知人如述者鲜矣。壬戌会试，商文毅公辂下第，本房周学士叙以为恨。吾广丘文庄公濬黜于辛未，岳编修正见其卷，大惜之。皆作序文，期以入阁，后皆如其言。若周、岳二公，其亦巨眼者乎。

（明）祝允明《野记》卷四　商阁老三试首榜。及乙未读卷，有应首选者，商嫌埒己，遂下其首焉。

（明）郑晓《今言》卷二　满四，固原土胡也。骁捷好杀，时出劫行人，掠牛马，聚恶少食饮。参将刘清、指挥马杰稍法绳之，四赂掠资即解。即数日，又复中他事收捕。捕至辄得贿，贿已又捕。四大恨曰："必杀此二人者。"成化四年四月遂反，不数月有众二万。

廷议，请敕镇守问激变故，敕未至，清进与贼战，大败。宁远伯、广义伯、巡抚陈价、都指挥费良，皆败或死。兵部请合陕西、延绥、宁夏三镇兵进剿，贼益肆，行劫攻城，杀掠吏民，羽书交至。以都督刘玉为总兵，副都御史项忠提督军务，会巡抚马文升讨贼。忠未至陕，陕西、宁夏兵先至，不俟延绥兵辄进，大败。四尽夺两镇军器，闻大兵且至，退保石城山。忠等分兵七屯合围之，戒勿战困贼。伏羌伯毛忠违命先登败死。贼益张，言且攻西安。兵部尚书程信请改命抚宁侯永总京、边军四万往讨。大设赏格，擒四者赏金五百两，银倍之，官世指挥使。四人共，亦如之。十一月，忠围贼益急，度必破贼。又闻别命将，不敢辄止。奏言，宜令新总兵星驰赴援，倘不日破贼，别奏止兵。上手忠奏，付太监怀恩等召兵部议。

内阁信曰："兵行不可缓。"彭时、商辂曰："贼不能出，入山自保，我兵困之甚固。观忠疏，贼不足忧也。"信曰："不然，忠且退至平凉未可知，敢必其能困贼耶!"尚书白圭、侍郎李震相视不言。时曰："然则度京军当何时抵固原?"信曰："明春二三月。"时曰："胜负决今冬，奈何至明年！观忠奏，贼畚矣，止京军便。"太监曰："然，然则边军去乎?"时曰："亦不去便。"辂曰："留京军而遣边军便。"信大不平，谓人曰："忠败，陕西动摇，内阁不得辞其责。"内阁又辄言："忠足办灭贼，观其疏岁终贼平矣。"是月丁丑，忠计擒四。十二月捷音至。明年正月，槛送四等三百人至京师。太监问反故，曰："无奈，清、杰侵剥我也。"四等凌迟，亦斩清、杰。

（明）黄昕《蓬轩类记》卷一　商文毅公辂父为府吏，生辂时，知府夜遥见吏舍有光，纵迹之，非火也。翌日，问群吏家有某事，云商某生一子。知府异之，语其父曰："此子必贵，宜善抚之。"后应举浙江乡试第一名，礼部会试、廷试皆第一名。景泰间，仕至兵侍兼春坊谕德，入内阁。天顺初，罢归。有医善太素脉，公命诊之，云歇禄十年，当再起。成化初，复起入阁，至户书，数年致仕。

（明）陈洪谟《治世余闻》下篇卷四　乙丑，松江刘知府琬上疏旌表一节妇，乃华亭张尚书蓥少子未婚之妇也。少子某事游荡，与娼狎，被惊，得心疾，遂不起。某原聘京卫赵指挥某女，没时，张为御史，居忧于家，即具书慰报于赵，令其别议。赵得讣，报其女，女曰："千里之音，真伪未可知。纵有凶说，而此身已生死系于张氏矣。"赵夫妇素知其女至信，虽有媒妁来议，然不敢许。逾年，公服阕之京，赵往探之，且告以女之言。公恐负其女，备仪令夫人往慰之，女但唯唯。越数日，女告其母曰："彼既来慰我，则尽礼。母亲可率儿往展谢之。虽未及睹夫仪容，得拜翁姑，亦名分中事。"父母是其言，即具礼，母子偕往。女留张舍，卒不肯归，曰："既已身许张氏，夫死命也，决无他议。留此以事舅姑，尽妇之道。"谓母但归。母不咈其言，如其志。女时年十八，张与夫人别设一室，令夫人与俱，既而足不外履，慈惠婉顺。张夫人亦尝论其可嫁之意，女曰：“有死而已。”是夕自缢几绝，赖救免。自是绝不敢道。四方士夫多为文以纪之。近时戏文盛传商三元辂事，颇类此。然彼是虚诬，而此则实事也。因记于此以风世。

（明）陆深《俨山外集》卷十八·豫章漫抄一 商文毅公辂，字弘载，仕至尚书大学士。自乡试至廷试皆第一，世称为三元。本朝三元者，唯文毅一人。

（明）焦竑《玉堂丛语》卷一·行谊 商文毅致政归，刘文安见其子孙多贤，乃叹曰：“某与公同处若干年，未尝见公笔下妄杀一人，宜子孙若是。”公应曰：“实不敢使朝廷妄杀一人。”

又，卷四·侃直 成化中，太监汪直新坐西厂，立威拟至尊，内外官卧不帖席。商文毅公疏直十罪以闻，且云：“用此人实系天下安危。”上恚曰：“用一内臣，焉得系天下安危？”太监怀恩传旨，诘责甚厉。文毅正色曰：“朝臣无大小，有罪皆请旨收问，渠敢抄札三品以上京官。大同、宣府，北门锁钥，一日不可缺人守者，渠一日擒械数人。南京，祖宗根本重地，留守大臣，渠敢擅自收捕。诸近侍，渠敢擅自换易。此人不黜，国家安乎？危乎？”怀恩闻之，咋舌而退，即日撤去西厂。

（明）沈德符《万历野获编》卷六 近商辂子良辅，除工部主事；孙汝谦除尚宝司丞；御史钟同子越，除通政司知事之类，盖由恩荫授，非无阶而得者。

（明）李绍文《皇明世说新语》卷一·德行 商文毅致政归，刘文安见其子孙多贤，乃叹曰：“某与公同处若十年，未尝见公笔下妄杀一人。宜乎！子孙若是。”公应曰：“实不敢使朝廷妄杀一人。”

（清）沈翼机等《浙江通志》卷二百八十·杂记下 《菽园杂记》：“商文毅公辂父为府吏。公生时，知府夜遥见吏舍有光，迹之非火也。翼日问群吏，云商某生一子。知府异之，语其父‘善抚之’。后仕至大学士。天顺初罢归，有医善太素脉，公命诊之，云‘歇禄十年当再起’。成化初，复起入阁，数年致仕。”

著　　作

（明）徐汤殷《商文毅公集题识》 《商文毅公集》十卷，明商辂撰。辂字弘载，淳安人。自幼颖敏，书过目不忘，下笔千言。甫弱冠，则以文章弁两浙举试第一。正统乙丑，会、殿试皆第一。有明三百年来，三试第一者，仅辂一人而已。官至吏部尚书、谨身殿大学士，卒谥文毅。辂为人平粹简重，宽厚有容，至临大事、决大议，毅然莫能夺其志。英宗复辟时，以忤石亨辈被诬下狱，后废为民八年。生平著述仅《素庵文集》数十卷而已，后经兵燹，亡者十九。隆庆中，莆田郑君于其故宅笥中得辂遗文若干卷，以其文皆致君泽民之学，大有裨于世治，因付之梨枣，不久又遭残毁。万历辛丑，刘体元莅兹邑宰，惧文献之渐湮，慨然孱工校缮重梓。内分为表、讲章、奏疏、序、记、杂著、墓志、墓碑、诗等，共十卷。其诗文多为馆阁时之作，不出当时啴缓之体。而最有价值者则为奏疏二卷。如《防边务》一疏，凡陈二事：其一论养军莫善于屯田；其二论守边为上，守关次之，守京为下。又《弭灾疏》内言八事：一、节财用，二、却贡献，三、开言路，四、慎刑罚，五、省工役，六、足军饷，七、饬边备，八、重地方。至《劾西厂太监汪直十大罪状》之疏，均在集中，其正气凛然，足为后人所法。读是书，更知明中叶之宫庭混乱、西厂太监之专权，诚足补正史之不足也。丙申芒种前旬日，南州后人徐汤殷识。

（录自［明］商辂《商文毅公集》卷首）

（清）黄虞稷《千顷堂书目》卷四·编年类　《续宋元资治通鉴纲目》二十七卷（成化九年敕修。遵朱熹《资治通鉴纲目》例，纂宋元二史上续其书，总裁大学士彭时、户部尚书商辂、兵部尚书万安）。

又，卷十九·别集类·正统乙丑科（十年）　商辂《商文毅公集》十一卷（字弘载，淳安人。宣德乙卯解元，会元，一甲第一人。太子少保，进少保，吏部尚书，谨身殿大学士。赠太傅，谥文毅。集为莆田郑应龄编辑）。

又，卷三十·表奏类　商辂《商文毅公奏议》一卷。

（清）张廷玉等《明史》卷九十七·志第七十三·艺文二　《续宋元资治通鉴纲目》二十七卷（成化中，商辂等修）。

又，卷九十九·志第七十五·艺文四　商辂《奏议》一卷，《文集》三十二卷。

（清）纪昀等《钦定四库全书总目》卷五十五·史部十一·诏令奏议类·《商文毅疏稿略》一卷　明商辂撰。辂字宏载，淳安人，正统乙丑进士第一，官至吏部尚书、谨身殿大学士，卒谥文毅。事迹具《明史》本传。是集为其子侍讲良年所编，后有其孙汝颐跋，称辂《素庵文集》凡数十卷，两遭回禄，悉为煨烬，幸此卷独存，因锓诸梓云云。此本为天一阁所钞，则刊板又佚矣。其偶传者幸也。所载奏疏凡三十三篇。

又，卷八十九·史部四十五·史评类存目一·《蔗山笔麈》一卷　明商辂撰。辂有《商文毅奏议》，已著录。是编杂论史事，仅三十三条，颇好持异论，如谓："宋天书事亦有深意，不可尽加訾议。"是何言欤？

又，卷一百七十五·集部二十八·别集类存目二·《商文毅公集》十卷　一名

《素庵集》。明商辂撰。辂有《商文毅疏稿略》，已著录。是编为万历中淳安知县汉阳刘体元所编，凡文九卷，诗一卷，多馆阁应酬之作，不出当时啴缓之体。

评　　论

（明）金学鲁《商文毅公文集序》　当景泰易储之议兴，商文毅公甫以史馆修撰入内阁辅机政，次第六，辄毅然倡大义，吐昌词，深明其不可。率虽见格，然风概凛凛，为四海所踸。英庙复正大位，首召对，许以忠义，有意大用之，以尝忤石亨辈见诬毁，遂被废者八年。宪皇嗣统，即家起公，仍入辅政，历尚书、学士，晋少保，自参密勿，熙泰符忠，结人主之知，而以身任天下重业，光叙三辰，陶冶万汇，裒然一代名臣矣。比公引疾得请，归卧淳安山中，士大夫既仰其弼亮之功，犹惜未尽公深醇之学。迄于今百五十年，去公甚久，而学士慕公残膏剩馥，以为鸾龙之辉、吉光之羽，可闻不可易见，盖希世一人也。而公实暗然不自耀，生平所有述作一切刊削，稿草不甚传，又洊经兵燹，亡者十九，仅存遗文若干卷，盖子孙蒐故牍笥中得之，而邑侯郑君刻之以不朽公者，岁月浸久，板亦就敝。楚刘侯宰淳邑，政教具举，犹惧文献之渐湮，慨然孱工校缮，重锓之木，属不佞为之序。不佞因得卒业三复于公诸疏草，而益叹成化初政之美也。我明列圣相承，道化亦既熙洽矣。至宪皇时而鸿昌茂明，不翅登三皇而咸五帝也。乃今指数所由称辅弼贤佐，经邦纬国，远猷辰告，动称祖训，以防人主之欲，引正阙失，令宫府肃穆，海宇晏谧者，文毅之力居多。若早定国本，开弘治十有八年至治，公首启之社稷实式灵焉。公归而刘万诸公继之，政亦少渝，不敢望公后尘。乃中外更群然思公，然后知公为社稷臣也。公于他诗文冲然于中而不甚为藻，泊然于思而不甚为刿，典雅有则若清庙之瑟，朱弦疏越，一唱而三叹有余音，足以鸣国家之盛矣。公由省元上春官，遂大魁天下，公车对策第一人，海内所欣艳之。以此顾，此乃文士奇遇耳，非国家所重也。宋时以"三元"称者无虑数人，独王沂公文章、政术，为真、仁两朝名宰相。公扬历三朝，精诚贯日月，而事业表于旗常，瑰奇卓绝，国史纪为邦家光，后先与沂公相辉映，以为不愧科名。然公实重科名也？假令公仅以"三元"称，余无所表见于世，身灭名亦泯矣，顾足重耶？是故论文毅之不朽在社稷，不在文章，是知文毅哉。

赐进士第、中宪大夫、奉敕提督军务、巡抚福建等处地方、都察院右佥都御史、前奉敕提督湖广学政副使、礼部郎中、钱塘金学鲁撰。

（录自［明］商辂《商文毅公集》卷首）

（明）刘体元《商文毅公文集序》　……元自家食时喜读公篇章，憾未竟其全。既膺畿甸良乡之令，以见邦靖荐于楚，得入成均，与公之孝廉孙之彝同文篚称莫逆交。迨继领淳安牧，始获拜公像，阅其全集。率皆致君泽民之学，标见于说讲表疏间，言言尽楷，佶弗谲伟猷硏论，大有裨于世治。它若词章之富，佲妥平挥，直抒真趣，毫不假之铅□。诗曰："乐只君子，邦家之光。"其勋业文章，夫并炳著者，真不朽畐也。夫启藉而志概，按业而景行，当牧者得无意哉？……

时万历壬寅岁仲冬月吉旦，知淳安县事汉阳刘体元顿首拜书。

（录自［明］商辂《商文毅公集》卷首）

（明）吴□□《商文毅公集后序》 自古相天下者，曷尝不金玉其言、璎瓅其说？惟是德业与文章并茂乃称完人焉，故咎繇伊传周召著之典谟训诰者，迄今脍炙人心，此不徒有其文，毋亦发挥于德业，而文且寄以不朽。代而下也，或辞耀简编而作用缺，或功垂竹帛而涵养疏，可尚而传者寥寥也。若吾淳商文毅公，自幼颖敏，书过目永不忘，下笔千余言立就，甫弱冠以文章弁两浙，继而冠南宫，首胪唱，海内翕称"三元"，学者仰若星凤。然此未足尽公也，乃其德业犹足多焉。按公履历，蚤直经筵，荐登内阁，洎英庙己巳之变，中外汹汹，公殚赤劻勷，请郕邸即真以安反侧，时有妄议南迁者唾而斥之，与同郡姚文敏公壹心营职，期社稷金瓯而后□安。无何，业轻折轴，羽翮飞肉，竟以诬谤坐免。蒙宪宗日月之明，洞镜其枉，复召入相，自谓如唐太宗之用王、魏，而公亦以古名臣自期。间尝取其遗稿而诵之，进经筵讲章，定太后典礼，则启沃功多；条陈事宜，倡议达储，招抚流移，则根本计远。续《史鉴纲目》，远绍考亭心传而道脉衍；乞罢西厂之狐鼠，请宥林诚之诬劾，力救章纶、林聪之重谴，而贤关辟。矧主会试者一，为廷试读卷官者五，而龙蟠凤逸，士皆激昂青云，号称得人。是公之德业固以文章而显，公之文章又以德业而传。其大者若章疏诸篇，达白盈帙，总之浮英华、湛道德，根极于身心性命有关，于天下万世诚足镂金版而镌盘盂、书玉简而铭钟鼎。诸如诗序杂著，莫非昌言确论、广调洪词，譬之四瑚八琏，可陈宗庙，黄钟大吕，足和神人，即与咎繇之谟、伊之训、说之命、周召之诰方驾寰宇，毫无轩轾，安得求公于三代下耶？昔宋称不愧科名者三人，然王沂公郓州一去，竟不复起；冯、宋二公或犹议其晚节。孰如公受知三圣，眷注特隆，卒之身退名完，海内仰之不少替哉！独慨遗文散逸，未睹大全。隆庆间莆田郑君尝梓其概，复遭毁残。岁辛丑，汉阳刘君莅兹下邑，掬然以兴起文学为己任，旁搜家藏，捐俸锓梓。工既竣，征余序其后。余纵而观之，金君前序字中科斗兢落文河，安能复赞一辞？第先大夫安所公、恒斋公、抑庵公与公同朝，道合胶漆，静斋公亦后公而显，世缔姻盟，余实公胄外孙，不容以不敏谢也。敬书简末。

时明万历癸卯岁季春上浣，赐进士观政、吏部后学吴□□书于□□文昌阁。

（录自［明］商辂《商文毅公集》卷末）

（清）张廷玉等《明史》卷一百七十六·列传第六十四 赞曰：……彭时、商辂侃侃守义，尽忠献纳，粹然一出于正。其于慈懿典礼，非所谓善成君德者欤。辂科名与宋王曾、宋庠埒，德望亦无愧焉。

（清）沈辰垣等《御选历代诗余》卷一百二十·词话（明） 商毅庵乡、会、殿试皆第一，负鼎铉重望，而小词明净简练，亦复沾沾自喜。今读其《旅情》、《春暮》、《秋月》、《退食》诸篇，不堕时趋，自有殊致。其一《丛花咏初春》云："东风有信无人见，露微意，柳际花边。"尤觉妥帖轻圆也。(《古今词话》)

杂　录

（明）李时勉《古廉文集》卷五·商弘载第状元序 进士始于隋而盛于唐。唐初有秀才、进士二科，然秀才常列进士之前，人以是重之。其后罢秀才，专取进士，进士之名始贵重于时，而犹未得，即释褐，故有三试吏部无成者。至宋，进士一登第后即复入仕，然状元止擢司理参军，或与诸进士授将作监丞诸州通判节察推官而已。且其制每年一科，又与诸科同时举选，频数烦扰，非所以重待贤士之意也。至元以来，始三年一设科，取士慎重专恪，故前后八科，文物之盛，绰有可观。但其授官多郡幕县佐之职，犹袭前代之弊。国朝取士之涂甚广，惟进士之科为最重，其贤才皆教养之于学校，每三岁大比，郡县贡其名于方岳试之，择其文之高者达之礼部，礼部合天下所贡士群试之于贡院，择其文之高者以其名上之，天子亲策之于廷，第其高下，为三甲胪传于丹陛，揭黄榜于通衢，一时名动京师。其第一甲第一人，唐宋以来谓之状元者，其授官与第二、第三人皆翰林清职，诸进士俱观政于诸司，以次增秩，命官不与他途等，其待士之意比之前代亦厚矣。

淳安商辂弘载始由县庠生试于浙江，乡闱第一人，试于礼部又第一人，对策大廷列名黄榜又第一人。赵宋或以省元而为状元者，犹见重当时而名后世。国朝自设科以来六十余年，为状元者凡二十一人，其以道德、行义、学问、文章得君、得名、得行其志，而能以勋业始终者，皆曰文穆胡先生。若夫以三元擅名于一时而冠绝乎前古者，则惟吾弘载一人耳。弘载聪明笃厚，温雅而简静，虽贫而不苟取于人，资用匮乏而无忧，见人有急难倾橐济之而不吝。其在成均笃志于学，不以游惰废其业，每试必在首选。及为会元、为状元，人皆称誉之，方且自视欿然，略无自矜意。其为人如此，吾知其他日得其时，际于用，而以建诸其事业，将必表表伟伟，足以追配于前闻人也无疑矣。弘载既为翰林修撰，乡友秋官主事周君相率贺之，而来征予文。予老矣，姑为是说赠之，以为后日征云。

（明）叶盛《水东日记》卷十二 商状元弘载家藏宋时公牒一纸，内凡朝廷语言皆朱书，盖其先本西夏人，以献密有功送浙中，意与今安插来降人相类。多所寓，即今所居浮安寥源，族颇繁衍，盖四百年于兹矣。弘载入翰林，予以其同年之长且厚也，携先德卷求题，弘载因出此，得览观焉，当时见有周公叙一跋在卷后也。

（明）王世贞《弇山堂别集》卷三·皇明盛事述三·严州盛事　严州，小郡也，而成化初商文毅辂以户部尚书、翰院学士居内阁，寻进太子少保、吏部尚书、谨身殿大学士，姚庄敏公夔以太子少保为吏部尚书。又商公以乙卯解元为乙丑省殿元，姚公以辛酉解元为壬戌省元，二甲传胪。商公自修撰超入内阁，姚自给事中超拜侍郎。可谓一时之盛矣。

（明）郭良翰《明谥纪汇编》卷十四·臣谥上·文臣·文毅　商辂（大学士。赠太傅。成化。敏而好学，果而能断。浙江淳安人）。

（清）李调元《制义科琐记》卷一·天字称萸　（正统）十年乙丑榜取中商辂，为明朝三元一人。是岁同考，一教授二教谕。是科《会试登科录》"天"字皆称"萸"字。今考部本不然，以为叶传闻之误。叶是科进士，岂有误理，或本部翻刻，未可知也。廷试读卷官有兵部尚书徐晞、户部侍郎奈亨，俱吏员也。

（清）沈翼机等《浙江通志》卷二百八十·杂记下　《水东日记》："商弘载（辂）家藏宋时公牒一纸，内凡朝廷语言皆朱书。盖其先本西夏人，以献密有功送浙中，意与今安插降人相类。所居淳安，族颇繁衍，盖四百年于兹矣。"

正统十三年（1448）戊辰科状元彭时

传　　记

（明）彭华《故少保吏部尚书兼文渊阁大学士赠特进光禄大夫左柱国太师谥文宪彭公行状》　公讳时，字纯道。其先番易人，与宋吏部尚书汝砺同宗。宋哲宗时，忠泰以判官知安福县，子孙因家焉。世以诗书礼义相承袭，至赠兵部尚书府君，尤笃意教子，子各授一经，储休委祉，遂大显于公。公十九岁始就叔父佥宪府君学《春秋》，已而又就季父宪副府君学于广东，因得肆力群书。既归，领正统辛酉江西乡荐。乙丑，入国监，日常侵晨起，衣冠端坐，博学深思，至夜分乃寐，祭酒李忠文公期待之甚重。戊辰，会试第三人，廷试第一人，入翰林为修撰。

己巳秋，英宗皇帝北狩，郕王监国。公被命入内阁，闻继母余夫人丧，乞终制，不许，寻升侍读。景泰庚午春，赐金带及五品服，未几复上疏，力求终制。壬辰，起复，迁左春坊大学士。丙子，以修《寰宇通志》成，迁太常少卿，皆兼侍读。天顺丁丑，或邀之南城迎驾，公辞不往，后贪功者果得罪去。上特召见公于文华殿，遂复入内阁，改兼翰林学士。时上有事数召李文达面议之，文达退而谋诸公，公为竭忠以告，有不可，据理力争。初或相忤，久之，心服公亮直，每语人曰："彭公真君子也。"天顺末，赐二品服。时锦衣指挥使门达甚见宠任，忌文达与己相轧，阴中伤之，上曰："李且得罪，行专用彭。"某中贵以语公，公矍然："李公何遽至此！"因为力辨其诬，语闻，上意乃解。河南有卫官颇强横凌人，刺事者诬其谋反，门达煅炼成之，李嫌，不敢言。公曰："人可轻杀耶！"具言于上，竟得从，未灭，活其家数十人。适冬寒病咳，上遣太监牛玉视疾。牛叹其居室朴陋，入言之，上欲为营第，而宫车驾晏矣。今上嗣统，进吏部右侍郎，兼职如故。是岁秋，同知经筵。乙酉夏，以疾在告，上遣监丞韦泰视疾。是冬，进兵部尚书。丙戌秋，乞归省，诏驰驿往，遣太监许安致道里费加厚，命长随张敬护送之抵家。未逾月，手敕促赴朝。丁亥二月至，上慰劳之，以宣府、辽东地震，上疏条陈六事，皆规切时政。八月，赐麒麟织金衣，总裁《英庙实录》成，进太子少保、文渊阁大学士，尚书如故。戊子夏，陈庄靖公卒，上疏言：

“臣才识迂陋，今冒居内阁首僚，何以下副群望，乞妙选出众才贤擢居前任。”上曰：“卿辅导有年，才识老成，何以辞让为？”不允。慈懿太后崩，诏大臣议葬地，众相视莫敢对。公曰：“梓宫当合葬裕陵，主当祔英庙，此一定礼，无可议者。”引汉文帝合葬吕后、宋仁宗合葬刘后故事固请，上未俞允。复言：“此实纲常，典礼万一有违谬，在廷百辟将有言之，天下之人将有言之，宗室亲王将有言之，岂能保其将来终无据理改而从正者乎？”上犹重违母后未允，公乃与在廷文武大臣伏文华殿以请，或至呜咽泣下，上为之感动，卒从礼制。九月，彗星见，上疏言辅导无状，乞罢归，不允。又上疏乞痛加修省以回天意，大略为：“外廷大政，固所当先，而宫中根本，尤为至急。凡女子过四十则无子，虽有所生亦多不育。谚云，子出多母。今宫嫔数多，宜生子亦众，然而数年无一人生者，必爱有所专，其所专者必过生育之期故也。伏望舍其旧而新是图，务正名分，均恩爱，以广继嗣，为宗社大计，则人心自安，灾异亦可止息矣。”又言：“在廷大臣黜陟人材，皆宜断自宸衷，不可专委臣下。乞操用人之柄，以驭四海，弘接下之规，以照群情。或平昔察知其人，即加擢用，或召吏部面议，或召他官及臣等参详，庶权出于上。”上皆嘉纳之。平凉土达满四反，官军连失利，命都御史项忠往抚捕之。公料其必成功，而朝议汹汹，以为危惧，咸欲再命将出师，公执不可。或以危语动公，公曰：“保无虞也。”不为动。未几，献俘至，议者始服。上喜，赐公俘一人。是冬，改吏部尚书，赐玉带。己丑闰二月，卧疾，逾三月乃稍闲。上促赴内视事，特免朝参。是冬无雪，上疏言：“自古旱灾，皆云下民怨咨所致。今天下生民困苦无聊，而京畿尤甚。所以然者，匪无其由。近日光禄寺之买办，各城门之抽分，掊克不堪，而献珍珠宝石者私贿估直之人，倍增其直，以规取府库。以万民之供输，而为奸人之所侵夺，闻者尤为痛惜。伏望圣明洞察其奸，尽革其弊，以惠生民。”上是其言，京师为之踊跃。固安郡主育于西宫，年及笄，公数以为言，遂命下嫁。辛卯二月，疾复作。五月，乞致仕。上曰：“卿其尽心辅朕，未可言去。”乃勉起视事。十一月，册立东宫，命公为副使。彗复见，上疏言德政之要：“其一，乞崇正道而毋惑于佛事。其二，乞谨命令之传，必专委司礼监，庶使出于一而无诈伪。其三，请退朝之暇，宜见大臣面议政事而可否之，兼问军民休戚，访人才之贤否，察治体风俗之得失，听览日熟，未必无补。其四，言近闻嬖幸无故而受金帛者多，工匠无故而冒官职者众，是赏太滥也。或罪不应谪戍而谪，或罪不至死而死，是刑太深也。宜节赏慎刑，以遵成宪。其五，乞以古之圣贤为法，听受群言，勿恶其切直。其六，言股肱之臣，耳目之司，近多主于奉承而嫌于违覆，或直行己意而不加斟酌。乞戒励各官，慎修厥职。任股肱者，事有不可，宜再三执奏，毋率意而行。司耳目者，遇事为民病、官为民蠹，宜即劾奏，毋徇情而默。庶有司奋厉，兴起事功。其七，乞清理三营草场，减退势豪庄田，严有司掊克之禁，以惠恤军民，则军民得所，邦国永宁。”上曰：“然，卿等宜益勉佐理。”壬辰正月，上以公屡言疾，召入便殿，谕留之。太监刘永诚没，或言其有军功，宜追封为伯，公力争之。或曰：“自古有封王侯者。”公曰：“此岂盛世事耶？祖宗成宪具在，谁敢违之！”事遂寝。时天下水旱相仍，上疏言：“人民缺食，无处无之。而山东、河南、陕西急□饷军，而民尤苦；京畿八府窘于追马，而民益困。诚恐民有不堪，良善化为盗贼，盗贼聚而攻劫，则邦本摇动而事多矣。伏望省科派，减力役，宽夏秋之税勿征，驰山泽之利勿禁，止今年印马之行，免民陪偿，废今日皇庄之设，听民耕种。畿内赋役悉从宽减，而山东、河南之运粮草于陕西者，亦且停止，庶百姓少得苏息焉。”又言：“近睹天变非常，外夷不靖，下民穷困，日甚一日。臣等二三臣僚未免私忧过计，每与商议，具奏以待面陈。而臣学不通古今之宜，才不适方圆之用，论议谋谟，一无可取，言多乖谬违忤，圣心或留中不出，或出而事不皆行。臣之愚昧即此可见。如是而尚被优容，滥职辅导，中心惭惧，其何能安然！臣以陛下躬上圣之资，一旦发奋圣志，厉精治理，则何功不可成！臣尚当驱策不及，以图报称于万一，岂忍遽然引去？第念臣近来疾病交侵，精神衰迈，虽欲勉图后效而力有不堪者，伏乞放归田里，以终余年。”不允。自后屡以疾在告。乙未正月，升太保，寻复病。盖自己丑以后，凡七在告。上辄命医视疾，遣内臣致猪羊鸡鹅酒米之赐，逾月不出，则必再遣焉。遣内臣者凡九。薨之日，三月二十二日也，享年六十。上闻之，悼惜不已，辍视朝一日，赙钞万缗，赠特进光禄大夫、左柱国、太师，谥文宪。遣官致祭，给驿舟归其丧。凡丧葬之具，悉令有司治之。

公资禀既异，加以学问之纯，自少至老，敬谨如一日。居闲无惰容，坐不倾欹，立必俯，常若侍君父之侧。行则疾徐有节，两手常端拱，饮食不闻匕箸声，尤不喜纷华。先后蒙赏赉白金数千两，彩币数百匹，钞十万缗，冠带、衣服、书籍、器玩、鞍马、饮食之类有加，而公处之泊然。终岁不一二会客，会客未尝有音乐。于物尤爱惜，虽片楮寸墨，未尝轻弃掷，然非其义一毫不苟取。与人接色庄而气和，无疾言，无喧笑谐谑声。至于论辨事理，则确然有不可拔者。交朋友久而益敬，人有善，称道之，惟恐有不彰。论荐人材，未尝私以语其人。尝一典应天府乡试，主考会试，四为廷试读卷官，皆称得人。大臣间为新进所媒孽者，必反复辨析，且以爱惜人材之意达于上。言官以言语或微过被谴，亦必委曲言其不足深罪，赖以全者甚众。于书无所不读，读必校讹补缺，有不得其意，必苦思之，思不得不已。尤深探性理之学，曰：“此最有益于身心者。”为文章缜密纯雅，书未尝学而端楷精劲，类其为人。有文集十卷、《正学阶梯》、《音韵集要》等书藏于家。

配李氏，累封夫人，先卒。子三人，颣、颐、颢。女一，适欧阳绅。颣、颢及女皆早卒，颐荫补尚宝司丞。侧室许氏，女一，尚幼。孙男二，崇、嵩。公历事三朝，皆为人主所知。而感激图报，未尝一日暂忘。至其恭谨之行、廉介之操、节俭之风、正直简谅之德，天下之人不问识与不识，莫不信而服之。始终大节，可谓无愧矣。

华于公为三从弟。初入翰林，公实奉命教之，尔后朝夕蒙诲，爱辱奖进实多。华于公平生不为不知，然公于朝廷事未尝退以语家人，虽华亦不得闻其详。今特录其彰著于人者为行状，以俟当代知言君子采择焉。

翰林院侍读学士、从弟华谨状。

（录自［明］彭时《彭文宪公文集》附录）

（明）商辂《故少保吏部尚书兼文渊阁大学士赠特进光禄大夫左柱国太师谥文宪彭公神道碑铭》 成化乙未三月二十二日，少保吏部尚书兼文渊阁大学士彭公卒。讣闻，上悼惜不已，辄视一日，赠特进光禄大夫、左柱国、太师，谥文宪，赙钞万贯，命有司给棺椁营葬事，遣礼官谕祭，官其子颐以尚宝司丞。俾护丧归终制，颐奉从叔侍读学士彦实所具事状，以公神道碑铭来请。予自己巳秋与公同事内阁，至是二十七年，虽中间离合不一，然相知为深，铭其可辞？按状：

公姓彭氏，讳时，字纯道，先世居番易，宋哲宗时曰忠泰，以判官知安福县，子孙因家焉。曾祖古清隐德弗耀，祖务威累赠兵部尚书兼翰林院学士，父毓义累封兵部尚书兼翰林院学士，母王氏、继母余氏俱累赠夫人。公自幼凝重嗜学，颖悟过人。甫长，从诸父受《春秋》，习举子业，肆力群书，淹贯经义，为文有奇气，下笔滔滔，皆惊人语，识者异之。正统辛酉，举江西乡荐。乙丑会试，辞乙榜，入太学，潜心励志，业以益进，言动弗苟，缙绅推重，祭酒李忠文公期待尤至。戊辰会试名在第三，廷试遂膺首选，擢翰林院修撰。

己巳秋，英庙北巡，时方多事，奉命入内阁预知机务。寻升侍读，赐金带及五品服。景泰春，以继母丧恳乞终制。壬申，起复，迁左春坊大学士。丙子，修《寰宇通志》成，迁太常少卿，皆兼侍读。天顺丁丑正月，或邀之南城迎驾，公辞之曰：“岂可贪天之功？”已而贪功者皆得罪。上特召公复入内阁，进兼翰林学士，与李文达同事，公辅益居多，李心服之。

天顺末，锦衣指挥门达恃宠，忌李轧己，因中伤之，李几得罪，公为力辨始解。河南有卫官强横，刺事者以谋反诬之，公言其冤，得未灭。适冬寒病咳，上遣太监牛玉视疾，且欲为营第，而宫车晏驾矣。

今上嗣统，进吏部右侍郎兼学士，同知经筵事。乙酉冬，进兵部尚书，兼学士如故。丙戌秋，乞归省，诏驰驿以往，赐道里费，命中贵护送抵家。未逾月，手敕促赴朝。丁亥二月，至京。六月，以四川宣府、辽东地震，上疏条陈六事，皆切时政。八月，赐金织麒麟衣。总裁《英庙实录》成，进太子少保、文渊阁大学士，尚书如故，赐宴及衣服鞍马。戊子，陈庄靖公卒，公欲避首僚，疏辞，弗允。自是益务建白，有事辄与同官谋议，献替惟谨。六月，慈懿太后崩，疏请合葬祔庙，援引明切，情辞恳至，复叩阍力言，卒从礼制。九月，彗见，上疏言辅导无状，乞罢职，不许。又上疏乞痛加修省，以回天意：“修省之实，外廷大政，固所当先，而宫中根本，尤为至急。伏望正名分，均恩爱，以广继嗣，为宗社大计，则人心自安，灾异自止。”陕西土寇满四反，命都御史项忠往讨之。众议汹汹，欲再命将出师，公执不可。未几，捷至，上喜，赐所俘人口各一。是冬，改吏部尚书，赐玉带。己丑冬，无雪，上疏言：“近日光禄寺之买办，各城门之抽分，掊克不堪，而献珍珠宝石者高估价直，以规取府库之财。乞尽革奸弊，以惠生民。”辛卯二月，以疾乞致仕，弗许。十一月，册立东宫，命公充副使。彗复见，上疏条陈七事，上嘉纳之，且曰：“卿老臣，益勉佐理。”壬辰，复上疏极言时政阙失，乞放归田里，不允。公自己丑以后，数以疾在告，上必命医视疾，遣内臣致馈。乙未正月，满尚书九载，升少保。寻复病，日转甚，遂卒。距生永乐丙申六月十六日，寿六十。

公资禀醇厚，问学该博，居常敬谨无惰容，无疾言遽色。至于论辨事理，确然有定性，不喜华靡，于物尤爱惜，非其义一毫不苟取。与朋友久而益敬，人有善，称道之，论荐人才未尝私以语人。尝一典应天府乡试，一主考会试，四为廷试读卷官，皆称得人。读书深探性理，曰："此最有益身心者。"为文章缜密纯雅，书端楷精劲，类其为人。有文集若干卷、《正学阶梯》、《音韵集要》等编藏于家。

配李氏，累封夫人，先卒。子男三、女一。侧室许氏，一女，尚幼。孙男二，崇、嵩。公病革，从弟仪部郎中彦充洎彦实往问候，公曰："死生常理，无足怪。但冒居大位，上不能报国，下不能终养老父，为可叹尔。"无一语及家事。

于乎！公与予心相知而交，相爱非一日，正期同辅圣明，勉臻来效，而公遽往矣，予宁无戚然于中乎？此予所以哭之而至于失声也。用叙次其序，而系以铭曰：

凤山龙冈，储精降神。笃生才贤，学贯天人。名魁甲第，望重缙绅。官居密勿，职典丝纶。谟谋启沃，迪知忱恂。历事三朝，执心忠纯。功在国家，泽被生民。吁嗟文宪，无愧师臣。

资德大夫正治上卿户部尚书兼文渊大学士知制诰经筵官淳安商辂撰。

（录自［明］彭时《彭文宪公文集》附录，又见［明］焦竑《国朝献征录》卷十三）

（明）尹直《大学士彭文宪公言行录》 彭时，字纯道，安福人，进士第一，历仕正统、成化间，位至少保、吏部尚书兼文渊阁大学士，卒年七十，赠太师，谥文宪。

公自少端重寡言，不与群儿相狎戏，惟奋励读书。治《春秋》，从叔父佥宪及宪副二公学，属文辄有惊人语，二公喜谓："他日必为宗公。"及领乡荐，入国监，博学精思，为海内士所推服。祭酒李文毅公尤以公辅器待之。初入阁，与泰和陈芳洲诸老游。公虽晚进，积学素履，殆无愧焉。后复入阁。英庙方倚任李文达公，有事数召面议，文达退即谘处于公，辅益居多。其有不可者，每据理力争，不肯一诡随。初或意相忤，久之心服其公，且明语人曰："彭公真君子也。"天顺末，锦衣卫指挥使门达甚见宠任，忌文达与相轧，阴中伤之。上曰："李且得罪，行专用彭某。"中贵以语公，公矍然曰："李公何遽至此！"因为力辨其诬。语闻，文达得释。河南有卫官颇强横凌人，刺事者诬其谋反，门达煅炼成之，公曰："人可轻杀耶？"具言于上，竟得从，末减①，活其家数十人。今皇帝嗣，进吏部右侍郎，兼职如故。是岁秋，同知经筵。丙戌，乞归省，诏驰驿往还，太监许安致道理费，长随张敬护送抵家。未逾月，手敕促

① "末减"，彭华《彭公行状》，商辂《彭公神道碑铭》均作"未灭"，或将"未滅"当作"末減"，而有此误。后文仍有此误，不另加注。

还朝。丁亥二月至，上慰劳之。六月，以四川、宣府、辽东地震，上疏陈六事，皆规切时政。八月，总裁《英庙实录》成，进太子太保兼文渊阁大学士，尚书如故。戊子夏，陈庄靖卒，公上疏言："才识迂陋，今冒居内阁首僚，何以下副群望？乞妙选出众才贤，擢居前任。"上曰："卿辅导有年，才识老成，何以辞为！"慈懿太后崩，诏大臣议葬所，众相视莫敢先发。公曰："梓宫当合葬裕陵，主当祔庙，此一定礼，无可议者。"具疏引汉文帝合葬吕后、宋仁宗合葬刘后故事，"乞念纲常之大体、先帝之心，必求其至当，此实纲常，典礼万一有违，在廷百辟将有言之，宗室亲王将有言之，天下之大、万世之远亦将有言之，岂能保其终无据理改而从正者乎？"上犹重违母后之意，未允。公与在廷文武群臣伏文华殿以请，或至呜咽泣下，上为之感动，卒从礼制。是秋，彗星见越三台，公上疏乞痛加修省，而谓："外庭大政，固所当先，宫中根本，尤为至急。望正名分，均恩爱，以广继嗣，为宗祀大计。"又言："大臣进退，皆宜断自宸衷，不宜专任。臣下如平昔察知其人，或召吏部面议，或召臣等参详，庶权出于上。"皆嘉纳之。平凉土达满四反，官军连失利，都御史项忠奉诏往抚捕之，公料其必成功，而朝议汹汹，咸欲再遣将出师，公执不可。或以危语动公，公不为动。未几，献俘至，议者始服。上嘉赐俘奴一人。己丑冬，无雪，上疏言："自古旱灾皆由下民困苦怨叹之气感动天变而致。近日光禄寺之买办，各城门之抽分，掊克太甚，而献珍珠宝石者私贿估直之人，倍增其直，以规取府库，以万民之供输而为奸人之所侵夺，伏望尽革其弊，以惠生民。"上是其言，京师为之踊跃。辛卯十一月，彗复见，上疏言德政之要："其一，乞崇正道而毋惑于佛事。其二，乞谨命令之传，庶事出于一而无诈伪。其三，请退朝之暇延接大臣，面议政事，兼问军民之休戚，访人材之贤否，察治体风俗之得失。其四，言近闻嬖幸无故而受金帛者多，工匠无故而冒官职者众，是赏太滥也。或罪不应谪戍而谪者，或罪不至死而死者，是刑太深也。宜节赏慎刑，以遵成宪。其五，乞以古之圣贤为法，听受群言，勿恶其切直，勿忽其迂远，苟当理者宜即行之。其六，言股肱之臣，耳目之司，近多至于奉承而嫌于违覆，直行己意而不加斟酌。乞戒励各官，慎修厥职。职股肱者，事有不可，宜再三执奏，毋率意而行。司耳目者，遇事为民病、官为民蠹，宜即劾奏，毋徇情而默。庶百官奋厉，兴起事功。其七，乞清理三营草场，减退豪势庄田，严有司掊克之禁，庶军民得所，邦国永宁。"上曰："然。卿等宜益勉佐理。"

太监刘永诚没，言其有军功，宜追封为伯，公力争之。或曰自古有封王侯者。公曰："此盛世事耶？祖宗成宪具在，谁敢违之？"事遂寝。壬辰，天下水旱相仍，复上疏言时政阙失，乞放归田里，不许。乙未正月，升太保，寻复病。盖自己丑以后，凡七在告。上辄命医视疾，遣内臣致猪羊鸡鹅酒米之赐，逾月不出，则必再遣焉。病革，衣冠端坐，徐言曰："死生常理，不足惊，但冒居天位，上不能报国，下不能养老父耳。"无一语及私。问之，亦不应。是夕遂不起，三月二十二日也。公资禀既异，加以问学之纯，自少至老，敬谨如一日。居闲无惰容，行则两手常端拱，饮食不闻匕筯声，尤不喜纷华。先后蒙赏赉白金几千两，彩币数百，钞十万缗，冠带、衣服、书籍、器玩、鞍马、饮食之类有加，而公处之泊然。终岁不一二宴会，会未尝有音乐。于物尤爱惜，虽片楮寸墨，未尝轻掷，然非其义一毫不苟取。与接人，色庄气和，无疾言喧笑谐谑声。至于论辨事理，则确然有不可拔者。交朋友久而益敬，人有善，称道之，唯恐其不彰。论荐人材，未尝私以语其人。尝一典应天府乡试，一主考会试，四为廷试读卷官，皆称得人。大臣间为新进所媒孽者，必反复辨析，且以爱惜人材之意上达。言官以言语或微过被谴，亦必委曲言其不足深罪，赖以全者甚众。（并彭华撰《行状》、商辂撰《墓铭》）

尹直赞曰："洵美文宪，早跻木天。粹温如玉，沉静如渊。历事三圣，抒诚秉谦。不大声色，浮敦躁恬。化机潜乾，岂徒代言。"

（录自［明］徐纮《皇明名臣琬琰录》后集卷十四）

（明）廖道南《殿阁词林记》卷三·阁学·文渊阁大学士彭时 彭时，字纯道，江西安福人。正统戊辰进士第一，授修撰。己巳，英庙北狩，郕王监国，命时夺情起复，入文渊阁，升侍读，赐五品服。时请终制，不允。值易储，迁左春坊大学士。《寰宇志》成，升太常卿兼侍读。天顺元年九月，上御文华殿，召时入见，问："年几何？"时对曰："犬马齿四十有二。"上笑曰："年方壮，可用也。"复命入阁兼学士。时徐有贞既去。许彬、薛瑄、岳正、吕原相继拜命。及李贤复入，欲于阁中南向坐，时曰："不可，宣宗临幸迹犹在也。"贤曰："东阁何独正坐？"时曰："东阁西向，内阁南向，恐非臣子所敢专。且华盖、谨身、文华、武英，皆至尊所御，设官兼殿，止可侍坐备顾问，正坐非礼也。"贤语塞。戊寅二月，恭上圣烈慈寿皇太后徽号。时条上宽恤数事，诏颁行之，仍赐金绮有差。十月，扈驾校猎于南海。己卯，赐游西苑。五月端午，赐观骠骑。七月，赐游南内。庚辰，上御南薰殿，召时同李贤、吕原入，命内侍鼓琴，赐博带。十二月，阅射西内，召时同观。宪宗即位，升吏部侍郎，知经筵，寻进兵部尚书兼学士。给假归省，遣中官护行。因四川地震，时上言十事，赐麒麟服。总裁《英庙实录》成，加太子太保兼文渊阁大学士。慈懿皇太后崩，时上言请如汉文葬吕后、宋仁葬刘后故事，不报。时同礼部尚书姚夔率百官伏文华门号泣争葬礼，上感动，从之。戊子九月丙寅，彗星见，时上言正宫闱、广储嗣数事。是岁，改吏部尚书，赐玉带。己丑，冬无雪，时上言三事，因及景帝固安公主及笄宜出嫁、太监刘永诚冒军功不宜封以伯爵，从之。丙申十二月庚辰，时上言："比者彗见天田，西扫太微，北近紫宫，警惧谴告，可谓至矣。"因条上七事：一曰正心术，二曰谨命令，三曰亲接见，四曰慎赏罚，五曰纳谏诤，六曰励官守，七曰恤军民。上嘉纳之。是岁，加少保。卒，赠太师，谥文宪。官其子颐为尚宝寺丞。

廖道南曰："予观《可斋记》，乃见文宪公之贞朴，非若文达公之多智也。及读国史，谓时端慎严密，外和内刚，立朝三十年，未尝不在公。公退，未尝语子姓以政事。于乎！今之君子何独不然？温室之对，可为永鉴也已。"

赞曰：汉称丙魏，吉知大体。唐称姚宋，璟能正己。惟明达务，惟介知止。于乎文宪，无愧斯语。

（明）陈鎏《皇明历科状元录》卷二·正统十三年戊辰状元彭时 廷对之士岳正等一百五十人，擢彭时第一。是科取庶吉士万安等二十人。

彭时，字纯道，号可斋，江西安福人。自幼端重寡言。年十九，从叔父佥宪、宪副二公学《春秋》，属文辄有惊人语，二公以大名家期之。及领乡荐，入国学，博学精思，翕为海内士人所推。年三十三，举进士第一，拜翰林修撰。乙巳，英庙北狩，郕王居守，遭继母丧，内令校尉召入文渊阁办事，升侍读，辞，不允，赐金带，五品服。值易储，迁左春坊大学士，修《寰宇志》成，升太常少卿，皆兼侍读。天顺丁丑，或邀之南城迎驾，不往，后贪功者果得罪。天顺元年，上召见，问："年几何?"对曰："犬马齿四十有二。"上笑曰："年方壮，可用也。"复命入阁兼学士。李贤复入，欲于阁中南坐，时不可，曰："宣宗临幸迹犹在也。"贤曰："东阁何独正坐?"时曰："东阁西向，内阁南向，且华盖、谨身、文华、武英皆至尊所御，设官兼殿，止可侍坐备顾问，正坐非礼也。"贤语塞。寻内迎圣像奠于中。景帝每于李贤论群臣贤否，必谘审于时，时竭诚据理以告。贤初或相忤，久之服其直谅。锦衣指挥门达用事，忌贤，阴中伤之，时为力辨，罪乃释。扈驾校猎于南海。端午，赐观骠骑。赐游西苑。游南内，阅射西内，皆召同观。御南薰殿，召与李贤、吕原入，命内侍鼓琴，赐博带。宪宗即位，升吏部右侍郎，同知经筵。寻进兵部尚书兼学士。给假归省，诏驰驿，给道路费，遣中官护行抵家。未逾月，手敕促还朝。四川地震，上言十事，赐麒麟服。总裁《英庙实录》成，进太子少保兼文渊阁大学士。慈懿太后崩，宪宗嫡母也，诏议葬礼。时曰："梓宫当合葬裕陵，主当祔庙。"具疏引汉文帝合葬吕后、宋仁宗合葬刘后故事，乞念纲常，以从典礼。上重违母后之意未允，时与廷臣伏文华殿以请，呜咽泣下，上为感动，卒从所请。彗星见三台，上疏乞痛加修省，谓宫中根本尤为至急，望正名分，均恩爱，以广继嗣。又言："大臣进退皆宜断自宸衷，如既察知其人，或召吏部面议，或召臣等参详，庶权出于上。"皆嘉纳之。平凉土达满四反，官军累失利。都御史项忠奉诏讨之，时策其必成功，而朝议咸欲再遣将，时与商辂执不可。未几献俘，上喜，赐俘奴一人，改吏部尚书，赐玉带。己丑冬，无雪，上言："自古旱灾，皆由下民怨咨感动天变。近日光禄寺之买办，各城门之抽分，掊克太甚，而献珠宝者私贿估直之人，倍增其直，以规厚利，以万民之供输而资奸人之牟夺，请尽革之，以惠贫民。"上是其言。辛卯冬，彗复见，时与商辂上言七事。乙未，加少保，卒，年七十。赠太师，谥文宪。一典应天乡试，一主会试，四廷试读卷。自少至老，敬谨如一日。居闲无惰容，行则两手常端拱，不喜纷华，与人无疾言谐笑。至于论辨事理，确然不可拔。历事三朝，皆为人主所知。恭谨之行，廉介之操，节俭之风，正直简谅之德，天下之人不问识不识，莫不信服之。袁帙曰："彭公敬慎静渊，寅亮匪懈，世称贤相。其所论建，皆深切时弊。同时商文毅实相伯仲云。"

廖道南曰："予观《可斋记》，乃见文宪公之贞朴，非若李文达之多智也。及读国史，谓时端慎严密，外和内刚，立朝三十年，未尝不在公。公退，未尝语子姓以政事。”可谓古大臣之风矣。赞曰：“汉称丙魏，吉知大体。唐称姚宋，璟能正己。惟明达务，惟介知止。于乎文宪，无愧斯语。”

时及第，当上表谢恩之旦，以早起隐几睡重，竟失朝。纠仪御史劾之，上惟命锦衣卫寻而已，可见圣明。仓卒应变，而保全爱惜儒臣之心至矣。状元退就鸿胪习仪，大鸿胪疾言厉色诘其误事之由，状元举止从容，唯唯谢过而已。此亦可见其量也。(《天顺日录》)

去县治五里有冈，绵亘蜿蜒，若龙蟠然。晋郭璞《迁城记》云：“凤山龙冈。”状元文章，盖指此也。

彭时《笔记》云：丁卯冬，湖广永济县须知官在途，梦开黄榜，第一名彭时，国子监生。其官至京，言于永济监生张端本，端本访知予姓名，骇甚，数与朋辈言之。予闻之答曰：“梦中事，何足信。”又一人谓岳正曰：“吾昨夜梦兄魁多士，可贺。”正曰：“若梦可信，则已有人梦彭时作魁矣。何必我？”其人戏曰：“明年会试、廷试有两魁，二人各占其一可也。”已而果然。是时，士夫中相传童谣云：“众人知不知，今年状元是彭时。”亦不知何自而起，后果验云。予侥幸及第，同陈缉熙鉴、岳季方正谢恩后，即诣阙下拜先生，时曹公鼐、陈公循、苗公衷、高公谷俱以侍郎兼翰林学士，遂留早饭，酒馔随光禄所供，不增设。诸先生笑曰：“此是本院故事，儒官清淡，只如此。”一月后，本院自学士下至孔目，皆出赀置酒于后堂，学士列坐于上，予三人坐前之左，侍讲独坐前之右，余皆傍坐，谓之“庆状元”。公宴之盛，又诸衙门所无。后月，予三人同回席，予出赀倍于二同年，亦循旧典也。

《水东日记》云：予尝闻国朝状元多不能至金带。时泰和陈循、临朐马愉、恒山曹鼐皆在内阁，未几皆进官侍郎，盛矣。今马、曹逝，陈谪戍，而商弘载辂继之，彭纯道时继之，皆登内阁。十二科之中，榜首有此五人，岂不盛乎？

廷试前一月，上梦儒、释、道三人来见。至揭晓状元，彭时由儒士；榜眼陈鉴幼曾寓神乐观；探花岳正，幼曾为庆寿寺书记。幼年出处，皆形梦兆，岂偶然哉？

……

费文宪宏《赠彭文宪时致仕诗》云：“三千丛里魁多士，四十年来列上公。欧氏文章从古少，韩家名位几人□。退优暂即江湖远，处宁还占宠渥隆。黄阁重来头尚黑，未应心事付冥鸿。”

彭文思华曰：吉之人物，前有欧阳文忠，后有杨文贞，踵芳袭祉，惟先生乎？先生尝梦文贞授以彩毫，拜而受之。即寤，而有感，以远大自期。及登魁伦，旋掌帝制，润色纶音，敷扬德意，庄重缜密，典雅工致，其视二公真可以无愧矣。矧维朝夕在帝左右，赞襄谟谋，献替可否，诚以输忠，谦以自守，天下每阴被其赐，而功不自有，较之二公又孰能先后哉？二公蚤岁孤苦流离，先生居家蹈履坦夷，未尝少有一日之乖违。二公晚遭描画指疵，先生在朝誉望崔巍，未尝少有一语之嫁，非盖先生承累世积庆之后，当两朝重熙之时，而禀性之醇，存心之厚，喜愠之不形，横逆之不校者，人莫能窥其端倪，故其得于天、得于人者有如兹哉！

（明）项笃寿《今献备遗》卷十九·彭时 彭时，字纯道，江西安福人也。正统戊辰进士第一人，授翰林修撰。景泰初，简入内阁。英庙复辟，再入阁。时大学士李贤独见宠信，数召对，贤退即以谘时，匡赞居多。天顺末，锦衣指挥门达以事中贤，上将罢之而属意于时，时为力辩，贤得释。河南有武弁不法，刺事者诬其谋反，时语门达曰："人可轻杀邪？"具言于上，得末减。宪庙初，进吏部右侍郎，职如故，同知经筵。丙戌归省，丁亥召还。四川、宣府、辽东皆地震，上陈六事规切时政。总裁《英庙实录》成，进太子少保兼文渊阁大学士，尚书如故。议慈懿山陵事甚力，卒从所请。彗星见三台，上疏乞痛加修省，谓："宫中根本至急，望正名分，均恩爱，以广继嗣，为宗社大计。"又言："大臣进退皆宜断自宸衷，不可专委臣下。"上嘉纳之。平凉土人满四反，官军累失利，都御史项忠奉诏讨之，时策其必成功，而朝议咸欲再遣将，时与商辂执不可。或动以危语，时不为动。未几献俘至，议者始服。己丑冬，无雪，上言："自古旱灾皆由民怨感动天变。近日光禄买办、各城抽分，掊克太甚，而献珠宝者重规厚利，请尽革之，以惠贫民。"上是其言。辛卯冬，彗复见，时与商辂上言七事：其一乞崇正道，其二乞谨命令，其三请延接大臣，其四刑赏太滥，其五听受直言，其六慎简将帅，其七惠恤军民。上嘉纳之。太监刘永诚没，或言其有军功，宜追封为伯。时曰："祖宗成宪具在，孰敢私之？"事遂寝。乙未，进少保，寻病卒，年七十。赠太师，谥文宪。

（清）陶成等《江西通志》卷七十八·人物十三·吉安府四·明·彭时 字纯道，安福人。正统十三年进士第一，授修撰。明年，郕王监国，令同商辂入阁预机务。时闻继母忧，力辞，不允，乃拜命。释褐逾年即秉政，前此未有也。寻进侍读，擢左春坊大学士。天顺元年，仍命入阁兼翰林院学士。阁臣自三杨后，进退礼甚轻，为帝所亲擢者唯时与岳正二人，而帝方向用李贤，数召贤独对。然贤雅重时，退必咨之，时引义争可否，或至失色，贤初小忤，久之心折，曰："彭公真君子也。"宪宗即位，议上两宫尊号，欲独尊所生母周贵妃，中官传旨曰："子为皇帝，母当为太后，岂有无子而称太后者？宣德间有故事。"时曰："今日事与宣德间不同。胡后表让位，退居别宫，故正统初不加尊，今名分固在，安得为比？"中官厉声怵以危语，时拱手向天曰："太祖、太宗神灵在上，孰敢有二心？钱皇后无子，何所规利？而为之争不忍默者，欲全主上圣德耳。若推大孝之心，则两宫并尊为宜。"贤亦极言之，议定。及将上宝册，时云两宫同称则无别，钱太后宜加两字，中官曰："既并尊，何复别为？"时曰："加之以便称谓，非有低昂也。"乃尊皇后谓慈懿皇太后，贵妃谓皇太后。数日中官覃包至阁曰："上意固如是，但迫于太后不敢自主，非二公力争，几误大事。"礼成，进吏部右侍郎兼学士。成化改元，进兵部尚书。《英宗实录》成，加太子少保兼文渊阁大学士。四年，慈懿太后崩，诏议山陵，时及商辂、刘定之言："太后作配梓宫当合葬裕陵，主当祔庙，此不易之礼，无可议者。”帝复犹豫，时偕朝臣伏文华门泣请，帝与太后皆感动，始从时议。改吏部尚书。五年以后，凡七在告。十一年，以言不见用，力恳放还，不许，进少保，逾月卒，年六十。赠太师，谥文宪。（《列卿录》）

郑淡泉曰：“成化间，文宪公时、文毅公辂，事关纲常，叩阍力谏。时值佞幸，请剑行诛，皆能贲饰丝纶，兴制礼乐，岂非牖巷之遇贤于梦卜，都俞之风几于献替乎？”

（清）张廷玉等《明史》卷一百七十六·列传第六十四·彭时 彭时，字纯道，安福人。正统十三年进士第一，授修撰。明年，郕王监国，令同商辂入阁预机务。闻继母忧，力辞，不允，乃拜命。释褐逾年参大政，前此未有也。寻进侍读。

景泰元年，以兵事稍息，得请终制，然由此忤旨。服除，命供事翰林院，不复与阁事。易储，迁左春坊大学士，《寰宇通志》成，迁太常寺少卿，俱兼侍读。

天顺元年，徐有贞既得罪，岳正、许彬相继罢。帝坐文华殿召见时，曰：“汝非朕所擢状元乎？”时顿首。明日仍命入阁，兼翰林院学士。阁臣自三杨后，进退礼甚轻，为帝所亲擢者，唯时与正二人。而帝方向用李贤，数召贤独对。贤雅重时，退必咨之，时引义争可否，或至失色，贤初小忤，久亦服其谅直，曰：“彭公，真君子也。”慈寿皇太后上尊号，诏告天下。时欲推恩，贤谓一年不宜再赦。时曰：“非赦也，宜行优老典。朝臣父母七十与诰敕，百姓八十给冠带，是‘老吾老以及人之老’也。”贤称善，即奏行之。

帝爱时风度，选庶吉士，命贤尽用北人，南人必若时者方可，贤以语时。俄中官牛玉宣旨，时谓玉曰：“南士出时上者不少，何可抑之？”已，选十五人，南六人与焉。

闵达构贤，帝惑之，曰：“去贤，行专用时矣。”或传其语，时矍然曰：“李公有经济才，何可去？”因力直之。且曰：“贤去，时不得独留。”语闻，帝意乃解。

帝大渐，口占遗命，定后妃名分，勿以嫔御殉葬，凡四事，付阁臣润色。时读竟，涕下，悲怆不自胜。中官复命，帝亦为陨涕。

宪宗即位，议上两宫尊号。中官夏时希周贵妃旨，言钱后久病，不当称太后。而贵妃，帝所生母，宜独上尊号。贤曰：“遗诏已定，何事多言。”时曰：“李公言是也。朝廷所以服天下，在正纲常。若不尔，损圣德非小。”顷之，中官复传贵妃旨：“子为皇帝，母当为太后，岂有无子而称太后者？宣德间有故事。”贤色变，目时，时曰：“今日事与宣德间不同。胡后表让位，退居别宫，故在正统初不加尊。今名分固在，安得为比？”中官曰：“如是何不草让表？”时曰：“先帝存日未尝行，今谁敢草？若人臣阿意顺从，是万世罪人也。”中官厉声怵以危语，时拱手向天曰：“太祖、太宗神灵在上，孰敢有二心！钱皇后无子，何所规利而为之争？臣义不忍默者，欲全主上圣德耳。若推大孝之心，则两宫并尊为宜。”贤亦极言之，议遂定。及将上宝册，时曰：

“两宫同称则无别，钱太后宜加两字，以便称谓。”乃尊为慈懿皇太后，贵妃为皇太后。越数日，中官覃包至内阁曰：“上意固如是。但迫于太后，不敢自主，非二公力急，几误大事。”时阁臣陈文默无语，闻包言，甚愧。礼成，进吏部右侍郎兼学士，同知经筵。

成化改元，进兵部尚书，兼官如故。明年秋，乞归省。三年二月，诏趣还朝，《英宗实录》成，加太子少保兼文渊阁大学士。

四年，慈懿太后崩，诏议山陵。时及商辂、刘定之言：“太后作配先帝，正位中宫，陛下尊为太后，诏示天下。先帝全夫妇之伦，陛下尽母子之爱，于义俱得。今梓宫当合葬裕陵，主当祔庙，此不易之礼。比闻欲别卜葬地，臣等实怀疑惧。窃谓皇上所以迟疑者，必以今皇太后万寿后，当与先帝同尊，自嫌二后并配，非祖宗制。考之于古，汉文帝尊所生母薄太后，而吕后仍祔长陵。宋仁宗追尊生母李宸妃，而刘后仍祔太庙。今若陵庙之制稍有未合，则有乖前美，贻讥来叶。”于是诸大臣相继言之。帝犹重违太后意，时偕朝臣伏文华门泣请，帝与太后皆感动，始从时议。

彗见三台，时等言：“外廷大政固所当先，宫中根本尤为至急。谚云‘子出多母’。今嫔嫱众多，维熊无兆。必陛下爱有所专，而专宠者已过生育之期故也。望均恩爱，为宗社大计。”时帝专宠万贵妃，妃年已近四十，时故云然。又言：“大臣黜陟，宜断自宸衷，或集群臣佥议。不可悉委臣下，使大权旁落。”帝虽不能从，而心嘉其忠。

都御史项忠讨满四不利，朝议命抚宁侯朱永将京军往赴，永故难其行，多所邀请。时恶其张大，且度军可无行，第令整装待。会忠驰奏，已围贼石城。帝遣中官怀恩、黄赐偕兵部尚书白圭、程信等至阁议，时曰：“贼四出攻剽，锋诚不可当。今入石城自保，我军围甚固，此困兽易擒耳。”信曰：“安知忠不退师？”时曰：“彼部分已定，何故自退？且今出师，度何时到？”信曰：“来春。”时曰：“如此，益缓不及事。事成败，冬月决矣。”信忿，出危言曰：“忠若败，必斩一二人，然后出师。”众危之，问时何见，曰：“观忠疏曲折，知其能。若闻别遣禁军，将退避不敢任，贼不可知矣。”时惟商辂然其言。至冬，贼果平，人乃大服。改吏部尚书。

五年，得疾在告。逾三月，帝趣赴阁视事，免朝参。是冬，无雪，疏言：“光禄寺采办，各城门抽分，掊克不堪。而献珍珠宝石者倍估增直，渔竭帑藏。乞革其弊，以惠小民。”帝优诏褒纳。畿辅、山东、河南旱，请免夏税盐钞，及太仆寺赔课马。京师米贵，请发仓储五十万石平粜。并从之。时以旧臣见倚重，遇事争执无所避。而是时帝怠于政，大臣希得见。万安同在阁，结中贵戚畹，上下壅隔，时颇怀忧。

七年，疾复作，乞致仕。帝慰留之，不得去。冬，彗复见，时言政本七事：一，毋惑佛事，糜金钱；二，传旨专委司礼监，毋令他人，以防诈伪；三，延见大臣议政事；四，近幸赐予太多，工匠冒官无纪，而重囚死徙者，法不蔽罪，宜戒淫刑僭赏；五，虚怀受谏，勿恶切直；六，戒廷臣毋依违，凡政令失当，直言论奏；七，清理牧马草地，减退势要庄田。皆切中时弊。

宁晋伯刘聚为从父太监永诚请封谥，且乞祠额，礼部执故事却之。帝特赐额曰“褒功”，命内阁拟封谥，时等言：“即予永诚，将来守边内臣皆援此陈乞，是变祖宗法自今日始。”或言宋童贯封王，时曰：“贯封王在徽宗末年，岂盛世事耶?”乃寝。

时每因灾变上言，或留中，或下所司，多阻隔，悒悒不得志。五年以后，凡七在告，帝辄命医就视，数遣内臣赐赉。十一年正月，以秩满进少保。逾月卒，年六十。赠太师，谥文宪。

时立朝三十年，孜孜奉国，持正存大体，公退未尝以政语子弟。有所论荐，不使其人知。燕居无惰容，服御俭约，无声乐之奉，非其义不取，有古大臣风。

赞曰：……彭时、商辂侃侃守义，尽忠献纳，粹然一出于正。

（明）袁帙《皇明献实》卷二十三·彭时　（存目）

（明）刘孟雷《圣朝名世考》卷二·硕辅传·彭时　（存目）

（明）邓元锡《皇明书》卷十六·臣谟·彭时　（存目）

（明）唐枢《国琛集》下卷·大学士彭时　（存目）

（明）李贽《续藏书》卷十一·内阁辅臣·彭时　（存目）

（明）汪国楠《皇明名臣言行录新编》卷十·大学士文宪公彭时　（存目）

（明）过庭训《明分省人物考》卷六十五·江西吉安府三·彭时　（存目）

（明）何乔远《名山藏》·臣林记（成化臣一）**·彭时**　（存目）

（明）邓球《皇明泳化类编》·人物卷五十一·彭时　（存目）

（明）尹守衡《史窃》第六十八卷·列传第四十六·彭时　（存目）

（清）查继佐《罪惟录》·列传卷十一·经济诸臣列传上·彭时　（存目）

（清）傅维麟《明书》卷一百二十五·列传四·名臣传十·彭时传　（存目）

（清）徐乾学等《明史》卷四十五·彭时　（存目）

（清）汤斌《拟明史稿》卷十一·彭时　（存目）

（清）王鸿绪《明史稿》卷一百五十九·列传第五十四·彭时　（存目）

（清）徐开任《明名臣言行录》卷二十九·太师彭文宪公时　（存目）

（清）陈田《明诗纪事》乙签卷十八·彭时　（存目）

（清）阎湘蕙《明鼎甲征信录》卷一·彭时　（存目）

科　第

（一）乡试

（清）陶成等《江西通志》卷五十三·选举五·明正统六年辛酉乡试　彭时（安福人）。

（二）会试、殿试

（明）张朝瑞《皇明贡举考》卷四·（戊辰）**正统十三年会试**　中式举人一百五十名：岳正，顺天府漷县人，监生，《书》。万安，四川眉州人，监生，《诗》。彭时，江西安福县人，监生，《春秋》。胡皞，江西安福县人，监生，《易》。瞿泰安，南直隶昆山县学生，《礼记》。

三月十五日，临策天下贡士，制曰：自昔君天下之道，莫要于内治之政修，外攘之功举。斯二者，圣人所以跻斯世于雍熙泰和之域也。夫修内治之政，必先于爵赏刑罚；而举外攘之功，必本于选将练兵。且爵所以待有功，必待有功而后爵，则天下有遗善。刑所以待有罪，必待有罪而后刑，则天下有遗恶。古先圣王无遗善，无遗恶，必有不待有功而爵、有罪而刑者矣。其事安在？兹欲人人皆迁于善，不待爵赏而自劝；皆远于罪，不待刑罚而自惩。其道何由？凡兵之所统者将，将之所用者卒，卒之所仰者食，而战则资于马。曰将、曰卒、曰食、曰马四者，外攘所不可阙一也。昔之君子以谓，将其卒则选其卒之良，戍其地则用其地之人，战其野则食其野之粟，守其国则乘其国之马，庶几可以百战无殆。不然，则一郡用兵而取给百郡，非善策也。夫众至千万，必有一杰，然智愚混淆，同类忌蔽，何以能知其杰而拔置军旅之上欤？一方之人，有戍有农，然戍非土著，农不知武，何以能作其勇而驱列御卫之间欤？田有肥瘠，岁有丰歉，何以能致其粒而积贮仓廪欤？土地气候，产牧各殊，何以能致其息而充溢边鄙欤？朕祗承祖宗大统，惓惓以经国子民为心，而于安内攘外尤加意焉。子诸生学古通今而来，必深于其道矣。其具以对，无骋浮夸，务陈切实。朕将采而用之。

（时廷对之士一百五十人，赐彭时等进士及第出身有差，时□□表谢恩之夕，坐以候旦，隐几不寐，竟失朝□仪。御史奏令锦衣卫拿，礼部尚书胡濙出班奏状元彭时不到，合着锦衣卫□，上是之。时端谨严密，外和内刚，立朝三十年，公退无一语子任朝廷事。每有大政事大议论，持正居多，虽不言□□之名，亦隐然一代人望云。所著有《可斋杂记》，官至少保，直内阁，谥文宪。……）

第一甲三名赐进士及第：彭时，江西安福县。陈鉴，辽东盖州卫籍，南直隶长洲县人。岳正，顺天府漷县。

（明）彭时《彭文宪公集》·正统十三年殿试策·第一甲第一名彭时　臣闻天下以一人为主，人君以一心为主。盖心者，万化之原、万事之本也。大哉，人君之一心乎！本诸心以安内，则内治之政修；本诸心以攘外，则外攘之功举。尚何患乎赏善罚恶之不得其当，选将练兵之不协其宜，而斯世之不跻于雍熙泰和之域也哉！《大学》以是心为家国天下之本，董仲舒以是心为朝廷四方之则，其以此欤？

钦惟皇帝陛下禀聪明睿智之资，备圣神文武之德，诞膺骏命，嗣守鸿图，临御以来，惓惓以经国子民为心。先之以励精，加之以恭俭，其于安内攘外之道已无不尽，而见诸治效者亦已盛矣。而犹不自满足，乃进臣等于廷，降赐清问，首举爵赏、刑罚，次及选将、练兵之事，而责臣以切实之言。臣愚有以知陛下真大有为之君也！可以为尧舜，可以为禹汤文武，可以隆太平之业于万亿年而愈盛矣！顾臣浅陋，何足以奉大对，然罄一得之愚，亦臣区区之素愿也，敢不俯竭刍荛，以少裨于万一。

臣窃惟天生圣人，而付以君道之重，圣人奉天，而主宰天下之大。内而中国仰之以治，外而四裔赖之以安，则夫修内治之政，举外攘之功，夫岂可以一日而或废哉？然求其要，不越乎爵赏、刑罚、选将、练兵之四者耳。夫爵固所以待有功，功者，善之著于事也。若必待有功而后爵，则天下之善未著于事者，必至于见弃，何以使之皆知所劝而建功乎？刑固所以待有罪，罪者，恶之形于行也。若必待有罪而后刑，则天下之恶未形于行者，必至于苟免，何以使之皆知所惩而远罪乎？斯二者，诚如圣问之所谕也，臣复奚言。

臣尝窃观唐虞三代之时，其赏善也，有三德而日宣者为大夫，有六德而日严者为诸侯。或俊乂之旁招，或宅俊之克用，与夫贤能之宾兴，俊造之升进，凡此皆不待有功而后爵者也。其罚恶也，象刑以弼五教，制刑以教祗德。或畔官离次之必诛，或羞刑暴德之必罚，与夫左道乱政者，戮之而不赦，悖礼疑众者，杀之而不宥，凡此皆不待有罪而后刑者也。然亦岂徒事乎爵赏、刑罚而无其本哉，盖一本诸心而已矣。观夫尧之兢兢、舜之业业，而懋敬于命德讨罪之政者，其心为何如？禹之孳孳、汤之栗栗、文王之翼翼小心、武王之无作好恶，而克谨于彰善瘅恶之事者，其心为何若？肆赏罚之有道，劝惩之有本，而下无遗善遗恶者，以此也。兹欲人皆迁于善，不待爵赏而自劝，臣愿陛下心唐虞三代赏善之心，使赏不徒赏，赏一人而千万人知劝，则我朝赏善之典，与尧舜禹汤文武之所以赏善者，同一揆矣。何忧乎天下人之不皆迁于善哉！兹欲人皆远于罪，不待刑罚而自惩，臣愿陛下心唐虞三代罚恶之心，使罚不徒罚，罚一人而千万人知惩，则我朝罚恶之政，与尧舜禹汤文武之所以罚恶者，同一辙矣。何忧乎天下人之不皆远于罪哉！如是则善者列爵而登庸，恶者率德而改行，礼义廉耻之行兴，诡诈偷薄之风息，百官有济济之容，黎民有皞皞之俗，而雍熙泰和之治可跻矣。

若夫兵之所统者将，将非其人，则国无所倚以为安；将之所驭者卒，卒有不练，则将无所恃以取胜。而况卒之强弱由于食，战之胜负系乎马。是则曰将、曰卒、曰食、曰马，四者皆外攘急务，而不可有一之或阙焉者。而陛下讦谟远猷，已断自宸衷矣！臣奚以多言为？昔之善用兵者以为将其卒则选其卒之良，盖卒不良，则有不闲弓马之患；戍其地则用其地之人，盖非其地，则有不习水土之虞；战其野则食其野之粟，庶可以省转输之劳；守其国则乘其国之产，庶可以免调发之扰，如是则虽百战而无殆矣。不然，则一郡用兵而取给百郡，不惟无以卫民之生，而且有以疲民之力，诚非策之善者。唐虞三代之时，其选将也，舜惟谆谆于敷文德之伯禹，文王惟汲汲于著鹰扬之吕望，经营四方有若召虎，克壮其猷有若方叔者焉。其练卒也，成周之制，春夏有振旅茇舍之教，秋冬有治兵大阅之习。井田之中，卒伍以具耒耜之暇。干戈以举，其兵食则登三余一之有其备；其马政，则天闲延厩之有其制。要其本，何莫非帝王一心之运用哉！夫众至千万必有一杰，良将之才未尝无也，必欲知其杰而用之。臣愿陛下心唐虞三代选将之心，而又精神以感召之，气类以招徕之，投之以胶镐繁剧之地，以观其智，置之艰难险阻之中，以观其才，则虽伯禹、吕望、方叔、召虎之流，世不易得，而凡才智出众之士，必皆拔置于军旅之上矣。何忧乎智愚之混淆、同类之忌蔽哉！一方之人有兵有农，是盖兵农岐而二也，必欲作其勇而用之，臣愿陛下心唐虞三代练卒之心，而又择将帅统之，宽杂征以恤之，使三时务农以备衣食，一时讲武以闲步伍，尤于春蒐、夏苗、秋狝、冬狩之时，益严夫简阅练习之事，则可驱列于御卫之间矣。何忧乎戍非土著而农不知武哉！至若田有肥瘠之不同，岁有丰歉之或异，而兵食始有不足之虞。愿陛下体唐虞三代之心，以足食为念，而又择人以督耕屯，使绳其兼并，课其勤惰，则可致其粒而积贮于仓廪者，陈陈相因矣。虽古之万亿及秭与夫仓积于豳、粮峙于申者，何以加焉。土地气候之不齐，监牧畜养之不力，而马政始有不蕃之弊。臣愿陛下法唐虞三代之心，以息马为重，而又择人以掌监牧，使之时其刍秣，谨其孕字，则可致其息，而克溢于边鄙者，翩翩成群矣！虽古之天闲十二，与夫思马斯藏，騋牝三千者，何以过焉！诚如是，则将皆智勇而无不良，卒皆果敢而无不精，食皆充裕而无不给，马皆孳息而无不蕃。由是而举外攘之功，有不战，战必胜矣；有不攻，攻必克矣；有不守，守必固矣。将拭目乎四裔畏慕，稽首称藩。边徼无烟尘之警，人民有耕凿之安，而雍熙泰和之治于铄哉，于今为烈矣！此修内治之政，而举外攘之功，所为不可一日而或废者，此也。

洪惟我国家圣圣相承，丕图治理，太祖高皇帝奉天命而肇造邦家，太宗文皇帝顺人心而肃清海宇，其内治外攘之道，垂裕后圣而无穷。仁宗昭皇帝溥惠泽以福苍生，宣宗章皇帝奋德威以安裔夏，其内治外攘之道，仰绍前烈而有光。陛下缵承大统，丕阐洪猷，而于内治外攘之要，盖已知之审而行之至矣。今又以策臣等而必以尤加意为言，臣愚又有以知陛下留心于此，此即大禹不自满假，文王望道未见之盛心也。

陛下之策臣者，臣既已略陈之，而于终篇窃有献焉。夫人主一心，与天地同其量，与日月同其明。天地惟不息，故覆载而无外；日月惟不息，故照临而不已。臣愿陛下体天地日月之不息，弘覆载照临之大德，执此之政，坚如金石，行此之令，信如四时，则宗社民生之福，必由此而愈盛；冠带春秋之伦，必由此而咸服；三光六气必由此而顺行；五岳四渎必由此而奠位；动植之物、风雨霜露之所沾被者，必由此而蕃庶；麟凤龟龙、膏露醴泉与凡休征嘉瑞，必由此而毕至。将见四方万国莫不遵道遵路，来享来王，以为尧舜之圣复见于今日，禹汤文武不得专美于前古，陛下亿万年之洪福，与天地相为悠久矣。臣学不足以知古，才不足以通今，刍荛之言，上渎天听，伏惟陛下俯垂睿览，则国家幸甚！天下幸甚！

（明）黄佐《翰林记》卷五·宥过 正统戊辰状元彭时谢恩，以夜坐久，误入朝，被劾，上赦之。国家之礼重儒臣如此。

（明）张弘道、张凝道《皇明三元考》卷四·正统十三年戊辰科大魁 状元彭时

（江西安福人，字纯道，号可斋。治《春秋》，儒士。辛酉举人，会试第三名，年三十三。仕至少保兼太子太保、吏部尚书、文渊阁大学士。卒年七十，赠太师，谥文宪。时端谨严密，外和内刚，立朝三十年，公退未语子姓以政事，每有大政事、大议论，持正居多，虽不立赫赫之名，亦隐然一伐人望云。所著有《可斋杂记》。从弟华，景泰甲戌会元。子师丙，荫中书舍人。孙瑞朝，荫后府经历。玄孙笃福，万历丁未进士）。

又 名臣：彭时。

又 入阁：彭时（景泰四年由侍读入，寻丁忧，天顺元年复以太常寺少卿兼侍讲进文渊阁，成化十一年至少保、吏部尚书，卒）。

又 一品：彭时（少保）。

（清）张廷玉等《明史》卷十·本纪第十·英宗前纪 （正统十三年三月）壬寅，赐彭时等进士及第出身有差。

仕 宦

（明）黄佐《翰林记》卷二·内阁亲擢 （天顺元年）九月，上御文华殿，召太常少卿兼侍读彭时入见，令近榻前，问曰："汝是正统十三年状元耶?"对曰："不才误蒙圣恩拔擢，至今感戴不忘。"因叩头三。又曰："第二名是陈鉴?第三名岳正?"时对曰："是。"又问："今年几何?"对曰："臣犬马之齿四十二。"上笑曰："正好用。出外吃酒饭去。"时叩头而已。命下，着文渊阁办事。盖前此未尝无亲擢者，而其事弗传，观此则列圣礼重儒臣之意，赫赫犹目前也。咨询必及其年者，岂不以老成谋国，必有壮猷，新进少年，或至败事与?用人慎始如此，真可为后世之法。

又，卷二·内阁视事坐次 殿阁大学士虽设自洪武中，然同在内阁视事则自永乐初年始。其坐次不敢正席者，以车驾所尝临故也。天顺中，大学士李贤疑与外衙门同，将欲正席而坐，同列彭时不可，乃止。时尝记其事曰："文渊阁在午门之外迤东文华殿南面，砖城凡十间，皆覆以黄瓦，西五间，中揭文渊阁三大字牌扁，牌下置红柜，藏《三朝实录》副本，尽前楹设凳，东西坐。余四间，皆后列书柜，隔前楹为退休所。李公自吏部进，以傍坐不安，令人移红柜壁后，欲设公座。予曰：'不可。闻宣德初年圣驾至此，故不设公座。'李曰：'事久矣，今设何妨?'予曰：'此内府也，亦不宜南面正坐。'李曰：'东边食处与各房却正坐，如何?'予曰：'此有牌扁，故为正。彼皆无扁故也。'李曰：'东阁有扁，亦正坐，何必拘此!'予曰：'东阁西面，非正南也。'李词气稍不平，曰：'乌有居是官而不正其位乎?'予曰：'正位，在外诸衙门则可，在内决不可。如欲正位，则华盖、谨身、武英、文华诸殿大学士将如何耶?盖殿阁皆至尊所御，原设官之意，止可侍坐以备顾问，决无正坐理。'李语塞，然意犹未已。逾数日，上遣太监傅恭送范铜饰金孔子并四配像一龛来，敬置于中间。又数日，遣太监裴富送圣贤画像一副来，悬于龛后壁上，乃罢不设焉。”

又，卷五·起复　正统十四年八月，修撰彭时居母忧，忽校尉至门，宣唤入朝，传郕王令旨，着时与商辂同陈循等办事。时具启辞不允，令夺情办事，内官促送入内阁，乃去。

又，卷六·侍游禁苑　天顺四年四月十六辰刻，上御南薰殿，召尚书王翱、李贤、马昂、学士彭时、吕原五人入侍，命内侍三人鼓琴，上曰：“琴音和平，足以养性。曩在南宫，自抚一二曲，今不暇矣。所传曲调得于太监李永昌。永昌经事先帝，最精于琴，是三人者皆不及也。”贤等对曰：“由此不辍，亦可精矣。”因皆叩首曰：“愿皇上歌南风之词，以解民愠，幸甚。”上起，人赐镶鹤顶博带一条，皆亲举授。五人者皆叩首而出。

又，卷八·诤得失　成化初，太监刘永成死，言其有军功，宜追封为伯，大学士彭时力争之。或曰：“自古有封侯王者。”时曰：“此盛世事耶？祖宗成宪具在，谁敢违之。”事遂寝。

又，卷八·申救　天顺中，彭时在内阁，上方倚任李贤，日与贤面议。贤退，乃谘商于时，有不可者，时每执不肯。初或相忤，久之乃相协。后锦衣卫指挥使门达用事，忌贤，阴中伤之，上怒曰：“贤且得罪，行当专用彭时。”中贵以语时，时愯然曰：“李公何遽至此！”因为力辨其诬，语闻，得释。

又，卷八·计事　成化四年，平凉土人穆苏反，官军连失利，遣都御史项忠往抚捕之。大学士彭时、商辂料其必成功，而朝议汹汹，咸欲再遣将出师，时等执不可，或以危言动之，时等不为动。未几，献俘至。上喜甚，各赐俘奴一人。

又，卷八·伏阙　伏阙泣谏，自唐宋以来有之。成化四年六月，慈懿皇太后钱氏崩，宪庙嫡母也。诏大臣议葬所，众相视莫敢先发。大学士彭时谓同朝曰：“梓宫当合葬裕陵，主当祔庙。此一定礼，无可议。”即与礼部尚书姚夔定议，且疏引汉文帝合葬吕后、宋仁宗合葬刘后故事，乞念纲常之大体，先帝之心，必求其至，当此莫大典礼，万一有违，在廷百辟将有言之，宗室亲王将有言之，天下之大，万世亦将有言之，岂能保其终无据理改而从正者乎？上犹重违母后之意，未允。时率群臣伏文华殿以请，号哭不起。上闻之，使中官宣谕，使众官退翰林中，有呵中官使还者。众官皆曰：“死不敢奉诏，且不得命不敢退。”时与学士商辂、刘定之进曰：“人心如此，实天理所在，望朝廷俯从群臣下情。”于是中官入奏，上感动，母后亦悟，即传旨谕群臣曰：“卿等昨者会议大行慈懿皇大后合祔陵庙，固朕素志，但圣母疑，事有相妨，未即俞允，朕心终不自安，再三据礼，所幸圣慈开喻，特赐允诺。卿等其如前议施行，勿有所疑，故谕。”众闻命，咸呼万岁而退。

又，卷十四·考会试　（天顺）七年，学士陈文、尚宝司少卿兼修撰柯潜为考试官，场屋灾，诏八月补试。以太常少卿兼学士彭时，侍读学士钱溥为考试官，而同考试官不改命者，修撰王献也。取吴钺等二百五十人。

又，卷十四·选庶吉士 天顺庚辰三月，英宗御文华殿，召李贤谕曰："永乐宣德中，常选庶吉士教养待用。今科进士中，可选人物端重、语音正当者二十余人为庶吉士，止选北方人。若南方人有似彭时者，方许选取。"贤出以语，时疑贤欲抑南人，故为此语，因应之曰："立贤无方，何分南北？"贤曰："果上意也，奈何？"已而，太监牛玉复传上命如前，令内阁会吏部同选。时对牛曰："南方士岂独时比，优于时者甚多也。"牛笑曰："且选来看。"是日考选取十五人，南方止三人。

又，卷十五·上宝册 天顺二年二月，上圣烈慈寿皇太后尊号，内阁捧宝册文进，上兴亲览毕，乃行礼。时诏告天下，诏章已进讫，大学士彭时谓李贤曰："此事前所未有，宜有恩典及人。"贤曰："先年已两赦矣，恐数赦非宜。"时曰："非赦也，但行优老之政耳。欲令朝官父母年七十者与诰敕，百姓年百岁者与冠带，是所谓老吾老以及人之老也。恩典如此，斯与所上徽号相称矣。"贤曰："善。"遂共拟仁政数条进呈，上大悦，即命行之。颁徽号诏毕，上御文华殿，召贤等三人者近前，赐银两表里有差，仍亲自授与，和颜慰勉。

又，卷十五·顾命 《可斋杂记》云：天顺甲申正月朔日以后，上不豫，每日犹裁决万几如常。至初十以来，疾大渐，乃处置后事，命太监牛玉执笔口使书：其一，东宫即位过百日成昏；其二，定后妃名分；其三，命勿以嫔御殉；其四，殡敛器服。语意详尽，皆合天理、当人心。书毕，且命牛曰："将去阁下看，令为我润色之。"既至，臣时等惊愕曰："何至是？"牛曰："上意亦谓事不可测，且说下，不用何妨。"臣等钦诵毕，皆叹曰："所言关大体，非英明不能及此。而止殉事，尤高出古今，真盛德事也。不须润色。"言毕，时不觉泪下。牛备以前言复命，且曰："彭时尤悲怆。"上闻之，亦陨涕，已而曰："且收着，待我去后遵行。"次日，牛出道其详，因曰："上英伟，从来不堕泪，今若此，事可知矣。"至十七日，遂崩。次日早，储皇披髮衣素出后右门，召内阁学士李贤、陈文暨时及文武执政大臣等至前，言曰："父皇已宾天，尔等尽心辅佐我。"因泣下。群臣皆俯伏号泣良久，皆起叩头而退。是日有旨，命太监刘永诚、夏时、傅恭、牛玉、会昌侯孙继宗、怀宁侯孙镗、尚书王翱、李贤、年富、马昂、侍郎陈文及时为议事官，公同计议处置军国重务，遵宣德十年例也。预者皆荷银币之赐。

又，卷十六·赐观阅骑射 天顺三年十月二十一日，上御西苑，阅将臣骑射，召大学士李贤、彭时等侍。

又，卷十六·赐观走骠骑 天顺三年三月五日，赐文武观走骠骑于后苑。其制，一人驰马执旗引于前，一人驰马继出，呈艺于马上，或上或下，或左或右，腾掷趫捷，人马相得如此者数百骑，后至乃为番服臂鹰走犬围猎状，终场俗名曰走解，而不知所自始，岂金元之遗俗欤？今岁一举之，盖以训武也。观毕，赐宴于回廊。大学士彭时识其事如此。

又，卷十六·赐药饵 （成化）五年至十一年，大学士彭时累以病在告，上辄命医视疾，遣内臣致猪羊鸡鹅酒米之赐，并赉以药饵，逾月不出，则必再遣焉。

（明）廖道南《殿阁词林记》卷十四·会试　（天顺）七年，学士陈文、尚宝司少卿兼修撰柯潜为考试官，场屋灾，诏八月补试。以太常少卿兼学士彭时，侍读学士钱溥为考试官，而同考试官不改命者，修撰王献也。取吴钎等二百五十人。

（明）王圻《续文献通考》卷四十六·选举考·举士四　（天顺）七年二月，场屋灾。八月，礼部奏补会试，命太常少卿兼学士彭时、侍读学士钱溥为考试官。

（明）雷礼《国朝列卿纪》卷八·直内阁元辅及同直辅臣年表　同直彭时，江西安福人。状元。由修撰于正统十四年九月入阁，进侍读。至景泰元年正月，忧去，服除，进太常寺少卿兼侍读。

又　同直彭时，以太常寺少卿进兼翰林院学士。于天顺元年九月仍入直，至成化元年，进兵部尚书。

又　同直彭时进太子太保兼文渊阁大学士。

又　彭时自成化四年四月为元辅，历少保、吏部尚书、文渊阁大学士。至成化十一年三月卒于官。凡七年。赠太师，谥文宪。

又，卷九·殿阁大学士年表　彭时（江西安福人。正统戊辰状元。十四年，由修撰入阁，升侍读。景泰元年，丁忧）。

又　彭时（详前。天顺元年，再入阁，历少保兼吏部尚书、文渊阁大学士。成化十一年，卒于官。赠太师，谥文宪）。

又，卷二十一·兼学士兼讲读学士年表　彭时（江西安福人。天顺元年，以太常寺少卿兼学士入阁。八年，进吏部右侍郎，仍兼）。

（明）张朝瑞《皇明贡举考》卷四·（癸未）天顺七年会试　考试官：太常寺少卿兼学士彭时（纯道，江西安福县人，戊辰进士）。

（明）郑晓《今言》卷二　满四，固原土胡也。骁捷好杀，时出劫行人，掠牛马，聚恶少食饮。参将刘清、指挥马杰稍法绳之，四赂掠资即解。即数日，又复中他事收捕。捕至辄得贿，贿已又捕。四大恨曰：“必杀此二人者。”成化四年四月遂反，不数月有众二万。

廷议，请敕镇守问激变故，敕未至，清进与贼战，大败。宁远伯、广义伯、巡抚陈价、都指挥费良，皆败或死。兵部请合陕西、延绥、宁夏三镇兵进剿，贼益肆，行劫攻城，杀掠吏民，羽书交至。以都督刘玉为总兵，副都御史项忠提督军务，会巡抚马文升讨贼。忠未至陕，陕西、宁夏兵先至，不俟延绥兵辄进，大败。四尽夺两镇军器，闻大兵且至，退保石城山。忠等分兵七屯合围之，戒勿战困贼。伏羌伯毛忠违命先登败死。贼益张，言且攻西安。兵部尚书程信请改命抚宁侯永总京、边军四万往讨。

大设赏格，擒四者赏金五百两，银倍之，官世指挥使。四人共，亦如之。十一月，忠围贼益急，度必破贼。又闻别命将，不敢辄止。奏言，宜令新总兵星驰赴援，倘不日破贼，别奏止兵。上手忠奏，付太监怀恩等召兵部议。

内阁信曰："兵行不可缓。"彭时、商辂曰："贼不能出，入山自保，我兵困之甚固。观忠疏，贼不足忧也。"信曰："不然，忠且退至平凉未可知，敢必其能困贼耶！"尚书白圭、侍郎李震相视不言，时曰："然则度京军当何时抵固原？"信曰："明春二三月。"时曰："胜负决今冬，奈何至明年！观忠奏，贼惫矣，止京军便。"太监曰："然，然则边军去乎？"时曰："亦不去便。"辂曰："留京军而遣边军便。"信大不平，谓人曰："忠败，陕西动摇，内阁不得辞其责。"内阁又辄言："忠足办灭贼，观其疏岁终贼平矣。"是月丁丑，忠计擒四。十二月，捷音至。明年正月，槛送四等三百人至京师。太监问反故，曰："无奈，清、杰侵剥我也。"四等凌迟，亦斩清、杰。

（明）王世贞《弇山堂别集》卷八十二·科试考二　天顺七年癸未，命礼部左侍郎兼翰林院学士陈文、尚宝司少卿兼修撰柯潜为考试官。试日大火，焚死者九十余人，及主试官俱越墙免。上怜之，赠死者俱进士出身。改试期以八月，命太常少卿兼学士彭时、侍读学士钱溥，取中吴钍等。

（清）查继佐《罪惟录》·志卷十九·直阁志·代宗　彭时（可斋，安福人。由状元、侍读进内阁办事。忧去）。

又，志卷十九·直阁志·英宗下　彭时（起太常少卿兼侍讲，仍内阁办事，兼翰林学士。卒赠太师，谥文宪）。

又，志卷十九·直阁志·宪宗　彭时（进吏部右侍郎、兵部尚书、太子少保、文渊阁大学士，进吏部尚书、少保。卒赠太保，谥文宪）。

（清）张廷玉等《明史》卷十一·本纪第十一·景帝　（正统十四年秋八月）乙亥，谕边将，瓦剌奉驾至，不得轻出。输南京军器于京师。修撰商辂、彭时入阁预机务。

又，卷十二·本纪第十二·英宗后纪　（天顺元年）九月甲子，太常少卿彭时兼翰林学士，入阁预机务。

又，卷十三·本纪第十三·宪宗一　（成化十一年）三月壬子，赐谢迁等进士及第出身有差。辛未，彭时卒。

又，卷八十二·志第五十八·食货六·上供采造　大学士彭时亦言："光禄寺委用小人买办，假公营私，民利尽为所夺。请照宣德、正统间例，斟酌供用，禁止买办。"

又，卷一百九·表第十·宰辅年表一　（正统）十四年己巳九月，景皇帝即位。……彭时：修撰，八月入。

又，卷一百十三·列传第一·英宗孝庄钱皇后 宪宗立，上两宫徽号，下廷臣议，太监夏时希贵妃意，传谕独尊贵妃为皇太后。大学士李贤、彭时力争，乃两宫并尊，而称后为慈懿皇太后。及营裕陵，贤、时请营三圹，下廷议。夏时复言不可，事竟寝。

成化四年六月，太后崩，周太后不欲后合葬。帝使夏时、怀恩召大臣议。彭时首对曰："合葬裕陵，主祔庙，定礼也。"翼日，帝召问，时对如前。帝曰："朕岂不知，虑他日妨母后耳。"时曰："皇上孝事两宫，圣德彰闻。礼之所合，孝之所归也。"商辂亦言："不祔葬，损圣德。"刘定之曰："孝从义，不从命。"帝默然久之，曰："不从命尚得为孝耶！"时力请合葬裕陵左，而虚右以待周太后。已，复与大臣疏争，帝再下廷议。吏部尚书李秉、礼部尚书姚夔集廷臣九十九人议，皆请如时言。帝曰："卿等言是，顾朕屡请太后未得命。乖礼非孝，违亲亦非孝。"明日，詹事柯潜、给事中魏元等上疏，又明日，夔等合疏上，皆执议如初。中旨犹谕别择葬地，于是百官伏哭文华门外。帝命群臣退。众叩头，不得旨不敢退。自巳至申，乃得允。众呼万岁出。事详时、夔传中。

又，卷一百十三·列传第一·万贵妃 当是时，帝未有子，中外以为忧，言者每请溥恩泽以广继嗣。给事中李森、魏元，御史康永韶等先后言尤切。（成化）四年秋，彗星屡见。大学士彭时、尚书姚夔亦以为言，帝曰："内事也，朕自主之。"然不能用。妃益骄。

又，卷一百五十九·列传第四十七·崔恭 成化五年，尚书李秉罢，商辂欲用姚夔，彭时欲用王概，而北人居言路者，谓时实逐秉，喧谤于朝。时称疾不出，侍读尹直以时、概皆己乡人，恐因此得罪，急言于辂，以恭代秉。

又，卷一百六十八·列传第五十六·万安 （成化）七年冬，彗见天田，犯太微。廷臣多言君臣否隔，宜时召大臣议政，大学士彭时、商辂力请。司礼中官乃约以御殿日召对，且曰："初见，情未洽，勿多言，姑俟他日。"将入，复约如初。比见，时言天变可畏，帝曰："已知，卿等宜尽心。"时又言："昨御史有疏，请减京官俸薪，武臣不免觖望，乞如旧便。"帝可之。安遂顿首呼万岁，欲出。时、辂不得已，皆叩头退。中官戏朝士曰："若辈尝言不召见。及见，止知呼万岁耳。"一时传笑，谓之"万岁阁老"。帝自是不复召见大臣矣。

又，卷一百七十六·列传第六十四·李贤 终天顺之世，贤为首辅，吕原、彭时佐之，然贤委任最专。

又，卷一百七十六·列传第六十四·吕原 李贤既复官入阁柄政，原佐之。未几，彭时亦入，三人相得甚欢。

又，卷一百七十七·列传第六十五·姚夔 后孝宗见夔及彭时疏，谓刘健曰："先朝大臣忠厚为国乃如此。"

又，卷一百七十八·列传第六十六·项忠 （成化）四年，满俊反。……朝议欲益兵，忠虑京军脆弱不足恃，且更遣大将挠事权，因上言："臣等调兵三万三千余人，足以灭贼。今秋深草寒，若更调他军，恐往复需时，贼得远遁。且边兵不能久留，益兵非便。”大学士彭时、商辂主其议，京军得毋遣。……彭时、商辂知忠能办贼，不从中制，卒用殄贼。

又，卷一百九十七·列传第八十五·霍韬 且言彭时、宋濂皆于正德间谥文宪，不避庙号。

又，卷二百五十三·列传第一百四十一·魏藻德 正统末年，兵事孔棘，彭时以殿试第一人，逾年即入阁，然仍故官，修撰未有超拜大学士者。

（明）雷礼《内阁行实》卷四·彭时 （存目）

轶事

（明）尹直《謇斋琐缀录》卷一·翰林故事 成化壬辰夏四月，直等升学士。到任时，可斋彭先生以兼秩，非本院学士，止于后堂，辞不出座，万循吉请至再三。直乃进曰：“闻西杨先生亦尝坐，先生何为辞？况后陈、高诸先生亦未尝不坐。”可斋始出，坐中，万先生坐右，商先生时以兄丧不至，故虚其左，而直五人以次东西列坐。既佥书毕，讲读以下官请行拜礼，直等辞，可斋曰：“拜是，礼也。”礼毕，入宴后堂。王惟臣、江东之、杨惟新并坐于上，直与彭彦实以尝师可斋，辞坐前席。讲读、修撰年深者亦前列余东西序。是筵醵费颇钜。既而，直等同复一筵，亦如之，此本院故事，他衙门无有也。……永乐间，尝选举人、监生习四夷译书，恐其妨旷本业，乃命会试卷尾识译书数十字，三场毕，送出翰林定去取，仍送入场填榜，盖优典也。然既登第，仍官馆中习译书，如许道中先生是也。至景泰初，吴祯以民人充译字官，始援此例中乡试。及登第，又以与修《寰宇通志》成，从众庶吉士出授御史。成化间，俞瓒又因此例授主事于户部。盖资稍可进，辄习举业，而译书不复精，徒止为科第之捷径，故争趋者众。天顺八年，彭可斋始建白如制，去取于内，不复送出院矣。

又，卷二 英庙复辟之初，凡与拥戴者皆得升职，谓之“夺门功次”。每早，鸿胪宣谢恩姓名，辄以“夺门”为题，识者闻之，无不嗟惋。予私与彭纯道先生言：“所夺者何门？禁门岂可夺，当时景帝果薨，群臣万姓不能不拥戴上皇以复宝位，何烦用兵蹀血于禁门耶？况当日景帝已拟力疾出视朝，若南宫出稍缓，事即不成，不知石亨辈置上皇于何地？此乃侥幸贪天之功，非万全之策。而今乃以夺门归其功，果何谓耶？”于是彭先生间言于李公元德，公时亦以张轼荐入内阁，未悟至此。及闻此言，亦为悚然，遂于顾对之余，从容言之，上顿悟，即加疏绝。亨辈反怏怏怨望，竟致诛夷，而陈芳洲诸公从此得释。

又 成化辛卯十一月末旬，彗见。廷臣建言皆谓君臣悬隔，情意不通，请时召内阁大臣面议政务。彭可斋先生亦对司礼监官言：“莫谓上不得见，虽诸老太监亦不得见。”以是内臣难于诿拒，乃约一二日间，上御文华殿召见众先生，但初见时，情未浃洽，不宜多言，姑俟再见可说，先生诺之。至期将入，复约如初。既见，可斋言：“天变可畏。”上曰：“已知，卿等宜尽心办事。”可斋又言：“昨准御史建言，减京官皂隶与俸，文职尚可，武官不免怨望，急须传旨仍旧，以慰安之。”上曰：“卿即传旨与该部。”万先生遂呼“万岁”，三人皆同声，叩头，遂命光禄赐酒饭而退，自后再不召见。诸太监乃谓人曰：“常言不召见，及见，无一奇谋至论，止呼‘万岁’。”四方因传为口实，曰“万岁阁老”云。盖中官初惧有所言，戒约至再，后喜无所言，反见讥诮。然先是御史所建言欲减京官皂隶俸，皆承太监黄高风旨，欲以此难京官。不虞武职汹汹，憾欲刺言者，一时莫能救解。及此召见得旨，户、兵二部遂请裁处，卒如旧不减，人情始大安，而言者亦自相庆。使继时召见，则上下交而治功成矣。惜诸公为中官所诳，未及尽言，所以相见何益，后悔无及。予在内阁时，尝欲请面见，万循吉止之曰：“往年彭可斋每面见，一语不合，即叩头呼‘万岁’，不敢尽言。今我辈每事尽言，太监择而转闻，无不允从，胜于面对。”是亦有理。

又，卷三　诸司职掌：凡翰林官九年考满，称俱升二级。然自永乐以来，多止进一阶。……《实录》成，与童皆进左右庶子，杨维新、江东之升洗马。逾年五月，以无翰林兼秩，不得与翰林事，皆怏怏。乃同具本，乞各兼旧秩，且言自祖宗以来，东宫官无有不兼翰林职者。事下内阁详拟。彭先生谓：“初考满议升时，诸公咸愿升二级，宁无兼官。今如所言，是我辈不谙事体，朝廷其谓我何？且西杨先生永乐中自翰林学士升左春坊大学士，亦何尝兼翰林官？岂可谓祖宗以来，无不兼者乎？”遂不许，众益不得意。

又，卷三　李公初入阁，忽睹公会簿无一花字可观，笑谓翰林先生皆不善花字，彭可斋对曰：“此惟一人代书耳，岂不善哉？”是时，惟陈缉熙好代书，缉熙去后，始各自书。

又，卷三　士夫之姓名动静，于朝廷之休戚未必有关涉，然往往有偶然之符。如彭文宪公正统十三年及第，当上表谢恩之旦，以起早，隐几睡重，不寤，竟不及上殿，时谓“元首失了”。明年，遂有驾留虏庭之变，不亦失元首之谶乎？

（明）黄瑜《双槐岁钞》卷五·戊辰登科录　正统戊辰科进士，首甲三人，时称儒道释。状元彭时，安福儒籍。榜眼陈鉴，家本姑苏，谪戍盖州卫，依神乐观道士，年三十四矣，然犹未娶，出家故也。探花则会元岳正，通州漷县人，父府军卫指挥兴早世，生母刘，或曰陈，莫知其姓。幼避嫡妒，居大兴隆寺，故人以释目之。齿最少者香河李泰，父永昌，见任太监，尤为异事。古称谒者监，曷尝有儿，然则泰非邪！旧制，读卷官例用内阁九卿及翰林堂上官，是科预者有掌光禄寺事户部左侍郎奈亨、太常寺少卿兼翰林院侍书程南云、太常寺少卿黄养正，事体之变如此。

（明）黄佐《翰林记》卷十九·显晦有时　《可斋杂记》云：“天顺元年，徐、李被黜，负权宠者语人曰：‘我欲荐彭时入阁，因未与相识，故未果。’其人传言曰：‘可往一见之，彼必喜。’予对曰：‘素不惯往见人。’有相爱者曰：‘今人持重赂求见且不可得，子徒手一见何伤？’予曰：‘承厚爱，然决不能往。’去年当诸公合谋时，有边司历者三次来家邀予，避不敢见。萧郎中聪又谓予曰：‘彼是有力者，使来进用之机在此，今不见后将有悔。’予曰：‘我本无他望，何悔之有？’及入内阁之命下，始知显晦自有时，决非人谋所能与也。”时之自记如此，所谓“持重赂者”，当时士风盖可想见。

（明）黄溥《闲中今古录摘抄》卷一 后正统戊辰廷试前一月，上梦儒释道三人来见，至揭晓，状元彭时由儒士，榜眼岳正幼曾为庆寿寺书记，探花陈鉴幼曾为神乐观道童也。幼年出处，皆形梦兆，岂偶然哉？

（明）王同轨《耳谈》卷三·戊辰科一甲 正统戊辰科一甲三人，时称为儒释道。状元彭时儒籍；榜眼陈鉴神乐观道士，四十尚未娶；探花岳正早丧父，嫡母不容，避居兴隆寺从僧，故云。其齿最少者，香河李泰父永昌见为太监，尤大奇。

又，卷六·彭状元岳会元 正德丁卯冬，永济县一生，梦放春榜，状元是彭时。此语既传众，遂谣云：“不问人知与不知，今年状元是彭时。”时闻大不乐。又一生梦岳正魁多士，正曰：“如梦可凭，已有彭时。”及榜出，会、状各占一名。

（明）焦竑《玉堂丛语》卷四·调护 彭文宪在朝，凡大臣为新进所媒孽者，必反覆辩析，且以爱惜人才之意上达。言官以言语微过被谴，亦必委曲言其不足深罪，赖以全者甚众，人称得宰相体。(《琬琰录》)

又，卷五·长厚 彭文宪公荐人材，未尝私以语人。言官以言语微过被谴，亦必委曲言其不足深罪，赖以全者甚众。

又，卷六·事例 彭时《杂记》：“戊寅年二月，上圣烈慈寿皇太后尊号告天下，诏草已进，予谓李公曰：‘此事宜有恩典。’李曰：‘先年两赦，数赦非所宜。’予曰：‘非赦也，但行优老之政。欲朝官父母七十者，与诰敕，百姓年百岁，与冠带，是老吾老以及人之老也。如此恩典，斯与上徽号相称。’李公甚喜，因共拟仁政数条呈，上大悦，命即行之。”

（明）沈德符《万历野获编》卷十五·科场·廷试 正统戊辰科会榜后，即喧传谣云：“莫问知不知，状元是彭时。”及廷试彭文宪果为龙首，不三年而入内阁。

（明）李绍文《皇明世说新语》卷六·术解 彭时及第明年，颁己巳之朔，观其书，二至夏昼冬夜，各六十一刻。退而求古，诸家历法无有也。因问司历，某先生答曰：“历者圣王所先本也。苟以私智拨之，能无摇其本乎？”未几，有土木之变。

著　作

（明）黄佐《翰林记》卷十一·纪时政　是时，又有《可斋杂记》，专纪在已见用之事，而本院故事多在焉，则大学士彭时笔也。

又，卷十二·总裁　《英宗皇帝实录》总裁为少保吏部尚书兼华盖殿大学士李贤、礼部尚书兼学士陈文、兵部尚书兼学士彭时。……《大明一统志》总裁为吏部尚书兼学士李贤、太常寺少卿兼学士彭时、学士吕原。

（清）黄虞稷《千顷堂书目》卷三·小学类　彭时《韵书正误》。

又，卷四·编年类　《续宋元资治通鉴纲目》二十七卷（成化九年敕修，遵朱熹《资治通鉴纲目》例纂宋元二史，上续其书，总裁大学士彭时，户部尚书商辂，兵部尚书万安）。

又，卷五·别史类　彭时《可斋笔记》二卷。

又，卷六·地理类上　《大明一统志》九十卷（天顺五年四月，吏部尚书李贤，学士彭时，吕原等同修）。

又，卷十一·儒家类　彭时《正学阶梯》一卷。

又，卷十五·类书类　又《再续百川学海》八十卷：……甲集卷一《正学阶梯》（彭时）。

又，卷十五·类书类　又《史流十品》一百卷：……卷十三《可斋杂记》（彭时）。

又，卷十九·正统戊辰科（十三年）　彭时《彭文宪公集》四卷（字纯道，安福人，一甲第一人，一作八卷）。

又，卷三十·表奏类　彭时《彭文宪奏疏》一卷。

（清）张廷玉等《明史》卷九十七·志第七十三·艺文二　彭时《可斋笔记》二卷。

又，卷九十九·志第七十五·艺文四　《彭时奏疏》一卷、《文集》四卷。

（清）纪昀等《钦定四库全书总目》卷一百四十三·子部五十三·小说家类存目一·《可斋杂记》一卷（浙江巡抚采进本）　明彭时撰。时字纯道，安福人。正统戊辰进士第一。官至文渊阁大学士。谥文宪。事迹具《明史》本传。此书述其生平阅历，始正统乙丑，在国子监肄业，多称李时勉善教事。次叙廷试第一及入翰林事，多陈梦兆机祥及诸琐事。次记景泰初入内阁事，所载英宗北狩，额森内侵，夺门复辟，曹吉祥谋逆，皆甚寥寥，王文入相事独详。叙周、钱二太后并尊及钱太后祔庙事，往反曲折尤悉。盖平生经济在策项忠一事，平生大节则在此一事。证以本传，一一相合，知非诡词以自炫。惟称景泰初内外所御以于谦、陈循同功，似非公论。又记张英、刘长子之冤，以时方省亲，自家至京，不及申救为解。然其后时在内阁，亦未闻申攘功之诛，正骫法之罪，仅以笔记存公论，殊无谓也。时本贤相，殆以此自识其过乎？

又，卷一百七十五·集部二十八·别集类存目二·彭文宪集四卷（江西巡抚采进本） 明彭时撰。时有《可斋杂记》，已著录。其集原本十卷，岁久散佚。此本乃其六世从孙笃福所刊，掇拾残剩，取盈卷帙，不足见所长矣。

评　论

（明）黄佐《南雍志》 少保彭文宪公时（江西安福人，正统戊辰状元），自少端重寡言（寡言为人德行之门。公位居鼎铉，终身无惰行，盖始终如一者也）。笑，奋励读书。

（明）杨守陈《彭文宪公文集原序》 安成文宪彭公卒既七载，厥子尚宝司丞颐集录其文成若干卷示守陈，俾序之。守陈官翰林，于公尝为属，义不可辞，然未能遽作。兹司丞谒假归，欲勒是文于梓，若不可缓者，乃序之曰：

古今文至众矣，创意立辞者，固人人异。后或扩而章之，或蹈之，或攘之，亦莫能同，大抵本乎资，得乎学，乘乎时与位之故耳。公少也静默庄重，得从父佥宪公贯陶而器之。暨发解，入国监，又炙于祭酒李忠文先生，故其汲蓄负抱迥迈乎流俗。乃擢殿元，拜翰撰，仅数载遂入内阁，优游于宥密之地，容与于恬熙之时者，殆二十稔，屡陟显阶，穹秩极于火保，自昔殿元之遭，鲜逮焉者。方是时，文声籍籍，内之贵戚重臣，外之雄都壮县，下之右闾豪室，欲假文以炫前熿后者，奔赛于其门，故恒为记序碑表铭赞题跋之属，以阐德揭勋，厉职奖俗，张吾圣明之治化。若昔人《僮约》、《宾戏》、《九歌》、《七启》、《子虚》、《思玄》之体无，自而发其辞皆尔雅而周详，坦缓而和易，未始有怪僻率略、险躁愤难之态，盖其资懿，其学端，其时泰，其位崇，故其文有不得不然者，一时能文之士畴敢望之。然此未足以究公也。嘉禾植于崇冈之土，雨膏而日煊之，其葩花烛乎群目，固非幽芳冻秀所可伦也，抑人之籁其饪、嚼其食者，不既多乎？览兹集者，尚有论于斯。

成化十八年夏六月吉旦，赐进士出身奉训大夫太子洗马兼经筵讲官同修国史前翰林侍讲、四明旧属杨守陈序。

（录自［明］彭时《彭文宪公文集》附录）

（明）邹守益《彭文宪公奏疏原序》 先儒谓：“《春秋》者，乃圣人严名分、谨灾异之书也。”余尝取而读之，无论乱臣贼子，诛之不少假借。即日食地震、彗孛雨雹之变，亦皆大书特书。何也？盖君臣父子大伦也，春秋之时，迹熄而伦斁矣。圣人不严为救正，何以峻天下之大防？灾异谴告天心仁爱人君也。使遇灾而讳言之，彼将肆然漫无所忌，又何以昭天下之大戒？善乎，司马迁曰："为人君父而不知《春秋》，则蒙首恶之诛。为人臣子而不知《春秋》，则犯无将之戒。"斯言也，谓古今之名言，非欤？

吾邑故太师文宪彭先生为正统戊辰廷试第一人，不逾时被命典机务，先后出入馆阁垂二十年，其相业彪炳，载在史册者详矣。诸所献替，形于奏议，总计十七篇，其间如乞终制、乞归省、乞正慈懿陵庙者疏各一，论地震、论彗孛、论天下不雨雪及水旱者疏七上。呜呼！先生胡若是，凡以正伦而惧灾也，其真得《春秋》之遗意乎。夫人臣当宠眷之隆，其心惟恐一日去朝廷，况得藉口于夺情，又值□庭之无恙，先生曰："身为宰辅，长百僚而忘亲，吾将以何者教天下！"于是断然去之而已矣，继母之制可终也。宁违帝命，不敢以戾名教，一日之养当爱也。宁薄三公，不以易甘瀡。惟是自尽其仁人孝子之心焉耳。不然，予之短丧，圣人之罪，其忍许？世子之不尝药，《春秋》书其弑，是不亦大可惧耶！凡臣子处并后匹嫡之朝，最难言也。故袁盎却慎夫人之坐席，史氏啧啧诵美。我慈懿南面称后者已十余年，乃死不得合寝而祔庙，人将以薄嫡议帝矣。先生能为继母重，而不能使帝重其嫡，则将焉用彼相哉。故惓惓引汉宋故事力争之，即批麟犯忌而不恤，非《春秋》重硕人之大义欤？且喜祥瑞而厌灾异，人主之常态，然佐天子以顺四时、理阴阳者，相之责也。即人主之所喜闻者弗克匡救，又从谀之，则白雀朱草、祥云瑞麦之诵盈庭矣，如辅导何？故《春秋》不书祥而书异，将使君人者克谨天戒，修德以弭灾耳。先生熟于《春秋》者，见宁不及此？是故魏高平之佐汉，李文靖之相真宗，日所切奏，皆四方灾变水旱。彼二公能若是，先生独有出其下耶？故当时求所以应天者凿凿，皆以实而不以文。夫观终制之乞，归省之告，是不以宠利遗亲也。观先生之孝，而于处慈懿、上灾变，帝不至于薄母而慢天也，可以观先生之忠。孝以本之，忠以运之，夫是相业并三杨，俨然昭代宗臣也，有由然哉。余故曰："《春秋》者，圣人严名分、谨灾异之书。"先生告君，尤得《春秋》之遗意云。噫，先生殁若干年矣，程侯舜敷阅其集，谓其从侄孙靖州刺史石侯者曰："太师立朝多慷慨，集中独缺奏议，何也？"刺史乃得遗稿于敝簏中，倪侯为之弁其端，复授简命余叙焉。呜呼！先生其秘之若有所俟耶。

嘉靖十三年秋八月，赐进士及第中顺大夫南京国子祭酒前太常寺少卿翰林院编修国史经筵官、同邑后学邹守益序。

杂　　录

（明）彭时《彭文宪公笔记》　正统十年乙丑会试，予中副榜不就，与诸副榜并下第者九十余人俱入太学。是时古廉李先生时勉为祭酒，赵先生琬为司业。李先生严毅正大，极意造就人才。初至，令坐堂一月，乃散处于厢房，列格、致、诚、正四号房中，有家室者居外，晨入馔堂读书，俱朔望升堂。其四号督励尤切，夜读务尽二更，将五更，复令膳夫提铃循门唤起读书，或自潜行以察勤惰，无灯者令人暗记，明示责罚。自是灯光达旦，书声不绝，学者感激相劝焉。先生多宿厢房，每隔三五夜必召予同乡二三人侍坐谈话，先生端坐俨然，或说乡曲旧事，或论诗文，言简而确，婉而有味，听者忘倦，每至更深乃已。别时必曰："话久误工夫，自当退补。"且曰："三更是阴阳交代时，读书宜二更即止，不可过此时，过则次早无精神。"其爱人多类此。

助教季洪尝为予言，前岁李先生因除庭树被罚。是日先生方坐东堂阅试卷，而锦衣官校猝至前，即掩卷起身，免冠解带受缧绁，合监师生来观，皆惊愕失色。先生神色自若，徐呼诸生近前与语，曰某人某处讲是，某处非，某人今次稍胜前，某人比前不及。因顾僚属曰："还，校定高下出榜。"语毕乃行。已而枷置监前，监生三千余人上疏救解。有石大用者，又独具本，愿代枷，事乃释。因相与叹息其事，谓先生平昔涉历艰险，操存有素，故福祸不足以动其心。如此，真有古人气象。而石大用义气激发，于侪辈中亦不可多得。然非先生感人之深，何以致此者乎！

是年夏，先生引年致仕，及秋而行，诸生用旗帐鼓乐群送，出崇文门，至城东南乃别。百余人同予送至通州，候发舟然后归，无不泣下者。是举前此所未有，是足验先生得人之深也。

学正魏龄，潮州人。初至，尝侍古廉先生曰："昨听选部中，见群众相语，但问某处地方好，某处地方有出产，不闻一人以施政教方略为言，皆若此，天下安得治？"先生闻其言甚喜，间谓予曰："新学正有识，能言人所不及也。"因诵其语云。比行，又备与萧先生言之。魏后复姓李，守官清白，独不受诸生贽礼，果不负先生之待意。

丁卯冬，湖广永济县进须知官，在途梦开黄榜，第一名彭某，国子监生。某人至京，言于永济监生张本端，本端访知予姓名，骇异，数与朋辈言之。时本端历问："尔同乡某文学何如？有人梦渠魁黄榜，且记看验之。"庶瞻见予道其语，且颦蹙曰："惜乎！太泄露了。"予曰："梦中事，何足凭，置之勿言。"又一朋友谓岳季方正曰："吾昨梦见贤兄魁多士，可贺。"季方曰："若梦可信，则已有人梦彭某作魁矣。何必我？"其人戏曰："明年会试、廷试有两魁，二君各占其一可也。"已而果然。夫科举固前定，然于人何预而见于梦，此其理不可晓。是时，士友中相传有童谣，云："众人知不知，今年状元是彭时。"亦不知何自而起。

予侥幸及第，除修撰，同年陈缉熙、岳季方俱编修。谢恩后，即诣阙下拜先生，时曹鼐、陈循、苗衷、高谷四先生俱已侍郎兼翰林学士，下至孔目，皆出钱置盛筵于后堂，用教坊乐，学士列坐于上，予三人坐前之左，讲、读坐前之右，余皆傍坐，谓之庆状元。盖公宴之盛，又诸衙门所无。后月，予三人同回席，比前务加盛，予出钱倍二公，亦循旧典故也。

翰林同寅皆尚齿，与诸司不同，然必以类分，学士自为一类，侍读、侍讲自一类，修撰、编修、检讨自一类，等级截然不少紊，盖其所从来久矣。翰林官惟第一甲三人即除授，其余进士选为庶吉士，教养数年而后除，远者八九年，近者四五年，有不堪者复改授他职，盖重其选也。然职清务简，优游自如，世谓之玉堂仙，好事者因谓一甲三人为天生仙，余为半路修行，亦切喻也。

己巳八月，车驾北狩。郕王监国，于午门外视朝。百官纠劾奸臣误国者，方读弹文，未起，锦衣卫指挥马顺从旁叱各官起走，给事中王竑遂起，先捽马顺首，曰："此正是奸党，当除去。"监国退，百官用拳脚击马顺至死，又击内官二人，各官义气愤发至于如此。是日，予居忧未出，闻之惊骇，盖土木败绩，固非常之变，而此举亦非常之变也。八月二十九日，予居忧，忽校尉至门，宣唤入朝。有令旨着商辂、彭时与陈循每同办事。时具启辞，不允，令专心办事，内臣促送入内阁乃去。是日，文武百官具本伏文华门，请郕王即位。王再三辞让。尚书王直、于谦、陈循等咸以宗庙社稷大计为言，力请不退。会太后命亦下，乃许以九月初六日即位。盖是时人心危疑，思得长君以弥祸乱，故不得已为此举，亦事之变也。

十月十日，虏酋也先纠众拥太上皇帝入关，直造城下，索大臣王直、胡濙、于谦出迎，众知其诈不出，乃遣通政参议王复、中书舍人王濙充大臣出迎，亲见太上，谕二人曰："彼无善意，汝等宜急去。"二人方回，而虏骑四面剽掠，势亦张大。于是兵部尚书于谦等督率总兵分营频与战，互有杀伤。连战二三日不退，陈公循乃请写敕，调各边精骑入卫，又请写圣旨榜文数道，谕回回、达达并汉人有能擒斩也先来献者，赏万金，封国公，冀以疑其心。至于十四、五日，也先果先遁去。是时，居内阁者咸未明而入，抵暮方出，勤劳比他日为甚，而内外赞画防御，陈、于二公之力居多。

景泰元年庚午八月十五日，也先遣兵奉送太上皇帝还京。因思晋怀、愍，宋徽、钦，不能无遗憾于千古。而我太上独得其悔过，奉送南归，岂圣德有所感动而然耶，抑虏人计穷而为此也。臣子之愤于是乎可少舒矣。

景泰数年中，敬礼大臣，宽恤民力，赏罚亦无甚失。独易储、废后二事为害义，所以失人心者在此也。

束鹿王公，自正统中任都御史，甚有名誉，晚与中贵王诚厚相结纳，欲入内阁。是时阁下已有陈、高、萧、江、商五人矣，而王难言，私以语高，高遂为具奏添人，有"不拘烦剧闲散"之语。及会议，陈不知其意，谬曰："我于烦剧中举萧维祯。"高遂曰："我举王公。"奏上，果用王。当时人皆骇愕，多咎陈欲私乡人，故激成此事，然不知陈无意而高有意也。高之意惟商公知之。商语予如此。

岁丁丑改元天顺。是年正月，太监曹吉祥、武清侯石亨等与副都御史徐密谋举兵，迎太上皇帝复位，执于谦、王文、范广杀之，罢黜陈循等十余人，充军为民，罪其迎外藩也。然实无此事，特诸人欲张己功，假此以为名云。

天顺元年九月初三日，上御文华殿，召臣时入见。令近榻前，问曰："尔是正统十三年状元邪？"时对曰："臣不才，误蒙圣恩拔擢，至今感戴不忘。"因叩头者三。又问曰："第二名陈鉴，第三是岳正。"时对曰："是。"又问："今年几何？"对曰："臣犬马齿四十二。"上笑曰："正好用，出外吃酒饭去。"时叩头退，已而命下，着文渊阁办事。先事内阁用徐有贞、许彬、薛瑄。二月，升李贤于许、薛上。六月，徐、李为事，薛瑄致仕去，用岳正、吕原与许彬三人。七月，岳为事，许亦罢黜，复用李贤、吕原，至此乃增时为三人。盖当时进退甚轻，希冀者众，不意复及时也。惟时先见而后出命，岂惩前之未审欤？

是年，徐、李被黜，负权宠者语人曰：“我欲荐彭某入阁，因未与接识，故未果。”其人传言曰：“可往一见之，彼必喜。”予对曰：“素不惯往见人。”有相爱者曰：“今日持重赂求见不可得，尔徒手一见何伤。”予曰：“承厚爱，然决不能往。去年当诸公合谋时，有沈司历者三次来家见邀，予避不敢见。”萧聪郎中又谓予曰：“沉是有力者使来，进用之机在此。今不见，后将有悔。”予曰：“我本无他望，何悔之有？且去年既自守不徒见，今往见之，虽进亦可耻也。”是时，李宜人闻此言亦曰：“官自来为好，不然虽做尚书，亦何足为荣。若无事，只如此过亦足矣。”予甚重其言。及入阁之命下，始知显晦自有时，非人谋所能与也。

文渊阁在午门之内之东，文华殿南面砖城，凡十间，皆覆以黄瓦。西五间中揭文渊阁三大字牌扁，牌下置红柜，藏三朝实录副本，前楹设櫈，东西坐，余四间背后列书柜，隔前楹为退休所。李公自吏部进，以傍坐不安，令人移红柜壁后，设于座。予曰：“不可，闻宣德初年，圣驾在此坐，旧不设公座，得非以此耶？”李曰：“事久矣，今设何妨？”予曰：“此系内府，亦不宜南面正坐。”李曰：“东边会食处与各房却正坐，如何？”予曰：“此有牌扁，故为正，彼皆无扁故也。”李曰：“东阁有扁，亦正坐，何必如此？”予曰：“东阁面西，非正南也。”李词气稍不平，曰：“假使为文渊阁大学士，岂不正坐乎？有居是官而不正其位乎？”予曰：“正位在外诸衙门则可，在内决不可。如欲正位，则华盖、谨身、武英、文华诸殿大学士将如何耶？盖殿阁皆至尊所御，原设官之意，止可侍坐备顾问，决无正坐礼。”李公语塞，然犹未已。逾数日，上遣太监傅恭送铜范饰金孔子并四配像一龛来，遂置于中间。又数日，遣太监裴当送圣贤画像一幅来，悬于龛后壁上，乃罢不设坐。盖李为人好自尊大，往往不顾是非，直行己志如此。

戊寅年二月，上圣烈慈寿皇太后尊号，诏告天下。诏草已进讫，予谓李公曰：“此事前所未有，宜有恩典及人。”李曰：“先年两赦，数赦非所宜。”予曰：“非谓赦也，但行优老之政为宜。若朝官父母年七十者与诰敕，百姓年百岁与冠带，是即老吾老以及人之老意思。如此恩典，斯与上徽号相称。”李公喜曰：“是，好。”因共拟仁政数条进呈。上大悦，命即行之。比见上英明大度，乐用人言，真圣主也。颁徽号诏毕，上御文华，召时等三人近前，赐银两、表里有差，仍亲自授与，和颜慰勉。其鼓舞臣下有如此，令人感激不能忘也。

是年十月十日，扈驾校猎南海子。海子距城南二十里，方百六十里，辟四门，缭以崇墉，中有水泉三处，獐鹿雉兔不可以数计，籍海户千余守视。每猎则海户合围，纵骑士驰射于中，亦所以训武也。是日，扈从官皆蒙颁赐獐鹿雉兔，而内阁三人比诸人差厚云。

已卯四月六日，有圣旨，赐大臣游西苑。苑在宫垣西，中有太液池，周十余里。

池中驾桥梁以通往来。桥东为圆台，台上为圆殿，殿前有古松数株。其北即万岁山，山皆太湖石堆成，上有殿庭六七所，最高处乃广寒殿也。池西南又有一山如之，最高处为镜殿。此皆金、元时所作，其余殿亭皆金制。而西稍南曰南台，则宣庙常幸处也。是日赐宴于此，群臣沾醉而归。臣时已记其详，此特其梗概云。

五月五日，赐文武官走骠骑于后苑。其制：一人骑马执旗引于前，一人驰马继出呈艺于马上，或上或下，或右或左，腾掷�捷，人马相得，如此者数百骑。后乃为胡服臂鹰走犬围猎状终场，俗名曰“走解”，而不知所自始，岂元之遗俗欤？今岁一举之，盖以训武也。观毕，赐宴而回。

七月，赐尚书王翱、马昂并内阁学士三人游南城，中有宫殿楼阁十余所，皆宣庙与上游幸处也。是秋，新作行殿一所，东为苍龙门，南为丹凤门，中为龙德殿，左右曰崇仁、广智，殿之北有桥，桥皆白石雕，水族于其上，南北有飞虹、戴鳌二牌楼，东西有天光、云影二亭，又北叠石为山，曰秀岩山，上有圆殿，曰乾运，其东西二亭曰凌云、御风，山后为佳丽门，又后为永明殿，最后为圆殿，因流水绕之，曰环碧。移植花木，青翠蔚然，如夙成者。既毕工，乃命学士李贤、吕原暨时往观焉，受命预行者，太监裴当也。宴毕乃回，时谨记于此，庶不忘上恩云。

庚辰四月六日辰刻，上御南薰殿，召王翱、李贤、马昂、彭时、吕原五人入侍，命内侍鼓琴。鼓琴者凡三人，皆年十五六者。上曰：“琴音和平，足以养性情，曩在南宫，自抚一二曲，今不暇及矣。所传曲调得于太监李永昌，永昌经事先帝，最精于琴事，三人者皆不及也。”贤等曰：“由此不辍，亦可精妙。”因皆叩头曰：“愿皇上歌南风之词，以解民愠。幸甚。”上起，人赐厢鹤顶博带一条，皆亲举授。五人者皆叩头而出。

十月二十二日，上御西苑，阅将臣骑射，召时等五人侍见。所阅皆侯、伯、都督、指挥。指挥隶三营把总，管操者总兵官。会昌侯孙继宗、广宁侯刘安、怀宁伯孙镗、都督赵辅，具名籍进呈。令逐一驰马射箭，以三箭为率，上亲按籍记中否。有中二箭、中一箭者，其有不中而引弓发矢可观者，比中例。试毕，赐钞有差，而总兵暨时五人各赐钞一千贯。十二月，阅御马监勇士骑射亦如之。先次有二三人畏避不赴者，罪黜之。自是将士咸感德畏威，知所奋励云。

是年春，廷试，进士第一甲得王一夔等三人。后数日，上御文华阁，召李贤谕曰：“永乐、宣德中，常选庶吉士教养待用。今科进士中，可选人物端正、语音正当者二十余人为庶吉士。可止选北方人，不用南人。南方若似彭时者方选取。”贤出以语时，时疑贤欲抑南人进北人，故为此语。因应之曰：“立贤无方，何分南北。”贤曰：“果上意也，奈何？”已而太监牛玉复传上命如前，令内阁会吏部同选。时对牛曰：“南方士岂独时，比优于时者甚多也。”牛笑曰：“且选来看。”是日，贤与时三人同诣吏部考选，得十五人，南方止三人，而江南惟张元祯得与云。盖上自复位以来，明照百辟，不轻选任，而时不才，独轸圣怀如此，感激于中，何可忘也。

辛巳年七月二日，昭武伯曹钦反。钦，乃太监吉祥犹子也。吉祥在宣德、正统中屡领兵出征，麾下多达官，骁勇善战，结以恩惠久矣。天顺元年，与石总兵成迎复功，亦恃有此，钦以此骤升伯爵，颇骄恣。锦衣衙指挥逯杲发其事，稍裁抑之，遂有反谋。适朝廷遣兵部尚书马昂、怀宁伯孙镗征西，早朝，谋领达官突入为变。达官中有曰马亮者知之，夤夜，诣至恭顺侯吴瑾家言之。瑾以告孙镗，具本达于上，朝门未开而反者至矣。杀逯杲并寇都御史，取其首，举火攻门，纵横于门外，势可畏，朝官多避匿不敢出。惟李贤一人被执，贼党屡挟之以刃，得不死。比明，孙镗会合出征官军御之，战于四牌楼，抵暮乃平之。吴瑾以战死。当是时，变起仓卒，在营将士散处于家，且无甲胄器什，非孙镗有西行之卒，何以御乱不测，然亦岂非宗社有灵使之然欤。或谓迎复之举，曹、石二家为首事，虽顺而行之以逆，伤国体、坏朝政多矣。不三年而石败，又三年而曹败，虽迟而受祸尤烈，报应之理，为甚明也。乱臣贼子可以鉴矣。

甲申正月朔日以后，上不豫，犹每日裁决万机如常。至初十，来疾大渐，乃处置后事。命太监牛玉执笔，口占使书：其一东宫即位过一百日成婚，其二定后妃名分，其三命勿以嫔御殉葬，其四殡敛器服。语意详尽，皆合天理，当人心。书毕，且命牛曰：“将去阁下看，令为我润色之。”既至，臣时等惊愕曰：“何至是？”牛曰：“上意亦谓事不可测，且说下，不用何妨？”臣等钦诵毕，皆叹曰：“所言皆大体，非英明不能及此。而止殉事，尤高出古今，真盛德事也。不须润色。”言毕，时不觉泪下。牛备以前言复命，且曰：“彭某尤悲怆。”上闻之亦陨涕，已而曰：“且收着，待我去后遵行。”次日，牛出道其详，因曰：“上英伟，从来不堕泪。今若此，事可知矣。”至十七日遂崩。呜呼，痛哉！谨志其略，用彰圣德之高致云。

次日早，储皇披发髽素出后右门，召内阁学士李贤、陈文暨臣时并文武执政大臣至前，言曰：“父皇宾天，尔等尽心辅佐。”因泣下。群臣皆俯伏号哭，良久乃起，叩头而退。是日有圣旨，命太监刘永诚、夏时、傅恭、牛玉，会昌侯孙继宗，怀宁伯孙镗，尚书王翱、李贤、年富、马昂，侍郎陈文并时为计议官，公同计议，处置军马重务，遵宣德十年例也。预者皆荷银币之赐。

二十三日，议上两宫尊号。内臣夏时怀逢迎心，倡言曰：“钱久病，只尊所生母为太后。”李曰：“今日合遵遗命，景泰年事不可法。”时曰：“李言是。朝廷所以服天下，只要正纲常。今为此举，反遗所当尊，岂不乖大义，失人心，于圣德所损多矣。”李言：“是。”夏曰：“待请命。”既入，少顷出传仁寿宫旨曰：“子为皇帝，母当为太后，岂有无子而称太后耶？宣德中自有例。”李色变，知事不成，因目时曰：“尔执笔。”时曰：“今日事与宣德年不同，胡后曾上表让位，退居别宫，故正统不加尊号。今日名分固在，岂得不尊？”夏曰：“既如此，便照例写让表。”牛亦助其言。时曰：“正统、天顺初未曾如此行，今日谁敢擅写？为臣子者，若阿谀顺从，是万世罪人也。”同议者心知不可，皆不发言。夏见诸人不言，乃作色，厉词曰：“你每偏向怀二心，恐追究来不好！”时拱手向天曰：“太祖、太宗神灵在上，谁敢有二心？钱娘娘已无后，何所利为之争？所以不敢不极言者，为全皇上圣德，非有它也。若推大孝之心，则两宫同尊为宜。”众乃皆曰：“如此是好。”夏色少怡，乃请命。良久出曰：“得上位再下劝谕，已蒙俞允矣。”时执笔将书，又曰：“须照上圣例加二字，不然何所分别？”夏曰：“既是同尊，如何又要分别？”时曰：“得二字好称呼，非有尊卑于其间也。”众曰：“然。”乃以“慈懿”二字加其上。是日同议，惧逆夏意有后患，隐默不言，惟李开端，时极力继其后。赖皇上孝事两宫如一，故能委曲劝谕，仁寿以成大礼，仁幸之德于兹可见。以后数日，太监覃包至阁下，言曰：“同尊二母是上位本心，但屈于亲母有难言者，而不知礼之人且欲逢迎于其间，非二先生且误大事，为人臣正当如此。彼嘿嘿者徒享厚禄，何为？”时同僚有未发言者，面听覃语有惭色。

营造山陵，时与同僚李、陈计曰：“前日事费周折如此，今玄宫且从权作三位，庶日后两全其美。”李曰：“然。”遂具疏言之。已而内臣传旨曰：“所言固有理，但洪武以来制度只双穴，未可轻易为，仍令诸大臣同议。”及议，夏太监坚言不可，众顾望不言乃已。

成化元年乙丑二月，礼部请上择日行耕籍田礼，在山川坛之南。十七日早，上率百官祀先农毕，释祭服秉耒三推，户部尚书马昂捧青箱后随，京府耆老二人驭牛，二人曲躬按犁辕，教坊乐工执彩旗夹陇歌讴，一唱百和，飐旗而行。上秉耒三往三返如仪，殊不以为劳。既毕，乃坐。三公九卿助耕亩，公五推，卿九推，各用耆老一人傍犁而行。是日，时在九卿之列也。俱耕推毕，教坊向前呈应，用田家典故。观毕，乃赐宴而回。时生长未亲农事，至是始知犁之入土浅深系乎举手低昂，事非习不能，于此可见矣。

三月初十日，上幸太学，行释奠先师礼，用大臣八人分献，时分献西哲。礼毕，上坐彝伦堂，赐文武三品以上并学士左右侍坐。祭酒司马恂、司业张业以次进讲。讲毕，赐茶，乃行。先数日阴雨，至是乃开霁，车驾往来，无一点尘埃。观者咨嗟，以为正协文明之象，实圣德感通之兆也。

北方流民屯聚荆襄山中，以数十万计。有往邓州劫李氏财物者，有司捕之急。因拒敌，官军杀数人，遂纠众反。贼首千斤刘、刘长子、苗龙、苗虎等，以石和尚为谋主，势甚猖獗。事闻朝廷，命尚书白圭、抚宁伯朱勇同唐太监率师往征之。至南漳，湖广总兵李震率土兵来会，方议进取，贼拥众出。抚宁伯有疾，白公督李震分道截遏，一鼓挫其锋，贼退保巢寨，官军乘胜进攻，破之，擒千斤刘并苗龙等。石和尚、刘长子以计脱走，深入险阻。抚宁病愈，自领兵搜剿。有襄阳艾总旗者，隶都督喜信、指挥张英部下，一日忽遇刘长子，欲杀之，艾曰：“官军即寻石和尚，于尔无干，你若能擒石和尚，必重有升赏。”约与俱见张指挥，张具酒食劳之。长子信以为然，遂入山擒石和尚，出诣军营，则诸将争功，忌张英，以得贼赃为名捶杀之。仍以刘长子、石和尚为俘获，献于朝廷。法司依原奏鞫罪，刑于市。众知其故，多为张英、刘长子称冤，法司虽知，无从辩正，竟杀之。噫！为此者，何其不仁至是哉？予闻其详如此，故记之。盖论杀长子后，予方以省亲自家至，亦以不及救为恨。

广西大藤峡蛮贼久为害，近年流劫两广尤甚，议者咸谓宜调兵往征。然自永乐以来，但能围之使不出，未能破其巢穴。及是都督赵辅、佥都御史韩雍与内臣往征之，用土兵为先锋，出奇计，破其巢穴。谓其中蟠亘数百里，山涧险阻，而桂州崖、九层楼尤险峻，官军直抵其上，磨崖纪岁月而还。闻者皆以为百世功，赵获封爵实以此。然班师未久，而贼复出，乃知前所获者多贼党，而真贼避匿者又出。识者有遗恨云。但赵都督领兵往还，纪律严明，军士在涂秋毫无犯，非他将可及，为可重也。

戊子六月二十八日，慈懿皇太后上仙。次日，内臣傅恭、夏时同司礼监传旨，左右皆不敢对。时与商、刘二学士后至，又问如前。时对曰：“此一定礼，何可议者？梓宫当合葬裕陵，神主当附庙。”礼部尚书姚夔乃曰：“此是正理。”内臣怀恩心知其正而不敢言，夏时独曰：“不可，慈懿无子且有病，岂可入山陵！只可比胡后例，葬西山。”时曰：“太后母仪天下近三十年，为臣子者岂忍议别葬。此事关系非小，一或乖理，何以示天下？”内臣不以为然，曰：“且散，待请旨再议。”时退谓同僚曰：“此事当力争，不可使上有失德。”二公曰：“然。待他人先言，吾辈赞成之，先言触怒，则事不可为矣。”时曰：“如此固当，倘无人言如何？”已而，上御文华后殿，召臣时三人并诸内臣至前面议。上曰：“慈懿娘娘葬礼当何如？”时对曰：“只合依正礼行。”上曰：“朕岂不知依正礼是，但于周娘娘有碍，故令你等讲，务要处得合宜。”时曰：“皇上孝事两宫，圣德彰著，今奉梓宫合葬裕陵，以全圣孝为宜。”商曰：“外议汹汹，若不附葬，则人心不服，且于圣德有损。”刘曰：“孝子从义不从令，虽圣母有言，亦不可从也。”上默然良久曰：“合葬固是孝，若因此失娘娘心，亦岂得为孝？”时曰：“皇上大孝当以先帝之心为心，先帝待慈懿娘娘始终如一，今若安厝于左，虚其右以待后来，则两全其美，庶不失先帝之意。”夏曰：“此先阁下议作三位已不允，今如何行得？”时曰：“彼时虑有今日，故预为此议。今须依此处置为宜。”上虽未允，而色和无怒容。时因曰：“臣等意未尽，欲具本言之。乞皇上再三申劝圣母，以终大事。”上曰：“进本来看。”当晚时等具本进，在旨，令百官议。明日，礼部集公、侯、驸马、伯、文武大臣议，皆云时等言是。时内批未允，犹欲别择地。于是百官伏文华殿号泣不已，声闻于内。内臣传旨谕众人退，皆应曰：“不得命不敢退。”时与商、刘进曰：“人心如此，天理所在，望朝廷俯从群情。”于是内批谕群臣云：“卿等昨者会议，大行慈懿皇太后合附陵庙，固朕素心，但圣母疑事若有妨，未即俞允，朕心终不自安，再三据礼祈请，圣慈开谕，特赐允诺，卿等其如前议施行，勿有所疑。故谕。”众闻命咸称万岁。盖此事非上曲全孝道，何以致此，真圣德主也。

按，慈懿皇太后当合葬裕陵，神主当附庙，所以体先皇笃夫妇之懿，昭今上全母子之情，事关纲常，不可有失，贻万世讥。彭时以此言力为固诤，而宪宗亦曲全孝道之美，皆可为万世法矣。

是年五月间一日，大风雨，萧墙以西若雷电声，有在地拾取观之，皆黄泥丸子，圆净坚实，如樱桃大，破之，有硫黄气。刘学士在阶西取数丸示予，非亲见者不信也。以此观之，二气变化何所不为。

七月间，陕西奏报，平凉府开城县土达满四纠众大恣劫掠，势甚张。时疑此徒服役久，今忽反，必有不得已者。请敕镇守官军，问激变之故。行阃参将刘清御贼败绩。

报至，兵部请命陕西、宁夏、延绥三处合兵杀贼。已而声息益急，复请调京军往，以都督刘玉总兵，副都御史项忠提督军务。项未至，陕西、宁夏二处官军不待延绥兵至轻进，大败，死者数千人，军器悉为所得。报至京，舆情惊骇。是时贼虽再胜，闻朝廷遣将出师，遂退石城山顶。刘领兵近山，分为七路围之，戒前失，深沟高垒，不轻与战。有副将毛忠，恃勇自领锐卒登山仰攻之，复败衄。京师士夫闻失副将，益危惧，以为安史复出。兵部尚书程信恐刘不胜任，辄请命抚宁侯朱勇再领京军及边兵四万以往。命以下，抚宁难其事，奏定赏格，谓生擒贼首一人，与世袭指挥使，赏金五百两，银数千两，共擒者赏亦然。时见其张大，欲止之，然难于遽止，请命姑整军装，待有急报启行。至十一月，项知贼被围，守已困，闻已别命将，亦不敢止，但奏宜令总兵星驰赴援，倘不日破贼，则一面奏报止兵。奏至，上命太监怀、许、黄三人召兵部于阁下计议，程曰："事急矣，行不可缓。"时曰："前者贼四出攻劫，诚可骇惧。今日依山自保，我军围守甚固，不一两月贼必穷困，可擒取也。京军何用再行？"商助予言曰："观项布置，贼不必忧矣。"程意不平，曰："项今退在平凉，亦不可知何谓为固守耶？"尚书白圭、侍郎李震相视不言，时曰："彼分布已定，无故何以退？且京军行何时可到？"程曰："来年二三月。"时曰："以如此则缓不及事矣。事之成败，只在岁中，然以项奏词观之，胜可必矣。京军不行为宜。"诸太监皆曰："然。"因问边军去否，时曰："边军亦不必去。"商曰："边军去，无害也。"乃令边军行，留京营军将不遣。程又请差锦衣千户一员，去看动静，已准行矣。时闻，请追止之曰："去看无益，徒失将士心。"程忿忿出危言曰："项忠军若败。必斩一二人，然后发兵出。"众不察，群然和附，以为止军不行必失关中。相知者咸为时惧，私问曰："止军不发，何所见？"时曰："观项疏曲折，知贼决可平。但彼既闻已遣将，亦不敢自擅故也。"众犹未信，汹汹亦甚。至十二月二十日，边捷音至，知以十一月二十一日执满四等。至十二月，贼寨悉平，群言始息。次年正月，解满四等四十余人至京，太监亲问之。乃云被刘清并指挥冯杰剥削不已，且又追捕为盗，不得已遂反，非有它故。因下刘清、冯杰于狱，鞫问得实，诛之，中外称快。

（明）郭良翰《明谥纪汇编》卷十四·臣谥上·文臣·文宪　彭时（大学士，赠太师。成化。勤学好问，行善可纪。江西安福人）。

（明）张弘道、张凝道《科名盛事录》卷一·元魁盛事·兄弟元魁　安福彭时（正统戊辰状元），从弟华（景泰甲戌会元）。

又，卷五·官爵盛事·兄弟入阁　安福彭时（正统戊辰状元。景泰四年，由修撰入，寻丁忧。天顺元年，复以太常寺少卿入文渊阁，转吏部尚书，加至少保，共二十年）。

从弟华（景泰甲戌进士。成化二十一年，由吏部侍郎入东阁。明年，转礼部尚书。致仕。计二年）。

又，卷五·官爵盛事·兄弟卿贰　安福彭时（吏部尚书），华（礼部尚书），礼（工部侍郎。华弟）。

又，卷五·官爵盛事·兄弟翰林　安福彭时（文渊阁大学士），弟华（东阁大学士）。

（清）宫梦仁《读书纪数略》卷二十·兄弟入阁一家（安福人）　彭时：正统戊辰状元，由修撰入。天顺元年，复以常少入。从弟华：景泰甲戌进士，由吏尚入。

景泰二年（1451）辛未科状元柯潜

传　记

（明）吴希贤《中顺大夫詹事府少詹事兼翰林院学士竹岩柯公行状》　公讳潜，字孟时，别号竹岩，行四，姓柯氏。先世石晋时大理评事公宝，自泉之晋江迁莆田武盛里，生宋户部员外郎峡。户部生进士长阳尉济。长阳生潮阳令璇。令之孙赠承事郎昱迁本邑安乐里，族日以盛，其所居山至今号为柯山。承事生海丰令新之。海丰令生海丰尉岿由。海阳至公之父原朴，九世皆不仕。

公生有异质，周岁家人示晬盘，一无所顾，惟取书展玩久之，若有所悟者。祖父异之，曰："是儿必以文章大吾门。"十岁就外傅，喜赋诗。十五能为举子文。时林知县廷芳、方行人澥二人以葩诗名郡中，公从之游，能尽得其奥旨。正统癸亥，征补邑庠生。明年甲子，领福建乡荐，当赴礼闱，以未忍离亲，弗果行。戊辰试春官弗第，为国子生。景泰辛未，廷试第一甲第一名，授翰林院修撰。公丰神秀颖，资性持重，言笑不苟，其所与游必斯文雅谊至倾倒无间，非其类虽达官要人、气焰薰灼，遇之不交一语。当是时翰林诸老多为之引誉。自是凡朝廷有选任、有制作，公皆与焉。壬申四月，升右春坊右中允兼修撰。五月，预修《历代君鉴》。癸酉，书成，赐白金文绮。甲戌，会试为同考官。是岁五月，预修《地理志书》。三载秩满，进阶承德郎，封父原朴如其官，母戴氏为安人，赠封其配戴氏、继室俞氏皆安人。丙子五月，升司经局洗马，仍兼修撰。七月，命往应天考试，舟经淮扬，士有暮夜投公鬻私者，公叱之曰："尔急去，毋自速罪戾！"其人谓公阳却之，固以请，以所赂遗公前。公怒，命执之付有司，治以法。是科场屋肃然，《录》成，称得人为天下先。还朝乞恩归省，未行。英庙复辟，改元天顺，更授公尚宝司少卿，兼职如故，仍许归省。戊寅十月，还京。己卯二月，奉旨修《玉牒》。庚辰，命偕吕学士原考礼部会试。十二月，命充东宫讲读官，进阶奉直大夫，加封父中允公、奉直大夫、尚宝司少卿兼翰林院修撰。壬午，吕学士卒，英庙御文华，顾谓内阁臣李贤曰："吕原卒，内阁密命之地，今翰林院文学之臣，谁可嗣其任者？"贤首荐公曰："具官臣柯潜清德粹文，于今罕俪。"上然之。

已而弗果用。癸未二月，复命偕陈学士文考会试，未竟，会场火而罢。甲申，今上即位，以侍从恩升翰林院学士。三月，有旨选进士十八人李东阳等入翰林为庶吉士，命公教以古文词学，希贤不肖预执业焉。八月，上御经筵，敕公兼经筵官。九月，奉旨纂修《英庙实录》。成化改元，八月主考顺天乡试。九月，《玉牒》成，赐白金文绮。丙戌，殿试与读卷。是月，再奉旨教庶吉士林瀚等二十四人。十月，赐新刊《贞观政要》一帙。十二月，诏吏部臣简文学之臣堪入内阁掌密命者数人以闻，吏部王尚书翔复首荐公，又不果用。时命掌翰林，公维持公正，人心帖服。八月，进《英庙实录》，升詹事府少詹事兼翰林院学士。十月，赐《大明一统志》。戊子二月，侍经筵讲读，时礼部左侍郎虚位，吏部臣疏乞以今阁老眉山万先生及公充之，二人皆极翰林一时之选，且意阶是可获大用，名既上，公复不果用。七月，诏下议慈懿太后山陵事，公率僚属上章论合葬于礼为宜，词甚剀切。既而文武群臣又合词上请制，可之。十二月，赐经筵儒臣七人袭衣冠履。时公已闻少卿公丧，即其家赐之。既而有司为少卿公请祭，公陈情且乞营葬。或谓公乞葬于礼非宜，公曰："人子患不能厚葬其亲，吾尽吾心而已。得请与否，非所较也。幸而获请，虽死且不朽。"上念公经筵劳，并与之葬，盖异数也。公受恩感激，衔哀就道，抵家择葬地于祖居东一里许和温山。公既奉几筵第图绘形式，付其弟通州学正江董成之。时母太宜人在堂，庚寅正月，太宜人属疾卒，朝廷遣官谕祭。辛卯四月，有诏起复，时祭酒员缺久，难其人，上知公刚，方将用之。公闻命，具疏辞乞终制，大略言："夺情非令典。忠君者必自孝始，未有不能尽孝于家而能尽忠于国者也。"上览疏许之。初公素无疾，至是以久寝苫块，患左足风痹，比免丧，久之犹未平，而寒疾继作矣。公自必不起，呼学正君与之诀而逝，时癸巳年八月十八日也，距其生永乐癸卯十二月初六日，年五十一。娶戴氏先卒，继娶俞氏，前南京礼部侍郎纲之女。侧室王氏子一，宗文。王氏出公早，有二子，皆不育。洎宗文生，适吏部荐公入阁弗获命，学士永新刘先生戏谓公曰："入阁与有子孰多?"公笑而弗答。女二，长适饶州府学郑教授之子邑庠生叔宽；次亦夭，俱戴出。俞宜人有贤行，事舅姑内外无间言，抚宗文如己出。公身后可无憾矣。

公平生负直气，操行介持，发而为文，峻整有法，类其为人。尤长吟咏，兴至举笔立就，清新微婉，绰有风致。所著有《竹岩集》稿若干卷。性尤喜言游，供职之暇，偕诸知己穷览胜概，雅歌投壶，分韵赋诗，襟度豁如也。既综院事，修饰公宇，即词林后圃结清风亭，凿池莳莲，决渠引泉，公退宴坐其中，又翛然若真登瀛洲者。至于遇事感发言论，侃侃扬榷古今，毅然自负。噫，如公者，可谓动静不违，守之以正者矣。故虽官庶僚，已系天下之望，位日通显，望日隆重。虽尝以圣贤之学、经济之谋启沃圣心，而未见柄用。夫用不用非所以论公也。

公孝友天性，爱二弟，抚育从子，始终无间。因念季弟之早亡也，悉以先公所构寝室让与其子宗璧，而自与学正君别作室于都厅之东西，以俭约自居。而其睦族人也尤笃恩意。先是族有戍瞿塘者，父子相继死溺，一子清尚幼，未有知识。公闻之恻然，亟取以来以长以教，洎有立始遣归，其行义大都如此。公之卒也，巡抚福建都御史江浦张公以闻宗文，遂以某年月日葬公，先期遣人走京师乞铭表于当朝巨公，谓希贤故门生，宜有述。希贤愚不肖，闻公将北上，方以晨夕得亲炙为庆，奚忍遽闻其讣而与之永诀耶！又奚忍执笔而为之论撰耶！虽然，师生义重，不可终辞，敬录公履历之大者如右，庶立言君子有所采择云。

（录自［明］柯潜《竹岩集》附录）

（明）王㑇《少詹事柯公传》 学士柯公讳潜，字孟时，别号竹岩，兴化莆田人。其先晋江人，五代时有讳宝者，官大理评事，徙莆之武盛里，生宋户部员外郎峡。户部生事长阳尉济。长阳生朝阳令璇。璇之孙赠承事郎昱。再徙邑中安乐里，今所居何山是也。承事生海丰令新之。由海丰二世，海阳尉峃。海阳以下又六世至公高祖宪孙、曾祖君宝、祖德平，皆不仕。父原琪用公贵累封奉训大夫、尚宝司少卿兼翰林院修撰。配戴氏，累封宜人。

公生有奇质，颖异绝人，数岁能作诗，十五能为举子程文。从乡先生林知县庭芳方、行人澥游，补邑庠生。正统甲子，领乡荐。当赴会试，以未忍离亲，未果行。遂携书入莲峰僧舍，讲读不辍。戊辰会试中乙榜，辞弗就教职，入胄监攻苦敷淡，益肆力于学。景泰辛未，再至礼部，遂中甲榜，进对大廷，赐状元及第。赐朝服冠带，公上表谢。越数日，授翰林修撰。公丰神峻整，言动谨饬，是时翰林诸老多在，咸爱重之，为之延誉。未几，赐《五伦书》、《五经四书》，寻用荐入经筵。自是凡朝廷用人、有制作、加恩典，公皆与焉。壬申四月，升右春坊右中允兼修撰。五月，预修《历代君鉴》书成，赐白金千两、绮二表里。甲戌二月，礼部会试，为同考试官。五月，预修《寰宇通志》。三载满，授敕命进阶承德郎，推封二亲及妻戴氏、继室俞氏。丙子五月，《通志》成，升司经局洗马，仍兼修撰，加赐白金文绮。八月，考应天府乡试，舟维淮扬，有举子鬻私者暮夜投公，公叱之，彼固以请，以所赂遗置公前，公怒，命执付有司治以法。是秋场屋肃然，比揭晓咸称得人。还朝乞归省，未行，英庙复辟，改元天顺，更授公尚宝少卿，兼职如故，仍许归省。己卯二月，命修《玉牒》。庚辰春，命偕吕学士原考礼部会试。十二月，命充东宫讲读官，寻给命进阶奉直大夫，加封其父母妻。癸未二月，复命偕陈学士文考会试，会场屋火罢。

甲申，今上即位，以随侍恩升翰林院学士。三月，有旨选进士年少质敏者李东阳等十八人入翰林院庶吉士，命公教以古文词学。八月，上御经筵，敕兼经筵官，仍赐白金三十两、宝钞三千贯、文绮二表里。九月，奉旨纂修《英庙睿皇帝实录》。

成化改元，八月考顺天府乡试。九月，《玉牒》成，赐宴兼赐白金文绮宝襁。丙戌廷试，与读卷，赐钞千贯。是月，再奉旨教庶吉士林瀚等二十四人。十月，赐《新刻贞观政要》。十二月，命掌翰林院印。丁亥五月，《实录》成，升詹事府少詹事兼翰林院学士，赐白金三十两、金织彩段三表里、折衣罗三表里，赐宴礼部。十月，赐《大明一统志》。戊子二月，命日侍经筵讲读。自辛巳迄戊子，凡遇午节，辄赐牙骨聚扇，上有御制《清暑歌》、《解愠歌》及诸家绘画、金织扇袋、五色圆寿、丝缕虎头、绦画艾虎。七月，有诏议慈懿太后山陵事，内阁大臣先进章，公率僚属继进，论合葬于礼为宜。明日文武群臣复继进，未得旨，公复具疏，期以死请，曰："朝廷大事，臣子大节，舍是奚所用心？"顷之，俱召至文华殿，谕可其奏，众欢呼而退。十二月，赐经筵儒臣七人袭衣冠履。公已闻父丧，上命即其家赐之，既而有司为少卿公请祭，命并与葬，盖异数也。公感激衔哀就道，抵家不入中门，寝苫枕块，不脱绖带。择葬地于所居东一里许和温山麓，以不忍离丧次，图绘形式，付其弟通州学正江董成之。时母戴宜人在堂，事之逾谨，备极甘脆。己丑九月，季弟澍病，亲为调药，比卒，殡殓皆厚。后朔望易期服，哭失声而后返。衣衰居苫次，君子谓之有礼。庚寅正月，戴宜人属疾，越五日卒，公哭踊，绝而复苏，朝廷闻之，复遣官谕祭。辛卯四月，有诏起复，祭酒缺员久，难其人，上知公刚，方将用之，以厌士论。公闻命具疏乞终制，大略："忠与孝岂有二致，事君事亲初无两心，使亲丧可短，则他日所以事君者可知矣。"上览疏，许其终制。公素无疾，至是以久居苫块，患左足风痹未平而寒热继作。公自知不起，呼学正君与之诀，瞑目而逝，时癸巳八月十一日也，年五十一。讣闻，上悼惜，遣官赐祭，复命工曹营葬。

公娶戴氏，先卒。继俞氏，南京礼部侍郎纲之女。子三，长森；次林，戴出；季宗文，侧室王氏出。女二。公天性孝友，事亲养志，友爱二弟，抚育从子，尤极恩意。念季氏早没，悉以先公所寝室让与其子室壁，而自与学正君别作室于都厅东西，以俭陋自居，人以义称。

公禀气峭直，操行取舍，发为文章，严整有法，类其为人。其为诗新清微婉，尤有风致。其性喜游，供职之暇，时偕二三知己，穷览胜概，雅歌投壶，分韵赋诗，襟度豁如也。既综院章，即词林后圃结清风亭，亭下鉴池莳莲，决渠引泉。公退宴坐其中，又翛然若真登瀛洲者。至于遇事感发言论，侃侃杨榷古今，较然自负。如公者可谓动静不违，守之以正者矣。故虽官庶僚，已系天下之望，位日通显，望日益重。虽尝以圣贤之学启沃圣心，其平生所蕴蓄抱负盖未及少施于天下，故其殁也，匪徒士君子伤之，虽天下苍生其素所属望者，盖不能无缺然也。使天假其年，上柄用之，其所经纶赞理宜何如哉？予闻之宋儒明道之卒也，或有问于富韩公，公曰："伯淳无福，天下人之无福。"又不知今日之知公者，有如富公之知明道与否也？㑥忝与公同年及第，同官翰林二十年，辱公契受为深。公易箦时，其家人咨以后事，公无他语，第曰："尔往南京见王学士访之。"噫！顾予何人，敢承公死生之托耶？阅月讣至，予既为位哭之，谨论次其平生以为传，授其子孙宗支使传焉。

（录自［明］徐纮《皇明名臣琬琰续录》后集卷十三，又见［明］焦竑《国朝献征录》卷十八）

（明）雷礼《国朝列卿纪》卷二十·翰林院学士讲读学士行实　柯潜，字孟时，福建莆田县人。景泰辛未状元及第。数日，授翰林修撰。壬申四月，升右春坊右中允兼修撰。甲戌二月，礼部会试，为同考试官。五月，命预修《寰宇通志》。丙子五月，

《通志》成，升司经局洗马，仍兼修撰。英庙复辟，改元天顺，更授尚宝司少卿，兼职如故，仍许归省。己卯二月，命修玉牒。庚辰春，命偕吕学士原考礼部会试。十二月，命充东宫讲读官，寻给诰，命进阶奉直大夫。癸未二月，复命偕陈学士文考会试，场屋火，罢。甲申，宪庙嗣位，以随侍恩，升翰林院学士。三月，有旨选进士年少质敏者李东阳等十八人入翰林为庶吉士，命教以古文词学。八月，上御经筵敕兼经筵官，仍赐白金三十两，宝镪三千贯，文绮二表里。九月，奉旨纂《英宗实录》。成化改元，八月，考顺天乡试。九月，玉牒成，赐钞千贯。是月，再奉旨教庶吉士林瀚等二十四人。十月，赐新刻《贞观政要》。十二月，命掌翰林院印。丁亥八月，《实录》成，升詹事府少詹事兼翰林院学士，赐白金三十两，金织彩段三表里，折衣罗三表里，赐宴礼部。详詹事府。

（明）廖道南《殿阁词林记》卷六·宫学·少詹事兼学士柯潜 柯潜，字孟时，福建莆田人。景泰辛未进士第一，授修撰。明年，迁右中允。丙子，《寰宇通志》成，转司经局洗马。天顺丁丑，改尚宝少卿兼修撰。己卯，侍东宫讲读。宪宗践祚，擢学士，掌院事，授庶吉士业，诚心训迪，士多造就，凡百废弛悉加振作，人以是多之。预修《英庙实录》成，升少詹事兼学士。成化戊子，充日讲官。守制归，适祭酒缺，廷议会举，诏起复之，潜力辞不起，卒。潜为人高介，有气节，遇事不苟，故今词林诸士尚呼为柯竹岩云。杨文懿公叙挽集曰："孟时姿仪德器，才识文学，敻出人表，且秉史笔，典文衡，视院篆，侍讲幄，茂著劳望，士方仰之若山岳，民具望之作霖雨。天胡夺之速耶？"廖道南曰："予游翰林，见有亭一区曰柯亭，有柏二株曰柯学士柏。何其流风遗泽，令人永矢勿谖也？盖其孤介之节，刚正之气，所渐被者远矣。"赞曰：壶山之阴，兰水之阳，伦魁夙兆，宫端潜光。竹岩流清，柏亭垂芳，有斐君子，终焉允臧。

（明）陈鎏《皇明历科状元录》卷二·景泰二年辛未状元柯潜 廷对之士吴汇等二百人，擢柯潜第一。是科取庶吉士吴汇等二十五人。

柯潜，字孟时，号竹岩，莆田人。生有奇质，数岁能诗。十五能为举子业，正统甲子，领乡荐，不忍离亲，遂不赴会试。景泰辛未，由国子中甲榜，对大廷，赐状元及第，授翰林修撰，时年□□□。丰神峻整，言动谨饬。寻赐《五伦书》、《五经四书》，入经筵。明年，升右春坊右中允。丙子，进司经局洗马。天顺改元，迁尚宝少卿，仍兼修撰，充东宫讲读官。宪宗即位，升翰林学士，掌院，两授庶吉士业，兼经筵。丁父忧，赐祭葬。寻丁母忧，遣官谕祭。五品父母有恤典，自潜始也。《英宗实录》成，升少詹事兼学士，命日侍经筵。慈懿太后崩，无子，内以合葬裕陵为疑，下群臣议。内阁彭时等奏："宜合葬，慈懿居左，今太后万岁后居右。"未即允。潜率僚属上言："此系纲常之重，时等所言庶几从宜而不失者。"诏从之。阉有中贵人宠冠一时，尝属意于潜，冀其一就见，潜不为动。以忧居，诏起国子祭酒，不拜，卒，年五十一。禀性峭直，操行耿介，发为文章，严整有法。其为诗清新微婉。遇事感发言论，侃侃扬榷古今，毅然自负。方简在帝衷，负时望，而不竟于用，咸共惜之。一为廷试读卷官，一主会试，三主顺天、应天乡试。修《历代君鉴》、《寰宇志》、《玉牒》。奉诏教甲申、丙戌二科庶吉士，诚心训迪，凡所废弛，悉加振举，人以是多之。少师李东阳、尚书倪岳、傅瀚、谢铎、林瀚、李杰皆出门下。有《竹岩集》。（王文肃㑆、李文正东阳《传》、《序》）

廖道南曰："予游翰林，见有亭一区曰柯亭，有柏二株曰柯学士柏。何其流风遗泽，令人永矢勿谖也？盖其孤介之节，刚正之气，所渐被者远矣。"赞曰："壶山之阴，兰水之阳，伦魁夙兆，宫端潜光。竹岩流清，柏亭垂芳，有斐君子，终焉允臧。"

潜尝祷梦九里庙，与宾友谦会，潜坐首席。须臾宰夫以一羊头献于前，果以景泰辛未状元及第，符羊头之兆。(《梦征录》)

莆田学中泮池，于林环中状元时，开并头莲。是岁又开，潜应其兆。（出《状元记事》）

《水东日记》云：是日廷试，正午忽大风骤起，黄尘涨天，徐侍讲珵曰："今日如人家纳妇赘婿，而变异若此，进士中他日其有偾事者乎？"良久，一贡士纸卷为风扬入半空，乃浚县王越也。自称文已成，尚有稿在。余与陈御史叔绍题奏，得旨，许礼部再给纸卷。诸进士卷皆余手封，惟王越卷独长，成凯卷以病不完，不得封。王越策引汉传"士修于家，而坏于天子之廷"语，众以其能言，皆传观焉。

（明）顾祖训原编、（明）吴承恩增补、（清）陈枚续补《状元图考》卷二·状元柯潜　景泰二年辛未，廷试吴汇等二百人，擢柯潜第一。

按，柯潜，字孟时，号竹岩，福建莆田人。生有奇质，数岁能诗。正统甲子，年十五，领乡荐，不忍离亲，不赴会试。景泰辛未，中甲榜，廷对赐状元及第。

《状元记事》：莆田学中泮池，于林环中状元时，开并头莲。是岁又开，潜应其兆。

《梦征录》：潜尝祷梦九里庙，与宾友谦会，潜坐首席。须臾宰夫以一羊头献于前，果以辛未状元及第，符羊头之兆。

（清）张廷玉等《明史》卷一百五十二·列传第四·柯潜　柯潜，字孟时，莆田人。景泰二年举进士第一。历洗马。天顺初，迁尚宝少卿，兼修撰。宪宗即位，以旧宫僚擢翰林学士。《英宗实录》成，进少詹事。慈懿太后之丧，潜与修撰罗璟上章，请合葬裕陵，廷臣相继争，未报。潜曰："朝廷大事，臣子大节，舍是奚所用心。"与璟皆再疏争，竟得如礼。连遭父母丧，诏起为祭酒，固乞终制，许之。未几卒。

潜邃于文学，性高介。为学士时，即院中后圃构清风亭，凿池莳芙蓉，植二柏于后堂，人称其亭为"柯亭"，柏为"学士柏"。院中有井，学士刘定之所浚也。柯亭、刘井，翰林中以为美谈云。

（清）陈田《明诗纪事》乙签卷十八·柯潜 柯潜，字孟时，莆田人。景泰辛未第一人及第，授修撰，历中允、洗马。英宗复辟，改尚宝寺少卿，迁翰林学士，再迁詹事府少詹事，仍兼学士。有《竹岩集》十八卷。

（明）万安《故詹事府少詹事兼翰林院学士柯公墓志铭》 （存目，见［明］柯潜《竹岩集》附录）

（明）过庭训《明分省人物考》卷七十四·福建兴化府·柯潜 （存目）

（清）钱谦益《列朝诗集小传》丙集·柯詹事潜 （存目）

（清）徐乾学等《明史》卷三十·柯潜 （存目）

（清）汤斌《拟明史稿》卷十五·列传二十四·柯潜 （存目）

（清）王鸿绪《明史稿》卷一百四十三·列传第三十八·柯潜 （存目）

科　第

（一）乡试

（清）谢道承等《福建通志》卷三十七·选举五·明举人上·正统九年（甲子）**黄誉榜** 柯潜（辛未进士第一人）。

（二）会试、殿试

（明）叶盛《水东日记》 景泰辛未廷试，盛预弥封，徐侍讲理受卷，陈御史同年叔绍等监试。正午忽大风骤起，黄尘涨天，侍讲曰："今日譬之人家纳妇赘婿，而变异若此，进士中他日其有小人偾事者乎？"良久，一贡士纸卷为风所扬半空去，呼之至，乃浚县王越也。云文已成，尚有稿底在，盛谓叔绍："当入奏，庶不误此生三年。"叔绍遂执笔，至奏尾，思而未得，盛曰："以全盛典。"侍讲曰："当矣。"偕叔绍至兵科书奏，适书奏监生皆已出，不得已，盛为自书之。既而得旨，礼部再给纸卷。是科诸进士纸卷皆盛手封，惟王越卷独长，成凯卷以病录正不完，不得封。二卷人皆能识之。抑庵王先生谓成卷不胡说，王越策能引汉传"士修于家，而坏于天子之廷"语，众以其能言，皆传观焉。又是日东阁读卷，陈阁老已得三卷赴南房向西纸窗圈写。三卷外，尚余周舆等六、七卷未有所归。盖先是二甲、三甲卷皆陈手自判定，封置他所，商弘载至，以两甲既皆定，因判六、七卷之外封曰头等，予所亲见也。俄顷，王抑庵拉陈至户外，附耳数语，陈仓皇入内，索所谓六、七卷者，即得首卷，喜而入，颇闻此卷始得柯状元潜，而初三卷内摸出一卷，则吴汇也。

（明）张朝瑞《皇明贡举考》卷四·（辛未）**景泰二年会试** 中式举人二百名：吴汇，江西新喻县人，监生，《诗》。刘昇，江西永新县人，监生，《易》。许伦，广东潮阳县人，监生，《书》。吴福，浙江淳安县人，监生，《春秋》。许嘉猷，浙江余姚县人，监生，《礼记》。

三月初一日，临策天下贡士，制曰：朕惟自古王天下之要有三，曰道，曰德，曰功。然道莫如伏羲、神农、黄帝，德莫如尧、舜，功莫如禹汤文武，此数圣人者，万世仰之，不能易也。伏羲、神农、黄帝、尧、舜之事，著于《易》，禹汤文武之迹，存乎《书》，其所以为道为德为功者，朕欲究其心术之精微，其推以治教养天下，所尚虽殊，然不出乎耕桑、贡赋、学校、礼乐、征伐、刑辟之外，朕欲参其制作之会通，夫无所酌于古，将何以准于今？朕承祖宗大位，夙夜惓惓于心，亦惟以古圣人之道德功自期，以今天下之治教养自励。兹欲尽驱天下游谈之惰以事耕桑，使各衣食其力；尽约天下浮冗之征以归贡赋，使各膏肥其体而无或失所养；尽导天下狠戾之顽以从学校，使各复还其善；尽陶天下粗鄙之陋以由礼乐，使各移易其俗而无或违于教；尽作天下庸怯之兵以奋征伐，使各销沮其凶；尽化天下争斗之讼以远刑辟，使各崇尚其耻而无或外于治，皆何施而可也？施之有效，民得洽教养矣。于古圣人之道德功，有可以庶几乎？伏羲、神农、黄帝曰皇，尧、舜曰帝，禹汤文武曰王，其称号之所以异者，果道德功之所致乎？抑治教养隆替而然乎？圣人之所以为圣人，一而已矣，何皇降而帝，帝降而王乎？兹欲措天下于隆古之世，使皇、帝、王之称惟一而无隆杀之别，亦必有其道乎？子大夫习之于师，而得之于己，宜无不悉其说者，今兹承有司宾兴而来，其具为陈之，朕将亲览焉。

（时廷对之士二百一人，赐柯潜等进士及第出身有差。廷试时风尘蔽天，扬王越卷去，监试陈御史为请，得再给卷。潜丰神峻整，言动谨饬，人皆以公辅望之。成化间，以少詹事居母忧，值祭酒员缺，上以潜刚方，特起用，以厌士论。潜疏乞终制，许之，寻卒。文章严整有法，诗清新婉约，所著有《竹岩集》。……）

第一甲三名赐进士及第：柯潜，福建莆田县。刘昇，江西永新县。王佾，南直隶武进县。

（明）张弘道、张凝道《皇明三元考》卷五·景泰二年辛未科大魁 状元柯潜（福建莆田人，字孟时，号竹岩。生有奇质，数岁能诗，十五能为举子业。甲子，领乡荐，不忍离亲，不赴会试，至是及第，年二十九。成化间，以少詹事居母忧。值祭酒员缺，上以潜刚方，特起用以压士论。潜疏乞终制，许之。寻卒，年四十六。潜质貌英伟，容止雅饬，文章整洁，诗尤清婉。郡有中贵人，宠冠一时，常属意于潜，冀得一见，潜终不往。上大夭方期其柄用，及卒，咸悼惜之。所著有《竹岩集》。从弟嫩，成化丙戌进士，佥事；德赞，举人，推官。从侄拱北，弘治癸丑进士。侄孙英，己未进士，知府。英子维熊，正德丁丑进士，工部郎中；维羆，举人，知县；维骐，嘉靖癸丑进士，户部主事。维羆子本，庚戌进士，佥事。维骐孙茂竹，万历癸未进士。

茂竹子昶，甲辰进士，知府）。

又 名臣：柯潜。

（清）谢道承等《福建通志》卷三十六·选举四·明进士·景泰二年（辛未）柯潜榜 莆田县柯潜（第一人，传见《人物》）。

（清）张廷玉等《明史》卷十一·本纪第十一·景帝 （景泰二年）三月壬寅，赐柯潜等进士及第出身有差。

仕　宦

（明）黄佐《翰林记》卷五·恤典 成化四年，学士柯潜丁父忧，有司请赐祭。有旨并与葬。六年正月，复丁母忧。朝廷闻知，遣官谕祭，五品父母有恤典，自潜始也。

又，卷五·起复 （成化）七年四月，有诏起复学士柯潜为祭酒，具疏恳乞终制，许之。

又，卷十四·考会试 （天顺）四年，学士吕原、尚宝司少卿兼修撰柯潜为考试官，取陈选等一百五十人。是科会试举子不中者奏考官校文颠倒，宜正其罪，上疑之，召问李贤。贤对曰："此乃私忿，考官实无此弊，如臣弟让亦不中，可见其公。"上意方回。乃命礼部会翰林院考此举子，验其学，多不能答题意，且奏其狂妄。遂枷于部前以示众，群议方息。

又 （天顺）七年，学士陈文、尚宝司少卿兼修撰柯潜为考试官，场屋灾，诏八月补试。以太常少卿兼学士彭时，侍读学士钱溥为考试官，而同考试官不改命者，修撰王献也。取吴钺等二百五十人。

又，卷十六·赐书籍翰墨 列圣每刊刻书籍成，必颁于大臣。惟景泰二年，赐修撰柯潜《五伦书》及《五经四书》；成化二年十月，赐本院官人各《贞观政要》一部，为异数。

（明）廖道南《殿阁词林记》卷十四·会试 （天顺）四年，学士吕原、尚宝司少卿兼修撰柯潜为考试官，取陈选等一百五十人。是科会试举子不中者奏考官校文颠倒，宜正其罪，上疑之，召问李贤。贤对曰："此乃私忿，考官实无此弊，如臣弟让亦不中，可见其公。"上意方回。乃命礼部会翰林院考此举子，验其学，多不能答题意，且奏其狂妄。遂枷于部前以示众，群议方息。

又 （天顺）七年，学士陈文、尚宝司少卿兼修撰柯潜为考试官，场屋灾，诏八月补试。以太常少卿兼学士彭时，侍读学士钱溥为考试官，而同考试官不改命者，修撰王献也。取吴钛等二百五十人。

（明）黄佐《翰林记》卷十六·赐观击球射柳　自天顺辛巳迄成化戊子，凡遇端午，辄赐牙骨聚扇，上有御制《清暑歌》、《解愠歌》及诸家绘画、金织扇袋、五色圆寿、丝缕虎头、条画艾虎。学士柯潜等受赐，多为诗以志其荣焉。

（明）雷礼《国朝列卿纪》卷十八·詹事府少詹事年表　柯潜（福建莆田人，进士。成化三年任。兼侍讲学士。四年丁忧）。

又，卷二十·翰林院学士讲读学士年表　柯潜（福建莆田人。进士。天顺八年，任翰林学士。成化三年，掌院事。三年，升少詹事。详少詹事）。

（明）张朝瑞《皇明贡举考》卷四·（丙子）**景泰七年两京十三藩乡试**　是年，洗马柯潜奉命主考应天乡试，泊舟淮安，有应试生暮夜投潜，遗以重赂，潜命执付有司治之。

又，卷四·（庚辰）**天顺四年会试**　考试官：学士吕原（见丁丑），尚宝少卿兼修撰柯潜（孟时，福建莆田县人，辛未进士）。

（明）王世贞《凤洲杂编》卷四·不称囊三木　（天顺）庚辰，阎禹锡以国子学正为同考，是科有下第举人诉学士吕原、中允柯潜私徇颠倒者，上试之，不称囊三木，礼部以徇。

（明）王世贞《弇山堂别集》卷二·皇明异典述二·二尚书任国子　成化初，亦以此例起礼部左侍郎李绍、少詹事兼学士柯潜。潜以丧服辞，与李俱不及任而卒。

又，卷八十二·科试考二　天顺七年癸未，命礼部左侍郎兼翰林院学士陈文、尚宝司少卿兼修撰柯潜为考试官。试日大火，焚死者九十余人，及主试官俱越墙免。上怜之，赠死者俱进士出身。

（明）焦竑《玉堂丛语》·卷六·科试　柯潜考应天乡试，舟维淮扬，有举子暮夜投公，公叱之，彼固以请，以所赂遗置公前。公怒，命执付有司，治以法。是秋场屋肃然，比揭晓，咸称得人。

又　学士吕原、修撰柯潜为会试考官，揭晓后，有落第举人奏考官校文颠倒者，上问李贤，对曰："此乃私忿，考官实无弊，如臣弟让亦不中，可见其公。"上意始解。乃命九卿会翰林院考前奏者，多不能答题意，因疏其狂妄，命枷号部前以示众，浇风顿息。

（明）沈德符《万历野获编》卷十四·科场·考官序次　景泰五年会试，分考始无外官。其领房为翰林院侍讲兼左春坊左中允杨鼎，而詹事府丞李龄以己酉贡士次之，左中允兼修撰柯潜又次之，可见本朝官制重词林而抑坊局，且侍讲、中允俱正六品，而相兼如此。

（清）张廷玉等《明史》卷一百六十八·列传第五十六·陈文 学士吕原卒，帝问李贤谁可代者，曰："柯潜可。"出告王翱，翱曰："陈文以次当及，奈何抑之?"明日，贤入见，如翱言。

（明）雷礼《国朝列卿纪》卷十八·詹事府少詹事行实·柯潜 （存目）

轶　事

（明）尹直《謇斋琐缀录》卷一·翰林故事 正统九年，陈芳洲先生入阁后，学士惟刘铉先生一人，过自逊避，朝退止于东阁，不复会食视诰敕，以后学士皆因之。至今诰敕，阁老悉委于中书、序班、译字等官，一样画葫芦耳，然且诳人曰："出其手。"一日，柯学士孟时谓中书黄琼曰："某人敕命稿作，急誊上。"琼答曰："尚未作。"孟时但窃笑之。诗曰："维鹊有巢，维鸠居之。"孟子曰："久假不归，恶知其非。"真有固此类欤!

又，卷三 景泰辛未状元柯潜，人谓"柯"与"哥"同音。未几，英庙还自北虏，退居南宫，不亦"哥潜"之谶乎?

（明）陈洪谟《治世余闻》下篇卷四 盖景泰辛未状元乃柯潜，时人云："柯与哥同字。"未几，英庙还自北，退居南宫，固"哥潜"之谶。又天顺癸未春，御史焦显监试，有火灾，时人语曰："御史原姓焦，科场被火烧。"盖宋末亦有"不因南省火，安得状元焦"之语。当时或未之避，然亦偶凑合耳。

（明）蒋一葵《尧山堂外纪》卷八十五·国朝·柯潜 字孟时，别号竹岩。景泰辛未状元。闻翰林有亭一区曰柯亭，有柏二株曰柯学士柏。

杭州徐童子霖，五六岁精于书法，柯学士潜赠诗云："徐家之子真奇绝，风骨自与凡人别。神驹矫矫步天衢，雏凤翩翩出丹穴。前身可是张文舒，不然年才五六那能书。当筵握笔不停手，惊风飒飒蛟龙走。扫尽鸾笺三百张，铁画银钩大如斗。君不见，东邻老翁生一子，痴绝无才事纨绮。从来纸笔不相亲，见此奇才应愧死!"

成化初，兵书王竑致仕归河州，柯学士潜有诗送之，末云："不知白发隆竑者，犹踏清霜候早朝。"吏书王翱见之曰："柯君此诗盖谓我也。"

（明）焦竑《玉堂丛语》卷七·游览 柯潜供职之暇，时偕二三知己，穷览胜概，雅歌投壶，分韵赋诗，襟度豁如也。既综院章，就词林后圃结清风亭，亭下凿池莳莲，决渠引泉。公退偃坐其中，又翛然若真登瀛洲者。

（清）谢道承等《福建通志》卷六十六·杂记丛谈二·兴化府 柯竹岩潜及第之年，有观桥陈姓者，于上元夜分就寝，闻犬吠，疑为盗也。出见群犬狺然于檐廊之下，仰视之，天门洞开，灯烛辉煌，有袍笏而骑者则潜也，骇而入告其妻曰："今年状元必柯潜也。"后公属纩之辰，有匠遇于壶山南，车骑甚盛，叩之告曰："我有钱若干偿汝直在某篋中，可令舍人取之。"匠曰："唯。"趋至其家，闻哭声，讶之，乃述所遇并及钱事，索之果然。（《拙庵管见》）

柯潜官翰林学士，教习庶常，承诏受业者李宾之诸公也。院后有二柏为先生手植，号"学士柏"。造瀛洲亭以临之。刘文安为院长，渫井于其傍。柯亭、刘井，至今以为美谈。（《莆田县志》）

著　　作

（清）黄虞稷《千顷堂书目》卷十九·别集类·景泰辛未科（二年） 柯潜《竹岩集》八卷（字孟时，莆田人，一甲第一人，詹事府少詹事，兼翰林院学士，掌院事）。

（清）谢道承等《福建通志》卷六十八·艺文一·兴化府 柯潜《竹岩集》五十卷。

（清）张廷玉等《明史》卷九十九·志第七十五·艺文四 柯潜《竹岩集》八卷。

（清）纪昀等《四库全书总目提要》卷一百七十·集部二十三·《竹岩诗集》一卷、《文集》一卷、《补遗》一卷（福建巡抚采进本） 明柯潜撰。潜字孟时，号竹岩，莆田人，景泰辛未进士第一，官至詹事府少詹事，事迹具《明史》本传。潜在当时，负词林宿望，流风余韵，荫映玉堂，尝就后圃结清风亭一区，手植双柏，数百年传为古迹，即所谓柯亭与学士柏者也。柏已不存，而"柯亭"之号，得入《御制临幸翰林院诗》，其名益著。惟《文集》乃传本甚稀。据集首《董士宏序》，则原集在嘉靖中曾经刊板。然今福建所采进者，仅属抄本。又据《康太和序》，知当时已多阙佚。今则并《康序》中所称《记盆鱼》、《序愚乐》等作，亦俱未见，殆更为后人妄有刊削，弥致散亡。钞录亦多舛误，弥失其真。今就是集所存诗文各一卷，重为订正。并从郑岳《莆阳文献》、郑王臣《莆风清籁集》中录诗十首、文二首，为《补遗》一卷，附缀于末，以存梗概。其诗冲淡清婉，不落蹊径；文亦峻整有法度，盖其时何、李未出，文格未变，故循循轨度，犹不失明初先正之风焉。

（清）永瑢等《钦定四库全书简明目录》卷十八·集部六·别集类五（明洪武至崇祯）　《竹岩诗集》一卷、《文集》一卷、《补遗》一卷。

（明柯潜撰。潜当景泰、天顺之间，不能如七子之变，文体亦不循三杨之旧体，故其诗冲淡清婉，文亦峻洁有法度，颇存明初作者之风。）

评　　论

（明）康大和《竹岩集序》　自余束发游庠时，则闻莆先辈竹岩柯先生以大魁官宫詹学士，清德邃学，流誉词林，私心实切向往。比承乏翰苑，咨询故实，见翰署之后，有亭翼然，曰“柯亭”，有柏苍然，曰“学士柏”，徘徊瞻眺，相望依依，令人欲执鞭以从无由也。岁癸丑，其从孙司徒郎在告奇纯氏，余友也，授简入京师，以《竹岩文集》见示，且属为序，余受读而卒业焉。其为诗冲淡清婉，不落畦径，庶几登陶、谢、王、孟之堂。其为文平妥整洁，不事浮葩艳藻，佶屈声牙之习，而风神气格迥出凡近。中如《陈情疏》、《复郡侯书》与夫《记盆鱼》、《序愚乐》等作，尤见其主持伦常，翊扶世道，挽正风俗，视媕阿脂韦以哗世取宠者不同。览者不必生同其时，已可想见其人矣。盖公之生也，实钟八壶之秀，大魁之年，兹山先鸣，其击于莆者匪小，令少需之遘泰逢阳，翼辅昌运，其建树必大可观，而官不过宫詹，寿仅逾五十，谓非数为之厄哉。虽然，公之声华节概载诸国史郡乘，耿耿如存，其不朽者固自有在。是集虽阙逸尚多，然凤凰芝草，以少为瑞，固知其必传于世无疑也。奇纯氏积学砺行，克世其家，而搜遗订误，是集之传实赖之和生也。晚步骤未能，岂敢序公之文哉，特以乡邦后学，仰止之私，得附名其末为幸云尔。

嘉靖甲寅五月之望，赐进士通议大夫南京礼部右侍郎前掌翰林院事侍讲学士春坊谕德同修《国史》《会典》、邑后学康大和谨序。

（录自［明］柯潜《竹岩集》卷首）

（明）董士弘《竹岩柯先生文集后序》　明兴抡魁天下，学士大夫仰之以为异人者，有如莆竹岩柯公，予窃景慕久矣。逮领符莅郡，谒乡贤祠，公神盖凛凛然。访其家从孙希斋先生，则先君同进士也。因获读公集及吾师砺峰康先生首序，益想见其为人，从而叹曰：“公没几何年，遗文犹闷弗显。表章先哲，非有司事哉！”乃捐金以佐，锓梓既成，士弘谨拜手稽首缀于末简曰：昔者刘文安公评论东里、芳洲之文，东里若清庙九室，宝瓒珠罍，陈列就次，玄酒黄流迭祼，而可以为古；芳洲若泰山乔岳，一翠千里，长冈作郡，短垄作邑，而可以为杰。然则公文其古欤？杰欤？愚不敢僭评，则反覆展玩，而觉之古也，而非迂也；杰也，而非奇也。盖砥躬炳业，体物贲藻，吐之裕如，略无模拟之劳，纤弱之态。倬乎，巨儒之伟撰，宗匠之良规也。其及第十年，遂柄南宫文衡，得士陈士贤，拔第一。历宫詹翰林学士，握院篆，两教李文正、林文安诸公，皆名臣。前是，被命主试应天，舟过维扬，有举子暮夜投遗，公付有司，置于法。乡、会程式之文士至今诵之，每大篇出，重于鼎吕，故京师有“柯家文章”之称。邻郡柄貂气焰薰灼，欲得公一言竟不可致，其文价之重似此。内阁李文达公欲引共事，薄海内外咸郁具瞻之望。使天假年，以其文辉华纶诰藻饰礼乐，足以弁冕于先朝，竹帛于来世，虽文达蔑之专美矣。抑予犹幸，其立言者固在也。夫翰苑为司马公孙晁董班杨渊薮，而于公手植双柏亭亭，百年护爱之，而曰“学士柏”。柏且尔，况文之美以爱以传乎！是集诗若文，凡十八卷，实希斋先生编校。希斋先生谢病还山，且三纪藩墙，置笔一意，著作最关世教者，有《宋史新编》二百卷，其源委盖有受云。

嘉靖乙卯春二月望日，赐进士出身中宪大夫奉敕整饬兵备浙江按察司副使前守兴化郡晋陵董士宏谨撰。

（录自［明］柯潜《竹岩集》卷首）

（明）吴希贤《游文峰岩诗稿跋》 竹岩柯先生以文章雄一世。曩在翰林，尝奉上命以文章教希贤辈庶吉士十八人。希贤愚不肖，先生不鄙，所以相汲引甚至。先生为人，风度凝远，胸次洒落，故发之诗篇，率清新俊迈，如登千仞之岗，天风飒至，爽气袭人。而此二章乃游文峰所作，时先生约王君原雍偕行，王君以事弗克赴，既归录以示一时登览之胜。字画高古，实先生所自书。先生于人少许可，独雅厚王君，亦斯文之情味有同焉者。诗之录夫岂虚辱乎哉。王君求识一言，希贤独念先生负天下之望，进不得为伊为周，道业以宏，讵意别去数载九原不可作矣。观此会，令人徒抱无涯之悲。呜乎，其无涯之悲也夫。

（录自［明］柯潜《竹岩集》附录）

（明）郑岳《莆阳文献》 柯潜为文整洁，诗尤清婉。接人外易而内狷介。邻郡有中贵人，宠冠一时，士大夫欲求速化者争趋其门。其人素慕潜文词，屡欲屈致一见，潜卒不往。天下学士大夫仰之以为异人。

（明）彭韶《像赞》 高材远韵，清标粹学。抡魁之中，崭然头角。玉堂宾詹，敛博施约。四海钦之，北斗乔岳。若究其用，庶兴礼乐。

（录自［明］柯潜《竹岩集》附录）

（明）焦竑《玉堂丛语》·卷七·企羡 廖道南曰：“予游翰林，见有亭一区曰柯亭，有柏二株曰柯学士柏，何其流风遗泽令人永矢勿谖也？盖其孤介之节，刚正之气，所渐被者远矣。”

（清）张廷玉等《明史》卷一百五十二·列传第四 赞曰：……二周、王英、钱习礼、周叙、柯潜谦和直谅，各著其美，盖皆异于浮华博习之徒矣。

（清）陈田《明诗纪事》乙签卷十八·柯潜 田按，《竹岩集》，《四库》著录仅二卷，余所藏者十八卷，为学士四世孙维骐所编，当为完本。学士在翰林以名节著，诗亦俊爽出尘。

杂录

（明）柯潜《竹岩集》卷上·及第谢恩表 伏以稽古右文，喜值丰亨之运，设科取士，欲求疏远之才，自前代以来，惟我朝为盛。布帛菽粟，浑然三代之遗。月露风云，陋矣六朝之体。盖必先择之有司，夫然后献之天子，是唯圣祖敷求之意。至于文孙恪守而行礼意加隆，人文益著，如臣等性殊朴鲁，学本空疏，呻吟占毕之间，以岁以月；游息范围之内，如天如渊。久蒙作养之恩，并预甄收之数。食芹而美，虽怀一献之素心；采葑不遗，遽辱九重之清问。荣随宠至，感与愧齐。兹盖伏遇皇帝陛下禀上智之资，居大君之位，唐尧之德化，不识而不知，虞舜之聪明，好问而好察。遇大有作为之主，行无所忌讳之时，爰题金榜之名，载锡琼林之宴。维其偕矣，方正席以扪心，何以予之？忽在笥而披体。皆不求而至，其何德以当？臣等一饭不忘，岂独报以国士；寸心自誓，庶无忝于贤科。再期圣德之益崇，永保天休之滋至。臣无任忻忭踊跃之至。

又，卷下·祭大父桃溪公文 维景泰六年某月某日，孙男潜闻大父之讣于金台寓舍，不胜摧伤之至，谨为位会哭荐以酒殽，而告以文。曰：呜呼！昔哭大母，今哭大父。其间哭妻、哭妹、哭姑，不数载而丧者多也。呜呼！天乎何降凶之深，而使我居不能安，食不能甘，病不能愈也。嗟惟大父在褓而孤，耿耿乎若向曙之星，累累乎若几绝之缕也。比长有知，乃辛勤立门户，而备尝乎艰阻也。幸而既压后起者以气节之奇，志虑之大，实群中之翘楚也，始贫而乏，终富而余。以勤俭所积，非暴横所取也。载饬祠堂，载修先茔，而其余力又营治乎屋宇也。壶山之阳，桃溪之曲，窅乎其幽深者，栖迟之别墅也。明月浮波，凉风入室，灏乎其凄清者，四时之俦侣也。惟势炎炎人所趋而我所拒也，惟贫无告人所弃而我所与也。积书以遗子孙而谆谆是训者，惟恐为人所笑侮也。操成以待乡邻而形于进止者，无敢或愆于绳矩也。人皆谓天必佑善，而若我大父者，百岁可佇也，奈何寿止七十有四，而归骨肉于坏土也？属纩之日，闾里为之罢歌，而饥贫者自痛于失所也。况潜为孙，尤所教爱者，当何如其嗟苦也。呜呼，天乎！恩不能酬，言不能极，徒南望号呼而挥涕之如雨也。呜呼哀哉！呜呼哀哉！尚飨！

（明）黄佐《翰林记》卷二十·柯亭 柯亭，学士柯潜捐俸所建，在公署后堂之右，前后二间，凡八楹。

又，卷二十·学士柏 公署后堂有二柏，亦柯潜所种。潜教庶吉士时，李东阳承诏受业。及东阳复教庶吉士，出《学士柏》为题，汪俊有“一日百匝行树底”之句，怅然感之，因衍为一篇，曰：“我行树阴日千匝，雨叶风枝自萧飒。惟有诸生识我情，旁人不解空嘲狎。我见先生种树年，我身尚短树及肩。枝蟠江山地可缩，手斡造化天无权。琼台翠阁何森爽，院柳庭花敢争长。芘荫长留六月阴，盘回直与孤云上。材堪五凤难为用，根到九泉终不枉。零落青袍几故人，琤琮玉佩空遗响。当时院长文安公，柯亭刘井相西东。百年遗爱岂独此，此树欲比人中龙。柏犹如此我何似，已愧斑白非儿童。名收櫰椭有先后，寿比金石无终穷。下堂再拜想颜色，仰面正拂长髯风。”于是倡和成卷，以遗潜之子，使藏焉。盖潜能汲引后进，令人不忘如此。

（明）周瑛《翠渠摘稿》卷一·寿山福海图序 去莆城东南一舍许，有柯山焉。柯山与壶山相俯仰，势逶迤盘礴，得水而止。有榕树数百章，望之若连云然。柯氏聚族于斯累世矣。景泰初，柯先生孟时以状元及第拜翰林学士。先生清声硕望，人谓旦暮且入阁以佐理天下，不幸捐馆舍，舆论惜之。先生之配俞宜人，兵部侍郎讳纲之女也，有士行，能保族宜家，以不坠先生之旧。

（明）张弘道、张凝道《科名盛事录》卷三·科第盛事·五世科第 莆田柯英（弘治己未进士。知府），叔潜（景泰辛未状元），子维骐（嘉靖癸未进士。户部主事），维熊（正德丁丑进士。工部郎中），维熙（举人。知县），孙本（嘉靖庚戌进士。佥事。维熙子），曾孙茂竹（万历癸未进士。知县。维骐孙），玄孙杲（甲辰进士。知府。茂竹子）。

（明）李东阳《祭文》 （存目，见［明］柯潜《竹岩集》附录）

景泰五年（1454）甲戌科状元孙贤

传　记

（明）朱睦㮮《翰林院学士孙公贤传略》　孙贤，字舜卿，杞县人也。景泰五年举进士第一，授翰林修撰。七年，预修《寰宇通志》成，转侍讲。天顺初，为会试主考，未几改左中允，侍东宫讲读。三年，考最，推恩封父如其官，及母、妻俱授安人。纯皇即位，迁太常少卿兼侍读。成化六年，乞归省，上念侍从旧劳，特命乘传，且有金绮宝镪之赐。满三月，还朝，会修《睿皇实录》成，进太常卿兼侍读学士。十四年，以家艰还，尽以遗产畀其二弟，服除，以学士命掌翰林院事。时皇储未建，乃上疏请，且引疾乞休，示无希觊意。章并上，上皆允之。皇子立，是为悼恭太子。贤归六年卒，年五十四，赠礼部侍郎兼翰林院学士，谥襄敏。所著有《鸣盛集》若干卷，刻于家。论曰：余闻景泰易储，时词林加宫保者二十余人，而有恒独守□如旧安，安于□逊未尝见于辞色。舜卿上建储，岁即拂衣归，终其身不出。若二子，其视世之竞势利者，不啻径庭矣。

（录自［明］焦竑《国朝献征录》卷二十）

（明）廖道南《殿阁词林记》卷六·寺学·孙贤　孙贤，字舜卿，河南杞县人。景泰甲戌进士第一，授修撰。预修《寰宇通志》成，转侍讲。天顺初，改左中允，侍东宫讲读。宪宗即位，迁太常少卿兼侍读。成化庚寅，预修《英宗实录》，进太常卿兼侍读学士。上疏请立皇太子，且引疾乞休，示无希觊意。章并上，上皆允之。皇子立，是为悼恭太子。贤愤愤不乐而卒，年五十四，赠礼部侍郎兼翰林院学士。廖道南曰："夫宋儒有言：'君子为名誉而为善，则其善必不诚；人臣为利禄而效忠，则其忠必不尽。'乃若孙君建请立储，其意善矣，而又怏怏含愤，无乃有为乎?"赞曰：商山茹芝，羽翼何人。晋国乞块，衰绖宝亲。建储公议，辞爵虚名。二者交战，罔恤厥身。

（明）陈鎏《皇明历科状元录》卷二·景泰五年甲戌状元孙贤　廷对之士彭华等三百四十九人，擢孙贤第一。是科取庶吉士丘濬等十八人。

孙贤，字舜卿，河南杞县人。景泰甲戌进士第一，授编修。预修《寰宇通志》，成，转侍讲。天顺初，改左中允，侍东宫讲读。宪宗即位，升太常少卿兼侍读。预修《英宗实录》，进太常卿兼侍读。丁内艰还家，尽以遗产畀其二弟。迁侍读学士，掌院事。上疏请立皇太子，且引疾乞休，示无希觊意。二疏并上，上皆允之。皇子立，是为悼恭太子。贤愤愤不乐，卒，年五十四，赠礼部侍郎兼翰林学士，谥襄毅。有《荣恩鸣盛集》。廖道南曰："夫宋儒有言：'君子为名誉而为善，则其善必不诚；人臣为利禄而效忠，则其忠必不尽。'乃若孙君建请立储，其意善矣，而怏怏含愤，无乃有为而为乎？"赞曰："商山茹芝，羽翼何人。晋国乞块，衰绖宝亲。建储公议，辞爵虚名。二者交战，罔恤厥身。"

《水东日记》云：贤未第之先，梦金甲神人持黄旗插于其门，有"状元"二字。至廷试果首擢。

（明）雷礼《国朝列卿纪》卷二十·翰林院学士讲读学士行实　孙贤，字舜卿，河间府杞县人。景泰甲戌进士第一，授修撰。预修《寰宇通志》成，转侍讲。天顺初，改左中允，侍东宫讲读。宪宗即位，迁太常少卿兼侍读。成化庚寅，预修《英宗实录》，进太常卿兼侍读学士。上疏请立皇太子，且引疾乞休，示无希觊意。章并上，上皆允之。皇子立，是为悼恭太子。贤愤愤不乐而卒，年五十四。赠礼部左侍郎兼翰林院学士，谥襄敏。

（明）顾祖训原编、（明）吴承恩增补、（清）陈枚续补《状元图考》卷二·状元孙贤　景泰五年甲戌，廷试彭华等三百四十九人，擢孙贤第一。

按，孙贤，字元卿，河南杞县人。

《菽园杂记》：贤赴会试途中，投宿一民家，主人敬礼甚隆，饮食一呼一具。贤疑其家有他会，问之，主人云："昨夜梦状元至吾家，故治命以俟。今日公至，应此梦无疑矣。"贤窃自喜。然是科下第而归。后一科，果状元及第。

《琐缀录》：孙贤面黑，徐溥面白，徐辖面黄。时谓"铁状元，银榜眼，金探花"。

《西湖志余》：正统丁卯，海宁张靖之之母梦老人书孙字于墙，其年靖之乡荐，两试春官皆下第。辛未，靖祷于京城隍，梦登大山，老人谓曰："此昆仑山也。"惊寤，取《禹贡·织皮昆仑》研省细绎。入场果出此题，多为所窘。桐乡杨青者席舍相近，来恳请之，因为开陈义意，详述注疏，青遂登第，名第七，梓文一篇。靖之竟下第。后科甲戌，靖始登第，名亦第七，梓文一篇。其年状元乃孙贤也。母氏之梦，至是始验，盖已八年矣。惟织皮之梦虽验，而虚若为杨青设者。然靖之名第事实一与青同，鬼神之示人显而隐如此。

《水东日记》：贤未登第之先，梦金甲神人持黄旗插于其门，有“状元”二字。至廷试果首擢。

（清）孙灏等《河南通志》卷五十七·人物一·明 孙贤，字舜卿，杞县人。景泰甲戌进士第一。授修撰，寻侍讲经筵。成化初，预修《英庙实录》成，进太常寺卿兼翰林学士，丁内艰归，尽以遗产畀其二弟。起复，迁侍读学士，掌院事，上疏乞册储，且引疾乞休，示无希觊意。上皆允之。卒赠礼部左侍郎，谥襄敏。

（明）朱睦㮮《皇朝中州人物志》卷四·孙贤 （存目）

（明）焦竑《国朝献征录》卷七十·太常寺卿兼翰林院侍读学士孙贤传（《实录》）（存目）

（明）过庭训《明分省人物考》卷八十七·河南开封府·补遗·孙贤 （存目）

（清）孙奇逢《中州人物考》卷八·孙襄敏贤 （存目）

科　　第

（明）张朝瑞《皇明贡举考》卷四·（甲戌）**景泰五年会试** 中式举人三百五十名：彭华，江西安福县学增广生，《春秋》。尹直，江西泰和县学增广生，《书》。徐銮，浙江开化县学生，《易》。卓天锡，福建兴化府学生，《诗》。赵敔，南直隶武进县人，监生，《礼记》。

三月十五日，临策天下贡士，制曰：朕以眇躬，祇膺天命，缵承祖宗大业，临御兆民。顾惟负荷之艰，莫究弛张之善，肆虚心于宵旰，冀资弼于忠良。固圣贤乐受尽言，在尧舜惟急先务。何则天下之本，莫有外于家国兵民？朕欲闻其损益何宜，隆替何系？制治贵于未乱，其方术何良？保邦贵于未危，其谋谟何远？以至为政之宽猛何尚，备边之筹策何长，人材之贤否何由，刑赏之缓急何可，与凡灾祥感召之机何速，夷狄向背之故何在？皆朕之所欲闻者也。夫事贵乎师古，不稽诸古，固无足以为法于今；而施贵乎合宜，不宜于今，又奚可以徒泥诸古？子大夫明先圣之道，来应宾兴贤能之诏，皆得于古而将以施于今者也。其悉参酌，详著于篇，以俟朕之亲览。

（时廷对之士三百四十九人，赐孙贤等进士及第出身有差。贤所著有《恩荣鸣盛集》。官至太常寺卿，谥襄敏。是科二甲孔公恂乃宣圣五十八世孙，三甲孔镛，今《南畿志》云裔出阙里，不知《登科录》何以不载。选丘濬等十八人为庶吉士，后濬为理学名臣，徐溥、张宁、耿裕、何乔新、杨瑄、邓廷瓒俱为名臣，鲁崇志、伍骥俱有名。）

第一甲三名赐进士及第：孙贤，河南杞县。徐溥，南直隶宜兴县。徐辖，南直隶武进县。

（明）张弘道、张凝道《皇明三元考》卷五·景泰五年甲戌科大魁 状元孙贤（河南杞县人，字舜卿，庚午举人。累官太常寺卿兼翰林学士，致仕。卒赠礼部左侍郎，谥襄敏。所著有《恩荣鸣盛集》）。

（清）孙灏等《河南通志》卷四十五·选举二·进士·甲戌科孙贤榜 孙贤（杞县人，状元，太常卿，谥敏襄）。

（清）张廷玉等《明史》卷十一·本纪第十一·景帝 （景泰五年）三月壬子，赐孙贤等进士及第出身有差。

仕宦

（明）雷礼《国朝列卿纪》卷二十·翰林院学士讲读学士年表 孙贤（河南杞县人。景泰甲戌进士。成化六年，任太常寺卿，兼侍读学士。本年卒）。

轶事

（明）叶盛《水东日记》卷六 孙状元贤未第时，尝梦金甲神人持黄旗插其门上，有“状元”字。

（明）尹直《謇斋琐缀录》卷二 天顺初元，会试同考官多出于权贵所荐引。及揭晓日，录文谬误，去取徇情，谤议汹汹，无名诗词纷然杂出。一排律云：“圣主开科取俊良，主司迷谬更荒唐。薛瑄《性理》难包括，钱溥《春秋》欠主张。吴节只知贪贿赂，孙贤全不晓文章。问仁既是无颜子，配祭如何有太王？告子冒名当问罪，周公系井亦非常。阁老贤郎真慷慨，总兵令侄独轩昂。榜上有名谁不羡，至公堂作至私堂。”盖许道中之子及石亨之侄皆以私取，而录文则语题节去颜子，起“克己复礼为仁”，孟义本公都子之言，而云告子，故诗中备言之。其他招拟祭文，不可胜纪。

又，卷七 景泰甲戌，廷试第一甲孙贤面黑，徐溥面白，徐辖面黄。时谓“铁状元，银榜眼，金探花”。

（明）许浩《复斋日记》卷下 状元孙贤，与同邑徐绅同领景泰庚午乡荐。会试礼部，宿彰德驿，驿丞盛设待之，二人疑怪，驿丞曰：“昨夜梦神人建大旗于驿门，其上有‘状元’字。今此设盖待状元，非是举人也。”二人窃喜，而其年皆不遇。过其驿，不敢入。至甲戌会试，二人俱第。廷试毕，传胪，则孙果第一人。班中一人欢曰：“前定，前定。”则陕西邢简，二科前尝梦中孙遇贤榜进士。及中正榜，而榜中无孙遇贤名字，以为不验。至此而悟为孙贤也。马凉之说，信乎其有之矣，人其可以妄觊之乎。

（明）陆容《菽园杂记》卷六 孙状元贤赴会试途中，投宿一民家，主人敬礼甚隆，饮食一呼而具。贤疑其家有他会，问之，主人云：“昨夜梦状元至，故治具以俟。今日公至，应此梦无疑矣。”贤窃自喜。至期，下第而归。后一科果状元及第。雍御史泰未第时，尝自金陵还陕西，道经凤阳，投宿一老妪家，问知是举子，喜云：“昨夜梦有御史过吾家，子其人耶！”雍后以进士令吴，被召为御史。陆参政孟昭未第时，夫人梦得官参政，后果不爽。观此，则人之出处信有前定，非偶然也。

（明）黄佐《翰林记》卷十九·同寮交谊 右都御史耿九畴初以石氏事补外，继而及其子检讨裕，门外逻者犹纷纷未已，裕治装间谢绝亲友，非至亲亦无敢入门者，而惟孙状元贤日一至焉。裕以彼此无益谢之，则曰：“谁无朋友？”噫，此所以为状元也欤！

（明）皇甫录《皇明纪略》 孙贤当廷试日，上偶行至其处，问其姓名，对曰孙贤，上因诵“但愿子孙贤”之句，诸臣遂疑上注意于贤，择状元及第矣。

（明）王世贞《凤洲杂编》卷四·金状元银榜眼铁探花 一甲三人，孙贤、徐溥、徐辖，各以貌色称，有“金状元、银榜眼、铁探花”之目。

（明）焦竑《玉堂丛语》卷六·科目 孙状元贤赴会试，途中投宿一民家，主人礼之甚隆，饮食一呼而具。贤疑其家有他会，问之，主人云：“昨夜梦状元至，故治具以俟，今日公至，应此梦无疑矣。”贤窃自喜。至期，下第而归。后一科果状元及第。

著　　作

（清）黄虞稷《千顷堂书目》卷十九·别集类·景泰甲戌科（五年） 孙贤《鸣盛录》三卷（字□□，杞县人，一甲第一人，太常寺卿，兼侍讲学士，赠礼部左侍郎，谥襄敏）。

杂　录

（明）张宁《方洲集》卷二十六·杂言　甲戌二月初三日，予方抵京，匆促侨寓，不暇检阅旧业，自分此行又成画饼。初五日夜，梦前状元柯孟时过舍，以梅花见遗。方受花，柯曰：“足下今年状元耶。”予方谦让问答间，忽雷电交作。予素畏雷，正惊怖，顷有霹雳声击同座一人仆，遂寤。是年予幸登榜，名亦在第七，录文一篇。闻主司阅卷时，黄学士谏欲以余为第一，与钱学士溥、张郎中穆互持高下，取决于主考学士商公辂。公以予策论颇优，而经书义不及彼卷，遂以彭华为首，尹直为经魁。黄素负气，因与二公有隙，奋笔批予卷，有“大廷之对，必出人头地”之语。开院后，具以此言诸人。次日以红绒织毯一端见惠，曰：“唱名之后当以是为朝服，努力向上，幸毋相忘也。”及廷试之日，属稿未半，礼部侍郎姚公过予所，熟视墨草，曰：“汝即张宁耶？笔力甚高，所欠实语。”盖予方以勤劝上为中兴之务，因姚语遂以勤德为体要。有顷，姚与尚书胡公濙偕来相顾有喜色，自是内外执事诸公皆接踵继至，无少间观者咸属目期待。晷刻尽未，予初脱稿，适胡、姚二公至，胡附耳曰：“此卷应当读，善自珍重。”予以纸短告，遽命仪制司检纳卷，得李曰良衍纸，续楮尾。予以天晚为惧，胡曰：“第自留心，吾为汝进本依曾棨故事。”给烛，亲为添砚水，命监试官研墨以助。天且暝，同年皆出，尚未毕。乘昏潦草不复计端楷。忽传宣闭门语，执事官校皆散出，胡亦不能独止，亟命仪部郎中俞钦收卷，送予宿礼部，戒勿遽归，明旦携余入朝，候直房下。胡、姚二公诣内阁，请容足卷者三。大学士王公文扬言曰：“张宁南方人耶？若今日誊卷，如谓临轩何？”胡遂不复言。馆阁台省因共相惜命卷传阅。少保于公谦谓：“如天马行空。”胡公谓：“某忝知贡举久矣，乃误此一人，奈何？”大学士陈公循因众论未平，取卷视之，曰：“此厚皮馒头也。”众知事不济，乃阴置卷于循所阅卷中，得预第二甲，胡、姚之力居多。发榜之晨，中外士不知者犹相传谓予为第一。及唱名，乃孙贤也。自是喧传累月，声入禁中，寻有旨取进士张宁写不了卷及牛伦试策御览毕，复送内阁收贮。闻喜宴罢，吏部尚书王公翱、户部侍郎李公贤皆从容见问，慰藉再三，延誉甚至。是年礼部奏选庶吉士入翰林，首及余名。自念亲老冀沾一命之封，若俟储养事必后期，具以情恳辞。胡曰：“吾阅士多矣，以足下之材，入翰林十年必获进用。”姚曰：“足下若不做吉士，急于仕进，天下皆薄汝。”遂引诣内阁，呼选既及因对曰：“宁质鲁年长，鞭策不前，不愿留也。”时陈、王二公因对策事乃听出。对策之暮，仓皇出禁中，忘持赐策，后得之于周公修撰洪谟。而所对文字了无遗稿。后一年，吕公逢原、黄公廷臣自内阁录出，欲令装一卷，诸公咸为跋识其详，予辞之，乃不果。尝自观省文虽不留陈腐，若比之古义，求为之御且不可，何足为天下先？时新出草野，不识忌讳，纵使成篇，亦不堪上渎。况先母梦兆于七年之前，已有孙字之应，予为孙贤榜下士，盖数定也。又遗梅、雷震之事，先后同符，不足多讶。但厚负主司及诸先达汲引之盛心，为可愧耳。其间捧泥墁字至今未白，惟织皮之梦既验，而虚若为青设者。及余中会试，名第事实一与青同。造物之于人岂固有巧哉！科目止于发身，无足为意，老病还家，偶忆旧事，用记其始末，以见予之感遇云。

天顺元年（1457）丁丑科状元黎淳

传　记

（明）李东阳《怀麓堂文稿》卷二十三·明故资善大夫南京礼部尚书致仕进阶荣禄大夫谥文僖黎公先生行状　我先生黎公讳某，字太朴，学者称为朴庵先生。世居岳之华容，本杨姓，曾祖元勋出继姑氏后为黎姓。考斌，宣德间举楷书为宁县丞，有德政，民建祠祀之。

先生资禀特异，少苦学，肆力诸经史。从父宦游归，与兄资深相师友，为县学生。景泰丙子举湖广乡试，天顺丁丑举进士第一，授翰林院修撰。有言官被谪者，先生以书抵当道，请救之。当道曰："彼言涉我辈，奈何？"先生曰："正以涉公故，须公救之，乃见盛德耳。"当道不能用，然心实重之。预修《大明一统志》成，赐金币。癸未，同考礼部会试。宪庙即阼，充经筵讲官。成化丙戌，满九载，迁左春坊左谕德，供职如故。丁亥，修《英庙实录》成，进左庶子，赐金币及宴有加。辛卯，上疏乞归省，赐宝镪为道里费。甲午，命考顺天府乡试，有试卷奇甚，后场不类，疑有弊，勾稽墨卷，果得誊录生截卷状，移帘外按其事，而取是卷为解首，则名士马中锡也。丁酉，修《续资治通鉴纲目》成，迁詹事府少詹事兼侍读。今上正储位，日侍讲读。戊戌，充殿试读卷官，会天下乡试录多舛缪，或犯国讳，先生摘奏数十条，下礼部翰林议治考试提调官罪，且申定格例，行之至今。擢吏部右侍郎，持法坚正，有请属者，笑应之，然竟不行。闻人有玷行，虽所甚爱，必加摧抑，不曲为庇护。下至胥隶，亦畏惮无敢犯。权贵用事者势甚熏灼，先生律己待时，不通馈问，卒亦无他。凡内批事，翌日部大臣必陛陈补奏，时除授浸广，有讽令勿奏者，先生答曰："此祖宗故典，所以防伪遏奸，某不敢废。"讽者色沮，久之竟停陛奏，而先生亦改南京吏部。丁未，满九载，迁左侍郎，加正二品禄。今上始擢为南京工部尚书，寻改礼部。上疏陈正风俗、革奸弊诸事，多见施行。辛亥，以末疾乞致仕，诏可，仍赐诰命。归一年，壬子四月十八日卒，距生永乐癸卯十月二十九日，寿七十。朝廷赐谥曰文僖，遣官谕祭，命有司营葬事。

先生性耿介寡合，重伦尚节，痛违禄养，极严庙祀。兄嫂卒，其孤民献及女皆幼，育为己子。遇二弟沾沧无间，言山东按察副使董国器妻死而董使边未返，先生展省至临清，使携其柩以归。太常卿余孟亨卒，家贫不能举，先生倡诸乡宦合赙赠，俾襄葬事。乡吏邓禄寓银数十两，后禄死，藏所寓物十年，俟其子长乃还之。居官俭朴，不受私馈，尤慎形迹。事涉矫托，辄穷本末，必暴白乃已。人有过必面质，或弗能堪，然底衷洞彻，无毫发留匿，人亦亮其无他，弗憾也。尝患乡俗侈，躬自裁损昏葬饮宴，稍示节度，多视以为则。所居黄洋渡积潦病涉，损私帑筑堤四十丈，民甚利焉。

先生于书无所不读，为诗文典赡雄伟，成一家言。有《龙峰集》若干卷。楷法遒整，自习业至公牍连篇累帙，多不可纪数。教法详备，日亹亹不倦，凡所汲引陶铸，登甲科，仕中外，后先踵接，至不能相识。胥史向学，辄优给役，俾图卒业，举乡试者四人，举进士者一人，教子尤厉，不假辞色。

子民表，举甲辰进士，今为户部主事。民牧，举庚戌进士。民献，亦举乡试者，未始有外傅焉。配金氏有贤行，先先生卒，子六，长民牧，次民表，次民衷（金出），次民安。国子生民俊、民信皆侧出。女四人。某某某年月日葬黄湖山之原。金夫人祔。

呜呼，先生清德重望，登甲科，跻台鼎，保身完名，享其寿祉，延于后嗣，诚可谓一代伟人矣。其所树立要不可使磨灭，非托于当时名笔将无以为后地。东阳自童卯执经史领教佩德垂四十年，闻讣惊怛不能，拜哭于几筵之下，为终身痛。谨撰述平生事行及爵里卒葬以备采择，惟讳与先考同，未敢直书，徒恃先生名在天下有不待于书者。挂漏之罪固有所不敢避云。呜呼痛哉！谨状。

（又见［明］朱大韶《皇明名臣墓铭》巽集）

（明）倪岳《青溪漫稿》卷二十四·黎文僖公传　南京礼部尚书致仕华容黎公先生之卒，讣至京师，上悼惜，赐祭于家者再，命有司治葬事，谥曰文僖。其孤户部主事民表奔丧南归，俾岳述公事行为，传以备家乘之末。念自天顺癸未之秋，公方在场屋司考校，岳幸以《书》经登第，忝门生之列。及入翰林，复获从公后，辱教爱者久，于公之没，无能为役，其敢以不敏辞？

按状：公讳淳，字太朴，姓黎氏，号朴庵，学者称为朴庵先生。世为岳之华容人。本姓杨，曾祖讳元勋出继姑氏，遂从其姓。祖讳仕祯。考讳斌，宣德中举楷书为宁县丞，有惠政，民建祠祀之。自祖以下，皆以公贵赠南京礼部尚书，妣皆夫人。

公生有异质，自幼即肆力于学，侍父宦游，与兄资深相师友。长入邑庠，补博士弟子员。景泰丙子，举湖广乡荐。明年天顺丁丑，赐进士及第第一人，拜翰林修撰。辛巳，预修《大明一统志》成，有金币之赐。癸未，同考礼部会试。宪庙登极纪元乙酉，充经筵讲官。丙戌，九载秩满，进左春坊左谕德。丁亥，修《英庙实录》成，进左庶子，宴赉有加。辛卯，乞归省，有宝镪之赐。甲午，考顺天乡试。丁酉，修《续通鉴纲目》成，进少詹事兼侍读。戊戌，今上毓德青宫出阁进学，日侍讲读，廷试充读卷官，擢吏部右侍郎。丙午，改南京吏部。丁未，九载秩满，进左侍郎，加正二品禄。今上登极，擢南京工部尚书，寻改礼部。辛亥，以末疾恳乞致仕，优诏许之，仍赐诰，追赠其先，盖异数也。壬子，以建储恩进阶资德大夫正治上卿，至是卒。

公性耿介，与俗寡合，居官廉慎，守法不为苟同。初入翰林，有言官被谪者，即抵书当道请救之。考乡试时，有试卷甚奇，公喜得人，及后二场卷入辄不类，公移文外帘，使勾稽墨卷，果誊录生截卷以为所亲地者，公具发其奸，而卒置初卷于首，乃名士马中锡也。丁酉，《乡试录》多舛谬，摘数十条以闻，事下礼官集议行之，抵诸提调考试官于法。在吏部请谒不行，人有行检不饬者，虽所爱不为掩庇，下至胥隶亦严惮焉。时贵用事，势方炽，众皆趋之，公独不与通问。先是，凡有内降明日所司必廷奏补本，盖虞奸也。或以奏补大，频欲止勿奏者，公曰："此旧典不可废。"众韪公言。已而，卒罢廷奏，而公亦南迁矣。在礼部疏陈正风俗、革奸弊数事上，采纳行之。

平生笃于孝义，痛二亲早背，四时祀享，务尽诚敬。兄嫂继卒，抚其孤民献及女如己出。处二弟沾沧极友爱。公归省过临清，适乡人董副使廷圭丧其妻，而廷圭方使边，公即舁其柩归葬焉。太仆余卿孟亨卒，贫无以葬，公倡诸乡宦合众赙以举其丧。乡吏邓禄尝以银一锭寓公，禄死，子幼，公藏之十年，俟其子长归之。所居第恒置扃鐍，不通馈遗。处僚友之间，委曲倾尽。或有过，必面折不少恕，然意亦无他，人皆信其诚。患习俗日侈，躬持俭约。昏丧宴会，率有常则。日食不设兼味泊如也。家庭化之，妾媵而下，布素萧然，不异寒士，人以为难。邑有黄洋陂淫潦病涉，即捐赀筑堤，其长四十丈，民免于患。

公嗜读书，极于赡博，为诗文丰裕典则，字亦遒整。所著《龙峰集》若干卷，辑录本朝诸《试录》六百四十卷，藏于家。公善教人，尤好汲引后进，及门之士，登甲科、跻显仕者，累累有之。胥吏向学者，公亦亲为考课。癸卯乡选，登荐者四人，其一遂举进士，前此未有也。

诸子督教有法，民表登甲辰进士，民牧庚戌进士，民献亦领乡荐，皆出庭训焉。配金氏有淑行，累封至淑人，卒赠夫人。子六，长民牧，次民表、民衷，金出。次民安，国子生。民俊、民信，侧出。女四，荆州府学生张永宣、乡贡士程鹗、县学生罗熺，其婿也。一在室。孙二，循纪、章。女一。公生于永乐癸卯十月二十九日，卒以弘治壬子四月十又八日，寿七十，墓黄湖山之原。呜呼！昔我先考府君自翰林积官至南京礼部尚书致仕，及赐谥也，亦曰文僖。于公始终若相符者。岳于是重有感焉，矧公名德雅望，位极八座，法当立传国史，岳也何足以知之？姑以主事君之托，谨撰次如右，且附著之，亦庸以识岳之私云。

（明）李东阳等《明孝宗实录》卷六十二　淳，字太朴，湖广华容县人。天顺元年举进士第一，授翰林院修撰。预修《大明一统志》。成化二年，秩满，升左春坊左谕德。三年，《英宗实录》成，进左庶子。十三年，修《续资治通鉴纲目》成，迁詹事府少詹事，兼翰林院侍读。十四年，升吏部右侍郎。二十二年，改南京吏部。二十三年，满九载，迁左侍郎，加正二品俸。弘治元年，升南京工部尚书，寻改礼部。又三年，以疾得请致仕。……淳性耿介，寡与人合。患流俗奢侈，凡婚丧燕饮，皆有则。其取予不苟，有门生尹华亭以红云布寄淳，不受，即书封识上曰："古之为令，拔茶植桑。今之为令，织布添花。吾不用此妖服也。"淳刚简严重，有大臣体。临事议论，激而不随。然避远形迹，过于畏慎。诗文闳博，为时所称。

（明）陈鎏《皇明历科状元录》卷二·天顺元年丁丑状元黎淳 廷对之士夏积等二百九十四人，擢黎淳第一。

黎淳，字太朴，号朴庵，岳之华容人，举进士第一，年三十四，授翰林修撰。有言官被谪，淳以书抵当道，请救之。当道曰："彼言涉我辈，奈何？"淳曰："正以涉公故，须救之，乃见盛德耳。"当道不能用，然心实重之。修《大明一统志》成，赐金币。癸未，同考会试。宪庙即祚，充经筵讲官。秩满九载，迁左春坊左谕德，仍侍经筵。丁亥，修《英庙实录》成，进左庶子，赐金币及宴。辛卯，上疏乞归省，赐宝镪为道里费。甲午，主考顺天乡试，有卷奇甚，后场不类，疑之，勾稽墨卷，果得誊录生截卷状，按其罪，而取是卷为解首，则名士马中锡也。丁酉，修《续纲目》成，迁詹事府少詹事兼侍读。孝宗正储位，日侍讲读。戊戌，充殿试读卷官，会天下乡试录多舛缪，或犯国讳，摘奏数十条，下礼部翰林议治考试提调官罪，且申定格例行之。擢吏部右侍郎，持法坚正，有请属者，笑应之，竟不行。人有玷行，虽所甚爱，必加摧抑。凡内批事，翌日部大臣必陛陈补奏，时除授浸广，有讽令勿奏者，淳曰："此祖宗故典，某不敢废。"讽者色沮，久之竟停陛奏，而淳亦改南京吏部。丁未，满九载，迁左侍郎，加正二品俸。弘治初，擢南京工部尚书，改礼部。上疏陈正风俗、革奸弊诸事，多见施行。辛亥，以末疾乞致仕，赐诰命。归一年卒，寿七十。谥文僖，遣官谕祭，命有司营葬。淳性耿介寡合，重伦尚节，居官居乡，俭朴是尚，尤慎形迹。事涉矫托，辄穷本末，必暴白乃已。人有过必面质。为诗文典赡雄伟，成一家言。有《龙峰集》。教法详备，去而登甲科，后先相踵。胥史向学，辄优给，俾卒业，举乡试者四人，举进士者一人。子民表，甲辰进士，平阳知府。民牧，庚戌进士，山西布政。民献，亦乡举，皆未始有外傅焉。（李文正东阳《行状》）

廖道南曰：西涯撰文僖传，谓其清德重望，登甲科，跻台鼎，保身完名，享有寿祉，延于后嗣，诚可谓一代伟人矣。及读国史，谓文僖耿介寡合，刚简严重，有大臣体。临事议论激而不随，然远避形迹，过于畏慎。其名言哉！夫国家全盛之时，洪庞浑朴之气多钟于人，而况楚之洞庭，钜浸衡岳，幽灵其发于人者，盖优以厚矣。西涯所称，岂欺我哉？赞曰：洞庭浩瀚，回波喷天。群山崒嵂，积雨生烟。笃生英哲，山水之间。幼负奇气，老而益坚。穷守其志，达不隐贤。休休有容，至今称焉。

二月四日，淳方至京，礼部主司嫌其迟至，拒之曰："少汝作状元邪？"淳应声曰："此亦在吾辈也。"至邸，见壁间题画有云："昨夜檐前乾鹊噪，声声报道状元来。"皆其谶也。（《状元记事》）

淳性淳厚，不事游冶，自言绝迹青楼。会试入京，同辈欲戏之，使人先约妓曰：

"若遇吾辈同行，尔可呼黎淳，吾辈当至也。"一日，相邀过之，见一妓以手招呼曰："黎淳，黎淳。"诸友哄然排之曰："子说不游，此妓何由知君姓名邪？"淳不与辩，即口占曰："十里红楼五里程，忽闻花底唤黎淳。状元本是天生定，故遣嫦娥报姓名。"虽谈笑中，其自负如此。(《义命录》)

是科各省俱倍数取士，进士未聘者四人，年长而未娶者十人。

岳阳楼自纯阳降灵之后，往往多仙迹，往年有仕者大作道曲。翌日登楼，忽见案上有大字两行，曰："岸嘴长，状元出。城巢鹳，藩王过。"字势飞逸，不类人手，真神仙书□□□□。郡邑咸往观之，已不见矣。嘴在洞庭湖滨，久没于洪波。至天顺丙子，忽沙泥顿□，岸嘴遂出湖中。明年，华容黎淳果魁天下。又数年，忽有群鹳作露巢于城颠，已而有王府建国于衡，道出城下。始信吕翁降笔也。(《治世余闻》)

天顺初元，会试同考多出于权贵所荐。及揭晓，录文谬误，去取徇情，谤议汹汹，无名诗词纷然杂出。一排律云："圣主开科取俊良，主司迷谬更荒唐。薛瑄《性理》难包括，钱溥《春秋》欠主张。吴节只知贪货贿，孙贤全不晓文章。问仁既是无颜子，配祭如何有太王？告子冒名当问罪，周公系井亦非常。阁老贤郎真慷慨，总兵令侄独轩昂。榜上有名谁不羡，至公堂作至私堂。"盖许道来之子、石亨之侄皆以私取，而录文《论语》题节去颜子，起"克己复礼为仁"，孟义本公都子之言，而云告子，故诗诮之。其他招拟祭文，不可胜纪。(《琐缀录》)

(明)顾祖训原编、(明)吴承恩增补、(清)陈枚续补《状元图考》卷二·状元

黎淳 天顺元年丁丑，廷试夏积等二百九十四人，擢黎淳第一。

按，黎淳，字太朴，号朴庵，岳州华容人。

《状元记事》：二月初，淳方至京，礼部主司嫌其迟至，拒之曰："少汝作状元邪？"淳应声曰："此亦在吾辈也。"至邸，见壁间题画有："昨夜檐前乾鹊噪，声声报道状元来。"此其谶也。

《义命录》：淳性淳厚，不事游冶，自言绝迹青楼。会试入京，同辈欲戏之，使人先约妓曰："若遇吾辈同行，尔可呼黎淳，吾辈当至也。"一日，相邀过之，见一妓以手招呼曰："黎淳，黎淳。"诸友哄然排之曰："子说不游，此妓何由知君姓名邪？"淳不与辩，即口占曰："十里红楼五里程，忽闻花底唤黎淳。状元本是天生定，故遣嫦娥报姓名。"虽谈笑中，其自负如此。

《七修类稿》：黎状元淳，初至京，将会试时，盘礴间，闻酒楼上有妇人唤其名，举头观之，则妓也，乃知为同辈所绐。于是登楼吟诗曰："千里遨游赴帝京，忽闻楼上唤黎淳。状元自是天生定，先遣嫦娥报我名。"及廷试，果登状元，时年三十四。此与《义命录》所载事同，略异，亦附录之。

是科各省俱倍数取士。

(明)耿定向《先进遗风》·黎淳 (存目)

（明）汪国楠《皇明名臣言行录新编》卷三十二·尚书文僖公黎淳　（存目）

（明）过庭训《明分省人物考》卷八十·湖广岳州府·黎淳　（存目）

（明）邓球《皇明泳化类编》·人物卷之五十一·黎淳　（存目）

（明）尹守衡《史窃》第四十九卷·列传第二十七·黎淳　（存目）

（清）汤斌《拟明史稿》卷十五·列传二十四·黎淳　（存目）

（清）阎湘蕙《明鼎甲征信录》卷一·黎淳　（存目）

科　第

（一）乡试

（清）夏力恕等《湖广通志》卷三十四·选举志·明举人·景泰七年丙子乡试榜　黎淳（华容人，状元）。

（二）会试、殿试

《天顺元年殿试策问》　制曰：朕惟帝王治天下，必以求贤安民为首务，盖古今之所同也。然古之士进以礼，退以义，为上为德，为下为民。今何其立功之志弱，而利禄之心胜？奔竞之风未息，而廉介之节少著，其失何由？古之民有恒产，有恒心，家给人足，比屋可封。今何其务本者少，而逐末者多，偷薄之习浸长，而礼让之俗未兴，其弊安在？朕自复位以来，图惟治理，夙夜靡宁，求贤必欲得真才，安民必欲获实效。将使士正其习，民淳其风，庶几唐虞三代之盛，必有其道。子大夫其援经据史，酌古准今，明以条陈，毋曲所学，毋卑所志，务求切至之论。朕将择而行焉。

（明）黎淳《殿试策》　臣对：臣闻帝王之治天下，在乎求贤安民而已。求贤安民，在乎智仁兼尽而已。盖求贤者，智之事；安民者，仁之事。非智不足以求贤，非仁不足以安民。智以求贤则迪知忱恂，而真才无不得；仁以安民则博施济众，而实效无不臻。真才既得，士习由是而正；实效既臻，民风由是而淳。尧舜所以帝天下而陶民熙皞者，此也；禹汤文武所以王天下而措世隆平者，亦此也。故《书》曰："在知人，在安民。"又曰："知人则哲，能官人安民则惠，黎民怀之。"其是之谓欤？

钦惟皇帝陛下禀聪明睿智之资，全刚健中正之德，曩者嗣大历服已历十有五年。日御经筵，讲求治理，声色货利无所通殖，宫室苑囿无所增广，惠泽覃被于八荒，声教洋溢于四海者久矣。兹乃应天顺人，复登宝位，诞膺新命，光复旧物。言动不违乎祖训，举措允合乎天心。所谓多难兴邦，而殷忧启圣者也。是以伦纪粲乎其肇修，风俗蔼乎其丕变，而功业文章，巍然焕然，已驯致乎唐虞三代之隆矣。然犹体道谦冲，不自满足，特进臣等于廷，降赐清问，首以求贤安民为务，期在士正其习，民淳其风，且拳拳欲求切至之论。臣愚有以知陛下此心，即舜之好问好察、禹之闻善则拜、文王望道如未见之心也。其所以复大一统文明之治，绵千万载太平之业，端在此矣。顾臣愚陋，无所知识，然明命下临，敢不精白一心，以对扬于万一乎！

臣惟天生斯民不能自治，而必作之君；君抚斯民不能独理，而必资乎臣。故人君之为治，不必务乎至高难知，惟在求贤而已；不必务乎至远难行，惟在安民而已。昔者唐虞三代之求贤也，若时若采之登庸，三德六德之咸事，肱股耳目，皆有所托，贤德忠良，举无所蔽。或三宅三俊之克即，或义德容德之继用。其得贤之盛如此，岂无自而然哉，盖由智之极其明耳。若尧之畴咨明扬本于钦明，舜之翕受敷施本于濬哲，禹则明明于万邦，汤则经德而秉哲，文武则聪明齐圣，克知灼见，谓非智之极其明乎！惟智之极其明，如鉴之空，而妍丑自辨；如衡之平，而轻重自分，贤否不得以混淆矣。然上之人既明于知人，而贤者乃得行其志。是故其进也以礼，不枉道以干禄，不炫玉而求售，盖主乎辞逊，而不轻于进也。其退也以义，或见几而必作，或不合而即去，盖主乎断制，而不难于退也。所以士之用于当世者，必为上为德，而使君为尧舜之君；为下为民，而使民为尧舜之民。又岂不行其道，而尸位素食哉！所谓求贤而得真才者以此。至若唐虞三代之安民也，黎民有于变之休，万国有咸宁之效。平治水土而烝民乃粒，辑宁邦家而兆民允殖。有夏为之修和，四海为之永清，其安民之功如此，又岂无自而然哉，盖由仁之极其爱耳。若尧之协和万邦本于其仁如天，舜之四方风动本于其德好生，禹则德惟善政，汤则克宽克仁，文武则怀保小民，宠绥四方。谓非仁之极其爱乎！万物一体，而惠泽为之溥施；天下一家，而教化为之大行，远近咸归其极矣。然上之人既笃于爱民，而下民乃得遂其生。是故民有恒产，必五亩之宅，树之以桑；百亩之田，勿夺其时，而游手游食者无有也。民有恒心，必孝弟忠信之是修，放辟邪侈之不作，而败礼乱常者无有也。所以民之生于其时者，家给人足，而欢然于仰事俯育之余；比屋可封，而蔚然于礼乐教化之内。又岂衣食是忧而五品之不逊哉？所谓安民而获实效者以此。夫二帝三王智以求贤，仁以安民，而得其真才实效，于是之极盛矣。自时厥后，若汉唐宋之英君，虽或知以求贤安民为务，而于智仁不能兼尽，是以真才未必得，实效未必臻，回视唐虞三代之治迢遥其不可及也。

洪惟我太祖高皇帝膺天命以创鸿业，太宗文皇帝顺人心而靖邦家，其求贤安民之道，远绍帝王而有光。仁宗昭皇帝敷大惠以宁四海，宣宗章皇帝明俊德以绥万方，其求贤安民之道，近述祖宗而无间。夫何承平日久，趋向渐乖，士习或流于贪纵，民风或至于浇漓。朝廷虽急于求贤，然为士者立功之志弱，而利禄之心胜，奔竞之风未息，而廉介之节少著。岂所谓求贤者徒徇虚名，而未得真才之故欤？使得真才而用之，尚何有是失哉！朝廷虽急于安民，然斯民务本者少，而逐末者多，偷薄之习浸长，而礼让之俗未兴。岂所谓安民者徒事虚文，而未臻实效之故欤？使臻实效而验之，尚奚有是弊哉？仰惟陛下复位以来，图惟治理，夙兴夜寐，汲汲于求贤；宵衣旰食，切切于安民。然求贤必欲得真才，而安民必欲获实效。将使士正其习，民淳其风，庶几唐虞三代之盛，必有其道者，臣愚以为在陛下智仁兼尽而已。臣伏睹陛下详经制以网罗天下之贤，或由科目举，或由胄监选，或以贤良方正荐，或以怀材抱德征，此陛下求贤如渴之心也。奈何人藏其心不可测度，直者似讦，而刚者似傲，佞者似忠，而诈者似信，所谓珉中玉表而凤鸣鸷翰者也。况秉铨衡者未尽其公，司考课者或乖乎正，回邪谄媚之徒得跻于显融，而刚方廉洁之士或困于诋毁。真才何由而得乎？陛下求贤果欲得真才，必本乎此心之智，洞察其贤否，灼见其虚实，励精选举之方，申严考课之法。登崇俊良，简任忠直，置之庙堂之上，布之藩臬之中，言行足以表率乎群僚，政事足以抚绥乎黎庶。譬之木焉，本端而末自直。譬之水焉，源澄而流自清。将见今之士进必以礼，而不蹈希世取宠之非；退必以义，而咸知固位贪权之耻。急于行道济时，而奋立功之志。力于输忠效劳，而忘利禄之心。以恬静为尚，而奔竞之风自息。以贪墨为戒，而廉介之节自著。即《书》所谓："允迪厥德，谟明弼谐。"《诗》所谓："济济多士，秉文之德"者也。尚何士习之不正哉！

臣伏睹陛下颁明诏以轸念元元之苦，或蠲租税以宽之，或发帑藏以济之，或申节俭之制，或开减省之条，此陛下视民如伤之心也。奈何民生多欲，因物有迁，夏暑雨而阻食，冬祁寒而阻衣，孤独鳏寡颠连而无告，饥馑流移濒死而难存，宜乎礼义不兴而奸宄未止也。况司民牧者乏抚字之勤，职风化者乖明伦之教。词讼日繁，而刑清之颂不作。田野就荒，而击壤之歌未闻。实效何由而获乎？陛下安民果欲获实效，必本乎此心之仁，如疾痛之切于一体，如气脉之贯于四肢，儆戒其劳来之职，严督其劝课之责，所欲与聚，所恶勿施，置之于衽席之安，措之于富寿之域。比闾族党有义以相保，亲疏尊卑有礼以相接。譬之网焉，纲举而目自张。譬之衣焉，领挈而裘自顺。将见今之民产必有恒，不游惰而弃业；心必有恒，不妄作而陷刑。知农事不可缓也，咸耕凿以务其本。知商贩为可贱也，不市利以逐其末。乡闾有塾，则考德问业，而偷薄之习自止。里社有约，则好善恶恶，而礼让之俗自兴。即《诗》所谓："群黎百姓，遍为尔德。"《易》所谓："久于其道而天下化成"者也。尚何民风之不淳哉？夫如是，则陛下之治天下，端不异于唐虞三代之盛矣。此臣愚见断以为，智之明足以求贤，仁之爱足以安民，是以其效自有不期然而然者也。

然陛下之策臣者，臣既略陈之矣，而于终篇窃有献焉。夫求贤安民，固本于陛下之智仁，而智仁之尽，尤在乎陛下之一心。盖心者，一身之主宰，万事之本根，所以统五官而令百体者也，所以恭天地而赞化育者也。陛下必欲常存是心，又必以敬为之主焉。静而主教，以全其心之体；动而主敬，以达其心之用。以之求贤则智极其明，以之安民则仁极其爱，然而是敬奚翅为智为仁，以尽求贤安民之道而已乎？至于视听言动，一循乎天理；好恶用舍，必合乎时中。殆见四方万国，必由此而咸和；九夷八蛮，必由此而宾服；五岳四渎，必由此而效宁；四时五行，必由此而顺序。旷世之详于是乎并见，诸福之物于是乎骈臻。宋儒程子所谓"上下一于恭敬，则天地自位，万物自育，气无不和，而四灵毕至"者也。如是则陛下之治，卓冠百王而垂亿万年之休，与天地相为无穷者，自兹始矣。臣学识肤浅，不能援经据史，酌古准今，谨直述以对。若夫曲所学以阿世，卑所志以徇时，则臣不敢以自处也。伏惟陛下少垂睿览，天下幸甚！万世幸甚！臣谨对。

（明）张朝瑞《皇明贡举考》卷四 中式举人三百人：……

（天顺元年）三月十五日，临策天下贡士，制曰：朕惟帝王之治天下，必以求贤安民为首务，盖古今之所同也。然古之士进以礼，退以义，为上为德，为下为民，今何其立功之志弱而利禄之心胜，奔竞之风未息而廉介之节少著，其失何由？古之民有恒产，有恒心，家给人足，比屋可封，今何其务本者少而逐末者多，偷薄之习寝长而礼让之俗未兴，其弊安在？朕自复位以来，图惟治理，夙夜靡宁，求贤必欲得真才，安民必欲获实效，将使士正其习，民淳其风，庶几唐虞三代之盛，必有其道。子大夫其援经据史，酌古准今，明以条陈，毋曲所学，毋毕所志，务求切志之论，朕将择而行焉。

（时廷对之士二百九十四人，赐黎淳等进士及第出身有差。淳耿介寡合，重伦尚节，居官居乡，俭朴是尚，尤慎形迹，事涉矫托，必暴白之。在吏部，有请属者，笑应之，竟不行。人有玷行，虽所甚爱，必加摧抑。诗文典赡雄伟，成一家言，所著有《龙峰集》。官至南京礼部尚书，谥文僖。子民表成化甲辰，民牧弘治庚戌，俱进士。是科孔宗显，乃宣圣六十一世孙，朱礼乃文公九代孙，后彭韶、杨继宗俱为名臣。）

第一甲三名赐进士及第：黎淳，湖广华容县。徐琼，江西金溪县。陈秉中，浙江乌程县。

（明）张弘道、张凝道《皇明三元考》卷六·天顺元年丁丑科大魁 状元黎淳（湖广华容人，字大朴，号朴庵，年三十四，丙子举人。为人耿介寡合，重伦尚节，居官居乡，俭朴是敦，犹慎形迹。在吏部，有请托者，笑应之，竟不行。人有玷行，虽所甚爱，必加摧抑。诗文典赡雄伟，成一家言。官至南礼部尚书，谥文僖。所著有《龙峰集》。子民表，成化甲辰进士，布政；民牧，弘治庚戌进士，知府。从子民献，癸卯举人；民望，乙卯举人，知县。孙循纪，辛酉举人，知县。民望子循典，正德己卯举人，御史）。

又 名臣：黎淳。

又 二品：黎淳（礼部尚书）。

（清）张廷玉等《明史》卷十二·本纪第十二·英宗后纪 （天顺元年三月）庚辰，赐黎淳等进士及第出身有差。

仕　宦

（明）雷礼《国朝列卿纪》卷十八·詹事府少詹事年表 黎淳（湖广华容人。进士。成化十三年任，兼侍读学士。十四年升吏右侍。历南京礼部尚书，卒谥文僖)。

又，卷二十九·吏部左右侍郎年表 黎淳(湖广华容人，进士。成化十六年右。二十一年改南京左。历南京礼部尚书)。

又，卷三十·南京吏部左右侍郎年表 黎淳(湖广华容人，状元。成化二十二年右。二十三年任左。历南京礼部尚书)。

又，卷四十二·南京礼部尚书年表 黎淳(湖广华容人。状元。弘治元年任。四年致仕。卒于家，谥文僖)。

(明)张朝瑞《皇明贡举考》卷一·文体 成化十三年十二月，少詹事黎淳奏科场出题作文定式，谓洪武年间已常颁降，近年所刊程文，纯粹者少，驳杂者多，乞移文所司，将考试官究治，申明科场旧制，颁降学校，永为遵守。奉圣旨出题校文并刊录文字必须合式，依经按传，文理纯正。

又，卷五·(甲午)成化十年两京十三藩乡试 (是科左庶子黎淳主考顺天府乡试，初场得一优卷，及观后场，绝不相类，疑有弊，勾稽墨卷，果得誊录生截卷状，移帘外按其事，而取优卷为第一，拆封乃马中锡，亦一时名士。)

(清)张廷玉等《明史》卷十三·本纪第十三·宪宗一 (成化三年)十二月庚子，左庶子黎淳追论景泰废立事，帝曰："景泰事已往，朕不介意，且非臣下所当言。"切责之。

又，卷十四·本纪第十四·宪宗二 赞曰：宪宗早正储位，中更多故，而践阼之后，上景帝尊号，恤于谦之冤，抑黎淳而召商辂，恢恢有人君之度矣。

又，卷一百六十四·列传第五十二·高瑶 左庶子黎淳力争，谓不当复，且言："瑶此言有死罪二：一诬先帝为不明，一陷陛下于不孝。臣以谓瑶此举，非欲尊郕王，特为群邪进用阶，必有小人主之者。"帝曰："景泰往过，朕未尝介意，岂臣子所当言。淳为此奏，欲献谄希恩耶?"议遂寝。

又，卷一百六十四·列传第五十二·高瑶(附黎淳) 黎淳，华容人。天顺元年进士第一。官至南京礼部尚书，颇有名誉。其与瑶争郕王庙号也，专欲阿宪宗意，至以昌邑、更始比景帝，为士论所薄。当成化时，言路大阻，给事、御史多获谴。惟瑶以卑官建危议，卒无罪。时皆称帝盛德云。

(明)雷礼《国朝列卿纪》卷十八·詹事府少詹事行实·黎淳 (存目)

又，卷三十九·吏部左右侍郎行实·黎淳 (存目)

又，卷四十二·南京礼部尚书行实·黎淳 (存目)

轶　事

（明）郎瑛《七修类稿》卷三十五·诗文类·状元诗谶　黎状元淳，初膺乡荐至京师，将礼部会试时，盘礴间，闻酒楼上有妇人唤其名，举头观之，则角妓也，乃知为同辈所啐。于是登楼吟曰："千里邀游赴帝京，忽闻楼上唤黎淳。状元自是天生定，先遣嫦娥报我名。"已而果然。

（明）蒋一葵《尧山堂外纪》卷八十五·国朝·黎淳（字太朴，号朴庵，岳之华客人）　天顺丁丑，黎淳会试入京，已二月四日矣。礼部主司嫌其迟至，拒之曰："少汝作状元邪！"淳应声曰："此亦在吾辈也。"至邸，见壁题画有云："昨夜檐前乾鹊噪，声声报道状元来。"已而果举第一。

黎淳性淳厚，不事游冶，自言绝迹青楼，同辈欲戏之，使人先约妓曰："若遇吾辈同行，尔可呼黎淳，吾辈当至也。"一日，相邀过之，见一妓以手招呼曰："黎淳，黎淳。"诸友哄然排之，淳不与辩，即口占曰："十里红楼五里程，忽闻花底唤黎淳。状元本是天生定，故遣嫦娥报姓名。"虽谈笑中，其自负如此。

（明）焦竑《玉堂丛语》卷一·行谊　黎大朴世居华容，性耿介寡合，重伦尚节，违禄养，极严庙祀。兄嫂卒，其孤名献民及女皆幼，育为己子。山东副使董国器妻死，而董适未还。大朴展省至临清，使携其柩以归。太常卿孟士亨卒，家贫不能举，大朴倡诸乡人合赙，俾襄葬事。乡吏邓禄寓银数十两，禄死，藏所寓物十年，俟其子长，乃还之。所居黄洋渡，潦辄病涉，捐资筑堤四十丈，民甚利焉。后官至礼部尚书。(《怀麓堂稿》)

黎文僖在部，不受私馈，不行请嘱。尤慎形迹，事涉矫诈，辄穷本末，必暴白乃已。闻人有玷行，虽所甚爱，必摧抑，不曲为庇，下至胥隶，亦畏惮不敢犯。素俭朴，患乡俗好侈，躬自裁抑婚葬饮宴之礼，人多视以为则。

又，卷二·铨选　黎公淳晋吏侍，持法益坚，有请谒者，笑应之，然竟不行。闻人有玷缺，虽所甚爱，必加摧抑，下至胥隶，亦畏惮无敢犯。权贵用事，不通馈问，卒亦无他。凡出内批，故事，翌日部大臣必陛陈补奏。时除授浸广，有讽令勿奏者，曰："此祖宗旧典，所以防伪遏奸，淳不敢废。"讽者色沮。久之，竟停陛奏，而淳亦改南吏部矣。

又，卷五·廉介　黎文僖淳性耿介，门生尹华亭以云布寄淳，不受，责之曰："古之为令，拔葵艺麻，今之为令，织布添花，吾不用妖服也。"

又，卷六·科试　黎淳考乡试时，有试卷甚奇，公喜得人，及后二场卷入，辄不类。公移文外帘，使勾稽墨卷，果誊录生截卷为所亲地者。公具发其奸，而卒置初卷于首，乃名士马中锡也。

著　作

（清）黄虞稷《千顷堂书目》卷九·典故类　黎淳《国朝试录》六百四十卷（辑明成化以前试士之文，丘濬序）。

又，卷十九·别集类·天顺丁丑科（元年）　黎淳《龙峰集》十三卷（字太朴，华容人。一甲第一人，南京礼部尚书，谥文僖）。

又，卷三十二·制举类　黎淳《国朝试录》六百四十卷（辑明成化以前试士之文，邱濬序）。

（清）张廷玉等《明史》卷九十九·志第七十五·艺文四　黎淳《龙峰集》十三卷。

又　黎淳《国朝试录》六百四十卷（辑明成化以前试士之文，丘濬为序）。

评　论

（明）李东阳《黎文僖公集序》　东阳昔从文僖黎公先生游，举业之暇，获见所为古文歌诗诸作。时公方以状元及第，文名满天下，公卿以下外暨藩郡购者踵相接，公每用短素札方格正书，不复属草，运思命笔，不废答问，而词整意足，动数十万言，月累岁积，至盈几案，公亦不自爱惜，或为人所持去。及往返故邑，回翔旧都，道逢箧笥间，逸失过半。公即致政归，弃诸生。越数年，其长子南康知府民牧亦卒，次子山西右布政使民表辑其家遗稿，得若干篇，多出传写，亥豕不可读，东阳乃与刘兵部时雍、杨吏部蕉宁参互考订，厘为若干卷，而民表实锓梓以传。公尝论古人之文，大抵以丰蔚充赡为尚，以雕饰刻削为病。东阳虽在髫丱，颇能测识公意，因进而请曰：“此非孟氏知言养气之旨乎？”公曰：“得之矣。盖文章之与事业，大抵皆气之所为。气得其养，则发而为言，言而成文，为声者皆充然而有余；措而为行，行而为事功者，亦毅然而不可夺。顾养在我，而用不用系乎时，故韩昌黎、苏眉山之气见于文章，韩忠献、富文忠之气见于功业，虽所就不同，其在天下皆有不可泯者。”公积学未仕时，累诎科第，而志益坚，在翰林上书执政，救言官得罪者，固已气盖一时矣，居常遭值猜嫉，而放言高论，不少为迁就。及登华陟峻，犹不免于投闲置散，而定力雅采，未尝苟同于世故，虽功业未能尽见，其所养老固存，今即其文观之，其所谓丰蔚充赡者，盖若是盛也，况亦有不尽其传者乎？然观室者必观其隅，后之学者闻公名，因其文，尚论至世之可以识，至人矣。东阳获奉绪余，忝窃科第，傥冒禄位，非徒学力未至，而才不称事，于公殆九愧焉，又不能蒐采放失，俾无遗憾，谨序次其所仅存者，而因以附名姓于后云。公字太仆，别号朴庵，官至南京礼部尚书，文僖者，赐谥也。

正德辛未十二月八日，特进光禄大夫左柱国少师兼太子太师吏部尚书华盖殿大学士知制诰同知经筵事国史总裁门生长沙李东阳谨序。

（录自［明］黎淳《黎文僖公集》卷首）

（明）杨一清《黎文僖公集序》 我先生朴庵黎公弃诸生二十有一年矣。其仲子山西右布政使民表以公务来京，出其所辑诗文遗稿若干卷，并今少师西涯李公所为序示予，请序诸次简。一清少游先生门，实踵西涯公后，与民表昆季同笔研，先生恒子视之，壮强不自立，文章事业漫无所成就。今老矣，忝窃重位，碌碌无补，惭负教育，三复遗文，不知予涕之焉从也。于戏！先生虽没，而风神气韵之不泯者，固于是乎存哉。夫文章与时高下，而制作之疵醇取必于天下后世，未始不由乎其人。故文主于气，气存乎养，知言者莫之能违也，然前辈谓昌其气必先昌其志，气志之所为，孟氏之论固若是。先生自布衣时已怀用世之志，既魁天下，入翰林，遭时承平，危言危行，自信不疑，视天下之事无不可为者，而文章乃其绪余耳。顾职在撰述，不亲政事，既乃柄用，而格于妒忌，弗究厥施，晚更投置闲散，而天又夺之速，故其表焉，见于世者，惟文字为多，卷帙碑版，流播四方，意到属辞，不烦思虑，亦不求合古人之绳尺，而宏伟辩博，成一家言。窃尝窥之，其志高明足参天地，正直足对鬼神，坚固足贯金石，宜其气之昌于文者若是乎其盛也。先生之言曰："某之文多酬应，非敢自拟立言。"故其著作多不存，稿若《良农传》，有柳宗元《种树郭橐驼传》之风，及拟古乐府诸篇，得汉魏遗意，是集俱不载，则其所散失可胜计哉！此门弟子之责也，故敬序其所存者如此。至论其在讲筵有因事纳说之忠焉，司贡举有黜浮崇浑之力焉，佐铨衡则抑幸进、杜请托，扶植正类，使天下阴受其赐，国史家乘当有鸿笔纪载之，非浅薄所敢议也。

正德壬申春正月既望，荣禄大夫少保兼太子太保吏部尚书前都察院右都御史奉敕总制陕西三边诸军事、门生石淙杨一清谨序。

（录自［明］黎淳《黎文僖公集》卷首）

（明）刘大夏《黎文僖公集后序》 正德辛未予还自肃，越五月而黎方伯本端亦自广右迁山西，道经故乡，适与予会，出乃翁文僖先生文集示予曰："先人与子最厚善，而此集又尝考订于西涯、邃庵及子之手，今李、杨二公皆已序于集首，子乌得无一言乎？"先生今没二十年，予亦老且病矣。偶闻其言，不觉泣下，因忆予少十五六时，即从先生游，一日请问作文之法，乃教予曰："文者，心之声，若能正心诚意，富读古人之书，则发而为文、为诗，自平正畅达，蔚然成章，不然虽雕削奇功，不足贵也。岂特学文然哉！他日出试，于时心正学博，则义利分明，知所向往，随其小大以就功业，必不为小人之归。"予尝请事斯语学焉而未能。既而先生以状元及第，入官翰林，予亦继窃科第，随诸英俊奉命入读中秘书，朝夕复得请益于左右。及予领职出官子部，虽分曹限署，亦无月日不相见，以亲教言，所谓正心读书之说，盖始终不易也。时四方人慕先生之誉望，皆欲得其诗文，借以自重，求者无虚日。先生随手应酬，未尝属草，人咸服其敏捷，而不知所养有其本，即前所以教予之意也。惟其言行方毅，不苟合于人，人多忌嫉之，故虽以年资陟大官、居要地，竟弗得罄其所施，未几改官留都，置之闲散，遂由此以去。呜呼！惜哉。然先生之功业虽未尽见于当时，而发诸文与诗者，幸有贤嗣方伯公牧检梓行，以传于后。后之人读其文、诵其诗，犹可以想见其为人。予与西涯、邃庵实同出于门下，而予之蹇劣，文学功业俱不逮二公，独愧负于先生之教。今年近八旬，万里生还，偶会本端方伯，得赘数言于斯集之后，用以附姓名于不朽，亦足以自幸云尔。

赐进士荣禄大夫太子太保兵部尚书前都察院右都御史奉敕总制两广军务致仕、门生里姻刘大夏拜手谨序。

（录自［明］黎淳《黎文僖公集》卷末）

（明）陈甘雨《黎文僖公集跋文》 右《黎文僖公集》凡壹拾陆卷，雨刻于德安郡斋。雨幼慕黎文僖公名，后读李文正公《怀麓堂编》，有《黎文僖公集序》，谓黎公次子方伯公锓梓以传。雨遍求其集不可得，及今守德安藩参仁和甘泽邵公一日出此书示雨，曰：“此为黎文僖公稿，于余先大父《同年录》公子方伯公谋之梓，未果也。郡其为刻诸。”雨受而阅之，盖邵公大父亦尝分臬郧于鲁，修应城县等学，振扬风纪，颂声沸腾，文僖公皆有记归其劳，今具在稿，抑郡中典故所必稽者，遂并承分臬中，方范公命出官帑若干翼成之。噫！按方伯公谋入梓，李文正公著序日，去今三世矣，始刻于德安，非文章显晦，容有时耶？又考《黎文僖公行状》，谓公于书无所不读，为诗文典赡雄伟，成一家言，有《龙峰集》若干卷，此即所谓《龙峰集》耶？其称曰《文僖公集》者，则其门生改题者尔？雨喜得睹此集，又喜得请刻焉，刻成，谨书此以识岁月云。

嘉靖岁次丙辰秋八月既望，赐进士中顺大夫湖广德安府知府前刑部郎中、后学莆田陈甘雨谨跋。

（录自［明］黎淳《黎文僖公集》卷末）

杂　录

（明）陆容《菽园杂记》卷十 马尾裙始于朝鲜国，流入京师，京师人买服之，未有能织者。初服者，惟富商、贵公子、歌妓而已，以后武臣多服之，京师始有织卖者。于是，无贵无贱，服者日盛。至成化末年，朝臣多服之者矣。大抵服者下体虚奢，取观美耳。阁老万公安，冬夏不脱；宗伯周公洪谟，重服二腰。年幼侯伯驸马，至有以弓弦贯其齐者。大臣不服者，惟黎吏侍淳一人而已。此服妖也，弘治初，始有禁例。

天顺四年（1460）庚辰科状元王一夔（又名谢一夔）

传　　记

（明）何乔新《椒邱文集》卷二十·资政大夫工部尚书赠太子少保谢公行状　公讳一夔，字大韶，姓谢氏。其先本晋太保文靖公安之裔，世家南昌之新建之古源。祖永亨避仇，匿姻丈王氏家，遂从其姓。及公贵显，乃请于朝，复先姓云。父得仁为汀州经历，以廉惠得民，部使者荐之升推官，谳狱明恕。正统乙巳，大盗起沙县，攻围汀城，势张甚，郡推集民兵助阃帅守御，屡挫贼锋。既解围，官军执村氓四百余诬为贼，又为力辨得释，民德之。及卒，汀州人建祠以祀焉。

公天资温粹，弱冠从翰林侍讲吉水尹凤岐先生读蔡氏《书》，先生览其所作经义论策，大加称赏，语诸生曰："大韶它日所就，吾不及也，吾于文字间见之矣。"郡推卒于行营，公扶柩归葬，居丧读礼，足迹不至城市。免丧，以所业赴江西乡试，名在前列。会试礼部，以《书》经冠天下士。及廷对，英宗皇帝策以礼乐刑政之要，公所对上推唐虞三代之盛，下及汉唐宋沿革之详，凡三千余言。末又曰："礼乐之本，刑政之原，不外乎一诚。臣愿陛下运此诚以兴礼乐，则大礼与天地同节，大乐与天地同和矣。运此诚以用刑政，则一政之出，人信之如蓍龟；一刑之施，人畏之如𫓧钺矣。"英庙览之，深契圣衷，赐进士及第，擢翰林院修撰。又命公与庶吉士杨英等同进学于翰林，俾读中秘书，由是所学益博，所得益精。发为文章，不为奇崛雕刻之词，而纯粹渊永，人共推服。少保李文达公尤重公，每以伟器期之。修《英庙实录》，文达为总裁，以公为纂修官。据事直书，得史官体。今皇帝初御经筵，以公为讲官，赐银二十两，钞二千贯，纻丝二表里。《实录》成，升左春坊左谕德，加赐银币尤厚。公因请假归省先茔，抵家，捐俸立义学以教族党乡闾之子弟，又置义田、义仓以赈贫无以养者。郡推祠在汀，躬往祭奠，遗民迎拜，公接之无贵贱，皆与抗礼，汀吏民咨嗟颂其贤。暨还京，会朝廷以星变求言，公上疏陈五事：一曰正宫闱以端治本，二曰亲大臣以询治道，三曰开言路以决壅蔽，四曰慎刑狱以广好生，五曰戒妄费以足财用。忠恳剀切，多人所不敢言者，士大夫翕然称之，虽不识公者，读其疏亦皆慨叹想见其为人。上以宋元二史予夺迄无定论，特命内阁儒臣妙选学识老成者用朱子书法编纂成书，以续《通鉴纲目》。时翰林在选者仅十有四人，而公与焉。公分修《元史》，因推广前待制王祎之论，以为泰定帝为世祖长孙，宜承大统，雅克特穆尔迎立明文不过欲因际会图富贵尔，故于雅克特穆尔举兵以谋逆书；凡以兵附雅克特穆尔者，以谋叛书；于上都遣兵以讨叛书。一正前史之谬，君子韪之。书成进御，升翰林院学士，赐宴于文华门右廊，又赐钞一千贯。成化十四年二月，皇太子出阁，诏简儒臣充东宫官，公与学士彭公彦实等皆以学行选侍讲读。十九年九月，升礼部右侍郎。凡制度仪文，多所裁定，前所未有者，必稽经考史，参以祖宗旧制，具为仪注，务使可行。二十二年冬，升工部尚书。工部所掌，素号繁猥，而工匠之长号“作头”者，持吏短长，恣为奸利。公躬校案牍，严勾稽，剔蠹弊，谨物料出纳之数，正匠作逋匿之罚，斥遣作头不得近左右。凡有营缮，必计程期，虑财用，以授属官之廉能者，使董之，故费出有经，人无久役。二十三年春，公得痰咳疾在告。三月，上书辞俸，优诏不允。夏五月，疾稍愈，亟出视事，俄而病复作，易数医浸剧。卒之晨，命仆取水盥颒讫，衣冠出坐小斋，指口言渴，侍者以汤进饮之，又进粥，未及食，溘然而逝。是月十有九日也。享年六十有三。事闻，赠太子少保，赐钞万贯赙其家，遣官谕祭者再，且命有司造坟以葬。

公天性乐易，待人接物一本于诚，尤笃于友谊。有误罹法网不能自直者，必语所司为辨之，不啻己事。或材可用而沉沦下僚者，荐诸当道，拔而用之。不幸客死者，为归其丧，或恤其妻子。在翰林屡典文衡，尝考礼部贡士，得罗伦，置诸魁选，已而伦以状元及第。考南畿贡士，得王鏊以冠多士，及试大廷，鏊名在第三。人皆服其鉴别之精。自少好学，至老不倦。所著有《古源文集》若干卷，藏于家。

娶邓氏，有贤行，累封淑人，先公三年卒，葬邑之某原。至是诸子卜以某年某月某日奉公柩合葬焉。子男三：曰纲，乡贡进士，先公九年卒；曰纪；曰经。女二，长适国子生余校，次适国子生况銮，皆宦家子也。孙男五：曰麒，邑庠生；曰骥，国子生；曰凤；曰骅；曰骝，俱习举子业。惟公以大魁致位司空，文行卓然，为士林模楷。其殁也，当宁嗟悼，恤典优隆，可谓哀荣兼至者已。公官居二品，隧道有碑，幽窾有铭，宜得当世名儒为之论次，以垂不朽。乔新与公生同乡，仕同朝，居又比舍，相知最深，谨述公世系行己历官之概，以俟立言君子采摭焉。

（明）俞汝楫《礼部志稿》卷五十六·列传·侍郎谢一夔 谢一夔，字大韶，江西新建县人，天顺庚辰进士第一，胪传之旦，裒然众中，缙绅属目，除翰林院修撰。宪宗嗣统，进侍经筵，被赏赉。预修《英庙实录》成，升左春坊左谕德。又预修《续资治通鉴纲目》成，进学士。未几，擢礼部右侍郎，升工部尚书，年六十三以疾卒于位，赠太子少保，赐祭葬。一夔为人和易平实，与人交久而益亲，尤笃于友义。为文章不奇诡雕刻。其为谕德时，尝疏陈五事，言颇剀切。在礼部凡制度仪文，多所裁定，前所未有者，必稽经据史，参以时制，具为仪注，务使可行，一时同事者咸推其练达。

但务交好而不重操执，其政事不能无徇情云。

（明）廖道南《殿阁词林记》卷五·部学·学士晋工部尚书谢一夔 谢一夔，字大韶，初冒王姓，江西新建人。天顺庚辰廷试第一，授修撰。预修《英庙实录》，迁左谕德。成化辛卯十二月，一夔上言："彗星之变，灾异至大，谨上五事：一曰正宫闱以端治本，二曰亲大臣以询治道，三曰开言路以决壅蔽，四曰慎刑狱以广好生，五曰谨妄费以足财用。"上怒斥之。及预修《宋元纲目》，进学士，未几，擢礼部侍郎，陟工部尚书，卒赠太子少保。一夔为人和易平实，与人交久而益亲，尤笃于友义。为文不事奇诡雕刻。其佐礼部，则惟务交好，不复持重。初，都御史闵珪以江西多盗，缘京宦佃户窝聚占吝不发，乃奏欲并坐其主。一夔与尹直衔之，调珪于广西。或问之，一夔曰："珪之谬也，匪吾省。李孜省密奏里闬，其为红巾乎？"自是人始知朝政纷更，皆孜省之为也。廖道南曰："予观《江西志》，谓一夔言婉气和，善谋而成。及观其所上诸疏，侃而訚，异而法，有足追古者，但比之匪人，未免遁尾，可惜也哉。赞曰：南昌魁选，前谢后舒。杜门讲学，排闼上书。谢登穹显，舒抱于邑。月旦有称，予奚容喙。"

（明）陈鎏《皇明历科状元录》卷二·天顺四年庚辰状元王一夔 廷对之士陈选等一百五十六人，擢王一夔第一。是科取庶吉士十五人。

王一夔，字大韶，复姓谢，号约斋，南昌新建人。举进士第一，时年□□□。授修撰，同庶吉士读中秘书。预修《英庙实录》，迁左春坊左谕德。成化辛卯，彗见，陈五事曰：正宫闱以端治本，亲大臣以询治道，开言路以决壅蔽，慎刑狱以广好生，谨妄费以足财用。皆切时务，而正宫闱之言，尤人所不敢言者。预修《宋元纲目》，进学士。同考会试、主应天乡试凡一。太子出阁，诏充侍读，升礼部侍郎，进工部尚书，卒赠太子少保。为人和易平实，与人交久而益亲，尤笃于友义。自少至老，好学不倦。为文不务奇崛雕刻之词，而温厚详雅，类其为人。有《古源文集》。（尹侍郎直作《志》）

廖道南曰：予观《江西志》，谓一夔言婉气和，善谋而成。及观其所上诸疏，侃而訚，异而法，有足追古者，但比之匪人，未免遁尾，可惜也哉。赞曰：南昌魁选，前谢后舒。杜门讲学，排闼上书。谢登穹显，舒抱于邑。月旦有称，予奚容喙。

初赴试，谒铁柱宫卜兆，灵湫水忽涌起如"一"字，亦第一名之兆也。

读卷官置祁顺卷第一，既而司礼监问所定卷，阁老以姓名告，太监曰："此卷固出人一等，但传胪时，此音与御名相似，奈何？"阁老愕然，乃以王一夔卷易之，而置祁二甲。祁，广东人，仕终郡守。司礼监之识见高矣。（《闲中今古》）

南昌王得仁，景泰间任汀州推官，值邓茂七之乱，山谷响应。朝廷命将讨之，主帅欲滥杀胁从以为功，得仁力辩其枉，遇系累于道者，下车解其缚，焚其簿籍，所活千人，汀民德之，为立生祠。今入祠典，名曰“忠爱”。得仁子一夔，状元及第，官至尚书，人谓阴德之报。尚书张瑄诗云：“忠言极诤拯疲民，戮力勤王肯顾身？百战能缘王事死，万家因感使君仁。春回瘴地棠阴满，雨过山城草地新。子占大魁孙血食，皇天应不负斯人。”（《吏隐录》）

庄定山昶赠一夔诗云：“南京分手各西东，一纸书来十载中。皂盖与公凭圣主，青山老我任苍穹。乾坤万事人难定，朋友交情道与同。独坐五湖无一语，满滩明月伴渔翁。”王文恪鏊挽诗云：“长啸乾坤内，如公复几人？科名皆自郤，文字本先秦。海内瞻丰采，朝端惜老臣。履声依北斗，庙貌俨南闽。发为忧民种，家从入仕贫。人方起安石，帝欲畀衡钧。国计讦前箸，工虞鄙算缗。忽为箕尾客，昔忝鹿鸣宾。传授曾期质，褒扬却愧诜。平生怀旧泪，不敢污车茵。”

（明）凌迪知《万姓统谱》卷一百五 谢一夔（字大韶，南昌人。天顺甲戌进士第一，授翰林修撰，仕至工部尚书）。

（明）雷礼《国朝列卿纪》卷二十·翰林院学士讲读学士行实 谢一夔，字大韶，江西南昌府新建县人。天顺庚辰状元，除翰林修撰，同庶吉士读中秘书，由是所学益博而精。宪宗嗣统，进侍经筵，被赏赉。预修《英庙实录》，据事直书，得史官体。二年，同考会试。及《实录》书成，升左春坊左谕德，加赐银币。继修《通鉴纲目》，时预修者仅十有四人，一夔分修《元史》，凡所褒贬一依朱子书法，多正前史之谬。十三年，史成，进御览，升翰林学士，赏赉有加。寻命主考南畿乡试，鉴别精明，得士最多。尝因辛卯星变，上疏陈五事：一、正宫闱以端治本，二、亲大臣以诲治道，三、开言路以决壅蔽，四、慎刑狱以广好生，五、戒妄赉以足财用。言多剀切，上怒，责之。十四年戊戌，皇太子出阁，诏简侍讲读。庚子，升礼部右侍郎。详工部。

（明）顾祖训原编、（明）吴承恩增补、（清）陈枚续补《状元图考》卷二·状元王一夔 天顺四年庚辰，廷试陈选等一百五十六人，擢王一夔第一。

按，王一夔，字大韶，号约斋，江西新建人。初赴试，谒铁柱宫卜兆，灵湫水忽涌起如“一”字，亦第一名兆也。

《闲中今古》：初读卷官定祁顺卷第一，既而司礼监问所定卷，阁老以姓名告，太监曰：“此卷固出人一等，但传胪时，此音与御名相似，奈何？”阁老愕然，乃以王一夔卷易之，而置祁二甲中。

《史隐录》：一夔父王得仁，景泰间任汀州推官，值邓茂七之乱，山谷响应。朝廷命将讨之，主帅欲滥杀胁从以为功，得仁力辩其枉，遇系累于道者，下车解其缚，焚其簿籍，所活千人，汀民德之，为立生祠。今入祠典，名曰“忠爱”。至一夔状元及第，官至尚书，人谓阴德之报。尚书张瑄诗云：“忠言极谏拯疲民，戮力勤王不顾身。

百战能缘王事烈，万家因感使君仁。春回瘴地棠阴满，雨过山城草木新。子占大魁孙血食，皇天应不负斯人。”

（清）陶成等《江西通志》卷六十八·人物三·南昌府三 谢一夔，字大韶，得仁子。天顺四年举进士第一，授修撰，进谕德。成化七年，彗星见，应诏陈五事，请正宫闱、亲大臣、开言路、慎刑狱、戒妄费，语极剀挚，被旨切责。寻升学士，进礼部右侍郎。会李孜省用事，荐引同乡，尹直、李裕、刘敷等一时汇进，一夔拜工部尚书，时称传奉官。未几卒，赠太子少保。正德中，谥文庄。著有《文庄集》、《力余稿》、《东藩倡和诗》。（白《志》）

（清）张廷玉等《明史》卷一百六十五·列传第五十三·王得仁（附子一夔） 王得仁，名仁，以字行，新建人。本谢姓，父避仇外家，因冒王氏。得仁五岁丧母，哀号如成人。初为卫吏，以才荐授汀州府经历。廉能勤敏，上下爱之。秩满当迁，军民数千人乞留，诏增秩再任。居三年，推官缺，英宗从军民请，就令迁擢。数辩冤狱，却馈遗，抑镇守内臣苛索，政绩益著。

沙县贼陈政景，故邓茂七党也，纠清流贼蓝得隆等攻城。得仁与守将及知府刘能击败之，擒政景等八十四人，余贼惊溃。诸将议穷搜，得仁恐滥及百姓，下令招抚，辨释难民三百人。都指挥马雄得通贼者姓名，将按籍行戮，得仁力请焚其籍。贼复寇宁化，率兵往援，斩首甚众。民多自拔归，贼势益衰。

贼退屯将乐，得仁将追灭之，俄遘疾，众欲舆归就医，得仁不可，曰：“吾一动，贼必长驱。”乃起坐帐中，谕将吏戮力平贼，遂卒。时正统十四年夏也。军民哀恸，丧还，哭奠者道路相属，多绘像祀之。天顺末，吏民乞建祠。有司为请，诏如广东杨信民故事，春秋致祭。

子一夔，天顺四年举进士第一。授修撰，进左谕德。成化七年，彗星见，应诏陈五事：请正宫闱，亲大臣，开言路，慎刑狱，戒妄费。语极剀挚，被旨切责。累迁工部尚书。卒赠太子少保。正德中，谥文庄。

（明）徐纮《皇明名臣琬琰录》后集卷十四·兵部尚书谢公墓志铭（一夔）（存目）

（明）过庭训《明分省人物考》卷五十七·江西南昌府一·王一夔 （存目）

（清）汤斌《拟明史稿》卷十五·列传二十四·谢一夔 （存目）

（清）王鸿绪《明史稿》卷一百五十一·列传第四十六·王得仁（附王一夔）（存目）

（清）阎湘蕙《明鼎甲征信录》卷一·王一夔 （存目）

科　第

（一）乡试

（清）陶成等《江西通志》卷五十三·选举五·明·景泰七年丙子乡试　王一夔（新建人，复姓谢）。

（二）会试、殿试

（明）王一夔《殿试策》　制曰：朕惟治天下亦多术矣，举而行之，必有其要。《传》谓：礼乐刑政，四达而不悖，则王道备。然则其要固不出此四者，而行之亦有先后缓急之序欤？唐虞三代所以措天下于雍熙泰和之盛者，率用此道，可历指其实而详言之欤？后之有天下者莫若汉唐宋，其间英君谊辟，亦有用此道者。然而治效不能比隆于唐虞三代，其故何欤？朕嗣承祖宗鸿业，孜孜图治，夙夜不遑，于礼乐刑政，亦既备举而并行之矣，而治效犹未极于盛，何欤？兹欲究礼乐之原，求刑政之本，行之以序，而达之不悖，用臻唐虞三代之盛，其道何由？子大夫潜心经史有年矣，其详著于篇，朕将采而用焉。

臣对：臣闻帝王之治本于道，帝王之道本于诚。盖诚为道之实，而道即礼乐刑政之理也。礼乐而非诚，无以立其体。刑政而非诚，无以达其用。惟其诚也，由是而制礼作乐，则礼备而乐和；由是而明刑修政，则刑清而政举。故善为治者，未有不本于道；善行道者，未有不本于诚。二帝之所以帝天下而世跻雍熙者，此诚也。三王之所以王天下而偕臻康乂者，亦此诚也。下逮汉唐宋之英君谊辟，所以不能比隆于二帝三王，而治不古若者，庸非此心之诚有或间欤？大哉诚乎！其为万物之本原、万事之枢纽，人君为治之大本乎？

钦惟皇帝陛下聪明先物，睿智有临，法二帝三王之要道，绍祖宗列圣之宏规。曩者嗣大历服，不迩声色，不殖货利，凡耳目之娱，珍异之献，悉诚心罢去，与民休息。是以十五年间，朝廷清明，民物熙皞，四时调玉烛之和，万汇赞祯祥之应。属者顺天应人，复登宝位，乾坤为之再造，人纪为之肇修，礼乐明备，刑政修举。普天之下，莫不讴歌乎凰仪兽舞之治。率土之滨，莫不甄陶于鸢飞鱼跃之天。治效之盛，振古而无以加矣，是皆本于皇上至诚行道之所臻也。兹犹不自满假，乃涣纶音，下明诏，进臣等于廷，降赐清问，首之以礼乐刑政施为缓急之序，继之以唐虞三代汉唐宋治化隆替之由，终之以所以用礼乐刑政而克臻帝王治效之道。至哉，问也！顾臣愚陋，曷足以上揆渊衷。虽然，天道下济而光明，地道卑而上行，陛下既诚心发策以下问矣，臣敢不悉心披诚以上对乎？

窃惟帝王治天下之术，非一端也，然所行之要，不越乎礼乐刑政而已。盖礼有三千三百之仪，所以节民之心，使其所行无过不及焉。乐有五音六律之作，所以和民之声，使其所言无所乖戾焉。故曰安生治民，莫大于礼；移风易俗，莫善于乐。是礼乐所以教民，而为出治之本。陛下所谓先与急者，在是也。若夫政者，法制禁令也，所以一民之行，而率其倦怠焉。刑者，墨劓剕宫大辟也，所以防民之奸，而惩其恣肆焉。故曰：道之以政，齐之以刑，民免而无耻。是刑政所以弼教，而为辅治之具。陛下所谓后与缓者，在是也。虽然，礼乐刑政固有先后缓急之序，要之亦不可以偏废也。使有礼乐而无刑政，则徒善不足以为治。使有刑政而无礼乐，则徒法不能以自行。故《传》谓：礼乐刑政，四达而不悖，则王道备。诚哉！是言也。稽之于古，唐虞之时，以言其礼，则五礼修而三礼明；以言其乐，则六律和而八音谐，礼乐于是乎大备焉。德惟善政，政在养民，而六府三事之允治。明于五刑，刑期无刑，而五服三就之克允，刑政于是乎大彰焉。是以当时万邦协和，而黎民有于变之休；庶绩咸熙，而四夷有来王之效。岂非唐虞能用礼乐刑政，而臻雍熙泰和之盛乎？然推其所由，则又本于尧之允恭克让、舜之温恭允塞之所致也。夏商之世，司徒修六礼以节民性，乐正崇四术以教士习，立典则以贻子孙，而有关石和钧之设焉。制官刑以儆有位，而有三风十愆之训焉。成周之世，宗伯掌五礼以亲万民，司乐掌六乐以谐万民，司马掌邦政以九法正邦国，司寇掌邦刑以三典诘四方，情文备而制度详。是以当时养教四讫，而兆民允殖，丕冒海隅，而万姓悦服。岂非三代能用礼乐刑政，而致雍熙恭和之盛乎？然原其所自，则亦本于禹之允迪厥德，汤之咸有一德，文武之纯亦不已，丕则敏德之所致也。夫唐虞三代以诚心行道而致治效之盛如此。后之有天下者，莫如汉唐宋君。高祖之豁达大度，文帝之恭俭玄默，武帝之雄才大略，宣帝之综核名实，以至光武之沉议先物，明帝之下身遵道，章帝之左右艺文，此汉之英君谊辟也。观其用绵蕞所习之仪，奏昭德五行之舞，制屯田而定租税，作九章而除肉刑，其用礼乐刑政也如此。然或不事诗书，或谦让未遑，或内多宠欲，或择术不审，又有吏事深刻，察察为明，优柔不断者。求之当时，虽有海内富庶，几致刑措之风；百姓宽息，人赖其庆之美。方之唐虞三代雍熙之化，不啻武夫之于美玉矣。此无他，由其徒用礼乐刑政而行之，不能本乎诚故也。若夫太宗之英迈绝伦，玄宗之励精图治，宪宗之刚明果断，此唐之英君谊辟也。观其采古制而定章服，分二部以习音乐，立府兵、租庸调之法，除断趾而增覆奏，其用礼乐刑政也如此。然而一则假仁喜功，一则惑于女色，一则不终其业。考之当时，虽有斗米三钱、绝域来庭之盛；民皆乐业，威令几振之美。揆之唐虞三代恭和之治，不啻鱼目之厕美珠矣。此无他，由其徒用礼乐刑政而行之，不能本乎诚故也。迨夫有宋之兴，太祖之仁义，太宗之沉谋，有以开创于前。真宗之英悟，仁宗之仁恕，有以守成于后，真所谓英君谊辟矣。观其定朝仪而详服制，正音律而录名数，严科禁以弭奢僭，采敕条以为卷编，固皆用礼乐刑政以图至治矣。然或好微行，或伤恩义，或假符瑞而封禅，或以邪正而互用，虽曰治效有过于汉唐，而亦不能比隆唐虞三代也。详其所以，又岂非设诚于内者有或替欤？夫汉唐宋诸君，不能诚心行道，而治效不古若者如此。

洪惟我太祖高皇帝肇造区夏，太宗文皇帝肃清邦家，而隆古之风以振。仁宗昭皇帝继其统，宣宗章皇帝纂其功，而隆古之治益彰。所以然者，固不外乎礼乐刑政之用。原其所以用礼乐刑政，又岂不本于列圣至诚之心也哉。陛下应天人之笃心，嗣祖宗之洪业，复位以来，孜孜图治，夙兴夜寐，不遑宁处。虑民性之未中也，则用礼以节之；虑民声之未和也，则用乐以和之。而礼也乐也，固并举而无遗矣。虑民行之不一也，则修政以一之；虑民奸之未息也，则明刑以防之。政也刑也，亦并行而不偏矣。是以治效之盛，旷古莫及。而圣心犹有治效未极于盛之虑，臣有以知陛下真大有为之君，真不世出之主，真可以四三王，六五帝，而视汉唐宋诸君，风斯下矣。陛下欲究礼乐之原，臣则以为礼乐之原，固不外乎一诚。陛下欲求刑政之本，亦不外乎一诚。盖真实无妄，纯粹不杂者，诚也。一有所杂，则伪而不诚矣。悠久不息，始终无间者，诚也。一有所间，则息而不诚矣。陛下运此心以兴礼乐，则大礼与天地同节，大乐与天地同和，而礼不失于昵，乐不流于淫矣。陛下运此心之诚以用刑政，则一政之出，人皆信之如蓍龟；一刑之施，人皆畏之如𫓧钺，而政不失于乖，刑不流于惨矣。礼乐刑政虽备举而并行，然礼乐在所当先，刑政在所当后。析而言之，又必先礼而后乐，先政而后刑，此四者施行之次序也。行之既有其序，则礼乐昭宣，刑政修举，极天蟠地，周流四达，凡天下之民，莫不是遵是守，而无违悖者矣。然所以行而达之之要，实在于陛下一念之诚焉。陛下能于礼乐刑政之用，一本于诚，则治化之盛，又何患乎不与唐虞三代同驱而并驾哉！将见今之黎民与唐虞之黎民，同一于变时雍矣。今之百姓与三代之百姓，同一遍为尔德矣。何则？世有古今，而道无古今，人有先后，而心无先后，惟在陛下至诚以感化之耳！所谓惟天下至诚为能化是也。

然陛下之策臣者既如此，而篇终又启之曰：子大夫潜心经史有年矣，其详著于篇，朕将采而用焉。臣受陛下生成之恩，沐陛下教养之德，平昔之所涵养者，忠君报国之心；师友之所讲明者，致君泽民之事。虽援经据史之对有未及详，而责难陈善之志实所抱负，既领春官之荐，叨奉大廷之对，正愚臣叩阊阖呈琅玕之日，谨拜手稽首而献言曰：诚之为道，其大矣乎！具于太极之浑沦，而极于天地之变化；始终夫妇之隐微，而著于鸢鱼之飞跃。亘古亘今，莫非此诚之所为。彻上彻下，莫非此诚之所寓。故修身而不以诚，则欲得以间理。用人而不以诚，则邪得以间正。况礼乐刑政，为治天下之大经大法，而行之不本于诚，可乎？《中庸》曰：“凡为天下国家，有九经，所以行之者一也。”一即诚也，诚之为道，信乎其大矣。臣愿陛下存此心之诚，不贰以二，不参以三，不以始终而有殊，不以先后而有间。大廷如是，深宫亦如是，大政大事如是，微言细行亦如是。存养于端庄静一之中，省察于应事接物之际。出一言也，无非实理之所发；行一事也，无非实理之所著。由是而法帝王，必能合时措之宜，而不泥于古矣；由是而法祖宗，必能尽崇述之美，而有光于前矣。殆见德之所及，广大如天，极覆载之间，凡有血气者，莫不尊亲。信乎唐尧虞舜，复见于今日；禹汤文武，不得擅美于前世矣。臣之愚见，始以诚为陛下勉，终以诚为陛下献。良以同民心出治道而极其盛者，实由于此。伏惟万几之暇，少垂睿览，则国家幸甚！生民幸甚！臣干冒天威，不胜恐惧战栗之至。臣谨对。

（明）张朝瑞《皇明贡举考》卷四·（庚辰）**天顺四年会试**　中式举人一百五十名：陈选，浙江临海县人，监生，《礼记》。王一夔，江西新建县学生，《书》。娄芳，浙江会稽县人，监生，《春秋》。郑环，浙江仁和县人，监生，《易》。张元祯，江西南昌县学生，《诗》。

三月十五日，临策天下贡士，制曰：朕惟治天下亦多术矣，举而行之，必有其要。《传》谓：礼乐刑政，四达而不悖，则王道备。然则其要固不出此四者，而行之亦有先后缓急之序欤？唐虞三代所以楷天下于雍熙泰和之盛者，率用此道，可历指其实而详言之欤？后之有天下者莫若汉唐宋，其间英君谊辟，亦有用此道者，然而治效不能比隆于唐虞三代，其故何欤？朕嗣承祖宗鸿业，孜孜图治，夙夜不遑，于礼乐刑政，亦既备举而并行之矣，而治效犹未极于盛，何欤？兹欲究礼乐之原，求刑政之本，行之以序，而达之不悖，用臻唐虞三代之盛，其道何由，子大夫潜心有年矣，其详著于篇，朕将采而用焉。

（时廷对之士一百五十六人，赐王一夔等进士及第出身有差。读卷官先定祁顺为第一，以其姓名近御讳，传胪不便，乃以一夔卷易之，而置顺二甲第二。初王得仁为汀州推官，活郑茂七胁从千人，寻战死，汀民奏准立祠祀之，于一夔及第，人谓阴德之报，后一夔复谢姓。言婉气和，尤笃于友义，所上诸疏，皆切时务，所著有《古源文集》，官至工部尚书，谥文庄。孙麒，弘治癸丑进士，曾孙廷杰，嘉靖己未进士。……）

第一甲三名赐进士及第：王一夔，江西新建县。李永通，四川长宁县。郑环，浙江仁和县。

（明）张弘道、张凝道《皇明三元考》卷六·天顺四年庚辰科大魁　状元王一夔（江西新建人，字大韶，号约斋。治《书》。丙子举人，会试第二名。仕至工部尚书，赠太子少保，谥文庄。为人言婉气和，尤笃于友义，所上诸疏，皆切时务，所著有《古源文集》。父得仁，景泰间任汀州推官，活邓茂七胁从千人，寻战死，汀民奏准，立祠祀之。子纲，成化辛卯举人，复姓谢。孙麒，弘治癸丑进士，太仆寺少卿；凤，弘治辛酉举人；骥，治中。曾孙廷杰，嘉靖己未进士，大理寺丞）。

又　二品：王一夔（工部尚书）。

（清）陶成等《江西通志》卷五十三·选举五·明·天顺四年庚辰王一夔榜（即谢一夔）　谢一夔（新建人。状元。尚书，宫保。谥文庄）。

（清）张廷玉等《明史》卷十二·本纪第十二·英宗后纪　（天顺四年）三月庚辰，赐王一夔等进士及第出身有差。

仕　　宦

（明）俞汝楫《礼部志稿》卷四十二·历官表·左右侍郎　谢一夔（字大韶，江西新建人。进士，成化十六年任右侍郎，历工部尚书。赠太子少保，谥文庄）。

（明）黄佐《翰林记》卷十七·正官题名·学士　谢一夔（大韶，江西新建人。庚辰进士第一）。

（明）雷礼《国朝列卿纪》卷二十·翰林院学士讲读学士年表　谢一夔（江西新建人。进士。成化十三年，任翰林学士。十五年，掌院事。十六年，升礼部右侍郎。详工部尚书）。

又，卷四十四·礼部左右侍郎年表　谢一夔（江西新建人。进士。成化十六年右。二十二年，升工部尚书。卒赠太子少保，谥文庄）。

（清）王士禛《池北偶谈》卷九·二尹　而新建谢一夔、安成刘宣，俱不保晚节。一夔进工部尚书，宣贰吏部，物议沸然不平。

（明）雷礼《国朝列卿纪》卷四十四·礼部左右侍郎行实·谢一夔　（存目）

轶　　事

（明）李绍文《皇明世说新语》卷四·赏誉　谢一夔初从尹凤歧游，尹语人曰："谢君他日所造，吾不及也。吾于文字间卜之矣。"后果大魁。

又，卷五·容止　谢一夔廷试第一，传胪之旦，裒然众中，缙绅属目。李文达尤喜得人，后有及第者，辄曰："安得伟器如谢某者乎？"

（明）焦竑《玉堂丛语》卷六·科试　天顺庚辰，会试罢，李文达询人物于考官，或曰："五魁中，张元祯神童也，人物独王一夔。"

（明）黄溥《闲中今古录摘抄》　大凡人生而父命名亦系平数。天顺庚辰殿试，读卷定祁顺卷第一，既而司礼监太监问所定卷，阁老以姓名告，太监曰："此卷固出人一等，但传胪时，北方人音与御名相似。"阁老愕然，乃以王一夔卷易之，而祁第二甲。祁，广东人，仕终郡守。司礼监之识又出阁老一等。

（清）梁章钜《巧对录》卷八 吕原与谢一夔同对酒听箫，谢出对云："吕先生品箫，须添一口。"吕对云："谢状元射策，何吝片言。"

著　　作

（清）黄虞稷《千顷堂书目》卷十九·别集类·天顺庚辰科（四年） 谢一夔《古源文集》六卷（字大韶，新建人，榜姓王，后复姓，一甲第一人，工部尚书，谥文庄），一名《谢文庄公集》。

（清）张廷玉等《明史》卷九十九·志第七十五·艺文四 《谢一夔文集》六卷。

杂　　录

（明）郭良翰《明谥纪汇编》卷十四·臣谥上·文臣·文庄 谢一夔（工部尚书，赠太子少保。正德。勤学好问，履正志和。江西新建人）。

（明）张弘道、张凝道《科名盛事录》卷三·科第盛事·四世科第 新建王一夔（天顺庚辰状元），子纲（成化辛卯举人），孙麒（弘治癸丑进士。太仆寺少卿），凤（辛酉举人），曾孙廷杰（嘉靖己未进士。大理寺丞）。

天顺八年（1464）甲申科状元彭教

传　记

（明）傅瀚《故翰林侍讲彭先生行实》　敷五，讳教，姓彭氏，别号东泷，吉水泷江人。其先有讳师旦者，析自永丰之沙溪，以诗礼闻。宋时科第尤盛，宣和间有讳识者，仕为高州助教，其弟浩然登进士，为洪州察推。察推子叔亮两贡为茶陵丞，叔度四贡为建昌丞，一时父子兄弟连续而仕，乡人荣之。入元，族无仕者。敷五曾祖于古隐德弗耀。祖不同，别号泷滨，国初以硕学教授于乡。父汝弼由永乐庚子乡荐，历阳春、句容、祁门训导、睢宁教谕，睢宁士子立像祠于学宫，封翰林修撰，号澹轩，有《澹轩遗稿》藏于家。尝校文于蜀，取尚书周洪谟为首解，有盛名。母项氏，同里带源旧族女，封安人。

敷五生祁门学中，自幼颖异庄重，未能言时，澹轩指以斋堂题额字，即能历指以复，虽百试之不差。四五岁口授古文诗词辄成诵，或时捉之书，辄能掔笔自书不爽。戏为五七言诗，悉成韵语可观。素不爱华藻，有以“弊衣履”诮之者，随以“未足与议”为对，长老为之骇然。八岁以澹轩祁门满考之京，受读于兄所，日记二千余言，必大义通析乃止。十岁从澹轩教谕睢宁，始习举子业，少暇辄取《通鉴纲目》观之，观之会意处，竟日不释卷，然亦不贪多也。邑大夫及巡使至学，每以诗对课之，亦时有警拔句。十二三举业诗赋俱有声。淮守丘君陵持重之，荐之故天官卿崔公恭，盖是时崔公布政江西，遂俾为吉安府学弟子员，时年方十七也。吉守今南京秋官亚卿张公瑄特加礼遇，凡束修廪饩一皆公焉资之。教授郑先生钢视犹己子。与故翰林修撰一峰罗君应魁、今四川宪副畏庵周君可大为忘年交，恒相戒饬曰：“士须以圣贤之学自期待，科举进取其末也。”用是益造诣以基远大。天顺己卯，举江西乡试第一。癸未，会试中第二，经义论策多刻以传。甲申，廷试赐进士及第第一，授翰林修撰，阶承务郎，预修《英宗睿皇帝实录》，凡所著述，视众居多。成化丁亥，满三载，赐敕阶儒林郎，封父澹轩如其官，母、妻俱安人。是岁八月，《实录》成，升侍讲，阶承直郎，有白金文绮之赐。戊子六月，丁外艰。辛卯，起复。壬辰，同考礼部会试，所得多名士。九月，复以内艰去。凡两起复，职任俱如故。丁酉，奉命主考顺天乡试，禁奸抑幸，一罄厥心。己亥三月，进侍经筵，时兵部奏请续清武职黄翰林以例用一人，属敷五，敷以有疾得辞。盖敷五至是疾且二年矣，亦竟以是不救，卒。卒之日是为庚子七月九日，距生正统己未十月十一日，得年四十有二。配西团张氏，有贤德。一子彬学垂成，年十九卒，卒先敷五四年。敷五之疾大抵或由兹也。今拟以兄之子棐为其后。呜呼痛哉！

敷五通敏有识，凡问学理道，诸所见初若与人同，而其颖脱超迈，大非庸众所及。下笔为文辞，操纵翕辟，不局于法，而旁谕曲证，奇气逸发，譬之蛟腾豹跃，急缚之有未能者，而其间浑厚典则，自足起人敬慕。与议论，则远而书契之所纪，近而轺传之所及，凡其地其人其事于前失措而今当何如者，一一能为筹之，如足履，如目击，然而其志其文则固有不为而足以有为者。间尝语子曰："吾于大任未敢必假，令得一县，则虽甚繁剧，吾固敢期于有成。"观此则敷五所蕴可知矣。

敷五性孝友，自入官无日不动桑梓念。闻讣哀毁屡绝，非杖不能兴，葬若祭一遵朱氏礼，不为世俗道佛所诳，虽期功以下丧服亦然。始澹轩未葬时，邻屋弗戒于火，势将薄丧次甚迫，乃仓皇移柩置私室，顷之丧次荡尽，又将迫，敷五抚棺号恸，誓死不去，已乃风返火熄，得无恙，而族邻二百余家无寸椽存者。平生无私蓄，侍母兄极恭敬，禄俸余赀悉归之其处。伯叔昆季及宗党乡戚率有分，贫不能振者抚恤之恐后。甲午春，霜殒蔬麦，乡邑饥且甚，敷五作书当道，劝其大兴发赈，贷之全活者甚众。里中山溪春夏湍悍弗能济，乃倾行箧作舟渡之。复为区画土田以为赡渡经久费，两涯植柳若干株，以荫待渡者，仍欲作亭柳间，为署雨备，名以一横，未果。溪旁下流有深潭名潇泷潭，潭下有滩，潭上有崖，奇石森立，两两相负俯于龙岩之侧者，名瑞贤石。每大比之年，石有色如霞彩，下映水中，乡人谓之挂彩，则是岁乡士必有捷魁者。自欧阳公连魁于随亦然。敷五欲为表章之，言于郡守，得立瑞贤亭。又欲刻石亭中，纪宋元以来科第之发于兹者，与凡欲起义学以训乡之后进，俱未果。至是竟卒。呜呼，天降割于吾敷五若是酷耶！

敷五所为诗文，洎摘章应制诸诗仅若干卷。盖敷五于人慎可许，其诗文亦不苟于作，作而不去其稿，得幸存若兹者。是虽诗若文之幸，抑敷五之幸也。敷五兹将归葬于故丘，兄崇四谓当有铭，以予尝从敷五后，属为行状，庸敢掇拾所知如右，以俟立言君子择焉。

成化庚子秋七月下浣，赐进士翰林修撰兼司经校书经筵官新喻傅瀚状。

（录自［明］彭教《东泷遗稿》附录）

（明）彭华《墓志铭》 甚矣，人材之难得而易失也。吾吉虽号多材，而科第、文学、议论、志识、行检若彭敷五者，于今何可多得？延仅四十二而没，彼苍苍者，岂于材亦有所忌耶？敷五病，最慎医药，更数医，病益剧。然予往视，未赏不力疾起坐，最后始不能出。予退少间，遂不起，成化庚子七月九日也。馆阁自保辅以下，咸吊祭痛惜之。逾月，其兄崇四将以其柩归葬，携修撰傅曰川所述事状来请铭。呜呼！吾尚忍铭吾敷五也夫？顾念其所托以不朽者在文字，义不得终辞，乃序而铭之。

敷五自幼颖悟出群，未能言时，父兄戏指斋堂题额语之，明日试问焉，即能历指以复。四五岁教之书，径捉笔书，点画不爽。口占韵语，往往成章。稍长，习举子业，读书会意处，竟日不释卷。出语下笔，长老咸惊异。十七入郡庠，同辈咸推让之。天顺己卯，举江西乡试第一。越四年，会试中第二。又明年，廷试擢第一，授翰林修撰，阶承务郎。预修《英庙实录》，编校精勤。成化丁亥，进儒林郎，赐敕褒嘉并封父、母、妻。是秋书成，进侍讲，阶承直郎，即赐白金文绮。戊子，丁外艰。辛卯，起复。壬辰，同考会试，寻丁内艰。丙申，起复。丁酉，主考顺天乡试。己亥，始侍经筵，于是已沾疾矣。敷五博学强记，穷探力索，必得乃已。为文章奇气逸发，光彩夺目，而章锻句炼，典则森严，评论古今是是非非，确然不可拔。于事无微巨，动欲方驾古人。家居笃孝友，执亲丧哀毁骨立，蔬食苫寝，非杖不能起，见者莫不动容。父在殡，邻火，仓皇迁避，有顷二百余家俱灰烬，独殡迁室得无恙，人以为孝诚所致。待母兄极恭敬，遇宗戚咸有节，乡歉，讽当道赈贷，全活甚众。山溪湍悍，作舟以济，且规为经久计。其它所欲为者尚多。敷五庄重英毅，少许可，崖岸崭绝，言动不苟，自负远大，初释褐，名已赫然动天下，不四五年间，进位侍从，锐意天下事若无难者，俯视功业可指取有。既连遭起复，优游无所事，乃杜门刻厉自持，无一戚语，然竟不及一施以至于没。敷五讳教，吉水泷江人，其先徙自永丰之沙溪，曾祖千古。祖不同。考汝弼，睢宁教谕，封修撰。母项、配张俱封安人。一子彬，先四年卒，无子，立兄之子棐为后。铭曰："与之材，夺之寿，蓄弗究于施，将安归咎。"

赐进士出身嘉议大夫詹事府詹事兼经筵官安成彭华撰。大理寺左寺副直内阁前中书舍人永嘉姜立纲书。赐进士及第奉直大夫司经局洗马兼经筵官泰和罗璟纂盖。

（录自［明］彭教《东泷遗稿》附录，又见［明］焦竑《国朝献征录》卷二十）

（明）谢一夔《墓表》　成化十六年七月初九日，翰林侍讲彭君以疾卒。缙绅士夫雅相知者，咸嗟悼哭吊于庭，曰："惜哉彭君！天既付以如是才德，以取盛名，顾夺之速，而不得少遂显融，以究厥施，何耶？"敷五仲兄崇四将旅柩还葬吉水，持翰林修撰傅曰川所述事状谒予文表诸墓。

君讳教，字敷五，号东泷，其先永丰沙溪人，远祖师旦徙吉水之泷江，世以诗礼相承袭，在宋时擢科跻仕者辈项相望，蔚为邑宦族。曾祖于古。祖不同。考汝弼，号澹轩，永乐庚子举人，历阳春、句容、祁门训导，升睢宁教谕，以敷五贵，封翰林院修撰。母项封安人。敷五生祁门邑庠，自幼聪慧夙成。甫晬余，澹轩指示斋堂扁额，明日询问，能历指以复。四五岁教以诗文，三四读即成诵。戏为五七言诗，间有奇句，人咸骇其不凡。十岁日记数千言，辄了其大义。邑大夫及巡按者召试以诗对，应答如响。稍长，习举业，诸作下笔语多惊人。淮守丘君陵尤器重之，而期以远到。时故天官卿崔公恭布政江右，丘贻书荐之，齿吉安郡庠生。天顺己卯，以《书》经领江右魁荐。癸未，会试第二。明年，廷试，进士第一，擢翰林修撰。三载考绩，得推恩封父母洎妻。丁亥，以修《英庙实录》书成，升侍讲，荷白金文绮袭衣之赐。壬辰，同考会试。丁酉，奉命主考顺天乡试，人服其去取之公。己亥，进侍经筵，至是卒。距生正统己未十月十一日，年甫四十有二。娶张氏，有淑行。子一人彬，习举业垂成，年十九先敷五四年卒，今无子，立兄之子棐为其后。呜呼！惜哉。敷五性醇谨，于书无所不读，而操履极端慎，一话言必矜持，不肯少有苟简，至与人辨论古今人物贤否得失与夫成败利钝，历历如烛照数计，不爽毫发。事父母曲尽爱敬，居二亲忧，哀毁栾栾至骨立，祭葬一遵文公家礼，而浮屠老子教悉屏绝不用。澹轩在殡，邻弗戒于火，仓卒舁柩置他室，俄而势又迫，敷五度不能再徙，乃吁天号恸，矢死不去，寻反风熄火，环左右室庐亡虑二百余俱焚荡，独所岿然无恙，人以为孝感所致。事诸兄尤笃恭敬，处宗族乡党有礼，贫不能振者赒之不少吝。赞当道大赈岁凶，民赖全活者甚众。里有山溪，春夏湍悍，民多病涉，乃倾赀作舟以济，复置土田为经久计，溪两涯植柳以荫待渡之人，人咸德之。其为文甚敏捷，数千言可立就，而词气殊雄劲奇古，诗亦豪宕有新意。曰川评其所作如蛟腾豹跃，急缚之有未能，而其间浑厚典则，自足起人敬慕。殆亦知言也欤！呜呼，溯敷五为人，谓钟山川间气以生而为一时人物，非耶？天苟假之以年，使得践华陟要，而悉发舒其蕴蓄，则于致君泽民事业，必卓有可观者，夫何才四十、官仅六品，而遽赍志以殁，不深可哀也耶？余故为叙次其行实之概，俾刻之墓上，庶来世之求之者有足征云。

赐进士及第翰林院学士奉政大夫经筵官兼修玉牒国史豫章谢一夔撰。

（录自［明］彭教《东泷遗稿》附录）

（明）李贤等《明一统志》卷五十六·吉安府·人物·本朝　彭教（吉水人。天顺己卯，举江西乡试第一。甲申，复擢进士第一，授翰林修撰。预修《英庙实录》，书成，进侍讲。典会试、京闱文衡，所取多名士。侍讲经筵，锐意转导。竟赍志而殁。所著有《泷江集》）。（《省志》）

（明）陈鎏《皇明历科状元录》卷二·天顺八年甲申状元彭教　天顺七年二月会试，场屋弗戒于火，焚死者九十余人，上怜之，赐死者进士，诏移试于秋，取吴钎等二百五十人。至明年三月亲策唱名，是日不御殿，止传策，擢彭教第一，取庶吉士李东阳等十八人。

彭教，字敷五，吉水人，号东泷。同郡有彭文宪，时人称“大小状元”。自幼颖悟出群，未能言时，父兄戏指斋堂题额语之，明日试问焉，即能历指以复。四五岁教之书，径捉笔书，点画不爽，口占韵语辄成章。天顺己卯，举乡试第一。越四年，会试中第二。又明年，廷试擢第一，时年二十七，授翰林修撰。预修《英庙实录》，编校精勤，赐敕褒嘉。书成，丁亥进侍讲，拜白金文绮之赐。寻丁父母忧，以孝闻。壬辰，同考会试。丁酉，主顺天乡试。己亥，始侍经筵，锐意辅导，年四十三卒于官。

教庄重英毅，崖岸崭绝，言动不苟，抱负远大。始以经学魁天下，名翰林，乃博学强记，穷探力索，必得乃已。为文章奇气逸发，光彩夺目，虽不必章锻句炼，典则森严。及读礼之余，日就造诣，益简洁峻拔，评论古今是非，确然不可拔。于事无微巨，动欲方驾古人。初自书生，不四五年间进位侍从，锐意天下，事若无难者，俯视功业可拾取。顾为嫌忌所中，疾疢所困，乃杜门刻励自持，无一躁戚语。年仅逾四十，官不过六品，编摩考校之外，无由自试也。有《东泷集》。子彬先卒，以从子后之。（彭华《志》、李东阳《序》）

彭起彭继，大小状元。一姓两贤，吁哉盛焉。而何爵位，弗逮其前？惟彼一峰，每多赠言。谊之投矣，德可类观。世称耿介，谅其有旃。

《一峰集》中所载与彭公倡和颇多，录其一：“五柳先生归去来，芰荷衣上露漼漼。不由天地不由我，无尽烟花无尽杯。别样家风幽涧竹，一般春意隔墙梅。老来只怕风涛险，懒下瞿塘滟滪堆。”罗公在金牛时所作，自待盖不浅也。

好事者为诗云：“回禄如何也忌才？春风散作礼闱灾。碧桃难向天边种，丹桂翻从火里开。豪气满场俱吐焰，壮心一夜尽成灰。曲江胜事今何在？白骨棱棱漫作堆。”令人感伤。

本朝开科取士，乡试以子、午、卯、酉年秋八月，会试以辰、戌、丑、未年春二月，盖定规也。永乐癸未成祖渡江，天顺癸未贡院火，皆以其年八月会试，明年二月殿试，于是二次有甲申科。（并《菽园杂记》）

吉水有诸水会合处，曰潇泷。中间束以两山，其上深渊有灵物潜焉。其西二巨石屹立数丈，俯瞰深壁，状若人负而立者，父老相传：若遇夏秋之交，石上彩色烂然，若霞照映水面，则乡士必有掇高科者，其应不爽。宋天圣间独不验，众方怪之，既而欧阳公修流寓随州，连魁三试，亦其验也。入皇朝，吉水一邑魁天下者四人：洪武中胡广、正统间刘俨、天顺间彭教、嘉靖间罗洪先。（沈津《吏隐录》）

翰林官惟第一甲三人即除授，其余进士选为庶吉士者，教养数年而后除，远者八九年，近者四五年，有复除他职者。虽二甲第一人及会元，或选而不与，或预而不留者，盖重其选也。然职清务简，优游自如，世谓之“玉堂仙”。世之好事者因谓一甲三人为天生仙，余为半路修行仙，亦切喻也。是科庶吉士次年相率入内阁求解馆，大学士李贤谓曰：“教养未久，奈何遽欲入仕？”有季礼抗声对曰：“今日比永乐时，何等教养？且老先生从何处教养来？”贤稍责之，即曰：“教习虽例应三年，已烧却一年矣。”谓癸未春闱火也。贤怒甚，明日请旨，各授职，罚礼刑部观政。又数月，授南京刑部主事。（《殿阁续记》）

（明）凌迪知《万姓统谱》卷五十四 彭教（字敷五，江西人。天顺己卯，乡试第一，历翰林学士。言动不苟，抱负远大，每以方驾古人自期，惜不究所施）。

（明）顾祖训原编、（明）吴承恩增补、（清）陈枚续补《状元图考》卷二·状元彭教

天顺七年二月会试，场屋弗戒于火，焚死者千余人，上怜之，赐死者俱进士，诏移试于秋，取吴钺等二百五十人。至明年甲申三月亲策唱名,是日不御殿,止传策问,擢彭教第一。

按,彭教,字敷五,号东泷,江西吉水人。同郡有彭文宪,时人称“大小状元”。教自幼颖悟出群,未能言时,父兄戏指斋堂题额语之,明日试问之,即能历指以复。四五岁教之书,点画不爽,口占韵语辄成章。乡试第一。越四年,会试中第二。廷试第一,时二十七岁。

《菽园杂记》:本朝开科取士,乡试以子、午、卯、酉年秋八月,会试以辰、戌、丑、未年春二月,盖定规也。永乐癸未成祖渡江,天顺癸未贡院火,皆以其年八月会试,明年三月殿试,故永乐二年、天顺七年有甲申科。

(清)陶成等《江西通志》卷七十八·人物十三·吉安府四·明　彭教,字敷五,吉水人。天顺甲申进士第一,授翰林修撰。预修《英庙实录》书成,进侍讲,拜白金文绮之赐。主试南宫,时称得人。侍讲经筵,锐意辅导。其文章秀发多奇气,而典则森严,所著有《泷江集》。(《吉州人文纪略》)

(明)过庭训《明分省人物考》卷六十六·江西吉安府四·彭教　(存目)

(明)陈仁锡《皇明世法录》卷八十六·内阁辅臣·太师彭文宪公传　(存目)

(清)陈田《明诗纪事》丙签卷四·彭教　(存目)

(清)阎湘蕙《明鼎甲征信录》卷一·彭教　(存目)

科　第

(一) 乡试

(明)张朝瑞《皇明贡举考》卷四·(己卯)天顺三年两京十三藩乡试　解元:江西彭教(吉水县。《书》。甲申)。

(明)张弘道、张凝道《科名盛事录》卷一·元魁盛事·两中元魁　吉水彭教,天顺己卯解元,甲申状元。

(清)陶成等《江西通志》卷五十三·选举五·天顺三年己卯乡试　彭教(吉水人,解元)。

(二) 会试、殿试

(明)彭教《龙泷遗稿》卷一·制策　臣对:臣闻《大学》有曰:“自天子以至于庶人,一是皆以修身为本。”盖《大学》条目有八,而修身居其中,格物、致知、诚意、正心，皆所用以修其身者；而齐家治国平天下，非本之修身则无以成其功也。大哉身乎！体斯道而行万化，其在此乎！故曾子一传而子思则曰：“修身则道立。”再传而孟子则曰：“修其身而天下平。”然则圣贤道学相传，固莫切于修身。而帝王治国平天下之道，抑岂有出于修身之外者哉？恭惟皇上出震继离，嗣大历服，龙飞虎变，御极当天，圣作神兴，万物咸睹，舜承尧志，首行四罪之投；武绩文谟，益隆周召之任。屏耳目之玩，驰不急之营，凡天下之所欲而未兴、所病而未除者，以次罢行，几无遗憾。浃月之间，所以大慰斯民之望，益光继述之猷者，至矣！尽矣！然犹不以圣知自居，虽谅阴之中，而不废求贤之典，首进臣等于廷，宣示制策，咨诹治道，此尤足以见帝王之高致，知为治之先务也。臣仰惟陛下毓德春官，盖有年矣，其温仁博厚，出于天质之美；主善协一，得于讲学之功，而存心出治之精微，制治保邦之统纪，得于先帝心传之妙。一旦尊居宸极，举而措之，若建瓴然，岂臣昧陋所能有裨于圣明之万一哉？然敢不陈其狂愚，以塞明诏。

臣窃惟治国平天下之道，有本焉，有要焉。本者何？修身是也。要者何？用贤才、正风俗是也。有其本而无其要，则治道不可以徒成；有其要而无其本，则治功不可以苟就。是岂治国平天下之道哉？臣请循其本，举其要，征诸往古，为陛下陈之，以信“治平”之说。夫贤才者，致治之具，故曰：“为国无以为宝，惟善以为宝。”言有国之务，莫要于此矣。古之圣王恭己无为于上，而任贤分理于下。舜之举相命官，夏之吁俊尊帝，成汤任伊尹而功格于天，高宗得傅说而殷邦嘉靖。文武之兴，爽邦由哲。为周之祯者，皆棫朴卷阿之士；弼成丕基者，皆义德容德之人。当是之时，庶政惟和，万国咸宁。下逮汉唐宋之君，亦皆选任贤才以为辅佐。高祖开基，萧曹为冠。孝宣中兴，丙魏有声。房、杜致太平之功，姚、宋成开元之治。韩、范、富、欧用于宋，而庆历、元祐之治后世称之，虽不足以兴王而致盛治，亦皆能随时以就功名，盖贤才之有益于人国也如此。然取人为政，必本于修道之仁，则所以用贤才者，岂修身未至者之所能办哉？至于风俗者，万世之规，故曰：“君子不出家，而成教于国。”言风教之行，无为而化也。先王之盛，礼乐之泽，渐摩浸灌，使民兴行，百姓昭明而刑措不用，迁善敏德而比屋可封，虞芮之人感礼让之风，江汉游女有士君子之行。民俗洽时雍之化，乖民有阜成之美，而三代之隆卓乎不可及已。自德色谇语之俗兴，而嬴纪以□。自虚浮放旷之习盛，而晋俗日坏。东汉励名节之风，而士之激扬风流者犹足以维持乎世道。有宋敦忠厚之习，而士之正色立朝者亦足以增重于国势。风俗系治道之污隆盖如此。然允升大猷必由于敬典之德，则所以正风俗者亦岂声音笑貌之所能为哉？惟其为治者不知用贤之为要，而致意于用贤者又未必本于修身，是以或见贤而不能举，或举之而不能先，甚者好人之所恶，而恶人之所好，于是毕琐龌龊者盘据窟穴而不可摇，正直高明者远引高蹈而不乐于用，否泰消长而国空虚，乃徒惴惴于乖民之未殖，四方之未靖，其亦不思之甚矣！则臣之所谓其要在用贤才者固非徒然也。惟其论治者不知风俗之为要，而留心于风俗者又未必本于修身，是以朝廷之上，是非不白，刑赏不分；士大夫之间，志趣卑污，廉耻废坏。正言端色者群讥众排而目之为矫激，阿谀软熟者逢迎请谒而称之为变通。天下之人靡然不知名节行检之为重，而天下之事亦将支离溃败而不可以复为，乃徒区区于禁防之未密，法制之未周。吁！亦末矣。则臣之所谓其要在正风俗者有非苟然也。陛下之孜孜于贤才，切矣！首降温纶，即开荐举之门，复精选任之政，黎献共臣，远迩丕应。然明扬之选或未叶于畴咨周行之间，尚不称于任使，殊未足以上当陛下寤寐英豪之心也。臣愿陛下修身以任贤才，即所谓惟仁者能爱人、能恶人，有克知灼见之明，有迪知忱恂之哲，则群贤之进如茅斯拔，而不致于龃龉前却之患；庸邪之退如距斯脱，而无所幸于姑息容养之私。然后翕受敷施，随材器使，大者替元经体以亮天工，细者居官任职以熙庶绩。能外事者任典戎干方之责，明治体者备拾遗补过之官，布列中外之间，以共图天下之事，则天下国家之治可得而成矣。陛下之汲汲于风俗至矣，重奔竞之罚，杜幸进之途，长宽厚之风，除苛刻之政，天下亹亹向风承德，然君子未能有于耻，小人未尽于革心，或未足以仰酬陛下敦大成俗之意也。臣愿陛下修身以正风俗，即所谓尧舜师天下以仁而民从之，其好恶之端既足以示人之趋向，而真实之意又有以孚人于观感。风俗既成，人知所尚，将见知耻好义，不必爵赏刑罚一一加其身而后有所劝戒，不待勉强程督人人致其教而后有所修饬。兴仁兴让之俗臻，教成于国之效著，则天下国家之治可得而久矣。夫用贤才以成治功于一时，正风俗以纲维治道于悠久，治平之道诚莫要于此者，而一皆本于修身。为故身也者，万化之原，万事之干，其所以为取人之则、教化之端，胥此焉出。所谓修身而后家齐，家齐而后国治，国治而后天下平者，以此。陛下知一身系于天下国家，其重如此而不敢以少忽焉，必使言有则而行有常，以立大中而守至正，则推之于国，达之天下，以之用贤才，以之正风俗，治具毕举，德化风行，迈迹往古，增光先烈，将唯陛下之所为无不如志矣。若夫政事之失得，民生之利病，因革之所宜，修攘之所切，固臣之所欲缕指而条陈，谅亦陛下之所乐闻而嘉纳者。然臣窃以为不急其要而泛及其他，不本于陛下之身而营营驰聘于事，为功利之末，则非所以端出治之本，清应物之源，正宏纲大纪之所在，其何以赞陛下宏远之图、惟新之治哉？故臣冒昧辄陈其说如此，而恳恳焉以修身为劝也。虽然身者家国天下之本，而心有身之主也。故古之事君者惟以格心为务，其亦有以识此矣。夫一心之微，攻之者众，况乎居至尊之位、操无不可致之势，则凡声色臭味、游衍驱驰、土木之华、货利之殖，杂然并进于前者日新月盛，而左右便僻之人，巧□间隙以投意好者，其数非一。惟陛下睿识高明，圣志坚定，必不为事物之所动摇、私小之所蔽惑。然所以为此心涵养薰陶之助、维持禁戒之防者，其可不加之意欤？有宋大儒程颐常进言于君，亦曰：“人主一日之间，接贤士大夫之时多，则可以涵养气质，薰陶德性。”当时以为名言，后世称为至论。陛下当服行政教之始，实自贻哲命之时，超然远览，深惟至计，念君德之所系，谨气体之移养，妙简文学之臣，择其谨厚醇懿、端贞謇谔之士，陪侍法从，备直殿庐，以备讲读之员，以奉清间之燕，视朝之余，即御便殿，从容延访，切劘治道，因时启沃，随物箴规，下至人情物态、稼穑艰难，亦得以具之于左右。然修身体道之实，莫要于经；治乱安危之迹，莫备于史。宜令白直其说，分日进讲，不限常式，而得悉意以开陈；

无所避忌，而得随事为劝戒。至于祖训条章、三朝宝训，祖宗之成宪斯在，国家之令典具存，常经听览，庶习旧章，则朝夕与居者莫匪正人，洋溢听闻者无非善道，圣心湛然而无蔽，圣德纯一而不杂，于以坐九重，负斧扆，南面而听断，绍列圣之宏抚，垂万世之永闻，岂不休哉！

臣草茅微贱，学术庸疏，蒙国家之教养，承陛下之登进，辄以所学妄有陈论，伏望留神省览涓埃之微，或有增于海岳，则足以彰陛下策士求言之实意，而臣亦不为阔迂无用之虚言矣。若夫阿意逢迎，有所规避，以邀一命之宠，陛下亦将焉用之哉！干犯天威，无任战栗、恐惧之至。臣谨对。

（明）李贤《古穰集》卷五·进士题名记 我朝法古为治，设科取士，自洪武以来，廷试进士几三十科……天顺甲申春，皇上即位之初，礼部请廷试贡士，遵旧章也。……乃赐彭教等二百四十七人进士及第出身有差。礼部复请立石题名于国子监。

（明）张朝瑞《皇明贡举考》卷四·（癸未）天顺七年会试 （是年二月举会试，值贡院火，监察御史熊显固锁其门，不容出入，举子焚死者九十余人，上怜之，赐死者俱进士，诏移试于八月，而以明年甲申三月赐廷对焉。时与试之士几三千人，取吴钛等二百五十人，刻程文二十六篇，钛后复陆姓，官至太常少卿。）

中式举人二百五十名：吴钛，南直隶太仓卫学学生，《诗》。彭教，江西吉水县人，监生，《书》。林玭，福建侯官县人，监生，《易》。伍希渊，江西安福县学增广生，《春秋》。叶赟，南直隶山阳县人，监生，《礼记》。

（甲申）天顺八年三月十五日，策试天下贡士，制曰：朕惟临轩策士，乃我祖宗法古求治之盛典也。兹朕茕茕在疚，事虽不敢妨废，而情有不能安然行之者。顾尔多士，游心经史，于治国平天下之道，讲之熟矣。朕虽不临轩，详问尔多士，其各敷陈所蕴以献，务切时宜，毋泛毋略，朕将采而行之。

（时廷对之士二百四十七人，赐彭教等进士及第出身有差。上以在疚，事宜从简，见首卷。时下制问治国平天下之道，教对以修身为本，以用贤才正风俗为要，擢第一。教耿介有大志，与罗一峰友善。文章奇气逸发，典则森严，所著有《东泷集》。官至翰林侍讲卒。是科选李东阳等十八人为庶吉士，后东阳、张敷、华倪岳、谢铎、刘大夏、戴珊、樊莹俱为名臣。）

第一甲三名赐进士及第：彭教，江西吉水县。吴钛，南直隶昆山县。罗璟，江西泰和县。

（明）张弘道、张凝道《皇明三元考》卷六·天顺三年己卯科解元 江西：彭教（吉水人，字敷五，号东泷。治《易》，年二十七。甲申会试第二名，状元及第，仕至侍讲学士。教言动不苟，抱负远大，每以方驾古人自期。其文章奇气逸发，典则森严，所著有《泷江集》。父钧，教谕。从子杰、桓，并庚戌进士，杰布政，桓参政）。

又，卷六·天顺七年癸未科大魁 状元彭教（乙卯江西解元）。

又 解元中式：彭教。

（清）张廷玉等《明史》卷十三·本纪第十三·宪宗一 （天顺八年三月）庚午，赐彭教等进士及第出身有差。

著　作

（清）黄虞稷《千顷堂书目》卷十九·别集类·天顺癸未科（七年甲申殿试）彭教《东龙集》（字敷五，吉水人。乙卯解元，一甲第一人。翰林院侍讲）。

（清）纪昀《钦定四库全书总目》卷一百七十五·集部二十八·别集类存目二·《东泷遗稿》四卷（江西巡抚采进本） 明彭教撰。教字敷五，号东泷，吉水人，天顺甲申进士第一，官至翰林院侍讲。集中诗文类多应酬之作。李东阳序云："敷五年仅四十余，编摩考校之外无由自试，而文又不尽其蕴。"盖亦微词也。

（清）曹仁虎等《钦定续文献通考》卷一百九十一·经籍考·集（别集三）**·明** 彭教《东泷遗稿》四卷。教字敷五，号东泷，吉水人，天顺甲申进士第一，官翰林院侍讲。

评　论

（明）佚名《挽诗序》 鸟兽草木之生随地而有，而其中程度、登鼎俎，乃物之秀而异者。然天地之气驳多而粹少，故众物之生粗多而精纯者少。此恶木之不可胜除，而兰蕙之易落也。悲夫！岂独物哉？名邦大郡尝得数人，远地之间有连数州县累数十年而无一闻者，然或有之而无所师承，或困于饥饿，或学成而不能荐，穷老而无遇者多矣。天下之材岂不尤难也耶？

吾友彭君敷五质清而气刚，少承家庭之教，其学渊宏深广，自其乡较时已褎然出于千百人之上，遂领荐而来至京师，天下之人皆知有彭君，一时翕然称之。已而举于礼部，奉廷对，上亲擢为进士第一人。既入翰林，涵濡灌溉所以培其德者日益厚，学日益宏，其识见之远、虑患之周、知事之敏，皆非吾侪之可企及也。自吾视君，岂止金玉犀璧之贵，所谓中程度而登鼎俎，莫有过于吾敷五者矣。今则一朝而殒，是其成就之难而丧失之易，岂独吾之惜，而凡知吾敷五者孰不为之咨嗟而叹悼耶？况其所蕴蓄者将有所试，人之望之若可以旦夕至，今则寂然而止，是岂独知敷五者之所惜，而又重为天下悼也。呜呼！一物之用，一技之长，尚相爱惜，而况于吾敷五者。此诸公之哀吟所以一唱三叹而有余情者矣。初余与敷五同举进士，余是时方病起憔悴，敷五焕然美发，若春木之华，江河之润，因宦客而敷五之远大未可涯涘，岂意余敷五溘然长逝，所以望其切磋之益（下阙）

（录自［明］彭教《东泷遗稿》附录）

（明）孙之益《彭东泷先生遗稿序》 古今著作试杀青者，亡虑数百家，然非有秦厄汉禁而藏名山、艳齿牙者，何蔑如也。韵人墨客若沈、谢、徐、李诸雄，非不提唱□风，牛耳词林，而□中子剌子之曰："某纤，某夸。"而其诡丹青传影而揶揄真面。噫嘻！文果病人乎哉？文不病人，而人自病于文。文与人其交丧已。若文江东泷彭先生何如哉？先生奇嶷浚发，髫髦时有声艺林，未弱冠领乡荐第一，计偕亚一人，廷对甲天下。入史局、经筵，纂修《实录》。当可上浓赏，进阶。会兵部奏请续赋职，例用一人，属先生。先生因疾辞致归，乃其心泊如也。惟孝友自勖，侍膳、问安若素居时然。昆季宗党困乏者，赡以俸。岁储廪以给乡之水旱，没之日，尸柷之指可掬也。嗟嗟，先生之人如是哉！予髫年闻有先生无从属櫜鞬周旋，往岁滥等治邑，即廉其后裔散居庐泰，多向望先生之芳迹，啧啧人耳目具瞻者手泽在焉。予因南皋邹先生得领其诗歌、序记、碑传、书□，即广狭不同，要以因事陈词，务在言志，虽意气酬畅，而一归于雅驯。乃掩卷叹曰："穆叔三不朽，首德，次功，下乃及言。三者觭重，毋乃德为基。与今先生素行宦迹历历可指，遗言要眇，美哉！始基之矣，顾句比字拟，颉颃中原，其模苏微妙，未知孰胜？至以文足言，以言表行，舍先生谁与归哉？百谷草木斗芳争妍，绰约秾茂，均谓之华文也。至累累坚好，获之，尝之，贡之，荐之，则华而实矣。华而实与徒华者可同日道哉？语曰："至璞不雕，至言不文。"以不文为文，有重于文者矣。惟重于文，而后可以言不朽。欲知彭先生之不朽，当求之遗稿之外可矣。

时万历庚戌季春中浣谷旦，西蜀后学孙之益思谦父书于文江公署。

（录自［明］彭教《东泷遗稿》卷首）

（明）邹元标《侍讲东泷彭公集序》 吉阳大魁凡数人，其三载在太常，独敷五彭先生早世，士林悲之。按《国朝实录》载先生赠张南城殿撰诗云："不用有才如董贾，何愁无命至公卿？"亡何，先生薨，词林以"有才如董贾，无命到公卿"代挽，似若以先生矜才傲物也者，不知先生禔身如金如玉。自束发与罗文毅为绾带交，文毅德业半成，先生往复诗翰，《一峰集》可考。文毅为世脍炙，世有知先生者，不过知先生肤肉耳。当时词林名公如李文正、彭文宪皆以玉铉业相期许。倘令先生永年，功业可胜道哉？当先生未生，尊人谕祁门，祁门令为庐陵颜公，两家还往甚浃，颜夫人一日过衙斋，睹先生方孕，酒而贺彭夫人："此必佳儿。"母夫人曰："萧萧寒毡群儿见，争席不给即佳儿。"当斠斗水浇之。颜夫人别去数日，令公梦有赤日轮照四天下，忽堕学舍，惊而语夫人，日光犹隐隐射颜面，颜夫人曰："必彭夫人。"坐草舆而过，则先生号水中，残息耳，立取诸怀中，火攻者逾时乃苏。或者谓海宇不得蒙先生离日之泽。今后学读先生文，欣就日之诚，岂偶然哉！又长老述先生礼闱业第一，商文毅虑必轧己，始置之次，皆不可考。今取先生集与文毅并观，世必有知者。顾先生集以久讹，兹邑侯六吉孙公嘉志名硕，删而新之，属予一言引其端。予历数先生崖略载于首，令读者知吾吉先辈所重与可传远者有在，区区科名，直如泡沫电沸耳。

万历庚戌季冬姻家后学邹元标顿首拜撰。

（录自［明］彭教《东泷遗稿》卷首）

（明）罗大纮《孙侯刻彭状元文集序》 吉之进士及第者十人，首魁得四人，胡文穆公广、刘文介公俨、彭敷五先生教、罗文恭公洪先是也。文穆学行粹美，受知文皇，首简入东阁赞机务，扈从北征，深谋帷幄。文介晚节坚持，主会试不阿政府，为时论所归。文恭志慕前修，恬于进取，履仁蹈义，穷幽达奥，超然儒者之宗。三公并垂名不朽，辉耀史册矣。彭敷五妙龄魁多士，才名冠绝一时，风节文藻不减三状元，而独厄于年，上之不得舒渐鸿之翼羽仪当时，次之不得隐变豹之文栖真岩谷，芳名美谥，独逊诸君。长沙李公称其"耿介明决，权衡人物，论量天下事，慨然思有以大施于世，而年爵并屈，自编摩考校之外无由自试，所恃以不朽者唯文耳，而文复止此。"盖深惜之也。临邛孙侯令吉水二年余，治行卓然矣。尝式先贤之庐，而独令彭先生后之传者蒐求遗稿，杀青以传，而自弁其首，意念深哉。邑人罗大纮曰：侯之志，匪为彭先生虑也。国初风淳俗厚，文尚雅驯。而今习为凿齿敫舌之音，巧入于神变鬼幻之涂，上下相承，莫寻其端，盖弊忘之极也。而吉人士骇四方，奇怪辄缩，口不敢谭艺，致奏赋南宫，屡试得一二人，寥寥中外，难于屈指。夫救文之弊莫若朴，使海内睹永宣间制策文辞，如奏曲者，楚些、越唫、巴歈、吴讴，繁音错陈，杂以夷舞，而忽闻太古和平雅淡之声，惊怪之士庶几少熄。又使里中文学复睹先朝盛事，感发兴起，摩厉自奋。夫鸣先进之雅以训怪，扶先世之盛以振衰，而彭先生之名与三状元并垂不朽。孙侯嘉惠风教甚深，而循良之政亦有征于斯文。

（录自［明］彭教《东泷遗稿》卷首）

（明）李东阳《东泷遗稿序》 予友东泷彭先生既捐馆，从子礼部郎中桓辑其遗诗文若干篇，手录成帙，将刻梓以传，而请序于予。予辍涕终读，为之凄然，掩卷以悲曰：先生之文固止此哉？盖先生始以经学魁天下，名翰林，高才博识肆为丰溢奔放之辞，杂文歌诗衮衮不竭，及读礼之余，日就超诣，则刊落华靡，澡雪铅黛，益为简洁峻绝出群之作。观其志直欲追古作者，故虽一时快意适兴之所为，瞬息信宿已自不满，片纸断墨不悉存录。今所辑者仅十二三而止，然知者于此亦可以观矣。先生耿介明决，每权衡人物，论国家天下事，慨然思有以大施于世。使之遇盘根，兼重负，必能振厉风节，扬勋业于无穷，其于制作盖累见之矣。顾为嫌忌所中，疾疢所困，年仅逾四十，官不过六品，编摩考校之外无由自试，所恃以不朽者惟文耳，而文又弗尽其蕴，则世之知先生者岂非仅得其粗也哉？且自唐宋以来状元之选特为隆重，考德校业，良亦难乎。其人如先生者，名实交副，方为时望所属，而不幸止此，大夫、士无问识不识，皆为悼不能置然，则天下固知其人，而况其文乎？文之传者以人不以官，先生之文宜不待科第而后显，官不暇论也。先生子彬早夭，从子棐为之后。桓及南京刑部郎中杰皆以家学继举进士，遗文实于是乎传，先生其可以少瞑矣。戣予辱先生榜末，固尝为天下恸之，托名斯文，宜不复置，亦以附徐君心许之义云尔。先生讳教，字敷五，吉水人，东泷其所自号，天顺甲申状元，官至翰林侍讲，文之散于四方者尚多，他日庶有续焉。

弘治戊午十二月二十五日，资善大夫太子少保礼部尚书兼文渊阁大学士长沙李东阳序。

（录自［明］彭教《东泷遗稿》卷首）

杂　录

（明）倪岳《青溪漫稿》卷十六·翰林同年会图记　昔在成化丁酉之岁，傅君曰川肇为续会以叙同年之好。客有出《杏园雅集图》于座以观者，众因叹仰三杨、二王诸先达之高致邈不可及，而今犹可想见其仿佛，或者以有兹图在也。时予辈同年之士之在翰林者，离合之余，始获萃处京师，而予复将有归省之举，闻滇南高司训雅善绘事，乃于是岁十二月二日谨治具予家，折柬以速诸君次第毕至，即席请如故事，命高为诸君写小像为图，各赋诗于其后，卷成而予归。归未几时，而存亡去住之感交错于前者多矣。原稿今为曰川藏去。予在南都时，尝命工以东绢临摹一本，装潢为卷，置之巾笥，以自随时一展观，恍然如与诸君笑谈一堂之上。于乎，岂可复得也哉。图纪在会者十有二人，其中据案执笔而书者罗璟明，仲坐而观者二人，左则谢铎鸣治，右则陈音师召也。其左坐而鼓琴者李东阳宾之，坐而听者三人，右则傅瀚曰川，次右则吴希贤汝贤，左则为予也。步而前来者三人，其一为张泰亨父，次则焦芳孟阳，又次则刘淳尚质也。其后联坐展卷以观者二人，左则彭教敷五，右则陆釴鼎仪也。童子侍侧者十人，亦当时所尝执事者，所谓得其仿佛而已者耳，工拙固不暇计也。予惟十二人者，自甲申登第入翰林，明年始为会，会凡十人，历三年为十会，于是以展省去、以忧去者相寻也。越十年，而曰川亨父复为会以续，盖周十二年为十二会，而予以兹会终焉。如岁有闰而岁成，会有图而会止，自是而会不可复续矣。今鸣治以南京祭酒休致而归，而敷五终于侍讲，亨父终于修撰，鼎仪终于太常少卿兼侍读，汝贤终于南京侍读学士，尚质终于汉中知府，又皆为古人，不可作矣。惟明仲由福建副宪进南京国子祭酒，师召为南京太常卿，孟阳亦由湖广副宪改南京通政，宾之太常少卿兼侍讲学士，曰川自太常卿兼侍读学士迁礼部侍郎，然或南北之悬隔，或公私之倥偬，求如昔日之笑歌为乐，又岂可得哉！斋居之隙，偶取卷阅之，不觉为之永叹。因追录十二人者之出处，敬识于卷之首，俾后有考云。若夫交游之情，规正之谊，诸作备矣，兹得而略焉。

（明）吴宽《家藏集》卷三十七·瑞贤亭记 吉邑有水曰潇泷，自永丰欧乡以下诸水皆合于此，束以两山，奔流喷激乱石间，声如迅雷。其上有渊，深不可测，灵物潜焉。其西崖有巨石二，矻起数丈，俯瞰深碧，状若人负而立者。父老以为每夏秋之交，石上采色烂然，如虹如霞，照映水面，则乡士必有掇高科者。《郡志》载之，盖其验久矣。宋天圣间独不验，众方疑怪，既而欧阳文忠公流寓随州，连魁三试，则公固乡士也。历元至皇朝屡见之，正统壬戌若刘文介公俨、天顺甲申若彭侍讲教，并以状元及第，此其尤验者也，其异如此。初石名不雅，或易以瑞贤，仍作亭其傍，名瑞贤亭。而里人王全璧者实董役事功毕亦久矣。又考自宋以来，百里之内，由科第而出者得若干人，悉刻其名氏，以著其验。于是彭公既没，其兄之子杰、桓同登甲科，皆验于此，他日来道其从父畴昔之意，求记于予。予为公门下士，恐辱公命，久未敢复也。盖石之为物，天下多有之，而世之掇高科者亦多于天下，其瑞不验于彼而独验于此，其亦有说乎？抑科第未足以当其瑞乎？试以欧阳公言之，气节振乎颓风，文章变乎陋习，天下后世仰其人品，以为不可及，其瑞果系于科第乎？若刘、彭二公先后特起，平生气节文章亦欲希乎文忠者，其瑞又系于科第乎？盖其事甚异，非贤者不足以当之。彼以科第云者，亦浅之乎？知石矣，易以今名。于是为称此乡之士，或以予言为然，其亦相与以先正为法，则瑞当见之。敢刻石以俟。

（明）沈德符《万历野获编》卷十五·科场·廷试 天顺癸未科，以御史焦显监试，而火焚科场，说者以御史之姓应之，诏改是年秋会试。次年甲申廷试，于是时人为之语曰："科场烧，状元焦。"比传胪，则彭教为龙首，其谣竟不验。惟庶吉中有焦芳一人，后至大学士少师，岂即此人应之耶？今上癸未，阅进呈卷中，有吾乡朱少宰，与国姓既同，且名亦以佳谶，因拔为首。闻乙未科，金陵之朱亦然。总之君父造命，特偶应之耳。嘉靖末年，及今上近科，以大力得路者，改佳名以应廷对，自谓芥拾鳌甲，竟不如所愿，揆地亦付之浩叹而已。宋时焦蹈登状元，是年棘闱亦被灾，时人云："不因科场烧，那得状元焦。"癸未之谣盖祖此。

成化二年（1466）丙戌科状元罗伦

传　记

（明）贺士谘《医闾集》卷四·一峰罗先生墓志铭　国朝巨儒罗先生，讳伦，字应魁，改字彝正，号一峰。其先豫章人，唐末徙居吉安永丰湖西，代有闻人，历宋尤盛。武冈教授开礼公勤王死节，以故族属三百余灶无一人臣事于元者。祖讳求仁，号善耕，儒雅倜傥，乐善好施。考讳修大，号大山，耿介忠信。母李氏以宣德辛亥正月十一日生先生，生时有奇祥。甫五岁，尝随李入园收果，长幼竞取，独赐而后受。年七岁，善耕先生训于庭，不匝月而童蒙诸书咸遍。明年学于里师，时乏书，里师令遍逐诸生授读，诸生未成句读，而先生皆已成诵。尝牧樵，则携书读之。自幼勤学，定省之余，未尝释卷。年十四授徒于乡，以资亲养，庄重严毅，师道卓然。常曰："学岂科第而已哉！"乃欲捐举子业，父兄不可。已而补郡庠弟子员。言动不苟，励志圣贤之学，尝曰："举业非能坏人，人自坏之耳。"朋党以道学目之。郡守张公瑄嘉其学行而惜其贫乏，命有司赒之，先生谢弗受。豪右肆侮殊甚，先生恬然不之较也。是年丁内艰，居制严甚，逾大祥，口始沾咸酸物，尝曰："吾无以报吾母，誓为一孝子，庶无愧吾母耳。"丙子领乡荐，癸未赴春闱，遭回禄，呼曰："吾平生无毫发得罪于天，今乃至此，奈吾亲何？"须臾垣上一老人以杖提而出，时殒躯者几二千人，而先生获免。出示招老人，竟无所得。未几，大山先生讣闻，奔丧执礼如初。先生虽不以科第为心，而大山先生预知必魁天下，成化丙戌其言果验。就题论事，顷刻万言，指切时弊，拳拳以"格君务学"为说，时谓之真状元。为翰林修撰。无何，会内阁大学士李公贤遭丧去官，朝廷起复之，台谏皆不敢论列，先生诣其私第告以不可者三，复俟数日，上疏历陈古今起复之非是，且谓："如其不然，必准富弼故事终丧，刘珙故事言事。"反复数千言，一本于天理人心之不容已者，名曰《扶植纲常事》。先生以犯颜敢谏为大，救时行道为急，负荷之重，未尝一日忘天下，故发愤如是。疏奏落职，提举泉州市舶司。然士论益荣之，而缄默之风为之一变，终先生之世，台省不复有起复者矣。在泉时秋毫无所与，惟讲学鬻文以自给。配梁氏安人卒，泉守李宗学遗以棺，先生以其求文未偿受之。明年，召还复修撰，当道者语人曰：“某之复官，我之力也，乃无片言谢。”先生闻之曰：“渠非有私于我也。”乃改南京，供职三月，以疾辞，朝廷不允。二年，章三上，始得归。戊子秋，抵家，卧病养心之余，苦《礼记》注说之繁，命门人录其要以便观，曰庶不失所执守也。壬辰，疾稍愈，以族属未化，论之以约束，本之以律令，乡人化之，丧礼行，浮屠除，盗贼息，民业安，十余年间兼并不作，乡俗为之一美。尝欲仿古置义田，有助以堂食钱者，先生弗受，且告之曰：“是钱虽公，亦不可费，以之积粟赈民可也。”或衣之衣，行遇乞人死于途，辄解以覆之。乙未，卧病厌嚣，乃于金牛山中结茅，东曰静观，西曰正密，居焉。四方学者往来益众。先生于讲明性学者纳之，务举业者辞焉。越二年，戊戌九月二十四日，先生疾革，示门人曰：“人之为学，易箦之际可验。怡然而逝，无所顾虑者，见道明也。”遂终。先生素清俭，自朝服外，丝帛之衣未尝入体。殁无敛袭具，乃取敝帏以敛，门人方琬辈解衣以袭，友人罗峻极贵儳助以棺，嗣子迎柩归，随而悼祭者数千余人，四方赴吊者三载不绝。先是夏秋间山岳崩裂，大雨如注，途虎咥人，烈风折木，先生所居山脉忽坠一井，其深叵测。哲人之丧而天地山川为之一变，其生盖不偶也。

先生天资刚明清介，淡然无欲，励志圣贤，涵养纯正，学贯博约，才周经济，忠孝恳恳，至老不衰，出处进退合乎道义，片言只字有关世教。教人本之以诚敬，成之以宁静。又以小学近思开发之，惓惓不少怠。先生于功名富贵真如浮云过目，惟终日乾乾，不自满足，潜修之功，垂死不已，而践履益纯，此静观、正密之铭所以继作也。先生律己甚严而待人甚恕，自奉甚薄而赒人甚急。其排斥异端，以崇正学，盖天性也。有识之士以先生之处而委以吾道之绪，冀先生之出而望以吾道之行。惜乎年不配德，未老而殁，悲夫！

梁氏安人卒，继刘氏安人。子男四人，梁、柱、干、枟，梁、柱先后领乡荐。女三人，一适张某，其二早世。以成化辛丑十二月二十日葬本里都溪凹上源。有《一峰集》行于世。

愚忝先生榜进士，尊事唯谨，先生直弟我，不世俗让，道义相契，真异姓伯仲也。愚与先生俱以戊子谒病，归余十年而先生讣至，又二十五年，弘治壬戌之夏，其子梁、柱自京师走书古宜请铭先生之墓。呜呼！我尚行辞哉？但以笔力绵弱，不足发扬盛德是愧。铭曰：“先生之德，正大光明。先生之才，奇伟汪洋。先生之志，圣域是藏。先生之功，扶植纲常。呜呼哲人，日月其光！醇哉醇哉，百世之望。”

（明）陈献章《陈白沙集》卷四·传状·罗伦传（弘治癸丑三月作） 吾平生有故人曰罗伦，字彝正，江西永丰人，宋罗开礼之后也。性慷慨乐善，不疑人欺，遇事无所回避，有不可辄面斥之。举成化丙戌进士，策对大廷，顷刻万言，中引程正公语：“人主一日之间，接贤士大夫之时多，亲宦官宫妾之时少。”执政欲截其下句，伦不从，直声震于时。奏名第一，为翰林修撰。会内阁大学士李贤遭丧，朝廷留之，台谏皆不敢论说，伦诣其私第告以不可，李公始以其言为然。既数日，复上疏历陈古今起复之非是，且曰：“如其不然，必准富弼故事终丧，刘珙故事言事。”反复数千言，一本于天理人心之不可已者。孔子曰：“勿欺也，而犯之。”伦以犯颜切谏为大，救时行道为急，其负荷之重，未尝一日忘天下，故发愤如是。疏奏，遂落职，提举泉州市舶司。伦虽见逐，而士论益荣之，由是天下之士争自刮磨，向之不言以养忠厚者为之一变。而终伦之世，台省未闻有起复者矣。虽以此为人所知，然亦以此取嫉于人。明年召还，复修撰，改南京，寻以疾辞归，开门授徒，日以注经为业垂十年，卒于退居之金牛山。世之知伦者不过以其滂沛之文、奇伟之节、果敢之气而已，至其心之所欲为而力之所未逮，未必尽知也。尝欲仿古置义田以赡族人，或助之堂食之钱，谢而弗受。或衣之衣，行遇乞人死于途，辄解以覆之。客晨至，留具饭，其妻语其子曰：“瓶粟罄矣，之旁舍干之。”比举火，日已近午，亦旷然不以为意。提举泉州时，官例应得折薪钱，其人欺以乏告，即放遣之，不复问。予尝遣人访之山中，结茅以居，取给于陇亩，往来共樵牧，若无意于世者。时或作为文章以发其感慨之意，而人亦莫知之也。论曰：“伦之必为君子而不为小人较然矣。如伦之才，少贬以徇人，虽欲穷晦其身宁可得也？以其所学进说于上，世目之为狂，何足怪也？孟子称‘豪杰之士，虽无文王犹兴’。若伦者，今所谓豪杰非欤？无导于前而所立卓然，人莫能夺之。”又曰：“伦才大不及志，其青天白日足称云。”

（又见［明］焦竑《国朝献征录》卷二十一）

（明）邹智《立斋遗文》卷三·行状吊文·叙罗一峰先生事状　一峰先生讳伦，字彝正，姓罗氏，吉之永丰人，中成化二年进士第一，入翰林为修撰。时朝廷援杨溥故事起复大学士李公贤，先生亲诣公第力劝其不可。既而公竟起复，乃抗疏言：“先王制礼，子有父母之丧，君命三年不过其门，所以教人孝也。古者求忠臣于孝子之门，诚以居家孝，故忠可移于君。为人子者未有不孝于亲而能忠于君者也，为人君者未有不教其臣以孝而能得其臣之忠者也。臣不暇远举，请以宋言之。仁宗尝以故事起复富弼矣，富弼辞之曰：‘何必遵故事以徇前代之非，但当据礼经以行今日之是。’仁宗卒从其请。孝宗尝以故事起复刘珙矣，珙之辞曰：‘身在草土之中，国无门庭之寇。难冒金革之名，以私利禄之实。’孝宗卒允其辞。此二臣者未尝徇当代之故事以苟从其君，此二君者未尝徇当代之故事以强起其臣，然而功泽加于当时，声名垂于后世，史笔侈之以为盛事，士夫诵之以为美谈。此无他，君能使臣孝于其亲，臣能移孝以忠其君也。自是而后，史嵩之起复为丞相，贾似道起复为平章，陈宜中起复为宰相，刘黻起复为执政，此数君者未尝不以故事起其臣，此数臣者未尝不以故事从其君，然而生灵以之困，社稷以之倾，贻祸于当时，遗臭于后世。此无他，君不能教其臣以孝其亲，臣无孝可移以忠其君也。殷鉴不远在夏后之世，愿陛下以宋为鉴，使贤尽孝于亲，为万世之大臣；陛下以礼处臣，为万世之大君。若欲任以天下之事，不专门内之私，则贤身虽不可起，口则可言，宜降温诏俾如刘珙，不可以一身之戚而忘天下之忧。使贤于天下之事知之则必言，言之则必尽，陛下于贤之言闻之则必行，行之则必力，则贤虽不起复，犹起复也。使贤于天下之事知之而不言，言之而有隐，陛下于贤之言闻之而不行，行之而不力，则贤虽起复，犹不起复也。陛下毋谓庙堂无贤臣，庶臣无贤士。君盂也，臣水也，盂方则水随以方，盂圆则水随以圆。君好谏则臣随以直，君好谀则臣随以佞。臣直则忤旨多，忤旨多则恶心生，恶心生则禄不可保，身不可安矣。谁肯不保其禄、不安其身乎？臣佞则顺旨多，顺旨多则爱心生，爱心生则宠愈可固，位愈可安矣。谁肯不固其宠、不安其位乎？陛下诚能于退朝之余，清闲之燕，略崇高贵重之势，亲直谅博洽之士，开怀访纳，降礼尊延，讲圣学之要，究为治之序，察生民之利病，访人才之贤否，论政事之得失，明道术之邪正，考古今之治乱，咨边防之缓急，舍一己之见而以众人之见为见，舍一己之知而以众人之知为知，顺旨之言则察而逐之，使贡谀保宠者无以自容；忤旨之言则容而受之，使输忠为国者得以自尽，则贤所能言者人亦能言之，群策毕陈，众贤毕用。又何必拘先朝之故事，违先王之礼法，损大臣之全节，亏圣明之清化，而后天下可治哉？……愿陛下不惑群议，断自宸衷，取回内臣，许令李贤依富弼故事终丧，依刘珙故事言事，则内不失爱亲之道，外不失事君之忠。其余未起复者，并许终制。已起复者，悉令追丧。止夺情之典，严匿服之禁。朝廷既正，则天下自正。大臣既行，则群臣自效。人心天理不可泯灭，谁肯甘心于不孝，腼颜于不忠乎？”疏奏，遂落职，提举泉州市舶司。监察御史杨公琅、陈公选相继请留，皆不报。三年丁亥召还，四年戊子至京师，复修撰，改南京翰林院供职。两月以疾辞，不报。六年再辞，乃得归。十四年戊戌九月二十四日以疾终于金牛书院之正密堂，享年四十有八。先生为人不视恶色，不听恶声，不耻恶衣恶食，与人子言依于孝，与人臣言依于忠，与居官者言言民所疾苦。见一善人则爱之如祥麟彩凤，见一恶人则恶之如封豕长蛇，见一饥饿寒冻之人则倾家所有以赈之。大率义之所在，毅然以必为，人之毁誉欢戚，事之成败利钝，己之死生祸福，皆所不顾也。先生所交，尽一世豪杰之士，其语及先生之为人也，必曰青天白日云。

遗事　先生既上疏，冢宰王忠肃公遣其部主事倪辅言于李公，劝以文潞公自待，李公逊谢而已。

杨东里作相时，以百官禄薄请，令得受皂隶钱，自是遂以为例，独先生不受。

先生名重天下，所至人必相率而观之，虽武臣俗吏皆知敬仰。召还时有奏事者辞连先生，法当下镇抚司狱，镇抚曰：“罗先生其可至此乎！”即日鞫成谳之，先生遂得免。

高州守饶秉鉴见先生衣单，馈茧袍，先生服之，入金牛，遇一丐死于道傍，即解袍以敛，而买棺以葬之。保宁守李直作《怀贤堂》祀三陈，请先生记，先生却之曰：“尧叟、尧咨无可祀，祀文惠而及其父母可也。”

先生欲买义田以赡族人进贤，令吕升知其力不足也，以堂食钱助之，先生不受，曰：“食以堂名非公可得而私也。”

广东按察使陶公以白金五十两请《大忠祠记》，先生许之，即日尽散诸族人。

一日客来甚早，先生固留之饭，不知其家无米也。夫人乞诸邻，得湿粟数升，旋炒旋脱之，则日已将中矣。先生亦旷然不以为意也。

窃惟：朱子没而正学不明于天下，士生其间，各以其意之所欲者为学，漫不知所以立乎其大者。先生起自南服，独能以朱子之言为可必信而直行之，举世誉之而不知喜，举世非之而不知顾，终身穷死于长山大谷之间而无怨言，如黄河之水决自龙门，遇险亦不知止也，可谓一世之人豪者矣。朱子称范文正公振作士大夫之功为多，范公之前有王文正公、鲁肃简公、寇忠愍公、李文靖公，皆表表乎以大节鸣者，而振作之功独有待于范公者，风之所被者异也。先生之于范公浅深疏密非后学所敢议，然天下之士闻先生之风者，莫不知正学之当尚，争相淬砺以趋于善人君子之涂，百余年间偷惰颓靡之俗为之一变，其有功于名教岂小补哉！是以忘其轻易僭窃之罪，辄因门人所述者而叙正之，以俟立言之君子。虽言之无文，有所不暇计也。顾其它一言一行之合乎道者尚多未备，俟搜访有得，当续书之。谨状。

（又见［明］焦竑《国朝献征录》卷二十一）

（明）陈鎏《皇明历科状元录》卷三·成化二年丙戌状元罗伦　廷对之士章懋等三百五十三人，擢罗伦第一。是科取庶吉士林瀚等二十四人。

罗伦字彝正，一字应魁，号一峰，江西吉安永丰人。少励志圣贤之学，尝曰：“举业非能坏人，自坏之耳。”郡守张瑄嘉其学行而惜其贫乏，命有司周之，谢弗受。年三十六中礼闱试，对策大廷，顷刻万言，不属草。中引程正公语：“人主一日之间，接贤士大夫之时多，亲宦官宫妾之时少。”执政欲节其下句，伦不可，直声震于时。奏名第一，为翰林修撰。伦慷慨乐言，遇事无所回避，有不可辄面斥人。会内阁大学士李贤遭丧去位，朝廷留之，台谏不敢论说，伦诣其私第，告以不可。既数日，复上疏，陈古今起复之非，且曰：“必不得已，请准富弼故事终丧，及刘珙故事言事。”反复数千言，一本于天理人心之不容已者，疏奏，落职提举泉州市舶司。编修尹直引文彦博待唐介故事，请贤留伦，不从。伦虽见逐，士论益荣之，然亦以此取嫉于人。明年，召还，复修撰，改南京翰林院。供职两月，以疾辞，不允。又三年，再辞，乃得允。退居于金牛山，结茅以居，取给于陇亩，往来共樵牧，无意于世。开门受徒，日注笺经史，垂十年而终。世之知伦者，不过以其滂沛之文、奇伟之节、果敢之气而已。至其心之所欲为而力之所未逮，未必尽知也。尝置义田以赡族，或助之堂食之钱，弗受。遇丐人死于道，解己衣覆之。客晨至，留具饭，其夫人语子曰：“瓶粟罄矣。”之旁舍干之，比举火，日午矣，伦晏如也。提举时，例应得折薪钱，其人以乏欺之，即放遣，不复问。卒年四十八，有《一峰稿》。子干，由举人任知县。（陈豫章作《传》）

正德十六年追赠谥，敕曰：“士之立身行道，必取法于圣贤。国之励□作人，必首崇乎忠孝。眷我先朝之遗产未沾没世之休光，风化是关，褒崇可后？尔翰林院修撰罗伦志慕孤忠，心潜正学，状元及第，曾无温饱之图，法从登庸，早著刚方之誉。凛危言之剂，上事切纲常。宁直道以忤时兮，甘贬谪留署。有赐还之命，达人以拂袖为高，累抗封章，竟归旧隐，急流勇退，振廉顽立懦之风，苦节清修，以授徒著经为业，乡邦化服，士论推尊，正气浩然犹充塞乎天地。英声伟甚，实增重夫朝廷。兹特赠为奉训大夫、左春坊春谕德，谥文毅。呜呼！心不虑于功名，尔故遗荣于当世。事有俾于名教，朕示劝于将来。惟灵爽之如存，庶恩纶之歆服。”

杨廉赞曰：“公对大廷，笔如悬河。其言切直，刘蕡莫过。蕡以下第，公以发科。主上纳言，信史无多。寻忤时宰，拂袖岩阿。金牛金马，试问如何？惟有风节，百世不磨。”

袁帙曰：昔宰我欲短丧，孔子深恶之。汉景帝遂以日易月，后世多因袭其陋。夫身为大臣，百官之表，而腼然曳组绶、弃衰麻，且非有金革甚不得已之事，纵伦不言，独不愧于心乎？伦虽坎壈以死，而天常人纪赖以不坠，自是大臣无起复者。伦其有功于名教也哉！

国朝状元对策，皆经阁老笔削，或自删润，乃入梓。独罗伦一策，未尝改窜。盖一笔写正，不具稿，既掇魁，以外调，不及改，然其策亦自详赡。初，伦会试，五策五千余言，予取为会元。主考刘主静定之、万循吉安各主本经，置伦第三。予意不满，批其所刻一策云：“五策五千余言，有学有识，进对大廷，未必非裒然出色者。”后果如所期。一时士夫皆谓予有目力，而姚宗伯夔廷称曰：“状元、榜眼俱出先生门下。”予答曰：“春卿之力也。”（尹直《琐缀录》）

伦以天顺癸未赴试春闱，暮宿邱舍，其家奉水盥濯，盆中有金环一只，罗仆取之。明日早行，谓仆曰：“此去京城尚远，计日已不及矣，又缺路货，如之何？”仆曰：“公无忧，夜来于盆中获一耳环，足以为货。”伦怒索其环，返而还之。比至，则其妇为夫所逼，欲捐生矣。返其环，感谢不已。既而入场，□□□□大韶出之于厄，人以为阴骘之报。伦有诗寄大韶云：“曾同丙子看乡榜，丙戌春闱又在门。南省再生真父母，西湖归老任乾坤。”

成化丙戌，伦与同邑刘忠同赴春闱，因至迟，舍馆尽为他人有之。觅一暗室，尘垢绕梁。方扫除，忽梁上坠一轴，舒视之，模糊莫辨。细拂去其尘，图有一枝梅，上栖双鹊，款书“报状元”三字，罗怀之。至揭榜，二人皆登第，伦则状元也。（《义命编》）

邵宝曰：公天资刚毅，守道不回，而充之以博，养之以正。廷试对策，虽制举之常，然援古证今，指切本要，词严义正，诵者起敬，故程文未刻，而海内已录传之，有汉董贤良之风焉。既而入翰林为修撰，未及数月，即有扶持纲常之疏上，忠于君以及辅相。新进儒臣，能为天下大计远虑，固非寻常摘劾之比。论者方之唐子方，其事似同，而义则远矣。至其改官南都，时忌者已去，以公之望，少假岁月，公卿可待，而竟以疾归。盖公之仕，在行其道，而不以位为荣。王曾之志，钱若水之节，公实有之。是则公之进言，人曰太讦，君子曰忠。公之去位，人曰太激，君子曰介。固非诬也。

张弼送伦谪官诗云：“烈烈轰轰好丈夫，曾从金殿首传胪。十年事业丹心苦，万世纲常志手扶。郭隗台前折枯柳，考亭祠下扫寒芜。时人欲识襟怀否？天上浮云自有无。”

伦自咏一峰草堂诗云：“病来久谢乾坤劳，白板霜飞安所遭。千峰不管甲子老，万窍一任天风号。麋鹿过门看个个，野翁馈药来忉忉。百年有意谁堪道？捡书日夜烧松膏。”

……

伦赴春闱，道苏州，为文谒范文正公祠。是昔宿舟中，梦文正遗之诗曰：“赐带横腰重，宫花压帽斜。劝君少饮酒，不久卧烟霞。”（《石田杂纂》）

尹直赞曰：“博学好古，躬行允蹈。不在饱温，汲汲行道。再入翰林，遽以病告。横经授徒，深探穷讨。金牛之同，清风蓬岛。”

赴试时，有一水手，梦中与语之曰：“明日附舟乃罗状元。”明早，果有秀士来附舟。询其姓则是，众皆惊讶。（《记事》）

（明）项笃寿《今献备遗》卷二十五·罗伦　罗伦，字彝正，江西永丰人也。成化丙戌会试第三人，廷对万言不属草，中引程正公语：“接贤士大夫之时多，亲宦官宫妾之时少。”执政者令节下句，伦不可，擢第一人，授翰林修撰。大学士李贤遭丧，朝廷留之，伦诣贤私第告以不可，上疏历陈古今起复之非，反复数千言。疏入，调泉州市舶司提举。明年召还，改南京修撰，辞疾，归隐金牛山，授徒著书。尝欲仿古置义田以赡族人，有助堂食钱者谢弗受。衣乏衣者，遇道死者辄解以覆之。客晨至，令具饭，妻曰：“瓶粟罄矣。”命其子干之旁舍，比举火，日已午，伦晏如也。山中结茅屋以居，间为文章以发其感慨之意。所著有《一峰集》。论曰：一峰孤介绝俗，不愧科名。坎壈以死，其所建白，伟然与日月争光，信孝敬之准式，人伦之师友矣。语多传，故弗叙。近世诸君子之于江陵，岂闻先生之风而兴起者与？江陵非文达比，难易轻重，世能辨之矣。

（明）顾祖训原编、（明）吴承恩增补、（清）陈枚续补《状元图考》卷二·状元罗伦　成化二年丙戌，廷试章懋等三百五十三人，擢罗伦第一。

按，罗伦，字彝正，号一峰，江西永丰人。少励志圣贤之学，尝曰：“举业非能坏人，人自坏之耳。”郡守张瑄嘉其学行而惜其贫乏，命有司周之，谢弗受。年三十六中礼闱试，对策大廷，顷刻万言，不属草。中引程正公语：“人主一日之间，接贤士大夫之时多，亲宦官宫妾之时少。”执政欲节其下句，伦不可，直声震于时。王冢宰一夔以敏政卷字精楷，力赞于李文达前，曰：“宜为第一。”李曰：“论文不论书。”取罗伦第一。卒年四十有八。

《状元记事》：伦赴试时，有一水手，梦中与语之曰：“明日附舟乃罗状元。”明日，果有秀士来附舟。询其姓则是，众皆惊讶。

《状元全考》：伦之仆途获金环，命归本妇。

《石田杂纂》：伦赴春闱，道苏州，为文谒范文正公祠。是昔宿舟中，梦文正遗之诗曰："赐带横腰重，宫花压帽斜。劝君少饮酒，不久卧烟霞。"

《状元奇异编》：伦至省邸，梁坠一轴，款书"报状元"，果验。

（清）沈佳《明儒言行录》卷五·罗伦一峰先生文毅公 字彝正，江西永丰人，成化丙戌进士第一，仕至翰林修撰。

先生生时有奇祥。补郡庠弟子员，励志圣贤之学，尝曰："举业非能坏人，人自坏之耳。"郡守张公瑄嘉其学行而惜其贫，命有司周之，先生谢勿受。景泰丙子领乡荐，癸未赴春闱，遭火患，呼曰："吾生平无毫发得罪于天，今乃至此，奈吾亲何？"须臾垣上一老人以杖提而出。时殒躯者几二千人，而先生获免。（《墓志》）

性慷慨乐善，不疑人欺。遇事无所回避，有不可辄面斥人。成化廷对，就题论事，顷刻万言，指切时弊，拳拳以格君务学为说，中引程正公语："人主一日之间，接贤士大夫之时多，亲宦官宫妾之时少。"执政欲节其下句，先生不从，直声震于时。奏名第一，为翰林修撰。会内阁大学士李贤遭丧去官，朝廷留之，先生诣其私第告以不可。李公始以其言为然。既数日，复上疏历陈古今起复之是非，且曰："如其不然，必准富弼故事终丧，刘珙故事言事。"反复数千言，一本于天理人心之不容已者。孔子曰："勿欺也而犯之。"先生以犯颜敢谏为大，救时行道为急，其负荷之重，未尝一日忘天下，故发愤如是。疏奏，遂落职，提举泉州市舶司。先生虽见逐，而士论益荣之，由是天下之士争自刮磨，向之不言以养忠厚者为之一变。而终先生之世，台省未闻有起复者。明年，召还复修撰，改南京供职，寻以疾辞归，闭门授徒，日以注经为业垂十年，卒于退居之金牛山。

世之知先生不过以其滂沛之文、奇伟之节、果敢之气而已，至其心之所欲为而力之所未逮，未必尽知也。尝欲仿古置义田以赡族人，或助之堂食钱，谢而勿受。或衣之衣，行遇乞人死于途，辄解以覆之。客晨至，留具饭，其妻语其子曰："瓶粟罄矣，之旁舍干之。"比举火，日已近午，亦旷然不以为意。提举泉州官，例应得折薪钱，其人欺以乏告，即放遣之，不复问。予尝遣人访之山中，结茅以居，取给于陇亩，往来共樵牧，若无意于世者。时或作为文章以发其感慨之意，而人亦莫之知也。（并白沙撰《传》）

杨东里作相时，以百官禄薄，请令得受皂隶钱，自是遂为例，独先生不受。（邹智撰《遗事》）

先生名重天下，所至人必相率而观之，虽武夫俗吏皆知敬仰。召还时，有奏事者词连先生，法当下锦衣狱，镇抚官曰："罗先生其可至此乎！"即日鞫成谳之，先生遂得免。（《遗事》）

先生嗜学好古，笃志力行，不视恶色，不听恶声，不耻恶衣恶食。与人子言依于孝，与人臣言依于忠，与居官者言言民疾苦。见一善人则爱之如祥麟彩凤，见一恶人则恶之如封豕长蛇，见一饥寒冻馁之人则倾家所有以赈之，大率义之所在，毅然必为。

人之毁誉欣戚，事之成败利钝，己之死生祸福，所不顾也。先生所交尽一世豪杰之士，其语及先生之为人，必曰青天白日云。（邹智撰《事状》）

先生既谪福建市舶，未几李公卒，商文毅公复入阁，言于上，始复官。适庐陵陈公文亦卒，士有诗悼之者，末二句云："九原若见南阳李，为道罗生已复官。"时以罗之谪，陈与有力焉，故云。（《菽园杂记》）

（清）张廷玉等《明史》卷一百七十九·列传第六十七·罗伦 罗伦，字彝正，吉安永丰人。五岁尝随母入园，果落，众竞取，伦独赐而后受。家贫樵牧，挟书诵不辍。及为诸生，志圣贤学，尝曰："举业非能坏人，人自坏之耳。"知府张瑄悯其贫，周之粟，谢不受。居父母丧，逾大祥，始食盐酪。

成化二年，廷试对策万余言，直斥时弊，名震都下。擢进士第一，授翰林修撰。逾二月，大学士李贤奔丧毕，奉诏还朝。伦诣贤沮之，不听。乃上疏曰：

臣闻朝廷援杨溥故事，起复大学士李贤。臣窃谓贤大臣，起复大事，纲常风化系焉，不可不慎。曩陛下制策有曰："朕夙夜拳拳，欲正大纲，举万目，使人伦明于上，风俗厚于下。"窃谓明人伦，厚风俗，莫先于孝。在礼，子有父母之丧，君三年不呼其门。子夏问："三年之丧，金革无避，礼欤?"孔子曰："鲁公伯禽有为为之也。今以三年之丧从其利者，吾弗知也。"陛下于贤，以为金革之事起复之欤？则未之有也。以大臣起复之欤？则礼所未见也。

夫为人君，当举先王之礼教其臣；为人臣，当守先王之礼事其君。昔宋仁宗尝起复富弼矣，弼辞曰："不敢遵故事以遂前代之非，但当据《礼经》以行今日之是。"仁宗卒从其请。孝宗尝起复刘珙矣，珙辞曰："身在草土之中，国无门庭之寇，难冒金革之名，私窃利禄之实。"孝宗不抑其情。此二君者，未尝以故事强其臣；二臣者，未尝以故事徇其君。故史册书之为盛事，士大夫传之为美谈。无他，君能教臣以孝，臣有孝可移于君也。自是而后，无复礼义。王黼、史嵩之、陈宜中、贾似道之徒，皆援故事起复，然天下坏乱，社稷倾危，流祸当时，遗讥后代。无他，君不教臣以孝，臣无孝可移于君也。陛下必欲贤身任天下之事，则贤身不可留，口实可言。宜降温诏，俾如刘珙得以言事，使贤于天下之事知必言，言必尽，陛下于贤之言闻必行，行必力。贤虽不起复，犹起复也。苟知之而不能尽言，言之而不能力行，贤虽起复无益也。

且陛下无谓庙堂无贤臣，庶官无贤士。君，盂也；臣，水也。水之方圆，盂实主之。臣之直佞，君实召之。陛下诚于退朝之暇，亲直谅博洽之臣，讲圣学君德之要，询政事得失，察民生利病，访人才贤否，考古今盛衰，舍独信之偏见，纳逆耳之苦言。则众贤群策毕萃于朝，又何待违先王之《礼经》，损大臣之名节，然后天下可治哉。

臣伏见比年以来，朝廷以夺情为常典，缙绅以起复为美名，食稻衣锦之徒，接踵庙堂，不知此人于天下之重何关耶？且妇于舅姑，丧亦三年；孙于祖父母，服则齐衰。夺情于夫，初无预其妻；夺情于父，初无干其子。今或舍馆如故，妻孥不还，乃号于天下曰："本欲终丧，朝命不许"，虽三尺童子，臣知其不信也。为人父者所以望其子之报，岂拟至于此哉。为人子者所以报其亲之心，岂忍至于此哉。枉己者不能直人，忘亲者不能忠君。陛下何取于若人而起复之也。

今大臣起复，群臣不以为非，且从而赞之；群臣起复，大臣不以为非，且从而成之。上下成俗，混然同流，率天下之人为无父之归。臣不忍圣明之朝致纲常之坏、风俗之弊一至此极也。愿陛下断自圣衷，许贤归家持服。其它已起复者，仍令奔丧，未起复者，悉许终制。脱有金革之变，亦从墨衰之权，使任军事于外，尽心丧于内。将朝廷端则天下一，大臣法则群臣效，人伦由是明，风俗由是厚矣。

疏入，谪福建市舶司副提举。御史陈选疏救，不报。御史杨琅复申救，帝切责之。尚书王翱以文彦博救唐介事讽贤，贤曰："潞公市恩，归怨朝廷，吾不可以效之。"亡何，贤卒。明年以学士商辂言召复原职，改南京。居二年，引疾归，遂不复出。

伦为人刚正，严于律己。义所在，毅然必为，于富贵名利泊如也。里居倡行乡约，相率无敢犯。衣食粗恶，或遗之衣，见道殣，解以覆之。晨留客饮，妻子贷粟邻家，及午方炊，不为意。以金牛山人迹不至，筑室著书其中，四方从学者甚众。十四年卒，年四十八。嘉靖初，从御史唐龙请，追赠左春坊谕德，谥文毅。学者称一峰先生。

方伦为提举时，御史丰城涂棐巡按福建。司礼中官黄赐，延平人也，请见，棐不可。泉州知府李宗学以受赇为棐所按，讦棐自解，赐从中主其奏。棐、宗学俱被征，词连伦，当并逮，镇抚司某曰："罗先生可至此乎？"即日鞫成上之，伦得免，棐亦复官。

（明）徐纮《皇明名臣琬琰录》后集卷十八·修撰罗公言行录（伦）　**（存目）**
（明）袁帙《皇明献实》卷二十九·罗伦　（存目）
（明）杨廉《新刊皇明名臣言行录》卷二·修撰罗公伦　（存目）
（明）刘孟雷《圣朝名世考》卷六·正直传·罗伦　（存目）
（明）邓元锡《皇明书》卷三十五·理学·罗伦　（存目）
（明）唐枢《国琛集》下卷·修撰罗伦（存目）
（明）耿定向《先进遗风》·罗伦　（存目）
（明）李贽《续藏书》卷二十一·理学名臣·罗文毅公伦　（存目）
（明）王兆云《皇明词林人物考》卷三·罗文毅　（存目）
（明）汪国楠《皇明名臣言行录新编》卷十一·修撰文毅公罗伦　（存目）
（明）刘廷元《国朝名臣言行录》卷三·谕德罗文毅公（伦）　**（存目）**
（明）过庭训《明分省人物考》卷六十六·江西吉安府四·罗伦　（存目）
（明）朱谋垔《续画史会要》·罗伦　（存目）
（明）何乔远《名山藏》·臣林记（成化臣三）**·罗伦　（存目）**

（明）邓球《皇明泳化类编》·理学卷之四十四·罗伦　（存目）

（明）尹守衡《史窃》第七十三卷（道学）**·列传第五十一·罗伦**　（存目）

（清）钱谦益《列朝诗集小传》丙集·罗修撰伦　（存目）

（清）查继佐《罪惟录》·列传卷十三·谏议诸臣列传上·罗伦　（存目）

（清）傅维麟《明书》卷一百十二·列传三·儒林传二·罗伦　（存目）

（清）徐乾学等《明史》卷四十八·罗伦　（存目）

（清）王鸿绪《明史稿》卷一百六十二·列传第五十七·罗伦　（存目）

（清）徐开任《明名臣言行录》卷三十八·修撰罗文毅公伦　（存目）

（清）陈田《明诗纪事》丙签卷五·罗伦　（存目）

（清）阎湘蕙《明鼎甲征信录》卷一·罗伦　（存目）

科　第

（一）乡试

（清）陶成等《江西通志》卷五十三·选举五·明·景泰七年丙子乡试　罗伦（永丰人）。

（二）会试、殿试

（明）罗伦《一峰文集》卷一·廷试策　皇帝制曰：朕惟古昔帝王之为治也，其道亦多端矣。然而有纲焉，有目焉，必有大纲正而万目举可也，若唐虞之治，大纲固无不正矣，不知万目亦尽举与？三代之隆，其法浸备，宜乎大纲正而万目举也，可历指其实而言与？说者谓汉大纲正，唐万目举，宋大纲正万目未尽举。不知未正者何纲？未举者何目？与已正已举之纲目，可得而悉言与？我祖宗之为治也，大纲无不正，万目无不举，固无异于古昔帝王之治矣，可得而详言与？朕嗣承大统，夙夜惓惓，惟欲正大纲而举万目，使人伦明于上，风俗厚于下，百姓富庶而无失所之忧，四夷宾服而无梗化之患，薄海内外，熙然太和，可以增光祖宗，可以匹休帝王。果何行而可，必有其要。诸士子学以待用，其于古今治道，讲之熟矣。请明著于篇，毋泛毋略，朕将亲览焉。

臣对：臣闻居天下之大位，必致天下之大治；致天下之大治，必正天下之大本；正天下之大本，必务天下之大学。尧舜禹汤文武之位，天下之大位也；尧舜禹汤文武之治，天下之大治也；尧舜禹汤文武之心，天下之大本也；尧舜禹汤文武之学，天下之大学也。有其学然后能正其心，有其心然后能致其治，有其治然后能保其位。治也者，帝王保位之良图；心也者，帝王出治之大本；学也者，又帝王正心之要道也。古先圣王知其然，是以尧学于君畴，舜学于务成昭，禹学于西王国，汤学于成子伯，文王学于铰时子，武王学于虢叔，其所以精一此学，维持此心者，无不至也。故德泽加于当时，名声垂于后世，功高天下，名并日月而不可及。自汉而唐，自唐而宋，其间英君谊辟，非不欲致治如唐虞三代。志士仁人，非不欲致君为二帝三王。然寥寥千载，未有一二庶几乎此者。或君有可学之资，有欲学之志，而不遇其臣，如高祖之于萧、曹，太宗之于房、杜，神宗之于安石，是非其君之罪也。或臣有匡国之才，有格君之学，而不遇其君。如贾、董之于汉，陆贽之于唐，二程朱子之于宋，是非其臣之罪也。此君臣相遇，自古以为难，而有志之士所以扼腕愤叹而不能自已也。此汉所以止于汉，唐所以止于唐，宋所以止于宋，而不能唐虞三代者，此也。臣每见前史，见君有向学慕道之心，而臣不能成之，则悲其为臣。臣有匡国致君之学，而君不能用之，则悲其为君。陛下继祖宗列圣之位，即尧舜禹汤文武之位也。禀天纵聪明之资，即尧舜禹汤文武之资也。治已至矣，犹以为未至。德已盛矣，犹以为未盛。乃万机之暇，进臣等于廷，降赐清问，首询唐虞三代，下逮汉唐宋诸君，惓惓欲正大纲举万目，以明人伦，以厚风俗，以富庶百姓，以宾服属国，以增光祖宗，匹休帝王。臣有以知陛下此心，即尧舜禹汤文武之心也。陛下之有此心，非特臣之幸也，实宗庙社稷之幸，天下生灵之幸也。臣敢不以尧舜禹汤文武之所学者，为陛下勉哉！昔范祖禹上《帝学》八卷，以为自古治日常少，乱日常多，推原其故，由人主不学也。朱熹将入对，或曰："正心诚意之学，上所厌闻。"熹曰："某平生所学在此，若有所回护，是欺君也。"陛下有志于唐虞三代之治，而无汉唐宋诸君之失，固无不学之心，亦非厌闻正心诚意之说者，臣敢不以平生之所学者告陛下，而自陷于欺君之罪哉！使愚臣于此，犬马之诚有未尽，刍荛之言有或隐，上负朝廷，下负所学，臣恐后之悲今者，无异于今之悲昔也。臣请因圣问，而毕言之，陛下试垂听焉。

臣闻道之大原出于天，是道也，极于至大而无外，入于至小而无内。语其大也，则为父子、为君臣、为夫妇、为长幼朋友之伦，若网之有纲，所以根柢乎人心，纪纲乎世道，乃天地之常经，所谓为治之大纲也。语其小也，则为礼乐、为刑政、为制度、为之具，若纲之有目，所以扶植乎三纲，经纬乎国体，乃古今之通谊，所谓为治之万目也。是道之纲，非吾心主宰之，则无自而正，是道之目，非吾心维持之，则无自而举。此心也者，又所以主于身而为正大纲举万目之根本也。心虽主宰乎是纲，非学则有所惑，纲何从而正？心虽维持乎是目，非学则有所蔽，目何从而举？此学也者，又所以正其心而为正大纲举万目之根本也。大纲不正固不可以言治，万目不举亦非尽善之道也。故古昔帝王之治，其道虽多端，然必大纲既正而万目兼举。若尧之肇唐，舜之起虞，禹之创夏，汤之建商，文武之造周，皆不能外乎此也。在尧之时，亲睦九族以广爱敬之恩，釐降二女，以正闺门之礼，馆甥二室，以厚朋友之伦，尧之大纲无不正也。在舜之时，底豫瞽叟，而父子之位定；克谐傲象，而兄弟之化成；刑于二女，而闺门之仪肃，舜之大纲无不正也。钦若昊天，敬授人时，命羲和以秩东作，命羲叔以秩南讹，命和仲以平西成，命和叔以在朔易，命鲧以治洪水，命四岳以明扬侧陋，允厘百工，咸熙庶绩，万目之举于尧何如也？察玑衡以齐七政，举祀礼而朝诸侯，命四岳以明四目、达四聪，命十二牧以修内治、服远人，命禹以宅百揆，命契以敷五教，命皋陶以明五刑，命伯夷、后夔以作礼乐，命龙以作纳言。四方风动，庶政惟和，万目之举于舜何如也？唐虞之大纲无不正，万目无不举如此，岂徒然乎。本于尧舜之心，惟务大学，以正其大本也。不宝淫泆，不视玩好，而允执其中，尧之学也。罔游于佚，罔淫于乐，而允迪厥德，舜之学也。使唐虞之君，不事乎此，则学有未至，而大本不立矣。纲何自而正，目何自而举哉？其在禹也，典常之率由，彝伦之攸叙。其在汤也，旧服之载缵，人纪之肇修。其在文武也，麟趾以厚公族，棠棣以燕兄弟，鹿鸣以飨臣，樛木思齐以严阃教，故其子孙，或敬承继禹之道，或布德服禹之迹，或率乃祖攸行，或鉴先王成宪，或笃叙正父，或对扬光命，或率德以盖前人之衍，或脱簪以辅中兴之治。此三代之所以正大纲也。其养民也，夏以贡，商以助，周以彻焉。其教民也，夏曰校，殷曰序，周曰庠焉。其制刑也，夏有禹刑，殷有汤刑，周训祥刑焉。其建官也，夏商官倍，亦克用乂，周人六典，阜成兆民焉。其作乐也，禹作大夏，汤作大濩，武作大武焉。其正朔也，夏建寅，商建丑，周建子焉。其习尚也，夏尚忠，商尚质，周尚文焉。三代之大纲无不正，万目无不举如此，岂徒然乎！本于禹汤文武之心，惟务大学，以正其大本也。祇台德先，不自满假，懋昭大德，不迩声色，禹汤之学也。不盘游田，缉熙敬止，不作无益，克慎明德，文武之学也。使禹汤文武不从事乎此，则学有未至，而大本不立矣，纲何自而正，目何自而举哉？此尧舜禹汤文武惟能务天下之大学，以正天下之大本，所以能致天下之大治。

三代而下，汉唐宋诸君虽有天下之大位，而不能务天下之大学，所以天下之大治卒不能致也。汉就高祖而言之，如发义帝之丧，戳丁公之叛，庶乎明君臣之义。高四皓之名，割肌肤之爱，庶乎全父子之恩。立白马之盟，定同姓之封，庶乎广昆弟之爱。故继世之君，子不敢叛其父，弟不敢制其兄，妇不敢驾其夫，臣不敢专其君。岂不由高祖之作则哉，此其大纲可谓正也。然其养民也，阡陌之坏未久，而井田之制不复。其教民也，坑焚之祸未久，而学校之制不复；郡县之设未久，而封建之制不复；五礼六乐之废未久，而礼乐之制不复。此其万目未尽举也。况兄弟不容，兆于羹颉之锡封；夫人同席，兆于戚姬之见宠；大将见杀，兆于韩彭之菹醢。先儒谓汉大纲正，以臣观之，汉之大纲亦未能尽正如唐虞三代也。汉非惟万目未尽举，而大纲亦未尽正，以其或不事于诗书，或溺于黄老，或杂于刑名，或荒于土木神仙，而圣学也杂。圣学既杂，则大本不立，何怪其大纲之未尽正，万目之未尽举哉！唐就太宗言之，胁父臣虏，逼夺神器，父子之亲何在？推刃同气，蹀血禁门，兄弟之义何在？纳巢刺妃，媚武才人，闺门之礼何在？故继世之君，子摄兵叛其父，臣摄兵叛其君，妇驾其夫，兄戕其弟，岂不由太宗之作俑哉？此其大纲可谓不正也！然设府卫之法，仿佛古人寓兵于农之意；设覆奏以审刑，仿佛古人钦恤之意，此其万目可谓能举也。然法令之行，比之先王未纯也；田畴之制，比之先王未备也；学校之教，比之先王未盛也；礼乐之具，比之先王未修也。先儒谓唐万目举，以臣观之，唐之万目亦未能尽举如唐虞三代也。唐非惟大纲不正，而万目亦未尽举如此，以其或蔽于异端，或荒于游畋，或锢于女色，或甘于小人，而圣学也怠。圣学既怠，则大本不立，何怪其大纲之未尽正，万目之未尽举哉！宋就太祖言之，其厚兄弟也，金匮之书，千古不磨，神器之重，一朝脱屣。其厚勋旧也，杯酒解柄，终全勋名，雪夜再幸，不改殊恩。其待臣下也，鞭扑不行于殿陛，骂辱不及于公卿。其严阃范也，内言不出于外，私恩不害于公。故继世之君，持盈守成，家庭之间，虽不能匹休乎麟趾之盛也，而操戈之事则未闻。闺门之内，虽不能齐美乎关雎之化也，而聚麀之耻则未有。此其大纲亦云正也。然制度颇因五代之旧，不能复先王之制。劝课农桑，美则美矣，视三代养民之制何如？修广学校，盛则盛矣，视三代学校之制何如？礼乐纷诸儒之喙，视三代制礼乐之遗意何如？兵财由朝廷之制，视三代制兵财之遗法何如？以至赋吏之戒不严，败军之法不立，设官之制太冗，任太子之恩太滥，此其万目之未尽举也。先儒谓宋大纲亦正，万目未尽举，以臣观之，黄袍加身，未免来人之公议；烛影避席，未免起人之疑心；德昭之死，未免不厌夫众心；郭后之事，未免有疵于盛德。则宋之万目固不举矣，而其大纲亦岂尽正乎？宋之诸君见于行事如此，虽曰夜分读书，未免徒侈乎虚名；虽曰炎暑谈经，未免不关乎实践。圣学既无其实，则大本不立矣。其大纲之未尽正，万目之未尽举，又何怪其然哉。汉唐宋所以不能致唐虞三代之治，皆由大学不讲，大本不立故也。

我太祖高皇帝龙飞淮甸，混一区宇，心尧舜禹汤文武之心，而大本以立；学尧舜禹汤文武之学，而大学以明。故以其大纲之正言之，观其祭毕便殿，泣下不止，遣祭皇陵，衷感不胜，则我太祖之圣孝，一虞舜之大孝，周武王之达孝也。观其剖符锡壤，建封诸王，上卫国家，下安生民，则我太祖之亲睦，一虞舜之敦叙九族，周武王之时庸展亲也。观其君臣同游之言，则与唐虞之都俞吁咈，商周之左右笃棐同一揆也。观其申明五常之诰，则与唐虞之敦典庸礼，商周之建中建极同一揆也。大纲之正，有不如唐虞三代者乎？以万目之举言之，则法井给民之言，互知丁业之戒，与古人重农之意相出入也。学校教民之制，乡饮励俗之礼，与古人立教之意相表里也。内设六卿以总治天下，外设布政司以分理郡邑；内设都察院以肃朝廷之纪纲，外设按察司以为四方之耳目，则其治官之意，庶几乎古人六卿九牧相倡和也。兵部帅府相继于内，而将帅无偏重之势，布按都司相制于外，而藩镇无专恣之患，则其制兵之意，庶几乎古人司徒司马相统属也。命牛谅以制礼，则斟酌先王之典，以还中国之旧；命陶凯以制乐，则务宣和平之意，而屏亵狎之习。万目之举，有不如唐虞三代者乎？列圣相承，心太祖之心，学太祖之学，圣德日新而无不正之纲，圣化日广而无不举之目。然法久则弊自生，世久则俗自降。故人伦有不明，风俗有不厚，而我祖宗之纲目渐以伦斁，百姓有不富，属国有不服，而我祖宗之纲目，渐以乖张。

陛下嗣承大统于兹三年，夙夜惓惓，惟此之虑。陛下之心，即尧之兢兢、舜之业业、禹之孜孜、汤之栗栗、文王之翼翼、武王之无贰之心也。然自即位以来，躬行大孝以先天下，已有意于明人伦，而人伦至今犹未明。斥去邪佞，禁制奢侈，已有意于厚风俗，而风俗至今犹未厚。躬耕藉田，蠲免租税，已有意于富庶百姓，而百姓至今犹未富庶。简练将帅，严饬边备，已有意于宾服属国，而夷狄至今犹未宾服。陛下有尧舜禹汤文武之心，而不能致尧舜禹汤文武之治，意者陛下于尧舜禹汤文武之学有未至乎？何其心之惓惓，而效之邈邈也。臣请为陛下熟言之。以陛下望治之切，求治之笃，必愤发于中，忧形于色，而惓惓之诚，益有所不能已也。夫天下之事，未有不行于上，而行于朝廷者也；未有不行于朝廷，而行于天下者也。

以人伦言之，今公卿大臣，虽轩墀之内，有霄壤之隔。是非不及于面谕，则腹心无所托，而下情不得以上通。可否惟出于内批，则耳目有所蔽，而上心不得以下究，何有乎君臣相亲之义也？陛下诚能体腹心手足之义，略崇高贵重之势，召见不时，咨访非一，使愿输忠悃者得以献其诚，务为蔽欺者无以施其诈，则君臣之化行于天下，而无有不厚也。阎阎小民，忍心害理生则私妻育子，别籍异财，曾礼义之不知；死则食稻衣锦，火葬水瘗，曾禽兽之不若，何有乎父子相爱之恩也？陛下诚能望陵兴哀慕之悲，致养勤定省之诚，公卿守终制之典，士夫严匿服之禁，则父子之化行于下，而无有不亲也。隔形骸而分秦越，弟或戕其兄；同门户而设藩篱，幼或贼其长。何有乎兄弟之爱也？陛下诚能厚同气之恩，广友于之爱，严犯上之律，敦敬长之风，则兄弟之化行于下，而无有不爱也。妾媵无数，庶人僭公侯之分；婚姻论财，嘉礼启贪鄙之风。何有乎夫妇之道也？陛下诚能则关雎之化，正宫闱之礼，申明婚嫁之式，定著妾媵之数，则夫妇之化行于下，而无有不正也。所贪者利禄，谁同心而相济？所附者权势，谁同道而相益？落阱下石者纷如，贻书争谏者寂若，何有乎朋友之交也？陛下诚能亲君子之朋，远小人之党，烛挤陷之奸，奖协恭之正，则朋友之化行于下，而无有不善也。人伦之明自于上，非务学不能知。臣愿陛下惓惓圣学以正大本，急求所以明伦之道，则人伦庶平可明，无异于唐虞三代也。

以风俗言之，朱扉一开，燕雀骈集，谀佞诡随者，名之曰变通；缄默自便者，目之曰忠厚；直言正色者，非之曰矫激；持心操节者，刺之曰干名，此士夫之风丧也。陛下诚能塞奔竞之门，杜谄谀之口，奖名节之士，张正直之气，则士夫之风振矣。庶人帝服，娼优后饰；雕梁画栋，惟恐其不华；珍馐绮食，惟恐其不丰；锦绣金玉，惟恐其不多；姝色丽音，惟恐其不足，此奢侈之风盛也。陛下诚能躬节俭之实，抑浮靡之费，重僭逾之罪，定上下之等，则奢侈之风降矣。典学校之教者，尸虚位而无行；由科贡之途者，饰虚誉而乏实才，此学校之风衰也。陛下诚能重师儒之任，使无实行者不得以滥叨，严科贡之选，使无实才者不得以幸进，则学校之风兴矣。珠宫梵宇，照耀云汉，髡首黄冠，充斥道路，此道佛之风炽也。陛下诚能鉴梁武、宋宗之失，斥祸福、报应之论，推崇乎正道，毋惑于邪说，则道佛之风熄矣。苞苴一入，贱可使贵，贿赂一通，滞可使达，黩货载归，里闾称庆，琴鹤自随，妻子怨谿，此贪黩之风盛也。陛下诚能综核名实，督行劝惩。廉介者必彰而无隐，贪墨者必诛而无赦，则贪黩之风止矣。风俗之厚自于上，非务学不能知。臣愿陛下惓惓圣学，以正大本，急求所以厚风俗之道，则风俗庶乎可厚，无异于唐虞三代也。

以言乎百姓之失所，则征求极于锱珠，而漏卮于宠幸之费；苛敛至于毛发，而尾闾于异端之奉，此吾民之困于赋敛者可恤也。征舸贡舰，动连千夫，工匠舆台，延及数户，此吾民之困于征徭者可恤也。田连阡陌，利累羊羔，家鸡圈豕，惟其所啖，此吾民之困于豪家巨室者可恤也。囊帛篇金，饫鲜醉酡，市虎门妖，恣其所欲，此吾民之困于贪官黠胥者可恤也。劫掠践蹂，鸡犬一空，胁持抑逼，肝脑涂地，此吾民之困于兵戈盗贼者可恤也。父食其子，夫鬻其妻，壮者散于四方，老稚转乎沟壑，此吾民之困于饥馑流离者可恤也。百姓之失所，固可恤矣。然恤之有其道焉，大要在于重守令，急务在于节财赋。守令者，民之父母。守令不重则好民之所恶，恶民之所好，豪猾由此而横，盗贼由此而起。财用者，民之命脉。财用不节，则以一而科百，因十而敛千，赋敛由此而苛，征徭由此而滥。欲重守令，在于慎选科贡，疏理胄监，严励风纪，精立铨法。欲节财赋，在于简阅军士，沙汰冗官，杜抑私爱，斥绝异端。科贡既慎，则专图侥幸者不得以幸进。胄监既理，则苟延岁月者不得以幸选。风纪既严，则贪浊有状者不得以幸免。铨法既精，则文理不达者不得以幸用，政绩不闻者不得以幸迁，而守令自重矣。军士既阅，则老弱无能者不得以幸食。冗官既汰，则备员充位者不得以幸禄。私爱既杜，则贵戚近习之属不得以幸赐。异端既斥，则佛老邪怪之徒不得以幸干。而财用自节矣，何患百姓之不富庶哉！百姓之富庶自于上，非务学不能知。臣愿陛下惓惓圣学，以正大本，急求所以富庶之道，则百姓庶乎可富而无异于唐虞三代也。

以言乎军政之宜修，则河套难复，羌黠于西，变诈之不测，侵掠之不常，驱之不足于兵，守之不足于食，此西方之边事可虑也。阻山川以为固，结流民以为援，鬼出神没，蜂屯蚁聚，此荆襄之诸寇可虑也。丹崖千仞，青壁万重，攻之则据险，守之则废时，此两广之诸寇可虑也。围聚山砦，流浮乡邑，我进则彼去，我退则彼来，此川蜀之诸寇可虑也。夷狄之梗化，固可虑矣。然服之有其道焉，大要在于修内治，布恩信；急务在于择将帅，足兵食。内治不修，则根本不固。恩信不立，则人心不服。将帅非人，则敌人不畏，士卒不附。兵食不足，则士气不振，众心不守。欲修内治，在于戒逸乐，足民用，任君子，退小人。欲布恩信，在于宥胁从，绥降款。欲得将帅，在于收人望，专委任，戒欺罔。欲足兵食，在于广屯田，增士兵。逸乐既绝，则主心日正。民用既足，则邦本日固。君子既用，则群策日陈。小人既退，则奸弊日销。胁从既宥，则叛乱日怀。降款既绥，则归附日众。人望既收，则将才日至。委任既专，则将士日奋。欺罔既戒，则赏罚日明。屯田既广，则储蓄日富。土兵既增，则兵力日振。何虑属国之不宾服哉。夷狄之宾服自于上，非务学不能知。臣愿陛下惓惓圣学，以正大本，急求所以宾服之道。则属国庶乎可服而无异于唐虞三代也。

嗟乎！陛下惓惓于唐虞三代之治，而臣惓惓勉陛下以唐虞三代之学者，诚以大纲之未正，臣不忧也；人伦之不明，风俗之不厚，臣不忧也；百姓之未富庶，夷狄之不宾服，臣不忧也。臣所忧者，陛下之大本虽已正矣，或不能如尧舜禹汤文武之光明；陛下之大学虽已讲矣，或不能如尧舜禹汤文武之精一！陛下由臣之言，持惓惓图治之心，致惓惓为学之力，如尧舜，如禹汤，如文武，则天理日明，人欲日消。妖艳之色，淫哇之声，不足以荡此心；便辟侧媚之言，不足以蛊此心；神怪佛老异端之说，不足以惑此心；沉湎荒淫盘游之事，不足以荒此心；华丽珍怪奇玩之物，不足以侈此心；土木刑名征伐之类，不足以杂此心，而大本立矣。大本既立，由是大纲可正，万目可举，人伦由是而可明，风俗由是而可厚，百姓由是而可富庶，夷狄由是而可宾服，薄海内外由是而可熙然太和，宗庙由是而可以永安，神器由是而可以永保，圣寿由是而可永延，祖宗列圣由是而可以增光，二帝三王由是而可以匹休。而汉唐宋诸君不足以望陛下之下风矣。若大本不立，则虽疲精惫神，以求正夫大纲，举夫万目，以遂数者之效，而快陛下之心，亦将徒为文具，而天下之事，无一可为者矣。此臣所以欲陛下从事于学也。然臣之所谓学者，非稽同合异以为博也，非钩深致远以为奇也，非缡章绘句以为美也。臣之所谓学者，即《大学》之道也，是学也，即尧舜禹汤文武之所学者也，其目有八，而各有其要。平天下治国齐家之要，在于修身。修身之要，在于正心诚意。正心诚意之要，在于致知、格物。宋儒衍绎其义，以进告其君齐家之要有四，曰重匹匹，严内治，定国本，教戚属。修身之要有二，曰谨言行，正威仪。诚意正心之要有二，曰崇敬畏，戒逸欲。格物致知之要有四，曰明道术，辨人才，审治体，察人情。是书也，乃先圣之心法，万古之元龟，制治之良图，保邦之大道。陛下必惓惓于此，昼而诵之，夜而思之，亲近儒臣，质问疑义，毋徒事虚文，毋徒应故事，毋徒闻之于耳而不识之于心，毋徒听之于人而不复之于己，毋徒能之于始而或忽之于终，毋徒讲之于百辟云集之时，而即弃之于宫闱深严之地，毋以朝夕而有间，毋以寒暑而有辍。或摘其要语而列之屏帏，或参以祖训而铭之座右，考之于经，证之于史。如某事也，古人以之而治，以之而安，以之而兴，以之而寿，即惕然以省曰：吾今日之所行，有合于此者乎？如某事也，古人以之而乱，以之而危，以之而亡，以之而夭，即惕然以省曰：吾今日之所为，有类于此者乎？念念在此，此念之外无他念。事事在此，此事之外无他事。如是然后可谓之惓惓也。如是然后所存必正念，所出必正言，所行必正道，所亲必正人。如是然后身无有不修，家无有不齐，国无有不治，天下无有不平也！

嗟乎，人主之心，未尝不好治而恶乱也，好安而恶危也，好盛而恶衰也，好寿而恶夭也。然治常少，乱常多；安常少，危常多；盛常少，衰常多；寿常少，夭常多，往往违其所好，蹈其所恶！夫岂其本心哉！以不能惓惓于学，而陷于不知故也。如人之疗病，未尝不欲其生，而卒至于死者，亦岂其本心哉！以方书不熟，而用药不精故也。方今天下之势，如人受病，非不枵然且大形犹人也。内自心腹五脏，外达四肢百骸，无一毛一发不受病者。识者以为寒心，而康医委之曰安，病者不悟其非，和之曰吾无病也。昔扁鹊见齐桓侯曰："君有疾，不治将深。"桓侯曰："寡人无疾。"如是者三，扁鹊望见桓侯而走。后五日桓侯病作，召扁鹊，扁鹊已逃去。臣愿陛下以本心为元气，以贤臣为明医，以古圣贤经史祖宗宝训所载之言为古方、为药石，惧病之将深而预治之，信任明医，熟阅古方，深察脉理，精择药石，节嗜欲，慎防护，日调理其元气，急求病根之所在而划除之，则元气日固于内，邪气不攻于外，而百病日消，天年自固。何忧寿不如尧舜，不如禹汤，不如文武者乎？及今犹可为也，及今不为，臣恐扁鹊望之而走矣，虽噬脐无及也。唐虞三代与我祖宗列圣之大纲无不正，万目无不举，元气本固，客邪难入，病无自而生也。汉唐宋之或大纲举而万目不举，或万目举而大纲不正，元气未固，客邪易奸，随病而施药者也。自唐虞而三代，自三代而汉唐宋，用是道则治，不用是道则乱；用是道则安，不用是道则危；用是道则盛，不用是道则衰；用是道则寿，不用是道则夭；用是道则延长，不用是道则短促。然则是道也，乃世道治乱之所系也，社稷安危之所关也，风俗盛衰之所由也，人主寿夭之所本也，国祚短长之所在也。陛下可不大儆于心乎？《易》曰："正其心，万事理。差之毫厘，谬之千里。"董仲舒告武帝曰："尊其所闻则光明矣，行其所知则高大矣。"高大光明，不在乎他，惟在乎加之意而已。臣愿陛下加意于臣之言，毋如武帝不加意于仲舒之言也。苏轼对仁宗曰："天下无事，则公卿之言轻如鸿毛；天下有事，则匹夫之言重于丘山。"今天下不可谓无事矣，臣愿陛下不视臣言如鸿毛，而视臣言如丘山，则天下幸甚，生民幸甚。

臣俯拾刍荛，上尘天听。不胜战栗之至。臣谨对。

（明）尹直《謇斋琐缀录》卷三 国朝状元对策，皆经阁老笔削，或自删润，乃入梓，独罗伦一策，未尝改窜。盖对策时，恐天晚，半不具稿，一笔写正，既擢魁后，以言忤旨外调，不及改削，然其策亦自详赡。初，伦会试，五策五千余言，予取为会元。主考刘主静、万循吉各主本经，置伦第三。予意不满，批其所刻一策云："五策五千余言，有学有识，进对大廷，未必非裒然出色者。"后果如所期。一时士夫皆谓予有目力，而姚宗伯廷称予曰："尹先生状元、榜眼俱出门下。"予曰："春卿之力也。"

（明）张朝瑞《皇明贡举考》卷四·（丙戌）**成化二年会试** 中式举人三百五十名：章懋，浙江兰溪县人，监生，《易》。陆渊之，留守中卫军籍，监生，《诗》。罗伦，江西永丰县人，监生，《书》。陈清，浙江余姚县人，监生，《礼记》。王俊，福建闽县人，监生，《春秋》。

三月初一日，临策天下贡士，制曰：朕惟古昔帝王之为治也，其道亦多端矣。然而有纲焉，有目焉，必大纲正而万目举可也。若唐虞之治，大纲固无不正矣，不知万目亦尽举欤？三代之隆，其法寖备，宜乎大纲正而万目举也。可历指其实而言欤？说者谓汉大纲正，唐万目举，宋大纲亦正、万目未尽举。不知未正者何纲，未举者何目，与已正已举之纲目，可得而悉言欤？我祖宗之为治也，大纲无不正，万目无不举，固无异于古昔帝王之治矣，亦可得而详言欤？朕嗣承大统，夙夜惓惓，惟欲正大纲而举万目，使人伦正于上，风俗厚于下，百姓富庶而无失所之忧，四夷宾服而无梗化之患，薄海内外，熙然泰和，可以增光祖宗，可以匹休帝王，果何行而可，必有其要。诸士子学以待用，其于古今治道，讲之熟矣。请明著于篇，毋泛毋略，朕将亲览焉。

（时廷对之士三百五十三人，赐罗伦等进士及第出身有差。伦廷对顷刻万言，不属草。中引程伊川语"人主一日之间接贤士大夫之时多，亲宦官宫妾之时少"。执政欲截去下句，伦不从。有以程敏政卷字精楷，力赞为第一者，内阁李贤曰："论文不论书。"取伦第一。伦自少励志圣贤之学，尝曰："举业非能坏人，人自坏之耳。"嗜学好古，笃志力行，不亲恶色，不听恶声，不耻恶衣恶食，与人子言孝，与人臣言忠，与居官者言民所疾苦。避恶若浼，闻善若惊，见一饥寒之人，则倾所有以赈之。大率义之所在，毅然必为，毁誉成败死生皆所不顾也。一时豪杰之士皆称其青天白日，而异者多忌之云。文章滂沛，有关世教，所著有《罗一峰集》。初为修撰三月，即疏内阁起复非礼，落职，明年复官，寻辞疾归，垂十年卒，谥文毅。是科刘本、刘策兄弟同登，选林瀚等二十四人为庶吉士，后伦与章懋、黄仲诏、庄昶俱为理学名臣，林瀚、贺钦、熊绣、许进、韩文俱为名臣，张弼、陆容、张泰俱有名。王氏鏊曰：自有科第以来，唐以韩愈榜为盛，宋以寇准榜得人为多。瑞谓明以罗伦榜为最。）

第一甲三名赐进士及第：罗伦，江西吉安府永丰县。程敏政，南直隶休宁县籍，翰林院秀才。陆简，南直隶武进县。

（明）张弘道、张凝道《皇明三元考》卷七·成化二年丙戌科大魁 状元罗伦（江西永丰人，字彝正，号一峰，治《书》，年三十六。少即志圣贤之学，尝曰："举业非能坏人，人自坏之耳。"郡守张公瑄嘉其学行而恤其贫乏，弗受。丙子领乡荐。会试第三名，及廷对，顷刻万言，不属草，中引程子"人主一日之间，接贤士大夫之时多，亲宦官宫妾之时少"语，执政欲节其下句，伦不可，直声震于一时。初为修撰三月，即疏阁臣李贤不奔丧非是。谪市舶提举，寻复官。以疾辞归，垂十年而卒，年四十八。赠谕德，谥文毅。伦嗜学好古，笃志力行，不视恶色，不听恶声，不耻恶衣恶食，与人子言孝，与人臣言忠，与居官者言民所疾苦，避恶如浧，闻善若惊，见饥寒之人则倾所有以赈之。大率义之所在，毅然必为，毁誉成败死生皆不顾也。一时豪杰之士皆称其青天白日，而异者多忌之云。文章滂沛，有关世道，所著有《罗一峰集》。初，本房欲取伦为会元，二主考各主本经，遂置伦第三。本房意不满，批其所刻一策云："五策五千余言，有学有识，进对大廷，未必非褒然出色者也。"已而果然）。

又 名臣：罗伦

（清）张廷玉等《明史》卷十三·本纪第十三·宪宗一 （成化二年）三月甲辰，赐罗伦等进士及第出身有差。

（清）李调元《制义科琐记》卷二·三十幅 罗伦，字彝正，号一峰，永丰人。成化二年丙戌，既中会试，自言久困场屋，有志廷对，愿增纸以毕所陈。礼部官壮其志，许之，誊真遂有三十幅。时李文达读卷，跪久，李年高至不能起，上命两内臣掖之。是年，罗遂大魁。至次科，亦有欲比罗例者，以为有意希望，不从，故至今惟以十三幅为式。

仕　宦

（明）黄佐《翰林记》卷五·起复 成化初，大学士李贤遭丧去官，诏留之。台谏不敢论说。修撰罗伦诣其私第，告以不可，贤始以其言为然。既数日，伦上疏，陈古今起复之非是，且曰如其不然，必准富弼故事终丧，刘珙故事言事，卒不允。……自罗伦之疏播传于世，此风稍革，然正德中，尚有起复大学士杨廷和之命，不果行云。

（明）王世贞《凤洲杂编》卷四·刻五经程文 廷试赐罗伦及第，未一月即上《扶植纲常疏》，贬官。

（明）徐树丕《识小录》卷一·国朝翰林四谏 成化初，内庭张灯，下词臣制词。时章懋同庄昶、黄仲昭三人上疏谏□，上怒杖三人阙下。时罗一峰论内阁大臣起复非礼，亦谪官。因称云云。（阁臣南阳李贤也）

（明）焦竑《玉堂丛语》卷四·侃直 内阁大学士李公贤遭丧去官，朝廷起复之，台谏皆不敢论列。罗伦诣其私第，告以不可者三。复俟数日，上疏历陈古今起复之非是，且谓如其不然，必准富弼故事终丧，刘珙故事言事，反复数千言，一本于天理人心之不容已者。疏奏落职，提举泉州市舶司，然士论益荣之，而缄默之风为之一变。终先生之世，台省不复有起复者矣。

成化丁亥，上以元宵张灯，命阁臣分题，令侍从诸臣赋诗。时编修章懋、庄昶，检讨黄仲昭，上《培养圣德疏》，言过直，上怒，杖之阙下，皆谪补外，时称“三君子”。先是，修撰罗伦论执政起复被谪，直声震朝野，而章等继之，号“翰林四谏”。

又 自罗伦、王徽等贬斥，中外结舌，以言为讳。陈名为编修，上疏曰：“窃见近年灾异屡见，雨旸愆期，翰林论思之地，臣敢不竭其愚？臣观春秋二时，陛下虽间御经筵，以讲圣学，然势分尊严，上有所疑未尝问，下有所见不敢陈。愿于退朝之暇，择一二儒臣有学行者，引对便殿，少霁天威，有疑辄问，务使圣心涣然而止。方今人才日降，言路日塞，异端日炽，宜召还致仕吏部尚书李秉、修撰罗伦、编修张元祯、评事章懋、给事中王徽、举人陈献章，置之台谏。革去法王佛子真人位号，禁止创建寺观，则正人用，言路开，妖妄息。”不报。

轶　　事

（明）陆容《菽园杂记》卷三 罗修撰伦上疏论阁老南阳李公夺情事，调泉州市舶提举。章编修懋、黄编修仲昭、庄检讨昶皆上疏论元夕观灯事，章调知临武，黄调知湘潭，庄调桂阳州判官。李公殁后，淳安商公复入阁，言于上，皆得复其官。于是罗为南京翰林修撰，章、黄皆为南京大理评事，庄为南京行人司副。适庐陵陈公文亦卒，士人有为诗悼之者，末二句云：“九原若见南阳李，为道罗生已复官。”盖章、黄、庄三人之谪，实出上意；而罗之谪，李公不能无意，故云。先是，大臣遭父母丧夺情起复者，比比皆是。至是，始著为令，皆终丧三年。夺情起复者，亦间有之，实出朝廷勉留，非复前时之滥。是则罗生一疏之力也。

又，卷十一 罗状元应魁复官后，以病请告还乡，从游者颇众，遂立为乡约："凡为不善者，众不之齿，大恶者弃之。"于是有强梁者一二人，皆被执而投之水。乡人不平，讼于官，而应魁适已卒，其徒十余人皆坐谋杀人，为罗伦从者律。使应魁不死，将置之重辟无辞矣。今幸而不受显戮，然杀人之名，沾污案牍，传道人口，宁不为文法吏之所诋笑哉？借曰起自草茅，未尝读律，然臣而作福作威，及非士师而杀人者，经传具有明训，而妄作如是，何耶？予初闻此，不信，近审之刘方伯时雍，乃知诚然，未尝不深为之惜也。

（明）尹直《謇斋琐缀录》卷三 成化丙戌廷试，王冢宰以程敏政卷字精楷，力赞为第一。（李文达）公曰："论文不论书。"卒取罗伦第一。宪庙即位，进公少保、华盖殿大学士，尚书如故。逾年，丁父忧，乞终制，不许。罗伦进言，请许公终制，词涉诋讦。公怒，力辞，朝廷黜伦乃已。予引文彦博待唐介故事，请公留伦，公曰："潞公市恩，归怨朝廷，吾不可袭此。"公之言亦未为无理。

又 罗伦官居翰林院修撰，为人慷慨乐善，遇事无所回避，以犯颜敢谏为大，救时行道为急，于富贵利达淡如也。杨文贞作相时，以百官禄薄，得受皁隶折薪钱，自是遂以为例。伦独不受，固辞。疾归，结茅居于金牛山，取给于畎亩，不受馈送。日与学者讲学，居家垂十年而终，学者称一峰先生。正德中，追谥文毅。

按，罗一峰气魄大，感动得人。尝谓其可正君善俗，他辈只在修政立事。又曰刚毅不可及。愚谓一峰分□有曲肱饮水、浮云富贵之意，其视一生吃著不尽之语，不啻浼之。

（明）李绍文《皇明世说新语》卷一・德行 罗伦欲买义田赡族进贤，令吕升以堂食钱助之，罗不受，曰："食以堂名，非公可得私者。"

又，卷七・排调 罗伦劾李贤，被谪，大学士陈文有力焉。文卒，士人为诗悼之云："九原若见南阳李，为道罗生已复官。"

（明）王同轨《耳谈》卷六・罗状元 罗状元伦，成化丙戌与里人刘忠同计偕入京，以贫故晚到，邸舍皆尽。旋得一晦室，尘垢充栋。扫除间，忽梁上坠一轴素罗丝笺。展视，模糊莫辨。复以水浣之，见绘梅一枝，上栖双鹊，后书"报状元"三字。伦怀之，秘而不言。揭晓，二人皆登第，而伦状元。

（明）蒋一葵《尧山堂外纪》卷八十八・国朝・罗伦 （字彝正，一字应魁，号一峰。殿试卷誊真以十三幅为格本，朝廷对策，惟一峰极长。盖一峰既中会试，于礼部领卷时，自言"久于场屋，有志廷对，愿增纸以毕所欲陈"。礼部官壮其志，许之。誊真遂有二十幅。时李文达进读罗卷，几一时余。李年渐高，跪久至不能起，上命两内臣掖之。是年罗遂为大魁。至次科会试，亦有欲比罗例者，礼部官以为有意希望，竟不从。

故至今惟以十三幅为式。)

成化乙酉，罗伦赴春闱，道经苏州，为文谒范文正公祠。是夕宿舟中，梦文正遗诗曰："赐带横腰重，宫花压帽斜。劝君少饮酒，不久卧烟霞。"明年状元及第。不久谢政，归隐而卒。

罗伦上疏论阁老南阳李贤夺情事，调广东市舶提举。时学士陈文为李画策，故有此贬。后伦复官，李已谢世。及文死，薛之纲御史作诗挽之曰："学士先生早盖棺，薤歌声里路人欢。填门客散名犹在，负郭田多死亦安。盐井已非今日利，冰山不似旧时寒。九原若见南阳李，为道罗伦已复官。"

(明)焦竑《玉堂丛语》卷一·行谊 伦家居，有客晨至，伦令具饭。妻曰："瓶粟罄矣。"命其子干之旁舍。比举火，日已午，伦晏如也。

又，卷五·方正 召复罗一峰修撰，当道者语人曰："某之复官，我之力也，乃无片言谢，可乎?"先生闻之，曰："渠非私我也。"坐是，改南京，供职三月，以疾辞。章三上，始得归。

又，卷五·器量 罗一峰家居，偶留客饭，不知绝粮也。夫人乞邻，得湿粟数升，旋炒旋脱，日已西矣。一峰旷然不以为意。

又，卷六·科试 成化丙辰廷试，王冢宰以程敏政卷字精楷，力赞为第一，公(指李贤)曰："论文不论书。"卒取罗伦第一。

又，卷七·夙惠 罗一峰五岁时，随母李入园收果，长幼竞取，独赐而后受。年七岁，父训于庭，不匝月，童蒙诸书咸遍。明年，学于里师，时乏书，里师令遍逐诸生授读，诸生未成句读，而先生皆已成诵矣。

(明)杨仪《明良记》卷一 罗一峰伦每下笔为文章，文思泉涌不能遏，辄自作语曰："还用你不着。"

著　作

(清)沈佳《明儒言行录》卷五·罗伦一峰先生文毅公 先生所注《周易传》、《中庸解》、《礼记集注》、《一峰集》、所删订《三礼考注》藏于家。

(清)黄虞稷《千顷堂书目》卷二十·别集类·成化丙戌科(二年) 罗伦《一峰集》十卷(字彝正，永丰人。一甲第一人，翰林院修撰。谥文毅)，一作十四卷。

(清)张廷玉等《明史》卷九十六·志第七十二·艺文一 罗伦《周易说旨》四卷

又，卷九十九·志第七十五·艺文四 罗伦《一峰集》十卷。

（清）纪昀等《钦定四库全书总目》卷一百七十一·集部二十四·别集类二十四·《一峰集》十卷 明罗伦撰。伦字彝正，别号一峰，江西永丰人，成化丙戌进士第一，授修撰。释褐甫三月，以疏劾大学士李贤谪泉州市舶副提举。明年诏还复原官，改南京供职，寻以疾辞归，退居金牛山授徒讲学以终，事迹具《明史》本传。伦与陈献章称石交，然献章以超悟为宗，而伦笃守宋儒之途辙，所学则殊。《明儒学案》云："伦刚介绝俗，生平不作合同之语，不为软巽之行，冻馁几于死亡而无足以动其中，庶可谓之无欲。"今览其文，刚毅之气形于楮墨，诗亦磊砢不凡。虽执意过坚，时或失于迂阔，又喜排叠先儒传注成语，少淘汰之功，或失于繁冗，然亦多心得之言，非外强中干者比也。后载《梦稿》二卷，记梦之词至三百余首，隐约幻渺，几莫测其用意所在，亦文集中罕见之体。以其人足重，故得附本集以传。今亦姑仍旧本录之焉。

（清）永瑢等《钦定四库全书简明目录》卷十八·集部六·别集类五（明洪武至崇祯） 《一峰集》十卷。

（明罗伦撰。伦孤高坚忍，一生不能作软语。其文刚劲之气溢于楮墨，诗亦磊砢不凡，惟过执古义，少所变通，叠引旧文，失于镕化者，时时有之，然不害其宏旨也。末载《梦稿》二卷，隐约幻渺，大抵寓言，莫名其命意所在。原本所有，姑并存之。）

评　论

（明）刘仕义《新知录摘抄》·山林之乐 永丰罗一峰伦以抗章忤权贵，由修撰弃官而归，作诗曰："五柳先生归去来，芰荷衣上露漼漼。不由天地不由我，无尽烟花无尽杯。别样家风幽涧竹，一般春意隔墙梅。老来只怕风涛险，懒下瞿塘滟滪滩。"吁！公殆薄轩冕而爱泉石者乎！

（明）焦竑《玉堂丛语》卷一·行谊 罗一峰先生为人不视恶色，不听恶声，不耻恶衣恶食。与人子言依于孝，与人臣言依于忠，与居官者言民疾苦。见一善人，爱之如祥麟威凤，见一恶人，恶之如封豕长蛇，见一饥寒冻馁之人，倾家所有以赈之。大率义之所在，毅然必为。人之毁誉欢戚，事之成败利钝，己之死生祸福，皆所不顾也。所交尽一世豪杰之士，其语及先生之为人也，必曰青天白日云。

（清）黄宗羲《明儒学案》·师说·罗一峰伦 愚按，一峰尝自言："予性刚，见刚者好之，若饥渴之于饮食，不能自喻于口也。求之不可得，则友其人于古，相与论其世，如侍几仗而聆謦欬也，而欷嘘企羡，至为泣下。予之好刚，盖天性然也。孔子曰：

‘吾未见刚者。’孟子曰：‘我善养吾浩然之气，至大至刚，以塞乎天地之间。富贵不能淫，贫贱不能移，威武不能屈。’此真至刚之大丈夫哉！孔、孟之所谓刚，固予之所好者也。”此可为先生实录。先生之学刚而正，或拟之孔融，非是。又传先生既谪官，过崇仁，求谒康斋，康斋不见，意待再三而后见之。先生怒，投一诗去。康斋之不见，所以进先生之意深矣，惜先生不悟也。又当时张廷祥独不喜康斋，故先生亦不喜之，然康斋终不可及也。

又，卷四十五·诸儒学案上三·文毅罗一峰先生伦　罗伦字彝正，学者称一峰先生，吉之永丰人。举成化丙戌进士，对策大廷，引程正公语："人主一日之间，接贤士大夫之时多，亲宦官宫妾之时少。"执政欲节其下句，先生不从。奏名第一，授翰林修撰。会李文达夺情，先生诣其私第，告以不可。待之数日，始上疏历陈起复之非，为君者当以先王之礼教其臣，为臣者当据先王之礼事其君。疏奏遂落职，提举泉州市舶司。明年召还，复修撰，改南京，寻以疾辞归，隐于金牛山，注意经学。

《周易》多传注，间补己意。《礼记》汇集儒先之见，而分章记礼，则先生独裁。《春秋》则不取褒贬凡例之说，以为《春秋》缘人以立法，因时以措宜，犹化工焉，因物而赋物也，以凡例求《春秋》者，犹以画笔摹化工，其能肖乎？戊戌九月二十四日卒，年四十八。正德十六年，赠左谕德，谥文毅。先生刚介绝俗，生平不作和同之语，不为软巽之行，其论太刚则折，则引苏氏之言曰："士患不能刚尔，折不折天也。太刚乎何尤？为是言者，鄙夫患失者也。"家贫，日中不能举火，而对客谈学不倦。高守赠以绨袍，遇道殣，辄解以瘗之。尝欲仿古置义田，以赡族人，邑令助之堂食之钱，先生曰："食以堂名，退食于公之需也，执事且不可取，何所用与？"谢而弗受。冻馁几于死亡，而一无足以动于中，若先生庶几可谓之无欲矣。先生与白沙称石交，白沙超悟神知，先生守宋人之途辙，学非白沙之学也，而皭然尘垢之外，所见专而所守固耳。章枫山称："先生方可谓之正君善俗，如我辈只修政立事而已。"其推重如此。

要语　子路论为国，而其言不让，夫子哂之。况直居其位而不让乎？登降作止饮食不辞焉，人皆以为非也，荣以爵而不辞焉，人不以为非也。非其小而不非其大，何也？

治己必先治心，心者舟之舵也，欲正其舟，而不正其舵，可乎？

伯恭居丧授徒，子静极以为非，今日便子静在，恐亦不敢以为非也。

居丧须避嫌疑，不可自信而已。古人之受污者，多以此，人或以是污之，亦无路分说也。

进善无足处，有足便小了。臧否人物，此是一件不好勾当。称善虽是美事，然必见得透，恐为伪人所罔。

所以为圣贤，不必删述定作，如孔子折衷群圣，以垂宪万世也。不过求之吾心，致慎于动静语默、衣服饮食、五伦日用，以至辞受取舍、仕止久速，无不合乎圣贤已行之成法而已。

君子视人犹己，以义处己，不以义处人，非君子之道也。

流俗虽不美，而天下未尝无正人，天下未尝无正论，此固人心之所以不死，而天道之所以扶持斯世者也。

君子之学，持静之本，以存其虚，防动之流，以守其一。虚则内有主而不出，一则外有防而不入，则物不交于我矣。物不交于我，则我之所以为我者，非人也，天也。

或曰刚折而柔存，此非知刚者也。天不刚乎？地不柔乎？地有陷而天未尝坠，不刚者存而柔者堕乎？山止也，水流也，山刚而水柔，不刚者存而柔者去乎？齿之折者，刚之无本者也，发附于头颅，头颅存而毛发去者何也？

诚曷终乎？土可入，诚不可得而息也。入土斯已矣，诚曷不息也？所谓生也，守之以死，死则终，诚不可得而息也。

所见专则守固。

与其以一善成名，宁学圣人而未至。

（清）沈佳《明儒言行录》卷五·罗伦一峰先生文毅公　陈白沙论曰："公之必为君子而不为小人较然矣。如公之才，少贬以徇，人虽欲穷晦其身，宁可得耶？以其所学进说于上，世目之为狂，何足怪也？孟子称'豪杰之士，虽无文王犹兴'。若公者，今所谓豪杰非与？无导于前而所立卓然，人莫能夺之。"又曰："公才大不及志，其青天白日足称云。"（《传》）

一峰平生念念不忘天下。（《白沙语要》）

章枫山曰："罗一峰气魄大感动得人。尝谓其可正君善俗，我辈只可修政立事。"又曰："一峰刚毅不可及。"（《枫山语录》）

枫山谓：一峰分明有"曲肱蔬水、浮云富贵"之意。

或问陈克庵，曰节行振世。问罗一峰，曰学术卫道。请折诸圣，曰由士贤充之仁为己任，死而后已，由彝正充之，行一不义，杀一不辜，得天下而不为者乎？（王浚川语）

冯少墟曰："国朝如罗一峰、杨斛山诸公，气节表表一代，都是从理学涵养中来，所以能完名全节，民到于今称之。其它诸公始未尝不表表，而末路多败名丧节，只缘胸中以气节自满，无复有学问以涵养之耳。"（《疑思录》）

先生所注《周易传》、《中庸解》、《礼记集注》、《一峰集》，所删订《三礼考注》藏于家。

先生少事邑人邓淮，受《胡氏春秋》。淮老儒方严，无矜色惰气，无傲狎，谨于古礼，而先生遂有立志。

先生庄重严毅，居父母丧甚谨，逾大祥，口始沾酸醎之味。陈石斋曰："一峰为道义先觉，为仁义郛廓，为庶士依托，为当世医药，为沛八表之云而翔千仞之鹭，为鼓万物之风而架层空之阁。其心洞洞，其性落落，其文浩浩，其行卓卓，白日青天，泰山乔岳。"

又曰："先生见贤必亲，闻善必录，遇恶必摧，存而知亡，过而能裁，随时变化，有阖有开。平生念虑所存其大者，正君、正朝廷、正三纲、正万民、正四方。皇皇之忧，耿耿之忠，则至死而勿颒，贫贱而不为戚，患难而不以回。成化己丑之夏，予遇先生于南畿，盍簪之欢，忘形尔汝，既三宿而后别去，屡反顾而徘徊。先生赠予南还之文，予赠先生草亭之什。既而各申其戒，曰我不枉己，公无凿坏。孰谓先生去官而死，曹溪之约勿遂，丽泽之资何有，而今复仰望于何谁?”（石斋《祭墓文》）

邵二泉《一峰书院记》曰：“惟公天资刚毅，守道不回，而充之以博，养之以正。早贡于乡，已负重望。及宪庙之初，亲擢进士第一。其所对策援古证今，指切本要，词严义正，诵者起敬。故程文未行而海内已录传之。人之视公，有汉董贤良之风焉。既而入翰林为修撰，未及数月即有扶持纲常之疏上，忠于君以及辅相，新进儒臣能为天下大计远虑如此，固非寻常摘劾之比。论者方之唐子方，其事似同而义则远矣。至其改官南都时忌者已去，以公之望，少假岁月，公卿可待。而竟以疾归，盖公之仕在行其道，而不以位为荣。王曾之志，钱若水之节，公实有之，观于其退而进者可知也。呜呼！道之在人，有正大之体，有曲成之用，自圣人以下多患不能兼之，盖其体不能协天下之一，故其用不能周天下之殊。即使幸有所成，而正大者或病矣，岂曲成之谓哉。故观士于今，宁正大而有过，毋宁曲成而无尤。是则公之进言，人曰太讦，君子曰忠。公之去位，人曰太激，君子曰介。固非诬且过也。虽然，公之心如青天白日，公之德如高山大川，此天下之同称也。而才艺勿与焉，则世亦不可谓不知公矣。宝自童年游于庠序即知慕公，及宦游中外知公为详，诚有所谓愿为执鞭而不可得者，则于斯举亦乌能后哉!”

罗念庵《一峰先生集序》曰：“天地有义气，太和乘以代其运，阳春赖以敛其成，震而为雷霆，激而为风飙，惨而为霜雪，起而为山岳，奔而为湍澜。其凝于物，为坚金，为完璞，为后凋木。其灵于人，为刚毅，为直遂，为无侧颇。得之而物欲忘，言之而异端熄，用之而群奸屏，四夷宁，而不用则为万世法。孟子曰‘我善养吾浩然之气’，先立乎大则小者不能夺也。呜呼！若我罗文毅公，其将庶几乎！公名满天下，童孺皆能道其行事，至其所得，虽学者不能尽识也。死生之际大矣。公家贫，日中不能举火，而对客谭学不倦。得新衣，遇道殣，辄解以瘗，而身无完裳。今之处贫贱者未必皆困于衣食者也，困于衣食而至于冻且馁者益加少矣。公冻馁几于死亡，而一无足以动其中，他尚何有哉？名位不能使之荣，摈斥不能使之辱，功能不能使之乐，祸患不能使之忧，言论不能使之惑，意气不能使之改，所谓浩然而刚大者，性成然也，非有事于勉强者也。吾独怪夫学者之为言也，或病其癖，或疑其矫，缅缅乎听之非不和且平也，语其平生虽丝发之微亦足以怵心而变色，而犹自以为知道，岂非世教之虑哉！洪先自幼闻公于人，辄有不获执鞭之叹，且欲以身私淑之，然止羡其难能耳。固亦未知求所得也。三二年来渐悔其谬，于是再读所谓《一峰集》者，不牵章句，不涉蹊径，不执意象，不事雕镵，慨乎于其辞，沛乎于其气，而皎乎于其光。得之心，出之言，惴者惭，鄙者惧。然后乃知孟氏之学，至公至明，其言实天地义气之所发也，而乌可以空文为？呜呼！公之所得，不系集之有无与全否也。有欲知吾之浩然者，观于是集，将不为濯热之清风、苏蛰之迅霆也夫？(《明文奇赏》)

按章枫山与先生《论乡约书》云：……

陈白沙与先生书曰："圣贤处事无所偏主，惟是义如何，随而应之，无往不中。吾人学不到古人处，每有一事来，斟酌不安便多差却，随其气质刚者偏于刚，柔者偏于柔，每事要高人一着，做来毕竟未是。盖缘不是义理发源来，只要高去故差。自常俗观之，故相云泥，若律以道，均为未尽。"

先生曰："凡治己必先治心，心者舟之舵也，欲正其舟而不正其舵，可乎？气质有偏则有病，偏于刚者病躁急，病褊狭，病粗疏，因其病而克之可也。躁急者克之以详缓，褊狭者克之以宽容，粗疏者克之以谨审，然后可也。然非心存焉，则已熄而复然，已抑而复长。病证虽退，病根尚在，安在其为可也？吾非刚者，有刚者病，尝试验之，粗疏平时居多，躁急褊狭则因怒而后见焉。情之发也，惟怒为难制。方其来也，突如焚，如震，如乘时而应之，则有不胜其悔者矣。必坚忍而力制之，候其降伏静定，而后徐而应焉，则不中不远，其悔寡矣。"

佳按，先生用功如此，而犹有如枫山所规之失，甚矣，克己之难也。又曰：观白沙、枫山二书，先生得良友切磋之益如此。

（清）张廷玉等《明史》卷一百七十六·列传第六十四 赞曰：词臣以文学侍从为职，非有言责也。激于名义，侃侃廷诤，抵罪谪而不悔，岂非皎然志节之士欤？夺情之典不始李贤，然自罗伦疏传诵天下，而朝臣不敢以起复为故事，于伦理所裨，岂浅鲜哉。章懋等引宣宗箴，明国家设官意，不为彰君之过。邹智指列贤奸，矫拂偷末。舒芬危言耸切，有爰盎揽辔之风。况夫清修峻节，行无瑕尤，若诸子者，洵足以矫文士浮夸之习矣。

杂　　录

（明）邹智《立斋遗文》卷四《奉石斋先生》 《一峰行状》草草奉呈，中间有重复处，有疏脱处，有直屑不婉转处，计须先生会定，一并得其遗书读之，然后可订也。此公是百世人物，百世之下论其世者，将于此征之，其敢苟乎？

（明）王世贞《弇山堂别集》卷十七·皇明奇事述二·江西二罗 江西成化丙戌状元罗公伦，以言事外谪，后复官止修撰，赠左谕德，谥文毅。嘉靖己丑状元罗公洪先，亦以言事为民，止赞善，赠光禄少卿，谥文恭。相去一甲子，地同，大魁同，言事同，讲学同，从六品得谥同，赠官从五品同，尤奇绝。

（清）张廷玉等《明史》卷一百六十一·列传第四十九·陈选附张褧 宪宗即位，尝劾尚书马昂、侍郎吴复、鸿胪卿齐政，救修撰罗伦，学士倪谦、钱溥。

又，卷一百六十八·列传第五十六·陈文 罗伦论贤夺情。文内愧，阴助贤逐伦，益为时论所鄙。

又，卷一百七十六·列传第六十四·李贤 其抑叶盛，挤岳正，不救罗伦，尤为世所惜云。

又，卷一百七十六·列传第六十四·商辂 其言纳谏也，请召复元年以后建言被斥者。于是罗伦、孔公恂等悉复官。

又，卷二百三十三·列传第一百二十一·罗大纮 大纮志行高卓。乡人以配里先达罗伦、罗洪先，号为“三罗”。

成化五年（1469）己丑科状元张昇

传　记

（明）罗玘《圭峰集》卷十七·太子太保礼部尚书张公墓志铭　正德十二年十二月十一日，太子太保礼部尚书张公年七十六薨。巡抚院以闻上，辍朝一日，赠太子太傅，诏恤典具如制。明年十二月十九日，其子福建右布政使恩及锦衣悊葬公于本县上湖之原。恩豫入山，出乡进士郑嵘状乞铭。公予与公同里闬，少同学，长老同官，虽然，谁骤谓予足任此也？抑予奚容辞弗足任此也？

公讳昇，字启昭，号柏崖。其先在宋有尚书简肃公最盛，乡之人过其门必曰张尚书云。公弱冠选秀，谒先师毕，鼓吹导入家，老妪揶揄反走，呼曰："尚书复来矣！"公生之岁也，邑东龟湖开，长老相贺曰："龟湖开，状元来。此谶记也，当有应者。"已而公登成化己丑进士第一人，自翰林院修撰、左春坊左赞善、左谕德左庶子、少詹事、侍读学士、礼部侍郎转尚书，加太子太保。比家居，人皆略其官，亦止曰张状元云，创见所无也，故云，然亦足以验几之先见不偶者。公为庶子，愤宰执弄权误国，言之上，上初直公，中变，左迁南部屯田员外郎，途以忧归。弄权者败，上用言者，还公职如初。既进宾詹，经筵日讲，青宫引翼，声称峻拔。擢贰礼部，陟正春官。……机芒叵测，无启齿，无作容，诸曹悉告理，公曰："事过止。"先是诸镇、阉类相习结私孽，侦内所向，则文禽怪兽、妖花理木、泽葅海错、奇技巧制、仙释幻惑、祥瑞曼延，之献日攫于民，绎驿骚于道，一机轴于部，公奋曰："是诚在我。"乃揣摩几先可身当者，极言之。……寮忧而阴瞟之恒十八，赖上宽明简在用。成、弘康平之治，公有助焉。公在官期部之无遗举，次第以请植纲常，则祀江万里于饶，合祠赵时赏四十人于文信公之庙，祔钟同于忠节之祠，表孙景云妻钟氏贞烈之门，尊先哲则载祠徽国文公于婺源，祀魏了翁于姑苏，豫章、延平各于其里祠而春秋祀之，兴百年阙典，人心翕然。博平王建寺请额，公曰："宗藩读书守祖训，何忽屋民地以舍异端？"力请格止，以塞他请。班行崔志端者，公同衔也，幼窜羽氏，隶太常为乐童，积资为寺卿，奄至是日，脂韦掖庭比弄具，出则旁若无人等，公宰旧惟隐忍，至公裁割，清浊较然。公当还职，初上言时政大要："汰冗滥、罢斋醮、停工役、审奸择贤，为应天以实不以文，如商宗周宣者。"继是奉诏陈言，又以"禁奢靡、重名器、省供应、并解纳"为言。于时有言官过激落职，公疏："求言而言官言之得谴，则求言而言官不言者如何？"一时论者快赏。尝奉命春闱校文，主两京乡试，得储侍郎巏、张都御史桧，蔚为名臣，文苑有辉。遭圣慈仁寿太皇太后丧，议祔诸仪称旨。奉迎今皇后也，公为副使，大礼洊行，举无愆仪，监在渊衷，故乞休屡见慰留，召对面谕者一。比考绩陛谢归中贵，赍赉至矣。今上嗣服之明年，公疾作，恳辞三四，得可，加令官，有司月米为石者四，岁夫如其米之数，驰驿以归，盛哉！公于书无不读，泛入外典百家言，遇星翁历家谈，必结舌而退。尝与予谈兵论河防，公宗是古图，予曰："古今异宜辨。"百折公坐屈，予喜，面有矜色。出偶遇名家将，将曰："何喜也？"予笑曰："方遇颇牧来意其问诎公。"将弗痞去。尝奉命封代国，道出泽州崇山下，闻有声硿硿，公念山得无崩乎？时匝舆百余人，命取他道出，众心迂公，履声绝，山果崩，是何其达也？事考篑窗。公恒郁己所优为而惟驭其所向，居江夫人丧，既禫，邑中讹火夜三四发，翁闻哄声，必推枕急呼公，问内符契安在？公执诣床出烛之曰："悬以待旦。"乃就枕。内符契者，亦曰勘合，凡京员遭丧降自大内起复，合以防伪者也。公既免丧，不敢久留，侍遄其行以顺适之。岁祲，翁日为糜以食饿者，道路之几仆者，然无奈日踵至何？廪罄矣，主藏以告，翁乃止。又惧云他日核廪，籍报至京，公大悦。公丧，篑窗翁行古礼，生平冠婚祭亦如之，孚族得威如之吉而能萃其涣，弗屯其膏，遇人如锯齿，一一中度，庱情者匿不复见，君子以为得遁之象，晚尤翛然物表，得西山胜处屋之，曰"三谷书院"。岁半吟啸其中，积草盈案，人或给童取以为式，不校也。当庙祭童尝舁公归，道上口哦不辍，而流观太虚，将入门眴，曰："伊谁氏之室耶？"童曰："大人宅于斯。"公愕曰："是乎？"乃入。呜呼！可知公已。所著有《柏崖诗文集》二，《奏疏》二，《和唐诗鼓吹集》一，《咏史诗集》一，行于世。

篑窗翁赠礼部尚书，妣饶氏江氏俱赠夫人。祖德厚、妣陶氏赠亦如之。公配胡氏、上官氏封赠夫人。子四：恩，进士，累官至今官，娶某某某氏，封宜人；愈，京闱经魁，娶某氏先卒；惪，光禄良酝署丞卒，娶某氏；悊，锦衣卫官，娶某氏。女三：某适某。孙：崇京闱亚魁，娶胡氏；嵩先殇；昆娶雷氏；峍娶江氏；岑娶许氏；俱学生。崟、岢尚幼。孙女五：某某。曾孙四：梓、桂、梅、柱。铭曰："军都蜿蟺，迤西则延。萦盱中川，郡殿厥墟。爰发有初，类山泽癯，乃大发公。实华亨丰，令始令终。"

（明）廖道南《殿阁词林记》卷五·部学·侍读学士晋礼部尚书张昇 张昇，字启昭，江西南城人。成化己丑进士第一，授修撰。侍皇太子于东宫，充讲读官，迁左赞善，转右谕德。孝宗登极，进左庶子，兼侍读。疑大学士刘吉抑己，因天变劾奏："万安、尹直，相继罢去，独刘吉尚留，深结科道，昏暮款门，柔佞取悦，无所不至。贵戚万喜依凭宫壸，凶焰熏灼，吉与缔姻，请托公府，赂入私门，亟宜斥谴，如汉策免三公以应灾异可也。"疏上，御史魏璋等阿吉意，交章论之，坐左迁南京工部员外郎。会吉去，召还，复职，升少詹事兼侍读学士，寻擢礼部侍郎，陟尚书。时崔志端以乐舞生为同官，昇每裁抑之。御史杨仪之子从礼曹游，偶遇昇，挞之，仪遂劾昇，言官争相论列，致仕，加太子太保。逆瑾时，复起为尚书，为晋藩事，忤瑾意，夺加官。卒赠太子太傅，谥文僖。廖道南曰："予观《南城》志，谓升宦业益懋，凡考祀典，择贤才，禁奢靡，重名器，省供应，可身任者，次第行之。及考《国史》，则又力诋其状，如此岂名实不相副耶？"赞曰：南城二史，启昭景鸣，启昭婘婀，景鸣峥嵘。揆之古昔，曾巩李觏，二贤往矣，谁其克绍。

（明）陈鎏《皇明历科状元录》卷三·成化五年己丑状元张昇 廷对之士费訚等二百四十七人，擢张昇第一。取庶吉士费訚等十五人。

张昇，字启昭，号柏崖，江西南城人。举进士第一，授翰林修撰。侍皇太子于东宫，充讲读官，迁左赞善，转左谕德。孝宗登极，进左庶子，兼侍读。因灾异劾奏大学士刘吉，词甚激切，左迁南京工部员外郎。后以荐复原职，升少詹事兼侍读学士，典会试，两京文衡，侍经筵，转礼部侍郎，陟尚书，致仕，加太子太保。起为尚书，会晋藩事，忤瑾，夺加官。卒赠太子太傅，谥文僖。所著有《柏崖集》。子元锡，浙江左布政。（《南昌志》）

廖道南曰："予观《南城》志，谓昇宦业益茂，凡周祀典，择贤才，禁奢靡，重名器，省供应，可身任者，次第行之。及考《国史》，则又力诋其攻刘吉，抑崔志端，附逆瑾，岂名实不相副邪？"赞曰："南城二史，启昭景鸣，启昭婘婀，景鸣峥嵘。揆之古昔，曾巩李觏，二贤往矣，谁其克绍？"

昇父挈之赴京师会试，舟近小姑山下，天色已暮，因泊舟。父梦山上数女郎执绛纱灯拥仙姑而下，因问之曰："仙姑何往？"曰："江西张昇状元舟在山前，将往访之。"觉而呼昇语其事，是科首选。（《客座新闻》）

传胪前一夕，梦登天，两手挈二人头，云皆同姓者。及开榜，一甲首为张昇，二甲首张燧，三甲首张晓。

孝庙人才之盛，好事者取其父子同朝者作对联云："一双探花父，两个状元儿。"时张昇状元，子恩；王华状元，子守仁，俱为兵部主事。若户部郎中刘仪凤，则乙未探花龙之父；兵部员外李瓒，则壬戌探花廷相之父。一时槁梓，前此未之有也（然编修谢丕为状元谢迁之子，犹未之及）。

（明）顾祖训原编、（明）吴承恩增补、（清）陈枚续补《状元图考》卷二·状元张昇 成化五年己丑，廷试费訚等二百四十七人，擢张昇第一。

按，张昇，字启昭，号柏崖，江西南城人。于传胪前一夕，梦登天，两手挈二人头，云皆同姓者。及开榜，一甲首张昇，二甲首张燧，三甲首张晓。

《客座新谈》：昇父同赴京会试，舟近小姑山下，天色已暮，因泊舟。父梦山上数女郎执绛纱灯拥仙姑而下，因问之曰："仙姑何往？"曰："张昇状元舟在此，往访之。"

觉而呼昇语其事，是科廷试果首选。

（明）俞汝楫《礼部志稿》卷五十三·列传·尚书张昇 张昇，字启昭，江西南城人，成化己丑进士第一人，授翰林院修撰。后以皇太子出阁，特改左春坊左赞善，充东宫讲读官。秩满升右春坊右谕德。孝宗即位，以从龙恩进左庶子兼翰林侍读。故事特改宫僚者，例转数阶，而昇以忧居后至，但进一阶，疑大学士刘吉抑己，摭吉过劾之，忤上，左迁南京工部员外郎，以忧去。服阕，会吉已去位，复庶子，言数事，多中时弊。寻升詹事府少詹事兼翰林院侍读学士，历升左、右侍郎，转尚书。时崔志端以太常乐舞生积资至为同官，颇倨傲，昇常别流品以裁割之。属官有授徒讲经者，御史杨仪之子在讲下，尝出入部中，遇昇散部，失趋避，命司务朴而拘之。仪不能平，劾昇不协人望，自是名益损，屡为言官所指。尝奉诏选宫女，禁娼优卒隶家不得与榜，书"隶"为"吏"，众哄然腾谤，昇乃不安于位，遂致仕，加太子太保。刘瑾用事，又以为尚书。时裁抑晋府郡王封爵，镌所加官。正德十二年冬卒，讣闻，辍朝一日，赠太子太傅，谥文僖，赐祭葬如例。昇愿悫有余，居官虽无大建白，然自守谨饬。为文平实。尝主两京乡试，所取得侍郎储巏、编修陈澜，皆名士，论者以为得人。

（清）朱彝尊《明诗综》卷二十八·张昇（一首） 昇字启昭，南城人，成化己丑赐进士第一，累官太子太保、礼部尚书，赠太子太傅，谥文僖。有《柏崖集》。

（清）陶成等《江西通志》卷八十四·人物十九 张昇，字启昭，南城人，成化己丑进士第一，历谕德，迁庶子、大学士。刘吉当国，昇因天变疏言："陛下即位，言者率以万安、刘吉、尹直为言，安、直被斥，吉独存，乃倾身阿佞，取悦言官，昏暮款门，祈免纠劾，许以超迁，由是谏官缄口，奸计始遂。贵戚万喜依凭宫壸，凶焰炽张，吉与缔姻。及喜下狱，犹为营救。父存则昇居各爨，父没则夺情起官。"且历数其纳贿、纵子等十罪。吉愤甚，风科道劾昇，诬诋调南京工部员外郎。吉罢，复故官，历礼部左右侍郎，代傅瀚为尚书。孝宗崩，西番灌顶大国师以祓除率其徒入乾清宫，昇请置之法，诏夺国师名号斥逐之。昇在部五年，遇灾异辄进直言，亦数为言者所攻。正德初，忤刘瑾，谢病，诏加太子太保，乘传归。（《列卿录》）

按，张昇所著，有《柏崖文集》十四卷、《诗集》二十二卷、《和唐诗》十卷。卒赠太子太傅，谥文僖。

（清）张廷玉等《明史》卷一百八十四·列传第七十二·张昇 张昇，字启昭，南城人。成化五年进士第一。授修撰，历谕德。弘治改元，迁庶子。

大学士刘吉当国，昇因天变疏言："陛下即位，言者率以万安、刘吉、尹直为言，安、直被斥，吉独存。吉乃倾身阿佞，取悦言官，昏暮款门，祈免纠劾，许以超迁。由是谏官缄口，奸计始遂。贵戚万喜依凭宫壸，凶焰炽张，吉与缔姻。及喜下狱，犹为营救。父存则异居各爨，父殁则夺情起官。谈笑对客，无复戚容。盛纳艳姬，恣为淫黩。”且历数其纳贿、纵子等十罪。吉愤甚，风科道劾昇诬诋，调南京工部员外郎。吉罢，复故官，历礼部左、右侍郎。十五年，代傅瀚为尚书。

孝宗崩，真人陈应裙、西番灌顶大国师那卜坚参等以祓除，率其徒入乾清宫，昇请置之法。诏夺真人、国师、高士等三十余人名号，逐之。昇在部五年，遇灾异，辄进直言。亦数为言者所攻，然自守谨饬。

武宗嬉游怠政，给事中胡煜、杨一渶、张襘皆以为言，章下礼部。昇因上疏，请亲贤远佞，克谨天戒。帝是之而不能用，昇遂连疏乞休，不允。正德二年，秦府镇国将军诚澂请袭封保安王，昇执不可，忤刘瑾，谢病。诏加太子太保，乘传归，月米、岁夫如制。卒于家。

（明）过庭训《明分省人物考》卷六十一·江西建昌府·张昇　（存目）

（清）徐乾学等《明史》卷五十四·张昇　（存目）

（清）王鸿绪《明史稿》卷一百六十八·列传第六十三·张昇　（存目）

（清）陈田《明诗纪事》丙签卷六·张昇　（存目）

（清）阎湘蕙《明鼎甲征信录》卷二·张昇　（存目）

科　第

（明）张昇《殿试策》　制曰：朕绍承大宝，图底丕平，虽宵旰勤励，然绩效罕著。略举其端，诹尔多士。择材于文以理民，拔功于武以驭兵也。今铨衡涂壅，卫所员溢，奚以疏通之？昔人所谓名利相均，虚实相济，可推广而施欤？岁无常稔者天之道，土有常怀者人之情也。今歉则粜贵，贫则民徙，奚以绥辑之？前代所行，常平有法，均田有制，可稽仿而为欤？夫兼资文武以周一世之用，裁成天地以遂万姓之安，固济时切务也。若乃致治大道，必有至言。古之臣献言于君，或得圣道之经而流于迂，或得圣道之权而流于诈，或辩矣而术不密，或智矣而文不及。今尔多士陈四者之务，必宜于时，矫四臣之偏，必合于道，朕将览而资治焉。

臣对：臣闻治本于道，道本于诚。非道不足以善治，非诚不足以立道。盖道为治之本，诚又道之本也。有其道，然后能致其治。有其诚，然后能尽其道。是诚也者，万善之原，万事之本。推之无不准，动之无不化。以之择材于文，则真材无不得；拔功于武，则武将无不善。以之因天时以利民，而民生无不遂；因地利以厚民，而民居无不安。文武于焉而兼资，而用无不周。天地于焉而财成，而功无不著。人君为治之道，岂越乎此哉！故曾子传《大学》有曰：“意诚而后心正、身修、家齐、国治、天下平。”子思作《中庸》亦曰：“凡为天下国家有九经，所以行之者一也。”一即诚也。大哉诚乎！其治道之本乎？

钦惟皇帝陛下圣神文武，刚健中正，上承天命，下得人心。即位以来，五年于兹，民物阜安，风俗醇美，四夷咸宾，万方乐业，凡所以致治保邦、持盈守成之道，至矣尽矣。然犹体道谦冲，游心高远，锐于图治，切于求言，万几之暇，特进臣等于廷，降赐清问，询以兼资文武之要，财成天地之道。顾臣一介庸儒，识见谫陋，曷足以上揆渊衷，仰裨治道。然窃思之，臣荷朝廷作养之恩，沐陛下化导之德，有爱君忧国之心，无由以自献；有忠君报国之志，无路以自达。今幸见录于有司，得立玉陛方寸地，正叫阊阖呈琅玕之日也。敢不俯竭愚衷，以对扬于万一乎？

臣闻民者，所以固邦本，而理民之任则在乎择材于文；兵者，所以卫民生，而驭兵之寄则在乎拔功于武。故翕受敷施，九德咸事，而致庶绩之其凝。武夫洸洸，经营四方，而致王心之载宁。文臣、武将自古为重，诚不可不审也。我国家崇儒重道，取士之制虽非一途，要之首科贡而次荐举，未尝不重文臣之选。崇德报功，选将之道亦非一端，要之先才能而后荫叙，未尝不重武将之职。铨衡之途奚至于壅，卫所之员奚至于溢乎？仰惟陛下有迪知忱恂之明，有庶政惟和之效。然犹图底丕平，以文臣武将为兵民之所赖，故欲有以疏通之。此尤见圣智之高明也，臣请得为陛下言之。盖自迩年以来，文臣则或因开贡之条而混升国学，或缘纳粟之例而滥登仕籍。况夫拘于资格之先后，牵于历任之久近，以有限之职，待杂进之流。铨衡之途由之壅矣。武将则勋旧是属，而秉节钺者或韬略之蔑闻；弊习相承，而统师旅者或勤能之罕著。况夫功多于贿求，赏每加于幸得；未经锋镝之劳，已登录用之典。卫所之员由之溢矣。铨衡之途既壅，何敢望其展素蕴以理民？卫所之员既溢，何敢望其奋武勇以驭兵哉？此不能无劳于圣虑也。为今之计，莫若严考察黜陟之法。治行卓异者，则增秩以奖异之。年力衰迈者，则以礼而退遣之。杜塞奔竞侥幸之门，摈斥庸陋贪污之辈，则用人之道，必如唐臣陆贽所谓名利相均，而不至于壅矣。重爵赏劝惩之典，功勋既著者，则计其劳以加赏；材略有闻者，则随其能以授任。不以其无功而施泛滥之恩，不以其有罪而行姑息之政，则选将之要，必如唐臣陆贽所谓虚实相济，而不至于溢矣。盖诱人之方惟名与利，名近虚而于教为重，利近实而于德为轻。锡货财赋，秩廪所以彰其实；差品列殊，章服所以饰其虚。虚实交相养，故人不渎赏；轻重互相制，故国不废权。疏通之术，岂越于此乎？然求其本，则在于陛下此心之诚而已。诚心以行之，而必期其功，则司理民之责者，皆有守有为之人；当驭兵之寄者，咸有严有翼之士。尚何虑其有不疏通者哉！

雨露适时则年丰，旱涝相仍则年歉。此岁无常稔者，乃天之道。久居其地则难弃，久享其利则重迁。此土有常怀者，乃人之情。然尧虽有洪水滔天，而黎民之于变者自若，由其有以备天道之无常。汤虽有大旱积久，而商邑之用协者自如，由其有以遂人情之常怀。天时、地利在人裁制，不可不知也。我国家救荒有法，储蓄有备，而所以因天时者得其道矣。田有等，则赋无过取，而所以因地利者得其道矣。粜之价奚至于贵，民之居奚至于徙乎？仰惟陛下有怀保小民之心，有万邦咸宁之效，然犹深求至治，以天时地利为生民之所资，故欲有以财成之，此尤见圣心之刚健也。臣请得为陛下陈之。盖自迩年以来，年一歉则谷粟缺乏，无以给民食，囊橐空虚，无以遂民生，而啼饥号寒者深可矜也。民一贫则弃久依之桑梓，即新刈之蓬藋，而流离播越者深可悯也。米之价即踊，则民食且不足，尚何望其出赋税以充国用？民之居既徙，则自救且不赡，尚何望其效勤诚以固邦本哉？兹不能无廑于圣虑也。为今之计，莫若选监临之官，行便宜之政。知岁无常稔而有可常之道，必思患预防，敛散以时，若前代常平之法，斯可行也。择守令之贤，行子惠之政，知民有常怀，而遂其有常之情，必量地分田，因民制产，若前代均田之制，庶可为也。盖常平之法兆于齐魏，而成于耿寿昌；均田之制行于后魏，而出于李安世。丰则增价籴之利农，凶则减价粜之以利民，是之谓常平。男子四十亩，妇女二十亩，户绝者以为公田。刺史十五顷，县令以上六顷，其田则更代相付，是之谓均田。斟酌其宜，使合于人情，庶丰歉之相济。损益其制，使宜于土俗，庶贫富之适均。绥缉之道，岂要于此乎？然究其本，则在于陛下是心之诚而已。诚心以为之，而必期其效，则天下莫不席于饱食暖衣之域，民生莫不囿于安居乐业之中。尚何虑其有失所者哉！夫内资文治，外资武功，文臣武将之并用，威势德化之并行，乃久安长治之计也。上因天时，下因地利，安老怀少，皆有所资，养生丧死，举无所憾，实参赞燮理之功也。

若乃致治大道，必有至言，古之臣献言于君，虽有可采而不能无弊。若董仲舒道明三代、学贯天人、议论渊源、理义酝藉，其言得圣道之经也。晁错上言兵事，思应周密，尊君抑臣，辞气激烈，其论得圣道之权也。仲舒虽得圣道之经，然阴阳灾异之言，未免流于迂而不切。晁错虽得圣道之权，然刑名术数之论，未免流于诈而不正。故宋儒苏询因论贾谊而言二子，盖得其当矣。贾谊以年少之资，而被孝文之召，观其《治安》一策，有忠爱之至诚，劝兴礼乐，知教化之先务，其辞辩矣。张良以豪杰之才，而辅高帝之兴，运筹决策，而定天下之大乱，因事纳忠，而关天下之大计，其智周矣。贾谊之论虽辩，然草具仪礼，三表五饵，而其术则不密焉。张良之计虽智，然术本权谋，学宗黄老，而其文则不及焉。故宋儒苏轼因论陆贽而及二臣，盖近乎是矣。文德也，武功也，救荒也，安民也，此四者之务固所当讲。仲舒也，晁错也，贾谊也，张良也，此四臣之偏亦所当知。大抵文武之选，不必拘也，在乎可以行于今；安养之道，不必泥也，在乎有以利于民。使得人以司文武选，而能随势以变通。得人以主安养之道，而能度时以举行，则品节适中而宜于时矣。仲舒、贾谊之失，由乎学术未精。晁错、张良之失，由乎学术之不正。使其溯义理之渊源，而不安于小成；务圣贤之正学，而不亲于他岐，则损过就中而合于道矣。然宜于时，合于道，皆其用之见于外焉尔。苟不本诸诚，则内之体不立，施之必有所不当，行之必至于易倦。故臣终始以诚为陛下献者，良以诚之为道，真实无妄，纯粹无伪，彻上彻下，皆实理之所为，一有所杂则妄矣。悠久不息，周流不已，亘古亘今，皆实心之所为，一有所间则息矣。臣伏望陛下存此诚于雷声渊默之时，体此诚于酬酢应变之际。凡一念之动则曰：吾之念虑得无有所杂乎？明以察之，使无一念之或妄；一事之行则曰：吾之施为得无有所间乎？刚以制之，使无一事之不实。则治道之本立矣。然而一心之微，攻之者众。或以声色，或以货利，或以游田，或以逸豫。数者一或不审，则欲动于中，而此诚变矣。臣愿陛下远声色而不迩，厌货利而不殖，谨游田而不恣，戒逸豫而不肆。勿贰以二，勿参以三，然后本源澄澈，终始惟一，而此诚岂有间断哉！或于沉湎，或于奢侈，或于异端，或于谄谀，数者一或不察，则心逐于外，而此诚泯矣。臣愿陛下禁沉湎而弗行，斥异端而弗尚，拒谄谀而弗亲。不东以西，不南以北，然后方寸明白，久暂有常，而此诚岂有止息哉！由是可以措民物于熙皞，绵宗社于隆长。重华之德，丕承之功，岂独专美于舜武哉！

陛下之策臣者，臣既已概陈之，而要其归在乎一诚矣。然于终篇复有所献焉者，盖爱君之心不能自已也。夫诚固为治道之本，而所以行是诚者，又在乎陛下之明与刚。明则有以识其诚之正，刚则有以决其诚之几。明非烦苛伺察之谓，乃知道谊、识安危、别贤愚、辨是非之谓也。刚非强亢暴戾之谓，乃惟道所在断之不疑，奸不能惑，佞不能移之谓也。陛下诚廓日月之明，无微不察，无幽不烛，如《书》所谓宪天聪明；奋乾刚之断，见义必为，闻善即行，如《书》所谓惟克果断。夫如是则表里此诚，终始此诚，如《中庸》所谓至诚无息，不息则久，久则征，征则悠远，悠远则博厚，博厚则高明，治天下之道，无余蕴矣。臣之此言，迂疏浅陋，固若无可采者，然实出于拳拳一念之忠也。伏望陛下俯垂睿览，岂惟愚臣幸甚，实天下幸甚，万世幸甚！臣谨对。

（明）张朝瑞《皇明贡举考》卷四·（己丑）成化五年会试　中式举人二百五十名：费訚，南直隶丹徒县人，监生，《书》。邵晖，南直隶宜兴县人，监生，《易》。刘宪，江西余干县人，监生，《春秋》。沈璐，南直隶上海县人，监生，《诗》。黄韶，浙江余姚县人，监生，《礼记》。

三月十五日，临策天下贡士，制曰：朕绍承大宝，图底丕平，虽宵旰勤励，然绩效罕著。略举其端，诹尔多士。择材于文以理民，拔功于武以驭兵也。今铨衡途壅，卫所员溢，奚以疏通之？昔人所谓名利相均，虚实相济，可推广而施欤？岁无常稔者天之道，土有常怀者人之情也。今歉则粜贵，贫则民徙，奚以绥辑之？前代所行，常平有法，均田有制，可稽仿而为欤？夫兼资文武以周一世之用，裁成天地以遂万姓之安，固济时切务也。若乃致治大道，必有至言。古之臣献言于君，或得圣道之经而流于迂，或得圣道之权而流于诈，或辩矣而术不密，或智矣而文不及。今尔多士陈四者之务，必宜于时，矫四臣之偏，必合于道，朕将览而资治焉。

（时廷对之士二百四十七人，赐张昇等进士及第出身有差。《南城志》谓昇官业凡周祀典，择贤才，禁奢靡，重名器，省供应，可身任者，次第行之。所著有《柏崖集》。官至太子太保，谥文僖。子恩，弘治己未进士。是科选费訚等十五人为庶吉士，后周瑛为理学名臣，雍泰为名臣，李仑有名。）

第一甲三名赐三名进士及第：张昇，江西南城县。丁溥，南直隶华亭县。董越，江西宁都县。

（明）张弘道、张凝道《皇明三元考》卷七·成化五年己丑科大魁　状元张昇（江西南城人，字启昭，号柏崖，戊子举人。历官左春坊庶子，因灾异陈言劾大学士刘吉，词甚激直，左迁南工部员外郎，后以荐复原秩，累官太子太保、礼部尚书。凡周祀典，择贤才，禁奢靡，重名器，省供应，可身任者，次第行之。寻致仕。卒赠太子太师，谥文僖。所著有《柏崖集》。子恩，弘治己未进士，布政；悊，锦衣卫百户。悊子嵫，仪宾。嵫子寿朋，万历癸未进士，通判。从孙赟，隆庆戊辰进士，通判）。

又 一品：张昇（礼部尚书）。

（清）张廷玉等《明史》卷十三·本纪第十三·宪宗一 （成化五年春）三月辛丑，赐张昇等进士及第出身有差。

仕　宦

（明）俞汝楫《礼部志稿》卷四十二·历官表·左右侍郎 张昇（字启昭，江西南城人。进士。弘治九年，任右侍郎）。

（明）雷礼《国朝列卿纪》卷十八·詹事府少詹事年表 张昇（江西南城人。成化己丑状元。弘治七年任，兼侍讲学士。九年升礼侍。历尚书。卒谥文僖）。

又，卷二十一·兼学士兼讲读学士年表 张昇（江西南城人。弘治七年，以少詹事兼侍读学士）。

又，卷四十·礼部尚书年表 张昇（江西南城人。进士。弘治十五年任，加太子太保，正德二年致仕，卒赠太子太傅，谥文僖）。

又，卷四十四·礼部左右侍郎年表 张昇（详尚书。弘治九年右。十二年左）。

（清）张廷玉等《明史》卷一百六十八·列传第五十六·刘吉 庶子张昇，御史曹璘、欧阳旦，南京给事中方向，御史陈嵩等相继劾吉。吉愤甚，中昇，逐之。

（明）雷礼《国朝列卿纪》卷十八·詹事府少詹事行实·张昇 （存目）

又，卷四十四·礼部左右侍郎行实·张昇 （存目）

轶　事

（明）蒋一葵《尧山堂外纪》卷八十八·国朝·张昇 （字启昭，号柏崖，南城人。成化己丑，传胪前一夕，梦登天，两手挈二人头，云皆同姓者。及开榜，一甲首为升，二甲首张燧，三甲首张晓。）

张昇为翰林侍读，会风雹发自天寿山，毁瓦伤物，震惊陵寝，朝廷戒谕群臣修省，遣官祭告。于是，昇数刘阁老吉十罪，谪南京工部员外郎。同乡何乔新赠以诗曰："乡邦交谊最相亲，忍向离筵劝酒频。抗疏但求裨圣治，论思端不忝儒臣。自怜石介非狂士，任诋西山是小人。暂别銮坡非远谪，莫将辞赋吊灵均。"由是人目吉为"刘绵花"，以其耐弹也。吉闻而大怒。或告以出自监中一老举人善诙谐者，吉奏："凡举人、监生三次不中者，不许会试。"

翰林院学士惟一人，多或三五人，弘治壬戌秋，阁老洛阳刘公健因修《会典》成，欲德翰林，一时升学士者十人，时礼部尚书已有六人，谢迁以在内阁，张昇为礼书掌鸿胪事，崔志端以礼书掌太常事，并南京为六人。崔由神乐观道士。京师为之语曰："礼部六尚书，一员黄老；翰林十学士，五个白丁。"一时盛传，以为的对，且有讥警。盖此五人，谓山西张、陕西杨、大兴刘并某某，皆成化戊戌阁老万公安以私意选为庶吉士者。

著　　作

（清）黄虞稷《千顷堂书目》卷二十·别集类·成化己丑科（五年）　张昇（字启昭，南城人，一甲第一人，太子太保，礼部尚书，赠太子太傅，谥文禧）。《柏崖集》（一作《张文僖公集》）二十二卷（一作三十六卷）。

（清）纪昀等《钦定四库全书总目》卷一百七十五·集部二十八·别集类存目二·《张文僖公文集》十四卷、《诗集》二十二卷　明张昇撰。昇字启昭，南城人，成化己丑进士第一，官至礼部尚书，事迹具《明史》本传。是编乃其子浙江布政使元锡所刊。前有嘉靖元年《邵宝序》，谓此书本名《柏崖集》。刻成而赐谥之命适至，遂以名之。然本传不言有谥，或偶漏欤。昇立朝颇著风节，而其文多应酬之作。末附《瀛涯胜览》及《北行录》、《西行录》，皆缕述见闻，无所考证。其诗近体多于古体，而七言近体尤多于五言。是足验其所得矣。

（清）曹仁虎等《钦定续文献通考》卷一百九十一·经籍考·集·别集三·明　张昇《文僖公文集》十四卷，《诗集》二十二卷。昇字启昭，南城人，成化己丑进士第一，官至礼部尚书。臣等谨案：邵宝《序》云："此书本名《柏崖集》，刻成而赐谥之命适至，遂以名之。"然本传不言有谥，或偶漏欤？

评　　论

（明）邵宝《张文僖公集序》　太子太保礼部尚书、盱江张公既卒之五年，而《柏崖集》出，其子今浙江左布政使元锡所校录而刻焉者也。刻成，而赐谥之命适至，遂以名之。谓宝尝视学江右，有斯文之谊，伻来以集请序。宝以公前辈，顾鄙陋不敢为先者，辞焉。元锡再告至于三，乃受而读之。乌乎，文之难言久矣。君子操椠肆笔，孰不志于行远哉，往往仅得百一焉。抑有由也。是故有才而无学则陈而弗稽，有学而无识则择而弗鉴，有识而无气则发而弗充，有气而无法则御而弗范。才出于天，学成于人，识与气固如其才，然可养也。学则有法，参而稽之，会而通之，亦存乎人。具是数者，则文于是乎成。有不为，为则必传，传则必远。固然莫之遏也。然台阁山林，同词异体，学士政人，同体异致。兼之难，兼而各底，其所尤难。乌乎，文之难言久矣。公少禀隽敏，壮登大廷，魁天下士，既入翰林，好学弗倦，自诸经至子史群籍罔不淹贯。识与年俱，气益昌衍，从容矩度，大肆厥辞，盖自讲筵敷对、史馆纂叙，以及礼官奏复，凡几大议论，几大述作。而铭功撰德，施之公卿，稽典陈义；施之僚佐，志事述情；施之朋友，发难折衷；施之门人弟子，以至题咏赓酬，闲情逸趣；施之江湖乡曲者亦在在有之。人之所谓难者，公弗有焉。集是以若是富也。其传也，吾知其远也。公在翰林若干年，在詹府若干年，在礼部若干年，中忤执政，左迁留都部署若干年，所至职职皆于文乎可考也。是有国史及少宰圭峰公铭志在。集之外，复有和唐诗若干卷。柏崖，公所自号也。嘉靖元年秋七月朔，资善大夫南京礼部尚书奉诏侍养前江西提学按察副使无锡邵宝书于二泉精舍。

（录自［明］张昇《张文僖公文集》卷首，又见［明］邵宝《容春堂集》续集卷十二）

（明）王慎中《遵岩集》卷九·张文僖公咏史诗序 自“《诗亡》，《春秋》作”之言咄于孟子，学者始知《春秋》为继《诗》而作。王道既衰，政熄泽竭，而性情之正不复见于歌诵吟讽之间，则褒善贬恶以存王道，而使人心民彝不至熄竭无遗，《春秋》不可以无作矣。夫《诗》之为教，主于诵美刺，非导善禁邪，其义与《春秋》之褒贬不异。惟其发于情性，本于伦常，永言嗟叹，而下因以寓见乎风俗，上因以指陈乎政理，感动兴起，意味有余而劝戒已著。盖盛时治古之史，而《春秋》之文虽史，其与人为善而使恶者不得肆，犹衰世之《诗》与。《春秋》之后，代有史家，其文则史，而所取非《春秋》之义矣。其不足使人止邪而向善，有可慨者。于是之时，有能追上古永言之遗风，得其不泯之意，所谓诵美刺，非以劝戒为教者，施之于史家之所记，即事以成章，托声以形事，委曲宛转，文彩彰施而节奏宣朗，使歌之者可以上下数百载之间，如贡俗之所采，观风之所陈，奋廉敬忠惠之心，而惩淫放叛戾之志，岂不有助于名教而为后世不可缺之言耶！

予常从张侯谷泉所，得见其祖故宗伯文僖公《咏史诗》一编，其词致庄重，音旨和畅，不为险怪苦刻，则熙朝馆阁之声。而指事寓教，则意有独至，非徒役神于觚翰游戏如诗人所长，工于藻缋物态嘲谑景光以资玩适而已，盖近世不可缺之言也。观其综核臧否，得失之归，推原成坏，理乱之故，确而不苛，深而不察，然后形容以阐其体状，断其制，以正其条理，上下数百载之间，枚举件系仅数百十而君臣事迹亦概见矣。其事则史之事，其言则诗，而其主于为教，则《春秋》所取之义，孰谓绝笔之后，殆二千年而诗之既亡，其不泯之意所谓使人兴正术而创佚思者，反有存焉。吾是以知诗之人不可以终亡也。好恶大端，惟其出于学问，讲习之正，则一言之微，亦可不倍于经而有得于孔氏之旨，岂苟然哉。公由抡魁仕为翰林，以润色论思为职，虽尊为宗伯，当隆盛之朝，主于礼乐文章，以其不至于相，未及断国之政，而泽未加乎生民。即其考古论世，是非好恶之严如此，使其得政用之以致主谋国，尽所以为臣者，必有能充其所以是非乎古之人者矣。公著作甚多，某独因是编而论之，故序之如此云。

杂　录

（明）夏良胜《东洲初稿》卷五·明俊士东湖黄先生墓志铭　宪庙初，吾南城以有文学士为时称。郊之内，则今宫保柏崖张公、先伯奇峰公；郊以外，则今少宰圭峰罗公、松崖黄公，号“四贤士”。柏崖登进士第一，初官殿撰。奇峰得乡举，困学官。松崖以贡中京闱选。圭峰发顺天解，官翰林，与柏崖联美。人咸谓奇峰、松崖屈之，然而先大夫得省魁，松崖子今参议东溪君登进士，东湖蔚蔚有文望，人又曰奇峰有弟，松崖有子，亦可云副也。

（明）郭良翰《明谥纪汇编》卷十四·臣谥上·文臣·文僖　张昇（礼部尚书，赠太子太傅。嘉靖。敏而好学，小心畏忌。江西南城人）。

成化八年（1472）壬辰科状元吴宽

传　　记

（明）王鏊《震泽集》卷二十二·碑·资善大夫礼部尚书兼翰林院学士赠太子太保谥文定吴公神道碑　公讳宽，字原博，世为苏之长洲人。祖讳寿宗，考讳孟融，皆赠吏部右侍郎。公生有异质，未冠入郡庠，辈流方务举业，宽独博览群籍，为古文词，下笔已有老成风格。屡试应天不利，以岁资贡入太学。东海张汝弼见之，曰："天下亦有如此贡生也哉!"江阴卞郎中华伯有"低头拜东野"之句。武功伯徐公高迈少许可，折节与交，曰："馆阁器也。"公以屡举不利，绝意仕进，不肯复应举。天台陈公选时以御史董学南畿，以礼敦遣，公不得已入试，名在第三。成化壬辰会试第一，入试大廷又第一，授翰林院修撰，被选侍先皇帝于东宫。九年，进太子右谕德。先帝即位，以旧学进春坊左庶子。预修《宪宗实录》成，进詹事府少詹事兼侍讲学士。擢吏部右侍郎。久之转左。寻兼翰林院学士，入内阁掌制诰，仍侍今上于东宫。充《会典》副总裁。《会典》成，进礼部尚书兼学士。修《历代通鉴纂要》，仍充副总裁。宽素有古学，及入翰林，凡有作辄传播中外，位益高，望益重，学者称为匏庵先生而不敢字。每东朝进讲，闲雅详明，意存讽谏。至理乱邪正之际，未尝不反复为上诵之。今上在东宫，学少间，率僚属上疏曰："窃惟东宫讲学，自寒暑风雨、朔望令节外，一岁之中不过数月，一日之内不过数刻，况其间又多间歇。人生八岁出就外傅，居宿于外，诚欲离近习，亲正人也。庶民且然，况有天下者乎？借曰习读于内，终不若出就外傅、亲近儒臣、讲明正道，所得为多也。"建议者谓元儒吴澄出处不正，不宜祀从孔子，诏廷议之。公曰："从祀亦观其有益于经传否耳。苟有裨经传，则扬雄、马融昔皆不废，今何独得废澄也？"太皇太后将祔庙，诏议其礼。公曰："昔周祀后稷，姜嫄登于别庙，《诗》谓之阙宫。鲁桓公之母仲子不得祔庙，《春秋》书考仲子之宫。至宋始有两后并祔之说，然岂后世所宜法哉？"诏从之。公年甫七十，数引疾求退，屡诏恳留。有"学行闻望，舆论攸归"之褒载。阅月卒，弘治甲子七月十日也。讣闻，先帝震悼，命有司治葬，谕祭者四，给驿舟，遣官护送。特赠太子太保。长子奭授中书舍人，次子奂补国学生，皆异数云。

公好古力学，至老不倦，于权势荣利处则退避如畏然。在翰林时于所居之东治园亭，杂莳花木，退朝执一卷，日哦其中，每良辰佳节，为具召客，分题联句为乐，若不知有官者。被选宫僚，人动色相贺，独蹙然曰：“吾何以当此任哉！”及日讲内殿，尤世所荣，而辞之至再、至三，当道见其诚，不强也。及掌诰制久，众望其柄用，当道忌之，邅徊不进，意公亦不能无少望。公曰：“吾初望不及此，吾处此甚宜之，甚安之。”众议为之冰释。及吏部尚书位缺，中外皆属公，公又固辞之。公端靖渊穆，不溷溷为同，不峣峣为异，士无贤愚，见者无不归心。公亦保合兼容，不见畛域。平生不闻其有毁誉，言之亦不见喜愠之色，其古所谓大雅君子者乎！公为文不事追琢，独严体裁，蕴藉闲淡，理致悠长；为诗用事浑然天成，不见痕迹，沉著高壮，洗近世尖新之习；作书姿润中时出奇倔，虽规模于苏，多所自得。

（又见［明］焦竑《国朝献征录》卷十八）

（明）王鏊《姑苏志》卷五十二·人物十·名臣 吴宽，字原博，长洲人。自少笃学励行，为诸生已隐然有重名。数试不利，卒业太学，再举始得解。成化壬辰状元及第；授翰林院修撰，累升詹事府少詹事兼翰林院侍讲学士，出为吏部侍郎，寻复学士，入内阁，进掌詹事府事，升礼部尚书，卒赠太子太保，谥文定。宽为人静重醇实，自少至老，人不见其过举，不为慷慨激烈之行，而能以正自持。遇有不可，卒未尝碌碌苟随。言词雅淳，文翰清妙，无愧古人。成化、弘治之间，以文章德行负天下之望者三十年，然位虽通显，而迄不得柄用，天下惜之。所著有文集若干卷。

（明）廖道南《殿阁词林记》卷五·部学·礼部尚书兼学士吴宽 吴宽，字原博，苏州长洲人。初以贡入太学，督学御史陈选惜其才，令就试，登应天魁选。成化壬辰，会试、廷试皆第一，授修撰。秩满，迁右谕德，充东宫讲读官。宽上疏劝讲圣学无分寒暑，孝宗嘉纳。进左庶子兼侍读。预修《宪庙实录》成，升少詹事兼侍读学士，寻擢吏部侍郎。守制，服阕，召入典诰敕，修《会典》，充副总裁。书成，陟礼部尚书兼学士，仍典诰敕。孝肃太皇太后祔庙，诏议其礼，宽独引周姜嫄事，请别庙奉享。或议吴澄不当从祀，宽谓：“有益经学。”议上，俱从之。卒赠太子太保，谥文定。官其子奭为中书舍人。李文正公铭其墓曰：“维世有望，间不容伪。上有廷论，下则舆议。远且贱者，惟彼奴隶。彼懵不知，孰强而致。其所自致，匪爵匪位。矧其兼之，功讵云易。惟三不朽，公亦有二。有德有言，功则未既。”廖道南曰：“予观《吴》志谓宽静重醇实，自少至老，人不见其过，不为慷慨激烈之行，亦未尝碌碌苟随。既而观《国史》，称宽行履高洁，志操纯正，势利所在，退避若懦，盖其所得者深矣。”赞曰：人有恒言，老成典刑。士林蓍蔡，策府权衡。惟匏庵公，耆德硕人。沉浑确实，有典有文。文正有铭，文定有评。书之琬琰，无愧名臣。

（明）陈鎏《皇明历科状元录》卷三·成化八年壬辰状元吴宽 廷对之士吴宽等二百五十人，擢宽第一。

吴宽，字原博，号匏庵，苏之长洲人。生有异质，年十一岁即为学生，十八而应试，二十九应贡赴礼部，三十四而举于乡，三十八而登进士。在庠校时，博览群籍，为古文词有老成风格。武功伯徐有贞高迈少可，折节与交，曰："馆阁器也。"以岁资贡入太学，张汝弼见之，曰："天下亦有如此贡士乎？"屡举不第，绝意仕进。董学御史陈选以礼敦遣，不得已入试，名在第三。礼部名第一，入试大廷又第一，授翰林修撰，选侍东宫。秩满，迁右谕德。上疏曰："东宫讲学，自寒暑风雨、朔望令节之外，一岁中不过数月，一日中不过数刻。古者八岁出就外傅，居宿于外，诚欲离近习、亲正人也。庶人且然，况有天下者乎？"孝宗即位，以旧学进春坊左庶子，充经筵官。特命修玉牒，预修《宪宗实录》成，进詹事府少詹事兼侍讲学士。癸丑，擢吏部右侍郎，久之转左，寻兼翰林院学士。戊午，召入内阁，典诰敕，仍侍经筵。庚申，侍武宗于东宫，掌詹事府事，充《会典》副总裁。《会典》成，进礼部尚书兼学士，仍典诰敕，仍掌詹事。修《历代通鉴纂要》，充副总裁，并教庶吉士。□在翰林，凡有作辄传播中外，位益高，望益重，学者称为匏庵先生。建议者谓元儒吴澄出处不正，不宜从祀孔子，宽谓："澄有益于经传。"孝肃太皇太后崩，诏议祔庙之礼。宽上疏言："《鲁颂》姜嫄閟宫，《春秋》考仲子之宫，皆为别庙之证。然皆诸帝继室生而为配者，非后子孙追尊之比。唯李宸妃之殁，仁宗伤痛，乃追尊祔祭，此岂后世所当法哉？"诏立庙别祭如宽言。弘治甲子卒，年七十，特赐宝钞一万贯为赙，命有司治葬，谕祭者四，给驿舟护还。特赠太子太保，谥文定。荫其二子，皆异数也。其校士也，则辛丑、甲辰为同考，丁未、壬戌为主考。孝、武二帝在东宫，为讲官、为宫僚长。为人识趣高雅，行诣端洁，自少至老，人不见其过。不为慷慨激烈之行，亦未尝碌碌苟随。士无贤愚，靡不归心。势利所在，退避若懦。为文不事追琢，独严体裁，蕴藉闲淡，理致悠长；为诗用事浑然天成，一洗尖新之习；作书姿润中时出奇倔，虽规模于苏，而多所自得。成化、弘治间，以文章德行负天下望者三十年。然位虽通显，而迄不得柄用，天下惜之。（王文恪鏊《表墓》）

宽及第《谢恩表》云：……

孝宗遣礼部左侍郎李杰谕祭文曰："卿自先朝名魁甲第，紬书史局，校艺文场。朕在储宫，实资旧学。既登宸极，特进经筵，出佐铨曹，入司纶命。著仪文于国典，领侍从于詹端，乃正春卿，仍兼翰长。文章德望，雅重一时。台阁省曹，殆周三纪。方隆倚任，屡上辞章。虽问使之累勤，顾医功之罔奏。讣音忽至，良用悼焉。笃念老成，备加褒恤。赠官赐葬，稽行易名。仍命礼官特颁谕祭，卿灵不昧，尚克歆承。"

王鏊赞曰：嘻！文定公不可复作！渊然之度，粹然之学。举世竞趋，避之如疾。举世弃遗，服之无斁。非意相干，不见其愠喜。终身与处，莫测其浅深。但见其文章之昭回于天下，粲然五星之正色，淡然清庙之遗音。所以贲饰涣汗，启沃密勿，虽憸人小夫，皆知重其为人。而贤人君子，亦自以为不可及。众方仰之为当代之斗山，上且用之为久旱之霖雨，而公不待，翛然遐举。嗟斯民之无禄，怅吾徒之无侣。载瞻遗像，有泪如涓。

沈周《客座新闻》云：吴原博既登第，予询其尊公曰："令子久不利于场屋，今获此峻擢，有先兆否？"曰："有之。"因云：江右举人某贫不能赴会试，愤怨欲自尽。是夕梦有人语之曰："汝中自有时，待吴宽作状元，汝必登第。"已而果然。又，松江钱中者，子名福，生数岁矣，梦女子三人来曰："汝子科第当与苏州吴宽同。"彼因至苏访吴宽，时尚困庠舍，然人皆称其德优学博，乃曰："吾儿便不得科第，得名偕吴君足矣。"宽寻显，而福亦以亚魁、会元、状元发迹，名次略不异。又，南京吴文度屡试不第，乃以字行。成化辛卯，其女弟偶梦明年状元吴宽，文度窃喜曰："此我初名，状元必我也。"及揭榜，状元果吴宽，但非文度耳。其验如此。问之原博，亦云然。

萧枝师言：其父好善，每修道路，行道者祝曰："愿汝子作状元。"

黎公淳《送宽归省诗》："会元曾是亚元为，又出魁星照紫微。天榜不缘人力助，亲庭特受圣恩归。锦标献捷云龙胜，金水开河画鹢飞。衣钵五传吾老矣，此行吾道倍光辉。"

成化甲辰二月初，郡学大成殿之东吻，青气一道上冲，徐天全公有贞见之，谓郡守丘霁曰："此文明之象也。"未几，吴宽状元及第。

……

应试南畿，同寓施焕伯者中榜，逮鹿鸣宴罢，焕伯出曰："吾意兄策皋槁之骑，遵崇化之途矣。"宽曰："同行无疏伴。"其有养如此。(《吴中往哲记》)

人言吴文定及第素无梦兆，惟揭榜前三日，异香满室耳。公尝谓予言："会试之前，梦过国学，适阴云四合，大雷电，欲雨，龙下攫其巾并其身而上，遂惊寤焉。"(《近峰闻略》)

李东阳赞曰："维世有望，间不容伪。上有廷论，下则舆议。远且贱者，夷狄奴隶。彼懵不知，孰强而致。其所自致，匪爵匪位。矧其兼之，功讵云易。惟三不朽，公亦有二。有德有言，功则未既。"

廖道南赞曰："人有恒言，老成典刑。士林蓍蔡，策府权衡。惟匏庵公，耆德硕人。沉浑确实，有典有文。文正有铭，文恪有评。书之琬琰，无愧名臣。"

(明) 项笃寿《今献备遗》卷二十七·吴宽　吴宽，字原博，苏之长洲人也。贡人太学，上海张汝弼见而奇之，曰："天下有贡士若此者乎？"武功伯徐有贞折节与交，曰："此馆阁器也。"成化壬辰，中会试第一人，廷试复第一。宽素工古文辞，及官翰林，所著作辄传播中外。每东朝进讲，至理乱兴亡，必反复言之。武宗在东宫，宽上疏曰："窃惟东宫讲学，自寒暑风雨、朔望令节外，一岁中不过数月，一日中不过数刻。古者八岁出就外傅，居宿于外，诚欲离近习、亲正人也。庶人且然，况有天下者乎？"弘治末，孝肃太皇太后崩，诏议祔庙礼，宽上疏言："《鲁颂》姜嫄閟宫，《春秋》考仲子之宫，皆为别庙。汉唐亦然，至宋有并祔者，乃其子孙追尊之。比唯李宸妃之殁，仁宗追尊祔祭，非后世法。”诏立庙别祭如宽言。宽好古力学，于权势泊如也。笃厚伦谊，未第时尝护其友入贡。同年贺解元恩遘疾京师，迁归其家，朝夕视之。贺死，为之服。成化、弘治间，以文章德行负天下之望者三十年，受知孝皇。时宽居忧，尝虚少宰以待之，然竟不得柄用，仕至礼部尚书。卒赠太子太保，谥文定。

论曰：吴文定忠信端厚，得之天性。及读其文，纡徐雅驯，出入欧、苏间，成一家言。信有德有言者矣！

（明）顾祖训原编、（明）吴承恩增补、（清）陈枚续补《状元图考》卷二·状元吴宽　成化八年壬辰，廷试吴宽等二百五十人，擢吴宽第一。

按，吴宽，字原博，号匏庵，直隶长洲人。生有异质，年十一即为学生，二十九应贡赴礼部，三十四而举于乡，三十八而登进士。在庠校时，博览群籍，为古文词有老成风格。武功伯徐有贞高迈少许可，折节与交，曰：“馆阁器也。”以岁资贡入太学，张汝弼见之，曰：“天下亦有如此贡士乎？”屡举不第，绝意仕进。董学御史陈选以礼敦遣，不得已入乡试，名在第二。会试名第一，及廷试又第一，卒年七十。

《庚巳编》：成化辛卯，苏州府学池莲一茎三花，明春有甘露降于学之桃树。两月，吴文定为状元。

《近峰闻略》：人言吴文定及第素无梦兆，惟揭榜前三日，异香满室耳。公尝谓予言：“会试之前，梦过国学，适阴云四合，大雷电欲雨，龙下攫其巾并其身而上，遂惊寤焉。”

（明）刘凤《续吴先贤赞》卷四·吴宽　吴宽，字原博，长洲人。未弱冠，从博士游，虽名一经，喜博涉兼通之，日览记诸家书数千言，时著文雄郁独高之，屡试诵通辄不在异等，久之乃升国学。时张弼、卞华皆负气，一见不觉折下。徐有贞重其器量，曰：“必当起佐王为贞臣。”顾以数上不就，欲谢罢，使者陈贤敦劝乃往，遂举进士第一，授修撰。侍孝皇帝东宫，其所匡益日新，辅翼圣德实有赖。以修《宪宗》书成，进学士，至少宰，掌纶诰，仍侍武皇帝幼学。以《会典》成，进位宗伯，既再居审喻德行之任，以礼乐交修，内外弼成元良，当世荣之，遇讲学少间，疏上曰：“东朝于学，自风雨之不时，寒暑休暇，岁不过一二月，日又不过数刻，况又有间之者？古八岁始就外傅，欲其近师保，朝夕习业。众庶且然，而况奉神灵之统者乎？借令诵习于内，何若御讲席，延见儒臣，访咨弘益也。”太皇太后方议升祔礼，未有定，为引《閟宫》诗姜嫄祭于别庙、《春秋》考仲子之宫明惠公不得私其母，未尝祔也，宋虽有并祔者，作而不经，岂足法哉。从之。

又议元吴澄祀于学，云：“礼所谓命有司行事祭先师先圣者，以有功于经者称师焉，故别言先圣，谓不责其全也。若杨雄、马融皆于经有功得祀焉，则澄何可废也？”宽之学无不考，而能折衷以意，于经制损益，辨而加之，敏性恬于荣进。人或谓之淹，而每拜命深执谦让，自其心非矫为名。众望宽为政久，而竟未及用，虽在表署，暇治圃日游焉，宾客过，命之赋咏，益厌厌洽也。年甫及数引疾乞罢，上不许，亡何卒。重为悯伤，所以饬终礼有加等。宽为德也崇，天下重其人，至今思之，然莫录其行起居状，略尝询故老，言其于平生交真能死生之。贺恩与同乡，赋止所寓卒，遂丧之。何耕者尝与游，弟坐逋税耕罢乐会令归，使者牟俸方为虐，即捕棰楚之，宽倾橐装且贷请为之偿。下士不问贤不肖及幼少，皆为折节。若沈周辈与伸布衣交士因宽得名者，众人以志铭请，未尝却，故因获附以传，所著书皆行于时。

赞曰："吴公当熙洽时，以醇德居辅佐，赞翊朝夕，谟明弼直。公显百世，其度固有异哉？方其困厄时，人谓公戚，何以彼其才而令久悒悒，乃不以约有所诎及侍累朝次当迁人或先之公不以为濡滞也。当进对，每辞避。此其诚让有师师风古之人乎，不可得而见之矣。若其学尤邃于经术，议必奉以从，无所阿曲，其格正为多，而一时礼乐制度彬彬，质有文武焉。可谓盛极固多君子哉。咸以纯质敦厚济穆穆之治休哉，国家文明之会也。

（明）王世贞《明诗评》卷三·吴文定宽　吴宽，字原博，吴人也。举会试、廷试俱第一，授翰林修撰。满考，擢右谕德，再迁左庶子兼侍读，进少詹事。母丧归，复拜吏部侍郎，改兼翰林院学士，视詹事府事。以礼部尚书入东阁，知制诰。久之，卒，年七十，谥文定。有集行于世。

（明）雷礼《国朝列卿纪》卷十六·吴宽　吴宽，字原博，直隶苏州府长洲县人。生有异质，未冠时入郡庠，辈流方务举业，宽独博览群籍，为古文词，下笔已有老成风格。屡试应天不利，以岁贡资，入太学。东海张汝弼见之，曰："天下亦有此贡生也哉？"江阴卞郎中华伯有"低头拜东野"之句。武功伯徐有贞高迈少可，折节与交，曰："馆阁器也。"宽以屡举不利，绝意仕进，不肯复应举。天台陈公选时以御史董学南畿，以礼敦遣之，不得已入试，名在第三。成化壬辰会试第一，入试大廷又第一，授翰林院修撰，旋被选侍孝宗于东宫。十七年，秩满，进右谕德。孝宗即位，以旧学进春坊左庶子。弘治三年，预修《宪宗实录》成，进詹事府少詹事兼侍讲学士。六年，擢吏部右侍郎。七年，丁忧。九年，补原职。十一年，转左。十三年，命兼翰林学士，掌詹事府事，入内阁掌制诰，仍侍武宗于东宫。充《会典》副总裁。十六年，《会典》成，进礼部尚书兼学士，仍典制诰。及修《历代通鉴纂要》，仍充副总裁。宽素有古学，及入翰林，凡有作辄传播中外，位益高，望益重，学者称为匏庵先生而不敢字。每东朝进讲，闲雅详明，意存讽谏。至理乱邪正之际，未尝不反复为上诵之。武宗在东宫，学少间，率僚属上疏曰："窃惟东宫讲学，自寒暑风雨、朔望令节外，一岁之中不过数月，一日之中不过数刻。况其间又多间歇。人生八岁出就外傅，居宿于外，诚欲离近习、亲正人也。庶民且然，况有天下者乎？借曰习读于内，终不若出就外傅、亲近儒臣、讲明治道，所得为多也。"建议者谓元儒吴澄出处不正，不宜祀从孔子，诏廷议之。宽言："从祀亦观其有益于经传否耳。苟有裨经传，则杨雄、马融昔皆不废，今独得废澄耶?”

太皇太后将祔庙，诏议其礼。宽曰：“昔周祀后稷，姜嫄祭于别庙，《诗》谓之閟宫。鲁桓公之母仲子不得祔庙，《春秋》书考仲子之宫。至宋始有两后并祔之说，然岂后世所宜法哉?”诏从之。及年甫七十，数引疾求退，屡诏恳留。有“学行闻望，舆论攸归”之褒。十七年甲子七月，卒于官。讣闻，孝宗震悼，命有司治葬，谕祭者四，给驿舟，遣官护送。特赠太子太保，谥文定。

宽好古力学，至老不倦，于权势荣利处则退避如畏然。在翰林时于所居之东治园亭，杂莳花木，退朝执一卷，日哦其中，每良辰佳节，为具召客，分题联句为乐，若不知有官者。被选宫僚，人动色相贺，独蹙然曰：“我何以当此任哉?我何以堪此劳哉?”及日讲内殿，尤世所荣，而辞之至再、至三，当道见其诚，不强也。及掌诰制久，众望其柄用，当道忌之，邅徘不进，意宽亦不能无少望。宽曰：“吾初望不及此，吾处此甚宜之，甚安之。”众议为之冰释。及吏部尚书位缺，中外皆属宽，又固辞之。为人端清渊穆，不溷溷为同，不哓哓为异，士无贤愚，见者无不归心。宽亦保合兼容，不见畛域。平生不闻有毁誉之言，亦不见愠怒之色，其古所谓大雅君子者乎！其为文不事追琢，独严体裁，蕴藉闲淡，理致悠长；为诗用事浑然天成，不见痕迹，沉著高壮，一洗近世尖新之习；作书姿润中时出奇倔，虽规模于苏，而多所自得云。

《野记》云：未达时，家应织人役，征扰百状，公见重于有司，其父亦长者，不以有公怠事。或当苛甚时，稍谓公：“盍一白之上官?”公曰：“譬我不作秀才。”乃潜人金胥徒以宽其事，父不知也。里儇子以私憾公，伺夫人出，随詈公于车旁，公召还戒勿应而已。又刓去公所为郡学碑刻名，上官追究。公曰：“吾文诚不足存，幸无，校官重刻而已。”县官矫激束缚公家人，至事公，礼仪亦矫而简慢，公殊不介意。县官述职，公正佐吏部，冢宰欲黜此令，问公，公曰：“谓之最，固非公，黜之，则亦未至尔。”冢宰从，迁佐别部。

尚书李杰云：“公吴中有田数亩，每岁租人，视亲戚故旧之贫者分给之。友人贺解元恩在京遘疾，迁至其邸，再夕视之，贺死，殡之，为衣素一月。乡人教官某死于京，贫甚，其子假贷于人。公闻之恻然，亟命还所贷，自出白金为众先，众皆乐助，竟得以丧归。”

都御史徐源云：“公掌府事，时篁墩程学士敏政以策免起复。故事，起复官前所历俸不人考，公曰：‘少詹学士，职与我同，彼则先官。’即日上疏，请以印让，上有旨命公仍掌之。士益多公。”

大学士王公鏊序文集曰：“公颇好苏学，其于长公每若数数然者。及其为文力去浮艳，一归淳雅，纡徐则有欧之态，老成则有韩之格。信其学力之至自得者，深乎其所养可知已。明兴，文人代作，独杨文贞公为之最，为其有典则也。公之文视文贞，吾未知所先后。位亦显矣，使获归当路于时其功业岂少哉?议者至今惜焉，而公之所以自托于不朽者，固自有在，又何待于外者欤。”

（明）李贽《续藏书》卷二十·清正名臣·太子太保吴文定公（事茂陵、泰陵、康陵）　公名宽，字原博，长洲人。成化八年进士第一人，时年三十八。公为诸生时有文行，即负重望。徐武功尝称吴生馆阁器。岁贡入太学，张汝弼尤奇公。历官翰林、坊詹，侍康陵东宫，宫中侍竖不欲太子近儒臣，数移事，间讲读。公率宫僚上疏曰："仰惟东宫讲学，寒暑风雨则止，朔望令节则止，一年不过数月，一月不过数日，一日不过数刻。况又间有推移，时或罢歇。古人八岁出就外傅，欲离近习、亲正人也。借曰习读于内，终不若就傅于外。"上嘉纳。公进讲闲雅详明，意存规讽，至理乱邪正安危之际，犹反复朗诵，冀开悟。弘治十七年，孝肃太后崩，议祔葬庙礼。先是成化四年，孝庄睿后崩，中外籍籍，言周太后万岁后，葬裕陵，祭睿庙，礼皆如适。至是谥称睿皇后，与孝庄同，辅臣觉其误，又未敢显言。诏礼官议，议又不能决。赖上仁圣，张主纲常，再三召辅臣密议便殿，悲怆感悟，必欲如礼。又下议廷臣，公以常詹事与议，众促公言，公出行从容，揖众臣曰："《鲁颂》姜嫄閟宫、《春秋》考仲子之宫皆别庙，汉、唐来皆然。至宋始有并祔者，其礼已谬。然皆诸帝继室，作配天子，非后世子孙嗣承帝位，尊崇所生者。惟宋李宸妃殁，仁宗伤痛，始追尊，祔祭非礼，不足为法。"众议臣皆是公言，定议，上喜曰："大义深恩，并行不悖。"改称孝肃太皇太后，祀之奉慈殿。奉慈殿者，在奉先殿西，上初建奉祀母孝穆太后。令稍展其制，中室奉孝肃，左奉孝穆。嘉靖初右奉孝安邵太后。

公忠信宏厚，廉靖方严，好古力学，文翰淳美。遇权势荣利，退避不暇。及位尚书，掌制诰，众属望柄用，忌公名高者辄沮，公益冲适无少望。公两为吏部侍郎，皆充《实录》、《会典》、《通鉴纂要》副总裁，领诰敕内阁，以礼部尚书掌詹事府。卒赠太子太保，谥文定。王文恪公称公文不事追琢，而体裁具存，外若简淡，而意味隽永。明兴，文士推西杨有典则，公无愧焉。

郑端简曰：太祖曰："吾取士欲得经明行修，博古通今，文质得中，名实相称者。"此十君子可以当之。行谊足以师人，文章足以华国，问学足以明道，才谞足以济务，隐约足以激时，所谓先进于礼乐者非欤。嗟乎，吾不得而见之矣。十人李时勉、陈敬宗、魏骥、吴讷、叶盛、杨守陈、张悦、谢铎、章懋并公也。

（明）陈仁锡《皇明世法录》卷八十七·内阁辅臣·太子太保吴文定公传　公名宽，字原博，长洲人。成化八年进士第一人，时年三十八。公为诸生时有文行，即负重望。徐武功尝称吴生馆阁器。岁贡入太学，张汝弼尤奇公。历官翰林、坊詹，侍康陵东宫，宫中侍竖不欲太子近儒臣，数移事，间讲读。公率宫僚上疏曰："仰惟东宫讲学，寒暑风雨则止，朔望令节则止，一年不过数月，一月不过数日，一日不过数刻。况又间有推移，时或罢歇。古人八岁出就外傅，欲离近习，亲正人也。借曰习读于内，终不若就傅于外。"上嘉纳。公进讲闲雅详明，意存规讽，至理乱邪正安危之际，犹反复朗诵，冀开悟。弘治十七年，孝肃太后崩，议祔葬庙礼。先是成化四年，孝庄睿后崩，中外籍籍，言周太后万岁后，葬裕陵，祭睿庙，礼皆如适。至是谥称睿皇后，与孝庄同，辅臣觉其误，又未敢显言。诏礼官议，议又不能决。赖上仁圣，张主纲常，再三召辅臣密议便殿，悲怆感悟，必欲如礼。又下议廷臣，公以常詹事与议，众促公言，公出行从容，揖众臣曰："《鲁颂》姜嫄閟宫、《春秋》考仲子之宫皆别庙，汉、唐来皆然。至宋始有并祔者，其礼已谬。然皆诸帝继室，作配天子，非后世子孙嗣承帝位，尊崇所生者。惟宋李宸妃殁，仁宗伤痛，始追尊，祔祭非礼，不足为法。"众议臣皆是公言，定议，上喜曰："大义深恩，并行不悖。"改称孝肃太皇太后，祀之奉慈殿。奉慈殿者，在奉先殿西，上初建奉祀母孝穆太后。令稍展其制，中室奉孝肃，左奉孝穆。嘉靖初右奉孝安邵太后。公忠信宏厚，廉靖方严，好古力学，文翰淳美。遇权势荣利，退避不暇。及位尚书，掌制诰，众属望柄用，忌公名高者辄沮，公益冲适无少望。公两为吏部侍郎，皆充《实录》、《会典》、《通鉴纂要》副总裁，领诰敕内阁，以礼部尚书掌詹事府。卒赠太子太保，谥文定。王文恪公称公文不事追琢，而体裁具存，外若简淡，而意味隽永。明兴，文士推西杨有典则，公无愧焉。

（清）钱谦益《列朝诗集小传》丙集·吴尚书宽　宽，字原博，长洲人。为诸生，蔚有闻望，遍读左氏、班、马、唐、宋大家之文，欲尽弃制举业，从事古学。部使者迫促，乃就锁院试。成化八年，会试、廷试俱第一，入翰林，累迁至掌詹礼部尚书，司内阁诰敕。弘治十七年，卒于位，赠太子少保，谥文定。

（清）朱彝尊《静志居诗话》卷八　吴宽，字原博，长洲人。成化壬辰赐进士第一，授翰林修撰。历右谕德、左庶子、少詹、侍讲学士，擢吏部侍郎，累官礼部尚书兼翰林学士，掌詹事府事。卒赠太子太保，谥文定。有《匏庵家藏集》。

（清）黄之隽等《江南通志》卷一百三十八·人物志　吴宽，字原博，长洲人。成化壬辰举礼部、廷试皆第一，授修撰。侍孝宗于东宫，每进讲，闲雅详明。弘治中历迁礼部尚书，议孝肃皇后并祔非礼，宜祀别庙，上悦而从之。未及柄用而卒，谥文定。宽行履高洁，不为矫激，而自守以正，以文章德行负天下重望。

（清）张廷玉等《明史》卷一百八十四·列传第七十二·吴宽　吴宽，字原博，长洲人。以文行有声诸生间。成化八年，会试、廷试皆第一，授修撰。侍孝宗东宫，秩满进右谕德。孝宗即位，以旧学迁左庶子，预修《宪宗实录》，进少詹事兼侍读学士。

弘治八年，擢吏部右侍郎。丁继母忧，吏部员缺，命虚位待之。服满还任，转左，改掌詹事府，入东阁，专典诰敕，仍侍武宗东宫。宦竖多不欲太子近儒臣，数移事，间讲读。宽率其僚上疏曰："东宫讲学，寒暑风雨则止，朔望令节则止，一年不过数月，一月不过数日，一日不过数刻。是进讲之时少，辍讲之日多，岂容复以他事妨诵读。古人八岁就傅，即居宿于外，欲离近习、亲正人耳。庶民且然，矧太子天下本哉?"帝嘉纳之。

十六年，进礼部尚书，余如故。先是，孝庄钱太后崩，廷议孝肃周太后万岁后，并葬裕陵，祔睿庙，礼皆如适。至是，孝肃崩，将祔庙，帝终以并祔为疑，下礼官集议。宽言《鲁颂》闷宫、《春秋》考仲子之宫皆别庙，汉、唐亦然。会大臣亦多主别庙，帝乃从之。时词臣望重者，宽为最，谢迁次之。迁既入阁，尝为刘健言，欲引宽共政，健固不从。他日又曰："吴公科第、年齿、闻望皆先于迁，迁实自愧，岂有私于吴公耶。"及迁引退，举宽自代，亦不果用。中外皆为之惜，而宽甚安之，曰："吾初望不及此也。"年七十，数引疾，辄慰留，竟卒于官。赠太子太保，谥文定。授长子奭中书舍人，补次子奂国子生，异数也。

宽行履高洁，不为激矫，而自守以正。于书无不读，诗文有典则，兼工书法。有田数顷，尝以周亲故之贫者。友人贺恩疾，迁至邸，旦夕视之。恩死，为衣素一月。

（清）沈德潜、周准《明诗别裁集》卷四·吴宽（一首）　（宽，字原博，长洲人。成化壬辰赐进士第一，授翰林修撰。累官礼部尚书，赠太子太保，谥文定。）

（清）陈田《明诗纪事》丙签卷三·吴宽（三十一首）　宽，字原博，长洲人。成化壬辰第一人及第，授修撰。历谕德、庶子、少詹兼侍读学士，擢吏部侍郎，掌詹事府。入东阁，专典诰敕。进礼部尚书，赠太子太保，谥文定。有《匏翁家藏集》七十七卷。

（明）王道端《皇明名臣琬琰续录》卷二·文定吴公（宽）　（存目）
（明）袁帙《皇明献实》卷三十一·吴宽　（存目）
（明）徐咸《近代名臣言行录》卷四·吴宽　（存目）
（明）刘孟雷《圣朝名世考》卷三·名卿传·吴宽　（存目）
（明）邓元锡《皇明书》卷二十三·名臣·吴宽　（存目）
（明）唐枢《国琛集》下卷·吴宽（存目）
（明）刘凤《续吴先贤赞》·吴宽　（存目）
（明）耿定向《先进遗风》·吴宽　（存目）
（明）王世贞《弇州山人续稿》卷一百四十七·吴宽　（存目）
（明）王兆云《皇明词林人物考》卷三·吴文定　（存目）
（明）汪国楠《皇明名臣言行录新编》卷二十一·尚书文定公吴宽　（存目）
（明）刘廷元《国朝名臣言行录》卷三·太子太保吴文定公（宽）　（存目）
（明）过庭训《明分省人物考》卷二十·南直隶苏州府·吴宽　（存目）
（明）文震孟《姑苏名贤小记》卷上·吴文定公（宽）　（存目）
（明）朱谋垔《续画史会要》·吴宽　（存目）
（明）何乔远《名山藏》·臣林记·吴宽　（存目）
（明）邓球《皇明泳化类编》·人物卷之五十二·吴宽　（存目）

（明）尹守衡《史窃》第四十九卷·列传第二十七·吴宽　（存目）

（清）查继佐《罪惟录》·列传卷十三·谏议诸臣列传上·吴宽　（存目）

（清）傅维麟《明书》卷一百二十八·列传四·名臣传十三·吴宽　（存目）

（清）徐乾学等《明史》卷五十四·吴宽　（存目）

（清）王鸿绪《明史稿》卷一百六十八·列传第六十三·吴宽　（存目）

（清）徐开任《明名臣言行录》卷三十五·尚书吴文定公宽　（存目）

（清）阎湘蕙《明鼎甲征信录》卷二·吴宽　（存目）

科　第

（明）吴宽《殿试策》　制曰：自古帝王继体守文，克弘先业，致盛治者多矣。而史臣独以成康、文景并称，何欤？其致治本末，可指言欤？朕光绍祖宗丕图，政令之行，悉遵成宪，期臻至治，比隆前古。然夙夜祗勤，于兹八载，而治效犹未彰著，何欤？岂世有古今，故效有深浅欤？今天下田野辟矣，而贡赋供于上者，每至匮乏。学校兴矣，而风俗成于下者，益至浮靡。兵屯以制外者谨矣，未能使夷狄畏却而不敢侵。刑法以肃内者严矣，未能使奸顽惩艾而不敢犯。凡若此者，其弊安在？如谓政在用人，则方今百司庶府，文武具足，而科目之选拔，军功之叙迁者，又济济其众。何官有余而政不举欤？无乃承平日久，习安逸而事因循者多欤？兹欲严以督之，则人情有不堪；宽以待之，则治理之难成。何处而得其中欤？夫治必上下给足，风俗淳美，外夷服而中国安，底于雍熙泰和之盛，斯朕志也。何施何为而可以臻此？殆必有要道焉。子大夫讲习经史之学久矣，其参酌古今，明著于篇，朕将采而用之。

臣对：臣闻古之君天下者，莫不有治法，亦莫不有治人。盖天下之事，非法不能以自举；天下之法，非人不能以自行。故法所以举其事，而人所以行其法者也。然人亦岂能自用哉？又在人君之一心耳。昔傅说之告高宗曰："惟治乱在庶官。官不及私昵，惟其能。爵罔及恶德，惟其贤。"而必继之以惟厥攸居。此可见人君之图治，其心当先安于所止也。心既安于所止，故以是心而求天下之贤，则无一人之不用；以是人而付天下之法，则无一事之不举。而所谓足贡赋、厚风俗、攘夷狄、革奸顽之四者，皆不足以劳吾心矣。

钦惟皇帝陛下抚盈成之运，当鼎盛之年，有聪明睿知之资，有孝友温恭之德，有宽仁博爱之度，有神武不杀之威。临御以来，八年于兹，图治之心，惟日不足。故不以臣之不肖，拔之草茅之中，置之廷陛之下，拳拳焉下询乎治天下之要道。臣虽至愚，能不感激而思效其愚直之一二乎？盖陛下每三年一策士于廷者，非欲为虚文也，盖将用其言也。臣之幼而学于家者，非欲为空言也，盖将用于世也。臣常怀用世之心，适陛下开用言之路，是机也，不可失也。然而陛下之策臣者，其大要欲于治法治人加之意耳。而臣以为尤所当先治者，心也。心既治，而后天下之事可从而理。臣故先以心之说为献，然后于圣策之所及者，次第而条陈之焉。

盖闻孔子曰："善人为邦百年，亦可以胜残去杀矣。"又曰："如有王者必世而后仁。"言治化非一朝一夕所能成也。臣观三代之时，治之盛者莫盛于周。而周之治，亦莫盛于成康之世。盖有文武创业于前，而成康善于守成耳。自周而下，治之盛者莫盛于汉。而汉之治，亦莫盛于文景之世。盖有高祖创业于前，而文景善于守成耳。四君之所以善于守成者，岂有他术哉？必至其持守而施为者，有本末也。《周书》之称成王曰："祇勤于德，而训迪厥官，作周恭先，而自时中乂。"至于康王之敬忌天威，张皇六师，此其实也。汉史之称文帝曰："身衣弋绨而示朴为先，除田租税而厚于利民。"以至景帝加以恭俭，与民休息，亦不失文帝之家法者也。成康、文景之致治本末，所可知者如此。而其所以并称于后世者，有不在此欤？夫成康、文景之为君虽不可作，而其治法，犹有可得而行者。苟能行之，所谓道洽政治，泽润生民，移风易俗，黎民醇厚之效，当复见于后世。岂以世有古今，而效有浅深之殊哉！仰惟陛下传二帝三王之道，绍一祖四宗之统，政令之行，悉遵成宪，视成康、文景之治固优为之矣。而复以为治效犹未彰著者，此陛下不自满足之心也。臣虽至愚，敢不钦承而将顺之乎？

伏读圣策有曰："今天下田野辟矣，而贡赋供于上者，每至匮乏。"臣有以见陛下欲举治法，足食以充国用也。夫欲足食以充国用，莫若省浮费。《大学》曰："生财有大道，生之者众，食之者寡，为之者疾，用之者舒，则财恒足矣。"今之世生之为之者，果得为众且疾乎？食之用之者，果得为寡且舒乎？借使众且疾矣，然民赋有常数，而国用无常数。以有常数之贡赋，而供无常数之用度，此田野虽辟，而贡赋所以不得不至匮乏也。臣故曰省浮费者以此。圣策有曰："学校兴矣，而风俗成于下者，益至浮靡。"臣有以见陛下欲修举治法，化民以厚风俗也。夫欲化民以厚风俗，莫若求实行。盖古者以乡三物教万民而宾兴之。一曰六德，知、仁、圣、义、忠、和。二曰六行，孝、友、睦、姻、任、恤。三曰六艺，礼、乐、射、御、书、数。其宾兴之制，以德行居先，文艺居后者，欲使人重本而轻末也。今之取士，惟较其文艺，而不考其德行，士安得不惟末是趋乎？况所谓文艺，又非古之所谓文艺者乎？此学校虽兴，而风俗所以不得不至浮靡也。臣故曰求实行者以此。有曰："兵屯以制外者谨矣，未能使夷狄畏却而不敢侵。"圣策及此，臣又见陛下欲举治法，攘夷狄，而非穷兵黩武之所为也。夫夷狄之性，轻而寡信，贪而无亲。王者以禽兽畜之，来则有备，去则不追。《诗》曰"王命南仲，城彼朔方"，又曰"薄伐玁狁，至于太原"是也。是故求速效者，急于战斗而未必残其类；怀永图者，加以岁月而卒能收其功。窃以为今日之计，惟先于宁而已。其必练士卒，积刍粮，严斥堠，谨烽燧，而据要害之地，以为持久之计可也。然欲为持久之计，必用持久之兵。盖古者兵出于农，故戍其地则用其地之民。今之边兵安于水土，习于金革，犹夫地之民也。诚用之以守，庶免调发之扰，而得制御之道。至于守之既固，而彼犹为吾患也，于是因地乘势，以议攻之之策。则边境既实，兵威自壮，以战则克，以攻则取，而夷狄岂有不畏却者哉！有曰："刑法以肃内者严矣，未能使奸顽惩艾而不敢犯。"圣策及此，臣又见陛下欲举治法，革奸顽，而非刻法深文之所为也。盖刑所以为小人而设，小人而不加之以刑，则纵恶长乱，无所不至，是刑法诚不可不严也。然听狱之际，一或不尽其心，则刑有不得其当者。是故刑得其当，虽岁罪一人，而天下有咸服之心；刑失其当，虽日罪千人，而人心无可服之理。今律之所载者，轻重舒惨，至精至备，可谓无遗憾矣。但有一定之法，无一定之情。其情之所在，则惟典狱者参错讯鞫以求之耳。昔郑子产铸刑书，晋叔向讥之曰："先王议事以制，不为刑辟。"旨哉斯言！实万世典狱者之所当知也。然参以人固足以得其情，徇乎人亦不足以当其罪。成王之告君陈曰："殷民在辟。予曰辟，尔惟勿辟。予曰宥，尔惟勿宥。惟厥中。"穆王之告诸侯曰："尔尚敬逆天命，奉我一人，虽畏勿畏，虽休勿休。"其知狱之不可徇乎人者也。夫典狱者，下既得乎人之情，上不徇乎君之意，则刑之所加皆得其当，而奸顽岂有不惩艾者哉！以是而知浮费不省，则贡赋不足；实行不求，则风俗不厚；不用边兵以守其地，则夷狄未可以攘；不任有司以求其情，则奸顽未可以革。此臣所以妄论四者之弊，在于此也。抑四者虽各为一事，其实有相通之道焉。何也？贡赋不至匮乏，则国用既足，而兵屯可以仰给矣。风俗不至浮靡，则民心既正，而刑法可以舍置矣。刑法舍置，则中国安矣。中国安，则夷狄无衅可乘，不待攘之而自然畏却矣。有天下者之治法，信无先于斯四者。

虽然，法之立也本无弊，法之用也始有弊。法不自用，待人而后用。人有正邪，才有长短，而法不能不为之异焉。此其过之不在于法而在于人也，审矣。然则今日治天下之要道，孰谓不在于用得其人乎？然而圣策又曰："如谓政在用人，则方今百司庶府，文武具足，而科目之选拔，军功之叙迁者，又济济其众。何官有余而政不举欤？无乃承平日久，习安逸而事因循者多欤？兹欲严以督之，则人情有不堪；宽以待之，则治理有难成。何处而得其中欤？夫治必上下给足，风俗淳美，外夷服而中国安，底于雍熙泰和之盛，斯朕志也。何施何为而可以臻此治？必有要道焉。"陛下之言至此，图治之心可谓益切矣。臣愚以为要道莫先于用人，人才皆可用，特在人君用之何如耳。用得其人，官虽不足，而政无不举。用非其人，官虽有余，而政不能举。非惟不能举，而且有害于政焉。如欲省浮费也，使奉承者非其人，则一意陛下之足国用，而更为厚敛之计矣。欲求实行也，使奉承者非其人，则一意陛下之厚风俗，而更为诡行之举矣。主兵而非其人，则兵无纪律，而赏功罚罪，惟其私意之轻重。所谓用边兵以守其地者，未必得其力也。典狱而非其人，则狱多冤抑，而刑故宥过，惟其私意之出入，所谓任有司以求其情者，未必得其实也。诚欲用得其人，又在乎陛下之一心焉。盖心安于所止则诚，诚则明，明则于天下之人，自能知其何者为正，何者为邪，于焉用其正而黜其邪。于一人为短，于焉取其长而弃其短，不啻若辩白黑，若数一二。无一能之才，自能知其何者为长，何者逃于洞察之下者。取其人于科目，则皆俊乂多才。取其人于军功，则皆知勇之士。而凡列职于百司庶府者，其文真足以经邦，而文教无不修；其武真足以戡乱，而武功无不成。盖莫不奋迅踊跃以趋其事，固无有乐因循而事安逸者矣。若然，亦何必严以督之哉！即欲严以督之，则为大舜之德威，非若唐德宗之苛察也。亦何必宽以待之哉！即欲宽以待之，则为成汤之克宽，非若汉元帝之优游也。当此之时，臣见陛下全大有为之资，居大有为之位，操大有为之具，乘大有为之势。有所不施，施之而无不当。有所不为，为之而无不成。盖纵横上下，无不如吾意之所欲者，岂特足贡赋、厚风俗、攘夷狄、革奸顽之四者而已哉！如是则真可以垂拱南面，而臻雍熙泰和之盛治矣。

然则欲事之举也，在乎法。有治法而天下无不举之事。欲法之行也，在乎人。有治人而天下无不行之法。欲人之用也，在乎心，有治心而天下无不用之人。心之功用至于如此，臣请得为陛下复一言之。夫人之心特方寸耳，所以灵于万物者在是。所以参为三才者在是，所以具众理而应万事者在是。人皆有是心，而能治其心者寡。人皆治是心，而能安于所止者尤寡。始如是而终不如是，非安也。表如是而里不如是，非安也。安之云者，心与义理为一，而未始相违者也。夫欲心与义理为一，此岂可以袭取之哉！要必无时无处而不用其力也。陛下居禁密之地，尝诚思之曰：吾心得无少放乎？得无异于坐朝之时乎？有放焉则求之，是能治其心也。处细微之事，亦尝思之曰：吾心得无少放乎，得无异于临政之际乎？有放焉则求之，是能治其心也。无一时而不用其力，久则无一处而不安所止。由是以此心而事天，以此心而治民，以此心而法祖宗，无乎不善者，又岂特善于用人之一事而已哉。臣故恳恳焉以是说为献者，此探本之论也，此责难之义也，此区区爱君之忠也。虽然，世之持是说以告陛下者亦多矣，臣不能舍是而为新奇可喜之论者，以治道之大原止乎此也。惟陛下不以其言之可厌，而少加睿览，天下之幸，孰大于此。臣干冒天威，无任战栗殒越之至。臣谨对。

（明）黄佐《翰林记》卷十四·考会试　（成化）八年，礼部左侍郎兼学士万安、司经局洗马江朝宗为考试官，取吴宽等二百五十人。

（明）廖道南《殿阁词林记》卷十四·会试　（成化）八年，礼部左侍郎兼学士万安、司经局洗马江朝宗为考试官，取吴宽等二百五十人。

（明）张朝瑞《皇明贡举考》卷四·（壬辰）**成化八年会试**　（时会试之士三千四百有奇，取吴宽等二百五十人，刻程文二十一篇。）

中式举人二百五十名：吴宽，南直隶长洲县人，监生，《书》。王禄，福建闽县人，监生，《易》。周轸，福建莆田县人，监生，《诗》。吴郁，南直隶徽州府学生，《春秋》。蒋容，南直隶武进县人，监生，《礼记》。

三月十五日，临策天下贡士，制曰：自古帝王继体守文，克弘先业，致盛治者多矣。而史臣独以成康、文景并称，何欤？其致治本末，可指言欤？朕光绍祖宗丕图，政令之行，悉遵成宪，期臻至治，比隆前古。然夙夜祗勤，于兹八载，而治效犹未彰者，何欤？岂世有古今，故效有深浅欤？今天下田野辟矣，而贡赋供于上者，每至匮乏。学校兴矣，而风俗成于下者，益至浮靡。兵屯以制外者谨矣，未能使夷狄畏却而不敢侵。刑法以肃内者严矣，未能使奸顽惩艾而不敢犯。凡若此者，其弊安在？如谓政在用人，则方今百司庶府，文武具足，而科目之选拔，军功之序迁者，又济济其众，何官有余而政不举欤？无乃承平日久，习安逸而事因循者多欤？兹欲严以督之，则人情有不堪；宽以待之，则治理有难成。何处而得其中欤？夫治必上下给足，风俗淳美，外夷服而中国安，底于雍熙泰和之盛，斯朕志也。何施何为而可以臻此？殆必有要道焉。子大夫讲习经济之学久矣，其参酌古今，明著于篇，朕将采而用之。

（时廷对之士二百五十人，赐吴宽等进士及第出身有差。宽自少有文行，辈流方务举业，宽独博览群籍，为古文词，下笔有老成风格，屡试不利，以岁资贡入太学。张汝弼见之，曰："天下亦有如此贡士乎？"寻举戊子应天第三，壬辰会试、廷试皆第一。宽忠信宏厚，廉靖方严，遇权势荣利，退避不暇。自少至老，无过举。王氏鏊称其文不事追琢而体裁具存，外若简淡而味意隽永。明兴，文士独推西杨有典则，宽无愧焉。所著有《吴匏庵集》。官至礼部尚书，谥文定。……）

第一甲三名赐进士及第：吴宽，南直隶长洲县。刘震，江西安福县。李仁杰，福建莆田县。

（明）张弘道、张凝道《皇明三元考》卷七·成化八年壬辰科大魁　会元吴宽（直隶长洲人，字原博，号匏庵。治《书》。年三十九。宽少有文行，十一岁即为学生。流辈方务举子业，宽独博览群书，为古文词，下笔有老成风格。屡试不利，徐有贞以岁资贡入太学，张汝弼见之，曰："天下有如此贡士乎？"戊子举顺天乡试第三名，廷试第一名。累迁翰林学士，掌詹事府事，寻升礼部尚书。宽静重醇实，无慷慨激烈之行，而能以正自持，遇有不可，未尝碌碌苟随。好古力学，至老不倦，于权势荣利，则退避如畏。又笃厚伦谊，未第时，尝让贡于其友。同年贺解元遘疾京师，归其家，朝夕视之，死，为服一月丧，其笃友谊如此。官尚书，归至里第，步行，未尝乘舆。卒年七十，谥文定）。

状元：吴宽。

又　名臣：吴宽

又　二品：吴宽（礼部尚书）。

（明）张弘道、张凝道《科名盛事录》卷一·元魁盛事·两中元魁　长洲吴宽，成化壬辰会元、状元。

（明）朱国祯《涌幢小品》卷七·殿试改期　旧制，殿试在三月初一日，谢恩在初六日。成化八年，以悼恭太子发引，改十五日，至今仍之。然初一日太促，毕竟十五日为安。此虽人事，亦天意之相合也。

（清）张廷玉等《明史》卷十三·本纪第十三·宪宗一　（成化八年）三月癸丑，赐吴宽等进士及第出身有差。

仕　宦

（明）王圻《续文献通考》卷四十六·选举考·举士四　（弘治）十五年二月，会试天下举人，命吏部左侍郎兼学士吴宽、侍读学士刘机为考试官，取鲁铎等三百人。

（明）黄佐《翰林记》卷十·东宫出阁讲书　弘治中，武宗在东宫，学士吴宽率同僚上疏曰："窃惟东宫讲学，自寒暑风雨、朔望令节外，一岁之中不过数月，一日之内不过数刻，况其间又多间歇。人生八岁，出就外傅，居宿于外，诚欲离近习、亲正人也。庶民且然，况有天下者乎？借曰习读于内，终不若出就外傅，亲近儒臣，讲明治道，所得为多也。"其意甚美。然讲读之后，敷陈时政，如永乐时，最为要务，惜宽建明未之及耳。

又，卷十四·考会试　（成化）二十三年，守臣有言中士日众而额如故者，事下礼部集议，南北仍各退二以益之。太子太保兵部尚书兼学士尹直、右谕德吴宽为考试官，取程楷等三百五十人。

又　（弘治）十五年，吏部左侍郎兼学士吴宽、侍读学士刘机为考试官，取鲁铎等三百人。

（明）廖道南《殿阁词林记》卷十四·会试　（成化）二十三年，守臣有言中士日众而额如故者，事下礼部集议，南北仍各退二以益之。太子太保兵部尚书兼学士尹直、右谕德吴宽为考试官，取程楷等三百五十人。

又　（弘治）十五年，吏部左侍郎兼学士吴宽、侍读学士刘机为考试官，取鲁铎等三百人。

（明）祝允明《野记》卷三　初，成化戊子，议葬孝庄睿皇后于裕陵，时已有皇太后他日祔葬祔庙之说矣。至弘治，太皇太后崩，既上尊谥曰"孝肃贞顺康懿光烈辅天承圣睿皇后"，同孝庄之制矣。内阁大臣觉其误，乃上疏言："成化初，因事有难处，臣子姑为将顺之意，今当再议。"于是始诏礼官会议。议未定，上频召三四元臣密议便殿中，反复甚勤。吴文定公宽，以掌詹事府与议。一日，众推文定，乃云："《鲁颂》姜嫄闷宫、《春秋》考仲子之宫，皆为祀于别庙之证，自汉、唐来亦然。至宋乃有并祔者，其礼已缪，然皆诸帝继室生而为配者，非后世子孙追尊之比。惟李宸妃之没，仁宗伤痛出于至情，乃用追尊而祔祭，此岂后世所当法哉？"佥曰："然。"遂奏请去"睿皇后"，改称"太皇太后"，立庙别祭，竟从之。

（明）雷礼《国朝列卿纪》卷十五·詹事府詹事年表　吴宽（直隶长洲人。进士。

弘治十三年，以吏侍兼学士掌府事，加礼部尚书。十七年卒，赠太子太保，谥文定）。

又，卷十八·詹事府少詹事年表　吴宽，详詹事。弘治四年任。

又，卷二十一·兼学士兼讲读学士年表　吴宽（直隶长洲人。弘治三年，以少詹事兼侍讲学士。十□年，吏部左侍郎兼学士。十六年，礼部尚书仍兼）。

又，卷二十九·吏部左右侍郎年表　吴宽（直隶长洲人。进士。弘治六年右，七年丁忧）。

（明）张朝瑞《皇明贡举考》卷五·（丁未）成化二十三年会试　考试官：兵部尚书兼学士尹直（正言，江西泰和县人，甲戌进士）。右谕德吴宽（原博，南直隶长洲县人，壬辰进士）。

又，卷五·（壬戌）弘治十五年会试　考试官：吏部左侍郎兼学士吴宽。

（明）雷礼《国朝列卿纪》卷十六·詹事府詹事行实·吴宽　（存目）

又，卷十八·詹事府少詹事行实·吴宽　（存目）

又，卷三十九·吏部左右侍郎行实·吴宽　（存目）

轶　事

（明）李东阳《麓堂诗话》　吴文定原博未第时，已有能诗名。壬辰春，予省墓湖南，时未始识也。萧海钓为致一诗曰："京华旅食变风霜，天上空瞻白玉堂。短刺未曾通姓字，大篇时复见文章。神游汗漫瀛洲远，春梦依稀玉树长。忽报先生有行色，诗成独立到斜阳。"予陛辞日，见考官彭敷五，为诵此诗，戏谓之曰："场屋中有此人不可不收。"敷五问其名，曰："予亦闻之矣。"已而果得原博为第一，亦奇事也。原博之诗，浓郁深厚，自成一家，与亨父鼎仪皆脱去吴中习尚，天下重之。

又　吴文定善苏书，予尝作简戏效吴体。文定作"斑"字"般"（音班）字韵诗戏予，予和答之，往复各五首。予"斑"字有曰："心同好古生差晚，力欲追君鬓恐斑。""榻遍吴笺犹送锦，搦残湘管半无斑。""换羊价重街头帖，画虎心劳纸上斑。""云间天马谁争步，水底山鸡自照斑。""般"字曰："联以师模归有若，敢将交行比颜般。""郑师乍许三降楚，墨守终能九却般。""文心捧处惭施女，笔阵围时困楚般。"文定诗大有佳句，今失其稿，求之未得也。

（明）徐源《行状》　吴文定掌詹事府事，久之程学士敏政以策免起复官，前所历俸不入考，公曰："少詹学士，职与我同，彼则先官。"即日上疏，请以印让，有旨命公仍掌之。士论益多公。

（录自［明］焦竑《国朝献征录》卷十八）

（明）李杰《行状》 吴文定公有同年贺解元恩在京遘疾，迁至其邸，晨夕视之，贺死，为服一月丧。乡人教官某死于京，贫甚，其子假贷于人。公闻之恻然，亟命还所贷，自出白金为赙，众皆乐助，竟得以丧归。

（录自［明］焦竑《国朝献征录》卷十八）

（明）王鏊《王文恪公笔记》·吴宽谢迁 成化、弘治间，翰林声望最重者吴宽、谢迁，二人皆状元及第，仪干修整。宽温粹含弘，迁明畅亮直，宽诗文俱有古意，迁亦次之，故一时至有公辅之望。及丘文庄公卒，宽适以忧去，迁服将阕，遂用迁。入内阁十余年间，号能持正，不失为贤相。宽遂逗遛，终不获入阁，人颇为不平，而宽处之裕如也。惟迁亦以先之为不安。时刘健为首相，迁数言宽当入阁，健曰："待我去用之。"他日又以为言，又曰："待我去用之。"迁争之不得，至声色俱厉曰："吾岂私于宽耶？故宽之科第先于予，年齿先于予，闻望先于予，越分在此，吾心惭焉，故言之，而公终不人，何耶？"健但笑而已。其后天变，师保皆上章求退，迁上疏求去不得，复上疏举宽及鏊自代。健不悦，宣言于内，以迁为王党也。

按，世俗之情，地逼则相倾，位近则相轧，望重则相忌，虽平时握手相亲，出肺腑以相示，及一旦遇得失，临利害，反面若不相识，非惟不一引之，又从而挤之下石焉者皆是也，此韩昌黎所谓慨然太息也。孰有如迁之举宽以自代，以宽科第、年齿、闻望皆先，自以越俎为惭，而不可多见。已故十余年，号为持正贤相云。而刘健不悦，以迁为王党，有愧于古大臣风矣。

（明）王锜《寓圃杂记》卷四·吴原博友义 吴状元原博与贺解元其荣同解，其荣会试久不第，居居师，忽染瘵疾，已殆，为馆人所迫。原博迎致私邸，汤药、膳羞、床褥、燥湿必躬视，甚适其意。不久，其荣卒，原博制棺衾以敛，费从己出，又为之服如制，为幕以停其柩。吊客至，必亲答拜，早暮出入必揖之。复敛其遗物，封识甚密，致其丧同归吴中。又有何耕者，与原博同游郡胶，为先辈，知乐会县，罢官，贫不能归，旅泊海南。其弟侄之在苏者，负官钱甚多，巡抚牟俸檄耕以来，涉鲸波，冒瘴疠，妻子不能从，间关数千里，来即被幽囹圄，几三年，衣食不给。原博适还家，闻其事，遂恳于官，缓其棰楚。乃括囊中得白金若干，复著疏文募好义者又得若干，代耕偿纳如数，因以得释。耕诣原博泣谢，复往海南，原博又资之以行。原博于友义如此。

又，卷四·原博谨重 吴原博为士子时，文名已著，达人显仕，甚见推重。或求识面，率多回避。偶有所亲以事求白县官，原博以温言却之。所亲复恳，则曰："譬我不做生员亦已矣。"终不一往。原博家素丰裕，父兄欲以鞍马代劳，原博屡求免。处学舍几二十年，去家颇远，迎送往来，终日徒步，韦布修然，惟一童子背笔札以随。后及第，为从官归，亦屏驺盖焉。

（明）祝允明《野记》卷三　吴文定公忠信弘厚，天性学力，天成全德，不可胜纪，漫志耳目，小端一二。未达时，家应织人役，征扰百状，公见重于有司，其父亦长者，不以有公怠事。或当苛甚时，稍谓公："盍一白之上官？"公曰："譬我不作秀才，亦已矣。"乃潜入金胥徒辈，以宽其事，父不知也。里儇子以私憾公，伺夫人出，随詈公于车旁，从人欲较，公召戒勿应而已。又刓去公所为郡学碑刻名，上官追究。公曰："吾文诚不足存，幸无，校官重刻而已。"县官矫激束缚公家人，固无所可罪，至事公，礼仪亦矫而简慢，公殊不介意。县官述职，公正佐吏部，冢宰欲出此令，问公，公曰："谓之最，固非公，以黜，则亦未至尔。"冢宰即从之，而迁佐别郡。

（明）陈沂《畜德录》　吴文定公宽为修撰时，有同年贺恩寝疾将不起，欲易箦托于公之旁庑，公即扫室请迁。及卒，奉殓于中堂，使子衣衰以答吊者。又故人之子有事于京者，书托公主之，久而有疾不起，为棺殓。及捡帐，有输官银若干，尽丧于娼家，公为如数偿之，遣人送丧归。

（明）陆楫《蒹葭堂杂著摘钞》　尚书吴文定公宽，字原博，号匏庵，苏之长洲人。少有异质，屡试于乡不第，年三十余，得充邑庠贡务，博学，攻诗文，不专治举子业，决意不就场屋。偶于一士大夫家作《听乌轩记》一篇，悬之堂上，忽一达官见之，称羡不已，问其人，主人以实对，达官乃苦劝之就试，公从之，遂举于乡，壬辰试礼部第一，廷试状元及第，仕至礼部尚书，文章器识为馆阁名臣，所著有《匏庵集》行于世。士之通塞信有时也。

又公少有介行闻于乡，偶百里外一富家主方幼，有母在，延公为馆师，其家有女及异，窥见公姿容，心悦焉，朝夕辄以肉羹遣亲婢窃通意于公，公恐见污，乃求见其主母，恳以他故解馆去，人扣之，公终不言。及后其女故，公脱年始道此以训示子孙，其厚德如此。

（明）蒋一葵《尧山堂外纪》卷八十八·国朝·吴宽　（字原博，号匏庵，长洲人。应试南畿时，同寓有施焕伯者中榜，逮鹿鸣宴罢，焕伯出曰："吾意兄策皋槁之骑，遵崇化之途矣。"宽曰："同行无疏伴。"其有养如此。）

吴原博宽未第时，已有能诗名。成化壬辰春，李西涯省墓湖南，时未始识也。萧海钓为致一诗曰："京华旅食变风霜，天上空瞻白玉堂。短刺未曾通姓字，大篇时复见文章。神游汗漫瀛洲远，春梦依稀玉树长。忽报先生有行色，诗成独立到斜阳。"西涯陛辞日，见考官彭敷五，为诵此诗，戏谓之曰："场屋中有此人不可不收。"敷五问其名，曰："予亦闻之矣。"已而果得原博为第一。

李西涯赴吴原博饮，席上用击鼓催花令，戏成一诗曰："击鼓当筵四座惊，花枝络绎往来轻。鼓翻急雨山头脚，花闹狂峰叶底声。上苑枯荣元有数，东君去住本无情。未夸刻烛多才思，一遍须教八韵成。"

馆阁诸公同集吴宽邸赏菊，即席联句，陆简倡云：“醉爱寒香佛紫貂。”陈谲云：“玉堂风采宴官僚。”李杰云：“肯孤晚岁花神约。”王鏊云：“须伏今朝酒圣浇。”宽云：“风雨尚怀前会阻。”李东阳云：“雪霜犹喜后时凋。”林瀚云：“不知陶径孤吟处？”谢铎云：“零落何人许见招？”

吴原博《雪后入朝》诗云：“天门晴雪映朝冠，步涩频扶白玉阑。为语后人须把滑，正忧高处不胜寒。饥乌隔竹餐应尽，驯象当庭踏又残。莫向都人夸瑞兆，近郊或恐有袁安。”

（明）焦竑《玉堂丛语》卷一·行谊　吴文定公忠信弘厚，全德不可胜纪。未第时，家应织，人役征扰百状。公见重于有司，其父不以有公怠事。或当苛甚时，稍谓公：“盍亦白之上官？”公曰：“譬我不作秀才亦已矣。”乃潜入金胥徒辈，以宽其事，父不知也。里儇子以私憾，公同夫人出，随詈公于车旁，从人欲一较，公召戒勿应而已。又刓去公所为郡学碑刻名，上官追究，公曰：“吾文诚不足存。”无已，令校官重刻而已。县官骄激，束缚公家人，固无所可罪，至事公礼仪，亦骄而简慢，公殊不介意。县官述职，公正佐吏部，冢宰欲黜此令，问公，公曰：“谓之最，固非公，以黜，则亦未至尔。”冢宰即从之，迁佐别郡。（《水东日记》）

吴文定笃厚伦谊，吴中有田数百亩，每岁租入，视亲戚故旧之贫者分给之。

吴公少有介行，闻于乡偶。百里外一富家，主方幼，有母在，延公为馆师。其家有女方笄，窥见公，心悦焉，朝夕辄以肉羹遣亲婢通意于公，公即以他故解馆去。人扣之，公终不言。及后其女物故，公晚年始道此，以训示子孙。其厚德如此。

吴公为人静重醇实，自少至老，人不见其过举。不为慷慨激烈之行，而能以正自持。遇有不可，卒未尝碌碌苟随。言词雅淳，文翰清妙，无愧士人。成、弘间，以文章德行负天下之望者三十年。然位虽通显，而迄不得柄用，天下惜之。

又，卷五·义概　吴文定公有同年贺解元恩，在京遘疾，迁至其邸，晨夕视之，贺死，为服一月丧。乡人教官某死于京，贫甚，其子假贷于人。公闻之恻然，亟命还所贷，自出金为赙，众皆乐助，竟得以丧归。

又，卷五·退让　吴文定掌詹事府事，久之，程学士敏政以策免起复。故事，起复官，前所历俸不入考，公曰：“少詹学士，职与我同，彼则先官。”即日上疏，请以印让，有旨命公仍掌之。士论益多公。（徐源撰《行状》）

弘治乙丑，大学士谢公木斋乞致仕，荐吴文定公宽、王文恪公鏊以代己，言极恳至。一时恬让之风感动中外。

又，卷六·事例　吴文定公卒后，朝廷赠官议谥，命祭葬，仍官其一子为中书舍人。时公长子奭已承荫为国学生，部以次子奂进，上特改奭为中书舍人，而以奂补国学，谓弟不可先兄也。群臣叹服。

又，卷七·企羡　吴文定未遇时，受知于徐武功，有人来乞墓志，公曰：“若欲名宦以荣亲耶，欲传世之文耶？”其人言：“为亲不死计，正欲传世耳。”公曰：“若是，则吴宽秀才，其文足传世者，盍往求之?”

又，卷七·恬适 吴文定被选宫僚，人动色相贺，公独蹙然曰：“我何以当此任?”及日讲内殿，尤世所荣，而公辞之再三。及掌制久，众望公柄用，当道忌之，邅回不进，意公亦不能少无望。公曰：“吾初望不及此，今处此甚安之。”众议为之冰释。公未遇时，下第回，闻母病急奔，过关不待报。辖关主政拘留，公不为意，以诗上之，云：“献策金门苦未收，归心日夜水东流。扁舟载得愁千斛，闻说君王不税愁。”主关者惭而释之。

吴文定好古力学，至老不倦。于权势荣利，则退避如畏。在翰林时，于所居之东，治园亭，莳花木，退朝执一卷，日哦其中。每良辰佳节，为具召客，分题联句为乐，若不知有官者。

（明）杨仪《明良记》卷一 吴文定公宽初以岁贡入监，后科第登状元，官阶至阁学，世称“三极”。

（明）李绍文《皇明世说新语》卷一·德行 吴文定在吏部以丧归，过西偏一曲，诸娼妪奔避，公语驺从曰：“彼亦贫迫，不得已耳。吾既不能济而革之，安可沮其糊口计耶?”回车迂行，戒勿行此。

又，卷二·文学 吴文定未遇时，受知于徐武功。有人来乞墓志，公曰：“若欲名宦以荣亲耶，欲传世之文耶?”其人言：“为亲不死计，正欲传世耳。”公曰：“若是，则吴宽秀才，其文足传世者，盍往求之?”

又，卷四·赏誉 吴文定试久不售，以贡入太学，张汝弼见之曰：“天下亦有如此贡士也。”

又，卷五·容止 王守溪云：“成、弘间翰林声望最著者，吴宽、谢迁二人。皆状元及第，仪貌修伟。宽温粹含弘，迁明畅亮直，并有公辅之望。”

又，卷七·简傲 吴宽为少宰，过家访山人邢量，叩门，邢曰：“吾方治饭与羹，未有五尺应，公奈何?”吴坐门外良久，候其终食，然后进谒。

（明）王同轨《耳谈》卷六·吴文定公 吴文定公宽，儿时与群儿戏土地庙，书神座曰：“贬尔三千里。”是夕，其师梦神诉曰：“令徒见谴，天曹笔也，非公莫解。”诘旦，遍问诸徒，得其实，命涤去，复书“免贬”二字。成化壬辰，公魁多士，历官吏部侍郎。

著　作

（清）黄虞稷《千顷堂书目》卷二十·别集类·成化壬辰科（八年） 吴宽（字

原博，长洲人，会元，一甲第一人，礼部尚书，赠太子太保，谥文定）。《匏庵家藏集》七十七卷，《补遗》一卷。

（清）张廷玉等《明史》卷九十九·志第七十五·艺文四　吴宽《匏庵集》七十八卷。

（清）纪昀等《钦定四库全书总目》卷五十三·史部九·杂史类存目二·《平吴录》一卷（户部尚书王际华家藏本）　不著撰人名氏。末有袁褧《跋》，称此书相传为吴文定公所撰。案，吴宽，字原博，号匏庵，长洲人，成化壬辰进士第一，官至礼部尚书，谥文定。《明史》载入《文苑传》。则所谓吴文定者，乃宽也。《千顷堂书目》别载有黄标《平吴录》一卷，与此书同名，其书见陆楫《古今说海》中，与此本详略不同，截然二书。则谓此书为宽作，或亦有所传欤？所记皆张士诚据吴始末，起元顺帝至正十三年，迄明太祖吴元年，叙述颇有条理，然亦多史所已具者，惟明初书檄之文皆全载之，则他书所未及耳。

又，卷一百七十一·集部二十四·别集类二十四·《家藏集》七十七卷　明吴宽撰。宽字原博，号匏庵，长洲人。成化壬辰进士第一，官至掌詹事府礼部尚书，谥文定。事迹具《明史》本传。集为宽所自订，李东阳、王鏊二序皆称“诗三十卷、杂文四十卷、总为七十卷”。今此本诗目相同，而文集实多七卷，又附以补遗文六篇，后序亦称宽子中书舍人奭搜阅笥稿，得诗三十卷、文四十七卷，与前序颇不合疑，七十卷以上乃宽原编，而其后七卷则出奭等所附益也。宽学有根柢，为当时馆阁巨手，平生学宗苏氏，字法亦酷肖东坡，缣素流传，赏鉴家至今藏弆。诗文亦和平恬雅，有鸣鸾佩玉之风。朱承爵《存余堂诗话》称其《雪后入朝诗》“虽非高格，至谓其诗格尚浑厚，琢句沉着，用事典切，无漫然嘲风弄月之语”。则颇为得实。以之羽翼茶陵，实如骖之有靳。至其作《史彬墓表》，称其以力田拓业，代为税长，而不载有从建文君出亡之事，后人因据以正《致身录》诸书之讹，是尤可以资考订矣。

（清）永瑢等《钦定四库全书简明目录》卷十八·集部六·别集类五（明洪武至崇祯）　《家藏集》七十七卷。

（明吴宽撰。宽学问宗法苏轼，书法亦复摹拟，诗文则与轼异途。大抵典雅和平，才锋不露，与李东阳宗派不殊。）

评　论

（明）邵宝《容春堂集》前集卷十·书华世宏所藏匏翁卷后　匏翁此诗，予二十年前尝见之，今世宏复持以相示，窃有感焉。翁诗如汉循吏，所至无赫赫声，而去思不已。世或模拟之，鲜能似也。翁逝矣！诗失于彼而传于此，予亦何知哉？正德六年正月十三日。

（明）唐枢《国琛集》下卷　吴宽，长洲人。行履端洁，识趣高迈。居官务简慎，不欲涉据要津，虽优召屡留，而引退不置。不为慷慨激烈之行，而能以正自持，有不可，卒未尝碌碌苟随。言词雅淳，文翰精妙。尝上疏劝东宫出讲及议葬祀慈懿礼，侃侃便殿之对，其事才盖不乏也。官至礼书，谥文定。

（明）王世贞《弇州四部稿》卷一百四十八·说部·艺苑卮言五　吴匏庵诗如学究出身人，虽复闲雅，不脱酸习。

（明）王世贞《明诗评》卷三·吴文定宽　评曰："文定力扫浮靡，一归雅淡，诗如杨柳受风，煦然不冽；又如学究论天下事，亹亹竟日，本色自露。"

（明）焦竑《玉堂丛语》卷一·文学　吴文定为文，不事雕琢，体裁具存，外若简淡，而意味隽永。纡徐则有欧之态，老成则有韩之格。为诗用事，浑然天成，不见痕迹，沉着高壮，一洗近世纤新之习。作书，姿润中时出奇倔，虽规模似苏，而多所自得者。（王鏊撰《集序》）

（清）钱谦益《列朝诗集小传》·吴尚书宽　先生经明行修，颀然长德，学有根柢，言无枝叶。最好苏学，字亦酷似长公。而其诗深厚浓郁，自成一家。少壮好学，老而弥笃。所藏书多手钞，有自署吏部东厢书者，盖六十以后笔也。服官禁近三十余年，前后奉讳家居，不满六载。风流弘长，沾丐闾里，迄于今未艾。吴人屈指先哲名贤，缙绅首称匏翁，布衣首推白石翁，其他或少次矣。《匏庵集》七十卷，手自编辑。匏庵者，先生之自号，亦以老居台阁，不得大用，盖用以自寓云。

（清）朱彝尊《静志居诗话》卷八　匏庵与沈启南、史明古衿契最深，车马簦笠，往还无倦，其诗亦足相敌。在都门辟东园筑玉延亭，留客园中，草木莫不有诗。吏部后园亦为扫除，栏药槛花，暇必酬和，极友朋文字之乐。余尝见公家遗书，偶有流传者，悉公手录，以私印记之。前辈风流，不可及也。

（清）杜荫棠《明人诗品》　吴匏庵原博宽与沈启南、史明古衿契最深，车马簦笠，往还无倦，其诗亦足相敌。在都门辟东门园筑玉延亭，留客园中，草木莫不有诗。每有流传，悉公手录，以私印记之。前辈风流，不可及也。

（清）吴景旭《历代诗话》卷七十六·癸集中之中　朱承爵《存余堂诗话》曰：

吴文定诗歌尚浑厚，琢句沉著，用事贴切，无漫然嘲风弄月之语。《雪后入朝》诗云："天门晴雪映朝冠，步涩频扶白玉栏。为语后人须把滑，正忧高处不胜寒。饥鸟隔竹餐应尽，驯象当庭踏又残。莫向都人夸瑞兆，近郊或恐有袁安。"爱君忧国、感时念物之情，蔼然可掬。至如古人随车缟素灞桥驴背，自是闲话头。（吴旦生曰：岑参诗"色借玉珂迷晓骑，光添银烛晃朝衣"，只说得早朝雪后之景耳。今原博如许心肠，冠之揆右，自足衣被天下，卒以老居台阁，不得大用。自号匏庵，亦自伤矣。《余冬序录》云："今世俚语'前人失脚，后人把滑'即汉谚'前车覆后车戒'之义。"因观金人刘无党《败车行》云："前车行，后车逐，车声夜随山诘曲。前车失手落高崖，车轮直下声如雷。同行急救救不得，人牛翻压鸣声哀。我时潜闻后车说，前车使牛何太拙？只知拍手笑前人，不道后来当改辙。前途犹有坡陀在，后车当以前车戒。"则先原博而畅言之矣。）

（清）陈田《明诗纪事》丙签卷三　田按，匏翁诗，体擅台阁之华，气含山川之秀，冲情逸致，雅制清裁，是时西涯而外，当首屈一指。

杂　　录

（明）李东阳《怀麓堂集》卷十四·东庄记　庄之为吴氏居数世矣，由元季逮于国初，邻之死徙者什八九，而吴岿然独存。翁少丧其先君子，徙而西，既乃重念先业不敢废，岁拓时葺，谨其封浚，课其耕艺而时作息焉。翁仲子原博以状元及第，入翰林，为修撰，获以其官封翁。朝士与修撰君游者，闻翁贤，多为东庄之诗，诗成而庄之名益著。修撰君以谓予曰："幸君子之识之也。"

（明）程敏政《篁墩文集》卷三十七·题吴庶子原博所藏放翁帖后　放翁此诗甚流丽，字亦活动可爱，观诗后所自题，盖亦自负矣。原博同寅实藏此卷，每斋居必携至，相与把玩久之。

（明）徐𤊹《徐氏笔精》　东坡游赤壁时，有帛竹道士杨士昌同游。《赤壁赋》云"客有吹洞箫者"，即世昌也。吴匏庵诗云："西飞孤鹤记何详，有客吹箫杨世昌。当日赋成谁与注，数行石刻旧曾藏。"此一证也。

（明）吴宽《家藏集》卷四十三·壬戌会试录序　自国初来，见于著令，三岁一行，必于岁首者，曰朝觐、曰科举而已。朝觐，即古所谓述职，当其时，天下有司咸集于京师，察其政绩而黜陟之，为吏部事。科举，今所谓会试，当其时，天下士子咸集于京师，考其文词而取舍之，为礼部事。皇上御天下之十五年，为弘治壬戌之春，朝觐事毕，次及科举，礼部尚书臣傅瀚等上疏言："故事，会试当用知贡举官，臣瀚与左侍郎臣张昇、右侍郎臣焦芳各以事不预，请简其人以充。"于是吏部右侍郎臣王鏊特奉命摄其事。臣宽适承乏翰林，则命偕侍读学士臣刘机充考试官。其同考试官为侍读臣白钺、修撰臣朱希周、臣伦文叙、编修臣罗钦顺、臣陈澜、臣叶德、臣丰熙、臣刘龙、检讨臣刘瑞、都给事中臣屈伸、给事中臣徐忱、员外郎臣张天爵、主事臣杨子器、臣冒鸾。监试为御史臣张纶、臣余本实。余自提调以下，各执其事。于是士自举于乡合累科来试者，及先是从乙榜分教于外，限年许复试者，总三千七百余人，论经量地，取之必均，然亦未敢专也。则具数奏请圣裁已定，始按卷启封，列其名氏而榜示之。又择程文刻之，臣宽谨序其事。

又，卷四十六·赐进士及第后率诸同年谢恩表 伏以稽古右文，喜值丰亨之运，设科取士，欲求疏远之才，自前代以来逮我朝而盛。布帛菽粟，浑然犹三代之言。月露风云，陋矣非六朝之体。辞达而已，文在于兹。盖必先择于有司，夫然后献之天子。是惟圣祖敷求之意，至于文孙恪守而行，礼意加隆，人文益著。如臣等性殊朴鲁，学本空疏，呻吟占毕之间，以岁以月。游息范围之内，如天如渊。久蒙作养之恩，并预甄收之数。食芹而美，虽怀一献之素心。采葑不遗，遽辱九重之清问。荣随宠至，感与愧并兹。盖伏遇皇帝陛下禀上知之资，居大君之位。唐尧之德化，不识而不知。虞舜之聪明，好问而好察。惟末学幸遇乎大有作为之主，故直言得行于无所忌讳之时。爰题金榜之名，载锡琼林之宴。维其偕矣，方正席以扪心，何以予之忽？在笥而被体，礼仪稠迭，颜面忸怩，其何德以当，皆不求而至。臣等受兹宠遇，相与告言："一饭不忘，岂独报以国士。寸心自誓，庶无忝于贤科。"再期圣德之益崇，永保天休之滋至。

（明）皇甫录《皇明纪略》 翰林院学士一人，多或三五人，阁老洛阳刘公健修《会典》成，翰林一时升学士者十人。时余姚谢公迁以礼书为大学士在内阁，吾苏吴公宽以礼书在东阁，南昌张公昇为礼书，汤阴衮公守直以礼书掌通政事，贾公斌以礼书掌鸿胪事，神乐观道士崔志端以礼书掌太常事京师，为之语曰："礼部六尚书五为黄老，翰林十学士三是白丁。"朝绅一时盛传。盖十学士内，三人皆成化戊戌阁老万公安所选为庶吉士者，至是三十年而公论终莫掩也。

（明）郭良翰《明谥纪汇编》卷十四·臣谥上·文臣·文定 吴宽（礼部尚书。赠太子太保。弘治。勤学好问，纯行不爽。南直隶长洲人）。

（明）沈德符《万历野获编》卷十五·科场·壬辰会元 本朝开科以来，南宫壬辰凡四见矣。初为永乐十年，则林志居首；再为成化八年，则吴宽居首。林以解元会元登榜眼，吴以经魁会元登状元，俱掇巍科，居翰苑。至嘉靖十一年，则会元林春，万历二十年，则会元吴默，俱二甲进士，俱不得入词林，且两科又考庶常，而两公竟失之。是四公者，二林皆福建之福州人，二吴皆直隶之苏州人，同姓、同郡、同单名，前则同入鳌甲，后则同拜郎署，并馆选见遗，造物播弄，奇巧极矣！

（清）黄之隽等《江南通志》卷一百十三·职官志·名宦二·苏州府·明 黎扩，字大量，临川人，正统成化间苏州教授。惟扩与林智俱号知人，扩尝云："英俊虽多，惟吴宽当魁天下。"卒如其言。（《苏州府志》）

（清）张廷玉等《明史》卷二百八十七·列传第一百七十五·文苑三·文征明 征明幼不慧，稍长，颖异挺发。学文于吴宽，学书于李应祯，学画于沈周，皆父友也。……吴中自吴宽、王鏊以文章领袖馆阁，一时名士沈周、祝允明辈与并驰骋，文风极盛。

又，卷二百九十八·列传第一百八十六·隐逸·沈周 有郡守征画工绘屋壁。里人疾周者，入其姓名，遂被摄。或劝周谒贵游以免，周曰："往役，义也，谒贵游，不更辱！"卒供役而还。已而，守入觐，铨曹问曰："沈先生无恙乎？"守不知所对，漫应曰："无恙。"见内阁，李东阳曰："沈先生有牍乎？"守益愕，复漫应曰："有而未至。"守出，仓皇谒侍郎吴宽，问"沈先生何人？"宽备言其状。询左右，乃画壁生也。比还，谒周舍，再拜引咎，索饭，饭之而去。

（明）李东阳《怀麓堂集》卷四·吴原博修撰医俗亭 （存目）

又，卷八·观怀素自序帖真迹柬原博太史 （存目）

又，卷十三·与仲律饮鸣治宅用原博韵 （存目）

又，卷十三·次韵原博新庐有作 （存目）

又，卷十四·原博席上用击鼓催花令戏成一诗 （存目）

又，卷十四·戏效原博坡书辱诗见遗因次韵 （存目）

又，卷十四·原博诗来戏予还故步再次韵 （存目）

又，卷十四·三叠韵答原博 （存目）

又，卷十四·原博和章不至四叠韵督之 （存目）

又，卷十四·原博诗有雪堂独立语五叠韵谢之 （存目）

又，卷十四·谢原博惠笋叠前韵 （存目）

（明）程敏政《篁墩文集》卷六十三·次韵原博、宾之、舜咨、鸣治赐宴联句 （存目）

又，卷六十八·李员外应祯、吴太史原博约游虎丘 （存目）

又，卷七十五·喜雨与汪伯谐、刘希贤、吴原博同寅联句 （存目）

又，卷七十五·三月十七日原博谕德饯汝玉给事于玉延亭，会者宾之学士、于乔谕德、济之、世贤侍讲、曰川校书、道亨编修暨予，得联句四章。时黄蔷薇盛开，复移尊于海月庵酹花酌别又得三章。予亦将有饯约，而觞汝玉者多刻日有次第不能夺也。手录

此以致缱绻不已之意　（存目）

又，卷七十五·万福寺送文明，与倪舜咨、李宾之二学士、傅曰川、吴原博、谢于乔三谕德、林亨大修撰、陈汝玉给事、李士常侍御联句　（存目）

又，卷七十八·题吴原博谕德医俗亭　（存目）

又，卷七十八·次韵原博谕德　（存目）

又，卷九十三·百步洪次吴原博同寅韵赠冯主事　（存目）

成化十一年（1475）乙未科状元谢迁

传　记

（明）陈鎏《皇明历科状元录》卷三·成化十一年乙未状元谢迁　廷对之士王鏊等三百人，擢谢迁第一。

谢迁，字于乔，号木斋，绍兴余姚人。治《礼》经，乡举第一，廷试复首选，时年二十七。对策明白正大，得告君之体。胪传陛引，上见仪貌修洁，气宇凝重，甚喜。公卿之下皆知其为远大之器。在翰林为修撰，充经筵官。初入翰林，有乞文赠达官，迁辞曰："是人不为公议所予，乌可以谀言悦之?"竟不作。九载秩满，迁右春坊右谕德。乙巳，充经筵讲官。孝宗即祚，进左春坊左庶子。初开经筵，仍日侍讲读。上在谅阴，有请选妃嫔者，迁疏止之。《宪宗实录》成，进少詹事兼翰林侍读学士。母丧，持服于家，上命有司营葬，遣官谕祭，实异数也。时内阁员缺，佥举之，有内阁之命，服起，力辞不允。进詹事，兼职如故。以武帝在东宫，特重储端之任也。充《大明会典》总裁官，有《谏禁中祀三清》等疏。升太子少保、兵部尚书兼东阁大学士。清宁宫灾，疏请修人事以应天变，词甚剀切。是岁，赐一品服。庚申，东宫既出阁，屡疏恳请远佞幸，亲儒臣，戒嬉游，勤讲读。上每嘉纳之。辛酉，虏犯大同，官军失利，上为之旰食，遣内侍问安边机宜，立疏十二事以进，上即行之。时国用颇乏，兵部奏于南方折银，米内每石加银二钱，迁执不可，曰："南方多官田，税额甚重。有亩至一石以上者，民不堪命，故立折银法以宽之。若加二钱，则反重于本色矣。"事遂寝。壬戌，屡有勤政、保治、节用、恤民等疏。时视朝稍晏，诸司章奏或平报迟，亦有留中不出者，又织造营修等事颇繁，每力言之。是岁有玉带之赐。癸亥春，赐蟒衣。《大明会典》成，升太子太保、礼部尚书兼武英殿大学士。以灾异迭见，乞避位，且举礼部尚书吴宽、吏部侍郎王鏊自代。是岁孝肃太后崩。先是孝庄太后崩，时礼官预拟二后并祔。至是上召议陵寝事，因请命礼官集议以正典礼。上卒从众议，别立奉慈殿以奉孝肃神主。太监齐玄有事武当山，敕内欲加"激浊扬清，便宜行事"等语，公曰："此宪臣之职也。"执不可。迁在内阁，知无不言，屡疏论内库及各仓场、马坊、营卫、官军及各司工匠，皆有措置。孝宗即位久，晚亦励精，迁与刘公健、李公东阳同心辅政，若盐法、马政、边防等事，渐次修举。上大渐，受顾命数百言。武宗即位，加少傅兼太子太傅，总裁《孝庙实录》。迁以先朝付托，竭力辅导，凡政事阙失，条陈论列，无所不至。时逆瑾用事，忌之。三疏辞位去，年仅五十有八。瑾欲加害，会乡人有应诏荐举者，责以荐举非其人，夺迁职，令其弟武选员外迪致仕，子编修丕为民。瑾诛，爵始俱复旧。屏居林下二十余年，今上登位，遣官存问，赐以羊酒，月馈廪八石，岁给夫十人。以少师杨一清荐，敕起于家，以郭子仪、裴度、文彦博耄故事勉之，陛见之日，天颜甚悦，士大夫喜复见公为幸，卫卒、涂人聚观如堵，以为盛事。命总裁《明伦大典》，特免常朝。阅三月，恳归，陛辞赐宴，仍赐白金文绮宝钞袭衣而归，时年七十有九。归四年卒，赠太师，谥文正，谕祭者九。迁高额丰颐，美须长身，状貌伟然，望而知其为福寿之相。其为人甚和易，而严于持己，接物甚恭，而慎于交际。宿德重望，黄发立朝，岿然为国之元老。暨其奉身而退，光明磊落，天下仰之如泰山北斗。迪官至布政，丕首荐乡试，以进士第三人入翰林，官至礼部侍郎。（朱希周作《志》）

武庙初，屡疏乞休，赐之敕曰：……

今上登极，遣官存问，赐敕曰：……

丁亥，以辅臣费宏、杨一清荐，遣官起迁于家，赐之敕曰：……

戊子，乞归，赐之敕曰：……

迁大父新构成，甫迁居，公生。大父喜，遂以名之。七年能属对，从舅氏邹愤斋。大父与师夜坐，偶闻蛙声，遽曰："蛙鸣水泽，为公乎？为私乎？"应声曰："马出河图，将治也？将乱也？"大父遂大奇之。（汪惇《年谱》）

鼎元台席，仅仅七人。维商文毅，勋德并称。商处危疑，迹难遽明。公抗逆竖，大节独伸。贬斥虽同，轩轾略存。安车暂出，三月而旋。进退如公，古人所难。

请还浙，廖道南以诗送之云："东山久系苍生望，北阙新承圣主恩。洗日重光唐社稷，补天真造汉乾坤。百年风节柴叶里，万壑烟花独乐园。怅别夔龙辞冀野，浑忘鸥鸟狎江门。"

成化、弘治间，翰林声望最重者，莫如吴宽、谢迁。宽温粹含弘，迁明畅亮直。宽诗文皆有古意，迁亦次之，皆有公辅之望。及丘公濬卒，宽适以忧去。迁服将阕，遂用迁。入阁十余年间，号能持正，不失为贤相。宽遂逗留，终不复入阁，人颇为不平，而宽处之裕如也，惟迁以先之为不安。时刘健为首相，迁数言宽当入阁，健数答曰："待我去，当用之。"迁争之，健但笑而已。其后天变，迁上疏求去不得，复上疏举宽及鏊自代，言甚恳至。一时恬让之风，感动中外。（《震泽长语》）

（明）项笃寿《今献备遗》卷四十·谢迁　谢迁，字于乔，余姚人。成化十一年进士，授修撰。弘治四年，升少詹事兼侍读学士，与长沙同入内阁。泰陵大渐，入受顾命。康陵初，奄瑾专政，正德元年乞致仕去，瑾指迁等为奸党，矫上旨榜示天下。成化、弘治间，翰林声望最重者，吴文定公及迁。二人皆进士第一人，并负公辅之望。丘文庄卒，文定适忧去，迁入内阁，十余年间能持正，为贤相。文定竟不得入内阁。洛阳为首相，迁数言文定，洛阳曰："吾且去，用之未晚。"他日又言，曰："吾岂私原博耶？顾渠科第先予，年齿先予，望实先予，故言之，公终不听耶？"洛阳笑不答。正德初天变，辅臣皆上章自劾，迁求去，不得，复上疏荐文定及王文恪自代。初入内阁，宜兴、洛阳相继为首相。当是时长沙位在迁上，凡条答敷奏章疏皆出长沙，迁与洛阳并勒致仕。长沙为首相，文恪以时望所属，焦芳欲援以为重，告瑾："内阁宜南北各用一人。"以故芳与文恪同入内阁。嘉靖初，遣使存问。嘉靖六年，复召入内阁，寻进户部尚书，大学士如故。明年乞归，卒年八十，赠太傅，谥文正。论曰：文正见几明决，不俟终日。观其累荐文定，可谓休休。文定卒不能得之，洛阳、长沙故。乃能容文恪，语曰："力田不如逢年。"又信然矣。

（明）顾祖训原编、（明）吴承恩增补、（清）陈枚续补《状元图考》卷二·状元谢迁　成化十一年乙未，廷试王鏊等三百人，擢谢迁第一。

按，谢迁，字于乔，号木斋，绍兴余姚人。大父新构宅成，甫迁，公生，遂以名。七岁能属对。大父曰："蛙鸣水泽，为公乎？为私乎？"对曰："马出河图，将治也？将乱也？"甚奇之。一日，客语曰："白犬当门，两眼铮铮惟顾主。"即应曰："黄蜂出洞，一心耿耿只随王。"治《礼》经，乡试第一，廷试对策明白正大，得告君之体。胪传陛引，上见仪貌修洁，气宇凝重，甚喜。公卿之下皆知其为远大之器。归时年七十有九。年八十三卒，赠太师，谥文正。

（清）张豫章等《御选明诗》姓名爵里二·诸家姓名爵里　谢迁（字于乔，余姚人。成化乙未赐进士第一，累官少傅兼太子太傅、户部尚书、谨身殿大学士，赠太傅，谥文正。有《归田稿》）。

（清）毛奇龄《西河集》卷七十四·传二·越州先贤传·明少傅谨身殿大学士文正谢公传　公迁，字于乔，余姚人。成化十年乡试第一，明年会试第三，殿试复第一。遂由修撰升右谕德，充经筵讲官。二十三年，孝宗嗣位，以官僚恩升左庶子兼侍读。御马监少监郭镛请豫选女子入宫或诸王馆中习礼诵书，为册封诸妃地。迁疏争曰："伏闻陛下用内官言，欲预选后宫，以广储嗣，诚善。但山陵未毕，谅阴可哀，陛下富春秋，中宫得人，则其余嫔御以贯鱼进未晚也。臣闻九经之义，远色为先。陛下嗣服伊始，奈何以宫闱细故为首德累？"帝善之。时帝方向学，迁务积诚以开圣听，每进讲必先期习诵如在侍。及讲，从容详警，甚称帝意。弘治四年，加少詹事兼侍读学士，忧去。八年，诏以本官入阁办事。时尚未终制，辞之，服除始拜命。十一年，皇太子出阁，加太子少保、兵部尚书兼东阁大学士，赐章服。十六年，加太子太保、礼部尚书、武英殿大学士。孝肃太后崩，礼官旧拟与孝庄太后并祔太庙，至是迁请别祠，如周祀姜嫄礼，立奉慈殿祀之。时承平日久，政令渐弛，内官骄纵成习。迁思豫遏之，故于皇太子出阁首疏以“亲贤远佞、勤学戒逸”为皇太子劝，且裁抑诸内官，立科设禁，将以是廓清近幸，而势未逮也。帝大渐，召迁至御榻，执迁手受命。武宗嗣位，加少傅兼太子太傅。迁于是时即乞去，荐吴宽、王鏊自代，词甚切挚。正德元年，逆瑾等八阉号“八虎”乱政，言官劾下阁，迁与阁臣健坚持必杀瑾等，会尚书韩文帅百官伏阙，论约迁等中持语泄，事遂败。迁等连疏争不允，遂乞去。先是迁力抑近幸，凡瑾所欲为，皆遏勿与。时内府各库及诸仓场、马坊、各司内侍多作奸集贿，而御马监军士自以禁军，不隶本兵，空名给食，迁既已条奏请禁，复敕曹司搜核开覆，必逐事布饬而后已。瑾等衔之，至是憾甚，下迁疏令去，然犹以顾命臣，尚颁敕给驿月廪岁隶，临行赐金币衣履如故。及既去，而吏部尚书焦芳继入阁，尝憾迁举宽、鏊自代而不及己，瑾又以阁议时迁尝訾謷刺刺切齿欲甘心于迁，遣侦四出伺迁事，无有。会诏举“怀才抱德”，余姚周礼、徐子元、许龙、上虞徐文彪应诏同试吏部，中有文用恭显语者，瑾大怒，诏狱搒掠劙刺械之戍镇番，而以四人者迁乡人，其草荐举诏则健为之，矫旨黜健、迁为民，而逐迁弟兵部员外郎迪、子编修丕削籍。榜禁余姚人并毋得为京朝官。五年，瑾诛，诏复职，致仕。至世宗入嗣，言官始连荐，遣存问，起弟迪参议，子丕复翰林官。迁乃遣子正入谢，疏曰：“臣猥蒙孝宗知遇顾托之重，思图报称，乃不自知其力之不足。既而格心无术，辅导不效，引身退避，杜门省愆，自分与草木同腐，幸沟壑未填，得靓圣明。如臣衰朽，亦荷轸恤，不加之负国之诛，反锡以优老之典，顾慈恩厚，效死何时？惟有一言少资献纳，仰惟圣性睿哲，本属生知，而圣德成就，当加问学，是必谨一暴十寒之失，而后可积以日就月将之功。夫一日万几，未易周通，而一心万化，惟在知要。若夫军民利病、政治得失，则所司者能言之矣。”疏闻，帝温旨慰劳，荫子正中书舍人。嘉靖二年，复令有司存问。五年，用杨一清荐，起于家，进少傅、户部尚书、谨身殿大学士。然迁以老疾即求去，尝在舟中缮二疏，不上。而帝待迁厚，每天寒免朝参，除夕赐御制诗，以郊祀赐织锦大带，及以病告则太医赐药饵，并给酒米。而迁竟以疾辞去。十年卒，年八十三，谥文正，谕赐祭葬。迁器量弘达，而处事敏决，每中机要。火筛寇大同，迁为决策驱去，而部计以边警加饷，每议增南折银三分之二，迁力沮之，然警亦寻息。荆襄流民激变，迁撰旨区置，急令附籍，附籍则流者自止。时编户约三十万。会有阻其事者，忽中止，而余众遂叛。其审要如此。迁为晋谢太傅后，致仕时居东山第四门，著《东山志》。子丕亦以解元登进士及第，历官吏部侍郎，赠礼部尚书。世其家。

论曰：弘、正间多名臣，而迁不务为赫赫自处，方幅众，莫之挠，故忠诚敦悫，始终不渝。此当时诰词所称“清白之操，百炼愈精，刚毅之气，万人必往”者与？迁在内阁，与刘健、李东阳同官，顾健敢任事，而资迁之谋断，东阳善文曲，而逊迁之亮直。出处可否，不激不阿，夫其抑昂于二君之间者，概可睹已。

（附录：诸书载谢文正会试荐第一，因本房是兵部主事赵瑶，名位轻，故抑置第三。而《墓志》称主考丘文庄赏之，拔置第三，则矛盾矣。世但以文正两踞第一，而会试稍抑，故为此说耳。然文正子亦解元探花，而会试第四，亦是仅事。

余姚荐举入试文用萧傅恭显语刺瑾，故瑾怒，下诏狱谪戍。而史料云“四人上疏求用”，天下无未试求用者。况止求用，则瑾何必一怒至此?)

(清) 沈翼机等《浙江通志》卷一百六十·人物一·名臣三·绍兴府·明 谢迁(汤斌《谢迁传》：字于乔，余姚人，成化乙未进士第一，授修撰。孝宗即位，进左庶子。中官郭镛请豫选女子入宫习礼，以待册封。迁上言：“山陵未毕，礼当有待。”帝善之。时帝方向学，迁务积诚以开上听，每进讲前夕，必正衣冠，习诵如侍上前。及当讲，敷陈详明，帝数称善。进少詹事兼侍读学士，历加太子太保、礼部尚书。时刘健为首辅，迁与李东阳同入内阁，三人同心效职。健任事刚果，东阳长于文学，而迁持论谔谔，与之相济。时人语曰：“李公谋，刘公断，谢公尤侃侃。”时兵部以塞下军兴，议加南方折徭之一，迁曰：“先朝以官田税至重，故使输金以宽之。若复议益，民将不堪。且足国在节用，苟用之不节，虽加赋何益?”事遂寝。辽东守将张天祥妄杀冒赏，近幸欲曲庇之，迁执不可。内府四库及各司内侍多作奸集贿，而御马监军士自以禁军不隶本兵，空名支饷，迁皆承间请旨禁约，近幸侧目。武宗嗣位，刘瑾乱政，迁与健等奏请诛之，连争不允，遂乞致仕去。瑾矫旨黜为民，迁弟迪、子丕皆坐削籍。瑾诛，诏复职。世宗即位，即家起，拜少傅、户部尚书、谨身殿大学士。力疾至京，未几即辞去，卒于家，年八十三，谥文正。子丕登进士，历官吏部侍郎)。

(清) 张廷玉等《明史》卷一百八十一·列传第六十九·谢迁 谢迁，字于乔，余姚人。成化十年乡试第一。明年举进士，复第一。授修撰，累迁左庶子。

弘治元年春，中官郭镛请豫选妃嫔备六宫。迁上言：“山陵未毕，礼当有待。祥禫之期，岁亦不远。陛下富于春秋，请俟谅阴既终，徐议未晚。”尚书周洪谟等如迁议，从之。帝居东宫时，迁已为讲官，及是，与日讲，务积诚开帝意。前夕必正衣冠习诵，及进讲，敷词详切，帝数称善。进少詹事兼侍讲学士。

八年，诏同李东阳入内阁参预机务。迁时居忧，力辞，服除始拜命。进詹事兼官如故，皇太子出阁，加太子少保、兵部尚书兼东阁大学士。上疏劝太子亲贤远佞，勤学问，戒逸豫，帝嘉之。尚书马文升以大同边警，饷馈不足，请加南方两税折银。迁曰：“先朝以南方赋重，故折银以宽之。若复议加，恐民不堪命。且足国在节用，用度无节，虽加赋奚益?”尚书倪岳亦争之，议遂寝。

孝宗晚年慨然欲厘弊政。而内府诸库及仓场、马坊中官作奸骫法，不可究诘。御马监、腾骧四卫勇士自以禁军不隶兵部，率空名支饷，其弊尤甚。迁乘间言之，帝令拟旨禁约。迁曰：“虚言设禁无益，宜令曹司搜剔弊端，明白奏闻。然后严立条约，有犯必诛，庶积蠹可去。”帝俞允之。

迁仪观俊伟，秉节直亮。与刘健、李东阳同辅政，而迁见事明敏，善持论。时人为之语曰：“李公谋，刘公断，谢公尤侃侃。”天下称贤相。

武宗嗣位，屡加少傅兼太子太傅。数谏，帝弗听。因天变求去甚力，帝辄慰留。及请诛刘瑾不克，遂与健同致仕归，礼数俱如健，而瑾怨迁未已。焦芳既附瑾入内阁，亦憾迁尝举王鏊、吴宽自代，不及己，乃取中旨勒罢其弟兵部主事迪，斥其子编修丕为民。

四年二月，以浙江应诏所举怀才抱德士余姚周礼、徐子元、许龙，上虞徐文彪，皆迁同乡，而草诏由健，欲因此为二人罪。矫旨谓“余姚隐士何多，此必徇私援引”，下礼等诏狱，词连健、迁。瑾欲逮健、迁，籍其家，东阳力解。芳从旁厉声曰：“纵轻贷，亦当除名!”旨下，如芳言，礼等咸戍边。尚书刘宇复劾两司以上访举失实，坐罚米，有削籍者。且诏自今余姚人毋选京官，著为令。其年十二月，言官希瑾指，请夺健、迁及尚书马文升、刘大夏、韩文、许进等诰命，诏并追还所赐玉带服物。同时夺诰命者六百七十五人。当是时，人皆为迁危，而迁与客围棋、赋诗自若。瑾诛，复职，致仕。

世宗即位，遣使存问，起迪参议，丕复官翰林。迁乃遣子正入谢。劝帝勤学、法祖、纳谏，优旨答之。嘉靖二年，复诏有司存问。六年，大学士费宏举迁自代，杨一清欲阻张璁，亦力举迁。帝乃遣行人赍手敕即家起之，命抚、按官敦促上道。迁年七十九矣，不得已拜命，比至，而璁已入阁，一清以官尊于迁无相下意。迁居位数月，力求去。帝待迁愈厚，以天寒免朝参，除夕赐御制诗。及以病告，则遣医赐药饵，光禄致酒饩，使者相望于道。迁竟以次年三月辞归。十年卒于家，年八十有三。赠太傅，谥文正。

迪仕至广东布政使。丕乡试第一，弘治末进士及第。历官吏部左侍郎，赠礼部尚书。

（明）费宏《光禄大夫柱国少傅兼太子太傅户部尚书谨身殿大学士赠太傅谥文正谢公迁神道碑》　（存目。参见［明］焦竑《国朝献征录》卷十四）

（明）王道端《皇明名臣琬琰续录》卷二·文正谢公（迁）　（存目）

（明）刘孟雷《圣朝名世考》卷二·硕辅传·谢迁　（存目）

（明）邓元锡《皇明书》卷十七·臣谟·谢迁　（存目）

（明）唐枢《国琛集》下卷·谢迁　（存目）

（明）耿定向《先进遗风》·谢迁　（存目）

（明）李贽《续藏书》卷十一·内阁辅臣·谢迁　（存目）

（明）汪国楠《皇明名臣言行录新编》卷二十一·大学士文正公谢迁　（存目）

（明）刘廷元《国朝名臣言行录》卷三·太师谢文正公（迁）　（存目）

（明）过庭训《明分省人物考》卷四十九·浙江绍兴府一·谢迁　（存目）

（明）何乔远《名山藏》·臣林记·谢迁　（存目）

（明）邓球《皇明泳化类编》·人物卷五十三·谢迁　（存目）

（明）尹守衡《史窃》第六十八卷·列传第四十六·谢迁　（存目）

（明）张岱《明越人三不朽图赞》·立功·相业十四·谢迁　（存目）

（清）钱谦益《列朝诗集小传》丙集·谢少傅迁　（存目）

（清）查继佐《罪惟录》·列传卷十一·经济诸臣列传中·谢迁　（存目）
（清）傅维麟《明书》卷一百二十六·列传四·名臣传十一·谢迁　（存目）
（清）徐乾学等《明史》卷五十·谢迁　（存目）
（清）汤斌《拟明史稿》卷十七·谢迁　（存目）
（清）王鸿绪《明史稿》卷一百六十四·列传第五十九·谢迁　（存目）
（清）徐开任《明名臣言行录》卷三十·少傅谢文正公迁　（存目）
（清）陈田《明诗纪事》丙签卷七·谢迁　（存目）
（清）阎湘蕙《明鼎甲征信录》卷二·谢迁　（存目）

科　第

（一）乡试

（明）张朝瑞《皇明贡举考》卷五·（甲午）成化十年两京十三藩乡试·解元　浙江谢迁（余姚县学生，《礼记》，乙未）。

（明）张弘道、张凝道《皇明三元考》卷七·成化十年甲午科解元　浙江谢迁（余姚人，字于乔，号木斋。治《礼记》。年二十六。乙未会试第三名，状元及第。初入翰林，闭门力学，避远权势。弘治中，充经筵讲官。李广怙宠干政，公进讲，意存讽谏。上退，诏左右曰："讲官云云，意指若曹也。"后广败，大臣多被污，公独不与。戚畹寿宁侯，与公有娃，绝不与通，岁时问遗，辄麾去。或以为过，公曰："昔万循吉攀附昭德，吾尝耻之，乃今自附寿宁耶？"历加少傅、吏部尚书、武英殿大学士。弘治末，疏乞致仕，荐吴宽、王鏊自代，一时恬让之风，感动中外。嘉靖初，起户部尚书，进谨身殿。明年致仕。卒年八十三，赠太傅，谥文正。迁学识纯正，有大臣风。时同在内阁者刘健，敢于任事，而资迁之谋断。李东阳长于为文，而资迁之典则。迁于其间，不激不随，辅成盛治，称贤相云。祖莹，宣德间浙藩，辟为从事，敢言无所顾惮，藩使以下，多折节从之。转福建布政司都事，以平邓茂七功，进二阶致仕。莹女二十余而寡，守志不嫁，诏旌表之。弟迪，弘治己未进士，布政；选，早卒，妻陆守志，抚迁子丕为嗣，中乙丑探花。曾孙用模，年十四，中嘉靖乙卯举人）。

（明）张弘道、张凝道《科名盛事录》卷一·元魁盛事·两中元魁　余姚谢迁，成化甲午解元，乙未状元。

（清）沈翼机等《浙江通志》卷一百三十六·选举十四·明·举人·成化十年甲午科　谢迁（余姚人。乙未会魁、状元）。

（二）会试、殿试

（明）谢迁《殿试策》 制曰：朕惟人君，奉天子民，治道所当先者，养与教也。养民莫重于制田里，广树畜。教民莫大于崇学校，明礼义。今兹二者，行之既久，而实未效臻于极，何欤？岂任用未尽得人，而督劝作兴之道有未至欤？唐虞三代，田分井牧之授，学谨庠序之训，当时民有恒产，士有恒心，所以养之教之者备矣。其良法美意，皆后世所当讲者，可历举而言之欤？若汉唐宋愿治之君，未尝不留意于斯，而治效之成，卒不逮古，岂分田制产、兴学崇儒之意，视帝王为有间欤？朕承祖宗大统，抚临亿兆，于兹有年，夙夜竞惕，弗遑宁处，期于家给人足，教行刑措，礼乐兴而风俗美，跻斯世于雍熙泰和之盛，果何道以致之欤？子诸生积学待用，必有至当之说，明著于篇，朕将亲览焉。

臣对：臣闻为治之道，固贵乎有仁民之政，尤贵乎有仁民之心。盖仁心存于中，而后仁政达于外。使有其心而无其政，是谓徒善，徒善不足以为政。有其政而无其心，是谓徒法，徒法不能以自行。先儒程子曰："为政须要有纲纪文章。"又曰："必有《关雎》、《麟趾》之意，然后可以行《周官》之法度。"此之谓也。仁政本之仁心，则内外兼举，本末不遗，而为治之道得矣。尚何虑教养未备，任用非人，而治效未臻其极耶？唐虞三代所以治隆俗美者，此心此政也。汉唐宋所以治不古若者，岂非徒有其政而无其心欤？

钦惟皇帝陛下以圣神文武之资，绍祖宗列圣之统，恭己守成，虚心图治，虽深居九重之中，而念周四表之外。虑民生之或未厚，必欲皆安于饱食暖衣之天。虑民德之或未淳，必欲皆归于渐仁摩义之域。是以临御之初，他务未遑，首耕藉田以示重农而务本，继幸太学以示尊道而崇儒。丕绪恢张，仁闻四达，所谓宠绥四方而克相上帝者，亦已至矣。兹犹以实效未臻其极，而虑任用未尽得人，乃进臣等于廷，俯赐清问，讲求至理，必欲追复唐虞三代之盛，此不自满假，稽于有众之盛心也。夫内不自满而外稽于众，则何所为而不至其极哉！陛下真大有为之君，可以为尧舜，可以为禹汤文武，可以唐虞三代斯世也。斯世斯民，何其幸欤！臣虽庸陋，敢不效一得之愚，以对扬明命之万一乎。

窃惟天降下民，作之君，作之师。君所以治之，师所以教之。《书》曰："民非后，罔克胥匡以生。"又曰："克绥厥猷惟后。"信乎！人君奉天子民，其为治之道，莫大乎养与教也。教养未尽，不足以言治，故孔子之告冉有，必曰富之教之。孟子之论王道，教养之外亦无余说。诚以仁政不外乎此耳。然养莫重于制田里而广树畜，田里不均，树畜不广，欲民生之遂，得乎？教莫先于崇学校而明礼义，学校不修，礼义不明，欲民性之复，得乎？夫是二者，固必由任用得其人，而后实效臻其极。然循其本而论之，惟在人君之心耳。孟子曰："先王有不忍人之心，斯有不忍人之政矣。以不忍人之心，行不忍人之政，治天下可运之掌。"人君苟无是心，而徒区区于法制品节之末，则所施非其政，所任非其人，虽欲言治，皆苟而已。臣请征诸古为陛下陈之。唐虞之时，水土未平，烝民未粒，圣人有忧之，使弃为后稷而播时百谷，百谷熟而民人育矣。饱暖无教，近于禽兽，圣人又忧之，于是使契为司徒而敬敷五教，五教敷而百姓亲矣。三代之时，其养民也，夏后氏五十而贡，殷人七十而助，周人百亩而彻。其教民也，夏之学曰校，殷之学曰序，周之学曰庠。自其制度之极备者而言之，田野之授，井牧异其制。学校之设，大小异其教。如衍沃之地，百亩为夫，而九夫为一井。隰皋之地，九夫为牧，而二牧当一井。井牧之制所以养民者，其备如此。八岁入小学，而教以洒扫、应对、进退之节，礼、乐、射、御、书、数之文。十五入大学，而教以穷理正心之术，修己治人之道。学校之制所以教民者，其备如此。当是时也，出而使长，入而使治，皆刚简直宽之德，俊造秀乂之士，是以民有恒产而无啼饥号寒者矣，士有恒性而无放僻邪侈者矣。然则其政立于上，而效成于下，又孰谓不本于得人，又孰谓不本于君心之仁乎？质之经、订之传而观之，则尧之兢兢、舜之业业，固一忧民之心也。禹之孜孜、汤之栗栗，亦一忧民之心也。至于文王之纯一不已，武王之永言配命，又何尝一念不在于民乎？此其良法美意，固卓乎不可尚已。古道既远，圣王不作，阡陌之端开，而井田之制废，养民已无政矣。坑焚之祸作，而诗书之习泯，教民已无政矣，又安有所谓仁民之心乎？后世愿治之君，若汉之文帝、唐之太宗、宋之太祖，亦尝留意于教养。或躬耕藉田而减租以劝农，或口分世业而节费以裕民，或遣官度田而课民以种植。养民之政有矣，然不过法制之虚文。或尊师重傅而临雍拜老，或大召名儒而增广生员，或增葺国学之祠宇而亲制孔颜之赞词。教民之政有矣，然不过太平之粉饰。究其存心，果有发尧舜禹汤文武之切于忧民者乎？上既无尧舜禹汤文武之君，则奉承宣布者，亦未必皆稷契伊周之臣。是以治效之著，虽或至于海内富庶，路不拾遗，户口繁益，求如古之耕田凿井，出作入息，而不知帝力何有则未也。虽或至于黎民醇厚，死囚来归，道学可称，求如古之仁人君子比屋可封，而但知顺帝之则则未也。此汉唐宋之所以不唐虞三代也欤？

仰惟我朝列圣相承，心尧舜禹汤文武之心，行尧舜禹汤文武之政，必求复唐虞三代之治，是以百纪修明，庶务振举，而于教养二事，尤致重焉。田虽无井牧之异制，然兼并有禁，荒芜有罚，既有守令以司之矣，又兼命藩臣以董之，养民何以加焉？学虽无庠序之异制，然廪饩有常，废坠有戒，既有师儒以职之矣，又专命宪臣以莅之，教民何以加焉？良法美意，昭昭乎日月之照临；深仁厚泽，荡荡乎天地之涵育。此我朝之治，所以度越前古也。陛下远宗帝王之道，近守祖宗之法，教养之政重加之意，盖无一念不在是也。伏读圣制有曰："朕承祖宗大统，抚临亿兆，于兹有年，夙夜竞惕，弗遑宁处，期于家给人足，教行刑措，礼乐兴而风俗美，跻斯世于雍熙泰和之盛，果何道以致之欤？"即此一念，臣已知陛下仁民无穷之心，盖不以目前之治而自已也。陛下抚盈成之运，当鼎盛之年，有可为之时，有可为之势，又有能为之资，诚欲复隆古之治，不过始终此心焉耳。始终此心，则始终此治。《易》曰："圣人久于其道而天下化成。"是知为治之道，固未可见小而欲速也。且天下之大，兆民之广，必人人皆遂饱暖之愿，而后可以为养之至，使有一民不遂其生，犹未也。必人人皆归礼义之化，而后可以为教之至，使有一民不协于中，犹未也。方今天下之民，安于田里而生生自庸者，固多矣。然而水旱相仍，则展转沟壑而无告者，不惟见于穷檐蔀屋之下，而通都大郡亦有之。如此而谓之生养遂，未可也。司民牧者，方且急于催科，而视农桑为末务，漫不知所以抚字赈救之方，此犹未免勤圣心之虑也。陛下养民之仁，诚能久而不替，田里未均，必思所以均之；树畜未广，必思所以广之；禁游手游食之蠹，惩横敛苛征之虐；慎选循良恺悌之人，以充守令之职，纵未必尽得如稷之贤，独不可得出入阡陌、劝课农桑如召信臣者乎？既得其人，又假以岁月而考其功，因其功而进退之，则人孰不思所以自勉，而尽养民之职哉！如此而家不给人不足，无是理也。天下之民，习于行艺而熙熙相安者，固已多矣。然而饥馑荐臻，则犬鼠偷窃而无藉者，不惟见于遐陬僻壤之所，而名乡广市亦有之。如此而谓之教化洽，未可也。司风教者方且溺于宴安，而视教化为繁文，恬不知所以振励转移之术，此犹未免贻宸衷之忧也。陛下教民之仁，诚能久而不怠，学校必修，不使有倾颓之患；礼义必明，不使有坏乱之习；禁惑世诬民之言，革骄盈侈赞之俗；慎择端方谨厚之士以充师儒之任，纵未必尽得如契之贤，独不可得学兼体用、封植人才如胡安定者乎？既得其人，又重厥责任而考其绩，因其绩而黜陟之，则人孰不思所以自效，而尽教民之责哉！如此而教不行刑不措，无是理也。治既至家给人足，教行刑措，则礼乐以兴，风俗以厚，四夷于是而咸宾，万邦于是而宁谧。诸福之物，可致之祥，莫不毕集，而雍熙泰和之隆复见于今日矣，唐虞三代岂得专美于前哉！

夫治效之所以隆，固皆本乎陛下之一心。然易逸难制者，莫人心若也。况人君之心攻之者众，若货利，若声色，若游畋、方技、土木之类，皆足以蛊惑摇荡之者也。苟非识见之明而持守之坚者，未必不为所移。此心少移，则人欲日炽，天理日消，而无所不至矣。是故动一侈心，则取民不以制，而养民之政以废。动一躁心，则接下不以礼，而教民之政以坏。陛下天资高迈，志意坚定，谅必以持守此心而慎终如始矣。然以成汤之圣，每致警于盘铭之辞；武王之圣，恒究心于丹书之戒。学问之功，其可以少缓乎？先儒范氏有言："人君之心惟在所养。"陛下欲致帝王之治，乌可不求帝王养心之术？国朝经筵之设，最为近古。左经右史，朝讲暮读，闻于耳，接于目，而优游浸渍于心，则所以防非窒欲而长善者，莫要于此。臣愿陛下日御经筵，进讲不辍，毋视之为虚文,毋应之以故事。俾贤士大夫常侍列于前后左右，从容燕间，渲绎陈说。所闻者必善言，所见者必善行。于以涵养此心，以不失其本然之天；充广此心，以不亏其固有之量。则养民教民之政，亦将始终无间，而治效愈久愈盛矣。天下治忽之几，端在乎此。

臣学术疏浅，荷朝廷教养有年，其于古昔圣贤格心之学，亦尝闻其大概矣。故敢陈此，以上酬陛下求言之盛心也。伏愿留神省览，则天下幸甚。臣干冒天威，不胜战栗之至。臣谨对。

（明）张朝瑞《皇明贡举考》卷五·（乙未）成化十一年会试 中式举人三百名：王鏊，南直隶苏州府学生，《诗》。金楷，南直隶嘉定县学生，《书》。谢迁，浙江余姚县学生，《礼记》。杨茂元，浙江鄞县人，监生，《易》。杨仕伟，福建建宁县人，监生，《春秋》。

三月初一日，临策天下贡士，制曰：朕惟人君，奉天子民，治道所当先者，养与教也。养民莫重于制田里，广树畜。教民莫大于崇学校，明礼义。今兹二者，行之既久，而实效未臻于极，何欤？岂任用未尽得人，而督劝作兴之道有未至欤？唐虞三代，田分井牧之授，学谨庠序之训，当时民有恒产，士有恒心，所以养之教之者备矣。其良法美意，皆后世所当讲者，可历举而言之欤？若汉唐宋愿治之君，未尝不留意于斯，而治效之成，卒不逮古，岂分田制产、兴学崇儒之意，视帝王为有间欤？朕承祖宗大统，抚临亿兆，于兹有年，夙夜竞惕，弗遑宁处，期于家给人足，教行刑措，礼乐兴而风俗美，跻斯世于雍熙泰和之盛，果何道以致之欤？子诸生积学待用，必有至当之说，明著于篇，朕将亲览焉。

（时廷对之士三百人，赐谢迁等进士及第出身有差。迁对明白正大，得告君之体。胪传陛引，上见仪貌修洁，气宇凝重，甚喜，公卿以下，皆知其为远大之器。迁甚和易，而严于持己，接物甚恭，而慎于交际，为翰林，声望最重，入内阁，号能持正。两荐吴文定、王文恪自代，一时恬让之风，感动中外。世宗敕起于家，以郭子仪、裴度、文彦博耄年故事勉之，官至少傅，直内阁，谥文正。是科刘忠、刘信兄弟同登，后迁与王鏊俱为名臣。）

第一甲三名赐进士及第：谢迁，浙江余姚县。刘戬，江西安福县。王鏊，南直隶吴县。

（明）王世贞《凤洲杂编》卷四·刻五经程文　乙未，赐谢迁及第。或云王鏊以乡会元有盛名，复当第一矣，阁老为公抑之，置第三。

（明）张弘道、张凝道《皇明三元考》卷七·成化十一年乙未科大魁　状元谢迁（甲午浙江解元）。

又　解元中式：谢迁（浙江）。

又　名臣：谢迁。

又　入阁：谢迁（弘治八年由詹事入，正德元年归，嘉靖六年复召为户部尚书，入谨身殿，七年致仕）。

又　一品：谢迁（少师）。

（清）沈翼机等《浙江通志》卷一百三十一·选举九·明·进士·成化十一年乙未科谢迁榜　谢迁（余姚人。状元。少傅、谨身殿大学士）。

（清）张廷玉等《明史》卷十三·本纪第十三·宪宗一　（成化十一年）三月壬子，赐谢迁等进士及第出身有差。

仕　宦

（明）王圻《续文献通考》卷四十六·选举考·举士四　（弘治）九年二月，会试天下举人，命詹事兼侍讲学士谢迁、侍读学士王鏊为考试官，取陈澜等三百人。

（明）黄佐《翰林记》卷十四·考会试　（弘治）九年，兼侍讲学士谢迁、侍读学士王鏊为考试官，取陈澜等三百人。

又，卷十五·受顾命　《燕对录》云：弘治十八年五月，闻上不豫。初六日昧爽，司礼监太监戴义出左掖门，宣内阁臣东阳先至，顷之趣者六七，次臣健、臣迁继至，乃同入，趣者道相属。

（明）廖道南《殿阁词林记》卷十四·会试　（弘治）九年，兼侍讲学士谢迁、侍读学士王鏊为考试官，取陈澜等三百人。

（明）雷礼《国朝列卿纪》卷八·直内阁元辅及同直辅臣年表　同直谢迁，浙江余姚人。状元。以少詹事兼学士于弘治八年二月入直，加太子少保、兵部尚书兼东阁大学士。

又　同直谢迁，历少傅兼太子太傅、礼部尚书、武英殿大学士。至正德元年十月，同刘健被刘瑾构害，致仕。

又　同直谢迁，嘉靖六年十月，起原官，户部尚书、谨身殿大学士。至七年四月致仕。卒于家。赠太傅，谥文正。

又，卷九·殿阁大学士年表　谢迁（浙江余姚人。状元。弘治八年，由少詹事兼学士入，历少傅、太子太傅、礼部尚书、武英殿大学士。正德元年致仕）。

又　谢迁（详前。嘉靖六年，再召入阁，历少傅兼太子太傅、户部尚书、谨身殿大学士。七年致仕，卒赠太师，谥文正）。

又，卷十五·詹事府詹事年表　谢迁，浙江余姚人。进士。弘治八年以内阁领詹事兼侍读学士。十一年进宫保。历少傅、谨身殿大学士，谥文正。

又，卷十八·詹事府少詹事年表　谢迁，见詹事。弘治四年任。

又，卷二十一·兼学士兼讲读学士年表　谢迁（浙江余姚人。弘治四年，以少詹事兼侍讲学士。八年，詹事兼学士）。

（明）张弘道、张凝道《科名盛事录》卷五·官爵盛事·父子卿贰　余姚谢迁（吏部尚书），子丕（吏部侍郎）。

又，卷五·官爵盛事·父子翰林　余姚谢迁（由状元入阁），子丕（由榜眼至礼部侍郎）。

（清）查继佐《罪惟录》·志卷十九·直阁志·孝宗 谢迁（木斋，余姚人。由领解、状元、少詹，兼侍讲学士，内阁办事。进詹事、太子少保、兵部尚书、东阁大学士、太子太保、礼部尚书，进武英殿）。

又，志卷十九·直阁志·武宗 谢迁（加少傅，兼太子太傅。致仕）。

又，志卷十九·直阁志·世宗 谢迁（起少傅、户部尚书、谨身殿大学士，仍内阁办事。致仕。卒赠太傅，谥文正）。

（清）沈翼机等《浙江通志》卷二百八十·杂记下 《万历野获编》："谢木斋（迁）之相也，以丁忧召用。时弘治乙卯尚为侍讲学士，从五品，特起以少詹兼学士，入直内阁。因服未满，留家半年。抵京甫到任，即升正詹。二年即晋太子少保、兵部尚书、东阁大学士。一时大臣崇进未有如此之迅捷者。"

（清）张廷玉等《明史》卷十五·本纪第十五·孝宗 （弘治八年二月）乙丑，礼部侍郎李东阳、少詹事谢迁入阁预机务。

又 （弘治十年三月）甲子，召大学士刘健、李东阳、谢迁于文华殿议庶政，后以为常。

又 （弘治十八年）五月庚寅，大渐，召大学士刘健、李东阳、谢迁受顾命。

又，卷十六·本纪第十六·武宗 （正德元年）冬十月丁巳，户部尚书韩文帅廷臣请诛乱政内臣马永成等八人，大学士刘健、李东阳、谢迁主之。戊午，韩文等再请，不听。以刘瑾掌司礼监，邱聚、谷大用提督东、西厂，张永督十二团营兼神机营，魏彬督三千营，各据要地。刘健、李东阳、谢迁乞去，健、迁是日致仕。

又，卷十七·本纪第十七·世宗一 （嘉靖六年二月）庚午，召谢迁复入阁。

又 （嘉靖七年）三月戊寅，谢迁致仕。

又，卷七十一·志第四十七·选举三 至若正德四年，浙江大吏荐余姚周礼、徐子元、许龙，上虞徐文彪。刘瑾以四人皆谢迁同乡，而草诏出于刘健，矫旨下礼等镇抚司，谪戍边卫，勒布政史林符、邵宝、李赞及参政、参议、府县官十九人罚米二百石，并削健、迁官，且著令，余姚人不得选京官。

又，卷一百九·表第十·宰辅年表一 （弘治）八年乙卯：谢迁（二月，詹事府少詹事兼侍读学士入。十月，服阕至京，晋詹事）。

又，卷一百十三·列传第一·英宗孝庄钱皇后 弘治十七年，周太后崩。孝宗御便殿，出裕陵图，示大学士刘健、谢迁、李东阳曰："陵有二隧，若者窒，若者可通往来，皆先朝内臣所为，此未合礼。昨见成化间彭时、姚夔等章奏，先朝大臣为国如此，先帝亦不得已耳。钦天监言通隧上干先帝陵堂，恐动地脉，朕已面折之。窒则天地闭塞，通则风气流行。"健等因力赞。

又，卷一百十三·列传第一·孝肃周太后 弘治十六年三月崩，谥孝肃贞顺康懿光烈辅天承圣睿皇后，合葬裕陵。以大学士刘健、谢迁、李东阳议，别祀于奉慈殿，不袝庙，仍称太皇太后。

又，卷一百八十·列传第六十八·王献臣 天祥叔父洪屡讼冤，帝密令东厂廉其事，还奏所勘皆诬。帝信之，欲尽反前狱，召内阁刘健等，出东厂揭帖示之，命尽逮一贯等会讯阙下。健等言东厂揭帖不可行于外。既退，复争之。帝再召见，责健等。健对曰："狱经法司谳，皆公卿士大夫，言足信。"帝曰："法司断狱不当，身且不保，言足信乎?"谢迁曰："事当从众，若一二人言，安可信?"

又，卷一百八十一·列传第六十九·徐溥 溥承刘吉恣睢之后，镇以安静，务守成法，与同列刘健、李东阳、谢迁等协心辅治，事有不可，辄共争之。

又 （弘治十年）三月甲子，御文华殿，召见溥及刘健、李东阳、谢迁，授以诸司题奏曰："与先生辈议。"溥等拟旨上，帝应手改定。事端多者，健请出外详阅。帝曰："盍就此面议。"既毕，赐茶而退。自成化间，宪宗召对彭时、商辂后，至此始再见，举朝诩为盛事。然终溥在位，亦止此一召而已。

又，卷一百八十一·刘健 健知志终不行，首上章乞骸骨，李东阳、谢迁继之，帝皆不许。

又，卷一百八十一·李东阳 （弘治）八年，以本官直文渊阁参预机务，与谢迁同日登用。……明年，与刘健、谢迁同受顾命。……刘健、谢迁、刘大夏、杨一清及平江伯陈熊辈几得危祸，皆赖东阳而解。

又，卷一百八十六·列传第七十四·韩文 时内阁刘健、谢迁等方持言官章不肯下，文疏复入。帝遣司礼太监李荣、王岳等诣阁议。一日三至，健等持益坚。岳素刚直，独曰："阁议是。"是夜，八人者环泣帝前。帝怒，立收岳下诏狱，而外廷固未之知也。明日，文倡九卿科道再诣阙固争。俄有旨，宥八人不问。健、迁仓皇致仕去。八人各分据要地，瑾掌司礼，时事遂大变。

又，卷三百四·列传第一百九十二·宦官一·刘瑾 外廷知八人诱帝游宴，大学士刘健、谢迁、李东阳骤谏，不听。尚书张昇，给事中陶谐、胡煜、杨一瑛、张褡，御史王涣、赵佑，南京给事、御史李光翰、陆昆等，交章论谏，亦不听。五官监候杨源以星变陈言，帝意颇动。健、迁等复连疏请诛瑾，户部尚书韩文率诸大臣继之。帝不得已，使司礼太监陈宽、李荣、王岳至阁，议遣瑾等居南京。三反，健等执不可。尚书许进曰："过激将有变。"健不从。王岳者，素謇直，与太监范亨、徐智心嫉八人，具以健等语告帝，且言阁臣议是。健等方约文及诸九卿诘朝伏阙面争，而吏部尚书焦芳驰白瑾。瑾大惧，夜率永成等伏帝前环泣。帝心动，瑾因曰："害奴等者王岳。岳结阁臣欲制上出入，故先去所忌耳。且鹰犬何损万几。若司礼监得人，左班官安敢如是。"帝大怒，立命瑾掌司礼监，永成掌东厂，大用掌西厂，而夜收岳及亨、智充南京净军。旦日诸臣入朝，将伏阙，知事已变，于是健、迁、东阳皆求去。帝独留东阳，而令焦芳入阁。追杀岳、亨于途，捶智折臂。时正德元年十月也。

（明）雷礼《内阁行实》卷八·谢迁 （存目）

轶　事

（明）王鏊《王文恪公笔记》·吴宽谢迁 成化、弘治间，翰林声望最重者吴宽、谢迁，二人皆状元及第，仪干修整。宽温粹含弘，迁明畅亮直，宽诗文俱有古意，迁亦次之，故一时至有公辅之望。及丘文庄公卒，宽适以忧去，迁服将阕，遂用迁。入内阁十余年间，号能持正，不失为贤相。宽遂逗遛，终不获入阁，人颇为不平，而宽处之裕如也。惟迁亦以先之为不安。时刘健为首相，迁数言宽当入阁，健曰："待我去，用之。"他日又以为言，又曰："待我去，用之。"迁争之不得，至声色俱厉曰："吾岂私于宽耶？故宽之科第先于予，年齿先于予，闻望先于予，越分在此，吾心惭焉，故言之，而公终不人，何耶？"健但笑而已。其后天变，师保皆上章求退，迁上疏求去不得，复上疏举宽及鏊自代。健不悦，宣言于内，以迁为王党也。

按，世俗之情，地逼则相倾，位近则相轧，望重则相忌，虽平时握手相亲，出肺腑以相示，及一旦遇得失，临利害，反面若不相识，非惟不一引之，又从而挤之下石焉者皆是也，此韩昌黎所谓慨然太息也。孰有如迁之举宽以自代，以宽科第、年齿、闻望皆先，自以越俎为惭，而不可多见。已故十余年，号为持正贤相云。而刘健不悦，以迁为王党，有愧于古大臣风矣。

（明）黄佐《翰林记》卷五·优老 正德初，逆瑾用事，少师兼大学士刘健、少保兼大学士谢迁皆致仕，而少傅兼大学士李东阳独留。其和迁《登舟见寄》诗有曰："天外冥鸿君得志，池边蹲凤我何人。"盖自伤也。

（明）陈洪谟《继世纪闻》卷一 大学士刘健、李东阳、谢迁见时势难为，屡疏乞致仕。至是，乃令刘、谢二人致仕，李独留。李不自安，上言："臣等三人，事同一体，而臣独留，何以自容？不知何以为处。"章亦屡上，竟不允。东阳门徒最盛。相传以瑾素重其文名，故得不去。后人传瑾于朝阳门外创造玄真观，东阳为制碑文，极其称颂，人始信前日泄捕瑾等之事为不诬也。

（明）皇甫录《皇明纪略》 翰林院学士一人，多或三五人，阁老洛阳刘公健修《会典》成，翰林一时升学士者十人。时余姚谢公迁以礼书为大学士在内阁，吾苏吴公宽以礼书在东阁，南昌张公昇为礼书，汤阴袁公守直以礼书掌通政事，贾公斌以礼书掌鸿胪事，神乐观道士崔志端以礼书掌太常事京师，为之语曰："礼部六尚书为黄老，翰林十学士三是白丁。"朝绅一时盛传。盖十学士内，三人皆成化戊戌阁老万公安所选为庶吉士者，至是三十年而公论终莫掩也。

（明）耿定向《先进遗风》卷上 谢文正公迁初入翰林，有御史骤升都宪，台中循例丐公言为贺文，公谂其人素不为公议所与，竟辞不作。

（明）王世贞《弇山堂别集》卷十六·皇明奇事述一·正德万历三相 高少师拱《病榻遗言》谓，万历改元，谋欲去司礼太监冯保，而张少师居正为次辅，与保善。第三辅高宫保仪，言天道六十年一周。正德初，刘少师健与谢少傅迁，谋去司礼太监，而次辅李少师东阳泄之瑾，刘、谢俱不胜，罢去。盖刘与高皆河南人，李、张皆湖广人，而谢与宫保，皆浙江人也。俄高少师逐，宫保寻卒，张亦独留，异哉。

（明）焦竑《玉堂丛语》卷五·器量 谢公迁既归，瑾意叵测，人皆危之，曰："天佑皇明，我当无他，不见刘元城之事乎?"处之裕如。日与客围棋赋诗以自娱，若不知有忧患者。

（明）李绍文《皇明世说新语》卷五·容止 王守溪云："成、弘间翰林声望最著者，吴宽、谢迁二人。皆状元及第，仪貌修伟。宽温粹含弘，迁明畅亮直，并有公辅之望。"

（清）沈翼机等《浙江通志》卷二百八十·杂记下 《先进遗风》："谢文正公（迁）初入翰林，有御史骤升都宪，台中循例丐公言为贺，公谂其人素不为公议所与，竟辞不作。"

（清）郑方坤《全闽诗话》卷六·赵琉 琉既尚气节，又名知文。其同考会试，得谢文正公迁卷，荐置选首，以郎故，为翰林诸公所压。而琉批谢卷曰："状元拜相，必此人也。"（《闽书》）

著　　作

（清）黄虞稷《千顷堂书目》卷二十·别集类·成化乙未科（十一年） 谢迁《谢文正公集》四十卷，又《木翁归田稿》八卷（字于乔，余姚人。一甲第一人。少傅兼太子太傅，户部尚书，谨身殿大学士，赠太傅，谥文正）。

又，卷三十一·总集类·诗 谢迁、冯兰《湖山倡和》二卷（余姚令刘应征刻）。

（清）张廷玉等《明史》卷九十九·志第七十五·艺文四 谢迁《归田稿》十卷。

（清）纪昀等《四库全书总目》卷一百七十一·《归田稿》八卷（浙江巡抚采进本）　明谢迁撰。迁字于乔，余姚人，成化乙未进士第一，授修撰，官至户部尚书、谨身殿大学士，谥文正。事迹具《明史》本传。迁之在内阁也，与刘健同心辅政。史称其秉节直谅，见事明敏，天下称为贤相。其文集全稿，嘉靖中倭乱被毁。此集乃其致仕以后及再召时所作。自题曰《归田稿》，以授其子至者也。国朝康熙中，其七世孙大名府同知钟和复加厘辑，梓而传之。集中奏疏，类多晚年陈谢之作。凡在朝时嘉谟谠论，均已无存。即史所称请罢选嫔妃、禁约内官诸疏，亦不在其间，则其散失者当复不少。然迁当归里以后，正刘瑾、焦芳等挟怨修郄，日在危疑震撼之中。而所作诗文，大抵词旨和平，惟惓惓寄江湖魏阙之思。老臣忧国，退不忘君，读此一编，已足以知其忠悃矣。

（清）永瑢等《钦定四库全书简明目录》卷十八·集部六·别集类五（明洪武至崇祯）　《归田稿》八卷。

（明谢迁撰。此集乃其致仕以后再召以前所作，故题曰《归田》。凡在朝时撰述敷陈皆不载入。然当刘瑾、焦芳伺隙修怨之日，能胸怀夷坦，词旨和平，惟惓惓寄江湖魏阙之思，亦足以见其忠悃矣。）

评　论

（明）唐枢《国琛集》下卷　谢迁，余姚人。贞毅天赋，豁豁不设键械，然渊衷寸尺，剂发如响。以状元陟枢要，率履始终，不为越进，不隐贤，亦无矫拂于时，未尝以世升降自为低昂。谥文正。

（清）朱彝尊编《明诗综》卷二十九·谢迁（一首）　迁字于乔，余姚人。成化乙未赐进士第一，累官少傅兼太子太傅、户部尚书、谨身殿大学士，赠太傅，谥文正，有《归田稿》。

（李时远云："木斋归田后，专事吟咏，有冲淡闲雅之趣，《山庄》一首，真得陶家情景。"）

（清）张廷玉等《明史》卷一百八十一　赞曰：……刘健、谢迁正色直道，蹇蹇匪躬。阉竖乱政，秉义固诤。志虽不就，而刚严之节始终不渝。有明贤宰辅，自三杨外，前有彭、商，后称刘、谢，庶乎以道事君者欤。

杂　录

（明）李东阳《怀麓堂集》卷二十七·文稿七·序·赠右谕德谢君序　储宫之有左右春坊，犹朝廷之有翰林，以讲说道德、制作文章为职，地位清秘，联华并峙。其有迁转，则视其班级高下，或相出入，或相兼摄，以为恒制。而台阁之选，皆于是须焉。其在春坊为大学士，为庶子，为谕德，皆秩五品，阶大夫，与翰林诸学士相埒。必累考屡迁，而后得与。惟以状元及第为修撰者，九载一陟，辄迁谕德，最为超擢。然状元名地荣峻，多不俟满考而陟，近岁始稍稍有之，故虽一陟五品，人犹若以为滞。于是知春坊之职固重，状元之选为尤重也。余姚谢君于乔以成化乙未状元在翰林为修撰，甫九载陟右春坊右谕德。初，君廷对时所献策，明白正大，得告君之体。胪传陛引之际，仪观修洁，气宇凝重，公卿以下莫不目属以为远大器。故其陟也，亦莫不宜之台阁台鼎之望，盖不谋而合也。宋王沂公赋诗未遇时，人已知其为状元宰相。世固有以文章占器业者，君之陟，宁直为今日贺邪？夫春坊之官，固以辅翼储德，亦以基太平辅相之业于天下者也。故必德纯学正，发之文章、形之议论皆仁义礼乐之宣著。则其朝夕左右，必有所感格规正，以归于道。虽未见于用，而所以辅天下之治本者亦厚矣。况由此而施焉，其所沾被于天下，可胜道哉！说者谓治安之策言忠而道疏，教本之书言华而要寡，承华之箴言切而心诈，君之贤，宜择之，审矣。安知其经纶密勿之业，不兆于今日一谕德时邪？初君在翰林，有乞文为达官赠者，君辞曰："是人方不为公议所予，恶可以谀言说之？"竟不作。推是以往，则其他日必能持节秉义，不为谀说骫行以负天下，岂独以文章占之哉？予在翰林久，知君为详。既喜储宫之得人，又将为国家天下贺，将有言于君。君同年进士通政参议毛君秉彝实倡于六科，请给事六部诸郎官为君贺，而属予以辞，因次第所欲言者为君赠。

（明）李东阳《燕对录》　（弘治十七年九月）十八日，复召。臣健奏曰："谢迁有疮疾，注门籍。"上曰："吴一贯缘事被提，可差一人代之。"皆应曰："诺。"臣东阳奏曰："须再令兵部会推否？"上曰："边关事急，若下该部，未免展转数日，只先生辈推二人或径写一人亦可。"因谕曰："谢先生疮疾可传朕旨令善加调理，今便令良医往者也。"臣健对曰："亦不甚重。"臣东阳曰："止是昨日未入，一二日亦当出也。"上问曰："是何疮疾？"臣健对曰："止是癣疮，因抓破作痛，行步未便耳。"上曰："癣疮不害事，亦须从容调理数日，出来办事，方委托先生辈也。"皆叩头谢。是日朝退，臣健等具以圣意谕臣迁。不移晷，而遣医至矣。

（明）王世贞《弇山堂别集》卷四·皇明盛事述四·文臣腰玉年久　一品横玉，文臣得之，往往迟暮，以故无甚久者。余所知者，刘文靖健三十一年，严少师嵩二十七年，谢文正迁二十九年，王端毅恕二十一年，杨文贞士奇二十年，徐少师阶三十三年，吕少傅本三十四年。

又，卷五·大臣眉寿 其尚书以上至八十余者：……谢文正迁……俱八十三。

（明）郭良翰《明谥纪汇编》卷十四·臣谥上·文臣·文正 谢迁（大学士，赠太师。嘉靖。勤学好问，内外宾服。浙江余姚人）。

（明）张弘道、张凝道《皇明三元考》卷八·弘治十四年辛酉科解元 顺天：谢丕（浙江余姚人，乙未状元谢迁子也，字以中，号乳湖。治《礼记》。国子生，年二十一。乙丑进士第四名，廷试一甲第三名，累官吏部侍郎兼翰林院学士）。

（明）张弘道、张凝道《科名盛事录》卷一·元魁盛事·父子两中元魁 余姚谢迁（成化甲午解元，乙未状元），子丕（弘治辛酉解元，乙丑探花）。

成化十四年（1478）戊戌科状元曾彦

传　记

（明）李贤等《明一统志》卷五十六·吉安府·人物·本朝　曾彦（泰和人。成化进士第一，时年几六十。性纯笃，平生自负其重。及第时，祭酒丘公濬书归第彩旗对云："江右贤科，十回虎榜魁天下；西昌文运，三应龙洲过县前"，都人荣之。官至南京翰林院学士，尝与修《宪庙实录》，同考会试。其为文不事刻削，而平淡思致，自不可及）。（《省志》）

（明）廖道南《殿阁词林记》卷四·院学·翰林院侍讲学士曾彦　曾彦，字士美，江西泰和人。成化戊戌进士第一，授修撰。时执政欲矫时弊，救文以质，而彦所对简约，遂置之魁选，丘文庄公作春联以赠之，彦年已近六十余矣。丁未，转侍读。弘治纪元，预修《宪庙实录》，迁左谕德。甲申，进侍讲学士，掌南京翰林院事。廖道南曰："夫士，童而习之，白首纷如，养其才将有试也，茂其学将有为也。乃若老而射策居殿元者，在前则曾士美，在后则唐守之，俱迟暮不振，无闻于时。惟吴文定公，则老而不衰，乃克自见，岂天之降才尔殊哉。"赞曰："孰谓桑榆，取日虞渊。孰谓湛卢，贯斗龙泉。壮而行之，老而弥坚。未酬厥志，夫奚取焉。"

（明）陈鎏《皇明历科状元录》卷三·成化十四年戊戌状元曾彦　廷对之士梁储等三百五十人，擢曾彦第一。取庶吉士梁储等二十八人。

曾彦，字士美，江西泰和人。质朴坦易，颖悟过人。经书子史，穷探力索，必有得而后已。故屡踬场屋，志不少挫。贡州胄监。平生自负甚重，每以大魁自期。年逾知命始及第。时执政欲矫时弊，救文以质，而彦所对简约，遂置首选。授翰林修撰。年虽已长，在馆中退巽如后学。连考礼闱，号得人。遇灾沴扣阍，论事甚切。丁未，升南京侍读，召还。弘治纪元，与修《宪宗实录》，进官春坊左谕德，侍经筵。甲申，进侍读学士，掌南京翰林院事，加禄一秩。同考成化辛丑、甲辰会试，才力精敏明公。其为文不

事刻削，而思致平淡，自不可及。(《吉安志》)

彦每科试辄梦袖中龙头笔一枝，以手取之，则笔入内弗得。至成化戊戌，梦取此笔出之，文彩焜耀，俨一龙在手，果状元及第。(《义命编》)

《琐缀录》云：成化丁酉，予乡云亭江一巨鱼见，明年曾彦擢廷魁。丙午，复有巨鱼见，予入阁。壬子，复有巨鱼见，是秋罗钦顺发解，明年及第。鱼之巨约四五百斤，游泳时耆鬣俱出水面，多止于予里之城潭。

彦及第，祭酒丘公濬作彩联以迎之，云："江右贤科，十回虎榜魁天下；西昌文运，三应龙洲过县前。"(《吉安志》)

赴会试，止携书二三册，惟熟于策，学问三代所尚，信笔录对，上览之甚喜，置第一。

馆阁诸公连日阅卷，未得超拔之作，最后眉州万公安得彦卷，亟加赏叹，以示众。众传观，亦皆钦服，谓文宜第一，特未见其貌。于赐第前一日，集诸举士于礼部，堂中呼名，阅其仪状。呼至彦，万公属目，觉其秀伟尤异于众，喜谓诸公曰："得人矣!"魁选遂定。迨胪传出则貌寝多髯，与前不类，万公为之愕然，退取其策读之，亦平平无奇语，乃大惊叹，以为神助云。(《庚巳编》)

廖道南曰："夫士，童而习之，白首纷如，养其才将有试也，茂其学将有为也。乃若老而射策居殿元者，前则曾士美，后则唐守之，俱迟暮不振，无闻于时。惟吴文定则老而不衰，乃克自见，岂天之降材尔殊哉。"赞曰："孰谓桑榆，取日虞渊。孰谓湛卢，贯斗龙泉。壮而行之，老而弥坚。未酬厥志，夫奚取焉。"

(明)凌迪知《万姓统谱》卷五十七　曾彦(字士美，泰和人。成化戊戌进士第一，历翰林院侍读)。

(明)雷礼《国朝列卿纪》卷二十二·南京翰林院学士附署印行实　曾彦，字士美，江西泰和人。成化戊戌状元。弘治七年以侍讲学士掌院事，十年致仕。

(明)顾祖训原编、(明)吴承恩增补、(清)陈枚续补《状元图考》卷二·状元曾彦　成化十四年戊戌，廷试梁储等三百五十人，擢曾彦第一。

按，曾彦，字士美，江西泰和人。质朴坦易，颖悟过人。经书子史，穷探力索，必有得而后已。故屡踬场屋，志不稍挫。《梦征录》：彦为诸生时，梦被人悬其发于明伦堂大梁上。平生自负甚重，每以大魁自期，然见黜于有司者七举矣，既而岁贡南雍，始中乡试。又连屈礼闱，年逾知命始中大魁，先后几三十年矣。廷试时执政欲矫时弊，救文以质，以彦所对简约，遂置首选。在馆中年虽长，退巽如后学。连考礼闱，号得人。陈灾沴扣阍论事甚切。

《义命编》：彦每科试辄梦袖中龙头笔一枝，手取之，则笔入内弗得。至成化戊戌，梦取此笔出之，文彩焜耀，俨一龙在手，果状元及第。

（清）陶成等《江西通志》卷七十八·曾彦　字士美，泰和人，成化戊戌进士第一，时年几六十。祭酒邱濬书归第彩旗对云："江右贤科，十回虎榜魁天下；西昌文运，三应龙洲过县前。"都人荣之。官至南京翰林学士，预修《宪庙实录》。其为文不事刻削，而思致绵邈，自不可及。（《明一统志》）

科　　第

（一）乡试

（清）陶成等《江西通志》卷五十三·选举五·明·成化七年辛卯乡试　曾彦（泰和人）。

（二）会试、殿试

戊戌科（成化十四年）**状元策**　（存目。参见［明］焦竑辑，［清］胡任兴增辑《历科廷试状元策》卷一）

（明）张朝瑞《皇明贡举考》卷五·（戊戌）**成化十四年会试**　三月十五日，临策天下贡士，制曰：昔者三代圣王之化成天下，各有所尚，夏忠商质而周文也，享国既久，其迹可指言乎？生民以来，称至治必曰唐虞三代，今止言三代而不及唐虞者，然则唐虞独无所尚乎？史谓三王之道若循环，终而复始，春秋变周之文，从商之质，岂时然乎？质法天，文法地，果然否乎？汉损周之文，用夏之忠，有所据乎？唐宋二代历年亦久，有定尚乎？我太祖高皇帝肇造鸿业，变夷为夏，重修人纪，载整衣冠，有功于天地大矣。太宗文皇帝纂绍大统，中靖家邦，列圣相承，益隆治教，百余年来，海内渐涵仁义之泽厚矣，其所尚可名乎？若名曰忠，民情犹变诈而多讼，非忠也。若名曰质，民用犹奢靡而逾分，非质也。若名曰文，民俗犹粗鄙而鲜礼，非文也。名既不可，然则今之世其如唐虞之无所尚乎？朕欲移风易俗，去其所谓忠质文之弊，悉囿斯人，于皇极之中行之自何始？子诸生明经待问久矣，兹咸造于廷，详著以献，朕将亲览焉。

（时廷对之士三百五十人，赐曾彦等进士及第出身有差。彦经书子史穷探力索，必有得而后已，故屡踬场屋，贡升监胄，年几六十，志不少挫。时执政欲矫时弊，救文以质，以彦所对简约，遂置第一。彦质朴坦易，在馆中年虽已长，退巽如后学。遇灾沴扣阍，论事甚切。官至侍读学士。是科包鼎、包鼐兄弟同登，选梁储等二十八人为庶吉士，后林俊、刘忠、杨廷和俱为名臣。）

第一甲三名赐进士及第：曾彦，江西泰和县。杨守阯，浙江鄞县。曾追，江西泰和县。

（明）张弘道、张凝道《皇明三元考》卷七·成化十四年戊戌科大魁 状元曾彦（江西太和人，字士美，国子生。辛卯举人，登第时六十。为人质朴坦易，在馆中年虽长，退避如后学。遇灾沴扣阍，论事甚切。仕至侍读学士。时执政欲矫时弊，救文以质，以彦所对简约，遂置首选）。

（清）张廷玉等《明史》卷十四·本纪第十四·宪宗二 （成化十四年三月）己卯，赐曾彦等进士及第出身有差。

仕 宦

（明）雷礼《国朝列卿纪》卷二十二·南京翰林院掌署院事年表 曾彦（江西泰和人。成化戊戌状元。弘治七年，以侍讲学士掌院事。十年，致仕）。

又，卷二十二·南京翰林院学士附署印行实 曾彦，字士美，江西泰和人。成化戊戌状元。弘治七年，以侍讲学士掌院事。十年，致仕。

轶 事

（明）王世贞《凤洲杂编》卷四·得策击节赏 （成化）戊戌，赐曾彦及第。或云先一日，其阁老万公得彦策，击节赏，使人觇之，美而长大也，擢第一。陛传见彦老而多髭，且短，甚不称。万惘然，退取彦策，读之平平耳。

杂 录

（明）何乔新《椒邱外集》·泰和曾彦 九重有诏趣还京，去住公应系重轻。周室旧称司寇狱，虞廷今赖士师明。天颜咫尺瞻宫仗，仙佩委蛇听履声。却恨后生南望远，三台高处不胜情。

（明）郑纪《东园文集》卷七·送曾学士致政序 南京翰林院侍读学士南洲曾公士美三年奏最上疏，乞归情恳，上以侍从词臣，特赐俞允，兼与应得诰命。公还至南都，若银台徐君以中、夏君廷璋诸随公步瀛者，相率请文为赠。夫幼学、壮仕、老归，君子立身之大节也。先生少游郡庠，以文章驰名江右。连不得志于主司，因贡卒业南雍。成化辛卯，领京闱乡荐。戊戌会试登正榜，殿试策对出人意表，宪宗皇帝亲擢第一甲第一人，赐进士及第，拜翰林修撰。寻言事忤权贵，调南翰。今上登极，召修《宪宗实录》，升左春坊左谕德。三典礼闱，未几，南院缺长，改今职，掌院事。往岁以年七十欲请休致，士林中咸以公状头人望学士，清密之地，朝廷不轻畀词臣，得学士之封者百无四五，公尚精力，宜少待，得推三载之恩以尽孝思。公黾勉共职至今年秋，当最期，至京陛见后未引满即上疏恳辞，乃获前命。公喜形于色，即促装南还。君子立身大节，公始终无恨矣。虽然，昔白居易以刑部尚书致仕，结社香山，自号香山居士，凿龙门八节滩为游赏之乐；范景仁既退居，客至无贵贱，皆野服见之，不复报谢；张嘉贞致仕不营家产，有劝其市田宅者，答曰："吾为将相，何忧饥寒？比见朝士广占良田，身后适足为无赖子孙酒食之资，吾不取也。"公兹归，结社山中，有太子少保蹇斋尹先生、国子祭酒冰玉罗先生，皆词林旧好也，杖屦相随，诗酒从事，南洲胜境独不可为龙门乎？野服不报，自有旧俗子孙无赖之资可保，其不为也，此又老归之后一大节也。聊以公之归卜之。

（明）倪岳《青溪漫稿》卷十九·赠南京翰林院侍读学士曾先生致仕荣归序 成化戊戌之春，宪宗皇帝临轩策试进士三百五十人，其第一人赐进士及第则泰和曾先生士美也。先生早游庠序，屡弗偶于有司，膺贡以起，卒业南雍，遂掇巍科，魁天下士。而先生年已五十有四矣。首拜翰林修撰。满九载，擢南京侍读。召修《宪庙实录》成，进春坊谕德。未几，迁今官。秩满三载，奏绩之京，而先生自谓年已七十又三，日迫衰暮，虽精力未惫，而礼制不可违也，乃具疏乞休。即陛见之明日，纳之银台以闻，许之，且予诰，得推恩考妣具如制。先生拜恩而还，道经南都，告别于尝所往来，于是曹院诸公卿咸出祖龙江之浒，盛供张以饯。顷之，有执爵而言者曰："南都诸司职务甚简，而翰林居清高之地，无所事事，视诸司为尤简。先生以老成之学居之，优游文字之乐，何所不宜？而求去之果邪！"或者又曰："七十致仕，固有国之常制。而朝廷优重老臣，往往年虽逾七，奏札屡腾，而谕留之旨亦且惓惓，未遽听也。矧先生高年硕学，以大魁名天下，四方学者争效尺寸之进，不敢以迟暮自馁者，未必不以先生为归。至于交游之间，觞酌之会，谈议横发，神采矍铄，以是而居优闲之秩，以为斯文表率，又何所不宜？而求去之果邪！"有解之者曰："知足不辱，知止不殆。虽老氏之言，明哲之士恒有取焉。故夫知进而不知退，知存而不知亡，知得而不知丧，大易之明戒也。先生博学洽闻，高科晚达，扬历宦途既久，谙练世故益熟，则所以自处者固已审矣。其于职任之重轻，功名之去就，又何校焉？盖深达夫止足之机，克慎乎满盈之戒。故当引年之期即有乞骸之请，其视钟鸣漏尽夜行不休者，顾可同日语哉？昔宋庞庄敏公籍请老，或谓公：'精力克壮，何引去之坚？'公曰：'必待精力不支，明主厌弃而后去，是不得已，岂止足之谓邪？'先生其有见于此乎？此先生求去之果而非夫人之所能知也。然则先生其贤矣哉！"冥鸿矫矫，酒尽欲别。众谓予其致一言以为先生赠，予不能言，聊述所闻以告先生，以为何如？

成化十七年（1481）辛丑科状元王华

传　记

（明）杨一清《海日先生墓志铭》　正德己卯，宁濠称乱江西，鸠集群盗，发数千艘而东，远近震动。巡抚南赣都御史王守仁伯安传檄邻境，举兵讨贼。时其父南京吏部尚书王公致仕居会稽。有传伯安遇害者，人谓公曰："盍避诸?"公曰："吾儿方举大义，吾避安之。"或曰："伯安既仇贼，贼必阴使人行不利于公，避之是也。"公笑曰："吾儿能弃家讨贼，吾何可先去，以为民望。祖宗功泽在天下，贼行且自毙。吾为国大臣，恨老不能荷戈首敌。即有不幸，犹将与乡里子弟共死此城耳。"因使人趣郡县，宜急调兵粮为备；禁讹言，勿令动摇人心。乡人窃视公宴然如常时，众志亦稍稍定。盖不旬月而伯安之捷报至矣。初，贼濠东下，将趋南都。伯安引兵入南昌，夺其巢。贼闻大恐，急旋舟。伯安帅吉安知府今都宪伍君文定等大战于鄱阳湖。贼兵风靡，遂擒濠，并其党与数千人，献俘于阙。呜呼！自古奸雄构乱，虽有忠臣义士，必假以岁月，乃能削平祸难。伯安奋戈一呼，以身临不测之渊，呼吸之间，地方大定。公闻变从容，群嚣众惑，屹然不为动。伯安得直前徇国，不婴怀回顾以成懋绩，公之雅量，伯安之忠义，求之载籍，可多见哉?

及是武庙南巡，权奸妒功，构飞语陷伯安，迹甚危。众虑祸且及家，公寂若无闻。辛巳，今皇帝入嗣大统，始下诏表扬伯安之功。召还京师，因得便道归省。寻论功封奉天翊运推诚宣力守正文臣，特进光禄大夫柱国新建伯。又以廷推兼南京兵部尚书，参赞机务。锡之诰券，封公勋阶爵邑如子，俾子孙世其爵。适公诞辰，伯安捧觞为寿。公蹙然曰："吾父子乃得复相见耶！贼濠之乱，皆以汝为死矣，而不死。以为事难猝平，而平之。然此仗宗社神灵，朝廷威德，岂汝一书生所能办。比谗构横行，祸机四发，赖武庙英明保全。今国是既定，吾父子之荣极矣。然福者祸之基，能无惧乎！古云：'知足不辱，知止不殆。'吾老矣，得父子相保牖下，孰与犯盈满之戒，覆成功而毁令名者耶?"伯安跪曰："谨受教。"公自是日与姻党置酒宴乐。岁暮，旧疾作。嘉靖壬午春二月十二日，终于正寝。得年七十有七。未属纩时，使者以部咨将新命至，公尚能言，趣诸子曰："不可以吾疾废礼，宜急出迎。"既成礼，偃然而逝。

讣闻，上赐谕祭，命有司治葬事。伯安偕诸弟卜以卒之明年秋八月某日，葬公郡东天柱峰之南之原，具书戒使者诣镇江请予铭公墓。予曩官外制官太常，接公班行不鄙，谓予以知言见待。予迁南京太常，辱赠以文。公校文南畿，道旧故甚洽。正德丁卯，取嫉权奸，归致仕。予亦避谗构，谢病归，杜门不接宾客。公直造内室，慰语久之。伯安又予掌铨时首引置曹属，号知己。公铭当予属。顾以江西之变，关系公父子大节，特先书之。乃按公门人国子司业陆君深所著状，摘而叙之曰：

公姓王氏，讳华，字德辉，号实庵，晚号海日翁。尝读书龙泉山中，学者称为龙山先生。上世自琅琊徙居会稽之山阴，又自山阴徙余姚。四世祖讳性常，有文武才。国初为诚意伯所荐，仕至广东参议。峒苗为乱，死之。高祖讳彦达，号秘湖渔隐。年十六，裹父尸自苗壤归葬。痛父死忠，布蔬终其身，人称孝子。曾祖讳与准，号遁石翁。学精于《易》，尝筮得《震》之《大有》，谓其子曰："吾后再世其兴，兴其久乎？"祖讳世杰，号槐里子，以明经贡为太学生，卒。父讳天叙，号竹轩，初以公贵封修撰，后与槐里公俱赠嘉议大夫礼部右侍郎，今以伯安功，俱追封新建伯。祖妣孟氏，封淑人。妣岑氏，累封太淑人，进封太夫人。

公生正统丙寅九月。孟淑人梦其姑抱绯衣玉带一童子授之曰："妇事吾孝，孙妇亦事汝孝。吾与若祖丐于上帝，以此孙畀汝，世世荣华无替。"故公生以今名名，长兄以荣名，符梦也。

公生而警敏，始能言，槐里公口授以诗歌，经耳辄成诵。稍长，读书过目不忘。

六岁，与群儿戏水滨。见一客来濯足，已大醉，去，遗其所提囊。取视之，数十金也。公度其醒必复来，恐人持去，以投水中坐守之。少顷，其人果号而至，公迎谓曰："求尔金邪？"为指其处。其人喜，以一锭为谢，却不受。

年十一，从里师授业，日异而月不同。岁终，里师无所施其教。

年十四，尝与诸子弟读书龙泉山寺。寺故有妖物为祟解伤人。寺僧复张皇其事，诸生皆丧气走归，公独留居，妖亦浸灭。僧以为异，假妖势恐，且试之百方，不色动。僧谢曰："君天人也，异时福德何可量！"

弱冠，提学张公时敏试其文，与少傅木斋谢先生相甲乙，并以状元及第奇之，名遂起，故家世族争礼聘为子弟师。浙江方伯祁阳宁君良择师与张公。张公曰："必欲学行兼优，无如王某者。"宁亲造其馆，宾礼之，请为子师，延至祁阳，湖湘之士闻而来从者踵相接。居宁之梅庄别墅，墅中积书数千卷，日夕讽诵其间，学益进。祁俗好妓饮，公峻绝之，三年如一日，祁士有化服者。

归，连举不利。成化庚子，发解浙江第二人。明年辛丑，廷试第一甲第一人，授翰林院修撰。甲辰，充廷试弥封官。丁未，同考会试。弘治改元，戊申，与修《宪庙实录》，充经筵官。己酉，满九载，以竹轩公忧去。癸丑，服阕，迁右春坊右谕德。

丙辰，命为日讲官，赐金带四品服。公讲筵音吐明畅，词多切直，每以勤圣学、戒逸豫、亲仁贤、远邪佞为劝。孝庙嘉纳焉。内侍李广方贵幸。尝讲《大学衍义》，至唐李辅国结张后表里用事，众以事颇涉嫌，欲讳之，公朗然诵说，无少避忌。左右皆缩头吐舌，上乐闻之不厌。罢讲，遣中官赐尚食。

皇太子出阁，诏选正人辅导，用端国本。公卿多荐公，自是日侍东宫讲读，眷赐加隆。

戊午，命主顺天乡试。辛酉，再主乡试应天，得士为多。壬戌，迁翰林院学士，食从四品禄，命授庶吉士业。修《大明会典》，为纂修官。书成，迁詹事府少詹事，兼学士，掌院事，与编纂《通鉴纂要》。是岁迁礼部右侍郎，仍兼日讲。武庙嗣位，遣祭江淮诸神，乞便道归省。以岑太夫人年高，乞归便养，不允。

明年改元，丙寅，瑾贼窃柄，士夫侧足立，争奔走其门，求免祸。公独不往。瑾衔之。时伯安为兵部主事，疏瑾罪恶。瑾矫诏执之，几毙廷杖，窜南荒以去。瑾复移怒于公。寻知为微时所闻名士，意稍解，冀公一见，且将柄用焉。公竟不往，瑾益怒。丁卯，迁南京吏部尚书，犹以旧故慰言，冀必往谢，公复不行。遂推寻礼部旧事与公本不相涉者，勒令致仕。既归，有以其同年友事诬毁之者。人谓公当速白，不然且及罪。公曰："是焉能浼我？我何忍讦吾友？"后伯安复官京师，闻士夫论及此，将疏辩于朝。公驰书止之曰："汝将重吾过邪？"

公性至孝。初，竹轩公病报至，当道以不受当迁官，宜出受新命，公卧家不出，日忧惧不知所为。逾月，讣始至，恸绝几丧生。襄葬穴湖山，遂庐墓下。墓故虎穴，虎时群至，不为害，久且益驯，人谓孝感。比致仕，岑太夫人年近百岁，公寿逾七十，犹朝夕为童子嬉戏以悦亲；左右扶掖，不忍斯须去侧。太夫人卒，块苫擗踊，过毁致疾。及葬，徒跣数十里，疾益甚，竟以是不起。

处诸昆弟笃友爱，禄食赢余，恒与共之，视其子若己出。气质醇厚，坦坦自信，不立边幅。议论风生，由衷而发，广廷之论，入对妻孥无异语。人有片善，亟称之；有急，恻然赴之。至人有过恶，则尽言规斥，不少回曲，坐是多遭嫉忌。然人谅其无他，则亦无深怨之者。识宏而守固，百务纷沓，应之如流。至临危疑震荡，众披靡惶惑，独卓立毅然不为变若是。盖有人不及知者矣。

公之学一出于正，书非正不读。客有以仙家长生之术来说者，则峻拒之曰："修身以俟命，吾儒家法。长生奚为？"俭素自持，货利得丧，不屑为意。楼居厄于火，赀积一空。亲朋来救焚者，款语如常。为诗文取达意，不以雕刻为工，而自合程度。所著有《龙山稿》、《垣南草堂稿》、《礼经大义》诸书，《杂录》、《进讲余抄》等稿，共四十六卷，藏于家。

初配赠夫人郑氏，渊静孝悲，与公起微寒，同贫苦，躬纺绩以奉舅姑，既贵恭俭不衰。寿四十一，先公三十六年卒。继室赵氏，封夫人。侧室杨氏。子男四：长即伯安，守仁名，别号阳明子，其学邃于理性，中外士争师之，称阳明先生；次守俭，太学生；次守文，郡庠生；次守章。女一，适南京工部都水郎中同邑徐爱。初，郑夫人祔葬穴湖，已而改殡郡南石泉山。石泉近有水患，乃卜今地葬公云。

惟古贤人君子未遇之时，每以天下国家为己任。出而登仕，其所遭际不同，而其志有遂有不遂，非人之所能为也。公少负奇气，壮强志存用世。顾其职业恒在文字间，而未能达之于政。际遇孝宗，讲筵启沃，圣心简在，柄用有期。不幸龙驭上宾，弗究厥用。晚登八座，旋见沮于权奸，偃蹇而归。岂非天哉！然有子如伯安，所建立宏伟卓荦，凡公之所欲为，噤而不得施用者，皆于其子之身而显施大发之，公又亲及见之，较之峻登大受既久且专，而泯然无闻于世者，其高下荣辱宜何如也？王氏之先，有植槐于庭，荫后三公者，遁石翁“大有”之占，其类是乎？铭曰：

孰不有母，孰如公母寿。七十之叟，傞傞拜舞，百岁而终，归得其所。孰不有子，公子天下士。亶其忠勤，以事其事，不有其身，惟徇之义。是子是父，允文允武，勋在册府，帝锡之爵土。其生不负而殁不朽，铭以要诸久。

（录自［明］王守仁《王文成全书》卷三十七，又见［明］朱大韶《皇明名臣墓铭》）

（明）陆深《海日先生行状》 先生姓王氏，讳华，字德辉，别号实庵，晚复号海日翁。尝读书龙泉山中，学者又称为龙山先生。其先出自晋光禄大夫览之曾孙、右军将军羲之，由琅琊徙居会稽之山阴。后二十三代孙迪功寿又自山阴徙余姚。至先生之四世祖，广东参议性常，又五世矣。参议博学，善识鉴，有文武长才，与永嘉高则诚族人元章相友善，往来山水间，时人莫测也。诚意伯刘伯温微时尝造焉。参议谓曰：“子真王佐才，然异时勿累老夫则善矣。”伯温既贵，遂荐以为兵部郎中，擢广东参议，卒死于苗难。高祖讳彦达，号秘湖渔隐。渔隐年十六，自苗中裹父尸归葬，朝夕哭墓下。痛父以忠死，粗衣恶食，终身不仕，乡里以孝称之。曾祖讳与准，号遁石翁，伟貌修髯，精究《礼》、《易》，著《易微》数千言。居秘湖阴，尝筮得“大有”之“震”，谓其子曰：“吾先世盛极而衰，今衰极当复矣。然必吾后再世而始兴乎？兴必盛且久。尔虽不及显，身没亦与有焉。”祖讳世杰，号槐里子，以明经贡为太学生，卒赠嘉议大夫，礼部右侍郎。祖妣孟氏，赠淑人。父讳天叙，别号竹轩，封翰林院修撰，赠礼部右侍郎。妣岑氏，封太淑人。

正统丙寅九月甲午，先生生。先夕，孟淑人梦其姑赵抱一童子绯衣玉带授之曰：“新妇平日事吾孝，今孙妇事汝亦孝。吾与若祖丐于上帝，以此孙畀汝，子孙世世荣华无替。”故先生生而以今名名，先生之长兄半岩先生以荣名，梦故也。先生生而警敏绝人。始能言，槐里先生抱弄之，因口授以古诗歌，经耳辄成诵。稍长使读书，过目不忘。

六岁时，与群儿戏水滨。见一客来濯中，已大醉，遗其所提囊而去。取视之，数十金也。先生度其人酒醒必复来，恐人持去，投水中，坐守之。有顷，其人果号泣而至，生迎谓曰：“求尔金邪？”为指其处。其人喜跃，以一金谢。先生笑却之曰：“不取尔数十金，乃取尔一金乎？”客且惭且谢，随至先生家，无少长咸遍拜而去。

岑太夫人尝绩窗下，先生从旁坐读书。时邑中迎春，里儿皆竞呼出观，先生独安读书不辍。太夫人谓曰：“若亦暂往观乎？”先生曰：“大人误矣，观春何若观书？”太夫人喜曰：“儿是也，吾言误矣。”

年十一，从里师钱希宠学。初习对句；月余，习诗；又两月余，请习文。数月之后，学中诸生尽出其下。钱公叹异之曰："岁终吾无以教尔矣。"县令呵从到塾，同学皆废业拥观，先生据案朗诵若无睹。钱奇之，戏谓曰："尔独不顾。令即谓尔倨傲，呵责及尔，且奈何?"先生曰："令亦人耳，视之奚为？若诵书不辍，彼亦便奈呵责也?"钱因语竹轩公曰："公子德器如是，断非凡儿。"

十四岁时，尝与亲朋数人读书龙泉山寺。寺旧有妖为祟。数人者皆富家子，素豪侠自负，莫之信；又多侵侮寺僧，僧甚苦之。信宿妖作，数人果有伤者。寺僧因复张皇其事，众皆失气，狼狈走归。先生独留居如常，妖亦遂止。僧咸以为异。每夜分，辄众登屋号笑，或瓦石撼卧榻，或乘风雨雷电之夕，奋击门障。僧从壁隙中窥，先生方正襟危坐，神气自若。辄又私相叹异。然益多方试之，技殚，因从容问曰："向妖为祟，诸人皆被伤，君能独无恐乎？"先生曰："吾何恐?"僧曰："诸人去后，君更有所见乎？"先生曰："吾何见?"僧曰："此妖但触犯之，无得遂已者，君安得独无所见乎？"先生笑曰："吾见数沙弥为祟耳。"诸僧相顾色动，疑先生已觉其事，因徉谓曰："此岂吾寺中亡过诸师兄为祟邪?"先生笑曰："非亡过诸师兄，乃见在诸师弟耳。"僧曰："君岂亲见吾侪为之？但臆说耳。"先生曰："吾虽非亲见，若非尔辈亲为，何以知吾之必有见邪?"寺僧因具言其情，且叹且谢曰："吾侪实欲以此试君耳。君天人也，异时福德何可量?"至今寺僧犹传其事。

天顺壬午，先生年十七，以三礼投试邑中。邑令奇其文，后数日，复特试之。题下，一挥而就。令疑其偶遇宿构，连三命题，其应益捷。因大奇赏，谓曰："吾子异日必大魁天下。"远迩争礼聘为子弟师。提学松江张公时敏考校姚士，以先生与木斋谢公为首，并称之曰："二子皆当状元及第，福德不可量也。"方伯祁阳宁公良择师于张公。张曰："但求举业高等，则如某某者皆可。必欲学行兼优，惟王某耳。"时先生甫逾弱冠，宁亲至馆舍讲宾主礼，请为其子师。延至家，湖湘之士翕然来从者以数十。在祁居梅庄别墅，墅中积书数千卷，先生昼夜讽诵其间，不入城市者三年。永士有陈姓者，闻先生笃学，特至梅庄请益。间取所积书叩之，先生皆默诵如流。陈叹曰："昔闻'《五经》笥'，今乃见之。"祁俗好妓饮，先生峻绝之。比告归，祁士以先生客居三年矣，乃秘两妓于水次，因饯先生于亭上，宿焉。客散，妓从秘中出。先生呼舟不得，撤门为桴而渡。众始叹服其难。

始，先生在梅庄，尝一夕梦迎春，归其家，前后鼓吹幡节，中导白土牛，其后一人舆以从，则方伯杜公谦也。既觉，先生以竹轩公、岑太夫人皆生于辛丑，谓白为凶色，心恶之，遂语诸生欲归，诸生坚留之。宁生曰："以纮占是梦，先生且大魁天下矣。夫牛，丑属也，谓之一元；大武辛金属，其色白；春者，一岁之首也，世以状元为春元，先生之登，其在辛丑乎。故事送状元归第者，京兆尹也，其时杜公殆为京兆乎?"先生以亲故，遂力辞而归。舟过洞庭，阻风君山祠下，因入祠谒。祝者迎问曰："公岂王状元邪?"先生曰："何从知之?"祝者曰："畴昔之夕，梦山神曰：'后日薄暮有王状元来。'吾以是知之。"先生异其言，与梅庄之梦适相协，因备纪其事。自是先生连举不利，至成化庚子，始以第二人发解。明年辛丑，果状元及第。杜公为京兆，悉如其占云。

是岁授官翰林院修撰。甲辰廷试进士，为弥封官。丁未，充会试同考官。弘治改元，与修《宪庙实录》，充经筵官。己酉，秩满九载，当迁。闻竹轩疾，即移病不出。当道使人来趣，亲友亦交劝之且出迁官，若凶闻果至，不出未晚也。先生曰："亲有疾，已不能匍匐归侍汤药，又逐逐奔走为迁官之图，须家信至，幸而无恙，出岂晚乎？"竟不出。

庚戌正月下旬，竹轩之讣始至，号恸屡绝。即日南奔，葬竹轩于穴湖山，遂庐墓下。墓故虎穴，虎时时群至。先生昼夜哭其傍，若无睹者。久之益驯，或傍庐卧，人畜一不犯，人以为异。

癸丑，服满，升右春坊右谕德，充经筵讲官。尝进劝学疏，其略谓："贵缉熙于光明。今每岁经筵不过三四御，而日讲之设，或间旬月而始一二行，则缉熙之功，无亦有间欤？虽圣德天健，自能乾乾不息，而宋儒程颐所谓涵养本原，熏托德性者，必接贤士大夫之时多，而后可免于一暴十寒之患也。"上然其言，御讲日数。

丙辰三月，特命为日讲官，赐金带四品服。四月，以选正人端国本，公卿会推为东宫辅导。戊午三月，又命兼东宫讲读，眷赐日隆。是岁，奉命主顺天府乡试。辛酉，又奉命主应天乡试。壬戌，升翰林院学士，从四品俸。寻命教庶吉士鲁铎等。继又命与纂修《大明会典》。逾年书成，升詹事府少詹事，兼翰林院学士。五月，复命与编《通鉴纂要》。六月，升礼部右侍郎，仍兼日讲。上以先生讲释明赡，故特久任。是岁冬，命祭江淮诸神，乞便道归省。还朝以岑太夫人年迈屡疏乞休，以便色养，不允。寻升礼部左侍郎。

明年，武宗皇帝改元。贼瑾用事，呼吸成祸福，士大夫奔走其门者如市，先生独不之顾。时先生元子今封新建伯方为兵部主事，上疏论瑾罪恶。瑾大怒，既逐新建，复迁怒于先生。然瑾微时尝从先生乡人方正习书史，备闻先生平日处家孝友忠信之详，心敬慕之，先生盖不知也。瑾后知为先生，怒稍解。尝语阴使人，谓于先生有旧，若一见可立跻相位，先生不可。瑾意渐拂。丁卯，升南京吏部尚书。瑾犹以旧故，使人慰之曰："不久将大召。"冀必往谢，先生又不行。瑾复大怒。然先生乃无可加之罪，遂推寻礼部时旧事与先生无干者，传旨令致仕。先生闻命忻然，束装而归，曰："吾自此可免于祸矣。"

既而，有以同年友事诬毁先生于朝者，人咸劝先生一白。先生曰："某吾同年友，若白之，是我讦其友矣。是焉能浼我哉？"竟不辨。后新建复官京师，闻士夫之论，具本奏辨。先生闻之，即驰书止之曰："是以为吾平生之大耻乎？吾本无可耻，今乃无故而攻发其友之阴私，是反为吾求一大耻矣。人谓汝智于吾，吾不信也。"乃不复辨。

历事三朝，惟孝庙最知。末年尤加眷注，屡因进讲，劝上勤圣学，戒逸豫，亲仁贤，远邪佞。上皆虚心嘉纳。故事，讲官数人当直者，必先期演习，至上前犹或慌张失措。先生未尝预习，及进讲，又甚条畅。一日，上已幸讲筵，直讲者忽风眩仆地。众皆逌遽，共推先生代，先生从容就案，展卷敷析，尤极整暇。众咸服其器度。内侍李广方贵幸，尝于文华殿讲《大学衍义》，至唐李辅国与张后表里用事，诸学士欲讳不敢言，先生特诵说朗然，开讽明切。左右闻者皆缩头吐舌，而上乐闻不厌。明日罢讲，命中官赐食。中官密语先生云："连日先生讲书明白，圣心甚喜，甚加眷念。"先生自庆知遇，益用剀切。上亦精勤弥励。讵意孝庙升遐，先生志未及行，亦偃蹇而归矣。天道如斯，呜呼悲夫！

先生气质醇厚，平生无矫言饰行，仁恕坦直，不立边幅。与人无众寡大小，待之如一。谈笑言议，由衷而发，广庭之论，入对妻孥，曾无两语。人有片善，称之不容口。有急难来控者，恻然若身陷于沟阱，忘己拯救之，虽以此招谤取嫌，亦不恤。然于人有过恶，亦直言规切，不肯少回曲，以是往往反遭嫉忌，然人亦知其实心无他，则亦无有深怨之者。先生才识宏达，无所不可，而操持坚的，屹不可动。百务纷沓，应之沛然，未尝见其有难处之事。至临危疑震荡，众多披靡惶恐，而先生毅然卓立，然未尝以此自表现，故人之知者罕矣。为诗文皆信笔立就，不事雕刻，但取词达而止。所著有《龙山稿》、《垣南草堂稿》、《礼经大义》诸书。《杂录》、《进讲余抄》等稿，共四十六卷。

先生孝友出于天性，禄食盈余，皆与诸昆弟共之，视诸昆弟之子不啻己出。竹轩公及岑太夫人色爱之养，无所不至。太夫人已百岁，先生亦寿逾七十矣，朝夕为童子色嬉戏左右，抚摩扶掖，未尝少离。或时为亲朋山水之邀，乘舟暂出，忽念太夫人，即蹙然反棹。及太夫人之殁，寝苫蔬食，哀毁逾节，因以得疾。逮葬，跣足随号，行数十里，于是疾势愈增。病卧逾年，始渐瘳，然自是气益衰。

先生素闻宁濠之恶，疑其乱，尝私谓所亲曰："异时天下之祸，必自兹人始矣。"令家人卜地于上虞之龙溪，使其族人之居溪傍者买田筑室，潜为栖遁之计。至是正德己卯，宁濠果发兵为变。远近传闻骇愕，且谓新建公亦以遇害，尽室惊惶，请徙龙溪。先生曰："吾往岁为龙溪之卜，以有老母在耳。今老母已入土，使吾儿果不幸遇害，吾何所逃于天地乎？"饬家人勿轻语动。又而新建起兵之檄至，亲朋皆来贺，益劝先生宜速逃龙溪。咸谓新建既与濠为敌，其势必阴使奸人来不利于公。先生笑曰："吾儿能弃家杀贼，吾乃独先去以为民望乎？祖宗德泽在天下，必不使残贼覆乱宗国，行见其败也。吾为国大臣，恨已老，不能荷戈首敌。倘不幸，胜负之算不可期，犹将与乡里子弟共死此城耳。"因使趣郡县宜急调兵粮，且禁讹言，勿令摇动。乡人来窃视先生，方晏然如平居，亦皆稍稍复定。不旬月，新建捷至，果如先生所料，亲朋皆携酒交庆。先生曰："此祖宗深仁厚泽，渐渍人心，纪纲法度，维持周密，朝廷威灵，震慑四海，苍生不当罹此荼毒。故旬月之间，罪人斯得，皆天意也。岂吾一书生所能办此哉？然吾以垂尽之年，幸免委填沟壑，家门无夷戮之惨，乡里子弟又皆得免于征输调发，吾儿幸全首领，父子相见有日，凡此皆足以稍慰目前者也。"诸亲友咸喜极，饮尽欢而罢。

已而，武庙南巡，奸党害新建之功，飞语构陷，危疑汹汹，旦夕不可测。群小侦伺，旁午于道。或来先生家，私籍其产宇丁畜，若将抄没之为。姻族皆震撼，莫知所出。先生寂若无闻，日休田野间，惟戒家人谨出入，慎言语而已。辛巳，今上龙飞，始下诏宣白新建之功，召还京师，新建因得便道归省。寻进南京兵部尚书，封新建伯。遣行人赍白金文绮慰劳新建。遂下温旨存问先生于家，兼有羊酒之赐。适先生诞辰，亲朋咸集，新建捧觞为寿。先生蹙然曰："吾父子不相见者几年矣。始汝平寇南赣，日夜劳瘁，吾虽忧汝之疾，然臣职宜尔，不敢为汝忧也。宁濠之变，皆以汝为死矣，而不死；皆以事为难平矣，而卒平。吾虽幸汝之成，然此实天意，非人力可及，吾不敢为汝幸也。谗构朋兴，祸机四发，前后二年，岌乎知不免矣。人皆为汝危，吾能无危乎？然于此时惟有致命遂志，动心忍性，不为无益，虽为汝危，又复为汝喜也。天开日月，显忠遂良，穹官高爵，滥冒封赏。父子复相见于一堂，人皆以为荣，吾谓非荣乎？然盛者衰之始，福者祸之基，虽以为荣，复以为惧也。夫知足不辱，知止不殆，吾老矣，得父子相保于牖下，孰与犯盈满之戒，覆成功而毁令名者邪？"新建诜而跽曰："大人之教，儿所日夜切心者也。"闻者皆叹息感动。于是会其乡党亲友，置酒燕乐者月余。岁且暮，疾复作，新建率其诸弟日夜侍汤药。壬午正月，势转剧。二月十二日己丑，终于正寝。享年七十有七。临绝，神识精明，略无昏愦。时朝廷推论新建之功，进封先生及竹轩、槐里，皆为新建伯。是日部咨适至，属疾且革。先生闻使者已在门，促新建及诸弟曰："虽仓遽，乌可以废礼？尔辈必皆出迎。"闻已成礼，然后偃然瞑目而逝。

先生始致政归，客有以神仙之术来说者。先生谢之曰："人所以乐生于天地之间，以内有父母、昆弟、妻子、宗族之亲，外有君臣、朋友、姻戚之懿，从游聚乐，无相离也。今皆去此，而槁然独往于深山绝谷，此与死者何异？夫清心寡欲，以怡神定志，此圣贤之学所自有。吾但安乐委顺，听尽于天而已，奚以长生为乎？"客谢曰："神仙之学，正谓世人悦生恶死，故其所欲而渐次导之。今公已无恶死悦生之心，固以默契神仙之妙，吾术无所用矣。"先生于异道外术一切奇诡之说，廓然皆无所入。惟岑太夫人稍崇佛教，则又时时曲意顺从之，亦复不以为累也。

先生既归，即息意邱园，或时与田夫野老同游共谈笑，萧然形迹之外。人有劝之，宜且闭门养威重者。先生笑曰："汝岂欲我更求作好官邪？"性喜节俭，然于货利得丧，曾不以介意。尝构楼居十数楹，甫成而火，赀积为之一荡。亲友来救焚者，先生皆一一从容款接，谈笑衎衎如平时，略不见有仓遽之色。人以是咸叹服其德量云。

先生元配夫人郑氏，渊靖孝慈，与先生共甘贫苦。起微寒，躬操井臼，勤纺织以奉舅姑，既贵而恭俭益至。寿四十九，先先生三十六年卒。继室赵氏，封夫人。侧室杨氏。子四人：长守仁，郑出，南京兵部尚书，封新建伯；次守俭，杨出，太学生；次守文，赵出，郡庠生；次守章，杨出。一女，赵出，适南京工部都水郎中同邑徐爱。始郑夫人殡郡南之石泉山，已而有水患，乃卜地于天柱峰之阳而葬先生焉。

深，先生南畿所录士也。暨于登朝，获从班行之末，受教最深，又辱与新建公游处，出入门墙最久。每当侍侧讲道之际，观法者多矣。正德壬申秋，以使事之余，迂道拜先生于龙山里第。扁舟载酒，相与游南镇诸山，乃休于阳明洞天之下。执手命之曰："此吾儿之志也。大业日远，子必勉之。"临望而别。呜呼！深鄙陋无状，不足以窥见高深，然不敢谓之不知先生也。谨按王君琥所录行实，泣而叙之，将以上于史官，告于当世之司文柄者，伏惟采择焉。

（录自［明］王守仁《王文成全书》卷三十七）

（明）陈鎏《皇明历科状元录》卷三·成化十七年辛丑状元王华 方伯祁阳宁公良以书币聘予为其子竑讲学，乃自浙抵祁阳，居于梅庄书屋。明年己未，谢公状元及第，宁公以书来贺曰："先生与谢君齐名于时，谢君及第，此亦汇进之兆也。"华阅书谓竑曰："尊公此言慰予客中落寞之怀耳，岂真谓予能然？"置书于箧中，初亦不念动也。是夜予就寝，忽梦归吾邑，如童稚时逐众迎春东郭门外。众舁白色土牛一，覆以赭盖旌纛幡节，鼓吹前导。方伯昌黎杜公肩舆随于后，自东门入，至予家乃止。既寤，未解所梦。质明，是为端阳前一日。竑侍予晨馐，因语之梦。竑俯不应久之，屈指轮回者再作而曰："是状元之兆也。家君之贺非诬矣。"余曰："何？"竑曰："牛一元大武也。春，岁之首而试之期也。状元亦谓春元也。金色白，其神为辛。牛之神，丑也。中之岁，其以辛丑乎？"余曰："鼓吹前导者何？"曰："是所谓伞盖仪从送归第者也。"余曰："奚为而杜公随之？"曰："以伞盖从者实京兆尹。是岁也，京兆尹其杜公乎？"余闻而笑曰："嘻！有是哉？子之言殆隍中之鹿也。"竑遂请为记。余曰："征而为之其既晚乎？"竑乃私识于《礼》经之卷末，以复余曰："愿先生无忘今日之言。"余曰："诺。"岁丁酉，余复黜于主司，奔走江湖，梦之舛妄不复记忆。庚子，乃领荐乡闱。明年辛丑，试春官得隽入奉，临轩之对，果叨进士第一。传胪毕，承制送予归长安私第者果杜公也。一时湖湘章逢之士遂盛传是梦，竑乃易扁"梅庄书屋"为"瑞梦堂"，而数书请如约为记。余惟昼之所思，夜之所梦。商宗之梦传说思得良弼也，孔子之梦周公思行其道也。近世科目之士虽以状元及第为荣，而余之心思则未尝及此。然此梦征于六年之后，若合符节，一毫不爽，岂所谓祯祥之先见者耶？余自及第迄今，具员侍从，几二十年，曾未能如传如周对扬明天子之休命，顾徒夸翊于一梦之荣以为瑞而记之，亦且陋矣。第以塞竑之请，且以见夫人之穷通迟速，固有一定之数而不可以趋避为也。竑占是梦，人称其颖悟云。

姚江如带，江锁有山。人文在宋，山京启元。王谢齐奋，厥词济贤。谢有鼎科，王则道宣。公似子掩，匪借子传。

（明）顾祖训原编、（明）吴承恩增补、（清）陈枚续补《状元图考》卷二·状元王华 成化十七年辛丑，廷试赵宽等三百人，擢王华第一。

按，王华，字德辉，号龙山，浙江余姚人。华家素贫，尝访亲于杭，同舟有五庠生讲论，华哂之。庠生怪问，华破其讲非是。众初甚忽之，及闻其言，遂加敬，延于家教授，四方争延讲《礼》经。偶书宋朝家法过汉唐八事于扇，及殿试命是题，敷衍详悉，擢第一，官至礼尚书，致仕。子守仁，封新建伯，封父如其爵。年七十七卒。

《状元奇异编》：先梦迎春，郭外众舁白牛，鼓吹至华家。解者曰："状元，春元也。金色白，其神为辛。牛之属丑。先生其辛丑状元乎？"后果然。

（明）俞汝楫《礼部志稿》卷五十六·侍郎王华 王华，字德辉，浙江余姚县人。成化辛丑状元及第，授翰林院修撰。预修《宪庙实录》，进左春坊谕德，充经筵日讲官，选侍东宫讲读，升翰林院学士。主考两京乡试，升詹事府少詹事，教习庶吉士。预修《大明会典》、《通鉴纂要》，升礼部左侍郎、南京吏部尚书。忤逆瑾，遂传奉致仕，家居十余年卒。子守仁平逆濠有功，封新建伯，赠华如子爵，命给祭葬如例。华才识宏达，操持坚定，为礼部时，方贼瑾用事，士大夫争奔走其门，华独不之顾。子守仁方为兵部主事，上疏论瑾罪恶，瑾怒，逐守仁，顾素敬慕华，不辄迁怒，间以语人讽："若一见，内阁之位可立跻。"华不往。及转南京，瑾又使人言华："不久当召用。"冀得往谢，华竟不往。其生平大节如此。

（明）过庭训《明分省人物考》卷四十九·浙江绍兴府一·王华 （存目）

（清）汤斌《拟明史稿》卷十五·列传二十四·王华 （存目）

（清）阎湘蕙《明鼎甲征信录》卷二·王华 （存目）

科　第

（一）乡试

（明）张弘道、张凝道《皇明三元考》卷七·成化十六年庚子科解元 浙江（时考官取王华为首，监临谢御史嫌华白衣，乃更旻，而王华为第二。王、李相继中状元，可谓知人矣）。

（清）沈翼机等《浙江通志》卷一百三十六·选举十四·明·举人·成化十六年庚子科 王华（余姚儒士，辛丑状元）。

（二）会试、殿试

辛丑科（成化十七年）**状元策** （存目。参见［明］焦竑辑，［清］胡任兴增辑《历科廷试状元策》卷一）

（明）张朝瑞《皇明贡举考》卷五·（辛丑）**成化十七年会试** 中式举人三百名：赵宽，南直隶吴江县人，监生，《书》。孙交，湖广安陆州人，监生，《礼记》。王敞，应天府学生，《诗》。陈宣，浙江平阳县人，监生《易》。欧阳旦，江西安福县人，监生，《春秋》。

三月十五日，临策天下贡士，制曰：朕祗奉丕图，究惟化理，欲追三代以底雍熙，不可不求定论焉。夫三代之王天下，必有纪纲法度，然后可以言治。而议者乃谓三代之治在道不在法，岂□无所用乎？圣王立法必有名以表实，然后可以传远，而议者咸谓三代之法贵实不贵名，岂名非所先乎？治不在法，则继以仁政之说似戾。法不贵名，则必也正名之说似迂。二者将何所从也？嗣是称治者莫过于汉唐宋。汉大纲正于父子君臣之道盖得矣，而其治何以不能继？夫周七制之君，知重道者孰优乎？唐万目举如田赋兵刑之法近实矣，而其治何以不相远于汉三宗之内，能守法者孰贤乎？至宋则大纲正，万目未尽举，似于唐不及，然又谓其家法有远过汉唐，足以致太平者八事，而并指其君之贤，其说又何所据也？夫法不徒行名，不苟立古之人，心有处乎此者，而后世获效之不同，如彼何也？兹朕于道必欲探其精微之蕴，于法必欲参其制作之详，于所谓名与实者，必欲考求三代之所以相须而治，汉唐宋之所以不相须而治，不古若者，庶几取舍明而跻世雍熙可期也。诸生学古通今，出膺时用，必审知之矣，其各悉心以对，毋略毋泛，朕将采而行焉。

（时廷对之士二百九十八人，赐王华等进士及第出身有差。华偶书宋朝家法过汉唐八事于扇，及殿试命是题，敷衍详悉，擢第一，官至南京礼部尚书。子守仁，弘治己未举会试第二，为名臣……）

第一甲三名赐进士及第：王华，浙江余姚县。黄珣，浙江余姚县。张天瑞，山东清平县。

（明）张弘道、张凝道《皇明三元考》卷七·成化十七年辛丑科大魁　状元王华（浙江余姚人，字德辉，号海日。生而警敏，读书过目不忘。六岁与群兄戏水滨，见一客濯足，遗其所提囊，取视之，数十金也。华以投水中，坐守之。少顷，其人号泣而至，华迎谓曰："求尔金耶?"为指其处，其人喜以一锭为谢，却不受。年十四，读书龙泉山寺，故有妖物为祟，能伤人，同业者皆畏去，华独留居，妖亦浸灭。庚子年三十五，以儒士中第二名，历官礼部侍郎。武庙嗣位，逆瑾窃柄，士夫争奔走其门，华独不往，瑾衔之，迁南京吏部尚书，勒令致仕，卒年七十七。后以子守仁贵，赠新建伯。所著有《龙山稿》、《进讲余抄》等稿藏于家。四世祖性常，广东参议，峒苗为乱，不屈死之。高祖彦达，裹父尸自苗壤归葬，痛父死忠，终身不仕，人称孝子。曾祖与准，精《易》理，尝筮得震之大有，知后世当兴。祖世杰，岁贡生。子守仁，弘治己未进士，以平宸濠功，封新建伯，世袭，时华尚无恙，远近荣之。守仁累疏乞归省父，归月余而华卒。守文，嘉靖丁酉举人。从孙正思，己丑进士，知府）。

又　二品：王华（吏部尚书）。

（明）张弘道、张凝道《科名盛事录》卷一·元魁盛事·儒士高科　余姚王状元华（庚子、辛丑联科）。

（清）沈翼机等《浙江通志》卷一百三十一·选举九·明·进士·成化十七年辛丑

科王华榜　王华（余姚人。状元。吏部尚书）。

（清）张廷玉等《明史》卷十四·本纪第十四·宪宗二　（成化十七年春）三月辛卯，赐王华等进士及第出身有差。

仕　宦

（明）张弘道、张凝道《科名盛事录》卷五·官爵盛事·父子尚书　余姚王华（成化辛丑进士。大宗伯），子守仁（弘治己未进士。大司马）。

（明）雷礼《国朝列卿纪》卷十八·詹事府少詹事年表　王华（浙江余姚人。成化辛丑进士。弘治十六年任。兼学士。本年升礼侍。历南京吏部尚书）。

又，卷二十·翰林院学士讲读学士年表　王华（浙江余姚人。进士。弘治十五年，任翰林学士。十六年，升礼部侍郎。历南京吏部尚书）。

又，卷二十七·南京吏部尚书年表　王华（浙江余姚人。状元。正德三年任）。

又，卷四十四·礼部左右侍郎年表　王华（浙江余姚人。进士。弘治十六年右。正德元年左。三年升南京吏部尚书）。

（清）谷应泰《明史纪事本末》卷四十二　（弘治）五年春二月，右谕德王华上疏，略曰："每岁经筵不过三四御，而日讲或间旬月始一行，则缉熙之功，毋乃或间？虽圣德天健，自能乾乾不息，而宋儒程颐所谓涵养本源、熏陶德性者，必接贤士大夫之时多，宦官宫妾之时少，后可免于一暴十寒之患。"上嘉纳之。

又　（弘治）九年闰三月，谕德王华日讲文华殿，讲唐李辅国与张后表里用事。时内侍李广方贵幸，招权纳贿，华讽上。上乐闻之，命中官赐食。

（明）雷礼《国朝列卿纪》卷十八·詹事府少詹事行实·王华　（存目）

又，卷二十七·南京吏部尚书行实·王华　（存目）

又，卷四十四·礼部左右侍郎行实·王华　（存目）

轶　事

（明）焦竑《玉堂丛语》卷六·科目　王华在塾，尝一夕梦迎春，归其家，前后鼓吹幡节，中导白土牛，其后一人舆以从，则方伯杜谦也。既觉，以竹轩公、岑大夫人皆生于辛丑，谓白为凶色，心恶之。遂语诸生欲归，诸生坚留之，宁生曰："以竑占是梦，先生且大魁天下矣。夫牛，丑属也，谓之一元大武。辛，金属，其色白。春者一岁之首也，世以状元为春元，先生之登，其在辛丑乎？故事，送状元归第者，京兆尹也，其时杜公殆为京兆乎？”辞归，舟过洞庭，阻风君山祠下，因入祠谒。祝者迎问曰：“公岂王状元耶？”华曰：“尔何从知之？”祝者曰：“畴昔之夕，梦山神曰，后日薄暮有王状元来，吾以是知之。”华异其言，与梅庄之梦适相协。

又，卷七·夙惠 王华六岁，与群儿戏水滨，见一客来濯足，以大醉去，遗所提囊。取视之，数十金也。公度其醒必复来，恐人持去，以投水中，坐守之。少顷，其人果号而至，公迎谓曰：“求尔金耶？”为指其处。其人喜，以一铤为谢，却不受。

（清）沈翼机等《浙江通志》卷二百八十·杂记下 《玉剑尊闻》：“有以王华同年事诬毁华者，人谓华当速白。王曰：‘若白之，是我讦吾同年友矣。是焉能浼我哉？’竟不辨。华四世祖性，广东参议，峒苗为乱死之。曾祖与准精于《易》，尝筮《易》得震之‘大有’，曰：‘吾后再世其兴，兴其久乎？’”

著　　作

（清）黄虞稷《千顷堂书目》卷二·三礼类 王华《礼记大义》。

又，卷二十·别集类成化辛丑科（十七年） 王华《垣南草堂稿》，又《龙山稿》，又《读书杂录》，共四十六卷（字德辉，余姚人，一甲第一人，南京礼部尚书）。

（清）沈翼机等《浙江通志》卷二百四十九·经籍九·集部二·别集·明 《龙山稿》十五卷、《读书杂录》二十卷、《垣南草堂稿》十卷(《余姚县志》：王华著。字德辉)。

杂　　录

（明）湛若水《阳明先生墓志铭》 读《世系状》云云，曰：公出于龙山状元大宗伯公华。大宗伯公出于赠礼部侍郎竹轩公天叙。竹轩公出于太学生赠礼部侍郎槐里公杰。槐里公出于遁石公与准，厥有《礼》、《易》之传。遁石公出于秘湖渔隐公彦达。秘湖出于性常公纲，有文武长才，与括苍刘伯温友善，仕为广东参议，死难也。推其华胄遥遥，远派于晋高士羲之，光禄大夫览焉。曰：“公其有所本之矣！”夫水土之积也厚，其生物必蕃，有以也夫。

（录自［明］王守仁《王文成全书》卷三十七）

（明）黄绾《阳明先生行状》　（王守仁）祖讳天叙，号竹轩，封翰林院编修，赠礼部右侍郎。祖妣岑氏，封太淑人。父讳华，成化辛丑状元及第，官至南京吏部尚书，封新建伯。妣郑氏，封孺人，赠夫人。继母赵氏，封夫人。郑氏孕十四月而生公。

诞夕，岑太淑人梦天神抱一赤子乘云而来，导以鼓乐，与岑。岑寤而公生，名曰云。六岁不言。一日，有僧过之，摩其顶曰："有此宁馨儿，却叫坏了。"龙山公悟，改今名，遂言，颖异顿发。

年十一，竹轩翁携之上京，过金山，作诗曰："金山一点大如拳，打破维扬水底天。醉倚妙高台上月，玉箫吹彻洞龙眠。"有相者谓塾师曰："此子他日官至极品，当立异等功名。"

年十三，侍龙山公为考官，入场评卷，高下皆当。性豪迈不羁，喜任侠。畿内石英、王勇，湖广石和尚之乱，为书将献于朝，请往征之。龙山公力止之。

……

明年（弘治十三年），授刑部主事，差往淮甸审囚，多所平反，复命。日事案牍，夜归必燃灯读《五经》及先秦、两汉书，为文字益工。龙山公恐过劳成疾，禁家人不许置钉书室。俟龙山公寝，复燃，必至夜分，因得呕血疾。

（录自［明］王守仁《王文成全书》卷三十七）

（明）张弘道、张凝道《皇明三元考》卷八·弘治十二年己未科大魁　名臣：王守仁（余姚人，字伯安，成化辛丑状元王华子也。正德初，官兵部主事。时逆瑾窃柄，擅逮南给事中戴铣等下狱，守仁疏论救，瑾怒，矫诏廷杖，谪贵州龙场驿丞。闭户讲读，民夷化之。瑾诛，累迁南鸿胪寺卿，日以讲学为事，学者云集。寻升南赣巡抚，会宸濠反，与吉安知府伍文定起兵勤王，俘宸濠。嘉靖初，擢兵部尚书，封新建伯。值广西思、田土官岑猛等乱，命守仁总制军务。至则撤防兵，谕威信，贼党卢苏、王受来降，思、田平。又按视断藤、八寨诸峒贼巢，相机抚剿，设县治，增城堡，事甫竣，归卒于途。守仁天资绝伦，以斯道为己任，以圣人为必可学而至，体认既久，遂悟本真，直窥堂奥，真所谓天生豪杰也）。

又　一品：王守仁（新建伯）。

（清）张廷玉等《明史》卷一百五十九·列传第四十七·杨继宗　尝监乡试得二卷，具朝服再拜曰："二子当大魁天下，吾为朝廷得人贺耳。"及拆卷，王华、李旻也，后果相继为状元。人服其鉴。

成化二十年（1484）甲辰科状元李旻

传　记

（明）李贤等《明一统志》卷三十八·杭州府·人物·本朝　李旻（钱塘人。成化末登进士，廷对擢第一，授修撰。历两京国子祭酒，明习典礼，振举师模，仕至南京吏部侍郎）。（《省志》）

（明）陈鎏《皇明历科状元录》卷三·成化二十年甲辰状元李旻　廷对之士储巏等三百人，擢李旻第一。

李旻，字子阳，号东崖，钱塘人。为诸生有才名。当壬子大比，不利于有司。时科试已逼，旻拥典学之舆而言曰："解元尚未与取数，若遗才之路不开，场中安得有解元也？"主司许之，果登解元。后三年及第状元，时年三十九。由翰林修撰升左春坊左谕德、翰林院侍讲、太常寺卿，管国子祭酒事，进礼部左侍郎，卒。

旻明达史学，尝云："莽、操、温、卓皆篡弑贼也。《纲目》于魏书太祖，于梁亦书太祖，于新独斥之为莽者，实录也。各因当时之文也。新者，国也。莽者，名也。魏、梁之继世，皆有天下，庙号偃然，而莽死于乱兵之手，美恶无谥，将从何书，书其国系之名尔。此《春秋》据事直书例也。"其言甚有理。（《西湖志余》）

会试后面色紫黑，多谓晦滞，遇一僧相曰："是乌龙罩紫，殿荐必首。"此则相入神矣。（张千山《状元事记》）

旻赴会试，至京谒大宗伯周公洪谟于私第，令使通曰："浙江李解元求见。"公从容出问曰："秀才是解元耶？"旻曰："然。"洪谟复曰："就以'浙江解元'为题烦破之。"旻愧谢。洪谟曰："称之似易，破之似难。"前辈裁抑后进，其从容如此，旻当终身省之。（《客座新闻》）

癸卯冬，赴春闱，友人钻懋坚作《正宫·谒金门》送之，词曰："人舣画舡，马鞁上锦鞯，催赴琼林宴。塞鸿声里暮秋天，绿酒金杯劝。留意方深，离情渐深，到京庭中选。今秋是解元，来春是状元，拜舞在金銮殿。"已而，子阳果魁天下。（田汝成《西

湖志余》）

昊与王华同庚，而长三十五日。庚子同登乡荐，考官取华为解首，监临谢御史嫌华白衣，乃更李。李、王皆营膳所正班，班主文者梦中得“一举中双元”之句，以为必无此事。后相继首擢，因口号记验云：“或疑余所梦，无有一双元。连验龙头选，方知不妄言。”（《状元记事》）

维李与王，降神同岁。秋榜齐升，李元王次。殿元继登，李先王嗣。其品孰优？李优才致。其学孰深？王深造诣。亚卿位尊，春卿秩贵。间气攸钟，匪曰幸致。韩虽嗣兴，眇哉罕俪。

（明）顾祖训原编、（明）吴承恩增补、（清）陈枚续补《状元图考》卷二·状元李旻 成化二十年甲辰，廷试储巏等三百人，擢李旻第一。

按，李旻，字子阳，号东崖，浙江钱塘人。为诸生有才名。当庚子大比，不利于有司。时科试已逼，旻拥典学之舆而言曰：“解元尚未与取数，若遗才之路不开，场中安得有解元也?”主司许之，果登解元。后四年登状元，时年三十九。

《状元记事》：会式后面色紫黑，多谓晦滞，遇一僧相曰：“是乌龙罩紫，殿荐必首。”此则相人神矣。

（清）沈翼机等《浙江通志》卷一百五十八·人物一·名臣一·明 李旻（嘉靖《浙江通志》：字子阳，钱塘人。成化甲辰进士及第，授翰林修撰。历两京国子祭酒，明习典礼，振举师模，仕至南京吏部侍郎。白钺《李旻墓志》：旻贰南太常时，值孝陵水灾，遣朱辅代祭，几亵仪等。旻特疏于朝，遂定两京遣祭之仪）。

（明）过庭训《明分省人物考》卷四十三·浙江杭州府二·李旻 （存目）

科 第

（一）乡试

（明）张朝瑞《皇明贡举考》卷五·（庚子）成化十六年两京十三藩乡试 解元（是科□□□为浙江考官，取李旻第一，王华次之，后继登状元，可谓知人矣）：浙江李旻（钱塘县。《易》。甲辰）。

（明）张弘道、张凝道《皇明三元考》卷七·成化十六年庚子科解元 浙江李旻（钱塘人，字子阳，号东崖。治《易》。年三十九。甲辰状元，历两京国子祭酒。明习典礼，振举师模，盖亦不负科名云。仕至南京吏部侍郎。

时考官取王华为首，监临谢御史嫌华白衣，乃更旻，而王华为第二。王、李相继中状元，可谓知人矣）。

（明）张弘道、张凝道《科名盛事录》卷一·元魁盛事·两中元魁 钱塘李旻，成化庚子解元，甲辰状元。

（清）沈翼机等《浙江通志》卷一百三十六·选举十四·明·举人·成化十六年庚子科 李旻（钱塘人，甲辰状元）。

（二）会试、殿试

（明）张朝瑞《皇明贡举考》卷五·（甲辰）成化二十年会试 中式举人三百名：储巏，南直隶泰州学生，《诗》。姚文灏，江西贵溪县学增广生，《书》。华福，浙江余姚县人，监生，《易》。倪纲，应天府句容县人，监生，《春秋》。黄金，南直隶定远县人，监生，《礼记》。

三月初一日，临策天下贡士，制曰：朕闻治道之要有三，曰立志、责任、求贤。古帝王心法相传，理欲明辩，建官分职，贤俊毕登于斯，三者无不至矣。其君臣之间所以交相儆畏，与其事功之详，治化之盛，可历言欤？后世愿治之君，孰不以唐虞三代为法，然究其实，不能无疑，石渠讲经，连屏书事，崇儒有论，鉴古有记，立志笃矣。何躬修玄默，质任自然者，治效独优欤？公卿省寺两府台谏，兼摄有宜，总察有方，责任当矣。何日不暇给，役己利物者，功业独胜欤？郡国公府，皆得荐士，四科九品，随材甄擢，举贤博矣。何杖策相从，躬驾枉顾者，得人独异欤？之数君者，其所建立施为，果皆本于儆畏所致，抑亦随其才力所就而然欤？迹其事功治化，视唐虞三代，可能企及否欤？朕嗣守祖宗鸿业，夙夜祗勤，惟恐制治保邦，未尽其道，期于大小庶官，咸称厥任，穷陬蔀屋，罔有遗逸，如古帝王熙皞之世，果何修而致是欤？诸生博古通今之学，明习济时之务，其参酌内外本末，悉心以对，毋徒缪于见闻，而为故常之论。朕将资以裨治焉。

（时廷对之士三百人，赐李旻等进士及第出身有差。陈氏鎏评王华、李旻二状元："王深造诣，李优才致。"旻官至礼部左侍郎，是科李赞、李贡兄弟同登，后蔡清为理学名臣，储巏、邵宝、王云凤俱为名臣。）

第一甲三名赐进士及第：李旻，浙江钱塘县。白钺，直隶南宫县。王敕，山东历城县。

（明）张弘道、张凝道《皇明三元考》卷七·成化二十年甲辰科大魁 状元李旻（庚子浙江解元）。

又 解元中式：李旻（浙江）。

（清）张廷玉等《明史》卷十四·本纪第十四·宪宗二　（成化二十年春）三月庚寅，赐李旻等进士及第出身有差。

仕　宦

（明）雷礼《国朝列卿纪》卷三十·南京吏部左右侍郎年表　李旻（浙江钱塘人。状元。正二年任右。四年转左）。

又，卷一百三十六·南京太常寺少卿年表　李旻（浙江钱塘人，进士。弘治十六年①任）。

又，卷一百三十六·南京太常寺少卿行实　李旻，字子阳，浙江杭州府钱塘县人，成化甲辰进士第一。弘治十四年任。十五年命掌南京国子监事。历南京吏部左侍郎。详南京吏部。

又，卷一百六十·南京国子监祭酒年表　李旻（浙江钱塘人。进士。弘治十五年，以南京太常寺少卿，署监事。十七年，养母归）。

（明）雷礼《国朝列卿纪》卷三十·左右侍郎行实·李旻　（存目）

又，卷一百五十九·国子监祭酒行实·李旻　（存目）

又，卷一百六十·南京国子监祭酒行实·李旻　（存目）

轶　事

（明）郎瑛《七修类稿》卷四十七·事物类·鸟词兆元　吾杭吏部郎李子阳旻，号东崖，少有文名，未第。成化庚子秋试，八月二日，李与同辈人学晨参，忽五色一鸟飞入明伦堂，盘旋不去，诸生喧纵聚观，竟栖止于梁间，凡二日乃去。众以此殆文明之兆欤，东崖为诗庆之。“文采翩翩世所稀，讲堂飞上正相宜。定应览德来千仞，不但希恩借一枝。羡尔能如鸿鹄志，催人同上凤凰池。解元魁选皆常事，更向天衢作羽仪。”是岁，东崖果以《易》经发解，明年下第春官。癸卯冬，杭西城人琐懋坚，以《谒金门》词饯云：“人舣著画船，马披上锦鞯，催赴琼林宴。塞鸿声里暮秋天，绿酒金杯劝。留意方深，离情渐远，到京师应中选。今秋是解元，来春是状元，拜舞在金銮殿。”已而甲辰廷对，果魁天下。一鸟一词，岂非先兆欤？

（明）杨仪《明良记》卷一　李尚书旻初以省元入监，时丘琼台为大司成。李自通

---

①　疑有误，当为“弘治十四年”。

曰："浙江解元李旻见。"丘公怒其浅劣，令即用其语为题作破冒。李应声曰："以一省之名魁，谒天下之宗主。"丘公曰："不然。虚誉虽隆，而实德则病者，浙江解元李旻然也。"

（清）沈翼机等《浙江通志》卷一百九·祥异下 《杭州府志》：成化十六年，有五色鸟翔钱塘学宫。是年，李旻举解首，越三年大魁天下。

著 作

（清）黄虞稷《千顷堂书目》卷二十·别集类·成化甲辰科（二十年） 李旻《东崖集》四卷（字子阳，钱塘人。庚子解元，一甲第一人。礼部左侍郎）。

评 论

（明）焦竑《玉堂丛语》卷六·科目 李旻，字子阳，钱塘人，成化二十年进士及第一，授翰林修撰，历两京国子祭酒。明习典礼，振举师模，盖亦不负科名。仕至南京吏部侍郎。（浙江）

杂 录

（清）沈翼机等《浙江通志》卷二百三十五·陵墓一 明吏部侍郎李旻墓（万历《钱塘县志》：在八盘岭，正德九年谕祭）。

（清）张廷玉等《明史》卷一百五十九·列传第四十七·杨继宗 尝监乡试得二卷，具朝服再拜曰："二子当大魁天下，吾为朝廷得人贺耳。"及拆卷，王华、李旻也，后果相继为状元。人服其鉴。

成化二十三年（1487）丁未科状元费宏

传　记

（明）李贤等《明一统志》卷五十一·广信府·人物·本朝　费宏（铅山人，成化丁未进士第一，授翰林院修撰。靳贵谓其甫弱冠状元及第，入内阁年四十有五，在位多所匡正，卒以不合去。自国初及今，以状元位宰相，年与才俱茂而又得勇退之义者，亦不多得矣）。（《外史》）

（明）陈鎏《皇明历科状元录》卷三·成化二十三年丁未状元费宏　廷对之士程楷等三百五十一人，擢费宏第一。取庶吉士程楷等三十人。

费宏，字子充，号健斋，晚号湖东，江西铅山人。生而秀异，年数岁，书过目成诵。稍长，负文名，年十六与季叔瑞同领乡荐。甲辰试春官不利，卒业北雍，益肆力于学。丁未，举进士，为廷试第一人，年二十，授翰林院修撰。居官二月，以例得封其亲如己官，其伯父瑄亦以是月封其亲职兵员外，父子一时并荷恩数，人尤异之。宪庙上宾，预修《实录》。弘治庚戌，同考礼部试。辛亥，以疾告归。乙卯，复任。丙辰，皇太子出学，青宫诏简肃艾正人以俾劝讲，改左春坊左赞善。己未，丁外艰，有旨召修《通鉴纂要》，给驿北上。乙丑，九载考绩，升左谕德兼翰林侍讲。武庙嗣服，擢太常少卿兼侍读，以覃恩即得赠父如其官。丙寅，预修《孝庙实录》，且为经筵日讲官。丁卯，擢礼部右侍郎。己巳，进左侍郎，又以特旨赠祖父如其官，寻升礼部尚书。故事，九卿之长皆得侍经筵，上以春宫旧臣，自擢礼部皆兼日讲官如初，复赐玉带，皆异数也。又以覃恩赠祖父如其官。辛未正月，赠麒麟衣一袭。二月，知贡举，试院诸需旧皆取之顺天二县，民不堪用，且不给。议以各省乡试羡余俱令解部，转贮顺天库而取用之，诸用遂足。十二月，内阁员缺，命兼文渊阁大学士，入阁供事。时四川、江西、河南、山东群盗浸平，加太子太保、武英殿大学士。甲戌，赐蟒衣，进户部尚书，兼秩如故。宸濠有逆志，来请护卫，主于钱宁。疏下内阁，内侍问所以处分者，因极言濠跋扈不臣，将借护卫以为羽翼耳，不与之便。明日下兵部看详，本兵陆完遇宏于阙下，问所以覆奏者，宏曰："其护卫曾两革之矣，今可复与乎?"完曰："第恐不能不与也。"宏艴然而入，曰："公自主之。"既而竟与之。濠怨宏，钱宁亦怨之切，遂倾之，有旨令致仕。而从弟翰林编修宷亦罢职。抵家杜门谢客，惟筑楼一区，颜曰"至乐"，日课诸子读书其中。家居每为濠谋所构，至室庐积聚焚掠殆尽，侵毁其先墓，惨不可言。已而，濠发兵反，宏起义兵勤王事。平王守仁奏曰："当护卫之再请也，昌言明沮，已怀先事之忧。及逆谋之既成也，间道献策，又急勤王之义。"逾年，今上登极，甫旬日，诏起宏于家，至京，加少保，赐蟒衣三袭、玉带一束，以知经筵事。又赐玉带袭衣。是岁淮扬大水，山东、河南旱且蝗，条上救荒数十事，上嘉纳，俾所司奉行。太仆马多而羸，寄养于畿郡列县者，大为民累，请自今岁解马及价各减十之五。漕运轻赍，银余者不得仍贮京通二仓，漕卒勤苦，可令分给。上皆从之。大同卒叛，杀参将都御史，势颇汹汹。朝议，大举以讨之。宏曰："变出于激，不叛者固多也。讨之，胜则玉石俱焚，不胜则彼拒城抗命，损威伤重实多矣。"因请相机顺势，从容图之，镇城以安。乙酉郊祀，赐大红蟒衣一袭。《武庙实录》成，进少师兼太子太师，余秩如故，赐白金八十两，文绮六表里，罗衣一袭，鞍马一匹，赐宴礼部。时弟宷、从子懋中皆为翰林编修，预史事，进爵赐衣及宴如之，盖一家一时之盛云。上以御制《咏春诗》及四景律诗命宏等和，赐纯玉带一束、大红蟒衣一袭、白金五十两。《献皇帝实录》成，加正一品俸、华盖殿大学士，白金、文绮、袭衣、鞍马皆如前。又赐御制诗一章，以酬史劳。丁亥，乞归。乙未，有诏起用，至京未及朝见，寓东朝房，即荷御札咨访政事，遣中使劳问，赐以上尊珍馔，召见文华右室，赐银图书一，文曰"旧辅元臣"。又白金五十两、大红织金麒麟纱衣，赐游西苑，遍历新构诸别殿，每至一所，必驻辇顾问。一夕，陪祀归，奄逝，年六十八。所著有《自惭漫录》若干卷，士林称之。谥文宪。诸父瑄、珣、瑞皆举科第。弟宷，礼部尚书、少保。从子懋中，举进士第三人，翰林编修。子懋贤，进士，兵部郎中。(江汝璧《行状》)

初宏之上春官也，伯父瑄方以都水主事治吕梁，贻之书曰："汝脱下第，毋南归，宜入北监读书，丙午代还。"宏询之曰："伯父何以知宏之弗第，而必令入北监也?"瑄笑曰："此尔远到之兆也。吾尝梦汝入监领班签，签乃保相彭文宪公故物也。文宪尝游北监，中状元矣。汝第勉之。"至是果然，人咸异之。(江汝璧《行状》)

皇明大魁，年少惟费。官正秩宗，四帙初届。纶阁谟谋，断国大计。司马误从，诺其所冀。藩逆有迹，□胡可翼。岂不知祸？忠不可息。予而未久，变生肘腋。公既屏居，祸且叵测。捐家勤王，功在社稷。爰正鼎台，泰阶聿定。既归复出，讦谟定命。

宏《及第纪恩》诗云："鹓班济济听胪传，惊喜龙头属少年。明主拔才真十五，寒仁厚对策愧三千。百年拜舞天心悦，六字亲题御墨鲜。观榜共随仙乐出，文星灿烂晓云边。"又一首云："有诏南宫宴茂才，主筵仍遣上公来。需云散彩浮瑶席，湛露分香溢玉杯。天近帝居春似海，乐兼胡部鼓如雷。宫花斜压夸冠重，知是琼林醉后回。"

靳文僖贵序曰："公甫弱冠状元及第，入内阁年四十有五，在位多所匡正，卒以不合去。自国初至今，以状元位宰相者有矣，有年如公者乎？礼七十而致仕，或年已及犹未谢去，有去如公者乎？去如公者有矣，有年与才得如公者乎？”

得请家居，年未五十，日居小楼，名曰“至乐”。大学士王鏊寄题云：“横林特地起高楼，楼上书多拟邺侯。日与圣贤相对语，身于天地复何求？三峰有意当窗见，一水无声绕槛流。试问主人何所乐？本来无乐亦无忧。”

松江张鼒言于鏊曰：“鼒未第时，尝梦人谓曰，若登第在状元前。觉而思之，世岂有科名先状元者？吾殆无科名之望矣。及丁未会试，名在十五，铅山费宏十六。是科宏状元及第。计得梦时，宏尚未生也。”(《长语》)

宁远刘良中景泰丙子湖省乡试，既而十赴春闱，老倒衰白，人皆鄙之。尝自夸曰：“进士必为我有，第时未至耳。”凡赴试，必遍访天下举人姓费名宏者，久不得。成化丁未，闻有铅山费宏，至其邸饮酒沾醉，抚掌大笑曰：“今科状元必子。吾三十年前梦神告曰，汝登进士，必费宏作状元。累科觅子不见，今得之，实天使然。”逮廷试，宏果首选，良中三甲第八。良梦时，宏犹未生。良终蜀府长史。(《客坐新闻》)

年十六赴省试，考官阅卷，恍惚见总角童子，谓此乃少年状元也，遂以其卷置高等。及赴鹿鸣，俨如梦中之貌，弱冠果魁天下。(《状元记事》)

(明)顾祖训原编、(明)吴承恩增补、(清)陈枚续补《状元图考》卷二·状元费宏　成化二十三年丁未，廷试程楷等三百五十一人，擢费宏第一。

按，费宏，字子充，号健斋，江西铅山人。少而秀异，长负文名，年十六与季叔瑞同领乡荐。年二十，廷试第一。居官一月，以例得封亲如己官，其伯父瑄亦以是月封其亲职兵员外，父子一时并荷恩数，人尤异之。

《客坐新闻》：宁远刘良中丙子乡试，十赴春闱不利，凡试必遍访举人姓费名宏者，久不得。丁未，闻有铅山费宏，至其邸饮酒沾醉，抚掌大笑曰：“今科状元必子。吾三十年前梦神告曰，汝登进士，费宏作状元。累科觅子不见，今得之。”逮廷试，宏果首选，良中三甲。良梦时，宏犹未生。

乡试时，考官阅卷，恍惚梦总角童子，谓此少年状元也，遂以其卷置高等。及赴鹿鸣，俨如梦中之貌。靳文僖贵序曰：“公甫冠登状元，四十五入内阁，在位多匡正，卒以不合去，自国初至今，状元拜相者有矣，有年如公者乎？礼七十致仕，或年迈犹未谢去，有去如公者乎？如公者有矣，有年与才德如公者乎？”

(明)王世贞《嘉靖以来首辅传》卷一　费宏，字子充，广信之铅山人。少温茂，有才识，能文章。二十举进士第一，授翰林院修撰。预修《宪宗实录》垂成，而以疾请告，其长谓宏：“不少需俟恩命耶？”宏谢曰：“疾安能需也。”遂归，而史成仅有金帛赉。病已，守故官。选侍皇太子，改左春坊左赞善。连丁父母忧归，服除，以裁纂《通鉴》召满九载，拜左谕德兼翰林侍讲。皇太子即位，推恩进太常少卿兼侍读，预修《孝庙实录》，仍充经筵日讲。迁礼部右侍郎，转左侍郎，久之进尚书，日讲如故，赐玉带蟒衣。时逆瑾专于诸部，事多所更创。既诛而矫之，宏于礼部功为多。寻兼文渊阁大学士，预机务。中原群盗平，录一子锦衣卫千户，辞，乃进加太子太保、武英殿大学士，寻改兼户部尚书。

时瑾死，而锦衣帅钱宁暴贵，用事几如瑾，会得赠三代，夜使其私人以白金重彩馈宏，宏却之，再修它珍馈，又却之，以是惭恚。而宁王宸濠欲复其所削护卫，行万金钱宁。而谓宏其邻壤人也，时宏从弟寀为翰林编修，乃托寀行千金宏。寀却之，而以语宏。宏入内阁扬言曰："遍京师皆宁王金矣。且彼王者，虎也，而授之翼，可乎？予护卫不便。"已而，王疏下兵部，时兵部尚书陆完故善王，又以钱宁属之故。朝与宏遇，宏曰："护卫再削矣，不可复也。"尚书曰："如祖训何？"宏正色曰："公自为之，吾不与知也。"寻诏予宁王护卫。于是钱宁与王合而怨宏。居两月余，忽中旨诘宏以浮漫事，宏乃引咎乞休，遂并编修寀皆罢。宁使骑尾宏至临清，焚其副舟顷刻烬。宏归而里，居不入城府。其族子与乡之豪姓争地相仇，豪至南昌诉之台，使者不行。宁王乃要而授以指，俾入京上章，诬宏它罪下台。台之长彭泽诘豪而斥之，宁王益愧愤，使其私人佐豪，相率掘宏坟墓，毁其家。宏走之郡自系狱，仅得免。台为捕豪置理，而亡何宁王竟以反灭，钱宁亦坐交通诛，于是中外争荐宏，亡虑十余上。世宗之初即位，使使驰传，征宏入辅。陛见，慰喻再三，赐玉带蟒衣，进少保。时论翊戴功，廷和、冕、纪皆拟封伯爵，而宏世官锦衣卫指挥佥事，固辞，改荫正千户及七品文职，复辞。

宏始以忠节著，及再召用，天下想望风采。而会大礼议起，宏颇测知上意所向，凡廷和等三臣所持议，虽预名其间，不复为特疏。石珤最晚入，然亦有特疏。而上遂心德宏，议礼之臣桂萼、张璁辈亡所修怨矣。毛纪归，宏遂代之，寻进吏部尚书、谨身殿大学士。《孝宗实录》成，宏以总裁进少师兼太子太师。时故辅臣杨一清由边大帅召还，前已久为少傅，宏故超二等为少师，遂居一清上。又以《献皇帝实录》成，进华盖殿大学士，支正一品俸。萼、璁虽以当上心骤贵，而翰林诸臣皆贱之，不欲与共功名，宏亦不能异也，以故萼、璁为詹事兼学士，而两修《实录》、经筵日讲、主乡试、教习庶吉士皆抑弗得与，具员而已。萼、璁以是复恨宏甚于恨杨廷和。而是时上颇好赋诗，往往假宏润色，赏赐隆渥。至为御平台召对，手歌一章赐之，复命辑《倡和诗集》，署其官曰"内阁掌参机政辅导首臣"，一时以为荣，而萼、璁闻之不善也。萼至上言："诗文小技，非圣学所急，宏不当以此希恩宠。"报闻。于是萼、璁前后数上疏攻宏，大有所诽诋，宏亦自辩，因乞归，上温旨慰留而已，不以咎萼等。于是萼等益横，其所以攻宏甚口，宏亦不能抗。而是时诸阁臣独石珤谔谔，数以持议忤旨。锦衣卫革职百户王邦奇窥其端，乃追论故辅臣杨廷和等误甘肃边事，而宏与石珤为之党。既事白，乞休，上乃许之，俾驰驿归，而大臣致仕恩泽皆弗予。石珤疏辞小戆，上不悦，遂不得驰驿归而卒。

宏性宽和，与物无竞，又以引进僚属而抑萼、璁等，诸后进皆悦之，时时念宏不忘。家居者凡八年，而张璁已更名孚敬，居首揆矣。久而移病乞骸骨，上许之，乃使行人奉玺书即家起宏。宏遂星驰入，止朝房，上即遣中使劳以上尊御馔，询及时政，既入对，赐金币，且谕之曰："别卿久矣！喜再见卿，卿犹康健。宜尽心辅导，以称塞朕意。”自是顾问益周切。上在位久，明天下事，尝与宏论群臣才行皆当。宏辅政之二月所而以劳瘁疾骤发，一夕而卒，年六十有八。上为咨嗟久之，予祭及葬赙赐加等，赠太保，谥文宪。寀后亦至少保、礼部尚书，为上所宠信。当宏之再相也，寀为春坊赞善，从子懋中进士及第，授编修，而子懋贤改庶吉士，一时罕与之比。

（明）俞汝楫《礼部志稿》卷五十三·列传·尚书费宏 费宏，字子充，江西铅山人。成化丁未进士第一，授翰林院修撰。弘治中，改左赞善，事毅皇帝于东宫，已，升右谕德兼侍读。正德中，以旧学进太常寺少卿兼侍读，充日讲官，历礼部左右侍郎至尚书，皆直讲如故。寻入内阁，与李东阳、杨廷和等辅政事。四方群盗充斥，以次削平，诏录辅臣功，官其子，仍进太子太保、户部尚书、武英殿大学士。宁濠请复护卫，恃钱宁为内援，赂遗狼藉，宏策其必叛，执勿与，宁深憾，以计倾之，宏去位。上即位，诏召宏进少保，入阁，修翊戴功，加伯爵，荫子锦衣卫指挥使世袭，宏恳疏辞免。时水旱相仍，条陈救荒十事，上嘉纳。又蠲逋赋减太仆寺马价十五，以轻赍之羡给漕卒，议安大同叛卒，皆宏谋也。《武庙实录》成，进少师兼太子太师。上尝制咏春及四景诗，属宏和，上自序其端，名曰《咏春同德录》，题其衔为内阁掌参机政辅导首臣，其见任如此。丙戌，《献皇帝实录》成，进华盖殿大学士，食正一品俸，赐御制诗一章。丁亥，以疾求去，疏再上，赐驰驿归。及大学士张孚敬去位，上思用旧臣，手敕起宏于家。宏至，见便殿，上亲劳之，赐银图书一文曰“旧辅元臣”，时时燕见密议，奏对皆称旨。无何遂卒。上为辍朝，诏赠太保，谥文宪，遣官护其丧归，恤典之厚，诸大臣莫得比焉。宏恭慎谦抑，明集国家故事，能持重得大体，故三入政府，以功名始终云。

（清）朱彝尊《明诗综》卷二十九·费宏 宏字子充，铅山人。成化丁未赐进士第一，累官少师兼太子太师、吏部尚书、华盖殿大学士，赠太保，谥文宪。有《鹅湖摘稿》。

《有感次韵》：“妖孽才消一战收，犹烦禁旅扈宸游。皇人纵有瑶池乐，野老翻深杞国忧。极北五云瞻帝座，淮南千里候龙舟。秋风忽漫悲摇落，鸿雁嗸嗸在荻洲。”（《诗话》：文宪在康陵时，以守正拒宁庶人。此诗因南昌已平，而康陵犹南征而作也。）

（清）陶成等《江西通志》卷八十六·人物二十一·广信府二·费宏 字子充，铅山人。甫冠，举成化进士第一，授修撰。弘治中迁左赞善，进左谕德。武宗立，擢太常少卿。预修《孝宗实录》，拜礼部侍郎，进尚书。帝耽于逸乐，早朝、日讲俱废。宏请勤政、务学、纳谏，报闻。刘忠致仕，命宏参预机务，寻加太子太保、武英殿大学士。宸濠谋复护卫、屯田，辇白金巨万遍赂朝贵，钱宁及陆完主之，中官特奏至阁，宏极言不当予，诏卒予之。于是宸濠与宁合而恚宏。宁数侦宏事无所得，以御史余珊尝劾寀不当留翰林，即指为宏罪，中旨责陈状，宏乞休，命并寀致仕。甫发，宁遣骑尾宏，抵临清，焚其舟，资装尽毁。宏归，杜门谢客。宸濠复求与通，宏谢绝之，益怒。会宏族人与邑奸人李镇等讼，宸濠阴令镇贼宏，镇等遂率众攻费氏，索宏不得，执所与讼者支解之，发宏先人冢，毁其家。宸濠败，言者争请召宏，世宗即位，即家起宏，加少保，入辅政。宏持重识大体，明习国家故事，与杨廷和、蒋冕、毛纪同心协赞。及廷和等去位，宏为首辅，委任甚至。其于大礼不能强谏，亦未尝附离。而是时席书、张璁、桂萼用事，由郎署入翰林，骤至詹事。宏每示裁抑，使不得拟他翰林，璁、萼大怨，遂毁宏于帝，言宏纳郎中陈九川所盗贡玉，受尚书邓璋赇谋起用，并及其居乡事。又因宏子懋良坐罪下吏，攻之益力。复录前后劾疏上之，不得请，则力求罢，诋宏尤切。章数上，宏亦连疏乞休致仕去。璁遂以尚书大学士入直内阁。间一岁，萼亦入矣。萼既前死，璁亦去位，帝始追念宏，再遣行人即家起官，自是眷遇益厚，宏亦竭诚无隐。承璁、萼操切之后，易以宽和，朝士皆慕乐之。未几卒，赠太保，谥文宪。宏三入内阁，佐两朝殆十年，中遭谗构，讫以功名终。(《列卿录》)

(清) 张廷玉等《明史》卷一百九十三·列传第八十一·费宏(附弟寀、从子懋中、子懋贤)　费宏，字子充，铅山人。甫冠，举成化二十三年进士第一，授修撰。弘治中，迁左赞善，直讲东宫，进左谕德。武宗立，擢太常少卿，兼侍讲读。预修《孝宗实录》，充日讲官。正德二年，拜礼部右侍郎，寻转左。五年，进尚书。帝耽于逸乐，早朝、日讲俱废。宏请勤政、务学、纳谏，报闻。鲁府邹平王子当漢当袭父爵，为弟当凉所夺且数年矣。宏因当漢奏辨，据法正之。当凉怒，诬宏受赂，宏不为动。明年冬十二月，命宏兼文渊阁大学士参预机务。寻加太子太保、武英殿大学士，进户部尚书。

幸臣钱宁阴党宸濠，欲交欢宏，馈彩币及他珍玩，拒却之。宁惭且恚。宸濠谋复护卫、屯田，輂白金巨万，遍赂朝贵，宁及兵部尚书陆完主之。宏从弟编修寀，其妻与濠妻，兄弟也，知之以告宏。宏入朝，完迎问曰："宁王求护卫，可复乎?"宏曰："不知当日革之者何故?"完曰："今恐不能不予。"宏峻却之。及中官持奏至阁，宏极言不当予，诏卒予之。于是宸濠与宁合，而恚宏。宁数侦宏事无所得，以御史余珊尝劾寀不当留翰林，即指为宏罪。中旨责陈状，宏乞休。命并寀致仕。宁遣骑伺宏后，抵临清，焚其舟，资装尽毁。宏归，杜门谢客。宸濠复求与通，宏谢绝之，益怒。会宏族人与邑奸人李镇等讼，宸濠阴令镇贼宏。镇等遂据险作乱，率众攻费氏。索宏不得，执所与讼者支解之，发宏先人冢，毁其家，劫掠远近，众至三千人。宏驰使诉于朝，下巡抚孙燧按状，始遣兵剿灭。宸濠败，言者争请召宏。世宗即位，遣行人即家起宏，加少保，入辅政。

宏持重识大体，明习国家故事，与杨廷和、蒋冕、毛纪同心协赞，数劝帝革武宗弊政。"大礼"之议，诸臣力与帝争，帝不能堪。宏颇揣知帝旨，第署名公疏，未尝特谏，以是帝心善之。及廷和等去位，宏为首辅，加少师兼太子太师、吏部尚书、谨身殿大学士，委任甚至。

户部议督正德时逋赋，宏偕石珤、贾咏请断自十年以后，从之。帝以四方灾异，敕群臣修省。宏等因言："陛下用度无节，工役不休。畿内土地半成庄田，内库收纳要求逾倍。太仓无三年之积而冗食日增，京营无十万之兵而赴工不已。直臣得罪未见原，言官举职乃被诘。律所当行者数经谳不诛，罪无可辨者遽传旨获免。干和召怨，自非一端。"帝引咎褒答，然不能用也。大同兵变，张璁请讨之。宏曰："讨而胜，玉石俱焚，不胜，彼将据城守，损威重多矣。莫若观变而徐图之。"事果旋定。

宏为人和易，好推毂后进。其于"大礼"不能强谏，亦未尝附离。而是时席书、张璁、桂萼用事，书弟检讨春，故由他曹改用。及《武宗实录》成，宏议出为佥事，书由是憾宏。璁、萼由郎署入翰林，骤至詹事，举朝恶其人。宏每示裁抑，璁、萼亦大怨。帝尝御平台，特赐御制七言一章，命辑倡和诗集，署其衔曰"内阁掌参机务辅导首臣"，其见尊礼，前此未有也。

璁、萼滋害宏宠。萼言："诗文小技，不足劳圣心，且使宏得冯宠灵，凌压朝士。"帝置不省。萼遂与璁毁宏于帝，言宏纳郎中陈九川所盗天方贡玉，受尚书邓璋赇谋起用，并及其居乡事。宏上书乞休，略曰："萼、璁挟私怨臣屡矣。不与经筵讲官则怨，不与修《献皇帝实录》则怨，不为两京乡试考官则怨，不为教习则又怨。萼、璁疑内阁事属臣操纵，抑知臣下采物望，上禀圣裁，非可专擅。萼、璁日攘袂搤掔，觊觎臣位。臣安能与小人相龃龉？祈赐骸骨。"不允。及璁居兵部，宏欲用新宁伯谭纶掌奋武营，璁遂劾宏劫制府部。无何，又因宏子懋良坐罪下吏，攻之益力，复录前后劾疏上之。不得请，则力求罢，诋宏尤切，章数上。宏亦连疏乞休，帝辄下优诏慰留，然终不以谴璁、萼。于是奸人王邦奇承璁、萼指，上书污故大学士廷和等，并诬宏。宏竟致仕去。时六年二月也。十月，璁遂以尚书、大学士入直内阁。间一岁萼亦入矣。

十四年，萼既前死，璁亦去位，帝始追念宏。四月，再遣行人即家起官如故。七月至京师。使中使劳以上尊御馔，面谕曰："与卿别久，卿康健无恙，宜悉心辅导称朕意。"宏顿首谢。自是眷遇益厚。偕李时召入无逸殿，与周览殿庐，从容笑语，移时始出。赐银章曰"旧辅元臣"。数有咨问，宏亦竭诚无隐。承璁、萼操切之后，易以宽和，朝士皆慕乐之。未几卒，年六十有八。帝嗟悼，赙恤加等，赠太保，谥文宪。

宏三入内阁，佐两朝殆十年。中遭谗构，讫以功名终。其自少保入也，弟寀为赞善，从子懋中由进士及第为编修，宏长子懋贤方改庶吉士，父子兄弟并列禁近。寀官至少保、礼部尚书，谥文通。懋中终湖广提学副使。懋贤历兵部郎中。

宏世父瑄，成化十一年进士。弘治时为兵部员外郎。贵州巡抚谢昶、总兵官吴经等奏烂土苗反，僭称王，乞发大军征讨。以兵部尚书马文升请，令瑄与御史邓庠往按。白苗无反状，抚定之。劾昶、经及镇守中官张成罪。迁贵州参议以终。

赞曰：费宏等皆起家文学，致位宰相。宏却钱宁，拒宸濠，忤张、桂，再踬再起，终亦无损清誉。

（清）和珅等《钦定大清一统志》卷二百四十二·广信府·人物·明 费宏（字子充，铅山人。成化中进士第一，授修撰。正德中累进户部尚书、武英殿大学士。宸濠欲交欢宏，宏不可，幸臣钱宁等党宸濠，构罢之。世宗即位，召入辅政，持重识大体，数劝帝革武宗弊政，帝委任甚至。寻复为张璁、桂萼构罢。再起，承璁、萼操切之后，易以宽和，朝士皆慕乐之。卒赠太保，谥文宪。弟寀，字子和，正德进士，授编修。宸濠蓄异志，屡以意属来，寀阴折之。宸濠赂中贵出内批勒致仕。后起至礼部尚书，卒谥文通）。

（明）邓元锡《皇明书》卷十八·臣谟·费宏　（存目）

（明）李贽《续藏书》卷十二·内阁辅臣·费宏　（存目）

（明）焦竑《国朝献征录》卷十五·内阁四·少师兼太子太师吏部尚书华盖殿大学士费宏(《实录》)　**（存目）**

（明）过庭训《明分省人物考》卷六十·江西广信府·费宏　（存目）

（明）何乔远《名山藏》·臣林记（嘉靖臣一）**·费宏**　（存目）

（明）尹守衡《史窃》第六十九卷·列传第四十七·费宏　（存目）

（清）钱谦益《列朝诗集小传》丙集·费少师宏　（存目）

（清）查继佐《罪惟录》·列传卷十一·经济诸臣列传上·费宏　（存目）

（清）傅维麟《明书》卷一百二十八·列传四·名臣传十三·费宏　（存目）

（清）徐乾学等《明史》卷六十二·费宏　（存目）

（清）王鸿绪《明史稿》卷一百七十七·列传第七十二·费宏　（存目）

（清）徐开任《明名臣言行录》卷四十五·少师费文宪公宏　（存目）

（清）陈田《明诗纪事》丙签卷九·费宏　（存目）

（清）阎湘蕙《明鼎甲征信录》卷二·费宏　（存目）

科　第

（明）费宏《太保费文宪公摘稿》卷五·策类·制策一道　制曰：自昔帝王创造丕图，必有贻谋，以为长治久安之计。夏商周之迹见于经，汉唐宋之事具于史，朕欲闻其纪纲、统体、制度得失之详。迨其嗣世之君，欲保盈成，以跻至治，一惟旧典，是遵是用。其或久也，不能无偏而不举之处，则亦兴其滞，补其弊，期使斯民得被先王之泽，如夏启商宗周宣王是已。而汉唐宋之君亦有能庶几者乎？朕欲究其奋励有为、功业可称之实。夫事不稽古，固无以证今，然徒泛论古之人，而不求今时之急务，亦非纳言之善也。昔朕太祖高皇帝奄一寰宇，建制垂宪，万世攸崇。太宗文皇帝定鼎两京，洪谟远略，光前裕后。列圣相承，益隆继述，斯民乐育于熙皓之治，已百二十年矣。然治极而弛，理势自然。祖宗良法美意，岂能悉祗承而无弊乎？肆朕惓惓以法祖为念，欲俾内外百司，群工庶职，感思奋庸熙载，恪守典训而慎行之，毋滋偏失不举、名存实爽之议，用期吏称其职，民安其业，中国尊而四夷服，风雨时而嘉祥至，谅必有道矣。尔诸生皆学古通经，有志于用世者，其各直述以对，毋有所隐，朕将亲览焉。

臣对：臣闻帝王之御天下也，有致治之道，有保治之道。致治之道存乎法，保治之道存乎勤。非法无以维天下之势，非勤无以守天下之法。故创造丕图者，必立法以贻孙谋；嗣守鸿图者，必忧勤以绳祖武。曰纪纲，曰统体，曰制度，皆法之具也，而兴滞补弊则勤之实耳。创之者以法，则国势尊严而有以成长治之业。守之者以勤，则法度修举而有以跻至治之休。帝王御天下之道，夫岂有外于此乎？夏商周之治所以卓冠千古，以其创之者其法善，而守之者其志勤也。汉唐宋之治不古若，庸非创之者其法有未善，守之者其勤有未至欤？

恭惟皇帝陛下，年当鼎盛，运抚盈成。昧爽临朝，惟祖宗之法是遵。甲夜视事，惟祖宗之法是监。临御以来，于兹二纪，贤才皆已举用，四海皆已无虞，保治之道盖已默得于圣心之妙矣。犹不自足，乃于万几之暇，廷集多士，谘诹治道。首举三代汉唐宋之创业者而欲闻其纪纲、统体、制度得失之详，中举三代汉唐宋之守成者而欲究夫奋励有为、功业可称之实，末复以祖宗列圣之所以创守为言，而虑夫成法之弊，且惓惓以法祖为念，期于吏称民安，中国尊而四夷服，风雨时而嘉祥至。臣伏而读之，有以见陛下知创业之惟艰，念守成之不易，而欲保熙皞之治于无穷也。臣请稽之经，订之史，按之当今之务，为陛下陈之，陛下幸垂听焉。

臣闻天下重器也，创之至艰，守之至艰。创之而不知所以创之之道，则无以垂治于百王。守之而不知所以守之之道，则无以保治于万世。创之之道无他焉，臣前所谓法是已。守之之道无他焉，臣前所谓勤是已。盖法者，维持天下之具，故帝王创业必建立纪纲，经画统体，条陈制度，必尽天下之法，以贻子孙之谋，以为长治久安之计。自家而国，自国而天下，彼此相维，内外相制，如身之使臂，臂之使指者，纪纲之谓也。或尚宽大，或尚严明，以此而始，以此而终，不朝文而暮质以自溃乱者，统体之谓也。治教、礼乐、田赋、兵刑之类，所以经纬天地，黼黻民物者，制度之谓也。然先王之法必有偏而不起之处，故政有眊而不行。守成者欲保盈成以跻至治，又必勤励不息，兴其滞以补其弊，然后天下之法可以施诸罔极，先王之泽可以被及斯民，而世为有道之国矣。

臣请以创之之法言之，禹之造夏，有典则以贻子孙，观其文命四敷，声教四讫，则有以立乎纪纲。政尚忠朴，治先勤俭，则有以定乎统体。至于建官二百，内辟三千，设六师以讨罪，辨三壤以成赋，天秩有礼，大夏有乐，教民以序，正朔以寅，其制度又无不备。禹之立法贻谋，其善如此，夏之治安于此乎致矣。汤之造商，昭大德以裕后昆，观其肇修人纪而九有有截，则纪纲以立，代虐以宽而兆民允怀，则统体以定。至于建二相以总百官，制官刑以儆有位，公田籍而不税，大辂质而得中，国老养于右学，庶老养于左学，其制度亦无不备。汤之立法贻谋，其善如此，商之治安于此乎致矣。若夫周之文武启佑后人，咸正罔缺，风化基于《关雎》，内庭属于冢宰，枢机周密，有以为四方之纲，明德而不敢忽，慎罚而不敢滥，仁爱忠厚，有以为一代之体。其建官也，六卿分职，其制刑也，三典诘奸。田赋有乡遂都鄙之殊，军赋有乡遂丘甸之异。语礼乐则五礼以节民性，六乐以和民声。语教化则三物以兴贤能，四术以造俊秀。制度之备又何如也？周之治安何莫而不本于立法贻谋之善乎？下逮汉唐宋，创业之君非不欲致治如三代也，但其法有未善耳。汉之高帝大封同姓，委任大臣，以规模为纪纲。约法顺民，扫除烦苛，以宽仁为统体。命萧何次律令，命叔孙通制礼仪，章程定于张苍，军法申于韩信，所以贻谋者又有制度矣。然大纲虽正，而终不能无杂伯之非。大体虽宽，而卒不能除参夷之令。庶事草创而井田不复，学校不兴，礼文多阙，而正朔不改，官名不定，则其法不能以皆善也。唐之太宗除乱致治，四夷宾服，庶乎知立国之纪纲。屈己从谏，仁心爱人，庶乎知为政之统体。以职事任官，以尊本任众，以租庸任民，以府衙任兵，礼制于房玄龄，兵作于祖孝孙，六学有领，五刑有覆，所以贻谋者又有制度矣。然内多惭德，有夷狄之风，渐不克终，来诤臣之疏。法度之行，礼乐之具，拟之先王未备。田畴之制，庠序之教，拟之先王未详。则其法不能以皆善也。至若宋之太祖以忠孝廉耻为纪纲，而五事之美，千古所无。以偃兵息民为统体，而五季之弊一朝顿解。两府台谏，官之总察有方。三衙四厢，兵之简阅有道。幸学有训，均田有令，而教养之法可观。温叟制礼，和岘制乐，而礼乐之文可取。又有制度以贻谋矣。然宗室则无选举、教训之实，宿卫则聚卒伍、无赖之人。官司之课试不严，学校之作成无要。兵士每杂于疲老，农民常苦于征徭。其法又岂能尽善哉。由是观之，则圣策所谓纪纲、统体、制度得失之详，可得而知矣。

臣请以守之之勤言之。夏当有扈违命之时，三正怠弃，五行威侮，禹之法不能无偏而不起之处也。启则敬承继禹之道，而奋励有为，兴滞补弊，召六卿以行天讨，申赏罚以肃人心，卒使民被先王之泽，而讴诗有归，有夏盈成之治以勤而保矣。商自盘庚既没之后，赏刑僭滥，荆楚叛背，汤之法不能无偏而不起之处也。高宗则监于先王成宪而奋励有为，兴滞补弊，求良弼以代王言，裒荆旅以昭殷武，卒使民被先王之泽而小大无怨，有商盈成之治以勤而保矣。至若周自厉王之烈，小雅尽废，而四夷交侵。上帝板荡，而下民卒瘅，文武之法不能无偏而不起之处矣。宣王由是奋励有为，兴衰拨乱，车攻复古，明文武之功业，六月出师复文武之境土。卒使王化大行，流离还定，周之盈成何莫而不保于兴滞补弊之勤乎？下逮汉唐宋守成之君，非不欲保治如三代也，但其勤有未至耳。汉之宣帝、光武庶几法祖之君也。或承武昭虚耗之弊，而综核名实，信赏必罚，伸威北狄，功光祖宗。或鉴西京不竞之祸，而明慎政体，总揽权纲，身致太平，恢复前烈，其兴滞补弊之功业有可称者。惜夫神爵之后颇尚荒唐，建武之中竟行封禅，则其勤有未至焉。唐之玄宗、宪宗庶几法祖之君也。或革前朝权戚之弊，而励精政事，开元之际，几致太平。或惩德宗姑息之祸，而纪律必张，元和之初，威令复振。其兴滞补弊之功业有可称者。惜夫天宝之末嗜欲滋生，平蔡之后侈心遽动，则其勤有未至焉。至若宋仁宗承宫闱专政之后，裁抑侥幸，锐意太平。神宗当累朝委靡之余，勤俭有为，励精求治。亦可谓善法祖宗，而兴滞补弊之功业有足称者。惜夫一则仁柔有余，刚断不足，一则听言太广而进人太锐，其勤又岂能至哉。由是观之，则圣策所谓奋励有为、功业可称之实，可得而知矣。大抵三代之法尽善尽美，故其子孙有所据依而为治也易。至于政弊，然后变其小节，而大体卒不可易。汉唐宋之法不过因陋就简，以苟一时之近功，其善者常寡，而不善者常多。其善者常小，而不善者常大。立之未几，而弊已随之。后世之君区区修补，百孔千疮，随乱随失，虽欲言治，皆苟而已。

洪惟我太祖高皇帝混一区宇，建制垂宪，而法之贻于后者至精而至备。太宗文皇帝定鼎两京，讦谟定命，而法之光于前者愈盛而愈彰。请举其大者言之。宫闱雍肃而无出阃之言，左右忠勤而谨戴盆之戒。任府部为股肱，而事权不紊。倚台谏为耳目，而国论有归。宗子分封，以广维城之助。三司并置，以革藩镇之专。申明典常，而有以正天下之大谊。诛逐胡虏，而有以严天下之大防。则纪纲之善无异乎三代矣。治本人情，而广孝悌之化。仁同一视，而无南北之殊。施猛政以济宽，用重典以平乱。惠鲜鳏寡，贪墨之加者必惩。怀保小民，豪强之凌暴者不贷。则统体之善无异乎三代矣。至若审官立铨选考课之方，育才设学校科目之典。财以足国，而赋税漕运有其经。兵以卫民，而番上分屯有其备。礼仪有式，宴享有章，而和敬之风以著。令教于先，律齐于后，而钦恤之意攸存。则制度之善又异乎三代矣。祖宗之所以创业者其法既善，自是而后，若仁宗昭皇帝之励志图治，推诚任人。宣宗章皇帝之偃武修文，五伦攸叙。英宗睿皇帝之乾刚独断，克复旧物。莫不以勤而继守之。传至陛下，又能绍列圣之忧勤，守祖宗之成法，斯民乐育于熙皞之治者已百二十年，虽三代治安之长久不是过矣。

圣策乃谓："治极而弛，理势自然。祖宗之良法美意，岂能悉祗承而无弊？"臣知此固圣人忧勤不已之心。臣敢不俯陈狂直以副圣心之万一乎？臣惟法之立也，本无不宜；法之行也，始有其弊。因其弊而救之，则存乎其人。古人有言曰："救弊者莫如修德。"又曰："救弊者莫如责实。"臣愚窃谓今日救时之急务，亦惟修德责实，益致其勤而已。盖德者，法之本也。德之修万一有不慎，则其流之弊，必至于纵欲以败度。譬之人伤其气而寒暑易侵，木伤其根而风雨易折。法虽具也，亦徒法而已矣。实者，名之主也。实之责万一有不核，则其流之弊，必至于欺谩以成风。譬之抟土为舟不足以利涉，画地为饼不足以克饥。名虽美也，亦虚名而已矣。故以舜之重华协帝，而伯益犹以罔失法度为言。以舜之庶绩咸熙，而皋陶犹以屡省乃成为戒。正以无虞之世，其修德责实之功不可少怠耳。今陛下防非窒欲，恪守旧章，任贤使能，大明黜陟，所以修其德而责其实者，固不可以有加矣。而臣子之心每以有加无已而望陛下，此臣所以拳拳以勤为献也。况我祖宗之法莫不以勤而创之。臣尝观祖宗之谕近臣有曰："朕念创业之艰难，日不暇食，夜不安枕。"又曰："人君日理万几，怠心一生则庶务壅滞，其患不可胜言。"又曰："天下之大，庶务之殷，岂可须臾怠惰，一怠惰则百度弛矣。"凡此皆勤之准的也。陛下既知惓惓以法祖为念，又可不法祖宗之勤乎？臣请以勤之说为陛下别白而重言之。夫君者，天也。天惟聪明刚健，动而不息，是以其光为日月，其文为星辰，其威为雷霆，其泽为雨露，而万物之生于动者，各得其职。天之行也，一息有不继则运动无常，而不能以宰万物矣。人君之御天下，以其能宪天，聪明体天，刚健而惓惓焉，勤励不息也。一或怠焉，则德有不修，实有不责，先王之法委靡废放，日趋于弊而已，又安能保天下之治哉？臣愿陛下所其无逸，罔或不勤，宪天之聪明以为聪明，体天之刚健以为刚健。一念之萌，必谨而察之曰：此于吾法得无有所害乎？一令之出，必反而思之曰：此于吾法得无有所紊乎？无所害也，无所紊也，然后从之，不然不敢从也。如是则人欲净尽，天理昭融，圣德益修，而所以救弊者有其本矣。由是条天下之事，其大者有几。表天下之人，其可用者有几。鸡鸣而起曰：吾今日为某事用某人。他日又曰：吾所为某事，其事果济矣乎？所用某人，其人果才矣乎？事果济也，人果才也，然后已之，不然不敢已也。如是则为之而成，革之而服，名实相须，而所以救弊者有其要矣。陛下于是二者果能惓惓焉，不违于心，则勤之实以尽。内外百司，群工庶职，孰敢不仰体陛下法祖之心，奋庸熙载，恪守典训而慎行之乎？以是守祖宗之纲纪，必能开众正之门，杜群枉之路。威福得以专，而无侵挠之患。政事得以修，而无阿私之失。以是守祖宗之统体，必能存仁厚之风，行宽大之政，垂旒黈纩而黜其聪察，藏疾纳污而务于包涵。以是守祖宗之制度，必能惜名器、公用舍以精吏治，必能重师儒、慎科贡以正士风。理财也，必能罢无名之征，停不急之务。理兵也，必能稽私役之卒，征贿求之将。礼乐则必能革奢僭之习，放淫哇之声。刑政则必能除惨刻之科，重威福之罚。将见滞无不兴，弊无不补，今日之急务无不治，良法美意可以祗承而无偏失不举、名存实爽之议。由是而吏称其职，由是而民安其业，由是中国尊而四夷服，由是风雨时而嘉祥至。凡陛下所期无不如志，可以保盈成于万世之久，可以跻至治于三代之上矣。区区汉唐宋之功业乌足言哉！

陛下之所以策臣者大略如此，而于其终复策之曰："诸生学古通经，有志于用世者，其各直述以对，无有所隐。"且宠之以"朕将亲览"之一言。臣荷陛下生成之德，沐陛下教养之恩，学虽不足以通经，而志于用世也久矣。今幸一登文石之陛，陟赤墀之途，承问而对，臣之职也，直言无隐，臣之忠也。况陛下导臣而使之言哉！臣复有一言以为陛下献者，惟欲陛下终始此勤而已。昔周公之于成王有无逸之戒，宋璟之于玄宗亦有无逸之图。二臣之言初非有异，二君之治乃有不同。盖成王听周公之言而无间，故卒至凫鹥之休。玄宗用宋璟之言而不终，故卒成天宝之祸。是则人君之治，莫不兴于勤而废于逸，人君之勤鲜克善其始而慎其终。此前代彰灼著明之效，有国者不可以不慎也。伏愿陛下以成王为法，以玄宗为戒，以臣之言为不欺，慎终如始，不敢逸豫，则祖宗之法有不难守，天下之治有不难保矣。惟陛下留神省览，果如圣谕，则臣之幸也，宗社之福也，天下万世无疆之休也。臣干冒天威，不胜战栗之至。臣谨对。

（明）张朝瑞《皇明贡举考》卷五·（丁未）成化二十三年会试 中式举人三百五十名：程楷，江西乐平县人，监生，《诗》。蒋浤，应天府上元县人，监生，《书》。杨廉，江西丰城县人，监生，《易》。潘府，浙江上虞县学生，《礼记》。彭敷，南直隶华亭县人，监生，《春秋》。

三月十五日，临策天下贡士，制曰：自昔帝王创造丕图，必有贻谋，以为长治久安之计。夏商周之迹见于经，汉唐宋之事具于史，朕欲闻其纪纲、统体、制度得失之详。迨其嗣世之君，欲保盈成，以跻至治，一惟旧典，是遵是用。其或久也，不能无偏而不举之处，则亦兴其滞，补其弊，期使斯民得被先王之泽，如夏启商宗周宣王是已。而汉唐宋之君亦有能庶几者乎？朕欲究其奋励有为、功业可称之实。夫事不稽古，固无以证今，然徒泛论古之人，而不求今时之急务，亦非纳言之善也。昔朕太祖高皇帝奄一寰宇，建制垂宪，万世攸崇。太宗文皇帝定鼎两京，洪谟远略，光前裕后。列圣相承，益隆继述，斯民乐育于熙皞之治，已百二十年矣。然治极而弛，理势自然。祖宗良法美意，岂能悉祗承而无弊乎？肆朕惓惓以法祖为念，欲俾内外百司，群工庶职，咸思奋庸熙载，恪守夫典训而慎行之，毋滋偏失不举、名存实爽之议，用期吏称其职，民安其业，中国尊而四夷服，风雨时而嘉祥至，谅必有道矣。尔诸生皆学古通经，有志于世用者，其各直述以对，毋有所隐，朕将亲览焉。

（时廷对之士二百五十一人，赐费宏等进士及第出身有差。宏年十六举于乡，二十魁天下，四十五直内阁，官至少师，六十八终。在位多所匡正，所著有《自渐漫录》、《费文宪公摘稿》，谥文宪。子懋贤，嘉靖丙戌进士。是科石玠、石瑶，陈镐、陈钦，蒋昇、蒋昪俱兄弟同登，选程楷等三十人为庶吉士，后邹智为理学名臣，王鸿儒、傅珪、罗玘、吴廷举、石瑶、杨廉俱为名臣，李文祥、杨子器俱有名。）

第一甲三名赐进士及第：费宏，江西铅山县。刘春，四川巴县。涂瑞，广东番禺县。

（明）张弘道、张凝道《皇明三元考》卷七　成化二十三年丁未科大魁　状元费宏（江西铅山人，字子充，号健斋。治《书》，儒士。年二十。癸卯乡试二十名，会试十六名，仕至少师兼太子太师、吏部尚书、华盖殿大学士。卒年六十八，赠太保，谥文宪。所著有《自渐漫录》、《费文宪公摘稿》。宏恭慎谦抑，明治国家故事，能持重，得大体，故三入政府以功名始终云。伯瑄，成化乙未进士，参议；珣，景泰癸酉举人；瑞，成化癸卯举人。从弟寀，正德辛未进士，少保、礼部尚书，谥文通。子懋贤，嘉靖丙戌进士，庶吉士，礼部郎中；懋良，尚宝司卿。侄懋中，正德辛巳探花。亲弟完，正德癸酉举人，工部郎中。完子懋文，举人，知县。懋文子尧年，嘉靖壬戌进士，太仆寺正卿）。

又　少年进士：费宏，年二十。

又　入阁：费宏（正德六年由礼部尚书入文渊阁，九年归，嘉靖元年复入，六年归，十四年复入，未几，以少师兼太子太师、吏部尚书、华盖殿大学士卒）。

又　一品：费宏，少师。

仕　宦

（明）雷礼《国朝列卿纪》卷八·直内阁元辅及同直辅臣年表　同直费宏，江西铅山人。状元。以礼部尚书兼文渊阁大学士于正德六年十二月入直。

又　同直费宏，进太子太保、礼部尚书、武英殿大学士。至正德九年五月，忤权幸钱宁致仕。

又 同直费宏，于正德十六年四月起为少保兼原官，仍入直。

又 同直费宏。

费宏自嘉靖三年六月以少保、吏部尚书、谨身殿大学士为元辅，历少师兼太子太师、吏部尚书、华盖殿大学士，至嘉靖六年四月致仕，凡三年。

又 费宏自嘉靖十四年四月三起原官为元辅，至嘉靖十五年十一月卒于官，凡一年八月。赠太保，谥文宪。

又，卷九·殿阁大学士年表 费宏（江西铅山人。成化丁未状元。正德六年，由礼部尚书入阁，历太子太保、户部尚书、武英殿大学士。九年致仕）。

又 费宏（详前。正德十六年，再召入阁，历少师兼太子太师、吏部尚书、华盖殿大学士。嘉靖六年致仕）。

又 费宏（详前。嘉靖十四年，三召入阁，本年卒于官。赠太保，谥文宪）。

又，卷四十·礼部尚书年表 费宏（江西铅山人，进士。正德五年任。六年入阁。历少师兼太子太师、华盖殿大学士。卒赠太保，谥文宪）。

又，卷四十四·礼部左右侍郎年表 费宏（见尚书。正德二年右，四年左）。

（明）王圻《续文献通考》卷四十六·选举考·举士四 （正德）九年二月会试天下举人，命大学士梁储、翰林学士毛澄为考试官，取霍韬等四百人。费宏以储位在己上，仍将会录旁注贴说指摘以进，上察知之，置不问。

（明）张弘道、张凝道《科名盛事录》卷五·官爵盛事·兄弟一品 铅山费宏（成化丁未状元。少师，吏部尚书），从弟寀（正德辛未进士。少保，礼部尚书）。

又，卷五·官爵盛事·兄弟翰林 铅山费宏（由状元入阁），弟寀（由庶吉士至礼部尚书）。

（明）王世贞《弇山堂别集》卷四·皇明盛事述四·三入内阁 正德六年，费文宪宏以宫保、武英殿学入，九年归，十六年以少保召入，嘉靖六年归，十四年以少师、华盖殿学复召入。凡三拜相。

又，卷八·皇明异典述三·文职世文荫 嘉靖元年，杨太师廷和、蒋少傅冕、毛少保纪以辞伯爵，费少保宏以辞荫锦衣指挥使，改荫锦衣指挥千户等官，复固辞。以兵部尚书彭泽言，荫杨公四品在京文职，蒋、毛五品，费七品，皆世袭。固辞，复不许。然四公迄无拜。

（明）焦竑《玉堂丛语》卷六·事例 故事，科道官有父兄位九列者，例得改除馆职，俟其积有年资，仍出为外官。《武庙实录》成，加恩，而大学士费宏拟升检讨席春按察佥事，则以春原系避其兄礼部尚书席书改除馆职者也。书憾宏，上疏历稽累朝升官无调外者。上以书言，特令升春翰林修撰。宏疏奏辨明前拟，不得已，升春副使，御笔复改为佥事，盖出宸断也。其能容大臣守法如此。

（明）沈德符《万历野获编》卷七·内阁·宰相老科第 费铅山（宏）由成化丁未状元，罢相已九年，至嘉靖十四年，复起为首揆，时登第已四十九年，抵任甫两月，暴卒于官第。

又，卷七·内阁·词臣论劾首揆 嘉靖四年，詹事学士桂萼、张璁等，参首辅费宏受贿及居乡不法，以不得讲官修书及主考诸差恨宏也。

（明）俞汝楫《礼部志稿》卷四十二·历官表·尚书 费宏（字、籍见下。正德五年由本部左侍郎升任，历少师兼太子太师、吏部尚书、华盖殿大学士，赠太保，谥文宪）。

（清）查继佐《罪惟录》·志卷十九·直阁志·武宗 费宏（鹅湖，铅山人。由状元、礼部尚书兼文渊阁大学士，内阁办事。太子太保，进武英殿，致仕。起少保、户部尚书，仍内阁办事）。

又，志卷十九·直阁志·世宗 费宏（进吏部尚书、少师，兼太子太师、谨身殿大学士，进华盖殿，仍内阁办事。卒赠太保，谥文忠）。

（清）张廷玉等《明史》卷十六·本纪第十六·武宗 （正德六年）十二月癸巳，礼部尚书费宏兼文渊阁大学士，预机务。……（正德九年）五月乙丑，费宏致仕。

又，卷十七·本纪第十七·世宗一 （正德十六年四月丙午）召费宏复入阁。……（嘉靖六年二月）癸亥，费宏、石珤致仕。……（嘉靖十四年）夏四月甲午，张孚敬致仕，召费宏复入阁。……（嘉靖十四年）冬十月戊申，费宏卒。

又，卷六十一·志第三十七·乐一 嘉靖元年，御史汪珊请屏绝玩好，令教坊司毋得以新声巧技进。世宗嘉纳之。是时更定诸典礼，因亦有志于乐。建观德殿以祀献帝，召协律郎肄乐供祀事。后建世庙成，改殿曰崇先。乃亲制乐章，命大学士费宏等更定曲名，以别于太庙。其迎神曰《永和之曲》，初献曰《清和之曲》，亚献曰《康和之曲》，终献曰《冲和之曲》，彻馔曰《泰和之曲》，送神曰《宁和之曲》。宏等复议，献皇生长太平，不尚武功，其三献皆当用《文德舞》。从之。已而太常复请，乃命礼官会张璁议。璁言："乐舞以佾数为降杀，不闻以武文为偏全。使八佾之制，用其文而去其武，则两阶之容，得其左而阙其右。是皇上举天子礼乐，而自降杀之矣。"乃从璁议，仍用二舞。

又，卷七十三·志第四十九·职官二·翰林院 正德中，白钺、费宏等由礼部尚书入东阁，专典诰敕。

又，卷八十三·志第五十九·河渠一·黄河上 先是，大学士费宏言："河入汴梁以东分为三支，虽有冲决，可无大害。正德末，涡河等河日就淤浅，黄河大股南趋之势既无所杀，乃从兰阳、考城、曹、濮奔赴沛县飞云桥及徐州之溜沟，悉入漕河，泛溢弥漫，此前数年河患也。近者，沙河至沛县浮沙涌塞，官民舟楫悉取道昭阳湖。春夏之交，湖面浅涸，运道必阻，涡河等河必宜亟浚。”

又，卷一百九·表第十·宰辅年表一　（正德）六年辛未（费宏十二月晋礼部尚书兼文渊阁大学士入）。

七年壬申（宏十月晋太子太保武英殿大学士）。

九年甲戌（宏五月致仕）。

十六年辛巳四月，世宗即位（费宏四月召，十月入，加柱国少保）。

又，卷一百十·表第十一·宰辅年表二　（嘉靖）十四年乙未（费宏七月召。八月入，十月卒）。

又，卷一百十一·表第十二·七卿年表一　（正德）五年庚午（费宏九月任）。

又，卷一百十七·列传第五·宁王权（附上高王宸濠）　初，宸濠贿刘瑾，复所夺护卫。瑾诛，仍论夺。及陆完为兵部尚书，宸濠结嬖人钱宁、臧贤为内主，欲奏复，大学士费宏执不可。诸嬖人乘宏读廷试卷，取中旨行之。

又，卷一百八十一·列传第六十九·谢迁　（嘉靖）六年，大学士费宏举迁自代。

又，卷一百八十九·列传第七十七·夏良胜（附陈九川）　而是时张璁、桂萼欲倾费宏夺其位，乃属士绅再讦九川盗贡玉馈宏制带。

又，卷一百九十·列传第七十八·石宝　璁、萼朝夕谋辅政，攻击费宏无虚日，以宝行高，不能有所加。至明年春，奸人王邦奇讦杨廷和，诬宝及宏为奸党，两人遂乞归。帝许宏驰驿，而责宝归怨朝廷，失大臣谊，一切恩典皆不予。

又，卷一百九十六·列传第八十四·张璁　璁急图柄用，为大学士费宏所抑，遂与萼连章攻宏。帝亦知其情，留宏不即放。（嘉靖）五年七月，璁以省墓请。既辞朝，帝复用为兵部右侍郎，兼官如故。给事中杜桐、杨言、赵廷瑞交章力诋，并劾吏部尚书廖纪引用邪人。帝怒，切责之。两京给事御史解一贯、张录、方纪达、戴继先等复交章论不已，皆不听。寻进璁左侍郎，复与萼攻费宏。明年二月兴王邦奇狱，构陷杨廷和等，宏及石宝同日罢。

又，卷一百九十六·列传第八十四·桂萼　两人乃连章攻费宏并石宝，龁之去。

又，卷一百九十七·列传第八十五·席书（附弟春、篆）　时执政者费宏、石珤、贾咏，书心弗善也，乃力荐杨一清、王守仁入阁，且曰：“今诸大臣皆中材，无足与计天下事。定乱济时，非守仁不可。”帝曰：“书为大臣，当抒猷略，共济时艰，何以中材自诿。”守仁迄不获柄用。

又　弟春、篆。春由庶吉士授御史，巡云南。以兄为都御史，改翰林检讨。预修《武宗实录》成，当进秩。内阁费宏以春由他官入，与检讨刘夔并拟按察佥事。夔亦故御史，以避兄侍郎龙改授者也。书大怒，疏言：“故事，无纂修书成出为外任者。”帝以书故留春，擢修撰，而夔亦留，擢编修。书由是怨宏，数诋谌。

又，卷一百九十七·列传第八十五·霍韬 因论言："请谥故少师费宏为文宪，不叙宏累被劾状。按律，增减紧关情节者斩。且'宪'乃纯皇帝庙号，人臣安得用？"

又，卷一百九十八·列传第八十六·杨一清 会张璁等力排费宏，御史吉棠因请还一清内阁。……费宏已去，一清遂为首辅。

又，卷二百·列传第八十八·姚镆 初，广东提学道魏校毁诸寺观田数千亩，尽入霍韬、方献夫诸家。镆至广，追还之官。韬、献夫恨甚，与张璁、桂萼合排镆。谓大同当征而反抚，田州当抚而反征，皆费宏谋国不臧，酿成南北患。时宏虽去，犹借镆以排之也。（嘉靖）十三年，三边阙总制。大学士费宏、李时同召对。宏荐镆，时亦助之。遂命以兵部尚书总制三边军务。未赴，宏卒，镆辞。

又，卷二百七·列传第九十五·杨言 （嘉靖）六年，锦衣百户王邦奇借哈密事请诛杨廷和、彭泽等，下部议，未覆，而邦奇复诬大学士费宏、石宝阴庇廷和，词连廷和子主事惇等，将兴大狱。言抗疏曰："先帝晏驾，江彬手握边军四万，图为不轨。廷和密谋行诛，俄顷事定，迎立圣主，此社稷之勋也。纵使有罪，犹当十世宥之。今既以奸人言罢其官、戍其长子矣，乃又听邦奇之诬而尽逮其乡里、亲戚，诬为蜀党，何意圣明之朝，忽有此事。至宏、宝乃天子师保之官，百僚之表也。邦奇心怀怨望，文饰奸言，诟辱大臣，荧惑圣听。若穷治不已，株连益多，臣窃为国家大体惜也。"书奏，帝震怒，并收系言，亲鞫于午门。群臣悉集。言备极五毒，折其一指，卒无挠词。既罢，下五府九卿议。镇远侯顾仕隆等覆奏邦奇言皆虚妄，帝责仕隆等徇情。然狱亦因是解，谪言宿州判官。

又，卷二百八·列传第九十六·余珊 疏反复万四千言，最为剀切，帝付之所司。其所斥辅弼第一人，谓费宏也。

又，卷二百八·列传第九十六·彭汝实 大学士费宏以子坐事被论不出，礼部侍郎温仁和以庆王台浤事听勘。汝实言："宜听二臣避位，以明进退之义。"因荐石宝、罗钦顺、顾清、蒋冕可代宏，李廷相、崔铣、湛若水、何瑭、许诰可代仁和。章下所司。

（明）雷礼《国朝列卿纪》卷四十四·礼部左右侍郎行实·费宏 （存目）

轶　事

（明）王鏊《震泽长语摘抄》·梦兆 进士淞江张黼言于余曰："黼未第时，尝梦中有人言'若登第在状元前'。觉而思之，世岂有科名先状元者乎？吾殆无科名之望矣。及丁未会试，名在十五，铅山费宏十六，是科宏状元及第。计得梦时，宏尚未生也。"

（明）郎瑛《七修类稿》卷四十九·奇谑类·前定 吾杭张子清濂，嘉靖辛卯中省元榜。有秦鸣夏者，其父垂没时，如梦中语曰："此儿张濂榜举人。"中后语子清，言及是事，追数其年，则张尚未生也。又闻先辈淞江张黻未第时，梦人告以"登科在状元先"，觉而畏之："吾必无分于试录矣。岂有名先状元者乎？"及丁未会试，名在十五，而十六乃铅山费鹅湖宏。殿试费为状元。计其梦，亦费未生也。

（明）李绍文《皇明世说新语》卷三·方正 费宏官侍郎，其兄奉常公宴，以长少易位，刘瑾适过之，曰："费秀才以羊易牛。"公答云："赵中贵指鹿为马。"

（明）焦竑《玉堂丛语》卷八·谐谑 费文宪公宏，官侍郎，其兄为太常少卿。公宴以长少易其位，刘瑾适过之，云："费秀才以羊易牛。"公答云："赵中贵指鹿为马。"瑾怫然去。

（明）沈德符《万历野获编》卷二·列朝·御制元夕诗 世宗初政，每于万几之暇喜为诗，时命大学士费弘（宏）、杨一清更定。或御制诗成，令二辅臣属和以进，一时传为盛事。而张璁等用事，自愧不能诗，遂露章攻弘，诮其以小技希恩。上虽不诘责，而所出圣制渐希矣。

（明）刘仕义《新知录摘抄》·山林之乐 铅山费健斋宏以总角中状元及第，为黑头宰相，既而以权势怨憎之所集得请家居，年尚未五十。日居小楼，名曰"至乐"，大学士王守溪鏊寄以诗曰："横林特地起高楼，楼上书多拟邺侯。日与圣贤相对语，身于天地复何求？三峰有意当窗见，一水无声绕槛流。试问主人何所乐？本来无乐亦无忧。"吁，殆知进而知退者哉！

著　　作

（清）黄虞稷《千顷堂书目》卷四·国史类 《明伦大典》二十四卷（嘉靖六年正月敕修，以大学士费宏、杨一清、石瑶、贾咏及礼部尚书席书为总裁，兵部右侍郎张璁、詹事桂萼副之。十一月改命谢迁、张璁、翟銮，而以桂萼、方献夫为主副。明年七月书成，惟一清、萼、献夫列名，余皆去位。其纂修官则熊浃、霍韬、黄绾、席春、孙承恩、廖道南、王用宾、张治八人。始名《大礼全书》，复更定曰《明伦大典》，上自制序，仍命一清等五人序于后）。

又，卷四·国史类 《献皇帝实录》五十卷（嘉靖四年三月甲戌敕修《献皇帝实录》，命藩府内外臣僚将当日嘉言善行辑送翰林院编纂，于是以定国公徐光祚、尚书廖纪、席书为监修官，大学士费宏、石瑶、贾咏为总裁，侍郎温仁和、李时副之，侍讲学士董玘等七人纂修。明年六月书成，赏赉升职有差。先是费宏疏言献皇帝享国长久，嘉言懿行，旧邸承奉长史等官必有成书，宜遣官取付史馆，并促张元恕速进长史张景明原撰日录，诏从之）。

又，卷五·别史类 费宏《武庙初所见事》一卷。

又，卷五·别史类 费宏《宸章集录》一卷。

又，卷二十·别集类·成化丁未科（二十三年） 费宏（字子充，铅山人。一甲第一人。少师兼太子太师，吏部尚书，华盖殿大学士，赠太保，谥文宪）。《钟石先生文集》二十四卷，又《自惭漫录》。

又，卷十五·类书类 又《史流十品》一百卷：……卷九《陶学士事迹》（费宏）。

（清）张廷玉等《明史》卷九十七·志第七十三·艺文二 《武宗实录》一百九十七卷，《宝训》十卷（费宏等修）。

又，卷九十七·志第七十三·艺文二 《睿宗实录》五十卷，《宝训》十卷（嘉靖四年，大学士费宏言："献皇帝嘉言懿行，旧邸必有成书，宜取付史馆纂修。"从之）。

又，卷九十七·志第七十三·艺文二 费宏《武庙初所见事》一卷。

又，卷九十七·志第七十三·艺文二 费宏《宸章集录》一卷。

又，卷九十九·志第七十五·艺文四 《费宏文集》二十四卷。

（清）纪昀等《钦定四库全书总目》卷一百七十五·集部二十八·别集类存目二·《费文宪集选要》七卷（两江总督采进本） 明费宏撰。宏字子充，铅山人。成化丁未进士第一。官至史部尚书，华盖殿大学士。谥文宪。事迹具《明史》本传。所著《鹅湖摘稿》本二十卷，此本乃徐阶、刘同升所选录，非全帙也。

又，卷一百九十二·集部四十五·总集类存目二·《宸章集录》一卷（左都御史张若淦家藏本） 明费宏编。宏有文集，已著录。此书乃嘉靖五年六月十三日世宗御平台，召宏及大学士杨一清、石珤、贾咏入见，各赐御制诗。宏得七言古诗一章，一清、珤、咏各得五言古诗一章。宏等疏谢并依原韵和进，帝复赐以批答。宏因集为一帙，梓而传之。《明史》宏本传称，帝常御平台，特赐御制七言诗一章，命辑倡和诗集，署其衔曰"内阁掌参机务辅导首臣"，其见尊礼前此未有。张璁、桂萼滋害宏宠，萼言："诗文小技，不足劳圣心，且使宏得凭宠灵凌压朝士。"帝置不省云云。然则此书乃承世宗之命所编也。

（清）曹仁虎等《钦定续文献通考》卷一百九十一·经籍考·集·别集三 费宏《文宪集选要》七卷。宏字子充，铅山人。成化丁未进士第一。官至大学士，谥文宪。臣等谨案，宏所著《鹅湖摘稿》本二十卷，此编乃徐阶、刘同升所选录本也。

又，卷一百九十七·经籍考·集·总集上 《世宗宸章集录》一卷、《辅臣赞和诗集》一卷、《翊学诗》一卷。臣等谨案，以上三编系嘉靖五年、六年、七年赐大学士费宏、杨一清等御制诗，诸臣依韵和进，随时编录者。

评　论

（明）徐阶《费文宪公文集序》　《费文宪公摘稿》二十卷，凡为诗四百五首、文四百十篇，公伯子礼部郎中懋贤之所录，仲子尚宝卿懋良、嗣孙官生延之之所校，而巡按江西侍御吴君遵之所刻也。昔岁癸未，阶滥出公之门，公尝诏之曰："文章可以观人。其文如长江大河，则其人必能有所容受承载。若如溪涧之流，虽其清可以鉴然而为用微矣。"阶谨再拜识之，退而考公之文，出入经传，平正弘博，无一不如其言。又退而观公之为人，其度廓乎有容，其气象浑厚惇大，足以任天下之重，又无一不如其文。于是始悟为文之法，而窃自幸独获闻公之教，庶几有所成就，以无忝于门下士。然又尝疑之：自汉以降，士以文章名家者，莫过于韩、柳、欧、苏。四子之中，柳文差伤于峭薄，而其行与业，柳亦在第四。以是质公之言，可谓信矣。然柳子者，翘然负秀出之资，其所自待宜不甘于人下，而顾三子之不能及，此必有物以蔽之。公于人品、文章兼有其盛，此必有以为之本者。于时阶既未能叩，而公亦不以告，岂其自得之妙，不容轻授，姑发其端而使阶深思而自识之欤？今去癸未余三十年，公已不可复作，而阶亦向老，进修弗力，无以副公之教，惕焉不宁于心，然不敢以身之不肖，使公之言没而弗传也。刻成，因论次所闻，而并及所未能叩者，以告后之君子相与思焉。公历官至少师、华盖殿大学士，卒赠太保，谥文宪，故稿以文宪名。吴君能为文，有古行，故其刻是稿在公卒之后，又以板归尚宝藏于公之祠。

嘉靖乙卯季春望日，赐进士及第光禄大夫柱国少保兼太子太傅礼部尚书武英殿大学士知制诰、门人华亭徐阶序。

（录自［明］费宏《费文宪公摘稿》卷首）

杂　录

（明）郑晓《今言》卷二　嘉靖甲申，大同五堡军叛，杀巡抚张文锦、参将贾鉴。时总兵江桓坐视不能讨贼，朝廷罢桓，以桂勇代之。令桂疾驱入大同，诛首恶，抚胁从。且遣都督鲁纲、总兵侍郎胡锭提督军务，率兵屯阳和堡，候勇诛首恶抚定，即班师。勇已诛郭巴子等首恶十七人，锭、纲以为功非己有，起营而西。大同军复闭门，及骂勇倒鬼诳我，缚勇欲杀之。勇不屈，言："汝等再杀我，阖城无噍类矣。"乃释勇，尽杀勇家丁。代王微服走宣府，锭等又妄言功奏捷，中朝皆知之，不得已召还京。是时，内阁费宏不欲再用兵，幸无事。余及瓯宁李默各上疏乞讨贼。李疏报闻。余疏乙酉正月十七日进，留中。蓟州总兵马永亦请自率兵讨贼，不听。以故大同叛军至今为边镇大祸。

（明）王同轨《耳谈》卷九·费状元 铅山费公宏，成化丁未状元，时年最少，四十五入内阁。意若哂他相老者，一相曰："莫要笑我，便须到你。"一相曰："莫要与他，恐后人笑他。"可谓婉而妙。公在位不久，寿亦不遐。又，松江张黼，未第时，梦人谓曰："君名在状元前。"觉而自疑："岂有名在状元前者？"丁未会榜，黼名十五，费名十六，而费果状元。计梦时，费尚未生也。

（明）王世贞《皇明盛事述》卷二·兄弟翰林 若二人入翰林……费学士宏，学士寀。

又，卷三·父子兄弟贵盛一时 嘉靖初，《武宗实录》完，少保、大学士费公宏进少师，从弟编修寀进左赞善，从子懋中进修撰，而子懋贤复为庶吉士。

又，卷三·门宗仕宦 铅山之费，少师大学士宏，少保、尚书寀，伯父参议瑄，宏子武选懋贤，从子修撰懋中，工部郎中懋良。

（明）郭良翰《明谥纪汇编》卷十四·臣谥上·文臣·文宪 费宏（大学士，赠太保。嘉靖。勤学好问，博闻多能。江西铅山人）。

（明）张弘道、张凝道《皇明三元考》卷九·正德十五年庚辰科大魁 探花费懋中（江西铅山人，成化丁未状元费宏侄也，字民受，年三十七。历任提学副使。祖珣，景泰癸酉举人。弟懋和，举人；懋乐，举人，工部郎中；懋贤，丙戌进士，庶吉士，礼部郎中；懋良，尚宝司卿；懋尹，举人；懋文，举人，知县，赠布政；懋学、懋谦，并知州。懋文子尧年，壬戌进士，太仆寺卿）。

（明）张弘道、张凝道《科名盛事录》卷一·元魁盛事·叔侄元魁 铅山费宏（成化丁未状元），侄懋中（正德辛巳探花）。

又，卷一·元魁盛事·元魁少年人及未娶 铅山费状元宏（年二十）。

又，卷三·科第盛事·四世科第 铅山费瑄（成化乙未进士。参议），珣（景泰癸酉举人），瑞（成化癸卯举人。俱同父），从子宏（成化丁未状元。瑄亲侄），寀（正德辛未进士。礼部尚书。宏从弟），完（癸酉举人。工部郎中。宏弟），孙懋贤（嘉靖丙戌进士。庶吉士，礼部郎中。宏子），懋中（正德辛巳探花。珣孙），懋文（举人。知县。完子），曾孙尧年（嘉靖壬戌进士。太仆寺卿。懋文子）。

（明）严从简《殊域周咨录》卷十一·天方国 按，是时张璁以言礼合上意，骤进向用，欲因事倾内阁费宏，故夷使之讦奏，实凭藉于士绅等。而士绅等之横肆，亦因主之有人也。及九川等下狱，又攀费宏受玉，而其展转谋陷之情见矣。

……

九川被讯，遂称前玉已送大学士费宏，其家人费兴贵、费阿义收受，宏令玉匠曹春造为玉带，及认张璁等听嘱前情。骆安等又奏称：“国体重大，夷情不轻，若果改译情真，干碍大学士费宏。嘱托已行，干碍指挥张潮，俱听该部径自参奏，通行究治。必须宪典昭示，度使夏夷无词。”上怒其展转支调，诏仍前怠缓治罪不饶。张璁、张潮、龚良臣、马良传、叶增、李聪都提了问。夷人求讨蟒衣等物，奏本着礼部与他查覆。邵辅且革回原卫带俸。

胡士绅又奏九川等致怨回夷等情，讦及大学士费宏受玉是实。上诏陈九川、陈邦偁照前旨好生打，着追问招认。刑科给事解一贯疏曰：“近该锦衣都指挥骆安等请官会勘，以杜嫌疑。奉钦依胡士绅等不必题，陈九川、陈邦偁照前旨好生打着，追问招认。窃惟古之制，狱正听之，司寇听之，三公听之。狱成，王三宥然后致刑。《书》曰：‘两造具备，师听五辞，五辞简孚，正于五刑。’《礼》曰：‘刑者，侀也，成也。一成而不可变，故君子尽心焉。’仰惟我祖宗创制立法，于刑狱一事尤为尽心。故凡问官，既勘明矣，必送法司以拟其罪。法司既拟罪矣，又必送大理寺以审其允。虑其误也，复原情而致刑。恐其冤也，复命官以审录。亦以刑狱民命所系，故慎重如此，百余年来，刑清民服，天下无冤狱者以此。今陈九川等事情其有无虚实，臣等皆不可知。其是非曲直，臣等亦不暇辩。但以治狱言之，必原告在前，被告在后，众证明白，而后可以服其心，文案不遗而后无所逃其罪。胡士绅原告人也，龚良臣、鲜鸣、夏麟、朱道鸣、撒雄、白杰、叶增、李聪、陈钦、哈荣皮见俱干证人也。番、汉原本即文案也。有原告则两辞可折，有干证则众说可据，有文案则真伪即见。今不提胡士绅是无原告人矣，不提龚良臣等是无干证人矣，不吊番、汉原本是无文案矣。独使九川、邦偁与一纸并严刑对，虽十恶重情，亦无不招者，况余事乎！治狱之道，恐不如此，且彼得以有辞而不心服矣！伏望皇上念死者不可复生，断者不可复续，敕下各该衙门，将原告并一干人证及番、汉原本通送问官，一一从公对理。如果是实，然后依律究治。庶用法平允，情罪真当，而彼虽死亦无憾矣！”上诏：“这厮每恣意回护，辄来奏扰。”不从。

御史王正宗疏曰：“胡士绅讦奏见监陈九川、陈邦偁等，狱案未成，事未别白，而胡士绅又奏九川等事情，且本内牵言辅臣，其情之虚实，臣等皆未可知。但我祖宗旧制，一有大狱，必先付法司，或竟付镇抚司问理。若有未明，必奏请三法司会同。若再有未明，必奏请多官午门前会同问理。盖至于多官会问，其事情无有不明，刑罚无有不中者，出于众人之公也。此即古之用刑，先问之左右，次问之诸大夫，又次之问之国人之遗也。今士绅之一事，初命镇抚司而致有回避，再命堂上官而致有请官，此必各官见其掣肘难行，故有此举。陛下正当体察其回避之故，俯从其请官之举，务协舆论，以求至公。今则未蒙俞允，各官震惧，此臣等所未逾也。若陛下止因九川等不体上心，处夷过当，亦可少霁天威，从臣前议，或与多官会同推问，或与三法司一同问理，仍欲人卷俱全，对证明白，众口一词，事无亏枉。覆奏之日，臣等知陛下必断之以至公，施之以至平，不至以士绅过于激切而重九川等之罪，亦不至以九川有当得之罪而废朝廷之法矣。”上诏其回护奏扰，亦不从。

太子太保礼部尚书席书疏曰：“近该鸿胪寺回回馆通事胡士绅具奏九川、邦偁致怨回夷等情，访得往年主客司郎中相待所属鸿胪寺通事礼貌颇优，会同馆主事与在馆通事和同相处，积习已非一日。自去年三月陈九川到任，不容平头巾通事与官带序班通事一起参见，又不答拜还揖。彼时胡士绅考选通事未及二年，既无冠带，又未食粮，嗔怪九川将他另作一起相待，体面颇严，以此积恨在心。回人贡献玉石等物，九川等自谓进上之物，辩验精详，十分敬谨，中间粗石黑玉甚不堪者，拣退若干。主事陈邦偁分管会同馆事，拘泥旧规，严禁夷人出入，致生嗟怨。见得夷人大玉一块值价万两，邦偁过于小心，具呈本部奏请明白，然后许卖。又见得本馆通事不听约束，奏要听其考察去留，事不如意，动辄用言詈骂，以致各该平头巾通事胡士绅等刻恨二臣深入骨髓。通部官吏皆知回夷归怨二臣之心不过三分，通事人等致怨二臣却有七分。因此去年回夷在奉天门跪进番本，胡士绅等不肯阻栏，意欲朝廷将二臣罢黜不遂，今又假托夷人致怨之词激怒朝廷，必欲罢遣二臣方快此心。自皇上宽宥各官之后，臣等日逐分付该司今后各要仰体圣心，凡待夷人俱从宽处。去年开市，例外容令买卖五日。适遇雪下，货物变易不尽，新年赴部告令再买卖，二三日起身，亦不闻回夷再又致怨之言。设有此言，该管通事缘何不赴部堂告禀？今胡士绅所言译写番文字样有无差错，臣等不得而知。窃念中国之于夷狄，如天冠之于地履，部省之于所属，堂阶之分亦甚截然。自去年乐頀以所属钦天监官轻奏部省，今年所属鸿胪寺以一微末通事，遂致假夷人之怨排奉部官。二臣固不足惜，诚恐此后夷人效尤，愈肆桀骜，本部不敢裁制，所属小吏蔑视部堂，无以自立群官之上矣。乞下镇抚司行拘天方国使臣虚心详审，今年正月以来陈九川等有无别生事端，启衅招怨。万一情有可原，乞将二臣量赐释放，使得更生，勉图后报。”上诏：“卿等既居堂官，陈九川等恣肆妄为，却不举奏，返行论救，非大臣事君之道。”

于是费宏上疏自陈乞罢，称：“先于嘉靖三年七月内，因往涿州迎接宪庙神主，将苎丝二疋、银二两作羊酒，并诗一首送与同年彼处致仕南京户部尚书邓璋，璋令侄监生邓仲和将玉石一块以为作诗谢礼，来京亲送。去年九月内，唤不知名碾玉匠看是浆水玉石，做带一条，小带一条，闹妆女带一条，并不系九川送与，乞辩明诬害，以全名节。”上诏宏：“卿系辅臣，尽诚体国，朕所倚任，谅无请托交通之情。所奏诬陷，朕已知之，宜即出供职，不必深辩。”

既而刑部侍郎张璁、学士桂萼共疏论宏实受九川侵盗玉石，乃认邓璋所馈以饰其罪，乞追玉坐免。宏疏曰：“昨该詹事兼学士桂萼、张璁连名具本攻臣，谓臣实受陈九川所盗贡玉，而姑认为邓璋所送之玉以为脱罪之计，又谓臣纳市政使彭夔之贿票拟存留得以调用，以此二事诋臣为误国神奸，亟宜罢黜。盖近日选取庶吉士例有教书官二员，萼、璁皆有垂涎染指之意，而萼以该院掌印，自诡必与，望之尤切。及臣等题请命官以属温仁和、董玘，而二人皆不得与，愤恨不平，乃遂假此二事上渎圣聪，以为报复之举耳。夫九川之玉与臣无干已荷优诏发落，谓九川假称内廷有旨，诬陷辅导重臣，固不必与之辩矣。若谓邓璋送玉，欲图总制，则臣不容不辩者：臣以嘉靖三年七月，往迎献皇帝神主，因过璋家，作诗赠璋。十月送玉来谢，书简见存，日月可证。而总制之推，在嘉靖肆年十月，经隔一年，璋岂能于一年之前预知总制有缺而遂萌此念乎？况总制之推，吏部会官，臣不能专主。况与璋并推者又有尚书王宪，吏部以璋尝总制甘肃，宪尝为兵部，其才可用，非以臣言用也。至于彭夔之留用，则亦有说。盖凡朝觐官员，吏部会同都察院考察黜退者，则一概黜退，少有复留。科道拾遗部院覆题请旨定夺者，则旧例送下，或去或留，亦从内阁票拟。前此往往皆然，非臣等徇私而创此举也。夔居官虽不能大过乎人，而循谨廉平，则非惟臣知之，臣同官石瑶、贾咏亦知之，吏部都察院亦知之。其所以得谤者，特因科场争坐，欲循旧规，不肯列于巡按之傍。御史谢汝仪怒之，加以不谨，实非其罪。故吏部都察院考察之初，不忍以不谨出夔。而臣等于拾遗之疏拟夔调用者，亦以其年方五十，才尚可用也。夫萼、璁之挟私而攻臣者屡矣，不得为经筵讲官则攻臣，不得与修《献皇帝实录》则攻臣，不得为两京乡试考官则攻臣，今不得与教书之举则又攻臣。二人者徒以臣为内阁之首，意谓凡事皆臣沮之，而不知臣之举措亦必谋诸寮友，协于公议，又必取自圣裁，岂敢徇私而专主乎！萼、聪之器量亦甚小矣，其为谋亦甚浅矣。萼亲对臣言术士邓隐仙判伊命状有同乡并阁之语，盖讽臣荐之入阁也。其所以屡屡攻臣者，盖欲臣决于求退而代其位也。臣多疾无才，忧谗畏讥，心欲求退久矣，但以受命纂修《皇考实录》，欲候书完上进，以成圣志，乃敢乞归，庶无后责焉耳！萼、聪又谓臣居乡并植祸及祖父之坟茔，夺人凶残解及第兄之支体，尚不能保其家，焉望有益于国！臣之先坟被发、从兄受祸者，盖以正德之初，宁贼宸濠谋为不轨，请复护卫，使人以重贿啖臣，臣不敢受，昌言以沮其谋，宸濠憾臣，计嘱奸臣钱宁，矫旨罢臣。及臣既归，乃嗾臣乡人集众并力，欲以害臣性命。幸而天佑朴忠，得以脱免，复见用于圣明之世。使臣苟图濠贿与之同谋，则当叛逆既露之后，且与陆完、钱宁辈俱受大戮矣，又岂有今日乎！臣平日无他技，能惟此一事士大夫亦颇见许，以为能忘家为国，可谓之忠。而萼、璁乃反诋斥以为无益于国，不知其论果出于众论之公乎？抑或出于一己之私也？近因恭和御制诗章，忽有蟒衣玉带之赐，萼、璁亦怀忌嫉，形于奏讦，则二人主于诬陷，不欲臣受陛下之宠任明矣！臣心迹既明，即当辞避权位，归休田里，岂能与小人争胜！”上诏：“事已明白，不准辞。”

按疏内所言虽不甚关于天方，而事有所起，则由天方也，故备录之。且以见当时大臣因夷人之小事而自相攻击，不顾中国之大体，若此亦一时可骇之事也。

璁又疏曰：“司马光言：‘人君大德有三，曰仁，曰明，曰武。’今宏擅专威福，大肆奸贪，臣等言之，皇上既察之，未决去之，则仁矣明矣，或武德有未尽者乎！本月经筵，费宏不与，皆言宏有不法，事败被东厂缉获。臣等随究其实，云有乐工张仁者，原与臧贤俱助宸濠为逆，而费宏与张仁实为心腹。宸濠事败，臧贤抄没，时张仁巧计漏网，既乃为费宏夤缘起用，因此专一在宏门下过钱。今东厂缉拿张仁，已招过送费宏玉带银两表里等物。又缉拿乐妇名李解愁者，已招是宏长子懋贤包宿。名高秋儿者，已招是宏次子懋良包宿。每二乐妇至费宏家，其子每与自己衣帽穿着，如男子出入。又有相赠诗柬，俱被东厂鞫出真情。臣未知东厂敢尽以此情闻于我皇上否也！公论明扬，传闻中外，以为神奸事败，今至于此，当为圣天子贺，而太平有日矣！当日午后，忽又传言费宏云：‘朝廷今宣我到左顺门，教我安心，明日便出来办事，不必辞本。’众初不信，次日果出朝参，众方大骇，以为知奸不去，不如不知之为愈也。且费宏主改番文，侵受贡玉，乃真情也。臣等论之，御史郑洛书与臣等并劾之。既而皇上优容，两无可否，使臣等效忠无地，至今有愧于心。反有论臣等欲夺费宏之位者，殊不知此乃费宏平日所为，臣等实所不为者也！正德六年，大学士刘忠主会试考，宏为礼部尚书，欲谋入阁，将会录榜注某句不好、某句不好，托人奏武宗皇帝，说刘忠没学问。刘忠去位，宏遂入阁，事载大学士李东阳《燕对录》中，于今可证。正德九年，大学士梁储主会试考，宏复将会试录傍注某句好、某句不好，谋去梁储，以进己位。赖武宗察知，适宏又在武宗前嗤笑不恭，密旨着锦衣卫察究，将声其罪。而张仁密泄于宏，武宗震怒，将张仁发锦衣卫责打监禁，限费宏五日内起程，人皆知之。后宏乃托言不与宸濠护卫，以致休归，此真欺天罔人者也。且宸濠生日，宏曾作诗遣府学生员谢贤庆贺，其家居时设心可知也。夫以武宗皇帝特以刚武之资，故奸邪随发随灭，用能保全神器，传之皇上。皇上圣明如此，如费宏者可复久容乎！"

御史郑气疏曰："臣闻人臣之事君也，以和衷为尚，自足以消夫党比之私；其立身也，以节义为防，自足以作乎贪懦之气，是皆关乎治道之隆污、士风之邪正，而可以不慎哉！臣近见通事胡士绅之讦奏陈九川等语，虽止于部属，意实漫于宰执。言若面谩，侮大臣而不顾。事近罗织，伤国体而不惜。重外夷之方物，轻中国之衣冠。人皆曰彼何敢至此？皆詹事张璁、桂萼有以谋使之也。又见大学士费宏论辩受玉之来历，情虽出于辩明，迹若类乎掩饰，交际之厚，未免启请托之私，取与之过，终难逃贿赂之诮。始焉追究之太急，终则发落之无据。人皆曰事何以中止，皆大学士费宏有以周旋之也。臣闻此初则疑焉，今方信之。观璁、萼之劾费宏曰：'礼部郎中陈九川侵盗贡玉，招称与大学士费宏收受，宏因造为玉带。'姑认受邓璋之玉为掩藏苟免之计，系彼此惧罪之赃，宜追出入官，令其自陈罢黜。以此征之，则君子辞受取予之大义，圣贤进退出处之大节，宏实昧焉。况礼貌既以衰薄，退休宜尤勇决，乃复恬然不以为异，其何以辞贪冒之讥乎！费宏之劾璁、萼曰：'专尚攻讦，甘为小人，不得为经筵讲官则攻臣，不得与《献皇帝实录》则攻臣，不得为两京乡试考官则攻臣，不得与教书之举则又攻臣。'以此观之，则是以城狐社鼠之依凭为蹊田夺牛之深计，璁、萼实效焉！况心迹既多败露，公论实以昭彰，乃复肆然自以为得，其何以逃奸党之诛乎！是知士绅之讦奏，固为璁、萼之党恶，而费宏之贪暴，实有以来！夫璁、萼之狂肆也，况其间彼攻此曰，或甘为幕中引结之宾，或甘为门下狗盗之客；此攻彼曰，鼓怒蛙之腹，张狂猘之喙。言词皆涉于骂詈，忿狠真同于市井。臣谓圣明雍睦之时，乃有此奸恶贪鄙之辈，伏望于费宏也，令其自陈，而放归田里，以全大臣之体貌；于璁、萼也，发其党恶，而并诸四夷，以惩群小。人之奸邪如此，则体统以正，朝廷以尊。"上诏："大臣贤才进退，朝廷自有公论酌处，不必泛言奏扰。"

于是骆安等问得九川藏匿夷玉，先已卖银五十两，今蒙追要，会知费宏家玉石做带，又因先年求亲不肯，挟恨攀棰，以图抵塞掩饰己赃。其家人费兴贵与九川面证，费兴贵等畏受刑责，就依九川妄招情由，供认入己。夷人失去玉石，原称不匾不圆，略斜一角，比浆水玉略高些，约重九斤。今宏玉曹春开报七斤，自有不同。参照犯人陈九川欺妄，存心刻薄成性，职掌四夷，全无柔远之仁，指勒百端，专肆搜求之虐，克留进玉，卖与行商，展转指攀，词多不一，妄称大玉外夷自要进呈，甘作诳言，里面欲行逐赶番本，辄为立案，明旨恣意不行，罔上行私，莫此为甚。陈邦偁专司夷馆，合顺夷情，却乃刁难货物，毒逞恶声，怨积远人，讥归朝宁，骄矜轻佻，传笑遐荒，沮遏来王，致兴伊讼。张䄠听允赛采央求，苟顺私情，敢于理刑衙门嘱记公事。张潮接受拜帖，显是徇情，追究吏赃，若有容纵，及与邵辅审译番文，失于奏请。龚良臣、马良传各不应承内分付译字欠明，似有回护。鲜鸣、叶增、李聪因话传言，诬不以实，鲜鸣又不合捏词奏辩。揆其各犯，情虽不同，罪俱难逭，合将各犯并犯属陈瑞通送刑部，分别情罪，从重议拟，奏请发落。及照大学士费宏做带玉石，究有根由在官，家人费兴贵、费阿义应各释放。上诏陈九川侵盗贡玉，欺君侮法，发边卫充军，银两追入官。陈邦偁不抚夷情，刁难货物，着为民。张䄠于理刑衙门辄行嘱托，降边方杂职。张潮职掌刑名，徇情回护，降做总旗。邵辅译审番文失于奏请，还罚俸个个月。龚良臣等译字欠明，鲜鸣捏词奏辩，也各罚俸三个月。叶增、李聪各打二十，并费兴贵等都放了。

（明）曹臣《舌华录》卷一 费文宪公云："观书当如酷吏断狱，用意深刻，而后能日知其所无。记书当如勇将决胜，焚舟沉甑，而后能月无忘其所能。"

（清）黄虞稷《千顷堂书目》卷十一·儒家类 世宗《敬一箴》一卷，又《注程颐四箴》一卷，又《注范浚心箴》一卷（嘉靖五年十月，上出诸箴颁赐大学士费宏等，宏等疏谢，因言此帝王传心要法，至治要道，请敕工部于翰林院建亭勒石，以垂永久，仍敕礼部通行两京各学，并在所提学官摹刻于府州县，使天下人士服膺圣训，有所兴起，上命如议行）。

又，卷十七·别集类 世宗肃皇帝《御制诗赋集》七卷，又辅臣《赞和诗集》一卷（嘉靖六年除夕御制五言诗示杨一清，一清与谢迁等恭和），又《咏春同德录》一卷（与辅臣费宏等倡和）。

又，卷二十二·别集类·正德辛未科（六年） 费寀《费文通集选》四卷（字□□，铅山人，宏从弟，少保兼太子太保，礼部尚书）。

（清）陶成等《江西通志》卷十一·山川五·广信府 清湖在铅山县西二十五里。其水萦带如玦，清澈可鉴。明费宏兄弟徙居焉。

（清）张廷玉等《明史》卷一百九十五·列传第八十三·王守仁 守仁愤甚。时已丁父忧，屡疏辞爵，乞录诸臣功，咸报寝。免丧，亦不召。久之，所善席书及门人方献夫、黄绾以议礼得幸，言于张璁、桂萼，将召用，而费宏故衔守仁，复沮之。屡推兵部尚书，三边总督，提督团营，皆弗果用。

又，卷二百九十八·列传第一百八十六·隐逸·孙一元 孙一元，字太初，不知何许人，问其邑里，曰："我秦人也。"尝栖太白之巅，故号太白山人。或曰安化王宗人，王坐不轨诛，故变姓名避难也。一元姿性绝人，善为诗，风仪秀朗，踪迹奇谲，乌巾白帢，携铁笛鹤瓢，遍游中原，东逾齐、鲁，南涉江、淮，历荆抵吴越，所至赋诗，谈神仙，论当世事，往往倾其座人。铅山费宏罢相，访之杭州南屏山，值其昼寝，就卧内与语。送之及门，了不酬答。宏出语人曰："吾一生未尝见此人。"

（清）纪昀等《钦定四库全书总目》卷一百七十六·集部二十九·别集类存目三·《士斋集》三卷 明女子邹赛贞撰。赛贞，当涂人，赠监察御史谦之女，翰林院编修濮韶之母也。当时称为女士，故自号曰士斋。是集凡诗二卷、杂文一卷。其婿大学士费宏为之序。

弘治三年（1490）庚戌科状元钱福

传　　记

（明）乔白岩《翰林院修撰与谦钱君墓志铭》　弘治甲子八月二日，吾友华亭钱与谦卒于家。其子元具乡人沈惟忻所著行状走书告予曰：“先君病革时，不肖元问后事，曰：‘平生知己无逾乔白岩，白岩铭我，我无憾矣。’敢泣血以请。”予方恸与谦之没，不忍援笔者数年。比君弟乡贡进士祚至金陵谒予曰：“先兄已葬华阳桥之原，犹未有铭，愿执事终惠之。”予闻而愕然，乃志曰：

君讳福，与谦字也。高祖讳实。曾祖讳复，以《中庸》学称于乡。祖讳昌，隐弗仕。考讳中，云南兰州同知。君始生，颖异不凡。兰州公梦神语曰：“汝儿即苏州吴宽也，善抚之。”甫七岁能属文，既而吴文定公连得大魁，兰州公喜曰：“吾儿其有征乎？”成化戊戌，兰州公挈君至京师，闻邃庵杨先生善教，遣受业焉。先生曰：“此子数年后当有文名。”在郡庠与今翰林院学士顾士廉并价。丙午，举应天乡荐，随兰州公试礼闱，俱落第。兰州公随就选，君抵家别二亲，复上京师，曰：“儿名不成弗敢归。”乃从学于西涯李公先生。先生每器赏君所作，曰：“此吾馆阁中人。”两试太学，皆置首列。弘治庚戌，为孝庙龙飞第一科。君试礼闱第一，廷试又第一，于是君之名赫然满天下。淞江自唐宋来未有状元，状元实自君始。兰州公在滇南喜曰：“吾愿毕矣。”因以公务至京，遂乞归老。

君既入翰林，又从西涯李公先生，益肆力于文章，闳衍浩瀚，阔视一世，而才高气奇，挥毫对客，往往数千言可立就。词锋所向，莫之与撄。然性坦夷，不解立涯岸，每饮辄至醉，颓然自放，若不可绳以法度，用是颇不合于时，而众望犹有所未满者。大抵盛名之下，难以久居。故爱君者虽多，而忌君者亦不可谓少也。癸丑，同考礼闱，所取多知名士。三载考最，封兰州公□□，官阶儒林郎；母陆氏为安人。君恒念二亲□克迎养，乃具疏以疾归。道得兰州公讣，奔丧躃踊，哀毁几不能生，日夕庐墓侧，间往来省母。丁己，考京朝官列，以疾致仕，君略无芥蒂。乡人谂君者，君谢曰：“吾始图薄禄，为亲也。今疾弗免，亦以亲故也。尽力于亲而不得竭职于君，事固不能两全尔。”

乃拓旧居，治田圃，用供甘旨费。暇则教授生徒，四方士来乞文者踵相接。又喜延宾友，虽剧谈终日不少懈。人或劝以怡心神，节精力，君不谓然，竟以是劳瘁成疾。捐馆之旦起步于庭，复瞑目移时而卒，年才四十有四而已。

呜呼，惜哉！予与与谦同游二先生之门，为道义交者几三十年，与谦知予独深，而予与谦愧莫能有所助。恒记与谦言："作文须昌其气，先使一篇机轴定于胸中，然后下笔当沛然莫御矣。"又言："词必根据理道，虽恒言近事亦不可略。"此皆得之师传，加之体识，正同类所弗如者也。平生文字多不起草，坐上时为人持去，故稿不尽存，存者杂文总若干篇，诗赋骚词若干首，经义若干道。使天假之以年，则所成者殆不止是。然即是以传，其卓然为大家文，亦何疑哉！

君天性孝友，自兰州公没，奉母安人罔不备至，爱弟祚终身无异词。尤乐施，与宗族故旧有贫乏者，动给以衣食，不忍逆诈，有非礼相加者，未尝与较。居常行事，不局细小，中无赢余弗恤也。其天资豪迈类如此。家近鹤滩，因以自号。学者称为鹤滩先生云。配顾氏，封安人。子二，长即元，国子生；次恺。孙男一，名万选；孙女一。

铭曰："惟古名家出弗偶，德惭化涵钟所受。短修通塞殊竟究，伟哉与谦吴淞秀。笔挽千钧若挥帚，江湖决奔龙蛇走。森罗万象无不有，道纲理窟矧师授。上窥马班下韩柳，代言宜置帝左右。名高忌深腾众口，抱病江乡乐田亩。世途竞进君则否，宁人负我我无负。胡哲而贤殄厥寿，天实为之又谁咎。华阳新□风土厚，刻铭纳幽昭弗朽。"

（录自［明］钱福《钱太史鹤滩稿》卷末）

（明）顾清《东江家藏集》卷二十一·中集十七·北游稿·钱与谦墓记 吾与谦太史既殁之明年，为弘治乙丑，其子元始克营葬事，先事请铭于太常少卿乔君希大，请墓表于阁老西涯李公，使未返而葬期已迫。郡守宜春刘侯闻而太息曰："先生生吾松，为一代人豪，翰墨之光，贲及草木，旁烛海内，而身殁之后，遗魄所藏，酹奠靡所，碑版弗饰。虽先生之不朽不系乎是，而邦之人士其谓我何？天下之人闻之其卲谓我何？"乃发其俸余庀工于庭浮石辇木作享堂三间于墓前，外为石门，属以周垣植二碑于门内，左以刻西涯之表，而以其右属予书其事，曰："使邦之俊乂与后之人观于是而兴起也。"予少与与谦及今府学生沈悦惟馨游，志同而气合，相责以道谊。君尝慷慨谓："吾三人者异时入翰林，则以年递为作传。"皆笑而诺之。时相传以为戏，今三十年，予幸忝从君后，而惟馨犹困场屋，君复奄先朝露。追惟平生，不知涕之横臆，而侯重以是命予，予尚忍辞之哉？乃用侯之意，即惟馨所为君行状摭而书之，曰：

先生讳福，字与谦，姓钱氏，家近鹤滩，人称为鹤滩先生，遂因以自号。幼而颖异，八岁能属文，长益闳肆，凌驾今古，波澜横溢，锋焰逼人，有万夫莫御之势。而义理精核，情景切至，剪裁融化，恒言近事，名理粲然。用是捷乡闱，冠南省，遂魁大廷，登禁近，名满天下。霆发霞举，从者如云，而妒之者亦至矣。既以疾告归，扫迹城府，葺田园为终老计，夷犹山泉若初未尝涉世者。知先生者日望其出以张斯文，而先生已厌世矣。盖先生之材大，故所立每超于众；其气勇，故有为而必成。其洞识远览，旷视一世，既非辈流之所几及，而震荡凌厉，将造物者亦难为容之，故就其所得，虽足以少酬其志，而用弗究宣，数弗及远，非惟吾人，实古今所同惜也。昔郑玄以儒学名汉世，北海相孔融表其乡为郑公乡。先生官止修撰，品在第六，又终于散地，恤典所未及，而刘侯克倡义举，崇饰而尊显之，假先生年而究其学，殆无愧郑公，而侯之心，其即融之心哉。翼翼墓垣，幽幽玄宫，华表有辉，过者增敬。钱氏之子孙，其为感何如也？先生生三十而及第，三年而告归，又四年而致仕，又七年而终，年四十四。葬以十二月十一日辛酉。

（明）陈鎏《皇明历科状元录》卷四·弘治三年庚戌状元钱福　廷对之士钱福等二百九十八人，擢福第一。

钱福，字与谦，号鹤滩，松之华亭人。少而颖异，八岁能属词，及长，隆准秀目，志意高远。为文章雄赡闳阔，藻思层出，人所不足，沛然有余。父中兰州同知，幼随父寓京，从杨少傅一清、李文正东阳学，登成化丙午乡试，入国学，屡试皆首多士。弘治庚戌礼部试，名第一。福为文不属草，廷试策三千余言，词理精确，若宿构然，弥封官以无稿难之，众谓：“科场必欲其稿者，防代作也。今殿陛间，万目所视，何嫌之避！”阁老刘文穆健得之，赞不容口。请于上赐第一，福时年三十岁。幼时病剧，其父梦人语之曰：“尔子吴宽也。”时吴文定尚家食，后连举省、殿二元，与文定相符。松人在国朝未有为状元，有之自福始。癸丑，同考会试，寻以疾乞归，放意山林，益肆力为文，出入徽纆，惟志所适。每广坐间，群客竞请，各用幅纸为起句，酬酢交错，不废谐谑，以其隙递续之，比酒罢，无弗就者。罢官归家居数载卒，年四十有四。少师李东阳志其墓曰：“予尝试与谦以《司马温公赞》，谢文正见之，以为予作也。谓数语间用舍治乱，该括殆尽，及询知其人，大骇叹焉。与谦为文高自负许，方人之哗之也，颇自惶惑。及予勖以自信，果能卓有所就。若更靳惜择言，其所造诣，虽吾辈亦当避路。而恃才任达，不遑后恤，遂使有才如此，而弗克究其所欲为，惜哉！”（李东阳《墓表》）

《震泽长语》云：弘治庚戌，徐文定公溥与汪学士谐为主考，余为同考。一夕，予送卷至堂，汪对予谓：“公梦人馈一大钱，何也？”予曰：“昔人谓‘文如青钱，万选万中’，其有异卷乎？”汪曰：“公又梦人馈黄牡丹三大本，何也？”予未有以对。时钱福有名场屋，予退而思之，大钱之兆其在福乎？独牡丹之说未得，杨学士廷和曰：“此亦福之兆也。不闻‘洛阳相君忠孝家，可怜亦进姚黄花’为钱惟演故事乎？斯人也，高科兆矣，而非端士。”是科会试、殿试，福皆第一，而不克终。

才如涌泉，名若轰霆。所病任才，不羁以行。苟克善养，大贝南金。

幼随父入京，寓于民家，其室中有神像。神夜托梦于其主，求他徙，曰：“有状元在，吾不能安逸也。”（《状元纪事》）

宋时，华亭学有状元坊，为卫泾立也。景泰间，叶守冕重建于丰乐桥下，题其柱曰：“九重华选魁多士，千古清风启后人。”时以为攀援，盖泾非华亭产也。弘治己酉，西门火，坊为延燎，市人哗曰：“烧却假状元，出真状元矣。”明年，福果以会元魁天下。谶纬之言，亦有不诬。

……

吴文端一鹏赠福诗云："玉堂才誉故依然，时福春容见大篇。落月屋梁怜隔地，数峰江上忆当年。虞卿愁□书堪著，和氏心酬钵已传。白日转头廊庙在，不妨林下且高眠。"

庚戌三月，殿试读卷东阁李东阳诗云："阊阖门深紫殿春，先朝旧典一时新。文章妙极寰区选，陶冶司归大造仁。世有真祥非物宝，天将吾道付儒绅。状元忠孝何人是？遥见炉香上玉宸。"《十七日文华殿读卷》诗云："龙虎榜中新得士，凤凰诏下正求才。宫袍锦簇班初合，御笔红批卷未开。跪捧案香当比面，步随仙烛下中台。銮坡两度沾恩宴，犹忆先皇旧赐杯。"《听传胪》诗云："金莲影与赭袍明，华盖前头次第行。黄纸数行丹诏字，鸿胪三唱甲科名。云边晓日中天见，梦里春雷昨夜声。归向长安听人语，圣明罗网尽豪英。"《十九日恩荣宴席上作》云："队舞花簇送酒频，清朝盛事及嘉辰。星辰昼下尚书履，风日晴宜进士巾。园撤汉科三日战，苑看唐树九回春。丹心未老将头白，犹是当年献策身。"

（明）凌迪知《万姓统谱》卷二十七 钱福（字与谦，华亭人，弘治进士第一，历官翰林修撰）。

（明）王兆云《皇明词林人物考》卷四·钱时敛 公名福，字时敛，寻改与谦，直隶华亭县人。早从邃庵公游，文名甚著。丙午举乡试，弘治庚戌会试第一。廷试凡三千余言，曾不属稿，辞理精确，若宿构者。刘文穆公得之，称不容口，因请于上，复赐一甲第一，授修撰。癸丑，同考会试，所取则弋阳汪俊、泰和罗钦顺等，世称得人。寻以酒成癖，遂不起，得年四十有四。居家以色养，念父老，欲请移官养亲，例不得遂。与人坦率，不立町畛。有犯者笑而受之不校，故虽以才见忌，而怨怒不及之。所著有《鹤滩稿》。

（明）顾祖训原编、（明）吴承恩增补、（清）陈枚续补《状元图考》卷二·状元钱福 弘治三年庚戌，廷试钱福等二百九十八人，擢钱福第一。

按，钱福，字与谦，号鹤滩，直隶华亭人。少而颖异，及长，隆准秀目，志意高远。丙午，中乡试，入国学，屡试首多士。庚戌，礼部试第一。为文不属草，廷试策三千余言，词理精确，若宿构然，弥封官以无稿难之，众谓："科场必欲其稿者，防代作也。今殿陛间，万目所视，何嫌之避！"阁老刘文穆健得之，赞不容口，请于上赐第一，时年三十。幼时病剧，父梦人语曰："尔子吴宽也。"时吴文定尚家食，后连举省、殿二元，与文定相符。

《状元记事》：初赴试入京，寓于民家，其室中有神像。神夜托梦于其主，求他徙，曰："有状元在，吾不能安逸也。"

《状元录》：宋时，华亭学有状元坊，为卫泾立也。景泰间，叶守冕重建于丰乐桥下，题其柱曰："九重华选魁多士，千古清风启后人。"时以为攀援，盖泾非华亭产也。弘治己酉，西门火，坊为延燎，市人哗曰："烧却假状元，出真状元矣。"明年，福果以会元魁天下。谶纬之言，亦有不诬。

（清）张豫章等《御选明诗》姓名爵里二·诸家姓名爵里 钱福（字与谦，松江华亭人。弘治庚戌赐进士第一，官翰林修撰。有《鹤滩集》）。

（清）黄之隽等《江南通志》卷一百六十六·人物志·文苑二·松江府·明 钱福，字与谦，华亭人，弘治庚戌，试礼部、廷对皆第一，授翰林修撰。诗文藻丽敏妙。登第后，名声烜赫，远近以笺版乞题者无虚日。

（清）和珅等《钦定大清一统志》卷五十九·松江府二·人物·明 钱福（字与谦，华亭人，弘治庚戌，试礼部、廷对皆第一，授翰林修撰。诗文藻丽敏妙。登第后，名声烜赫，远近以笺版乞题者无虚日）。

（明）李东阳《翰林修撰钱福墓表》 （存目。参见［明］焦竑《国朝献征录》卷二十一）

（明）过庭训《明分省人物考》卷二十五·南直隶松江府一·钱福 （存目）

（明）何三畏《云间志略》卷十·钱翰撰鹤滩公传 （存目）

（清）陈田《明诗纪事》丁签卷六·钱福 （存目）

科　第

（一）乡试

（清）黄之隽等《江南通志》卷一百二十六·选举志·举人二·成化二十二年丙午科 钱福（松江人）。

（明）张弘道、张凝道《科名盛事录》卷一·元魁盛事·两中元魁 华亭钱福，弘治庚戌会元、状元。

（二）会试、殿试

庚戌科（弘治三年）**状元策** 皇帝制曰：朕惟天子父天母地而为之子，凡天下之民，皆同胞一气，靡所不统，故又曰大君者吾父母宗子，宗子继承父母君主天下，其责甚大，必养之有道，教之有方，举天下之民无一不得其所，责斯尽焉。古之君天下者，莫盛于唐尧、虞舜、夏禹、商汤、周武，皆克尽宗子之责，号称至治。其后若汉若唐若宋，英君谊辟，宗子之责或尽或否，而治亦有称，其迹具载在史，可考而论之欤？夫自唐虞而下诸君，宗子之责无不同，当时制度之立、政令之行又无不同，而要其治效之所至，乃有不能同者。此固世道之渐降，然夷考其实，亦尚有可言欤？前贤论儒者之道，每以位天地、育万物、参天地、赞化育为极至，于是宗子之责有相关欤？朕膺天命，嗣守祖宗鸿基，宵旰孳孳，思尽宗子之责，比隆古之圣帝明王，其行之之序自何而始欤？子诸生饱经饫史以待问，必有灼然之见，其详著于篇，朕将亲览焉。

臣钱福

臣对：臣闻人君尽代天之责，以成配天之治者，皆一心之用也。盖心者，天之所以与我者也。天下者，天之所以责我者也。天不能自养乎民，而责我以养。天不能自教乎民，而责我以教。所以与我者，与人同，而所以责乎我者，独备。故凡所以教养乎天下者，必反而求之于心，天下虽大，一心运之而有余矣。苟不求之天之所以与我之心，而徒务乎责我者之事，则为之而不得其本，施之而不得其序。养民虽勤，而终非仁心实惠之寓。教民虽悉，而终非躬行心得之推。欲天下民物之各得其所，亦难矣。天下之有一不得其所，则天之所以责我者不能尽。是天地自天地，民物自民物，而吾身自吾身，尚得为天地之宗子乎哉？天如此其高，地如此其厚，而吾之治如此其小，尚得为配天之治乎哉？《书》曰："天佑下民，作之君，作之师，惟其克相上帝，宠绥四方。"《易》曰："后以财成天地之道，辅相天地之宜，以左右民。"皆言人君受天与之全，任天责之重，必当尽是责，以成是治也。然要其所以为之者，岂出于一心之外哉？即是而观，则唐尧、虞舜、夏禹、商汤、周武之底于盛治，汉唐之仅为小康，与今日之欲比隆前古者，盖必有说矣。

洪惟皇帝陛下钟天地之粹气，禀天地之全德，以抚有普天率土之人民。临御以来，励精图治，凡可以当天心、慰人望者，无所不用其极，诚可谓大有为之君，可谓善继述之宗子矣。然乃不自满足，首进臣等于廷，询之以父母宗子之责，且谓儒者之道以位天地、育万物、参天地、赞化育为极至，而求行之之序所自始焉。臣有以见陛下之心，真知儒道之至重，深图君责之惟难，直欲无一念之愧乎天，无一事之愧乎古，无一制度、无一政令之不得其宜，无一民一物之不被其泽而后已。顾臣愚昧，何足以知之，然于乾坤之间，得与胞与之列，厕名为儒，久荷教育，窃有志乎圣贤之学。其于参赞之功，家相之事，虽不敢与闻，而所得于天以生之理为心之所固有者，固不容诿于不知矣。敢不援经摘史，为陛下陈之。

臣惟天子，父天母地而为之子云者，此汉儒班固之言也；大君者，吾父母宗子云者，此宋儒张载之言也。盖天下之理未尝不一，而天下之分未尝不殊。故自天地而言，则君为天之子；对民物而言，则君又为天地之宗子。独不观诸家乎？一家之中，凡继其祖者，均得称为宗，凡继其宗者，均得称为子。为宗子则上承宗祧，下合宗族，而独得谓之宗子，故冠婚必告之而莫敢专，祭祀必主之而莫敢僭，富贵必保之而莫敢加，岂故以是而尊宗子哉？诚以父母所遗之体，赖宗子以养；父母所遗之业，赖宗子以教。宗子之所在，即父母之所在，自不得不以父母尊之也。天下之众，凡禀气于天者，均得父称乎天。凡赋形于地者，均得母称乎地。惟大君则继承天地，统理民物，而独得为天地之宗子，故谓其所居之位曰天位，谓其所享之禄曰天禄，谓其所都之邑曰天邑，亦岂故以是而尊大君哉？诚以天地所与之形，赖大君以养；天地所与之性，赖大君以教。大君之所在，即天地之所在，自不得不以天地尊之也。向使为家之宗子者不能教养乎家，而家之人有不得其所，则一家得以尤之，而宗子何以逃其责于父母哉？为天地之宗子者，不能教养乎天下，而天下之人有不得其所，则天下得以望之，而天子亦何以辞其责于天地哉。

试以唐虞三代之君天下者言之。其养民则敬授人时，播植百谷，六府孔修，辑宁帮家，大赉四海也。其教民则协和万帮，慎严五典，文命四敷，克绥厥猷，重民五教也。其为治效则或赞其如天，或美其风动，或称其天迪，或以为格于皇天，或以为配天其泽也。其于代天之功，皆能大有所为，而宗子之责无不尽也。以汉唐宋之君天下者言之，其养民则有藉田代田之诏，有口分世业之法，民籍以定，经界以均。其教民则石渠白虎之讲说，弘文广文之招延，博学宏词之有试，看详学制之有议。其为治效则或杂伯，或杂夷，或偏安不振。不尽民力者，不能免向隅之泣。与民休息者，不能免徭役之劳。宽厚待民者，不能免闾里之怨叹。尊师重傅而徒事乎章句训诂之文，大召名儒而无以变风云月露之态，崇尚理学而无以革词赋浮靡之习。其于代天之功，虽或有所为，而宗子之责则不能以皆尽也。夫其为宗子之责本同，为治之制度政令亦略同，而治效所至，乃若是悬绝者，岂世道之降，端使然哉？臣尝求其故矣，曰钦明文思，曰濬哲文明，曰克勤克俭，曰克宽克仁，曰执竞维烈，此其心纯乎天，天地民物，皆其度内。所以立制度，行政令，而教养乎天下者，皆心之所为用也。或恭俭是尚，而学宗黄老；或经术是尚，而性多偏察。欲行仁义者，大伦或已亏，仁厚有余者，刚断或不足，则其心为私欲所杂，而不知民胞物与之义。虽有制度之立、政令之行，不过虚文美观，以为教养之具，恶能尽其心之用哉？若夫位天地、育万物、参天地、赞化育云者，此则子思之言，而亦张载之意也。盖人之一身，与天地并立而为三，分虽有高下大小之有间，而理气之贯通者，未尝有间。吾之心正，则天地之心亦正，而天地位。吾之气顺，则天地之气亦顺，而万物育。吾能位天地，育万物，则化育之大，吾得而赞之，天地之高厚，吾得而参之。儒者之道，必极于此，而后可以为人，尤必极于此，而后可以为君，可以为宗子也。唐虞三代能尽宗子之责者，此也。汉唐宋有宗子之责而未尽者，则未极于此也。然此岂可以矫伪为，亦岂可以旦夕致哉？必自戒慎而约之，以至于至静之中，无少偏倚，而其守不失，则有以致吾心之中，而天地之所由以位也。自慎独而精之，以至于应物之际，无少差谬，而无适不然，则有以致吾心之一，而万物之所由以育也。张载亦曰存心养性为匪懈，即戒惧之事也，曰不愧屋漏为无忝，即慎独之事也。此欲尽宗子之责者所当知，而今日行之之序，所自始焉者也。

臣草茅疏贱，未尝入侍帷幄，亲奉旒扆，以仰窥所谓戒惧慎独之功，然读悯灾儆变之谕，知陛下有畏天命之心；观守成由旧之政，知陛下有畏祖宗之心；至于人才之进退，奏疏之可否，有以知陛下有畏公议之心。畏之一言，戒惧慎独之明验也。而臣犹谆谆言之不置者，诚以矜持于天下耳目所共及者易为力，存省于一己耳目所不及者难为功。伏愿陛下于万几方暇之际，一念未萌之时，虽不必明堂听政也，而正衣冠，尊瞻视，俨乎如百官之临。虽不必宣室致齐也，而定思虑，绝嗜欲，凛乎如上帝之对。使本源澄澈如明镜止水，照之而无不见。使方寸轩豁如空谷虚室，纳之而无不容。及夫卒然之顷，一念之萌，又必察其果出于天理之公，而天下民物所同欲乎，则毅然行之，惟恐其不力。果出于人欲之私，而天下民物所共恶乎，则断然去之，惟恐其不至。爱憎之动，则察其所爱而欲近之，与所憎而欲远之者何人。喜惧之发，则察其所喜而乐为，与所惧而不敢为者何事。毋曰九重之邃，一念之差，人不得而知也，天下之视听于是乎在焉。毋曰五位之尊，一事之失，人不得而非也，神明之昭鉴于是乎存焉。斯可谓之戒惧慎独，而天之所以与我者为无歉矣。由是推之以立制度，则制度之立，此心也；推之以行政令，则政令之行，此心也；推是心以养民，自有以著保惠赒恤之实；推是心以教民，自有以为转移感动之机。至于一法之废兴，则曰吾为天守法，非吾所得而轻变也；一钱之出纳，则曰吾为天惜财，非吾所得而妄费也；一官之命，则曰此天之所以命有德者，吾不得而专也；一刑之用，则曰此天之所以讨有罪者，吾不得而私也。凡吾祖宗之所贻谋者，期之于必行；凡古帝王之所垂法者，期之于可行，斯可谓之善教善养，而天之所以责我者为无负矣。如是而称为天地之宗子，真所谓践形惟肖者矣，真所谓圣其合德者矣。代天之功乌有不尽，配天之治乌有不成，儒者之道乌有不极其至哉！然臣又闻之，周公之告成王曰："若生子，罔不在厥初生，自贻哲命。"言始之不可不谨也。伊尹之告太甲曰："终始惟一，时乃日新。"言终之不可不谨也。

凡臣之所以为陛下谋始者，皆陛下之所当自贻者也。日新之功，独不当加之意乎？夫难操而易舍者，心也。难成而易弛者，治也。陛下于今日之所言，试以质诸他日之所言者，果有异乎？今日之所为，试以质诸他日之所为者，果有异乎？保守于盈成之间，而儆戒于宴安之后，持循于奋迅之余，而驯致乎久大之盛，则所以代乎天者，有自强不息之功，所以配乎天者，有纯一不已之妙。天下之所戴以为大君，所赖以为宗子者，真足以比隆唐虞三代而不愧矣。臣请以是为终篇献。臣不胜恳切忠爱之至。臣谨对。

（录自［明］焦竑辑，［清］胡任兴增辑《历科廷试状元策》卷一）

（明）李东阳等《明孝宗实录》卷三十六　弘治三年三月丁卯，大学士刘吉等言："旧制礼部会试中式举人，先一日殿试，次日读卷，又次日发榜，以日时迫促，致阅卷未得精详，自今请再展一日，至第四日始发榜，庶得各竭考校之力。其读卷执事等官，仍旧寓宿礼部，以绝浮议。"从之。

（明）邱濬《重编琼台稿》卷十六·记·赐进士题名记　太岁上章阉茂，是为大明弘治三年。是年开科，皇上奉天承运，贤俊登庸之第一榜也。故事，既赐进士第，必立石太学，以示久远。礼部臣以题名记请，皇上以命臣濬，臣于是时叨居读卷之列，而文武群臣合辞上贺之际实与焉。伏惟贺辞有曰：……我太祖高皇帝生应昌运，以岁戊申开国建基，以收中外境土，载阐人文，既用兴王良佐，建大业，垂大统，以开一代文明之运，然犹思所以为圣子神孙可继之道，即于次三年庚戌诏天下，设科以起怀才抱德之士。明年亲策之于廷，岁乙丑，遂定为今制。至是十□十二支再周天，前后三十有七科矣。肆我皇上亦以岁戊申继统，适符圣祖创业之年，而次三年开科策士，亦龙集庚戌也。乃今三月望，皇上御奉天殿亲出制策，试礼部所贡士，次其甲第，赐钱福等三人进士及第，杨旦等九十人进士出身，祝祥等二百五人同进士出身。

（明）黄佐《翰林记》卷十四·考会试　弘治三年，礼部尚书兼文渊阁大学士徐溥、少詹事兼侍讲学士汪谐为考试官，取钱福等三百人。

（明）廖道南《殿阁词林记》卷十四·会试　弘治三年，礼部尚书兼文渊阁大学士徐溥、少詹事兼侍读学士汪谐为考试官，取钱福等三百人。

（明）张朝瑞《皇明贡举考》卷五·（庚戌）弘治三年会试　（时会试之士几四千人，取钱福等三百人，刻程文二十一篇。）

中式举人三百名：钱福，南直隶华亭县人，监生，《书》。靳贵，南直隶丹徒县学生，《易》。唐贵，南直隶常州府学生，《诗》。刘璲，湖广麻城县人，监生，《春秋》。符观，江西临江府学生，《礼记》。

三月十五日，临策天下贡士，制曰：朕惟天子父天母地而为之子，凡天下之民，皆同胞一气，靡所不统，故曰大君者吾父母宗子，宗子继承父母君主天下，其责甚大，必养之有道，教之有方，举天下之民无一不得其所，责斯尽焉。古之君天下者，莫盛于唐尧、虞舜、夏禹、商汤、周武，皆克尽宗子之责，号称至治。其后若汉若唐若宋，英君谊辟，宗子之责或尽或否，而治亦有称，其迹具载经史，可考而论之欤？夫自唐虞而下诸君，宗子之责无不同，当时制度之立、政令之行又无不同，而要其治效之所至，乃有不能同者。此固世道之渐降，然衷考其实，亦尚有可言欤？前贤论儒者之道，每以位天地、育万物、参天地、赞化育为极至，于是宗子之责有相关欤？朕膺天命，嗣守祖宗鸿基，宵旰孳孳，思尽宗子之责，比隆古之圣帝明王，其行之之序自何而始欤？子诸生饱经饫史以待问，必有灼然之见，其详著于篇，朕将亲览焉。

（时廷对之士二百九十八人，赐钱福等进士及第出身有差。《状元考》云："福为文章雄赡闳阔，藻思层出，人所不足，沛然有余。"廷试策三千余言，辞理精确，若宿构然，弥封官以无稿难之，众谓："科场必欲其稿者，防代作也。今殿陛间万目所及，何嫌之避？"刘阁老健得之，赞不容口，请于上，赐第一。茅氏坤曰："本朝以经书义取士，福当称绝艺，譬之画工，众皆貌肤发，而福独于神解处着力。荆川每与予言当为本朝第一。”吴氏可行曰：“福以葩藻之思，而发之以瑰玮之词，时有不可为法者，然其操纵开合，则如珠走盘而不出乎盘，正昔人所评李北海字为书中仙手也。”官止修撰。是科陶煦、陶照，方良永、方良节俱兄弟同登。后席书为名臣，方良永、彭泽俱有名。李承芳理学有名。）

第一甲三名赐进士及第：钱福，南直隶华亭县。刘存业，广东东莞县。靳贵，南直隶丹徒县。

（明）王世贞《弇山堂别集》卷八十二·南直隶盛事 （弘治）三年庚戌，命礼部尚书兼文渊阁大学士徐溥、詹事府少詹事兼翰林院侍读学士汪谐为考试官，取中钱福等，廷试赐钱福、刘存业、靳贵及第。

（明）张弘道、张凝道《皇明三元考》卷八·弘治三年庚戌科大魁 会元钱福（直隶华亭人，字与谦，号鹤滩。治《书》。少颖异，八岁能属辞。及长，为文章雄赡闳阔，藻思层出，人所不足，沛然有余。幼随父兰州同知中寓京，从杨少傅一清、李文正东阳学，举丙午乡试第九名。廷试策三千余言，不属草，辞理精确，若宿构然。内阁刘健得之，赞不容口，请于上，赐第一，时年三十。终于修撰）。

状元：钱福。

（清）黄之隽等《江南通志》卷一百二十二·选举志·进士四·明·弘治庚戌科钱福榜 钱福（华亭人）。

（清）张廷玉等《明史》卷十五·本纪第十五·孝宗 （弘治三年春三月）庚午，赐钱福等进士及第出身有差。

仕　　宦

（明）黄佐《翰林记》卷五·考满 百余年来，儒臣未尝玷清议，自考察之典行，修撰钱福、编修孙清盖由兹退者。

又，卷十七·史官题名·修撰 钱福（与谦，直隶华亭人，弘治庚戌进士第一）。

（明）廖道南《殿阁词林记》卷十八·奏绩 自考察之典行，修撰钱福、编修孙清盖由兹退者。

轶　事

（明）王鏊《震泽长语》卷下·梦兆　（弘治）庚戌会试，公（徐溥）与汪伯谐学士为主考，余为同考。一夕，余送卷至堂，汪对余谓："公日来不怡。"某问："何也？"汪曰："以不得好卷。"既而曰："公昨梦人馈一大钱，何也？"某曰："昔人谓'文如青钱，万选万中'，其有异卷乎？"汪曰："公又梦人馈黄牡丹三大本，何也？"余未有以应。时钱福有名场屋，某退而思之，大钱之兆其在福乎？独牡丹之说未得。杨介夫曰："此亦福之兆也。不闻'洛阳相君忠孝家，可怜亦进姚黄花'为钱惟演故事乎？斯人也，高科兆矣，而非端士。"是科会试、殿试，福皆第一，而不克终。

（明）不署撰人《鹤滩先生纪事》　钱福，字与谦，号鹤滩，松之华亭人。少而颖异，八岁能属词，及长，隆准秀目，志意高远。为文章雄赡闳阔，藻思层出，人所不足，沛然有余。父中兰州同知，幼随父寓京，从杨少傅一清、李文正东阳学，登成化丙午乡试，入国学，屡试皆首多士。弘治庚戌礼部试，名第一。福为文不属草，廷试策三千余言，词理精确，若宿构然，弥封官以无稿难之，众谓："科场必欲其稿者，防代作也。今殿陛间，万目所视，何嫌之避！"阁老刘文穆健得之，赞不容口，请于上，赐第一，时年三十岁。幼时病剧，其父梦人语之曰："尔子吴宽也。"时吴文定尚家食，后连举省、殿二元，与文定相符。松人在国朝未有为状元，有之自福始。居家友爱，待故旧有恩。同学沈悦贫病，随所须给之，虽日至，无倦色，时人以为难及。卒，皆悼惜之。所著述名《鹤滩稿》。（出《郡乘》）

宋时，华亭学有状元坊，为卫泾立也。景泰间，叶守冕重建于丰乐桥下，题其柱曰："九重华选魁多士，千古清风启后人。"时以为攀援，盖泾非华亭产也。弘治己酉，西门火，坊为延燎，市人哗曰："烧却假状元，出真状元矣。"明年，福果以会元魁天下。谶纬之言，岂亦有不诬者欤？（出《状元考》）

鹤滩髫时，从塾夜归，家有客赏菊，揖之。客出对曰："赏菊客归，众手摘残彭泽景。"即应声曰："卖花人过，一肩挑尽洛阳春。"盖童时已兆之矣。

幼时随父入京，寓于民家，其室中有神像。神夜托梦于其主，求他徙，曰："有状元在，吾不安逸也。"（并出《状元考》）

鹤滩以殿撰罢官，家居余邑，梧塍徐氏以五百金为脯脡，延致家塾。徐二子亦既中乡科。居半载，仅改课三篇，日挟妓游燕。时邑令某公雅好笔翰，一日邀钱公为君山之游，预探齐韵中"堤、脐、低、梯"等艰韵，戒吏人藏阄，于即席发之，欲以困钱公也。酒三行，请题大观亭，钱公遂援笔依韵赋曰："水势兼天山作堤，渚云烟树望中齐。直从巴峡才归壑，许大乾坤此结脐。胸次决开三极朗，月光摇宕四垂低。欲骑日月穷无外，谁借先生万丈梯？"席间缙绅莫不赏叹。徐氏盛开绮筵于园亭赏牡丹，钱公饮潦倒矣，门客有握玳瑁扇者，取而书之曰："玳瑁筵前玳瑁扇，牡丹花下牡丹诗。老梅已在丈人行，曾占春风第一枝。"其为邑人题卷轴甚多，惜皆不传耳。

庚戌会试，徐文定公与汪伯谐学士为主考，王守溪为同考。一夕，王送卷至堂，汪对王谓："公日来不怡。"王问："何也？"汪曰："以不得好卷。"既而曰："公昨梦人馈一大钱，何也？"王曰："昔人谓：'大如青钱，万选万中。'其有异卷乎？"汪曰："公又梦人馈黄牡丹三大本，何也？"王未有以应。时与谦方有名场屋，王退而思之，大钱之兆，其在福乎？独牡丹之说未得，杨介夫曰："此亦福之兆也，不闻'洛阳相君忠孝家，可怜亦进姚黄花'为钱惟演故事乎？"是科会试、殿试果皆第一。

与谦初谒李西涯学士时，有以司马温公像求涯翁赞者，翁遂命与谦代作，其中有"拔茅连茹，公之在朝。青苗变法，公之在野。公之再起，是为元祐。公之云亡，是为靖康"等语，翁大加称赏，以为数语该括宋家治乱殆尽，为之延誉于谢方石诸公，谓有伦魁之才，已而礼闱廷对果占首选。

与谦与杨碧川同为修撰。有言某人为文自叙家世宦学遭逢之盛者，与谦曰："犹吾碧川之于镜川也。"碧川色变，而与谦不知。及考察，碧川方署院事，佥议已定，而以谂徐谦斋。谦斋曰："此吏部事，何问我为？"实不然之词也，而遂成以决计。盖当是时，诸公多不乐与谦。谦斋虽惜之，而众论不可夺。与谦犯碧川事得之石熊峰。及命下，碧川于东阁扬言："如此人不去不可，去之又损衙门。"江侍读文澜以下皆勃然不答，始知事出此公非谬。（并出顾文僖公《傍秋亭杂记》）

吾乡钱福状元已归田里，有客言江都某妓动人，状元欣然整装造江都。既至，适监司御史某甲，状元进士门生也。投刺视却，御史快甚，独意："状元出不易，一朝率临，将无有心私属吾事乎？"因问："近日志意何如？其幸为政，欲有高下，惟命所指。"状元应语："某闻府中一妓姓氏，来求见面，乘便顾卿，烦为我访问。"御史刺促："某执符为天子巡视，义不得及声妓。"状元作色，御史因命行下人讯市，妓才属积监贾人，还报御史。御史以难告，状元谓门生："某苦无消息耳，既知去向，安藉卿为辞？"御史出同逆旅馆人谒大贾，贾人重状元才名，时即反拜，立日请饮。状元就酒，语间呼主人："某跋涉水陆，特欲此间识某妓。近闻归卿，幸赐一见。"贾人设席西隅，出妓传花把酒，状元兴随境到，酒无重沥。酣次，贾人令妓出白绫手巾，请留新句。时衣裳缟素，往来烛前，皎若秋月。状元持杯披袖，引满再三。妓宛转更多，箫管之间，不觉醉飞玉笛，乃是一绝句，云："淡罗衫子淡罗裙，淡扫蛾眉淡点唇。可惜一身都是淡，如何嫁了卖盐人？"仰面大笑而出，明晨竟归。迄御史踪迹，已不知远近矣。（出宋禹成《万椿堂集》）

唐君公从袁履善废圃中获一湖石，色道纹理绝似灵璧，上有钱太史与谦题句云："清时谁肯弃君平，高卧偏深木石盟。对此萧闲无俗事，一缕沉水一函经。"自喜此诗若投赠者，移置听雪楼前，遂成二绝："太史风流绝代雄，高情胜韵气如虹。题诗锦石将谁赠？貌得壶丘避俗翁。""夫容爨下气嶙峋，片语沉埋未损神。我较愚公愚更甚，可怜石丈可怜人。"（出唐君公《问龙堂稿》）

世传继二陆才名者，乃惟公耳。性洒落，有晋人风致，不乐斤斤规矱。惜乎功名止于此矣。《邑志》收之大略，然其希世别才真神仙品，亦三吴间气所钟，奚忍终湮没之？予于暇日闻其玩世之语，虽无关于世风，仅足以作诙谐谈笑，使后人知其天纵逸才，非食烟火者易及。公少贫，读书过目终身不复顾矣。人患才少，公患才多，轻略不善用。时有忌其才，阴嫉之。徒具千里绝尘，而竟淹于枥下。人能言其昆璧多瑕，良工所弃，孰知其别有衿度，世人所不能者，公独能之。青衿时入见郡尊，曰："夜来灯役命纸糊灯，乃戏曰'命纸糊灯，火星照命'，未得其对，子当对之。"时耆老进领赏历，各藏于巾，乃曰："头巾顶历，太岁当头。"笑称绝对。闻钟，云："钟送黄昏一百八，声分缓急；棋敲白昼三十二，子定输赢。"如磨云："磨圆心直齿棱棱，吞粗出细；称长钩曲星朗朗，知轻识重。"邻有蒙师，见酒家晒曲檐下，乃云："檐下直排三带曲。"莫能对。公过请之："何不对'门前低叫一声糕'？"如："宝塔七层，月下照来一个囫囵影；石桥三洞，水中映出六个半□圈。""礼生无礼礼无礼，礼责礼生；香客卖香香不香，香还香客。""稻草束秧娘抱女，竹篮盛笋母担儿。"大都如此者，不能胜记。（出钟面溪《野史》）

王文恪公尝典南畿试。临行，钱太史福曰："公此出须首举顾清，方压众望。"已而果然，当时叹服两公为具眼。噫！若在今日，则弹章接踵矣。（出陆伯生《樵史》）

松江有钱中者，子名福，生数岁矣，梦有女子三人来曰："汝儿钱福他日科第与苏州吴宽同。"乃至苏访公，时公尚困于庠舍，然人皆称其德优学博，诚佳士也。乃自谦曰："吾儿虽不敢望科第，然其名得偕吴公足矣。"公今显著于时，而福亦以会元状元发迹。

顾东江丁内艰回，时鹤滩以修撰家居，来东江家作享，不同诸士大夫，惟约旧朋友四五人，沈惟忻、王大用辈。其一人姓张，忘其名，在白龙潭后住，以染作为业，家颇温厚，学虽不逮，然其家好贤，常馆谷。诸公者，人持银一钱，买三牲祭物，其猪首一枚仅能掩豆，鹅一、鱼一及香楮等物而已。祭文亦是鹤滩来东江家，以片纸起草，取一大纸书之。祭毕，鹤滩坐待，令主人治福物来共食。东江出语云："不得陪诸公坐。"遂进去，诸人食毕而去。可见前辈举动其真率简质类如此。

王鹤坡良佐尝作《两鹤文》赠状元钱与谦，其词曰："钱君与谦与予为文字交，过从无虚日，而日亦无虚会者，性皆好鹤。故与谦号鹤滩，而予亦窃以鹤坡名，松之人因呼为'两鹤'，好事者又往往形诸诗篇。嗟夫！鹤一也，今与谦已飞翔冲突，独叫阊阖，参黄鹄与白鸾，无负于鹤者也。而予犹低回偃蹇于荒寒寂寞之滨，岂不有愧于吾与谦之鹤哉？予少不经事，动不与时合，辄遭讪骂，岂天将穷愁其身心，折箠其豪气，使之困穷拂郁，以养其鹤之全哉？不然，则屈伸之机，自有一定而不可移者，固不必挈挈于与谦之亨，而戚戚于予之厄也。或曰：'昔有善相马者，遇两马同驾，一以为国马，一以为凡马。今君拟与谦之鹤，其所谓与国马同驾者非邪？'予曰：'《易》不云乎：鸣鹤在阴，其子和之。《诗》不云乎：鹤鸣于九皋，声闻于天。予与与谦之意，盖取其鸣声之相和，气类之相召。若退之所谓二鸟鸣相酬之意，初非有意屈伸之间，欲叫号而扳附之也。是以知之者固以此予之，而不知者亦以此非之。’予又曰：‘以屈伸而是非之者，势也。势不同，而天之所以与我者则同。予但知尽其在我者而已矣，遑恤其它?’”意不自尽，复系之以歌曰：“一鹤来自东海隅，高视阔步真丈夫。一鹤翩然与之俱，餐霞饮露骨相孤。一倡一和同步趋，众鸟却避不敢呼。长滩大谷胡为乎？放此二鸟相嬉娱。一鹤已自游天衢，蜚声不独惊三吴。一鹤尚作山泽臞，俗辈往往嘲狂迂。天生两鹤本不殊，先放一鹤为前驱。行当相从叶笙竽，帝亦听之吁且都。造物未知有意无？汲汲进取非良图。吾安吾命理则那，力追健马酒一壶，谓君为我歌此歌。”

（录自［明］钱福《钱太史鹤滩稿》卷首）

（明）冯时可《鹤滩先生遗事》 钱先生讳福，字与谦，家近放鹤滩，因自号鹤滩云。幼而颖异，八岁能属文，长益闳肆，凌驾今古，波澜横溢，锋焰逼人。弱冠补博士弟子，与顾公清、沈生悦齐名，称为“三杰”。尝游小赤壁，对客放歌云：“六丁拔出天地骨，一柱镇压吴江东。”时人以为奇句。年二十六举于乡，三十魁省试，及奉廷对，赐进士第一人。三年告归，又四年以大计罢，又七年而终。公既登第，名满天下，从者如云，虽宿学通人，莫不避席相逊。而公亦意气豪悍，若无足当者。居旅中日饮亡何，当其醉后，冲口恣吻，时或逆人，同列皆不堪。以故得谤，卒于不振。然其中心隐厚，有人所不及者。方请急归，抵浒墅关，时榷税郎他往，公驻舟三日，从者鞅鞅，欲自启关键，公不可，曰：“必需郎至，郎乃命吏，逆郎是逆天子也。”已，郎至，大为愧谢，颇厚其酒赀以酬公，公却之曰：“不佞岂为褎蹄止哉！”梁溪华某者，富人子也，慕公甚，以厚币交公，公不纳。而里中薛生乘间潜谒华氏，称为公师者。华氏张乐款之，生拥皋比上坐，富人子磬折行觞。未几，而苍头络绎报公入邑矣。薛遑迫请出更衣，因驰诣公，跽请曰：“以小子之不良，无能糊其口于乡也，而借公之重以觅钱刀于兹，罪矣。请以死报。”公笑而慰遣之，因过华氏漫语曰：“所不辞跋涉者，为吾先生庚癸谋也。”华乃出橐中数十金资薛。薛既得志，复往海上，如所称于梁溪者。已而使酒凌其逆旅人，逆旅人觉其诈，以诘公，公曰：“虽非不佞师，实不佞友也，幸毋急若。”生乃得脱归。公之处人大率类此。而遇郡邑守相，落落不加礼，太守刘琬颇憎之，尝语人曰：“此白眼儿，奈何负一第而不置我辈睫间也，独无急我时耶?”公不顾。而守偶以事挞丞，丞恚甚。已而丞失官，疑守也，诬守受赃千金。部使者入其言，几露章矣，然守实节廉而方介人也。公闻之，操一舟至吴门，力为守明其无他，部使者乃释守，公亦不言。会守谒谢使者，使者好语慰曰：“知君有胡威之清，非钱太史，几负我贤守矣。”守太息曰：“不意士大夫之疏我者而援我乎！”已，守欲昵公，而公疏之如故。未几公卒，守往哭之，出赀为治墓，复作享堂，乃令沈生悦为状，而请顾公清为记，然皆寥寥似孟德腹痛语，无能阐公幽者。先廷尉微时所居比公巷，获闻其事，尝语不肖曰：“人知钱太史有雄文，而宁知其有隐德也?”小子志之。又二十年而乃为书其事，以俟修郡乘者采焉。

（录自［明］钱福《钱太史鹤滩稿》卷首）

（明）郎瑛《七修类稿》卷四十七·三元先兆 弘治庚戌科，南直隶钱福状元，靳贵探花，榜眼则广东刘存业也。殿试未揭晓时，靳以明琼六枚，祷于神前，明早欲掷以决先后。翼日，适钱与谦至，亦欲与掷明琼，靳不得已，告以昨故。钱喜曰："当与子赌也。"下掷，则钱乃六红，靳乃六绿，二人皆喜。后钱果中状元，靳为探花。而刘则旧尝有梦："无福中状元，有福中榜眼。"是岁应之。

（明）刘宗周《人谱类记》卷下 钱鹤滩请告，门生有守维扬者，遣使迎公。越期不赴，后始一至，诸大贾争先迎谒，公曰："病夫来看广陵涛，差有起色，并一问琼花消息耳，无心跨鹤也。"遂潜归，太守追之不得。（以上记警贪得）

又，卷下 松江有儒士薛河东者，贫而无赖，谒无锡富室邹氏，自称钱状元师，托以他往，便履一叩，邹信礼之，张筵相款。未终，适有报钱状元至，薛起谓主人曰："吾当往其舟谒，而偕来。"主人唯唯，往以真情告之。鹤滩欣然应曰："此何妨，但同往。"主人迎之，鹤滩执礼甚谨，侧坐谈笑，至尽醉而终，略无可疑之色。（以上记警遇事不行方便）

（清）周召《双桥随笔》卷四 明顾东江丁艰回日，钱鹤滩以修撰去官家居。一日，来作享，不同诸士大夫，惟约旧朋友四五人。其一人姓张，以染作为业，学虽不逮诸公，然好贤，常馆谷诸公者，人持银一钱买三牲祭物，其猪首一枚不能掩豆，鹅一、鱼一及香楮等物而已。祭文亦自鹤滩来东江家以片纸起草，取纸书之者。祭毕，鹤滩坐待，令主人持福物来共食，东江出语云："不得陪诸公坐。"遂进去，诸人食毕而散。前辈举动真率如此，真可师也。

（清）张英等《御定渊鉴类函》卷三百十·人部六十九·干谒二 《献征录》曰：明李承芳登进士，李西涯谓之曰："子盍与钱与谦谒阁老徐先生乎？"承芳曰："吾恐张师德见薄于王旦矣。"廷试榜出，与谦及第，承芳列名同进士出身，拜大理评事。

（清）黄之隽等《江南通志》卷一百九十五·杂类志·纪闻一·松江府 钱福里居日，有老儒馆梁溪邹氏，诡称钱状元师以取重。邹与钱旧相识，适报钱至河下，邹以钱来必谒师，大治具以待，师惶窘无措，谓主人曰："我当往舟中与偕来。"乃诣钱叩头请死，嗫嚅吐实。钱笑曰："是不难。"欣然同往，侍坐尽醉而罢。

（清）姚之骃《元明事类钞》卷十五·人品门一·厚德·慰遣伪师 明钱鹤滩遗事：梁溪华某以厚币交公，公不纳。里中薛生潜谒华氏称为公师，华厚款之，俄报公入邑。薛驰诣公，跪请愿以死报，公笑而慰遣之。因过华氏，漫语曰："所不辞跋涉者，为吾先生庚癸谋也。"华乃更厚遗薛。

又，卷十七·人品门三·排调·非跨鹤人 靳史钱鹤滩告归，门生某守扬州，遣使迎公，久始一至，诸大贾争先迎谒，将有所属，公曰："老夫扶杖来看广陵涛，并问琼花消息耳，无作跨鹤人猜也。"

著作

（明）李日华《六研斋二笔》卷一 近来谁助草堂资？杜陵万厦徒尔为。高人知足老自逸，义士达理颠当持。堂深不用日策杖，山近偏宜朝咏诗。我缚草团略相似，织蒲自卖敢烦渠。（华亭钱福）

（明）贺复征《文章辨体汇选》卷四百六十五·司马温公赞（钱福） 连茹拔茅，维公在朝。青苗保马，维公在野。公之再入，旋乾转坤。重睹庆历，公之云亡。阴凝冰坚，驯致靖康。呜呼悲哉！诚竭于己，命属于天。天若祚宋，曷为其然？

（清）黄虞稷《千顷堂书目》卷二十一·别集类·弘治庚戌科（三年） 钱福《鹤滩文集》六卷（字与谦，华亭人。一甲第一人，翰林院修撰）。

（清）黄之隽等《江南通志》卷一百九十四·艺文志 《鹤滩稿》六卷（华亭钱福）。

（清）张廷玉等《明史》卷九十九·志第七十五·艺文四·集类 《钱福文集》六卷。

（清）曹仁虎等《钦定续通志》卷一百六十二·艺文略·文类第十二上·别集·明 《鹤滩集》六卷（明钱福撰）。

（清）纪昀等《钦定四库全书总目》卷八十八·史部四十四·史评类·《历代名贤确论》一百卷（浙江巡抚采进本） 不著撰人名氏，前有明吴宽序，称"皆唐宋人所著，其说散见文集中，或病其不归于一辑，成此篇以便观览。锡山钱孟浚因其书不能家有，刊以传世"云云，亦不详作者为谁。近世所行刊本，或有题为华亭钱福所辑者。然福以宏治三年庚戌登第，宽序作于宏治十七年甲子，二人同时，不应不知为福作。殆后来书贾重刻，以福廷对第一，托名以行欤？

又，卷一百七十六·集部二十九·别集类存目三·《鹤滩集》六卷（浙江巡抚采进本） 明钱福撰。福字与谦，松江华亭人，宏治庚戌进士第一，官翰林院修撰。家近鹤滩，因以自号。福少而颖悟，诗文以敏捷见长，故委巷鄙俚之词，率以归之。今观是集，实少俳谐之作，知小说多附会也。末为《鹤滩纪事》一卷，盖后人缀缉遗闻，又多溢美，亦不尽可凭。

（清）曹仁虎等《钦定续文献通考》卷一百九十二·经籍考·集（别集四）**·明** 钱福《鹤滩集》六卷。

福，字与谦，松江华亭人。弘治庚戌进士第一，官翰林院修撰。

（清）黄之隽等《江南通志》卷一百九十四·艺文志·集部二（诗文集）**·明** 《鹤滩稿》六卷（华亭钱福）。

（清）高士奇《江村销夏录》卷三·沈启南芝田图 有田不种秫，独种无根草。草岂无根生？瑞芝自天造。神仙服食余，黄帝尝不到。不然鼎湖弓，肯遣群臣抱？知君室有丹，琼芝服不老。我归寻耦耕，寸田共昏晓。（华亭钱福）

（清）方苞《钦定四书文·化治四书文》卷二·好仁者无以尚之（二段）（钱福，墨） ……太史公之文所以独高千古者，以其气雄也。此文当观其一往奔放气力胜人处。如徒摘水火刍豢蛇蝎鸩毒语为先辈訾议，则以小失大矣。（原评）

又，卷三·迩之事父（一节）（钱福） ……深于诗训，义举其要，悫实雅茂，久而愈新。后之作者，不过就此推衍耳。

又，卷四·父为大夫无贵贱一也（钱福） ……文之能繁而不能简者，非才有余，正才不足也。细看此文，有他人连篇累牍说不尽处。“斯礼也”，只是说祭葬是缘祭而及，丧服又是缘葬祭而及，三者虽俱礼制，就此章言之，则祭为主，丧葬为宾。即下章达孝亦是以祭祀之礼言之，可见也一起一结，大指跃然。（原评）

又，卷六·孔子登东山而小鲁（一节，其二）（钱福） ……首作分两截作对，此以山海作对，而掣出末句重讲体制，尤得且使孔子与圣门字首尾相应也（原评）。朱子谓此节上三句兴下一句文，因此以立格。

又，卷六·春秋无义战（一章）（钱福） ……

又，卷六·经正斯无邪慝矣（钱福，墨） ……

（清）曹仁虎等《钦定续通志》卷一百六十二·艺文略·文类第十二上·别集·明 《鹤滩集》六卷（明钱福撰）。

（清）倪涛《六艺之一录》卷三百四十一·苏长公兄弟祭黄几道文 坡老兄弟祭黄几道文一通，传袭至锡山华尚古氏，福偕弟祚得伏睹之，知非坡老不能及也。几道，未能悉其为人，而坡老称许至谓天实愧之，当自有见。尝称颍滨《黄楼赋》稍振励，人辄谓其代作，要亦自知有辨。福读古史，颇觉其议论不合处，与吾弟评订之，兹同见

此，乃书以归尚古。弘治辛酉九月三日华亭后学钱福敬识。(《续书画题跋记》)

又，卷三百七十四·钱福（字与谦，号鹤滩，成化廿二年举乡试，弘治三年进士及第俱第一。官修撰，华亭人）　钱与谦《西湖诸诗帖》（行楷书）。钱鹤滩《五言绝句帖》（行楷书）。

评　论

（明）李乐《见闻杂记》卷五　本朝举业文字自永乐、天顺间，非无佳者，然开创首功，文恪王公鏊为正宗，弘治则有钱公福，嘉靖则有唐荆川顺之、薛方山应旂、瞿昆湖景淳三先生。

（明）张以诚《钱鹤滩先生文集叙》　国朝来，我郡人之魁天下者，自鹤滩先生始。而其天才超轶，气格遒上，真如鹓雏九□，偶见人世，非耳目恒有之瑞。至今百有余年，风流映照，凡有瑰词丽语，必托之先生唾余，为矜其迅速，据案犹迟；状其巧妙，飞鸢犹拙，不知先生所重不在此。夫先生以文名世，文之所重者法也，淹速巧拙不与焉。国朝制举义，首称“钱、王”，即毗陵犹步后尘，不以法邪？初谒李西涯相公，试《司马温公赞》，见者以为西涯所作，西涯于是时老矣，先生以少年能乱其手笔，非工于法能之乎？当时馆阁翕然重至文，岂止纤丽是逞？如今里巷所传者，文多散佚，为其强年蚤逝，继嗣不振之故。至其行事，故老罕传。而臬伯冯元成先生疏一二条载诸集中，以为闻诸廷尉，谅可信也。夫吉光以片羽知其奇，泽兰以寸茎播其芳，知先生者何必在多，且多亦何必贵？士登年而俙鞶帨之业，则杀青满于艺林矣。附骥而邀齿颊之芬，则荣名流于身后矣。精确谁知，真赝谁辨？此徒足丛先生一笑也。独惜以彼其才，当孝庙右文之世，长沙推毂之时，而石渠片席曾不得暖，纵其负才任气，时露不羁，而佩其以黼藻以昭国华，用其情物以资应对，若汉代之于两司马、向歆父子，何所不可？而一摈不收，郁郁以死。伤哉！抑才与名实世所忌？造物以此厚我，亦以此难我。匹夫怀璧，惴惴不免，而山谷不以贾罪，深能藏之谷汲者。瓶盎相争，而江海不以见嫉，大能容之也。美而不能藏，多而不能容，将无先生亦有所未足耶？若夫援笔成章，纸数易而未竟其翰；应声刻韵，客满座而各厌其欲。陈王七步，眉山万斛，方之古人亦不多得，至今令人钦袛骇叹，岂苟然哉？沈氏及之工书善梓，谋传是集。余嘉其志，不俟其请而为之序。万历戊申嘉平朔日，史氏张以诚书于须友山堂。

（录自［明］钱福《钱太史鹤滩稿》卷首）

（明）陆慎修《书鹤滩先生遗稿后》　予小子修垂髫而读先生之制举义也。先生布局立格，为吾松开国一人。其文浑浑噩噩，如珠在函，如玉在璞。世称“钱、王”大家，至今无与争席者，又岂仅为松郡一人哉！恨生不逢辰，未获尽睹先生名山之藏与其贞珉之业也。近始得沈及之氏所搜刻遗稿而读之。嗟乎！世固有如先生之鸿词骏笔，为当代瑰奇而不即传者乎？乃百年之后，或得之故老所睹记，世家所收藏，与夫野史轶事之所采集者，仅仅成帙，然亦什之一二矣，而又不尽播，则予是以不胜扼腕也。先生尝游天马山圆智寺，寺僧出高丽纸一张乞诗，先生为作长歌，信笔疾书，纸尽不续而止，至今山僧犹作十袭珍也。先生每纵笔累千万言，多不属稿而成，意其诗文必流漫充栋，岂仅以帙计耶？而予所睹先生之传者止此矣。顾当世有不尽赏识之者，又欲删而去之。大抵先生浩荡之才，如青莲再谪，故其为诗文俱不经人道，而笔端亦时时游戏三昧，不知者遂谓是白璧之瑕矣。夫瑕岂在此哉？予每诵《鹈鴂》一赋，则皆后时之悲，《鹡鸰》终篇，奚啻行役是念？至如慨千金之有尽，冀斗粟以无由，亲戚密于济宽，风流迟于自悔，此真足以警觉尘世，痛棒一时矣。乃若节妇代歌，义在恩先，恩荣赐燕，许国尽命，此亦征先生之耿光大节，不与俗为波也。虽其游广陵而赠诗，几于谑虐，审嫠妇之别泪，率尔解嘲，然其忧时愤俗之思，能令裙钗愧心，岂有男子而不动色者乎？故凡予所击节于先生者，不在其走笔惊人之语，而往往在其淡言之微中也。先生尝作《神化刘侯记》三篇，首尾十千余言，如溯河汉，莫穷其源，如登岱岳，莫探其径。盖先生之积厚而流长，故所撰序记之属，呵吸一气，磅薄无垠，又未始不根极理要，盖以合之制举义如一律焉。而复有以浩渺病之者，是岂知文者哉！旧无刻本，谓皆煨于回禄，以为有数存焉。夫使先生修饰章句，一皆如当世傅粉涂脂者之所为，而其行谊能与一切俗人伍，则其传岂待今日始播一二也？虽然，以谪仙氏之才，而寂寞身后，以真状元之品，而子孙无闻，数耶？非邪？千古而下，其有抚遗编而痛哭流涕者矣。戊申十月，灯下援笔书。

（录自［明］钱福《钱太史鹤滩稿》卷首）

（明）赵昌龄《钱太史诗集旧序》　弘治庚戌状元钱君与谦，别号鹤滩，华亭人也。没之十有一年，其弟与孝以京闱进士来尹建德。政事之暇，乃以所遗诗稿凡若干首出以示人。时都谏郎先生德润、郡伯王先生德深辈见之，皆啧啧称叹不已，间尝各录一过。由是与孝乃集诸贤名笔，将锓梓以传，而畀余一言为首引。予惟先生钟秀九峰，天资颖异，自其少时，吐词力论，已惊动其乡之儒先。成化丙午既发解南畿，庚戌遂连举省、殿二元，授翰林院修撰。癸丑竟以疾告，遂不复出，居数年，以例得致仕。由是放意山水，开门授徒。暇日独喜吟咏，凡怀乡恋阙、王事有劳，与夫欢忻戚愉之情，一寓于诗焉。发之濡毫引纸，力追古作，深得诗人六义之体。惜乎先生没年才四十四。乌乎！斯文之不幸耶？抑世道之不幸耶？使天假之以年，得蜚英霄汉，与掌帝制，则金薤琳琅将焜耀中外，泽被生民多矣！岂止如斯而已乎？故予尝为先生憾焉。夫言，心声也。书，心画也。先生之集如此，诸公之录如彼，今日板行亦可谓一举而兼得之矣，予宁不乐为之引云。正德十一年龙集丙子夏六月既望，文林郎浙江严州府推官武进晚生赵昌龄以期识。万历庚戌长至日，城南集贤里人沈思及之重书。

（录自［明］钱福《钱太史鹤滩稿》卷首）

（明）董宜阳《钱与谦太史遗稿题词》 太史鹤滩钱先生天才骏逸，学宏气畅，落笔翩翩，有一泻千里之势，故当时以真状元目之。惜其在朝日浅，而复以强年早逝，稿多不传。先辈唐学宪龙江、陆文裕俨山与今张谏议白滩俱尝收辑成帙，先后皆煨于回禄，岂亦有数存耶？谏议每属余访辑，以备郡中文献，十余年来仅得此麟角凤毛，世复稀睹，徒惋叹耳。然遗珠片玉，尚有望于博雅君子也。隆庆戊辰秋日，上海董宜阳书。

（录自［明］钱福《钱太史鹤滩稿》卷首）

（明）陆慎修《鹤滩先生像赞》 呜呼！此吾乡钱太史鹤滩公之像也。修不得生公之世，而展谒遗像，想而若见云。公讳福，字与谦，别号鹤滩。父为兰州同知中。先生兄弟二人，皆负显名。祚举乡贡，进士不第。先生首列巍科，然其官不大显，竟以才美为时所忌，而享年亦最不永。锦城林下，屈指十余岁耳，所著诗文盈箱，后皆失传。盖当日世家之所珍秘有限，而公子孙沦为庶人，所不至覆瓿者有几哉？南郭子沈思殆公百岁后人也，慨然为公刻集。旧无传本，所采记皆得之煨烬叶阡之余。有不获致者，徒步奋身求得之。凡二十年而成集，刻将成，有人于酒肆中自称为先生五世后末裔者，遂踵其家，购得此像。像以素绡一幅为之，彩色俱谢。然隆准秀目，凛凛生气犹在，固知传记所载不诬也。寻恐失去，复命画师摹而刻于集之首。

……

以鼎魁重先生，则没其文也，吾请观其翰墨之纵横。以椽笔重先生，则没其人也，吾请觑其风节之峥嵘。至夫不以科名置胸中，不以温饱负生平，此皆古人之口诵说，而先生之所躬行在耶。

（录自［明］钱福《钱太史鹤滩稿》卷首）

（明）金声远《跋鹤滩先生像》 先生甫四十余谢世，意先生系必英英俊少。今展阅，则苍然矣，岂绘者之失其神耶？先生登朝日浅，半卧烟霞，山林之色固自不冶。虽然，此特先生像耳，先生之神，兹集盖传之矣。

（录自［明］钱福《钱太史鹤滩稿》卷首）

（清）朱彝尊《明诗综》卷三十一·钱福（一首） 福字与谦，松江华亭人。弘治庚戌赐进士第一，官翰林修撰。有《鹤滩集》。

（《静志居诗话》：鹤滩吟情以捷敏胜，故自解春雨后，凡俚词俪句，动辄归之，此选家皆弃不录也。乔希大志其墓曰："与谦卒年才四十有四，予与与谦同游邃庵、西涯二先生之门，与谦尝言：'作文须昌其气，先使一篇机轴定于胸中，然后下笔，当沛然莫御矣。'又言，'辞必根据道理，虽恒言近事，亦不可略然。'"则鹤滩亦不专以捷敏胜人，所传俚词俪句，亦未必皆出其手也。）

杂　　录

（明）顾清《东江家藏集》卷二十七·北游稿·祭文一十九首·祭钱与谦修撰文

维弘治十八年岁次乙丑十二月辛亥朔十日庚申亡友太史钱先生将归于故丘，友生顾清谨以牲醴庶羞奠于祖道而言曰：

惟我与君童稚论交，长得惟馨，益广其游，三人同心气锐，志一挟书联床，夜以继日，无坚不透，有纷必释。当君得意，拊几堕帻，脱略细故，追踪古人竹帛之期，众谓狂言。三十年来，万事云变，镆铘沉渊，铅刀充断，长沙贾傅，南海虞翻，古今所叹，知复何论！京华十年，恒接宵寐，归以凶丧，只尺千里，病弗及视，瞑而后临，对面隔世，我哀曷任！兹辰之良，往即玄宅，惟馨复病，卧不能出，一觞独酹，万感丛襟，寒日杲杲，逝川沉沉，生死不易，犹有此心，君其知乎！尚享！

又，卷二十八·北游稿·行状五首·明故南京刑部尚书致仕赠太子少保谥清简樊公行状　（樊莹）尤精藻鉴，留意人材，至松首浚日月河，曰："吾闻此河通，状元出也。"明年钱福荐闱，后一举遂魁天下，其它后进经识拔者多知名。

（明）周起元《周忠愍奏疏》卷下·题为亟兴水利以备潴泄以救岁荒以裕国用事疏

查上海地方，弘治间开浚，而钱福大魁；嘉靖间开浚，而徐阶入相。水道通达，文运亦显赫。

（明）张国维《吴中水利全书》卷十四·周起元请浚吴淞白茅疏（天启四年上）　尝考松郡弘治间开导吴淞，而钱福大魁天下。

又，卷十九·开吴淞江驳议　计查历年开浚吴淞江后科第：一、弘治初年，佥事伍性开吴淞江一次。次年庚戌钱福中会元、状元。至六年壬子，顾清中解元，官至尚书。癸丑李希贤中会魁。乙卯王昶中解元，唐锦中乡魁。十四年辛酉，陆深中解元，官至侍郎。

（明）沈德符《万历野获编》卷十四·科场·考官争席　李文正（西涯）初在词林，及居揆地，皆以和煦容物见称。惟为太常少卿时，典弘治癸丑会试，时耿文恪（岳）以礼部尚书知贡举，初入帘大宴，与争席有违言。比壁经命题，其首题即为"伯拜稽首让于夔龙"，以御调笑，亦可谓戏而不虐。其时同考修撰三人，而钱福列在杨时畅、涂瑞之前。钱后杨四科，后涂一科。凡词林五品以下，俱论科不论官，况一官而搀越前辈乃尔。岂钱以鼎甲重耶？则涂亦鼎甲也。涂、钱俱治《书经》，有愧首题多矣。

是年论刻二篇，俱肤甚，又刻一诏，更寥寥数语，不今不古。此时出格刻程，意必博奕惊人，不意技止于此。

（明）万民英《三命通会》卷八 辛巳，钱福状元。或云癸巳。甲寅时。

（清）黄之隽等《江南通志》卷十二·舆地志·山川二·松江府 日月河（在府城中普照寺南。古谶云："日月河通出状元。"河久湮塞，明代成化间，知府樊莹浚之，钱福果状元及第）。

又，卷三十九·舆地志·坛庙（三）祠墓附·松江府 钱太史祠（在府治西门外平政桥西，祀明钱福，崇祯时建）。

又，卷三十九·舆地志·坛庙（三）祠墓附·松江府·明 修撰钱福墓（在府东华阳桥）。

又，卷一百六十八·人物志·隐逸一 黄鉴，字明夫，华亭人，博学而贫，三十未娶。进士李萱慕其贤，以女妻之，鉴悉却奁具，夫妇织纴自给，晚年结茅于山，曰"八峰小隐"，所著有《山樵传说》。门人钱福为立传。

（清）和珅等《钦定大清一统志》卷五十八·松江府·山川 日月河（在华亭县治普照寺南。《旧志》云："日月河通出状元。"河久湮塞，明成化间知府樊莹浚之，钱福果状元及第。后万历间又浚，张以诚状元及第）。

（清）倪涛《六艺之一录》卷三百七十四·历朝书谱六十四·式古堂书画汇考目 钱福，字与谦，号鹤滩。成化廿二年举乡试，弘治三年进士及第，俱第一，官修撰。华亭人。钱与谦《西湖诸诗帖》行楷书。钱鹤滩《五言绝句帖》行楷书。

弘治六年（1493）癸丑科状元毛澄

传　　记

（明）汪俊《明故太子太傅礼部尚书赠少保谥文简三江毛公墓志铭》　公讳澄，字宪清，姓毛氏，世居苏之太仓州。曾祖伯振，妣张氏，祖弼、父昇俱赠资政大夫、礼部尚书。祖妣王氏、妣范氏俱赠夫人。公生而颖异，七岁善属对，间为诗歌皆成章。尝与诸兄谒姻戚长老，或赠以金钱，归而弃之曰："吾不欲违其意耳。"陈武选恺闻而奇之，许妻以甥。年十六，充太仓卫学生。成化丙午，中应天乡试，寻丁父忧，服阕，卒业胄监，学大成。弘治癸丑，举进士第一人，授翰林修撰。丙辰，同考会试，公抱秀不露，同事者未之知。及见公勤考阅，精去取，梓经义以传，乃服。三载考绩，进阶儒林郎，赠考如公官，封母太安人，妻徐氏安人。庚申八月，请告，送太安人还乡。时大父寿百岁，中朝缙绅为赋咏以彰世德，有司为建人瑞坊。癸亥，纂修《会典》成，进右春坊右谕德，仍兼修撰。预修《通鉴纂要》。甲子，充东宫讲读官，进讲称旨，武宗入言于孝庙，孝庙喜，方中秋设宴，遂彻以赐。乙丑，充经筵讲官。武宗登极，进左春坊左庶子兼翰林侍读。九月，赐金厢束带。及上两宫徽号，遂加赠考如官，加封母太宜人，妻宜人。正德丁卯，闻太夫人疾，请归省，不许。讣至，匍匐归，哀动里闬。既葬，避居北郊，未尝入城。府巨室有被诬者，当道将奏没其产，初求救于公，弗许，既而邂逅，为直之。其人报以数百金，公却之曰："吾安能以贿为□□耶！"己巳，逆阉夺诸翰林《会典》升秩，公落庶子，止余兼职。是秋服阕，官侍读。庚午，升侍讲学士，主顺天乡试，署国子监事。明年，升学士，充日讲官，奉命教庶吉士。甲戌，主考礼部会试，寻升吏部右侍郎。乙亥，转左侍郎。丁丑，考绩，进阶通议大夫，诰赠祖考皆如公官，祖妣及妣、妻皆淑人，荫子希原为国子生。六月，升礼部尚书。逆濠尝奏欲令抚按诸臣翰服进见，又居母丧伪为孝行，胁镇巡请旌表。公援例据经泥之，事皆得罢。濠与其党怨之，公如弗知也。己卯春，赐蟒衣玉带。明年，考尚书绩，赠祖考皆如公官，祖妣以下皆夫人。逆濠既获，武宗驻跸通州，群奸□□，人人自危，公义不少沮，隐然为朝廷重。明年三月，武宗崩。□□□，太后遣往迎今上入继大统，公兼程以进，比至，有议行□□□□者，公难之曰："后何加焉？"上闻而是之，赐彩段十表里，□□□下及仆从皆有赉。驾行，前后扈从，备竭勤诚，上每加慰劳。既即位，复赐白金彩段若干。寻奉旨议兴献王主祀称号，公会文武诸大臣议：汉成帝立定陶共王子为皇太子，立楚孝王孙景为定陶王奉祀共王。谓今皇上既以兴献王长子入奉大统，无他兄弟，请立益王第二子崇仁王袭封兴王，以后献王，尊献王长为一国太祖，万世不毁。又据大儒程颐议……吏部尚书缺，廷推首属公，公固辞，闻者嘉其退让。山陵事毕，再疏乞休，温诏慰留。明年春，纂修《武宗实录》，充副总裁。录迎立功，加太子太傅，荫子一人锦衣卫，世袭指挥同知，四辞不允，公竟不敢受。主选大婚，有故宦官族人女与选，中人主之，公具奏获止。公清癯，素不任劳，及迎驾、议礼，又兼史事，重以冢妇若孙之丧，病遂日侵。疏乞骸骨，不允，遣医及中使存问相继。明年三上疏，请内阁拟俞旨以进，上览之，愀然曰："老成方切委任，何遽至此！"医问如前。比四疏，知不可起，乃许，加太子太傅，赐敕给驿，遣属官护送还乡，命有司时存问，月给米，岁给□有加。濒行，又遣中使致宝钞为道里费，公感激泣下，上表谢有余忠焉。行至兴济，卒于舟中。上闻之震悼，辍视朝一日，遣官谕祭者九，命工部营葬事，赠少保，谥文简，仍以迎扈功荫子一人为中书舍人。

配夫人徐氏有贤德，足媲公。子男一人，即希原，娶季氏，继聘进士吴应祥之女。女一，适南京礼部主事王世芳。孙男三人：兴几，娶监察御史唐信伯之女；兴立，聘知县李起元之女；兴恭尚幼。孙女一，许嫁金允若。曾孙女一。公卒以嘉靖癸未四月九日，距生天顺庚辰，享年六十有四。希原将以又明年正月一日葬公于盐铁塘之原。公理性深至，超然独诣，而淳质不伐，侪辈鲜知之者。及当事任，毅然而前，有不可夺之概。《大礼奏议》一卷，公之用于此可概见，惜未究也。性喜吟，微醉后辄索纸笔，往往有高致，然随手散失，存者无几，皆可传。

俊举公榜，同官最久，自谓知公，公盖未许也，俊窃负愧。然俊尝戏公曰："吾后死当铭公。"公领之。公即病，曰："子尝许我铭，其毋食言。"呜呼，俊竟铭公耶！其乌可辞？铭曰：惟圣有作，皆原于天。我惇我庸，浩浩渊渊。公守所学，佐天子礼。求诸人心，曰天之理。国之有是，不在君子。公逝几何，异说蜂起。起灭万状，一日之间。公议在册，百世不刊。睿后持祔，议出文定。公继巍科，有光先正。曰余弗敏，敢悖子承。正统有严，惟天子明。揭铭函宫，用告厥成。

（录自［明］毛澄《三江遗稿》卷首）

（明）李贤《明一统志》卷八·苏州府·人物·本朝　毛澄（太仓人。弘治癸丑进士第一人。官翰林修撰，累官礼部尚书，经纬使局，有启沃良史之名。在廷论事，折哈密之倾陷，侃侃增气。奉迎圣驾，不宿于家。凡执所见，皆本于忠。平生无敢欺。以病乞骸，加太子太傅，卒谥文简）。（《畿志》）

（明）廖道南《殿阁词林记》卷五·部学·学士晋礼部尚书毛澄　毛澄，字宪清，直隶太仓州人。弘治癸丑廷试第一，授修撰。丙辰，同考会试。己未，预修《会典》。癸亥，转左谕德兼修撰，预修《通鉴纂要》。甲子，侍皇太子于东宫，充讲读官，敷奏明畅，孝宗闻之甚喜，彻御前中秋宴以赐之。乙丑，武宗登极，擢左庶子兼侍读，赐金厢束带。预修《实录》，值内艰归。逆瑾柄国，夺所升秩。瑾败，起复，仍官侍读。庚申，进侍讲学士，典顺天乡试。九月，署国子监事。辛未，充廷试读卷官，擢学士，充日讲官。壬申，掌院事，教庶吉士读书。甲戌，主考礼部会试，寻升吏部侍郎。丁丑，进阶通议大夫、陟礼部尚书。值武宗南巡，公上疏谏阻。兵部尚书彭泽坐哈密事将置重典，公预廷议首救，免之。己卯，赐蟒衣玉带。逆濠就擒，江彬拥边兵邀驾驻通州，命文武大臣出迎，人人自危，公倡正议，谓当讯馘告庙，悉从之。辛巳四月，同驸马都尉崔元奉迎今上于郢邸，赐白金千镒，彩段十袭。预修《武庙实录》，充副总裁，加太子太傅。册立中宫皇后，充副使，持节行礼。未几，以议礼弗协，乞休，卒于兴济舟中。赠少保，谥文简。子希元为都事。廖道南曰："文简公与先大夫五洪公为同榜，及予小子就试礼闱，公与宗伯知贡举，雅知素履为详。既而读邵二泉所撰行状，称公资性明粹，神采秀朗，容止庄洁，平生言行无少伪，犯而不校，遇事正直，不以利害少屈，济物荐贤，恒如不及，而未尝自言。于乎，非知之深者不能言之至此切也。"赞曰：才为国华，大廷之魁。德为国范，太古之儒。貌不胜衣，言不出口。勋载宗社，名齐山斗。伟哉若人，真我父师。敬诵遗训，若宝蓍龟。

（明）陈鎏《皇明历科状元录》卷四·弘治六年癸丑状元毛澄　廷对之士汪俊等二百九十八人，擢毛澄第一。取庶吉士顾清等二十人。

毛澄，字宪清，号三江，直隶太仓州人。举进士第一，授修撰。己未，预修《会典》。癸亥，转左谕德兼修撰，预修《通鉴纂要》。甲子，侍皇太子于东宫，充讲读官，敷论详明，孝宗闻之喜，撤御前中秋宴以赐之。乙丑，武宗登极，擢左庶子兼侍读，赐金厢束带，预修《孝庙实录》。丁内艰。逆瑾柄国，夺所升秩。瑾败，服阕，仍官侍读。庚申，进侍讲学士，署国子监事。寻迁学士，充日讲官。壬申，掌院事，教庶吉士读书。甲戌，升礼部侍郎。丁丑，陟尚书，值武帝南巡，倡臣僚屡疏谏阻。都御史彭泽哈密文致之罪，澄廷议首救，免之。奸宁撼之，不为动。己卯，赐蟒衣玉带。逆濠就擒，江彬拥边兵邀驾驻通州，命文武大臣出迎，人人自危，澄倡正议，谓当讯馘献庙，从之。辛巳四月，同驸马都尉崔元迎今上于郢邸，赐白金千镒，彩段十袭。修《武庙实录》，充副总裁，寻加太子太傅。册立中宫，充副使持节行礼。未几，以病乞休致仕，遣官护送，卒于道。年六十三岁。赠少保，谥文简。主顺天乡试一，礼部会试同考二，主考一，廷试充读卷一。诗文悉不存稿。邵宝称澄资性明粹，容止庄洁，平生言行无少伪，犯而不校，遇事正直，不以利害少屈，济物荐贤，恒如不及，而未尝自言。廖道南赞曰："才为国华，大廷之魁。德为国范，太古之儒。貌不胜衣，言不出口。勋载宗社，名齐山斗。伟哉若人，真我父师。敬诵遗训，若宝蓍龟。"

宋淳熙中，昆山县有一道人诵谶云："潮过夷亭出状元。"知县叶子强遂建问潮馆于驷马桥下。后潮过夷亭，卫泾魁天下。弘治初，连岁大水，潮复远过夷亭。癸丑、丙辰二科，毛、朱皆状元，人谓旧谶之验云。(《昆山志》)

学士李东阳、程敏政教是科庶吉士。一日至院阅会簿，悉注病假而去，乃赋一绝云："回廊寂寂锁斋居，白日都消病历余。窃食大官无寸补，绿荫亭上勘医书。"

澄生于庚辰乙酉乙丑。乙酉为龙凤呈祥之格。及第时年三十四。

（明）顾祖训原编、（明）吴承恩增补、（清）陈枚续补《状元图考》卷二·状元毛澄 弘治六年癸丑，廷试汪俊等二百九十八人，擢毛澄第一。

按，毛澄，字宪清，号三江，直隶昆山人。少不利于有司，年三十四举殿元，授修撰。年六十三卒于道。

《昆山志》：宋淳熙中，昆山有一道人诵谶云："潮过夷亭出状元。"知县叶子强遂建问潮馆于驷马桥下。后潮复远过夷亭。癸丑、丙辰二科，毛、朱皆状元，人谓旧谶之应云。

（明）雷礼《国朝列卿纪》卷二十·翰林院学士讲读学士行实 毛澄，字宪清，直隶太仓州人。弘治癸丑进士，授修撰。丙辰，同考会试。己未，预修《会典》。癸亥，转左谕德兼修撰，预修《通鉴纂要》。甲子，侍东宫，充讲读官，敷奏明畅。孝宗闻之喜，撤中秋宴赐之。乙丑，擢左庶子兼侍读，赐金厢带，预修《实录》。值内艰，归。逆瑾柄国，夺所升秩。瑾诛，复原官。庚午，进侍讲学士，典试顺天。九月，署国子监事。辛未，充读卷官，擢学士，充日讲官。壬申，掌院事，教庶吉士。甲戌，主考会试，寻升吏部右侍郎。详礼部尚书。

（明）刘凤《续吴先贤赞》卷五·毛澄 毛澄，字显清，太仓人。少举于乡，值父丧，未上。既乃以进士第一人官修撰。预试郡国所上士，著作内庭，侍帷幄。与告归，适大父满百岁，里中贺羊酒，谓不常有。仍进谕德，侍东宫讲，为称于上曰："毛先生善开导。"孝庙喜，时方宴，遂彻以赐。后以书成进春坊庶子。己巳，瑾奄以加秩不由己，悉夺。庚午，选造畿内，得人为盛，家大人预焉。寻迁学士，为讲官，教庶吉士。又命都试礼部，进侍郎。吏部尝署选事，称精核。已而为大宗伯。戊寅，武皇帝南幸，累疏力争，要之必从。大司马彭泽以御史中丞行边，有所按忤嬖臣宁主者，以深文坐之，澄复倡言："泽，忠臣无他，不当罪。"会给事旷等亦言，上遂得附轻而旷等皆斥。宁憾澄，欲中之，伺无所得。初叛藩请朝其封内，澄举守府之宪力折之，乃又列上其孝行请旌焉，为引《孝经》诸侯之孝与所上不符者，又得寝，逆党益憾。己卯，赐衣及玉束带。既俘叛藩，武皇帝驻跸通州，将召集群臣于外议，澄正色言："戎丑当献之庙社以为大戮，不宜委之草莽。"在列为吐舌，理官竟依，澄得申其论。诸幸臣既窃柄，且以拥兵重，人自危，而澄议不少屈。及奉讳迎世宗入，充使往，比至，人有言，始见礼当致隆，澄谓"礼遽盈焉者，则将行劝进辞让之节，复何施敬？"世宗闻而善之，大加宠赉。扈跸至践祚，诚效恳款，上每加慰劳。大礼议兴，澄首引汉成帝立定陶共王子事，谓义不得顾私亲，当为兴献立后主祀事，上专奉大统。又议尊称皆未允上心，而几进者潜有所窥，以及与继三代礼不同而不极所奉于亲何以称孝者，上意益向之，而廷臣力争，且以宋濮议及魏明帝诏进者，虽暂格于澄等议，而终未能释。

是秋拟用为冢宰，力辞。山陵毕，乞归不得。大婚礼成，遂移疾不视事。命使劳问赐医药，相继于道，而求退益力。上留之甚恳，若曰："卿老臣，方赖以毗共为理，何遽忘社稷图?"澄遂称疾笃，始获从道，卒兴济。上闻而悯之深，谥文简。澄少时夜诵书，母夫人遣婢馈，不肯启门。兄洪自往，乃出。居平虽甚暑不爇露，上所赐金币悉散之宗党，故室无塍字，独喜为诗，时时讽咏，成辄弃之，曰："聊为适，庸足留者?"荐贤若不及，而不以为恩。弘德间士竞进，恬然不以迁叙经意，掌礼乐久，诸王有所请，据典法不可夺。上素知之，又以迎奉功未及用而已，谢罢，故独有余思焉。

（明）俞汝楫《礼部志稿》卷五十三·列传·尚书毛澄 毛澄，字宪清，太仓州人。弘治癸丑廷试第一，授修撰。丙辰，同考会试。己未，预修《会典》。癸亥，转左谕德兼修撰，预修《通鉴纂要》。甲子，侍皇太子于东宫充讲读官，敷奏明畅，孝宗闻之甚喜，彻御前中秋宴以赐之。乙丑，武宗登极，擢左庶子兼侍读，赐金镶束带。预修《实录》，值内艰归。逆瑾柄国，夺所升秩。瑾败，起服，仍官侍读。庚午，进侍讲学士，典顺天乡试。九月，署国子监事。辛未，充廷试读卷官，擢学士充日讲官。壬申，掌院事，教庶吉士读书。甲戌，主考礼部会试，寻升吏部右侍郎。丁丑，进阶通议大夫、礼部尚书，值武宗南巡，澄上疏谏阻。兵部尚书彭泽坐哈密事将置重典，澄预廷议，首救免之。己卯，赐蟒衣玉带。逆濠就擒，江彬拥边兵邀驾驻通州，命文武百官大臣出迎，人人自危。澄倡正议，谓当讯馘告庙，悉从之。辛巳四月，同驸马都尉崔元奉迎世宗于郢邸，赐白金千镒，彩段十袭。预修《武庙实录》，充副总裁，加太子太傅。册立中宫皇后，充副使持节行礼。未几以议礼勿协乞休，卒于兴济舟中。赠少保，谥文简。澄逮事三朝，忠勤敬慎终始如一，论事侃侃不能为婞婀，有古大臣之风云。

（清）黄之隽等《江南通志》卷一百四十·人物志·宦绩二·苏州府·明 毛澄，字宪清，昆山人，弘治癸丑廷对第一，授修撰。正德中，历迁礼部尚书，屡进谠言。世宗由兴邸即位，以澄迎立功加官荫，坚辞不受。大礼议起，澄力持尊无二统之议，帝不从，澄苦争不得，遂引疾归。卒谥文简。澄历事三朝，论事侃直，不少婞阿，有古大臣风节。

（清）张廷玉等《明史》卷一百九十一·列传第七十九·毛澄 毛澄，字宪清，昆山人。举弘治六年进士第一，授修撰。预修《会典》成，进右谕德，直讲东宫。武宗为太子，以澄进讲明晰称之帝，帝大喜，方秋夜置宴，即彻以赐。武宗立，进左庶子，直经筵。以母忧归。正德四年，刘瑾摘《会典》小疵贬诸纂修者秩，以澄为侍读。

服阕还朝，进侍讲学士。再迁学士，掌院事，历礼部侍郎。十二年六月拜尚书。

其年八月朔，帝微行。澄率侍郎王瓒、顾清等疏请还宫。既又出居庸，幸宣府，久留不返。澄等频疏谏，悉不报。明年正月，驾旋，命百官戎服郊迎。澄等请用常服，不许。七月，帝自称威武大将军朱寿，统六师巡边。遂幸宣府，抵大同，历山西至榆林。澄等屡疏驰谏。至十二月，复偕廷臣上疏曰："去岁正月以来，銮舆数驾，不遑宁居。今兹之行，又已半岁。宗庙、社稷享祀之礼并系摄行，万寿、正旦、冬至朝贺之仪悉从简略。腊朔省牲，阙而不行，遂二年矣。岁律将周，郊禋已卜。皇祖之训曰：'凡祀天地，精诚则感格，怠慢则祸生。'今六龙遐骋，旋轸无日。万一冰雪阻违，道途梗塞，元正上日不及躬执玉帛于上帝前，陛下何以自安？且边地荒寒，隆冬尤甚。臣等处重城，食厚禄，仰思圣体劳顿，根本空虚，遥望清尘，忧心如醉。伏祈趣驾速还，躬亲祼享，宗社臣民幸甚。"不报。十四年二月，驾甫还京，即谕礼部："总督军务威武大将军、总兵官、太师、镇国公朱寿遣往两畿，瞻东岳，奉安圣像，祈福安民。"澄等骇愕，复偕廷臣上言："陛下以天地之子，承祖宗之业，九州岛四海但知陛下有皇帝之号。今曰'总督军务、威武大将军、太师、镇国公'者，臣等莫知所指。夫出此旨者，陛下也。加此号者，陛下也。不知受此号者何人？如以皇储未建，欲遍告名山大川，用祈默相，则遣使走币，足将敬矣。何必躬奉神像，献宝香，如佛、老所为哉？"因历陈五不可。亦不报。

宸濠反江西，帝南征示威武，驻跸留都者逾岁。澄屡请回銮。及驾返通州，用江彬言，将即赐宸濠死。澄据汉庶人故事，请还京告郊庙，献俘行戮。不从。中官王堂镇浙江，请建生祠；西番阐化王使者乞额外赐茶九万斤。澄皆力争，不听。王琼欲陷彭泽，澄独白其无罪。

武宗崩，澄偕大学士梁储、寿宁侯张鹤龄、驸马崔元、太监韦霦等迎世宗于安陆。既至，将谒见，有议用天子礼者。澄曰："今即如此，后何以加？岂劝进、辞让之礼当遂废乎？"世宗践阼甫六日，有旨议兴献王主祀及尊称。五月七日戊午，澄大会文武群臣，上议曰："考汉成帝立定陶王为皇太子，立楚孝王孙景为定陶王，奉共王祀。共王者，皇太子本生父也。时大司空师丹以为恩义备至。今陛下入承大统，宜如定陶王故事，以益王第二子崇仁王厚炫继兴王后，袭兴王主祀事。又考宋濮安懿王之子入继仁宗后，是为英宗。司马光谓濮王宜尊以高官大爵，称王伯而不名。范镇亦言：'陛下既考仁宗，若复以濮王为考，于义未当。'乃立濮王园庙，以宗朴为濮国公奉濮王祀。程颐之言曰：'为人后者，谓所后为父母，而谓所生为伯、叔父母，此生人之大伦也。然所生之义，至尊至大，宜别立殊称。曰皇伯、叔父某国大王，则正统既明，而所生亦尊崇极矣。'今兴献王于孝宗为弟，于陛下为本生父，与濮安懿王事正相等。陛下宜称孝宗为皇考，改称兴献王为'皇叔父兴献大王'，妃为'皇叔母兴献王妃'。凡祭告兴献王及上笺于妃，俱自称'侄皇帝'某，则正统、私亲，恩礼兼尽，可以为万世法。"议上，帝怒曰："父母可更易若是耶！"命再议。

其月二十四日乙亥，澄复会廷臣上议曰："《礼》为人后者为之子，自天子至庶人一也。兴献王子惟陛下一人，既入继大统，奉祀宗庙，是以臣等前议欲令崇仁王厚炫主兴献王祀。至于称号，陛下宜称为‘皇叔父兴献大王’，自称‘侄皇帝’名。以宋程颐之说为可据也。本朝之制，皇帝于宗籓尊行，止称伯父、叔父，自称皇帝而不名。今称兴献王为‘皇叔父大王’，又自称名，尊崇之典已至，臣等不敢复有所议。”因录程颐《代彭思永议濮王礼疏》进览。帝不从，命博考前代典礼，再议以闻。澄乃复会廷臣上议曰：“臣等会议者再，请改称兴献王为叔父者，明大统之尊无二也。然加‘皇’字于‘叔父’之上，则凡为陛下伯、叔诸父皆莫能与之齐矣。加‘大’字于‘王’之上，则天下诸王皆莫得而并之矣。兴献王称号既定，则王妃称号亦随之，天下王妃亦无以同其尊矣。况陛下养以天下，所以乐其心，不违其志，岂一家一国之养可同日语哉。此孔子所谓事之以礼者。其它推尊之说，称亲之议，似为非礼。推尊之非，莫详于魏明帝之诏。称亲之非，莫详于宋程颐之议。至当之礼，要不出于此。”并录上魏明帝诏书。当是时，帝锐意欲推崇所生，而进士张璁复抗疏极言礼官之谬。帝心动，持澄等疏久不下。至八月庚辰朔，再命集议。澄等乃复上议曰：“先王制礼，本乎人情。武宗既无子嗣，又鲜兄弟，援立陛下于宪庙诸孙之中。是武宗以陛下为同堂之弟，考孝宗，母慈寿，无可疑矣，可复顾私亲哉?”疏入，帝不怿，复留中。

会给事中邢寰请议宪庙皇妃邵氏徽号，澄上言：“王妃诞生献王，实陛下所自出。但既承大统，则宜考孝宗，而母慈寿太后矣。孝宗于宪庙皇妃宜称皇太妃，则在陛下宜称太皇太妃。如此，则彝伦既正，恩义亦笃。”疏入，报闻。其月，帝以母妃将至，下礼官议其仪。澄等请由崇文门入东安门，帝不可。乃议由正阳左门入大明东门，帝又不可。澄等执议如初。帝乃自定其仪，悉由中门入。

时尊崇礼犹未定，张璁复进《大礼或问》，帝益向之。至九月末，乃下澄等前疏，更令博采舆论以闻。澄等知势不可已，谋于内阁，加称兴王为“帝”，妃为“后”，而以皇太后懿旨行之。乃疏言：“臣等一得之愚，已尽于前议。兹欲仰慰圣心，使宜于今而不戾乎情，合乎古而无悖乎义，则有密勿股肱在。臣等有司，未敢擅任。”帝遂于十月二日庚辰，以慈寿皇太后旨加兴献王号曰“兴献帝”，妃曰“兴国太后”，皇妃邵氏亦尊为“皇太后”，宣示中外。顾帝虽勉从廷议，意犹慊之。十二月十一日己丑，复传谕加称皇帝。内阁杨廷和等封还御批，澄抗疏力争，又偕九卿乔宇等合谏，帝皆不允。明年，嘉靖改元正月，清宁宫后三小宫灾。澄复以为言，会朝臣亦多谏者，事获止。

澄端亮有学行，论事侃侃不挠。帝欲推尊所生，尝遣中官谕意，至长跪稽首。澄骇愕，急扶之起。其人曰：“上意也。上言‘人孰无父母，奈何使我不获伸’，必祈公易议。”因出囊金畀澄。澄奋然曰：“老臣悖耄，不能隳典礼。独有一去，不与议已耳。”抗疏引疾至五六上，帝辄慰留不允。二年二月疾甚，复力请，乃许之。舟至兴济而卒。

先是，论定策功，加澄太子太傅，荫锦衣世指挥同知，力辞不受。帝雅敬惮澄，虽数忤旨，而恩礼不衰。既得疾，遣医诊视，药物之赐时至。其卒也，深悼惜之。赠少傅，谥文简。

（清）和珅等《钦定大清一统志》卷七十一·太仓州·人物·明 毛澄（太仓人，生而颖异。宏治癸丑举进士第一人，授翰林修撰，历官礼部尚书。宸濠尝奏欲令抚按诸臣朝服进见，又居母丧伪孝行胁镇巡请旌表。澄援例据经折之，皆罢。嘉靖初，议兴献王主祀称号，澄据宋儒程颐议，前后录上凡五疏，执愈坚，称号遂定，主祀事寝。卒谥文简，祠乡贤）。

（明）邓元锡《皇明书》卷二十六·名臣·毛澄 （存目）
（明）王世贞《弇州山人续稿》卷一百四十八·毛澄 （存目）
（明）王兆云《皇明词林人物考》卷四·毛文简 （存目）
（明）汪国楠《皇明名臣言行录新编》卷三十九·尚书毛澄 （存目）
（明）过庭训《明分省人物考》卷二十·南直隶苏州府·毛澄 （存目）
（明）邓球《皇明泳化类编》·人物卷五十三·毛澄 （存目）
（清）查继佐《罪惟录》·列传卷十三·谏议诸臣列传上·毛澄 （存目）
（清）傅维麟《明书》卷一百二十七·列传四·名臣传十二·毛澄 （存目）
（清）徐乾学等《明史》卷六十六·毛澄 （存目）
（清）王鸿绪《明史稿》卷一百八十一·列传第七十六·毛澄 （存目）
（清）徐开任《明名臣言行录》卷四十六·尚书毛文简公澄 （存目）

科　第

（一）乡试

（清）黄之隽等《江南通志》卷一百二十六·选举志·举人二·成化二十二年丙午科 毛澄（镇海卫人）。

（二）会试、殿试

（明）李东阳等《明孝宗实录》卷七十三 弘治六年三月庚辰，上御奉天殿策会试中式举人汪俊等三百名，制曰："朕惟三代而下，论守成之君，必以汉文帝为首，史称其时海内殷富，兴于礼义，断狱数百，几至刑措。朕尝慕之，不知文帝何修而能得此？考之当时，或赐民田租之半，或尽除之，殷富之效，盖出于此，然贡、助、彻之法，虽三代亦所常行，而况于汉乎？使除田租，则当时宗庙之祭祀，百官之俸给，四夷之征战，皆不可已者，将何以给用度乎？仰惟皇祖肇造区夏，罔不臣服，百二十余年以来，生齿益繁，疆域益广，非前所及。今岁郡县上版籍于户部，其数具存，可谓庶矣。休养生息之余，宜其富而可教也。然闻闾巷田野之间，不免冻馁无聊之叹，且顷因水旱河决之患，尤多流移失业之人，安在其为富也。是以劝谕虽切而循理者尚少，赦宥虽频而犯法者愈甚，又安在其为可教也。夫衣食不足，则礼义不兴，而民轻犯乎刑辟，亦势之所必至者，其将何以处之？盖古之御天下者，既庶必有富之之术，既富必有教之之方，特患不能举行之尔。朕承祖宗鸿业，图惟治道，每有志于隆古帝王之盛，不但文帝而已。尔诸生抱道而来，将见于用，其于庶、富、教三者先后本末，凡古人之成效，今日之急务，悉心以陈，朕将亲览焉。”

（明）张朝瑞《皇明贡举考》卷五·（癸丑）弘治六年会试 （时会试之士几四千人，取汪俊等三百人，刻程文二十二篇，俊官至礼部尚书，谥文庄。）

中式举人三百名：汪俊，江西弋阳县人，监生，《书》。顾清，南直隶华亭县学生，《诗》。李麟，浙江鄞县人监生，《易》。李希颜，南直隶华亭县人，监生，《春秋》。周玉，浙江临海县人，监生，《礼记》。

三月十五日，临策天下贡士，制曰：朕惟三代而下，论守成之君，必以汉文帝为首，史称时海内殷富，兴于礼义，断狱数百，几致刑措。朕尝慕之，不知文帝何修而能得此？考之当时，或赐民田租之半，或尽除之，殷富之效，盖出于此，然贡、助、彻之法虽三代亦所常行，而况于汉乎？使除田租，则当时宗庙之祭祀，百官之俸给，四夷之征伐，皆不可已者，将何以给用度乎？仰惟皇祖肇造区夏，罔不臣服，百二十余年以来，生齿益繁，疆域益广，非前代所及。今岁郡县上版籍于户部，其数具存，可谓庶矣。休养生息之余，宜其富而可教也。然闻闾巷田野之间，不免冻馁无聊之叹，且顷因水旱河决之患尤多，流移失业之人，安在其为富也。是以劝谕虽切而循理者尚少，赦宥虽频而犯法者愈甚，又安在其为可教也。夫衣食不足，则礼义不兴，而民轻犯乎刑辟，亦势之所必至者，将何以处之？盖古之御天下者，既庶必有富之之术，既富必有教之之方，特患不能举行之耳。朕承祖宗鸿业，图惟治道，每有志于隆古帝王之盛，不但文帝而已。尔诸生抱道而来，将见于用，其于庶、富、教三者先后本末，凡古人之成效，今日之急务，悉心以陈，朕将亲览焉。

（时廷对之士二百九十八人，赐毛澄等进士及第出身有差。邵氏宝称澄资性明粹，容止庄洁，平生言行无少伪，犯而不校，遇事正直，不以利害少屈，济物荐贤，恒如不及，而未尝自言。官至太子太傅，谥文简。是科黄铭、黄鏻兄弟同登，选顾清等二十人为庶吉士，后澄与胡世宁、李承勋、孙逊俱为名臣，姚镆有名。《通纪》云：罗钦顺宜入理学名臣。）

第一甲三名赐进士及第：毛澄，南直隶昆山县籍，太仓州人。徐穆，江西吉水县。罗钦顺，江西泰和县。

（明）张弘道、张凝道《皇明三元考》卷八·弘治六年癸丑科大魁 状元毛澄（直隶昆山人，字宪清，号白斋，晚更号三江。治《易》。年三十四。丙午举人，会试二十五名。澄资性明粹，容止庄洁，平生言行无少伪，犯而不校，遇事正直，不以利害少屈，济物荐贤，恒若不及，而未尝自言。历官太子太傅、礼部尚书。卒年六十三，谥文简。祖弼，及第时年百岁）。

又 名臣：毛澄。

又 一品：毛澄，太子太傅。

（清）黄之隽等《江南通志》卷一百二十二·选举志四·进士·明·癸丑科毛澄榜 毛澄（昆山人）。

（清）张廷玉等《明史》卷十五·本纪第十五·孝宗 （弘治六年春）三月癸未，赐毛澄等进士及第出身有差。

癸丑科（弘治六年）**状元策** （存目。参见［明］焦竑辑，［清］胡任兴增辑《历科廷试状元策》卷一，又见［明］毛澄《三江遗稿》卷上）

仕 宦

（明）王圻《续文献通考》卷四十六·选举考·举士四 （正德）九年二月，会试天下举人，命大学士梁储、翰林学士毛澄为考试官，取霍韬等四百人。

（明）黄佐《翰林记》卷十四·考会试 （正德）九年，少傅兼太子太傅吏部尚书谨身殿大学士梁储、学士毛澄为考试官，取霍韬等四百人。

（明）廖道南《殿阁词林记》卷十四·会试 （正德）九年，少傅兼太子太傅吏部尚书谨身殿大学士梁储、学士毛澄为考试官，取霍韬等四百人。

（明）俞汝楫《礼部志稿》卷四十二·历官表·尚书 毛澄（字宪清，直隶太仓人。进士。正德十二年任，加太子太傅，赠少保。谥文简）。

（明）雷礼《国朝列卿纪》卷二十·翰林院学士讲读学士年表 毛澄（直隶太仓人。进士。正德五年，任侍读学士。六年，擢翰林学士。七年，掌院。九年，升吏部右侍郎。详礼部尚书）。

又，卷二十九·吏部左右侍郎年表 毛澄，直隶太仓人。进士。正德九年右。十年左。十二年升礼部尚书。

又，卷四十·礼部尚书年表 毛澄，直隶太仓人。进士。正德十二年任，加太子太傅。嘉靖二年致仕。赠少保，谥文简。

（明）皇甫录《皇明纪略》 正德间，都御史彭公泽尝与言官论朱宁，忿曰：“吾恨不手刃此奴。”有白于大司马王公琼者，王以语宁，且曰：“为君致彼，君私察之。”于是匿宁屏后，致彭过，王激怒之，彭复大骂，宁乃御之，即传旨罢彭官，而意未已也，使卫校至其家察得其教兵官，调用边军事，令言官劾之，坐彭擅调官军。公卿廷议籍其家众，皆秉笔署名，惟礼书毛公澄为之称冤。时陆太宰完称病不出，明日出亦从王议。毛复大呼于朝，幸得免。

（明）焦竑《玉堂丛语》卷三·宠遇 毛澄，弘治甲子为谕德，侍皇太子于东宫，充讲读官，敷奏明畅。孝宗闻之甚喜，彻御前中秋宴以赐之。

又，卷三·礼乐 初，往迎世宗皇帝入继大统，毛澄与使焉，既得命，兼程以进。比至，有议行五拜三叩首礼以见者，公曰：“今遂如此，后当何以加之？且将来劝进辞让之礼行乎？废乎？”上闻而是之，赐彩段十表里，白金千两，下及仆从皆有赉。

又，卷五·退让 尚书毛澄极淳实，陆完被逮，会推冢宰，佥举毛，坚执不允署，至欲趋出，遂举王晋溪。国朝以来，不爱作天官卿者，毛一人而已。

（清）张廷玉等《明史》卷十七·本纪第十七·世宗一 （正德）十六年三月辛酉，未除服，特命袭封。丙寅，武宗崩，无嗣，慈寿皇太后与大学士杨廷和定策，遣太监谷大用、韦彬、张锦，大学士梁储，定国公徐光祚，驸马都尉崔元，礼部尚书毛澄，以遗诏迎王于兴邸。

又，卷五十九·志第三十五·礼十三·凶礼二·皇后陵寝 世宗祖母邵氏，嘉靖元年崩。服除，部臣毛澄等请即吉视事。议再上，命考孝肃太皇太后丧礼。澄等言：“孝肃崩时，距葬期不远，故暂持凶服，以待山陵事竣，与今不同。况当正旦朝元，亦不宜缟衣临见万国。若孝思未忘，第毋御中门，及不鸣钟鼓足矣。”从之，仍免朔望日升殿。

又，卷一百十一·表第十二·七卿年表一 （正德）十二年丁丑：毛澄六月任。

（清）徐乾学《读礼通考》卷一百七·变礼七·贡举遭国丧 《明科贡录》：正德十六年五月，先是会试取中举人张治等三百五十名，以大行皇帝南巡未经殿试。至是礼部尚书毛澄等请于五月十五日引赴殿廷试策，缘遇大行皇帝大丧，拟照天顺八年事例，至日早引诸贡士于西角门行礼毕，赴奉天殿前丹墀内策试。十八日，早仍于西角门引诸进士行礼，免传制唱名并恩荣宴，文武百官各具素服侍班，乐设而不作。诏曰：“可。”

（清）傅恒等《御批历代通鉴辑览》卷一百八·诏议崇奉兴献王典礼 时帝即位甫六日，即诏议兴献王主祀及尊称。礼部尚书毛澄（字宪清，昆山人）请于杨廷和，廷和出汉定陶王、宋濮王事受之，曰：“是足为据。”澄乃大会文武群臣上议曰：“汉成帝立定陶王为太子，而以先王孙景后定陶共王师丹以为恩礼备至。今陛下入继大统，宜如定陶王故事，以益王子厚炫主后兴国。其称号宜如宋英宗濮定献王故事，称孝宗曰皇考，兴献王曰皇叔父兴献王，妃曰皇叔母。”议上，帝大愠曰：“父母若是互易邪？”其再议，廷和偕蒋冕、毛纪奏言：“前代入继之君，追崇所生者，皆不合典礼。惟宋儒程颐《濮议》最得义礼之正，采而行之，可为万世法。”帝益不悦，命博考典礼，务求至当。廷和、冕、纪复上言：“三代以前，圣莫如舜，未闻追崇所生父瞽瞍。三代以后，贤莫如汉光武，亦未闻追崇所生父南顿君。陛下惟取法二君。”澄亦会廷臣再三执奏，俱留中不下。

又，卷一百八·冬十月，追尊父兴献王为兴献帝，祖母宪宗贵妃，邵氏为皇太后，母妃蒋氏为兴献后 帝屡谕阁臣早定大礼，会母妃至通州，闻朝议考孝宗，恚曰：“安得以我子为他人子！”止通州不入。帝闻而泣，启慈寿太后，愿避位归藩。群臣惶惧。毛澄乃谋于内阁，请称兴献王为兴献帝、王妃蒋氏为兴献后，而以皇太后懿旨行之。帝不得已，乃报可，并尊宪宗贵妃邵氏为皇太后。张璁知帝意向己，又闻母妃止通州益，大喜，著《大礼或问》以上，且曰：“非天子不议礼，愿奋独断，揭父子大伦，明告中外。”章下礼部，见者皆目为邪说。惟兵部主事霍韬、给事中熊浃揣璁言必用，附和之。未几，浃外转佥事，璁出为南京刑部主事，韬自知为众论所訾，引疾归。兴献后至京师谒太庙。

又，卷一百八·礼部尚书毛澄罢道卒（谥文简） 澄以议礼不合帝意，抗疏引疾至五六上，不允，及是疾甚，复力请，乃许之。舟至兴济而卒。（澄端亮有学行，论事不为婞婟。大礼议起，帝屡遣中官谕意，澄奋然曰：“老臣悖谬，不能隳典礼，惟有一去不与议已耳。”帝雅敬澄，虽数忤旨，恩礼不衰。其卒也，深悼惜之，赠少傅。）

（清）舒赫德等《御定资治通鉴纲目三编》卷二十·礼部尚书毛澄罢 帝欲推尊所生，尝遣中官谕意，至长跪稽首，澄骇愕，急扶之起。其人曰：“上意也。上言：‘人孰无父母，奈何使我不获伸？’必祈公易议。”因出囊金畀澄，澄奋然曰：“老臣悖耄，不能隳典礼，独有一去不与议已耳。”抗疏引疾至五六上，帝辄慰留不允。及是疾甚，复力请，乃许之。舟至兴济而卒。帝深悼惜之。赠少傅，谥文简。澄端亮有学行，论事侃侃不挠，帝雅敬澄，虽数忤旨，恩礼不衰。

轶　事

（明）李绍文《皇明世说新语》卷一·德行 毛文简澄荐贤，恒如不及，未尝自言。其人知而来谢，则曰：“余忘之矣。”

又，卷五·夙惠 毛澄七岁善属对，姻戚长老喜之者赠以金钱，受归即掷曰：“要此何用！吾不欲违长者，故携归耳。”

（明）王同轨《耳谈》卷二·毛澄状元 世庙入继，大学士毛澄迎驾至稿城。桥崩，有碑出焉，文曰："桥崩天子过，碑出状元来。"毛乃弘治癸丑状元也。

著 作

（清）黄虞稷《千顷堂书目》卷五·别史类 毛澄《圣驾临雍录》一卷，又《大礼奏议》。

又，卷二十一·别集类·弘治癸丑科（六年） 毛澄（字□□，昆山籍，太仓州人，一甲第一人，太子太傅），《毛文简公类稿》十八卷，又《遗稿》二卷。

（清）张廷玉等《明史》卷九十七·志第七十三·艺文二 毛澄《圣驾临雍录》一卷。

又，卷九十九·志第七十五·艺文四 《毛澄类稿》十八卷。

（清）纪昀等《钦定四库全书总目》卷一百七十六·集部二十九·别集类存目三·《毛文简集》二卷（江苏巡抚采进本） 明毛澄撰。澄号三江，太仓人，宏治癸丑进士第一，官至礼部尚书。嘉靖初，议大礼不合，致仕归，道卒。事迹具《明史》本传。是集皆所作杂文，前有李维桢序称，澄没十余年，其子希原裒所作诗文为《三江集》，未及剞劂而散佚。后其从曾孙君明搜拾鸠合，属维桢校刊，更名曰《遗稿》，诗已无一存，文存者仅二卷耳，云云。此本题曰《毛文简集》，与序不合，岂又经重刊欤？

评 论

（明）刘凤《续吴先贤赞》卷五·毛澄 赞曰："宗伯以礼佐王，建保邦国，典司神人，重哉！澄以道辅匡，凝然有大臣度。当议礼，不少阿人主意，执己自遂，庸不知逢时就功名，而固守其言无变哉。且方其立于诸幸宠间，论救为多，不显其迹，而默有以夺之，非德义素能感人不至此。惜时方向其有所为而未竟，后诸大臣争者致恩，礼不终顾，又不为幸耶。

（明）罗钦顺《三江遗稿旧序》 三江先生毛文简公既卒，嗣子中舍希原、子婿王宪副□□□与收拾其遗文，久之始克成帙。适宪副之官，道便携以过予山居，属为校正而序之以传。中舍书来，亦惓惓以是为请。始予获厕名先生榜末，遂同官翰林，及佐铨复相先后，契分至为深密，虽老且病，兼拙于文词，然于义不容不勉，遂详阅一再过，为正其误，订其疑，而稍比其伦类，即先生别号而题之曰《三江文集》。乃从而序之曰：六经文字之祖也，天有是理，而群圣人代之言，著而为典章，演而为谟训，所以立万世之人极，而经纬乎天地者也。孔门授受，相继有作，皆以发明乎此，精粗本末无所不尽。故孔子尝有言曰："文王既没，文不在兹乎？"明乎斯义，斯可以言文矣。自孟子没，而知言之学不讲，斯文日以晦蚀，能言之士各以其所见为文，以驰骋于当世，醇疵得失莫之辨也。爰及有宋程朱数君子出，乃能有以别其缪而折其衷，圣人之道于是乎复明于天下，其说亦既详矣。有志于斯文者，学固欲其博，要当以圣贤之训为主，优游涵泳，久而浃洽乎其中，则其英华之发，必将有以感人心而扶世教，不徒然也。是虽不期于传世，世亦恶得而泯之哉！先生之文，雍容典则，事理曲尽，而意味常若有余。诗雅尚清新，然必归于所止。盖尝窃窥先生之学术，大抵博而不杂，故其文粹然一出于正。如此良金美玉，见者皆知其为宝，宁待于称说耶！然区区推重之意，有不能自已者，愧学力之弗逮，思作者之难得也，用书此于卷首，庶以见其渊源之有自焉。若夫性情之懿，官守之贞，建白之悬，则固有《春秋》之笔在，予老且病，其亦可以忘言矣。时嘉靖十二年，岁次癸巳秋九月甲子，赐进士及第南京吏部尚书致仕进阶荣禄大夫前经筵官国史副总裁、泰和罗钦顺序。

（录自［明］毛澄《三江遗稿》卷首）

（明）李维桢《毛文简公遗稿序》　世庙初载，毛文简公以大宗伯谢病归，卒于兴济道中。既十许年而公之子思州守集公所为诗文，请序于罗文庄公，而名之曰《三江集》。三江者，公别号也。公久宦，无长物以遗其子，不能授剞劂。而无何，思州致其政归，子姓繁衍，家益落，集亡失太甚。公之从曾孙侍御公蒐拾九合之积有岁年，会按两河，事且竣，出以视左丞孙文秉氏及桢体别句□版之省中，而更名之曰《遗稿》，盖公诗已无一存，其文存者仅仅耳，非公之全也。桢早岁官史局，与修《世庙实录》，见公佐冢宰时忤阉，瑾使左右刺公阴事不得。一日入朝，有珰前揖公曰："他吏部门昼阖而夜启，独公夜阖而昼启耳。"宁濠欲令抚按臣以朝服见，又胁守臣上其孝行，公时为宗伯尼之。已而，世庙继统，日行三百里迎至郢，以功当任子世世为金吾，力辞。而大礼之议起，公五疏执不可。会廷推公太宰，复力辞。寻以病乞骸骨，疏凡四上，得请。公去而诸议礼者附上意骤贵至台辅，其慷慨激烈者坐廷杖、下诏狱，远窜回夷。大臣往往见法被三木，自此始矣。如公引大体，耻曲学阿世，而外不尽言以招人过，正直忠厚，无矜节而嗷名，是宁可多得也？明兴，鸿昌庞茂之运，无如敬皇帝朝，率循大卞，在宥天下，一切新进喜事悉格不用，荐绅大夫重去国，国多白首魁垒之臣，人有君子长者之行，而文章醇厚尔雅称盛时风。公丁其时，所渐染为多，乃其文词抑何与人相肖也。其持论根极理道，通政术，而匹夫匹妇可晓。其气舒徐不迫，充然而若未竟。其意淡然，若无深思而蕴藉有余味。其于人不为虚美，而蝉缓有情。按其编而知其为敬皇帝时人也。殆所谓性情之风标，神明之律吕者哉。今去公垂八十年，作者如林，大都刻划以见法，驰骛以见学，卓诡以见才，藻艳以见情，至封事弹奏之文，果于掊击若聚讼骂坐，识者窃病其为东晋六朝之浮薄，而更忧其有后汉南宋之流弊矣。彼其之子而读公文，当掩口而笑："是金华殿中语耳。"以若所长，公岂其欲之而不能哉？所不为也。桢故识其端以寓夫先进君子之思焉。

（录自［明］毛澄《三江遗稿》卷首）

（明）周梦阳《毛文简公遗稿序》 予读昆山毛文简公遗稿，而叹文章之关世运，岂细故哉？中古不得已而有文，故书不尽言，言不尽意。而周末文胜，骎骎骛于辞，夫子曰："辞达而已矣。"盖伤之也。明兴，涤胜国之陋，权与大雅酝酿，及于成弘间，鸿庞汤穆，郁为文章，毋论应制陈言无敢钩棘，即赠送拟撰与所为铭表志记之语，皆一禀于正，冲然和平。公稿中所载策序诸文可概见已。意行乎所当行，即累百千言不为多，意所当止，短章寥寥亦足明志，大都味腴搴芳，变醨养瘠，无一字空设，夫安有矫揉于其间，求与时论谐哉？假令极公之才，参其辞以徇时，岂不能整严而法如左氏？岂不能闳肆而辨如《战国策》？岂不能出神入鬼、轧笏林离如庄生、列御寇？模而拟之，凿而刻画之，是优孟之效孙叔敖漓乎意者也，公有羞而不为耳。以故当其时，逆瑾擅权，陵轹中外，文武诸大臣望风披靡，而公独挺然不为屈。瑾无所发怒，因以文指摘公，谓公弘治中修《大明会典》，坏祖宗旧制，杂以新例，悉毁之，而贬公官不得守左庶子。无何论既定，长沙执政，重公文，以公有先进之遗，荐陟通显。甲戌，会试天下士，公司文柄，乃举霍韬辈四百人，多一时名士，国家赖其力。已晋大宗伯，会肃皇帝入继大统，议论纷纷，莫所适从，而公独坚持古礼不为变，即其言不尽用乎，然侃侃之论，自可鼎立天地，以行吾意，不求其辞之合也。嗟嗟！以此其际公所论著，当不可胜纪，而今稿已不能载矣。失今不传，后将何述，是刻何可已也夫？公官青宫太傅，位不为不尊；历三朝，仕凡二十有余年，时不为不久；宗族子孙兰砌玉立，或仕或不仕，而多贤哲，后不为不昌。然遗稿所传仅仅止此，固知公之意不在文，而公之宗族子若孙所为守公家法者亦不以其文也。然即此可以观世矣。挽近世分文析字、烦言碎辞，惟鞶帨之为工，而不复修意，甚则媚权附势，称德颂功，比其没也，骨未寒而侈其集以行于世，虽多亦奚以为！予故读公遗稿而有世运之感焉，诚慨之耳，辄忘固陋而为之序以附公不朽云。时万历庚寅岁夏五之吉。

（录自［明］毛澄《三江遗稿》卷首）

（明）毛在《文简公遗稿跋》 余曾大父行五人，而文简公居三。曾大父为季。曾大父虽布衣，读书能诗，时从文简公游京师。余大父为诸生，从庄梁先生讲学星溪，究心时务，不屑屑于觇侔之工，文简公尤钟爱之，不啻若子。余未及见大父，而见文简公之子思州公。思州公为余谈及大父，未尝不流涕也。嘉靖甲子，楚侗耿先生校士吴中，余首蒙识拔，次即余弟堑，文简公曾孙也，并得以儒士科举。余两人友爱之笃，不殊先世。再更十年，余侥幸一第，而堑尚困于诸生。一日，出其亡父所遗文简公著作一帙，盖辑而复佚，文已不全，而诗竟亡矣。余跽而读之，真布帛菽粟之文，绝无纷靡絺绘之饰，而论事必根于理，称人无过其实，意常余于词，语不伤其气，什袭藏之箧中，时出披阅，景仰先德，每出必携。初携之贵阳，再携之齐鲁，兹又携之中州。偶出以示参藩李君，李君亟赏之，曰："此先进之徽音，不可少也。"会藩长孙君为忠烈公后人，忠烈公亦以弘治癸丑登文简公榜进士，孙君遂请刻之以传。夫表扬先世之懿美，俾不至于草木同腐者，为人子若孙之愿，幸也！余又安能独异哉？谨识岁月于卷末。时万历庚寅上元日，不肖从曾孙在顿首谨跋。

（录自［明］毛澄《三江遗稿》卷末）

（清）秦蕙田《五礼通考》卷一百六·吉礼·私亲庙 蕙田案：明大礼议，发端持正，莫如杨廷和、毛澄；斟酌尽善，莫如汪俊、吴一鹏、蒋冕。皆侃侃不阿，据经证史，堪与宋程子、司马公之言并立不刊。

杂　　录

（明）李东阳《怀麓堂集》卷七十六·毛间翁墓表 苏之太仓州有百岁翁，毛姓，讳弼，字惟忠，晚自号为间翁，人亦翁之。翁生而质美，不假问学，慎身寡欲，无伪言饰行，宅心夷旷，待物以和，遇横逆未始与较，虽贫居能以所受田让其兄。尝独处，有少妇来奔，正色叱之。……教其子昇曰："汝为商，以供吾养。"遂致洗腆，安其高年。昇亦简易俭约，读书好礼，后以子贵累赠奉政大夫、左春坊右庶子兼翰林侍读，人皆称之曰："此毛间翁之子也。"教其孙澄曰："汝为士，以亢吾宗。"澄状元及第，累官右庶子兼侍读，赐四品服，直经帷，修国史，以学行称于时，人皆曰："此毛间翁之孙也。"州之始建，翁实应聘为乡饮大宾。及澄归省，值翁寿期，大夫士为赋颂以相艳慕，故翁之名老而益彰，盖不独于乡为然。

（明）王世贞《弇山堂别集》卷五·皇明盛事述五·高年人瑞 弘治中，吾州毛弼年百岁，而孙澄状元及第，有司为盖人瑞状元坊。

又，卷十八·皇明奇事述三·同姓同谥 少保、大学士赠太保毛纪，太子太傅、礼部尚书赠少保毛澄，同谥文简。……按，二毛文简一时为学士，为内阁、礼部，清德相望。

（明）郭良翰《明谥纪汇编》卷十四·臣谥上·文臣·文简 毛澄（礼部尚书。赠少傅。嘉靖。勤学好问，一德不懈。南直隶昆山人）。

（明）沈德符《万历野获编》卷十四·科场·霍渭崖不认座师 座主门生之谊，自唐而重，然汉时州牧之察孝、秀，三公之辟寮属，至有以死相报者，其酬知己之恩，固不下于唐也。本朝乡、会座主亦如之。唯嘉靖间霍渭崖，举甲戌会元，不认大主考梁文康、毛文简为座师。及己丑主考，一榜所投门生帖亦不收。霍有才而忮，以议兴献皇大礼暴贵，所至与人相讦，人颇畏恶之，此等事亦惟此公能行。张萝峰欲效而不能矣，前乎此，后乎此，俱未闻也。

（清）张廷玉等《明史》卷一百十五·列传第三·睿宗献皇帝 王薨二年而武宗崩，召王世子入嗣大统，是为世宗。礼臣毛澄等援汉定陶、宋濮王故事，考孝宗，改称王为“皇叔父兴献大王”，王妃为“皇叔母”。帝命廷臣集议，未决。

又，卷一百八十四·列传第七十二·顾清 与同年生毛澄、罗钦顺、汪俊，相砥以名节。

又，卷一百九十·列传第七十八·杨廷和 未几，命礼官议兴献王主祀称号。廷和检汉定陶王、宋濮王事授尚书毛澄曰：“是足为据，宜尊孝宗曰皇考，称献王为皇叔考兴国大王，母妃为皇叔母兴国太妃，自称侄皇帝名，别立益王次子崇仁王为兴王，奉献王祀。有异议者即奸邪，当斩。”

又，卷一百九十一·列传第七十九·吴一鹏 数与尚书毛澄、汪俊力争“大礼”。

又，卷一百九十六·列传第八十四·张璁 帝方扼廷议，得璁疏大喜，曰：“此论出，吾父子获全矣。”亟下廷臣议。廷臣大怪骇，交起击之，礼官毛澄等执如初。会献王妃至通州，闻尊称礼未定，止不肯入。帝闻而泣，欲避位归藩。

又，卷一百九十七·列传第八十五·霍韬 及“大礼”议起，礼部尚书毛澄力持考孝宗，韬私为《大礼议》驳之。澄贻书相质难，韬三上书极辨其非。已，知澄意不可回。其年十月上疏曰：“按廷议谓陛下宜以孝宗为父，兴献王为叔，别择崇仁王子为献王后，考之古礼则不合，质之圣贤之道则不通，揆之今日之事体则不顺。……（霍韬）举进士出毛澄门下，素执弟子礼，议礼不合，遂不复称为座主。及总裁己丑会试，亦遂不以唐顺之等为门生。其议礼时，诋司马光。后议薛瑄从祀，至追论光不可祀孔庙。其不顾公论如此。

（清）纪昀等《钦定四库全书总目》卷八十一·史部三十七·政书类一·《明会典》一百八十卷 明宏治十年奉敕撰。十五年书成，正德四年重校刊行，故卷端有孝宗、武宗两序。其总裁官为大学士李东阳、焦芳、杨廷和，副总裁官为吏部尚书梁储，纂修官为翰林院学士毛纪、侍讲学士傅珪、侍读毛澄、朱希周、编修潘辰，并列衔卷首，然皆武宗时重校诸臣，其原修之大学士徐溥等竟不列名，未详当日何意也。

又，卷八十三·史部三十九·政书类存目一·《大礼集议》五卷 时汪俊代毛澄为礼部尚书，犹坚执澄议。

（清）徐乾学《读礼通考》卷二十 《明世宗实录》：正德十六年二月甲辰，礼部尚书毛澄等言：“兹者大行皇帝大丧，成服已毕，恭惟皇上嗣登宝位之初，万几所系，伏望以宗庙社稷为重，少节哀情，于西角门视事，文武百官行奉慰礼。”上曰：“朕哀痛方切，未忍遽离丧次。其以二十七日视朝具仪来闻。”

又 朱国祯《史概》：正德十六年四月癸卯，上即皇帝位。戊申，命礼部会议兴献王主祀封号。五月戊午，礼部尚书毛澄等会议，疏曰：……疏入，上曰：“父母可移乎？”命再议。……八月朔，澄等复上议如初，且言：“推尊之非莫详于魏明帝之诏，称亲之非莫详于宋程颐之议。”报闻。……会南郊礼成，是日乾清宫小室灾，毛澄言变不虚生，乞存忧惧，以致顺天悦亲之实。御批：“父母各加皇字，恐不可告郊庙。”……（嘉靖）二年，毛澄罢，以汪俊代之。

又 《史概》：（嘉靖）六年，张璁请修《大礼全书》。七年六月，书成，命曰《明伦大典》。杨廷和除名为民，毛澄追削生前官。

弘治九年（1496）丙辰科状元朱希周

传　记

（明）陈鎏《皇明历科状元录》卷四·弘治九年丙辰状元朱希周　廷对之士陈澜等二百九十八人，擢朱希周第一。取庶吉士顾潜等二十人。

朱希周，字懋忠，号玉峰，晚号一山居士。父文，云南按察副使，出唐孝友先生之后。年二十四举进士第一，除翰林修撰。以纂修《会典》成，进侍读，充经筵讲官。遭逆瑾煽雪，公不屈，夺官一级。预修《通鉴纂要》、《孝宗实录》成，进学士。尝典应天乡试，同考会试，充廷试读卷官，累官南京吏部尚书。考察南都官，权贵有病其不黜南科，乃抗章力辩，词严义正，声震朝堂。从其请疾归。敕岁给人夫廪米，养以终老。隐阳山几三十年。得请时年五十四。所著诗文评、史论凡若干卷。观风使荐剡者前后余三十人。为人庄重简淡，嶷然有守。其中夷易平直，廉不徼名，学惟务实，临终戒其子不得请恩于朝，愿无以文为谥，犯父之讳。年八十有四。赠太子太保，谥恭靖。翰林学士张衮志其墓，有曰："我朝大臣以清德重望为朝廷尊礼，士大夫敬信，完名全归，为三吴之岳望，则有若尚书朱公焉？进能正君，退能训□，公之出处，可以作大臣鉴矣。"家居既十七年，以子考绩加资政大夫，锡诰云："朕于群臣之尽职者，而必加恩于所生，盖以教孝，亦以励忠也。矧惟卿曹之旧臣，丕著立朝之伟业，宠荣所贲，礼数宜隆。咨尔南京吏部尚书致仕朱希周乃太常寺典簿厅典簿景固之父，受天间气，为世伟人，伦魁擢第，素非温饱之图，法从登庸，首践清华之地。经筵史局，备著忠勤，翰学宫僚，兼资宠任。峻官班之迭进，茂令誉之彰闻。比擢二卿，载登八座，职专邦治，望重留都。顾老成方切于倚毗，而晚节甘求于靖退。白傅香山之社，不恋时名。裴公绿野之堂，尽空世虑。眷惟贤嗣列职容台，兹以三载考最，特封尔资政大夫，职如故。于戏！子光父业，家声延两世之休，君录臣功，国典极一时之盛。尚其祗奉，以永天年。"

（明）凌迪知《万姓统谱》卷九　朱希周（字懋忠，昆山人，弘治进士第一，历官南京吏部尚书，谥恭靖。庄重简沉，嶷然有守，坦夷平直，廉不徼名，厚德直谅，人不可及）。

（明）顾祖训原编、（明）吴承恩增补、（清）陈枚续补《状元图考》卷二·状元朱希周 弘治九年丙辰，廷试陈澜等二百九十八人，擢朱希周第一。

按，希周，字懋忠，号玉峰，直隶昆山人。赴会试，见月华五色甚丽。又某氏梦文天祥来，周主其家，盖天祥乃宋丙辰状元也。有卜新状元者曰："太祖姓中求文武。"盖公姓名也。年二十四廷试第一，累官吏部尚书，临终戒其子不得请恩于朝，愿无以文为谥，犯父之讳。卒年八十四。赠太子太保，谥恭靖。

《庚巳编》：吴人旧传云："穹窿石移，状元来归。"弘治乙卯，城西穹窿山风雨中一大石自走下，见者惊呼乃止。明年，公应其兆。计石移时，公犹为诸生云。

（明）俞汝楫《礼部志稿》卷五十六·列传·侍郎朱希周 朱希周，直隶昆山人。弘治丙辰进士第一，授翰林院修撰。寻以纂修《大明会典》成，晋侍读，历升礼部右侍郎，擢南京吏部尚书。希周学行醇笃，性恬于世利，居官守正，在礼部能举其职，为南吏部以考察庶官，无所阿徇，忤执政意，令再考，遂抗疏乞归，士论高之。卒赠太子太保，谥恭靖，赐祭葬如例。

（清）倪涛《六艺之一录》卷三百六十九·历朝书谱·明·朱希周 朱希周，字懋忠，其先昆山人，徙居吴。初释褐为翰林修撰，累迁南京吏部尚书，赠太子少保，谥恭靖。（王世贞《吴中往哲像赞》）

（清）孙岳颁《御定佩文斋书画谱》卷四十三·书家传二十二·明四·朱希周 朱希周，字懋忠，其先昆山人，徙居吴。初释褐为翰林修撰，累迁南京吏部尚书（《列卿纪》云：嘉靖四年任）。赠太子少保，谥恭靖（王世贞《吴中往哲像赞》）。公生平不作一行草，笔书极谨细（王世贞《国朝名贤遗墨跋》）。

（清）黄之隽等《江南通志》卷一百四十·人物志·宦绩二 朱希周，字懋忠，昆山人。父文，官御史，有直声。希周举弘治丙辰廷试第一人，授修撰，迁侍读。以忤刘瑾左迁，历礼部侍郎。嘉靖初，大礼议起，希周力持谠论，风节挺特。累官南京吏部尚书，以考察忤权贵，乞致仕家居，益廉静自持。卒谥恭靖。

（清）张廷玉等《明史》卷一百九十一·列传第七十九·朱希周 朱希周，字懋忠，昆山人，徙吴县。高祖吉，户科给事中。父文云，按察副使。希周举弘治九年进士。孝宗喜其姓名，擢为第一。授修撰，进侍讲，充经筵讲官。刘瑾摘修《会典》小疵，降修撰。《孝宗实录》成，复官。久之，进侍读学士，擢南京吏部右侍郎。阅五年，召为礼部右侍郎。

时方议大礼，数偕其长争执。会左侍郎吴一鹏奉使安陆，尚书席书未至，希周独理部事。而帝方营观德殿，令协律郎崔元初习乐舞生于大内，太常卿汪举劾之，帝遂令太常官一人同入内教习。希周上言："太常乐舞有定数，不当更设。"帝不从。举复争，帝责其妄议。而是时张璁、桂萼已召至，益交章请去本生之号。帝悦从之，趣礼官具上册仪。希周率郎中余才、汪必东等疏谏曰："陛下考孝宗、母昭圣三年矣，而更定之论忽从中出，则明诏为虚文，不足信天下，祭告为渎礼，何以感神祇。且本生非贬词也，不妨正统，而亲之义寓焉。何嫌于此，而必欲去之，以滋天下之议。"时群臣谏者甚众，疏皆留中，遂相率诣左顺门跪伏。希周走告诸阁臣曰："群臣伏阙，公等能坐视乎？"亦偕群臣跪伏以请。帝闻，大怒，命希周与何孟春等俱待罪，而尽系庶僚于诏狱。明日，上章圣皇太后册文，希周及尚书秦金、金献民、赵鉴、赵璜，侍郎何孟春，都御史王时中，大理少卿张缙、徐文华俱不赴。帝怒，责陈状。希周等伏罪，复严旨谯责乃已。而是时庶僚系狱者犹未释，希周上言："诸臣狂率，固不可宥。但今献皇帝神主将至，必百官斋迎，乃克成礼。乞早宽缧绁，用襄大典。"不纳。大礼遂自此定矣。

其明年，由左侍郎迁南京吏部尚书。嘉靖六年，大计京官，南六科无黜者。桂萼素以议礼嗛希周，且恶两京言官尝劾己，因言希周畏势曲庇。希周言："南京六科止七人，实无可去者。臣以言路私之固不可，如避言路嫌，诛责之，尤不可。且使举曹皆贤，必去一二人示公，设举曹皆不肖，亦但去一二人塞责乎？"因力称疾乞休。温旨许之，仍敕有司岁给夫廪。

林居三十年，中外论荐者三十余疏，竟不复起。性恭谨，不妄取予。卒年八十有四。赠太子少保。濒殁，属诸子曰："他日倘蒙易名典，勿犯我家讳。"乃避"文"，谥恭靖。

（清）和珅等《钦定大清一统志》卷五十六·苏州府三·人物·明 朱希周（字楙忠，昆山人。宏治进士，廷试第一，授修撰。嘉靖中累擢礼部右侍郎。时方议大礼，数偕其长争执。寻署部事。帝以张璁、桂萼言，欲去本生之号，希周率郎中余才等疏谏。时群臣谏者率跪伏左顺门，希周走告阁臣，亦偕群臣跪伏。帝怒，命希周等待罪而尽系庶僚于诏狱。及上章圣皇太后册文，希周不赴，严旨谯责。已复请宽庶僚之被系者，不纳。再迁南京吏部尚书，乞休归。希周性耿介，不妄取予，终身无他嗜好。卒赠太子少保，谥恭靖）。

（明）王世贞《弇州山人续稿》卷一百四十八·朱希周 （存目）

（明）张衮《资政大夫南京吏部尚书赠太子太保谥恭靖朱公希周墓志铭》 （存目。参见［明］焦竑《国朝献征录》卷二十七）

（明）汪国楠《皇明名臣言行录新编》卷四十·尚书朱希周 （存目）

（明）尹守衡《史窃》第四十七卷·列传第二十五·朱希周 （存目）

（明）文震孟《姑苏名贤小记》卷下·朱恭靖公（希周）　（存目）

（清）查继佐《罪惟录》·列传卷十七·循谨诸臣列传·朱希周　（存目）

（清）徐乾学等《明史》卷六十六·朱希周　（存目）

（清）王鸿绪《明史稿》卷一百八十一·列传第七十六·朱希周　（存目）

（清）徐开任《明名臣言行录》卷四十七·尚书朱恭靖公希周　（存目）

科　第

（一）乡试

（清）黄之隽等《江南通志》卷一百二十七·选举志·举人三·弘治八年乙卯科　朱希周（昆山人）。

（二）会试、殿试

丙戌科（弘治九年）**状元策**　皇帝制曰：朕惟君人者，必有功德以被天下，阙其一不可言治。顾于斯二者何先？夫非学则无以成德，非政则无以著功。论者或谓帝王之学不在文义，或谓天子之俭德乃其末节，或谓人主不亲细事，或谓圣王不勤远略，是宜有大于此矣。然则，其所当务者何居？二帝三王之德，所学者何事？二帝三王之政，所见者何功？汉唐宋代有令君，而功德鲜备。躬行德化者经制或不定，民安吏称者德教或不纯，或四夷服从而大纲不正，或仁厚立国而武略不竞，是学与政容有可议者，其得失何如？我太祖高皇帝、太宗文皇帝神功圣德，冠绝古今，列圣相承，继志述事，各臻其盛，所以致此者何由？朕嗣承大统，图底治平，兹欲守宋臣所进之五规，去唐相所陈之九弊，行汉儒所对之三策，以上追古帝王，庶无愧于我祖宗功德之大，其所为根柢者何在？子诸生学道抱艺而来，皆志于世用，宜有以佐朕者，试悉陈之，朕将体而行焉。

臣朱希周

臣对：臣闻帝王之为治，有体有用，德与功之谓也。德以学成而为治之体，功以政著而为治之用，二者可相有而不可相无者也。盖帝王未尝有无功之德，亦未尝有无德之功。德而无功，有体而无用者也。功而无德，有用而无体者也。体不立，用不备，皆不可以言天下之治。然于此又有说焉。德之浅深由乎学之精粗，功之大小系乎政之纯驳。帝王之德，天下之大德也。帝王之功，天下之大功也。然则帝王之学与政，亦独非天下之大而可以小视乎哉？故有志于功德者，必以学政为务。而从事于学与政者，亦必有所当务。苟不知务其大而专事其小，则其学也支离偏曲，而不足以成大德；其政也琐屑细碎，而不足以著大功。尚何天下之治之足云乎哉？由是论之，则二帝三王之所以功德兼隆，汉唐宋之所以功德鲜备，及我圣祖、神宗之所以上追帝王而下轧汉唐宋者，概可得而知矣。

钦惟皇帝陛下有生知安行之资，有持盈守成之道，深仁厚泽浃洽于人心，盛烈丰功覆冒于天下，而犹体道谦冲，惟日不足，乃于万几之暇特进臣等于廷，俯赐清问，讲求至理，必欲追唐虞三代之盛治，绍祖宗列圣之洪猷，而合汉唐宋于不为甚之盛心也。臣荷国家作育之恩，预有司荐拔之列，敢不勉竭愚衷以对扬休命之万一乎？

臣惟天降下民而作之君，人君以一身为天下民物之主，其势亦尊矣，其责亦重矣。其所以治天下者，岂苟然哉！盖必有帅天下之德以立治之体，必有安天下之功以达治之用。有其功无其德则教化不成，风俗不厚，虽使勘定祸乱，臣服四夷，国本无自而立也。有其德无其功则纪纲不立，威令不行，虽使仁心洋溢，仁闻宣昭，国势无自而张也。二者或阙一，虽欲言治皆苟而已。然究其缓急之序，度其轻重之宜，德成而功著者有矣，德不成而欲其功之著不可得也；体立而用行者有矣，体不立而欲其用之行不可得也。故善为治者，必由体以达用；善言治者，必先德而后功。至于推本而言，则德不能以徒成。其成也在乎学，学则在讲习讨论之事，省察克治之功，所以培养乎其德者也。功不能以苟著，其著也在乎政。政则有纲纪文章之事，法度品式之施，所以充积乎其功者也。顾帝王之学与苇布之士不同，帝王之政与有司之职亦异。

试以古人之言论之。好文，盛事也。而程颐则谓：帝王之学不在文义。盖经世大法备载方册，务得其要，措之事业，斯其为大者耳，寻章摘句何足尚耶？崇俭，美德也。而柳公权则谓：天子之俭乃其末节，盖亲贤人，退不肖，纳谏，严明赏罚，斯其为大者耳，片长寸善何足多耶？躬亲庶政者，人皆以为勤，而杜黄裳乃有人主不亲细事之说。盖其大者，慎选贤才以分其任而已。若庶务之烦，则钱谷责内史，狱讼责廷尉，何必事事而亲之哉！威灵及远者，人皆以为武，而胡寅乃有圣王不勤远略之议。盖其大者，专务治内以固其本而已。若夷狄之性则来者不拒，去者不追，何必人人而服之哉！夫知其大者之所当务，则其小者有不足务矣。试以古人之事论之。功德兼隆者，莫若二帝三王。其见于《书》，则尧之钦明文思，舜之温恭允塞，禹之彝伦攸叙，汤之人纪肇修，文武之纯亦不已，建其有极，德莫有大焉者矣。原其所以为学，则虽不必学知利行，而执中之传，精一之训，善言之乐闻，明命之顾諟，以至敬止之诗，册书之戒，一皆身心性命之理，而非学之小者也。凡若此者，何莫非德之所自耶？尧之敬天勤民，舜之设官分职，禹之修和府事，汤之子惠困穷，文武之咸和万民，大赉四海，政莫有大焉者矣。要其所以为功，则虽不必家赐人益而黎民之于变，四方之风动，万世之永赖，兆民之永怀，以至万邦之作孚，万姓之悦服，一皆弥纶参赞之业，而非功之小者也。凡若此者，何莫而非政之所致耶？

三代而下称盛治者，以汉唐宋为首，其间创业之英君，守成之令主，代不乏人。然而有德者或阙于功，有功者或阙于德。汉之文帝化民以躬，率下以德，庶乎德之纯矣。而礼乐未兴，王朔未正，迹其所为多失之因循，而不能革嬴秦之陋。宣帝吏称其职，民安其业，庶乎功之美矣。而专事刑名，杂用王霸。考其所存，一出于苛察，而卒以基元、成之乱。单于稽颡，绝域奉贡，唐太宗之四夷服从，功可嘉也。惜乎人伦之间内多惭德，陷父不义而父子之道乖，推刃同气而兄弟之恩薄，大纲已甚不正矣。事周后如母，爱少帝如子，宋太祖仁厚立国，德可尚也。惜乎兵权既收，缓急无备，其始虽足以戢奸雄之变，其后渐无以御外敌之骄，武略已微不竞矣。徒知文帝、太祖德优于功；宣帝、太宗功优于德。求其功德兼隆者未之闻焉。所以然者，盖以言乎学，不过从事虚文，而无修身之大要。故功虽小著而不足以成其德，用虽行而体则阙矣。以言乎政，不过补塞罅漏，而无经世之远图，故德虽小成而不足以著其功，体虽立而用则阙矣。其不能企及唐虞三代之治，安足怪哉！

洪惟我太祖高皇帝恭天成命，肇造洪业，用夏变夷，复纲常于沦斁之后；除残去暴，拯生灵于涂炭之余。太宗文皇帝定制两京，光前裕后，振兵威于四裔而圣武之广布，昭明理学于万方而王仁之覃被。其德之大也，无异于二帝、三王之德。其功之大也，实倍于二帝、三王之功。自是以来，圣圣相承。仁宗昭皇帝励志图治，推诚任人。宣宗章皇帝惇典绥猷，立法垂训。英宗睿皇帝刚明独断，奋发有为。宪宗纯皇帝圣孝昭彰，至仁不杀，皆善继祖宗之志而奉承之无间，皆善述祖宗之事而遵守之无遗。所以致此者，固非言语之所形容，要亦不出乎学与政而已。盖其为学，一帝王之大道而非章句文义之间。其为政，一帝王之大法而非制度文为之末。臣请举圣学之一二言之。疏《尚书·洪范》于座右，书《大学衍义》于庑间，表章六经以发圣贤之蕴奥，采摭群言以明性理之渊微，此祖宗之学也，列圣继之。数御经筵，躬亲著述，备人极于五伦之书，详君道于文华之训，何莫而非学之大者哉！臣请举圣政之一二言之。礼正百官，乐成九奏，用人有道而谗说为之不行，驭戎有法而强虏为之远遁。此祖宗之政也，列圣继之。或询民隐而急农事，或减税敛而轻刑罚，或创课种备荒之制，或加宣圣乐舞之仪，何莫而非政之大者哉！功德之大，继述之隆，有由然矣。

今陛下当累世熙洽之时，纂隆古文明之治，方有择于近代之君而不为，顾有取于近代之臣而不弃，岂不以言近指远，登高自卑，姑举其必可行之端，以示其大有为之志乎？昔宋司马光之于仁宗尝进五规：一曰保业，二曰惜时，三曰远谋，四曰谨敬，五曰务实。诚不可以不守也。唐陆贽之于德宗尝陈九弊，谓好胜人，耻闻过，骋辨给，眩聪明，厉威严，恣刚愎，六者君之弊；谄谀，顾望，畏愞，三者臣之弊。诚不可以不去也。汉董仲舒之于武帝尝对三策：其一则欲正君心以正四方，立教化以防万民；其二则欲置明师以养士，责大臣以求贤；其三则欲定法制以革奢靡，持一统以息邪说。诚不可以不行也。此三言者，皆该学政之两端，合体用于一，致天下之治，实不外是。苟徒慕其言而不究其根柢之所在，则守之者无法，去之者无术，行之者无具，亦何以远追帝王、近法祖宗而大其功德于天下耶？是故祖宗之德大矣，而其所由成者在乎学。今日欲期于祖宗之德者，可不自学始乎？祖宗之功大矣，而其所由著者在乎政。今日欲期于祖宗之功者，可不自政始乎？陛下之所以为学，亦惟即三臣之言而推之。戒谨不睹，恐惧不闻，儆畏于独知之地，不以暗昧而或欺。省察于方动之几，不以细微而或忽。则五规之所自守者，在是矣。善与人同，改过不吝，不知有余在己，不足在人，不必得为在己，失为在人。则九弊之所自去者，在是矣。体天心以为心，法天道以立道，穷理以致其知，反躬以践其实，究治乱兴衰之源，谨动静云为之际。则三策之所自行者，在是矣。如是而德不大者未之有也。陛下之所以为政，亦惟举三臣之言而措之。致治于未乱，保邦于未危，务勤劳而戒骄惰，畏天命而悲人穷，拔本塞源以防祸患之萌，循名责实以立政治之本，则得乎五规之遗意矣。远邪佞之人，迩端直之士，温辞色以尽下情，赏谏争以开言路，言之善者采之而不弃，言之未善者容之而不责，则得乎九弊之深戒矣。大纲正而万目张，一法行而百度举，因革损益各适其宜，先后缓急各循其序，不牵滞于后世驳杂之政，不迁改于流俗因循之论，则得乎三策之大要矣。如是而功不大者未之有也。夫学之与政固不可以偏废，然不先之以学，则无以考圣贤之成法，识事理之当然。凡天下之事不知何者为是，何者为非，而是非或至于混淆。凡天下之人不知何者为正，何者为邪，而邪正或至于错杂。亦何以为政于天下哉？此古之善为政者，所以不徒恃乎政，而必有学以为之本也。若夫为学之事，臣前已论之矣。而所以为其事者，亦有道焉。孟子曰：学问之道无他，求其诚心而已。盖心者，人之神明，所以具众理者在是，所以应万事者在是。放心不求则外有讲学之名，而内无自得之实，虽曰从事于学，而亦安能有所发明耶？臣愿陛下坚持此心不为外诱之所移，善养此心不为物欲之所慕。主之以敬，守之以勤，亡者操之而使存，出者约之而使入，勿贰以二，勿参以三，勿一暴而十寒，勿朝作而暮辍，则志气清明，义理昭著，会之于心而默识心融，体之于身而躬行实践，为学之功尽善全美而无罅隙之可议矣。学既至则政无不备，体既立则用无不行。由是功德之大，远可以追帝王，近可以配祖宗。而凡近代之君，小康之治，有不足言矣。

臣道不足以明体，言不足以适用。然今日之所陈者，一皆圣贤之明训，儒先之格言，而非敢以私见臆说进也。惟陛下采纳而施行之，则天下幸甚！万世幸甚！臣干冒天威，不胜战栗之至。臣谨对。

（录自［明］焦竑辑，［清］胡任兴增辑《历科廷试状元策》卷二）

（明）李东阳《怀麓堂集》卷六十六·文后稿六·记·进士题名记　国朝殿试之制，取会试之选于乡者策于廷，而亲第其等，谓之进士。既板刻为《登科录》以传，又刻其名氏于石，置之国学以示后世，是制也。在宋之时，始不赐黜。溯而唐已有之。又溯而晋魏若李秀之科，亦或亲试。又溯而汉，则有贤良方正之举，武帝始赐策试之，其所询者大抵皆治天下之道，其文至今传焉。然不独是也。上自唐虞黎献之举，敷言之奏，虽无事乎文，而非治道则莫之言也。顾时殊事异，不得不求之文字之间，而其为法详且劳若是，亦其势然尔。我朝洪武初置科举法，既而中辍十七年，始复为定制。凡殿试读卷则用翰林及诸文臣之长，提调、监试、受卷、弥封诸务皆各有分职。及传胪、发榜、赐宴、冠服、宝钞皆各有定期，列圣相承，莫之或易。今天子嗣统之三年庚戌，始展读卷期，为制加密。乃九年丙辰之试，赐朱希周等三百人及第出身有差。臣东阳滥与读卷，又奉敕为记于题名之石。

（明）王世贞《弇山堂别集》卷八十二·科试考二　（弘治）九年丙辰，命詹事府詹事兼翰林院侍讲学士谢迁、翰林院侍读学士王鏊为考试官，取中陈澜等，廷试赐朱希周、王瓒、陈澜及第。

（明）张朝瑞《皇明贡举考》卷五·（丙辰）弘治九年会试　（时会试之士三千五百有奇，取陈澜等三百人，刻程文二十篇。郑氏晓曰："王文恪公试士，南宫专尚经术，险丽奇褒者一切屏去，弘治间文体一变，士习稍端，公有力焉。"澜官至修撰。）

中式举人三百名：陈澜，顺天府学生，《易》。龙霓，南京牧马千户所人，监生，《书》。华昶，南直隶无锡县人，监生，《诗》。邹轩，浙江余姚县人，监生，《礼记》。程瑄，南直隶歙县人，监生，《春秋》。

三月十五日，临策天下贡士，制曰：朕惟君人者，必有功德以被天下，阙其一不可以言治。顾于斯二者何先？夫非学则无以成德，非政则无以著功。论者或谓帝王之学不在文义，或谓天子之俭德乃其末节，或谓人主不亲细事，或谓圣王不勤远略，是宜有大于此矣。然则，其所当务者何居？二帝三王之德，所学者何事？二帝三王之政，所见者何功？汉唐宋代有令君，而功德鲜备。躬行德化者经制或不定，民安吏称者德教或不纯，或四夷服从而大纲不正，或仁厚立国而武略不竞。是学与政容有可议者，其得失何如？我太祖高皇帝、太宗文皇帝神功圣德，冠绝古今，列圣相承，继志述事，各臻其盛，所以致此者何由？朕嗣承大统，图底治平，兹欲守宋臣所进之五规，去唐相所陈之九弊，行汉儒所对之三策，以上追古帝王，庶无愧于我祖宗功德之大，其所为根柢者何在？子诸生学道抱艺而来，皆志于世用，宜有以佐朕者，试悉陈之，朕将体而行之。

（时廷对之士二百九十八人，赐朱希周等进士及第出身有差。拆卷得朱希周姓名，举朝相庆，以朱为帝室之姓，周家历年八百，此国祚绵远之兆。希周父文出唐孝友先生之后，以进士为御史，巡按八闽，一日薄暮，有汀漳道佥事诣门击彭扣之，乃报状元之捷，文止收其禀贴，不启门。明晨三司皆来贺，文曰："吾闻会元天下之才，状元天下之福，吾儿既无天下之才，则天下之福未必有之。"喜不形于色。希周庄重简漫，嶷然有守其中，夷易平直，庶不徼名，学惟务实，所著诗文评、史论若干卷，官至南京吏部尚书，谥恭靖。是科董恬、董悦，陆昆、陆嵩俱兄弟同登，有孟春、季春、夏鼎、周鼎，李阁老东阳口占云："孟仲季春惟少仲，夏商周鼎独无商。"天然奇句也。选顾潜等二十人为庶吉士，后陈茂烈为名臣。）

第一甲三名赐进士及第：朱希周，南直隶昆山县。王瓒，浙江永嘉县。陈澜，顺天府宛平县籍，南直隶山阳县人。

（明）张弘道、张凝道《皇明三元考》卷八·弘治九年丙辰科大魁　状元朱希周（直隶昆山人，字懋忠，号玉峰，年二十三。乙卯举人。官至南吏部尚书。卒年八十四，赠太子太保，谥恭靖。希周庄重简淡，嶷然有守，其中夷易平直，廉不邀名，学惟务实，所著诗文评、史论若干卷。父文，成化甲辰进士，副使。弟希皋，正德癸酉举人，吏部司务。从子景贤，嘉靖庚戌进士，兵部员外。孙衍，举人）。

又 名臣：朱希周。

又 二品：朱希周，吏部尚书。

（清）黄之隽等《江南通志》卷一百二十二·选举志·进士·丙辰科朱希周榜 朱希周（昆山人）。

（清）张廷玉等《明史》卷十五·本纪第十五·孝宗 （弘治九年）三月丙申，赐朱希周等进士及第出身有差。

仕　　宦

（明）黄佐《翰林记》卷十七正官题名·侍读学士 朱希周（懋忠，直隶昆山人，丙戌进士第一）。

又，卷十七正官题名·侍读 朱希周（见前）。

又，卷十七史官题名·修撰 朱希周（见前）。

（明）雷礼《国朝列卿纪》卷二十·翰林院学士讲读学士年表 朱希周（直隶昆山人。进士。正德十一年，任侍读学士。十四年，升南京吏部右侍郎。详南京吏部尚书）。

又，卷三十·南京吏部左右侍郎年表 朱希周（详本部尚书。状元。正德十四年任右）。

又，卷四十四·礼部左右侍郎年表 朱希周（直隶昆山人。弘治丙辰进士。嘉靖二年右，三年升南京吏部尚书）。

（明）俞汝楫《礼部志稿》卷四十二·历官表·左右侍郎 朱希周（字懋忠，直隶昆山人，进士。嘉靖三年任右侍郎，本年转左，升南京吏部尚书，赠太子太保，谥恭靖）。

（明）王世贞《弇山堂别集》卷四十四·赠太子太保 南京吏部尚书朱希周。

又，卷四十六·讲读学士表 朱希周（直隶昆山人，状元及第，正德十一年任读学）。

又，卷四十七·南京吏部尚书 朱希周（直隶昆山人，弘治丙辰状元，嘉靖四年任，六年致仕）。

又，卷五十四·南京吏部左右侍郎 朱希周（昆山人，由状元十四年任右）。

又，卷五十六·卿贰表·礼部左右侍郎 朱希周（直隶昆山人，由状元二年任右)。

又,卷八十二·科试考二 (正德五年庚午)命翰林院侍讲学士蒋冕、翰林院侍读朱希周主应天试。

(明)鲍应鳌《明臣谥考》卷上·恭靖 朱希周(南吏部尚书,赠太子太保,嘉靖年谥。敬顺事上,宽乐令终。南直隶昆山县人)。

(明)郭良翰《明谥纪汇编》卷十五·臣谥中·文臣·恭靖 朱希周(南吏部尚书,赠太子太保。嘉靖。敬事供上,宽乐令终。南直隶昆山人)。

(清)谷应泰《明史纪事本末》卷五十·大礼议 何孟春退,草疏达旦,语礼部侍郎朱希周曰:"此礼复更,礼官尤当争之。"于是希周率郎中余才、江必东等上言:"皇上考孝宗母昭圣已越三年,今更定之谕忽从中出,则明诏为虚文,不足取信于天下。"

又,卷五十·大礼议 朱希周……俱赴左顺门跪伏。有大呼"高皇帝,孝宗皇帝"者,帝闻之,命司礼监谕退,不去。金献民曰:"辅臣尤宜力争。"朱希周乃诣内阁,告毛纪,纪与石瑶遂赴左顺门跪伏。

(清)张英等《御定渊鉴类函》卷七十六·设官部六十·吏部尚书 又曰:"朱希周为吏部尚书,当考察嫉者言于上。"谓南科不罢一人以为私。希周言:"察僚庶所以别贤否,非论曹局之有无也。使一曹皆贤,必去一人以为公,则一曹皆不肖,亦且姑去一二以塞责乎?"

(明)雷礼《国朝列卿纪》卷四十四·礼部左右侍郎行实·朱希周 (存目)

轶　事

(明)陈沂《畜德录》 朱尚书希周初举状元略无喜色,后归里惟徒行,人甚器之。后为礼部侍郎,家载席一车为公买宅,进都城,宦者阻之,且云:"必得一刺以别真伪。"公弗许。家人云:"必入乃得利。"公曰:"不得利又何伤乎?"竟止于外。平时居翰林,人多谓无所可否,不知公于大节处无间毫发。平生未尝知与人较,官之迁转升沉皆无所与,后擢南京吏部尚书,人曰:"不迁是无天理矣!"及考劾诸司,铢两甚平。有败职诋公,托有力者为援,命下诘之,公不辩,请以疾去。人至是益服。吴俗淳薄,吴文定公举壬辰状元,大宗伯毛公举癸丑状元,公举丙辰状元,皆厚德直操,人不可及,非风气所能染也。

（明）陈鎏《皇明历科状元录》卷四·弘治九年丙辰状元朱希周 及第后，家书寄父云："拆卷得姓名，举朝相庆，以朱为帝室之姓，周家八百有国祚绵远之兆。乙卯南畿联登进士者二十八人，前此未有如此之多。而希周又忝榜首，江阴黄昭倡乡同年之会，江、杨二主司作诗以咏其盛，诸生皆和之，遂成卷，亦一盛事也。父亲去岁经云龙山下，得乡闱捷报，曾有'好继毛澄赐袭衣'之诗，今果侥幸得此，宁非谶欤？昆山张安甫先生在祁州尝梦得一状元牌扁，明日偶因公事出至桥上，适见一木浮于水面，遍问前后左右居民，皆莫知所自，就令人取作牌扁，自书'明伦堂'三字，寄回昆山学中，以寓期祝之意。去岁八月朔旦，大比之月，三叔遂梦取此牌回家，初意以为乡贡之兆，今始知其应验在此。"

……

本朝状元前此未闻有仕宦之子，惟公之父文以进士为御史，巡按八闽，一日薄暮，天微雨，有诣门击鼓者，讶之。云汀漳道佥事陈□在门，疑汀漳有军情急务，扣之，乃报中状元之捷，止收其禀帖，不启门。待明晨相见，则三司皆来贺，公曰："吾闻会元天下之才，状元天下之福。吾儿既无天下之才，则天下之福未毕有之。"喜不形于色，人称其善于辞语，且持重有体。此后杨慎中状元，父廷和居首相；姚涞中状元，父镆任都御史，总制两广，盖尤盛矣。谈者每并举之。

少傅王公鏊贺启云：恭承令子射策大廷，蔚为天下第一人，士夸稽古之荣，朝贺得人之庆。奇乎盛哉！夷亭之潮，穹窿之石，其皆钟美于是乎？然此岂特乡邦之光？麒麟凤凰，天下之瑞，自喜衰年获睹盛事。泥金一到，八闽之草木，三吴之山川，为之增辉，况乌府之中耶？此天下之所共荣，而仆之喜尤深，亦惟与乃翁有一日之旧耳。过此以往，未知所贺。

吴人旧传云："穹窿石移，状元来归。"弘治乙卯，城西穹窿山风雨中，一大石自走下，见者惊呼乃止。明年，公应其兆。计石移时，公犹为诸生云。（《庚巳编》）

公少病弱不胜劳。乙卯冬赴省试，抵徐州，试期已逼矣。乃登车，二日病作，辞同行而回，绝前进意矣。时昆山管中书琪起复入京，仆遇之于驿，告之故，琪骇曰："岂有是理？从吾行可也。"得乘肩舆，日随管行抵京。当时若无管之便，则必回家矣。公残腊早起，登车见月华五彩，色甚丽。

京师民某氏一日梦文天祥至其家，方入门，即仆而死。是年春，公主是家，状元及第，一夕下楼偶失足颠仆，良久始苏。盖天祥乃宋丙辰状元也，故有是梦。

（明）耿定向《先进遗风》卷上 朱恭靖公希周公仕至南京冢宰，归里。吴中市货溢衢，纷华满耳。入公之室，萧然如村落，中见野翁环堵。出与宾客游，鱼鱼雅雅，宛然一邑庠中。旧时弟子后生间有小不检，则相戒曰："恐朱先生知也。"

（明）陈洪谟《治世余闻》下篇卷二 （弘治）丙辰春，予会试至京师，闻喧传今年状元仍在苏州。盖先是有一举子梦苏州城大街盛张鼓乐，两人夹持二旗，上大书

"状元"二字，二人持竿，遍身流血。先是癸丑太仓毛公澄为状元，亦梦苏城迎状元，今必验矣。后果昆山朱公希周为状元。方悟二人被血通红，乃朱也。朱初中会试，有人送《宋鉴》云："司马公五规不可不看。"朱遂熟读全文，后制策果有此，为朱遂备书之。阁老徐、刘二公得其卷，称为博学，荐为第一。

（明）李绍文《皇明世说新语》卷一·德行　朱恭靖公闻居官以墨，败者必掩面，曰："此耳闻之过焉，有冠裳而盗跖者耶？"

又，卷二·言语下　朱恭靖为南冢宰，适当考察南科，无一人去者，或以恭靖为私，公曰："使一曹皆贤，必去一人以为公，则一曹偶皆不肖，亦将姑去一二以塞责乎？"

（明）施显卿《古今奇闻类纪》卷二·地理纪·吴城山移悬旧址　吴城西四十里，其地山峦叠嶂，中有一虾蟆山。弘治乙卯春，山忽徐徐而下，已而疾移。时有行道者惊见，肆声曰："山走矣！"老稚莫不哄然，此山随声而止。漫从山下视之，已悬旧址数亩矣。次岁丙辰，玉峰朱殿试以状元及第，方言石移出状元，已验之矣。（《西樵野记》）

（明）钱谷《吴都文粹》续集卷五　陆绩墓，在阳抱山。《吴地记》云，在阊门外泰伯庙公，元至元间郡人朱泽民祖母病，卜地此山，梦伟丈夫告曰："勿夺吾宅，吾且为夫人后。"既而穿地得石，曰"郁林太守陆绩之墓"，别有刻曰："此石烂，人来换。"石果断矣，遂掩之。而卜兆其傍，今状元朱希周是其裔也。

（清）姚之骃《元明事类钞》卷六·不拘曹局　明《张衮集》：朱希周为南京吏尚，考察时，谮者谓南科无一人之去，以为私，公曰："使一曹皆贤，必去一人以为公，则一曹偶皆不肖，亦将姑去一二以塞责乎？"上亦不之谴。

著　作

（明）黄佐《翰林记》卷十二·纂修　《孝宗皇帝实录》纂修官为：侍读毛纪、傅珪、朱希周……

（清）黄之隽等《江南通志》卷一百九十四·艺文志·集部二　《恭简集》（昆山朱希周）。

（清）方苞《钦定四书文·化治四书文》·卷六·舜发于畎亩之中（一节）·

（朱希周，程）……六句题变四样文法，颠倒曲折，其妙无穷（原评）。叙致变化，下语自分等级，乃作者用意深处。

评论

（明）陈鎏《皇明历科状元录》卷四·弘治九年丙辰状元朱希周 司徒李公廷相曰：抗章力辨，词严义正，略无忌讳，读之使人凛凛矣。即日登舟西顾，而乐曾无少几微见于言面，今大臣之归者有矣，有若先生弗待年之至而飘然以去者乎？弗待年之至而去者有矣，有若先生终始完名略无疵议者乎？终始完名者有矣，有若先生舆隶廪饩之盛出于常格之外者乎？

司空何公瑭曰：国朝状元无虑余五十人，位至卿相者不过五六人，以道去位蒙被恩礼者又止一二人，先生可谓全福矣。

太宰张公邦奇曰：内无侍媵之奉，外绝游玩之娱，历华要三十年而翛然如寒士。公府不得致其迹，鄙夫薄子不得窥其户，绮丽豪奢之习不足尘其听，盖雅性不为矫厉，而高风自远，□心不知所希营，而百福骈臻。粹乎昆山之片玉，纤瑕莫摘者也。

司空马公坤曰：世之不负科名者有矣，而不能如公始终之浑全。爵位崇高者有矣，而不能如公出处之得正。誉望隆赫者有矣，而不能如公远近之允孚。志节恬退者有矣，而不能如公齿德之俱盛。

少宰汪公伟曰：谦冲博大，足以有容。清介俭质，足以有守。精核周密，足以有察。而学术之正，才识之茂，则素养久积，非尝试于一日之比。

宪副华公金曰：公有扬休山立之标，有不愧屋漏之学，质任自然，不事表暴，而中有毅然不可夺者。

太卿张公衮曰：公言貌词气蔼然春温，于物近厚。当其职守，确乎不拔，泾渭攸分，如照苍素，其节劲如也。

吴子孝赞："孰似公刚，万夫莫移。孰似公忠，一诚不欺。人谓无华，德辉烨而。人谓无蓄，善积不赀。溯其初终，百行靡亏。"

金世龙赞："人索奇隐，的然有称。公修常道，日用人伦。人摛丽辞，春华娱人。公祖六经，玄酒大羹。完洁之行，一疵不存。弘毅之量，老而弥敦。良玉虽藏，精神外显。云汉在天，文章自见。高岳峨峨，瞻望自远。"

（明）刘凤《续吴先贤赞》卷五·朱希周 朱希周，昆山人。父文，以御史按山东，迁副使，其治效以长厚廉恕名。希周年二十五举进士第一，为史官修撰，在禁近小心翼翼，人无敢以少年视之。敦重不妄言笑，动止皆有恒度，俨有容观，数侍讲席，屡承顾问，所对必傅以经义规献为益，不可胜。庚午，选造南国，所举士，称得人。当世宗时，大礼议作，虽不敢显有所出，然不能与新贵调，遂不得进用，雍容礼曹，不为同异。后为尚书吏部南都五年，大弊群吏，辨论官材，有所简黜。旌其行，上下之以核精鉴，无敢私予夺，顾又为当权者欲因逐台臣尝论己者，大忤之，得谢归，以重德表式州闾，所居吴趋里中，庭隘不容车，室无爽垲，阶无重墄，躬履贞素，执谦敦慎，自始之操，未之有易。接遇人谆谆不以造次废礼，虽耄及之，其介愈厉，人望而敬焉。卒谥恭靖。子景固任为参军，亦诚谨有父风。

赞曰：古大夫既得谢教于乡，必可以为楷，若太宰其人乎？其度休休焉，含覆无不偏，慈仁逮物恭惠之有焉。至取舍进退，义形于色，自昔之论，谓使居官任职，无以逾人，临利害有所执，不可夺，系安危为时轻重，则舍若人将安归哉。故总五经之渺论，辨文质同异，论礼于多寡之际，廷争面折，诚不能如。然言不出口，而众雍焉以之端委恭。已而在邦家无间然，有大臣体，虽不尽用，适国称老焉，亦弘于时矣。

（清）倪涛《六艺之一录》卷三百六十九·历朝书谱·明·朱希周　公生平不作一行草笔，书极谨细。（王世贞《国朝名贤遗墨跋》）

杂　录

（明）王鏊《震泽集》卷十一·丙辰进士同年会序　弘治丙辰进士三百人，首陈澜，殿唐钦，南省有司所上之次也。首朱希周，殿童品，胪传恩荣之次也。首童品，殿王朝卿，诸同年私会朝天宫以齿坐列之次也。是科廷试以三月十五日，既而传胪、锡宴、释奠咸如故事。礼成，洛阳刘东谂于众曰：“前此得失，不可知；后此聚散，不可期。何及此以订同年之交乎？”择地得朝天宫之斋堂，庭宇靓深；诹日得四月之甲子，天日清美。……佥谓兹会之不可常也，列名锓梓，将使世讲之。

（明）王鏊《姑苏志》卷十七·国朝以来坊八十二　状元坊三（为施槃、吴宽、朱希周立）。

又，卷十七·昆山县坊四十九　状元坊三（淳熙甲辰，卫泾魁天下，始建坊于石浦镇。国朝又二坊，为朱希周、顾鼎臣立）。

又，卷二十四·学校（书院附）　学之外有升龙桥，面阳树绰楔曰“万代宗师”。东为玉带桥，亦有坊曰“会元”，西为折桂桥，亦有坊曰“状元”。规模爽闿甲于天下，时咸称舒公有风裁，恇怯者风斯下矣。吏部尚书朱希周、侍郎徐缙皆有记。

（明）王世贞《弇山堂别集》卷五·皇明盛事述五·大臣眉寿　其尚书以上至八十余者……朱恭襄希周……俱八十四。

又，卷五·皇明盛事述五·丙辰两状元　吾吴朱恭靖希周，弘治丙辰状元，盛德为天下师表，虽寿止八十四，然及见嘉靖丙辰状元诸大绶而没，亦吾吴盛事也。今少师徐公以癸未第三人及第，至癸未没之，旬日而传胪，唱名不及见。

又，卷十八·皇明奇事述三·同姓同谥 文武臣姓谥同者：南京吏部尚书赠太子太保朱希周、太师成国公赠定襄王朱希忠，同谥恭靖。

又，卷七十二·谥法三·二字谥·恭靖 南京吏部尚书赠太子太保朱希周……右俱“敬顺事上，宽乐令终”。

（明）张弘道、张凝道《科名盛事录》卷三·科第盛事·四世科第 昆山朱文（成化甲辰进士。副使），子希周（弘治丙辰状元），希皋（正德癸酉举人），孙景贤（嘉靖庚戌进士。兵部员外），曾孙衍（举人）。

（清）黄之隽等《江南通志》卷三十八·舆地志·坛庙（二）祠墓附·苏州府 朱恭靖祠，在新阳县马鞍山，祀明尚书朱希周。

（清）葛万里《别号录》卷二 玉：朱希周（懋忠。太宰。德。昆）。

（清）曹仁虎等《钦定续文献通考》卷一百五·乐考·三年六月用乐舞于观德殿 礼部侍郎朱希周言：“国朝设神乐观，其乐舞生有定额，自足备宗庙之用，似不必于内府更设。”帝命如前旨行。

弘治十二年（1499）己未科状元伦文叙

传　记

（明）陈鎏《皇明历科状元录》卷四·弘治十二年己未状元伦文叙　廷对之士伦文叙等三百人，擢文叙第一。

伦文叙，字伯畴，广东南海人，年三十三状元及第，授翰林修撰，进右春坊右谕德兼翰林院侍讲。正德癸酉，主应天乡试，寻卒。长子以谅，解元登第，官御史，改考功郎中。以训，丁丑会元，举进士第二，官南京祭酒、礼部侍郎。少子以诜，登进士，南京礼部郎中。一家之中，父子兄弟并以魁元策名当世如南海之伦氏，前乎未之有也。故天下称之曰“三伦”。（陆深《文集》）

广州城南，隔河有地，名河南。古相传云：“河南人见面，广东状元见。”是岁大旱，海珠寺露南岸，人往来对见。文叙魁天下。（《状元纪事》）

阁老李东阳《送文叙使安南诗》云：“藩邦地重极炎洲，诏使名高出状头。一代风云龙虎会，百年郊薮凤麟游。殊方尽处闻天语，旧屋归时记海筹。采得民风兼国俗，玉堂青史待删修。”

僻彼番禺，逖矣南封。物侈饶美，人乏夔龙。山海灵秀，间发伦宗。春榜联魁，杰然世雄。厥嗣嗣起，文名愈隆。振古英洲，此其攸钟。

是岁主试学士李东阳、程敏政俱有时名。敏政发策，以刘静修《退斋记》为问，人罕知者。江阴徐经与南畿解元唐寅举答无遗，二子矜夸喜跃，舆议沸腾，谓敏政卖题，给事中华昶劾之。敏政在闱皇惑失措，自言夙构试目，疑为家人窃卖。乃翻阅试卷，凡知策问出处者俱黜落。揭榜后，同考官给事中林廷玉复疏言敏政在场屋阅卷可疑六事。诏逮敏政、经等俱下狱。会多官廷鞫，经伏称平日尝以双绮馈敏政出入门下，夙构试目实从家人得之。徐经与唐寅陈说。狱成，敏政夺职，经、寅俱为民。昶与廷玉皆外谪。

京师好事者扶鸾有降笔诗：“江山何日许重来，白骨青林事可哀。吾党莫言清梦返，海东东更有蓬莱。”又云：“斯文今古一堪哀，道学真传已作灰。鸿雁未高罗网合，麒麟偶见信时猜。迅雷不启金縢惑，紫电谁怜武库才。于此可知由气数，浑沦来往共盈亏。”莫知为何人作，扣之，书曰：“予篁墩学士也。”程已没久，其诗类其早年所为，盖其拂郁不平之气犹未散焉。(《治世余闻》)

（明）凌迪知《万姓统谱》卷十九 伦文叙（南海人，弘治己未会元、进士第一。子以训，正德丁丑会元、进士第二；以谅，解元，弘治进士；以诜，正德进士。俱官翰林。世称魁冈伦氏号父子兄弟进士之家，而别族在番禺、顺德者，亦世科第）。

（明）顾祖训原编、（明）吴承恩增补、（清）陈枚续补《状元图考》卷二·状元伦文叙 弘治十二年己未，廷试伦文叙等三百人，擢伦文叙第一。

按，文叙，字伯畴，广东南海人，年三十三状元及第。正德癸酉主应天乡试，仕至谕德，寻卒。

陆深《文集》：长子以谅，解元登第；以训，丁丑会元，殿试第二；少子以诜，登进士。一家之中，父子兄弟并以魁元策名当世如南海之伦氏，前乎未之有也。故天下称之曰“三伦”。

《状元纪事》：广州城南，隔河有地，名河南。相传云：“河南人见面，广东状元见。”是岁大旱，海珠寺露南岸，人往来对见。文叙魁天下。

（清）鲁曾煜等《广东通志》卷四十五·人物志二·明·广州府 伦文叙，字伯畴，南海人。状貌魁奇，头颅大二尺许。五岁时，与群儿戏，有术者独指之曰：“是儿当大魁天下。”弘治己酉，以儒士就试，巡按御史周南得其卷于遗材中，嗟异之，入试果中高等。己未会试殿试皆第一，授翰林修撰，学行才器为世所推重。乙丑，武宗登极，颁朔安南充正使，会丁外艰归，不果行。庚午，起复，命充经筵讲官，寻超为右春坊右谕德兼翰林侍讲。壬申九月，进讲“舜有臣五人而天下治”，多规谏语。癸酉，进修玉牒，命主考应天试，事竣还，卒于京师，年四十有七。文叙天性纯厚，德器粹然，望之皆知其为君子，笃于孝友，室无私财，雅有弘量，尤能仗义赒恤。既以文章连掇大魁，人皆期为台辅，及卒天下惜之。为文悠长宛转。子以谅，乡试第一；以训，会试第一，廷试第二；以诜，登进士高第，俱有传。父子三元，海内科名独擅云。

（清）和珅等《钦定大清一统志》卷三百四十 伦文叙（字伯畴，南海人，弘治己未会试、殿试皆第一，授修撰，进谕德。孝友好学，德器粹然，馆阁共推之。子以谅，乡试第一，成化进士，历南京通政参议；以训，正德十二年会、乡第一，官南京国子祭酒；以诜，进士，官南京兵部郎中。海内传为盛事）。

（明）王兆云《皇明词林人物考》卷四·伦伯畴 （存目）

（明）黄佐《右春坊右谕德伦公文叙传》 （存目。参见［明］焦竑《国朝献征

录》卷十九）

（明）过庭训《明分省人物考》卷一百十一·广东广州府二·伦文叙 （存目）

（清）徐乾学等《明史》卷五十四·陆深（附伦文叙） （存目）

（清）王鸿绪《明史稿》卷一百六十八·列传第六十三·陆深（附伦文叙）（存目）

（清）阎湘蕙《明鼎甲征信录》卷二·伦文叙 （存目）

科　第

（一）乡试

（清）鲁曾煜等《广东通志》卷三十三·选举志三·举人·弘治二年己酉乡试榜

伦文叙（南海人。会、状）。

（二）会试、殿试

己未科（弘治十二年）**状元策**　皇帝制曰：朕惟自古圣帝明王之致治，其法非止一端。而孔子答颜渊问，为邦但以行夏之时，乘殷之辂，服周之冕，乐则韶舞为言，说者谓之四代礼乐。然则帝王致治之法，礼、乐二者足以尽之乎？宋欧阳氏有言，三代而上治出于一，而礼乐达于天下，三代而下治出于二，而礼乐为虚名。当时道学大儒称为古今不易之至论。今以其言考之，上下数千余年致治之迹具在，可举而论之乎？夫三代而上无容议矣。汉高帝尝命叔孙通定礼乐，召鲁两生不至，谓礼乐积德百年而后兴。厥后三国分裂，其臣有诸葛亮者，而世儒乃或以礼乐有兴，或以庶几礼乐许之。盖通与亮之为人，固不能无优劣，要之于礼乐能兴与否，亦尚有可议者乎？我国家自太祖高皇帝以神武创业，圣圣相承，百有余年，礼乐之制作，以时以人，宜无不备矣，然而治效之隆，未尽复古，岂世道之升降不能无异耶？抑合一之实犹有所未至耶？朕祗承丕绪，夙夜惓惓，欲弘礼乐之化，益隆先烈，而未悉其道。子诸生其援据经史，参酌古今，具陈之，朕将亲览焉。

臣伦文叙

臣对：臣闻治天下者，有致治之大法，有出治之大本。礼乐者，致治之大法也。天德者，出治之大本也。大本具而后大法可立，大法行而后大本以彰。本末相资，内外一道，不可以差殊劝也。然大法行于天下，非智术所能为。大本存乎一心，非掩袭所能得。必其性诸天者，浑然完具，初无一毫之亏欠，则其施诸治者，粲然明备，可以四达而不悖矣。苟法有未备，固无所恃以为治，而本之不纯，抑又何以立大法哉！《传》曰：有天德，便可语王道。其以是欤？

钦惟皇帝陛下禀神圣之资，际盈成之运，存心养性，以培植天下之根本者，无一日之不谨；化民成俗，以恢弘天下之治道者，无一事之不周矣。但善之可为，古人自以为不足，世虽极治，圣人犹以为未然，是以侧席求贤，临轩策士，询臣等以礼乐之治。上稽唐虞三代之盛美，下逮汉唐宋之得失，暨祖宗创业垂统之善，今日保邦致治之规，诚有天下之远图，安天下之至虑也。顾臣学术肤浅，何足以语此，然有问而对者，臣之职，有怀必吐者，臣之愿。敢不罄一日之敷言，以答千载之奇遇哉！

臣惟天地之道至大也，阴阳之理至妙也，而造化发育，固未尝不著见乎两间。观其物各付物而不可以强同，则天地所示者，一自然之序而为礼也；絪缊化醇而不容以独异，则天地所示者，一自然之和而为乐也。惟古之圣帝明王，与天地合德，与阴阳同运，履中正而大本以立，乐和平而大本以端，于是以一身之中和，为天下之中和；以一人之礼乐，为天下之礼乐。辨方正位，体国经野，设官分职，以立天下之纪纲；一制度，异好尚，明等威，正称号，以至定天下之名分；用天时，因地利，揭天常，立人纪，以广天下之政化。以至亲疏小大为之体，朝会交际为之期，宫室器用为之饰，吉凶哀乐为之节，以备天下之典。则使天下之事莫不各得其序，而人乐以持循，夫是之谓礼；天下之物莫不各适其和，而人兴于鼓舞，夫是之谓乐。礼乐备，而天下之治毕矣。故孔子答颜渊为邦之问，不过以夏时、殷辂、周冕、韶舞为言。尹焞因谓之四代礼乐，则凡古今致治之法，皆不出于礼乐二者。而礼乐之外，安复有所谓治法者哉！降及后世，求治无本，如摭其文，以用于郊庙朝廷之间，不推其意，以及于闾阎里巷之下。宋儒欧阳修谓三代而上，治出于一，而礼乐为虚名，大儒朱熹因谓万世不易之至论，良有以也。

臣请得而论之，尧舜禹汤文武之圣，精一执中，皆极夫渊微之妙；建中建极，皆纯乎义理之天。惟其为德之纯，故政事之所修明，治化之所旁达，虽未尝明言礼乐于天下，而其变通之宜，衣裳之垂，玑衡之察，玉帛之修，与夫钦昊天而授人时，画井田而备封建，昭典礼而严命讨，祀神祇而奠山川者，率皆礼乐之用也。虽未尝显礼乐于四方，而其文命之敷，人纪之修，咸和之用，由旧之政，与夫关石和钧，具于王府正朔服色，易于革命，九一世禄，行于治岐，五教三事，重于武成者，率皆礼乐之行也。

盖不出乎经世宰物之典，而得鼓动作兴之机，不外乎民生日用之常，而寓渐摩诱掖之道，所治莫非教，所教莫非治，政治礼乐，初无二途。是以二千年间，经制大备，政教大同，礼乐之化，自国家以布濩乎天下，自朝廷以流及于万国。咸有以沦人肌肤，浃人骨髓，致人人有君子之行，比屋有可封之俗者，合唐虞夏商周，而同一彻焉。所谓治出于一，而礼乐达于天下者，以其治之有本故也。

若汉唐宋之君，具宽大之德者，不如尧舜之至仁，抱英雄之略者，类非汤武之大勇。惟其德之不纯，故虽制礼作乐之命，后先相闻，蕞仪审音之奏，影响不绝，然徐考其所务以为治者，则九章之法，十五之税，南北之军，以为开基之伟制；习射殿前，更定律令，减省吏员，以为贞观之政要；收藩镇之权，严兵将之选，定覆奏之狱，亦视为立国之规。朝夕从事，以为治民之政，至其制作所成，谋议所定，则杂就之仪，掌于太常；大风之歌，奏于原庙。事文具，则著贞观之仪；耀武功，则崇七德之舞。刘温叟所定，犹杂先朝之迹；和岘所奏，未谐声气之元。别其名目，以为礼乐之教，是皆求治于抑勒操切之余，而不知其陷于俗吏之非。立教于声容器数之末，而不知其流于文史之伪。所治非所教，所教非所治，政治礼乐，岐为二致。

是以千有余年，经制荒忽，政刑苛紊，置先王之粗迹，以为有司之藏；采古法之遗略，以备斯须之用。妖声艳辞，无补于时政之缺失；虚饰美观，莫拯夫世变之下移。虽其享国，亦仿佛乎帝王之历年，而其风俗，则不逮帝王之季世者。合汉唐宋而一同睽焉，所谓治出于二，而礼乐为虚名者，以其治之无本故也。

汉高祖因群臣肆拔剑击柱之失，叔孙通行共起朝仪之请，乃曰可试为之，又曰度吾所能者为之。则其所求者固已非三代之典，而其所委者又复无九官之臣，此积德百年之语。所以来两生之却，而绵蕞野外之习，姑以徼小就之功，则其君臣之所自许，与其志愿之所自足者，从可知矣。是其时虽若可乘也，而无可为之人，礼乐之所以不能兴也。诸葛亮感先主三顾之勤，而为两汉中兴之佐。立纲陈纪，而不为近图。广德率义，而不为小惠。庶政欲其精练，万事理其根本，则其施为之规，已得礼乐之遗意矣。使天祚汉，假之以年，将见开诚布公之治，虽未敢必其匹休前古，而光明俊伟之业，将有以决其度越后世矣。王通谓其礼乐有兴，程颢谓其庶几礼乐，岂无见乎？是其人虽若可为也，而无可乘之时，礼乐之所以不复兴也！

我国家自太祖高皇帝以圣人之德，御圣人之位。用夏变夷，为民立极。酌古准今，以建一王之法；因时创制，以定万世之规。暨于列圣，率遵成业，以为永图。肆我皇上，益隆继述，以期光大华夷一统，百有余年，固非蜀汉之偏安，重明继照，世德作求，下陋汉高之不学，是宜礼乐之道，掀天揭地，超出乎百代之表。礼乐之化，风行海流，大被乎九围之内。然《凫鹥》既醉之什，尚未歌于审音之瞽。而鸣条破块之变，容或纪于上事之臣。堂陛深严，而吁咈之风未著；教化流行，而禁网之密未纾。萑苻之扰，间见于潢池；纨绮之习，下成于闾巷。治效之隆，未尽复古，诚有如圣谕所云也。将谓世道有升降之异耶。向使汉唐宋之君，有尧舜汤武之德，而其臣有皋夔伊周之贤，则王道著七制之书，未必为后世之僭经，而唐史赞文皇之辞，亦遂为不刊之实录也。

今以君明臣良之时，当重熙累洽之盛，所以持平世道者，特在陛下决取舍之机。而所以维持世道者，亦在大臣竭赞成之力耳。复古之治，臣切望焉。若谓合一之实有未至耶，则我祖宗为治之道，即礼乐之道，陛下保治之法，即礼乐之法，固无所谓出于二矣。但其道至大，非一人之所优为；其法至广，非一日之所能尽。朴略于风气未开之时，不能不藻饰于人文渐著之世；草创于文武更始之初，不能不大备于成康继体之后。今求夫为治之实，其亦有不能尽合于一者乎？

伏愿陛下上体天心，懋隆峻德，涵养情性，致极中和，以端出治之本。详审枢机，修明体要，以成致治之法。使天下之政，皆出乎天理之公，而后世人欲之私，有所不用。天下之务，皆由乎道义之正，而后世法禁之术，有所不行。殆见著于闺门，兴于朝廷，被于乡遂比邻，达于诸侯四海。自祭祀军旅，至于饮食起居，未始一日不在礼乐之中，亦无一人不被礼乐之化。所谓至礼不让，而天下治；至乐无声，而天下和。近可以匹休于祖宗，远可以比隆于前古。而汉唐宋之治，不足言矣。

虽然，出治之本，固在于德，而修德之本，则岂外于学哉！尤愿陛下于退朝之暇，清燕之余，注意于圣经贤传之蕴，留神于古训时务之宜。端本澄源，以肃此心之敬。防微慎独，以闲外至之邪。御经筵，不徒事讲说之勤，必求夫明善诚身之实。开言路，不徒侈献纳之广，必尽夫省躬克己之诚。治乱兴衰之源，在所周知，民情物态之变，亦垂听览，则圣学聿新，治效随著，礼乐之用达于天下而无间矣。尚何合一之实有未至，而复古之治有不成哉！

由是观之，帝王所以建致治之绩于数千载之上者，此道也。祖宗所以隆致治之业于百年之间者，此道也。然则陛下之所以光前振后，而绵亿万载隆长之绪者，亦岂出于此道之外哉！臣学不足以稽古，而窃尝怀复古之思；智不足以知今，而未敢忘当世之务。故酌治道之中，为探本之论，以上尘圣览，惟陛下采择而施行之，匪惟愚臣之幸，诚宗社无疆之休也。干冒宸严，不胜恐惧战栗之至。臣谨对。

（录自［明］焦竑辑，［清］胡任兴增辑《历科廷试状元策》卷二）

（明）黄佐《翰林记》卷十四·考会试　（弘治）十二年，太子少保礼部尚书兼文渊阁大学士李东阳、掌詹事府事礼部右侍郎兼学士程敏政为考试官，取伦文叙等三百人。

（明）廖道南《殿阁词林记》卷十四·会试　（弘治）十二年，太子少保礼部尚书兼文渊阁大学士李东阳、掌詹事府事礼部右侍郎兼学士程敏政为考试官，取伦文叙等三百人。

（明）张朝瑞《皇明贡举考》卷五·（己未）弘治十二年会试　（时会试之士三千五百人，取伦文叙等三百人，刻程文二十篇。是年，以李东阳、程敏政为考试官。敏政发策，以刘静修《退斋记》为问，人罕知者。先是其门生徐经尝以此题意向南畿解元唐寅陈说，至是，果以发难，二子举答无遗，矜夸喜跃，舆议沸腾，谓敏政受赂鬻题，给事中华昶劾之，诏下昶狱候问，命东阳等重阅敏政所取试卷。于是凡敏政所取者俱封收，备照不录，既揭晓，同考试官给事中林廷玉复疏敏政场屋阅卷可疑六事上之，遂与敏政、经等并下狱，会多官廷鞫，经服称平日尝以双绮馈敏政出入门下，敏政宿构试目，经实从家人购得之，狱成，敏政致仕，经、寅等为民，昶、廷玉俱外谪。郑氏晓曰：敏政读书著述尚本实，议论传经义，参法理惕惕行检，不宜无忌惮至此，此出谗忌口无疑云云。）

中式举人三百名：伦文叙，广东南海县人，监生，《易》。王守仁，浙江余姚县人，监生，《礼记》。王盖，南直隶宣城县人，监生，《书》。姚汀，浙江慈溪县人，监生，《诗》。林庭棉，福建闽县人，监生，《春秋》。

三月十五日，临策天下贡士，制曰：朕惟自古圣帝明王之致治，其法非止一端。而孔子答颜渊问，为邦但以行夏之时，乘殷之辂，服周之冕，乐则韶舞为言，说者谓之四代礼乐。然则帝王致治之法，礼、乐二者足以尽之乎？宋欧阳修有言，三代而上治出于一，而礼乐达于天下，三代而下治出于二，而礼乐为虚名。当时道学大儒称为古今不易之至论。今以其言考之，上下数千余年致治之迹具在，可举而论之乎？夫三代而上无容议矣。汉高帝尝命叔孙通定礼乐，召鲁两生不至，谓礼乐积德百年而后兴。厥后三国分裂，其臣有诸葛亮者，而世儒乃或以礼乐有兴，或以庶几礼乐许之。盖通与亮之为人，固不能无优劣，要之于礼乐能兴与否，亦尚有可议者乎？我国家自太祖高皇帝以神武创业，圣圣相承，百有余年，礼乐之制作，以时以人宜，无不备矣，然而治效之隆，未尽复古，岂世道之升降不能无异邪？抑合一之，实犹有所未至邪？朕祗承丕绪，夙夜惓惓，欲弘礼乐之化，益隆先烈，而未悉其道。子诸生其援据经史，参酌古今，具陈之，朕将亲览焉。

（时廷对之士三百人，赐伦文叙等进士及第出身有差。文叙官至右谕德卒。子以谅，解元，正德辛巳进士；次子以训，正德丁丑会元，进士第二；少子以诜，嘉靖戊戌进士。父子兄弟并以魁元策名当世，前乎未之有也。故天下称之曰三伦。是科罗钦德、罗钦忠兄弟同登，后王守仁为名臣，以军功封新建伯，世袭。梁材有名。）

第一甲三名赐进士及第：伦文叙，广东南海县。丰熙，浙江鄞县。刘龙，山西襄垣县。

（明）王世贞《弇山堂别集》卷八十二·科试考二　（弘治）十二年己未，命太子少保礼部尚书文渊阁大学士李东阳掌詹事府事，礼部右侍郎兼翰林院学士程敏政为考试官，取中伦文叙等，廷试赐伦文叙、刘龙、丰熙及第。

（明）张弘道、张凝道《皇明三元考》卷八·弘治十二年己未科大魁　会元伦文叙（广东南海人，字伯畴，年三十。己酉儒士中式十一名，廷试第一名，学行才器为世所推重，仕至右春坊谕德兼侍讲。正德癸酉主应天乡试，寻卒，年四十七，赠祭酒。子以谅，丙子解元；以训，丁丑会元；以诜，戊戌进士）。

状元：伦文叙。

（明）张弘道、张凝道《科名盛事录》卷一·元魁盛事·两中元魁　南海伦文叙，弘治己未会元、状元。

（清）鲁曾煜等《广东通志》卷六·编年志一·明纪　（弘治）十二年己未春三月，赐南海伦文叙状元及第。

又，卷三十二·选举志二·进士·弘治十二年己未伦文叙榜　伦文叙（南海会、状。谕德）。

（清）张廷玉等《明史》卷十五·本纪第十五·孝宗　（弘治十二年春）三月丁

丑，赐伦文叙等进士及第出身有差。

仕　　宦

（明）黄佐《翰林记》卷十七·史官题名·修撰　伦文叙（伯畴，广东南海人。弘治己未进士第一，终右谕德）。

又，卷十八·右春坊右谕德　伦文叙。

（明）王世贞《弇山堂别集》卷八十二·科试考二　（正德八年癸酉）命右春坊右谕德伦文叙、左春坊左中允兼修撰贾咏主应天试。

（清）张廷玉等《明史》卷三百二十一·列传第二百九·外国二·安南　武宗践阼，命修撰伦文叙、给事中张弘至诏谕其国。

轶　　事

（清）姚之骃《元明事类钞》卷二十八·身体门·头·头颅二尺　黄佐《集》：伦文叙长身玉立，头颅大二三尺许，五岁时与群儿戏，有术者指之曰："此儿大魁相也。"后会试、殿试皆第一。

著　　作

（清）黄虞稷《千顷堂书目》卷二十一·别集类·弘治己未科（十二年）　伦文叙《迂冈集》十卷，又《白沙集》十二卷（字伯畴，南海人。会元，一甲第一人。右春坊，右谕德，兼翰林院侍讲）。

（清）张廷玉等《明史》卷九十九·志第七十五·艺文四　伦文叙《迂冈集》十卷，《白沙集》十二卷。

杂　　录

（明）陆深《俨山集》卷四十·序四·送伦编修彦式归娶序　伦君彦式以礼闱第一

人，天子亲策之，以进士第二人赐及第。既又出馆阁近臣为之师，俾积学中秘，期大用焉。时彦式甫冠，年未受室，以故事请归行亲迎礼。上诺曰："礼成亟来。"彦式入廷谢，廷辞既卜行。冬官何先生汝璧，彦式师也，请为彦式赠于深。方是时，天下之慕彦式者众矣。学者师其文，士大夫重其世，宰辅爱其才，同列薰其德，闾里荣其光也。惟昔先谕德公以状元及第，雅负重望，为史官之长，时予入院踵其后，辱知爱焉。丁丑礼闱与有职事，尝旁从读首选者红卷，击节鼓掌，谓："天下才也！"私为朝廷得人贺，及拆晓主者宣名以训也。因忆癸酉秋北上，与冬官先生联舟，日获晤语，间称其乡士之佳，曰："伦以谅、以训兄弟也。"则又谕德公子，余故耳熟焉。已而广东之乡书至，书首者以谅也。予既重冬官之精鉴，及是按籍勘磨，又知为彦式，则余之欣喜慕艳，出于常情，而欲为之助者亦众矣。虽然，余何以加于彦式哉？惟我朝设科目以罗网海宇之士，名公硕辅虽相继起，而一家之中父子兄弟并以魁元策名当世如南海之伦氏，前乎未之有也，今天下称之曰"三伦"。昔宋苏明允先生与其二子子瞻、子由自西蜀来，一旦名动京师，子瞻、子由俱出欧阳文忠公之门，天下称之曰"三苏"。程太中先生与其二子伯淳、正叔自洛宦游于湖湘，识濂溪周先生于邂逅，俾二子受学焉，遂成大儒，天下称之曰"三程"。夫三苏氏、三程氏之兴，当有宋极盛之世，是故论者以为匪止系一家而已。我祖宗列圣格天之功，敷文之化百六十年，于兹盛极矣，而"三伦"际兴，岂非国祚之光与天下之光哉！后世将以配三苏氏、三程氏，佥谓曰宜。虽然，明允晚起布衣，已非谕德公之比。至苏氏之学，君子亦有遗憾焉。记曰拟人必于其伦其三程氏乎？程氏之学得圣人之全，而上继孟氏，以承孔子、周公、文、武、禹、汤、尧、舜之统，其功万世永赖。今岭南先辈身居辅相以推极程氏之功用，退而讲明程氏之学以淑后进者，各有伟人，自程氏后，其道于今日谓之大行可矣。而况彦式承家学，当嘉运，负高资，尚其益进于此学哉？汝璧曰："吾志也。"遂书为序。

（明）刘仕义《新知录摘抄》·南海三伦　广东南海伦文叙以会元廷试及第状元，长子以谅解元登进士第，次子以训会元廷试第二人，少子以诜进士，一家之中父子兄弟并以魁元策名当世。盛哉！前乎未之有也，故天下称为"三伦"。昔人有诗曰："去时曾携一束书，归来玉带挂金鱼。文章未必能如此，应是双亲积善余。"谅哉噫吁！天下之士，抱璞弗售者十四五焉，可以安于命矣。

（明）黄佐《翰林记》卷十九·门第　伦文叙以会元及第第一，子以训亦以会元及第第二。

（明）王同轨《耳谈》卷四·三伦诸许　广东南海县伦文叙，会元廷试第一。长子以谅，解元登进士第。次以训，会元廷试第二。少子以诜进士。天下称为"三伦"。河南灵宝县许进，吏部尚书，生八子：赞，户部尚书；升，吏部尚书；诰，南户部尚书；论，兵部尚书；诗，布政。其家堂联曰："父冢宰，子冢宰，掌一代之铨衡；兄司徒，弟司徒，总两京之会计。”国朝科甲之盛，推伦氏；爵位之显，称许家。

（明）朱国祯《涌幢小品》卷七·伦氏之盛 伦文叙，字伯畴。头颅大二尺许，长身玉立。以儒士，御史收遗才考，遂中式，举会元、状元。广西全州舒尚书应龙之子弘志，儒士，中第六。其年试录五策，皆用其稿。次年丙戌举南宫廷试，上亲拔一甲第三。伦以谕德卒，年四十七。舒不逾年卒，年仅二十余，皆可惜也。伦之子以谅，乡试第一，辛丑进士，官通参。以训，会试第一，廷试第二，官祭酒。以诜，进士，官郎中。父子殆占四元矣。文叙、以训皆不满五十，以谅六十五，以诜年八十。可见高科美官，皆能夺人寿矣。

（明）王世贞《弇山堂别集》卷十七·皇明奇事述二·伦氏三元 伦氏科第之盛，已具《盛典》中。谕德文叙中会元、状元，通参以谅中解元矣，而祭酒以训复以解元及第第二人。是父子合三元而赢其二也。

（明）张弘道、张凝道《皇明三元考》卷九·正德十一年丙子科解元 广东伦以谅（南海人，弘治己未状元伦文叙子也，字彦信。治《易》，儒士。庚辰进士，选庶吉士，仕至通政司参议）。

又，卷九·正德十五年庚辰科大魁 解元中式：伦以谅（广东）。

又，卷九·正德十二年丁丑科大魁 会元伦以训（广东南海人，弘治己未状元伦文叙之子也，字彦式，号白山。治《易》，儒士，年二十，未娶。癸酉乡试第六名，廷试一甲第二名，历任祭酒。

伦与第二名汪应轸、第三名叶式、第四名江晖、第五名王廷，五魁并入翰林）。

又 榜眼：伦以训。

（明）张弘道、张凝道《科名盛事录》卷一·元魁盛事·父子合三元 南海伦文叙（弘治己未会元、状元），子以谅（正德丙子解元），以训（正德丁丑会元、榜眼）。

又，卷四·科第盛事·同胞三进士 南海伦以谅（正德辛巳），以训（丁丑会元），以诜（嘉靖戊戌。状元伦文叙子）。

又，卷五·官爵盛事·父子翰林 南海伦文叙（弘治己未会、状元。由谕德），子以训（正德丁丑榜眼）。

（明）万民育《三命通会》卷八 乙亥甲申：伦文叙状元，子以训、以谅、以诜俱贵。

（清）黄虞稷《千顷堂书目》卷二十二·别集类·正德丁丑科（十二年） 伦以训《白山集》十卷（字□□，南海人，文叔子。会元，一甲第二人。南京国子监祭酒）。

又，卷二十二·别集类·正德辛巳科（十六年）　伦以谅《石溪集》十卷（字彦周，南海人，以训弟。南京通政司右通议）。

（清）陶成等《江西通志》卷第七十四·人物九·临江府二·明　曾乐，字思韶，新淦人。……癸卯分校省试，首拔伦文叙，时称知人。（《人物志》）

（清）鲁曾煜等《广东通志》卷三十七·封荫志·明　伦明（南海人，以子文叙赠翰林修撰），伦文叙（以子以训赠国子祭酒）。

又，卷四十四·人物志一　简文会，南海人，幼颖异，工诗，性耿直，南汉主龚开进士科擢第一人及第，累官尚书右丞。……所居里有简状元井。后伦文叙居其地，亦状元及第云。

又，卷四十五·人物志二·明广州府　陈庸，字秉常，南海人，力行好古。成化甲午举于乡，闻陈献章讲学江门，往师事之。献章深服其德量，自以为不及。庸潜心理奥，多所自得，其学以主静为本。……其徒多以科第显，伦文叙最著。

又，卷四十七·人物志四　黄学张，字艺卿，番禺人，幼颖悟，精毛诗。偕李义壮、伦文叙、王渐逵捃拓古今，商榷理道，三人雅重之。

又，卷五十五·茔墓志·广州府·明　谕德伦文叙墓（在南海涌头）。

又，卷六十四·杂事志·广州府·五里四会元、父子四元　伦文叙及子以训、梁储、霍韬皆举会试第一，皆南海县人，皆居县治西三十里有村曰黎涌、石□、石头，相去仅五里，伦居黎涌，梁居石□，霍居石头，故世称五里四会元。而文叙后中状元，以训榜眼，以谅解元、进士，以诜进士，故世称父子四元。科名之盛殆极一时。又伦文叙、霍韬以儒士入科中式，未尝一日为诸生，是尤为异。

又，卷五十四·坛祠志·广州府　迂冈祠（在粤秀山麓，祀明状元伦文叙。今圮）。

（清）张英等《御定渊鉴类函》卷二百八十五·人部四十四·贵二　伦文叙会、状。长子以谅复领省解。次子以训会元及第。

（清）宫梦仁《读书纪数略》卷二十·人部·族望类·父子合三元（南海人，皆由儒士）　伦文叙（弘治会元、状元），子以谅（正德解元），以训（正德会元、榜眼）。

（清）葛万里《别号录》卷二　迂：伦文叙（伯畴。谕德。德。粤）。

弘治十五年（1502）壬戌科状元康海

传　　记

（明）张治道《翰林院修撰康公海行状》　嘉靖庚子十二月十四日，前翰林院修撰对山康先生卒。二十四日，其弟南川君稍录其行实，以书抵余请为先生状，以余知先生者。曰：嗟乎，余忍状我先生耶？为状他人，在称其德，为状先生，在白其诬。诬苟非白，德将何称？作志君子，采而择焉。

先生讳海，字德涵，别号对山，又号浒西山人。其先河南固始人。其世系显晦见康长公行事序述。康长公生二子：长阜，负才夭折；其次即先生。

先生道亚生知才具经济，读书不专记诵，但通其大义，余能类融，下笔数千言不竭。时提学杨邃庵先生奇其才，即以天下士许之。其为文脱去近习，上追汉魏。以《诗经》中弘治戊午乡试。壬戌，进士第一，除翰林院修撰。是时孝宗皇帝拔奇抡才，右文兴治，厌一时为文之陋，思得真才雅士，见先生策，谓辅臣曰："我明百五十年无此文体，是可以变今追古矣。"遂列置第一。而天下传诵则效，文体为之一变。朝野景慕，若麟凤龟龙，间世而一睹焉。修撰一年，归关中三年，北上复为修撰。其在翰林能面道人过失，论古今文艺不少假借，一时在翰林者罔不敛手服之。又常曰："南北人才之用舍，天下治乱之所关也。"时武宗皇帝初即位，宦官用事，八党行权，而兴平宦刘瑾用事尤专，百僚被其窜逐甚多。闻先生名常欲其至，而先生独不往，瑾以是衔之。有时见直言劝沮，在他人不能堪，先生独言之无忌。盖瑾素重其名，自能压其心耳。是时瑾怒吾乡户部郎中李梦阳，盖以梦阳为主事时，尚书洪洞韩文率诸大臣劾瑾等专恣擅权，而弹文出梦阳手，朝廷怒罢诸大臣、梦阳官。后瑾居司礼，忌前弹文，构梦阳以他事，奏下锦衣狱欲致之死，人情汹汹，莫敢救。梦阳自狱中传帖甚急，曰："对山救我！救我！"此帖尚存。编修何柏斋谓众人曰："康对山肯往瑾救之，献吉可活也。"人以是语先生，先生曰："我何惜一往而不救李耶？"先生虽承往而人尤难之。明日，先生同御史某往左顺门，值柏斋自内阁出，曰："此为献吉来耶？"先生曰："是。"柏斋附先生耳曰："此可独往，不可与他人同也。"先生遂不往，且谓柏斋曰："瑾横恶肆权人也。性好名，可诡言而夺，不可正言而论也。”柏斋曰：“此惟先生能之，他人不能也。”又明日，先生往瑾所。瑾闻先生至，倒屣迎之，留饮坐话久之。瑾谓先生曰：“人谓自来状元俱不如先生，真为关中增光。”先生给言曰：“海何足言，人称关中有三才。公闻之否？”瑾惊曰：“何三才？”先生曰：“其一为公，次则李郎中，如海亦从二公后，幸矣。”瑾曰：“非李梦阳耶？”先生曰：“是。”瑾曰：“若应死无赦。”先生曰：“应则应矣，杀之关中少一才矣。”饮罢晚出。明日，瑾奏上赦李梦阳。其颠倒小人、愚弄奸宦，即孟子告齐王谓好货好色之意，而昧者不知，论为谀瑾，可笑哉。

一日，瑾令亲密谓先生曰：“主上欲以汝为吏部侍郎。”先生曰：“我服官才五越岁矣。翰林未有五越岁而升部堂者，请为我辞之。”事遂寝。而瑾嫌其不附内，益衔之。一日起文选郎中张尚质之京。先生谓尚质曰：“我辈欲去而不可得，公又何来耶？”尚质曰：“我见拿高世德，恐惨祸及我。”高世德者，吾乡御史高胤先也，为御史有名，瑾衔之，拿焉。无何，尚质升为吏部侍郎。先生曰：“不来恐祸，既来受官矣，曷引病辞耶？”及瑾坐反，尚质下狱中，谓同狱者曰：“悔不听康德涵之言。”尚质为郎中时，有进用之势。一日，与先生同诸公会饮，尚质盛称许冢宰之才德，先生曰：“只要常如此称。”其意谓尚质不久为尚书，排挤之意势所必有。无何，瑾果逐许矣。孝宗时，谢阁老迁见知主上，其子丕为翰林编修，文亦有名。焦阁老芳，其子黄中亦为翰林检讨，争胜于谢。各树党与，互为标榜。焦欲引先生为附，一日置酒厚请先生。先生往，见客座皆邪媚者，曰：“此为排谢招我耶？”遂正言责之，座客皆愧服，衔先生者益众矣。

是时，李西涯为中台，以文衡自任，而一时为文者皆出其门。每一诗文出，罔不模效窃仿，以为前无古人。先生独不之效，乃与鄠杜王敬夫、北郡李献吉、信阳何仲默、吴下徐昌谷为文社，讨论文艺，诵说先王。西涯闻之，益大衔之。戊辰，先生同考会试，场中拟高陵吕仲木为第一，而主者置之第六。榜后先生忿言于朝曰：“仲木天下士也。场中文卷无可与并者。今乃以南北之私，忘天下之公。蔽贤之罪，谁则当之？会试若能屈吕矣，能屈其廷试乎？”时内阁王济之为主考，甚怒先生焉。及廷试，吕果第一人，又甚服之。

无何，丁母忧归关中。往时京官值亲殁持厚币求内阁志铭以为荣，而先生独不求内阁文，自为状，而以鄠杜王敬夫为志铭，北郡李献吉为墓表，皋兰段德光为传。一时文出，见者无不惊叹，以为汉文复作，可以洗近文之陋矣。西涯见之，益大衔之，因呼为子字股，盖以数公为文称子故也。若尔，非大衔也耶！归关中居丧以礼，哀毁怨慕。无何瑾败，而忌者、仇者喝言官以乡里指为瑾党，论先生罢其官。呜呼！先生以修撰罢归，官不加升，阿瑾何谓？大抵先生以才名致谤，口语招谗，又何论焉！又谓先生还家时被劫，有司为追捕其所亡。盖追捕所亡，有司素重其名且为翰林而追捕之也，先生何与焉？闻者无不惊叹，曰：“假手折才，嫉贤附党，有天乎？”而先生闻之，略无愠色，且曰：“自审无疚，祸将从人。瑾，天下大恶也。余常忧其祸国，今果败，论死矣，深可为国庆也。余官何惜，余官何惜！”罢官后，一切国家事罔论。葛巾古服，放情山水。为文读书，造日益精，学日益充。又常曰：“为官化民，为民化俗。欲化民俗，先敦族党。"族中长者敬，幼者育，穷者周，颠者扶，无亲疏远近皆得其欢心，而数弟显达成名皆先生教导训诲之力。其于乡党，处之以仁义，接之以礼敬，人有争者不之官而之先生求其决判，而先生别其是非，论其曲直，虽数年之争罔争。以至给人困乏、扶人颠赔、婚丧不得举者赀助之，俾无不举。余在告后值父丧，困不能葬。先生闻之，适有先生相识以百金馈者，先生完封遗余。余固辞弗受，先生曰："余大事毕矣，得此不过日用费耳，何若助吾弟丧。"余固再辞之。先生曰："赙丧致遗，授受有名，非假借讨赏耳。曷辞焉?"余不得已受之，遂克葬事。其敦友之义，周人之急，事悉类此。又日与故旧童冠徜徉咏歌，虽身居小县而名动四夷，求文者日踵其门，碑板传刻天下为遍。家居三十余年，探圣贤之学，别王霸之道，以至物理、性命、篆隶、医卜，无不克讲洞晓。常与余论曰："道以无定为真，学以适用为是，文以达质为良。三代尧舜罔有不同。至有宋以来，执一以为道，训诂以为学，庸冗以为文，论其学则有，适于用则无，讲一身之行为似是，救国家之急难则非也。"观乎此言，非振古豪杰天挺独出者哉！家居不离声妓，管弦丝竹，一饭必用，人或议之，不知大节所关，凛不可犯。先生少时夜行家园中，值园墙倾，有邻女子奔先生，先生正色斥之，邻女走，不敢近。此与柳下惠何异？其为学道披玄门，识该宗旨，议论如孟轲，为文类马迁，诗以兴致为先，格高辞俊，凌驾古人，乐府数百篇可羽翼骚雅。使遭时用事，管晏不足为、伊傅不足追也。夫何厄塞弗遇、终老以没，是天未欲振耀斯文，俾先生厄塞弗遇、终老以殁也。距生成化乙未六月二十日，享年六十有六。

先娶尚氏，有丈夫行，持家训众极有规度，虽先生亦敬畏之。生男子栗，为县学生，卒。女子三：一适华州举人张之渠，贞烈刚明如母尚氏。之渠亡，生子光孝为廪膳生。次适生员李世贞。次适监生马袭吉。继张氏、侧室杨氏、李氏，俱无出；韩氏生子梣；赵氏生子椟。张氏殁，立李氏为适，主家事，而杨氏副焉。将以某年月日葬。

呜呼，先生之言行可诵说者尚多，余不能悉，悉其所知者耳。闻鄠杜王渼陂为先生墓碑，三原马溪田为先生志，高陵吕泾野为先生墓表，咸宁许少华为先生传，而先以状诔委余。前四君子皆先生厚，而王与吕又先生同业、同朝，其知先生事又真且多也，其为碑为志为表记载传述，必有出余状次之外，俾先生行为之良不至遗失无传可也。

余与先生交二十余年矣，授旨开方被教良多。余时或有所论议，亦必采择听受。人有一善，虽一介乡鄙之士亦称善取法；人有不善，虽公卿权贵之人亦面斥之不贷。不逐好以违情，不党同而伐异。此虽尧舜三代之时恐不能用，况末世衰俗、直道难行而欲取大位、建大功以求如古人之所为，不亦难哉，不亦难哉！尝闻先生对孝宗皇帝曰："使古今豪杰之士而不遇，虽子思、孟轲之流则亦徒耳。"今观先生之出与处，则前所云子思、孟轲者其亦自谓也与，其亦自谓也与！

（录自［明］焦竑《国朝献征录》卷二十一，"先娶尚氏，有丈夫行"至"其亦自谓也与"据［清］黄宗羲《明文海》卷四百三十三补）

（明）王九思《渼陂续集》卷中·明翰林院修撰儒林郎康公神道之碑 公讳海，字德涵，武功人也。其先河南固始人。高祖讳汝楫，永乐初仕为北京行在工部侍郎，卒赠工部尚书，有大功德于世。曾祖讳某，南京太常寺少卿；祖讳健，通政司知事：皆以尚书荫叙云。父讳镛，博学能文章，名擅三秦，累举不第，贡入太学，不幸被疾，仕为平阳府知事。累世之积，大发于公。公自幼颖悟绝人，年十八入为县学弟子员，受《毛诗》。读书惟求大意，不寻章摘句若板刻时文之为者。喜唐宋韩苏诸作，尤喜《嘉祐集》。伸纸为文，滚滚千余言可立就。当是时，杨邃庵督学陕西，亟以状元许之，然公实以此自负也。弘治戊午，举乡试第七。己未会试不第，卒业成均，学日以邃。壬戌春，自礼部入对大廷，策既上，大学士洛阳刘公见而叹息曰："奇才，奇才！奚啻三百，即千人无以过也。"奏之敬皇帝，帝览曰："俞哉！"赐进士及第第一。陕西状元盖自公始。释褐授翰林院修撰云。明年癸亥，公母太安人张居京师久，昼夜苦思归，公奉告送归故里舍。正德丙寅，毅皇帝即位，公复奉母入京师纂修先帝实录。会天子尊上两宫，覃恩臣下，获赠封其父母云。丁卯，充经筵讲官。戊辰春，同考礼部，会试举人。其年秋，太安人弃养，公将西归合葬平阳公。诸翰林之葬其亲者，铭表碑传无弗谒诸馆阁诸公者，公独不然，或劝之，乃大怒曰："孝其亲者在文章之必传耳，官爵何为？"于是自述状，以二三友生为之。刻集既成，题曰《康长公世行叙述》，遍送馆阁诸公，诸公见之无弗怪且怒者。公归逾二年，庚午，孽寺瑾伏辜，言者弹劾朝士，亦滥及公。是时李西涯为相，素忌公，遂落公为民。报至武功，人皆以唁公，公曰："玉石俱焚，自古为然。瑾诛，天下之幸，我一人何足惜也。"

辛巳秋，今上皇帝即位，诏京官为民者予冠带。或以劝公，公曰："吾之冠带，敬皇帝所赐也。群小构害我至此，复何冠带之有？"竟不冠带。嘉靖以来，荐公者甚众，然竟亦无能用公者。盖公在翰林时，论事无所逊避，事有不可辄怒骂，又面斥人过，见修饰伪行者又深嫉之，然人亦以此嫉公。公又尝为之言曰："本朝诗文自成化以来，在馆阁者倡为浮靡流丽之作，海内翕然宗之，文气大坏，不知其不可也。夫文必先秦两汉，诗必汉魏盛唐，庶几其复古耳。"自公为此说，文章为之一变。然忌公者不已，故在位者明知其才而不用也。至于孝友之行、经世之略、推贤乐善之诚，周人之急、急人之难，又有人所不及知者。公尝叹息谓予曰："王大，朝廷作养我辈，恩德优渥，冀效犬马尺寸之劳，讵意若是已耶？丈夫心事可对鬼神，夫复何言？"呜呼！有才如此而不得一试，岂不惜哉？彼以狂客目公者果足以知公哉？

公既居林下，乃益肆力于古，星历医卜，靡所不究。书工篆隶，笔妙如神。间作近体乐府，畀青衣二男子被之音乐，歌以侑觞。公尝西登吴岳，北至嵯峨、九嵕，南访经台、白云、紫阁之胜，东至于太华、中条，二青衣从焉。每临佳胜停骖命酒，歌其所制感慨之词。公于是时飘飘焉，不知宇宙之大何物琐琐入其胸次哉。小廉曲谨之士，或以此诮公，及接其神采论议，茫然自失，复自以为不可及也。公初自谓曰"对山"，后作草堂于水浒之西，复自谓"浒西山人"云，而海内豪杰无弗知有浒西夫子也。

公居林下三十余年，乃嘉靖庚子十二月□□日病终正寝，以山人巾服殓焉。距生成化乙未六月二十日，寿六十有六岁。公配尚安人先卒，生有一子三女：子栗，县学生，始娶吾女，不幸病卒；继灵宝杨氏，嘉靖己丑栗卒，杨氏饮药死殉栗。女，一适华州举子张之榘，一适岐山县学生李世禛，一适同邑监生马袭吉。侧室韩氏生子楞，甫八岁。呜呼！幼子孤弱，公之未能瞑目者，爱护教育不于康氏叔季诸贤，其谁望耶？公卒之明年辛丑十月某日，合葬尚安人于城南纸坊祖茔。其世行志铭表传，群公名笔灿然备矣，乃以神道之碑委予。予于公有七年之长，辱公知爱且四十年，谓他日铭我墓者公也。呜呼！孰意其反至是耶！挥毫流涕，莫知所裁，系之铭曰：南山岩岩拱其前，清渭带之来源源。左漆右沣北崇原，原吉选胜筑茂阡。松槚郁郁浮祥烟，硕人中藏玄室坚。文芒万丈高触天，神爽如在洋洋然。乘蚪出人游八埏，树碑道口铭我镌。庸诏来裔式孔虔，芳名耿耿亿万年。

（明）吕柟《泾野先生文集》卷三十二·墓碣表·大明前翰林院修撰对山先生康公墓表　对山先生讳海，字德涵，姓康氏。西安府乾州之武功人也。先生文章风节超越一时，渼陂王公、鸡田马公、太微张公、少华许公所著碑志状传大抵详矣。柟复以所见表诸羡道，曰：先生真天下士哉！

初，柟自入翰林求交先生，每闻绪论，惊骇忘倦，退省若不及，恐复自失，诘问其故，答曰："惟在一诚。"自是力学以追步武，果至教也。初，先生对策，自比子思、孟轲，后见诗稿不让董、贾。正德壬申，予游浒西，间赓与唱，称及横渠，后郡守江西刘公尝见其集，诮予有党。夫横渠、对山，迹若矛盾，其心本一。刘实不知，无怪诮予。近佐南礼，与南海霍子同僚。霍有意于先生，劝之复出，曾通一书，先生答曰："自分鄙薄，久为诗酒声妓留矣。"霍尝叹服，以为深隐，霍过刘远乎？然先生难识，岂啻此哉。庆阳李献吉，词赋追比汉魏，自谓一时诗豪也，尝犯宦官刘瑾，系狱几死。先生用策解脱。李既免死，后著他人文字，日擅其美。李名士也，犹且不识，况其他也？瑾既诛，报至，先生方对座客，曰："天下之恶既除，缙绅苍生之福，海一人去官为何足惜？"先生高见，不徇己私，类如此也。迩年路过覃怀，会晤柏斋何公，言浚川王公也，近有书至云："圣人之道，贵乎通变不执泥也。"何答之曰："接淅而行，亦圣人也。"时方会于溪田公处，柟述何、王之言，先生判之曰："此诚今之画红模儿者也。彼大秀才如皋、夔、稷、契志在苍生者，岂若是之践迹乎？"予叹曰："使何、王获闻斯言，当不又长一格乎。"是日行过康僖王公之门，见门帖一联，则诮之曰："三代时代言辞臣者，肯若是乎？"盖先生开口过人，非人之所易识也。他日，往问高陵，予谐友人送之西郊时，方言及用人颇失、民未获安，友人曰："若先生处用人之地，不知如何？"答曰："海则先进君子耳。若小人者，待其自化，不予搏激也。"予曰："此柟四十年穷经所得，被先生一言发之矣。"友人问其故，予曰："此即舜、汤举皋陶、伊尹而不仁远之旨也。"或疑先生制行异俗、出语惊人，若天马骏足，步骤不凡，以为得之资禀者非常也。殊不知本之一诚，究之六经，是非不能乱其真，宠辱不能挫其节，乃如此耳。

今观先生事亲，自少承颜顺志，先急其大，扬名后世。会试北行，见诸诗词。柟亲见事张太安人，饮食衣服皆亲手供事。及第之后，以母家邢台远也，乃作张氏谱族以传。父同母兄弟五人，事之皆如其父。枘亲见事五叔长洲簿跪拜恳恻。少时师牛先生，至老不忘。牛八十时，予方之南都，乃遣人之华阴以问寿序。兄阜以长词章，与刻其集。从兄弟凡十余人皆友之笃厚，亲若同胞，虽有失不言诸口，使皆成立。谪官后答弟浩诗。若浩、河皆举进士，历官至太守，淳、濂选贡教官，此其验也。凡母族、姊族、妻族之不给者，多食于家。张太微有父丧，力不能举，适有以百金征文者，即解与之，他可知矣。其殁也，予从溪田公会哭，问后事，同诸弟检诸箧笥，止百余金。家人云："此今大学士翟公过陕惜其贫转他官所与，及杨御史征文资也。"其余皆酒器、首饰，不满一二百云，则先生平日之言，岂其夸大无实者哉。先生又乐受人言而不护疾。一日，枘规之曰："公量何若是褊小乎?"答曰："海放浪形骸之外，游情酒妓之间，犹以为小，何也?"予曰："先生修撰而不酒妓，致仕而后酒妓，何耶?"先生笑而从之，遂取予言于益友卷中。呜呼！先生今岂可得哉。

……先生生成化乙未六月二十日，卒嘉靖庚子十二月十四日，寿六十有六岁。卒时命以山人巾服殓。先尝遇例京官为民者予冠带，后惟山人巾服以终身耳。初配尚氏，兵马指挥公女，封安人，勤俭持家，闺门清肃。尚殁，继以兴平张氏。张殁，以季氏继室。子男四：长，生员臬，尚安人出，甫冠殇。初娶渼陂王子女，继室杨方伯女。臬之殇也，杨服砒霜以殉，有司尝奏其贞烈，请旌表，自有传。次梣，侧室韩氏出。余殇。女三，俱尚安人出：长适岷州张司徒孙，今居华州参政用昭子举人之渠，未几，之渠庐墓卒；遗子光孝，甫冠，为名士，有外祖风格。次适岐山生员李世贞。次适监生马袭吉。浩、河、淳、濂抚其孙。乃卜二十年十月十八日葬先生凤原之陆、祖茔之次，合尚安人。使人问表，予以忧辞，不获，为之辞曰：巍巍凤原，武功南门。沣水西绕，武水东沄。会流如渭，河海是奔。牛眠之处，贤哲堑然。文星炳耀，光采高骞。厥实未究，识者憾焉。我铭贞石，为千百年。

（明）马理《对山先生墓志铭》 对山康公讳海，字德涵。故固始人，其居武功则自七世祖政始也。上世多闻人，详公考《长公世行编》。公弘治十五年状元及第，授翰林院修撰。后长公获赠名如公官，母张氏封太安人，妻尚氏封安人。以公为太史氏也，世称太史公云。

公七八岁时授《毛诗》，无何通大义。既而读陈止斋文，仿而论事，杂陈文中，无辨焉。读三苏文曰："老泉集吾取二三策焉，其简书之谓也。"读韩、柳文曰："退之吾取其论议焉，子厚吾取其叙事焉已矣。"读《史记》、《汉书》曰："固书所载汉文献耳，迁史则春秋、战国前文献在焉，吾与其固宁迁也。"续读程、朱集曰："旨哉，其味道也，文之则六籍可企，迁不足论矣。"二十一岁与予讲学于长安邸舍，凡两月而别。明年会于三原，凡十日而别。又明年会于泾阳，数日而别。又明年弘治戊午，又会于长安邸舍，时公年二十四岁矣。是秋同举于乡，明年同试于宗伯，不第。辛酉，公先如京师，以书招予，是秋同游太学。王端毅公一见而以国士礼之，杨邃庵公试而以及第许之，刘文靖公阅而奏之，遂名冠多士。

先是弘治间行袁弼氏之文，盖自督学马公中锡出焉，为我西人式也。有稿城氏者美之以尝予曰："美诸?"予曰："未也。"曰："何知?"曰："以吾友对山氏知焉。"他日美三苏氏之品以尝予曰："美诸?"予曰："美矣，然尝吾友之雉膏为稍珍尔。"稿城氏曰："今而后知子不可与言。"遂不悦而退。及公名世，然后就予问所珍，予出所著《张氏族谱》授之，乃始叹曰："信非苏谱所及，向以子言为谬，今乃知之晚矣，晚矣!"公壬戌对策殿廷，大臣得公卷奏之，问关中名士，应者语数人，非所问也。时史氏渼陂王子在他所进曰："关中有康海者，天下士也。"大臣曰："信如子言。"遂奏卷。时孝宗皇帝亲览，复称旨焉。公遂登进士第一人。是冬，公送母张太安人还武功，予赠公以言，略曰：昔太史及予学，志以文匹休古人名世，嗤于时，惟太史克自信。予曰："名若时匪艰，惟曰是弼，厥后为尧舜以泽厥兆民，无愧我乡先明时惟艰哉。"太史曰："然。"夫既约矣，兹太史志以文匹休于古，则获志名世，则获志禄养厥亲，则获志以衷曲吁帝慰母氏，则获然修厥德，俾明光于上下，布尧舜之泽于厥兆民如先明，则尚哀如未有攸闻于太史行矣。勉哉，勉哉。公受之行。

乙丑冬，公还史馆，凡三年。凡论著必宗经而子史，以宋人言为俚，以唐为新巧，以秦汉为伯仲，而有所驳也。故同志进者畏服而忌焉，多就而正所业者。忌者遂以国老文就正于公，公即革其质易其文而授之，所□者十不一二，忌者乃又以呈国老，故诸国老咸病公。公在馆日，庆阳有李户部梦阳者因论谏下诏狱，罪拟死矣，乃鸣号于公。时宦瑾用事，能生杀人，雅欲见公弗得。明日谋诸柏斋何子，欲见瑾而援李，何子曰："瑾好名负乘之徒也，可诡言说之。"公曰："然。"遂往。瑾闻公至，即倒履迎客，延上座，复肆筵饮公。公笑谈良久，皆格言典训，时瑾所无抗礼语者，见公申如愉如，言复悬河有章，益敬重。左右侍瑾者立如堵墙悉贵人，咸附首谛听称夫子焉。瑾曰："人谓自来状元举不如公，恨不获一见。今幸见之，又过于所闻，诚增光关中多矣。"公绐曰："海何足言。今关中有才子乃海之所不及也，第豪杰不相容耳。"曰："为谁?"曰："李梦阳其人也。"瑾曰："斯人丽死刑，朝夕戮矣。先生乃谓之才耶?"公曰："海不言，正为是尔。"他日梦阳遂获宥而出，公之力也。

公遭内艰而归也，及顺德遇盗而失财焉。捕盗者欲追其财以还公，犹覆水而不可收也。后瑾败，忌者谓公交瑾，故失财而复获，遂罢其官。公之锢也，以文为身累，遂倦于修辞，曰："辞章小技尔，壮夫不为。吾咏歌舞蹈于泉石间已矣，何以小技为哉!"乃屡为乐章，求律于太常氏，又自定黄钟而用之，然后宣以五音，舞以六羽，使声容并作，以祀先乐，宾观者无弗叹赏，知古乐可未尽亡矣。自是有安石东山之兴，然恐友朋规之，则道有卷舒，其名教之乐固未尝亏也。

公事亲自少以承颜为事。诸生时，衣食或不充而亲极滋味，比显，一喜一怒咸无违焉。长公有二、三、四、五弟，公皆事之犹长公。公有二、三、四从兄，六、七、八、九、十、十一、十二从弟，公视之皆如同母兄阜焉。从弟七浩、十一河皆举进士，历官至太守；九淳以选贡，十二濂亦以选贡为教官；甥生员习方、从甥张镈、张炼昆弟联举于乡。悉公教育所成。凡九族待公而举火者数十余家，凡交游昏丧有不能举者，公即助而举之。长安张太微氏有父丧，力不能举，公以百金助之。他不能胜记。凡四方医卜技艺人，多依公而食。

公初配尚安人，顺天府推官公女，尚勤俭持家，闺门以肃。尚殁，继以兴平张氏。张殁，以李氏继室。子男四。长生员栗，尚出，甫冠殁，有《子宽集》。《传》：子宽，栗字也。栗初娶渼陂王子女，继娶灵宝杨方伯女。栗之殁也，杨氏服砒霜以殉，有司尝奏其贞烈请旌表，自有传。次栲，侧室韩氏出。余殇。女三，俱尚出：长适岷州张司徒公孙、今居华州参政用昭子举人之渠，之渠早卒，子光孝甫冠，为名士，有外祖风。次适岐山生员李世贞。次适监生马袭吉。

公生成化乙未六月二十日午时，卒嘉靖庚子十二月十四日寅时，寿六十有六年矣。公审于律吕如周阮，尤精于历数，来年求日月交食，分秒不爽，用掌钤天时、决病人死生。又明脉络孔穴，以处针熨药饵悉不谬。为亲友丧家相葬地点穴，阴阳家弗能驳也。用六太乙占事，知来辄验。惟博弈薄而不为。公泛爱于人无所不交，然于庄谨士则笃敬而亲之，终身不衰。吕泾野氏曰：“予究诸先明之道，有研虑数年而后得者，询诸公一言而合，若前定然。凡论政与事皆如是。公间气所钟亚于生知，故其美如此。”又曰：“人大节，人不可及。”又曰：“公尝与后学论事曰：‘吾乡稷、契、皋、伊，大士也。自余训诂：儒，特书生尔。’观此可以知公所负矣。”张太微氏曰：“公直道而行。人有善，虽乡里细人必称；有不善，虽公卿亦面嗤而诋之。此上世所不容，而欲大行于今，难矣哉。公对孝宗皇帝制策有曰：‘使古豪杰之士而不遇，虽子思、孟轲则亦徒尔。’今观公才德而竟不得志如此，则所谓子思、孟轲云者，其亦自许也耶！”可谓知公者矣。公所著有《武功志》、《张氏族谱》、诗文集、历法诸书。

铭曰：吁嗟对山，敏而善学，故多能多知。聊出绪论，名冠一时，使授之政，左之右之焉。攸不宜乃援人于死，人乃立身，摈而永遗。人皆不堪其悲，公乃乐天知命以自怡。吁嗟乎，对山以先明而自期，吾奚疑！

（明）何瑭《柏斋集》卷十·墓表·康修撰对山墓表　圣人之道，经而不迂，权而不谲，盖大中而至正者也。后世豪杰之士，非无作圣之资也，而学力未至，故于圣人之道，或得其偏，而不能无失。规行矩步，毫发不差，曰：“此圣人之经也。”而人情物理，有所未明，处常事而不能得其要，遭变事而不能通其权，其失也，流而为迂。排难解纷，变化无方，曰：“此圣人之权也。”而挟智用术，颠倒纵横，言焉而不稽其所终，行焉而不究其所弊，其失也，流而为谲。谲则不足以服人，迂则不足以济世，此古之君子所以大过人，而今之君子所以不及也。对山康子，其殆学圣人之权而未至者乎？其才甚高，其气甚豪，其性甚真，其言行则不切切于规矩之内，其取重于当世以此，而见谤于世亦以此。使其遇能言圣人之道而与之切磋，而又悉心听信焉，讲去其非而益粹其是，损其过而益其不足，则其所立，岂止于此哉？吾又惜对山之不遇也。孔子论人，以中行为上，次则思狂狷，谨厚自保者不数也，似德非德者则斥以为贼，患得患失者则贱为鄙夫，其情盖可见矣。对山其殆孔子之所谓狂者乎？对山言行之迹，墓碑已备，兹特论其人品，附于墓碑之后，使来世知有对山康子斯已矣。

（明）李开先《李中麓闲居集》卷十·对山康修撰传 诗靡于六朝，而陈子昂变其习；文蔽于八代，而韩退之振其衰。国初诗文，犹质直浑厚，至成化、弘治间，而衰靡极矣。自李西涯为相，诗文取絮烂者，人材取软滑者，不惟诗文趋下，而人材亦随之矣。对山崛起而横制之，天下始知有秦、汉之古作，而不屑于后世之恒言。其于书也，览而不诵，若登春台，游乎目而饫焉，盖悉其意而遗其辞。尝曰："经籍，古人之魄也，有魂焉，吾得其魂焉已矣。譬诸善饮酒者漉其醇，不善者啜其漓，下则糟粕而已。故上士常逸，下士常劳，夏聚萤，冬映雪，日觇侔焉不足，而继之以夜，何为也？诚虚吾襟焉，求夫博之人而友之，则博不专在彼矣。"故其为学，十日而七在外访友，闭门读书者率不三日也。每被试，挟册者多笑之，已而笑者方咨咨构思，君已投卷不知所之矣。大凡著述，中烦而外疲，弗为也。惟静而虚，虚而意生焉，滔滔乎来也，然后操觚而挥之，虽众咻不闻，未及乎匮也止焉，盖养其锋而善用之耳。又尝谓："古人言以见志，其性情状貌求而可得，此孔子所以于师襄而得文王也。要之自成一家，若傍人篱落，拾人唾咳，效颦学步，性情状貌，洒然无矣，无乃类诸译人矣乎？君子不作凤鸣，而学言如鹦鹉，何其陋也？"一时兴起斯文者，同乡则有王渼陂、李崆峒、马溪田、吕泾野、张伎陵，异省更有徐昌谷、何大复、王浚川、边华泉，虽九子者皆让其雄也。

君姓康名海，字德涵，自号对山，而浒西山人、沜东渔父，则其别号也。然人之称之者，惟对山。故对山之名溢海内，以其行高见远，不但诗古文精也。先籍河南固始人，今籍则陕西武功县。高祖汝楫，永乐初任工部侍郎，殁赠尚书。曾祖爵，太常寺少卿；祖健，通政司知事，皆以尚书荫叙得官云。父镛，博学擅文名，仕止平阳府知事。兄阜，以神童早卒。世德之积，大发于君。数岁，与群儿嬉游，群儿推为师父。见其开悟机警也，授之业，退而嬉游如故，怒欲捶之，课其业，无可捶，乃已。就傅于牛生，初教以小学，继以大学，日有进益。稍长，语及牛傅，未尝不泫然流涕也。年十八，为县庠生，受《毛诗》，惟求大义，不寻章摘句，若板刻时文之为者，而文未尝不过人。邃庵杨提学得其卷，大奇之，许以必中状元。他人虽不尽信，而君实以之自负。弘治戊午，举乡试第七。壬戌，举进士第一。敬皇深喜得人，而读卷官刘健等以为词意高古、闲于政理，不惟三百人不及，自有制策以来，鲜见其比，天下惊传得真状元矣。其第二名孙清，初犹不服，至八月，领原卷登殿试录，一见叹羡，拜服地下，久而后起。释褐，授翰林院修撰。明年癸亥，以母氏苦思归，给假送还故里。

正德丙寅，毅皇即位，复奉其母入京师，纂修实录，会尊上两宫徽号，推恩封赠其父母。丁卯，充经筵讲官。戊辰，同考会试，所取多知名士。时竖瑾擅权，流毒缙绅，怒韩忠定及李崆峒曾疏其过，矫旨逮系，将毙于狱中。崆峒扯衣襟噬指血密书告急于君，曰："非吾友，他弗能救。"君因与王渼陂计曰："许友以死，分也。奈老母何？"王言："罢官已矣，谅不及母。"君慨然："果如是，吾何惜一官而弃二命。"遂入白于瑾。初若不可解，徐徐言及，此来非为二人。瑾扣其故，答以“韩虽不识事体，久负正人之名，李则文章超绝，可为乡里之光。倘若被戮，则公之夙望损矣。”瑾意稍许可。二人履虎尾而不咥，一时正人生气，直言敢谏者自是接踵不绝。母太安人弃养，将西归合葬平阳公墓。旧时翰林之葬其亲者，志状碑传必出馆阁大臣手。君乃自为之状，而以二三知友各为之文，名其刻为《康长公世行叙述》。或有劝止之者，则应曰：“文在可传，不必官爵之高贵者。”吕九川见而深讶之，以为此去官供状也，尚以其刻送人，何也？既而诸友多不免，君竟以飞语罢黜为民。意谓瑾恨韩、李切骨，康非有亲于瑾，何以能立脱其危？一如渼陂之所逆料者矣。言者又以其过顺德遇盗失财，非籍瑾势，有司何以督捕过严，追给翻溢其数？当时附瑾者，不一年由郎署府守即至正卿，君为修撰八年，不陟一阶，是果瑾党耶？黜报至武功，有来唁者，则解之曰：“玉石俱焚，自古有之。瑾诛，天下之幸，吾一人何足惜。”

辛巳，今上入继大统，诏京职为民者予冠带，有司有具冠带送之者，则谢以“原冠带乃敬皇所赐，被群小构害褫去，更复何用”？其废也，不止为友，与夫以文为累。在官日，论事无所回护，有不如意，则怒骂不置，又好面斥人过失，后虽屡有荐章，当道者明知其才，弃而不用也。“直木先伐，直躬恒蹶。”古语不亦诚然乎？杨少司马过其里，留饮而欢，君自起弹琵琶劝酒。杨言：“家兄在内阁，久欲起君，何不以书白通，待吾到京首言之。”君乃盛怒，掷其琵琶挞杨，杨走，追而骂曰：“吾岂效王维假作伶人，以琵琶讨官作耶！”是虽太过，自卑谄者观之，霄壤不侔矣。又一提学访君，慰劳之曰：“太史以萋菲之谗，罹此虞罗，久投闲散，将同盩厔王给舍具一疏保荐，则如何？”君哂且止之曰：“是语有愿闻者，有不愿闻者。荐于朝则可，问于吾则不可。且子方掌一方文教，发言不可太轻。”其人惶汗而退。

会吕泾野，谈及用人事，则言只进君子，其小人不须搏击，自然潜消。吕乃惊叹：“此某四十年穷经之功，今开口便与之暗合耶！”人问其详，则云：“即舜、汤举皋、伊，而不仁者远也。”马溪田举王浚川与何柏斋书“圣人通变不固执。”何答以“接淅而行，亦圣人也。”王之意在箴何之过于退，而何之意则箴王之必于通也。君独判之曰：“是皆今之画红模秀才也。古之志在苍生者，岂若是践迹乎？”吕又惊曰：“别后日力此学，为可几及也，闻言始知又尚远矣。使何、王获闻斯言，当不又长一格耶。”乡人多取其小善而详著其短，心服其才而口议其非，犹夫在朝之人云。或又以其酒必妓，妓必歌，歌必自制，病其大放。霍渭崖以为隐于此，非泥于此也。又以为若辈止解呵讪康、李二子，不知自二子观之，犹沟渠中蚊蝇也。崆峒于诗文犹少见本相，君则不惟不以疏奏自直，且于诗文绝无怼恨不平之气。孝其母，能顺其心，衣服饮食，皆手自供奉。事五叔不啻其子，从兄弟十余人，处之如同胞。母、姊、妻三族之不给者，皆食于其家。张太微父丧不能举，适有以百金征文者，即推与之。

君既久居林下，乃于星历卜筮书，无不究览，用掌钤天时，决伤寒人之死生，又明诸脉胳孔穴，以处针熨药饵悉不谬。为所亲丧葬点穴，老阴阳家弗能驳也。用六壬太乙占事则验。行书老健，篆隶尤工，小廉曲谨之士，惑于一吠众声，或有诮之者，及接其神采，听其谈吐，无不茫然自失。虽制行戾俗，然不免骇俗，出语惊人，然不免伤人，要之不失为天下士。

所著有《武功志》、《张氏族谱》、《沜东乐府》、《纳凉余兴》、《春游余录》、《王兰卿传奇》、《即景余录》，有史笔，有元音，而《对山文集》十九卷，不雕刻，有识见，不止还国初之质直浑厚。张太微所谓“驰驱屈宋，陵轹班马”，非虚誉也。是其天性高朗，钟气通灵，方得有此。宋王梅溪以抡魁充馆职，擢太子詹事、龙图阁学士，功业文章，烜赫一时，君若得遇，将与之同，抑或过之乎？终于啸傲烟霞，平章风月，真可惜也。携妓游山三十余年，至嘉靖庚子十二月十四日，终于正寝。从其治命，以山人巾服殓藏。检其遗囊，止百金，并酒器、首饰更有二百之数，然大小鼓却有三百副。家人又云：“金乃翟巡边及杨御史所赠，非此则百余金亦无矣。”距生年成化乙未六月二十日，寿六十有六。以辛丑十月十八日葬于城南纸坊祖茔。茔则前渭后岐，左漆右沣，文芒万丈，突兀触天。

呜呼！君之生也，将以发关河闷秘之清辉；其逝也，于以还太华、终南之元气，用与不用，何足计哉？君娶尚，继张，又继季氏。子二：栗，县学生，有才早卒，犹其伯父；次楞，年今三十余，始折节向学，可绍其业。女三：长适华州举人张之桀，次岐山县学生李世祯，又次同邑监生马袭吉。予为进士有名，赖君延誉，别后逢便即书，表一长卷，余者尚有二三十通。久欲作传报之，索其志传不可得，急了心愿，乃以平日所闻，并其文集及关中士夫集有可采者，强成篇章，以俟他日有得，更当增补之。

（明）李开先《李中麓闲居集》卷十·康王王唐四子补传　初予欲为康、王、王、唐四子作传，屡次致书其家，索其志状不可得，恐终不可得也，遂据平素所见，并刻行文集，漫然为之。乃后各家陆续寄至，对山志则马溪田，状则张太微……与予所作，大同小异，且有不及予详者。……康对山既举会试，对众叹曰：“乡试让吉时，会试让鲁铎，若廷试复让一人，则真弃物矣！”已而果然，众始服其言。忌者假以国老文为其所作，就正于对山，对山不知，从而批抹少存者，忌者呈之国老，诸老咸恶之矣。一日，瑾令所亲密者致意对山曰：“主上欲以汝为吏部侍郎。”对山答曰：“我服官才五阅岁矣，自来翰林未有五岁而升部堂者，请为我辞之。”事遂寝，瑾因深嫌其不附己。文选郎张彩之来京也，对山谓之曰：“我辈方求去而不可得，君又何来耶？”彩云：“我见械系御史高胤先，恐惨祸相及，不得已再出耳。”无何，彩为吏部侍郎。对山曰：“不来惧祸，既来受官，曷若托病告归耶！吾畏骤而恳辞，君独不畏而冒受之，将来不知死所矣。”及瑾坐反，连彩下狱，泣语同狱者曰：“悔不听康子之言。”先是，彩与瑾情投气合，骎骎有进用之势，偶与众士大夫会饮，盛称灵宝许太宰之才德，对山亦在座中，对众再三祝曰：“只要常常如此。”逆料彩将为尚书，必有排挤之意，未久，果与瑾同谋逐许矣。谢木斋见知于敬皇，子丕为编修有名，焦芳同谢在内阁，子黄中同丕居翰林，名出其下。两姓各树党相标榜，焦欲引对山为助，一日置酒厚请对山，至则满座皆邪媚人也，因大言曰：“此为排谢招我耶？”座客皆愧服，而忌之者由此益众矣。居尝言：

"为官化民，为民化俗，欲化民俗，先自族党始。"故于族党之长者敬之，幼者育之，穷困者周给之。数弟两甥显达成名，皆其教导之功。每出奇论惊人："道以无定为真，学以适用为是，文以达质为良，在三代罔有不同。至宋则执一以为道，训解以为学，凡冗以为文，论其学则有，适于用则无，谈一身之行为似是，救国家之急难则非也。"只观乎此，非振古人豪耶？数次援人于死地，弗望报也，而获生者反造谤焉，因为《差差辞》及《中山狼传》，而后咎有所归矣。尝病武功贸易之寂寥也，乃于城东神庙报赛。数日间，乐工集者千人，商贾集者千余人，四方宾客男女长幼来观者数千人。对山乃约里中壮士数百人，戎装临之。时有大盗欲行劫而不敢发，来者无不既醉且饱。其才略施诸细事类如此，使获大授，其勋业讵可量哉！异时商人集盩厔，盗至，众莫能支，遂大掠而去。观此，又足知其能矣。

……

尝总四子而论之，对山之放达，独超众见；渼陂之风致，允合人情；遵岩之机警，见重公评；荆川之方严，尤闲事务。是皆时行而行，时止而止，谋王而王，谋霸而霸者也。或为人之所排，或为命之所使，弃之而不果于用，用之而不尽其才，士夫徒慕其名，而黎庶不被其泽，可惜也！虽然，其文章固在也，资之以淑身心，以光家国，以敷政治，所谓神而明之存乎人，推而行之存乎通也。

（明）陈鎏《皇明历科状元录》卷四·弘治十五年壬戌状元康海　廷对之士鲁铎等二百九十七人，擢康海第一。取庶吉士胡煜等二十人。

康海，字德涵，陕西武功人。年二十八举进士第一，授翰林院修撰，寻以事罢。家居尝迁于维扬以混其迹。四世祖汝楫，洪武初举明经，太祖选为燕王相，永乐中拜刑部左侍郎，留北京辅皇太子，凡城守置治事皆听便宜行之。汝楫有大勋德，上将封之为侯，固辞。比卒，又上表乞勿赐赠谥，上竟允之。洪熙元年始赠工部尚书。子爵累迁南京太常寺卿。爵子健，天顺初诏起尚书之孙应主祀者，健受通政司知事。健子镛，平阳府知事，是生海。当时议者谓海与钱福同调，而才不及云。

廷试策问"任辅相以修庶政"之意，首相刘公健主通书"心纯"二字，海对策起句云："天下有不易之事，人君有不可易之心。"擢第一。尝闻宋淳熙间试士，孝宗受之光尧，主"坚忍"二字，詹骙对策起句云："天下未尝有难成之事，人君无不坚忍之心。"遂荐第一。(《余闻》)

武功古邑，唐宋多贤。皇明鼎魁，康遄发焉。汝楫立朝，辅导则贤。辞侯避赠，古人所难。伯涵之发，世泽所延。高陵继蹈，吕公骈肩。康多逸俊，词调精专。吕深研探，理学名全。未别贤狂，世胥罕旃。

……

鲁铎湖广景陵人，康海陕西武功人。弘治壬戌春初，京师有善占天文者，礼部诸公诘之曰："魁在何处？"占者曰："文星在楚，魁当在湖广。"越一月，将揭榜，复命占之。占者讶曰："文星入楚浅，入秦深，魁当在陕西。"后铎中会元，海中状元。人事

之上应天象如此。(《义命编》)

(明)顾祖训原编、(明)吴承恩增补、(清)陈枚续补《状元图考》卷二·状元康海 弘治十五年壬戌，廷试鲁铎等二百九十七人，擢康海第一。

按，康海，字德涵，号对山，陕西武功人。年二十八举进士第一，授修撰，寻以事罢。家居尝贾于维杨以混其迹。

《治世余闻》：廷试策问“任辅相以修庶政”之意，首相刘公健主通书“心纯”二字，海对策起句云：“天下有不易之事，人君有不易之心。”擢第一。

《义命编》：鲁铎湖广景陵人，康海陕西武功人。弘治壬戌春初，京师有善占天文者，礼部诸公诘之曰：“魁在何处?”占者曰：“文星在楚，魁当在湖广。”越一月，将揭榜，复命占之。占者讶曰：“文星入楚浅，入秦深，魁当在陕西。”后铎中会元，海中状元。人事之上应天象如此。

(清)沈青崖等《陕西通志》卷六十三·人物九·儒林·明 康镛，字振远，武功人。八九岁即孝友，善文辞，有所著述，长老争纪颂之。弱冠益深明事理，曰：“序述不若马迁，理辨不若孟轲，功泽不若伊傅，是未可已矣。”以岁贡为平阳府知事，卒。(《墓志》)

子海，字德涵，弘治壬戌进士及第第一人，授翰林修撰。夙禀灵秀，不事章句，掇采旨奥，融通大义而已。尝曰：“经籍古人之魄也，有魂焉，吾得其魂尔矣。”论道则以“无定”为真，论学则以“适用”为是，论文则以“达质”为良。刘瑾用事，以海乡人，欲致之，海常自疏阔。其后李梦阳下狱，瑾几杀之矣，梦阳妻弟曰左国玉者为书通海，乞请刘生之。海谢国玉曰：“我固自远于刘太监，乃何惜生李子?”即上马驰至瑾门。门者阻之，海曰：“我康状元，乃公里人。”瑾闻，即摄衣出迎，坐海上坐，留海饮。海谈笑，睨瑾曰：“自古三秦豪杰有几?”瑾愕然曰：“惟先生教之。”海曰：“昔桓温问王猛三秦豪杰何以不至，猛扪虱而谈世务，三秦豪杰舍猛其谁，温暗若此哉!”瑾面发赤，疑其讥己，因问曰：“于今则几?”海默然屈指曰：“三人尔。昔王三原秉铨衡，进贤退不肖。今则有密勿亲信在帝左右。”瑾意指己，转发喜色，因复问曰：“尚有一人，其先生乎?无谓王猛在前而吾不识。”海曰：“公何谬称?其一人者，今李白也。海卑卑耳。”瑾固问，则曰：“昔曹操憎祢衡，假手黄祖，此奸雄小智。李白醉使高力士脱靴，可谓轻傲力士，力士脱而不辞，容物大度也。”瑾俯首思曰：“先生岂谓李梦阳耶?此人罪当诛。”海即起辞，瑾谢曰：“我知，我知。”明日入奏，出梦阳。瑾讽海欲以为吏部侍郎，海固辞，自是时时有匡正，而亦自是益亲，瑾败，坐瑾党，夺官为民。(《名山藏》)

德涵既罢免，以山水声伎自娱。间作乐府小令，使青衣被之管弦，歌以侑觞。杨侍郎廷仪过浒西，留饮甚欢，自起弹琵琶劝酒，杨言：“家兄在内阁殊相念，何不以尺书通问?”德涵怒掷琵琶撞之，杨走，追而骂曰：“吾岂效王维假作伶人借琵琶讨官做耶?”归田三十余年，其殁也，遗囊萧然，大小鼓却有三百副，其风致可思也。阜字德瞻，德涵兄，时有神童之目，卒年十九。桌字子宽，德涵子，为武功县学生，年二十二而夭，有诗百余篇，王渼陂其妇翁，为序而刻之。(《列朝诗集》)

(清) 张廷玉等《明史》卷二百八十六·列传第一百七十四·文苑二·李梦阳（附康海） 康海，字德涵，武功人。弘治十五年殿试第一，授修撰。与梦阳辈相倡和，訾议诸先达，忌者颇众。正德初，刘瑾乱政。以海同乡，慕其才，欲招致之，海不肯往。会梦阳下狱，书片纸招海曰：“对山救我。”对山者，海别号也。海乃谒瑾，瑾大喜,为倒屣迎。海因设诡辞说之，瑾意解，明日释梦阳。逾年，瑾败，海坐党，落职。

王九思，字敬夫，鄠人。弘治九年进士。由庶吉士授检讨。寻调吏部，至郎中，亦以瑾党谪寿州同知。复被论，勒致仕。

海、九思同里、同官，同以瑾党废。每相聚浒东鄠、杜间，挟声伎酣饮，制乐造歌曲，自比俳优，以寄其怫郁。九思尝费重赀购乐工学琵琶。海挡弹尤善。后人传相仿效，大雅之道微矣。

(清) 张树勋《续武功县志》卷四·人物志第七上一·康海 康海，字德涵，号对山。事详《明史》本传，不具论。论其轶事：海数岁与群儿嬉，父镛授之业，辄退而嬉，怒欲箠之，课所业，无可，箠乃已。于书览而不诵，尝曰：“上士恒逸，下士恒劳。诚虚吾衷，以友博学，则博不在友而在我。”为诸生时什九在外，日与朋友论说，挟册者笑之。既而同试，笑者方构思，海已投卷逝。凡撰著，中烦而外疲，弗为也，惟静而虚，虚而意生，滔滔乎来，夫然后操觚而挥，虽众咻弗闻，未及乎匮也，止焉。盖养其锋而善用之，恒若新发硎。

及第状元，授修撰，充经筵讲官。凡著作必宗经而子史，以宋为俚，唐为巧，秦汉为伯仲而未醇，故同进者忌海。海遭母丧归，径沙河遇盗，邑令偿失金，海受之。及刘瑾败，忌者劾海交瑾，令惧瑾，故偿金，遂罢官。

海爱人之心长而自好短。尝援李梦阳于死，后顾谤其交瑾，放废不复起，然海未尝仇梦阳也。海之废也，以文为身累，遂倦于修辞，曰：“辞章小技耳，壮夫不为。吾咏歌舞蹈泉石间已矣。”乃制乐府，谐以声容，自操琵琶倚歌。别居浒西庄，自号浒西山人，又号浒东渔父。宾至，弹琵琶娱宾，或劝其仕，则怒举琵琶提客。然海事亲孝，赒族党厚，教育子弟戚党皆成名。嘉靖十九年，年六十六卒，命以山人巾服殓。遗鼓三百副。所著有《对山文集》、《浒东乐府》、《康氏族谱》、《张氏族谱》、《武功县志》行世。

(明) 李贽《续藏书》卷二十六·文学名臣·修撰康公海 （存目）

(明) 王兆云《皇明词林人物考》卷四·康德涵 （存目）

（明）焦竑《国朝献征录》卷二十一·修撰·翰林院修撰康公海传　（存目）

（明）过庭训《明分省人物考》卷一百三·陕西西安府一·康海　（存目）

（明）何乔远《名山藏》·臣林记（文苑）**·康海**　（存目）

（明）尹守衡《史窃》第九十五卷（文苑）**·列传第七十三·康海**　（存目）

（清）钱谦益《列朝诗集小传》丙集·康修撰海　（存目）

（清）查继佐《罪惟录》·列传卷十四·讽谕诸臣列传·康海　（存目）

（清）傅维鳞《明书》卷一百四十六·列传十·文学传二·康海　（存目）

（清）王鸿绪《明史稿》卷二百六十七·列传第一百六十二·文苑二·李梦阳（附康海）　（存目）

（清）陈田《明诗纪事》丁签卷三·康海　（存目）

（清）阎湘蕙《明鼎甲征信录》卷二·康海　（存目）

科　第

（一）乡试

（清）沈青崖等《陕西通志》卷三十一·选举二·举人·弘治十一年戊午科　康海（武功人，状元。）

（二）会试、殿试

（明）康海《康对山先生集》卷一·廷对策一道　弘治十五年，制曰：朕膺天命，承祖宗列圣之统，以临天下，于兹十有五年。夙夜兢兢，思弘化理，非法诸古而不可。然尝考之前代继统之君，守成称贤，莫盛于夏之启，商之中宗、高宗，周之成康之数君者，治绩之美，具在方策，果何道以致之？近世儒者之论，谓圣王以求任辅相为先，又谓君之圣者以辨君子与小人。数君子之致治也，其亦有待于是邪？且辅相之贤否，君子小人之情状，未易知也。兹欲简贤为辅，用君子不惑于小人，将安所据邪？天下之务，固非一端，以今日之所急者言之，若礼乐，若教化，若选才，课绩征赋之法，兵刑之令，皆斟酌于古。然行之既久，不能无弊焉。祛其弊而救之，欲化行政举，如祖宗创制之初，比隆前代，何施何为而得其道邪？子诸生积学明经，通于古今之宜，其具实以对，毋隐言，毋泛论，朕将采而行之。

臣康海对：臣闻天下有不可易之道，而常获于人主有不敢易之心。盖天下之事，未有舍道而能集者，而道固不可易也。心之所向，道之弘否所关，一有所易，则所以修乎身者必不能实用其力。而道之在我，知之不明，守之不固，甫迁于此，或复于彼，虽欲勤励以求治，而弛张予夺，一无所据。窥伺媒孽之辈，共起而乘之，虽有贤人君子立于其朝，漫不相信，甚者或斥谴罢去，不为之所。天下之治，将焉所赖而成乎？惟有以真知道之不可易，其心常忧勤惕厉，而不敢以一毫苟且轻率之意杂之于中。择之必精，执之必固，使用人取善各有定则，贤否莫吾乱，而君子小人不相尤。既得其人而任之以事，则政无不举，而法无不振。天下之治，宜无有不成者矣。古之人君，未有不达于是，而能致其治者也，亦未有徒达于是，其心终有易焉，而能以无弊者也。

洪惟皇帝陛下以至圣之德，抚盈成之运，十五年来，民安物阜，虽尧舜禹汤文武之业，亦不过此。而策士之诏，乃犹惓惓焉以化之不弘、治之不洽为念。陛下岂诚有未达于是，而犹待于问哉？臣有以仰窥圣心之于道，固有不自易焉者也。臣尝谓古今豪杰之士，不得所遇，如子思、孟轲之流，亦且徒尔。而臣之庸昧，乃际遇若此，臣敢有所讳而不言哉！

臣惟天下之深患，在于久安极治，而机括所不见者，莫为之虞。陛下夙夜兢兢，思弘化理，此固宜也。然用于己不若资于人，求诸今莫若法乎古。古之君心纯乎道，未尝敢以为易，故其用人行政，有非后世之所能及。如启当禅授之后，继禹之业，守之以敬，而伯益之用，终始无间，故道之得于禹者，无废坠不举者矣。中宗、高宗，一切信任陟扈傅说之属，而又本以严恭寅畏、恭默思道之心。成商之治，夫岂无所据邪？殷之顽民，杂于管、蔡、武庚之手，武王之泽未洽也。使非悔悟于周公，笃信于召奭，借有成康继序不忘之思，旌别淑慝之意，而礼乐之化岂能如诗书所道哉！程颐曰："圣人以求任辅相为先。"欧阳修曰："君之圣者，以辨君子与小人。"盖政以人而举，人既存，则政自无偏弊不举之患，而治之在天下者可成也。陛下欲求数君致治之绩，独可舍此而他务邪？亦惟有不敢易之心而已。天下之政，孰有出于人主之心者。况用人之际，又其本原所自之地哉！

圣制所谓简贤为辅，用君子，不惑于小人，诚灼见其必然，而忧勤之心有不能自已者也。盖大君为天地之宗子，必有大臣为宗子之家相。相之职，所以辅养君德，而赞成政化，天子不可一日无者，岂惟夏商周为然。皋夔稷契之流，虽尧舜之世，亦不可无也。若其贤与否，则必辨之于先，而后可任之于后。苟辨之不明，用之不当，则天下之祸，反有不可言者矣。何者？以匹夫之贱，而上与天子共事，其所为操纵予夺者，无一不为天下之所禀受。使心术或有不正，而学识或有不醇，则其所坏，非如有司之一节一端而已。故必先有不敢易之心，然后修之身者，无往不实。修之身者既实，则出乎我者，无乎不正，而人之邪正，自无所匿。于是择其贤者而用之，则辅相得矣。臣于今日，岂以不得为忧哉！特恐所以待之者不至耳。臣在草野间，闻朝廷用一大臣，必极耸动，以为谘谋亲信，将必有出于恒品之外，今上于京师，乃或有未然者。臣愿陛下为之礼下，务得其心，而使尽其职，凡远猷大略，不为群议所讪，一政一令，必与之深言极论而后布，则小人虽欲肆其无所忌惮之私以惑吾听，而其情已先觉矣。盖小人之情不过趋利避害，去其所恶而求其所喜者而已。然亦必掩之而不甚露，故利之来或逊且谢之，害之至或以为所分且蹈之。夫辞之不力，则得之不固；受之不力，则去之不决，及利害至于必不可已，则亟去与取之恐后也。方其有所勉而为之也，其卒不可掩者，已跃然于甘言悦色之间，即此试之，小人之情可复遁乎？既得其情则宜亟去之，去之不亟则或为他巧所中，而犹未免于有惑，随有即觉，随觉即去，如是而已。如是则君子小人不相尤，君子小人不相尤，则动无所妨，而天下之务自无凝滞不举之患矣。

臣请以圣制所及数者言之。礼乐不可以一日无，此万古不易之论。然其兴也，虽专重其实，而亦未尝遂弃其文。臣窃见近之所为礼者，疏简纵逸，虽所谓仪文之末，亦未之有。所为乐者，残缺废坏，虽所谓声容之细，亦未之备。盖不得其本，而安于苟且将就之习，固如是也。苟学校之教，有以振作而兴起之，则人心自无不止之欲，而其情自无不和之发。凡见之宗庙朝廷乡党之际，自有以去其疏简纵逸之习，而补其残缺废坏之弊，将不俟于进退升降，而节钟鼓羽籥而和矣，礼乐有不兴者乎？至夫教化之所在，其机系于人主之心，而其应属之天下之广，萃英俊之士，使之群游于学，读书穷理，且或莫为之变。而欲驱天下之愚民，使悉归于礼让和乐之域，固已难矣。莫若先以恭俭忠厚躬行于上，不为声色、土木、货利、玩好之所移易，而后徐以示于天下。天下方以前日之侈纵相安，而一旦之所闻见乃如此，其心亦必悚然以思，冷然以省。苟一二大家巨族，顿悟而倡改之，则人之乐从者众矣。选课之法，则臣于此有所深惜。祖宗之于士，养之以道义，而信之以赏罚。其用也，不为之拘，而其课之也，幽明殿最，各为之等，故人皆勉于其官，而优于其事。比者稍有兵荒，而纳粟买官之人已满吏部之簿矣。虽有才德滞于所用之期，用未及而颠毛已号种种。能以壮节自励者，曾几人哉！又况黜陟之施，一惟流品是视，苟不本于科甲之选，高官重秩未肯轻与，则彼无所慕于中者，又安有所忌于外哉！臣愿严其侥幸觊觎之禁，使冗懦不职之徒，一一谢去。选惟其才而不尽拘流品，试之以官而课之以实，如苏洵所谓：某人廉吏也，有某事以知其廉；某人能吏也，有某事以知其能。然后因其最否以加赏罚，天下之人望以其才自见者，亦将知所变矣。征赋之病，大抵冗耗过多，而司会莫为之省。非司会之不省，势不得也。自京师言之，食之仰于江南，岁数百万，而权势所畜无籍之辈，不为国家分寸之益者，乃至百千，借其空名以耗实费。至有水旱饥馑之变，则又加倍以取于江南之民。臣闻土日窟则陷继之，江南之民贫甚，则江北可晏然以不顾乎？况今边境之扰，未甚妥帖。前日榆林大同之役，马死食匮，所费不知几千万，而无用之兵，又坐食于边。山陕之民，丁运之法，无不备举，老幼妇子，流离移析。外患未除，而内地已困，宁不为可惧耶？臣欲去冗耗无用之费，而革权门招集之弊，息江南之民，以固根本。边境之扰但以付之良将，不用统制之属带挟侥幸之徒，以耗军食。而又复屯田之实，省丁运之苦，用固无不足者也。兵则先于生养安息之间，为之深计，使不受役于私门，而得给其俯仰。奋迅矫烈之气，又必常振励之，使之无所沮丧。今有一级之劳，而大家右族，诃谴夺去，不敢仰视，将何所养以自奋乎？况夫新旧逃流之兵，方以官法逼之复伍。釜爨之用，俱无可充，又其居无亲戚往来之接，其心之欲去已甚矣。卫所之官，又以严刑深计，钩取其有，彼方有欲去之心，而此又逐之使去，逐矣而不去，岂人情哉？欲兵之强，而二者特不之详，臣所以深虑也。用刑之际，洞照物情，而不为所诳，明者皆足为之，而法之轻重，则有一定之制。既得其情，必为之继，使贵贱无异施，豪右寡弱无异决，则令之所出即无不从，天下之奸当必随禁而革。盖天下皆天子之民，刑期于必戮，赏期于必得，不待命而后知者也。豪右之徒，有所倚伏，得以自脱，而寡弱之人，骈首就死。人之情孰不畏死而不求所以自脱哉！此尤陛下之所宜置念者也。夫数者之务酌之于古，而行之于今，宜有不可易者，而其弊犹若此。

圣制所谓祛其弊而救之，欲化行政举，如祖宗创业之初，比隆前代者，岂有他哉？亦取诸人而已。孔子曰："为政在人。"启以下数君不过中才之主，一得其人且足以为治。而况陛下神圣天纵，出于寻常万万者哉！然臣于此窃有说焉，盖政虽举于有人，而身则所以取人之本。故孔子又曰："取人以身。"欲得人而不先修乎身，是其心之所存，轻忽率易，不能不累于爱憎之私，而用所不当用，舍所不当舍者有矣。臣愿陛下急于修身，以端取人之则。然所以修身者，又非勉强矫拂之所能致，必自君臣、父子、夫妇、昆弟之间，以至于动静、语默、一事、一为之际，常加儆畏，内省于中。果当于理，而不悖乎？果非其当然之则，而狃于外诱乎？使天理纯明，私欲净尽，则身无有不修，而道无有不尽。酬酢斟酌，自不谬于天下之是非。苟用乎人，其用必当；苟发于政，其发必精。治功之隆，能追配祖宗，卓越古昔，而有诗书之所不及载者矣！彼汉唐宋区区小补之治，又恶足论哉！然臣又闻治不患于始之不得，而难于终之有继。伏惟陛下常存不敢易之心，以守此不可易之道，则国家天下之幸，非独臣之幸也。臣无任惓惓忠爱之至。臣谨对。

（又见［明］康海《对山集》卷首，［明］焦竑辑，［清］胡任兴增辑《历科廷试状元策》卷二）

（明）张朝瑞《皇明贡举考》卷五·（壬戌）**弘治十五年会试**　中式举人三百名：鲁铎，湖广景陵县人，监生，《书》。杨果，南直隶兴化县人，监生，《易》。郁侃，南直隶上海县学生，《诗》。毕济川，江西贵溪县人，监生，《春秋》。唐胄，广东琼山县人，监生，《礼记》。

三月十五日，临策天下贡士，制曰：朕膺天命，承祖宗列圣之统，以临天下，于兹十有五年。夙夜兢兢，思弘化理，非法诸古而不可。然尝考之前代继统之君，守成称贤，莫盛于夏之启，商之中宗、高宗，周之成康之数君者，治绩之美，具在方策，果何道以致之？近世儒者之论，谓圣王以求任辅相为先，又谓君之圣者以辨君子与小人。数君之致治也，其亦有待于是邪？且辅相之贤否，君子小人之情状，未易知也。兹欲简贤为辅，用君子不惑于小人，将安所据邪？天下之务，固非一端，以今日之所急者言之，若礼乐，若教化，若选才，课绩征赋之法，兵刑之令，皆斟酌于古。然行之既久，不能无弊焉。祛其弊而救之，欲化行政，举如祖宗创制之初，比隆前代，何施何为，而得其道邪？子诸生积学明经，通于古今之宜，其具实以对，毋隐言，毋泛论，朕将采而行之。

（时廷对之士二百九十七人，赐康海等进士及第出身有差。策问任辅相以条庶政，首相刘公健主通书"心纯"二字，海对策起句云："天下有不可易之道，而常获于人主有不敢易之心"，擢第一。海祖汝辑有令德，延而生海。与吕柟齐名，康多逸俊，吕深研探。《宪章录》载海救李梦阳事，有大丈夫之风，缘此识刘瑾，遂罹清议，惜哉。所著有《对山集》，官止修撰。是科曹岐、曹岷兄弟同登，选胡煜等二十人为庶吉士，后鲁铎为名臣，黄宏死宸濠之变。）

第一甲三名赐进士及第：康海，陕西武功县。孙清，直隶武清卫籍，浙江余姚县人。李廷相，锦衣卫籍，山东濮州人。

（明）张弘道、张凝道《皇明三元考》卷八·弘治十五年壬戌科大魁 状元康海（陕西武功人，字德涵，号对山。戊午举人，年二十八。寻以逆瑾乡人故，罢官家居。尝贯维扬，以混其迹。所著有《对山集》。高祖汝楫，刑部侍郎。曾祖爵，以荫仕至太常寺少卿。从曾祖禋，以荫仕至通政司参议。祖健，通政司知事。父镛，府知事。弟浩，正德辛未进士，户部郎中；河，嘉靖癸未进士）。

（清）沈青崖等《陕西通志》卷三十·选举一·进士·弘治十五年壬戌康海榜 康海（武功人，修撰）。

（清）张廷玉等《明史》卷十五·本纪第十五·孝宗 （弘治十五年春三月）庚寅，赐康海等进士及第出身有差。

仕宦

（明）黄佐《翰林记》卷十七·史官题名·修撰 康海（德涵，陕西武功人，弘治壬戌进士第一，以事除籍）。

（清）谷应泰《明史纪事本末》卷四十三·刘瑾用事 时翰林修撰康海与梦阳同有才名，各自负不相下。瑾慕海，常欲招致门下，而海不往，瑾恒先施，海辄瞯亡答之，竟不一见。至是梦阳客左氏者诣狱语梦阳曰：“子殆无生路矣！惟康子可以解之。”梦阳曰：“吾与康子素不相下，今死生之际始托之，宁不愧于心乎？”左曰：“不谓李子而为匹夫之谅也！”强之再，梦阳乃以片纸书数字曰：“对山救我！唯对山为能救我。”对山者，海别号也。左持书诣海，海曰：“是诚在我。我岂吝恶人之见，而不为良友一避咎也？”遂诣瑾，瑾大喜，延置上座。海曰：“昔唐玄宗任高力士，宠冠群臣，且为李白脱靴，公能之乎？”瑾曰：“即当为先生役。”海曰：“不然，李梦阳高于李白，而公曾不为之援，奈何欲为白脱靴哉？”瑾曰：“此朝廷事，今闻命当为先生图之。”海遂解带与之饮，达曙别去。梦阳由是得释，而海与瑾往复，竟罹清议矣。

（清）张廷玉等《明史》卷三百六·列传第一百九十四·阉党·焦芳附曹元 当刘

瑾时，廷臣党附者甚众。瑾诛，言官交劾。……翰林则……修撰康海……于是……海……除名。

轶　事

（明）李绍文《皇明世说新语》卷一·言语上　康海语刘瑾曰："天有夏必有冬以敛之，有雷霆必有雨泽以濡之。今公威则震矣，而恩未舒，宜思消长之道。"瑾怃然曰："真吾兄也。未有以此言告我者。"

又，卷六·任诞　康海答寇子惇云："放逐后，流连声伎，不复拘检。虽乡党自好者，莫不耻之，又安可与士大夫同日语者！阮籍之志，在日获酩酊耳。三公万户，非所愿也。"

又，卷八·忿狷　康海罢官，自隐声酒。时杨侍郎廷仪，少师廷和弟，以使事过康。康置酒至醉，自弹琵琶唱新词为寿，杨徐谓："家兄居，恒相念。君但得一书，吾当为君地。"康大怒，骂曰："若伶人我耶?"手琵琶击之，杨走免。康遂入，口咄咄："蜀子!"更不复见。

（明）王世贞《弇州四部稿》卷一百四十九·说部·艺苑卮言六　康德涵六十，要名伎百人为百岁会。既会毕，了无一钱，第持笺命诗送王邸处置。时鄠杜王敬夫名位差亚，而才情胜之，倡和章词，流布人间，遂为关西风流领袖，浸淫汴洛间，遂以成俗。

（明）王同轨《耳谈》卷十·康武功得子　武功康殿元海对山公始无子，适有妓自其省来，鬻歌于市。又有招公饮者，妓在焉。公善琴，妓亦能之。试弹一曲，公大喜，招其母来，授二百金，四币纳焉，即生子，成孝廉。楚左史滇南董公以时尝过武功，孝廉觞焉。知其故，以语我。

（明）蒋一葵《尧山堂外纪》卷九十二·国朝　康海（字德涵，号对山，陕西武功人，弘治壬戌状元，与王敬夫名位差亚，而才情胜之。倡和章词，流布人间，遂为关西风流领袖。）

西亭宗室送康对山白牡丹一本，康走笔寄谢云："曾傍瓜田构药栏，欲凭光景慰哀残。聊同楚客怜芳草，敢冀梁园送牡丹。老病只疑花解笑，春风预想雪成团。攀援不减三株树，报答真惭双玉盘。"

康状元被废，肆意词曲，虽俚语遭其隐括亦自可喜。有山坡羊曰："我和尚发了善，离了庵观。我和尚发了誓，再不去看经向善。这寺里出家的尽有，成佛的也不曾见。七大八小许多僧禅，论成佛轮不着你，俺到不如还俗了罢手，佛也不与我众生为怨。娶一个美貌佳人也，锦帐罗帷受用上几年。成就了我的姻缘，我把那阿弥陀佛拾得过来撩的他还。成就了我的姻缘，那怕他碓捣磨碾，去上过儿刀山。”又《沉醉东风》曰：“装几车儿羊毛笔管，载几车儿各样花笺。凤阳墨三两房，天来大三台砚。请孔门弟子三千，一夜离情写半年。添砚水尽，都是离情泪点。”（初李梦阳代韩文草疏刘瑾，已调出之，犹不快前忿，罗以他事械至京下狱，将置之死。时康海与梦阳同有才名，各自负不相下。瑾慕海，尝欲招致门下，而海不往。瑾恒先施，必欲其一至，海每□亡答之。至是，梦阳所亲左国玑诣狱谓梦阳曰：“子殆无生路矣，唯康子可以解之。”梦阳曰：“吾与康子素不相能，今临死生之际，乃始托之，独不愧于心乎？吾宁死矣。”左曰：“不谓李子而为匹夫之谅也。”强之再三，以片纸请书数字。梦阳乃援笔曰：“对山救我，唯对山能救我。”左持书诣海，海曰：“是诚在我，我岂敢吝恶人之见，而不为良友一辟咎也。”遂诣瑾，瑾焚香迎海，延置上座，海不少逊。瑾曰：“今日有何好风吹得先生来也？”命左右设席。海曰：“吾有言告公，公如听吾言当为公留，不然，吾且去矣”。瑾曰：“云何？”海曰：“昔唐明皇任高力士，宠冠群臣，且为李白脱靴，公能之乎？”瑾曰：“瑾即请为先生脱之。”海曰：“不然。今李梦阳高于李白数倍，而海固万不及一者也，下狱而公不为之援，奈何欲为白等脱靴哉？”即奋衣起。瑾固止之曰：“此朝廷事，今闻命即当斡旋之。”海遂解带与痛饮，天明始别。梦阳遂得释归，而海自是与瑾往复，竟以此废弃。）

康对山里居时，最好声色，尝嬖一伎名狠架子。伎适被罪当罚米，康以事在刘宪副大谟，乃柬刘曰：“狠架子是我表子，马公顺是他老子。拜上远父先生，乞望饶些草子。”刘笑而从之。马公顺乃马宪副应祥字，亦尝狎此妓者。远父乃刘字。（对山有四姬，目为随身四帅，其名为全菊、小斗、芙蓉、彩连。初对山无子，适有妓鬻歌于市。又有招公饮者，妓在焉。公善琴，妓亦能之。试弹一曲，公大喜，招其母来，授二百金、四币纳焉，即生子，成孝廉。又对山常与妓女同跨一蹇驴，令从人赍琵琶自随，游行道中，傲然不屑。陆俨山常至关中，以对山旧同在馆中，特往诣之，相见共谈旧事，即取琵琶鼓二三曲，欷歔者久之。时有杨侍郎庭仪者，少师介夫弟，以使事北上，过康，康故契分不薄，大喜，置酒至醉，自弹琵琶唱新词为寿，杨徐谓：“家兄居，恒相念。君但得一书，吾为地通史局。”语未毕，康大怒，骂“若伶人我耶！”手琵琶击之，格胡床迸碎，杨踉跄走免。康遂入，口咄咄：“蜀子！”更不相见。）

（明）焦竑《玉堂丛语》卷七·任达 康海罢官，自隐声酒。时杨侍郎廷仪，少师廷和弟也，以使事过康。康置酒至醉，自弹琵琶唱新词为寿，杨徐谓：“家兄居，恒相念。君但得一书，吾当为君地。”康大怒，骂曰：“若伶人我耶！”手琵琶击之，杨走免。康遂入，口咄咄：“蜀子！”更不复见。

康德涵六十，要名倡百人为百岁会。既毕，了无钱，第持笺命诗送王邸处分。时鄠杜王敏夫名位差减，而才情胜之，倡和词章布人间，遂为关西风流领袖，浸淫汴洛间，遂以成俗。

康海答寇子惇云：“放逐后，流连声伎，不复拘检。虽乡党自好者，莫不耻之，又安可与士大夫同日语者！阮籍之志，在日获酩酊耳。三公万户，非所愿也。”

（明）张萱《西园闻见录》卷二十三·住行 康德涵六十，邀名妓百人为百岁会。既会毕，了无一钱，第持笺命诗送王邸处置。

（清）王士禛《池北偶谈》卷七·康马 武功康状元德涵、三原马光禄伯循相友善。康词锋如云，马言不出口。或靳之，伯循曰：“但听德涵言论，自足快意，何待吾言？”

（清）沈青崖等《陕西通志》卷九十八·拾遗一 李开先奉使银夏，访康德涵、王敬夫于武功鄠社之间，赋诗度曲，引满称寿，二公恨相见晚，作《塞上曲》一百首，又通集古人塞上诗为一编。（《列朝诗集》）

又 康德涵既免，以山水声妓自娱，间作乐府小令，使二青衣被之弦索，歌以侑觞。西登吴岳，北陟九峻，南访经台、紫阁，东蹑太华，歌其所制之词，飘然欲仙。尝生日邀名妓百人为百年会，酒阑各书小令一阕，命送诸王邸，曰：“此差胜锦缠头也。”（《列朝诗集》）

又 康德涵、王敬夫同里同居，同放逐沜东鄠杜之间，相与过从谈燕征歌以相娱乐。敬夫将填词以厚赀募国工，杜门学按琵琶三弦，习诸曲，尽其技而后出之。德涵尤妙于歌弹，酒酣挡弹按歌，更起为寿，老乐工击节，自谓弗如。（《列朝诗集》）

著　作

（明）王世贞《弇州四部稿》卷一百五十·说部·艺苑卮言七 闻康德涵卒后，佳文章俱为张孟独摘取。今其集殊不满人意，以此。

（清）黄虞稷《千顷堂书目》卷六·地理类上 康海《武功县志》三卷。

又，卷二十一·别集类·弘治壬戌科（十五年） 康海（字德涵，武功人，一甲第一人，翰林院修撰）《对山集》十九卷，《乐府》二卷。

又，卷三十一·总集类·诗 康海、吕柟《游浒西集》一卷。

又，卷三十二·词曲类 康海《沜东乐府》二卷。

（清）张廷玉等《明史》卷九十九·志第七十五·艺文四 康海《对山集》十九卷，《乐府》二卷。

（清）纪昀等《钦定四库全书总目》卷六十八·史部二十四·地理类一·《武功县

志》三卷　明康海撰。海字德涵，武功人，宏治壬戌进士第一，授翰林院修撰，以救李梦阳事坐刘瑾党削籍。《明史·文苑传》附见李梦阳传中。是志仅七篇，曰地理，曰建置，曰祠祀，曰田赋，曰官师，曰人物，曰选举。凡山川城郭，古迹宅墓，皆括于地理。官署学校，津梁市集，则归于建置。祠庙寺观，则总以祠祀。户口物产，则附于田赋。艺文则用《吴郡志》例，散附各条之下，以除冗滥。官师则善恶并著，以寓劝惩。王士禛谓其"文简事核，训词尔雅"，石邦教称其"义昭，劝鉴尤严，而公乡国之史，莫良于此"，非溢美也。《志》刻于正德己卯，万历间再经刊行，旋复散佚。乾隆二十六年，武功知县玛星阿得抄本于孙景烈，因为重刊。其圈点细评，皆出景烈之手，颇嫌疣赘。又王士禛称《武功志》载《璇玑图》，而此本无之。考海孙吕赐尝刻《璇玑图读法》，前有题识云："余录先太史《县志》真本，悉依原编。惟苏氏诗未录，非敢轻有变置，故附数语录本之末，述先太史之意，冀来者之鉴余志也。"然则此本乃吕赐所刊除矣。遗文轶事，志乘中原可兼收，士禛以具录是图为此书之佳处，固非定论。吕赐必刊而去之，亦于义无取也。

又，卷一百七十一·集部二十四·别集类二十四·《对山集》十卷　明康海撰。海有《武功县志》，已著录。其诗文集自明以来凡四刻。一为张太微所选，一为王世懋所选，互有去取。国朝康熙中，其里人马氏始裒其全集刻之。江宁此本乃乾隆辛巳，其里人编修孙景烈以所藏张太微本又加刊削而刻之。海以救李梦阳，故失身刘瑾。瑾败坐废，遂放浪自恣，征歌选妓，于文章不复精思，诗尤颓纵。王世懋《序》称其"五七言古律多率意之作，又慕少陵，直摅胸臆，或同时人名号爵里，韵至便押，不丽于雅。"朱孟震《序》述李维桢之言，亦称张太微本珷玞燕石，间列错陈，故马氏所增刊颇伤芜杂，景烈此本虽晚出，而去取谨严，于诗汰之尤力，较诸本特为完善，已足尽海所长矣。明人论海集者是非不一，要以俞汝成"文过于诗"语为不易之评。其《拟廷臣论宁夏事状》及《铸钱论》诸篇，尤颇切时弊。崔铣、吕柟皆以司马迁比之，诚为太过。然其逸气往来，翛然自异，固在李梦阳等割剥秦汉者上也。

（清）永瑢等《钦定四库全书简明目录》卷十八·集部六·别集类五（明洪武至崇祯）　《对山集》十卷。（明康海撰。海亦一时才士，徒以救李梦阳之故失身刘瑾，人品文品遂并颓唐。遗集颇为芜杂。此本为孙景烈所删定，去取颇严，然已尽海之所长矣。）

评　论

（明）吕柟《泾野子内篇》卷一·云槐精舍语　问康德涵，曰："汉马迁之材也，其学之博犹未逮耳。"

（明）孙绪《沙溪集》卷十一·杂著·无用闲谈 状元康德涵海、榜眼孙直卿清，皆不拘小节，为言者所劾，遂去国。然二子者，实才雄一代。直卿风流酝藉，甚可人意。德涵词锋如云，直节劲气，毅然不可夺。论者谓弘治壬戌科得此二子，足为科甲之光。以忌嫉者多，老于摈斥，可惜也。吏部马伯循素博学，善属文，终日言不出口，乃与德涵友善。或谓其性不相类，伯循曰："但听德涵言论，自足快意，何待余言也?"亦是可笑。

（明）黄佐《翰林记》卷十九·文体三变 国初，刘基、宋濂在馆阁，文字以韩、柳、欧、苏为宗，与方希直皆称名家。永乐中，杨士奇独宗欧阳修而气焰或不及，一时翕然从之，至于李东阳、程敏政为盛。成化中，学士王鏊以《左传》体裁倡，弘治末年，修撰康海辈以先秦两汉倡，稍有和者。文体盖至是三变矣。

（明）王世贞《弇州四部稿》卷一百四十八·说部·艺苑卮言五 何李之外，始有康德涵。康源出秦汉，然粗率而弗工，有质木者可取耳。……康德涵如靖康中宰相，非不处贵，恇扰粗率，无大处分。……康德涵如嘶声人唱《霓裳散序》，格高音卑。

（明）王世贞《明诗评》卷二·康修撰海 康海，字德涵，武功人也。举进士第一，为翰林修撰。以逆瑾乡人故罢官。有集行于世。评曰："太史制策声名传溢海内，竟以阉人之败，削籍归耕。没齿为锢，颇效扬恽南山之田，赵瑟秦声，倚歌击筑，诗如河朔丈夫。须髯戟张，借躯报仇，人疑大侠，与之周旋，乃是酒肉伧父。"

（明）王世懋《对山先生集序》 王子曰：夫文至弘正间盛矣！于时关中称"十才子"，而康先生德涵为最。然独最偃蹇，至削籍以死。余至关中，首索先生集读之，怪其盛名之下，所著仅此，而时亦有曼衍亡当于情实者。马伯循传先生首举其《张氏族谱》，乃集亦不载，以为疑。亡何，先生之子乡进士梣来，尽以先生遗集见付，乃稍卒业而叹其巨丽，然其为曼衍亡当于情实者亦益以众，则何也？先生当长沙柄文时，天下文靡弱矣，关中故多秦声，而先生又以太史公质直之气倡之，一时学士风移，先生卒用此得罪废。而使先秦两汉之风至于今复振，则先生力也。既已放废无聊，稍托之声伎以自耗，其魄磊之气不能作下帷腐毫生活，而家居久，名益重，海内丐文者无虚日，先生间以丝竹曲糵之暇应之，而门生子弟亦时有为代笔者，以故不无芜讹。至其为诗，乐府蔚健，故是风雅所寄，而五七言古律间多率意之作，又慕少陵直摅胸臆，或用时人名号爵里，或韵至便押，不必丽于雅，故此自先生志雄一世，由我作则，或以为不当并削然。余谓："梣也，尔其为康氏志也者，则可留为千载之下重康先生也者，则不可留夫使利吻后生执一瑕以废先生之瑜，毋宁使获罪于先生之子孙，谓废其家志哉？凡二集中铺叙亡关系者必削，率直亡蕴藉风者必削，命意就时离于大雅者必削。总之旧集之削者十之二三，而遗集之入者十之三四，彬彬乎足成一家言矣。"于戏！兽畏网罗，人恶俊异，命不谐俗，死犹烦人。先生少负俊声，为廷对第一人，意将兼举经济润色之鸿业，不幸被谗谮以废其志，事既无所表见，而放浪形骸之外，又为礼法之士所绳，独所可不磨者有斯集在，乃又以武夫溷良璧，丛筱秽美箭，是先生之穷且并其文为异趣者揄揶。此宁独康氏子孙之羞，亦斯文后死者之责也。是编也出即不敢谓尽得先生之心，抑或风雅备焉。览者循是以求先生未白之心，庶几哉千载人豪，思过半矣。

万历九年八月旦日，吴郡后学王世懋撰。

（录自［明］康海《康对山先生集》卷首）

（明）耿定向《先进遗风》卷上 论曰：清华地望，实世之膻府蝇蚁所必集，亦世之招的弹射所共指也。先辈之交际来往慎重如此，虽文字翰墨亦不轻假，有以也。若康德涵拯友于急难，义诚至高，亦蹈从井之愚矣。惜夫！

（清）王士禛《池北偶谈》卷十一・秦中诸志 志以简核为得体，康德涵《武功志》最称于世。

杂　录

（明）李梦阳《空同集》卷六十三・《与何子书》二首（其二） 自仆罹此难，友朋多不复通书问。结交在急难，徒好亦何益！仆交游遍四海矣，赤心朋友，惟世恩、德涵与仲默耳。其难如此，可悲可叹！

（明）陆深《俨山外集》卷六・知命录 少师腁庵刘公健，字希贤，洛阳人也，今赠太师，谥文靖，葬北邙之麓。予往拜焉，观贾南坞阁老所撰墓碑，颇不称公相业。还过其家问其孙承学中书遗事，说公甚详。年九十四岁，终时亦无疾。西过武功，会康修撰德涵，道此共惋惜之，相约各书所闻见，以裨家传之阙。德涵云：往岁奔丧西归，见公于洛阳里第，留入卧内，微揭帏帐示之，双瞳炯然，童颜黑发，自帏中语云："往岁陈澜编修借来俞琰《参同》，是汝批抹的？却是我几被此书误了。"既而相对，则一老翁也，大声云："我眼目已昏，闷闷见人休胡说。"丁宁再三。德涵以为仙去人敛时甚轻，惟夫人知之，故速举入柩，人不甚传云。

（明）汪道昆《明故提督学校陕西按察司副使信阳何先生墓碑》 瑾故惮献吉名高，嫌献吉先生书抵，文正为献吉地，且介康德涵居其间，瑾意平，乃解。

（录自［明］何景明《大复集》卷末）

（明）杨慎《升庵集》卷七十四・依乌哀乌 武功县刻《储光羲诗》，首一篇以

“哀乌郎”作“衰乌郎”，康德涵问余：“衰乌郎何说？”余曰：“必是哀乌郎。”康深然之。及检《天文图》作“依乌”，又疑，而不及改正。

（明）黄佐《董大理》 予在史馆阅《实录》，见谢给谏弹事，会吕仲木至，问：“德涵何如人？”曰：“直节人也。致孝于亲，且笃交义，尝拯献吉于死狱。然性度高迈，侃侃面斥人短，坐是致怨。比在留都，马伯循为余言，献吉下狱时，瑾欲杀之，急，乃书片纸出，谓：‘德涵救我！’家人往告康，康即上马驰至瑾门，门者不为通，呼曰：‘我天下魁人也，汝公乃我乡里。’瑾素闻康名，常冀一见而不可得，闻之即摄衣迎康，康遽上坐，瑾留饮。康谈笑，睆瑾曰：‘自古三秦豪杰有几？’瑾愕然曰：‘请先生见教。’康曰：‘昔桓温问王猛三秦豪杰何以不至，猛扪其虱而谈世务，三秦豪杰舍猛其谁，何温暗若此哉？’瑾面发赤，疑其讥己，因问曰：‘于今三秦豪杰有几？’康默屈指曰：‘三人尔。昔王三原秉铨衡，进贤退不肖。今则有密勿亲信秉大钧者。’意盖指瑾也。瑾转发喜色，因复问曰：‘尚有一人，其先生乎？无谓王猛在前而吾不识。’康曰：‘公何谬称海也？此一人乃今之李白也。海何能为役？’瑾固问之，则曰：‘海不敢道。昔曹操憎祢衡，假手黄祖杀之奸雄，小智也。李白醉使高力士脱靴，可谓轻傲力士，力士脱靴而不辞，容物大度也。’瑾俯首思曰：‘先生岂谓李梦阳也？此人罪当诛。’康即起出曰：‘海不敢道者此也。’瑾谢曰：‘敬闻命矣。’明日即赦出之。其后献吉反嫉害德涵，优伶至为《中山狼》杂剧以刺献吉，然德涵未尝雠献吉也。由此观之，党耶？非耶？”大理之冤可类推已。

（录自［清］黄宗羲《明文海》卷四百二十四）

（明）王世贞《弇山堂别集》卷二十九·史乘考误十 康对山海卒，吕枏为《墓表》，谓庆阳李献吉词赋追汉魏，自谓一时豪也。尝犯宦官刘瑾，系狱几死，先生既用策脱之，李后著文，令他人擅其美。李名士也，犹且不识，况其他乎！至许宗鲁为传，尽削之。而张治道为《行状》则甚详，云韩文率诸大臣劾瑾等擅权，而弹文出李梦阳手，恨之，以他事构梦阳下狱，欲致之死，人情汹汹，莫敢拯救。梦阳自狱中传帖甚急，曰：“对山救我！救我！”何柏斋对众曰：“对山肯救之瑾，李尚可活也。”人以语先生，先生曰：“我何惜一往而不救李耶？”先生虽承往，而人犹难之。明日先生同御史某往左顺门，值柏斋自内阁出，曰：“此为献吉来耶？”先生曰：“是。”柏斋附先生耳曰：“此可独往，不可与他人同也。”先生遂不之往，且谓柏斋曰：“瑾横恶肆权人也，性好名，可诡言而夺，不可正言而论也。”柏斋曰：“此惟先生能之，他人不能也。”又明日，先生往瑾所，瑾闻先生至，倒屣迎之，留饮坐话久之。瑾谓先生曰：“人谓自来状元俱不如先生，真为关中增光。”先生绐言曰：“海何足言。今关中有三才，古今所稀少也。”瑾惊曰：“何三才古今稀少也？”先生曰：“李郎中之文章，张尚书之政事，老先生之功业。”瑾曰：“李郎中为谁，乃与我并耶？”先生曰：“是今狱中李郎中也。”瑾曰：“非李梦阳耶？”先生曰：“是。”瑾曰：“若应死无赦。”先生曰：

“应则应矣，杀之，关中少一才矣。”饮罢晚出。明日，瑾奏上赦李梦阳。

薛应旂《宪章录》则言海与梦阳各自负，不相下。瑾慕海，欲致之而不得。瑾恒先施，欲其一致，海每阚亡答之。至是梦阳所亲有左姓者，诣狱谓梦阳曰：“子殆无生路矣，惟康子可以解之。”梦阳曰：“吾与康子素不相能，今临死生之际乃始托之，独不愧于心乎？”左曰：“不谓李子而为匹夫，谅也。”强之再三，以片纸请书数字，梦阳乃援笔曰：“对山救我，惟对山为能救我。”余无别言。对山者，海别号也。左持书诣海，海曰：“是诚在我。我岂敢吝恶人之见，而不为良友一辟咎也？”遂诣瑾。瑾焚香迎海，延致上坐，海不少逊。瑾曰：“今日何好风吹得先生来也？”命左右设席，海曰：“吾有言告公，如听吾言，当为公留，不然吾且去矣。”瑾曰：“云何？”海曰：“昔唐明皇任高力士，宠冠群臣，且为李白脱靴，公能之乎？”瑾曰：“请即为先生脱之。”海曰：“不然。今李梦阳高于李白数倍，而海固万不及一者也，下狱而公不为之援，奈何肯为白脱靴哉？”即奋衣起，瑾固止之曰：“此朝廷事，今闻命即当斡旋之。”海遂解带，与痛饮，天明始别。梦阳遂得释归，而海自是与瑾酬酢，遂罹清议矣。

黄泰泉佐作《董大理传》则云，予在史馆阅《实录》，见谢给事弹章，会吕仲木至，问：“德涵何如人？”曰：“直节人也。致孝于亲，且笃交义，尝拯献吉于死狱。然性度高迈，侃侃面斥人短，坐是致怨。比在留都，马伯循为余言，献吉下狱时，瑾欲杀之，急，乃书片纸出，谓：‘德涵救我！’家人往告康，康即上马驰至瑾门，门者不为通，呼曰：‘我天下魁人也，汝公乃我乡里。’瑾素闻康名，常冀一见而不可得，闻之即摄衣迎康，康遽上坐，瑾留饮。康谈笑，睨瑾曰：‘自古三秦豪杰有几？’瑾愕然曰：‘请先生见教。’康曰：‘昔桓温问王猛三秦豪杰何以不至，猛扪其虱而谈世务，三秦豪杰舍猛其谁，何温暗若此哉？’瑾面发赤，疑其讥己，因问曰：‘于今三秦豪杰有几？’康默屈指曰：‘三人尔。昔王三原秉铨衡，进贤退不肖。今则有密勿亲信秉大钧者。’意盖指瑾也。瑾转发喜色，因复问曰：‘尚有一人，其先生乎？无谓王猛在前而吾不识。’康曰：‘公何谬称海也？此一人乃今之李白也。海何能为役？’瑾固问之，则曰：‘海不敢道。昔曹操憎祢衡，假手黄祖杀之奸雄，小智也。李白醉使高力士脱靴，可谓轻傲力士，力士脱靴而不辞，容物大度也。’瑾俯首思曰：‘先生岂谓李梦阳也？此人罪当诛。’康即起出曰：‘海不敢道者此也。’瑾谢曰：‘敬闻命矣。’明日即赦出之。其后献吉反嫉害德涵，优伶至为《中山狼》杂剧以刺献吉，然德涵未尝雠献吉也。由此观之，党耶？非耶？”大理之冤可类推已。

佐之辞婉，而文、应旂为二君饰奖而所语太粗易，《行状》似有所本。然以张尚书为关中三杰则非也。当献吉下狱时，张彩尚为文选郎中，转佥都御史，何得言尚书？又一小说谓海言：“公事事以高皇帝制度为法，李梦阳能法高皇帝为诗，奈何杀之？”其说之不同如此。大抵以康公尝救李公，而不详其事，争以文笔传饰之耳。《中山狼传》撰自马左都中锡，而杂剧则出王太史九思，以为讥献吉，理或有之。（董少卿名恬，坐刘瑾败论罢。）

《康公行状》又言：“孝宗时，谢阁老迁见知主上，其子丕为翰林编修。时焦芳子黄中亦为翰林检讨，争胜于谢，各树党与，互为标榜。焦欲引先生为附，一日置酒敦请，先生往，见座客皆邪媚者，曰：‘此为排谢招我者耶？’遂正言责之，座客皆愧服。”按，谢公在内阁，编修举进士，在正德元年以前，焦未入阁，黄中亦未登第也。谢公致仕，编修亦请告，而焦始入阁。黄中举进士，编修已连坐为民久矣，何尝相及？而谓之互为标榜也？又言：“会试场中取仲木为第一，而王济之置之第六。先生忿言于朝曰：‘仲木天下士也，场中卷无可并者，奈何以南北之私，忘天下之公乎？且会试能屈吕矣，廷试其能屈乎？’及廷试，果第一人。济之甚怨焉。”按，康治《诗》，仲木治《书》，必非《经》房座主。而仲木所作《墓表》言：“自入翰林，求交先生。”则非座主门生又可见矣。且据此以为康被斥之故，尤误。康之斥时，王公与焦芳当其时则皆已致仕矣，未尝在政府也。康既以救李献吉与瑾密，而丁忧被盗，累有司赔补，为众所摘，李文正时有恨，不为之救故耳。

（明）冯从吾《少墟集》卷二十·关学编三·明·溪田马先生 邃庵杨公督学关中，见先生与康德涵、吕仲木，大惊曰：“康之文辞，马、吕之经学，皆天下士也！”

（明）沈德符《顾曲杂言》·填词有他意 填词出才人余技，本游戏笔墨间耳，然亦有寓意讥讪者，如王渼陂之《杜甫游春》，则指李西涯及杨石淙、贾南坞三相，康对山之《中山狼》则指李空同。

（清）黄虞稷《千顷堂书目》卷二十一·别集类·弘治 康阜《康德瞻集》四卷（康海弟，年十九早卒。海集其所为诗赋百十二篇）。

又，卷二十一·别集类·弘治 康栗《康子宽集》五卷（康海子，早卒）。

（清）王士祯《池北偶谈》卷十四·中山狼传 《中山狼传》，见马中锡《东田集》。东田，河间故城人，正德间右都御史，康德涵、李献吉皆其门生也。按，《对山集》有《读中山狼传》诗云：“平生爱物未筹量，那记当年救此狼？”则此传为马刺空同作无疑。今入《唐人小说》，亦如《天禄阁外史》之类。

（清）沈青崖等《陕西通志》卷十六·关梁一·西安府·临潼县 康桥，在县北八十里。明刘瑾陷李梦阳，武功康海救之，有义声。归里时潼令为桥于漆水渡之，因名。（《县志》）

又，卷六十三·人物九·儒林·明 张治道，字孟独，长安人，颖记绝人。为诸生率试高等，又娴于诗赋，议论如悬河，而性刚气豪，尚奇节，一时咸推服之。正德甲戌登进士，授长垣令。三年，以治行擢授刑部主事，与部僚薛蕙、刘储秀、胡侍并以诗名都下，号“西翰林”。梦其母病，乃上疏引疾归，遂不复仕，一意读书为文章，与王九思、康海一见语合，数与纵论诗文，遨游终南鄠杜间，遇山水胜处，辄命酒歌咏，或语

及天人古今之际，浩渺闳肆时，人莫测也。家居四十，年著述甚富。(《丘隅集》)

（清）张廷玉等《明史》卷一百八十六·列传第七十四·张敷华 瑾恨未已，欲借湖广仓储浥烂，坐以赃罪。修撰康海过瑾曰："吾秦人爱张公如父母，公忍相薄耶?"瑾意稍解，独坐敷华奸党，与守随等榜名朝堂。

又，卷一百九十七·列传第八十五·霍韬 明年（嘉靖七年）四月，进礼部右侍郎。韬力辞，且举康海、王九思、李梦阳、魏校、颜木、王廷陈、何瑭自代，帝不允。再辞，乃允之。

又，卷二百八十二·列传第一百七十·儒林一·马理 杨一清督学政，见理与吕柟、康海文，大奇之，曰："康生之文章，马生、吕生之经学，皆天下士也。"

又，卷二百八十六·列传第一百七十四·文苑二·李梦阳 既而瑾复摭他事下梦阳狱，将杀之，康海为说瑾，乃免。

又 与何景明、徐祯卿、边贡、朱应登、顾璘、陈沂、郑善夫、康海、王九思等号十才子，又与景明、祯卿、贡、海、九思、王廷相号七才子，皆卑视一世，而梦阳尤甚。

（清）吴景旭《历代诗话》卷七十七·癸集中之下·泣孝宗 正德初，（李梦阳）代尚书韩贯道草奏劾八阉，复逮系，刘瑾必欲杀之。献吉出片纸曰："对山救我！秦人皆言，瑾恨不能致康德涵。德涵往，献吉可生也。"乃往谒瑾，瑾大喜，盛称德涵真状元，为关中增光。德涵曰："海何足言？今关中自有三才：老先生之功业，张尚书之政事，李郎中之文章。"瑾曰："李郎中非梦阳耶？应杀无赦。"德涵曰："杀之关中少一才矣。"明日瑾奏上赦出。盖献吉实赖德涵营救而脱。后德涵得罪，献吉议论稍严，刻马中锡作《中山狼》传诋之。

（清）纪昀等《钦定四库全书总目》卷一百七十五·集部二十八·别集类存目二·《别本东田集》十五卷 明马中锡撰。……案《嵩阳杂识》曰："李空同与韩贯遣草疏，刘瑾切齿，必欲置之死，赖康浒西营救而脱。后浒西得罪，空同议论稍过严，人作《中山狼》传以诋之。"王士祯《居易录》亦称："中锡《中山狼传》为刺李梦阳负康海而作。"今其文在第五卷中。然海以救梦阳坐累，梦阳特未营救之耳，未尝逞凶反噬，如传所云云也。疑中锡别有所指，而好事者以康、李为同时之人，又有相负一事，附会其说也。

弘治十八年（1505）乙丑科状元顾鼎臣

传　　记

（明）陆深《俨山集》卷八十·行状三·光禄大夫柱国少保兼太子太傅礼部尚书武英殿大学士赠太保谥文康顾公行状　公讳鼎臣，字九和，别号未斋，苏之昆山人。昆山古称东吴。吴四大姓，顾其一也。三国时雍为吴名相，其后别族散处，故昆山有顾氏云。公家雍里村，世以力田种德闻于时，故昆山之顾氏为大族，其十二公者元之万户也。实生德辉，嗣为万户。德辉生八子，其季讳士恭，公之高祖也。曾祖讳大本。祖讳良，号耕乐道人。父讳恂，号桂轩，有隐德，列祀乡贤。三世俱累赠光禄大夫、柱国、少保、兼太子太傅、礼部尚书、武英殿大学士。曾祖母蔡氏、祖母吴氏、嫡母吴氏、生母杨氏俱累赠一品夫人。

公生而颖敏，数岁能文章，稍长学益进，与兄子直、潜同游邑庠，皆有名，时号"顾氏三凤"。弘治辛酉，举应天乡试。乙丑，举会试，对大廷赐进士及第第一人，授翰林院修撰。七月，丁父桂轩公忧。正德丁卯，服阕。戊辰五月，还朝，与修《孝宗实录》成。己巳五月，升翰林院侍讲，赐银币。十二月，丁杨夫人忧。壬申，服阕，告病家居。癸酉冬，还朝。甲戌，充廷试受卷官。丙子五月，升左春坊左谕德兼翰林院侍读。八月，受命主顺天乡试，时钱宁擅权，令人持帖至公所，嘱其所亲，以重利啖之，公不为动，竟忤宁，而宁亦不能害也。己卯，武宗南巡，赐麒麟服。辛巳，今上入继大统。五月，开文华讲读，充经筵日讲官，赐银币、孔雀服三袭。复充《武宗实录》纂修官。公在讲筵音吐宣畅，敷陈启沃，节奏缅缅，上每倾听。嘉靖壬午正月，郊祀礼成，赐白鹇服。三月，疏乞归省祭，上以讲官故，特命驰驿还乡，赐白金文绮，仍令速返供职。癸未，疏乞养病，上不允。再疏得请。家居藏修者几四年，目击东南利弊，慨然欲起而振举之。丙戌冬，赴阙。

丁亥二月，复职经筵日讲仍旧。十月，更定学士制，公首为翰林院学士，掌印，仍充经筵日讲官，分撰诰敕。十一月，进讲范浚《心箴》，上特谕内阁云："朕因十三日听讲官顾鼎臣解说《心箴》，连日思味其意，甚为正心之助，昨自写一篇，并假为注释。”复谕曰：“前日听讲《心箴》，深加爱尚。朕自念上荷天命，为人君长，当务学以致知，待粗有领会之时，再注《视听言动四箴》。”后复御制《敬一箴》，命于翰林院两京国子监建敬一亭，并前五箴俱勒石其中，天下学校准为定制。戊子八月三十日，上又谕辅臣曰：“朕为《洪范》一书，于帝王为治之大经大法，实为亲切，讲解须委一人，庶得接续贯畅，欲令鼎臣通篇进讲，分段计日，从容讲解，务使尽其所言以为朕为学求治之助。”九月八日，上又谕以公所讲《洪范》“尽心指解，复虑词语长多，恐温书之日有所失记，少为删去几句，从容讲说，以发明朕心，使有所得，直解揭帖内可撰写精全，朕得览阅以求旨义，为为治之助”。十月，赐《文献通考》、《四书大全》、《书传大全》各一部。闰十月二十日，上又谕曰：“今以寒月，例暂免经筵日讲。但朕以《洪范》未终篇，故未循例暂免。”又曰：“为学贵终始，亦在乎笃行，不在急迫与徒知也。鼎臣暂免朝参，止入讲殿进讲，庶得从容，朕亦安听，或得于领会矣。”十一月二十一日，上又谕以公进讲《洪范》终篇，尽心指陈，升詹事府詹事，仍兼翰林院学士，赐白金文绮。又谕称公入仕有年，故特进三品，与他讲官不同，盖特恩云。上又谕公：“自进讲以来忠诚剀切，于经传多所发明，甚为朕进学之助。”又谕以公学行素优，侍讲有年，启沃良多，勤劳简在，特给赐诰命。

己丑四月，命校勘续修《大明会典》，公充副总裁，考定损益多公手笔云。十二月，上奉先圣先师神位于文华殿之东室，行释菜礼，特命辅臣及公等十臣瞻拜。复召至西室，亲承天语，期勉赐茶而退。继颁圣谕，令十臣各敷陈经义关切于君德治道者以献。公撰述《中庸》首章讲义一篇进呈御览，大意言图治者期臻于圣神功化之极，不安于小康也。庚寅二月，上肇举耕籍礼，特旨命公与九推之列，赐云鹤服。七月，命掌詹事府事。辛卯九月，无逸殿成，上御殿命辅臣及公等坐讲《周书·无逸》篇，赐宴。十月，升礼部右侍郎兼翰林院学士，仍充经筵日讲官，不妨部事。十一月，历三品俸考满，荫孙谦亨入监。壬辰十月，奉特旨教庶吉士吕怀等二十一人。旧例教庶吉士率用翰林臣二员，独受简命自公始也。十二月，升吏部左侍郎，掌詹事府事，兼官职位如故。癸巳三月，上以厘正先师祀典再幸太学，命公充分献官，上祀毕御彝伦堂，命祭酒司业讲书，赐坐听讲，赐新钞、羊酒。时取孔颜孟三氏子孙至京从幸陪祀，公退而上言，以为孔子之道为万世帝王法，在当时门弟子唯曾参之传独得其宗。观《大学》一书，纲领条目昭然明白，端可见矣，而二千年以来未有能表章之者。我皇上崇儒重道，远迈帝王，似兹旷典所宜肇举，伏乞命礼官详议，盍访曾氏子孙与孔颜孟三氏一体录用，则吾道幸甚。上是之，于是求得曾氏子孙名质粹者，授博士以主祀事。甲午，再满考，进勋级，授资治尹。

时大同军士屡变，执政者欲以大兵屠灭，公抗疏言：“叛者不过二三渠魁，诛之则国法正而人心安矣。奈何戮及无辜，使玉石俱焚乎！”上从其奏，全镇生灵赖以获免。

乙未，孝静毅皇后梓宫发引，礼部疏请命大学士一员题主，上特以命公。是岁廷试进士充读卷官。旧制亲赐策问，皆内侍传捧，是年特命公捧下，仍著为例。上复御文华殿，亲试选进士赵贞吉等三十人改庶吉士，内阁疏请简命主教事者，上擢公礼部尚书兼翰林院学士，仍掌詹事府事，教庶吉士。公具疏恳辞，上谕之曰：“朕以卿讲幄旧臣，效劳有年，特加兹秩，专委教读，为国储材，宜从朕命。”公就职，程率训励，模范肃然，冀得真材以称上意。七月，公有疾，二十三日上赐手札云：“前因秋享祖考，卿以疾奏，别委捧主，朕意以卿微疾耳。昨闻之李辅臣谓犹未愈，卿受命教习吉士，此非小托，宜善加调理，可用心教之，以副朕任用焉。”二十六日，复赐手札问疾，并手制药一剂赐公，谕意谆谆，恩眷有加。丙申三月，从上幸山陵，赐麟服及银瓢绣囊诸物。四月，赐飞鱼服。二十七日，召见行宫，时公教庶吉士，因论进学之方，作文之法，教育人材之要，及言《宋史》浩繁，宜加删削以备御览。上意嘉悦，议修饰七陵，并豫建寿宫命公往祭天寿山之神。八月，上遣祀先师孔子。九庙成，礼部疏请定各庙时享、太庙祫享、大享诸乐章，上特命公专撰。九月，重录累朝宝训实录成，公为同经理官，特加太子太保，赐宴于谨身殿，仍赐银币鞍马。十月，议迁孝肃、孝穆、孝惠三后神主奉安陵殿，特命公题主。

丁酉七月，公上疏言：“东南财赋重地，积弊甚多，为民蠹害。”遂条陈四事：一曰暂议差官总理，二曰查理田粮旧额，三曰催征岁办钱粮，四曰查复预备仓粮。皆究极利弊，纤悉不遗。公恐行之者不得其意，反为民害，故又曰：“所以更化善治，非作聪明以乱旧章也。法久弊滋，务在整饬振举，以复旧焉耳。”其惓惓若此。先是尝以四事建言于朝，行之而有司因循废阁，故复有是奏，上特命户部臣速行之加严切焉。是岁京师大水，沉灶浮尸，见者骇异，而天下郡县又多水灾，湖广尤甚。公疏宜修人事以格天心，纾民困以消隐祸，极论伤痍困穷之状，乞请优恤京师被灾之家，其湖广承天乃皇上受命龙飞之地，灾沴如此，神人震惊，宜遣大臣驰往赈救遗黎，掩瘗枯骼，更敕天下抚按宪臣严督有司奉行德意，加惠存亡，庶邦本固而天心可回矣。上嘉纳焉。

戊戌二月，奉命主考会试，时士子一时习为奇险之文，靡然成风，礼部疏言其事，公当文衡，崇雅黜浮，文体大正，士论服之。三月，廷试进士充读卷官。

公简在帝心，自己丑岁即拟大用公，时宰张罗峰以密疏沮之，非上意也。是岁八月十七日，上御平台始敕吏部以太子太保、礼部尚书兼文渊阁大学士入内阁。公疏辞，上谕曰：“卿讲读旧臣，才学茂著，朕心简在内阁重任，特兹委用，宜尽心辅赞，以副朕意。”公既大拜，与序庵李公、桂洲夏公同心辅政，上倚任焉。重九日，赐上尊珍馔。二十五日，驾幸山陵秋祭，公扈跸侍行。十一月朔，驾诣圜丘恭上皇天册表，复诣太庙恭上册宝，赐银币。召对便殿，复论经史，欲集儒臣汇纂修葺，公奏请皇上宜如汉宣帝时开白虎观召诸儒讲论《五经》同异，亲称制临决，斯文之幸也。上曰：“卿言甚合朕意，朕思作此等事胜于他事也。”二十六日，圣母章圣皇太后违和，上命辅臣引医入视，赐银币。既而皇太后上升，十二月侍驾幸山陵，相度陵隧，上驻跸德胜门，手赐御寒首衣，途次赐食器银杓诸品物。是日昭圣皇太后遣中使至山陵问上起居，以辅臣扈从勤劳各赐银币。己亥元日，赐上尊珍馔，与勋辅诸臣被召至玄极宝殿观灯赐燕。二十七日，上于平台敕吏部以昨冬祗荐皇天册表，命使诸臣虔恭赞佐，宜锡殊嘉，加公少保兼太子太傅武英殿大学士，尚书如故。二十九日，召至启祥宫入见皇嗣，赐银币花红。二月朔日，皇太子册立及景、裕二王就封，赐银币新钞。

时上卜以是月十六日南巡承天，乃命夏公扈跸，而以公留守京师。八日，赐牙刻留守关防一颗，圣谕略曰："朕将躬诣显陵为亲营计吉地日以期矣，特命卿同镩、锪守北京佐太子，代理之重卿职也，宜协心护守，一应题奏以关防用使，密切要务重封印记庶别诈伪。昨论宋事，朕见文人每私桧为忠，卿直以为奸，可见卿之公谠也。朕此行非有导之者，卿但尽诚居守。"十三日，召见文华殿，面计南巡程途日行次序，手授几筵祭文及记事一帙，遂赐蟒衣四袭、金宝带一围。上以诸边重地密迩京师，欲遣大臣行边，公曰："须重臣乃可。"上曰："翟銮何如?"公顿首曰："圣谕甚当。"遂起翟公于家，即拜行边使奉敕巡历九边。是日，公疏："圣驾南巡，伏蒙眷命，留臣居守京师，辅赞机政。受命以来，早夜兢惕，不遑宁处，良由责任至重，切虑才力绵薄，弗克负荷，以伤皇上知人之明，私忧过计，不容隐默。"手上七事，皆军国重务，内一事云："皇太子正位东宫，文武官例该朔望朝参。"上曰："可。怠者戒之。"又一事云："内阁于各衙门旧不统摄，臣留守事重，乞令顺天府五城御史、兵马巡捕、参将、把总悉听臣约束，庶便行事。"上是之，着："暂此悉听统束。"其余皆上手批"可"。复谕之曰："朕祇为显陵南往躬视土地，留守重托，简付于卿，宜夙夜慎恭，以匡储政。条奏各有批示，卿其钦之。"十四日，上召见平台，手授御笔面敕曰："朕躬以二亲妥灵之地日夜思念，心甚不安，必亲见乃安此心，非漫游也。特以留守，至托简付于卿，宜朝夕慎恭，辅赞储政，庶朕心安于行。卿其钦哉，慎之!"又面谕曰："朕用卿晚，卿受重托，凡各衙门事务皆得预闻，官员有不职废事者，重则奏闻区处，轻则请旨惩戒。"公即奏曰："九重密旨，人不得闻，乞降纶音，百官悉知警戒，臣得以行所无事矣。"上可其请，宣谕百司。是日，又敕谕公曰："朕兹巡幸承天，恭视显陵，车驾往回，动历数月。昨以册立东宫命之监国，特留卿赞辅协同。文武重臣居守，内自禁掖，外而都城，远及边陲，并大小百司庶务，悉以付卿，宜遵承朕命。应启请者拟请令旨施行，应闻奏者驰奏行在定夺，其有密切紧重事情宜用钦赐印记来闻。卿讲幄旧臣，久怀经济，朕兹重寄，宜钦承之哉。"十五日，召见文华殿，赐皇考御书扁二面，一曰"日新又新"，一曰"太极无极"，又赐银图书一颗，文曰"经帏首选"。十六日，车驾发京师，公奉命居守，振举纪纲，辇毂之下肃然。屡以锦衣舍人赍皇太子问安疏及公留守问安密疏诣行在，凡内外军国机务无不纤悉闻奏。三月二十五日，上在承天以山陵相度事宜手谕特先示公一人，并赐御制诗歌三篇，且谕以卫辉失，戒令录诏敕诸文驰进，公疏谢，略曰："臣仰知圣孝纯切，谛视山陵，已定大事，圣子神孙亿万世无疆之福基于此矣。臣自忭慰未敢宣泄，至若圣情悲喜露于述作，格律高古，思致真切，直追典谟训诰之作，信非汉唐以下秉德好文之主所能窥测其万一也。"四月十五日，车驾回京，公率百官奉迎，致词瞻拜，上慰劳之。公居守时律下太严，不少假借，言官论之，公即引罪辞避，上特慰谕焉。时上以草敕事督责辅臣，公顿首陈谏，词意恳切，上为之霁威。

五月，公以累朝典故文籍俱贮内阁制敕房，翻阅众手，文字漫灭，前后脱落，二月间召对平台时面奏乞令中书誊写，进呈圣览，为万世法程，上俞允之。至是成二十余帙上之，余未及就。时皇妣南祔显陵，舟行遣公至通州题主。十二日，赐御批宝玺圣制诗歌二函，皆南巡时作也。十九日，特赐天灵茶笋。六月，公以疾在告，上遣医视疾，中官赍赐羊豕酒米诸物。闰月朔，祀永明后殿先圣先师堂，上命公代拜。十五日，一品考满，复职，上遣中官赍赐羊酒新钞。八月，南薰殿书太祖、成祖、睿宗三圣玉册宝，赐银币。九月，赐白花玉带一围、金织麒麟服三袭。二十五日，召至皇极阁，视书皇天玉册表，赐银币。二十八日，扈从圣驾亲阅寿宫及奉安成祖陵碑，赐银币诸物。十二月四日，赐白金蟒衣。庚子正月十日，册封皇贵妃等妃嫔，充副使捧册。十九日，上祈谷于玄极宝殿，夜召勋辅礼臣六人，赐貂皮暖耳。三月八日，钦奉圣谕，公具对解疑，言及朝会事，上再赐手札，词意谆恳，一时君臣相与诚信通流，虽家人父子不是过也。

五月三日夏至，有事于方泽，命公视牲郊坛，感寒病噎请告，上遣医视疾，仍遣中使赐食品如前时。公卧病日久不瘥，上屡遣中使赍手札赐问。越三月，公以例上疏辞俸，上复予告给俸如故。八月，病甚，公恳乞归休，上温旨慰留。九月十六日，公疾少间，伏枕呼冢孙谦亨语之曰："吾受皇上厚恩，毕力报称，今殆不可起矣，吾志未及为者。尔笔记之。"于是口占五言古诗一章云："天下几大事，初意戮力为。流景若逝波，世路况多岐。天造既难明，立事不可期。后来有杰士，一一为为之。为国开太平，千载壮鸿基。"复命书五事于后：一曰复盐法以备边计；二曰兴南北直隶、山东、河南水利，开稻田以积畜以省漕运；三曰经理宣府大同二镇、蓟州、辽东、山西边备，以保障京师陵寝；四曰复河套经理甘肃以保全陕；五曰经理松潘以保全蜀。皆国家大计云。十月五日，病革，乃力疾陈遗疏感激圣恩，劝上亲贤图治，加意元元，颐养圣躬，茂登万寿，以贻圣子神孙无疆之业，以慰天下臣民仰望之心。上答曰："览卿力疾陈奏，足见忠爱。朕已具悉。"六日午时，卒于正寝。讣闻，上为悯悼，敕礼部举恤典以闻，赐祭九坛，仍命礼部主事王健营葬事，赠太保，谥文康。

公身长七尺，虬髯虎视，姿貌奇伟，风神峻拔。自束发为举子时，即有大志。初名仝，后更今讳，其志也。果以抡魁发身，位登宰辅，文章功业卓冠一时，殆不负所学矣。公性直谅，不谐于俗，遇事辄敢言，人虽敬而畏之，亦以是见沮。赖为圣主所知，卒能保全晚岁。始入政府，恩礼优渥，赉予频繁，公亦竭忠报称，不避嫌怨。仅仅二载竟卒于位。至于遗言，一不及私，可谓社稷臣矣！

公生于成化癸巳二月二十五日，享年六十有八，配朱氏累封一品夫人，有贤行，白首相敬如宾。长子履方，夫人所出也，乡贡进士，娶梁氏。次履祥，娶周氏，侧室薛氏出。次履贞，顺天府学增广生，以履祥有疾让荫，入监，娶陈氏。履吉尚幼。皆庶出。女二皆夫人出，长适国子生归本，次适国子生朱端禧，早寡。孙男四人，长即谦亨，尚宝司司丞，以公内阁恩改授，娶陆氏。次谦益，四夷馆译字生，娶周氏，续聘查氏。余幼女二，王世业、周允怀其婿也。曾孙男五，咸和、咸平、咸康，余皆幼。公所著诗文、应制诸作、奏议共若干卷，藏于家。

公之卒也，上遣礼部主事董子仪护丧南还，履方等将卜以嘉靖壬寅某月日葬公于潭山之原，礼也。深叨从公后，三试皆为同年，而家居不远百里，又尝同官翰林，辱公以为知己者久矣。比闻国子司业王先生绳武数论公之行谊，曰："公居家笃于孝友，父桂轩生公时年已五十有七，公既长，恒恐不逮养，每夜焚香祝天，愿减己岁以益父寿，桂轩公果登耄耋。公状元及第得报后，两月而卒竟如其愿云。公少不获于伯兄，事之未尝失礼，待宗族皆有恩义，其贫者几百人计口给粟以赡之。与人交游洞见肺腑，虽韦布久要，雅敬如新云。倜傥大度，喜施予，所得俸赐见贫者辄以周之。济南一贡士就教职，待选日久，无以自给，遂鬻其子，公闻而恻然，遗金俾赎之。居京师凡病若死不能具医药棺敛者，有请于公，公辄济焉。为人外刚严而内宽和，礼贤乐善，推诚布公，奖引寒士，孜孜不倦。自公之暇，奕觞咏歌，寄兴萧远。平居不废丝竹，所至室宇焕然，虽纷华之中未尝不淡然自得，无所系累也。公生长东南，念财赋日蠹为国大患，故三举奏，又以故乡昆山为东南要地，财赋上供者四十余万，滨海数受警，无城郭可守，何以保民？乃言于抚按宪臣，疏请凡沿海县邑无城者令有司次第修葺，而昆山最为要害，首议兴筑，三年而城成，民用乂安，百世之利，公之功也。"绳武与公同郡邑而有亲好，相知尤深，其言当为实录云。

履方实予国子所教士，间奉遗命以斯文为托，乃相与叙次如右，将以请于当世之宗工大手制铭焉。谨状。

（明）陈鎏《皇明历科状元录》卷四·弘治十八年乙丑状元顾鼎臣 廷对之士董玘等三百三人，擢顾鼎臣第一。取庶吉士崔铣等三十人。

顾鼎臣，字九和，初名仝，号未斋，昆山人。举进士第一，时年三十三，授翰林修撰，预修《孝宗实录》。己巳，升侍讲。丙子，进左春坊左谕德兼侍读，主顺天乡试。今上继位，充经筵讲官，赐银币、孔雀服三袭，仍充《武宗实录》纂修官。寻乞养病。四年，赴阙，复职经筵日讲，仍为学士，掌翰林印。讲范浚《五箴》并《洪范》，音吐宣亮，上每倾听，赐《文献通考》、《四书大全》、《书传大全》，寒月免其朝参，止入殿讲。升詹事，仍兼翰林学士，特进三品，与他讲官不同，盖特恩也。续修《大明会典》，充副总裁，考定损益多其手笔。庚寅，掌詹事府事。辛卯，升礼部右侍郎兼翰林学士，仍充讲官。壬辰，奉旨教庶吉士吕怀等二十一人，旧例率用翰林二员，独荷简命自鼎臣始也。升吏部左侍郎，掌詹事如故。因幸太学，请访曾子后裔，与颜、曾、孟三氏一体录用。论大同之变，止渠魁二三人，大兵可无用也，皆从之。擢礼部尚书兼学士，掌詹事如故，教庶吉士赵贞吉等三十人。命撰各庙时享、太庙祫享、大享诸乐章。经理累朝《宝训》、《实录》，加太子太保。论东南财赋积弊四事，上嘉纳焉。寻入阁，加少保兼太子太傅、武英殿大学士。皇上南巡承天，命鼎臣留守京师，赐留守关防、蟒衣四袭、金宝带一围。随上留守七事，皆允从之。居守时律下太严，言官论之，引咎辞避，上特慰留。以累朝典故文籍俱贮内阁，奏写呈览，共二十余帙。自是赏赉频仍，驾出必随，赐手札词意谆恳，一时君臣相与，家人父子不是过也。寻卧病，上五事，皆国家大计。卒年六十八，谥文康，赠太保。鼎臣博学多能，经史之外，阴阳、医卜、音律之类比所精通。遇事敢言，极为皇上之所眷注，命教庶吉士者二，读卷于廷者二，题后神主者四，考会试者一，赐蟒带银币不可胜纪。监终遗表劝上亲贤爱民、颐养圣躬，又陈五事皆国家大计云。鼎臣长七尽，虬髯虎视，姿貌奇伟，风神峻拔。家居笃于孝友，与人交，洞见肺腑，倜傥大度，喜施予，所得俸赐见贫者辄以周之。礼贤乐善，推诚布公，奖引寒士，孜孜不倦。公暇觞奕咏歌，寄兴萧远。平居不废丝竹，所至室宇焕然。卒后二十年，以筑昆山城御寇有功，赐专祠于昆山之阳，春秋祀之，额曰“录功”。

今上赐诰云：……

十八年，赐诰云：……

父恂余五十而生鼎臣。既壮，每夜焚香表祈父寿，愿以己寿益亲，见已成立，以伸孝养。一夕，梦黄鹤从天飞来，近视之，则所焚表也，后一大“院”字，末有朱批字数行，末云：“自此以后，如田单火牛，通行无滞。”盖乙丑之兆也。父享年八十余，及见其子登状元第，父尝梦鼎臣为状元，初欲以名其孙潜，不果，乃命其少子，果然。又尝梦入进士郑文康家，移其桂归植之。已而，鼎臣生，后谥文康，与郑名同。盖七十年余梦始应也。

古谶云：“潮过夷亭出状元。”潮过夷亭久矣。弘治初，连岁潮过夷亭。于是毛文简公、朱恭靖公、顾文康公皆昆山人，相继魁天下。近阅郭象《睽车志》、龚明之《中吴纪闻》皆载黄由魁天下曾验此谶，盖其来远矣。(《吏隐录》)

宋有卫状元泾，名臣也，其祠在邑中。初，鼎臣入邑庠，夜梦一人紫袍象简，称卫姓，携“状元及第”篆文图书贶之。每过其祠，虔诚谒拜。一日，乡间儒生入城，假宿于祠中，似闻神语云：“明日有状元顾鼎臣来。”儒生谓庠中无此人，早起俟何人至，忽见诸生顾同入。语以此事，顾曰：“吾正将易此名矣。”

昆山之俗，以八月十八日为潮生日，合邑往东门观潮。弘治甲子，鼎臣《观潮诗》云：“海若鞭潮出海门，霆奔雪卷带灵氛。六鳌驾撼三山动，万马声传百谷闻。应谶更期人似玉，往观谁使女如云。傅岩舟楫真时用，康济功成日未曛。”明年，大魁天下。

（明）顾祖训原编、（明）吴承恩增补、（清）陈枚续补《状元图考》卷二·状元顾鼎臣 弘治十八年乙丑，廷试董玘等三百三人，擢顾鼎臣第一。

按，顾鼎臣，字九和，初名仝，号未斋，昆山人。举进士第一，时年三十三，卒年六十八。父恂余五十而生鼎臣。既壮，每夜焚香表祈父寿，愿以己寿益亲。一夕，梦黄鹤从天飞来，近视之，即所焚表也，后一大“院”字，末有朱批字数行，末云：“自此以后，闻田单火牛，通行无滞。”盖乙丑之兆也。父年八十，及见其子登状元。父尝梦鼎臣为状元，初欲以名其孙潜，不果，乃命其少子，果然。又梦入郑文康家，移其桂归植之。已而，鼎臣生，后谥文康，与郑名同。盖七十年余梦始验也。又，宋有卫状元泾，名臣也，其祠在邑中。初，鼎臣入邑庠，夜梦一人紫袍象简，称卫姓，携“状元及第”篆文图书贶之。每过其祠，虔诚谒拜。一日，乡间儒生入城，假宿于祠中，似闻神语云：“明日有状元顾鼎臣来。”儒生谓庠中无此人，早起俟何人至，忽见诸生顾仝入。语以此事，顾曰：“吾正将易此名矣。”

（明）俞汝楫《礼部志稿》卷五十六·列传·侍郎顾鼎臣 顾鼎臣，苏州府昆山县人。登弘治乙丑进士第一，授翰林院修撰，进侍读、翰林院学士。嘉靖十年升礼部右侍郎。改吏部左侍郎，升礼部尚书，掌詹事府事，加太子太保。进文渊阁大学士，寻加少保兼太子太保、武英殿大学士，卒于位。遗疏劝上亲贤爱民，保护圣躬，上览之悯悼，辍视朝一日，赐祭葬如例，遣官护其丧还乡，赠太保，谥文康。鼎臣性乐易无町畦，自在讲筵即受知于上，特诏免其朝参，令专讲《洪范》，已从掌詹，陟内阁辅政，上南幸承天命之居守辅、皇太子监国，其任如此。然其在政府充位而已。

（明）刘凤《续吴先贤赞》卷五·顾鼎臣 当世宗时，任弼谐者曰顾鼎臣，昆山人。始自弘治乙丑对策第一。领著作久之，尝一都士畿，内嬖臣宁有所嘱，不为动。至肃皇帝初继统，以讲学被知遇，前后恩赉甚渥。上所著《五箴》皆缘其进说有契，且令以《洪范》日交修焉，几若甘盘矣。进詹事，赐金绮，又特谕，所以异于群臣。释莱文华殿俾预行礼。已，又召令与辅臣同见，坐讲《周书·无逸》篇，赐宴而退。凡上所厘改制度，正祀典，行耕籍礼，下议甚详，一时举礼乐极旷世之隆，君臣之际可谓殊绝。荐进侍郎礼部，历少宰，两命教庶吉士。上幸山陵，赐服物，召见行在所，燕语从容，因极言典于学及育才之方，且及宋一代史文繁当删裁者。上意益向之，屡命摄祀，定九庙禘祫乐，修累朝典。甲奉三后主迁于陵，宠秩既益进，思所以报无已，上疏言东南赋所出蠹败民者四事，上皆为下所司，值岁大水，燕地有流殍，而他所若承天尤甚。又疏言所以格孚玄化加德意以惠元元，辞甚悉。上尤嘉纳。十七年，命都郡国所上士，至秋遂爰立作辅，日孜孜治道，值冬至，驾诣园丘，复行庙享大礼。召对讨论经史同异，因请修汉宣帝白虎观故事，大集群儒讲论《五经》，称制临决者，上为竦听。南巡，命以居守，诏谕至再，委寄之切，及锡予繁庶亦前后所无也。军国万几咸取裁，两月余，驾始旋，自承天迎谒，上慰劳良深。上于巡幸所著诗，皆以示，庶几虞廷赓歌之盛。既亲礼益加，岁时宴赐，非诸臣敢望。迨疾作，遣医慰问相继，竟卒于位。方未殁时，犹疏五事，一为盐荚，二为水地，其三皆为边计。盖死不忘国家也。诸从曰梦圭者，累官执宪，亦有文。

赞曰：君臣之遇合，诚难矣。苟诚遇岂为徼一时荣宠哉？当世宗中兴，慨然欲举三代礼乐，虚己畴咨，审则法令，动以经义，从亲礼儒臣，昼日三接，信任无加焉。鼎臣晚乃获遇，其所对扬，仅仅若此，非有所畏不尽，则其术固疏与？独始终一节，不为俙臣高自错而无当于名实，犹贤矣乎。人言其父偶傥有鲁男子者事，则其昌有由哉。

（明）凌迪知《万姓统谱》卷九十五 顾鼎臣（字九和，昆山人，弘治己未①进士第一，历官少师、礼部尚书、大学士，谥文康）。

---

① 显误，当作“乙丑”。

（清）张豫章等《御选明诗》姓名爵里二·诸家姓名爵里 顾鼎臣（字九和，昆山人。弘治乙丑赐进士第一。累官少保兼太子太保、礼部尚书、武英殿大学士，赠太保，谥文康。有《未斋集》）。

（清）黄之隽等《江南通志》卷一百四十·人物志·宦绩二·苏州府·明 顾鼎臣，字九和，昆山人。弘治乙丑廷试第一，授修撰。嘉靖初以直讲受眷，历吏部左侍郎。请授曾子后《五经》博士，比三氏子孙，从之。进礼部尚书。京师淫雨，四方多水灾，鼎臣请赈饥弭盗，报可。寻以本官兼文渊阁大学士，卒谥文康。鼎臣官侍从时，屡陈东南赋役不均之弊，世宗特敕抚臣厘定之。倡筑昆山城，后有倭警，邑赖以全，乡人立祠祀之。孙谦服，天启中田贡，除昌化知县，治以严办闻。

（清）张廷玉等《明史》卷一百九十三·列传第八十一·顾鼎臣 顾鼎臣，字九和，昆山人。弘治十八年进士第一，授修撰。正德初，再迁左谕德。嘉靖初，直经筵。进讲范浚《心箴》，敷陈剀切，帝悦，乃自为注释，而鼎臣特受眷，累官詹事。给事中刘世扬、李仁劾鼎臣污佞。帝下世扬等狱，以鼎臣救，得薄谴。拜礼部右侍郎。帝好长生术，内殿设斋醮，鼎臣进《步虚词》七章，且列上坛中应行事，帝优诏褒答，悉从之。词臣以青词结主知，由鼎臣倡也。

改吏部左侍郎，掌詹事府。请令曾子后授《五经》博士，比三氏子孙，从之。大同军变，张孚敬主用兵，鼎臣言不可，帝嘉纳。十三年孟冬，享庙，命鼎臣及侍郎霍韬捧主。二人有期功服，当辞，乃上言："古礼，诸侯绝期，今公卿即古诸侯，请得毋避。"礼部尚书夏言极诋其非，乃已。寻进礼部尚书，仍掌府事。京师淫雨，四方多水灾，鼎臣请振饥弭盗，报可。

十七年八月，以本官兼文渊阁大学士入参机务，寻加少保、太子太傅、进武英殿。初，李时为首辅，夏言次之，鼎臣又次之。时卒，言当国专甚，鼎臣素柔媚，不能有为，充位而已。帝将南巡，立皇太子，命言扈行，鼎臣辅太子监国。御史萧祥曜劾吏部侍郎张潮受鼎臣属，调刑部主事陆昆为吏部，潮言："兵部主事马承学恃鼎臣有联，自诡必得铨曹，臣故抑承学而用昆。"帝下承学诏狱，鼎臣不问。十九年十月卒官，年六十八。赠太保，谥文康。

鼎臣官侍从时，悯东南赋役失均，屡陈其弊，帝为饬抚按巡抚欧阳铎厘定之。昆山无城，言于当事为筑城。后倭乱起，昆山获全，乡人立祠祀焉。

赞曰：……顾鼎臣等雍容庙堂，可谓极遭逢之盛。

（清）和珅等《钦定大清一统志》卷五十六·苏州府三·人物·明 顾鼎臣（字九和，昆山人。宏治进士，廷试第一，授修撰。悯乡郡赋重，条列革弊四事。嘉靖时，复恳请并松江、常州、杭州、湖州、嘉兴诸府，皆责知府厘正，赋役为平。尝曰："是法行，吾家增赋且千石，然后百贫家减千石矣。”累进少保、武英殿大学士。初昆山无城，鼎臣言当事城之。后倭乱获全，乡人请于朝祠祀焉）。

（明）严嵩《光禄大夫柱国少保兼太子太傅礼部尚书武英殿大学士赠太保谥文康顾公鼎臣神道碑》 （存目。参见［明］焦竑《国朝献征录》卷十六）

（明）王世贞《弇州山人续稿》卷一百四十八·顾鼎臣 （存目）

（明）王兆云《皇明词林人物考》卷五·顾文康 （存目）

（明）过庭训《明分省人物考》卷二十一·南直隶苏州府四·顾鼎臣 （存目）

（清）徐乾学等《明史》卷六十二·李时列传（附顾鼎臣） （存目）

（清）王鸿绪《明史稿》卷一百七十七·列传第七十二·李时（附顾鼎臣）（存目）

（清）阎湘蕙《明鼎甲征信录》卷二·顾鼎臣 （存目）

科　第

（一）乡试

（清）黄之隽等《江南通志》卷一百二十七·选举志·举人三·弘治十四年辛酉科
顾鼎臣（昆山人）。

（二）会试、殿试

乙丑科（弘治十八年）**状元策**　皇帝制曰：朕惟自古帝王之致治，其端固多，而其大不过曰道、曰法而已。是二端者，名义之攸在，其有别乎？行之之序亦有相须而不可偏废者乎？夫帝之圣莫过于尧舜，王之圣莫过于禹汤文武，致治之盛，万世如见，其为道为法之迹，具载诸经，可考而证之乎？自是而降，若汉若唐若宋，贤明之君所以创业于前而守成于后，是道是法亦未尝有外焉，何治效之终不能古若乎？我圣祖高皇帝定天下之初，建极垂宪，列圣相承，益隆继述，为道为法，盖与古帝王之圣先后一揆矣。朕自莅祚以来，夙夜兢兢，图光先烈，于兹有年，然而治效未臻其极，岂于是道有未行，是法有未守乎？抑虽行之守之，而尚未尽若古乎？子诸生明经积学，究心当世之务，必有定见，其直述以对，毋泛骋浮辞而不切实用，朕将采而行之。

臣顾鼎臣

臣对：臣闻帝王有治天下之大体，有治天下之大用。体者何？道是也。用者何？法是也。道根于心，法之所由立也。法施于政，道之所由行也。法而非道，则所以主张之者无其本。道而非法，则所以经纶之者无其具。皆非所以治天下也。然有是道，则其法可立。未有善立，是法而不本于道者也。有是法则其道可行，未有能行其道而不知守乎法者也。道行而无弊，法立而能守，则推之无不准，动之无不化，外无不攘，内无不安，远无不至，迩无不服。端拱于九重之上，而操纵翕张，所向如意，运用于四海之间，而浑融贯彻，所在归极。尚何治之不古若载！帝之所以帝，王之所以王，我皇祖之所以创造，列圣之所以继述，皆不外此。彼汉唐宋者，道非其道，法非其法，又何怪乎治效之不能比隆于唐虞三代也哉！

钦惟皇帝陛下，天启圣神，日新德学，大化神明，洽于远迩，至治馨香，彻于上下。所谓学于古训而有获，监于成宪而无愆者，盖卓卓乎足以光前而裕后矣。兹者开贤科，擢多士，御大廷，降明诏，犹谓治效未臻其极，而拳拳以行道守法为问。臣虽至陋，宁不鼓舞感动，思罄愚衷以对扬休命乎？

窃惟天生万物不能自理，而命之圣人，故曰天佑下民作之君，作之师。惟其克相上帝，宠绥四方。夫以一人之身加于兆民之上，而付之以君师治教之责，亦大且难矣。求尽是责以无负乎天之所命，舍道与法二者，其奚以哉？是故修身、齐家、治国、平天下，治之道也。道者，治之体也。建立纪纲，分正百职，顺天揆事，创制立度，以尽天下之务，治之法也。法者，道之用也。尝考朱熹之训曰：道犹路也，法犹度也。董仲舒亦曰：道者所由适于治之路也。谓之路，则可见其为人之所共由。谓之度，则可见其为人之所当守。是二者，理与事有精粗之异，而本与末亦若一致焉。岂可以无别乎？圣策所谓名义之攸在者，盖如此然。孟子曰：徒善不足以为政，徒法不能以自行。程颢曰：必有《关雎》、《麟趾》之意，然后可以行《周官》之法度。胡宏又曰：道德者，法制之隐，法制者，道德之显，有道德以结民，而无法制者为无用，无用者亡。有法制以絷民，而无道德者为无体，无体者灭。是其本末虽有先后之殊，而显微则无彼此之间也，岂可以偏废乎？圣策所谓序之相须者，盖如此。

古者圣人迭兴，皆天所命。帝莫过于尧舜，王莫过于禹汤文武。其道与法垂之古今，如日中天而昭示无极，如水行地而泽润不穷，功化之美又孰有加于是乎？圣策首询乎此，臣有以知陛下嘉尧舜禹汤文武之治，而能自得师矣。臣请稽诸经传而陈其大，可乎？尧之明峻德以至于和万邦，舜之徽五典以至于叙百揆，禹之敷命率常，汤之绥猷修纪，文武之迪彝伦建皇极，至若精一执中之授受，典礼损益之因革，此帝王之道也。是道也，大公而至正，尽善而尽美，不狃于功利之好，不牵于诈力之私，小自于一身而冒于六合之大，近自于日用而放乎四海之远，造端于夫妇之所能，而极于天地化育之所不能，尽实行之，万世而无弊者也。尧之历象授时，垂衣制器；舜之封山浚川，颁瑞考绩；禹之慎财赋，贻典则；汤之懋功赏，制官刑；文武之奠丽陈教，列爵分土，至若封建井田之制，学校征伐之典，此帝王之法也。是法也，详为之虑，曲为之防，本诸身，征诸庶民，法乎天时，因乎地利，合于人情，宜于土俗，当百世守之而勿失者也。道以立其体，而法以善其用，致治之盛万世如见，有由然矣。

自是以降，若汉唐宋贤明之君创业于前，守成于后，其道与法固皆出于帝王。然徒窃夫秕糠之似而无其实，得夫糟粕之浅而失其真，虽有事功不过小补，其孰能与于古哉？圣策继及乎此，臣有以知陛下陋汉唐宋于下风，而有所不为矣。臣请摭诸史册而陈其概，可乎？汉高祖之豁达大度，孝文之清净玄默，唐太宗之聪明英武，玄宗之好贤乐善，宋艺祖之严重孝友，仁宗之温恭节俭，于道似有得矣。然而杂霸术，尚黄老，大纲不正，闺门惭德，仁厚有余，刚明不足，非帝王之所谓道也。汉之著律令，定税赋；唐之租庸调，府卫兵；宋之序资格，严科禁，其法似亦善矣。然而不事诗书，礼文多阙，骋矜大之心，极奢侈之欲，声容盛而武备衰，议论多而成功少，非帝王之所谓法也。盖斯道既微，法亦随变，治效之成，终不古若，何足疑乎？

恭惟我太祖高皇帝诞膺天命，扫除胡元，立帝王自立之中国，传帝王相传之正统，建极垂宪，贻谋万世。臣沐浴膏泽，尝窃窥一二，敢拜手稽首，为陛下陈之。敬天勤民，防非窒欲，身之修也；宫房无私爱，左右无偏恩，家之齐也；君臣同游之盛，朝野画一之政，国之治也；武功以勘祸乱，文德以兴太平，天下之平也。我祖宗之道，非即帝王之道乎？六卿分治，庶僚承服，百职举矣；台谏以纠正于内，宪司以廉察于外，纪纲肃矣；车旗服物之有章，宫室器用之有等，制度一矣；学校选举之有修，兵刑财赋之有制，庶事康矣。祖宗之法，非即帝王之法乎？自是以来，圣子神孙，善继善述，不愆不忘，治化之成，盖远过于汉唐宋矣。而圣策复以治效未臻其极，夙夜兢兢，图光先烈为言者，此陛下圣不自圣，务欲福跻皇极，化协泰和，超千古而特出，跨百王而独盛也。臣愚何足以知之。臣窃以为欲师帝王，先师祖宗。能行祖宗之道，则帝王之道在是矣。能守祖宗之法，则帝王之法在是矣。陛下大孝格天，至仁育物，谦恭逮下，明智烛微，日御经筵讲求治理，数召大臣咨询时政，所以行祖宗之道而守祖宗之法，盖无可訾议者。但近岁以来，灵异迭见，水旱相仍，而时雍风动之休未洽。黎民阻饥，赤子弄兵，而鼓腹、击壤之谣未闻。夷虏跳梁，而军政未可谓修。府库告竭，而蓄积未可谓富。内外臣工率多因循苟且，取办簿书，廉靖之节日隳，华竞之风日长，而文武未可谓尽得其人。则圣策所谓行道守法未尽若古者，臣不敢谓其不然也。臣愚以为陛下之德如是，学如是，虚怀望治之诚如是，以陛下而虑此宜无足为者，但恐不加之意耳。夫道虽不一，其要在于修身。身有不修而妄意于躐等之为，谓之能行道，不可也。法虽至繁，其要在于纪纲。纪纲有不振而疲神于不急之务，谓之能守法，不可也。然修身不外于威仪言动，而纪纲不外于举措刑赏。陛下诚能左之右之，周旋乎规矩准绳之中，一言一动，从容乎仁义礼乐之蕴，则道成于上，而身修矣。身既修则家可齐，国可治，而天下可平，尚何祖宗之道有不行乎？举直措枉必协乎天下之公论，赏善刑恶不徇乎亵近之私情，法行自近，纪纲振矣。纪纲既振，则百职可举，制度可一，天下之事可兴，尚何祖宗之法有不守乎？如是则俊良登崇而谗邪远，出入有度而财用足；武备修而蛮夷慑服，刑罚威而奸宄销亡；灾异息，灵瑞臻，而百姓安宁，万物顺遂，治效之隆岂不足并美于唐虞三代也哉！

虽然，此就陛下所以策臣者而言之耳，犹未要其极而举其全也。臣请究极本原，探索精微，以为终篇献焉。盖心主宰一身，无事不体。而天之主宰万物，亦无往不在。天者，理之所从以出者，天之心与吾心之天一也。是以帝王之道虽要于修身，而欲修其身必先于正心。帝王之法虽要于纪纲，而欲振纪纲惟在于顺天。不正其心，不顺乎天，则虽宵旰忧勤思以行道守法，亦苟焉而已尔。何谓正心？致知以明此心，诚意以实此心。声色货利之欲，此心之鸩毒，则远之；车马宫室之乐，此心之斧斤，则禁之；谄谀邪佞足以移此心，则斥之；便嬖近幸足以挠此心，则绝之。凡吾威仪言动之发莫非自然，必使吾心泰而百体从令也，吾心大而万物咸备也。是之谓正心。何谓顺天？无贰无虞曰上帝临汝也；有严有翼曰鬼神在旁也；匹夫匹妇勿谓可下，曰此天民也；一命一秩勿谓可忽，曰此天职也。创制立度恐其悖天，揆事成务恐其违天，凡吾举措刑赏之施，不敢自专，曰天命有德也，天讨有罪也。是之谓顺天。能顺天则天与吾心为一，而吾心自无不正。能正心则吾心与天无间，而于天自无不顺。以是行祖宗之道，则道焉无弊，而足以主张乎法。以是守祖宗之法，则法焉弗失，而足经纶乎道。体无不立，用无不行，所谓光先烈而臻治者，惟陛下所欲而致之无难矣。如是则君治教之责以尽，上天宠绥之命以凝，而磐石之宗，苞桑之业，岂不可以永保于亿万年而无虞也哉！

臣窃伏海滨，荷生成作养之德有年矣。平居所学因不出乎道法之间，每念异日幸望清光，奉大对，期有所论列敷启，以尽责难之恭，而今也实其时也。顾臣草茅迂疏，不知忌讳，敢直述所见闻者如此，伏愿陛下留神澄省。果切于万分有一之用，俯赐采行，不胜幸甚。臣干冒天威，无任陨越之至。臣谨对。

（录自［明］焦竑辑，［清］胡任兴增辑《历科廷试状元策》卷二，又见［明］顾鼎臣《顾文康公续稿》卷一）

（明）李东阳《怀麓堂集》卷六十八·文后稿八·记·进士题名记　国朝每廷试进士，必命题名于国子监，制也。乃弘治乙丑春三月会试，既我孝宗敬皇帝亲策礼部所选士，赐顾鼎臣等三百人及第出身有差。盖自庚戌以后至是，凡六策士。未几而龙驭上宾，天下臣民衔哀负痛，仪节文字之间有不遑备及者。今上皇帝嗣大历服更化定治之余，诸司百执事修废补缺，如恐弗逮，而题名之制行焉。臣东阳昔预读卷之列，当纪其事以传职也。

（明）王世贞《弇山堂别集》卷八十二　（弘治）十八年乙丑，命太常寺卿兼翰林院学士张元祯、左春坊大学士兼翰林院侍读学士杨廷和为考试官，取中董玘等，廷试赐顾鼎臣、董玘、谢丕及第。

（明）张朝瑞《皇明贡举考》卷六·（乙丑）弘治十八年会试　中式举人三百名：董玘，浙江会稽县人，监生，《易》。湛若水，广东增城县人，监生，《书》。崔铣，河南安阳县人，监生，《诗》。谢丕，浙江余姚县人，监生，《礼记》。安盘，四川嘉定州人，监生，《春秋》。

三月十五日，临策天下贡士，制曰：朕惟自古帝王之致治，其端固多，而其大不过曰道、曰法而已。是二端者，名义之攸在，其有别乎？行之之序亦有相须而不可偏废者乎？夫帝之圣莫过于尧舜，王之圣莫过于禹汤文武，致治之盛，万世如见，其为道为法之迹，具载诸经，可考而证之乎？自是而降，若汉若唐若宋，贤明之君所以创业于前而守成于后，是道是法亦未尝有外焉，何治效之终不能古若乎？我圣祖高皇帝定天下之初，建极垂宪，列圣相承，益隆继述，为道为法，盖与古帝王之圣先后一揆矣。朕自莅祚以来，夙夜兢兢，图光先烈，于兹有年，然而治效未臻其极，岂于是道有未行，是法有未守乎？抑虽行之守之，而尚未尽若古乎？子诸生明经积学，究心当世之务，必有定见，其直述以对，毋泛骋浮辞而不切实用，朕将采而行之。

（时廷对之士三百三人，赐顾鼎臣等进士及第出身有差。临轩之日，上于宫中焚香吁天，期得真才，以资实用。鼎臣对策详明，擢第一。先是其父恂余五十而生鼎臣，鼎臣既壮，为表夜焚之，愿以己寿益亲，冀亲见己成立，以伸孝养。后父享年八十余，犹见其及第。鼎臣博学多能，阴阳、医卜、音律之类，皆所精通。笃于孝友，与人交，洞见肺腑，倜傥好施，奖引寒士，遇事敢言，极为世宗眷注。卒后以筑昆山城御寇有功，赐专祠于乡。官至少傅，值内阁，谥文康。是科，闵槐、闵楷兄弟同登，选崔铣等三十人为庶吉士，后崔铣、胡铎、黄巩俱为名臣，马思聪死宸濠之变。）

第一甲三名赐进士及第：顾鼎臣，南直隶昆山县。董玘，浙江会稽县。谢丕，浙江余姚县。

（明）张弘道、张凝道《皇明三元考》卷八·弘治十八年乙丑科大魁 状元顾鼎臣（直隶昆山人，字九和，号未斋。治《易》。年三十三。辛酉举人，官至少保兼太子太保、礼部尚书、武英殿大学士。卒年六十八，赠太保，谥文康。鼎臣博学多能，阴阳、医卜、音律之类，皆所精通。笃于孝友，与人交，洞见肺腑，倜傥好施，奖引寒士，遇事敢言，极为世宗眷注。卒后以筑昆山城御寇有功，赐专祠于乡。子履芳，举人，赠尚宝司卿。孙谦益，官生，赠治中；谦亨，尚宝司卿。曾孙咸和，治中。玄孙震宇，万历乙酉举人；天宠，丙午举人。从子潜，弘治丙辰进士，提学御史。潜子梦圭，嘉靖癸未进士，布政。梦圭孙天埈，万历壬辰探花。梦羽，州同。子允元，万历丙戌进士，知县。孙天叙，戊子举人，知县。曾孙锡畴，己未进士。

阁臣初拟魏校第一，因其策中有“闻陛下一日之间，在坤宁宫之时多，在乾清宫之时少”等语，不可宣读，抑置二甲第九，而顾遂得首擢）。

又 名臣：顾鼎臣（见前）。

又 入阁：顾鼎臣（嘉靖十七年由礼部尚书入文渊阁，十九年进少保、武英殿学，卒谥文康）。一品：顾鼎臣。

（清）黄之隽等《江南通志》卷一百二十二·选举志·进士四·乙丑科顾鼎臣榜 顾鼎臣（昆山人）。

（清）张廷玉等《明史》卷十五·本纪第十五·孝宗 （弘治十八年）三月癸卯，赐顾鼎臣等进士及第出身有差。

仕 宦

（明）黄佐《翰林记》卷十七·属官题名·侍讲 顾鼎臣（九和，直隶昆山人。弘治乙丑进士第一）。

又，卷十七·史官题名·修撰 顾鼎臣。

又，卷十八·左春坊左谕德 顾鼎臣。

（明）廖道南《殿阁词林记》卷九·东阁 嘉靖丁亥五月朔日食，臣道南进陈《洪范九畴疏》以征时政。仰荷御札云："翰林官中有才识忠行者，日轮二员入直东阁，凡经书史鉴有关君德者，日录所闻，以赞朕不逮。"于是大学士杨一清奏讲《大学衍义》，上特命顾鼎臣讲《洪范》。

又，卷十四·评文 （嘉靖）十二年七月初三日，彗星见，顾鼎臣轮讲不到，遂诬道南暨蔡昂不行代讲，谪知徽、湖。圣明洞鉴，召复原秩，其谮始不行云。

又，卷十五·月讲 嘉靖十年八月癸卯，西苑豳风亭落成，上御无逸殿，命辅臣李时、翟銮坐讲，暨日讲官顾鼎臣、谢丕、张潮、臣道南分撰《书·无逸》、《诗·豳风》讲章进呈毕，设宴列坐于亭之两旁，天颜澄霁，玉音宣畅，盖君臣同游之盛如此。

又，卷十五·日讲 至（嘉靖）十三年七月初三日，彗星见，轮顾鼎臣、席春进讲。鼎臣未到，孚敬遂参臣道南及蔡昂不行代讲，乃谪道南于徽，正欲铉反噬也。圣明轸念，旋即赐还，而奸党无所容其欺矣。

又，卷十五·咨讲 今上初命顾鼎臣讲《洪范》及臣道南讲《无逸》章，御制诗赐讲官曰："自昔圣哲务民义，其所重者惟曰农。文武兴周继二代，功有攸自庆有钟。后稷实始肇王业，公刘稼穑追遗踪。男亲耕耨谨东作，妇勤蚕织以御冬。对时举事罔敢忽，率以俭约守以恭。百年积累膺眷命，天人允协云风从。周公拳拳辅王室，成王践阼何雍容。沃心申告端化本，细大必举不厌重。乃知为君贵法祖，敬以逢吉怠必凶。书垂无逸诗七月，王者当服之心胸。圣贤之言岂欺我？躬行庶见臻时雍。"

又，卷十五·呈讲 今上御讲筵，虚心听纳，一日问顾鼎臣曰："《尧典》、《舜典》是何人撰述？"对曰："史臣所撰。"曰："当时唐虞两朝只数百言说尽，何其简要？后世若宋史何其浩繁也！"即命史臣删述。

又，卷十五·恩赉 嗣是每遇经筵日讲，召讲官顾鼎臣、谢丕及臣道南、蔡昂，赐赉无算，臣道南悉记以诗。

又，卷十九·扈从 嘉靖十五年三月清明节，今上躬诣天寿诸陵，命日讲官顾鼎臣、谢丕、张璧暨臣道南、蔡昂扈从。

又，卷二十·扈跸 嘉靖十五年三月，今上禋祀诸陵，命日讲官顾鼎臣、谢丕、张璧及臣与蔡昂扈从。

（明）雷礼《国朝列卿纪》卷八·直内阁元辅及同直辅臣年表 同直顾鼎臣，直隶昆山人。状元。以太子太保、礼部尚书兼文渊阁大学士于嘉靖十七年八月入直。

又 同直顾鼎臣，历少保兼太子太傅、礼部尚书、武英殿大学士。至嘉靖十九年十月卒于官。赠太保，谥文康。

又，卷九·殿阁大学士年表 顾鼎臣（南直隶昆山人。状元。嘉靖十七年，由礼部尚书兼学士、掌詹事府入，历少保兼太子太傅、礼部尚书、武英殿大学士。十九年，卒于官。赠太保，谥文康）。

又，卷十五·詹事府詹事年表 顾鼎臣，直隶昆山人。进士。嘉靖七年任，兼学士。加至礼部尚书、太子太保。十七年入阁。历少保、武英殿大学士。

又，卷十六·詹事府詹事行实 顾鼎臣，字九和，直隶昆山人。弘治乙丑状元。嘉靖七年任，兼学士。加至礼部尚书、太子太保。十七年入阁。历少保。

又，卷四十四·礼部左右侍郎行实 顾鼎臣，嘉靖十年，右。十一年迁吏部，历内阁。

又，卷二十·翰林院学士、讲读学士年表 顾鼎臣（直隶昆山人。弘治乙丑进士。嘉靖六年，擢翰林学士，掌院事。七年，升詹事。详内阁）。

（明）王世贞《嘉靖以来内阁首辅传》卷三 时顾鼎臣亦加少保、太子太傅、礼部尚书、武英殿大学士。鼎臣，苏之昆山人，举进士第一，授翰林院修撰，累迁至今官。鼎臣于言为先达，长且十岁，言躐而贵至师、傅，先大拜逾二岁，而鼎臣继之，意不肯相下，事有所可否。言内不能善也，寻上以章圣皇太后祔葬承天之显陵，躬行谒视，言与太师翊、国公勋俱扈从，而鼎臣同留守，其委寄特重，因赐言、勋、鼎臣蟒服、玉带、白金、彩币……而御史有论，摘顾鼎臣留守偏徇，事上不听，或以为言实嗾之也。……前是，言与少保、礼部尚书严嵩同乡，称晚进，而言以议礼骤贵，不为之下，而嵩事之甚谨。言之入内阁，嵩遂越顾鼎臣而代长礼部，言有力焉。

又，卷四 时以少保夏言在礼部日奉行诸祀典，而尚书顾鼎臣教习庶吉士，皆不暇兼职，言亦从谀之，遂请留嵩，以礼部尚书兼翰林院学士专司董理。逾岁间，言入内阁，鼎臣当次长礼部，而嵩复私于言躐得之。

（明）王世贞《弇山堂别集》卷十三·居守赐敕 嘉靖，上幸承天，皇太子监国，宣城伯卫錞、遂安伯陈鏸留守，大学士顾鼎臣、尚书张瓒同留守。是时上注意内阁，故顾有特敕为重而诸大臣轻。

又，卷十五·罢辅臣特敕 亡何，上以奉先殿雷震，召大学士夏言、顾鼎臣往视。时晷已移辰矣，而言等尚未入政府，上不悦曰：“辅臣朕所凭倚，恣逸若是，何以表率群工？”命礼部劾之，言等请罪，上曰：“朕每宽言过，非为言，为左右义重也。言乃滋傲惰成性，蔑不知儆，其何以表率百僚？鼎臣亦相效，既已知罪，姑宥之。”

又，卷四十一·少保·文臣凡五十八人 顾鼎臣，直隶昆山人。嘉靖十八年以太子太保、礼部尚书、文渊阁大学士加兼太子太傅、武英殿大学士。

又，卷四十二·太子太傅 顾鼎臣（见前）。嘉靖十八年加，少保兼。

又，卷四十二·太子太保 顾鼎臣，嘉靖十六年以礼部尚书掌詹事府翰林院学士进加。

又，卷四十三 少保武英殿大学士顾鼎臣（十八年）……右俱柱国。

又，卷四十四·赠太保 少保、太子太傅、礼部尚书、武英殿大学士顾鼎臣。

又，卷四十五·内阁辅臣年表叙 顾鼎臣，字九和，直隶昆山人。由弘治乙丑状元。嘉靖十七年以太子太保、文渊阁学人，累迁少保、武英殿学，十九年卒，年六十八。

又，卷四十五·武英殿大学士 以礼部尚书兼者：……顾鼎臣

又，卷四十五·文渊阁大学士 以礼部尚书兼者：……顾鼎臣。

又，卷四十六·学士 顾鼎臣，见内阁。嘉靖六年任。迁詹事、礼右侍、吏左侍、礼书，俱仍兼任。

又，卷四十九·礼部尚书兼殿阁大学士者 武英殿：顾鼎臣。……文渊阁：顾鼎臣。

又，卷四十九·掌詹事府者 顾鼎臣（见前）。嘉靖十四年任。十七年入阁。

又，卷五十六·卿贰表·礼部左右侍郎 顾鼎臣，直隶昆山人。由状元十年任左。

又，卷七十一·谥法二·二字谥·文康 少保太子太傅礼部尚书武英殿大学士赠太保顾鼎臣……右俱“勤学好问，温良好乐。”

又，卷八十二·科试考二 （嘉靖）十一年丙子，命左春坊左谕德兼翰林院侍讲顾鼎臣主顺天试。……（嘉靖十一年）是岁改庶吉士……命礼部右侍郎兼翰林院学士顾鼎臣教习。十四年乙未……是年四月内礼部请考庶吉士，以故事闻，上诏于文华殿大门外亲出御题考试……又升顾鼎臣为礼部尚书兼翰林院学士教之，后又益以吏部左侍郎翰林院学士张邦奇。……十七年戊戌，命太子太保礼部尚书掌詹事府事翰林院学士顾鼎臣、太子宾客吏部左侍郎翰林院学士张邦奇为考试官，取中袁炜等，廷试赐茅瓒、罗理、袁炜及第。是岁，内阁初拟举人陆师道为状元，御笔批作二甲第五，取袁炜第一，文华宣读已出，复召大学士李时、夏言、学士顾鼎臣入，改作第三，亲擢茅瓒第一。见陆詹事深家书中。

（明）俞汝楫《礼部志稿》卷六·进讲之训 嘉靖六年七月，上谕辅臣曰：“朕见顾鼎臣所讲《洪范》，尽心指解，辞语多长，恐温书之日有所失记，可说与他，著温书通解之日，少为删去几句，从容讲说，勿致荒疏，以发明朕心，使有所得。直解揭帖内可撰写精全，不可遗失，庶朕得以览阅以求其旨义，为治之助。”

又，卷四十二·左右侍郎 顾鼎臣（字九和，直隶昆山人。进士。嘉靖十年任右侍郎兼翰林院学士，历少保兼太子太傅、礼部尚书、武英殿大学士，赠太傅，谥

文康）。

又，卷八十七·期功回避与祭 嘉靖十三年孟冬，享庙，先期命侍郎顾鼎臣、霍韬，皆有期功之服，上言："古礼期服诸侯绝，大夫降。今之公卿，即古之诸侯，而犹有期服，非礼也。律言缌麻以下皆不与祭者，谓其身莅之也。百官闻期年之讣，不过私家为位，及逾旬月，则无庸避矣。"上令礼官考议以闻。

又，卷九十四·授曾氏五经博士 嘉靖十八年，授先贤曾子之后一人世袭翰林院博士。先是掌詹事府事顾鼎臣上言："孝宗时，曾录颜、孟子孙各一人为《五经》博士，以奉祀事，可谓盛举。至于曾子之后，独不沾一命之荣，亦古今缺典也。"疏入，下礼部议，访其世得曾子六十代孙曰质梓者，居江西之永丰县，其远祖据者，曾子十四代孙也，当新莽时，不受伪命，自武城徙庐陵吉阳乡，而质梓其裔孙也。礼部以是覆，遂有是命。

又，卷九十五·嘉靖南巡 嘉靖十八年二月，命皇太子监国，以宣城伯卫錞、遂安伯陈鏸为留守，大学士顾鼎臣为同留守，兵部尚书张瓒参赞机务，太监麦福为内提督，与錞等协同行事。文武大臣刑部右侍郎屠侨等一十八人分守京城九门，仍命内坐营官九人协守。赐留守大学士顾鼎臣敕曰："朕兹巡幸承天，恭视显陵，车驾往回，动历数月。昨已册立东宫，令之监国，特留卿赞务协同，文武重臣居守，内自禁掖，外而都城，远及边陲，并大小有司庶务，悉以付卿，卿宜遵承朕命。应启请者请令旨，应闻奏者驰奏行在，其有密切紧重事情宜用钦赐印记来闻。卿讲幄旧臣，久怀经济，朕兹重寄，其钦承之。"是日，复召鼎臣于平台，面授手敕曰："朕以二亲安神之地日夜思念，心甚缺焉，必亲见乃安，非漫游也。特以留守至托简付于卿，宜朝夕慎恭，辅赞储政，朕乃心安于行。卿其钦哉！慎之！"鼎臣因条上监国事宜七事："一、圣驾行后，皇太子十日一具本恭问，实封驰奏；一、臣不时问皇太子、二王、公主起居及宫阙消息，一体奏闻；一、皇太子正位东宫，旧制文武百官俱朝参朔望，今宜令都察院、鸿胪寺设纠仪官员及司仪鸣赞，至日百官各诣文华门候朝，临时取旨放免；一、皇城及各门守备官军，臣等不时查核，有违误者，量加惩戒；一、皇城营未得停止，臣五日一阅视；一、内阁于诸司旧无统摄，今臣奉钦命留守，事体重大，乞特降明旨，令顺天府宛大二县及五城御史兵马与皇城各门守卫官军俱听臣约束，便于行事；一、往来多有四方奸人妖术潜住京城，蛊惑愚民，玩弄国法，无所不至，近闻外边奸细入内地，间至京师，密伺动静，尤不可忽，乞容臣留守兵部计议，严督巡城御史五城兵马及行缉事官校密切查访，但有奸人，即与擒送究问如法，重大事情则奏闻区处。"上览奏，答曰："宫中消息当密疏奏闻，都察院重狱具在该院官，其加意监守，无通同疏纵，卿亦时传朕谕令，周期查知之，勿卖主不忠也。余俱报可。"鼎臣又请以先后所降手敕纶音下该科，庶百官知儆，臣亦得奉命行事。上曰："百司庶官分理政务，近者多恣纵怠慢，朕躬至显陵，去京师非迩，卿受兹特任留守国都，赞佐东宫，其一切事务俱当与知。其有废法徇情行私者，即加开谕。违者，如情重则具疏以闻，轻者暂取令旨惩戒之。仍令诸司遵守。"

（明）王圻《续文献通考》卷四十六·选举考·举士四　（嘉靖）十七年，命礼部尚书兼翰林学士顾鼎臣、吏部左侍郎兼翰林学士张邦奇为考官，中式袁炜等三百二十名。

（明）鲍应鳌《明臣谥考》卷上·文康　顾鼎臣（大学士，赠太傅。嘉靖年谥。勤学好问，温良好乐。南直隶昆山县人）。

（明）郭良翰《明谥纪汇编》卷十四·臣谥上·文臣·文康　顾鼎臣（大学士，赠太傅。嘉靖。勤学好问，温良好乐。南直隶昆山人）。

（明）徐应秋《玉芝堂谈荟》卷三·赐印记　世宗朝与赐者……顾鼎臣。

（明）郑若曾《江南经略》卷二下·昆山县城池考　（嘉靖）十六年，邑人大学士顾鼎臣轸念昆山滨海土城日就倾圮，脱有惊变，无城可守，主议力请于朝。

（清）谷应泰《明史纪事本末》卷五十二·世宗崇道教　（嘉靖）十年十一月，遣行人召大学士张孚敬还朝，建祈嗣醮钦安殿，以礼部尚书夏言充醮坛监礼使，侍郎湛若水、顾鼎臣充迎嗣导引官，文武大臣递日进香，上亲行初、终两日礼。

又，卷五十七·大同叛卒　（嘉靖）十二年冬十月，大同戍卒叛杀总兵李瑾……时礼部侍郎顾鼎臣、黄绾皆言用兵之非，绾言尤力。

（清）查继佐《罪惟录》·志卷十九·直阁志·世宗　顾鼎臣（未斋，昆山人。由状元、礼部尚书，兼翰林学士，掌詹事府事，进文渊阁大学士，内阁办事。少保，兼太子太傅，进武英殿。卒赠太保，谥文康）。

（清）黄之隽等《江南通志》卷三十一·舆地志·古迹·苏州府　顾鼎臣宅，在昆山县鳌峰桥。

又，卷三十八·舆地志·坛庙（二）祠墓附·苏州府　顾文康祠，在新阳县马鞍山之阳，祀明大学士顾鼎臣。

又　大学士顾鼎臣墓，在吴县潭山。

又，卷六十七·食货志·田赋一·明　十八年，时嘉兴知府赵瀛建议："田不分官民，税不分等则，一均以三斗起征，应天巡抚欧阳铎乃与苏州知府王仪尽括官民田裒益之履亩清丈，定为等则，所造经赋册以八事定税粮……"时豪右多梗其议，学士顾鼎臣独以为善，曰："是法行，吾家益千石输，然贫民减千石矣，不可易也。"由是官田不至偏重，而民田之赋反加矣。（王鸿绪《明史稿》）

（清）张廷玉等《明史》卷十七·本纪第十七·世宗一 （嘉靖十七年八月）丙辰，礼部尚书掌詹事府事顾鼎臣兼文渊阁大学士，预机务。（十九年十月）甲子，顾鼎臣卒。

又，卷六十八·志第四十四·舆服四·印信 其他文武大臣，有领敕而权重者，或给以铜关防直纽，广一寸九分五厘，长二寸九分，厚三分，九叠篆文，虽宰相行边，与部曹无异。惟正德时张永征安化王用金铸，嘉靖中顾鼎臣居守用牙镂关防，皆特赐也。

又，卷七十七·志第五十三·食货一 凡田以近郭为上地，迤远为中地、下地。五尺为步，步二百四十为亩，亩百为顷。太祖仍元里社制，河北诸州县土著者以社分里甲，迁民分屯之地以屯分里甲。社民先占亩广，屯民新占亩狭，故屯地谓之小亩，社地谓之广亩。至宣德间，垦荒田永不起科及洿下斥卤无粮者，皆核入赋额，数溢于旧。有司乃以大亩当小亩以符旧额，有数亩当一亩者。步尺参差不一，人得以意赢缩，土地不均，未有如北方者。贵州田无顷亩尺籍，悉征之土官，而诸处土田，日久颇淆乱，与黄册不符。弘治十五年，天下土田止四百二十二万八千五十八顷，官田视民田得七之一。嘉靖八年，霍韬奉命修《会典》，言："自洪武迄弘治百四十年，天下额田已减强半，而湖广、河南、广东失额尤多。非拨给于王府，则欺隐于猾民。广东无藩府，非欺隐即委弃于寇贼矣。司国计者，可不究心。"是时，桂萼、郭弘化、唐龙、简霄先后疏请核实田亩，而顾鼎臣请履亩丈量，丈量之议由此起。

又，卷七十八·志第五十四·食货二·赋役 （嘉靖二年）谕德顾鼎臣条上钱粮积弊四事。……粮长者，太祖时，令田多者为之，督其乡赋税。岁七月，州县委官偕诣京，领勘合以行。粮万石，长、副各一人，输以时至，得召见，语合，辄蒙擢用。末年更定，每区正、副二名轮充。宣德间，复永充。科敛横溢，民受其害，或私卖官粮以牟利。其罢者，亏损公赋，事觉，至陨身丧家。景泰中，革粮长，未几又复。自官军兑运，粮长不复输京师，在州里间颇滋害，故鼎臣及之。……至十八年，鼎臣为大学士，复言："苏、松、常、镇、嘉、湖、杭七府，供输甲天下，而里胥豪右蠹弊特甚。宜将欺隐及坍荒田土，一一检核改正。"于是应天巡抚欧阳铎检荒田四千余顷，计租十一万石有奇，以所欺隐田粮六万余石补之，余请豁免。户部终持不下。……征一者，总征银米之凡，而计亩均输之。其科则最重与最轻者，稍以耗损益推移。重者不能尽损，惟递减耗米，派轻赍折除之，阴予以轻。轻者不能加益，为征本色，递增耗米加乘之，阴予以重。推收之法，以田为母，户为子。时豪右多梗其议，鼎臣独以为善，曰："是法行，吾家益千石输，然贫民减千石矣，不可易也。"

又，卷七十九·志第五十五·食货三·仓库 嘉靖初，谕德顾鼎臣言："成、弘时，每年以存留余米入预备仓，缓急有备。今秋粮仅足兑运，预备无粒米。一遇灾伤，辄奏留他粮及劝富民借谷，以应故事。乞急复预备仓粮以裕民。"帝乃令有司设法多积米谷，仍仿古常平法，春振贫民，秋成还官，不取其息。

又，卷一百六·表第七·功臣世表二 鼎臣：万历二十八年三月辛亥袭。明年卒。无子。叔应槐袭。

又，卷一百十·表第十一·宰辅年表二　（嘉靖）十七年戊戌：顾鼎臣（八月，太子太保礼部尚书兼文渊阁大学士入）。

十八年己亥：鼎臣（正月晋少保兼太子太保武英殿大学士）。

十九年庚子：鼎臣十月卒。

又，卷一百九十六·列传第八十四·夏言　时李时为首辅，政多自言出。顾鼎臣入，恃先达且年长，颇欲有所可否。言意不悦，鼎臣遂不敢与争。……未几，雷震奉天殿。召言及鼎臣，不时至。帝复诘让，令礼部劾之。言等请罪，帝复让言傲慢，并责鼎臣。

又，卷二百八·列传第九十六·洪垣　（嘉靖）十八年，世宗南巡，册立皇太子，命阁臣夏言、顾鼎臣选宫僚。

又，卷二百九·列传第九十七·冯恩　"右侍郎顾鼎臣警悟疏通，不局偏长，器足任重。"

又，卷二百七十六·列传第一百六十四·朱大典（附顾咸建）　顾咸建，字汉石，昆山人，大学士鼎臣曾孙也。崇祯十六年进士。授钱塘知县。甫之官，闻京师陷，人情汹汹。咸建戢奸宄，严警备。巡按御史彭遇飖以贪残激变，赖咸建调护，事宁而民免株连。及南都失守，镇江守将郑彩等率众还闽，缘道劫掠。咸建出私财迎犒，乃敛威去。亡何，马士英拥兵至。顷之，大将方国安兵亦至。咸建谋于上官，先期遣使行赂，兵乃不入城。四乡多被淫掠，城中得无扰。时监司及郡县长吏悉逋窜，咸建散遣妻子，独守官不去。潞王既降，咸建不至。寻被执，死之。

又，卷二百八十四·列传第一百七十二·儒林三·曾质粹　曾质粹，字好古，吉安永丰人，宗圣五十九代孙也。……嘉靖十二年，以学士顾鼎臣言，诏求嫡嗣。于是江西抚按以质粹名闻，命回嘉祥，以衣巾奉祀。

（清）鄂尔泰、张廷玉等《钦定授时通考》卷五十五　又嘉靖初，谕德顾鼎臣言："成弘时，每年以存留余米入预备仓，缓急有备。今秋粮仅足兑运，预备无粒米，乞急复预备仓粮以裕民。"

（清）徐乾学《读礼通考》卷二十四　《明世宗实录》：嘉靖十三年孟夏享太庙。先期，命侍郎顾鼎臣、霍韬捧主，会鼎臣、韬皆有期功之服，上言："臣等考之古礼，期服诸侯绝，大夫降。今之公卿，即古之诸侯，而犹有期制，非礼也。若律言缌麻以上皆不与祭者，谓其身莅之者也。而百官闻期功之讣，不过私家为位，及逾旬月，则无容于避矣。"上曰："所言亦当，但不以私妨公可也，然须分别轻重。"令礼官考议以闻。

又，卷一百四　《霍韬集》："……先年礼部尚书夏言有适子之丧，不回避太庙之礼；吏部左侍郎顾鼎臣有期功之丧，奉命捧主，不敢回避。盖尊在朝庭，不敢以私服回避也。"

（清）秦蕙田《五礼通考》卷一百七十二　明年（嘉靖十三年）秋七月三日，轮顾鼎臣、席春进讲。时鼎臣饮于所识者，因大醉误期。明日，鼎臣惧罪，向孚敬说，孚敬为请，因反参道南及蔡昂不行代讲，遂谪道南于徽州、昂湖州。盖为铉反噬也。未几，皆召还。

又，卷二百四十六　嘉靖初，谕德顾鼎臣言："成弘时，每年以存留余米入预备仓，缓急有备。……乞急复预备仓粮以裕民。"

蕙田案：明初，预备仓或出于民间输助，似隋之义仓也；或出于官仓盈余，似宋之广惠仓也。其后，凡囚犯之赃赎、吏典之捐职，悉取以入预备仓，宜其储积日富，无水旱饥馑之患矣。嘉靖初，顾鼎臣乃有预备无粒米之奏，则以官司之实力奉行者少而公私之侵渔者多也。

（清）曹仁虎等《钦定续通志》卷一百五十二　世宗嘉靖中，桂萼、郭宏化、唐龙、简霄先后疏请核田亩，顾鼎臣请履亩丈量，江西安福、河南裕州先行之，法未详具，人多疑惮。

（清）傅恒等《御批历代通鉴辑览》卷一百八·闰月帝始修醮于宫中　其后帝益好长生，斋醮无虚日。命夏言充监礼使，湛若水、顾鼎臣（字九如，昆山人）充导引官。鼎臣进《步虚词》七章，且列上坛中应行事，帝优诏褒答之。自此词臣多以青词干进矣。

又，卷一百九·秋八月以礼部尚书顾鼎臣兼文渊阁大学士预机务　时夏言当国，鼎臣入，恃先达且年长，颇欲有所可否。言不悦，鼎臣遂不敢与争。

又，卷一百九·（嘉靖十八年春）**起翟銮为兵部尚书行边**　先是銮以忧归，服阕，久不召。夏言、顾鼎臣居政府，銮与谋召己，及是帝将南巡，虑塞上有警，议遣重臣巡视，言等因荐銮改兵部尚书，节制诸边。

又，卷一百九·帝如承天谒显陵。夏四月还京师　赵俊自承天还，言显陵不吉，帝欲亲诣承天周阅，卜兆九卿。大臣许赞、吕柟等谏，帝曰："朕岂空行哉，为吾母耳。"乃命宣城伯卫錞、遂安伯陈镳及顾鼎臣等辅太子居守，遂如承天，夏言、严嵩等扈从。

又，卷一百九·（嘉靖十九年）**冬十月顾鼎臣卒**（谥文康）　鼎臣素柔媚，其居政府，谨事夏言，不能有为。及是卒，赠太保。

（清）窦光鼐等《钦定日下旧闻考》卷三十六　原嘉靖九年三月，皇后亲蚕，点差采桑命妇一十七人：……翰林院学士顾鼎臣妻朱氏。（嘉靖《祀典》）

又，卷五十五　原嘉靖九年二月，上躬耕耤田，三公九卿执事官一十二员：……翰林院学士顾鼎臣……（明嘉靖《祀典》）

（清）舒赫德等《御定资治通鉴纲目三编》卷二十　（嘉靖二年）闰四月帝始修

醮于宫中（帝用太监崔文言建醮宫中，日夜不绝。……其后帝益好长生，斋醮无虚日，命夏言为监礼，使顾鼎臣等充导引官。鼎臣进《步虚词》七章，且列上坛中应行事，帝优诏褒答之。自此词臣多以青词干进矣）。

质实：（……顾鼎臣，字九和，昆山人。）

发明：（史称嘉靖嗣统之初，能革除弊政，其冲龄英敏，似可有为。乃莅政未几，即惑于神仙之说，寄心方外，日事祷祈，甚至道号自称，端居摄养，若天位无所事事者。虽秦皇汉武，亦不至是，而推原其始，不过一猥鄙之宦竖为之发端，实则由君心僻好于长生，而蛊惑乃得夤缘而入。所谓物先腐而后虫生也。若鼎臣以清华之选，大雅著作雍容榆杨，自可以结文章特达之知，何遽承风希旨，摭拾羽士游谈以为供奉？遂致词臣踵以青词为拜献，先资要津捷径，作俑之咎，可胜责哉！）

又，卷二十一　（嘉靖十二年）冬十月，大同兵乱杀总兵官李瑾（侍郎顾鼎臣、黄绾言用兵谬，帝不能决。）

又，卷二十二　（嘉靖十六年）秋八月，遣官振湖广灾民（掌詹事府事礼部尚书顾鼎臣言："今岁夏秋多雨而京城内外房舍倾圮，军民多压死者。又闻南北直隶、山东、河南、陕西、江浙各被水灾，而湖广尤甚，冲没城邑，人多湮溺。幸而存者，家产荡尽，势必聚而为盗。请敕行优恤，湖广灾沴重大，仍宜遣大臣遍祀山川，循行郡县，振救安戢……"诏从之。）

又　（十七年）八月，以礼部尚书顾鼎臣兼文渊阁大学士，预机务（时李时为首辅，夏言次之，鼎臣又次之。而言倚帝眷专甚，鼎臣素柔媚，不敢与抗，惟充位而已。）

又　（十八年）以曾子裔孙质粹为世袭《五经》博士（顾鼎臣言："孝宗时曾录颜、孟子孙各一人为五经博士以奉祀事，惟曾孙之后阙焉。"疏下礼部议，访得质粹，授为世袭翰林院《五经》博士）。

又　（十八年）帝如承天谒显陵夏四月还京师（赵俊自承天还，言显陵不吉，帝欲亲诣承天周阅卜兆。九卿大臣许瓒、吕柟等谏，帝曰："朕岂空行哉？为吾母耳。"乃命宣城伯卫錞、遂安伯陈鏸及顾鼎臣等辅太子居守，遂如承天，夏言、严嵩等扈从）。

又　（十九年）冬十月，顾鼎臣卒（鼎臣居政府，谨事夏言，不能有为，及是卒）。

（清）曹仁虎等《钦定续文献通考》卷二・十八年议行履亩丈量　既而，谕德顾鼎臣条上钱粮积弊四事。

又，卷二十七・世宗嘉靖初令有司仿常平法并定积谷数　谕德顾鼎臣言："成、弘时，每年以存留余米入预备仓，缓急有备。今秋粮仅足兑运，预备无粒米。一遇灾伤，辄奏留他粮及劝富民借谷以应故事。乞急复预备仓粮以裕民。"帝乃令有司设法多积米谷，仍仿古常平法，春赈贫民，秋成还官，不取其息。府积万石，州四、五千石，县

二、三千石为率。既又定十里以下万五千石，累而上之，八百里以下至十九万石。

又，卷九十五·百官印信 嘉靖中，顾鼎臣居守用牙镂关防，皆特赐也。

（明）雷礼《国朝列卿纪》卷十三·殿阁大学士行实·顾鼎臣 （存目）

（明）俞汝楫《礼部志稿》卷九十四·访求曾子子孙 （存目）

轶事

（明）顾鼎臣《顾文康公续稿》卷五·霖雨堂记 弘治甲子秋八月，余将赴省试，谒公移于南京礼部。部门外有鬻旧画者，列数幅于地，其一乃所翁所画龙头也，品甚神奇，复题四言于下方曰："明良风云，神寄斯画。大溥霖雨，以泽天下。"心窃喜曰："此祥兆也。"以青钱百二十购得之。明年省试入式，及奉大对，遂以第一人及第，乃知天数前定如此，非人力也。迨正德戊寅夏，建小堂四楹于邸第之丑方。前此连月不雨，是日大雨。学士俨山陆先生为题曰"霖雨堂"，作小篆匾见遗，谢不敢当。迨嘉靖戊戌夏四月，因购得东邻张氏堂四楹，颇高爽，撤以建置于邸第之丙方。前此仍连数月不雨，是日大雨如注，远近沾足。亲故僚友喜而贺曰："往岁陆公所赠'霖雨堂'书者，斯不足以当之乎？"余复唯唯逊谢。是岁秋八月，蒙主上知异，特降手敕，命入内阁参预机务。冬十月，少傅桂洲夏公求索龙头观之，称叹不已，因侑《水龙吟》词一阕，亦大书"霖雨堂"为赠。于是重违诸公命，乃梓之，揭于堂檐，壮观一时。余思所翁题画之言，于今事又相符合，益知天数前定如此，非人力也。余惟商高宗之相，傅说本诸帝赉。盖一时贞元之际，明良之会，事岂偶然？至岁大旱，用女作霖雨数言，高宗责望至重，非说曷足以当之？余迂愚衰朽，非惟德学有愧于古人，且精神弗逮于前时。冒膺股肱之任，夙夜兢兢，期免于罪戾，敢希冀分表者乎？抑主上嗣登大宝之初，叨预抡选，日侍讲读，不敢自谓曾少效启沃之忠，而上之逊学修德，责望于近臣者，真与高宗同一揆矣。特恨无说者对扬休命焉耳。顾今日之急务，惟旁招俊才，列于庶位以匡，乃辟康兆民，庶不负主上宠眷之意。而龙头之属也，其当勉而尽耶。遂书以记之。

（右《霖雨堂记》乃太保顾文康公所著也。偶失原稿，其曾孙咸和于书肆购得之。癸亥岁，余与咸和同在京师，一日会于斯堂，出此记示余，并将元人所画龙头，索书上方。余谓明年又乙丑矣，实公抡魁之期也。顾氏其殆复有振乎？敬为书之，以致望焉。长洲文嘉题。

附桂洲相公《水龙吟》词："文章独占龙头，昔年已识丝纶手。身历三朝，官登一品，当今耆旧。晚入黄扉，平生青眼，相看白首。喜长安霖雨堂成，羡神仙宰相人知否？甲第高连北斗。又何用锦袍明昼，画寝凝香，朱门列戟，紫衣奔走。灯火楼台，笙歌院落，年年春酒。与苍生长作万间广厦。为相公寿。"）

又，卷六·戏写三图并题三绝（童时作）　曲江春暖杏花开，紫燕双飞日影来。玉勒宫袍骑骏马，满街争看状元回。（题《状元归去马如飞》）

建章晨启篆烟浮，象简朱衣立殿头。燮理阴阳成底事，千秋唯有一伊周。（题《独立朝纲》）

弱冠登朝似贾生，翩翩鸳侣骤神京。历更三事君恩重，荏苒风光两鬓星。（题《一路功名到白头》）

（附跋：昔淮阴侯为布衣时，其志与人殊，欲葬其母，因行营高敞地，令其旁可置万家，已而果然。顾文康公童子时即善丹青，绘《状元归去马如飞》、《独立朝纲》、《一路功名到白头》三图，各题七言绝句于上。后果廷试第一，由宫詹拜相，入掌宫钥之任，年逾古稀，天下称为贤相。乃知天生豪杰，固自不偶。留侯所谓："天授，非人力也。"余襟丈汝善先生表扬先德，为装潢三轴，俾予题其后，以致景仰之意云。万历辛卯冬，资政大夫太子少保礼部尚书后学徐学谟谨跋。）

（明）尹直《謇斋琐缀录》卷三　弘治十八年，状元顾鼎臣。予闻之，心怵然，窃谓"臣"与"成"字同音，鼎成龙驾，名犯嫌忌。时司训梁弘周闻予言。逾月，遗诏到，弘周曰："先生之言信矣!"岂非"鼎成龙驾"之谶乎?

（明）杨仪《明良记》卷二　弘治乙丑殿试诸士，时刘殿学健当国，谢木斋副之。事将半，谢举策意问刘，刘曰："不过以纯王之心行纯王之政耳。"谢笑曰："此意岂易会哉！使我复为试士，状元不复得矣。"顾鼎臣策即登正中误空一页，率意补之，偶与刘合，竟置第一，盖通场无此意也。刘初得此卷，持示谢曰："天下士岂少哉，吾意已有会者矣。"卷末复余十九行，时考官适十九人，又曰："此子用心不凡，适留其容耳。"盖状元卷诸试官皆有批辞也。

（明）陈洪谟《治世余闻录》下篇卷四　（弘治）乙丑，赐昆山顾鼎臣为状元。尹阁老直家居，谓人曰："此名未善。盖'臣'字与'成'字同音，鼎成龙驾，名犯嫌讳。"至五月果然，人谓尹之言亦有自也。……初顾之父恂得一梦，云"鼎臣为状元"。初欲以此名其孙潜，未果，乃命其少子，即鼎臣也，果然。

（明）蒋一葵《尧山堂外纪》卷八十九·国朝　顾鼎臣（字九和，初名仝，号未斋，昆山人。父恂年五十余始生公。既壮，每夜焚香表祈父寿。一夕，梦黄鹤从天飞来，近视之，即所焚表也，后有朱批字数行，末云："自此以后，间田单火牛，通行无滞。"盖乙丑之兆云。）

昆山之俗，以八月十八日为潮生日，合邑往东门观潮。弘治甲子，鼎臣《观潮诗》云："海若鞭潮出海门，霆奔雪卷带灵氛。六鳌驾撼三山动，万马声传百谷闻。应谶更期人似玉，往观谁使女如云。傅岩舟楫真时用，康济功成日未曛。"明年，大魁天下。

（明）焦竑《玉堂丛语》卷六·容止 顾鼎臣长七尺，虬须虎颧，目炯炯射人，声吐如钟。性跅弛，好声酒及内，或以风之，意殊勿屑也。自其在班行，上固以目属之。

（明）冯梦龙《智囊》·语智·言浅意深·顾鼎臣 嘉靖初，讲官顾鼎臣讲《孟子》“咸丘蒙”章，至“放勋殂落”语，侍臣皆惊，顾徐云：“尧是时已百有二十岁矣。”众心始安。

（明）张萱《西园闻见录》内编卷二·孝顺后·住行 顾鼎臣，字九和，昆山人。父旬年五十余始生公。既壮，每夜焚香表祈父寿。一夕梦黄鹤从天飞来，近视之即所焚表也，后有朱批字数行，末云：“自此以后，闻田单火牛，通行无滞。”盖乙丑大魁之兆云。

（清）姚之骃《元明事类钞》卷四·君道门·驭君·试士祝天 《严嵩集》：“孝宗乙丑试士日，于宫中焚香祝天，愿得真才。”是年得顾鼎臣为进士第一。明顾存仁诗：“闻道孝皇曾露祷，台星奕叶照麒麟。”

又，卷十二·仕进门·状元·贶图书 《泳化编》：顾鼎臣里中有宋状元卫泾祠，鼎臣入邑庠，夜梦一人，紫袍象简，称卫姓，携“状元及第”图书贶之。后果第一人及第。

又，卷二十八·身体门·须·虬须虎颧 《玉堂丛话》：顾鼎臣长七尺，虬须虎颧，目炯炯射人，声吐如钟。

（清）梁章钜《巧对录》卷八 顾鼎臣之父出对云：“柳线莺梭，织就江南三月景。”鼎臣对云：“云笺雁字，传来塞北九秋书。”

著　作

（明）顾锡畴《文康公续集跋》 五世从祖文康公之集既行世矣，兹从祖汉石、伯兄长佩复广搒采，得公大廷先资、讲筵陈说及郊祀乐歌与诸代言表、笺、诗、词等，镌为续集。拜诵之际，惊喜为深。……公当世庙日，海内乂安，朝端无事，优游馆阁，得以文章扬扢休明，然进则有居守之功，退则有营城之效。城成不逾岁，而岛寇之发，昆民大庇，至今席之。以是知公之经纬不言道存时即未大施。设而偶见一斑，则朝乡赖之。是故士大夫未有不功朝与乡而能一日居乎其位者也。今天下多故，清兵深入，南北阻绝，流氛日殷，天堑失险。后生小子苟怀忠孝，必将明志以养气，养气以练材，练材以匡时，庶于公之德功可冀百一，而高文典册亦于是具举矣。畴恐后之人见公之文而忘公之大者，故于续集之行，既深惊喜，兼致戒勉之意云尔。从五世孙锡畴谨跋。

（录自［明］顾鼎臣《顾文康公续稿》卷末）

（明）顾咸建《文康府君续稿跋》 曾王考文康府君遗集，不肖曾孙咸建敬承先志，辑成于崇祯己卯，而挂漏尚多。不肖咸建与族孙长佩氏晋璠兢兢蒐辑，复得若干卷，仍属长佩鸠印。……吾文康府君立朝遇主，秉节树勋，载在国史，食报祀典，何俟遗文始传。顾自吾王考赠昌化公暨吾考马瑚公以来，勤眷蒐辑为事。而藐余小子始克从伯兄咸正之后，一再成集。岂曰矜篇翰侈赡丽也？府君雄伟杰出，而存心积虑如璧之倍厚，发为文章本乎忠孝，泽乎仁义。故凡对扬之册，启沃之书，游歌矢音之章，与夫率尔短篇，无不正直忠厚，忧危悱恻，使读者如亲其性情。于乎！府君所以垂裕久远，而子若孙藉以绵飏施枚者，其在斯乎！其在斯乎！敢勿遵守而道扬焉。……

续卷一为廷对策。先是吾祖考裒集，府君三试录授子若孙，手泽俨然，而前集未及入梓。识者谓古今对策多矣，独天人三策焯绝千古。府君对策醇正恺直，仿佛江都首列之以隆对扬且征先资也。

续卷二为经筵讲章。盖府君荷眷世庙，自讲筵昉也。颁学宫，建敬一亭，居守锡银章，曰经帏首选，则启沃可知。当时篇解句释，无复忌讳。卷帙至多，仅存什一。吾祖考曾购获《中庸》首章，手录如新。兹复获《洪范》一卷，并授梓人。余卷不胜收、不胜刻矣。

续卷三为乐章。按，原目乐章七道，向存《九庙》一道，题曰《会典》乐章。不肖咸建敬简《会典》，与家藏正合。因考《会典》所载，如《社稷》、《祈报》、《时袷》、《岁袷》诸章为原目所有者，稽其年岁，皆府君在事时，知皆府君笔也。敬备录焉。

续卷四为诰、敕、赋、颂。按，前集代言最备，而中有脱简，兹复蒐辑。若原目七赋，今得其三，而《视工》、《遇雨》则原目所不载，因知向多轶也。《七夕》、《梧山》、《灵鹊》、《翟封》四赋，则叹不获见矣。颂原止二首，今全获焉。

续卷五为表，为致语，为记，为志、铭、赞、跋、书牍。大抵皆补所未备也。表多手稿，淋漓涂乙，间有未全，今获补辑。《致语》原曰七首，皆圣孝崇养两宫事而不获见。所获《龙舟》一首，亦原目所不载也。他如《亲蚕进》内诸诗，俱为遗珠矣。《霖雨堂》向传诵而未梓，高玄嘉庆得之归氏藏本。时震川先生方英龄，府君早已物色矣。三像赞皆吾曾祖妣朱夫人之先世也。有讳道明者，于不肖为中表兄弟行。又顾所自出，壬午夏见示府君手泽，敬录入焉。令人深葛藟条枚之思矣。

续卷六为诗词补遗。盖府君吟咏最富，而散轶不少。如松陵周恭肃集中与府君唱和累累，止《夜合》、《吴酒》二韵载前集，余如《山陵》、《丁香》、《柯亭》、《报国》、《佛阁》、《刘宋世史》诸诗俱次府君韵，而原韵俱轶，能无慨慕。凡我子姓，加意访求。倘能踵是集而裒刻也，庶藉手成先志哉。

崇祯癸未夏五不肖曾孙咸建敬书于葑溪草堂。

（录自［明］顾鼎臣《顾文康公续稿》卷末）

（明）顾晋璠《文康府君续稿跋》 府君初集之成也，为己卯夏五。时从祖汉石将游北雍，属不肖晋璠董厥事。不肖晋璠偕小孙需立，且排纂，且督剞劂，不敢怠。是秋，从祖魁《礼》经，集工适竣。不肖缄新刻寄都门，从祖亦遗书相慰劳，忽忽已四易裘葛矣。衰老闲居，门无剥啄，日唯以蒐辑府君佚稿为事，或出自名家枕秘，或得之宗人壁藏，以至漫漶剥蚀，穷搜悉讨，而合之大廷对扬、讲筵启沃及奉旨专撰九庙钧天之奏，与一时君臣相得赓歌喜起之章，洋洋缅缅，弇州先生所谓高文大篇，前刻未备而今始购获者，汇成续集，凡六卷。呜呼！是集虽未尽府君遗文，而府君一生正直忠厚、忧危悱恻、立朝居乡之梗概，则已具于集矣。方相与谋续刻，会从祖端木不远万里自延州捐俸助刻赀，兼辱赠寿言，过相奖借。又诸从祖、从父、若弟侄辈，各随愿力协助。于是开宝翰阁，鸠工聚梓。而汉石、幼疏两从祖适偕赴公车，不肖前祝曰："此行干霄直上，会见此集，遗座主若诸同升，百年旧章，不綦以新榜重耶？"从祖曰："有如席祖余泽，将举朝目为名公子孙，亦新榜以旧章重耳。"因相与欢然为引满。夫诒谋亢宗后先晖映，自天壤间盛事。独不肖晋璠以衰庸谬司较雠之役，频年拮据，咏骏烈、扬清芬。昔也珠沉，今也璧合。佑启我后人将无有睹此而兴起者乎？区区孝思，获藉斯以传续。所冀望于将来者，端在于是。因溯始末而纪岁月如此。时崇祯癸未夏日第五世第一孙晋璠谨识。

又跋：《续刻》甫竣，忽一日，翼凌侄捧一榼至。启视之，皆府君未刻诗文稿，手泽如新，淋漓涂乙，且中多世庙推尊谥号及崇养两宫事。巍乎焕乎，代天之音，集中所必不容已者。衰年何幸，复睹此遗珠，敢惜绵力，不以补前集传之永永？惜已成之刻，未便搀入，亟命孙□立□孙王祈樾篝灯抄写，□成三集，候剞劂。因念从祖汉石有云："吾所效于祖宗甚微。而祖宗所以报之甚厚。"兹乡会抡魁，光依日月，将来正未可量，斯言验矣。不肖所祝"新榜旧章，后先辉映"，言亦无不验矣。凡吾子姓胥视此榜样，争自效于尔先，庶几食报于尔后，毋以鄙言为迂谬而漫忽之，则本□百世其绵绵昌炽矣乎。录成，聊缀数语，兼赋短律示诸弟侄，寓期望之意云。……癸未冬日孙晋璠再识。

（录自［明］顾鼎臣《顾文康公续稿》卷末）

（清）黄虞稷《千顷堂书目》卷十四·医家类 顾鼎臣《经验方》一卷。顾鼎臣《医眼方论》一卷。

又，卷二十一·别集类·弘治乙丑科（十八年） 顾鼎臣《顾文康公集》二十四卷（字九和，昆山人。一甲第一人。少保兼太子太保，礼部尚书，武英殿大学士。赠太保，谥文康）。

（清）黄之隽等《江南通志》卷一百九十四·艺文志·集部二（诗文集）**·明**

《文康集》二十四卷（昆山顾鼎臣）。

（清）张廷玉等《明史》卷九十九·志第七十五·艺文四　《顾鼎臣文集》二十四卷。

（清）曹仁虎等《钦定续通志》卷一百六十二·文类第十二上·别集·明　《未斋集》二十二卷（明顾鼎臣撰）。

（清）纪昀等《钦定四库全书总目》卷一百七十六·集部二十九·别集类存目三·《未斋集》二十二卷（浙江巡抚采进本）　明顾鼎臣撰。鼎臣字九和，昆山人。宏治乙丑进士第一，官至武英殿大学士，谥文康。事迹具《明史》本传。初，鼎臣以直讲筵受世宗恩眷，世宗好长生术，内殿设斋醮，鼎臣进《步虚词》七章，且列上坛中应行事宜；又享太庙，上命鼎臣及霍韬捧主。二人有期功当辞，鼎臣乃言："古者诸侯绝期，今公卿即古诸侯，请得毋避。"深为清议所讥。惟其悯东南赋役失均，屡陈其弊，及请昆山筑城，卒免倭患，为其乡人所称。《明史·艺文志》载《鼎臣集》二十四卷，今所存者凡二本，一为其孙晋璠等辑，凡文稿六卷，诗六卷，续稿六卷，其题曰：《顾文康集》，较史少六卷。此本多三集四卷，亦止二十二卷，不足二十四卷之数。或集本残缺，或史文偶误，则莫之详矣。

（清）曹仁虎等《钦定续文献通考》卷一百九十二·经籍考·集（别集四）**·明**　顾鼎臣《未斋集》二十二卷。鼎臣字九和，昆山人，弘治乙丑进士第一，官至大学士，谥文康。

评　论

（明）李逊之《崇祯朝记事》卷一　按，弘治乙丑科廷试进士，孝宗皇帝亦焚香吁天于后宫。是科所得名臣惟顾鼎臣、崔铣、黄巩、魏校四人以文章品望著，方献夫以议大礼显，严嵩以贪奸败。

（清）方苞《钦定四书文》·化、治四书文·卷二·陈司败问昭公知礼乎（一章）
顾鼎臣　……以议论叙题，神气安闲，意义曲尽，绝无经营之迹。此法亦后人所祖，但先辈只是因题布格，与凌驾者不同。

杂　录

（明）顾鼎臣《顾文康公续稿》卷二《圣谕》　嘉靖七年戊子八月三十日，上谕辅臣曰：“朕为《洪范》一书于帝王为治之大经大法，实为亲切。讲解须委一人，庶得接续贯通。欲令鼎臣通篇进讲，分段计日，从容讲解，务使尽其所言，以为朕为学求治之助。”是年九月八日，上又谕曰：“鼎臣所讲《洪范》，尽心指解，复虑词语长多，恐温书之日，有所失记。少为删去几句，从容讲说，以发明朕心，使有所得。直解揭帖内可撰写精全，朕得览阅，以求旨义，为为治之助。”是年闰十月二十日，上又谕曰：“今已寒月，例免经筵日讲。朕以《洪范》未终篇，故未循例。又曰为学贵终始，亦在乎笃行，不在急迫与徒知也。鼎臣暂免朝参，止入讲殿，庶得从容进讲。朕亦安听，或得于领会矣。”是年十一月二十一日，上又谕曰：“鼎臣进讲《洪范》终篇，尽心精陈。升詹事府詹事，仍兼翰林院学士，赐白金文绮。”谨按，府君在讲筵最久，受知世庙最深，温旨褒嘉，不一而足。敬就阐发《洪范》者，首录于此，以见一时君臣相得。是由肃皇帝逊志时敏，而府君微诚有以上格也。外此圣谕，虽眷切而不关《洪范》者，不敢载。孙晋璠谨识。

（清）葛万里《别号录》卷四·未　顾鼎臣，九和。阁老。靖。昆。

（清）谢道承等《福建通志》卷二十六·职官·连城县教谕　顾春（昆山人顾鼎臣孙）。

（清）孙岳颁《御定佩文斋书画谱》卷四十三·书家传二十二·顾鼎臣　顾鼎臣，字九和，昆山人。弘治乙丑举进士第一，授修撰。嘉靖中为礼部尚书、武英殿大学士，赠太保谥文康。(《列卿纪》)

王世贞《国朝名贤遗墨》有顾鼎臣书。(《弇州续稿》)

（清）倪涛《六艺之一录》卷三百六十九·顾鼎臣　顾鼎臣，字九和，昆山人。弘治乙丑举进士第一，授修撰。嘉靖中为礼部尚书、武英殿大学士，赠太保谥文康。(《列卿纪》)

王世贞《国朝名贤遗墨》有顾鼎臣书。(《弇州续稿》)

又，卷三百七十四·明名公石湖夜泛诗卷　沈周夜泛诗引。孙一元诗。沈周诗。殷云霄诗。钱仁夫诗。钱承德诗。文璧诗。一元次韵。顾鼎臣诗。彭泽诗。郑善夫诗。张杰次韵。

历代科举文献整理与研究丛刊
主编 陈文新

明代状元史料汇编（下）

郭皓政 甘宏伟 编著

武汉大学出版社
WUHAN UNIVERSITY PRESS

图书在版编目(CIP)数据

明代状元史料汇编/郭皓政,甘宏伟编著.—武汉:武汉大学出版社,2009.9

历代科举文献整理与研究丛刊/陈文新主编

ISBN 978-7-307-07016-5

Ⅰ.明… Ⅱ.①郭… ②甘… Ⅲ.状元—史料—中国—明代 Ⅳ.D691.46

中国版本图书馆 CIP 数据核字(2009)第 071094 号

责任编辑:黎晓方　　责任校对:刘　欣　　版式设计:马　佳

出版发行:武汉大学出版社　(430072　武昌　珞珈山)

(电子邮件:cbs22@whu.edu.cn 网址:www.wdp.com.cn)

印刷:武汉中远印务有限公司

开本:787×1092　1/16　印张:101.75　字数:2223 千字　插页:7

版次:2009 年 9 月第 1 版　　2009 年 9 月第 1 次印刷

ISBN 978-7-307-07016-5/D·896　　定价:680.00 元

目　录

下

正德三年（1508）戊辰科状元吕柟

传　记

（明）马汝骥《通议大夫南京礼部右侍郎泾野吕公柟行状》　（存目。参见［明］焦竑《国朝献征录》卷三十七，又见［明］朱大绍编《皇明名臣墓铭》兑集。）

（明）马理《溪田文集》卷五·志铭·南京礼部右侍郎泾野吕先生墓志铭　（存目）

（明）李贤等《明一统志》卷三十三·西安府下·人物·本朝　吕柟（高陵人，正德戊辰状元及第，累官南京礼部侍郎。性孝友俭朴，内充外裕，行方辞厉，在朝在野，随寓尽道。且经书子史，博览详玩，并有发挥。卒谥文简。所著有《四书因问》、《五经说》行于世）。

（明）冯从吾《少墟集》卷二十·关学编三·明·泾野吕先生　先生名柟，字仲木，高陵人，世居泾水北，自号泾野，学者尊之曰泾野先生。父溥，号渭阳，有隐德。先生少俊悟绝人，羁丱为诸生，受《尚书》于高学谕倚、邑人孙大行昂，即有志圣贤之学。又问道于渭南薛思庵氏，充乎有得，不妄语，不苟交。夙夜居一矮屋，危坐诵读，虽炎暑不废衣冠。年十七八梦明道程子、东莱吕氏就正所学，由是学益进。督学邃庵杨公、虎谷王公拔入正学书院，与群俊茂游。大参熊公、李公延教其子，先生辞不获，乃馆于开元寺。后闻父疾，即徒步归，二公以夫马追送不及，先生曰：“亲在床褥，安忍俟乘为也?”父寻愈，构云槐精舍，聚徒讲学其中，二公仍遣子熊庆浩、李继祖卒业焉。

弘治辛酉，举于乡。明年，计偕不第。游成均，与三原马伯循、秦世观，榆次寇子惇，安阳张仲修、崔仲凫，林县马敬臣诸同志讲学宝邛寺。尝约曰：“文必载道，行必顾言，毋徒举业以要利禄，毋徒任重弗克有终。”日孜孜惟以古圣贤进德修业为事，遣弟栖师事伯循，其入学仪式京师传以为法。同邑高朝用时为地官郎，谓检讨王敬夫曰："予邑有颜子，子知之乎？"敬夫曰："岂吕仲木耶？"自是纳为厚交。乙丑，敬皇帝宾天，与诸生哭临，先生声出泪下，众哗为迂，弗恤也。孙行人殁于京，遗孤不在侧，先生衰绖哭拜，吊者或曰："礼与曰，礼丧无主，比邻为主，况师乎？"及返葬于乡，犹是服也。宿馆下三日，哭而相葬，事既，归，复讲学于精舍，从游者日众。正德戊辰，举南宫第六人，廷对擢第一，授翰林修撰。凡知先生者皆喜曰："今得真状元矣。"

时阉瑾窃政，以枌榆故致贺，先生却之，瑾衔甚，自是逊避不与往来。在翰林二年，操介益励，禄入，祗祀其先。父母书问至，必再拜使者受之，退而跪读。期功丧为位而哭，门无馈遗。时何粹夫瑭为编修，以道自守，不为流俗所喜，先生日相切劘，欢如也。会西夏构乱，疏请上入宫御经筵，亲政事，不报。瑾恶其言，益衔甚，乃与粹夫相继引去。未几，瑾败，祸延，朝绅人咸服先生之明。

家居，杜门谢客者三年，台省交章荐其往拒逆瑾卓识伟节，宜召擢大用。壬申，起供旧职，上疏劝学，谓："文王缉熙敬止，诚和万民，斯享灵囿之乐。元顺帝废学纵欲，盛有台沼，我太祖代取之，人主可不深念。"或谓："元主之戒，伤于太直。"先生曰："贾山借秦为喻，汉文尚能用之，况主上过汉文远甚。柟独不能为贾山乎？"疏入，上亦嘉纳。未几，乾清宫灾，复应诏言六事：一曰逐日临朝听政；二曰还处宫寝，预图储贰；三曰郊社禘尝，祗肃钦承；四曰日朝两宫，承颜顺志；五曰遣去义子、番僧、边军，令各宁业；六曰天下镇守中官贪婪，取回别用。不报。先生复引疾去，崔仲凫叹曰："古有直躬进退不失其道者，吾于吕仲木见之矣。"

归而卜筑邑东门外，扁曰"东郭别墅"。四方学者日集，都御史虎谷王公荐其学行高古，乞代己任，不报。渭阳公病，先生侍汤药，昼夜衣不解带，履恒无声，如是一年，须发为白。比卒，哀毁逾礼。既葬，庐墓侧旦夕焚香号泣，门人感之，皆随先生居。乃与平定李应箕、同邑杨九仪辈讲古今丧礼当襄事。时郡守致赙受之，既而驰币，匄文辞。门人问故，先生曰："方卒哭而遽怀金为文，吾不忍也。"既禫释服，讲学于别墅，远方从者弥众，别墅不能容，又筑东林书屋居焉。镇守阉廖馈以豚米，却之。廖素张甚，乃戒使者曰："凡过高陵毋扰，有吕公在也。"有客以兼金乞居间，先生笑而谢曰："人心如青天白日，乃以鸟兽视耶？"其人惭曰："吾姑试子耳。"门庭萧然，无异寒素。

世庙即位，诏起原官。时朝鲜国奏称："状元吕柟、主事马理为中国人才第一，朝廷宜加厚遇，仍乞颁赐其文，使本国为式。"其为外国敬慕如此。上御经筵，先生进讲，适值仁祖淳皇后忌辰，口奏："宜存黪服礼，罢赐酒馔。"朝论韪之。癸未，分校礼闱，取李舜臣辈，悉名士。时阳明先生讲学东南，当路某深嫉之，主试者以道学发策，有焚书禁学之议，先生力辨而扶救之，得不行。场中一士子对策，欲将今宗陆辨朱者诛其人，火其书，极肆诋毁，甚合问目意，且经书、论、表俱可，同事者欲取之。先生曰："观此人今日迎合主司，他日必迎合权势。"同事者深以为然，遂置之。念新天子即位，上疏请讲圣学，略曰："学贵于力行而知要，故慎独克己，上对天心，亲贤远谗，下通民志，天下中兴太平之业实在于此。”不报。

在史馆与邹东廓友善。甲申，奉修省诏，复以十三事上言，颇过切直。时东廓亦上封事，同下诏狱，一时直声震天下，人人有真铁汉之称。寻谪，东廓判广德，先生判解州。道出上党，隐士仇栏兄弟遮道问学。有梓匠张提者，役于仇氏，闻先生讲喜甚，跽而求教，先生诲以善言，提大悟。昔尝取人一木作界方，至是遂还其主，仇氏兄弟益为感动，先生喜形诸诗云：“岂有征夫能过化，雄山村里似尧时。”

既至解，仰尧舜故址，慨然以作士变俗为己任，解士子视圣学与举业为二，先生曰：“苟知举业、圣学为一，则干禄念轻，救世意重。”于是讲学崇宁宫，每诲诸士虽举业拳拳不离圣贤之学，诸士皆欣然向道，以为圣贤复出也。会守缺，先生摄事，不以迁客自解免，恤茕减役，劝农课桑，筑堤以护盐池，开渠以兴水利，善政犁然。郡庠士及四方来学者益众，乃建解梁书院居之。选少而俊秀者歌诗，习小学、诸仪、朔望。令耆德者讲会典，行乡约。廉孝弟节义者，表其闾。求子夏后，教之学。建温公祠，正夷齐墓，订《云长集》。久之，政举化行，俗用丕变。

丁亥，转南吏部考功郎中。解梁门人王光祖谓：“先生在解三年，未尝言及朝廷事。”为考功，躬亲吏牍。少司马王浚川荐其性行淳笃，学问渊粹，迁南尚宝卿。久之，迁南太常少卿。往太常燕乐甚亵，先生悉革之。乙未，迁国子祭酒。先生在南都几九载，海内学者大集。初讲于柳湾精舍，既讲于鹫峰东所，后又讲于太常南所，风动江南，环向而听者前后几千余人。闽中林颖、浙中王健以谒选行，中途闻先生风，遂止，乃买舟泛江从之游。上党仇栏不远数千里复来受学。先生犹日请益于甘泉湛先生，日切琢于邹东廓、穆玄庵、顾东桥诸君子。时东廓亦由广德移南，盖相得甚欢云。

其在国学，益以师道自任，自讲期外，尤日进诸生，谆谆发明，使人人知圣人可学而至。尝取《仪礼》诸篇，令按图习之，登降俯仰，钟鼓管钥，洋然改观易听。有以孝廉著者揭榜示旌，丧者吊而赙，病者问而医，死者哭而归骸其乡。又奏减历以通淹滞，绝请托以杜幸门，凡监规之久弛者，罔不毕举。六馆僚属观法清慎，诸生皆循循雅饬，一时太学有古辟雍之风，京邸缙绅多执弟子礼从学，而内使大兴沈东亦时时听讲焉。其感人如此，人人称为真祭酒。台臣张景荐其德行文学真海内硕儒，当代师表。丙申，晋南礼部右侍郎，东南学者喜先生复至，益日纳履其门，乃复讲于礼部南所。时上将躬视承天山陵，累疏劝止，不报。署南吏曹篆，疏荐何瑭穆、孔晖、徐阶、唐顺之等二十人。入贺，会有论湛先生伪学者，先生白诸当路曰：“圣皇在上，贤相辅之，岂可使明时有学禁之举乎？”事遂已。

时霍文敏为南宗伯，与夏贵溪故有隙，时时噂诟夏，先生乘间讽曰：“大臣谊当和衷，过，规之可也，背憎非体。”霍误疑先生党夏。已，先生来阙下，夏已柄国，数短霍于先生，先生毅然曰：“霍君性虽少褊，故天下才也。公为相，当为国惜才。”由是夏亦误疑先生党霍。会庙灾，自陈，遂致仕。然先生终未尝以此向人自白也。归而讲学北泉精舍。越四年，壬寅七月初一日卒，距生成化己亥四月二十一日，年六十有四。卒之日，高陵人为罢市，休宁门人胡大器先至高陵侍疾，遂视殓殡而执丧焉。四方门人闻者，皆为位而哭。

先生性至孝友俭朴，事继母侯色养笃至。室无妾媵，与李淑人相敬如宾。事叔父博如父。岁饥，尝分俸赒其族众。姊刘家篓，甚时时济之。悯外祖宋乏嗣，每展墓流涕，从舅瑾寓同州，特访迓归。平生未尝干谒人，亦不受人干谒。不事生产，既殁，家无长物。盖先生之学以立志为先，慎独为要，忠信为本，格致为功，而一准之以礼，重躬行不事口耳。平居端严恪毅，接人则和易可亲，至义理所执则铿然竞烈，置死生利害弗顾也。尝访王心斋艮于泰州，赵玉泉初于黎城。每遇同志，虽深夜必往访。苟非其人，即一刺不轻投。教人因材造就，总之以安贫改过为言，不为玄虚高远之论。门人侍数十年，未尝见有偷语惰容，论者谓关中之学自横渠张子后，惟先生为集大成云。所著有《四书因问》、《周易说翼》、《尚书说要》、《毛诗说序》、《春秋说志》、《礼问内篇外篇》、《宋四子抄释》、《史馆献纳》、《南省奏稿》、《诗乐图谱》、《史约》、《高陵志》、《解州志》及《泾野文集》、《别集》传世。隆庆初，赠礼部尚书，谥文简。

（明）薛应旂《方山薛先生全集》卷二十四·传·泾野先生传 泾野先生姓吕，名柟，字仲木，陕西西安高陵人也。西安为古泾阳之域，学者称为泾野先生。始祖名世昌，载传至彬卿生八，八生兴，兴生贵，贵生鉴，世有阴德。鉴生溥，尤以行义孚，于乡党排难解纷，人多德之。配宋氏，生先生。后以先生贵封翰林修撰，宋赠安人。安人为潘府教授玉之孙女，教授幼好书，人号宋五经，以贤名于时，安人少习其教。先生孩竖时，即诵其祖教授公之遗行以教之，故先生七八岁时，敦厚颖敏，如老成人，遣就传于周丈人节之闻小学之教。及入学，受书于孙行人廷举，时未总角，辄有志圣贤之学，不为辞章之习。夏居矮屋，衣冠危坐，虽炎日蕴隆，不出户限。及冬月严寒，则履藉麦草，诵读六经，恒夜以继日。弘治乙卯，丁母安人忧，哀毁读礼，未尝轻出。服阕，犹思慕不已。辛酉，举陕西乡试，念不及见，辄泣下。明年，壬戌会试，未第，乃入太学，会三原、榆次、安阳、林县、陕州、河内诸同志之友，相与切磋，务事力行，不尚口耳。时虽为太学诸生，而识者固已知斯道之有属矣。正德戊辰，举南宫高第，入对大廷，承“法天法祖”之问，反覆以仁孝为言，而要之于学。上与公卿大臣嘉赏之，赐进士及第第一人，授翰林修撰。寻为经筵讲官，直以辅德弼违为己任。其诸编摩纂辑，则务尽古史氏纪动纪言之职，词华藻丽皆所不屑也。

嘉靖甲申夏五月，上疏自劾不职者，凡十有三事，当路者谓：“此皆大臣宰相之职，不宜引为己责。”谪判解州，至则赞州长以政教劝率士民，酌取蓝田吕氏之规以行乡约，刊订《朱子家礼》以正习俗，儒生学子群至，受业潜江。初，御史杲按山西，为建解梁书院以居之，御史亦时时就而论学。居三年，解俗为之丕变，延及全晋，亦骎骎乎复陶虞耕稼质成让田之风。丁亥，量移南考功郎中，凡南官考绩评定贤否，词若浑融，实多所惩劝，稽查吏籍，革除诈冒，一切奸宄尽为屏息。公余即集问道请业之士，恳恳为发明讲解，或僚友邀游金陵诸胜，亦时复一出，虽登临玩赏中，率多师师规勉之意。初寓柳湾精舍，诸生屦盈户外，乃即鹫峰东所居焉。及迁尚宝卿，历太常少卿，吏事简省，四方从游者日众，先生乐于成人，应接不倦。是时，海内讲学者相望而起，然或未免空谈，先生与诸生约每会即以六经四书质正就于其中，探讨精义，勉其体认践履。或问朱陆同异，先生曰："晦庵、象山同法尧舜，同师孔孟，虽入门路径微有不同，而究竟本原，其致一也。亦何害其为同哉？学者不务力行，而胶于见闻，以资口耳，竟于身心何益？"闻者多感发兴起。其训释经籍，皆躬行心得之言，有程朱所未发者，故所至学徒如云滃雾集。

乙未，进比国子祭酒，时监规久弛，先生发明揭示，动以身教，一二贵游子弟有不率者即绳之以法，不少假借，于是咸知所从事而乞差争拨之，敝风顿息。或有以"敬敷五教在宽"规先生者，先生曰："宽非纵弛之谓，乃日刮月劘以要其成，而不责效于旦夕，故谓之宽，然云敬敷则不可不谓之严矣。古称师严然后道尊，道尊然后民知敬学，其意正谓是也。今人才渐不如古，岂真古今人不相及哉。内则祭酒，外则提学，皆有师道，而以教人为职者率多姑息假借，而不知人才之日流也。甘临希悦违道干誉，且非治民所宜，矧以之教士哉？"规者不以为然，而先生持之愈坚。国子诸生自是知所检束，而弦歌之声、礼让之俗洋洋于京师首善之地矣。

丁酉，升南京礼部右侍郎。未几，以灾异自劾，得致仕去。壬寅某月日，以疾卒于家，年六十四。所著有《四书因问》、《周易说翼》、《尚书说要》、《毛诗说序》、《春秋说志》、《礼问》、《史约》、《宋四子抄释》、《诗学图谱》、《寒暑经图解》、《史馆献纳》、《南省奏稿》、《泾野文集》、《诗集》、《监规发明》、《署解文移》各若干卷，行于世。然皆仁义之精华，孔颜之正脉，有非迁、固以来文人学士所能与者。

呜呼！先生内充外裕，色温气和，蔼然可挹，而行方词厉，守坚力定，在朝在野，随寓尽道，其真富贵不淫，贫贱不移，威武不屈者矣。君子方之程伯子，岂不信然哉？

长子田，以举人为汝宁府通判。少子畇，以先生荫，为都察院照磨云。

薛生曰：某为诸生时，尝从先生于鹫峰东所，而先生之所以切切启迪者，则实未尝一息敢负也。今年庚戌来京师，其子畇以先生年谱示余作传，顾某浅薄，何能传先生哉！特以先生生关中，关中风声气习淳厚闳伟，刚毅强奋，莫不有古之道。然自汉以降，其所谓豪杰者大都欲以古文辞名世，故至于今，关中士人动称西京。西京云其潜心理道而务以圣贤为归者，宋张子厚之外，非先生畴为首称邪？某是以论著之，于以见关中之学独文辞乎哉？

（明）李开先《李中麓闲居集》卷九·传·泾野吕亚卿传　（存目）

（明）王道端《皇明名臣琬琰录》续卷五·泾野吕先生　（存目）

（明）陈鎏《皇明历科状元录》卷四·正德三年戊辰状元吕柟　廷对之士邵锐等三百四十九人，擢吕柟第一。以下出身有差。

吕柟，字仲木，号泾野，陕西高陵人。未总角辄有志圣贤之学，不为辞章之习。夏居矮屋，衣冠危坐，虽炎日蕴隆，不出户限，严寒则履籍麦草，诵读六经，恒夜以继日。乡举第十，会试不利，入太学。戊辰，登南宫第六。入对大廷，承“法天法祖”之问，以仁孝为对，而要之于学，擢第一，赐冠带履服，服习若固有。明日，有窃政中官来贺，却之。时年三十四，授翰林修撰。明年，瑾竖横甚，西夏乱，疏请御经筵，亲政事，则祸乱潜消矣。瑾怒，欲杀之，乃乞养病归。家居五年，以言官荐复职，上《劝学疏》。会乾清宫灾，上疏陈六事：一曰逐日临朝听政；二曰还处宫寝，预图储贰；三曰郊社禘尝，祗肃钦承；四曰日朝两宫；五曰遣去义子、番僧、边军；五曰各处镇守中官取回别用。复引疾归，又家居五年。今上即位，诏起复馆职，修《武宗实录》，充经筵讲官。一日进讲，值仁祖淳皇后忌辰，讲毕口奏宜衫淡服、易绯、罢酒饭之赐，朝论是之。癸未会试，充同考。又上疏劝学。甲申三月，奉旨修省，以十三事自劾，皆格心责难之言，颇过激切，遂下狱，左迁解州判官，移南京考功郎中，迁尚宝司卿，历太常少卿。柟乐于成人，所至学徒云集，四方从游者以六经四书探讨精义，随所质剖悉不遗，勉以体认践履。进北京国子监祭酒，升南京礼部侍郎。未几，以灾异自劾，得致仕。壬寅七月卒，年六十四。是夕有大星殒华阴。所著有《四书因问》、《五经说》、《史馆献纳》、《南省奏稿》、《泾野诗文集》十四种。柟内充外裕，色温气和，守坚力定，行方辞厉，在朝在野，随寓尽道。（薛应旂《传》、马理《志》）

柟方面微须，轮耳海口，目光有神。平居端严凝重，及接人则和易可亲。性至孝友俭朴，所至皆聚徒讲学，负世重望，为理学之宗。门生侍数十年，未尝见其偷语惰容。马理赞曰：“少而力学，期精期诚。壮而立朝，惟寅惟清。言乎其外，取舍分明。言乎其内，厥存永贞。源泉既浚，澜斯孔将。训释群经，无幽弗彰。谁则似之？程朱与行。”

事亲最孝。会试，闻丧痛哭，草履步至家，是时梦有人报明科状元。

祖彬卿葬时，圹有声如雷。卜云：“兆显六世。”至是柟生，竟以道鸣于世，符卜兆云。年十四，应试临潼，贫不能僦馆，宿新丰空舍，夜梦老人自骊山下，谓曰：“尔勉学，后当魁天下。”（马理《志》文）

嘉靖初，朝鲜国奏：“状元吕柟、主事马理为中国人才第一，朝廷乞厚遇，仍颁赐其所为文，使本国诵式。”

（明）邓球《皇明泳化类编》理学卷四十四·吕泾野先生 （存目）

（明）雷礼《国朝列卿纪》卷四十五·南京礼部侍郎行实 吕柟，字仲木，陕西西安府高陵县人。生而敦厚颖敏，少失母，哀毁如成人。未总角，辄有志圣贤之道，不为词章之习。乃夏居矮屋，衣冠危坐，虽炎日烁金，不出户限。至于冬月祁寒，则履籍麦草，诵读六经，恒夜以继日。弘治辛酉，举乡荐。正德戊辰，会试第六。及廷对，赐进士及第第一名，授翰林院修撰。柟朴静端约，力学慕古。时逆瑾用事，辄以柟乡人，欲引啗之骤与卿佐，且援先朝故事得入内阁，柟逊避不与来往，托养病去之。瑾憾甚，欲中伤之。会五年，瑾败，得已，复任。九年，请告归。嘉靖元年，复除修撰。三年，议大礼，下诏狱，降解州判官。六年，升考功司郎中。九年，升南京尚宝司卿。十三年，升南京太常寺少卿。十四年，升国子监祭酒。柟笃实率人，勤于诲迪，每有条约，动遵古义。经书子史，博读详玩，并有发挥。门下环向请益，耳听口授，无倦容，无择言。十五年，升南京礼部侍郎。十八年，致仕。二十年，卒于家。柟学务实践，不侈词华，居官所在，以名检自砺。后有得三原、榆次、安阳、林县、陕州、河内同志诸友于京师，益相与规过，辅仁博文，以致知约礼，以力行。久之，践履笃实，睟盎外著，盖不知夫富贵之可淫，贫贱之可移，威武之可屈矣。自及第以至宗伯，皆视如固有。及志有未行，见几而作，则舍车而徒，饭糗茹草，若将终身。其在朝在野，随寓尽道，故所在有勋，皆可纪述。其因事进谏，皆尧舜之道，仁义之言，非迂非腐，足可施行。其微而至于一举一止，一语一默，未尝偷惰苟且，以至离道，故缙绅学者亲就，以为师表。其训释经籍，必以心求心，以道合道，以经什经，故多躬行心得之言，有程朱所未发者。故所至学徒云集，听者心醉，知孔颜正脉所在，而诐淫邪遁之辞，不足听闻。其发为文词，则仁精义华，颜情孔思，而天德之纯，王道之懿，有非迁、固以来文士辞客所能测者。嘉靖壬寅，卒。所著有《泾野文习》、《诗习》、《内篇》、《外篇》、《史馆献纳》、《南省奏稿》、《四书因问》、《周易说翼》、《尚书说要》、《毛诗说序》、《春秋说志》、《礼问》、《史约》、《宋四子抄释》、《寒暑经图解》、《魏氏族谱》、《宋氏族谱》、《渭阳公集外诗》、《上陵诗赋曲颂》、《监规发明》、《著解文移》、《高阳县志》、《解州志》、《义勇武安王集》、《诗乐图谱》。

（明）项笃寿《今献备遗》卷二十八·吕柟　吕柟，字仲木，高陵人。正德三年进士第一人，除翰林修撰，与马理、康海皆有名关中。瑾以乡故，欲引用之，逊辟不与来往，瑾憾，且中柟。会败，得已。嘉靖三年，议大礼，下诏狱，降解州判官。升国子监祭酒、南京礼部侍郎，致仕归，卒。时有马汝骥，字仲房，绥德人，正德十二年进士，卒谥文简。武城有王道，字纯甫，正德六年进士，历官吏部侍郎。仲房简靖端恪，纯甫淳懿温恭，并有文学，负时望，难进易退，未究其用而卒，善类惜之。

论曰：自古中人之祸未有如瑾之尤也。当是时，崔吕之危盖已岌岌，卒免瑾祸，此亦有天幸与两公者。正色危言，立朝侃侃，社稷臣者，非耶？

（明）耿定向《先进遗风》卷上　吕泾野先生柟既入翰林，力学慕古。时逆瑾用事，以先生乡人，欲引先生为重，啖先生骤与卿佐，且援先朝故事得入内阁，先生逊避，不与往来。瑾憾，且中伤先生，会瑾败，得已。

嘉靖中，夏贵溪怙宠负材，傲睨一世，顾独钦心先生。先生迁南少宗伯时，贵溪赠先生诗云："天下有道惟泾野。"其尊信也如此。而贵溪故与霍文敏交恶，文敏之为南宗伯也，时先生为贰。文敏时时噂诟贵溪，先生常乘间规讽，谓："非大臣体。"文敏疑先生为夏党，衔之。所以加先生者，人多为不堪。已，先生以满考来阙下，时贵溪方柄国，得先生甚欢，亟欲援先生助己。一日，延先生饮，座中数持文敏短，至谓不可一日近者，先生毅然曰："霍君性虽少褊，故天下才也。公兹为国敛才，即当推毂霍君，奈何以寸朽弃连抱耶？"贵溪则以先生衷附文敏而异己，大不悦。先生以是竟数岁不迁，卒以庙灾策免云。嗟夫！即先生之遇二公，不阿势，不留怨，不隐贤，惟古休休大臣如此哉！抑余于先生犹有重感焉！先生故与邹文庄守益同官，先生尊崇朱学，主先知后行说，文庄承服师传，时以知行合一旨启先生，先生咈不省，每晤必辨，辨必至哄然而争，若聚讼然，迹甚违忤矣。乃先生与文庄交情不啻同胞，夷险离合，真是一体，初未尝以议论异同少生间关也。或曰："二先生意见虽殊，其志行同矣。"乃若武功康廷撰豪迈任放人也，人传其靡丽侈汰，声伎不离左右，而先生故平生清约如寒酸，即嚬笑不苟者，乃先生亦与之为深分交，更不以行己清浊生分别，其大如此。比见谭学者，意见相左则衷起戈铤，格调稍殊则眼分青白，记短则兼折其长，贬过则并伐其善，而犹曰："吾心本来无物。"然耶？否耶？

（明）邓元锡《皇明书》卷三十七·理学·吕柟　（存目）

（明）凌迪知《万姓统谱》卷七十五　吕柟（字仲木，高陵人。正德进士第一，历礼部侍郎。自总角至于出仕，即有志圣贤之学，践履笃实，晬盎外著，不知功名富贵之动心。缙绅学者随在以为师，称为泾野先生。谥文简）。

（明）李贽《续藏书》卷二十二·理学名臣·侍郎吕文简公（事康陵、永陵）（存目）

（明）王兆云《皇明词林人物考》卷五·吕仲木　公名柟，字仲木，陕西高陵人。自少潜修深造，笃行慕古。举进士第一，授翰林修撰。阉瑾用事，以柟同乡，特先致币，柟却之。瑾数欲引柟，柟弗应，瑾怒，祸且不测，柟引疾归。瑾败，复职，上《劝学疏》及应诏陈言，不报，复引疾家居，前后十年。再复职，上疏请温寻圣学，奉诏修省，以十有三事自劾，皆格心责难之言，大臣宰相之职，辞意激切，遂下狱。左迁，判解州，勤政惠民，劝学兴礼。转南京考功郎中，随转南京尚宝司卿，升南京太常寺少卿。每朔望，用乐生演乐。禁道士俗装，宴会革教坊俗乐，四方士环趋讲下。柟乐于成人，引接无倦。是时海内讲学者相望起，然高谈鲜实，柟以力行为教，要在立志，功在慎独，其训怿经旨，体验自得，有前贤所未发者。转国子祭酒，教诸生先德行后文辞，申明监规，揭仪礼可习者及作《诗乐图谱》，令诸生讲肄，表良恤患，风教大行。升南京礼部右侍郎，士人就讲如昔。以灾异自劾，得致仕。后四年，卒，年六十四。卒之夕，有大星殒华阴，乡人哭，为罢市，远近吊者以万计。平生所著有《四书因问》、《五经说》、《宋四子抄释》、《史约》、《泾野子内外篇》、《奏稿》、《文集》、《诗集》，学者称为泾野先生。

（明）顾祖训原编、（明）吴承恩增补、（清）陈枚续补《状元图考》卷二·状元吕柟　正德三年戊辰，廷试邵锐等三百四十九人，擢吕柟第一。

按，吕柟，字仲木，号径野，陕西高陵人。未总角，有志圣贤之学，不为辞章之习。夏居矮屋，衣冠危坐，虽炎日蕴隆，不出户限，严寒则履籍麦草，诵读六经，夜以继日。乡试举第十，会试不利，入太学。戊辰，入对大廷，承“法天法祖”之问，以仁孝为对，而要之于学，擢第一。赐冠服带履，复习若固有。明日，有窃政中官来贺，却之，时年三十四。卒年六十四。是夕有大星殒华阴。

《状元录》：事亲最孝，会试闻丧痛哭，草履步至家，是时梦有人报明科状元。

其祖彬卿葬时，圹有声如雷。卜云：“兆显六世。”至是柟生，竟以道鸣于世，符卜兆云。年十四，应试临潼，贫不能僦馆，宿新丰空舍，夜梦老人自骊山下，谓曰：“尔勉学，后当魁天下。”

（明）刘孟雷《圣朝名世考》卷三·名卿传·吕柟　吕柟，字仲木，陕西高陵人。正德三年进士第一人，除翰林修撰。柟初入庠校，与马理、康海皆著名关中。既入翰林，朴静端约，力学慕古。时逆瑾用事，以柟乡人，欲引之，啖柟骤与卿佐，且援先朝故事得入内阁，柟逊辟不与来往。瑾憾之，且中伤柟。会瑾败，得已。九年，请告归。嘉靖元年，复除修撰。三年，议大礼，下诏狱，降解州判官。六年，升南考功郎中。九年，升卿南尚宝。十三年，升南太常少卿。十四年，升祭酒国子监。柟笃行率人，勤于训迪，每有条约，动遵古谊。经书子史，博读详玩，并有发挥。门下环向请益，耳听口授，无倦容，无择言。十五年，升礼部侍郎南京。十八年，致仕归。越四年，卒。学者称为泾野先生。

（明）汪国楠《皇明名臣言行录新编》卷四十二·侍郎吕柟　（存目）

（明）过庭训《明分省人物考》卷一百四·陕西西安府二·吕柟　（存目）

（明）何乔远《名山藏》·臣林记（嘉靖臣四）**·吕柟**　（存目）

（明）尹守衡《明史窃》卷六十一·宋胡李王吴钱赵罗孙陈谢章罗鲁吕王传第三十九·吕柟　（存目）

（清）傅维麟《明书》卷一百十四·列传三·儒林传四·吕柟传　（存目）

（清）查继佐《罪惟录》·列传卷十·理学诸臣传·吕柟　吕柟，字仲木，陕西高陵人，居泾水之阳，学者称泾野先生。祖郴卿葬日，圹中有声如雷，卜者以为当显六世后。六传至溥，生柟。年未总丱，有志圣贤之学。督学杨邃庵、王虎谷拔入正学书院。尝梦明道、东莱二先生亲为指授，义理愈精。居云槐精舍，从游者日众。正德戊辰，廷试擢第一，授翰林修撰。习古冠婚、士相见礼。父母书至，对使拜受，退而跪读。其他亲友书，受读亦各有仪。闻期功丧，必为位哭奠。馈仪非礼不受。

逆瑾擅权窃政，以同乡致币作好，却不纳。会西夏构变，疏请入宫亲政事，庶祸本潜消，宗社可保。与瑾怫切，引疾去，力田养□。父或因小失责弟梓，柟膝前同受责，父怒旋解。瑾诛，以荐复官，上《勤学疏》，至以故元为喻，或让之，曰："昔贾山借秦作譬，千古是之矣。"乾清宫灾，应诏言六事，有"遣去义子番僧，取回镇守太监"，谔谔人不敢言者。预经筵，劝上举直错枉，不报。病归，侍父疾，须发变白。及艰，自成服奠葬，迁柩题主，以及卒哭、三虞、大小祥禫，斟酌损益，各有仪注。镇守太监廖镗赙以金币，立却之。

世庙入继大统，起原官。进讲，适值仁祖淳皇后忌辰，因口奏："宜被惨淡之服，罢酒饭之赐。"大礼议兴，与时不合，下诏狱，谪解州判官，摄州事，恤茕独，减丁役，劝农桑，筑堤以护盐池，开渠以兴水利。已，又集耆民乡长讲读，行《吕氏乡约》及《文公家礼》。察孝弟节义者，标题其门。求子夏后，训诸学宫。建司马温公祠，正首阳夷齐墓，订《关壮缪集》。就学者日众，御史为辟解梁书院以居之。升南京宗人府经历，士民哭送河干数千百，像而祀之。历南尚宝司卿，设教鹫峰精蓝。改祭酒，严自表树，大率以正心修身、忠君孝亲为本。识者谓宋、吴、李、章四祭酒外，鲜见其比。升南礼部右侍郎，寮长霍韬走简敛祭张故相璁，柟峻拒之，贻书责其党奸，且云："一变而至道，有何不可？"其亢直执坚如此。上将躬视承天陵，累疏劝止，留中。初，韬不善□臣言，榜其短，柟正色曰："闻于朝则可，揭路人不可。"及后□□，言颇指韬，柟曰："其才可用，公合天下之才以事圣主可也。"两人互疑其党，竟死不及察。以灾自陈致仕。

及卒，是日有雷火日食之变。及夕，大星陨于华阴，高陵人为罢市者三日，吊者万人，解梁及四方学者皆设位持心丧。讣闻，上为辍朝一日。柟头颅圆阔，体貌丰隆，海口童颜，轮耳方面，两目炯炯有神。座止图书，室无媵妾。平生不以私干人，亦不受人私。门人相守数十年，未尝见有偷语惰容。有疑阳明之学者，则曰："讲其学而行非，勿信可也。不讲其学而行是，信之可也。"有劾甘泉之学者，则曰："圣君在上，贤臣在下，岂可使明时有伪学之禁？"有问朱陆之学者，则曰："初时同法尧舜，同师孔孟，虽入门路径微有不同，而究竟本原，其致一也。"

所著有《四书因问》、《易说翼》、《书说要》、《诗说序》、《春秋说志》、《礼问内外篇》、《史约》、《小学释》、《寒暑经图解》、《史馆献纳》、《宋四子抄释》、《南省奏稿》、《泾野诗文集》。……

论曰：仲木尝与邹谦之同官论学，仲木主朱，而谦之务姚江之指，抵掌辨难，有若聚讼。卒之交深，终始不替。顾仲木出处本末端□□然不欺。其论诸家亦颇近。其卒也，有雷火星殒之变，□则与薛、与孔、与舒而四矣。余敬修当尊彭凤韶、舒国裳、吕仲木三人为先觉，以附皆仰之列。顾仲木或有太迂处，于淳皇后之忌，请上淡素，夫祧例尽昭穆止，乃欲十一世孙于一百八十余年之后不忌其忌。且言大礼之不公，小人之迎合，百僚之未肃，三边之未靖，海内之未治，皆臣不能格心所致。柟系六品修撰，辄自引咎，不问何以格心，徒然出此，是拘而僭，坐是黜。

（清）徐开任《明名臣言行录》卷五十一·侍郎吕文简公柟　（存目）

（清）沈佳《明儒言行录》卷四·吕柟泾野先生文简公　字仲木，陕西高陵人。正德戊辰进士，仕至南礼部右侍郎。

公资性颖悟，始就传习幼仪，即中高选，奇之曰："此大器也。"少即志圣贤之学，危坐庄诵，祁寒酷暑，不越户枢。已受学孙行人昂，充然有得，为提学杨一清、王云凤所知。既举乡贡，就业大学，与三原马伯循、秦世观，榆次寇子惇，安阳张仲修、崔仲凫，林县马敬臣辍举业而讲理学，习古冠婚、士相见礼。孙行人殁，为之服衰拜送吊客。(《续藏书》)

邑人高朝用为户部郎，时过简讨王九思曰："吾邑有颜子，子知之乎?"孝庙宾天，诸生哭临具礼耳，公独大哭出涕，群众指目为迂。正德三年举会试，廷对第一。知者皆愕然欢喜曰："此真状元矣。"刘瑾以乡人致贺，公峻却之。任修撰翰林二年，操介清苦，门绝遗馈。西夏构乱，公请上入宫御经筵，亲政事，庶祸本潜消，宗社可保。瑾恶其言，因夙不通问，欲中以祸，引疾归。瑾使校尉尾之至真定，无所得，返。公在翰林，与何瑭最善，至是相继去。

杜门力田养亲，若将终身焉。父或因小失责次子梓，公跪而同受责，父怒旋解。

瑾诛，荐起旧职，上《勤学疏》，谓："文王缉熙敬止，咸和万民，斯享台沼之乐；元顺帝废学纵欲，太祖一举而取之，可为深戒。"或让其过直，公曰："昔贾山借秦为喻，文帝尚能用之，况主上资度远过汉文?"乾清宫灾，应诏言六事：其一曰逐日临朝听政；其二曰还处宫寝，预图储贰；其三曰郊社禘尝，钦承祇肃；其四曰日朝两宫，承颜顺志；其五曰遣去义子、番僧、边军；其六曰取回天下镇守内臣。又累疏劝上举直错枉，不报，复引疾归。归值父病，昼夜视汤药，步履不能声。既一年，须鬓尽斑。父卒，痛哭呕血，葬时雨甚，徒跣擗踊，蹈蹋泥泞中，道路环观，有泣下者。葬已，庐中门外旦夕哭。其居丧时，自成服、奠葬以至祥禫，斟酌损益，各有仪注。公自少窘匮，及贵，前后居家十年，读书守道，一无所营。镇守太监廖铠赙以金币，立却之。客有托交游以三百金求书者，公峻拒之，曰："人心如青天白日，奈何以禽兽相视也。"客惭而退。服阕，当道交荐，值世宗即位，起入史馆，纂修《武宗实录》。上御经筵，当进讲，适仁祖淳皇后忌辰，口奏："宜存黪服之礼，罢酒馔之赐。"朝论韪之。复疏请"寻温圣学以为新政之助。必克己慎独，上对天心；亲贤远谗，下通众志"。大礼议起，意见与时不合。亡何，奉诏修省，复以十三事上言自劾，皆格心责难之论。上曰："此大臣宰相职，柟忤慢，乃引为己咎。"下狱考讯，寻谪解州判官。会解守卒，摄州事，恤茕独，减丁役，劝农桑；筑堤以护盐池，开渠以兴水利；讲读教令，行《吕氏乡约》及《文公家礼》；察孝弟节义者，标题其门；求子夏后，训诸学宫；建司马温公祠，正首阳夷齐墓，订《云长关公集》；迎其母躬孝养为百姓先，远方学者日众；择民间俊秀子弟习小学之节，歌风雅之诗。川中道不拾遗，行不相忤。居三年，御史卢焕等累荐，称其为王佐才，升南吏部考功郎中。濒行，士民接踵跪送，哭声震野。既渡河干，犹闻不绝，相与立祠生祀之。寻擢南尚宝卿，吴楚东南士来受业者冠履错沓。时张相国应诏，道出南都，有醵礼为贺者，公托以官卑俸薄，拒之。升南太常少卿。太庙灾，上疏乞罢，不许。

乙未，升国子祭酒。躬行率人，勤于训迪。每有条约，动遵古谊。贵游子弟稍不率者，即绳之以法。有以"敷教在宽"规者，对曰："宽非纵肆，乃日刮月劘而不责效于旦暮间云耳。然曰敬敷，则曷尝不严？古称师严道尊，道尊而民敬学。今人材不古，内则祭酒，外则提学，率多因循姑息，而不知人才日下。"公立教皆躬行以率之，以正心修身、忠君孝亲为本，间取《礼仪》及为《诗乐图谱》，令诸生讲肄，疾者问而医之，丧者吊赙之，死者哭而归其榇，德行著称者揭于教榜，核实奖之，一切请托，斩绝不行。又言之吏部，谪一监丞，两厅六堂诸属罔不清慎。奏减历日以通淹滞，申饬监规五事请之，上皆报可。人称自宋、陈、吴、章四祭酒，以师道自立者，吕先生也。御史张景荐公德行文章可谓一代硕儒，当今师表，擢南礼部右侍郎。上欲视山陵于承天，屡疏劝止，不报。既以表贺圣节赴京，值奉天殿灾，上疏乞休，许之。

公立身与人，仁信自将。为礼部侍郎时，霍韬为尚书，故与夏言相恶，尝榜言过于衢。公讽韬曰："此告于天子者，公以语路人可乎？"言谈韬短，公曰："公位宰相，容天下之贤，何所不可？"夏、霍虽不相能，赖公稍解。然夏疑公党霍，霍亦疑公党夏，公终不自较。尝过府太守，太守子读书楼上，太守令止之，曰："恐伤气，当微诵。"既戒左右时进食，扶掖之上下。公谓太守曰："公爱子至矣，愿推此心以安百姓。"又过一府，太守饯之郊，席近养济院，公送馔院中，曰："以公佳肴共之无告。"

同诸公卿谒孝陵，众将著绯，公曰："望墓生哀，宜青衣角带。"众从之。署吏部荐文武士可备将相之选者数人。寮长霍走简敛祭张故相，公峻拒，且云："一变而为正，人有何不可？"其亢直敢言如此。

公凝厚方面，阔辅微须，轮耳海口，两目炯炯有光，虽官三品，履仕途三十余年，座止图书，室无媵妾，家无长物。平生不以私事干人，亦不受人私干，端严恪毅，门人从之数十年，未尝见其偷语惰容。所在四方士就而问学，公教之以诚，宁近毋远，宁粗毋精，自日用情变，伦教物理，推而远之天道皇王之大，一以身体力行为宗。御史有劾湛若水伪学者，公曰："圣王在上，贤宰相在下，岂可使明时有伪学之禁？"问王守仁之学，公曰："讲其学而行非，勿信可也；不讲其学而行是，信之可也。"又曰："学而行之，讲知行之不合，无损也；学而不行，讲知行之合，无益也。"问朱、陆之学，公曰："初时同法尧舜，同师孔孟，虽入门路径微有不同，而究竟本原，其致一也。"

在官次，父书至，再拜使者，受而跪读之。其他亲友有书，受读亦各有仪。闻期功丧，必为位哭奠。壬寅七月朔卒，年六十四。卒之夕有大星陨华阴，高陵人为之罢市，四方及解梁门人闻者，皆为位而哭。讣闻，上为辍朝，赐谕祭，谥文简。陕西提学谢少南与郡守李文昇祀之正学书院，海内人士无论识不识，皆曰“关西夫子吕仲木”。所著有《四书因问》、《易说翼》、《书说要》、《诗说序》、《春秋说志》、《礼问内外篇》、《史约》、《小学释》、《寒暑经图解》、《史馆献纳》、《宋四子抄释》、《南省奏稿》、《泾野诗文集》。

何乔远曰：“怀庆、安阳、昆山、高陵、进贤、三原、武城嘉靖间称笃行君子，而高陵粹然矣。”溪田马理曰：“吕先生之学醇如许文正，而著述惟盛；贞如薛文清，而知新则多。”

文简一日与诸生讲毕，复言曰：“今日聚讲，不觉于舜颜发得过多。讲时初非此意，但好善之心自不容已，才说著舜颜，此心就觉阔大，故言词重复。”(《宝善编》)

公所学醇正，不以王阳明为是，陈白沙为高，其曰：“所谓格物者，随时随处格，如伏羲亦尝观鸟兽之文，但远取诸物，必近取诸身，若离却己身，格做甚?”又谓：“白沙辈论乐，只在推开事去为乐，充其流弊便是晋人之风，则志端识，正可概见矣。”(《世宗实录》)

公事君行己，皆秉古人之道，始终不渝。经书子史，博读详玩，并有发挥，门人环向请益，耳听口授，无倦容，无择言。

冯少墟从吾曰：“泾野先生平日教人，惟以甘贫改过为言。或者疑其浅，余曰：‘先生之学，盖得之颜子者也。箪瓢陋巷，不改其乐，非甘贫乎？有不善未尝不知，知之未尝复行，非改过乎？故曰屡空，曰不贰过，圣贤之学大抵如此。以此而疑其浅也，则佛老深矣。’”(《疑思录》)

又曰：“泾野先生教人，于动处求静，真得夫子告颜渊‘非礼勿视听言动’意。”(《少墟订士编》)

又曰：“泾野先生，海内学者所宗，为山斗。语录所载，言言皆自躬行心得中流出，最透悟，最精实，真可与《西铭》、《正蒙》并传不朽者，其有功斯道不浅。”(《少墟撰先生语录序》)

高景逸曰：“薛文清、吕泾野二先生语录中无甚透悟语，后人或浅视之，岂知其大正在此。他自幼未尝一毫有染，只平平常常、脚踏实地做去，彻始彻终，无一差错。既不迷，何必言悟耶?”(《高子遗书》)

泾野访蔡石冈，蔡送至郊外别墅，有盘餐，曰：“此自己之馔尔，非可以奉客。”公曰：“公亦尚有人己之分乎?”蔡不觉大笑。(《泾野集》)

公与邹谦之、康德涵交，邹论学辄相哄，康流连声伎，志调不同，而往来厚善，没身无间。

尝曰：“学道之名亦不消畏避人，知才有避人，知的心便是与好名之心相近。”

洊雷震而群阴解，君子恐惧修省而众欲退，皆以震自治也。(《易说》)

王浚川廷相曰：“士惟笃行可以振化矣，士惟实学可以经世矣。曲德细操，兢兢有执，非不可以自美也，以之动物则微。研究载籍，师守章句，非不学于古训也，以之敷治则浅。何也？行非敦化而学靡达术，皆远于道故耳。余取友于天下，得有道者二人焉。河内何粹夫、高陵吕仲木是也。彼二子者，笃契往哲，几于圣轨。求诸今之世，盖绝无而仅有者也。观其忠君孝亲，从兄信友，仪刑于妻子，卓卓乎世之仪表，又能率履贞淳，游心淡泊，非其道义，虽世所华重，若尘垢我、若残贼我、若辱蔑我者，甘贫守道，老而弥固，所谓万物不奸其志，天下不易其乐者是矣。不亦古人之笃行乎？其学之造诣通极天人，言论风旨，希夷莹彻，时而群疑方构，机宜未审，乃能据经体圣，检括参合，独断内凝，与道无爽，所谓出入经术，动中几会是矣。不亦古人之实学乎？嗟乎！夫欲兴治，必以弥纶之业付诸大贤。当今之世，舍二子其谁哉？顾乃粹夫高卧丘林，与世沦弃；仲木浮沉散秩，时权末由。方今圣明，当宁求贤如渴，而二子者乃落落不偶，岂晏婴之智，不知仲尼在人者有未尽合欤？抑上天之意拂而逆之，将使大受辅尧舜于晚节欤？天之意不可知，而人事每会其塞，此有识者之所以切慨也。嗟乎！贤之知不知，责在人者也。治之成不成，责在天者也。二子则遁世无闷矣。天下将奈何？仲木为南京尚宝卿三年，将奏最于天官氏。诸门下生征予言，以赠其师，乃举仲木系天下之望告之。若夫尚宝之绩，则固不俟于言矣。”（《泾野先生尚宝考绩序》）

先生师事薛思庵所，至讲学未第时，即与崔仲凫讲于宝邛寺。正德末，家居，筑东郭别墅，以会四方学者，别墅不能容，又筑东林书屋。镇守廖奄张甚，其使者过高陵，必诫之曰：“吕公在，汝不得作过也。”九载，南都与湛甘泉、邹东廓共主讲席，东南学者尽出其门。尝道上党，隐士仇栏遮道问学。有梓人张提闻先生讲，自悟其非，曾妄取人物，追还主者。先生因为诗曰：“岂有仁夫能过化，雄山村里似当时。”朝鲜国闻先生名，奏请其文为式国中。先生之学以格物为穷理，及先知而后行，皆恪守成法。而先所谓穷理①，不是泛常不切于身，只在语默作止处验之。所谓知者，即从闻见之知以通德性之知，但事事不放过耳。其工夫明白切实如此。

泾野先生语录 问：“静时体认天理易，动时体认天理难，故君子存静之体认者，以达乎动之泛应者，则静亦定，动亦定，其能成德孰御焉？”曰：“动时体认天理，犹有持循处，静却甚难，能于静，则于动沛然矣。”

问“交友居家处世，不能皆得善人，甚难处”。先生曰：“此须有怜悯之心方好，能怜悯，便会区处。如妻妾之愚，兄弟之不肖，不可谓他不是也。此仁知合一之道。”

问：“今之讲学，多有不同者。如何？”曰：“不同乃所以讲学，既同矣，又安用讲耶？”

先生闻学者往来权贵门下，乃曰：“人但伺候权幸之门，便是丧其所守。”是以教人自甘贫，做工夫，立定脚根自不移。

先生曰：“陈白沙征到京，吏部尚书问曰：‘贵省官如何？’‘与天下省官同。’请对坐，即坐，无辞。此尽朴，实有所养。罗一峰访康斋，见起御聘牌坊，乃谓其子云：

① 黄宗羲《明儒学案》作“而先生所谓穷理”。

‘不必有牌坊。’不见康斋而退，此罗公高处。康斋，孔门之原宪，而又有此乎？”

先生曰：“昔者闻有一佥事求见王赣庵云：‘西来一件为黄河，二件为华山，三件为见先生。’王公云：‘若做官不好，纵见此三者，亦不济事。’这般高，不受人谄。”

大器问“动静不失其时”。曰：“正是仕止久速，各当其可，汝今且只于语默作止处验也。”

黄惟因问：“白沙在山中，十年作何事？”先生曰：“用功不必山林，市朝也做得。昔终南僧用功三十年，尽禅定也。有僧曰：‘汝习静久矣，同去长安柳街一行。’及到，见了妖丽之物，粉白黛绿，心遂动了，一旦废了前三十年工夫。可见亦要于繁华波荡中学。故于动处用功，佛家谓之消磨，吾儒谓之克治。”

问“闻见之知，非德性之知”。先生曰：“大舜闻一善言，见一善行，沛然莫之能御。岂不是见闻？岂不是德性？”“然则张子何以言不梏于见闻？”曰：“吾之知本是良的，然被私欲迷蔽了，必赖见闻开拓，师友夹持而后可，虽生知如伏羲亦必仰观俯察。”

问：“乐在其中，与不改其乐，乐字有浅深否？”先生曰：“汝不要管他浅深，今日只求自家一个乐耳。”曰：“然求之有道乎？”先生曰：“各人拣自己所累处，一切尽除去，则自然心广体胖。然所谓累处者，不必皆是声色货利粗恶的，只于写字做诗凡嗜好一边皆是。程子曰‘书札于儒者事最近，然一向好著，亦是丧志’，可见。”

“人动静从容，言语安详，不惟天理合当如此，且起观者敬爱，就是学问也。学者不可无此气象，但须要先有诸中耳。”

问：“收放心在何处？”先生曰：“须于放的处去收，则不远而复矣。”

“我欲仁，斯仁至矣。今讲学甚高远，某与诸生相约，从下学做起，要随处见道理。事父母这道理，待兄弟妻子这道理，待奴仆这道理，可以质鬼神，可以对日月，可以开来学，皆自切实处做来。”

问：“讲良知者如何？”先生曰：“圣人教人，每因人变化。如颜渊问仁，夫子告以克己复礼，仲弓则告以敬恕，樊迟则告以居处恭、执事敬、与人忠。盖随人之资质学力所到而进之，未尝规规于一方也。世之儒者诲人，往往不论其资禀造诣，刻数字以必人之从。不亦偏乎？”

“阳明本孟子良知之说，提掇教人，非不警切，但孟子便兼良能言之。且人之知行，自有先后，必先知而后行，不可一偏。《传》说曰：‘非知之艰。’圣贤亦未尝即以知为行也。学者只隐显穷达，始终不变方好。今之人对显明广众之前一人焉，闲居独处之时又一人焉。对富贵又一人焉，贫贱又一人焉。眼底交游所不变者，惟何粹夫乎！”

“学者到怠惰放肆，总是不仁，仁则自是不息。”

“诗人从周公步履上看，便见得周公之圣，故曰‘赤舄几几’。凡人内不足者，或有谗谤之言，步履必至错乱，不能安详。故古人只求诸己，在己者定，外边许大得失祸福皆不足动我，是故烈风雷雨弗迷。”

问“慎独工夫”。曰：“此只在于心上做，如心有偏处，如好欲处，如好胜处，但凡念虑不在天理处，人不能知而己所独知，此处当要知谨自省，即便克去。若从此渐渐积累，至于极处，自能勃然上进。虽博厚高明，皆自此积。”

东郭子曰：“我初与阳明先生讲格物致知，亦不肯信。后来自家将《论》、《孟》、《学》、《庸》之言各相比拟过来，然后方信阳明之言。”先生曰：“君初不信阳明，后将圣人之言比拟过方信，此却唤做甚么？莫不是穷理否？”东郭子笑而不对。

吕潜问：“欲根在心，何法可以一时拔得去？”先生曰：“这也难说。一时要拔去，得须要积久工夫才得就。且圣如孔子，犹且十五志学，必至三十方能立，前此不免小出入时有之。学者今日且于一言一行差处，心中即便检制，不可复使这等。如或他日又有一言一行差处，心中即又便如是检制。此等处人皆不知，己独知之。检制不复萌，便是慎独工夫。积久熟后，动静自与理俱，而人欲不觉自消。以一时一念的工夫，望病根尽去，却难也。”

问：“圣学工夫，如何下手？”先生曰：“亦只在下学做去。”

问：“戒慎恐惧是静存，慎独是动察否？”先生曰：“只是一个工夫，静所以主动，动所以合静。不睹不闻静矣，而戒慎恐惧便惺惺，此便属动了。如大《易》‘闲邪存其诚’一般，邪闲则诚便存，故存养省察工夫，只是一个，更分不得。”

章诏问“格物”。先生曰：“这个‘物’，正如《孟子》云‘万物皆备于我’，‘物’字一般非是泛然不切于身的。故几身之所到，事之所接，念虑之所起，皆是物，皆是要格的。盖无一处非物，其功无一时可止息得的。”聂靳曰：“某夜睡来有所想象，念头便觉萌动，此处亦有物可格否？”先生曰：“怎么无物可格？君子无终食之间违仁，造次必于是，颠沛必于是，亦皆是格物。”

先生曰：“圣贤每每说性命来，诸生看还是一个，是两个？”章诏曰：“自天赋与为命，自人禀受为性。”先生曰：“此正是《易》‘一阴一阳之谓道’一般。子思说‘自天命便谓之性’，还只是一个。朱子谓‘气以成形而理亦赋焉’，还未尽善。天与人以阴阳五行之气，理便在里面了，说个亦字不得。”陈德文因问：“夫子说性相近处，是兼气质说否？”先生曰：“说兼亦不是，却是两个了。夫子此语与子思原是一般。夫子说性原来是善的，本相近，但后来加着习染便远了；子思说性原是打命上来的，须臾离了，便不是。但子思是恐人不识性的来历，故原之于初；夫子因人堕于习染了，故究之于后。”

“横渠云：‘糟粕煨烬，无非教也。’他把这极粗处都看做天地教人意思，此理殊可观。”

“人之喜怒哀乐，却是天之二气五行，亦只是打天命之性上来的。但仁义礼智隐于无形，而喜怒哀乐显于有象，且切紧好下手做工夫耳。学者诚能养得此中了，即当喜时体察这喜心，不使或流；怒时体察这怒心，不使或暴。哀乐亦然。则工夫无一毫渗漏，而发无不中节，仁义礼智亦自在是矣。”

问“近日多人事，或恐废学”。先生曰：“这便可就在人事上学。今人把事做事，学做学，分作两样看了，须是即事即学，即学即事，方见‘心事合一，体用一源’的道理。”

“父母生身最难，须将圣人言行一一体贴在身上。将此身换做一个圣贤的肢体，方是孝顺。故今置身于礼乐规矩之中者，是不负父母生身之意也。”

“诸君求仁，须要见得天地万物皆与我同一气，一草一木不得其所，此心亦不安，始得。须看伊尹谓‘一夫不获，若已推而内之沟中’，是甚么样心思？只是此心用不熟，工夫只在积累，随事皆存此心。数年后，自觉得有天地万物为一体气象。”

“人能反己，则四通八达皆坦途也。若常以责人为心，则举足皆荆棘也。”问“无事时心清，有事时心却不清”，曰：“此是心作主不定，故厌事也。如事不得已，亦要理会。”

“教汝辈学礼，犹堤防之于水，若无礼以堤防其身，则满腔一团私意，纵横四出矣。”

问“罗整庵讥象山，只论心不及性”。吕泾野曰：“只论心论性不论行，亦未是。须着自家行去方好。象山谓‘六经皆我注脚’，如这等议尽是高明的，但却未曾如此行尔。如与诸子争辨，便忿恨不平，甚至骂詈。躬行君子岂是如此？”

夫子自谓：“吾志在《春秋》，行在《孝经》。”予谓夫子之神在《论语》乎？

泾野因讲仲尼祖述尧舜处，谓诸生曰：“看孔子的学问是何等样大，酌古准今，参天两地，这便是圣人的学问。若贤人的学问，便下圣人一等了。”

问：“夫子之得邦家如何？”先生曰：“看来不疾而速，不行而至，只是一。《易》曰：‘鼓舞之谓神，其机在用人上。’盖其所举用者如颜、曾、冉、闵，如子产、伯玉、季札之辈，皆登庸之矣。盖人明到极处就是神了，如水之清彻其底，砂石毫发无遁；如镜之明，妍媸一过尽照了。”

问：“学孔子自何人始？”先生曰：“自颜子始。”“学颜子自何人始？”曰：“自程伯淳始。”“学伯淳自何人始？”曰：“自尹彦明始。故知孔子者莫如颜子，知程子者莫如尹子。”

泾野谓：“曾子易箦的去处，真是殀寿贰他不得的。”或语及“尹和靖出处进退甚是分明”，曰：“彦明曾亦应过进士举来，策问中有议诛元祐党人，即叹曰：‘是尚可以干禄乎哉？’遂不对而出。看和靖这出处，去易箦事亦不远了。人之身只有个出处进退、死生寿殀而已。学者做工夫过得此等关，余处皆易矣。”

“得圣门之正传者，尹子而已。其行悫而直，其言简而易。先儒谓：‘周茂叔令程子寻颜子之乐处，所乐何事？’伊川只答：‘或人云“若说有道可乐，便不是颜子”。’此语极好。夫颜子心胸何等宏大，何等洒落，视世之富贵贫贱、利害殀寿俱无足以动其中者，此诚见大心泰无不足也。颜子之乐处，正在于此。”

问：“不迁不贰，如何？”曰：“不迁怒，发而中节之和；不贰过，几于喜怒哀乐未发之中。颜子逐日在这性情上用功，怎么不谓之好学？”又问：“何以见得性情？”曰：“七情之中，惟怒为甚，怒而不迁，则凡七情皆得其正矣。人性至善，本无过失，过而不贰，则驯致于至善矣。”

“颜子能听受圣人之教，如垦熟田土受时雨，故语之而不惰。学者只至于不惰甚难，今学但闻说及道便思睡了，缘无领受之地尔。只是一片硗确生田地，虽有雨亦流转去不停矣。”

问“一贯忠恕，忠是一，恕是贯”。先生曰：“此殊支离。曾子平日教门人，惟在忠恕上用功，故因门人之问则言所谓一贯，即我前说的忠恕便是。一时间就指出点化门人这处，便见曾子已得了一贯了。”

佳按，泾野先生此言何等直截，便见先生已通悟透彻。

问“曾子临终而启手足，见得他平日未尝失手足于人，若止是形体则世之保首领以没者亦多矣”。先生曰：“然。曾子一出言未尝忘父母，一举足而不敢忘孝。自云战战兢兢，不知用了多少工夫来。故孟子谓，守身事亲，今之为宦者无见于此，而伤人害物无所不至，故人至痛詈有伤及祖父者，皆是辱亲不孝之大者。故孝子必敬其身者，惧辱亲也。”

问：“任重何以要弘，道远何以要毅？”先生曰：“天下之老皆为吾老，天下之幼皆为吾幼，心胸何等大著，故程子谓，《西铭》言弘之道，心便如此弘了，而私意少有间息，便是不毅。观曾子临终，他人救死不暇，心中不安，虽一箦之微亦必易之。看他是何等毅仁，以为己任，死而后已，此曾子所以能践形惟肖乎！”

“古人心胸如天之无不覆，如地之无不载，然其工夫又不间断。如曾子只是弘毅，弘便能任重，毅便能致远，学者当学曾子。”

（清）黄宗羲《明儒学案》卷八·河东学案下·文简吕泾野先生柟 吕柟字仲木，号泾野，陕之高陵人。正德戊辰，举进士第一，授翰林修撰。逆瑾以乡人致贺，却之，瑾不悦。已，请上还宫中，御经筵，亲政事，益不为瑾所容，遂引去。瑾败，起原官。上疏劝学，危言以动之。乾清宫灾，应诏言六事：一，逐日临朝；二，还处宫寝；三，躬亲大祀；四，日朝两宫；五，遣去义子、番僧、边军；六，撤回镇守中官。皆武宗之荒政。不听，复引去。世庙即位，起原官。甲申，以修省自劾，语涉大礼，下诏狱，降解州判官，不以迁客自解，摄守事，兴利除害若嗜欲。在解三年，未尝言及朝廷事。移宗人府经历，升南考功郎中，尚宝司卿，南太常寺少卿，入为国子祭酒，转南礼部右侍郎。公卿谒孝陵衣绯，先生曰：“望墓生哀，不宜吉服。”遂易素。上将视显陵，累疏谏止。霍文敏与夏贵溪有隙，文敏为南宗伯，数短贵溪于先生，先生曰：“大臣和衷，宜规不宜谤也。”文敏疑其党贵溪。已而，先生入贺，贵溪亦暴文敏之短，先生曰：“霍君性少偏，故天下才，公为相，当为天下惜才。”贵溪亦疑其党文敏。会奉先殿灾，九卿自陈，贵溪遂准先生致仕。壬寅七月朔卒，年六十四，赐谥文简。

先生师事薛思庵，所至讲学。未第时，即与崔仲凫讲于宝邛寺。正德末，家居，筑东郭别墅，以会四方学者。别墅不能容，又筑东林书屋。镇守廖奄张甚，其使者过高陵，必诫之曰：“吕公在，汝不得作过也。”在解州建解梁书院，选民间俊秀，歌诗习礼。九载南都，与湛甘泉、邹东廓共主讲席，东南学者，尽出其门。尝道上党，隐士仇栏遮道问学。有梓人张提闻先生讲，自悟其非，曾妄取人物，追还主者。先生因为诗云：“岂有征夫能过化，雄山村里似尧时。”朝鲜国闻先生名，奏谓其文为式国中。先生之学，以格物为穷理。及先知而后行，皆是儒生所习闻。而先生所谓穷理，不是泛常不切于身，只在语默作止处验之；所谓知者，即从闻见之知，以通德性之知，但事事不放过耳。大概工夫，下手明白，无从躲闪也。先生议良知，以为“圣人教人每因人变化，未尝规规于一方也。今不谕其资禀造诣，刻数字以必人之从，不亦偏乎！”夫因人变化者，言从入之工夫也。良知是言本体，本体无人不同，岂得而变化耶？非惟不知阳明，并不知圣人矣。

吕泾野先生语录 问：“长江之上，大海之滨，风波之险可畏也。至于风恬浪息，渔人出没其间，鸥鸟飞鸣其中，若相狎而玩者，何也？水忘机也，渔人、鸥鸟亦忘机也。若乃吾人之宅心，宜若平且易焉已矣，而反有不可测者，则其为风波之险莫大焉，此庄生所谓险于山川者也。是故机心忘而后可以进德矣。”曰：“只看如何平易，平易一差，恐靡然矣。”

问：“静时体认天理易，动时体认天理难，故君子存静之体认者，以达乎动之泛应者，则静亦定，动亦定，其为成德孰御焉？”曰：“动时体认天理，犹有持循处，静却甚难，能干静，则于动沛然矣。”

光祖曰：“物之遇雨，或生或长，其效甚速，人遇教而不兴者何也？”先生曰：“只是中心未实，如五谷之种，或蠹或浥，难乎其为苗矣。”

问“交友居家处世，不能皆得善人，甚难处”。先生曰：“此须有怜悯之心方好，能怜悯，便会区处。如妻妾之愚，兄弟之不肖，不可谓他不是也。此仁知合一之道。”

问：“今之讲学，多有不同者。如何？”曰：“不同乃所以讲学，既同矣，又安用讲耶？故用人以治天下，不可皆求同，求同则谗谄面谀之人至矣。”道通曰：“果然，治天下只看所重轻。”

问“身甚弱，若有作盗贼的力量，改而为圣人方易”。先生曰：“作圣人不是用这等力量，见得善处肯行，便是力量，溺于流俗物欲者，乃弱也。”

先生闻学者往来权贵门下，乃曰：“人但伺候权幸之门，便是丧其所守。”是以教人自甘贫，做工夫，立定脚根自不移。

问“患交接人”。先生曰：“须要宽绰些，不可拘拘守秀才规矩，见大人君子，进退升降、然诺语默皆是学。”

先生曰：“陈白沙征到京，吏部尚书问曰：‘贵省官如何？’曰：‘与天下省官同。’请对坐，即坐，无辞。此尽朴，实有所养。罗一峰访康斋，见起御聘牌坊，乃谓其子云：‘不必有此牌坊。’不见康斋而退，此罗公高处。康斋，孔门之原宪也，而又有此乎？”

先生曰：“昔者闻有一佥事求见王赣庵公云：‘西来一件为黄河，二件为华山，三件为见先生。’王公云：‘若做官不好，纵见此三者，亦不济事。’这般高，不受人谄。”

大器问“动静不失其时”。曰：“正是仕止久速，各当其可，汝今且只于语默作止处验也。”

黄惟因问：“白沙在山中，十年作何事？”先生曰：“用功不必山林，市朝也做得。昔终南僧用功三十年，尽禅定也。有僧曰：‘汝习静久矣，同去长安柳街一行。’及到，见了妖丽之物，粉白黛绿，心遂动了，一旦废了前三十年工夫。可见亦要于繁华波荡中学。故于动处用功，佛家谓之消磨，吾儒谓之克治。”

应德问：“观喜怒哀乐未发之前气象，如何观？”先生曰：“只是虚静之时。观字属知、属动，只是心上觉得，然其前只好做戒慎恐惧工夫，就可观也。”

南昌裘汝中问“闻见之知，非德性之知”，先生曰：“大舜闻一善言，见一善行，沛然莫之能御，岂不是闻见？岂不是德性？”“然则张子何以言不梏于见闻？”曰：“吾之知本是良的，然被私欲迷蔽了，必赖见闻开拓，师友夹持而后可。虽生知如伏羲，亦必仰观俯察。”汝中曰：“多闻择其善而从之，多见而识之，乃是知之次也。是以圣人将德性之知，不肯自居，止谦为第二等工夫。”曰：“圣人且做第二等工夫，吾辈工夫只做第二等的也罢。殊不知德性与闻见相通，原无许多等第也。”

许象先问：“乐在其中，与不改其乐，乐字有浅深否？”先生曰：“汝不要管他浅深，今日只求自家一个乐耳。”大器曰：“然求之有道乎？”先生曰：“各人拣自己所累处，一切尽除去，则自然心广体胖。然所谓累处者，不必皆是声色货利粗恶的，只于写字做诗凡嗜好一边皆是。程子曰‘书札于儒者事最近，然一向好著，亦自丧志’，可见。”

有一名公曰：“近日对某讲学者，惟少某人耳。”先生笑曰：“程子说韩持国曰：‘公当求人，倒教人来求公耶？’若为这道讲，须下人去讲，不然，有道者他肯来寻公讲耶？”又曰：“某尸位未尝建得事业。”先生曰：“不然，贤人君子在位，不必拘拘如何是建功创业，但一言一动皆根道理。在位则僚属取法，在下则军民畏服。又使天下之人知某处有某公在，卒然有急可恃，有何不可？”其人曰：“若是不可不慎矣。”

有一相当国，其弟过陕西，与对山曰：“某回京与家兄说荐举起用。”对山笑曰：“某岂是在某人手里取功名的人。”先生曰：“此亦可谓慷慨之士。”或曰：“但欠适中耳。”曰：“士但有此气象，亦是脱俗，怎能勾便中庸也？”

先生见林颖气象从容，指谓大器曰：“人动静从容，言语安详，不惟天理合当如此，且起观者敬爱，就是学问也。学者不可无此气象，但须要先有诸中矣。”

时耀问：“收放心在何处？”先生曰：“须于放的去处收，则不远而复矣。”

先生谓诸生曰：“我欲仁，斯仁至矣。今讲学甚高远，某与诸生相约，从下学做起，要随处见道理。事父母这道理，待兄弟妻子这道理，待奴仆这道理，可以质鬼神，可以对日月，可以开来学，皆自切实处做来。”大器曰：“夫仁亦在乎熟之而已矣！”曰：“然。”

问“为学”。曰：“只要正己。孔子曰：‘上不怨天，不下尤人，知我者其天乎！’若求人知，路头就狭了。天打那处去寻，只在得人，得人就是得天。《书》曰：‘天视自我民视，天听自我民听。’学者未省。”曰：“本之一心，验之一身，施之宗族，推之乡党，然后达之政事，无往不可。凡事要仁有余而义不足，则人无不得者。”

诏问：“讲良知者何如?”先生曰：“圣人教人，每因人变化。如颜渊问仁，夫子告以克己复礼，仲弓则告以敬恕，樊迟则告以居处恭、执事敬、与人忠。盖随人之资质学力所到而进之，未尝规规于一方也。世之儒者诲人，往往不论其资禀造诣，刻数字以必人之从，不亦偏乎?”

问“致良知”。先生曰：“阳明本孟子良知之说，提掇教人，非不警切，但孟子便兼良能言之。且人之知行，自有次第，必先知而后行，不可一偏。《传》说曰：‘非知之艰。’圣贤亦未尝即以知为行也。纵是周子教人曰‘静’、曰‘诚’，程子教人曰‘敬’，张子以‘礼’教人，诸贤之言非不善也，但亦各执其一端。且如言静，则人性偏于静者，须别求一个道理。曰诚、曰敬，固学之要，但未至于诚敬，尤当有入手处。如夫子《鲁论》之首，便只曰‘学而时习’，言学，则皆在其中矣。”

论“格物致知，世之儒者辨论莫太高远乎”。先生谓：“若事事物物皆要穷尽，何时可了。故谓只一坐立之间，便可格物。何也?盖坐时须要格坐之理，如尸是也；立时须要格立之理，如斋是也。凡类此者，皆是如是，则知可致而意可诚矣。”又曰：“先就身心所到、事物所至者格，久便自熟。或以格为度量，亦是。”

先生谓诸生曰：“学者只隐显穷达，始终不变方好。今之人对显明广众之前一人焉，闲居独处之时又一人焉。对富贵又一人焉，贫贱又一人焉。眼底交游所不变者，惟何粹夫乎!”

诏因辞谢久庵，公与讲论阳明之学。公谓：“朱子之道学，岂后学所敢轻议?但试举一二言之，其性质亦是太褊。昔唐仲友为台州太守，陈同父同知台州，二人各竞才能，甚不相协。时仲友为其母与弟妇同居官舍。晦翁为浙东提举，出按台州，陈同父遂诬仲友以帷薄不修之事，晦翁未察，遂劾仲友。王淮为之奏辨，晦翁又劾王淮。后仲友亦以帷薄不修之事，诬论晦翁，互相讦奏，岂不是太褊乎?”诏闻此言，归而问于先生。先生曰：“讦奏事信有之，但仲友虽负才名，终是小人，安得以此诬毁朱子。是非毁誉，初岂足凭?久之便是明白。朱先生劾仲友事，见《台寓录》；仲友诬朱先生事，见仲友《文集》，可知其是私也。”(同父此时尚未及第，未尝同知台州。晦翁、仲友相讦，未尝以帷薄相诬。此段无一实者。)

先生曰：“今世学者，开口便说一贯，不知所谓一贯者，是行上说，是言上说，学到一贯地位多少工夫?今又只说明心，谓可以照得天下之事。宇宙内事，固与吾心相通，使不一一理会于心，何由致知?所谓不理会而知者，即所谓明心见理也，非禅而何?”

黄惟用曰：“学者不可将第一等事让别人做。”先生曰：“才说道不可将第一等事让与别人做，不免自私，这元是自家合做的。”又曰：“学到自家合做处，则别人做第一等事，虽拜而让之可也。”

“学者到怠惰放肆，总是不仁，仁则自是不息。”

“诗人于周公，从步履上看，便见得周公之圣，故曰‘赤舄几几’。凡人内不足者，或有谗谤之言，步履必至错乱，不能安详。如谢安折屐，岂能强制得住？故古人只求诸己，在己者定，外边许大得失祸福皆不足动我，是故烈风雷雨弗迷。“

先生曰：“予癸未在会试场，见一举子对道学策，欲将今之宗陆辨朱者，诛其人，焚其书，甚有合于问目，且经书论表俱可。同事者欲取之，予则谓之曰：‘观此人于今日迎合主司，他日出仕，必知迎合权势。’乃弃而不取。”因语门人曰：“凡论前辈，须求至当，亦宜存厚，不可率意妄语。”

问：“危微精一何如？”曰：“心一也，有人道之别者，就其发处言之耳。危微皆是不好的字面。何谓危？此心发在形气上，便荡情凿性，丧身亡家，无所不至，故曰危。何谓微？徒守此义理之心，不能扩充，不发于四支，不见于事业，但隐然于念虑之间，未甚显明，故曰微。惟精是察，二者之间，不使混杂；惟一是形气之所用也。皆从道而出，合为一片。”

本泰问“夜气”。曰：“有夜气，有旦气，有昼气。昼气之后有夜气，夜气之后有旦气，旦气不牿于昼气，则充长矣。孟子此言气字，即有性字在。盖性字何处寻？只在气字求。但有本体与役于气之别耳，非谓性自性、气自气也。彼恻隐是性，发出来的情也能恻隐，便是气做出来，使无是气，则无是恻隐矣。先儒喻气犹舟也，性犹人也，气载乎性，犹舟之载乎人，则分性、气为二矣。试看人于今何性不从气发出来？”

永年问“配义与道”。先生曰：“言此气是搭合著道义说，不然则见富贵也动，见贫贱也动而馁矣。”

问：“近读《大禹谟》得甚意思？”“且不要说尧、舜是一个至圣的帝王，我是一个书生，学他不得。只这不虐无告，不废困穷，日用甚切。如今人地步稍高者，遇一人地步稍低者，便不礼他，虽有善亦不取他，即是虐无告，废困穷。”

“陶说九德，皆就气质行事上说，至商、周始有礼义、性命之名。宋人却专言性命，谓之道学，指行事为粗，不知何也？”

何廷仁言：“阳明子以良知教人，于学者甚有益。”先生曰：“此是浑沦的说话，若圣人教人，则不然。人之资质有高下，工夫有生熟，学问有浅深，不可概以此语之。是以圣人教人，或因人病处说，或因人不足处说，或因人学术有偏处说，未尝执定一言。至于立成法，诏后世，则曰格物致知，博学于文，约之以礼。盖浑沦之言，可以立法，不可因人而施。”

或问：“朱子以诚意正心告君如何？”曰：“虽是正道，亦未尽善。人君生长深宫，一下手就教他做这样工夫，他如何做得？我言如何能入得？须是或从他偏处一说，或从他明处一说，或从他好处一说，然后以此告之，则其言可入。若一次聘来，也执定此言，二次、三次聘来，也执定此言，如何教此言能入得？告君须要有一个活法，如孟子不拒人君之好色、好货便是。”

问“慎独工夫”。曰：“此只在于心上做，如心有偏处，如好欲处，如好胜处，但凡念虑不在天理处，人不能知而己所独知，此处当要知谨自省，即便克去。若从此渐渐积累，至于极处，自能勃然上进。虽博厚高明，皆是此积。”

问“存心之说”。曰：“人于凡事皆当存一个心，如事父母兄长不待言矣。虽处卑幼，则存处卑幼之心；处朋友，则存处朋友之心。至于外边处主人，亦当存处主人之心。以至奴仆，亦要存一点心处之。皆不可忽略，只如此便可下学上达。《易》之理，只是变易以生物，故君子变易以生民。”

东郭子曰：“圣人教人只是一个行，如博学之，审问之，慎思之，明辨之，皆是行也。笃行之者，行此数者不已是也，就如笃恭而天下平之笃。”先生曰：“这却不是圣人言。学字有专以知言者，有兼知行言者，如‘学而时习之’之‘学’字，则兼言之。若‘博学之’对‘笃行之’而言，分明只是知，如何是行？如好学近乎知，力行近乎仁，亦如是。此‘笃恭’之‘笃’，如云到博厚而无一毫人欲之私之类。若‘笃行’之‘笃’，即笃志努力之类，如何相比得？夫博学分明是格物致知的工夫，如何是行？”东郭子曰：“大抵圣人言一‘学’字，则皆是行，不是知。知及之，仁不能守之。及之亦是行，如‘日月至焉’，‘至’字便是一般。守之是守其及之者，常不失也。如孔门子路之徒，是知及之者；如颜子三月不违，则是仁能守之者。”先生曰：“知及之分明只是知，仁守之才是行。如何将知及之亦为行乎？予之所未晓也。”

东郭子曰：“程子谓《大学》乃孔氏之遗书，谓之遗书，正谓其言相似也，然圣人未尝言之。若以格物为穷理，则与圣言不相似，何以谓之遗书？”先生曰：“谓之遗书者，指理而言，非谓其言相似也。且曰圣人未尝言之，甚害事。某也愚，只将格物作穷理，先从知止致知起。夫知止致知首言之，而曰未尝言之，何也？”

东郭子曰：“我初与阳明先生讲格物致知，亦不肯信。后来自家将《论》、《孟》、《学》、《庸》之言各相比拟过来，然后方信阳明之言。”先生曰：“君初不信阳明，后将圣人之言比拟过方信，此却唤做甚么？莫不是穷理否？”东郭子笑而不对。

先生曰：“汝辈做工夫，须要有把柄，然后才把捉得住，不然，鲜不倒了的。故叉手不定，便撒摆；立脚不定，便那移。”

先生曰：“学者必是有定守，然后不好的事不能来就我。《易》曰‘鼎有实，我仇有疾，不我能即，吉。’若我无实，则这不好的事，皆可以来即我也。”

邦儒问：“近日朋友讲及《大学》，每欲贯诚意于格物之前，盖谓以诚意去格物，自无有不得其理者，如何？”先生曰：“格致诚正虽是一时一串的工夫，其间自有这些节次。且如佛子寂灭，老子清静，切切然，惟恐做那仙佛不成，其意可为诚矣，然大差至于如此，正为无格物之功故也。但格致之时，固不可不著实做去，格致之后，诚意一段工夫亦是不可缺也。”

吕潜问：“欲根在心，何法可以一时拔得去？”先生曰：“这也难说。一时要拔去，得须要积久工夫才得就。且圣如孔子，犹且十五志学，必至三十方能立，前此不免小出入时有之。学者今日且于一言一行差处，心中即便检制，不可复使这等。如或他日又有一言一行差处，心中即又便如是检制。此等处人皆不知，己独知之。检制不复萌，便是慎独工夫。积久熟后，动静自与理俱，而人欲不觉自消。欲以一时一念的工夫，望病根尽去，却难也。”

李乐初见先生，问：“圣学工夫如何下手?”先生曰：“亦只在下学做去。”先生因问：“汝平日做甚工夫来?”和仲默然良久不应。先生曰：“看来圣学工夫只在无隐上就可做得。学者但于己身有是不是处，就说出来，无所隐匿，使吾心事常如青天白日才好。不然，久之积下种子，便陷于有心了。故司马温公谓‘平生无不可对人说得的言语’，就是到建诸天地不悖，质之鬼神无疑，也都从这里起。”

先生曰：“邹东郭云：‘圣贤教人只在行上，如《中庸》首言天命之性，率性之道，便继之以戒慎不睹，恐惧不闻，并不说知上去。’予谓亦须知得何者是人欲，不然戒慎恐惧个甚么？盖知皆为行，不知则不能行也。”

康恕问：“戒慎恐惧是静存，慎独是动察否?”先生曰：“只是一个工夫，静所以主动，动所以合静。不睹不闻静矣，而戒慎恐惧便惺惺，此便属动了。如大《易》‘闲邪存其诚’一般，邪闲则诚便存，故存养省察工夫，只是一个，更分不得。”

章诏问“格物”。先生曰：“这个‘物’，正如《孟子》云‘万物皆备于我’，‘物’字一般非是泛然不切于身的。故凡身之所到，事之所接，念虑之所起，皆是物，皆是要格的。盖无一处非物，其功无一时可止息得的。”聂靳曰：“某夜睡来有所想像，念头便觉萌动，此处亦有物可格否?”先生曰：“怎么无物可格？君子无终食之间违仁，造次必于是，颠沛必于是，亦皆是格物。”章诏因曰：“先生格物之说切要，是大有功于圣门。”先生曰：“也难如此说，但这等说来，觉明白些，且汝辈好去下手做工夫矣。”

先生曰：“圣贤每每说性命来，诸生看还是一个、是两个?”章诏曰：“自天赋与为命，自人禀受为性。”先生曰：“此正是《易》‘一阴一阳之谓道’一般。子思说‘自天命便谓之性’，还只是一个。朱子谓‘气以成形而理亦赋’，还未尽善。天与人以阴阳五行之气，理便在里面了，说个亦字不得。”陈德夫因问：“夫子说性相近处，是兼气质说否?”先生曰：“说兼亦不是，却是两个了。夫子此语与子思元是一般。夫子说性元来是善的，便相近，但后来加著习染便远了；子思说性元是打命上来的，须臾离了，便不是。但子思是恐人不识性的来历，故原之于初；夫子因人堕于习染了，故究之于后。语意有正反之不同耳。”诏问：“修道之教如何?”先生曰：“修是修为的意思，戒惧慎独便是修道之功。教即‘自明诚谓之教’一般。圣人为法于天下，学者取法于圣人皆是。横渠不云‘糟粕煨烬，无非教也’？他把这极粗处都看做天地教人的意思，此理殊可观。”

问：“戒惧慎独，分作存天理、遏人欲两件看，恐还不是。”先生曰：“此只是一个工夫，如《易》‘闲邪则诚自存’。但独处却广著，不但未与事物接应时是独，虽是应事接物时也有独处。人怎么便知？惟是自家知得，这里工夫却要上紧做。今日诸生聚讲一般，我说得有不合处，心下有未安，或只是隐忍过去；朋友中有说得不是处，或亦是隐忍过去，这等也不是慎独。”先生语意犹未毕，何坚遽问：“喜怒哀乐前气象如何?”先生曰：“只此便不是慎独了。我才说未曾了，未审汝解得否？若我就口答应，亦只是空说。此等处须是要打点过，未尝不是慎独的工夫。”坚由是澄思久之。先生始曰：“若说喜怒哀乐前有个气象便不是，须先用过戒惧的工夫，然后见得喜怒哀乐未发之中，若平日不曾用工夫过来，怎么便见得这中的气象？”问：“孟子说个仁义礼智，子思但言喜怒哀乐，谓何？”先生曰：“人之喜怒哀乐，即是天之二气五行，亦只是打天命之性上来的。但仁义礼智隐于无形，而喜怒哀乐显于有象，且切紧好下手做工夫耳。学者诚能养得此中了，即当喜时体察这喜心，不使或流；怒时体察这怒心，不使或暴。哀乐亦然。则工夫无一毫渗漏，而发无不中节，仁义礼智亦自在是矣。”叔节又问：“颜子到得发皆中节地位否？”先生曰：“观他怒便不迁，乐便不改，却是做过工夫来的。”

诏云：“近日多人事，恐或废学。”先生曰：“这便可就在人事上学。今人把事做事，学做学，分做两样看了，须是即事即学，即学即事，方见‘心事合一，体用一原’的道理。”因问：“汝于人事上亦能发得出来否？”诏曰：“来见的亦未免有些俗人。”先生曰：“遇著俗人，便即事即物，把俗言语譬晓得他来，亦未尝不可。如舜在深山、河滨，皆俗人也。”诏顾语象先曰：“吾辈今日安得有这样度量！”

先生语学者曰：“近日做甚工夫来？”曰：“只是做得个矜持的工夫，于道却未有得处。”先生曰：“矜持亦未尝不好，这便是‘君子终日乾乾，夕惕若’，戒慎不睹，恐惧不闻的工夫。但恐这个，心未免或有时间歇耳。”曰：“然非有间歇的心，只是忘了。”先生曰：“还是不知。如知得身上寒，必定要讨一件衣穿；知得腹中饥，必定要讨一盂饭吃。使知得这道如饥寒之于衣食一般，不道就罢了。恁地看来，学问思辨的工夫，须是要在戒慎恐惧之前，方能别白得天理，便做将去，是人欲，即便斩断，然后能不间歇了。故某常说圣门知字工夫，是第一件要紧的，虽欲不先，不可得矣。”

吴佑问：“人心下多是好名，如何？”先生曰：“好名亦不妨，但不知你心下好甚么名来。若心下思稷只是个养民的名，契只是个教民的名，怎么便能千万世不泯？把这个名之所以然上求则得之，未尝不善。若只空空慕个名，不肯下手去做，却连名也无了。”

何廷仁来见，问：“宣之在京一年，亦可谓有志者？”先生曰：“宣之甘得贫，受得苦。七月间其仆病且危，宣之独处一室，躬执爨，自劳筋骨，未尝见其有愠色，可以为难矣。”廷仁对曰：“孔明、渊明非无才也，而草庐、田园之苦；颜子非无才也，而箪瓢、陋巷之穷。看来君子之学，惟重乎内而已。”先生曰：“然。古人做工夫，从饮食衣服上做起，故颜子之不改其乐，孔明、渊明之所以独处，皆其志有所在，食无求饱，居无求安耳。某常云‘季氏《八佾》舞于庭’，‘三家以《雍》彻’，犯分不顾，都只是耻恶衣恶食一念上起。此处最要见得，则能守得。”

惟时问：“先生常论尹彦明、朱元晦不同者何？”先生曰：“得圣门之正传者，尹子而已，其行悫而直，其言简而易。若朱子大抵严毅处多，至于谏君，则不离格致诚正。人或问之，则曰‘平生所学，惟此四字’。如此等说话，人皆望而畏之，何以见信于上耶！”因论后世谏议多不见信于人君者，亦未免峻厉起之也。又问：“朱子与二程何如？”先生曰：“明道为人，盎然阳春之可掬，故虽安石辈，亦闻其言而叹服。至于正叔，则启人伪学之议，未必无严厉之过耳。”顷之叹曰：“凡与人言，贵春温而贱秋杀。

春温多，则人见之而必敬，爱之而必亲，故其言也，感人易而入人深，不求其信，自无不信也。秋杀多，则人闻之而必畏，畏之而必恶，畏恶生则言之入人也难，将欲取信而反不信也。”

先生曰：“父母生身最难，须将圣人言行，一一体贴在身上，将此身换做一个圣贤的肢骸，方是孝顺。故今置身于礼乐规矩之中者，是不负父母生身之意也。”问：“‘格物’之‘格’，有说是‘格式’之‘格’，谓致吾之良知在格物，‘格’字不要替他添出穷究字样来。如何？”先生曰：“格物之义，自伏羲以来未之有改也。仰观天文，俯察地理，远求诸物，近取诸身，其观察求取即是穷极之义。‘格式’之‘格’，恐不是孔子立言之意，故曰自伏羲以来未之有改也。”

楷问：“求仁之要在放心上求否？”先生曰：“放心各人分上都不同，或放心于货利，或放心于饮食，或放心于衣服，或于放心于宫室，或放心于势位。其放心有不同，人各随其放处收敛之，便是为仁。”先生曰：“诸君求仁，须要见得天地万物皆与我同一气，一草一木不得其所，此心亦不安，始得。须看伊尹谓‘一夫不获，若己推而内之沟中’，是甚么样心？”王言曰：“此气象亦难。今人于父母兄弟间，或能尽得，若见外人，如何得有是心。”曰：“只是此心用不熟，工夫只在积累。如今在旅次，处得主人停当，惟恐伤了主人；接朋友务尽恭敬，惟恐伤了朋友；处家不消说，随事皆存此心。数年后，自觉得有天地万物为一体气象。”

先生曰：“人能反己，则四通八达皆坦途也。若常以责人为心，则举足皆荆棘也。”

问“无事时心清，有事时心却不清”，曰：“此是心作主不定，故厌事也。如事不得已，亦要理会。”

“教汝辈学礼，犹堤防之于水，若无礼以堤防其身，则满腔一团私意，纵横四出矣。”

问“尧舜气象”。曰：“求这气象，不在高远，便就汝一言一动处求之，则满目皆此气象矣。”

子贡言“夫子之圣又多能也”，则以多能为圣之外。夫子乃谓“君子多乎哉！不多也”，言不是多，皆性分中事，则多能又不在圣之外矣。斯可见洒扫应对，精义入神，无二也。

问“修词立诚”。曰：“如所说的言语，见得都是实理所当行，不为势所挠，不为物所累，断然言之，就是立诚处。如行不得的，言之即是伪也。”

诸生有言及“气运如何，外边人事如何”者。曰：“此都是怨天尤人的心术。但自家修为，成得个片段，若见用，则百姓受些福；假使不用，与乡党朋友论些学术，化得几人，都是事业。正所谓畅于四肢，发于事业也。何必有官做，然后有事业。”

（清）朱彝尊《明诗综》卷三十八·吕柟（一首）　柟，字仲木，高陵人。正德戊辰赐进士第一。累官南京礼部右侍郎，赠尚书，谥文简。有《泾野集》。

（清）张豫章等《御选明诗》姓名爵里三·诸家姓名爵里 吕柟（字仲木，高陵人。正德戊辰赐进士第一。累官南礼部侍郎，赠尚书，谥文简。有《泾野集》）。

（清）王鸿绪等《明史稿》卷二百六十四·列传第一百五十九·儒林二·吕柟（存目）

（清）储大文等《山西通志》卷九十九·名宦十七·解州·明 吕柟，字仲木，高陵人。正德三年进士第一，授修撰。嘉靖时，大礼议兴，与张桂忤，以十三事自陈，中以“大礼未定，谄言日进”引为己罪，下诏狱。谪解州判官，摄行州事，恤茕独，减丁役，劝农桑，兴水利，筑堤护盐池，行《吕氏乡约》及《文公家礼》，求子夏后，建司马温公祠。四方学者日至，御史为辟解梁书院以居之。居三年，御史卢焕等累荐升南京宗人府经历，累晋南京礼部右侍郎致仕，卒。解梁士闻之，皆设位行心丧。柟受业渭南薛敬之，接河津薛瑄之传，学者称泾野先生。

（清）沈青崖等《陕西通志》卷六十三·人物九·儒林·明 吕柟，字仲木，高陵人。少授《尚书》于邑人孙昂，有志圣贤之学，危坐诵读，虽炎暑不废。大参熊公、李公延教其子，馆于开元寺。闻父疾，徒步归，二公以夫马追送不及。父愈，构云槐精舍聚徒讲学。弘治辛酉，举于乡。明年，游成均，与诸同志讲学宝邛寺。正德戊辰，廷对第一，授修撰。时阉瑾窃政，以枌榆故致贺，柟却之。会西夏构乱，疏请上御经筵，亲政事，不报，乃引去。瑾败，荐起旧职，上疏劝学，上嘉纳。未几，乾清宫灾，应诏言六事，不报，复引疾去。父病，侍汤药，昼夜衣不解带，履恒无声，一年须发为白。及卒，哀毁逾礼，既葬，庐墓侧旦夕焚香号泣。释服，复讲学东林书屋。镇守阉廖素张甚，戒使者过高陵勿扰，曰：“有吕公在也。”世庙即位，诏起原官。上御经筵，柟进讲，值淳皇后忌辰，口奏：“宜存黪服礼，罢赐酒馔。”朝论韪之。甲申，复以十三事上，言过切直，谪判解州。既至解，以作士变俗为任。会守缺，柟摄事，善政犁然，来学者益众，建解梁书院。选少而俊秀者歌诗，习小学、诸仪、朔望。令耆德者讲会典，行乡约。廉孝悌节义者，表其庐。求子夏后，教之学。政举化行，俗用丕变。转南吏部郎，迁国子祭酒。以师道自任，取《仪礼》诸篇，令按图习之。登降俯仰，钟鼓管钥，洋然改观易听，有古辟雍之风。晋南礼部右侍郎，署南吏曹掾，疏荐何塘穆、孔晖、徐阶、唐顺之等二十人。入贺，会庙灾，自陈，遂致仕归。卒之日，高陵人为罢市，四方门人闻者皆为位而哭。谥文简。（《关学编》）

柟在南都凡八年，四方士环趋讲下。是时海内讲学者相望起，而各守一先生言，柟独集取宋儒周、程、朱、张语为《四子抄释》，令学者体验而力行之。语学者曰：“必如是，乃为吾实学，无他法门也。”（《明史窃》）

（清）张廷玉等《明史》卷二百八十二·列传第一百七十·儒林一·吕柟 吕柟，

字仲木，高陵人，别号泾野，学者称泾野先生。正德三年，登进士第一，授修撰。刘瑾以柟同乡，欲致之，谢不往。又因西夏事疏请帝入宫亲政事，潜消祸本。瑾恶其直，欲杀之，引疾去。瑾诛，以荐复官。乾清宫灾，应诏陈六事，其言除义子，遣番僧，取回镇守太监，尤人所不敢言。是年秋，以父病归。都御史盛应期，御史朱节、熊相、曹珪累疏荐。适世宗嗣位，首召柟。上疏劝勤学以为新政之助，略曰："克己慎独，上对天心；亲贤远谗，下通民志，庶太平之业可致。"

大礼议兴，与张、桂忤。以十三事自陈，中以大礼未定，谄言日进，引为己罪。上怒，下诏狱，谪解州判官。摄行州事，恤茕独，减丁役，劝农桑，兴水利，筑堤护盐池，行《吕氏乡约》及《文公家礼》，求子夏后，建司马温公祠。四方学者日至，御史为辟解梁书院以居之。三年，御史卢焕等累荐，升南京宗人府经历，历官尚宝司卿。吴、楚、闽、越士从者百余人。晋南京太仆寺少卿。太庙灾，乞罢黜，不允。选国子监祭酒，晋南京礼部右侍郎，署吏部事。帝将躬祀显陵，累疏劝止，不报。值天变，遂乞致仕归。年六十四卒，高陵人为罢市者三日。解梁及四方学者闻之，皆设位，持心丧。讣闻，上辍朝一日，赐祭葬。

柟受业渭南薛敬之，接河东薛瑄之传，学以穷理实践为主。官南都，与湛若水、邹守益共主讲席。仕三十余年，家无长物，终身未尝有惰容。时天下言学者，不归王守仁，则归湛若水，独守程、朱不变者，惟柟与罗钦顺云。所著有《四书因问》、《易说翼》、《书说要》、《诗说序》、《春秋说志》、《礼问内外篇》、《史约》、《小学释》、《寒暑经图解》、《史馆献纳》、《宋四子抄释》、《南省奏稿》、《泾野诗文集》。万历、崇祯间，李祯、赵锦、周子义、王士性、蒋德璟先后请从祀孔庙，下部议，未及行。

柟弟子，泾阳吕潜，字时见，举于乡，官工部司务。张节，字介夫。咸宁李挺，字正五。皆有学行。

（清）和坤等《大清一统志》卷一百八十一·西安府四·人物下·明 吕柟（字仲木，高陵人。正德初进士第一，授修撰。刘瑾以乡人致贺，却之。已，疏请武宗还宫御经筵，亲政事，益忤瑾，遂引疾去。瑾诛，还朝，上《敬学疏》，复应诏陈六事，皆切时政。以父病，解职归。世宗嗣位，首召柟。上疏劝帝勤学为新政之助，以论大礼下诏狱，谪解州判官。累迁南京礼部右侍郎，忤夏言致仕。柟受业渭南薛敬之，接河东薛瑄之传，学以穷理实践为主。官南都与湛若水、邹守益共主讲席，东南士人多出其门。仕宦三十余年，家无长物，终身未尝有惰容。及卒，里中为罢市，四方学者皆设位持心丧。后赠礼部尚书，谥文简）。

又，卷一百八十八·兴安府·流寓·明 吕柟（字仲木，高陵人。正德间殿撰，为理学名臣。有《五经注疏》行世。避逆瑾乱，微服寓金州之纯阳宫）。

（清）阎湘蕙《明鼎甲征信录》卷二 吕柟，字仲木，陕西高陵人。世居泾水北，学者尊之曰泾野先生。远祖彬卿，葬日，圹中有声如雷，卜者谓："当显六世后。"六传至溥，有隐德，孝亲友弟，守身畏法，处亲戚邻里，无所欺负，治生期于仅足，责人不为已甚。居常恶衣粝食，休休自娱，终其身无怨恫于人。墨刘之斗，墨尝谋酰其老病以偿刘，片言之间，却酰已斗，墨氏少长多赖以生。又解妊妇之死，平刘李之怨。配宋氏，生子三人，长曰柟，少颖悟绝人。总角为诸生，即有志圣贤之学，危坐朗诵小屋中，祁寒酷暑，不逾户限。受学于孙行人昂，又问道于薛思庵氏，充乎有得。尝梦明道程子、东莱吕氏亲为指授，而义理愈精。熊、李二参政欲延教其子，柟以礼无往教，辞之，乃遣其子就学山寺。后闻父疾，即徒步归，二公以夫马追送不及，曰："亲在床褥，安忍俟乘马也?"父寻愈，构云槐精舍，聚徒讲学其中。宏治辛酉，举于乡。明年，下第，游成均，与马伯循等讲学宝邛寺，习古冠昏、乡相见礼。尝约曰："文必载道，行必顾言，毋徒举业，以要利禄，毋徒任重，弗克有终。"惟日孜孜以圣贤进德修业为己任。乙丑，孝庙宾天，与诸生哭临，柟声出泪下，众哗，谓迂弗恤也。孙行人殁于京，遗孤不在侧，柟为服衰绖，拜送吊客。正德三年，举南宫第六，廷对擢第一，授修撰，凡知交皆喜曰："今得真状元矣。"在翰林二年，操介益励，禄入，祗祀其先。父母书问至，必再拜使者受之，退而跪读。旋引疾归，从学者日集。父有疾，躬侍汤药，昼夜衣不解带，履恒无声，如是一年，须发皆白。比卒，哀毁逾礼。既葬，庐墓侧旦夕焚香号泣，门人感之，皆随之居。嘉靖初，诏起原官，累官礼部侍郎。致仕归，讲学北泉精舍。越四年，卒，年六十有四。柟天性孝友，事继母侯色养笃至。室无妾媵，与李淑人相敬如宾。事权父博如父。岁饥，尝分俸赒其族众。姊刘家窭甚，时时济之。悯外祖乏嗣，每展墓流涕，从舅瑾寓同州，特访迓归。平生未尝干谒人，亦不受人干谒，盖其学以立志为先，慎独为要，忠信为本，格致为功，而一准之以礼。居恒端严恪毅，接人则和易可亲，至义理所执则铿然竞烈，置死生利害弗顾也。教人因材造就，总之以安贫改过为言，不为元虚高远之论。门人侍数十年，未尝见有偷语惰容，论者谓关中之学自横渠张子后，惟柟为集大成云。隆庆初，赠礼部尚书，谥文简。(《康对山文集》并《续藏书》、《关学编》)

科　第

(一) 乡试

(清) 沈青崖等《陕西通志》卷三十一·选举二·举人·明·弘治十四年辛酉科

吕柟（高陵人，状元)。

(二) 会试、殿试

戊辰科（正德三年）**状元策**　（存目。参见［明］焦竑辑，［清］胡任兴增辑《历科廷试状元策》卷二)

（明）张朝瑞《皇明贡举考》卷六　（正德三年）二月十五日，临策天下贡士。制曰：朕闻人君所当取法者，惟天惟祖宗，唐虞、三代之为君，皆法天法祖以成盛治，载诸经可考也。其有曰代天，曰宪天，曰格天；有曰率祖，曰视祖，曰念祖。同乎，异乎？抑所谓法祖为守成而言也。彼创业垂统者，又将何所法乎？汉、唐、宋以降，法天之道殆有未易言者，何以能成其治乎？抑亦有自法其祖者矣，何治之终不古若乎？朕自嗣位以来，兢兢焉惟天命是度，祖训是式，顾犹有不易尽者。天之道，广矣大矣，不知今日所当法，何者为切？《传》有谓"刑罚以类天震曜，慈惠以效天生育"者，果可用乎？我太祖高皇帝之创业，太宗文皇帝之垂统，列圣之所法以为治者，布在典册，播之天下，不可悉举。不知今日所当法，何者为先且急？史有谓正身励己，尊道德，进忠直，以与祖宗合德者，果可行乎？兹欲弘道行政以仰承眷佑，延亿万载隆长之祚。子大夫应期向用，宜有以佐朕者，其敬陈之，毋忽。

（时廷对之士三百四十九人，赐吕柟等进士及第出身有差。……柟未总角，辄有志圣贤之学，不为辞章之习。夏居矮屋，衣冠危坐，虽炎日蕴隆，不□户限，严寒则履籍麦草，诵读六经，恒□□□日，事亲最孝。会试闻丧痛哭，草履步至家。至是，承法天法□之问，以仁孝为对，而要之于学，擢第一。明日，有窃政中官来贺，却之。柟性至孝友俭朴，内充外裕，行方辞厉，在朝在野，随寓尽道。所至学徒云集，为理学之宗，门生侍数十年，未尝见其偷语惰容。经书□史，博览详玩，并有发挥。所著有《四书因问》、《五经说》、《史馆献纳》、《南省奏稿》、《泾野文集》十四种。官至南京礼部侍郎，谥文简。）

……

第一甲三名赐进士及第：吕柟，陕西高陵县。……

（明）王世贞《弇山堂别集》卷八十二·科试考二　（正德）三年戊辰，命少傅太子太傅户部尚书武英殿大学士王鏊，吏部尚书翰林院学士梁储为考试官，取中邵锐等，廷试赐吕柟、景旸、戴大宾及第。

（明）张弘道、张凝道《皇明三元考》卷九·正德三年戊辰科大魁　状元吕柟（陕西高陵人。字仲木，号泾野。治《书》。年三十，乡试第十名。会试第六名。仕至南礼部侍郎。卒年六十四，赠礼部尚书，谥文简。柟性孝友俭朴，内克外裕，行方辞厉。在朝在野，随寓尽道。所至学徒云集，为理学之宗。门生侍侧数十年，未尝见其偷语惰容。经书子史，并有发挥。所著有《四书因问》、《五经说》、《史馆献纳》、《南省奏稿》、《泾野文集》十四种。子田，乙酉举人）。

又　名臣：吕柟（见上）。

（清）沈青崖等《陕西通志》卷三十·选举一·进士·明·正德三年戊辰吕柟榜

吕柟（高陵人，礼部侍郎）。

（清）张廷玉等《明史》卷十六·本纪第十六·武宗 （正德三年春）三月乙卯，赐吕柟等进士及第出身有差。

仕　宦

（明）雷礼《国朝列卿纪》卷四十五·南京礼部侍郎年表 吕柟（陕西高陵人。状元。嘉靖十五年任右。十八年，致仕）。

又，卷一百三十六·南京太常寺少卿年表 吕柟（陕西高陵人。进士。嘉靖十三年任）。

又，卷一百三十六·南京太常寺少卿行实 吕柟，字仲木，陕西西安府高陵县人。正德戊辰进士第一。嘉靖十三年任，十四年改国子监祭酒，历南京礼部右侍郎。详南京礼部。

又，卷一百五十九·国子监祭酒年表 吴①柟（陕西高陵人。进士第一。嘉靖十四年任。十五年，升南京礼部右侍郎。详南京礼部）。

又，卷一百五十九·国子监祭酒行实 吕柟，字仲木，陕西西安府高陵县人。正德戊辰进士第一。嘉靖十四年任。笃实率人，勤于诲迪，每有条约，动遵古义。经书子史，博读详玩，并有发挥。门下环向请益，耳口授，无倦容，无择言。十五年，升南京礼部右侍郎。详南京礼部。

（明）王世贞《弇山堂别集》卷五十六·卿贰表·南京礼部左右侍郎 吕柟，陕西高陵人。由状元，（嘉靖）十五年任右，十八年致仕。

又，卷六十三·国子祭酒年表 吕柟，陕西高陵人。由进士，（嘉靖）十四年任。

（清）张廷玉等《明史》卷十七·本纪第十七·世宗一 （嘉靖三年夏五月乙丑）修撰吕柟言大礼未正，下锦衣卫狱。

（清）和坤等《大清一统志》卷一百十七·解州·名宦·明 吕柟（高陵人。嘉靖初由翰林修撰，谪解州判官，摄州事，兴利剔弊，不遗余力。建解梁书院，择民间子弟讲习其中，文教大兴）。

---

① 显误，当作“吕”。

轶　事

（明）杨爵《杨忠介集》卷六·语录·漫录　泾野吕先生过某府，太守侍坐，太守子读书楼上，声彻于楼下。太守令止之，曰："当微诵，恐损伤。"既又促左右以时进食，曰："勿令饥。"又戒之曰："当为掖之，恐或蹉跌。"先生谓太守曰："公之爱子，可谓至矣。愿推此心以爱百姓，可也。"遇顺德府太守，饯于门外，饯所近养济院。先生以馔食一卓，令二吏送院中，谓太守曰："以公佳馔与无告者共之，愿公体我此心，以惠恤鳏寡可也。"讷溪周子述以告余，余为叹息者久之。古人以离群索居为深戒，子贡问为仁，孔子告以"事其大夫之贤者，友其士之仁者，使志道君子常得"，与先生相亲焉。获睹德容，闻至论以自警省，不患德之不修，而政之不善也。呜呼！仁人君子之言，其利溥哉！

（明）李绍文《皇明世说新语》卷三·方正　吕泾野家居，有客为权贵持三百金求公文，公曰："人心如青天白日，不意视如鸟兽。"客惭而退。

又，卷三·方正　吕柟被斥，陆完祖道相送，陆曰："公去矣。余不知何日得行。"吕曰："汝真心去，我在三十里外候君。"

又，卷四·规箴　吕柟为讲官，至云"元顺帝废学纵欲，太祖一举而取之，不可不深念。"或讶其太直，公曰："贾山借秦为喻，文帝尚能用之。况主上明圣，不为汉文者乎？"

又，卷五·企羡　嘉靖初，朝鲜王奏："吕柟、马理为中国人才第一，朝廷乞厚遇，仍颁赐其所为文，使本国诵式。"

又，卷五·栖逸　吕仲木引疾归，门人迎于途曰："夫子如京，期年而又返，何不惮烦也？"吕曰："岂予得已哉？旷职素餐在官之酒脯，不若南山蔬食之为甘也。"

（明）耿定向《耿天台先生文集》卷十一·记·泾野逸事记　（存目）

（明）焦竑《焦氏笔乘》卷三　我朝经筵日讲，非徒辩析经史为观美也，谓当旁及时务，以匡不逮。而近世面奏惟两人：嘉靖甲申，修撰吕柟言：五月十二日献陵忌辰，是日讲筵，君臣不宜华服；己丑夏，祭酒陆深言：讲官讲章不宜辅臣改撮，使得自尽其愚，因以观学术邪正。吕未几以论礼谪解州判官，陆竟以此谪延平同知。

（明）苏茂相《皇明宝善类编》卷上·孝义　吕文简柟以抗疏为刘瑾所嫉，遂请告归。瑾遣官校侦其过，无所得，至半途返。抵家数月，瑾诛，陕之缙绅株连者无算，吕独超然杜门，力耕养亲。父或因小失责次子梓，必跪而分罪。（《续藏书》）

又，卷上·直节 吕仲木为讲官，至云“元顺帝废学纵欲，太祖一举而取之，不可不深念。”或讶其太直，吕曰：“贾山借秦为喻，文帝尚能用之。况主上明圣，不为汉文者乎？”（《泾野集》）

又，卷下·政事 仲木为祭酒，以道范师模，严自表树。其教以正心修身、忠君孝亲为本，敦礼让勤讲习。贵游子弟有不率者即绳以法，有以“敷教在宽”规者，曰：“宽非纵肆，乃日刮月劘而不责效于旦夕间耳。”（《名臣录》）

又，卷下·鉴识 吕仲木，戊辰中会试第六，廷试擢第一。先是，康对山□□□，同考□其□云：“卷甚佳，惜力微不能首荐□□，子自当魁天下矣。”

又，卷下·箴诲 吕泾野□□瑾斥归，陆完祖道相送曰：“公去矣。余不知何时得行。”吕曰：“汝真心去，我在三十里外候君。”

泾野访一相知，守门吏以未起辞，吕进至堂，见方与诸友讲学，吕曰：“以吾子门下吏，亦有说谎者乎？”其人惭谢，吕因言：“宅宇深邃，却是好讲学。”对曰：“只是与堂上先生邻耳，然早晚间亦赖有戒慎的意。”吕曰：“不意吾子戒慎之功乃赖堂上先生而后有也。”其人及友皆愧服。

泾野访蔡石冈，蔡送至郊外别墅，有盘餐，曰：“此自己之馔，尔非可以奉客。”吕曰：“公亦尚有人己之分乎？”蔡不觉大笑。

泾野与潘户部希平相善，潘置其子楼上读书，登楼则人扶，下楼则使人持，时其饥渴而饮食之，良久不闻书声则扶其惰，书声不绝则慰之节其劳。及升荆州知府，就吕问政，吕曰：“君视荆民如楼上之子可矣。”

有一官言：“二十年仕路淹滞。”泾野曰：“前半截也，不要管他，后半截也不要管他，只做今日的官。”（《俱泾野集》）

又，卷下·交谊 吕仲木与邹谦之、康德涵交，邹论学辄相哄，康流连声伎，志调不同而往来厚善，没身无间。

又，卷下·学问 □□吕□□□有志圣贤之学，危坐庄诵，□□□□寒暑，不逾户限，其后充养益粹，履仁蹈义。所训释经籍，多躬行心得之言，发程朱之所未发。有疑阳明之学者，则曰：“讲其学而行非，勿信可也；不讲其学而行是，信之可也。”有效甘泉之学者，则曰：“圣君在上，贤相在下，岂可使明时有伪学之禁？”有问朱、陆之学者，曰：“初时同法尧舜，同师孔孟，虽入门路径微有不同，而究竟本□，□□□□。”

（明）焦竑《玉堂丛语》卷一·言语 吕仲木家居，有巨臣入都来别。濒行，语仲木曰：“吾此行得操柄，必大用先生。”仲木对曰：“张子厚有言，执事苟与人为善，孰不愿在下风？若不然，士有远于千里之外者矣。”其人默然。

又，卷二·政事 泾野为北国子祭酒时，监规久弛，先生发明揭示，动以身教。一二贵游子弟有不率者，即绳之以法，不少假借。于是咸知所从事，而乞差争拨之敝风顿息。或有以“敬敷五教在宽”规先生者，先生曰：“宽非纵弛之谓，乃日刮月劘以要其成，而不责效于旦夕，故谓之宽。然云敬敷，则不可不谓之严也。古称师严然复道尊，道尊然后民知敬学，其意正谓是也。今人才渐不如古，岂真古今人不相及哉！内则祭酒，外则提学，皆有师道。而以教人为职者，率多姑息假借，而不知人才之日流也。甘临希悦，违道干誉，且非治民所宜，矧以之教士哉！”规者不以为然，而先生持之愈坚，国子诸生自是知所检束。而弦歌之声，礼让之俗，洋洋于京师首善之地矣。

又，卷五·长厚 吕仲木，关西人。夏贵溪怙宠负才，傲倪一世，独心敬仲木。夏方与霍文敏交恶，文敏之为南宗伯也，仲木为贰，文敏时时诟贵溪，仲木乘间讽曰："大臣有过，规之可也，背噂非礼。"文敏疑其党夏，心衔之。未几，仲木以考满之都，谒贵溪，时贵溪柄国矣，得仲木，甚欢，亟欲援之为助。已，乃对仲木数短文敏，至谓不可一日近。仲木毅然曰："霍君天下才也，公奈何以寸朽弃栋梁耶?"贵溪又以仲木附文敏而异己，历岁不迁，仲木乃致政归。(《耿先生集》)

又，卷六·品藻 胄问吕仲木曰："何仲默何如?"曰："其诗有汉魏之风，可取也。其文沿六朝之体，不可取也。然而其人则美矣。"问李献吉，曰："为曹、刘、鲍、谢之业，而欲兼程、张之学，可谓系小子失丈夫矣。"问康德涵，曰："汉马迁之材也，而学则未逮。"问马伯循，曰："见善而能聚，见恶而能劝，其志远哉。"问张仲修，曰："直而敏，足以从政矣。"(《泾野内篇》)

又，卷七·企羡 嘉靖初，朝鲜国奏："状元吕柟、主事马理为中国人材第一，朝廷宜从厚遇。仍乞颁赐其所为文，使本国传诵为式。"

（明）周晖《金陵琐事》卷三·牛首解嘲 吕泾野先生游牛首山，记云："俗传太祖怪牛首双峰不北拱，乃杖之。此或误传乎?"盖天地间万山环列，而江河四绕其中，则堪舆也。此牛负而载之，宜其南向耳。泾野之论，可与牛首解嘲。

（明）朱国祯《涌幢小品》卷二·经筵忌辰 嘉靖元年四月戊戌，上御经筵。修撰吕柟讲《尚书》"夙夜惟寅"章。是日，仁祖淳皇后忌辰，柟以书义相关，口奏乞存忌辰，光圣孝，奏未竟，上曰："已知。"因俯伏不及承旨，上疏请罪，宥之。

（明）刘宗周《人谱类记》卷下 吕泾野先生夙夜居一矮屋，危坐诵读，虽炎暑不废衣冠。(以上记警暑月袒裼)

（清）徐乾学《读礼通考》卷二十五·丧期二十五·心丧上 吕文简公柟，受学于行人孙昂。昂没，为之服衰。及柟卒，高陵人为罢市三日，四方学者闻讣，皆设位持心丧。

又，卷一百十一·丧制四·守礼上 吕柟父卒，既葬庐于中门外，自成服至祥禫，斟酌损益，各有仪注。

（清）张英等《御定渊鉴类函》卷七十二·设官部十二·修撰二　《吾学编》曰：吕柟，字仲木，高陵人。正德进士第一人，除翰林修撰。时逆瑾用事，以柟乡人欲引柟，啖柟骤与卿佐，柟逊避不与交，瑾憾且中伤柟。会瑾败，得免。

（清）姚之骃《元明事类钞》卷三·岁时门·冬·寒藉麦草　明《马理集》：吕文简柟夙夜居一矮屋，危坐庄诵，隆冬足寒，则藉麦草焉。

又，卷九·官品门二·太常寺·革俗乐　《明书》：吕柟为太常少卿，革教坊俗乐。四方士趋讲下问学者，殷勤开诱，引接无倦。

又，卷十·官品门三·提学·得三士　明《李元阳集》：杨文襄一清为提学，谓人曰："吾于陕得三士，康海、吕柟、马理也。"后果为闻人。

又，卷十二·仕进门·科第·不谒中要　《名世类苑》：邵康僖魁礼闱，逆瑾方炽，同年多请往谒，公毅然曰："可使后世谓进士谒中要自锐始耶？"及吕仲木为状元，亦不往。

又，卷十五·人品门一·方正·不与瑾交　《吾学编》：吕柟为修撰时，逆瑾用事，以柟乡人，欲引啖柟骤与卿佐，柟逊避不与交，瑾憾且中伤。会瑾败，得免。

又，卷二十七·礼乐门·典制·祀先祝称　《续藏书》：吕文简柟为翰林时，受禄祀，先祝称某之子某闻者，羡其知礼。

著　　作

（明）朱睦㮮《授经图义例》卷四·诸儒著述附历代三易传注·论说　《周易说翼》三卷（吕柟）。

又，卷八·诸儒著述附历代尚书传注·问难　《尚书因问》一卷（吕柟）。

又，卷八·诸儒著述附历代尚书传注·训说　《尚书说要》五卷（吕柟）。

又，卷十二·诸儒著述附历代四诗传注·序解　《毛诗序说》一卷（吕柟）。

又，卷十六·诸儒著述附历代春秋传注·论说　《春秋说志》五卷（吕柟）。

又，卷二十·诸儒著述附历代三礼传注·问难　《礼问》□卷（吕柟）。

又，卷二十·诸经解（附）　《经野经说》三十六卷（吕柟）。

（清）黄虞稷《千顷堂书目》卷一·易类　吕柟《周易说翼》三卷。

又，卷一·书类　吕柟《尚书说要》五卷（嘉靖十八年己亥门人汪尚庭序）。又《尚书因问录》。

又，卷一·诗类　吕柟《毛诗序说》六卷。

又，卷二·三礼类　吕柟《礼问内外篇》二卷。

又，卷二·礼乐书　吕柟《诗乐图谱》十八卷（嘉靖丙申序）。

又，卷二·春秋类 吕柟《春秋说志》五卷。

又，卷三·经解类 吕柟《泾野经说》十卷（一作二十一卷）。

又，卷三·四书类 吕柟《四书因问》六卷。

又，卷三·小学类 吕柟《小学释诗》。

又，卷七·地理类中 吕柟《解州志》（嘉靖间修）。

又 吕柟《高陵县志》七卷（嘉靖辛丑修）。

又 吕柟《潜江县志》四卷。

又，卷九·职官类 吕柟《监规发明》。

又，卷十·政刑类 吕柟《署解文移》。

又，卷十·传记类 吕柟《宣府昭德祠十二公传》一卷（自李仪至王云凤，凡十二人，皆巡抚其地）。

又，卷十一·儒家类 吕柟《泾野子内篇》三十三卷。又《语录》二十卷。又《五子抄释》二十一卷(《周子》二卷，《张子》二卷，《二程子》八卷，《朱子》九卷)。又《周子演》二卷。

又，卷十三·历数类 吕柟《寒暑经图解》。

又，卷十五·类书类 司马奉《文献汇编》一百卷：六十九卷：《南游诸记》（吕柟）……

又，卷二十二·别集类·正德戊辰科（三年） 吕柟《泾野集》三十七卷（字仲木，高陵人，一甲第一人，南京礼部右侍郎，赠尚书，谥文简）。又《别集》十三卷。

又，卷三十·表奏类 吕柟《史馆献纳》一卷。又《南省奏议》一卷。

又，卷三十一·总集类·诗 康海、吕柟《游浒西集》一卷。

（清）沈青崖等《陕西通志》卷七十四·经籍第一·经类 《四书因问》七卷，《周易说翼》四卷，《尚书说要》五卷，《毛诗说序》六卷，《春秋说志》五卷，《礼问》四卷（俱侍郎高陵吕柟撰）。

先生之学以立志为先，慎独为要，忠信为本，格致为功。论者谓，关中自横渠张子后，惟先生为集大成云。(《关学编》)

又 《诗乐图谱》（吕柟撰）。

《诗乐图谱》者，取《诗经·周南·关雎》以至《商颂·玄鸟》可歌之诗八九十篇，被之八音以为图谱者也。夫此诗乐自周室盛时奏于郊庙，朝廷颂声大著。汉唐以来，俗乐聿兴，新声代作，而三代之雅音绝响矣。明兴以来，修明礼乐，一时俊髦，罔不思奋。柟仰承德意，率其僚僮司业，课艺诸士，习行仪礼，内有用乐之处，选知音监生卫良相等，取前诗篇目，每歌咏谐之音律。未及期年，良相等皆能定图画谱，每一用之，沨沨乎有古音之遗。(本书《自序》)

又，卷七十四·经籍第一·史类 《史约》（南京礼部右侍郎、高陵吕柟撰）。

又 《解州志》（吕柟撰）。

志凡二十二篇（本书《自序》）。

又　《高陵县志》（吕柟撰）。

序曰：弘治辛酉，余忝乡举，即事斯志，往来京师，箧载以行入翰林，后垂三十余年，斯编粗就。徐侯宗义请加诸梓，门人杨九式校书，刘岸又手图三幅，志益章章。（《本书自序》）

又，卷七十五·经籍第二·子类　《宋四子抄释》（南京礼部右侍郎、高陵吕柟撰）。

又　《泾野先生语录》（吕柟撰）。

序曰：《泾野先生语录》，言言皆自躬行心得中流出，最透悟，最精实，可与《西铭》、《正蒙》并传不朽。余自髫年即嗜好不离第，原录岁久，板且漫漶，因僭为订正，而以先生传附于后，灿然成一完录矣。旧名《内篇》，今更题曰《泾野先生语录》，志实也。按，台东郊毕公锓梓，以广其传。（本书冯从吾《序》）

又　《谕解州略》一卷（吕柟撰）。

序曰：《谕解州略》，乃泾野先生所撰辑。以道乎解梁士民者也。其言信而直，其事简而略，犹衣食切于人，不可缺解。人亲炙之久，宜乎风俗丕变，至于今不能忘也。（本书胡大器《序》）

又，卷七十五·经籍第二·集类·别集类　《泾野文集》三十八卷（南京礼部侍郎、高陵吕柟撰）。

正、嘉间，以理学倡关中者，曰吕仲木，学者称泾野先生。先生学有本原，其枝叶流派，发为文章，外足于象，内足于意，文不灭质，声不浮律，以道鸣，以学鸣，匪直以文已也。（本书李桢《序》）

又　《泾野别集》（吕柟撰）。

泾野吕公既捐馆舍，其子太学畇以公别集寄余，有赋、颂诸体，诗则十六七，洋洋乎风雅之遗，道义之英华。其与公说经诸书并传于世，无疑也。曰别集者，盖标纪简帙之次尔。（本书王九思《序》）

又　《十四游记》二卷（吕柟撰）。

《十四游记》者，泾野先生政暇游山，随所至而记之者也。前六篇在解州作，而条山、黄河之胜具见之矣。后八篇在南都作，而钟阜、长江之灵具见之矣。《传》曰：仁者乐山，知者乐水。世有乐得其物，不乐得其道者，将亦有所悟乎？大器遂梓之以传，曰将使游者知所儆也。其诗亦附刻于后。（本书胡大器《序》）

（清）张廷玉等《明史》卷九十六·志第七十二·艺文一·经类（易类）　吕柟《周易说翼》三卷。

又，卷九十六·志第七十二·艺文一·经类（书类）　吕柟《尚书说疑》五卷。

又，卷九十六·志第七十二·艺文一·经类（诗类）　吕柟《毛诗序说》六卷。

又，卷九十六·志第七十二·艺文一·经类（乐类）　吕柟《诗乐图谱》十八卷。

又，卷九十六·志第七十二·艺文一·经类（春秋类）　吕柟《春秋说志》五卷。

又，卷九十六·志第七十二·艺文一·经类（诸经类）　吕柟《经说》十卷。

又，卷九十六·志第七十二·艺文一·经类（四书类）　吕柟《四书因问》六卷。

又，卷九十七·志第七十三·艺文二·史类（史钞类）　吕柟《史约》三十七卷。

又，卷九十七·志第七十三·艺文二·史类（地理类）　吕柟《解州志》四卷。

又，卷九十八·志第七十四·艺文三·子类（儒家类）　吕柟《泾野子内篇》三十三卷，《语录》二十卷。

又，卷九十八·志第七十四·艺文三·子类（历数类）　吕柟《寒暑经图解》一卷。

又，卷九十九·志第七十五·艺文四·集类（别集类）　吕柟《泾野集》五十卷。

（清）曹仁虎等《钦定续通志》卷一百五十六·艺文略·易　《周易说翼》三卷（明吕柟撰）。

又，卷一百五十六·艺文略·书　《尚书说要》五卷（明吕柟撰）。

又，卷一百五十六·艺文略·诗　《毛诗说序》六卷（明吕柟撰）。

又，卷一百五十六·艺文略·春秋　《春秋说志》五卷（明吕柟撰）。

又，卷一百五十六·艺文略·四书　《四书因问》六卷（明吕柟撰）。

又，卷一百五十七·艺文略·礼类第二·仪注·杂礼书　《礼问》二卷（明吕柟撰）。

又，卷一百六十·艺文略·诸子类第六·儒家·儒术　《泾野子内篇》二十七卷（明吕柟撰）。《周子钞释》三卷（明吕柟撰）。《张子钞释》六卷（明吕柟撰）。《二程子钞释》十卷（明吕柟撰）。《朱子钞释》二卷（明吕柟撰）。

又，卷一百六十二·艺文略·文类第十二上·别集·明　《泾野集》三十六卷（明吕柟撰）。

（清）纪昀等《钦定四库全书总目》卷七·经部七·易类存目一·《周易说翼》三卷（江西巡抚采进本）　明吕柟撰。柟字仲木，号泾野，高陵人。正德戊辰进士第一。官至南京礼部右侍郎。事迹见《明史·儒林传》。是编乃柟平时讲授，其门人马书林、韦鸾、满朝等录其问答之语而成。每卦皆有论数条，专主义理，不及象数。前有嘉靖已亥王献芝序，后有李遂跋。

又，卷十三·经部十三·书类存目一·《尚书说要》五卷（浙江汪启淑家藏本）　明吕柟撰。柟有《周易说翼》，已著录。是编乃其与门人论《书》之说，诠次成帙，与蔡《传》间有出入。如以《舜典》“在璇玑玉衡”为北斗，以《武成》非错简之类，改从古说，异乎蔡《传》者也。以《洪范》为《洛书》，以《伊训》“元祀十有二月”证三代不改月之类，沿袭误解，仍同乎蔡《传》者也。大抵推寻文句，虽间有阐发，亦皆以私意揣摩。如谓《尧典》仲夏称“日永”，仲冬不称“宵永”为扶阳抑阴之义；以《书序》“君奭不悦”为不悦仕进。是果经意乎？其言《禹贡》水土之序及五服之远近，亦皆臆度之词，无典据也。

又，卷十七·经部十七·诗类存目一·《毛诗说序》六卷（浙江朱彝尊家曝书亭藏本） 明吕柟撰。柟有《周易说翼》，已著录。是书以《小序》为主，而设为门人问答以明之。每章标举大意，主于疏通毛义而止。其诸说之异同，皆不置辨。其名物训诂亦皆弗详。犹说《诗》家之简严者，但疏解未免太略。此本传写讹脱，不可解处尤多。

又，卷二十五·经部二十五·礼类存目三·《礼问》二卷（浙江巡抚采进本） 明吕柟撰。柟有《周易说翼》，已著录。是书杂论冠、昏、丧、祭之礼，皆与门人问答之辞。末载《入学仪》及《渭阳公祭仪》之类，则此书之附录也。朱彝尊《经义考》载柟《礼问》内外篇二卷，云“未见”。今本卷数相符，而不分内外篇，或彝尊传闻未确欤？其中如正《子夏传》“妾不得体君，为其父母遂”二语之误，本于郑《注》；解《曾子问》“接祭”之“接”为“接续”之“接”，本于卫湜《礼记集说》，持择颇为有见。至论庙制，谓古之诸侯多出于天子，其始祖天子祀之，故诸侯五庙。今考《王制》、《祭法》，诸侯五庙皆有始祖庙，则诸侯原祀及始祖，不特天子祀之也。况《王制》郑《注》曰：“太祖，别子始爵者。”孔《疏》曰：“凡始封之君，谓王之弟封为诸侯，为后世之太祖。”如以此始封之别子为始祖，天子安得祀之？如以为始封之君所自出之王，则诸侯不得祖天子。鲁有文王庙，郑有厉王庙，孔《疏》皆以为非礼之正，安得据以为通例耶？柟又谓《仪礼·丧服》“父卒，继母嫁，从，为之服期”，则从生母嫁者当三年。不知《仪礼》经文必特著“从”之一字，是知继母嫁，必从乃服期，不从即不服也。《檀弓》“子思之母死于卫”，郑《注》“嫁母，齐衰期”，则知生母嫁即不从亦必服期也。生母之厚于继母，义在于此。若必加服至三年，岂不念嫁母有绝族之义，安得与无故而服三年者同也？今律文生母嫁者在期服章，不别从与不从，盖准郑义，柟说似过于情。其他条亦多循旧义，少所阐发。若全载《家祭》及《焚黄》文，则更为泛滥矣。

又，卷三十·经部三十·春秋类存目一·《春秋说志》五卷（浙江吴玉墀家藏本） 明吕柟撰。柟有《周易说翼》，已著录。柟所著他书率笃实近理，惟此书务为新说苛论。凡所讥刺，皆假他事以发之，而所书之本事反置不论。如以“公及邾仪父盟于蔑”、“祭伯来”、“公及戎盟于唐”、“郑人伐卫”、“卫人杀州吁”，皆为平王之罪。又如“叔孙豹卒”，谓《经》不书“饿死”，乃为贤者讳；谓“郯子来朝”，以其知礼录之。大抵褒贬迂刻，不近情理。至谓书“季孙意如之卒”为见天道之左，则圣人并怨天矣。其失不止于穿凿也。

又，卷三十六·经部三十六·四书类二·《四书因问》六卷（浙江巡抚采进本） 明吕柟撰。柟有《周易说翼》，已著录。是编皆记其门人质问《四书》之语。《大学》、《中庸》各一卷，《论语》、《孟子》各二卷。然其中称柟为“先生”，又“先生”字或跳行，似乎非柟自作。卷首有“门人魏廷萱等校刊”字，当即廷萱等所记也。其书《大学》从古本次序，《中庸》亦从古本分章。所说多因《四书》之义推而证诸躬行，见诸实事。如讲“八佾舞于庭”章，因指在座门人衣服华靡者曰“此便是僭”之类，皆开示亲切，不徒为训诂空谈。柟文集佶屈聱牙，纯为伪体，而其解《四书》，平正笃实乃如此。盖其文章染李梦阳之派，而学问则宗法薛瑄。二事渊源各别，故一人而如出两手也。

又，卷九十三·子部三·儒家类三·《泾野子内篇》二十七卷（陕西巡抚采进本） 明吕柟撰。柟有《周易说翼》，已著录。柟师事渭南薛敬之，其学以薛瑄为宗。是书乃其门人所编语录。凡《云槐精舍语》二卷，《东林书屋语》一卷，《端溪问答》一卷，《解梁书院语》、《柳湾精舍语》二卷，《鹫峰东所语》十二卷，太常南所附《邵伯舟中语》三卷，《太学语》二卷，《春官外署语》二卷，《礼部北所语》一卷。其子畇等类而刻之。柟为学在格物以穷理，先知而后行。其所谓穷理，不是泛常不切于身，只在语默作止处验之。所谓知者，即从闻见之知以通德性之知，但事事不肯放过。其践履最为笃实。尝斥王守仁言良知之非，以为圣人教人，未尝规规一方。今不论资禀造诣，刻数字以必人之从，不亦偏乎？观于所言，可谓不失河津之渊源矣。

又，卷九十三·子部三·儒家类三·《周子钞释》三卷（两江总督采进本） 明吕柟撰。宋五子中惟周子著书最少，而诸儒辨论则惟周子之书最多。无极、太极之说，朱、陆两家断断相轧，至今五六百年，门户之分，甚于冰炭。《太极图说》与《通书》表里之说，元何虚中至特著一书辨此一语，论者亦递相攻击，究无定评。至于主静之说，明代诟争尤甚。是编盖因《周子全书》而摭其精要。一卷为《太极图说》、《通书》，二卷为遗文，遗诗，而附以杂记三卷，则本传、墓碣、事状也，较全书特为简洁。每条之下，各释以一二语，或标其大旨，或推所未言之隐，较诸家连篇累牍之辨，亦特淳实。其释《荀子》“元不识诚”一条，谓贬《荀子》太过，以《大学》、《中庸》之言诚，拟荀子之言诚，未免驳杂。释“养心亭记”一条，谓寡欲亦“允执厥中”之义，若至于无恐，难通行于众，亦未免词不达意，然大旨要为不悖。观周子之书者，其精华略具于此矣。

又，卷九十三·子部三·儒家类三·《张子钞释》六卷（两江总督采进本） 明吕柟撰。是编摘录张子之书。以《西铭》、《东铭》为冠，次《正蒙》十九篇，次《经学理窟》十一篇，次语录，次文集，而终以行状。亦每条各附以释，如《周子钞释》之例。首有嘉靖辛丑柟自序，称张子书存者止二铭、正蒙、理窟、语录、文集，而文集又未完，止得二卷于马伯循氏。诸书皆言简意实，出于精思力行之后。顾其书散见漫衍，涣无统纪。而一义重出，亦容有之。暇尝粹钞成帙，注释数言，略发大旨，以便初学观省。盖其谪官解州时作也。案，虞集作《吴澄行状》，称澄校正张子之书，挈《东、西铭》于篇首，而《正蒙》次之，大意与柟此本合。澄本今未见。柟此本简汰不苟，较世所行《张子全书》，亦颇为精要矣。

又，卷九十三·子部三·儒家类三·《二程子钞释》十卷（左都御史张若淮家藏本） 明吕柟撰。前有自序，称：“初得《二程全书》于崔铣，以其中解说六经、四书之语与门弟子问答行事之言，统为一书，浩大繁博，初学难于观览。因钞出心所好者，集为八卷，凡二十九篇。”而卷首所列程子门人姓氏，后有嘉靖辛卯柟门人休宁程爵重刊跋，乃称泾野先生钞释程氏书凡十卷。此本为嘉靖丙申柟门人邓诰所刊，卷数与爵跋相合。岂柟作序时其书尚止八卷，后或有所增益，而序文则未改欤？其书不分门类，亦不叙先后，仍以《二程遗书》原载门人某某所记分编。每条之末，皆以一二语标其大意。昔朱子编遗书，尝病其真赝相杂。柟是书削驳留醇，颇为不苟。盖柟之学源于河津，最为笃实，故去取皆有所见。惟其文原出李梦阳，全集率诘屈不可读。故每条下所释词旨，往往晦滞，非初学所能洞晓云。

又，卷九十三·子部三·儒家类三·《朱子抄释》二卷（两江总督采进本） 明吕柟撰。是编乃嘉靖丙申柟为国子监祭酒时所定。宋儒之中，惟朱子著述最富，辩论亦最多。其时诸弟子所述者，有《池录》、《饶录》、《饶后录》、《建录》诸刊。黎靖德刊除重复，分类编次，尚得一百四十卷，则浩博可知矣。柟此本所钞，止于二卷，乃较张子、二程子为少。然朱子之学，无所不通，与门人亦无所不讲。黎氏《语类》以二十六目举其大凡，包括尚有未尽，读者茫无津涯。又早年、晚年，持论或异。门人所记，或以己意增损之，亦往往彼此不同。读者亦莫能决其去取。明人递相选录，几于人有一编。其大意乃在于胜负相争，区分门户。不过借朱子为名，未尝真为明道计也。柟作是编，惟摘切要之词，而不甚以攻击为事。于学问大旨，转为简明。然于与陆子“静论意见”一条，注其下曰：“陆氏终近禅。”则是非之辨，亦未尝不谨严矣。

又，卷一百七十六·集部二十九·别集类存目三·《泾野集》三十六卷（浙江汪汝瑮家藏本） 明吕柟撰。柟有《周易说翼》已著录。其集初刻于西安，既而佚阙，其门人徐绅、吴遵、陶钦，重为删补编次，刻于真定。此本即真定刻也。柟之学，出薛敬之，敬之之学，出于薛瑄，授受有源，故大旨不失醇正。然颇刻意于字句，好以诘屈奥涩为高古，往往离奇不常，掩抑不尽，貌似周、秦间子书，其亦渐渍于空同之说者欤？

（清）永瑢等《钦定四库全书简明目录》卷四·经部八·四书类 《四书因问》六卷。（明吕柟撰。皆记其门人质问《四书》之语，然书中称柟为先生，疑其门人魏廷萱等记录，非所自著也。所说多因《四书》之义推而证诸躬行，见诸实事，非坊刻讲章之比，盖其学源出薛瑄故也。）

又，卷九·子部一·儒家类 《泾野子内篇》二十七卷。（明吕柟撰。凡《语录》十一种，其学出薛敬之，而敬之学出薛瑄，故持论与王守仁异趣。大旨在格物以穷理，先知而后行，颇为近里著己。）

《周子抄释》三卷。（明吕柟撰。一卷为《周子太极图说》、《通书》，二卷为遗诗、遗文，三卷为传志之属。每条之下柟各释以一二语，颇为简要。）

《张子抄释》六卷。（明吕柟撰。《张子遗书》在四子中最残缺，柟之所见亦与今本相同，于《正蒙》、《隐奥》之处，标举颇明。）

《二程子钞释》十卷。（明吕柟撰。皆依《二程遗书》原第摘钞，仍留其某某所记之注。朱子编遗书时，深病其真伪糅杂，柟所别择，颇为不苟。）

《朱子抄释》二卷。（明吕柟撰。宋四子中惟朱子著述最繁，柟所钞乃独最简。然采撷要语，爬疏微义，已足见紫阳门径。）

（清）曹仁虎等《钦定续文献通考》卷一百四十四·经籍考·经（易）**·明** 吕柟《周易说翼》三卷。柟，字仲木，号泾野，高陵人。正德戊辰进士第一。累官南京礼部右侍郎。学者称泾野先生。事迹具《明史·儒林传》。

杨时乔曰："柟宗程、朱，当心学盛行，辨之不能胜，乃一著诸经。其于易理与象数兼收，乃其辞则于象理时事相合者论注之，此即文言之类，谓为《吕子易》可也。"

黄宗羲曰："柟之学以格物为穷理，先知而后行。所谓穷理，只在语默作止处验之。所谓知者，即从闻见之知以通德性之知，但事事不放过耳。"

又，卷一百四十七·经籍考·经（书）**·明** 吕柟《尚书说要》五卷。柟，见易类。

张云章曰："此泾野门人因扣击而得之师者，笔之于编。焦氏《经籍志》、朱氏《授经图》所载《因问录》，疑即其书。"

又，卷一百四十九·经籍考·经（诗）**·明** 吕柟《毛诗序说》六卷。柟，见易类。

又，卷一百五十四·经籍考·经（春秋）**·明** 吕柟《春秋说志》五卷。柟，见易类。

又，卷一百五十七·经籍考·经（四书）**·明** 吕柟《四书因问》六卷。柟，见易类。

又，卷一百五十九·经籍考·经（仪注）**·明** 吕柟《礼问》二卷。柟，见易类。

又，卷一百七十四·经籍考·子（儒家下）**·明** 吕柟《泾野子内篇》二十七卷，《周子抄释》三卷，《张子抄释》六卷，《二程子抄释》十卷，《朱子抄释》二卷。柟，见经类。

黄宗羲曰："关学世有渊源，皆以躬行礼教为本，而泾野实集其成。观其出处言动，无一不归于道，而心术隐微，无毫发可议，卓然闵冉之徒无疑也。异时，阳明先生讲良知之学，本以重躬行，而学者误之，反遗行而言知。得先生尚行之旨以救之，所谓一发千钧。时先生讲席几与阳明中分，其盛一时。笃行之士，争出其门。"

又，卷一百九十二·经籍考·集（别集四）**·明** 吕柟《泾野集》三十卷。柟，见经类。

评　论

（明）郑善夫《少谷集》卷十七·书一·上周公仪方伯 今日处荒村，对樵夫俚子语，古士耻之。今虽穷阨，然心实无所要也。必不得已，则当以仕易耕，大君子以为如何？近来陇西吕仲木最为真正，而何粹夫、魏子才、王元凯辈次之，然亦未知其心之所安也。

（明）张璧《阳峰家藏集》卷二十八·跋·跋吕泾野还山稿 史某曰：泾野吕子序记编皆往年还山作者，意渊旨闳，体裁具存，外若冲淡，中实隽永，要咸发所独得，是善言者也。然吕子恶自所造诣哉？盖文章以理为根，气为辅，是故意匠发焉。吕子宅幽邈之境，乐高旷之趣，其理融故其气充，其气充故其文缛以雅，于乎！时有作者，莫之能尚尔矣。

（明）王廷相《王氏家藏集》卷二十二·序·送泾野吕先生尚宝考绩序 士惟笃行可以振化矣，士惟实学可以经世矣。曲德细操，兢兢有执，非不可以自美也，以之动物则微。研究载籍，师守章句，非不学于古训也，以之敷治则浅。何也？行非敦化而学靡达术，皆远于道故耳。余取友于天下，得有道者二人焉，河内何粹夫、高陵吕仲木是已。彼二子者，笃契往哲，几于圣轨。求诸今之世，盖绝无而仅有者也。观其忠君孝亲，从兄信友，仪刑于妻子，卓卓乎世之表仪，又能率履贞淳，游心淡泊，非其道义，虽世所华重，若尘垢我、若浼贼我、若辱蔑我者，甘贫守道，老而弥固，所谓万物不奸其志，天下不易其乐者是矣。不亦古人之笃行乎？其学之造诣通极天人，言论风旨，希夷莹彻，时而群疑方构，机宜未审，乃能据经体圣，检括参合，独断内凝，与道无爽，所谓出入经术，动中几会是矣。不亦古人之实学乎？嗟乎！夫欲兴治，必以弥纶之业付诸大贤。当今之世，舍二子其谁哉？顾乃粹夫高卧丘林，与世沦弃；仲木浮沉散秩，时权未由。方今圣明，当宁求贤如渴，而二子者乃落落不偶若此，岂晏婴之智，不知仲尼在人者有未尽合与？抑上天之意拂而逆之，将使大受辅尧舜于晚节与？天之意不可知，而人事每会其塞，此有识者之所以切慨也。嗟乎！贤之知不知，责在人者也。治之成不成，责在天者也。二子则遁世无闷矣。天下将奈何？仲木为南京尚宝卿三年，将奏最于天官氏。诸门下生正郎杨君叔征浚川子之言，以赠其师，浚川子乃举仲木系天下之望告之。若夫尚宝之绩，则固散漫而不俟于言矣。

（明）唐枢《国琛集》卷下 吕柟，高陵人，学以躬行，为务大意，宗朱而时小异之。开诚与物，和气袭人，无远近贤愚无敢慢，至义理所执，则铿然竞烈，置死生利害弗顾也。平居伟重，不妄言动，亦不泛比人，当礼围甚急，公不仆帜，坐贬，后起为侍郎。

（明）冯从吾《少墟集》卷十一·池阳语录·河北西寺讲语 万历辛亥孟冬廿一日，先生至池阳谒王端毅公、王康僖公、马溪田先生、张玉坡先生、温一斋先生祠墓，门人数十人从之。是日天气晴明，冬日可爱，两两三三，煞有春风舞雩之意。咏歌归来，门人韩学博及诸生百有余人候讲于寺。先生曰："吾关中如王端毅之事功、杨斛山之节义、吕泾野之理学、李空同之文章，足称国朝关中四绝。然事功、节义系于所遇，文章系乎天资，三者俱不可必，所可必者惟理学耳。吾辈惟从事于理学，则事功、节义、文章随其所遇，当自有可观处。不必逐件去学，而后谓之学四先生也。"

（明）徐阶《世经堂集》卷十三·序三·泾野先生集序 道至孔子而极善，言道者宜莫如孔子，然孔子之言载于《论语》详矣。举未有出乎日用常行之外，而后世儒者则往往高深其说，至窈微恍惚，不可得而穷，此其故何也？道必有实得，然后有实见，有实见然后能言之不失其真。夫道不远人者也，孔子得其不远人者而见。夫远之之非道也，故自不容远人以言道。后世儒者慕道之名而不得其实，徒以億见揣摩议拟乎其间。譬诸窭人之谈珠玉，以为不极怪奇不足明珠玉之为宝，于是乎侈为之说，不知说益侈而其失真乃益以甚。然则言道而远人皆未能实得者之蔽欤？

洪惟我朝建学造士，一教之诵法孔子，至于近时，士尤喜言道意，将发孔子之精蕴，而羽翼其传，其趋可谓正矣。然既久而各务以说相胜，则渐以入于窈微恍惚，而道亦渐失其真。独泾野吕先生不然。先生自少至于卒，无日不以学道为心。其历官中外，所至无不以聚徒讲学为事。然先生之言平易简质，要在反身克己，于其日用常行者实致力焉，其他未尝及也。先生博览强记，自六籍以逮庄列百家之书，问之无不响应，肆其才力。即穷高极渊，为惊世之语，诡名之曰道，宜无不可，能垂之后来，宜亦足以有述而顾，舍而不为。呜呼！其于孔子信之笃矣。论者或言先生资禀朴茂，故其文不喜为奇意，不欲自立于峻，故恂恂然与人语而不倦，是岂真知先生者哉？予往年与先生同在翰林，尝有志于共学。未几，予以请告去，先生亦出判解州。嗣是，踪迹差池者十余年，比予再入朝则先生已致仕，俄而讣至矣，共学之志卒莫副之。然予每读当世士大夫所为文章，反之于心，证之于《论语》，睹流俗而思《大雅》，意未尝不在泾水也。今年秋，先生高第弟子侍御徐君思行、吴君惟锡相与集先生之文，校而梓焉，拔赵帜而赤之，二君之心所以为来学甚厚。予故推本孔子之言道者，序诸首简，使知先生之文果可以诵而传如此。先生讳柟，字仲木，高陵人，官至南京礼部侍郎。集凡若干卷。（编者按，作于嘉靖乙卯。）

（明）王世贞《弇州四部稿》卷一百四十八·说部·艺苑卮言五·文 吕仲木如梦中呓语不休，偶然而止。

（明）高攀龙《高子遗书》卷五·会语 薛文清、吕泾野二先生《语录》中无甚透悟语，后人或浅视之，岂知其大正在此。他自幼未尝一毫有染，只平平常常、脚踏实地做去，彻始彻终，无一差错，既不迷，何必言悟？所谓悟者，乃为迷者而言也。

（清）黄宗羲《明儒学案》·师说·吕泾野柟 愚按，关学世有渊源，皆以躬行礼教为本，而泾野先生实集其大成。观其出处言动，无一不规于道，极之心术隐微，无毫发可疑，卓然闵、冉之徒，无疑也。异时阳明先生讲良知之学，本以重躬行，而学者误之，反遗行而言知。得先生尚行之旨以救之，可谓一发千钧。时先生讲席，几与阳明氏中分其盛，一时笃行自好之士多出先生之门。

（清）张英等《御定渊鉴类函》卷二百七十五·人部三十四·德二（入德服人）　《续文献通考》曰：本朝学者，见道分明，践履笃实，粹然成德，惟河津薛文清一人。至吕泾野出，完名令德，不忝文清。（吕柟，号泾野，明正德朝人。）

（清）彭定求《明贤蒙正录》卷上　侍郎吕文简公柟（陕西高陵人，正德戊辰状元，学者称泾野先生）资性颖悟，始就传习幼仪，识者以大器期之。入县学时，尚未总角，即志圣贤之道，危坐小楼中，早夜朗诵，祁寒酷暑，不逾户限。（先生端毅严恪，平生未尝有偷语惰容，矻然为大儒。）

（清）姚之骃《元明事类钞》卷十六·人品门二·赏誉·完名令德　《续通考》：本朝学者，见道分明，践履笃实，惟薛文清一人。至吕泾野，晚出，完名令德，不忝文清。

（清）陈田《明诗纪事》戊签卷十·吕柟（一首）　柟，字仲木，高陵人。正德戊辰第一人及第，授修撰。以议礼下诏狱，谪解州判官，改南宗人府经历，就迁吏部郎中，历尚宝卿、太常少卿，诏拜国子祭酒，擢南礼部侍郎。隆庆初，赠礼部尚书，谥文简。有《泾野集》三十六卷。

（田按，泾野及第后，以忤刘瑾引疾去。厥后康对山以救李空同谒刘瑾，牵连放斥，泾野与对山、浒西唱和，相得甚欢，能谅其心故也。讲学与阳明良知不合。时阳明倡学东南，当路者嫉之。癸未会试，主司发策，有焚书禁学之议，泾野力辨而解救之，得不行。此皆盛德事，可以愧讲学攻击者。）

杂　　录

（明）欧阳德《欧阳南野先生文集》卷十七·序·泾野吕先生考绩序　（存目）

（明）康海《对山集》卷十·五言律诗·高陵道中怀吕仲木　寂寞高陵县，殷勤怀大防。义于昆弟切，情视范张长。累辱驰音问，聊能达报章。总令瞻第宅，那复共徜徉。

又，卷十六·碑·封儒林郎翰林修撰吕公墓碑　（存目）

（明）何景明《大复集》卷十·五言古诗·过吕仲木宅同吕道夫马君卿 夏访吕子居，乃在北城阴。门临古墉渠，上有高树林。展席流南薰，开轩睇北岑。况谐同心友，听此和鸣禽。佳人出素帙，高词播名琛。亮哉清庙瑟，凄其白头吟。一弹意不足，三叹有余音。因之览玄古，寥寥伤我心。

又，卷十九·五言律诗·夜集赠吕仲木 石室抽书旧，金门待诏来。官勋三载见，客抱此宵开。刘向本经术，马迁真史才。斯文久寥落，望子早登台。

（明）夏良胜《东洲初稿》卷十四·仕止随录·叙别泾野东郭二太史 东洲夏子曰："凡士先志，官先事，是之谓学。"学于师若友乃益，其惟经乎？亦惟人乎？然而自少且壮从事于经弗得也，于人尤弗得也。既而以明经举于乡，同举有若东郭邹子，广而文温，而自栗亲之将有以裕于隘焉。窃自慰曰："方求师古之程伯子而不得，若人而友斯其类。"已举进士，随泾野吕子之后雅而俭正，而以忠亲之将有以淳于漓焉。窃自慰曰："方求师古之司马公而不得，若人而友斯其类已。"二子官翰林，志不易仕，引病索居，凡十余年。良胜历曹郎，以忧解任，以罪停勤，亦十余年。声迹每相违，而心相慕固若相为谋也。圣天子继统，锐登良士，昌于治理，二子应时以出，讲筵史局，钦若攸司，夏子亦忝召命，谬属典铨，先于事休，用滋于学。学惟二子是益，若丽于泽，交以饬曰："正君莫先养德，善治莫要用人。吾曹幸有所事，毋遗瘅力，期不负兹遇。"与师友所以为学其庶已。二子正议典礼，卓然程氏司马公之懿，谪判州理，信无负也。夏子典案随公卿后，仅仅幸免。然视二子之去，赞救弗力，职是用负，他何足云。或者曰："天下之隘且漓者，不独夏子学而教习，坎以亨于士而专，民而咸也。吾君之意，良亦有在。"二子其谓然哉！其谓然哉！

（明）林文俊《方斋存稿》卷四·序·赠大司成泾野吕先生序 今年秋，国子缺祭酒。天子以太学贤才所萃，必得道德耆儒往为之师，乃以命泾野吕先生仲木焉。先生时亚南京奉常，望重资深，久在散地，及是报至，公论畅达，善类增气。先生卜日且行，留都公卿大夫士饯之江上，谓予宜序。

予惟人才，治之所先也，用之在宰相，而教之在师儒，其重惟均譬之邓林之木，必也培植长养。既成材矣，然后有良工师焉执斧斤而临之曰："某可栋，某可榱。"量材而用之，而明堂大厦于是乎成焉。夫才有不由预养而可用者乎？是以三代圣王必以建学造士为急，而重司徒大乐正之选焉。今之祭酒，大乐正之遗也。先生未第时，已以道学鸣关中，既取抡魁，入翰林，至是将三十年，名愈高而不自矜衒，官虽滞而益韬晦。公暇则闭门读书养亲而已，予与之交久，窃见其操履端严，充养完粹，一言一行，无往非学。然后知今之世有道德之儒，若先生是已。

呜乎！自圣贤之学不明，士之为学，先词华而后心性，详于讲说而略于躬行，故听其言虽近似，及考其措于身而见于日用者，未必悉在彝伦也。盖士习之弊久矣。今先生往焉，以道德为之师表，太学之士，日渐月摩，皆将为惇本务实之学，浮靡之习为之一变，而人才之盛必自兹始。然则世道风俗，其将有复古之渐乎？况先生昔在翰林侍讲幄，每当进讲授经，据礼多所匡正，一时称为真讲官。而自以论事斥外，名不通朝籍者十余年矣。今入为祭酒，例得兼领讲职，当圣学缉熙之日，得正人端士在左右备顾问，任献纳，则辅成君德，以端治本，又将深有赖矣。岂但辟雍作人而已哉！是故先生兹行职任甚艰，士大夫之属望在焉。当不思所以副之者耶？追念昔时予自南雍被命召入，先生辱赠以言，尝以龟山先生之为祭酒者为予愿焉，予曰："愧不足以当之今。"先生实履斯任，然则向之望于我者，今日尚当自践之此，予之所深望也。夫相交责以善者，友道也。先生行哉！

（明）魏校《庄渠遗书》卷三·书·答吕仲木　三复寓书，温恭退让，俨如登君子之堂，而式瞻仪刑，有溢于言语之外者矣。噫！圣虽学作兮，所贵者资当今之世，先生其人也。虽然，尝览《易解》诸书及应酬之作，似非作圣之功，惟善人能受尽言，故有怀不敢隐。嗟乎！大道散为天下裂也久矣，辞章训诂皆易以溺心必也。一洗而空之颛意孔颜，返朴还淳，以回造化。诗云："帝谓文王，无然畔援，无然歆羡，诞先登于岸。"敬为高明诵之。

又，卷三·书·答吕仲木　昔者不度，进其狂言，吾兄应之如响。斯答有若无，实若虚，今于吾兄见之矣。虽然，愚意终愿吾兄从今伊始，尽断训诂辞章，而超然深造圣域也。维时春气微温，生意盎然，萌动充郁且久，太和满盈于宇宙间，蔼然吾人之仁也。然其原乃自冬气闭藏严密中来。夏首连山，商首归藏，此圣学第一义也。静处春生动处春，一家春散万家春，敢以为祝。

又，卷四·书·与吕仲木　小儿短折，两承惠书，深感通家之谊。近见《诗乐谱》，惓惓哉吾兄好古之心，意未尝不欲推今世为唐虞也。猗与伟与，但此生不知而作，吾兄盛德善不必其自已出也。而乐取诸人，亟为之刊行，为之奏请，毋乃未深察与？吾兄心体至虚至平，试因校言而少加察，将恶之矣。盖其术本不能误人，而借重于道德名贤，反足以误后学也。乐之道圆而神其妙，全在散声矣，此天籁所以混融也。散声多者不可损，少者不可益，天然而然，或传开元诗乐，直以一声叶一字，文公深疑之，此殆神解。谨奉《采苹谱》一篇，试求知音者，布之八音，何如！何如！

又，卷四·书·与吕仲木　吾兄出处，关时运之盛衰，凡在朝野，莫不太息。愚意独推诸天道术为天下裂也久矣。天将大有厚于吾兄，使得专一于聚精会神之学，反本而复其初，挽回世道。在此世俗酬应之作，一切罢绝之，何如？与其俯徇人情，孰与恭默以承天意？诗云："帝谓文王，无然畔援，无然歆羡，诞先登于岸。"又云："帝谓文王，予怀明德，不大声以色，不长夏以革，不识不知，顺帝之则。"敬为吾兄诵之。山中静极，深造默成自得，当益渊懿，愿时有以教我，至恳至恳！昔承赐先叔父母瘗铭，校具书拜谢，愿有过必告，有疑必请，以此为谢，不识曾达左右否？

又，卷四·书·与吕仲木　王子崇西行，老母病不及奉书，其后托可泉转致，不知曾达左右否？天下之望在兄一人。传闻吾兄颇有衰意，惕然动心。程子有云：“不学便老而衰。”吾兄完养有道，人言谅非真然，亦可助内省。三代而下学圣人，甚难甚难者，但知识神之为神，不知全其元神也。前书举文王必如是，乃能纯乎天德，管见若此，能不畔否？愿就正于高明，迩来作何功夫？想益深造自得，愿有以振德我。

又，卷十·拾遗（书）·与吕仲木 吾兄载道而西，校两奉书，不识能达左右与否？诗云：“高山仰止，景行行止。”乡往之私意，未尝不在丰镐间也。大哉！圣人之道峻极于天，愿吾兄超然于训诂辞章之表，聚精会神不作三代以下人物。子曰：“予欲无言。”天生精神几何，那得许多应付世俗尽？随缘说得无限好话，当不得四时行、百物生也。矧于不好人，也要说他好三代，直道而行，无乃不若是乎？校于吾兄何能有所裨益，然犹时献其一得之愚者，以吾兄好善，肯舍己而从人也。春气渐温，愿若时完养太和之气。不具。

又，卷十·拾遗（书）·答吕仲木 两生侍教醉饱，盛德而归明道。有云：“后人虽有好言语，终被气象卑，不类道。”吾兄以厚重淳美之德，涵养既深，盎于面背，正当于古人中求之耳。今也讲学者太易易然，而内省或缺，似与圣门讷言敏行相反。高抬此心，不在本位，天下事一以浮气大语盖之，未知流弊何极。吾兄身系海内重望，愚意深望高明，用志不纷，以其全力而向于道，勿滞于训诂，勿散于词章，庶可障百川而东之，回狂澜于既倒也。源甫经济之学，明习国家典章，长于兵法而人鲜知者，今得同官，当有切磋之益也。敢以为贺。愿常叩之，庶可以发其胸中之奇。源甫薰沐德容，益知鞭辟近里著己，则所造亦当长一格也。

又，卷十·拾遗·书·与吕仲木 病中得复获睹大篇，但随肺腑流出，不复有意笔砚蹊径间，而重厚雅驯，长者气象自别。虽然，气得无少衰乎？爱莫助之。如校之愚，愿兄并此一切谢却，凝精完神，此乃养德养身第一义也。《天官·沿革传》半篇，奉上求教。此卷即旧寄李立卿者也。中间纰缪及遗漏处，不吝斤削。幸甚！幸甚！仍愿勿出此书示人。侄参卒业南雍，特令受教门下，愿与进之万万。

又 昔兄留南，多士争欲出入门下，饱德而归。今师成均，海内风动，天将兴起斯文也。颇闻以严见惮，岂士习放弛也久，卒难就规矩邪？此在君子必有弛张之宜，恩义兼尽，今之法与古之法将无同邪？否耶？昔者明道未尝废法，然不拘拘于法也。日寄《天官·太宰》篇，渴欲闻教，愿终诲之。

（明）顾璘《息园存稿》卷一·序·赠吕泾野先生序 泾野吕先生可不谓天下之士哉，非以其科名也。观其言必由中，行必由道。其事君也，耻不若舜禹；其交友也，惟恐不竭其情。以善养人，人有不归于善，愀然若挤之阱也。居江南，四方来学之士户屦常满。璘闻其教曰：“孝弟以立德，志义以明操。”诚笃以积真人圣以标准。呜呼！使其道大达于天下，其去平康正直之化殆庶几乎！斯谓善为人师也已。

今天下之师三：曰文辞，曰经义，曰道学。文辞者，选辞炼文，拟量作者，掞国家之章采，诚不可缺；然其务华失实，不底于大义，使人荡而忘本，君子所惧也。经义者，抱六艺之遗，寻绎衍说，涉猎支肤，不为无助；然破裂圣真，假筌蹄以干利禄，一切不求之身，徒美口耳而已。道学者，谈性命之微，别天人之分，虽未必实有诸己；然指示门户，分析幽眇，庶几究大道之实际及其敝也。立异尚新，不遵先圣之途轨，概执玄论，渎诸孱孺，失区别之教，悖善诱之法，使人躐意高远，废下学而希上达，视前二端取利，差大其害，亦随以甚孔子，孰先传焉，孰后倦焉？又曰：中人以下，不可以语上也，岂有所隐于小子乎？等固若是也。是道也，可以自成，不可以教人。璘尝曰："夫圣贤之言，或以教学取诸切己，《论语》所记是已；或以明道究厥始终，《中庸》所述是已。弟子者犹未知孝弟，而遽语以天命之原，笃恭之极，得无长其伪妄也乎?"故一贯之教，非曾子、子贡不敢举以告之，惧罔夫三千之徒也，璘为是忧焉久矣。是以闻泾野子之教，及奉其心腹恒乐为之执鞭也。先生今奏符台之最，枉过言别，曰："吾且归高陵矣。"璘恐东南之士遂失所师，故具是说进之。先生果未履钧轴邪？庶几一来，以惠吾乡小子，尚亦有据依也。

（明）薛应旂《方山薛先生全集》卷五·书·与泾野先生　违教以来，奔走尘土，夙夜惕厉，惟恐颓堕，有负教言，然不能振拔，殊觉愧赧。日见朝命，进公祭酒，君子称得师者，同然一词，此实世道将泰之机，非直门墙之幸也。应旂近得外补蒲，拟途中得一会晤，昨在济宁获遇尊舟，不胜忻跃，而从者已先谒阙里，遂不相值。闻舆从自张秋登舟，因关河阻塞，旅次多艰，不能再转一候，北望依依，莫申候问。惟顺时顾养，以副海内士人之望。不具。

又，卷四十六·祭文·祭泾野吕先生文　呜呼！昔文彦博题明道之墓，而伊川序之曰："周公没百世无善治，孟轲死千载无真儒，而谓明道为孟子之后一人。"旂不佞，亦谓先生为明道之后一人，而用世之未究，人言之不同，此则浮云之过太虚，尺雾之障日月，固不足为先生重轻也。旂早从先生游，至是垂三十年，历观谈学之士遍寰区矣，而敦行务实，孰有如先生者哉？兹过先生之祠，而幽怀耿耿，恨不能起先生于九原而从之迈也。旂跋履世途，备尝险阻，而甘心顺受，一切视为平地，皆先生之教之遗也。敢忘所自乎？奠觞洒泪，抱戚无涯。公神至诚，其必鉴余言之不欺矣。

（明）王维桢《槐野先生存笥稿》卷十八·祭文·同乡合祭吕泾野先生文　（存目）

又，卷十八·祭文·词林合祭吕泾野先生文　（存目）

（明）胡松撰《胡庄肃公文集》卷六·祭文·祭泾野吕先生墓文　（存目）

（明）冯从吾《少墟集》卷十三·序·吕泾野先生语录序　夫讲学创自孔子，至孟子没而失传，中兴于宋而禁于宋，宋之不竞，奚惑焉。洪惟我二祖开基，崇儒重道，以讲学为令甲，举宋儒所讲者一一见之行事。说者谓国朝为乾坤一小开辟，讵不信然？泰运登闳，真儒蔚起。而正、嘉间我关中泾野吕先生，尤海内学者所宗为山斗云。先生《语录》，言言皆自躬行心得中流出，最透悟，最精实，真可与《西铭》、《正蒙》并传不朽者，其有功斯道不浅。

余自髫年，先大夫命之读，即知嗜好，久而弥笃，自此纸敝墨渝，不离于手。第原录岁久，板且漫漶，因僭为订正，分若干卷，而以先生传附于后，灿然成一完录矣。旧名《内篇》，今更题曰《泾野先生语录》，志实也。余久欲公诸同志而力未逮，今秋按台东郊毕公访余山房，因言及先生语录，慨然锓梓，以广其传，而属余引其端。公为朱晦翁里人，学有渊源，而尤揭"不远复"三字为宗，公于先生可称千载知己。余不肖，愧不知学，先是方伯静峰汪公、邑侯修龄杨公倡诸公为余建关中书院，公甫下车，即捐俸为书院，置公田。一时同志愈益兴起，至如请增解额，请罢榷税，善政觌缕，造福秦人士无量，是秦人士实受公讲学之益矣。彼谓学不必讲者，是原无心于百姓者也，又何怪哉？国朝理学甚盛，而从祀孔庙者仅仅四先生，议祀典者佥以先生未获从祀为缺典。公今刻此录，表章先哲，风励后学，其意甚盛。读先生《语录》者，尚求之躬行心得，如录中所称甘贫改过云云，庶远不负先生，近不负我公付梓之意。其翊我国家一代文明之运，又宁有纪极哉。愿与同志共勉之，毋让。

又，卷十七·诗·关中四先生咏·泾野吕先生　泾野吕夫子，矫矫崇正学。挟册游成均，马崔同切琢。（马溪田、崔后渠）射策冠时髦，声华何卓荦。慷慨批龙鳞，封章凌五岳。讲学重躬行，乾坤在其握。吁嗟横渠后，关中称先觉。

（明）归有光《震川集》卷二十二·权厝志·中奉大夫江西右布政使致仕雍里顾公权厝志　高陵吕仲木、吉水邹谦之皆海内名流，同在郎署。一日会饮，吕公撷梅花谓公曰："武祥如此花矣。"其见推重如此。尝与吕公泛舟清溪，公亦忻然自以为得焉。

（明）王世贞《弇山堂别集》卷七十一·谥法二·二字谥·文简　（文臣）……南京礼部右侍郎赠尚书吕柟（隆庆）……

右俱勤学好问，一德不懈。

（明）鲍应鳌《明臣谥考》卷上·文简　吕柟（南礼部侍郎，赠尚书。隆庆年谥。勤学好问，一德不懈。陕西高陵县人。）

（明）苏茂相《皇明宝善类编》·编中名公姓氏　吕柟，字仲木，号泾野，高陵人。正德戊辰进士第一，仕至南礼部侍郎，谥文简。

（明）郭良翰《明谥纪汇编》卷十四·臣谥上·文臣·文简　吕柟（南礼部侍郎。赠尚书。嘉靖。勤学好问，一德不懈。陕西高陵人）。

（清）沈佳《明儒言行录》卷十·冯从吾少墟先生恭定公　“关中理学自伏羲、文王、周公而后，以横渠为称首，吕文简公实绍其绪，至先生益缵而光大之。”（孙钟元《理学宗传》）

又　公又数举高陵吕文简公，时时以“改过安贫”四字劝学人，为同游告。（姜士昌撰序）

（清）沈青崖等《陕西通志》卷二十八·祠祀一·临潼县　吕文简公庙，在县北。祀侍郎吕柟。（《贾志》）

又，卷二十八·祠祀一·三原县　张村寺，在县东北，光禄马理、侍郎吕柟尝讲学于此，有倡和诗。（《贾志》）

又，卷六十六·人物十二·列女一·明　李氏，泾阳吕柟妻，事继姑侯氏甚谨，躬操薪水，朝夕上食，每恨不及。事嫡姑宋氏，遇忌辰或悲思泣下。翁姑卒时，并哭至痛毁瘠，抚叔氏遗孤成立，为之娶。叔氏子媳皆母事之，寿七十二，嘉靖三十三年卒。（《丘隅集》）

又，卷七十·陵墓一·高陵县·明　吕文简柟墓，在高陵县北（《贾志》）。嘉靖辛丑秋后卒，以甲辰七月葬公于邑城艮隅渭阳公坟之左（马理撰《墓志》）。

（清）于敏中等《钦定天禄琳琅书目》卷九·明版子部　明湛若水著。……周相、吕柟、高简各序跋，皆作于嘉靖十二年，三人皆出若水门，同刻是书者也。……吕柟，字仲木，高陵人。正德戊辰进士第一。累官南京礼部侍郎，赠尚书。谥文简。见《明史·儒林传》。

（清）和珅等《钦定大清一统志》卷一百七十九·西安府二·陵墓·明　吕柟墓（在高陵县北）。

又，卷一百八十·西安府三·祠庙　吕文简公祠（在高陵县南，祀明吕柟）。

（清）毕沅《关中胜迹图志》卷八·古迹（郊邑）**·吕柟墓**　马理《吕文简公墓志》：公以嘉靖辛丑秋卒甲辰七月，葬于邑城之艮隅。

正德六年（1511）辛未科状元杨慎

传　　记

（明）游居敬《翰林修撰升庵杨公墓志铭》　余之莅滇弥月，前太史升庵先生杨公以书至，并惠所著《海口碑》并《晏公庙碑》刻。余读所为文，古雅奥丽，灿然若珠璧，钵目刿心，作而曰："兹秦汉之轨也。"余垂髫时，聆公名。及宦游，四方缙绅学士谈先生博雅而奇，若不容口，今验之信然。然询先生起居、容貌异往昔，心忧之。又逾月，先生复贻书并惠制《便民纂叙》一篇，文之奇博，犹夫前也，而光焰觉稍减。余心语曰："先生得毋有恙乎？"无何，先生走仆告余以病，余数遣医诊视之，医复曰："病不可为也。"乃七月六日乙亥丑时，先生卒于昆明高峣之寓舍，为嘉靖己未岁也。距生弘治戊申十一月六日乙丑，年七十有二。余闻之曰："吉人陨矣。"为之悲而悼者，数日食不饴。九月，先生之门人安宁庠士丘生文举辈，述先生素履之概，就正于池南唐君锜，谒余而请曰："愿为之志，先生将属纩时所托也。"余惟先生为海内贤硕，余曷足以辱命！然余闻先生为有道士，表贤树声，系余责也，又曷可辞！乃按状而拟其大者。

先生讳慎，字用修，升庵其号也，四川新都人。前太师大学士石翁某之子，督学留耕翁某之孙，母夫人黄氏，家世渊源，储祥颖发，非一日矣。先生生而聪明，异常儿，孩童时所读书过目辄成诵。年未总角，著诗名，与李献吉、何仲默诸名公并称。乃祖留耕翁每奇之。于诸经古书，无所不通，子史百家，乐律之言，一阅辄不忘，至于奇辞隐义，人所难晓者，益究心精诣焉。作为文，数千百言，援笔立就，悉出经入史，不蹈袭他人语。

正德丁卯，四川乡试第三，辛未会试第二，廷试赐进士及第一人，三试俱首隽，名实称也。官翰林院修撰，秩承德郎，益专文事。三载考绩，同官韪之，为经筵讲官，著《大学》"正心"、《论语》"君使臣臣事君"讲章。丁丑，武庙圣驾北巡，有疏请还宫，副总裁两朝国史。文词以尔雅为流辈所称让。辛巳，校文礼典，受卷秘阁，所取多知名士，官至馆阁台省者若干人。修撰杨公维聪、中丞陈公讲，其著也。

今上嘉靖改元，壬午代祀南渎，有《江祀编诗①记》，学士玉溪张公潮、秩官棠陵方公豪评之。甲申，以议礼迕上意，谪戍云南之永昌卫，遂安于义命，以天王圣明，悔艾自新焉。居常诵咏古人书，日探索三代以来旧所觏经史子集、百氏之言，博而能约，粹而弗泥，或发摘隐潜，或裒采菁华，长歌短篇，铿然中金石。摅为记、颂、序、论、铭、书、赋、赞、杂著，无虑百千万言，用是以治其身。人有叩者，无贵贱靡不应，时出绪言，以诲掖群髦。滇之东西，地以数千里计，及门而受业者恒千百人，脱颖而登科甲居魁选者，蔼蔼然吉士也。先生又不以问学骄人，藏智若愚，敛辩若讷，言质而信，貌古而朴，与人相接，慷慨率真，评论古昔，靡有倦怠。以故士大夫乘车舆就访者无虚日，好贤者携酒肴往问难，门下屦常满。滇之人士乡大夫谈先生者，无不敛容重其行谊博物云。前巡抚黄铁桥公、巡按郭公为择安宁州云峰书院以居先生，黔国沐敏静公处以别墅，巡抚白泉汪公题其碑亭，巡抚擢司寇箬溪顾公为创广心楼于高峣，歌以纪之。皆好德之心所表见也。先生居滇，泛昆池，登泰华，游点苍，并洱水，探奇挹胜，所在有述，人争宝之。又工书法，片纸只字，相传摹榻，殆遍宇内。名硕谕德任君少海、方伯孔君文谷辈，率千里神交，邮书相讯，述古好文，至于临殁无杂思焉。其庶几古之所谓豪杰者乎！卒之日，巡抚侍御吴公右泉、黔国沐公云楼暨藩臬诸大夫咸有奠赙。余尝博稽众闻而为之论曰：

位有崇卑，惟德不朽。名有污隆，惟实斯符。自洙泗振铎，素王世祀。惟时德行、文学、政事、言语列为四科，并获依归，永垂令闻。至仲尼作《春秋》，记者曰："笔则笔，削则削，游、夏不能赞一辞。"言游、夏之以文学擅长也。余闻诸升庵先生考赜钩玄，进于邃古，搜冥发隐，网罗旧闻，摛辞达情，彪炳溢采，叙事辨疑，贯穿典坟，而又蔚成一家，凝神冲淡。晋之圣门，其不将为游、夏之匹乎！子游为宰，弘歌教行。子夏笃信，序诗淑世，皆不外言辞，以传圣翊经也。先生《禹碑》有释，《檀弓》有训，经疑有录，古史有评，论述往古，提觉来今，拟之往哲，抑又何疑？

有言于余者曰："先生蜀人也。蜀之先，文士彬彬，著于诗传，若王褒著《得贤》之颂，扬雄述《太玄》之经，左太冲之赋《三都》，司马相如之赋《子虚》，皆制作富蔚，镠辖造化，与楚之屈宋争鸣。宋而后，道学有张南轩氏，文章有三苏氏，世之所亟称其人而乐诵其书者也。先生其诵习上古，远观近稽，萃为文辞，丽而辨，宏而奥，非是之流演而渊涵者乎！譬之河而委于海，山而宗于岳者乎！不然，何先生之文肆而大，笃实而光辉，包括宇宙，曲尽事变，若钟镛之叩，声彻苍玄，大韶之舞，时间云门，使人玩之而神怡，睹之而目眩，莫测其端倪，有若此乎？故尝评先生之古诗、歌行若魏晋、初唐，文若两汉，词赋比之长卿子云云。"余曰："固然。先生殆采华而茹实，溯流而得源者与！故华藻虽泛滥于百家，而道谊则统宗乎六经；奇博虽上掇乎班扬，而理趣实沉潜乎伊洛。幽居之久，时寄谐戏，以抒兴泄思，亦皆若古之思美人、思公子，然而卒不诡于道，非养之深而能然与？非有得圣人之教而能然与？"故尝观先生之作《禹

① "编诗"当为衍文。

碑歌》，其叙述甚羡慕唐韩愈之为工，而隐若自附焉。唐三百年，见道莫如韩愈，先生私心儗之，其自负岂寻常所可窥哉！旧尝闻国朝状元著称者，博学若曾棨氏，节概若罗伦氏，好古若吕泾野氏，藻丽若康对山氏，皆世之所称，卓然名垂后先者也。以今先生观之，其著作之富，褆躬之勤，是与数君子并茂，而同传无惑也。吁！可谓难矣！

先生所著有《经说》、《丹铅余录》、《滇候记》、《韵林原训》、《风雅逸编》、《卮言文集》、《诗集》、《诗话》、《南中集》、《行戍稿》诸书若干卷，多梓行于世。

配黄氏，封安人。子男四：同仁，安人出，娶欧氏，新都庠生，早卒。宁仁，娶滕氏，泸州庠士。右仁、资仁尚幼。女一，许适韩参将孙某。皆侧室某氏出。兹将归榇于蜀，以某年某月日葬于某县某山之原。安人之弟松江郡守黄君梓谷，于余为同年进士，缄书来速余言，遂为之铭曰：

先生之生，岷蜀之精。先生之出，朝庙之英。文拟班扬，学侔游夏。首选大廷，无双声价。擢君禁中，实才之雄。主上曰咨，汝毗朕躬。未几落魄，出戍滇僰。圣德如天，臣罪莫测。乃安义命，述作自娱。挥毫对客，落笔琼珠。人言天才，天实赋汝。俾列史官，佚相之侣。竟老碧鸡，光射斗奎。金莲莫返，昆池草凄。吁嗟已矣！有书盈屋。石室副藏，永雠天禄。惟忠惟义，远近诵之。不亡者存，尚俟穹碑。

（录自［清］黄宗羲《明文海》卷四百三十四）

（明）陈鎏《皇明历科状元录》卷四·正德六年辛未状元杨慎 廷对之士邹守益等三百四十九人，擢杨慎第一。取庶吉士许成名等三十三人。

杨慎，字用修，号升庵，四川新都人，大学士廷和之子，年二十四状元及第，授翰林修撰。慎自幼读书能文，语出惊人，蔚有令闻，时以魁元期之。及乡荐、会试，果占高等，廷试复第一。时廷和宅揆首相，天下荣之。后以议礼不合，伏阙号哭，慎戍滇南。父卒，乞归终制，不允。居滇益综群籍，各出意见，著作愈精，为海内宗工，风流雅致，人多称之。读诗史多所发明，今梓传。廷和之弟廷仪，慎之弟惇、恂皆登进士。

少师严公嵩赠慎于滇诗云："北风归雁已翩然，欲寄音书动隔年。还向碧鸡为逐客，早从金马作儒仙。飞云梦绕三春树，芳草情牵万里天。借问生涯何似者？定知司马种畲田。"又有诗云："文酒高情强自宽，风烟异域若为欢。哀歌漫引冯欢铗，感遇空弹贡禹冠。梁月渐位回远梦，塞鸿初至得新翰。春愁只恐消容鬓，莫向天涯重倚栏。"

卓世之才，承家之学。遭斥屏居，益弘以博。艺苑宗工，词林先觉。风流放逸，以饰摈逐。滇南居之，山川赉若。

扬州一士夫偶遇樟柳神，因叩："明春状元何处人？"神云："川新都种柽，肃氏头上名。乔木无灰易，真心用修行。"慎既及第，乃知为蜀地、姓、名、字也。（张千山《状元记事》）

生于戊申甲子乙丑庚辰日，干乙元透出戊庚，而申子辰合成水局，是明透才官，旺藏印绶。甲戊庚又应三奇之格，且乙贵原于年月之支神，乃承祖父根基之应也。年月时干丛贵于身位之丑，又名罗纹天贵。命坐丑宫，而太阳居寅，太阴居子，是为日月拱命。辛未科在丙寅运中，丙辛有合德之祥，一未助三奇之贵际，此气数宜其魁天下于少年也。所惜运交戊辰，号曰天罗才印入墓。己巳、庚午以来，土伤印，火伤官，皆不得为佳。

《余冬录》曰：宋太宗朝，吕蒙正、李昉为相。蒙正之弟蒙亨举进士，既廷试，与昉子宗谔并以父兄在中书，罢之。仁宗朝，韩亿为参知政事，子维以进士礼部奏名，不肯试大廷，受荫入官。宋制严于宰执子弟如此。唯秦桧柄国，而子熺、孙埙皆于省试、殿试冠多士，士论耻之。我朝公卿子弟举高等不以为嫌。景泰间大学士陈循、王文之子乡试不第，遂至自讼。弘治乙丑、正德辛未，阁老皆有子入试，其父引嫌不预读卷，其子并得及第也。（谢丕、杨慎）按，前此戊辰大学士焦芳以子黄中不得状元，降调诸翰林顾清等，故是科不得不尔。可见我朝法制视宋稍宽，而公卿典刑不逮宋人远矣。（《皇明通纪》）

……

戊申初，度自寿《鹧鸪天》一阕："宦海风波记昔年，天涯青镜感华颠。过堂未悟钟将衅，睆柱谁知璧偶全。周卦气卜先天，日斜鼓缶月明前。笑看太白成三影，便是维摩不二禅。"

梁佐云：升庵杨先生峻发川岳不世之奇气，复益以家学正传，自童子时拟《过秦》一论，人已预知其不凡。其所业一目可为终身诵。及登殿撰，直史馆，闻见溢而考索真，人莫能窥其际，信兼学力天赋而独领其全也。自流寓吾滇，好学无厌，著书自怡，托江湖之逸思，喻严廊之宿忠，翕功业之耿辉，继微言之绝响，是何其博且精哉！盖先生所发皆世之聪明所未发者也，其所考者皆世之学力所可考者也。发其所未发，则见之者争快。考其所可考，则从之者不疑。其可以无传乎？

附录：杨慎《丹铅录》云：古有女状元王蜀黄崇嘏也。崇嘏，临邛人，作诗上蜀相周庠，庠首荐之，屡摄府县，吏事精敏，胥徒畏服。庠欲妻以女，崇嘏以诗辞之曰："一辞拾翠碧江湄，贫守蓬茅但赋诗。自服蓝衫居郡掾，永抛鸾镜画娥眉。立身卓尔青松操，托志坚然白璧姿。幕府若容为坦腹，愿天速变作男儿。"庠大惊，具述本末，庠乃嫁之。传奇有《女状元春桃记》，盖黄氏也。

（明）简绍芳《杨升庵年谱》　（存目。参见［清］张晋生等《四川通志》卷四十六。后文所录［清］李调元《升庵先生年谱》即以此为据，并有所增入。）

（明）陈文烛《杨升庵太史慎年谱》　公姓杨氏，讳慎，字用修，别号升庵。其先庐陵人，六世祖讳世贤者元末避欧祥之乱，徙楚麻城，再避红军乱，入蜀居新都。世贤生寿山，习《春秋》，善欧书。生子二：曰远，曰政。再传子三：曰春，曰惠，曰哲。春即公大父留耕公也，性颖敏，日记数千言，家旧藏《周易》一部，昕夕研究，日渐有得，乃入县学，为诸生。成化元年举于乡。十七年，举进士，移疾归养。弘治元年，以熊夫人命北上，授行人司司正。八年，升湖广提学佥事。逾年，乞归。留耕公配叶氏，子七人，长廷和即石斋公，由翰林院庶吉士历官少师兼太子太师，首相两朝，有除难定策之功焉。子四，长即升庵公。先是，石斋公与黄夫人以艰嗣为忧，尝祷于神，后梦神语曰："当以聪明奇慧子畀君。"又梦送五代忠臣夏鲁奇至曰："武臣也。"复以《中庸》十八章辅之。弘治元年戊申十一月初六日生公于京师之孝顺胡同。岐嶷颖达。

七岁，母夫人教之句读，并授以唐绝句，辄成诵。又以笔管印纸作圈，令公书字于中，曰："吾虽不知书，然即此则楷正，自可观矣。"公奋志诵读，不出外户。

戊午，年十一，作近体诗有"一盏孤灯照玉堂"之句，石斋公曰："句佳矣，但恨太孤寂耳。"不悦。

己未，果罹母夫人忧，极其悲号，废食骨立。未几，祖母叶太夫人讣闻，随石斋公回蜀守制。留耕公授以《易》，两旬而洽，不遗一字。拟作《古战场文》、《过秦论》，留耕公与其弟大奇之。一日，石斋公与二弟观画，问曰："景之美者，人曰似画；画之佳者，人曰似真。孰为正？"公举元微之诗以对，龙崖曰："诗亦未佳，汝可更作。"公辄呈稿云："会心山水真如画，好手丹青画似真。梦觉难分列御寇，影形相赠晋诗人。"二公曰："只此四句，大胜前人矣。"时公年十二。

辛酉，石斋公服阕，公亦入京师，有《过渭城送别诗》及《霜叶赋》。师福建乡进士雪溪魏先生浚习举子业。偶作《黄叶诗》，李文正公见之，曰："此非寻常子所能，吾小友也。"乃进之门下，命拟《出师表》及傅奕《请沙汰僧尼表》，文正览之，谓不减唐宋词人。

弘治乙丑，侍石斋公于礼闱，时崔公铣试卷在分考刘武臣帘下，疑其刻深，未录。公见之，爱其奇隽，以呈石斋公，遂擢《诗经》魁。崔知而以小座主称焉，竟为平生知己，时公年十八。

正德丙寅，与同乡士冯驯、石天柱、夏邦谟、刘景宇、程启充为丽泽，会即墨蓝田、永昌张含，结社倡和。

丁卯，归应四川乡试，督学南峰刘公丙试而奇之，曰："吾不能如欧阳公，乃得子如苏轼。"是秋，果擢《易》魁。九月，安人王氏来嫔。十一月，上礼部。

戊辰春试，主考王公鏊、梁公储得公文，已置首选卷，偶失烛，遂下第，入国学。祭酒周公试之，曰："天下士也。"

己巳①，历事礼部周旋，朝夕不倦，尚书刘公宇一日见公，问曰："子为谁？"公对曰："杨慎。"刘曰："本部天下人，岂必一大臣子弟耶？"乃称叹不置。

辛未，礼部费公宏知贡举，入总文衡则，靳公贵擢公第二，殿试则及第第一。制策援史融经，敷陈弘剀，读卷官李公东阳、刘公忠、杨公一清相与称曰："海涵地负，大放厥词。"共庆朝廷得人。授翰林修撰，公时年二十四。

癸酉，丁继母喻夫人忧，居家读《礼》。

丙子，服阕，复入翰林为经筵展书官及校《文献通考》，同馆则邹公守益、王公

---

① 原文脱"己"字，据简绍芳《杨升庵年谱》补。

思、尹公襄、刘公泉、孙公绍祖、张公潮也。

丁丑，为殿试掌卷官，得舒公芬策，以陈阁老梁公欲置之第三，公力争，乃得首。时武皇游幸宣、大、榆林诸边，返而复往，公疏切谏，不报，乃以养疾乞归。

明年，王安人卒。

己卯，继室，得遂宁黄简肃公珂女。时江西宁藩之变，值石斋公当国，公经广汉，诗曰："游子恋所生，不获常怀安。大哉宇宙内，吾道何盘桓。"

庚辰九月，公北上，仍旧官。

辛巳四月，世宗皇帝即位。五月，公为殿试受卷官。八月，开经筵，公首作讲官，进《尚书》"金作赎刑"之章，言："圣人赎刑，用于小过者，冀民自新之意。若大奸元恶，无可赎之理。"时大阉张锐、于经等皆犯先朝事，罪当死，以进金银得免，故及之。

壬午二月，命公代祀江渎及蜀藩诸陵寝，著《江祀记》。与给事熊公浃、御史简公霄游浣花溪，载酒赋诗，有"烟霞谁作主，鱼鸟自相亲。斗酒千金会，扁舟两玉人"之句。十二月，北上复命。

癸未，纂修《武庙实录》，公练习朝典，事必直书，总裁蒋公冕、费公宏曰："官阶虽未及，实堪副总裁者。"乃尽以草录付校。时六年考满，吏部侍郎罗公钦顺考公语曰："文章克称乎科名，慎修允协乎名字。"

甲申七月，两上《议大礼疏》，嗣复跪门哭谏。中元日，下狱。十七日，廷杖之。二十七日，复杖之。公毙而复苏，谪戍云南永昌卫，时同事死者、配者、民者、黜者、左迁者二百八人。公舟由潞河而南，值先年被革挟怨诸人募恶少随以伺害，公知而备之，至临清始散去。时公年三十七。

乙酉正月，至云南，病驰万里，羸惫特甚，栖栖旅中，方就医药，而巡抚台州黄公衷促且甚，公力疾冒险抵永昌，几不起。巡按郭公柟、清戎江公良材极为存护，卜馆云峰居之，且上疏乞宥议礼诸臣，而郭亦被诏下狱，为民。

丙戌九月，闻石斋公寝疾，匹马间道，十九日至家，石斋公悦而疾愈。七月，携家就戍所。十一月，寻甸府土舍安铨变起。十二月，武定土舍凤朝变亦起。攻掠城堡，为患孔棘，公叹曰："此吾效国之日也。"乃戎服率旅僮及步骑百余，往援木密所守御，入城与副使张峨谋固守。明日，贼来攻城，宁州土舍陆绍先率兵战城下，公促城中兵鼓噪开门，出战以助，贼败去，公复归会城。

戊子春，疫殍大作，乃徙居珥海。城疫息，仍居云峰，尚书伍公文定、黔国沐公绍勋、镇守太监杜唐同来问疾。时公一足病，有"半人嘲凿齿，一足笑虞夔"之句。

己丑八月，寓赵州，闻石斋公讣，奔告巡抚欧阳公子重，疏上，得归襄事。十一月，还滇。

壬辰正月，布政高公公韶聘修《云南通志》，馆于滇之武侯祠。时乡大夫有欲冒嗣颍川侯傅友德以觊世爵者，公不可。乃乘张罗峰复相，流言欲中害，公遂去，有"中宵风雨大多情，留住行人不放行。借问小西门外柳，为谁相送为谁迎"之句。

癸巳，西游大理诸处，会禺山张公含于霁虹桥，刻诗崖崿以志别。

甲午，阿迷州佥事王公廷表迎，往馆之。

乙未六月，子同仁生。

丙申，至喜州访给事杨弘山士云，复寓点苍山感通寺之写韵楼。

丁酉，与御史李中溪元阳游石宝山。七月，还戍所。

戊戌，奉戎檄归蜀，便道获拜于垅阡，事毕，还滇。

己亥十月，再领戎役于重庆道。

庚子，役事竣，至遂宁。七月，归新都。八月，巡抚东阜刘公大谟聘公及玉垒王元正、方洲杨公名纂修《蜀志》。

辛丑，还滇，至东泸，疾作。巡□龙山戴公金留之，返成都，与梓谷黄公、珥江刘公游青城、丹景、云台诸山。

壬寅七月，还戍所。

癸卯十一月，子宁仁生。是年，公复领戎役于蜀。

甲辰，至泸州，与少岷曾公玙游九十九峰山。四月，还戍所。

乙巳二月，徙居大理与门生董难寻罢谷山洱水源，会弘山诸公倡和。九月，还戍所。

丙午冬，公与简绍芳游易门，有《龙口洞山人卧梅》诸作。时大理推官吴宗徽署安宁州，奸规州利，欲榷民盐牛，公言于当路，得免。

丁未，居高峣水庄，名十二景，日与交游倡和。四月，公属绍芳隶汉王褒《移金马碧鸡文》于罗汉寺之崖，凡招提佳胜会意处，便操觚留题。冬十月，公复适临安，访兵宪樊公景麟暨桐冈叶公，游诸岩洞胜境。

戊申春，至晋宁，与侍御池南唐公锜游海宝、蟠龙、生佛诸山。

己酉，居高峣。夏秋，每与滇之乡大夫两湖叶公、在轩胡公偕绍芳数游昆明池，有《池赏诗社集》。

庚戌四月，疏海口。云南台司顾箬溪诸公请公记其事于石。

辛亥十一月，命长子同仁娶遂宁侍御欧公珠女于新都。

壬子二月，时在逸武弁得委祭龙海口，归肆狂惑，复丁夫六千，督之往浚，剥众利，州人苦之，有言于公者，公叹曰："海已涸矣，田已出矣，民已疲矣。"致书巡按赵公炳然，罢之。三月，刘蓉峰明刑持先廷尉执斋公诗文集请公批选于太华寺。

癸丑，公复领戎役于蜀，携诸子侨寓泸州。

丁巳八月，归新都。九月，复至泸。

己未春，还戍所。六月，遘疾，《感怀诗》曰："七十余生已白头，明明律例许归休。归休已作巴江叟，重到翻为滇海囚。迁谪本非明主意，网罗巧中细人谋。故园先陇痴儿女，泉下伤心也泪流。"又《诀李张唐三公诗》云："魑魅御客八千里，羲皇上人四十年。怨诽不学离骚侣，正葩仍为风雅仙。知我罪我《春秋》笔，今吾故吾《逍遥》篇。中溪（李元阳）半谷（张含）池南（唐锜）叟，此意非公谁与传。"卒于七月六日，得年七十有二。时巡抚云南游公居敬命殡殓归新都。

庚申冬，附葬石斋公墓侧。

丁卯，穆宗皇帝即位，奉遗诏，追赠光禄寺少卿。

公孝友性植，颖敏过人，家学相承，益以该博。凡宇宙名物，经史百家，下至稗官小说，医卜技能，草木虫鱼，靡不究心多识，阐其理，博其趣，而订其讹谬焉。正德间，武庙阅《文献通考·天文》，星名有“注张”，又作“汪张”，遣中使下问，钦天监及翰馆中皆莫知为何星也。公曰：“注张，柳星也。”历引《周礼》、《史记》、《汉书》以复。又“湖广土官水尽源通塔平长官司进贡”，同官疑为三地名，于“长官司”上添一“三”字，公曰：“此六字地名也。”取大明官制证之。嘉靖初，给事中张翀上言时政，“论学术不正”一条有“裔宇嵬琐”之语，上问之内阁，公适在馆中，即取《荀子·非十二子》篇以复。敬所蒋公喜曰：“用修之博，何减古之苏颂乎？”乃若论王导之贼晋室，辨太王之非翦商，鲁之重祭不始于成王周公，春秋五伯深斥乎楚宋秦缪，引《墨子》及《修文御览》以辨范蠡无载西施之事，引黄东发、苏东坡之言及李汉《韩文序》以辨文《公与太颠书》之伪，驳欧阳氏非非堂之说，斥戴石屏之无行，传节妇唐贵梅之死节，此又证据古今，阐扬幽隐。谓其有功世教也，非乎？至若陶情乎艳辞，寄意于声伎，落魄不羁，又公所以用晦行权，匪恒情所易测者也。昔重庆守刘公绘贻公书曰：“夫人情有所寄则有所忘，有所讥则有所弃。寄之不纵则忘之不远，讥之不深则弃之不笃。忘之远则我无所贪，弃之笃则人无所忌。无所忌而后能安，无所贪而后能适。足下所为，盖求其适与安也。古人买田宅，拥声伎，皆豪杰盖世之才，岂独无抱尺寸者之见也。仆观足下自蒙难以来，呕心苦志，摹文续经，延搜百氏，穷探古迹，凿石辨剥泐，破塚出遗忘，有僻儒苦士，白首蓬藋，日自纂索所不能尽，而谓竭精荡神于逸欲声色者能之乎？”斯言也，可谓谅公之深者矣。公尝语人曰：“资性不足恃，日新德业，当自心力中来。”故好学穷理，老而不倦。又尝自赞曰：“临利不敢先人，见义不敢后身，虽无补于事业，要不负乎君亲。遭逢太平以处安边，歌咏《击壤》以终余年。天之顾畀，厚矣，笃矣。吾之涯分，止矣，足矣。困而亨，冲而盈，宠为辱，平为福者耶。”此公自状实录也。平生著述百余种，散逸者多，学者恨未睹其全云。

（录自［明］焦竑《国朝献征录》卷二十一）

（明）凌迪知《万姓统谱》卷四十一 杨慎（字用修，文忠长子。正德进士第一，授修撰。以议大礼，谪戍云南卒。隆庆元年，赠太常少卿。慎以卓绝之才、弘博之学登高第，谪滇南。端居覃省，发愤著书，神莹理解，垂文表义，竟坎壈终其身。哀哉！）。

（明）李贽《续藏书》卷二十六·文学名臣·修撰杨公（事康陵、永陵） 公名慎，字用修，别号升庵，其先庐陵人，徙蜀之新都。父廷和，号石斋，由翰林院庶吉士历官少师，兼太子太师，相两朝，有除难定策之功。子四，长即慎，生而岐嶷颖达。七岁，母夫人教之句读，并授以唐绝句，辄成诵。慎奋志诵读，不出外户。罹母忧，极其悲号，废食骨立。未几，祖母叶讣闻，随石斋公回蜀守制。大父留耕公授以《易》，两旬而治，不遗一字。拟作《古战场文》，有“青楼断红粉之魂，白日照翠苔之骨”数语，公极称赏，复命拟《过秦论》，益大奇之，曰：“吾家贾谊也。”一日，石斋公与二弟观画，问曰：“景之美者，人曰似画；画之佳者，人曰似真。孰为正?”慎举元微之诗以对，二叔曰：“诗亦未佳，汝可更作。”慎辄呈稿云：“会心山水真如画，好手丹青画似真。梦觉难分列御寇，影形相赠晋诗人。”二叔曰：“只此四句，大胜前人矣。”时年一十二。辛酉，石斋公服阕，慎亦入京师，有《过渭城送别诗》及《霜叶赋》。一日，偶作《黄叶诗》，李文正公见之，曰：“此吾小友也。”乃进之门下，命拟《出师表》及傅奕《请汰僧尼表》，文正览之，谓不减唐宋词人。弘治乙丑，侍石斋公礼闱，时崔铣试卷在分考刘武臣帘下，疑其刻深，未录，慎见之，爱其奇隽，以呈石斋公，遂擢《诗》魁。崔知而以小座主称焉，时年一十八。正德丙寅，与同乡士为丽泽会。丁卯，归应四川乡试，督学刘丙试而奇之，曰：“吾不能如欧阳公，乃得子如苏轼。”是秋，果擢《易》魁。十一月，上礼部。戊辰春试，入国学。祭酒周玉类试之，曰：“天下士也。”己巳，历事礼部，尚书刘宇见慎，问曰：“子为谁?”对曰：“杨慎。”刘曰：“本部天下人，岂必一大臣子弟耶?”乃称叹不置。辛未，礼部会试，靳贵擢慎第二，殿试则及第第一，制策援史融经，敷陈弘剀，读卷官李东阳、刘忠、杨一清相与称曰：“海涵地负，大放厥词。”共庆朝廷得人。授翰林修撰，时年二十四。

癸酉，丁继母喻忧。明年，蓝鄢诸寇作，慎在邑城中，日夕戒严，有贼数百诈称官军以绐门者，慎率守雉堞者诘之，散去。乙亥，服阕。冬十二月，北上。丙子，入翰林为经筵展书官及校《文献通考》。丁丑，为殿试掌卷官，得舒芬策，以呈阁老梁公，乃得首第。时武皇游幸宣、大、榆林诸边，返而复往，慎疏切谏，不报，乃以养疾乞归。庚辰九月，慎北上，仍旧官。辛巳四月，世宗皇帝即位。五月，慎为殿试受卷官。八月，开经筵，慎首作讲官，进《尚书》“金作赎刑”之章，言：“圣人赎刑之制，用于小过者，冀民自新之意。若大奸元恶，无可赎之理。”时大阉张锐、于经等皆犯先朝事，罪当死，以进金银得免，故及之。壬午二月，命慎代祀江渎及蜀藩诸陵寝，著《江祀记》，与给事熊浃、御史简霄游浣花溪，载酒赋诗，有“烟霞谁作主，鱼鸟自相亲。斗酒千金会，扁舟两玉人”之句。十二月，北上复命。癸未，纂修《武庙实录》，慎练习朝典，事必直书，总裁蒋冕、费宏曰：“官阶虽未及，实堪副总裁者。”乃尽以稿草付之刊定。甲申七月，两上《议大礼疏》，嗣复跪门哭谏。中元日，下狱。十七日，廷杖。二十七日，复杖之。慎毙而复苏，谪戍云南永昌卫，时同事死者、配者、黜者、左迁者二百八人。慎舟由潞河而南，值先年被革挟怨诸人募恶少随以伺害，慎知而备之，至临清始散去。时年三十七。

乙酉正月，至云南，病驰万里，羸惫特甚，栖栖旅中，方就医药，而巡抚台州黄衷促且甚，慎力疾冒险抵永昌，几不起。巡按郭楠、清戎江良材极为存护，卜馆云峰居之，且上疏乞宥议礼诸臣，郭亦被诏下狱，斥为民。丙戌九月，闻石斋公寝疾，匹马间道，十九日至家，石斋公悦而疾愈。七月，携家就戍所。十一月，甸府土舍安铨变起。

十二月，武定土舍凤朝变亦起。攻掠城堡为患，慎叹曰："此吾效国之日也。"乃戎服率旅僮及步骑百余，往援木密所守御，入城与副使张峨谋固守。明日，贼来攻城，宁州土舍陆绍先率兵战城下，慎促城中兵鼓噪出，以助外兵，贼败去，慎复归会城。戊子春，慎一足病，有"半人嘲凿齿，一足笑虞夔"之句。己丑八月，闻石斋公讣，奔告巡抚欧阳子重，疏上，得归襄事。十一月，还滇。壬辰正月，布政高公韶聘修《云南通志》，时乡大夫有欲冒嗣颍川侯傅友德以觊世爵者，慎不可，乃乘张罗峰复相，流言欲中之，慎遂去。庚子八月，巡抚刘大谟聘慎及王元正、杨名纂修《蜀志》。辛丑，还滇，至东泸，疾作。寻，戴金留之，返成都。壬寅七月，还戍所。丙午冬，大理推官吴宗徽署安宁州，奸规州利，欲榷民盐牛，慎言于当路，得免。丁未，居高峣水庄，名十二景，日与交游倡和。四月，属简绍芳隶汉王褒《移金马碧鸡文》于罗汉寺之崖，凡招提佳胜会意处，便操觚留题，数与滇之乡大夫游昆明池，有《池赏诗社集》。庚戌四月，海口疏，云南台司顾箬溪诸人记其事于石。壬子二月，时在逸武弁得委祭龙海口，归肆狂惑，请丁夫六千，督往注浚，剥众利，州人苦之，有言于慎者，慎叹曰："海已涸矣，田已出矣，民已疲矣。"致书巡按赵炳然，罢之。九月，复至泸。己未春，还戍所。六月，遘疾，《感怀诗》曰："七十余生已白头，明明律例许归休。归休已作巴江叟，重到翻为滇海囚。迁谪本非明主意，网罗巧中细人谋。故园先陇痴儿女，泉下伤心也泪流。"又《诀李张唐三公诗》云："魑魅御客八千里，羲皇上人四十年。怨诽不学离骚侣，正葩仍为风雅仙。知我罪我《春秋》笔，今吾故吾《逍遥》篇。中溪（李元阳）半谷（张含）池南（唐锜）叟，此意非公谁与传。"卒年七十有二。丁卯，穆宗皇帝即位，奉遗诏，追赠光禄寺少卿。

慎孝友性直，颖敏过人，家学相承，益以该博。凡宇宙名物，经史百家，下至稗官小说，医卜技能，草木虫鱼，靡不究心多识，阐其理，博其趣，而订其讹谬。正德间，武庙阅《文献通考·天文》，星名有"注张"，内阁取《秘书通考》，又作"汪张"，中使下问，钦天监及翰院中皆莫知为何星也。慎曰："注张，柳星也。"历引《周礼》、《史记》、《汉书》以复。又"湖广土官水尽源通塔平长官司进贡"，同官疑为三地名，于"长官司"上添一"三"字，慎曰："此六字地名也。"取大明官制证之。嘉靖初，给事中张翀上言时政，"论学术不正"一条有"裔宇嵬琐"之语，上问之内阁，慎适在馆中，即取《荀子·非十二子》篇以复。敬所蒋公喜曰："用修之博，何减古之苏颂乎？"乃若论王导之贼晋室，辨太王之非翦商，鲁之重祭不始于成王周公，春秋五伯深斥乎楚宋秦缪，引《墨子》及《修文御览》以辨范蠡无载西施之事，引黄东发、苏东坡之言及李汉《韩文序》以辨文公《与大颠书》之伪，驳欧阳氏非非堂之说，传节妇唐贵梅之死，此又证据古今，阐扬幽隐。谓其有功世教也，非乎？至若陶情乎艳辞，寄意于声伎，落魄不羁，又慎所以用晦行权，匪恒情所易测者也。昔重庆守刘绘贻慎书曰："夫人情有所寄则有所忘，有所讥则有所弃，寄之笃则人无所忌，无所忌而后能安，无所贪而后能适。足下所为，盖求其适与安也。古人买田宅，拥声伎，皆豪杰盖世之才，岂独抱尺寸者之见也。仆观足下自蒙难以来，呕心苦志，摹文读经，延搜百氏，穷探古迹，凿石辨剥泐，破塚出遗忘，有僻儒苦士，白首蓬藋，日自纂索所不能尽，而谓竭精荡神于逸欲声色者能之乎？”斯言也，可谓谅慎之深者也。慎尝语人曰：“资性不足恃，日新德业，当自心力中来。”故好学穷理，老而不倦。平生著述百余种：

《转注古音略》、《古音丛目》、《古音猎要》、《古音复字》、《古音骈字》、《古音附录》、《古音余录》、《六书索隐》、《六书练证》、《古篆要略》、《说文先训》、《韵林原训》、《奇字韵》、《杂字韵宝》、《丹铅余录》、《丹铅摘录》、《丹铅续录》、《丹铅别录》、《丹铅闰录》、《丹铅赘录》、《选诗拾遗》、《选诗外编》、《风雅逸编》、《唐音精绝》、《唐音百绝》、《绝句辨体》、《苏黄诗髓》、《五言律祖》、《宛陵六一诗选》、《五言三韵诗选》、《五言别选》、《六言诗选》、《古韵诗略》、《李诗选》、《杜诗选》、《宋诗选》、《元诗选》、《瀛奎律髓选》、《诗林振秀》、《皇明诗抄》、《填词选格》、《词林万选》、《古今词英》、《填词玉屑》、《百琲明珠》、《书品》、《词品》、《草堂诗余补遗》、《升庵诗话》、《诗话补遗》、《艺林伐山》、《文海钓鳌》、《谢华启秀》、《病榻手欥》、《杨子卮言》、《卮言闰集》、《谭苑醍醐》、《敝帚》、《墐户录》、《清暑录》、《墨池琐录》、《逸古编》、《引书晶钝》、《檀弓丛训》、《金石古文》、《叙管子录》、《庄子刊误》、《夏小正录》、《名奏菁英》、《群公四六节文》、《古文韵要》、《古文韵语别录》、《经书指要》、《经义模范》、《升庵经说》、《山海经补注》、《禅藻集》、《禅林钩玄》、《铭心神品》、《千里面谈》、《希锾瓴录》、《洞天玄记》、《赤牍清裁》、《赤牍拾遗》、《滇载记》、《滇候记》、《蜀艺文志》、《交游诗录》、《江花品藻》、《升庵文集》、《升庵诗集》、《长短句》、《长短句续》、《玉堂集》、《南中集》、《南中续集》、《南中集钞》、《月节词》、《群书丽句》、《寰中秀句》、《哲匠金桴》、《异鱼图赞》、《素问纠略》、《脉位图说》、《空侯新咏》、《古今风谣》、《韵藻》、《古谚》、《古隽》、《瀑布泉行》、《崔氏志铭》、《洛神赋》、《梅花赋》、《乐志论》、《陶情乐府》、《续陶情乐府》、《七十行戍稿》。右一百十七种。

（明）王兆云《皇明词林人物考》卷六·杨用修　杨慎，字用修，新都人。举进士第一，为翰林修撰。久之，以伏阙事下诏狱考问，杖朝堂，几死。戍永昌三十余年不得归，有集若干卷行于世。

王凤洲笔记云：“修撰翱翔中秘，既穷青藜之校；流戍南滇，遂肆朱鼎之识。凡所取材，六朝为冠，固一代之雄匠哉。特其搜撷大饶，格调时左，繁饰人工，或累天悟，又其微趣多在长吉。振奇之士卑其刻羽雕叶，陋中之徒骇其牛鬼蛇神。”凤洲所评如此，然余观其著作者富，艺林罕俪。《丹铅》等书多至百种，诚可为博物闳揽者矣。

（明）顾祖训原编、（明）吴承恩增补、（清）陈枚续补《状元图考》卷二·状元杨慎　正德六年辛未，廷试邹守益等三百四十九人，擢杨慎第一。

按，杨慎，字用修，号升庵，四川成都人，首相廷和之子。幼善文，年二十四，状元及第。后以议礼不合，伏阙号哭，坐戍滇南。父卒，乞归终制，不许。久居滇，益综群籍，著作愈精，为海内宗，风流雅致，人多称之，今梓传。廷和之弟廷仪，慎之弟惇、恂，皆登进士。年七十余卒。

《状元记事》：扬州一士夫偶遇樟柳神，因叩："明春状元何处人？"神云："川新都种柽，肃氏头上名。乔木无灰易，真心用修行。"慎既及第，乃知为蜀地、姓、名、字也。

（明）林之盛《皇明应谥名臣备考录》卷三·节义名臣·杨慎 修撰杨慎，字用修，大学士廷和长子。幼慧颖，能古文词及诗歌。八岁，即俊绝，拟作《古战场文》，有"青楼断红粉之魂，白日照翠苔之骨"等句。复拟作《过秦论》，父大奇之。二十四，举正德辛未廷试第一，授修撰。少师杨一清设四事调之，皆生平所未了，从容酬对，本末融贯，少师叹曰："真奇才也。"

时武宗游幸宣、大诸边，返而复往，慎疏切谏，不报，乃以养病乞归。庚辰，比上，仍故官。世宗即位，开经筵，慎首作讲官，进《尚书》"金作赎刑"之章，言："圣人赎刑之制，用于小过者，冀民自新之意。若大奸元恶，无可赎之理。"时大阉张锐、于经等皆犯先朝事，罪当死，以进金得免，故及之。壬午二月，命慎代祀江滨及蜀藩诸陵寝，著《江祀记》。已，纂修《武庙实录》。甲申，大礼议起，时张璁、桂萼方得幸，慎率同官上言："君子小人不并立，正论邪说不并行。臣等所执程颐、朱熹之绪，桂等所言冷褒、段犹之余，学术不同，议论亦异，可复强颜诡从，和光自媚乎？"乞赐罢黜。上责其率众附和，俱夺俸。已而，何孟春等力争"本生"二字，章十三上，不报，诸大臣咸谓："疏留中，必改称孝宗为皇伯考，则太庙无考，正统有斁。"慎曰："国家养士百五十年，伏节死义，正在今日。"率诸臣赴左顺门跪伏大呼"高皇帝、孝宗皇帝"，声彻于内，上再宣谕，至午不起。于是，收学士丰熙等为首者八人诏狱，慎乃撼门大哭，一时群臣皆哭，声震阙廷。上大怒，遂命收系慎及马理等一百三十四人及奔匿并待罪者凡二百二十人，各杖之，毙杖下者编修王思十有七人。既而，上怒慎等不已，复命系慎及王元正等七人，责其欺慢君上，震惊朝廷，命再杖，各编戍。慎戍滇云，时年三十七。慎病驰万里，羸惫特甚，几不起。

既至滇，巡按郭楠等极为存护，卜云峰馆居之。且上疏乞宥议礼诸臣，郭亦被诏下狱，斥为民。寻，甸府土舍安铨、武定土舍凤朝变起，攻掠城堡。慎叹曰："此吾效国之日也。"乃戎服率旅僮及步骑百余谋固守计。明日，贼来攻城，慎促城中兵鼓噪出，以助外兵，贼败去。己丑，闻父讣，奔告巡抚欧阳重，得归襄事。已，聘修《云南通志》，纂修《蜀志》。大理推官吴宗徽署安宁州，奸规州利，欲榷民盐牛。武弁委祭龙神，请丁夫六千督浚，谋侵利。慎皆言于当路，得免。寻，自滇中暂归泸，已七十余，滇士有谗之抚臣王昺者，使四指挥锁系来滇，慎不得已至滇，则昺已墨败，然慎遂不能归，病寓慈祥寺以没，年七十二。

慎孝友性植，颖敏过人，家学相承，益以该博。凡宇宙名物，经史百家，下至稗官小说，医卜技能，草木虫鱼，靡不究心多识，阐理博趣，而订其讹谬。正德间，武庙阅

《文献通考·天文》，星名有“注张”，内阁取《秘书通考》，又作“汪张”，中使下问，钦天监及翰馆中皆莫知为何星也。慎曰：“注张，柳星也。”历引《周礼》、《史记》、《汉书》以复。又“湖广土官水尽源通塔平长官司进贡”，同官疑为三地名，于“长官司”上添一“三”字，慎曰：“此六字地名也。”取大明官制证之。嘉靖初，给事中张翀上言时政，“论学术不正”一条有“裔宇嵬琐”之语，上问之内阁，慎适在馆中，即取《荀子·非十二子》篇以复。乃若论王导之贼晋室，辨太王之非翦商，鲁之重祭不始于成王周公，春秋五伯深斥乎楚宋秦缪，引《墨子》及《修文御览》以辨范蠡无载西施之事，引黄东发、苏东坡之言及李汉《韩文序》以辨文公《与太颠书》之伪，驳欧阳氏非非堂之说，传节妇唐贵梅之死，此又证据古今，阐扬幽隐，有功世教者也。特其陶情艳辞，寄意声伎，匪恒情所易识耳。

词翰、书法精绝一时，而不轻以授人。诸夷酋欲得书翰不可，乃以精白绫作裓，遣诸伎服之，使醉间乞书，欣然命笔，醉墨淋漓裾袖，酋重赏伎女购归，装潢成卷。慎后亦知之，便以为快。侨寓安宁，遍游临安、大理诸郡，所至携倡伶，豪放不羁。有规慎者，答书云：“文有仗境生情，诗或托物起兴，如崔延伯每临阵则召田僧超为壮士歌，宋子京修史使丽竖燃椽烛，吴元中起草令远山磨愉麋，是或一道也，走岂能执鞭古人？聊以耗壮心，遣余年，所谓老颠欲裂风景者，良亦有以。不知我者不可闻此言，知我者不可不闻此言。”其自道如此。又重庆守刘绘贻慎书曰：“夫人情有所寄则有所忘，有所讥则有所弃，寄之笃则人无所忌，无所忌而后能安，无所贪而后能适。足下所为，盖求其适与安也。古人买田宅，拥声伎，皆豪杰盖世之才，岂独抱尺寸者之见也。仆观足下自蒙难以来，呕心苦志，摹文读经，延揽百氏，穷探古迹，凿石辨剥泐，破塚出遗忘，有僻儒苦士，白首蓬藋，日自纂索所不能尽，而谓竭精荡神于逸欲声色者能之乎？”斯言也，可谓谅慎之深者也。明兴，称博学，饶著述者，盖无如慎。其书有《升庵》等集一百九种行世。隆庆改元，赠太常少卿。万历中，御史史学迁为请谥。

用修之博，有明一人，当时犹以“面皮状元”诮之，予岂舆论之平？盖我朝状元自洪武至今计七十余人，理学则罗伦、吕柟，节义则许观、舒芬，清望则曾棨、吴宽，相业则商辂、彭时、谢迁，至于富有学殖，文笔绝尘，而又挺立忠节，终身坎壈，曾未有若用修先生者，徒以父文忠贵盛而受之谤。夫商氏之有廷相也，谢氏之有丕也，人无间言，何独于先生疑之？虽然，辅臣上事天子，下总百僚，其心事将以对天下，信后世，而必使其子与寒士争进，令天下不能谅其心，而疑其影则避贤，亦或一道。不然，若太仓之于戊子，虽发愤为天下白，亦晚矣。夫道德之不胜功名，贤者又何从焉？

（明）过庭训《明分省人物考》卷一百七·四川成都府一·杨慎　杨慎，字用修，别号升庵，新都人。少师石斋公廷和子也。慎生而岐嶷颖达。七岁，母夫人教之句读，并授以唐绝句，辄成诵。慎奋志诵读，不出外户。罹母忧，极其悲号，废食骨立。未几，祖母叶讣闻，随石斋公回蜀守制。大父留耕公授以《易》，两旬而洽，不遗一字。拟作《古战场文》，有“青楼断红粉之魂，白日照翠苔之骨”数语，公极称赏，复命拟

《过秦论》，益大奇之，曰："吾家贾谊也。"一日，石斋公与二弟观画，问曰："景之美者，人曰似画；画之佳者，人曰似真。孰为正？"慎举元微之诗以对，二叔曰："诗亦未佳，汝可更作。"慎辄呈稿云："会心山水真如画，好手丹青画似真。梦觉难分列御寇，影形相赠晋诗人。"二叔曰："只此四句，大胜前人矣。"时年一十二。辛酉，石斋公服阕，慎亦入京师，有《过渭城送别诗》及《霜叶赋》。一日，偶作《黄叶诗》，李文正公见之，曰："此吾小友也。"乃进之门下，命拟《出师表》及傅奕《请汰僧尼表》，文正览之，谓不减唐宋词人。弘治乙丑，侍石斋公礼闱，时崔铣试卷在分考刘武臣帘下，疑其刻深，未录，慎见之，爱其奇隽，以呈石斋公，遂擢《诗》魁。崔知而以小座主称焉，时年一十八。正德丙寅，与同乡士为丽泽会。丁卯，归应四川乡试，督学刘丙试而奇之，曰："吾不能如欧阳公，乃得子如苏轼。"是秋，果擢《易》魁。十一月，上礼部。戊辰春试，入国学。祭酒周玉类试之，曰："天下士也。"己巳，历事礼部，尚书刘宇见慎，问曰："子为谁？"对曰："杨慎。"刘曰："子固天下士，岂必一大臣子弟耶？"乃称叹不置。辛未，礼部会试，靳贵擢慎第二，殿试则及第第一，制策援史融经，敷陈弘剀，读卷官李东阳、刘忠、杨一清相与称曰："海涵地负，大放厥辞。"共庆朝廷得人。授翰林修撰，时年二十四。

癸酉，丁继母喻忧。明年，蓝鄢诸寇作，慎在邑城中，日夕戒严，有贼数百诈称官军以绐门者，慎率守雉堞者诘之，散去。乙亥，服阕。冬十二月，北上。丙子，入翰林为经筵展书官及校《文献通考》。丁丑，为殿试掌卷官，得舒芬策，以呈阁老梁公，乃得首第。时武皇游幸宣、大、榆林诸边，返而复往，慎疏切谏，不报，乃以养疾乞归。庚辰九月，慎北上，仍旧官。辛巳四月，世宗皇帝即位。五月，慎为殿试受卷官。八月，开经筵，慎首作讲官，进《尚书》"金作赎刑"之章，言："圣人赎刑之制，用于小过者，冀民自新之意。若大奸元恶，无可赎之理。"时大阉张锐、于经等皆犯先朝事，罪当死，以进金银得免，故及之。壬午二月，命慎代祀江渎及蜀藩诸陵寝，著《江祀记》，与给事熊浃、御史简霄游浣花溪，载酒赋诗，有"烟霞谁作主，鱼鸟自相亲。斗酒千金会，扁舟两玉人"之句。十二月，北上复命。癸未，纂修《武庙实录》，慎练习朝典，事必直书，总裁蒋冕、费宏曰："官阶虽未及，实堪副总裁者。"乃尽以稿草付之刊定。甲申七月，两上《议大礼疏》，嗣复跪门哭谏。中元日，下狱。十七日，廷杖。二十七日，复杖之。慎毙而复苏，谪戍云南永昌卫，时同事死者、配者、黜者、左迁者二百八人。慎舟由潞河而南，值先年被革挟怨诸人募恶少随以伺害，慎知而备之，至临清始散去。时年三十七。

乙酉正月，至云南，病驰万里，羸惫特甚，栖栖旅中，方就医药，而巡抚台州黄衷促且甚，慎方疾冒险抵永昌，几不起。巡按郭楠、清戎江良材极为存护，卜馆云峰居之，且上疏乞宥议礼诸臣，郭亦被诏下狱，斥为民。丙戌九月，闻石斋公寝疾，匹马间道，十九日至家，石斋公悦而疾愈。七月，携家就戍所。十一月，寻甸府土舍安铨变起。十二月，武定土舍凤朝变亦起。攻掠城堡为患，慎叹曰："此吾效国之日也。"乃戎服率旅僮及步骑百余，往援木密所守御，入城与副使张峨谋固守。明日，贼来攻城，宁州土舍陆绍先率兵战城下，慎促城中兵鼓噪出，以助外兵，贼败去，慎复归会城。戊子春，慎一足病，有“半人嘲凿齿，一足笑虞夔”之句。己丑八月，闻石斋公讣，奔告巡抚欧阳子重，疏上，得归襄事。十一月，还滇。壬辰三月，布政高公韶聘修《云南通志》，时乡大夫有欲冒嗣颍川侯傅友德以觊世爵者，慎不可，乃乘张罗峰复相，流言欲中之，慎遂去。庚子八月，巡抚刘大谟聘慎及王元正、杨名纂修《蜀志》。辛丑，还滇，至东泸，疾作。寻，戴金留之，返成都。壬寅七月，还戍所。丙午冬，大理推官吴宗徽署安宁州，奸规州利，欲榷民盐牛，慎言于当路，得免。丁未，居高峣水庄，名十二景，日与交游倡和。凡招提佳胜会意处，便操觚留题，数与滇之乡大夫游昆明池，有《诗社集》。壬子二月，时在逸武弁得委祭龙海口，归肆狂惑，请丁夫六千，督往注浚，剥众利，州人苦之，有言于慎者，慎叹曰：“海已涸矣，田已出矣，民已疲矣。”致书巡按赵炳然，罢之。九月，复至泸。己未春，还戍所。六月，遘疾，卒，年七十有二。丁卯，穆宗即位，奉遗诏，追赠光禄寺少卿。

慎孝友性植，颖敏过人，家学相承，益以该博。凡宇宙名物，经史百家，下至稗官小说，医卜技能，草木虫鱼，靡不究心多识，阐其理，博其趣，而订其讹谬。正德间，武庙阅《文献通考·天文》，星名有“注张”，内阁取《秘书通考》，又作“汪张”，中使下问，钦天监及翰馆中皆莫知为何星也。慎曰：“注张，柳星也。”历引《周礼》、《史记》、《汉书》以复。又“湖广土官水尽源通塔平长官司进贡”，同官疑为三地名，于“长官司”上添一“三”字，慎曰：“此六字地名也。”取大明官制证之。嘉靖初，给事中张翀上言时政，“论学术不正”一条有“裔宇嵬琐”之语，上问之内阁，慎适在馆中，即取《荀子·非十二子》篇以复。敬所蒋公喜曰：“用修之博，何减古之苏颂乎？”乃若论王导之贼晋室，辨太王之非翦商，鲁之重祭不始于成王周公，春秋五伯深斥乎楚宋秦缪，引《墨子》及《修文御览》以辨范蠡无载西施之事，引黄东发、苏东坡之言及李汉《韩文序》以辨文公《与大颠书》之伪，驳欧阳氏非非堂之说，传节妇唐贵梅之死，此又证据古今，阐扬幽隐。谓其有功世教也，非乎？至若陶情乎艳辞，寄意于声伎，落魄不羁，又慎所以用晦行权，匪恒情所易测者也。昔重庆守刘绘贻慎书曰：“夫人情有所寄则有所忘，有所羁则有所弃，寄之笃则人无所忌，无所忌而后能安，无所安而后能适。① 足下所为，盖求其适与安也。古人买田宅，拥声伎，皆豪杰盖世之才，岂独抱尺寸者之见也。仆观足下自蒙难以来，呕心苦志，摹文读经，延搜百氏，穷探古迹，凿石辨剥泐，破塚出遗忘，有僻儒苦士，白首蓬藋，日事纂索所不能尽，而谓竭精荡神于逸欲声色者能之乎？”斯言也，可谓谅慎之深者也。慎尝语人曰：“资性不足恃，日新德业，当自心力中来。”故好学穷理，老而不倦。平生著述百余种。

（明）朱谋垔《续书史会要》·明　杨慎，字用修，号升庵，成都新都人，状元及

① 据［明］陈文烛《杨升庵太史慎年谱》等，“有所羁”作“有所讥”，“无所安”作“无所贪”为宜。

第。国朝称博学第一人。所著书百余种，尤精书学，有《墨池琐录》行于世，书法赵魏公。

（明）何乔远《名山藏》·文苑记·杨慎 杨慎，字用修，杨廷和子也。廷和迟子，祷神见梦，则五代夏鲁奇至曰："武臣也。"以《中庸》十八章辅之，遂生慎。年十一，工古文辞，拟《过秦论》，廷和曰："吾家贾谊也。"十八，从廷和礼闱较士，得崔铣卷，心奇之，而考官未录，以呈廷和，录为《经》魁，铣后称慎小座主云。二十四，状元及第，时廷和方在内阁，人未知慎才学，号为面皮状元。既授翰林编修，上书谏武宗巡边，不报，移疾归三年，出而值世宗即位。时正德中权阉张锐、于经坐论死，竟以进金银免，慎当讲筵，讲《虞书》"金作赎刑"，言："圣人开人自新之路，赎者用之于小过。若元恶大憝，则不在此典。"明年，遣代祀江渎，诣京口见杨一清，阅杨一清所藏书，叩之疑义，一清言言成诵，遂大惊，益肆力于学。又明年，与修《武庙实录》。又明年，以执议大礼倡率朝士跪门伏哭，首触阙。世宗久厌廷和固执人后之议，至是大怒，以慎唱首，下之狱，旬，而再杖之，创甚，毙，复苏。时跪门哭者二百八人，或死杖下，或削籍，或左迁，或配，或戍，而慎得戍云南之永昌。云南巡按御史郭楠上议救慎，并为诸臣请，亦逮系，黜为民，而自是无敢救慎者。

慎戍永昌三十五年，与昆明胡廷禄、晋宁唐锜、大理吴懋、李元阳、永昌张含相倡和，放浪湖山间。所在拥声妓，杂嘲笑，隤然礼法之外，至醉而傅粉，作双了插花，诸门生舁行市中，诸妓捧觞从。诸酋夷欲得慎诗翰，则以精白绫作裓遗妓，妓服之，酒间辄从慎乞书裓上，以鬻诸酋，诸酋便购归装池，慎闻，亦以为快。有规慎者，慎答曰："文有仗境生情，诗或托物起兴，如崔廷伯每临阵则召田僧超为壮士歌，宋子京修史使丽竖燃椽烛，吴元中起草令远山磨隃麋，是或一道也，走岂能执鞭古人？聊以耗壮心，遣余年，所谓老颠欲裂风景者，良亦有以。"既七十余，还蜀，有终焉之意，而云南巡抚肙者，俗戾人也，授四指挥银铛使即慎家锁之来。至则肙已墨败，然遂不能归，病寓禅寺以没。

明兴，士大夫博学饶著述无如慎者。"谓《周礼》多奇字古音，盖刘歆受学于杨雄，其训纂之遗有在于是者，幸其书不列学宫，未经学究金根之谬改，麻沙俗字之讹刊，此古典灵光也。观先郑、后郑之同异相角，杜氏、干氏之可否相将，孔颖达则会稡四家，陆德明又并刻众切，如开武库，五兵随用，似张锦机，百采惟取。乃手录为《周官音诂》。谓《周官》保氏'六书'终于转注，毛诗、楚辞悉谓叶韵，实不出此。《易》注疏云赍有七音，实始发其例。宋吴才老作韵补，始有成篇，谓叶韵自叶韵，转注自转注，此犹知二五而不知十耳。作《转注古音略》。谓伏羲观图画卦，文字所生；《虞书》依律和声，音韵所出。至于周公，文制六书，诗训六义，郁乎备矣。古之名儒大贤，降而骚人墨客，未有不通此者。秦之吏人犹能诵爰历滂，喜汉世童子无不通急就凡，将至后汉，许叔重著《说文》十四篇，咸宗古人，不杂臆见，可谓有功小学，爰远求近取，旁披曲证。《说文》而上，则有大禹岣嵝之碑，周宣岐阳之鼓，吕氏考古图，宣和博古图，郭忠恕汗简，薛尚功鼎韵古文；《说文》而下，则吕忱《字林》，顾野《王玉篇》，陆法言《集韵》，唐玄度《九经字样》，张参《五经文字》，徐铉《系传》，林罕《小说》，张有《复古编》，黄功绍《韵会》。郑樵、周伯温、杨桓、戴侗、赵古则于六书皆有论著，悉翻讨之。又尝受业李文正公，友太原乔希大、永嘉林应龙亦以斯艺相取，今日此学景废响绝，示以形声，孳乳质以苍雅林统，反不若秦时刀笔之吏，汉代奇觚之童。乃取《说文》所遗，诸家所长，师友所问，心思所得，累稡成编，以古文籀为主，名《六书索隐》。又搜诸家书合于六书而又叶于八法，名《分隶同构》。又以楚风，鲁麟风之逸也；尧衢，舜薰雅之逸也。古诗三千余篇，孔子删为三百，三百篇而外，皆逸诗也。《粤稽》、《鲁论》两见称引，侈止两韵，约仅五言，其余散见诸书。若《大戴礼》，若《春秋内外传》，若《汲冢沈史》，若《诸子琐语》，网罗放失，缀合丛残，尚多有之。若因事造歌，异裁别体，若貍首鹭诵，蚕蝌龙蛇，后代词人，刻意莫逮。其宛转附物，怡怅切情，不啻惊心动魄，一字千金而已。于是，首录中古、先秦歌诗为《风雅逸篇》，凡十卷。复谓五言肇于风雅，俪律起于汉京。游子行露，已见半章，孺子沧浪，亦有全曲，是五言起成周也。北风南枝，方隅不惑，红粉素手，彩色相宜，是俪律本西汉也。岂得云切响浮声兴于梁代，平头上尾创自唐年？爰取六朝俪篇，名曰《五言律祖》。谓六代之作，其旨趣虽不足影响大雅，而其体裁实景云垂拱之先驱，天宝、开元之滥觞，遂起汉迄梁《昭明文选》之弃余，北朝陈隋昭明所未及选者，详其旨趣，究其体裁，为《选诗外编》。谓葛稚川抄掇众书，总其精要。王融亦好抄书，寓目疏记，自谓执鞭古昔，颇合轨葛王。东发以来，手所抄集，帙成逾百卷，计越千，其有意见，偶所发明，聊挥其菁华百分，以为《丹铅别录》。”此慎之自述也。其他撰著编纂尚有七十余种。而至论王导之贼晋室，太王之非翦商，鲁之重祭不始于成王周公，春秋五霸深斥乎楚宋秦缪，引《墨子》及《修文御览》以辨范蠡无载西施之事，引黄东发、苏东坡之言及李汉《韩文序》以辨文公《与大颠书》之伪，驳欧阳氏非非堂之说，斥戴石屏之无行，传节妇唐贵妃之死节，则又其证据古今，阐扬幽隐者也。

慎在翰林时，武宗下问钦天监及翰林：“星有注张，又作汪张。此何星也?”钦天监、翰林莫能对，慎曰：“柳星也。”世宗览奏疏，得“黹宇嵬琐”四字，问内阁所出，内阁不知，适慎在，取《荀子》书实之。他日，世宗问内阁，欲得博洽之臣以备顾问，内阁以慎对，世宗默然。

慎在永昌，安、凤两土舍叛，攻城，慎戎服率旅僮及步骑百余往援木密所，与副使张峨谋固守，贼来攻木密，会宁州土舍陆绍先率兵战城下，慎促城中兵鼓噪开门出夹击，贼遁去。此慎见才之一班也。隆庆初，追赠光禄寺少卿。

郎曰：杨少师所见，梦夏鲁奇武臣也，戍籍乎？辅以《中庸》十八章，所谓追王。太王，王季者也，大礼之兆矣。予友滇中刘文征，尝令新都为予言，至用修家观其书，朱黄手泽，识以年月，不翅充栋。于戏！此其家之子云也。

（明）尹守衡《明史窃》卷九十五·康杨桑顾朱刘文唐祝列传第七十三　杨慎，字用修，少师廷和子也。少师初艰于嗣，祷于神，梦神语曰："当以聪明奇慧子畀君。"已而，梦送五代忠臣夏鲁奇至曰："武臣也。"复以《中庸》十八章辅之，遂生慎。七岁，母教之书，一过辄成诵，大父授之《易》，两旬而洽。年十八，举于乡，举正德六年进士第一，时年二十四，授翰林院修撰。

世宗入继大统，少师以大礼议不合，罢免。慎率同官与上争，不能得，倡百官撼门大哭，上大怒，杖朝堂，几死，谪戍永昌，详见《明伦纪》。戍居三十五年，终慎之世，不得召还。初戍之明年，闻父病，匹马间道归省，即还戍。又三年，奔父丧，抚臣为疏请，乃得归襄事，仅数月。晚年，借领戎役携子还蜀，侨寓泸州。自还永昌，尝一日归泸，滇士有谗之抚臣昺者。昺，俗戾人也，使四指挥以银铛锁来。慎不得已至滇，则昺已墨败。慎由是不复归，病寓禅寺以没，没年七十二，而戍居者半世也。慎性既颖敏，而又好学，又以父居内阁，中秘所有书慎无不该览，故我朝称博学者咸推慎一人。所著述有百种，其于经史，有所证解，或与评击，皆有功于世教。

至谪滇中，自以当圣世不复用，壮心不堪牢落，每欲耗磨之，故自污放，有安石东山之僻。诸夷酋欲得其诗翰不可，争以白绫裓遗诸妓服之，使酒间乞书，慎欣然命笔，醉墨淋漓裙袖，酋重赏妓女购归。泸州尝醉，胡粉傅面，作双丫髻插花，门生舁之，诸妓捧觞，游行城市，不为怍。其不羁若此。重庆守刘绘贻之书曰："夫人情有所寄则有所忘，有所讥则有所弃，寄之不纵则忘之不远，讥之不深则弃之不笃。忘之远则我无所贪，弃之笃则人无所忌。无所忌而后能安，无所贪而后能适。足下所为，盖求其适与安也。古人买田宅，拥声妓，皆豪杰盖世之才，岂独无抱尺寸者之见也。仆观足下自蒙难以来，呕心苦志，摹文续经，延搜百氏，穷探古迹，凿石辨剥泐，破塚出遗忘，有僻儒苦士，白首蓬藋，日自纂索所不能尽，而谓竭精荡神于逸欲声色者能之乎？"慎得书，叹曰："刘公知我。"滇中与李中溪元阳、张半谷含、唐池南锜三人皆以诗文相友善。慎终遗诗与诀，其诗曰："魑魅御客八千里，羲皇上人四十年。怨诽不学离骚侣，正葩仍为风雅仙。知我罪我《春秋》笔，今吾故吾《逍遥》篇。中溪半谷池南叟，此意非公谁与传。"卒后八年，穆宗即位，赠光禄寺少卿。

元阳，大理人，以进士起家，为荆州太守。慎尝语人曰："见其貌如临水月，令人鄙吝自消；聆其语如闻洪钟，令人矇迷顿醒。"含，为永昌人，与元阳同举于乡，为第一人，不得第，遂不复仕，以书史吟弄终其身。

（清）钱谦益《列朝诗集小传》丙集·杨修撰慎　慎，字用修，新都人。少师文忠公廷和之子也。七岁作《拟古战场文》，有曰："青楼断红粉之魂，白日照青苔之骨。"时人传诵，以为渊、云再出。正德辛未，举会试第二，廷试第一。授翰林修撰。武庙阅天文书，星名"注张"，又作"汪张"，下问钦天监及史馆，皆莫知。用修曰："注张，柳星也。"历引《周礼》、《史》、《汉书》以复。"湖广土官水尽源通塔平长官司入贡"，同官疑为三地名，用修曰："此六字地名也。"取大明官制证之。嘉靖癸未，修《武庙实录》，总裁二阁老，尽取稿草属刊定焉。

甲申七月，两上议大礼疏，率群臣撼奉天门大哭，廷杖者再，毙而复苏，谪戍云南永昌卫，投荒三十余年，卒于戍，年七十有二。用修在滇，世庙意不能忘，每问杨慎云何。阁臣以老病对，乃稍解。用修闻之，益自放。尝醉，胡粉傅面，作双丫髻插花，诸伎拥之游行城市，诸夷酋以精白绫作裓，遗诸伎服之。酒间乞书，醉墨淋漓，诸酋辄购归，装潢成卷。尝语人曰："老颠欲裂风景，聊以耗壮心，遣余年耳！"著述最富，诗文集之外，凡百余种，皆盛行于世。

用修垂髫赋《黄叶诗》，为茶陵文正公所知，登第又出门下，诗文衣钵，实出指授。及北地哆言复古，力排茶陵，海内为之风靡。用修乃沉酣六朝，揽采晚唐，创为渊博靡丽之词，其意欲压倒李、何，为茶陵别张壁垒，不与角胜口舌间也。援据博则舛错良多，摹仿惯则瑕疵互见。窜改古人，假托往籍，英雄欺人，亦时有之，要其钩索渊深，藻彩繁会，自足以牢笼当世，鼓吹前哲。肤浅末学，趋风仰止，固未敢抵隙蹈瑕，横加訾赘也。王元美曰："用修工于证经，而疏于解经；详于稗史，而忽于正史；详于诗事，而不得诗旨；求之宇宙之外，而失之耳目之前。"斯言也，庶哉杨氏之诤友乎！

（清）傅维鳞《明书》卷一百四十七·列传十·文学传三·杨慎传　杨慎，字用修，号升庵，四川新都人。父廷和，历官少师、大学士。慎生而岐嶷颖达。四岁，母夫人教之句读，并授以唐绝句，辄成诵。稍长，奋志诵读，不出外户。罹母忧，极其悲号，废食骨立。未几，祖母叶讣闻，随父回蜀守制。祖留耕授以《易》，两旬而洽，不遗一字。拟作《古战场文》，有"青楼断红粉之魂，白日照翠苔之骨"数语，人传诵，祖极称赏，复命拟《过秦论》，益大奇之，曰："吾家贾谊也。"时年十二。辛酉，父服阕，慎亦入京师，有《过渭城送别诗》及《霜叶赋》。一日，偶作《黄叶诗》，李东阳见之曰："此吾小友也。"乃进之门下，命拟《出师表》及傅奕《请汰僧尼表》，东阳览之，谓不减唐宋词。弘治己丑①，侍父入礼闱，时崔铣试卷，分考疑其刻深，弗录，慎见之，爱其奇隽，以呈父，遂擢《诗》魁。崔知之，称为小座主，时年一十八。丁卯，归应四川乡试，擢《易》魁。戊辰春试，入国学。祭酒周玉类试之，曰："天下士也。"己巳，历事礼部，尚书刘宇见慎，问曰："子为谁？"对曰："杨慎。"刘曰："本部天下人，岂必一大臣子弟耶？"乃称叹不置。辛未，会试第二人，殿试第一人，制策援史融经，敷陈宏剀，授翰林修撰，时年二十四。

癸酉，丁继母忧。明年，蓝鄢诸寇作乱，慎在邑城中，日夕戒严，有贼数百诈称官军以给门者，慎率守雉堞者诘之，散去。服阕，入为经筵展书官及校《文献通考》。时武宗游幸宣、大、榆林诸边，返而复往，慎疏切谏，不报。世宗即位，开经筵，慎为讲官，进《尚书》"金作赎刑"之章，言："圣人赎刑之制，用于小过者，冀民自新之意。若大奸元恶，无可赎之理。"时大阉张锐、于经等皆犯先朝事，罪当死，以进金银得

① 弘治时无己丑年，据陈文烛《杨升庵太史慎年谱》等，当作"乙丑"。

免，故及之。壬午，慎代祀江渎及蜀藩诸陵寝，著《江祀记》，与给事熊浃、御史简霄游浣花溪，载酒赋诗。癸未，纂修《武庙实录》，慎练习朝典，事必直书，总裁蒋冕、费宏曰："官阶虽未及，实堪副总裁者。"乃尽以稿草付之刊定。甲申七月，两上《议大礼疏》，嗣复跪门哭谏，下狱廷杖。越十日，复杖之。慎毙而复苏，谪戍云南永昌卫。时同事死者、配者、黜者、左迁者二百八人，时年二十七。

至云南，病驰万里，羸惫特甚，栖栖旅中，方就医药，而巡抚台州黄衷促且甚，慎力疾冒险抵永昌，几不起。巡按郭楠、清戎江良材极为存护，卜馆云峰居之，且上疏乞宥议礼诸臣，郭亦被诏下狱，斥为民。丙戌，闻父疾，匹马间道，十九日至家，父悦而疾愈，复就戍所。时土舍安铨、凤朝变为乱，攻掠城堡，慎叹曰："此吾效国之日也。"乃戎服率旅僮及步骑百余往援木密所守御，入城固守。明日，贼来攻城，先以宁州土舍陆绍先率兵战城下，慎以城中兵鼓噪出，贼败去，慎复归会城。己丑八月，父廷和讣至，奔告巡抚欧阳子重，疏上，得归襄事，复还滇。布政高韶聘修《云南通志》，时乡有欲冒嗣颖川侯友德以觊世爵者，慎不可，乃乘张罗峰复相，流言欲中之，慎遂去。庚子，巡抚刘大谟聘修《蜀志》。壬寅，还戍所。丙午冬，大理推官吴宗徽署安宁州，奸规州利，欲榷民盐牛，慎言于当路，得免。丁未，居高峣水庄，名十二景，日与交游倡和。四月，属简绍芳隶汉王褒《移金马碧鸡文》于罗汉寺之崖，凡招提佯胜会意处，便操觚留题，数与滇之乡大夫游昆明池，有《池赏集》。时在逸武弁得委祭龙海口，归肆狂惑，请丁夫六千，督往注浚，剥众利，州人苦之。慎致书巡按御史赵炳然，罢之。己未六月，遘疾卒，年七十有二。穆宗即位，追赠光禄寺少卿。

慎孝友性植，颖敏过人，家学相承，益以该博。凡宇宙名物，经史百家，下至稗官小说，医卜技能，草木虫鱼，靡不究心多识，阐其理趣，而订其讹谬。正德间，武庙阅《文献通考·天文》，星名有"注张"，内阁取《秘通书考》，又作"汪张"，中使下问，钦天监及翰馆中皆莫知为何星也。慎曰："注张，柳星也。"历引《周礼》、《史记》、《汉书》以复。又"湖广土官水尽源通塔平长官司进贡"，同官疑为三地名，于"长官司"上添一"三"字，慎曰："此六字地名也。"取大明官制证之。嘉靖初，给事中张翀上言时政，"论学术不正"一条有"斋宇嵬琐"之语，上问之内阁，慎适在馆中，即取《荀子·非十二子》篇以复。大学士蒋冕喜曰："用修之博，何减古之苏颂乎?"乃若论王导之贼晋室，辨太王之非翦商，鲁之重祭不始于成王周公，春秋五伯深斥乎楚宋秦缪，引《墨子》及《修文御览》以辨范蠡无载西施之事，引黄东发、苏东坡之言及李汉《韩文序》以辨文《公与太颠书》之伪，驳欧阳氏非非堂之说，传节妇唐贵梅之死，此又证据古今，阐扬幽隐，皆其有功世教也。至若陶情艳辞，寄意声伎，落魄不羁，又慎所以用晦行权，匪恒情所测。昔重庆守刘绘贻慎书曰："夫人情有所寄则有所忘，有所讥则有所弃，寄之笃则人无所忌，无所忌而后能安，无所贪而后能适。足下所为，盖求其适与安也。古人买田宅，拥声伎，皆豪杰盖世之才，岂独抱尺寸者之见也。仆观足下自蒙难以来，呕心苦志，摹文读经，延搜百氏，穷探古迹，凿石辨剥泐，破塚出遗忘，有僻儒苦士，白首蓬藿，日自纂索所不能尽，而谓竭精荡神于逸欲声色者能之乎？”人以为知慎之深。慎尝语人曰：“姿性不足恃，日新得业，当自心力中来。”故好学穷理，老而不倦。平生著述百余种，几三千卷。

（清）沈季友《槜李诗系》卷三十九·明 杨慎（字升庵，成都人。正德状元。官修撰）。

（清）孙岳颁《御定佩文斋书画谱》卷四十二·书家传二十一·明三·杨慎 杨慎，字用修，新都人。正德辛未举会试第二，廷试第一，授翰林修撰。两上议大礼疏，谪戍云南。尝醉，胡粉傅面，作双丫髻插花，诸伎拥之游行城市。诸酋以精白绫作裓遗诸伎服之，酒间乞书，醉墨淋漓，诸酋辄购归，装潢成卷。（《书史会要》）

慎以博学名世，书亦自负吴兴堂庑。（王世贞《国朝名贤遗墨跋》）

（清）张豫章等《御选明诗》姓名爵里三·诸家姓名爵里 杨慎（字用修，少师廷和子。正德辛未赐进士第一，授翰林修撰。嘉靖初，谪戍云南永昌卫。天启初，追谥文宪。有《升庵集》）。

（清）张英等《御定渊鉴类函》卷七十二·设官部十二·修撰二 《杨慎传》曰：慎，新都人。七岁能拟《古战场文》，时人传诵，以为渊云再出。正德辛未举会试第二，廷试第一，授翰林修撰。嘉靖中，两上议大礼疏，率群臣撼奉天门大哭，廷杖者再，毙而复苏。谪戍云南永昌卫。投荒三十余年，卒于戍。著述最富，诗文集之外，凡百余种皆盛行于世。

（清）王鸿绪等《明史稿》卷二百六十七·列传一百六十二·文苑二·杨慎 杨慎，字用修，新都人，少师廷和子也。年二十二，举正德六年殿试第一，授翰林修撰。丁继母忧，服阕，起故官。十二年八月，武宗微行，始出居庸关，慎抗疏切谏。寻，移疾归。世宗嗣位，起充经筵讲官。常讲《舜典》，言：“圣人设赎刑，乃施于小过，俾民自新。若元恶大奸，无可赎之理。”时大珰张锐、于经论死，或言进金银获宥，故及之。

嘉靖三年，帝纳桂萼、张璁言，召为翰林学士。慎偕同列三十六人上言：“臣等与萼辈学术不同，议论亦异。臣等所执者，程颐、朱熹之说也。萼等所执者，冷褒、段犹之余也。今陛下既超擢萼辈，不以臣等言为是，臣等不能与同列，愿赐罢斥。”帝怒，切责，停俸有差。逾月，又偕学士丰熙等疏谏。不得命，偕廷臣伏左顺门力谏。帝震怒，命执首事八人下诏狱。于是，慎及检讨王元正撼门大哭，众皆哭，声彻殿庭。帝益怒，悉下诏狱，廷杖之。阅十日，有言前此朝罢，群臣已散，慎、元正及给事中刘济、安磐、张汉卿、张原，御史王时柯实纠众伏哭。乃再杖七人于廷。慎、元正、济并谪戍，余削籍。慎得云南永昌卫。先是，廷和当国，尽斥锦衣冒滥官。及是伺诸途将害慎，慎知而谨备之，至临清始散去。扶病驰万里，惫甚。巡抚黄衷复促之，抵戍所，几不起。

五年，闻廷和疾，驰至家。廷和喜，疾愈。还永昌，闻寻甸安铨、武定凤朝文作乱，率僮奴及步卒百余驰赴木密所，与守臣击败贼。八年，闻廷和讣，奔告巡抚欧阳重请于朝，获归葬，葬讫复还。自是，或归蜀，或居云南会城，或留戍所，大吏咸善视之。及年七十，还蜀，巡抚王昺遣四指挥手银铛命锁以来，至则昺已去官，慎不久亦卒，嘉靖三十八年七月也，年七十有二。

慎幼警敏，十一岁能诗。十二，拟作《古战场文》、《过秦论》，长老惊异。入京，赋《黄叶诗》，李东阳见而嗟赏，令受业门下。在翰林时，武宗问钦天监及翰林："星有'注张'，又作'汪张'，是何星也?"众不能对。慎曰："柳星也。"历援《周礼》、《史记》、《汉书》以复。预修《武宗实录》，事必直书，总裁蒋冕、费宏尽付稿草，俾削定。尝奉使过镇江，谒杨一清，阅所藏书，叩以疑义，一清皆成诵。慎惊异，益肆力古学。既投荒多暇，书无所不览。尝语人曰："资性不足恃，日新德业，当自学问中来。"故好学穷理，老而弥笃。

世宗以议礼故，恶其父子特甚。每问慎作何状，阁臣以老病对，乃稍解。慎闻之，益纵酒自放。尝以粉傅面，作双丫髻插花，令众妓拥之游行城市，诸土官慕其名，用精白绫作裓为诸妓服，酒阑乞书，诸土官辄购归，装潢成卷。慎闻，不恶也。明世记诵之博，著作之富，推慎为第一。诗文外，杂著至一百余种，并行于世。隆庆初，赠光禄少卿。天启中，追谥文宪。

（清）张晋生等《四川通志》卷十二·忠义·成都府·明　杨慎（号升庵，新都人，太师廷和子。少颖悟，七岁作《吊古战场文》，人争传诵。正德庚辰进士，殿试第一，授修撰。嘉靖初，议大礼，伏阙泣谏，廷杖，几绝。已，谪戍滇南，慷慨就道蛮荒远地。手不释卷，晚年学益博，著述益富。隆庆初，诏征命下，慎已卒。赠光禄少卿。所著书四百余卷，行于世）。

（清）靖道谟等《云南通志》卷二十三·流寓·永昌府·明　杨慎（字用修，四川新都人。父廷和，以无子祷于神，梦神以五代夏鲁奇应之曰："武臣也。"辅以《中庸》十八章，遂生慎。年十一，拟《过秦论》。后举正德庚午乡试第三，辛未会试第二，廷试第一，授修撰。尝奉命祀江渎，以父命见杨文襄公于京口，观所藏书，无不言言成诵，慎大惧，益发愤读书。武皇数游幸，慎上书谏，不报。遂移疾归。世宗继统，起慎为讲官。讲《尚书》"金作赎刑"篇，言："大憝不可赎。"盖指罪珰张锐、于经等以进金得免云。会大礼议起，慎同毛澄、范璁、毛玉诸臣力谏。又公倡跪门之议，帝怒，下慎狱，十日内再杖之，创甚，毙而复苏，遂戍永昌。时滇之御史郭楠上疏乞宥议礼诸臣，被诏下狱，自是无敢救慎者。居顷之，安、凤变起，困木密所。慎戎服往援，与副使张莪谋固守，官兵与贼战城外，慎促城内兵开门夹攻之，贼败去。安宁守欲榷民盐牛税，慎谓："此刀锥者，宜推与民。"军官以浚海口役为利，督丁夫六千人下海，民苦之。慎作书箴告当事，俱报罢。戍滇三十五年，凡两迤郡县名胜，皆与其士大夫相倡和，放浪湖山，究心著述。暂归蜀者再，晚欲长归，已七十余，而滇士有谗之抚臣王昺者。昺，俗戾人也，使四指挥以银铛锁来，慎不得已至滇。则昺已墨败，然竟不能归，病寓萧寺以殁。丧还，稿葬新都北门外数百。武穆宗即位，赠光禄少卿，谥文宪。昔毅庙问"注张星"，历官不能对，以问慎，慎曰："柳星也。"世庙问"裔宇嵬琐"四字，慎即举《荀子·非十二子》篇以对。其后询明第一博闻之士，或曰慎，世庙为之默然）。

（清）张廷玉等《明史》卷一百九十二·列传第八十·杨慎 杨慎，字用修，新都人，少师廷和子也。年二十四，举正德六年殿试第一，授翰林修撰。丁继母忧，服阕，起故官。十二年八月，武宗微行，始出居庸关，慎抗疏切谏。寻，移疾归。

世宗嗣位，起充经筵讲官。常讲《舜典》，言："圣人设赎刑，乃施于小过，俾民自新。若元恶大奸，无可赎之理。"时大珰张锐、于经论死，或言进金银获宥，故及之。

嘉靖三年，帝纳桂萼、张璁言，召为翰林学士。慎偕同列三十六人上言："臣等与萼辈学术不同，议论亦异。臣等所执者，程颐、朱熹之说也。萼等所执者，冷褒、段犹之余也。今陛下既超擢萼辈，不以臣等言为是，臣等不能与同列，愿赐罢斥。"帝怒，切责，停俸有差。逾月，又偕学士丰熙等疏谏，不得命，偕廷臣伏左顺门力谏。帝震怒，命执首事八人下诏狱。于是，慎及检讨王元正等撼门大哭，声彻殿庭。帝益怒，悉下诏狱，廷杖之。阅十日，有言前此朝罢，群臣已散，慎、元正及给事中刘济、安磐、张汉卿、张原，御史王时柯实纠众伏哭。乃再杖七人于廷。慎、元正、济并谪戍，余削籍。慎得云南永昌卫。先是，廷和当国，尽斥锦衣冒滥官。及是伺诸途将害慎，慎知而谨备之，至临清始散去。扶病驰万里，惫甚。抵戍所，几不起。

五年，闻廷和疾，驰至家。廷和喜，疾愈。还永昌，闻寻甸安铨、武定凤朝文作乱，率僮奴及步卒百余驰赴木密所，与守臣击败贼。八年，闻廷和讣，奔告巡抚欧阳重请于朝，获归葬，葬讫复还。自是，或归蜀，或居云南会城，或留戍所，大吏咸善视之。及年七十，还蜀，巡抚遣四指挥逮之还。嘉靖三十八年七月卒，年七十有二。

慎幼警敏，十一岁能诗。十二，拟作《古战场文》、《过秦论》，长老惊异。入京，赋《黄叶诗》，李东阳见而嗟赏，令受业门下。在翰林时，武宗问钦天监及翰林："星有'注张'，又作'汪张'，是何星也?"众不能对。慎曰："柳星也。"历举《周礼》、《史记》、《汉书》以复。预修《武宗实录》，事必直书，总裁蒋冕、费宏尽付稿草，俾削定。尝奉使过镇江，谒杨一清，阅所藏书，叩以疑义，一清皆成诵。慎惊异，益肆力古学。既投荒多暇，书无所不览。尝语人曰："资性不足恃，日新德业，当自学问中来。"故好学穷理，老而弥笃。

世宗以议礼故，恶其父子特甚，每问慎作何状，阁臣以老病对，乃稍解。慎闻之，益纵酒自放。明世记诵之博，著作之富，推慎为第一。诗文外，杂著至一百余种，并行于世。隆庆初，赠光禄少卿。天启中，追谥文宪。

……

赞曰："大礼"之争，群臣至撼门恸哭，亦过激且戆矣。然再受廷杖，或死或斥，废锢终身，抑何惨也。杨慎博物洽闻，于文学为优。王思、张翀诸人，或纳谏武宗之朝，或抗论世宗初政，侃侃凿凿，死节官下，非徒意气奋发立效一时已也。

（清）靖道谟等《贵州通志》卷三十二·人物·流寓·贵阳府·明 杨慎（字用修，新都人，大学士文忠公廷和子。正德辛未举进士第一，授翰林修撰。嘉靖五年，以议大礼，谪戍永昌，尝往来黔中，多所吟咏，题曰《流寓杂吟》。嘉靖三十二年，《贵州通志》成，属慎为序）。

（清）倪涛《六艺之一录》卷三百六十八·历朝书谱·明·杨慎 杨慎，字用修，新都人。正德辛未举会试第二，廷试第一，授翰林修撰。两上议大礼疏，谪戍云南。尝醉，胡粉傅面，作双丫髻插花，诸伎拥之游行城市，诸酋以精白绫作裓遗诸伎服之，酒间乞书，醉墨淋漓，诸酋辄购归，装潢成卷。（蜀志）

慎以博学名世，书亦自负吴兴堂庑。（王世贞《国朝名贤遗墨跋》）

《杨用修太史词草》、《杨升庵禹碑歌卷》、《杨用修石马泉亭诗帖》，行书。《杨升庵客途崇圣寺二诗帖》，行草书。（《式古堂书画汇考》）

（清）和珅等《钦定大清一统志》卷二百九十四·成都府三·人物·明 杨慎（字用修，廷和子。正德进士第一，授修撰。武宗微行，出居庸关，慎抗疏切谏。嘉靖三年，擢翰林学士。及议大礼，慎偕廷臣伏左顺门力谏，下诏狱，廷杖之，谪戍云南永昌卫。慎幼警敏，在翰林时，武宗问："星有注张，又作汪张，是何星也?"众不能对，慎曰："柳星也。"历援《周礼》、《史记》、《汉书》以复。预《武宗实录》，事必直书。既投荒多暇，书无所不览，好学穷理，老而弥笃。诗文杂著至一百余种，并行于世。天启中，追谥文宪）。

又，卷三百六十九·云南府·流寓·明 杨慎（新都人。嘉靖初，以争大礼议，谪戍永昌，历三十五年。郡县名胜无不遍搜。著有《滇载记》，尤爱昆明高峣山水清旷，侨居久之。诗文一脱手，传诵中土，纂述甚富。后竟卒于滇）。

又，卷三百八十·永昌府·流寓·明 杨慎（新都人，廷试第一。嘉靖初，以谏大礼，戍永昌卫。安、凤变起园木密所，慎戎服往援，贼败去。安宁守欲榷民盐牛税，慎谓："此刀锥者，宜推与民。"军官言海口役为利，督丁夫六千人下海，民苦之，慎以书告执政，俱报罢。戍永昌三十二年，放浪湖山，覃精著述。卒于滇）。

又，卷三百八十八·蒙化厅·流寓·明 杨慎（字用修，新郡人。嘉靖初，议礼，谪戍。游寓蒙化之冷泉庵，士多从之）。

又，卷三百九十一·贵阳府·流寓·明　杨慎（新都人，正德中进士，授翰林修撰。嘉靖五年，以议大礼，谪戍永昌，尝往来黔中。著有《流寓杂吟》）。

（清）程封《明修撰杨升庵先生年谱》　（存目。参见清嘉庆《新都县志》卷十八）

（清）孙锜《杨文宪升庵先生年谱》　（存目。《杨文宪公升庵先生全集》附，为简绍芳编次，程封改辑，孙锜补订）

（清）李调元《升庵先生年谱》　公姓杨氏，讳慎，字用修，别号升庵。其先庐陵人，六世祖讳世贤者元末避欧祥之乱，徙楚麻城，再避红军乱，乃入蜀居新都。世贤生寿山，寿山生玫，玫生湖广提学佥事留耕公春。留耕公配叶氏，子七人。长廷和即公父少师石斋；次廷平，号龙山；次廷仪，号瑞虹；次廷简，早卒；次廷宣，号龙崖，皆叶夫人出。次廷历，次廷中，侧室王氏出。石斋公生于天顺己卯，年十三举于乡，二十举进士，由翰林庶吉士历官少师兼太子太师，首相两朝，有除难定策之功焉。子四，长即升庵公。少师元配一品夫人，眉山黄明善之女，所出次惇，号叙庵，癸未进士，兵部职方主事。恒，号贞庵，荫中书舍人，升大理右寺副；忱，号孚庵，丙子举人，皆太孺人蒋氏出。若，龙山公之子。恺、悌，瑞虹公之子。恂、慥、性，龙崖公之子。悦、惟，则皆公之从弟也。先是石斋与夫人黄氏以艰嗣为忧，尝祷于神，后梦神语曰："当以聪明奇慧子畀君。"又梦送五代忠臣夏鲁奇至曰："武臣也。"复以《中庸》十八章辅之。宏治元年戊申十一月初六日生公于京师之孝顺胡同。岐嶷颖达。

十岁，母夫人教之句读，并授以唐绝句，辄成诵。又以笔管印纸作圈，令公书字于中，曰："吾虽不知书，然即此则楷正，自可观矣。"公奋志诵读，不出外户。

戊午，年十一，作近体诗有"一盏孤灯照玉堂"之句，石斋公曰："句佳矣，但恨太孤寂尔。"不悦。

己未，果罹母黄夫人忧，极其悲号，废食骨立。未几，祖母叶太夫人讣闻，随石斋公回蜀守制。留耕公授以《易》，两旬而浃，不遗一字。拟作《古战场文》，有"青楼断红粉之魂，白日照翠苔之骨"数语，瑞虹公极称赏。又命拟《过秦论》，留耕公奇之，曰："吾家贾谊也。"一日，石斋公与瑞虹、龙崖二公观画，问曰："景之美者，人曰似画；画之佳者，人曰似真。孰为正？"公举元微之诗以对，龙崖曰："诗亦未见佳，汝可更作。"公呈稿云："会心山水真如画，名手丹青画亦真。梦觉难分列御寇，影形相赠晋诗人。"二公曰："只此二句，大胜前人矣。"时公年十二。

辛酉，石斋公服阕，公亦入京师，有《过渭城送别诗》、《霜叶赋》。其《马嵬坡》诗云："凤辇匆匆下九天，马嵬西去路三千。渔阳鼙鼓烟尘里，蜀栈铃声夜雨边。方士游魂招不返，词人长恨曲空传。蛾眉尚有高邱在，战骨潼关更可怜。"师福建乡进士魏雪溪先生浚习举子业。偶作《黄叶诗》，李文正公见之，曰："此非寻常子所能，吾小友也。”乃进之门下，命拟《出师表》及傅奕《请沙汰僧尼表》，文正览之，谓不减唐宋词人。

宏治乙丑，侍石斋公于礼闱，时崔公铣试卷在分考刘武臣帘下，疑其刻深，未录。公见之，爱其奇隽，以呈石斋公，遂擢《诗经》魁。崔知而以小座主称焉，竟为生平知己，时公年一十八。

正德丙寅，与同乡士冯驯、石天柱、夏邦谟、刘景宇、程启充为丽泽，会即墨蓝田、永昌张含，结社倡和。

丁卯，归应四川乡试，督学南峰刘公面试而奇之，曰：“吾不能如欧阳公，乃得子如苏轼。”是秋，果擢《易》魁。九月，安人王氏来嫔，清素仅如田家礼。十一月，上礼部。

戊辰春试，主考王公鏊、梁公储得公文，已置首选卷，偶失烛，遂下第，有“空吟故国三千里，悔读南华第二篇”之句，入国学。祭酒周公王类试之，曰：“天下士也。”

己巳，历事礼部周旋，朝夕不倦，尚书刘公宇一日见公，问曰：“子为谁?”对曰：“杨慎。”刘曰：“本部天下人，岂必一大臣子弟耶?”乃称叹不置。

辛未，礼部费公宏知贡举，入总文衡则，靳公贵擢公第二，殿试则及第第一，制策援史融经，敷陈宏剀，读卷官李公东阳、刘公忠、杨公一清相与称曰：“海涵地负，大放厥词。”共庆朝廷得人。授翰林修撰，公时年二十四。

癸酉，丁继母喻夫人忧，居家读《礼》，赙仪一无所受。学宪刘公节称之曰：“礼不忘于口，诵义每绝乎弊交。”

明年，蓝鄢诸寇作乱，公在邑城中日夕戒严，有贼数百诈称官军以劫门者。公令守雉堞者诘之，散去。

乙亥，服阕。冬十二月，北上。舟至嘉定黄阁扁，几危而得济，遂与布政伍公符邻舟唱和，下江陵。

丙子，入翰林为经筵展书官及校《文献通考》，同馆则邹公守益、王公思、尹公襄、刘公泉、孙公绍祖、张公潮也。

丁丑，为殿试掌卷官，得舒公芬策，以呈阁老梁公储，不置鼎魁，公力争，乃得首第。时武皇游幸宣、大、榆林诸边，返而复往，公疏切谏，不报，乃以养疾乞归。

明年，王安人卒。

己卯，继室，得遂宁黄简肃公珂女。时江西宁藩之变，值石斋公当国，公经广汉，诗曰：“游子恋所生，不获常怀安。大哉宇宙内，吾道何盘桓。”

庚辰九月，公北上，仍旧官。

辛巳四月，世宗即位。五月，公为殿试受卷官。八月，开经筵，公首作讲官，进《尚书》“金作赎刑”之章，言：“圣人赎刑之制，用于小过者，冀民自新之意。若大奸元恶，无可赎之理。”时大阉张锐、于经等皆犯先朝事，罪当死，以进金银得免，故及之。

壬午二月，命公代祀江渎及蜀藩诸陵寝，著《江祀记》。与给事熊公浃、御史简公霄游浣花溪，载酒赋诗，有“烟霞谁作主，鱼鸟自相亲。斗酒千金会，扁舟两玉人”之句。十二月，北上复命。

癸未，纂修《武庙实录》，公练习朝野典，事必直书，总裁蒋公冕、费公宏曰：“官阶虽未及，实堪副总裁者。”乃尽以草录付校。时六年考满，吏部侍郎罗公钦顺考公语曰：“文章克称乎科名，慎修允协乎名字。”

甲申七月，两上《议大礼疏》，嗣复跪门哭谏。中元日，下狱。十七日，廷杖之。二十七日，复杖之。毙而复苏，谪戍云南永昌卫，时同事死者、配者、黜者、左迁者一百八人①。挽舟由潞河而南，值先年被革挟怨诸人募恶少随以伺害，公知而备之，至临清始散去。时公年三十七。

乙酉正月，至云南，病驰万里，羸惫特甚，栖栖旅中，方就医药，而巡抚台州黄公衷促且甚，公力疾冒险抵永昌，几不起。巡按郭公楠、清戎江公良材极为存护，卜馆云峰居之，且上疏乞宥议礼诸臣，而郭亦被诏下狱，为民。

丙戌九月，闻石斋公寝疾，匹马间道，十九日至家，石斋公悦而疾愈。七月，携家就戍所。十一月，寻甸府土舍安铨起变。十二月，武定土舍凤朝交亦起。攻掠城堡，为患孔亟，公叹曰：“此吾效国之日也。”乃戎服率旅僮及步骑百余，往缘木蜜所守御，入城与副使张峨谋固守。明日，贼来攻城，宁州土舍陆绍先率兵战城下，公促城中兵鼓噪开门，出战以助外兵，贼败去，公复归会城。

戊子春，疫殍大作，乃徙居洱海。城疫息，仍居云峰，尚书伍公文定、黔国沐公绍勋、镇守太监杜唐同来问疾。时公一足病，有“半人嘲凿齿，一足笑虞夔”之句。

己丑八月，寓赵州，闻石斋公讣，奔告巡抚欧阳公子重，疏上，得归襄事。十一月，还滇。

壬辰正月，布政高公公韶聘修《云南通志》，馆于滇之武侯祠。时卿大夫有欲昌嗣颍川侯傅友德以觊世爵者，公不可。乃乘张罗峰复相，流言欲中害，公遂去，有“中宵风雨大多情，留住行人不放行。借问小西门外柳，为谁相送为谁迎”之句。

癸巳，西游大理诸处，会嵋山张公含于霁虹桥，刻诗崖崿以志别。

甲午，阿密州佥事王公廷表迎，往馆之。经临安，纳少室新喻人周氏。

乙未六月，子同仁生。

丙申，至喜州访给事杨宏山十云，复寓点苍山感通寺之写韵楼。

丁酉，与御史李中溪元阳游石宝山。七月，还戍所。

戊戌，奉戎檄归蜀，便道获拜阡梓，事毕，还滇。

己亥十一月，再领戎役于重庆道。

庚子，役竣，至遂宁。七月，归新都。八月，巡抚东皋刘公大谟聘公及玉垒王元正、方洲杨公名纂修《蜀志》。

---

① 简绍芳《杨升庵年谱》作“一百八人”，陈文烛《杨升庵太史慎年谱》作“二百八人”。

辛丑，还滇，至东泸，疾作。巡抚龙山戴公金留之，返成都，与梓谷黄公华、珥江刘公大昌游青城、丹景、云台诸山。

壬寅七月，还戍所。八月，纳少室北京人曹氏。

癸卯十二月，子宁仁生，公大喜。时当道与黔国沐公交游士夫俱诗章宴贺，有“天上麒麟辉蜀水，海中龙马过滇池”之句。是年，公复领戎役于蜀。

甲辰，至泸州，与少岷曾公玙游九十九峰山。四月，还戍所。

乙巳二月，徙居大理与门生董难寻罢谷山，经喜睑，会宏山诸公倡和。九月，还戍所。

丙午、丁未，居滇之高峣，有十二境，日与士大夫交游。二月，公属绍芳隶汉王褒《移金马碧鸡文》于罗汉寺之崖，凡招提佳胜会意处，便操觚留题。冬十月，公复适临安，访臬宪樊公景麟暨桐冈叶公，游诸岩洞胜景。

戊申春，至晋宁，与侍御池南唐公锜游海窰、蟠龙、生佛诸山陀。

己酉，居高峣。夏秋，每与滇之乡大夫叶两湖、胡任山游①，廷禄偕绍芳数游昆明池，有《池赏诗社集》。

庚戌四月，海口疏。云南台司顾箬溪诸公请公记其事于石。

壬子二月，时在逸武弁得委祭龙海口，归肆狂惑，复丁夫六千，督併驻浚，剥众利，州人苦之，有言于公者，公叹之曰：“海已涸矣，田已出矣，民已疲矣。”致书巡按赵公炳然，罢之。三月，刘蓉峰明刑持先廷尉执斋王公诗文集请公批选于太华寺。

癸丑，公复领戎役于蜀，侨寓泸州。

丁巳六月，长子同仁卒，无嗣。八月，归新都。叙庵弟卒，公痛悼倍于寻常，其诔词曰：“我生与弟，先后之年。呱呱而泣，形分气连。夏炎合簟，冬寒并毡。母携父抱，偎湿就干。八岁就傅，双笔一研。嬉戏偕止，出入随肩。饮啖让果，跬步共砖。”又曰：“七秩将跻，我归自滇。兄酬弟劝，翕乐罔愆。觞我于庭，群从孚挛。剧谈飞屑，倡和珠蠙。笑语亟断，顷刻复延。岂意宴席，化为几筵。遽尔凋丧，门祚中颠。幼弱一人，何忍余捐。余生则先，弟亡则前。兄弟存亡，谁质诸天。”其友爱至情见于辞者如此。至若保惠遗孤，纪纲家政，既乃心力。从子有仁以髫年失怙，而卒免于颠覆者，皆公惠之及也。

戊午，子宁仁娶泸州滕恩官女为室。公侨寓江阳者十数年，交游日众，与曾岷、野章、后斋诸公友善。

己未春，还戍所。六月，遘疾，《感怀诗》曰：“七十余生已白头，明明律例许归休。归休已作巴江叟，重到翻为滇海囚。迁谪本非明主意，网罗巧中细人谋。故园先陇痴儿女，泉下伤心也泪流。”又《诀李张唐三公诗》云：“魑魅御客八千里，羲皇上人

① 此处原有“初，武庙阅《文献通考·天文》……昔重庆守刘公绘贻公”一段，显为后文误入，今移至下文“阐其理，博其趣，而订其讹谬焉”之后。陈文烛《杨升庵太史慎年谱》作“每与滇之乡大夫两湖叶公、在轩胡公偕绍芳数游昆明池”。

四十年。怨诽不学离骚侣，正葩仍为风雅仙。知我罪我《春秋》笔，今吾故吾《逍遥》篇。中溪（李元阳）半谷（张含）池南（唐锜）叟，此意非公谁与传。”卒于七月六日，得年七十有二。时巡抚云南游公居敬命殡殓归新都。

庚申冬，祔葬石斋公墓侧。

丁卯，穆宗即位，奉遗诏，追赠光禄寺少卿。长子同仁先卒，次子宁仁时寓泸州。公卒之年，夫人黄至泸迎归抚教，则夫人任之也。

公孝友性植，颖敏过人，家学相承，益以该博。凡宇宙名物之广，经史百家之奥，下至稗官小说之微，医卜技能、草木虫鱼之细，靡不究心多识，阐其理，博其趣，而订其讹谬焉。初，武庙阅《文献通考·天文》，星名有注张，命内阁取《秘书通考》，又作汪张。中使下问钦天监及翰馆中，皆莫知其为何星也。公曰：“注张，柳星也。”历引《周礼》、《史记》、《汉书》以复。又“湖广土官水尽源通塔平长官司进贡”，同官疑为三地名，于“长官司”上添一“三”字，公曰：“此六字地名也。”取朝中官制证之。嘉靖中，给事中张翀上言时政，“论学术不止”一条有“畜宇嵬琐”之语，上问之内阁，公适在馆中，即取《荀子·非十二子》篇以复。敬所蒋公喜曰：“用修之博，何减古之苏颂乎？”其该洽精辨类如此。乃若论王导之贼晋室，辨太王之非剪商，鲁之重祭不始于成王周公，春秋五伯深斥乎楚宋秦缪，引《墨子》及《修文御览》以辨范蠡无载西施之事，引黄东发、苏东坡之言及李汉《韩文序》以辨文公《与大颠书》之伪，驳欧阳氏非非堂之说，辨陈白沙六经皆虚之语，斥戴石屏之无行，传唐贵梅之死节，此又证据古今，阐扬幽隐。谓其有功世教也，非乎？至若陶情乎艳词，寄意于声伎，落魄不羁，又公所以用晦行权，匪恒情所易测者也。昔重庆守刘公绘贻公，正德间有寄书曰①：“凡人情有所寄则有所忘，有所讥则有所弃。寄之不纵则忘之不远，讥之不甚则弃之不笃。忘之远则我无所贪，弃之笃则人无所忌。无所忌而后能安，无所贪而后能适。足下所为，盖求其适与安也。古人买田宅，拥声伎，皆豪杰盖世之才，岂独无抱尺寸者之见也。仆观足下自蒙难以来，呕心匠意，摹文续经，延搜百氏，穷探古迹，凿石辨剥泐，碑搜出遗忘，有僻儒苦士，白首蓬藋，日自纂索所不能尽，而谓竭精荡神于逸欲声色者能之乎？”斯言也，可谓谅公之深者矣。公尝语人曰：“资性不足恃，日新德业，当自心力中来。”故好学穷理，老而不倦。又尝自赞曰：“临利不敢先人，见义不敢后身，虽无补于事业，求不负乎君亲。遭逢太平以处安边，歌咏《击壤》以终余年。天之顾畀，厚矣，笃矣。吾之涯分，止矣，足矣。盖困而亨，冲而盈，宠为辱，平为福者耶。”此公自状实录。至其平生著述四百余种，散逸颇多，学者恨未睹其全也。

（清）阎湘蕙《明鼎甲征信录》卷二 杨慎，字用修，四川新都人，原籍庐陵。六世祖讳世贤者，元末徙楚麻城，复避乱入蜀。世贤生寿山，隐德弗仕，乐善好义，乡闾

① “初，武庙阅《文献通考·天文》……昔重庆守刘公绘贻公”一段自上文移至此，故语义不畅。陈文烛《杨升庵太史慎年谱》作“昔重庆守刘公绘贻公书”。

化之，有佛子之称。寿山生玫，习《春秋》，官贵州永宁吏目，却土官之赂金，正州民之地界，贵阳人传诵之。玫生子五，三曰春，性颖敏，深有得于《易》学，中成化辛丑进士，官至湖广提学佥事。春长子廷和，慎之父也。甫四岁，知声律，日记书数卷。年十二，举于乡，成化戊戌科先其父成进士，首相两朝，位极人臣，而济物之心恒惓惓无已时。生平多宦游，每归必为乡人建一惠局。初通水利，灌涸田万顷，乡人德之，号为学士堰。次舍建坊牌费，以修县城，城成而贼至，完生命者万计。次置义田于城西北，以赡族人。盖三归而兴三利焉。至若除难定策之功，未易殚述。子四，长即慎。先时，廷和与黄夫人以艰嗣为忧，尝祷于神，后梦神语曰："当以聪明奇慧子畀君。"又梦送五代忠臣夏鲁奇至曰："武臣也。"复以《中庸》十八章辅之，生慎于京师。自幼奋志读书，不出户外。年十二，罹母夫人忧，极其悲号，废食骨立。拟作《古战场文》、《过秦论》，长老惊异。正德六年，会试第二，殿试遂膺首擢。祖春年逾八旬，犹及见之。时廷和当国，兄弟子侄，列官中外，慎复登鼎元，宾客填贺。廷和怏然不乐曰："君等不见优人乎？方奏技时，次第毕列，至曲终，必尽登之场。今吾曲亦将终矣。是可吊也，何贺为？"后廷和以议大礼不合去国，慎谪戍云南，卒于戍所。明世记诵之博，著作之富，推慎为第一。诗文外，杂著至一百余种，并行于世。天启中，追谥文宪。(《明史》并《皇明辅世编齿谱》并《蛙杂纪》、《制义科琐记》)

科　第

(一) 乡试

(清) 张晋生等《四川通志》卷三十五·选举·举人·明·正德年举人　杨慎(新都县人)。

(二) 会试、殿试

辛未科(正德六年)**状元策**　皇帝制曰：创业以武，守成以文，昔人有是说也。然兵农一致，文武同方，其用果有异乎？文武之分始于何时？兵民之判起于何代？尝质诸古矣，《书》称尧曰乃武乃文，于舜称文明，禹称文命而不及武，于汤称圣武而不及文，周之谟烈各专其一。且三代迭尚而不言武，周列四民而兵不与焉，何也？

汉、唐、宋之英君令主，或创业而兼乎文，或守成而兼乎武，或有未备亦足以善治。论者又谓天下安，注意相。又谓天下虽安，忘战则危。是治兵之道果与治民者同邪？异邪？

我太祖高皇帝以圣神文武统一天下，建官分籍，各有定制。列圣相承，率循是道，百五十年治定功成，实由于此。然承平既久，玩愒乘之。学校之法具存，而士或失业；蠲贷之诏屡下，而人多告饥。流徙之余化为盗贼，以遗朕宵旰之忧。今赋税馈运，民力竭矣，而军食尚未给；调发战御，兵之力亦劳矣，而民患尚未除。或者官非其人乎？而铨选之制，黜陟之典，赏罚之令，亦未始不加之意也。兹欲尽修攘之实，谨恬嬉之戒，文治举而武功成，天下兵民相卫相养于无事之天，以保我国家久安长治之业。宜何如而可？

子大夫志于用世，方策试之日，不暇以微辞隐义为问。姑举其切于时者，其为朕陈之。

臣杨慎

臣对：臣闻帝王之御天下也，有出治之全德，有保治之全功。文武并用，出治之全德也；兵农相资，保治之全功也。于并用而见其同方，则天下之政出于一，而德为全德。如日月之在天，凡所以照临者，胥天之德也。于相资而见其一致，则天下之治出于一，而功为全功。如手足之在人，凡所以持行者，皆人之功也。由是联属天下，以成其身，纲维其道，以适于治，体统相承而无偏坠不举之患，本末具备而无罅隙可议之疵，放之四海而皆准，传之万世而无弊。帝王为治之要，孰有加于此哉？臣自少读帝王之书，讲帝王之道，窃有志于当世之事。然学焉而不敢言，言焉而不得达，今幸近咫尺之威，立方寸之地。制策所及者，皆是道与是事也。臣敢不罄一得之愚，以为万分之助乎！

伏睹□问，首曰：创业以武，守成以文。而又曰：文武同方，兵农一致，果有异乎？臣惟三代而上，同一道也，勘乱则曰武，守成则曰文。同一民也，无事则为农，有事则为兵。初未始异也。在《易》明两作离，文明之象也。上九王用出征，有嘉。释之者曰：刚明及远，威振而刑不滥，斯不亦可见文武之同方乎？地中有水，师，师旅之象也。而释之者曰：伏至险于大顺，藏不测于至静，盖寓兵于农之意。斯不亦可见兵农之一致乎？是故一张一弛，号为善道，刚克柔克，协于皇极。

周公冢宰，实兼东征；毕公为公，亦总司马。武夫堪腹心之寄，吉甫有文武之称。以《天保》治内而未尝无武，以《采薇》治外而未尝无文，文武固未分也。自秦不师古，专以武勇立国，语诗书者有刑，斩首级者进爵。民勇于战，皆忘生好利之人。士贱以拘，废干戈羽龠之习。至汉袭秦制，立丞相将军，而将相之职异。唐宋以来，置中书、元帅、枢密，而军国之权偏。此文武之分出于三代之后也。

成周之制，以田赋出兵。一同之田，出戎马四百匹，兵车百乘。一封之田，出戎马四千匹，兵车千乘。畿方千里，提封万井，出戎马四万匹，兵车万乘。自五人为伍，积而为两为卒。自五卒为旅，积而为师、为军。天子之六卿六军，诸侯之大国三军，次国二军，小国一军，而降杀有等焉。一方有事，则命将出师。追功成献俘，将归于朝，即守职之吏；兵散于野，即缘亩之农。兵农固未判也。至管仲相齐，欲速图霸业，乃坏周兵于内政，分国中以四乡，使国中之民为兵，鄙野之民为农。兵不服耒耜之勤，农不识干戈之具。以至勾吴之水犀，秦昭之锐士，成周之制，变易尽矣。此兵农之判出于三代之衰也。

载质之《诗》、《书》所称古之帝王，未有不兼文武之德，均兵农之功者。称帝尧者曰：乃武乃文。四表之被，即所谓文；丹水之战，则所谓武也。舜之诛四凶，禹之格有苗，固可以武功名，而亦文明、文命之余事也。布昭圣武，见于《伊训》。然圣谟嘉言，谓非文武之全欤。文谟武烈，称于《君陈》，然整旅伐崇，下车访道，二者正未始偏废也。三代迭尚，曰忠，曰质，曰文，而不及武者，盖言忠、质、文则武固在其中。必以武言，则是秦之所尚，而非三代之治。周列四民，曰士、农、工、商，而兵不与者，即臣前所陈寓兵于农之说。专以兵言，是为后世之制，而非成周之旧矣。

汉、唐、宋之君，如光武之投戈讲艺，太宗之身兼将相，庶几创业而兼乎文。其未备者，如汉高之不事诗书，而规模宏远，盖其宽仁大度，暗合乎道，况能善陆贾文武并用之言乎？孝武之封狼居胥，宪宗之平淮西、西蜀，庶几守成而兼乎武。其未备者，如仁宗之时，西夏猖獗，而致四十二年之太平，盖其深仁厚泽，培植国本，况能用韩范儒者之将乎？陆贾之言曰：天下安，注意相。则在承平时，不可不修文德。故曰：人君以论相为职。又曰：将特大有司耳，非相比也。司马法曰：天下虽安，忘战必危。则在承平时，不可不饬武备。故曰：君子以除戎器，戒不虞。又曰：圣人贵未然之防。是知兵以卫民，民以给兵，治兵乃所以销兵，讲武即所以偃武。治兵之与治民，亦异而同也。

汉之军制以南北分，南军主环卫王宫，北军主巡绰京城。有骑士，有材官，与夫西北之车骑，东南之楼船，临淄之弩手，荆楚之剑客，皆仰给于县官，而不编于齐民。识者惜其去古未远，而不能复。此汉之治民与治兵异也。唐府兵之立，其制最善。兵散于府，将归于朝，所以弭祸乱之原。二十为兵，六十而免，而民无久役之劳。三时耕稼，一时讲武，而兵无常聚之患。器甲出于民，衣粮出于民，而国无养兵之费，治民与治兵同。而论者许其为近古，良有以也。宋之制有三衙、四厢，诸司总管钤辖诸将。然终宋之世国威不振者，殆兵权失之轻，而兵民分之过也。由是言之，文武者，其名也；兵农者，其实也。三代而上，兵出于农，而文武不得不合；三代而下，兵判于农，而文武不得不分。夫苟知文武之所以同，则所以治民与兵者，不容以异矣。

洪惟我太祖高皇帝独禀全智，首出庶物，扫开辟所未有之污，复帝王所自立之地。武功之盛无以加矣。整人伦于用夏变夷之余，兴文教于拨乱反正之始。文德之盛，又何如哉！当时之建官也，科目则有文举武举，官联则有文班武班，部属则有文选武选。当时之定籍也，常产则有屯田民田，户籍则有军籍民籍，官署则有州县卫所。然乾刚独断，无威柄下移之失；犬牙相制，无尾大不掉之患。有事则共与机密之谋，无事则各掌兵民之寄。在京有司马以提督军营，在外有宪臣以总制边务，臬司有兵备之权，县吏专巡捕之职。名若分而实则相属，职若判而任则相维，保治之法盖与三代而同符也。至若太宗表章经史，而外清朔漠之尘。宣宗崇重儒臣，而出平汉邸之变。列圣相继，益懋益敦。百五十年来，固皆以文致治而庙算无遗，神武不杀，伟烈宏功，照耀简册，寿国脉于箕翼，安国势于磐石，斯世斯民，盖有由之而不知者。

恭惟皇帝陛下保富有之业，思日新之图，阅历熟而见理明，涵养深而持志定。垂衣拱手而天下向风，动颜变色而海内震恐，疆场之虞扑之于方炽，萧墙之梗消之于未形，君子洗心以承休德，小人延颈以望太平，而皇心谦冲，谓承平既久，玩愒随之。臣伏读至此，有以知陛下出德之全德①，保治之全功，可因此一念而举矣。

---

① 上文作“出治之全德”。

臣窃以为陛下求治之心甚至，而奉行者或有所未至焉。夫学校者，风俗之首也。程颢谓：治天下以正风俗、得贤才为本。使主学校者皆得其人，教之之法，悉如阳城之在国学，胡瑗之在湖学，一道德以明礼义，尊经术以定习尚，不荒于嬉而毁于随，则淳厚之风可臻，而士之失业者，非所忧矣。民者，国本所系。邵雍谓：宽一分则民受一分之赐。所以宽之者在朝廷，而近民者莫切于守令。使为守令者皆得其人，养之之法，悉如黄霸之在颍川，张咏之在益州，遵奉诏条，宣布德意，不以茧丝先保障，不以抚字后催科，则殷阜之俗可期，而民之告饥者非所忧矣。

流徙之余聚为盗贼，亦由教之无法，养之无素故也。以人情言之，盗贼亦人耳。人莫不爱其筋力肌肤也，莫不爱其父母妻子也，莫不爱其田庐赀产也。在上者不以无益之工役苦其筋力，不以不中之刑罚残其肌肤，不以流离病其父母妻子，不以诛求损其田庐赀产，则彼之所爱者皆为所有矣，不幸而死犹不舍其所爱，况舍所爱以蹈必死之地哉？今潢池弄兵，绿林称号者，在在有之。

赋税之过，春支秋粮；馈运之敝，十室九空。农事在所当重也。迩者出内帑银二十万两，以济西蜀之军储，爱民可谓深矣。臣愚以为，本土之蓄积宜自足用。昔人有言：兵务精，不务多。今为将者，兵每务多，而财馈每患其寡。兵既多，则财馈不得不多，财馈既多，则民力不容以不屈。是民以养兵，而亦不可反为兵困也。

调发之伍，动以千百，战御之功，十无二三，兵政尤所当急也。迩者发京营兵三千骑，以平山东之反侧，御患可谓切矣。臣愚以为，本土之壮士宜自可用。昔汉击匈奴，用六郡良家子，盖其熟知险易，力卫桑梓，比之他方，所调发一可当百。况京兵一出，既有行迹，居饷之劳，亦有居重驭轻之戒，固可权其宜于一时，而非可继于旬月。是兵以卫民，而亦不可以为民殴也。

圣问又谓，或者官非其人。臣愚以为，一代之才自足以周一代之用，特患用之不得其道耳。用之诚得其道，则贪可使也，诈可使也，况蕴德行而志功名者乎？选举之制公矣，宁无腐儒而当事局，历济而投散地者乎？黜陟之典当矣，宁无冗食备员之辈，隐贤遗才之叹乎？赏罚之令明矣，宁无滥竽而受赏，戴盆而免罚者乎？诚使官各尽其人，才各尽其用，人人有忘私之公，事事有爱国之诚。彻桑土于未阴之时，徙积薪于未火之日。一郡有警则旁郡切震邻之忧，一时有警则先时思噬脐之悔，敌至不惧，敌去不侮，不因人成事而劳吾之师，不旷日持久而匮吾之财。内修外攘之实，必曲尽于条教之外；文恬武嬉之弊，必振起于玩习之余。则文德之敷，云行雨施；武功之建，雷厉风行。远可以复帝王之善治，上可以光祖宗之谟烈，国家亿万年之历，可以配天地于无穷矣。臣愿陛下益崇此德，益保此功，存无怠无荒之心，为可久可大之道。惟万几之暇少留意焉。则凡所以策臣者，可次第而举矣，何暇于多言为哉！

臣干冒天威，不胜战栗之至。臣谨对。

（录自［明］焦竑辑，［清］胡任兴增辑《历科廷试状元策》卷二）

（明）张朝瑞《皇明贡举考》卷六 （正德六年会试）中式举人三百五十名：……

杨慎，四川新都县人，监生，《易》。……

三月十五日，临策天下贡士。制曰：……

（时廷对之士三百四十九人，赐杨慎等进士及第出身有差。时慎父廷和为首相，子登首第，人有称为面皮状元者。然慎自幼语出惊人，长益博习缀缉，蔚有令闻。乡试第三，会试第二。后以议礼不合，由修撰谪戍滇南，益综群籍，各出意见。工于证经，博于稗史，详于诗事，精于字学，为海内宗工，风流雅致，人多称之。所著《升庵诗集》、《文集》、《南中集》、《赤牍清裁》、《丹铅余录》等百种，俱传。）

……

第一甲三名赐进士及第：杨慎，四川新都县。……

（明）王世贞《弇山堂别集》卷八十二·科试考二 （正德）六年辛未，命少傅太子太傅吏部尚书武英殿大学士刘忠，吏部右侍郎翰林院学士靳贵为考试官，取中邹守益等，廷试赐杨慎、邹守益、余本及第。

（明）张弘道、张凝道《皇明三元考》卷九·正德六年辛未科大魁 状元杨慎（四川新都人。字用修，号升庵。治《易》。年二十四，丁卯乡试第二名，会试第二名。慎自幼能文，多惊人语，长益博习缀辑，蔚有令闻。及第后，以议大礼不合，谪戍滇南，益综群籍，各出意见。工于证经，博于稗史，详于诗事，精于字学，为海内宗工，风流雅致，人多称之。卒于滇，年七十二。隆庆初，赠太常寺少卿。所著有《升庵文集》、《南中集》、《赤牍清裁》、《丹铅余录》等百种，俱传。

祖春，成化辛丑进士，提学佥事。父廷和，年十二，举辛卯乡试，登成化戊戌进士，少师，吏部尚书，华盖殿大学士，谥文忠。叔廷平，戊午举人。廷仪，弘治己未进士，兵部侍郎。廷宣，辛酉举人。弟惇，经魁，嘉靖癸未进士，主事。恂，经魁，丙戌会魁，庶吉士，佥事。侄有仁，万历丁丑进士，佥事。志仁，都司经历。其仁，前府经历。兴仁，指挥，同知）。

又 名臣：杨慎（已见）。

（清）张晋生等《四川通志》卷三十四·选举·进士·明·（正德）辛未科 杨慎（新都县人，状元）。

（清）张廷玉等《明史》卷十六·本纪第十六·武宗 （正德六年春）三月戊辰，赐杨慎等进士及第出身有差。

仕　宦

（清）张廷玉等《明史》卷十七·本纪第十七·世宗一　（嘉靖三年）秋七月乙亥，更定章圣皇太后尊号，去本生之称。戊寅，廷臣伏阙固争……辛卯，杖修撰杨慎，检讨王元正，给事中刘济、安盘、张汉卿、张原，御史王时柯于廷。原死，慎等戍谪有差。

（清）姚之骃《元明事类钞》卷十三·人伦门一·忠臣·撼门哭　《嘉靖注略》：时以璁、萼议命去册文本生字，杨慎曰："仗节死义，正在今日。"王元臣、张翀遮留群臣于金水桥南，合二百二十人俱赴左慎门跪伏，有呼高皇帝、孝宗皇帝者，上命司礼监谕退，不去。杨慎等乃撼门大哭，群臣皆哭，声震大内。

轶　事

（明）李绍文《皇明世说新语》卷二·文学　杨慎年二十四举进士第一，少师杨公设四事诇之，皆生平所未了，慎从容酬对，本末融贯，少师叹曰："此真才子。"

又，卷二·文学　杨升庵登眺山寺，见雨霁，虹蜺下饮涧水，得句云："渴虹下饮玉池水，斜日横分苍岭霞。"张愈光曰："'斜'字犹未称'渴'字。"后一年，升庵偶阅《庄子》，遂改"睨日"。愈光曰："'渴虹睨日'，古今奇句。"

又，卷四·品藻　杨用修曰："唐诗有极劣者，宋人采入全唐诗话，使观者曰：'是亦唐诗一体。'譬之燕赵多佳人，其间有跛者，眇者，瓶者，瘟者，疥且痔者，乃专房宠之曰：'是亦燕赵佳人之一种。'可乎？"

又，卷四·规箴　杨升庵谓："逸少有经济才，为书名所掩。艺之为累，大矣。"李思斋曰："艺亦安能累人？凡艺之极精者，皆神人也。况翰墨之为艺哉？先生偏矣。"

又，卷五·豪爽　杨用修谪滇中，有东山之癖。诸夷酋欲得其诗翰不可，乃以精白绫作裓，遗诸伎服之，使酒间乞书，杨欣然命笔，醉墨淋漓裾袖，酋重赏伎女购归，装潢成卷。杨后亦知之，便以为快。

又，卷五·栖逸　杨升庵书壁云："老境病魔，难亲笔砚。神前发愿，不作诗文。自今以始，朝粥一碗，夕灯一盏，作在家山僧行径，惟持庞公'空诸所有'四字。"

又，卷六·任诞　杨用修在泸州，尝醉，胡粉傅面，作双丫髻插花，门生舁之，诸伎捧觞，游行城市，了不为怍。人谓此君故自污。王元美曰：特是壮心不堪牢落，故耗磨之耳。

（明）王世贞《弇州四部稿》卷一百四十九·说部·艺苑卮言六　边庭实以按察移疾还，每醉，则使两伎肩臂，扶路唱乐，观者如堵，了不为怪。关中许宗鲁、何栋、西蜀杨名无夕不纵倡，渐以成俗。有规杨用修者，答书云："文有仗境生情，诗或托物起兴。如崔延伯每临阵则召田僧超为壮士歌，宋子京修史，使丽竖燃椽烛，吴元中起草令远山磨隃糜。是或一道也，走岂能执鞭古人？聊以耗壮心，遣余年，所谓老颠欲裂风景者，良亦有以。不知我者不可闻此言，知我者不可不闻此言。"

又　杨用修自滇中戍暂归泸，已七十余，而滇士有谗之抚臣昺者。昺俗戾人也，使四指挥以银铛锁来。用修不得已至滇，则昺已墨败。然用修遂不能归，病寓禅寺以没。

又　用修谪滇中，有东山之癖。诸夷酋欲得其诗翰，不可，乃以精白绫作裓，遗诸伎服之，使酒间乞书。杨欣然命笔，醉墨淋漓裙袖，酋重赏伎女购归，装潢成卷。杨后亦知之，便以为快。

用修在泸州，尝醉，胡粉傅面，作双丫髻插花，门生舁之，诸伎捧觞，游行城市，了不为怍。人谓此君故自污，非也。一措大裹赭衣，何所可忌？特是壮心不堪牢落，故耗磨之耳。

又，附录一　杨用修妇亦有才情，杨久戍滇中，妇寄一律云："雁飞曾不到衡阳，锦字何由寄永昌。三春花柳妾薄命，六诏风烟君断肠。曰归曰归愁岁暮，其雨其雨怨朝阳。相闻空有刀环约，何日金鸡下夜郎。"又《黄莺儿》一词："积雨酿春寒，见繁花树树残，泥涂满眼登临倦。江流几湾，云山几盘。天涯极目空肠断。寄书难无情，征雁飞不到滇南。"杨又别和三词俱不能胜。

（明）蒋一葵《尧山堂外纪》卷九十五·国朝　杨慎（字用修，号升庵，四川成都人。年二十四状元及第）。

正德庚午，扬州一士夫偶遇樟柳神，因叩明春状元何处人？神云："川新都种柽，肃氏头上名。乔木无灰易，真心用修行。"慎既及第，乃知为蜀地、姓、名、字也。

旧制，殿试读卷大臣，凡有血属与试，俱请回避。正德辛未，杨少师廷和在内阁，其长子慎会试既列名第二，将殿试，廷和亦以回避为请，一不准，即如常以入。是年，慎遂为大魁。京师目为"面皮状元"，有无名子送一诗于杨宅，末云："假使四公皆有子，状元不识着谁填。"时内阁有四阁老，故云。（正德某科士子中场用徐干《中论》全篇而得高第。明年，海内之士交相谓曰："徐干《中论》，翰林先生所最重也。"于是购《中论》而读者纷然。京师为之语曰："秀才好请客，徐干偶撞席。也只好一遭，良会难再得。"）

大宰夏松泉公七十，杨用修寿以诗曰："赤舄归来鬓未星，紫垣光焰照涪陵。山中宰相无尘事，河上仙翁有道经。春色又惊梅蕊白，熏风几换荔枝青。停云问月多篇咏，何日沧浪一共听？"

山东女子赵小钱年十五，为贼所掠，骂贼不从，以捣衣杵击贼，遇害。事闻，诏旌其门。杨用修为赋《捣衣杵》曰："戕贼金钻锢，击贼捣衣杵。今见赵小钱，昔闻杨愍女。"

杨用修才情盖世，所著有《洞天玄记》、《陶情乐府》、《续陶情乐府》，流脍人口，而颇不为当家所许。盖杨本蜀人，故多川调，不甚谐南北本腔也。摘句，如："费长房缩不就相思地，女娲氏补不完离恨天。别泪铜壶共滴，愁肠兰焰同剪。和愁和闷，经岁经年。"又："傲霜雪镜中紫髯，任光阴眼前赤电，仗平安头上青天。"皆佳语。（它曲多剽元人乐府，如"嫩寒生，花底风，风儿疏刺刺"诸阕，一字不改，掩为己有。盖杨多抄录秘本，不知久已流传人间矣。）

杨用修《浣溪沙》云："首夏偏宜淡薄妆，铜青衫子紫香囊，清歌一曲送霞觞。罗袜凌波回洛浦，淡云轻雨拂高唐，纱厨今夜贺新凉。"

杨用修《塞垣鹧鸪词》云："秦时明月玉弓悬，汉塞黄河锦带连。都护羽书飞瀚海，单于猎火熠甘泉。莺闺燕阁年三五，马邑龙堆路十千。谁起东山安石卧？为□谈笑静风烟。"又《咏柳》曰："垂杨垂柳管芳年，飞絮飞花媚远天。金茧抱春寒食后，玉蛾翻雪暖风前。别离江上还河上，抛掷桥边与路边。游子魂销青塞月，美人肠断翠楼烟。"

杨用修有《罗江怨》四阕，押四"热"字最妙，其词曰："离亭月影斜。东方亮也，金鸡惊散枕边蝶。长亭十里，阳关三叠。相思相见何年月？泪流襟上血，愁穿心上结。鸳鸯被冷雕鞍热。""黄昏画角歇。南楼报也，迟迟更漏初长夜。茅檐滴溜，松稍霁雪，纸窗不定风如射。墙头月又斜，床头灯又灭。红炉火冷心头热。""青山隐隐遮。行人去也，羊肠鸟道几回折？雁声不到，马蹄又怯。恼人正是寒冬节。长空孤鸟灭，平湖远树接。倚楼煨得阑干热。""关山望转赊。程途倦也，愁人莫与愁人说。离乡背井，瞻天望阙，丹青难把衷肠写。炎方风景别，京华书信绝。世情休问凉和热。"

杨用修妇亦有才情，杨久戍滇中，妇寄一律云："雁飞曾不到衡阳，锦字何由寄永昌。三春花柳妾薄命，六诏风烟君断肠。曰归曰归愁岁暮，其雨其雨怨朝阳。相闻空有刀环约，何日金鸡下夜郎。"又《黄莺儿》一词："积雨酿春寒，见繁花树树残，泥涂满眼登临倦。江流几湾，云山几盘。天涯极目空肠断。寄书难，无情征雁，飞不到滇南。"杨又别和三词，俱不能胜。杨词云："夜雨滴空阶，傍愁人枕畔来，乡心一片无聊赖。泪眸懒揩，狂歌懒裁。沈郎多病宽腰带。望琴台，迢迢天外，怀抱几时开？""霁雨带残虹，映斜阳一抹红，楼头画角收三美。东林晚钟，南天晚鸿。黄昏新月弦初控。望长空，披襟谁共？万里楚台风。""丝雨湿流光，爱青苔绣粉墙，鸳鸯浦外清波涨。新篁送凉，幽芳美香。云廊水榭堪游赏。倒金觞，形骸放浪，到处是家乡。"（杨以"议礼"戍永昌，侨寓安宁，遍游临安、大理诸郡。所至携娼伶，通良家妇女，皆大理董秀才为杨罗致之，呼为董牵头。诸夷酋欲得其诗翰不可，乃以精白绫作裓，遗诸伎服之，使酒间乞书，杨欣然命笔，醉墨淋漓裙袖。酋重赏伎女购归，装潢成卷。杨后亦知之，便以为快。）

杨用修在滇中与张含愈光最善，含有《寄用修》诗曰："金马秋风十载余，芙蓉深巷闭门居。登楼莫作依刘赋，奉使曾传谕蜀书。卧病可怜天一柱，独醒无奈楚三闾。北来消息风尘动，白首沧江学钓鱼。”又：“东观声名北斗齐，凤凰踪迹成雕题。八千里外潮阳马，十九年来海上瓶。铜柱蒹葭鸿雁响，铁城烟雨鹧鸪啼。连宵数有怀人梦，记得分明锦水西。”

《草书百韵歌》乃宋人编成，以示初学者，托名于羲之。嘉靖间，有一中书取以刻石，而一巨公序之，信以为然。有自京师来滇，持以问杨用修曰：“此羲之草韵也?”杨戏之曰：“字莫高于羲之，得羲之自作草书百韵歌，奇矣。又如诗莫高于杜子美，子美有《诗学大成》。经书出于孔子，孔子有《四书活套》。若求得二书，与此为三绝矣。”其人愕然曰：“孔子岂有《四书活套》乎?”杨曰：“孔子既无《四书活套》，羲之岂有《草书百韵》乎!”其人始悟。

杨用修在滇中，有《怀归》诗：“星桥南望沉犀渚，雪岭西连抱珥河。关塞渺茫魂梦隔，山川迢递别离多。汀洲春雨搴芳杜，茅屋秋风带女萝。心事未从詹尹卜，生涯聊听僰童歌。”后暂归泸，已七十余。而滇士有谗之抚臣昺者，昺，俗戾人也，使四指挥以银铛锁来。用修不得已至滇，则昺已墨败，然用修遂不能归，病寓禅寺以没。（用修在泸州尝醉，胡粉傅面，作双丫髻插花，门生舁之，诸伎捧觞，游行城市，了不为怍。）

（明）焦竑《玉堂丛语》卷七·恬适 杨升庵书壁云：“老境病磨，难亲笔砚，神前发愿，不作诗文。自今以始，朝粥一碗，夕灯一盏，作在家僧行径。惟持庞公‘空诸所有’四字。”

又，卷七·任达 杨用修好纵倡乐，刘绘以书规之，答云：“兹荒戍瑟居，得以息黥补刖。自惟千钧之弩，一发不鹄，则可永弢矣。且文有仗境生情，诗或托物起兴，如崔延伯每临阵则召田僧超为壮士歌，宋子京修史使丽竖燃椽烛，吴元中起草令远山磨隃糜。是或一道也，走岂能执鞭古人？聊以耗壮心，遣余年，所谓老颠欲裂风景者，良亦有以。不知我者不可闻此言，知我者不可不闻此言。”

杨用修谪滇南，有东山之癖，诸夷酋欲得其诗翰，不可，乃以精白绫作裓，遗诸伎服之，使酒间乞书，杨欣然命笔，醉墨淋漓裙袖。酋重赏伎女，购归，装潢成卷。杨后亦知之，便以为快。

用修在泸州尝醉，胡粉傅面，作双丫髻插花，门生舁之，诸伎捧觞，游行城市，了不为怍。人谓此君故自污，非也，一措大裹赭衣，何所可忌？特是壮心不堪牢落，故耗磨之耳。

（明）朱国祯《涌幢小品》卷七·小座主 弘治乙丑，杨石斋主考礼闱，子升庵与俱。时崔仲凫铣试卷分刑部主事刘武臣，疑其深刻未录，升庵见而奇之，以呈石斋，遂擢《诗》魁。崔以小座主称焉。时年十八，子随父入场，且得搜卷分考官舍中，今可行否？

（明）谢肇淛《滇略》卷十·杂略 杨用修既戍永昌，侨寓安宁，遍游临安、大理诸郡。所至携娼伶以随，夷酋欲得其诗翰，不可得，乃以精白绫作裓，遗诸妓服之，酒间乞书，杨欣然命笔，醉墨淋漓裙袖，酋重赏妓女购归，装潢成卷，杨后知之，更以为快。有规之者，答曰："文有仗境生情，诗或托物起兴，如崔延伯每临阵则召田僧超为壮士歌，宋子京修史使丽竖燃椽烛，吴元中起草令远山磨隃麋，是或一道也，走岂能执鞭古人？聊以耗壮心，遣余年，所谓老颠欲裂风景者，良亦有之。不知我者不可闻此言，知我者不可不闻此言。"

（清）沈辰垣等《御选历代诗余》卷一百二十·词话（明） 成都杨慎所著书百余种，号为博洽。金华胡应麟嫌其熟于稗史不娴于正史，作《笔丛》以驳之。然杨所辑《百琲真珠》、《词林万选》，王弇州亦谓之词家功臣也。因议礼谪戍泸州，暇时红粉傅面，作双了髻插花，令诸妓扶觞游行，了不为怍。有以书规之者，答云："文有仗境生情，诗或托物起兴，如崔延伯临阵则召田僧超为壮士歌，宋子京修史使丽竖燃椽烛，吴元中起草令远山磨隃麋，是或一道也，走岂能执鞭古人？聊以耗壮心，遣余年耳。知我者不可以不闻此言，不知我者不可以不闻此言。①"诗有"罗衣香未歇，犹是汉宫恩"句，词亦富赡。（《乐府纪闻》）

又 杨用修少时善琵琶，每自为新声度之。及登第后，犹于暑月花绾两角髻，著单纱半臂，背负琵琶，共二三骚人，携尊酒席地坐西长安街上，歌所制小词，撮拨到晓。适李阁老早朝过之，听其声异常流，令人询之，则云杨公子修撰也。李为之下车，杨举卮进，李曰："朝尚早，愿为先生更弹。"弹罢而火城将熄，李先入朝，杨亦随着朝衣而至。朝退，进阁揖李先生及其尊人，李笑谓曰："公子韵度自足千古，何必躬亲丝竹，乃擅风华？"自是，长安一片月，绝不闻杨公子琵琶声矣。（《桐下听然》）

（清）张英等《御定渊鉴类函》卷一百九十五·文学部四·著述四 著述凡百余种（《明诗纪事》云：杨慎，字用修，著述甚富，文集之外凡百余种。）

又，卷一百九十六·文学部五·文章二 《明诗纪事》曰：杨慎，字用修，新都人。七岁拟《古战场文》，时人传诵，以为渊云再出。

又，卷二百三·文学部十二·博学二 李氏《续藏书》：刘绘贻杨慎书曰："仆观足下蒙难以来，呕心苦志，摹文读经，延搜百氏，穷探古迹，凿石辨剥泐，破冢出遗忘。有僻儒苦士白首蓬藋，日自纂索所不能尽。"

又，卷二百三·文学部十二·博学四 星辨注张（李氏《续藏书》：杨慎，字用修。正德间，上阅《文献通考·天文》，星名有"注张"，内合取《秘书通考》，又作"汪张"。中使下问，钦天监及翰林馆中皆莫知为何星也。慎曰："注张柳星也。"历引

① 此处显误，王世贞《艺苑卮言》作"不知我者不可闻此言，知我者不可不闻此言。"

《周礼》、《史记》、《汉书》以复)。

不减苏颂(又曰:嘉靖初,给事张翀上言时政,有"裔宇嵬琐"之语,上问之内阁。杨慎适在馆中,即取《荀子·非十二子》篇以复。敌所蒋公喜曰:"用修之博,何减古之苏颂乎?")

又,卷三百二十五·巧艺部二·书二 王弇州《艺苑卮言》曰:杨慎谪戍云南,益自放,尝作双丫髻插花,游行城市,诸伎衣精白绫裓衣,酒间乞书,醉墨淋漓。尝语人曰"老颠欲裂风景,聊以耗壮心耳。"

(清)张晋生等《四川通志》卷四十五·艺文·明·外纪 (杨升庵先生在滇南,每出游,乘一木肩舆,仅容膝,状如升,所谓升庵也。庵之前题曰"士到东都须节义,地当西晋且风流",为张愈光含笔。与人游,无问贵贱,酒间吟次,时命声伎佐之,舞裙歌扇,笑拥弥日。在泸州,尝醉,糊粉涂面,作双丫髻插花,门生舁之,诸伎捧觞,游行城市。王中丞元美曰:"壮心不堪牢落,故耗磨之耳。"真知言哉!)

(清)靖道谟等《云南通志》卷三十·杂纪·轶事 杨慎逸事(杨慎戍永昌,遍游诸郡,所至携倡伶以随,蛮酋欲求其诗翰不可得,乃以白绫作裓,遗诸妓服之,酒后乞诗,杨欣然命笔,醉墨淋漓,挥满裙袖,酋重价购归。杨后知之,更以为快。又慎在滇中有《怀归诗》:"星桥南望沉犀渚,雪岭西连抱洱河。关塞渺茫魂梦隔,山川迢递别离多。汀洲春雨搴芳杜,茅屋秋风带女萝。心事未从詹尹卜,生涯聊听僰童歌。"后暂归泸,已七十余,而滇士有谗之抚臣王昺者。昺,俗戾人也,使四指挥以锒铛锁来,慎不得已至滇。则昺已墨败,然慎遂不能归,病寓禅寺以没。又永昌张志淳为太常卿时,与新都杨廷和交善。一日,廷和偕弟廷仪暨二三僚友集志淳宅分韵赋石榴诗,客有得"张"字者,难之。志淳子含方七岁,在侧曰:"何不用张骞故事。"坐客皆惊。明日,廷和亦携子慎来,慎年与含相若,互相辩论,各不能屈,遂订为终身交。后含举乡荐,不仕。慎亦谪戍永昌,复与含诗文倡和,以垂老焉)。

又,卷三十·杂纪·遗文 杨慎妇诗词(升庵久戍滇中,妇黄氏寄一律云:"雁飞曾不到衡湘,锦字何由寄永昌。三春花柳妾薄命,六诏风烟君断肠。曰归曰归愁岁暮,其雨其雨怨朝阳。相怜空有刀环约,何日金鸡下夜郎。"又一绝云:"懒把音书寄日边,别离经岁又经年。郎君自是无归计,何处青山不杜鹃。"又《黄莺儿》一词:"积雨酿春寒,见繁花树树残,泥涂满眼登临倦。江流几湾,云山几盘。天涯极目空肠断。寄书难,无情征雁,飞不到滇南。"升庵别和三词,俱不能胜,并载于此。其一云:"夜雨滴空阶,傍愁人枕畔来,乡心一片无聊赖。泪眸懒揩,狂歌懒裁。沈郎多病宽腰带。望琴台,迢迢天外,怀抱几时开?"其二云:"霁雨带残虹,映斜阳一抹红,楼头画角收三弄。东林晚钟,南天晚鸿。黄昏新月弦初控。望长空,披襟谁共?万里楚台风。"其三云:"丝雨湿流光,爱青苔绣粉墙,鸳鸯浦外清波涨。新篁送凉,幽芳弄香。云廊水榭堪游赏。倒金觞,形骸放浪,到处是家乡。")

（清）姚之骃《元明事类钞》卷十二·仁进门·座主·小座主 《明诗话》：宏治乙丑，崔铣试礼部，分考未录。时杨用修侍石斋公于礼闱，见之，爱其奇隽，石斋遂擢之《经》魁。崔知而以小座主称用修焉。

又，卷十六·人品门二·博物·职注张 《玉堂丛话》：武庙阅《文献通考》，有星名"注张"，问钦天监，不知。内使下问翰林，杨慎对曰："注张，柳星也。《周礼》以注名者，注曰：注，味也，鸟喙也，音呪。南方朱鸟七宿柳为鸟之咮也。《史记·律书》'西至于注张'，《汉书·天文志》'柳为鸟喙'。"因取《史记》、《汉书》二条以覆。

又，卷十六·人品门二·博物·喬宇嵬琐 《杨慎集》：嘉靖初，给事张翀上疏论学术有"喬宇嵬琐"语，上以此四字问内阁，值慎在史馆，即取《荀子·非十二子》篇以复。

又，卷十六·人品门二·博物·诇四事 明《周复俊集》：杨升庵举进士，少师三南杨公设四事诇之，皆生平所未了者。升庵从容酬对，本末融贯。少师叹曰："此真才子！"

又，卷十七·人品门三·任达·插花游市 《玉堂丛话》：杨用修在泸州，尝醉，辄胡粉傅面，作双丫髻插花，门生舁之，诸伎捧觞，游行城市，了不为怍。

又，卷十七·人品门三·风怀·绫裓醉墨 《艺苑卮言》：杨用修谪滇，有东山之癖。夷酋欲得其书不可，乃以精白绫作裓，遗诸伎服之，使酒间乞书。杨欣然命笔醉墨淋漓裾袖，酋购归，装潢成卷。

又，卷二十一·文学门一·书籍·僰文书 《滇黔纪游》：杨升庵往来大理、永昌间，访于旧家得白古通元峰年《运志》，其书僰文，升庵谙其语，译为《滇载记》，南诏始末方得详备。

著　　作

（明）朱睦㮮《授经图义例》卷十二·诸儒著述附历代四诗传注·传 《四诗表传》一卷（杨慎）。

又，卷十二·诸儒著述附历代春秋传注·谱 《春秋地名考》一卷（杨慎）。

又，卷二十·诸儒著述附历代三礼传注·檀弓 《檀弓丛训》二卷（杨慎）。

又，卷二十·诸经解（附） 《升庵经说》八卷（杨慎）。

（明）何宇度《益部谈资》卷中 杨用修著述之富，古今罕俦。予所见已刻者二十九种：《升庵全集》、《升庵诗集》、《升庵诗话》、《杨子卮言》、《赤牍清裁》、《词林万选》、《丹铅要录》、《丹铅总录》、《丹铅摘录》、《丹铅余录》、《丹铅续录》、《艺林伐山》、《墨池琐录》、《诗话补遗》、《五言律祖》、《绝句辩体》、《禅林钩玄》、《水经》、《古今韵语》、《转注古音略》、《古音骈字》、《古音复字》、《古音附录》、《异鱼图赞》、《韵林原训》、《李诗选》、《杜诗选》、《风雅遗编》、《皇明诗抄》。未见已刻者三十九种①:《南中续集》、《玉堂集》、《长短句》、《长短句续集》、《书品》、《词品》、《金石古文》、《画跋》、《赤牍拾遗》、《选诗外编》、《选诗拾遗》、《唐绝精选》、《唐音百绝》、《唐绝增奇》、《六言诗选》、《古文音释》、《古音猎要》、《古音丛目》、《奇字韵》、《古文参同契》、《温泉诗集》、《洞天玄纪》、《檀弓丛训》、《禅藻集》、《谭苑醍醐》、《陶情乐府》、《乐府续集》、《箜篌新咏》、《墐户录》、《滇载记》、《脉位图说》、《连夜吟卷》、《月节词》、《千里面谈》、《经义模范》、《崔氏志铭》、《山海经补注》、《七十行戍稿》。闻未刻者尚有七十一种②:《各史要语》、《晋史精语》、《夏小正解》、《管子叙录》、《庄子刊误》、《古隽》、《谢华启秀》、《群书丽句》、《文海钓鳌》、《名奏菁英》、《四诗表证注》、《古文韵语别录》、《古文诗选》、《皇明诗续抄》、《诗林振秀》、《五言绝选》、《选唐百绝》、《寰中秀句》、《古今柳诗》、《古谚》、《古今风谣》、《苍珥记游》、《填词选格》、《百琲明珠》、《词苑增奇》、《草堂诗余补遗》、《六书传证》、《六书探赜》、《篆韵索隐》、《古篆要略》、《六书统摘要》、《隶骈》、《铭心神品》、《韵藻》、《晞钱颂聿》、《清暑录》、《希姓录》、《滇程纪》、《书画名跋》、《书画神品目》、《素问纠略》、《群艳传神》、《江花品藻》、《滇候记》、《引书晶钍》、《丹铅别录》、《丹铅闰录》、《丹铅赘录》、《升庵经说》、《文游余录》、《卮言闰录》、《敝帚》、《病榻手欥》、《苏黄诗髓》、《宛陵六一诗选》、《五言三韵诗选》、《五言别选》、《宋诗选》、《元诗选》、《群公四六节文》、《古韵诗略》、《说文先训》、《古今词英》、《填词玉屑》、《六书练证》、《逸古编》、《经书指要》、《偶语》、《六书索隐》。总之一百四十种③。

(明)王世贞《弇州四部稿》卷一百四十九·说部·艺苑卮言六 明兴,称博学饶著述者,盖无如用修。其所撰,有《升庵诗集》、《升庵文集》、《升庵玉堂集》、《南中集》、《南中续集》、《七十行戍稿》、《升庵长短句》、《陶情乐府》、《续陶情乐府》、《洞天玄记》、《滇载记》、《转注古音略》、《古音丛目》、《古音猎要》、《古音复字》、《古音骈字》、《古音附录》、《异鱼图赞》、《丹铅余录》、《丹铅续录》、《丹铅摘录》、《丹铅闰录》、《丹铅别录》、《丹铅总录》、《墨池琐录》、《书品》、《词品》、《升庵诗话》、《诗话补遗》、《箜篌新咏》、《月节词》、《檀弓丛训》、《墐户录》、《瀑布泉行》、《须候记》、《夏小正录》、《升庵经说》、《杨子卮言》、《卮言闰集》、《敝帚》、《病榻手欥》、《晞钱颂》、《六书索隐》、《六书练证》、《经书指要》。其所编纂,有《词林万

---

① 实著录三十八种。

② 实著录六十九种。

③ 据其所称"所见已刻者二十九种"、"未见已刻者三十九种"、"闻未刻者尚有七十一种",计一百三十九种,或取整数称之。

选》、《禅藻集》、《风雅逸编》、《艺林伐山》、《五言律祖》、《蜀艺文志》、《唐绝精选》、《唐音百绝》、《皇明诗抄》、《赤牍清裁》、《赤牍拾遗》、《经义模范》、《古文韵语叙》、《管子录》、《引书晶钝》、《选诗外编》、《交游诗录》、《绝句辨体》、《苏黄诗体》、《宛陵六一诗选》、《五言三韵诗选》、《五言别选》、《李诗选》、《杜诗选》、《宋诗选》、《元诗选》、《群书丽句》、《名奏菁英》、《群公四六节文》、《古今风谣》、《古韵诗略》、《说文先训》、《文海钓鳌》、《禅林钩玄》、《填词选格》、《百琲明珠》、《古今词英》、《填词玉屑》、《韵藻》、《古谚》、《古隽》、《寰中秀句》、《六书索隐》、《六书练证》、《逸古编》、《经书指要》、《诗林振秀》。

（明）焦竑《玉堂丛语》卷一·文学 嘉靖初，给事中张翀疏有“脔宇嵬琐”四字，上令问内阁，不能知也。杨用修取《荀子·非十二子》篇以复，梁文康叹曰：“用修之强记，何必减苏颂乎？”《荀子》注，脔即谲，诡诈也。宇训大，言放荡恢大也。嵬，《说文》，高不平也。明兴，称博学饶著述者，无如用修。所撰有《升庵全集》、《升庵诗集》、《升庵玉堂集》、《南中集》、《南中续集》、《南中集抄》、《七十行成稿》、《升庵长短句》、《长短句续集》、《陶情乐府》、《续陶情乐府》、《洞天玄记》、《月节词》、《升庵诗话》、《诗话补遗》、《丹铅录》、《丹铅总录》、《丹铅续录》、《丹铅要录》、《丹铅余录》、《丹铅摘录》、《丹铅闰录》、《丹铅别录》、《丹铅赘录》、《墨池琐录》、《转注古音略》、《古音丛目》、《古音猎要》、《古音复字》、《古音骈字》、《古音余录》、《古音略例》、《五音拾遗》、《古音附录》、《古文音释》、《韵林原训》、《奇字韵》、《杂字韵宝》、《金石古文》、《六书索隐》、《六书练证》、《六书探赜》、《六书统摘要》、《篆韵索隐》、《古篆要略》、《隶骈书品》、《词品》、《铭心神品》、《书画神品目》、《书画名跋》、《箜篌新咏》、《檀弓丛训》、《墐户录》、《希姓录》、《清暑录》、《瀑布泉行》、《滇程记》、《滇候记》、《滇载记》、《录异记》、《异鱼图赞》、《夏小正录》、《升庵经说》、《经书指要》、《杨子卮言》、《卮言闰集》、《敝帚》、《病榻手欥》、《晞钱谻笔》、《四诗表证》、《山海经补注》、《水经补注》。所编纂有《蜀艺文志》、《选诗拾遗》、《选诗外编》、《皇明诗抄》、《皇明诗续抄》、《五言律祖》、《李诗选》、《杜诗选》、《宛陵六一诗选》、《五言三韵诗选》、《五言别选》、《六言绝选》、《苏黄诗髓》、《禅藻集》、《风雅逸编》、《唐音百绝》、《唐绝精选》、《唐绝搜奇》、《唐绝增奇》、《绝句演义》、《绝句辩体》、《宋诗选》、《元诗选》、《千里面谈》、《交游诗录》、《交游余录》、《词林万选》、《百琲明珠》、《草堂诗余补遗》、《填词选格》、《古今词英》、《填词玉屑》、《词选增奇》、《韵藻》、《古谚》、《古隽》、《诗林振秀》、《古今风谣》、《古韵诗略》、《说文选训》、《文海钓鳌》、《禅林钩玄》、《艺林伐山》、《群书丽句》、《哲匠金桴》、《群公四六节文》、《赤牍清裁》、《赤牍拾遗》、《谢华启秀》、《经义模范》、《古文韵语》、《古文韵语别录》、《管子叙录》、《引书晶托》、《逸古编》、《寰中秀句》、《苍珥纪游》、《谭苑醍醐》、《素问纠略》、《群艳传神》、《唐史要》、《偶语》、《经子难字》、《脉位图说》、《连夜吟卷》、《各史要语》、《晋史精语》、《庄子阙误》、《江花品藻》、《群书琼敷》、《群公四六丛珠》、《舆地碑目》、《春秋地名考》、《批点瀛奎律髓》、《批点文心雕龙》、《古今柳诗》、《名奏菁英》、《写韵楼杂录》、《晴雨历》、《龙字杂俎》、《韵语阳秋》、《琼屑》。

（明）焦竑《升庵外集题识》 明兴，博雅饶著述者无如杨升庵先生。向读墓文，载其所著书百又九种，可谓富矣。余所得往往又出所知之外。盖先生谪居无事，遇物成书，有不可以数计者。余购之数十年，所睹记已尔，则余所不及闻者抑又多矣。顾其书多偏部短记，易于散佚。今其孙宗吾所言二厄者，则先生家已亡其书，况他人乎？曹能始观察入蜀，余托以访求。曹于书有奇嗜，极力搜罗，复得如干种以寄。鄙意先生诗文勒为正集，其所选辑批评自为一书为杂集，至所考证论议总归说明为外集。外集为余乡叶循甫，豫章王曰常嗣经共为排纂，而余先后之司成，顾公、汪公则嘉与而剞劂焉，尤有功是编者，辄为详列之。

万历丁巳春，琅玡焦竑识。

（清）黄虞稷《千顷堂书目》卷一·诗类 杨慎《四诗表传》一卷。

又，卷二·三礼类 杨慎《檀弓丛训》二卷（一名《附注》）。

又，卷二·春秋类 杨慎《春秋地名考》一卷。

又，卷三·经解类 杨慎《升庵经说》八卷（一作《经说丛抄》六卷），又《经子难字》二卷。

又，卷三·小学类 杨慎《转注古音略》五卷，又《古音丛目》五卷，又《古音猎要》五卷，又《古音附录》五卷，又《古音余》五卷，又《古音略例》一卷，又《六书练证》五卷，又《六书索隐》五卷，又《古文韵语》二卷，又《古文韵语别录》□卷，又《古音复字》五卷，又《古音骈字》一卷（一作五卷），又《韵林原训》五卷，又《奇字韵》五卷，又《杂字韵实》七卷，又《韵藻》四卷，又《说文先训》□卷，又《古音拾遗》五卷。

又 杨慎《石鼓文音释》一卷。

又 杨慎《墨池琐录》五卷。

又，卷五·霸史类 杨慎《滇载记》一卷。

又，卷五·史钞类 杨慎《历代史略词话》二卷。

又，卷七·地理类中 杨慎《全蜀艺文志》六十四卷。

又 杨慎《新都县志》（嘉靖间修）。

又，卷八·地理类下 杨慎《滇程记》一卷。

又 杨慎《山海经补注》一卷。

又 杨慎《温泉诗》一卷。

又，卷九·食货类 杨慎《异鱼图赞》四卷。

又，卷十·谱系类 杨慎《希姓录》五卷。

又，卷十·簿录类 杨慎《法帖神品目》一卷，又《名画神品目》一卷。

又，卷十二·小说类 杨慎《丹铅总录》二十七卷，又《丹铅续录》十二卷，又《丹铅余录》十七卷，又《丹铅新录》□卷，又《丹铅闰录》□卷，又《杨子卮言》二卷，又《卮言闰集》二卷，又《谭苑醍醐》九卷，又《艺林伐山》二十卷，又《墐户录》一卷，又《清暑录》二卷，又《病榻手欥》一卷，又《晞钱瓴笔》□卷，又《琐语编》一卷。

又，卷十四·医家类 杨慎《素问纠略》三卷。

又，卷十五·类书类 杨慎《哲匠金桴》五卷，又《均藻》四卷，又《谢华启秀》七卷，又《群书丽句》二卷。

又 司马奉《文献汇编》一百卷：

八十三卷：……《升庵诗话》（杨慎）……

九十三卷：《丹铅余录》（杨慎）……

九十七卷：《丹铅录》（杨慎）……

九十九卷：……《升庵杂考》（杨慎）。

一百卷：《升庵琐语》（杨慎）……

又 《广说郛》八十卷：

五十四卷：……《谈苑醍醐》（杨慎）。

又，卷十六·释家类 杨慎《禅藻集》六卷。

又 杨慎《禅林钩玄》九卷。

又，卷十六·道家类 杨慎《庄子阙误》一卷。

又，卷二十一·别集类·弘治乙丑科（十八年） 又《杨慎批点介溪诗》十六卷。

又，卷二十二·别集类·正德辛未科（六年） 杨慎《升庵文集》八十一卷（字用修，新都人。一甲第一人，翰林院修撰。以谏大礼，谪戍云南永昌。天启初，追谥文宪），又《升庵合并集》二十卷，又《升庵遗集》二十六卷，又《升庵诗》五卷，又《南中集》七卷，又《七十行戍稿》一卷，又《归田集》，又《晚秀集》，又《升庵长短句》四卷，又《升庵外集》一百卷（焦竑辑），又《续升庵集》二十卷（李贽），又《升庵诗选》二卷（林兆珂）。

又，卷三十一·总集类 杨慎《古隽》八卷。

又 杨慎《尺牍清裁》十一卷，又《古文翰苑琼琚》十二卷。

又 杨慎《金石古文》十四卷。

又 杨慎《风雅逸编》十卷，又《选诗外编》九卷，又《选诗拾遗》□卷，又《五言律祖》六卷，又《近体始音》五卷。

又 杨慎《绝句辨体》八卷，又《绝句衍义》四卷，又《唐绝搜奇》一卷，又《唐绝增奇》七卷，又《五言律祖》五卷，又《五言律细》一卷，又《七言律细》二卷。

又 杨慎《明诗钞》七卷。

又 杨慎《诗林振秀》十一卷。

又 杨慎《古今谚》一卷，又《古今风谣》一卷。

又，卷三十二·文史类 杨慎《升庵诗话》四卷，又《诗话补遗》三卷，又《哲匠金桴》五卷，又《千里面谈》二卷。

（清）靖道谟等《云南通志》卷三十·杂纪·遗文 《滇载记》一卷（明杨慎撰。载九隆世族及张蒙郑杨段高七氏名号起灭之颠末，盖取诸白古通元峰年《运志》而删正之）。

（清）张廷玉等《明史》卷九十六·志第七十二·艺文一·经类（礼类） 杨慎《周官音诂》一卷。

又 杨慎《檀弓丛训》二卷（一名《附注》），《夏小正解》一卷。

又，卷九十六·志第七十二·艺文一·经类（春秋类） 杨慎《春秋地名考》一卷。

又，卷九十六·志第七十二·艺文一·经类（诸经类） 杨慎《经说》八卷。

又，卷九十六·志第七十二·艺文一·经类（小学类） 杨慎《转注古音略》五卷，《古音丛目》五卷，《古音猎要》五卷，《古音附录》五卷，《古音余》五卷，《古音略例》一卷，《六书练证》五卷，《六书索隐》五卷，《古文韵语》二卷，《韵林原训》五卷，《奇字韵》五卷，《韵藻》四卷。

又，卷九十七·志第七十三·艺文二·史类（杂史类） 杨慎《滇载记》一卷。

又，卷九十七·志第七十三·艺文二·史类（地理类） 杨慎《全蜀艺文志》六十四卷。

又 杨慎《滇程记》一卷。

又，卷九十七·志第七十三·艺文二·史类（谱牒类） 杨慎《希姓录》五卷。

又，卷九十八·志第七十四·艺文三·子类（小说家类） 杨慎《丹铅总录》二十七卷，《续录》十二卷，《余录》十七卷，《新录》七卷，《闰录》九卷，《卮言》四卷，《谈苑醍醐》九卷，《艺林伐山》二十卷，《墐户录》一卷，《清暑录》二卷。

又，卷九十八·志第七十四·艺文三·子类（艺术类） 杨慎《墨池琐录》一卷，《书品》一卷，《断碑集》四卷。

又 杨慎《素问纠略》三卷。

又，卷九十八·志第七十四·艺文三·子类（类书类） 杨慎《升庵外集》一百卷（焦竑编次）。

又，卷九十八·志第七十四·艺文三·子类（道家类） 杨慎《庄子阙误》一卷。

又，卷九十八·志第七十四·艺文三·子类（释家类） 杨慎《禅藻集》六卷，《禅林钩玄》九卷。

又，卷九十九·志第七十五·艺文四·集类（别集类） 杨慎《文集》八十一卷，

《南中集》七卷，《诗》五卷，《词》四卷。

又，卷九十九·志第七十五·艺文四·集类（总集类） 杨慎《古隽》八卷。

又 杨慎《尺牍清裁》十一卷，《古今翰苑琼琚》十二卷。

又 杨慎《风雅逸编》十卷，《选诗外编》九卷，《五言律祖》六卷，《近体始音》五卷，《诗林振秀》十一卷，《明诗钞》七卷。

又 杨慎《经义模范》一卷。

又，卷九十九·志第七十五·艺文四·集类（文史类） 杨慎《升庵诗话》四卷。

（清）曹仁虎等《钦定续通志》卷一百五十七·艺文略·礼类第二·礼记类 《檀弓丛训》二卷（明杨慎撰）。

又，卷一百五十七·艺文略·礼类第二·杂礼书 《别本家礼仪节》八卷（旧题明杨慎撰）。

又，卷一百五十七·艺文略·小学类第四·音韵 《古音丛目》五卷，《古音猎要》五卷，《古音余》五卷，《古音附录》一卷（明杨慎撰）。《古音略例》一卷（明杨慎撰）。《转注古音略》五卷（明杨慎撰）。

又，卷一百五十七·艺文略·小学类第四·音释 《石鼓文音释》三卷，《附录》一卷（明杨慎撰）。

又，卷一百五十七·艺文略·小学类第四·古文 《奇字韵》五卷（明杨慎撰）。《古音骈字》一卷（明杨慎撰）。

又 《六书索隐》五卷（明杨慎撰）。《经子难字》二卷（明杨慎撰）。

又，卷一百五十七·艺文略·小学类第四·法书 《墨池琐录》四卷（明杨慎撰）。

又，卷一百五十九·艺文略·史类第五下·传记·列传（杂录别录附） 《滇程记》一卷（明杨慎撰）。

又，卷一百五十九·艺文略·史类第五下·传记·冥异 《广夷坚志》二十卷（明杨慎撰）。

又，卷一百六十·艺文略·诸子类第六·杂家（杂考） 《丹铅余录》十七卷，《续录》十二卷，《摘录》十三卷，《总录》二十一卷（明杨慎撰）。《谭苑醍醐》九卷（明杨慎撰）。

又，卷一百六十·艺文略·诸子类第六·小说（琐语） 《古今谚》二卷，《古今风谣》二卷（明杨慎撰）。

又，卷一百六十一·艺文略·类书类第十一 《谢华启秀》八卷（明杨慎撰）。《均藻》四卷（明杨慎撰）。《哲匠金桴》五卷（明杨慎撰）。《可知编》八卷（明杨慎撰）。

又，卷一百六十二·艺文略·文类第十二上·别集·明 《升庵集》八十一卷（明杨慎撰）。

又，卷一百六十三·艺文略·文类第十二下·总集 《古隽》八卷（明杨慎编）。

《风雅逸篇》十卷（明杨慎编）。《翰苑琼琚》八卷（旧本题明杨慎编）。《三苏文范》十八卷（旧本题明杨慎编）。

又，卷一百六十三·艺文略·文类第十二下·碑碣 《水经注碑目》一卷（明杨慎撰）。《金石古文》十四卷（明杨慎撰）。

又，卷一百六十三·艺文略·文类第十二下·诗评 《诗话补遗》三卷（明杨慎撰）。

又，卷一百六十三·艺文略·文类第十二下·词曲·词选 《词林万选》四卷（明杨慎编）。

（清）纪昀等《钦定四库全书总目》卷二十四·经部二十四·礼类存目二·《檀弓丛训》二卷（浙江汪启淑家藏本） 明杨慎撰。慎字用修，号升庵，新都人。正德辛未进士第一。授翰林院修撰。以谏大礼，谪戍滇中。事迹具《明史》本传。此本前有慎自序，后有永昌张含《跋》。盖慎在滇中，采郑、孔、贺、陆、黄、吴诸家注义，以补陈澔《集传》所未备。然如胡寅以檀弓为曾子门人，与子思同纂修《论语》。魏了翁又断为子游门人。此书既单行，何得于著书之人略而不叙，但引孔《疏》数言，无所订正。又言思为子游之子，注复遗之。至"大夫遣车五乘"，与《周官·典命》之文不合者，亦未置一语。盖边地无书，姑以点勘遣日，原不足以言诂经也。

又，卷二十五·经部二十五·礼类存目三·《别本家礼仪节》八卷（少詹事陆费墀家藏本） 旧本题明杨慎编。慎有《檀弓丛训》，已著录。是编前有慎《序》，词极鄙陋。核其书，即邱濬之本，改题慎名。其图尤为猥琐。《送葬图》中至画四僧前导，四乐工鼓吹而随之。真无知坊贾所为矣。

又，卷四十一·经部四十一·小学类二·《奇字韵》五卷（浙江巡抚采进本） 明杨慎撰。慎有《檀弓丛训》，已著录。是编标字体之稍异者，类以四声，故曰"奇字"。考六书以《说文》所载小篆为正，若卫宏、扬雄所学则别有古文奇字。以非六书偏旁所可推也。此书以"奇字"标名。而若《说文》引经，"寷其屋"，"豐"作"寷"；"克岐克嶷"，"嶷"作"啜"；"静女其姝"，"姝"作"妔"；"庶草繁廡"，"廡"作"無"；"天地絪緼"，絪緼作"壹壺"；"营营青蝇，止于樊"，"樊"作"棥"；"故源源而来"，"源源"作"謜謜"；"泣血漣如"，"漣"作"憓"之类：虽与今经文异，而皆有六书偏旁可求，则正体而非奇字。且此类甚多，不胜载。如《说文》引《尚书》"嵎夷"作"堣夷"；引《论语》"友便佞"，"便"作"諞"；引《诗》"赫兮喧兮"，"喧"作"愃"；引《周礼》"膳膏臊"，"臊"作"鱢"；"孤乘夏篆"，"篆"作"軔"；引《易》"包荒用冯河"，"荒"作"巟"；引《诗》"在河之洲"，"洲"作"州"；引《易》"服牛乘马"，"服"作"犕"。引《书》"濬畎澮距川"，"畎澮"作"𡿨巜"；引《春秋传》"翫岁而愒日"，"翫"作"忨"、"愒"作"潡"；引《易》"夫乾確然"，"確"作"隺"；引《春秋传》"执玉惰"，"惰"作"憜"；引《诗》"纳于凌阴，""凌"作"滕"；又引《诗》"白圭之玷"，"玷"作"刮"；引

《书》“闢四门”，“闢”作“闢”。异同之处，不可殚数。此书所载，殊不及十之二三。至于“岷”之作“汶”、“祷”之作“禂”，皆假借字，而亦概列为奇字，尤属不伦。又如“菑”字下但注一“灾”字，而不云本《盐铁论》“罕被寇菑”，“菑”音“灾”；“廧”字下但注一“牆”字，而不云本《管子·地员篇》“行廧落”，房元龄注为“行廧及蓠落”；“闓”字下但注一“開”字，而不云本《汉书·匈奴传》“乃遣闓陵侯将兵别围车师”及“今欲与汉闓大关”，颜师古注“闓与開同”；“茬”字下但注一“槎”字，而不云本《汉书·货殖传》“然犹云山不茬蘖”，师古注“茬，古槎字”；“闉”字下但注一“闻”字，而不云本《汉书·扬雄传》“东邻昆仑，西驰闉阖”，师古注“闉与闻同”：则全迷其所出。“萁”字下注“音该”，但引曹植诗，而不知《淮南子》“爨萁燧火”，高诱注“萁，音该”；“沠”字下注“音流”，但引《贾谊传》“朝廷之视端□平衡”，而不知考《荀子·荣辱篇》“其沠长矣”，杨倞注“沠，古流字”：则不溯其所始。又如《冬韵》载“窯”字，引《说文》而不知《汉书·地理志》“苍枀”，师古曰“枀，古松字”，与“窯”同一古今字；“賁”字下注云“古文斑”，而不知《荀子·强国篇》曰“如此下比周，賁溃以离上矣”，杨倞注“賁读如墳”，《汉书·翟方进傳》“賁丽善为星”，师古曰“賁音肥”；“蝯”字下注“与猨同”，而不知《汉书·李广传》又作“爰臂”，如淳曰“臂如猨臂”。其阙佚又不可枚举。盖慎充于腹笥，特就所记忆者录之，故于诸书不暇详考。然于秦汉载籍，亦已十得三四。讲六书者去其疵而录其醇，或亦不无所助焉。

又，卷四十一·经部四十一·小学类二·《古音骈字》一卷、《续编》五卷（江苏巡抚采进本）　《古音骈字》一卷，明杨慎撰。《续编》五卷，国朝庄履丰、庄鼎铉同撰。古人字少而韵宽，故用字往往假借。是书取古字通用者以韵分之，各注引用书名于其下。由字体之通，求字音之通，于秦汉以前古音，颇有考证。但遗阙过多，牵合亦复时有。即以开卷《东冬韵》论之。如，《荀子·议兵篇》云“案角鹿埵陇种东笼而退耳”，注曰“陇种，《新序》作龙钟”；《礼论》篇曰“弥龙”，注曰“弥如字，又读为弭”；《楚辞·九章》曰“苏详聋而不闻”，补注云“详与佯同”；《九叹》云“登逢龙而下陨兮，违故都之漫漫”，注云“逢龙一作逄，古本作蓬”；《吴越春秋·越王无余外传》曰“大夫曳庸”，注曰“《左传》作后庸，《国语》舌庸”；《史记·五帝本纪》曰“其后有刘累扰龙”，应劭曰“扰音柔”，故《五帝本纪》又曰“扰而毅”，徐广曰“扰一作柔”，则扰、柔字通；《仓公列传》曰“臣意胗其脉曰迵风”，注曰“迵音洞，言洞入四肢”；《汉书·地理志》曰“都庞”，应劭曰“庞音龙”，师古曰“音龚”；《扬雄传》曰“奋六经以摅颂”，师古曰“颂读若容”；《大戴礼·卫将军文子篇》曰“《诗》云：‘受小共大共，为下国恂蒙’”，注曰“今《诗》为骏庞”；《五帝德篇》曰“鸟兽昆虫”，考《说文》以“虫”为“虺”，然汉代碑刻即用“虫”为“蟲”，则虫、蟲通。此书原本、续本均未举及，则采摭之未备也。又如原本于“蠭门”二字注“出《荀子》”，而《史记·龟策列传》亦作“蠭门”，乃不注；续本于“虋冬”、“满冬”、“门冬”引《尔雅注》，而《山海经》曰“其草多芍药、虋冬”，乃不注；又引《广雅》

“膺匈”二字谓匈、智通，而《管子·内政篇》曰“平正擅匈”，注曰“和气独擅匈中，亦古智字”，乃亦不注。则训释之未详也。他如圜钟、函钟是黄钟、林钟别名，非黄通为圜，林通为函。其“浸卢维”读作“卢雒”，恐亦郑元之改字，未可尽概以古音。乃一例定为通用，未免附会。然大势征引赅洽，足资考证。古字之见于载籍者十已得其四五，亦可云小学之善本矣。

又，卷四十二·经部四十二·小学类三·《古音丛目》五卷、《古音猎要》五卷、《古音余》五卷、《古音附录》一卷（浙江巡抚采进本） 明杨慎撰。慎有《檀弓丛训》，已著录。是四书虽各为卷帙，而核其体例，实本一书。特以陆续而成，不及待其完备，每得数卷，即出问世，故标目各别耳。观其《古音猎要》“东”、“冬”二韵共标“鞠、朋、众、务、调、萝、窗、诵、双、明、萌、用、江”十三字，与《古音丛目》“东”、“冬”二韵所标者全复，与《古音余》“东”、“冬”二韵所标亦复五字。是即随所记忆，触手成编，参差互出，未归画一之明证矣。其书皆仿吴棫《韵补》之例，以今韵分部，而以古音之相协者分隶之。然条理多不精密。如《周易·涣》六四“涣有丘，匪夷所思”，“丘”与“思”为韵；《无妄》六三“无妄之灾，或系之牛，行人之得，邑人之灾”，“灾”古音菑，“牛”古音尼，与“灾”为韵；《系辞》“乾以易知，坤以简能”，“能”古音“奴来反”，与“知”为韵。慎于《古音丛目》“支”韵内“丘”字下但注云“《诗》”，“牛”字下但注云“《楚词》”，“能”字下则并不注出典。又《系辞》“神而化之，使民宜之”，慎于《古音丛目》“五歌”韵内知“宜”字之为“牛何切”，下注云“《易》‘神而化之’”为“毁禾切”，则但注云“见《楚词》”。又《易·彖传》“父父、子子、兄兄、弟弟、夫夫、妇妇”，“妇”与“子”及“弟”字为韵。慎于《古音丛目》“四纸”韵内“妇”字下，但引《西京赋》作“房诡切”；《丰》六二“丰其蔀，日中见斗”，“蔀”古音“蒲五切”，“斗”古音“滴主切”，故九四“蔀、斗”二字与“主”为韵。又《系辞传》“无有师保，如临父母”，“母”字与上“度、惧、故”为韵，慎于《古音丛目》“语麌”韵内“斗”字下但注云“《毛诗》”，“母”字下但注云“《易林》”。凡此皆不求其本，随意捃摭。又古音皆其本读，非可随意谐声，辗转分隶。如江韵之“江、窗、双、椌”四字，《古音猎要》皆收入“冬韵”是也。而《古音丛目》又以“东韵”之“红”、“冬韵”之“封”、“龙”三字收入“江韵”。考《易·说卦传》“震为雷、为龙”，虞翻、干宝并作“駹”；《周礼·巾车》“革路龙勒”，注“駹也，駹车故书作龙车”；《犬人》“凡几珥沈辜用駹可也”，注“故书作龙”，则駹本音龙，以在“东韵”为本音，不容改“龙”以叶“駹”。“封”与“邦”通，“邦”之古音谐丰声。“红”与“江”通，“江”之古音谐工声，亦以“东”、“冬”为本韵，不得改“封”、“红”以入“江”也。盖慎博洽过陈第，而洞晓古音之根柢则不及之。故搜辑秦汉古书，颇为该备，而置之不得其所，遂往往舛漏自牴牾。以其援据繁富，究非明人空疏者所及，故仍录其书，以备节取焉。

又，卷四十二·经部四十二·小学类三·《古音略例》一卷（两江总督采进本） 明杨慎撰。是书取《易》、《诗》、《礼记》、《楚词》、《老》、《庄》、《荀》、

《管》诸子有韵之词，标为《略例》。若《易例》“日昃之离”，“离”音罗，与“歌”、“嗟”为韵；“三岁不觌”，“觌”音“徒谷切”，与“木”、“谷”为韵；“并受其福”，“福”音偪，与“食”、“汲”为韵；“吾与尔靡之”，“靡”音磨，与“和”为韵：颇与古音相合。他如“嘒彼小星，维参与昴”，旧叶“力求切”，慎据《史记·天官书》徐邈音“昴”为“旄”；下文“抱衾与裯”之“裯”音调，“寔命不犹”之“犹”音“摇”。今考郭璞注《方言》“裯，丁牢反”，《檀弓》“咏斯犹”，郑注“犹当作摇”，则二音实有所据。慎又谓：“吴棫于《诗》‘棘心夭夭，母氏劬劳’，‘劳’必叶音僚；‘我思肥泉，兹之永叹’，‘叹’必叶他涓切；‘出自北门，忧心殷殷’，‘门’必叶眉贫切；‘四牡有骄，朱幩镳镳’，‘骄’必叶音高。不思古韵宽缓，如字读自可叶，何必劳唇齿，费简册。”其论亦颇为得要。至如《老子》“朝甚除，田甚芜，仓甚虚。服文彩，带利剑，厌饮食，资财有余，是谓盗夸”，慎据《韩非·解老篇》改“夸”为“竽”，谓“竽”方与“余”字叶，柳子厚诗仍押“盗夸”均误。今考《说文》，“夸”从大，于声，则“夸”之本音不作“枯瓜切”明矣。故《楚词·大招》“朱唇皓齿，嫭以姱只。比德好闲，习以都只”，《集韵》“姱或作夸”；又《吴都赋》“列寺七里，侠栋杨路。屯营栉比，解署棋布。横塘查下，邑屋隆夸。长干延属，飞甍舛互”，是“夸”与“余”为韵，正得古音，而慎反斥之，殊为失考。又《易》“晋，昼也。明夷，诛也”，慎谓古“诛”字亦有“之由切”，与“昼”为韵，孙奕改“诛”为“昧”，“昧”叶音暮，殊误。今考《周礼·甸祝》“裯牲裯马”亦如之，郑读“裯”为“诛”，则慎说似有所据。但“昼”字古音读如“注”，张衡《西京赋》“徼道外周，千庐内附。卫尉八屯，警夜巡昼”，又《易林·井之复》“昼”与“据”为韵，《井之涣》“昼”与“故”为韵，《涣之蛊》“昼”与“惧”为韵；则古韵“昼”不作“陟救切”可知，何得舍其本音而反取“诛”之别音为叶？他若《庄子》“窃钩者诛，窃国者为诸侯”，慎读“诛”为“之由切”，而不知“侯”之古音胡，正与“诛”为韵。又《易林》“蜘蛛之务，不如蚕之緰”，慎读“务”为“蝥”、“緰”为“钩”，不知“緰”古音“俞”，正与“务”为韵。盖其文由掇拾而成，故其说或离或合，不及后来顾炎武、江永诸人能本末融贯也。

又，卷四十二·经部四十二·小学类三·《转注古音略》五卷（江苏巡抚采进本）明杨慎撰。是书前有自序，大旨谓《毛诗》、《楚词》有叶韵，其实不越《保氏》转注之法。《易经疏》云“贲有七音”，始发其例。宋吴才老作《韵补》，始有成编。学者知叶韵自叶韵，转注自转注，是犹知二五而不知十也。考叶韵之说始于沈重《毛诗音义》（见《经典释文》），后颜师古注《汉书》，李善注《文选》，并袭用之。后人之称叶韵，自此而误，然与六书之转注则渺不相涉。慎书仍用叶韵之说，而移易其名于转注，是朝三暮四改为朝四暮三也。如“四江”之“釭”字，《说文》云“从金，工声”，“窻”字，《说文》云“从穴，悤声。”则“釭”读工，“窻”读悤，皆其本音，无所谓转，亦安所用其注乎？姑即就慎书论之，所注转音，亦多舛误。如“二冬”之“龙”字，引《周礼》“龙勒杂色”，谓当转入“三江”。不知《玉人》“上公用龙”，郑司农云“龙当为龙”；而《左传》“狐裘龙茸”，即《诗》之“狐裘蒙戎”；则龙当从龙转，龙不当作“莫江反”也。又如“蒸韵”之“朋”字，慎引《逸诗》“翘翘车乘，招我以弓。岂不欲往，畏我友朋”，谓当转入“一东”。不知“弓”古音肱，有《小戎》、《采绿》、《闷宫》及《楚词·九歌》诸条可证。则“弓”当从“朋”转，“朋”不当读为“蓬”也。如此之类，皆昧于古音之本。以其引证颇博，亦有足供考证者，故顾炎武作《唐韵正》犹有取焉。

又，卷四十三·经部四十三·小学类存目一·《石鼓文音释》三卷、《附录》一卷（浙江范懋柱家天一阁藏本）　明杨慎撰。慎有《檀弓丛训》，已著录。是编第一卷为《石鼓古文》，第二卷为《音释》，第三卷为《今文》，《附录》则自唐韦应物至明李东阳所作石鼓诗，凡五篇。前有正德辛巳慎自序，称东阳尝语慎“及见东坡之本，篆籀特全”，将为手书上石，未竟而卒，慎因以东阳旧本录而藏之。《金石古文》亦言升庵得唐人拓本，凡七百二字，乃其全文。冯惟讷《诗纪》亦据以载入《古逸诗》中，当时盖颇有信之者。后陆深作《金台纪闻》，始疑其以补缀为奇。至朱彝尊《日下旧闻考》，证古本以“六辔”下“沃若”二字，“灵雨”上“我来自东”四字，皆慎所强增。第六鼓、第七鼓多所附益，咸与《小雅》同文。又鼓有“𦤎”文，郭氏云恐是“臭”字，白泽也。慎遂以“恶兽白泽”入正文中，尤为欺人明证。且东阳《石鼓歌》云：“拾残补阙能几何？”若本有七百余字，东阳不应为是言云云。其辨托名东阳之伪，更无疑义。今考苏轼《石鼓歌》自注，称可辨者仅“维鲔与贯柳”数句，则称全本出于轼者妄。又韩愈《石鼓歌》有“年深阙画”之语，则称全本出唐人者亦妄。即真出东阳之家，亦不足据，况东阳亦伪托欤？

又，卷四十三·经部四十三·小学类存目一·《六书索隐》五卷（江苏巡抚采进本）　明杨慎撰。《自序》谓“取《说文》所遗，汇萃成编。以古文籀书为主，若小篆则旧籍已著，予得而略”云云，盖专为古文篆字之学者。然其中所载古文、籀书，实多略而未备。即以首卷而论，如“东韵”“工”字，考之钟鼎释文，若乙酉父丁彝、穆公鼎、龙敦、九工鉴之类，各体不同，而是书均未载及。又如“共”字止载汾阴鼎，而好畤鼎、上林鼎、绥和鼎之类亦均不取。且古文罕见者，必著所自来乃可传信，而是书不注所出者十之四五，使考古者将何所据依乎？

又，卷四十三·经部四十三·小学类存目一·《经子难字》二卷（浙江吴玉墀家藏本）　明杨慎撰。上卷乃读诸经义疏所记，凡《易》、《诗》、《书》、“三传”、“三礼”、《尔雅》十书。下卷乃读诸子所记，凡《老子》、《庄子》、《列子》、《荀子》、《法言》、《中说》、《管子》、《十洲记》、《战国策》、《太元经》、《逸周书》、《楚词》、《文选》十三书。或摘其字音，或摘其文句，绝无异闻。盖随手杂录之文，本非著书。其孙宗吾过珍手泽，编辑成帙，而王尚修序刻之，均失慎本意也。

又，卷六十四·史部二十·传记类存目六·《滇程记》一卷（两淮盐政采进本）　明杨慎撰。慎有《檀弓丛训》，已著录。此编乃其谪戍永昌时纪程之作。其中惟记崇宁寺僧满空遗像，记段思平遗迹，记叫狗山故事诸条，可备异闻。辨“晃州非夜郎”一条，可资考证。其余不过志山川，表里俗，采风谣而已。末有附录一篇，则又慎得于医士张姓以补此书所未及者云。

又，卷六十六·史部二十二·载记类存目·《滇载记》一卷（两淮盐政采进本） 明杨慎撰。慎有《檀弓丛训》，已著录。是书乃其谪戍云南时所作，统纪滇域原始及各部姓种类。旧本与《滇程记》合为一篇。今以一为行记，一为地志，析之各著录焉。

又，卷八十七·史部四十三·目录类存目·《水经注碑目》一卷（浙江范懋柱家天一阁藏本） 明杨慎撰。慎有《檀弓丛训》，已著录。昔宋洪适作《隶释》，尝以《水经注》所载诸碑，类为三卷。慎偶然未检，遂复著此编，未免为床上之床，且精密亦不及适。其中梵经仙笈，荒邈难稽，如阿育王巴达佛邑大塔石柱铭、泥犁城师子柱铭、王母昆仑铜柱铭、希有鸟铭，皆不见采录，是固传信之道。然覆釜山金简玉字书，岂果有遗刻可征，何自乱其例也？又其他《注》中所有而遗漏者甚多。即以《河水》一篇而论，海门口大禹祠三石碑，夏阳城西北司马迁庙二碑，郃阳城南文母庙碑，临洮金狄胸碑，陕县五户祠铭，洛阳县北河平侯祠碑，黎阳县南黎山碑，凉城县伍子胥庙碑，濮阳城南邓艾庙碑，一概阙如，何所见而删之也？至每条下所注，忽有标识，忽用郦道元语。如“郎山君碑”云：在今保定府，是慎语也。卢龙九峥山刊石碑，称其铭尚存，是道元本文矣。混淆不分，亦无体例。后附王象之《舆地纪胜》碑目、曾巩《金石录》跋尾所载唐以前碑，其病亦同。且象之，南宋人；巩，北宋人，以象之列巩前，尤为失考。嘉靖丁酉，云南按察副使永康朱方为之刊版，盖未察其疏舛也。

又，卷一百十三·子部二十三·艺术类二·《墨池琐录》四卷（浙江汪启淑家藏本） 明杨慎撰。慎有《檀弓丛训》，已著录。王世贞《名贤遗墨》跋曰：“慎以博学名世，书亦自负吴兴堂庑。世传其谪戍云南时，尝醉傅胡粉，作双髻插花，诸伎拥之，游行城市。或以精白绫作裓，遗诸伎服之。酒间乞书，醉墨淋漓。人每购归，装潢成卷。”盖慎亦究心书学者。此书颇抑颜真卿，而谓米芾行不逮言。至赵孟頫出，始一洗颜、柳之病，直以晋人为师，右军之后，一人而已。与王世贞“吴兴堂庑”之说合，知其确出慎手。中间或采旧文，或抒己意，往往皆心得之言。其述张天锡《草书韵会》源流，及小王破体书，亦兼有考证。至汉司隶杨厥碑“遳”字之类，偶尔疏谬者，已驳正于洪适“隶释”条下，兹不具论云。

又，卷一百十五·子部二十五·谱录类·《异鱼图赞》四卷（浙江鲍士恭家藏本） 明杨慎撰。慎有《檀弓丛训》，已著录。是书前有嘉靖甲辰自序，称《西州画史》录南朝异鱼图，将补绘之。予阅其名多踳错，文不雅驯。乃取万震、沈怀远《异物志》，效郭璞、张骏之赞体，或述其成制，或演以新文。句中足征，言表即见，不必张之粉绘，帧之艳彩。凡鱼图三卷，赞八十六首，异鱼八十七种。附以《海错》一卷，赞三十首，海物三十五种。词旨亦颇古隽，与宋祁《益部方物略》可以颉颃。惟诠释名义，不过形容崖略。遽云可以代图，未免自诩之过。且万震《南州异物志》一卷，沈怀远《南越志》五卷，仅见于《唐志》，《宋志》已不著录，慎何从而见之？尤出依托。亦就书论书，取其词藻淹博而已矣。

又，卷一百十九·子部二十九·杂家类三·《丹铅余录》十七卷、《续录》十二卷、《摘录》十三卷、《总录》二十七卷（浙江范懋柱家天一阁藏本）　明杨慎撰。慎有《檀弓丛训》，已著录。慎博览群书，喜为杂著，计其平生所叙录，不下二百余种，其考证诸书异同者，则皆以丹铅为名。顾其志《揽茝微言》曰："古之罪人，以丹书其籍。《魏志》缘坐配没为工乐杂户者，用赤纸为籍，其卷以铅为轴。升庵名在尺籍，故寄意于此也。"凡《余录》十七卷、《续录》十二卷、《闰录》九卷。慎又自为删薙，名曰《摘录》，刻于嘉靖丁未。后其门人梁佐裒合诸录为一编，删除重复，定为二十八类，名曰《总录》，刻之上杭。是编出而诸录遂微。然书帕之本，校雠草率，讹字如林。又守土者多印以充馈遗，纸墨装潢，皆取给于民。民以为困，乃檄毁之。今所行者皆未毁前所印也。又万历中，四川巡抚张士佩重刊慎集，以诸《录》及《谭苑醍醐》等书删并为四十一卷，附于集后。今亦与《总录》并行。此本惟有《余录》、《续录》、《摘录》而阙《闰录》。然有梁佐之《总录》，则《闰录》亦在其中。四本相辅而行，以《总录》补"三录"之遗，以"三录"正《总录》之误，仍然慎之完书也。慎以博洽冠一时，使其覃精研思，网罗百代，竭平生之力以成一书，虽未必追踪马、郑，亦未必遽在王应麟、马端临下。而取名太急，稍成卷帙，即付枣梨。饾饤为编，祇成杂学。王世贞谓其工于证经而疏于解经，详于稗史而忽于正史，详于诗事而略于诗旨，求之宇宙之外而失之耳目之内，亦确论也。又好伪撰古书以证成己说，睥睨一世，谓无足以发其覆。而不知陈耀文《正杨》之作，已随其后，虽有意求瑕，诋諆太过，毋亦木腐虫生，有所以召之之道欤？然渔猎既富，根柢终深。故疏舛虽多，而精华亦复不少。求之于古，可以位置郑樵、罗泌之间。其在有明，固铁中铮铮者矣。

又，卷一百十九·子部二十九·杂家类三·《谭苑醍醐》九卷（江苏巡抚采进本）明杨慎撰。其书亦皆考证之语，与《丹铅录》大致相出入，而亦颇有异同。首有嘉靖壬寅自序。其名'醍醐'者，谓从乳出酪，从酪出酥，以生酥出熟酥，从熟酥出醍醐，犹之精义入神，非一蹴之力也。所称周八士为南宫氏，引《逸周书》南宫忽迁鹿台之财，南宫百达迁九鼎语，谓南宫忽即仲忽，南宫百达即伯达，《尚书》所云南宫适即伯适。引据极为确凿。又谓先天图始于希夷，后天图续于康节。盖希夷以授穆伯长，穆伯长以授李挺之，挺之之学则授之康节。其作后天图，见于邵伯温之序。朱子所以不明言者，非为康节，直以希夷，恐后人议其流于神仙也。其辨析亦最详明。又从《毛传》解"鄂不韡韡"云：鄂，华苞也，今文作萼不；华，蒂也，今文作跗，谓华下有萼，萼下有跗，华萼相覆而光明，犹兄弟相顺而荣显。可以辨《集传》"鄂然外见，岂不韡韡"之误。又据汉刘湛所书《吕梁碑》，碑中序虞舜之世，称舜祖幕，幕生穷蝉，穷蝉生敬康，敬康生乔牛，乔牛生瞽瞍，质之《史记》盖同，而不言出自黄帝。此可洗二女同姓、尊卑为婚之疑。又他碑所载后稷生台玺，台玺生叔均，叔均而下数世，始至不窋，不窋下传季历犹十七世。而司马迁作《周纪》，拘于十五王之说，合二人为一人，又删缩数人以合其数。不知《国语》之言十五王，皆指其贤而有闻者，非谓后稷至武王千余年而止十五世也。又引《水经注》载诸葛亮表云："臣遣虎步监孟琬据武功水东，司马懿因渭水涨，攻琬营，臣作桥越水射之。桥成，遂驰去。"此诸葛遗事，本传不载者。又辨李白为蜀之彰明人，历引其《上裴长史书》与《悲清秋赋》及诸诗句，以证《唐书》称白为陇西人及唐宗室之非。如此之类，考订辨论，亦多获新解。虽腹笥所陈，或有误记，不免为后人所摭拾。要其大体，终非俭腹所能办也。

又，卷一百三十一·子部四十一·杂家类存目八·《读升庵集》二十卷（副都御史黄登贤家藏本） 明李贽编。是编裒集杨慎诸书，分类编次。凡采录诗文三卷，节录十七卷，去取毫无义例。且贽为狂纵之禅徒，慎则博洽之文士，道不相同，亦未必为之编辑。序文浅陋，尤不类贽笔。殆万历间贽名正盛之时，坊人假以射利者耳。

又，卷一百三十七·子部四十七·类书类存目一·《谢华启秀》八卷（内府藏本） 明杨慎撰。慎有《檀弓丛训》，已著录。是书取诸书新艳字句裁为对偶，自二字以至八字，各为一卷。其八字以外者，自为一卷。其二字类中无对句者十五条，三字类中无对句者四条，四字类中无对句者三十二条，盖未完之本。中间或注出典，或不注出典，即注者亦不详悉，尤非著书之法。盖偶然札记，以备骈体之用，后人得其残稿刻之耳。其曰《谢华启秀》，取陆机《文赋》中语也。然其中多全引旧文两句、旧诗一联者，殊乖其命名之义。又如"锋猬斧螗"，柳宗元"平淮夷雅"之成句，即析为二字之对，已属陈因，兼伤割裂，然犹列柳名也。至巢父壶公为庾信《小园赋》旧对，则竟没其名矣。卉服注曰《汉书》，竟忘禹贡。王世贞谓慎求之六合之外，而失之目睫之前，其此类耶。至于吴牛魏鹊，明载《初学记》中，抄类书以为类书，何必慎始能之也。四字以下对偶益不工整。如，以"咸则三壤"对"画为九州"，以"作法于凉"对"谁能执热"，则虚实字颠倒；"便娟轻丽"对"犀角丰盈"，铢两全不相称；以"季氏八佾舞庭"对"管仲三归反坫"，偏枯尤甚。甚乃以"胡燕胸斑声大"对"越燕红襟身小"，则亘古四六无此复句；以"农为邦本本固邦宁"对"民生于勤勤则不匮"，改窜经文，仍不配偶，则益拙矣。

又，卷一百三十七·子部四十七·类书类存目一·《均藻》四卷（内府藏本） 明杨慎撰。其书乃《韵府群玉》之流。案，许慎《说文》无韵字，小学家以均字代之，引《鹖冠子》五均为证。慎之立名，盖取于此，然亦太粉饰矣。假借通用之法，可行于古，不可行于今也。且全书不用古字，独于书名用一古字，是亦何足为古乎？

又，卷一百三十七·子部四十七·类书类存目一·《哲匠金桴》五卷（浙江吴玉墀家藏本） 明杨慎撰。采摘汉、魏以后诗隽句及赋颂之类，分韵编录。然征引庞杂，挂漏亦多，不足重也。

又，卷一百三十七·子部四十七·类书类存目一·《可知编》八卷（浙江巡抚采进本） 旧本题明杨慎撰。亦隶事之书，然《升庵书目》不载此名。其书分天、地、人三部，又分子目三十八。援引踳驳，必坊贾所依托也。

又，卷一百四十四·子部五十四·小说家类存目二·《广夷坚志》二十卷（两江总督采进本）　旧本题明杨慎撰。慎有《檀弓丛训》，已著录。是编前有嘉靖二十年慎门人夏林序。文词猥陋，舛误叠出。如云宋洪迈有《夷坚志》二十卷，考迈书甲集至癸集二百卷，支甲至支癸一百卷，三甲至三癸一百卷，四甲四乙二十卷，乃四百二十卷，非二十卷也。又称因宣和皇帝喜长生不死之术，一时士大夫相习成风，争为此类言语以媚于上，洪故贤者，亦不能免。考迈乃高宗绍兴十五年进士，孝宗时官端明殿学士，非徽宗宣和时人也。又称慎著述已满天下，晚年学《庄子》之卮言，拾《齐谐》之剩语，仿洪氏之例而推广之。考慎以正德六年辛未登第，年二十四。至嘉靖二十年辛丑仅五十四岁，非晚年也。其为依托，已无疑义。及核其书，乃全录乐史《广卓异记》，一字不异。可谓不善作伪矣。

又，卷一百四十四·子部五十四·小说家类存目二·《古今谚》二卷、《古今风谣》二卷（浙江汪启淑家藏本）　明杨慎编。是书采录古今谣谚各为一编。然《贾子》及《太公兵法》引黄帝语，自属《巾机铭》之遗文，或《列子》所谓黄帝书者，不得谓之为谚。且是书成于嘉靖癸卯，即载正德、嘉靖时谚。然则慎自造数语亦可入之矣。此盖久居戍所，借编录以遣岁月，不足以言著书。其孙宗吾误刻之耳。

又，卷一百七十二·集部二十五·别集类二十五·《升庵集》八十一卷（副都御史黄登贤家藏本）　明杨慎撰。慎有《檀弓丛训》，已著录。此集为万历中四川巡抚张士佩所订。凡赋及杂文十一卷、诗二十九卷，又杂记四十一卷。盖士佩取慎《丹铅录》、《谭苑醍醐》诸书删除重复，分类编次，附其诗文之后者也。慎以博洽冠一时，其诗含吐六朝，于明代独立门户。文虽不及其诗，然犹存古法，贤于何、李诸家窒塞艰涩、不可句读者。盖多见古书，熏蒸沉浸，吐属自无鄙语，譬诸世禄之家，天然无寒俭之气矣。至于论说考证，往往恃其强识，不及检核原书，致多疏舛。又恃气求胜，每说有窒碍，辄造古书以实之。遂为陈耀文等所诟病，致纠纷而不可解。考《因树屋书影》有曰："《丹铅》诸录出，而陈晦伯《正杨》继之，胡元瑞《笔丛》又继之。当时如周方叔、谢在杭、毕湖目诸君子集中，与用修为难者不止一人。然其中虽极辨难，有究是一义者，亦有互相发明者。予已汇为一书，颜曰《翼杨》"云云。其语颇为左袒，然亦未始非平心解斗之论也。诸书本别本各行，士佩离析其文，分类排纂，合而为一，较易检寻。而所分诸目，较《丹铅总录》亦尚有条理。故仍录之集中，备互考焉。

又，卷一百九十二·集部四十五·总集类存目二·《金石古文》十四卷（两淮盐政采进本）　明杨慎撰。慎有《檀弓丛训》，已著录。是编所采，皆金石之文。上起古初，下迄于汉。然真伪错杂，殊多疏漏。如《阳虚石室仓颉文》、《岣嵝禹碑》、《庐山禹刻》、《比干铜盘铭》，皆显然伪撰，人所共知。而列以冠首，岂足传信？石鼓文韩愈已云缺画，郑、薛诸家所载，无不讹缺。慎乃臆为补足，诡称得之李东阳，不知东阳《怀麓堂集》固明云未见完本也。又如沙邱《石椁铭文》见《左传》，秦刻峄山诸石《史记》具载，非至慎之时尚有金石可据。一概泛登，不挂一漏万乎？至孔彪、鲁峻等碑，但记姓名，无关文字，汉碑如此之类，恐亦不胜其载也。

又，卷一百九十二·集部四十五·总集类存目二·《古隽》八卷（浙江巡抚采进本）　明杨慎编。杂采周、秦、汉诸子之文，惟末数篇为孔融、阮瑀、应玚诸人杂文，每篇各立标目，不甚分类，亦不甚叙时代。盖随手钞记之本，后人取而刻之耳。前有王象乾《杨太史别集》序，称“慎遗书自诗文以外约七十余种。惧有湮没，檄取其家，得《余冬序录》、《古今谣谚》、《词品》、《谢华启秀》、《韵宝》、《古隽》各种，合为一集，付之梓”云云。则此其所刻之一种，而冠以七种之序也。

又，卷一百九十二·集部四十五·总集类存目二·《风雅逸篇》十卷（浙江吴玉墀家藏本）　明杨慎编。是编采录古来有韵之文，上起古初，下迄战国末。又附载有篇目而无其辞者，自“葛天氏八阕”讫于“师延流徵涤角”。冯惟讷《风雅广逸》即据此书为蓝本，而纰漏之处，亦即沿此书之讹。末一卷所载逸诗诸名，尤多牵合。既有《诗纪》，此无庸复录矣。

又，卷一百九十二·集部四十五·总集类存目二·《翰苑琼琚》八卷（内府藏本）旧本题明杨慎编。其书饾饤补缀，类乡塾兔园册子。中间割裂《尚书》，尤为庸妄。疑非慎之所为。

又，卷一百九十二·集部四十五·总集类存目二·《三苏文范》十八卷（内府藏本）　旧本题明杨慎编。然所取皆近于科举之文，亦不类慎之所为。殆与《翰苑琼琚》均出依托也。

又，卷一百九十六·集部四十九·诗文评类二·《诗话补遗》三卷（浙江范懋柱家天一阁藏本）　明杨慎撰。慎有《檀弓丛训》，已著录。此编乃其戍云南后所作，其门人曹命编次者也。慎在戍所，无文籍可稽，著书惟凭腹笥。中如称宋本《杜甫集·丽人行》中有“足下何所有？红蕖罗袜穿镫银”二句之类，已为前人之所纠。至于称渤海、北海之地，今哈密、扶余，中国之沧州、景州名渤海者，盖侨称以张休盛云云，不知哈密在西，扶余在东，绝不相及，沧、景一带，地皆濒海，故又有瀛州、瀛海诸名。谓曰侨置，殊非事实。又“香云”、“香雨”并出王嘉《拾遗记》，而引李贺、元稹之诗。又以卢象“云气杳流水”句误为“香”字，如斯之类，亦引据疏舛。然其赅博渊通，究在明人诸家之上。去瑕存瑜，可采者固不少也。

又，卷二百·集部五十三·词曲类存目·《词林万选》四卷（内府藏本）　旧本题明杨慎编。慎有《檀弓丛训》，已著录。此本为嘉靖癸卯楚雄府知府任良干所刊。盖慎戍云南时，良干得其本也。前有良干序，称慎藏有唐、宋五百家词，暇日取其尤绮练者四卷，皆《草堂诗余》之所未收云云。考《书录解题》所载唐至五代自赵崇祚《花间集》外，惟南唐二主词一卷，冯延巳《阳春录》一卷，此外别无词集。南北宋则自《家宴集》以下，总集、别集不过一百七家。明末毛晋穷搜宋本，只得六十家耳，慎所藏者何至有百余家？此已先不可信。且所录金、元、明人皆在其中，何以止云唐、宋？序与书亦不相符。又其中时有评注，俱极疏陋。如晏几道《生查子》云：“看遍颍州花，不似师师好。”注曰：“此李师师也。”虽与颍州不合，然几道死靖康之难，得见李师师，犹可言也。又秦观《一丛花》题下注曰：“师师、子野、小山，淮海词中皆见，岂即李师师乎？”考师师得幸徽宗，虽不能确详其年月，然刘翚《汴京书事》诗曰：

"辇毂繁华事可伤，师师垂老过湖湘。缕衣檀板无颜色，一曲当年动帝王。"则南渡以后师师流落楚南，尚追随歌席。计其盛时，必在宣、政之间。张先登，天圣八年进士，为仁宗时人。苏轼为作"莺莺燕燕"之句，时已八十余矣。秦观则于哲宗绍圣初业已南窜，后即卒于藤州，未尝北返。何由得见师师？慎之博洽，岂并此不知耶？其所选录，欲搜求隐僻，亦不免雅俗兼陈。毛晋跋称尝慕此集，不得一见，后乃得于金沙于季鸾。疑慎原本已佚，此特后来所依托耳。

（清）永瑢等《钦定四库全书简明目录》卷四·经部十·小学类·字书之属 《奇字韵》五卷。（明杨慎撰。择字体之稍异者，类以四声，于周秦遗文十已得其三四。惟扬雄、刘歆所云奇字，乃古文大篆籀书之类，不可以一文偏旁求之。慎取以名今文，殊假借也）。

《古音骈字》二卷，《续编》五卷(《古音骈字》，明杨慎撰。《续编》，国朝庄履丰、庄鼎铉同撰。其书取古字假借通用者，以韵分编，各注所出，于其下颇有考证，而稍嫌漏略。庄履丰等所补亦未赅备也）。

又，卷四·经部十·小学类·韵书之属 《古音丛目》五卷，《古音猎要》五卷，《古音余》五卷，《附录》一卷（明杨慎撰。四书虽各为部帙，而核其体例实本一书。特每得数卷即出问世，故标目各别。其书皆用吴棫补韵之例，以今韵分部，而古韵之相叶者分隶之。时有疏舛，然援引终为赅洽）。

《古音略例》一卷（明杨慎撰。取《易》、《诗》、《礼记》、《庄》、《荀》、《管》、《楚词》中有韵之文，略为标例，不及后来顾炎武、江永诸书本末融贯，然明自陈第以前谈古音者如梦语，慎能摸索得其崖略，抑亦可贵矣）。

《转注古音略》五卷（明杨慎撰。六书之转注，许慎具有明文。慎乃以叶音当之，不考殊甚，然其书亦有足供考证者，故顾炎武作《唐韵正》犹有取焉）。

又，卷十二·子部八·艺术类·书画之属 《墨池琐录》六卷（明杨慎撰。皆其论书之语，颇抑颜真卿、米芾，而推赵孟頫为得晋人法，盖各得其性之所近，中亦颇有所考证）。

又，卷十二·子部九·谱录类·草木禽鱼之属 《异鱼图赞》四卷（明杨慎撰。凡《鱼图》三卷，共八十七种，为赞八十六首。附《海错疏》一卷，共三十五种，为赞三十首。词旨古隽。自序拟郭璞、张骏，固未必逮，与宋祁《益部方物略》实足以颉颃）。

又，卷十三·子部十·杂家类·杂考之属 《丹铅余录》十七卷，《续录》十二卷，《摘录》十三卷，《总录》二十一卷（明杨慎撰。"三录"皆所自编，《总录》则其门人梁佐编也。明代诸儒惟慎为博洽，故傲视一世，谓莫能核其真伪，遂往往赝托古书佐其辨论，致陈耀文、胡应麟等乘隙而攻，然二家所驳亦互有得失。平心而论，慎所学终在其上也）。

《谭苑醍醐》九卷（明杨慎撰。是书成于嘉靖壬寅，与《丹铅录》间相出入。其曰醍醐者，自序谓如从乳出酪，从酪出酥，从生酥出熟酥，从熟酥出醍醐，盖晚年著述所得愈精之意也）。

又，卷十八·集部六·别集类五（明洪武至崇祯） 《升庵集》八十一卷（明杨慎撰，张士佩编。凡赋及杂文十一卷，诗二十九卷，外集四十一卷。外集即所著笔记，士佩合为一编也。有明一代，博洽者无逾于慎。尤研索唐以前书，故其诗含吐六朝，于明代别立门户。其文稍逊于诗，而亦具有古法。外集虽各有完书，士佩删其重复，排比编次，亦较《丹铅总录》为有绪，故仍并录焉）。

又，卷十九·集部八·总集类 《经义模范》一卷（不著编辑者姓名。王廷表序称得之于杨慎，似即慎所辑也。凡宋人经义十六篇存之，以见八比之初体）。

又，卷二十·集部九·诗文评类 《诗话补遗》三卷（明杨慎撰。作于谪戍永昌之时，边地少书，惟凭记忆，故不免小有舛讹，然慎学有根柢，兼富词章，其所论说究在明人诗话之上）。

（清）曹仁虎等《钦定续文献通考》卷一百五十二·经籍考·经（礼）**·明** 杨慎《檀弓丛训》二卷。慎，字用修，号升庵，新都人。正德辛未进士第一，授翰林院修撰。以谏大礼，谪戍滇中。

又，卷一百五十九·经籍考·经（仪注）**·明** 杨慎《家礼仪节》八卷。慎，见礼记类。

又，卷一百六十·经籍考·经（小学）**·字书·明** 杨慎《石鼓文音释》五卷，《附录》一卷，《六书索隐》五卷，《经子难字》二卷。慎，见礼类。

又，卷一百六十·经籍考·经（小学）**·韵书·明** 杨慎《古音丛目》五卷，《古音猎要》五卷，《古音余》一卷，《古音附录》五卷，《奇字韵》五卷，《古音略例》一卷，《转注古音略》五卷，《古音骈字》一卷。慎，见礼类。

慎《转注古音略》自序曰："六书分六体，班固云：'象形、象事、象意、象声、假借、转注是也。'六书以十分计之，象形居其一，象事居其二，象意居其三，象声居其四，假借借此四者也，转注注此四者也。四象以为经，假借转注以为纬，四象之书有限，假借转注无穷也。渔仲《六书考论》假借极有法则，至说转注之义，则谬以千里矣。"

又，卷一百六十五·经籍考·史（传记下）**·杂录·明** 杨慎《滇程记》一卷。慎，见经类。

又，卷一百六十六·经籍考·史（载记）**·明** 杨慎《滇载记》一卷。慎，见经类。

又，卷一百七十二·经籍考·史（目录）**·金石·明** 杨慎《水经注碑目》一卷。慎，见经类。

又，卷一百七十六·经籍考·子（杂考）**·明** 杨慎《丹铅余录》十七卷，《续录》十二卷，《摘录》十三卷，《总录》二十七卷。慎，见经类。

又，卷一百八十·经籍考·子（小说家下）**·琐语·明**　杨慎《古今谚》二卷，《古今风谣》二卷。慎，见经类。

又，卷一百八十一·经籍考·子（谱录）**·明**　杨慎《异鱼图赞》四卷。慎，见经类。

臣等谨案，是编凡《鱼图》三卷，赞十六首；《海错》一卷，赞三十首。词颇古隽。

又，卷一百八十六·经籍考·子（类书上）**·明**　杨慎《谢华启秀》八卷，《哲匠金桴》五卷，《均藻》四卷。慎，见经类。

臣等谨案，《谢华启秀》、《哲匠金桴》皆摘取古人新隽句，一则裁为对偶，一则分韵编录。《均藻》乃《韵府群玉》之流。考许慎《说文》无“韵”字，小学家以“均”字代之，引鹖冠子《五均》为证。慎书名盖取诸此。

《可知编》八卷。旧题杨慎撰。

臣等谨案，是书独不见于升庵书目，殆坊贾所依托也。

又，卷一百八十八·经籍考·子（杂艺术）**·明**　杨慎《墨池琐录》四卷。慎，见经类。

臣等谨案，此书极推重赵孟頫，谓其一洗颜、柳之病，直以晋人为师，右军之后一人而已。

又，卷一百九十二·经籍考·集（别集四）**·明**　杨慎《升庵集》八十一卷。慎，见经类。

臣等谨案，是集为万历中张士佩所订，盖取慎《丹铅录》、《谈苑醍醐》诸书删除重复，分类编次，附其诗文之后，而所分诸目颇有条理。

又，卷一百九十七·经籍考·集（总集上）**·明**　杨慎《金石古文》十四卷，《古隽》八卷，《风雅逸篇》十卷，《翰苑琼琚》八卷，《三苏文范》十八卷。慎，见经类。

又，卷一百九十八·经籍考·集（诗文评）**·明**　杨慎《诗话补遗》三卷。慎，见经类。

又，卷一百九十八·经籍考·集（词曲）**·明**　杨慎《词林万选》四卷。慎，见经类。

臣等谨案，慎是编评注俱极疏漏，所选亦雅俗杂陈，毛晋跋称：“尝慕此集，不得一见，乃得于金沙于季鸾。”疑慎原本已佚，今本为后来伪托者。

评　　论

（明）徐祯卿《与同年诸翰林论文书》　杨用修其学与著述至富，而才则稚。

（录自［清］黄宗羲《明文海》卷一百五十七）

（明）张素《丹铅余录序》 郑玄博而不精，贾逵精而不博，博而精难矣哉！以兹高论，古人有“读论惟取”一篇，披庄不过盈尺者，病乎其不博也。亦有误解柤梨于礼经，不识螃蟹于《尔雅》者，病乎其不精也。语曰：“博学而详说之。”《易》曰：“非天下之至精，其孰能与于此？”博而精诚难矣哉！自有书契以至今日，何啻惠子之五车、张华之十乘？欲一一而通之，固已鲜矣。其间注释之所未及，改窜之所讹谬，又一一能正之，非博而精者不能。故扬子云有言：“一卷之书，必立之师。”先辈谓：“校书如尘埃风叶，随扫随有。”好古者所以丹铅不去手也。乃今知君子所以贵博且精者，非以掩众哗誉，欲以翊道而正辞也。

太史氏扬子用修昔居馆阁时，凡六经三史、诸子百家中有疑于辞、悖于理者，皆精察而明辨之。居滇日暇，尤以敷文析理自娱，汇为一帙，曰《丹铅余录》。丹铅，点勘之具也，小学事也，何取于此哉？走窃闻之，祸天下之书者，存乎误；断天下之误者，存乎辨。辨岂易哉？考究未精，穿凿附会，纪录之实语难明，润色之雅词易惑。贵耳贱目，徒借听于前人；承误踵讹，竟吠声于末学。遂失古人立言之意，兼贻后人尊闻之误，弊也甚矣。先生以颖敏之资，宏博之学，固已搜抉无隐矣。

观兹录也，如辨四时改火为应五行，东北阳西南阴为应卦气，皆卓然超诣，不泥旧说；辨《易》“大贞小贞”引《汉书》注“贞不训正”，辨《诗》“玄鸟”引毛苌注“契不生于燕卵”，皆有裨经典，不惑迂怪；辨“范蠡未尝载西施去”引《墨子》以证之，“宰我未尝从乱”引李斯狱辞证之，皆有裨于史，而不令贤者受厚诬于千载也。其余若《老子》之盗竽、《文选》之赵李、《战国策》之千秋万岁夜，唐诗之越甲鸣吾君，古名儒如苏辙、颜延年、姚宏、刘会孟注释意解所迷误挂漏于此者，先生一一考证而昭著之。青衿锦带之士，白首之疑，一旦犁然而豁，亦一快也。然皆引古书，以证古人，未尝用意说决焉。语曰：多闻择其善者而从之，是其可传者将不在兹乎？先生纂述甚多，《选诗外编》、《选诗拾遗》已行于世。在滇有《滇程记》、《滇载记》、《六书博证》、《转注古音略》诸书，走皆得而观之。王充称扬雄曰：“子云，河汉也。”识者不以古今易视，谁谓今无子云哉？

嘉靖庚寅冬十有一月吉，赐进士奉直大夫南京户部员外郎碧泉张素书。

（录自［明］杨慎《丹铅余录》卷首）

（明）王廷表《刻丹铅余录序》 日表访升庵子于连然，获《丹铅余录》，读之未竟也。寻，升庵子持以过表订《卷耳》、《东山》诗，谓表曰：“陟冈饮酒，携仆望岨，非义也。女既归士，亲复结缡，非礼也。吾欲于陟饮携望，皆谓文王，乃后妃冀念之词；于‘亲结其缡’作‘士亲解其缡’，乃烛出之后，为礼之序。子谓之何？”表退而思，《卷耳》虽托言，无害于义，可也。考张横渠诗云：“闺阃诚难与国防，默嗟徒御困高冈。尊罍为解痡瘏恨，《卷耳》元因备酒浆。”意与升庵子合，“结缡”果在烛出之后。古语多倒解，而曰结犹治，而曰乱也。考注疏坐辩缨帨不明，不知结义，然曰“戏乐归士”亦有解缡之旨。遂复诸升庵子曰：“子之见卓矣。”升庵子曰：“盍序之。”

今同年大方伯南湖王公刻寄表，则又弥集矣。表是之，读趟喜无涯。他若论百姓昭明为百官之姓，证如丧考妣者三年见古之君丧礼制，论《鲁颂》郊祭非始于成王伯禽，证以《春秋》而辩其白牡之用，论子见南子章为圣人道之不行，论先发后闻注为非圣人之心，皆力翼经传者也；论王羲之擅字之浅，论韩愈《与大颠书》之妄，论《烈女传》不取徐淑，论《五代史》遗宋令珣之死，皆善阐幽微者也；坫玷不同，博于蕃露鸱夷、王乔庄跻，有二精似豹鼠。又若寻橦、产城，聋虫、贾鬼，肆其欹劂者也；木熙、鬼弹，醋洊、义嘴笛，布其苏液者也。读之不觉怡畅心目，余不可殚矣。南湖惠我滇云，至矣哉。升庵子嗜学不倦，多所著作，若《四书表传》、《风雅逸篇》、《选诗外编》、《拾遗附录》、《古今诗选》、《皇明诗抄》、《古音略》、《古音余》、《篆韵索隐》、《奇字韵》、《墨池琐录》、《古文韵语》、《赤牍清裁》、《填词选格》、《古隽》、《韵藻》、《隶骈》、《金石古文》、《水经碑目考》、《禅藻集》、《滇载记》、《滇程记》，表皆先得之，富蕴健笔，继往觉来，方晔晔乎未艾也。表幼与升庵子共学，今幸与游，教益滋至。欲往从之，非其脚也。备而论之，实未易也。然亦可观矣。

嘉靖丁酉正月十五日，钝庵王廷表书。

（录自［明］杨慎《丹铅余录》卷末）

（明）薛蕙《考功集》卷十·序·升庵诗序　古今言诗者，病诗之难。夫诗之所以难者，才与学之难也。才本于天，学系于人。非其才，虽学之不近也。有其才矣，非笃于学则亦不尽其才也。古之人以诗名家，必兼于斯二者。顾其才有高下，学有疏密，故文体又各为品第焉。夫才之不足，有所限而不可进也。学之不足，无所御而自止也。强其才而进者，寡陋于学而止者众。学而不止，极于不可进而后废，古之作者犹难之。国朝能诗者，盛于弘治、正德之际，其时数君子始尚古学，文体为之一变。至于今日，鸿笔丽藻之士，彬彬间出，数君子为有功矣。然此数君子亦各才有高下，学有疏密，虽其高才嗜学者，要未有穷其学之所至，竭其才之所能者也。尝以为知其所近而暗其远者，学所易能而后其所难，人之公患也。眩于时好而不悟其所短，沿于俗习而不进求其上，世之常蔽也。语曰：“取法乎上，仅得其中。取法乎中，斯为下矣。”余惧将来者徒随先进之后，而雅道之日趋于下也。南岷王先生示余升庵杨先生诗一卷，其穷极词章之绮靡，可以见其卓绝之才；其牢笼载籍之菁华，可以见其弘博之学。此其意将欲追轧古人，而不屑与近代相上下。盖余畴昔所愿见，乃今得之先生矣。抑此卷者，第往者谪居滇中之作耳。若其今之所造诣，与夫他日之所就，又非止于如此而止也。虽然，即此卷尚论之唐之四杰，不能过也。南岷刻而传之，非特表先生之才为其乡重，固将著先生之学为天下先，余因推其意而叙之。

（明）杨南金《升庵长短句序》　太史公谪居滇南，托兴于酒边，陶情于词曲，传咏于滇云，而溢流于夷徼。昔人云：吃井水处皆唱柳词。今也不吃井水处亦唱杨词矣。吾闻君子之论曰：公词赋似汉，诗律似唐，下至宋词元曲，文之末耳，亦不减秦七、黄

九、东篱、小山。噫，一何多能哉！或曰：君子不必多能。王右军之经济以字掩，李伯时之诗文以画掩，公之高文大作，毋乃为词曲所掩乎？予答之曰：君子不必多能，为能未多而求为君子者言也。若夫能已多矣，不必去其多能而后为君子也。犹女子言在德不在色，为嫫母言可也。若夫庄姜则柔荑凝脂、螓首蛾眉固其自有也，奚必乱发坏形而始为贞专哉？观者以是求之。

嘉靖丁酉正月望日，雨依居士杨南金序。

（录自［明］杨慎《升庵长短句》卷首）

（明）程启充《升庵诗话序》 吾友升庵杨子，正德辛未，临轩及第，蜚声词垣，缵承家学。嘉靖甲申，与新贵人争礼，谴戍南荒，十有八年。上探坟典，下逮史籍，稗官小说，暨□诗赋百家九流，靡不究心，各举其辞，罔有遗逸，辩伪分舛，因微致远，以适于道，淡而不俚，讽而不虐，玄而不虚，幽而不诡，其事核，其说备，其辞达，其义明，自成一家之言，往代之疑，前哲之误，一朝悉之。呜呼！博哉约之乎！……此则挈其准于诗者，曰《诗话》云。

嘉靖辛丑阳月，嘉州初亭程启充序。

（录自［明］杨慎《升庵诗话》卷首）

（明）张璧《阳峰家藏集》卷二十八·跋·跋杨升庵稿 升庵子出其所著铭文序记示余，余读再，乃曰："美哉乎，摛藻以为文，而作者莫之俦拟也。夫词兼理道，体被质文，至精有以畅，至博有以详，是故缜而庄，明而隽，雄浑而昌。固知名工哲匠，构造自殊，观者当赧然汗下。于乎！乃要其归趣，吾不知其所终也已。"

（明）周复俊《泾林诗文集》卷五·序·刻南中集钞叙 癸丑夏五，余三使南 访升庵先生于连然海庄，未觌也。久之，缄鲤征鸿，贻音授简以《南中集》钞，梓绣未精，丁宁雕易。先生诗刻在人间，若《南中集》二卷、《南中续集》二卷，《手书升庵诗》二卷，《升庵杨先生诗》二卷，皆已映色瑶珪，腾辉虹汉。顾鸿辞丽藻，登载实繁，裔楮残章，散遗不少，近从记忆，远逮搜披。小市孤林，方珉片碣，凡慈宫仙苑之留题，竹宇松亭之挥洒，凉缣暑箑之所流传，渔舸樵扉之所敛蓄，旷若二时，俄堆简素，而又获连然。诸生入门高第知余笃好，千里惠将亡异，鳞屋飞珍，鸡林荐馥矣。余乃抚几而叹曰："此江潭泽畔之吟，太乙藜辉之焰也；登临游瞩之遗，金马碧鸡之光也；茅茨蓬藋之韬，文苑木天之储也；海童芦笙之倡，明庭清庙之奏也。余何敢忘焉！余何敢忘焉！"嗟乎！子云未老，宁无击节之桓谭；季雅有文，行见赐缣于光武。乃若先生之诗，权衡千古，操纵百氏，列锦合綦，含英茹实。驱驰汉魏，肯与颜谢比肩；掩抑齐梁，何啻徐阴接坐。斯则奎纬有章，神化所至，非东吴菰芦中人所能知也。刻成，视前上卷通为二卷云。

又，卷五·序·升庵玉堂集序 《南中集钞》二卷即锲诸木，安宁诸生丘文举复觅升庵诗若干首，昉正德辛未迄嘉靖甲申，乃先生擢龙头，步玉堂与出使川途，摛藻敷文，抒志和情而作也。余谓西清南中意象，诚悬朱凤碧鸡，迁染互异，顾不斯察，而猥加丹徼之称，因循苍洱之迹，不既诬乎？夫地缘情立，则往迹可遵；素逐景移，则今适可想。迹之往也，履也；适之今也，亦履也。君子惟安其素履耳矣，于先生性分奚加损焉。是故摽以崇名，厘为一卷，庶俾升梯，岱华寰宇，毕陈击汰，沧瀛鳌鲸，悉睹云尔。

又，卷五·序·七十行戍稿叙 安宁丘君文举为予言升庵生平著书凡九十三种，行于代者仅四十六种云。乃若《七十行戍稿》则公晚年所作，而文举辑之，杨生富春手录也。嗟乎！公以师臣元嗣，年二十四即举进士第一，官禁林，门第科甲亦既通贵清华极矣。顷议礼不协，恩谴滇云。由嘉靖甲申溯己未，盖已三十六祀。其客路之悲辛，旅次之岑寂，叹风雨之凄；其感日月之征迈，悒郁亡聊，或情与景会，意象融适，率于篇章寄之。加之天赋不群，超悟卓绝，博学强记，至老弥精。故其所著若是其多且丽也。假令公出入承明武，不越辇毂下，而山川之嵚巇，草野之芜旷，人情物态之纠纷迮遝，均弗经于目，亡拂于膺，则捣练未精，诹询罔悉，而乾坤海岳之灵淑，亦何由俯仰旁稽，以穷其变？纵于论思启沃之暇，敷文代言，自宜华美温丽，不若穷而后工。如其工也，孰与今多？由是知天之申锡，今上之陶镕，于公独至矣。忆自嘉靖乙未至甲寅，俊三入南滇，载仕西蜀，凡二十余年，恒与公握手接膝，散帙论文，阑夜申旦，开谕勤拳，实兼师友之谊。且祝母有文，训子有诰，申贶有篇，亡虑数十百札，公之于俊何如也。今兹来游，忽睹丹旐飘扬于昆池之上，而文举所辑戍稿适携而至，慨叹畴昔，不觉雪涕之无从。爰命梓之，流布海宇，而其所著书并疏其目于左方，庶学士大夫知有考焉。

又，卷五·序·杨升庵集序 予少闻扬子云其人湛默自守，不欲矫然于世，意其中若无余者。及观《甘泉》、《河东》、《长杨》、《解嘲》、《解难》，谽辞渊渊，凌摩荡击，飘转流互，倏曶如神；至《太玄》、《法言》奥矣，又何所畅悬殊也？其慑柏生、屈侯芭有以哉？皇明光岳气完，英贤云蒸，文道古雅，慱南戍史成都杨公慎兴焉，人皆云今之子云，其信然耶！公幼慧颖，八岁即点缀俊绝。二十四举进士第一，少师三南杨公设四事诇之，皆生平所未了，公从容酬对，本末融贯，少师叹曰："此真才子！"既紬文石渠，预观阁秘，进诣逾湜而远。未几，恩谴滇云，违丹禁而就朱炎，辞密亲而之荒戍，万里于迈，人何以堪？公神襟洒洒，旅栖高峣，扃绝世务，时与韵士浮舻游缰，穷金碧林泉之胜。人间断简奥篇，延搜极殚，行游饮啸，吟披不彻。独舞之暇，著书五六十种，扶疏浩荡，考订精密，篆隶草真，咸臻厥妙。嗟夫！古人之学可想也。汉以降，儒或博而不精，或精而不博，乃今兼之，以故含英缬秀之士，识或不识，皆宗尚焉。当此之时，宁知公与子云其孰为隽也？君子曰：大夫低回新室，竟蒙投阁之耻。公扬音吐气于圣朝，虽投荒三纪，寂历以终，不逮翊皇猷，辉帝制，殊可悼尽，方诸子云，一何敻邪？公为文宪章迁、固，翱翔晁、贾，总轡于屈、宋，染指于王、刘，濯缨于权、柳，而扶摇纵恣。有其似之，不必摹拟而始工，则奚止驰驾子云已乎？公自称训诂章句求朱子以前六经，永言缘情效杜陵以上四始。今兹所覩，特九鼎之一脔，旃檀之片香已耳。俊往时总宪蜀台，解后①公金沙寺，谓予不鄙斯集，幸刻诸吴中，予既口诺心许之。慨徐剑徒县，嵇琴沈响，爰次遗编并叙其世，庶来叶有考焉。

（明）陆粲《陆子余集》卷六·与杨用修太史书 粲自羁贯，时诵公文章，已深向往。及壮登仕，与令弟用德为同年，又同入馆，每从询公动定之详，以不获侍教为恨。其后自谏省谪都匀间，于一二士友家睹公手书滇中诸作，良用叹服。归田以来，始得《转注古音略》，读之为不忍去手，窃谓此义自汉迄今，学者皆尊信许氏之说，莫觉其非。虽赵㧑谦尝言之而未尽，惟公卓然有见于千载之下，独持伟论，成此巨编。其曰“中夹漈之膏肓，而起叔仲之废疾”者，虽自谓可也。甚盛！甚盛！第其间犹颇有可疑者，粲也过不自量，尝欲书之以请质焉。顾先达如公以命世豪杰之才，而济以精诣博洽之学，论议所及，前无古人。其著述岂晚末所当置喙？是以迟回，未敢遽出其说。既而思之，此书关系至大，苟纤微不尽，便成千载之憾。所谓不欲以疑网堕来哲，固公之盛心也。不胜爱莫助之之愿，用敢忘其固陋，而卒陈之？惟公察焉。

夫此书既为转注而作，则当依许氏《说文》之例，以字之偏傍为主，凡其转声皆疏于本字之下，庶几纲举目张，一览可尽。乃今置偏傍而用韵，则有难言者矣。盖一字而每韵皆见，则不胜其烦；独于一处说之，又未能曲畅。如后语所称再转、三转以至八九转者，今此书能尽之乎？令后来者讨寻而莫得其源流，恐不免有遗议矣。此愚之不能无疑者，一也。谓傍音、叶音皆转注之极，此至论也。傍音姑弗论，若叶音则吴棫《韵补》具矣。其有讹缪阙遗，不妨拈出，或附见于后，如《古音余》之比可也。今摘取其一二以羼入诸韵，则未知其义为转注乎，为叶音乎？其他不录者，岂尽无足采乎？去取之间，当必有意。此愚之不能无疑者，二也。古文奇字如“东韵”之“𩁹”，“支韵”之“𪐴”，“虞韵”之“𦱤”者，诸篇中往往见之。此等盖不胜纪载，诚欲扶微广异，自可搜辑，别为一书，而以杂之转注之列，则恐非其伦类也。与序文所谓匪徒逞博棼、累卷帙者，其指得无少异乎？此愚之不能无疑者，三也。其他援证字义或千虑一失，尚有可商榷者，间亦随文笺注别录，以备省览，敬托时川公为之先容。然粲犹窃愧惧不敢自安，深惟著述之功，创始者难，而求备之论后出者易。矧以粲之谫薄寡闻，而辄议及此，诚亦僭妄之极矣。所敢自同季绪，以犯公家德祖琐琐之讥，亦恃公旷度高识，不翅能为丁敬礼也。如或恕其狂愚，贬示可否，使积年之疑一旦冰释，则鄙人之幸大矣，非所敢望也。惟公实重图之《滇载记》，方谋校刻，俟完，即寓上，舍甥姚某之官重庆便。冒昧布此，临书悚侧，不知所云。

（明）张含《诗话补遗序》 吾友太史公升庵杨子，今之马迁也，腹笥五车，言众七略，诗其余事，又出其绪，缀为《诗话》若干卷，有续集，有别录，有补遗，皆诗

① 黄宗羲《明文海》卷二百四十七选录此文，作“邂逅”。

评也，艺林同志咸珍传之，盖与余同见闻者十八九，比之宋人《珊瑚钩》、《渔隐话》，评品允当，不翅度越，九变复贯，知言之选，良可珍哉！

嘉靖壬子十一月七日，永昌禺山张含序。

（录自［明］杨慎《诗话补遗》卷首）

（明）周逊《刻词品序》 声音之道，愚未之有考也。近得升庵翁所著《词品》，□日读之，未尝释手，微求其端。大较词人之体，多属揣摩不置，思致神遇。然率于人情之所必不免者以敷言，又必有妙才巧思以将之，然后足以尽属辞之蕴。故夫词成而读之，使人恍若身遇其事，怵然兴感者，神品也。意思流通，无所乖逆者，妙品也。能品不与焉。宛丽成章，非辞也，是故山林之词清以激，感遇之词清以哀，闺阁之词悦以解，登览之词悲以壮，讽谕之词宛以切。之数者，人之情也。属辞者，皆当有以体之，夫然后足以得人之性情，而起人之咏叹。不然则补织牵合，以求伦其辞，成其数，风斯乎下矣。然何以知之？诗之有风，有今之有词也。语曰，动物谓之风，由是以知不动物非风也，不感人非词也。翁为当代词宗，平日游艺之作，若《长短句》，若《填词选格》，若《词林万选》，若《百琲明珠》，与今《词品》，可谓妙绝古今矣。愚虽未能悉读诸集，山林之词大率清以激也，不然则舒以适也。闺阁之词大率悦以解也，不然则和以节也。他可类见矣。然犹未承面命，姑记于此，以俟取正于他日。

嘉靖甲寅仲秋朔日，成都后学周逊序。

（录自［明］杨慎《辞品》卷首）

（明）李田甫《正杨序》 近世推博辨多蓄，曰成都杨用修。用修著《丹铅余录》等书至数十百种，搜奇抉谲，撷采钩隐，皆世所骤闻而学士大夫所望而骇叹者，以是声誉籍甚，从同无异词。顾余时时窥其谬盭，或事非幽邈而掩为秘藏，或异本殊途而牵为同致，以是不了其故，岂大观者定小有遗耶？抑简册浩窅独智难周耶？韩退之称张巡抽架上书皆成口诵，初不见其读书；而张安世、刘贡父之在当时虽以欧、苏之名，犹不许以博古。固知学之道难矣。而用修者所谓未见其止也乎？今朗陵陈君晦伯间取其误谬，分疏其下，得一百五十条。悉撮原本，无假辨说，开卷了然，固谭艺者之一快也。孟子舆云：“不直则道不见。”吕伯恭云：“待人欲恕，论人欲尽。”君锐情细索，多所校雠，聊相与直之尽之耳，亦楚人亡弓之遗意也。

隆庆三年，岁在己巳夏四月廿五日，顺阳李衮子田甫谨纂。

（录自［明］陈耀文《正杨》卷首）

（明）陈耀文《正杨自序》 余观升庵氏书，而深叹立言之难也。夫世之称升庵者，不曰正平一览，则云管综百氏。即其自视也，固已前无古人，后无来者。今兹所见才数种耳，乃讹盭自相违伐若此，岂率尔师心在大方之家尔邪？抑参菁并蓄，传载者无莨臣耶？故知舛驳无事，于五车麟角取裁于四百矣。余明兴，传疑者众间，为是正数

夫隆庆己巳孟冬，望天中笔山山人陈耀文书于敦悦堂

（录自［明］陈耀文《正杨》卷首）

（明）王世贞《弇州四部稿》卷一百四十八·说部·艺苑卮言五·诗 杨用修如暴富儿郎，铜山金埒，不晓吃饭着衣。

又，卷一百四十八·说部·艺苑卮言五·文 杨用修如彩缯作花，无种种生气。

又，卷一百四十九·说部·艺苑卮言六 徐昌谷有六朝之才而无其学，杨用修有六朝之学而非其才。

又 杨工于证经而疏于解经，博于稗史而忽于正史，详于诗事而不得诗旨，精于字学而拙于字法，求之宇宙之外而失之耳目之前，凡有援据，不妨墨守，稍涉评击，未尽输攻。

又 予少时尝见传杨用修《春兴》，末联云："虚拟短衣随李广，汉家无事勒燕然。"甚美其意，为之击节。又读陆子渊《闻警》一联云："大将能挥白羽扇，君王不爱紫貂裘。"紫貂事虽稍涉宋，然不其露。其使事之工，骈整含蓄，殊不易匹。后得全什读之，俱不称也。因记于此。

（明）王世贞《明诗评》卷一·杨修撰慎 杨慎，字用修，新都人。举进士第一，为翰林修撰。久之，以伏阙事下诏狱考问，杖朝堂，几死。戍永昌三十余年不得归，有集若干卷行于世。

评曰：修撰笔任手运，诵由目成，翱翔中秘，既穷青藜之校；流戍南滇，遂肆朱鼎之识。凡所取材，六朝为冠，固一代之雄匠哉。特其搜撷大饶，格调时左，繁饰人工，或累天悟，又其微趣多在长吉。振奇之士卑其刻羽雕叶，陋中之徒骇其牛鬼蛇神，班郢之思独苦膏肓之病难医，良可叹也。

（明）顾起纶《国雅品》卷一·士品三·杨修撰用修，张进士愈光 世阀骏英，巍科雄望，嚼咀搜玉，咳唾成珠。其为诗，杨如锦城雪栈，险怪高峻；张如兰津天桥，腾逸浮空，故并钟山川之灵乎。《卮言》又云："杨乃铜山金埒，张乃拙匠斧凿。"是讥其未融化也。杨之"罗衣香未歇，犹是汉宫恩。石帆风外轰，沙镜雨中明。"又"汀洲春雨搴芳杜，茅屋秋风带女萝。夜夜月为青冢镜，年年雪作黑山花"。张之"鸿雁不传云外字，芙蓉空照水中花。铜柱蒹葭鸿雁响，铁城烟雨鹧鸪啼"。此例数篇，非雕饰曼语。往余在滇中，以吏局经高峣，一访升庵故墅，适至自泸，会于安宁曹溪精舍，留连信宿，其落魄不检，形骸放言，指据凿凿惊座，应是超悟人。张尝与启札神交，词多敦素，亦是恬雅人。后余过沅州，慈溪冯公觞余督府，怜及杨之才器故博识，特好臧贬先辈，辄攻人沿袭之短，气象遂砭削矣。斯言其长者哉。

（明）陈文烛《二酉园文集》卷二·序·杨升庵太史年谱序 杨用修先生没十八年

矣。余过新都收其遗书，十财一二也。偶得先生年谱于友人朱秉器，乃简子绍芳所次年谱，例编年而此直书。往简子布衣游滇，先生见其诗，结交欢甚，大都实录云。先生从子进士以义刻传而嘱余叙。嗟乎！士生不百年耳，欲成名于千百年之后，岂不难哉？先生儿时过目成诵，每一搦管，万言立就，文忠公奇之，见者呼为神童。即少，拟《过秦论》，真贾长沙之匹也。甫弱冠，对大廷第一，时正德辛未。吾乡李文正公在内阁有重名，手先生策叹曰："海涵地负，大放厥辞。"击节赏之。嘉靖初年，上疏议大礼，谪戍永昌四十余年，而卒于滇。余览兹谱，盖不知涕沾襟云。先生敏慧天授，又世掌中秘，假之岁月，广厦细毡，从容启沃，无论勋业式谷厥考，即国家典章之盛，当润色而还之古，乃使延搜穷探之志，极于深山断碑之间，扬摧往邃，弹射诸家，约其著作百有余种，斯足盖代矣。忆公家子云多识奇字，先生风节不啻过之，彼赏玄绝伦者，桓谭一人耳。今宇内闻先生名，愿为之执鞭，片言只字，类皆珍之。先生之名，虽百世可知也。昔苏子瞻以不识范文正公为平生之根，而得序其集，幸托名于文字间。余思汇先生之言，共为全书，未能也，今窃有私幸也夫。

又，卷五·序·杨升庵先生全集序 先君子谈昭代博学，新都盖有杨用修云。忆毅皇帝阅《文献通考》，问天文有注张星者，钦天监与诸翰林不知也，用修引《周礼》、《史记》，而以柳星为对。肃皇帝览给事张翀疏，问"磶宇嵬琐"四字，内阁诸老不知也，用修取《荀子·非"十"二子》篇以复。是武庙、世庙咸知用修可备顾问者，骎骎大用，旋以议大礼谪戍滇南。何始之所遇与终所遭迥异也！用修著书，百有余种。时分宜故相，乞品诗于万里外，尚书刘元瑞得《神楼曲》，终身栖息。其珍重如此！至海内名流，若宝应朱子价谓其"即事称奇，朗彻千古"，亳州薛君采谓其"穷极词章之绮丽，牢笼载籍之菁华"，永昌张愈光谓其"立朝去国，弘业葆贞"，华容孙仲可谓其"旁通广蓄，名高众忌"，嘉州程给事谓其"稗官小说，因微适道"，昆山周太仆谓其"权衡操纵，含英茹实"，四明张司马谓其"片词纤指，根沿古初"，太仓王廷尉谓其"才情盖代，使事最工"，即诸家品而用修之博可知也。稿多散漫，梓行不一，方伯华亭蔡公得大行公家本，手自雠校，删冗正误，以成完帙。会督抚关中张公、侍御平原宋公尚贤右文，共图不朽。蔡公因里中宪使费公寓书不佞叙焉，以督学入蜀，时曾与谋刻。叙曰：

自古文人或遇而词达，或穷而语工。用修生有异质，遇目成诵，正德辛未廷对第一。文忠公掌在丝纶，凡明堂石室、金匮玉版之藏咸得披阅。昔贾幼邻、苏廷硕、韦嗣立、马端临皆宰相之子，成其问学，无如用修之遇者。蒙难而南，土舍兵变，戎服率旅，自言报国，往来高峣、云局之间，呕心苦志，邛、泸暂寓，殊方竟老。昔夜郎、龙标、潮阳、郎州，又山川之险增其题咏，无如用修之穷者。用修遇而穷继之，穷而遇先之，造化爱而似有所吝，吝而似有所成。语曰："蒙金以砂，锢玉以璞，珊瑚之丛必茂重溟，夜光之珍以颔骊龙。"其用修所由博与？窃谓赋祖枚、马，而戎旅药市，则崔之《幽征》、张之《白羽》也。颂祖渊、云，而建学实树，则孔之《释奠》，袁之《青莲》也。志表等于褚渊，诔词并于哀策。江祀记行，简严二典；蚊阵露布，游戏三昧。黔国诸篇，只字鼙金；孝烈特传，四维振响。叙述参之鸿宝，论辨奇如张策。《谴戍》、《野眺》，五言古之佳者，明远《还都》、玄晖《登望》似之矣。《垂柳》、《流萤》，七言古之佳者，照邻《古意》、之问《明河》似之矣。近体多深沉之思，《春兴》八首其夔州以后诗乎？绝句极风人之致，《滇海十二曲》其横江客中行乎？此用修大较也。攻文者奈何病其不纯也？采摭既富，蹊径终存，造化莫得而陶铸之，又谓用修杂著宜汇一书，诸子以来，谁能袭六为七耶？随所得而笔之，有深意焉。恨不起用修于九京而上下之，并以告读用修兹集者。

（明）汪道昆《太函集》卷二十五·序十五首·丹铅总录序 昔左史倚相重楚，公孙侨重郑，季子札重吴。何所重之？重多闻也。孔子信而好古，大哉博乎！颜、孟具得其宗要，皆由博而约。后之曲士，不务畜德，而务矜能。闻虽多，犹耳食也。且也，由秦以前厪存煨烬，由汉以后糅以糠秕，迨宋则苑积丝棼，支离滋甚。藉令日与耳媾，不可入于灵台。明初，溺于旧闻，孳孳涉猎。丘文庄亦以多胜，首事补遗，颁之学宫，世儒以为口实，概诸作述大有径庭。其后，蜀杨用修、楚何子元、越丰存礼，比肩而起，鼎立三分，絜其短长，厥有雄距。楚娴于史，越娴于经，博矣。顾钩深者察不及，吊诡者藉无稽，方驾琼山，毂击相及，抑末也。用修，相门胄子，首举公车。太上右文，资适逢世，召入文渊阁，令发中秘书遍读之，固当百倍下帷，庶几早服重积。及抗直言，忤上指，编伍终身，即楚越，以忠孝闻，将避三舍。

《丹铅总录》则其博古之绪余，幽讨冥搜，不遗余力，直将探蝌蚪，译侏儒。凡诸柱下所未藏，象罔所未获，微言奇字，莫不表而出之。总之无虑数千万言，分类二十有六分卷，二十有七则，自金齿梓行矣。子山北面，金齿无由执鞭，得其遗书，授之剞劂。既卒业，将决策于谢生，数仞高门，谁为悬簿？生言：“作者惟左右司马，具在父母之邦。弇州抉二酉，覆五车，于书无所不读，其宏廓足当金齿，其才轶而过之。”太函持论与济南同：“非先秦两汉不读，既与夫夫异矣，必有正言，且公家子云无用旁求为也。”不佞闻而避席，里妇何足以理丹铅，两君子同归而殊途，其言各有合也。弇州之称物也博，其博物也精。说部衡石丹铅，足为国色增重，济南皭然者也。嘐嘐修古自鸣，彼已剿说游谈，曾未得其一眄。客自滇至，因问金齿起居，客曰：“杨用修绣口锦心，孰如陈公甫光风霁月？”济南目摄，客遂拂衣行。此其左袒用修，登儒林而上之矣。不佞斗筲器也，即担石莫能容，方之吠月疑冰，则闵于地，笃于时者也。幸而波流首善，世际文明，天运地宜，兼得之矣。窃以三垣列宿足以经天，五岳四渎足以纪地，浸假举一废百，其如管窥蠡测何？顾必镜两仪，囊万有，羲和毕御，神禹周行，保章殚精，章□穷步。夫然后悬者、著者、流者、峙者、高者、朗者、峻者、深者，重黎可为役，宇宙在吾心矣。矧含誉之为星也，昆仑之为山也，沃焦之为泽也，是非有目者所习睹，有趾者所习登，有力者所习涉也。将恶乎知哉？善乎，庄生之言曰：“足之于地也，践虽践，必恃其所不蹍而后善；人之于知也，少虽少，必恃其所不知而后知。夫以不知为知，犹之乎以无用为用也。”闻道不能以百，不佞主臣弇州则大方家，幸从而正之耳。谢生又言："文庄即世，其后百年，而北地兴，三户迭为名高，瞠乎其后。用修，人杰也，胡然众雌无雄。"嗟乎！若毋求多于用修，用修盖有足多者矣。礼耕学耨，仁聚乐安，穫而食，食而肥，优而柔之，使自化之，此上农事也。次则深耕易耨，不失为良农，借曰犟不必工，容不必冶，安事丹铅，斯其卤莽灭裂者之为，则惰农也。由良可以几化，与其惰也宁良，用修良矣。

（明）李贽《杨升庵文集序》 余读先生文集有感焉。夫古之圣贤，其生也不易，其死亦不易，生不易故生而人皆仰，死不易故死而人皆思，于是乎前而生者，犹冀有待于后世，后而生者又每叹恨于后时，同时而生者又每每比之如附骥，比之如附青云，则圣贤之生死固大矣。余读先生文集，欲求其生卒之年月而不得也，遍阅诸序文而序文又不载，彼盖以为序人之文只宜称赞其文云耳，亦犹序道学者必大其道，叙功业者必大其功，叙人品者必表扬其梗概，而岂知其不然乎？盖所谓文集者，谓其人之文的然必可传于后世，然后集而传之也，则其人之文当皎然如日星之炳焕，凡有目者能睹之矣，而又何藉于叙赞乎？彼叙赞不已赘乎？况其人或未必能文，则又何以知其文之必可传，而遂赞而叙之以传也？故愚尝谓世之叙文者多其无识子孙欲借他人位望以光显其父祖耳。不然，则其势之不容以不诣，而又不容以不文辞者也。夫文而待人以传，则其文可知也。将谁传之也？若其不敢不请，又不敢辞，则叙文者亦只宜直述其生卒之日与生平之次第，使读者有考焉，斯善矣。吁！先生人品如此，道德如此，才望如此，而终身不得一试，故发之于文，无一体不备，亦无备不造，虽游其门者尚不能赞一辞，况后人哉？余是以窃附景仰之私，欲考其生卒始末履历之详，如昔人所谓年谱者，时时置几案间，俨然如游其门，蹑而从之。而序集皆不载，以故恨也。况复有愚人者从风吠声，以先生但可谓之博学人焉，尤可笑矣。

（录自［清］张晋生等《四川通志》卷四十四）

（明）何宇度《益部谈资》卷上 《全蜀艺文志》，杨用修所编也，网罗金石鼎彝、秦汉之文几尽，可谓博矣，然惜太繁，刻在藩司已不存。《太平清话》云：《四川总志》惟《艺文》一卷乃用修所选，立例最古。似殊不然，岂俱未见二书乎？

（明）陈大科《升庵全集叙》 以论博物君子，其在我朝，则杨升庵先生执牛耳哉！先生于书无所不读，即诸父兄弟家庭小集，亦递条举征故事为酒政，而先生尝自称慎。苟非生执政之家，安得遍发皇史宬诸秘阁之藏？既得之，苟非有嗜书癖，亦安从笥吾腹？既兼有是，苟非投诸穷裔荒徼，亦不暇也。嗟嗟！天启文献，代不数人，俄而龙骧，俄而蠖诎，固并有意云。先生杂著《丹铅辑录》、《谭苑醍醐》诸书，亡虑数十种。我先司寇尝从滇蜀归，悉授余，大科读且谓将谋汇刻之，适与行会，未遑也。久之，余从都下过先生从子侍御君所，得见先生全集焉，则韩城张公并汇诗文刻诸蜀中矣。曾杀青几何时，而其字已刓且蚀矣。此其摹印之者众矣，谁谓鸡林纸贵之语诞也哉！顷以其

青几何时，而其字已刓且蚀矣。此其摹印之者众矣，谁谓鸡林纸贵之语诞也哉！顷以其暇，奉笥中所受者遗书，参以蜀本，手雠校焉，而付之剞劂，成先志也。或谓汝南陈晦伯又作《正杨》一编，何耶？余曰："尼父删述，莫赞一辞，其诸著作之林，率有羽翼之者矣。"

明赞善大夫右都御史、后学陈大科撰于鹤城书院。

（录自［明］杨慎《升庵全集》卷首）

（明）胡应麟《诗薮续编》卷一·国朝上　杨用修格不能高，而清新绮缛，独掇六朝之秀，合作者殊自斐然。如《题柳》七言律云："垂杨垂柳绾芳年，飞絮飞花媚远天。金距斗鸡寒食后，玉蛾翻雪暖风前。别离江上还河上，抛掷桥边与路边。游子魂销青塞月，美人肠断翠楼烟。"风流蕴藉，字字天成，如初发芙蓉，鲜华莫比。第此等殊不多得，大概错采缕金，雕缋满眼耳。滇中作如《春兴》八首，语亦多工。

又　杨五言律"高柳分斜月，长榆合远天"、"新水催飞鹢，微霜度早鸿"等句，置齐、梁不复可辨。

又　用修才情学问，在弘正后、嘉隆前，挺然崛起，无复依傍，自是一时之杰。第诗文则饾饤多而镕练乏，著述则剽袭胜而考究疏。大概议论太高者力常不副，涉猎太广者业苦不精，此古今通病，匪独用修也。

（明）胡应麟《少室山房集》卷一百四·读·读《梦溪笔谈》　本朝杨用修早成滇南，所著书抵牾史乘处尤夥。……要之，著述非词赋比，或至贻误后人，疑者缺之，信者稽之，务出万全可也。

（明）许学夷《诗源辩体》后集纂要卷二　杨用修诗，多填故实，而讹字复多，入录者则取明显也。薛君采序其诗，言才与学；元美谓"用修如暴富儿郎，铜山金埒"，俱可见矣。予尝谓：用修骋博，元美夸多。然元美深贬用修而阴法之，又不可不知。用修五言古学汉、魏者亦能稍变，然学齐、梁以后者为最工。胡元瑞谓"清新绮缛，独掇六朝之秀"是也。用修七言古多出齐、梁、初盛，而初唐尤工。用修五言律多出初唐，七言律多用杜语，后半截似多流丽，其俊亮高华者已启七子之调，但不若七子之精工耳。余篇亦无弱调，变体最工。

（明）谢肇淛《滇略》卷八·文略　成都杨慎在滇吟咏至多，今摘其尤者。《滇海曲十二首》："梁王阁榭水中央，乌鹊双星带五潢。跨海虹桥三十里，广寒宫殿夜飘香。"又"碧鸡金马古梁州，铜柱铁桥天际头。试问平滇功第一，逢人惟说颍川侯"。又"化城楼阁壮人寰，泽国封疆镇两关。云气装成银色界，天工斫出点苍山"。又"叶榆巨浸环三岛，益部雄都控百蛮。神禹导河双洱水，武侯征路七星关"。又"沙金水贝出西荒，桃竹橦花贡上方。香象渡河来佛子，白狼盘木拜夷王"。又"琱房草阁瞰夷庭，侧岛悬崖控绝陉。鸡足已穷章亥步，鹫头空人梵王经”。又“孤戍平溪望大荒，边愁海思入苍茫。帝乡东北仙云隔，僰道西南媚景长”。又“昆明池水三百里，汀花海藻十洲连。使者乘槎曾不到，空劳武帝御楼船”。又“湖荡鱼虾晨积场，市桥灯火夜交光。油窗洞户吴商肆，罗帕封颐僰妇妆”。又“苹香波暖泛云津，渔枻樵歌曲水滨。天气常如二三月，花枝不断四时春”。又“煮海鹾郎暝漉沙，避风仙客夜乘槎。雪浮粳稻压春酒，霞嚼槟榔呼早茶”。又“海滨龙市趁春畬，江曲渔村弄晚霞。孔雀行穿鹦鹉树，锦莺飞啄杜鹃花”。《题舍资驿垂柳篇》云：“楚雄苴力桥有垂柳一株，婉约可爱，往来见之，赋此志感。灵和殿前艳阳时，忘忧馆里光风吹。千门万户旌旗色，九陌三条雨露姿。苍凉苑日笼燕甸，缥缈宫云覆京县。芳树重重归院迷，飘花点点临池见。临池归院总仙音，应制分题竞彩毫。诏乘西第将军马，诗夺东方学士袍。金明绿暗留烟雾，旧燕新莺换朝暮。只知眉黛为君颦，肯信腰肢有人妒。从此沉沦万里身，可堪憔悴四经春。支离散木甘时弃，攀折荒亭委路尘。摇落秋风上林远，婆娑生意华年晚。肠断关山明月楼，一声横笛清霜坂。”《高峣除夕诗》：“海滨戍旅久忘归，独对朝岚与夕霏。莎径晴沙采樵路，柴门秋水钓鱼矶。太平时节身难遇，流转风光赏莫违。街鼓市尘浑隔断，村舂邻火自相依。”《寄杨弘山都谏诗》：“螭头早挂进贤冠，迹远东墀玉笋班。倦意已还飞鸟外，归心原在急流间。仙郎高议留青琐，学士新诗满碧山。十九峰前同醉处，梦中琼树几回攀。”

慎妇黄氏亦有才情，慎久戍滇中，妇寄一律云：“雁飞曾不到衡湘，锦字何由寄永昌。三春花柳妾薄命，六诏风烟君断肠。曰归曰归愁岁暮，其雨其雨怨朝阳。相逢空有刀环约，何日金鸡下夜郎。”又《黄莺儿》一词：“积雨酿春寒，见繁花树树残，泥涂满眼登临倦。江流几湾，云山几盘。天涯极目空肠断。寄书难，无情征雁，飞不到滇南。”杨别和三词俱不能胜。

（明）冯时可《雨航杂录》卷上 杨升庵诗甚为葩丽，而文甚弱，齿角各有其分也。诗如“猱猿临客路，鸡犬隔仙家”，“星河分宇县，钟漏来年华”，皆雅淡不类。其别作《华烛引》、《流萤篇》，即使宾王操觚亦当退避三舍。

（明）胡震亨《唐音癸籤》卷三十二·集录三 明兴，说诗者以博推杨用修，以雅推徐昌谷，以俊推王弇州。用修之书，搜隐摘奇，往往任胸援引，非必尽确，后贤訾驳正未已。

（明）吴伯与《杨用修艺林伐山序》 昔老子生于周，尚以不及睹古为恨，况在今人？然今人读古人书，梯崖缒渊，望古遥集，若夫脱缠解纠，更不难互相扬搉，平分案断古之人与寸心自致矣。杨用修先生茹古涵今，其咳唾散落珠流而璘结，郁郁盛哉！兹《艺林伐山》特膔胲之一脔耳。夫取材于山所由来矣。山自五岳而外，如终南固一巨镇，其间异物之类不可胜原。东方朔尝谓：“百工取给，万姓仰足。”韩昌黎亦云：“架库厩而衔莹绣。”以此推之，山何如护畜也？夸蛾负而厝焉，其事渺矣。必若所称，从天作之，奇而荒之。相与删繁剔冗，开异搜奇，因以饮神瀵之水，问仙鼠之名，啖胡麻之饭，餐柏上之露，掀翻宝藏，不由斧斤，亦大胜妙哉。故伐材者有尽伐山者，不材尽在斯编欤？盖其荟撮坟典，以及仙经佛偈、齐谐唐韵，凡天地之纪，人物之变，与夫夭乔飞走，法书彝尊，茶寮酒酱之属，尽从单词片字中，抡冥搜元，析疑正误如此。禹圭舜琴，尧土杯居，然千古法物不作耳目近玩。昔孙处立尝恨天下无书以广新闻，王右军每问蜀中故迹以广异闻，大抵闻见新异是古人第一乐事。彼谢氏碎金丽沙，的烁琅琊，群玉玄圃，峥嵘方斯，犹为渺矣。此非读书破万卷，其将能乎？然余谓读书正不易能箱盈石积胶黏，作儿女子语书而腐耳。即以用修之稽古批较不为不该，正阳诸家诋诃而论难之。如是编所载“举案”一语犹可弹指，何况“天禄”诸事在用修亦自言之矣。曰：“安敢驾策古人？借以耗壮志，遣余年耳。”夫吾党亦何必为用修解也。要以秦汉而来，经畲史薮，榛蔓已极，援引评击，穷秋毫之遁情，开夏虫之积瞶，诸凡用修所芟正而廓清者，真可谓古人功臣，不然徒以辨博而已。遗其远识灵心，正似搜断瓦零甋于邺都遗胜，曰此英雄之极思也，然乎哉？而矧于执其一漏以为博物病也。余又谓：“士当穷时呻吟经生语，未遑他涉，才一适意，势灼名薰，敝帚弃之，徒重尤秦焰也奚为？”用修少游金马，晚戍碧鸡，百函俱发，千古自命，倘谓开山居士，非耶？则是编之传，岂但蓄德消鄙，旃檀熏而芝兰袭，亦以指陈觉路，吾党之家山也仰止焉，而寄其尚友古人之意尔。

（录自［清］黄宗羲《明文海》卷二百二十五）

（清）周召《双桥随笔》卷四　明杨升庵才高学博，以元辅之子魁天下，播盛名宜，其发为论议，骀宕不羁，而乃切实著明，异于一时谈空说妙之辈。其论道学也，曰：“或问何谓道学？曰天下之达道五，能行五者于天下，而又推类以尽其余，道学尽于是矣。何谓心学？曰道之行也，存主于内，无一念而非道；发达于外，无一事而非心；表里贯彻，无载尔伪，心学尽于是矣。故道学、心学，理一名殊，明明白白，平平正正，中庸而已。更无高远玄妙之说，至易而行难，内外一者也。彼外之所行颠倒错乱于人伦事理大处，顾异巾诡服，阔论高谈，饰虚文美观，而曰吾道学，吾心学，使人领会于渺茫恍惚之间，而无可捉摸，以求所谓禅悟，此其贼道丧心已甚，乃欺人之行，乱民之俦，圣王之所必诛，而不以赦者也。何道学、心学之有？”其论禅学俗学也，曰：“骛于高远，则有躐等凭虚之忧。专于考索，则有遗本溺心之患。故曰君子尊德性而道问学，凡高远之弊其究也。以六经为注脚，以空索为一贯，谓形器法度皆刍狗之余，视听言动非性命之理，所谓其高过于大学，而无济世之实，禅学以之考索之弊其究也。涉猎记诵，以杂博相高；割裂装缀，以华靡相胜。如华藻之绘明星，伎儿之鸣讶鼓，所谓其功倍于小学，而无用世之力，俗学以之。”以上议论，皆中明季讲学者之病。惜当时无力阐其义以告天下者，遂至入于膏肓不可救药，而世道人心至于大坏也。

（清）吴景旭《历代诗话》卷七十七·癸集中之下·用修 《艺苑卮言》曰："杨用修工于证经而疏于解经，博于稗史而忽于正史，详于诗事而不得诗旨，精于字学而屈于字法，求之宇宙之外而失之耳目之前。凡有援据，不妨墨守，稍涉评击，未尽输攻。"

吴旦生曰：用修博览群籍，研心考订。武庙阅《文献通考·天文》，星名有注张，亦作汪张，下问历官史馆，皆愕然。用修复曰："注张，柳星也。《周礼》'以注鸣者'，注云：'注，咮也，鸟喙也，音呪。南方朱鸟七宿，柳，为鸟之咮也。'《史记·律书》'西至于注张'，《汉书·天文志》'柳为鸟喙'。"又"湖广土官水尽源通塔平长官司入贡"，同官疑为三地名。用修曰："此六字地名也。"取大明官制证之。凡所考据，手荟成书，焦氏特标百余种。余购求二十年，仅得宝其强半然。广引生瑕，亦所不免。余诗话中时时正救之，非故取一代之伟人而好为镌谯也，鄙意诚如弇州所云耳。

用修两上《议大礼疏》，率群臣撼奉天门大哭，廷杖者再，谪戍云南永昌卫，投荒三十余年。其《七十行戍稿》有《病中感怀诗》："七十余生已白头，明明律例许归休。归休已作巴江叟，重到翻为滇海囚。迁谪本非明主意，网罗巧中细人谋。故园先陇痴儿女，泉下伤心也泪流。"词人读之，至今血口。按，在滇时，尝醉，铅粉傅面，作双丫髻插花，门生舁之游行城市。诸伎以精白绫作裓，服之，酒间乞书，醉墨淋漓，好事者购归，装潢成卷。

继室黄氏有《寄夫诗》："雁飞曾不到衡阳，锦字何由寄永昌。三春花柳妾薄命，六诏风烟君断肠。曰归曰归愁岁暮，其雨其雨怨朝阳。相闻空有刀环约，何日金鸡下夜郎。"久为艺林传诵，惜其诗不多作。故用修亦云："易求海上琼枝树，难得闺中锦字香。"

（清）田雯《古欢堂集》卷七·七言古诗·碧峣书院歌吊杨升庵先生（有序）杨升庵先生，新都才子，胜国名臣。溯家学之渊源，以正叔考亭自守；争朝端之典礼，与君实禹玉同归。父也解组明农，子乃抗辞仗节。哀号彻殿陛，几致空朝；谪窜赴蛮荒，何愁万里。真国家养士之盛，斯臣子守义之荣。彼始以尊亲为辞，亦曰谁无人父，而究致丰祢贻诮。岂繄古有典章在，丰严亦复何心？即张桂不虞至此。叹老夫其耄矣，编摩于忧患者七旬，望君门以远兮，教泽则浸淫于六诏。酒旗戏鼓，流浪余生；剩水残山，品题到处。丰才啬遇，著嘉名于兰台石室之编；败壁颓垣，留遗迹于蔓草荒烟之际。惟眉山先生采风问俗，吊古兴怀。忆左顺门跪伏之秋，正高王父共事之日。永言祖德当年之丰采谁同？抚此芳踪，先世之忠贞宛睹。恍风流以如昨，宁云前代之遥。对榛莽而堪怜，尚有毛公之宇。人称并美，德固有邻。以彼二百余人为始为终，非无翻覆之手（丰坊亦在内）；南荒徼一生一死，群传激烈之名（时滇人毛玉被杖，病创，卒）。教之在人久，立祠以风世。山川如故，依然争流竞秀之观；庙貌安存，不无世远年湮之感。芟其芜秽，爰复新之，荐以苹蘩为可继也。地仍鸡麓，固梦魂所流连，颜以碧峣借题赠之旧额（升庵为毛氏别庐曾名之碧峣）。君子之泽未斩，滇人之慕尤长。用缀篇章，聿伸仰止。

堁风莔露哀牢疆，山川瘴疠难禁当。新都公子老成客，孤臣万里堪悲伤。年七十二金鸡杳，白头摇落西南羌。当时世庙议大礼，撼门痛哭千夫强。仗节抗疏言矫矫，手触虿尾投蛮荒。（先生云："国家养士百五十年，抗疏仗节，正在今日。"）程子不作朱子死，今昔濮议谁斟量？（先生云："臣所执者，程子朱子之论。"）大礼未定大狱起，批鳞折槛空激昂。璁萼诸人耻同列，讵知作俑来丰坊。（先生云："学术不同，议论亦异。臣耻与萼等同列。"）明堂秋飨复聚讼，余毒林甫争拍张。（谓分宜也）呜呼！先生遂不返箐酋，峒獠群相将。木弩含沙火云热，天教老啖红槟榔。吴粉傅面两丫髻，簪花拥伎何徜徉。都卢倒吹泼醉墨，僰儿观者如堵墙。白狼啵咷鸟爨弄，百斛文鼎非寻常。雷硠光焰留南诏，好手浓煎班马香。（用黄山谷语。）我摭残编罗几案，如嗅艾纳兼都梁。藻采标格称绝调，矧于大节尤堂堂。海庄故墟碧鸡麓，猩猩白昼啼书仓。巾杖逍遥须眉古，图画遗像生光铓。竹桧一径夹流水，菊干枫落寒云僵。潮州儋耳同一辙，祠庙赑屃摩青苍。小子作茧自裹缚，形骸枯槁眠黔阳。焉得升阶更剪纸，招魂归送蚕凫乡。高吟死去谁怜句，杲杲冬日朝在房。

（清）朱彝尊《静志居诗话》卷十　杨慎，字用修，新都人。正德辛未，赐进士第一，授翰林修撰。以议大礼泣谏，杖，谪永昌。天启初，追谥文宪。有《升庵集》。

虞伯生告袁伯长云："文章之妙，惟浙中庖者知之。若川人之为庖也，粗块而大脔，浓醯而厚酱，非不果然餍也，而饮食之味微矣。浙中之庖则不然，凡水陆之产，皆择取柔甘，调其湆齐，澄之有方，而洁之不已。视之，泠然水也，而五味之和，各得所求，羽毛鳞甲之珍，不易故性。为文之妙亦犹是耳。读用修诗无异川人之庖矣。予为之调择澄洁，去其浓醯厚酱，盖窃比于浙中之庖之义云。"

《南郊扈从省牲》云："天仗云门外，宵衣晓漏前。苍龙旗影动，朱鹭鼓声传。星烂甘泉烛，霜清泰时烟。南郊新警毕，重睹孝皇年。"《寄石季瞻赴临安谪》云："闻道炎方谪，遥从瘴海过。后期淹岁月，前路任风波。霄汉蜚鸿远，关门虎豹多。卜居何处问，薜荔在山阿。"《春兴》云："最高楼上俯晴川，万里登临绝塞边。碣石东浮三绛色，秀峰西合点苍烟。天涯游子悬双泪，海畔孤臣谪九年。虚拟短衣随李广，汉家无事勒燕然。"《怀归》云："星桥南望沉犀渚，雪岭西连抱珥河。关塞渺茫魂梦隔，山川迢递别离多。汀洲春雨搴芳杜，茅屋秋风带女萝。心事未从詹尹卜，生涯聊听僰童歌。"

附录：王元美云："杨用修如暴富儿郎，铜山金埒，不晓吃饭著衣。"又云："用修工于证经而疏于解经，详于稗史而忽于正史，详于时①事而不得诗旨，求之宇宙之外而失之耳目之前。"又云："徐昌谷有六朝之才而无其学，杨用修有六朝之学而非其才。"又云："杨修撰之《南中稿》秾丽婉至，华学士之《岩居稿》清淡简远，俱远胜玉堂之作。"

---

① 据王世贞《艺苑卮言》卷六，当作"诗"。

黄清甫云：“杨诗喜用僻事，多著浮彩，搜罗刻削，无出其右，而骈绘既繁，性情多尽。传谓美能没礼，诗亦有之，至诵其‘可怜风雨夜，长在客途中’，又‘江花与江草，异国看春生’，情境俱穷，真堪陨泪。”

（清）朱彝尊《明诗综》卷三十九·杨慎（二十五首） 慎，字用修，新都人。正德辛未赐进士第一，授翰林修撰。以议大礼泣谏，杖，谪永昌。天启初，追谥文宪。有《升庵集》。

（薛君采云：用修穷极词章之绮丽，牢笼载籍之菁华，其卓绝之才，弘博之学，直欲追轧古人。

张愈光云：升庵诗，予不喜其深邃，而喜其朗爽也。

王元美云：杨用修如暴富儿郎，铜山金埒，不晓吃饭著衣。又云：用修工于证经而疏于解经，详于稗史而忽于正史，详于时事而不得诗旨，求之宇宙之外而失之耳目之前。又云：徐昌谷有六朝之才而无其学，杨用修有六朝之学而非其才。又云：杨修撰之《南中稿》，秾丽婉至；华学士之《岩居稿》，清淡简远。俱远胜玉堂之作。

穆敬甫云：用修学富千古，人谓其诗不逮学，然其诗亦非贞元以后语也。

陈德远云：用修诗取材六代间，似杜陵。

王藩臣云：先生诗时而汉魏，时而六朝，时而四杰，时而李杜，其于才无所不构，而于体无所不兼。

顾玄言云：修撰咀英搜玉，咳唾成珠。

陈玉叔云：用修采摭既富，蹊径终存，近体多深沉之思，绝句极风人之致。又云：用修著书百余种，时分宜故相，乞品诗于万里外，司空刘元瑞得《神楼曲》，栖息终身。其珍重如此！至海内名流，若永昌张愈光谓其“立朝去国，弘业葆贞”，华容孙仲可谓其“旁通广畜，名高众忌”，嘉州程给事谓其“稗官小说，因微适道”，昆山周太仆谓其“权衡操纵，含英茹实”，四明张司马谓其“片词纤指，根沿古初”，太仓王廷尉谓其“才情盖代，使事最工”，即诸家品，而用修可知也。

黄清甫云：杨喜用用①僻事，多著浮彩，搜罗刻削，无出其右，而骈绘既繁，性情多尽。传谓美能没礼，诗亦有之，至诵其“可怜风雨夜，长在客途中”，又“江花与江草，异国看春生”，情境俱穷，真堪陨泪。

李时远云：用修评他人诗精当，不可假借，其所作未必如所评，亦人才之通弊也。

胡元瑞云：用修才情问学在弘正后、嘉隆前挺出崛起，无复依傍，自是一时之杰。格不甚高，而清新绮缛，独擅六朝之秀。合作者殊自斐然。又云：皇甫子循以六朝语入中唐调而清空无迹，杨用修以六朝语作初唐调而雕绘满前，故知诗有别才，学贵善用。

陈卧子云：用修繁蔚之中时见新警。

宋辕文云：用修病在贪博，故使事处往往求巧得拙。要其天才本是奇丽，真如七宝

---

① 当衍一“用”字。

流苏。

《静志居诗话》：虞伯生告袁伯长云："文章之妙，惟浙中庖者知之。若川人之为庖也，粗块而大脔，浓醯而厚酱，非不果然餍也，而饮食之味微矣。浙中之庖则不然，凡水陆之产皆择取柔甘，调其湆齐，澄之有方，而洁之不已，视之泠然水也，而五味之和各得所求，羽毛鳞甲之珍，不易故性。为文之妙，亦犹是耳。读用修诗无异川人之庖矣。予为之调择澄洁，去其浓醯厚酱，盖窃比于浙中之庖之义云。)

（清）王士禛《香祖笔记》卷五　明诗至杨升庵，另辟一境，真以六朝之才，而兼有六朝之学者。其诗如《咏柳》"垂杨垂柳绾芳年"一篇，世共知之。又《古意》"凌波洛浦遇陈王"，《鹧鸪词》"秦时明月玉弓悬"，《关山月》"迢迢贱妾隔湘川"，《出关拟唐人》"狼弧芒角正弯环"，《塞下曲》"长榆塞上接龟沙"诸篇，工妙天成，不减前作。又《清蛉行寄内绝句》亦绝妙，大抵皆自古乐府出。益都王遵坦太平论明诗，独推新都为性之者，亦自有见。

（清）王士禛《居易录》卷二十五　杨升庵先生在滇，有张半谷含辈从游，时谓杨门六学士，以比黄、秦、晁、张诸人。半谷即愈光，余则杨宏山士云、王纯庵廷表、胡在轩廷禄、李中溪元阳、唐池南锜，又有吴高河懋为七子，以拟廖明略，升庵谓"七子文藻皆在滇南，一时盛事"是也。按，朱曰藩《射陂集·人日草堂诗引》云：升庵先生在江阳，以画像寄余白下。揭于寓斋，日夕虔奉，如在函丈。嘉靖己未人日，西域金大舆，东海何良俊，吴门文伯仁、黄姬水、郭第，秣陵盛时泰、顾应祥相约过余，觞之斋中。斋南向，先生像在壁间，诸子不敢背之坐，各东西席，如侍侧之礼。比邱员澜饷中泠泉觅得阳羡贡茶一角，烹茶为供，以宣瓯注之，焚沉水于垆，作礼毕，就座，皆叹曰："幸甚！今日乃得睹升庵先生。"文子曰："今日之会奇矣，余当作人日草堂图，以寄先生。"余欣然拊掌，因拈"人日题诗寄草堂，遥怜故人思故乡"之句，作八阄散诸子，请各赋一篇，并寄先生，见吾辈万里驰仰之怀。越二日，文子图成。又二日，诸子诗次第成。余乃为之引云。

牧斋曰："嘉靖乙未①，先生年七十二，以是年六月卒于永昌，诗画邮致之时，先生已不及见矣。"按，先生集有《己未六月病中诀李张唐三君》诗，所谓"魑魅御客八千里，羲皇上人四十年"是也。当时先生流离颠沛，远在天末，而远近为人企慕如此，何殊东坡？惜身殁南荒，不及玉局之生还耳。彼谗人者遗臭万年，岂止与烟草同腐已哉！②

（清）彭定求《明贤蒙正录》卷上　修撰杨公慎（四川新都人，正德辛未状元）

---

① 据陈文烛《杨升庵太史慎年谱》，当作"己未"。

② 《带经堂诗话》卷二十五亦辑有本则。

七岁作《拟古战场文》，有曰："青楼断红粉之魂，白日照翠苔之骨。"时人传诵渊云（王褒，字子渊。杨雄，字子云）再出（先生具如此异姿，复好古博览，无书不读，故成一代词华之冠耳）。

（清）沈德潜、周准《明诗别裁集》卷六·杨慎（十五首）（慎，字用修，新都人。正德辛未赐进士第一，授翰林修撰。以议大礼泣谏，杖，谪永昌。天启初，追谥文献。

升庵以高明伉爽之才，宏博绝丽之学，随题赋形，一空依傍，于李、何诸子外，拔戟自成一队。五言非其所长，以过于秾丽，失穆如清风之旨也。）

（清）沈德潜《说诗晬语》卷下　杨用修负高明伉爽之才，沈博绝丽之学，随物赋形，空所依傍。读《宿金沙江》、《锦津舟中》诸篇，令人对此茫茫，百端交集。李、何诸子外，拔戟自成一队。

又　五言非用修所长，过于秾丽，转落凡近也。

（清）姚之骃《元明事类钞》卷二十一·文学门一·书籍·精与博兼　《周复俟集》：杨升庵著书五十六种，扶疏浩荡，考订精密。汉以降儒者或博而不精，或精而不博，乃今兼之。《卮言》：明兴，称博学饶著者，无如杨用修。

又，卷二十一·文学门一·文章·馆阁文章　明《李季重集》：成、宏以来，李、何登坛，狎执牛耳。谈艺者辄谓文章之权不在馆阁，然如……杨用修之奇崛……于馆阁中皆称独诣。

（清）周参元《升庵全集序》　古今来著书难，传书亦不易。文人如吾蜀升庵太史至矣。生平枕籍乎六经廿史，博涉于诸子百家，固也。然天必资之以颖锐，假之以巍科，使之不惟得尽稗野之精，更得以窥石室之藏，且投之荒徼以作其志，广之涉历以扩其胸，而后自纪传、志铭、诗赋等正集外，如"丹铅诸录"、《谭苑醍醐》诸杂著，无论数十百种，靡不脍炙海内，人人肝脾，著书岂易易哉！顾参蜀人也，且生于升庵之乡。幼闻父师讲诲，知升庵学通天人，才雄艺苑，且著述之富，冠绝前儒，心窃慕之。因遍求先生遗文，不谓蜀中绝少，片纸只字，无不等之昆玉南金。不获睹也，怏怏者久之。后薄宦黔中，时时遍访，偶得《太史升庵全集》一编，乃前明按蜀御史宋可泉先生，偕蜀抚张公濠滨极力搜索，得之升庵之侄之手，而亲加厘订，创为付梓，后又有御史陈公讳大科，重为较定剞劂者。参披而读之，始信升庵之学博矣，而莫识其涯；升庵之文邃矣，而莫窥其奥。所谓载道之文，其在是与？其在是与？顾是集于升庵一斑耳，无论全豹难觏，即此一斑，倘非宋、张、陈诸前辈珍重殷勤，一镌再镌，不几全没乎？传书又岂易易哉！爰携归以示吾乡，则莫不传观抄录，若获拱璧。因思人心共嗜大美，原应共诸天下，况升庵著述，尤其不忍湮没者。是集自可泉先辈搜罗创刻之，又得御史陈公不惮校雠，重为镂板，岂有他哉？不过恐作者之失坠，鉴学者之慕思，为之广其传耳。参因不揣谫陋，用将原书重为校刻，公诸同好，正以慕可泉诸先辈传书之雅，实以志余小子心佩升庵之微忱耳。

时乾隆六十年，岁次乙卯，蒲月中浣日，拣发贵州候补吏目署镇远府经历、后学赓九周参元书。

（录自［明］杨慎《升庵全集》卷首）

（清）吴衡照《莲子居词话》卷二·词品引据博洽　杨用修《词品》四卷，论列诗余，颇具知人论世之概，不独引据博洽而已。其引据处，亦足正俗本之误。如云：《文选》江淹《别赋》“闺中风暖，陌上草熏”，六一词“草熏风暖摇征辔”用此，俗本改“熏”作“芳”；中山王《文木赋》“奔电屯云，薄雾浓雰”，漱玉词“薄雾浓雰愁永昼”用此，俗本改“雰”作“雲”；杜公“关山同一點”，一“點”字绝妙，东坡《洞仙歌》“一點明月窥人”用此，今杜诗改“點”作“照”，成小儿语，幸《草堂诗余》注可证。其他辨订，渊该综核，终非陈耀文、胡应麟辈所可仰而攻也。

（清）杜荫棠《明人诗品》卷一　新都杨升庵慎，正德辛未殿试第一。以议大礼，杖，谪永昌。其所造诣正如虞伯生告袁伯长所云：“文章之妙，惟浙中庖人知之。若川人之庖，粗块而大脔，浓醯而厚酱，非不果然餍也，而饮食之味微矣。浙中之庖则不然，凡水陆之产，皆择其柔甘，调其湆齐，澄之有方，而洁之不已。视之，泠然水也，而五味之和，各得所求，羽毛鳞甲之珍，不易故性。为文之妙亦犹是。读升庵之集无异川人之庖矣。当去其浓厚，调择澄洁，窃比于浙中之庖之义，可也。”

（清）陈田《明诗纪事》戊签卷一·杨慎（五十九首）　慎，字用修，新都人。大学士廷和子。正德辛未，第一人及第，授修撰。以议礼杖，谪永昌。天启初，追谥文宪。有《升庵集》八十一卷，《遗集》二十六卷。

（《四库总目》：慎以博洽冠一时，其时含吐六朝，于明代独立门户。

《薛蕙考功集》：升庵诗穷极词章之绮靡，可以见其卓绝之才；牢笼载籍之菁华，可以见其宏博之学。唐四杰不能过也。

《升庵集》：陆贾《南中行纪》云：“南中百花，惟素馨香特酷烈。彼中女子，以采丝穿花心绕髻为饰。”梁章隐《咏素馨花诗》云：“细花穿弱缕，盘向绿云鬟。”用陆贾语贯花绕髻之饰，至今犹然。予尝有诗云：“金碧佳人堕马妆，鹧鸪林里采秋芳。穿花贯缕盘香雪，曾把风流恼陆郎。”姜孟宾笑谓予曰：“不谓陆贾风流之案，千年而始发耶？”

《艺苑卮言》：杨用修诗如暴富儿郎，铜山金埒，不晓吃饭著衣。用修谪滇中，有东山之癖。诸夷酋欲得其诗翰不可，乃以精白绫作裓，遣诸伎服之，使酒间乞书，杨欣然命笔，醉墨淋漓裙袖，酋重赏伎女购归，装潢成卷。杨后亦知之，便以为快。用修在泸州，尝醉，胡粉傅面，作双丫髻插花，门生舁之，诸伎捧觞，游行城市，了不为怍。人谓此君故自污，非也。一措大裹赭衣，亦何所可忌，特是壮心不堪牢落，故耗磨之耳。

《国雅》：杨修撰诗如锦城雪栈，险怪高峻。

《诗薮》：杨用修格不能高，而清新绮缛，独掇六朝之秀合，作自斐然。如《题柳七言律》云："垂杨垂柳绾芳年，飞絮飞花媚远天。金距斗鸡寒食后，玉蛾翻雪暖风前。别离江上还河上，抛掷桥边与路边。游子魂销青塞月，美人肠断翠楼烟。"风流蕴藉，字字天成，如初发芙蓉，鲜华莫比。滇中作《春兴》八首，语亦多工。

焦竑《玉堂丛话》：正德丁丑岁，武庙阅《文献通考·天文》，星名有"注张"，问钦天监，不知为何星也。内使下问翰林院，同馆相视愕然，杨公慎曰："注张，柳星也。《周礼》以'注鸣者'，註'注'，咮也。《史记·律书》'南方诸鸟七宿，柳为鸟之咮也'。《史记·律书》'西至于注张'。《汉书·天文志》'柳为鸟喙'。"内使以复。同馆戏曰："子言诚辩且博矣，不干私习天文之禁乎?"嘉靖初，给事中张翀疏有"禹宇嵬琐"四字，上令问内阁，不知也。慎取《荀子·非十二子》篇以复。梁文康叹曰："用修之强记，何必减苏颂乎?"

《续玉笥诗谈》：升庵《题唐僖宗行宫柱础》云："唐帝行宫有露台，础莲几度换春苔。车容再向蚕丛狩，王气遥从骆谷来。万里山川神骏老，五更风雨杜鹃哀。始知蜀道蒙尘驾，不及胡僧度海杯。"础，今故在。游太初为予言："寺僧令匠凿而丹之，乃知李文饶方竹未尝无对。"

《明诗选》：宋辕文曰："用修病在贪博，故使事处，往往求巧得拙，要其天才本是奇丽，如百宝流苏。"陈卧子曰："用修繁蔚之中，时见新警。"李舒章曰："用修山光岚翠，金碧之中，时见云霞之润。"

王士禛《皇华记闻》：杨用修在滇，制小肩舆，如升之形，仅可容膝。张愈光含题一联其上云："人到东京须气节，地当西晋且风流。"所谓升庵者以此。

《香祖笔记》：明诗至杨升庵，真以六朝之才，而兼六朝之学者。其诗如《咏柳》"垂杨垂柳绾芳年"一篇，世共知之。又《古意》"凌波洛浦遇陈王"，《鹧鸪词》"秦时明月玉弓悬"，《关山月》"迢迢贱妾隔湘川"，《出关拟唐人》"狼弧芒角正弯环"，《塞下曲》"长榆塞上接龟沙"诸篇，工妙天成，不减前作。又《青蛉行寄内绝句》亦绝妙，大抵皆自古乐府出。益都王遵坦太平论明诗，独推新都为性之者，亦自有见。

《明诗别裁》：升庵以高明伉爽之才，宏博绝丽之学，随题赋形，一空依傍，于李何诸子外，拔戟自成一队。五言非其所长，以过于秾丽，失穆如清风之旨也。

田按，升庵诗，早岁醉心六朝，艳情丽曲，可谓绝世才华。晚乃渐入老苍，有少陵、谪仙格调，亦间入东坡、涪翁一派。前后七子执盟骚坛，海内附和，翕翕成风。余采升庵、苏门、君采、稚钦、鸿山、梦山、子安、少玄数君子诗，次于李、何之后，王、李之前，别为一集，以见豪杰能自树立者，类不随风会为转移也。)

杂　录

（明）朱曰藩《人日草堂诗引》　升庵先生在江阳，以厥像托玉泉陈君寄我白下。予即揭于白下寓斋，日夕虔奉，如在函丈之下。乃己未人日，积雨稍霁，西城金子，东海何子，吴门文子、黄子、郭子，秣陵盛子、顾子相约过予，觞之斋中。宾主凡八人，斋南向，先生像在壁间，诸君不肯背之坐，各东西其席，如侍侧之礼。先是，比丘圆澜自焦山来，罂中泠泉见饷，罂未启，置在墙脚，乃觅得阳羡贡茶一角，烹泉为供。茶熟，以宣瓯注之，焚沉水香于炉，作礼毕，就座，各瞻仰，啧啧叹曰："幸甚！今日乃得睹升庵先生之像。"郭子曰："先生长耳重颐，寿者之相，今甲子几何矣？"予屈指曰："戊申甲子乙丑庚辰，今年七十有二。"金子曰："先生风骨癯然，而胸中蕴蓄如此，殆所谓芥子纳须弥者耶？"盛子曰："博哉精哉，宋以来无此人。"予曰："先生此中如大圆镜，烛理精莹，不以纤毫臆见自覆，岂宋人之学可语？"文子曰："今日之会奇矣，讵可无述，予当勉作人日草堂图以寄先生，庶几因像见像，如子所谓大□□重重发光也。"予不觉欣然，拊掌大笑，因歌"人日题诗寄草堂，遥怜故人思故乡"之句，择其平声，去其重字，令童子作八阄散诸君前，约曰："请各赋一篇拜寄先生，见吾辈万里驰仰之怀，何如？"于是诸君各欣然拊掌大笑曰："幸甚！"越二日，文子图告成。又二日诸君诗次第成。予乃为之引，复以诸君姓字乡里及生平列于后，仿佛季伦金谷之叙、□乐邺中之拟云尔。

（明）张璧《阳峰家藏集》卷二十六·记·世耕亭记　升庵杨史，今少师石斋翁家嗣也。石斋翁以隆勋硕德负重望于朝，顾轨行谦晦，弗忘畎亩，尝以存耕名堂，用昭厥志。粤自留耕先生，厥有敷遗，爰启来哲。维升庵踵武而起，克世其学于祖，若父亦惟恪守教训，罔替若休。闻肆新都，有田曲溪上，溪有亭，亭有额，实名世耕，得诸乎家庭，有弗陨矣。同馆诸君子为赋其事，升庵则属余记之。余乃曰："夫杨氏可以观其世也。"夫君子观谋于其阐也，观业于其绍也。是故观源以派，观木以枝，观胤以贤，观家以范，观范以德，观德以世。故胤者世之系也，范者家之表也，德者范之柄也，世者业之传也。惟贤可以昌胤，惟范可以刑家，惟德可以作范，惟世可以考德。诗曰："瞻彼旱麓，榛楛济济。"言本坚而物蕃美也。杨世种德族望于蜀，乃留耕先生始显，而大发于石翁，石翁存之，升庵守之，成世美焉。厥兹罕俦矣。夫德，本也，而杨氏树之。匪留莫遗，匪存莫传，匪世莫阐，故遗以范之，传以广之，阐以绍之，即百亩之田，菑播且获，乃岁有秋矣。何木饥水毁火旱之虞哉？故曰可以观其世也。夫学殖也，亦农之耕也。农愈勤则愈获，愈获则愈蓄。故修其礼，陈其义，崇其志，本其仁，充其学，以焜燿前休，而策名于今代，是在升庵。升庵持是道以往，虽百世可观也。

（明）周复俊《泾林诗文集》卷五·序·风雅逸篇序 仙村草堂之会，升庵杨子示余以《风雅逸篇》，余受而细之，顾有复也，曰："是非六义之裔，三百之胤文乎？"杨子曰："古辞所遗，古音寓之，学诗者不可不到心焉。有言诗曰：取材于选，效法于唐。缘情绮靡之胜，温柔敦厚之荒也。一荒斯宋，再荒斯元。元之荒也治，宋之荒也凝，概乎未闻于唐风之靡，矧曰闯风雅藩篱哉。"余因之而感夫音之说矣。夫鹖雎也，仓庚也，雉也，雎也，蝼蝈也，蜩也，寒蝉也，鸿雁也，异耳同闻也，常音也；故合之喙鸣，系之月令。若夫巢阿而凤，集衡而鸾，雝雝喈喈，节节足足，下遥九仞，鸣旷千年，有耳希闻也，非常音也；故写之律，象之琯，铸之和，昭之铃，为其希声也，为非常音也。乐声，自太古始，百世之后遂亡。古音乐歌，自太古始，百世之后遂亡，古辞其仅存而未亡者，吾宁舍旃？或曰："是度越风雅翼矣。"呜呼汰哉！刘履氏专以风雅许人，彼方专专然上稽虞周，骎骎然下迨汉魏，顾乃琐琐焉羼入宋代，譬则鹖雎升凤阿，蝼蝈倚鸾衡也，亦必点丛云而浼晨露矣。师旷有耳，谓之何哉？方伯南湖公一见而累深叹焉，且曰："余必刻兹于滇云，以谂同好。风琯鸾和，虽未遽及，雎蝈其远矣。"东吴周复俊快之，见而乐其传，作《风雅逸篇序》。

（明）张含《寄杨升庵八首》 东观声名北斗齐，凤凰踪迹戍雕题。八千里外潮阳马，十九年来海上羝。铜柱蒹葭鸿雁响，铁城烟雨鹧鸪啼。连宵数有怀人梦，记得分明锦水西。

剑阁星桥久滞还，当歌对酒转愁颜。锦江云锁金花寺，滇海波摇玉案山。春尽中园啼鸟急，草添斜浦宿鸥闲。好吹黄鹤仙人笛，莫驾青牛柱史关。

锦城逐客栖滇国，绿树青霞绕戍楼。字学名家推郭璞，剡溪高兴属王猷。极天关塞归星迥，深夜江湖远梦浮。二十四年金马路，海风山月不胜秋。

常于词赋慕相如，独坐茅斋读子虚。触眼尘埃随燕雀，忧时肝胆对樵渔。猿啼巫峡遥牵泪，雁过衡阳不寄书。留滞烟波滇海客，秋风秋雨十年余。

黄菊风微过草亭，白醪香满胜湘醽。丁年去国怜苏武，投老还乡羡管宁。金马树寒清鹤梦，蚕丛云起见龙形。虹桥北望伤心地，江上双峰晚更青。

豪吟金马复连然，揭尽韦郎五色笺。海上风烟俱作客，天涯云物自相怜。松凉月坐华亭寺，花暖春游碧玉泉。一别昆明池上路，滔滔流水八经年。

天涯踪迹叹殊方，离梦中宵极渺茫。子厚音书连百越，屈原词藻遍三湘。青山落日江湖白，赤塞愁烟树木黄。花隐禅宫孤月夜，迟君同卧赞公房。

二十三年滇海上，此生端合老江湖。碧鸡金马瘴乡远，紫凤苍龙云阙孤。雪尽终归典属国，诗成亦有辋川图。淹留已觉并州好，莫叹南荒岁月徂。

（录自［清］《云南通志》卷二十九之十四）

（明）田艺蘅《留青日札》 杨公用修，尝恨举业之陋，有曰：士罕通经，哗名苟进，徒事末节。五经诸子则割取碎语，谓之蠡测；诸史抄节碎事，谓之策套。其割取抄节之人，已不通涉经史，而章句血脉皆失。其真有以汉人为唐人，唐事为宋事者；有以一人析为二人，二事合为一事者。余曾见考官程文引“制氏论乐”，而以“制氏”为“致仕”；又士子墨卷引《汉书·律历志》“先其算命”作“先算其命”者。近日书坊刻布，士子珍为秘宝，转相差讹，殆同无目人说词话。宋人自尊其宋，曰本朝家法与三代同，过前代者五事，今人亦云本朝家法与三代同；宋人云汉有七制，唐有三宗，本朝有四圣。成化中有殿试策，袭用本朝及四圣字，称前代为本朝，称前君为四圣，与三家村中学生称人父为家父何异，而人莫之非也！己无特见，一一随人之声而和之，譬之应声虫焉。此言切中时俗尊信宋人之大病，故余尝曰：“今之学者，宋儒之忠臣，孔门之乱贼也。”

（明）王世贞《弇州四部稿》卷六十四·文部·序·尺牍清裁序　夫书者，辞命之流也。昔在春秋，游旌接毂，矢扬刃飞之下，不废酬往，娴婉可餐。故草创润色，既匪一人，谋野裡邦，以为首务。然而出疆断割，因变为规，寄文行人之口，无取载函之笔，离是而还书，郁乎盛矣，用亦大焉。故缴箭聊城，则百雉自摧；奏章秦庭，则千櫜尽返。少卿纾郁于毳帐，子长扬泯于蚕宫，良以畅人我之怀，发今曩之缊。或扬扢沉冥，或掊折疑务，或诱趋启蔽，或释诅通媾，走仪秦于寸管，组丘倚于尺一。思则川至泉涌，辨乃云蒸电爚，其盛矣哉！然皆春容大雅，汪洋苑翰，雁距弱云，路虞其阻，修鱼腹狭，波臣付以浮沉，则有黄麻薄蹶，缄苏固蜡，烂漫数行，遥裔千里，蓄止寒暄，情专问慰，只事兴端，片物托绪，毛生为舌，墨卿代面，醉沈漓漇，卮言熏微。其造色也，炯兮隋珠之忽投；其寄悰也，袅兮春丝之不断。是用河岳虽移，漆胶愈结，徘徊吟咀，情事更绝，明月宛其依怀，白云停而不飞，斯则晋客玄谈之委致，齐梁纤语之极轨也。

西蜀杨用修，少游金马，晚戍碧鸡，倾浮提之玉壶，然太乙之藜杖，渔艺猎稗，积有岁时，爰荟斯篇，凡十一卷，命曰《尺牍清裁》。或因本寂寥，或删芟繁积，其见《文选》诸书者，不复更载。丽砂的砾，等谢氏之碎金；玄圃峥嵘，掩琅琊之群玉。客有赍示余甚旨之第，惜其时代名氏往往纰误，所漏典籍亦不为少，乃稍为订定，仍加增葺。及自唐氏迄今，词近雅驯，亦附于后，更为二十四卷，藏之椟中，于乎坟典，既远清徽。多秘陈惊座之十吏；递供刘南昌之百函，俱发流映，前史以为美谈，今皆阙如，况其下者？余既惭半豹，宁免鲁鱼，故繇中郎酷私王充之论，亦是卿家子云覆瓿之业耳。

（明）顾起纶《国雅品》卷一·闺品·杨孺人黄氏　用修公殁后，奉改元诏，得称孺人。相传孺人能诗，余见南中少年多习孺人所为小令《黄莺儿》，非只一阕。及见刘安宁有用修手书卷，亦有曰“归其雨”之句，似用修代内作，以其思多深僻也。若出孺人，更当流亮，故天分所限。俞氏所纂《春日即事》一首，旧说是祝英台讥梁山伯而作。余少时便闻梨园人唱此，断非孺人所作。为附证之，恐伤闺体也。《文纂》作张九亦非。

（明）何宇度《益部谈资》卷中 用修之夫人能诗，其一律一词已载之王元美《艺苑卮言》矣。今从伊里人更得数首曰："珠泪纷纷滴砚池，断肠忍写断肠诗。自从那日同携手，直到而今懒画眉。无药可疗长夜恨，有钱难买少年时。殷勤嘱付春山鸟，早向江南劝客归。"又"懒把音书寄日边，别离经岁又经年。郎君自是归无意，何处春山不杜鹃"。又"丈夫本是四方客，妾为离愁心似结。公义私情不两全，愿君早向凌烟勒"。又"闻道滇南花草鲜，输君日日醉花前。银河若得鸩毛渡，并驾仙舟听采莲"。又"才经赏月时，又是菊花期。岁月看流水，人生远别离"。

（明）王世贞《凤洲杂编》卷四·科目·李文正先以策示慎 （正德）辛未赐杨慎等及第。慎传相廷和子也。相传时制问俱首相拟上，李文正先以策示，慎策遂冠一榜云。

（明）张弘道、张凝道《科名盛事录》卷二·科第盛事·四世进士 新都杨春（成化辛丑。提学佥事），子廷和（成化戊戌。少师，华盖殿学），廷仪（弘治己未。兵部侍郎）。廷平（戊午举人），孙慎（正德辛未状元），惇（嘉靖癸未。兵部主事。俱廷和子），恂（丙戌。佥事。廷仪子），曾孙有仁（万历丁丑。佥事。惇子）。

又，卷五·官爵盛事·父子翰林 新都杨廷和（华盖殿大学士）。子慎（由修撰）。

（明）谢肇淛《滇略》卷二·胜略 高峣关，在昆明县东云津桥之北，旧有城。嘉靖初，成都杨慎谪戍永昌，来往滇池，相其地卜筑焉。乐其胜概，为作《十二景诗》，后竟卒于此。今其庄亦荒废。张佳胤《高峣吊杨太史》诗："君自投荒日，飘零瘴海间。风云辞玉署，岁月老红颜。著述愁中尽，诗篇病后删。大名留死谏，前席阻生还。石表何因折，泉台不可攀。知无封禅草，谁问碧鸡关。僮仆将孤榇，文章遍百蛮。空余载酒处，寂寞锁青山。"

（明）徐树丕《识小录》卷一·杨状元慎 嘉靖中，王琼效奏大学士杨廷和以状元私其子。慎、廷和不辨，寻自引退。按，慎宏才博学，岂忝状元？盖势重而疑生，自昔皆然也。后来张桂极诋廷和，而更不及慎，则以慎议礼谪戍，故得免于雌黄之口。慎得完名，因祸为福也。

（清）钱谦益《列朝诗集小传》闰集·杨安人黄氏 安人，遂宁黄简肃公珂之女，新都杨修撰用修之继室也。用修在史馆，正德丁丑以谏巡幸不报，引疾归里。明年，王安人卒。又明年，继娶黄氏。用修之戍滇也，初携家以往，及文忠公卒，用修奔丧毕，还成所，而安人留于蜀，庀家政焉。安人博通经史，工笔札。闺门肃穆，用修亦严惮之。诗不多作，亦不存稿，虽子弟不得见也。寄用修长句及小词，为艺林传诵，而用修诗亦云："易求海上琼枝树，难得闺中锦字书。"读者伤之。王元美云："用修有诗答妇，又别和三词，皆不及也。"

（清）朱彝尊《静志居诗话》卷二十三·闺门　黄安人，遂宁人。黄简肃珂之女，修撰杨慎之继室，封安人。

（清）朱彝尊《明诗综》卷八十四·黄安人（二首）　安人，遂宁人，黄简肃珂之女，修撰杨慎之继室。封安人。

（王元美云：夫人寄外之作，用修答和皆不及也。

陈卧子云：其调虽别，自是成章。

高寓公云：夫人是诗才情殊胜，特嫌韵重。"阳"前缀句，不如以"湘"字易之。郎士元《送李敖诗》云："莫信潮湘书不到，年年秋雁过巴东。"亦有本也。

《诗话》："美人娟娟隔秋水"，杜子美句也。"其雨怨朝阳"，阮嗣宗句也。黄鲁直《寄苏和仲诗》用之曰："美人美人隔秋水，其雨其雨怨朝阳。"杨夫人复用鲁直语寄用修，正陆平原所云"袭故弥新"者。）

（清）张晋生等《四川通志》卷四十五·艺文·明·外纪（豫章简西峃绍芳，弱冠客游滇南，题诗山寺，杨升庵先生一见，异之，使人物色，遂为忘年交。凡先生出入必引与俱，先生藏书甚多，简一览辄记，每清夜剧谈，他人不能答，简一一应如响。在滇南倡和及订较文艺，惟简为多，年几六十四，归蒙山，先生送之诗："金兰意气昔论文，晏坐朝霜竟夕曛。千里驱驰来僰道，十年羁旅共滇云。交游落落辰星散，踪迹悠悠逝水分。江北江南从此别，何时何地再逢君。"归数年卒，其子诣先生泸阳时，先生以疾卧床，呼拜床下，问："西峃安否？"其子曰："死矣。"先生长吁拭泪，遂向壁卧，不复言，数日卒，先生交谊当求之千古矣。

按，简绍芳曾著《杨升庵年谱》，此云殁在升庵生前，似有误。）

（清）靖道谟等《云南通志》卷三·山川·云南府·昆明县　高峣山（在碧鸡山南。明杨慎寓此，旧有祠，毁）。

又，卷十五·祠祀·云南府·祀典　三贤祠（在府城东金马祠左。……祀汉谏议大夫王褒，明佥事刘寅、修撰杨慎）。

又　太史祠（在府城西高峣村。祀明修撰杨慎。万历中，布政使刘之龙建，后重修，复废。本朝康熙二十八年，总督范承勋重建，置田供祭）。

又，卷二十六·古迹·云南府·海庄（在城西南高峣山下。明修撰杨慎谪滇，侨居于此。上建碧峣精舍，又有停舟烟舍在官渡，俱慎游憩之所，遗址尚存。）

又，卷二十六·古迹·临安府·阿迷州　状元馆（在城内。明杨慎寓阿迷，州人王颖斌筑馆居之，故名）。

又，卷二十六·古迹·大理府·太和县　写韵楼（在城西南十二里海光寺。杨慎著《六书转注》处）。

又，卷二十六·古迹·大理府·赵州　凤嬉亭（在城西南凤仪山。明州人参议金罍构以馆杨慎者。州内诸胜皆在指顾之下，今废）。

（清）和珅等《钦定大清一统志》卷三百六十九·云南府·山川　高峣山（在昆明县西南碧鸡山右，下有明杨慎别业）。

又，卷三百六十九·云南府·古迹　海庄（在昆明县高峣山下。明杨慎谪滇，侨居于此。又有碧峣精舍，亦在高峣山。又停舟烟舍，在旧官渡县，杨慎游憩之所，今遗址尚存）。

又，卷三百六十九·云南府·祠庙　太史祠（在昆明县西南高峣山，祀明修撰杨慎）。

又，卷三百七十八·大理府·古迹　写韵楼（在太和县西南感通寺。明杨慎游点苍山寓此二十日，著《六书转注》，因名其楼曰写韵楼）。

（清）陈田《明诗纪事》戊签卷八·张含（十一首）　（田按，升庵谪滇，滇人杨给事士云、王佥事廷表、胡副使廷禄、李荆州元阳、唐佥事锜、张举人含与升庵游。同时吴高河懋品题为“杨门六学士”。六人中以士云及含为杰出。含集中诗与升庵者弥望皆是。升庵序《愚山集》，所谓“于困穷节义之交，万言不竭”者是也。升庵赠含诗云：“迢迢禺氏山，珠璧交晶英。两美必相合，谁言容易并?”《怀禺山》云：“一刻一折扎，一日一款襟。”《禺山歌》云：“张子生长禺山野，苍髫开口爱风雅。翩翩欲度正始前，栖栖不肯开元下。平生眼中人，谁为爱才者？申台何大复，梁园李空同。结交折行辈，声价腾烟鸿。”《寿张禺山歌》云：“寿君十载前，合樽促席在连然。寿君十载后，问月停云遥举酒。”《暇日检海内交游》诗云：“高河长句禺山律，怀我好音三百篇。”《海内绝句》云：“张含秀句满天下。”二人襟契不浅，诗格亦略相似，惟才远不逮升庵耳。）

正德九年（1514）甲戌科状元唐皋

传　记

（明）李贤等《明一统志》卷十六·徽州府·人物·本朝　唐皋（歙人。正德甲戌进士及第第一，授翰林院修撰。修《武宗实录》成，进侍讲学士。卒于官《畿志》）。

（明）陈鎏《皇明历科状元录》卷四·正德九年甲戌状元唐皋　廷对之士霍韬等三百九十六人，擢唐皋第一。

唐皋，字守之，徽州歙县人。年四十六举进士第一，授翰林修撰。乞归改葬，给驿以归。修《武宗实录》成，进侍讲。尝使朝鲜，寻卒于官。

彭司马泽知徽郡，移学宫而新之，夜梦神语云："明日相见秀才，乃状元也。"至明，无庠士至，既而随众进有献《上梁文》者，彭览之大喜，称状元才，延礼甚厚，乃皋也。为人善谋断，喜任事。邻郡有贼，势猖獗，将入徽界，郡守求谋士，皋应召而出，设策预防，贼卒不为害。

皋在痒时，日以魁元自拟，累蹶场屋，乡人诮之曰："徽州好个唐皋哥，一气秋闱走十科。经魁解元荷包里，争奈京城剪柳多。"唐闻之，志益励，后连捷二魁，状元及第，可谓有志者事竟成也。（陈鼐《百可漫志》）

才经练达，庶几有养。旋予旋夺，人斯怏怏。毅皇五元，泾野称贤。固知爵崇，进贤敢言。新都不幸，歙弗永年。

皋素有声誉，为上官礼重。郡守推桂长于青鸟之学，相其家，称善地，所未足者，前宜浚水一道，为御阶水，必登高第。因为贸其邻之地，凿水如法。未几，果状元及第。世墓在葛塘，尤阴宅之佳者。

未第时，每梦面前列瓜锤一对，未尝以语人。廷试后，有报其中探花者，曰："不止此也。"既而报为榜眼，亦曰："不止此也。"及胪传，果第一。有诘其故，乃以梦告。盖传胪后黄盖瓜锤送归第者，状元也，故皋自信如此。鼎元以此为导从者，自皋始云。

家甚贫，襟怀脱洒，为文一挥而成，一字不加点。若中欲有所改动，宁别作一篇，语不相犯，其才性如此。

杨慎送皋使朝鲜诗云：“玉马朝周封壤旧，青云干吕瑞国来。凤凰楼上星辰动，鸭绿江边雾雨开。王会千年辉简竹，皇恩万里被蒿莱。张骞漫作寻源使，陆贾虚当绝国才。”

皋生于己丑丙寅甲戌庚午，以年月日三辰纳音之火而归于时午离火之位，所谓火入都堂也。

（明）凌迪知《万姓统谱》卷四十八 唐皋（字守之，歙县人。正德甲戌廷试第一，历翰林院学士）。

（明）顾祖训原编、（明）吴承恩增补、（清）陈枚续补《状元图考》卷二·状元唐皋 正德九年甲戌，廷试霍韬等三百九十六人，擢唐皋第一。

按，唐皋，字守之，号心庵，直隶歙县人。素以元魁自拟，累蹶场屋，人诮曰：“徽州好个唐皋哥，一气秋闱走十科。经魁解元荷包里，争奈京城剪绺多。”皋闻之，益励。年四十六，连捷二魁及第，可谓有志者事竟成。后修《武宗实录》成，进侍讲，尝使朝鲜，寻卒于官。

彭司马泽知徽郡，移学宫而新之，夜梦神语云：“明日相见秀才，乃状元也。”至明日有随众进献《上梁文》者，彭览之大喜，称状元才乃皋也。为人善谋断，邻郡有贼势猖獗，将入徽界，郡守求谋士，皋出，设策预防，卒不为害。

《状元录》：家甚贫，襟怀脱洒，为文一挥而成，一字不加点。若中欲有所改动，宁别作一篇，语不相犯，其才性如此。又皋素有声誉，为上官礼重。郡守推桂长于青鸟之学，相其家，称善地，所未足者，前宜浚水一道，为御阶水，必登高第。因为贸其邻之地，凿水如法。未几，果状元及第。世墓在葛堂，尤阴宅之佳者。

《梦征录》：未第时，每梦面前列瓜锤一对。及廷试后，有报其中探花者，曰：“不止此也。”既而报为榜眼，亦曰：“不止此也。”及胪传，果第一。有诘其故，乃以梦告。盖传胪后黄盖瓜锤送归第者，状元也，故皋自信如此。

（明）过庭训《明分省人物考》卷三十七·南直隶徽州府二·唐皋 唐皋，歙县人。正德甲戌进士第一人。授修撰，与修《武宗实录》。录成，进侍讲学士。未几，卒于官。皋名理宿学，每为文下笔立就，或求窜改数语，伸笔直书，较前稿不袭一字，人咸服其才，惜未究其用也。

（清）钱谦益《列朝诗集小传》丙集·唐讲学皋 皋，字守之，歙县人。正德甲戌状元，授修撰，与修《武庙实录》，进侍讲学士。未几，卒。学士老于场屋，暮年始登上第，为文下笔立就，或求窜易字句，伸笔直书，不袭一字，人咸服其才，惜未究其用也。

（清）黄之隽等《江南通志》卷一百六十七·人物志·文苑三·徽州府·明 唐皋，字守之，歙人。正德甲戌廷对第一，授修撰。大礼议起，诸臣竞攻张璁、桂萼。皋谓杨廷和曰："张公不为无理，但当择其可从者以慰帝衷，斯能执其必不可从者以安孝庙耳。"廷和然之。皋乃上疏请于本生备其尊称，以伸追远之道；系其始封，以远正统之嫌。帝怒，夺俸三月。后累官至侍读学士。皋为文下笔立就，或请改窜，则更撰不袭前文一字，著《心庵集》、《史鉴会编》。

（清）徐乾学等《明史》卷五十四·陆深（附唐皋） 皋，正德九年进士第一，授修撰。嘉靖二年，尚书林俊求去，皋数留之。报闻帝将考兴献帝，皋疏谏，请于本生备其尊称，以伸追远之道；系其始封，以远正统之嫌。帝怒，停俸三月。皋为文下笔立就，或请改窜，迅笔更撰，不袭前文一字，人服其才。终侍读学士。

（清）张豫章等《御选明诗》姓名爵里三·诸家姓名爵里 唐皋（字守之，歙县人。正德甲戌赐进士第一，授翰林院修撰。进侍讲学士）。

（清）王鸿绪等《明史稿》卷一百六十八·列传第六十三·陆深（附唐皋） 皋，正德九年进士第一，授修撰。嘉靖二年，尚书林俊求去，皋疏留之。报闻帝将考兴献帝，皋数谏，请于本生备其尊称，以伸追远之道；系其始封，以远正统之嫌。帝怒，停俸三月。皋为文下笔立就，或请改窜，迅笔更撰，不袭前文一字，人服其才。终侍读学士。

（清）和珅等《钦定大清一统志》卷七十九·徽州府二·人物·明 唐皋（字守之，歙人。正德中进士第一，授修撰。与修《武宗实录》，进侍讲学士。未几，卒于官。皋老于场屋，暮年始登上第，每为文下笔立就，或求窜易字句，伸笔直书，不袭一字，人咸服其才。所著有《心庵文集》、《史鉴会编》、《韵府增定》诸书）。

科　第

（一）乡试

（清）黄之隽等《江南通志》卷一百二十七·选举志·举人三·正德八年癸酉科 唐皋（徽州人）。

（二）会试、殿试

甲戌科（正德九年）**状元策**　（存目。参见［明］焦竑辑，［清］胡任兴增辑《历科廷试状元策》卷二）

（明）张朝瑞《皇明贡举考》卷六　（正德九年会试）中式举人四百名：……唐皋，南直隶徽州府学生，《春秋》。……

三月十五日，临策天下贡士。制曰：朕惟《大学》一书，有体有用，圣学之渊源，治道之根柢也。宋儒真德秀尝推衍其义，以献于朝。我太祖高皇帝特命左右大书揭之殿壁，朝夕观览，每与侍臣形之论说。列圣相承，罔不崇信。朕初嗣位，经筵儒臣首以进讲。其书大纲有二，先之以帝王为治之序，次之以帝王为学之本。又以格物致知、诚意正心、修身齐家之要，分为四目，序列于后，以示学者用力之地。夫学，体也；治，用也。由体达用，则先学而后治可也。顾以治先于学，于义何居？其为治之序，盖前圣之规模，后贤之议论，皆在焉。比而论之，无弗同者。而帝王之所为学，则有不同。尧、舜、禹、汤、文、武，纯乎无以议为也。高宗、成王，其庶几乎？下此虽汉唐贤君，亦或不能尽少悖矣，又下则其谬愈甚，不过从事于技艺文辞之间耳，无惑乎其治之不古若也。凡此皆后世之鉴，可能历举而言之乎？抑《衍义》所载不及宋事，不知宋之诸君，为治为学，亦有可进于是者乎？朕万几之暇，留意此书，盖欲庶几古帝王之学，以增光我祖宗之治。励志虽勤，绩用未著，家国仁让之风，用人理财之效，视古犹歉。岂所以为治者未循其序，为学者未得其本乎？夫为人臣而不知《大学》，无以尽正君子之法。子诸生讲明是道久矣，行且有为臣之责。其为朕悉心以对，毋泛略，朕将亲览焉。

（时廷对之士三百九十六人，赐唐皋等进士及第出身有差。皋襟怀脱洒，善谋断，喜任事。在庠素有声誉，累蹶场屋，乡人有“一兼秋闱走十科”之语，然励志愈坚，后连捷二魁，以状元及第，可谓有志者事竟成也。时年四十六，官至侍讲学士。……）

第一甲三名赐进士及第：唐皋，南直隶歙县。……

（明）王世贞《弇山堂别集》卷八十二·科试考二　（正德）九年甲戌，命少傅、太子太傅、吏部尚书、谨身殿大学士梁储，翰林院学士毛澄为考试官，取中霍韬等，廷试赐唐皋、蔡昂、黄初及第。

（明）张弘道、张凝道《皇明三元考》卷九·正德九年甲戌科大魁　状元唐皋（直隶歙县人。字守之，号心庵。治《春秋》。年四十六，癸酉经魁。会试第四名。仕至侍讲学士，卒于官。皋襟怀脱落，善谋断，喜任事，在庠序有声誉。累□场屋，励志愈坚，卒连捷二魁，以状元及第，可谓有志者事竟成也）。

（清）黄之隽等《江南通志》卷一百二十二·选举志·进士四·明·甲戌科唐皋榜

唐皋（歙县人）。

（清）张廷玉等《明史》卷十六·本纪第十六·武宗 （正德九年春）三月辛巳，赐唐皋等进士及第出身有差。

仕　　宦

（清）谷应泰《明史纪事本末》卷五十·大礼议 修撰唐皋亦言："陛下宜考所后，以别正统；隆所生，以备尊称。"帝谓："皋模棱持两可，亦夺俸。"

（清）傅泽洪《行水金鉴》卷一百十二·运河水 （明世宗嘉靖元年）九月乙卯，修撰唐皋疏言："比见运河地势高，其水易涸。丁夫挑浅，沿岸挑泥，是以随挑随淤，终岁不休。宜仿嘉湖取淖壅桑之法，以舟运泥至近岸，别令人转运，务去河滩远，则一岁之役可免数岁劳。又山东泉脉甚众，顷管河官类多转委于人，疏导无方，以致泉流散漫，不入于河。乞敕分司主事亲督其役，如法疏浚，庶众流成川，亦运道之一助也。"事下工部议，覆从之。

轶　　事

（明）王同轨《耳谈》卷十·唐殿元皋 唐殿元皋，歙人。彭总督泽，北直隶人。彭尝过歙造越国汪公神祠，梦着白衣人献《上梁文》，乃是状元。明日，皋果来献文。而以贫故，蓝衫改色成白。彭大奇，与交欢，后任总督。当会试揭晓时，知殿元必皋。报者至，而辕门正欲群戮人，乘喜尽宥之。皋又尝梦与郑佐同榜，时皋年已三十余，而佐方生。后，佐年十九，与皋两榜皆同捷。皋又尝祷于九太子庙为箕，卜箕云："青草流沙六六湾。"莫知其义。后皋以翰林出使朝鲜，朝鲜主出对，令属之，曰："黄河浊水三三曲。"皋即以箕语对。王大骇，赏。又对云："琴瑟琵琶，八大王一般头面。"即对曰："魑魅魍魉，四小鬼各自肚肠。"其对俱有讽刺意，而答常胜，所以为奇。又，孙殿元生时，母梦唐皋入室，故名继皋。歙人郝仲隆文栋谈。

（明）蒋一葵《尧山堂外纪》卷九十五·国朝 唐皋（字守之，徽州歙县人。尝梦与郑佐同榜，时皋年已三十余，而佐方生。后佐年十九，与皋两榜皆同捷）。

唐皋在歙痒日，每以魁元自拟，虽累蹶场屋而志不怠。乡人诮之曰："徽州好个唐皋哥，一气秋闱走十科。经魁解元荷包里，争奈京城剪柳多。"唐闻之，志益励，因题书室壁曰："愈读愈不中，唐皋其如命何？愈不中愈读，命其如唐皋何？"又尝见人所持便面画一渔翁网鱼，题曰：“一网复一网，终有一网得。笑杀无网人，临渊空叹息。”自正德癸酉甲戌，果连捷经魁，状元及第。

唐皋以翰林出使朝鲜，其主出对命属云：“琴瑟琵琶，八大王一般头面。”皋即对云：“魑魅魍魉，四小鬼各自肚肠。”主大骇服。

（明）陈鼒《百可漫志》 唐守之皋在歙庠，日每以魁元自拟，累蹶场屋，乡人诮之曰：“徽州好个唐皋哥，一气秋闱走十科，经魁解元何（荷）包里，争奈京城剪柳多。”唐闻之，志益励。至正德癸酉甲戌，连捷经魁，以状元及第，年已五十余，可谓有志者事竟成也。

（明）刘宗周《人谱类记》卷下 唐皋少时读书灯下，有女调之，屡将纸窗舔破，公补讫。因题于上云：“舔破纸窗容易补，损人阴德最难修。”后皋大魁天下。

（清）周召《双桥随笔》卷六 明歙庠唐皋，字守之，每以元魁自拟，累蹶场屋。乡人诮之曰：“徽州好个唐皋哥，一气秋闱走十科。经魁解元荷包里，争耐京城翦绺多。”唐闻之，志益励。至正德癸酉甲戌，连捷经魁，以状元及第，年已五十余矣。有志者事竟成，岂不信然？

（清）阎湘蕙《明鼎甲征信录》卷二 唐皋，字守之，江南歙县人。少时读书灯下，有女调之，将纸窗舔破，皋补讫，题云：“舔破纸窗容易补，损伤阴德最难修。”一日，有僧过其门，见有状元扁左右悬二灯，上书所题二句。次日遇皋，异而诘问，皋心知不答。尝以文谒郡守，守见皋每来，必有金丝灯笼前导，而皋不知，守亦不言。一日来谒，灯忽不见，守骇曰：“子近有损德事乎？当直言无隐。”皋曰：“有卖妻偿负者，以一金托皋为作券耳。”守急出一金，嘱曰：“子速还其人，诱彼婚书，碎之。”皋如守言办讫，入谢守，而灯复在矣。守大喜，与明言前事，皋为悚然。皋在歙庠日，每以魁元自拟，虽屡蹶场屋，而志不怠。乡人以诗诮之，皋闻之，志益励，题书室壁曰：“愈读愈不中，唐皋其如命何？愈不中愈读，命其如唐皋何？”正德九年，果中鼎元。（《关帝戒士子文注》并《寄园寄所寄远色编》）

著　作

（清）黄虞稷《千顷堂书目》卷二十二·别集类·正德甲戌科（九年） 唐皋《心庵文集》（字守之，号心庵，歙人。一甲第一人，侍读学士）。

（清）黄之隽等《江南通志》卷一百九十·艺文志·经部（字说）**·明**《韵府增

定》(常熟唐皋)。

又,卷一百九十一·艺文志·史部(编年)**·明** 《史鉴会编》(歙县唐皋)。

(清)曹仁虎等《钦定续通志》卷一百六十三·艺文略·文类第十二下·总集 《皇华集》二卷,《续集》一卷(明唐皋等使朝鲜倡和诗)。

(清)纪昀等《钦定四库全书总目》卷一百九十二·集部四十五·总集类存目二·《皇华集》二卷、《续集》一卷(安徽巡抚采进本) 明翰林院修撰唐皋、兵科给事中史道于正德十六年以颁世宗即位诏奉使朝鲜,与其藩臣日有唱和,国王李怿特命书局编为此集。《皇华集》卷首有嘉靖元年议政府左议政南衮序,载二使初至国境及归朝与议政府右议政李荇等唱和之作。《皇华续集》卷首有嘉靖元年李荇序,专载唐皋留别国王二律及议政府领议政金诠以下和韵之作。考皋等奉使不见于《明史》本纪及《朝鲜列传》,惟《世宗实录》载其事于八月乙巳。此书南衮序谓以十二月乙酉抵王京,则距奉命几五月也。又南衮《皇华集序》谓初入境至出疆仅浃三旬,纪行之作、登高之赋凡若干篇。今考集中初入境之作有唐皋《登迎熏楼》诗,标云长至后十日。考《实录》,是年十一月十四日长至,则是作在二十四。其出疆之作,有唐皋《至颇山寄怀藩京诸君子》诗,标云腊月辛丑,考《实录》,是年十二月己卯朔,则辛丑乃是月二十三日,与序所云唱和将浃三旬适相符合云。

(清)曹仁虎等《钦定续文献通考》卷一百九十七·经籍考·集(总集上)**·明** 唐皋、史道《皇华集》二卷、《续集》一卷。皋官翰林修撰。道官兵科给事中,里贯未详。

臣等谨案,武宗正德十六年,皋等奉使朝鲜,颁世宗即位诏,国王李怿命书局编其唱和之作为此集。

评　　论

(清)陈田《明诗纪事》戊签卷十二·唐皋(一首) 皋,字守之,歙人。正德甲戌第一人及第,授修撰,赐一品服,充朝鲜正使,进侍讲学士。有《心庵集》。

(《列朝诗集》:学士老于场屋,暮年始登上第,为文下笔立就,或求窜易字句,伸笔直书,不袭一字,人咸服其才,惜未究其用也。)

杂　录

（明）杨慎《升庵集》卷二十·五言排律·新正六日随徐子容郭介甫唐守之登镜光阁一首（徐名缙、郭名维藩、唐名皋）　（存目）

又，卷二十七·七言律诗·送唐守之使朝鲜（名皋）　玉马朝周封壤旧，青云干吕瑞图来。凤皇楼上星辰动，鸭绿江边雾雨开。王会千年辉简竹，皇恩万里赍蒿莱。张骞谩作寻源使，陆贾虚当绝国才。

（清）黄之隽等《江南通志》卷四十一·舆地志·坛庙（五）祠墓附·徽州府·明　学士唐皋墓在歙县兰江山。

正德十二年（1517）丁丑科状元舒芬

传　记

（明）陈沂《翰林院修撰舒先生墓志铭》　正德丁丑春，策天下士，以先生为第一甲第一人，赐进士及第，授翰林院修撰。沂与名榜内，改庶吉士，同先生读书于中秘。

戊寅春，诸权幸欲武皇南巡，江彬实迫之，廷臣数谏不纳。沂与同馆者八人亦具疏，未上，诏下谓：“沮逆致疾弗瘳，未堪视朝。”沂曰：“未可也。”先生不从，遂入谏，复罪刺阁中。于是编修崔桐，庶吉士王应轸、曹嘉、王廷陈、马汝骥、江晖并令于午门外跪，日辰初出，尽酉而退者五日。人杖三十于廷，公每呼高庙之灵，神色独不丧，出谪为福建市舶副提举，病危而复苏，远近有相传为野祭者，先生之事与罗公伦实相似，故人益重焉。

辛巳，今上即位，肆赦诸窜谪，皆超起。先生适奔父丧。嘉靖癸未秋，服阕，复修撰。甲申夏，会议大礼，沂与先生疏凡三上以伏阙，皆得罪，先生再杖于廷，几死。明年乙酉，太安人弃养于官邸，即扶柩归葬。丁亥春三月十有四日，先生以疾卒。呜呼痛哉！是年冬十有一月，沂待罪补江西左参议。明年戊子秋九月二十有五日，其子泰迁先生之柩于进贤之梓溪至章江。是日，巡抚都御史周公广、巡按御史储公良材、左布政司使顾公珀、右布政使黄公芳、右参议李公绯、按察使胡公琏、佥事王公玮及郡县皆往祭于江浒，沂得临而哭之。越冬十月五日，葬先生于新建之象山之阳，铭于墓者沂何能辞。

先生讳芬，字国裳，舒姓，世出浙之东阳，宋建炎中曰选者来居信之怀玉山。绍兴中，曰继祖者迁隆兴之北山。元大德初，曰文英者徙进贤之梓溪。至曾祖溥震生祖庭式，庭式生法，先生之考也，赠如先生官。母聂封太安人。先生为县学生时，尝赋《赤雁》。郡守以魁天下期之。初号石滩，邑有石人滩，谚传：“滩合，当有魁天下者。”乃改号梓溪，后果及第，岂偶然哉。先生生于成化甲辰三月十有二日，享年四十有四。先生负气刚毅，所遇贵者常失，勇者常丧，虽觉峭厉，世不可得而无焉。文章气逸宕不穷，所著《述赋咏》若干卷，皆触事而发，辞义凛凛，实似其行。娶齐氏，同邑善族，封安人。子男三人：泰、奉、奏，女二人：长适徐曰敬，次适樊夔。奉、奏侧室冉出。铭曰：

维学作人，百年其兴。维名登俊，四国是凭。学敎其伦，道将焉明。名隳其节，义孰与行。去道去义，不可为国。噫维先生，以辨世惑。

（录自［清］黄宗羲《明文海》卷四百三十五）

（明）孙琛《翰林院修撰舒公行实》 公姓舒氏，讳芬，字国裳，学者称梓溪先生。公之先出吴泰伯后，居浙之东阳，宋元间自东阳三迁至梓溪，世有□人，至第七世野江翁讳法，乃公之考也。嗜古力学，□倪不凡，赠儒林郎、翰林院修撰。母聂氏，封安人。公生而颖异不群，六岁授《孝经》、《论语》等书，辄了大义。年十二，郡守祝公瀚修封洫至，献《驯雁赋》，遂大奇之，荐补郡博士弟子。督学蔡公清试辄首选，辄语人曰："此他日大魁天下士也。"以《诗经》中正德丁卯乡试。戊辰，卒业南雍，尝夜分不寐，于书无所不读，而实励志于圣贤之学，最喜濂溪，尝称为中兴之圣。所著有《太极绎义》、《通书绎义》，又作《易笺问》七十余条、《书论》二十篇、《诗稗说》三十余篇，一时号称天下士者咸推让焉。逮丁丑春，考官陆公深荐第一，主试者抑居十一名，及对大廷，顷刻万言立就。是科制题上自羲、农以及近代，凡经史所载为治之事，悉以咨焉。公敷陈道法，至详至备，直言时弊，谆谆恳切，而卒泽于道德仁义，粹如也。御批第一甲第一名，授官翰林院修撰。

时毅皇帝不时巡幸，公忧之。戊寅春二月，孝贞皇后崩，逾月，即欲往视山陵，又革一应摆路军马。公度其且至宣府，遂上《隆圣孝疏》，谓："三年之内，当深居九重，无复外出，虽释服之后，俨然茕茕在疚，如成王免丧朝庙之时。"又谓："自古万乘之尊非奔窜避难，未有轻身而不严侍卫者。"既而，又上《车服疏》，谓："天子等威，莫大于车服，而下同庶人，甚非所以辨上下，定礼义也。"时虞有意外之变，故每疏之中三致意焉。又言："孝贞作配茂陵，未闻失德，而祖宗之制，主必于午门，昨孝贞太皇太后之主以从陛下之驾入于旁门，使他日作史者以《春秋》法书之曰：'六月己丑，车驾至，自山陵迎孝贞纯皇后主入长安门。'则读者亦必以《春秋》'公薨，书地不书地'之法求之，则孝贞不得正终之疑不解矣。宜陛下明诏中外，以示改过。"二疏反复数千言，讽谕切至。会江西洪水，决圩漂舍，遂乞恩终养，谓："臣系独子，无他兄弟，父母老疾，恐填沟壑。"疏上，不允。

己卯春，车驾议以三月十九日壬子警道东巡，祀岱宗，历徐、扬，抵南京，下苏州，复泝江汉，登太岳，且遍中土繁丽。先是，宸濠久蓄异谋，又结陆完、钱宁辈为内应，时帝星又明于江汉，士大夫非忠义素定者，辄怀疑贰，故一闻驾出，人情汹汹惧祸，皆以为天下之事不可为矣。公乃慷慨首义曰："车驾出，必不利，此社稷安危之所系也。"十五日早，疏先入，乞留驾，言甚激烈，有曰："痛哭泣血，不忍为陛下言者，江右有亲王之变，大臣怀冯道之心，以禄位为故物，以朝署为市廛，以陛下为奕棋，以革除年间事为故事也。"复刺阁中，谓："一切危亡之迹，不苦言以救，而听主上之自坏。”时完以智术幸高位，利于主上远出，则己得以久其位，或濠之谋幸遂，则己又有非望之福，故造为恶语，以沮抑谏者，谓：“主上闻直谏，便举刀为刎状。”且曰：“今撤赖矣。”初以此沮公，公不听。复以此沮诸司欲谏者，公乃邀考功夏公良胜、仪制万公朝、太常陈公九川至寓舍，酌以酒，赞之曰：“匹夫不可夺志，今日之事当先谏无二。”是夕，遂连疏入，时号“江西四君子”，且以告诸同志。明日，吏部张衍瑞等、兵部黄巩、陆震等、刑部陆俸等疏俱入。又明日，礼部姜龙等、兵部孙凤等、行人司余廷瓒等疏俱入。又有太医院医士徐鏊以医谏，车驾遂不果出。向使公为陆完沮，则夏、万之疏且缓，诸公之气亦衰矣，安得以尼主上之行哉。乃二十日，天威震怒，命舒芬等百有七人于午门外跪五日，未辰而入，终酉而退，公严整无异平时。二十五日戊午，命舒芬等于午门前，褫衣杖三十，公以疏首，杖特甚，惟口呼高庙之灵，冀以感动上心。是日，水溢内海子四五尺，至不了桥，冲折铁槛大柱七根，若斩然。杖毕，几毙，卧院中，掌院者惧祸至，使人摽出之，公屹不为动，曰：“吾官于此，当死于此。”又命为首者调外任，遂谪福建市舶副提举。先是，罗一峰劾大臣，遭丧，起复，亦谪此。公官同谪同，其地又同，闽人乃立祠并祀二公云。即裹疮就道，或劝俟痊，曰：“死，吾分也，敢少留邪?”是时，死而复苏，远近相传为野祭。既至闽，布德宣威，远夷心服。暇则讲学不倦，生徒日众。六月丙子，江西宸濠果反，败。

季秋九日，偕年友刘世扬、杨叔器、廖世昭、郭波辈游舄石扳崖长啸，各为诗若干首，属公录而序之以记游，公曰：“屈子作《离骚》，人谓忿怨嫉世，非知屈子者，古仁人立言深远，余何敢也。”集成，有《三山纪会录》。庚辰闰八月，野江翁弃养于家，公闻讣，恸绝，兼程而归，归则哀毁骨立，壹循朱子家礼。时乡多寇，有□□居者曰：“寒士何忧，坚立不动。”

辛巳夏，世宗即位，诸窜谪者皆诏起。癸未，服阕，应诏复官翰林。道济，入谒先师，行释菜礼，周历宫宇坛场堂阁，览山川胜概，徘徊数日，与圣公讲士相见礼，圣公固让。因录所撰《谒阙里记》、所画《阙里图》、所貌《夫子宫墙图》、所行《释菜礼仪》及《士相见礼仪》，并问答五章、联句三十五韵，总题曰《东观录》。时吏部依诏书，例升俸一级，公上《辞升俸级疏》。六月，奏请敕命，遂得貤恩，又进公阶儒林郎，降敕褒之。甲申春二月，昭圣慈寿皇太后圣旦节，公上《乞命命妇朝贺疏》，谓：“皇太后奉陛下宗社大计，而陛下承继大统，观夫成王周公仪礼经文与我太祖制服之意，则是陛下于皇太后虽欲疏之有不能者，是宜率天下欢心以事其亲，而不可使皇太后之凄凉也。”三月，乞致仕以图便养，疏再上，不允。洎夏，又再上，不允。又乞改选以便养，又不允。时世宗欲尊兴献王为皇帝为皇考，命下群臣议大礼，公执议谓：“为人后者为之子，不得顾私亲。”疏凡三上，固争不得，乃率朝绅恸哭于庙，皇帝震怒，杖如前，几死，罚俸三个月。时奉太安人聂氏就养，明年乙酉，太安人卒于京师官舍，扶柩南还，行李萧然，抵家三月而葬。

生平酷好《周礼》，详加订正，作《五官序辨》五卷，《六官图释》一卷，《剔伪》一卷，既乃校定《正经》仍六卷，总之十有三卷，题曰《周礼定本》，门人魏良贵刻于宁波府官舍。又尝修《三礼书》，未几，公辞世。使天假之年，得立朝行志，举周官法度，翊圣皇致休治不难矣。呜呼痛哉！

公幼即颖拔，日记数千言，贯串经史百家之旨，于凡仰观俯察，律历象数，古今名物，无不洞究其奥，而于天文尤精。每曰："历象，古太史职也。中星以日为主，七政以岁为主。"凡盈虚朓朒、伏逆迟留，如指诸掌，观望星气，有占必应，虽同馆号知天文如黄泰泉亦自以为不及也。又言："钟律度量，所以治历明时，康节粗得大意，而不能建律运历，将举礼乐必也周官，观大司乐则律历备矣。"识者韪之。七岁能诗，十二工赋，论议必折其衷感，时乃见乎志。至于大或千言，少仅数语，志意溢发，翔然于万物之表而多所自得，若制策封事，虽董贤良、胡邦衡不能过焉。尝语同馆友曰："心术与学术，相符者也；怀居与怀利，相因者也。怠胜敬，欲胜义，则其心死，其学伪。吾侪格君，其豫在此。"谓《太极图》亦则《河图》，与伏羲同功，不满先儒本于《易》之说，谓濂溪得斯道之正脉，而直责程正叔之外师。至于《周礼》一书，尝责汉儒多附会之罪，宋儒乏表章之功，谓："《周礼》与《仪礼》、《戴记》，犹蜀之于吴、魏也。贾氏以《仪礼》为本，《周礼》为末，谬妄已甚，朱子乃不一是正之，何也？"五经尝疏论数万言，阐其幽趣，大抵皆有功于圣门，而《周礼》尤为有赖，非确然见道之真者能然邪！少擢伦魁，初不色喜，继谪闽舶，了无愠容。尝独立敢言，濒于九死，不桡不惧。至谢贶恩，骑入吏部，堂属啧有烦言，公将奏其作威，友人曰："人于怒时当遽忘其怒。"公即焚其草。端居终日，读书治事未尝昼寝，夜必计过自讼。凡视听言动，必准诸礼，而不敢少失尺寸。居常温清定省，出于诚笃，每闻庭训，则敬而守之，惟恐行之不逮，比列侍从，即委身于国，曰："此太史公教也。"一闻洪水之灾，高堂之疾，前后陈乞终养，无虑十疏，至于以犯颜诤君为悦亲之实，以不愧屋漏为无忝所生之实。凡宗社大计如谏南巡之类，纲常大体如议大礼之类，勤勤恳恳，必要诸大道，而不敢以末世苟且之说杂焉。通籍十年，义气激烈，谏而杖，杖而窜，又复谏，又复杖，而绝无一毫得失之心，死生利害之念。宅忧数年，非公事未尝一入有司之室，时有欲居以官屋而免其直者，首辞曰："我世惟清白，何用此为？先时，吾野江翁卜葬地，诸君授以桃花岭，向固不敢以此累先人，今又何敢以此累子孙哉。"竟不受。幼即以圣贤自期，不屑为博物洽闻之士，尝悼异学之谬，曰："是大乱真而善溺人者也。空言辟之，无如修其本以胜之。"因取周子"学圣有要"数语，书之座右，顾諟而力行之曰："此可以溯洙泗之源矣。"又曰："退之虽不信佛，然何必与太颠游？"故于削发之流，羽衣之客，悉毅然疾之，不示半面。至于权幸奄宦之辈即有求通者，绝之亦如释、老。

居闽未几，适奔父丧，琉球国人自长史金爵而下，莫不哀号追送。扶母丧入江，忽云垂波立，舟楫危甚，乃为文吁祭，风涛顿息。与朋友相劘切，无几微矫饰，尤善成就后学。与之讲论事理，惓惓于心术之正，尝语之曰："爵禄不入于心，沟壑不忘于念。"以故门下之士恪守其教，多为世名卿者。其始生也，士人泊舟野江，夜半闻曰："状元姓舒。"殁之前日，门生谌柟梦天垂白帘，中有六字曰"忠孝状元止此"。越一日，果不起。是夕，大风雷电伐木，鸟巢覆，屋瓦飞，其死生出处之关系有如此者。居疾中矩度，毫发不逾，凡相见者必勉之勤学。临终，沐浴，欲自告于庙，时家庙稍远，兄弟子侄恐出有不利，固留，乃止。命长子泰往行礼毕，复与众揖曰："连日多劳时，人室少坐□，此非厅也。"即径行出厅，自整衣冠，端凝不动。长子泣问疾，不答。问家事，不答。跪请所欲，乃瞪目谓曰："六经大明于世，惟《周礼》未获表章，予生平精力，用在此书。近年重加校定，幸成全经，知我罪我，我不敢知，第未及进为歉尔。尔其无忘乃父之志。"言毕而逝。肃皇帝有"精醇端介"之褒，又有"陈仁义，格君心"之褒。杨相国一清诸公称为"忠孝状元"，至侪之伊洛之贤，则又泰泉先生之断也。直道扶国家之元气，论议发前贤之未发，又张公鏊、万公虞恺之论也。凡海内士闻公之风者，皆曰"今之罗一峰，而理学过之。"其见于公评如此。

公生成化二十年甲辰三月十有二日亥时，卒嘉靖六年丁亥三月十月四日辰时，年四十有四。葬新建象山之原。

（录自［明］焦竑《国朝献征录》卷二十一）

（明）李贤等《明一统志》卷四十九·江西布政司·人物·本朝　舒芬（进贤人。幼警异，十二岁作《驯雁依人赋》，郡守奇之，荐补庠校士。督学蔡清辄试首选，曰："他日必大魁天下。"果以廷试第一授修撰。因武庙北狩上《隆圣孝疏》，又上《车服疏》，讽谕切至。后因南巡，率同官伏阙恳疏，几毙杖下，神色不异，谪福建市舶提举。世庙录直言，复职，旋以疾终。平生风节凛然，文章亦宕跌不群。所著有《周礼定本》等书。谥文节）。

（明）薛应旂《方山薛先生全集》卷二十四·传·舒修撰传　修撰舒先生名芬，字国裳，江西南昌进贤人也。其先世居浙之东阳，元大德初有名文英者，始徙进贤之梓溪。载传至溥震，溥震生廷式，廷式生法，皆积德累行，世虽未显，识者已知其后必有达人。法娶聂，生先生，幼即岐嶷峭颖，异于凡儿，甫成童，人郡学，尝作《赤雁赋》，郡守奇其才，谓当魁天下。进贤有石人滩，相传谓滩合则状元出，人遂以石滩称先生，盖期之也，先生逊避，别号梓溪。家贫清苦，不与人群，虽于书无所不读，实励志圣贤之学，不屑为博物洽闻之士。端居终日，未尝昼寝，夜必计过自讼，每悼俗学之陋，尝曰："吾唯欲出以行志耳，不然，则声律对偶之文可无作也。"故其为文，气志涣发，理道畅达，一洗回互隐伏、支离缠绕之习。正德丁卯，举江西乡试。明年，人南太学，誉望籍籍，祭酒司业以至六馆师生，罔不起敬。丁丑，举礼闱，人对大廷，赐及第第一，授翰林修撰。尝谓古礼乐久废，恒游心于周礼、钟律，无益诗文，一切谢去。

戊寅春，权幸江彬等蛊惑武宗，劝之游豫，议以三月壬子警道东巡，祀岱宗，历徐、扬，抵金陵，下姑苏，复泝江浮汉，登太和、太岳，且遍中土繁丽诸处。将相大臣多从谀之，都下人情，汹汹危惧。先生乃约诸同志上疏乞留，俱会阙下，吏部尚书陆完迎诸上疏者曰："主上闻直谏，辄引刀为刎状，今且撒赖矣。"其容色词气尽归咎武宗，以沮言者，一时言官又多其党，遂为所沮。先生乃邀吏部郎中夏良胜、礼部郎中万潮、太常博士陈九川，举酒酹之曰："匹夫不可夺志，吾辈乃为大臣所夺乎?"遂连疏入。于是，吏部郎中张衍瑞、礼部郎中姜龙、兵部郎中黄巩、孙凤、员外郎陆震、刑部郎中陆俸、行人司副余廷瓒等俱连疏入。时又有太医院医士徐鏊以医谏，上大怒，车驾亦不果出。下黄巩、陆震、夏良胜、万潮、陈九川、徐鏊于锦衣狱，先生与张衍瑞、姜龙、孙凤、陆俸等百有七人俱被命跪午门外，梏拲五日。既，余廷瓒等亦下狱，黄巩等六人亦在午门外梏拲跪五日。是时，工部主事林大辂等三人、大理寺正周叙等十人亦连疏入，俱下之狱，寻亦梏拲跪五日，复有金吾卫指挥张英肉袒戟刃于胸谏。数日，天色阴霾，京师震骇，公卿出入辄被唾骂，投掷瓦砾，遂减去跟办，官吏往往在昏暗时行。乃益谋蔽惑，请命礼部禁约不许言事，通政司前格不受疏，堂官献谀者参劾司属为妄言，由是上怒遂不解。戊午，水溢内海子四五尺，折桥铁槛。是日，先生等一百有七人俱褫衣廷杖，先生以疏首，杖特甚，神色不异，唯口呼高庙之灵，冀以感动上心。杖毕，几毙，裹疮卧院中，掌院者惧祸，使人摽出之。先生屹不为动，曰："吾官于此，当死于此。"既而复苏，谪为福建市舶副提举，其余罚俸有差，上怒犹未解。四月己卯，黄巩诸人亦俱褫衣廷杖，林大辂、周叙、余廷瓒降级调外任，徐鏊戍边，其余为民，时死杖下者陆震、余廷瓒、主事刘校、何遵、评事林公黼、照磨刘珏、行人孟阳、李绍贤、刘平甫、李翰臣、詹轼，凡十有一人。先生恻恻叹曰："使余肯从宰臣之泪，则诸疏且缓矣，今致诸臣之死，芬可以独生乎?"闻者感发，君子谓先生此举振士气，沮奸谋，植风化，实有大功于世教也。

辛巳，今上即位，诏起先生，适宅父忧。嘉靖癸未秋，服除，复修撰。甲申夏，会议大礼，先生疏凡三上，伏阙得罪，再杖于廷。明年乙酉，母太安人卒于官舍，先生扶柩归，由长江至彭蠡，忽飓风鲸波大作，先生号吁，风涛顿息，君子谓诚孝所感云。丁亥春三月，疾作，十有四日卒，距生成化甲辰三月十有二日，年四十有四。所著《梓溪集》若干卷，词严义正，如其为人，编辑《周礼定本》，则尤其所注意也。先生平生不事生业，家无立壁，巡按江西御史储良材为小筑省城，居其妻孥。子三人：泰、奉、奏。

薛应旂曰：余昔过进贤，进贤士人颂舒先生从事圣贤之学与其历履，比旧闻加详，恨九原不作，不及言从之迈。及官留都，泰泉黄才伯往往为余谈成化间罗彝正劾大臣遭丧起复，章德懋、黄仲昭、庄孔阳不作应制灯辞，皆上疏落职，当时谓之"翰林四谏"。迨毅皇豫游，时史官敢谏者，则唯舒国裳一人矣。吾党自谓清华，独不念辅导论思之职乎？因出翰林先后姓名授余志之，余寡陋因循，未之撰次，值有论学者，援东汉诸人而摈气节，谓舒先生非圣贤之学，然则圣贤固无气节者邪？盖自正德丁卯，逆瑾仇虐戴铣诸人，始矫制褫衣受杖，死者相继，又十年，庚寅，再罹此变，于是士人渐为此论。呜呼！此可以观世道之推移矣。余重有感焉，作《舒修撰传》。

（明）陈鎏《皇明历科状元录》卷四·正德十二年丁丑状元舒芬　廷对之士伦以训等三百四十九人，擢舒芬第一。取庶吉士汪佃等三十四人。

舒芬，字国裳，号梓溪，江西进贤人。幼即岐嶷峭颖，异于凡儿。甫成童，入郡学，尝作《赤雁赋》，郡守奇其才，谓当魁天下。家贫清苦，不与人群。虽于书无所不读，实励志圣贤之学。端居终日，夜必计过自讼。其为文志气焕发，道理畅达。入南太学，誉望籍籍。丁丑授状元及第，时年三十有四，授翰林修撰。戊寅春，权幸江彬等蛊惑武宗，劝之游豫，乘舆将西巡。首上书谏沮，因而和者数百人。己卯秋，复议幸留都，维濠实包藏祸心，将浮江逞焉。复率郎中夏良胜、万潮、博士陈九川举酒酹之，上疏乞留，披诚沥血，指画利害，语侵诸左右，上怒，命跪午门外，梏拲五日，一百七人俱廷杖。芬以疏首，杖特异，神色不异。谪为福建市舶副提举。丁父忧。今上即位，诏起复修撰。甲申夏，会议大礼，疏三上，伏阙得罪，再杖于廷。乙酉，扶母丧归，卒，年四十有四。所著《梓溪集》若干卷。(薛应旂《传》)

奸宠竞进，士默以全。舒公初进，屡疏便便。安危至计，赤心义肝。方之罗疏，言似尤难。

萧御史鸣凤精于星命。丁丑廷试，或以八字杂质之，曰："孰为状元?"萧指芬八字曰："此是也。"果然。后复以后事质于萧，答曰："功名寿数始终皆罗一峰。"舒矍然曰："止此乎?"曰："忠孝状元足矣。"后果谪，寿亦止此。今配享一峰祠。

调福建市舶，作诗云："御笔新题墨未干，寸心耿耿向长安。九重宫阙浮云锁，万里江山赤子寒。午夜人争摇狗尾，一封谁肯犯龙颜?凤凰台上归宜早，不作盲聋喑哑官。"平生精于天文，尤熟于数学，能决己之休咎云。(《状元记事》)

进贤县北二十里有日月湖，涸则分为二，涨则合为一，中有石人滩。谶云："日月湖明良将出，石人滩合状元生。"是岁水泛，石人滩不见，芬应谶。(《进贤志》)

闽人刘世扬会试入京，梦神告之曰："今年状元名国裳。"世扬即以国裳易己之字。刘是科登进士，而状元舒芬，其字则国裳也。事有定数，惟鬼神能知之。

芬《谢恩表》：伏以书献贤能，方待公车之诏；言扬敷奏，遽登天府之名。褎然逵渐之高，倏尔泥蟠之隔。遭逢过分，忻忭奚胜。兹盖伏遇皇帝陛下，泰运大来，谦光下逮。观人文，化成天下；贲饰匪，崇升圣治。宜照日中，丰亨永保。合宫衢室，百僚方庆于师师；玉陛丹墀，一士不遗于谔谔。虽则细流寸壤，谅无补于高深；然而葑体芹心，敢自羞于侧陋。各陈肤见，庸助多闻。听彻尧聪，幸面陈于讽谏；明分舜目，劳手笔以标题。胪句声传，云外萧韶并下；恩抱动色，禁中草木同辉。京兆引驺，仪曹致享，衣冠在笥，镪币分珍。礼数便蕃，知仪文之循旧；圣情咨眷，感宠遇之维新。臣等樗栎庸材，驽骀下质，荷此难酬之大造，思捐己献之微躯。德业相期，共保终身之遇；忠贞自守，宁忘始进之心。

熊杰撰《芬传》云：先生生于成化甲辰三月十有十一日也。时有士人泊舟野江，夜半闻空中语曰："状元姓舒。"年十二，郡守修封洫至梓溪，献《驯雁依人赋》，荐补郡庠。提学蔡清试之，指其文曰："此他日大魁天下人也。"第时年三十四岁。

(明)刘廷元《国朝名臣言行录》卷四 舒芬，字国裳，江西进贤人。正德丁丑进士第一，授翰林修撰。谪广东市舶副提举，复职卒。赠谕德，谥文节。

公幼岐嶷峭颖，异于凡儿。甫成童，入郡学，尝作《赤雁赋》，郡守奇其才，谓当魁天下。家贫清苦，不与人群。虽于书无所不读，实励志圣贤之学，不屑为博物洽闻之士。入对大庭，敷奏详赡，忠义奋发，赐状元及第，授翰林修撰。

戊寅春，权幸江彬等蛊惑武皇，导之游豫，议南巡，都下人情，汹汹危惧。公约诸同志上疏乞留，俱会阙下，吏部尚书陆完出危言沮之，公邀同志者举酒酹曰："匹夫不可夺志，吾辈乃为大臣所夺乎？"遂连疏以入，而部院寺属诸僚亦各上疏。上大怒，车驾不果出。下诸臣锦衣狱，命跪午门外，梏拲五日。复褫衣廷杖，公以疏首，杖特甚，神色不异，惟口呼高祖之灵冀以感动上心。杖毕，几毙，裹疮卧院中，掌院者惧祸，使人摽出之。公屹不为动，曰："吾官于此，当死于此。"既而，复苏。谪福建副提举。时死杖下者十有一人。

世庙御大宝，诏起公，适外艰。癸未秋，服除，复修撰。会议大礼，公疏凡三上，伏阙待罪，再杖于廷。明年，丁内艰，疾作，卒。所著有《梓溪集》，编辑《周礼定本》，则尤其所注意也。平生不事生业，家无立壁。巡按江西御史储良材为小筑省城，以居其妻孥。

泰泉黄佐序公文集曰："江右大魁，惟一峰以道鸣世，先生实继之。其策名清时同，令德荣问同，官止修撰、抱道而终又同。虽侪之伊洛诸贤可也，夫岂徒以文传者哉？"又曰："先生端居终日，读书治事之暇，未尝昼寝，夜必计过自讼，晤即相告。盖乾乾惕若，其真积深矣。尝谢贶恩，骑入吏部，堂属啧有烦言，先生将奏其作威，佐谓曰：'会记定性书乎？于怒时遽忘其怒。'先生谢曰：'吾子督过是也。'即焚其草。每言：'历象，古太史职也。中星以日为主，七政以岁为主。'凡盈虚朓朒、伏逆迟留，如指诸掌，观望星气，占则必应，佐勿能及也。"又曰："先生之为人也，其死忠勇，其孝感诚，其从善敏，其自治严，其褆身洁，其处贫乐，故能合内外，贯天人。名理如程朱，诗文如韩欧，而多所自得。然则，先生进退存亡，其为天下国家所关系，岂细故哉。"

（明）邓元锡《皇明书》卷二十五·名臣下 舒修撰芬者，江西进贤人。风神玉立，眉宇秀爽，举正德丁丑进士第一。明年，上南巡，疏，杖阙下，出卧院署中，掌院者惧祸，使人摽出之。芬屹不为动，曰："吾官于此，当死于此。"既谪福建市舶司副提举，立裹疮就道，或劝俟病痊，乃行。芬曰："死自吾分，敢少留耶！"嘉靖初，起复官。会议大礼，三疏上，忤旨，再杖，几毙。抵家，卒，年四十有四。

芬平生清苦，家徒四壁立，读书治事暇，端居终日，未尝昼寝，夜必计过自讼。尝曰："心术与学术相符，怀居与怀利相因，怠胜敬，欲胜义，则心死矣，何谓学乎？"盖悼时学弊也。又尝言："历象，古太史职也。中星以日为主，七政以岁为主。钟律度量，所以治历也。欲建律造历，必也周官乎，观《周礼》太司乐而律历备矣。"故于天文邃深，占星气应如响。黄太史佐赞其学以为合内外，贯天人云。

（明）焦竑《皇明人物考》卷三 翰林修撰舒芬，进贤人。初生时，人闻空中呼“状元往舒”，幼资禀警异，十二岁作《驯雁依人赋》，郡守祝公奇之，荐补诸生，督学蔡虚斋试，辄首选。正德丁卯中乡试，丁丑进士，授翰林修撰。戊寅，武庙北狩，上《隆圣孝疏》，再上《车服疏》，反复数千言，讽谕切至。己卯，南巡，率同院官伏阙恳疏，罪刺阁中，杖几死，出福建市舶提举。辛巳，世宗立，召复官，连遭内外艰，寻以疾卒，年四十四。先生平生负气刚毅，所遇贵者尝失，勇者尝丧。为文章宕迭不穷，所著有《易问》、《太极、通书绎义》、《周礼定本》等书。至于律历象数，古今名物，无不洞究精微。惜也，天夺之速而竟忧厄以终，有志者每为之长叹云。

（明）凌迪知《万姓统谱》卷八 舒芬（字国裳，进贤人。正德进士第一，授修撰。谏南巡，廷杖，裹疮卧院中，掌院者惧祸，使人摽出之，公屹不为动，曰：“吾官于此，当死于此。”既而复苏，谪福建副提举。嘉靖初，议大礼，再杖，归卒。平生不事生业，家无立壁，御史储良材为小筑省城，以居其妻孥）。

（明）李贽《续藏书》卷二十三·忠节名臣·修撰舒公（事康陵、永陵） 舒芬，字国裳。生而颖异，不群凡儿。六岁，授《孝经》、《论语》等书，辄了大义。年十二，郡守祝瀚修封洫至，献《驯雁赋》，大奇之，荐补博士弟子。督学蔡公清试辄首，语人曰：“此天下士也。”中正德丁卯乡试。戊辰，卒业南雍，尝夜分不寐，于书无所不读，而实励志于圣学，最喜濂溪，尝称之为中兴之圣。所著有《太极、通书绎义》，又作《易笺问》七十余条、《书论》二十篇、《诗稗说》三十余条、《春秋疑义》三十余篇，一时名士咸推让焉。丁丑，考官陆文裕公深荐第一，主试者抑居十一，及对大廷，万言立就。是科制题独详，上自羲农以及近代，凡经史所载为治之事，悉以咨焉。公敷陈道法，至详至备，直言时弊，谆谆恳切，而卒泽于道德仁义，粹如也，御批第一甲第一名，授官翰林院修撰。

时毅皇帝不时巡幸，公忧之。戊寅春二月，孝贞皇后崩，逾月，即欲往视山陵，又革一应摆路军马。公度其且至宣府，遂上《隆圣孝疏》，谓：“三年之内，当深居九重，无复外出，虽释服之后，俨然茕茕在疚，如成王免丧朝庙之时。”又谓：“自古万乘之尊非奔窜避难，未有轻身不严侍卫者。”既而，又上《车服疏》，谓：“天子等威，莫大于车服，而下同于庶人，甚非所以辨上下，定礼仪也。”时虞有意外之变，故每疏之中三致意焉。会江西洪水，决圩漂舍，遂乞恩终养，谓：“臣系独子，无他兄弟，父母老疾，恐填沟壑。”辞极悽怆，凡五上疏，不允。

己卯春，车驾议以三月十九日壬子警道东巡，祀岱宗，历徐、扬，抵南京，下苏州，复溯江浮汉，登太岳，且遍中土繁丽。先是，江西宸濠久蓄异谋，又结陆完、钱宁辈为内应，士大夫非忠义素定者，辄怀疑贰，以故一闻驾出，人情汹汹，皆以为天下事不可为矣。公乃慷慨曰：“车驾出，必不利，此社稷安危之所系也。”十五日早，疏先入，乞留驾，言甚激烈，有曰："痛哭泣血，不忍为陛下言者，江右亲王倡吴濞之计，大臣怀冯道之心，陆完以禄位为故物，以朝署为市廛，以陛下为奕棋，以革除年间事为故事。"复痛刺阁中，谓："一切危亡之迹，不苦言以救，而听主上之自坏。"时完以智术幸高位，利于主上远出，则己得以自恣，或濠之谋幸遂，则己又有非望之福，故造为恶语，沮抑谏者，谓："主上闻直谏，便举刀为刎状。"且曰："今撒赖矣。"初以此沮公，公不听。复以此沮诸欲谏者，公乃邀考功夏公良胜、仪制万公潮、太常陈公九川至寓舍，酌之酒，赞之曰："匹夫不可夺志。"是夕，遂连疏入，时号"江西四君子"。明日，吏部张衍瑞等、兵部黄巩、陆震等、刑部陆俸等疏俱入。又明日，礼部姜龙等、兵部孙凤等、行人司余廷瓒等疏俱入。又有太医院医士徐鏊以医谏，车驾遂不果出。向使公为陆完沮，则夏、万之疏且缓，诸公之气亦衰矣，安得以尼主上之行哉。乃二十日，天威震怒，命舒芬等百有七人于午门外跪五日，未辰而入，终酉而退，公严整无异平时。二十五日戊午，命舒芬等于午门前，褫衣杖三十，公以疏首，杖特甚，神色不丧，惟口呼高庙之灵，冀以感动上心。是日，水溢内海子四五尺，至不了桥，冲折铁槛大柱七根，若斩然。杖毕，几毙，卧院中，掌院者惧祸至，使人摽出之，公屹不为动，曰："吾官于此，当死于此。"又命为首者调外任，遂谪福建市舶副提举。罗一峰劾大臣，遭丧，起复，亦谪此官。公谪同其地，比归，闽人宗其道德风节，乃立祠以祀二公云。即裹病就道，或劝俟痊，曰："死，吾分也，敢少留邪?"是时，死而复苏，远近相传为野祭，有一峰之后见先生语。既至闽，布德宣威，远夷心服。暇则讲学不倦，生徒日众。六月丙子，江西宸濠果反，败。

庚辰闰八月，闻外艰，恸绝，兼程而归，归则哀毁骨立，壹循朱子家礼。辛巳夏，世宗即位，肆赦诸窜谪者。癸未，服阕，应诏复官翰林。道济，入谒先师，行释菜礼，周历宫宇坛场堂阁，览山川胜概，徘徊数日，与圣公讲士相见礼，圣公固让。因录所撰《谒阙里记》、所画《阙里图》、所貌《夫子宫墙图》、所行《释菜礼仪》及《士相见礼仪》，并问答五章、联句三十五韵，总题曰《东观录》。时吏部依诏书，例升俸一级，公上《辞升俸级疏》。六月，奏请敕命，遂得貤恩，又进公阶儒林郎，降敕褒之。甲申春二月，昭圣慈寿皇太后圣旦节，公上《乞命命妇朝贺疏》，谓："皇太后奉陛下宗社大计，而陛下承继大统，观夫成王周公仪礼经文与我太祖制服之意，则是陛下于皇太后虽欲疏之有不能者，是宜率天下欢心以事其亲，而不可使皇太后之凄凉也。"三月，乞致仕以图便养，疏再上，不允。洎夏，又再上，不允。又乞改选以便养，又不允。时世宗欲尊兴献王为皇帝为皇考，命下群臣议大礼，公执议谓："为人后者为之子，不得顾私亲。"疏凡三上（第二次直谏），固争不得，乃率朝绅恸哭于庙，皇帝震怒，杖如前，几死，罚俸三个月。时奉太安人聂氏就养，明年乙酉，太安人卒于京，扶柩南还，行李萧然，抵家三月而葬。

生平酷好《周礼》，详加订正，作《五官序辨》五卷，《六官图释》一卷，《剔伪》一卷，既乃校定《正经》仍六卷，总之十有三卷，题曰《周礼定本》，谓："《周礼》者，至诚尽性之书也。"门人魏公良贵刻于宁波府官舍。又尝修《三礼书》，未就，而公辞世。

公幼即颖拔，日记数千言，贯串经史百家，于天文尤精，观望星气，有占必应，虽同馆号知天文如黄公佐者，亦自以为不及也。又言："钟律度量，所以治历明时，康节粗得大意，而不能建律运历，将举礼乐必也周公，观大司乐则律历备矣。"识者韪之。七岁能诗，十二工赋，大或千言，少仅数语，志意溢发，多所自得。尝语同馆友曰："心术与学术，相符者也；怀居与怀利，相因者也。怠胜敬，欲胜义，则其心死，其学伪。吾侪格君，其豫在此。"谓《太极图》亦则《河图》，与伏羲同功，不满先儒本于《易》之说，谓濂溪得斯道之正脉，而直责程正叔之外师。至于《周礼》一书，尝责汉儒多附会之罪，宋儒乏表章之功，谓："《周礼》与《仪礼》、《戴记》，犹蜀之于吴、魏也。贾氏以《仪礼》为本，《周礼》为末，谬妄已甚，朱子乃不正之，是其所惑也。"少擢大魁，初不色喜，继谪闽舶，了无愠容，独立敢言，不挠不惧。端居终日，未尝昼寝，夜必计过自讼，晤即相告。凡视听言动，必准诸礼，不敢少失尺寸，每闻庭训，惟恐行之不逮，比列侍从，即委身于国，曰："此太史公教也。"一闻高堂之疾，前后陈乞终养，无虑十疏，忠谏两朝，先后一节。如谏南巡，议大礼，言必要诸大道。通籍十年，义气激烈，谏而杖，杖而窜，又复谏，又复杖，绝无一毫得失死生之念。幼以圣贤自期，尝悼异学之谬，曰："空言无补，不若修其本以胜之。"因取周子"学圣有要"数语，书之座右。缁流羽客，悉毅然绝之。至于权幸奄宦有求通者，拒之亦如释、老。居闽未几，奔父丧，琉球人自长史金爵而下，莫不哀号追送。扶母丧入江，忽云垂波立，危甚，乃为文吁祭，风涛顿息。与朋友相劘切，无几微矫饰，尤善成就后学，尝语之曰："士当爵禄不入于心，沟壑不忘于念。"公始生，士人泊舟野江，夜半闻曰："状元姓舒。"殁之前日，门生谌柟梦垂白帘，中有六字曰"忠孝状元止此"。殁之夕，大风雷电伐木，鸟巢覆，屋瓦飞，其关系有如此者。病中毫发不逾，临终，沐浴，与众揖别，长子泣问家事，不答，跪请所欲，乃瞪目谓曰："六经大明于世，惟《周礼》未获表章，余生平精力，尽在此书，第未及进御为歉尔。尔其无忘乃父之志。"言毕而逝。肃皇帝有"精醇端介，文魁天下，贤名大振"之褒，又有"陈仁义，格君心"之褒。杨一清诸公称之为"忠孝状元"，至侪之伊洛之贤，海内士以公与罗一峰并称，实不愧云。

（明）王兆云《皇明词林人物考》卷六·舒国裳　先生名芬，字国裳，号梓溪。初生时，人闻空中呼："状元姓舒。"幼资禀警异，十二岁作《驯雁依人赋》，郡守祝公奇之，荐补诸生，督学蔡虚斋试，辄首选。正德丁卯，中乡试。丁丑，进士第一，授翰林修撰。戊寅，武庙北狩，上《隆圣孝疏》，再上《车服疏》，反复数千言，讽谕切至。己卯南巡，率同院官伏阙恳疏，罪刺阁中，杖几死，出福建市舶提举。辛巳，世宗立，诏复官，连遭内外艰。寻以疾卒，年四十四。

先生平生负气刚毅，所遇贵者尝失，勇者尝丧，虽觉峭厉，于世不可得而无为。文章宕迭不穷，所著有《易问》、《太极、通书绎义》、《周礼定本》等书。南昌万虞恺曰："先生与罗一峰先后以敢谏谪官，且同于闽地，闽士民慕其道德风节，又同俎豆之。先生制策如董贤良，封事如胡邦衡，诗文不独兼步韩欧，而直溯濂洛。如论道学则尊濂溪为中兴之圣，而不满伊川之外师；叙周礼则深斥汉儒附会之非，而直责朱子之惑，且于律历象数、古今名物，无不洞究精微。顾天夺之早，而忧厄以终，岂非数耶?"

（明）顾祖训原编、（明）吴承恩增补、（清）陈枚续补《状元图考》卷二·状元舒芬　正德十二年丁丑，廷试伦以训等三百四十九人，擢舒芬第一。

按，舒芬，字国裳，号梓溪，江西进贤人。幼即岐嶷颖异，甫成童，入郡学，尝作《赤雁赋》，郡守奇其才，谓当魁天下。家贫清苦，不与人群。虽书无所不读，实励志圣贤之学。端居终日，夜必计过自讼。丁丑，赐状元及第，时年三十四。乙酉，扶母丧归，卒，年四十四。

《义命编》：闽人刘世扬会试入京，梦神告之曰："今年状元名国裳。"世扬即以国裳易之。刘是科登进士，而状元舒芬，其字则国裳也。事有定数，惟鬼神能知之。

芬未第时，至九鲤湖祈梦五夜，无梦，因题诗云："千里寻真意亦虔，五宵无梦竟无缘。神仙不识人间事，归去挥毫作状元。"到山下遇一老人问公何梦，公告之故，且述其诗，老人为改云："千里寻真未是虔，五宵无梦岂无缘。神仙不泄人间事，归去挥毫作状元。"因忽不见，盖仙化为老人以告公也。

《状元录》：萧御史鸣凤精于星命。丁丑廷试，或以八字杂质之曰："孰为状元?"萧指芬八字曰："此是也。"果然。后复以后事质于萧，答曰："功名、寿数始终皆罗一峰。"舒矍然曰："止此乎?"曰："忠孝状元足矣。"后果谪，寿亦止此，今配享一峰祠。

（明）刘孟雷《圣朝名世考》卷六·正直传·舒芬　舒芬，字国裳，江西进贤人。正德丁丑登进士第一人，授翰林院修撰。戊寅，武庙北狩。二月，上《隆圣孝疏》，寻上《车服疏》。其言天理人欲之分，反复数千言，讽谕切至。己卯，南巡，率同院编修□□、庶吉士汪应轸等伏阙恳疏，罪刺阁中，杖几死，遂落职福建市舶副提举。辛巳，世宗即位，召复翰林修撰。癸未，以忧归，竟卒，年仅四十有四耳。芬平生负气刚毅，所遇贵者常失，勇者常丧。其著述有《易笺问》、《太极、通书释义》、《周礼定本》、《三山纪会》、《东观》等录、《梓溪集》，皆触事而发，词气凛凛如其行。尝言："历象，古大史职。中星以日为主，七政以岁为主。"凡盈虚朓朒、伏逆迟留，如指诸掌，观望星气，占则必应。又言："钟律度量，所以治历明时，康节粗得大意，而不能建律运历，将举礼乐必也周官乎，观大司乐则律历备矣。"是皆能持独见者，论者比之罗一峰伦，谓其策名清时同，敢谏迁谪同，抱道而终、俎豆一堂又同，真可谓拟当其实者矣。

（明）李廷机《皇明名臣言行录》卷四 舒芬，字国裳，江西进贤人。正德丁丑进士第一，授翰林修撰。谪广东市舶司副提举，复修撰卒。

正德戊寅，公为修撰甫二年，时权幸江彬蛊惑武皇，导之游豫，议南巡，公约诸同志连名疏谏。上大怒，下诸臣锦衣狱，命跪午门，梏拲五日。复廷杖，公以疏首，杖特甚，裹疮卧院中，掌院惧祸，使人摽出之。公曰："吾官于此，当死于此。"时死杖下者十一人。公幸不死，谪广东市舶司副提举。嘉靖改元，诏起公，适丁外艰。癸未，服除，复修撰。甲申，议大礼，公三上疏伏阙，再杖于廷。丁内艰，归。丁亥卒。（《事略》）

（明）汪国柟《皇明名臣言行录新编》别集卷四十四·舒芬 字国裳，江西进贤人。正德丁丑登进士第一，授翰林修撰。谪广东市舶副提举，复职卒。

公幼岐嶷峭颖，异于凡儿。甫成童，入郡学，尝作《赤雁赋》，郡守奇其才，谓当魁天下。家贫清苦，不与人群。虽于书无所不读，实励志圣贤之学，不屑为博物洽闻之士。

正德丁丑，入对大庭，敷奏详赡，忠义奋发，赐状元及第，授翰林修撰。（薛应旂撰传）

戊寅春，权幸江彬等蛊惑武皇，导之游豫，议以三月警道东巡，祀岱宗，历徐、扬，抵金陵，下苏、浙，复泝江浮汉，登泰岳、太和，且遍中土繁丽诸处，将相大臣多从谀之，都下人情，汹汹危惧。公约诸同志上疏乞留，俱会阙下，吏部尚书陆完出危言沮之，公邀同志者举酒酹之曰："匹夫不可夺志，吾辈乃为大臣所夺乎？"遂连疏以入，而部院寺属诸僚亦各上疏。上大怒，车驾不果出。下诸臣锦衣狱，命跪午门外，梏拲五日。复褫衣廷杖，公以疏首，杖特甚，神色不异，惟口呼高祖之灵冀以感动上心。杖毕，几毙，裹疮卧院中，掌院者惧祸，使人摽出之。公屹不为动，曰："吾官于此，当死于此。"既而，复苏。谪福建副提举。其余罚俸、降调、罢职、编戍有差，时死杖下者十有一人。公恻恻叹曰："使予早从幸臣之沮，则诸疏且缓矣。今致诸君之死，芬可独生乎？"闻者感泣，君子谓公此举振士气，沮奸谋，植风化，实大有功于世教也。（《事略》）

今上即位，诏起公，适宅父忧。嘉靖癸未秋，服除，复修撰。甲申夏，会议大礼，公疏凡三上，伏阙待罪，再杖于廷。明年，太安人卒于官舍，公扶柩归。丁亥春三月，疾作，卒。所著有《梓溪集》，编辑《周礼定本》，则尤其所注意也。平生不事生业，家无立壁。巡按江西御史储良材为小筑省城，以居其妻孥。（《传》）

泰泉黄佐序公文集曰："江右大魁，惟一峰以道鸣世，先生实继之。其策名清时同，令德荣问同，官止修撰、抱道而终又同。虽侪之伊洛诸贤可也，夫岂徒以文传者哉？"又曰："先生端居终日，读书治事之暇，未尝昼寝，夜必计过自讼，晤即相告。盖乾乾惕若，其真积深矣。尝谢貤恩，骑入吏部，堂属啧有烦言，先生将奏其作威，佐谓曰：'曾记定性书乎？于怒时遽忘其怒。'先生谢曰：'吾子督过是也。'即焚其草。

每言：‘历象，古太史职也。中星以日为主，七政以岁为主。’凡盈虚朓朒、伏逆迟留，如指诸掌，观望星气，占则必应，佐勿能及也。”又曰：“先生之为人也，其死忠勇，其孝感诚，其从善敏，其自治严，其禔身洁，其处贫乐，故能合内外，贯天人。名理如程朱，诗文如韩欧，而多所自得。然则，先生进退存亡，其为天下国家所关系，岂细故哉。”

公学博而行修，自布衣穷居，无不可称说于世，尝悲悼俗学。其为文志意溢发，翔出万物之表而义理渊偲，有紫阳氏之家法焉。为诗好古雅，谓流连光景为无益。昔人考文者，征实于忧时敢谏，其公之谓欤？公拜抡魁，甫十年再入翰林，一谪福建市舶提举。丁内外艰，半之，享年四十有四。风神玉立，眉宇英特秀爽，遇事侃侃，无几微矫饰，盖其养之正，出之果，而非有意必也。处朋友不阿徇，有切劘之益，尤善成就后学，公既以素所树力为天下向往。其□落也，天下方颙颙焉，跂踵以竢，赖天子仁圣，褒崇弼直，凡先朝所谠言，惟罪播迁之臣，并见录用，往往跻□显，其播迁而死者，亦蒙赠录，而公召复遽忧厄以终，数也。文其可无传乎。（郡人张鏊序）

（明）过庭训《明分省人物考》卷五十八·江西南昌府二·舒芬 舒芬，字国裳，进贤人。生而颖异不群，六岁授《孝经》、《论语》等书，辄了大义。年十二，郡守祝瀚修封洫至，献《驯雁赋》，大奇之，荐补博士弟子。督学蔡公清试辄首，语人曰：“此天下士也。”中正德丁卯乡试。戊午，卒业南雍，尝夜分不寐，于书无所不读，而实励志于圣学，最喜濂溪，尝称之为中兴之圣。所著有《太极、通书绎义》，又作《易笺问》七十余条、《书论》二十篇、《诗稗说》三十余条、《春秋疑义》三十余篇，一时名士咸推让焉。丁丑，考官陆文裕深荐第一，主试者抑居十一，及对大廷，万言立就。是科制题独详，上自羲、农以及近代，凡经史所载为治之事，悉以咨焉。芬敷陈道法，至详至备，直言时弊，谆谆恳切，而卒泽于道德仁义，粹如也，御批第一甲第一名，授官翰林院修撰。

时毅皇帝不时巡幸，孝贞皇后崩，逾月，即欲往视山陵，又革一应摆路军马。芬度其且至宣府，遂上《隆圣孝疏》，谓：“三年之内，当深居九重，无复外出，虽释服之后，俨然茕茕在疚，如成王免丧朝庙之时。”又谓：“自古万乘之尊非奔窜避难，未有轻身而不严侍卫者。”既而，又上《车服疏》，谓：“天子等威，莫大于车服，而下同于庶人，甚非所以辨上下，定礼仪也。”时虞有意外之变，故每疏之中三致意焉。会江西洪水，决圩漂舍，遂乞恩终养，谓：“臣系独子，无他兄弟，父母老疾，恐填沟壑。”辞极悽怆，凡五上疏，不允。

己卯春，车驾议东巡，祀岱宗，历徐、扬，抵南京，下苏州，复溯江浮汉，登太岳，且遍中土繁丽。先是，江西宸濠久蓄异谋，又结陆完、金宁辈为内应，士大夫非忠义素定者，辄怀疑贰，以故一闻驾出，人情汹汹，皆以为天下事不可为矣。十五日早，疏先入，乞留驾，言甚激烈，有曰：“痛哭泣血，不忍为陛下言者，江右亲王倡吴濞之计，大臣怀冯道之心，陆完以禄位为故物，以朝署为市廛，以陛下为奕棋，以革除为故事。”复痛刺阁中，谓：“一切危亡之迹，不苦言以救，而听主上之自酿。”时陆完以智术幸高位，利于主上远出，则己得以自恣，或濠之谋幸遂，则又有非望之福，故造为恶语，沮抑谏上。芬乃邀考功夏良胜、仪制万潮、太常陈九川至寓舍，酌之酒，赞之曰：“匹夫不可夺志。”是夕，遂连疏入，时号“江西四君子”。明日，诸曹谏草相继而进，车驾遂不果出。及二十日，天威震怒，命舒芬等百有七人于午门外跪五日，未辰而入，终酉而退，严整无异平时。二十五日戊午，命舒芬等于午门前，褫衣杖三十，以疏首，杖特甚，神色不丧，惟口呼高庙之灵，冀以感动上心。是日，水溢内海子四五尺，冲折铁槛大柱七，若斩。杖毕，几毙，卧院中，掌院者惧祸至，使人摽出之，公屹不为动，曰：“吾官于此，当死于此。”又命为首者调外任，遂谪福建市舶副提举。即裹疮就道，或劝俟痊，曰：“死，吾分也，敢少留邪？”是时，死而复苏，远近相传为自罗一峰之后见先生语，盖罗一峰劾大臣，遭丧，起复，亦谪此官云。既至闽，布德宣威，远夷心服。暇则讲学不倦，生徒日众。六月丙子，江西宸濠果反，败。

庚辰闰八月，闻外艰，兼程而归，归则哀毁骨立。辛巳夏，世宗即位，肆赦诸窜谪者。癸未，服阕，应诏复官翰林。道济，入谒先师，行释菜礼，因录所撰《谒阙里记》、所画《阙里图》、所貌《夫子宫墙图》、所行《释菜礼仪》及《士相见礼仪》，并问答五章、联句三十五韵，总题曰《东观录》。时吏部依诏书，例升俸一级，上《辞升俸级疏》。奏请敕命，遂得貤恩，降敕褒之。甲申春二月，昭圣慈寿皇太后圣旦节，上《乞命命妇朝贺疏》，谓：“皇太后奉陛下宗社大计，而陛下承继大统，观夫成王周公仪礼经文与我太祖制服之意，则是陛下于皇太后虽欲疏之有不能者，是宜率天下欢心以事其亲，而不可使皇太后之凄凉也。”三月，乞致仕，以图便养，疏再上，不允。洎夏，又再上，不允。又乞改选，以便养，又不允。时世宗欲尊兴献王为皇帝为皇考，命下群臣议大礼，芬执议谓：“为人后者为之子，不得顾私亲。”疏凡三上，固争不得，乃率朝绅恸哭于庙，皇帝震怒，杖如前，几死，罚俸三月。时奉太安人聂氏就养，明年乙酉，太安人卒于京，扶柩南还，行李萧然，抵家三月而葬。

生平酷好《周礼》，详加订正，作《五官序辨》五卷，《六官图释》一卷，《剔伪》一卷，既乃校定《正经》仍六卷，总之十有三卷，题曰《周礼定本》，谓：“《周礼》者，至诚尽性之书也。汉儒多附会之罪，宋儒乏表章之功。”又尝修《三礼书》，未就而辞世矣。

幼颖拔，日记数千言，贯穿经史百家，于天文尤精，观望星气，有占必应，虽同馆号知天文如黄公佐者亦自以为不及也。又言：“钟律度量，所以治历明时，康节粗得大意，而不能建律运历，将举礼乐必也周公，观大司乐则律历备矣。”识者韪之。尝语同馆友曰：“心术与学术，相符者也；怀居与怀利，相因者也。怠胜敬，欲胜义，则其心□，其学伪。吾侪格君，其豫在此。”通籍十年，义气激烈，谏而杖，杖而窜，又复谏，又复杖，绝无一毫得失死生之念。幼以圣贤自期，尝悼异学之谬，曰：“空言无补，不若修其本以胜之。”因取周子“学圣有要”数语，书之座右。缁流羽客，悉毅然绝之。至于权幸奄宦有求通者，拒之甚力。扶母丧入江，忽云垂波立，危甚，乃为文吁祭，风涛顿息。与朋友相劘切，无几微矫饰，尤善成就后学，尝语之曰：“士当爵禄不入于心，沟壑不忘于念。”殁之前日，门生谌枏梦垂白帘，中有六字曰“忠孝状元止此”。殁之夕，大风雷电伐木，鸟巢覆，屋瓦飞，其关系有如此者。病中矩度，毫发不逾。临终，沐浴，与众揖别，长子泣问家事，不答。跪请所欲，乃瞪目谓曰：“六经大明于世，惟《周礼》未获表章，余生平精力，尽在此书，第未及进御为歉耳。”言毕而逝，海内士以芬与罗一峰并称云。

（明）何乔远《名山藏》·臣林记（嘉靖臣四）**·舒芬**　舒芬，字国裳，进贤人。举正德十二年进士第一人，授翰林修撰。其明年，孝贞皇后崩，武宗逾月即欲往山陵，又革一应摆路军马，芬上言：“陛下三年之内当深居九重，无复外出。虽释服之后，俨然茕疚，如成王免丧朝庙之时。抑自古万乘之尊，非奔窜逃匿，未有轻身不严侍卫者。”既又上《车服疏》：“天子等威莫大车服，而下同庶人，甚非所以辨上下，定礼仪。”又言：“孝贞作配茂陵，未闻失德，祖宗之制，既葬迎主，必入午门，昨孝贞太皇太后主以从陛下，驾入旁门，使他日作史者以《春秋》法书之曰：‘六月己丑，车驾至，自山陵迎孝贞皇后入长安门。’则读者必以《春秋》‘公薨，书地不书地’之法求之，即孝贞不得正终之疑不解矣。宜明诏中外，以示改过。”二疏反覆，凡数千言。

又明年，车驾欲南巡，诸大臣莫言者，芬与同年考功郎夏良胜、仪制郎万潮、庶吉士汪应轸风约诸曹连章留驾，遂与同馆编修崔桐、庶吉士江晖、王廷陈、汪应轸、马汝骥、曹嘉七人者怀疏入，方集阙下，吏部尚书完辄迎阻曰：“上急，辄欲自引决，诸君且休矣，无归过君上。”芬与良胜寻归。晡时，良胜、潮过芬，扼腕恨完，芬因邀博士陈九川皆至，酌之酒赞之曰：“匹夫之志不可夺也。”三人遂以其夕寓芬所。明，连疏入，诸曹继之。罚跪午门者五日，杖三十。谪芬福建市舶副提举。芬疏谓：“今日之事，痛哭泣血，有不忍为陛下言者，江右有亲王之变，大臣怀冯道之心，以禄位为故物，以朝署为市廛，以陛下为奕棋，以革除年间为故事也。”复刺阁臣谓：“一切安危之迹，不苦口以救，而听主上之自坏。”言甚激烈。杖后卧病院中，掌院惧祸，摽出之，芬曰：“吾官此，即死此。”既谪，裹疮就道，或劝待痊，曰：“死，吾分也，敢少留耶?”世宗即位，起诸逐臣，芬适奔父丧，服阕，复官。谏议大礼，与陈沂三上疏，再被杖。以母丧归，寻卒。

芬风神玉立，负气削厉，家无立壁，端居竟日，未尝尽寝，夜则计过自讼，锐然有志圣贤之道。于五经皆有疏论，而最好《周礼》，责汉儒多附会之罪，宋儒有表率之功。又言：“周茂叔，吾道中兴圣人也。建图属书，贯六经语孟而一之。闽学得之洛，洛学得之濂，正叔言伯淳得不传于遗经，几背师矣。世儒讥晏婴不知仲尼，伯淳、仲晦而下迄今亦孰知茂叔耶?”时方尊王守仁之学，芬曰：“必穷天地之高厚，必参百王之宪章，必极礼乐之中和，语鬼神之情状，与夫万变之所以应，万物之所以名，然后可谓之道。问学，此则有不可伪为者矣。今才智之士饰虚声，鼓后进，则尊德性之说，易掩覆也。党陆者特窃其一节，异朱者未睹其大全，非心为道者也。”

芬兼知天文，晓音律，香山黄佐尝与陵阳梅百一论“武王伐殷，岁在鹑火”，通考象纬不载，因推步之，岁自鸟帑旅于龙首，我圣祖殄平伪汉，丁未改元，星纪吴分也。壬午靖难，析木燕分也。福德所在，其应如响。百一叹曰：“向见舒国裳亦论及此。”其后，佐入史馆，见芬握手曰：“识公于梅百一久矣。”自是过从甚欢，芬语佐曰：“心术、学术，相符者也，怀居、怀利，相因者也；怠胜敬，欲胜义，则其心死，其学伪，吾侪格君，其豫在是。”佐恒衣其德言，每与佐言：“历象，古太史职也。中星以日为主，七政以岁为主。”凡盈虚朓朒、伏逆迟留，如指诸掌，观星望气，占则必应。复言：“钟律度量，所以治历明时，邵康节粗得大意，而不能建律运历，将举礼乐必也周官乎，观大司乐则历律备矣。”佐深韪焉。卒时年四十有四，其子跪泣请所言，犹以未及表章《周礼》为恨。世名芬“忠孝状元”。

（明）尹守衡《明史窃》卷第九十·黄巩陆震舒芬汪应轸列传第六十八　舒芬，字国裳，□□人也。正德十二年进士第一人，授翰林院修撰。时上数出关外游幸，芬曰：“今上以天下士遇我，我可以众人事上乎？”亟欲谏，念有补衮诸大臣在，未敢。十三年春二月，孝贞皇后崩，上自宣府还奔丧。是时，上以宣府为家矣。逾月，往视山陵，猎于黄花镇。六月，奉梓宫祔葬，遂复议北巡，上心每不忘宣府。芬上《请隆圣孝疏》，曰：“古者，三年之丧自天子达。陛下三年之内当深居九重，无复外出，虽释服之后，俨然茕茕在疚，如成王免丧朝庙之时。今圣母大事甫终，陛下安可遽出游幸？自古万乘之尊非奔窜避难，未有轻身不严侍卫者。天子等威莫大于车服，而下同于庶人，甚非所以辨上下而重威仪也。矧不虞有意外之变乎？”时上好戎服驰马，故芬疏并及之，不听。芬遂乞归养，言：“臣系独子，无他兄弟，去家千里，久不见父母，臣愧无以为人子。”盖寓讽谏，不省。

上追明年春，则诏以三月警道东巡，祀岱宗，历徐、扬，抵南京，下苏杭，复浮汉沔，登武当，且遍中土繁丽。时宸濠久谋侍子入侍，结内幸江彬等为内应，于是士大夫闻上南幸，恐濠乘此生变，大汹惧。芬语同馆诸人曰：“驾出，必不利，此社稷安危之所系也。”与庶吉士汪应轸等七人具疏上曰：“臣惟古帝王所以巡狩者，协律度，同量衡，访遗老，问疾苦，黜陟幽明，式序在位，无非事者，是以诸侯畏焉，百姓安焉。近日陛下驾巡西北，六师不慑，四民告病，哀号之声，上彻于天，传播四方，人心震动。今闻南巡，衢路之民，莫不逃窜，而有司方以迎奉为名，竭其才力以供万一，群聚啸呼，为祸不细。且陛下之出，以镇国公名号，苟所至亲王地方据勋臣之礼以待，则陛下将朝之乎，亦受其朝乎？万一循名责实，求此悖谬之端，则左右宠幸之人无死所矣。由此观之，则陛下巡狩非古圣帝明王之举，而几于秦皇、汉武之游，博浪、柏谷之祸，不可鉴哉？事几著明，非特臣等数人知之，中外之人莫不知也。然大臣知之而不言，小臣言之而未尽，其志非恭顺也，盖以陛下之志不可挽矣，天下之事不可为矣。又以陛下大婚十有五年，而圣嗣未育，故凡一切危亡之迹，不欲为苦言以救，而听陛下之自坏也。尚有痛哭泣血，不忍为陛下言者，江右有亲王之变，大臣怀冯道之心，以禄位为故物，以朝署为市廛，以陛下为奕棋，以革除年间事为故事也。特左右宠幸者知术短浅，不能以此言告陛下耳。使陛下得闻此言，虽禁门之外，亦警跸而出，尚肯轻亵而漫游哉？夫以陛下雄才大略，前古无比，诛锄凶邪，私爱莫牵。苟有辅弼为陛下责难陈善以扩充之，虽尧舜汤武不难为者，矧于安宗社、计治乱者哉？昔唐郇模乃贱丈夫，宋陈东乃太学生，犹不惜杀身徇国，况臣等俱法从之，臣且受陛下国士之遇者哉？伏愿怜察臣等愚衷，降悔过之诏，绝游幸之念，日亲经筵，修明治政，建立国本，戒饬庶官，以永太平之治，则陛下真乐岂有过此，而复求之污漫之游哉？”疏入，而太宰陆完者，濠党也，迎芬等言曰：“主上闻有谏止南巡者，辄举刀为刎状，今日撒赖矣。”是时，怀疏集阙下者尚百人，稍稍退去，而兵部郎中黄巩、员外郎陆震二人疏竟上之，考功郎中夏良胜、仪制郎中万潮、太常博士陈九川三人共诣芬，大握腕，芬曰：“匹夫之志，岂可夺乎？今日之事有死无二。”于是，三人并持疏继上之。其明日，吏部郎中张衍庆等、刑部郎中陆俸等，又明日，礼部郎中姜龙等、兵部郎中孙凤等、行人司副余廷瓒等连疏相继入，太医院医士徐鳌以医谏。上震怒，皆下诏狱，命跪午门前五日。是日，工部郎中林大辂等三人、大理寺正周叙等十人各疏复入，具言：“芬等无罪，愿特宽宥，毋使后世有杀谏臣名，不然，臣与同死。自今请罢游幸，勿令左右奸佞蒙蔽。”上益大怒，俱下狱，罚跪五日，加梏拲，而通政司遂格不受疏。数日，风霾昼晦，禁内海子水溢，高四尺，桥下七铁柱折。金吾卫指挥张英愤曰：“是大变故，明验也。驾出，必不利。”肉袒挟两囊土持疏当跸道跪哭，拔刀自刎，血流满地，侍卫人缚送诏狱，问英囊土何为，曰：“恐污帝廷，洒土掩血耳。”上大惊，诏杖诸言事人各有差。以次降黜戍鳌于边，英死狱中，芬谪福建市舶提举。

初，武宗好巡幸，时犹内畏两宫，外惮大臣台谏，尝骑马至东西华门，阍者伏马前谏不可，辄回辔。十二年秋七月，始驰一骑，从近幸数人，径至南海子，都下汹汹，诸大臣言官佥往跪门请回跸，上遣从者慰遣，示以回期，至期，众又欲往。大臣中有为镇静之说者，扬言：“古天子以四时巡狩，况南海子近京师，祖宗常时临幸，上今一出，即汹汹如是，徒摇人心，不如无往。”众乃止。是年冬，幸宣府。明年，幸大同，又幸榆林，竟莫谏止。及欲南巡，诸大臣言官复噤口不敢言，言者故皆部院司寺僚属，死杖下者十有二人，上亦遂为感动，自后竟不复言南巡事矣。亡何，濠反，人以是藉藉称芬当日幸不见沮陆太宰，力倡诸僚死谏，有社稷功，使皆箝口听主上南巡，濠以轻舟伏甲士迎驾江上，天下事未可知也。芬谪逾年，外艰归。

明年，世宗入继大统，乃尽起窜谪诸人，复芬官。芬服阕，应诏还京，加俸一级。时议大礼，芬从廷和指，与上意忤。已而，昭圣太后诞，命妇免朝贺，芬言：“两宫礼不宜复有异同，恐疑人心。”上怒妄言，夺俸。芬寻乞致仕归养，凡四疏不许，乞改选以便养，亦不许。是年秋，以争大礼与同官杨慎等撼门哭，复廷杖。通籍十年，受杖者再，皆以谏故。时母已就养。明年，母卒，奉丧归。归二年，卒。

芬酷好《周礼》，临卒语子曰：“六经大明于世，惟《周礼》未获表章，予生平精力用在此书，近加校定，幸成全经，知我罪我，我不敢知，第未及上进为歉尔。”所著有《五官序辨》五卷，《六官图释》一卷，《剔伪》一卷，《正经》六卷，共十有三卷。芬事上不忘谏，居官不忘养，人称为“忠孝状元”云。

（清）傅维麟《明书》卷一百七·列传二·忠节传七·舒芬传　舒芬，字国裳，进贤人。生而颖异，六岁时，授《孝经》、《论语》诸书，辄了大义。年十二，郡守祝瀚修封洫至，献《驯雁赋》，大奇之，荐补博士弟子。督学蔡清试辄首，语人曰：“此天下士也。”中正德丁卯乡试，卒业南雍，诵读尝夜分不寐，励志圣学，最喜濂溪，尝称之为中兴之圣。所著有《太极、通书绎义》，又作《易笺问》、《书论》、《诗稗说》、《春秋疑义》，一时名士咸推让焉。丁丑，进士十一人廷对，万言立就，是科制题独详，上自羲、农以及近代，凡经史所载为治之事，悉以咨焉。芬敷陈道法，直言时弊，甚详切而卒泽于道德仁义，御批第一，授翰林修撰。

时武宗巡幸不时，芬忧之。戊寅春二月，孝贞皇后崩，逾月，即欲往觐山陵，又革一应摆路军马。芬度其且至宣府，遂上《隆圣孝疏》，谓：“三年之内，当深居九重，无复外出，虽释服之后，俨然茕茕在疚，如成王免丧朝庙之时。”又谓：“自古万乘之尊非奔窜避难，未有轻身不严侍卫者。”既而，又上《车服疏》，谓：“天子等威，莫大于车服，而下同于庶人，甚非所以辨上下，定礼仪也。”时虞有意外之变，故每疏之中三致意焉。会江西大水，乞恩终养，辞极悽怆，疏五上，不允。

己卯，上议以三月十九日壬子警道东巡，祀岱宗，历徐、扬，抵南京，下苏州，复溯江浮汉，登太岳，且遍中土繁丽。先是，宁庶人宸濠久蓄异谋，结陆完、钱宁辈为内应，士大夫多怀疑贰，以故一闻驾出，人情汹惧，皆谓天下事大偾矣。芬乃慷慨曰：“车驾出，必不利，此社稷安危之所系也。”十五日早，疏先入，乞留驾，言甚激烈，有曰：“痛哭泣血，不忍为陛下言者，江右亲王倡吴濞之计，大臣怀冯道之心，陆完以禄位为故物，以朝署为市廛，以陛下为奕棋，以革除年间事为故事。”复痛刺阁中，谓：“一切危安之迹，不苦言以救，而听主上之自怀。”时完以智术幸高位，利于主上远出，则己得以自恣，以濠之谋幸遂，则己又有非望之福，故造为恶语，沮抑谏者，谓：“主上闻直谏，便举刀为刎状。”且曰：“今撤赖矣。”初以此沮之，芬不听。复以此沮诸欲谏者，芬乃邀考功郎夏良胜、仪制郎万潮、太常卿陈九川至寓舍，酌之酒，赞之曰：“匹夫不可夺志。”是夕，复连疏入，时号“江西四君子”。明日，吏部张衍瑞等、兵部黄巩、陆震等、刑部陆俸等疏俱入。又明日，礼部姜龙等、兵部孙凤等、行人司余廷瓒等疏俱入。又有太医院医士徐鏊以医谏，车驾遂不果出。上震怒，命舒芬等百有七人跪午门外，日朝入酉退者五日，芬严整无异平时。二十五日戊午，命皆褫衣杖三十，芬以疏首，杖特甚，神色不丧。是日，水溢内海子四五尺，至不了桥，折铁柱七，若斩。杖几毙，移卧翰林院中，掌院者惧祸至，摽出之，芬屹不为动，曰：“吾官此，当死此。”谪福建市舶副提举。昔罗伦以劾大臣，遭丧，起复，亦谪此。后闽人钦其道德风节，立祠并祀之。芬裹病就道，既至，布德宣威，远夷心服。暇则讲学不倦，生徒日众。

庚辰，外艰归，世宗即位，肆赦诸窜谪者，服阕，复官翰林。道济，谒先师，与圣公讲士相见礼，圣公固让，因撰《谒阙里记》，画《阙里图》、《夫子宫墙图》、《释菜礼仪》及《士相见礼仪》，题曰《东观录》。甲申春二月，昭圣慈寿皇太后圣旦节，上疏谓："皇太后奉陛下宗社大计，而陛下承继大统，观夫成王周公仪礼经文与我太祖制服之意，则是陛下于皇太后虽欲疏之有不能者，是宜率天下欢心以事其亲，而不可使皇太后之凄凉也。"嗣屡乞致仕，不允。时世宗欲尊兴献王为皇帝为皇考，命下群臣议，芬执议谓："为人后者为之子，不得顾私亲。"疏凡三上，固争不得，与朝绅恸哭于庙，上震怒，杖如前，几死，夺俸。明年乙酉，内艰归，乃作《周礼五官序辨》五卷，《六官图释》一卷，《剔伪》一卷，既校定《正经》六卷，题曰《周礼定本》。尝谓："《周礼》者，至诚尽性之书也。"未几，卒。

芬贯串经史百家，于天文尤精，观望星气，有占必应。又言："钟律度量，所以治历明时，康节粗得大意，而不能建律运历，将举礼乐必也周公，观大司乐则历律备矣。"识者韪之。尝语人曰："心术与学术，相符者也；怀居与怀利，相因者也。怠胜敬，欲胜义，则其心死与学伪。吾侪格君，其豫在此。"谓《太极图》亦则《河图》，与伏羲同功，不满先儒本于《易》之说，谓濂溪得斯道之正脉，而直责程正叔之外师。至于《周礼》一书，尝责汉儒多附会之罪，宋儒乏表章之功，谓："《周礼》与《仪礼》、《戴记》，犹蜀之于吴、魏也。贾氏以《仪礼》为本，《周礼》为末，谬妄已甚，朱子乃不正之，是其所惑也。"独立敢言，不挠不惧。端居终日，未尝昼寝，夜必计过自讼，言动必准诸礼，奏论必要诸大道。通籍十年，义气激烈，每以圣贤自期。尝悼异学之谬，曰："空言无补，不若修其本以胜之。"因著论说甚详。至于权幸奄宦有求通者，拒之如释、老。居闽未几，忧归，琉球人莫不哀号追送。自京扶母丧入江，忽云垂波立，乃为文吁祭，风涛顿息。与朋友相劘切，无几微矫饰，尤善成就后学，尝语之曰："士当爵禄不入于心，沟壑不忘于念。"卒之夕，大风雷电伐木，鸟巢覆，屋瓦飞，其关系有如此。临终，沐浴，与众揖别，长子泣问家事，不答，跪请所欲，乃瞪目谓曰："六经大明于世，惟《周礼》未获表章，余生平精力，尽在此书，第未及进御为歉尔。尔其无忘乃父之志。"言毕而逝。世宗有"精醇端介，文魁天下，贤名大振"及"陈仁义，格君心"之褒，世称为"忠孝状元"云。

赞曰："珰倖煽焰，炙手可热。祸烈冠裳，人多结舌。凤鸣朝阳，鸱鸮鸷翩。或死或窜，愚不可及。何以方之，岁寒松柏。"

史官曰：武宗之不亡失也，顾不幸哉！倾听奸回，溺情狗马。性旆曳于远塞，桂檝鼓于洪波。闾左驿骚，贤哲灰气，直无解昏德矣。韩文力辟狂且，足称破寐。鸿章丹炳，而李梦阳之力为多。至于万乘南游，何遵、黄巩等奋螳臂，当龙御，有古断纼之风。舒芬争近幸于前，持大礼于后，忠孝天植，作世斗山。嗟嗟！有臣如此，不能为止辇之受，而为断梗之弃。坐使臣则名成良显，君则冒贡非几。诗曰："谗人罔极，交乱四国。"不能不致恨于瑾等也。

（清）查继佐《罪惟录》·列传卷十·理学诸臣传·舒芬 舒芬，字国裳，江西进贤人。六岁授《孝经》、《论语》，了大义。七岁能诗。十三，献《驯雁赋》，郡守祝瀚大奇之。以正德丁卯乡试，卒业南雍。于先贤最喜濂溪，尝称之为中兴之圣。所著有《太极、通书释义》，又作《易笺问》七十余条、《书论》二十篇、《诗稗说》三十余条、《春秋疑义》三十余篇。丁丑，廷试第一人，授翰林修撰。

时孝贞皇后崩甫逾月，上欲他幸，以恭视山陵为名，且革一应摆路军马。芬连疏谓："天子释服之后，茕茕在疚，犹成王免丧朝庙之时也。且自古万乘之尊，非奔窜避难，安有轻身不严侍卫者？天子等威，莫大于车服，而下同庶人，甚非所以辨上下，定礼仪也。"乞终养疏五上，不允。己卯，车驾议以三月壬子警道东巡，祀岱宗，历徐、扬，抵南京，下苏州，溯江浮汉，登太岳，意遍中土繁丽。芬曰："此社稷安危之所系也。"疏先入留驾，有曰："亲王倡吴濞之计，大臣怀冯道之心，而陆完者以禄位为故物，以朝署为市廛，以陛下为奕棋，以革除年间事为故事。"复痛刺阁中，谓一切危亡之迹，将顺不救。会内廷相传，上接直谏，辄怒，举刀为刎颈状。芬复邀考功夏良胜、仪制万潮、太常陈九川，洒洒以誓曰："匹夫不可夺志，在此一举。"遂连疏入，时号"江西四君子"云。于是，诸臣并力谏。诏收黄巩等讯治，而芬等百八人于午门外伏跪。跪五日，未辰而入，终酉而退。跪毕，各杖三十。芬以疏首，创特甚，神色不爽。诸皆被谪，芬得福建市舶副提举。至任，讲学不倦，生徒日众。奔外艰，一循朱子家礼。

世宗即位，复原官，道济，谒先师，作《东观录》。昭圣慈寿皇太后圣诞，芬请命命妇行朝贺礼，有云："陛下于皇太后，虽欲疏之有不能者。"三疏致仕，不允；乞改选以便禄养，又不允。大礼仪起，芬执谓："为人后者为之子，不得顾私亲。"同诸臣恸哭于庙，皇帝震怒，杖如前，几死。内艰归。

生平酷好《周礼》，详加订正，作《五官序辨》五卷，《六官图释》一卷，《剔伪》一卷，既乃校定《正经》仍六卷，题曰《周礼定本》。又尝修《三礼书》，未就而卒。芬于天文尤精，观望星气，有占必应，虽同馆号知天文如黄佐者亦自以不及也。又言："钟律度量，所以治历明时，康节粗得大意，而不能建律运历。"又谓《太极图》亦则《河图》，与伏羲同功，不满先儒本于《易》之说，谓濂溪得斯道之正脉，而直责程正叔之外师。至于《周礼》一书，尝责："汉儒多附会之罪，宋儒乏表章之功，贾氏以《仪礼》为本，《周礼》为末，谬妄已甚，朱子乃不正之，是其所惑也。"视听言动，必准诸礼，不敢少失尺寸。忠谏两朝，先后一节。常悼异学之非，曰："空言无补，不若修其本以胜之。"因取周子"学圣有要"数语，书之座右。缁流羽客，悉毅然绝之，至于权幸奄宦，益不与通。初辞市舶，琉球人自长史金爵而下，莫不哀号追送。尝语人曰："士当爵禄不入于心，沟壑不忘于念。"

芬始生时，有士人泊舟空江，夜半闻"状元姓舒"四字。殁之前日，门生谌楠梦垂白帘，中有六字曰"忠孝状元止此"。易箦，大风雷电伐木，鸟巢覆，屋瓦飞，其警应如此。病中矩度，毫发不逾。沐浴，兴，与众揖别。家人跪请所欲，犹瞪目谓曰：

“六经大明于世，惟《周礼》未获表章，余生平精力，尽此书，惜未及进御为快。”

……

论曰：皆务“致良知”三字符者也，国裳以忠孝状元，砥于实行，举动光伟，坚持正义，似于师说尤详。而“修本以胜之”一语，绝不作霸气。其易箦时，与薛文清警应相似。孔韶白气贯天表，日中星荧荧，与二人风雷绕作，天之感其于仁与义何属？

（清）徐开任《明名臣言行录》卷五十四·修撰舒公芬 字国裳，进贤人。正德丁丑赐进士第一，授翰林修撰。谪广东市舶副提举。世宗诏复职，卒年四十四。

公幼岐嶷峭颖，异于凡儿。甫成童，入郡学，尝作《赤雁赋》，郡守奇其才，谓当魁天下。家贫清苦，不与人群。虽于书无所不读，实励志圣贤之学，不屑为博物洽闻之士。

正德丁丑，入对大庭，敷奏详赡，忠义奋发，赐进士第一，授翰林院修撰。时毅皇帝不时巡幸，孝贞皇后崩，上《隆圣孝疏》，谓：“三年之内当深居九重，无复外出，虽释服之后，俨然茕茕在疚，如成王免丧朝庙之时。”又谓：“自古万乘之尊非奔窜避难，未有轻身不严侍卫者。”既而，又上《车服疏》，谓：“天子等威莫大于车服，而下同于庶人，甚非所以辨上下，定礼仪也。”时虞有意外之变，故每疏之中三致意焉。

先是江西宸濠久蓄异谋，又结陆完、钱宁辈为内应，士大夫非忠义素定者，辄怀疑贰，以故一闻驾出，人情汹汹，皆以为天下事不可为矣。十五日早，疏先入，乞留驾，言甚激烈，有曰：“痛哭泣血，不忍为陛下言者，江右亲王倡吴濞之计，大臣怀冯道之心，陆完以禄位为故物，以朝署为市廛，以陛下为奕棋，以革除年间为故事。”复痛刺阁中，谓：“一切危亡之迹不苦言以救，而听主上之自酿。”时陆完出危言沮之，公乃邀考功夏良胜、仪制万潮、太常陈九川至寓舍，酌之酒，赞之曰：“匹夫不可夺志。”是夕，遂连疏入。明日，诸曹谏草相继而进，车驾不果出。下诸臣锦衣狱，命跪午门外五日。复褫衣廷杖，公以疏首，杖特甚，神色不异，惟口呼高祖之灵冀以感动上心。是日，水溢内海子四五尺，冲折铁槛大柱七，若斩。杖毕，几毙，卧院中，掌院者惧祸，使人摽出之。公屹不为动，曰：“吾官于此，当死于此。”遂谪福建市舶副提举，即裹疮就道，或劝俟病痊，公曰：“死自吾分，敢少留耶！”君子谓公此举振士气，沮奸谋，植风化，实大有功于世教也。

世宗即位，诏复公修撰。甲申春，昭圣皇太后圣旦节，上《乞命命妇朝贺疏》，谓：“皇太后奉陛下宗社大计，而陛下承继大统，观夫成王周公仪礼经文与我太祖制服之意，则是陛下于皇太后虽欲疏之有不能者，是宜率天下欢心以事其亲，而不可使皇太后之凄凉也。”

会议大礼，公执议谓：“为人后者为之子，不得顾私亲。”疏凡三上，固争不得，乃率朝绅恸哭于朝，上震怒，杖如前，几毙。

公生平清苦，家徒四壁立，读书治事暇，端居终日，未尝昼寝，夜必计过自讼。尝曰：“心术与学术相符，怀居与怀利相因，怠胜敬，欲胜义，则心死矣，何谓学乎？”

盖悼时学弊也。又尝言："历象，古太史职也。中星以日为主，七政以岁为主。钟律度量，所以治历也。欲建律造历，必也周官乎，观《周礼》大司乐而律历备矣。"与朋友相劘切，无几微矫饰，尤善成就后学，尝语之曰："士当爵禄不入于心，沟壑不忘于念。"识者韪之。

临终，沐浴，与众揖别，长子泣问家事，不答，跪请所欲，乃瞪目谓曰："六经大明于世，惟《周礼》未获表章，余生平精力尽在此书，第未及进御为歉耳。"言毕而逝。所著有《梓溪集》，编辑《周礼定本》。

（清）沈佳《明儒言行录续编》卷二·舒芬 字国裳，江西进贤人。正德丁丑进士第一。仕至翰林修撰。

公幼岐嶷峭颖，异凡儿。甫成童，入郡学，尝作《赤雁赋》，郡守奇其才，谓当魁天下。家贫清苦，不与人群，虽于书无所不读，实励圣贤之学，不屑为博物洽闻之士。入对大廷，敷奏详赡，忠义奋发，赐状元及第，授翰林修撰。(《名臣录》)

时武宗不时巡幸，公忧之。戊寅春二月，孝贞皇后崩。逾月，即欲往视山陵，又革一应仪卫，公度其且至宣府，遂上《隆圣孝疏》，谓："三年之内当深居九重，无复外出，虽释服之后，俨然茕茕在疚，如成王免丧朝庙之时。"既而又上《车服疏》，谓："天子等威莫大于车服，而下同于庶人，甚非所以辨上下，定礼仪也。"时虞有意外之变故，每疏之中三致意焉。遂乞恩终养，凡五上疏，不允。

己卯春，车驾议南巡。先是江西宸濠久蓄异谋，又结陆完、钱宁辈为内应，都下人情，汹汹危惧。公乃慷慨曰："车驾出，必不利，此社稷安危之所系也。"约诸同志上疏乞留驾，言甚激烈，有"亲王倡吴濞之计，大臣怀冯道之心"。复痛刺阁中，谓："一切危亡之迹不苦言以救，而听主上之自坏。"时陆完出危言以沮之，公邀考功夏良胜、仪制万潮、太常陈九川举酒酹曰："匹夫不可夺志，吾辈乃为大臣所夺乎?"遂连疏以入，时号"江西四君子"。已而，部院寺属诸僚亦各上疏，上大怒，车驾不果出。下诸臣锦衣狱，命跪午门外五日，未辰而入，终酉而退。公严整不异平时，复褫衣廷杖，公以疏首杖特甚，神色不异，唯口呼高庙之灵冀以感动上心。杖毕，几毙，裹疮卧院中，掌院者惧祸，使人摽出之。公屹不为动，曰："吾官于此，当死于此。"遂谪福建市舶副提举。即日就道，或劝俟痊，曰："死吾分也，敢少留耶!"时死杖下者十有一人。(《名臣录》)

既至闽，布德宣威，远人心服。暇则讲学不倦，生徒日众。初，罗一峰劾大臣，遭丧，起复，亦谪此官。比公归，闽人宗其道德风节，乃立祠以祀二公云。

未几，宸濠果反。公时以外艰归，而乡多濠党，抄掠不已，有请避之，公泣曰："父柩在堂，避将焉往?"坚卧苫块中，不为动。(《理学名贤录》)

世宗初，诏起公，复官修撰。会议兴献王礼，公疏凡三上，伏阙待罪，再杖于廷。明年，丁内艰，疾作，卒。所著有《梓溪集》。

平生酷好《周礼》，详加订正，作《五官序辨》五卷，《六官图释》一卷，《剔伪》

一卷，既乃校定《正经》六卷，共十三卷，题曰《周礼定本》，于五经尝疏论数万言，阐其微旨，大抵皆有功于圣门。

幼以圣贤自期，尝悼异学之谬曰："空言无补，不若修其本以胜之。"因取周子"学圣有要"数语书之座右，顾而力行之曰："此可溯洙泗之源矣。"最喜濂溪，尝称为中兴之圣，因著《太极释义》、《通书释义》，又作《易笺问》七十余条，一时深于理学者无不推服焉。居常温凊定省，出于诚笃，比列侍从，即委身于国曰："此太史公教也。"至于以犯颜廷诤为说亲之实，以不愧屋漏为无忝所生之实。凡宗社大计如谏南巡之类，纲常大体如议大礼之类，勤勤恳恳，必要诸大道，而不敢以末世苟且之说杂焉。通籍十年，义气激发，谏而杖，杖而窜，又复谏，又复杖，而绝无一毫得失之心，死生利害之念。与朋友相劘切，无几微矫饰，尤喜成就后学，与之讲论事理，惓惓于心术之正，尝语曰："士当爵禄不入于心，沟壑不忘于念。"

平生不事生业，家无立壁。巡按御史储良材为小筑省城，以居其妻孥。(《言行略》)

公始生，士人泊舟野江，夜半闻曰："状元姓舒。"没之前夕，门生谌柟梦垂白帘，中有六字："忠孝状元止此。"没之夕，大风雷电伐木，鸟巢覆屋，其关系如此。

泰泉黄佐序公文集曰："江右大魁，惟一峰以道鸣世，先生实继之。其策名清时同，令德荣问同，官止修撰、抱道而终又同。虽侪之伊洛诸贤可也，夫岂徒以文传者哉？于天文尤精，每言：'历象，古太史职也。中星以日为主，七政以岁为主。'凡盈虚朓朒、伏逆迟留，如指诸掌，观望星气，占则必应，佐勿能及也。"又曰："先生之为人也，其死忠勇，其孝感诚，其从善敏，其自治严，其禔身洁，其处贫乐，故能合内外，贯天人。名理如程朱，诗文如韩欧，而多所自得。然则，先生进退存亡，其为天下国家所关系，岂细故哉。"

佳按，先生风节高天下，而其集中有议程正公语，岂其于穷理之学有未至欤！

时方尊王守仁之学，公曰："必穷天地之高厚，必参百王之宪章，必极礼乐之中和，语鬼神之情状，与夫万变之所以应，万物之所以名，然后可谓之道。问学，此则有不可伪为者矣。今才智之士，饰虚声，鼓后进，则尊德性之说，易掩覆也。党陆者特窃其末节，异朱者未睹其大全，非心为道者也。"

公兼知天文，晓音律。香山黄佐尝与陵阳梅百一论"武王伐殷，岁在鹑火"，通考象纬不载，因推步之，岁自鸟帑旅于龙首，我圣祖殄平为汉，丁未改元，星纪吴分也。壬午靖难，析木燕分也。福德所在，其应如响。百一叹曰："向见舒国裳亦论及此。"其后，佐入史馆见公，握手曰："识公于梅百一久矣。"自是过从甚欢，公语佐曰："心术、学术，相符者也。怀居、怀利，相因者也。怠胜敬，欲胜义，则其心死，其学伪。吾侪格君，其豫在是。"佐恒衣其德言，复言："钟律度量，所以治历明时。邵康节粗得大意，而不能建律运历，将举礼乐必也周官乎，观大司乐则历律备矣。"佐深韪焉。(《名山藏》)

（清）黄宗羲《明儒学案》卷五十三·诸儒学案下一·文节舒梓溪先生芬 舒芬，字国裳，号梓溪，江西进贤人。正德丁丑进士第一人。授翰林修撰。孝贞太皇太后崩，上假视山陵之名，将微行宣府。先生上疏，谓谅暗之内，当深居九重，无复外出。孝贞主入，先生又言当从午门，不当从长安门。以《春秋》“公薨书地不书地”之法求之，则孝贞有不得正终之疑矣。己卯，上欲南巡，先生率同院诸公连名入谏。上怒，令跪门五日，杖三十，谪福建市舶副提举。嘉靖初，复原官。大礼议起，先生执为人后者为之子，不得顾私亲，三疏争之不得，乃偕同谏者哭于武庙。上震怒，杖如前。明年，母丧归。丁亥三月卒，年四十四。万历中，赠左谕德，谥文节。

先生以濂溪得斯道之正脉，故于《太极图说》为之绎义。然视太极若为一物，岐阴阳而二之，所以有天之太极，人之太极，物之太极，盖不胜其支离矣。于是将夫子之所谓习相远者，俱误认作性，以为韩子三品之论，言性庶为近之，是未窥濂溪之室者也。先生曾请文成书“拱把桐梓”一章，文成书至“至于身而不知所以养之者”，顾先生而笑曰：“国裳读书，中过状元来，岂诚不知身之所以当养，还须读此乎？”

周海门遂言，庚辰先生见文成于南昌，与论乐之元声，跃然起拜，称弟子。按，先生答周汝和书云：“阳明盛心，欲稍进生高明之域，固所卒愿，第今为罪斥人，而千里往返无忌，似忘悔惧，在生虽满朝闻之愿，而或累于阳明，则不能不虑及也。”此是先生官市舶闽中书也。先生以己卯入闽，至次年九月以父忧始归，计庚辰卒，岁在哀毁之中，无见文成之理。若九月以前，则先生之书可据。庚辰之见，真为乌有。逮至辛巳秋，文成居越，随即居忧。丁亥九月，文成出山，而先生已于三月不禄矣。其非弟子可知。仲尼之门，考以四科，回、赐之徒，不称官阀。一状元，何足以重文成，而必欲牵引之乎？

太极绎义 濂溪、考亭皆吾道正统，而为天地之心者，病儒者不知明体适用，为圣贤之学。故濂溪建图发主静之说，而考亭于图解，亦便以阴阳动静分体用，盖亦本乎主静之说，欲人求之未发之中，以立太极之体耳。试以吾儒体用论之，正心诚意，所以立极治国平天下，所以致用。王道之大，一天德之纯也。伊尹之事业本颜渊之学问也。方其本体时，亦必读书穷理，致知格物，孜孜焉而有所事，非一于默坐静斋也，然自是静底事。及其致用时，亦必笃恭庄莅，论道经邦，休休焉而无所事，非一于鞅掌奔走也，然自是动底事。由是言体无不静，用无不动，而阴静为太极之体，阳动为太极之用，昭昭矣。若不以太极言，则动为阳之体，静为阴之体，如《论语》“知者动，仁者静”，注云“动静以体言”是也，若并以五行言，则动为阳之用，静为阴之用，如图说阳变阴合而生水火木金土是也。故也“动静无端”，又曰“体用一原”，学者不可不察。

夫太极不离乎阴阳五行之中，则亦有质有气之可接矣，穷其本原，所以妙二五而无不在者，乃天道之至微，而气泥于质，虽声臭亦不可得而接也，岂非性之本体哉？

人之生者曰理，曰气，曰质，曰数，四者而已。性之善恶出乎理，神之清浊出乎气，才之优劣出乎质，寿之短长出乎数，四者同出于太极。若未始有四也，然相为乘除，而推荡不齐，人之生遂因以异。是又未始无四也。理出于无极，理无不善，气动于阴阳，则阳一气，而阴二气（以奇偶言）也。

此气有正偏，而理因之有全缺，生之所受，有不同也。是何也？以形相禅也，故子之子，不必肖父，女之女，不必肖母，诚以阳同而阴不同也。子必感于父，女必应于婿，子感于妇，则甥乌必其如舅？孙乌必其如祖哉？

自太极而论人，则人性宜无不善。自乾男坤女而论太极，则太极万有不同。又自物而论太极，则与人、太极又相远矣。是何也？太极形而上者，人物形而下者也。人又人，物又物，所谓源远而末益分，其终乌得不稍异？或譬之嘉谷之为种也，一岁而有秕粒焉，再岁而色粟异焉，再岁而形味或且异焉，虽其中之美者，固自若也。执其秕粒白穗赤粟，告人曰："是非此种也，孰信之哉？"则知始同终异，虽以造化之工，其势亦必至此。况乎男女之形化，信其理气之自成者哉？

问"水生木而水无所亏，木生火而木遂以灭"，曰："水之生木以气，气则屈伸往来之无穷，故气至而木荣，气返而木枯。木之生火以体，体则一定而不可损益，故体盛而火亦盛，体微而火亦微。体燥则近于火性，故其焰燃；体润则犹存水性，故其焰郁。体存而火存，体灭而火灭矣。或曰水智也，智者行其所无事，木仁也，仁者不自私己，故能杀身以成天下之事。或曰水假土以生，木不自用而取诸人也。木不假物而自用，是以劳身焦思而至于毙也。故孔子以木为近仁，必示以好仁不好学，其蔽也愚，然则天下之善事，岂一人之才所能办哉？知乎此，则知所以主静立极矣。"

问"儒者皆言火生土，土生金"，曰："土之体，博厚无疆，非火所能生。今湖荡之中，或浮沙成洲，平地之上，或积壤成丘，火何所用其力耶？但火之精气行于地中，土因是而成金，故金之明在内，则金乃火之所生，土之所成也。"

孟子之言性善，指仁义礼智而言者也。仁义礼智，乌有不善？但以人之禀受言之，则或全或缺，或有此而无彼，如"仁者见之谓之仁，知者见之谓之知"之类，此韩子性有三品之说，优于荀、杨，然自予言之，虽谓性有万品可也，岂特三品而已哉！

以五行之生言之，则金生于火也，火性烈而金性刚；木生于水也，水性缓而木性柔，此则一理之赋，所谓性相近也。然水行也而向于下，木止也而向于上，火散也而向于无，金遒也而向于有，此则土之所为，所谓气禀之拘也。

气以理行，故理之在天者，若有知觉，在人为此心之灵也。圣人有教以觉庸愚，谓之"为天地立心，为生民立命"者以此。

人心最灵，是心即太极也。心之动便有善恶万殊，则太极之流行赋予于人者，又安得而尽同耶？

天之太极主乎动，圣人之太极主乎静，所谓动而生阳，动极而静，静而生阴，静极复动者。盖复者还其旧之谓也，以见太极原只是动，又谓阳变阴合，又谓五气布四时行，曰变，曰合，曰布，曰行，皆是动，故考亭之解曰："太极之有动静，是天命之有流行也。"盖亦有以识之矣。《易》曰："天行健。"《诗》曰："维天之命，于穆不已。"则是阴阳之运，岂有一息之停哉？虽曰动极而静，亦不过如程子所言翕聚耳。子在川上曰："逝者如斯夫！不舍昼夜。"其旨深哉！

问："小人悖之，是庶民乎？是学者乎？"曰："是学者。如孔子之所谓佞人，孟子所谓乡愿，《大学》之闲居，《中庸》之无忌惮，皆是也。若夫庶民盗贼之违理犯义，则非其性之滋伪，由于上之人不能立极，使之无道，而教之无素也。《书》曰：'惟皇上帝，降衷于下民，若有恒性，克绥厥猷惟后。'荀卿子曰：'天下有道，盗贼其先变乎？'由是推之，则知庶民之违礼，盗贼之犯义，特以极之不立耳，非庶民盗贼之罪也。"

（清）徐乾学等《明史》卷四十八·舒芬 舒芬，字国裳，进贤人。年十二，献《驯雁赋》于知府祝瀚，遂知名。正德十二年，举进士第一，授修撰。

时武宗数微行，畋游无度。其明年，孝贞皇后崩甫逾月，欲幸宣府，托言往视山陵，罢沿道兵卫。芬上言："陛下三年之内，当深居不出，虽释服之后，固俨然茕疚也。且自古万乘之重，非奔窜逃匿，未有不严侍卫者。又等威莫大于车服，以天子之尊下同庶人，舍大辂衮冕而羸车亵服是御，非所以辨上下，定礼仪。"不听。

孝贞山陵毕，迎主祔庙，自长安门入。芬又言："孝贞皇后作配茂陵，未闻失德。祖宗之制，既葬迎主，必入正门。昨孝贞之主，顾从陛下驾由旁门入，他日史臣书之曰'六月己丑，车驾至，自山陵迎孝贞纯皇后主入长安门'，将使孝贞有不得正终之嫌，其何以解于天下后世？昨祔庙之夕，疾风迅雷甚雨，意者圣祖列宗及孝贞皇后之灵，儆告陛下也。陛下宜即明诏中外，以示改过。"不报。遂乞归养，不许。

又明年三月，帝议南巡。时宁王宸濠久蓄异谋，与近幸相结，人情惶惧。言官伏阙谏，忤旨被责让。芬忧之，与吏部员外郎夏良胜、礼部主事万潮、庶吉士汪应轸要诸曹连章入谏，众许诺。芬遂偕编修崔桐，庶吉士江晖、王廷陈、马汝骥、曹嘉及应轸上疏曰：

"古帝王所以巡狩者，协律度，同量衡，访遗老，问疾苦，黜陟幽明，式序在位，是以诸侯畏焉，百姓安焉。若陛下之出，不过如秦皇、汉武，侈心为乐而已，非能行巡狩之礼者也。博浪、柏谷，其祸亦可鉴矣。近者西北再巡，六师不摄，四民告病。哀痛之声，上彻苍旻，传播四方，人心震动，故一闻南巡诏书，皆鸟惊兽散。而有司方以迎奉为名，征发严急，江、淮之间萧然烦费。万一不逞之徒，乘势倡乱，为祸非细。且陛下以镇国公自命，苟至亲王国境，或据勋臣之礼以待陛下，将北向朝之乎，抑南面受其朝乎？假令循名责实，深求悖谬之端，则左右宠幸无死所矣。尚有事堪痛哭不忍言者，宗籓蓄刘濞之衅，大臣怀冯道之心，以禄位为故物，以朝署为市廛，以陛下为弈棋，以革除年间为故事。特左右宠幸知术短浅，无能以此言告陛下耳。使陛下得闻此言，虽禁门之外，亦将警跸而出，尚敢轻骑慢游哉？"

疏入，陆完迎谓曰："上闻有谏者辄恚，欲自引决。诸君且休，勿归过君上，沽直名。"芬等不应而出。有顷，良胜、潮过芬，扼腕恨完，芬因邀博士陈九川至，酌之酒，曰："匹夫不可夺志，君辈可遂已乎？"其夕，三人共宿芬所议定，遂偕诸曹连疏入。帝大怒，命跪阙下五日，期满，复杖之三十。芬创甚，几毙，舁至翰林院中。掌院者惧得罪，命摽出之，芬曰："吾官此，即死此耳。"竟谪福建市舶副提举，裹创就道。

世宗即位，召复故官。嘉靖三年春，昭圣太后寿旦，诏免诸命妇朝贺。芬言："前者兴国太后令旦，命妇朝贺如仪。今遇皇太后寿节，忽行传免，恐失轻重之宜。乞收成命，以彰圣孝。"帝怒，夺俸三月。时帝欲尊崇本生，芬偕其僚连章极谏。及张璁、桂萼、方献夫骤擢学士，芬及同官杨维聪、编修王思羞与同列，拜疏乞罢。未几，复偕同官杨慎等伏左顺门哭争。帝怒，下狱，廷杖，夺俸如初。旋遭母丧归，卒于家，年四十四。世称"忠孝状元"。

芬丰神玉立，负气峻厉，端居竟日无倦容，夜则计过自讼，以倡明绝学为己任。其学贯串诸经，兼通天文律历，而尤精于《周礼》。尝曰："《周礼》视《仪礼》、《礼记》，犹蜀之视吴、魏也。贾氏谓《仪礼》为本，《周礼》为末，妄矣。朱子不加是正，何也?"疾革，其子请所言，惟以未及表章《周礼》为恨。学者称"梓溪先生"。万历中，追谥文节。先是，修撰罗伦以谏谪福建提举，逾六十年而芬继之。与伦同乡同官，所谪地与官又同，福建士大夫遂祀芬配伦云。

（清）张豫章等《御选明诗》姓名爵里三·诸家姓名爵里　舒芬（字国裳，进贤人。正德丁丑，赐进士第一。授翰林修撰，谪福建盐课司副提举。有《梓溪集》）。

（清）王鸿绪等《明史稿》卷一百六十二·列传第五十七·舒芬　舒芬，字国裳，进贤人。年十二，献《驯雁赋》于知府祝瀚，遂知名。正德十二年，举进士第一，授修撰。

时武宗数微行，畋游无度。其明年，孝贞皇后崩甫逾月，欲幸宣府。托言往视山陵，罢沿道兵卫，芬上言："陛下三年之内当深居不出，虽释服之后，固俨然茕疚也。且自古万乘之重，非奔窜逃匿，未有不严侍卫者。又等威莫大于车服，以天子之尊下同庶人，舍大辂衮冕而羸车亵服是御，非所以辨上下，定礼义。"不听。

孝贞山陵毕，迎主祔庙，自长安门入，芬又言："孝贞皇后作配茂陵，未闻失德。祖宗之制，既葬迎主，必入正门。昨孝贞之主，顾从陛下驾由旁门入，他日史臣书之曰'六月己丑，车驾至，自山陵迎孝贞纯皇后主入长安门'，将使孝贞有不得正终之嫌，其何以解于天下后世? 昨祔庙之夕，疾风迅雷甚雨，意者圣祖列宗及孝贞皇后之灵，儆告陛下也。陛下宜即明诏中外，以示改过。"不报。遂乞归养，不许。

又明年三月，帝议南巡。时宁王宸濠久蓄异谋，与近幸相结，人情惶惧。言官伏阙谏，忤旨被责让。芬忧之，与吏部员外郎夏良胜、礼部主事万潮、庶吉士汪应轸要诸曹连章入谏，众许诺。芬遂偕编修崔桐，庶吉士江晖、王廷陈、马汝骥、曹嘉及应轸上疏曰：

"古帝王所以巡狩者，协律度，同量衡，访遗老，问疾苦，黜陟幽明，式序在位，是以诸侯畏焉，百姓安焉。若陛下之出，不过如秦皇、汉武，侈心为乐而已，非能行巡狩之礼者也。博浪、柏谷，其祸亦可鉴矣。近者西北再巡，六师不摄，四民告病。哀痛之声，上彻苍昊，传播四方，人心震动。故一闻南巡诏书，皆鸟惊兽散。而有司方以迎奉为名，征发严急，江、淮之间，萧然烦费。万一不逞之徒，乘势倡乱，为祸非细。且陛下以镇国公自命，苟至亲王国境，或据勋臣之礼以待陛下，将北向朝之乎，抑南面受其朝乎？假令循名责实，深求悖谬之端，则左右宠幸无死所矣。尚有事堪痛哭不忍言者，宗籓蓄刘濞之衅，大臣怀冯道之心，以禄位为故物，以朝署为市廛，以陛下为奕棋，以革除年间为故事。特左右宠幸知术短浅，无能以此言告陛下耳。使陛下得闻此言，虽禁门之外，亦将警跸而出，尚敢轻骑慢游哉？”

疏入，陆完迎谓曰：“上闻有谏者辄恚，欲自引决。诸君且休，勿归过君上，沽直名。”芬等不应而出。有顷，良胜、潮过芬，扼腕恨完。芬因邀博士陈九川至，酌之酒曰：“匹夫不可夺志，君辈可遂已乎？”其夕，三人共宿芬所议定，遂偕诸曹连疏入。帝大怒，命跪阙下五日，期满，复杖之三十。芬创甚，几毙，舁至翰林院中。掌院者惧得罪，命摽出之，芬曰：“吾官此，即死此耳。”竟谪福建市舶副提举，裹创就道。

世宗即位，召复故官。嘉靖三年春，昭圣太后寿旦，诏免诸命妇朝贺，芬言：“前者兴国太后令旦，命妇朝贺如仪。今遇皇太后寿节，忽行传免，恐失轻重之宜，乞收成命，以彰圣孝。”帝怒，夺俸三月。时帝欲尊崇本生，芬偕其僚连章极谏，及张璁、桂萼、方献夫骤擢学士，芬及同官杨维聪、编修王思羞与同列，拜疏乞罢。未几，复偕同官杨慎等伏左顺门哭争。帝怒，下狱，廷杖，夺俸如初。旋遭母丧归，卒于家，年四十四。世称“忠孝状元”。

芬丰神玉立，负气峻厉，端居竟日无倦容，夜则计过自讼，以倡明绝学为己任。其学贯串诸经，兼通天文律历，而尤精于《周礼》，尝曰：“《周礼》视《仪礼》、《礼记》，犹蜀之视吴、魏也。贾氏谓《仪礼》为本，《周礼》为末，妄矣。朱子不加是正，何也？”疾革，其子请所言，惟以未及表章《周礼》为恨，学者称“梓溪先生”。万历中，追谥文节。先是，修撰罗伦以谏谪福建提举，逾六十年而芬继之。与伦同乡同官，所谪地与官又同，福建士大夫遂祀芬配伦云。

（清）陶成等《江西通志》卷六十八·人物三·南昌府三·明 舒芬，字国裳，进贤人。正德十二年进士第一，授修撰。时武宗数微行，畋游无度。其明年，孝贞皇后崩甫逾月，欲幸宣府，托言往视山陵，罢沿道兵卫。芬累章切谏，不报，乞归养，不许。又明年三月，帝议南巡，时宁王宸濠久蓄异谋，与近幸相结，人情惶惧，言官伏阙谏，忤旨被责让。芬忧之，与夏良胜、万潮、汪应轸连章入谏。又偕编修崔桐、庶吉士江晖、王廷臣、马汝骥、曹嘉等合疏谓：“陛下之出，不过如秦皇、汉武，侈心为乐而已，非能行巡狩之礼者也。博浪、柏人，其祸亦可鉴矣。尚有事堪痛哭不忍言者，宗藩蓄刘濞之衅，大臣怀冯道之心，以禄位为故物，以朝署为市廛，以陛下为弈棋，以革除年间为故事。特左右宠幸知术短浅，无能以此言告陛下耳。使陛下得闻此言，虽禁门之外，亦将警跸而出，尚敢轻骑慢游哉！”疏入，帝大怒，命跪阙下五日，期满，复杖之三十，几毙。嘉靖初年，帝欲尊崇本生，芬偕其僚连章极谏。及张璁、桂萼、方献夫骤擢学士，芬及同官杨维聪、编修王思羞与同列，拜疏乞罢。未几，复偕同官杨慎等伏左顺门哭争，帝怒，下廷杖，夺俸如初。旋遭母丧归，卒于家，年四十四。世称“忠孝状元”，学者称梓溪先生。万历中，追谥文节。先是，修撰罗伦以谏谪福建提举，逾六十年而芬继之，与伦同乡同官，所谪地与官又同，福建士大夫遂祀芬配伦云。（《白志》）

（清）张廷玉等《明史》卷一百七十九·列传第六十七·舒芬 舒芬，字国裳，进贤人。年十二，献《驯雁赋》于知府祝瀚，遂知名。正德十二年举进士第一，授修撰。

时武宗数微行，畋游无度。其明年，孝贞皇后崩甫逾月，欲幸宣府。托言往视山陵，罢沿道兵卫。芬上言：“陛下三年之内当深居不出，虽释服之后，固俨然茕疚也。且自古万乘之重，非奔窜逃匿，未有不严侍卫者。又等威莫大于车服，以天子之尊下同庶人，舍大辂衮冕而羸车亵服是御，非所以辨上下，定礼仪。”不听。

孝贞山陵毕，迎主祔庙，自长安门入。芬又言：“孝贞皇后作配茂陵，未闻失德。祖宗之制，既葬迎主，必入正门。昨孝贞之主，顾从陛下驾由旁门入，他日史臣书之曰‘六月己丑，车驾至，自山陵迎孝贞纯皇后主入长安门’，将使孝贞有不得正终之嫌，其何以解于天下后世？昨祔庙之夕，疾风迅雷甚雨，意者圣祖列宗及孝贞皇后之灵，儆告陛下也。陛下宜即明诏中外，以示改过。”不报。遂乞归养，不许。

又明年三月，帝议南巡。时宁王宸濠久蓄异谋，与近幸相结，人情惶惧。言官伏阙谏，忤旨被责让。芬忧之，与吏部员外郎夏良胜、礼部主事万潮、庶吉士汪应轸要诸曹连章入谏，众许诺。芬遂偕编修崔桐，庶吉士江晖、王廷陈、马汝骥、曹嘉及应轸上疏曰：

“古帝王所以巡狩者，协律度，同量衡，访遗老，问疾苦，黜陟幽明，式序在位，是以诸侯畏焉，百姓安焉。若陛下之出，不过如秦皇、汉武，侈心为乐而已，非能行巡狩之礼者也。博浪、柏谷，其祸亦可鉴矣。近者西北再巡，六师不摄，四民告病。哀痛之声，上彻苍昊，传播四方，人心震动。故一闻南巡诏书，皆鸟惊兽散。而有司方以迎奉为名，征发严急，江、淮之间，萧然烦费。万一不逞之徒，乘势倡乱，为祸非细。且陛下以镇国公自命，苟至亲王国境，或据勋臣之礼以待陛下，将北向朝之乎，抑南面受其朝乎？假令循名责实，深求悖谬之端，则左右宠幸无死所矣。尚有事堪痛哭不忍言者，宗藩蓄刘濞之衅，大臣怀冯道之心，以禄位为故物，以朝署为市廛，以陛下为弈棋，以革除年间为故事。特左右宠幸知术短浅，无能以此言告陛下耳。使陛下得闻此言，虽禁门之外，亦将警跸而出，尚敢轻骑慢游哉？”

疏入，陆完迎谓曰：“上闻有谏者辄恚，欲自引决。诸君且休，勿归过君上，沽直名。”芬等不应而出。有顷，良胜、潮过芬，扼腕恨完。芬因邀博士陈九川至，酌之酒曰：“匹夫不可夺志，君辈可遂已乎？”明日遂偕诸曹连疏入。帝大怒，命跪阙下五日，期满，复杖之三十。芬创甚，几毙，舁至翰林院中。掌院者惧得罪，命摽出之，芬曰：“吾官此，即死此耳。”竟谪福建市舶副提举，裹创就道。

世宗即位，召复故官。嘉靖三年春，昭圣太后寿旦，诏免诸命妇朝贺。芬言：“前者兴国太后令旦，命妇朝贺如仪。今遇皇太后寿节，忽行传免，恐失轻重之宜。乞收成命，以彰圣孝。”帝怒，夺俸三月。时帝欲尊崇本生，芬偕其僚连章极谏。及张璁、桂萼、方献夫骤擢学士，芬及同官杨维聪、编修王思羞与同列，拜疏乞罢。未几，复偕同官杨慎等伏左顺门哭争。帝怒，下狱，廷杖，夺俸如初。旋遭母丧归，卒于家，年四十四。世称“忠孝状元”。

芬丰神玉立，负气峻厉，端居竟日无倦容，夜则计过自讼，以倡明绝学为己任。其学贯串诸经，兼通天文律历，而尤精于《周礼》。尝曰：“《周礼》视《仪礼》、《礼记》，犹蜀之视吴、魏也。贾氏谓《仪礼》为本，《周礼》为末，妄矣。朱子不加是正，何也?”疾革，其子请所言，惟以未及表章《周礼》为恨。学者称“梓溪先生”。万历中，追谥文节。先是，修撰罗伦以谏谪福建提举，逾六十年而芬继之。与伦同乡同官，所谪地与官又同，福建士大夫遂祀芬配伦云。

……

赞曰：……舒芬危言耸切，有爰盎揽辔之风。

（清）和珅等《钦定大清一统志》卷二百三十九·南昌府二·人物·明 舒芬（字国裳，进贤人。正德十二年进士第一，授修撰。时武宗数微行，芬疏谏不报。及议南巡，复偕编修崔桐等上疏极谏，帝怒，命跪阙下五日，杖三十，谪福建市舶副提举。世宗即位，召复故官。帝欲尊崇本生，芬偕其僚连章极谏，寻与同官杨慎等伏左顺门哭争，帝怒，下廷杖，旋遭母丧归，卒。芬负气峻厉，以倡明绝学为己任，贯串诸经，尤精于《周礼》，学者称梓溪先生。万历中，追谥文节）。

科　第

（一）乡试

（清）陶成等《江西通志》卷五十四·选举六·明·正德二年丁卯乡试 舒芬（进贤人）。

（二）会试、殿试

（明）张朝瑞《皇明贡举考》卷六 （正德十二年）三月十五日，临策天下贡士。制曰：朕惟羲农以下之事见于经，秦汉以来之事见于史。见于经者，皆圣贤为治之迹；见于史者，亦当时君臣相与随时而成治者也。然儒先君子之论，则曰帝王以道治天下，后世只以法把持之而已。信斯言也，岂帝王之治一以道而不以法，后世之治一以法而不以道欤？自今观之，如画野分州，设官分职，明礼乐，兴学校，正律历，秩祭祀，均田赋，通泉货，公选举，严考课，立兵制，慎刑罚，则帝王之治天下固未尝不以法也。天性明达，宽仁长者；躬修玄默，以德化民；恢廓大度，同符高祖；事从宽厚，文以礼乐；畏义好贤，力于为善；聪明果决，得于天性；宽仁多恕，心无邪曲；恭俭仁恕，忠厚恻怛，则后世贤君之治天下，亦未尝不各有其道也。然则儒先之论，殆亦有不足尽信者欤？洪惟我太祖高皇帝创业垂统，治定功成，圣子神孙，万代如见。其治道之高明，治法之弘远，直可以等帝王而上之矣。然而帝王庙祀立于京师，自昔忠良多与配享，虽以胜国之世祖，而亦获秩祀焉。岂非以后世之英君谊辟，其政治亦犹有可取者欤？朕膺天眷命，嗣守鸿业，临政愿治，盖十有三年于兹矣。然远师帝王之道，而望道犹有所未见；近守祖宗之法，而行法犹有所未逮。其故安在？子大夫积学待问久矣，其为朕据经史，兼本末，详著于篇，朕将采而用之，以资于治焉。

时廷试之士三百四十九人，赐舒芬等进士及第出身有差。芬虽于书无所不读，实励志圣贤之学，端居终日，夜必记过自讼。其为文志气涣发，理道畅达。己卯，以首谏南巡，杖，调福建市船副提举。辛巳，复职修撰。甲申，议大礼，再杖于廷。乙酉，卒。所著有《梓溪集》。今配享罗一峰祠。……

第一甲三名赐进士及第：舒芬，江西进贤县。……

(明）舒芬《殿试策》 臣对：臣闻天下无法外之治，帝王无道外之法。盖道者，出治之本，法之体也。法者，为治之具，道之用也。使道有未纯，则所以立法者，又必不精，利必不尽，虽能行于一时，而不可垂于万世。法有未善，则所以为治者，化必不洽，泽必不周，虽或致夫小康，而终不足以望雍熙泰和之盛。故论治而谓不以法，非知治者也。论法而谓不以道，非知法者也。古之帝王全于躬行心得者，既有以建天下之极，见于典章制度者，又有以尽天下之情。故功业之盛，上下与天地同流，而非后世之所能及也。秦汉以来，非不有法也，类皆小补罅漏，而不知先王立法之原。亦非不有道也，乃其天资偶合，而不闻先王大道之要，尚何望其治效如古昔之隆也哉！然则治之不能外法，法之不能外道，盖有确乎其不可易者矣。

恭惟皇帝陛下笃于求道，审于行法，勤于致治，践祚以来，尝三亲策多士矣。始之以法天法祖，盖笃于求道之心也。继之以文武兵农，盖审于行法之心也。又继之以《大学衍义》之问，盖勤于致治之心也。兹于万几之暇，复进臣等于廷，兼是三者之心，俯赐策问，拳拳焉若有所不足，而欲益臻其极者。臣虽愚陋，敢不对扬休命于万一乎？

臣闻羲农治之极也，尧舜道之至也，三代法之备也。言法极则法之善可知，言法备则道之纯可知。故孔子系《易》，始于伏羲，则十三卦之制器利用，以法而存乎道也。序书断自唐虞，则二典之所载时雍风动，以治而形乎法也。删诗而备于文武，则《天保》以上治内，《采薇》以下治外，是又以道而显设之于法也。子思曰：仲尼祖述尧舜，宪章文武。朱熹释之曰：祖述者，远宗其道。宪章者，近守其法。岂尧舜不足于法，而文武犹病于道邪？盖举道则法以著，举法则道以存。故朱熹又曰：皆兼内外该本末而言也。由是言之，道与法非判然二物也，明矣。圣制以为儒先君子之论则曰：帝王以道治天下，后世只以法把持之而已。信斯言也，岂帝王之治一以道而不以法，后世之治一以法而不以道欤？圣虑深远，臣愚何足以知之。然窃惟帝王之与后世，其为道不同，而其为法亦异。帝王道足以创法，法足以善治，故专谓之道，盖道即法之所从出也。后世之于道，或偏而未全，或驳而未纯，则其所恃以为治者，独法而已，故专谓之法，盖法始有不本于道者矣。

请因圣制所及，以凡经史所载道与法者，敬详陈之。圣人理天下，使物各得其所为极至，故其尽制曲防莫非美意存焉。今举其大者，若黄帝之画野分州，舜肇十有二州，禹弼成五服咸则二壤，商人肇域四海以建诸侯，周人以九州之地建三等之国。而分田以定赋者，或五十而贡，或七十而助，或百亩而彻，皆以什一为中正，则封建井田之法，于是乎立矣。伏羲以龙纪官，神农以火纪官。黄帝有天地四方之官。唐虞建官惟百，夏商官倍其数。周官三百六十，统于六卿，而敷奏明试，三考黜陟，与夫六计八职八柄之政，亦行乎其间，则建官考课之法，于是乎详矣。亲疏贵贱之有体，郊社禘尝之有仪，咸英韶濩之有制，璇玑玉衡之有具，塾庠序学秀选俊造之有等，则礼乐律历学校选举之法，无一之不备也。九赋以为敛，九式以为节，五刑以为计，八州以为纠，弧矢以示威，伍两卒旅军师以蓄众，则货财兵戎刑罚之法，无一之或缺也。所以然者，羲农、黄帝皆以神圣之德继天而王。尧、舜、禹、汤、文、武数人者，或克明峻德，或温恭允塞，或肇修人纪，或缉熙敬止，或重民五教，道无不纯而法于是焉出。不然，亦安能心代天意，身代天事，妙化导之机，而极制作之善若是哉！故曰：帝王以道治天下，而臣谓道即法之所从出者，于是可见矣。

后世贤君，若汉高之天性明达，宽仁长者，以创汉家之业。文帝之躬修玄默，以德化民而致后元之治。光武之恢廓大度，同符高祖，成中兴之功。章帝之事从宽厚，文以礼乐，济永平之政。唐太宗之畏义好忠，力于为善，速致太平。宪宗之聪明果决，得于天性，卒平祸乱。宋艺祖之宽仁多恕，心无邪曲，而有以易五季干戈之乱。仁宗之恭俭仁恕，忠厚恻怛，而有以开元祐炎兴之运。诚如圣制所谓，亦未尝不各有其道也。但此之谓道，不过天资之近似耳。就而论之，则恶闻诗书，崇尚黄老，溺图谶以蹈封禅之非，乏刚断以启戚门之衅，以至天伦惭德，异术荒心，任智谋以成功，听谗幸以废后，帝王纯粹之道果如是乎？道既未纯，则法之所立，宜乎其不能尽善也。故汉初三章之约，律令之次，章程之定，与夫侯国之封，所谓磐石之宗，犬牙相制者，规模亦宏远矣。然不革秦习，不任周政，所以治杂于霸，其后祸难屡起，亦非法之所能防也。唐以六典建官，以租庸调取民，增置学舍生员以养士，与夫以府卫治兵，所谓居重驭轻，五大不在边者，节目亦详尽矣。然大纲不正，昏风相袭，所以治杂于夷，其后变故最多，法亦屡坏而不可支也。宋人重儒术，爱民力，以文知州，以朝官知县，以京朝官监临财赋，与夫通判县尉之置，要皆以收方镇之权，所谓混一天下，亦长虑而却顾矣。然武备颇衰，成功亦小，国势日以积弱，莫能善其后也。故曰；后世以法把持天下，而臣谓法之不本于道者，夫岂不然耶？以是观之，则道有纯否而法随之，法有善否而治因之，孰谓为治可以无法，而立法可以不本于道哉！

洪惟我太祖高皇帝，膺天眷命，用夏变夷，一代经制之备，真足以匹休帝王，而开圣子神孙万世之太平矣。观夫京畿诸道之建置，宗藩列爵之世封，内则罢丞相而设府部，外则罢行省而设三司，有大明官制以定其员，有诸司职掌以定其守，命官有礼，则吉凶军宾嘉之礼，有其等矣。而又有《礼仪定式》诸书，以示其品节制度焉。命官作乐，则郊社宗庙朝廷之乐，有其章矣。而又有太常神乐诸署，以习其器数声容焉。内设国子监，以教天下之英才。外设府州县学，以育民间之俊秀。经义之制定，而士无诡异之谈，科贡之制行，而士有汇征之望。以言乎律历，则造历有官，而闰余岁差之有算；司天有台，而休征灾异之并占，且谓至元辛巳之历渐违天度，遂以洪武甲子之岁肇起历元。律历之正何如哉？以言乎秩祀，则大而郊庙仪物典于太常，小而厉享品节详于祠部，正岳镇海渎之神号，革前世不经之淫名。帝王陵墓，三岁一降香祀之；先代贤臣，惟以当时官爵称之。祀典之正何如哉？谓田赋不均非所以遂民生也，国初丈量田亩以抑兼并，清理田粮以防奸伪，且视土地之肥硗以为税科之轻重，是虽非井田也，不几于什一之中正乎？谓泉货不通非所以资国用也，国初因桑穰之饶而钞法甚严，置宝源之局而钱法再变，茶马盐课之利则以助军需，商税鱼课之办则以助国费，是虽非帑余也，不几于九府之圜法乎？礼部以科举之式选士，必严贡举非人之律。吏部以铨选之法选官，复有推升保举之例。其选举之公，仿佛乎虞周明扬宾兴之盛也。给由虽有常期，而所以为黜陟者，复稽其旌异之典，纪录之册焉。考核虽有通例，而所以校才能者，复稽其历任之久暂，地方之繁简焉。其考课之严颉颃乎虞周三考六计之详也。以兵制言之，既有亲军诸卫以卫宫禁，复有隶府诸卫以卫京城。既有都司留守司以卫一方，复有各卫守御所以卫郡邑，且府卫之所职掌，虽各有司存，而军政之枢机实由于兵部。盖统重驭轻之中，寓防微杜渐之意。此我圣祖亲历戎行，灼知古今利病，而为是良法。昔人谓其之军政有统，真知言哉！以刑罚言之，大明律之纲有六，而其目止于四百六十。大明令之纲亦有六，而其目止于百四十有五焉。是虽因唐制而定五刑，其间别比类异，简而易遵，明而易晓。盖我圣祖断自宸衷，务在直言其事，庶几使人易知而难犯。昔人谓其有象刑钦恤之仁，真知言哉！夫一代经制之备如此，岂偶然而致之哉，盖有本于其间矣。臣尝庄诵圣祖之言，有曰：朕求帝王之治，莫盛于尧舜，然观其授受，在允执厥中。又曰：人君一心治道之本存于中者。无尧舜之心，而欲施于政者有尧舜之治，不可得也。大哉王言！非真有得于帝王之道，能如是乎？宜其创制立法尽善尽美于以致雍熙泰和之盛，直等帝王而上之矣。

圣制又谓：帝王庙祀立于京师，自昔忠良多与配享，虽以胜国之世祖而亦或秩祀焉。岂非以后世英君谊辟，其政治亦有可取者欤？盖自洪武六年定历代帝王之祀，自伏羲以至元世祖，凡十有六君，皆以其开基创业，大有功德于民耳。若周文王虽基周命，终守事商之节；唐高祖虽君天下，皆赖太宗之功，故不祀焉。伊尹之告其君曰：七世之庙可以观德。圣祖秩祀帝王之意，不在兹乎？二十一年，定名臣从祀，自风后以至赤老温，凡三十有七臣，皆以其始终全节，与有功德于民耳。谓宋赵普虽曾有微劳，然实深负于艺祖；元安童虽信有勋德，然难并列于先臣，故不祀焉。盘庚之告其臣曰：兹予大享于先王，尔祖其从与享之。圣祖秩祀名臣之意，不在兹乎？故程颐之论治独归于帝王，而常不足于后世者，天下之公言也。圣祖之秩祀并隆于帝王，而亦不遗于胡元者，王者之弘度也。且以前世功德，固有当崇。而后人监戒，亦有收视。圣意亦何深远哉！

圣制之终有曰：远师帝王之道，而望道犹有所未见；近守祖宗之法，而行法犹有所未逮，其故安在？且欲臣等详著于篇，将采而用之以资于治。臣虽愚陋，敢无一言以对，而徒进谀词曰：道则至矣尽矣，治则已臻皇极，法则无可议者矣。独不有以来曲学之诮，而上负圣明待士求言之意哉？臣窃观今日之天下，州野如旧，而民生之憔悴日甚。官职如旧，而事功之废弛日甚。礼乐如旧，而奢僭渐形，和气未洽也。学校如旧，而道术渐乖，士习未端也。律历正矣，而能以灾异当畏为陛下陈之者谁欤？祀典正矣，而能以异端当戒为陛下避之者谁欤？田赋之均如旧也，而额外之征求无已。泉货之通如旧也，而关市之税课日增。选举之法具存，而贤才之疏远者未伸。考课之法具存，而庸劣之在位者未去。兵制虽不改乎旧也，然强壮役于私门，恩赏夺于有力，其能弭怨谤之丛积乎？刑罚虽不改乎旧也，然怙终之罪不加，罗织之风未已，安能止物议之沸腾乎？夫以天下之事，每每如此，则是圣祖之法虽善，而今之所存者盖文具耳。孟子曰：徒法不能以自行。意者，陛下之望道诚有所未见欤？臣愿终其所欲言以副陛下之所欲闻，而无复有所隐也。窃惟帝王之道大矣，臣愚不能究极，今陛下以程颐之言为问，臣亦敬以程颐之言为献。其言曰："为政须要纲纪文章。"此即臣所谓无法外之治是也。又曰："必有《关雎》、《麟趾》之意，然后可以行《周官》之法度。"此即臣所谓无道外之法也。陛下诚能重人伦之始，审王教之端，如文王之雍雍在宫，无教亦保，则《关雎》之化其庶几矣。图国祚之绵洪，计宗祧之嗣托，如文王之振振公子，以永姬箓，则《麟趾》之化其庶几矣。《关雎》、《麟趾》化成，则至于兄弟，御于家邦，而道无不纯。有以匹休帝王，而增光祖宗帝王之盛治，又何难哉！是则陛下之所宜加意者，诚不在于多方也。伏愿少垂天听，克广德心，不以臣所陈之言为谬，而听之惟聪。不以臣所言之事为易，而行之惟力。矜持敬畏，不少间断。清燕之优游无异于大廷之临莅，便嬖之使令不忘乎儒绅之奏对，则道可纯，法可善，治可久。宗社幸甚！天下幸甚！

草野之人不识避讳，冒干天威，无任陨越之至。臣谨对。

（明）王世贞《弇山堂别集》卷八十二·科试考二　（正德）十二年丁丑，命太子太保、户部尚书、武英殿大学士靳贵，詹事府少詹事兼翰林院学士顾清为考试官，取中伦以训等，廷试赐舒芬、伦以训、崔桐及第。

（明）张弘道、张凝道《皇明三元考》卷九·正德十二年丁丑科大魁　状元舒芬（江西进贤人。字国裳，号梓溪。年三十四，丁卯举人。会试十一名。芬虽于书无所不读，实励志圣贤之学，端居终日，夜必记过自讼。其为文志气涣发，理道畅达。己卯，以首谏南巡廷杖，调福建市舶司副提举。辛巳，复官修撰。甲申，会议大礼，再杖于廷。乙酉卒，年四十四。赠谕德，谥文节。所著有《梓溪集》。今配享罗一峰祠）。

又 名臣：舒芬。

（清）陶成等《江西通志》卷五十四·选举六·明·正德十二年丁丑舒芬榜 舒芬（进贤人。状元。修撰）。

（清）张廷玉等《明史》卷十六·本纪第十六·武宗 （正德十二年春）三月癸巳，赐舒芬等进士及第出身有差。

仕宦

（明）严从简《殊域周咨录》卷一·东夷·朝鲜 初，舒芬以翰林修撰谪调福建市泊司提举，夷人至者抚处得宜，俱感其德，舒芬以忧去。朝鲜长史金天爵等送之，至泣下。后舒起复，改除别官，芬上言："夷人虽不知礼义，然亦易感。臣前提举市泊，当其离任，朝鲜诸夷堕泪相送。臣愿仍补前官，为陛下导扬恩意，招来各国，以彰王者无外之仁。"不允其请。

（明）张萱《西园闻见录》外编卷九十四·建言中 舒公国裳，正德丁丑状元及第。戊寅春，权幸江彬等蛊惑武皇，导之游豫，都下人情，汹汹危惧，公约诸同志上疏乞留，俱会阁下，吏部尚书陆完出危言沮之，公邀同志者举酒酬之曰："匹夫不可夺志，吾辈乃为大臣所夺乎？"遂连疏以入，而部院等属诸僚亦各上疏，上大怒，车驾不果出。下诸臣锦衣卫狱，命跪午门外，梏五日，复褫衣廷杖，公以疏首杖特甚，神色不异，惟口呼高祖之灵冀以感动上心。杖毕，几毙，裹疮卧院中，掌院者惧祸，使人摈出之。公屹不为动，曰："吾官于此，当死于此①。"既而复苏，谪福建副提举。时死杖下者十有一人，公恻恻叹曰："使予早从宰相之沮，则诸疏且缓矣。今致诸臣之死，芬可独生乎！"闻者感泣。今上即位，诏起公，适宅父忧。嘉靖癸未秋，服除，复修撰。甲申夏，会大礼，公疏凡三上，伏阙待罪，再杖于廷。

（清）张英等《御定渊鉴类函》卷二百九十六·人部五十五·谏二 又曰，正德十四年，制下南巡，上欲登岱宗，历徐、扬，至南京，临苏、浙，浮江汉，祠武当，遍观中原。时宁王宸濠久蓄异谋，人情汹汹。翰林修撰舒芬等约群臣上疏乞留，俱会阙下，疏先后入。上大怒，下黄巩、陆震等六人锦衣狱。命舒芬等百有七人跪午门外五日，俱廷杖，迁谪有差，杖死者十有余人。车驾竟不出。

---

① 原文无"当死于此"，据［明］孙琛《翰林院修撰舒公行实》补。

（清）张廷玉等《明史》卷十六·本纪第十六·武宗 （正德十四年春）三月癸丑，以谏巡幸，下兵部郎中黄巩六人于锦衣卫狱，跪修撰舒芬百有七人于午门五日，金吾卫都指挥佥事张英自刃以谏，卫士夺刃得不死，鞫治杖杀之。乙卯，下寺正周叙、行人司副余廷瓒、主事林大辂三十三人于锦衣卫狱。戊午，杖舒芬等百有七人于阙下。是日风霾昼晦。

又，卷九十五·志第七十一·刑法三 正德十四年，以谏止南巡，廷杖舒芬、黄巩等百四十六人，死者十一人。

（清）傅恒《御批历代通鉴辑览》卷一百八·明·武宗皇帝 （己卯正德十四年春二月）帝自加太师，敕谕巡行，祈福。三月，郎中黄巩、修撰舒芬（字国裳，进贤人）等百四十六人先后疏谏，悉杖之，死者十一人。

帝降手敕于吏部曰："镇国公朱寿宜加太师。"又谕礼部曰："威武大将军、太师、镇国公朱寿今往两畿、山东祀神祈福。"复谕工部急修黄马快船备用。阁臣及科道官皆切谏，不报。兵部郎中黄巩与员外郎陆震具疏联署以进，修撰舒芬亦邀其同官崔桐等七人上疏极谏，（略言："陛下两巡西北，四民告病。今复闻南幸，尽皆逃窜。非古巡狩之举，而几于秦皇、汉武之游，宜监博浪、柏谷之祸。"）吏部员外郎夏良胜及礼部主事万潮、太常博士陈九川复连疏入。于是吏部郎中张衍瑞等十四人、刑部郎中陆俸等五十三人继之，礼部郎中姜龙等十六人、兵部郎中孙凤等十六人又继之，而医士徐鏊亦以其术谏帝与诸幸臣，皆大怒。下巩、震、良胜、潮、九川、鏊诏狱，芬等百有七人罚跪午门外五日。已而，大理寺正周叙等十人、行人司副余廷瓒等二十人、工部主事林大辂等三人连名疏又相继上，帝益怒，并下诏狱。俄令与巩、震等俱跪阙下五日，加梏拲焉。至晚，仍系狱。诸臣朝入暮出，累累若重囚，道旁观者无不太息泣下。廷臣自内阁及尚书石价疏救外，莫有言者。诸嬖幸扬扬得意，士民忿恨，伺诸大臣出入，争掷瓦砾诟詈之，诸大臣皆恐入朝，不敢待辨色，请下诏禁言事者，通政司遂格不受疏。诸臣跪既毕，仍杖之于廷，死者十一人。余除名，贬黜有差。戍鏊于边，而车驾亦不复出矣。

……

（甲申）（嘉靖）三年六月，以张璁、桂萼为翰林学士，方献夫为侍讲学士。

……修撰舒芬、杨慎……等皆不愿与璁、萼同列，乞罢归。帝怒，俱夺俸。

（清）舒赫德《御定资治通鉴纲目三编》卷十九 （明武宗己卯正德十四年春二月）帝自加太师，敕谕巡行祈福。三月，郎中黄巩、修撰舒芬等百四十六人先后疏谏，悉杖之，死者十一人。

（帝降手敕谕吏部曰："镇国公朱寿宜加太师。"又谕礼部曰："威武大将军、太师、镇国公朱寿今往两畿、山东祀神祈福。"复谕工部急修黄马快船备用。阁臣及科道官皆切谏，不报。兵部郎中黄巩乃抗章进言……语甚剀挚。时员外郎陆震草疏将谏，见巩疏称叹，因毁己稿与巩联署以进。修撰舒芬亦邀其同官崔桐等七人上疏极谏曰：“古帝王所以巡狩者，协律度，同量衡，访遗老，问疾苦，黜陟幽明，式序在位，是以诸侯畏焉，百姓安焉。若陛下之出，不过如秦皇、汉武，侈心为乐而已，非能行巡狩之礼者也。博浪、柏谷，其祸亦可鉴矣。近者西北再巡，六师不摄，四民告病，哀痛之声，上彻苍旻，传播四方，人心震动，故一闻南幸诏书，皆鸟惊兽散。而有司方以迎奉为名，徵发严急，江淮之间，萧然烦实，万一不逞之徒，乘势倡乱为祸，非细。且陛下以镇国公自命，苟至亲王国境，或据勋臣礼以待，陛下循名责实，深求悖谬之端，则左右宠幸无死所矣。尚有事堪痛哭不忍言者，宗藩蓄刘濞之衅，大臣怀冯道之心，以禄位为故物，以朝署为市廛，以陛下为奕棋，以革除年间为故事。特左右宠幸智术短浅，无能以此言告陛下。使陛下得闻此言，虽禁门之外，亦将警跸而出，尚敢轻骑慢游哉。”疏入，陆完迎谓曰：“上闻有谏者辄恚，欲自引决，诸君且休。”芬等不应而出。吏部员外郎夏良胜及礼部主事万潮、太常博士陈九川复连疏入。于是，吏部郎中张衍瑞等十四人、刑部郎中陆俸等五十三人继之，礼部郎中姜龙等十六人、兵部郎中孙凤等十六人又继之，而医士徐鏊亦以其术谏帝与诸幸臣，皆大怒。下巩、震、良胜、潮、九川、鏊诏狱，芬等百有七人罚跪午门外五日。已而，大理寺正周叙等十人、行人司副余廷瓒等二十人、工部主事林大辂等三人连名疏又相继上，帝益怒，并下诏狱。俄令与巩、震等俱跪阙下五日，加梏拳焉。至晚，系狱。诸臣晨入暮出，累累若重囚，凡道旁观者无不太息泣下。廷臣自内阁及尚书石玠疏救外，莫有言者。诸嬖幸杨杨得意，士民愤恨，伺诸大臣出入，争掷瓦砾诟詈之，诸大臣皆恐入朝，不敢待辨色，请下诏禁言事者，通政司遂格不受疏。是时，天连曀尽晦，南海子水涌四尺余，金吾卫指挥佥事张英曰：“此变征也。”乃肉袒戟刃于胸，时疏谏当跸道跪哭，即自刺其胸血流满地，卫士夺其刃，缚送诏狱，诏杖之八十，遂死。诸臣跪既毕，仍杖之于廷，陆震、余廷瓒及工部主事何遵，刑部主事刘校，照磨刘珏，大理评事林公黼，行人李绍贤、孟阳、詹轼、刘槩、李惠等十一人皆死。鏊戍边，余除名，贬黜有差，而车驾亦不复出矣。）质实（……舒芬，字国棠，进贤人）。

又，卷二十 （甲申世宗肃皇帝嘉靖三年夏）六月，以张璁、桂萼为翰林学士，方献夫为侍讲学士。

（修撰舒芬、杨慎、张衍庆，编修王思等皆不愿与璁、萼同列，乞罢归。帝怒，俱夺俸。）

轶　事

（明）孙绪《沙溪集》卷十三·杂著·无用闲谈 正德丁丑，广东伦以训会试礼部。有人夜梦黄衣人谓曰：“伦以训作会元矣。”比揭晓，果然。廷试日，其人又梦曰：“伦作状元矣。”逾时，复来曰：“非也，状元乃江西舒芬。”初拟伦为状元，杨阁老不欲其以父子状元得名，故黜为第二。盖伦之父文叙，己未状元也。既而，果不谬。……然则忮害妒娼之情，鬼神既已先知之矣。可畏哉！

（明）王守仁《王文成全书》卷三·语录三·传习录下 邹谦之尝语德洪曰："舒国裳曾持一张纸，请先生写'拱把之桐梓'一章。先生悬笔为书到'至于身而不知所以养之者'，顾而笑曰：'国裳读书中过状元来，岂诚不知身之所以当养，还须诵此以求警。'一时在侍诸友皆惕然。"

（明）李绍文《皇明世说新语》卷三·方正 武宗将南幸，人情危惧。舒国裳约同志上疏乞留，冢宰陆完出危言沮之。公举酒酬之曰："匹夫不可夺志，吾辈乃为大臣所夺乎？"疏竟上。

又，卷四·规箴 舒国裳尝谢贶恩，驰入吏部，堂属啧有烦言，舒将奏其作威，友人谓曰："曾记定性书乎？于怒时遽忘其怒。"舒谢曰："子督过是也。"即焚其草。

又，卷五·夙惠 舒芬之父得一葬地，形家曰："此地当发鼎元，然必四世之后。"舒父曰："我不能待也。"时芬童年，曰："父无患，若地果胜，请移三世祖骸葬于此，儿即应矣。"父从之，芬果大魁。

（明）王同轨《耳谈》卷六·舒国裳 正德丁丑，闽人刘世扬赴京会试，梦神告曰："今年状元舒国裳也。"明日即易己名为"国裳"。既而榜出，状元舒芬。以为无当，后乃知"国裳"芬字也。

（明）焦竑《玉堂丛语》卷七·夙惠 舒芬之父得一葬地，形家曰："此地当发鼎元，然必四世之后。"舒父曰："我不能待也。"时芬童年，曰："父无患，若地果胜，请移三世祖骸葬于此，儿即应矣。"父从之，芬果大魁。

（明）张萱《西园闻见录》内编卷九·惩罚 舒国裳端居终日，读书治事之暇，未常昼寝，夜必计过自讼，晤即相告。盖乾乾惕若，其真积深矣。尝谢恩，骑入吏部，堂属啧有烦言，先生将奏其作威，友人谓曰："曾记定性书乎？于怒时遽忘其怒。"公谢曰："子督过是也。"即焚其草。

（清）彭定求《明贤蒙正录》卷上 修撰舒文节公芬（江西进贤人，正德丁丑状元）六岁授《孝经》、《论语》等书，辄了大义。年十二，郡守祝瀚修封洫至邑，献《驯雁赋》，大奇之，荐列诸生。督学蔡虚斋先生试辄置首，语人曰："此天下士也。"（后公以议大礼建言谪官，世称"忠孝状元"。）

（清）姚之骃《元明事类钞》卷十六·人品门二·聪敏·赋赤雁 《薛应旂集》：

舒芬，幼峭颖。甫成童，入郡学。郡守试以《赤雁赋》，奇其才，谓当魁天下。

又，卷十八·艺术门·地师·金锁玉钩 《涌幢小品》：舒梓溪微时尝济人之急。除夕闻鬼语曰：“银环金锁锁，帘卷玉钩钩。”后有形家者告曰：“此中有大地，为美女梳妆形，有银环金锁，珠帘玉钩。”先生念其与鬼语合，遂葬其先人。不数年，廷试第一。

又，卷三十七·飞鸟门·鸿雁·赋赤雁 《薛应旂集》：舒芬甫成童，入郡学，尝作《赤雁赋》，郡守奇其才，当魁天下。

（清）阎湘蕙《明鼎甲征信录》卷二 舒芬，字国裳，世出浙之东阳。元大德初曰文英者徙居江西进贤县。父法，尝远馆他乡，岁暮归里，路逢一妇哭甚哀，问之曰：“夫欠官银十三两，卖吾以偿，吾去儿失哺，故悲耳。”翁恻然曰：“我同舟皆江西人，各出二金足矣。”返而告之，同行皆不应，遂尽捐束修与之。及至家，语妻聂氏曰：“吾饥二日矣，速炊饭。”妇曰：“无米。”法曰；“借诸邻。”妻曰：“借已多，候汝归偿之，归而复借，奈何?”法告以故，妻欣然曰：“既如此，有山蔬可以充饥。”遂登山采苦菜煮烂同食一饱。既寝，闻窗外有神呼曰：“今宵食苦菜，明年产状元。”夫妇同起拜谢。次年，生子芬，颖异不群凡儿。年十二，献《驯雁赋》于知府，祝瀚大奇之，荐补博士弟子。为人丰神玉立，负气峻厉，端居竟日无倦容，夜则计过自讼，视听言动必准诸礼，不敢少失尺寸。以倡明绝学为已任，其学贯串诸经，兼通天文律历，而尤精于《周礼》。正德十二年，会试中第十一，及对大廷，万言立就，直言时弊，而卒泽于道德仁义，粹如也。御批一甲第一名，授修撰。谏武宗南巡，受杖，几毙，谪福建市舶副提举。世宗即位，复故官，会议大礼，伏阙哭争，杖如前。母卒于京师，扶柩还抵家，三月而病，殁之前日，门生谌梢梦垂白帘，中有六字曰：“忠孝状元止此。”次日果卒。芬为理学名臣，学者称梓溪先生，万历中追谥文节。先是，修撰罗伦以谏谪福建提举，逾六十年而芬继之，与伦同乡同官，所谪地与官又同，福建士大夫遂祀芬配伦云。（《明史》并《续藏书》、《梓溪文集》、《西山志训》、《家式谷集》、《功过格注释录要》）

著　　作

（明）朱睦㮮《授经图义例》卷二十·诸儒著述附历代三礼传注 《周礼定本》十三卷（舒芬）。

（清）黄虞稷《千顷堂书目》卷一·易类 舒芬《易笺问》一卷。

又，卷一·书类 舒芬《书论》二十篇一卷。

又，卷一·诗类 舒芬《诗稗说》三十篇。

又，卷二·三礼类 舒芬《周礼定本》十三卷(《五官序辨》五卷、《六官图释》一卷、《剔伪》一卷、《校订正经》六卷)。

又，卷二·春秋类 舒芬《春秋疑义》。

又，卷十一·儒家类 舒芬《太极通书释义》。

又，卷二十二·别集类·正德丁丑科（十二年） 舒芬《梓溪集》五卷（字国裳，进贤人。一甲第一人。翰林院修撰。谏南巡，杖，调福建市舶副提举。辛巳，复职。甲申，会议大礼，再杖，归卒)。

又《内外集》十八卷。

又《东观录》。

（清）张廷玉等《明史》卷九十六·志第七十二·艺文一·易类 舒芬《易笺问》一卷。

又，卷九十六·志第七十二·艺文一·书类 舒芬《书论》一卷。

又，卷九十六·志第七十二·艺文一·礼类 舒芬《周礼定本》十三卷。

又 舒芬《士相见礼仪》一卷。

又，卷九十九·志第七十五·艺文四 舒芬《内外集》十八卷。

（清）秦蕙田《五礼通考》卷首第二·礼经作述源流下 《明史·艺文志》：……舒芬《周礼定本》十三卷。

又 《明史·艺文志》：……舒芬《士相见礼仪》一卷。

（清）曹仁虎等《钦定续通志》卷一百五十六·艺文略·经类第一·易 《易问笺》一卷（明舒芬撰)。

又，卷一百五十七·艺文略·礼类第二·周官 《周礼定本》四卷（明舒芬撰)。

又，卷一百五十九·艺文略·史类第五下·传记·列传（杂录别录附） 《东观录》一卷（明舒芬撰)。

又，卷一百六十·艺文略·诸子类第六·儒家·儒术 《太极绎义》一卷（明舒芬撰)。《通书绎义》一卷（明舒芬撰)。

又，卷一百六十三·艺文略·文类第十二下·总集 《残本成仁遗稿》五卷（明舒芬编)。

（清）纪昀等《钦定四库全书总目》卷七·经部七·易类存目一·《易问笺》一卷（两江总督采进本） 明舒芬撰。芬，字国裳，进贤人。正德丁丑进士第一，授翰林院修撰。以谏南巡廷杖，谪福建盐课司副提举。嘉靖初复职，又以争议大礼廷杖。寻遭母忧归，卒。万历间，追谥文节。事迹具《明史》本传。芬尝裒生平著作为《梓溪文钞》，凡十八卷，分内、外集，外集为杂文，内集则皆所著诸书。是编，其首也，大抵以意推衍，泛言义理，而多有牵合之病。如解“潜龙勿用”谓“用则动，动则变而之《姤》”。引韩愈诗“贤愚同一初，乃一龙一猪”为证。又如解“鼎，利贞”谓“重器，不可以轻举”。《春秋》书纳宋郜鼎为不知利贞之训。凡若斯类，于经义皆无当也。

又，卷二十三·经部二十三·礼类存目一·《周礼定本》四卷（两江总督采进本） 明舒芬撰。芬有《周易笺》，已著录。兹编亦其所著《梓溪内集》之一。大旨祖俞庭椿“《冬官》不亡，杂出于五官”之说，而参以伪本吴澄《考注》，复以己意进退之。凡为《五官叙辨》五篇，《六官图说》一篇，《周官剔伪》一篇，《周礼正经》六篇。删旧本《考工记》，移《天官·太宰》、《地官·大司徒》之文以入于《冬官·大司空》。移《小司徒》及《遂人》之文入《小司空》。又移《天官》之《掌舍》、《幕人》、《掌次》，《地官》之《遂师》、《遂大夫》、《县正》、《鄙师》、《酇长》、《里宰》、《邻长》、《土训》、《诵训》、《司稼》、《草人》、《稻人》、《场人》、《囿人》、《载师》、《闾师》、《县师》、《均人》、《稍人》、《旅师》、《山虞》、《林衡》、《川衡》、《泽虞》、《迹人》、《丱人》、《角人》、《羽人》、《掌葛》、《掌染草》、《掌炭》、《掌荼》、《掌蜃》、《舂人》、《舍人》、《仓人》、《廪人》、《遗人》、《委人》、《槁人》，《夏官》之《掌畜》、《职方氏》、《形方氏》、《山师》、《川师》、《邍师》、《司勋》、《量人》，以属《冬官》。《明史》芬本传称：“芬精于《周礼》，尝谓《周礼》视《仪礼》、《礼记》犹蜀之视吴、魏。疾革，其子请所言，惟以未及表章《周礼》为恨。”于是经可云笃信。夫俞氏之书为荒经蔑古之祖，芬不能订正其伪，乃嘘其已尽之焰，而更加属焉。甚且删削旧文，十几二三。自命曰“定本”，僨弥甚矣。

又，卷六十四·史部二十·传记类存目六·《东观录》一卷（两江总督采进本） 明舒芬撰。芬有《周易笺》，已著录。此其所著《梓溪内集》之一也。芬于嘉靖二年被召复官，道出济宁，谒阙里孔林，修释菜礼，因录所撰《谒庙记》及《阙里形胜图》、《夫子宫墙图》，又《释菜礼仪》、《士相见礼仪》并附《问答》五章、《与伍余福联句》三十韵，汇为一帙。

又，卷九十五·子部五·儒家类存目一·《太极绎义》一卷、《通书绎义》一卷（两江总督采进本） 明舒芬撰。芬有《周易笺》，已著录。此其所著《梓溪内集》之二种也。其说太极，大抵以《太极图》不本于《易》而本于《河图》，谓秋冬非肃杀，乃百物之所胎。土之寄王，惟夏秋之交。火烈金刚，水缓土柔，性之所以相近。火散金遒，木上水下，习之所以相远。皆与先儒之说不同，亦往往有难通之处。《通书》则不过随文解义而已，其释《颜子》章谓：“陋巷，陋俗之巷也。”其人习不善，而能忧颜子之贫，乃颜子之德所化。其说亦殊怪异也。

又，卷一百九十二·集部四十五·总集类存目二·《残本成仁遗稿》五卷（安徽巡抚采进本） 明舒芬编。芬有《周易笺》，已著录。是书前有正德丙辰芬自序云：“行箧中有文山《指南集》二册，《集杜句》一册，《长啸集》一册，又有《叠山诗文集》二册。因订其伪脱，并取《宋史》本传与祠记、铭状、祭文、挽词之类各附于后，总题曰《成仁遗稿》，付书林余氏刻之。”今是编五卷，一、二卷为《指南集》，三卷为

《集杜诗》，四卷为《长啸集》，五卷为《天祥附录》，而《枋得诗文》、《附录》皆无之。目录又标作“成仁遗稿前”，盖坊贾刻印时妄加分析，以此为前集，而以枋得诗文为后集耳。

案，此编虽仅存文天祥之著作，然芬之原本实兼文、谢二家，特藏弆者佚其半耳。故仍列之总集类中。

（清）曹仁虎等《钦定续文献通考》卷一百四十四·经籍考·经（易）**·明** 舒芬《易问笺》一卷。芬，字国裳，进贤人。正德丁丑进士第一，授修撰。以谏谪福建盐课司副提举。嘉靖初，复职，又以争大礼廷杖。寻遭母忧，卒。万历间，追谥文节。

梅鷟曰：“芬博极群书，尤专于《易》，祖程宗朱，有《问笺》之作。”

崔桐曰：“舒子八图有与朱子异者。朱子云：‘虚五与十者，太极也。奇数二十偶数二十者，两仪也。以一二三四为五六七八九者，四象也。析四方之合以为乾坤离坎，补四隅之空以为兑震巽艮者，八卦也。’舒子曰：‘中五者，太极也。次十者，分两仪也。次一二三四者，生数分四象也。次六七八九者，成数分八卦也。九数三奇，老阳为乾焉。六数三偶，老阴为坤焉。七数一奇两偶，少阳为震坎艮生焉。八数一偶两奇，少阴为巽离兑生焉。参之生蓍倚数，揲蓍求爻，皆合。’”

又，卷一百五十一·经籍考·经（礼）**·明** 舒芬《周礼定本》四卷。芬，见易类。

芬自序略曰：“东汉而下，是书与《仪礼》、《戴记》并行。宋兴，大儒辈出，表章遗经，于此盖阙如。予自弱冠，即好是书，随所窥测作为《五官叙辨》五篇、《六官图释》一篇、《剔伪》一篇，既乃录成《正经》，重加校订。其有逸于他书者，取而附之；错于他官者，编而正之。题曰《周礼定本》。”

臣等谨案，芬是书大旨主俞庭椿“《冬官》不亡，杂出于五官中”之说，而复以己意进退之。庭椿之书，荒经蔑古，芬不能订正其讹，乃师其意而加厉焉。甚且删削旧文十几二三，自命曰“定本”，傎弥甚矣。

又，卷一百六十五·经籍考·史（传记下）**·明** 舒芬《东观录》一卷。芬，见经类。

又，卷一百七十四·经籍考·子（儒家下）**·明** 舒芬《太极绎义》一卷、《通书绎义》一卷。芬，见经类。

评　论

（明）陆深《俨山续集》卷十·书·奉宗溥从兄七首（之五） 今岁场中主于崇雅黜浮，贵理学，变文体，而一时负名之士或不在选，所得皆实才也。舒芬、王正宗二卷皆本房奇作。舒以经学胜，王以后场胜，后舒遂大魁天下，颇惬舆论。今特寄二子卷并场中批语，试细观之，或出与乡中诸后进，一看可以思齐。

（清）朱彝尊《静志居诗话》卷十 舒芬，字国裳，进贤人。正德丁丑赐进士第一，授翰林修撰。以谏南巡受杖，谪福建盐课司副提举。嘉靖初，议大礼，再杖，归卒。有《梓溪集》。

舒公首犯逆鳞，几毙于杖，其撰《崇德李君墓志》中书本末最详。谨抄撮于左："始车驾议以三月十九日壬子东巡，祀岱宗，历徐、扬，抵南京，下苏州，复泝江浮汉，登太和山，人情汹汹惧变，将相大臣多怂恿之。十五日，予率同馆先上疏，兵部黄巩伯固、陆震时亨疏亦上，为太宰陆完所沮。是夕，夏良胜于中、万潮汝信过予，愤惋，邀太常陈九川至署名。明日，吏部张衍庆元承、刑部陆俸天爵等疏亦入。又明日，礼部姜龙应宾、兵部孙凤鸣和、行人余廷瓒伯献等俱连疏入。时又有太医院医士徐鳌以医谏，车驾不果出矣。癸丑，上忽震怒，下黄巩、陆震、夏良胜、万潮、陈九川于锦衣卫狱，以舒芬、张衍庆、姜龙、孙凤、陆俸等百有七人跪午门外五日，而行人司疏不报，以通政司壅之也。乙卯，余廷瓒等俱下狱。丙辰，同黄巩等六人亦跪午门外五日，梏拲。是日，工部林大辂以乘等三人、大理寺周子厚等十人亦连疏入。丙辰，俱下之狱，亦梏拲跪五日。时复有金吾卫指挥张英言："车驾出，必不利。"肉袒戟刃于胸，以死谏，天威遂不可霁。戊午，芬等一百有七人午门受杖。四月己卯，杖巩等六人，发徐鳌边远充军，林大辂、周叙、余廷瓒俱受杖。时死杖下者陆汝亨、刘宗夏、何孟循、林质夫、刘珏、余伯献、孟子乾、刘平甫、李德卿、詹敬之、李崇德十有一人。"崇德，讳绍贤，盱眙人。以行人赍孝贞纯皇后遗诏至徐州开读，时群阉势熏炙，率属吏视州卫官，偃然席班首。君立绍左，从容令去其席执，不得与职官同礼焉。其文比之实录，所纪尤详，诗颇涉理学语。五言如："江花迎载酒，沙鸟避归航。"菊黄三径冷，岩翠一松存。"七言如："水入柁楞流去响，风吹鱼网过来腥。""思家我亦愁千里，为客谁能耐十年。""红粉满楼初入赵，青山百里尚围燕。""芳草有情生夜雨，夭桃如梦绕春山。""未如庄子舟藏壑，欲买谢公墩结庐。""高树闲云轻护鹤，小桥新水浅通鱼。"芹香华屋来元鸟，树暗青山隐杜鹃。""谁为剪残今夜韭，独怜开尽故园花。"皆蔫然有致。

（清）朱彝尊《明诗综》卷四十一·舒芬（一首） 芬，字国裳，进贤人。正德丁丑赐进士第一，授翰林修撰。以谏南巡受杖，谪福建盐课司副提举。嘉靖初，议大礼，再杖，归卒。有《梓溪集》。

（《静志居诗话》：舒公首犯逆鳞，几毙于杖，其撰《崇德李君墓志》中书本末最详。谨抄撮于左："始车驾议以三月十九日壬子东巡，祀岱宗，历徐、扬，抵南京，下苏州，复泝江浮汉，登太和山，人情汹汹惧变，将相大臣多怂恿之。十五日，予率同馆先上疏，兵部黄巩伯固、陆震时亨疏亦上，为太宰陆完所沮。是夕，夏良胜于中、万潮汝信过予，愤惋，邀太常陈九川至署名。明日，吏部张衍庆元承、刑部陆俸天爵等疏亦入。又明日，礼部姜龙应宾、兵部孙凤鸣和、行人余廷瓒伯献等俱连疏入。时又有太医院医士徐鏊以医谏，车驾不果出矣。癸丑，上忽震怒，下黄巩、陆震、夏良胜、万潮、陈九川于锦衣卫狱，以舒芬、张衍庆、姜龙、孙凤、陆俸等百有七人跪午门外五日，而行人司疏不报，以通政司壅之也。乙卯，余廷瓒等俱下狱。丙辰，同黄巩等六人亦跪午门外五日，梏拲。是日，工部林大辂以乘等三人、大理寺周子厚等十人亦连疏入。丙辰，俱下之狱，亦梏拲跪五日。时复有金吾卫指挥张英言："车驾出，必不利。"肉袒戟刃于胸，以死谏，天威遂不可霁。戊午，芬等一百有七人午门受杖。四月己卯，杖巩等六人，发徐鏊边远充军，林大辂、周叙、余廷瓒俱受杖。时死杖下者陆汝亨、刘宗夏、何孟循、林质夫、刘珏、余伯献、孟子乾、刘平甫、李德卿、詹敬子、李崇德十有一人。"崇德，讳绍贤，盱眙人。以行人赍孝贞纯皇后遗诏至徐州开读，时群阉势熏炙，率属吏视州卫官，偃然席班首。君立绍左，从容令去其席执，不得与职官同礼焉。其文比之实录，所纪尤详，诗颇涉理学语。五言如："江花迎载酒，沙鸟避归航。""菊黄三径冷，岩翠一松存。"七言如："水入柁楞流去响，风吹鱼网过来腥。""思家我亦愁千里，为客谁能耐十年。""红粉满楼初入赵，青山百里尚围燕。""芳草有情生夜雨，夭桃如梦绕春山。""未如庄子舟藏壑，欲买谢公墩结庐。""高树闲云轻护鹤，小桥新水浅通鱼。""芹香华屋来玄鸟，树暗青山隐杜鹃。""谁为剪残今夜韭，独怜开尽故园花。"皆嫣然有致。）

（清）陈田《明诗纪事》戊签卷十三·舒芬（一首） 芬，字国裳，进贤人。正德丁丑第一人及第，授修撰。谏南巡授杖，谪福建盐课司副提举。嘉靖初，起故官，议大礼，再杖，归。万历中，追谥文节。有《梓溪内外集》十八卷。

（田按，正德己卯，车驾将东巡，祀岱宗，历徐、扬，抵南京、苏州，复泝江浮汉，登太和山。是时，宸濠久蓄异谋，待衅而发，结陆完、钱宁为内应，人情汹汹，惧祸不测。国裳与同馆编修崔桐、庶吉士汪应轸、曹嘉、王延陈、马汝骥、江晖联名疏谏，有曰："痛哭泣血，不忍为陛下言者，江右有亲王之变，大臣怀冯道之心，以禄位为故物，以朝署为市廛，以陛下为奕棋，以革除年间为故事。"言甚激烈，时陆完以智术幸掌铨部，利帝远出，得以久其位，又幸宸濠之谋遂，则有非望之福，造为恶语，以阻抑谏者，谓："帝闻直谏，便举刀为刎状。"且曰："今撒赖矣。"国裳不为沮，复要同乡夏考功良胜、万仪制潮、陈太常九川至寓舍，酌酒诀曰："匹夫不可夺志，吾侪乃为大臣所夺乎？今日之事，当死谏无二。"复联名疏谏，杨邃庵诗所谓"江西四君子"，北阙几封章也，受杖几死。嘉靖初，复与同官议大礼，再杖阙下，濒死不悔，世称为"忠孝状元"。国裳登第后，其婿省视来京，送归诗云："杏园回首几经春，敢卜移家住要津。偶逐风云上霄汉，独劳车驾惊京尘。梦魂无定怜亲远，骨肉相看赖汝真。归去朋从如问我，为言官似秀才贫。"可以见其志节矣。）

杂　录

（明）舒芬《李绍贤哀辞》　崇德死，予疮甚伏蓐，不能走哭，哭于家，恸。侍者曰："子亦弱喘余魂，其毋伤哉！"不知予于崇德死不能不恸者有六焉。以谏死，死杖下，酷烈，一也。死庆寿僧房，惟一二仆之手，二也。予辈厚善者皆不能与敛事，微蒋虞中奔往视，则棺不可盖，三也。始车驾议以三月十九日壬子警道东巡，祀岱宗，历徐、扬，抵南京，下苏州，复浙江，浮湘汉，登太和、太岳，且遍中土繁丽，人情汹汹，惧变叵测，将相大臣多怂恿之。予乡同年夏考功、万仪制，馆中汪子宿辈约风诸小臣连章乞留。十五日，早报免朝，予乃率馆中同年先入疏，兵部黄伯固、陆汝亨《论时政疏》亦入。时百司皆怀疏集阙下，太宰陆公沮之，且造归恶语。昳时，夏于中、万汝信过予，扼腕恨沮义。予因邀陈太常至，俱酌之酒，赞之"匹夫之志，今其可夺！"三子是夕遂于吾寓连疏入，且以告诸同志。明日，吏部张元承等、刑部陆天爵等疏俱入。又明日，礼部姜梦宾等、兵部孙鸣和等、行人司余伯献等俱连疏入。时又有太医院医士徐鏊以医谏，车驾遂不果出。乃二十癸丑，天威震怒，以黄巩、陆震、夏良胜、万潮、陈九川、徐鏊等下锦衣卫狱，以舒芬、张衍庆、姜龙、孙凤、陆俸等百有七人跪午门外五日，而行人司疏不报，以通政司壅之也。诸臣待罪离次，至二十二日得报，命余廷瓒等俱下狱。明日，同黄巩等六人亦跪午门外五日梏拳。是日，工部林以乘等三人、大理寺周子厚等十人亦连疏入。明日，俱下之狱，亦梏拳跪五日。时复有金吾卫指挥张英以是为变故明效，言车驾出必不利，乃肉袒戟刃于胸，以死谏。数日，天色阴霾，京师震骇，公卿被唾骂，瓦砾掷。晨夕出入，不敢待别色，其尤显者至减去办事官吏，易箱笈以包袱在昏曙中，若以为异流，然奸无所容，益谋蔽惑，请命礼部告示禁一概言事者，通政司送格不受疏。又有贡谀参劾各属为妄言者，而天威遂不可霁。乃二十五日戊午，是日，水溢内海子，自不了桥，高四尺，铁柱七根齐折如斩，命舒芬等一百有七人俱午门外前去衣打三十，为首者调外任，其余罚俸六个月。四月十六日己卯，是夕，月食，命黄巩等六人午门前去衣打五十，徐鏊边远充军，其余为民。林大辂、周叙、余廷瓒打五十，降三级调外任，其余打四十降二级。时死杖下者，员外郎陆汝亨、主事刘宗夏、何孟循、评事林质夫、照磨刘珏、行人司副余伯献、行人孟子乾、刘平甫、李德卿、詹敬之与吾崇德盖十有一人，而疮痍未起者尚多也。夫首义者于中、汝信、子宿与予四五人而已，使予能为太宰沮，则于中、汝信之疏且缓矣，诸公之气亦衰矣，安得此举哉，致十一人惨死而我获生，四也。是役也，虽士气少振，奸谋少沮，而国体亦少损，五也。自正德戊辰九月，我与崇德同投文南京礼部，明日同入国子监驴背一话，遂相许善资丽泽，而朝夕见者三年，情又密。昨丁丑又同年为进士，戊寅春大丧朝夕哭，未卒，议往视山陵，予度其且狩宣府。明日具上封事，崇德过予曰："夜间报似非礼之礼，微予莫能辨析，可但已乎。"告以疏早入矣。崇德欣然曰："适奉慰时，与群可语者料此义，须君发之，果然人将服吾知人也。”子视我真知己耶！是同年相知莫深于崇德，六也。呜呼！予哭崇德有此六者，乌能不恸哉！

（录自［明］黄训《名臣经济录》卷十）

（明）马汝骥《送舒国裳谪闽中》 童童百丈松，上有女萝丝。缘蔓岂不固，所嗟霜露摧。伊人何眷恋，乖别亦何期。傍路有清溪，蒲生叶离离。将子莫折蒲，折蒲濡裳衣。安得瑶玉英，采采以相贻。

悠悠客言迈，薄送城之隅。熏风应律来，炎蕴稍驱除。袅袅微云生，忽忽翳天衢。迢迢郊河树，冉冉南行车。行车当万里，会面不须臾。岂不怆中怀，何能少踟蹰。

（录自《御选明诗》卷二十五）

（明）郑善夫《少谷集》卷六·五言律·野江为舒国裳父作 徐穉藏身在，南州卧不妨。经年歌白石，乘月下沧浪。江抱洪都府，堂开辋口庄。蓝田种有玉，磻水钓惟璜。会见蛟龙起，俄惊鸐鹤翔。无由相高志，把赠芰荷裳。

（明）王守仁《王文成全书》卷十七·别录·公移二（巡抚江西征宁藩）**·礼取副提举舒芬牌** 照得当职奉命提督军务兼理巡抚，深虑才微责重，无以仰称任使，合求贤能以资赞翼。访得福建市舶提举司副提举舒芬志行高古，学问深醇，直道不能趋时，长才足以济用，合就延引以匡不及。为此牌，仰福建布政司官吏即行泉州府措办羊酒礼币，赍送本官用，见本院优礼之意。仍照例起关应付，前赴军门以凭咨访，本官职任就委别官暂替。

又，卷三十三·附录二·年谱二 （十有五年庚辰，先生四十九岁，在江西。……九月，还南昌。）进贤舒芬以翰林谪官市舶，自恃博学，见先生问律吕，先生不答，且问元声，对曰：“元声，制度颇详，特未置密室经试耳。”先生曰：“元声，岂得之管灰黍石间哉！心得养则气自和，元气所由出也。书云：诗言志，志即是乐之本。歌永言，歌即是制律之本。永言和声，俱本于歌，歌本于心，故心也者，中和之极也。”芬遂跃然拜弟子。

又 （十有六年辛巳，先生五十岁，在江西。）五月，集门人于白鹿洞。

是月，先生有归志，欲同门久聚共明此学。适南昌府知府吴嘉聪欲成府志，时蔡宗兖为南康府教授主白鹿洞事，遂使开局于洞中，集夏良胜、舒芬、万潮、陈九川同事焉。

（明）唐龙《渔石集》卷三·杂著·野江传 野江处士，豫章人，名法，姓舒氏，太史芬之父也。正德戊寅，乘舆西狩，太史曰：“殆矣，殆矣，昔臣落裾断鞦，血污车轮者，独非人乎？”首上书谏沮，因而和者数百，人人皆曰：“直哉太史！”己卯秋，复议幸留都，维濠实包藏祸心，将浮江逞焉，太史曰：“事急矣，吾何爱吾身！”复率诸同列诣阙下，披诚沥血，指画利害，极其剀切，语侵诸左右，遂下狱，谪提举海舶。明年，处士没于家，太史徒跣而归，哀毁若弗能生。逾三月，葬而封树之，执东洲子所为铭泣以示予，乃知处士平日敦孝理，崇义尚，辑礼容，嗜欲不污，其素履有过人者，可谓古之逸民，非邪？先是太史奏名，处士贻书曰："尔有家，而今不得而私之；有身，不得而有之朝夕，图所以答君之贶哉！文山氏、一峰氏，尔其无忝故太史劲忠直节。"虢乎！凛乎！天下竦焉想闻者，处士之教也。夫野江在大江之南盱，临二河，经流于斯，以会于大江，大江溢，复还而注之，得水之胜，处士家于上游，因号焉。凡所为诗曰《野江集》。

论曰：唐虞三代，同风一德，故人人君子户可封焉。既世氏变迁，日趋日下，幸而深山广泽之内，其民居居，其风狉狉，不贰之老犹有颓然存者，野江殆其人乎？今制行部者得举山林隐逸以闻。野江没矣，斯典弗□，吾故发其潜德，表其行义，令晦焉。

（明）费宏《太保费文宪公摘稿》卷十八·志类·皇明封太安人舒母聂氏墓志铭 嘉靖四年二月二十日，舒母太安人聂氏卒于其子修撰芬之官舍，修撰君奉柩南归，将以某年某月某日附葬于新建石麓山其考、赠修撰野江先生之墓，自具事状来请予为铭。比岁，修撰君既荷貤封，屡乞归养，而不可得。去年冬十一月，太安人乃就养至京，于是计才百日，而何为遽有此邪？

太安人聪明识道理，无所蔽惑，自幼通《孝经》、《小学》等书，日用动静，取为证据，于人之邪正鉴别无失，遇事吉凶能豫度其然，已而果然。其教修撰君严，每课读常至鸡鸣，惧其劳伤，又常取药饵之有资于心肺者助之。修撰君既举于乡，会试屡不第，则谕之安命，惟欲以名节自励，及修撰君状元及第，又以不朽谕之。武宗南巡，修撰君抗疏谏止，被箠，几殆，遂谪闽中舶官，而太安人未尝沮丧忧惧，盖其贤可拟于柳仲郢、范滂之母也，于铭奚愧哉！

按状，聂为南昌臣族，太安人之父服膺，性豪尚义，能诗词，多交名人。母郑柔顺恭谨，生四子三女，而太安人最幼，故讳末，年十九，归野江，能以孝敬相之，中馈烹饪皆中度。表亲有识者以为自太安人入舒氏门，酒茗酱醯皆一变，盛之兆也。时祭俎豆必致其诚，宾客过从，不待野江之命而佳设已具。事姑樊孺人，久而益笃，樊老感奇疾，伏枕十月，衣被垢秽，必亲浣濯，不以委人。遭舅姑之丧，哭必哀尽。于时，二兄公俱宦游在外，殡殓之具赞野江惟厚之从。与其妯娌处睦而无衅，视二侄如其子，然御僮仆庄而能慈，往往有既去而怀恋其复来者。岁凶，邻媪之老羸至，必饭之曰："吾力虽不能周，而于此见吾之意。"野江性刚嫉恶，喜面折人，乡人及弟侄有过者，或望而避。太安人每婉言劝谕，欲其有容，盖其为妻为妇之贤又如此。太安人生景泰五年三月三十日，享年七十有二。男止修撰君一人，女二人。长适临川何珍，先卒。次适丰城李浙，由进士今为南京吏部验封司主事。孙男二人：长泰，次奉；女三人：长适同县徐□敬，次适府学生樊夔，其一尚幼。曾孙男一人，在褓褓。铭曰：

惟郢有母，其学乃成。惟滂有母，乃以忠名。学为伦魁，忠犯主怒。人曰贤哉，此子此母。养未五鼎，子心悲伤。名□百世，母志以偿。石麓之铭，德则多有。余庆攸钟，□□□□！

（明）钱德洪《答论年谱书》（“谱草苟完”篇） 舒国裳在《师门文录》无所见，惟行福建市舶司取至军门一牌。《传习续录》则与陈维浚、夏于中同时在坐，问答语颇多，且有一段持纸乞写“拱把桐梓”一章，欲时读以省，师写至“至于身而不知所以养之”句，因与座中诸友笑曰：“国裳中过状元来，岂尚不知所以养时读以自警耶?”在座者闻之皆竦然汗背，此东廓语也。又丙午年，游安福复古书院，诸友说：“张石盘初不信师学，人有辨者。张曰：‘岂有好人及其门耶?’辩者曰：‘及门皆好人也。’张曰：‘东廓岂及门乎?’辩者曰：‘已在赣及门矣。’又曰：‘舒国裳岂及门乎?’曰：‘国裳在南昌及门矣。’张始默然俯首，后亦及门。”是年，石盘携其子会复古，其子举人。（阙）至今常在会未有及门之说。昨南昌闻之，诸友相传，因问：“律吕、元声乃心服而拜，盖其子侄辈叙其及门之端也。”昨见兄疑，又检中离续同志，考舒芬名在列，则其诸所相传者不诬也。

（录自［明］王守仁《王文成全书》卷三十六）

（明）张岳《小山类稿》卷二十·诗·庚辰赴谪金陵过三山同年舒国裳刘实夫廖师贤郭澄卿邀饮即席联句时正月念五日 同年三百道相如，（舒）天地生人又一初。闽水有情春送棹，（刘）塞鸿无恙夜来书。诗成彩笔云连扫，（廖）红满胆瓶梅正舒。赋罢远游谁与和，（张）烟波渺渺正愁予。（郭）

春霁桥西雨，（刘）商歌本不卑。愁人尊酒尽，（廖）卧病一舟宜。忆昨心犹壮，（张）怜今路正岐。杜陵那可作，（郭）心事草堂知。（舒）

春别琴书雅，（廖）新诗梦汝贤。风尘惊满眼，（张）道谊喜同年。奎照三山里，（郭）云横五座前。金陵浑在望，（舒）君去亦登仙。（刘）

涉世应多虑，（张）逢君可自宽。晴云看照户，（郭）光景叹惊湍。日月孤臣疏，（舒）鸾凰国子官。春江明发棹，（刘）百丈上平滩。（廖）

刚喜新晴别净峰，（郭）欲将丝线系艨艟。野云片片寒犹在，（舒）花树茸茸酒更供。此日论心还剪烛，（刘）当年携手忆闻钟。丈夫事业存青史，（廖）敢道无才亦协恭。（张）

（明）许相卿《云村集》卷五·书简·与梓溪舒国裳修撰 兄危言大计，天下知之。仆则以兄占世有隐忧焉，不知涕之既陨也。履变孔多，阅理弥熟，今来所造诣，所谓将降大任焉者，天意有在私望甚侈。吴德翊先生去，便勒手状布区区，宣公奏议奉为忠谠助风波，如许邂逅，未涯南望，曷任凄断。

（明）王世贞《弇山堂别集》卷七十一·谥法二·二字谥·文节 （文臣）……翰

林院修撰、赠左春坊左谕德舒芬（万历）。

右道德博闻谨身制度。

（明）蒋一葵《尧山堂外纪》卷九十五·国朝 舒芬（进贤有石人滩，相传谓滩合则状元出，人遂以石滩称先生，先生逊避，别号梓溪。正德丁丑，闽人刘世扬会试入京，梦神告之曰："今年状元名国裳。"世扬即以国裳易己之字。刘是科登进士，而舒状元，其字则国裳也）。

舒梓溪及第未几，即以言出为福建提举，作诗云："御笔新题墨未干，寸心耿耿向长安。九重宫阙浮云锁，万里江山赤子寒。午夜人争摇拘尾，一封谁肯犯龙颜。凤凰台上归宜早，不作盲聋喑哑官。"平生精于天文，尤熟于数学，能决己之休咎云。

舒状元春游，用重叠意作诗曰："春风春日兢春华，春水春山春景佳。新柳恋莺莺恋柳，好花迷蝶蝶迷花。寻芳子入游芳伴，买酒人投卖酒家。去是路兮归是路，马头相对日头斜。"又用曲牌名作诗曰："惟爱宜春令去游，风光犹胜小梁州。黄莺儿唱今朝事，香柳娘牵旧日愁。三棒鼓催花下酒，一江风送渡头舟。嗟予沉醉东风里，笑剔银灯上小楼。"（宸濠所嬖幸妃名趣妃，谓有趣之妃也。后为状元所获。）

（明）鲍应鳌《明臣谥考》卷上·文节 舒芬（修撰，赠左谕德。万历年追谥。道德博闻，谨行制度。江西进贤县人）。

（明）苏茂相《皇明宝善类编》·编中名公姓氏 舒芬，字国裳，号梓溪，进贤人。正德丁丑进士第一，仕至翰林修撰，谥文节。

又，卷上·直节 武宗将南幸，人情危惧。舒国裳约同志上疏乞留，冢宰陆完出危言沮之，舒曰："匹夫不可夺志，吾辈乃为大臣所夺乎？"疏竟上。

（明）郭良翰《明谥纪汇编》卷十四·臣谥上·文臣·文节 舒芬（修撰，赠左谕德。万历补谥。道德博闻，谨身制度。江西进贤人）。

（清）谷应泰《明史纪事本末》卷四十九·江彬奸佞 （武宗正德十四年）二月，上自称总督军务威武大将军、太师、镇国公朱寿，制下南巡，上欲登岱宗，历徐、扬，至南京，临苏、浙，浮江汉，祠武当，遍观中原。时宁王宸濠久畜异谋，制下，人情汹汹。翰林修撰舒芬等约群臣上疏乞留，俱会关下。吏部尚书陆完迎谓曰："主上闻直谏，辄引刀为刎状。"完意盖以阻言者也。于是，翰林修撰舒芬等疏先入，兵部郎中黄巩、员外陆震联疏入，吏部郎中夏良胜、礼部郎中范潮、太常博士陈允川疏继入，医士徐鏊以医谏，吏部郎中张衍庆、礼部郎中姜龙、兵部郎中孙凤、陆俸等率部僚合疏入，工部郎中林大辂等、大理寺正周叙等、行人司副余廷瓒等亦合疏先后入。上大怒，召江彬示之以彬言，下黄巩、陆震、夏良胜、万潮、陈九川、徐鏊锦衣狱，命舒芬、张衍庆、姜龙、孙凤、陆俸等百有七人跪午门外五日，林大辂、周叙、余廷瓒等二十余人俱下狱。明日，黄巩等六人亦跪五日。时舒芬疏最切直，而巩以事出江彬，故独劾之。芬疏略曰："陛下之出，以镇国公为名号，苟所至亲王地据勋臣之礼以待陛下，将朝之乎？抑受其朝乎？万一循名责实，求此悖谬之端，则左右宠幸之人无死所矣。陛下大婚十有五年，而圣嗣未育，故凡一切危亡之迹，大臣知之而不言，小臣言之而不尽，其志非恭顺，盖听陛下之自坏也。尚有痛哭泣血，不忍为陛下言者，江右有亲王之变，大臣怀冯道之心，以禄位为故物，以朝宁为市廛，以陛下为奕棋，以革除年间事为故事，特左右宠幸者知术短浅，不能以此言告陛下耳。使陛下得闻此言，虽禁门之外，亦警跸而出，安肯轻亵而漫游哉。"……于是，京师连日阴霾昼晦，禁中水自溢，高桥四尺许，桥下七铁柱齐折如斩，时三月二十五日也。金吾卫指挥张英者，肉袒挟两囊土数升当跸道哭谏，不允，即拔刀自刎，血流满地，侍卫人缚送诏狱，问英囊土何为，曰："恐污帝廷，洒土掩血耳。"殒命狱中。是日，内旨舒芬等百有七人俱廷杖三十，疏首谪外任，余夺秩半年，黄巩等六人俱廷杖五十，徐鏊戍边，巩、震、良胜、潮俱削籍，林大辂、周叙、余廷瓒廷杖五十，降三级外补，余杖四十，降二级外补。死杖下者，员外陆震，主事刘校、何遵，评事林公黼，行人司副余廷瓒，行人詹轼、刘概、孟阳、李绍贤、李惠、王翰、刘平甫、李翰臣，刑部照磨刘珏十余人，车驾竟不出。

（清）陈宏绪《江城名迹》卷一·考古一　豫章二十四先生祠在正学书院之东。……后又增祀梓溪舒芬……共二十四人，凡十三郡理学诸贤通祀于此。

豫章先贤祠在钟鼓楼右，故崇儒书院。万历间，学使沈九畴改为祠，先后举祀澹台灭明、徐稺、罗从彦、胡俨、张元祯、舒芬、魏良弼、万廷言、万思谦、邓以讚、李材十一先生，皆吾郡之名儒也。

……

豫章三贤祠在射圃亭，即总铺地址，祀南昌熊恭肃浃、进贤舒文节芬、新建魏太常良弼。万历三十四年提学参政姜士昌行府属三县创建，大学士张位撰记。

（清）陆陇其《三鱼堂剩言》卷一　明舒芬谓："《周礼》者，至诚尽性之书也。"又谓："《周礼》与《仪礼》、《戴记》犹蜀之于吴、魏也。贾氏以《仪礼》为本，《周礼》为末，谬妄已甚，朱子乃不正之，是其所惑也。"舒氏尊《周礼》是也，而以此抑《仪礼》则过矣。其尊周子而贬程子，亦是此病。

（清）万斯同《儒林宗派》卷十五·明·王氏学派　舒芬（国裳，梓溪。进贤）。

（清）陈廷敬《午亭文编》卷三十九·书·与徐少宗伯论一统志书·丰城人物·舒芬　廷对第一，不应仅书及第。按，嘉靖初，芬为修撰，谏昭圣太后诞日停止命妇朝贺逮讯，而无哭庙事。又杨慎、王允正等以争大礼不听，撼奉天门大哭。是时芬已即讯，恐不与此，且哭于门，非哭于庙也。

（清）陶成《江西通志》卷七·山川一·南昌府　军山湖在进贤县北，延袤五十余里，有军湖书院遗址。又有日月湖，水涸时分为二，涨则合为一。湖中有滩曰石人，谶云：“日月湖明良将出，石人滩合状元生。”明正德间舒文节芬应之。

又，卷一百八·祠庙·祠·南昌府　舒文节祠，在进贤城内，祀明修撰舒芬。周尹光祖建，张位记。

（清）谢道承等《福建通志》卷十五·祠祀·福州府　两贤祠（在郡旧提学道左。明万历三十二年提学副使徐即登改建，祀提举罗文毅伦、舒文节芬，副使甘雨重修有记，今废）。

正德十六年（1521）辛巳科状元杨维聪

传　　记

（明）陈鎏《皇明历科状元录》卷四·正德十六年辛巳状元杨维聪　（正德）十五年庚辰会试，取中张治等三百五十人。会毅皇帝狩于南京，未及廷试。至今上登极始举之。时廷对之士三百三十三人，擢杨维聪第一。实皇上龙飞第一科，为励政求贤之始云。取庶吉士廖道南等二十四人。

杨维聪，字达甫，号方城，顺天固安人。年三十，登顺天乡荐，举第一，授翰林修撰。嘉靖初，时方议礼，时宰嫉之，以扩充政事为名调外为提学佥事，转河南提学副使，累升山东左布政，旋致仕去。癸未同考会试。幼随父和任长史，在塾读书，每膳具，维聪已至。母张氏问其："何故知之?"答曰："恒闻耳边呼曰状元可食饭。"及长，在京梦崇文坊迎金字"辛巳状元"牌来，扣之何往，曰："送与固安杨秀才。"觉而自喜，但疑是岁非试期。既而己卯、庚辰，乡、会连捷，因武帝南巡，未暇廷试。至今上登极举之，实辛巳岁也。兄维杰亦治《诗》，以嘉靖己丑登进士第二人。维聪为予婿田□同榜，故道之详。(《状元记事》)

始忤时相，例以外迁。彼迁者复，君胡不然？盘旋外司，品陟其颠。山东大比，职司外帘。秉华作文，盈册烨焉。有斐者文，元何忝旃。

其生为壬子辛亥癸酉壬戌。

（明）顾祖训原稿、（明）吴承恩增补、（清）陈枚续补《状元图考》卷二·状元杨维聪　正德十五年庚辰会试，取中张治等三百五十人。会毅皇帝狩于南京，未及廷试。至十六年辛巳，嘉靖登极始举之。时廷对之士三百三十三人，擢杨维聪第一。实嘉靖龙飞第一科，励政求贤之始云。

按，杨维聪，字达甫，号方城，顺天固安人。年三十，登乡荐第一。

《状元记事》：幼随父和任长史，在塾读书，每膳具，维聪已至。母张氏问其："何故知之?"答曰："恒闻耳边呼曰状元可食饭。"及长，在京梦崇文坊迎金字"辛巳状元”牌来，扣之何往，曰：“送与固安杨秀才。”觉而自喜，但疑是岁非试期。既而己卯、庚辰，乡、会连捷，因武帝南巡，未暇廷试。至今上登极举之，实辛巳岁也。兄维杰亦治《诗》，以嘉靖己丑登进士第二人。

科　第

（一）乡试

（明）张朝瑞《皇明贡举考》卷六·（己卯）正德十四年两京十三藩乡试·解元 顺天府杨维聪（固安县。学生。《诗》。辛巳）。

（明）张弘道、张凝道《皇明三元考》卷九·正德十四年己卯科解元 顺天杨维聪（固安人，字达甫，号大城。治《诗》。年二十九，庚辰进士第十名，廷试一甲第一名。累官光禄寺卿。父和，举人，长史。兄维杰，丙戌榜眼）。

（明）张弘道、张凝道《科名盛事录》卷一·元魁盛事·两中元魁 固安杨维聪，正德己卯解元，辛巳状元。

（清）田易等《畿辅通志》卷六十四·举人·明·正德己卯科 杨维聪（固安人）。

（二）会试、殿试

辛巳科（正德十六年）**状元策** 皇帝制曰：朕惟自古人君临御天下，必慎厥初，而为其臣者亦未尝不以慎初之说告之。盖国家之治忽，君子、小人之进退，世道之否泰，其机皆系于此。诚不可以不慎也。然观之《诗》、《书》所载，则亦不能无疑焉。

舜正月上日受终于文祖，首察玑衡以齐七政，而类禋望遍之并举，观天交神，庶政固在所先矣。异时月正元日，格于文祖，询四岳，辟四门，明目达聪，惟恐或后，且进十二牧而历咨之，岂听言用人又在所急欤？太甲元祀，祗见厥祖，伊尹明言烈祖之成德，以训于王。是天下之政，无大于法祖宗矣。高宗恭默思道，傅说告之，尤惓惓逊志时敏之务，典学亦岂容缓与？成王即位，周公作《无逸》，举三宗以劝之，惟以畏天爱民为主；《访落》一诗，乃又以尽下情、守家法为说；《立政》一书，又以三宅、三俊为不可忽，终之无误庶狱为重。意固各有在欤？抑又有可疑者，禹受命于神宗，不旋踵会群后，誓师征苗。康王率循天下，人臣进戒，首以张皇六师为言，他务未遑。顾以兵事先之，何欤？若乃禹祗承于帝，有精一执中之传；汤黜夏命，有克绥厥猷之任。武王胜殷，访《洪范》于箕子；践祚，授《丹书》于尚父。且退，而几席、觞豆、刀剑、户牖，莫不有铭，则又万世道学渊源所自，未可以寻常政事目之也。然则，人君慎初之道，果孰有外于是欤？

汉、唐、宋以来，其君臣之间盖无足与于斯者。然一代之治功、论议，亦不可泯。观夫求端于天之策，治审所尚之疏，尚德缓刑之书，荡涤烦苛之奏，与夫先天要说之十事，奉天罪己之一诏，元祐修德为治之十要，淳熙谨始自新之十目，皆于初政深致意焉。其与十渐之虑，五始之义，三卿序进授策之戒，指归所在，其果无大相远欤？

夫人事有本末，物理有始终，王道之设施固有先后。端本所以治末，谨始所以图终，施之宜先则不可以少后，皆治体所关甚大，不可以苟焉者。何众说不能以归一欤？

朕奉天明命，嗣承祖宗大统，临御以来，厘革弊政，委任旧臣，凡夫敬天法祖，修德勤政，求贤纳谏，讲学穷理，节财爱民诸事，惟日孜孜，次第举行。取《无逸》中"嘉靖殷邦"之一语，建号纪元。方将体元居正，以求俪美《诗》、《书》所称帝王熙明之治。特进尔多士于廷，咨以慎初之道。

尔多士，其尚酌古准今，稽经订史，明本末之要，审先后之序，悉意敷陈，用辅朕维新之意。

臣杨维聪

臣对：臣闻帝王之御天下也，有治法，有心法。酌其因革，制其缓急，足以周天下之务，立天下之纲，是谓治法；根于躬行，原于心得，使其出之而有本，运之而不穷，是谓心法。治法不善，则施为注措之间，乖谬舛错，必无以成治。苟治法善矣，心法或未端焉，则科条虽具，品式虽详，亦弥文粉饰，而未必征之实事，勉强一时，而不能持于悠久，虽欲言治，皆苟而已。故心法存于内以为之本，治法施于外以为之用。本端而末治，体立而用行，斯为治不易之常道也。况人君临御之初，天命眷顾方新，人心向望方切，治忽否泰之机胥此焉系。所以慎其初而图其终者，可不加之意耶？是故得心法而举治法，三代以上之所以善治也；心法不纯而治法亦有所未备，三代以下之所治不古若也。然则，今日慎初之道，奚有外于是二法哉？

钦惟皇帝陛下，睿哲天挺，仁孝夙成，昔潜藩邸之时，已系元元之望，一旦龙飞虎变，御极当天，宵旰孜孜，励精图治，任耆旧之臣，厘积习之弊，天下之人莫不延颈举踵，观政听风，思见德化之成。臣以草茅，首蒙赐对，虽至愚陋，不足仰承休德，而喜庆之深，敢不掇拾旧闻，对扬清问之万一？

臣惟人君之治天下有机焉，识治势者乘其机以为之，则力不劳而功可成。所谓机者，初是也。盖临御之初，好恶未著，虽有邪佞之臣，卒然不敢售其奸，唯左右观望，一有隙焉，即投以所好。人君惟好之欲也，于是溺其所可乐，忘其所可惧，而后彼得以肆，天下之事，将遂偾焉，以至于不可为。诚自其初谨之，不堕于小人之计，小人亦洗心涤虑，唯正之趋矣。是故识其机者，慎其初；不慎其初，不识其机也。识其机，则国家由之而治，君子由之而进，世道由之而泰。不识其机则治者忽，进而退，泰者否矣。其关系岂小小哉！太甲初嗣位，伊尹告曰："今王嗣厥德，罔不在初。"成王初营洛，召公告："若生子，罔不在厥初生，自贻哲命。"自古人君临御天下，率以慎初为事，臣之贤者，亦未尝不以慎初之说告之也。臣请稽经订史，用圣制所及者条陈之。

舜摄位，任璿玑玉衡以齐七政，而观天之道尽，类上帝，禋六宗，望山川，遍群神，而交神之礼举。及其即位，询四岳，辟四门，明四目，达四聪，务进贤以决壅蔽之患，且进十二牧，而历以五事咨之，务用人以赖辅理之益。伊尹作《伊训》，明言烈祖之成德以训太甲，盖逆知其欲败度、纵败礼，颠覆汤之典刑，故以法祖为说。高宗以交修命傅说，说告之曰："惟学逊志，务时敏，厥修乃来。"则以君德即修，然后大臣可举其职也。周公作《无逸》以训成王，举殷中宗、高宗、祖甲畏天爱民之事，欲其知小人之依，以为祈天永命之本。成王朝庙听政，思先人顾托之重，乃作《访落》一诗，延群臣以尽下情，率昭考以守家法。《立政》一书，周公戒成王以任用贤才之道，始以宅俊为不可忽，而终之以无误庶狱为重，使王尤知刑狱之可畏，必专有司牧夫之任，而不以己误之也。

若夫禹受命作宗，不旋踵会群后，誓师征苗；康王率循天下，召公进戒，首以张皇六师为言，似若忽内而重外者。然圣人之治，固不因外以废内，亦不因内而遗外。有苗弗率，民弃不保，禹承舜命，安得不征之？然班师振旅，诞敷文德，卒格于干羽两阶之化。周至康王三叶矣，承平既久，玩愒随之，老臣爱君，得不以张皇六师为戒。且张皇云者，亦国之常政。军伍藏于井甸，陈法讲于搜狝，巡边四征，寓于巡狩。会同儆军，实阅器械、严纪律而已。非若后世守文者以兵为讳，喜功者则又穷兵黩武之为也。

夫三代以上之君，临御之初，莫不急所先务，其治法可谓举矣。至其心法之所存，则尤致意焉。是故"人心惟危，道心惟微，惟精惟一，允执厥中"，禹之祗承于帝也；"惟皇上帝，降于下民，若有恒性，克绥厥猷惟后"，汤之自任于己也。武王之始克商也，访《洪范》于箕子，初一曰五行，次二曰敬用五事，次三曰农用八政，次四曰协用五纪，次五曰建用皇极，次六曰乂用三德，次七曰明用稽疑，次八曰念用庶征，次九曰向用五福，威用六极。其始践阼也，又访《丹书》于太公，曰敬胜怠者吉，怠胜敬者灭，义胜欲者从，欲胜义者凶，退而几席、觞豆、刀剑、户牖莫不有铭。夫武王之皇极敬胜义，即成汤之绥猷，即禹之中。心法之相传，精神之相契，有以开万世道学之渊源。立政非此无以为立之之本，宰事非此无以为宰之之要。慎初之道，莫有先于此者，可以寻常政事目之哉！

自是而后，若汉，若唐，若宋，不足与于斯矣。安马上之习者，不事《诗》、《书》，修玄默之德者，崇尚黄老。投戈讲艺，息马论道矣，溺心图谶之说；父事三老，兄事五更矣，专为章句之习。以至锐情经术而闺门惭德，礼延文儒而声色荒心。曰心无邪曲，顾任智术以成功，曰重道崇儒，至指道学以为党。心法之传，廖乎非有闻也。故其为治法也，或驳焉而不纯，或行焉而有所不尽。然当时群臣之论议，深有可取者。

董仲舒对策于武帝之初，曰王者求端于天，欲人君任德不任刑。匡衡上疏于元帝之初，曰治天下者审所尚，欲朝廷崇礼而敦让。宣帝刑名绳下，路温舒以尚德缓刑劝之。章帝承永平后，陈宠以荡涤烦苛劝之。汉之臣致意于新政者如此，惜乎其君无能以行之也。

玄宗开元之初，姚崇以十事要说，曰政先仁恕，曰不幸边功，曰法行自近，曰宦竖不与政，曰罢赋外之征，曰戚属不任台省，曰大臣接之以礼，曰群臣得犯忌讳，曰绝营造，曰推鉴戒。德宗奉天之难，陆贽劝下罪己之诏，曰：天谴于上而朕不寤，人怨于下而朕不知，痛心腼面，罪实在予。使狂将悍卒闻之，无不感激挥涕。唐之臣致意于新政者如此，惜乎其君行之而不尽也。

吕公著当哲宗之初，尝上十事于朝，则畏天也，爱民也，修身也，讲学也，任贤也，纳谏也，薄敛也，省刑也，去奢也，无逸也。朱熹当光宗之初，拟上十目于朝，则讲学以正心，修身以齐家，远便佞以近忠直，抑私恩以抗公道，明义理以绝神奸，择师傅以辅皇储，精选任以明体统，振纲纪以励风俗，节财用以固邦本，修政事以攘夷狄。宋之臣致意于新政者如此，惜乎元祐行之而不终，淳熙拟之而未上。故当时之治，卒莫能底于善也。

由诸臣之建白观之，虽言人人殊，其视十渐、五始、三卿序进授策之戒，指归所在，亦无大相远者。盖魏征十渐之虑，以太宗初寡欲而今市骏马，初护民而今用民力，初役己而今纵欲，初亲贤而今近奸，初贱异物而今进难得，初求士而今任好恶，初绝田猎而今事驰骋，初达群情而今多间隔，初求治而今恃势，初抚宁而今劳弊，所以虑不克终也。五始之义，则《春秋》之必书元年春、王正月、公即位者，以元者气之始，春者四时之始，王者受命之始，正月者政教之始，即位者一国之始。荀况所谓三卿序进授策，则天子即位，上卿进除患为福之戒，而授一策；中卿进虑事虑患之戒，而授二策；下卿进敬戒无怠之戒，而授三策。所以欲人君谨于始也，盖与诸臣之所建谨始图终者一矣。

夷考上下数千年间君臣图治之说，既有所谓心法，又有所谓治法。而其为治法之说，又或天或祖，或君或民，或内或外，或彼或此，棼然其不能齐，何也？天下之理固有大分，而于其中又各自有界限，必析之有以极其精而不乱，然后合之有以尽其大而无余。故以心法对治法言之，心法，人事之本也，物理之始也。又于治法之中，以事之大且急者对事之小且缓者言之，大且急者，人事之本也，物理之始也。君人者欲端本以治末，谨始以图终，其设施之序，心法固所当先，而治法之大且急者，亦奚容以或后？圣君贤臣唯有见于此，执中绥猷，《洪范》、《丹书》与夫典学之说，修身讲学之说，正心齐家之说，直指乎心法之源，而其他政事之说，亦就法治之中。因其时之所宜，据其势之所至，顺其理之所在，指其大且急者言之也，又奚必其词之同哉？

臣窃观陛下践阼之初，责成辅臣，奖纳台谏。凡弊政之所当革者，革之无不尽；凡旧章之所当遵者，遵之无不笃。其于敬天法祖，修德勤政，求贤纳谏，讲学穷理，节财爱民诸事，固次第举行之矣。励精之实，发于即位之一诏；中兴之志，著于嘉靖之纪元。凡在覆载之间，稍有血气之属，莫不以殷宗、周宣为望。乃犹不自满假，于圣制之终曰：方将体元居正，以求俪美《诗》、《书》所称帝王熙明之治，而欲臣等悉意敷陈，以辅维新之化。即此观之，臣有以知陛下必为殷宗、周宣无疑矣。臣之所以为献者，亦惟愿不失此机而已。何则？数年以来，法度废弛，天下之事已极于弊。陛下一起而新之，百官承德者日奋，人心望治者方切。此祈天永命之时，可以有为之会也。乘此机以为之，矢去川决，殆无难者，在陛下加之意而已。

近世人君，孰无愿治之心，然或卒不逮也。岂皆力之不足，亦其初之不慎也。陛下欲求慎初之道，则心法、治法乌可不加意哉！是故精察一守以执中，肇修人纪以绥猷，逊时志敏以典学，建皇极以序九畴，戒怠欲之胜敬义，正心以修身，修身以齐家，则心法得之矣。克谨天戒以畏天，监于成宪以法祖，亲贤远奸以致治，早朝晏罢以勤政，明扬侧陋以求贤，虚怀受言以纳谏，节财以制国用，爱民以固邦本，慎刑宪以恤人冤，诘戎兵以防边患，则治法得之矣。有心法以为治法之本，有治法以为心法之用，本末不差，先后有序，而谓美不俪于《诗》、《书》，治不隆于熙洽，岂理也哉？慎初之道，如是而已。虽然，非初之难，而终之难也。陛下以慎初为问，臣既陈之矣。至于图终之说，臣敢复为陛下言之。

《易》曰："天行健，君子以自强不息。"天之行也，一日一周，而明日又一周，未有一时之息，健故也。唯其健也，故四时万物皆得顺其序，遂其生。使君子自强之健于天，少不似焉，则几成而复坏，未久而已息，何以成其治哉！然所谓健治者，非血气之谓，又以心为之本。陛下诚求之心，日御经筵，讲求至理，以学养此心，整齐严肃，主一无适，以敬存此心。延见公辅，亲近儒臣，随侍便殿，时备顾问，以君子维持此心。则圣心湛然，义理为之主，而物欲不能夺其健，即乾矣。又何不终之足患哉？伏惟陛下深留圣意，以无失今日之机，以无负今日之望，以无忝今日改元之意，则生民幸甚，宗社幸甚！

臣干冒天威，无任战栗陨越之至。臣谨对。

（录自［明］焦竑辑，［清］胡任兴增辑《历科廷试状元策》卷三）

（明）张朝瑞《皇明贡举考》卷六 （辛巳）正德十六年五月十五日，临策会试天下贡士。制曰：……

（正月，上还京。三月，晏驾。四月，嘉靖登极。五月，始举廷试。时廷对之士三百三十人，赐杨维聪等进士及第出身有差，以有大丧礼，事宜从简。维聪官至太仆寺卿。……）

第一甲三名赐进士及第：杨维聪，顺天府固安县。……

（明）徐阶等《明世宗实录》卷二 （正德十六年五月丙辰）先是，会试取中举人张治等三百五十名，以大行皇帝南巡未经殿试。至是，礼部尚书毛澄等请于五月十五日引赴殿廷试策，缘遇大行皇帝大丧，拟照天顺八年事例，至日早引诸贡士于西角门，行礼毕，赴奉天殿前丹墀内策试，十八日早，仍于西角门引诸进士行礼，免传制唱名并恩荣宴。文武百官各具素服侍班，乐设而不作。诏曰："可。"

又 （正德十六年五月庚申）礼部上殿试贡士仪注：五月十五日殿试，先期一日，鸿胪寺官设策题案于奉天殿之东，备试桌于两庑。至是早，礼部官引贡士具青衣服入，至西角门外东西北向序立，文武百官各具素服，侍立如常仪。上缞服御西角门，文武百官行叩头礼，侍班鸿胪寺官引贡士就拜位，赞五拜三叩头，礼毕，各分东西侍立。鸿胪寺奏谢恩见辞，礼毕，上回文华殿。文武百官退，鸿胪寺引贡士赴奉天殿前丹墀内，伺候策问，执事官举策题案于殿中，翰林院官以策题付礼部官置于案上，执事官举策题案由左阶降置于丹墀东，礼部官散题。十八日发榜，先期一日，鸿胪寺官设黄榜案于西角门外稍东，至日早，先开左掖门，放读卷及提调并执事官进入文华殿门外。上缞服御文华殿。读卷并执事官人，行叩头礼毕，进入殿内供事。读卷官拆第一卷，奏第一甲第一名某人，拆第二卷，奏第一甲第二名某人，拆第三卷，奏第一甲第三名某人，填写黄榜讫。尚宝司官用宝完备，执事官整束黄榜，翰林院官捧出西角门外伺候，各官俱退。上缞服御西角门，文武百官素服侍班，诸进士服进士衣巾分东西侍立，文武百官行叩头礼，鸿胪寺举案置于中，翰林院官捧黄榜授礼部置于案，执事官引进士入拜位，行五拜三叩头礼，各分东西侍立。礼部官捧黄榜，乐设而不作。导引由午门左门出，至长安左门外张挂，进士随出观榜。上回文华殿，文武百官退。二十一日，状元率诸进士上表谢恩。是日，鸿胪寺官引状元捧表立于西角门外稍东，诸进士以次东西序立，上素翼善冠、麻布袍御西角门，文武百官行礼侍班如常仪。鸿胪寺官引状元及进士入班，赞跪，赞上表，鸿胪寺官接表，授内侍官捧进，赞五拜三叩头，礼毕，上回文华殿，文武百官退。

（明）王世贞《弇山堂别集》卷八十二·科试考二 （正德）十五年庚辰，命礼部左侍郎、翰林院学士石珤，翰林院侍讲学士李廷相为考试官，取中张治等。时武庙狩南京，及秋而还。辛巳夏五月，上登极，始试之，赐杨维聪、陆釴、费懋中及第。

（明）张弘道、张凝道《皇明三元考》卷九·正德十五年庚辰科大魁 状元杨维聪（己卯顺天解元）。

（清）田易等《畿辅通志》卷六十二·进士·正德辛巳科杨维聪榜 杨维聪（固安人。春坊）。

（清）刘谨之等《钦定盛京通志》卷四十七·选举一·进士·明·正德辛巳科 谨案，《明史》：正德庚辰二月会试，取张治等三百五十人。因前一年己卯八月，武宗南巡。至十六年辛巳还京师。是年三月，世宗入继大统。五月，补行殿试，赐庚辰科中式举人杨维聪等三百五十人进士及第出身有差，故志称是科为辛巳。

（清）张廷玉等《明史》卷七十·志第四十六·选举二 （正德）十五年庚辰，武宗南巡，未及廷试。次年，世宗即位。五月，御西角门策之，擢杨维聪第一。

仕　宦

（明）雷礼《国朝列卿纪》卷一百四十五·南京光禄寺卿年表　杨维聪（顺天固安人。进士。嘉靖十五年任。详太仆寺卿）。

又，卷一百四十五·南京光禄寺卿行实　杨惟聪，字建甫，顺天府固安县人。正德辛巳进士。嘉靖十五年，由山东左布政使升任。十六年，改太仆寺卿。详太仆寺。

又，卷一百五十·太仆寺卿年表　杨惟聪（顺天固安人。进士。嘉靖十八年任）。

又，卷一百五十·太仆寺卿行实　杨惟聪，字建甫，顺天府固安县人。正德辛巳第一名，授翰林院修撰。嘉靖十年，历山东左布政使。十五年，升南京光禄寺卿。十八年，升太仆寺卿。十九年，致仕。

（清）储大文等《山西通志》卷七十八·职官六·明　杨惟聪，进士。嘉靖时任副使，为右布政使。顺天固安人。

又，卷八十五·名宦三·统辖·明　杨惟聪，直隶同安进士。嘉靖间山西右布政。持己严毅，恶民疾苦。路见贫寒，时为周给，仍檄有司各加存恤，惟于强宗贪吏不宽假，人咸德之。

（清）田易等《畿辅通志》卷七十四·政事·顺天府·明　杨维聪（字达甫，固安人。正德中，廷试第一。授修撰，迁右中允。因议大礼，廷杖，出为山西副使，累迁太仆寺卿）。

轶　事

（清）阎湘蕙《明鼎甲征信录》卷二　杨维杰，顺天固安人，维聪之兄也。父，长史和，三世敬惜字纸。维聪，正德十六年辛巳殿试第一。维杰，嘉靖五年丙戌殿试第二。六年内，兄弟两掇巍科，时以为惜字之报。先是，长史梦鼓乐前导，送辛巳状元牌到家，旁注“敬惜字纸”四字，觉而甚喜，然终以辛巳非会试期，为疑。正德己卯，维聪发解，庚辰联捷。时武宗南幸，至明年，世宗登极，始行殿试，神应如此。（《敬字编》并《桂宫梯》）

著　作

（清）曹仁虎等《钦定续通志》卷一百七十·金石略四（今无）·历代石刻·明 《过阙里诗》（杨维聪撰。正书。嘉靖十五年。曲阜）。

（清）窦光鼐等《钦定日下旧闻考》卷一百二十四·京畿（固安县） 增明杨维聪《尊经阁诗》：阿阁三重书百篇，青衿白首此钻研。两河槛外清兼浊，阡陌宫前断复连。北阙晴云常五色，西山瑞霭亘千年。归儒逃墨思曩迹，入室升堂俟后贤。（《固安县志》）

杂　录

（明）高叔嗣《苏门集》卷三·晋阳稿·送杨方城中允拜表赴都 新秋雨微霁，山川气早寒。朝日照长林，阴霞冒层峦。咫尺神京路，追饯不可攀。大君方垂裳，海宇息波澜。八方修臣职，表贺集长安。天门辟日月，神宫栖鹓鸾。甘露降中庭，色润黄金盘。跪进万年寿，夷夏靡不欢。仙管奏乐府，宝馔出大官。君臣高宴会，维时良已难。盛世思夔龙，留佐虞廷端。而我寄边隅，迟回亦何叹。

又，卷五·序·寿序 嘉靖九年，开封学长某、祥符学长某、商水学长某、二学生某百余人相与议于学舍曰："今天子颛意德化，虑郡国学敝，则道术流遁，士亡从以出，故移近臣辍以领其事，甚重且宠方城公，始用太子中允来治河南。岁时行视下国，收才民间，汰斥不可，开书院，拔异士，次第禀食之。四方之士，聆响毕辏，又设《春秋》、《礼》二经师，集诸通是艺者使渐习其间，期于五学并盛。由是七郡之士，斐然回思于道，天子之化，旁流四溢，烝烝向治，于今二年。某等自度终亡以称塞公盛意者，如何？"

是岁三月二十九日，方城太夫人寿考七十始降之辰，群士又相与议曰："闻之其母贤者也，其子肖盛德焉。太夫人之德不出乎阈，窃观方城公始举进士于庭，上擢为第一，遭遇至隆也。出入内廷，坐议承明之庐，兄弟结佩而趋，儒者以为谈。先天子将建大用，而试诸外，自它人鲜不以为劳。然人未尝见方城公一语者，是其所得岂当世所敢望哉？此可以观太夫人贤已。"则相与私于高氏，皆再拜言所以愿为太夫人寿者状如此，叔嗣让曰："诸君诚欲进寿太夫人氏者，计必选于能言，以颂述其事，然后休德流于当世，垂之亡穷，为后之贤母式，与古图画所著何以异？若仆不文，上亡以为扬师德，下不足以效群士之私心，是过听而使仆也。"让不能已，于是纂次群语，以告于祝史，献太母无疆之寿辞。

又，卷五·序·赠杨方城公上山东布政左使序 上以侍从之臣，政未洽于民，乃历试诸外，若求辅弼，则用是而充。诸臣或厌于是，而有佚心，故弗能于治。惟方城杨公不然，公举进士第一人，为国史修撰、太子中允者七年，出为山西按察司副使。山西，京师视为边邑，薄之，公无所变。已而徙河南，用以修学政。久之，转山东布政司参政，守海右诸道，督漕入都。越十四年，转为山西布政右使。九年于外服，益恪不懈，政声四塞，吏民颙然，靡不嘉颂。夫上厉精中兴，本汉宣用萧望之意，下徙近臣。而公覃于六藉，学无所不观，文章为当世冠，又不厌为吏，越望之甚远。十五年七月二十日，转为山东左使，迫次公卿之选。

叔嗣观古者兴国之臣皆木呐无文，若敝矣，然而恒治则其人皆起民间，习知疾苦，所发政善也，故内外均。及其季也，皆文学儒生，若华矣，然而不治则其人皆少贵，不娴于事，所发政舛也，故重内而轻外。高皇帝定天下，画十五省设官之制，曰："朕有天下，更行省为承宣布政司，所以承者，朕命；宣者，代言；布者，张陈之；政者，军民休戚，国之利病。自参政以下皆自辟属，盖尝御书其门颜，其重如此。山东西，京师辅车之地，士马财赋缓急，以需后世，宜选贤建治。"而或薄之，然则积轻，岂一日哉？公于山东西皆再履之，熟知闾阎利病，道里隘塞，财赋所出，无不讲国既赖以为重，遂据鼎铉，登元宰，受鸿名，而佐道治。俾天下内外之势不偏，当由此已。吏民久瞩望，于今群僚感公之东，咸述明德，作此序辞，以示后式。嘉靖十五年岁次丙申秋八月之吉。

（明）王慎中《遵岩集》卷十·序·方伯杨方城先生考绩序 古之君子，出而有为于世者，虽其负兼人之材，擅出世之宠，必宜之以天下之功，然后可以大行于时，不疑于众，其作而任大臣之事也。论有发天下之至难，而辨博健敏之士不能傲之以所不知事；有变天下之至安，而耆老迟重之臣不能侮之以其未试，非材宠之盛，烨赫耳目。功之所积，诚白于众志而当其心也；功之所积，非一日一职之为也。盘桓之久，践更之多，劳有不可胜而精有所不能习。而挟材者，忽于俗务，有不屑之心；居宠者，惮于苛文，有不安之志，故功不得成。而众无所见，盖亦有作而任大臣之事者矣。议出于廷而讼聚于表著之位，政加乎民而毁盈于道路之言，岂非傲之以其不更之知，侮之以其未尝之为乎？

今山东方伯杨君子，所谓负材擅宠，而宜之以天下之功者。其人哉！始君释布衣，离岩穴，濡墨操笔于天子之前。天人之学，儒墨之辨，王伯之略，横驰旁击，浩若江河。今皇帝亲为览嘉，赐第第一，一日而屈四方之士，旧学失色，同进关口，屈伏敛避以推高，天下莫不闻其名，优游亲近，侍金门而上玉堂，材宠之盛无与为伍。及乎怀印去国，周游诸路，投烦畀冗，无有不屑不安之意，介于其中，出不穷之道以应物，教兴于陈宋郑卫之墟，而政达于三晋之境。其最巨且久者，则在山东以地计其广狭，则吏之专城，而处在所裁督，而临长者以数十百；以人计其多寡，则户之食土，而育在所收拊，而蓄养者以数千万，莫不禀政受事、畏义涵仁于阳开阴阖之下，而委曲纤悉、幽诘细综极其劳。有细人之所不胜而居之，以不倦致其精；有小史之所难习而察之，以无遗宜人之功。较然暴著，作而任大臣之事固有日矣。异时闻有发论行政于朝，人莫不得其心而无间于口者，非杨君也耶？

昔董仲舒、贾谊有其材矣，然不获其宠；公孙季有宠且有材，而不有其功，故南越设难策屈于买臣，弓弩创禁议驳于吾丘，盐铁兴事言黜于桑孔，所谓智受不更之傲，而为蒙未试之侮者也。宣帝之于望之方其谈经献议之日，已识为东海萧生，以其问学议论持重有余，属以为相，然且冯翊之行再于平原，所以尝于事而见功也。明主所以用人，既微之又章之，其道如此。而交杨君者，乃以居外之久为不遇于上，岂非惑欤？望之在平原，自疏求入，其为冯翊也。意不自得，复以疾引至勤，非有所闻之谕而后达，是臣主犹未相得也。杨君受上之知，以其身为天子使，无左右而不宜，不为几微自失之意作于中而见于外，臣主之间两喻不惑，何其盛也。君其竢哉，上方图君之功矣。

（明）罗洪先《念庵文集》卷二十二·七言律·重寄杨达甫　忆昔春盘坐绮筵，苑花宫柳惜芳年。吹嘘词赋扬雄晚，摇落风霜宋玉怜。三晋河山开节盖，五湖村曲卧云烟。凤毛麟角终池阁，鹭振鸿冥极暮天。

（明）吕柟《泾野先生文集》卷之十二·序·赠方城杨公进改太仆卿序　方城杨公，自山东布政升南光禄卿，未数月，改太仆卿。日近天颜，君子以为犹进也。南都诸公卿以予与公翰林旧僚也，欲委赠言，而其僚石渊傅君又为之恳。或曰：出哉，方城子之不遇也。公辛巳状元及第，未数年，同榜已有登相位者矣，而方陟春坊、中允，人以为甚屈也，则亦已矣。未几，又调出外任，或提学于晋、豫，或督粮于青、兖，既转布政，方拟中丞，乃迁南光禄卿矣。夫太仆犹光禄也，即无启沃之责，亦非编摩之任，虽云在北，何异于南咄哉！方城子之不遇也。

泾野子曰：不然也。客亦尝闻鲁织室之女乎？既有容德，亦有良材，十五而学浴茧，二十而善盆缫，邻女皆归高焉。既嫁于夫，妯娌诸姑妒其材之长也，数短毁之，于是下绮机，出缇阁，西沤麻于陈，南镬葛于越，夜不息纺绩之声，日不停奔走之劳。岁月既久，积累益深，乡党国人皆惜其能而称其屈，有贤妯娌者闻之，乃备言诣夫，使之脱去征衣，复登□□□□，□其苦良，察其精粗，缕缕不紊，绣绣不类，经纬既明，玄黄自成，以为黼黻文章，腾蛟龙而舞鸾凤，上可以补衮衣之缺，下可以被四表之民，则方城子□亦鲁织室之女也，又何为不遇哉！况圣天子方隆尧舜，思得皋契夔龙之辈以为陪侧。予所望于公者，惟于当遇之日，恒总未遇之志可也。昔者，王孝先之为贞也，学诣六经，科取三元，恳辞会灵之使，因被钦若之挤甚，后复进于相也，力制章献之临朝，遂列昭应之五害，开陈无隐，辩博有余，进止如有尺寸之度，清修常无温饱之心，恩不欲出于已谤，则常敛于身宜，胡文定称其俨然不动，而杨亿自以为独不敢戏者也。吾知方城子他日之积进登相，其施为谋猷，亦如孝先之在宋室乎？方城子文章在史馆，其教养之功庸在山东西，河南北，兹不赘。

（明）邓显鳞《梦虹奏议》卷下·条陈科举疏　臣惟天下异才，非凡眼所能识。臣昔在顺天场屋时，见有同考官将今修撰杨维聪置之落卷。不有识者，维聪不其流落不偶乎？

（清）窦光鼐等《钦定日下旧闻考》卷一百二十四·京畿（固安县）　补固安县大水，岸斥，断桥边出一碑，题曰："桥倾天子过，碑出状元来。"其年，武宗南幸过其邑。次年辛巳，邑人杨维聪状元及第。（《玉堂丛语》）

臣等谨按，断桥碑迹，今不可考。

嘉靖二年（1523）癸未科状元姚涞

传　记

（明）赵时春《赵浚谷文集》卷七·学士姚公墓志铭　翰林院侍读学士姚公涞，字维东，号明山，浙之慈溪人也。王大父某，赠某官。曾大父某，赠某官。大父某，赠某官。考，总制、兵部尚书讳镆，以文学进士高第。历礼部员外郎、督学按察藩司，咸著声。晋都御史，抚延绥，荐王效、刘文等皆为名将。继督广兵，讨戮叛，牧岑猛，以明大义法，皆应。具国史。配张夫人，梦吞日华与五色鸟投怀，遂生公。六岁，夫人卒，公踊顿如礼。七年就学，聪慧强记，尚书命为龙文，公以“代天行雨，闵世救民”对。成童，知属文，于途得遗书，遂引“楚人忘弓，楚人得之”序焉。尤好观史，穷其成败治忽。及长，状貌奇伟，世称钜人。

尚书兵备汀漳，山寇发，闽人大震。公即挟弓矢，助讨寇，广设方略，寇遂靖。举正德丙子科乡试第七人，嘉靖癸未礼部第二人。及廷对，遂冠多士，拜翰林院修撰。尚书亦自延绥还拜工部左侍郎，父子同诣阙谢，缙绅以为荣。次年，大礼议起，公偕臣寮伏阙争之，同杖于廷，得复官。尚书以三品荫公子，公推与庶弟。其孝继母、友诸弟类如此。丙戌，为会试考官，得少詹事杨公维杰、都御史连公圹与时春等，登翰林读中秘书者为多。寻命备经筵官，乞假改葬张夫人。归，奉使清黄，公撮其要为录，使世臣咸知国制，以驭吏奸。壬辰，为廷试受卷官，充经筵讲官。丰仪峻伟，陈义诚切，上嘉焉。九载考绩，例进左春坊左谕德，与修《明伦大典》，每晨入晡出，尽心编摩。

大同兵变，戕主帅。公密谋告当柄者，以诛其首恶而宥其胁附，且荐同年进士楚公书可任楚，竟平大同。常疏谓：“帝王庙去元世祖主，以正华夷之分。”初被却，后卒如公言。士有意公当主北畿举士者，谋重馈公，公坚却之。奉命校《累朝宝训》成，上亲赐宴内廷，加锦绣袭衣，晋侍读学士。安南不贡，时议欲讨伐，公谓：“此单使事耳，可不烦兵卒。”如所料。丁酉，主北畿试，得士登甲榜者，尤多文词尔雅明俊，世以为式。某岁，丁尚书忧，特赐驰驿归葬，孝勤备至，遂感疾卒。后上常问：“髯状元何在？”或以公忧去及卒对者，深悼惜之，特赐祭。

公明达魁岸，其学长于史，务求政要为经济事，不拘拘文词。常曰：“三代而后，汉与外戚共天下，唐与女后、宦官共天下；魏晋以下与膏粱子弟共天下，宋与白面书生共天下，元与族类共天下。我朝皆无之，可谓盛矣。但边防、海运最为今日急务。”遂作边图，凡道途往来、关隘险阻之处指诸掌，不幸毁于火。谓海运当讲于平居时。又曰：“中国之兵强，夷狄之兵弱；创业之兵强，守成之兵弱。盖草昧法简而严，中世法繁而宽。简而严，所以用命；繁而宽，所以多败。”又论学曰：“大凡论学，不可立党，立党则必争，奚能见道？昔者朱陆之辨，虚心求是也。今日之辨朱陆，私心求胜也。言愈多而道愈晦矣。”持论侃侃，听者忘疲。

时春以庚子岁为编修，校书于其子积处。闻公讣，哭公于京师。后十有三年，以东兵讨虏归，积乃以公弟都水君潓行状请志公墓。呜乎！时春忍铭公哉！然义不忍辞，遂为铭曰：

文明纪运，世德用光。尚书拜前，学士缵祥。凤翥虎踞，焕乎其章。手持天文，照耀帝傍。帝曰都俞，一笑流光。布为霞电，光烛四方。矢为典训，无用不臧。呜乎！天不憖遗，乃收我良。浙河之东，天目乳长。闷我钧渊，永世而藏。仰瞻奎壁，终宵振芒。孰识英气，有逝不亡。我铭我石，昭哉永常！

（明）陈鎏《皇明历科状元录》卷四·嘉靖二年癸未状元姚涞 廷对之士李舜臣等四百一十人，擢姚涞第一。

姚涞字惟东，号明山，浙江慈溪人，工部右侍郎镆之子，治《诗经》。年三十六登科，授翰林院修撰。丙戌，同考会试，升侍读学士。丁酉，主顺天乡试，寻卒。

初赴会试，出江遇蟹舡相触有声。涞问故，家人答曰：“簖舡摇来撞头。”众闻之，谓语谶之佳，相贺。是科一甲第三名松江徐阶，年二十一；二甲秦世显，年十八；孙继鲁二十六。皆未娶。

尝闻弋阳汪氏相吊岩寺一吉地，在佛殿下，难以启齿，乃建水陆大道场七昼夜，尽致一寺之僧，僧完法事而归，则柩已安厝于正殿阶下矣。不久其孙名凤者以进士作郡，生三子：俊、伟、佃。俊以会元登科，与伟皆登卿亚，德望为海内所宗。汪氏取之虽巧，然于朱文公所题同安县地之言颇为相类，岂十方公共之地不在此例耶？世谓姚公涞筑坟，侵邻左前朝名公之地，入其域若为所击而殂，则又与前事相悖矣。然孰为感应之正邪？聊述之。

（明）凌迪知《万姓统谱》卷二十九 姚涞（字维东，镆子。状貌奇伟，资识过人。应正德丙子乡荐。嘉靖癸未，魁天下。授翰林修撰，为经筵讲官。积诚感悟，脱略词章，每进对称旨。历升春坊谕德。丁酉，主北畿试，得士为多，人方以公辅期之，随以疾卒。涞性孝友，六岁丧母，执礼如成人。事继母无间言，尚书恩荫例以嫡，涞让继母弟汲，以悦亲心。涞读书务为经济事，不拘拘文辞，如边防、海运皆有定议，作诸边图，时有“翰林三长”之称，谓经学、政事、史学也。有《明山集》若干卷）。

（明）王兆云《皇明词林人物考》卷七·姚维东　公名涞，字维东，慈溪人也，总制尚书姚镆之子。状貌奇伟，资识过人。应正德丙子乡荐。嘉靖癸未，魁天下。授翰林修撰，为经筵讲官。积诚感悟，脱略词章，每进对称旨。历升春坊谕德。丁酉，主北畿试，得士为多，人方以公辅期之，随以疾卒。涞性孝友，六岁丧母，执礼如成人。事继母无间言，尚书恩荫例以嫡，涞让继母弟汲，以悦亲心。涞读书务为经济事，不拘拘文辞，如边防、海运皆有定议，作诸边图，时有“翰林三长”之称，谓经学、政事、史学也。有《明山集》若干卷。

（明）顾祖训原编、（明）吴承恩增补、（清）陈枚续补《状元图考》卷三·状元姚涞　嘉靖二年癸未，廷试李舜臣等三百一十人，擢姚涞第一。

按，姚涞，字惟东，号明山，浙江慈溪人，工部侍郎镆之子。幼资鲁，一日苦读，有一女国色翩然曰：“苦读何为?”授以玉髓丸曰：“助君掇高科。”初赴会试，出江遇蟹舡相触有声。涞问故，家人答曰：“断船摇来撞头。”众闻之，谓语谶之佳，相贺。吴音以“断然姚涞状头”。果大魁。

年三十六及第。修撰。丁酉，主顺天乡试。寻卒。

（明）过庭训《明分省人物考》卷四十八·浙江宁波府二·姚涞　姚涞，字维东，慈溪人也。总制尚书姚镆之子。状貌奇伟，资识过人。嘉靖癸未，魁天下，授翰林修撰，为经筵讲官。积诚感悟，脱略词章，每进对称旨，历升春坊谕德。丁酉，主北畿试，得士为多，人方以公辅期之，随以疾卒。涞性孝友，六岁丧母，执礼如成人。事继母无间言，尚书恩荫例以嫡，涞让继母弟汲，以悦亲心。涞读书务为经济事，不拘拘文辞，如边防、海运皆有定议，作诸边图，时有“翰林三长”之称，谓经学、政事、史学也。有《明山集》若干卷。

（清）张豫章等《御选明诗》姓名爵里三·诸家姓名爵里　姚涞（字维东，慈溪人。嘉靖癸未赐进士第一。历官翰林院侍讲学士。有《明山存稿》）。

（清）王鸿绪等《明史稿》卷一百八十六·列传第八十一·姚镆　姚镆，字英之，慈溪人。弘治六年进士。

……

子涞，字维东。嘉靖二年殿试第一，授翰林修撰。争大礼，廷杖。又议郊祀合祀，不当轻易。召修《明伦大典》，恳辞不与。累官侍读学士。

（清）沈翼机等《浙江通志》卷一百五十九·人物一·名臣二·宁波府·明　姚涞（江宛《姚涞传》：字遂东，慈溪人。嘉靖癸未进士第一。授翰林院修撰。三年，与学士丰熙等跪谏大礼于左顺门，下诏狱予杖。复官如故。九年四月，郊社议起，又与学士张潮等并主合祀，而涞言尤切，章下所司，卒不用。未几，充经筵讲官，累进侍读学士。以外艰归，卒于家。

《两浙名贤录》：涞性孝友，读书务为经济事，不拘拘文词，如边防、海运皆有定议，作诸边图，时有"翰林三绝"之称，谓经学、史学、诗学也。有《明山集》若干卷)。

(清) 张廷玉等《明史》卷二百·列传第八十八·姚镆（子涞） 姚镆，字英之，慈溪人。弘治六年进士。

……

子涞，字维东。嘉靖二年殿试第一，授翰林修撰。争大礼，廷杖。又议郊祀合祀，不当轻易。召修《明伦大典》，恳辞不与。累官侍读学士。

(清) 阎湘蕙《明鼎甲征信录》卷二 姚涞，字维东，浙江慈溪人。父镆，宏治癸丑进士，授礼部主事，擢广西提学佥事。创立书院，延《五经》师以教士子。桂人祀山魈卓旺，镆毁其像，俗遂变。正德十五年，拜右副都御史，巡抚延绥，上边务六事，皆议行。嘉靖元年，古囊人泾阳，镆遣人夜半邀击，斩其二将，乃遁。四年，以都御史提督两广军务兼巡抚。田州土官岑猛谋不轨，镆调兵分道讨平之。后以事落职，家居数年卒。

子涞，嘉靖二年状元及第，拜修撰，累官侍读学士。(《明史》并《粤西丛载》。)

科　　第

(一) 乡试

(清) 沈翼机等《浙江通志》卷一百三十七·选举十五·明·举人·正德十一年丙子科 姚涞（慈溪人。癸未会魁，状元)。

(二) 会试、殿试

癸未科（嘉靖二年）**状元策** 皇帝制曰：朕惟自古帝王欲成天下之治，必顺时揆事，创制立法，以尽天下之务。顾世有升降，而政之因革随之。唐虞、三代所以致雍熙恭和之盛，卓然可为万世法程者，具载诸经，姑举其大者论之，如定礼乐，明律历，疆理宇内，设立庶官，分田制赋，兴学养士，与夫选举考课之法，兵戎刑罚之制。其建立有本，推行有序，可立指其实而言之欤？

后之称善治者，曰汉曰唐曰宋，其创业守成，亦多英君谊辟，而考其治功所就，终不及于古，何欤？岂致理之道，固不专恃于法制欤？先儒之论有曰：善为治者，必先有纲纪以持之于上，而后有风俗以驱之于下，信斯言也。则君臣之间，转移振举，宜莫急于此者。三代而上，无容议已。自汉以来，纲纪之张弛，风俗之淳漓，亦有可言者欤？抑斯二者相因而成，又岂无所自欤？

仰惟我太祖高皇帝肇造区夏，创建宏规。太宗文皇帝中靖家邦，纂述大统。列圣相承，鉴于成宪，益隆不替。百五十余年，道洽政治，盖庶几古帝王之盛。朕嗣祖宗鸿业，抚临亿兆，夙夜祗畏，图新治理，而绩效未臻，和气未应，其故果安在欤？

夫事必稽诸古，而后有以验夫因革之宜；治必端其本，而后可以不紊夫先后之序。此固君天下者所当知也。兹朕欲励精有为，期于化行俗美，绍复我祖宗之旧，以上追隆古之治，如之何而可？

子诸生皆学古通今，明于王道，宜有以佐朕之不逮者。其各殚心以对，毋泛毋略，朕将采而用之。

臣姚涞

臣对：臣闻善治天下者，固在乎立大法以为致治之具，尤贵乎端大本以为出治之要。何谓大法？经纶政务之道，康济民物之方是也。何谓大本？人主一心，所以宰政务而御民物者是也。无是法，则虽有愿治之心，而因革常患于失宜；无是心，则虽有图治之迹，而先后常病于无序。如是而欲纲纪之正，风俗之厚，治功之善，得乎？故心所以宰制乎法，而法所以推行其心。法者治之具，而心者治之要也。得其要者，固不可不求其具；得其具者，尤不可不先其要。古之善治天下者无他焉，亦惟循用此道而已矣。后世之所以不古若者，岂非徒恃乎法制以为治具，而未能先正其本原以为治要欤？

钦惟皇帝陛下，以刚健纯粹之资，高明光大之学，入绍大统，光济前休，启中兴之令图，开太平之昌历，嘉靖天下，以纲纪风俗为虑，进臣等于廷，而赐之清问。所谓知出天下而听于至愚，威加四海而屈于匹夫，可与为尧舜，可与为汤武者也。顾以臣之谫陋，不足以赞庙谟，裨国论。然而，一得之愚，亦安敢不为陛下效之乎？

臣惟人君膺天眷之隆，而为民生之主。固不能舍法以图治，亦不专恃法以为治。盖四海至广，兆民至众，苟无法以为持之，则何以一其心志，而使之各循其理？何以息其争夺，而使之各安其分？故自古帝王，欲一天下之治，必顺时揆事，创制立法，以尽天下之务，而定为一代之规。如礼以正名分，乐以格神人，律以和声，历以授时；疆理宇内以柔远能迩，设立庶官以代天任事，分田制赋以足国裕民，兴学养士以惇化善俗；选举以兴贤能，考课以计吏治，兵戎以御外侮，刑罚以诘奸慝。是皆治具之大，所当修举焉者。虽世有升降，政有因革，未有舍此而能图治者也。

然礼乐教化，由心而发；典章文物，由心而著；家齐、国治、天下平，由心而推。人君一心，实建立法制之一，而推行之序，必自此始焉。先儒朱熹尝论："善为治者，必先有纲纪以持之于上，而后有风俗以驱之于下。"又谓："纲纪不能以自立，必人主之心术公平正大，无偏党反侧之私，然后纲纪有所系而立。"盖所谓纲纪者，是辨贤否以定上下之分，核功罪以公赏罚之施。所谓风俗者，必使人皆知善之可慕而是为，皆知不善之可羞而必去也。君臣之间，苟知转移振举之机，莫急于此。宰执秉持而不敢失，台谏捕察而无所私，人主又以其大公至正之心，恭己于上而照临之。则有所不为，为之而无不成；有所不革，革之而无不服。将见法制以纲纪之立，而无颓堕废坠之虞；风俗以法制之行，而无偷薄顽旷之习。本末兼举，上下相因，而天下之治，于是乎成矣。顾其张弛醇杂，皆本于君心之能正与否。此则治要之大，尤当致意焉者，又岂专恃乎法制哉？臣伏读圣制，盖已深察乎此。臣请以经之所载，为陛下陈之。

夫礼乐之为用大矣。在唐虞，则巡狩以修五礼，典乐以谐八音。在三代，则大宗伯掌五礼以防民伪，大司乐掌六乐以防民情。盖建诸天地，而同节同和者也，律历之所关重矣。在唐虞，则在玑衡以齐七政，考声而以察治忽。在三代，则五纪用序而时以定，五音始备而声以和。盖协于阴阳，而至精至密者也。封山浚川而五服之远近，规画甚详；体国经野，而九州之险易，界限不紊。此其疆理宇内，载诸《禹贡·职方》者可述也。询咨岳牧，而又分命九官以时亮天工；训迪公孤，而又分命六卿以率蜀倡牧。此其设立庶官，载诸《舜典》、《周官》者可稽也。咸则三坏，成赋中邦，此唐虞之田赋也。贡夏殷助，周则□而用之。大学上庠，小学下庠，此唐虞之学校也。夏校殷序，周则兼而举之。其选举也，翕受敷施，九德咸事，在于唐虞者如此。而《夏官》所谓“以德诏爵，以功诏禄，以能诏事，以人奠食”者，亦三代之常刑也。其考课也，三载考绩，黜陟幽明，在于唐虞者如此。而《天官》所谓“宰夫受日考，小宰受月考，大宰受岁考，三岁则大计吏治而诛赏之”者，亦三代之盛典也。以言其兵，比闾族党，即伍两军旅之师；蒐苗狝狩，皆征伐击刺之术，兹非兵制之善者乎？以言乎刑，皋陶为士，能体夫钦恤之仁；吕刑有诰，犹存夫敬慎之意，又非刑罚之善者乎？斯盖帝王之治法，真足以为万世之法程者也。然后数圣人者，皆得夫建立之本，而不紊于推行之序。精一执中，尧、舜、禹盖以心法而相授，是以任贤去邪，罔惑于疑贰；命德讨罪，允协于明威。其纲纪在上者，无不张矣。当世之时，黎民于变而万邦咸宁，臣庶协中而四方风动，其致雍熙泰和之盛，岂不宜哉！建中建极，商汤、周武盖以心法而相传，是以懋官懋赏，必论其功德，而私谗不得以苟容；三宅三俊，必任夫吉士，而憸壬不得以相间。其纲纪在上者，无不张矣。当是之时，商邑用协而四方遍德，时罔不变而允升大猷，其致雍熙泰和之盛，岂不宜哉！

三代而下，虽有愿治之君，而于为治之法或未能毕举；虽有为治之法，而于出治之本或未能深探。其治之不古，各有由然矣。在汉，则创业如高帝，中兴如光武，恭俭如孝文，雄略如孝武，综核如孝宣，明察如明，宽厚如章，皆一代之贤君也。用叔通之绵蕞，歌唐山之乐章；考落下闳之算法，参司马迁之律书。建立郡国而统之以十三部，官分中外而列之以十六等。轻徭薄赋而赐民田租，临雍拜老而诸儒问难。兴廉举孝，则见于元朔之诏；考试功能，则总于丞相之课。郡国有材官之设，京师有南北之屯，而内外足以相制；次律令以示划一，除肉刑以全民生，而仁恩足以胜残。其法制亦云备矣。

在唐，则文武兼资有如文皇，初政励精有如玄宗，刚明果断有如宪宗，皆一代之贤君也。新礼修于房玄龄，雅乐定于祖孝孙，清声作于开元，历法备于大衍。因山川之形便，而分道府州；仿六卿之率属，而限官任才。口分世业，而井田之制尚存；大召名儒，而弘文之馆肇立。选人之途有四，而主以三铨之法；考功之善有四，而差以九等之制。建府立卫，则假乡遂之师；矜刑慎狱，则谨覆奏之令。其法制亦云备矣。

在宋，则仁孝豁达有如艺祖，克笃前烈有如太宗，忠厚恻怛有如仁宗，皆一代之贤君也。有《礼图纂义》诸书，有平晋大安诸乐。和岘论钟律，而胡瑗、范镇之说迭兴；司天修历法，而观天统元之名继作。建官始于乾德，而元丰则又新之；分路始于太宗，而神宗则又增之。履亩制税，而限天下之田；兴学育材，而崇苏湖之教。踵唐规以铨试，而益以律令经义之条；设磨勘以递迁，而主以审官考课之院。设禁兵以备宿卫，列厢兵以隶诸州，而军制亦详；颁恤刑诏于天下，置审刑院于禁中，而刑狱不滥。其法制亦云备矣。

夫法制虽备，而世主无正心之学。不悦《诗》、《书》，专尚黄老，习于刑名，惑于符谶，而七制之心术已荒。首复浮屠，行渎人伦，眈于声色，溺于佛骨，而三宗之心术已坏。陈桥启祚，金匮渝盟，或矫诬不明，或刚断不足，而宋世人主之心术亦未有能自正者。是以当时之治，赏者未必有功，而罚者未必有罪；上者未必皆贤，而下者未必皆不肖。举其大者言之，如疏贾谊而亲邓通，外汲黯而内平津；王吉谢病而恭显用事，韩歆被谴而子密受封。汉之纲纪，岂能尽正哉？信不能保魏征之直，而许敬宗得以列于朝；明不能烛林甫之奸，而张九龄无以安其位。李绛与吐突承璀而并进，裴度与皇甫镈而兼收。唐之纲纪，岂能尽正哉？窦俨以宿儒受知，而卢多逊之俭邪则弗之觉；柴禹锡以上变见用，而王禹偁之抗言则弗之容。欧阳修论朋党而无益于去留，范仲淹抑侥幸而不胜其谗谤。宋之纲纪，又岂能尽正哉？

夫上下之分不定，而赏罚之施未公，则法制何自而立，风俗何自而厚乎？故西汉之风俗，虽曰以经术为尚，然观德色谇语之策，四方迎贼之奏，则所谓薄恶者亦有之矣。东汉之风俗，虽曰以节义为尚，然观朱穆崇厚之说，潜夫浮侈之篇，则所谓浇靡者亦有之矣。唐人尚词章，此风俗之近浮者也。观正俗之风，与独行之传，而有以知唐世之多僻。宋人尚理学，此风俗之近古者也。观明禁之文，与悯俗之论，而有以知宋俗之不淳。上无纲纪以待之，下无风俗以驱之。故汉之治效，蓄积岁增，户口蕃息，禁网疏阔，刑罚大省，可以言治矣，而不免有杂霸之弊。唐之治效，斗米三钱，牛马被野，民物阜繁，四夷降附，可以言治矣，而不免有杂夷之弊。宋之治效，刑以不杀为威，财以不蓄为富，兵以不用为功，人才以不作聪明为贤，可以言治矣，而不免有武略不竞之弊。失其本原，而徒恃法制，果可以为治哉？

仰惟我太祖高皇帝肇造区夏，创建宏规。太宗文皇帝中靖家邦，纂述大统。列圣相承，益隆不替。道配帝王，而治超近古，岂无道以致之哉？臣尝庄诵太祖高皇帝之圣训矣。如曰："人主平心，治化之本。存于中者无尧舜之心，欲施于政者有尧舜之治，决不可得也。"又曰："法度纵弛，当在更张，使纲纪正而条目举。其要在明礼义，正人心，厚风俗以为之本。"大哉，王言！一哉，王心！而又持之以敬天爱民之诚，励之以求贤勤政之志，究心于《洪范》之学，垂情于礼义之书，故能润色鸿业，损益百王。

如命牛谅制礼，命陶凯定乐，而中和之用著；正胡元之声，颁大统之历，而阴阳之候调。内设京畿，外列藩省，而疆理有方；首明职掌，次辨礼仪，而官规有叙。差土田之高下，以定赋税，而酌轻重之宜；立府县之学校，以明彝伦，而广弦诵之化。以经术取士，而选举精；以年资叙迁，而考课实。以五府治军而总于本兵，则兵政有统；以六律论刑而参以《大诰》，则吏治不苛。信所谓端其大本，而立其大法矣。则其复古帝王之治，而陋汉、唐、宋于下风者，端有自哉！是以纲纪正而风俗厚，法制举而治化隆，百五十余年于兹。

然成者易毁，盈者必溢。加以正德以来，权奸蛊惑，而法令滋章。陛下应期而兴，适承其后，此正社稷安危之机，生民休戚之端，君子小人进退消长之际，天命人心去就离合之时。臣谓圣祖在天之灵，不能无望于陛下之大有为也。昔者践祚之初，改元一诏，万化俱新。如征耆旧以表名德，登才俊以兴事功，容直谏以开言路，斥妄幸以敦士习，诛奸逆以昭邦宪，褒忠直以励世风，蠲逋负以苏疲瘵，洗烦苛以释冤滞，剔蠹弊以储货财，清冒滥以惜名器，涤瑕以德，消沴以和，改纪其政而纲纪振于上，申训其人而风俗移于下。由是海隅苍生，莫不翘首以望太平，倾心以观至化。正如天地久否，忽泰则平；日月久晦，忽开则明；雷霆久蛰，忽震则惊；云雾久郁，忽廓则清。岂非臣民之一快哉！以陛下功烈之盛，化理之隆，虽商宗、周宣，何以远过？然边陲戒严而盗贼窃发，乾象失度而灾异频仍。绩效未臻，和气未应，信有如陛下所虑者。虽修省之诏屡下，而消弭之效未闻，陛下岂得晏然而已乎？

臣愚以为，事必稽古，所以立法也。所谓礼乐、律历之类，皆法之所寓也。陛下诚能以稽古为今，远宗帝王，近法祖宗，则典章经制，因革适宜，大法可立，而治具彰矣。治必端本，所以正心也。所谓纲纪风俗之施，皆心之所推也。陛下诚能以端本为先，委任大臣，听用台谏，则纲纪风俗，先后有序，大本既端，而治要举矣。夫如是，则大化神明，而鸿恩博洽，绩效何患于弗臻？日月贞明，而雨旸时若，和气何患于弗应？陛下求治之心，不至是而有慰者乎？抑臣犹有说焉。

盖天下之治，统于人主之心，而人主之心，天下之所共赖者也。心存于正，则事无不正，而天下蒙其福。心蔽于邪，则事无不邪，而天下与其忧。陛下知所以正心矣，臣特虑夫操存之甚难，而察识之未至耳。何者？一心之微，攻之者众。大官备玉食之奉，九御俨紫庭之列。繁声或足以悦耳，采色或足以娱目。嬖幸或希意以逢迎，邪私或乘间而浸润。宝玉远物，或以开贡献之门；玩以细娱，或以肇盘游之端。一朝之晚起，或以贻晏安之渐；一言之轻信，或以来谗佞之媒。一事之乘快，命令之所由轻；一恩之滥施，侥幸之所由启。凡此数者，皆足以害治者也。倘少惑焉，臣恐圣心虚明而静一，有不得如前日者矣。臣愿陛下戒之慎之，深维前事之鉴，永为克终之图。涵养善端，培植治本。幽独得肆之地，而所以持之者必严；纷华波荡之中，而所以镇之者必固。爱憎易徇之情，而所以矫之者必力；甘美可悦之言，而所以防之者必深。以圣人之训为当从，以先王之治为可法。总天下之智以助聪明，而于视听无所蔽；顺天下之心以施号令，而于取舍无所私。朝夕梦寐，有四海苍生之忧；宵旰经营，存万年宗社之虑。如此，则本原之地日益澄澈，是以帝王之道而图帝王之功，以祖宗之法而守祖宗之业；纲纪常张而不弛，风俗常惇而不薄；大法无不修，而大本无不端；绩效无不臻，而和气无不应。天下仰之，万世诵之。陛下致此无难，而实臣愚之所深愿者也。

臣干冒天威，不胜战栗之至。臣谨对。

（录自［明］焦竑辑，［清］胡任兴增辑《历科廷试状元策》卷三）

（明）张朝瑞《皇明贡举考》卷六 （嘉靖二年会试）中式举人四百名：……姚涞，浙江慈溪县人。监生。《诗》。……

三月十五日，临策天下贡士。制曰：……

（时廷对之士四百一十人，赐姚涞等进士及第出身有差。涞对雄整，擢第一。赵氏时春曰："涞平生重节义，尊尚庄子，兼好王介甫之文，诗精丽婉约，有国初诸老风。"所著有《姚明山集》。官至侍讲学士卒。……）

第一甲三名赐进士及第：姚涞，浙江慈溪县。……

（明）王世贞《弇山堂别集》卷八十二·科试考二 （嘉靖）二年癸未，命少傅、太子太傅、户部尚书、谨身殿大学士蒋冕，掌詹事府、吏部尚书、翰林院学士石珤为考试官，取中李舜臣等，廷试赐姚涞、王教、徐阶及第。

（明）张弘道、张凝道《皇明三元考》卷十·嘉靖二年癸未科大魁 状元姚涞（浙江慈溪人，字维东，号明山。治《诗》。年二十六①。丙子乡试七名，会试二名，为经筵讲官。积诚感悟，脱略词章，每进对称旨。历升侍读学士，卒。涞性孝友，六岁丧母，执礼如成人。事继母无间言，父尚书恩荫例以嫡，涞让继母弟汲。其读书务为经济事，不拘拘文辞，如边防、海运皆有定议，作诸边图，时有"翰林三长"之称，谓经学、政事、史学也。所著有《明山集》若干卷。

父镆，弘治癸丑进士，兵部尚书。从弟汀，弘治己未会魁，知府。湣，正德戊辰进士。滮，嘉靖乙未进士，太仆寺丞。）

（清）沈翼机等《浙江通志》卷一百三十二·选举十·明·进士·嘉靖二年癸未科姚涞榜 姚涞（慈溪人。状元。侍讲学士）。

（清）张廷玉等《明史》卷十七·本纪第十七·世宗一 （嘉靖二年春三月）戊午，赐姚涞等进士及第出身有差。

---

① 据《皇明历科状元录》、《状元图考》，姚涞年三十六及第。

仕　宦

（明）雷礼《国朝列卿纪》卷二十·翰林院学士讲读学士年表　姚涞（浙江慈溪人。嘉靖癸未状元。十五年，任侍讲学士。本年，丁忧，卒）。

（明）王世贞《弇山堂别集》卷四十六·讲读学士表　姚涞，浙江慈溪人。状元及第。嘉靖十六年，任讲学，寻卒。

又，卷八十二·科试考二　（嘉靖）十六年丁酉，命翰林院侍讲学士姚涞、左春坊左中允孙承恩主顺天试。

（明）章潢《图书编》卷一百三·历代帝王庙祀典　是年（嘉靖十年），修撰姚涞请罢元世祖祀，礼官议不可，上从礼官议。

（明）焦竑《玉堂丛语》卷三·礼乐　修撰姚涞请黜元世祖，以正祀典。下礼部覆议，以为胡元受命九世，世祖最贤，其一代之治，有足称者，所谓夷狄而中国则中国之，亦《春秋》与善之法。且自古帝王常优崇胜国，以昭忠厚，太祖神谋睿断，必有所见，故载在祀典，百余年于兹矣。宜遵旧制，庙祀如故，此千古不易之论也。上竟从部议。其后以岁有边患，而主事傅伯栋建言，遂撤去塑像，革其祀。

轶　事

（清）沈翼机等《浙江通志》卷一百九·祥异下·明　《嘉靖宁波府志》：嘉靖元年，慈溪县夹田桥西忽涨一洲，明净圆起，太守向锦曰："沙洲涨夹田，慈溪出状元。"明年癸未，邑人姚涞状元及第。

著　作

（清）黄虞稷《千顷堂书目》卷五·霸史类　姚涞《驱除录》三卷。

又，卷二十三·别集类·嘉靖癸未科（二年）　姚涞《明山文集》八卷（字维东，慈溪人，镆子。一甲第一人。翰林院侍讲学士）。

（清）沈翼机等《浙江通志》卷二百四十三·经籍三·史部上·杂史　《驱除录》

一卷(《黄氏书目》：姚涞撰)。

又，卷二百五十·经籍十·集部三·别集·明 《明山存稿》八卷。(《分省人物考》：姚涞著，字维东，慈溪人。)

(清)张廷玉等《明史》卷九十七·志第七十三·艺文二·史类·杂史类 姚涞《驱除录》一卷。

又，卷九十九·志第七十五·艺文四·集类·别集类 《姚涞文集》八卷。

评　　论

(明)薛应旂《方山薛先生全集》卷十一·序·明山存集序 明山先生姚公既卒之若干年，其子稽刻其存集以传，千里徒步，诣余问序，盖公尝率稽从予艺文。因谓余曰："扬雄之文，必待更有子云而后知之。"余固知君文矣。"余文若出，君亦当为余序之。"稽忆公言，故有此问。呜呼！公盖天下士也，文之必传，岂待余言哉？余因思曩与公数数会晤，见公挺身岳立，驰论河悬。一及古今天下事，上下数千年间，更仆熟数，若身在当时，亲履其迹，一一可指画也。余时窃谓："公将大受，天下之治不难矣。"讵谓用不究才，中外垂望。乃今读公斯集，反覆逾月，不觉喟然叹曰："公文至是，岂文人之文焉已哉！"虽体裁不同，因应各异，然必稽古昔，称先王，必协时宜，训后世，以之观文察理可以知度，以之援古证今可以知变，以之错仪画制可以知则，以之论材审用可以知象，以之和民一众可以知法，以之变俗易教可以知化。古称三不朽而立言居一，谓言之有益于世也。公虽年仅五十，官止学士，其立言若此，固不朽之功德也，孰谓公不究于用邪？向使公跻上寿，陟公孤，旅为进退，而碌碌无闻于后，其视此何如哉？虽然，此固不可以易得也。苏明允有言曰："苟非天之所与，虽以生人杀人之权，求一言之几乎道，不可得也。"公天分特殊，少承家学，博综群籍，吞吐诸家。自丘索坟典，经子史乘，以至于阴阳律历，稗官杂说，无不遍究。自邦畿五服，岳渎山川，以至于丘陵坟衍，殊方绝域，无不周知。自皇帝王霸，圣贤才术，以至于樵竖牧圉，虫鱼草木，无不兼体。自礼乐兵刑，钱谷工虞，以至于射御算数，医圃农卜，无不旁达。故其发为文章，得心应手，如化工之造物，不假雕饰，而成象成形，有莫知其然而然也。夫文章自三代以后，莫盛于两汉，贾、董以对策称，马、班以作史著。公举进士及第第一人，为翰林宗工，谓兼四子之长，而时出之者，非邪？余固知此集一出，则世之逞异务奇，撷菁摛藻而徒为不衷之窾言者，必将知所法程而复雅还淳，其有日矣。关系世运又岂小补乎哉？公平生之文多所散逸，稽将搜访续刻，此集盖公手稿，故篇章次第一遵其旧云。

(明)赵时春《赵浚谷文集》卷七·学士明山姚先生诗文集序 天有文，七政纬错，焕其经矣。地有文，海岳流峙，昭其灵矣。人有文，坟典方籍，蔚其英矣。然则，孰为之？天乎？地乎？不可渝也。文之经也，人则纬焉。缙绅先生修而葺之，因物变异，随在成形，以相天地，以诏来世，世以为准，有所继述，而文流于无穷矣。

翰林侍读学士明山姚公始以文荐于乡，继以明经魁于春官，又以陈策动圣明，大魁初元甲科，遂入翰林至学士，而其文散布于天下。平生重节义，尊尚庄子，兼好王介甫之文。诗精丽婉约，有国初诸老风。然庄生诞散，而公缜恪。介甫刚鸷，而公舒和。国初诗浑昌，而公简亮。其气虽不及，而其局体则优闲矣。夫气，本乎天者也，非人之所能为也。若夫局体则存乎公之所养与其时之所以养才者焉。君子于是乎可以观时矣。公删定张弘范碑，请除元世祖帝王庙主。划乎华夷严限，尊卑不可逾。立死难戴公祠，记明君行权，而臣守经庶世之弹缓婀娜者有所兴，而履白刃蹈水火以明仁义者有所恃，则公岂徒为文也哉！奚焜燿于今世而已乎？将与乾曜坤舆布网维于无穷也。

公既殁十有三载，嗣子积始以公文谒余于德，三复其言，而悲公之志为天所啬，乃止于文，而文又弗克流布。用是为惧，题其后而归之，且将托都御史白石连公序诸前而梓焉。盖时春与连公俱公较士时所得进士，其知公为详。

呜乎！后之读公文者，足以见其修材伟器，气决动云霄，而持论如风雨，有不可御者矣。殆古之所谓死而不亡者哉！

（清）朱彝尊《静志居诗话》卷十一 姚涞，字维东，慈溪人。嘉靖癸未，赐进士第一。历官翰林院侍讲学士。有《明山存稿》。

文征仲待诏翰林，相传为学士及杨方城所窘，昌言于众曰："吾衙门非画院，乃容画匠处此？"何元朗《丛说》述之而曰："二人只会中状元，更无余物。衡山长在天地间，今世岂更有道著姚涞、杨维聪者邪？"闻者以为快心之论。然学士尝与孙太初、薛君采、高子业相唱和，且闻山东李中麓富于藏书，特遣其子就学。即征仲去官日，躬送至张家湾，赋十诗送别，比之巍巍嵩华。至其赠行序，略云："自唐承隋敝，设科第以笼天下士，爵禄予夺，足以低昂其人。于是天下风靡，士无可称之节者，几八百余年。然犹幸而有独行之士时出其间，以抗于世，而天下之人亦罔不高之。求之唐则元鲁山，于宋得孙明复，二子岂有高第显位为可夸哉？徒以其矫世不涅之操，好古自信之志，足以风励天下，而一时名流，皆乐为之称誉焉耳。今之世如二子者诚难其人，吾于衡山先生窃以二子比之，而衡山之所造则又有出于二子之所未纯者。先生明经术以为根本，采诗赋以为英华，秉道谊以为坛宇，立风节以为藩垣。盖尝闻之却吏民之赙以崇孝也，麾宁藩之聘以保忠也，绝猗顿之游以励廉也，谢金张之馈以敦介也，不慑于台鼎之议以遂其刚毅也，不慁于辅亵之招以植其坚贞也。此数者足以当君子之论，而先生未始以为异也。声震江表，流闻于天子之庭，先生亦乌得而逃哉！曩者，先生之贡于春官也，朝廷录其贤，拔而官之。翰苑儒者共指以为荣，而先生不色喜。官仅三载，年仅五十余，先生遽以南归为念。吾每谬言留之，而先生持益坚，三疏乞归，竟得请以去。先生其有悟于达人之指邪。嗟夫！先生尝试于乡矣，有司以失先生为耻，而先生之名益高。尝官于朝矣，铨曹以不能留先生为恨，而先生之节益重。荣出于科目之外，贵加乎爵禄之上，罻罗之所不能取，絷维之所不能縻，樊笼之所不能收，弹射之所不能惊，翩然高翔，如凤凰之过疏圃饮湍濑，回蒙汜，下视泰山之鸱啄腐鼠以相吓者，何不侔之甚也。《传》所谓‘难进而易退，易禄而难畜’者，其先生之徒与？自大道既漓，好恶立于一乡，而不可达于天下之广；毁誉徇于一时，而不可合于万世之公。故吾之论先生直以鲁山、明复为喻，而使世之观先生者不当以三吴之士求之也。”绎其词倾倒为何如者，而谓学士有是言邪？金华吴少君诗：“说谎定推何太史”，然则元朗乃好为诳语者，奈愚山氏信何氏之说，遂不录学士诗，未免偏于听矣。

（清）朱彝尊《明诗综》卷四十四·姚涞（一首）　涞，字维东，慈溪人。嘉靖癸未赐进士第一。历官翰林院侍讲学士。有《明山存稿》。

（《静志居诗话》：文征仲待诏翰林，相传为学士及杨方城所窘，昌言于众曰：“吾衙门非画院，乃容画匠处此？”何元朗《丛说》述之而曰：“二人只会中状元，更无余物。衡山长在天地间，今世岂更有道著姚涞、杨维聪者邪？”闻者以为快心之论。然学士尝与孙太初、薛君采、高子业相唱和，且闻山东李中麓富于藏书，特遣其子就学。即征仲去官日，躬送至张家湾，赋十诗送别，比之巍巍嵩华。至其赠行序略云：“自唐承隋敝，设科第以笼天下士。爵禄予夺，足以低昂其人。于是天下风靡，士无可称之节者，几八百余年。然犹幸而有独行之士时出其间，以抗于世，而天下之人亦罔不高之。求之唐则元鲁山，于宋得孙明复，二子岂有高第显位为可夸哉？徒以其矫世不涅之操，好古自信之志，足以风励天下，而一时名流皆乐为之称誉焉耳。今之世如二子者诚难其人，吾于衡山先生窃以二子比之，而衡山之所造则又有出于二子之所未纯者。先生明经术以为根本，采诗赋以为英华，秉道谊以为坛宇，立风节以为藩垣。盖尝闻之却吏民之赙以崇孝也，麾宁藩之聘以保忠也，绝猗顿之游以励廉也，谢金张之馈以敦介也，不慑于台鼎之议以遂其刚毅也，不恩于輶轩之招以植其坚贞也。此数者足以当君子之风，而先生未始以为异也。声震江表，流闻于天子之庭，先生亦乌得而逃哉！

曩者，先生之贡于春官也，朝廷录其贤，拔而官之。翰苑儒者共指以为荣，而先生不色喜。官仅三载，年仅五十余，先生遽以南归为念。吾每谬言留之，而先生持益坚，三疏乞归，竟得请以去。先生其有悟于达人之指邪。嗟夫！先生尝试于乡矣，有司以失先生为耻，而先生之名益高。尝官于朝矣，铨曹以不能留先生为恨，而先生之节益重。荣出于科目之外，贵加乎爵禄之上，罻罗之所不能取，絷维之所不能縻，樊笼之所不能收，弹射之所不能惊，翩然高翔，如凤凰之过疏圃饮湍濑，回蒙汜，下视泰山之鳝啄腐鼠以相吓者，何不侔之甚也。《传》所谓‘难进而易退，易禄而难畜’者，其先生之徒与？自大道既漓，好恶立于一乡，而不可达于天下之广；毁誉徇于一时，而不可合于万世之公。故吾之论先生直以鲁山、明复为喻，而使世之观先生者不当以三吴之士求之也。”绎其词倾倒为何如者，而谓学士有是言邪？金华吴少君诗：“说谎定推何太史”，然则元朗乃好为诳语者，世之论者信何氏之说，遂不录学士诗，未免偏于听矣。）

（清）朱彝尊《曝书亭集》卷五十二·跋十一·书姚学士明山存稿后 文征仲待诏翰林，相传为明山学士及杨方城所窘，昌言于众曰：“吾衙门非画院，乃容画匠处此！”何孔目元朗《丛说》述之而曰：“二人只会中状元，更无余物。衡山长在天地间，今世岂更有道著姚涞、杨维聪者邪！”闻者以为快论。然明山尝与孙太初、薛君采、高子业相唱和，且闻章丘李中麓富于藏书，特遣其子就学，可谓敏于好古者。即征仲去官日，躬送至张家湾，赋十诗赠别，兼为作序，比之唐元鲁山、宋孙明复，谓“荣出于科目之外，贵加乎爵禄之上”，其倾倒亦至矣。然则元朗所述乃诳语耳。金华吴少君诗“说谎定推何太史”，而后之论者偏信其说。皎皎素丝，其可染乎？

杂　录

（明）张岳《小山类稿》卷八·书三·与姚明山学士 不领清诲者数年，瞻仰之心无时。己巳，前年，东泉老先生起临三边，及后休致。边方俱不见此报，最后仅见兵部覆题捷音一报，乃知老先生久已去官，而不知其故。陆幼淳至此，略闻曲折，亦莫能详。大率老先生以公论推荐而起用，又以直道不容而去官，其出处光明俊伟，追配古人，此门下之士所以倾心向慕，愿承教泽者也。其他皆不必论，广西祠堂①在江西时，辱老先生手教，命某记其岁月，不久而某去江西，转徙入广，又来廉。平生孤伉寡与，怨仇潜蓄，一旦落阱，则群起下石，世态之常，无足怪者。东坡有言：“吾辈道理贯心肝，忠义填骨髓，一见困穷，便有可怜之色，此与不学道之人何异？”某尝佩服其言，谪官以后，不敢妄有一札通讯于人。独念承老先生之命记祠，而负罪远去。言语文字非世人所复爱重，就使勉强成章，谁复传之？以此私心，耿耿不能自已。近日安南事，不知庙议何如，而此闲林茂贞，过不晓事，以为可一举而取。然此言也，倡于阳明，阳明平生好为虚诞，彼盖大言以炫能于其徒尔。岑猛之事，功已有七八分。阳明继之，竟不能纾一策，卒割以畀岑氏，潦草了事，又为之辞曰：“岑猛无罪。”夫岑猛烧泗城，残龙州，阻兵拒命，且曰无罪，然则安南之罪孰与岑猛其强弱？难易又孰与岑猛？方岑猛之未用兵，举朝以为当讨。及驻师稍久，则又以讨之者为非。今日安南之议何以异此？两广困穷，而广西残弊尤甚。外夷纷争，不敢侵犯于我。无故而动师远讨，弊中国以事蛮荒。某切以为不可，内怀隐忧，欲止不能，是以窃有陈奏奏草并小揭帖奉上，诸先生不免作书具禀。罪废之人，甚不欲以名姓通于庙堂，而切近之灾又不容已，然此事非旦夕可了。若兵衅一开，恐亦执事他日之忧也。有可善处之，望不惜垂念未会间，千万及时自爱。不一一。

---

① 此处疑有脱文。

(明) 赵时春《赵浚谷文集》卷七·题东泉姚公文集后 尚书慈溪东泉姚公，始以举业擅名其后，父子奕世魁多士，姚氏遂擅文声于浙左。然尚书自西抚延绥还，为少司空，输少府材。未久，即南征广中，诛岑猛。虽为谗构罢，寻正大司马位号，总陕西四镇兵，其勋业班班可考，故无意于文也。而今见于文集者如是其多，然皆用世事类，非组织绮绣为工者，而灿然成章，如五谷九圜要之生民不可缺。呜乎！是岂有意于为文者之所可及哉。

公长子学士公涞，亦未及究于用而先殁，故公之文尚未及发扬于世。然自时春耳目所见，长老所传，姚公义□甚著。况兹用世之文，胡宁不传于世也。兹公之孙太学生积不远数千里，以时春受公父子之知为厚，遂持今少司马静峰张公梓序公文，以贻时春，敬因题诸后。

呜乎！公之绩著国史，其情事具静峰公之序，如励正学以除妖淫，明大义以讨叛贼。其志伟，其节高，其绩虽未竟，视夫婀娜尸位以虚文自见者，固不同矣。前辈持论挺挺，时春幸及见之，类如此。即人治一二事，不避艰难，不计成败，积成风俗，故天下事无不治者，此国家所以久长之效也。公罢督广兵权俟代，尚励志治兵，期仗义靖乱，而所司者所操持乃大相缪戾，使公挤志以去。观余同年田君汝成之纪岑氏事，奸状显著。至于今，士气类如此不可振。然公之言不得用，岂独一时一身之不利也哉。时春于是乎有三叹焉。乃序以归之，使后世之人睹静峰公之所书与今日以后之事，其有感于公者，当益深矣。有目者行当共其忧，时春又奚用多言也哉！

(明) 孙承恩《文简集》卷四十八·祭文·祭学士姚明山文 呜呼明山！而止斯耶。君之器度，英伟莫伍。尚友昔贤，余子莫数。君之问学，既博而醇。嚅哜道腴，淹贯典坟。君之才识，时务通达。技艺词章，乃才之末。天既畀君，兼人之资。君克副之，益以修为。早承家学，深培厚艺。首对大廷，海内倾企。盛大通显，君所固有。建立勋庸，名世不朽。既生之丰，乃夺之遽。其然其然，天也曷谓。

呜呼明山！曩岁之秋，同君被命。校文贤科，各矢诚敬。我病且拙，藉君实多。君识精敏，事用不讹。君于交游，知爱无几。顾独于我，乃若孚契。颛蒙似我，曷当君心。助君无能，感君则深。是后无几，我往南都。为别数月，闻君忧居。契阔逾年，尝一遣使。吊君尊人，兼讯动履。辱书报谢，雅意勤渠。有慨世途，念我阔迂。谊感予衷，书存箧笥。忍谓今日，见君此事。

呜呼明山！昨者岁暮，遇君乡人。我为讯君，计日治任。自冬历春，倏已炎暑。不闻嗣音，乃得此语。失此俊杰，士林嗟咨。矧我朴诚，耿耿之私。君葬何时，势违执绋。遥寄一觞，临风于悒。尚飨！

(清) 孙承泽《春明梦余录》卷六十五·名迹二 何元朗云：衡山先生在翰林日，大为姚明山、杨方城所窘，时昌言于众曰："我衙门中不是画院，乃容画匠处此耶?"惟黄泰泉佐、马公元汝骧、陈石亭沂与衡山相得甚欢，时共酬唱。乃知薰莸不同器，君子小人固各以其类也。然衡山自作画之外，所长甚多，二人只会中状元，更无余物，故此数公者长在天地间，今世岂更有道著姚涞、杨维聪者耶？此但足发一笑耳。

（清）吴景旭《历代诗话》卷七十八·癸集下之上·出京 文征仲致仕出京，马上口占云："白发萧萧老秘书，倦游零落病相如。三年虚索长安米，一日归乘下泽车。坐对西山朝气爽，梦回东壁夜窗虚。玉兰堂内秋风早，幽竹黄花不负予。"

吴旦生曰：征仲到京，林见素遍称于台省诸公。时乔白岩为太宰，夙重见素，乃力主张授翰林待诏。见素曰："吾此行为征仲了此一事，庶不徒行矣。"然在翰林，大为姚明山、杨方城所窘。尝昌言于众曰："我衙门中不是画院，乃容画匠处此耶？"盖人之雅俗相悬如此。征仲有《咏蛙诗》："年来水旱真难卜，我已公私付两忘。寄谢繁声休强聒，吴城明日是端阳。"殆为姚、杨言也。

（清）汪琬《尧峰文钞》卷三十九·题跋·跋文氏葬录 何元朗云：衡山在翰林，大为姚明山、杨方城所窘，昌言于众曰："我衙门不是画院，乃容画匠处此？"惟黄泰泉、马西玄、陈石亭与相酬倡甚欢。二人只会中状元，更无余物。衡山数公长在天地间，今世岂更有道著姚涞、杨维聪者邪？吴梅村评之云："快哉斯言！百世而下犹可以兴起也。"予读梅村所记，每叹息流涕于此。故附识葬录之末。

（清）姜宸英《湛园未定稿》卷五·辨·姚明山学士拟传辨诬 何元朗云："衡山先生在翰林，大为姚明山、杨方城所窘。时昌言于众：'我翰林不是画院，乃容画匠处此！'二人只会中状元，更无余物。而衡山名长在天地间，今世岂有道着姚涞、杨维聪者哉！"自钱宗伯称快此言，载之列朝诗选，而明山之后人未知也。

余辛酉年以纂修之命将北上，姚氏数人持东泉尚书父子传志见示，复出《明山存集》，刻本中有《赠衡山先生南归序》一篇，又《送衡山出湾马上口占》绝句十首。其序大略云："自唐承隋后，设科第以笼天下士，而士失自重之节者几八百余年，然犹幸而有独行之士时出其间，如唐世之元鲁山、司空表圣、陆鲁望，宋之孙明复、陈后山诸人，犹能以学行自立，而足以风厉乎天下。今则惟衡山先生足当之。而先生之秉道谊，立风节，明经术，工文章，尤有高出于数子之上者。其却吏民之赙以崇孝也，麾宁藩之聘以保忠也，绝猗顿之游以厉廉也，谢金张之馈以敦介也，不慑于台鼎之议以遂其刚志也，不溷于犹褒之招以植其坚贞也，天子贤之，擢官翰苑。官仅三载，年财五十余，既慨然起南归之兴。吾每谬言留之不得，竟三疏得请以去。荣出于科目之外，贵加乎爵禄之上，罻罗之所不能取，樊笼之所不能收，翩然高翔，如凤凰之过疏圃而饮湍濑，下视啄腐鼠以相吓者，何不侔之甚也。"其言曲尽向往之志，极赞扬之词。而于诗末章则曰："岂是先生果忘世，悲歌尽在五噫中。"与序中"台衮犹褒"，有悲愤时事，不敢指称而相与为隐之意。其知衡山也，深矣。钱公不考，漫笔之书。近有史官自刻其稿者，复著其说于拟传，不重诬耶？明山可传，不独议礼一节。其居官屡有建白，援据古今，义正辞核。惜其中年凋丧，不竟其志。而何氏谓“今世遂无道及者”，彼自不识明山，于明山固无损也。

复按，《家传》、《志铭》皆云，杨文襄引公同修《明伦大典》，公耻不肯与同馆，皆嫉之。而《拟传》云：“涞虽以议受杖，后与修《明伦大典》，不终其节。”余在史馆疑而请之监修徐公，公命取大典检阅，同修者绝无姚名，遂命删此一段。然其稿犹传播人间也。此是姚公一生大节所系，彼既罹祸于生前，复被诬于身后。史笔之陷人，岂必在张、桂群小下哉。余特为表出之，以告后之君子。

（清）孙岳颁《御定佩文斋书画谱》卷五十六·画家传十二·明二·文征明 衡山先生在翰林，大为姚明山、杨方城所窘，时昌言于众曰：“我衙门不是画院，乃容画匠处此？”惟黄泰泉、马西玄、陈石亭与相得，酬唱甚欢。二人只会中状元，更无余物。衡山数公长在天地间，今世岂更有道著姚涞、杨维聪者耶？（《四友斋丛说》按，征明去官日，姚涞有赠行序称曰衡山先生，而深惜其去。则《丛说》所载为诬妄，因此语相传已久，仍附传末，特为辨之。）

（清）王鸿绪等《明史稿》卷一百八十六·列传第八十一·姚镆 姚镆，字英之，慈溪人。弘治六年进士。除礼部主事，进员外郎，擢广西提学佥事。立宣成书院，延《五经》师以教士子。桂人祀山魈卓旺，镆毁像，俗遂变。迁福建副使。未几，改督学政。正德九年，擢贵州按察使。十五年，拜右副都御史，巡抚延绥，上边务六事，皆议行。

嘉靖元年，吉囊入泾阳，镆遣游击彭楧出西路，释指挥卜云于狱，使副之。夜半邀击，斩其二将，乃遁。玺书褒谕。寻召为工部右侍郎，出督漕运，改兵部右侍郎。五年，迁右都御史，提督两广军务兼巡抚。田州土官岑猛谋不轨，镆令都指挥沈希仪结猛妇翁岑璋共图猛，调永顺、保靖兵，使希仪与张经、李璋、张佑、程鉴各统兵八万，分道讨。而镆与总兵官朱麒等攻破定罗、丹梁，猛子邦彦以劲兵守工尧隘，璋佯以兵千助邦彦，比官军攻，千人呼曰：“兵败矣。”溃邦彦兵，亦溃官军，大破之，斩邦彦。猛奔归顺，璋诱而酖杀之，斩首以献。诏进镆左都御史，加太子太保，任一子官，诸将进秩有差。镆请改设流官，陈善后七事，制可。乃命参议汪必东、佥事申惠与参将张经以兵万人镇其地。必东、惠甫至，猛党卢苏、王受等诈言猛不死，借交阯兵二十万且至，夷民信之。苏等薄城，经突围走，城遂陷。王受亦攻入思恩府。巡按御史石金劾镆失策罔上，并论前总督盛应期。帝以镆有功，许便宜抚剿。苏、受数求赦，镆不许，将大讨之。会廷议起王守仁督两广军，令镆与同事。镆引疾乞罢，帝曰：“姚镆不去，王守仁不来。”许驰驿归。

初，广东提学道魏校毁诸寺观田数千亩，尽入霍韬、方献夫诸家。镆至广，追还之官。韬、献夫恨甚，与张璁、桂萼合排镆，谓大同当征而反抚，田州当抚而反征，皆费宏谋国不臧，酿成南北患。时宏虽去，犹借镆以排之也。镆既得请，方候代。千夫长韦贯、徐伍攻复思恩，镆上其状。诏先赏贯等，而以抚剿事宜俟守仁处置。既而，镆奏辩石金前疏，诋金阻挠养寇，金亦再疏诋镆。帝先入璁等言，落镆职闲住。

后苏、受既抚复叛，帝渐思镆。十三年，三边阙总制。大学士费宏、李时同召对，宏荐镆，时亦言镆处田州事贤于王守仁，帝曰："然！守仁虚名耳。"遂命以兵部尚书总制三边军务。未赴，宏卒，镆辞。帝不悦，仍落职闲住。镆既罢，荐者至二十疏，不用。家居数年卒。

（清）沈翼机等《浙江通志》卷二百三十七·陵墓三·宁波府·慈溪县·明侍读学士姚涞墓 《嘉靖宁波府志》：在上屿西岙。（传详《名臣》）

（清）张廷玉等《明史》卷二百·列传第八十八·姚镆 姚镆，字英之，慈溪人。弘治六年进士。除礼部主事，进员外郎，擢广西提学佥事。立宣成书院，延《五经》师以教士子。桂人祀山魈卓旺，镆毁像，俗遂变。迁福建副使。未几，改督学政。正德九年，擢贵州按察使。十五年，拜右副都御史，巡抚延绥，上边务六事，皆议行。

嘉靖元年，吉囊入泾阳，镆遣游击彭楧出西路，释指挥卜云于狱，使副之。夜半邀击，斩其二将，乃遁。玺书褒谕。寻召为工部右侍郎，出督漕运，改兵部左侍郎。四年，迁右都御史，提督两广军务兼巡抚。田州土官岑猛谋不轨，镆调永顺、保靖兵，使沈希夷与张经、李璋、张佑、程鉴各统兵八万，分道讨。而镆与总兵官朱麒等攻破定罗、丹梁，用希仪计，结猛妇翁岑璋使为内应，大破之，斩猛子邦彦。璋诱杀猛，献其首。诏进镆左都御史，加太子少保，任一子官，诸将进秩有差。镆请改设流官，陈善后七事，制可。乃命参议汪必东、佥事申惠与参将张经以兵万人镇其地。必东、惠移疾他驻。猛党卢苏、王受等诈言猛不死，借交阯兵二十万且至，夷民信之。苏等薄城，经突围走，城遂陷。王受亦攻入思恩府。巡按御史石金劾镆失策罔上，并论前总督盛应期。帝以镆有功，许便宜抚剿。苏、受数求赦，镆不许，将大讨之。会廷议起王守仁督两广军，令镆与同事。镆引疾乞罢，许驰驿归。

初，广东提学道魏校毁诸寺观田数千亩，尽入霍韬、方献夫诸家。镆至广，追还之官。韬、献夫恨甚，与张璁、桂萼合排镆，谓大同当征而反抚，田州当抚而反征，皆费宏谋国不臧，酿成南北患。时宏虽去，犹借镆以排之也。镆既得请，方候代。千夫长韦贵、徐伍攻复思恩，镆上其状。诏先赏贵等，而以抚剿事宜俟守仁处置。既而，镆奏辩石金前疏，诋金阻挠养寇，金亦再疏诋镆。帝先入璁等言，落镆职闲住。

其后，苏、受复叛，帝渐思镆。十三年，三边阙总制。大学士费宏、李时同召对，宏荐镆，时亦助之。遂命以兵部尚书总制三边军务。未赴，宏卒，镆辞。帝不悦，仍落职闲住。镆既罢，荐者至二十疏，不用。家居数年卒。

（清）储大文《存研楼文集》卷十四·书后·书何元朗语后 何元朗曰：衡山先生在翰林，大为姚明山、杨方城所窘，时昌言于众曰："我衙门不是画院，乃容画匠处此？”惟黄泰泉、马公元、陈石亭与相得，酬唱甚欢。二人只会中状元，更无余物，衡山数公长在天地间今，世岂更有道著姚涞、杨维聪者耶？程松圆曰：“快哉斯言！百世而后犹可以兴起也。”近日汪茗文亦尝书之。

予按，元遗山《中州集》撰《李长源传》，谓当时亦有不直雷李者，其识正同。予曩《送礼执入都》一律云：“藤已成霜管又丹，上车不落进贤冠。随肩莫信朝参易，结舌由来史馆难。雷李清班轻骏足，姚杨下士笑渔竿。非穷非达皆丝泪，赢得离樽点半残。”岁辛丑，临川少司马李公亟问雷李、姚杨典实，予翻公案头书指视之，乃辗然一笑。

嘉靖五年（1526）丙戌科状元龚用卿

传　记

（明）陈鎏《皇明历科状元录》卷四·嘉靖五年丙戌状元龚用卿　廷对之士赵时春等三百一人，擢龚用卿第一。

龚用卿，字鸣治，福州怀安人，治《礼记》。年二十六登第，授翰林修撰。同考（己丑、壬辰、戊戌）会试，进左春坊左谕德兼翰林侍讲，主南京癸卯乡试，转国子祭酒归。

福州旧传郭璞《迁城记》云："南台沙河口路通，先出状元，后出相公。"至是，用卿首选。（《状元记事》）

临试时，尝梦龙神写状字于头上，果中状头。（《百梦录》）

（明）凌迪知《万姓统谱》卷二　龚用卿（福清人。嘉靖丙戌一甲第一。历官国子祭酒）。

（明）顾祖训原编、（明）吴承恩增补、（清）陈枚续补《状元图考》卷三·状元龚用卿　嘉靖五年丙戌，廷试赵时春等三百一人，擢龚用卿第一。

按，用卿，字鸣治，福建怀安人。治《礼记》。年二十六登第。福州旧传郭璞《迁城记》云："南台沙合，河口路通，先出状元，后出相公。"至是，用卿首选。

《百梦集》：临试时，尝梦龙神写状字于头上，果中状头。

是科，革夤缘之弊，用卿拔自会榜之末。

（明）林廷机《朝列大夫南京国子监祭酒龚公用卿墓志》　公讳用卿，字鸣治，别号云冈。其先由光州固始入闽，遂占籍焉。始祖惟谏，宋金紫光禄大夫，高祖某，赠翰林院检讨。曾祖衎、祖璲，隐德弗仕。父源，号菊坡，以公贵，封儒林郎、修撰。母林氏，封安人。公幼慧，长善属文，诵习经史，过目不遗，补邑庠弟子员。嘉靖壬午，以礼经魁荐。丙戌，上春官，对策大廷，赐进士及第第一人。授翰林院修撰。壬辰，菊坡翁卒，哀毁逾礼。戊戌，擢左春坊左谕德。明年，上册东宫，兼官翰林院侍读，直经筵。每进讲，志存规讽。诏修《明伦大典》、《大明会典》，公预焉。书成，两荷金币之赐。己丑、壬辰、戊戌，充会试同考官。庚子，主试南畿，并称得士。丙申，奉诏使朝鲜，赐一品服，至则宣扬国恩，力却馈赆，远人钦服。复命，疏陈三事，上嘉纳。辛丑，擢南京国子监祭酒，增修学舍，申饬监规，一时士习为变。寻以病乞归，既抵家，卜地独山之原，构为别墅，疏池艺圃，杂莳花木，日与知友觞咏其中。柱史曾君佩、赵君孔昭后先疏荐。时有忌公者阴沮其进。己未，倭夷寇吾福，避居建安者久之。未几，以微疾终，年六十四。

公生平孝友，性喜谑，与客谈，终日不倦。历官侍从，蔚有文名。其在告也，时方竞进，公独不通权贵书。家食廿年，竟置闲散，士论惜之。所著有《使朝鲜录》、《云冈选稿》、《诗余》若干卷。

（录自［明］焦竑《国朝献征录》卷七十四）

（明）过庭训《明分省人物考》卷七十·福建福州府·龚用卿 龚用卿，字鸣治，号云冈，闽县人。嘉靖丙戌第一人，除授翰林院修撰。戊戌，擢左春坊右谕德。明年，上册东宫，兼官翰林院侍读，直经筵。每进讲，志存规讽。诏修《明伦大典》、《大明会典》，卿预焉。书成，两荷金币之赐。己丑、壬辰、戊戌，充会试同考官。庚子，主试南畿，并称得士。丙申，奉诏使朝鲜，赐一品服。至则宣扬国恩，力却馈赆，远人钦服。复命，疏陈三事，上嘉纳。辛丑，擢南京国子监祭酒，增修学舍，申饬监规，一时士习丕变。寻以病乞归，既抵家，卜地独山之原，构为别墅，疏池艺圃，杂莳花木，日与知友觞咏其中。柱史曾佩、赵君孔昭后先疏荐。时有忌公者阴沮其进。己未，倭夷寇吾①福，避居建安者久之。未几，以微疾终，年六十四。

生平孝友，与客谈，终日不倦。历官侍从，蔚有文名。在告，不通权贵书。家食二十年，竟置闲散，士论惜之。所著有《使朝鲜录》、《云冈选稿》、《诗余》若干卷。

（清）钱谦益《列朝诗集小传》丁集上·龚祭酒用卿 用卿，字鸣治，怀安人。嘉靖丙戌状元。除修撰，历谕德，终南京国子监祭酒。

（清）朱彝尊《明诗综》卷四十五·龚用卿（二首） 用卿，字鸣治，怀安人。嘉靖丙戌赐进士第一。除修撰，历谕德，终南京国子监祭酒。有《云冈集》。

（清）张豫章等《御选明诗》姓名爵里三·诸家姓名爵里 龚用卿（字鸣治，怀安

---

① 原文无“君孔昭后先疏荐……倭夷寇吾”，据［明］林廷机《朝列大夫南京国子监祭酒龚公用卿墓志铭》补。

人。嘉靖丙戌赐进士第一。除翰林修撰，历官南国子监祭酒。有《云冈集》。）

（清）谢道承等《福建通志》卷四十三·人物一·福州府·明　龚用卿（字鸣治，怀安人。嘉靖丙戌廷对第一人。授翰林修撰兼侍读，直经筵，预修《明伦大典》、《大明会典》。丙申，奉诏使朝鲜，赐一品服。力却远人馈赆。复命日，疏陈三事，皆见嘉纳。擢南京国子监祭酒，增修学舍，申饬监规。寻以病乞还。用卿美须眉，丰神朗莹，持节恬退。在告二十年，不通权贵。所著有《使朝鲜录》、《云冈选稿》、《诗余》若干卷）。

（清）陈田《明诗纪事》戊签卷十六·龚用卿（一首）　用卿，字鸣治，怀安人。嘉靖丙戌第一人及第。授修撰，历谕德，终南国子祭酒。有《云冈选稿》二十卷。

科　第

（一）乡试

（清）谢道承等《福建通志》卷三十八·选举六·明举人·嘉靖元年（壬午）**丘愈榜**　（侯官县）龚用卿（丙戌进士第一人）。

（二）会试、殿试

丙戌科（嘉靖五年）**状元策**　皇帝制曰：朕惟自昔言治道者有二，曰王，曰伯。三代而上，纯王之治也，卓乎不可尚矣。论者乃谓三皇以道，五帝以德，三王以功，五伯以力。又谓皇降而帝，帝降而王，王降而伯，果若是殊乎？其所谓道德功力，亦有可指言者乎？

自是而后，惟汉唐宋历世最久，号称至治，其间英君谊辟，固有专务。以德化民而致刑措之效，力行仁义而成贞观之盛，至诚恭俭而收庆历之治，盖于王道皆各有庶几焉。由今观之，其施之当时，而见诸政事者果道欤，德欤，抑功、力欤？亦有可述者欤？议者又言，汉王而未足，唐犹夫汉也，然则宋固可知矣。岂世道愈降，而先王之道卒不可复欤？

太祖高皇帝创业垂统，太宗文皇帝安内攘外，列圣相承，益隆继述，莫不以纯王之心行纯王之政。百五十余年以来，亦即成纯王之化矣。朕嗣承大统，夙夜孳孳，亦惟帝王之道，祖宗之法，是遵是守。夫何承平日久，人心宴安？固尝劝农桑矣，而闾阎之间衣食益困。饬武备矣，而辇毂之下营伍不充。士病其诡遇也，而流风相高，顾伤于太激。俗恶其奢靡也，而守礼之家，不免于僭侈。储畜之政何岁不讲，一遇水旱，至坐视赤子之流离。备御之策无时或忘，一有边警，辄告称兵粮之耗竭。夫统体、纪纲、人才、风俗，皆王政之大，而足食、足兵又今日之急务也。信如兴滞补敝之不暇，有克举之，又何择于王、伯哉？夫上有愿治之君，则下有辅治之臣，是故道易交而志易行也。昔之人臣所以事其君，固有以法天立道为对，以饥渴教化为喻，以诚心公道为佐治之具者，夫岂不知尊王而抑伯哉？何卒混为一涂，而莫之能正也？后之论治者，有言尽天道则可以行王道，又谓有内圣之德则有外王之业，又谓必有父母天下之心乃为王道，当以和①者为不易之论欤？

朕闻王者之民，劳之而不怨，利之而不庸，迁善敏德而不知其功，相安相养而莫识其力。士让于朝，民和于野，万物并育，各得其所。朕甚乐之，甚慕之，何施何为而可以臻此？

子大夫明于王道有素矣，其详著于篇，朕将择而行之。

臣龚用卿

臣对：臣闻帝王之御天下也，有为治之大用，有出治之大本。为治之大用存乎道，出治之大本存乎德。德存于心而为道之所以立，道达于政而为德之所以行。何谓德？必其蕴诸心思者，一本于诚而无矫伪之杂。何谓道？必其施诸政事者，一出于公而非私小之图。故有是德，斯可以为纯王之心；有是道，斯可以为纯王之政。德以本之，道以行之，则身居九重之间，而化行于裨海之外，充塞溥遍之功以成，而于变时雍之效以著矣。自夫王道不明于天下，而世之言治者，始为一切便安之术，其推之己也，则无本而易穷，其及于人也，则有限而难久。心其心而非王者至诚之心，政其政而非王者至公之政，则其治效之所就，岂可以仰同于王者之道德哉？于戏！此唐虞三代之治，所以为至，而汉唐宋之君，皆不足以与于斯也。

钦惟皇帝陛下，天资英迈，圣学日新。既已具圣人之德，躬膺宝历，运际昌期，又已得圣人之时。自临御以来，五年于兹，民安物阜，道洽政治，可谓极其盛矣。方且体道谦冲，不以已治已安为足也，而于万几之暇，进臣等于廷，降赐清问，惓惓于王、伯之说，且以统体、纪纲、人才、风俗、足兵、足食为忧。臣知陛下有志于王道之大，而陋伯术于不居也。真所谓大有为之君矣。敢不采摭所闻，以对扬休命之万一乎？

臣闻天下之道二，王与伯而已矣。其心本于诚，政出于公，无所为而为者，王者之道也；其心杂于伪，政出于私，有所为而为者，伯者之道也。王、伯之辨，不出乎诚伪、公私之间而已矣。尝即是而求之，羲皇而上，玄风邈然，不可追矣。言治者莫过于唐虞、三代，言圣者莫过于尧、舜、禹、汤、文、武。是故尧以俊德，达于询咨岳牧②之政，而后有万邦协和之休；舜以玄德，达于询咨岳牧之政，而后有四方风动之化；禹以祗台之德，达于修和府事之政，然后地平天成之绩以成；汤以懋昭之德，达于辑宁邦家之政，然后兆民允殖之治以臻；文王之所以怙冒西土者，以其缉熙敬止，而又有怀保惠鲜之政也；武王之所以永清四海者，以其建极叙伦，而又有奠丽陈教之政也。是皆本

① 张朝瑞《皇明贡举考》作“何”。

② 当作“敬天勤民”。

诸心者，有大圣人之德，而达于政者，有大圣人之道，推之而准，动之而化，故可以谓之纯王。若夫伯者，则推之不本于德，而不能存王者之心，行之不由于道，而不能为王者之政。如葵丘之会，假名于尊王；首止之盟，假名于定嫡；蒐田示礼，而实非礼也；存卫示仁，而实非仁也。有所因以为功，有所强而为善，其视王道譬犹桔槔之于雨露，爝火之于日月，其小大判然可知矣。故曰诚心而王则王，假之而伯则伯，此之谓也。

然则，欲求王道之大者，岂可离道德而为言哉？尝考诸邵雍之论曰："三皇同道而异化，五帝同德而异教，三王同功而异劝，五伯同力而异率。"盖皇与帝之存心立政，固与王同，特因时而异其号，固非伯者以力假仁，补塞罅漏者，所可同年而语矣。然又谓："皇降而帝，帝降而王，王降而伯。"盖世变之趋，其势诚然也。要之，至于王则人事备，极于伯则世道衰，下伯一等，则夷也而已耳。至若转移之机，实存乎人，岂世道既降，而终无可复之理哉？

三代而下，称善治者，曰汉，曰唐，曰宋。就其优者论之，汉文帝躬修玄默，以德化民，固贤君也。其议赈贷，罢筑台，抑宠幸，容直谏，以几杖赐吴王，以金钱馈张武，庶几于王。则其致囹圄空虚，刑措不用之效，非徒然也。唐太宗英明威武，力行仁义，固令主也。其定田赋，修府兵，却贡献，谨刑辟，因弓矢而悟治道，增学舍而广生员，庶几于王。则其致外户不闭，道不拾遗之效，非苟然也。宋仁宗至诚恭俭，始终如一，亦仁厚之君也。考其所设施者，若刑以不杀为威，财以不畜为富，兵以不用为功，人才以不作聪明为贤，引辅臣而条治道，亲君子而礼大臣，亦庶几于王矣。则其致庆历之盛，而臻四十余年之治，其固然欤。究而言之，则文帝之心，未曾溺于黄老；太宗之德，终有愧于闺门；仁宗之优柔，卒不能制夷狄之横。盖汉之治，杂乎伯，不纯乎王者也。唐之治，杂乎夷，犹愧于伯者也。至于宋，虽曰以仁厚立国，家法最正，然万目未能尽举，是谓以弱政济弱势，安可以语王道之大哉？宋而后至于元，则以夷变夏，益可悲矣。

上天厌乱，笃生圣人。我太祖高皇帝，创业垂统，缵百王之旧服；太宗文皇帝，安内攘外，立万世之丕基。其政之善，心之纯，见于先民所传者，详且悉矣。臣请得略举其概而言之。纲纪不紊，而内外有相维之势；统体有序，而大小有相制之权；恤民穷则有种桑之法，有给盐之惠；重教典则有国监之规，有学校之详；崇理学而人才无不正，抑浮费而风俗无不淳；军政有条例也，礼仪有定式也，则纯王之政，不在是乎？尝庄诵我太祖之训，有云："朕求古帝王之治，莫盛于尧舜，然观其授受，在允执厥中。"又曰："人君一心，治化之本。使存诸中者无尧舜之心，欲施于外者有尧舜之治，不可得也。"文皇之训有云："帝王之学，贵切己实用。"又曰："凡开创之主，其经历多，谋虑深，每作一事，必筹度数日乃行，亦欲子孙世守之不忘也。"是皆所以为运用推行之地，则纯王之心，不在是乎？列圣相承，益隆继述。百五十余年以来，道隆化洽，政善民安，悦服之诚著于远迩，尊亲之念遍于华夷，纯王之化，固无间矣。

陛下嗣承大统，嘉靖中邦，登极一诏，与民更始，所以遵祖宗之法，而守帝王之道也。然求其道，不可不知其德；守其法，不可不知其心。臣伏读圣制，犹虑夫王政之未能无弊，王化之未能有成，其志盖已勤矣。而臣窃恐陛下于德之修者，或未尽纯；心之存者，或未尽实。则弊政岂能尽除，而化成之效岂能以遽致耶？臣请得而毕言之。

劝农桑，虽有官矣，然阡陌不识劳耒之人，惰游率多荒废之业，以茧丝先保障，而征求极其锱铢；以抚字后催科，而追促急于星火。求其如龚遂之劝民种植，召信臣之修渠灌溉者，果何人哉？是无怪乎衣食之益困也。饬武备，虽有条矣，然精锐者私役于权门，老惫者备数于行伍。草场岁辟，悉办房闼之供应；刍豆月给，咸归将领之筐箧。求如李牧以市租飨士，种世衡以银钩教射者，果何人哉？是无怪乎营伍之不充也。以士风言之，尚激直，则以忠厚为迂阔；务浮夸，则以孝友为迟钝。孰知新法之行，程子以为愧；圣德之诗，范公以为忧乎？则流风相高，不免于太激者，理所必然矣。以风俗言之，峻宇雕墙，民庶僭公侯之分；华衣美食，礼仪无上下之章。孰能蔬食布衣，师毛玠之俭；减驺省乐，畏杨绾之清乎？则虽守礼之家，亦不免于侈靡者，势所必有也。储蓄之政，虽尝讲也，然督理之使，更代不常，赏罚之典，因循不举，簿书空存出纳之数，仓禀或无颗粒之收。是以一遇水旱，而民之琐尾流离者，不能无蒙袂之耻。备御之策，虽未忘也，然屯营之地，弃为污莱，任战之兵，役于铃阁，尺籍之逃亡过半，民运之积欠甚多。是以一有警报，而将之仓皇告急者，不能无倚予之困。

夫此六者，固皆王政之大端，今日之急务。臣愚以为，欲劝农桑，则当择良吏以为之牧；欲饬武备，则当选良将以为之帅；欲正士风，则当崇德行之科；欲厚风俗，则当严逾制之禁；欲广储蓄，则常平、社仓之法，不可以不举；欲固边防，则屯田、鬻盐之令，不可以不修。然又必君臣上下，同志一德，各任其责，而后王道庶几可行也。

臣历观前代，见上有愿治之君，而臣不能将顺以成之，则悲其臣；见下有辅治之臣，而君不能推心以任之，则悲其君。圣策所谓明良相遇，道易交而志易行也，断断乎不易斯言矣。以汉、唐论之，董仲舒之对武帝，尝以王者当法天立道为言；魏征之告太宗，尝以经乱之民，愁苦易化，如饥易食，渴易饮为言；诸葛之佐昭烈，又尝以开诚心，布公道为本。盖皆庶几王佐之才也。然论治虽切，莫挽江都之行；纳谏虽勤，卒有仆碑之衅；筹策虽纾，而不能复汉祚于既衰。果可以为明良相遇乎？以宋论之，程子谓："尽天道则可行王道。"谢良佐谓："帝王之功，圣人之余事。有内圣之德，必有外王之业。"张载谓："君相以父母天下为王道，不能推父母之心于百姓，谓之王道可乎？"盖皆发明王道之旨也。然洛党之祸作，而其道不用于时；伪学之禁严，而其言不闻于上，又可以为明良相遇乎？是知王者之政，必以道为之用；王者之心，必以德为之本。使宋之君，能用周、程、张、朱而行其言，则德修道立，三代之治，未必不可复兴，而惜其不能然也。

臣伏读圣策之终，又有羡慕于王者之民，至德之化。且曰："何施何为，而可以臻此？"欲臣等详著于篇，而又宠之以"朕将采而行之"之一言，是导臣而使之言也。臣敢不罄一得之愚，以为陛下告哉？

夫陛下既锐志于王道矣，而又曰："信如兴滞补弊之不暇，有克举之，又何择于王、伯哉？"何其先后顿殊，而好尚不一也。臣愚以为，行帝道而帝，行王道而王，其本惟在陛下之一心诚与不诚之间而已。心苟诚矣，而不能行王道者，未之有也。心苟不诚矣，而能行王道者，亦未之有也。臣愿陛下力学以养此心，持敬以存此心，亲近君子以维持此心。不徒谨饬于会朝清明之日，而必涵养于深宫闲燕之中；不徒竞业于延接正士之时，而必矜持于亲近执御之顷。淫哇之声，奇巧之色，不以杂此心。便嬖之言，侧媚之态，不以诱此心。神仙佛老之事，不以荒此心。图书剑马之技，不以荡此心。土木游田之娱，不以胜此心。宫室侈靡之奉，不以移此心。而又远邪佞，迩忠直，略小利，纳远猷，审时宜以立政，定国是以保邦。信违拂之为恭，思儆戒之可乐。如尧之兢兢，如舜之业业，如禹之孜孜，如汤之栗栗，如文之亦临亦保，如武之毋怠毋荒。若然，则心诚而德可修，德修而道可立，道立而政可举。由是，民富而邦本固矣，财丰而国用充矣，士习正而廉耻之节兴矣，民俗厚而朴素之风还矣，蓄积日多而天灾无足患矣，边防日固而外侮无足虞矣。凡天下之政，有出于数端之外者，皆不足以廑圣心之忧。将见天地位，万物育，诸福之物，可致之祥，莫不毕至，而陛下之所至乐者，于是可遂矣。苟心焉不正，而欲行王道以望数者之效，是犹操危樯而航大海，乘敝轮而走长途，求之愈深，望之愈远，岂不难哉！

臣学不足以稽古，识不足以通今。然闻之昔人，人主开求贤之路，必将有听言之实；人臣遇得言之秋，不可无献言之诚。怀此念而耿耿于中者久矣。迂疏之见，幸因明问而发焉。惟陛下留神省览，倘以为可采而施之于治，则祖宗幸甚，天下幸甚，万世幸甚！

臣干冒天威，无任战栗陨越之至。臣谨对。

（录自［明］焦竑，［清］胡任兴增辑《历科廷试状元策》卷三）

（明）张朝瑞《皇明贡举考》卷六 （嘉靖五年）三月十五日，临策天下贡士，制曰：……

（时廷对之士三百一人，赐龚用卿等进士及第出身有差。用卿官至国子监祭酒。……）

第一甲三名赐进士及第：龚用卿，福建怀安县。……

（明）王世贞《弇山堂别集》卷八十二 （嘉靖）五年丙戌，命太子太保、礼部尚书、武英殿大学士贾咏，詹事府詹事兼翰林院学士董玘为考试官，取中赵时春等。廷试，赐龚用卿、杨维杰、欧阳衢及第。先是举人廷试，纳卷之日弥封官以会试首列数卷，潜送内阁，以备一甲之选，或内阁密觇状头仪貌，及平日有声者。阅卷官出自东阁，归宿私第。是岁礼部尚书席书疏其弊。

（明）王世贞《凤洲杂编》卷四·弥封官不得送卷 嘉靖丙戌，赐龚用卿及第。先是举人廷试，纳卷之日，弥封官以会试首列数卷，潜送内阁，以备一甲之选，或内阁密觇状头仪貌及生平有声者。阅卷官出自东阁，归宿私第。是岁礼部尚书席书疏其弊，乞弥封官不得与送卷，读卷官退朝直宿礼部，诏曰："可。"著为令。

（明）张弘道、张凝道《皇明三元考》卷十·嘉靖五年丙戌科大魁 状元龚用卿（福建怀安人，字鸣治。治《礼记》。年二十六。壬午举人。仕至祭酒）。

（清）谢道承等《福建通志》卷三十六·选举四·明进士·嘉靖五年（丙戌）龚用卿榜 侯官县龚用卿（第一人。传见人物）。

（清）张廷玉等《明史》卷十七·本纪第十七·世宗一 （嘉靖五年春）三月辛丑，赐龚用卿等进士及第出身有差。

仕宦

（明）雷礼《国朝列卿纪》卷一百六十·南京国子监祭酒年表 龚用卿（福建怀安人。状元。嘉靖二十一年任。二十二年被劾，听调）。

又，卷一百六十·南京国子监祭酒行实 龚用卿，字鸣治，福建福州府怀安县人。嘉靖丙戌状元，授翰林院修撰。考满，升左谕德兼侍讲，改兼侍读。嘉靖二十一年，升南。

（明）王世贞《弇山堂别集》卷六十三·南京国子监祭酒年表 龚用卿，福建怀安人，由状元，（嘉靖）二十一年任，二十二年调。

又，卷八十二 （嘉靖十九年庚子）命翰林院学士张治，右春坊右谕德龚用卿主应天试。

（明）俞汝楫《礼部志稿》卷九十一·朝贡备考颁贡夷礼·典礼颁及朝鲜 嘉靖十六年，翰林院修撰龚用卿、户科给事中吴希孟使朝鲜还，言："朝鲜素称恭顺，较之诸夷不同，而国家礼遇其国亦未尝以夷礼待之。迩者赍诏至彼，其王李怿又能恪遵典礼，敬事不违，良可嘉尚。请自今凡诏诰敕谕事关礼制者宜使之一体知悉，不必遣官，但因其朝贡陪臣即令赍回，庶以见朝廷殖有礼怀远人之意。"礼部覆如其议，诏可。

轶事

（明）孙绪《沙溪集》卷十三·杂著·无用闲谈 嘉靖癸未，固安杨维杰廷试，亦梦人报曰："公作状元矣。"无何，又有人来曰："非也，状元乃福建龚用卿。"公本状元，费阁老不欲公以兄弟状元得名，故黜为第二。盖维杰之弟维聪，辛巳状元也。然则忮害妒娼之情，鬼神既已先知之矣。可畏哉！

著　　作

（清）黄虞稷《千顷堂书目》卷八·地理类下　龚用卿《使朝鲜录》三卷（嘉靖丁酉，皇子生，颁语录、仪注、诗文诸作）。

又，卷二十三·别集类·嘉靖丙戌科（五年）　龚用卿《云冈集》二十卷（字鸣治，怀安人。一甲第一人。南京国子监祭酒）。

（清）谢道承等《福建通志》卷六十八·艺文一·福州府·明　龚用卿《使朝鲜录》、《云冈选稿》。

（清）张廷玉等《明史》卷九十七·志第七十三·艺文二·史类　龚用卿《使朝鲜录》三卷。

又，卷九十九·志第七十五·艺文四·集类　龚用卿《云冈集》二十卷。

（清）曹仁虎等《钦定续通志》卷一百六十二·艺文略·文类第十二上·别集·明　《云岗选稿》二十卷（明龚用卿撰）。

（清）纪昀等《钦定四库全书总目》卷一百七十七·集部三十·别集类存目四·《云岗选稿》二十卷（浙江孙仰曾家藏本）　明龚用卿撰。用卿，字鸣治，怀安人，嘉靖丙戌进士第一。官至南京国子监祭酒。是编首赋，次词，次诗，次杂文。考古人以词为诗余，今编入诗前，殊乖体例。所作亦大抵馆阁体也。

（清）曹仁虎等《钦定续文献通考》卷一百九十二·经籍考·集（别集四）**·明**　龚用卿《云岗选稿》二十卷。用卿，字鸣治，怀安人。嘉靖丙戌进士第一。官至南京国子监祭酒。

评　　论

（明）谢杰《大司成云冈龚先生略集叙》　先生之文若诗，前刻备矣，斯其略集也。令嗣光禄彦升君属余弁诸首，顾余何足以知先生？然先生为余夙所钦慕者，不可以无言也。今修词家之持论，文必西京，诗必盛唐，以为是固然耳。余谓大造菁英必有所寄而宣，诗其声而文其象也。偏倚则易，兼统为难。摹古则易，独匠为难。神而明之，拟议而变化之，故足术矣。岂必柱下、漆园、郑圃、龙门令之为文，而岑、刘、钱、孟、青莲、少陵之为诗也？盖词章之体，与时推移。自元距先秦千有余载，其间作者代殊人，人殊言，言殊致，无虑数百家，然各以所得者自鸣，不相沿袭，历历有操弓命的者，似难以执一论也。

我明人文丕振，蜚声于馆阁者蝉联踵接，何可胜数？乃先生尤为馆阁中白眉大都。诗步骤杜陵，亦间作选语，文出入昌黎，亦间作汉语，清真浑成，尔雅典雹，于古哲匠率师意而不师迹。意兴所就，主于必达，虽阪走丸、水赴壑、鸷鸟举而风偪，要未足以为喻者。苏子瞻云："吾之文行其所当行，止乎其不得不止也。"先生有焉。

杰于先生为后进，于彦升君为密姻，毋能为役，敬述其所自得者如是。若先生魁省试为国士首，魁大廷为天下士，官木天，侍讲幄，典京闱，教胄子，奉使朝鲜，著作之富，殆遍夷夏，则彼都人士汇能言之，且备于王参藩、洪臬副二公之章矣，奚容赘焉。

万历癸卯孟冬朔旦，赐同进士出身、资政大夫、户部尚书、奉敕总督仓场、前两京刑部左右侍郎、都察院右副都御史、提督军务、巡抚南赣汀韶惠潮郴桂等处地方、行人司行人充琉球国使、钦赐一品服眷、晚生谢杰顿首撰。

（录自［明］龚用卿《云岗选稿》卷首）

（明）龚燿《云岗选稿跋》 先公所著诗文全集向已梓行矣，然多讹而失次，乃就正于林碧麓先生，重加校选而序次之，视昔为详密焉。顾不肖燿频年多疾，而拂郁复乱其心，以是因循岁月，欲翻刻而未遂，今春始付剞劂氏，历杪冬方底成绪，庶了夙心也。呜呼！先公不可得而见矣。而展诵遗编，如对音容，可胜痛哉！且自愧庸劣，无能亢志箕裘，以不坠先业，其罪可胜言哉！聊纪岁时于集末，以贻将来云尔。

万历丁未季冬望日，不肖男燿谨识。

（录自［明］龚用卿《云岗选稿》卷末）

杂　录

（明）林文俊《方斋存稿》卷六·序·贺菊坡龚公暨林安人荣封序 三山龚君鸣治，以丙戌进士第一人入翰林，为修撰，遂迎其尊甫菊坡公暨母林氏养于京邸。今年，以尊号恩封公修撰、母安人，公率鸣治入朝谢。退与安人命服坐堂上，鸣治率林氏妇命服拜阶下。既成礼，皆以手加额言曰："上之赐也，其曷以报？"是日也，吾乡诸君咸走贺焉，谓予于鸣治忝为同官，属序之。

予闻公事亲至孝，与弟提举君恭爱甚笃，训迪诸子必以圣贤行己之实，平居造次必在于礼义，而耻以智巧炫于俗也，故又自号朴庵，盖其贤如此。而安人之贤，足以俪公。然则成鸣治之贤者，公与安人也。其享今日之荣，岂偶然焉者哉。昔陈尧叟、尧咨皆举进士第一，时其父秦公省华及母冯夫人皆康强无恙，颇与龚氏相类，后二子名位俱显，而考论人物者或不满焉，谓其不能用其父忠孝之训也，岂惟是哉！宋仁宗廷试之夕，宫中焚香祝天，愿得忠孝状元，是科得郑獬，獬固名士，及考其所就，亦未见其有以厌天下之望也。夫望之重，而副之难如此。鸣治以文行重词林，与之游者皆许其雅量如吕文穆，志轻温饱如王文正也。倘不以是为足而益勉焉。异时位望勋烈，赫然追古名臣，人将称之曰："是不负主上拔擢之恩、父母之教矣。是之谓忠与孝矣乎！"国家推恩臣下，必本其所生者，劝孝也，亦劝忠也。故予因贺公并勖鸣治，公必乐闻予言矣。

（明）张邦奇《张文定公纡玉楼集》卷三·送大司成云冈龚先生之南京胄监序 太祖定天下，櫜弓矢，涤除腥戎之污蔑而肇开人文，乃仿唐虞司徒敷五典典乐之官教胄子之制，选天下士及公卿大夫之元子萃之国学，而以祭酒督教之，其任甚重而礼遇甚隆，临视而稽阅之亦甚严以备。今天子中兴，法祖为治，加意敷教育才之盛典。莆之龚云冈先生，昔以敷言称旨，上为亲置魁选，受知春官，侍从十有六年于兹。会南京掌胄监缺人，而先生以宫谕拜命，辍讲筵以往，岂非慎重师儒之任而简畀之哉？于是闽中缙绅之在朝者少村黄太史辈咸相与荣且乐之，而征予赠言。

夫天以大中生物，而因以轨之。古之帝王宪天出治，惟教为大。是故蕃之育之，厚而利之，凡以基夫教也；戒之董之，刑且禁之，凡以翼夫教也。教不修则彝伦弗叙，彝伦弗叙则物则弗昭，物则弗昭则民无以自立，风靡波荡，纷披横决，而不可收拾。况欲求真才资化理，又胡可得欤？且夫治安久，而风气漓势也。今之士能言矣或略于行，知好名矣而或遗其实。沿是风也以往，亦将焉所底极乎？

云冈先生恭敬而温文，宏敏而渊默，天下士闻其风将革其习，况就其硎，入其范，薰其话言色笑之间乎？于是乎敦务本实，惟庸行庸言焉，谨信是图而不及乎他，以笃慎我民彝，懋昭我天则，则亦何在而非协极之士，何士而非经国之才？光昭圣祖之丕绪，不在兹乎？且先生既以懿学实德特承简任，其进而秉铨调钧，固惟旦夕事耳。栋梁榱桷以资肯构肯堂之用，将惟先生之所取之，然则栽培茂硕于今日者，孰非以裕吾他日用也，而恶可不加之意乎？予昔忝留监之任，非劣不能效尺寸。兹于先生行也，有厚望焉。序以俟之。

（明）孙承恩《文简集》卷二十一·七言古诗·云冈歌（龚云冈宫谕擢南司成，即其雅号歌以赠之） 吾闻闽中山水多秀灵，含奇蓄怪流光晶。上有危峰峻崿敻出烟尘表，下有岩泉千道百道喷薄如雷鸣。金波挥霍蛟龙战，嘘气往往聚作云英英。南台忽报灵沙合，神光上映奎星精。龚家书屋值其下，郁葱佳气遥相射。读易时时藜火然，朝看宝剑双龙化。尔时共说云冈子，符祯协瑞凭空起。天人有策献彤庭，一日名称动朝市。御笔亲题第一人，天门凤翥惊群伦。词林讲幄见风采，唐虞治道时敷陈。尔时云冈之云烂五色，章施黼座椒兰焚。皇华有命曾专使，玉带生辉烂文绮。夷徼争看识凤麟，声华实为明时瑞。留都昨去参文衡，得人不让欧阳明。文章一变宗大雅，学子文儒争法程。

帝睠留都根本地，大学师模风化寄。畴咨简命俾君往，礼乐陶镕淑多士。君不见，钟山有云日舒舒，云冈之云行与俱。氤氲蓄泄作时雨，枯荄畅达均沾濡。天赋君才栋梁器，姓名应为重瞳记。嘱君兹行无疾驱，会有征书随日至。愿言云冈之云益弘敷，大沛甘霖遍遐迩。

（明）严从简《殊域周咨录》卷一·东夷·朝鲜 （嘉靖）十五年，皇子诞生（是为哀冲太子），命修撰龚用卿、给事中吴希孟颁诏。朝鲜国王率文武百官生儒郊迎至勤政殿，行开读礼讫，宴于太平馆。国王执礼甚恭，因言及其祖非系李仁人之后，《会典》所书弑王氏四君之事，已经累次奏准改正，迄今尚未改，朝夕营心，未尝忘也。用卿等曰："此子孙不敢诬其祖父之心，不失为孝。若果非其后，礼当奏闻。"酒数行别去。已而连日筵宴，致词敬劳，俱感天朝厚恩，无敢颠越之意，多不能载。其王之贤而有礼如此。

龚用卿《朝鲜太平馆》诗曰："削壁凌空玉笋尖，溪头和露草纤纤。候迎鼓吹崇新典，奔走村氓耸具瞻。延上日抄云母饭，盘中时有水晶盐。满囊风月助归兴，却信平生也自廉。"《赠国王诗》曰："握符久已镇东藩，忠孝承家作屏翰。国度尚存周礼乐，人文犹守汉衣冠。中林不复歌鸿雁，在野无闻诵考盘。圣主恩光元不浅，丹心常许傍长安。"《赠诸问候陪臣诗》曰："国相诸官远候迎，更兼馆伴已多情。贤藩恋阙葵心切，圣主敷恩昼日倾。情逝百川归少海，望悬列宿拱前星。朝鲜秉礼由来旧，应识箕筹道教声。"

（清）谢道承等《福建通志》卷六十二·古迹·福州府·宅墓附·明 祭酒龚用卿墓（在独山）。

嘉靖八年（1529）已丑科状元罗洪先

传　记

（明）徐阶《世经堂集》卷十八·墓志铭四·明故左春坊左赞善兼翰林院修撰赠奉议大夫光禄寺少卿谥文恭念庵罗公墓志铭　自阳明先生倡致良知之说，学者始知舍闻见而求知于心。然其传之讹也，语心体而遗工夫，则日入于高虚而无益。其又讹也，概举夫不待学习者以为良知，而不复究爱亲敬长之本指，则以欲为理，以任情为率性，以戒慎恐惧为戾于自然，而去道日益以远。左春坊左赞善兼翰林院修撰念庵罗公有忧之，数正色言曰："近时传良知之学，语知矣而不必良，语良知矣而不必能致，往往闻用功语，辄生诧讶，其弊将多于晚宋支离之失。"又曰："阳明先生良知之教本之孟子，故常以'入井怵惕'、'孩提爱敬'、'平旦好恶'为证，然以三者皆其一端之发见，而未即复乎全体。故言怵惕必以扩充继之，言好恶必以长养继之，言爱敬必以达之天下继之。孟子之意可见矣。先生得孟子之意者也，故亦不以良知为足而以致知为功。"公家居，弟子四远，而至其为教，恒主《易》所谓"寂然不动"，周子所谓"无欲故静"者，而申告之曰："能静寂，然后见知体之良，能收摄保聚，然后能主静而归寂。"又曰："儒者之学在经世，而以无欲为本。夫惟无欲然后用之经世，知精而力钜。"

阶昔未冠，即幸受业双江聂公之门。及举进士，与南野欧阳公为同年，益得相切磋于问学。二公，先生高第弟子也。又后六年，始获识公，公于时所交游尽一世名士，而与予言独相入。未几，公请告，予亦以论孔子祀典谪，不相见者十年。已，乃同召为官僚。明年夏，予遭先夫人忧，归。其冬，公及荆川唐公、浚谷赵公论东宫朝仪，罢为民。自是，不复见，以卒。每忆与公对榻剧谈，宛然前日事，未尝不泫然而泣也。

公为学尤务力行。居父母丧，终三年不入室。先世所遗田宅，尽以让二弟。其季卒，哭之累月，寝食为失。常与人处，言语恂恂乃其中，毅然不可动以利。所居没于水，巡抚中丞马公核公前后所却坊值，谋改筑焉，竟不受。少师分宜公既推毂荆川起家为兵部主事，遂以书致意于公，公对以"愿毕志林壑"。荆川邀公会齐云岩，将强与偕出，公辞曰："天下事为之非甲则乙，某所欲为而未能者，得兄为之，即比自效可也。"

罢赞善归，足未尝入城市。继辟莲花洞，作正学堂，读书其间，益与世削迹，然闻民所疾苦，辄蹙额思去之。邑故多虚粮，言于有司，尽丈邑中田计亩，而税弊顿绝。建同江水次仓，去邑之虚丁，二万民以不困于赋役。岁饥，移书郡县，得粟数千石，率士友躬赈给之。闽广寇流入吉安，握兵者不能制。公为画策守严而战力，寇遁去。尝游衡、岳，僧楚石欲授公外丹，公谢曰："吾道自足，宁须此？"友人有以仙学招者，作长书拒之。故公之初，士大夫或疑其学近禅，久乃知公真能主静归寂，本无欲以措之经世，卓然得致良知之真传也。公当世宗皇帝朝，既屡为时宰所摈沮。今皇帝登极，公论明矣，乃公已先卒，仅赠奉议大夫、光禄寺少卿，谥文恭。而不及见诸用，岂非斯世斯文之厄欤？

公讳洪先，字达夫，念庵其号。厥初，豫章人，三徙而居吉水。曾祖良，广海卫经历。祖玉，以子贵赠奉直大夫、兵部员外郎。考循，举进士，仕至山东按察副使，尝抗逆瑾，侃侃著风节。娶李氏，以弘治甲子十月十四日生公。公年十五即下视举子业，得《传习录》，手抄而读之，昼夜不置。嘉靖己丑，举进士第一，世宗批其文曰："学正有见，言说而意必忠，宜擢之首者。"授翰林院修撰。壬辰，以病痊，起充经筵展书官。己亥，召拜赞善，充经筵讲官。凡三立朝，皆不逾岁而归。甲子八月十五日卒于松原之新第，年六十一。配曾氏，生子世光，吉水邑庠生，能世其学。孙履静、艮静。公卒之明年三月，侧室刘氏生子曰奕光。某年某月某日，世光葬公赤石潭山之原，介其姻文选曾君同亨暨公门人曾乾亨、王暹、刘教，以公门人提学宪副胡君状来征铭。予与公友三十年，既不能及公之存荐起之，则今志其美，传诸无穷，固予所不得辞也。公有文集若干卷，吉水令王子苏子已锓梓邑斋。而公尝手书一册，与今提学侍御麻城周君，大要以言说为不济事，以落思想、落存守为不能随用具足，而以不存而存为学之至，公绝笔也。予且告周君刻而传之。铭曰：

昔在洙泗，以圣为师。于道之传，犹或失之。矧世之下，学以口耳。违道日遐，理固宜尔。猗公奋起，独悟道真。非矫以言，实率以身。仙佛词章，一时尽绌。斯道复明，厥惟公力。公身虽隐，公言则彰。我铭揭之，弥久弗亡。

（明）陈鎏《皇明历科状元录》卷四·嘉靖八年己丑状元罗洪先 廷对之士唐顺之等三百二十三人，擢罗洪先第一。取庶吉士十人。

上方励精求贤，益亲文学之士，于是大学士杨一清、张孚敬、桂萼等以罗洪先辈六卷进览。上一一品题卷首，各有批语。于洪先曰："学正有见，言说而意必忠，宜擢之首者。"于程文德曰："探本之论。"于杨名曰："能守圣学以为本，此乃知要之说。"于唐顺之曰："条论精详殆尽。"于陈束曰："'仁智之用，本诸吾心。'此不易之说。"于任瀚曰："'勉吾敬一之为主。'忠哉！"

罗洪先，字达夫，号念庵，江西吉水人。年二十六。治《书》经。父循，登进士，官副使。母有贤行。在任与诸僚阃人宴集，布衣荆簪，介于珠翠之间，或劝之加饰，曰："素朴乃吾性也。"洪先为宫僚，上疏论东宫事宜，与唐顺之、赵时春同罢。家素淡薄，复遭火，遂徙居于山中，器用亦不备。友人何偶欲访之，预约，乃假邻家小床以待。为文精雅超卓，工于理学，不为迂矫之论。与邹守益友善，自少师友周子恭，既登高第，犹屈体事之，每称其学非我所能及，尤人所难云。

（明）耿定向《先进遗风》卷上　念庵罗先生洪先，魁天下时才弱冠。时外舅官棘寺卿，报初下，喜甚，趋告先生曰："喜吾婿乃今干此大事也。"先生聆，已而项发赤，对曰："丈夫事业不知更有多少在，此等三年递一人耳，奚足为大事耶。"是日，犹自袖米偕黄、何二孝廉联榻萧寺中论学焉。黄号乐村，何号善山，亲受阳明之学者。先生赴南宫，附其舟严事之，以相资切。先生时兢兢，然步趋不逾绳矩，心疑二孝廉言动举止若无异于人者。一日，有友来与二孝廉商学，何孝廉慨曰："近世号名讲学者，综其衷微，皆先人心耳。"先生侧聆之，懼然自省。自是学益近里，笃信阳明良知之旨云。

既官翰林逾年，念其父宪副公不置，请告归。至仪真，病几殆，留数月。有瓜洲富人王纪者坐事，为同年项瓯东某按治，乃饰名姝，介万金谒求解己，峻拒之矣。而项闻之，微以意尝先生，先生辞益厉，项叹服，遂定交为深分。既归，悔曰："纪所遗当拒，而罪不当死。"久之，有同年饶比部录刑江北致书生之，已弗逮矣，为之怃然。是后二年，先生侍双泉公于家。公训饬不殊童稚，言动少错，辞色必厉。客至，令衣冠行酒，拂席授几。如命从事，欣欣如也。后入春坊进讲，与其友唐荆川顺之、赵浚谷时春居相比。荆川每语先生之学，辄倾诚叹服，而浚谷生西北未悉也。一日，邀先生出游，属其内子谒曾夫人，窥室中故启一箧，一无所有，乃曰："罗君内外皭然如此。"由是，三公交好浸密，日相期许以天下自任，中外咸称异之曰"三翰林"云。

论曰：惟今寰内逢掖士，育黉序，志青云者，丽不亿也。既上公车，试南宫，对大庭，裒然居首选，是数千万人之一人也。讵不称俊杰乎哉？惟我昭代自洪武辛亥制科以来，膺是选者计百有奇，乃其流鸿垂茂于奕世者几耶？先生立朝，曾未卒岁，鲜所建树矣。乃今学者宗仰之不啻山斗，则何以哉？惟先生胪传，初聆外舅欣羡语辄面项发赤，胸中故自无大魁也。余读先生集，缅思先生晚年学之所进，胸中不独无大魁，即若所禔修、若所解悟者，谅亦自视若无矣。何以明其然？迹先生早知大丈夫事业无穷尽，便知学问亦无尽也。世为禅者曰："先生斤斤然好修者尔，未彻性也。"顷陆司寇论宋儒，独推无垢，谓其邃于禅宗云。

按，史述无垢在越，作幕官辞供给钱，在馆进书辞转官，人讶为好名，无垢曰："既请月俸，又受供给，偶然进书，即便受赏，于心不安，何名之好？贪者往往不曾寻思此心病也。心有病，人安得知我？知之当自医，别人既不自知病，又恶人医病，犹妇人妒者非特妒其夫，且又妒人之夫，其惑甚矣！"即无垢此论，其学亦以本心为则，圣学原如是也。先生之禔修，毋亦自得其本心耶？抑闻无垢之言曰："人于仓卒患难中，处事不乱，未必才识了得。其必胸中器局不凡，素有定力。不然胸中先乱，何以临事？古人平日欲涵养器局者此也。"又曰："处事速不如思便，不如当用意，不如平心。即此语观之，无垢未尝离事言心也。噫！如此谈禅，吾于禅无间然矣。"

（明）耿定向《耿天台先生文集》卷十四·传二·念庵罗先生传 （存目）

（明）邓元锡《皇明书》卷四十四·心学述 罗文恭，名洪先，字达夫，吉水人，世所称念庵先生者也。幼端重，有志于仙禅，会良知之说行，向往之。常拥膝危坐，自收摄。嘉靖己丑，举进士第一。授翰林修撰，引疾归，欲毕志于学。

过越，见王汝中畿，汝中言："良知见成，神触神应。"大说之。已反之，凡心习气包裹为祟，不自信也。见恭襄就逮时，先已不动心，大敬服，求未发之中，益攻苦。夜臧食焚香，块坐一榻，至连霄不寐，防危守独，为兢兢。闻有为性命之学者，则累饥寒犯险，遭逆旅捽詈，往从之不悔。其言曰："学者自有生以来，积染成习，如油入面，未易脱离。须终日酬应，终日消磨，不使习气乘机潜发，方不负此生。"又曰："必安顿收敛枯槁一番，而后可以语良知之通塞。"又曰："善学者竭才为上，解悟次之，听言为下。恃妙契，而不务反躬，以一念之明为极，则以一觉之顷为实际，而欲随事随物流行顺应，未有不倚见解言铨为支吾者也。"其寐言曰："自震而离而兑，阳之浸也。自巽而坎而艮而坤，阴之浸也。自内而外谓之往，往主发生。自外反内谓之来，来主归复。《易》有太极，逆也。生两仪，则顺矣。数往者，顺其后天乎？知来者，逆其先天乎？故月从逆为朔，征之吾身，目不逐境而内观，耳不逐声而反闻，心绝物诱而忘智，口绝言筌而守默。自外来感者，我无驰也，以是为未发之中。故其学于静中常蛰常隐伏强阳消颉滑者。久之，洞启天门，静闻寒漏，恍然觉中虚无物，如长空云气流行，无止极；如大海鱼龙变化，无间隔也。无内外可指，无动静可分，上下四方，往古来今，浑成一片。吾之一身，乃其发窍，固非形质之所能限也。"而学益玄以深。中岁，复召为春坊赞善，为贵溪所恶，挤之。会疏请预定东宫朝仪，遂罢归，筑室石莲洞，掩关却扫，谢世不涉，分宜当国，数致书，欲致之，竟谢不复起，卒。隆庆初，赠光禄卿，赐谥。

先生事亲孝，遇族父兄恭，处乡里恂恂。父宪副公自有传。宪副公遇先生严，既贵，训敕不异童稚，稍失意，辞色必厉。客至，令行酒，拂席授几如异时，先生从事欣如也。宪副公卒，苫块柴毁，不入内三年。平生于辞受取与最严，当路常馈，绝不纳。方引疾时，抵仪真，病殊殆。同年项侍御乔按江北，日就讯。瓜洲富人坐重罪，饰名姝，介万金求居间，峻拒之。项微闻，以其意尝先生，先生厉声曰："君未闻志士不忘在沟壑乎？"项太息，以为不可及也。晚益高峻，布袍芒屩，居间乐道。士大夫仰之如景星庆云，可望不可即云。

先是，文成官南鸿胪时，吉安福刘伯光晓，以世谊往谒之，闻语学有契。由是，确然信为仁由己也，遂师事学焉。文成赠之诗有"一语悟真机"之叹。归，日与其族父宜充、君亮等共学，而联同志月为会五日，曰惜阴，文成为著《惜阴说》。已，邹文庄还自辟雍，而吉学大昌。晓孝友谦和，语由衷，无枝蔓。一日，诵少陵"语不惊人死不休"之语，喟然曰："嗟乎！不当谓'学不圣人死不休'耶？"恒为学者举质鬼神无疑之语，曰："人可欺，鬼神不可欺。今世可欺，后圣有作，真伪不可欺。"其自励如此。而群从宜充、君亮皆成德，为人士所尊信云。

（明）凌迪知《万姓统谱》卷三十五 罗洪先（字达夫，吉水人。嘉靖进士第一。授修撰，升左春坊左赞善。言事落职，屡荐不起。卒隆庆初，赠光禄寺少卿，谥文恭）。

（明）李贽《续藏书》卷二十二·理学名臣·光禄少卿罗文恭公（事永陵） 公名洪先，字达夫，吉水人。自幼端重，不为嬉弄。年五岁，梦至通衢，市人肩摩，自知为梦，呼曰："汝往来者皆在吾梦中，尚自攘攘，何耶?"拍手大笑，遂觉，以告母李宜人，识者知非埃壒人也。十一岁，读古文，慨然慕罗一峰公之为人。年十五，闻阳明王公讲学虔台，心即向往，遂卑视举子业。常敛目端坐，同舍生诮之曰："是罗道学先生耶?"比《传习录》出，奔假手抄玩读，至忘寝食。

年二十二，举于乡。时同里谷平李公家食，公师事之。嘉靖八年，廷试，世宗亲阅所对策，御批云："学正有见，言说而意必忠，宜擢之首者。"赐进士及第第一人，授翰林修撰。明年，告归。已而，丁外艰，哀恸深至，苫块蔬食，不入室者三年。一日，读《楞严经》，得反闻之旨，遂觉此身在太虚，视听若寄世外，友人睹其颜貌，惊服。忽自省曰："得无误入禅耶?"乃反求诸孔孟，与同郡邹文庄公及诸同志切劘无虚日。

召改左春坊赞善，疏请预定东宫朝仪，忤旨，罢为民。家居，削迹城市，应酬礼文、辞受取与，一裁以义，不徇时局，人不敢干以私。亲贤问道，㧑谦求益，未尝以言词先人，然瞻其容止者，非僻为之潜消。

游衡岳，僧楚石密授以外丹，拒而不受。里中得石洞，故为虎穴，荆莽蓊郁，辟之可容百余人，命曰石莲。自是多洞居，时出聚友于雪浪阁。四方缙绅士人请益者日众。赣江水涨，公宅舍漂没，假宿田家。抚院马公森以公家故窭，而尝却台省馈坊数千金贮县帑，檄县取为构室助，竟辞之。

荆川唐公以兵事起官，约偕出，公曰："天下事为之非甲则乙，某欲为未能者，得兄任之，即比自效可也。奚必我出?"时相亦贻书致意，公答书："愿毕志林壑。"年逾五十，谢客屏居止止所，制半榻，默坐榻间，不出户者三年，事能前知，人或讶之，答曰："是偶然，不足道。"比荆川讣至，哭始下榻。

邑当造赋册，念诡洒重为民病，戒里中按亩收赋，督册宪使即以邑册请公任之。于是，宿弊顿革，贫者欢若更生。比疾作，子世光适赴省试，家人问何言，答曰："儿归，但语以莫厌穷，穷固自好。"诸生环侍，以意示，令扶起，危坐正巾，敛手端默而卒。年六十有一。

公学始致力于践履，中归摄于寂静，晚彻悟于仁体。丁巳，学宪王公宗沐访石莲洞中问静，曰："君可闻者，吾之言也。所从出此言者，君不得闻也。岂惟君不得闻，吾亦不得而闻之。兹非至静为之主乎？故曰君子思不出其位，至静无思之位也。"又曰：

“戒慎不睹，恐惧不闻，不睹不闻，静也。戒惧者，不欲驰而离也。”又曰：“知止而后有定，定而后能静，知止所以归静也。驰而离焉，不可谓之止。故归静言乎其功也。而谓任心之流行以为功者，吾尝用其言而未有得，是以守吾陋而不知变，非敢倡说以眩人也。”

壬戌，王公畿以专静不达顺应为疑，访于松原，问：“近日行持何似？”曰：“近觉一切无有杂念。即感应处便自顺适。”龙溪曰：“工夫有先后否？”答曰：“即如均赋一事，终日纷应，吾未尝憎厌执着，放纵张皇，亵侮偏党。自朝至暮，惟恐一人不得其所，一切杂念不入，亦不见动静二境，自谓即静定工夫，非专以默坐时为静，而动应时无静也。”又曰：“世间岂有现成良知？良知非万死工夫断不能得也。（阳明诗曰：良知底用安排得，此物由来自浑成。）今人误将良知作现成看，不知下致良知工夫，奔放驰逐，茫荡一生，有何成就？”又曰：“吾辈所以必须学者，皆缘习气作梗，要得消磨。盖自有知以来，积染成习，如油入面，未易脱离，诚不可以平日虚见为得手。须是终日应酬，终日收敛，不使习气乘机潜发，始不负一生耳。”语具所作《松原志晤》中。

明年，钱绪山公德洪以《阳明王公年谱》成，请序，乃为序曰：“善学者竭才为上，解悟次之，听言为下。盖有恃妙契而不知反躬，至不副夙期者多矣。”甲子，郡节推周弘祖问学，公手书册曰：“落思想者，不思即无。落存守者，不存即无。欲得此理炯然，随用具足，不由思得，不由存来。此中必有一窍，生生夐然不类。”又曰：“此非可以幸至也，却从寻求中得，由人识取。”盖卒之先一月也。公于阳明王公之学，极其尊信，而后学见公躬行之实，既慕服。于是因公之言，而益知王公之学为当尊信。王公之学得公以身发明之，其有功于斯道大矣。

公始归田，攻苦淡，炼寒暑，跃马弯弓，考图观史，其大若天文地志、仪礼典章、漕饷边防、战阵车介之事，下逮阴阳卜筮，靡不精核，至人才吏事、国是民隐，弥加诹询。曰：“苟当其职，皆吾事也。”年垂五十，睹时事日非，乃绝意仕进。然饥溺由己，挞市引辜之衷，未尝一日忘。天下士想望其出，以卜治平，而竟不果。隆庆元年，诏赠光禄寺少卿，谥文恭。

（明）王兆云《皇明词林人物考》卷七·罗文恭　先生姓罗氏，讳洪先，字达夫，尝读书至“克念作圣”，遂自号念庵居士。其先豫章人，徙居吉水。嘉靖己丑二十五年，举南宫，廷试，肃皇帝亲阅，奉御批：“学正有见，言说而意必忠，宜擢之首者。”赐进士及第第一人。时外舅曾公官大仆卿，报初下，喜趣告先生曰：“喜吾婿干此大事也。”先生聆之，面顷发赤，徐对曰：“丈夫事业更有许大在，此等三年递一人，奚足为大事也。”是日，犹袖米偕何、黄二公联榻萧寺中商学焉。授翰林院修撰，晋春坊。因储位未定，浸闻有它异，上疏以预定东宫朝仪为言，忤旨，谪为民，竟不出。卒年六十余。隆庆改元，诏赠光禄少卿，谥文恭。

国朝理学名臣推先生为最。一日，玩内典，得返闻旨，觉此身在大虚，视听若寄世外。友人睹其颜貌惊服，先生忽自省曰：“嘻，是将入禅那矣？”乃悔置前功，笃志圣学正脉，必由濂溪无欲旨。居常与同郡东郭邹公及诸同志切劘无虚日。闻王龙溪论良知当下具足，意速人悟入，先生曰："吾人注念反观，孰无少觉，因言发虑，理亦昭然。顾以利欲之盘固，血气之浮扬，而欲从其心之所发，任其意之所行，灭裂恣肆，至以存心为拘迫，以改过为粘缀，以取善为比拟，以尽伦为情缘，将使天下之人荡然无归，悍然不顾，斯为道病不浅。"故平时提诲学者，多主周子"无欲故静"、《易系》"寂然不动"语。以为能静寂，乃为知体之良，能收摄保聚，一切无染，乃为主静而归寂云。又《答友书》略曰："阳明良知之教本之孟子，故尝证以入井怵惕，盖指乍见之时未动纳交要誉恶声而言；证以孩提爱敬，盖指不学不虑自知自能而言；证以平旦好恶，盖指日夜所息未及反复而言。然言怵惕矣，必以扩充继之；言好恶矣，必以长养继之；言爱敬矣，必以达之天下继之，孟子之意可见。阳明公得孟子之意者也，故亦不以良知为足，而以致知为功云。"

甲寅，邂逅王龙溪于海天，遂同舟西归，谓龙溪云："往年且谈学者皆谓：'知善知恶即良知。依此行之，即致知。'予尝从此用力，久而疑之。吾心之善吾知之，吾心之恶吾知之，不可谓非知也。善恶交杂，岂有为主于中者乎？无所主，而谓知本常明，恐未可也。知有未明，依此行之，而谓无乖戾于既发之后，能顺应于事物之来，恐未可也。"龙溪曰："近觉何如？"先生曰："年来与前自别，盖当时之为收摄保聚偏矣。夫谓感由寂发，可也，然不免求寂有处；谓寂在感先，可也，然不免于待感有时。盖人心一而已，自其不出位而言，谓之寂，位有常尊，非守内之谓也；自其常通微而言，谓之感，发微而通，非逐外之谓也。寂非守内，故未可言处；感非逐外，故未可言时。此近收摄保聚之功，君子知几之学也。"龙溪曰："今于感中寂得否？"先生喜曰："切问也，岂曰能之，收摄保聚焉耳。虽然，其或免于适越而比辕乎？"返舟会玄潭，龙溪再问，先生以工夫不挠心为言。已而，龙溪曰："何以赠我？"先生曰："阳明先生之为圣学无疑，惜也速亡，未至究竟。是门下之责也。公等受锻炼最久，其得证问最明。今年已过矣，犹不能究竟此学，以求先生所未至，是非先生负诸人，乃是公等负先生也。"乙卯春，先生因偕龙溪游楚，寓黄陂深山中。龙溪先返，先生独留栖一楼，日夜趺坐半榻中三月余，自觉有省，咏《夜坐诗》十首。《贻蒋道林书》略云："此心中虚无物，旁通无穷，无内外可指，动静可分，上下四方，往古今来，浑然一片。而吾身乃其发窍，非形质所能限也。"又曰："吾心体之大，则回邪非僻之念，自无所容得；吾心体之存，则营欲卜度之私，自无所措。然此特自知，难以语诸人。"先生到此，盖霅然见大矣。

戊午冬，以病谢客屏居，先生自是语学者多言知止，因偏其室曰止止所，时嘿坐其中，由是益明儒佛几微之辨。《答双江公书》驳其专主寂静，又以佛氏之异吾儒，其弃伦遗物之大者，人未必入，其误人易入者，惟在几微似是之间。乃著《异端论》三篇，明似是之非。龙溪复来访，信宿语别，作《松原志晤》，尝移书致规切。至是，复发其概云。所著有《念庵文集》若干卷，非寻常词人口吻也。

（明）顾祖训原编、（明）吴承恩增补、（清）陈枚续补《状元图考》卷三·状元

罗洪先　嘉靖八年己丑，廷试唐顺之等三百二十三人，擢罗洪先第一。上方励精求贤，益亲文学之士，大学士杨一清等以洪先辈六卷进览。上一一品题，有批语，于洪先曰："学正有见，言谠而意必忠，宜擢之首者。"

按，罗洪先，字达夫，号念庵，江西吉水人。年二十六。父循官副使。母有贤行，宦居而荆布，勉夫子以廉。父见一寺有棺七口，命僧以俸金瘗于寺侧。及得一子，即号曰"念庵"，言一念之善也。后魁天下，人以为阴报云。

（明）刘孟雷《圣朝名世考》卷七·正学传·罗洪先文恭公　罗洪先，字达夫，江西吉水人。父循，以进士起家，历官山东按察司副使。尝抗逆瑾，侃侃著风节。洪先生而有异，年十五，得《传习录》，嘿而识之。二十三，遂慨然有志于圣人之学。嘉靖己丑，举进士第一人。世宗批其文曰："学正有见，言谠而意必忠，宜擢之首者。"授翰林院修撰。明年，以病告。壬辰，假满入谒，充经筵展书官。癸巳，遭丧。又七年，己亥，皇太子立，召拜赞善，充经筵讲官，则又与同僚赵时春、唐顺之论东宫朝仪，罢。凡三立朝，皆不逾岁而归。其难进易退之节，天下高之。

归田以来，杜门不出，辟石莲洞中，作正学堂，与二三子讲业其间。学之所得，以渐而升，日造微密。当其始也，直信良知之体，凝然不动，而收摄保聚之功，无时可离。然以为寂在感先，感由寂发，则不无涉动静二境，于心之本然者，或未尽也。盖久而复疑之，于是为之说曰："心一而已，自其不出位而言，谓之寂，位有常尊，非守内也；自其常通微而言，谓之感，发微而通，非逐外也。盖中有所主，虽酬酢万变，而于寂者未尝有碍；内无所倚，即声臭俱泯，而于感者未尝有息。故其当纷纭也，不失之于倏忽，而其在倏忽也，亦无以异于万古。如是，而尚何动静寂感之足言哉?"既其后也，闭关数载，世缘尽屏，止艮之所，缉熙光明，而于广大精微之际，若深独契其妙者。尝曰："《易》言洗心，非为有染着；《易》言藏密，非为有渗漏。除却洗心、藏密，更无工夫。此是尧、舜兢业过一生处。盖其收敛也愈密，则其发挥也愈大；凝聚也愈至，则其作用也愈周，非外事物酬应而有所谓静定焉者。"

一日，王汝中畿自越来访，与之商订此学。时洪先方为闾里均赋，因举似曰："即如某临此事以来，终日纷纷，不觉身倦，厌恶怠弛，一切泯然，杂念不入，感自顺应，动静二境，了然无干，此是年来寻向路径行持处也。"以彼学力所验，若此可不谓密乎？推之即圣人之以顺治天下者，道不外是矣。惜不及大行所学，而仅见之于一乡也。尝与王畿论及二氏曰："老氏窥见上根源，窃弄阖辟，伤于巧；佛氏见无始幻妄，但守寂乐，伤于拙。吾儒因时立教，率本人情，万物赖以并育，天地待以成能，其法守庸常，其功用广大，二氏不得而与也。"

他日，游庐山与僧性空宴坐，因谓曰："圣人之学既了，此心不留一物。又了万物，使无失所，处处是我，发育参赞，故有礼制分疏，法度防范，何等周遍？彼佛氏之法，仅管顾一身，视儒者之功配天地，作用固悬绝也。"性空无以应，一笑而别。其后又作《异端论》以明辨之。晚辟有斐亭，讲业问难者无虚日。亦尝语友人曰："落思想者，不思即无。落存守者，不存即无。欲得此理炯然，随用具足，不由思得，不由存来，此中必有一窍，生生夐然不类。”

呜呼！学而至是，其去濂溪、明道二氏尚可轩轾云乎哉？素与武进唐顺之友善，执政者既推毂顺之，因以书来石莲致意，则谢曰：“愿毕志林壑。”及顺之邀会齐云岩，将强与偕出，则又谢曰：“天下事非甲则乙，为某所欲为而未竟者，得子为之，即比自效，可也。”观其应对措置，而其所存可知，何天欲丧斯文而山颓木坏若是其亟也？岂后之有志于斯道者无遭耶？

穆皇帝即位，诏录忠贤，而洪先名德最著，特赠光禄寺少卿，寻用礼官请锡，谥曰文恭。论者谓其公议昭如日月云。游其门者，泰和有胡直，吉水有尹辙、曾乾亨，皆潜心笃志，骎骎乎入室矣，而各未竟其用，君子惜之。直为福建按察使，终崇明令。乾亨官至大理少卿。

（明）过庭训《明分省人物考》卷六十八·江西吉安府六·罗洪先 罗洪先，字达夫，吉水人。自幼端重，不为嬉弄。年五岁，梦至通衢，市人肩摩，自知为梦，呼曰：“汝往来者皆在吾梦中，尚自攘攘，何耶？”拍手大笑，遂觉，以告母李宜人，识者知非埃壒人也。十一岁，读古文，慨然慕罗一峰公之为人。年十五，闻阳明王公讲学虔台，心即向往，遂卑视举子业。常敛目端坐，同舍生诮之曰：“是罗道学先生耶？”比《传习录》出，奔假手抄玩读，至忘寝食。

年二十二，举于乡。时同里谷平李公家食，往师事之。嘉靖八年，廷试，世宗亲阅所对策，御批云：“学正有见，言谠而意必忠，宜擢之首。”赐进士及第第一人，授翰林修撰。明年，告归。已而，丁外艰，哀恸深至，苫块蔬食，不入室者三年。一日，读《楞严经》，得反闻之旨，遂觉此身在太虚，视听若寄世外，友人睹其颜貌，惊服。忽自省曰：“得无误入禅耶？”乃反求诸孔孟，与同郡邹文庄公及诸同志切劘无虚日。

召改左春坊赞善，疏请预定东宫朝仪，忤旨，罢为民。家居，削迹城市，应酬礼文、辞受取与，一裁以义，不徇时局，人不敢干以私。亲贤问道，㧑谦求益，未尝以言词先人。然瞻其容止者，非僻为之潜消。

游衡岳，僧楚石密授以外丹，拒而不受。里中得石洞，故为虎穴，荆莽蓊郁，辟之可容百余人，命曰石莲。自是多洞居，时出聚友于雪浪阁。四方缙绅士人请益者日众。赣江水涨，宅舍漂没，假宿田家。抚院马公森以其家贫窭，而尝却台省馈坊数千金贮县帑，檄县取为构室助，竟辞之。

荆川唐公以兵事起官，约偕出，公曰：“天下事为之非甲则乙，某所欲为而未能者，得兄任之，即比自效可也。奚必我出？”时相亦贻书致意，答书：“愿毕志林壑。”年逾五十，谢客屏居止止所，制半榻，默坐榻间，不出户者三年，事能前知，人或讶之，答曰：“是偶然，不足道。”比荆川讣至，哭始下榻。

邑当造赋册，念诡洒重为民病，戒里中按亩收赋，督册宪使即以邑册请任之。于是，宿弊顿革，贫者欢若更生。比疾作，子世光适赴省试，家人问何言，答曰：“儿归，但语以莫厌穷，穷固自好。”诸生环侍，以意示，令扶起，危坐正巾，敛手端默而卒。年六十有一。

其为学也，始致力于践履，中归摄于寂静，晚彻悟于仁体。丁巳，学宪王公宗沐访石莲洞中问静，曰：“君可闻者，吾之言也。所从出此言者，君不得闻也。岂惟君不得闻，吾亦不得而闻之。兹非至静为之主乎？故曰君子思不出其位，至静无思之位也。”

王公畿以专静不达顺应为疑，访于松原，问：“近日行持何似？”曰：“近觉一切无有杂念，即感应处便自顺适。”龙溪曰：“工夫有先后否？”答曰：“即如均赋一事，终日纷应，吾未尝憎厌执着，放纵张皇，亵侮偏党。自朝至暮，惟恐一人不得其所，一切杂念不入，亦不见动静二境，自谓即静定工夫，非专以默坐时为静，而动应时无静也。”又曰：“世间岂有现成良知？良知非万死工夫断不能得也。今人误将良知作现成看，不知下致知工夫，奔放驰逐，茫荡一生，有何成就？”又曰：“吾辈所以必须学者，皆缘习气作梗，要得消磨。盖自有知以来，积染成习，如油入面，未得脱离，诚不可以平日虚见为得手。须是终日应酬，终日收敛，不使习气乘机潜发，始不负一生耳。”语具所作《松原志晤》中。

明年，钱绪山公德洪以《阳明王公年谱》成，请序，序曰：“善学者竭才为上，解悟次之，听言为下。盖有恃妙契而不知反躬，至不副夙期者多矣。”甲子，郡节推周弘祖问学，公手书册曰：“落思想者，不思即无。落存守者，不存即无。欲得此理炯然，随用具足，不由思想得，不由存守来。此中必有一窍，生生夐然不类。”又曰：“此非可以幸至也，却从寻求中得，由人识取。”盖卒之先一月也。

始归田，攻苦淡，炼寒暑，跃马弯弓，考图观史，其大若天文地志、仪礼典章、漕饷边防、战阵车介之事，下逮阴阳卜筮，靡不精核，至人才吏事、国是民隐，弥加诹询。曰：“苟当其职，皆吾事也。”年垂五十，睹时事日非，乃绝意仕进。然饥溺由己，挞市引辜之衷，未尝一日忘。天下士想望其出，以卜治平，而竟不果。隆庆元年，诏赠光禄寺少卿，谥文恭。

（明）张萱《西园闻见录》内编卷七·道学 罗洪先，字达夫，号念庵，吉水人。嘉靖己丑状元及第。历官左赞善。谥文恭。

自阳明先生倡致良知之说，学者始知舍闻见而求于心，然其传之讹也，语心体而遗工夫，则日入于高虚而无益。其又讹也，概举夫不待学习者以为良知，而不复究爱亲敬长之本指，则以为理，以任情为率性，以戒慎恐惧为戾于自然，而去道日益以远。公有忧之，数正色言曰：“近时传良知之学，语知矣而不必良，语良知矣而不必能致，往往闻用功语，辄生诧讶，其弊将多于晚宋支离之失。”又曰：“阳明先生良知之教本之孟子，故常以‘入井怵惕’、‘孩提爱敬’、‘平旦好恶’为证，然以三者皆其一端之发见，而未即复乎全体。故言怵惕必以扩充继之，言好恶必以长养继之，言爱敬必以达之天下继之。孟子之意可见矣。先生得孟子之意者也，故亦不以良知为足而以致知为功。”故公家居，弟子四远，而至其为教，恒主《易》所谓“寂然不动”，周子所谓

“无欲故静”者，而申告之曰：“能静寂，然后见知体之良，能收拾保聚，然后能主静而归寂。”又曰：“儒者之学在经世，而以无欲为本。夫惟无欲然后用之经世，知精而力钜。”

先生魁天下，年甫弱冠，时外舅官棘寺卿，报初下，喜甚，趋告先生曰：“喜吾婿乃今干此大事也。”先生聆，已面发赤，对曰：“丈夫事不知更有多少大事在，此等三年递一人耳，奚足为大事耶。”是日，犹有神采偕何、黄二孝廉联榻萧寺中论学焉。黄号乐村，何号善山，两孝廉亲受阳明之学者。先生初赴南宫，与善山、乐村同舟，公皆严事之，以相资切。公时兢兢，然步趋不逾绳矩，心疑二孝廉言动举止若无异于人者。一日，有友来与二孝廉讲学，何孝廉慨然曰：“近世号名讲学者，综其微衷，皆无人心耳。”先生侧聆之，愯然自省。自是学益近里，笃信阳明良知之旨。后疾作，子世光适赴省试，家人问何言，答曰：“儿归，但语以莫厌穷，穷固自好。”诸生环侍，以意示，令扶起，危坐正中，敛手端默而卒，年六十有一。

先生之学始致力于践履，中归摄于寂静，晚彻悟于仁体。丁巳，学宪王敬所公宗沐访石莲洞中问静，先生曰：“君可闻者，吾之言也。所从出此言者，君不得闻也。岂惟君不得闻，吾亦不得而闻之。兹非至静为之主乎？故曰君子思不出其位，至静无思之位也。”又曰：“戒慎不睹，恐惧不闻，不睹不闻，静也。戒惧者，不欲驰而离也。”又曰：“知止而后有定，定而后能静，知止所以归静也。驰而离焉，不可谓知止。故归静言乎其功也。而谓任心之流行以为功者，吾尝用其言而未有得，是以守吾陋而不知变，非敢倡说以眩人也。”

壬戌，王龙溪公畿以专静不达顺应为疑，访于松原，问：“近日行持何似？”先生曰：“近学一切无有杂念，即感应处便自顺适。”龙溪曰：“工夫有先后否？”答曰：“即如均赋一事，终日纷应，吾未尝憎厌执着，放纵张皇，亵侮偏党。自朝至暮，惟恐一人不得其所，一切杂念不入，亦不见动静二境，自谓即静定工夫，非专以默坐时为静，而动应时无静也。”又曰：“世间岂有现成良知？良知非万死工夫断不能得也。今人误将良知作现成看，不知下致良知工夫，奔放驰逐，茫荡一生，有何成就？”又曰：“吾辈所以必须学者，皆缘习气作梗，要得消磨。盖自有知以来，积染成习，如油入面，未易脱离，诚不可以平日虚见为得手。须是终日应酬，终日收敛，不使习气乘机潜发，始不负一生耳。”语具先生所作《松原志悟》中。

明年，钱绪山公德洪以《阳明王公年谱》成，请序，先生为序曰：“善学者竭才为上，解悟次之，听言为下。盖有恃妙契而不知反躬，至不副夙期者多矣。”甲子，节推周公弘祖问学，先生手书册曰：“落思想者，不思即无。落存守者，不存即无。欲得此理炯然，随用其足，不由思得，不由存来。此中必有窍，生生夐然不类。”又曰：“此非可以幸至也，却从寻求中得，由人识取。”盖卒之先一日也。

（明）何乔远《名山藏》·臣林记（嘉靖臣五）·罗洪先　罗洪先，字达夫，吉水人。父循，自工部主事历武选郎中，累山东副使，弃官归。循之为武选郎中也，刘瑾政用事。会考武选卫，罢金吾在卫指挥某等二十余人。是二十余人者，皆瑾爪牙也。尚书王敞白瑾副，瑾大骂："老悖，独不知某等可用耶?"敞前跪："郎中辈为之，敞不知也。"则又骂："不知也，安用尚书?"敞谢曰："公无怒，即更奏。"敞归，召循斥曰："后生生事，乃令我辈辱。"即濡笔蔑奏，循走持之曰："勿毁成牍，记姓名别楮可矣。"循退。迟之数日，且欲别上奏，会瑾败，敞黎明入部索初奏，谢循曰："得尔早见，不毁牍也。"瑾诛，敞亦罢去。

始，循以工部主事视吕梁洪，而洪先生，故以名。慕罗伦之为人与王守仁之为学，既举于乡，属循疾，辍会试，受学其乡先辈李中。嘉靖八年，举进士，廷试及第第一，授翰林修撰。逾年，请告侍亲。客至，循命洪先衣冠行酒，拂席授几，执弟子礼甚恭。居二年，诏核告逾年者，起补原职。洪先居京师与欧阳德、徐阶同师守仁学。丁父母忧，归，三年不入内舍，尽让家产与弟。服阕，会世宗立太子，坐所选宫僚不当，尽罢之，博求海内有名士。洪先与唐顺之、赵时春及徐阶、黄佐、邹守益皆预，而洪先则与顺之、时春同上疏请以明年元日见皇太子于臣民，成朝正礼。是时，上方病，则大怒，遂皆黜为民，嘉靖十九年也。语在《庄敬太子记》。

洪先罢归，角巾布袍，辟石莲洞作正学堂，读书其中，弟子从者四至。世宗于建言诸臣皆久废不复。嘉靖季，倭虏作难，严嵩欲借边才为名援出之，顺之与时春皆用谈兵起家，官至都御史，洪先独坚辞。《遗友人聂豹书》曰："闻当道欲以军旅事物色唐应德与生者，自顾往岁锐意功名，谓人臣立乎其位，当使君飨其成，民被其泽，即卑官下僚无所厌悔，不幸杀身碎首，谈笑从之。故尝高鲁连蹈海之节，壮少游裹革之言。归田以来，攻苦茹淡，凌冒寒暑，跃马弯弧，身习驰突，考图观史，曲尽险夷，意谓倘任其职，庶有其具？两年以来，齿落二三，须发半白，稍近书册，则头眩目痛，夜废熟寝，则饮食不甘，乃自悲曰：'使吾无身，吾复何为?'又自反曰：'使吾有身，又有所为，于我何加?'回顾向慕，如嚼蜡振槁，妻孥相对，如处深山，收视敛听，坐以待尽，执事知我，岂不谓然哉！知吾诚然，乃听人求，不为我地，岂谓当道姑以军旅行召，旋复他移？或还旧物，然其职不过供应入直讲读诸务而已。犬马齿已向衰矣，从年少诸公俯首笔砚，竭思徼宠，殊非其时。至于假途躐荣，累资待次，尤不愿也。若怜其早岁登第，立朝再期，枯槁山林，不无可惜，此则待之太卑。吾儒名教，真贵在我，外物奚与哉？古人亦有迫饥寒，苦仆债，不得已为之者。幸有薄田百亩，可供饘粥，弱子多疾，福量轻浅，政不欲累。以厚藏仕非为贫，且吾之官亦非为贫者宜居也，耻之于人大矣。不幸素性，此心最重，稍有违拂，辄愦愦，恨不即死。自其少时，已不能被华祛新，与群儿竞侈。其后取科名，官翰苑，每旦候钟入朝，坐史馆书。公会出，则垂鞭缓缰归舍，时人殊以为荣。而生对食慨叹，不能甘饱。及被罪废，褫服乘蹇出大通桥，行道指目，有可怜之色，自顾若释重负。夫翰苑无政事之烦，有储养之贵，使当时低回伣伈，守其常度，可以序登，然人竞进而已思退，人竞荣而已甘辱，此亦有不能自解者，岂不知长往为？苦节为我末志，与时消息为中行。自度学问空疏，不能善世；性气悻直，不能谐人。譬之饮酒，有醉数斗，有醉一石，及其既醉，不可复强。去年，别应德于湖上，论及出处，语以本志，应德不甚许可。应德之才盖足任之执事，见生异趣，无谓为名。生年五十，时已不待，虚名无实，于我何有？闻道与否，不在进退。已矣，已矣，幸勿复言。”其后，吏部以洪先名上，竟报罢。御史凌儒荐洪先，上怒，黜为民。

洪先家居二十余年，年过六十，闭关习学，求端性命，日造粹精有时，能前知事。自守仁倡良知之学，学者始知外舍见闻，内求之心，然其弊至高虚无用，甚则概举不待学习者为良至，以欲为理，以任情为率性，以戒谨恐惧为戾于自然。洪先语人曰：“若语知而不必良，语良而不能致，弊将多于脱略支离之失。”又曰：“王公良知之教本之孟子，故常证以‘怵惕’、‘平旦’、‘爱敬’三事。然孟子言怵惕也，继之扩充；言平旦也，继以长养；言爱敬孩提也，继以达之天下。王公亦云不以已知为足而以致知为工。今也取足于知而不原其本良，失养其端而一任其所发。遂以见存之知为事物之则，而不察理欲之混淆；以外交之物为知觉之体，而不知物我之倒置。混淆理欲，故多指欲以为理；倒置物我，故常率己以逐物。去王公意远矣。”洪先教人恒主《易》所谓“寂然不动”，周子所谓“无欲故静”者，而申告之曰：“能静寂，然后知体之良，能收摄保聚，然后能主静归寂。”又曰：“儒者之学，必以无欲为本，用之经世乃知精而力钜。”

洪先居乡，时时言有司民所便者，邑有均赋之役，为始终任之，盖曰：“是亦为政。”年六十四卒。穆宗改元，赠光禄寺少卿，谥文恭。

（明）尹守衡《明史窃》卷第七十六·罗唐邹王王刘列传第五十四　罗洪先，字达夫，吉水人也。嘉靖八年进士第一人，授翰林院修撰。父循，弘治中进士，官山东按察副使。洪先生而气禀，异凡儿。年五岁，梦至通衢，市人肩摩，自知为梦，呼曰：“汝往来者皆在吾梦中，尚自攘攘，何耶？”拍手大笑，遂觉，以告母，或闻之曰：“此非尘壒中人。”既学，慕罗一峰之为人。闻王阳明讲学虔台，心向往之。比见《传习录》，手抄玩，益自喜。尝敛目端坐，同舍生业以道学先生目之矣。年二十二，举于乡。登第日，犹自袖米偕友人讲学萧寺中。授官逾年，遂请告归省。

一日，读《楞严经》，得反闻之旨，遂觉此身在太虚，视听若寄世外。猛自省曰：“嘻！是将入禅那矣。吾儒不睹不闻之旨岂若是耶？”寻起。逾年，外艰归，服阕。久之，召改左春坊赞善。是时，储位虽定，天子方慕长生，会当改岁，洪先约与宫僚司谏唐顺之、校书赵时春疏请皇太子元日御文华殿受百官朝贺，上曰：“朕方摄疴静养，遂欲储贰临朝，岂以君父为不能起耶？”俱夺官。久之，顺之与时春先后荐起还朝，洪先辞不肯出，顺之劝与偕起，洪先曰：“天下事为之非甲则乙，洪先欲为未能者，得兄任之，即比自效可也。”自是，与世削迹，居石洞中，有止止所，为半榻，朝夕趺坐。

洪先学尊阳明，然主周子“无欲故静”、《易系》“寂然不动”语。以为能静寂，乃为知体之良，能收摄保聚，一切无染，乃能主静而归寂。王龙溪曰：“于此收敛，便有枢可执，不犹落内外二见乎？”洪先曰：“吾辈所以必须学者，皆缘习气作梗，要得消磨。须是终日应酬，终日收敛，不使习气乘机潜发，始不负一生。”龙溪曰：“今于感中寂得否？”曰：“岂曰能之？其或免于适越而北辕乎？虽然，一切杂念不入，即感应处便自安适，便不见动静二境。”龙溪受学阳明最久，得证问最精，每论良知当下具足，速人悟入。洪先曰：“世间岂有现成良知，良知非万死工夫断不能得也。”

《阳明年谱》成，洪先序曰：“善学者竭才为上，解悟次之，听言为下。盖有恃妙契而不知反躬，至不负夙期者多矣。”学宪王宗沐问静，洪先曰：“君可闻者，吾之言也。所从出此言者，君不得闻也。岂惟君不得闻，吾亦不得而闻之。岂非至静为之主乎？故曰君子思不出其位，至静无思之位也。”又曰：“戒慎不睹，恐惧不闻，不睹不闻，静也。戒惧者，不欲驰而离也。”又曰：“知止而后有定，定而后能静，知止所以归静也。驰而离焉，不可谓之止。故归静言乎其功也。”是时，讲学诸君子皆尊信良知，洪先提诲学者多言知止，以知止为良知，得力真工夫。人见其功专静寂，或疑其禅。洪先曰：“周子所谓主静者，乃无极以来真脉络，其立极处与天地合德则发育不穷，与日月合明则照应不遗，与四时合序则错行不忒，与鬼神合吉凶则感应不爽。观周子争死囚即欲去位，此是真能主静者。盖乐则行，忧则违，或为季桓子之仕，或为燔肉之去，孔门相传，脉络始相续也。若认幽闲暇逸，以为主静，便与野狐禅相似矣。”

洪先洞居，不染世俗。邑造赋册，洪先久慨于大户飞诡，即为邑民出言督册使，督册使遂以邑册授洪先。洪先引为己任，尽一邑田履亩丈之，邑赋尽清。时适王龙溪访之，第见洪先日与闾里人执册布算，交涉纷纭，略无厌动意。夜与龙溪联床趺坐，往复证悟，超如也。今江右言道学者以念庵与一峰皆尊为名世大儒，而科名亦相亚，均称不愧云。洪先卒赠光禄寺少卿，谥文恭。

（清）钱谦益《列朝诗集小传》·丁集上·罗赞善洪先 洪先，字达夫，吉水人。嘉靖己丑进士，廷试第一人。授修撰，进左春坊赞善。疏请预定东宫朝仪，忤旨，罢为民。隆庆初，赠太常少卿，谥文恭。达夫罢官后，杜门讲学，攻苦淡，炼寒暑，弯弓跃马，考图观史，以经世为己任。年垂五十，绝意仕进，默坐半榻，不出户者三年。事能前知，人奇而闻之，曰：“偶然耳。”闻唐应德讣，哭始下榻。年六十一，疾作，危坐敛手而逝。于诗文，取材不远，而托寄可观，时人谓其早经废弃，久处民间，往往深于致情，易于兴感，殆亦近于言志者也。达夫殁，人言其仙去不死，又数言见之燕、齐海上。蜀人马生，好奇恢怪之士也，余遇之京口，谓余曰：“念庵先生不远数千里访公于虞山，得无相失乎？”余归问之，果有西江老人，衣冠甚伟，杖策扣门，不告姓名而去。

（清）傅维麟《明书》卷一百十四·列传三·儒林传四·罗洪先传 罗洪先，字达夫，吉水人。自幼端重，不为嬉弄。年五岁，梦至通衢，市人肩摩，自知为梦，呼曰：“汝往来者皆在吾梦中，尚自攘攘，何耶？”拍手大笑，遂觉，以告母李宜人，识者知其非埃壒人也。十一岁，读古文，慨然慕罗一峰之为人。年十五，闻王守仁讲学虔台，心即向往，遂卑视举子业。常敛目端坐，同舍生诮之曰：“是罗道学先生耶？”比《传习录》出，手抄玩读，至忘寝食。年二十二，举于乡。嘉靖八年，廷试，世宗亲阅所对策，御批云："学正有见，言谠而意忠，宜擢之首者。"赐进士及第第一人，授翰林修撰。明年，告归。已而，丁外艰，哀恸深至，苫块蔬食，不入室者三年。

一日，读《楞严经》，得反闻之旨，遂觉此身在太虚，视听若寄世外，友人睹其颜貌，惊服。忽自省曰："得无误入禅耶？"乃反求诸孔孟，与同郡邹守益及诸同志切劘无虚日。改左春坊赞善，疏请预定东宫朝仪，忤旨，罢为民。家居，削迹城市，应酬礼文、辞受取与，一裁以义。亲贤问道，㧑谦求益，未尝以言词先人。然瞻其容止者，非僻为之潜消。游衡岳，僧楚石密授以外丹，拒而不受。里中得石洞，故为虎穴，荆莽蓊郁，辟之可容百余人，命曰石莲。自是多洞居，时出聚友于雪浪阁。四方缙绅士人请益者日众。赣江水涨，洪先宅舍漂没，假借田家。巡抚都御史马森以其家故窭，而尝却台省馈坊数千金贮县帑，檄县取为构室助，辞不受。

唐顺之以兵事起官，约偕出，洪先曰："天下事为之非甲则乙，某欲为未能者，得兄任之，即比自效可也。奚必我出？"时相亦贻书致意，因答书："愿毕志林壑。"年逾五十，谢客屏居止止所，制半榻，默坐榻间，不出户者三年。事能前知，人或讶之，答曰："是偶然，不足道。"比顺之讣，始下榻哭。

邑当造赋册，念诡洒重为民病，戒里中按亩收赋，督册宪使即以邑册请任之。于是，宿弊顿革，贫者欢若更生。比疾作，子世光适赴省试，家人问何言，答曰："儿归，但语以莫厌穷，穷固自好。"诸生环侍，以意示，令扶起，危坐正中，敛手端默而卒。年六十有一。

公学始致力于践履，中归摄于寂静，晚彻悟于仁体。丁巳，提学副使王宗沐访石莲洞中问静，曰："君可闻者，吾之言也。所从出此言者，君不得闻也。岂惟君不得闻，吾亦不得而闻之。兹非至静为之主乎？故曰君子思不出其位，至静无私之位也。"又曰："戒慎不睹，恐惧不闻，不睹不闻，静也。戒惧者，不欲驰而离也。"又曰："知止而后有定，定而后能静，知止所以归静也。驰而离焉，不可谓之止。故归静言乎其功也。而谓任心之流行以为功者，吾尝用其言而未有得，是以守吾陋而不知变，非敢倡说以眩人也。"

壬戌，王畿以专静不达顺应为疑，访于松原，问："近日行持何似？"曰："近觉一切无有杂念，即感应处便自顺适。"王畿曰："工夫有先后否？"答曰："即如均赋一事，终日纷应，吾未尝憎厌执着，放纵张皇，亵侮偏党。自朝至暮，惟恐一人不得其所，一切杂念不入，亦不见动静二境，自谓即定静工夫，非专以默坐时为静，而动应时无静也。"又曰："世间岂有见成良知？良知非万死工夫断不能得也。人今误将良知作现成看，不知下致良知工夫，奔放驰逐，茫荡一生，有何成就？"又曰："吾辈所以必须学者，皆缘习气作梗，要得消磨。盖自有知以来，积染成习，如油入面，未易脱离，诚不可以平日虚见为得乎？须是终日应酬，终日收敛，不使习气乘机潜发，始不负一生耳。"

明年，钱德洪以《王守仁年谱》成，请序，乃为序曰："善学者竭才为上，解悟次之，听言为下。盖有恃妙契而不知反躬，至不副夙期者多矣。”甲子，郡节推周宏祖问学，洪先手书册曰：“落思想者，不思即无。落存守者，不存即无。欲得此理炯然，随用具足，不由思得，不由存来。此中必有一窍，生生复然不类。”又曰：“此非可以幸至也，却从寻求中得，由人识取。”

洪先始归田，攻苦淡，炼寒暑，跃马弯弓，考图观史，其大若天文地志、仪礼典章、漕饷边防、战阵车介之事，下逮阴阳卜筮，靡不精核，至人才吏事、国是民隐，弥加諏询。曰：“苟当其职，皆吾事也。”年垂五十，睹时事日非，乃绝意仕进。然饥渴由己，抵市引辜之衷，未尝一日忘。天下士想望其出，以卜治平，而竟不果。隆庆元年，诏赠光禄寺少卿，谥文恭。

（清）查继佐《罪惟录》·列传卷十·理学诸臣传·舒芬（附罗洪先） 洪先，字达夫，号念庵，吉水人。年十五，偶读《传习录》而悦之。嘉靖八年，上亲评所对策，言说意忠，以及第第一人授修撰。一日，读《楞严经》，叩反闻之旨。友人见其颜貌俱改，大惊，既以为禅，谢去。酷嗜周子“无欲故静”一语。改赞善，请预定东宫朝仪，忤旨，罢为民。作正学堂，或聚友于雪浪阁，语同学：“世间岂有现成良知？”于是专务力行。唐顺之以兵事邀会齐云岩，欲与偕出，不应。尝游衡岳，僧楚石欲授以外丹，曰：“吾道自足，宁复须此？”及钱绪山为《阳明年谱》，洪先为之序。归田后，凡天文地志、仪礼典章、漕饷边防、战阵车介之事，以逮阴阳卜筮，靡不精核。至人才吏事、国是民隐，尤所加意。绝意仕进，扁其居曰止止所。卒，赠光禄少卿，谥文恭。

（清）徐开任《明名臣言行录》卷五十四·赞善罗文恭公洪先 字达夫，号念庵，吉水人。嘉靖己丑廷试第一。官至左春坊赞善。卒年六十四。赠光禄少卿，谥文恭。

年五岁，梦至通衢，市人肩摩，自知为梦，呼曰：“汝往来者皆在吾梦中，尚自攘攘，何耶？”拍手大笑，遂觉，以告母李宜人，识者知非埃壒人也。十一岁，读古文，慨然慕罗一峰公之为人。年十五，闻阳明王公讲学虔台，心即向往，遂卑视举子业。常敛目端坐，同舍生诮之曰：“是罗道学先生耶？”比《传习录》出，奔假手抄玩读，殆忘寝食。

年二十二，举于乡。以父疾，辍会试。师事里中李谷平先生。年二十五，举南宫，廷试第一人。时外舅曾某官太仆卿，报初下，趣告公曰：“喜吾婿干此大事。”公聆之面项发赤，徐对曰：“丈夫事业更有许大在，此等三年递一人，奚足为大事也。”是日，犹袖米偕何善山、黄洛朴二君联榻萧寺中商学焉。

授翰林修撰。明年，告归。已而，丁外艰，哀恸深至，苫块蔬食，不入室者三年。一日，读《楞严经》，得反闻之旨，遂觉此身在太虚，视听若寄世外。友人睹其颜貌惊服，忽自省曰：“得无误入禅耶？”乃反求诸孔孟，与同郡邹文庄公及诸同志切劘无虚日。

召改左春坊赞善。疏请预定东宫朝仪，忤旨，罢为民。家居，削迹城市，应酬礼文、辞受取与一裁以义，不徇时局，人不敢干以私。亲贤问道，抝谦求益，未尝以言词先人，然瞻其容止者，非僻为之潜消。

里中得石莲洞，故为虎穴，荆莽蓊郁，辟之，可容百余人，命曰石莲。自是多洞居，时出聚友于雪浪阁，四方缙绅士人请益者日众。赣江水涨，宅舍漂没，假借田家抚院。马公森以其家贫窭，而尝却台省馈坊数千金贮县帑，檄县取为构室助，竟辞之。

荆川先生以兵事起官，约偕出，公曰："天下事得兄任之，奚必我出？"当道亦贻书致意，公独坚辞。《遗友人聂豹书》曰："闻当道欲以军旅事物色唐应德与生者，自顾往岁锐意功名，谓人臣立乎其位，当使君飨其成，民被其泽，即卑官下僚无所厌悔，不幸杀身碎首，谈笑从之。故尝高鲁连蹈海之节，壮少游裹革之言。两年以来，齿落二三，须发半白，回顾向慕，如嚼蜡振槁，妻孥相对，如处深山，收视敛听，坐以待尽，执事知我，岂不谓然哉！知吾诚然，乃听人求，不为我地，岂谓当道姑以军旅行召，旋复他移？或还旧物，此则待之太卑。吾儒名教，真贵在我，外物奚与哉？古人亦有迫饥寒，苦仆债，不得已为之者。幸有薄田百亩，可供饘粥，弱子多疾，福量浅轻，政不欲累，以厚藏耻之于人大矣。不幸素性，此心最重，稍有违拂，辄愤愤，恨不即死。自其少时，已不能被华袪新，与群儿竞侈，其后取科名，官翰苑，每旦候钟入朝，坐史馆书。公会出，则垂鞭缓缰归舍，时人殊以为荣。而生对食慨叹，不能甘饱。及被罪废，褫服乘蹇出大通桥，行道指目，有可怜之色，自顾若释重负。夫翰苑无政事之烦，有储养之贵，使当时低回俔伈，守其常度，可以序登，然人竞进而己思退，人竞荣而己甘辱，此亦有不能自解者。去年，别应德于湖上，论及出处，语以本志，应德不甚许可。应德之才盖足任之执事，见生异趣，无谓为名。生年五十，时已不待，虚名无实，于我何有？闻道与否，不在进退。已矣，幸勿复言。"其后，吏部以公名上，竟报罢。

公家居二十余年，年过六十，闭关习学，求端性命，日造粹精，事能前知。自阳明倡良知之学，学者始知外舍见闻，内求之心，然其弊至高虚无用，甚则概举不待学习者为良知，以欲为理，以任情为率性，以戒谨恐惧为戾于自然。公语人曰："若语知而不必良，语良而不能致，弊将多于脱略支离之失。"又曰："王公良知之教本之孟子，故常证以'怵惕'、'平旦'、'爱敬'三事。然孟子言怵惕也，继之扩充；言平旦也，继以长养；言爱敬孩提也，继以达之天下。王公亦云不以已知为足而以致知为工。今也取足于知而不原其本良，失养其端而一任其所发。遂以见存之知为事物之则，而不察理欲之混淆；以外交之物为知觉之体，而不知物我之倒置。混淆理欲，故多指欲以为理；倒置物我，故常率己以逐物。去王公远矣。"

又曰："但知即百姓之日用以证圣人之精微，不知反小人之中庸以严君子之戒惧。"此语透尽讲良知者末流之弊。

又曰："吾辈所以必须学者，皆缘习气作梗，要得消磨。盖自有知以来，积染成习，如油入面，未易脱离，诚不可以虚见为得手。须是终日应酬，终日收敛，不使习气乘机潜发，始不负一生耳。"

甲子，郡节推周弘祖问学，公手书册曰："落思想者，不思即无。落存守者，不存即无。欲得此理炯然，随用具足，不由思得，不由存来。此中必有一窍，生生夐然不类。”

又：“言此学常存，亦得此学无存，亦得常存者非执着，无存者非放纵。不存而存，此非可以幸至也，却从寻求中得，由人识取。”

公居乡，时时言有司民所便者，邑有均赋之役，为始终任之，盖曰：“是亦为政。”比疾作，子世光适赴省试，家人问何言，答曰：“儿归，但语以莫厌穷，穷固自好。”诸生环侍，以意示，令扶起，危坐正巾，敛手端然而卒。

公始归田，攻苦淡，炼寒暑，跃马弯弓，考图观史，其大若天文地志、仪礼典章、漕饷边防、战阵车介之事，下逮阴阳卜筮，靡不精核，至人才吏事、国是民隐，弥加诹询。曰：“苟当其职，皆吾事也。”年垂五十，睹时事日非，乃绝意仕进。然饥渴由己，挞市引辜之衷，未尝一日忘。天下事想望其出，以卜治平，而竟不果。

（清）沈佳《明儒言行录》卷八·罗洪先念庵先生 字达夫，江西吉水人。嘉靖己丑进士。仕至左春坊赞善。

父循，仕至宪副。先生自幼端重，不为嬉弄。年十四，闻阳明讲学于虔，慨然有志于圣贤之业。居常敛容端坐，同舍生或嘲诮之，不为动。比《传习录》出，手抄玩读，至忘寝食。(《圣学宗传》)

年二十二，举于乡，以父疾，遂辍会试。时同里李谷平端严有守，公师事之。己丑，举南宫，廷试第一，授翰林院修撰。在馆与欧阳南野诸公论学，归辄缀纪。明年，请告归，谒谷平订旧学，后日侍宪副公于家。入京补原职，嗣充经筵，丁外艰，归。哀恸深至，苫块蔬食，不入室者三年。一日，玩内典，得返闻旨，觉此身在太虚，视听若寄世外。友人睹其颜貌惊服，忽自省曰：“得无误入禅耶?”乃反求诸孔孟，与同郡邹东廓及诸同志切劘无虚日。

召改左春坊赞善。唐荆川、赵浚谷最推服公，日相期许，以天下自任，中外称曰“三翰林”。时储位未定，浸闻有他议，公上疏请皇太子于元日御文华殿受群臣朝贺。上怒，谪为民。

家居，削迹城市，辞受取予一裁以义，不徇时局，人不敢干以私。尝曰：“此吾当然，非期免毁誉也。”郡中东廓、南野、双江诸公咸家居，为会讲学众，常至数十百人。先生每与抑抑求丽泽，未尝以言词先人。一时瞻其容止者，非僻为之潜消。游衡岳，僧楚石私曰：“吾尝受异僧外丹，誓非人无传，今以授公。”公拒之。

丙午，过毗陵访荆川，夜语契心，相对踊跃，曰：“庶几千载一遇乎!”然荆川自以博大不如也。辟石莲洞居之，每静中有悟，洒然自得。

赣江水涨，公宅舍漂没，假宿田家，泊然不以干意。巡抚马森馈坊金数千金檄县，为构室助，竟辞之。荆川以兵事起官，约偕出，公曰：“天下事得兄任之，奚必我出?”荆川意乃寝。

谢客屏居，默坐半榻不出户者三年，事能前知，人或讶之，答曰：“是偶然，不足道。”邑当造赋册，念诡洒重为民病，戒里中按亩收赋，督册宪使即以邑册请先生任之。于是，夙弊顿革，贫者欢若更生。

乙丑八月，病剧，门人睹无长物，曰：“伤哉！窭也。”答曰：“穷固自好。”令扶起，危坐正巾，敛手而逝。年六十一。隆庆元年，诏赠光禄寺少卿，谥文恭。

公教先默识，重躬行。凡初至者，诲令静坐返观，俟稍有疑，然后随机引入。

甲子，四方士集有斐亭者先后不绝，公日三至。终日忘言而精神流溢，真意融盎饮其和者，自不觉其入之深也。

王公畿以专静不达顺应为疑，访于松原，问：“近日行持何似？”公曰：“近觉一切无有杂念，即感应处便自顺适。”龙溪曰：“工夫有先后否？”答曰：“即如均赋一事，终日纷应，吾未尝厌憎执著，放纵张皇，亵侮偏党，自朝至暮，惟恐一人不得其所，一切杂念不入，亦不见动静二境，自谓即静定工夫，非专以默坐时为静，而动应时无静也。”又曰：“世间岂有现成良知？非万死工夫断不能得。今人不下致良知工夫，奔放驰逐，茫荡一生，有何成就？”

又曰：“吾辈所以必须学者，皆缘习气作梗，要得消磨。盖自有知以来，积染成习，未易脱离，诚不可以平日虚见为得手。须是终日应酬，终日收敛，不使习气乘机潜发，始不负一生耳。”（松原志晤）

又曰：“吾人注念反观，孰无少觉，顾以利欲之盘固，血气之浮扬，而欲任意恣肆。至以存心为拘迫，以改过为粘缀，以取善为比拟，以尽伦为情缘，则将使天下之人荡然无归，悍然不顾，其为道病不浅。”又曰：“知吾心体之大，则回邪非僻之念自无所容得；吾心体之存，则营为卜度之私自无所措。”（宝善编）

阳明之学，得公以身发明之，其有功于斯道大矣。（本传）

钱绪山以《阳明年谱》成，请序，公为序曰：“善学者竭才为上，解悟次之，听言为下。盖有恃妙契而不知反躬，至不副夙期者多矣。”

佳按，先生于阳明之学极其尊信，而于末流之弊，言之至为深切，真阳明功臣也。按，先生序《阳明年谱》称后学绪山欲强先生称门人，不从。盖实未尝及门也。

公廷对首擢日，外舅曾太仆以告曰：“喜吾婿做此大事。”公面发赤，徐对曰：“大丈夫事业更有许大在，此乃三年递一人，奚足为大事。”是日，犹袖米偕友萧寺中谈学。（名臣录）

王塘南时槐序先生文，要曰：“昔孔门示未发之中，盖言性也。而以戒慎恐惧为复性之功，此万世言性学者之彀率也。或疑以性为未发，得无偏于寂乎？不知性体物不遗物可睹闻，而性不可以睹闻言，故曰未发也，是名为中，安得谓之偏？或疑性无为者也，而戒惧得无涉于有作乎，不知性不可致思存焉可也。戒惧者性自存，存而人力不与，安得谓之作？或又谓性常生者也，曷不任其生机之活泼乎？不知形生神发，物诱而情荡，性斯凿矣。戒惧者本乾元以资始，是谓真生。不然，离性而外驰，是妄生矣。王文成公曰：‘良知是未发之中。’又曰：‘戒慎恐惧是本体。’可谓言约而尽矣。慨先圣既往，正学不传，异学者流纷纷谈性，浸入于诐淫邪遁，而圣脉几绝。后千余年，周、程继出，其指道之本原曰无极，曰人生。而静其言学曰主静，曰主敬，孔门之旨赖以复明。嗣是而降，世儒失于闻见支离。王公有忧之，特揭致知以救其弊。曾未数十年而袭其说者，误以情识为良知，以虚见悬解为了悟，以员转逐物为妙用，以逾距溃防为超脱，谈愈高而行愈敝。念庵先生忧之，乃曰：‘知之良者，以未发也。收摄敛聚，以全吾未发，是致之之功也。’闻者乍疑且骇。已而，见先生充养完粹，操履纯密，如金精玉润，表里无疵，始尊信其言。先生没而道弥光，盖由其竭才密契而自得之故。其言足符往圣之绪，发会稽之蕴，以扶世教之衰。其功甚大矣。”

先生曰：濂溪学圣，主于无欲。夫欲之有无，独知之地，随发随觉，顾未有主静之功以察之耳。诚察之，固有不待乎外者。而凡考古证今，亲师取友，皆所以为寡欲之事。不然，今之博文者有矣，其不救于私妄之恣肆者何与？故尝以为欲希圣，必自无欲始；求无欲，必自静始。

用心太过，亦能劳耗精气。怡然理顺，却在丝毫不放中。并行不悖，要在自悟矣。

凡人精神收敛宁静，而后意虑始精，言语有叙，动作有则。若一入以浮躁纷扰，即恐有视不见，听不闻之病。

学须静中入手，然亦未可偏向此中躲闪过。凡难处与不欲之念，皆须察问从何来。若承当不起，便是畏火之金，必是铜铅锡铁搀和，不可回互姑容，任其暂时云尔也。

近始知性命紧切，平日收拾不密，及今犹未还元，只几微处未是丝毫不挂，仍容害性害命者到得此处。欲为天地立心，必其能以天地之心为心；欲为生民立命，必其能以生民之命为命。古者淡饮食，恶衣服，轻财利，卑宫室，甘苦分，余以求得此心者，正所以为煅炼之功，而必与诸欲不并存者也。

良知无所不通，自属见成，未能常然，应有下手，未辨行持，遽任驰骋。自古圣贤立训，殆不若是。往日为异说纷纭，自成担阁，初知返步收拾甚难。

白沙致虚之说，乃千古独见，致知续启，体用不遗。今或有误认猖狂以为广大，又喜动作，名为心体，情欲纵恣，意见横行，后生小子敢为高论，蔑视宋儒，妄自居拟，窃虑贻祸斯世不小也。当今惟实行实修乃学者首务。

与王龙溪曰：“吾辈在世间尚欠出身，担当此学不免以口耳支吾，接应过去。若真担当此学，一切俗情杂欲俱自退。听眼前温饱与所识穷乏者得我，不惟不暇顾，亦有不忍者矣。非是一番寒彻骨未可语此。外间藉藉于诸公，虽出于好非诋与诬善之口，然责备过严，亦是以成人望人，可尽置之不思乎？王彦方一笃行之士致使为盗者，不敢以其名相闻，岂今天下士大夫不比于一盗哉？未闻有畏其见知者，何彦方之难得也？前以此语之友人，友人闻者莫不垂首。学问异同，却是第二义。”

千古圣贤，兢兢业业，所言何事？初学下手，便说了手，事惟恐为工夫束缚。今主静者谁欤？不受动应牵扰者谁欤？往往闻用工话，辄生诧讶，相沿相习，更无止泊，弟久不复开口向人，只觉心不安耳。

一日之间，无静无动，皆由从容闲雅，进而至于澄然无事，而略未尝有厌事之念。即此乃身心安著处，安著于此，不患明之不足于照矣。渐入细微，久而成就，即谓自得。

夫学有可以一言尽者，有不可以一言尽者。如收敛精神，并归一处，常令凝聚，能为万物主宰，此可一言而尽。惟夫出入于酬应，牵引于情思，转移于利害，缠固于计算，则微暧万变，孔窍百出，非坚心苦志，持之岁月，万死一生，莫能几及也。况得以言相度哉！

无所存而自不忘一句，说得太早，此最是毒药。操则存，舍则亡，孔子亦且云云。操岂可已乎？愈操愈熟，断不成便放开手，千古未有开手圣人。

《与聂双江书》曰：龙溪之学，久知其详。其谓工夫，又却是无工夫可用，故谓之以良知，致良知，如道家先天制后天之意。其说实在阳明口授，大抵本之佛氏“七月霖雨”，翻《传灯》诸书，其旨洞然。直是与吾儒“兢业必有事”一段绝不相蒙，分明二人，属两家风气。今比而同之，是乱天下也。持此应世，安得不至荡肆乎？

知几其神，几者，动之微也。微者，道心，而谓有恶几，可乎？故曰：“动而未形，有无之间。”犹曰动而无动之云也。而后人以念头初动当之，远矣。

此学是吾人终身事，亦是吾人终身快乐。才不学便觉身无著泊心，随事物扰扰，无宁息时也。

《易》言：“洗心非为有染著。”《易》言：“藏密非谓有渗漏。”除却洗心藏密，更无工夫。十分发挥，乃是十分紧固。此方是尧舜兢业过一生处。

此心本自生生，万物皆备，却禁发散，不得精神。才不敛束，容易走透，便于生生处继续不来，故拙讷迟钝，资与道近，颖敏才辨，往往处浅而气浮。

看来只是用工不已，自有脱化处，未有苦心人无所成者。

往来见谈学者皆曰：“知善知恶即是良知。依此行之，即是致知。”予尝从此用力，竟无所入，盖久而后悔之。夫良知者，言乎不学不虑，自然之明觉，盖即至善之谓也。吾心之善吾知之，吾心之恶吾知之，不可谓非知也。善恶交杂，岂有为主于中者乎？中无所主，而谓知本常明，恐未可也。知有未明，依此行之，而谓无乖戾于既发之后，能顺应于事物之来，恐未可也。故知善知恶之知，随出随泯，特一时之发见，未可尽指为本体，则自然之明觉，固当反求其根源矣。

自夫指知觉为良，而以静病心。于是总总然但知即百姓之日用，以证圣人之精微，而不知反小人之中庸，以严君子之戒惧。

一息之出，其先则入之源也。一日之子，其先则亥之交也。一月之朔，其先则晦之终也。一岁之复，其先则剥之极也。故曰：复见天地之心，言观此而天地可见也。

知无不足之理，则凡不尽分者，皆吾安于肆欲而不知竭才者也。吾人日用之间，戒惧稍纵，即言动作止之微，皆违天常而贼人道。可不惧欤？可不省欤？

人生有知，不能无欲，欲不得其道，始流于恶。然自古圣贤，未有不由嗜好淡泊，用度简省而能有成者。濂溪摄洪州时，偶病危，众视其箧中无一长物。无欲之学固如此。今欲师圣贤，而又杂以世俗之见。岂容两得哉！

能以天地万物为体，则我大。不以天地万物为累，则我贵。处其贵，用其大，万物以赖，是曰三才。

祝年莫如惜时，爱身莫如务学。故知道者不以事役形，不以形役心。其视顷刻也，亦若万古。

欲威下先反身，欲保族先尽伦。情不可径，恩不可狎，无居赢利，无昵私好，则家治矣。

圣贤居危临变，莫不省躬改过。霜雪不凝，则生意不敛。精神不固，则作用不力。孟子论“天将降大任”一节尽之。然于此却有深辨，自心术中料理则为圣学，自时态料理则为俗情。二者虽相去悬绝，然皆有收敛慎密增益不能之效。此正人鬼分胎，不可不自察也。尝爱赵忠简表辞，有曰：“白首何归，怅余生之无几。丹心未泯，誓九死以不移。”此是何等心术！

衣服饮食之间，虽日用小节目，却关系心术。不细好驰骋，便落俗；务朴实，便近天。常人食色，固是至性，然不可无检制。故曰：“节性惟日其迈。”节是不敢任情自遂之谓。天性在人，犹金出矿不经火候煅炼终不成器，使用不得，至性亦然。故《节啬》一著，乃煅炼之助到得。不生贪著，即心体泰然，焉往不利？

自内如外，谓之往往，主发生，由震而乾是也。自外返内，谓之来来，主归复，由巽而坤是也。数往者顺顺，其后天乎！知来者逆逆，其先天乎！

先天之为逆也，曷征之，吾征之身，目不逐境而内观，耳不逐声而反听，心绝物诱而忘智，口忘言诠而守嘿。自外来感者，我无驰也。其可以大生广生矣乎！

佳按，此即涵养未发之中静专动直，《微旨》与《参同》、《悟真》，作用自别。

余初及第，谒见吴之庄渠魏先生。先生曰：“达夫有志，必不以一第为荣。嘿坐终日，绝口不言利达事。”私心为之悚然。此生虽未敢汲汲于名位以负知己，今回视之，此身承当此言，煞不容易。盖不荣进取即忘名位，忘名位即忘世界，能忘世界始是千古真正英雄，始作得千古真正事业，炫才能技艺以规时好，视此路盖背驰也。

佳按，忘世界谓一切流俗所竞身家起念，皆是须有《孟子》“居广居，立正位，行大道”一段气象。

唐虞之时，只是安汝止工夫，心有常止，不易动摇，此便是真收敛，何等简易！后世全向动中分散，只知向外寻求，议论多而学亡矣。

落思想者，不思即无。落存守者，不存即无。欲得此理炯然，随用具足，不由思得，不由存来。此中必有一窍，生生夐然不类。

言此学常存，亦得言此学无存，亦得常存者非执著，无存者非放纵。不存而存，此非可以幸至也，却从寻求中得，由人识取。

来谕“辞受取与，虽关行检，看来亦小”。此言最害事。辞受取与，原关心术，本无小大。以此当天来事看，即尧舜事业，亦是浮云过目。若率吾真心而行，即一介不取不与，亦是大道，非小事业，而大一介也，此心无物可尚故也。故近时与人言，只辨存心于此，未能究竟，即是自身不离凡胎，终日谈玄说妙，总是俗套耳。（文要）

公学始致力于践履，中归摄于寂静，晚彻悟于仁体。公始归田，攻苦淡，炼寒暑，跃马弯弓，考图观史，其大若天文地志、仪礼典章、漕饷边防、战阵车介之事，下逮阴阳卜筮，靡不精核，至人才吏事、国是民隐，弥加諏询。曰："苟当其职，皆吾事也。"年垂五十，睹时事日非，乃绝意仕进。然饥渴由己，挞市引辜之衷，未尝一日忘。天下士想望其出，以卜治平，而竟不果。

先生事亲孝，遇族父兄恭，处乡里恂恂。父宪副公遇先生严，既贵，训饬不异童稚，稍失意，辞色必厉。客至，令行酒，拂席授几如异时，先生从事欣如也。平生于辞受取与最严，当路常馈，绝不纳。方引疾时，抵仪真，病殊殆。同年项侍御乔按江北，日就讯。瓜洲富人坐重罪，饰名姝、介万金求居间，峻拒之。项微闻，以其意尝先生。先生厉声曰："君未闻志士不忘在沟壑乎?"项太息，以为不可及也。晚益高峻，布袍芒屏，居闲乐道。士大夫仰之如景星庆云，可望不可即云。(邓潜谷《心学述》)

先生曰："寂然不动者，诚也，言藏于无也。感而遂通者，神也，言发于有也。动而未形有无之间者，几也，言有而未尝有也。三言皆状心也。常有而不使其杂于有，是谓研几。真能不杂于有，则常幽常微而感应之妙，是知几之神。谓几为一念之始者，何足以知此?"

"能以天地万物为体，则我大。不以天地万物为累，则我贵。夫以天地为体者，与物为体，本无体也。于无体之中而大用流行，发而未常发也。静坐而清适执事，而安肃处家，而和婉，皆谓之发，而不可执以为体。常寂常虚，可卷可舒，全体廓如。"(《书万曰忠扇》)

《韶州南轩书院记》曰：昔者诵先生之言曰："学者莫先于义利之辨。义者无所为而，然意之所向一涉于有为，皆不免于利之也。"当是时，余持虚妄之见，而未尝实致其力。以为吾之日用，苟未至于有所为斯已矣，而岂必尽绝于其意?意之所向苟未沉溺斯已矣，而岂能遂无少于偏?故闻沉溺而害道者若将浼焉，而自视固义之归也。已而，求之动静之间，而后负大惭焉。夫天之于人，不能无食色居室货财以相养，则亦不能无爵位声誉技能以相别也。吾以有生重其累，而又以有知杂其诱，以外诱之知而触有生之累。其心既无以自胜矣，则亦不得不从而寄寓其间。故意之所向不之于食色，则之于居室；不之于货利，则之于爵位声誉技能，而心之无所为者，日纷纭矣。方其始也，固知其不可以相兼也。及其缘衅，当机辗转，依附营营，然且灭且生，而不知悟也。然以其虚妄之见，则亦岂无驱逐惩创之力哉！惟其强于暂者，不能必于其久；勉于外者，不能尽忘于其中。吾之日用，以为未尝有所为者，乃其勉强之少间而意有所向。固即彼之所以为沉溺者，特吾有以文之不若彼之暴露焉耳。呜呼！植其根而恶其枝蔓，浚其源而禁其末流，岂徒无益而已哉！不知吾心之无所为，足以自胜而不羡于彼者，自作止食息以至出入进退之有节也，可以免于从逆之凶；自应酬宰制以至家国天下之有道也，可以周其一体之爱。用之而不见其穷，测之而不见其兆，极于天地而不为大，横乎四海而不为远，传之万世而不为久，贵而无足以为荣，贱而无足以为辱，生死而无足以为变，而轻重低昂之势有不待于论量者。而以较吾之所谓营营，此何啻康庄之于荆棘，清泚之于污淖也。而犹以驱逐惩创之力交战而迭为之主，不已深惑而可哀矣乎！吾因惭先生之言而有愤焉。孔子曰："君子喻于义，小人喻于利。"今人有以小人相毁者，夫人莫不怒之。夫直毁之而已，不必其尝为也而顾以怒焉。怒而不出于伪，是小人之不可为而利之不可怀者，夫人而知之也。有以君子相誉者，夫人莫不喜之。夫直誉之而已，不必其能为也而顾以喜焉。喜而不出于伪，是君子之不可不为而义之不可舍者，夫人而知之也。知小人之不可为矣，而吾之所喻或不免于食色之类，则是可怒者，又将望而趋之。知君子之不可不为矣，而吾之所喻或不出于天下之公，则是可喜者，又将违而去之。夫喜怒之于毁誉若彼，而于其身又若此，非勿思之甚也乎。以余之不肖，惧人之不相远也，故不讳其惭愤者，而具以为告。虽然，苟未志于希先生者，亦孰听而信之哉。

阳明先生良知之教本之孟子，故常以"入井怵惕"、"孩提爱敬"、"平旦好恶"三言为证。入井怵惕，盖指乍见之时未动纳交要誉恶声而言。孩提爱敬，盖指不学不虑自知自能而言。平旦好恶，盖指日夜所息牿之未至反覆而言。是三者，以其皆有未发者存，故谓之良。朱子以为良者，自然之谓是也。然以其一端之发见，而未能即复其本体。故言怵惕矣，必以扩充继之；言好恶矣，必以长养继之；言爱敬矣，必以达之天下继之。孟子之意可见矣。先生得其意，故亦不以良知为足而以致知为功。今也但取足于知而不原其所以良，故失养其端而惟任其所以发。遂以见存之知为事物之则，而不察理欲之混淆；以外交之物为知觉之体，而不知物我之倒置。理欲混淆，故多认欲以为理；物我倒置，故常牵己以逐物。阳明之本旨或不若是相远也，今以一念之明为极则，以一觉之顷为实际，如是则"良知"二字足矣，何必赘之以"致"。审如是，凡怵惕者皆有火，然泉达之势何必赘之以充；凡好恶者皆有出入无时之妙矣，何必赘之以养；凡天下之人自孩提以上者皆仁义之君子矣，何必赘之以达也。(《答郭平川》)

龙溪曰："良知本寂，无取乎归寂，归寂者必槁矣。良知本神应，无取乎照应，照应者义袭矣。吾人不能神应，不可持以病良知，良知未尝增损也。"余曰："吾人尝寂乎？"曰："不能。"曰："然则收摄以归寂于子，何病吾人不能神应？谓良知有蔽可乎？"曰："然。"曰："然则去蔽则良知明，谓圣愚有辨奚不可？求则得，舍则失，不有存亡乎？养则长，失则消，不有增损乎？拟而言，议而动，不有照应乎？是故不容泯者，理之常也，是谓性。不易定者，气之动也，是谓欲。不敢忘者，志之凝、命之立也，是谓学。任性而不知辨欲，失之罔；谈学而不本之真性，失之凿；见性而不务力学，失之荡。吾惧其言之近于荡也。"(《良知辨》)

(清)黄宗羲《明儒学案》卷十八·江右王门学案三·文恭罗念庵先生洪先 罗洪先，字达夫，别号念庵，吉水人。父循，山东按察副使。先生自幼端重，年五岁，梦通衢市人扰扰，大呼曰："汝往来者皆在吾梦中耳。"觉而以告其母李宜人，识者知非埃壒人也。十一岁，读古文，慨然慕罗一峰之为人，即有志于圣学。嘉靖八年，举进士第一。外舅太仆曾直闻报喜曰："幸吾婿建此大事。"先生曰："丈夫事业更有许大在，此等三年递一人，奚足为大事也。"授翰林修撰。明年，告归。已，丁父艰，苫块蔬食，不入室者三年。继丁内艰，居后丧复如前丧。

十八年，召拜左春坊左赞善，逾年至京。上常不御朝。十二月，先生与司谏唐顺之、较书赵时春请以来岁元日，皇太子御文华殿，受百官朝贺。上曰：“朕方疾，遂欲储贰临朝，是必君父不能起也。”皆黜为民。三十七年，严相嵩起唐顺之为兵部主事，次及先生。先生以“毕志林壑”报之。顺之强之同出，先生曰：“天下事为之非甲则乙，某所欲为而未能者，有公为之，何必有我？”四十三年卒，年六十一。隆庆改元，赠光禄少卿，谥文恭。

先生之学，始致力于践履，中归摄于寂静，晚彻悟于仁体。幼闻阳明讲学虔台，心即向慕，比《传习录》出，读之至忘寝食。同里谷平李中传玉斋杨珠之学，先生师之，得其根柢。而聂双江以归寂之说，号于同志，惟先生独心契之。是时阳明门下之谈学者，皆曰“知善知恶即是良知，依此行之即是致知”，先生谓“良知者，至善之谓也。吾心之善吾知之，吾心之恶吾知之，不可谓非知也。善恶交杂，岂有为主于中者乎？中无所主，而谓知本常明，不可也。知有未明，依此行之，而谓无乖戾于既发之后，能顺应于事物之来，不可也。故非经枯槁寂寞之后，一切退听，天理炯然，未易及此。双江所言，真是霹雳手段，许多英雄瞒昧，被他一口道著，如康庄大道，更无可疑”。辟石莲洞居之，默坐半榻间，不出户者三年。事能前知，人或讶之，答曰：“是偶然，不足道。”

王龙溪恐其专守枯静，不达当机顺应之妙，访之于松原。问曰：“近日行持，比前何似？”先生曰：“往年尚多断续，近来无有杂念。杂念渐少，即感应处便自顺适。即如均赋一事，从六月至今半年，终日纷纷，未尝敢厌倦，未尝敢执著，未尝敢放纵，未尝敢张皇，惟恐一人不得其所，一切杂念不入，亦不见动静二境，自谓此即是静定功夫。非纽定默坐时是静，到动应时便无著静处也。”龙溪嗟叹而退。

先生于阳明之学，始而慕之，已见其门下承领本体太易，亦遂疑之。及至功夫纯熟，而阳明进学次第，洞然无间。天下学者，亦遂因先生之言，而后得阳明之真。其哓哓以师说鼓动天下者，反不与焉。

先生既定《阳明年谱》，钱绪山曰：“子于师门不称门生，而称后学者，以师存日未得及门委贽也。子谓古今门人之称，其义止于及门委贽乎？子年十四时，欲见师于赣，父母不听，则及门者其素志也。今学其学者，三纪于兹矣，非徒得其门，所谓升堂入室者，子且无歉焉，于门人乎何有？”《谱》中改称门人，绪山龙溪证之也。先生以濂溪“无欲故静”之旨为圣学的传。有言“辞受取与”为小事者，先生谓“此言最害事”。

请告归，过仪真，一病几殆。同年项瓯东念其贫困，有富人坐死，行贿万金，待先生一言，先生辞之而去。已念富人罪不当死，嘱恤刑生之，不令其知也。先世田宅，尽推以与庶弟，别架数楹，仅蔽风雨。寻为水漂没，假寓田家。抚院马森以其故所却馈先后数千金，复致之立室，先生不受。其门下构正学堂以居之。将卒，问疾者入室，视如悬罄，曰：“何至一贫如此？”先生曰：“贫固自好。”故于龙溪诸子会讲近城市，劳官府，则痛切相规，谓“借开来之说，以责后车传食之报，为贿赂公行、廉耻道丧者助之澜也”。

先生静坐之外，经年出游，求师问友，不择方内方外，一节之长，必虚心咨请，如病者之待医。士大夫体貌规格，黜弃殆尽，独往独来，累饥寒，经跋踄，重湖惊涛之险，逆旅谇詈之加，漠然无所芥蒂。或疑其不绝二氏。先生尝阅《楞严》，得返闻之旨，觉此身在太虚，视听若寄世外。见者惊其神采，先生自省曰：“误入禅定矣。”其功遂辍。登衡岳绝顶，遇僧楚石，以外丹授之，先生曰：“吾无所事此也。”黄陂山人方与时自负得息心诀，谓：“圣学者亦须静中恍见端倪始得。”先生与龙溪偕至黄陂习静，龙溪先返，先生独留，夜坐功夫愈密。自谓：“已入深山更深处，家书休遣雁来过。”盖先生无处非学地，无人非学侣，同床各梦，岂二氏所能连染哉。

耿天台谓先生为与时所欺，愤悔疽发，还家而夫人又殂，由是益恨与时。今观其夜坐诸诗，皆得之黄陂者，一时之所证入，固非与时所可窥见，又何至以妻子一诀，自动其心乎？可谓不知先生者矣。邓定宇曰：“阳明必为圣学无疑，然及门之士，概多矛盾。其私淑而有得者，莫如念庵。”此定论也。

论学书 心之本体至善也，然无善之可执。所谓善者，自明白，自周遍，是知是，非知非，如此而已。不学而能，不虑而知，顺之而已。惟于此上倚著为之，便是欲，便非本体，明白亦昏，周遍亦狭，是非亦错，此非有大相悬隔，只落安排与不安排耳。孟子曰：“勿忘勿助。”助固欲速，忘岂无所用其心哉！必有所牵矣。故耳目口鼻四肢之欲，欲也；有安排者，亦欲也。毕竟安排起于有己，故欲只是一原，夫子所谓“闲邪”者，其谓是乎？

今之学者，以本体未复，必须博学以充之，然后无蔽。似周备矣，只恐捉摸想象牵己而从之，岂虚中安止之道？岂寂然不动，感而遂通者乎？譬之鉴然，去尘则明自复，未闻有定妍媸之形于补照之不及者也。故以是非之灵明为把柄，而不以所知之广狭为是非，但求不失生意，如草木之区别，不必于同，或者以为得圣贤之正脉也。（以上《奉李谷平》）

古人所谓至者，非今之所谓不间断者也。今之不间断者，欲常记忆此事，常不遗忘而已。若古人者，如好好色，如恶恶臭，如四时错行，如日月代明，是以知识推测、想象、模仿为间断，盖与今所云者，大有异矣。

全无伎俩，始见真才。

所谓良知者，至无而至有，无容假借，无事帮补，无可等待，自足焉者也。来书谓“无感而常乐”，此是良知本体，即是戒惧，即非放逸，即非蔽塞，不然便不应自知其乐若此矣。应而未尝动，本体也，以其顺应也。不得于心而有思者，亦本体也，以其澄然运用，而不容已者也。从而憧憧者，非本体也，以其动于外物者也。终夜以思，而未尝涉于人为安排，未尝杂以智识推测，庸何伤乎？但恐安排推测之不免，故须从事于学耳。学也者，学其出于良知而无所动焉者也。穷理者，穷此者也。自然条理，故曰“天理”，即所谓良知也。安排推测，非天理矣。（以上《答罗岳霁》）

真信得至善在我，不假外求，即时时刻刻、物物种种见在，不劳一毫安排布置。所谓“无邪”，原是不相粘著，不劳绝遣。所谓“敬”，原自不二不杂，齐庄中正，既不费力支持，即亦不见有歇脚时矣。何为不能时时习乎？(《答萧仲敬》)

千古圣贤，功夫无二端。只病痛不起，即是本心。本心自完，不劳照管。觅心失心，求物理失物理，求良知失良知，知静非静，知动非动。一切拚下，直任本心，则色色种种，平铺见在。但不起即无，病原无作，又何辍乎？故曰“道不远人”，又曰“道心”。天道流行，岂容人力撑持帮助？有寻求，便属知识，已非所谓“帝则”矣。

离却意象，即无内外，忘内外，本心得矣。(以上《答陈豹谷》)

以为良知之外，尚有所谓“义理”者在，是犹未免于帮补凑合之病，其于自信不亦远乎！见闻不与，独任真诚，矢死以终，更无外想，自非豪杰，其孰能任此？(《与林澈山》)

良知有规矩而无样式，有分晓而无意见，有主宰而无执著，有变化而无迁就，有浑厚而无鹘突，见好色自好，闻恶臭自恶，不思不勉，发自中节，天下达道，不外是矣。(《与夏太守》)

来谕“辞受取予，虽关行检，看来亦小”。此言最害事。辞受取与，元关心术，本无大小。以此当天来事看，即尧、舜事业，亦是浮云过目。若率吾真心而行，即一介不取与，亦是大道，非小事业，而大一介也，此心无物可尚故也。(《答戚南玄》)

学须静中入手，然亦未可偏向此中躲闪过，凡难处与不欲之念，皆须察问从何来。若此间有承当不起，便是畏火之金，必是铜铅锡铁搀和，不得回互姑容，任其暂时云尔也。除此无下手诛责处，平日却只是陪奉一种清闲自在，终非有根之树，冒雪披风，干柯折矣。(《与王有训》)

大抵功夫未下手，即不知自己何病。又事未涉境，即病亦未甚害事。稍涉人事，乃知为病，又未知去病之方。盖方任己，便欲回互，有回互则病乃是痛心处，岂肯割去？譬之浮躁，起于快意，有快意为之根，则浮躁之标末自现，欲去标末，当去其根。其根为吾之所回互，安能克哉？此其所以难也。(《答王西石》)

千古病痛，在入处防闲，到既入后，濯洗纵放，终非根论。周子无欲，程子定性，皆率指此。置身千仞，则坎蛙穴螺争竞，岂特不足以当吾一视；著脚泥淖，得片瓦拳石，皆性命视之，此根论大抵象也。到此识见既别，却犯手入场，皆吾游刃，老叟与群儿调戏，终不成忧其搅溷吾心。但防闲入处，非有高睨宇宙，狠断俗情，未可容易承当也。(《答尹洞山》)

此中更不论如何，只血气肯由心志，稍定贴已是有头绪，不然是心逐气走，非气从心定也。(《与王有训》)

欲之有无，独知之地，随发随觉，顾未有主静之功以察之耳。诚察之固有，不待乎外者，而凡考古证今，亲师取友，皆所以为寡欲之事。不然今之博文者有矣，其不救于私妄之恣肆者何欤？故尝以为欲希圣，必自无欲始，求无欲，必自静始。(《答高白坪》)

某所尝著力者，以无欲为主。辨欲之有无，以当下此心微微觉处为主，此觉处甚

微，非志切与气定，即不自见。(《答李二守》)

立行是孔门第一义，今之言不睹不闻者，亦是欲立行至精密处，非有二义也。凡事状之萌，有作有止，而吾心之知，无断无续。即事状而应之，不涉放肆，可谓有依据矣，安知不入安排理道与打贴世情弥逢人意乎？即使无是数者，事已作何归宿，此不谓虚过日月者哉？又况处事原属此心，心有时而不存，即事亦有时而不谨，所谨者在人之可闻耳。因见闻而后有著力，此之谓为人，非君子反求诸己之学也。故戒慎于不睹不闻者，乃全吾忠实之本然，而不睹不闻即吾心之常知处。自其常知，不可以形求者，谓之不睹；自其常知，不可以言显者，谓之不闻，固非窈冥之状也。吾心之知，无时无息，即所谓事状之萌，应亦无时不有。若诸念皆泯，炯然中存，亦即吾之一事。此处不令他意搀和，即是必有事焉，又何茫荡之足虑哉！(《答刘月川》)

《识仁篇》却在识得仁体上提得极重，下云与物同体，则是己私分毫搀和不得。己私不入，方为识得仁体，如此却只是诚敬守之。中庸者，是此仁体，现在平实，不容加损，非调停其间而谓之中也。急迫求之，总成私意；调停其间，亦难依据。惟有己私不入，始于天命之性，方能覿体。盖不入己私，处处皆属天然之则故也。然此私意不入，何缘直与分解？何缘不少干涉？何缘断绝？何缘泯忘？既非意气可能承当，亦非言说便得通晓，此是吾人生死路头，非别有巧法，日渐月摩，令彼消退，可以几及也。(《答张浮峰》)

欲根不断，常在世情上立脚，未是脱离得尽。如此根器，纵十分敛实，亦只是有此意思，非归根也。(《与谢子贞》)

来教云："良知非知觉之谓，然舍知觉无良知；良知即是主宰，而主宰渊寂，原无一物。"兄之精义，尽在于此。夫谓知觉即主宰，主宰即又渊寂，则是能渊寂亦即能主宰，能主宰亦即自能知觉矣，又何患于内外之二哉？今之不能主宰者，果知觉纷扰故耶？亦执著渊寂耶？其不渊寂者，非以知觉纷扰故耶？其果识渊寂者，可复容执著耶？自弟受病言之，全在知觉，则所以救其病者，舍渊寂无消除法矣。夫本体与功夫，固当合一，原头与见在，终难尽同。弟平日持原头本体之见解，遂一任知觉之流行，而于见在功夫之持行，不识渊寂之归宿，是以终身转换，卒无所成。兄谓弟"落在著到管带"，弟实有之。在弟之意，以为但恐未识渊寂耳。若真识得，愈加著到，愈无执著，愈加照管，愈无挂带。既曰"原无一物"矣，又何患执著之有无？可忘而忘，不待存而存，此是入悟语。然识得此处，即属平常，不识得此处，即是弄玩精魄。去无可忘而忘，以其未尝有存也。不待存而存，以其未尝有忘也。无存无忘，此乃渊寂之极，正《庄子》"横心所念，无非利害之境"。然彼则自不念利害，始自有次第矣。夫功夫与至极处，未可并论，何也？操存舍亡，夫子固已言之，非吾辈可以顷刻尝试，遂自谓已得也。今之解良知者曰："知无不良者也，欲致良知，即不可少有加于良知之外。"此其为说，亦何尝不为精义，但不知几微倏忽之际，便落见解。知果无不良矣，有不良者果孰为之？人品不齐，功力不等，未可尽以解缚语增它人之纵肆也。乃知致良知之致字，是先圣吃紧为人语。致上见得分明，即格物之义自具，固不必纷纭于章句字面之吻合，对证传授言说之祖述发挥，而动多口也。来教云："良知之体本虚，而万物皆备。"物是良知凝聚融结出来的，可谓真实的当矣。如此则良知愈致，其凝聚融结愈备，良知愈虚，知觉愈精，此非合内外乎？既合内外，则凡能致虚者，其必能格物，而自不落内外见解。兄之勤恳谆复者，自可以相忘于无言矣。(《答王龙溪》)

静中易收摄，动处便不然，此已是离本著境，更无别故，只是未有专心一意耳。(《与王以珍》)

白沙致虚之说，乃千古独见，致知续起，体用不遗。今或有误认猖狂以为广大，又喜动作，名为心体，情欲纵恣，意见横行，后生小子敢为高论，蔑视宋儒，妄自居拟，窃虑贻祸斯世不小也。(《与吴疏山》)

来教云："学问大要在自识本心，庶功夫有下落。"此言诚是也。虽然，本心果易识哉！来教云："心无定体，感无停机。凡可以致思著力者，感也，而所以出思发知者，不可得而指也。"谓"心有感而无寂"，是执事之识本心也。不肖验之于心，则谓"心有定体，寂然不动"者是也，"时无定机，时动时静"是也。心体惟其寂也，故虽出思发知，不可以见闻指。然其凝聚纯一，渊默精深者，亦惟于著己近里者能默识之，亦不容以言指也，是谓"天下之至诚"。动应惟其有时也，故虽出思发知，莫不为感。然其或作或息，或行或止，或语或默，或视或瞑，万有不齐，而机难预定，固未始有常也，是谓"天下之至神"。惟至诚者乃可以语至神，此《中庸》通篇意也。来教云："欲于感前求寂，是谓画蛇添足，欲于感中求寂，是谓骑驴觅驴。"不肖验之于心，又皆有可言者。自其后念之未至，而吾寂然者未始不存，谓之"感前有寂"可也。自其今念之已行，而吾寂然者未始不存，谓之"感中有寂"可也。感有时而变易，而寂然者未始变易，感有万殊，而寂然者惟一，此中与和，情与性，所由以名也。来教云："学至于研几，神矣。《易》曰：'几者动之微'。周子曰：'动而未形，有无之间曰几。'夫既曰动，则不可以言静，圣人知几，故动无不善也。"不肖验之于心，又有大不然者。当吾心之动，机在倏忽，有与无俱未形也。斯时也，若何致力以为善恶之辨乎？且来教云："感无停机。"是又以心为动体，不见所谓静矣。夫感无停机，机无停运，顷刻之间，前机方微，后机将著，牵连不断，微著相寻，不为乍起乍灭矣乎？是正所谓相左者也。窃详《周易》与周子之旨，亦与来教稍异。《易》赞"知几为神"，而以介石先之。朱子曰："介如石，理素定也。"是素定者，非所谓寂然者乎？又曰"惟几也，故能成天下之务"，而以惟深先之。朱子曰："极深者，至精也；研几者，至变也。"是精深者，非寂然者乎？周子言几，必先以诚，故其言曰："诚无为，几善恶。"又曰："寂然不动者，诚也；感而遂通者，神也"，而后继之以几。夫不疾而速、不行而至者谓之神，故曰"应而妙"；不落有无者谓之几，故曰"微而幽"。夫妙与幽不可为也，惟诚则精而明矣。盖言吾心之感，似涉于有矣。然虽显而实微，虽见而实隐，又近于无。以其有无不形，故谓之几。"几善恶"者，言惟几故能辨善恶，犹云"非几即恶焉耳"。必常戒惧，常能寂然，而后不逐于动，是乃所谓"研几"也。今之议者，咸曰"寂然"矣，"无为"矣，又何戒惧之有？将以功夫皆属于动，无所谓静者，不知

"无欲故静"，周子立极之功也。"诚则无事，果确无难"，周子思诚之功也。"背非见，止非为，为不止"者，周子立静之功也。假使知几之说，如来教所云，是乃"圣门第一关头"，何止略示其意于《易》之文，而周子亦不谆谆以告人耶？子思之传《中庸》，使其功夫如来教所云，则必曰"戒慎"乎？其初可睹恐惧乎？其初可闻，何乃以不睹不闻为言，如今之谜语乎？惟其于不睹不闻而戒惧焉，则是所持者至微至隐，故凡念之动，皆能入微，而不至于有形；凡思之用，皆可通微，而不至于憧憧。如此乃谓之知几，如此乃可以语神，亦谓之先几之学，此其把柄端可识矣。今以戒惧疑于属动，既失子思之本旨，又因戒惧而疑吾心无寂，则并《大易》、周子之旨而灭之。推原其故，大抵误认良知为祟耳。今为良知之说者，曰："知是知非，不可欺瞒者良知也。常令此知炯炯不昧，便是致吾心之良知。"虽然此言似矣，而实有辨也。夫孟子所言良知，指不学不虑当之，是知乃所以良也。知者感也，而所以为良者，非感也。《传习录》有曰："无善无恶者理之静，有善有恶者气之动，不动于气即无善无恶，是谓至善。"夫至善者非良乎？此阳明之本旨也。而今之言良知者，一切以知觉簸弄，终日精神，随知流转，无复有凝聚纯一之时，此岂所谓不失赤子之心者乎？恐阳明公复出，不能不矫前言而易之以他辞也。洛村尝问："独知时有念否？"公答以"戒惧亦是念。戒惧之念，无时可息，自朝至暮，自少至老，更无无念之时"。盖指用功而言，亦即所谓不失赤子之心，非浮漫流转之谓也。今之学者，误相援引，便指一切凡心，俱谓是念，实以遂其放纵恣肆之习。执事所见虽高，然大要以心属感，似与此辈微觉相类。自未闻良知之说以前，诸公之学，颇多得力。自良知之说盛行，今二十余年矣，后之得力较先进似或不勇，此岂无故耶？（《答陈明水》）

果能收敛翕聚，如婴儿保护，自能孩笑，自能饮食，自能行走，岂容一毫人力安排？试于临民时验之，稍停详妥贴，言动喜怒，自是不差；稍周章忽略，便有可悔。"从前为良知时时见在"一句误却，欠却培养一段功夫，培养原属收敛翕聚。甲辰夏，因静坐十日，恍恍见得，又被"龙溪诸君"一句转了。总为自家用功不深，内虚易摇也。孟子言"皆有怵惕、恻隐之心"，由于"乍见"，言"平旦好恶与人相近"，由于"夜气所息"，未尝言"时时有是心"也。末后四端须扩而充之，自然火然泉达，可以保四海。夜气苟得其养，无物不长。所以须养者，缘此心至易动故也。未尝言"时时便可致用，皆可保四海也"。扩充不在四端后，却在常无内交要誉恶声之心，所谓以直养也。养是常息此心，常如夜之所息，如是则时时可似"乍见"与"平旦"时，此圣贤苦心语也。阳明拈出"良知"，上面添一"致"字，便是扩养之意。良知良字，乃是发而中节之和。其所以良者，要非思为可及，所谓不虑而知，正提出本来头面也。今却尽以知觉发用处为良知，至又易"致"字为"依"字，则是只有发用无生聚矣。木常发荣必速槁，人常动用必速死，天地犹有闭藏，况于人乎？是故必有未发之中，方有发而中节之和；必有廓然大公，方有物来顺应之感。平日作文字，只谩说过去，更不知未发与廓然处何在，如何用功？诚鹘突半生也。真扩养得，便是集义，自浩然不夺于外，此非一朝一夕可得。然一朝一夕，亦便小小有验，但不足放乎四海。譬之操舟，舵不应

手，不免横撑、直驾，终是费力。时时培此，却是最密地也。(《与尹道舆》)

朱子以不睹不闻属静，为未动念时；以独属动，为初动念时，故动静交修。兄以不睹不闻之时，专属念头方动，又比朱子失却一边。不知所谓达之面目，发于政事，犹为不睹不闻时耶？否耶？岂无念时，遂无所谓戒慎恐惧耶？岂圣贤皆时时动念耶？

寂然者一矣，无先后中外矣。然对感而言，寂其先也。以发而言，寂在中也。

思固圣功之本，而周子以无思为言，是所以为思，诚也。思而无思，是谓研几。

常令此心寂然无为，便是戒惧。其所不睹不闻言戒惧，在本体上便觉隔越。

《中庸》以慎独为要。诚也，神也，几也，独也，一也，慎独皆举之矣。然须体周子分言之意。

常知几，即是致知，即是存义，到成熟时，便是知止，得所止，则知至矣。

感无常，寂有常，寂其主也。周之静，程之定，皆是物也。其曰“静虚动直”，曰“静定动定”，以时言也。时有动静，寂无分于动静；境有内外，寂无分于内外。然世之言无内外、无动静者，多逐外而遗内，喜动而厌静矣，是以析言之。

夫体能发用，用不离体，所谓体用一源也。今夫舟车譬则体也，往来于水陆则其用也，欲泥一源之语，而恶学者之主寂，是犹舍车舟而适江湖与康庄也，乌乎可！

阳明先生良知之教，本之《孟子》乍见入井、孩提爱敬、平旦好恶二者，以其皆有未发者存，故谓之良。朱子以为，良者，自然之谓是也。然以其一端之发见，而未能即复其本体，故言怵惕矣，必以扩充继之；言好恶矣，必以长养继之；言爱敬矣，必以达之天下继之。孟子之意可见矣。先生得其意者也，故亦不以良知为足，而以致知为功。试以三言思之。其言充也，将即怵惕之已发者充之乎？将求之乍见之真乎？无亦不动于内交要誉恶声之私己乎？其言养也，将即好恶之已发者养之乎？将求之平旦之气乎？无亦不梏于旦昼所为矣乎？其言达也，将即爱敬之已发者达之乎？将不失孩提之心乎？无亦不涉于思虑矫强矣乎？终日之间，不动于私，不梏于为，不涉于思虑矫强，以是为致知之功，则其意乌有不诚？而亦乌用以“立诚”二字附益之也？今也不然，但取足于知，而不原其所以良，故失养其端，而惟任其所以发，遂以见存之知，为事物之则，而不察理欲之混淆；以外交之物，为知觉之体，而不知物我之倒置。岂先生之本旨也？(以上《答项瓯东》)

未感之前，寂未尝增，非因无念无知而后有寂也。既感之后，寂未尝减，非因有念有知而遂无寂也。此虚灵不昧之体，所谓至善，善恶对待者，不足以名之。知者，触于感者也。念者，妙于应者也。知与念有断续，而此寂无断续，所谓感有万殊，而寂者惟一是也。(《答郭平川》)

今之言良知者，恶闻静之一言，以为良知该动静、合内外，主于静焉，偏矣。此恐执言而未尽其意也。夫良知该动静、合内外，其统体也，吾之主静，所以致之。盖言学也，学必有所由而入，未有入室而不由户者。苟入矣，虽谓良知本静亦可也，虽谓致知为慎动亦可也，吾不能复无极之真者，孰为之乎？盖动而后有不善，有欲而后有动，动于欲，而后有学，学者学其未动焉者也，学其未动而动斯善矣，动无动矣。(《答董

蓉山》)

周子所谓主静者，乃无极以来真脉络。其自注云：“无欲故静，是一切染不得，一切动不得，庄生所言混沌者近之，故能为立极种子。非就识情中认得个幽闲暇逸者，便可替代为此物也。”指其立极处与天地合德则发育不穷，与日月合明则照应不遗，与四时合序则错行不忒，与鬼神合吉凶则感应不爽。修此而忘安排，故谓之吉。悖此而费劳攘，故谓之凶。若识认幽闲暇逸，以为主静，便与野狐禅相似，便是有欲。一切享用玩弄，安顿便宜，厌忽纵弛，隐忍狼狈之弊，纷然潜入，而不自觉。即使孤介清洁，自守一隅，亦不免于偏听独任，不足以倡率防检，以济天下之务，其与未知学者何异也?(《答门人》)

靠丝毫不得，才靠一言一念，即是规矩外。惟有识得规矩，时时游息其中，所谓终日对越在天也。识规矩不定，便有帮凑，便易和换。(《与王有训》)

当极静时，恍然觉吾此心中虚无物，旁通无穷，有如长空云气流行，无有止极；有如大海鱼龙变化，无有间隔。无内外可指，无动静可分，上下四方，往古来今，浑成一片，所谓无在而无不在。吾之一身，乃其发窍，固非形质所能限也。是故纵吾之目而天地不满于吾视，倾吾之耳而天地不出于吾听，冥吾之心而天地不逃于吾思。古人往矣，其精神所极，即吾之精神，未尝往也。否则，闻其行事，而能憬然愤然矣乎？四海远矣，其疾痛相关，即吾之疾痛，未尝远也。否则，闻其患难，而能恻然尽然矣乎？是故感于亲而为亲焉，吾无分于亲也，有分于吾与亲，斯不亲矣。感于民而为仁焉，吾无分于民也，有分于吾与民，斯不仁矣。感于物而为爱焉，吾无分于物也，有分于吾与物，斯不爱矣。是乃得之于天者，固然如是，而后可以配天也。故曰“仁者浑然与物同体”。同体也者，谓在我者亦即在物，合吾与物而同为一体，则前所谓虚寂而能贯通，浑上下四方，往古来今，内外动静而一之者也。若二氏者有见于己，无见于物，养一指而失其肩背，比于自贼其身者耳。诸儒辟二氏矣，猥琐于扫除防检之勤，而迷谬于统体该括之大，安于近小，而弗睹其全，矜其智能，而不适于用。譬之一家，不知承藉祖父之遗，光复门祚，而顾栖栖于一室，身口是计，其堂奥未窥，积聚未复，终无逃于樊迟细民之讥，则亦何以服二氏之心哉!

此学日入密处，纷纭轇轕中，自得泰然，不烦照应。“不烦照应”一语，双老所极恶闻，却是极用力，全体不相污染，乃有此景。如无为寇之念，纵百念纵横，断不须照应始无此念。明道“不须防检，不待穷索，未尝致纤毫之力”，意正如此。(以上《与蒋道林》)

以身在天地间负荷，即一切俗情，自难染污。(《答尹道舆》)

来书责弟不合良知外提出“知止”二字，而以为“良知无内外，无动静，无先后，一以贯之，除此更无事，除此别无格物”。言语虽似条畅，只不知缘何便无分毫出入?操则存，舍则亡，非即良知而何？终日谈本体，不说功夫，搀拈功夫，便指为外道，恐阳明先生复生，亦当攒眉也。(《寄王龙溪》)

来书“吾心全体大用，发见流行，虽昏蔽之极，而自有昭明不泯之端”。此即阳明先生所谓良知。今时学者，指愚夫愚妇与圣人同处，乃其相传妙诀也。曰“忠如”，即以此为本来端倪乎？是无容细微察识矣。若谓此中别有本来端倪，须察识而后稍见，则所谓全体大用，发见流行，又何如哉？且恻隐之端，须是逢赤子入井见之，平旦之气，须于好恶与人相近见之，以此推端倪，似未有舍格物而言端倪者。如静坐则清明和适，执事则精明安肃，居家则和柔愉婉，以此端倪而随处得之，不知与来书所谓“拿此一物，看守在此，不今走作”者，又何以异？察识既不可缓，随处又当理会，不知与所谓“静息处玩其清明和适之体，则日用自有依据”，孰先孰后？为一为二乎？此处更无歇后语，更无训释语，始是真能明诸心，始是不落虚见。

静中隐然有物，此即是心体不昧处。此处常作主宰，是一生不了杂念；一切放下，是千休千处；得感动时变换，是把促太紧，故有厌动之病。一属操持，即入把捉，此处正好调停，求其至当，未可畏其难操持，并动静皆作疑也。合并不来，只是未久，如服药人，药力未至，不须疑病浅深。

发与未发，《传习录》云：“未发在已发之中，而已发之中未尝别有未发者在；已发在未发之中，而未发之中未尝别有已发者存。”此两句精细，可破纷纭之论。知寒觉暖，圣人与人一也，而知觉处，有千头万绪不同，未发所由辨也。故阳明先生曰：“当知未发之中，常人亦未能皆有。”盖《中庸》未发，在慎独后言知，学而后有未发之中，谓其能知未发之体而存之也。言先后固不得，言是一是二亦不得。

目之明为体，视为用，视处别有明在否？明与视何所断际？若逐外为用，亦体非其体矣。

心，神物也，动物也，摄之固难，凝之尤难。象山立大之论，于凝聚处煞有地步。（以上《答万日忠》）

内外两忘，乃千古入圣秘密语。凡照应扫除，皆属内境，安排酬应皆属外境，二境了不相干，此心浑然中存，非所谓止其所乎？此非静极，何以入悟。

二氏亦以静入，至所语静，却是迥异。（以上《答李石麓》）

默默自修，真见时刻有不彀手处，时刻有不如人处，时刻只在自心内寻究虚静根底安顿，不至出入，即有好商量矣。（《答王著久》）

三四年间，曾以“主静”一言，为谈良知者告，以为良知固出于禀受之自然，而未尝泯灭，然欲得流行发见，常如孩提之时，必有致之之功，非经枯槁寂寞之后，一切退听，而天理炯然，未易及此，阳明之龙场是也。学者舍龙场之惩创，而谈晚年之熟化，譬之趋万里者，不能蹈险出幽，而欲从容于九达之逵，岂止躐等而已哉！然闻之者惟恐失其师传之语，而不究竟其师之入手何在，往往辨诘易生，徒多慨惜。（《寄谢高泉》）

“良知”两字，乃阳明先生一生经验而后得之，使发于心者，一举所知不应，即非其本旨矣。当时迁就初学，令易入，不免指见在发用以为左券。至于自得，固未可以草草谬承。而因仍其说者，类借口实，使人猖狂自恣，则失之又远。（《寄张须野》）

至宝不宜轻弄，此丹家语也。然于此件颇相类，千古圣贤，只有收敛保聚法，不肯

轻弄以至于死，故曰“兢兢业业，过了一生”。(《寄王龙溪》)

执事只欲主张良知常发，便于圣贤几多凝聚处，尽与扫除解脱。夫心固常发，亦常不发，二者可倒一边立说否？至谓“未发之中，竟从何处觅”，则立言亦太易矣。(《与钱绪山》)

旁午之中，吾御之者，轇轕纷纭，而为事物所胜，此即憧憧之思也。从容闲雅，而在事物之上，此即寂然之渐也。由憧憧而应之，必或至于错谬；由寂然而应之，必自尽其条理，此即能寂与不能寂之验。由一日而百年可知也。一日之间，无动无静，皆由从容闲雅，进而至于澄然无事，未尝有厌事之念，即此乃身心安著处。安著于此，不患明之不足于照矣。渐入细微，久而成熟，即为自得。明道不言乎，“必有事焉而勿正，心勿忘，勿助长”，谓未尝致纤毫之力，此其存之之道。夫必有事者，言乎心之常止于是；勿忘助者，言乎常止之无所增损；未尝致纤毫之力者，言乎从容闲雅，又若未尝有所事事。如此而后可以积久成熟，而入细微，盖为学之彀率也。(《与徐大巡》)

心感事而为物，感之之中，须委曲尽道，乃是格物。理固在心，亦即在事，事不外心，理不外事，无二致也。近时执“心即理”一句，学者多至率意任情，而于仔细曲尽处，略不照管。既非所以致知，却与“在格物”一句正相反，但后儒认理为格式见套，以至支离。若知事无内外，心无内外，理无内外，即格式见套，又皆在乎中，非全格去旧物，乃为精微也。(《答刘汝周》)

学有可以一言尽者，有不可以一言尽者。如此敛精神，并归一处，常令凝聚，能为万物万事主宰，此可一言而尽，亦可以一息测识而悟。惟夫出入于酬应，牵引于情思，转移于利害，缠固于计算，则微暧万变，孔窍百出，非坚心苦志，持之岁月，万死一生，莫能几及也。(《与萧云皋》)

刘师泉素持玄虚，即今肯向里著己，收拾性命，正是好消息。(《寄聂双江》)

《易》言洗心，非为有染著；《易》言藏密，非为有渗漏。除却洗心、藏密，更无功夫。十分发挥，乃是十分紧固，方是尧、舜兢业过一生处。(《答唐一庵》)

“无所存而自不忘”一句，说得太早。此最是毒药，诸君一向用此为妙剂，如何自求不得，不见超身，何也？“执之则生机拂”一句，甚是。但容易为人开手，且吃苦过甚。“无妨操则存，舍则亡，孔子亦且”云云。操岂可已乎？愈操愈熟，断不成便放开手。千古未有开手。“圣人悬崖撒手”，庄子有此言，吾儒方妄以目解，不知庄子所指何也？今有人到悬崖上撒手者乎？何独在平时说撒手事？惟有时时收敛，务求不负此良知，庶几朴实不落陷阱耳。(《与谢维世》)

来谕“知至诚正之外，非别有格。心意识之外，非别有物。天性之外，非别有知”。格物诚正是一时事，所谓不落言诠，故能出此言也。(《与友人》)

知纵肆，是良知；知不能，却常自欺，是瞒良知。自知瞒良知，又是良知；形之纸笔，公然以为美谈，是不肯致良知也。此病岂他人能医耶？(《答门人》)

龙溪之学，久知其详，不俟今日。然其讲功夫，又却是无功夫可用，故谓之“以良知致良知”，如道家“先天制后天”之意。其说实出阳明口授，大抵本之佛氏。翻

《传灯》诸书，其旨洞然。直是与吾儒“兢兢业业，必有事”一段，绝不相蒙，分明二人，属两家风气（言阳明、龙溪各为一家）。今比而同之，是乱天下也。持此应世，安得不至荡肆乎？（《与聂双江》）

往时喜书象山“小心翼翼，昭事上帝。上帝临汝，毋贰尔心。战战兢兢，那有闲言时候”一段，龙溪在旁，辄欲更书他语，心颇疑之。每观《六经》言学，必先兢业戒惧，乃知必有事焉，自是孔门家法。（《与谢高泉》）

来谕“凡应酬未尽，是良知本然条理，故于精神足时，太涉周旋，似有所加；到困惫后，便生厌心，似有所损”。此已说到良知本然条理、不可加不可损处，但须于寻常言动处，识得此条理，方时时有辨别，又须于寻常中调习得熟，方处处有功夫。岂特遇人有厌心为有加损？即闲中快活处，亦皆有之。故精神如常，即应酬是格物；精神当养，即少事是格物。此是一事，不是两事。（《答曾月塘》）

宁息处，非可以人力为；精明处，亦不可以人力为。不可以人力为，而后功夫至密而可久。（《与王塘南》）

谓良知与物无对，故谓之独，诚是也。独知之明，良知固不泯矣，卜度拟议，果皆良知矣乎？《中庸》言独，而《注》增“独知”二字，言良知者，因喜附之，或非子思意也。来谕谓“独指天命之性”，言得之矣。知几其神，几者，动之微也；微者，道心，而谓有恶几，可乎？故曰“动而未形，有无之间”，犹曰动而无动之云也。而后人以念头初动当之，远矣。知此则几前为二氏，几后为五霸，而研几者为动静不偏。周子“几善恶”之言，言惟几，故别善恶，能知几，非一念之善可能尽。吉之先见，盖至善也，常以至善为主，是天命自主。常能慎独，常依《中庸》，常服膺此一善，是谓先几。如是而有失有过，其复而改，方不甚远。若使两物对待，去彼就此，岂所谓斋明，岂所谓择善固执者乎？此宋儒传失宗云然。象山先立乎大，固不若是劳扰也。（《与詹毅斋》）

“自私”二字，断得二氏尽绝圣贤之道。当生而生，当死而死，致命遂志，杀身成仁，宁作此等见识。（《与凌洋山》）

此学静中觉觌体用事极难，大约只于自心欺瞒不得处，当提醒作主，久久精明，便有别白处。若只将日用间应酬知解处，便谓是心体，此却作主不定，有差，自救不来。何也？只寻得差不得处，始有见耳。（《与周学谕》）

《大学》絜矩，原从知止说来，却不是无所本。能知止，方定静安，然后善虑，善虑便能絜矩。故中无所倚，自然与物同体，自是絜矩。若只论絜矩，不问此心若何，即涉于倍奉媚世，牵己从人矣。

儒释之辨，只吾儒言中与仁处，便自不同。尧、舜之中，孔门之仁，言虽不同，一则指无所倚，一则指浑然与物同体，无二物也。中无所倚，释之“无住”若近之，至于兢业允执，茫不相似。浑然同物，与其“觉海圆澄”又大相远。不揣其端绪，举言句之吻合以为归，失其宗矣。中无所倚，自然与物同体，得此气象，守而弗失，乃吾儒终日行持处。延平于喜怒哀乐未发以前，观其气象，盖使人反求者也。“良知”二字，一经指点，便易摸索，但不知与所谓无倚，所谓同体处，当下气象若何，故往往易至冒认，非谓良知之外，复有中与仁也。

止处该括动静，总摄内外，此止即万物各得其所。若见物方絜，已属支离。止则无倚，与物同体，便自能絜。今世与物酬应漠不相关，固不足以与此。有持万物一体之说者，则又牵己从之，终日沉湎于世情，依阿附会，以为同体。不知本体沦丧，更无收摄安顿处，才拈定静字面，即若伤我。不知无一物方能物物，吾心已化于物，安能运物哉？此处丝毫倒一边不得。(以上《与刘仁山》)

兄尝谓弟落意见，此真实语。凡见中有此用处，不应总属意见。苟未逼真，慈湖之无意，亦意见也。若有向往，不妨其致力之勤，到脱然处，又当别论。力未至而先为解脱，不已过忧乎。(《答王龙溪》)

除此真心作用，更无才力智巧。(《答胡正甫》)

庄子所谓外者不入，内者不出，吾儒知止地位，正与相等。即此不入不出处，便是定，即定处，便是吾人心体本然，便是性命所在。守此一意不散，渐进于纯熟，万物无足以挠之，入圣贤域中矣。(《与王少参》)

执著乃用功生疏所致，到纯熟自当轻省，不可便生厌心。此处一有憎厌疑贰，便是邪魔作祟，绝不可放过也。

此心皎然无掩蔽时，便与圣人不甚异。于此不涉丝毫摇兀，亦无改变，亦无执著，亦无忽略，此便是学。只时时有保护处，不伤皎然处，将容体自正，言语自谨，嗜欲自节，善自行，恶自止，好名好货各色自觉淡，以此看书，以此处友，精神自聚不散涣矣。(以上《答刘可贤》)

终日纷纷，不觉劳顿，缘动神而后有劳。神气不动，即动应与静中无有异境，此中虚而无物故也。

自处与处人，未动丝发意，便自无事。稍涉动意，未有不应者，便是与物为敌。(《与王养明》)

即处事中便是学，此间稍有作恶处便是过，稍有执泥处便是过，所谓养心也在此，扩知也在此。此处功夫愈密，知觉愈精，而不受变于物，此之谓格物之学。若自家执泥作恶尚不觉，是谓不知痛痒，便是干极好事，亦是有己之私。到得此心不作恶执泥，明镜止水相似，发又中节，便是巽以出之。此间磨炼得去，是谓时习。(《与刘可贤》)

虚实寂感内外，原是一件，言其无有不是，故谓之实；言其无少夹杂，故谓之虚；言其随事能应，故谓之感；言其随处无有，故谓之寂；以此自了，故谓之内；以此俱了，故谓之外，真无有分别者。但谓虚寂本体，常止不动，却要善看。不然就本体说止，说不动，便能作梗，便不真虚寂矣。(《答杜道升》)

处处从小利害克治，便是克己实事，便是处生死成败之根，亦不论有事无事。此处放过，更无是处。于克治知费力与浊乱，此是生熟安勉分限。不安分限，将下手实际，便欲并成德时论，此涉于比拟太过。不知功夫纯熟，只在常明少昏，渐渐求进，到得成片段，却真咽喉下能著刀。能下此刀，与一念一事，是非不同，却是得先几也。(《答

曾于野》)

静中如何便计较功效，只管久久见得此心有逐物有不逐物时，却认不逐物时心为本，日间动作皆依不逐物之心照应，一逐物便当收回，愈久渐渐成熟。如此功夫，不知用多少日子方有定贴处，如何一两日坐后，就要他定贴动作不差，岂有此理！阳明先生叫人依良知，不是依眼前知解的良知，是此心瞒不过处，即所谓不逐物之心也。静中识认他，渐渐有可寻求耳。(《答罗生》)

来书未见有愤发改过之意，只是欲人相信，不得开口。(《答王龙溪》)

终日眼前俱是假人，无一分真实意，自我待之，终日俱是真人，无一分作伪意，如此便是有进步。(《寄刘少衡》)

凡习心混得去，皆缘日间太顺适，未有操持，如舵工相似，终日看舵，便不至瞌睡，到得习熟，即身即舵，无有两件。凡人学问真处，决定有操持，收束渐至其中，未有受用见成者。(《答欧阳文朝》)

自觉得力，只管做去，微觉有病，又须转手。此件功夫，如引小儿，随时迁就，执著不得。(《与杜道升》)

只是丝毫放过不得，时时与物无对，便是收敛功也。(《与胡正甫》)

孔门博文约礼之教，无非即人身心，纳之规矩，固非为玄远也。夫不诱之以规矩，而惟玄远之务，是犹闭之门而谈天衢，不可得也。(《与刘见川》)

杂　著　王鲤湖问："慎独之旨，但令善意必行，恶意必阻，如何?"王龙溪曰："如此却是大不慎矣。古人所言慎者，正指微处不放过说，正是污染不上，正是常得不欺，如好好色、恶恶臭始得。若善恶二念交起，此是做主不得，纵去得，已非全胜之道。"

王道思曰："念头断去不得，止是一任他过，便要如何斩除，恐更多事。此吾小歇脚法也。"此宗门放荡之语，后来罗近溪辈多习之，以为解缚之秘法。

龙溪谓念庵曰："汝学不脱见知，未逼真，若逼真来轮刀上阵，措手不迭，直心直意，人人皆得皆知，那得有许多遮瞒计较来。"问："如何是真为性命?"龙溪曰："拼得性命，是为性命。"又问，龙溪曰："为性命不真，总是拼世界不下。如今说著为善不是真善，却是要好心肠随人口吻，毁誉得失之关不破，若是真打破，人被恶名埋没一世，更无出头，亦无分毫挂带，此便是真为性命。真为性命，时时刻刻只有这里著到，何暇陪奉他人，如此方是造化把柄在我，横斜曲直，好丑高低，无往不可。如今只是依阿世界，非是自由自在。"因叹曰："今世所谓得失，不知指何为得失？所谓毁誉，不知毁誉个甚？便说打破，已是可叹矣。"恶名埋没一段，亦是宗门语，不管是非好丑，颠倒做去，以为见性，究竟成一无忌惮小人耳。若流俗恶名，岂能埋没得人？又何尝出头不得？故举世非之而不顾，为流俗言也。苟其决裂名教，真有恶名可以埋没者，则已入于禽兽，亦何性命之有?

王心斋论正己物正，曰："此是吾人归宿处。凡见人恶，只是己未尽善，己若尽善，自当转易，以此见己一身不是小，一正百正，一了百了，此之谓天下善，此之谓通天下之故，圣人以此修己安百姓而天下平。”又论仁之于父子曰：“瞽瞍未化，舜是一样命；瞽瞍既化，舜是一样命。可见性能易命。”

龙溪书曰：“以世界论之，是千百年习染；以人身论之，是半生倚靠。见在种种行持点检，只在世情上寻得一件极好事业来做，终是看人口眼。若是超出世情汉子，必须从浑沌里立定根基，将一种要好心肠洗涤干净。枝叶愈活，灵根愈固，从此生天生地生人生物，方是大生。故学问须识真性，独往独来，使真性常显，始能不落陪奉。”（以上《己亥冬游记》）

王龙溪曰：“未发之中未易言，须知未发却是何物。谓之未发，言不容发也。发于目为视矣，所以能视者，不随视而发；发于耳为听矣，所以能听者，不随听而发。此乃万古流行不息之根，未可以静时论也。”

予问龙溪曰：“凡去私欲，须于发根处破除始得。私欲之起，必有由来，皆缘自己原有贪好，原有计算，此处漫过，一时洁净，不但潜伏，且恐阴为之培植矣。”钱绪山曰：“此件功夫零碎，但依良知运用，安事破除？”龙溪曰：“不然，此捣巢搜贼之法，勿谓尽无益也。”绪山之言，与前《冬游记》王道思所云，同一法门。

龙溪之言曰：“先师提掇良知，乃道心之微，一念灵明，无内外，无寂感。吾人不昧此一念灵明，便是致知，随事随物不昧此一念灵明，便是格物。良知是虚，格物是实，虚实相生，天则乃见。盖良知原是无知而无不知，原无一物，方能类万物之情。或以良知未尽妙义，于良知上搀入无知意见，便是异学。或以良知未足以尽天下之变，必加见闻知识，补益而助发之，便是俗学。吾人致知功夫不得力，第一意见为害。意见是良知之贼，卜度成悟，明体宛然，便认以为良知。若信得良知过时，意即是良知之流行，见即是良知之照察，彻内彻外，原无壅滞，原无帮补，所谓丹府一粒，点铁成金。若认意见以为实际，本来灵觉生机，封闭愈固，不得出来。学术毫厘之辨，不可不察也。”然质之阳明先生所言，或未尽合。先生尝曰：“良知者，天命之性，心之本体，自然昭明灵觉者也。”是谓良知即天性矣。《中庸》言性，所指在于不睹不闻，盖以君子之学，惟于其所不睹不闻者，而戒慎恐惧耳，舍不睹不闻之外，无所用其戒慎恐惧也。夫不睹不闻，可谓隐而未形，微而未著矣。然吾之发见于外者，即此未形者之所为，而未始有加；吾之彰显于外者，即此未著者之所为，而未始有加。由是言之，谓良知之体至虚可也，谓其本虚而形实亦可也，今曰“良知是虚，格物是实”，岂所谓不睹不闻有所待而后实乎？先生又曰：“至善者，心之本体，动而后有不善，而本体之知，未尝不知也。”是以良知为至善矣。《大学》之言至善，其功在于能止，盖以吾心之体，固有至善，而有知之后，得止为难。知而常止，非夫良之止，其所孰能与于此？故定静安虑者，至善也，能定能静能安能虑者，止至善也。能止而后至善，尽为己有，有诸己而后谓之有得。先之以定静安者，物之所由以格，止之始也；后之以虑者，知之所以为至，止之终也。故谓致知以求其止可也，谓物则生于定静亦可也，今曰“虚实相生，天则乃见”，岂定静反由虑而相生乎？先生又曰：“良知是未发之中。”又曰：“当知未发之中，常人亦未能皆有。”岂非以良知之发，为未泯之善端，未发之中，当因发而后致？盖必常静常定，然后可谓之中。则凡致知者，亦必即其所未泯，而益充其所未至，然后可以为诚意。固未尝以一端之善为圣人之极则也。今曰“若信得良知过时，意即是良知之流行，见即是良知之照察”云云，夫利欲之盘固，遏之犹恐弗止，而欲从其知之所发，以为心体；以血气之浮扬，敛之犹恐弗定，而欲任其意之所行，以为功夫。畏难苟安者，取便于易从；见小欲速者，坚主于自信。夫注念反观，孰无少觉？因言发虑，理亦昭然。不息之真，既未尽亡，先入之言，又有可据，日滋日甚，日移日远，将无有以存心为拘迫，以改过为粘缀，以取善为比拟，以尽伦为矫饰者乎？而其灭裂恣肆者，又从而诪张簧鼓之，使天下之人遂至于荡然而无归，则其陷溺之浅深，吾不知于俗学何如也！先生又曰：“知者意之体，物者意之用。”未尝以物为知之体也。而绪山乃曰：“知无体，以人情事物之感应为体。”无人情事物之感应，则无知矣。夫人情事物感应之于知，犹色之于视，声之于听也，谓视不离色，固有视于无形者，而曰色即为视之体，无色则无视也，可乎？谓听不离声，固有听于无声者，而曰声即为听之体，无声则无听也，可乎？（以上《戊申夏游记》）

龙溪因前记有所异同，请面命。予曰：“阳明先生苦心犯难，提出良知为传授口诀，盖合内外前后一齐包括，稍有帮补，稍有遗漏，即失当时本旨矣。往年见谈学者，皆曰‘知善知恶即是良知，依此行之，即是致知’。予尝从此用力，竟无所入，久而后悔之。夫良知者，言乎不学不虑，自然之明觉，盖即至善之谓也。吾心之善吾知之，吾心之恶吾知之，不可谓非知也。善恶交杂，岂有为主于中者乎？中无所主，而谓知本常明，恐未可也。知有未明，依此行之，而谓无乖戾于既发之后，能顺应于事物之来，恐未可也。故知善知恶之知，随出随泯，特一时之发见焉耳。一时之发见，未可尽指为本体，则自然之明觉，固当反求其根源。盖人生而静，未有不善，不善动之妄也，主静以复之，道斯凝而不流矣。神发为知，良知者静而明也，妄动以杂之，几始失而难复矣。故必有收摄保聚之功，以为充达长养之地，而后定静安虑由此以出，必于家国天下感无不正，而未尝为物所动，乃可为之格物。盖处无弗当，而后知无弗明，此致知所以必在于格物，物格而后为知至也。故致知者，致其静无而动有者也。知苟致矣，虽一念之微，皆真实也。苟为弗致，随出随泯，终不免于虚荡而无归。是致与不致之间，虚与实之辨也。谓之曰‘良知是虚，格物是实。虚实相生，天则乃见’，将无言之太深乎？即格物以致其知矣，收摄之功终始无间，则吾心之流行照察，自与初学意见万万不侔。谓之曰‘意见是良知之贼’，诚是也，既而曰‘若信得良知过时，意即是良知之流行，见即是良知之照察，所谓丹府一粒，点铁成金’，不已言之太易乎？”龙溪曰：“近日觉何如？”曰：“一二年来与前又别，当时之为收摄保聚，偏矣。盖识吾心之本然者，犹未尽也，以为寂在感先，感由寂发。夫谓感由寂发，可也，然不免于执寂有处；谓寂在感先，可也，然不免于指感有时。彼此既分，动静为二，此乃二氏之所深非以为边见者。我坚信而固执之，其流之弊，必至重于为我，疏于应物，盖久而后疑之。夫心一而已，自其不出位而言，谓之寂，位有常尊，非守内之谓也；自其常通微而言，谓之感，发微而通，非逐外之谓也。寂非守内，故未可言处，以其能感故也，绝感之寂，寂非真寂矣。感非逐外，故未可言时，以其本寂故也，离寂之感，感非正感矣。此乃同出而异名，吾心之本然也。寂者一，感者不一，是故有动有静，有作有止。人知动作之为感矣，不知静与动、止与作之异者境也，而在吾心，未尝随境异也。随境有异，是离寂之感矣。感而至于酬酢万变，不可胜穷，而皆不外乎通微，是乃所谓几也，故酬酢万变而于寂者，未尝有碍，非不碍也，吾有所主故也。苟无所主，则亦驰逐而不返矣。声臭俱泯，而于感者未尝有息，非不息也，吾无所倚故也。苟有所倚，则亦胶固而不通矣。此所谓收摄保聚之功，君子知几之学也。学者自信于此，灼然不移，即谓之守寂可也，谓之妙感亦可也；即谓之主静可也，谓之慎动亦可也。此岂言说之可定哉！是何也？心也者，至神者也，以无物视之，固泯然矣；以有物视之，固炯然矣。欲尽敛之，则亦块然不知，凝然不动，无一物之可入也；欲两用之，则亦忽然在此，倏然在彼，能兼体而不遗也。使于真寂端倪，果能察识，随动随静，无有出入，不与世界物事相对待，不倚自己知见作主宰，不著道理名目生证解，不藉言语发挥添精神，则收摄保聚之功，自有准则。明道云：‘识得仁体，以诚敬存之，不须防检穷索，必有事而勿正，心勿忘，勿助长，未尝致纤毫之力。’此其存之之道，固其准则也。”龙溪笑曰：“《夏游记》岂尽非是，只三转语处，手势太重，便觉抑扬太过。兄已见破到此，弟复何言！”

刘师泉谓：“夫人之生，有性有命，性妙于无为，命杂于有质，故必兼修而后可以为学。盖吾心主宰谓之性，性无为者也，故须首出庶物，以立其体。吾心流行谓之命，命有质者也，故须随时运化，以致其用。常知不落念，是吾立体之功；常过不成念，是吾致用之功也，二者不可相杂，盖知常止而念常微也。是说也，吾为见在良知所误，极探而得之。”龙溪问：“见在良知与圣人同异？”师泉曰：“不同。赤子之心，孩提之知，愚夫妇之知能，如顽矿未经煅炼，不可名金。其视无声无臭，自然之明觉，何啻千里！是何也？为其纯阴无真阳也。复真阳者，更须开天辟地，鼎立乾坤，乃能得之。以见在良知为主，决无入道之期矣。”龙溪曰：“谓见在良知便是圣人体段，诚不可。然指一隙之光，以为决非照临四表之光，亦所不可。譬之今日之日，非本不光，却为云气掩蔽。以愚夫愚妇为纯阴者，何以异此？”予曰：“圣贤只是要人从见在寻源头，不曾别将一心换却此心。师泉欲创业，不享见在，岂是悬空做得？只时时收摄保聚，使精神归一便是。但不可直任见在以为止足耳。”

谓龙溪曰：“阳明先生之学，其为圣学无疑矣。惜也速亡，未至究竟，是门下之责也。然为门下者有二：有往来未密，煅炼未久，而许可太早者，至于今或守师说以淑人，或就己见以成学，此非有负于先生，乃先生负斯人也。公等诸人，其与往来甚密，其受煅炼最久，其得证问最明，今年已过矣，犹不能究竟此学，以求先生之所未至，却非先生负诸人，乃是公等负先生矣。”（以上《甲寅夏游记》）

绪山在阳明先生之门，号称笃实而能用其力者。自余十六七年来，凡六七见，而绪山之学亦且数变。其始也，有见于为善去恶者，以为致良知也。已而曰：“未矣。良知者，无善无恶者也，吾安得执以为有而为之。”而又去之。后十年，会于京师，曰：“吾恶夫言之者之淆也。无善而无恶者见也，非良知也。吾惟即吾所知，以为善者而行之，以为恶者而去之，此吾所能为者也。其不出于此者，非吾所能为，亦非吾之所当闻也。”今年相见于青原，则曰：“向吾之言，犹二也，非一也。盖先生尝有言矣，曰：‘至善者，心之本体，动而后有不善也。’吾不能必其无不善，吾无动焉而已。彼所谓意者动也，非是之谓动也，吾所谓动，动于动焉者也。吾惟无动，则在我者常一，在我者常一，则吾之力易易矣。”(《赠钱绪山》)

王子之言曰：“始吾以致知为然也，而不知有遗于物。乃吾今而后知格物之为致知也。始之言知，亦曰格物云尔，及而察之，以为物生于知，吾但知知而已，而何有于物？夫非知无物，非物无知，乃吾始之言知，则犹廓廓尔，而浑浑尔，若有厌于芸芸尔者，则犹未见物与知之为一也。此一知也，于物有格有不格，则是吾之知，亦有至有不至焉。”虽然，王子后此，安知不以今之所言为未至也乎！物之有未格也，而求足于知焉。有所不足，是故为之可以已者，即不得谓之精。精不可已，以此心之几希，易失而难穷故也。(《赠王龙溪》)

双江先生系诏狱，经年始释。方其系也，身不离接槢，视不逾垣户，块然守其素以独居。久之，诸子群圣之言，涉于目者不虑而得，参之于身，动而有信，慨然曰：“嗟乎，不履斯境，疑安得尽忘乎！”于是著录曰《困辨》，以明寂感之故。归质之友人，友人或然或否，或正以师传曰：“阳明子所谓良知不类。”往岁癸卯，洪先与洛村黄君闻先生言必主于寂，心亦疑之。后四年丁未，而先生逮，送之境上，含涕与诀，先生曰：“嘻，吾自胜之，无苦君辈也。”其容翛然，其气夷然，其心渊然而素，自是乃益知先生，遂为辨曰：“先生于师传如何，吾未之知，请言吾所试。昔者闻良知之学悦之，以为是非之心，人皆有之，吾惟即所感以求自然之则，其亦庶乎有据矣。已而察之，执感以为据，即不免于为感所役。吾之心无时可息，则于是非者，亦将有时而淆也。又尝凝精而待之以虚，无计其为感与否也。吾之心暂息矣，而是非之则，似亦不可得而欺。因自省曰：‘昔之役者，其逐于已发，而今之息者，其近于未发矣乎！’盖自良知言之，无分于发与未发也。自知之所以能良者言之，则固有未发者以主之于中，而或至于不良，乃其发而不知返也。吾于暂息且有所试矣，而况有为之主者耶？夫至动莫如心，圣人尤且危之。苟无所主，随感而发，譬之御马，衔勒去手，求斯须驰骤之中度，岂可得哉？道心之言微，性之言定，无欲之言静，致虚之言立本，未发之言寂，一也，而何疑于先生？”先生闻之曰：“斯言知我哉！《录》有之，‘良知者，未发之中，寂然大公之本体’，固吾师所传也。”问之友人，或然或否，洪先曰：“吾学也，困辨弗明，弗可以措。”叙而梓之，告于知言者。(《困辨录序》)

余读双江聂君《困辨录》，始而洒然无所疑，已而恍然有所会，久而津津然不能舍。于是附以己见，梓之以传。而或者谓曰：“言何易也！自阳明先生为良知之说，天下议之为禅，哓哓然至今未已也。夫良知合寂感内外而言之者也，议者犹曰：‘此遗物也，厌事理之讨论者也。’今而曰：‘吾内守寂者也，其感于外者，皆非吾之所能与。’其不滋为可异欤？夫分寂感者，二其心者也；分内外者，析其形者也。心譬则形之目者也，目不能不发而为视，视不能不发而为万物，离物以为视，离视以为目，其果有可指乎？吾惧哓哓然于聂君者，又未已也。”余应之曰：“言固未可齐也。孔子不云乎？曰：‘吾道一以贯之。’当是时，未能以其一者示之人也，而曾子乃曰：‘是忠恕也。’今之言，与忠恕者同耶，异耶？彼以得之心者应之，而世儒之言从而分曰：‘孰为一之体，孰为一之用，而后忠恕者始明？’呜呼！使曾子若然，其尚能闻言而唯乎？夫聂君亦各以其得之心者为言，固未暇为良知释也。子以心譬目，有问于子曰：‘寂感于目奚譬？’必曰：‘视者，感也。物之不留者，寂也，无有分也。’”呜呼！似矣而未尽也。子谓目之所以能视而不容翳者，何哉？夫天地之化，有生有息，要之于穆者，其本也。良知之感，有动有静，要之致虚者，其本也。本不虚则知不能良，知其发也，其未发则良也。事物者其应，理者其则也，应而不失其则，惟致虚者能之。故致虚者，乃所以致知也，知尽其天然之则于事事物物而理穷，理穷则性尽命至，而奚有于内外？虽然，知所先后，而后近道，此学之序也。故无乐乎其专内也，所以求常于外者，非是，则无以先也。无乐乎其守寂也，所以求神其感者，非是，则无以先也。彼禅固贼道也，而其内之寂者，固皆离事物以为言。彼视所谓理者，何啻于其目之眚也，而岂患其相入哉！故言有相徇而非也者，乃其无与当之谓也；言有相反而是也者，乃其喻所指之谓也。子徒畏人之哓哓矣，而独不惧夫己之胶胶者乎？今世言聪明才辩见闻强敏，孰与聂君？所谓表然才丈夫也，其持世儒之学以见先生，友之也，非师之也，而卒俯首以听。今又尽知其故，兢兢焉自守一言，以触世之所讳，其为逐声与块也夫？且吾亦尝闻而哂之，以其为亿也。及逮而送之境，无戚言怜色以乱其常。盖未几而是《录》作，其曰“困辨”，是遇困而益辨，非辨于困者也。而余为之言者，亦若辨焉。何哉？盖余困而后能知，又信于未言故也。(《困辨录后序》)

《困辨录》者，聂双江公拘幽所书，其下附语，余往年手所笺也。同年贵溪原山江君懋恒获而读之，取其契于心者，抄以自随。已而，作令新宁，将刻以授诸生，问决于余。余惟白沙主静之言出，而人以禅诤，至于阳明，诤益甚，以致良知之与主静无殊旨也。而人之言良知者，乃复以主静诤。其言曰：“良知者，人人自能知觉，本无分于动静，独以静言，是病心也。”自夫指知觉为良知，而以静病心，于是总总然但知即百姓之日用，以证圣人之精微，而不知反小人之中庸，以严君子之戒惧。不独二先生之学脉日荒，即使禅者闻之，亦且咄嗜而失笑，不亦远乎！夫言有攸当，不知言无以学也。良知犹言良心，主静者求以致之，收摄保聚自戒惧以入精微。彼徒知觉焉者，杂真妄而出之者也。主静则不逐于妄，学之功也。何言乎其杂真妄也？譬之于水，良知，源泉也；知觉，其流也，流不能不杂于物，故须静以澄汰之，与出于源泉者，其旨不能以不殊。此双江公所为辨也。虽然，余始手笺是《录》，以为字字句句无一弗当于心，自今观之，亦稍有辨矣。公之言曰：“心主乎内，应于外，而后有外，外其影也。”心果有内外乎？又曰：“未发非体也，于未发之时，而见吾之寂体。”未发非时也，寂无体不可见也。见之谓仁，见之谓知，道之鲜也。余惧见寂之非寂也，是故自其发而不出位者言之，谓之寂；自其常寂而通微者言之，谓之发。盖原其能戒惧而无思，为非实有可指，得以示之人也。故收摄敛聚可以言静，而不可谓为寂然之体；喜怒哀乐可以言时，而不可谓无未发之中。何也？心无时亦无体，执见而后有可指也。《易》曰：“圣人立象以尽意，系辞以尽言”，言固不尽意也。坤之震、剥之复，得之于言外，以证吾之学焉可也。必也时而静，时而动，截然内外，如卦爻然，果圣人意哉？余不见公者四年，不知今之进退复何如也。江君早年亦尝以禅诤学，已而入象山，得之静坐，旁探博证，遂深有契于公。新宁故新会地，白沙之乡也，岂无传其遗言者乎？如有言主静而异于公者，幸反复之，不有益于我，必有益于人，是良知也。（《读困辨录抄序》）

其与聂公友也，闻其所语此心寂感之机，归寂之要，十余年来，未尝轻一诺焉。一日忽自省曰：“公之言是也。”（《刘两峰六十序》）

致良知者，致吾心之虚静而寂焉，以出吾之是非，非逐感应以求其是非，使人扰扰外驰，而无所于归以为学也。夫知其发也，知而良则其未发，所谓虚静而寂焉者也。吾能虚静而寂，虽言不及感，亦可也。（《双江七十序》）

善学者竭力为上，解悟次之，听言为下，盖有密证殊资，默持妙契，而不知反躬，自求实际，以至不副夙期者矣，固未有历涉诸难，深入真诠，而发之弗莹，必俟明师面临私授，而后信久远也。（《阳明先生年谱考订序》）

龙溪子曰：“良知者，感触神应，愚夫妇与圣人一也，奚以寂，奚以收摄为？”予不答。已而，腹饥索食，龙溪子曰：“是须寂否，须收摄否？”予曰：“若是，则安取于学？饔飧与礼食固无辨乎？”他日，龙溪子曰：“良知本寂，无取乎归寂。归寂者，心槁矣。良知本神应，无取乎照应。照应者，义袭矣。吾人不能神应，不可持以病良知。良知未尝增损也。”予曰：“吾人常寂乎？”曰：“不能。”曰：“不能则收摄以归寂，于子何病？吾人不能神应，谓良知有蔽，可乎？”曰：“然。”曰：“然则去蔽，则良知明。谓圣愚有辨，奚不可？求则得，舍则失，不有存亡乎？养则长，失则消，不有增损乎？拟而言，议而动，不有照应乎？是故不可泯者，理之常也，是谓性；不易定者，气之动也，是谓欲；不敢忘者，志之凝，命之主也，是谓学。任性而不知辨欲，失之罔；谈学而不本真性，失之凿；言性而不务力学，失之荡。”龙溪子曰：“如子之言，固未足以病良知也。”（《良知辨》）

白沙先生之学，以自然为宗，至其得要，则随动随静，终日照应，而不离彼。（《跋白沙诗》）

濂溪曰：“诚则无事。”又曰：“诚无为，终之以艮。”则曰艮非为也，为不止矣。夫自尧舜相传精一之秘，莫不由兢业以得之。孔门格致戒慎，其功若不一而足也。今曰“无事”“无为”，不已悖乎？曰：“不然。无欲者至近而远，至约而尽，至易而甚难者也。明道曰：‘所欲不必沉溺，只有所向便是欲。’夫有所向者欲也，所以必向是者，有以为之主也。夫意之所向，随感易动，日用动静，何往非意？于此辨别，使意无所向，自感自应，则心体泰然，他无干涉，静虚动直，其于用力，不已切乎？是‘无事’者，乃所谓必有事，而‘无为’者，乃其至刚者也。”（《跋通书》）

物者，知之感也；知者，意之灵也。知感于物，而后有意。意者，心之动也；心者，身之主也；身者，天下国家之本也。感而正曰格，灵而虚曰致，动以天曰诚，居其所曰正，中有主曰修。无无物之知，无无知之意，无无意之心，无无心之身，无无身之家、之国、之天下。灵而感之以正，曰知止，感而以正，天下国家举之矣，故曰至善。虚灵能感则意定，动以天则心静，中有主则安，举而措之天下国家，则虑无不当，大人之事毕矣。(《大学解》)

告子能信其心者也。彼见心能主乎内外，故其意曰："心能知言者也，凡言之来，以心接之而已。其有不得于言，必其所不必知，而不可因言以动乎心。心能帅气者也，凡气之用，以心御之而已，其有不得于心，必其所不当发，而不可役心以从乎气。"不因言以动心，则外无所入；不役心以从气，则内无所牵。外无所入者，心离乎境也；内无所牵者，气合乎心也。惟其以离境为心，故常主心之无事者以为正；惟其以无事为正，故不能顺气之生长者以有为。常主于心之无事以为正，故不免于内正其心；不能顺气之生长以有为，故不免于外助其长。其与孟子之学，真毫厘之辨耳。

告子以无所事为心之正，故孟子曰："我则必有事而不正心。"告子忘外一切作用，皆自安顿，是为助其生长。故孟子曰："我则勿忘，而亦勿助其长。"(《孟子解》)

落思想者，不思即无。落存守者，不存即无。欲得此理炯然，随用具足，不由思得，不由存来，此中必有一窍，生生夐然不类。

言此学常存亦得，言此学无存亦得。常存者非执著，无存者非放纵。不存而存，此非可以幸至也，却从寻求中得，由人识取。(以上《别周少鲁语》)

此心倏忽不可执著，却又凝定不染一物。

向人说得伸，写得出，解得去，谓之有才则可，于学问丝毫无与也。学问之道，须于众人场中易鹘突者，条理分明，一丝不乱。此非平日有涵养镇静之功，小大不疑，安能及此？(以上《别沈万川语》)

"天降大任"一节，于此却有深辨。自心术中料理则为圣学，自时态料理则为俗情，二者虽相去悬绝，然皆有收敛慎密增益不能之效。此正人鬼分胎，不可不自察也。孟子所言增益与改作者，指其气性未平，情欲未尽，与才力未充，正求此心不移耳。而世人往往折节于陨获，谐俗于圆熟，以为增益在是，不亦左乎。(《书杨武东卷》)

言其收敛，谓之存养；言其辨别，谓之省察；言其决择，谓之克治。省察者言其明，克治者言其决，决则愈明，而后存养之功纯。内不失己，外不失人，动亦定，静亦定，小大无敢慢，始终条理，可以希圣矣。(《书王有训扇》)

白沙诗云："千休千处得，一念一生持。"于千休之中而持一念，正出万死于一生者也。今言休而不提一念，便涉茫荡，必不能休。言念而未能千休，便涉支离，亦非真念。苟不知念，则亦无所谓能休者，能念不期休而自休矣。(《示门人》)

初及第，谒魏庄渠先生，先生曰："达夫有志，必不以一第为荣。"默坐终日，绝口不言利达事，私心为之悚然。承当此言，煞不容易。盖不荣进取即忘名位，忘名位即忘世界，能忘世界，始是千古真正英雄。(《示胡正甫》)

寂然不动者，诚也，言藏于无也。感而遂通者，神也，言发于有也。动而未形有无之间者，几也，言有而未尝有也。三言皆状心也。常有而不使其杂于有，是谓研几。真能不杂于有，则常幽常微，而感应之妙，是知几之神。谓几为一念之始者，何足以知此。

能以天地万物为体，则我大；不以天地万物为累，则我贵。夫以天地万物为体者，与物为体，本无体也。于无体之中，而大用流行，发而未尝发也。静坐而清适，执事而安肃，处家而和婉，皆谓之发，而不可执以为体。常寂常虚，可卷可舒，全体廓如。（以上皆《示万日忠》）

知无不足之理，则凡不尽分者，皆吾安于肆欲而不竭才者也。吾人日用之间，戒惧稍纵，即言动作止之微，皆违天常而贼人道，可不省欤！（《示王有训》）

吾人当自立身放在天地间公共地步，一毫私己著不得，方是立志。只为平日有惯习处，软熟滑浏，易于因仍。今当一切斩然，只是不容放过，时时刻刻须此物出头作主，更无纤微旧习在身，方是功夫，方是立命。（《日札》）

终日营营与外物交，以我应之，未始见其非我也，久而见化于物。故舍事无心，舍物无身，暂尔瞑目，彷徨无垠，有如处于寂寞之乡、旷莽之野，不与物对，我乃卓然。

天地之间，万生万死，天地不为欣戚，以其在天地未尝有增，未尝有损也。生死不增于我，我何欣戚？故圣人冥之。

丽吾形者，是物非我；扰吾思者，是事非我；释吾累者，是理非我；敛吾散者，是学非我。置理学不讲，离事物不为，我将何在？知我在者，古今不能限，智愚不能别，高之不为显，卑之不为污，故常泰然无惧。（以上《寤语》）

王敬所访余石莲洞中，各请所得。敬所曰："吾有见于不息之真体，天地之化生，日月之运行，不能外是体也，而况于人乎？吾观于暮春，万物熙熙，以繁以滋，而莫知为之，其殆庶几乎？明道得之，名为'识仁'。'识仁'者，识此不息者也。吾时而言，吾时而默，吾时而作止进退，无所庸力也。其有主之者乎？"余曰："可闻者言也，所从出此言者，人不得而闻也。岂惟人不得闻，己亦不得而闻之。非至静为之主乎？然而必云'归静'者，何也？今之言者，必与言驰，驰则离其主矣。离其主，则逐乎所引之物，吾虽言矣，而静于何有？惟所从出者，存于其中，受命如响，如是而言，如是而默，语默殊而吾未尝有二主也。从而推之作止进退，常变昼夜，吾未尝有二主，静矣，斯可以言归矣。归静言乎其功也，而谓任心之流行以为功者，吾尝用其言而未之有得也。"敬所曰："是即吾之所谓不息者，而非以对待之静言之也。"（《说静》）

贞明之体，常为主宰，虽流行不息，而未尝有所作为。如石之介，内外敌应，两不相与，寂之至也。（《赠周洞岩》）

自来圣贤论学，未尝有不犯做手一言，未有学而不由做者，惟佛家则立跻圣位，此龙溪极误人处。

阳明公门下争知字，如敬师讳，不容人谈破。

吾儒不言息，只不暴气，息自在其中。

以一推行于事事物物，不搀人些子知识，便是由仁义行。才于事物上求之，便是知识，便是行仁义。

察识端倪，以致夫扩充之功，谓识本体后，方好用功，不是发处才有功夫用也。

孔门之学，教人即实事求之，俟其自得。后世分内分外、分心分事。自未以来，便觉与孔门稍不类。（以上《读双江致知议略》）

杂念渐少，即感应处便自顺适。（《松原志晤》）

妄意于此，二十余年矣，亦尝自矢，以为吾之于世，无所厚取，“自欺”二字，或者不至如人之甚。而两年以来，稍加惩艾，则见为吾之所安而不惧者，正世之所谓大欺，而所指以为可恶而可耻者，皆吾之处心积虑，阴托之命而恃以终身者也。其使吾之安而不惧者，乃先儒论说之余，而冒以自足，以知解为智，以意气为能，而处心积虑于可恶可耻之物，则知解之所不及，意气之所不行，觉其缺漏，则蒙以一说，欲其宛转，则加以众证。先儒论说愈多，而吾之所安日密，譬之方技俱通，而痿痹不恤，搔爬能识，而痛痒未知，甘心于服鸩，而自以为神剂，如此者不知日凡几矣。至闻长生久视之妙，津津然同声应之，不谓其相远也。呜呼！以是为学，虽日有闻，时有习，明师临之，良友辅之，犹恐成其私也。况于日之所闻，时之所习，出入于世俗之内，而又无明师良友之益，其能免于前病乎？夫所安者在此，则惟恐人或我窥，所蒙者在彼，则惟恐人不我与。托命既坚，固难于拔除；用力已深，益巧于藏伏。于是，毁誉得失之际，始不能不用其情。此其触机而动，缘衅而起，乃余症标见，所谓已病不治者也。且以随用随足之体，而寄寓于他人口吻之间，以不加不损之真，而贪窃于古人唾弃之秽，至乐不寻，而伺人之颜色以为欣戚；大宝不惜，而冀时之取予以为歉盈，如失路人之志归，如丧家子之丐食，流离奔逐，至死不休，孟子之所谓哀哉。（《别蔡督学》）

只在话头上拈弄，至于自性自命，伤损不知。当下动气处，自以为发强刚毅；缠粘处，自以为文理密察；加意陪奉，却谓恭敬；明白依阿，却谓宽仁。如此之类，千言万语，莫能状其情变。总之以一言，只是鹘突到了，虽自称为学，而于自身邈不相干。却又说精说一，说感说应，亦何益哉！

佛与吾儒之辨，须是自身已有下落，方可开口，然此亦是闲话。辨若明白，亦于吾身何干？老兄将此等作大事件，以为讲论不明，将至误世。弟则以为，伊川讲明后，又出几个圣人？濂溪未曾讲明，又何曾误了？春陵夫子无生之说，门面终是不同，何须深论？今纵谈禅，决未见有人削发弃妻，薄视生死，抛却名位。此数事乃吾儒诋毁佛氏大节目处，既不相犯，自可无忧。老兄“吾为此惧”一言，似可稍解矣。吾辈一个性命，千疮百孔，医治不暇，何得有许多为人说长道短耶？弟愿老兄将精一还尧舜，感应还孔子，良知还阳明，无生还佛。直将当下胸中粘带，设计断除；眼前纷纭，设计平妥；原来性命，设计恢复。益于我者取之，而非徇其言也；害于我者违之，而非徒以言也。如是，尚何说之不同，而惧之不早已乎？（《答何善山》）

寻常作功夫，便欲讲求得无弊，此欲速之心，磨砻方有光辉。如今安得尽是？

只用分别善恶功夫，安有许多牵绊，为言语分疏？

既知培本，便是扶疏之势，即为知止，一向愁东愁西，何故？（《诗注》）

未发之中。思之位也，存乎情，发之中，而不与情俱发者也。俱发则出其位矣。常

止其位而思以通之，故吾未尝无作止语默往来进退，是静为之主也，非吾主乎静也。（《主静堂记》）

（清）徐乾学等《明史》卷四十八·罗洪先　罗洪先，字达夫，吉水人。父循，进士。历兵部武选郎中。会考选武职，有指挥二十余人素出刘瑾门，循罢其管事。瑾怒骂尚书王敞，敞跪谢曰："郎中辈为之。"又骂曰："不能制郎中，安用尚书？"敞益惧，归部趣易奏，循退。迟之数日，而瑾败，敞乃谢循。循历知镇江、淮安二府，徐州兵备副使，咸有声。

洪先幼慕罗伦为人。年十五，读王守仁《传习录》，好之，欲往受业，循不可而止。乃师事同邑李中，传其学。嘉靖八年，举进士第一。授修撰，即请告归。外舅太仆卿曾直喜曰："幸吾婿成大名。"洪先曰："儒者事业有大于此者，此三年一人，安足喜也。"洪先事亲孝，父每肃客，洪先冠带行酒，拂席授几，甚恭。居二年，诏核请告逾期者，乃赴官。寻遭父丧，苫块蔬食，不入室者三年。继遭母忧，亦如之。

十八年，简宫僚，召拜春坊左赞善。明年冬，与司谏唐顺之、校书赵时春疏请来岁朝正后，皇太子出御文华殿，受群臣朝贺。时帝数称疾，不视朝，讳言储贰临朝事，见洪先等疏，则大怒曰："是料朕必不起也。"降手诏百余言痛忿詈，遂除三人名。

洪先归，则益寻求守仁之学，然亦未尝忘经世志。甘淡泊，炼寒暑，跃马挽强，考图观史，自天文地志、礼乐典章、河渠边塞、战阵攻守，下逮阴阳算数，靡不精究。至人才吏事、国计民情，悉加意谘访。曰："苟当其任，皆吾事也。"年垂五十，睹时事日非，此志遂废，然乡人所疾苦如在己。邑田赋多宿弊，请所司均之，所司即以属。洪先精心体察，弊顿除。岁饥，移书郡邑，得粟数千石，率友人躬赈给。流寇入吉安，主者失措。为画策战守，寇引去。素与顺之友善，顺之应召欲挽之出，严嵩以同乡故拟假边才起用，皆力辞。

洪先虽宗良知学，然未尝及守仁门。已见王氏之徒腾口张皇，渐入虚妙，心以为非，故其学专主静，恒举《易大传》"寂然不动"、周子"无欲故静"之旨以告学人。又曰："儒者学在经世，而以无欲为本。惟无欲，然后出而经世，知精而力钜。"时王畿谓良知自然，不假纤毫力，洪先非之曰："世岂有现成良知？此非有万死工夫不能得。"故虽与畿交好，而持论始终不合。山中有石洞，旧为虎穴，辟荆榛居之，广可容百人，命曰石莲。谢客屏居，默坐一榻，不出户者三年，事能前知。闻顺之讣，哭之，始下榻。

初，告归，过仪真，同年生主事项乔为分司。有富人坐死，行万金求为地，洪先拒，不听。乔微讽之，厉声曰："君不闻志士不忘在沟壑耶？"江涨，坏其室，巡抚马森欲为营之，固辞不可。隆庆初，赠光禄少卿，谥文庄。

（清）沈季友《槜李诗系》卷四十·明　罗洪先（字达夫，吉水人。官赞善）。

（清）孙岳颁《御定佩文斋书画谱》卷四十三·书家传二十二·明四·罗洪先 罗洪先，字达夫，吉水人。嘉靖八年进士，廷试第一人。授修撰，进左春坊赞善。罢黜家居，闭关习学，求端性命，有时能前知事。赠光禄少卿，谥文恭。（《书画记》）

洪先书颇秀润，出圣母帖，而丰肉少骨，秾媚有之，苍老不足。（《艺苑卮言》）

（清）张豫章等《御选明诗》姓名爵里三·诸家姓名爵里 罗洪先（字达夫，吉水人。嘉靖己丑赐进士第一。授修撰，进左春坊赞善，罢。隆庆初，赐谥文庵。有《念庵集》）。

（清）邵廷采《思复堂文集》卷一·传·王门弟子所知传 吉水罗洪先，字达夫，号念庵。自幼慕罗一峰之为人。年十五，闻文成讲学虔台，心向往，遂卑视举子业。常敛目静坐。《传习录》出，探读至忘寝餐。嘉靖八年，以进士第一官修撰。外艰，致毁，三年不内处。会读《楞严经》，得反闻之旨，觉身在太虚，忽自省曰："无乃误入禅耶?"乃反求诸孔孟，与同郡邹守益相劘切。

改左春坊赞善，疏请豫定东宫朝议，罢为民。家居，凡应酬仪节，一裁古礼。亲贤问道，未尝以言词先人。赣江水涨，寓宿田家，巡抚马森以洪先尝却台省坊银数千金，檄县取为构室，竟辞之。同榜唐顺之以兵事起官，约偕出，时相亦遗书道款，并婉书以谢。其后，顺之虽御倭海上有功，卒罹清议。晚岁谢客，能前知，曰："此偶然，不足道。"疾作，子世光就省试，谓家人："儿归，但语以莫厌穷，穷固自好。"卒年六十一。文成之学得洪先难进易退之节以立堤坊，虽私淑，犹颜、曾也。其所见出入二氏而不杂越，于黜邪扶正尤有力云。隆庆元年，赠光禄少卿，谥文恭。

（清）王鸿绪等《明史稿》卷一百六十二·列传第五十七·罗洪先 罗洪先，字达夫，吉水人。父循，进士。历兵部武选郎中。会考选武职，有指挥二十余人素出刘瑾门，循罢其管事。瑾怒骂尚书王敞，敞跪谢曰："郎中辈为之。"又骂曰："不能制郎中，安用尚书?"敞益惧，归部趣易奏，循退。迟之数日，而瑾败，敞乃谢循。循历知镇江、淮安二府，徐州兵备副使，咸有声。

洪先幼慕罗伦为人。年十五，读王守仁《传习录》，好之，欲往受业，循不可而止。乃师事同邑李中，传其学。嘉靖八年，举进士第一，授修撰，即请告归。外舅太仆卿曾直喜曰："幸吾婿成大名。"洪先曰："儒者事业有大于此者，此三年一人，安足喜也。"洪先事亲孝。父每肃客，洪先冠带行酒，拂席授几，甚恭。居二年，诏劾请告逾期者，乃赴官。寻遭父丧，苫块蔬食，不入室者三年。继遭母忧，亦如之。

十八年，简宫僚，召拜春坊左赞善。明年冬，与司谏唐顺之、校书赵时春疏请来岁朝正后，皇太子出御文华殿，受群臣朝贺。时帝数称疾，不视朝，讳言储贰临朝事，见洪先等疏，大怒曰："是料朕必不起也。"降手诏百余言切责之，遂除三人名。

洪先归，益寻求守仁学。甘淡泊，炼寒暑，跃马挽强，考图观史，自天文地志、礼乐典章、河渠边塞、战阵攻守，下逮阴阳算数，靡不精究。至人才吏事、国计民情，悉加意谘访。曰：“苟当其任，皆吾事也。”邑田赋多宿弊，请所司均之，所司即以属。洪先精心体察，弊顿除。岁饥，移书郡邑，得粟数千石，率友人躬赈给。流寇入吉安，主者失措，为画策战守，寇引去。素与顺之友善，顺之应召欲挽之出，严嵩以同乡故拟假边才起用，皆力辞。

洪先虽宗良知学，然未尝及守仁门，恒举《易大传》“寂然不动”、周子“无欲故静”之旨以告学人。又曰：“儒者学在经世，而以无欲为本。惟无欲，然后出而经世，知精而力钜。”时王畿谓良知自然，不假纤毫力，洪先非之曰：“世岂有现成良知者耶？”虽与畿交好，而持论始终不合。山中有石洞，旧为虎穴，葺茅居之，命曰石莲。谢客，默坐一榻，三年不出户。

初，告归，过仪真，同年生主事项乔为分司。有富人坐死，行万金求为地，洪先拒，不听。乔微讽之，厉声曰：“君不闻志士不忘在沟壑耶？”江涨，坏其室，巡抚马森欲为营之，固辞不可。隆庆初，赠光禄少卿，谥文庄。

（清）陶成《江西通志》卷七十九·人物十四·吉安府五·明 罗洪先，字达夫，吉水人。年十五，读王守仁《传习录》，好之。师事同邑李中，传其学。嘉靖八年，举进士第一，授修撰，即请告归。外舅太仆卿曾直喜曰：“幸吾婿成大名。”洪先曰：“儒者事业有大于此者，此三年一人，安足喜也。”居二年，诏劾请告逾期者，乃赴官。寻遭父丧，继遭母忧。十八年，简宫僚，召拜春坊左赞善。明年冬，与司谏唐顺之、校书赵时春疏请来岁朝正后，皇太子出御文华殿，受群臣朝贺。时帝讳言储贰临朝事，见洪先等疏，大怒曰：“是料朕必不起也。”降诏切责，遂除名。洪先归，益寻求守仁学。自天文地志、礼乐典章、河渠边塞、战阵攻守，下逮阴阳算数，靡不精究。邑田赋多宿弊，所司以属，洪先精心体察，弊顿除。岁饥，移书郡邑得粟数千石，率友人躬赈给。流寇入吉安，主者失措，为画策战守，寇引去。洪先虽宗良知学，然未尝及守仁门。山中有石洞，旧为虎穴，葺茅居之，命曰石莲，谢客，默坐一榻，三年不出户。隆庆初，赠光禄少卿，谥文庄。

按，念庵所著有《石莲全集》。邓定宇云：“阳明之门，私淑而有得者，念庵一人而已。”

（清）夏力恕等《湖广通志》卷七十三·流寓志·汉阳府 罗洪先，字达夫，吉水人。嘉靖乙卯，尝偕王龙溪游楚，寓黄陂深山中。龙溪先返，独留一小楼，日夜趺坐，凡五月余。自觉有省，咏《夜坐诗》十首，以贻蒋道林。（旧《通志》）

（清）张廷玉等《明史》卷二百八十三·列传第一百七十一·儒林二 士讲学京师者数十人，聪明解悟善谈说者推王畿，志行敦实推春及罗洪先。……

罗洪先，字达夫，吉水人。父循，进士。历兵部武选郎中。会考选武职，有指挥二十余人素出刘瑾门，循罢其管事。瑾怒骂尚书王敞，敞惧，归部趣易奏。循故迟之，数日瑾败，敞乃谢循。循历知镇江、淮安二府，徐州兵备副使，咸有声。

洪先幼慕罗伦为人。年十五，读王守仁《传习录》，好之，欲往受业，循不可而止。乃师事同邑李中，传其学。嘉靖八年，举进士第一，授修撰，即请告归。外舅太仆卿曾直喜曰："幸吾婿成大名。"洪先曰："儒者事业有大于此者，此三年一人，安足喜也。"洪先事亲孝。父每肃客，洪先冠带行酒，拂席授几，甚恭。居二年，诏劾请告逾期者，乃赴官。寻遭父丧，苫块蔬食，不入室者三年。继遭母忧，亦如之。

十八年，简宫僚，召拜春坊左赞善。明年冬，与司谏唐顺之、校书赵时春疏请来岁朝正后，皇太子出御文华殿，受群臣朝贺。时帝数称疾，不视朝，讳言储贰临朝事，见洪先等疏，大怒曰："是料朕必不起也。"降手诏百余言切责之，遂除三人名。

洪先归，益寻求守仁学。甘淡泊，炼寒暑，跃马挽强，考图观史，自天文地志、礼乐典章、河渠边塞、战阵攻守，下逮阴阳算数，靡不精究。至人才吏事、国计民情，悉加意谘访。曰："苟当其任，皆吾事也。"邑田赋多宿弊，请所司均之，所司即以属。洪先精心体察，弊顿除。岁饥，移书郡邑，得粟数十石，率友人躬振给。流寇入吉安，主者失措。为画策战守，寇引去。素与顺之友善，顺之应召欲挽之出，严嵩以同乡故拟假边才起用，皆力辞。

洪先虽宗良知学，然未尝及守仁门，恒举《易大传》"寂然不动"、周子"无欲故静"之旨以告学人。又曰："儒者学在经世，而以无欲为本。惟无欲，然后出而经世，识精而力钜。"时王畿谓良知自然，不假纤毫力，洪先非之曰："世岂有现成良知者耶？"虽与畿交好，而持论始终不合。山中有石洞，旧为虎穴，葺茅居之，命曰石莲。谢客，默坐一榻，三年不出户。

初，告归，过仪真，同年生主事项乔为分司。有富人坐死，行万金求为地，洪先拒，不听。乔微讽之，厉声曰："君不闻志士不忘在沟壑耶？"江涨，坏其室，巡抚马森欲为营之，固辞不可。隆庆初卒，赠光禄少卿，谥文庄。

(清) 倪涛《六艺之一录》卷三百六十九·历朝书谱·明·罗洪先 罗洪先，字达夫，吉水人。嘉靖八年进士，廷试第一人。授修撰，进左春坊赞善。罢黜家居，闭关习学，求端性命，有时能前知事。赠光禄少卿，谥文恭。(《吉水县志》)

洪先书颇秀润，出圣母帖，而丰肉少骨，秾媚有之，苍老不足。(《书史会要》)

(清) 和珅等《大清一统志》卷二百五十·吉安府二·人物·明 罗洪先（字达夫，吉水人。父循，由进士官至徐州副使，累著声绩。洪先举嘉靖八年进士第一。授修撰，进春坊左赞善。与唐顺之、赵时春疏请皇太子御文华殿受朝贺，时帝方诲言储贰，见疏大怒，遂除名归。洪先事亲孝，父母肃客，洪先冠带行酒，拂席授几，甚恭。亲殁，苫块疏食者三年。其学专主静，凡天文地理、礼乐典章、河渠边塞、战阵攻守，靡不精究。家居，默坐萧然屡空，弗以介意。隆庆初，赠光禄少卿，谥文庄)。

科　第

（一）乡试

（清）陶成《江西通志》卷五十四·选举六·明·嘉靖四年乙酉乡试　罗洪先（吉水人）。

（二）会试、殿试

己丑科（嘉靖八年）状元策　皇帝制曰：朕惟治天下之道，其端不可概举，特以大者论之，在乎知人、安民二者而已。夫知人则哲，必能官而任之。安民则惠，必使匹夫匹妇各得其所。虽然，尧舜尚于此犹难，夫岂后世所能及也？

朕本藩服，仰承天命，入奉祖宗大统，朝夕战兢，不遑宁处。何自即位以来，灾变频仍，旱潦相继，岁复一岁，无处无之，生民流亡，朕甚恐惧。此非朕官非人，以虐民欤？或贤与不肖，进退倒置欤？或劝惩之典，而失其宜欤？抑为我选任者，而失公平之道欤？夫天听自我民听，天视自我民视，非民不聊生，而天垂深戒者如此，何欤？至于内有盗贼之扰，外有夷狄之患，此亦为民之害者。民为邦本，而使饥寒困苦，流离死亡，至于如此，邦欲安而得乎？

朕虽存保邦安民之念，求其所以，实无一得，朕欲俾灾沴潜消，民生安堵，盗贼息，边方靖，财充而食足，不知如此何可以臻此？特进尔多士于廷，尔多士明于正道有日矣。且目睹时艰，岂无真识的见以匡我者？当悉心吐露，推衍所以于篇。朕当勉为亲览焉。勿谄勿惮，勿泛勿略，庶副朕意。

臣罗洪先

臣对：臣闻帝王之致治也，有覆天下之仁而以不费为施，有周天下之智而以不劳为用。施之溥而后顺时鼓舞之权行，用不劳而后宪天聪明之实著。得契聪明者存乎诚，诚无疑矣。妙鼓舞者存乎变，变无方矣。无方而显作用于旁行，仁之发也。以天下之才尽天下之故，得天下之故神天下之化，夫何费之有！无疑而别贤否于不遗，智之运也。以天下之公为一己之度，廓一己之度定天下之情，夫何劳之有！是故诚以基智，智以广仁，仁以尽化，化以格天，天顺而时，化和而理，仁广而通，智睿而辨。非夫先天而天不违，后天而奉天时者，其孰能与于此！故仁而不得其要，必疏陋而文胜；智而不本于诚，必穿凿而术烦。文胜之弊，泛而要效；术烦之弊，杂而不□。天下之事废者多矣。是故帝王存之为理要之原，举之为易简之善，不以察为明，不以私为惠，盖其所执者要，而所尚者审故也。是以天地可位，万物可育，气化太和，灾殄不作。其上下一贯之理，显微无间之机乎！是故仁智合德之谓圣，志气交感之谓通，天人同归之谓治。是说之不明也亦久矣。古人之言曰："上有好言之君，则下必有尽言之臣。"又曰："益智广德，莫善于问。乘事演道，莫善于对。”臣愚恭遇陛下精明纳言，得其时矣。观时势之故，究恢济之本，极理乱之说，广德业之规，臣非其人也。而窃有志焉，敢不敬述其略以对。

惟天生民不能无欲，欲之不制，乱之成也。苟非至德，大道不行。故夫德合天者谓之皇，德合地者谓之帝，兼乎三才，足以合伦尽制者，谓之天子。故亶聪明为元后，而佑下民作之君师。子夏问孔子以民之父母，孔子曰：“四方有败，必先知之，一人而安四方者，君也。”是故天者，立君之命者也；君者，立民之命者也。裁成之道，辅相之宜，所自成也；典礼之衷，命讨之权，必有归也。安民非君之责乎？势一而后定于义，职分而后详于仁，是故惟王建国，体国经野，设官分职，以立民极也。树后王君公，承以大夫师长，以奉天道也。此则共济之义，大公之制也。官人非君之助乎？然地远则德未易遍，情异则化未易行，求万姓之咸休，难得也。听言则易于匿情，尽实则乖于广容，求九德之咸事，难得也。然臣尝求之矣，四凶之恶未著也，尧不逆探其奸；元凯之善未著也，尧不责备其用。是道也，其知人之要乎？黎民敏德，在臣下之克艰；帝力不知，由官师之翕受。是道也，其安民之要乎？然而当时病其难，后世忘其事。岂非诚为之别，而治忽亦因之欤？

仰惟陛下即位以来，孜孜求理，敬慎夙夜，不遑宁处，求直言以广听纳，除冗役以止蠹害，谨鬻爵以简任使，严章法以辨优劣，其于官人可谓谨矣。免杂租以重民命，发余币以苏时艰，减贡献以节浮费，明冤狱以示平反，其于抚民可谓密矣。是宜海内兴富足之歌，天下乐有年之颂，朝宁极相让之休，郡邑□□德之谟，而保征毕集，喜气聿畅矣。夫何近年灾故迭兴？旱魃为凶，千里相继，淫潦损苗，逾时不止，白虹示警，坤象下震，星变上现，霾气四昏。夫天人之应，自古不诬；气数之说，匪经之训。故曰：圣王在上，日月不薄食，雷发不震，雨雹不为灾，一气之流行故也。今也仰窥晷度，俯考玑衡，岂惟陛下虑之，在臣亦且疑之矣。然延询博访，备察远闻，民之困也，仓箱无卒岁之储，田里无口分之业，耕获未已而称贷复行，亦有收不以时，如苏轼之所虑者矣。播种以施而券契亦行，亦有欲亟其死，如陆贽之所忧者矣。南则病于税产之虚，北则病于夫役之扰，至于灾异之地，犹失抚字之方。栗烈不免于哀鸿，桑野谁饲夫蒙袂，是以流离载道，载相嗷嗷，攘劫为生，益为糜败，边尘屡起，积胔在野。夫天心之仁，靡不欲其相养以生，而民之司牧，乃视其转死而不救，知人之道可不重省乎哉！陛下既深思而历言其弊矣，臣也复何所言。

惟圣问有曰：官非其人以虐民，臣不敢谓无是也。盖古之仕也，禄不计其厚薄，职不计其大小，惟以尽分为心，不以年数为限。今也上无责成之心，下有苟安之计，善政未必行，能声未必著，是安得不以利为利也。陛下有以处之乎？圣问有曰：贤与不肖进退倒置，臣不敢谓无是也。盖古之仕也，进以实德，不以空言，故静言如兜，不得长奸，有能如鲧，犹谓方命。今也任其论说，无以考其素行；取其才艺，不复校其道术，是安得不以不肖为贤也。陛下有以辨之乎？以劝惩言之，古之课绩也，日有日成，月有月要，岁有岁会，故不紊也。今给由之制，足以拟之否乎？是赏罚无可稽矣。以选任言之，古之举用也，官长举其属，亲怨无所避，故以情也。今资格之限，亦有避嫌者乎？是公平有所碍矣。四患不除，则庶理不得；庶理不得，则群贤不登；群贤不登，则处置失宜，而百姓无赖。是故潢池多弄兵之警，缘边无固守之防。以此立国，则国运不泰；以此制民，则民纪弗宁。是故天听自我民听，天视自我民视，信乎感应之道，察乎机缄之萌，是安得不来宵旰之忧而切多士之问也。然臣以为知致弊之由，则必有救弊之方；病化理之郁，则必有更化之道。毋亦于知人者而加之意乎？臣亦不敢为近世苟且之见，习熟之说，以负陛下之诚意，请揆其本而论之。

夫"天聪明，圣时宪"，古之训也。然天之聪明不可度也，有德则降祥，有恶则降殃，大以成大，小以成小，各因其宜而未尝有为也，各适其用而未尝有心也。山泽之广大，污疾之藏纳，而未尝靡容也，观于天道，可知君□之度矣。舜之大智也，在隐恶而扬善；禹之大智也，在于行□无事，是故虚心以应之，则得失自别；下己以待之，则狡伪□诚。圣贤改过，不言绝德，必察其微，中才岂免，必摘其短，尚何自新，不与其往，不必遍物，是故水平则妍媸必见也，衡平则轻重自伦也。必以形迹观人，则不可以尽人；必以法制绳人，则不可以服人。而况在人之心，实为至神，上之好恶靡不审，上之情伪靡不知。示之以诚，犹恐其渝；示之以诈，弊将安极？己未信而欲人之信己，不可得也；人之弗信而□□□□□，亦不可得矣。可不戒哉？虽然，此其本也。概举其端，则教育不可以不端也，选举不可以不慎也，考课不可不精也。欲端教育，在于正道术之习，严考校之贤。欲正其习，则祖宗所谓一以记诵为能，卒无实用者可戒也。欲举其师，则祖宗所谓必求端人正士以为模范者可行也。敦本而尚质，先德而后艺，如是而教有不成乎！欲慎选举，在谨资格之弊，崇德行之科。谨资格也，则当鉴裴光庭混淆之失；崇德行也，则当考程颐荐达之议。而又正奔竞之风，重廉耻之节，如是而选有不当乎！欲精考课，在久贤能之任，明赏罚之权。久任则杜恕所谓以亲民长吏转有郡守，有绩则进爵加秩者，可法也；明权则傅嘏所谓君志定，国体崇，而后可责其成者，可取也。如是而课有不精乎！然而数者之要，非秉聪明之德不能行。宪天之说，无亦所当留意者乎？既得知人之说，则安民者举而措之耳。然道有升降，政由革俗，法不变则道不融，制不新则化不显。兼以时久则穷，事烦则弊，守其故必滞而不通，反其原斯顺而可达。是故新民之耳目，不可无作倦之道；一心志之趋向，不可无检制之法。正月之布象和法，以岁变者也；刑罚世轻世重，以世变者也。时未至而不守常，则至于扞格；时已至而不用权，则至于胶固。故观其机会，反其理要，以此为官人之法；固足以尽其才能，以此为责效之规，尤易于底绩矣。虽然，此其本也。概举其端，则东南有可耕之人而无其地，西北有可耕之地而无其法。旷土隙田之未耕，晁错之所忧也；凿源灌渠之有法，召信臣之所行也。因旱得雨，而皇祖无忧其复苗，乃免田租。今则虽有善政，视为弥文多矣，无亦以实意行之乎？陕西告饥请粟，而皇祖陪其赉予，且令速发。今则虽有急请，稽迟岁月久矣，无亦以便宜处之乎？出无定分，富贫不均，略为防制可也。税有巧计，虚实莫究，加以清量可也。禁侈靡之风而民自足，黄霸之惠政也；豫储蓄之备而岁不饥，朱熹之良规也。然而数者之要，非达变易之宜，不能行顺时之说，无亦所当致省者乎？顺时以行，则贤才无掣肘之虞；任人以公，则闾阎有切实之效。遂饱暖安逸之欲而无饥寒，盗贼何从生乎？盖不但如龚遂之治渤海也。得抚绥攻战之备而无败衄，夷狄由至乎？盖不但如赵充国之在湟中也。生之有道，用之有节，积之有备，取之有制，财用足而衣食富，又不必刘晏之取予而后为善计也。又何患于天心之不格，灾患之不潜消哉！

然圣问于终篇尤有真识的见明于王道之说以诱愚臣之言，而且戒谄畏之弊。臣有以知陛下求治理之切，广谋猷之陈，上嘉下乐之情至矣。臣复何所顾忌而不尽哉！盖闻祖训有曰：一民未安，犹为未仁；一念未诚，犹难格天。又曰：人情遇祥则有骄心，遇灾则有惧心，而惧心生者治之基也。呜呼！其殆天之交，始终之义，安危倚伏之机乎！今陛下遇灾而惧，因变而警，归过于己，加念于民，是心岂有二哉！此兢业万几者也，寅恭和衷者也，知人安民之大原也，万古虚灵不昧之几也。今之灾变即潜消也，心之敬戒无时可止息也。孔子曰："为政在人，即知人之可以安民者也。取人以身，即知人之本于宪天也。"修身以道，修道以仁。仁也者，即今日敬戒之心也。是心也，是理也，天得之以清，地得之以宁，人主得之能使天下和平。是故无有内外，无有远近。加以意必，即非此心；加以固我，即非此心，所谓混然与物同体者也。其得其失，不假外求；匪思匪为，乃所自得。静而养之而未始有物，实渊深也；动而慎之而未始不足，实溥博也。故一念之觉即为诚，一念之放即为伪，达于此为大智，决于此为大勇，而饰外之说不足惑之矣。顺之而运用也，乃为周流之妙；失之而袭取也，乃为执一之行。而似是之说不足动之矣。以此穷理，则中有主而不杂于二三；以此视贤，则任不专而不疑于可否。以此为裁制宰物之柄，则拟议而不穷；以此为事天治民之本，则恐惧而不弛。此千圣之学也，百世之经也，亦愚臣终身学之而未能者也。程子言告君者曰：夫钟，怒击之则武，悲击之则哀，系所感而人也。张子之言曰：试言乃事君第一义，岂可有欺！臣之微诚何足为献，然亦不敢妄举以陷于自欺，刍荛之虑有补万一，亦大圣之所不弃也。

惟陛下致审择而力行之，不胜幸甚。臣谨对。

（录自[明]焦竑辑，[清]胡任兴增辑《历科廷试状元策》卷三，又见《念庵文集》卷一）

（明）张朝瑞《皇明贡举考》卷六 （嘉靖八年）三月十五日，临策天下贡士。制曰：……

（时廷对之士三百二十三人，赐罗洪先等进士及第出身有差，时上方励精求贤，益亲文学之士。于是大学士杨公一清等以罗洪先、程文德、杨名、唐顺之、陈束、任瀚六卷进览，上一一品题，卷首各有批语。于洪先曰："学正有见，言谠而意必忠，宜擢之首者。"……洪先文精雅超卓，工于理学，不为迂矫之论。上疏论东宫事宜，与唐顺之、赵时春同罢，遂终身不仕。所著有《罗念庵文集》。官至春坊赞善，谥文恭。……）

第一甲三名赐进士及第：罗洪先，江西吉水县。……

（明）王世贞《弇山堂别集》卷八十二·科试考二 （嘉靖）八年己丑，命少傅、太子太傅、吏部尚书、谨身殿大学士张孚敬，詹事府詹事、翰林院学士霍韬为考试官，皆大礼贵人也。张距登进士八年耳，初变文格，以简劲为主，其程序文仅三百言云。取中唐顺之等。廷试，赐罗洪先、程文德、杨名及第。先是，大学士杨一清等以洪先、文德、名及唐顺之、陈束、任瀚六卷进览，上一一品题，首卷各御批。于洪先曰："学正有见，言说而意必忠，宜擢之首者。"

（明）王世贞《凤洲杂编》卷四·御批品题卷首 （嘉靖）己丑廷试，大学士杨一清等以罗洪先、程文德、杨名、唐顺之、陈束、任瀚六卷进览，上一一品题，卷首各御批。于洪先曰："学正有见，言说而意必忠，宜擢之首者。"

（明）张弘道、张凝道《皇明三元考》卷十·嘉靖八年己丑科大魁 状元罗洪先（江西吉水人，字达夫，号念庵。治《书》。年二十六。为文精雅超卓，工于理学，不为迂矫之谈。迁春坊赞善，上疏论东宫事，宜与赵时春、唐顺之同罢，屡荐不起，卒年六十二。赠光禄寺少卿，谥文恭。所著有《罗念庵文集》。

父循，弘治乙卯经魁，己未进士，副使。母李氏，有贤行。

……

大学士杨一清等以一甲三名及唐顺之、陈束、任瀚六卷进览，上一一品题，于洪先曰："学正有见，言说而意必忠，宜择之首者。"于文德曰："探本之论。"于名曰："能守圣学，以为本此知要之说。"于顺之曰："条答精详殆尽。"于束曰："仁智之说，本诸吾心，此不易之论。"于瀚曰："勉吾敬一之为主忠哉。"）

又 名臣：罗洪先。

（清）孙承泽《春明梦余录》卷七·策士 嘉靖己丑廷试，上阅诸卷。于罗洪先卷批曰："学正有见，言说而意必忠，宜擢之首。"……罗洪先一代大儒，上首拔之，时称得人。

（清）陶成《江西通志》卷五十四·选举六·明·嘉靖八年己丑罗洪先榜 罗洪先（吉水人。循子。状元。赞善。谥文恭）。

（清）张廷玉等《明史》卷十七·本纪第十七·世宗一 （嘉靖八年春三月）甲寅，赐罗洪先等进士及第出身有差。

轶　事

（明）李绍文《皇明世说新语》卷三·雅量　罗洪先作鼎元时，外舅曾大仆趣告曰："喜吾婿干此大事也。"罗面发赤，徐对曰："丈夫事业更有许大在，此等三年递一人。奚足为大事也。"是日犹袖米偕何、黄二公联榻萧寺中讲学。

又，卷四·规箴　罗洪先丧居，不废讲学，罗侨责之曰："讲学未为无补，独嫌于丧。次夫取益于友，不若取益于心。恐索子者当于牝牡、骊黄外矣。"

又，卷五·自新　罗文恭玩内典，得返闻旨，觉此身在太虚，视听若寄世外。友人睹其颜貌惊服，先生忽自省曰："嘻，是将入禅那矣？"乃悔置前功，笃志圣学。

（明）王同轨《耳谈》卷十·罗殿元人字令　罗殿元念庵，与邹公、某公有寺观之集。行令，期据目前，不用陈语。邹曰："祖师买巾，价只要轻，以是买不成，披发到于今。"某曰："玉皇买伞，价只要减，以是买不成，头顶一片板。"罗曰："观音买鞋，价只要捱，以是买不成，赤脚上莲台。"

（明）王世贞《弇州续稿》卷一百三十四·文部·神道碑·中宪大夫广西提刑按察副使累赠资政大夫都察院右都御史兼兵部右侍郎鳌江吴公神道碑　乙酉（嘉靖四年），沿檄入司棘，所取多知名士。而邻邑令同年进士王君激长于公，公兄事之。政取相劘切，又同入棘，而王君得吉水罗文恭公洪先卷以示公，相与叹赏，属填榜。启封，而左使严者职提调，于罗之父宪副公有隙，阳摘他误，欲弃之。王君慑不能独持，公从傍力诤曰："此人当为国器，不可弃也。"罗既荐而后，果状元及第。以德学名世，遂称公门下士。

（明）刘元卿《贤奕编》卷二　罗念庵先生会试时，父双泉君命得第后须求归省，以为汝尽忠之日长，而吾见汝之日短也，得告归。双泉君教之无殊童稚，言动少错，辞色必厉。客至，令衣冠行酒，拂席授几，客或踧踖起，则谓曰："君谓劳邪，固所以爱之也。"

（明）《皇明宝善类编》卷上·雅量　罗文恭洪先廷对首擢日，外舅曾太仆直以告曰："喜吾婿做此大事。"文恭面发赤，徐对曰："大丈夫事业更有许大在，此乃三年递一人，奚足为大事。"是日，犹袖米偕友萧寺中谈学。（《名臣录》）

又，卷下·恬退　罗文恭以请预定东宫朝仪削籍家居。久之，唐顺之以兵事自效，约偕出，罗曰："天下事为之非甲则乙，吾欲为未能者，得君任之，即同自效，奚必我出？"分宜相亦贻书劝勉，罗直答云："愿毕志林壑。"（《皇明书》）

（明）刘仕义《新知录摘抄》·贤智之过 吉水罗念庵先生以议大礼不合去之，屡诏不起，居尝讲学，务敦实践，接引四方有志之士，孜孜不倦。嘉靖末，郭希颜以“放弃佚臣仗畎亩不忘君”之义上疏，请建储贰，朝廷恶其希功干进，处以极刑。先生闻之，惕然感动，因思昔人熏膏之讥，遂禁趾不逾中阈者数年，诸缙绅皆谢绝之。岁癸丑，杨继盛在武选，谓严嵩当国，专权稔祸，发其十恶五奸曰：臣居兵曹，以讨贼为职。嵩盗权窃柄，误国殃民，天下一大贼也。卒以危言就戮。刘仕义曰：念庵知道者也，二公其贤智之过矣。

又，山林之乐 唐人有诗曰：“相逢尽道休官去，林下何曾见一人?”盖叹世人假途躐荣，守资待次，沉酣于名利中而莫之止，其于徜徉山林之下，自有乐地，殊未知也。夫政务之扰，孰与琴书之娱？冠裳之拘，孰与野服之适？“午门待漏寒威逼”，孰与“睡觉东窗日已红”？若急流中勇退者诚达矣哉！吉水罗念庵洪先建言忤旨，由翰林归田，厥后当道交章屡荐，坚志不起。尝有诗曰：“独坐空庭一事无，秋风春雨自团蒲。而今始解闲非偶，到得能闲几丈夫。”吁！公亦可谓超然有见者矣。

（明）焦竑《玉堂丛语》卷四·侃直 春坊赞善罗洪先、司谏唐顺之、司经局校书赵时春，以上不御朝，各疏请来岁元日朝贺礼成，请皇太子出御文华殿，受文武百官及朝觐官朝贺。礼部覆洪先等所言谬妄，不达大体。上曰：“东宫目上视未愈，且朕疾未平复，遂欲储贰临朝，是必君父不能起者。罗洪先等狂悖浮躁不道，姑从宽，俱黜为民。”由是三人名重天下。时东宫尚在童髫，即无疾，亦非朝百官之日，矧上方不预，岂欲闻此不祥语，三人之名固不当倚此为重。而独怪夫希声附影之徒，恒以事之不足重者为可重也。其后，时春、顺之相继以兵事起而不效干用，独洪先名在疏首，为上所记忆，卒不及用，故得全其名云。

又，卷五·廉介 念庵罗公以修撰归，道经芜湖，病亟，抽分项东瓯为调医药。有扬贾犯重辟，愿献千金求解，时公之舅为言于项，公闻，呼项曰：“君子爱人以德，使我为清白鬼。”项吐其实，公责项曰：“我即死，君宁无俸可赙乎！”事乃寝。病间，舅申理前语，公惊曰：“是大贾不活矣，项君必以我故而不脱之狱。”乃贻书谢项，因潜为解之。贾得生，不知为公力也。

（明）张萱《西园闻见录》内编卷四·教训 罗念庵公既及第，尝侍其父双全公于家。公训饬不殊童稚，言动少错，辞色必厉。客至，令衣冠行酒，拂席授几。如命从事，欣欣如也。

又，内编卷八·好学 罗赞善洪先归田，攻苦淡，炼寒暑，跃马弯弓，考图观史，其大若天文地志、仪礼典章、漕饷边防、战阵车介之事，下逮阴阳卜筮，靡不精核，至人才吏事、国是民隐，弥加诹询。曰：“苟当其职，皆吾事也。”年垂五十，睹时事日非，乃绝意仕进。然饥渴由己，挞市引辜之衷，未尝一日少忘。

又，内编卷十五·韬晦　吉水罗念庵先生洪先立朝不合，去之，屡诏不起。居常讲学，务敦实践，接引四方有志之士，孳孳不倦。嘉靖末，郭希颜以“放弃佚臣伏畎亩不忘君”之义上疏请建储贰，朝廷恶其希功干进，处以极刑。先生闻之，愓然感动，因思昔人薰膏之讥，遂自禁止，不逾中阈者数年，诸缙绅皆谢绝之。

又，内编卷二十二·高尚　罗赞善洪先所居没于水，巡抚中丞马公核公前后所却坊值，谋改筑焉，竟不受。少师分宜公既推毂荆川起家为兵部主事，遂以书致于公，公对以“愿毕志林壑”。荆川邀公会齐云岩，将强与偕出，公辞曰：“天下事为之非甲则乙，某所欲为而未能者也，得兄为之，即比自效可也。”自赞善归，足未尝入城市。继辟莲花洞作正学堂，读书其间，益与世削迹。

（明）刘宗周《人谱类记》卷上·考旋篇　罗念庵先生尝自言：“二十年苦功方磨得‘状元’两字，此两字去，然后可以用世，可以出世。”以公天性之笃，亦须二十年功夫始得，则知骄吝在常人何可易言无也。（警恃势）

……

罗念庵二十五举南宫，廷试第一。时外舅曾太仆趋贺曰：“喜吾婿干此大事。”念庵面项发赤，徐对曰：“丈夫事业更有许大在，若此三年一人，奚足为大事也。”是日，犹袖米偕友人联榻萧寺中商学焉。（警恃才）

又，卷下　罗念庵先生罢官归，道经芜湖，病亟，抽分项东瓯为医药资。有扬贾犯重辟，愿献千金求解，项欲以此为公寿，公力却，事乃寝。既而思曰：“是大贾不活矣，项君必以我故而不脱之狱。”乃遗书谢项，因为解之。扬贾得生，竟不知为公力也。（警遇事不行方便）

（清）徐乾学《读礼通考》卷三十九·丧仪节二·正终　《罗洪先传》：疾作，子世光适赴省试，家人问何言，答曰：“儿归，但语以莫厌穷，穷固自好。”诸生环侍，以意示，令扶起，危坐正巾，敛手端然而卒。

又，卷一百十一·丧制四·守礼上　罗洪先居父丧，蔬食饮水，三年衔哀不入室。四方士从学者众，或讽以居忧讲学非宜，答曰：“志在求益，非敢主会开讲也。”既丁母忧，执礼弥殷。

（清）彭定求《明贤蒙正录》卷下　赞善罗文恭公洪先（江西吉水人，嘉靖己丑状元，学者称念庵先生）自幼端重，不为嬉弄。年五岁，梦至通衢，市人肩摩，自知为梦，呼曰：“汝往来者皆在吾梦中，尚自攘攘，何耶？”拍手大笑，遂觉，以告母李夫人，识者知其非埃壒人也。十一岁，读古文，慨然慕罗一峰先生之为人。十四，未属文，闻王文成公讲学，心窃向往。尝敛目端坐，同舍生诮之曰：“是罗道学先生耶？”（先生邃学，清节淡然，于出处行藏之际，有明之不愧科名者，必推先生也。）

（清）陶成《江西通志》卷一百六十一·杂记三 罗念庵大魁时，年才弱冠。其外舅官棘寺卿，报初下，喜甚，趋告先生曰："喜吾婿乃干此大事。"先生项发赤曰："丈夫事业不知更有多少在，此等三年递一人耳，奚足为大事耶。"是日，犹自袖书偕黄、何二孝廉联榻萧寺论学焉。（《得树楼杂抄》）

……

罗念庵先生屡召不出，聂双江贻书劝驾。先生答书有云："若怜其早岁登科，立朝再期，枯槁山林，不无可惜，此则待之太卑。吾儒名教，真实在我，外物奚与哉！"想见先生大行，不加穷居，不损气象。彼学道半生，胸中不能除"状元"二字，当属自待过卑耳。殊不知性分上万物皆备，天爵之荣固胜却人爵远甚也。（袁君弘《妙贯堂余谭》）

（清）姚之骃《元明事类钞》卷十二·仕进门·科第·三年一人 耿定向《先进遗风》：罗念庵魁天下，年才弱冠，时外舅官棘寺卿，闻报告曰："喜吾婿干此大事。"念庵曰："丈夫事业甚多，此等三年递一人耳，奚足为大事耶。"是日，犹袖米偕二友于萧寺论学。

又，卷十五·人品门一·方正·耻列乡祠 《唐顺之集》：罗念庵以吉水乡祠驳杂，所祀非类。耻其父与之同列，欲奉其主以归。

又，卷十五·人品门一·方正·谢外丹 《徐阶集》：罗念庵尝游衡岳，僧楚石欲授公外丹，公曰："吾道自足，宁须此？"

又，卷十五·人品门一·厚德·不受失褐 《涌幢小品》：罗念庵尊人遵善公，当会试时忽亡其橐中褐，同舍唐鹏物色其人，比入座戏探其囊，出褐曰："是不类君物耶？"公目，逆曰："毋戏言。"唐持褐欲辨，公赴出，向其人曰："唐谇语也。"唐归责公，公曰："吾失褐不甚损，张彼恶名，尚得为士人乎。"

又，卷十九·释道门·仙·达夫访客 罗达夫没，人言其仙去不死，或见之燕齐海上云。蜀人马生，恢怪士也，于京口语余曰："念庵先生数千里访公，得无相失乎？"余归问之，果有西江老人衣冠甚伟，杖策叩门，不告姓名而去。

（清）阎湘蕙《明鼎甲征信录》卷三 罗洪先，字达夫，江西吉水人。高祖庆同，性宽博易良，大度轻财，常治药剂救人，无分亲疏贫富，求药必与善品，不能偿者不强索。尝大雪，夜半闻叩户声，亟起，问之，则儒生为母市药。延入坐，叹曰："子为母乘夜来此，其孝者欤？"儒生出金钏贸药，问："系谁物？"曰："母物也。"又问："母命之乎？"曰："病困不知也。"庆同曰："汝母病中闻去金钏，心必不乐，是益其病也。可持去，授汝良药。"后儒生数数来取，心不自安，留券为凭。岁将暮，家人持券欲索，庆同曰："尔为我惜金耶？"投券于火，竟不问。生子良，贡补广海卫经历。良生玉。玉之仲子循，即洪先父也，为人刚严慷慨，急于义而厌猥屑。家素贫，常不能得师，乃发奋自闭一舍，晨夜诵读不辍。十四五，为文章即有绳准，长史李勋许妻一女，为延师解《尚书》及诸史传。

尝如白河，从商舟泊襄阳旅舍，有来奔者，佯若不谕，意促之出，曰："此非子宜留也。"其人吐实，则忿怒脱走。比举乡试，出栈道邮亭，亭长告曰："恶地不可栖处。"时已昏黑，不得已居之。夜半，户开，月色中美女婷婷来坐榻上，循意其私奔，不之答，遂熟寝。少顷，从者作魇语，起问之，已为鬼物所侵，返视户，户固扃也。明日以告亭长，亭长曰："此妖杀人多矣，而莫能动公，公福德未可量也。"

会试入京，一日，亡其囊中罽褐。同舍唐鹏，内不自安，物色得之，给循往观。比至，举示之曰："此非君物耶？"循曰："物偶相似，非我物也。"亟趋出，语同舍生曰："吾失褐，不甚损，彼得恶名，尚可为士乎？"唐谢不及，其宽厚如此。

宏治己未成进士，除刑部主事，擢镇江守。巨寇刘七等薄境，郭外民皆奔城，而指挥使闭门自守，循曰："城以卫民，未闻弃民婴空城也。"乃斧扃钥纳之，一昼夜乃止。未几，朝廷遣将将大兵至，循竭力促办军费。狼山奏捷，上其功，调淮安守，录囚纵释九十余人，听讼平恕。部使者上治行诸郡第一，擢山东按察副使，补密云兵备，旋罢归。

初，循壮年无子，偶游一寺，有七棺暴露，意甚悯之，捐俸命僧葬于寺侧，夜梦神告曰："汝阴功浩大动天，上帝赐汝贵子矣。"遂生洪先，神颖殊绝。时五岁，梦至通衢，红楼夹映，百货沓集，市人肩摩，自知为梦，呼曰："汝往来者皆吾梦中，尚自攘攘，何耶？"遂醒，以告母，识者知非埃壒人也。九岁，始就塾师。三年后，喜为古文辞，慨然慕罗一峰之为人。方十五，闻阳明讲学虔台，心即向往，常敛目端坐，同舍生诮之曰："是罗道学先生耶？"比《传习录》出，抄读至忘寝食，欲往受业，循不可而止。乃师事同邑李中，传其学。

年二十二，举于乡。嘉靖八年，举南宫，廷试赐一甲第一。授修撰，即请告归。外舅曾直喜曰："幸吾婿成大名。"洪先曰："学人事业有大于此者，此三年一人，安足喜也。"洪先虽贵，循教之不殊童稚。客至，令衣冠行酒，拂席授几，客踧踖起，止之曰："君谓劳耶？固所以爱之也。"居二年，赴官，寻遭父丧，苫块蔬食，不入室者三年。继遭母忧，亦如之。服阕，召拜左春坊左赞善。未几，罢官归里，益寻求守仁学，筑室石莲洞，默坐一榻，三年不出户。年六十一，忽一夜闻洞外人语曰："甲子年来，甲子年与君相见月圆前。"明日，遂归。望前一日，无疾而逝，世传为仙去云。赠光禄寺少卿，谥文恭。（《明史》并《通纪直解》、《吉水县志》、《念庵文集》、《皇华纪闻》、《古今万姓统谱》、《商鉴忍字辑略》）

著　作

（清）黄虞稷《千顷堂书目》卷六·地理类上　罗洪先《广舆地图》四卷。

又，卷十·谱系类　罗洪先《绣川罗氏族谱》五卷。

又，卷二十三·别集类·嘉靖己丑科（八年）　罗洪先《念庵文集》十三卷（字达夫，吉水人。一甲第一人。左春坊左谕德，兼翰林院修撰。赠光禄寺少卿，谥文恭）。

又　《石莲洞全集》二十五卷。

（清）朱彝尊《经义考》卷五十四·易五十三·罗氏（洪先）**《易解》一卷**　（存目）。

范路曰：罗洪先，字达夫，吉水人。嘉靖己丑赐进士第一。除翰林修撰，以言事削籍为民。学者称念庵先生。隆庆元年，诏赠光禄卿，谥文恭。

（清）张廷玉等《明史》卷九十六·志第七十二·艺文一　罗洪先《易解》一卷。

又　罗洪先《周礼疑》一卷。

又，卷九十七·志第七十三·艺文二　罗洪先《增补朱思本广舆图》二卷。

又，卷九十九·志第七十五·艺文四·集类　《罗洪先全集》二十五卷。

（清）秦蕙田《五礼通考》卷首第二·礼经作述源流下　罗洪先《周礼疑》　卷。

（清）曹仁虎等《钦定续通志》卷一百六十·艺文略·诸子类第六·杂家　《冬游记》一卷（明罗洪先撰）。

又，卷一百六十二·艺文略·文类第十二上·别集·明　《别本罗念庵集》十三卷（明罗洪先撰）。

又，卷一百六十六·图谱略二·地理·总叙　明罗洪先《增补广舆图》。

（清）纪昀等《钦定四库全书总目》卷一百二十四·子部三十四·杂家类存目一·《冬游记》一卷（浙江范懋柱家天一阁藏本）　明罗洪先撰。洪先，字达夫，吉水人。嘉靖己丑进士第一。官至赞善。隆庆初，赠太常寺少卿，谥文恭，事迹具《明史·儒林传》。洪先宗姚江良知之说。是书乃其赴召时，取道金陵，与王守仁弟子王畿、王艮辈讲学语，所言性命学问，浸淫佛氏，沦于虚寂，并守仁本旨而失之。李贽诸人沿流不返，遂至累及守仁，为儒者诟厉。其所从来者渐矣。

又，卷一百七十二·集部二十五·别集类二十五·《念庵集》二十二卷（江西巡抚采进本）　明罗洪先撰。洪先有《冬游记》，已著录。洪先不及见王守仁，而受学于其乡人李中。中之学出于杨珠，故其说仍以良知为宗。后作守仁年谱，乃自称曰门人，不免讲学家门户之习。其学惟静观本体，亦究不免于入禅。然人品高洁，严嵩欲荐之而不得，则可谓凤翔千仞者矣。其集初刻于抚州，再刻于应天，最后诸门人编为此本，而门人胡直序之，称其学凡三变，文亦因之。初效李梦阳，既而厌之，乃从唐顺之等相讲磨，晚乃自行己意。其答友人书，取譬于水，谓古之人有能者，必其中有自得实见，斯道之流行无所不在，虽欲不为波涛湍澜之致不可得。斯亦有见之言也。此本为雍正癸卯其六世孙继洪等重刻。洪先之裔乃名继洪，理不可晓，岂误解不逮事则不讳耶。

又，卷一百七十七·集部三十·别集类存目四·《别本罗念庵集》十三卷（浙江汪汝瑮家藏本） 明罗洪先撰。洪先有《冬游记》，已著录。是编为嘉靖癸亥其同年滁阳胡松所刻。凡书二卷，杂著一卷，序、记、传、状、铭、表各一卷，祭文及杂文二卷，古律诗二卷。盖初刊之本非其全帙也。

（清）永瑢等《钦定四库全书简明目录》卷十八·集部六·别集类五（明洪武至崇祯） 《念庵文集》二十二卷（明罗洪先撰。洪先人品清高，其学则出于姚江，不免杂禅，其文初效李梦阳，继而改从唐顺之。其《答友人书》以文之波澜生于不得不然，由于见道之流行，无所不在。其学问文章大旨均在是矣）。

（清）曹仁虎等《钦定续文献通考》卷一百七十六·经籍考·子·明 罗洪先《冬游记》一卷。洪先，字达夫，吉水人。嘉靖己丑进士第一。官至赞善。隆庆初，赠太常寺少卿，谥文恭。

又，卷一百九十二·经籍考·集（别集四）**·明** 罗洪先《念庵集》二十二卷。洪先，见子类。

臣等谨案，是集初刻于抚州，再刻于应天，最后诸门人编为此本。其六世孙继洪重刻，又别本十三卷，乃嘉靖癸亥胡松所编，较之后刻，仅得其半。

评　　论

（明）胡松《念庵罗先生文集叙》 夫文字撰著，非贤圣之得已也。太上尚矣。中古以来，有百官焉，有万民焉，书与文恶可已也。然当是时，言即其心，文即其行。今世所诵习若谟典誓诰训命敷奏与雅、颂、二南之什、三礼诸书，大都是矣。顾自姬室东王迹熄，小雅渐废，而阳明之道日消，礼坏乐崩，失次渝节，诗书繁猥，讹舛淆乱，陵夷至于敬定之世时，则有若孔子出而身任之，志欲力行周公之道，挽而西之，而竟不可得，至于衰老，退而与门人弟子删述论赞，修明绪正，故其言曰："文王既没，文不在兹乎?"要非大而夸矣，乃其时已不能无怪奇幽玄之士出乎其间，倡为奇说妙论以自诡。仲尼盖尝忧而叹之曰："索隐行怪，后世有述焉，吾弗为之矣。"又曰："道之不明不行也，贤智者过之也。"于乎！此其微意可睹已。然幸天之未丧斯文，所与从游类皆忠信笃敬，谨守其师说，不敢过为增衍游饰以自依托，使天下之人皆知鲁国孔氏家法之为尚，以不畔于道。自是去圣日远，诸子散处列国，罔所统一，异说乘之，浸淫渐渍，而杨朱墨翟之言盈天下矣。天虽未欲平治天下，而犹欲开牖斯人。时则有若孟子出而距放之，而尧舜周孔以来相传之道复著，斯人不遂至于禽兽夷狄，使百世之下皆知尊孔氏、黜异说。儒者以配仲尼，而谓其功不在禹下，谅矣。由汉而来，学术歧分，不纯出于孔孟。故虽有豪杰之士崛然有作，然往往窥其近似，语其概凡，而其本真要切精微之蕴莫之或睹，虽谓之不知而作可也。欧阳永叔乃欲以韩继孟，而苏子瞻又推永叔于退之之域。嗟乎！此岂可并年而语耶？殆难与不知者道也。至宋濂溪、明道诸先生，易通定性诸书，醇乎无以议为矣。自是又数百年，浸晦而支，海内有志希圣者徒知执简册、袭训故，以谓为贤作圣之要在是矣，然弗知反求诸心之要且约，故虽勤劳而无成，苦难而不相，人要无惑其然也。近世白沙陈先生举以似人庶矣，而旨深语约，非上智未易究竟。惟阳明王先生致良知之说至为明切，盖良知即良心之别名，学者能致此知于伦物感应酬酢云，为之著，无内外，无动静，无显微，无为其所不为，无欲其所弗欲，由强而安，由勉而熟，天下之能事毕兹矣。然自指出此窍以来，学者执德不宏，少悟即歇，乐其简捷，谓知即行，徒知执灵明以为用，假精魂以为神，而忘其所谓戒慎、恐惧、战兢、惕厉之功，而其高明颖异者又或时出微言妙论以佐其狂，而不知莽荡空疏，日流于支离诐遁而不自觉，此其害不知视杨墨为何如也！盖往年山中尝见罗子《冬》、《夏》两游诸记，所与诸贤论难酬答，时涉斯津，窃自叹曰：“贤者亦为是语乎!”盖尝贻书以请，而罗子不余忤也。报书曰：“愿以子言为时砭石。”比年盗起闽广，言抚斯邦，提兵往来，辄式其庐因以就正，且索比所撰著，间出数篇，若所与蒋、聂、王、钱诸君子论学诸书，与其《记正学书院》、《序〈困辨录〉》，若良知、复古、异端诸论，所以忧堕溺、救诐离、正人心、端士习而防其淫且荡者，真复抉肾肠、呕心肺，其心更切于余之所感。此与仲尼之伤贤智、孟之之放陂陷异乎哉？其有功斯世学者侈矣。顾其说时以示相知而不以告人人，余惧士之学之日流于诐且遁也，则从其友人王子昭明所钞得数帙，爰付抚守刘子刻之郡阁，庶其传可以广乎。孟子曰：“予岂好辩哉？予不得已也!”读者其尚知罗子不得已之心乎？若其集中，歌行似杜子美，近律似王摩诘、刘长卿，序、论、表、志诸文似欧阳永叔、曾子固，则览者当自得之斯文，不足为贤者道矣。集凡十有三卷，内书二卷，杂著一卷，序、记、传、状、铭、表各一卷，祭及杂文二卷，古、律诗二卷。

嘉靖癸亥夏四月，同年友滁易胡松序。

（录自［明］罗洪先《念庵罗先生集》卷首）

（明）王世贞《弇州四部稿》卷一百五十四·说部·艺苑卮言附录三 罗文恭洪先颇秀润，出圣母帖，而丰肉少骨，秾媚有之，苍老不足。

（明）邹元标《愿学集》卷四·序·石莲洞全集序 耕莘氏有“先知，觉后知；先觉，觉后觉”语。余尝谓：“知觉宁有先后？以先觉后似二之也。”久而思，先知先觉者，作者之圣也；后知后觉者，述者之明也。先而匪后，其流不远；后而匪先，其传不真。天不忍斯世斯民之罔觉也，必先命世之贤以寻绎其端倪；又不忍端倪之不可不衍而弗光也，必挺间世之贤以接续其统绪。此斯世斯道晦明之机，自古至今不容诬者。

当新建之说一倡，海内群而疑，疑而攻者十之九，独吾吉诸君子起而信之。诸君子非信新建也，信自心也，而所传有通有塞，有全有偏，亦各随其寓之所，值力之所到。至我文恭罗公，信而愈坚，然于诸君子言，有从有违。世或有据识神以为知者，公曰："世间无现成良知。新建公从龙场万死千生得来，譬之祖父辛勤立门户，拮据茹荼，不知几朝夕，子若孙享膏腴，不知祖父之苦辛，必至荡覆无余，卒未能世其家也。"与诸君子往复言甚辨，信者唯唯否否。然公遁世无闷，半生作苦林泉者，真有寝不安枕，食不下咽意，故大节细行，光昭日月。海宇人言曰："新建学得吉州起，得公而尊。"然后知公无现成良知语乃所以深信良知也。漆雕开有圣人依归，犹曰："吾斯之未能信，盖疑其所信，而后信其所疑。倘公以耳根人，不复深究其旨，是漆雕开所难者，今之人反易矣。孔门之学从游者甚众，颜、曾而外，惟孟轲氏起绍衍而光大之，读其七篇，夫子之道昭如日星。轲氏私淑孔子者，而以见知自任。公于新建亦在私淑之列，一言一画皆心传所宗，谓公为新建之见知可也，可与世之掞藻扬芬者伦哉！"

予又因是而备论之"世无见成良知"一语。公为以情识当良知者，药也。顾良知全体不见而章无为而成，浑然各足，无欠无缺。先天地而不为始，后天地而不为终。时人既未窥其全体，而复以情识当之曰此现成事物，是认贼作子，以狗尾续貂也。公恶得无辨愚，尝为之说曰："人之所不虑而知者，良知也，业已蔽矣。恶得无虑故虑也者，所以复其不虑之知也。人之所不学而能者，良能也，业已失矣。恶得无学故学也者，所以复其不学之能也。庶几世之莽荡者，既不敢认情识为现成，必求之寂然不动之真。世之止修者亦将由学虑大路以全本然良知之体，或亦文恭公之意乎？"故因侍御公重新公集而并识之。

石莲，公旧隐地，公自题曰："初平一去惟留石，茂叔从来只爱莲。"系集兹名，其坚介清净之意可想见，有能不淄不染，从石罅中吐青莲一瓣若公者乎？余且下拜心师之矣。

侍御名于庭，字孟谔，号中湛，起家乙未进士，宜兴人。先是，安节吴公巡豫章刻公文要风世，今复刻全集，与吴公后先振道盛心媲美。先知先觉有作之先，必有继之后者，鲁多君子，予于阳羡益信矣。

又，卷四·序·罗念庵先生文要序　善言天者，孰晰于《易》乎？资始流形，形形色色，可谓大通矣，然必曰利贞贞正也，固也。盖惟收敛归藏，而后能亭毒万有。乾坤以六子为用，六子受成于艮，不艮则雷动风散，雨润日暄。兑说有时穷矣，故曰成言乎艮。夫天道至纮以大，无以尚矣，犹节其章光，爱其心神。矧吾儒学以法天，尚安能弊弊，然役其精神久薰劳，不息驰骋而不既乎？故惟圣人能以此洗心，退藏于密。曰洗心，则荡�无余，而非有形声可拟；曰藏密，则其端无倪，而非有声臭可即。

嗟乎！微矣。元某生也晚，未获从里文恭先生游。然得侍从游先生者，剽窃余咳最吃紧语，曰"世无现成良知"，曰"收摄保聚"。元某参究十余年，曰孩提知爱，非不虑而知乎？曰收摄，收于何处？曰保聚，聚者何物？窃不能无疑。恨未起先生九原，请质之。又十余年，睹世未尝愤悱冒认识影，以为知体而稍窥端倪者，辄荡逾绳检，乃知先生言真末世津梁，有所激而云。然非过而诸刳心捐形，直达天德，语类颇众，门人未能尽殚其蕴奥，先生之学本于《易》，成于艮，传之无弊也。固宜人知先生宗依新建，不知其初盖禀承邑先达李中丞公，而李公默受玉斋杨公于所，谓淡然无欲者。既已渊源杨、李，而又壁立千寻，仰止金牛，齐庄宽裕，切磋西昌、安成两文庄，海内有片长小善，先生冲然有以自下，宜其集诸儒之大成也。彼津津新建残唾，谓道止此外有可以开覆，抉翳投之，辄缩武不敢入，视先生何如也。

先生有集十余卷。先是尝与同志曾大理于健、郭中丞相奎、刘光禄静之谓宜稍约，以贻来兹，而竟未就。侍御安节吴公神交先生有年，观风螺川，撷江芷荐先生祠下，谓先生语末学正鹄，托塘南王先生删订数卷，题曰《文要》。公曰："子同邑后进不可无言。"元某拜手，引其端如此，用志私淑，敢谓窥先生窍奥万一哉。

（明）朱谋垔《续书史会要》·明 罗洪先，字达夫，号念庵，江西吉水人。嘉靖己丑状元及第。授修撰，引疾归，终赞善，赠光禄少卿，谥文恭。公闲居乐道，浮云富贵，布衣芒履，遍访名山，罕与世俗相接，四方望之如景星庆云。善书行草大字。

（清）施闰章《学余堂文集》卷二十五·杂著·赞·罗文恭公像赞 温乎其润，湛乎其清，伟乎其风，峙而鸾停。蝉脱富贵，冰释死生。人皆以公为仙去，而公则怡性以践形。余小子望颜再拜，不自知其感怆之难名。于戏，夫孰知寂焉，冥坐于莲洞者。百世而下，见之如泰山，而闻之如雷霆乎！

又，卷二十六·杂著·书后·罗念庵先生赠汪中丞卷后 "致知"著在《大学》，"良知"发端孟氏，非姚江私言也。然先生自述"良知"二字从万死一生中得来，果易言乎哉！当时罗公整庵作《困知记》以辨之，盖救学者空言良知之误，在不能致非良知罪也。近日专以排击姚江为有功绝学，或亦过矣。念庵先生教人深求自得，无误信所论良知语，似烦难郄，是真易简处。呜呼！此不徒见先生之苦心与同年相切劘，即汪中丞之人之学概见矣。余旧藏先生手书《衡岳纪游》诗六十余首，为一册，其言虽冲口随笔，皆是物也。况此册为中丞同心之言，中丞之贤子孙有不世奉为琬琰者乎，友月其慎守而弗失也。

（清）黄宗羲《明儒学案》·师说·罗念庵洪先 按，王门惟心斋氏盛传其说，从不学不虑之旨，转而标之曰"自然"，曰"学乐"，末流衍蔓，浸为小人之无忌惮。罗先生后起，有忧之，特拈"收摄保聚"四字为"致良知"符诀，故其学专求之未发一机，以主静无欲为宗旨，可为卫道苦心矣。或曰："先生之主静，不疑禅欤?"曰："古人立教皆权法，王先生之后，不可无先生。吾取其足以扶持斯道于不坠而已。"况先生已洞其似是而出入之，逃杨归儒，视无忌惮者，不犹近乎？

（清）陆陇其《松阳钞存》卷下·辨学术 罗念庵在阳明之后，深知阳明末流之弊，而欲以主静功夫救之。其集中有云："良知固出于禀受之自然，而未尝泯灭。然欲得流行发见常如孩提之时，必有致之之功，阳明公之龙场是也。学者舍龙场之惩创，而第谈晚年之熟化，譬之趋万里者不能蹈险出幽，而欲从容于九达之逵，岂止病躐等而已哉。"又《与王龙溪书》云："终日谈本体不说工夫，才拈工夫，便指为外道，此等处使阳明复生亦当攒眉也。"此皆切中当时之病，然不反求之居敬穷理，而第欲以主静为致，恐只是致其所致，非圣门所谓致。高景逸之学，大抵本于念庵。观其所作《三时记》言："在揭阳念庵之门人萧自麓出念庵诸书观之，深叹为阳明门人对病之药。"可见，至若李见罗亦深言阳明末流之弊，而取止至善为宗旨，只是将阳明之良知改头换面耳，非有二也。其学又在念庵、景逸之下矣。（原第十一条）

（其按，陆、王一派学问，如白沙、甘泉、念庵诸公，皆是做静时工夫得力者。彼自以为学有本领即斥之者，亦以偏于静非之。岂知只是致其所致，毫不识静时工夫耶。尝谓彼于静时要察见，要寻求，要搜根，及至于动以为内。既无私，遂听其自然流出，则是静则扰之而动则任之也，乌睹所谓主静立极耶。）

（清）朱彝尊《静志居诗话》卷十二 罗洪先，字达夫，吉水人。嘉靖己丑赐进士第一，授翰林修撰。进左春坊赞善，罢为民。隆庆初，赠光禄寺少卿，谥文恭。有《念庵集》。

达夫远师击壤，近仿白沙、定山，然爽气尚存，未堕尘雾。《独坐》云："数月不出户，庭前多夕阴。间看芳树色，一倍旧年深。"《山中杂诗》云："问我家何在，山深多白云。岩前飞瀑下，对语不相闻。"《后园续咏》云："棠梨花开深浅黄，燕子初飞日渐长。草亭坐久客不到，半雨半风春太狂。南村云起北村晴，晴鸠雨鸠更互鸣。东风吹雨衣不湿，我在桃花深处行。"

（清）朱彝尊《明诗综》卷四十六·罗洪先（六首） 洪先，字达夫，吉水人，嘉靖己丑赐进士第一。授翰林修撰，进左春坊赞善，罢为民。隆庆初，赠光禄寺少卿，谥文恭。有《念庵集》。

（王元美云："罗达夫如讲师参禅，两处著脚，不堪高坐。"穆敬甫云："赞善多讲学，诗间有唐调。"黄清甫云："罗诗词意贵显，虽取材不远，而属对为精。"

《静志居诗话》：达夫远师击壤，近仿白沙、定山，然爽气尚存，未堕尘雾。）

（清）陈田《明诗纪事》戊签卷十七·罗洪先（十一首） 洪先，字达夫，吉水人。嘉靖己丑第一人及第，授修撰，进左春坊赞善。疏请朝东宫，忤旨，罢为民。隆庆初，赠光禄少卿，谥文恭。有《念庵集》二十二卷。

（《司勋集》：罗子习于道论，卒为诗病。

胡直《衡庐精舍藏稿》：念庵先生学凡三变，而文亦因之。少学文，做李空同。弃之曰："是未见端委者。"即入宫寮，又与唐荆川、赵浚谷相讲磨，大放于文。久之，语直曰："吾无意为之矣。"移答友人，取譬于水曰："古之人有能之者，必其中有自得。实见斯道之流行，无所不在。虽欲不为波涛湍澜之类，不可得也。"

《列朝诗集》：达夫诗文，托寄可观。时人谓其早经废弃，久处民间，往往深于致情，易于兴感，殆亦近于言志者也。

《静志居诗话》：达夫远师击壤，近仿白沙、定山，然爽气尚存，未堕尘雾。

田按，达夫五言诗，具有体格，擅清远之致，惟语参讲学，时入击壤一派。)

杂　录

(明)魏校《庄渠遗书》卷四·书·慰罗达夫　杜门幽居，如卧空谷，故人如达夫，非不寤寐有怀，而无由一通起居庆。门有大凶变，欲奉慰者数矣，竟以乏便而止。负罪！负罪！达夫孝心天至，其于哀痛，固当倍百莛恒情。虽然，孝有远者大者，所愿抑损至情，俯从先王之礼，笃志好学，成身成亲。达夫自致于圣贤，则亲为圣贤之亲启圣太中，所以流光百世也。达夫昔奔丧过姑苏时，校闻之也。后不及往吊，人颇传闻言论风旨。如愚之固陋，更愿达夫于自圣作圣处精察之。绢一匹奉充赙仪千里微诚，藉此以将鉴纳是荷。

又，卷四·书·与罗达夫　达夫别我去，清风明月犹疑见达夫丰神。夫子尝叹才难，吾辈所当猛省，如达夫者何处得来，而未免有我。人见不肯舍己以从圣人，顾欲率圣人之言从己，毋乃担阁其才乎？校尝谓更不必问才如何，只因犯了孟子。所谓不能尽其才，谁能如颜子之既竭吾才也。昔者之举忠义则有之，语道则未尽。韩魏公最名有胆任大事，死生以之，然深服范文正公察乎消息盈虚之理。富文忠公视文正为粗然虑不万全不发日语，次见达夫未深省，故默不言。达夫聪悟绝人，今当洞识之矣。庄生一言极好易之者，皞天不宜深有合于易道也。李参受万宰令，附此以讯起居。参平生居家有守，今居官亦欲有为，未知得行其志否。袁与吉相去远近若何，若有所闻，愿有以教之。

(明)薛应旂《方山薛先生全集》卷五·书·与罗念庵　昨寓豫章试院，过承枉教，易简切实，从容洒落，令人跃然，而竹林朋聚，一豁群疑。向同会诸君，不免堕落言筌者，亦自是觉有省发矣。所恨者此会不能常尔。今春入留都，虽交游蒲前，不无离索之病。大抵不随众雷同，则异言淆惑，未见确有定力者任道担当，以倡明此学。愿执事无所推避，可也。久无便役，有失候问。兹因公差人去，聊致起居。望执事有以教之。

(明)赵时春《赵浚谷文集》卷九·寿罗达夫六十序　罗氏自豫章先生以来，世有闻人。而吉水之族，近世得一峰先生而益著。一峰之泽未泯，得吾友念庵罗君达夫而又著。吉水自文相信公以迄今，冠廷对者得十九人，天下甲科之盛莫先焉，而公议独重两罗。一峰既以完节终，归于孔氏之域，天下无二论。独达夫年已六十，其所持者益坚内，自养者益光大。其与一峰相始终，以无愧前闻，盖无可疑议。世俗之礼举，不足以寿达夫，而其有大可畏者，唯在于惑世俗之礼焉。虽然，吾达夫其可以俗礼惑然？

朋友之义主于辅仁而贵忠信，忠信所以进于仁也。仁者，天之道，人之心也。自宋儒以来，世守其说，自以为越跨汉唐。由今观之，今不及宋，宋不及唐，唐不及汉，汉固无望于三代矣。岂后之才异于古哉？忠信日薄故也。中人之情，要近利而急取名，名利之趋，捐躯以赴之。自发义帝丧，捐金六万，以及今日凡其奔走群动，赍藻汗简者，自独行忠节、隐逸之外，无非是焉。盖以是物而待是人，则固有然矣，而何疑于忠信之薄哉，其来固久远矣。盖老氏遂厌绝之，而孔子唯以忠信为仁为教，其最高弟子勇如仲路，智如端贡，谋如宰予，皆以过咎，显责毋讳，挫厉备至，迄用有成忠信故也。后之君子宁复有是事哉！日相道谀为伪，故虚名多而实效寡。虽有忠信之士，反相哂讪，牢固湔染才，岂不大可畏哉？

相违二十余年，度吾达夫天予忠厚可望，而知后复有二十余年乎。守忠不渝，光大变化，非予之所能悬度也，而有厚望焉。其端则在于忠信，然此岂余之私言也哉？述孔氏之言也。同归于孔氏，达夫与余之所以交也。愿终老而卒业焉。

（明）王畿《龙溪王先生全集》卷二·语录·松原晤语 予不类，辱交于念庵子三十余年。兄与荆川子齐云别后，不出户者三年于兹矣。海内同志欲窥见颜色而不可得，皆疑其或偏于枯静，予念之不能忘。因兄屡书期会，壬戌冬仲，往赴松原新庐，共订所学。至则见其身任均役之事，日与闾役之人执册布算，交涉纷纷，其门如市，耐烦忘倦，略无一毫厌动之意。夜则与予联床趺坐，往复证悟，意超如也。自谓终日纷纷，未尝敢憎厌，未尝敢执着，未尝敢放纵，未尝敢亵侮。自朝至暮，惟恐一人不得其所。是心康济天下可也，尚何枯静之足虑乎？

因举乍见孺子入井怵惕、未尝有三念之杂，乃不动于欲之真心，所谓良知也，与尧舜未尝有异者也，若于此不能自信，亦几于自诬矣。苟不用致知之功，不能时时保任此心，时时无杂念，徒认现成虚见，附和欲根，而谓即与尧舜相对，未尝不同者，亦几于自欺矣。

盖兄自谓终日应酬，终日收敛安静，无少奔放驰逐，不涉二境，不使习气乘机潜发。难道工夫不得力，然终是有收有制之功，非究竟无为之旨也。至谓世间无有现成良知，非万死功夫，断不能生。以此较勘世间虚见附和之辈，未必非对病之药。若必以现在良知与尧舜不同，必待功夫修整而后可得，则未免于矫枉之过。曾谓昭昭之天与广大之天有差别否？此区区每欲就正之苦心也。

夫圣贤之学，致知虽一，而所入不同。从顿入者，即本体为功夫，天机常运，终日竞业保任，不离性体。虽有欲念，一觉便化，不致为累，所谓性之也。从渐入者，用功夫以复本体，终日扫荡欲根，祛除杂念，以顺其天机，不使为累，所谓反之也。若其必以去欲为主，求复其性，则顿与渐未尝异也。稽之孔门颜子，竭才不远而复，便是性之样子。仲雍居敬强恕，邦家无怨，便是反之样子。吾人将何所法守耶？

世间薰天塞地，无非欲海；学者举心动念，无非欲根。而往往假托现成良知，腾播无动无静之说，以成其放逸无忌惮之私。所谓行尽如驰，莫之能止。此兄忧世耿耿苦心，殆有甚焉，吾辈所当时时服食者也。

尝忆荆川子与兄书有云：偶会方外一二人，其用心甚专，用力甚苦，以求脱离欲海，祛除欲根，益有慨于吾道之衰。盖禅宗期于作佛，不坐化超脱则无功。道人期于成仙，不留形住世则无功。此二人者，皆不可以伪为。圣贤与人同而异，皆可假托混帐，误己诳人。以其世间功利之习心而高谈性命，傲然自以为知学，不亦远乎？甚矣，荆川子之苦心！有类于兄也。

又，卷四·语录·东游会语　楚侗子曰："海内如公与念庵，虽身处山林，顶天立地，关系世教不小。旧读念庵《冬游记》，句句写出肝肺，针针刺入骨髓，并无些子文义凑泊，见解缠绕，其心甚虚，其信受甚笃，乃是我公真精神相逼迫，当机不放空箭，时时中的，能使之然。继读二《夏游记》，反觉意思周罗，未免牵于文义，泥于见解，殊少洒然超脱之兴，心亦不甚虚，信受处亦觉少缓，或是公之精神放松些子，时有不中的所在，感应之机甚神。卫武公年九十犹不忘箴警，此区区数年血诚，信公之心无他，故直以相闻，欲公做个真圣人，令吾党永有所归依耳。"……

又，卷八·致知难易解　或问致知难易，因举念庵收摄保聚之说请正。先生曰："致知之功非难非易。袭于其易则忽而无据，狃于所难则阻而鲜入。善学者默体而裁之，求所以自得焉可也。世之谈学者，其言曰'无事袭取之劳而爽然以为固有，不假纤毫之力而充然以为天成'，念庵子惧其伤于易也，倏忽变化将至于荡无所归，故为收摄保聚之说以救之。其意以为日月之贞明，人皆仰之，至其所以生明，未有测其然者。观之于夕，群动息矣，然后真机回复而为朝；观之于晦，六阴穷矣，然后真阳逆受而为朔。盖藏不密者用不章，畜不极者施不普，收摄保聚乃所以为复为逆，培其固有贞明之体而达其天成之用也。世之学者，任作用为率性，藉测亿为通微，倚计度为经纶，执知解为觉悟，良知所存，亦已无几，盍亦从事于收摄保聚？无以爽然充然者自画焉可也。此念庵苦心也。……"

又，卷十·书·答罗念庵　前奉手书，玄潭之会，同心翕集，精义盎然。顾鄙人远在千里，未缘参次，过承注念，尤见道谊之怀。

细读来教，知日来于此件事杀有著落，吾道何幸！但此中不可生证解，良知非知觉之谓，然舍知觉无良知。良知即是主宰，而主宰渊寂，原无一物。吾人见在感应，随物流转，固是失却主宰，若曰吾惟于此处收敛握固，便有枢可执，认以为致知之实，未免犹落内外二见。固知吾兄见处圆融，虽精神著到而不著一物，然才有执著，终成管带，只此管带便是放矢之因。比之流转驰逐虽有不同，其为未得究竟法，则一而已。

兄且道孩提精神曾有着到也无？鸢之飞、鱼之跃曾有管带也无？骊龙护珠，终有珠在，以手持物，终日握固，会有放时，不捉执而自固，乃忘于手者也，惟无可忘而忘，故不待存而存，此可以自悟矣！

双江丈来书，见教立本之旨，于良知诚有所发，但格物处尚须有商量。所谓致知在格物，言致知全在格物上，犹云舍格物更无致知工夫也。如双江所教，“格物上无工夫”，则格物在于致知矣！不肖虚实相生之云，本无深说，良知之体本虚而万物皆备，物是良知凝聚融结出来的，格物是致知之实，合内外之道也，致知不在格物便是着空。因兄见示，已曾有简请质，并达双江，岂期尚未至耶？有未当心，不惜频教，求正之愿也。

又，卷十·书·答罗念庵 再领吾兄至日所惠书，始知冲玄爽约之因。人事相羁有如此，发泄太多，即系驰逐。意兄蕴此一见，遂欲一味求省杂事，并以此为多事，故托而云云尔耶？

伏读来教云“与双江公对证，于隐约中忽有开豁，勘破平日十分分晓，终落道理中去，与己不干”，兄于见在，可谓真有受用处矣！但未知所放下是何物？所凑泊是何事？冷静与热闹终是对治法门，尚涉意见安排，然亦不可认定，才有认定便生执着之病。幸密察之！

荆川数时来，于此件事甚着紧，一切伎俩尽觉灰心，欲与兄对证之愿亦甚切，当以兄所得语之，亦一快也！

又，卷十·书·与罗念庵 冬底荷兄惓惓垂教，并诲言恳款，兼赐挥洒，归途展玩，如见羹墙。兄见在行持曲，尽物理，已知不落格套，诚经纶之实际，但云见在良知，必待修证而后可与尧舜相对，尚望兄一默体之。盖不信得当下具足，到底不免有未莹处。欲惩学者不用工夫之病，并其本体而疑之，或亦矫枉之过也。这些子似若不打紧，千古学术主脑毫厘之辨，关涉不小，故复以请正于兄，当在所谅察也。

得绪山兄书云与兄商订年谱已有次序，学术事功，须混作一项，提掇学术处详明曲尽，而于事功种种应迹，正是此学术下手处，使人读之，则可以默证此学之精微，方是传神手笔。不知兄以为何如？先儒志状之外，或年谱遗处，皆有各人补传别志，凡兄所的闻，如与周龙江云云等类，还望作一补遗，发明这件事，使后来有循据，不致谩地抹过，亦吾人之责也。

均役事岁终想已完结，盖为乡人作数十年福缘，不得不以身任之。然此亦是一时应迹，根极性命宗原，则百尺竿头，所进还复有着脚处。古云“打破虚空”，未可尽委于外教之寓言也。

兹因南玄乃子可立趋谒之便，肃此附候，兄念故人之爱，自能训翼以庇之，使有光于世德也。

又，卷十·书·与罗念庵 贵省自廓翁捐背后，青原、复古诸会所荒落殆甚，诸友怅怅，若无所归，固知此辈未必尽发真心，未能尽为性命，然风声鼓动，彼倡此和，主盟斯道者不可无人。一人倡之，众人从而和之，已而倡之者众，和之者益众，所谓道谊由师友有之，义重叙乐，求此道之不明，不可得也。若各各离居，火力不聚，渐至烟消，浸成灰息，求此道之大明，亦不可得也。吾兄素行超卓，真纯粹白，同志素所信向，乃今闭关多年，高卧不出，于一己受用得矣，如世道何？兄见此辈发心不真，遂生厌离，不如自了性命，于计为得。且见荆川出山，大业未究，遂有所惩，益坚遁世，窃计此亦过矣！大乘禅宗尚不肯作自了汉，况兄平生种下万物同体真种子，世间痛痒，素所关心，天机感触，随处生发，岂容自已？若果夙疾未瘳，不妨随时休息。况颖泉忧居，不亡家学，春秋会时，还望为众出关，将身担当此事，以为之倡，务各各以实行相观法，不徒知解辨说，滋长虚见，使诸会所烨然修明，有光旧业，庶不枉大丈夫为此一大因缘，出世一番耳。

弟虽老矣，不敢不如期趋晤，共效切劘之助，固吾人分内事也。闻督学不喜讲学，而独敬信吾兄，此公人品非凡流，若果人人如兄，无系籍假道之嫌，彼岂甘心作恶也哉？是知荣辱在于自召，真假可以立决，困衡征发可以喻作，未必尽彼之过也。但春风长养，秋霜肃杀，士生于世，中材者多，乐育则易成，摧折则易败，亦时使然也。司化权者，不可不慎，亦望兄随机梳理，挽回造化，固一体不容已之情也。何如？何如？

又，卷十·书·与罗念庵　去秋，闻兄染痰蹶之疾，手眼有摊挛处，不胜惊念，顷会艾陵，云兄大体已平复，右手微有拘掣，略妨挥洒。岂熙熙穆穆入神之技，上天亦有所忌耶？

吾兄身虽处于关中，心未尝不与海内同志相应，不肖受兄之爱，何异骨肉？其所期望，不但为完行君子，将使直超三代以上，为此学之宗盟。而不肖亦岂忍安于自足以负海内诸兄之望？文王尚小心翼翼、亦临亦保，况吾侪乎？自今以往，尚期时时收摄，求以自淑，亦不敢更作言语抹过也。

病中更有新得，望不惜一言指示。兄旧时未信见在良知之说，关中锻炼，精义更觉何如？享用见有，固涉笼统，不信见在，又将何所用力耶？

又，卷之十四·序·松原晤语寿念庵罗丈　君子之学，以尽性为宗，以无欲为要，以良知为诀。人生而静，天之性也，天性本无欲，凡有欲皆生于动。故曰感物而动，性之欲也。良知者，性之灵而物之则也。虽万欲纷扰之中，良知未尝不知。致知者，所以寡欲而复性也。自孔孟以来，性学不明于天下久矣。我阳明先师首揭良知之旨，以教天下。世之学者，莫不知有良知之说，其能卓然自信，实致其知者有几？予曷慰学者之望哉？良知本虚，天机常活，未尝有动静之分，如目本明，耳本聪，非有假于外也，致知之功，惟在顺其天机而已。有不顺者欲为之累，如目之有翳，耳之有垢，非聪明本然也。累释则天机自运，翳与垢去，则聪明自全矣。离娄之明，师旷之聪，天下莫加焉。然其耳目初未尝有异于人也。世之人不能自信其耳目，而谓聪明即与师旷、离娄异者，谓之自诬；不务去其翳与垢，而谓聪明即与师旷、离娄同者，谓之自欺。噫！今世学术之弊，居然可见矣。

予不类，辱交于念庵子三十余年。兄于良知之教，所谓能自信而致之者，非耶？兄与荆川子齐云别后，不出户者三年于兹矣。海内同志欲窥见颜色而不可得，皆疑其或偏于枯静，予念之不能忘。因兄屡书期会，壬戌冬仲，往赴松原新庐，共订所学。至则见其身任均役之事，日与闾里之人执册布算、交涉纷纷，其门如市，而耐烦忘倦，略无一毫厌动之意。夜则与予联床趺坐，往复证悟，研二氏，究百家，意超如也。自谓终日纷纷，未尝敢憎厌，未尝敢执著，未尝敢放纵，未尝敢亵侮。自朝至暮，惟恐一人不得其所之。心康济天下可也，尚何枯静之足虑乎？

因举乍见孺子入井怵惕，未尝有三念之杂，乃不动于欲之真心。所谓良知也，与尧舜未尝有异者也，若于此不能自信，亦几于自诬矣。苟不用致知之功，不能时时保任此心，时时无杂念，徒认现成虚见，附和欲根，而谓即与尧舜相对，未尝不同者，亦几于自欺矣。

盖终日应酬，终日收敛安静，无少奔放驰逐，不涉二境，不使习气乘机潜发。此兄归宗得力真功夫，所谓实致其知者也。其谓世间无有现成良知，知非万死功夫，断不能生。以此较勘世间虚见附和之辈，未必非对病之药。若必以现成良知与尧舜不同，必待功夫修证而后可得，则若未免于矫枉之过。曾谓昭昭之天与广大之天有差别否？此区区每欲就正之若心也。

夫圣贤之学，致知虽一，而所入不同。从顿入者，即本体以为功夫，天机常运，终日竞业保任，不离性体。虽有欲念，一觉便化，不致为累，所谓性之也。从渐入者，用功夫以复本体，终日扫荡欲根，袪除杂念，求以顺其天机，不使为累，所谓反之也。若其必以去欲为主，求复其性，则顿与渐未尝异也。稽之孔门颜子，竭才不远而复，便是性之样子。仲雍居敬强恕，邦家无怨，便是反之样子。吾人将何所法守耶？

世间薰天塞地，无非欲海；学者举心动念，无非欲根。而往往假托现成良知，腾播无动无静之说，以成其放逸无忌惮之私。所谓行尽如驰，莫之能止。此兄忧世耿耿苦心，殆有甚焉，吾辈所当时时服食者也。

尝忆荆川子与兄书有云：偶会方外一二人，其用心甚专，用力甚苦，以求脱离欲海，袪除欲根，益有慨于吾道之衰。盖禅宗期于作佛，不坐化超脱则无功。道人期于成仙，不留形住世则无功。此二者，皆不可以伪为。圣贤与人同而与人异，皆可假托混帐，误己诳人。以世间功利之习心而高谈性命，傲然自以为知学。不亦远乎？甚矣，荆川子之苦心！有类于兄也。

是月十有四日，为兄五十九年初度之辰，因漫次其诏纳诸松原以致寿祝。夫一动一静之间，天地人之至妙者也。世人不能久生，只是多欲，兄以尽性为学，将寡欲以至于无已。能不落动静二境，终日收敛顺适，耳目聪明一念明，定将与天地无疆。寿兄祝兄宜莫出于此者，若夫桑榆之景相许莫逆，而继以调笑，予弗能也。

又，卷十九·祭文·祭罗念庵文　惟兄精纯昭旷之学，坚凝果毅之志，宏博充裕之才，莹睿和平之气，学洞千古而退然不以自多，志励万夫而歉然不以自是，器任天下之重藏而若虚，才应天下之变敛而未试，古所谓完德君子，兄非其人耶？

兄感异梦而生，幼而神灵，耻为婴儿之□，长闻良知之训，信而不惑。知圣人可学，而至擢危科，陟清班，眇然不以为荣；甘林泉，乐枯寂，脱然若无所累。起列青宫之赞，人谓道可大行，油油然漫无期必；人犯丹宸之怒，人谓祸且不测，坦坦然漠无顾忌。悟性宗而耽静默，或訾其为禅；完神埋而精摄养，或疑其为玄。乃兄一意圣修，终始缉熙，学未尝杂而志未尝贰。文章辞翰，杰然名家，世方羡其多能，顾以小技自视，等为三昧之游戏。辞受取舍，惟义之裁，皎然不缁于欲，身之进退，世之污隆，尤严于出处之际。

粤自阳明夫子道倡天南，化成江右，其入于人最深，群彦影从，笃信好学，庶几抽关而启闷。兄挺然卓立，若楚之有翘，吾党方恃以为蓍蔡，胡天不整遗，俄一疾而长游。吾兄行在人目，言在人耳，德在人心，炯然其未尝忘，而其不可传者，则已荡为太虚，布为列星，杳然其不可凌继矣。走也，与兄如舟之倚柁，如沉疴之待药。嗟！予玄此其复谁语？怅隙驹之易迈，感朝露之乍晞，摧裂悲恸，不觉涕泗之交，至石洞之莲不劳不枯。固元神颢气之英，而玄浑之剑，匪铁垩石；实知锷慧锋之淬，絮酒瓣香，临风陈词。兄如有灵，尚翼于冥冥之中，俾后死者不迷于所之，庶斯文赖以未坠。

（明）杨爵《杨忠介集》附录卷三·书·罗洪先（号念庵，吉水人。官右赞善。公同年状元也。谥文恭。）　（存目）

（明）尹台《洞麓堂集》卷六·书杂著·祭罗念庵宫赞文　于戏！世之正反非道，孰为之纲维？道之行止非人，孰为之握持？故天欲世臻平治，必使道浸明而可兴；行欲道不终晦，必生哲贤以作世之表衡。繄先生之间挺，当孝皇之景造，应吉郡之昌符，开奎躔之月耀。幼而灵恂，长而端凝。奉庭训以式谷，亶师承之夙膺。譬荆山美璆，韫贞璞以自媚；邓林穹植，受匠石之斫绳。故能出世俗之滓垢，致德器之早宏。

迨夫弱冠抡魁，中龄召用，荷圣明之简知，列储垣之法从，人皆欣正士升拔，庶几邦国可俾之默乂。凡诸正理参调，人材甄叙，苟得斯人久立于朝，当卜上下更厘之弗戾。曾未几何，事与时摈，抱忠猷而莫宣，执孤是其畴信。睠吾道之既穷，抗道鹄以力任，开莲洞之邃馆，理松原之幽径，示无欲以肇圣基，感朋从兴起之日盛。人见其沉潜之德，温淳之气，廉介之操，迈往之志，彝鼎不足比重，圭璧不足喻粹。濯江汉与同其清，皦霜雪与并其厉。故即之者神竦，闻之者心企。矧若素交之英髦，及门之衿佩乎。圣远言湮，道术日歧。高者造云天，下者混糠粃。饰良知以自诡，昧圣敬之攸跻。伟先生之深践，独春陵之与师。守无极之贞静，包万象之森披。谛混沌之有物，验虚感之无思。故能齐隐显于一视，迄死生不得与之变移。乃今日盖棺之事定，可以信千古而弗疑。天故无意斯世，使先生奄随化而弗慭遗。

于戏哀哉！嗟予梼昧。早托心求论学，南北矢志交修。虽仕处之迹不皆并然，心之往来讵间乎得失之与欣愁。南都相望二千里，恒仿佛若接謦咳于嬉游，犹期振元策于末涂。共白发以夷犹，宁知事不可常揆，天不可预谋。怆讣闻之忽至，涕汍澜之莫收，溯长风以泄痛，伤白日之西流。逝者固知其不卒溘泯，生者安得忘世道之隐忧，莽博观乎一世，孰有似先生而堪俦？黯拭衿以难述，聊凭絮酒，陈词往寓，告夫荒陬。尚飨！

（明）万士和《万文恭公摘集》卷之十·祭文·祭罗念庵先生文　（存目）

（明）胡直《衡庐精舍藏稿》卷二十一·祭文·祭罗念庵先师文 维嘉靖岁之乙丑二月十又九日，不肖门人胡某寓蜀之彭山县官舍，于时闻先师念庵先生之讣，设位致哭。易七日矣，乃敢以香楮牲醴之仪，矢心陈辞，告灵位前，言曰：

呜呼！某自初春寓蜀省，客有言先生以去年中秋日弃去，闻之皇惧，如坠如摧，欲言弗忍，欲询罔从，然而情知先生之逝也果矣。盖先生前年书云"右臂不仁，于夕死可矣"为近。已而，去年六月书又云。某固知先生之已跻于全归，而又不欲先生之数数语此也。孰谓先生亟为永诀，捐斯世而归耶！

呜呼痛矣！夫善世者道，善道者心。自明道、象山二先生之后，学者仇心以索道，辟诸掩目而求天，至近世得阳明先生而一明，得先生而天下始信。今先生即长逝归矣，其若斯世之将复蒙蒙何哉！

呜乎痛矣！如小子某少负不羁，长益骀宕，方壮而耳学也身弃之。逾壮，从先生游，入悦也而出违之。既近强年，始稍知寻绎。十稔以来，粗谓从事。然两归就正先生，两诃之曰："是子所谓目长而足短者。"某闻言凛凛，亟欲解组，卒业终身，而谋归不勇，旋成长别。自是以后，将孰为予诃而予证也，天而丧予则丧予矣，乃丧予先生，予何归哉。某又何独为先生痛，为斯世悲已耶！

呜乎！生既不能就左右以终，至教没又不能启手足以聆遗音，岂某也天厌之甚，而先生遽绝之深耶！报者云，先生临终沐浴，冠服端拱而后化。盖报者未知其为得先生之心也，而某固已嘿睹之矣，先生其诚全归者与！

呜乎！某今年去先生之终，少十有三年耳。以先生之渊懿而不留也，况若某者其能久乎？使某之学诚以日为年，则日且不足矣，又安能望先生之全归？虽然，舍全归无用为生，亦无为先生报。异时曷从见先生九原无腼面耶！呜乎！某之斯语，心商之七昼夜而后敢告。惟先生其终相焉。

呜乎！悲乎！松原郁郁，桐水汤汤。哲人萎弃，山川凄凉。绎先生之末路，虽闭户其皇皇。胡灵鸟之不至，将令天下仰日而违光，睠衡霍之崩颓，羌何依以相羊。维予心之愤愠，横大块其靡藏？魂乎乘九干其飘飖兮，予独睹仪型于秋阳。爰矢心以报德，瞻昊天之茫茫。唯反躬以为归兮，或庶几先生之毫芒。神灵浩渺无不之兮，骖云气以来尝。

（明）朱赓《朱文懿公文集》卷十二·祭罗康洲大宗伯文 （存目）

（明）王世贞《弇山堂别集》卷二·皇明奇事述·江西二罗 江西成化丙戌状元罗公伦，以言事外谪，后复官止修撰，赠左谕德，谥文毅。嘉靖己丑状无罗公洪，先亦以言事为民，止赞善，赠光禄少卿，谥文恭。相去一甲子，地同，大魁同，言事同，讲学同，从六品得谥同，赠官从五品同，尤奇绝。

又，卷七十一·谥法二·二字谥·文恭 （文臣）……左春坊左赞善、赠光禄寺少卿罗洪先（隆庆）……

右俱敏而好学，不懈为德。

（明）田一儁《钟台先生文集》卷六·罗念庵祠田记 祠田，非古也。古者乡先生没，则祭于社，如是而已。后世祀道紊而多端，好古君子始思以复古化今，崇教励俗之意，默寓于斋堂庑序、笾豆灌献之间，求之乡有先哲者焉。或虽未生于其乡，而讲道肄业之区，游息燕闲之所，咸义起而特祀之。而又虑其享祀之匮，时移岁迁，无以相维持于永久也，则又为之田，以为笾豆灌献之需，斋堂帘庑之备，俾之有所资，以维持于不坏。盖其法非直崇奖死者而已，于生者亦有观感兴起之道焉。意良是而制则非古矣。夫自二氏之教行，琳宫琼宇，咸有田衣食厥徒，而吾儒氏或后焉。岂彼氏之教独良，而古制不为彼设欤？彼其清净禅寂之说既使人简径易趋，而死生祸福又足以耸动愚民，而使之奔走归命，故其法易行而其教独繁昌也。吾儒之学疑若汗漫难竟，迂阔鲜速效，而世之君子又迬往乐因循惮始事，不以复古为心，而多以非古之制自阻。使非有好古君子出焉，谋及于此，宜其难矣。故祠田非古，而锐然以此为务，必其人好古君子者也。赣旧无念庵先生祠，通判廖君署其邑事，以先生之尝过化是地也，合诸生等议白督府建祠于凤凰台之阳。祠成，复捐俸为诸生倡，诸生之乐义者亦相率出金为助，买田若干亩充入先生祠，为岁时享祀之费，不以非古之制自沮，而锐然寓复古化今，崇教励俗之意，于此斋堂庑序、笾豆灌献之间，谓君子而能好古者，非耶？

夫天下之事，不激不劝，不风不兴，故标往以示来，崇死以劝生。好古，君子者事也。而观感兴起，则在祠先生者勉之而已。先生之学其大者，视天地万物皆吾一体，而其所从入简易直截，不假蹊径。先生于大本卓然有见，而格物穷理未尝少缓，视宇宙皆其度内，而其量实自一介不苟取与者充之。故人见其守之卓而不知其学之精也，见其量之大而不知其察之细也。祠先生者学其精以求其卓，学其细以求其大，而先生之学在是矣。苟徒取名贤讲习之区为光宠，而罔究其学术以思不负于往哲，虽日俎豆而尸祝之，于此邦人士奚益哉？而好古君子思以复古化今，崇教励俗之意亦虚矣。

夫二氏之教虽于吾儒不相入，然其徒高者守清净禅寂之教以淑其身，而下者犹能不毁坏其名号以夸□于世，故其教藉以传，而其祠亦因以永久勿废。吾儒毁弃二氏，顾若不甚惜，至考其所以为学，辄与所尊祠敬礼者相背驰，视二氏反让焉。则彼法之行而教之独繁昌者，非独世之君子乐因循，惮始事之过也，而为其学者与有责矣。

廖君于余为里人，以书来请记于余，余故述好古君子所以崇奖先贤之意。若彼复道先生所以为学者，若此期与此邦人士共勉焉。廖君名宪，尝从游先生而得其所以为学者，故为政而能好古兴学如此。

（明）鲍应鳌《明臣谥考》卷上·文恭 罗洪先（赞善。赠光禄寺少卿，隆庆年谥。勤学好问，不懈为德。江西吉水县人）。

（明）苏茂相《皇明宝善类编》·编中名公姓氏　罗洪先，字达夫，号念庵，吉水人。嘉靖己丑进士第一。仕至赞善，谥文恭。

（明）郭良翰《皇明谥纪汇编》卷十四·臣谥上·文臣·文恭　罗洪先（赞善。赠光禄少卿。隆庆。勤学好问，不懈为德。江西吉水人）。

（清）李元鼎《石园全集》卷二十八·灌研斋文稿六·杂著·虔州凤凰台重建石莲庵募疏　吾邑念庵罗文恭公从新建王文成倡明理学。新建督抚虔南日，公数过章贡，因与何善山、黄洛邨二公为性命交。二公皆雩人，入阳明室，名与龙溪、绪山齐。语曰“江有何黄，浙有钱王”是也。公之善何、黄者，人未尽知。今考《赣志·何黄传》亦无言及与公善者。嗟乎！是岂可逸哉。余每读《石莲洞集》，见所与文成及何、黄二公往复论学，书不下千百余言，而家藏公手迹，致家学博讱斋公有云：“春初如雩，了善山公葬事，区区束装。在元日适得洛公书，则此心已在罗岩上矣。”若是公一日何尝忘虔州哉！当时虔之士为公门下者，托以兰若，卜筑于郡之凤凰台，为公讲德问业地，且置有赡田若干亩，以垂永久。兵后，余客章贡者再，访公之故迹，杳不可得，而所谓凤凰台者荒为榛莽，遑问赡田哉。辛丑，之雩阳游罗田岩，与孝廉易云、浮梅、子鹤诸君赋诗纪事，咸感异代来游甲子之同。盖昔者嘉靖辛丑为公来雩岁也。凤凰之祠尝寤寐于怀，而托之若难，其人今僧真源来章门募建此庵，实获我心。于是遂乐为缘起，拟即以石莲庵题之。盖石莲洞为文恭公故居，既以不忘公，且使过此地者一瞻顾而即起仰止之思，即世远代隔皆得羹墙见公而亲炙之者，又岂与荒烟野草共深禾黍之感乎哉。嗟乎！为浮屠氏崇饰夸诞，人或然疑参半。若夫广励风教，则凡有心者所同有事也。真源浮屠而具此志愿，可进而与吾徒语矣。

（清）陆世仪《思辨录辑要》卷三十一·诸儒类（明儒）　罗念庵虽讲良知而能深知王门之弊，特是时狂澜方倒不能力救耳。

（清）施闰章《学余堂诗集》卷二十八·五言律·石莲洞（旧为虎穴，罗念庵辟而居之，虎遂绝迹，洞外置书院、别馆，今并废）　传闻罗学士，手辟此山阿。驱虎自安坐，避人时独歌。阴岩斜日到，曲洞碧云多。庭馆何芜没，高松遍女萝。

又，卷四十九·七言绝·书毗陵龙兴寺壁（唐荆川、罗念庵两先生曾讲学于此）　龙沙精舍水云限，长夏松阴昼不开。传说两贤留讲席，百年惆怅一人来。

（清）黄宗羲《明儒学案》卷二十二·江右王门学案七·宪使胡庐山先生直·困学记　丁未冬，予忽有飘然遐举离世之兴，及就友人王有训语，有训曰：“遐举不如力学。”因偕予往访罗念庵先生（讳洪先，字达夫，吉水人。官赞善。谥文恭），居石莲洞。既一月，日闻先生语，感发，乃北面禀学焉。先生初不甚喜良知，亦不尽信阳明先生之学，训吾党专在主静无欲。予虽未甚契，然日承无欲之训，熟矣。其精神日履，因是知严取与之义。

（清）陶成《江西通志》卷九·山川三·吉安府 青原山，在府城东南十五里。明嘉靖间，邹守益、欧阳德、罗洪先辈宗阳明致良知之学，春秋于此会讲。乙卯岁，邹元标、郭子章移会馆于翠屏山之阳，建五贤祠。

又 鹧鸪洞，在吉水县西北五十里又西北十里为石莲洞，盘石屹立，可三四丈，中空如屋，洞口有罗汉松，枝甚奇古，如虬龙然。其洞本属虎穴，明罗文恭洪先手辟榛莽，自题“梅关”二字，又书“虎豹关”三字，其后虎绝迹焉。洪先于洞南建正学堂，有《石楼闭关》诸诗，讲堂久废。

又，卷二十一·书院一·吉安府 江阳书院在吉水县五都元潭，明邑人建，祀罗文恭洪先。

又，卷二十二·书院二·赣州府 濂溪书院有三……一在雩都罗田岩，为明儒何廷仁、黄弘纲、罗洪先讲学所。

又，卷三十九·古迹二·吉安府 雪浪阁豫章书在吉水县北崇元观，有吕洞宾题诗：“褰裳懒步寻真宿，清景一宵吟不足。月在碧潭风在松，何必洞天三十六。”明罗洪先葺之，题柱云：“风月无边何必洞天分六六，江山如故不知尘世几千千。”

又，卷一百八·祠庙·吉安府·祠 五贤祠在庐陵青原山，祀王文成守仁、邹文庄守益、聂贞襄豹、欧阳文庄德、罗文恭洪先。中有“传心堂”扁额。

又 罗文恭祠，在吉水学西，祀明赠光禄少卿罗洪先。

又，卷一百九·祠庙·赣州府·祠 罗念庵祠，在赣县凤凰台，祀罗洪先，以讲学之地改建。

又，卷一百十·邱墓·吉安府·明 状元罗洪先墓，在吉水赤石潭。

又，卷一百十一·寺观一·南昌府 白云庵（在丰城县东门。明罗洪先寓此，有诗）。

又，卷一百十二·寺观二·吉安府 般若庵（在吉水县东山。般若禅师开法于此。明罗洪先读书庵内，作记）。

又 玉虚观（在吉水县同水谷村。明罗洪先尝讲学于此）。

（清）张晋生等《四川通志》卷二十四·山川·夔州府·大宁县 豹变崖（在县南二里山半石崆。豹尝隐于中，因名。《蜀旧志》：罗汉洞在宝山，上有石窗，下有石门中有罗汉，因名。又高峰洞，在县北二十里。洞在岭上，高阔丈余，四面通透。又仙人洞，在县北三十五里，洞壑幽深，莫测所止，相传明状元罗洪先尝隐居于此）。

又，卷二十六·古迹·夔州府·大宁县 仙人洞（在县北三十五里。洞壑幽深，莫测所止。相传罗洪先隐居于此，不知所终，有诗留于壁）。

（清）和珅等《大清一统志》卷二百四十九·吉安府·陵墓·明 罗洪先墓（在吉水县西北赤石潭）。

又，卷二百四十九·吉安府·山川 石莲洞（在吉水县西北九十里。盘石屹立，阔三四丈，中空如屋，洞口有罗汉松，甚奇古。明罗洪先题曰梅关，又于洞南建正学堂，久废）。

又，卷二百四十九·吉安府·祠庙 五贤祠（在庐陵县东南青原山，祀王守仁、邹守益、聂豹、欧阳德、罗洪先）。

嘉靖十一年（1532）壬辰科状元林大钦

传　　记

（明）薛侃《传》　东莆林太史，讳大钦，字敬夫。世居东莆，故号东莆太史。

其先自闽迁济南，朝奉公复自济南回闽。不至，因止莆山之阴，家焉。是为始祖。四世潜峰公以理学起家，官秘书，乃以族改居山阳之山兜，宗属延植矣。八世碧川公以文学腾声黉序，即高祖也。生四子，第三子怡然公生经标公。经标公生赠儒林郎毅斋公。是为皇考。

赠公儒而贫，晚年单举太史，有异征。稍长，聪颖异侪。好读书，乃至无书给之。稍学为经义，东涯一见奇之，以国器许焉。年十二，从赠公至郡书肆，见苏氏《嘉祐集》，绝好之，伫玩移时，为言赠公市归。既浃旬，操笔为文，屈注奔腾，神气宛肖，识者重之。会十八，失赠公。拮据奉母，力尤不能致书。族伯廷相、廷泰，名孝廉也，藏书万卷。因资以自广，寻浸博通子史百家言矣。

嘉靖辛卯就试，督学王公奇其文，为荐于巡按御史吴公。更试《李纲十事》，考据详核，词旨凛烈，读之觉奕奕有生气。相与叹赏曰："此苏公笔墨，胡公封事也。必然大魁天下。"其年试于乡，本房荐拟元，已而第六。明年计上春官，连举进士状元及第，如二公言。方太史之廷对也，阁臣定孔生、高生二卷，都御史汪公鋐得太史文，诧曰："安有答策无冒语者！"大学士张公孚敬曰："是娴于词，必当上意。"乃附二卷封进。上览之，亲擢第一。榜发，中外称庆，咸谓大魁得人云。

官词垣三年，即疏请终养。奉母南旋，筑室以聚族人。结讲堂华岩山，与乡子弟讲贯六经，究性命之旨。自是屡趣不起矣。海内贤士大夫，想望丰采。如姚江王龙溪、吉水罗念庵、浙中王汝中，与鮀江翁东涯及不佞，时相寓书言学问之意。独太史刊落闻见，纯任自然，实能于所性本体着力修存，非从耳目记诵收拾补凑也。既已无心世用，优游典籍，怡情山水。所作诗歌萧然自放，非樊笼所囿者。

昔与洪震父、许郁园及谢生、黄生交。震父早逝，假旋，郁园亦亡。太史亲为扶榇，俱为经纪其家。即谢生、黄生亦时相扶进，庶乎始终者。东莆所隶堤啮于水，莫与任功。太史曰："是吾责也。"甃砌坚牢，东凤诸村赖之。

太安人旧多病，庚子尽年不差，以至大故。太史毁甚，加之久侍汤药，血气坐是大耗。免丧，葬其母于莆山之麓，归道病卒。闻者咸惜其才，而悲其年之不永也。东涯寓书于余，恐其澌灭无述，俾令作传。而世次特详，犹东涯意也。

论曰：太史之贵也，实出永嘉、贵溪之门。二人既得君，太史又为天子所自取士，倘稍委蛇，即立致卿贰无难也。顾屡促不就，何哉？既盈而昃，亢极而战。无论俯仰事人，非通人之节。而权势倚伏之途，肯蹇裳就之乎！吁！此出处之揆也。既已逍遥林谷，向往前修，生生之体，依稀见之。使天假之年，进取当未可量也。居家奉母，是亦为政。自贱而贵，自生而没，始终孺慕，可谓孝矣。

（录自［明］林大钦《东莆先生文集》卷首）

（明）陈鎏《皇明历科状元录》卷四·嘉靖十一年壬辰状元林大钦 廷对之士林春等三百一十六人，擢林大钦第一。取庶吉士吕怀等二十一人。

林大钦，字敬夫，广东潮州海阳县人。年二十二及第，授翰林修撰。以疾告归，未久卒。

是岁，礼部尚书夏言知贡举，上言："举子经义策论，各有程式。迩来文体诡异，旧格屡更。请令今岁举子，凡刻意骋词、浮诞磔裂以坏文体者，摈不得取。"上从之。会试既毕，夏公复召予语曰："进士答策，亦有成式，可谕诸生，毋立异也。"予曰："唯。"因诸举子领卷，传示如前。诸举子皆曰："唯。"

既廷试，诸达官分卷阅之。时内阁取定二卷，都御史汪公鋐得一卷，大诧，曰："怪哉！安有答策无冒语者？"大学士张公孚敬取阅一过，曰："是虽破格，然文字明快，可备御览。"遂附前二卷封进。上览之，擢无策冒者第一。启之，乃林大钦也。

夏公大骇，谓予何不传谕前语。予无以自解，乃就大钦询之。对曰："某实不闻此言，闻之，安敢违也？"予乃检散卷簿，则大钦是日不至，次日乃领之。因叹荣进有数，非人之所能沮也。（田汝成记）

（明）郭子章《潮中杂记》卷九·郡邑志补·林东莆遗事 田汝成记云：林大钦，字敬夫，自号东莆子，海阳县人。年二十二及第。

先是，礼部尚书夏言知贡举，上言："举子经义策论，各有程式。迩来文体诡异，旧格屡更。请令今岁举子，凡刻意骋词、浮诞割裂以坏文体者，摈不取。"上从之。会试既毕，夏公复召予语曰："进士答策，亦有成式，可谕诸生，毋立异也。"予曰："唯。"因诸举子领卷，传示如前。诸举子皆曰："唯。"

既廷试，诸达官分卷阅之。时内阁取定二卷，都御史汪公鋐得一卷，大诧，曰："怪哉！安有答策无冒语者。"大学士张公孚敬取阅一过，曰："是虽破格，然文字明快，可备御览。"遂附前二卷封进。上览之，擢无策冒者第一。启之，乃林大钦也。

夏公大骇，谓予何不传谕前语。予无以自解，乃就大钦询之。对曰："某实不闻此言，闻之，安敢违也。”予乃检散卷簿，则大钦是日不至，次日乃领之。因叹荣进有数，非人所能沮也。

已而，授翰林院修撰。以疾告归，未久卒。

（明）林大春《东莆太史林大钦传》 余尝历观自宋以来制科士至东莆太史，叹曰：呜呼，才不其难乎！乃太史一朝崛起海隅，受知当宁，名动京师，可谓奇士。而论者乃不深惟本始，徒以其年弗永、勋业未就之故，将并其人泯之。以是靡所称述于后世焉。此其责宜在予矣，于是为之传以广之。曰：

东莆者，以里为号，大钦名，敬夫其字也。其先世与予俱出殷太师之后，宋元之间始自闽迁海阳。或居南桂，或居东莆，而在南桂者为予族氏。至太史始以对策入翰林，为展书官。已，退而里居，故称东莆太史也。

太史生而颖敏，幼嗜学。家贫无书，年十二三时，尝从其父如潮，过书肆，见眉山苏氏《嘉祐集》，心绝好之，辄伫玩移日不能去，顷之成诵。已，乃操笔为文，文绝似。缙绅长老先生咸器重焉。会中道失怙，家益贫。独与其母居，常自佣书给之。间颇交游邑士人，资其载籍以自广。由是，旁通子史百家言，揣摸曰：“此足以角当世之士矣。”

嘉靖辛卯，就试有司。督学王公慎中得其文，奇之。以荐于巡按御史，相与叹曰：“是必大魁天下者。”其年果魁于乡，连举进士及第，如其言。先是，天子临轩赐对，一时待问之士，集于大廷者凡三百余人。殿阁大臣第其文，得孔生而下十二策以进，而太史不与。上览而问曰：“是安得无特异者?”始以太史对上，遂大称旨。比制下，中外莫不翕然以为海内复有苏子矣。

久之，以母老疏乞归养，居东莆山中，筑室以聚族人，族人待而举火者数十余家。而吉水罗念庵、武进唐荆川复时时寓书潮州，言学问事。太史顾独自负奇，以为儒者名议论而寡事实，又绳趋尺步，弗获舒其志意。乃遂寄意诗酒台榭声技之间，自谓豪举。其故所与游谢生黄生之徒，辄稍稍引去。客至，或莫见其面，其简抗如此。后母以天年终，太史哀毁逾礼。及既葬，归，道病，竟卒，天下闻而惜之。

论曰：余尝闻之谢生，言吴侍御之知太史也，实以《李纲十事》之对，其辞直，其事核。至今读之，犹令人耿耿有诛奸谀、泣忠愤之气。假令一日立朝，即澹庵封事，何足异者！乃使之弗克见其用以殁，亦可悲矣！然太史故以好游称。及既贵，怀隐居自废。颇若嵇生之书，资东山之娱，以致交游却步。语有之：“后宫盛饰，则贤者隐处。”岂谓是欤！岂谓是欤！盖予于是而益信才之难也。

（录自［明］焦竑《国朝献征录》卷二十一）

（明）郭棐《万历粤大记》卷二十四·林大钦传 林大钦，字敬夫，别号东莆。海阳人。生而颖敏，幼嗜学，家贫无书，过肆见眉山苏氏集，心窃慕之，伫玩移日，竟成诵。后为文绝似之。缙绅长老咸器重焉。嘉靖辛卯以儒士应对《李纲十事》，其词直，其事核，督学王公与巡按吴御史叹异之，曰："此必大魁天下。"是年，中乡试第六，连中进士，廷试状元及第。公廷试不起冒语，一如汉策，殿阁大臣以不合式而有奇气，置进呈十二卷之末。上览大异之，列第一。比制下，海内翕然称复有苏子。授翰林院修撰。每有著述，一时争传诵之。寻以母老疏乞归养。筑室东莆山中，以聚族人。族里待之举火者数百指。吉水罗念庵、武进唐荆川时遗书问学。公自负奇气，厌绳趋尺步，而好为豪举，寄意于诗酒台榭声色之乐。客至莫见其面。后母氏卒。公哀毁逾礼，既葬，归，竟病卒。嗟！公以瑰奇之质，乃辄豪佚自废。才难不信然哉！

（明）顾祖训原编、（明）吴承恩增补、（清）陈枚续补《状元图考》卷三·状元林大钦 嘉靖十一年壬辰，廷试林春等三百一十六人，擢林大钦第一。

按，林大钦，字敬夫，号东莆，广东潮州海阳人。年二十二及第，授修撰。以疾告归，未久卒。

田汝成《记》：是岁，礼部尚书夏言知贡举，上言："举子经义论策，各有程式。迩来文体怪异，旧格屡更。请令今岁，凡骋词浮诞以坏文体者，摈不得取。"上从之。会试既毕，夏公召予语曰："进士答策，亦有成式，可谕诸生，毋立异也。"予曰："唯。"因诸举子领卷，传示如前。诸举子皆曰："唯。"既廷试，内阁取定二卷，都御史汪公鋐得一卷，大诧，曰："怪哉！安有答策无冒语者？"大学士张孚敬取阅一过，曰："是虽破格，然文字明快，可备御览。"遂附前二卷封进。上览之，擢无策冒者第一。启之，乃林大钦也。夏公大骇，谓予何不传谕前语。予无以自解，就大钦询之，对曰："某不闻此言，闻之，安敢违也？"予乃检散卷簿，大钦是日不至，次日乃领之。因叹荣进有数，非人所能沮也。

《状元全考》：自幼聪颖，作文奇宕不群，翁万达一见异之，请招为婿。岳诞日，大钦书联一对贺曰："天增岁月人增寿，春满乾坤福满堂。"语意宏敞，翁曰："状元才也。"大钦祖父葬地有古谶云："五凤山头未为贵，鹧鸪飞去状元来。"其山未向对鹧鸪山甚凶，人不敢葬。又念鹧鸪安得飞去？钦祖父依古谶葬之，是夜雷雨大作，其山果崩，若飞去然。其父乃生大钦中状元。

（明）过庭训《明分省人物考》卷一百十二·广东潮州府·补遗·林大钦 林大钦，字敬夫，海阳人。生有异征，慧出侪等。家贫，每从人贷书。年十三，即能通《少微通鉴》。年十七，失怙，教授生徒以养母。翁襄毅得其经义，至请见，许以国器。二十，应嘉靖辛卯试，对《李纲十事》，御史吴麟大称赏，擢第六人，以语督学王世芳，皆曰："大魁手也。"遂连捷礼闱。比奉大对，文益奇。都御史汪鋐讶其起语不如制，以示大学士张孚敬，曰："是娴于辞，进以备御览可也。"遂品置第三进呈，上得大钦策，大称意，亲题第一。比制下，海内翕然慕之。授翰林修撰。寻乞身归养。大钦夙以才自负于百家言，雅喜苏氏，为文亦酷似之。第后稍任达，厌绳墨，独窥玄理，尝著《性日照空万障论》以见志。故其行事，时有出入，而事母独谨，居丧哀毁，以改葬归，道病，卒于家。

（清）鲁曾煜等《广东通志》卷四十七·人物志·文苑·潮州府 林大钦，字敬夫，海阳人。生有异征，翁万达见其文，许以国器。弱冠应乡试，对《李纲十事》，御史吴麟即以大魁期焉。嘉靖壬辰廷对，文益奇，都御史汪鋐讶其起语违制，大学士张孚敬曰："是娴于辞，必当帝意。"遂品置第三。进呈，帝亲擢第一，授修撰。寻乞归养，未几，卒。大钦夙以才自负，雅慕苏氏学，为文酷似之。

科　第

（一）乡试

（清）鲁曾煜等《广东通志》卷三十三·选举志三·举人·明·嘉靖十年辛卯乡试榜 林大钦（海阳人。状元）。

（二）会试、殿试

嘉靖壬辰殿试策（林大钦） 制曰：朕惟人君奉天命以统亿兆而为之主，必先之以咸有乐生，俾遂其安欲，然后庶几尽父母斯民之任为无愧焉。夫民之所安者所欲者，必首之以衣与食。使无衣无食，未免有冻馁死亡流离困苦之害。夫匪耕则何以取食？弗蚕则何以资衣？斯二者，亦王者之所念而忧者也。今也耕者无几而食者众，蚕者甚稀而衣者多，又加以水旱虫蝗之为灾，游惰冗杂之为害，边有烟尘，内有盗贼，无怪乎民受其殃而日甚一日也。固本朕不类寡昧所致，上不能参调化机，下不能作兴治理，实忧而且愧焉。然时有今昔，权有通变，不知何道可以致雨旸时若，灾害不生，百姓足食足衣，力乎农而务乎织，顺乎道而归乎化。子诸士明于理，识夫时，蕴抱于内，而有以资我者亦既久矣。当直陈所见所知，备述于篇。朕将览焉，勿惮勿隐。

臣对：臣知识愚昧，学术疏浅，不足以奉大问。窃惟陛下当亨泰之交，抚盈成之运，天下皆已大治，四海皆已无虞。而乃拳拳于百姓之未得所为忧，是岂非文王视民如伤之心耶？甚大美也！然臣之所惧者，陛下负聪明神智之资，秉刚睿明圣之德，举天下之事无足以难其为者，而微臣所计议复不能有所补益于万一。陛下岂能以其言为未可尽弃而有所取之耶？陛下临朝策士凡有几矣。异时莫不光扬其名声，宠绥其禄秩。然未闻天下之人有曰：天子某日降某策问某事，因某策济某功者。是岂策士之言皆无可适于用者，抑亦其言或有可适于用而未暇采之耶？是臣之所惧也。臣方欲为根极政要之说，明切时务之论，而不敢饰为迂阔空虚无用之文以罔陛下。陛下若以其言为可信而不悉去之，试以臣之策付之有司，责其可行，则臣终始之愿毕焉。如或言不适用，则臣有瞽愚欺天之罪，俯伏以待罪谴，诚所甘心而不辞也。

臣伏读圣策，有以见陛下拳拳以民生冻馁流离为忧，以足民足食为急，此诚至诚恻怛以惠元元之念。天下之所愿少须□无死，以待德化之成者。然臣谓陛下诚怀爱民之心，而未得足衣食之道。诚见百姓冻馁流离之形，而未知百姓冻馁流离之实也。夫陛下苟诚见夫百姓冻馁流离之实，则心思所以富足衣食之道。未有人主忍见夫民之冻馁流离，而不思所以救援之者。未有人主救援夫民之冻馁流离，而天下卒坐于冻馁流离而不可救者也。今夫匹夫之心可行于一家，千乘之心可行于一国，何者？以一家一国固吾属也。曾谓万乘属天下者，有救援天下真实恳切之诚，而顾不效于天下者哉！是臣所未信也。臣观陛下临朝凡十有余年于此矣，异时劝农蠲租之诏一下，天下莫不延颈以望更生然。而惠民之言不绝夫口，而利民之实惠至今犹未见者，臣是以妄论陛下未见斯民冻馁流离之实，未得足民衣食之道也。臣闻之，仁以政行，政以诚举。王者富民，非能家衣而户食也，心政具焉而已矣。夫有其心而无其政，则天下将以我为徒善；有其政而无其心，则天下将以我为徒法。徒法者化滞，徒善者恩塞。心法兼备，此先王所以富足人之大略也。臣观史策，见三代以后之能富其民者，于汉得一人焉，曰文帝。当秦乱干戈之后，当时之民盖日不暇给矣。文帝视当时之坐于困塞者盖甚于涂炭也。育之以春风，沐之以甘雨，煦煦然与天下相为休息之政，而涂炭者在袵席矣。故后世称富民者，以文帝配成康，亦诚有以致之也。然而文帝固非纯王者，窃王者之似焉，犹足以尊称于后世，而况夫诚于王者而顾有坐视天下于冻馁流离者哉！臣窃谓今日陛下忧民之心不为不切，爱民之政不为不行，然臣所以敢谓陛下于斯民之冻馁流离而未见其实，于足民之衣食而未得其道者，窃恐陛下有爱人之仁心，而未能如王者之诚怛恳至；有爱人之仁政，而未能如王者之详悉光明。臣是以敢妄论陛下而云云也。然臣所望仁政于陛下者，非欲尽变天下之俗也，非欲复井天下之田也。亦曰宜时顺情而为之制，而不失先王之意耳。臣请因圣策所及而条对之。

陛下策臣曰：夫民非耕则何以取食？弗蚕则何以资衣？斯二者，亦王者之所念而忧者也。今耕者无几而食者众，蚕者稀而衣者多，又加之水旱虫蝗之为灾，游惰冗杂之为病，边有烟尘，内有盗贼，何怪乎民受其殃日复甚一日也。此见陛下痛念生民之病，深揆困乏之本，而极思所以拯救之也。臣谓民之所以耕蚕稀而日甚其殃者，游惰起之也，冗杂病之也。若夫水旱虫蝗之灾，则虽数之所不能无，然君人之忧不在焉。何者？恃吾耕蚕之具素修而无所耗，则虽有水旱虫蝗而无所害。臣闻有道之国，天不能灾，地不能厄，夷狄盗贼不能困。以恒职修而本业固，仓廪实而备御先也。臣闻立国有三计：有万世不易之计，有终岁应办之计，有因时苟且之计。万世不易之计者，《大学》所谓生之者众，食之者寡，为之者疾，用之者舒者也。故《王制》，三年耕则有一年之积。例之，则九年当有三年之豫。其终岁所入盖足以自给，而三年之蓄恒可以豫待不虞。如此者，所谓天不能灾，地不能厄，夷狄盗贼不能困。臣前所谓王者之政，陛下今日所方切求而欲励行之者。所谓终岁应办之计者，盖生财之道未甚周，节财之道未甚，一岁之入仅足以充一岁之用。其平居无事犹未见其甚敝，偶有凶荒盗贼之变，则未免厚敛重取，以至于困败而不能自振。若此者，盖素备不修，因时权设，汉唐宋以下治天下之大率，而非我陛下之所以奉天理而深厚国脉者。其所谓因时苟且之计者，盖平时之用以敛散于民者颇无其度，而取民惟畏其不多，用财惟畏其不广。方其无事，百姓已不能自给，迨其有变，则不可复为之计矣。此则制国无纪，溃乱不时，盖昏乱衰世之政焉。臣前所谓起于游惰，病于冗杂之弊，亦略有同于是。

陛下今所方欲改辙而易海内之观者，臣谓今日游惰之弊有二，冗杂之弊有三。此天下之所以常坐于困乏，而志士至今愤惋而叹息者也。其所谓游惰之弊二者，一曰游民，二曰异端。游民众则力本者少，异端盛则务农者稀。夫民所以乐于游惰者何也？盖起于不均不平之横征，病于豪强之兼并，小民无所利于农也，以为逐艺而食犹可以为苟且求生之计。且夫均天下之田，然后可以责天下之耕。今夫里闬之小民，剥于污吏豪强者深矣，散食于四方者众也。大率计今天下之民，其有田者一二，而无田者常八九也。以八九不耕之民坐食一二之粟，其势不得不困，然而散一二有田之业，以为八九自耕之养，其势未尝不足。议者病游民之众也，或有逐商之说。然臣以为游民之商，本于不得已也。而又无所变置而徒为之逐，臣惧夫商之不安于商也。臣窃谓今日之弊源已深，更化者当端其绪而缓理之。理而无绪，势将驱力农之民而商，而又将驱力商之民而盗也。天下为盗，国不可久。其便莫若颁限田之法，严兼并之禁，而又择循良仁爱恻怛之吏以抚劳之。法以定其世业，禁以防其奸贪，吏以时其安缉，游民其吋归乎！若大异端者，盖本无超俗利世之智，而徒窃其减额逃刑之利，不工不商，不农不士，以自便其身，且其倡无父、无君之教于天下，将使流风之未可已焉。此其为害甚明，故臣不待深辨。然臣窃悼俗之方弊也，秃首黄冠，充斥道路，珠宫琼宇，照耀云汉，此风未艾，效慕者众。非所以令众庶见也，非所以端正风纪之要体也。故臣请陛下严异端之禁，斥道佛之说，敕令此辈悉归之农。其有不如令者，许有司罪治不赦。盖非惟崇力本之风，抑且施教化之道，此臣拳拳所望于陛下之至意也。其所谓冗杂之弊三者，一曰冗员，二曰冗兵，三曰冗费。冗员之弊必澄，冗兵之弊必汰，冗费之弊必省，三冗去而财裕矣。夫圣人所以制禄以养天下之吏与兵者，何也？吏有治人之明则食之也，兵有敌人之勇则食之也。是其食之者以其明且勇也。其或有不明不勇者，则非耕不得食，非蚕不得衣。何者？无事而禄，亦先王之所俭也。今天下之吏与兵何如也？臣非欲尽天下之吏与兵而不禄之也。臣徒见任州县者固有软罢不胜而坐禄者焉，隶兵籍者固有老弱不胜而滥食者焉。且入赀之途太多，任子之官太众。简稽之责不严，练选之道有亏。臣是以欲于此辈一澄且汰焉。其所以去冗滥而宽民赐者不少也。若夫冗费之弊不能悉举，即其大而著者论之，后宫之燕赐不可不节也，异端之奉不可太过也，土木之役不可不裁也。陛下端身以率物，节己而居俭，其于三者固未可议焉。然窃见天下之大，民物之众，九州四海之贡，尺帛粒米之赋。山林川泽之税，日夜合萃以输太仓，可谓盛矣。而国计未甚足，以为必有所以耗之者矣。且夫上之赋其下者以一，而下之所以供夫上者常以十。盖道路之耗，漕挽之费，京师之一金，田野之百金也。内府之百金，民家之万金也。以百万民家之资，费之于一燕飨一赐子一供玩者何限？臣故曰冗费在今日，亦有未尽节者。盖臣闻之，以天下所有之财赋为天下人民之供养，未有不足者。特其有以冗而费之者，则其势将横征极取，天下不至于饥寒冻馁大败极弊而不已。臣读《史记》，见周文王方其受命之时，地方不过百里，而四方君长交至于其国，其所以燕飨劳来之典不容终无，然而当时百姓各足，饥寒不病。故民诵之诗曰：勉勉我王，纲纪四方。盖庆之也。传至于其子孙，以八百国之财赋自养一人，宜其甚裕而无忧，而民反流离困苦，至于《黄鸟》此邦之咏作焉。臣于此见君人节己以利人则易为功，广费以厚敛则难为力。臣是以拳拳以省冗费为陛下告也。

陛下策臣曰：固本朕不类寡昧所致，上不能参调化机，下不能作兴治理，实忧而且愧焉。此乃陛下忧勤之言，禹汤罪己之辞也。然臣谓陛下非徒为是言也，须欲励是行也。夫君人之言与士庶不同，一或不实天下玩之，后虽有美意善政人且骇疑不信。陛下往年尝有恤农之诏矣，然而天下皆以为陛下之虚言。何者？诚见其言若是焉，而未见其惠也。今陛下复策臣若是焉，臣以为亦致忧勤之实而已。欲致忧勤之实，须速行臣之言。然臣前所陈者，皆因圣策所及条对。要之，所以振弊利世之道犹有未尽于此，臣请终之。夫山泽之利未尽垦，则天下固有无田之忧。今夫京师以东，蔡邓齐鲁之间，古称富庶强国，三代财赋多出于此。汉唐以来名臣贤守，其所以兴田利而裨国用者，沟洫川浍之迹犹存，而今悉为空虚茅苇之地，此古人所谓地利犹有遗者。而陛下所使守此土者，一切苟且应职而无能为任此忧者，此北人所以长坐仰给于东南，小有凶荒不继，辄辗转沟洫而不能自给以生者，地利未尽也。臣意陛下莫若严其守令，重选有力量才干忠诚为国之士，使守其地而专一以兴田利为事。朝廷宽其禁限，听其便宜，而惟以此为田利课，则海内当有赵过者出焉。不数十年之后，则江北之田应与江南类。可省江淮数百万之财赋，而舒北人饥寒冻馁之急。一举而利二焉，大惠也。陛下能断而行之，大勇也。或曰非不欲行也，如东南异宜何？臣请有以析之。夫今日所谓空虚荒瘠无用之地者，非向时所谓富实而所托赖以兴起之本区乎？昔以富实，今以荒虚，臣诚未喻其说，亦曰存夫人尔。魏人许下之屯，可见矣。方枣祗为屯许之画也，当时亦诚见其落落难合。洎其成也，操终赖之，省粟数万。今天下之大，又安知其无能为枣祗者乎？臣是以愿陛下以此为田利课，则山泽垦。臣又闻之，山泽不征，市梁无禁，王者所以通天下，大公大同之制也。自汉桑弘羊以剥刻之术媚上，而征榷之法始详，历代因之而不革，大公之制未闻也。然臣终以此为后世衰乱苟且之政，今朝廷之取民，茶有征，酒有榷，山泽有租，鱼盐有课，自一草一木以上之利，莫不悉笼而归之公，其取下悉矣。夫上取下悉则其势穷，夫兽穷则逐，人穷则诈。今陛下之民将诈矣。司国议者非不知其势之不可以久也，然而明知其弊而冒之者，诚曰国家利权之所在也。臣以为利不胜义，义苟未安，利之何益，况又有不利者在乎？臣闻之，王者所以总制六合而正服民心张大国体者，固在道德之厚薄，不问财赋之有无。臣观征利之说，不出于丰大之国，恒出于衰乱之世。纤纤然与民争利者，匹夫之事也。万乘而下行匹夫之事，则其国辱，非丰大之时所尚也。陛下何不旷然为人所难，思大公之法，去衰乱之政，令天下之士争言曰：惜乎！汉唐宋不能舍匹夫之利以利人，至我明天子然后能以天子之大体镇服民心焉。陛下何苦于此焉不为也。臣愿陛下息山林关市之征焉，使大圣人所作为过于人万万也。若夫悉推富民之术，则平籴之法不可不立也，常平之仓不可不设也，奢侈之禁不可不严也。凡若此者，史册之载可考。陛下可能举而行之，成典俱在，故臣不必深论之也。

由臣前所陈而言之，均田也，择吏也，去冗也，省费也。由臣后所陈而言之，辟土也，薄征也，通利也，禁奢也。田均而业厚，吏良而俗阜，冗去而蠹除，费省而用裕，土辟而地广，征薄而息宽，利通而财流，奢禁而富益，八政立而制备矣。陛下果能行臣之言，又何忧于百姓之冻馁流离，又何至于有盗贼之警，又何患乎不顺夫道而归乎化哉！通变宜时之道，其或悉备于此。然臣以为此数者，皆不足为陛下之难。所患人主一人不能清虚寡欲，以为宽民养物之要，则虽有善政美令，未暇及行。盖崇高富贵之地，固易为骄奢淫逸之所，是故明主重内治也。故古之贤王遐观远虑，居尊而虑其危，处富而惧其溢，履满而防其倾。诚以定志虑而节逸欲，固寅畏而禁诐邪也。故尧日兢，舜日业，禹日孜，汤日检。臣以为数圣人固得治心之要矣。臣尝读《汉书》，见汉武帝之为君，方其临轩策士奋志六经也，虽三代之英主不能过焉。洎其中年多欲，一念不能自胜，公孙弘、桑弘羊、张骞、卜式、文成五利之辈，各乘其隙而售之，卒使更变纷然，天下坐是大患。臣是以知人主一心，不可使有所嗜好形于外，少有沉溺，为祸必大。故愿陛下静虚恬虑以为清心节欲之本，毋以深居无事而好逸豫，毋以海宇平清而事远夷，毋以物力丰实而兴土木，毋以聪明英断而尚刑名，毋以财赋富盛而事奢侈，毋羡邪说而惑神仙。澄心正极，省虑虚涵。心澄则日明，虑省则日精。精明之运，旁烛无疆，举天下功业惟吾所建者，岂止以富民生足衣食而已哉！

臣始以治弊治法为陛下告，终以虚心寡欲为陛下勉。盖非有惊世绝俗之论以警动陛下，然直意以为陛下之所以策臣者，盖欲闻剀切时病之说，故略敢尽其私忧。过计之辞，衷情所激，诚不知其言之犹有所惮，亦不知其言之犹有所隐。惟陛下宽其狂易，谅其朴直而一赐览之。天下幸甚！臣谨对。

（录自［明］贺复征《文章辨体汇选》卷一百九十一）

（明）张朝瑞《皇明贡举考》卷六 （嘉靖十一年）三月十五日，临策天下贡士。制曰：……

（时廷对之士三百一十六人，赐林大钦等进士及第出身有差。田汝成记云："是岁，礼部尚书夏言知贡举，上言：'举子经义论策，各有成式。迩来文体诡异，旧格屡更。请令今岁举子凡刻意骋词、浮诞磔裂以坏文体者，摈不得取。'上从之。会试既毕，夏公复召予语曰：'进士答策，亦有成式，可谕诸生毋立异也。'予曰：'唯因诸举子领卷传示如前。'诸举子皆曰：'唯。'既廷试，诸达官分卷阅之。时内阁取定二卷，都御史汪公鋐得一卷，大诧曰：'怪哉！安有答策无冒语者？'大学士张公孚敬取阅一过，曰：'是虽破格，然文字明快，可备御览。'遂附前二卷封进，上览之，擢无策冒者第一，启之，乃林大钦也。夏公大骇，谓予何不传谕前语，予无以自解，乃就大钦询之，对曰：'某实不闻此言。闻之，安敢违也。'予乃检散卷簿，则大钦是日不至，次日乃领之。因叹荣进有数，非人之所能沮也。"大钦天才溢发，为文俊拔，卒于修撰。……）

第一甲三名赐谥进士及第：林大钦，广东海阳县。……

（明）王世贞《弇山堂别集》卷八十二·科试考二 （嘉靖）十一年壬辰，命詹事府少詹事兼翰林院学士张潮、翰林侍读学士郭维藩为考试官，取中林春等。廷试，赐林大钦、孔天胤、高节及第。先是，礼部尚书夏言上疏请正文体，诸刻意骋词、浮诞磔裂坏文体者，摈不得取，诏可。既廷试，言复令仪制郎中约束诸士咸拱听，而大钦独后至不闻也。起不用对冒，而文气甚奇。吏部尚书汪鋐得之，诧曰："怪哉！"以示大学士张孚敬，已定二卷，览之曰："虽破格，甚明健可诵也。"取为第三，既呈览，上御批第一。大钦时年二十有二。

（明）张弘道、张凝道《皇明三元考》卷十·嘉靖十一年壬辰科大魁 状元林大钦（广东海阳人，字敬夫。治《诗》。儒士。辛卯乡试第六名。年二十二。天才溢发，为文俊拔。卒于修撰。先是，礼部尚书夏言上疏请正文体，"诸刻意骋词、浮诞磔裂以坏文体者，摈不得取。"诏可。既廷试，言复令仪制郎约束，诸士咸拱听，而大钦独后至，不闻也。策起不用冒，而文气甚奇。吏部尚书汪鋐得之，诧曰："怪哉！"以示大学士张孚敬，已定二卷，览之曰："虽破格，甚明健可诵也。"取为第三，既呈览，上御批第一）。

（明）张弘道、张凝道《科名盛事录》卷一·元魁盛事·儒士高科 海阳林状元大钦（辛卯、壬辰联科）。

（清）鲁曾煜等《广东通志》卷六·编年志一·明纪 （嘉靖十一年）春三月，赐海阳林大钦状元及第。

又，卷三十二·选举志二·进士·明·嘉靖十一年壬辰林大钦榜 林大钦（海阳。状元。修撰）。

（清）张廷玉等《明史》卷十七·本纪第十七·世宗一 （嘉靖十一年春）三月戊辰，赐林大钦等进士及第出身有差。

轶　事

（明）王世贞《凤洲杂编》卷四·大钦破文格而文气甚奇 （嘉靖）壬辰，赐林大钦等及第。先是，礼部尚书夏言上疏请正文体，诸刻意骋词、浮诞磔裂坏文体者，摈不得取。诏可。既廷试，言复令仪制郎中约束诸士咸拱听，而大钦实后至不闻也。起不用对冒而文气甚奇。吏部尚书汪鋐得之，诧曰："怪哉！"以示大学士张孚敬。先已定二卷，览之曰："虽破格，甚明健可诵也。"取为第三。既呈览，上御批改第一。

（明）焦竑《玉堂丛语》卷六·科试 田汝成记，壬辰礼部尚书夏言上言："举子经义论策，各有程式，请令今岁举子，凡聘词浮诞，磔裂以坏文体者，摈不得取。"上从之。会试既毕，夏公复召予语曰："进士答案，亦有成式，可谕诸生，毋立异也。"予曰："唯。"因诸举子领卷，传示如谕。既廷试，诸达官分卷阅之。时内阁取定二卷，都御史汪公鋐得一卷，诧曰："怪哉，安有答策无冒语者？"大学士张公孚敬取阅一过，曰："文字明快，可备御览。"遂附前二卷封进，上览之，擢第一，启之，乃林大钦也。夏公大骇，谓予何不传谕前语，予无以自解，乃就大钦询之，对曰："某实不闻此言，闻之安敢违也。"予乃检散卷簿，则大钦是日不至，次日乃领之。因叹荣进有数，非人所能沮也。

（明）朱国祯《涌幢小品》卷七·传胪之谬 嘉靖十一年，上御殿，传胪。诸进士皆集阙门，一序班谬传，令儒服以进，首名林大钦及诸进士巾袍者百余人，次名孔天胤以更服，止掖门外。诏问状，鸿胪卿王道中以为礼部失于晓谕。上切责部臣，夺司官俸一月。礼部言："已尝先期揭示，实以序班妄传，遂致错误。道中乃欲曲庇属官，厚诬本部，非朝廷设官相临之体。"诏道中对状，切责而宥之，序班孙士约等下法司逮问，大钦、天胤等俱免究。

（清）谢道承等《福建通志》卷六十七·杂记（丛谈三）**·汀州府** 明潮阳林大钦及第，假归，道经杭邑。旧有偶句云："白水砌头白屋白鸡啼白昼。"未有对者。大钦随地询名，去县五里许，得句曰："黄泥垄口黄家黄犬吠黄昏。"人称其工丽。盖白水砌、黄泥垄悉县辖也。（《上杭县志》）

（清）阎湘蕙《明鼎甲征信录》卷三 林大钦，字敬夫，广东海阳人。封翁毅斋，为潮郡刑房典吏，矜恤疑狱，哀悯烦冤，盖其素念。偶一人衔冤陷辟，谋与雪，不能得策。乃朝夕祷大士，冀赐垂救，一夕梦慈悲示曰："某按院谳语致疑，某刑官招详未确，乘此辩之，可见罪非其有。"晓即代为作词上诉，果获释。其人深感大德，奈久禁家贫，无以为报，知翁未嗣，欲以女归之，翁不许。一日延翁，醉扶密室，扃女同寝，翁觉，曰："不可。"女曰："父蒙翁再生，命妾奉事，以酬恩德。"翁又曰："不可。"女复曰："此出父命，且昏夜，人无知者。翁凝严若此，无乃孤负父心矣。"翁三曰："不可。"起去，后遂不过其门。至年五十，产大钦。有异征，聪颖异俦。年十二，笃嗜苏氏《嘉祐集》，操笔为文，神气宛肖。十八，失怙，拮据奉母，力不能致书。族伯廷相、廷泰，名孝廉也。藏书万卷，因资以博通经史。

东邻有艳妇，屡流盼，乘夫出，穴墙招之，大钦心动，曰："室迩人遐，奈何？"妇曰："岂不忆逾东家墙乎？"梯而上，忽转念曰："人可瞒，天不可瞒。"遂下，妇复婉招，大钦为所惑，乃复上，已骑墙欲过矣，又自念曰："天终不可瞒。"急下，扃其门而出。

嘉靖十年，举乡试第一。十一年，北上，店主梦神语曰："明日林三不可子来，乃今科状元，汝宜敬礼。"主人心识之。至京赴试，时主司少詹事张潮秉烛独坐，闻耳畔言曰："状元乃骑墙人也。"及状元来谒，询之，始悉前事。告归，复过旅舍，主人具以梦告，大钦思："三不可非父混名，何以神有预朕？"归以白母，方知封翁隐德，人所不喻，惟母夫人知之也。

当壬辰之未殿试也，尚书夏言上疏言："经艺策论，各有程式，违者不录。"上从之。即廷试，复令郎中约诸士咸听，大钦独后至，不闻也。起不用对冒，而文气甚奇。尚书汪铉得其卷，以示大学士张孚敬，览之曰："虽破格，甚明健可诵。"取为第三。既呈览，御批第一。时年二十二，奉旨归娶。官词垣三年，即疏请终养奉母南旋，筑室聚族人，结讲堂华严山，与乡子弟讲贯六经，究性命之旨，实能于所性本体，着力修存，天下想风采焉。（《广东通志》并《善言纂要》、《警惕录》、《贡举考略》、《制义科琐记》。）

（清）梁章钜《巧对录》卷之八 林大钦幼时，喜作大言，师出对云："议论吞天口。"大钦对云："功名志士心。"

评　　论

（明）丁自申《策序》 东莆太史林先生崛起岭南，射策明廷第一。其敷对抒陈，忠悃不主颂体，以是受圣天子亲知，盖异数也。自申髫童时，得手录而读之，以合于苏长公制科之策，不辨其孰为长公者。

始太史自以侍承明之日长，乞身归养。部使者屡趣还职，卒不果赴以殁。学士大夫无不囗然伤之。同郡左参刘公与佥宪林公追论乡哲，因相顾欷歔曰："往太史魁天下，天下之所共知太史者不在文，将因文以睹其用。顾其用不究已矣，可使其文澌灭无传尔耶！"佥宪公乃出所藏遗策若干首，使授于郡斋而刻以行焉。

嗟乎！方太史弱冠在诸生中，试经术世务，动条答数千言，至令主司敛衽叹赏，无论一策冠多士，而光芒闪铄久矣。文者，天地之精华，其下为河岳，其上为日星。人以文尤著者，势欲薄河岳日星，争光上下，即精华太炫，造物忌之。斯苏长公所以玉堂金马之门常冷，而放浪山巅水曲以终也。独太史然哉！

今是篇比长公什一耳，安知尚论者不与苏集并传。昔治安之策，谊不及试而夭年早终，刘向尚其通达国体。蔡邕秘《论衡》不以示人，由今知中郎之集不下于充也。兹谋刻者之心，抑有刘更生之见，而剖箧中以公之人，贤于中郎远矣。晋江丁自申书。

（录自［明］林大钦《林大钦集》附录三）

（明）郭子直《三试外场全卷序》 夫人以灵淑秀朗之心泄之篇章，则异地异时必有声应气求者于其后。余于东莆先生有感焉。

余少习海内家语，得先生乡会制义读之，异其不袭绮丽，不事雕画，直抒性灵。而大廷一对，莫非济世石画，气畅词雄，翩翩乎苏长公风骨，心向慕之。时群诸生中，未尝有一日之雅于石洲师，亦不期衔命为岭表游。未几，石洲师奉玺书督学于越，竟得以平日淑于先生者，售知石洲师。庚午连上春官，即浮沉中外十余年，犹幸有今日游，则余与先生，若有夙缘者。夫读其人之书，于二十年前知遇其宗人，已奇矣，复于二十年之后入其乡，揖让其子弟，望其园林宅里而吊焉，非有得于声应气求者乃尔哉！

向厕祠曹，拟锓先生文，以示不忘且不敢私。坎坷世途，篇幅漶漫。今游其地，日与其乡之子弟相劘切，独敢忘且私乎！因出其三试全录，属潮阳令徐君锓之，为东人士式。

夫龙泉之利，期于断割，乌号之劲，期于中的。先生以弱冠射策，为世庙第一人，时以为贾谊、刘更生复出，非举业者之龙泉、乌号乎？东人士不法其先正宗旨，顾搜索坊间残唾余沫，蔽日穷年，刓精剥神，即偶博一第，终亏大雅，无益也。嗟！嗟！剑尚神光，而华其室者宝铅刀矣；弓先木理，而绣其弭者珍棘材矣。宁不为欧冶、甘蝇之所笑哉！粤之人士，知东莆先生之文为龙泉、乌号，则声应气求，嗣余其有兴乎！槜李郭子直臣举书。

（录自［明］林大钦《林大钦集》附录三）

（明）曾迈《诗序》 东莆太史以嘉靖壬辰对策魁天下，寻以母老疏乞归养。归而筑室山中，饮酒赋诗。余自垂髫时，未尝不慕其为人。每扼腕其寿命不永，勋业未就，无所表见于天下。乃旁搜其遗稿，自廷试诸策而外，不上数什首。虽其为文出入两汉，驰骤长苏，然而未极其至，盖所不满于太史者什之七矣。久之，家君出其《田园闲咏》一帙，中多太史点窜字迹。时余未解韵语，顾什袭而藏，尚莫辨其为燕石，为楚璧也。曩岁发而读之，大惬夙契。近每诵其俊句佳篇，以脍炙吴允光，允光亦时尝称赏曰："是恶可以无传乎？恨余未竟其全也。"今兹偕袁经肃海上，益珍玩不释。乃谋锓而广之，而勉为之序。

嗟夫！余何足以知太史哉！大凡天之所命豪杰也，不笃其高世之行，即伟其高世之言。言非浮物也，皆心声也。士君子一吟一咏，未始不酷肖其为人。其人显达而轩昂，则其言庄重典则，威严不可望。其人穷困而愁思，则其言哀怨沉郁，悲鸣不可听。其人狂豪而宕跌，则其言洸洋恣肆，倾泻震撼而不可御。大抵才情之所不至者，意气不能激焉。沉思之所不至者，强辞不能夺焉。持此以论诗，而人品亦因之矣。吾乡自邹鲁以来，事功、节义、文章、隐逸之士不一，而以诗名世者，概可指数。非诗之难，而所以发其才者，意各有所至也。乃太史弱冠负才名，一朝谢去，甘心田里，其意固已远矣。大丈夫生不能立言垂世，没亦徒然。故愤发其所为情，而醉之于风骚篇什。林塘可乐，云山可栖，樵子田夫可侣，木石鱼虾可友。游乎无构之圃，自歌自咏。旷然大观，总之片言只字，依古以来，不失性情之正者也。

明兴诗学泛滥，作者无虑千百，大率多猥芜而乏古雅，而馆阁诸巨公，又特以富丽春容风天下。《三百篇》固不可作，汉唐亦遐哉邈矣。方太史在史馆中，慨然有工古文辞意，又性笃与人不相习，故退而卒业东莆，著诗自见。今观其所闲咏，类多陆沉诗书，放浪丘园，纵意千古之上，不落宋元人口吻。其古者脱去脂粉，独餐云霞，有夏松殷柏气象。睹怀古感兴诸篇，洋洋乎，固陶、谢、嵇、阮之遗风也。其律者又多奇特闲旷，以古意叶声偶，而不妄铸一辞。尝自言曰："五言律者如四十个贤人。著一个屠沽不得，贵淘练也。七言似之。"斯不亦升唐人之堂，窥作者之班乎！是以当世士无一足以知太史，而太史遂受轻世傲物之名。又复不自裁抑，间发其不平感慨之气，独酌独谣于园林中。而识者亦第云豪举云尔，不知太史未尝有意为豪也。见超者不徇物，情简者宁作我。天之所命，久与俱化，即太史亦不知其然而然也。

余固反复是篇，讽咏细绎，恐太史遂谓后世无知己，又惧其管窥蠡测，开罪当时，且不足彰太史千载之名。顾伏而思之，太史之名，载此诗矣。生而无以策树，没而后有所表见者也。言而可传，言亦行者也。余恶得而秘之！昔井丹先生为太史作传。虑无所称述于后，乃不敢辞其责，为刻廷试诸策播之郡国，布之天下。独惜此诗不得与之俱传，即井丹先生之知太史，乌足以尽太史哉！呜乎，斯予之幸也，而亦太史之幸也。余近过太史里门，望其庐，想其人，辄低回留之不能去。而不察者猥以寿命不永，勋业未就为太史病。是用为之表彰，使天下后世知太史有诗名，且曰夫士不出则已，一出皆魁伟奇杰之俦也，而岂徒以对策大廷重乎哉！万历庚子，揭阳曾迈志甫书于肩吾堂。

（录自［明］林大钦《林大钦集》附录三）

（明）曾敬雍《重刻诗序》　予犹子志甫，生后予六岁，垂髫与予同游泮。其才多予数斗，为诸生三年即登丁酉贤书，上春官，交游天下名士。如霍林汤先生、贞父黄先生、休仲胡先生、异度张先生，皆其把臂而莫逆者也。公车弗售，归而与都人士结社学古文词，饮酒赋诗。日持东莆太史林先生《田园闲咏》，饥而饱之，醒而醉之，醉且饱而狂吟之，其意义每旷世而相亲。一日，谋之梓以公先生于不朽。初刷板，乡之人有疑志甫以太史为李奇，浸假而炙名人口，乃渐释然，已复群起而争宝之。噫！其为耳食也，亦多矣。

时予为诸生，虽日与俱，然方惴惴以八股从事，其于五言、七言之旨，未敢肆力而穷其奥。是以亦弗欲辨其为狗羹、为猴羹也。但见志甫每计偕归，凡五易科，其往也挟与俱往，其来也则往往捆载而来。予启其笥视之，皆名山奇川之所记。其得力于太史者，亦不为不多矣。癸丑上春官回，竟以诗酒病且笃。予视之，床头惟此两物。怅然诀予曰："生于斯，殁于斯，侄又何恨？独恨未有广其传者，当属吾叔。"予曰："唯唯，恐不敏不能及耳。"迨淹溘之日，吾兄不忍睹其所遗，尽阁而藏之。

计丁卯，已十有三年春矣，吾始叨鹿鸣，促装北上，未暇探索。越明年，乃启吾兄，发所藏而征之。其版半食于蠹鱼，爰命梓人，为之缉复。获所遗，尚有太史文稿若干首。予未得尽锓，姑取其关于世教者，如《华岩讲旨》，又《书太安人不事佛》二帙，殿为第四卷，略表其广之之意耳。至若太史之学之行之言，则固已载之前序两篇矣，不敢赘。

志甫原名思道，迈盖蒙题更者也。初游泮，与予同师事锡山景逸先生。蒙先生并器其文，即以分利钝之途。今似获左券者第予。愧钝则钝矣，而武后尘，又惴惴不知其何似也。并志之，以不敢负券予者于地下，而俾属予者之虽殁犹生也。崇祯庚午，揭阳曾敬雍简父书于浴风亭。

（录自［明］林大钦《林大钦集》附录三）

（明）洪梦栋《廷试策序》　文以明道也。古人道足于己，有不容已于言者，又其气足以举之，故洸洋自恣，汩汩然日探之而不穷。

秦汉以来，气之昌者，唐推太白，宋则子瞻。太白飞扬超忽，千人坐废，即少陵、昌黎之卓荦，无以过之。子瞻雄姿英伟，如鞭雷电，如决江河。故虽明允之为父，庐陵之为师，亦退避子瞻出一头地。

明兴，能文之士数十百家。较著者，历下、弇州，规模左史；毗陵、晋江，驰骋韩欧；江右郑谦止及吾乡东莆先生，则步趋子瞻。今合诸君子文读之，非不神巧各擅，要东莆之于子瞻，则形神俱肖矣。壬辰对策大廷，顷刻五千余言，排荡屈注，渟蓄蕴崇，直与子瞻《万言书》争千秋之价。吁！何其气之似也。夫后生学士，孰不渔猎先辈，抉意抽华，依以成名。然字字而比之，句句而栉之，士偶衣冠，终归沦弃。何者！其气不充，固非可以貌取也。

夫气犹水也，法犹舟也。水之所趋，舟斯泊焉。气之所届，法斯立焉。故必有余于气，而后宽绰游余非冗也，廉厉峭刻非削也。批之剥之，往还驰骤，无不如意。此子瞻之所以独有千古，而先生之所以大魁天下也。顾气非袭取也。清心以直之，含经嚼史以浚之。调之欲静，行之必达。而又平心息虑以察之，令气与心和，心与手适。乃能行乎其所不得不行，止乎其所不得不止。不然，虚憍客气，血动脉张，知其无能为也。乃吾读先生之文，重有慨也。

嘉靖初，世庙锐意有为，先生所陈者，又悉防微杜渐，通达国体之言，使能行先生所言，清心寡欲，择循良之吏，垦曹濮之田，通南北之利，去冗禁奢，与民休息，虽立致治平，无难也。乃台阁诸臣，懵不能知，世庙知不能行，而先生解组去矣。未几，上心渐侈。土木斋宫之事，纷纷继作。洎乎末年，边事孔亟，师旅之事无岁无之。乃叹先生言无不验，而言之不售，为可惜也。浸淫数十年间，以至于今。储峙内竭，盗满近畿，吏懦而不可仗，兵窳而不可用。河洛之间，漕运再绝。使先生而在，不知其痛哭流涕又当何如也！

兹因其家梓先生制策，为言其文之工，且欣其遇，而深悲国家之不能究其用也。先生文行之佳，具载本传。至别论著，即于制策窥其一斑可也。崇祯癸未，侄婿洪梦栋仁升书。

（录自［明］林大钦《林大钦集》附录三）

（明）吴颖《东莆先生文集序》　予少时见田汝成记东莆先生对大廷时轶事，深叹夫科名盛事非可幸邀，即君相亦不得而争之也。方贵溪当国，知贡举，以成格程进士，高材生之轶于法者，有厉禁，且令所司传论。既廷试，阁中列呈二卷。汪都宪得东莆策，惊曰："宁有对策而无冒语者！"永嘉阅之，曰："文虽逾格，然明快可诵也。"附呈，擢第一人。贵溪让所司之未传前谕也，已乃知散卷时东莆不至，故未闻斯语。呜乎！东莆当日，岂有意于高科之擢，而为此无冒之制策以惊众乎？设令与诸进士旅进，而听春曹之言，又岂复能妄冀格外之赏识，而置阁臣之议为可略乎？则东莆之少年高科，材之所优为也，柄臣安得而引之，况得而抑之哉！

予来潮，从其家购得遗集读之。苏子瞻自评其文，曰："行乎其所不得不行，止乎其所不得不止。"东莆之文有焉。盖文犹水也，东莆其川之方至乎！蓄积者深而行之以气，观于海而知东莆之有其沛然莫御者也。永嘉文贵简练，而有取于此，信永嘉之不以一格圉士也。贵溪立朝摛文，皆以气相尚，而顾欲以成格束缚学人，令背于所好焉，率不克伸其议，而东莆以少年进士，凌而上之。世庙临轩策士，使柄臣无从施其推挽，文章之荣遇固然，抑亦可以尊文章之权矣。东莆他所著述，即以制策概之可也。予故读东莆诗文，而并论其世如此。溧上吴颖书。

（录自［明］林大钦《林大钦集》附录三）

（清）翁如麟《东莆先生文集序》　麟自结发受书，每慨然慕古名臣杰士，以为丈夫处世，当佐天子廊庙，以号令赏罚天下，迪民吉康。否则身肩弘巨，经营四方，勒勋王府，垂光麟阁。即不然则以惊才绝学，膺侍从之选，参帷幄，备顾问，受人主特眷，如陆忠宣公之于唐，欧阳文忠公之于宋。斯可谓不负所学也已。

吾潮林东莆先生以文章魁天下，其大廷对策，洋洋洒洒，不下万言，皆剀切规讽，深中时弊，有古晁贾风，固已九重览而动色，海内诵而心仪矣。乃其余诗文翰札，尚未受梓，故世少传焉。其侄孙明梁、鹏、凤辈，以全集示余，将寿之剞劂，且征弁言。

余惟先生为潮前修，文章行谊，郡邑乘及先辈郡邑大夫备述之矣，小子何能赘？忆侍先君子日，侧闻先生与先祖襄敏公为道义交甚挚。今观先生书中，如征南平交之事，往往留意绥靖，不欲以荒服劳耗民生，与先公上毛、蔡二司马书，千里如合符节。至先公与先生往复诸札，皆以学问德业互相砥磨，其论学诸书，大概宗龙溪先生致良知之说，有非后学所易管窥者。人但知先生以文章名世，而经术卓卓可传，非浏览其全，未易测也。使天假以年，安知君臣之际，相得之盛，见于行事，不与唐宋诸君子后先媲美耶？

麟不佞，生先生之后，慕先生而不得见，见先生之集，则如见先生焉。若夫遇合之奇，则田夫野老能言之，无俟再赘矣。康熙壬寅，翁如麟书。

（录自［明］林大钦《林大钦集》附录三）

（清）方孝标《东莆先生文集序》 海阳林孝廉浤，字深甫，己酉冬，枉公车而省其师江子九同于吴门。九同介之谒予。予见其气宇论议，必名家裔，而未知其先世之所源。一日，深甫奉一编而请于予曰："此浤之曾祖伯考东莆公之遗集也。东莆公讳大钦，字敬夫，嘉靖壬辰状元及第，授翰林修撰。久之，以养母归。筑室东莆山中，与海内贤大夫如姚江王龙溪、海陵王妆中、吉水邹东廓，时以理学相勉励，暇则为诗文自娱。母终，公不胜哀毁，既葬，道病卒。诗文多散佚。癸卯秋，浤受江先生知，得举于乡，乃与族弟鹏、凤辈，搜而辑之，成若干卷。将图不朽于先生，先生其无意乎？"

余既嘉深甫之孝思，而又不能无感于科名与人之相倚以为重也，君臣遇合之难也。盖有明二百余年，状元及第者数十余人，而粤东有三人，先生其一也。此三人外，其以富贵声华震耀一时者，何可胜数。而至今海内所不待言毕而皆知者，惟此三人与丘文庄、海忠介而已。夫以文庄之博学，忠介之贞操，而仅得与三人者并，然则科名岂不足以重人哉。既又思此数十余人，其间以道德文章、勋名节义章章者，虽不乏人，然亦可屈指数，其余则多磨灭。甚或按其籍则有其人，履其乡询其遗文遗迹，而子孙不能言万一。又岂非人之足重科名乎！东莆公生平虽不少概见，然而遭盛时，遇英主，又出永嘉贵溪之门。二公始皆得君甚，公既为天子所特拔，二公必左右之。使公少委蛇其间，岂不能酬致大位。及分宜仇贵溪，锄其党与，一时门生故吏，罗织无免者。而公独优悠畎亩，此必有非得失祸福所能撄者。由此观之，公固重科名而不徒以科名重者也。

昔人观汉贾生策，而知孝文时已有七国变乱之萌，诵元许平仲疏，而知世祖时已有太阿下移之渐。盖朝廷治乱之几，往往大臣不敢言，而小臣能言之。言之，而君或不知之，言之而君知之，则必用之。言之而君知之，而不用之，则天心视为去留，奸邪伺为进退，其害可胜道哉！明世宗亦贤主也，而后世或讥其始激于大礼，继惑于青词。乃今观公大对之策，有曰，"游民众则力本者少，异端盛则务农者稀"，又曰，"秃首黄冠，充斥道路，朝廷之事，无有与陛下言者"，是当时已见端矣。使世宗能因此以信用公，必有大可观。何令之不数年即归，归即老以死？世宗岂可谓知人，而公亦何赖有此知乎？此奸臣方士之所以接踵而兴也。然则，古今君臣遇合之际，能不为东莆公叹哉，然而岂独为东莆公叹而已哉！

深甫挟策长安，其于天下之利弊，自当直言无隐。苟能见知，吾知其必能终用以有成，而光乃祖父之遗泽于异代无疑也。是之谓大孝，深甫勉诸！龙眠方孝标书。

（录自［明］林大钦《林大钦集》附录三）

（清）陈衍虞《序》 周秦而降，所号古文专家者，或以质，或以文，或郁然而奇，或粹然而正。迁、固诸君子，辞不掩理，其老在朴。至徐、庾、江、鲍辈，则全乎春华矣。韩柳之卓跞，永叔之雅醇，文以正胜。而孙樵、刘蜕者流，语不惊人不休矣。甚矣！古人各不相袭也。而其行久不敝者，则皆气之为。文人得气之昌，首推苏髯。观上神宗及策论等文，漭漭汤汤，真有屈注天潢，倒连沧海之势。即长公自言“吾文如百斛泉源，随地涌出”，非气而谁为出之，谁为诵之哉？数百年来，罕见其继。自吾乡东莆先生出，眉山之灯，又横出一枝矣。

先生年二十二对大廷，咄嗟数千言，风飙电烁，尽治安之猷，极文章之态。世庙拔之常格外，擢殿撰，一时声名藉甚。未几，先生以养母乞就子舍，不数载遂归道山。

嗟乎！彼其时讲礼之聚讼虽息，钧衡之炀灶正工，且烽火屡撤，甘泉祷祀工作之事，又纷纷起矣。世庙英毅，资不世出，以先生受眷之隆，假使久立本朝，阴用维挽，必能潜清君侧，而城狐社鼠，不至久窃威灵。必能烛玉杯帛书之奸，而斋宫青辞，无事献媚。必能止土木之繁兴，而将作诸役，不至身都通显。必能先雨绸缪，早销边衅。必能容纳谏臣，广开言路。夫何东山泉石，方耽谢安，冥王位虚，遽召擒虎。致先生经济之才，一无表见，岂不惜哉！

先生遗文散失，其裔孙辈搜辑以付梓人。虞读集中与王龙溪、罗念庵、邹东廓诸公往复诸札，大都以性命之绝学为汲汲，似于诗文一道，一切以雕虫小技视之，无足当其揣摹者。五言古诗，绝有陶彭泽风味，余体亦萧然自放，骨带烟霞。要之，诸策已高踞千仞峰头，令人攀跻俱绝。所谓屈注天潢，倒连沧海者，于寸玑尺幅见之。杂置苏集，谁判渑淄？岂同此岳渎英灵，在宋则钟眉山，在明则生桑浦耶？何气之昌而言之似也！匪特维桑文献，即以当郊天之鼓可矣。康熙丙午，同里陈衍虞园公书于五羊旅次。

（录自［明］林大钦《林大钦集》附录三）

（清）王岱《林东莆诗序》 自古道亡而天下无真人，诗道衰而天下无真诗。故真人不易见，真诗不易得。然有真人，即有真诗，不容强也。何也？人生自少至老，汩没名利，以诈伪为智，以混俗为通。故言不由衷，语多矫饰，其于性情之道远矣。真人则不然，读书谈道，宠辱不惊，穷通一辙。故下笔立言，直抒胸臆，自为怡悦，而读之者神远。此真人真诗之有由然也。

粤东太史东莆林先生，负不世之才，抱经济之略，少年立掇巍科，声名藉甚。其乡会廷试诸策，皆典谟训诰、忠君爱国之言，传称海内者有年，岱齿龀时已奉为拱璧矣。尚以未获见风雅为恨。今年夏乃寓书陈园公转购之，而先生从孙翩千手录相示。为之吟咏数过，蕴藉和平，幽闲淡雅，宛然陶阮风范，令人躁累尽释。所谓真人真诗在是矣。

夫真人真诗，生平宗匠未得者，今一旦获之，不觉景仰思慕之不忘也。因附数语卷末，藉以不朽云。康熙丙寅，楚潭王岱山长书于澄江邑署。

（录自［明］林大钦《林大钦集》附录三）

（清）林凤翥《康熙本跋》 先殿撰撰著，郭文宗臣举有三场策论之刻，曾孝廉志甫有诗歌之刻，曾孝廉简父有诗、讲旨之刻，家井丹先生有制策之刻，举业则散见于定待诸选，总未曾合刻也。旋遭兵燹，所刊刷板，既已荡为寒烟劫灰矣。后诸缮本，亦复挂漏脱误。遏佚前光，凤等恧焉。夫昔人一书一笏，犹不惜重赀购之，谓为手泽之存。

况文章经国大业，先人精神心力之寄者哉！

兹合诸本，力为校雠，汇以成帙。而诸先正序文，焕焉弁首。至举业或采之先贤选本，或收之学士箧衍，缘得未夥，未能单行，因合策论，都为一集。敢曰表彰，庶先人精神赖以不坠耳。诸先正序文，赏心各别，互有所祖。要之，策摹长苏，诗规陶、阮，短札如策，而制义似诗，正不必过为轩轾也。

先殿撰年少解组，事母至孝。与友诸札，悉拳拳于性命道德之说。既于世寡所许可，抗怀皇古，涉目万书，兴之所触，时而野吟，时而独酌，时而坐石看云，时而倚花植竹，萧散夷犹，超然于是非得失之外。故贵溪不得而援之，分宜亦不得而挤之。《易》云，“知几其神”，殿撰有焉。

通集不敢妄加评点，既伤寡昧，亦以语出后人，涉情为阿。世有镜深绎隐君子，加之评骘，则所日夜望者也。康熙己亥从玄孙凤翥翮千编次。

（录自［明］林大钦《林大钦集》附录三）

（清）冯奉初《林殿撰东莆集题辞》 汉武帝崇儒重道，进群士于廷而策之。董江都首发天人之旨，遂为千古策学之宗。魏晋以迄六朝，寥寥莫继。唐有刘去华，宋有张子韶、王梅溪，崇论宏议，彪炳两朝史册。而文信国之古谊若龟鉴，贞忠如金石，浩然之气，犹为独有千古。至明代临轩策问，罗一峰场中请增卷纸，大放厥词，遂以名儒魁天下。东莆林公英年入对，振笔疾书，阅者骇怪，而知己乃在九重。缅缅数千言，所陈皆唐虞三代之治，识者以为苏文之矩镬在焉。遥遥二千载，相望不过数人。盖清庙明堂之器，黄钟大吕之音，非复耳目近玩。学者宜拓开眼界读之，庶几为他日拜赐之先声耳。后学顺德冯奉初题。

（录自《潮州耆旧集》卷七）

（清）林炳《续刻东莆公文集序》 尝闻莫为之前，虽美而不彰，莫为之后，虽盛而不传。语虽为二人言，亦可为先后代概也。大抵先人行谊，制作卓然，昭著一时，往往有数传而后每叹无征者。推其咎，在后人继述之不力也。

炳课儿曹，暇日适检阅十二世祖叔殿撰东莆公《文集》，书缺有间，独于此深抱歉焉。何者？公以少年英颖，早掇巍科。虽遇合际风云之会，而钧衡值炀灶之工。史馆三年，疏请归养。宗山构斋，讲旨华岩。悟性真于鸢飞鱼跃，忘世态于得失荣枯。十余年幸终曾参孝养之志，越数载忽来颜回不幸之伤。虽修短有数，勋业未宏，而其经济事业之见诸策论篇什间者，先正诸贤各为序文而表著。叔祖凤翥力为剞劂而流传，使其板存，其文存，其人虽至今不朽可也，胡必以天命不永慨哉！所可慨者，其后板藏宗祠，族人不知珍惜，遗简剩书散佚，至今盖数十年矣。即访之都邑人士，家藏集册，亦几希少见。公之见诸言而寓于集者，不几渐焉以澌灭乎？夫古人片言只字，凡有关风俗人心者，尚不忍令其埋没，况《文集》乃先人精神心力之寄，经国久大之猷，而顾听其湮没不传乎？际此篇残简断之余，倘置存亡而不问，致后人渺无传信，慨然兴文献不足之嗟焉，此责又将谁诿也？

于是禀靖家君号潜斋与季父兰修，搜罗遗集，家藏莫备，仅于族叔树垚、宗叔其华处，共得二部。其间蠹鱼食字，渗漏湿篇，多所缺略。再求散集，与儿辈照珊、宅嵋检对补遗。合成卷帙，竭赀付锓。非敢云附骥沽名，惟期先绪之不堕耳。

先殿撰文以气胜，诗多奇特，短札长篇，无非由格致诚正、穷理尽性酝酿而出。诸先正序文，赏心虽有各别，而发其幽光则一而请详，毋庸赘述。通集莫敢评点，悉遵叔祖遗训，以俟高深紬绎而评骘耳。光绪十年甲申，裔侄孙炳麟甫重编次。

（录自［明］林大钦《林大钦集》附录三）

（清）吴国镇《光绪十年重刻本跋》 右东莆先生文四卷，诗一卷。

案，先生以嘉靖壬辰廷对第一，巍科硕望，焜耀天南。廷策、试策先已次第刊行。其诗集则万历中揭阳曾迈刻之。迈殁，其叔敬雍重梓，又于廷策、试策外，增入《华岩讲旨》、《书太安人不事佛》二篇。入国朝康熙间，先生曾侄孙汯偕族弟鹏、凤复搜辑杂文，附以经义一卷，合刻成书，即今本是也。

先生学主良知，读集中与王龙溪、罗念庵诸书，略见宗旨。岂当王学盛行，固风气使然欤！然是时学派出姚江，诗文派则北地、信阳，余波衍漫。先生诗文尤何落落独往，不苟随风气也。

板久漫漶。林子宅嵋，先生族孙也，因道其家君麟甫，禀请大父潜斋，拟重梓行。余为怂恿成之，并附识数语于后。光绪甲申仲冬，番禺后学吴国镇谨跋。

（录自［明］林大钦《林大钦集》附录三）

饶宗颐《湖州志》·艺文志·集部·林东莆先生文集跋 林太史大钦敬夫所著《东莆全集》，光绪二十五年己亥冬十二月重刻。共五册，分六卷：卷一、卷二为制策，卷三、卷四为杂文书札，卷五为诗歌，卷六为制义；首载各家序文，并薛中离撰《传》，林熙春《为诸生呈林太史乡贤稿》二篇。

东莆著述最先锓版者为《廷试对策》，潮阳林井丹始为刊于郡斋，是为嘉靖本。其后潮阳令徐学曾翻刻《三试全录》，是为万历本。今皆佚。崇祯以后，东莆对策，皆附入文集，遂不复别帙单行。诗集刊行较晚，旧仅有写本，万厝庚子揭阳曾迈始刻之。越三十年，当崇祯庚午，迈叔敬雍又刻之，而附以东莆杂著。自是以后，其诗未有单刊之者。观王岱寓书陈园公，欲购东莆遗诗，而东莆从孙，竟手录以寄，可知曾氏刻本至康熙中叶，已极难得矣。东莆又有《华岩讲旨》，生时已有刻本，见《与王汝中书》。崇祯重刊《东莆诗》本，即以此《华岩讲旨》与《太安人不事佛》二篇，合为杂著。东莆所著书，其合以刊为一集者，始于清康熙间，东莆族孙林汯等所辑梓，道光阮《通志·艺文略》著录之，今已极鲜见矣。

东莆以少年掇巍科，文才盖一世。廷试一策，当时已脍炙人口。而学问之事，归田后时与山阴王龙溪、吉水罗念庵及同里翁东涯、薛中离辈，寓书互相切磋，虽未登阳明之门，已深得良知之旨，今集中所载《华岩讲旨》及与王汝中、邹东廓二书，畅论心性源流，见解圆满，辩才无碍。惜少婴羸疾，未及不惑而已卒。苟天假之年，则以此高明绝异之姿，益以静修悟力之大，其证道又安可量耶！其诗冲淡闲适，有类陶、韦，又其余事云。

饶宗颐《咏怀诗集按语》 东莆先生诗集，各家序跋皆不标举集名，曾迈序虽有“《田园闲咏》一帙”语，乃举集中开卷《田圃杂咏》、《田园闲居》诸诗，概而言之，非集名也。惟《西河林氏族谱》叶向高《东莆像赞》言先生著有《咏怀诗集》。先君据以著录。颐考东莆自序有“稍类四时，以见怀焉”之言，则集名《咏怀》当不有误。东莆诗共二百四十八篇，各体咸备，独七言古诗缺焉。是集乃东莆自为编定。始登第以前，而终嘉靖甲辰之春。时去东莆之殁，才数月耳。

（录自饶锷、饶宗颐《潮州艺文志》卷十一）

杂　　录

（清）鲁曾煜等《广东通志》卷五十五·茔墓志·潮州府·海阳县 修撰林大钦墓（在东莆山后）。

嘉靖十四年（1535）乙未科状元韩应龙

传　记

（明）陈鎏《皇明历科状元录》卷四·嘉靖十四年乙未状元韩应龙　廷对之士许谷等三百二十五人，擢韩应龙第一。取庶吉士赵贞吉等三十人。

韩应龙，字汝化，浙江余姚人，年三十八，官翰林修撰，未期年卒。时大学士李公时等以李玑等十二卷进，上批答曰："卿等以堪作一甲卷十二来呈朕，各览一周。其上一卷说的正合策题意，夫周道善而备，朕所取法。其上三说仁礼为用，夫仁基之，礼成之，亦甚得其意。其上四论仁敬，夫敬而能仁，他不足说，可以保治矣。其上二略泛而滞于行，其下二却似说，虽与题不合，言以时事，故朕取之，可二甲首。余以次挨去，不知是否？卿可先与言、鼎臣看一过，再同读卷官看行。"上复亲为品题，首三卷各有批语。于应龙曰："是题本意，可第一甲第一名。"于孙升曰："说仁礼之意好，可第一甲第二名。"于吴山曰："敬为心学之极，此论好，可第一甲第三名。"时等以余卷皆经御览，不敢遗弃，乃以李玑、赵贞吉、敖铣、郭朴、任瀛、沈宏、骆文盛、尹台、康大和等九人对策皆刻之，俱为庶吉士，授编修。（俞宪《进士考》）

应龙为人坦率无他肠。事母孝。母一举而得二子，应龙与弟应□兄弟相师友。家甚贫，日以酒自娱乐。一日过亲戚家，大醉。离家数里，昏夜步归，将临危桥，见前有二灯照之而行，且云："送状元。"将抵家，忽不见。中第后，官京师，早起将赴朝，坐于厅事，忽逝。

应龙在庠，为邑令丘公养浩所奇。既而久不偶，至同邑陈让解元作推于绍兴，养浩数以应龙语之。甲午岁，应龙不录于有司，及府考，陈让操其柄，收应龙考之，及拆卷，首卷即应龙也，遂为相知。果连登，冠多士。圣上凡廷试策题皆出宸衷，不假臣下之手，是岁廷试题下，圣意欲以法天法祖立意，惟辅臣知之。宗伯夏公言行殿廊下，遍观诸进士策冒，至应龙，见其冒云："人君所以致天下之治者，法天而已矣。所以保天下之治者，法祖而已矣。"乃发一笑而不言，寻谓之曰："可用心做。"既而进呈，果第一。

应龙举乡荐，有司以礼贺之，有荔子圆眼偶遗于地者，不数日发生成树矣，时皆异之。

（明）凌迪知《万姓统谱》卷二十四 韩应龙（字汝化，余姚人。嘉靖乙未进士第一）。

（明）顾祖训原编、（明）吴承恩增补、（清）陈枚续补《状元图考》卷三·状元韩应龙 嘉靖十四年乙未，廷试许谷等三百二十五人，擢韩应龙第一。

按，韩应龙，字汝化，浙江余姚人。年三十八，官修撰，未期年卒。

《状元录》：应龙在庠，为邑令丘养浩所奇。久不偶，至同邑陈让解元作推于绍兴，养浩数以应龙语之。甲午，应龙不录于有司，及府考，陈让操柄，收应龙考之，及折卷，首卷即应龙，遂为相知。果连登第。乙未，廷试题皆出宸衷，不假臣下之手。是岁，试题欲以法天法祖立意，惟辅臣知之。宗伯夏言行殿廊，遍观诸进士策冒，至应龙，见其冒云："人君所以致天下之治者，法天而已矣。所以保天下之治者，法祖而已矣。"乃发一笑，谓之曰："可用心做。"进呈，果第一。应龙举乡荐，有司以礼贺，有荔子圆眼偶遗于地者，数日发生成树矣，时皆异之。

《义命编》：应龙家甚贫，乐饮酒。一日，过亲戚家，大醉。离家数里，昏夜步归，将临危桥，见前有二灯照之行，且云："送状元。"将抵家，忽不见。中第后，官京师，早起将赴朝，坐于厅事，忽逝。

（清）黄宗羲编、倪继宗重订《姚江逸诗》卷十四·韩应龙（十八首） 应龙，字五云，号梅斋。嘉靖乙未进士第一人。历官翰林院侍讲。世庙极其眷注，一时诏诰纂录皆出其手，朝野咸以公辅期之，惜享年不永。分宜当国，士大夫多出其门，应龙不屑一顾，士论韪之。为诸生时，绝不以贫窭介意，然性嗜酒，饮友人家每夜分醉归，必有两鬼使持金莲烛前导，识者早已卜其不凡云。生平著作缘乏嗣，散轶无存。此数诗者，韩氏独世守弗失。梨洲先生选逸诗，广极搜辑，不解何故遗此，今余与其族孙肇昌友善，始购而录之。

科　第

（一）乡试

（清）沈翼机等《浙江通志》卷一百三十八·选举十六·明·举人·嘉靖十三年甲午科 韩应龙（余姚人。乙未状元）。

（二）会试、殿试

（明）张朝瑞《皇明贡举考》卷七 （嘉靖十四年）四月初二日，临策天下贡士。制曰：朕思首自三代以末，迄于宋终，中间虽历世久近，而其君之历年，亦有长短。要之，皆自其为君者何如耳？但《传》云：惟周之历世最多，国祚恒久。然周之所以享祚久，本于文、武之所积累，亦后之继承者能保持之耳？上至夏、商，垂及唐、宋，亦若是焉。皆基之于先王德泽洽于民心，亦继之以嗣王能尽持盈慎满之道者也。洪惟朕皇祖高皇帝代天复世，重肇中华，建振古无比之功德。朕太宗继述于草创之初，列圣遵承于大定之后，百有六十余载，传之于今。朕以宗支，方在冲昧之年，入承祖位，幼弱不才，多招灾害于民。兹来思祖宗创造万艰，惕然悚惧。朕欲长保洪业于无穷，有隆弗替，永宗社万祀之固，保家国千世之传，民得以遂生，物得以适所。如上之良法要道，朕心慕之思之，不知何以得此？故进尔多士于堂，尔等蕴持既久，王政素娴于怀，可罄所知以告朕。朕将亲择而勉之，钦哉。

（时廷对之士三百二十五人，赐韩应龙等进士及第出身有差。上凡廷试策题，多出自宸衷，不假臣下之手。是岁，上亲制策题，欲以法天法祖立意。应龙策冒云："人君所以致天下之治者，法天而已矣。所以保天下之治者，法祖而已矣。"既而进呈，果第一。时李时及夏言、顾鼎臣等，以李几等十二卷进览。上批答曰："卿等以堪作一甲卷十二来呈，朕各览一过。其上一卷说的正合策题意，夫周道善而备，朕所取法。其上三说仁礼为用，夫仁基之，礼成之，亦甚得题意。其上四论仁敬，夫敬而能仁，他不足说，可以保治矣。其上二略泛而滞于行，其下二却似说，虽与题不合，言以时事，故朕取之，可二甲首。余以次挨去，不知是否。卿可先与言、鼎臣看一过，再同读卷官看行。"上复亲为品题首三卷，各有批语，于应龙曰："是题本意，可第一甲第一名。"……）

第一甲三名赐进士及第：韩应龙，浙江余姚县。……

（明）王世贞《弇山堂别集》卷八十二·科试考二 （嘉靖）十四年乙未，命翰林院侍读学士张璧、侍讲学士蔡昂为考试官，取中许谷等。廷试，赐韩应龙、孙升、吴山及第。先是，大学士李时等取中十二卷进览，上批答曰："卿等以堪作甲卷十二来呈，朕各览一周。其上一卷说的正合策题，夫周道善而备，朕所取法。其上三说仁礼为用，夫仁基之，礼成之，亦甚得题意。其上四论仁敬，夫敬而能仁，他不足说，可以保治矣。其上二略泛而滞于行，其下二却似说，虽与题不合，言以时事，故朕取之，可二甲首。余以次挨去，不知是否。卿可先与言、鼎臣看一过，再同读卷官看行。"上复御批首三卷韩应龙曰："是题本意，可第一甲第一名。"

（明）王世贞《凤洲杂编》卷四·上于进呈卷俱悉批答 （嘉靖）乙未廷试，大学士李时等以十二卷进览，上俱批答曰："卿等以堪作一甲卷十二束呈朕，各览一周。其上一卷说的正合策题，夫周道善而备，朕所取法。其上三说仁礼为用，夫仁基之，礼成之，亦甚得其意。其上四论仁敬，夫敬而能仁，他不足说，可以保治矣。其上二略泛而滞于行，其下二却似说虽与题不合，言以时事，故朕取之，可二甲首。余以次挨去，不知是否？卿可先与言鼎臣看一过，再同读卷官看行。”

又，卷四·上复御批首三卷 上复御批首三卷。（于）韩应龙曰：“是题本意，可第一甲第一名。”

（明）董份《泌园集》卷十九·进士题名记 国朝每廷试进士毕，必勒石题名太学，命辅臣纪之，彰盛典也。乃嘉靖十四年乙未，皇上亲制策问，赐进士三百二十五人。又亲品第其一甲而御赐批焉，尤至甚盛也。

（明）张弘道、张凝道《皇明三元考》卷十·嘉靖十四年乙未科大魁 状元韩应龙（浙江余姚人。字汝化，号五云。治《礼记》。甲午举人。年三十七。为人坦率无他肠。事母孝。为文疏润，不费斧凿痕。卒于修撰）。

（清）孙承泽《春明梦余录》卷七·策士 嘉靖乙未廷试，上批韩应龙卷曰：“是题本意，可第一甲第一名。”

（清）沈翼机等《浙江通志》卷一百三十二·选举十·明·进士·嘉靖十四年乙未科韩应龙榜 韩应龙（余姚人。状元。修撰）。

（清）张廷玉等《明史》卷十七·本纪第十七·世宗一 （嘉靖十四年夏四月）丙申，赐韩应龙等进士及第出身有差。

又，卷七十·志第四十六·选举二 （嘉靖）十四年乙未，帝亲制策问，手自批阅，擢韩应龙第一。降谕论一甲三人及二甲第一名次前后之，由礼部因以圣谕列登科录之首，而十二人对策俱以次刊刻。

嘉靖十七年（1538）戊戌科状元茅瓒

传　　记

（明）诸大绶《吏部左侍郎茅公瓒墓志铭》　公讳瓒，字邦献，号见沧，其先汴人。宋靖康末徙居钱塘，数□□□。公高祖以实，生仕安、乡中。仕安生茂，茂生麟。茂，公大父；麟，公考也，并以公贵赠通议大夫、太子宾客、吏部左侍郎兼翰林院学士。

初，公考侍郎公，为人倜傥任侠，能亢其宗，娶张淑人而生公。公生有异兆，数岁即嶷嶷殊凡儿，日诵数千言。稍长，益颖敏绝人，从侍郎公入京畿。时有豫章人郑先生者，说《朱氏易》，所居从徒常百人。公往游其门，百人者皆服，以为出公下，即公亦自以为百人者莫予若也。会有司试士，侍郎公欲公占医省籍就试，公长跽辞曰："士致身重先择涂，大人奈何令儿从他涂进耶？"侍郎公韪其言，为资遣佐之归。时御史中丞海虞陈公察方署学政，一试即首录公。今少师存斋徐公继督学来两浙，亦置公高等。公名益大起，士挟策从公游者日益众。丁酉，举于乡。明年，试于南宫，学士无锡华公察首得公卷，大奇之，欲以冠魁列傍，有相沮扦者，华公不怿曰："楚玉在璞，何患无知者，是子即试大庭，众□能嫉抑之耶？"入奉殿对，上果亲擢公第一甲第一人，授翰林院修撰。

公在馆职，刻意学问六经诸史，旁及百家稗杂之说，靡不深究。盖能掇其菁华以求自得于心，不徒强记资辨说已也。乃其与人处则又简默不自炫，愔愔若无所知能人，故滋以公辅期之。庚戌，满九载，升左春坊左谕德。壬子，升南京国子祭酒。扁所寓之堂曰："身教律己严，恪动应矩度。"其余规条格令，岌岌不少假。六馆士承教指惟谨，无或私谒于门者。逾年，改国子祭酒，寻升南京吏部右侍郎，改礼部右侍郎。居无何，上谕辅臣简忠谨文臣二人供内撰，辅臣以公暨洞山先生应，诏可。兼公翰林侍讲学士，践其任。公长身玉立，仪观岸伟，上每属意焉。乃公益早夜儆儆畏慎，无敢忽，洊受上眷宠，数出廷臣右。丙辰，转左侍郎。丁巳，加太子宾客兼学士，赐仙鹤服。三年考绩，诰赠祖及考如其官，祖妣及妣并淑人。寻加公二品俸，赐飞鱼服，改吏部左侍郎兼职如故。时持铨衡者为权贵所掣系，进退人材多于群情未厌。公不当事权，蔑以救正，而往往有概于中，不安其位。会得足疾，不能起视事，遂上疏乞归。上屡赐问，疏再上，乃允。谕有司愈日以闻，寻愈，有司上状，竟弗召。间出赐金构堂数盈，题曰荣赐，曰："此金者，圣主所以宠劳从臣也，吾不敢隐君之赐。"抑使后世子孙或睹是，兴思厉术业，以效报乎？

公为人夷爽洞达，不事机防，自为诸生即负意气自高，不能曲徇人。既官翰林，益岳岳养重，于人卒难合。遇势权隆灼者，亦未尝�婀求媚附，盖公之性然也。人以是重公，而亦或以是忌之云。余尝观古所谓大臣，其行已立朝，道德功业，虽不尽同，然大要多慷慨高明，阔略于小节，而务其大礼若公者，庶几古大臣之风焉。公之始生，侍郎公梦故少宗伯王公瓒谒其门语曰："是儿后当贵，名第大出我上。"乃今科名位望，二公大略竟相埒，则神固已示之分矣。又公少年时讲业僧舍，稍倦寐，梦神人导之帝庭，授公二巨字，文曰"见沧"。寤，未解所谓。顷之，僧过语舍后山壁间故镵宋理宗御书，公令引视，则所梦二巨字宛如也。遂以为号。夫鬼神之事亦怪矣哉！然则公之生固不偶然也。

（录自［明］焦竑《国朝献征录》卷二十六）

（明）陈鎏《皇明历科状元录》卷四·嘉靖十七年戊戌状元茅瓒　廷对之士袁炜等三百二十人，擢茅瓒第一。

茅瓒，字邦献，号见沧，杭州钱塘人。少有气节，不屈于人。自为秀才时，人即以状元期之。尝读书于宝觉寺，借山巅旧屋居之，始至之夜，风雨崖崩，自谓此身莫知所向矣。诘明起视之，屋右崩崖数十丈，独所居俨然无恙，岩端露出石刻"见沧"二大字，云是宋理宗所书，乃其前此所取号也。治《易经》，年三十及第，授翰林修撰。甲辰同考会试，以总裁阙一人，奉旨撰《后序》，登第才八年，缙绅荣之。累升南京祭酒、礼部右侍郎兼翰林院侍讲学士。庚申，升太子宾客、礼部左侍郎兼翰林学士，专撰内制，支正二品俸，寻转吏部侍郎。

生于己巳癸酉乙未甲申。

（明）王兆云《皇明词林人物考》卷八·茅邦献　茅公名瓒，字邦献，钱塘人。嘉靖戊戌进士第一。授修撰。历吏部左侍郎，翰林院学士。公颇岳岳自负。所著有《见沧文集》四册，盖非苟作者，其于举子义尤留意，于策场另著为书云，士子多传诵之。

（明）顾祖训原编、（明）吴承恩增补、（清）陈枚续补《状元图考》卷三·状元茅瓒　嘉靖十四①年戊戌，廷试袁炜等三百二十人，擢茅瓒第一。

按，茅瓒，字邦献，号见沧，杭州钱塘人。少有气节，尝读书于宝觉寺，借山巅旧

---

① 原文误。当为嘉靖十七年。

屋居之。始至，夜雷雨大作，崖崩，自谓此身莫知所向矣。诘明起视之，屋右崩崖数十丈，独所居俨然无恙，岩端露出石刻“见沧”二大字，云是宋理宗所书，乃其前所取号也。中时家中一厨碗俱有露，如雷一声，碎者居半，人皆曰：“必有奇祸。”俄而，状元报至，未知果何谓也。年三十及第，授修撰。甲辰，同考会试，以总裁阙一人，奉旨撰《后序》，登第才六年，缙绅荣之。

（明）过庭训《明分省人物考》卷四十三·浙江杭州府二·茅瓒 茅瓒，字邦献，号见沧，钱塘人，侍郎麟之子。生有异兆，数岁即嶷嶷殊凡儿，日诵数千百言。稍长，益颖敏绝人，从父入京畿。时有豫章人郑先生者，说《朱氏易》，所居从徒常百人。往游其门，百人者皆服，以为出瓒下，即瓒亦自以为百人者莫予若也。会有司试士，父欲其占医省籍就试，长跪辞曰：“士致身重先择涂，大人奈何令儿从他涂进耶?”父韪其言，为资遣佐之归。每试辄高等，名益大起，士挟策从游者日益众。丁酉，举于乡。明年，试于南宫，学士无锡华公察首得其卷，大奇之，欲以冠魁列傍，有相沮捍者，华不怿曰：“楚玉在璞，何患无知者，是子即试大庭，众讫能嫉抑之耶?”入奉殿对，上果亲擢公第一甲第一人，授翰林院修撰。

在馆职，刻意学问六经诸史，旁及百家稗杂之说，靡不深究。其与人处则又简默不自炫，愔愔若无所知能人，故滋以公辅期之。庚戌，满九载，升左春坊左谕德。壬子，升南京国子监祭酒。扁所寓之堂曰：“身教律己严，恪动应矩度。”其余规条格令，岌岌不少假。六馆士承教指惟谨，无或私谒于门者。逾年，改国子祭酒，寻升南京吏部右侍郎，改礼部右侍郎。居无何，上谕辅臣简忠谨文臣二人供内撰，辅臣以瓒暨洞山先生应，诏可。兼公翰林侍讲学士，践其任。瓒长身玉立，仪观岸伟，上每属意焉。乃益早夜儆儆畏惧，无敢忽，洊受上眷宠，数出廷臣右。丙辰，转左侍郎。丁巳，加太子宾客兼学士，赐仙鹤服。三年考绩，诰赠祖考如其官。寻加公二品俸，赐飞鱼服，改吏部左侍郎兼职如故。会得足疾，不能起视事，遂上疏乞归。上屡赐问，疏再上，乃允。谕有司愈日以闻，寻愈，有司上状，竟弗召。间出赐金构堂数楹，题曰荣赐，曰：“此金者，圣主所以宠劳从臣也，吾不敢隐君之赐。”抑使后世子孙或睹是，兴思厉术业，以效报乎?

瓒为人夷爽洞达，不事机防，自为诸生即负意气自高，不能曲徇人。既官翰林，益岳岳养重，于人卒难合。遇势权隆灼者，亦未尝媕婀求媚附，人以是重之，而亦或以是忌之云。

（清）朱彝尊《明诗综》卷四十七·茅瓒（一首） 瓒，字邦献，钱塘人。嘉靖戊戌赐进士第一。累官太子宾客，吏部左侍郎，兼翰林院学士。有《见沧先生集》。

（清）张豫章等《御选明诗》姓名爵里三·诸家姓名爵里 茅瓒（字邦献，钱塘人。嘉靖戊戌赐进士第一。累官太子宾客，吏部左侍郎，兼翰林院学士。有《见沧集》)。

(清)沈翼机等《浙江通志》卷一百七十八·人物六·文苑一·杭州府·明 茅瓒(《杭州府志》:字邦献,钱塘人。少时梦神人授二巨字,文曰“见沧”,因以为号。后读书宝奎寺山巅,夜雷雨大作,崖圻数十丈,独所居无恙。质明,露“见沧”二大字,适与梦符。盖故镵宋理宗御书也。嘉靖戊戌一甲第一。历官户部左侍郎,引归。有《见沧集》)。

科 第

(一)乡试

(明)张朝瑞《皇明贡举考》卷七·(丁酉)嘉靖十六年两京十三藩乡试 解元(是科周汝员为浙江考官,得茅瓒为状元,袁炜、胡正□俱为会元,一榜得三元,可谓盛矣)。

(清)沈翼机等《浙江通志》卷一百三十八·选举十六·明·举人·嘉靖十六年丁酉科 茅瓒(钱塘人。戊戌状元)。

(二)会试、殿试

(明)张朝瑞《皇明贡举考》卷七 (嘉靖十七年)三月十五日,临策天下贡士。制曰:朕闻立天之道,曰阴与阳。立地之道,曰柔与刚。立人之道,曰仁与义。三才之道,一而已,何又有去义为论乎?于是未免贤者自相私反,必如圣经而后可。且今人尤大非贤者,及人君才一用义,即谓严刻。乃作言曰:上任刑以为治,非三代之治也,却一不之反于己。三代之人皆人也,不待义临而自持,惟恐放侈。今之人果三代之同欤?将欲利之是贪,欲之是纵,国而罔思,民而罔恤,以至于上下礼度,悉不之慎。为之君人者,可不一教一治之,是非当否?抑果当乎?朕祗承天位,惟民是保。何官人者比比皆负国虐民之图,奚为用哉?尔多士师孔子之学,必心孔子之心。将此心之平正,陈为篇列,以除弊革私之道,衍为仁育义断之方,以告我。勿讳勿欺,朕览之。

(时廷对之士三百二十人,赐茅瓒等进士及第出身有差。瓒官至吏部侍郎。……)

第一甲三名赐进士及第:茅瓒,浙江钱塘县。……

茅瓒殿试策 臣对:臣闻帝王之临御天下也,内必有敬天之心,而外必有宪天之政。夫天者,理之原也。人君代天理物,故其所行必求端于天。天之道虽广博而难终穷,神妙而不可测,而其端不过有二:曰阴与阳而已矣。阳居春夏以长育为事,有刚道焉。王者继天而为之子则用仁，而凡为慈爱，为谦屈，无非仁之统体矣。阴居秋冬以肃杀为事，有柔道焉。王者继天而为之子则用义，而凡为果断，为裁制，无非义之散殊矣。故天道运而无所积，帝德运而无所私。以此存之于中，是谓敬天纯王之心也。以此发之于事，是谓宪天纯王之政也。合心与政皆纯乎天，夫是之谓格天之治。而尧舜禹汤文武由此其选也，奚独三代之治为然乎？

钦惟皇帝陛下禀刚健中正之资，备文武圣神之德，自即位以来，信赏必罚，威行如雷霆；发奸摘伏，明照如日月；对时茂育，容保如天地。盖粹乎斯道之中，而建维皇之极者也。臣也窃伏草茅，遥被治化久矣。乃者叨有司之荐，得以与于大廷之对，而清问及焉。永惟圣经之言，而有取于仁义并行之道。既而有慨于庶官之庞，而欲以兼夫治教之法，且冀臣等以除弊革私之道，为仁育义断之方，而戒之以勿讳勿欺也。顾臣之愚陋，何足以仰裨休德之万一乎？虽然，有所言而不实是之谓欺，则上负陛下矣；有所言而不尽是之谓讳，则下负所学矣。上负天子，下负所学，畴昔之所自许者谓何，朝廷之作养者谓何，而可如此也？臣敢不披沥衷悃，就陛下之所问及者而条陈之。陛下试垂听焉。

臣惟天下之道，有经有权。经也者，一定而不可易者也。权也者，或相兼以适其宜，或相济以补其所不及者也。人君抚舆图之广，临兆民之众，天下之所以恃以立命者也。苟一于义则威之太震，民畏之而不敢亲。一于仁则惠之太亵，民狎之而不知敬。是仁之与义，犹天之有阴阳而不容以或偏也。臣故曰，道之一定而不可易者也。然德教以象天之生育，仁矣，而义者未尝不防之于中。刑戮以象天之震撼，义矣，而仁者未始不贯乎其内。是仁义之交相为用，犹阴阳之互为其根。臣故曰，道之相兼以适其宜也。然天下之势有强弱，而人君之政有德与刑。乘弱之后者利用威，而乘强之后者利用惠，此其斟酌操纵之间，犹之天道之雨以润，而日以晅；雷以动，而风以散，即成万物，而人莫窥其神。臣故曰，道之相济以补其所不及者也。是故仁义之为道也，一定而不可易者，以立天下之经。或相兼以适其宜，相济以补其所不及者，以达天下之变。稽之于圣经，验之于往古，何莫不然？彼其去义为论专任德而不用刑者，何其失之偏乎？

臣伏读圣制之篇，而有以辨人言之为妄矣。人之言曰：人君才一用义，即谓之严刻任刑，非三代之治。臣愚以为，用义之与严刻任刑不同也。即曰用义，则不可谓之严刻任刑。曰严刻任刑，则不得谓之用义。人君之于天下何容心哉？视其理之所宜而已矣。苟于义所当用，则虽杀人而不可谓之严，虽致人于死而不得谓之刻，盖以义之为道当如是也。至谓用义非三代之治，此尤非所谓知理者。臣不暇远引泛取，即以三代之事明之。禹之承舜也，先罚后赏以示威。汤之革夏也，申代誓众以张武。而文武之继殷也，驱除元恶，歼灭暴国以救民。故夏有禹刑，商有汤刑，周有甫刑。三代之得天下虽曰以仁，而未尝专倚于仁，有义以济其仁之所不及也。后世事不师古，遂以为三代之治，纯用德而不用刑，何失之远欤？是故不朝者赐之几杖，受赂者馈之金钱，言宽仁者莫如汉之文帝矣。然姑息成风，乾纲罔断，故不再传，而有指大如股、胫大如腰之患。刑以不杀为威，财以不蓄为富，言仁厚者亦莫如宋之仁宗矣。然声容盛而武备衰，议论多而成功少，故不再传，而有流言道路，变令推恩之讥。夫二君则汉宋之良也，一于仁而不义，而其弊犹不免有如此者。若是而谓三代之专于任德，后世之专于任刑，可乎？不可乎？由是观之，三代之所以治隆俗美者，以其仁义之并用，内有敬天之心，而外有宪天之政也。后世之所以不古若者，以其仁义之或偏，而不能审时以度势。其于天也，或亵焉而不知敬，或悖焉而不知法也。

我太祖高皇帝承元人积弊之后，故其所以创制立法者，大率以严为本。及天下已定，又戒圣子神孙，不得复用国初之典。是其仁义之并行，刚柔之相济，其所以察乎天人之际，审乎消息之宜，而为万世虑者深矣。但国家承平日久，重熙累洽，民志日趋于玩愒，事体日废于因循。盖自正德以来，兹弊极矣。肆陛下入继大统，始振起而一新之。故自临驭十有七年以来，革者故，鼎者新，蛰者奋，困者苏，天下欣欣，咸睹太平于有象矣，而陛下犹有歉于官人者负国虐民，若追羡于三代之英而未之逮者。臣愚以为，虽尧舜在上，不能无小人，此在君人者驭之得其道耳。驭之之道，臣前所谓仁义之并用者是也。盖尝闻之，法禁之不行，自上犯之也。而小民之所以敢为非义者，庶官之贪顽者启之也。今天下之大，其在于朝廷辇毂，岂无有秉义竭忠之臣，然而违上所好，朋家作仇者未尽无也。其在于百工庶府，岂无有亮采惠畴之臣，然而胁权相灭，诬上行私者未尽无也。其在于都邑藩省，岂无有旬宣和惠之臣，然而违道干誉，尸禄养望者未尽无也。甚者削民之膏脂以肥其家，窃君之荣宠以张其势，掠众之美以示其恩，恣己之私以败其度者，未尽无也。陛下尊礼大臣，愈久益亲，体悉群臣，有隆弗替。其于股肱之良，而谟明弼谐者，固尝抚之以恩，而动之以礼矣。而于此不悛之徒，明罚敕法，惩一以警其百，是犹春阳之后，而震之以雷雨之威。天下方将感陛下之仁，而畏陛下之法，奚为而一驭臣为然也。不可行乎？虽然，处今之时势，而义之所当用者，非独夷狄跳梁，而横于西北，则薄伐之师，不可以不整也。庶民僭越，而似于王章，则奢汰之禁，不可以不严也。军旅疲弊，而阙于勇敢，则简阅之令，不可以不怒也。凡若此者，要皆以精明之治，而敦夫浑厚之体，以立君道之纪纲，以跻中兴之盛业，道莫有先于此者矣。抑臣又闻之，仁育而义，王者之政也。所以主是政者，心也。故必有纯王之心，斯有纯王之政。而宪天下之政，谓非有敬天之心不可也。臣尝庄诵陛下《敬一》之箴，而有以知陛下之心，直可以质诸天地而无疑也。有德弗降，是违天之所喜矣，敢不敬欤？有恶弗惩，是渝天之所怒矣，敢不敬欤？以此常存于心，兢兢业业，罔敢失坠，夫然后以达于政也。仁足以育天下，而天下莫不归于仁，义足以正天下，而天下莫不疆于义。宪天之政，由是而会其全。格天之功，至是以要其极矣。虽然，敬亦未易言也，隐征之闻，真妄错杂，毫厘之差，千里之缪。苟辨察之功不悉于几微，持守之力不继于厥服，则人得以胜天，欲得以夺理，又恶知其为仁而在所当体，恶知其为义而在所当用也哉！故曰：勿叁以三，勿贰以二，行顾其言，终如其始，静虚无欲，日新不已。然则陛下之言，固可谓能自得师者矣。除弊革私之道，仁育义断之方，岂外此而他求乎哉！

臣始以仁义并行之道为陛下告，终以主敬协一之功为陛下勉。初非有惊世可喜之论，然直意陛下以言求士，而臣之所以献言于陛下者，惟以明诸其心。上不敢负明问，下不敢负所学而已。惟陛下矜其愚，不录其罪，而留神秉纳焉。

臣不胜拳拳陨越之至。臣谨对。

（明）陆深《俨山集》卷九十七·书·京中家书二十二首 我自十五日入，阁下读殿试进士卷。今早五更入华盖殿，拆卷还，姚雯尚未行，复写此报。今科名第皆朝廷亲定，校阅试卷甚精且当，真不世出之英主也。初内阁拟苏州陆师道作状头，其卷甚佳，御笔批作二甲第五，取袁炜第一。文华宣读已出，复召二老兼未斋入，改为第三，亲擢茅瓒作状元。吾松二人皆居前列。莫如忠初亦拟在一甲之列，董子仪文字亦好，但有缪误处，须得与吉士选也。试录名字一本，凡读卷官俱有，今寄回可藏之。

（明）王世贞《弇山堂别集》卷八十二·科试考二 （嘉靖）十七年戊戌，命太子太保、礼部尚书、掌詹事府事、翰林院学士顾鼎臣，太子宾客、吏部左侍郎、翰林院学士张邦奇为考试官，取中袁炜等。廷试，赐茅瓒、罗理、袁炜及第。

是岁，内阁初拟举人陆师道为状元，御笔批作二甲第五，取袁炜第一。文华宣读已出，复召大学士李时、夏言，学士顾鼎臣入，改作第三。亲擢茅瓒第一，见陆詹事深家书中。

（明）张弘道、张凝道《皇明三元考》卷十·嘉靖十七年戊戌科大魁 状元茅瓒（浙江钱塘人。字邦献，号见沧。治《易》。年三十九。丁酉举人。仕至吏部侍郎）。

（清）沈翼机等《浙江通志》卷一百三十二·选举十·明·进士·嘉靖十七年戊戌科茅瓒榜 茅瓒（钱塘人。状元。吏部侍郎）。

（清）张廷玉等《明史》卷十七·本纪第十七·世宗一 （嘉靖十七年春）三月壬辰，赐茅瓒等进士及第出身有差。

仕　宦

（明）雷礼《国朝列卿纪》卷一百六十·南京国子监祭酒年表 茅瓒（浙江钱塘人。嘉靖戊戌进士。三十年任。三十二年，改北监，未任）。

又，卷之一百六十·南京国子监祭酒行实 茅瓒，字邦献，浙江杭州府钱塘县人。嘉靖戊戌进士第一，授翰林院修撰。升左春坊左谕德。三十年任。三十二年，调北监祭酒。三十三年，升南吏部右侍郎，改礼部右侍郎。

（明）王世贞《弇山堂别集》卷四十三·东宫三师表下·太子宾客·文臣 吏部左

侍郎郭朴、礼部左侍郎茅瓒、右侍郎袁炜嘉靖三十六年兼。

又，卷四十六·讲读学士表 茅瓒，浙江仁和人。状元及第。嘉靖三十三年，以礼侍兼读学。

又，卷五十四·卿贰表·吏部左右侍郎 茅瓒，浙江钱塘人，由状元，（嘉靖）三十九年任左。四十年，养病。

又，卷五十四·卿贰表·南京吏部左右侍郎 茅瓒，浙江钱塘人，由状元，（嘉靖）三十三年，任右。

又，卷五十六·卿贰表·礼部左右侍郎 茅瓒，浙江钱塘人。由状元，（嘉靖）三十二年，任右。三十五年，转左。

又，卷六十三·南京国子监祭酒年表 茅瓒，浙江钱塘人，由状元，（嘉靖）三十年任。三十二年，改北监，未任。

（明）俞汝楫《礼部志稿》卷四十二·历官表·左右侍郎 茅瓒（字邦献，浙江钱塘人。进士。嘉靖三十三年，由南京吏部右侍郎改任，兼翰林院侍读学士。三十五年，转左，加太子宾客兼学士）。

轶　　事

（明）田汝成《西湖游览志》卷十二·南山城内胜迹 宝奎寺在宝山顶。宋丞相乔行简故第。奇石峭拔，东望海门，如在咫尺。绍定间，理宗幸其第书“见沧”二字赐之，勒之崖石，遂舍宅为寺，以宝奎请额，诏从之。元季毁，皇明弘治间重建，尚书洪钟为之记。郡人茅瓒读书寺中，嘉靖十七年状元及第，因号“见沧”而作亭覆石上。

著　　作

（清）黄虞稷《千顷堂书目》卷二十三·别集类·嘉靖戊戌科（十七年） 茅瓒《见沧先生文集》十五卷（字邦献，钱塘人。一甲第一人。吏部左侍郎，翰林学士）。

又，卷三十·表奏类 茅瓒《密勿论》一卷。

（清）沈翼机等《浙江通志》卷二百五十·经籍十·集部三·别集·明 《见沧先生集》十五卷。(《钱塘县志》：茅瓒著。字邦献。)

又，卷二百五十二·经籍十二·集部五·表奏 《密勿论》一卷(《黄氏书目》：茅瓒著)。

又，卷二百五十二·经籍十二·集部五·策论判 《待问策》二卷(《太和堂书目》：

钱塘茅瓒著)。

(清)曹仁虎等《钦定续通志》卷一百六十二·艺文略·文类第十二上·别集·明 《见沧文集》十五卷(明茅瓒撰)。

(清)纪昀等《钦定四库全书总目》卷一百七十七·集部三十·别集类存目四·《见沧文集》十五卷(浙江巡抚采进本) 明茅瓒撰。瓒字见沧,钱塘人。嘉靖戊戌进士第一。官至吏部左侍郎。是集为其门人赵应元所编,而其子藉吉校刊之。第一卷为廷对策,二卷至七卷为各体诗,八卷以下皆杂文,大抵应俗之作也。

(清)曹仁虎等《钦定续文献通考》卷一百九十三·经籍考·集(别集五)**·明** 茅瓒《见沧文集》十五卷。瓒,字见沧,钱塘人。嘉靖戊戌进士第一。官至吏部左侍郎。

杂　　录

(明)王维桢《槐野先生存笥稿》卷五·序·赠大司成见沧茅公奉召北上序 (存目)

(清)沈翼机等《浙江通志》卷二百三十五·陵墓一·杭州府·钱塘县·明吏部侍郎茅瓒墓 《万历杭州府志》:在盘龙山花家园,嘉靖四十五年谕葬。(传详《文苑》)

嘉靖二十年（1541）辛丑科状元沈坤

传　记

（明）陈鎏《皇明历科状元录》卷四·嘉靖二十年辛丑状元沈坤　廷对之士林树声等二百九十八人，擢沈坤第一，取庶吉士。

沈坤字伯载，号十洲，淮安大河人，系出昆山。昆山自卫泾至坤，状元凡五出矣。时年二十五，治《诗经》，登辛卯南畿乡试，与李春芳同榜。后丁未，春芳亦登状元。一榜二殿元，罕有并者。是年廷试，问郊庙之制，坤对详雅，擢第一，授翰林修撰。甲辰，同考礼闱，为同事所累，寻白，养病于家。累迁南京国子祭酒，为时论所构云。

少师严嵩送坤册封宗藩诗云："使节颁封捧玉音，仙班清望重词林。趋程正拥相如传，携橐应无陆贾金。风雅百年推述作，山川几处费登临。回瞻北斗青冥上，夜夜江湖恋阙心。"

生于丁卯壬子己酉乙亥。

上赐之敕曰：

……

淮安一郡，自古未有魁天下者，有之自坤始。后十九年，清河丁士美继之，一时鼎元相接，淮水拥秀，兹其期乎？坤尝扶侍还家，翰林王材以诗送之："汉殿贤科第一人，玉堂分珮恋休辰。宫袍绣引清淮昼，御诰鸾回碧海春。暂喜潘舆随彩鹢，正逢孟荀簇霜鳞。喧喧河上迎仙者，珍重阶前报主身。"旋丁外艰于家，服阕，未赴京。铨曹拟注司成以待之，言兴，遂困囹圄之厄，士论惜之。先是童谣云："新状元入朝，旧状元入牢。"士美登科，坤被论，果在己未之岁。然则荣辱祸福，事皆前定，岂人所能趋避乎？

（明）顾祖训原编、（明）吴承恩增补、（清）陈枚续补《状元图考》卷三·状元沈坤　嘉靖二十年辛丑，廷试林树声等二百九十八人，擢沈坤第一。

按，沈坤，字伯载，号十洲，直隶太河人，系出昆山。昆山自卫泾至坤，状元凡五出矣。辛卯南畿乡试，与李春芳同榜。后丁未，春芳亦登状元。一榜二殿元，罕有并者。是年三十五，廷对“郊庙之制”详雅，擢第一。

《状元奇异编》：尝梦仙以药丸食之，醒若胸中有物，而一室异香扑鼻。

《状元录》：淮安一郡，自古未有魁天下者，有之，自坤始。后十九年，清河丁士美继之，一时鼎元相接，淮水拥秀，兹其期乎？后丁外艰于家，服阕，未赴京。铨曹拟注司成以待之，因事遂困图圄之厄，士论惜之。先是，童谣云：“新状元入朝，旧状元入狱。”士美登科，坤被论，果在己未之岁。荣辱祸福，事皆前定，岂人所能趋避乎？

（清）黄之隽等《江南通志》卷一百四十三·人物志·宦绩五·淮安府·明 沈坤，大河卫人。嘉靖辛丑廷试第一。历南祭酒，以母丧归。时倭寇数千犯淮，坤散财募士，亲当矢石，力战败之，淮人呼为状元兵。起北祭酒，为忌者所中，下狱卒。弟坊郡诸生，有文行。

科　第

（一）乡试

（清）黄之隽等《江南通志》卷一百二十八·选举志·举人四·嘉靖十年辛卯科 沈坤（山阳人）。

（清）孙云锦《淮安府志》卷二十二·贡举表 嘉靖十年辛卯，沈坤举人中式。

（二）会试、殿试

辛丑科（嘉靖二十年）状元策　（存目。参见［明］焦竑辑，［清］胡任兴增辑《历科廷试状元策》卷四）

（明）张朝瑞《皇明贡举考》卷七　（嘉靖二十年）三月十五日，临策天下贡士。制曰：朕惟六经之道同归，而礼乐之用为急。自昔唐虞、三代之治，莫不由斯。夫六经所陈，固治天下之大经大法也，而本之则在礼乐。然则政刑末务，果不足以为治欤？抑各适其用而不能相通欤？议者谓三代而上，治出于一，而礼乐达于天下，后世则否。然欤？否欤？朕缵承皇祖大统，列圣鸿绪，践祚以来，不遑他务，首以人伦典礼是究是图，盖勤心宵旰者十余年于兹。而郊社禘尝之义，始克协于成，其在邦国乡党之制，不暇悉指。乃若天子之事，固不越此。不知今日国家之礼，亦有合于三代而上者欤？我太祖高皇帝开天肇纪之初，即以礼乐为急。盖尝徵贤分局，以讲究切劘，今载诸《大明集礼》者可考也。不知当时诸臣折衷损益，果足以会其成，而克副我皇祖制作之意否欤？抑犹有待于后欤？夫复古礼乐以建中和之极，朕之志也。何二十年间教化未尽孚，风俗未尽美，灾害未尽殄，生养未尽遂，其故何欤？孔子曰：言而履之，礼也。行而乐之，乐也。力此二者，南面而立，是以天下太平。然则斯言也将不足徵邪？兹欲使礼乐刑政四达而不悖，比隆于先王之盛，将何修而可？尔诸士学道有闻久矣，宜详著于篇以对。朕亲览焉。

（时廷对之士二百九十八人，赐沈坤等进士及第出身有差。坤官至国子监祭酒。……）

第一甲三名赐进士及第：沈坤，南直隶大河卫籍，昆山县人。……

（明）王世贞《弇山堂别集》卷八十二·科试考二 （嘉靖）二十年辛丑，命掌詹事府、礼部尚书、翰林院学士温仁和，翰林院侍讲学士张衮为考试官，取中林树声等。廷试，赐沈坤、潘晟、邢一凤及第。

（清）黄之隽等《江南通志》卷一百二十二·选举志·进士四·明·（嘉靖）辛丑科沈坤榜 沈坤（昆山人）。

（清）张廷玉等《明史》卷十七·本纪第十七·世宗一 （嘉靖二十年春）三月乙巳，赐沈坤等进士及第出身有差。

仕　宦

（明）雷礼《国朝列卿纪》卷二十二·南京翰林院掌署院事年表 沈坤（直隶大河卫人。嘉靖辛丑状元。三十三年，以右庶子署院事。详南国子祭酒）。

又，卷二十二·南京翰林院学士附署印行实 沈坤，字伯载，南直隶大河卫人。嘉靖辛丑状元。授翰林修撰，升右谕德。三十三年，以右庶子署院事。三十五年，升南京国子监祭酒。

又，卷一百六十·南京国子监祭酒年表 沈坤（直隶大河卫籍。昆山人。嘉靖辛丑状元。三十五年任。三十六年，丁忧）。

又，卷一百六十·南京国子监祭酒行实 沈坤，字伯载，直隶大河卫人。嘉靖辛丑进士第一，授翰林院修撰。历右春坊右谕德。嘉靖三十五年任。

（明）王世贞《弇山堂别集》卷六十三·国子祭酒年表 沈坤，直隶太河卫人。由状元，（嘉靖）三十八年起，未任。

又，卷六十三·南京国子监祭酒年表 沈坤，直隶昆山人，太河卫籍。由状元，（嘉靖）三十五年任，三十六年，丁忧。

轶　　事

(清) 阎湘蕙《明鼎甲征信录》卷三　沈坤，字伯载，江南昆山人。性粹乐善，虔奉关帝。年当大比，坤祈帝示闱题。一友诣其家，窃闻之，掩口去，即拟七题，潜置香炉下。次日，坤焚香见之，喜曰："帝赐也。"依题拟之，及入场，题果合。放榜中式，其友被落。嘉靖二十年，坤状元及第，官祭酒。此敬礼神明而获报者也。(《觉世真经阐化编》并《洞渊录》)

杂　　录

(清) 沈翼机等《浙江通志》卷二百八十·杂记下　《(天启) 平湖县志》："沈坤居平湖之西麓，家颇饶。嘉靖间，以门户充役集收银米，遇岁饥，坤悉散家赀并所收银米以疗饥民，官督之，无以应，甘罪狱中。会倭寇猝临，总督胡公募勇敢之士，闻坤名，出狱，留幕下。一日值战王江泾，我军失利，胡被围。坤子惟敬甫弱冠，单骑突围中挟胡而出，胡益爱重。坤授千总职，部兵三千。父子设计，伪装犒军药酒，手执公文，经倭营。度倭追将近，弃舟度水走。倭得酒，喜争饮，而死者无算。"

嘉靖二十三年（1544）甲辰科状元秦鸣雷

传　记

（明）陈鎏《皇明历科状元录》卷四·嘉靖二十三年甲辰状元秦鸣雷　廷对之士瞿景淳等三百十七人，擢秦鸣雷第一。榜内被论削籍者五人，以辅臣翟銮二子俱登科，为言官论劾，考试官江汝璧等坐免及落职者数人。

秦鸣雷，字子豫，号华峰，台州临海人。年二十七登第，治《春秋》。父文，参政。兄鸣夏，右春坊左中允。鸣雷授翰林修撰，庚戌同考会式，壬子主顺天试事，转翰林侍讲学士、南京国子祭酒。

生于戊寅乙卯辛未己亥。年十四时就傅一寺中，适有召箕者，箕忽自运，作字云："门外有甲辰状元秦鸣雷，可请至。"时鸣雷方自家步至馆，箕径飞至寺门外，抠其衣袖而入。此后常梦骑马飞上天门。

（明）凌迪知《万姓统谱》卷十九　秦鸣雷（字子豫，鸣夏弟。嘉靖甲辰进士第一。授修撰，历南京礼部尚书）。

（明）顾祖训原编、（明）吴承恩增补、（清）陈枚续补《状元图考》卷三·状元秦鸣雷　嘉靖二十三年甲辰，廷试瞿景淳等三百七十人①，擢秦鸣雷第一。

按，鸣雷，字子豫，号华峰，浙江临海人，年二十七登第。父文，参政。兄鸣夏，右春坊。

《状元录》：年十四时，就傅一寺中，适有召箕者，箕忽自运，作字云："门外有甲辰状元秦鸣雷，可请至。"时鸣雷方自家步至馆，箕径飞至寺门外，抠其衣袖而入。此后常梦骑马上天门。

是科吴情先定状头，因"吴"字北音曰"无"，圣上曰："无情，岂宜居第一！"

---

① ［明］陈鎏《皇明历科状元录》作"三百十七人"。

正犹豫时，忽高悬殿牖结“雷”字，故圣意欲得雷姓为首，遍榜中觅之无有，得鸣雷，即擢之，乃以吴为探花。

（明）张凤翼《资善大夫南京礼部尚书秦公鸣雷行状》 公讳鸣雷，字子豫，别号华峰，其先闽人也。唐大顺间，徙台之黄岩东冈，再徙临海，遂占籍为临海人。高祖世珙，曾祖宗傅，祖彦彬。初，宗傅未举子，适青鸟集庭下，遗二卵，遂生二子，其小曰彦彬，生五丈夫子，长大参文，次佥宪礼，次祺，次栒，次侍御武。佥宪娶包，为南部郎时生公于公署。公夙遭闵凶，未弥月而失母，甫五龄而丧父。当是时，大参无子，其配杨，岐嶷公，遂子之。公髫年即游郡庠。未几，而居大参丧，哀能成礼。大参故清白，家日益落。公省试，又报罢。时公从兄若鸣春为司寇副郎，鸣夏为青宫中允，杨夫人每举以勗公，公亦用自淬砺。至癸卯，会直指使者舒公汀、督学使者孔公天胤后先试士皆首公，且远大期之。其秋，遂领乡荐。甲辰，成进士。廷试，阁臣拟公第七，及肃皇亲阅卷则首擢公。次日，以例谒分宜，分宜曰：“吾不敢贪天工，君盖天子门生也。”因出御札示公。于是，知平津不得专美于前云。是年，即授翰林院修撰。泥金至台，观者填道，而杨夫人亦用是以自庆。无何，杨夫人卒，公奔讣，哀毁一如所生，不知其非所出也。丁未，服阕，仍前职。是时，肃皇方事玄修，分命史官撰玄。不次，擢在位，多染指焉。公序当首推，特先期请假。戊申，充同修会典官。己酉，充内书堂教习官。庚戌，充会试同考官。冬，充册封河南徽王副使，王有江都、胶西风，不可以礼见，公独以得使职称。辛亥，以六品考满进授儒林郎，母赵得赠安人。壬子，顺天乡试，京兆拟公副主考，肃皇指公名曰：“此吾所取状元耶。”其蒙眷注如此。丁巳春，以九载考满，升左春坊左谕德。戊午，升翰林院侍读学士。己未，充廷试读卷官，升南京国子监祭酒。壬戌，升太常寺卿，管国子监事。夏，升礼部右侍郎。癸亥，进左。

时肃皇以显庙产芝，改庙名瑞芝，设提点官，应给关防，有旨照太行山式铸印，局查无太行山式，惶惧不知所为，公令取本处文移摹，认知为提点太行山关防，即易以瑞芝庙字覆题，称旨。僚属相顾，以为不可及。长陵神道桥圮，巨珰请改建，计费十万余金。中多谋自润，阁臣以陵寝大事，未敢可否，第拟旨礼、工二部相度举工。大司空引物料、工匠为己事，而以经始属公。公唯唯率众量基，群珰色喜计得矣。已而，命台官择日报曰：“年月不利兴造，须二三年后乃可。”群珰丧气失色，无可谁何。司空廉知公授旨台官也，叹曰：“翰林有人哉！”由是，大宗伯每事多咨公，其裨益良多类如此。

乙丑，充会试知贡举官，公先后两握文衡，二典成，均号称多得士。其彬彬显当世者，未暇枚举，若冢宰陈公有年、宫保梁公梦龙、司马王公一鹗、太史习公孔教皆其甄拔，而大学士王公锡爵尤所称赏，以大魁天下期之者也。其藻鉴类如此。丙寅，改吏部左侍郎兼翰林院学士，总校《永乐大典》，寻推教习庶吉士。适言官有承望风旨者诐辞侵公，公即亟疏求去，朝右多惜之，而公怡然就道。归构白云精舍，以研书觞咏自娱，未尝通一牍当路。辛未，以按院、抚台交荐，起家南京礼部右侍郎。未行，升本部尚书。先是，太医院、钦天监、四夷馆等员每岁属礼部考校，黜陟因之，然多请要人关说，不如意则媒蘖生谤，故掌院者多寝阁不行，公独为锁部严试之。试毕，即率僚属校阅，不逾时而案成，中外翕服，无容訾议。是冬，以人贺行。壬申，复任。适穆宗登遐，典礼丛沓，台省畿辅来就质者旁午于道，公稽古援今，举疵修坠，时谕允协。故事，南京闻诏后，礼卿率百僚上疏慰安，一如北京例。公言："南都闻诏，已匝月，疏入则两越月矣，安得比辇毂下哭临时礼？"力主罢，识者韪之。

明年，今天子践祚改元，其祖考以覃恩得赠如其官，妣配俱夫人。公慨然以知足自命，上疏乞休，未报。会省中复有侵公者，公求去益力，遂得赐允，然所论公特以影响，冢宰杨公博覆疏有"一时偶与时违，遂成多口，其以直道，不合去"，概可知矣。抵家矢口不言其故，有问之，漫应之曰："四时之序，成功者退。"盖不欲人知以江陵故也。丙子，刺史君约获隽京闱。是年冬，赵夫人卒，以疏请得旨全给祭葬。丁丑冬，克襄事。己卯春，参军绅以乞得补荫。方是时，公优游家食，乘肩舆游览山水间，若齐云、雁宕、石梁、天姥皆寓目焉。癸巳春，命驾武林，与冢宰张公选胜西湖，飘然神仙中人也。历长夏，犹强健能飞觞，为卜夜欢。至是，稍作寒热，竟薨逝。悲夫！

公天性孝友，以所生事所后，而又未尝以所后后所生，举凡祭扫、封树之费，皆身任之，一不以累其族人。事三兄笃友于之爱，至恤寡嫂，抚犹子，尤致意焉。尝曰："孝弟岂必尽如卧冰泣竹、灼艾同被哉！尽心焉耳。"方刺史之再射进士策不中也，公驰书趣令谒选云："士贵奉职尽节官下，岂必一第为光荣？"刺史由是就铨领州，遵公命也。而参军亦次第受所应得官，盖身既退而复以宣力报国责之后人矣。

公居乡乐易，不为城府，若无有科名爵秩者。子孙有遇微示颜色如万石君，不苛责也。至臧获罪慝，亦务掩覆之。夙敦友谊，而于我殡之义尤笃，若经纪何君琰丧其一征矣。尝肩舆入市，有廛扉碍车盖者，其人趣下之。已而知为公，曰："吾以为他宦，若秦尚书固可无下，渠不我谴也。"盖以宽厚孚里中有素矣。公自处甚约而周人之急则弗靳，自奉颇俭而宴客必期于丰。既翔贵，仍诸生时居，而于先茔，则务饬丰碑，飨堂辉映云日，所谓丰约适宜者非耶？亲友里吏议，未尝轻为执事笔。及遇凶岁，则汲汲以赈济、平粜、蠲租请，不特出私廪以给待哺，作饘粥以起沟瘠而已。

公自少至老，奇征异兆，神乩人梦，种种奇中，至石移星陨，尤耸观听，特恐冒左氏好诬之嫌，不缕述。然生为岳降，没为列星，公非其人哉！讣上闻，天子为之嗟悼。予祭二坛，敕守道大参吴公献台行事。制曰：射策大廷，本肃皇之亲擢；弭彤中禁，综昭代之旧章。又曰：正席两朝，作模多士，敦正己率物之规，收以人事君之效，阶八座以延登，决一辞而勇退，丝纶之出，谅非虚美，立朝大节，概乎有征矣。

公博综群籍，自黄炎而下涉历代，洎国朝故实，钩引贯穿，举大包小。文宗两汉，诗宗晋唐，皆直舒性灵，不作钩棘语。书法师心而遒劲，自具意态。所著集若干卷行于世。

卒于万历癸巳之七月七日，距其生戊寅二月二日，享年七十有六。

（录自［明］焦竑《国朝献征录》卷三十六）

（明）过庭训《明分省人物考》卷五十四·浙江台州府·秦鸣雷 秦鸣雷，字子豫，号华峰，临海人。生弥月而失母，甫五龄而父佥宪公礼殁。时世父大参公文无子，其配杨夫人子之。未几，大参亦殁，家益落。屡试弗售，时从兄鸣春为司寇郎，鸣夏为青宫中允，杨夫人每举以相勗，益郁郁不得志。至嘉靖癸卯，领乡荐。明年，遂成进士第一人，授修撰。无何，杨夫人卒，守制，服阕，仍前职。丁巳，以九载满，升左春坊谕德，寻升南京国子监祭酒，升礼部右侍郎。时长陵神道桥圮，巨珰请改建，计费十万余金。中多谋自润，阁臣以陵寝大事，未敢可否，第拟旨礼、工二部相度举工。大司空引物料、工匠为己任，而以经始属之，则急率众量基，而潜授指于择日台官。明日，台官报曰："年月不利兴造，须二三年后乃可。"群珰丧气失色，无可谁何，而事以暂寝。丙寅，改吏部左侍郎兼学士，总校《永乐大典》，寻教习庶吉士。会有浮言，亟疏求去。辛未，起南京礼部侍郎，寻升本部尚书。复上疏乞休，优游家食，游览山川，凡吴越之奇胜处，无不穷探遍历者。癸巳春，命驾武林，与冢宰张公选胜西湖。历夏，犹强健能飞觞，为卜夜欢。未几，稍作寒热，遂致弥留，享年亦七十有六矣。

（清）沈翼机等《浙江通志》卷一百八十一·人物六·文苑四·台州府·明 秦鸣雷(《临海县志》：字子豫，嘉靖甲辰进士，廷对世宗亲擢第一。时方祈雨郊坛，睹其名复大喜，授修撰，升左谕德，历国子监祭酒，礼部右侍郎。乙丑，主会试，时长陵神道桥圮，巨珰请改建，估费十万余金为自润地。阁臣以经始事属礼曹，鸣雷率众度基而潜授意于择日台官报曰："不利兴造，须二三年乃可举。"事遂寝。改吏部左侍郎兼学士，教习庶吉士。隆庆辛未，升南吏部尚书。乞休，家居二十余年。凡吴越名胜无不探讨。卒年七十六。所著有《倚云楼稿》及《谈资》)。

科　第

（一）乡试

（清）沈翼机等《浙江通志》卷一百三十八·选举十六·明·举人·嘉靖二十二年癸卯科 秦鸣雷（临海人。甲辰状元)。

（二）会试、殿试

甲辰科（嘉靖二十三年）**状元策** 皇帝制曰：朕惟文武一道并用，而不可缺与偏者也。《传》曰：张皇六师。又曰：其克诘尔戎兵。此非好于用兵者邪？朕皇祖高皇帝以武功定天下，即位之始信欲偃武修文，以德化天下。至于列圣相承，懋修文德，海宇久安，国家无事。朕以支末上承天命，人缵宝位，兹越二旬载矣。夫何连岁以来北虏寇疆，入我中国，若蹈无人之境，残我天民，前所未有？本之以朕罔德基之立于君，是以教化莫克行于外者也。然朕又闻之曰：帝王之政，守在四夷。今朕欲求长治久安之术，无出于守之一端。欲得其守之之道，当何施用以尽其长且久焉？

尔多士抱经世之略，亦有日矣，宜各著于篇，朕将采而行之。毋忌毋隐。

臣秦鸣雷

臣对：臣闻帝王保大业于无疆者，有经国之规模，有植国之根本。规模之经也存乎法，根本之植也存乎仁。是故崇文诘武，经制预定，使夫法之行于天下者，整饬而不可紊，夫是之谓规模。修德行仁，膏泽下究，使夫仁之洽于人心者，固结而不可解，夫是之谓根本。经制定则国威立，德泽究则国脉固。由是万姓胥悦于域中，声教四讫于海外，大业之保，盖卓乎不可拔矣。自古帝王享国长久之道，何能外是二者？苟法矣而未仁，则品式虽周，而所以纲维之者无其本；仁矣而无法，则恩意虽笃，而所以经纶之者无其具。是谓之偏而弗□其全，始虽善而终流于弊，将何以保基图之固，而绵国祚之永也哉？

钦惟皇帝陛下，中和建极，仁孝作孚。德化洽于民心，而万邦时宪；神武布于海宇，而四夷来宾。缵列祖之鸿图，贻百世之燕翼，太平有道之长，端有任于今日矣。乃犹不自满假，特进臣等于廷，策以御夷之道，且欲求夫长治久安之术，是岂徒以修举故事为哉？诚以草茅之下，必有明习文武大猷，可以裨补治体者，而臣非其人也。然臣即是有以仰窥陛下望道未见，求治若渴之盛心矣。敢不参之经传，酌之时宜，俯摅愚见，以对扬明问于万一乎。

臣尝考之《易》曰：鼓万物而不与圣人同，忧天道也。《书》曰：天佑下民，作之君，作之师，惟其克相上帝，宠绥四方。则知天虽以生物为心，而理物之责不能不望于君。君之茂膺天眷也，非徒肆于民上，实以君师之道存乎我，而代之理也。则凡斯民之安危利病，世道之否泰盛衰，凡可以克尽其道，而奠天下于文熙武谧之域者，自有不容于不讲矣。今夫立天之道，曰阴并阳。立人之道，曰仁与义。而帝王也者，又所以法天而图治者也。是故帝王以仁育天下，非文无以昭休明之治。故凡崇奖儒彦，怀保黔黎，与夫体国经野，明物章轨，以成经纬之德者，皆文之属也。帝王以义正天下，非武无以示挞伐之威。故凡选择将帅，振励卒徒，与夫诛暴禁乱，饬法严备，以成安定之功者，皆武之属也。文以敷德，则海宇奠而内顺治。武以示威，则疆圉静而外威严。此诚有国家者不容以偏废者也。使有武而无文以济之，则义胜而流于刚，其何以敦浑厚之治体！有文而无武以济之，则仁胜而流于儒，又何以立精明之治功也哉！乃若召公之告康王曰：张皇六师。周公之告成王曰：其克诘尔戎兵。此其为言若有所偏者，而不知乱者保其治者也，危者保其安者也。是扬武者乃所以觌文，初非好于用兵也。一或讲之无素，备之弗豫，则所以为防者必疏，而其为累也亦必不小，是诚不容以或后者也。

臣闻中国之有夷狄，犹阳之有阴，昼之有夜，君子之有小人，不能以必去焉者也。是故先王建国，列之侯封、采服之外，所以峻其防焉。号令不及其人，正朔不加其国，所以别其类焉。刑以惩叛，礼以怀来，所以服其心焉。奈之何狼子野心，非我族类。重以消长之势无常，强弱之机莫测。值其弱则稽颡而称臣，当其强则犯顺而干纪，盖自古则然矣。故有化足以成风动，而不免于有苗之征；德足以臻时乂，而不免于鬼方之伐；治足以致中兴，而不免于玁狁之孔炽。是又奚足为盛世之累哉！故曰，帝王不患有夷狄之强，而患吾无御之之具。不贵有御夷之具，而贵吾无以致夷之窥而已矣。强本以治内，严兵以固圉，来则必敌，去则不追。务使各安其所，而不敢干吾治者，兹非计之良乎？

三代以降，此道则寖微矣。夫嬴秦命将出师，筑塞以御强胡，縻费巨万，夷患未祛，而国衅已不可救矣，是谓虚内以事外。汉武以雄才大略之资，为穷追远讨之举，登南台于塞北，绝王庭于幕南，夷氛虽息，而民生已不胜困矣，是谓计末而忘本。斯皆策之最下者也。他如唐称臣于突厥，既病贻谋之不臧。宋迫辱于辽金，复患修攘之坐失。是又几于无策矣，安得而不沦胥以致滋极乎？

幸而天启皇明，我圣祖高皇帝以天纵之圣，奋起淮甸，迅扫腥膻，驱之北归，绝其南寇，建自古所未有之事功，复帝王所自立之中国。神谟勇略，固尝以武功定天下矣。至于即位之始，干戈甫息，乃欲偃武修文以德化天下者，其故何哉？夫亦以天下初定，扶伤持危，举天下休息，道盖莫先于此，非固果于忘战耳也。观其思患预防，垂训谆切，所以奠不拔之基，以贻则后昆者，何深远也。肆我成祖，六飞三驾，再昭挞伐之威。爰及列圣，养威峻防，不忘制驭之策，其所以绵国祚之永，而恪遵成宪者，又何明备也。仰惟皇上蕴神明之德，际中兴之期，武以止戈为威，兵以全国为上。疆场之患，扑之于方萌；隐微之祸，消之于未著。南夷系颈，北虏责琛，唐虞三代之盛，何以加此！圣祖神孙，后先相望，盛德大业，笃祜无疆，国家长治久安之术，尚何以他求为哉！虽然，帝王望治之心无穷，人臣爱君之心无已，故古称大舜之知，必曰好问好察。彼贾谊当文帝之世，犹有取于厝火积薪之喻焉。则臣虽至愚，所以仰称德意而自靖厥忠者，可终默焉而已乎？臣请得而筹之。

夫王者以京师为室，以诸夏为庭户，以四夷为藩篱，其内外远近之分，先后缓急之用，盖不待较而知也。粤自先王寓兵于农之意既坏，而后世制御之道，不容不分。要之厚民所以足兵，恤兵所以卫民，实相资而非相病也。然则端本自治之道，夫亦于二者而加之意乎？以今日之民言之，安其田里，施之教化，殿最书于台臣，而守牧有考；利病关于藩臬，而兴革以时。以至水旱凶灾之必闻，赈贷蠲免之屡下，是陛下所以厚民者无不尽也。以今日之兵言之，岁给之衣，月给之粮，额籍总于司马，而逃亡可稽；节钺授于制帅，而上下有统。以至团练教习之有方，赏罚鼓舞之无倦，是陛下所以恤兵者无遗策也。

夫民安而本益以固，兵精而气益以振，是宜势益以昌，威益以远，文熙而武益以谧也。然而北虏之窥伺犹作，边境之烽火绎闻，顷者入我中国，各陷吾人之境，诚有如圣谕所及者。此其何故也？臣愚以为圣心之忧民至矣，而所以宣力于下者，或非其良；圣政之养兵善矣，而所以分阃于外者，或非其寄。是故以承奉敏捷为能，而不劳心于厚下；以期会簿书为急，而不加志于推恩。甚者锐意催科，虚张敛散之能，厚自封植，因行渔猎之计。夫守令之职，最为近民，使天下果若人焉，又安能保斯民之皆得其所乎？

以纨绔而滥韬钤之寄，方略有所未闻。虐士卒以张威福之权，抚绥有所未备。甚者功图速化，驰捷报之虚声，志切自肥，仍偾帅之故辙。夫三军之命，悬于一人，使将帅而咸若是焉，又安能保边兵之皆乐于用乎？夫民心不固，而示敌以守，是投之以可乘之隙，守之未见其固也。士气未张，而应敌以战，是先之以可败之道，战之未见其利也。

然而长治久安之术，抑何以他求为哉？亦惟重守令之任，而选之也必精，使郡县之布列，皆龚黄卓鲁其人焉。于是严黜陟之典，申久任之规，劳心抚字，必增秩以示荣；奉职无闻，必夺爵以示辱。塞奔竞侥幸之门，斥阘茸贪墨之吏。如是则民安，而无复失所之叹矣。重将帅之任，而简之也必慎，使阃外之分据，皆颇牧韩范其人焉。于是专委任之托，昭劝惩之典，有功必赏，宽之以岁月之余；有罪必诛，略之以文法之细。无以一人之誉而尚其贤，无以盈箧之谤而挠其志，如是则兵精而咸起报效之思矣。由是而昭武勇以示威，修战备以利用，谨关隘以辩奸，远间谍以防诈，严吾之守以俟敌之战，将见投之无衅，觇之无隙，虏知吾之有守矣。以静制动，以逸待劳，虏屈吾之不战矣。兹固帝王万全之策，古今不易之道也。尚何夷患之足忧耶！否则，玩寇轻敌其祸大，邀功生事其计危，皆非臣之所敢知也。

虽然，御夷之道，固在于治内，而治内之要，莫切于治心。故心存于正，则事无不正，而天下蒙其福；心蔽于邪，则事无不邪，而天下与其忧。陛下绍心学之传，发道统之秘，《敬一》有箴，《四箴》有注，所以预养此心者，固已能自得师矣，臣恒虑操持之甚难，察识之不易耳。夫人主深居九重，攻之者众，倘于防微杜渐之戒，省察克治之功，一未至焉，臣恐虚明静一之体，有不能复如其初矣。臣愿陛下戒之慎之，明通公溥以植其本，静虚动直以培其基，戒谨于不睹不闻之时，察识于内外宾主之辩。亲贤远佞，俾一暴弗替于十寒；慎终如始，使九仞于罔亏于一篑。淫哇之声，奇巧之色，则曰：吾心之贼也。便嬖之言，侧媚之态，则曰：吾心之蠹也。土木游田之娱，宫室侈靡之奉，则曰：吾心之所丧失而不自觉者也。兢兢如尧，业业如舜，栗栗如汤，亦保亦临如文，不泄不忘如武，则心存而德可修，德修而道可立，道立而政可举。由是显设于朝廷，而庶事康矣；颁布于四海，而万民乐矣；洋溢于蛮陌，而四夷慕矣。天地位，万物育，诸福之物，可致之祥，莫不毕至，而王道终矣。此非臣之臆说也。伯益之戒舜曰：无怠无荒，四夷来王。汉儒董仲舒曰：正心以正朝廷，正朝廷以正百官。而宋儒朱熹亦谓：其本不在威强，而在德业。其任不在边境，而在朝廷。其具不在兵食，而在纪纲。此端本之道，古今一致，而实臣愚之所恳望于今日者也。惟陛下不弃刍荛，留神省览，见之施行，则宗社幸甚！天下幸甚！

臣干冒天威，战栗无地，不胜惓惓仰望之至。臣谨对。

（录自［明］焦竑辑，［清］胡任兴增辑《历科廷试状元策》卷四）

（明）张朝瑞《皇明贡举考》卷七 （嘉靖二十三年）三月十五日，临策天下贡士。制曰：……

（时廷对之士三百十七人，取秦鸣雷等进士及第出身有差。鸣雷官至南京礼部尚书。)

第一甲三名赐进士及第：秦鸣雷，浙江临海县。……

(明) 孙承恩《文简集》卷三十一·碑记·奉敕撰甲辰进士题名记 嘉靖二十三年，是为甲辰之岁。礼部以会试中式士进于大廷，皇上亲降策问，赐秦鸣雷等三百二十人及第出身有差。余诸恩赉，率行如例，独立石题名太学尚缺。今岁庚戌，复当开科举行，随以寇警少稽。及是，大学士臣严嵩等并以为请，上诏臣承恩追为之记。

臣自惟浅薄，谬荷宠荣，无以仰称明旨为惧。念是科尝备员提调，躬逢盛典，亲闻制辞，询诸士以捍御之道。乃今被命，因窃伏叹曰：

盛哉！皇上之心何见之豫虑之远而图治之切也。夫疆场之有外患，自古为尔，虽盛世不能免，而惟盛世斯有以待之。是故不以无事忘有事，恒以有事视无事，兢兢焉谨吾内治，是所以待之者。当甲辰之岁，国家治平，海宇宁谧，虽间有边隅小警，随以清肃而重轸。皇衷惓惓四郊之虑谋，所以长治久安者。《书》曰："儆戒无虞。"又曰："无怠无荒，四夷来王。"皇上之心不与《书》之所云合辙乎！夫君道主始，臣道代终。皇上夙夜勤励，思为国御患者至矣，则所以赞佐辅翊，以臻来王之盛者，非臣下责哉。诸士以始进，无帷幄谟谋之素，而首咨以国家大议，诚欲得俊杰，可以神庙算任干城，将命以官守。诸士固俊杰，则既有是责矣。语曰："太平非一士之略。"今日奠安中夏，攘除欃枪，不有共济，何以哉？昔在虞周，三苗负固，必以皋陶明刑，神禹征伐，伯益赞议，前后夹辅，而有苗始格。猃狁、荆蛮，有文武之吉甫，显允之方叔，内而申伯，外而仲山甫、召虎，群贤汇征，百职具举，是以克奏中兴之绩。今尔诸士，委质效用，共勤王家，《书》之左右有民，宣力四方，《诗》之疏附先后，奔走御侮，皆诸士事也。上视虞周之盛，宁可令昔人专美哉。仰体圣心，永佩圣训，其何以对扬王休万一乎。

呜呼！自甲辰来又七阅岁矣，而侵轶之事复见于昨。臣是以仰叹皇上预见远虑图治之切，斯为大圣人之智，而臣下之赞佐辅翊者，亦可以自省矣。秪今皇赫，斯怒振扬，威武整齐，戎事董正，帅臣戒饬，百司感召之下，遐迩倾竦，策励懋烈，俊杰以之龙兴云。从君倡臣和，百尔有位，其亦乘时奋励，惟新之图，以赞大业于无疆哉。

臣不佞谨为记以告。

(明) 王世贞《弇山堂别集》卷八十二·科试考二 (嘉靖) 二十三年甲辰，命太子宾客、礼部尚书兼翰林院学士张潮，左春坊左庶子江汝璧为考试官。时潮入贡院三场毕，以病死，舆尸出，考试唯江一人，而后序则属同考修撰茅瓒。是岁，取中瞿景淳等。廷试，赐秦鸣雷、瞿景淳、吴情及第。而少傅翟銮二子汝俭、汝孝俱与焉。少傅以嫌故辞读卷，不许。既试，以进呈卷上，上疑汝俭等在首甲，因抑第一卷置第三，复抑第三卷置二甲第四，拆卷果汝孝也。上又梦闻雷，遂拔鸣雷为状元。

(明) 王世贞《凤洲杂编》卷四·言官劾科举私徇 (嘉靖) 甲辰主考，礼部尚书张潮、左春坊左庶子江汝璧。时潮卒于贡院，舆尸出，考试唯江一人，而后序则属之同考修撰茅瓒。是岁，少傅翟銮二子汝孝、汝俭俱登第，廷试以进呈卷，上疑有翟氏子在首甲，因抑第一卷置第三，第三卷置二甲第四，而拔秦鸣雷为状元。

（明）张弘道、张凝道《皇明三元考》卷十一·嘉靖二十三年甲辰科大魁 状元秦鸣雷（浙江临海人。弘治壬子解元秦文子也。字子豫，号华峰。治《春秋》。年二十七。癸卯举人。仕至南礼部尚书。家世见秦文下）。

又 二品：……秦鸣雷（礼部尚书）

（清）沈翼机等《浙江通志》卷一百三十二·选举十·明·进士·嘉靖二十三年甲辰科秦鸣雷榜 秦鸣雷（临海人。状元。礼部尚书）。

（清）张廷玉等《明史》卷十八·本纪第十八·世宗二 （嘉靖二十三年春三月）丁巳，赐秦鸣雷等进士及第出身有差。

仕　宦

（明）雷礼《国朝列卿纪》卷二十·翰林院学士讲读学士年表 秦鸣雷（浙江临海人。嘉靖甲辰状元。三十八年，任侍讲学士）。

又，卷一百六十·南京国子监祭酒年表 秦鸣雷（浙江临海人。嘉靖甲辰状元。三十八年任）。

（明）王世贞《弇山堂别集》卷四十六·翰林诸学士表·学士 秦鸣雷，浙江临海人。状元及第。嘉靖四十四年，以吏左侍兼任，寻罢归。

又，卷四十六·讲读学士表 秦鸣雷，见前。嘉靖三十八年，任读学。

又，卷四十九·南京礼部尚书表 秦鸣雷，浙江临海人。嘉靖甲辰状元。隆庆五年，任。

又，卷五十六·卿贰表·礼部左右侍郎 秦鸣雷，浙江临海人。由状元，（嘉靖）四十一年，任右。四十三年，转左。四十四年，改吏部。

又，卷六十三·国子祭酒年表 秦鸣雷，浙江临海人。由进士，（嘉靖）四十一年，常卿，掌监事。

又，卷六十三·南京国子监祭酒年表 秦鸣雷，浙江临海人。由进士，（嘉靖）三十八年任改北。

又，卷八十三·科试考三 （嘉靖）三十一年壬子，命左春坊左庶子兼翰林院侍读郭朴翰，林院修撰秦鸣雷主顺天试。

（明）俞汝楫《礼部志稿》卷四十二·历官表·左右侍郎　秦鸣雷（字子豫，浙江临海人。进士。嘉靖四十一年由太常寺卿管国子监祭酒事，升右侍郎。四十三年，转左。历南京礼部尚书）。

（明）张萱《西园闻见录》卷九·正大　秦宗伯鸣雷为南京尚书。先是，太医院、钦天监、四夷馆等员每岁属礼部考核，黜陟因之，然多请要人关说，不如意则媒孽生谤，故掌院者多寝阁不行，公独为锁部严试之。毕，即率僚属校阅，不逾时而案成，中外翕然，无容訾议。

又，卷十五·机权　秦鸣雷，字子豫，号华峰，临海人。嘉靖甲辰状元及第。历官南京礼部尚书。嘉靖癸亥，为礼部侍郎。肃皇以显庙产芝，改庙名瑞芝，设提点官，应给关防，有旨照太行山式铸印，局查无太行式，惶惧不知所为，公令取本处文移摹，认知为提点太行山关防，即易以瑞芝庙字覆题，称旨。僚属相顾，以为不可及。长陵神道桥圮，巨珰请改建，计费十万余金。中多谋自润，阁臣以陵寝大事，未敢可否，第拟旨礼、工二部相度举工。大司空引物料、工匠为己事，而以经始属公。公唯唯率众量基，群珰色喜计得矣。已而，命台官择日报曰："年月不利兴造，须二三年后乃可。"群珰丧气失色，无可谁何。司空廉知公授旨台官也，叹曰："翰林有人哉！"

又，卷二十一·知止　秦宗伯鸣雷，南京礼部尚书。万历改元。公慨然以知足自命，上疏乞休，未报。会省中复有侵公者，公求去益力，遂得赐允，然所论公特以影响，冢宰杨公博覆疏有"一时偶与时违，遂成多口，其以直道，不合去"，概可知矣。抵家矢口不言其故，有问者，漫应之曰："四时之序，成功者退。"盖不欲人知以江陵故也。

又，卷四十三·丧礼　秦宗伯鸣雷，为南京礼部尚书。适穆宗登遐，故事，南京闻诏后，礼卿率百僚上疏慰安，一如北京例。公言："南都闻诏，已匝月，疏入则两越月矣，安得比辇毂下哭临时礼？"力主罢，识者韪之。

轶　事

（明）张萱《西园闻见录》卷十五·雅量　秦宗伯鸣雷既致政归，尝肩舆入市，有廛扉碍车盖者，其人趣下之。已而知为公，曰："吾以为他宦，若秦尚书固可无下，渠不我谴也。"

（清）姚之骃《元明事类钞》卷十五·人品门一·厚德·不下廛扉　《张凤翼集》：秦鸣雷尝肩舆入市，有廛扉碍车盖，其人趣下之。已而知为公，曰："吾以为他官，若秦尚书固可无下，渠不我谴也。"

（清）沈翼机等《浙江通志》卷二百八十·杂记下 《临海县志》："万历癸未、甲申间，大宗伯秦公鸣雷、冢宰何公宽、少司空金公立敬、少司寇王公宗沐，俱在林下，时人谓之'四京堂'，仿古'九老耆英'，终日称觞聚会，谈涉时事与人短长，辄嘿不置一言，其风致如此。"

著　　作

（清）黄虞稷《千顷堂书目》卷十二·小说类 秦鸣雷《谈资》三卷。

又，卷二十四·别集类·嘉靖甲辰科（二十三年） 秦鸣雷《倚云楼稿》（字子豫，临海人。一甲第一名）。

（清）沈翼机等《浙江通志》卷二百四十六·经籍六·子部中·小说家 《益部谈资》四卷(《台州府志》：秦鸣雷著)。

又，卷二百五十·经籍十·集部三·别集·明 《倚云楼稿》(《台州府志》：秦鸣雷著。字子豫，临海人)。

（清）曹仁虎等《钦定续通志》卷一百六十·艺文略·诸子类第六·杂家·杂纂 《谈资》三卷（明秦鸣雷撰）。

（清）纪昀等《钦定四库全书总目》卷一百三十一·子部四十一·杂家类存目八·《谈资》三卷（两江总督采进本） 明秦鸣雷撰。鸣雷，字子豫，临海人。嘉靖甲辰进士第一。官至南京吏部尚书。其书采录古事，不分门类，亦不次时代，不注出典，庞杂参错，莫喻其去取之意。如齐王木履一事，乃苏轼《艾子》之戏言，亦据为实事录之，其无所别择可知矣。

（清）曹仁虎等《钦定续文献通考》卷一百七十八·经籍考·子·明 秦鸣雷《谈资》三卷。鸣雷，字子豫，临海人。嘉靖甲辰进士第一。官至南京吏部尚书。

杂　　录

（明）王宗沐《敬所王先生文集》卷六·序·寿华峰先生序 （存目）

（明）张弘道、张凝道《科名盛事录》卷一·元魁盛事·父子元魁 临海秦文（弘治壬子解元），子鸣雷（嘉靖甲辰状元）。

又，卷三·科第盛事·三世科第 临海秦文（弘治癸丑进士。参政），礼（己未进士。按察使），武（正德丁丑进士。俱文弟），子鸣春（举人。员外），鸣夏（嘉靖壬辰进士。中允。俱礼子），鸣雷（甲辰状元。文子），孙懋德（举人。鸣春子），懋绳（举人），懋约（举人）。

又，卷五·官爵盛事·兄弟翰林 临海秦鸣夏（嘉靖壬戌，由中允），弟鸣雷（甲辰状元，至□部尚书）。

（清）沈翼机等《浙江通志》卷二百三十八·陵墓四·台州府·临海县·明南京吏部尚书秦鸣雷墓 《旧浙江通志》：在双门。（传详《文苑》）

嘉靖二十六年（1547）丁未科状元李春芳

传　记

（明）陈鎏《皇明历科状元录》卷四·嘉靖二十六年丁未状元李春芳　廷对之士胡正蒙等三百一人，擢李春芳第一。取庶吉士二十八人。

李春芳，字子实，直隶扬州兴化人，号石麓。年三十八状元及第，授翰林院修撰，同考庚戌、丙辰会试。迁太常寺少卿兼翰林院学士，专撰内制。己未，主考武举。庚申，升礼部右侍郎兼翰林学士，掌内制如前。尝乞省亲回，少师严公嵩以诗送之云："曾蹑丹霞万丈梯，姓名亲赐玉毫题。石渠芸帙留新校，淮海荆扉忆旧栖。芳草满川行共远，白云千里望还迷。圣朝选士求忠孝，郑獬遭逢孰与齐？"

为人和易淳雅，与人交有情。廷试后同志集饮于寓，有白云："某堂上遣官至。"延之人内，与语而别。人皆知来报胪传之信，客皆贺之，坦然曰："拙卷亦与进呈之列耳。"神色不动，人称其雅度。

甲午秋，有士子赴乡试，题诗于读书之屋，而行尾句云："明岁看花三月丽，满城桃李先春芳。"盖自寓耳。明年春榜，李春芳作状元，此诗为之谶也。

（明）王锡爵《太师李文定公传》　公讳春芳，字子实。始祖海一世居勾曲之朱□村，数传至旺二，旺二生富一，富一生乐易，于公为曾大父，始渡江至安宜。已，又从安宜徙兴化，生旭，旭生永怀公镗，镗即公父也。自乐易而下，俱隐德弗耀，以公贵累赠诰，偕一品。世敦谨乐谊喜施，纤啬积聚，耻随俗俯仰。至永怀公乃业儒。美丰仪，居闲寡言笑，于物无忤。人谓李氏世德，必有兴者，乃以正德庚午季冬之望举公。

公生而神颖，不类群儿，常有神叟庞眉鹤发掖之行，他人弗见也。一日当午，忽指天语公，云中鼓吹导引。公仰视，遂失叟所在，人益以为神。辛卯，与计偕上春官，归诣海陵王艮、东城林春，讲性学。已，复师事湛公若水、欧阳公德。无何，湛归，欧阳门客日益众，谈议锋出，质言盈庭。公徐以片语剽剥，各适其意。欧阳大奇之，自以不如也。寻教授江淮，属大侵宗人，几不自存，公乃出所得修脯佐给之，不足则解佩，乃得稍稍免艰食。客言："君在垂罄，而好急人之困，设有不继，奈何?"公终不顾，其悬恻如此。

丁未，举进士，太常奏对第一，上亲引见劳问。先是，邑宾兴令举酒属公，云烂然五色，人以此吉征当公。至是，中外鼓动，咸称人瑞，然公顾独循循如无有。遗书戒人："毋敢骄贵，毋怙宠凌物。"以法约整齐宗人，宗人壹禀于节，抑公既以射策抡魁，柄用不次，感遇恩厚，矢心报国，凡再入春闱，及奉简命主试，所得士斌斌，前后莫敢望。会有诏命公授书中贵人，故事多文具，公以此辈日侍上左右，而惰游解嫚，渐以成习，既一旦管事，奈何？乃为琐科条教督之，于是皆留听承学，掖庭永巷一时焕然。上方综核名实，阴以他事部勒馆中，后进诸贤意已有所属，乃特旨召公入内直，超迁学士、太常少卿，赐一品绯衣，盖异数也。自后恩宠日盛，由吏、礼二部左、右侍郎三迁至礼部尚书，加太子太保。时天潢日衍，廪禄不继，公以便宜处议为书上之，有诏允行，赐名《宗藩条例》，至是流靡稍节，元元乃苏。未几，敕参阁务武英殿大学士，加官如故。

公既与徐文贞公承分宜之后，同心辅政，力振颓靡，海内翕然回响。已后，同文贞受顾命，事穆皇帝于亮暗，诛左道，录言官，蠲负逋，中外欣欣以为太平复见。会文贞公有事山陵，公以少保入直。有旨重建翔凤楼，公遂极言："土木之费终先皇之世，海内骚然。今朝政方新，宜与百姓更始，而骎寻大兴，天下谓何?"上改容谢之，终不复言营作之事矣。上方锐意中兴，又知公习故，诸建白疾于转圜，随奏随可。如罢太仓羡金，罢织造岁币，牙簟珍异，一切无留行。而台省复以上书应诏，语稍侵中贵人，乘间泣诉上前，上大怒，几出不测。公力为言："此辈朴忠，无他肠，愿陛下宽其诛以开言路，收人心。"上乃解。于是，蓟辽诸帅臣言："沿边镇垣当虏冲，宜成台以便防守。"好事者数持异议，以阴坏其说，公正色直言："台成之利，虏不得蹂躏长驱，独奈何惜小费不计大利?"乃得请，至今备御赖之。故事，边兵土着势相一不分，后稍用南人。于是，有南北军桀黠不相下，猜疑螫忌，几成大衅。公虑变生肘腋，乃以属主将阴折其睚眦龋龁，事乃定。

其秋，虏骑突入宣大门，不及谋，公曰："羸粮跃马所以从时，今事在缓急，奚暇复请?"乃悉出前后所赐委诸将："若第破敌，上功当赏，陛下不薄汝也。"乃皆感激泣下，无不一当百，追奔逐北，斩获无算。虏既不得逞，相率北徙远斥堠。诸将欲因深入捣其窟穴，公以为开边启衅不便，而把汉那吉独以势穷，单骑来奔。把汉那吉者，虏酋俺达爱孙也。俺达索之急，不得要领，愿归亡，纳款贡市称臣。朝廷下其议，公卿大臣廷辩不决，或言从之便，或言勿从。公徐曰："从之是也。人但知汉唐和戎之失，而不知今日和戎之利。且汉唐与虏昏，今纳款称臣，体统正而名号尊矣。汉唐制，和在夷狄；今制，和在中国。因其请而听之，彼喜于得请，德我必深，为盟益坚，虏以贡为名，我以货为市，计数十年之市孰与一旦用兵之费？况虏在得请，不得不已。殄无益之空质，启无穷之衅端。则从虏为怀柔，拒虏为失计矣。"或言："夷情叵测，安知不以此尝我？万一败盟，将何所责?"公曰："以守为战，其机在我，权有所制，又安所用其尝？又安所虑其败乎？”于是，上从其议，虏因受我符册，拜我王号，归我逋俘，庙献而市戮之，一时传诵称快。边陲按堵几二十年。

公居常醇谨，言若不出口，至国是所在，毅然不可夺，上尤以此重公，从知经筵，修《实录》、《大明会典》、《永乐大典》。以六载考，累晋少师兼太子太师、柱国、中极殿正一品俸，荫中书舍人者再，尚宝司丞一，功烈震主，人臣极矣。于是乃叹曰："物禁大盛，吾安知所税驾乎。”乃疏归养。中使谕旨。章凡七上，乃得请，敕奖驰驿，行人护送，有司月给米六石，夫八名。陛辞，上目送之良久。已，又令祠部郎捧敕存公于家。

公既归，则角巾私第，岁时伏腊，群诸子姓绯衣蟒玉奉觞尊人前寿。已，复从里中鸿生巨儒及诸后进里区谒舍讲论道艺，间或婆娑里社，从三老问年穰匮，或浮白谈剧巢云。终老不复知人间事，可谓功名成全，孤标寡耦矣。

公性至孝，又好急穷交。少善新城令顾、永平令李、国博郑，三人相继物故，而顾与李客燕无所归，公为殡而归之，方顾垂绝困甚，意恨恨不欲言，公知而袖百金往，顾见而且瞑曰："何以报公？”

王锡爵曰：予以史官事太师者五年，观其凝立微睇于智勇争胜之中，唱而后应，其卒以功名终始。夫水决捩石，山静出云。大人之道，则元气秉之，顾岂在声色间哉！比予过故里，父老为余言，公少时梦之帝所甚乐，与百神游于钧天广乐，二祖御而引之曰："大事付若。”又一夕，梦英宗故相高少保取其扁授公曰："而嗣我，而嗣我。”如面命。神哉！惟申及甫，固不虚生。嘉、隆间，宇内太和，蒙业至今，有以也夫。

赐进士及第、资政大夫、太子少傅、礼部尚书、武英殿大学士、知制诰经筵事、总裁《会典》、太原王锡爵撰。

（录自［明］李春芳《李文定公贻安堂集》卷十附录）

（明）申时行《赐闲堂集》卷十一·神道碑·光禄大夫柱国、少师兼太子太师吏部尚书中极殿大学士赠太师谥文定李公神道碑 （存目）

（明）许国《明光禄大夫柱国少师兼太子太师吏部尚书中极殿大学士赠太师谥文定石麓李公暨配一品夫人徐氏墓志铭》 光禄大夫、柱国、少师兼太子太师、吏部尚书、中极殿大学士石麓李公讳春芳，字子实，其先勾容朱□村人也，后乃渡江再徙而家兴化。家兴化自公曾大父乐易公秀始。乐易公子旭号朴庵公。朴庵公子镗号永怀公。永怀公娶于徐，以正德庚午季冬之望生公。自乐易公至永怀公，世世田间，质行醇谨，俱以公贵赠封如公官，配俱一品夫人。

公初名果，垂髫颖异，邑令见而奇之，为易今名。嘉靖辛卯，以《诗》举于乡，偕计罢从南雍，受业增城湛公、吉水欧阳公。家故贫，归而教授江淮间以自给，然遇贫交疏昆弟则倾橐分予之。凡五上春官不第，顾多吉征。儿时出入，每见一老叟护持。一日日中引手向空指："若见空中鼓吹迎状元乎？”公仰视，叟因忽不见，惊以为神。既久不第，梦见一绯衣人手象简，导至一便殿，见高、文二祖，公蒲伏殿下，微闻天语，如交庆得人者。已，乃降座目公：“我家大事以属若。”其他兆甚多，乃心独喜自负。丁未春，瞿文懿公分校士，首录公，既廷对，有密报公及第者，公方对客，还坐如故。胪传果第一人，授翰林修撰，代制草，授中贵人书。庚戌丙辰，再与分校，以满得封其父母。居十年而父母始耆，公请告归为寿，会肃皇亲简词臣，稿笔待诏斋宫，而公与焉。无何，超迁翰林学士。故事，词林官独学士最重，虚数十年不授，一旦授公。时分宜柄国，不知也。寻进太常少卿。己未，典武试，柄臣子色迎公，若将有谒，公径去不顾，分宜以此心衔公，然竟无以中公，以上特知故。庚申，进礼部右侍郎，掌翰林院事，寻还部。已，改吏部左侍郎。癸亥，进礼部尚书，率岁一迁，由少卿至宗伯俱兼翰林学士，又以学士陪祀帝社稷，赐骑禁中，少卿服一品绯衣，左侍郎禄，正二品与读廷试卷，皆异数云。诸斗牛麟蟒金绮种种匪颁，他儒臣莫敢望焉。公为宗伯，念宗藩日益盛，常赋莫能供，则为约以礼制，清其冒滥，服室有度，妾媵有数，请报有期，要以如式。诸擅婚野合生者等于宗庶第与名粮一一胪列条故事上之，肃皇帝称善，赐名《宗藩条例》，著为令，至今有司得奉三尺以绳诸藩，无敢哗者，自公颁行条例始也。士上春官，云集棘闱下，门启，披裘挟册，一拥而入，虽有干掫，莫可谁何。公乃为约束，令士鱼贯听所偕，计序次，列卒夹道，以次讥呵传唱乃入，至今士轨于绳墨，无敢哗者，自公乙丑知贡举始也。是岁以宗伯加太子太保、武英殿大学士，与华亭徐文贞公同心辅政，承分宜浊乱之后，力持雅道以厉世风，一时中外若涤而清。丙寅，改吏部尚书，宫保、大学士如故。是冬受顾命，奉穆考践阼。逾年丁卯，以翼戴功进少保。会有诏趣建翔凤楼，时文贞公诣山陵，独公在直，惊曰：“天下苦工役久矣，当新政初，纵不能劝成节俭，独奈何又开侈端？”密疏力陈不可状，上感悟而止。竟隆庆之世，土木不兴，府藏盈溢，自公疏止楼工始也。是岁以公同知经筵，总裁《世庙实录》，而前所校《永乐大典》适成，进少傅兼太子太傅，寻以一品满进兼太子太师、建极殿大学士，荫一子中书舍人。戊辰，典礼闱，收士四百，是科所得国士最多，至今中外咸赖其用。文贞公谢政，为请月廪岁役。上雅信倚，公既当国，自幸遭际，知无不言。如取太仓羡金，增江南织造，征牙簟珍异诸物皆封还内降，力为劝止。当是时言路发舒，争有献替。间不称旨，见谓卖直沽名，公辄从中宛解之，绝口不以闻于人。尝曰：“济济名硕，迪简在廷，吾第以职事还之，为提衡平章足矣。”于是百司各展其意，无复承望之习。或谓公不以此时显扬知交之贤者，而伸厥淹抑，乃徒听其进退以明无私，恐不应古大臣义。公笑曰：“然其人贤者耶，无所用吾私。不贤者耶，吾焉得而私焉。”然公不以私庇一人，亦不以私中一人，世以此多归公。今上在东宫八龄，公疏请出阁讲学，诸所定仪节及所简置宫僚多自公。一品再满，进柱国、少师兼大学士禄，再荫一子中书舍人。初，蓟辽守臣以虏数阑入，请建戍台，文贞公主其议，去而有阴挠之者。公曰：“守边先候望，暂费永宁，何谓非计？”力持前议，成之，至今虏无南牧，称金城焉。蓟故有南北军，分阃不相隶。公曰：“是欲为犄角，适府竞端，不如隶一帅便。”乃隶一帅，有勇略能扞圉者，出尚方所赐文绮劳苦之，曰：“尔有功吾当推毂，有罪不尔蔽。慎毋剥尔，致命士而筐篚我。”于是各边将士感激致死。虏稍稍远塞，乃有欲袭虏邀功者，公谢罢之曰：“固吾圉足矣。”会虏酋所爱孙以内郤来奔，而虏酋怜欲得之，因款关求市，请归我叛人以赎。诏下廷臣议，言不便者十九。或谓：“此前代和戎覆辙，奈何循之？”公曰：“不然。前代岁致金缯，约婚姻，惟恐不当虏心，制媾在虏。今天以虏爱孙畀我为饵，虏愿听要束，惟恐不当我心，制媾在我。奈何比于汉唐？”或又谓：“无乃为宋岁币如辱国何？”公曰：“不然。虏今受封号，我实臣妾之。汉肩遗单于且不敢方我，独奈何乃比于宋。”则又难公：“既不辱，费且不赀。”公曰：“尔度贡市之费与军兴之费孰多？”则又曰：“是诱我也。有如虏得孙而不如约，奈何？”公曰：“虏酋老，厌兵而爱孙异甚。孙归必厚德我，当不背约。一虏雏去留何足为我重轻。杀之，适以激愤而启侮。”则又曰：“是狃我也。虏以无用羸马空我帑藏，觇我虚实，一旦而出不意，奈何？”公谓：“固然我外与和市而内修备，士有余力而虏不扰，斯亦闲暇绸缪之计也。”乃俟讲间率同官前画其便，面奉宸断，众议乃定。至今虏更三世，垂二十年称臣保塞，长为外藩，自公排廷议、赞庙谋始也。虏酋既受封号，俘我叛人，庙献而市戮之。上以为公功，晋中极殿大学士，益尚书禄，荫一子尚宝丞。初，公在政府，务退让，推政文贞公。既代文贞公，而诸同事者争欲得政，莫窥公际，以为易与耳。每一疏下，人各有心断，如聚讼。或有憾于文贞公，嗾仇家上书，公愀然曰：“异时后先政府者，递相祸也。私心痛之，敢效尤乎？吾在事终不忍为公所为，吾归矣。”于是同事者欲并去公，伺之无所得。会公弟齐芳移参南京中督府军事，言者附和指以为私。上信公无他，眷遇如故，而公固心念父母高年，亟疏乞身至六七上，愈留愈恳，上不得已，赐乘传归，遣行人护行，有司月给廪石六，岁给舆役八，玺书褒美，称引宋冯京、王溥故事，谓公以及第执政类京，以执政归养类溥，兼千古两盛云。

公归，则以岁时纡蟒曳玉，率子姓数十辈前为父母寿，如是者十余年，盖父母亦蟒玉而安公鼎养者后先余三十年。公顾子姓曰：“昔仲由恨负米，曾参悲千钟。今赖主恩，多于曾、仲二子，天假我厚矣。”居久之，父母以天年终。公老矣，犹孺子慕。公冲夷有度，接引天下士，虽后进遇如曹耦，身虽贵，与人如布衣时。避远权势，惟恐为忌府，乃其中有介然不可溷者。方公秉政，以休休涵煦天下，天下若忘公赐者。及去，而代者稍用其私臆挟威福以行天下，乃益思公。万历甲申，公年七十有五矣，时里中有病者忽忽如过一殿宇，谨封识以待主者。问之，为董允后身兴化李公。又有绝而苏者，自言见一朱衣奉锦诏自帝所召公。是年三月十九日公薨。讣闻，上震悼，辍朝一日，赐祭十三坛，使使治葬。赠太师，谥文定，又荫一子尚宝丞。所著有《遗安堂集》十二卷藏于家。

配赠一品夫人徐氏，长公一岁，以季夏再旬有六日生，归而食贫被疏，素操井臼佐公，及贵如初。逮事公曾大母、大母、母三世，皆老人易恚，夫人承颜顺志，务欢适其心。公内直，夫人竟夕俟公寝乃寝。客至命酒，一呼立具，若素办者。善遇诸侧室而子视其子，有小星樛木之风。初，公为弟参军输国子生不中赀，夫人脱簪珥佐之。公每将父母于邸，辄出所赐金绮俸薪陈于前，跽请所与以中分其弟参军，不橐留，人以此难夫人能与公同心，亦以此难公能使夫人同心。嘉靖甲子，夫人年五十有六矣。是年八月十六日先公卒。

公八男。子茂年，尚宝丞，先卒，娶宗，继仲，赠封俱安人；茂材，尚宝丞，娶袁；茂德，顺天治中，娶赵，封孺人；茂功，中书舍人，娶徐；皆夫人出。茂业，国子生，娶华，侧室毕出。茂中，聘于学宪女；茂和、茂对未聘，侧室徐出。

四女子。出夫人者适国子生王之麟，以节孝旌。出侧室杨者适龚太守子国子生延甲；严少保子国子生澍。出毕者受许理问子汝弼聘。

孙十六人。茂年生思忠、思义、思孝、思恭，忠、义俱国子生。茂材生思敬、思诚、思明，俱邑诸生。茂德生思道、思谏、思谟。茂功生思谦、思睿、思聪、思极。谦、睿俱邑诸生。茂业生思恒、思兼。女孙九人。曾孙九人。允升、允贞、允亮、允继出思忠，继为叔义后。允哲、允杰出思敬。允孚、允迪出思诚。允弼出思睿。曾女孙五人，婚姻皆名家，语具状中。

初，徐夫人卒也，公以父母在，未有所请。公薨，孤茂材等乃为请，恤敕有司营葬句城塘之阡。是岁十月七日，诸孤乃奉公丧，启夫人窆合焉，伻来以公门人大学士晋王公状属予铭其墓，予故出公门下，雅辱国士之知，又从密勿中捡公遗草，知公甚悉，乃次其行而铭之。铭曰：

自昔名世，降岳乘箕。绯衣锦诏，于公何疑。列祖付托，明神护持。晚而遇主，特受异知。繄公体国，宁负恩私。营构内停，科条外厘。明明藩令，自公定之。赳赳边筹，自公运之。盈庭道谋，折其参差。入幄嘉告，画其便宜。勇于善劳，怯于伐施。众躁我静，众雄我雌。自后者先，自规者随。为季受谤，为新请耆。鼎养三纪，颜承十期。经国有体，庀家有仪。双璧同埋，句城之垂。是惟故乡，魂魄乐思。恩光下烛，幽石在兹。

赐进士光禄大夫少保兼太子太保礼部尚书武英殿大学士同知经筵总裁《会典》、门人新安许国撰。

（录自［明］李春芳《李文定公贻安堂集》卷十附录）

（明）王家屏《明故光禄大夫柱国少师兼太子太师吏部尚书中极殿大学士赠太师谥文定石鹿李公暨配一品夫人徐氏状》 万历甲申三月十九日，致仕光禄大夫、柱国、少师兼太子太师、吏部尚书、中极殿大学士石麓李公卒于淮南里第。公嗣茂材辈诣阙哀告，且谋所以纪诸玄室者，将蕲铭于元老。乃奉遗命谱公生平，属门下士王家屏次为状。状曰：

公讳春芳，字子实，其先句容朱□村人也。始祖曰海一公某，数传而有旺一公某，同产三人，仲曰旺二公某。旺二公生富一公某，富一公生乐易处士秀，有质行善让。渡江凡再徙而至兴化，乃家焉。配陈氏，生朴庵公旭，配王氏，语具少宰瞿文懿公所著志中。朴庵公生永怀公镗，即公父也。李氏世隐田间受什一，至永怀公始尚儒雅，雍容而醇谨，里中称为长者。娶于徐，有壶仪事，后姑以孝闻，语具少傅吕公、大司徒殷公所著《志》中。自乐易处士而下，三世用公贵，赠封皆光禄大夫、柱国、少师兼太子太师、吏部尚书、中极殿大学士，配皆一品夫人，天子所以褒扬隐德备至。而永怀公则与其配徐夫人曳玉纡蟒，后先安鼎养者余三十年，而亲元辅之朝夕色养余十年，福祉隆昌，于人间世无两焉。

初，公以正德庚午十二月十五日生，生而俊爽颖异，永怀公心异之。为儿时，出入常若有一老父提挈之者。一日日正中，引手向空指，谓公曰："若见天上鼓吹迎状元邪?"公仰视，则老父忽不见，始惊以为神云。公初名果，垂髫诣邑试，而邑令陈公大奇之，曰："是子当以芳名震天下。"为改今名。公自是文誉日起，裒然冠诸生。嘉靖辛卯，以《诗》登应天贤书。壬辰，罢计偕归，乃就正于海陵王公艮、林公春。寻游南雍，则师事湛公若水、欧阳公德，闻理性之学。居无何，湛公去，一时人士卒业欧阳公所者，人人争出所见相辩难，哗然异同。公从其间，徐以单辞折衷，众乃皆诎。欧阳公以此益器公，曰："吾不如李君。李君大器当晚成耳。"

公既归，则授弟子江淮间。而家故贫，所得诸弟子行修辄分散与贫交疏昆弟，橐已空而犹解佩赠饿人，不少吝。或从容讽公："稍居赢，自为计。"公叱之曰："此非尔所知。缓急，人时有也，橐金安足惜。"盖公自家食时而识量宏远已如此。

公凡五举进士不第，顾益肆力于学，志雅自负，而又屡有吉征。尝梦过邑故相高文义公里，文义皓首庞眉立屏间，揖公与语，手坊额授之曰："继我后者，子也。"又梦高皇帝御便殿，成祖侍焉，一绯衣象简导公至陛前蒲伏，闻天语："我家又得此人。"俄而二祖降座，谓曰："我家大事以属若。"公觉，心独喜。丙午秋，上公车，邑令劝驾，甫命酌，则五色云烂然起映席间。令惊曰："此韩魏公胪唱时祥也。"酌而贺公。明年丁未春试，南宫瞿文懿公得公卷，读至所为《禹稷忧民篇》，击节叹曰："此生当以天下为己任者。"首荐公。既廷对，所射策称旨，遂擢第一人。公赋诗有云："平生温饱非吾志，喜际清朝翊圣明。"识者已预卜其公辅之业矣。前胪传一日，方与客会铺，或招公出，以及第报公，公返坐自如。至罢酒，无几微见颜色。或诘之，但曰："传闻拙卷亦预进呈耳。"众以此多公有度。

已，授翰林院修撰，寻代草制言，绰有训诰之体。己酉，满考，封太公修撰，太夫人安人。庚戌，同考礼闱，焚香吁天，祈得真才，以效于国，收士廿余人。是岁奉命授中贵人书。公以为此曹它日且貂珰立天子左右，宜及今令稍知理法，习畏谨，斯所谓童牛之牿也。度所能行，为立约程，日而课督之，不为假一时，受书中贵人率严惮李先生。

丙辰，再同考礼闱，复收士廿余人。公居馆署十年，时时怀二尊人不置，至是乞省归，归而为二尊人称六十寿，彩服觞阶下极欢，恋恋久之，不欲行，二尊人用大义迫遣之，乃行。当是时，肃皇帝以明察临下，数亲拔词臣，有闻望者令橐笔待诏斋宫。一日，忽有旨召公入直，逾月超迁为翰林学士。时分宜相，不与闻，意殊不怿，然卒亦无能螫公，则以上心知公故也。

丁巳，升太常寺少卿。己未，典武闱，方陛辞，分宜子色迎公，若将有谒，公辞曰："某衔命，恐涉他嫌。"不顾而去，分宜子大惭。庚申，升礼部右侍郎，掌翰林院事。辛酉，回部管事。壬戌，改礼部左侍郎，奉特旨充廷试读卷官。癸亥，晋礼部尚书，疏辞，上不允。盖公自为少卿至宗伯，俱兼翰林学士，皆特命云。公既为宗伯，殚心邦礼，诸所厘正，未易殚述，其大者：念天潢蕃衍，宗禄岁增而民日困，乃讲求便宜，酌其可行者，胪列而上之，肃皇帝称善，赐名《宗藩条例》，至今遵用其议焉。

甲子，加太子太保。乙丑，知贡举。先是，博士家竞为浮靡，文体支蔓。兼之讥防积驰，奸利丛生。公条奏科指，请崇醇雅，以端士习，而要束详明，诸奸利之窦咸塞。上命著为令，下郡国，于是文体乃骎骎复古，而士习亦渐轨于绳墨，至今称申严试法自是科始，则公所建也。是岁，诏公以太子太保、礼部尚书兼武英殿大学士入阁辅政，公再疏辞，上褒答不允。盖公自为学士时即承上宠眷，尝内苑赐乘，以五品遣祀社稷，以四品授一品绯衣，若斗牛麟蟒金绮，种种异数，它儒臣莫得而望焉。肃皇帝久属意公为相，而天下亦喁喁望公大拜。及白麻下，中外咸举手相贺，谓太平可期。时首揆则华亭徐文贞公，承分宜后。公与之协心戮力，振颓纲，塞幸路，抑躁竞，奖贞廉，风肃然，镜于至清。

丙寅，改兼吏部尚书。是冬，肃皇帝升遐。公与文贞公受末命，翼戴庄皇帝登大宝，用遗诏，在宥天下，恤录言事，被谴诸臣取诸左道，为荧惑者置之法，尽洗疵政，与天下更始，天下大悦。丁卯，用翼戴劳加少保，会文贞公有事山陵，公直阁，忽旨下，重建翔凤楼。公惊曰："主上新即位，惠泽未洽，而大工遽举，何以慰天下望治心？且比年公帑匮竭，元元凋敝，即不能导主于节俭，独奈何令开侈费之端，长此安穷。"密疏陈不可状，词甚剀切。庄皇帝感悟而止。竟隆庆之世，土木不兴，府库余货财，则公防渐之功豫也。初开经筵，以公同知经筵事，纂修《世庙实录》，充总裁官，会前所总校《永乐大典》成，加公少傅兼太子太傅。一品满考，手诏褒劳，进兼太子太师、建极殿大学士，官一子中书舍人。戊辰，奉命主考礼闱，益矢毖慎，收士四百人。文贞公谢政，公为元辅。上稔知公清谨，推心倚重，所摹谋匡弼，委心听之，而公亦自以遭际圣明，竭忠尽言，无所避讳。闻诏取太仓羡金，增织造，征牙篁珍异等物，皆封还内降，力为劝止，上悉从之如转圜。当是时，言路发舒，台省诸臣竞为献替。间不称旨，上疑为卖直沽名，有所诘问，公辄从中宛解之，得薄责，外则绝口不以闻于人。公尝曰："凡兹有位，俱圣明迪简在廷，吾第以职事还之，为提衡平章足矣。"公既无所下侵，于是百司得各行其志，无复曩时承望之习。即公所知交贤不贤，其进退悉任之在事者，绝不以知交故有所私。或谓："人情得无望乎？"公曰："贤者自无所事吾私，惟不贤者乃有觖望耳。吾安取夫不贤者而昵之。"今上在东宫方八龄，公疏请出阁讲学，诸所定仪节及简置宫寀多发自公。

一品再满，手诏褒谕，进柱国、少师兼大学士俸，再官一子中书舍人。时蓟辽诸边虏数阑入，阃臣请创戍台，以便防守。公初与文贞公议，未及行，而文贞公去。乃有谓："费，无益。"阴挠之者。公谓："台备候望，我军所恃以为耳目，不暂费，不永宁，奈何言费！"遂力主创之。台成，屹然为关辅保障焉。蓟辽故有南北军，分部训练，镇守士卒稍不相能。公曰："安有士不一心而能犄角以搏寇者?"遂易置其帅而统之一。自是两军辑睦，坐消无形之隐祸。盖是时边无偾帅，其有勇略能扞圉者，公至出所受赐文绮劳苦之，且诫之曰："第务树功，慎毋剥尔，致命士而筐篚我。尔有功吾自当推毂，有罪吾不尔庇。"故边帅无所几幸，军需得实沾，而甲士致死。虏既稍稍远塞，乃有欲袭邀功者，公谢罢之曰："固吾圉足矣。袭之未必胜，即胜所俘斩不过老弱，如启衅何?"是时边鄙不耸，海内晏如，政府间无事，而公念二尊人春秋高，再疏乞归甚恳，上降札遣中贵人谕留之。公奉札泣曰："君恩如是，敢言私乎!"及出视事，会虏酋所爱孙以内郤来奔，而虏酋怜欲得之，因款关求市，愿归我叛人以赎。诏下廷臣议，或引前代和戎为鉴，公曰："此与汉唐和戎异。汉唐岁致金缯奉虏，至与为婚。我今臣妾之矣。汉唐欲和在中国，今欲和在虏，我因而听之，彼乐得孙，且厚德我，而盟坚。不得，彼求且无已，系之何益。且虏以贡为名，而我以货为市，取贡市之费，与军兴之费，□之孰多寡哉?"或又谓："虏情叵测，彼将狃我而安受吾赐。"公曰："是则然矣，夫备不在我乎？和而修备，彼何能为。"乃约同官候上御讲筵，前画其便，遂得俞旨，而议始定。虏酋受号称外藩，且归我逋俘，庙献而市戮之。诏进公中极殿，加支尚书俸，官一子尚宝丞。自是不侵不叛垂十余年，惟断乃成，公其有焉。公尝谓："公家之事非一人私，所贵大臣开诚，相与无猜嫌，期于共济而已。"因课庶吉士，举丙、魏同心辅政。为试目欲以风共事者，既见其不可，又心念二尊人甚独，奈何缓一日养而殉三公，乃恳疏乞归，至六七奏不已。上顾左右曰："元辅何亟求去若是?"对曰："元辅亲老，上留适苦之尔。"于是上重违其意，特允致仕，降敕奖谕，乘传还里，遣行人护之，有司月给廪六石，岁给舆人八名。制词云："由状元为执政，冯京不愧乎科名；以宰相而养亲，王溥见荣于当世。古称盛事，今乃兼之。"海内竞传诵其语为公荣，时辛未夏六月也。

公既归淮南，闭关却扫，不通干谒，日就子舍侍二尊人养。岁时伏腊，或二尊人诞辰，则服蟒玉，率子孙前奉觞为寿，退自慰曰："季路累茵列鼎，乃有负米之恨；曾子舆仕三千钟而心悲。予所处多于曾、季二子，天假我厚矣。然孰非主恩哉。"居数年而二尊人相继以天年终。公老矣，犹栾栾孺子慕。盖公于二尊人生事、死哀，纯孝一节如此。

公即为相，而田宅一无所益于旧，无亭榭林墅游观之娱。里中士人则相与构书院一区以待公，公与之论道讲艺其中，族聚甚盛。广陵诸儒生故从公游者，亦时时来会，莫不虚往实归。公暇则延诸同游故老班荆为会，引满浮白，大有洛社之风焉。夫当公在相位时，以休休涵煦天下，不务为赫赫，而天下亦安受公赐，若与公忘之者。及公已去，而代公者稍用其私，臆引绳批根，尚机权刻峭，而天下乃益思公，日侦公起，而公已与世忘矣。公家居数年而病目，后稍稍瘳，瘳又复病，然健无他恙。一日忽寝疾，疾三日，俨然正衣冠而逝，得寿七十有五。先是里中人有病笃者，忽忽幻游如过一殿宇，扃钥甚严，问之，吏答曰："董允封识，今将还矣。"更问为谁，曰："即汝兴李相也。"又有绝而苏者，自言见一朱衣人捧上帝锦诏召公。嘻，古所传降岳骑箕之事岂虚哉！讣闻，上震悼，辍视朝一日，赐祭十三坛，使使治葬。赠太师，谥曰文定，仍荫一子尚宝司司丞。并异数也。公为人仪观甚修，颀然玉立，色温而气和，其与人处不为噏噏态，久之愈益亲，绝无崖岸之行求异于人，而其中自有介然不可溷者。性素冲静，平居澄神定虑，终日默坐，即明侪纷集，或声色满前，凝然若未尝有。旋复展卷披诵，理解味浃，意豁如也。早岁见真、丘二先生所辑补《大学衍义》书，手钞读之，慨然太息曰："嗟乎！宰天下当如是矣。"平生敦厚，于人无所毁誉，自其始仕以至为相，未尝以私憾中一人，亦未尝以私厚庇一人。器度深沉，人莫能窥其际，而厚于伦品。公之弟曰参军公者，少时亲为授经，既而应例补上舍，公时禄入甚薄，为之输，不中赀，更出夫人簪珥益之。公再四迎养，则参军公从。每至，公则出筐篋陈二尊人前，曰："是为赐金，是为赐币，是为俸，是为薪。"趣取，二尊人指以分予参军公，未尝私有所居积，要以得二尊人意为欢。公始与其同邑三人相友善，而三人者皆不禄，其二乃客死，公赗之、殡之，又厚恤其孤底于成立。夫公德泽所施济，业已溥溉天下，诸如此类，特其微者，固不能尽著，然亦可以征公之素已。

公配赠一品夫人，姓徐氏。夫人始归，公萧然诸生，家不逮中人。夫人亲操井臼，绀澼洸，而堂上尊人凡三世考妣皆老白首，晨昏起居、滫瀡甘旨、浣涤缝纫，一切取成夫人。而老人易恚，意稍不适，已张目向之。夫人独能望颜候色，一呼立具，无不当诸老人心。更以其女红佐公读，往往丙夜乃罢。及公登第官词林，而夫人拮据邸舍中，综画纤悉，曲得其宜，以是公遂不复问家人事，而一意所以相天下者。当公直法从夙夜，在公不遑偃息，而夫人滋益勤。公未食不食，未寝不寝。公时劳之曰："吾奉职固然，若亦太苦矣。"夫人曰："吾终不敢自安而独令夫子劳。"公有佐室三人，咸善遇之，无间言，有小星樛木之惠，所生子女谷翼煦濡，一如己出。而处妯娌、族党下至臧获，靡不肫肫有恩，人交诵之，顾竟以劳成疾而卒，是为嘉靖甲子八月十六日也，距其生己巳年六月一十六日，享年五十有六。夫人没时，公以二尊在堂，不敢请恤。公殁，孤茂才辈乃具疏陈情，得并沾恩云。

公有丈夫子八人。茂年，尚宝司丞，先公卒，娶宗氏，继仲氏，赠封皆安人；茂材，尚宝司丞，娶袁氏；茂德，顺天府治中，娶赵氏，封孺人；茂功，中书舍人，娶徐氏；皆徐夫人出。茂业，国子生，娶华氏，侧室毕出。茂中，聘于督学女；茂和、茂时未聘，侧室徐出。

女四。一适国子生王之麟，以节孝旌，夫人出；一适龚太守子国子生延甲，一适少保严公子国子生澍，侧室杨出。一字许理问子汝弼，毕出。

孙十六人。思忠、思义，并国子生，思孝、思恭，茂年出。思敬、思诚、思明，俱邑诸生，茂材出。思道、思进、思通，茂德出。思谦，邑诸生，思睿、思聪、思极，茂功出。思恒、思兼，茂业出。

孙女九人。一适解少参子国子生汝楫，一适阎封君子国子生士聪，一适张侍御孙国子生效龄，一适卞举人子庠生元英，一适张举人子庠生京元，一适刘宪副子思述，一字夏节椎子某，一字袁太守孙尧衮，一未字。

曾孙九人。允升、允贞、允亮，思忠出。允继亦思忠出，继思义嗣。允哲、允杰，思敬出。允孚、允迪，思诚出。允祚，思明出。

曾孙女五人，长字沈某，次字焦某，余未字。

茂材辈将以万历十二年十月七日奉公柩及启徐夫人窾合葬于敕建句城塘之阡。惟公丰施厚泽流函夏而精诚靖献独鉴于帝心，世庙尝谕曰“小心忠告”，穆庙尝谕曰“人告之勤”，乃其渊猷密谟，则公平生慎默不泄，草亦随焚。居常闭阁而思，仰屋而叹，深沉蕴藉，即诸子有不得与知者，门墙下士何由仰窥盛美，罄其揄扬。聊据所谱行略，参之见闻，丽以年岁，著其梗概，以备采择。惟名公大老惠而赐之铭，以垂鸿金石，则公所藉以不朽矣。谨状。

赐进士第、吏部左侍郎兼东阁大学士门人云中王家屏撰。

（录自［明］李春芳《李文定公贻安堂集》卷十附录）

（明）王世贞《嘉靖以来内阁首辅传》卷五·李春芳 李春芳，字子实，扬之兴化人也。少举乡试，久不利于公车，而其后竟以状元及第。授翰林院修撰。严讷先成进士，为侍读矣。上以斋醮繁，而诸词臣不备不能供。时袁炜已先进，与吴山、郭朴、茅瓒显矣，而犹少之，遂进讷与春芳以同日，撰文多称旨，遂同进翰林院学士。复与董份同进太常少卿，仍兼学士，赐鹤袍，上已觉其太滥，乃谓：“此一品服，以重斋坛供事耳。”于是，尚书皆不敢服，而复进讷吏部右侍郎，春芳为礼部。已，俱转左侍郎，讷进礼部尚书，春芳改吏部，份亦至吏部左侍郎，讷改吏部尚书，春芳进礼部尚书。无何，俱加太子太保，又同以武英殿大学士入内阁。郭朴既得召代讷，而份代春芳为礼部。给事御史以份无大臣望，而又探知阶向亟攻之，上夺其职。讷为人小心恭慎而志卑，识亦浅，其在吏部稍自励，不肯通苞苴，唯上徇阶指向，而下委责于选部郎陆光祖。阶为上言：“胡松、毛恺、高仪之贤，而他若刘采、吴岳诸君子相继登用矣。”讷、春芳之在内阁严事阶甚，不敢当僚寀有所断决，唯唯而已。

（明）顾祖训原编、（明）吴承恩增补、（清）陈枚续补《状元图考》卷三·状元李春芳 嘉靖二十六年丁未，廷试胡正蒙等三百一人，擢李春芳第一。

按，春芳，字子实，号石麓，直隶兴化人，年三十八及第。

《状元录》：为人和易淳雅，与人交有情。廷试后，同志集饮于寓，有白云：“某堂上遣官至。”延之入内，与语而别。人皆知来报胪传之信，客皆贺之，坦然曰：“谓拙卷亦与进呈之列耳。”神色不动，人称其雅度。又，甲午秋，有士子赴乡试，题诗于读书之屋，而行尾句云：“明岁看花三月丽，满城桃李先春芳。”盖自寓耳。明年春榜，李春芳作状元，此诗为之谶也。

（明）过庭训《明分省人物考》卷十三·南直隶应天府三·李春芳 李春芳，字子实，句容人。生而神颖，不类凡儿，常有神庞眉鹤发掖之行，他人弗见也，人益异之。

辛卯，与计偕归，诣海陵王艮讲性学。复师事欧阳公德，时谈议锋出，质言盈庭，徐以片语剽剥，各适其意，欧阳大奇之。寻教授江淮，属大祲宗人，几不自存，乃出所得修脯佐给之。虽在垂罄，而好于急人之困。

丁未，举进士，太常奏对第一。当久不利于公车，一旦鼎贵人方烨羡，而独循循如无有。遗书戒宗人毋骄贵，毋怙宠凌物。会授书中内馆，故事多文具，以此辈日侍上左右，而惰游解嫚，渐以成习，即一旦管事，奈何？乃立科条教督之，掖庭永巷一时焕然。未几，以修撰被旨入内直，超迁学士、太常少卿，赐一品绯衣，盖异数也。自后恩宠日盛，由吏、礼左、右侍郎三迁至礼部尚书，敕参问务武英殿大学士。已受顾命事穆皇帝于亮阴，诛左道，录言官，蠲负逋。会有旨重建翔凤楼，极言："土木之费终先皇之世，海内骚然。今朝政方新，宜与百姓更始，而骎寻大兴，天下谓何？"上改容谢之，竟罢工。台省应诏上书，语侵贵人，乘间泣诉上前，上震怒，几出不测，为力言："此辈朴忠，无他肠，愿宽其诛以开言路，收人心。"上乃解。诸帅臣言："沿边镇垣当虏冲，宜戍台以便防守。"有持异议以阴坏其说者，力言："台成而虏不得蹂躏长驱，独奈何惜小费不计大利？"乃得请，至今备御赖之。

虏酋唵达爱孙曰："把汉那吉者以势穷，单骑来奔。唵达索之急，愿归亡，纳款贡市称臣。"朝廷下其议，公卿大臣廷辩不决，独倡言为："从之便，数十年之市不足当一日用兵之费？且殄无益之空质，启无穷之衅端。则从虏为怀柔，拒虏为失计矣。"上是其议，虏因受我符册，归我逋俘，庙献而市戮之。边陲按堵者数十年。

知经筵，修《实录》、《大明会典》、《永乐大典》，皆为总裁官。以六载考，晋少师兼太子太师、中极殿正一品俸，荫中书舍人者再，尚宝司丞一。于是，疏请归养，章七上，乃得俞旨，敕驰驿，行人护送。已，又令礼部郎捧敕存问于家。

既归，则角巾私第，岁时伏腊，群诸子姓绯衣蟒玉奉觞尊人前，间或婆娑里社，从三老问年穰匮，或浮白谈剧巢云。终老不复与人世事，卒以上寿终。抑可谓功名成全，孤标寡耦矣。

(明) 张萱《西园闻见录》卷二十八 · 宰相下　李文定公春芳嘉靖四十四年与严公讷同入内阁。先是，有诏命公授书中贵人，故事多文具，公以此辈日侍上左右，而惰游懈慢，渐以成习，即一旦管事，奈何？乃为琐细科条教督之，于是皆留听承学，掖庭永巷一时焕然。

会徐文贞公有事山陵，公以少保入直。有旨重建翔凤楼，公遂极言："土木之费终先皇之世，海内骚然。今朝政方新，宜与百姓更始，而骎寻大兴，天下谓何？"上改容谢之，终不复言营作之事矣。

是秋，虏骑突入宣、大间，不及请，公曰："赢粮跃马，所以从时，今事在缓急，奚暇复请？"乃悉出前后所赐委诸将："若第破敌，上功当赏，陛下不薄汝也。"乃皆感激泣下，无不一当百，追奔逐北，斩获无算。虏既不得逞，相率北徙远斥堠。诸将欲因深入捣其窟穴，公以为开边启衅不便，而把汉那吉独以势穷，单骑来奔。把汉那吉者，虏酋俺达爱孙也。俺达索之急，不得要领，愿归亡，纳款贡市称臣。朝廷下其议，公卿大臣廷辩不决，或言从之便，或言勿从。公徐曰："从之是也。人但知汉唐和戎之失，而不知今日和戎之利。且汉唐与虏婚，今纳款称臣，体统正而名号尊矣。汉唐制，和在夷狄；今制，和在中国。因其请而听之，彼喜于得请，德我必深，为盟益坚，虏以贡为名，我以货为市，计数十年之市孰与一旦用兵之费？况虏志在得请，不得不已。抱无益之空质，启无穷之衅端。则从虏为怀柔，拒虏为失计矣。"或言："夷情叵测，安知不以此尝我？万一败盟，将何所责？"公曰："以守为战，其机在我，权有所制，又安所用其尝？又安所虑其败乎？"于是，上从其议，虏因受我符册，拜我王号，归我逋俘，庙献而市戮之，一时传诵称快。边陲按堵几二十年。

隆庆五年，以少师致仕，卒年七十五。公居常恂恂，言不出口，至其临大议，引当否，则介然不可夺。其为政务宽和镇静，未尝侵诸曹职守。亲故知交，一无所私。或引崔祐甫讽公，公笑曰："其人诚实耶？何所容吾私非其人？是重吾过也。"

（清）徐乾学等《明史》卷六十二·李春芳 李春芳，字子实，扬州兴化人。嘉靖二十六年，举进士第一，除修撰，简入西苑撰青词，大被帝眷。与侍读严讷超擢翰林学士，寻迁太常少卿，拜礼部右侍郎，俱兼学士，直西苑如故，佐理部事。进左侍郎，转吏部，代讷为礼部尚书。时宗室蕃衍，岁禄苦不继。春芳考故事，为书上之。诸吉凶大礼及岁时给赐，皆严为之制。帝嘉之，赐名《宗潘条例》。寻加太子太保。四十四年，命兼武英殿大学士，与讷并参机务。世宗眷侍直诸臣厚，凡迁除，皆出特旨。春芳自学士至柄政，凡六迁，未尝一由廷推。

春芳恭慎，不以势凌人。居政府持论平，不事操切，时人比之李时，其才力不及也，而洁廉过之。时徐阶为首辅，得名甚。春芳每事必推阶，阶亦雅重之。隆庆元年春，有诏修凤翔楼，春芳曰："上新即位，而遽兴土木，可乎？"事遂止。

齐康之劾徐阶也，语侵春芳，春芳疏辩求去，帝慰留之。及代阶为首辅，益务以安静，称帝意。时同列者陈以勤、张居正，以勤端谨，而居正恃才凌物，视春芳蔑如也。始阶以人言罢，春芳叹曰："徐公尚尔，我安能久容？旦夕乞身耳。"居正遽曰："如此庶保令名。"春芳愕然，三疏乞休，帝不允。既而赵贞吉入代以勤，刚而负气。及高拱再入直，凌春芳出其上，春芳不能与争，谨自饬而已。俺答款塞求封，春芳偕拱、居正，即帝前决之。会贞吉为拱逐，拱益张，修阶故怨。春芳尝从容为阶解，拱益不悦。时春芳已累加少师兼太子太师，进吏部尚书，改中极殿，度拱辈终不容已，两疏请归养，不允。南京给事中王祯希拱意，疏诋之，春芳求去益力。赐敕乘传，遣官护行，有司给夫廪如故。事阅一岁，拱复为居正所挤，几不免。而春芳归，父母尚无恙，晨夕置酒食为乐，乡里艳之。父母殁数年，乃卒，年七十五。赠太师，谥文定。

孙思诚，天启六年官礼部尚书，寻罢。崇祯初，坐颂珰闲住。思诚孙清，字映碧，崇祯四年进士，由宁波推官擢刑科给事中。熊文燦抚张献忠，清论其失策。以久旱请宽刑，忤旨，贬浙江按察司照磨。未赴，忧归。起吏科给事中，俄出封淮府，国变，得不与。福王立，复命南京，进工科都给事中，请追谥开国名臣及武、熹两朝忠谏诸臣。于是，李善长等十四人、陆震等十四人、左光斗等九人并得谥。迁大理寺丞。南都失守，清方奉使祭南镇，复不与。归而著书以终。春芳曾孙信，广东平和知县，城破，与二子泓远、淑远同时死。

（清）王鸿绪等《明史稿》卷一百七十七·列传第七十二·李春芳（存目）

（清）黄之隽等《江南通志》卷一百四十四·人物志·宦绩六·扬州府·明 李春芳，字子实，兴化人。嘉靖丁未廷试第一。三迁至礼部尚书，加太子太保。时宗室繁衍，廪禄不继，春芳清其冒滥，定服饰妾媵之制，毋得过度，赐名《宗藩条例》。嘉靖末，入阁，受顾命。居政府持论宽平，不事操切。谙达请贡市，廷臣多异见，春芳独请许之，边郿安堵者数十年。谏造凤翔楼，奏罢太仓、羡金及织造、岁币、牙簟、珍异，皆听纳。进中极殿大学士，致仕归，父母尚无恙，乡里荣之。卒赠太师，谥文定。

（清）张廷玉等《明史》卷一百九十三·列传第八十一·李春芳 李春芳，字子实，扬州兴化人。嘉靖二十六年，举进士第一，除修撰。简入西苑撰青词，大被帝眷，与侍读严讷超擢翰林学士。寻迁太常少卿，拜礼部右侍郎，俱兼学士，直西苑如故。佐理部事，进左侍郎，转吏部，代讷为礼部尚书。时宗室蕃衍，岁禄苦不继。春芳考故事，为书上之。诸吉凶大礼及岁时给赐，皆严为之制。帝嘉之，赐名《宗藩条例》。寻加太子太保。四十四年，命兼武英殿大学士，与讷并参机务。世宗眷侍直诸臣厚，凡迁除皆出特旨。春芳自学士至柄政，凡六迁，未尝一由廷推。

春芳恭慎，不以势凌人。居政府持论平，不事操切，时人比之李时，其才力不及也，而廉洁过之。时徐阶为首辅，得君甚。春芳每事必推阶，阶亦雅重之。隆庆元年春，有诏修翔凤楼，春芳曰："上新即位，而遽兴土木，可乎?"事遂止。

齐康之劾徐阶也，语侵春芳。春芳疏辩求去，帝慰留之。及代阶为首辅，益务以安静，称帝意。时同列者陈以勤、张居正。以勤端谨，而居正恃才凌物，视春芳蔑如也。始阶以人言罢，春芳叹曰："徐公尚尔，我安能久容？旦夕乞身耳。"居正遽曰："如此，庶保令名。"春芳愕然，三疏乞休，帝不允。既而赵贞吉入代以勤，刚而负气。及高拱再入直，凌春芳出其上，春芳不能与争，谨自饬而已。俺答款塞求封，春芳偕拱、居正即帝前决之。会贞吉为拱逐，拱益张，修阶故怨。春芳尝从容为阶解，拱益不悦。时春芳已累加少师兼太子太师，进吏部尚书，改中极殿，度拱辈终不容己，两疏请归养，不允。南京给事中王祯希拱意，疏诋之，春芳求去益力。赐敕乘传，遣官护行，有司给夫廪如故事。阅一岁，拱复为居正所挤，几不免。而春芳归，父母尚无恙，晨夕置酒食为乐，乡里艳之。父母殁数年，乃卒，年七十五，赠太师，谥文定。

孙思诚，天启六年官礼部尚书，寻罢。崇祯初，坐颂珰闲住。思诚孙清，字映碧。崇祯四年进士。由宁波推官擢刑科给事中。熊文灿抚张献忠，清论其失策。以久旱请宽刑，忤旨，贬浙江按察司照磨。未赴，忧归。起吏科给事中。俄出封淮府，国变，得不与。福王时，请追谥开国名臣及武、熹两朝忠谏诸臣，于是李善长等十四人、陆震等十四人、左光斗等九人并得谥。春芳曾孙信，广东平和知县。城破，与二子泓远、淑远同时死。

（清）和珅等《大清一统志》卷六十八·扬州府三·人物·明 李春芳（字子实，兴化人。嘉靖中进士第一，除修撰。历礼部尚书。时宗室蕃衍，岁禄苦不继，春芳考故事上之，诸吉凶大礼及岁时给赐皆严为之制。帝嘉之，赐名《宗藩条例》。寻兼武英殿大学士。春芳恭慎，不以势凌人。居政府持论平，不事操切。隆庆元年，诏修凤翔楼，春芳曰："上新即位，遽兴土木，可乎？"遂止。后加少师，改中极殿，疏请归养。卒赠太师，谥文定）。

科　第

（一）乡试

（清）黄之隽等《江南通志》卷一百二十八·选举志·举人四·嘉靖十年辛卯科 李春芳（兴化人）。

（二）会试、殿试

（明）李春芳《李文定公贻安堂集》卷一·奏疏类·廷试策 皇帝制曰：朕惟人君受天之命而主天下，任君师治教之责，惟聪明睿智，足以有临。自古迄今，百王相承，继天立极，经世牧人，功德为大，是故道统属之有不得而辞焉者。唐韩愈氏乃谓尧、舜、禹、汤、文、武、周公、孔子之传，至孟轲而止。孟子则以尧、舜、禹、汤、文王之为君，皋陶、伊尹、莱朱、太公望、散宜生之为臣，各有闻知见知之殊。其详略同异，果何义欤？其授受之微，有可指欤？宋儒谓周敦颐、程颢兄弟、朱熹四子，为得孔孟不传之绪，而直接夫自古帝王之统道，果若是班欤？其讲求著述之功，果可与行道者并欤？抑门人尊尚师说，递相称谓，而忘其僭欤？汉唐宋而下，虽不能比隆唐虞三代之盛，其间英君谊辟，抚世宰物，德泽加于四海，功烈著诸天地者，不可概少，果尽不可以当大君道统之传欤？

洪惟我太祖高皇帝，体尧舜授受之要，而允执厥中；论人心虚灵之机，而操存弗二。我成祖文皇帝言：帝王之治，一本于道。又言：六经之道明，则天地圣人之心可见，至治之功可成。斯言也，真有以上继皇王道统之正，下开万世太平之基。迨我列圣克笃前业，所以开天常，叙人纪者，历百八十余年于兹。朕缵绍祖宗鸿绪，登践宝阼，惟敬惟一，叙彝伦，惇典礼，祈天命，拯民穷，思弘化理，以成参赞继立之功者，宵旰孳孳，不遑宁处。兹欲远绍二帝三王大道之统，近法我祖宗列圣心学之传，舍是又何所致力而可？

夫自尧、舜、禹、文之后，孔孟以来，上下千数百年间，道统之传归诸臣下，又尽出于宋儒一时之论。此朕所深疑也。子大夫学先王之道，审于名实之归，宜悉心以对。毋隐毋泛，朕将注览焉。

臣对：臣闻帝王之治本于道，道立而后化以之弘；帝王之道本于心，心纯而后道以之会。心也者，统夫道者也。心有弗纯，则存诸中者，无贞纯精一之懿，其于道也为小成。道也者，弘夫治者也。道有弗粹，则发诸外者，无正大光明之业，其于治也为小康。小成不足以语天德，小康不足以语王道。斯岂帝王之所以继天立极者哉？故必本之心也，浑乎天理，而有以裕内圣之基，而后敷之治也。若乎天道，而有以熙外王之业。天德王道，其极一也，然其本则系之学焉而已矣。学以纯心，心以会道，道以出治，治以格天。其在当时也，则帝王之治法以立。其在万世也，则帝王之心法以传。斯其道统之所由肇乎？循之而治，唐虞三代是也。得其似而理，汉唐宋是也。至于有宋诸儒，则亦讲明斯学以翼乎圣道而已矣，乌可以与帝王并欤？

洪惟我太祖高皇帝、成祖文皇帝体天弘道，因心出治，以上继皇王道统之正，下开万世太平之基。而我陛下则又神圣纵于天，光明缉乎学。而治之所溥，四达不悖，薰蒸透彻，融液周遍。二帝三王道统之传，远绍而无间；二祖列圣心学之邃，近述而弥光，粹乎无以尚矣。乃犹于万几之暇，进臣等于廷，俯赐清问，且曰：宵旰孳孳，不遑宁处。臣有以仰窥陛下望道未见之心矣。臣草茅疵贱，何所知识，可以仰裨圣学之万一。虽然，涵濡圣化，盖亦有年，其于我祖宗治道之盛，及我陛下心学之精，亦尝佩服涵沫，有以少窥其涯涘矣，敢不敬陈以对扬休命乎？

臣尝闻之：天地未判，道在天地。天地既判，道在圣人。是圣人者，道之宗也。又尝闻诸《书》曰：惟天地，万物父母。惟人，万物之灵。亶聪明作元后，元后作民父母。是元后者，人之主也。然则道在天下，安得不属之圣人，又安得不属之大君也哉？是故三代而上，位称其德，达而在上者，莫匪圣神，而道统之传，有自来矣。请因圣问而条陈之。

唐虞以往，书契未立，邈哉无以稽矣。故韩愈、孟轲之所称，率自尧舜而始。愈谓尧以是传之舜，舜以是传之禹，禹以是传之汤，汤以是传之文、武、周公、孔子。是立功立言虽异，以言乎道统则均也。轲谓由尧舜至于汤，五百有余岁。若禹、皋陶则见而知之，若汤则闻而知之。由汤至于文王，五百有余岁。若伊尹、莱朱则见而知之，若文王则闻而知之。由文王至于孔子，五百有余岁。若太公望、散宜生则见而知之，若孔子则闻而知之。是见知、闻知虽殊，以言乎道统，则一也。然观孔子有志三代之英，而自伤其未逮。伊尹乐尧舜之道于畎亩，而必以吾身亲见为幸，则托之空言者，岂若见之行事哉！此二帝三王之道，所以为独盛，而道统之传，非帝王莫之能当也。何也？夫所谓道者，非徒以其蕴之心也，以其本之心而宣之化也。是故以之经天，则阴阳宣节，天道其清乎？以之纬地，则山川静翕，地道其宁乎？以之总民物之纪，则百姓太和，万类咸若，民物其熙乎？道猷章而道妙流焉，实政乂而实心昭焉。体用一源者也，微帝王其孰能与于此哉？然求其要，则心焉尽之矣；究其功，则学焉尽之矣。何也？非道无以弘天下之治，非心无以会天下之道。而学也者，所以纯心以体道，凝道以出治者也。大哉，学乎！斯固帝王之所不可忽者乎？

是故格于上下，尧之道盛矣。然求其所以为学者，则曰钦明允恭；其所以事其心者，何如其至也。重华协帝，舜之道盛矣。然求其所以为学者，则曰濬哲温恭；其所以事其心者，何如其至也。三代有道之长，禹、汤、文、武之道亦云盛矣。然求其所以为学者，则曰勤俭，曰执中，曰缉熙执竞；其所以事其心者，何如其至也。则夫治之所成，黎民于变也，四方风动也，文命诞敷也，万邦惟怀也，燕及皇天，会朝清明也。唐虞三代之化，巍乎其不可及者，谓不本于此哉！德至此而后谓之天德，道至此而后谓之王道。若夫皋陶、伊尹诸臣赞翊之功，固不可泯。而其宅中图大，以恢弘化理，建中建极，以丕昭道猷者，则岂诸臣所得而专之哉！故《易》曰：地道也，妻道也，臣道也。地道无成，而代有终也，此之谓也。

三代而降，享国长久者，莫如汉唐宋。其间英君谊辟，抚世宰物，德泽加于四海，功烈著诸天地者，亦不可少，诚有如圣制所云者。是故汉之除秦苛也，深得吊民之理，以至七制嗣兴，风俗淳美矣。唐之靖隋乱也，汛收底定之功，以至三宗迭出，海宇乂安矣。宋振五季之衰也，爱养民力，出生灵于涂炭之苦，而好文守成之主，又绳绳相继焉，不可谓其尽畔于道也。向使尽畔于道，则不足以总一四海，整齐万民矣。又安能历数百年而巍然民上，以握神器乎？后之尚论犹不能无憾焉者，以其学之未纯焉耳。学苟未纯，则蕴之心者，不足以语帝王精一之传；敷之治者，不足以语雍熙太和之盛。斯岂天德、王道之极哉！

夫惟道化衰于上，而后讲学倡于下，此宋之四子所由兴也。以周敦颐言之，学以主静为宗，以一为要，而究其极于明通公溥，不由师传默契道体者也。以程颢兄弟言之，涵养则曰用敬，进学则曰致知，而又欲以太公顺应，学天地之常，宽和严毅，殊途同归者也。以朱熹言之，以讲学为入门，以践履为实地，博极群书而会通于心，集诸儒之大成者也。此四子之学之大较也。是其学固亦远宗乎周孔，而授之以政，则亦伊傅之俦耳。夫即为伊傅也，犹不可与帝王并，况无伊傅之业乎？何也？道在天下，惟帝王为能行。故道统在天下，惟帝王为能传，而臣之贤者能者，则效用仰成于下者也。辄欲接续帝王道统之传，不亦僭乎？故四子者，谓之有功于斯道，可也。以之直接帝王之道统，不可也。何也？不观之天乎，方万物之生也，日以暄之，雨以润之，风以鼓之，雷以动之。夫天穆然深尔，确然静尔，然颂生物之功者，必举而归之于天，而日雨风雷，不得而有其功。何也？太和之充盎，天实司之，而日雨风雷，效其动而已矣，可与天道并乎？知日雨风雷不可与天道并，则知臣不可与君道并矣。知臣不可与君道并，则知四子者不可与帝王并矣。而后之推尊者若黄干，则叙尧、舜、禹、汤、文、武、周公、孔、孟，而直以周子继孔、孟不传之绪。二程得统于周之先师，朱子得统于二程，而撮其要旨于居敬、穷理、致知、克己四者，而谓千圣万贤，所以传道而教人者，不越于此。至于真德秀则曰：孔孟之道，至周子而复明。周子之道，至二程而益明。二程之道，至朱子而大明。吴澄则曰：周子始有以接孟子之传于千载之下，二程则师于周子而传其学，后又有朱子集周、程之大成，是皆得夫道统之传者也。夫德秀以为道至周、程、朱子而大明，则诚有之。若黄干、吴澄，遂以四子为直接皇王道统之传于千载之下，递相称述，其论蔓衍波流，直至于今，学者尊之而莫敢违，信之而莫或疑，抑孰知其失之过乎？故四子讲明著述之功，不可谓其无裨于道。而直以为远续道统之传，与帝王并论焉，是诚门人推尊之过，恐亦非四子之心也。

是故由唐虞而三代，由三代而汉唐宋，其帝王道统之传，端不可诬。若秦之于汉，六朝之于唐，五代之于宋，则皆帝王之驱除，乌足以与斯道哉！至于胡元，则又我国朝之驱除，若汉之秦，唐之六朝，宋之五代也。道统之在天下，不其沦胥以没乎？幸而皇天厌乱，我太祖高皇帝挺生淮甸，廓清海宇。我成祖文皇帝笃生于后，丕绍鸿休，其治化之隆，真有以远追唐虞三代之盛，而超轶汉唐宋之上矣。然其所以致治者，则莫非本于道。其所以体道者，则莫非本于心。其所以存心以体道，体道以出治者，则又孰非学以基之也哉！圣制所谓：太祖高皇帝，体尧舜授受之要，而允执厥中；论人心虚灵之机，而操存勿二。我成祖文皇帝言：帝王之治，一本于道。又言：六经之道明，则天地之心可见，至治之功可成。帝王相传之要，端在是也。然臣尝求我二祖圣学之精，则《存心》一录，与夫《圣学心法》，尤其至要者欤？《存心录》凡历代帝王祭祀，有感于灾祥者，备载以垂训，而于敬天之怒，无敢戏豫者，尤致意焉。《圣学心法》凡有关于君臣父子之道者，详述以迪后，而于敬天法祖，用人理财者，尤申重焉。则我二祖之所以为学者，具见于二书。而精纯贞一，心即二帝三王之心；太和咸熙，治即二帝三王之治。天德王道，巍然焕然，又奚惑哉！此列圣之所以克笃前业，开天常，叙人纪，历百八十余年，而皇图巩固者，信皆有得于是也。

恭惟陛下以聪明圣智之资，懋精一执中之学。心之所裕者，与天地合其德。治之所成者，与皇王匹其休。肆今大化流衍，百姓太和，德浃于中夏，威行于蛮貊，至治馨香，达于上下，而休征毕集，于古所未有也。臣何幸躬逢其盛哉！臣尝窃窥陛下之所以臻此者，信本于学。而学之精实典要，则又莫过于《敬一》之一箴，而彝伦之叙，典礼之敦，所由出也。臣请得而扬言之。

其曰人有此心，万理咸备，体而行之，惟德是据，盖言道本于心也。其曰匪一弗纯，匪敬弗聚，畏天勤民，弗遑宁处，盖言学以体道也。其曰敬怠纯驳，应验顿殊，征诸天人，如鼓答桴，盖言治以征学也。其曰郊则恭诚，庙严孝趋，肃于明廷，慎于闲居，反躬以实践也。其曰天亲民怀，永延厥庆，光前垂后，绵衍蕃盛，考祥以视履也。语其目则析之，极其精而不乱。究其旨则合之，尽其大而无余。斯其学即二帝三王之学，心即二帝三王之心。而至治之成，近有光乎二祖列圣之传，远以跻乎唐虞三代之盛。夫固体信而达顺，合一而不测者也。存之为天德而日新之，盛德以裕达之，为王道而富有之，大业以昌帝王之道统，谓不在兹乎？

臣欲拟议其盛，而且未易以名言矣，复何所称述以为圣学之裨乎？然臣闻之《书》

曰：慎厥终，惟其始。《易》曰：日月得天而能久照，四时变化而能久成。圣人久于其道，而天下化成。我陛下之自箴也，亦曰终如其始，又曰日新不已。故学必缉熙而后底于纯，治必永贞而后底于化，陛下之学亦既纯矣，天下之化亦既洽矣。然端拱穆清之上，一日二日，事有万几，有一之弗得其宜，非纯也。此敕天之命，惟几惟康，尧舜所为兢兢也。四海九州之远，刚柔异性，轻重异宜，有一之弗得其所，非洽也。此一夫不获时予之辜，尧舜所为拳拳也。学之纯者不使其或间，化之洽者不使其或漓。夫然后常敬常一，而道久化成。其在兹矣，非我陛下所当致力者乎？其要则在求之心而已矣。

太祖高皇帝尝谕辅臣曰：防闲此身，使不妄动。自谓已能若防闲，此心使不妄动，尚难能也。成祖文皇帝尝谕解缙曰：心能静虚，事来则应，事去如明镜，止水自然纯。是天理，是二祖之学，诚不外于心而得之也。臣愿陛下毅然以道自任，上法乎二祖，反求诸一心。养之于念虑未萌之先，以存其寂然不动之体；察之于几务既兴之际，以妙其感而遂通之用，俾其湛而虚也，神而明也。与太虚同其空洞焉，日月同其照临焉，四时同其运行焉，万物同其冲和焉。则一心既正，万化以行。敬不期敬，而自尔其常敬；一不期一，而自尔其常一。天德益以立，王道益以溥矣。帝王道统之传，不其益光也哉！至于用人必当，而皋夔稷契之在列。行政必允，而礼乐刑政之覃敷。则又此心之妙用，而我陛下之余事也。何敢以渎圣听哉！

陛下倘能鉴臣之愚，而于所谓敬一者贞之于久而会之于心，则道统之传，亘古今而独盛矣。斯文幸甚！宗社幸甚！臣何任祈吁陨越之至。臣谨对。

（明）张朝瑞《皇明贡举考》卷七　（嘉靖二十六年）三月十五日，临策天下贡士。制曰：……

（时廷对之士三百一人，赐李春芳等进士及第出身有差。春芳官至少师，直内阁。……）

第一甲三名赐进士及第：李春芳，南直隶兴化县籍，应天府句容县人。

（明）王世贞《弇山堂别集》卷八十三·科试考三　（嘉靖）二十六年丁未，命掌詹事府吏部左侍郎、翰林院学士孙承恩，吏部左侍郎、翰林院学士张治为考试官，取中胡正蒙等，廷试赐李春芳、张春、胡正蒙及第。

（明）张弘道、张凝道《皇明三元考》卷十一·嘉靖二十六年丁未科大魁　状元李春芳（直隶兴化籍句容人。字子实，号石麓。治《诗》。年三十八。辛卯举人。会试第十名。仕至少师兼太子太师、吏部尚书、中极殿大学士。卒年七十五，赠太师。谥文定。

子茂年，尚宝司丞；茂才，太常寺少卿；茂德，治中；茂功，知府。孙思敬，辛卯举人；思诚，戊戌进士，编修。曾孙长华，乙卯举人；乔，己未进士，任推官）。

又　入阁：李春芳（四十四年，由礼部尚书入武英殿。隆庆五年，至少师，兼太子太师、吏部尚书、中极殿学。致仕）。

又 一品：李春芳（少师）。

（清）黄之隽等《江南通志》卷一百二十二·选举志·进士四·明·嘉靖丁未科李春芳榜 李春芳（兴化人。状元）。

（清）张廷玉等《明史》卷十八·本纪第十八·世宗二 （嘉靖）二十六年春三月庚午，赐李春芳等进士及第出身有差。

仕　宦

（明）雷礼《国朝列卿纪》卷八·直内阁元辅及同直辅臣年表 同直李春芳，直隶兴化人。状元。以太子太保、礼部尚书，命兼武英殿大学士，于嘉靖四十四年□月入直。

又 李春芳自隆庆二年七月为元辅，历少师兼太子太师、吏部尚书、中极殿大学士，至隆庆五年□月致仕，凡二年□月。

又，卷九·殿阁大学士年表 李春芳（直隶兴化人。嘉靖丁未状元。四十四年，以太子太保、礼部尚书兼武英殿大学士入阁。后改华盖殿为中极殿。隆庆五年，以少师兼太子太师、中极殿大学士。致仕。卒年七十五，谥文定）。

又，卷二十·翰林院学士讲读学士年表 李春芳（直隶兴化人。嘉靖丁未状元。三十五年，任□□学士。三十七年，加太常寺少卿，仍兼学士。三十九年，升礼部右侍郎兼学士，掌院事。详内阁）。

（明）王世贞《弇山堂别集》卷四十一·公孤表·少师·文臣凡二十六人 李春芳，直隶兴化人。隆庆四年以少傅、太子太师、吏部尚书、建极殿大学士加兼中极殿大学士。五年致仕。

又，卷四十一·公孤表·少傅·文臣凡四十人 李春芳，见前。隆庆元年，以太子太保、吏部尚书、武英殿大学士加，兼太子太傅，寻兼太子太师。

又，卷四十二·东宫三师表上·太子太傅·文臣凡四十六人 李春芳，见前。隆庆元年加，少傅兼。

又，卷四十二·东宫三师表上·太子太师·文臣凡二十七人 李春芳，见前。隆庆二年，以少傅加兼。三年，以少师兼。

又，卷四十二·东宫三师表上·太子太保·文臣凡一百二十三人 李春芳，直隶兴化人。嘉靖四十四年，以礼部尚书进加。

又，卷四十二·东宫三师表上·太子太师·文臣凡二十七人 李春芳，见前。隆庆二年，以少傅加兼。三年，以少师兼。

又，卷四十三·柱国表·柱国　少傅、建极殿大学士李春芳（隆庆元年）。

又，卷四十四·赠公孤宫臣表·赠太师·文臣　少师、太子太师、吏部尚书、中极殿大学士李春芳（万历）。

又，卷四十五·内阁辅臣年表　李春芳，字子实，直隶兴化人。由嘉靖丁未状元，四十四年，以太子太保、武英殿学入。后改华盖殿为中极殿。隆庆五年，以少师、中极殿学致仕。卒年七十五。

又，卷四十六·翰林诸学士表·学士　李春芳，详内阁。嘉靖三十五年任。迁太常少卿、礼吏部左右侍郎、礼书，俱仍兼任。

又，卷四十九·礼部尚书表　李春芳，见前。嘉靖四十三年任。

又，卷五十四·卿贰表·吏部左右侍郎　李春芳，直隶兴化人。由状元，（嘉靖）四十一年，任左。

又，卷五十六·卿贰表·礼部左右侍郎　李春芳，见内阁。由状元，（嘉靖）四十年，任右，本年转左。

又，卷八十三·科试考三　（嘉靖四十一年壬戌）又特用吏部左侍郎李春芳，不为例。

又　（嘉靖）四十四年乙丑，礼部会试天下举人。……是岁读卷，工部尚书管吏部左侍郎事董份，亦用李春芳例也。

又　（隆庆）二年戊辰，命少傅、太子太师、吏部尚书、建极殿大学士李春芳，掌詹事府、礼部尚书兼翰林院学士殷士儋主试，取中田一儁等四百人，廷试赐罗万化、黄凤翔、赵志皋及第。

（明）王圻《续文献通考》卷四十六·选举考·举士四　穆宗隆庆二年，命建极殿大学士李春芳、礼部尚书掌詹事殷士儋为考官，中式举人田一儁等四百名。

（明）俞汝楫《礼部志稿》卷四十二·历官表·尚书　李春芳（字籍见下。嘉靖四十二年由吏部左侍郎兼翰林院大学士升任，仍兼学士。历少师兼太子太师、吏部尚书、中极殿大学士）。

又，卷四十二·历官表·左右侍郎　李春芳（字子实，直隶兴化人。进士。嘉靖四十年，由本部右侍郎兼翰林院学士掌院事回任，仍兼学士，本年转左）。

（明）张萱《西园闻见录》卷四十七·宗藩后　李公春芳，字子实，号石麓，扬州兴化人。嘉靖丁未状元及第。历官吏部尚书、中极殿大学士。谥文定。公当礼部尚书时，宗庶浩衍，皆衣食县官，经赋诎乏。公乃琐细科条为絜令，诸宗有所求请，率按令予夺籍。上诏颁行之，名曰《宗藩条例》。一时浮蠹大损，不加赋而禄给，至今遵用焉。

（清）谷应泰《明史纪事本末》卷五十二·世宗崇道教 （嘉靖）三十五年夏四月丁巳，命翰林院侍读严讷、修撰李春芳并为翰林学士，右春坊右中允董份直西内撰玄。自是词臣多舍本职，往往求供奉，希进用。

（清）查继佐《罪惟录》·志卷十九·直阁志·世宗 李春芳（石麓，兴化人。由状元、礼部尚书，进武英殿大学士、太子太保、礼部尚书。卒谥文定）。

（清）张廷玉等《明史》卷十八·本纪第十八·世宗二 （嘉靖四十四年）夏四月庚辰，命吏部尚书严讷、礼部尚书李春芳并兼武英殿大学士，预机务。

又，卷十九·本纪第十九·穆宗 （隆庆五年夏五月）戊寅，李春芳致仕。

（清）傅恒《御批历代通鉴辑览》卷一百十·明·世宗皇帝 （乙丑嘉靖四十四年）夏四月，以吏部尚书严讷、礼部尚书李春芳并兼武英殿大学士，预机务。

袁炜去后，徐阶当国，屡请增阁臣，故有是命。（帝眷侍直诸臣厚，凡迁除皆出特旨。春芳自学士至柄政，凡六迁，未尝一由廷推。）

又，卷一百十·明·穆宗皇帝 （辛未隆庆五年）夏五月，李春芳罢。

初，春芳代徐阶为首辅，务以安静，称帝意。同列陈以勤，故端谨；张居正，恃才凌物，视春芳蔑如也。方阶罢，春芳叹曰："徐公尚尔，我安能久容？旦夕乞身耳。"居正遽曰："如此，庶保令名。"春芳愕然。三疏乞休，不允。既而，赵贞吉入代以勤，刚而负气。及高拱再入直，凌春芳出其上，春芳不能与争，自饬而已。会拱逐贞吉，势益张，修阶故怨。春芳常从容为阶解，拱益不悦。言官希拱意，疏诋春芳，乃罢归。（后数年卒，谥文定。）

（清）舒赫德《御定资治通鉴纲目三编》卷二十五 （嘉靖四十四年）夏四月，以吏部尚书严讷、礼部尚书李春芳并兼武英殿大学士，预机务。

（袁炜去后，徐阶当国，屡请增阁臣，故有是命。帝眷侍直诸臣厚，凡迁除皆出特旨。春芳自学士至柄国，凡六迁，未尝一由廷推。）

又 （隆庆）五年春二月，命廷臣及朝觐官谒皇太子于文华左门。

（李春芳言："先朝故事，东宫未出阁时，阁臣以朔望次日行谒见礼。即今春和，乞举行如例，以慰天下臣民之心。"帝许之。命二月二日谒见。）

又 夏五月，李春芳罢。

（初，春芳代徐阶为首辅，务以安静，称帝意。同列陈以勤，故端谨；张居正，恃才凌物，视春芳蔑如也。方阶罢，春芳叹曰："徐公尚尔，我安能久容？旦夕乞身耳。"居正遽曰："如此，庶保令名。"春芳愕然。三疏乞休，不允。既而赵贞吉入代以勤，刚而负气。及高拱再入直，凌春芳出其上，春芳不能与争，自饬而已。会拱逐贞吉，势益张。修阶故怨。春芳常从容为阶解，拱益不悦。言官希拱意，疏诋春芳，乃罢归。）

轶 事

（明）李绍文《皇明世说新语》卷三·雅量 李春芳廷试后，同志集饮，适某堂上遣官至，延入内，与语而别。人皆知来报胪传之信，贺之，李坦然曰："谓拙卷亦与进呈之列耳。"神色不动。

（明）王世贞《弇山堂别集》卷十一·皇明异典述六·五品鹤袍 嘉靖中，学士严讷、李春芳、董份以五品撰玄词，特赐仙鹤袍。既而，上悔之，下谕谓："玄坛供事可用鹤，余则不可。"意盖为三臣也。而尚书皆自疑，不敢衣鹤，亟市锦鸡为饰，而三学士之衣鹤自若也。

（清）黄之隽等《江南通志》卷一百九十五·杂类志·纪闻一·扬州府 李文定春芳及第，胪传前一日，在寓邸与客弈。或密以所拟甲乙报李，返坐自如，置帖棋枰下，终局无几微见颜色。客诘之，徐以帖示客，曰："拙卷亦预进呈之列耳。"众以此多其度。廷对前数日，梦红帛缠身，不得脱。及胪传，世宗见其名，大喜曰："桃李当春日正芳妍之时。"以朱笔绕"春芳"二字圈之。居政府时，考官以典南闱试来别，袖出预拟试题呈正，李置箧中而已。将揭晓，夫人问："儿辈知可中否？"曰："题难焉得中？"夫人惊："何以预知？"因语其故。夫人问："寄儿辈否？"曰："人以心腹待我，故先期见示语儿辈，非彼所望于我也，从箧取出火之。"

（清）姚之骃《元明事类钞》卷八·官品门一·内阁·梦二祖 明《王锡爵集》：李文定春芳少时梦与百神游于钧天，广、乐二祖御而引之曰："大事付汝。"又一夕，梦谒英宗，其相高少保取其匾授公曰："而嗣我！而嗣我！"

又，卷二十五·吉凶门·老寿·家庆 《弇州别集》：严文靖讷以大学士予告，父封公与母夫人尚无恙，其家庆与李文定公春芳相望于南北。

（清）阎湘蕙《明鼎甲征信录》卷三 李春芳，字子实，江南兴化人。曾祖某，老农也。居句容山中，地名大村，为县人曹尚书义家佃种。会尚书择葬地，青乌家争集其门，江西一地师来献图云："某壤最吉。"即大村地也。尚书不甚信，薄赠而遣之。地师怏怏，复往大村徘徊瞻眺，自恨言之不售。已而，风雪大作，曰："已暮，无托宿处。"翁适往田，因延至其家，馈以鸡黍，地师深德之。次日晨起，见屋后有草舍半间，雪压将圮，双棺暴露，问之，翁曰："吾父母也，贫不能买兆域，久而未葬。"地师曰："穷途荷君高谊，无以为报，此间曹尚书家有吉壤，若葬之，富贵可数百年，科第不绝。”翁曰：“吾方为尚书家佃田，安能有之？”地师曰：“但往哀乞，无害也。然葬毕，当速去，虑其追悔耳。”翁如其言往，值尚书方据案作书，泣拜以告，尚书颔之。翁出白布一幅求押字，又允之。急归以告，地师喜曰：“君福人也。”为指其穴，葬毕辞去。翁往谢尚书，即星夜携妻孥渡江而北，至兴化居焉。自是渐饶裕，至曾孙于嘉靖二十六年状元及第，即春芳也。

春芳幼时，初上村塾，一负薪者偶憩于土地门阈，忽闻庙中云：“今日李状元上学，当扫除街道。”负薪者起视庙中，寂无人。遂复坐，顷之，又闻曰：“李宰相来矣，可速扫除。”忽疾风吹街备洁净，负薪者异之。俄而，一人携一童捧书而至，遂同送至学中，问姓名，深相结纳，以女字之。后为县小吏，县令异之，招与其子伴读，应试入泮，有讽其解负薪之姻者，李坚拒之。后果登鼎元，官至大学士，与徐文贞同心辅政，力改分宜所为，诛左道，录言官，蠲逋赋，中外欣然望治。寻以两尊人犹在堂，疏乞归养，侍奉数年如一日，乡里艳之。生平不二色，尤诚于待师，尝具千金为师构宅。卒年七十五，谥文定。曾孙嗣京，崇祯戊辰进士，官御史。乔，万历己未进士，历官陕西巡抚。(《文帝全书》并《居易录》、《江宁府志》、《感应篇注释全解》、《坚瓠九集》)

著　　作

(清) 黄虞稷《千顷堂书目》卷九·典故类　《宗藩条例》二卷（嘉靖四十四年二月大学士李春芳等编辑）。

又，卷二十四·别集类·嘉靖丁未科（二十六年）　李春芳《诒安堂稿》十卷（□□□兴化籍句容人。一甲第一人。少师，直内阁）。

(清) 黄之隽等《江南通志》卷一百九十二·艺文志·子部·儒家·明　《先正训蒙》（兴化李春芳）。

又，卷一百九十四·艺文志·集部二·诗文集·明　《李文定贻安堂集》（兴化李春芳）。

(清) 张廷玉等《明史》卷九十七·志第七十三·艺文二·史类　《宗藩条例》二卷（李春芳等辑）。

又，卷九十九·志第七十五·艺文四·集类　李春芳《诒安堂稿》十卷。

(清) 曹仁虎等《钦定续通志》卷一百六十二·艺文略·文类第十二上·别集·明　《贻安堂集》十卷（明李春芳撰）。

(清) 纪昀等《钦定四库全书总目》卷一百七十七·集部三十·别集类存目四·

《贻安堂集》十卷（两江总督采进本）　明李春芳撰。春芳，字子实，号石麓，福建兴化人。嘉靖丁未进士第一。官至中极殿大学士，谥文定。事迹具《明史》本传。春芳与严讷、郭朴、袁炜同有青词宰相之目，史具载于《袁炜传》中。然青词皆不传。是集为其子茂材所编，疏、表、序、记之文居多，诗则不满一卷。李戴、于慎行、朱赓、李维祯为之序，皆谓春芳不规规以文墨见长，是以其存草仅如此云。

（清）曹仁虎等《钦定续文献通考》卷一百九十三·经籍考·集（别集五）·明　李春芳《贻安堂集》十卷。春芳，字子实，号石麓，福建兴化人。嘉靖丁未进士第一。官至大学士，谥文定。

评　　论

（明）李戴《李文定公贻安堂集叙》　穆皇帝在御时，李文定公为相，登崇俊良，简拔幽滞，筹画边圉，节缩度支，诸所赞襄，大者且不暇更仆，无论纤细。当是时，海内蒸蒸称乂安矣。公视草代言，及斡旋密勿者，中外皆知其有回天力，然未尝一字示人，问中书事，语辄謇謇。有以大政颂公者，公愕然曰："主上圣明，断决如流水，我等奉上旨出入，伴食终日，方用悚愧，何所短长而分帝身？"间为文以应所知，然多散见□朝夕馆阁者，无成帙。其让大美、避盛名，类如此。乃公之子尚宝君、中书君固已次第其稿盈箧矣。隆庆戊辰，戴筮仕为兴化令。兴化，公里邑也。明年，公以予告还，而戴为公所举士，尝谒公第中，问民间疾苦一一如闾阎，乃知公忧民隐如此之切也。固请所以计安天下者梓焉，以示后人，公笑曰："文字，书生语也，无足传。中秘，王言也，胡可传？酬赠，漫语也，不宜传。何所计安而奖籍？"云云。固请，公固□。公相业在国史□，望在华夷，声□在天下。后世其所传者，弘矣。薨之几年，中书君以使命至青、齐，而戴叨抚兹土，乃得公《贻安堂稿》刻之，凡若干卷，每一读辄掩卷凄怆，如对颜色。公为人深沉温厚，博大端方，如其文。斯文也，秀润□蓄，典则纯正，如其人。使天下后世果见公于文也，则余之兹刻不独文也已。

赐同进士出身、奉敕巡抚山东等要地方、提督军务、督理营田、都察院右副都御史、廪延门生李戴顿首撰。

（录自［明］李春芳《李文定公贻安堂集》卷首）

（明）于慎行《谷城山馆文集》卷十·太师李文定公文集叙　先师李文定公自世宗朝廷对第一，用宿学醇德，上结简知，晋参大政。及穆皇眷，任复陟首揆。公感两朝知遇，殚忠竭智，经纪化枢，盖所为注历非一，要归于和平宁静，与天下休息。未尝为殊尤瑰异，有所更张也。而行窃从左史后考览朝政，尝谓公有大功于世，顾世未能深识之焉。

当嘉靖末，一二秉事之臣，袭用严峻，以奉威灵，天下凛凛，莫知所措，元气几于斫削矣。自徐文贞公以宽政佐我穆皇，民稍稍恬愉，沐浴德泽。公继其后，益用博大优柔，和辑中外，天下熙熙，如履华胥，而游化日。迨公罢，相继者锐于治功，更操名法之指，绳约天下，天下又几重足一迹。盖先后数十年来，政俗之大较如此。而方内晏然，安若覆盂，以迄于今之綦盛，则公于其中三四年间休养滋息之力也。辟诸四时之气，有风霆之击搏，有霜雪之肃杀，而盎然有阳和之气游于六合之间，以妪育万物，不使凋腓，则是公能厚培国家之元气，以成太平之业也，功不细矣！即如庚午秋，虏大酋长款关请吏，举朝犹豫，莫敢决策，或乃逆设不然，有所沮败。公从帷幄中造□借箸，以片语定画，使椎髻之长回面内向，九塞吏士寝甲秉耒，烽燧不传者，今且二十年矣。夫不出樽俎而折冲厌，难建万世之长策，功宜何如论也。顾公燮调之以无形之德，而弹压之以不猛之威，故天下受公赐而莫知其自。乃于公之汪度粹履，天下无异辞，而犹或不能究述其才，才亦难知矣哉！

当公柄政时，所与同事二三巨公皆天下英杰，各有所挟持，不能相下，而公雍容镇肃其上，垂鱼纡组，不动声色。而二三巨公亦且输写心腹，韬锋函颖于公未去之先，藉令无以诎之，第如石丞相醇谨，未必能也。且夫人臣之功，至于亨屯开泰，福被群生，以茂无疆之问，亦可以知其才矣。虽然，相安施才，水不以味用，以五味为味；相不以才用，以群才为才。此书所为颂，断断休休之烈也，而公之功所以不可及与。

公卒之六年，门人少司寇延津李公从公嗣尚宝君兄弟，得遗集若干卷，梓之东省，使慎行书其陕尾。慎行亦门人也，无能有所纂述，以发明先师之德美，而使司寇专之。愧甚！弗敢辞也。集中诸体具备，各有规裁，总之本原，理奥濡蒧群言。金相玉质，烨然光华，而不为雕饰；海蓄川流，冲然靓深，而不为剽剥。斯大雅之制，经世之辞也。夫不及事公者，读公之文可以想见其仿佛矣。而其相天下之功与才，世固有习而不察者，门人小子敢蠡测其万一，以白于后，使知我国家有休休断断之臣，佐太平之业如此云。

（明）李维桢《大泌山房集》卷十·序·李文定集序 文章与时盛衰，文因时，时因文，而斡旋之权则存乎名世者矣。今人目举子业为时文，以其随尚高下靡恒也。某无所知识，嘉靖之季为诸生六年偕计吏，其时举子业之文支离冗长如蔓草，大费芟除。隆庆初，成进士，渐归雅驯。后先仅十年而士尚迥异，何以故？当夫贪冒者为政，浊乱天下，世宗操恩威不测之柄，朝臣恐，谀龟生卯，鹿生麑，辄行表贺，复有祈祷青辞，夸多斗靡，浸以成风。壬戌后，执政矫其弊，仕路清夷。穆宗革故鼎新，除一切浮文不用，故文体为之大变。兴化李文定先生主文衡，所录程式文具在可按也。某辱先生甄拔，入中秘。已，备官史局，事先生久，然后知文体之正实由先生。先生始佐徐文贞，和衷共济。既当国，益务崇宽大，恪守旧章，休息乎无为，海内受清净和平之福，而士亦仰德顾化。今读先生集，大者谋王体，断国是；中者综人事，明物理。正大光明，宽裕温柔，若大人君子居岩廊之上，冠冕佩玉，不动声色，而见者爱敬之。若布帛菽粟寻常日用，而终不可厌斁废缺绮纨珍错。程校功实难与言多寡，先进大雅之文不在兹乎？观天文以察时变，观人文以化成天下，观先生之文而其所以化成天下，转移时变者，窃窥其绪矣。昔杨遵彦著文德，论古今词人负才遗行，浇薄险忌，惟邢子才、王元景、温子昇彬彬有德素，然三子德素，彼善于此耳。即其文，亦安能脱六朝结习？先生光辅两朝，斫雕为朴，还之忠质，以文征德，如合符节。遵彦之论，微先生孰能当此？先生没垂四十年，朝聚讼而野横议，浇薄险忌，日堕恶道，哓哓以文鸣者，若醉之狂，病之谵，梦之呓，儿妇人口之不可用，侏儒鴂舌之须重译，识者忧其为人心世运害非浅鲜，安得起先生于九京而陶铸绳尺之哉！先生学探圣真，以辅世长民为己任，不规规文墨见长。在翰林时，应酬之作殊少，是以存草匽匽。嗟乎！此先生之所以为文也。其文质无所底殊。忝列弟子籍，虽欲赞一词莫由也已。

杂　　录

（明）吴子玉《大鄣山人集》卷十五·寿序部·元辅李相公六十寿序　（存目）

（明）王樵《方麓集》卷三·序·寿李封君序　嘉靖壬戌某月某日，为封君李怀堂公七十寿辰。其子少宰公方赞明良之治，以平格之道迓万寿于天，四海熙然，咸归寿域，而一二臣弼高堂之上有健亲焉。岂非一时太和之钟，为古今希觏之盛事哉！大夫庶士争寿之，樵之舅子励庵于君者，新与公姻娅也，问寿于樵，樵曰："有大夫庶士之言在，小子奚赘焉。虽然，辞有余而不厌归于爱也，举有盛而非佞要于实也。昔苏子瞻之记韩魏公醉白堂也，以为身都将相，功在社稷，四夷想闻其风采，而天下以其身为安危者，公之所有而乐天之所无也。乞身于强健之时，山水之清幽，家有余资，足以尽高人逸士之乐，则乐天之所有而公之所无也。噫！孰有有子以为魏公，而身享乐天之乐如怀堂公者哉！请以寿公，可乎？"励庵君曰："可哉！虽然，愿闻其再。"樵曰："天地栋宇，万物同于一化，人于其间得百年焉为常，故百年曰期。然古人相祝则愿恒过之，岂虚辞哉？语则有之曰：'善待其身者，以百年为千载，谓令名也。'公又素大度廓落，不以心为物逆旅，养生之妙旨，公盖夙得焉。则古人称愿之溢辞，公当庶几实有之。请以寿公，可乎？"励庵君曰："可哉。虽然，愿闻其三。"樵曰："过其斯者，身之寿也，彭聃是已。过其历者，国之寿也，商周是已。亦知有所谓家之寿者乎？盖周公言天寿，商之平格也，而必以商实为言，充布内外，莫非秉德效忠之臣，所谓商实者如此。以为天惟纯佑商，而欲其长世，故如此也。盖观于天之陈锡于周则思皇，多士生此王国而其方蹶也，则三事大夫莫肯夙夜，邦君诸侯莫肯朝夕。而益知商实之言不诬矣。是道也，在国则国之所以多历年所也，在家则家之所以与国咸休也。国之虚实在人材，家之盛衰视孙子，子孙多贤而家道其有不长者乎？天之寿国寿家，理一而已矣。盖如汉之韦氏，唐之崔、卢、柳、李，宋之范、吕皆然。吾窃为公之父子愿之。"励庵君矍然兴曰：

“尽之矣。予将旅币卤畅以登公堂，请以子言为之先。”

又，卷四·序·寿石麓李公序 昔白乐天在洛有九老会，时人慕之，绘而为图。宋兴，洛中诸公继而为之者凡再至。道中李文正公昉以司空致仕为会，自太子中允张好问而下凡九人。元丰中，文潞公以太尉留守西都，富韩公以司徒致仕，集洛中公卿大夫年德高者为耆英会，尚齿不尚官，自司封郎中席汝言而下凡十三人，并绘象堂中。时独司马温公年未七十，潞公素重其人，用昔狄兼謩故事固请入会焉，此诚太平之盛事，古今之美谈，岂特洛下衣冠一时之胜集而已哉。

我明太平之盛有过于宋衣冠之盛，不止于洛。嘉靖中，今师相李公以进士第一人历官禁近，受知世庙，遂入赞密勿实，与今华亭徐公、江陵张公寅恭相协，赞元经体，先后四十余年，海宇乂安，四夷宾服。今上御极，徐公、李公皆以宿德元老居家，为上所尊礼数，诏有司存问。而同时则有海虞严公、上海潘公、华亭陆公皆为同里，不知视洛下耆英为孰盛？当是时也，有出者以任天下之重，而处者得遂其优闲，岂非尤太平之盛事欤？岁在己卯十二月丁巳，为李公七十初度之辰，在位自张公而下，在里自徐公而下，皆为公贺。窃拟公家一时胜集，岂减于洛中？昔司马公固言文、富二公，寅亮三朝，为国元老，天下所取安，所取平，其勋业闳大显融，岂乐天所能庶几？然犹慕效其为者，诚乐善无厌也。窃惟诸公，今之文、富，其勋业实相后先，乐天之事有不必慕效其为，而一时相与之盛，后世传之，必有愈于洛人之图画者矣。樵辱公知，无能为赞仰。潞公答富公之诗有曰：“落下衣冠今最盛，当筵尚齿礼容优。惟公福寿并勋德，合是人间第一流。”谨诵，以为公多福无疆之祝云。

（明）王世贞《弇州续稿》卷一百五十三·文部·祭文·祭太师李文定公文 呜呼！昌期五百，储精岳渎。蒸黎冯生，以迨国箓。天乃与之，大人之福。畏途树棘，旃席之上。弗茹弗吐，以成家相。天乃与之，大人之量。

公产维扬，金相玉映。发为文章，陆离彪炳。垂登强仕，始乃献靖。遂魁大廷，徊翔玉堂。祠厘竹宫，和歌柏梁。仅逾十期，而步岩廊。既参铨部，晋领宗伯。北扉视草，西宫曝直。孤卿七命，康侯三锡。始贰魏公，宽犹弱翁。既受萧规，画一以终。车门寂如，无金可通。台席既移，公当辅首。六卿志行，乃绝指授。匪月几望，匹亡无咎。悍佐见侵，淡乎若忘。薄有菟裘，邗沟之阳。介不终日，匪舍而藏。帝褒温纶，以宠其归。肃肃宵征，上介导之。衮蹄兼金，冰纨黼丝。公登于堂，有母若父。有季翼如，厥绶亦组。子及孙曾，为世者五。追惟锡第，黔鬓朱颜。王父无恙，世数亦然。请告以归，称觞膝前。自有父子，自有君臣。畴如我公，完福备伦。续廪给扶，衎衎毕身。为良赤松，为度绿野。耆英之会，光于洛杜。位则潞公，德乃司马。清商一部，足以长娱。何必云母，然后快乎？夭期既迫，不得须臾。大江北南，有两德星。岁陨其一，公与文贞。左辅右宰，并跻玉京。昔余先公，鸣鹿偕肆。小子不类，南宫附骥。

余曰叔父，公乃弟视。丁卯伏阙，偕懋上书。以雪覆盆，公为拮据。泉台之照，藉而获苏。懋晚登朝，望公云霄。公乃蔼蔼，毋忘下交。与公主器，复忝同曹。忽闻流讣，相向摧咽。南州之谊，千里奔谒。而我何为，病足如绁。絮酒炙鸡，侑以芜词。公宾帝所，宁复我思。江云黯结，未往神驰。呜呼哀哉！

（明）王世贞《弇山堂别集》卷七十一·谥法二·二字谥·文定 （文臣）……少师、太子太师、吏部尚书、中极殿大学士李春芳（万历）。

右俱勤学好问，纯行不爽。

（明）蒋一葵《尧山堂外纪》卷九十八·国朝 李春芳（字子实，扬州兴化人，号石麓）。

嘉靖甲午秋，有士子赴乡试，题诗于读书之屋而行，尾句云：“明岁看花三月丽，满城桃李先春芳。”盖自寓也。明年春榜，李春芳作状元，以此诗为谶。

世庙自号天河钓叟，命群臣赋诗，李春芳应制独为称旨，其诗曰：“红竿百尺倚潢流，独泛仙槎犯斗牛。光拱众星为玉饵，象垂新月作银钩。撒开烟水三千丈，坐老乾坤亿万秋。相遇玉皇如有问？丝纶今属大明收。”

初，李石麓读书句曲崇明寺中，有诗与寺僧，曰：“年年山寺听鸣钟，匹马长途忆远公。它日定须留玉带，题诗未许碧纱笼。”及作相，僧携诗抵京师，公解玉带以赠，僧归建楼藏之，名玉带楼。

（明）屠隆《白榆集》卷二十·祭文·祭李石麓阁老文 （存目）

（明）李维桢《大泌山房集》卷二十七·序·少师李公寿序（代） 先帝朝余与李公守著作之庭，诸著作郎持文墨论议相高，而李公独谢不为，日明习当世之故，造次被服必于儒者间。尝与余论事曰：“简发而栉，不可以应卒；纵马而御，不可以及远。夫养身者，非有加于身之外也，能无害之而已矣。治天下者，非有出于天下之上也，能无扰之而已矣。”余私谓李公是安得长者之言而称之，即国家旦夕搜救索耦，非公莫可急使者。先帝熟知公贤，自史官不数年为学士、大宗伯，寻拜相。今天子嗣立，体貌旧臣有加，常等而李公为上相。相后先可七年，虏岁犯渔阳、云中、上谷诸郡，岛寇剽闽、粤间，河决徐、沛以下数十百里，四方水旱虫蝝之灾，萑苻枹鼓之警，驰赤白囊而至者错于道。天子当鼎革之会，博采群策，垂意乎至宁，诸言事者章满公车矣。众谓：“李公且改弦鼓瑟而治。”而公一切修举故实，因民之疾，奉法顺流，与之更始，后进喜事之说，摈而不得御卒之。黠胡请和海上，魁宿之寇自润膏斧，江淮漕粟舟衔尾而入于河，大氐无虑百万，天下举安若高枕，平若迓衡也。然后向之望李公者稍爽然自解，而公之勋烂焉与古大臣争烈矣。余不佞，幸随公出入政府，惧无以塞诏旨，日夜惟李公是资。而公两尊人者，春秋八十高矣，乃上书愿赐骸骨归事两尊人，书十余上。上念李公老，不欲烦以事，又重违李公指，无以明孝治天下之意，而遂予告归。归之五月，其门人某某辈过而问余，言为公寿。余闻之董生云：“予齿者去其角，傅翼者两其足，已受大又取小，天不能足，而况人乎？”李公身上相，犹及事两尊人，且多贤子孙，则何以说也。不观诸水乎？沧海之舟载万石而不泄，置杯于堂坳之水则胶，其所受者异也。余观李公为而不持，成功而不问，居一人之下，而下白屋之士。听其言乐而忘疲，貌其容使人心服，而不敢蘁立，盖有道者也，岂为泰乎？夫平阳侯休息无为，天下称之，传国七世，牧丘为相，终享令名，而子孙驯行孝谨，不少衰止，以方李公，宁有让哉？李公向以所与余言者相天下，天下既载德矣。今以所为天下者自为，余又安得而知李公之寿所止极也。

（明）鲍应鳌《明臣谥考》卷上·文定　李春芳（大学士。赠太师。万历年谥。勤学好问，纯行不爽。南直隶兴化县人）。

（明）郭良翰《皇明谥纪汇编》卷十四·臣谥上·文臣·文定　李春芳（大学士。赠太师。万历。勤学好问，纯行不爽。南直隶兴化人）。

（明）徐应秋《玉芝堂谈荟》卷二·一门执象笏者百人　嘉靖丁未状元兴化大学士李春芳。子茂材，尚宝司丞。茂材子思诚，戊戌进士，礼部尚书。思诚孙清，辛未进士，兵科给事中。茂功，兴化知府。子思聪，封主事。思聪子乔，己未进士，陕西巡抚。嗣京，戊辰进士，御史。思敬，处州府知府。思敬子长倩，甲戌进士，归安知县。

（清）顾炎武《日知录》卷十八·举业　东乡艾南英《皇明今文待序》曰：呜呼！制举业中始为禅之说者，谁与原其始？盖由一二聪明才辩之徒，厌先儒“敬义诚明，穷理格物”之说，乐简便而畏绳束，其端肇于宋南渡之季，而慈湖杨氏之书为最著。国初，功令严密，匪程朱之言弗遵也。盖至摘取良知之说而士稍异学矣。然予观其书，不过师友讲论，立教明宗而已，未尝以入制举业也。其徒龙溪、绪山阐明其师之说而又过焉，亦未尝以入制举业也。龙溪之举业不传阳明、绪山，班班可考矣。衡较其文，持详矜重，若未始肆然欲自异于朱氏之学者。然则今之为此者，谁为之始与？吾姑为隐其姓名，而又详乙注其文，使学者知以宗门之糟粕，为举业之俑者，自斯人始。呜呼！降而为《传灯》，于彼教初说，其浅深相去已远矣。又况附会以援儒入墨之辈，其鄙陋可胜道哉！今其大旨不过曰“耳自天聪，目自天明”，犹告子曰“生之谓性”而已，及其厌穷理格物之迂而去之，犹告子曰“不得于言，勿求于心”而已，任其所之而冥行焉。未有不流于小人之无忌惮者，此《中庸》所以言性不言心，《孟子》所以言心而必原之性，《大学》所以言心而必曰“正其心”。吾将有所论著而姑言其概如此，学者可以废然返矣。

又曰，嘉靖中，姚江之书虽盛行于世，而士子举业尚谨守程、朱，无敢以禅窜圣者。自兴化、华亭两执政尊王氏学，于是隆庆戊辰《论语程义》首开宗门（破题见下。是年主考李春芳，兴化县人），此后浸淫无所底止，科试文字大半剽窃王氏门人之言，阴诋程、朱。

（清）黄宗羲《明儒学案》卷二十二·江右王门学案七·宪使胡庐山先生直·困学记 仲夏，李石麓公（讳春芳，字子实，兴化人。官元辅）延予过其家，训诸子，因尽闻王心斋公之学，诚一时杰出，独其徒传失真，往往放达自恣，兴化士以是不信学。久之熟予履，乃偕来问学立会。冬杪，予归自仪真，发舟三日，皆遇剧盗，以风猛得脱。同舟亦有泣者，予独计寇至，则当倒橐输之，他无虞也，以是亦不为动。

（清）黄之隽等《江南通志》卷三十七·舆地志·坛庙祠墓附·江宁府 李文定祠在句容县崇福寺内，祀明大学士李春芳。句容旧无城郭，嘉靖间数被倭寇，春芳倡举筑城，邑人永赖。

又，卷四十·舆地志·坛庙四祠墓附·扬州府 崇德祠，在兴化县通利里，祀明大学士李春芳。

又 大学士李春芳墓，在府城西二十里弘恩寺侧。

嘉靖二十九年（1550）庚戌科状元唐汝楫

传　记

（明）陈鎏《皇明历科状元录》卷四·嘉靖二十九年庚戌状元唐汝楫　廷对之士傅夏器等三百二十人，擢唐汝楫第一。

唐汝楫，字思济，号小渔，金华兰溪人。治《易经》。由国子生及第，年三十七。太子太师、吏部尚书龙之季子也。御赐恩荣宴，元宰严公嵩有作："春省堂深锡宴同，汉家冠盖集鹓鸿。蓝袍素简充庭际，翠釜银罂出禁中。御醴酒斟杯面绿，宫罗花簇帽檐红。为儒遭际诚非偶，报国相期效赤忠。""奎壁腾辉景运开，制科抡选得英才。共言龙虎今为榜，何用黄金更筑台？草色恩袍明晓日，柘枝庭鼓动晴雷。自惭老拙叨荣遇，琼宴来霑已七回。"《赠状元唐汝楫》诗云："龙头英望许谁同？诏赐冠袍圣典鸿。名姓首题金榜上，恩华新拜玉堂中。卿云彩现重霄瑞，仙杏花开内苑红。共羡尚书延世泽，须看子孝与臣忠。""榜书华盖彻明开，第一仙人得上才。三月韶光融禁苑，九天嘉气抚楼台。文成尽说翻胸锦，胪唱初惊绕殿雷。此日重闱占喜信，泥金借问几时回？"《再答诸进士》云："三百英雄赐第同，飞腾真羡九霄鸿。恩霑镐宴需云上，人在尧天化日中。宫柳远随迎障绿，苑花秾映醉颜红。平生所学惟忠孝，不为荣名却效忠。""圣代儒科一一开，他年将相此需才。宴陪醴席来仙苑，袍染炉香下帝台。天骏顿增燕市价，春鳞齐化禹门雷。皇恩既醉欢无极，拜舞纷从霄汉回。"

廷试之前，诸同年集于其寓写家状，次至汝楫，方执笔，忽屋上有声如摧裂之状，众惊视，卒无所见也。回视手中笔，裂而为四。汝楫自识为异兆，宝藏之，至今存焉。

学士王维祯《予汝楫书》云：顷见邸报，凡朝廷所以恤劳臣者，厥典甚备。而足下为先人伸郁扬休者，亦甚哀切笃至，弗可加矣。仰之贺之。尝考本朝大臣得谥文襄者，今至渔石翁才四人耳。窃念渔石翁有百代不刊之勋，坐谗妒乃幽抑至卒。且将终焉，忽而足下崛兴，奉表陈辞，洒泪叩阍，于是上为之感悟，悉从其请。令先人瞑目，志士壮魂。南中缙绅大夫之属，咸咨咨以为唐氏有子，且以叹天之所以报善人者，顾有远近，未或差忒也。

乡试汝楫卷在魁选。既拆卷，见为唐太宰之子，以嫌置之，与某监生之卷同委于地。而汝楫一卷独悬于几端不坠。监场御史取观之，爱其文，乃抑置榜后。入会试，掌科郑廷鹄取冠本房，主考有难色，郑曰："吾宁本房只中此一卷。岂有如此文字而不取乎？"乃填第十。郑请刻其策，亦以嫌弗果。及传胪，郑大喜，自谓知文，且不负其所许也。初，汝楫闻之，笑曰："零碎文字不必刻，只刻一篇大文字可也。"果酬其志。

汝楫以己酉七月赴京取试，至临清，仆不戒，焚其次。汝楫为主人所窘，方骚攘，忽有吏四人乘马道陕西来，见汝楫于乱人中，乃下马跪谒。汝楫初不知何人也，自陈为乃翁官陕西时所亲吏，因与强解，乃得逸去。抵京已八月三四日矣。夫事不速解，则试期或阻，故四人之偶至，事却不偶然也。后吏人办事至翰林，汝楫酬之惟厚。

戊申之岁，汝楫梦一梅树生于庭前，花娟靓繁盛，字隐隐见于瓣中，曰："明岁相逢鸡水酉。"明年为己酉，汝楫已豫卜矣。生于甲戌壬申丁酉辛亥。

（明）顾祖训原编、（明）吴承恩增补、（清）陈枚续补《状元图考》卷三·状元唐汝楫 嘉靖二十九年庚戌，廷试傅夏器等三百二十人，擢唐汝楫第一。

按，唐汝楫，字思济，号小溪，兰溪人，年三十七。吏部尚书龙之季子也。乡试，卷在魁选。拆卷，见为唐太宰之子，避嫌置之，与某监生之卷同委于地，而汝楫一卷独悬于几端不坠。监场御史取观之，爱其文，乃抑置榜后。入会试，掌科郑廷鹄取冠本房，主考有难色，郑曰："吾宁本房只中彼一卷，岂有如此文字而不取乎？"乃填第十。郑请刻其策，亦以嫌弗果。及传胪，郑大喜，自谓知文，且不负所许也。汝楫闻之，笑曰："零碎文字不必刻，只刻一篇大文字可也。"果酬其志。又，廷试之前，诸同年写家状，至汝楫执笔，忽屋上有声如摧裂之状，众惊视，卒无所见也。回视手中笔，裂而为四。汝楫自识为异兆，宝藏之，至今存焉。

戊申岁，汝楫梦一梅树生于庭前，花娟靓繁盛，字隐隐见于瓣中，曰："明岁相逢鸡水酉。"明年为己酉，汝楫已豫卜矣。

（清）张廷玉等《明史》卷二百二·列传第九十·唐龙（附子汝楫） 唐龙，字虞佐，兰溪人。受业于同县章懋，登正德三年进士，除郯城知县。御大盗刘六，数败之，加俸二等。

……

龙有才，居官著劳绩。及为吏部，每事咨僚佐。年老多疾，辄为所欺。御史陈九德劾前选郎高简罔上行私，并论龙衰暮，乃下简诏狱。龙引疾，未报。吏科杨上林、徐良辅复论简。诏杖简六十，遣戍。上林、良辅以不早言罢职，龙黜为民。龙已有疾，舆出国门卒。

后数年，子修撰汝楫疏辩。诏复官，赠少保，谥文襄。龙故与严嵩善。龙之罢，实夏言主之。而汝楫素附嵩，得第一人及第，官至左谕德。后坐嵩党夺官。

（清）阎湘蕙《明鼎甲征信录》卷三 唐汝楫，字思济，浙江兰溪人。父龙，性至孝，壮年失怙，登正德三年进士。其历官也，每早必具衣冠向母拜问安否，然后上堂理事，晚亦如之。母稍有恙即衣不解带，目不交睫，忧形于色。所至以活人为心，以祈母寿，由知县召为御史，出按云南，正卢和之罪。再按江西，时宸濠就擒，中贵张永率京兵驻省，肆虐尤甚。兵荒后，且值水旱相仍，龙疏请班师，如解倒悬，列从逆之罪，表刘源清马津之功，劾镇监崔和之黩货，辨雪胁从，多方存恤，先后所上九十余疏，无非为民请蠲赈患，时赖以宁。先是，己卯变作，江西辍乡试。龙至，复当试期，乃疏请得倍增解额，监临至公而慎，升陕西提学副使，品藻如悬衡鉴。嘉靖七年，总督漕运，兼巡抚凤阳诸府，奏罢淮西官马种牛，罢寿州正阳关榷税，通、泰二州虚田租及漕卒船料，民甚德之。十一年，延绥告警，晋兵部尚书，总制军务，并理赈济，奏行救荒十四事，时有文武吉甫之誉。“大礼”大狱及诸建言获罪者，廷臣屡请宽，不能得。会九庙成，覃恩，龙录上充军应赦者百四十人，率得宥，以母老乞归养。久之，用荐起刑部尚书，寻为吏部尚书，拔淹振滞，为名冢宰。子汝楫，嘉靖二十九年廷试擢第一。（《明史》并《明一统志》、《功过案》、《劝孝合编》）

科 第

（一）乡试

（清）沈翼机等《浙江通志》卷一百三十八·选举十六·明·举人·嘉靖二十八年己酉科 唐汝楫（兰溪人。庚戌状元）。

（二）会试、殿试

（明）唐汝楫《小渔先生遗稿》卷一·策·廷试策一问 皇帝制曰：朕恭承天命，君主兆民，二十有九年余兹矣。顾论治者往往以敬天、勤民为务。古先帝王之所以兴道致治，与我祖宗之所以立极垂宪，要不外此二者。其为治之迹，可举而言之欤？

朕寅奉上玄，钦若天道，而凡以惠恤计安乎斯民者，未尝须臾少懈其念。比岁以来，嘉祥屡臻，方内乂宁，天人交应之，固不可诬也。然水旱饥荒，苗狄不靖，民生未遂，治化未孚，岂朕诚之必有未尽者？亦或任事之臣、亲民之吏果能仰体朕勤恤之心也欤？无乃玩愒贪残，弗念于民者欤？朕欲俾休征时若，边警不闻，百工克厘，庶绩咸熙，不令一夫失其所，朕志也。当何道而可以臻此？

尔多士蕴蓄有日，岂无助我者？宜明著于篇，毋泛毋隐，朕将亲览焉。

臣对：臣闻帝王之致治也，有敬畏之诚，而后可以弘天下之大化；有当务之智，而后可以执天下之大机。何谓敬畏之诚？上体天心，下恤民隐，精纯而恳至者是也。何谓当务之智？辨人才之实，得任驭之宜，翕受而敷施者是也。惟诚也，故兴道致治之具，皆根于交修儆戒之真，而其治也为有本。惟智也，故承流宣化之泽，自得乎执简御烦之方，而其运也为不劳。治有本，则王道敷于天德，而天下之大化以弘；运不劳，则端拱委于责成，而天下之大机以执。是故古之帝王竭一已之诚，而敬天勤民，以克尽其代天理物之责；极一已之明，而选贤任能，以聿臻其咸熙底绩之功。爰民以奉天，知人以安民，权度精切，而恩惠广大，机之所以妙运而不测也；庶明励翼，而帝力不知，化之所以溥博而无疆也。由是垂衣裳而万国宁，戢兵革而四夷服，太和熏蒸，灾眚不作，致治之盛，孰有加于此者哉！

钦惟皇帝陛下，亶神圣之资，邃敬一之学，中和建极，仁孝作孚，至德凝于渊穆，而灵贶昭祥；神功彻于昊穹，而休征协庆。肆今至治馨香，昭格于上下；大化流衍，遍洽于华夷。盖千古所未有也。乃犹不自满假，进臣等于廷，策以敬天勤民之道，惠恤计安之略。然臣即是而有以仰窥陛下望道未见，求治若渴之盛心矣。顾臣愚学惭稽古，志切摅忠，敢不披沥罄竭，以对扬休命于万一乎！

臣惟古帝王之致治也，莫不以敬天勤民为首务。盖以帝者，天之子也。天子者，父天母地，而以养人为责者也。以子事父，可不敬乎？代天养人，可不勤乎？然知所以敬天，则必求所以勤民。惟勤民之政，有验于实用。斯敬天之心，不徒为虚文矣。斯又天人通一，而不二之理也。尝观之《诗》曰：“敬天之怒，无敢戏豫。敬天之渝，无敢驰驱。”何如其为敬也？《书》曰：“怀保小民，惠鲜鳏寡。自朝至于日中昃，不遑暇食。”何如其为勤也？故尧之兢兢，舜之业业，禹之孜孜，汤之栗栗，文王之亦保亦临，武王之敬胜义胜，其寅畏莹彻于表里，而严恭无间于显微。是以敷之为勤民之政，则所谓劳来匡直，利用厚生，敛福建极，康阜惠养者，无所不至。故当时治化之隆冠绝古今，而卓乎不可尚矣！

我太祖高皇帝肇造区夏，成祖文皇帝缵嗣丕图，其骏烈鸿猷，固不容以殚述，而其立极垂宪之大者，实不外乎敬天勤民而已矣。如精诚之录，大祀之文，皆所以崇祀典而敬天也。因旱免租，告饥赈粟，皆所以恤隐忧而勤民也。垂亿万年贻燕之谋，以启佑后人者，猗欤！盛欤！列圣相承，授受一道。至我陛下，妙契真传，敬承先绪，益有以对扬而光大之。郊坛分配，辨正阴阳之位；钦天有记，焕发昭事之忱，其敬天也，可谓至矣。躬祈祷以重农事，蠲杂租以济民艰，发内帑以苏困穷，减贡献以节冗费，其勤民也，可谓悉矣。临御以来，二十九年于兹，敬慎夙夜，不遑宁处，盖始终如一日也。方今文熙武恬，内宁外谧，天下乐育于雍熙太和之域，而涵濡于汪涉浸润之泽者，亦既久矣。然民歌有年之颂，而水旱饥馑，或时见焉；人乐承平之休，而烟尘锋镝，或窃发焉。近者魃潦频仍，闾阎愁苦，胡骑猖獗，边陲驿骚。夫天人之应不诬，而安攘之功有自。今若此者，岂惟陛下虑之，臣亦且疑之矣。臣请根据其说而条陈之。

夫王者求端于天，而察法于地。天确然示人易也，必五行四时宣其能，而后彰保合太和之化；地隤然示人简也，必山岳河海运其功，而后著含弘光大之德。然则人君之治天下，亦至易至简也。而其致理图化，当必有共济之义，太公之制矣。臣闻天生万物，不能以自理，而命之圣人曰：天佑下民，作之君，作之师，惟其克相上帝，宠绥四方。

圣人以一身裁天下之务，不能以独理，而命之庶职曰：惟王建国，辨方正位，体国经野，设官分职，以为民极。稽古称盛治者，莫过于唐虞三代。然钦明濬哲之德，必牧岳熙载，寅亮天工，而后协和时雍之治成焉；宽仁勤俭之德，必百僚师师，俊乂旁求，而后文命覃敷，兆民允殖之治成焉。至于文武，亦必有六卿率属以总之于内，九牧分布以治之于外，而后咸和永清之治成焉。百姓用康，在庶官之惟叙；黎民敏德，由臣邻之克艰，大抵然也。且人君一身成位乎中，耳目一闻见也，手足一运用也，兆民之繁，庶务之集，非惟势不克一，而身亦已劳矣。臣未见身处其劳，而能致人于逸者也。故人君于此，亦惟执天下之大机而图之。辟之柁以运舟，括以发矢，功用神速，无难致者，固非物物而煦之也。而德泽之流，普遍而无方矣，亦非事事而察之也。而神明之用，兼举而不匮矣。盖所谓廓然大公，俨然至正，泰然行其所无事，而坐收百官众职之成功者，此尔。

臣伏读圣制曰："水旱饥荒，苗狄不靖，民生未遂，治化未孚，岂朕诚之必有未尽者？"愚以为，怀山襄陵之水，不失为治世；焦山烈石之旱，不累于明王。化足以成风动，而不免于有苗之征；德足以臻时乂，而不免于鬼方之伐。是水旱夷狄之患，何代无之？殊不足为有道累也。故昔之言者曰："天心仁爱人君，时出灾异以儆动之。"又曰："帝王不患有夷狄之侵，而患无御之之具；不贵有御之之具，而贵吾无以致夷之窥而已。"然则今日仰答仁爱之天心，曲尽备御之至计，是诚不可以不之豫也。

臣又伏读圣制曰："亦或任事之臣、亲民之吏果能仰体朕勤恤之心也欤？无乃玩愒贪残，弗念于民者欤？"大哉皇言！所谓明见万里之外，独观万化之原者也。臣请发渊衷而独论之。夫变不虚生，致寇有自。天变之来，人心之怨也。人心之怨，吏治之非也。今陛下悯念黎元，心固切矣。而所以奉行于下者，或不能精白以承休，则膏泽屯而不下究矣。外夷之侵，内备之驰也。内备之驰，将领之非也。今陛下惠养军士，政固善矣。而所以分阃于外者，类多苟且以塞责，则威严驰而不振矣。尝闻四海之利病，系于斯民之休戚；斯民之休戚，系于守令之贤否。乃今催科赋敛以效职，而无旬宣惠和之政；簿书期会以程能，而鲜亮采靖共之忠。甚者假上剥民，为国敛怨，恣意贪饕，肆行渔猎者，尤可畏也。夫守令之官，最为近民，使天下皆若人焉，则小民其有不困者几希。虽日厪陛下焦劳之思，而斯民流离辗转，阽于危亡。陛下得而见之乎？兵不能御敌，由于将非其人；将不能将兵，由于用非其道。乃今世胄纨绔之豢习，难以责其折冲御侮之勇。召募挽强之粗才，初不闻乎坚瑕张弛之方。甚者擅夺首功，扣除常给，残虐多端，朘剥无厌者，尤可畏也。夫三军之命，悬于一人，使将令皆若人焉，则边兵其有不困者几希。虽日切陛下宵旰之忧，而军士扼腕疾视，莫之控诉。陛下得而见之乎？

然则足国安民之道，弭灾御寇之方，岂必他求哉？盖闻百官修辅，则夏后之山川以宁；方叔壮猷，则宣王之武功以竞。今日民生之未遂，守令之责耳；边圉之多儆，将领之责耳。陛下知致弊之由，曷思所以救之乎？病化理之郁，曷思所以更之乎？史有之曰："今之郡守，民之师帅也。师帅不贤，则主德不宣，恩泽不流。"盖言守令之任，不可不重也。任守令之道，大约有三：精其选，严其课，久其任而已矣。必先安静悃愊之求，鉴贤愚混淆之失，重殿最核实之条，略累资积考之说。所谓秩当迁也，不移其地；禄当厚也，不移其官可也。所谓以亲民长吏，转为郡守，有绩则进爵加秩者可也。他若驭之以八统，察之以六条，叙之以三式，法固亦有可行者焉。志有之曰："将者，国之辅也。辅周则国强，辅隙则国弱。"盖言将领之令，不可不重也。任将领之道，大约有三：慎其简，重其责，假其权而已矣。必公取舍而不以爱憎加，较勇略而不以黩货进。功必录而不以贱遗，罪必诛而不以亲贷。无持细苛，而长养其投石超距之气可也。俯从宽假，而开放其鸷击虎搏之心可也。他若先之以六术，继之以五权，察之以八征，法固亦有可用者焉。

甄别黜陟之典明，则贤者劝，而不贤者亦有所畏而不敢肆；鼓舞振作之用神，则能者勉，而不能者亦知自奋以效用。由是称强项者，有砥砺名节之董宣；持风裁者，有不畏贵戚之郅都；后催科者，有劳心抚字之阳城；敦本实者，有修明礼教之卫飒，而守令得人矣。守令得人，则人遂安全饱暖之欲，而无咨嗟愁怨之声。阴阳不至于缪盭，氛气不至于充塞，人心䜣合而天休滋至，何有乎水旱饥荒之患哉？设或数有适然，灾沴时作，而吏称民安，本业以固。所谓有道之国，天不能灾，地不能厄，年谷不登，而民无菜色者，固自若矣。由是司督府者，抱良平之技，膺统驭者，负韩白之才；分阃受钺者，必李牧、魏尚其人乎；据险阻要者，必张仁愿、王承嗣其人焉，而将领得人矣。将领得人，则有摧坚制胜之具，而无奔走败衄之虞。先声以夺其志，持胜以寝其谋，闻望精神，可以潜消骄悍，何有乎凭凌侵轶之患哉？设或桀骜未驯，枭雄反覆，而养锐畜力，御备有素，所谓来则惩而御之，去则备而守之。宁我制人，可常坐而御敌矣。故曰："圣人在上，日月不薄蚀，雷发不震，雨雹不为灾。"又曰："中国有圣人，海不扬波，重三译而来朝。"臣愚何幸而得躬逢其盛耶！

虽然，臣举其要，犹有可言者焉。夫养士莫大乎学校，而今之守令，学校之所储也。必谨庠序之教，崇师儒之职，一道德以明礼义，而不以割裂装缀为能，尊经术以正习尚，而不以规绳课试为艺。如阳城之在国子，胡瑗之在乡学，则菁莪乐育之教兴，兔罝好仇之才出矣。故居则为端人正士，出则为循吏良臣，而何虑乎守令之不贤？选将莫大乎武举，而今之将领，武举之所拔也。必申饬骑射之技，兼举文字之科，深于兵法明经者，隶其事，而庸妄不之用。亲试其勇，而有谋者，待以不次之位，而章句不之取。不率教者，不得举于乡；不有实学者，不得举于司马，则仁义忠信之道明，奇正机权之略谙矣。故无事则为帷幄赞画之臣，有事则为干城腹心之将，而何虑乎将帅之不贤？

虽然，臣究其本，犹有可言者焉。孔子曰："为政在人，言安民之本于知人也。取人以身，言知人之本于自治也。知人之哲尽，则安民之惠行；纯心之本端，斯用贤之道得。"此古今不易之定论也。况乎人君以一人之闻见，而欲尽天下之贤才，力既不能，日亦不给。是故议道自己以守至正，恭己南面，建其有极。夫然后明目达聪，广四方之视听；鉴空衡平，定百职之妍媸。孰有能遁其情者哉？于是乎人必称官，官必称职，大小臣工，罔不淬砺笃忠，修明职守，政治彰，教化洽，而海内晏然矣。董子所谓"正心以正朝廷，正朝廷以正百官"，正谓此也。仰惟陛下，主一持心，无逸示训。敦操存涵养之功，懋时敏日新之学。所以正其心者，已无不尽者矣。则夫取人以身之则，纯心用贤之本，臣复何言哉？

抑臣闻之《书》曰："慎厥终，惟其始。"盖言锐于始者，未必继于终，而胜于暂者，或不持于久。是故四时代运，而不息其机；日月贞明，而不改其度；王者法天以行健，而不改其功。纯亦而不已，圣学之所以光明也；夙夜而不怠，基命之所以宥密也。今陛下斋栗对越之心勿懈须臾，恻怛慈惠之念无少瑕翳，固矣。然理欲危微之辨，间不容发；操舍出入之防，实则无时。是故作之以忧勤矣，而或乘之以因循；出之以诚笃矣，而或胜之以仪文。防微杜渐之戒，省察克治之功，少有弗至，窃恐虚灵之体必将窒而不达，裁制之用亦有发而不当者矣。臣愿陛下始终惟一，而不杂于二三；自强不息，而无有乎间断。防闲于莫见莫显之际，致谨于不言不动之时。端庄静一，凝其真也；明通公溥，植其本也；慎密缉熙，联其间也；长永贞固，恒其德也。根柢于一心，而设施于庶务；卷之于退藏之密，而达之于酬酢之神。诚由此立，智由此出，化由此弘，机由此运。以此事天，则恐惧不驰；以此治民，则曲成不遗；以此任贤，则有克知灼见之明；以此立政，则妙裁成经纬之用。行于朝廷，而群工率职矣；布于邦国，而百姓乐业矣；洋溢于蛮貊，而四夷来王矣；充塞于穹壤，而万物蕃育矣。三光凝，七政齐，诸福骈集，百嘉畅遂，天德孚而王道终矣。此端本澄源之道，圣修功化之极，实臣愚所惓惓恳望于今日者也。陛下不弃刍荛，留神省览，天下幸甚！愚臣幸甚！

干冒天威，不胜战栗陨越之至。臣谨对。

（明）张朝瑞《皇明贡举考》卷七 （嘉靖二十九年）三月十五日，临策天下贡士。制曰：……

（时廷对之士三百二十人，赐唐汝楫等进士及第出身有差。汝楫官至春坊谕德。……）

第一甲三名赐进士及第：唐汝楫，浙江兰溪县。……

（明）王世贞《弇山堂别集》卷八十三・科试考三 （嘉靖）二十九年庚戌，命礼部尚书、文渊阁大学士张治，吏部左侍郎、翰林院学士欧阳德为考试官，取中傅夏器等。廷试，赐唐汝楫、姜金和、吕调阳及第。时以汝楫与首相有连，故得第云。

（明）张弘道、张凝道《皇明三元考》卷十一・嘉靖二十九年庚戌科大魁 状元唐汝楫（浙江兰溪人。字思济，号小渔。治《易》。年三十七。己酉举人。会试十名。仕至春坊谕德。闲住，后以从龙旧臣加太常寺少卿。致仕。

曾祖贤，推官。父龙，正德戊辰进士，太子太保、吏部尚书、谥文襄。弟汝舟，举人）。

（清）沈翼机等《浙江通志》卷一百三十二・选举十・明・进士・嘉靖二十九年庚

戌科唐汝楫榜 唐汝楫（兰溪人。状元。太常寺卿。）

（清）张廷玉等《明史》卷十八·本纪第十八·世宗二 （嘉靖）二十九年春三月壬午，赐唐汝楫等进士及第出身有差。

仕　　宦

（明）王世贞《弇山堂别集》卷十·皇明异典述五·文臣从龙迁秩 闲住右谕德唐汝楫升太常寺少卿，致仕。

又，卷十二·皇明异典述七·致仕后加官 隆庆初，闲住右谕德唐汝楫以宫臣加太常少卿。俱仍致仕。

著　　作

（清）曹仁虎等《钦定续通志》卷一百六十二·艺文略·文类第十二上·别集·明 《小渔遗稿》十二卷（明唐汝楫撰）。

（清）纪昀等《钦定四库全书总目》卷一百七十八·集部三十一·别集类存目五·《小渔遗稿》十二卷（浙江巡抚采进本） 明唐汝楫撰。汝楫，字思济，兰溪人。吏部尚书龙之子。龙号渔石，故汝楫自号小渔。嘉靖庚戌进士第一。官至左春坊左谕德。事迹附见《明史·龙传》。史称龙与严嵩相善，汝楫又以素附嵩得第一人及第，后坐嵩党夺官，则其人不足重，其文章亦不为世所称。是集为万历乙卯兰溪知县庄起元所编，皆应俗之文。起元称其著作甚夥，散佚不传，仅从其孙宗本、曾孙明照索得残稿，就而编次云。

（清）曹仁虎等《钦定续文献通考》卷一百九十三·经籍考·集（别集五）**·明** 唐汝楫《小渔遗稿》十二卷。汝楫，字思济，兰溪人。吏部尚书龙之子。嘉靖庚戌进士第一，官至左春坊左谕德。

评　　论

（明）徐应亨《唐小渔先生集序》 国家文运与三代同风。当弘正间，李献吉以高才崛起北地，何氏代兴，海内翕然一变，然皆散地庶僚，不列于词林制诰之任。其以对策甲天下，入翰苑为当路所引重者，无若康德涵、杨用修两公，而杨特著。杨故宰相子，以博学饶著述世其家，论者至比之近代子云，可谓不负科名者矣。

余邑唐小渔先生早承家学于先冢宰文襄公，少即攻古文辞。嘉靖己酉，以胄监中顺天乡试。明年，入对大廷，擢进士第一，累官春宫、谕德，以太常卿老于家。先生为人温厚有酝藉，生平无疾言遽色，朝士咸服其雅量。孝友恭让，望而知为长者。文章尔雅，不诡于六籍。其端肃详缓，若正衣冠，衹谒宗庙。其谨严整密，若击刀斗，部□行阵。其广博浩瀚，若瞻泰华，俯河济，积气磐礴，绵亘千里，而培塿潢潦，忽□如□，斯亦宇内之巨观已。读先生集，仿佛其行事，视后世镌刻凉薄，自命作者不大径迟哉？先生当在承华，有默安储贰之功，讲筵入直，上简圣心，惜为当路所扼，徒偃仰白云三洞间，竟不及大用以死。然余读其《上高新郑论相度》一书，可想见其休休之量已。先生尝柬诸南明太史云："何、李为词垣之杰，而未尝直承明之庐；康、杨占鼎甲之雄，而不得与补衮之储。独吾南明兼得之。"斯语也，即先生奚□□。嗟嗟！自古富贵而名湮没者，何可胜数？即如吾婺以制科擢第一者，何限其砥行立言？有文集传于代者，仅宋陈同甫一人耳。先生兹刻与《龙川集》后先相映，固知不朽在此不在彼也。余生也晚，不获抠衣捧席，会其孙端甫太学重刻遗编，以序见属，遂援笔书其后，以识向往之私。若夫世系剔历及行己之大方，详见别传。

时万历乙卯夏日，里后学徐应亨顿首撰。

（录自［明］唐汝楫《小渔先生遗稿》卷首）

杂　录

（清）张廷玉等《明史》卷二百二·列传第九十·唐龙　唐龙，字虞佐，兰溪人。受业于同县章懋，登正德三年进士。除郯城知县。御大盗刘六，数败之，加俸二等。

父丧，服除，征授御史，出按云南。钱宁义父参将卢和坐罪当死，宁为奏辩，下镇抚覆勘。会遣官录囚，受宁属欲出和，为龙所持，卒正其罪。土官凤朝明坐罪死，革世职。宁令滇人为保举，而矫旨许之。龙抗疏争，寝其事。再按江西，疏趣张忠、许泰班师。三司官从宸濠叛者犹居位，龙召数之曰："胁从罔治，谓凡民耳。若辈读书食禄，何腼颜乃尔。"立收其印绶。擢陕西提学副使，迁山西按察使，召为太仆卿。

嘉靖七年，改右佥都御史，总督漕运，兼巡抚凤阳诸府。奏罢淮西官马种牛，罢寿州正阳关榷税，通、泰二州虚田租及漕卒船料，民甚德之。召拜左副都御史，历吏部左、右侍郎。

十一年，陕西大饥。吉囊拥众临边，延绥告警。诏进龙兵部尚书，总制三边军务，兼理振济，赍帑金三十万以行。龙奏行救荒十四事。时吉囊居套中，西抵贺兰山，限以黄河不得渡，用牛皮为浑脱，渡入山后。俺答亦自丰州入套为患。龙用总兵官王效、梁震，数败敌，屡被奖赉。

召为刑部尚书。大猾刘东山构陷建昌侯张延龄，兴大狱。延龄，昭圣皇太后母弟，帝所恶也。吏坐狱不穷竟去者数十人，龙独执正东山罪。“大礼”大狱及诸建言获罪者，廷臣屡请宽，不能得。会九庙成，覃恩，龙录上充军应赦者百四十人，率得宥，所不原惟丰熙、杨慎、王元正、马录、吕经、冯恩、刘济、邵经邦而已。考尚书六年满，加太子少保。以母老乞归侍养。久之，用荐起南京刑部尚书，就改吏部。兵部尚书戴金罢，召龙代之。太庙成，加太子太保。

寻代熊浃为吏部尚书。龙有才，居官著劳绩。及为吏部，每事咨僚佐。年老多疾，辄为所欺。御史陈九德劾前选郎高简罔上行私，并论龙衰暮，乃下简诏狱。龙引疾，未报。吏科杨上林、徐良辅复论简。诏杖简六十，遣戍。上林、良辅以不早言罢职，龙黜为民。龙已有疾，舆出国门卒。

后数年，子修撰汝楫疏辩。诏复官，赠少保，谥文襄。龙故与严嵩善。龙之罢，实夏言主之。而汝楫素附嵩，得第一人及第。官至左谕德。后坐嵩党夺官。

嘉靖三十二年（1553）癸丑科状元陈谨

传　　记

（明）徐阶《世经堂集》卷十八·墓志铭四·明故右春坊右中允兼翰林院编修陈君谨墓志铭　呜呼！此予癸丑所举士右春坊右中允兼翰林院编修陈君之墓也。国家以文章取士，往往因言以得人，而迩年士所为文，率怪诞浮靡，丰肉而少骨。君独温厚平实，间指言时事，不激不阿。予遍语同考曰："兹其所谓有德者之言欤？"及撤棘，君来见，拜起跪揖不拘拘为恭敬，而规矩绳尺无一不合。逾月，对大廷，天子亲擢以为第一，君又来见，坦坦翼翼如前时，予心语曰："兹有德者之容欤。"留与之语，其于天理人欲、君子小人之际，辨之甚晰，持之甚坚，而退然若无能者已。又察其所为，自朝谒后，日闭门读书，不轻与人接，尤不轻有所取予，予益重之曰："君真可谓有德矣。"天子以是人储之翰林，他日讲筵纶阁，当必大有所补益，非独文为国华已也。后三年，天子降节册遣使封诸藩，君入拜命后期，柄臣素恶君慢己，遂出为惠州推官，予意君必愠。君顾深自咎，无几微不平见于颜面，亦无憔悴可怜之色。又以予尝推延平，数过予问所以理刑之要，至闻小民为吏侮法所苦，辄蹙然若身受之。予于是又叹曰："君之德滋益厚矣。"夫德厚者其所享必裕，虽出，当复还，抑天将使习民事以全其才而大授之耶？明年，予力荐于铨部，改南京太仆寺丞，改尚宝司丞。又三年，转南京国子司业。甲子，考绩入都，予时滥秉政，因请留为中允，管诰敕，予以为昔所望于君者行且副矣。逾年，丁其父修撰君忧。明年，得疾卒，告者屡至，予终不肯信。最后，洗马林君恒贞涕泣为予言之，予始哭曰："嗟乎！朝廷失一士矣。"凡予所望者既不可副，而天亦于是乎不可知矣。方为文祭君，而君之弟诰与其子以编修张君子维状，乞予铭墓中之石。予不忍闻，恒贞复谓予曰："德言待此以瞑目。"予乃为之铭，冀以慰君而塞予悲焉。然予每中夜屈指天下士可为朝廷用者必及君，盖予望之素深，每忘其死如此。呜呼！予之悲其殆非铭所能塞也夫！

君讳谨，字德言，别号环江，世为福州之闽县人。曾祖志。祖琛，寿官。父伯亮，以君贵封翰林修撰。母卓氏。元配石氏，继邓氏，赠封皆安人。子一，应虞。女二：长适龚某，石出；次许嫁林某，邓出。君生嘉靖乙酉闰十二月十二日，卒丙寅三月十日，年仅四十二。以丁卯某月某日葬□□山之原。君在翰林，同考会试者再，得士甚多。其他善行亦多可纪，予独谶其悲君者，故不及备书，然有子维状事核而语文，亦足以传矣。铭曰：

力而升之兮，孰抑而卑之。曲而进之兮，孰拒而睽之。望而不果副兮，姑铭之以塞吾悲。呜呼！悲可塞兮不可塞兮，重为君临文以嗟咨。其将奈何兮，天实为之。

（又见［明］焦竑《国朝献征录》卷十九）

（明）张四维《条麓堂集》卷三十·行状·右春坊右中允兼翰林院编修环江陈公行状（存目）

（明）陈鎏《皇明历科状元录》卷四·嘉靖三十二年癸丑状元陈谨　（存目）

（明）顾祖训原编、（明）吴承恩增补、（清）陈枚续补《状元图考》卷三·状元陈谨　嘉靖三十二年癸丑，廷试曹大章等四百三人，擢陈谨第一。

按，陈谨，字德言，号环江，福建闽县人。少以信义重于乡，连擢春闱，进对大廷，其文庄重典则，得告君之体，擢第一。

《状元录》：乡试初场之日，西角席舍五色云起，时谓必奇士。既揭晓，中式士谒监临御史曾佩，佩曰："今早榜出，少假寐，见龚公用卿来访，诸士必有继龚而出者矣。"谨尝梦莲花二朵甚大，自空中而坠于庭，有仙童女随莲花而下，谓谨曰："何不登莲花之上？"如其言，莲花冉冉而升，渐入云端，心甚恐。俄有神人持金冠绯袍与之服，岂非连科大魁之兆乎？

（清）鲁曾煜等《广东通志》卷四十·名宦志省总·各府·惠州府　陈谨，闽县人。嘉靖中大魁天下。以修撰谪惠州推官。夙有才名，多士快睹之。为人温恭和易，晋接不倦，箧中藏书尽出以示诸生，造门请业者无虚日。其折狱不以明察自多，而哀矜平恕，克称厥职云。

（清）谢道承等《福建通志》卷四十三·人物一·福州府·明　陈谨（字德言，闽县人。嘉靖癸丑廷对第一人，授修撰。为文温厚平实，指言时事不激不阿。徐文贞阶为考官，深器之，察其所为，自朝谒外，闭户读书，不轻交接妄取与，益重之。被命册封藩府，以拜命后期，出为惠州推官，改南京太仆丞，寻改为尚宝丞，转南京国子司业，迁中允。逾年，丁父艰归，会家人与营卒相殴，谨出解之，要经在身，无威仪，为乱梃所伤，卧病月余卒。给事中岑用宾劾闽抚汪道昆威令不行于士卒，白昼大都贼虐近臣，宜罢道昆，治骄卒，以正法纪。疏入有旨罢道昆，令巡抚陈万言捕首恶把总曹一麟等，一麟乘间亡去，事遂寝。所著有《内制集诗文稿》，藏于家）。

（清）李清馥《闽中理学渊源考》卷四十六·中允陈德言先生谨 陈谨，字德言，闽县人。为文温厚平实，指言时事不激不阿。徐文贞阶为考官，深器之。嘉靖三十二年，廷对，世宗亲擢第一，授翰林修撰。文贞留与语，见其于天理人欲、君子小人之际，辩之晰而持甚坚。已，察其所为，自朝谒外，闭门读书，不轻交接妄取与，益重之。后三年，遣使册封藩府，以拜命后期，出为惠州推官。居一年，改南京太仆寺丞，寻改尚宝寺丞，又三年，转南京国子司业，考绩入都，留为中允。逾年丁父忧，守制家居。谨夙有才名，又温润醇雅，晋接不倦，士人快睹乐从，造门请业殆无虚晷。居一载，会其家人与兵卒相殴，谨出解之，要绖在身，无威仪，遂为乱梃所伤，卧病月余，卒。事闻京师，给事中岑用宾劾闽抚汪道昆威令不行，于士卒养成桀悍之气，白昼大都贼虐近臣，恬不为怪，宜亟罢道昆，然后按治诸骄卒，以正法纪。疏入，上罢道昆回籍听调，令巡按御史陈万言捕首恶把总曹一麒等。万言以属监军副使金淛，淛恐生变，白万言待一麒护客兵归日捕之，一麒等乘间亡去。万言以闻，淛坐夺俸一月。盖嘉靖之季，闽寇甫定，客兵骄悍，法纪玩愒矣。所著有《内制集诗文稿》，藏于家。子一愚。（《闽书通志》）

科　第

（一）乡试

（清）谢道承等《福建通志》卷三十八·选举六·明举人·嘉靖三十一年（壬子）**黄星耀榜**（闽县）陈谨（癸丑进士第一人）。

（二）会试、殿试

（明）徐阶《世经堂集》卷十三·序三·会试录序 嘉靖三十二年，复当会试天下士，礼部尚书臣德、右侍郎臣如霖以闻。于时，左侍郎臣升遣祀承天未还，而臣如霖有二王之婚礼。乃正月乙巳，诏以吏部左侍郎臣文德知贡举。二月癸丑，诏臣暨学士臣铣司校文。惟皇上取贤敛才，与图治理，每三岁一开科，作兴修饬，视庶政特重，若兹举也。臣自上左右，臣文德自铨曹以从事于场屋，德意所向，重益有加矣。臣谫薄不足称任使，独念人臣之义，莫大乎以人事君。臣幸受知圣明眷遇拔擢，恩同天地，身无能为报。如竭其心力得士焉，可以备他日亮工熙载之用，庶几仰酬洪造于万一，遂不敢逊避，而以甲寅偕臣铣、臣文德同考试官修撰臣元立，编修臣份、臣景淳、臣春、臣思、臣谦、臣镗孙、臣居正、臣杰，检讨臣世芳、臣㠑、臣大韶，都给事中臣良翰，左给事中臣思静、臣登之，郎中臣载鸣、臣应魁，主事臣锵，监试官御史臣南金、臣炳然及诸执事，陛辞入院，越丙辰、己未、壬戌，合士之前后贡于有司者四千四百有奇，如故事三试之。癸酉，遵圣断取四百人梓其姓名与具文二十篇汇为兹录，将以甲戌之旦献诸阙下。始臣在馆局，尝购往时所谓举业之文观之，大抵宣德以前，其词简而质；弘治以前，其词雅而畅；至正德间，其词蔚以昌矣。然厌弃师说，而流于诡僻，骛于怪奇者亦间有之。乃今阅多士所为文，率能发抒所自得，而实未尝违背经传，及逸而出于绳墨。盖我皇上继天立极，道隆君师，《敬一》之箴，《五箴》之注，士相与讲诵，服习已非一时，久道化成，理固然也。臣自甲子迄于辛未，屡为之抚卷嘉叹，以为人才之盛如此，凡亮工熙载之用，皆将于是乎取之而不穷，窃深自庆焉。既而思曰："多士之烂然在臣目者，文也。其亮工熙载，卓然著于用世者，行与业也。自进士之科立，士岂无声实相副如唐宋璟、张九龄、裴度、陆贽，宋李沆、王旦、韩琦、范仲淹、司马光、欧阳修诸人者乎？抑岂无静言庸违，文有可观而人无足称者乎？"使多士能为文以行业著于用世，臣则可自庆矣。不然，是臣欲藉以报主，不可得也。于是又窃有深惧焉。谨因录成，恭述德意，而并及臣将命之心以示多士。《书》有之："万邦黎献，共惟帝臣。"夫圣人在上，固黎献所愿出而有为之时也。矧夫豫教素养于学校，而又设科以求之，若是其重者耶。多士有感于旷世之遭，作人之泽，则夫交相戒勗，以期光赞圣治，而因以释主司之惧者，殆弗容已矣。臣不佞方日望之。

（明）张朝瑞《皇明贡举考》卷七　（嘉靖三十二年）三月十五日，临策天下贡士。制曰：朕闻后克艰厥后，臣克艰厥臣者，是上下之职，均有甚不易之理。昏才之主，亦多此之上者，曷自不勉诸耶？朕承皇考、皇妣近泽所钟，丕荷上天明命，简畀后职，勉法祖宗，敬天爱民，由胞及与，未尝敢忽。何为臣者无克艰之思，每怀欺于谤，甚至勾沙漠以为骨肉，但逞劫主之逆，不顾胞与之害？此其至大者，他皆可例焉。君逸臣劳，都能言诸口，心身力行甚少。先行其言之圣训，视作空言矣。尔多士身未居于位，而心志正在明白地，闻见久矣。必有不□□论，宜直列于篇以对。

（时廷对之士四百三人，赐陈谨等进士及第出身有差。谨官至春坊中允卒。……）

第一甲三名赐进士及第：陈谨，福建闽县。

（明）王世贞《弇山堂别集》卷八十三·科试考三　（嘉靖）三十二年癸丑，命少保、太子太保、礼部尚书、东阁大学士徐阶，翰林院侍讲学士敖铣为考试官，取中曹大章等。廷试，赐陈谨、曹大章、温应禄及第。

（明）张弘道、张凝道《皇明三元考》卷十一·嘉靖三十二年癸丑科大魁　状元陈谨（福建闽县人。字德言，号环江。治《诗》。年二十九。壬子举人。会试第二十四名。官修撰之明年以公误谪推官，累中允。丁忧归，卒。谨内明外和，自持谦抑，见者莫不敬而爱之。为文温润醇雅，有《内制集》及《国子讲章》，诗文稿藏于家）。

（清）谢道承等《福建通志》卷三十六·选举四·明进士·嘉靖三十二年（癸丑）

陈谨榜　闽县陈谨（第一人。传见《人物》）。

（清）张廷玉等《明史》卷十八·本纪第十八·世宗二　（嘉靖三十二年春三月）甲午，赐陈谨等进士及第出身有差。

仕　宦

（清）鲁曾煜等《广东通志》卷二十七·职官志二·明·推官·惠州府推官　陈谨（福建闽县人。进士。嘉靖状元）。

著　作

（清）黄虞稷《千顷堂书目》卷二十四·别集类·嘉靖癸丑科（三十二年）　陈谨《环江遗稿》一卷（闽县人。一甲第一人。右春坊，右中允）。

（清）谢道承等《福建通志》卷六十八·艺文一·福州府·明　陈谨《内制集诗文稿》。

评　论

（清）郑方坤《全闽诗话》卷七·陈谨·明　嘉靖癸丑状元陈谨，号环江，授翰林修撰，左迁惠州府推官，终右春坊，右中允，早卒。所著诗文稿轶，弗传。天启丙寅夏日，偶翻旧帙，得先生手书诗一纸贻先大令者。先大令与先生契厚。蠹蚀之余，字迹尚可辨，恐日久湮灭，谨识于后。

《赠林心泉纪绩大罗云》："南滇波静阵云微，暂假行旌阅战围。杀气随风傍戍戟，霜威凝雾护戎衣。鲸鲵忽报吴江尽，狐兔今看越岭稀。投笔勋名成指顾，燕然莫数羽书飞。""幕府军声动太微，笑谈尊俎破重围。功劳细纪新编简，汗血环污旧铁衣。怪洞妖氛须尽扫，穷山水火未全稀。沈冤惟仗留冰鉴，霜节争传雨露飞。"

《同林心泉宪伯赴苍梧舟行即事》："岭海投荒赋式微，得从仙侣解愁围。舟经水寺闻僧磬，帘放溪风上客衣。对奕坐忘春雨湿，论文闲望暮云稀。酒阑未尽相思话，两地征帆共晚飞。""天涯景物转霏微，多病应宽旧带围。按剑知谁怜夜璧，弹冠空自愧宫衣。烟深野圃花容老，日暗郊原树影稀。独羡嘤鸣枝上鸟，不因春去更分飞。"

《题小金山控海楼次毛东塘韵》："为爱层楼高控海，少维征棹步苔坡。虚窗隔水尘难到，芳草傍花景自多。雨过不妨游屐兴，风清应送扣舷歌。回瞻苏老台前像，涕泪春添两岸波。”“粤南蜃气嘘沧海，远结楼台驾水坡。昼静檐飞红雨乱，日迟幔卷白云多。孤峰突起潮头幛，好鸟长调树杪歌。凭几凝眸天地阔，不知人世有风波。”

《登罗浮山》：“悠悠归棹度东洲，独上罗浮作胜游。征旆晓飞千嶂露，振衣凉动一山秋。蓬莱积翠侵禅阁，锦绣生花映石楼。借问仙踪何处觅，采芝遥指白云头。”

《青霞洞新创明觉楼登眺》：“洞门萝薜锁青霞，楼阁新看近筑沙。谪吏远寻苏老迹，探奇应访葛仙家。药槽丹灶留真胜，晴日和风为我赊。如意好峰俱著眼，仰天长啸兴无涯。”

《游天华宫值雨》：“天华佳胜近如何？乘兴登攀载酒过。古帝宫前空蔓草，诸贤祠里已新萝。鹤鸣清汉传风远，龙起澄潭带雨多。四望双流悬绝涧，满前郊野借余波。”（《笔精》）

杂　录

（清）谢道承等《福建通志》卷六十二·古迹·福州府·宅墓（附）**·明**　中允陈谨墓（在洞山）。

嘉靖三十五年（1556）丙辰科状元诸大绶

传　　记

（明）张元忭《吏部右侍郎兼翰林院侍读学士赠礼部尚书山阴诸公大绶行状》　今上改元万历癸酉之春正月十有三日，吏部右侍郎兼侍读学士诸公卒于京邸。讣闻，上念公讲读劳，赠礼部尚书，赐祭葬有加。

按，诸氏实越大夫诸稽郢后，世家山阴。当宋时有所避，改姓诸葛。其后有某某者，累世以儒显，复姓诸氏。又数传为明庵公，公大父也。明庵公三子：长双潭公宗辅，配陈氏；次宗弼；又次国太公宗教，配金氏。公盖双潭公仲子，为国太公后。两公及明庵公皆以公贵，累赠通议大夫、吏部右侍郎兼侍读学士，配并封，且赠淑人。公之始诞也，陈淑人梦有凤自天投于怀。已而，岐颖绝群。甫髫，日诵千余言，目不再过。十岁，善属文，比部郎八山钱公，越巨儒也，见而奇之，乃言于兄，以女女公，是为钱安人。阅四岁，随双潭公官祁门，祁门令又见而奇之，语人曰："此非东南竹箭邪?"居三岁，返越补郡诸生，文学日益邃，时辈畏之。又明年癸卯，领乡荐。及御史舒公数睨之，问："年几何?"曰："二十有一。"舒顾诸僚曰："是子凝采不凡，异时有闻馆阁光兹榜者，必其人也。"人至今服其雅鉴。然自甲辰历癸丑凡四上春官，辄不第，归。归则杜门，茹涵今古，益以淹贯，其自律若处子，未尝逐队登公庭有所托。双潭以丁未违养，公归自北，号踊几绝，执丧逾制。乙卯，又北上，宿清源逆旅，梦天帝并肃皇帝坐而语指公为才贤，畀以印剑。明年丙辰，举会试第二，廷试第一人。传胪日，越卧龙山鸣，声闻数里。人谓地灵响应，视曩时名至卿云见，盖同符云。时家人以公既贵显，置袴欲以纨，公遽斥曰："袴宜以纨耶?吾行将菲粝以终身，安用此?"每慕王文正"不在温饱"句，因镌之石章随。授翰林院修撰，亟迎二淑人于邸，日奉旨甘侍膳寝。

己未春，充会试同考试官，既陛辞，则归拜二淑人，而后入且曰："儿所藉手以报国恩万一，在兹役也。敢不努力!"已入院，则又焚香吁天曰："夫录士必□耳，文岂能尽得士哉。唯神明默相予，令一二真才入彀中，用充国家任使，则神之贶也。"后凡公所录士，率多表见者。旧制，凡为人后者封不及本生，公痛之。是夏秩满，乃日夜草奏祈貤封诰，甚恳恻，肃皇帝嘉其孝，特允之。于是，在廷诸臣凡若此者相庆，以为此殊典自诸太史始。嗣后，公为学士，为侍郎，两值覃恩，皆得并及所生如公官。庚申春，乞假归，陈淑人仓卒卒，于途哀毁，执丧一如丧双潭公。时居家益事韬敛，谢请托。至阐一郡利弊，则毅然任之，不惜齿颊如。辛酉夏，台卒乏饷以万计，督府檄吾郡假输甚急，公为言于当路，往复者再三，事竟寝，它率类此。壬戌，服除，赴阙补原官。前所称旧制为人后者不得兼封本生，亦未有兼服本生者，公顾服陈淑人丧，衰绖疏水者三年，逾假，期且两阅岁而后出。当事者哀公情，为疏于朝，凡后于人者，皆得服其本生，著为令。在廷诸臣凡若此者又举相庆，以为此殊典，自诸太史始。癸亥夏，有诏偕阁臣纂修《承天大志》。甲子春，校录《永乐大典》。乙丑会试，再充同考试官，其祈天一如。己未夏，公所居祖第灾，报至，无所问第，曰："是祝融之儆予也夫。"丙寅春，《承天大志》成，赐银币、宝钞。

丁卯春，肃皇帝崩，庄皇帝嗣位，始以恩得封本阶及钱安人。无何，偕史臣纂修《肃皇帝实录》，兼管理文阶诰敕。夏，《永乐大典》成，升左春坊左谕德兼侍读，仍升俸一级。□皇帝御讲，充经筵日讲官，赐银币。追讲，加赐金绯贮罗纱各一及宝钞。公在讲筵，凡五历寒暑，每进讲必先一夕斋戒，积精凝思，期以至诚悟主上，而丰姿修伟，步止雍肃，吐音朗朗，帝每竦意听之。所著《经史讲义》，凡涉理乱几微，必剀切详尽，言人所不敢言。一日，讲《尚书》，至"有言逆于汝心，必求诸道。有言逊于汝心，必求诸非道"，反复开谕，谆谆以纳忠鲠、屏谀佞为言，帝为肃然改容。它日讲《论语》至"朝闻道"章，同列难之，公独从容启发，不为讳沮。一日，寺臣侍经帏者某，忽痫发哮嗽籁豕视，满廷尽愕，公讲迪如故，若不见闻。及出，大学士徐公、李公相顾言曰："诸君真讲官，非大有养者，曷至是?"冬，升侍读学士，掌院事，充纂修《玉牒》总裁官。戊辰春，从庄皇帝谒长陵，赐金绯罗服，仍充会试武举考试官。冬从庄皇帝郊，赐金绯贮表里一。己巳秋，大阅随驾，赐绯罗服。庚午夏，升礼部右侍郎兼管日讲如故，仍充《肃皇帝实录》副总裁。辛未春，庄皇帝亲策礼部所举士于廷，充提调官，赐钞。时两册宫妃，咸预典礼，赐银币者再。会今上方冠，廷议冠礼，中贵多乐简便，公正色诤之，多所条改。长陵竣工，赐银彩。

庄皇帝崩，公自以始终。庄皇帝世，无一日不在侍从，沐宠遇殊它班，每一哭临，至失声，而大丧礼仪又当其剧，以是形神交惫，病遂作矣。六月，有诏驰天寿山视大峪陵，赐银币。时暑甚，人马有喘而毙者，公独上下卑峻，不少避，竟触热败脾。及归命，即卧榻，艰起。七月，改吏部右侍郎兼官如故。即越月，病小愈，始一赴公座，而庄皇帝寻即幽宫，又扶疾徒跣行二十余里，哭送于郊。自是，病益甚，涉秋迫季冬，始得请归田，乃竟不起。呜呼悲哉！

（录自［明］焦竑《国朝献征录》卷二十六）

（明）陈鎏《皇明历科状元录》卷四·嘉靖三十五年丙辰状元诸大绶 廷对之士金达等二百九十六人，擢诸大绶第一。

诸大绶，字端甫，号南明，绍兴山阴人。年二十一登浙省亚魁，时义流播，脍炙人口。春试屡挫，益加精研。凡《易》经难题，遇其作，必缜密敷畅，士林宗之。丙辰登礼闱第二，入对大廷，擢第一。年三十四，人无信之者，因其名传已久，谓必年且长矣。授修撰。己未，同考会试。

大绶厚自待，不屈下于人。尝以公礼谒有司之长，有司以举人忽之，归大愤，益折节读书，每以此自警，其有志如此，明年遂大魁。廷试第二人会稽陶大临与大绶同居郡城，二家内人为姻戚，联舟同北上，途中知者荣之。

初大绶乃兄大□梦至某所，见大坟一区，须臾坟裂，一朱红棺露焉。须臾衣冠佩玉者自棺中出，揖其兄，使入，其兄难之，忽大绶至，与冠裳者抗，以其背抵冠裳者之背，使复入。不解所以。既而侍闻天卿渊，言此梦，闻曰："此地惟吾知之，乃宋状元山阴王佐所葬也。大绶君其状元乎？其背相抵，前辈后辈之谓也。"果如所言。

（明）凌迪知《万姓统谱》卷八　诸大绶（字端甫，山阴人。嘉靖丙辰进士第一。累官吏部侍郎兼学士，赠尚书）。

（明）顾祖训原编、（明）吴承恩增补、（清）陈枚续补《状元图考》卷三·状元诸大绶　嘉靖三十五年丙辰，廷试金达等二百九十六人，擢诸大绶第一。

按，诸大绶，字端甫，号南明，浙江山阴人。年二十一，登浙省亚魁，时义流播，脍炙人口。春试屡挫，益加精研。丙辰，登礼闱第二，入对擢第一，年三十四，人无信之者，因其名传已久，谓必年且长矣。

《状元录》：初，大绶乃兄大纲梦见大坟一区，须臾坟裂，一硃红棺露焉。须臾，衣冠佩玉者自棺中出，揖其兄，使入，其兄难之，忽大绶至，与冠裳者抗，以其背抵冠裳者之背，使复入。不解所以。既而侍闻天卿渊，言此梦，闻曰："此地惟吾知之，乃宋状元山阴王佐所葬也。君其状元乎？其背相抵，前辈后辈之谓也。"果如所言。

（明）朱赓《朱文懿公文集》卷六·诸文懿公传　（存目）

（明）过庭训《明分省人物考》卷五十一·浙江绍兴府三·诸大绶　诸大绶，山阴人。其始诞也，母梦有凤自天投于怀。已而，岐颖绝群。甫髫，日诵千余言，目不再过。十岁，善属文，比部郎八山钱公，越钜儒也，见而奇之，乃言于兄，以女女焉。阅四岁，随双潭公官祁门，祁门令又见而奇之，语人曰："此非东南竹箭邪？"居三岁，返越补郡诸生，文学日益邃，时辈畏之。又明年癸卯，领乡荐。及御史舒公数睨之，问："年几何？"曰："二十有一。"舒顾诸僚曰："是子凝采不凡，异时有文馆阁光兹榜者，必其人也。"自甲辰历癸丑凡四上春官，辄不第，归。归则杜门，茹涵今古，自律若处子，未尝逐队登公庭有所托。乙卯，北上，宿清源逆旅，梦天帝并肃皇帝坐而语指公为才贤，畀以印剑。明年丙辰，举会试第二，廷试第一人。时家人以公既贵显，制袴欲以纨，厉声斥曰：“袴宜以纨耶？吾行将菲粝以终身，安用此？”每慕王文正“不在温饱”句，因镌之石章随。授翰林院修撰，亟迎母于邸，日奉旨甘侍膳寝。

己未春，充会试同考官，所录多名士。旧制，凡为人后者封不及本生，绶痛之。是夏秩满，乃日夜草奏祈貤封词，甚恳恻，肃皇帝嘉其孝，特允之。于是，在廷诸臣凡若此者相庆，以为此殊典自诸太史始。嗣后，为学士，为侍郎，两值覃恩，皆得并及所生。自此，凡后于人者皆得服其本生，著为令。在讲筵，凡五历寒暑，每进讲必先一夕斋戒，积精凝思，期以至诚悟主上，而丰姿修伟，步止雍肃，吐音朗朗，帝每竦意听之。所著《经史讲义》，凡涉理乱几微，必剀切详尽，言人所不敢言。一日，讲《尚书》，至“有言逆于汝心，必求诸道。有言逊于汝心，必求诸非道”，反复开谕，谆谆以纳忠鲠、屏谀佞为言，帝为肃然改容。他日讲《论语》至“朝闻道”章，同列难之，公独从容起发，不为讳沮。一日，寺臣侍经帏者某，忽痫发哮噉豕视，满廷尽愕，绶讲迪如故，若不见闻。及出，大学士徐公、李公相顾言曰：“诸君真讲官，非大有养者，曷至是？”适奉诏驰天寿山视大峪陵，赐银币。时暑甚，人马有喘而毙者，独上下卑峻，不少避，竟触热败脾。请告归，不逾时卒。

科　　第

（一）乡试

（清）沈翼机等《浙江通志》卷一百三十八·选举十六·明·举人·嘉靖二十二年癸卯科　诸大绶（山阴人。丙辰会魁，状元）。

（二）会试、殿试

丙辰科（嘉靖三十五年）**状元策**　（存目。参见［明］焦竑辑，［清］胡任兴增辑《历科廷试状元策》卷四）

（明）张朝瑞《皇明贡举考》卷七　（嘉靖三十五年）中式举人三百名：……诸大绶，浙江山阴县人。监生。《易》。……

三月十五日，临策天下贡士。制曰：朕惟天命立君，以宰于率土，必有分理协助之臣，所谓邻哉，也吁！尧舜之克圣，不有高贤大良之助，岂二圣独劳耶？夫以古之元首股肱，真是一体，上下相资，不若兹时之大不同者。朕以心腹置人心腹中，何乃视我仇雠焉？安望为国恤民也？朕固无知人之哲，能官之智，我欲闻是知能之方。尔多士目观既真，当有益我知能之道。悉著以对，勿讳勿欺。

（时廷对之士二百九十六人，赐诸大绶等进士及第出身有差。大绶官至吏部左侍郎卒。）

第一甲三名赐进士及第：诸大绶，浙江山阴县。……

（明）王世贞《弇山堂别集》卷八十三·科试考三 （嘉靖）三十五年丙辰，命太子太保、礼部尚书、文渊阁大学士李本，詹事府少詹事兼翰林院侍讲学士尹台为考试官，取中金达等。廷试，赐诸大绶、陶大临、金达及第。

（明）张弘道、张凝道《皇明三元考》卷十一·嘉靖三十五年丙辰科大魁 状元诸大绶（浙江山阴人。字端甫，号南明。治《易》。年三十四。癸卯亚魁。仕至吏部侍郎兼侍读学士。大绶状貌修伟，而岂弟坦夷，好推毂士类。其立朝不激不随，有公辅之望，侍穆庙，日讲剀切详尽，上注听焉。方属意大用，会上崩，大绶亦病卒，年五十一。赠礼部尚书。谥文懿）。

（清）沈翼机等《浙江通志》卷一百三十二·选举十·明·进士·嘉靖三十五年丙辰科诸大绶榜 诸大绶（山阴人。状元。吏部右侍郎）。

（清）张廷玉等《明史》卷十八·本纪第十八·世宗二 （嘉靖三十五年春）三月丁丑，赐诸大绶等进士及第出身有差。

仕　宦

（明）雷礼《国朝列卿纪》卷二十·翰林院学士讲读学士年表 诸大绶（浙江山阴人。嘉靖丙辰状元。隆庆元年，任侍读学士，掌院事。四年，升礼部右侍郎，仍原兼）。

（明）王世贞《弇山堂别集》卷四十六·讲读学士表 诸大绶，浙江山阴人。状元及第。隆庆元年，任读学。历礼、吏二部，仍原兼。

又，卷五十四·卿贰表·吏部左右侍郎 诸大绶，浙江山阴人。由状元，（隆庆）六年，任右。

又，卷五十六·卿贰表·礼部左右侍郎 诸大绶，浙江山阴人。由状元，（隆庆）四年，任右。六年，改吏部。

（明）俞汝楫《礼部志稿》卷四十二·历官表·左右侍郎 诸大绶（字端甫，浙江山阴人。进士。隆庆四年由翰林院侍读学士，掌院事，升右侍郎，仍兼侍读学士。赠本部尚书）。

轶　　事

（明）张萱《西园闻见录》卷十四·节俭　诸大绶，字□□，号南明，山阴人。嘉靖丙辰，会试第二，廷试状元及第。历官吏部右侍郎。初登第，家人以公既贵显，置袴欲以纨，公遽斥曰："袴宜以纨耶？吾行将菲粝以终身，安用此？"每慕王文正"不在温饱"句，因镌之石章。

又，卷十五·敬谨　诸少宰大绶尝为庄皇帝讲官，凡五历寒暑，每进讲必先一夕斋戒，积精凝思，期以至诚悟主上，而丰姿修伟，步止雍肃，吐音朗朗，帝每竦意听之。所著《经史讲义》，凡涉理乱几微，必剀切详尽，言人所不敢言。一日，讲《尚书》，至"有言逆于汝心，必求诸道。有言逊于汝心，必求诸非道"，反覆开谕，谆谆以纳忠鲠、屏谀佞为言，帝为肃然改容。它日讲《论语》至"朝闻道"章，同列难之，公独从容启发，不为讳沮。一日，寺臣侍经帏者某，忽痫发哮簌豕视，满廷尽愕，公讲迪如故，若不见闻。及出，大学士徐公、李公相顾言曰："诸君真讲官，非大有养者，曷至是？"

著　　作

（清）黄虞稷《千顷堂书目》卷二十四·别集类·嘉靖丙辰科（三十五年）　诸大绶《诸文懿公集》八卷（字□□，山阴人。一甲第一人。吏部右侍郎兼侍读学士）。

（清）沈翼机等《浙江通志》卷二百五十·经籍十·集部三·别集·明　《诸文懿公集》八卷(《黄氏书目》：诸大绶著。山阴人)。

（清）张廷玉等《明史》卷九十九·志第七十五·艺文四·集类　《诸大绶文集》八卷。

评　　论

（明）张岱《明越人三不朽图赞》·立德·盛德·诸南明公　诸文懿大绶，山阴人。郡城自宋王佐之后，无有发鼎元者，自公传胪后，遂连发二元。德行文章为玉堂领袖。官至礼部左侍郎，赠尚书。

陈本"大绶"下有"字南明"三字。

赞曰：岳渎威仪，珪璋气象。秀目波横，洒髯风宕。韦布之中，焉有此相。柳汁染衣，句胪首唱。天下大魁，山阴开创。台阁文章，山斗声望。肃拜庄严，儒林宗匠。

杂　　录

（明）胡直《衡庐精舍藏稿》卷八·序·别诸南明太史归越序　始绍兴诸南明君以丙辰对大廷，天子亲擢第一，官翰林修撰，缙绅荣之，而君弗有也。则退与二三友讲求仲尼、孟轲之道，将大肆力焉。既三年，君得貤恩，赠所后父，封其母，乞恩赠封所生父母如所后，又得请告，奉二母归，咸出殊典，缙绅又大荣之，而君弗已也。则又日与二三友求所以肆力斯道者曰："吾将山居而静观焉。"比部罗子、邹子，侍御耿子及二三友咸有赠言，令直为之序。

直常偕君试南宫，凡就试者不下三四千人。此三四千人者，始尝登等于数万人。已而，得对大廷者止三百人，而君独冠。独能致殊典于其亲，是君固千万人之一人也，君之于亲诚荣矣。然观之古今，制科冠者不知凡几人，惟宋之吕、王、张、文数公独著，使今有数，公则又亿兆人之一人也。然数公虽著于世，谓之闻仲尼、孟轲之道，则又未也。至近代罗、吕二公，迨今罗赞善公，始皆有志于道，盖上下千百年数人而已。乃兹复有君，是君之为志固可以辈推而世计之者哉！

夫仲尼、孟轲皆旅人耳，而闻于其道即不可以世计，则其道果在于荣遇而已乎？君又岂以一日之荣遇为足显其亲而已乎？虽然，自宋以来，尼、轲之道明矣。然使人知皎然求之于心者自越始，而后之学于越者即未有能臻于其道，此又何哉？意者悟未达乎？则既有敏识元解称妙悟者矣。说未详乎？则既有广譬博喻称笃论者矣。抑未有必为之志乎？又或不免重内轻外与尼、轲之旨殊乎？非直足知也。

君越人也，然则今日不溺于悟，不耽于说，有必为之志，而无轻外之弊，用能光大越学，以绍尼、轲之绪，果不以辈推世计以显其亲者，非君畴则胜之。某闻之仲尼之徒颜子至矣，而其所闻为仁之目则唯曰："非礼勿视听言动。"轲氏亦曰："行有不慊于心则馁矣，而卒归其功于集义。"呜乎！此所谓尼、轲之旨，未始以内外异观之者也。君将山居，而求诸此焉，则静可也，动亦可也。异日出而柄世，而君之复我者，必不有殊于尼、轲之旨而可以行者也。

（明）王世贞《弇山堂别集》卷五·皇明盛事述五·丙辰两状元　吾吴朱恭靖希周，弘治丙辰状元，盛德为天下师表，虽寿止八十四，然及见嘉靖丙辰状元诸大绶而没，亦吾吴盛事也。

又，卷七十一·谥法二·二字谥·文懿　（文臣）……吏部右侍郎兼翰林院侍读学士、赠礼部尚书诸大绶（万历）。

右俱敏而好学，柔克有光。

又 吏部右侍郎兼翰林院侍读学士、赠礼部尚书诸大绶（万历）。

右俱勤学好问，柔克有光。

（明）蒋一葵《尧山堂外纪》卷九十八·国朝 诸大绶（字端甫，号南明，山阴人。嘉靖丙辰状元）。

高昆仑太史奉使还蜀，诸南明送以诗云："清宵天禄正然藜，暂捧周圭出玉墀。回望五云天咫尺，行看三峡路逶迤。晚风乱度猿声急，晓月横浮岳色奇。知是相如擅词赋，登临到处有新诗。"

（明）朱赓《朱文懿公文集》卷十二·祭诸南明宗伯文 （存目）

又 词林会祭诸南明公文 （存目）

（明）鲍应鳌《明臣谥考》卷上·文懿 诸大绶（吏部侍郎，赠礼部尚书。万历年谥。敏而好学，柔克有光。浙江山阴县人）。

（明）郭良翰《皇明谥纪汇编》卷十四·臣谥上·文臣·文懿 诸大绶（吏部侍郎，赠礼部尚书。万历。敏而好学，柔克有光。浙江山阴人）。

（明）张萱《西园闻见录》卷二·孝顺后 诸少宰大绶出后嫡叔国太。旧制，凡为人后，封不及本生，公痛之。是夏秩满，乃日夜草奏祈贻封词，甚恳恻，肃皇帝嘉其孝，特允之。于是，在廷诸臣凡若此者举相庆，以为此覃恩皆得并及所生如公官。壬戌，陈淑人服除，赴阙补原官。前所称旧制为人后者不得兼封本生，亦未有兼服本生者，公顾服陈淑人丧，衰绖蔬水三年，逾假，期且两阅岁而后出。当事者哀公情，为疏于朝，凡后于公者，皆得服其本生，著为令。在廷诸臣凡若此者又举相庆，以为此殊典，自诸太史始。

（明）刘宗周《刘蕺山集》卷十五·传·外大父章南洲先生传 诸文懿公累上公车不第。一日，过先生再拜，请教先生，具言其故，授以指南，公跃然复再拜，谢去。寻登上第，因终身联为金石。余所交知名士，后先登第去者，德先生不忘，类如文懿公也。

（清）黄宗羲《明儒学案》卷三十四·泰州学案三·参政罗近溪先生汝芳 邸中有以"明镜止水以存心，太山乔岳以立身，青天白日以应事，光风霁月以待人"四句揭于壁者，诸南明指而问曰："那一语尤为吃紧?"庐山曰："只首一明字。"时方饮茶，先生手持茶杯，指示曰："吾侪说明，便向壁间纸上去明了，奈何不即此处明耶?"南明怃然。先生曰："试举杯辄解从口，不向鼻上耳边去。饮已，即置杯盘中，不向盘外。其明如此，天之与我者妙矣哉！”

（清）沈翼机等《浙江通志》卷二百八十·杂记下　《玉剑尊闻》：明制不得兼封本生父母，诸大绶修撰满考，疏请貤封，情词恳恻，肃皇许之。生母卒，制不得服，大绶衰绖疏水，不赴阙，当事矜其情，为请于上，得服本生。嗣是，廷臣凡为人后者咸得貤封及服本生人，推大绶为孝能锡类。

（清）姚之骃《元明事类钞》卷十二·仕进门·状元·卧龙山鸣　明《张元忭集》：诸大绶举乡试第一人。传胪日，越卧龙山鸣，声闻数里，人谓地灵响应。

嘉靖三十八年（1559）己未科状元丁士美

传　　记

（明）陈鎏《皇明历科状元录》卷四·嘉靖三十八年己未状元丁士美　廷对之士蔡茂春等三百三人，擢丁士美第一。

丁士美，字邦彦，号后溪，淮安清河人。以《易》经登应天己酉乡荐。己未，礼部会试中式，入对大廷，擢第一，年三十九，授翰林修撰。为人缜密端重，以道义自持。在胶庠补廪时年甚少，年长者易之，悉分其廪，士美怡然，无几微形于色，见者重之。及登第，京师有贵人欲妻之以女，执不从，名益起。

先是卷进呈，其第一已有所拟，皇上览之弗当意。览及士美卷，见其策起云："帝王之致治也，必君臣交儆而后可以底德业之成，必人臣自靖而后可以尽代理之责。"深惬帝衷，用玉管笔朱圈"君臣交儆"、"人臣自靖"八字，置于卷首。或云，收掌试卷为编修孙铤，铤见士美卷已先器之，及封卷进呈，仓卒间偶有更易，铤因以卷列于前，遂魁天下。铤之识亦明卓矣哉。士美未第时，梦己坐于堂，空中有仙女一群乘鹤翩然而下，人皆作乐，仙音缥缈，缭绕于前后，久之复乘鹤而上，须臾有黄旗二扇竖于门。

（明）凌迪知《万姓统谱》卷五十五　丁士美（字邦彦，清河人。嘉靖己未进士第一。历吏部左侍郎兼学士。赠礼部尚书，谥文简。）

（明）顾祖训原编、（明）吴承恩增补、（清）陈枚续补《状元图考》卷三·状元丁士美　嘉靖三十八年己未，廷试蔡茂春等三百人，擢丁士美第一。

按，士美，字邦彦，号后溪，直隶清河人。年三十九及第，授修撰。为人缜密端重，以道义自持。在胶庠补廪时甚少，年长者易之，悉分其廪，士美怡然，无几微形于色。及登第，京师有贵人欲妻之以女，不从，名益起。先是卷进呈，其第一已有所拟，上览之弗当意。览及士美卷，见其策起云："帝王之致治也，必君臣交儆而后可以底德业之成，必人臣自靖而后可以尽代理之责。"深惬帝衷，用珠笔圈"君臣交儆"、"人臣自靖”八字，置于首。未第时，梦己坐于堂，空中有仙女一群乘鹤翩然而下，人皆作乐，仙音缥缈，缭绕于前后，久之复乘鹤而上，须臾有黄旗二扇竖于门。

（清）黄之隽等《江南通志》卷一百四十三·人物志·宦绩五·淮安府·明 丁士美，字邦彦，清河人。嘉靖己未，廷试第一，五司文衡咸称得人。历官吏部侍郎，谢绝请嘱，每进见必正言开导，御书“责难陈善”四字赐之。卒谥文恪。

（清）和珅等《大清一统志》卷六十五·淮安府二·人物·明 丁士美（字邦彦，清河人。嘉靖三十八年进士第一。授修撰。万历初，历吏部左侍郎。为人谦厚，不露廉锷。居官绝馈遗，与人处退然若无能，意所不可，辄怫然见辞色，以父老屡请终养，不许。及闻讣，哀毁成疾。卒赠礼部尚书，谥文恪）。

科　第

（一）乡试

（清）黄之隽等《江南通志》卷一百二十八·选举志·举人四·嘉靖二十八年己酉科 丁士美（清河人）。

（二）会试、殿试

（明）张朝瑞《皇明贡举考》卷七 （嘉靖三十八年）三月十五日，临策天下贡士。制曰：朕恭承上天明命，君此华夷，亦既有年矣。夙夜持敬，不敢怠恣，一念在民，欲人人得所。夫与我共理者，人各一心，皆未见以我心而是体百务，惟欺君以欺天，害民亦害物。彼尝言之者，后尽背而弃之。夫《大学》之道，专以用人理财为急。用得其人，政自治，财理得宜，用自足。吁！人之不我用，而代理之责，岂我独能耶？兹欲闻人得用，财得理，以至治美刑平，华尊夷遁，久安之计，何道可臻？尔多士其言之，必所怀焉。

（时廷对之士三百三人，赐丁士美等进士及第出身有差。士美官至吏部左侍郎，卒谥文恪。……）

第一甲三名赐进士及第：丁士美，南直隶清河县。……

（明）王世贞《弇山堂别集》卷八十三·科试考三 （嘉靖三十五年）己未，命吏部右侍郎兼翰林学士、掌詹事府事李机，太常寺少卿兼翰林院学士、掌院事严讷为考试官，取中蔡茂春等。廷试，赐丁士美、毛惇元、林士章及第。

（明）张弘道、张凝道《皇明三元考》卷十一·嘉靖三十八年己未科大魁 状元丁士美（直隶清河人。字邦彦，号后溪。治《易》。年三十九。己酉乡试第十九名。为人缜密端重，以道义自持。在胶庠补廪时年甚少，诸廪生易之，悉分其廪，士美怡然，无几微形于色。及登第，京师有贵人欲妻以女，执不从，名益起。累官吏部左侍郎兼侍读学士。卒赠礼部尚书。谥文恪）。

（清）黄之隽等《江南通志》卷一百二十二·选举志·进士四·明·（嘉靖）己未科丁士美榜 丁士美（清河人）。

（清）张廷玉等《明史》卷十八·本纪第十八·世宗二 （嘉靖三十八年春三月）庚寅，赐丁士美等进士及第出身有差。

仕　宦

（明）雷礼《国朝列卿纪》卷之二十·翰林院学士讲读学士年表 丁士美（直隶清河人。嘉靖己未状元。隆庆四年，任侍读学士，掌院事。五年，升太常寺卿，管国子监事。六年十一月，以太常卿兼侍读学士，掌院事）。

（明）王世贞《弇山堂别集》卷四十六·讲读学士表 丁士美，直隶清河人。状元及第。隆庆四年，任读学。历礼、吏二部左侍，俱仍原兼。

又，卷五十四·卿贰表·吏部左右侍郎 丁士美，直隶清河人。由状元，（万历）二年，任右。三年，升左。

又，卷五十六·卿贰表·礼部左右侍郎 丁士美，直隶清河人。由状元，（万历）元年，任右。

又，卷六十三·国子祭酒年表 丁士美，直隶清河人。由进士，（隆庆）五年任。

又，卷八十三·科试考三 隆庆元年丁卯，命右春坊右谕德兼翰林院修撰丁士美，右春坊右中允兼翰林院编修张四维主顺天试。

又 四年庚午，命右春坊右谕德兼翰林侍读丁士美，翰林院修撰申时行主顺天试。

进乡试录有重叶者，夺府丞宋纁、谕德丁士美、修撰申时行俸各两月。

（明）俞汝楫《礼部志稿》卷四十二·历官表·左右侍郎 丁士美（字邦彦，直隶清河人。进士。万历元年由太常寺卿兼翰林院侍读学士，掌院事，升右侍郎，仍兼侍读学士，赠本部尚书。谥文恪）。

杂　　录

（明）王世贞《弇山堂别集》卷七十一·谥法二·二字谥·文恪　（文臣）……吏部左侍郎兼翰林院侍读学士、赠礼部尚书丁士美……（右俱万历）。

右俱勤学好问，温恭朝夕。

（明）于慎行《谷城山馆文集》卷三十二·会祭少宰丁文恪公文　（存目）

（明）鲍应鳌《明臣谥考》卷上·文恪　丁士美（吏部侍郎赠礼部尚书。万历年谥。勤学好问，敬共官次。南直隶清河县人）。

（明）郭良翰《皇明谥纪汇编》卷十四·臣谥上·文臣·文恪　丁士美（吏部侍郎，赠礼部尚书。万历。勤学好问，敬共官次。南直隶清河人）。

（明）沈德符《万历野获编》下卷二十六·嗤鄙·脔婿　榜下脔婿，古已有之。至元时贵戚家，遂以成俗。故有《琵琶记》牛丞相招婿事，亦讥当时风向也。至国朝则少见。如程篁墩学士之婿于李文达，则未第时事，而识者犹议之。嘉靖中，翰林编修赵祖鹏者号太冲，浙之东阳人，居京师，有女嫁缇帅陆武惠（炳）为继室，倚陆声势张甚，富贵擅一时，然为士林所不齿。赵幼女甫笄，才而艳，值己未春榜后状元丁文恪（士美）丧偶，赵欲以女字之，丁坚拒不从，赵大不堪。适会元蔡茂春室人亦亡，慕赵光焰，托媒为地道，赵喜甚，蔡遂委禽为赘婿，一时清议沸然，咸重丁而薄蔡。未几陆武惠殁，赵以大计外迁，寻被讦下狱论死，赦出，家顿落。蔡亦从郎署外谪，屡踬宦途，仅得至归德知府，又中计典罢归，不振而死。盖始终坐赘赵一事也。赵氏以盛年嫠居，贫悴困苦，闻今尚存。予入都时过其门，见有一贞妇匾在委巷中，谛视之，则赵氏居也。

嘉靖四十一年（1562）壬戌科状元申时行

传　记

（明）陈鎏《皇明历科状元录》卷四·嘉靖四十一年壬戌状元徐时行 廷对之士王锡爵等三百人，擢徐时行第一。

徐时行，初名之行，字□□，号瑶泉，长洲人。年二十七举于应天，以《书》经魁士。明年中礼闱高第，入对大廷，擢第一，授翰林院修撰。

时行天资秀拔，书过目不忘。父士章，长洲庠生，自幼课之有方。年十六入吴庠，壬子岁年十八，为提学御史赵公镗称赏，命录三场文，览之曰："利器也。"巡按御史尚公维持尤加器重，读其所试爱之曰："此经世之才也。"遂为相知，不以弟子员待之。

丁外艰，至辛酉六月，服阕。府公王龙池道行、徐颐斋□节见其卷，大惊异，谓必前此未与考者，非遗才也。及拆名果然。牒送督学吴公遵取为诸郡续考之首，完试即驰回，以所试文呈二府公，皆曰魁选无疑，已而京闱揭榜中第三，明年大魁天下。

时行天才秀丽，文不经思，词出皆雄伟璀璨，其光烨然。年虽少，远近争延之。事亲孝，士章卒，哀毁不欲生。事乃祖有礼，临事不苟，士林雅重之。

辛酉四月，书斋忽生芝草三茎，童子不知，手去之，次日复发二茎，色皆黄。七月，督学公约试于句容，委高淳令编卷，令寓崇明寺楼下。时行亦寓此。吏夜编号于楼，已，乃就寝，有四吏未寐，忽见火光起，其中俨然一大魁星自外入楼中，吏惊叫，令亦骇起。明旦入白于督学，谓必大魁之兆。时所编者，吴庠卷与焉。初，本府牒送遗才之夜，府中王、徐、高三公同梦龙起翔于天衢，至明各以语于左右，至会，语相同，大异之。

郡中通衢直贯者者，谓卧龙街，极南为龙脑，南禅寺枕之。寺旧有钟楼，久废。术者谓钟鸣则多发科第。极北有卧佛寺，塔为龙尾。自塔焚后，郡城无官翰林者。辛酉，郡守王公葺钟楼，铸巨钟，使僧鸣之。又城河久湮者悉浚之，使可舟。至秋，大水海潮从娄门入经委河直过其门。将诞之夜，父梦神人与桂花一枝，醒犹闻其香。母梦红日照入帷间，直射其体。八月十六日也。生而肤如玉雪。四龄出痘，医指胁间一大痘挑之，血流紫色，曰："此子必登高科。"谓其与状元朱公痘正相类，后朱公六十七年魁天下。

己未十月廿九日夜半，支硎山岩端有声如雷，天微雨，居人诘朝视之，有石仅丈，自山腰移下十余丈，复转而东。所过小石裂一缝，如虎丘试剑石之状。识者谓："来科状元必出于吴，此其兆也。"盖吴中旧谶云："穹窿石移，状元来归。"宋时黄状元由、我朝朱状元希周皆有此兆。壬戌，果时行应之。此石倚于道左，行人入天平，路必经此，负担以市游人者，每依此石以坐云。

徐时行生于乙未乙酉甲辰乙亥。

……

辛酉冬，吴士梦报捷者至，人争叩之，彼且驰且答云："状元、会元皆有。"

除夕，指挥刘世统梦新状元徐时行也。

辛酉春，时行梦行通衢，得明珠一颗，心甚异之。入室，一室光明，自意此龙颔下宝也，必将来取。龙果至，昂首向室内。又意此珠不可轻授，乃缄题云："臣时行谨封。"跪而献之，龙得珠而翔。

一甲第三余有丁尝梦登杜正榜进士。即第，榜首皆非杜。及时行入领所赐袍笏，典之者内臣杜正也。是梦亦渊且巧矣。

（明）郭子章《太师申文定公传》 公讳时行，字汝默，别号瑶泉。晚捐相印，归休，号休休居士。年七十，病剧，而间更自号曰苏庵主人。

其先神农之后，在唐虞为四岳，在周为宣王舅申伯，封于谢，楚有无宇，汉有培公，或在鲁，或在魏，皆申伯后，在魏者宗勉最著。南渡后，居吴中皆宗勉后，其葬于吴山者，自敏三始。敏三传官保，官保传恭，恭传源，源传镃，镃传博，博传周，是为公曾王父。周传乾，是为公王父。幼育外兄徐翁，遂从徐姓，公及第后，始奏复申。乾传士章，即公父。自公父以上至曾王父，俱以公贵，赠左柱国少师。母王生公，早卒，赠一品夫人。继母黄，封一品太夫人。

公诞于嘉靖乙未，生有异征。十岁即娴举子业，年十二，能为古文词。陆贞山先生手而惊喜曰："此无待教，□□驹而千里者，奇才也。"比出试邑郡，及督学使者，辄褎然为举首。声籍籍起，吴人称为经神学海，从游者如细流赴巨壑，不呼而集。公乃手勒《尚书解》一帙，传示群弟子，弟子守为指归。乙卯下第，公下董帷攻苦，曰："为者常成，行者常至。"作《祛倦鬼文》自励。"其后斯文传播入禁中，御笔改"鬼"为"魔"，命中书缮写，揭御屏。或曰："此即汉武读相如赋，唐德批韩翃诗也。"

己未，丁父忧。辛酉七月，服阕，学使者吴公遵置遗才第一。时吴令某编卷号于句容佛阁，至公卷，忽有一巨人从空冉冉下，左右吏胥相顾错愕，识者曰："此大魁之祥也。"秋乡试，公果以《尚书》魁第三人。明年壬戌，廷对及第第一，授翰林修撰。时上事高玄，公座师袁文荣公入直，应制不给，多倚办公。公一日代袁公草进《白兔表》及《白兔瑞应诗》，称旨。词林拱手韬翰，以文事推高，公不自炫也。居恒镝户，枕经籍书，自言曰："欲观圣王之迹，则于粲然者矣。本朝二百余年，典章令甲，寻其枝叶，穷其根苑，断其利患，参其颠末，以待异日。”

癸亥，以王父承重忧归，公益自韬敛，杜门养重。丙寅，服阕。丁卯，复除原官。时华亭徐文贞公阶居首揆，特器重公，曰：“此维桑后来之俊，他日可肩巨受大者。”而新郑高文襄公拱与华亭有隙，比选今上东宫讲读官，尽属新郑所取乙丑士，而公积在前薪，绝不以言。

庚午，公副丁文懿公士美典顺天乡试，所遴士半升南宫，有会元二，鼎甲二，宗伯一，大学士一，即么麽如章，得侍门墙，皆公所陶铸也。辛未二月，分较礼经，复得赵宗伯用贤以忠谏名，夏司寇良心以循良名，以人事主，孰与公多？寻晋公宫允，充经筵日讲。秋九月，诏都试天下材官，公仍副丁公典试事。是科武举以谋勇著称，几半其额。

无何，晋宫谕，晋副总裁，充修《世庙实录》。未几，穆庙升遐，例有诏诰鼎革事宜，多出公擘画，而劝进笺表闻，皇太后及今上览之色动。是时公龄未四十，而留心忧国，撢思摛藻。不三月，发星星白矣。

癸酉，上登极，晋宫庶，仍值日讲。公由是岁充讲官，迄戊寅，前后六载，所讲《四书通鉴》出，公裁定者十七，而《尚书》则公以颛经独任，江陵曰：“是可传也。”曾奏上，俱梓之内府。

甲戌，晋宫詹少尹兼侍读学士，视翰篆如故，兼理清黄。凡军职黄簿具载于武弁，系功次及升调降革缘由，以其副藏内府，为袭替张本。先是枢吏作奸，叙裔以旁为正，叙绩以赝为真，鲁鱼亥豕，漫漶不可方物。公悉心校勘，芜者削之，伪者正之，互异者乙之，务令前所类进黄册与近供相应。至今甲戌以前，内黄犁然别白，皆公手笔云。

丙子，晋宫詹正尹，充《会典》副总裁，《会典》始自弘治，迄今上践祚，可八十余载。损益因革之故，教礼刑政之条，今昔差池，南北剌谬，公曰：“此昭代典章也。如承讹袭舛，因陋就寡，其何能训？”乃问于遗老，咨于故实，视诸故府，核之新志，一切纲领义例，悉公苦心创定，如会计，如典礼，如边防，如河漕诸大政务，规范本体，剪截浮词，著为令甲，凡十有二载告竣，虽成之群策，公镕裁居多焉。

丁丑，公同蒲州张文毅公四维主会试，是科得人如沈公懋学、魏公允贞、余公继登、敖公文祯、冯公琦、邹公元标、朱公廷益，皆公手拔而登延者，卒为名臣。八月，晋公礼右侍，以《穆庙实录》成，加太子宾客。已，改吏右侍。

是年，江陵夺情事起，一时廷杖五公，公不胜义愤，拉王文肃公诣政府力解，不可得。公谓王公曰：“事急矣。吾辈不以身庇，忍令朝廷负杀谏臣名。”乃丙夜密从缇帅杨公俊卿谋调护之。诸公拜杖出，公与王公时时馈橐饘。夜半，讹传沈、邹两公且不讳，公立遣奚奴迎医视创，公披衣立露下候报。报云：“沈昏默不语，邹私语奚奴寄谢吾师‘吾神慎如故，可以不死报国’。”时漏下四鼓，公乃就寝。当沈公窜粤时，家乏强干，宿春猝无以办，公一一料理。遣苍头护行，迨还，沈公持苍头叩首曰：“师实生我矣。”邹公赐环时，曾语同乡曰：“吾师顾我于死生患难之时，振我于解甲登朝之日，其何以报？惟始终亢节，无负朝廷不杀谏臣之谊，乃所为报耳。”是时，给谏赵、沈、邹俱出公门，吴又公同年。人谓公扶维得力，而公不任德。

戊寅春，上一日传旨增置阁臣，廷推大宗伯马公自强及公名上，上晋公吏左侍兼东阁大学士，参与机务。公辞，不允。乃孜孜以格君体国为念，尝题座右："收饮精神，平居如对君父；讲求政务，梦寐毋忘国家。"盖公所自矢也。

己卯春正月，上致斋文华殿，会江西乐安等府宗室宸凉等六百余人，俱以多爟、多燉等互讦擅婚，连名奏辨。上省览，猝召阁臣入，公条奏甚悉，大略谓："以例论宸凉等六百余人，于法当夺。如以情论，受封在嘉靖二十八年以前，彼时条例未布，虽有违碍，例前可悯。合无念其年远人众，以二十八年为断，仍请告谕诸宗，以为经久可行之制。"上深然之。详《起居注》中。公以三品考满，习礼书。

是岁江南灾，公乃倡言："今日救时急务，要在休养生息之意多，而钩锄搏击之事少。庶可保固根本，振起凋疲。"因手疏急务条上，如修圩岸以障水患，酌催科以安人心，禁奢侈以厚民俗，创长单以厘粮运诸弊，皆公所惓惓三致意者。

庚辰，公主会试，所举皆知名士。廷试，江陵以伊子鼎甲为请，且示以上意，公佯为不省，列二甲中。江陵怒，密从保珰处易置，中外哗然，而知非公意。

时江南北并灾，淮扬为甚。漕抚从公策事，公以流移班军、班价之说告漕抚以奏，班军减四之一，班价亦如之。江南风潮为灾，抚臣以改折漕粮请公从中从臾之，竟有旨改折一年。公之流膏东南，沁入吴越如此。

壬午夏五月，江陵卒，蒲州为政，谓公曰："今当稂秀之余，要在芟刈。"公曰："吾以为肃杀之后，应有阳春。"二公指各有攸归，而公意深远矣。会秋八月，皇长子生，公喜曰："时哉，不可失也。上宜有大庆施于天下。"蒲州亦以为然，乃尽出诸司所拟宽条属公损益上之。识者谓："此番诏书，真所谓寒后阳春也。"先是，江陵党与假江陵遗疏，起新昌位公上而逼蒲州。及新昌论罢，又设事构隙，并劾蒲州，上持其章不下，公曰："予其及矣。"乃具言徐爵诸人表里为奸状。上怒，立镌御史官，而督过保珰殊甚，语侵淫外闻。诸言官缘上意指共劾之，上立谕公拟旨下爵诏狱论死，安置保于南京，籍其家。而趣蒲州出，蒲州出，谢公曰："微公从中力援，几尽一网矣。"初，群喙诸诸词语百车，二公不无少生得失，至是如初。

公以覃恩进少保，具疏力辞，不允。癸未会试，蒲州长子甲征为冏卿中式，魏侍御允贞引韩忠宪事抗章云："俟两辅去任后，方可入对。"盖过惩丁丑、庚辰事，虞阁臣之复蹈前辙也。公大韪侍御言，恳上允其议，上不从。四月，蒲州忧归，公始为政，拟蒲州赙恤极隆，又疏请简用阁臣，乃荐新安许公国，上从之。已，起议废吴、赵二公，晋宫坊。旋，日值讲读，一时大小臣工以言得罪、以冤见抑者，次第登用，尽洗昔时杖下之习，而言路益明，张肃清矣。已而，止太和内监干预都司之敕，减三吴织造之额，寝戚畹李伟国公之赠，请潞邸之国之疏，止辽府爵土之复，恤江陵老母之田，上一一从之。

是岁，以云南陇川献俘，拟晋公少师、中极殿，公力辞，止晋官一阶，予文荫。本朝阁臣自张文毅公以前，凡有军功，无不荫锦衣者，其有军功无世荫，自公始。嗣后，辽左报捷，慈宁工竣，《会典》告成，上咸特敕褒公晋秩，公累疏辞不拜，尝语冏卿曰："吾叨冒极矣。深恩难报，厚福难消。"人以为名言。詹侍御讲请王文成守仁、陈检讨献章从祀，浮议纷纷，诋王霸儒，訾陈伪学，请独祀胡布衣居仁。公疏云："守仁言致知出《大学》，良知出《孟子》。陈言主静，沿周程，未尝立门户也。气节如居仁，功业如守仁，孝友如献章，非禅也。请并祀三贤于薛文清后，亦足增光盛世。"上即允行。

乙酉，余文敏公卒。公屡疏荐太仓王公锡爵、山阴王公家屏，不报。至是，复疏得请，大快舆论。夏五月，大旱。公具疏引咎乞罢。上降旨慰留，自责精诚未格。公遂力请叙录言官，减上供袍服，停新样磁器，蠲免天下灾荒钱粮，恤录热审罪犯，俱次第允行。已，复请上罪己省躬，斋心吁帝，布袍蔬食，虔祷郊坛，上悉从公请。是日戊午昧爽，上从大明门却辇步行，公同两辅后随，上数行，数目公，使近前，至南郊，上躬祷毕，出御幄次。上特诏公面谕，公随撰敕宣上德意，并拟传帖进览，上加纳之。逾月，公考一品满，加特进光禄大夫，支正一品俸，仍荫一子中翰，赐宴礼部。公疏辞，不允。旧例，阁臣九年考满，始得赐宴，公以初考，于例非当，复具疏力辞，俱不允，再降旨勉公祇承，以成君臣相得之美。

上一日幸兵仗局观兵器，或言先朝有内教场，盖指正德年间事也。上欣然举行，乃选内竖二千余人，更班团练，寅入晨散，援枹执铙，炮声相闻，鼓號徒噪，外议汹汹。公深以为忧，乃同同官具疏恳罢。大略谓："宸御清严，宫庭邃密，讵宜有此？及今停止，一以安人心，一以杜乱萌，一以养君德，一以省滥费。不尔，恐蹈正德年间覆辙。"不报。时台省亦以为言，而刑部董主事基言尤剀切。上怒，欲重谴之。公复极言救解，得薄责外任，然弓矢未櫜，旗旃如故，公曰："此未可以口舌争也。"乃因文书房传语司礼诸大珰云："此事属在禁廷，诸人擐甲荷戈，未明入内，设奸徒窜入，为害叵测，即有缓急，外廷不得闻，宿卫不入。吾辈大臣束手无计，此皆公等剥肤之患也。"诸大珰皆竦然变色，乃乘间复以阁臣言力奏上，遂命撤止。公之牖谏潜移类此。

召对之典，泰陵、永陵间行之，废亦久矣。上一日朝罢，御暖阁，召阁臣入。上以董侍御子行疏手授公，疏中一谓抚镇官当亲自巡历，一谓巡抚宜久任责成，一谓边方司道宜加优异，一谓沿边佐贰官员宜慎选用，破格迁除。公受牍，且披且奏，上悉首肯。召对久废，一旦肇举，中外臣工，喜色相庆，翕然有太平之望焉。时吏治呰窳，贿赂成风，公特疏略曰："人臣以絜己奉公为贤，国家以奖廉禁贪为要。闻先年郡县积贮多系抚按赃罚，朝廷既括之济边，而抚按又取之充费，非惟无余，势不得不多受词，多问罪，其为民害不浅。夫济边有定额，不可复减，莫若节之于公费；或衙门公费，不可尽裁，莫若省之于馈遗。馈遗者，其始以交际为名，以通贽为礼，交际不已，则广馈遗，馈遗不节，必成贿赂。抚按无以禁司道，司道无以禁有司，而欲郡县起廉平之政，闾阎免愁叹之声，胡可得也？恳乞明旨申饬，先自臣等及部院大臣始，今朝觐在迩，敢有挟赀入京仍前通馈违禁者，尽法处治。然后贪风可革，仕路可清。拟圣谕一道进览。"上即褒答，敕严行之。

秋八月，上传旨亲阅寿宫。十三日，驾幸大峪，有旨："吉典用大峪山，本朕亲定。工作方兴，不必更□，以滋烦扰。前命卿覆阅，止以首臣，会同该部详旨，以示慎重，内阁职任匡赞，岂以技术为重轻？"至是，吉壤始定，群议始息。驾还感恩殿，御东室，赐公玉带罗衣。是日，上以重阳令节，循诸陵而行，回銮，登巩华城楼，宴饮及久。夜将半，阁臣叩阍者再，上犹未返，公具揭力请，上乃还行宫。公拥卫圣躬，谏止夜游，有古大臣风概云。

丙戌春正月，皇长子五龄矣。公念上亦以五龄出阁讲读，乃约同官于岁首题请册立东宫，以重国本。略曰："国本系于元良，主器莫若长子。故汉臣有云：'早建太子，所以尊宗庙、重社稷也。'皇上德泽浃于寰区，嘉祥钟于胤嗣。自万历十年元子诞生，诏告天下，五年于兹矣。即今麟趾螽斯，方兴未艾，正名定分，宜在兹时。查得祖宗朝故事，宣宗以宣德三年立英宗为皇太子，时年二岁；宪宗以成化十一年立孝宗为皇太子，时年六岁；孝宗以弘治五年立武宗为皇太子，尚未周岁。盖冢嗣升储，所以明震器之重；冲年贻哲，所以端蒙养之功。成宪具存，昭然可考。今元子聪明克类，岐嶷夙成，中外臣民，属心已久，伏望皇上深惟大计，以今春吉旦敕下礼部，早建储以慰亿兆人之望，以固千万世之基。至于出阁讲学及朝贺等仪，不妨次第上请。"疏入，上降旨云："卿等以册立元子请，朕见婴弱，少俟二三年举行。"越一日，公复疏曰："册建储宫，国家大典。皇上特以元良之重，故谦让未遑，又或以礼节之繁，欲从容少待，但葵藿微忠，尚有不能已者。自古享国长久，莫若成周；善辅养太子，亦莫若成周。盖自孩提有识，已备师傅之官，抗世子之法矣。列圣建储，多以冲年，实法成周遗意。今元子方及五龄，虽未甚壮，然比之宣、孝两朝，已过期矣。如欲修讲学之故事，备朝贺之盛仪，或恐婴弱之年，勤劳未习。若但举行建储之礼，在宫中不过一受册，在文华殿不过一受朝，未为劳也。而名号既正，于万世之统攸归；典礼一新，亿兆人之望斯慰。其讲学等仪，遵奉明旨。少俟二三年，则贻燕之谋，保爱之道，两得之矣。"疏入，上曰："卿再疏，悉见忠君虑国，朕已知之矣。"是时，中外晏然，无有虑及国本者，公独恳疏倡言，上亦绝无他意，惟是廷臣揣摩，欲捷得之以定国本。纷如蝟起，故浸不能堪，始有疑君立幼废长，置朕不善之语。意遂逡巡矣。

已，议水田。上意欲诘责建议者，公力救徐尚宝贞明，且云："人情营私者多，奉公者少；畏难者多，任事者少。若以建议为罪，将来必至以言为讳，谁肯为国肩事？"周府中尉勤俗越关诉冤，语侵抚按官。上意欲逮抚按，公力救抚按，且云："国家大纪纲有四：亲王辖宗仪，将军辖军士，有司辖百姓，提学辖生员，故大小相维而天下治。若宗室事不问亲王，不下抚按，此乱之道也。"上皆然之。

秋九月，山阴王公以忧去，公疏请博简才贤，以隆政本，意属于公慎行、沈公鲤。大要谓："见在臣等三人。贯皆南籍，生长既囿于一隅，智虑未周于四海，恐旷瘝职业，孤负恩私，仰祈圣明特简，或令臣等疏名上请，庶得尽刍荛之见，且可免桑梓之嫌。"不报。

是岁，水旱异常，灾荒洊至，公疏："宜敕灾重地方，暂缓催征，设法赈济。如有饥民啸聚抢掠者，务申严保甲，团集兵卒，擒治正法。庶使潢池赤子，毋敢有揭竿制梃为难者。拟圣谕一道，内令借发临、德二仓余米，以充赈济，借支太仆马价四十万，以资籴本。而又以四事责成抚按，令每月一奏报，曰田禾有无播种，曰雨雪有无沾足，曰人民有无流亡，曰盗贼有无宁戢。”上称善，即令中书官誊写颁示，一时有司廪廪奉职，庶几灾而不害云。

丁亥春正月，公语同事云：“册立久稽，异议渐起。今将建储封王并举，庶惬圣衷，体统各正。”乃引高皇帝诏旨，疏请宸断并举建储封王吉典，以慰人心，以承天祐。略曰：“本朝故事，成祖以永乐三年立仁宗为皇太子，即封赵王；英宗以天顺元年立宪宗为皇太子，即封德、崇等王。臣列圣传家世守之法，仰体皇上爱子均一之情，窃谓皇长子宜正东宫，皇第三子宜即分封大国。一时并举，尤为盛事。”疏入，不报。

戊子春二月，上御经筵。讲毕，命司礼传谕内阁：“唐宗有惭德，魏徵亏大节。以后止讲《礼记》，罢《贞观政要》。”公顾同官曰：“上天纵聪明，日新学问，其于剖析义理，权衡人物，卓有定评如此，相与庆幸。”遂具奏略曰：“唐太宗开基创业，身致太平，史称其平隋之乱，比迹汤武；致治之盛，庶几成康；纳谏如流，改过不吝。亦三代以下贤君也。魏征事有为之主，当不讳之朝，知无不言，言无不尽。王珪称其耻君不及尧舜，以谏诤为己任。其十思十渐之疏，后世皆以为谠言。亦三代以下直臣也。至于闺门惭德，忘君事仇，诚如圣谕。臣等惟愿皇上以二帝三王为必可师，以唐虞三代之治为必可复，宗社臣民幸甚。至于《通鉴纂要》、《大学衍义》于君德治道有裨，相应兼讲。”上嘉纳之。时公自阁中简故牍，得高皇帝御笔，凡敕谕诗文共七十六道，褒演以进，而人告曰：“望皇上于语言文字之中，求圣祖之精蕴；于陟降存著之顷，法圣祖之忧勤。”上览疏，喜曰：“朕当留览珍藏。”

是岁，直隶、浙江抚按官奏报灾荒地方，如南通州数百人邀抢米麦；余干县数百人昼劫民间粮食；昌国卫军人因放粮稍迟，即将卫官围拥，仓官捆射。公上言：“恤穷民，所以收拾人心；绳乱民，所以消弭祸乱。今时值饥荒，事干人众，抢夺不已，必至劫掠；劫掠不已，必至叛乱。抚按未奉明旨，孰敢以重法绳之？人有玩心，渐不可长。臣谓今须责成抚按，假以便宜，令督率兵巡，严加缉获。遇有乡村城市聚众抢掠者，即将首恶数人擒拿枭示，毋得苟且养奸，姑息酿祸。庶人知畏惮，地方稍安。至于减价平粜之说，惟官府可行，民间不可强行。今官府既无谷米，可以减粜，而徒责之民间，则积谷之家皆深藏而不敢市，是趣之增价也。闭粜之禁，原有明旨。而地方官各私其土，本管之外，漠不相关。臣以为平粜，徒足扰民，无益事实，遏籴最为厉民，有伤治体，皆宜申明禁饬。”上曰：“可。其严敕行之。”

庚寅元日，上御毓德宫暖阁，召四辅入，上手示雒廷评于仁疏，谓其肆口妄言，触怒感疾，声色俱厉，必欲严谴。公奏：“小臣轻信讹传，干冒天威，诚为有罪。顾处分过当，恐彰拒谏，照旧留中，乃见容德。”公以疏缴置御前者三，反复劝解良久，天颜稍和，因谓公曰：“朕是心，先生是股肱。心非股肱，何以运动？”又曰：“朕既委任，须替朕主张，任劳任怨。”公同同官叩首谢曰：“敢不服膺。”因劝上涵养圣德，保养圣躬，清心寡欲，戒气平情。已，又劝上时御朝讲，以慰群情瞻仰。已，又以建储豫教上请。上俱首肯之。公方与同官叩谢出，上俱令司礼援止之云："俟，宜长哥与先生每一见。"公闻言喜甚。有顷，上传语，令公将鲸珰训责。公辞，不获。乃以上意训责之毕。已，皇长子、皇三子俱至。上于榻前手携皇长子，向明正立，公等注视，因奏曰："皇长子龙姿凤目，岐嶷非凡。皇三子玉筍兰芽，娟秀可爱，仰见皇上昌后之仁，齐天之福。昔商山四皓一出，而羽翼遂成，臣等虽不及古人，而幸遇圣明，特钟慈爱造膝之一见，贤于苦口之万言，臣等舞忭，何能已已？"详《召对录》中。公于次日，即疏请立元子，越旬以豫教请，俱不报。至夏四月，南北两京九卿科道咸合辞疏请，公复约同官再申前请。略曰："建储一事，前有皇长子始生之明诏，后有臣等节年所奉之屡旨；公有两京各衙门之合奏，私有皇亲郑国泰之专请；近有都城委巷之流言，远有四方万姓之属望，而上则临之以九庙之神灵、两宫之慈训。皇上岂可差举一念，而臣等亦岂可苟顺一言？今皇长子已十龄矣，而册立未举，出阁无期，师友未亲，名位未定。以先后长幼之序而言，则不疑而生疑，恐讹言日兴，非所以信明诏也；以安危治乱之机而言，则当断而久不断，恐窥伺渐起，非所以固大业也。"疏入，不报。越二日，公又特疏曰："当今第一大计，无如册立元子，而臣等第一职业，亦无如建储一事。夫祖宗家法，传畀万世，列圣相承，储位未有不归元嗣者。皇上纂祖宗之绪，须守祖宗之法，皇长子当正储位，万万不可迟疑，一也。臣等先年奉旨云：'立储以长幼为序。'今年又奉旨云：'父子至亲，长幼有序。'元旦之辰，皇上亲挈元子，令臣等谛视，又亲谕臣等：'长幼自有定序。'今言犹在耳。皇上岂得失信于天下，失信于臣等，二也。向来道路讹传，皆谓皇贵妃独蒙眷注，属意所生。京司百万军民，颇倡后议，独臣等不信，以为元日亲奉玉音，谓皇贵妃每劝册立，安得有此不根之言？乃今国泰之疏，既上而不报，已票而不行，则外间又生疑议，以为皇贵妃姑令国泰塞责，皇上姑为皇贵妃解纷，使疑在宫闱，忧在宗社，何以杜百万军民之口，副四海九州之心？三也。臣等窃谓，祖宗一定之家法，决不可不遵；皇上已出之纶音，决不可不信。皇贵妃未白之心事，决不可不明。皇上何不早发德音，定以明春册立元子？敕礼部具仪择日，立决大计，尽释群疑，使臣等得关其忠，无事哓哓强聒，自外于心膂股肱之托也。臣等之言，尽于今日。臣等去就，亦决于今日。"不报。已而，上特命中书传谕公等，词意甚厉。公知上督过之甚，不得已，复言："此举一日不定，则流言一日不息，皇上心事一日不明。如必欲暴白上意，解释群疑，莫若先令出阁读书，再议册立大礼。"上览奏，报可。已而，仍令内侍传示阁臣，候旨行。公喜甚，顾谓同官曰："上意无他，第谓册立大事不欲自臣下发之，吾辈宜拱默以竢耳。"

是秋，洮河事起。先是，套虏火落赤钞掠洮河，熟番入据莽剌川，就水草数出掠汉人畜，边将或就索，辄复得之。而副将李魁者，素有胆。忽侦卒报虏至，魁即单骑赴之，不介而驰，虏持鞚自白，魁辄拔刀斫之。虏众大噪，射魁，创甚，还营，宿昔而殒。督抚檄大帅刘承嗣击虏不胜，虏遂入犯洮河，副将李联芳出战死，廷议纷纷，谓虏已败盟，顺义实助逆洮河，且陷临巩，危若累卵，内外相率，攘臂谈边，必欲罢款决战。公乃具奏："先年俺答款贡套虏吉能及松山西海诸部，并听约束，西镇之□用兵，二十年矣。及吉能父子皆死，其孙卜失兔幼弱，而用事夷酋如切尽黄台吉者又相继亡，以故各部涣散，或以转堡要赏于延绥；或以借路生事于甘肃；或驻牧近边，驱之则曰'吾不犯内地'；或刀抢番族，问之则曰'吾不扰汉人也'。欲绝之，必以款贡为词，难于峻拒；欲抚之，彼实需索无厌，难以曲从。此西镇虏情之大略也。顾边疆事势，军旅机宜，譬之随病制方，不能执一，今虏既狡黠无状，掠我属番，杀我裨将，公背盟约，其势不得不战。然一二小酋虽已猖獗，而大酋全部尚在羁縻，顺义自西犹称畏事，卜酋回套犹听调遣。初未尝合谋犯□，其势又不得不抚。然或阳顺阴逆，已去复来；虽有卤掠，而或送还人畜；虽有杀伤，而或缚献罪处，此其势又不得不酌。于战于抚之间，顾今久安之后，洊灾之余，伍缺无可用之兵，饷逋无可恃之粮，当事者掘临渴之井，炊无米之粥。未及整顿，虏患遽已剥肤；方欲经营，人言更多掣肘。必须宽其文法，假以便宜，然后可以尽心展布，毕力安攘，此今日计边之大略也。臣请敕令兵部将督抚按梅友松条议作速议覆，其彼处失事，候巡按御史查严，另为处分。"已而，传旨令辅臣将梅友松奏报看详，且诘责各边督抚，引嘉靖间失事为证。公上言："今日虏情，与嘉靖不同。先年虏犯各边，惟一意拒战而已。今虏方款贡，就中部落有大小，情态有顺逆，不可以一部梗命，废各部之羁縻；不可以一边骚扰，致九边之决裂。如其背约，则当声讨；如其输服，不事穷追。制驭长策，绝不出此。今洮州失事，明系火落赤邀请，而宣大总督论书及虏王头目禀帖，尚犹未至，果否背盟犯顺，未可知也。若一有疏失，即大更张调抚臣、斥司道，而又更易总督，使丑虏反得挟以为重，必云我作一歹，边帅尽更，将益无所忌惮，而任事之臣，皆垂首丧气，莫能自振矣。"上深然之，然意犹苛责督抚不已，而崔直指景荣复报虏骑充斥之甚。公乃立趣铨部廷推戎政尚书郑公洛经略七边，又选用梁公云龙、万公世德赞画，又特荐尤帅继先领兵以往经略，奉公指从大同边外，迤逦而行，兵声大震，西虏闻之，咸惴惴思窜。于是移檄切责顺义，趣之东归，声火酋之罪，勒兵出剿。自是，莽剌川绝无虏巢，而他酋真相据捏工川，与火酋为表里者，亦遂稍稍移帐远徙矣。是时，上加意边防，屡闻警报，意不能无动，乃于御门视事毕召公及两辅于暖阁中，从公商榷机务，亹亹不休，且嘱曰："卿等为朕股肱，须替朕用心分理。"公仰承庙谟，竭力担任，语稍愤激，言官遂交章攻之，公去志益决。顾念西事虽稍宁戢，而善后尤宜熟图，复具疏申明边计甚详，上令九卿会议以闻。已，九卿陆光祖等回奏，大略谓："边衅委不可骤，款市委不可遽罢，经略委不可复更，兵饷委不可大減。元辅主持，允合机宜，委不可不听。"上报俞，众哗始定。

紫荆关外，广昌、灵丘等处奸民有奏开矿兴利者，而张守清尤桀，道路汹汹，谓旦夕且有变。会上谴中涓祷五台，还奏其事。一日，上视朝毕，召阁臣于皇极门议事，语次及之，公请敕该部行抚按查问禁戢，遂逮守清伏法，闭塞诸洞矿矣。不谓宛大、玉田、丰润奸民复言之。上遣问阁臣，公与同官力陈其非便：一防矿徒；二费多，得不偿失；三官吏绎骚；四示国匮形，令外夷得窥浅深，非算。是书出王文肃笔，而命意删削，悉公主之。事遂寝。自公去国后，武弁中珰朋比入奏，旨从中出，迄今为患焉。

辛卯春，内侍口传圣谕："邢锐擅作威福，结交官婢，与何成、赵昇等通同钻刺，都打发出去了。"公乃奏云："臣等近闻彗星示异，天鉴孔昭，不胜惊骇，以为圣明在上，岂宜有此？皆臣等奉职无状所致。方共省愆修职，冀消天变，不意宫掖之中，乃有奸人蛊惑，以致上拂圣意，有于天和。今皇威有赫，宸断不疑，奸邪迸除，宫禁清肃，而又奉圣谕切责言官，通行罚俸。仰惟皇上之尊，如天如父。天方震怒，人未有不畏威者；父方谴责，子未有不引慝者。皇上以群奸不道，鬻货嗜利，咎言官之不言，又以屡借风闻讪上，要直斥言官之妄言。臣等既无表率之能，又无挽回之术，旷瘝特甚，愧惧尤深。然自古帝王，照临百官，裁决庶政，即事以观理则气自平，缘情以用法则心自服。近日邢锐等若事已□著，恶已播闻，岂惟科道当言之，即臣等亦有不能□默者。惟是人在禁庭，耳目所不能及，事初发觉，言语所不能详，其烦琐触忤之词，诚属可厌，而旁观避祸之意，或亦可原，是在皇上以理照之，不必怒也。且渠魁先已斥逐，党与闻亦就擒，或命内监鞫审，情可立见，或下法司究闻，罪可立决，是在皇上以法绳之，不必怒也。臣又闻祖宗立法，入皇城者不得持寸刃，经断罪者不得充宿卫。向者内操人员持杖出入，言者每有隐忧，今内操久停，而兵器尤藏，谓当通行简查，申明禁制，此又防之于渐者。"上览奏曰："元辅真可谓忠爱忧虑之至矣。"

先是，邢玷阴为巫蛊，上怒，置之法，而特敕诘科道："君侧有恶，隐忍不言。"词甚厉，南中遂讹传，谓上有意督过公，公亦叠疏乞罢，其略曰："臣有至难至苦者，如迁谪官员，孰非宸断？明言之则谓归过于上，不言则疑臣修憾于中。留中章奏，何者不经御览？不请则疑臣蒙蔽，而请之又谓臣塞责。边务夷情，本难遥度，败则诋臣失策，而胜则疑臣欲借以叙功。召对敷陈，本为盛举，秘之则人多妄传，而播之又谓臣夸示恩宠。众之所拟，不当则以为私，而当则以为伪。众之所贤，未用则以为有意疏远，而既用则以为姑事虚縻。事至于不得不辨，辨之则以为争胜，而必欲摧之；不辨则以为气馁，而愈益攻之。人至于非理相犯，不容则以为狭隘，而群然非之；容则以为畏缩，而肆然侮之。人不论贤愚，事不论当否，与臣异者，即以为是，而欲引之升天；与臣同者，即以为非，而欲挤之入渊。似此世局，似此物情，将使予夺不听于朝廷，而听于众庶之口吻；去留不制于君上，而制于小官之掌握。臣虽百身千喙，何能自解于谤议，自免于风波荆棘之中？而皇上即以簪履庇臣，以鼎铉优臣，亦何能使臣不两惭而心悸也？臣窃为国家计，不去则弼臣益贱，国体益轻。皇上为朝廷计，不听臣去，则国论益淆，政本益亵。臣所谓不得不去，皇上不容不听臣去者以此。"上不允，立趣公出。

先是，十八年冬，上令内侍传谕阁臣："册立事，如明年春夏，科道等官不来渎扰，便于明年冬传旨册立。如再来渎扰，直待十五岁举行。"公与同官约曰："上已有明谕，臣下自当遵承。稍需一岁，大事定矣。"每诸司接见，公皆以此告之。自春及秋，中外相安。不谓工部张有德以营办请，疏中语备册储为重。上怒曰："小臣敢尔沾名耶？"时新安与山阴在直，不及与公商榷，乃曰："小臣以建储请，吾辈噤无一言，可乎？"仓卒具疏，首列公名以上，似不知有前谕者。上览疏，益不悦。立批册立事再迟三年，公卧榻间闻而惊起曰："阁中一谕，得之甚艰；小臣一言，挠之甚易。奈何？"

即别具一揭，一则谓前此圣意已定，谕旨已明，向来兢兢恪守，不敢违越，以俟来春举行，小臣不敢激聒；一则劝上如前宸断亲裁，勿因小臣妨误大典。原揭详具《升储录》中，时新安、山阴在阁司籍，出视公草，两公叹曰：“如公言当不致决裂，如今日吾辈悔无及矣。”速以公揭上请，冀一回天。上览揭喜，手赐批答，而竟不及建储事。已而，传谕云：“小臣渎扰以致朕怒，卿等当调元赞化，寅亮天工，乃宰相之职。反随小臣雷同疑贰，朕岂不益怒？自古宰相协和，然后可以保国。今阁务烦重，卿宜遵屡旨。”亟即入阁，公叹曰：“进退触藩，何以仰答上意？”上以新安前疏近激，督过弥甚，忽中旨批令致仕去。公谓：“新安去而我留，人其谓我何？”乃密请慰留新安，而极言：“新安如行，愿同去国以谢言者。”上难于慰留新安，而又念公意不可挽，乃许公暂归。公得请喜跃，具疏称谢，并以三事上陈：一曰早立储宫，以安宗社；二曰力持庙议，以奠边疆；三曰甄录逸才，以充任使。而复劝上慎起居之度，平喜怒之情，节用爱人，财以不蓄为富，亲政典学，治以无逸为勤，娓娓乎数百言。

公归三年，皇长子出阁。至辛丑，上命立储，遣黄曹郎琮敕存公于家曰：“卿赞襄有年，前屡有疏揭劝朕册立，朕志已定，待期举行。但因激阻，故从延缓，知卿忠言至计，尚郁于怀。今元子已册立为皇太子，冠婚并举。念卿家居系心良切，天语笃挚，似若报成事于公者。”而公陈谢疏内犹谆谆然冀上返初心，修始政，勿令已涣之汗，反而复行，不调之弦，更而复鼓。上悚然嘉纳，官一孙中舍。嗣后，以皇孙覃庆，比岁以公大耋，咸膺存问。四月间，上遣李大行自荣赍敕行。迨七月十日，敕使及门，公已不讳矣。

属纩前数日，嘱冏卿孝廉曰：“吾病甚，恐不能成礼，敕故坐名。义当跽领银币，君贶不可委之草莽也。”仍强起，手勒谢疏，疏中劝上勤朝讲、发章奏、罢征敛、慎封疆及时起废，绝不及家事亲朋。问疾询公何为，公拱手答曰：“吾惟来乎其所当来，止乎其所当止而已。”公卒，抚按以闻。上震悼不已，诏所司议所以优隆元臣恤典，礼曹请□祭九，诏加四，铨曹请特进一品制，而以勋爵例特加柎楇一。阁臣请谥曰文定，上报俞稽之谥法：“道德博闻曰文，安民大虑曰定。夫道德博闻非闻见博雅之谓，谓所行不离于道德也。安民大虑，谓思树惠慈，以虑安民也。公实□之，无愧斯名。与昔诸阁臣谥文定者，曰‘勤学好问，纯行不爽’者殊旨，盖异数云。”

嗟乎！子章事公四十余年，闻之公曰：“天下事平心而揣，则脉络明；平衡而治，则差数均；平气而调，则节奏和。”故公在事，一切以持平行之，不藏宿，不忮懻，过即释然。又曰：“吾受上恩宠，无以报。惟是不居功，不弄权，不市恩，不徼名，以诚心直道，处己待人，可幸无罪。”公书生时，持志厉精，尝骂倦鬼曰：“青缃浩牍，玉笥陈编，诵不能句，读未终篇。惟尔一至，令人□然。汪洋奥义，佶倔征言。凝思注想，欲援其玄。自尔一至，忽若澶漫。吾将抽戈淬刃，悬桃荐棘，出子于莽泱之埜，渡子于逍遥之域。”斯语也！斯志也！存此则为孔之不厌不倦，为孟之乐善不倦，出则为尹之无时豫怠，为旦之所其无逸，公之相业实基于此。

天子之揭于屏，岂漫然哉！不知公者，谓将顺以权还主上，委蛇以巽就功名。予尝质诸大人长者，则殊不然。云间陆文定公尝曰："申公正己以御物，侃直以持国。是苦心调剂于国体物情之间，而进退从容，沉几不露，真所谓命世大人矣。"太仓王文肃公谓："人曰'参合人情，权衡国论，聪明才辨者犹能之。'吾独服公于中旨迫侧、众咻纷扰之时，不戁不竦，翕如廓如，信口信笔之语，有更数千言而不能尽，数百岁而不易者。故姜公宝尝谓：'我朝元老所称雅量宏材，不茹不吐，惟申公一人耳。'"予友邹尔瞻曰："吾师挖政以来，手所拔冤抑者若而人，所调剂者若而事，惟和惟平，惟宽惟厚。始未尝不怒，怒而卒忘；始未尝不诎，诎而旋信。盖师心慈性善，机若转圜，而事体练达，又逊而出之。自后来敛手让后之人，遂有不得自由者。"又曰："吾师有百善而外人有不知者，有一笔而海宇回春者，此惟天地鬼神知之。"庶几知公之深矣。人亦有言："天下有一人知我，亦可以死。"又云："中国之民，明乎礼义而陋于知人心。"三公于公睹其瓈矣，不徒表之而已。而况主上之纶诏，出诸代言者？不论召对有股肱腹心之托，手敕有何所用情之褒。亲洒宸翰，不一而足。农采八穗，汉札十行。章以为三代以下，鱼水始终之际，未有若斯之隆也。公亦可以瞑矣。

公所著有《纶扉奏草》四卷，《纶扉笥草》四卷，《纶扉简牍》十卷，《赐闲堂集》四十卷。

元配吴氏，累封一品夫人。子三：长兆虬，早卒；仲即冏卿用懋；季即孝廉用嘉。伊陟鲁禽，为望尚赊，诸孙曾绳绳，具载家乘，不具论。

赞曰：人亦有言，盂圆水圆，盂方水方，此非独人主也。臣之体韵，亦犹器之方圆。方圆不可错用，体韵岂可易处？各顺其方，以弘其业，则岁寒之功，必有成矣。今主上圣明，四十年如一日也。癸未、甲申之际，频频召见阁臣，时闻采芹观旗之风，今味和之飧，不加宰辅矣。墨者守门，宫者守内，守囿守积，各恋栈豆，今矿监四出，飞而食人矣。朝议即纷纭，然后顾牛李等字，不敢讼言。今讼言某党某党矣，吉水、安邑诸贤间摈于外，犹得引之天垣天曹，宝鼎宝俎，今反闾巷，修鱼钓者，谁赐环矣？夫公何持何修，而得之明主，如旋羽还风，今乃投石耶？

辛丑、壬寅之间，人知青宫贰极，宗社万年，大计定矣，而恶知邹德之召见，造膝之征言，秘阁之德音，为之根也。人知福祗之国，宗藩维城固矣，而恶知公召对"元子龙姿凤目，皇三子玉笋兰芽"，二语为之别也。夫功有造端，有因先甲一日易，后甲一日难，杨子言之矣。密勿之功，人不及知，温室之树，公又不言，乃言官更有求多于公者，言官谔谔，相臣休休，乃所以交相成也。

予考本朝以鼎元入相者十二，元相者三，惟谢文正与公年相若，李文定之年又不如公。宰相享年八十者十二，元相令终者三，而三文贞一以征聘召，一以佥臬入，其赐第不如公。

本朝一科鼎甲无三入相者，三入相惟嘉靖壬戌，而王文肃、余文敏之年，与胤嗣之繁硕，又不如公。内阁谥文定者五，杨石首、蒋全州、李兴化、于东阿，微独年不如公，其谥同，其所以谥又不如公，若公所谓天与全昌非耶？公寿跻八十，而子章以天定之说祝，又岂非文定之识耶？公一品三考，上优礼极崇，而公辞疏有云："以至宠为至危，以至荣为至苦。”又云：“皇上少此一项，无亏高厚之恩，微臣多此一官，益增盈满之惧。”词极恳至，上始听之。未几，听公归。公归而署其门曰：“有赋归来，四时成功者退；无心誉毁，三代直道而行。”嗟夫！《易》云谦谦，《诗》咏几几。公实兼之矣。

（录自［明］陈仁锡《皇明世法录》卷八十七）

（明）王世贞《嘉靖以来内阁首辅传》卷八·张居正下（申时行附）　申时行者，字汝默，苏之吴县人。举进士第一人，为翰林院修撰。初从外家姓为徐，久而后复之。时行美姿容，秀目疏眉，性温茂，有体韵而不促惬。能诗文，善笔札，见者无不亲重之。初，以王父忧归，家贫，时时居间有司，又稍从狎邪游，既服除补故官，与同年王锡爵善，锡爵数规之，始稍树立，不苟取与。久之，副顺天试事，迁左春坊左中允兼编修，选充经筵日讲官，进左春坊左谕德兼侍读，预修世、穆两朝《实录》。寻为《穆庙》副总裁，进左庶子掌翰林院事。《穆录》成，进詹事府少詹事兼侍读学士，以久次转詹事，再迁礼部右侍郎，改吏部兼学士。《世录》成，加太子宾客，食二品俸。时行素蕴藉，不为居正所忌，由是得与四维并入阁。

……

时复当会试，大学士申时行与学士许国为主司，而居正二子懋修、敬修与四维之子泰征皆中式矣。

（明）顾祖训原编、（明）吴承恩增补、（清）陈枚续补《状元图考》卷三·状元徐时行　嘉靖四十二年壬戌，廷试王锡爵等三百人。擢徐时行第一。

按，时行，字汝默，号瑶泉，直隶长洲人。天资秀拔，书过目不忘。父士章，庠生，自幼课之有方。年十六，入庠。年十八，为提学御史赵公镗称赏，命录三场文览之曰：“利器也。”丁外艰，至辛酉六月，服阕。府公王道行、徐大节见其卷大惊异，谓：“必前此未与考者，非遗才也。”及拆名，果然牒送。督学吴公遵取为诸郡续考之首。完试，以所试文呈二府公，皆曰“魁选无疑”。京闱揭榜，中第三。是年二十七，明年大魁天下。

《状元录》：将诞之夜，父梦神人与桂花一枝，醒犹闻香。母梦红日照入帷间，直射其体，生而肤如玉雪。四龄出痘，医指胁间一大痘，挑之血流紫色，曰：“此子必登高科，与状元朱公痘正相类。”至己未冬月夜半，支硎山岩端有声如雷。居人诘朝视之，有石仅丈，自山腰移下十余丈，复转而东，所过小石裂一缝如虎丘试剑石之状。识者谓：“来科状元兆也。”吴中旧谶云：“穹窿石移，状元来归。”宋时黄状元由我朝朱状元希周皆有此兆。壬戌，时行应之。此石倚于道左，行人人天平路，每依此石以坐云。又相士李姓者，尝以状元许之，故其诗有“李仙许我占鳌头”之句。辛酉，时行梦行通衢得明珠一颗，心甚异之，人室一室光明，意此龙颔下宝也，必将来取。龙果至，昂首向室内，又意此珠不可轻授，乃缄题云：“臣时行谨封。”跪而献之，龙得珠而遂翔焉。是年四月，书斋忽生芝草三茎，童子不知，手去之。次日，复发二茎，色皆黄。七月，督学公约试于句容，委高淳令编卷，令寓崇明寺，时行亦寓。此吏夜编号，有四吏未寐，忽见火光起，其中一大魁星自外入，吏惊叫，令亦骇起。明旦，入白于督学，谓："必大魁之兆。"时所编者吴庠卷与焉。府中王、徐、高三公同梦龙起翔于天衢，至明各会语相同，大异之。及冬，吴士梦报捷者至，人争叩之，彼且驰且答云："状元、会元皆有。"除夕，指挥刘世统梦新状元徐时行也。先，余有丁尝梦登杜正榜进士。既第，榜首非杜，及时行入领赐袍笏，典之者内臣杜正，是梦亦渊且巧矣。公后复姓申，晋首相。

（明）李维桢《大泌山房集》卷一百十一·碑·特进光禄大夫左柱国少师兼太子太师吏部尚书中极殿大学士赠太师谥文定申公碑文 今上十龄践祚，委政张文忠。又七年，申公同居政府。又三年，江陵物故，张文毅首揆。未一年，奉讳归，公当国。又九年，始谢政，年未及耆也。又二十四年，年八十卒。

公去，阁臣不得关其忠，日成怨府，往往以公为口实。余考公当国以来，得君行政，非迩日诸阁臣所易为也。四方灾，请发临德两仓余米、太仆马价。江南灾，请发帑金数十万，遣省臣赈，或以公家江南为嫌，正色而对曰："穷民易与为乱，忧不在吾乡。"后两河大侵，思公计，复以帑金赈之。旱甚，请上省躬罪己，布衣蔬食，虔祷郊坛。上平明自宫至郊，却辇徒步，数还顾公。近前祷毕，请敕群臣罢一切苛政。河决，请用故司寇潘季驯治河。滇、陇、川变告，抚臣请增兵三万，饷百万，公第令调所部，兵食无增。蜀番内侵，请以剿为先声，抚为权术，毋轻发，上曰善。而蜀方采木，具言艰难状，请宽其期，守臣得一意讨军实。辽仰、逞二奴侵海西属夷，抚臣顾养谦议剿，兵备王缄议抚。养谦论缄，上逮治缄，而以省臣言欲并罪养谦。公疏争，不报。上览缄狱词，诘贪功生事者主名。公复言："御夷之道，抚顺剿逆，养谦主剿。"议是得无罪。

套虏火落赤掠洮河，熟番据莽剌川，射裨将李魁创甚，还营死，遂寇洮河，副帅李联芳死焉。朝臣谓虏渝盟，必罢款决战，公言："战未可轻举也。"虏王以迎佛为名，规取瓦剌，迟留西海上，属宣、大督臣檄谕之，而推大臣往经略，师自大同塞外行，他酋为火酋援者稍远徙，虏王亦东归。宣府史、车二夷叛出边，令边臣谕虏王缚两夷以献。是役也，言者议公主和误国，章数十上。公乃极言边事："夫虏贡则奉表称臣，市则以马易货，与朵颜三卫抚赏辽东诸夷开市同。今等北虏于辽金夷、本朝于弱宋，是不谙国家之体也。兵难隃度，臣以火酋背约当战，他酋未合谋当抚，责成督抚论虏王无助逆，革火酋抚赏，密图剿处，后先拟旨具在，岂专主和不战？事可否相济，计虑宜周。若轻以主战迎合众意，安取匡弼？是不明大臣之义也。臣前疏以专力创西虏，以全力制大虏请，终言之虏款则利归酋长，掠则利归部众，故散夷恒喜战。而我将吏偷安，武备单弱，以久不习之兵，当方奋之虏，何能决胜？此彼己之当较者一。宣、大至甘肃虏，虽一家俺答物故，势亦渐涣，顷掎酋西牧传调诸部，有应有不应，其威令可知已。火酋犯顺则必诛，撦酋助逆则革赏，其他守约不渝者羁縻勿绝，我得西征，无牵北顾。此顺逆之当别者二。西虏距京师远，闻警辄动色相戒。宣、大地近虏众强，兵端骤开，羽书狎至，虏起如蝟，汹汹之情，哓哓之口百倍。今日即尽诛，边吏尽易，大臣何益于事？与其骤而激之也，宁徐而图之。此缓急之当酌者三。凡言战非能以虚声喝虏，空拳驱士，士又非能枵腹往也。语云：‘兴师十万，日费千金。’比岁灾沴，公私耗竭，大农见储不支一镇年例，所恃兵部马价耳。已征发数十万，一镇击虏，他镇复然。今年索马价，明年复然，太仓、太仆之积乌有，可为寒心。各边抚赏费，岁不过四十余万，不能当蓟镇什三，而可制诸虏毋动。我集饷选士，声二酋罪，至天之罚，兵费有限，国威亦伸。若兵连祸结，财匮力殚，熙河之衅，臣何忍言。此赢诎之当权者四。是不察边镇之情也。请召九卿于廷质以臣言，使商得失，无荧惑视听。”上手诏褒答，下九卿议，冢宰陆光祖等奏元辅计是。上曰：“申阁老调度正合朕心，群臣无复妄言。”

江陵见籍，公言：“老母无依，子孙继死，非罪人不孥之道。”上为给田宅恤其母。又以饷缓逮平乐守周祈于狱，且并逮监司。临江守钱若赓多毙人杖下，命傅死比。公皆疏止之。畿内垦水田，中人蜚语闻，上将罪建议者，公言：“建议何罪？病在奉行不善，求效太速耳。”都御史李材抚郧阳，为部卒所辱，得无逮；后以冒滇功逮治，当材罪斩，得无坐。行太仆卿熊瑞愤，御史崔景荣劾之，亦劾景荣相抵，景荣得无间。皆公疏救也。丁御史此吕论高宗伯启愚，词连杨冢宰巍，上罪此吕，而给事王士性、御史江东之因劾冢宰及公，公三疏乞休请还。谏臣职郎高桂以王文肃子衡与公婿李鸿中式为私，公请覆试，试毕，郎饶伸直斥文肃。上下伸镇抚司，公特疏伸所言：“臣等子婿事，伸以臣等得罪，臣等罪更重。”进士薛敷教等劾都御史吴时来，语侵公。御史魏允贞以边事刺公，翰林刘应秋等亦有疏。南京御史李用中刺公，疏留中，南礼郎汤显祖、佥事李琯继之。公六疏辩，五疏辞，空胸腹焉。上又授公主事王德新、顾宪成疏，云：“朕非幼冲，何言左右簧鼓？”命公重拟，不从。御史马象乾以诸弹章见格疑，公等有意庇之，而劾幸阉张鲸，请置之理。上逮诏狱，公封还御批。给事李沂复劾鲸，上怒甚，逮沂廷杖，公率同官叩大内疏救。上元旦召见公，示评事雒于仁疏，诬“朕为酒色财气所使”，触怒致疾，声色俱厉，公言：“小臣轻信失真，疏久留中，方仰圣度优容，一旦严谴，翻成其名。”以疏还置御案者三，反复宽譬。诸言事涉公者，公自理，不督过其人。若给事邹元标、御史范儁、主事卢洪春之属，事关乘舆，必婉剂之，或不尽俞而所转移多矣。

中人视太和山香税，上命敕兼分守，行都司示以先年王佐吕祥敕。公言：“此未革镇守前事，与乱同道，臣不奉诏。”上不为忤也。张鲸恣睢沓墨，颇有宠，公与王文肃密奏，会入对，命公训责鲸，鲸后竟被逐。上谒陵，幸东山口，谕公：“口应筑墙。”盖司陵中人借墙工侵牟，故公奏：“西北诸水俱由此入，筑墙建桥，难成易败，口通黄花镇，已有边墙，此工可已。”上曰：“然。”东南织造岁增至十二万，工费至六十万，公请减三之一。已，取太仓十万行赏，赖公言裁其半，公属户部以金花银用于来岁叩除，复取户部太仆银三十万。他宣索如采金珠及中旨岁时进奉，从公，十省其五。江西磁器制日诡异，不可用，上听公言，并罢其难成者。部科请停岁买办银二十万，上不允，公执奏，得免三之一。台省请罢内殿诸工，上曰："殿任其坏，后当更费。"又问公嘉靖间抚按进助工例，公以"工所重在寿宫，殿非常御，可缓。抚按赃赎已解京，不宜再括取"，俱从之。中人祷五台者还奏："紫荆关外诸邑亡命窜居窃矿，可设官鼓铸。"公请下守臣捕，其魁伏法，塞诸矿，奸民复以为言，公属文肃为疏言有四害，上再传更票旨，公奏如前事，得寝。不数年，而中人以开矿祸天下矣。

辽庶人子藉口江陵讼父冤，乞复爵土，上将许之，公言："庶人所犯，自足亡国，是以皇考法不避亲，贷之，启得罪诸宗觊觎。"事乃已。周中尉勤儕奏乡官卓世彦庆，成庶人知搌等奏王与有司比。上意逮诸臣，公言："勤儕等事，行王勘不信王，而信偏辞，不可。知搌犯札毋骂，王奉旨革禁，更行诬蔑，宜付抚按杂治。夫亲王于宗仪，将领于军士，有司于百姓，提学于生员，各听管束，则纪纲正而天下治，违此则乱。"上悉如议。圣母父李炜卒，欲赠国公，公言："世庙厘正，国戚封典无赠公者。圣母孝思无已，或可赠太傅耳。"又欲其子文全袭侯，公言："伟封伯而子袭侯，揆国典非制，酌人情非体，或姑令袭伯爵一辈。"从之。

上召公，示御史董子行疏，谓："抚镇官宜亲巡历，巡抚宜久任，边方司道宜优异，沿边佐贰官宜慎选用破格迁除。"公且披且奏，上首肯。向后有事再与先生计此，公被召对之首也。又召公谕以奏报灾重，公言："要在蠲赈。"拟手敕进上，行之。又言："故事题奏本上，次日发阁拟票，次日批发，大事则即日行。迩来章奏间有停留，望特垂省览。"上遂批答如常。

已，因辍讲久，疏言："太祖经营草昧，备极勤劳，日与儒臣宋濂等讲论经史，寿几七十，犹命博士许存仁进讲。世宗经筵日讲外，复讲《大学衍义》。请以辰巳时御经筵，或有政事，臣等不时听召。"上报闻。至日，以唐太宗多惭德、魏徵亏大节，罢《贞观政要》，讲《礼记》，公奏《通鉴纂要》、《大学衍义》可兼进讲阁中。得高皇帝御笔七十六道，装潢以进，因请法圣祖，宏纲细目，无不周详。大廷深宫，无时暇逸，上喜留览。

上选内竖二千大阅兵。公请罢，以安人心，杜乱萌，养君德，省滥费。不报。台省亦有言者，而主事董基言尤力。上怒，欲行遣，公疏解之，得薄谪。语诸大珰："诸人未明荷兵仗进大内，设有奸徒窜其中，外廷不得闻，宿卫不得入，若等安所辞罪。"诸大珰恐，奏当如阁臣言，乃止。

上祀山陵，蓟、辽报火灾，谍者称土蛮蠢动，公请免镇臣，调兵守黄花镇，督抚无候巩华城，上曰："此朕意也。"祀毕，上阅吉壤，每登陟，命中使扶掖。公至感恩殿，饷公加常等，而传旨："体倦，且息一日。"公请暂憩半日，以午刻就道，宿巩华行宫。不报。翼日，幸东山口，抵暮方还，公疏云："山气更寒，阴风易袭。"末引伯益戒舜、晏婴戒景公语。上曰："是诚爱朕。"诘朝回銮。初，命公往视大峪山，御史李植等谓不吉，公有偏党。公疏辨，上曰："阁臣岂以技术为轻重。"寻亲阅，称诸陵不及此。上御东室，特召公前，劳苦之，赐以所御玉带。重九，上循诸陵，行登巩华城楼饮。夜半，公叩关请驾还行宫。上久不视朝，公请清明平旦视事。须臾，燕间听讲，上命公谕诸司候万安日行。宫人、阉宦以小过捶死者众，疏言：“养生之道，寡欲为先。调气之方，平情为要。炎月燥火易升，夙夜寝兴，宜备加慎。”又疏请朝讲，上谕：“明日出朝受贺，常朝暂免。”朝罢，公复疏曰：“诸司章奏留中，下情不达，上意不宣，为害非浅。”上食顷省发略尽矣。

上屡遣官代庙享，公言：“神不歆非类，未可习为故常。”上谕：“病艰于拜，故暂遣官。朕欲见先生，因此不得。”公奏曰：“君臣犹父子，俯垂延访，随便趋见，以尊临卑，志意自能舒展，谈论自可从容。何患失礼?”已而，彗星示异，上特谕公：“朕怒小人蛊惑，以损朕德，邢锐擅威福，结宫婢，与何成、赵昇等通同钻刺，已斥逐矣。”又奉谕罚言官俸，公奏云：“即事观理则气自平，缘情用法则心自服，邢锐等人在禁庭，耳目所不及。事初发觉，言语所不详，其烦琐触忤之词，诚属可厌，而旁观避祸之意，或亦可原，以理照之，不必怒也。渠魁先逐党与就擒，命内监鞫审，其情立见，下法司究问其罪立决，以法绳之，不必怒也。内操虽罢，带藏兵器者尚夥，请申禁制，防微杜渐。”上览奏曰：“元辅真忠爱忧虑之至矣。”降敕慰公。公复附奏：“孟夏时享，请亲举行。”上从之。

初，皇太子五龄，公疏请曰：“昔英宗二岁，孝宗六岁，武宗未周岁皆正位东宫。元子聪明克类，臣民属心，宜□建储位，慰兆人之望，固万世之基。”上以元子婴弱，少俟二三年举行。公复疏曰：“古者辅养太子，自孩提有识，已备师傅之官，抗世子之法，令修讲学。故事，备朝贺盛仪，恐元子弱年未习，若建储在宫中一受册，在文华殿一受朝，未为劳也。”疏入，上曰：“朕知卿忠君虑国矣。”姜给事应麟、沈吏部璟有疏被谪，言官复合疏援之。上怒，令阁臣议重遣，公与同官力诤，上特谕云：“我朝立储有成宪，朕岂敢私己意，坏公论。彼意置朕不善之地，故以是处。”传示数番，公仅拟薄罚。而语同事：“异议渐起，将建储封王并举，庶干体统。”各正疏：“以永乐二年立仁宗为皇太子，即封赵王。天顺元年立宪宗为皇太子，即封德、崇等王。今皇长子宜正东宫，皇三子宜分封。”会召见，上可公奏，公叩谢出。上遽令司礼止公俟，宣长哥与先生一见，公闻喜甚。上令内使觇公：“申阁老闻召长哥，喜否?”内使以实对，上微哂之。已，皇长子、皇三子俱至，上于榻前手携皇长子向明正立，公等注视，因奏曰：“皇长子岐嶷非凡，实上昌厚之仁，齐天之福。臣等造膝一见，贤于苦口万言。”公顾谓同官：“时不可失。”即疏请曰：“皇长子、皇三子伦序已定。圣心知之，外廷未也。臣等亲承面命知之，海内未也。今春册立出阁，使天下知上笃于爱子，不出臣下仰赞，而出渊衷；重于升储，不由外廷陈请，而由特诏。臣等见皇子并侍膝前，未有章服。册皇长子，并册皇三子，尤臣等款款愚忠。”上曰：“卿等见皇长子本质尚弱豫教，朕已知册立，候旨行。勿再烦扰，以间天性。”越旬，公复请曰：“所谓豫教，非但诵句读、仿字画而已，又非但处宫闱、伴以内侍而已。习句读不若讲论经旨，可温故知新；仿字画不若解释文义，可旁通博识。宫中见闻不若外廷之广，内侍亵近不若师保之严，望明□□期，酌定礼仪。”不报。又因遇灾修省以请，复属文肃疏请，不报。越二日，公特疏曰：“祖宗家法，储位必归元嗣，皇长子当正储位，万万不可迟疑，一也。先年奉旨

'立储以长幼为序'，今年奉旨'父子至亲，长幼有序'。上亲挈元子，令臣等谛视，亲谕臣等'长幼自有定序'。岂得失信天下，失信臣等，二也。道路讹传，皇贵妃最蒙眷注，属意所生。独臣不信，以为亲奉玉音，谓皇贵妃每劝册立，安得有此不根之言？今郑国泰疏上不报，已票不行，外间更疑皇贵妃以国泰空言塞责。疑在宫闱，忧在宗社，三也。一言册立，尽释群疑矣。"不报。上特命中人传谕："卿等安心赞襄，不可学此辈激言。"公复言："此举一日不定，则流言一日不息，上心事一日不明。或先令出阁读书，再议册立。"上览奏，报可，仍示候旨行。公顾谓同官："上意无他，第大事不欲自臣下发之。吾辈宜拱默竢耳。"先是十八年冬，上谕阁臣："册立事，如明年春夏科道等官不渎扰，明年冬传旨行。再渎扰，直待十五岁。"中外无复言者，而工郎张有德疏请治东宫仪仗，上怒："小臣敢尔沽名。"时公在告，许文穆、王文端具揭，首列公名，公别具揭谓："前奉旨于十九年册立，不许群臣激聒，群臣言及此，臣即止之。昨同官揭，臣杜门不与闻，乞上如前断，勿因小臣妨误大典。"上答云："览卿奏已悉，建储业有旨。卿安心调摄，即出赞襄，以解朕思。"给事中罗大纮等谓："公遁词买友，秘语欺君。"而公遂决去矣。

其疏曰："比年迁谪诸臣，孰非宸断？明言之则谓归过于上，不言则疑臣修憾。留中章奏都经御览，不请则疑臣蒙蔽，请则谓臣虚文。边务难臆料，败则诋臣失策，胜则疑臣借以叙功。召对盛举，秘之则人妄传，播之则谓臣夸宠。众所拟不当则以为私，当则以为伪。众所贤未用则以为有意疏远，用则以为聊事虚縻。事不得不辩，辩则以为争胜，必欲摧之；不辩则以为气馁，愈益攻之。非理相犯，不容则以为狭隘，群然非之；容则以为畏缩，肆然侮之。人不论贤愚，事不论当否，与臣异即是而引之；与臣同即非而挤之。将使予夺不听于朝而听众庶，去留不在于君而在小官。臣不去则弼臣益贱，国体益轻，国论益淆，政本益亵。"上乃允公去。是疏也，所谓阁臣日为怨府者，今弥弥滋甚矣。公疏辞谢，因陈三事：早定储宫以安宗社，力持庙议以奠边疆，甄录逸才以充任使。复请慎起居，平喜怒，节用爱人，亲政典学，娓娓数百千言。上嘉纳之。

后十年，皇太子册立礼成。上念公始事，赐上尊肥羜白镪文币，遣郎黄琮存公于家。敕曰："卿屡劝朕册立，朕志已定，待期举行，但因阻激，故从延缓。知卿忠言至计，尚郁于怀。今已册立皇太子，冠婚并举。念卿家居系心良切，公之心自是白矣。"

始公以进士对策拟第二，世宗擢第一。徐文贞亟称公后来之彦，当大任。而高文襄亦招致公，公不应。上初出阁，讲官当及公，新郑私所取士，有欲为公言者，公曰："此故非论资，可执簿呼名而得，余何敢滥？"已，掌文官诰敕，训词典雅，一洗芜蔓沿袭之陋。穆庙升遐，诏诰笺表出公大半，圣母览之色动。公年方三十有七，以过思颁白矣。上登极，进庶子入直日讲，证引古今政治得失，举止详雅，音吐洪亮。上尝曰："申先生与众大异。"虚己敛容受之。公为诸生力学，作《祛倦鬼文》，自署南州子，上得之旧籍中，改"鬼"为"魔"，写之御屏。《穆宗实录》成，进少詹事兼侍读学士视院篆，兼理清黄，削芜正伪，而乙其互异者。已，修《会典》，自弘治来八十余载，损益因革，分合异同，会计典礼，边防河漕诸大事，讨论故实而润色之。进礼部右侍郎。

《世庙实录》成，加兼太子宾客。已，改吏右。时江陵夺情谏者廷杖五人，赵用贤、沈思孝、邹元标，公所进士；吴中行，同年也。拉王文肃解于政府，政府操之蹙，两人聚谭泣下，遣医视创，露立候报。沈远窜，为遣苍头护行。江陵归，请增阁臣，铨部以马文庄及公名上，拜吏部左侍郎兼东阁大学士，参机务。题座右曰："收敛精神，平居如对君父；讲求政务，梦寐毋忘国家。"手疏江南恤灾四事，以开浚修筑之要，俾御史林应训行之。淮、扬民流田荒，议先招民后垦田，减班军班价四之一。滨江海郡县为潮所没，请改折漕米，米以雨浥烂，司仓郎却回，公曰："是一岁两输也。民且生变，以十七留通州，十三入京师。"给军犹有难色，公、郎官对众炊食之，然后已。

宗人宸凉等相讦，上猝召阁臣问状，公奏："宗室封婚，必按臣核实，部臣题许，擅婚所生子女许名，不许封。以例则六百余人当削。以情则封在嘉靖二十八年，例未布。可以二十八年为断。"上曰："可。"后宗禄告匮，请遣给事集议，分嫡庶限封等定今数补缺额，请举潞王成婚，建府之国诸经费。上曰："申阁老周详如此，事多出人意表而中窾，会其所讲求素也。"江陵病，王冢宰为祷于神，请公不应，病益剧。冢宰醮如前，公笑曰："冢宰今再醮矣。"长安传之捧腹。

蒲州为政，语公："稂莠已盛，要在芟刈。"公以皇太子生，乘此施惠天下，布诏省烦扰，缓征徭，守成宪，举遗逸，恤灾荒，酌驰传，停丈量，平刑狱，禁科罚，罢工作，一切宽大从事。后应诏陈言催科加派，用度侈靡，语义类足。司礼冯保私人徐爵为奸利嗾御史劾不便己者，公密以闻。上镌御史官督过，保语浸淫外传，言官揣知指劾之，拟旨下爵论死窜。保公子用懋、蒲州子甲征中会试，魏御史允贞引韩忠宪事抗章云："俟两辅去，方入对。"公恳上行其言，御史江东之、张文熙复踵前议，公辞数四，请覆试。御史赵应元以江陵党未除，请行考察，公深言其不可，而首请加言事得罪。

前赵、吴两公官，诸台省郎邹、沈之属，凡数十人，皆不次用。御史张文熙以阁臣专政请革，公言："国事部院分掌，归统朝廷，如阁臣全不与闻，何以对顾问？何以酌票拟？陕西灾伤，辽东虏情，云南莽贼，皆国大计，各官投揭不为阿承，臣等商略不为侵越，言官惩前人弊习，防后人将来，不知专权在人不在法，择人守法则可，因人废法不可。"上命中人传谕如公言。公又疏："议论不一，诏令不行，非独民生之害，害且在国。欲一议论则题覆必慎，欲行诏令则查参必严。"廷议从祀以王守仁杂霸，陈献章伪学，独布衣胡居仁无讥焉。公疏："三人学行皆不愧圣人之徒，祭法当并祀。"群议遂息。

上先后召见斋宫、寿宫、暖阁、毓德宫者七。临观浑河，命公作歌。执政称病，命中人及鸿胪寺宣谕。上特命冢宰谕留公数十，旨温而语切，最后留公手诏九，俱自中出，亲洒宸翰。中有效晋唐人书法，上所珍重。询中涓："申阁老道佳否？"其称公曰阁老，曰先生，而不名。辅臣九年考，方赐宴礼部，公初考得之。以《累朝训录》成，晋太师。以陇川功，任子世执金吾。以西事得策□□□□□□□□□□□录，复赐宴礼部。公受宴而已，仍敕赐奖。皇太子立，皇太后上徽号，公表贺，两荫子中书舍人。八十存问。上以阁臣言亟许，前此有过期不得者。公上遗表，复加赐，任子尚玺祭九，坛增四，谥以文定、文恪。两请用文定。馆阁臣寻常得谥文，而义十有一取“道德博问”惟徐文贞定，义有四取“安民大虑”惟公。上知公深大臣，始终恩礼优渥，五十年间不再遘矣。

公在阁，恒以昧爽入，以日昃出。十四年间，仅壬午冬休沐月许，向后无一日间，客无问崇卑，降体延接，谋度諏询，和颜色而受之。分校礼闱，主考京兆，两典会试，三选庶、常吉士，所识拔俱人伦之选，济济表著，或操戈入室，夷然不屑也。遇大隙大軏，裂然高断，无论亲昵知故，即三易旨，五更票，必伸其志。江陵初败，口诛笔伐，过于操莽。迄今思江陵，何可得？公为世诟病亦复不少，迄今思公又何所得哉？

按，申氏出四岳宋司马尧佐。南渡，居吴中二十一世。其居姑苏谱轶不传，而吴山麓七世丘墓具在。可考者曰敏，敏子官保，官保子恭，恭子源，源子镃，镃子博，博子周，周子乾，少育外兄徐翁所，从其姓。乾子士、章、周以下，俱赠如公官。母俱赠一品夫人。公复故姓，名时行，字汝默，别号瑶泉，晚号休休居士，又以名其园。偶病，病而瘥，更号苏庵。以禄不逮亲，语辄迸泪，恨居约时葬有阙，戒子“无厚葬，重吾过”。继母黄夫人长公财，数岁视膳问寝，虽白首如赤子。以徐为大父，所自育视如同姓，岁时与先人并享。二母之党咸待公，而有家从弟五人若支属数十百人，资之衣食。婚丧置义田八百亩，赡族二百亩，佐里役百五十亩，食贫士。中丞台平赋荐绅家任赋长，公首应令。单赤以苏生祠公金阊西乡。子孙十有五人，所任子数相当，无一任者务治经术。吴俗侈，公节俭，室无玩好，衣冠僟从简约降等，骤遇不知为故相也。庆吊报谒，早暮风雨，不避谒，有称晚生及行坐执弟子礼者。为园曰适适，日与客游咏，顷刻百千言。传觞对弈，夜分无倦，登览山水，却杖徒步，须发如雪而颜渥丹□，至人纵观，目为天人。偶病出临太后丧，觉小剧。存问诏使将至，语二子：“吾殆难成礼敕。”

（明）焦竑《特进光禄大夫左柱国少师兼太子太师吏部尚书中极殿大学士赠太师谥文定申公时行神道碑》 韩退之有言：“宰相职系天下。”天下安危，宰相之能与否可见，凡所谋议厝施者不足道也。姑苏申公相今上，在揆地六年而为元辅，为元辅者九年罢归。当是时，明良相遭，文恬武熙，虽旱潦不常，夷狄时耸，而旋就底定，天下号为治安。公归二十有三岁，年八十，以疾终于里第。上方遣使存问于家，而适与凶会，使者以闻，上震悼，特予祭十四坛，遣官敦葬事；赠太师特进一品，荫子尚宝丞，谥曰文定。所为饰终者甚备。公子用懋等，以万历四十四年七月五日葬公吴山之原，盖有状有铭，载公之行事，閟诸幽矣，惟是螭首龟趺，揭于墓隧以表见于后世者，宜有辞，特以委余。念为公门下士，谊不敢不承。

按，申氏自元至正以来，七世皆葬吴山，始葬者敏三。敏三生官保。官保生恭。恭生源。源生镃。镃生博，为公高祖。博生周，为公曾祖，以公贵赠特进左柱国少师。周生东城公乾，大父也，少育于外兄徐翁所，从其姓，公及第后始奏复之，赠如公官。乾生古愚公士章，公父也，累赠如东城公。曾祖妣、祖妣、妣皆一品夫人。

公少敏悟过人，所览辄能诵，为一时偶俪之文，绝出伦辈。郡县及督学使者试，辄冠。嘉靖辛酉，举乡试第三。明年廷试，上见公所对策词札兼美，亲擢第一人，授翰林院修撰。每朝谒罢，念政机所由出，主者多阔略，下吏得因缘为奸，乃集考因革之所当者，列为定例。其后事无不核，问无不对者以此。癸亥，以东城公忧，归。丁卯，公除。明年分校礼闱。己巳，掌文官诰敕。庚午，同丁公士美典试顺天，简拔得人。辛未，复分校《礼经》，所得士多从落卷中搜得之。公不自言功，而一归主者。甫彻棘，进左宫允，充经筵日讲官。九月，仍同丁公校武举士。亡何，晋宫谕，充《世庙实录》副总裁。会詹院坊局主篆皆缺，当事者悉属公。穆庙升遐，诏诰笺表诸撰著填委亦以属公。癸酉，上登极，进宫庶，直日讲。自是劝讲者六载，指物譬事，析毫解缕，闻者朗然。又进止都雅，上每目属之。甲戌，进宫詹少尹，兼侍读学士，视翰篆，兼理清黄。丙子，进宫詹，《会典》副总裁。丁丑，同蒲州张公四维主会试。八月，晋礼右侍，兼太子宾客。已，改吏右侍。

是时江陵夺情事起，以建言廷杖者五人，公与娄东王公请解于江陵，不能得，乃密谋于缇帅为之地，时时馈橐饘焉。戊寅，晋吏左侍，兼东阁大学士，参与机务。公旃厦之地，启沃功多，上特峻擢之，其简在非一日矣。

宗室宸凉等六百余人，以擅婚互讦。上坐文华殿，猝召阁臣入，公面奏："旧制，宗室年十五，请封请婚，按臣核实以闻，礼部题给封号，许成婚，如未覆请而婚者，所生子女不得封，定例也。此六百余人皆应夺，但封于嘉靖二十八年，事在例前，念其年远人众，惟上恩之俾及于宽政，幸甚。"上深然之。

是岁，公满三品考，晋礼书，予荫胄监。庚辰，主会试，录文简切温厚，后生多传去为式。

淮扬灾，时抚臣有议开垦者，公曰："流移多则服田者少，而欲舍已成之田，垦积荒之地，必至驱见在之人而流移矣。且彼最苦者班军、班价，班军一岁番上而耗伍二三，班价一岁并征而扣粮八九。卫所无羡丁而多重役，月粮无见支而有出办，不处此二者而欲民无流亡，不可得也。"漕抚乃具疏以请，得各免四分之一。

壬午，江陵病卒，蒲州代之，语公曰："稂莠之余，要在芟刈。"公应曰："肃杀之后，必有阳春。"盖一言而公之相业定矣。会皇长子生，乃与蒲州尽取诸司所拟宽条损益之，如省烦苛，缓征徭，恤灾荒，酌邮传，平刑狱，罢工作，一切以宽大行之。而蠲新税不蠲旧逋，俾人沾实惠，而奸民不得滥免。公之虑远矣。

江陵虽逝，其党伺隙思骋，相与构衅，劾罢阳城宰，并及蒲州，公慨然曰："吾尚可以默乎？"乃尽发冯保、徐爵诸人与外廷表里为奸状，诸言者继之。上命公拟旨下爵诏狱，论死，安置冯保南京，籍其家，而趣蒲州出视事。公乃佐蒲州因人情而顺流，与之更始。已，代蒲州为政，首以疏请，于是吴中行、赵用贤、邹元标诸人皆起谪籍，为中朝显官，而言者气益张。或说公曰："人以言举膻涂也，审尔，孰不以政府为射的邪？"公谢曰："吾知崇奖言路为盛世事，遑恤其它？"未几，有魏允贞者，以公子登第为言，公第请覆试而已，不以一语侵之。顷之，且置之要秩，朝士无不啧啧归公之量矣。

江陵奉旨籍没，求多者日众。公言：“居正自干宪典，业无可言，若老母之衣食不时，子孙之死亡相继，于罪人不拿之意，不无过当。”力请上宽之。而复有因罪江陵议复辽府者，公不可，谓：“江陵之破家，辽庶之亡国，皆其自取，原不相蒙。且皇考惩恶之大典不可变，亲藩觊觎之大衅不可开，已毁之府第营缮不赀，既废之亲王支给靡继。”竟拟旨罢之。

是岁，云南献俘，上加公少师，进中极殿，荫子锦衣。公力辞，仅进一阶，改世荫为尚宝丞。自从柄地以军功辞世荫者，自公始也。

乙酉，余文敏下世，公力荐王公锡爵、王公家屏与共政，时论称其得人。夏五月，亢旱，公引咎乞归。遂力请录言官，减袍服，停磁器，蠲租税，慎刑狱数事。上嘉纳，为下诏，布袍蔬食，步祷郊坛。因切责监司守令不能爱养小民，上干天怒以至此。一时小大臣工皆有懼然自新意，实公发之也。

先是，上幸兵仗局观所造器械，因令内竖胜兵者肄习之。或言先朝有内教场演武者，于是选内竖二千余人，略如三营法练之。公上疏切谏，会部臣董基以谏谴，公乃传语大珰云：“此事属在内廷，诸人环甲荷戈，未明而进，设有奸宄乘间阑入，外廷不及闻，宿卫不得入，公等何以待之？此莫大之忧也。”诸大珰闻之色变，以阁臣言力奏，上遂止。盖公所为潜移默夺者，皆此类也。

秋八月，公奉命往视大峪山，太仆李植疏言：“大峪非吉壤”，谓公与故尚书徐学谟昵，故赞其成，憾尚书陈经邦异议，故致其去。公一一疏辨，上曰：“阁臣职在佐理，岂责以堪舆技耶？”乃传旨，亲阅寿宫，裁群议。时采御史柯挺言，而大议遂定。特赐公玉带、罗衣，以旌其劳属。

皇长子五龄而储位未建，公约同官于岁首合疏以请。上以元子孱弱为解，公复力言：“元子五龄即未甚壮，方宣、孝两庙实已过期，夫修讲读之故事，备朝贺之缛仪，或不任劳，若在宫中一受册，在文华一受朝，何劳之有？”上报语意温然，绝无它意。而廷臣不胜过计，迫欲得之，给事中姜应麟、铨郎沈璟相继有疏。上欲重谴，公与同官再三救解。上曰：“此辈疑朕立幼废长，欲置朕不善之地，故以此处之。”中人传示再三，不得已，稍拟薄罚。由此众议纷起，上浸不能堪，而意亦逡巡矣。

二月，阴霾四起，风雨失调，上传示，深诏有司去妨民之政，图消弭之实。公乃应诏陈言：一曰催科急迫之害，二曰征派加增之害，三曰刑狱繁多之害，四曰用度侈糜之害，而总归之议论不一，诏令不行。欲议论之一，题覆不可不慎；欲诏令之行，查参不可不严。上览疏称善者再。

宗室越诉者踵至，公疏：“宗人讦奏，曾奉旨令抚按启王审勘虚实，若不信亲王而信一宗人，其害甚大。盖国之纪纲有四：亲王辖宗仪，将帅辖士卒，有司辖百姓，督学辖生员，大小相维而天下治，若不能钤束而人人竞起，乱之道也。”上深然之。

公复具言“顷岁水旱异常，宜敕抚按官督率司道有司暂缓催征，设法赈济。饥民啸聚攘夺者，务申严保甲，团集兵快擒以正法”。且令借临、德两仓余米以充赈济，支太仆马价四十万以资籴本，而又以四事责成抚按，令月一奏报，曰田禾有无播种，曰雨雪有无沾足，曰人民有无流亡，曰盗贼有无宁戢。一时有司凛凛奉令，庶几饥而不害云。

一日，公谓同事曰："册立久稽，异议滋起，奈何？"乃疏言："高皇帝有曰：'朕闻帝王之子，居嫡长者必正储位，诸子分茅胙土，封以王爵，此万世所当遵守者。'成祖以永乐二年立仁宗为皇太子，即封赵王；英宗以天顺元年立宣宗皇太子，即封德王、崇王。臣思列圣传家世守之法，体皇上爱子均一之心。窃谓皇长子正位东宫，皇三子分封大国，一时并举，尤为盛事。"疏入，不报。

公念上辍讲日久，上言："高皇帝经营草昧，备极勤劳，而犹日与儒臣讲《易》、《书》、《大学》、《论语》。至洪武二十九年，春秋七十矣，犹命博士许存仁进讲经史。世宗经筵日讲外，复讲《大学衍义》，盖临御四十年如一日也。愿上以二祖为法。"随检阁中故牍，得高皇帝御笔敕谕诗文共七十六道，装潢呈览。因言"望上于语言文字之中，求圣祖之精蕴；于陟降著存之顷，法圣祖之忧勤"。上忻然纳之。

中人张鲸擅东厂势，潜蓄异谋，言者交章劾之。公与娄东计曰："此祸本也。"谋合力驱之，密揭再上，置不问。御史马象乾以弹章见格，疑公等庇之，疏劾鲸并侵三辅臣。上怒，置之理，公言："象乾据事直言，若重处之，是臣既以失职仰负宸眷，又以拒谏累及言官，何以自解？"上温谕，仅从薄罚而已。

戊己，连岁凶荒，公深以为忧，上言："南都卒伍骄悍，近以月饷稍恶，噪呼群起。臣以为治贵节制严明，恩威并济。若廪无可支，米不堪食，救死不赡，安能使之无哗？当亟敕南部科通查见在仓粮，足支几年，仓厫积米有无浥烂？如有不足，作何区处？"上然之。因发帑金几百万，特遣科臣往赈。诏书一出，人人欢若更生，所全活以亿万计。

庚寅元旦，上御毓德宫，召四辅入。上手示评事雒于仁疏，怒其语戆，欲重有所行遣。公力为解释，天颜顿和，即以册立豫教请。上曰："皇长子伦序自定，须其稍壮行之。"因命皇长子出见，公贺曰："皇长子龙姿凤目，岐嶷不凡，此国家无疆之福也。"

时以劾珰鲸者众，命公戒谕之。公跪鲸于前，一一责数，词严意正，闻者竦服。明日，公遂上疏曰："皇长子伦序已定，今皇上内断于心，外廷未知也。臣等虽承面命，海内未知也。惟亟下明诏，使天下知皇上笃于爱子，不出臣下之仰赞，而出于渊衷；皇上重于升储，不由外廷之陈请，而由于特诏。何盛如之！"上未即允。嗣后，公或合疏，或特揭，皆未报。公又特疏曰："当今国家第一大事，无如册立元子，而臣等第一职业，无如建储一事。祖宗家法，储位未有不归元子者。祖法不可违悖，册立不可迟疑。一也。臣等先年奉旨云：'立储以长幼为序。'上后屡屡言之。今年元旦，上手挈元子令臣等谛视，亲谕臣等长幼之序。言犹在耳，皇上岂得失信于天下，失信于臣等？二也。道路讹传，谓皇贵妃独蒙眷注，属意所生，中外臣民颇多后议。独臣等不信，以为元旦亲奉玉旨，谓皇贵妃每劝册立，安得此不根之言？乃今国泰之疏，既上而不报，已票而不行。外间疑议，以为皇贵妃姑令国泰塞责，皇上姑为皇贵妃解纷，使疑在宫闱，忧在社稷，何以杜百万军民之口，副四海九州之心？三也。臣等谓祖宗一定之家法，决不可不遵，皇上已出之纶音，决不可不信。皇贵妃未白之心事，决不可不明。惟立决大计，早释群疑，幸甚。”上览奏，报可。仍令内侍传示阁臣候旨行。

是秋，套虏火落赤钞掠洮河，熟番入据莽剌川，数出卤掠，边将有战死者。廷议棼棼，有罢款决战之议。公谓：“御戎如用药，随病制方，不能执一。今一二小酋，间有猖獗，而大酋全部尚在羁縻，势不得不抚。其或阳顺而阴逆，暂去而复来，或缚献罪酋，或送还人畜，又不得不酌于战与抚之间。今不问是何部落，有无顺逆，辄欲驱久不习战之兵，御方张致死之虏，非完计也。”立请廷推郑尚书洛暨梁云龙、万世德经略之，移檄切责顺义，趣其东归，声火酋之罪，勒兵出剿。自是莽剌川绝无虏迹，而它酋与火落赤相表里者，亦鸟兽散。是时言边事者，率未中窾，公极口辩驳，不无相抵牾，遂交章以攻公。公疏辩者六，辞职者五，且请尽下诸弹章，以凭覆案。上手诏慰留，遣官宣谕者，络绎不绝。忌者意必趣公以去，公具疏申明边计，缅缅万余言，且请九卿会议。陆公光祖等复奏，具如公指，众哗乃稍定。

《累朝训录》成，进上，特晋公一阶，秩太师，给诰，并赐银百两，彩段六表里，岁加禄米百石。先是，经略捷报，西师解严，火酋远遁，众番奉约束，悉如公算。上欲暴公功，以勘叙有待，故因训录之进，先借以劳公。公谓军功业不敢与而校对，又属微劳，凡三辞，不允，乃力辞晋秩，而仅拜银币禄米之赐云。

公会以一品三考，特具疏乞休，上不允，敕吏部照例晋太傅，给诰，支伯爵俸，赐敕奖励，仍宴礼部，荫子尚宝丞，别以银币宝钞、珍馔法酒佐之。公拜别赐，而疏辞禄秩，词极苦切。上听辞俸秩，赐宴奖敕仍如旨，加赐银二百两，青红蟒衣各一袭，彩段四表里，且命勿辞。公强起拜受。而南御史李用中、主事汤显祖、佥事李琯复连疏攻公，上处分言者，而降旨宣谕慰藉谆切，然公归志已决，先后凡二十七疏，上至亲撰敕留之，有云：“伊尹在山野，不忘君民。今乃欲舍朕而去，卿心何安？”且命冢宰率九卿趣公出，公不得已，以宽假请，而攻者复不已。时新安许公言册储事，以去就争，语过激，上意不怿，允其归。公为密具揭以请，不报，公乃请与同罢谢言者。上知不可挽，乃命给驿，遣官护送，仍加赐银钞、蟒衣、彩段，以宠其行。

公归之三年，皇长子出阁讲学。至辛丑，升储礼成，公闻之，喜曰：“老臣一念酬矣。”特为表贺。上念公调护功，赐上尊肥羜及银币，遣廷评黄琮存公于家，曰：“册立朕志先定，但因阻激，故从延缓。知卿忠言至计，尚郁于怀。今元子已册立为皇太子，冠婚并举，念卿家居，系心良切，特谕知之。”后以皇孙覃庆，再荷存问。比岁公年八十，当轴援华亭例以请，上特褒公齿德勋劳，遣行人以银币羊酒致于家。公闻之，望阙遥叩者三。敕使及门，而公逝矣。呜呼痛哉！

公配曰吴氏，封夫人。子男三人：兆虬，早卒；用懋，太仆寺少卿；用嘉，举人。女二人：一适知县李鸿，一许聘郭元尹。孙十三人：承鼎、联璧、传芳、胜芳、廷芳、济芳，懋出；继揆、绍芳、演庆、绪隆、绎训、纪常、绳武，嘉出。孙女十三人，婚嫁皆名族。

所著有《纶扉奏草》四卷，《纶扉笥草》四卷，《纶扉简牍》十卷，《赐闲堂集》

四十卷。

公居恒孝友笃挚，事继母黄太夫人与所生等，至老不衰。恭俭好礼，与人言，虽少贱，亦与均礼。气色穆然，喜愠不见。朝堂以疑事质者沓至，片言衷之。语简而当，无不心折以去。天下名士，多所荐进，顾不令其人知之。晚节异议者蜂起，交结构扇，千岐万辙，以求必胜。旁睨者为之不平，公处之怡如也。总之，公之为政，援据典制，斟酌物情，从容应之，曲中条理。一时诸臣，惕于无所隐，而快于得自尽。当时，官常无改，海内清晏，皆其力也。然世亡能名公者，公去而时事日新。回忆公当政，政权固在握也，矿税之使未遣也，风俗未尽薄恶，纪纲未甚陵夷也。庶僚与严处之人，未至挠当事者而夺之柄也。谈往事者，至谓以今校昔，如唐虞三代不可再睹，即不悦公者亦云。由此观之，公之为人何如哉？

公勋在史官，德在生民，主上虚己，悚神以听，而一二表臣异流，不难于撼之。赖上知公至深，虽听其请老，三诏存问，追论定策之功，播告天下，宠及其子孙，然后异议始定，雍容恩礼，卒为宗臣。语曰："为臣不易。"岂不信哉！声公之微，垂于亡穷，史职也，惧不能称。铭曰：

明兴馆阁，多良大夫，文条武畅，敉宁人区。有伟申公，崛起其中，海涵地负，恢乎有容。劝讲彤闱，摛词玉局，厥问琅琅，不以自暴。考古宪今，施于有政，斟酌化源，壹禀清净。人尚奚刻，我质而平，人必夸毗，我和以贞。郁如凤鹰，不搏不击，上奠储宫，外拊夷狄。水潦洊饥，流亡者多，啜之哺之，惟公抚摩。人百其喙，群然以侵，宁尔小忍，无伤帝心。众沫漂山，云胡不畏，公于急流，奉身以退。惟帝眷德，报孰如公，助顺与信，靡福弗从。墓有丰碑，瞻者下拜，太史诗之，以示千载。

（录自［明］焦竑《国朝献征录》卷十七）

（明）过庭训《明分省人物考》卷二十四·南直隶苏州府七·申时行 申时行，字瑶泉，吴县人也。少敏悟过人，所览辄能成诵，为一时偶俪之文，绝出伦辈。郡县及督学使者试，辄冠。嘉靖辛酉，举乡试第三。明年廷试，上见所对策词札兼美，亲擢第一，授翰林院修撰。每朝谒罢，念政机所出，主者多阔略，下吏得因缘为奸，乃集考因革之所当者，列为定例。其后事无不核，问无不对者以此。癸亥，以父忧，归。丁卯，服除。明年分校礼闱。己巳，掌文官诰敕。庚午，典试顺天。辛未，复分校，所得士多从落卷中搜得之。不自言功，而一归主者。甫彻棘，进充经筵日讲官。亡何，晋宫谕，充《世庙实录》副总裁，属詹院坊局篆。穆庙升遐，诏诰笺表诸撰著填委悉以属焉。癸酉，神宗登极，进宫庶，直日讲。自是劝讲者六载，指物譬事，析毫解缕，闻者朗然。上每目属之。甲戌，进宫詹少尹，兼侍读学士，视翰篆，兼理清黄。丙子，《会典》副总裁。丁丑，同蒲州张公四维主会试。八月，晋礼右侍，兼太子宾客。已，改吏右侍。

是时江陵夺情事起，以建言廷杖者五人，乃与娄东王公请解于江陵，不能得，乃密谋于缇帅为之地，时时馈橐馇焉。戊寅，晋吏左侍，兼东阁大学士，参与机务。盖旃厦之地，启沃功多，上特峻擢之，其简在非一日矣。

宗室宸凉等六百余人，以擅婚互讦。上坐文华殿，猝召阁臣入，面奏："旧制，宗室年十五，请封请婚，按臣核实以闻，礼部题给封号，许成婚，如未覆请而婚者，所生子女不得封，定例也。此六百余人皆应夺，但封于嘉靖二十八年，事在例前，念其年远人众，惟上恩之俾及于宽政，幸甚。"上深然之。

是岁，满三品考，晋礼书，予荫胄监。庚辰，主会试。

淮扬灾，时抚臣有议开垦者，时行谓："流移多则服田者少，而欲舍已成之田，垦积荒之地，必至驱见在之人而流移矣。且彼最苦者班军、班价，班军一岁番上而耗伍二三，班价一岁并征而扣粮八九。卫所无羡丁而多重役，月粮无见支而有出办，不处此二者而欲民无流亡，不可得也。"漕抚乃具疏以请，得各免四分之一。

壬午，江陵病卒，蒲州代之，曰："稂莠之余，要在芟刈。"徐应曰："肃杀之后，必有阳春。"盖一言而相业于斯定矣。会皇长子生，乃与蒲州尽取诸司所拟宽条损益之，如缓征徭，恤灾荒，酌邮传，平刑狱，罢工作，一切以宽大行之。而蠲新税不蠲旧逋，俾人沾实惠，而奸民不得滥免。

江陵虽逝，其党伺隙思骋，相与构衅，劾罢阳城宰，并及蒲州，慨然起曰："吾尚可以默乎?"乃尽发冯保、徐爵诸人与外廷表里为奸状，诸言者继之。上命公拟旨下爵诏狱，论死，安置冯保南京，籍其家，而趣蒲州出视事。乃佐蒲州因人情而顺流，与之更始。已，代蒲州为政，首以疏请，于是吴中行、赵用贤、邹元标诸人皆起谪籍，为中朝显官，而言者气益张。未几，有魏允贞者，以其子申用懋登第为言，第请覆试而已，不以一语侵之。顷之，且置之要秩，朝士无不啧啧归其量矣。

江陵奉旨籍没，求多者日众，力请上宽之。而复有因罪江陵议复辽府者，持不可，谓："皇考惩恶之大典不可变，亲藩觊觎之大衅不可开，已毁之府第营缮不赀，既废之亲王支给靡继。"竟拟旨罢之。

是岁，云南献俘，加少师，进中极殿。其夏五月，亢旱，引咎乞归。遂力请录言官，减袍服，停磁器，蠲租税，慎刑狱数事。上嘉纳焉，下诏，布袍蔬食，步祷郊坛。因切责监司守令不能爱养小民，上干天怒以至此。一时小大臣工皆有懼然自新意。

先是，上幸兵仗局观所造器械，因令内竖胜兵者肄习之。或言先朝有内教场演武者，于是选内竖二千余人，略如三营法炼之。上疏切谏，会部臣董基以谏谴，乃传语大珰云："此事属在内廷，诸人环甲荷戈，未明而进，设有奸宄乘间拦入，外廷不及闻，宿卫不得人，公等何以待之？此莫大之忧也。"诸大珰闻之色变，以阁臣言力奏，上遂止。盖所为潜移默夺者，皆此类也。

秋属。皇长子五龄而储位未建，约同官于岁首合疏以请。上以元子孱弱为解，复言："元子五龄即未甚壮，方之宣、孝两庙实已过期，夫修讲书之故事，备朝贺之缛仪，或不任劳，若在宫中一受册，在文华一受朝，何劳之有?"上报语意温然，绝无它意。而廷臣不胜过计，迫欲得之，众议纷起，上浸不能堪，而意亦逡巡矣。

二月，阴霾四起，风雨失调，上诏有司去妨民之政，图消弭之实。乃应诏陈言：一曰催科急迫之害，二曰征派加增之害，三曰刑狱繁多之害，四曰用度侈糜之害，而总归之议论不一，诏令不行。欲议论之一，题覆不可不慎；欲诏令之行，查参不可不严。上览疏称善。

复具言“顷岁水旱异常，宜敕抚按官督率司道暂缓催征，设法赈济。饥民啸聚攘夺者，务申严保甲，团集兵快擒以正法”。且令借临、德两仓余米以充赈济，支太仆马价四十万以资籴本，而又以四事责成抚按，令月一奏报，曰田禾有无播种，曰雨雪有无沾足，曰人民有无流亡，曰盗赋有无宁戢。一时有司凛凛奉令，庶几饥而不害云。

会上辍讲日久，上言：“高皇帝经营草昧，备极勤劳，而犹日与儒臣讲《易》、《书》、《大学》、《论语》。至洪武二十九年，春秋七十矣，犹命博士许存仁进讲经史。世宗经筵日讲外，复讲《大学衍义》，盖临御四十年如一日也。愿上以二祖为法。”随检阁中故牍，得高皇帝御笔敕谕诗文共七十六道，装潢呈览。因言“望上于语言文字之中，求圣祖之精蕴；于陟降著存之顷，法圣祖之忧勤”。上忻然纳之。

中贵张鲸擅东厂势，潜蓄异谋，言者交章劾之。公与娄东计曰：“此祸本也。”谋合力驱之，密揭再上，置不问。御史马象乾以弹章见格，疏劾鲸并侵三辅臣。上怒，置之理，时行申救之，得从薄罚。

戊己，连岁凶荒，上言：“南都卒伍骄悍，近因月饷稍恶，噪呼群起。臣以为治贵节制严明，恩威并济。若廪无可支，米不堪食，救死不赡，安能使之无哗？当亟敕南部科通查见在仓粮，足支几年，仓厫积米有无浥烂？如有不足，作何区处？”上然之。因发帑金几百万，特遣科臣往赈，所全活以亿万计。

庚寅元旦，上御毓德宫，召四辅入。上手示评事雒于仁疏，怒其语戆，重欲加谴。力为解释，天颜顿和，即以册立豫教请。上曰：“皇长子伦序自定，须其稍壮行之。”因命皇长子出见。明日，遂上疏曰：“皇长子伦序已定，今皇上内断于心，外廷未知也。臣等虽承面命，海内未知也。惟亟下明诏，使天下知皇上笃于爱子，不出臣下之仰赞，而出于渊衷；皇上重于升储，不由外廷之陈请，而由于特诏。何盛如之!”嗣后，或合疏，或特揭，皆未报。

钞掠洮河，熟番入据莽剌川，数出卤掠，边将有战死者。廷议棼棼，有罢款决战之议。谓：“御戎如用药，随病制方，不能执一。今一二小酋，间有猖獗，而大酋全部尚在羁縻，势不得不抚。其或阳顺而阴逆，暂去而复来，或缚献罪酋，或送还人畜，又不得不酌于战与抚之间。今不问是何部落，有无顺逆，辄欲驱久不习战之兵，御方张致死之虏，非完计也。”立请廷推郑尚书洛经略之，移檄切责顺义，趣其东归，声火酋之罪，勒兵出剿。自是莽剌川绝无虏迹，而它酋与套虏相表里者，一鸟兽散。

《累朝训录》成，特晋一阶，秩太师。会以一品三考，特具疏乞休，不允，晋太傅，给诰，支伯爵俸，赐敕奖励，仍宴礼部。复具疏力辞录秩，上姑听焉。会有攻之者，遂乞归，先后凡二十七疏，上亲撰敕留之。且命冢宰率九卿趣出，不得已，以宽假请，而攻者复不已。时新安许国屡言册储事，以去就争，语过激，上意不怿，允其归。为密具揭以请，不报，乃请与国同罢谢言者。上知不可挽，乃命给驿，遣官护送，仍加赐银钞、蟒衣、彩段，以宠其行。

归之三年，皇长子出阁讲学。至辛丑，升储礼成，闻之，喜曰："老臣一念酬矣。"特为表贺。上念调护功，遣廷评黄琮存问于家。后以皇孙覃庆，再荷存问。比岁年八十，当轴援华亭例以请，上特褒其齿德勋劳，遣行人以银币羊酒致于家。闻之，望阙遥叩者三。敕使及门，而逝矣。

（明）张萱《西园闻见录》卷二十八·宰相下 申文定公时行万历十年以礼书入内阁。时宗室宸凉等六百余人。公面奏："旧制，宗室年十五，请封请婚，按臣核以闻，礼部题给封号，许成婚好。未覆请而婚者，所生子女不得封，定例也。此六百余人皆应夺，但封于嘉靖二十八年，事在例前，念其年远人众，惟上恩之俾及于宽政，幸甚。"上深然之。

庚辰，淮扬灾，时抚至有议开垦者，公曰："流移多则服田者少，而欲舍已成之田，垦积荒之地，必至驱现在之人而流移矣。且彼最苦者班军，班军一岁番上而耗伍二三，班价一岁并征而扣粮八九。卫所无羡丁而多重役，月粮无见支而有出办，不处此二者而欲民无流亡，不得也。"漕抚乃具疏以请，得各免四分之一。

壬午，江陵病卒，蒲州代之，语公曰："稂莠之余，要在芟刈。"公应曰："肃杀之后，必有阳春。"盖一言而公之相业定矣。会皇长子生，乃与蒲州张公尽取诸司所拟宽条损益之，如省烦苛，缓征徭，恤灾荒，酌邮传，平刑狱，罢工作，一切以宽大行之。而蠲新税不蠲旧逋，俾人沾实惠，而奸民不得滥免。公虑远矣。

江陵虽逝，其党伺隙思骋，相与构衅，劾罢阳城宰，并及蒲州，公慨然曰："吾尚可以默乎？"乃尽发冯保、徐爵诸人与外廷表里为奸状，诸言者继之。上命公拟旨下爵诏狱，论死，安置冯保南京，籍其家，而趣蒲州出视事。公乃佐蒲州，因人情而顺流，与之更始。已，代蒲州为政，首以疏请。于是吴中行、赵用贤、邹元标诸人皆起谪籍，为中朝显官，而言者气益张。或说公曰："人以言举膻涂也，审尔，孰不以政府为射的耶？"公谢曰："吾知崇奖言路为盛世事，遑恤其它？"未几，有魏凡贞者，以公子登第为言，公第请覆试而已，不以一语侵之。顷之，且置之要职，朝士无不啧啧归公之量矣。

江陵奉旨籍没，求多者日众。公言："居正自干宪典，素无可言，若老母之衣食不时，子孙之死亡相继，于罪人不拿之意，不无过当。"力请上宽之。而复有因罪江陵议复辽府者，公不可，谓："江陵之破家，辽庶之亡国，皆其自取，原不相蒙。且皇考惩恶之大典不可变，亲藩觊觎之大衅不可开，已毁之府第营缮不赀，既废之亲王本支靡继。"竟拟旨罢之。

有内臣张维者，好文雅能诗，上呼为秀才，掌兵杖局。驾常幸局，观所造器械，因令内竖胜兵者肄习之。或言先朝有内教场演武者，武宗时事也。于是，选内竖二千余人，分操练，每以五鼓从东安门入，及晨而散，炮声相闻，略如三营法练之。公上疏切谏，会部臣董基以谏言极剀切，上怒，谪外任。廷议汹汹，阁臣深以为虞。公乃传语大珰云："此事属在内廷，诸人环甲荷戈，未明而进，设有奸宄乘间阑入，外廷不及开，宿卫不得入，公等何以待之？此莫大之忧也。"诸大珰闻之色变，以阁臣言力奏上，遂止罢。

皇长子五龄而储臣未建，公约同官于岁首合疏以请。上以元子孱弱为解，公复力言："元子五龄即未甚壮，方之宣、孝两庙实已过期。夫修讲读之故事，备朝贺之缛仪，或不任劳，若在宫中一受册，在文华一受朝，何劳之有？"上报，语意温然，绝无他意。而廷臣不胜过计，迫得之，给事中姜应麟、铨郎沈璟相继有疏。上欲重谴，公与同官再三救解。上曰："此辈疑朕立幼废长，欲置不善之地，故以此处之。"中人传示再三，不得已，稍拟薄罚。由此众议纷起，上浸不能堪，而意亦逡巡矣。

宗室越诉者踵至，公疏："宗人讦奏，鲁王奉旨令抚按启王审勘虚实，若不信亲王而信一宗人，其害甚大。盖国之纪纲有四：亲王辖宗仪，将帅辖士卒，有司辖百姓，督学辖生员，大小相维而天下治，若不能钤束而人人竞起，乱之道也。"上深然之。

一日，公谓同事曰："册立久稽，异说滋起，奈何？"乃疏言："高皇帝有曰：'朕闻皇帝之子，居嫡长者必正储位，诸子分茅胙土，封以王爵，此万世所当遵守者。'成祖以永乐二年立仁宗为皇太子，即封赵王；英宗以天顺元年立宪宗为皇太子，即封德王、崇王。臣思列圣传家世守之法，体皇上爱子均一之心。窃谓皇长子正位东宫，皇三子分封大国，一时并举，尤为盛事。"疏入，不报。

公又念上辍讲日久，上言："高皇帝经营草昧，备极勤劳，而犹日与儒臣讲《易》、《书》、《大学》、《论语》。至洪武二十九年，春秋七十矣，犹命博士许存仁进讲经史。世宗经筵日讲外，复讲《大学衍义》，盖临御四十年如一日也。愿上以二祖为法。"随检阁中故牍，得高皇帝御笔敕谕诗文共七十六道，装潢呈览。因言"望上于语言文字之中，求圣祖之情蕴；于陟降著存之顷，法圣祖之忧勤"。上忻然纳之。

上御毓德宫，召四辅入。上手示评事雒于仁疏，怒其语戆，欲重有所行遣。公力为解释，天颜顿和，即以册立豫教请。上曰："皇长子伦序自定，须其稍壮行之。"因命皇长子出见，公贺曰："皇长子龙姿凤目，岐嶷不凡，此国家无疆之福也。"

时以劾珰鲸者众，命公戒谕之。公跽鲸于前，一一责数，词严意正，闻者竦服。明日，公遂上疏曰："皇长子伦序已定，今皇上内断于心，外廷未知也。臣等虽承面命，海内未知也。惟亟下明诏，使天下知皇上于爱子，不出臣下之仰赞，而出于渊衷；皇上重子升储，不由外廷之陈请，而由于特诏。何盛如之！"上未即允。嗣后，公或合疏，或特揭，皆未报。公又特疏曰："当今国家第一大事，无如册立元子，而臣等第一职业，无如建储一事。祖宗家法，储位未有不归元子者。祖宗不可违悖，册立不可迟疑。一也。臣等先年奉旨云：'立储以长幼为序。'上复屡屡言之。今年元旦，上手挈元子令臣等谛视，亲谕臣等长幼之序，言犹在耳。皇贵妃独蒙眷注，属意所生，中外臣民颇多后议。独臣等不信，以为元旦亲奉玉音，谓皇贵妃每劝册立，安得此不根之言？乃今郑国泰之疏，既上而不报，已票而不行。外间疑议，以为皇贵妃姑令国泰塞责，皇上姑为皇贵妃解纷，使疑在宫闱，忧在社稷，何以杜百万军民之口，副四海九州之心？二也。臣等谓祖宗一定之家法，决不可不遵；皇上已出之纶音，决不可不信；皇贵妃未白之心事，决不可不明。惟立决大计，早释群疑，幸甚。”上览奏，报可。仍令内侍传示阁臣候旨行。

是秋，套虏火落赤钞掠洮河，熟番人据莽剌川，数出卤掠，边将有战死者。廷议棼棼，有罢款决战之议。公谓：“御戎如用药，随病制方，不能执一。今一二小酋，间有猖獗，而大酋全部尚在羁縻，势不得不抚。其或阳顺而阴逆，暂去而复来，或缚献罪酋，或送还人畜，又不得不酌于战与抚之间。今不问是何部落，有无顺逆，辄欲驱久不习战之兵，御方张致死之虏，非完计也。”立请廷推郑尚书洛暨梁云龙、万世德经略之，移檄切责顺义，趣其东归，声大酋之罪，勒兵出剿。自是莽剌川绝无虏迹，而它酋与火落赤相表里者，亦鸟兽散。是时言边事者，率未中窾，公极口辩驳，不无相抵牾，遂交章攻公。公疏辩者六，辞职者五，且请尽下诸弹章，以凭覆按。忌者意必趣公以去，公具疏申明边计，络绎余万言，且请九卿会议。陆公光祖等复奏，俱如公指，众哗乃稍定。

卒年八十。

自古建立储贰皆人主独断，而宰臣从中调剂，委曲赞成，未闻小臣能以口舌得之者。今上聪明英毅，宫闱肃如，皇长子天序默成，宸情独注。诸阁臣尝见于毓德宫，上手携皇长子拥树膝前，眷爱特至，无纤芥可疑。而道路讹言郑贵妃方见宠幸，母爱子抱，事未可知，外廷章疏蝟毛而起，上怒，遂加谴斥，而言者犹未已。

岁庚寅冬，忽遣文书，内臣语：“阁中若诸司不来激聒，明冬传，后年册立，如不遵者，待十五岁举行。”阁臣谓：“上已有明谕，臣下自当遵奉，稍需一岁，大事定矣。”每诸司接见，皆以此言告之。故辛卯之岁自春及秋未有言建储事者。而工部主事张府德忽复言之，时行方在告，不胜惊愕。方欲与同官两公商榷，而新安相公故健忘，若不知有前论者，乃曰：“小臣以建储请，而吾辈大臣噤无一言，可乎？”仓卒具一疏，首列公名以进。公闻之叹曰：“大事去矣。小臣虽犯激聒之戒，而吾辈大臣恪守明谕，不失信于上，乃可以要上之全信。今吾辈与小臣接踵上疏，上必诃责小臣故犯，从中处分，册立事必再改期，吾辈疏特报闻耳。奈之何哉？”公乃别具一揭云：“臣已在告，不预阁中事，同官疏犹列臣名，臣不知也。臣谓册立之事，圣意已定，谕旨已明，向来兢兢恪守，不敢违越，以俟来春举行。小臣愚妄，不谙大计，不足责也。惟上宸断亲裁，勿因小臣妨误大典。”上手赐批答，趣公亟出，而不及建储事。故事，阁臣密揭皆贮阁中，不发科，而新安疏亦与诸疏同发。时罗给事大纮新任，公令典籍从科中取回送阁。次日，科臣来索，阁中以故事却之，大纮乃疏纶公迎合上意以固位，而武英黄中书正宾继之。公有疏辨，上复优答，然人情世局如狂澜沸鼎，阁臣何以自安？后十余年而储位定矣。向之纷纷竟何为哉？

（清）褚亨奭《姑苏名贤后纪》 申文定公讳时行，字汝默，别号瑶泉。晚号休休居士。因病起，又号苏庵主人。公之祖秉城公育于外兄徐翁所，遂从其姓。逮公及第，始奏复申。公生有异兆，襁褓即能识字。十岁能文，为陆贞山先生所赏，试诸生，辄冠。所著《尚书解会编》，海内宗之。尝作《祛倦鬼文》，甚警发，后公在讲筵上见之，问谁所作，左右以公对，御笔改“鬼”为“魔”，命书之屏。辛酉，举乡试第三。明年，成进士，廷对，阁拟第二，肃皇帝拔置第一，授修撰。数为座师四明袁公草应制词，多称上意。公雅不欲以文词名，独留意于前朝典章，昭代令甲，居恒镐户，讨论最为明习。华亭徐文贞公甚器公，每语同事：“他日可当大任。”分校礼闱者再。庚午，典顺天试。已，进宫允，充经筵讲官。典武试，随进宫谕。充《世庙实录》副总裁，属詹院。坊局缺人，公尽绾诸篆。庄皇帝升遐，诏诰表笺皆出公手。诸大政多公谋议，勤劳殊甚。时公年尚未强仕，发为之白。神庙登极，进宫詹，自是直讲不辍。上见其举止祥雅，音吐洪亮，属目久之。随进少詹兼侍读学士，仍视院篆，兼理赞。凡武弁家世，功罪经公校勘者，莫不犁然。会修《大明会典》，进詹事，为副总裁。编摩讨论，更十二载而成，公之力居多。丁丑会试，公为副考。其秋，晋礼部右侍郎，以《穆庙实录》成，加兼太子宾客。

时江陵夺情，多所疏纠，公为解，不得，而经纪其事。若邹公元标等赐环，莫不以为感。戊寅，进吏部右侍郎兼东阁大学士，参与机务。时首辅江陵高下自恣，先生委蛇其间，时有补救。三品考满，进礼部尚书。庚辰会试，录文简切温厚，士子至今传式。

江南北灾，公条上四事，江陵皆难之，卒莫能夺。壬午，以覃恩晋少保。江陵病，诸大臣为祈祷，公独不往。江陵卒，蒲州公代，语公：“稂莠之余，要在芟刈。”公曰：“吾以为肃杀之后，应有阳春。”会皇长子生，请乘此施惠，乃于大庆诏中悉布诸宽条，人情大悦。蒲州艰归，公为政，江陵所斥逐诸臣以次收召，言路益舒，而国是亦大定矣。

当建储未定，好名喜功之人矶激圣怒，几不可知。公独知上意，从容劝解，不激不阿，卒能定鼎。而好事者疑公有所阿从，遂露章劾公，公亦力请罢职，以谢言者。上亦知其不可留，乃允，给驿，遣官护行。公随疏谢，并以三事上，一早定储宫以安宗社也，娓娓数百言。

公归之三年，皇长子出阁讲学。至辛丑，升储礼成，公喜甚，表贺上，赐公上尊肥羜镪币，遣使赍玺书于家曰：“册立朕志允定，但因阻激，故从延缓，知卿忠言至计，尚郁于怀。今已册元子为皇太子，冠婚并举。念卿家居系心良切，特谕知之。”盖若报成事于公者。其后，皇孙立，厚膺存问。后上以公八十，复遣官赍玺书存公于家，将及门而公卒。讣闻，天子震悼，赙恤视，令甲皆加等，赠太师，谥文定。

公玉色金声，挺如松柏，其接人温和而无缛礼，出辞简而尽，可不可，然不然，断以片言，无模棱回互。虽处要津，未尝谢客，每谈前辈，有见客刺，而蹙额者曰：“何不广也。”其持论常以荡平正直为主，曰：“天下事平心而揣，则脉络明；平衡而治，则差数均；平气而调，则节奏和。”在政地十四年孜孜以奉。公体国为务，每闻四方水旱，辄恻然不宁，请赈请恤，而其大意在禁遏籴、缓催征、勤劝课，责监司守令以举职，先后请发仓粟数十万，帑金百万。至甲午，两河祲，上犹忆公言曰：“申阁老故事可行也。”所推毂贤士大夫甚多，其以直谏忤旨及因他事株连，上欲有所处分，必曲为申救；廷杖者，必属缇骑为宽。世不尽知也。公于世务政几，靡不辨晰，尤留心边事，每言：“三辅以西，六诏以南，无一日不往来吾胸中。”故尝以尺书悬决利害于万里外，边臣莫不受成。天性挚笃，事继母至老不衰，中表昆弟，周恤备至，拊视徐氏一门如其族，岁时伏腊祀之如其先。有义庄八百亩以赡族，指二百亩以佐里役，百五十亩以资贫士，诸受公德者祀公于金阊之西乡。

先是，太仆为公营一圃于舍南，公归，日携客觞咏其中，风日晴好，出游佳山水，涉险采奇，振衣独往，少年辈不能从也。

其书法在羲、献之间，为诗格调在开元、大历。求文者一一应之。为文章典雅醇粹，酷似欧苏。至于敷奏事情，明白晓畅，人主读之，洞如指掌，故多见听从。卒之日，犹戒冏卿还所赐金币，口占遗疏，劝上勤朝讲，发章奏，罢征敛，慎封疆，起废佚，不胜拳拳有余忠焉。所著有《赐闲堂集》若干卷。

论曰：□□□□□□□□较然者矣。前代相臣其名正，其权重，其行事皆在人耳目，可与天下共见共闻，故议论易明。我朝阁臣有相名而无相权，其所斡旋多在奥窔之中，不见不闻之地，望之者常以为阴阳鬼神不可测识，而其人亦难于自白，乃至久而后定焉。当神宗戊巳操柄刻激，公宛转维护人心，国脉不至大伤。壬癸以后，上惩往辙重疑揆地，士气过于凌厉，稍复摧折，公从中调停，不激不阿，俾□议，与国体交伸。逮庚辛之际，前星未耀，下激上疑，公用史巫之纷若感乎，圣心卒定国本。使五十年以来，天下熙熙乎登春台而歌击壤者，岂非此一臣之力也哉！海内有识者往往信公，而嫌怨猜疑之间，与言者相纷拏，或未之尽信。故公之自疏至于呕心沥胆，踯躅悲鸣，即人主亦且恣嗟感动，十行之札至不胜书，卒一去以明其志，则益叹政地之难也矣！

（清）钱谦益《列朝诗集小传》丁集中·申少师时行 时行，字汝默，长洲人。嘉靖壬戌状元，以修撰历官詹翰。万历戊寅，以吏部左侍郎入直东阁，官至少师、吏部尚书、中极殿大学士。为元辅九年而归。归二十有三年，寿八十，考终于里第。

少师当国，承江陵之后，深得主眷，文恬武熙，海内清宴。进退雍容，主眷优渥。三诏存问，寿考康强。时时与故人遗老，修绿野、香山故事，赋落花及咏物诗，丹铅笔墨，与少年词人，争强角胜。每岁除夕、元旦，与王伯谷倡酬赋诗，二十余年不阙。吴趋委巷，歌楼僧舍，词翰流传，互相矜重。太平宰相，风流弘长，至今追想，以为盛事。少师七十，福清叶少师为文称寿，以为天之幸人，盖福清当国，国事物情，视万历初日变而日难，宜其至羡于公，自叹以为不如也。

余为书生，好谈国政，大廷对策，极讼江陵受遗寄命，尊主强国之功，而后人绍述者，尽瞟其综核之政，一切为颓聩姑息，以取悦于天下，纪纲不振，议论日烦，职此之故也。登朝后，以词林后辈，谒少师于里第，少师语次从容，谓曰：“政有政体，阁有阁体。禁近之臣，职在密勿论思，委曲调剂，非可以悻悻建白，取名高而已也。王山阴诤留一谏官，挂冠而去，以一阁老易一谏官，朝廷安得有许多阁老？名则高矣，曾何益于国家。阁臣委任重责望深，每事措手不易，公他日当事，应自知之。方谓老夫之言不谬也。”德音琅琅，不耸不茹，实为余制策狂言而发。迄今犹可思也。少师文藻婉丽，实出同时殿阁之右，有《赐闲堂集》行世。

（清）傅维麟《明书》卷一百三十三·列传四·名臣传十八·申时行传 申时行，字汝默，别号瑶泉，吴人。少即能为古文词，明经，人称为经神。下帷攻苦，曰：“为者常成，行者常至。”作《祛倦鬼文》自励，其后传播入禁中，御笔改“鬼”为“魔”，命中书缮写，揭御屏。外艰，服阕，提学御史吴遵遴遗才第一。时吴令某编卷于句容佛阁，至时行卷，忽有巨人从空冉冉下，左右吏胥相顾错愕，识者曰：“此大魁之祥也。”嘉靖四十年辛酉，举于乡，以《尚书》魁其经。明年壬戌，会试中式，廷对为第一人，授翰林修撰。一日，代大学士袁炜草进《白兔表》及《白兔瑞应诗》，大见称赏。于本朝典章，多所熟悉。

癸亥，忧归，服阕。丁卯，复守故官，寻晋中允，充经筵日讲。无何，晋谕德，修《世宗实录》，充副总裁。未几，穆宗崩，凡诏诰劝进笺表，皆出其手，闻皇太后及神宗览之，为之色动。万历元年癸酉，迁庶子，充讲官。甲戌，升少詹事，兼侍读学士，掌翰林院。丙子，晋詹事，充《会典》副总裁，一切纲领义例，悉苦心创定。丁丑，主会试，寻晋礼右侍郎。《穆宗实录》成，加太子宾客。已，改吏右侍郎。

是年，张居正夺情事起，一时廷杖五人，时行不胜义愤，诣政府力解，不可得。丙夜，密从缇帅杨俊卿谋调护之。五人拜杖出，时时馈橐馇。及出都门，一一料理之。扶维调护而自不任德。

戊寅，以吏左侍郎兼东阁大学士入阁，参预机务。己卯春，进礼部尚书。是岁，江南灾，时行奏谓：“今日救时急务，要在休养生息之意多，而钩锄搏击之事少。庶可保固根本，振起凋疲。”上然之。

庚辰，主会试、廷试，居正以其子鼎甲为请，且示以上意，时行佯为不省，列二甲。居正怒，密从阉保处易置，中外哗然，而知非时行意。八月，皇长子生，时行喜曰：“时哉，不可失。宜有大庆施天下。”张四维以为然，乃尽出诸司所拟宽恤条损益上之。人谓：“此番诏书，名为寒阳春光。”

先是，加少保，疏辞，不允。癸未，张四维以忧归，时行为首辅，疏请简用阁臣，乃荐新安许国，上从之。已，议起废。吴中行、赵用贤，晋中允。一时大小臣工以言得罪、以冤见抑者，次第登用，尽洗旧习，言路大辟。已而，止太和内监干预都司之敕，减三吴织造之额，寝戚畹李伟国公之赠，请潞邸之国之疏，止辽府爵土之复，恤江陵老母之田，上皆从之。

是岁，以云南陇川平，晋少师、中极殿，力辞止，予文荫。明阁臣自张治前，凡有军功，无不荫锦衣者，其有军功无世荫，自时行始。嗣后，辽左报捷，慈宁工竣，《会典》告成，上咸特敕褒奖晋秩，累疏辞不拜，尝语其子曰：“吾叨冒极矣。深恩难报，厚福难消。”人以为名言。

乙酉夏五月，大旱。时行引咎乞罢。上慰留，时行遂力请叙录言官，减上供袍服，停磁器，蠲免天下灾荒钱粮，俱次第允行。一品满，加特进光禄大夫，支正一品俸，仍荫一子中书舍人。

一日，上幸兵仗局观兵器，或言先朝有内教场，盖指正德年间事也。上欣然举行，乃选内竖二千余人，更班团练，每朝炮声相闻，外议汹汹。时行深以为忧，乃偕同官具疏，略以为："宸御清严，宫廷邃密，讵宜有此？及今停止，一以安人心，一以杜乱萌，一以养君德，一以省滥费。不尔，恐蹈正德年间覆辙。"不报。时台省及诸司官亦以为言，如故。时行曰："此不可以口舌争也。"乃语诸大珰曰："此事属在禁廷，诸人擐甲荷戈，未明入内，设奸徒窜入，为害叵测，即有缓急，外廷不得闻，宿卫不入。吾辈大臣束手无计，此皆公等剥肤之患也。"诸大珰皆竦然变色，乃乘间复以阁臣言力奏上，遂命罢。其牖谏潜移类如此。

丙戌春正月，皇长子五龄矣。时行念上亦以五龄出阁讲读，乃约同官于岁首题请册立东宫，以重国本。略曰："国本系于元良，主器莫若长子。故汉臣有云：'早建太子，所以尊宗庙、重社稷也。'皇上德泽浃于寰区，嘉祥钟于胤嗣。自万历十年元子诞生，诏告天下，五年于兹矣。即今麟趾螽斯，方兴未艾，正名定分，宜在兹时。查得祖宗故事，宣宗以宣德三年立英宗为皇太子，时年二岁；宪宗以成化十一年立孝宗为皇太子，时年六岁；孝宗以弘治五年立武宗为皇太子，尚未周岁。盖冢嗣升储，所以明震器之重；冲年贻哲，所以端蒙养之功。成宪具存，昭然可考。今元子聪明克类，岐嶷夙成，中外臣民，属心已久，伏望皇上深惟大计，以今春吉旦敕下礼部，早建储以慰亿兆人之望，以固千万世之基。至于出阁讲学及朝贺等仪，不妨次第上请旨需。"后越一日，复疏，极言宜册立，报闻。

周府中尉勤俗越关诉冤，语侵抚按官。上意欲罪抚按，时行力救，且云："国家大纪纲有四：亲王辖宗仪，将军辖军士，有司辖百姓，提学辖生员，故大小相维而天下治。若宗室事不问亲王，不下抚按，此乱之道也。"上是之。

是岁荒，奏借发临、德二仓余米，以充赈济，借支太仆马价四十万，以资籴本。而又以四事责成抚按，令每月一奏报，曰田禾有无播种，曰雨雪有无沾足，曰人民有无流亡，曰盗贼有无宁戢。上称善，即行之。

丁亥时，册立久稽，异议渐起。乃以建储封王并举入奏，略谓："本朝故事，成祖以永乐三年立仁宗为皇太子，即封赵王；英宗以天顺元年立宪宗为皇太子，即封德、崇等王。臣列圣传家世守之法，仰体皇上爱子均一之情，窃谓皇长子宜正东宫，皇第三子宜即分封大国。一时并举，尤为盛事。"疏入，不报。

庚寅元日，上御毓德宫暖阁，召四辅臣人，谕之曰："朕是心，先生是股肱。心非股肱，何以运动?"又曰："朕既委任，须代朕主张，任劳任怨。"对曰："敢不服膺。"因劝上涵养圣德，保养圣躬，清心寡欲，戒气平情。已，又劝上时御朝日讲，以慰群情瞻仰。已，又以建储豫教上请。上皆首肯之。方与同官叩谢出，上令内官援止之云："俟，宣长哥与先生每一见。"少选，皇长子、皇三子俱至。上于榻前手携皇长子，向明正立，时行等注视，因奏曰："皇长子龙姿凤目，岐嶷非凡。皇三子玉笋兰芽，娟秀可爱，仰见皇上昌后之仁，齐天之福。昔商山四皓一出，而羽翼遂成，臣等虽不及古人，而幸遇圣明，特钟慈爱造膝之一见，贤于苦口之万言。"因恳请册立封王。又屡疏请豫教，俱不报。两京九卿科道咸合辞疏请。时行又特疏曰："当今第一大计，无如册立元子，而臣等第一职业，亦无如建储一事。夫祖宗家法，传畀万世，列圣相承，储位未有不归元嗣者。皇上纂祖宗之绪，须守祖宗之法，皇长子当正储属，万万不可迟疑。一也。臣等先年奉旨云：'立储以长幼为序。'今年又奉旨云：'父子至亲，长幼有序。'元旦之辰，皇上亲挈元子，令臣等谛视，又亲谕臣等：'长幼自有定序。'今言犹在耳。皇上岂得失信于天下，失信于臣等。二也。向来道路讹传，皆谓皇贵妃独蒙眷注，属意所生。京师百万军民，颇猖后议，独臣等不信，以为元日亲奉玉旨，谓皇贵妃每劝册立，安得有此不根之言？乃今郑国泰之疏，既上而不报，已票而不行，则外间又生疑议，以为皇贵妃姑令国泰塞责，皇上姑为皇贵妃解纷，使疑在宫闱，忧在宗社，何以杜百万军民之口，副四海九州之心？三也。臣等窃谓，祖宗一定之家法，决不可不遵；皇上已出之纶音，决不可不信。皇贵妃未白之心事，决不可不明。皇上何不早发德音，定以明春册立元子？敕礼部具仪择日，立决大计，尽释群疑，使臣等得关其忠，无事哓哓强聒，自外于心膂股肱之托也。臣等之言，尽于今日。臣等去就，亦决于今日。"不报。已而，上特命中书传谕之，词意甚厉。时行知上督过之甚，不得已，复言："此举一日不定，则流言一日不息，皇上心事一日不明。如必欲暴白上意，解释群疑，莫若先令出阁读书，再议册立大礼。"上览奏，报可。

尝疏言："祖宗立法，入皇城者不得持寸刃，经断罪者不得充宿卫。向者内操人员持杖出入，言者每有隐忧，今内操久停，而兵器尤藏，谓当通行简查，申明禁制，此又防之于渐者。"上览奏曰："元辅真可谓忠爱忧虑之至矣。"

因屡请册立，上恶烦聒，适工部郎张有德请，上大怒。时行等力救，上不释然。因力辞乞骸骨，上许之。时行濒出都，以三事上陈：一曰早立储宫，以安宗社；二曰力持庙议，以奠边疆；三曰甄录逸才，以充任使。而复劝上慎起居之度，平喜怒之情，节用爱人，财以不蓄为富，亲政典学，治以无逸为劝，娓娓数言。

及归三年，皇长子出阁。至辛丑，册立皇太子，敕时行知之。陈谢疏中犹谆谆然冀上返初心，修始政，勿令已涣之汗，反而复行，不调之弦，更而复鼓。上嘉纳。嗣后，以皇孙覃庆，又以年及大耋，屡存问。上遣官赍敕，方及门，而时行卒。赠少保，谥文定。

时行尝语人曰："天下事平心而揣，则脉络明；平衡而治，则差数均；平气而调，则节奏和。"故其在事，一切以持平行之，不藏宿，不忮懻，过即释然。又曰："吾受上恩宠，无以报。惟是不居功，不弄权，不市恩，不徼名，以诚心直道，处己待人，可幸无罪。"陆树声尝曰："申瑶泉正己以御物，侃直以持国。是苦心调剂于国体物情之间，而进退从容，沈几不露。"王锡爵曰："参合人情，权衡国论，聪明才辨者犹能之。吾独服公于中旨迫恻、众咻纷扰之时，不凒不竦，翕如廓如，信口信笔之语，有更数千言而不能尽，数百岁而不易者。”

所著有《纶扉奏草》四卷，《纶扉笥草》四卷，《纶扉简牍》十卷，《赐闲堂集》四十卷。

子用懋，进士，为太仆卿；用嘉，举人。

史官曰：申文定当江陵专擅之后，而能平心以御物，退让以自持，尽反忮懻吐茹之习，为师师吉吉之风。近世贤相，无能絜其度量者。武侯云：“我心如秤，不能为作轻重。”文定亦云：“平衡而揣，则差数均；平气而调，则节奏和。”斯言可谓端揆金镜矣。

（清）查继佐《罪惟录》·列传卷十三中·谏议诸臣列传·申时行 申时行，字汝默，号瑶泉，南直吴县人。隆庆壬戌廷对第一。授修撰，历宫谕诰敕、宫庶日讲。典副会试主考，万历中以吏部右侍郎入东阁。

宗室宸凉等六百余人擅婚，例应夺封，时行请以二十八年为断诸免议，上从之。主会试，曲徇首辅居正之请，以其子置一甲第二，上复元之，中外颇哗。江南北灾，议班军、班价之害，得免四分之一。居正卒，赞张四维为宽柔，以矫前弊。十三年，上踵正德年间事，复行内操，时行与台省诸臣疏止之，不报。旋以危语动司礼诸大铛，得罢。

十五年，上久不视朝，庙享皆遣官代，时行疏请朝祭者累牍。报闻，上论：“唐太宗有惭德，魏征亏大节。讲筵勿参《贞观政要》。”时行遂请兼讲《通鉴纂要》及《大学衍义》。复简阁中故牍，得高皇帝御笔七十六道，进之曰：“愿皇上法圣祖之忧勤。”时宫人、阉宦以小过捶死者甚众，大率奉初命施行，不得后命，至死乃已。时行疏言：“养生之道，寡欲为先；调气之方，平情为要。”廷议从祀以王守仁为霸儒，陈献章为伪学。时行力争之，得与胡居仁并从薛文清之后。

居正既奉旨籍没，时行奏罪人不孥之意，请无多求。时有因罪居正请复辽府者，时行不可，且曰：“不信亲王而信宗人，其害滋大。”上然之。太和山监税中官，上命兼分守行都司，时行持不奉诏。世庙中，厘正国戚封典无赠公者。上欲以赠圣母父武清伯李伟，而袭其子侯文全，时行曰：“伟赠太傅而文全袭伯爵，良是。”平乐军噪粮，至于屠劫，上逮给饷知府周祈，并逮兵备武应隆、守备叶朝阳。时行以为渐不可长，请毋逮，令法司议拟。贵州土官安国亨献木输诚，抚臣责其稽息，反讦抚臣。上怒抚臣，时行曰：“土官轻朝廷，不可训。”宽催科、免加派、恤漕运、止遏籴、严捕盗、减织造、省岁奉，罢采卖之费，寝开矿之议，其诸转移上心，销弭蠹害者，不一而足。评事雒于仁以《四箴》进，切指上隐，上怒。时行劝上留中，自是奏对尝不报，上遂有严薄言官之意。会给事王士性，御史江东之、万国钦，翰林刘应秋，礼部汤显祖先后刺论时行，时行疏辩，不深督过，而吴中行、赵用贤等为时行荐用者，皆勇求退。御史马象体疏劾幸阉张鲸，逮诏狱，时行封还御批。已，给事李沂复劾鲸，诏廷杖，时行率同官叩大内疏救，退与王锡爵密奏，有旨入对，上命训责鲸，时行言不敢者三，卒强行之。居正时考成之法，类参常一二百，摘参尝四五十，时行特为宽假。于是内外惰废，无所综核，而循情玩旨诸敝积祸数世。

云南缅彝莽达剌以顺宁土舍罕虔为内应，据陇川，破顺宁，而陇川多氏为岳凤父子煽诱，折入缅中，时行议调邓子龙、刘綎赴之，复顺宁，擒罕虔及岳凤与子曩乌正法。缅安松潘叠茂番人为乱，时行议以剿为先锋，以抚为权术。北卤围古尔占堡，副将李魁、李联芳先后败没，入犯洮河。言官主战，时行独主不战。自款贡以来，文武以边方为捷径，升转赏赉倍于内地，日浚甲士之衣粮，以媚朝绅，而朝绅倚边臣为外藏，于是推毂之任挠于权幸，荷戈之役困于侵削，而边敝不可鼓。时行率因仍之长，闻而反奏捷议赏。

册立事起，时行亦疏再四，不报。最后得十九年冬传旨行之旨。届期时行在告，同官许国、王家屏具揭，仍冠时行，时行别揭以为实不与闻，廷臣始疑之。及国被严督，中旨令致仕，时行亦力求归，允之。归三年，而皇长子出阁，后册立，上遣人敕存于家，以时行尝有请也。

故事，阁臣有军功无不荫锦衣者，无世荫自时行始。林居二十四年卒，年八十。谥文定。

论曰：神庙甫二十以外，辄倦勤不亲朝庙，非衰也。文定尚欲以宽柔矫江陵之后乎？时辅臣独文定言颇见用。观册立别揭，或有权用异谏而为陈，亦一说也。顾宽假因仍、循情玩旨一翻，综核之席，敝不可起。

（清）孙岳颁《御定佩文斋书画谱》卷四十四·书家传二十三·明五·申时行　申时行，字汝默，号瑶泉，吴县人。嘉靖壬戌赐进士第一。累官少师兼太子太师、吏部尚书、中极殿大学士，赠太师。谥文定。（《吴县志》）

时行廷试时，上见所对策词札兼美，亲擢第一。（《分省人物考》）

文定善真、行、草书，有《赐闲堂帖》行世。（叶向高《苍霞草》）

（清）张豫章等《御选明诗》姓名爵里四·诸家姓名爵里　申时行（字汝默，吴县人。嘉靖壬戌赐进士第一。累官少师兼太子太师、吏部尚书、中极殿大学士。谥文定。有《赐闲堂集》）。

（清）王鸿绪等《明史稿》卷二百一·列传第九十六·申时行　申时行，字汝默，长洲人。嘉靖四十一年进士第一。授修撰，历谕德，充经筵讲官，纂世、穆两朝《实录》，进左庶子，掌翰林院事。

万历五年，由礼部右侍郎改吏部。时行以文字受知张居正，蕴藉不立崖异，居正安之。六年三月，居正将归葬父，请广阁臣，遂以左侍郎兼东阁大学士入预机务。已，进礼部尚书兼文渊阁。以辽东大捷，加太子太保。元子生，加少保，兼太子太保、户部尚书、武英殿。奉命覆视大峪山陵，进少傅，兼太子太傅、吏部尚书、建极殿。张居正揽权久，操群下如束湿，异己者率逐去之。旧德夙望，不与为诡随，亦多摈不用。及居正卒，张四维、时行相继柄政，务为宽大。以次收召老成，布列庶位，朝论多称。然当是时内阁权积重，六卿大抵徇阁臣指。诸大臣由四维、时行起，乐其宽，多与相厚善。

四维寻以忧归，时行为首辅。余有丁、许国、王锡爵、王家屏先后同居政府，无嫌猜。而言路为居正所遏，至是方发舒。以居正素昵时行，不能无讽刺。时行外示博大能容人，心故弗善也。帝虽乐言者讦居正短，而颇恶人论时事，言事者间谪官。众以此望时行，口语相诋谋。诸大臣又皆右时行拄言者口，言者益愤，时行以此损物望。

十二年三月，御史张文熙尝言前阁臣专恣者四事，请帝永禁革之。时行疏争曰："文熙谓部院百执事不当置考成簿送阁察考；吏、兵二部除授不当一一取裁；督抚巡按行事不当密揭请教；阁中票拟当使同官知。夫阁臣不职当罢黜，若并其执掌尽削之，是因噎废食也。至票拟，无不与同官议者。"帝深以为然，绌文熙议不用。初，吴中行、赵用贤、沈思孝等以论居正夺情受杖，海内清名之士翕然归心，而李植、江东之攻居正、冯保有强直声，言者遂多诋讦居正前事。御史丁此吕言侍郎高启愚以试题劝进居正，帝手疏示时行，时行曰："此吕以暧昧陷人大辟，恐谗言接踵至，非清明之朝所宜有。"尚书杨巍因请出此吕于外，帝从巍言。而给事御史王士性、李植等交章劾巍阿时行意，蔽塞言路。帝寻亦悔之，命罢启愚，留此吕。时行、巍求去。有丁、国言："大臣国体所系，今以群言留此吕，恐无以安时行、巍心。"国尤不胜愤，专疏求去，语侵中行、思孝等，谓为党魁。副都御史石星、侍郎陆光祖亦言："小臣不可徇，大臣不可弃。"帝乃听巍出此吕于外，慰留时行、国，而中行、思孝又以国言求去，言路群起攻国。时行请量罚言者，言者益心憾。既而，植、东之以大峪山寿宫事撼时行不胜，贬去，阁臣与言路日相水火矣。

时行性宽平，御史魏允贞、郎中李三才以科场事论及时行子用懋，贬官。给事中邹元标劾罢时行姻徐学谟，时行假他疏逐之去。已而占物情，稍稍擢三人官，三人得毋废，世以此称时行长者。时行欲收人心，罢居正时所行考成法，一切为简易，亦数有献纳录，建言诸臣罢内操，时行有力焉。尝因灾异力言催科急迫、征派加增、刑狱繁多、用度侈靡之害。又尝请止抚按官助工赃罚银，请减织造数，趣发诸司章奏。缘尚宝卿徐贞明议，请开畿内水田。用邓子龙、刘綎平陇川，荐郑洛为经略，趣顺义王东归，寝叶梦熊奏以弭杨应龙之变。然是时天下承平，上下恬熙，法纪渐不振。时行务承帝指，不能大有建立。帝每遇讲期多传免。时行请虽免讲，仍进讲章。自后为故事，讲筵遂永罢。评事雒于仁进《酒色财气四箴》，帝大怒，召时行等条分析之，将重谴。时行请毋下其章，而讽于仁自引去，于仁赖以免。然章奏留中自此始。

十四年正月，光宗年五岁，而郑贵妃有宠，生皇三子常洵，颇萌夺嫡意。时行率同列再请建储，不听。廷臣以贵妃故，多指斥宫闱，触帝怒，被严谴。帝尝诏求直言，郎官刘复初、李懋桧等显侵贵妃。时行请帝下诏，令诸曹建言止及所司职掌，听其长择而献之，不得专达。帝甚悦，众多咎时行者。

时行连请建储。十八年，帝召皇太子、皇三子，令时行入见毓德宫。时行拜贺，请亟定大计，寻屡疏请册立豫教，贵妃弟国泰亦疏请。帝犹豫久之，下诏曰："朕不喜激聒。近诸臣章奏概留中，恶其离间朕父子。若明岁廷臣不复渎扰，当以后年册立，否则俟皇长子十五岁举行。”时行因戒廷臣毋激扰。

明年八月，工部主事张有德请具册立仪注。帝怒，命展期一年，而内阁中亦有疏入。时行方在告，次辅国首列时行名。时行密上封事，言：“臣方在告，初不预知。册立之事，圣意已定。有德不谙大计，惟宸断亲裁，勿因小臣妨大典。”于是给事中罗大纮劾时行，谓阳附群臣之议以请立，而阴缓其事以内交。中书黄正宾复论时行排陷同官，巧避首事之罪。二人皆被黜责。御史邹德泳疏复上，时行力求罢。诏驰驿归。归三年，光宗始出阁讲学，十年始立为皇太子。时行驰表贺，帝手诏优答之。

四十二年，时行年八十，帝遣行人存问。诏书到门而卒。先以云南岳凤平，加少师兼太子太师、中极殿大学士，诏赠太师，谥文定。

子用懋、用嘉。用懋，字敬中，举进士。累官兵部职方郎中。神宗擢太仆少卿，仍视职方事。再迁右佥都御史，巡抚顺天。崇祯初，历兵部左、右侍郎，拜尚书，致仕归。卒，赠太子太保。用嘉，举人。历官广西参政。孙绍芳，进士，户部左侍郎。

（清）黄之隽等《江南通志》卷一百四十·人物志·宦绩二（苏州一府）**·苏州府·明**　申时行，字汝默，吴县人。嘉靖壬戌进士第一。授修撰，历吏部左侍郎。万历六年，拜东阁大学士。十一年，进首辅。时行性平粹，承前相综核之后一切为宽大，以谐人情，亦数有献纳，录建言诸臣罢内操，皆有力焉。尝力言催科急迫、征派加增、刑狱繁多、用度侈靡之害。十九年，予告归里。又二十三年卒，年八十。谥文定。

（清）张廷玉等《明史》卷二百十八·列传第一百六·申时行（附子用懋、用嘉，孙绍芳）　申时行，字汝默，长洲人。嘉靖四十一年进士第一。授修撰。历左庶子，掌翰林院事。

万历五年，由礼部右侍郎改吏部。时行以文字受知张居正，蕴藉不立崖异，居正安之。六年三月，居正将归葬父，请广阁臣，遂以左侍郎兼东阁大学士入预机务。已，进礼部尚书兼文渊阁，累进少傅兼太子太傅、吏部尚书、建极殿。张居正揽权久，操群下如束湿，异己者率逐去之。及居正卒，张四维、时行相继柄政，务为宽大。以次收召老成，布列庶位，朝论多称之。然是时内阁权积重，六卿大抵徇阁臣指。诸大臣由四维、时行起，乐其宽，多与相厚善。

四维忧归，时行为首辅。余有丁、许国、王锡爵、王家屏先后同居政府，无嫌猜。而言路为居正所遏，至是方发舒。以居正素昵时行，不能无讽刺。时行外示博大能容人，心故弗善也。帝虽乐言者讦居正短，而颇恶人论时事，言事者间谪官。众以此望时行，口语相诋諆。诸大臣又皆右时行拄言者口，言者益愤，时行以此损物望。

十二年三月，御史张文熙尝言前阁臣专恣者四事，请帝永禁革之。时行疏争曰：“文熙谓部院百执事不当置考成簿送阁察考；吏、兵二部除授不当一一取裁；督抚巡按行事不当密揭请教；阁中票拟当使同官知。夫阁臣不职当罢黜，若并其执掌尽削之，是因噎废食也。至票拟，无不与同官议者。”帝深以为然，绌文熙议不用。御史丁此吕言侍郎高启愚以试题劝进居正，帝手疏示时行，时行曰：“此吕以暧昧陷人大辟，恐谗言接踵至，非清明之朝所宜有。”尚书杨巍因请出此吕于外，帝从巍言。而给事御史王士性、李植等交章劾巍阿时行意，蔽塞言路。帝寻亦悔之，命罢启愚，留此吕。时行、巍求去。有丁、国言：“大臣国体所系，今以群言留此吕，恐无以安时行、巍心。”国尤不胜愤，专疏求去，诋诸言路。副都御史石星、侍郎陆光祖亦以为言。帝乃听巍出此吕于外，慰留时行、国，而言路群起攻国。时行请量罚言者，言者益心憾。既而，李植、江东之以大峪山寿宫事撼时行不胜，贬去，阁臣与言路日相水火矣。

初，御史魏允贞、郎中李三才以科场事论及时行子用懋，贬官。给事中邹元标劾罢时行姻徐学谟，时行假他疏逐之去。已而占物情，稍稍擢三人官，三人得毋废，世以此称时行长者。时行欲收人心，罢居正时所行考成法，一切为简易，亦数有献纳。尝因灾异力言催科急迫、征派加增、刑狱繁多、用度侈靡之害。又尝请止抚按官助工赃罚银，请减织造数，趣发诸司章奏。缘尚宝卿徐贞明议，请开畿内水田。用邓子龙、刘綎平陇川，荐郑洛为经略，趣顺义王东归，寝叶梦熊奏以弭杨应龙之变。然是时天下承平，上下恬熙，法纪渐不振。时行务承帝指，不能大有建立。帝每遇讲期多传免。时行请虽免讲，仍进讲章。自后为故事，讲筵遂永罢。评事雒于仁进《酒色财气四箴》，帝大怒，召时行等条分析之，将重谴。时行请毋下其章，而讽于仁自引去，于仁赖以免。然章奏留中自此始。

十四年正月，光宗年五岁，而郑贵妃有宠，生皇三子常洵，颇萌夺嫡意。时行率同列再请建储，不听。廷臣以贵妃故，多指斥宫闱，触帝怒，被严谴。帝尝诏求直言，郎官刘复初、李懋桧等显侵贵妃。时行请帝下诏，令诸曹建言止及所司职掌，听其长择而献之，不得专达。帝甚悦，众多咎时行者。

时行连请建储。十八年，帝召皇长子、皇三子，令时行入见毓德宫。时行拜贺，请亟定大计。帝犹豫久之，下诏曰：“朕不喜激聒。近诸臣章奏概留中，恶其离间朕父子。若明岁廷臣不复渎扰，当以后年册立，否则俟皇长子十五岁举行。”时行因戒廷臣毋激扰。

明年八月，工部主事张有德请具册立仪注。帝怒，命展期一年，而内阁中亦有疏入。时行方在告，次辅国首列时行名。时行密上封事，言：“臣方在告，初不预知。册立之事，圣意已定。有德不谙大计，惟宸断亲裁，勿因小臣妨大典。”于是给事中罗大纮劾时行，谓阳附群臣之议以请立，而阴缓其事以内交。中书黄正宾复论时行排陷同官，巧避首事之罪。二人皆被黜责。御史邹德泳疏复上，时行力求罢。诏驰驿归。归三年，光宗始出阁讲学，十年始立为皇太子。

四十二年，时行年八十，帝遣行人存问。诏书到门而卒。先以云南岳凤平，加少师兼太子太师、中极殿大学士，诏赠太师，谥文定。

子用懋、用嘉。用懋，字敬中，举进士。累官兵部职方郎中。神宗擢太仆少卿，仍视职方事。再迁右佥都御史，巡抚顺天。崇祯初，历兵部左、右侍郎，拜尚书，致仕归。卒，赠太子太保。用嘉，举人。历官广西参政。孙绍芳，进士，户部左侍郎。

（清）沈德潜、周准《明诗别裁集》卷七·申时行（二首）（时行，字汝默，吴县人。嘉靖壬戌赐进士第一，累官少师兼吏部尚书。赠太师，谥文定。）

（清）于敏中等《钦定天禄琳琅书目》卷八·明版史部·大明会典（二十函七十四册） 申时行，字汝默，吴县人。嘉靖壬戌进士第一。累官少师兼太子太师、吏部尚书、中极殿大学士。谥文定。

（清）倪涛《六艺之一录》卷三百七十一·历朝书谱六十一·明·申时行 申时行，字汝默，号瑶泉，吴县人。嘉靖壬戌赐进士第一。累官少师兼太子太师、吏部尚书、中极殿大学士。谥文定。（《吴县志》）

时行廷试时，上见所对策词札兼美，擢为第一。（《分省人物考》）

文定善真、行、草书，有《赐闲堂帖》行世。（叶向高《苍霞集》）

（清）和珅等《大清一统志》卷五十六·苏州府三·人物·明 申时行（字汝默，吴县人。嘉靖末殿试第一。授修撰。万历时，累进吏部尚书、中极殿大学士。时行文彩蕴藉，当张居正时不立崖异。居正卒，时行尽反前政，务以和平收拾人心，其止易漕、开水田、罢内操、平陇川、定洮河，号能断大事。卒以建储议为时所排击，遂去位。卒赠太师，谥文定。子用懋，进士，兵部尚书。孙绍芳，进士，户部左侍郎）。

科　第

（一）乡试

（清）黄之隽等《江南通志》卷一百二十八·选举志·举人四·嘉靖四十年辛酉科 徐时行（本姓申，吴县人）。

（二）会试、殿试

（明）张朝瑞《皇明贡举考》卷之七（嘉靖四十一年）三月十五日，临策天下贡士。制曰：朕惟自昔帝王，莫圣于尧舜。史称尧舜垂衣裳而天下治矣。然当其时，下民犹咨，洚水为灾，有苗弗率，则犹有未尽治平者。岂二帝固弗之恤欤？抑其臣任之于下，而上可以无为？不然，何以垂衣而治也？三代莫盛于成周。宣王中兴，《诗》称召伯平淮夷，方叔征蛮荆，吉甫伐狁，惟得其人以分命之，是以不劳而治。朕常嘉之，甚慕之。朕抚天下四十有一年于此矣，夙夜敬事上帝，宪法祖宗，选任文武大吏之良，思与除民之害而遂其生，兢业不遑，未尝有懈。间者水旱为灾，黎民阻饥，戎狄时警，边圉弗靖，而南贼尤甚，历时越岁，尚未底宁。岂有司莫体朕心，皆残民以逞，有以致之欤？抑选任者未得其人，或多失职欤？将疆圉之臣，未能殚力制御玩寇者欤？夫朕有爱民之心而泽未究，有遏乱之志而效未臻，固以今昔不类，未得如古任事之臣耳。兹欲使上下协虑，政事具修，兵足而寇患以除，民安而邦本以固，灾咎可弭，困穷可复，以媲美虞周之治，其何道而可？尔诸士悉心陈列，勿惮勿隐，朕将采而行焉。

（时廷对之士二百九十九人，赐徐时行等进士及第出身有差。时行后复申姓。……）

第一甲三名赐进士及第：徐时行，南直隶吴县籍，长洲县人。……

（明）申时行《赐闲堂集》卷八·策·廷试策 臣对：臣闻帝王之御极也，体君道以奉天心，而后可以建久安长治之业。肃臣纪以奉天职，而后可以成内修外攘之功。何则？人君者，天之所授，以统一万方，而临驭兆民者也。其位尊，其任重，故君道常主乎逸。人臣者，天之所命，以左右一人，而分理庶政者也。其分卑，其事赜，故臣道常主乎劳。君能奉天以端拱于上，而以其事责诸臣，则无为而化成，不言而功著。若于穆之运，玄机之宰，不假于推迁之力，而自然造物者矣。是谓能奉天心，而久安长治之业可建也。臣虽奉君以奔走于下，而以其身致之君，则同心以共济，协忠以体国，若四时之佐，五行之吏，各效其宣布之能，而罔有违天者矣。是谓能奉天职，而内修外攘之功可成也。不然，则一人之身，万几攸萃，安能一一而理之？而庶官之众，各有司存，能不蹈于瘝旷之咎哉？故君必率臣以图久安长治之业，臣必辅君以树内修外攘之功，则和气溢而宇宙清宁，理道昌而民物康乂。顺治于内，而万方弘一统之规；威严于外，而四夷效咸宾之美。巩国祚于苞桑之固，措天下于泰山之安，唐虞三代之治，不可复睹于今日哉！

钦惟皇帝陛下禀刚健中正之资，合阴阳动静之德，际熙洽御天之运，膺寿考作人之符。精诚格乎穹昊，而瑞应骈臻；妙道契乎玄元，而休征毕集。盖媲美唐虞而超越乎三代者。臣窃伏草茅，沾被圣泽久矣。乃者叨有司之荐，得以与对乎大廷。而圣问所及，特惓惓焉，首述唐虞成周之治，继悯水旱盗贼之灾，任事失人之咎，而终究夫足兵安民之术，弭灾救困之方，且戒臣等以勿惮勿隐也。大哉皇言！忧国忧民之心见乎词矣。敢不披沥愚衷，以对扬于万一耶？

臣闻之《书》曰：元首明哉，股肱良哉，庶事康哉。言明君在上，而又有良臣以左右之，则庶事可理也。又曰：惟天聪明，惟圣时宪，惟臣钦若。言君能宪天，而为臣者自敬顺之，罔敢或悖也。是故君为元首，而宪天于上，则法天以为聪，而居高听卑，可以不劳而坐听天下。法天以为明，而临下有赫，可以不劳而坐照四方。是君者，法天道以无为者也。臣为股肱，而钦若于下，则代君以用其聪，而天下之利病，皆通达而无所壅；代君以用其明，而斯民之休戚，皆洞察而无所遗。是臣者，奉天职以有事者也。是故唐虞之世，万邦协和矣，四方风动矣，文明之会昌矣。尧舜以聪明极圣之主，默运无为之治，而又禹、皋、稷、契、伯益之臣，共佐太平之业，故下民之其咨也，洚水之为灾也，有苗之弗率也，尧舜非不之恤也，惟其忠良之佐，足以赞皇猷；弼直之邻，足以弘帝道。以恤阻饥则有率育之臣，以拯昏垫则有克勤之臣，以格负固则有赞德之臣。诸臣者，其奉君如奉天也，孜孜焉同寅协恭，罔敢怠遑也。故尧舜虽有旰食之忧，而终得以享垂衣之治。至今称中天之盛者，必曰唐虞，此尧舜得臣之明验也。周宣之世，海内乂安矣，国势浸隆矣，文武之业复矣。宣王以聪明有道之君，嗣守无疆之业，而又有召虎、方叔、吉甫之臣，夹辅中兴之治。故淮夷之猖乱也，荆蛮之不靖也，猃狁之虔刘也，宣王非不之虑也，惟其位元宰者才兼乎文武，总元戎者勋联乎将相。有宣威江汉之臣，而淮夷率俾；有壮猷南国之臣，而荆蛮来威；有薄伐太原之臣，而猃狁于襄。诸臣者，其事君亦如事天也，惴惴焉矢心协力，罔敢戏豫也。故宣王有继述之思，而终以成再造之绩。至今称中兴之盛者，必曰成周，此宣王得臣之明验也。尧舜宣王之为君，法天道以无为，而唐虞成周之臣，奉天职以有事，则所以达久安长治之业，成内修外攘之功者，岂偶然哉！

臣伏观陛下临御以来，四十有一年矣。上帝之申眷，不为不隆，而诚敬愈笃。祖宗之成业，不为不固，而仁孝愈纯。钦天有记，以表昭事之忱；祖德有诗，以发聿追之念。至于虑切民恫，任专吏职，内责成于守令矣，而巡督之臣，岁不绝遣；外付托于将帅矣，而总制之命，任必加隆。无一念不在于民瘼，无一言不轸乎国虑。臣有以仰窥陛下之心，即尧舜之心，而周宣不足侔也。于今诸瑞咸集，四灵毕至，固足以彰陛下之峻德鸿勋，超卓百代矣。然淫潦为灾，则塍畦有垫溺之苦；亢旱为虐，则阡陌有枯槁之忧。倭夷窃发于东南，而海波弗靖；丑虏跳梁于西北，而边尘屡惊。甚则辽蓟之势，日就孤危；而江右之贼，岁成延蔓。殊非圣世之所宜有者，正尧舜忧民之时，周宣励精之日也。

臣伏读圣制有曰：间者水旱为灾，黎民阻饥，戎狄时警，边圉弗靖，而南贼尤甚，历时越岁，尚未底宁。岂有司莫体朕心，皆残民以逞，有以致之与？陛下之言及此，万国万民之福也。臣窃观内外诸臣，凡析圭儋爵，结绶分符者，孰非陛下之宠荣乎？凡拥旄杖钺，制阃握兵者，孰非陛下之威灵乎？谓宜夙夜匪懈，寝处不遑，布宁谧之化于域中，扬振肃之威于阃外，不负天子而勿为圣世之瘝官也。然各私其身者，罔致恤于民依；各利其家者，莫究心于国事。内而守令藩臬，固必有旬宣惠和，忧勤抚字之臣矣。然而肥己瘠民，营私蠹国，以催科聚敛为能，以簿书期会为急者，亦多有之也。外而营屯督府，固必有敌忾鹰扬，严明果毅之臣矣。然而坐失机宜，轻损威重，隐败衄以为捷，幸安静以为福者，亦恒有之也。人臣咸若是，则何以成内修外攘之功，而佐久安长治之业哉！盖陛下爱民之心，容保如天地，而诸臣不能承宣德意，以弘康国之猷。陛下遏乱之志，果决如雷霆，而诸臣不能奉扬威命，以茂肃清之烈，是自负于尧舜、成宣之主，而有愧于唐虞、成周之臣多矣。

及读圣制终篇有曰：兹欲使上下协虑，政事具修，兵足而寇患以除，民安而邦本以固，灾咎可弭，困穷可复，以媲美虞周之治，其何道而可？臣愚以为，上者，下之表也；政事者，臣之纪也。足兵以除寇，将帅之责任也。安民以固国，守令之职业也。灾咎之有无，困穷之复否，皆由此出者也。为今日计，莫先于任人，尤莫要于择人。夫国家分职命官众矣，即列郡专城，遐陬僻壤，莫不置吏，盖未尝不任人也，臣以为任之而未当也。国家举贤斂才旧矣，即铨司法曹，明黜显擢，罔有违例，盖未尝不择人也，臣以为择之而未精也。任之未当与择之未精，而欲得人以俾圣治，是犹楩梓未充，而需栋梁之用；穮蓘弗习，而希稼穑之成。臣知其弗能也。故夫欲修内治者，在慎择乎守令而已矣。欲平外患者，在慎择乎将帅而已矣。

董仲舒曰：守令者，民之师帅，所使承流而宣化者也。守令而不得其人，虽日布蠲恤之令，时厪惠鲜之恩，民犹不被其泽也。今也阖郡无文翁之化，而渔猎民资者接踵。邑里无鲁恭之风，而朘剥民膏者比肩。以狼牧羊而暴政日闻，以齿焚身而败官弗恤。郡县之民，几何不流离而攘窃也。必也精选用之法，严举劾之科。其未任也，试以经济之略，必求谙练民情，通达治体，而不拘选用之途，如唐之试理人策可也。其既任也，责以久任之功，必使吏安其官，民狎其政，而不拘迁转之格，如汉之为吏长子孙可也。其任而获效也，优以格外之赏，必旌之车服，崇之阶衔，以彰卓异之勋，如汉之爵至关内侯可也。如是则有民有土之寄不轻，数迁数易之弊可免，而人知淬励，以期不负乎优渥之恩矣。宁有守令失人之患哉！

孙武曰：将者，三军之命，国之重任不可不知也。将帅而不得其人，虽决策于九重，定计于千里，犹未可以临敌也。今也操练之律虽严，而士无投石超距之勇；衣粮之给如故，而将无搴旗陷阵之能，论战斗则缩颈而股栗，闻调遣则掩耳而口噤，边圉之寇，几何不肆行而窃发也？必也慎武举之选，严比试之条。有洞识兵机、明习边务者，材可任也，则不拘以骑射之习，如任杜预以平吴可也。有摧锋陷敌、决胜先登者，功可录也，则不绳以文法之细，如赦魏尚于云中可也。有保障一方、折冲万里者，权可假也，则不牵以中制之命，如委充国于金城可也。如是则真材不耻于武弁，良将不苦于约束，而人得展布以自效。夫捍御之能矣，安有将帅失人之患哉！

有贤守令以宣德化于域中，则政治毕举，而内有顺治之休。有名将帅扬威灵于阃外，则纪律章明，而外有威严之烈。由是民生举安，则邦本有磐石之固。由是兵威日振，则寇患无潢池之虞。和气交蒸于海宇，而灾害不兴。颂声流布于黔黎，而困穷以复。尚何不足以成久安长治之业，而追唐虞成周之盛哉！

抑臣又闻之，朝廷者，四方之极也；纯心者，用人之枢也。惟陛下常存敬一之心，以端拱于上而已。敬则存其心而不放，一则纯乎理而不杂。深宫燕闲之中，而不忘乎知人安民之虑。斋居邃密之际，而日严夫敬天法祖之忱，则心正而朝廷百官皆一于正矣。文武大吏有不奉承，而守令将帅有不奋励者哉！

臣不识忌讳，干冒天威，无任战栗陨越之至。臣谨对。

（明）王世贞《弇山堂别集》卷八十三·科试考三　（嘉靖）四十一年壬戌，命太子太保、户部尚书、武英殿大学士袁炜，吏部左侍郎兼翰林院学士、掌詹事府事董份为考试官，取中王锡爵等，廷试赐申时行、王锡爵、余有丁及第。

（明）张弘道、张凝道《皇明三元考》卷十一·嘉靖四十一年壬戌科大魁 状元申时行（直隶长洲人。字汝默，号瑶泉。治《书》。年二十八。辛酉乡试第三名。会试第二十八名。仕至少师兼太子太师、吏部尚书、中极殿大学士。致仕，卒年八十。谥文定。

子用懋，癸未进士，太仆寺少卿。用嘉，举人。孙绍芳，丙辰进士）。

又 入阁：申时行（万历六年，由吏部侍郎入东阁。十九年，至少师、中极殿学。致仕）。

又 一品：申时行（少师）。

（清）黄之隽等《江南通志》卷一百二十二·选举志·进士四·明·壬戌科徐时行榜 徐时行（吴县人）。

（清）张廷玉等《明史》卷十八·本纪第十八·世宗二 （嘉靖四十一年春三月）壬寅，赐申时行等进士及第出身有差。

仕 宦

（明）雷礼《国朝列卿纪》卷八·直内阁元辅及同直辅臣年表 同直申时行，直隶吴县人。状元。以吏部左侍郎兼东阁大学士于万历六年三月入直。

又 同直申时行。

又 申时行自万历十一年四月为元辅，历少师兼太子太师、吏部尚书、中极殿大学士，至十九年九月致仕，凡八年五月。

又，卷九·殿阁大学士年表 申时行（直隶吴县人。嘉靖壬戌状元。万历六年，以吏部左侍郎兼东阁大学士入阁，历少师兼太子太师、吏部尚书、中极殿大学士。万历十九年，致仕）。

又，卷二十·翰林院学士讲读学士年表 申时行（直隶吴县人。嘉靖壬戌状元。万历元年，以左庶子兼侍读，掌院事。二年，升少詹事。四年，升詹事，仍兼侍读学士，掌院事。五年，升礼部右侍郎）。

（明）王世贞《弇山堂别集》卷十二·皇明异典述七·皇子生推恩内阁司礼 万历十年，皇第一子生。……申时行加少保、户部尚书、武英殿大学士，其太子太保如故。

又，卷十二·皇明异典述七·边功加恩内阁 申时行加太子太保而极矣。十二年，云南大捷，大学士时行加少师、太子太师、中极殿大学士。

又，卷四十一·公孤表·少师·文臣凡二十六人 申时行，直隶吴县人。万历十二年以少傅、太子太师、吏部尚书、建极殿大学士加兼太子太师、中极殿大学士。

又，卷四十一·公孤表·少傅·文臣凡四十人 申时行，直隶吴县人。万历十一年，以少保、太子太保、武英殿大学士加，兼太子太傅、建极殿大学士。

又，卷四十一·公孤表·少保·文臣凡五十八人 申时行，直隶吴县人。万历十年，以太子太保、礼部尚书、文渊阁大学士加，兼户部尚书、武英殿大学士。

又，卷四十二·东宫三师表上·太子太师·文臣凡二十七人 申时行，见前。万历十二年，以少傅进，加，少师兼。

又，卷四十二·东宫三师表上·太子太傅·文臣凡四十六人 申时行，见前。万历十一年，以少傅加兼。

又，卷四十二·东宫三师表上·太子太保·文臣凡一百二十三人 申时行，见前。万历十年，以礼部尚书、文渊阁大学士进加，再以少保兼。

又，卷四十三·东宫三师表下·太子宾客·文臣 吏部右侍郎兼侍读学士申时行，万历五年加兼。

又，卷四十三·柱国表·左柱国 ……少师兼太子太师、中极殿大学士申时行（万历十六年）。右皆特进光禄大夫。

又，卷四十三·柱国表·柱国 ……申时行（见前）。已上皆特进兼光禄大夫。

又 少傅、太极殿大学士申时行（十年）。……右俱柱国。

又，卷四十五·内阁辅臣年表 申时行，字汝默，直隶长洲人。由嘉靖壬戌状元，万历六年，以吏侍、东阁学人，今为少师、中极殿学。

又，卷四十六·讲读学士表 申时行，见内阁。万历元年，以少詹事兼读学，历詹事礼右吏，左右侍，俱仍原兼。

又，卷五十四·卿贰表·吏部左右侍郎 申时行，直隶吴县人。由状元，（万历）五年，任右。六年，升左。

又，卷五十六·卿贰表·礼部左右侍郎 申时行，见内阁。由状元，（万历）三年，任右。兼读学，加太子宾客。

又，卷八十三·科试考三 （隆庆）四年庚午，命右春坊右谕德兼翰林侍读丁士美，翰林院修撰申时行主顺天试。

进乡试录有重叶者，夺府丞宋纁、谕德丁士美、修撰申时行俸各两月。

又 （万历）五年丁丑，命礼部尚书、东阁大学士张四维，詹事府詹事兼翰林院侍读学士掌院事申时行主会试，取中冯梦祯等四百人，嗣修、兴周复与焉。

又 （万历）八年庚辰，命礼部尚书、文渊阁大学士申时行，礼部左侍郎兼翰林院侍读学士余有丁主会试，取中萧良有等三百人，时懋修与其兄敬修，次辅张四维子嘉征复俱中式，敬修即嗣文更名者。

（明）王圻《续文献通考》卷四十六·选举考·举士四 （万历）五年，命东阁大学士张四维、詹事兼侍读学士申时行为考官，中式举人冯梦祯等三百十名。八年，命文渊阁大学士申时行、礼部左侍郎掌詹事余有丁为考官，中式举人萧良有等三百名。

（明）俞汝楫《礼部志稿》卷四十二·历官表·左右侍郎 申时行（字汝默，直隶吴县人。进士。万历五年由詹事府詹事兼翰林院侍读学士，掌院事，升右侍郎，仍兼侍读学士，加太子宾客。历少保兼太子太保，户部尚书，武英殿大学士）。

（明）张萱《西园闻见录》卷四十一·户部十·救荒 万历丙戌，山东、河南、陕西及直隶真、保等府皆大旱，所司报灾无虚日，虽奉旨蠲赈，而谷价腾跃，人民流徙日甚。先是临清、德州仓每季以新旧出纳登耗之数闻奏。盖山东、河南转漕粟米皆收贮其中以给军，而岁出甚少，存者多浥烂，筹国者惜之。至是，申文定公乃请上尽两仓积贮以充赈济，乃借太仆寺马价四十万给灾伤州县充籴本，令于农收处籴买转搬减价以粜。于是，饥民稍得苏息，又虑有司不能奉行德意，复请上以四事责成抚按两台，令每月一奏报，曰田禾有无播种，曰雨雪有无沾足，曰人民有无流亡，曰盗贼有无宁息。一时有司凛凛奉职，不敢秦越其民矣。古称救荒无奇策，然使积贮丰盈，或损上以益下，或移彼以与此，当事者念念在民，视若己饥，未为无济也。

又，卷四十七·礼部六·宗藩后 申文定公时行当国日，有因罪江陵议复辽府者，公不可，谓："江陵之破家，辽庶之亡国，皆其自取，原不相蒙。且皇考惩恶之大典不可变，亲藩觊觎之大衅不可开，已毁之府第营缮不赀，既废之亲王本支靡继。"竟拟旨罢之。时宗室宸凉等六百余人，以擅婚互讦，上坐文华殿猝召阁臣入，公面奏曰："制，宗室年十五，请封请婚，按臣覆实以闻，礼部题给封号，许成婚。如未覆请而婚者，所生子女不得封，定例也。此六百余人皆应夺，但封于嘉靖二十八年，事在例前，念其年远人众，惟上恩之俾及于宽改，幸甚。"上深然之。

又，卷七十六·兵部二十五·恤军士 国家承平日久，武职凌夷，至不能给衣食，每岁俸银仅一舆隶顾直耳。时建议者欲裁冗食，以武官俸为首，申文定公曰："武官俸薄，国家以汗马功酬，其世禄至鲜矣。奈何复朘削之？"言者色沮然。疏业已上，诸武臣群诉于朝房。文定公曰："吾固知之，若等幸无虑。"乃散去部中，亦寝不覆。文定既去位，而曾尚宝乾亨者承命阅边，复条奏如前。武官亦群诉于山阴相公，山阴谕令赴石司马，司马不许，曰："此曾公条陈也。"众皆忿恨，入长安门则遇曾司空，如春前导，呵之曰："曾爷来。"众误以为条陈者也，环诉前事，语不逊。司空未及答，则攘臂相加，衣带俱毁。或奔告司马于途。司马大惊，坠车，众寻解散。而司空惭沮，以病乞归，一言谬妄，至大伤国体，言不可不慎也。

又，卷七十九·兵部二十八·土官 云南缅夷莽达剌恃险远，兵力强盛，常侵逼三宣，而陇州多民为岳凤父子煽诱，折入缅中，顺宁土舍罕虔为莽内应。于是，据陇州破顺宁，滇中大震，大臣中策缅事者谓："往年麓川之役，王靖远提兵十万，征旁省粮饷，请官监军纪功。数岁，仅乃克之。此已事之验也。"申文定公曰："今财力殚绌，大异昔时。若尔，则西南骚动，国家受其敝，非计也。滇南万里，向来文网阔疏，武备单弱，奸人勾引远夷，乘隙而动。若选择战，将率兵御之。并调土司募健卒，自足固内而捍外，无虑也。”文定公乃与本兵议调邓子龙、刘綎各领兵三千赴之，令相机战守。子龙先复顺宁，擒罕虔，诏斩以徇。綎亦以计诱岳凤及其子曩乌缚献阙下，上御午门楼受俘，磔诸市。缅兵遂不敢出，而陇州亦安。是举也，调兵不过六千，饷取诸蜀中及南部，费不过二十万。盖上留意边疆，以滇中用兵敕总镇五日一报。按臣核功稍迟，则先发赏赉以励士心，故能成功如此。然滇中无饷无兵，或调防守半岁即撤，撤时皆不给饷，兵皆散去，缓急不能猝集，数为夷寇所乘。文定公常与抚臣议屯田养兵之策，腾越逼三宣。近缅地皆肥饶而多闲旷，可以列屯课种储蓄，以待军兴。而远方守令多阘冗不任事，尝语按臣督察之，卒无成效，可叹也。寻边人有持缅地二番锦入见，抚镇诡云："缅酋欲求入贡。”抚臣书来欲奏闻，文定公曰："近时暹罗求贡特遣多人用金叶表文奏御，今第以一人持二锦来，真赝未可。必宜审实而善遣之，非得金叶表文，不当为代奏也。”抚臣乃止。已，卒无验，求其人则亡去矣。边事夷情安可轻信而漫为之哉！

又，卷八十三·兵部三十二·戡定　万历辛丑，矿税诏下各省直俱遣。内臣纷纷四出，而奸黠无赖之徒百计夤缘窜入，参随名籍，从中簸弄，所在狼贪虎噬，商民不胜其苦。独江南税事并属织造不特遣，而一时罢闲，官吏多以攀援进者，所在关津各有委官。时税官王建节据封门外之灭渡桥，无论往来商贾即乡民持只鸡匹布入市皆见侵剥，众不胜愤愤，欲群殴之。而黠者更相与谋曰："税官率□□进从大家借贷得之，此祸本也，宜共摘击之。”乃集数百人，先击杀王税官而次及大户，又次及缙绅家仆人至死尸诸市，并燔其室庐，城中大扰。时太守山阴朱公燮元已擢任未行。申文定公以书趣之令亟出抚谕，而万吕者自诡首倡挺身服辜，众稍解散，□月始定。然磔裂死者数人，焚荡者数家，几有扬竿挺锄之变。而抚臣方坐句容，闻变而来，中途而返，若以苏州郡城为瓯脱者，殊可怪也。往时抚臣自周文襄来，皆驻吾郡城，而宋抚台某始移驻句容，欲避过客应酬之扰。申文定公在阁内尝撰敕有“驻扎苏州”语，遂复其旧。又数年而朱抚台鸿谟以句容为便，竟不奉敕，后遂因之。使郡城之兵皆番直抚院于句容，郡中无一卒可使者，猝遇民变，任其猖狂，而莫之谁何。近复奉旨申饬抚台，遂久驻吾郡。而戊申水灾，地方劫夺之祸旋起旋定者，仗抚台兵力为之镇压也。任国家重寄而第欲自便者亦可以鉴矣。

又，卷九十二·工部六·坑治　紫荆关外，广昌、灵丘二邑，山谷幽邃，林木茂密。四方亡命及奸民避罪者皆窜居之，时时窃挖矿砂，私作银冶。而张守清者尤桀黠，能役属诸奸民而擅其利，道路汹汹，谓旦夕且有变，有司不敢孰何。会上遣中涓祷五台，还奏其事。时申文定公当国，一日，上视朝毕，召阁臣于皇极门议事，语次及之。文定公请敕该部行抚按官查明禁戢，遂逮守清伏法，闭塞诸矿洞。无何，县民有以开矿兴利为言者，上令文书官语阁中，欲允其奏，文定公极言其不可，仍请下抚按臣勘覆，而玉田、丰润民复以为言，部中并下抚按，未报也。文定公适在告，而上遣文书官问阁中云："开矿事节，经诸人题请该部，如何？”不覆。文定公乃属王文肃公具草回奏，大略言："天地生财，本以资国家之用，今帑藏无余财，山泽无遗利，则权宜开矿，亦是理财一策。但开矿必当聚众，众聚必当妨乱。见今，山西、河南矿徒啸聚，正议驱逐，若官自开煎，恐奸民乘机争利，隐忧不可测，且朝廷一切事务苟关大体，皆可不惜小费而为之。若开矿求利必须计算工本、募徒、防兵之费几何与开煎之利几何，果出少入多，不为虚费，而后可勘酌举行。非可以民间私请，隔境遥度，而朝廷遽为之出旨差官造次议开者也。户部所以迟回未覆，一者防患，二者惜财，三者恐骚动地方，四者亦不欲宣露国家空虚窘急之状，使传闻四夷愈轻中国。今蒙圣问惓惓，臣等即当传谕该部，督趣抚按官速行查核有砂处所应否开煎，是否有利兼害，委用何人方不至骚扰，设处何法方不至侵盗。毋得先事张皇，使民间承望风声，争相煽动，利未得而先酿患，乃为万全。"奏入，上重违阁臣议，事遂寝。文定、文肃相继去国，而中珰巧黠者与驿侩相要结，因招致卫所武官，扶同入奏，旨从中出，自畿辅及诸省皆以中珰领事糜费骚扰，使海内嚣然，丧其乐生之心。语云：涓涓不竭，流为江河，言不可不妨其渐也。

又，卷九十六·政术 宣武门外多回夷聚居，以宰牛为业，巡按杨御史四知榜禁之，众皆鼓噪。时申文定公与同官出长安门，则夹道号呼，陈诉者殆万人，问故则曰："诸夷以牛为命，禁杀牛是绝其命也。"文定公停车慰遣之曰："禁且弛矣，无恐。"众欢呼抢地散去。已，语总宪仙居吴公时来，亟令御史撤其榜，遂皆寂然。凡事有干众怒聚众怨者，必不可轻于举动，自生烦扰，以开衅端也。

（清）谷应泰《明史纪事本末》卷六十七·争国本 （神宗万历十四年）二月，辅臣申时行等请册立东宫，疏曰："早建太子，所以尊宗庙重社稷也。自元子诞生五年于兹矣。即今麟趾螽斯，方兴未艾，正名定分，宜在于兹。祖宗朝立皇太子英宗以二岁，孝宗以六岁，武宗以一岁，成宪具在。惟陛下以今春月吉旦敕下礼部早建储位，以慰亿兆人之望。"上曰："元子婴弱，少俟二三年举行。"

又 十八年春正月朔，上御毓德宫，召辅臣申时行、许国、王锡爵、王家屏于西室，以册立东宫系宗社计请，上曰："朕知之。朕无嫡子，长幼自有定序，郑妃亦再三陈请，恐外间有疑。但长子犹弱，欲俟其壮大使出。"辅臣复请曰："皇长子年已九龄，蒙养豫教，正在今日。"上颔之。时行等出，上遽令司礼监追止之，云："已令人宣皇子来，与先生一见。"辅臣还至宫门内。有顷，皇长子、皇三子俱至，引至御榻前，皇长子在御榻右，上手携之，向明正立，辅臣等注视良久，因奏曰："皇长子龙姿凤表，岐嶷非凡，仰见皇上昌后之仁。"上欣然曰："此祖宗德泽，圣母恩庇，朕何敢当！"辅臣奏皇长子春秋长，宜读书，且云："皇上正位东宫，时方六龄，即已读书。皇长子读书已晚矣。"上曰："朕五岁即能读书。"复指皇三子云："是儿亦五岁，尚不能离乳母。"遂手引皇长子至膝前，抚摩欢惜。辅臣叩头奏曰："有此美玉，何不早加琢磨，使之成器？"上曰："朕知之。"时行等叩头出。

十月，吏部尚书宋纁，礼部尚书于慎行率群臣合疏请册立东宫，上怒，下旨夺俸。辅臣申时行引疾乞休。王家屏居中调之，上意稍解，以郑国泰请册立疏示群臣，传谕建储之礼当于明年传立，群臣无复奏扰，如有复请，直逾十五岁。

十九年冬十月，阁部大臣合疏请建东宫。先是，建储事既奉上旨，申时行与同官约遵守稍需一岁，每诸司接见亦以此告之，故辛卯岁自春及秋曾无言及者。至是，工部主事张有德请备东宫仪仗，时行方在告，次辅许国乃曰："小臣尚以建储请，吾辈不一言可乎?"仓卒具疏，首列时行名以上。时行闻之大愕，别具揭云："臣已在告，同官疏列臣名，臣不知也。"故事，阁臣密揭皆留中，而是疏与诸疏同发。礼科罗大纮遂上疏论时行迎合上意以固位，武英中书黄正宾继之。

又 （二十九年冬十月）十五日己卯，册立皇长子为皇太子，暨册封福王、瑞王、惠王、桂王，诏告天下，上特谕在籍辅臣申时行、王锡爵知之。

（清）查继佐《罪惟录》·志卷十九·直阁志·神宗 申时行（瑶泉，吴县人。由状元、修撰、吏部右侍郎东阁办事，户部右侍郎，历中极殿大学士、太子太师、吏部尚书。卒谥文定）。

（清）张廷玉等《明史》卷二十·本纪第二十·神宗一 （万历六年春）三月甲寅，以礼部尚书马自强兼文渊阁大学士，吏部侍郎申时行兼东阁大学士，预机务。

又 （万历十五年）冬十月庚申，大学士申时行请发留中章奏。

又 （万历）十八年春正月甲辰朔，召见大学士申时行等于毓德宫，出皇长子见之。

又 （万历十九年九月）甲戌，申时行致仕。

（清）秦蕙田《五礼通考》卷二百四十八·凶礼三·荒礼 《通纪会纂》：神宗十五年，申时行《请禁遏籴疏》曰："治本在使民得食。顷者，因荒大发帑银，遣使分赈，恩至渥矣。然赈银有限而饥民无穷，惟是邻近协助，市籴通行乃可延旦夕之命。近访河南等处，往往闭籴。彼固各爱其民，然自朝廷视之，莫非赤子。灾民既缺食于本土，又绝望于他方，是激之为变也。乞禁止遏籴之令，听商民籴买接济，则百姓不至嗷嗷待毙，汹汹思乱也。"上从之。

（清）傅恒《御批历代通鉴辑览》卷一百十·明·神宗皇帝 （戊寅万历六年三月）以礼部尚书马自强兼文渊阁大学士，吏部侍郎申时行（字汝默，长洲人）兼东阁大学士，并预机务。张居正请增置阁臣，令居正推择，居正以自强有人望而时行又其所厚，遂荐用之。

又，卷一百十一·明·神宗皇帝 （甲申万历十二年夏四月）籍张居正家。

御史羊可立复追论居正构陷辽王，王妃因上疏讼冤，言辽邸金宝悉入居正家，帝命司礼监张诚等诣荆州，籍居正家。守令先期录人口，锢其门，子女饿死者十余辈。诚等尽括其亲族所有，得黄金可一万，白金十余万。长子礼部主事敬修不胜拷掠，自缢死。

事闻，申时行等与六卿大臣合疏请少缓之。……（初，言路为居正所抑，至是争砺锋锐，搏击当路。可立与李植、江东之并荷帝宠，三人更相结，亦颇引吴中行、赵用贤、沈思孝为重，执政恶之。未几，御史丁此吕劾侍郎高启愚主试以“舜亦以命禹”为题为居正劝进，帝手疏示申时行，时行言：“此吕以暧昧陷人大逆，恐谗言踵至，非清明之朝所宜有。”尚书杨巍因请出此吕于外。植、东之交章劾时行、巍蔽塞言路，帝为罢启愚，留此吕。时行、巍求去。余有丁言：“大臣国体所系，今以群言留此吕，恐无以安时行、巍心。”帝乃听巍出此吕于外。）

又 （十二月）诏以陈献章、胡居仁、王守仁从祠孔庙。

申时行等言：“守仁言致知出《大学》，良知出《孟子》。陈献章言主静，沿宋儒周敦颐、程颢。且孝弟出处如献章，文章功业如守仁，纯心笃行如胡居仁，并宜崇祀。”从之。

又 （乙酉十三年闰九月）帝诣大峪山阅寿宫。

……植以寿宫有石，申时行与学谟姻，故主之可用，是罪也，乃与东之、羊可立合疏上言：“地果吉则不宜有石，则宜奏请改图，乃学谟以私意主其议，时行以亲故赞其成，非大臣谋国之忠。”时行奏辩：“车驾初阅时，植、东之不言，今已二年，忽创此议，其借事倾臣明甚。”帝责三人夺俸半岁。

又 丙戌十四年春二月，册郑氏为皇贵妃。三月，禁部曹言事。

……大学士申时行率同列再请建储，不听。时帝以旱霾下诏求直言，郎官刘复初、李懋桧等显侵贵妃，时行请帝下诏令诸曹建言止及所司职掌，听其长择而献之，不得专达。帝甚悦之。于是言者蜂起，皆指斥宫闱，攻击执政，帝概置不问，门户之祸大起。

又 庚寅十八年春正月，召见申时行等于毓德宫，斥大理评事雒于仁为民。

于仁疏上《酒色财气四箴》，直攻帝失，帝震怒，将加严谴。会岁暮，留其疏十日，及是元旦，召见申时行等分析之。时行请毋下其章，而讽令于仁自引去，遂斥为民。自此，章奏留中遂成故事。是日，帝宣皇长子出见，时行请早定大计，帝犹豫久之，乃曰：“朕不喜激聒，近阅诸臣所奏，恶其离间父子，故概置之。若诸臣不复奏扰，当以后年册立；否，则俟皇长子十五岁举行。”时行因戒廷臣毋渎扰。

二月，罢日讲。

帝每遇讲期多传免。申时行请免讲，日仍进讲章以备观览，自后讲筵遂永罢。

又 （辛卯十九年）九月，申时行、许国罢。

先是，廷臣争请建储，得旨于二十年春举行。至是，工部主事张有德预以仪注请，帝怒，夺有德俸。时申时行方在告，许国与王家屏虑事中变，欲因而就之，引前旨争，首列时行名。时行闻帝怒，密疏言：“臣方在告，实不与知。”给事中罗大纮劾时行阳附廷臣请立之议，阴为自交宫掖之谋。歙人黄正宾者，以赀为中书舍人，思立奇节，自附清流，见大纮疏，亦抗章诋时行，帝怒斥大纮、正宾为民，时行力求罢。而国与家屏又以建储请帝，责大臣不当与小臣比，遂罢国。未几，时行亦罢。（国素与时行无嫌，然性木强，遇事辄发力诋言事诸臣，士论颇不附。浩尔齐犯边，时行主款，国独谓：

“寇渝盟犯顺，宜一大创之。”帝心然国言，以时行方柄政，不能夺。会时行门生给事中任让论国庸鄙，而国门生万国钦又论时行以图报复。至是，国与时行并罢。论者谓国之去以争执，差胜于时行之以被劾去也。初，张居正卒，时行与张四维相继当国，时行欲以宽大收人心，召用老成布列庶位，朝论多称之，然政令务承帝指，不能有所匡正。又罢居正所行考成法，一切务为简易，由是上下恬熙，法纪渐不振。归后，里居最久，至帝四十二年始卒。赠大师，谥文定。……)

(清)舒赫德《御定资治通鉴纲目三编》卷二十六 (戊寅明神宗万历六年)三月，以礼部尚书马自强兼文渊阁大学士，吏部侍郎申时行兼东阁大学士，并预机务。

(张居正请增置阁臣，令居正推择，居正以自强有人望，而时行又其所厚，遂荐用之。……)质实(……申时行，字汝默，长洲人)。

又，卷二十七 (甲申十二年)夏四月，籍张居正家。

(御史羊可立复追论居正构陷辽王。王妃因上疏讼冤言：“居正强占钦赐田产，辽邸金宝万计悉入居正家。”帝命司礼监张诚及侍郎邱橓等往荆州籍居正家。守令先期录人口，锢其门，子女饿死者十余辈，诚等尽发其诸子兄弟藏得黄金可一万，白金十余万。长子礼部主事敬修不胜拷掠，自缢死。事闻，申时行等与六卿大臣合疏请少缓之。……未几，御史丁此吕劾侍郎高启愚主南京试，以“舜亦以命禹”为题，为居正劝进，帝手疏示申时行。时行言：“此吕以暧昧陷人大逆，恐谗言踵至，非清明之朝所宜有。”尚书杨巍因请出此吕于外，植、东之交章劾时行、巍蔽塞言路，帝为罪启愚，留此吕。时行、巍求去，余有丁言：“大臣国体所系，今以群言留此吕，恐无以安时行、巍心。”帝乃听巍出此吕于外。)

又 (十二月)以陈献章、胡居仁、王守仁从祀孔庙。

(申时行等言：“守仁言致知出《大学》，良知出《孟子》。陈献章言主静，沿宋儒周敦颐、程颢，且孝悌出处如献章，文章功业如守仁，纯心笃行如胡居仁，并宜从祀。”从之。)

又 (乙酉十三年闰九月)帝诣大峪山阅寿宫。

(先是十一年，帝谒山陵，用礼部尚书徐学谟言，将卜寿宫于大峪。时李植以巡按御史扈行阅视，谓其地未善，欲与江东之疏争，不果。既而，帝于十二年再往临视，遂作宫。于是年八月，既兴役矣。植以寿宫有石，申时行与学谟姻，故主之可用，是罪也。乃与东之、羊可立合疏上言：“地果吉则不宜有石，有石则宜奏请改图。乃学谟以私意主其议，时行以亲故赞其成，非大臣谋国之忠。”时行奏辩曰：“车驾初阅时，植、东之不言，今已二年，忽创此议，其借事倾臣明甚。”帝责三人，夺俸半岁。未几，复以王锡爵言，贬三人官，然犹以植言寿宫有石，恐宝座将置于石上。至是，复亲诣阅之，终谓大峪吉。遂调三人于外。)

又 (丙戌十四年春)三月，禁部曹言事。

(郑贵妃有殊宠，生子常洵，遂进封，而王恭妃生皇长子已五岁，不益封。中外籍藉，疑帝将立爱。……大学士申时行率同列再请建储，不听。时帝以旱霾下诏求直言，郎官刘复初、李懋桧等显侵贵妃，时行请帝下诏，令诸曹建言止及所司职掌，听其长择而献之，不得专达。帝甚悦之。于是言者蜂起，皆指斥宫闱，攻击执政，帝概置不问，门户之祸大起。）

又 夏四月，京师地震。

（癸酉寅刻，震有声。申时行等奏曰："恒旸不雨，阳亢也；地震弗宁，阴纵也。愿祇天戒，恤民艰，慎起居，修政事。"报闻。）

又 庚寅（明神宗万历）十八年春正月，召见申时行等于毓德宫，斥大理评事雒于仁为民。

（于仁疏上《酒色财气四箴》，直攻帝失。……疏入，帝震怒，将加严谴。会岁暮，留其疏十日，及是元旦，召见申时行等分析之。时行请毋下其章，而讽令于仁自引去，遂斥为民。自此，章奏留中遂成故事。是日，帝宣皇长子出见，时行请早定大计，帝犹豫久之，乃曰："朕不喜激聒，近阅诸臣所奏，恶其离间父子，故概置之。若诸臣不复奏扰，当以后年册立；否，则俟皇长子十五岁举行。"时行因戒廷臣毋渎扰。）

又 二月，罢日讲。

（帝每遇讲期多传免，申时行请免讲，日仍进讲章以备观览，自后讲筵遂永罢。）

又 （辛卯十九年）九月，申时行、许国罢。

（先是，廷臣争请建储，得旨于二十年春举行。至是工部主事张有德预以仪注请，帝怒，夺有德俸。时申时行方在告，许国与王家屏虑事中变，欲因而就之，引前旨争，首列时行名。时行闻帝怒，密疏言："臣方在告，实不与知。"给事中罗大纮劾时行阳附廷臣请立之议，阴为自交宫掖之谋。歙人黄正宾者，以赀为中书舍人，思立奇节，自附清流，见大纮疏，亦抗章诋时行。帝怒，斥大纮正宾为民。时行力求罢，而国与家屏又以建储请帝，责大臣不当与小臣比，遂罢国。未几，时行亦罢。国素与时行无嫌，然性木强，遇事辄发力诋言事诸臣，士论颇不附。浩尔齐犯边，时行主款，国独谓："寇渝盟犯顺，宜一大创之。"帝心然国言，以时行方柄政，不能夺。会时行门生给事中任让论国庸鄙，而国门生万国钦又论时行以图报复。至是国与时行并罢，论者谓国之去以争执，差胜于时行之以被劾去也。初，张居正卒，时行与张四维相继当国，时行欲以宽大收人心，召用老臣布列庶位，朝论多称之。然政令务承帝旨，不能有所匡正。又罢居正所行考成法，一切务为简易，由是上下恬熙，法纪渐不振。）

轶　事

（明）李绍文《皇明世说新语》卷四·品藻 申相公当国，众推石星为大司马。申曰："其材第可以坐镇雅俗耳，本兵非其所长。"公归而石用，大误国事。

（明）王同轨《耳谈》卷二·申殿元　壬戌前一岁，武昌屠者梦天榜状元徐时行也，隔江即吾里。一生同此名姓，屠者物色得之，劳以羊酒，月贻供养，曰："相公必是状元，异时无相忘。"生才下中，大悦，遂猛进学过当，榜发，乃姑苏申相国时行。始犹徐姓，而生以病进学，呕血卒。先伯氏为相国同榜进士，尝向相国言，为绝倒。

又，卷十·申相国家老仆　姑苏申相国罢相归，筑"休休庵"以游息。旁有地一区已售自主者，而其上一银杏树，森耸挺直，合二人抱。主者独不售此树，意欲他售价稍饶耳。而相国家老仆梦有着缟素妇，顿颡泣告曰："妾明日有难，公能救我，当获福佑。"明发，老仆出门，果见众木工持斧锯，往截此树，盖主者得八金售众工矣。老仆意着缟与树色同，众工往所谓难也。遂如数给主者还众工金，树得全。是年鬻树果，无心合数得八金，毫厘不赢不缩。老仆后亦康裕，得终其年。陶大冶谈。

（明）陈继儒《虎丘三泉亭记》　申文定自少喜登此山，解相印归，数与故人父老觞咏其上，斠泉瀹茗，欣然忘归，曰："百岁后吾魂魄犹应依此。"文定薨，郡中业有专祠。至是，士大夫醵金考室复祠公于剑池之南，鹤涧之西，曰："公平康正直，一生相业，无所附丽，而起此水，此丘神所乐也。"

（录自［明］贺复征《文章辨体汇选》卷五百七十一）

（明）沈德符《万历野获编》卷九·内阁·元旦诗　申文定相公，与王伯縠同里同庚，为史官时即与相善。及罢相归，每元旦必作一七言律诗以示王，王即和而答之。旋以两诗并粘壁间，直至岁除不撤。次年元旦，申再有诗及又和而揭之斋屏，旧者始除去。盖自辛卯文定返里，壬辰至壬子凡二十一年，岁岁皆然。是年百縠下世，再阅岁甲寅而文定亦捐宾客矣。想修文地下，其遇新岁唱和，必如生前不少衰，而粘屏与否，则不可周矣。

（清）张英等《御定渊鉴类函》卷二百五十七·人部十六·老人三　寿考康强（《列朝诗小传》：申时行，字汝默，嘉靖状元。为元辅九年而归，归二十有二年，寿八十，考终于里第，寿考康强。时时与故人遗老修绿野、香山故事）。

（清）姚之骃《元明事类钞》卷三十三·花草门一·桂·神与一枝　《泳化编》：申时行母既孕，尝夜梦神人与桂花一枝，比寤犹香。

（清）阎湘蕙《明鼎甲征信录》卷三　申时行，字汝默，江南吴县人。自幼虔奉文帝阴骘文，身体力行。嘉靖四十一年，灵芝生于几上，知是佳兆。果于是年状元及第。累官中极殿大学士。座右有"平居如对君父，梦寐毋忘国家"等语。卒年八十，赠太师。谥文定。文章相业卓越千古，子孙科名绵延不绝。（《通纪直解》并《丹桂籍宝善编》）

著　作

（明）安世凤《墨林快事》卷十·祛倦鬼文　此申文定公灯囱日所撰。考其年方二十有一，而勤敏之养已预殷于怀矣。厥后二十年相业振饬周详，而法纪尚存祖宗之旧。及公归而皇祖始倦于朝祭，渐倦于批答，甚之倦于睿思，而天下始多事。公岂早见气机之先邪？抑肃皇之未固已贻之邪？文亦繁缛，称少年状元之手。

（清）黄虞稷《千顷堂书目》卷一·书类　申时行《书经讲义会编》十二卷（万历丁丑序）。

又，卷五·别史类　申时行《毓德宫召见纪事》一卷。又《升储汇录》二卷。

又，卷二十四·别集类·嘉靖壬戌科（四十一年）　申时行《赐闲堂集》四十卷。（榜姓徐，后复姓，字汝默，吴县籍长洲人。一甲第一人。少师兼太子太师、吏部尚书、中极殿大学士，赠太师。谥文定。）又《纶扉牍草》十卷。

又，卷三十·制诰类　申时行《外制集》十卷。

又，卷三十·表奏类　申时行《纶扉奏草》四卷。又《纶扉笥草》四卷。

（清）朱彝尊《经义考》卷八十九·书十八·申氏（时行）**《书经讲义会编》十二卷**（存目）

时行自序曰："余羁丱受《尚书》。是时，吴中大师治《尚书》者少，乃从书肆中求疏解训义，手自采录，积数年至若干卷。既以词臣久次横经劝讲，日侍今上于帷幄，所进《尚书直解》虽分日更撰，而余以专经删订为多，今内府所刊《书经直解》是已。盖余向所采录第以举业从事，多寻章摘句，拘牵艺文，而广厦细旃之上，直以阐发大旨，剖析微言，要在启沃圣聪，敷陈理道，不为笺疏制义所束缚，其简切明畅，有不待深思强索而昭然者。独是书藏于禁中，惟阁臣讲寮乃蒙宣赐，学士大夫罕获睹焉。余甥李渐卿鸿从余邸第得而读之，因与懋嘉两儿共加裒辑，合余前所采录共为一编。于是尚书大义论说衍释粲然备矣。"

《江南通志》：时行，字汝默，长洲人。嘉靖壬戌状元。以修撰历官詹翰，以吏部左侍郎入直东阁，官至少师、吏部尚书、中极殿大学士。为元辅九年而归。归二十有三年，寿八十，考终于里第。

徐乾学曰："长洲申文定公以举子时所业及讲筵所进合辑成编，今博士家多习其书。"

（清）黄之隽等《江南通志》卷一百九十一·艺文志·史部（杂史传）**·明**　《召见纪事》一卷（长洲申时行）。

又，卷一百九十三·艺文志·集部一（奏议）**·明** 《纶扉奏草》（长洲申时行）。

又，卷一百九十四·艺文志·集部二（诗文集）**·明** 《赐闲堂集》四十卷（长洲申时行）。

（清）张廷玉等《明史》卷九十七·志第七十三·艺文二 申时行《召见纪事》一卷。

又，卷九十九·志第七十五·艺文四 申时行《纶扉奏草》十卷，《赐闲堂集》四十卷。

（清）曹仁虎等《钦定续通志》卷一百五十八·艺文略·史类第五上（杂史）**·明** 《召对录》一卷（明申时行撰）。

又，卷一百六十一·艺文略·类书类第十一 《群书纂粹》八卷（旧本题明徐时行编）。

又，卷一百六十二·艺文略·文类第十二上·别集·明 《赐闲堂集》四十卷（明申时行撰）。

（清）纪昀等《钦定四库全书总目》卷十三·经部十三·书类存目一·《书经讲义会编》十二卷（江西巡抚采进本） 明申时行撰。时行字汝默，号瑶泉，长洲人。嘉靖壬戌进士第一。官至大学士。谥文定。事迹具《明史》本传。是编乃时行官翰林直日讲时所进。其说皆恪守蔡《传》，务取浅近易明。考徐允锡作郑晓《禹贡说跋》云："尝属徐瑶泉作《虞商周书说》，以补所未备。"徐瑶泉者，即谓时行，盖时行初冒徐姓。允锡跋于隆庆二年，时犹未复姓也。据其所言，时行盖深于《尚书》者。然其《书》说竟不及成，惟此编存于世云。

又，卷五十三·史部九·杂史类存目二·《召对录》一卷（内府藏本） 明申时行撰。时行有《书经讲义会编》，已著录。此书乃记万历十三年五月迄十八年七月召对之语。时行时为首辅，六年中凡召对九次。当神宗怠政之际，君臣否隔，万事丛脞，时行不能匡救，乃反谓孝宗后此典久废不举，至是复行。沾沾夸为盛事，过矣。

又，卷一百三十七·子部四十七·类书类存目一·《群书纂粹》八卷（浙江吴玉墀家藏本） 旧本题明徐时行编。案明申时行初寄养于徐氏，从其姓。此盖其未复姓时作也。所著有《书经讲义会编》，已著录。是编掇摘诸家议论之文，分类纂辑，以备策论之用，不足以言著述。殆其应举时所私抄，而传写者授之梓欤？

又，卷一百七十八·集部三十一·别集类存目五·《赐闲堂集》四十卷（两淮盐政采进本） 明申时行撰。时行有《书经讲义会编》，已著录。是集赋、诗共六卷，文及杂著共三十四卷。其相业无咎无誉，诗文亦如其为人。

（清）曹仁虎等《钦定续文献通考》卷一百四十七·经籍考·经（书）**·明** 申

时行《书经讲义会编》十二卷。时行，字汝默，号瑶泉，长洲人。嘉靖壬戌进士第一。累官吏部尚书，中极殿大学士。谥文定。

又，卷一百六十三·经籍考·史（杂史）**·明** 申时行《召对录》一卷。时行，见经类。

又，卷一百八十七·经籍考·子（类书下）**·明** 徐时行《群书纂粹》八卷。时行即申时行，见经类。

臣等谨案，时行初寄养于徐，从其姓，此盖其未复姓时作。

又，卷一百九十三·经籍考·集（别集五）**·明** 申时行《赐闲堂集》四十卷。时行，见经类。

评　　论

（明）李绍文《皇明世说新语》卷一·德行 申瑶泉未壮而仕，未艾而相，未耆而归，勇退于急流，大隐于嚣市，适适为国，休休为庵，署其堂云："有赋归来顺四时。"成功者退，心无毁誉，同二代直道而行，海内传诵。

又，卷之四·品藻 王荆石称："申瑶泉练达政务，功表救时，如姚元之；密调宫府，剪除城社，如王孝先；含茹黑白，网罗群才，如韩稚圭；固根本，别顺逆，以长策制虏，如赵充国。"

（明）李维桢《申文定公赐闲堂集叙》 （存目。参见申时行《赐闲堂集》卷首）

（明）冯时可《文定申先生赐闲堂集序》 （存目。参见申时行《赐闲堂集》卷首）

（明）邹元标《文定申老师赐闲堂集序》 （存目。参见申时行《赐闲堂集》卷首）

（明）焦竑《申文定公赐闲堂集序》 （存目。参见申时行《赐闲堂集》卷首）

（明）李维桢《大泌山房集》卷之十·序·申文定集序 明兴，教士以六经及孔、曾、思、孟之书，诸训诂一遵宋儒，非此不列学官，不著功令，士少而受书，治举子业，佔俾括帖，希就有司尺幅而已。即为古文辞，尚台阁体，朱弦疏越有遗音，玄酒太羹有遗味，而其末流拾唾，核享敝帚，抟沙嚼蜡，日趋于萎弱臭腐。汉魏、六朝、三唐诸论著屏弃，不复省览。李文正起而振之，未畅厥旨。自是学左、国、史、汉者稍稍继出，其人多在他署，而翰苑缺焉。安阳、华州二三君子，倡而寡和。至壬戌及第，三公始洗宋元相沿积习，一意师古翰苑之文，驰骤三代、两京，则三公一变之力也。三公皆相，为本朝盛事。而余文敏未二年间出宦留都，王文肃数退里居，独申文定仅一□太父讳，自史官洊登首揆。所谓石渠天禄图书之府，金马承明著作之庭，未尝一日离局。纶阁代言，经帷劝讲，斧藻鸿业，鼓吹休明，极文人之至荣焉。遗集若干卷，通于上下，布于中外，体裁不殊时俗，而词理必准古作者，韵度秀爽，色泽充腴，规模庄重，意指深厚，讨论精核，敷扬明备，或舂容大篇而经纬自密，或寂寥短章而渊源自远，郁郁乎其文矣。

盖太史公谓，吴自阖庐、春申、王濞三人，招致天下喜游子弟，东有海盐之饶，三江五湖之利，江东一都会也。至今为帝都股肱郡，财赋充仞，术艺匠作，服食器用，极虑尽能。文亦似之，绮靡纤巧，殊乖本质，而公独不然。隆、万之间，作者见有偏至，技有小长，傲然自以为大方，或钩棘艰深，或依附剽窃，甚且归依竺乾，恣为荒唐悠谬之说，而公不然。彼其之子才以衰迟顿尽，思与名位俱退，而公不然。虽位冠百僚，寿跻大老，末年徜徉林壑，优游翰墨，触事即景，述怀纪迹，酬往庆吊之篇，力有余勍，词有余藻，兴有余致，较翰苑少时所著尽一无失，岂不难哉？公尝一校京兆士，再校天下士。其论文一则曰称先王，陈世事，激昂持论，不卑卑为谀闻陋儒；一则曰宗本经训，力还雅驯；一则曰奇诡踳驳，伤淳和之事，勿使并进。所自为文，实顾其言，故起叔季之衰而树词林之帜，功倍于文肃、文敏也。公有《召对录》、《升储汇录》、《纶扉奏草》、《简牍》、《尚书讲意会编》，内圣外王，皆文之大者，手自删润，行于世。此集若云绪余土苴，不足存耳。夫麟凤寸趾片羽，莫非瑞物，宁得遏而不宣？子孙辑以授梓，索序于余。余步公后尘七年，当公视翰苑篆时，坐不称任，出为疆吏，四十年不复收，浮沉于簿领期会、刑名钱谷间，与文事疏阔。公之文有功翰苑，而伧父穷年没世，无能则效万一。语曰："知者不言，言者不知。"强颜而序公集，岂敢曰知公，亦以自志其愧而已。

（清）朱彝尊《静志居诗话》卷十三　申时行，字汝默，吴县人。嘉靖壬戌赐进士第一。累官少师兼太子太师、吏部尚书、中极殿大学士，卒赠太师。谥文定。有《赐闲堂集》。

赵尚书犴识于廷益于早岁，顾尚书璘识张叔大于童时，传者以为佳话。先太傅公九龄获见文定，文定特起避席，时先公未就塾，文定留之邸第读书。一日，从师出游，先公失足蹈污泥，文定命僮子回取履，童子误持文定朝鞵至，先公不敢纳，文定笑曰："履之，终当践我迹耳。"及举顺天乡试，同学少年有恃才者曰："朱兆隆亦能成名邪？"文定怫然曰："兆隆将大魁天下，若辈焉知？"明年，先公果胪传第一，其藻鉴不爽若是。文定不以诗见长，然巨篇长律，铺扬典丽，足令操觚者缩手。如云："老去空悲千里骥，秋来真忆四腮鱼。"风度可想也。

（清）朱彝尊《明诗综》卷四十九·申时行（七首）　时行，字汝默，吴县人。

嘉靖壬戌赐进士第一。累官少师兼太子太师、吏部尚书、中极殿大学士，赠太师。谥文定。有《赐闲堂集》。

（冯元成云：申公有韵之文对口立就，不为叫嚣亢厉之音、卑弱浮靡之调。古体渊源建安，近体沉浸初唐，不事摹袭，而自无不合。

诗话：赵尚书狃识于廷益于早岁，顾尚书璘识张叔大于童时，传者以为佳话。先太傅公九龄获见文定，文定特起避席，时先公未就塾，文定留之邸第读书。一日，从师出游，先公失足蹈污泥，文定命僮子回取履，童子误持文定朝鞾至，先公不敢纳，文定笑曰："履之终当践我迹耳。"及举顺天乡试，同学少年有恃才者曰："朱兆隆亦能成名邪?"文定怫然曰："兆隆将大魁天下，若辈焉知?"明年，先公果胪传第一，其藻鉴不爽若是。文定不以诗见长，然巨篇长律，铺扬典丽，足令操觚者缩手。如云："老去空悲千里骥，秋来真忆四腮鱼。"风度可想也。）

（清）杜荫棠《明人诗品》卷一 申文定有《赐闲堂集》。其具藻鉴之神，识朱太傅兆隆于邸塾，何异赵尚书狃识于廷益于早岁，顾尚书璘识叔大于童时。集中长律铺扬典丽，足令操觚者缩手。如："老去空悲千里骥，秋来真忆四腮鱼。"风度可想。

（清）陈田《明诗纪事》己签卷十四·申时行（八首） 时行，字汝默，长洲人。嘉靖壬戌第一人及第。授修撰。历中允、谕德、左庶子。擢礼部侍郎，改吏部，兼东阁大学士，入预机务。进吏部尚书，兼文渊阁大学士，累进少傅，兼太子太傅、吏部尚书、建极殿大学士。加少师兼太子太师、中极殿大学士，赠太师。谥文定。有《赐闲堂集》四十卷。

（《冯元成选集》：文定有韵之文，对客立就，不为叫噪亢厉之音，不为卑弱浮靡之调。才高学富，神清气定，故不必摹调袭格，刻染烟云。与墨卿漆士，争长毫颖，而自无不合。

《列朝诗集》：少师文藻婉丽，实出同时殿阁之右。

田按，论相业于江陵后，难乎为继。文定当国，其待言官，尚不如江陵之刻。邹尔瞻劾罢徐学谟，学谟，文定戚也，以他事逐之。已而，占物情，稍稍擢尔瞻官，世以此称长者。文定没后，刻《赐闲堂集》，有尔瞻序，颇致褒扬。其同里给谏罗大纮见之，怒甚，勒令毁草谢过乃已。文定之归，以建储事，罗大纮疏谓阳附群臣之议以请立，而阴缓其事以内交。可谓洞见肺腑，文定津津置辩，见于《赐闲堂集》四十卷《杂记》中，然世莫之谅也。文定诗格轩爽，即事三首，犹见江湖魏阙之思。）

《大峪行》

……

（《赐闲堂杂记》：初，上幸天寿山，展谒诸陵。既逾年，欲再往蒲州，以为銮舆数出，无事慢游，不可为训。无已，则请如世宗预卜寿陵故事，庶驾出有名，上从之。乃命礼部选举素谙地理者，与钦天监官协同相择。乃推南京刑部尚书陈道基、通政司参议梁子琦、听补佥事胡宥与监官张邦垣、杨汝常偕往。子琦刚愎自用，与众议不合，乃独献吉地八处，俟上临阅。地在断崖深谷、嵚崎逼仄中，乘舆历陟危险，上意不怿，并报罢。而定形龙、天峪两山，命定国公文璧、辅臣时行及司礼太监张宏率相择官覆阅。时道基、宥已辞去，独子琦在礼部，谓其好胜喜争，前所奏地皆报罢，不列其名。子琦怒，遂疏论尚书徐学谟而语侵余，上恶之，勒令闲住。及驾再阅，定于大峪山，敕工部择日兴工。时御史李植、江东之与子琦厚善，欲因事启衅，乃与御史羊可立共疏言大峪非吉，并劾监官张邦垣等欺罔，而遍行金钱，赂上所亲信小竖。当时号为十俊者，数以蜚语动上。时銮舆已四出，供费浩繁，而将作亡，费已巨万，九卿皆有忧色，各具疏请上独断。上乃召辅臣时行等入见于感恩殿东室，命降植等三级。植等前以论籍江陵升太仆、光禄、尚宝各少卿，至是复授员外郎主事，而寿宫之议息矣。始余被命阅视，第以首臣在行，原未习形家之说。而阁臣职业，从未有以相地为轻重者，诸臣别有推戴，欲击去余与新安等，而上英断，终不为所荧惑也。)

杂　　录

（明）朱赓《朱文懿公文集》卷四·贺少师瑶泉申公七十寿序　（存目）

（明）焦竑《焦氏澹园集》卷十八·序·元辅申公七十寿序　（存目）

（明）邹迪光《石语斋集》卷十五·序·寿少师瑶翁申老先生八十序　（存目）

（明）李维桢《大泌山房集》卷之二十七·序·少师申公寿序　明兴，启天地之禁闱，盛德大业超越邃古，久道成化，惟世宗与今上皇帝号称綦隆。吴少师申公以嘉靖甲午生，以壬戌对大廷，世宗亲擢第一人，识量局致，有知者卜为栋干之器矣。自是修两朝史，授二帝经，掌丝纶，典礼乐，佐铨衡，升俊造，委蛇揖逊，不越玉堂之署、文石之陛者十有七年。上特简佐鼎司，又六年，遂持魁柄，属当事者惩法禁之数溃颛国主断，综核名实，中外奉行，趣办钩钜析乱。公更张鼓瑟，壹是以宽大茹纳，清静安辑为本，脱疏属之拘，扑焦灼之焰，涵之如海，煦之如春。九载绩用有成，方内蒙福，灵贶自甄，而赤舄逊肤归矣。

归二十四年，立皇太子，生皇太孙，上太皇太后徽号，上念公，手诏传示，或答公表疏，语意深淳。任子内史，宠赉骈蕃，股肱臣邻所不敢望。今年春秋八十，上以辅臣言，特敕褒美，遣行人奉象龙之服，袅蹄麟趾之金存公于家。盖先四年商丘沈公年至，有司以闻，上未即俞。至是始与公并命，恩纪优渥如此。尝稽往籍有圣主必有贤臣，云龙风虎，声应气□，□□符合世宗。今上不世出之主，而公评□策名胥在。嘉靖世宗封殖之，以贻孙谋。今上登庸之，以绳祖武。授之者天，成之者人，岂偶然哉！

今上万寿初度之辰，后世宗七日，其间必有名世，-则公当之。此两仪七曜协气之会，而千载一时之遇也。三才之道以中正和平为准，积阴不生，积阳不化，阴阳调而日夜分，故万物春分以生，秋分以成，其于卦为观为兑，内巽而外顺，有孚颙若，下观而化，则中正之义也。兑正秋也，万物之所悦也，则和平之义也。其于月令，则举事毋逆大数，必顺其时，慎因其类。文绣有恒，衣服有量，冠带有常，同度量，平权衡，正钧石，角斗甬，易关市，通商旅，纳货贿，四方来集，远乡皆至，安往非中正和平之道哉！天人合应，发祥明时，文祖文孙，宅天衷，立民极，世德作求，为观之履中正，为兑之乐和平，不出堂皇，举事犹运之掌，连四海之外以为带，安于覆盂，寿考作人，后先一揆，率是道也。世宗先天而天不违，是以有公，上后天而奉天时，是以相公。是月也，南极老人夕见，见则治平，主寿昌。古人以其月祀于南郊，按户校民，养衰老，授几杖，行糜粥饮食，而后世酌醇酎，采柏露，服楮实，增辛助金，固养丹基，诸长生之说兴焉。上方跻一世仁寿之域，公天下大老，天所笃右，宁可以寻常例论乎？

工部萧郎兄弟以通家子，祝公谓：某昔从公载笔史馆，后授简使陈辞。余惟自公去国，国步多艰，东有倭，西有夏，南有播，滇、粤告变相寻，采金榷税，中使四出，所在绎骚，六曹九列，或至虚位。台省除目，经岁不报，宫府间阂，邈若万里，纷诤空轸，疑论无归，天下思还公。政府荃宰有寄，庶几再见歌雍咏勺之盛际。世宗尊崇耆旧，召用谢文正、费文宪、杨文襄，而文正再入，时年与公正合。上虽久不御朝总揽宰制，恩威不测，大致在法祖。使者入奏，公起居佳胜，安车蒲轮，日晚日下。夫亦天时人事相感召之定理也。祝公强飧食，近医药，专精神，以辅天年，以副上意，匪直通家故人之幸，亿兆苍生之望，维是世宗在天之灵，尚宠嘉之哉！

又　国家罢丞相，政归六卿，简词臣直殿阁，备顾问参机务，一切章奏经其裁决，诏旨出其拟议，耆德宿儒，积资渐至，八座三公，盖无相名有相实矣。二百余年，相臣率由词臣起家，词臣不必大魁，大魁不必相，相或得之晚暮不必盛年，以简在人不必以全名归，归不必年耄耋，不必有贤子孙，不必荷主如在位时，或兢兢虞不免，此亦盈虚损益之数，造物所不得兼也。而独吴少师申公年二十有八大魁天下，四十有四入相，又四年晋一品，又一年为元辅，相十有四年予告，里居二十有四年。二子伯为列卿，仲为孝廉；孙十许人，缨绥弦诵相继，所以色养公无方。

吴故江南都会，冠盖造门，无不延接，杯酒酬酢，歌咏倡和，忘其老之至也。今年春秋八十。上特遣行人奉玺书、金币存公里第，中外诵主臣一德之交，久而不替。而自公之归，施德里人甚厚，筐篚羔雁，为公称寿，争门而入。其荐绅大夫则以祝辞委不佞，不佞观周宣王中兴，多贤辅佐，而申甫为最，大雅有之。崧高维岳，峻极于天，维岳降神，生甫及申。申伯以王元舅宪文武，翰周邦，宣王命召伯为之营国，而尹吉甫赋诵赠之。其生有自，其出有为，乃吉甫所以颂德者。第曰："柔惠且直而已。"公岂申伯之苗裔耶？何德之肖也。其仕于朝，自史局以至政府不数变以为知，不遂忿以为勇，即毁有求全，不急辨数，以身引谢而已。尝自署曰休休居士。以照临百官，百官则而象之，因可势求易道缘法，而治不长夏□□□。处于乡，自少年迨耆耄，无贵贱长幼，饮之以和，里有大徭，故事不及宦门，公受役不辞。继母长公财，三岁共为子职，问安视膳如婴儿，其为德何殊申伯哉！是以交亲而不比，言辨而不争，易知而难伸，易惧而难协，荡荡乎其有殊于世也。天子中兴之业，比隆周、宣，则以公在，公去国而天下多故矣。此无他，柔惠且直之德所酝酿然也。故曰利莫长于简，福莫久于安，公以此寿国，天子绍万年历久长治，其于自寿何有？或曰："大臣罡罡有申伯之忠，人以为谄君，以申伯颂，公将无有议其谄者乎？"不佞曰："彼权势所归，谀言故堪憎。今公偕诸君子明农，不佞亦与麋鹿为群，何所希觊而谄为第愧？夫人非吉甫，无肆好之风，孔硕之音，足为公重也。"诸君子曰："然书于策而诵之，以侑大斗。"

（明）王世贞《弇山堂别集》卷一·皇明盛事述叙·南直隶盛事 万历甲申、乙酉间，申、许、王同时在阁，而申为状元，王为会元，许为解元。申、王同会试，许与申又同乡试，尤盛而奇。

又，卷十九·皇明奇事述四·大臣复姓 少师大学士申时行初徐姓。

（明）凌迪知《氏族博考》卷四·氏考下·复姓第一 大学士申时行初徐姓。

（明）张元凯《伐檀斋集》·诸名家赠答诗·五言古诗 申时行（字瑶泉，吴县人）。

（明）郭良翰《皇明谥纪汇编》卷十四·臣谥上·文臣·文定 申时行（大学士。赠太师。万历。勤学好问，纯行不爽。南直隶吴县人）。

（明）张弘道、张凝道《科名盛事录》卷之二·科第盛事·三世进士 长洲申时行（嘉靖壬戌状元），子用懋（万历癸未进士。太常寺少卿），用嘉（举人），孙绍芳（丙辰。用□子）。

（清）谷应泰《明史纪事本末》卷之三十四·河决之患 （神宗万历十五年冬十月）时黄河漫流，自开封、封丘、偃师及东明、长垣多冲决。大学士申时行言："失今不治，河将北徙上流，不下徐淮，则运道可忧。"故有是命。

又，卷之六十五·矿税之弊 （神宗万历）十六年十一月，遣内臣祷祠五台山，还奏，言紫荆关外广昌、灵邑可定矿砂，作银冶，奸民张守清擅其利。一日，上视朝毕，召大学士申时行等于皇极殿语及之，时行等请敕部行抚按查问禁戢，上是之。命逮守清伏法，闭塞矿洞。

又，卷之六十六·东林党议 先是，国本论起，言者皆以早建元良为请。政府惟王家屏与言者合，力请不允，放归。申时行、王锡爵皆婉转调护，而心亦以言者为多事。锡爵尝语宪成曰："当今所最怪者，庙堂之是非天下必欲反之。"宪成曰："吾见天下之是非庙堂必欲反之耳。"遂不合。然时行性宽平，所斥必旋加拔擢。

（清）汪琬《尧峰文钞》卷十三·志铭三·广西提学道佥事申君墓志铭 昔在吾吴，少师申文定公以进士第一人，历事三朝，中岁入内阁，为神宗首辅。于是，值国家升平，时居中调剂东宫，救援建言诸臣，从容进退，众推贤相。生二子，长曰兵部尚书公用懋，次曰广西参政封通奉公用嘉，区为东西两房。诸孙后先通籍者十余人，诸曾、玄胜衣冠拜起者数十人，高甍连墙鳞次以居里，父老观仰太息，以为吴中甲族之盛前此未有也。参政次子曰户部侍郎公绍芳，其最少子曰候选推官公纮祚，推官入国朝，为予同榜进士。最后捐馆舍而申氏始中落，文定公故第至是亦授他氏矣。

……申氏自文定公以来，凡擢甲科者率都显仕享高年，其早世者莫如推官公，其宦而未及显者则又莫如君。君为人机警，通知世务之变，交游亲故方溢朝列，力能为君推援，而君讫数奇不偶，官止于五品，寿止于五十有一，文章不行于世而功名不大著于朝。可悲也！

君事两母，有至性，生养殁送无不如礼。晚节数过予虎邱书舍，意惓惓若有属者。未卒前数日，书舍桂花始放，君复至，相对清坐者移时，然后去，俄而讣音至矣。

其孤卜于某年月日合葬君夫妇，长山乡羊字圩之新阡来乞圹铭，汪琬曰："予曾大父参政府，君与文定公尝同砚席，府君上公车，文定公方主会试，以失府君为憾。府君之葬也，文定公实铭其墓。予诸生时，礼部公欲延予家塾为君师，适予连举科第不果，盖有通门之谊旧矣，其敢不铭？"铭曰：远追文定，其世维四。族胄则华，科名则伟。公侯之孙，宜复其始。虽中道亡，余庆未艾。

（清）沈季友《槜李诗系》卷四十·明 申时行（字瑶泉，苏州人。官宰相）。

（清）黄之隽等《江南通志》卷三十八·舆地志·坛庙二·祠墓附（苏州一府）**·苏州府·明** 申文定祠在元和县流化坊，祀明大学士申时行。

又 大学士申时行墓在吴县吴山。

（清）张廷玉等《明史》卷八十四·志第六十·河渠二·黄河下 至十五年，封邱、偃师、东明、长垣屡被冲决。大学士申时行言："河所决地在三省，守臣画地分修，易推委。河道未大坏，不必设都御史，宜遣风力老成给事中一人行河。"

又，卷八十八·志第六十四·河渠六·直省水利（万历十三年）至真定将治滹沱近堧地，御史王之栋言："滹沱非人力可治，徒耗财扰民。"帝入其言，欲罪诸建议者。申时行言："垦田兴利谓之害民，议甚舛。顾为此说者，其故有二。北方民游惰好闲，惮于力作，水田有耕耨之劳，胼胝之苦，不便一也。贵势有力家侵占甚多，不待耕作，坐收芦苇薪刍之利；若开垦成田，归于业户，隶于有司，则己利尽失，不便二也。然以国家大计较之，不便者小而便者大。惟在斟酌地势，体察人情，沙碱不必尽开，黍麦无烦改作，应用夫役，必官募之，不拂民情，不失地利，乃谋国长策耳。"于是贞明得无罪，而水田事终罢。

又，卷二百十六·列传第一百四·刘应秋 （万历）十八年冬，疏论首辅申时行言："陛下召对辅臣，谘以边事，时行不能抒诚谋国，专事蒙蔽。贼大举入犯，既掠洮、岷，直迫临、巩，覆军杀将，频至丧败，而时行犹曰'掠番'，曰'声言入寇'，岂洮河以内，尽皆番地乎？辅臣者，天子所与托腹心者也。辅臣先蒙蔽，何责庶僚。故近日敌情，有按臣疏而督抚不以闻者，有督抚闻而枢臣不以奏者。彼习见执政大臣喜闻捷而恶言败，故内外相蒙，恬不为怪。欺蔽之端，自辅臣始。夫士风高下，关乎气运，说者谓嘉靖至今，士风三变。一变于严嵩之黩贿，而士化为贪。再变于张居正之专擅，而士竞于险。至于今，外逃贪黩之名，而顽夫债帅多出门下；阳避专擅之迹，而芒刃斧斤倒持手中。威福之权，潜移其向；爱憎之的，明示之趋。欲天下无靡，不可得也。"

又，《明史》卷二百三十·列传第一百十八·万国钦 （万历）十八年夏，浩尔齐诸部频犯临洮、巩昌。七月，帝召见时行等于皇极门，咨以方略，言边备废弛，督抚乏调度，欲大有所振饬。时行以款贡足恃为言。帝曰："款贡亦不足恃。若专务媚敌，使心骄意大，岂有餍足时。"时行等奉谕而退。未几，警报狎至，乃推郑洛为经略尚书行边，实用以主款议也。国钦抗疏劾时行曰："陛下以西事孔棘，特召辅臣议战守，而辅臣于召对时乃饰词欺罔。陛下怒贼侵轶，则以为攻抄熟番。临、巩果番地乎？陛下责督抚失机，则以为咎在武臣。封疆偾事，督抚果无与乎？陛下言款贡难恃，则云通贡二十年，活生灵百万。西宁之败，肃州之掠，独非生灵乎？是陛下意在战，时行必不欲战；陛下意在绝和，时行必欲与和。盖由九边将帅，岁馈金钱，漫无成画。寇已残城堡，杀吏民，犹谓计得。三边总督梅友松意专媚敌。前奏顺义谢恩西去矣，何又围我临、巩？后疏盛夸战绩矣，何景古城全军皆覆？甘肃巡抚李廷仪延贼入关，不闻奏报，反代请赎罪。计马牛布帛不及三十金，而杀掠何止万计？欲仍通市，臣不知于国法何如也？此三人皆时行私党，故敢朋奸误国乃尔。"因列上时行纳贿数事。帝谓其淆乱国事，诬污大臣，谪剑州判官。

又，卷二百三十三·列传第一百二十一·罗大纮 先有诏以（万历）二十年春册立东宫，至是工部主事张有德以预备仪物请。帝怒，命夺俸三月，更缓册立事。尚书曾同亨请如前诏，忤旨，切让。大纮复以为言，诏夺俸如有德。大学士许国、王家屏联署阁臣名，乞收新命，纳诸臣请，帝益怒。首辅申时行方在告，闻帝怒，乃密揭言："臣虽列名公疏，实不与知。"帝喜，手诏裒答，而揭与诏俱发礼科。故事，阁臣密揭无发科者。时行惭惧，亟谋之礼科都给事中胡汝宁，遣使取揭。时独大纮守科，使者给取之。及往索，时行留不发。大纮乃抗疏曰："臣奉职无状，谨席稿以待。独念时行受国厚恩，乃内外二心，藏奸蓄祸，误国卖友，罪何可胜言？夫时行身虽在告，凡翰林迁改之奏皆俨然首列其名，何独于建储一事深避如此？纵陛下赫然震怒，加国等以不测之威，时行亦当与分过。况陛下未尝怒，而乃沮塞睿聪，摇动国本，苟自献其乞怜之术，而遏主上悔悟之萌。此臣之所大恨也。假令国等得请，将行庆典而恩泽加焉，时行亦辞之乎？盖其私心妄意陛下有所牵系，故阳附廷臣请立之议，而阴缓其事，以为自交宫掖之谋。使请之而得，则明居羽翼之功；不得，则别为集苑之计。其操此术以愚一世久矣，不图今日乃发露之也。"疏入，帝震怒，命贬边方杂职。俄以六科钟羽正等论救，斥为民，羽正等夺俸。中书舍人黄正宾复抗疏力诋时行。帝怒，下狱拷讯，斥为民。时行亦不安，无何，竟引去。

（清）和珅等《大清一统志》卷五十五·苏州府二·陵墓·明 申时行墓（在吴县吴山麓）。

（清）曹仁虎等《钦定续文献通考》卷四十八·学校·考祠祭褒赠先圣先师录后 （明）神宗万历十二年十一月，以故新建伯兵部尚书王守仁、翰林检讨陈献章、处士胡居仁从祀孔子庙庭。

时御史詹事讲李颐请以守仁、献章、居仁从祀，下礼部集群臣详议以闻，而议者杂举多端，于守仁尤訾诋。礼部尚书沈鲤乃疏请独祀居仁，其守仁、献章二人姑俟将来论定。大学士申时行议奏，仍并祀之。

申时行请祀王守仁等疏曰："彼訾诋守仁、献章者，谓其各立门户，必离经叛圣如佛老庄列之徒而后可。若守仁言致知出于《大学》，言良知本于《孟子》，献章主静，沿于宋儒周敦颐、程颢，皆祖述经训，羽翼圣真，岂其自创一门户耶？谓其禅家宗旨必外伦理、遗世务而后可，今孝友如献章，出处如献章而谓之禅，可乎？气节如守仁，文章如守仁，功业如守仁而谓之禅，可乎？谓其无功圣门，岂必著述而后为功？圣贤于道有以身发明者，比于以言发明功尤大也。谓其崇王则废朱，不知道固互相发明并行而不悖，在宋时朱、陆两家如雠隙，今并祀学宫，朱氏之学昔既不以陆废，今独以王废乎？诚祀守仁、献章一以明真儒之有用，而不安于拘曲；一以明实学之自得，而不专于见闻。斯于圣化大有裨益，若居仁之纯心笃行，众议所归，亦宜并祀。伏惟圣明裁断主持，益此三贤列于薛瑄之次，以昭熙代文运之隆。"

嘉靖四十四年（1565）乙丑科状元范应期

传　　记

（明）陈鎏《皇明历科状元录》卷四·嘉靖四十四年乙丑状元范应期　三月二十五日，廷对之士陈栋等三百九十四人，擢范应期第一。取庶吉士戴洵等二十八人。

范应期，字伯桢，号屏麓，湖州乌程人，年三十九授翰林修撰。幼岁入邑庠，以《书》经名于时。提学宪副薛应旂考试，不为所知，因援例入北雍。辛酉举北畿高荐，乙酉登第，丙寅奉使，回京调南京大理评事。

……

应期尝悬《杏花春燕图》于书室中，将赴会试之日，寝于悬画之右室，梦床下有声，起视之，见地中透出杏花一枝，触裀而上，须臾盈帐中皆杏花，少顷一室皆杏花矣。意以杏从画上来，盍往视之，视则花又满悬画之室矣，出视中堂，杏花又盈堂中矣。自念杏花已盛，更得燕子飞来，乃合画意，随有紫燕一群出入花间，旋绕不已，花香馥郁异常。

行至张秋，冰雪载涂，惮于登车，同行者强而□之。是夜梦一跃登车，有神人最长者授之以鞭，手执鞭立于车之前，同车者无与并矣。车行如飞，俯视绝尘入云端矣。忽有二吏跪报曰："玉殿已近。"举目见殿宇闪烁，金书三大字，即先帝所更新殿名也。行至殿前，千官皆竦若相迎者。

将赴会试，入县领牒，与一举人偕至礼房书手家，其人喜跃而出云："二公皆进士，其中有一状元。"询其故，云："昨夜有人语之如此，故今日俟之于家，久无人至，天且雨，不意二君忽至，必应是梦矣。"因置酒延坐，尽欢而别。后二人皆如所云。

（明）顾祖训原编、（明）吴承恩增补、（清）陈枚续补《状元图考》卷三·状元范应期　嘉靖四十四年乙丑，廷试陈栋等四百人，擢范应期第一。

按，范应期，字伯桢，号屏麓，浙江乌程县人。年三十九举进士第一。授修撰。先是，壬子岁，薛公应旂督学浙省，置之劣等，遂发愤入国子。尝曰："大丈夫当魁天下，琐琐何足较邪？”已而，果遂厥志。

尝夜宿杭之地，名大茅，梦观会试录，有人曰：“状元者，艮山范仑，乃机坊中人也。”既开，状元为应期，细释之，殆范公之兆乎？《易》曰：“艮，止也。”止于山，屏麓也。范即范，而仑亦同科，特隐屏麓于仑云耳。且湖地多丝，而梦于杭之大茅，所谓机坊中人，得非大魁湖州乌程之应乎？天之机微而著类如此。

《状元全考》：应期将会试，偕一举人见礼房吏，吏欢迎曰：“昨梦状元至吾家，二公必居一矣。”范果大魁。

（清）沈翼机等《浙江通志》卷一百七十九·人物六·文苑二·湖州府·明 范应期(《旧浙江通志》：字伯桢，廷对第一人。授修撰，历中允，典南北文武试，经筵讲《书》，神宗重之。所著有《玉抽堂集》)。

科　　第

（一）乡试

（清）沈翼机等《浙江通志》卷一百三十八·选举十六·明·举人·嘉靖四十年辛酉科 范应期（乌程人。乙丑状元）。

（二）会试、殿试

（明）张朝瑞《皇明贡举考》卷之八 （嘉靖四十四年）三月十五日，临策天下贡士，制曰：朕闻治天下者，审所尚。夏尚忠，殷尚质，周尚文，皆圣人所以救弊之政也。周之末，文日以胜。当汉盛时，论治者已谓宜损周之文，致用夏之忠。况今去古益远，文之弊其可弗救哉？然人情之趋于伪也，犹水之趋于下也。今欲使损文而用忠，其道何由？士大夫者，民之表也。朕于百司屡诏以实为谓，庶几有副朕意者。徐而察之，则修政者或徒美观听而未能建保邦之业，献议者或徒工词说而未能效济时之猷，称爱民者或饰甘言而乏一体之心，名任事者或张虚声而罕特立之节。致身之义非不知也，而鲜克尽瘁于蹇蹇；慎独之训，非不闻也，而率多惰行于冥冥。然则欲望民之还于忠也，不亦难乎？夫古之民不赏而劝，不怒而威于鈇钺。乃今士大夫且不能然，其故何也？尔诸士上下古今，必有慨于兹矣，其为朕根极弊源与所以救之之术，详著于篇，朕将择而行焉。

（时廷对之士三百九十四人，赐范应期等进士及第出身有差。……）

第一甲三名赐进士及第：范应期，浙江乌程县。……

（明）王世贞《弇山堂别集》卷八十三·科试考三 （嘉靖四十四年乙丑）命吏部

左侍郎、翰林院学士、掌詹事府事高拱，翰林院侍读学士胡正蒙主试，初场进题，上以民之秉夷为忌问少师阶，欲究治拱等，阶解释之乃已。取中陈栋等四百人，廷试赐范应期、李自华、陈栋及第。

（明）张弘道、张凝道《皇明三元考》卷十一·嘉靖四十四年乙丑科大魁 状元范应期（浙江乌程人。字伯桢，号屏麓。治《书》。年三十九。辛酉举人。累官国子祭酒。致仕。后为恶少所龁龁，巡按、邑令共为博击，竟自缢死。年六十八）。

（清）沈翼机等《浙江通志》卷一百三十二·选举十·明·进士·嘉靖四十四年乙丑科范应期榜 范应期（乌程人。状元。祭酒）。

（清）张廷玉等《明史》卷十八·本纪第十八·世宗二 （嘉靖）四十四年春三月丁巳，赐范应期等进士及第出身有差。

仕宦

（明）雷礼《国朝列卿纪》卷二十二·南京翰林院掌署院事年表 范应期（浙江乌程人。嘉靖乙丑状元。万历三年，以右谕德掌院事。本月丁忧。八月，以原官仍掌院事。十年，调用）。

又，卷二十二·南京翰林院学士附署印行实 范应期，字伯桢，浙江乌程人。嘉靖乙丑状元。万历五年，以右谕德掌院事。本年丁忧。八月，以原官仍掌院事。十年，调南京刑部司员外。

（明）王世贞《弇山堂别集》卷六十三·国子祭酒年表 范应期，浙江乌程人。由状元，万历十二年任。

又，卷八十三·科试考三 （万历元年癸酉）命左春坊左中允兼翰林院编修范应期，右春坊右中允兼翰林院编修何洛文主应天试。

（清）孙承泽《春明梦余录》卷三十二·翰苑考 （万历中）范应期以谕德调南刑部郎中。

轶事

（明）王同轨《耳谈》卷二·范殿元 范公平麓为国子时，赴京乡试，将送者皆集舟。甫发，忽一丧舟至，哭甚哀，众为不欢。忽又一舟至，载一丽妓。众邀至，属以侑觞。曰："前三年此时，有客上京，奴得事之。"问为谁，曰："记是徐瑶泉者。"尚不知已首捷也。众为鼓掌大噱，举觞属公，酣饮极欢，曰："兆定矣！"是夜，公卧舟中，梦入广寒宫，老桂轮囷，飘香散采，为嫦娥者千百辈，皆齐声歌曰"丝纶阁下文章静"四句。既醒，知其为吉兆。而众皆闻天香，经日不散。是科果成殿元，极銮坡之选。泥金报日，夫人讣音已至，续娶吴夫人，小字紫薇。李长卿谈丧舟以凶兆，妓舟为吉兆，月娥之歌已及佳偶，而皆验若左券。是孰使之然哉？事皆前定，梦固不虚矣。

（明）蒋一葵《尧山堂外纪》卷九十八·国朝 范应期（字伯祯，号屏麓，乌程人）。

范屏麓为国子时，赴京乡试，将送者皆集舟。甫发，忽一丧舟至，哭甚哀，众为不欢。忽又一舟至，载一丽妓，众邀至，属以侑觞，妓曰："前三年此时有客上京，妾得事之。"问为谁，曰："记是徐瑶泉者。"尚不知已首捷也。众为鼓掌大噱，举觞属公，酣饮极欢，曰："兆定矣！"是夜，公卧舟中，梦入广寒宫，老桂轮囷，飘香散采，为嫦娥者千百辈，皆齐声歌曰："丝纶阁下文章静，钟鼓楼中刻漏长。独坐黄昏谁是伴？紫薇花对紫薇郎。"既醒，知其为吉兆，而众皆闻天香，经日不散。是科果成殿元，极銮坡之选。泥金报日，夫人讣音已至，续娶吴夫人，小字紫薇。

（明）董斯张《吴兴备志》卷二十九 嘉靖乙丑，肃皇帝春秋高矣。臣范应期对策，领回寓邸恭读，御批第一甲第一名。"成祖"著有司遵奉改正，盖应期误写"成祖文皇帝"为"太宗文皇帝"，故御批云云。

杂　录

（明）袁尊尼《袁鲁望集》卷八·殿撰范君伯祯奉使册封鲁藩赠序（存目）

（明）王世贞《弇山堂别集》卷十七·皇明奇事述二·输粟三元 嘉靖乙丑廷试第一人范应期，丁丑会试第一人曹大章，成化丙午顺天乡试第一人罗玘，皆以输粟入国子监者。大章廷试复第二人，而与应期宦皆不达。

隆庆二年（1568）戊辰科状元罗万化

传　记

（明）陈鎏《皇明历科状元录》卷四·隆庆二年戊辰状元罗万化　隆庆二年三月十五日，廷试士田一儁等四百三人，皇上好文重士，亲阅进呈卷，拔万化等三人，宰臣进读皆不与。随命各衙门考选观政进士年资可进者，送阁下类试，取三十卷进呈，钦定徐显卿为首，命尚书殷士儋、赵贞吉教之。

万化字一甫，号康洲，浙江绍兴府会稽学生，甲子举于乡。为文春容典雅，精于《易》。其造为丙申戊戌戊辰丙辰。尝语同馆韩君世能云。赴会试，行至杭州北新关下，偶因跌挫顿于河次，心殊不□也。老父抚摩久之，和衣睡去。忽梦一老人白衣青巾，从浮桥下舟揭会试封条，易以“第一甲第一名”数字，随恍惚而寤，心颇自疑，以告老父、舍弟，然不敢闻于人也。既第南宫，将入廷试，有同邑谢椽乃礼部当□，代予置卷。以样纸付其子，令索予脚色登卷。其子方昼寝，梦中闻异香透心，觉犹未散，起访邻室，并无焚香者，方自异之，适予所书脚色送至，谢跃然曰：“畴昔之梦必为罗公也。”即趋贺予，予唯唯不敢当，私心谓：“谢之异□或协舟中之梦。”不意果验也。

（明）顾祖训原编、（明）吴承恩增补、（清）陈枚续补《状元图考》卷三·状元罗万化　隆庆二年戊辰，廷试田一儁等四百人，擢罗万化第一。

按，罗万化，字一甫，号康洲，浙江会稽县人。年三十三及第。罗公尝止北新关，有户部主事某梦第一名进士来访。明日，罗偶谒主政，主政未悟所梦，相见亦如常礼。罗公明年传胪第一，主政始悟曰：“去年梦应矣，但有慢罗公为愧。”后罗公亦不介意。廷试后，上读进呈十七卷，皆不惬。宸衷有旨取散卷读之，得罗卷，遂擢第一，次黄凤翔，次赵志皋。三人皆经圣意自取，不预进呈而获钦取，亦希世之遇也。今罗、黄二公官至礼部尚书矣，而赵公晋首相，盛矣哉！

是科李公春芳主会试，取士官至相国者王公家屏、张公位、陈公于陛、沈公一贯，暨赵公志皋、朱公赓，凡六人。官至八座者，罗公万化、黄公凤翔、李公长春、田公一僪、王公用汲、李公戴、田公乐，凡七人。是科，兄弟同科，山东纪五常、纪克一，山西李春光、李琪。

（明）过庭训《明分省人物考》卷五十一·浙江绍兴府三·罗万化 罗万化，字一甫，号康洲，山阴人。少凝重。六岁就塾舍，舍旁屋忽圮，众骇奔散，独端坐自若，识者异之。隆庆戊辰，胪唱第一。授翰林院修撰，寻与修《世庙实录》，升侍读，管理诰敕，充经筵展书官，与修《大明会典》。己卯，出典应天乡试。明年，分校礼闱。

当江陵柄国也，以严峻为治，心窃非之，数形叹议，而江陵亦因其伉厉自远，不能无望。其幸客周生者，亦山阴人，每过邸舍，数以微词动之，辄乱其绪，或举大白以杜其说，俾不得竟。江陵大奴尤七者，建三大寺于都城，私为请记，恚曰："吾天子侍从臣，而当为奴作记？"是岁，复为其子先期请试题，愈恚曰："吾晚装两箧，明旦踵出宣武门外，而谓吾难去官乎？"以是愈忤江陵。每嗾铨曹言令外补，或难之，怒曰："杨惟雄非状元，不尝补外也？"然亦终其世为六品官，不得调。

壬午，江陵病卒，始迁右谕德，充经筵讲官。明年，升国子监祭酒，条教甚谨，改南京礼部右侍郎。丙戌，以外艰归。至辛卯，始擢吏部左侍郎。壬辰，升礼部尚书，兼翰林院教习庶吉士。

先是，储位未定，廷臣交章，得旨以二十一年行。至是，复有三王并封之命，万化率其佐抗辩，上疏曰："祖训立嫡不立庶，盖以有嫡有庶，自不得舍嫡而立庶耳。非嫡未出，而必待嫡之谓也。今皇后谋兆未彰，皇长子睿龄日茂，节奉明旨，昭如日星，而复援立嫡之经，暂从封国之典，将使观望靡定，疑虑丛生。臣等具员礼官，有死不敢奉命。"会诸司疏日百数上，事遂寝。国本得以大定。

朝鲜之役，当事者力主封倭，而言者又请勘使与封使并出。万化谓："封议已坚，勘使祇假设耳。即令勘使果不虚出，而以封命之重，出而复返，国体谓何？夫我以封而赏寇，倭以兵而邀封，釜山非封命所出之途，阻兵釜山，亦非叩阙乞封之礼，此与城下之盟何以异？岂可使四夷闻且见耶？"力疏沮之，不报。后封使出，倭败约，使辱命返，卒如所言。

藩番逾制请封，上意欲予之，坚持不允，至有诏切责，执奏愈坚。时会推阁臣，名在举中，或有言中人须少行赂者，叹曰："山谷寒士，被遇至此，于吾分过矣。此何官而可货取耶？"冢宰缺，大为时望所属，而忌者中挤之，以是俱罢。未几，瘁病，连疏固请。上赐驿赉金，宠行者甚渥。既行，病加剧，至宝应卒。讣闻，祭葬如例，谥文懿。

（清）傅维麟《明书》卷一百三十四·列传四·名臣传十九·罗万化传 罗万化，字一甫，号康洲，会稽人。少凝重。六岁就塾舍，舍傍屋忽圮，众骇奔散，万化端坐自若，识者异之。嘉靖甲子，领乡荐。隆庆二年戊辰，举于礼部，廷对牍上，穆宗有所更易，祷而探牍得之，置第一。及胪唱，状貌清整，进止中度，一廷皆为色动。授翰林院修撰，与修《世宗实录》。辛未，分校礼闱。神宗即位，《录》成，升侍读，管理诰敕，与修《大明会典》。万历七年己卯，出典应天乡试。明年，复分校礼闱。

张居正柄国，以严峻为治，万化意内不然之，数形叹论，而居正亦以其伉厉自远，欲罗之门下。其幸客周生者，生同邑，私欲从中缝合之，每过邸舍，数微词动之。万化觉，辄乱其绪，或举酒浮之，令不得竟。居正宠奴尤七，建三清殿于都市，周生私为请记于万化，恚曰："吾天子侍从臣，而当为奴作记耶？"是岁，复为其子先期请试题，万化愈怒，起曰："吾晚装两箧书，旦出宣武门，谓吾难去官乎？何薄我？"以是愈失居正欢。每与铨曹言令外补，万化或难之，居正怒曰："杨惟雄非状元，不尝补外耶？"不果，而终居正不迁官。

居正死，始迁右春坊右谕德，充经筵讲官。明年，升国子监祭酒，条教甚谨。会有欲代之者，阴言于执政云："罗君亲老，念之欲南。"万化闻之，曰："正吾怀也。"诘朝鞭马诣朝房，如其言，请出为南京礼部右侍郎。外艰归，居五岁不召，朝贤或为讼言。十八年庚寅，复起南京吏部右侍郎。辛卯，入为吏部左侍郎。无何，奉命摄部事，肃铨体，不假借。或诸司有失关请，辄面诘责，甚至逮系掾吏榜之，铨事肃然。壬辰，升礼部尚书，兼翰林院学士，教习庶吉士，充正史副总裁。是冬，回理部事。

先是，储位未定，廷臣交章请，上以二十一年行，至是期迫。首辅王锡爵适以召至，深虑上意未可必得，而元子渐长，讲读失时，欲姑援嘉靖时封王例，出阁读书，而阴系以立长之说，欲以动上听，取万全。以语万化，万化持谓不可。明日三王并封之命下，万化率其佐诣朝房，陈说时势，言甚剀至。锡爵谓己苦心沥胆，取一时宜适，而公不己亮，意颇拂。万化抗辩不已，面颊俱赤。明日，缴敕谕，上疏曰："祖训立嫡不立庶，盖以有嫡有庶，自不得舍嫡而立庶耳。非嫡未出，而必待嫡之谓也。臣不暇远引，历考本朝故事，皆有嫡立嫡，无嫡立长。因时豫建，计不少待，无他，为宗庙、社稷立重也。今皇后谋兆未彰，皇长子睿龄日茂，节奉明旨，昭如日星，而复援立嫡之经，暂从封国之典，将使观望靡定，疑虑丛生。臣等具员礼官，深惟大计，有死不敢奉命。"会诸司疏日百数上，事遂寝。万化复奏曰："皇上圣度如天，俯徇廷议，臣等可胜庆忭，惟于册立大典，犹欲少俟岁时，臣等反覆思惟，此宗社大计，皇上岂不心明之？而未能断行者，岂犹有窒碍于中，不能自决者耶？夫上意之微眇，或不可喻之于下，下言之委曲，容有不敢毕之于上。此百言而百不中，情宜有之。窃念廷臣之最倚信于皇上者，莫如大学士锡爵，诚宜及此时御便殿，召而问之。令之考证古今，详计审处，一言而定大礼，决大计，在此举矣。"疏凡十奏，锡爵亦具揭争之，于是国本乃定。

朝鲜之役，当事者力主封倭而难，言者请勘使封使并出。万化谓："封议已坚，勘使祇假设耳。即令勘使果不虚出，而以封命之重，出而复返，国体为何？乃奏以为今日封倭之议，督臣力任之于外，枢臣坚主之于内，则倭封已为成事，更复何说？然举朝争之，不遗余力者，何也？盖以倭本逆而误以为顺，本诈而误以为诚，惧于堕倭计损国威。为天下万世笑也，而督臣不察，至欲以封命与勘使同出。夫我以封而赏寇，倭以兵而邀封，釜山非封命所出之途，阻兵釜山，亦非叩阙乞封之礼，此与城下之盟何以异？

岂可使四夷闻且见耶？”后封使竟出，倭败约，使辱命返，上震怒，大出师逐倭，倭乃遁，竟如其言。

宗禄既告匮，议者咸谓宜通祖制之变，令稍就四民业，疏支得开科应举，而当事者慑慑持后虑，积不敢决。万化毅然请施行之。沈府逾制请封，上意向予之，坚不予，至有诏切责，执奏词愈切直。时枚卜阁员，或言中人须少贷之。万化叹曰：“吾山谷寒士，被遇至此，于吾过矣。此何官而可贷得耶？”会病作思母，连疏固请归，许之，赐驿赉金，所以宠行者甚渥。既行，病加遽，至宝应卒。赐祭葬，赠太子少保，谥文懿。

史官曰：懋学居官謇谔，能持大体；思孝所至枘凿，不为祸慑；万化特立，轻去就，终始不渝。皆传所谓刚者也。当江陵专国，呈身绕指者多矣。三君子乘鹰鹯之志，较然不惑，卒以功名终。孰云太刚则折乎？

（清）张豫章等《御选明诗》姓名爵里五·诸家姓名爵里　罗万化（字一甫，会稽人。隆庆戊辰赐进士第一。授翰林修撰，历官礼部尚书，赠太子少保，谥文懿。有《世泽编》）。

（清）邵廷采《思复堂文集》卷一·传·罗文懿公传　公讳万化，字一甫，号康洲，绍兴会稽人。其先以勤穑、忠厚启基，至束溪先生霳有阴德，再传为皇考拱璧，以孝闻。公生而神度端凝，与同郡张元忭读书卧龙山，讲王文成之学，务为真知实践，曰：“以此克治，异日将举而措之。”嘉靖四十三年甲子，举于乡。隆庆二年戊辰，成进士。

御试，制问以外攘内安之道，公对曰：

“臣闻帝王之莅天下也，必安攘兼举而后可成天下之至治，必明断并行而后可收天下之实功，故务本重农以厚民之生，治兵修备以固国之防。是二者诚有国之先图，不可以后时而偏废者也。然非明以烛之于先而断以行之于后，则虽日慕乎安内之名而实效罔臻，从事于攘外之次而成功莫奏，其何以合内外之治而用纾夫宵旰之忧也哉。故必君以实心主之，而委任以责成者，奋英明果断之勇臣以实心效之，而谋猷以宣力者竭左右勷赞之诚，然后君臣道合而百度贞，上下志同而万邦理，中国可安，四荒可攘，内可顺治，外可威严，久安长治之功可垂拱而竢矣。

钦惟皇帝陛下躬大圣之德，膺历数之归，至诚享帝，恭己临民，天下臣庶，孰不翘首拭目，跂仁维新之化？而陛下方且望道未见，求治愈殷，乃特进臣等于廷，俯赐清问，惓惓乎安内攘外之策。顾臣愚陋，曷足以知当世之务，徒悚惧焉。虽然，陛下之设此举，盖将采而行之，非虚循古事已也。苏轼有言：‘君以名求之，臣以实应之。’矧今陛下以求之，臣敢不披沥以对扬万一耶？

臣闻之书曰：‘天降下民作之君，作之师。’惟其克相上帝，宠绥四方，则知天之生民，所以钧陶而涵育之者，其责恒寄之君，而君之主民所以生养而安全之者，其道实法乎天。惟人君有同天之道，则凡历象日月以经天之时，体国经野以相地之宜，立纲陈纪以定民之极，爰养撙节以尽物之利，皆所以兴化而致理也。然语其政之大者，则惟曰务本以重农，治兵以修备，二者而已。

昔成王初亲大政，正天心陟降之际，人心观仰之时也。惟周公殷殷告诫，一则曰知稼穑之艰难乃逸，一则曰其克诘尔戎兵以陟禹之迹。盖知稼穑之艰难，则农事修而民食有资，人君养民之责尽于此矣；知戎兵之当诘则武备饬而民生有卫，人君安民之责尽于此矣。卒之，穑人成功而明昭之烈于前有光，守在四裔而重译之朝靡远勿届。此古之称善治者必曰成周而诵周公辅理之功，亦至今不衰也。洪惟我太祖高皇帝籍田有谕谆谆乎重农之意，成祖文皇帝务本有训切切乎逐末之戒，而又作《祖训》一书，兢兢于选将练兵之事，居安忘备之忧，则当时所以足兵食而成民信者，已周详而曲尽。故民皆乐业而太和在宇宙，夷来贡琛而王享及雕题，内固无不顺治，而外亦无不威严。诚上追成周之盛，而启我国家亿万年无疆之休矣。

伏惟陛下临御以来，躬率臣民耕籍南郊，屡敕边吏慎固封守，博求制外之长策，谓宜农无不足之贮，国无不宁之宇也。乃穷陬僻壤犹有啼饥号寒之众，寇贼奸宄且有潢池弄兵之形，厪我皇上宵旰，不遑暇逸者，何也？臣尝反覆思之而得其故矣。

试以农言之。方今四方之民游惰者多，归农者少，此生之所以不众而用之所以不舒也。陛下诚欲驱天下之民而皆力于本，其道无他，惟贵谷粟而已。我国家罪有折赎，盐有飞锇，其初非不贵也，后以国用不支而见小以忘大，于是有折色之兑，有解银之额，而穑人之功渐矣，何怪其趋末而去本也哉！故臣愿贵五谷贱金玉，使晓然知稼穑之重，如晁错屯田徙塞下之议焉，则激劝倡导之下，岂无力本之农矣乎？若未屯政之善，盐法之理，祖宗之制具在也。修而复之，以利天下之商，厚天下之农，在一推行间耳，孰谓其有不可哉？

以兵言之，方今边疆之地，群丑匪茹，警报岁闻，此备之所以不严而国之所以不固也，陛下诚欲严天下之备而克壮其猷，其道无他，惟重将帅而已。我国家总兵有官，参将有职，其初非不重也，后以承平日久，而重文以轻武。于是有巡抚以辖之，有总督以统之，而文法之拘加密矣，安责其临敌而制胜也哉。故臣愿重其权，专其任，使屹然当一面之寄，如充国湟中守便宜之事焉，则委任责成之际，岂无敌忾之勇矣乎？若夫精练骁果，罢调客兵，将帅之略固在也。控而操之，以奋天下之武，安天下之民，亦一运用间耳，孰谓其有不能哉？虽然，为之有本末，施之有先后，其具在方册而其在于陛下之明与断而已。

伏读圣谕有曰：‘朕日夜图维安攘之策，莫急于斯，而行之靡效，其故何与？’臣以为天下事未有行之而无效者，陛下特未实行之而臣下亦未能实奉承之耳。愿陛下致精明之气，励明作之功，谷所当贵也则断然以贵之，而不牵于権算之谋；将所当重也则断然以重之，而不惑于优柔之论。贤否欲明，以辨昭然，如日月之行于天而光不可掩也；赏罚欲必以信，轰然如雷霆之鼓于天而威不可测也。然后君宰其权则臣终其事，上作其气则下效其能。守令司民牧者，诚知重农而劳心于抚字，则国无不辟之野，而何患游民之不归农哉？将帅司兵柄者，诚知奋武而尽力于封疆，则国无不振之威，而何忧远人之不率服哉？是盖惟明克允，惟断有成者，既并用而不偏，故内安中国，外攘四荒者，斯兼举而立效。周成王之治不专美于前，而我二祖列宗之盛业将由此式廓而光大之矣。

抑臣又有献焉，心也者，万化之原而明与断所从出者也，使其心纯天理之公而绝无人欲之私，则明断固浑然而在。苟一以私蔽之，则明有时而昏；一以欲累之，则断有时而失。其何以主宰化机而役使群动哉？范氏曰：'君心惟在所养。'故臣愿陛下存养省察以体其心，精知力行以强其心，广询博采以大其心，亲贤远佞以纯其心。一念之萌，则曰我其忘稼穑之艰矣乎；一虑之发，则曰我其忘戎兵之诘矣乎。然后心无不存而可以全明断之德，可以保安攘之功。惟陛下少垂察焉。"

穆宗御极，援遗诏，悉反嘉靖之政，窜诛方士，起用旧人，褒录建言死事诸家，梦想名儒，以资启沃。是科殿试亲祷于天，阅公对至"君心惟在所养"，亟加嗟异，遂赐及第第一。传胪之日，拜舞进趋如旧相习，大学士华亭徐阶见而器之。授翰林院修撰。甲戌，升侍读。终张居正当国，居六品官十年，不迁。居正卒，累升春坊，谕德，国子祭酒。丙戌，丁外艰。服除，起南京吏部右侍郎，召为吏部左侍郎，佐太宰。平湖陆光祖掌内计，光祖行，代者余姚孙铣未至，公摄部三月，宿弊一清，升礼部尚书兼翰林院学士，教习庶吉士。

时皇后未有子，王恭妃生皇长子，宜立储。及郑贵妃生皇三子，而贵妃宠，上意未定，群臣皆执奏以皇嗣不可久虚，上益厌之。前大学士申时行等屡请册立，于慎行、李长春先后为秩宗争之，不得，各引去。公继长春后伏阁上疏曰："前下明诏，期以今春二十一年恭行建储兼举封王，定国本、广藩屏，甚盛典也。比奉圣谕，忽更成命云：'思遵祖训立嫡之条，少迟册立，并封三王，以待皇后生子。'臣等深惟大计，有不能不为皇上一敬陈者，祖训立嫡不立庶，盖以有嫡有庶，自不得舍嫡而立庶耳。非嫡未出而必待嫡之谓也。臣考本朝故事，太祖洪武元年、成祖以永乐二年、英宗以天顺元年、宪宗以成化十一年、孝宗以弘治五年、世宗以嘉靖十八年有嫡立嫡，无嫡立长，并因时豫建。惟我皇上正位东宫，即当先帝御极二年，今天下仰圣明之御宇，莫不追先帝之远猷，岂非近事明效哉？兹皇后高谋之兆，岁久未彰，皇长子睿龄日茂，时当出阁。况前此屡奉明旨，中外臣民望切云霓，而复援立嫡之经，从封王之典，将使观瞻靡定，疑虑丛生，失大信于天下。此臣等之所为私忧过计也。且皇后母仪天下，众子孰非其子？与虚东宫以待嫡，不若立长以安天下。伏愿俯赐采择，仍敕臣部以册立皇长子与册封皇三子、皇五子，同日具仪举行，则匕鬯有归，维城永固，天下幸甚。"

先是，并封之旨下阁，王锡爵持之不坚，在廷因归咎曰："此锡爵密进者。"工部郎中岳元声等数十人面诘锡爵于朝房曰："阁下奈何误引亲王入继之文为储宫待嫡之例？"庶吉士李腾芳上书锡爵曰："古之贤豪将立，权谋之事必度其身能作之，身能收之，则不难晦其迹于一时，而终可皎然于天下。公欲暂承上意，巧借王封转作册立，然以公之明，试度事机急则旦夕，缓则一二年竟，公在朝之日可以遂公之志否？恐王封既定，大典愈迟，他日继公之后者，精诚智力稍不如公，容有坏公事隳公功而罪公为尸谋，公何辞以解？此不独宗社之忧，亦公子孙之祸也。"锡爵读讫，爽然曰："诸公詈我，我无以自明，如子言，我受教于是。”公复上疏曰：“伏见皇长子始生，皇上布告覃恩，明示天下主器之重。今睿龄十有二矣，已及加冠之期。未几，且当大婚之吉，蒙养匪豫，则趋向靡端，情窦一开，则摄调不易。故一日册立之典未具，即一日出讲之仪不行。此宗社大计，皇上岂不心明之？而行之寡断者，岂犹有格于中而无由自决耶？夫上意之微渺，或有不能喻之于下，下言之委曲容有不敢毕之于上？皇上深居九重，臣等未由瞻望颜色，假借面陈，窃念今廷臣倚信莫如王锡爵。请特御便殿亲赐召问，使考古证今，速定大礼，慰中外臣民之望。夫人情所在，即天意所在也。方皇上览台臣之疏，明旨下部，朝野欢声雷动，诚内结于心，忠爱之至也。《易》曰：‘天之所助者，顺人之所助者。信履信思，顺则自天佑之。吉无不利。’臣司礼言礼，安上定民，由礼则治。我朝礼制定自高皇，列圣嗣守，二百年内无凌替之忧、外绝觊觎之萌者本此。豫建太子礼素定也，皇上奈何忽更之？借待嫡之虚词，违立长之成宪，欲以绍述祖考，计安宗社，不亦远哉？伏见皇上笃亲亲之谊，亲王而下，岁一遣使册封。今四月，又届期矣。臣等循故事以请，悉得奉明诏举行，乃独于元良之建，举朝奏议，一切留中不报，陛下试思青宫之与藩服孰重孰轻？立储之与封藩孰缓孰急？古人早建豫教，在敦叙九族之先，而陛下易之。此臣所谓舛也。日本为东患数年矣，然譬之人身；朝鲜之被侵，犹四肢也。太子天下本，则腹心也。舍腹心而肢体之是忧，臣所未解也。昔人谓君之聪明少蔽，则司耳司目之官均受其罚，臣忝秩宗，为陛下股肱耳目。而令大礼久阙，中外狐疑，臣之罪实深。是以不惮补牍，昧死上言。惟陛下垂鉴。”章八上，卒未得请。公废不寐食，念留侯本招四皓，有吕后为主，今皇长子非后出，故不足恃，惟有使戚夫人自请以郑用，郑觉悟，上聪事，乃得谐。会仪制司郎中钟化民、主事李茂春与公交密，而郑妃从子顺天府诸生某尝出入化民所，公令二人谕郑生，使说贵妃母入告贵妃，开陈夺储祸福，贵妃初闻之，恚。后乃渐移，乘间特请于上，而锡爵又密陈皇上：“纵欲少缓册立之期，岂可不先行豫教之礼？”上命明年二月皇长子出阁就学，长幼序明，国本遂定，然其谋本出于公，外廷莫知也。

公于是念太夫人老，累疏请终养，驰驿归觐。时忧劳疾成，在道卒于宝应舟中，年五十九。赠太子少保，谥文懿。

公早励名节。庚辰，分校礼闱，江陵子豫请题目，不答。既得第，犹载重贽称门生，终却之。及掌邦礼台谏，以建储章奏碎激，独镇之以和静，与二王、申、许诸相国不立异同，潜移默运，卒襄大谋。

宁夏之役，议召苗兵，公谓：“不可。是示苗弱也。贼倚西人为援，第乘其未至，先破西人，贼阱兽耳。”已而，果验。其知兵势又如此。日本关白请封本兵，石星主之，封使既出，复发勘使。公谓：“封已误，勘再误，王言无反汗，若国体何？”已而，沈惟敬等充诏使，议久不决，比关白死，行长等乃撤归。时论以公之才得在相位，大业当更可观，而两经枚卜，不用。盖忌者阻之也。其乡邦孝友惇睦，故老皆能道之。

子光鼎，由荫监官刑部郎中，有廉直声。壬子，孙元宾举顺天乡试。天启二年，复疏陈建储，事援于慎行、赵用贤，恤荫例得请以让其弟元贤。是科，元宾成进士，历任河南道御史，升操江都御史，自有传。

论曰：嘉、隆之季，言理学者，人人殊方，由师承渐远，高识之士挟其灵明游于恍惚，溯厥由来，咎有攸归。而康洲先生以纯诚之德、渊衍之量见之，立朝任事，不阿不峻，确有本末，所与交邹南皋、耿楚侗、许敬庵、邓定宇诸人，皆笃行君子也。越中龙溪之后，接以海门，骎骎乎如程朱之有慈湖焉，激极因衰，顾泾阳矫之以名节，遂启东汉党锢之祸。

嘻！亦甚矣！先生鉴末俗之流失，悯人心之浇漓，务砥实功，省议论以自守，唯淡泊宁静，未造文成堂室。其言曰："君子修身立命，则存顺而没宁，忍性动心，则德崇而业广，勉乎哉！学而已矣。"于乎！世徒以科名重先生者，其志识何如也！

（清）沈翼机等《浙江通志》卷一百九十一·人物九·介节下·绍兴府·明 罗万化(《会稽县志》：号康洲。隆庆戊辰廷对第一，授修撰。江陵柄国，每思招致，托客周生通意，万化峻拒之。其仆尤七私请作记，万化怒曰："吾为天子侍从臣，而为仆人作记耶？"江陵又为其子先期请试题，万化拂衣起曰："吾晚装两箧，明日出宣武门，而谓我难去官乎？"江陵益恨之，故久不得调。江陵败，始迁谕德，升南祭酒，历礼部尚书。会推阁臣，或言中人须少遗之，万化叹曰："吾以单寒被遇至此，于吾过矣。此何官而可货取耶？"又推冢宰，而忌者卒沮之，复中罢，万化亦瘁病思母，连疏乞归，至宝应，卒。赠太子少保，谥文懿）。

科 第

（一）乡试

（清）沈翼机等《浙江通志》卷一百三十八·选举十六·明·举人·嘉靖四十三年甲子科 罗万化（会稽人。戊辰状元）。

（二）会试、殿试

戊辰科（隆庆二年）**状元策** 皇帝制曰：朕惟君天下者，兴化致理，政固多端。然务本重农，治兵修备，乃其大者。《书》言：先知稼穑之艰难，乃逸。又曰：其克诘尔戎兵，以陟禹之迹。夫成王初亲大政，而周公即惓惓以此告之，其意深矣。朕仰荷天眷，获嗣丕基，自惟寡昧，未烛于理。尝恭诵我太祖高皇帝《藉田谕》，成祖文皇帝《务本训》，乃知王业所由兴，民生之不易。及观祖训所载居安忘备之戒，又日兢兢焉。兹躬率臣民耕藉于南郊，又屡敕边吏慎固疆圉，博求制虏长策，亦欲庶几乎知艰诘戎，以觐扬我二祖之光烈。顾彝典虽举而实政未孚，督策虽勤而武备犹弛。四方浮惰者众，未尽归农也。何以使人皆力本而不失业欤？自屯盐之法坏，而商农俱困，边储告乏。今欲举之，其遗法尚可复欤？丑虏匪茹，警报岁闻，何以创之，使不敢复窥欤？议者或言宜守，或欲罢调兵，或欲练士卒，计将安所决欤？朕日夜图谋安攘之策，莫急于斯，而行之靡效，其故何欤？抑其机要所在，未克振举，故人罕实用，功难责成欤？尔诸士习于当世之务久矣，其仰绎我皇祖垂训贻谋之意，有可以便民益国者，明以告，朕将采而行焉。

臣罗万化

臣对：臣闻人君之治天下也，必安攘兼举而后可以成天下之至治，必明断并行而后可以收天下之实功。何也？君犹天也，凡内而中国，外而四夷，皆覆冒于天，而为君所统驭者也。惟天好生，而覆帱之用并育而不害。惟君法天，而安攘之绩兼举而不遗。故务本重农以厚民之生，而于以成顺治之休。治兵修备以固国之防，而于以达威严之化。是二者，诚有国者之先务，而不可以偏废，不可以缓图者也。然非明以烛之于先，而断以行之于后，则虽外慕乎安内之名，而实效罔臻；虽从事于攘外之文，而成功罔奏。其何以合内外之治，而用舒夫宵旰之忧也哉？故必君以实心主之，而委任以责成者，恒出之以英明果断之勇。臣以实心效之，而分猷以宣力者，每竭之以左右赞相之诚。然后君臣道合而百度贞，上下志同而万化广。中国可安，四夷可攘；内可顺治，外可威严。而久安长治之功将致之而无难矣。

钦惟皇帝陛下以圣神之德，膺历数之归，至诚飨帝，恭己临民。天下臣庶，孰不翘首而观，拭目而望，以冀沾维新之化？而陛下方且望道未见，求治愈殷，乃特进臣等于廷，俯赐清问，惓惓乎安内攘外之策。顾臣愚陋，曷足以知当世之务？虽然，陛下此举盖将采而行之，非虚循故事已也。苏轼有言：君以名求之，臣以实应之。矧今陛下以实求之，臣敢不披沥以对扬万一耶？

臣窃闻之《书》曰：天降下民作之君，作之师，惟其克相上帝，宠绥四方。则知天之生民，所以左右而曲成之者，其责恒寄之君；而君之主民，所以生养而安全之者，其道实法乎天。此人君所以与昊天同一道也。夫惟人君有同天之道，则凡历象日月以经天之时，体国经野以相地之宜，立纲陈纪以定民之极，爱养樽节以尽物之材。皆所以兴化而致理也，皆人君所以法天之政也。然语其政之大者，则惟曰务本以重农，治兵以修备二者而已。何也？盖国以民为本，而农者民之命也，兵者又民之心也。农有不重则衣食无所自生，而啼饥号寒之民，且将有转死于沟壑者矣。君固代天以任养民之责者也，而乃使民无以为生，可乎？兵有不治则备御无所由固，而寇贼奸宄之发，且将有骈首于锋镝者矣。君固代天以当安民之责者也，而乃使民失其所卫，可乎？是故成王初亲大政，正天心陟降之际，人心观仰之时也，而周公所以惓惓于告诫者，一则曰知稼穑之艰难，乃逸；一则曰其克诘尔戎兵，以陟禹之迹。是岂无深意而漫为是言者哉？盖以知稼穑之艰难，则农事修而民食有资，人君养民之责尽于此矣。知戎兵之当诘，则武备饬而民生有卫，人君安民之责尽于此矣。夫人君而诚使民之得养也，民之获安也，尚何化之不可兴，而理之不可致哉？故稼穑成功，而永清之治于前而有光；守在四夷，而重译之朝愈远而不替。此古今之称善治者必曰成周，而诵周公之功者，亦至今不衰也。

洪惟我太祖高皇帝藉田有谕曰：欲财用之不竭，国家之常裕，鬼神之常享，其必由农乎？大哉王言，谆谆乎重农之意也。成祖文皇帝务本有训，首举太祖创业之难，次及往古圣贤之君，昏乱之主，以昭鉴戒。讦哉圣谟，切切乎垂裕之心也。而又作《祖训》一书，兢兢乎选将练兵之图，居安忘备之忧，则当时所以重民之命，严民之卫者，盖周至而曲尽矣。故民皆乐业，而太和之治允洽；夷皆贡琛，而来王之化益昭。内固无不顺治，而外亦无不威严。所以上追成周之盛，而启我国家亿万年无疆之休者，端不在于此哉！惟我皇上临御以来，躬率臣民耕藉于南郊，则一念重农之意已切至而不虚。而又屡敕边吏慎固封圉，博求制虏之长策，则一念防患之心已诚笃而匪懈。其于二祖之所以垂训，已身体而实践之矣。宜农事修而民无不遂之养，武功振而国无不安之民也。乃今彝典虽举，而实政未孚。啼饥号寒之民，不惟见于穷陬僻壤之所，而通都大郡亦或有不免焉。督责虽勤，而武备犹弛。寇贼奸宄之发，不惟见于穷边荒服之外，而弄兵赤子亦尚有未靖焉。则所以厪我皇上宵旰之忧，而不遑豫逸者，良有以哉！

臣尝反覆思之而得其故矣。试以农言之。方今四方之游惰者多，归农者鲜，此生之所以不众，而用之所以不舒也。今皇上诚欲驱天下之民而皆力于本，其道无他，惟贵谷粟而已矣。盖谷者，民之所资以为生也。民终日不食则饥馁随之，乃人挟末技而轻去其田里者，岂民之皆不乐生哉？谷贱故耳。我国家于常赋之外，罪有折赎，盐有飞輓。初非不贵谷也，嗣以国用不经而见小以忘大，于是有折色之兑，有解银之额，而穑人之用日渐轻矣，又何怪其逐末而忘本也。故臣愿贵五谷，贱金玉，而晓然使知百谷之重，如晁错之所奏焉。则激劝化导之下，岂无力本之农矣乎？如是而谓民之有失业者，未之有也。

若夫屯政之修，盐法之理，又厚农通商之最大者，独不可讲而行之乎？臣以为法久而弊者，势也；遇变而通者，权也。故屯种之田乾没于豪右，而番休之卒服役于权门，屯政之废久矣。然不曰湖山斥卤之可垦辟乎？奸豪欺隐之可没入乎？游手游食之人之可驱率乎？昔韩重黎之田振武，郭子仪之耕河中，彼岂夺诸其民者与？不过假不耕之地，而收无穷之税耳。今宜早为之。制田之见存者，履亩而正界；兵之服农者，间岁而代耕，而又时申召募之令，各与以可耕之田。则经界定而侵并之奸不肆，屯聚众而树艺之功可成。昔人谓其宽民力之最大者，正谓此也。工本之钞既难于补给，而守支之商又困于折兑，盐法之坏久矣。然不曰钱钞之用有当均者乎？输纳之粟有当复者乎？私挟私贩之令有当严者乎？昔管仲之煮山海，刘晏之斡淮盐，彼岂掊诸其民者欤？不过总其权于上，而布其利于下耳。今宜定为之制，重钞法以收买余盐，而使灶有所偿，轻中纳以招广商人，而俾盐无所滞。则灶得实利而法禁可施，商有余赀而正课自溢。昔人谓其飞輓之最速者，正谓此也。不然而清查愈密而屯政愈不修，法禁愈严而盐法愈不理。辟之医者，不治其本而唯治其标，亦终必死而已矣，欲农商之两利也，胡可得也！

以兵言之，方今边疆之地，丑虏匪茹，警报岁闻，此备之所以不严，而武之所以未振也。今皇上诚欲奋天下之武，而克壮其猷，其道无他，唯重将帅而已矣。盖将者，兵之所恃以为主也。兵一日无将则丧乱从之，乃今食廪饩而轻离其卒伍者，岂兵之不卫主哉？将轻故耳！今我国家于沿边之地，分据以参将，专制以总兵。初非不重将也，后以承平日久而重文以轻武，于是有巡抚以辖之，有总裁以统之，而文法之拘日加密矣，果安责其应敌而致胜也。故臣愿重其权，专其任，而屹然使当一面之寄，如赵充国之所行焉。则委任责成之际，岂无敌忾之勇矣乎？如是而谓虏之有窃发者，未之有也。若夫战守之策，调练之宜，又安边保邦之最急者，独不可议而行之乎？臣以为一劳者，永逸之基也；暂费者，久宁之道也。夫今之虏非昔之虏矣，飚举乌集，众寡之势既殊，而狼奔豕突，险阻之地难凭，此当事者所以苦于辖守之难也。然臣窃计之，举匈奴之众，曾未足以当中国之半，而卒未有能一创惩之者，其故何欤？无乃先发之谋未定，而积弱之气有未振乎？兵法曰：宁我制人，毋人制我。此劳逸主客之几也。故昔高宗之伐鬼方也，不惮于三年之久。而孔明之全蜀也，不辞夫六出之频。彼岂好为是穷兵哉？诚以不创之于前，则后之凭陵者当未艾。而不制之于我，则彼之窥伺者日未息耳。今丑虏之猖炽既如此，而犹因循委靡，不思所以振作奋励之术，则何以成中兴之治，而保边境于无虞也哉？故臣即今之势以权战守之策，必也其先决战乎？盖必以战为守，庶可以折方张之虏，而奠不拔之基也。今之兵又非昔之兵矣，锐气消阻，怯懦既已成风，而劳费不赀，司农又复告匮，此当事者所以病于调练之难也。然臣窃思之，即燕赵之士，固素称多慷慨之材，而卒未有能一饬练之者，其故何欤？无乃屯盐之政不举，而给饷之期有不时乎？兵法曰：千里馈粮，士有饥色。此饱馁勇祛之势也。故昔孔明之讨汉贼，莫急于五丈之屯。而唐宗之夷大难，悉仰于江淮之赋。彼岂徒为是扰民哉？诚以未战而不足其食，则不可以得其心。将战而不得其心，则不可以用其命耳。今边兵之柔脆既如此，而犹苟且支吾，不思所以长虑却顾之道，则何以振维扬之武，而致殷邦之嘉靖也哉！故臣即今之时以究调练之宜，必也其先理财乎？盖必财以为养，庶可以作有勇之气，而底于襄之绩也已。不然则闻敌而破胆者，既不能战也，而何足与言守？枵腹以待哺者，既不能养也，而何可以加练？譬之养身者有七年之病，而不蓄三年之艾，亦终无得而已矣。欲中外之宁谧也，胡可得哉！虽然，天下之事，非知之难，而行之难；人君之道，非求言之贵，而用言之贵。知而弗行，犹弗知也；求而弗用，犹弗求也。

臣伏读圣制有曰：朕日夜图谋安攘之策，莫急于斯，而行之靡效，其故何欤？臣以为陛下特未实之行，而臣下亦未能实奉承之耳。果曰行之而靡效，则彼成王所以致四十年之太平，我二祖所以垂二百年之善治者，果虚语也。而抑别有要机之执，以为振举之术也哉？臣以为听言贵广也，而察之尤不可以不明；察言贵明也，而行之尤不可以不断。伏观皇祖之训有曰：内外大小官员，其言当理即付所司施行，诸衙门毋得阻滞。是言也，其兼明与断而出之者矣。故臣愿陛下奋精明之气，大明作之功。谷所以当贵也，则断然以贵之，而不狃于近利之私。将所以当重也，则断然以重之，而不惑于一偏之见。屯田盐法，以次而举；战守调练，相机而行。其始也，简众贤以使之，而不贤者弗庸；其既也，分众职以任之，而不职者必黜。贤否欲明其辨，昭然如日月之行于天，而光不可掩也；赏罚欲必以信，轰然如雷霆之鼓于天，而威不可测也。然后君宰其权，臣能其事，上作其气，下效其能。守令司民牧者，诚知重农而劳心于抚字，则国无不辟之野，而野无不耕之民者，可几也。而何游民不归农之患哉？将帅司兵柄者，诚知奋武而尽力于封疆，则士无不振之气，而国无不伸之威者，可几也。而何夷狄不率服之患哉？盖惟明克允、惟断有成者，既并用而不偏，故内安中国、外攘四夷者，斯兼举而不遗，周成王之治固不得专美于前，而我祖宗之业之盛又将廓大而增光之矣。此非要机之所在，而所当振举者哉！

抑臣又有献焉。心也者，万化之原，而明与断所从出者也。使其心纯乎天理之公，而绝无人欲之私，则明断固浑然而在。苟一以私意蔽之，则明有时而昏；一以欲累之，则断有时而失。其何以生宰化机，而役使群动哉！宋儒范氏曰：君心唯在所养。故臣愿陛下存养省察以体其心，精知力行以强其心，广询博采以大其心，亲贤远佞以纯其心。一念之萌则曰：我其忘稼穑之艰矣乎？一虑之兴则曰：我其忘戎兵之诘矣乎？然后心无不存，而可以全明断之德，可以保安攘之功。此臣之愚忠惓惓而不已也。伏惟陛下少垂察焉，则臣愚幸甚。

臣草茅下士，不识忌讳，干冒天威，不胜战栗之至。臣谨对。

（录自［明］焦竑辑，［清］胡任兴增辑《历科廷试状元策》卷五）

（明）张朝瑞《皇明贡举考》卷八 （隆庆二年）三月十五日，临策天下贡士。制曰：……

（时廷对之士四百三人，赐罗万化等进士及第出身有差。……）

第一甲三名赐进士及第：罗万化，浙江会稽县。……

（明）王世贞《弇山堂别集》卷八十三·科试考三 （隆庆）二年戊辰，命少傅太子太师吏部尚书建极殿大学士李春芳，掌詹事府礼部尚书兼翰林院学士殷士儋主试，取中田一儁等四百人。廷试，赐罗万化、黄凤翔、赵志皋及第。先是，内阁所取李长春、王家屏、田一儁已定矣。内旨忽于二甲前进呈卷，用万化等，而李长春三人居二甲前。

（明）张弘道、张凝道《皇明三元考》卷十二·隆庆二年戊辰科大魁 状元罗万化（浙江会稽人。字一甫，号康洲。治《易》。年三十三。仕至礼部尚书。赠太子少保。谥文懿）。

又 二品：罗万化

（清）沈翼机等《浙江通志》卷一百三十三·选举十一·明·进士·隆庆二年戊辰科罗万化榜 罗万化（会稽人。状元。礼部侍郎，太子少保）。

（清）张廷玉等《明史》卷十九·本纪第十九·穆宗 （隆庆二年春三月）戊辰，赐罗万化等进士及第出身有差。

仕　宦

（明）王世贞《弇山堂别集》卷五十四·卿贰表·南京吏部左右侍郎　罗万化，浙江山阴人，由状元，（万历）十八年任。

又，卷五十六·卿贰表·南京礼部左右侍郎　罗万化，浙江会稽人，由状元，以国子监祭酒升，万历十二年任。

又，卷六十三·国子祭酒年表　罗万化，浙江会稽人，由状元，万历十一年任。

又，卷八十三·科试考三　（万历七年己卯）命右春坊右中允兼翰林院编修高启愚、翰林院侍读罗万化主应天试。故事，中允与讲读对品，中允得入门序揖前导双呵，讲读不得也。然至主两京试及修史列衔，则皆讲读前而中允后行之，二百余年不易。至是忽改命启愚主试，万化副之，云自政府意也。

（明）俞汝楫《礼部志稿》卷四十二·历官表·尚书　罗万化（字一甫，浙江会稽县人。戊辰进士。万历二十年冬，由礼部尚书教习庶吉士兼学士回部管事）。

著　作

（清）黄虞稷《千顷堂书目》卷二十五·别集类·隆庆戊辰科（二年）　罗万化《世泽编》十六卷（字一甫，会稽人。一甲第一人。礼部尚书，赠太子少保，谥文懿）。

（清）沈翼机等《浙江通志》卷二百五十一·经籍十一·集部四·别集·明　《世泽编》十六卷(《明诗综》：罗万化著，字一甫，会稽人)。

评　论

（明）张岱《明越人三不朽图赞》·立德·刚正九·罗康洲公　罗康洲万化，会稽人。江陵招致康洲，不肯应。及当主试，江陵为其子先请试题，又复不应。江陵深恨，官久不调。江陵败，始迁谕德，历官礼部尚书。时储位未定，章八上，须发为白，储定，弃官归。王龙溪语录曰："阳和子如高山大川，康洲子如精金美玉。"

李按，字一甫。

陈本作：罗康洲公万化，会稽人。江陵招致之，不应。及主试，江陵为其子先请试题，峻拒之。江陵败，起为礼部尚书，请定储，疏八上，须发为白，既定，弃官归。龙溪有言："阳和子如高山大川，康洲子如精金美玉。"

赞曰：罗朱文恭三人同馆，一相二元，龙山自撼，朱罗先发，帝心特简。辛未，分房，文恭入选，刺用门生，公固辞免，文恭叹曰："非康洲不肯，非阳和不敢。"

（清）朱彝尊《静志居诗话》卷十五 罗万化，字一甫，会稽人。隆庆戊辰赐进士第一。历官礼部尚书，赠太子少保，谥文懿。有《世泽编》。

唐宋科目繁多，至明而始终所重惟甲第。志科名盛事者，首述吉水、莆阳，而于越山阴自诸文懿大绶而后，榜五发，邑人居其三焉。传闻三公俱同席砚之友，不可谓非盛事已。文懿拟此日不再得云："落景无返轮，奔星少回光。绿发不恋人，转眼化为苍。所以志士心，努力及方刚。恒恐岁迟暮，兰蕙不得芳。膏火还自煎，山木亦自戕。我谋一以乖，终身失其臧。大道本希声，至人贵含章。岂其鱼目珍，而登君子堂。登高岂无梯，济深岂无航。愚者贵速至，圣人宝其常。虚牖展素书，古人未云亡。无为守踌躇，徒贻过时伤。"

（清）朱彝尊《明诗综》卷五十六・罗万化（一首） 万化，字一甫，会稽人。隆庆戊辰赐进士第一。历官礼部尚书，赠太子少保，谥文懿。有《世泽编》。

（《静志居诗话》：唐宋科目繁多，至明而始终所重惟甲第。志科名盛事者，首述吉水、莆阳，而于越山阴自诸文懿大绶而后，榜五发，邑人居其三焉。传闻三公俱同席砚之友，不可谓非盛事已。）

杂　录

（明）鲍应鳌《明臣谥考》卷上・文懿 罗万化（礼部尚书，赠太子少保，万历年谥。敏而好学，柔克有光。浙江会稽县人）。

（明）郭良翰《皇明谥纪汇编》卷十四・臣谥上・文臣・文懿 罗万化（礼部尚书，赠太子太保。万历。敏而好学，柔克有光。浙江会稽人）。

（清）查慎行《人海记》卷上・殿试策进呈 殿试策进呈，必取书法整齐无舛误者。隆庆戊辰科，阁臣拟进，上疑首卷有私，于二甲卷首得罗万化，置第一，其卷字多涂抹者。

（清）沈翼机等《浙江通志》卷二十七・学校三（书院附）**・绍兴府・阳和书院**（在卧龙山阳） 《绍兴府志》：明张宫谕元忭与朱赓、罗万化读书其中。

隆庆五年（1571）辛未科状元张元忭

传　　记

（明）陈鎏《皇明历科状元录》卷四·隆庆五年辛未状元张元忭　廷对之士邓以讃等三百九十六人，擢张元忭第一。取庶吉士□□等□□人。

元忭，字子荩，号阳和，浙江绍兴山阴人。幼有大志，领戊午乡荐，后登太山观日，观赋诗盈帙，慨然有魁天下之志。所居与罗康洲同巷对户，尝梦携其扁于家。会试赴京时，其祖茔有声三日，往视得金芝六茎。父学宪公天复以为异，贻书戒以归途宜慎。既而及第，同年长洲顾其志，见其家书如此，或云祖茔据堪舆之胜，亦以术得之。其生为戊戌癸亥戊午壬子。山阴自宋绍兴十八年王佐为状元、紫阳先生同榜，及我朝南明诸大绶、阳和张元忭，魁天下者凡三人。是岁榜眼为吾苏刘瑊，字玉畴，号淦溪，领甲子乡荐会试。……探花即会元邓以讃。

（明）李贽《续藏书》卷二十二·理学名臣·左谕德张公（事昭陵、今上）　公名元忭，字子荩，别号阳和。其先盖蜀之绵竹人，宋相忠献公之后也。徙家越之山阴，代有闻，十传为赠吏部主事诏，生天复，以进士官至甘肃行太仆寺卿。配刘安人，生公，公生而古貌魁然。稍长，好读书，安人怜之，戒无溺苦于学。公乃张灯幕中，俟母寝夜诵，不令母知。总角时，岳岳负意气，数矢口谈时政得失、人物臧否，太仆公故抑之，不答也。会杨忠愍谏死，公遥为诔词慷慨，泣下沾襟，太仆公乃色喜，大奇之。尝读书至《朱子格致》篇，辄乙其处而沉思。已，闻王文成良知之说，遂潜心理学。

嘉靖戊午，举于乡。数上公车不第，下帷龙山之阳，喟然叹曰："圣贤学自有真，曲士抱虫蛙之见，不务即心证圣，而猥踵其下，风壹何陋也！"戊辰，归自京师，而太仆公有滇难。盖太仆公故尝副滇臬，击武定叛夷有功，忌者中以蜚语，卒从吏讯，君身掖太仆公万里赴逮于滇。已，复驰如京，白状当事者。比有诏免太仆公官，归越，复驰如越。履及门，血缕缕灭趾，天下闻而哀之。

庚午，游太学。明年，举南宫，射策，赐第一甲第一人，授翰林修撰。君自以遭逢圣明，释跻取上第，廪廪期有以自树，日橐笔守官下，搜罗金匮宪典而研究之。词林故清署，第雍容以文墨相高，稍涉事辄引代庖为解，君独聚徒讲求世务人才，相与籍记之，户外履常满。每抵掌论天下事，不为首鼠两端。今上元年，君尝疏直御史某，且请进讲《列女传》于两宫，以修《二南》之化，不报。

戊寅，免太仆公丧，起家，奉旨教习内书堂，公曰："若曹星近皇位，不可去，可使习为善，勃貂、管苏非人乎？"乃取《中鉴录》自为条解，又作《训忠》诸吟，令歌之。寻管理诏敕，直起居馆。会皇子生，奉书告楚藩，因上匡庐，浮沅湘，还取道武夷，所至多题咏，具在《槎间漫笔》中。

丁亥，起家，用词林久次，超为左春坊左谕德兼翰林院侍读，清理武黄。寻充经筵讲官，既入侍金华，退而叹曰："明主方孳孳向学，呕喻受讲臣风劝，而讲臣不竭忠毕智以迪宸听，非夫也。"每喁喁然盟心待对，冀有所感孚焉。初，上御历覃恩，公即疏白太仆公冤状，请以恩及己者移太仆公冠服。至是，复申前请，忤旨，格不行，君仰天泣曰："吾不可以下见吾父矣。武定之役，吾父躬擐甲胄，斩首虏获千级，口碑具在。乃今幸事明主，而不能为父洗沉冤，长负君亲，吾死为后，盖居常深念两世登朝，父建功不雠志以殁，愿以身代父报国。"而卒且徼国恩报父，故终其身有缇萦之恨，竟以此郁郁致疾。疾革，顾弟子呼"陛下"者再，又曰："朝廷亦多有人。"乃瞑。

公平生雅志圣贤之学，宗王文成，然不空事口耳，颛务以实践为基，尝曰："知善知恶是良知，为善去恶是格物。近世学者徒剽文成之外郛耳。"又谓："朱、陆同源，而末流乃歧之，非是。"手摘考亭所论著与文成意符者汇集之，题曰《朱子摘编》，以祛世儒之惑。特操端介，绝不喜媕阿事人，然坦焉躏中庸之庭，亦不欲以奇行自见。盖公之进也，出江陵门下，当其炎炎时，卑者蚁附，高者鸷鸣，而公不随不激，有以自守，尝语同门曰："某门人也，皂囊白简之事，当以待他人。乃若丧请留，病请祷，某即死弗为矣。"里居数年，私刺不及公门，然事关公义，则侃侃无少避，如议赋法，议不毁两贤祠，议祀四先生于学，至今诵为美谈。天性孝友，侍太仆公若安人疾，汤药非口所尝，弗进。比卒，栾栾柴瘠，丧葬悉遵古礼，尽革燕宾崇佛诸弊俗，越人化之。有异母弟二人，太仆公病，以属公，公抚之，恩义隆备，居常饭脱粟，衣浣补，而赈施宗党若弗及，盖公行谊力追古人。

其文章舂容尔雅，粹然一出于正。初，太仆公作《山阴县志》，未成，公续成之。已，又创《绍兴府志》、《会稽县志》，义严衮钺，足称一方信史。他所著有《云门志略》、《山游漫稿》、《槎间漫笔》行于世，又有《不二斋稿》、《志学录》、《读〈尚书〉考》、《读〈诗〉考》、《读史肤评》、《皇明大政记》藏于家。

（明）顾祖训原编、（明）吴承恩增补、（清）陈枚续补《状元图考》卷三·状元张元忭 隆庆五年辛未，廷试邓以讚等四百人，擢张元忭第一。

按，张元忭，字子荩，号阳和，浙江山阴县人。父天复，行太仆寺卿。所居与罗万化同巷，尝梦携其扁于家。会试时祖茔有声三日，往视，得金芝六茎。是科，刘瑊梦人以罗衣遗之曰："此第二服也，已有人先服矣。"果让张居首。时年三十四。

《明状元考》：戊辰年，予闻绍兴罗状元报，因曰："来科状元必姓张，当再出绍兴。"客异予言，谓："不识谶术，何以先知？"予解曰："昔成化二年状元罗公伦，至五年张公昇，俱江西人。气运盛于一时，是以知之。"客笑曰："成化八年吴公宽吴人，然则隆庆八年亦吴姓，定是吴人邪？此言未可信。"予又解曰："独不知何公《孟春余冬录》，见熊人京，知京数日有火。已而，果然同辈问：'何以知之？'何曰：'尝读《宋书》，绍兴己酉，熊人京数日有火，熊字能火乃尔。'同辈始服。其读书一事且犹响应，岂三年大魁独不兆合前科乎？"客亦唯唯而退，终未服。至辛未科，闻报，始服予言。

（明）朱赓《明奉直大夫左春坊左谕德兼翰林院侍读阳和张公行状》 万历戊子春，太子谕德张公子荩卒于官。其二子皆在越。同邑朱赓与之诀而哭之，哭已则为经纪其事，殓而再哭失声。已，乃手记其平生，有妻子不识而赓识之者，欲以视其二子。而其长子汝霖奔至京师，亦谓非赓不可作状，将藉手以乞铭焉。呜呼！赓岂谓今日遽为子荩作状哉！状曰：子荩张氏，讳元忭，别号阳和。先世本蜀之绵竹人，为宋相魏公后。咸淳中，名远猷者来守绍兴，因家焉，遂为山阴人。太守公九传而生宗盛。宗盛生诏，赠吏部主事。诏生天复，嘉靖丁未进士，仕至甘肃行太仆卿。娶刘氏，封安人，子荩父母也。子荩生而状貌钦□，剑眉乔宇，岭准颓颧，识者知其不凡。既就学，诵读不辍口，坐常至夜分。刘安人独一子，又素羸，固止之。则阴篝灯帷中，伺刘安人寝，复起读。一日，太仆公命之对曰："脱颖惭居客后。"应声曰："致身敢让人先。"太仆公大奇之。太仆公为仪部郎，子荩从，每向太仆公物色诸缙绅臧否及朝政得失，太仆公斥之曰："孺子何知，勿妄言。"杨椒山公之就戮也，为文遥奠而哭之，悲凄愤烈，闻者舌吐。

尝读《朱子格致》章，覆卷思曰："无乃倒言之乎？何以云物之表里精粗无不到，而后心之全体大用无不明也？"已，闻王文成良知之说，洒然有悟，自是日究心于此学矣。乙卯，归娶于越，至则邀余及少宗伯罗公一甫同学于侍御俞先生所。俞先生改容语曰："子非吾弟子也。"以师友之间待之。明年，试有司，辄高等。

戊午，举于乡。时太仆公督学湖湘，子荩念违子室久，溯江往省，不复置计偕于念，逾年乃归。其后连上春官不第，则筑室龙山之上，复邀余及一甫读书其中。经术世务，靡不相与究极，慨然有必为古人之志焉。戊辰，三人同上春官，子荩顾独不第，意方怏怏，而会太仆公以云南武定功为忌者所中，有诏逮讯于滇。子荩自邸中仓皇驰归，身掖太仆公至滇，间关于骇机伏弩之间，幸而得释，则又虑有中变，令所亲护太仆公归，而自以单骑并日驰京师，白当道，始得俞旨。旨下，则又以单骑并日驰归慰太仆公于家。父子相抱，且泣且喜，若更生。盖一岁而旋绕南北者三，以里计者三□余。时年逾三十，而发种种尽白。人言太仆公可谓有子矣。

明年，入成均。太仓王荆翁为国子司业，一见，以国士遇之。辛未，上春官，读书元真观中。一夕，异香满室，隐隐闻神语曰："状元独占春闱。"因以诗纪之。是年举进士，果第一，授翰林修撰。时一甫及余已先授史职，三人复同官，比邻而居，所以淬砺之愈至。而子荩之举礼闱，实一甫所录，里中以为美谈云。

子荩既拜官，益思竭忠说，报国恩。会上御极初年，客星经天，御史某以直言被放，科臣救之不得。子荩疏请复某官，且乞取彤管《列女传》进讲两宫以端化本，语甚激，留中不报。亡何，闻太仆公病，给假省亲，至则日夜侍膝下，哀带不解者十阅月，而太仆公竟不起。子荩哀毁骨立，如不欲生。叹越俗居丧燕宾崇佛非制，于是一遵古礼，著为家法，越人有化之者。

太仆公为诸生时，尝修《山阴志》，岁久多逸事。子荩因读礼之暇续成之，又撰《会稽志》，事核而详。两邑之有全志始此。戊寅，免丧，复除翰林修撰，同修《会典》。已卯，充内书堂教习。故事，入内书堂，为乙其章句、课之对语止矣。子荩曰："此辈他日在天子左右，关主德不细，奈何不预教之？"乃取《中鉴录》，亲为条解，用示劝惩。又作《训忠》诸吟，令歌之，冀其有所感悟。已，充经筵展书官，起居馆编纂章奏。庚辰，充廷试掌卷官，代草文官诰敕。

壬午八月，皇嗣诞生，赍书告楚中六王，上匡庐，浮沅湘，取道入武夷，潇然山水间，有吞云台八九之意。所至多所题咏，具《槎间漫笔》中。仍偕同志聚集讲学，远近喁喁向风焉。使竣，以便道归觐太安人。太安人七十衰矣，依恋不忍去。太安人怒而遣之，不得已强行。行不百里，心忽动，驰归，归五日，而太安人遂逝。前后两丧，皆以归侍得躬含殓，人以为孝感云。居太安人丧一如太仆公丧，偃伏苫次，足不涉里门。比葬，则朔望走墓前伏地哭，声动林木。终三年犹一日也。《绍兴郡志》自南宋以来多阙不修，会太常孙公𬬭亦庐居，郡太守并以志请两公分曹而为之。诸人物列传皆属子荩，褒贬予夺不轻置一字。再更岁而杀青。郡邑三志并出张氏父子手，有班、马氏之风焉。

丁亥春，免丧，再补修撰，寻升左春坊左谕德兼翰林院侍读，清理武黄。七月，充经筵讲官，既入侍，见上津津向学，讲臣有所讽劝，和颜色受之，退而喜曰："今而后庶几效一言之愚，裨圣聪万一乎。"

先是，上登极覃恩，子荩痛太仆公以被黜，不得与，上疏请曰："臣父天复为云南副使时，督兵武定，斩逆酋凤继祖首及其党千数，报二十年之逋诛拓地未有余里，功状甚著，会臣父迁去，忌者中以奇祸，遂诎捐命之伐，久挫于刀笔之前。臣窃痛之，愿以臣应得恩赎臣父罪，臣死亡所恨。"诏原之，量予冠服。至是，子荩复上疏申前请，上以越例渎奏，切责之，竟不许。子荩乃伏而叹曰："嗟乎！吾不能以至诚动天，昭雪父冤，何以见吾父地下乎？"邑邑不乐者久之。体故羸，又中更滇南之难，积忧伤脾。春三月，病转剧，遂不起。临革一语不及私，惟向余作启手足状，呼"陛下"者再，又曰："朝廷亦多有人。"且瞑。门人国博曾君凤仪垂涕呼曰："师平日功夫正在此时用。"复张目拱谢之，乃瞑。呜呼！可谓得正而毙矣。

子荩平生以忠孝自许，盖其天性。而日所孜孜者，尤以讲学为急。学宗文成，而每病世之学文成者多事口耳，乃以力行矫之。尝曰："知善知恶是良知，为善去恶是格物。此致良知宗旨也，近谈者非是。"又言："朱、陆之学，本同一源。后人妄以意见分门户，滋生异议。"乃取朱子诗文，摘其与文成合旨者，汇成一书，曰《朱子摘编》。书出而纷纷异同之说可置弗辩已。居官居乡，必联属同志，讲明此学，殆无虚日。盖其志直以天下为己任，而谓非正人心必不可以治天下，非明学术必不可以正人心。此其谆谆大指也。性刚介，不苟取予，亦不能嫔婀事人。江陵公秉政，诸党人趋之若狂，子荩实出其门，顾独恬然自守，岁时旅进一谒而已。及江陵公病亟，门人请祷，谓子荩举首也，宜率先，趣者交至，子荩第颔之，竟弗祷。

家居不通刺有司，绝当途之交，至于地方利弊，佚材隐德，未尝不极力言之。浙中旧行均徭赋法，吏因而为奸，百姓嚣然苦之。条鞭法行，稍稍帖席，而吏不得有所逞，甩哗言不便，几动摇矣。子荩移书当道，陈利害甚悉，法得不更。稽山文公祠、天真文成祠用新例尽毁，子荩叹曰："崇祀先贤，兴起后学，何蠹于地方，而以毁为？"多方护持之。所以卒复两祠者，本子荩之力也。季长沙公本、徐佥宪公甫宰、范处士瓘、周处士梦秀皆乡先生，并言于学使者，得祀学宫。其他闾阎之行、闺门之操，耳目所及，靡不阐扬，尤笃于亲族。亲族待炊者数十家，其不能婚、不能丧、老弱孤寡不能存者，加给焉。两弟生最晚，且异母，太仆公怜之甚，病且革，犹张目睆子荩，子荩跽而泣曰："所不视吾弟如吾子，有如此日。"太仆公乃瞑。其后训抚之，恩义备笃，迄于有成。顷讣归，两弟拊膺号曰："吾乃今真死吾父矣!"越俗浸尚华丽，子荩以淡泊先之。衣必重澣，饭仅脱粟。子弟稍不如指，则谯让不已。子妇有服珠玉绮绣者，立焚之。暇则率诸孙歌诗堂上，陶然自得，常言此便是羲皇景界，其胸次洒落又如此。

翰林职铅椠，以楗户简出为高。子荩既集四方学者，雍容都讲，而复相与辩论人才、商榷当世之务，闻某某称说，某某辄籍记之，若弗克见。国家有大兴除，必反覆询考，曰："即此是学。"于是一时学者争言子荩且为名儒，且为公辅。而子荩亦自言："千圣非异学，为之则是。宇宙事非异任，用之则行。"隐然若自负焉。异乎天不假年，赍志以没。宜知不知，咸为之太息也。盖闻子荩之生也，其诸父梦文昌降于庭。及其第也，龙山夜鸣如吼。是年水大潦，山裂数处，而郡守忽梦文昌堕地，竟以子荩之卒当之。岂其存亡固关天地之数哉？为文平正典雅，耻工擎帨。

所著有《绍兴府志》、《会稽县志》、《云门志略》、《山游漫稿》、《槎间漫笔》行于世。有《不二斋稿》、《志学录》、《读〈尚书〉考》、《读〈诗〉考》、《皇明大政记》藏于家。

生嘉靖戊戌十月十八日，卒万历戊子三月二十五日，享年五十有一。配王氏，封安人，曲阜丞大纪女。子男二：汝霖，国子生，即余婿。汝懋，国子生，娶王文学应桢女。女一，字范宪副可奇仲子绍裘。孙男七：燿芳，邑庠生，娶陶太学允嘉女；爔芳，娶王太学钟瑞女；炳芳，聘徐文学汝玉女；炜芳，聘鲁定陶锦女；烨芳，未聘；俱汝霖出。焵芳，聘陶举人志高女；炤芳，聘董举人懋中女。孙女二：一许字余孙体元；一未字，俱汝懋出。

余尝考国朝科名，以甲魁为卿相，勋德并茂，垂鸿无穷者亡论已。乃位不越中大夫，而名播寰宇，没世之后，犹蒙表章，则一峰罗公伦、梓溪舒公芬、念庵罗公洪先。三君子之外，靡得而闻焉，三君子所谓不愧科名者也。岂其卿、岂其相哉？子荩之造，即未知其所止，要之理学同、气节同、官不过五品又同，安知后世无表章子荩，以继三君子之踵者乎？余故状之，以干于名世元老，铭诸墓门，使后之人有所征信焉。

（录自［明］张元忭《张阳和先生不二斋文选》卷首）

（明）王锡爵《明奉直大夫左春坊左谕德兼翰林院侍读阳和张公墓志铭》 太子左谕德张君者，笃学好修，卓荦有大节。予从大学诸生中识之。既贵，节益坚，名益显。予心仪张君浸假而为清镛、为大吕乎，庶几鸣国家之盛，而今已矣。悲哉！

张君讳元忭，字子荩，别号阳和。其先盖蜀之绵竹人，宋相忠献公之后也，徙家越之山阴，代有闻。十传为赠吏部主事诏。诏生天复，以进士官至甘肃行太仆寺卿。配刘氏，生君。君生而古貌魁然，稍长，好读书。安人怜之，戒无溺苦于学。君乃张灯幕中，伺母寝，夜诵，不令母知。总角时，岳岳负意气，数矢口谈国政得失、人物臧否，太仆公故抑之，不答也。会杨忠愍谏死，君遥为诔词慷慨，泣下沾衿，太仆公乃色喜，大奇之。尝读书至《朱子格致》篇，辄乙其处而沉思。已，闻王文成良知之说，遂潜心理学。既冠，偕今朱宗伯、罗少宰受学于俞侍御，侍御雅重君才行，不敢以弟子礼礼君。

嘉靖戊午，举于乡，数上公车不第，下帷龙山之阳，喟然叹曰："圣贤学自有真，曲士抱虫蛙之见，不务即心证圣，而猥踵其下，风壹何陋也！"戊辰，归自京师，而太仆公有滇难。盖太仆故尝副滇臬，击武定畔夷有功，忌者中以蜚语，卒从吏训。君身掖太仆公万里赴逮于滇，已复驰如京，白状当事者。比有诏免太仆公官，归越，复驰如越。屦及门，血缕缕灭趾，天下闻而哀之。

庚午，游太学。明年，举南宫，射策称先皇帝指，赐第一甲第一人，授翰林修撰。君自以遭逢圣明，释跻取上第，廪廪期有以自树，毋愧科名。日橐笔守官下，搜罗金匮宪典而研究之。词林故清署，史臣第雍容以文墨相高，稍涉事则引代庖为解。君独聚徒讲求世务人才，相与籍记之，户外屦常满。每抵掌论天下事，不为首鼠两端。今上元年，君尝疏直御史某，且请进讲《列女传》于两宫，以修《二南》之化，不报。

戊寅，免太仆公丧，起家，奉旨教习内书堂，君曰："若曹星近皇位，不可去，可使习为善，勃貂、管苏非人乎？"乃取《中鉴录》，自为条解，又作《训忠》诸吟，令歌之。寻管理诰敕，直起居馆。会皇子生，奉书告楚藩王，因上匡庐，浮沅湘，还取道武夷，所至多所题咏，具《槎间漫笔》中。已，过家省太安人。太安人趣君行复命，君行固不乐，比出境，忽心动，驰归。归五日，而太安人病不起矣。盖君在词林，一予告，一奉使，再归里中，而二尊人丧，乃再与期会，皆得耳受治言，躬亲槅柎，藉榦之事无遗憾，人以为孝感云。

丁亥，起家，用词林久次，超为左春坊左谕德兼翰林院侍读，清理武黄。寻充经筵讲官。既入侍金华，退而叹曰："明主方孳孳向学，呕喻受讲臣风劝，而讲臣不竭忠毕智以迪宸听，非夫也。”每喁喁然盟心待对，冀有所感孚焉。初，上御历覃恩，君即疏白太仆公冤状，请以恩及己者移太仆公，诏予太仆公冠服。至是，复申前请，忤旨，格不行。君仰天泣曰：“吾不可以下见吾父矣！武定之役，吾父躬擐甲胄，斩首虏千级，口碑具在，乃今幸事明主，而不能为父洗沉冤，长负君亲，吾死为后。”盖君常思两世登朝，父建功不雠志以殁，愿以身代父报国，而卒且徼国恩报父，故终其身有缇萦之恨，竟以此郁郁致疾。疾革，顾弟子呼“陛下”者再，又曰：“朝廷亦多有人。”乃瞑。

君平生雅志圣贤之学，学宗王文成，然不空事口耳，颛务以实践为基，尝曰：“知善知恶是良知，为善去恶是格物。近世学者徒剽文成之外郛耳。”又谓：“朱、陆同源，而末流乃歧之，非是。”手摘考亭所论著与文成意符者汇集之，题曰《朱子摘编》，以祛世儒之惑。特操端介，绝不喜嫙婀事人。然坦焉蹦中庸之庭，亦不欲以奇行自见。盖君之进也，出江陵门下，当其炎炎时，卑者蚁附，高者鸷鸣，而君不随不激，有以自守。尝语余曰：“某门人也，皂囊白简之事，当以待他人。乃若丧请留，病请祷，某即死弗为之矣。”里居数年，私刺不及公门，然有事关公义，则侃侃无少避。如议赋法，议不毁两贤祠，议祀四先生于学，越人至今诵为美谈。天性孝友，待太仆公若安人疾，汤药非口所尝，弗进。比卒，栾栾柴瘠，丧葬悉遵古礼，尽革燕宾崇佛诸敝俗，越人化之。有异母弟二人，太仆公病，以属君，君抚之，恩义隆备，两弟怙君忘父之亡也。居常饭脱粟、衣浣补，而赈施宗党若弗及。盖君行谊力追古人，虽他多类是。

其文章春容尔雅，粹然一出于正。初，太仆公作《山阴县志》，未成，君续成之。已，又创《绍兴府志》、《会稽县志》，义严衮钺，足称一方信史。他所著有《云门志略》、《山游漫稿》、《槎间漫笔》行于世，又有《不二斋稿》、《志学录》、《读〈尚书〉考》、《读〈诗〉考》、《皇明大政记》藏于家。

君生嘉靖戊戌十月十八日，卒万历戊子三月二十五日，《春秋》董衍大衍之一耳。娶于王，封安人。子二：汝霖、汝懋，俱太学生。女一，字范绍裘。霖子五：燿芳、爔芳、炳芳、炜芳、烨芳。懋子二：炯芳、炤芳。婚娶皆名家。

越人为余言：“始，君族中盖梦文昌降而君生，其后龙山鸣而君第，又其后龙山暴裂，长吏梦文昌堕而君死，始终殆关天地气数。”夫天地实钟其气数以生君，而又死君，竟使功业不显，何也？然君既死，学士大夫之推毂君滋甚，佥谓明兴，大廷首举诸硕哲，位不过五品，而名重天下，惟一峰、梓溪、念庵三先生，得君而四之。岂非以其立言、立德，自有不朽者在邪？夫三先生皆坎坷不遇世，故其名彰，而君优游金马门，名辄与三先生埒。《诗》不云乎：“鹤鸣于九皋，声闻于天。”君子亦务暗修质行而已，奚必奇节哉？余重有慨于君，因为之铭。铭曰：

扶舆孕灵，爰降文星。山鸣于里，策冠于廷。既鸣胡裂？星光堕灭。灵气还空，哲人归穴。悠悠古今，孰怆我心。尔贞尔介，而表正儒林。式如玉，式如金。吁嗟乎！铭石在阴，将永世怀，尔之德音。

（录自［明］张元忭《张阳和先生不二斋文选》卷首，
又见［明］焦竑《国朝献征录》卷十九）

（明）陈与郊《隅园集》卷十五·志铭·奉直大夫左春坊右谕德兼翰林院侍读阳和张公墓志铭（代王相师作）　（存目）

（明）罗万化《明奉直大夫左春坊左谕德兼翰林院侍读阳和张公墓表》　呜呼！此为余友宫谕张公子荩之墓。余之获交子荩也，自嘉靖丁巳，与大宗伯朱公少钦同师事侍御俞先生之门。余长子荩一岁，少钦长余一岁，三人相亲称莫逆云。已，余与少钦俱成隆庆戊辰进士，先子荩授史职，而子荩随以辛未登第，官翰林修撰。余三人复比舍联床，切磋究竟，宛如同学，时何其欢也！讵今万历戊子，而子荩逝矣。

呜呼！痛哉！少钦业为状，以请铭于相国王公荆石，而复命余化表诸墓。顾余安忍也！盖屡操笔，而屡废者久之。虽然，谊安能无一言以慰子荩？

按，子荩姓张氏，讳元忭，别号阳和。先世故绵竹人，为宋相魏公后，徙家山阴。入国朝而父太仆公天复以仕显。母为刘安人，梦文昌降于庭而子荩生，古貌棱棱，双眉戟立，识者已谓不凡。及长嗜学，诵读不倦。而慷慨负意气，尝从太仆公于仪部，每每询缙绅臧否、时政得失，隐然已见激扬之志。杨忠愍公死谏，为文哭奠，词意悲愤，闻者伟之。读《朱子格致》篇，辄覆卷沉思，务求所安。已，闻王文成致良知之说，恍若有悟，喟然叹曰："学在是矣。"自是日究心焉。

戊午，举于乡。时太仆公督学湖湘，子荩罢计偕往觐。逾年乃归，筑融真堂于龙山阳，讲学其中。后连上春官不第，而会太仆公有滇难，下石者蝟毛集之。子荩以一孱书生，力脱奇祸。盖期年而吞吐蛮烟瘴雨中，叩阍号呼，洎于父子相抱泣于庭。事卒以白，而子荩之精力顿耗是矣。既入中秘，自以释跻取上第，期有以自树，无愧科名，称圣明之遇。日弭笔馆下，搜金匮石室之藏而研究之。词臣雍容文墨，率楗户简出为高，子荩独聚徒讲求世务人才，有得辄籍记之。至国有大兴除，必反覆询考，务协于一。

会上御极星变，御史某以直言被放，子荩疏请复其官，且乞取彤管《列女传》进讲两宫，语甚切至，不报。无何，闻太仆公病，给假省亲归，躬汤药者十阅月，而太仆公卒。子荩哀毁骨立，杖而后起，如不欲生。免丧起家，同修《会典》。已，充内书堂教习，昭鉴训忠，期埏埴正人，以备仆御之选，盖有古大臣之思焉。已，又充经筵展书官，代草文官诰敕，直起居注馆。

会皇嗣生，奉书告楚中诸王，匡庐、沅湘、武夷诸洞天福地，足迹靡不遍，至必有会，会必有记，奚囊中珠玉累累也。使竣，以便道归觐太安人，依依膝下不忍去，太安人盛色督之行。行不数舍，心忽动，驰归。归五日，而太安人不起矣。前后两丧，皆以归侍得躬含殓，人以为孝感云。再免丧，起家，用词林久次，擢春坊谕德兼翰林院侍读，清理武黄。寻充经筵讲官。既入侍，见上津津向学，时霁颜色纳讲臣讽劝，退而色喜谓："宗社幸甚！庶几抱微忠，伸末议，请献于万一也。"

初，上御历覃恩，太仆公以坐诬被黜，不得与，子荩疏白冤状，请移恩太仆公，诏予冠服。至是，复恳疏以原官请，上以其违例渎奏，切责之，竟不许。子荩大窘，伏地恸不休，痛湔洗之不行也，控吁之无地也，乌鸟之私格，而贯日之诚微也。竟伏地奄奄，寻至病革。时余遭大故，跧伏苫块。惟少钦守邸中，得与子荩诀，启手足示之，呼“陛下”者再，且曰：“朝廷亦多有人。”张目拱手，谢门人之请，遂殁。

呜呼！讵谓子荩而止此耶。子荩少负奇禀，忠孝大节，明发不忘。自总发以及艾，行己守官，耿耿为宇宙奇男子。而寻厥本源，则良知一脉，远宗文成，而体验实践，自得为多。每谓：“学者皆说良知，不说致良知，去师门宗旨远甚。”又曰：“上智即本体，为工夫下，学用工夫合本体。”其超悟融释，表里洞贯，不让诸入室弟子。而矫弊救偏，以羽翼师说，则子荩之功有焉。尤惓惓接引后学，成就人材。性刚直，嫉恶如仇。至于奖善，常若不及。如复文公、文成两贤祠，祀四乡先生于学宫，议条鞭法便于民众，建庞公去思祠，推创法之功以示不摇，皆本子荩力也。居恒负天下志，闲偕乡先生燕集，胥目子荩为黼扆中人，愿以《古名臣传》及《国朝经济录》为相业助，子荩莞尔曰：“忭徼先生宠□，得侍明主，执《秦誓》一篇足矣。”其自任之重如此。以故一时内外缙绅莫不以伊吕器归之，而子荩亦不复固让。至处权势机窦间，不激不随，漠如也。

文章春容尔雅，粹然一出于正。初，太仆公作《山阴县志》。既成，子荩为续其后传。已，又修《会稽县志》、《绍兴府志》，义严衮钺，称一方信史然。并出张氏父子手，人谓有班、马氏之风云。抚异母弟恩义备笃，尤厚于亲族，待以举炊者数十家，孤寡老弱昏丧皆有给。越俗浸尚奢靡，居丧燕宾崇佛，子荩以礼节之，著为家法，人多化焉。衣必重澣，饭仅脱粟。子弟稍不如指，则谯让不已。子妇有服珠玉文绣者，立焚之。暇则率诸孙歌诗堂上，陶然自得，人莫窥其际，大都从虚明一窍中作用，无失其本来者而已。

余尝谓：“少钦缜密而有不为，子荩刚毅而有必为，皆任道之器。而余以浅衷弱植左右二公间，庶几针砭薰培我也。”而今子荩逝，失一良友矣，可胜痛哉！子荩以五品终，格于今，不得请谥与赠。越三年，吏部邹君元标以子荩请，得如罗公伦例，以为不愧科名者劝。少钦状子荩，谓后必有表章之者，不谓近在吏部也，子荩可无憾矣。

子荩娶王安人，纯德懿行著于内外。子汝霖、汝懋，诸孙玉立，所以绍休嗣美者，且世世弗绝，皆子荩之所留也。爰碑刻石，用识余思，以诏来者。

（录自［明］张元忭《张阳和先生不二斋文选》卷首）

（明）孙𬬮《郡志小传》 《郡志》既传布未一年，而子荩卒。子荩名元忭，太仆天复长子。余庚午冬与子荩为文会，熟其为人。于时虽为举人，即有大志，慨然论天下事矣。先是太仆公有滇南逮，值病，子荩扶掖往，艰辛万里，乡人称焉。事卒得白。已，乃摭他事除名，语在太仆传中。明年辛未，登进士第一，授修撰。又明年，值覃恩，则上疏力白太仆公冤，诏特许复官，盖异数也。于是部覆疏固云：“后有比者，必其子亦如元忭，乃得许可。”知其难矣。是岁有星变，子荩上疏言事甚激切。既上，以揭帖诣时相，相不出见，第遣人谓曰："如此门生者，十五年即望代我，何见小如此。"又曰："既如此，我亦不为渠地。"子荩曰："待为地，当不上疏矣。"竟出。语传人，时相曰："此人当病狂矣。"疏久不报，子荩遂请告，既而遭太仆艰，仍起故官。居京师，则讲王文成之学。世方讳讲学，子荩不顾，二三同事常有会。是时知子荩者，咸期为公辅，而子荩亦隐然自任，于人材及边务，至他生民利病，皆手有记，慎取与，持身如捧盈。壬午秋，使楚。明年，遇刘安人难。后二年，修《郡志》，乃又亟称王文成，以为事事可师。与商时事得失，较若鉴照，所论说皆可施用，又皆出独见，不随人低昂，益渊邃有诣矣。然每谈未尝不极口言太仆之负屈也。子荩少多疾，以好学益羸，时时苦脾弱。丙戌冬，脾患益甚。余往与别，坐床上，而色青黑，骨瘦如削，又多痰。然家人小事必咨，应酬间锱铢必求诸礼，无忽慢也。至京，晋谕德，复上疏理太仆事，诏不许，仍讦责。人谓太仆前已逾例，兹举不其可已。然子荩夙志如此，当必有伤心者矣。子荩沉毅多智虑，其见义奋然敢任，不远嫌疑，固有人所谓国器，竟未究其志，惜哉！初，余与子荩分辑《郡志》，子荩专人物，其三篇有录无书，萧公复属余续成之。嗟乎！良友已矣，青简尚新，叔夜阙一以自儗，固有此耶？因流涕次子荩事附焉。

（录自［明］张元忭《张阳和先生不二斋文选》卷首）

（明）林之盛《皇明应谥名臣备考录》卷五·节义名臣·张元忭　左谕德张元忭，字子荩，浙江山阴人。父天复，以进士官甘肃，行太仆。元忭少负意气，矢口谈国政得失、人物臧否，父故抑之，不答也。会杨忠愍继盛谏死，遥为诔词，慷慨泣下，父大奇之。尝读《朱子格致》篇，辄甲乙其处而沉思。已，闻王文成良知之说，遂潜心理学。嘉靖戊午，举于乡，数上公车不第，下帷龙山，以圣贤之学自期。会父击武定叛夷，为忌者所中，从吏讯，身掖万里赴逮。已，复驰如京，白状事，得解。隆庆辛未，廷试第一，授翰林修撰。凛凛自树，聚徒讲求世务人才，抵掌论天下事。

今上元年，请进讲《列女传》于两宫，以修《二南》之化，不报，请告，丁父丧。戊寅，复原官，奉旨教习内书堂，取《中鉴录》为条解，又作《训忠》诸吟，令内竖歌之。寻管理诰敕，直起居馆。会皇子生，奉书告楚藩，因上匡庐，浮湘沅，还取道武夷，过家省母。比还京出省，忽心动而归，归五日，母卒。元忭在词林，一予告一奉使，得终父母丧，人以为孝感所致。丁亥，再起，超左春坊左谕德兼侍读，清理武黄，寻充经筵官。初，以御历恩，复父冠带。至是，复申前情，格不行。郁郁不自得，竟以是致疾卒。

元忭学宗文成，然不事口耳，务实践，尝曰："知善知恶是良知，为善去恶是格物。阳明并揭，以垂训行，已在其中。近世学者但指知善知恶一遍，徒剽文成之外郛耳，毋惑乎！"群议之纷纷也。又谓："朱、陆同源，末流乃歧之，非是。"手摘考亭所论著与文成意符者汇集之，曰《朱子摘编》，以祛世儒之惑。出江陵相张居正之门，不随不激，洁然自守，尝曰："某门人也，皂囊白简之事，当以待他人。若丧请留，病请祷，某即死勿为矣。"其学行端方如此。所著《绍兴府志》、《会稽县志》、《云门志略》、《山游漫稿》、《槎间漫笔》行于世。万历中，九卿科道会请谥典。

往江陵不奔丧，门人如张阳和、邓定宇默无一言，然亦不受江陵颐指。世称其善处，非也。罗一峰非李文达公门人乎？文达起复，一峰至私第讽沮之，反复数日，不从。后乃草疏谏上，此所谓情之至，义之尽也。其次莫如沈君典，君典之于江陵不净皂囊，而三移书其子，不听，浩然去，是亦不背于义而曲尽其情。二公既不明目张胆诤于公庭，又不微词曲说讽于记室，徒硁然自守，不附其焰而托于不激不随之中，行果于情义为当乎？太仓三王并建之说，冯琢庵亦以门人嘱同事："疏中无列我名，私移尺一婉道之。"卒令太仓感悟进揭，而国储定。吁！琢庵真善处哉。二公似少此一段苦心。《春秋》责备贤者，二公贤者也，故妄论之。

（明）过庭训《明分省人物考》卷五十一·浙江绍兴府三·张元忭 张元忭，字子荩，号阳和。其先盖蜀之绵竹人，宋相忠献公之后也，徙家越之山阴。父天复，以进士官至太仆卿。生而古貌魁然。稍长，好读书，母爱之，戒无溺苦于学。乃张灯幕中，俟母寝，夜诵不辍。总角时，岳岳负意气，数矢口谈时政得失、人物臧否，太仆公故抑之，不答也。会杨忠愍谏死，遥为诔词慷慨，泣下沾衿，太仆公乃色喜，大奇之。尝读书至《朱子格致》篇，辄覆其卷而沉思。已，闻王文成良知之说，遂潜心理学。

嘉靖戊午，举于乡。数上公车不第，下帷龙山之阳，喟然叹曰："圣贤学自有异，曲士抱虫蛙之见，不务即心证圣，而猥踵其下，风一何陋也！"戊辰，归自京师，而太仆公有滇难。盖太仆公故尝副滇臬，击武定叛夷有功，忌者中以蜚语，卒从吏讯，身掖太仆公万里赴逮于里。已，复驰如京，白状当事者。比有诏免太仆公官，归越，复驰如越。履及门，血缕缕灭趾，天下闻而哀悼。

庚午，游太学。明年，举南宫，射策，赐第一甲第一人，授翰林修撰。自以遭逢圣明，释跅取上第，廪廪期有以自树，日橐笔守官下，搜罗金匮宪典而研究之。词林故清署，免臣第雍容以文墨相高，稍涉事辄引代庖为解，乃独聚徒讲求世务人才，相与籍记之，户外履常满。每抵掌论天下事，不为首鼠两端。穆庙初，尝疏直御史某，且请进讲《列女传》于两宫，以修《二南》之化。

戊寅，不报，免太仆公丧，起家，奉旨教习内书堂，曰："若曹星近皇位，不可去，可使习为善，勃貂、管苏非人乎？"乃取《中鉴录》自为条解，又作《训忠》诸吟，令歌之。寻管理诏敕，直起居馆。会皇子生，奉书告楚藩，因上匡庐，浮沅湘，还取道武夷，所至多题咏，曰《槎间漫笔》。

丁亥，起家，用词林久次，超为左春坊左谕德兼翰林院侍读，清理武黄。寻充经筵讲官，既入侍金华，退而叹曰："明主方孳孳向学，呕喻受讲臣风劝，而讲臣不竭忠毕智以迪宸听，非夫也。"每喁喁然盟心待对，冀有所感孚焉。初，上御历覃恩，即疏白太仆公冤状，请以恩及己者移太仆公冠服。至是，复申前请，忤旨，格不行，仰天泣曰："吾不可以下见吾父矣。武定之役，吾父躬擐甲胄，斩首虏千级，口碑具在。乃今幸事明主，而不能为父洗沉冤，长负吾亲，何以为后？"以此郁郁致疾。疾革，顾弟子呼陛下曰再，又曰："朝廷亦多有人。"乃瞑。

平生雅志圣贤，其学宗王文成，然不空事口耳，颛务以实践为基，尝曰："知善知恶是良知，为善去恶是格物。近世学者徒剽文成之外郛耳。"又谓："朱、陆同源，而末流乃歧之，非是。"手摘考亭所论著与文成意符者汇集之，题曰《朱子摘编》，以祛世儒之惑。持操端介，绝不喜媕婀事人，然坦焉躏中庸之庭，亦不欲以奇行自是。盖初之进也，出江陵门下，当炎炎时，卑者蚁附，高者鸷鸣，而独不随不激，有以自守，尝语同门曰："某门人也，皂囊白简之事，当以待他人。乃若丧请留，病请祷，即死弗为矣。"里居数年，私刺不及公门，然事关公义，侃侃无少避，如议赋法，议不毁两贤祠，议祀四先生于学，越人至今诵为美。天性孝友，侍太仆公若安人疾，汤药非口所尝，弗进。比卒，栾栾柴瘠，丧葬悉遵古礼，尽革燕宾祟佛诸敝俗，越人化之。有异母弟二人，拊之恩义隆备。居常饭脱粟，衣浣补，而赈施宗党若弗及。

其文章舂容尔雅，粹然一出于正。初，太仆公作《山阴县志》，未成，续成之。已，又创《绍兴府志》、《会稽县志》，义严衮钺，足称一方信史。他所著有《云门志略》、《山游漫稿》、《槎间漫笔》行于世，又有《不二斋稿》、《志学录》、《读〈尚书〉考》、《读〈诗〉考》、《读史肤评》、《皇明大政记》藏于家。

（清）傅维鳞《明书》卷一百十五·列传三·儒林传五·张元忭传 张元忭，字子荩，别号阳和。其先绵竹人，徙山阴。父天复，进士，官至行太仆寺卿。生元忭，元忭生而古貌魁然。稍长，好读书，母怜之，戒无溺苦于学。元忭每幕灯，俟母寝夜诵，不令母知。总角时，岳岳负意气，数矢口谈时政得失、人物臧否，父时抑之。会杨继盛谏死，元忭遥为诔词慷慨，泣下沾襟，天复大奇之。元忭尝读书至《朱子格致》篇，辄乙其处而沉思久之。闻王守仁良知之说，遂潜心理学。

嘉靖三十七年戊午，举于乡。数上公车不第，下帷龙山之阳，喟然叹曰："圣贤学自有真，曲士抱虫蛙之见，不务即心印圣，而猥踵其下，风壹何陋也！"隆庆二年戊辰，归自京师，而父天复有滇难。盖天复故尝副滇泉，击武定叛夷有功，忌者中以蜚语，卒从吏讯，元忭身掖父万里赴逮。已，复驰如京，白状当事者。比有诏免天复官，归越，复驰如越。履及门，血缕缕灭趾，天下闻而哀之。

四年庚午，游太学。明年，举南宫，射策，赐第一甲第一人，授翰林修撰。自以遭逢圣明，释跻取上第，廪廪期有以自树，日橐笔守官下，搜罗金匮宪典而研究之。词林故清署，第雍容以文墨相高，稍涉事辄引代庖为解，元忭独聚徒讲求世务人才，相与籍记之，户外履常满。每抵掌论天下事，不为首鼠两端。万历元年，元忭疏请进讲《列女传》于两宫，以修《二南》之化，不报。

六年戊寅，外艰，服阕，起家，奉旨教习内书堂，元忭曰："若曹日近皇上，可使习为善，勃貂、管苏非人乎？"乃取《忠鉴录》自为条解，又作《训忠》诸吟，令歌之。寻管理诏敕，直起居馆。会皇子生，奉书告楚藩，因上匡庐，浮沅湘，还取道武彝，所至多题咏，著有《槎间漫笔》。

家居久之。岁丁亥，超为左春坊左谕德兼侍读，清理武黄。寻充经筵讲官，既入侍金华，退而叹曰："明主方孳孳向学，呕喻受讲臣风劝，而讲臣不竭忠毕智以迪宸听，非夫也。"每喁喁然盟心待对，冀有所感孚焉。初，上御历覃恩，乃即疏白其父冤状，请以恩及己者移父。至是，复申前情，忤旨，格不行，元忭仰天泣曰："吾不可以下见吾父矣。武定之役，吾父射擐甲胄，斩首获千级，口碑具在。乃今幸事明主，而不能为父洗沉冤，长负君亲，吾死后已，盖居常深念两世登朝，父建功不售志以殁，愿以身代父报国。"而卒且徼国恩报父，故终其身有缇萦之恨，竟以此郁郁致疾。疾革，顾弟子呼"陛下"者再，又曰："朝廷亦多有人。"乃暝。

元忭平生雅志圣贤之学，宗王守仁，然不空事口耳，颛务以实践为基，尝曰："知善知恶是良知，为善去恶是格物。近世学者徒剽文成之外郛耳。"又谓："朱、陆同源，而末流乃歧之，非是。"手摘考亭所论著与守仁意符者汇集之，题曰《朱子摘编》，以祛世儒之惑。持操端介，绝不喜婞阿事人，然坦焉躏中庸之庭，亦不欲以奇行自见。盖元忭之进也，出张居正之门，当其炎炎时，卑者蚁附，高者鸷鸣，而元忭不随不激，有以自守，尝语同门曰："某门人也，皂囊白简之事，当以待他人。乃若丧请留，病请祷，即死弗为矣。"里居数年，私刺不及公门，然事关公义，则侃侃无少避，如议赋法，议不毁两贤祠，议祀四先生于学，人皆诵为美谈。天性孝友，侍父母疾，汤药非口所尝，弗进。比卒，栾栾柴瘠，丧葬悉遵古礼，尽革燕宾崇佛诸弊俗，越人化之。有异母弟二人，父病，以属元忭，元忭抚之，恩义隆备。居常饭脱粟，衣浣补，而赈施宗党若弗及，行谊力追古人。

其文章舂容尔雅，粹然一出于正。初，太仆公作《山阴县志》，未成，乃续成之。已，又著《绍兴府志》、《会稽县志》，义严斧钺，足称一方信史。他所著有《云门志略》、《山游漫稿》、《不二斋稿》、《志学录》、《读〈尚书〉考》、《读〈诗〉考》、《读史肤评》、《皇明大政记》。

史官曰（阙）。

（清）查继佐《罪惟录》·列传卷十·理学诸臣传·舒芬（附张元忭） 元忭，字子荩，山阴人，少负气性。尝为文遥诔杨忠愍，潜心文成之教。父天复，中蜚语，走白如京，获免。嘉靖辛未，及第第一人。历官谕德，兼侍读。尝摘考亭与文成语稍合者，题曰《朱子摘篇》。操履端介。所著有《皇明大政纪》等书。卒谥文恭。

论曰：皆务"致良知"三字符者也，国裳以忠孝状元，砥于实行，举动光伟，坚持正义，似于师说尤详。而修本以胜之一语，绝不作霸气。其易箦时，与薛文清警应相似。孔韶白气贯天表，日中星荧荧，与二人风雷绕作，天之感其于仁与义何属？慎中、洪先所持在不轻出。宾、铎、元忭出亦不负。世称洪先仙去，岂理学通丹鼎贵轻举乎？

（清）徐开任《明名臣言行录》卷七十·谕德张文恭公元忭 字子荩，号阳和，山阴人。隆庆辛未进士，廷试第一人。官至左春坊左谕德。天启中，追谥文恭。

父天复，以进士官至太仆卿。生而古貌魁然。稍长，好读书，母爱之，戒无溺苦于学，乃张灯幕中，俟母寝夜诵不辍。总角时，岳岳负意气，数矢口谈时政得失、人物臧否。太仆公故抑之，不答也。会杨忠愍谏死，遥为诔词慷慨，泣下沾襟，太仆公乃色喜，大奇之。尝读书至《朱子格致》篇，辄覆其卷而沉思。已，闻王文成良知之说，遂潜心理学。

嘉靖戊午，举于乡。数上公车不第，下帷龙山之阳，喟然叹曰："圣贤学自有异，曲士抱虫蛙之见，不务即心证圣，而猥踵其下，风一何陋也！"戊辰，归自京师，而太仆公有滇难。盖太仆公故尝副滇臬，击武定叛彝有功，忌者中以蜚语，卒从吏讯，身掖太仆公，万里赴逮于里。已，复驰如京，白状当事者。比有诏免太仆公官，归越，复驰如越。履及门，血缕缕灭趾，天下闻而哀悼。

庚午，游太学。明年，举南宫，射策，赐第一甲第一人，授翰林修撰。自以遭逢圣明，释跻取上第，廪廪期有以自树，日橐笔守官下，搜罗金匮宪典而研究之。词林故清署，第雍容以文墨相高，稍涉事辄引代庖为解，乃独聚徒讲求世务人才，相与籍记之，户外履常满。每抵掌论天下事，不为首鼠两端。穆庙初，尝疏直御史某，且请进讲《列女传》于两宫，以修《二南》之化，不报。

戊寅，免太仆公丧起家，奉旨教习内书堂，曰："若曹星近皇位，不可去，可使习为善，勃貂、管苏非人乎？"乃取《中鉴录》自为条解，又作《训忠》诸吟，令歌之。寻管理诏敕，直起居馆。会皇子生，奉书告楚藩，因上匡庐，浮沅湘，还取道武夷，所至多题咏，曰《槎间漫笔》。

丁亥，起家，用词林久次，起为左春坊左谕德兼翰林院侍读，清理武黄。寻充经筵讲官，既入侍金华，退而叹曰："明主方孳孳向学，呕喻受讲臣风劝，而讲臣不竭忠毕智以迪宸听，非夫也。"每喁喁然盟心待对，冀有所感孚焉。初，上御历覃恩，即疏白太仆公冤状，请以恩及己者移太仆公冠服。至是，复申前请，忤旨，格不行，仰天泣曰："吾不可以下见吾父矣。武定之役，吾父躬擐甲胄，斩首卤千级，口碑具在。乃今幸事明主，而不能为父洗沉冤，长负吾亲，何以为后？"以此郁郁致疾。疾革，顾弟子呼"陛下"者再，又曰："朝廷亦多有人。"乃暝。

平生雅志圣贤，其学宗王文成，然不空事口耳，颛务实践，尝曰："知善知恶是良知，为善去恶是格物。近世学者徒剽文成之外郛耳。"又谓："朱、陆同源，而末流乃歧之，非是。"手摘考亭所论著与文成意符者汇集之，题曰《朱子摘编》，以祛世儒之惑。持操端介，绝不喜媕阿事人。其初进也，出江陵门下，当炎炎时，卑者蚁附，高者鸷鸣，而独不随不激，有以自守，尝语同门曰："某门人也，皂囊白简之事，当以待他人。乃若丧请留，病请祷，即死弗为矣。"里居数年，私刺不及公门，然事关公义，侃侃无少避，如议赋法，议不毁两贤祠，议祀四先生于学，越人至今称诵。天性孝友，侍太仆公若安人疾，汤药非口所尝，弗进。比卒，栾栾柴瘠，丧葬悉遵古礼，尽革燕宾崇佛诸弊俗，越人化之。有异母弟二人，抚之恩义隆备，居常饭脱粟，衣浣补，而赈施宗党若弗及。

其文章春容尔雅，粹然一出于正。初，太仆公作《山阴县志》，未成，续成之。已，又创《绍兴府志》、《会稽县志》，义严衮钺，足称一方信史，他所著有《云门志略》、《山游漫稿》、《槎间漫笔》行于世。又有《不二斋稿》、《志学录》、《读〈尚书〉考》、《读〈诗〉考》、《读史肤评》、《皇政大政记》藏于家。

（清）沈佳《明儒言行录》卷八·张元忭 张元忭，字子荩，浙江山阴人。隆庆辛未进士第一。官至左谕德。

公总角时，闻杨忠愍谏死，遥为诔辞，慷慨泣下，父太仆公大奇之。已，闻王文成良知之说，遂潜心理学，下帷龙山之阳，喟然叹曰："圣贤学自有真，曲士抱虫蛙之见，不务即心证性，而猥踵其下，风一何陋也！"

太仆公有滇难，从吏讯，公身掖之，万里赴逮于滇。已，复驰如京，白状当事者。比有诏免太仆公官，归越，复驰如越。履及门，血缕缕灭趾，天下闻而哀之。

廷对赐第一，授翰林修撰。公廪廪期有以自树，日聚徒讲求世务人才，每抵掌论天下事，不为首鼠两端。万历元年，公请进讲《列女传》于两宫，以修《二南》之化，不报。及奉旨教习内书堂，公曰："若曹星近皇位，不可去，可使习为善，勃貂、管苏非人乎？"乃取《中鉴录》自为条解，又作《训忠》诸吟，令歌之。

丁亥，起为左春坊左谕德兼翰林侍读，充日讲官。每竭诚待对，冀有所感孚。初，上覃恩，公疏白父冤状，请以及己者移太仆公，忤旨，格不行。公仰天泣曰："吾不可以下见吾父矣。武定之役，吾父躬擐甲胄，斩首千级，口碑具在。乃今幸事明主，而不能为父洗沉冤，长负君亲。吾死为后，盖居常念父建功不雠志以殁，愿以身代父报国。"而卒且邀国恩报父，竟以此郁郁致疾而卒。

公平生雅志圣贤之学，宗王文成，然不空事口耳，专务以实践为基。尝曰："知善知恶是良知，为善去恶是格物。近世学者徒剽文成之外郛耳。"又谓："朱、陆同源，而末流乃歧之，非是。"手摘考亭所论著与文成意符者汇集之，题曰《朱子摘编》。

公持操端介，绝不喜媕阿事人。初，出江陵门下，不随不激，有以自守，尝语同门曰："某门人也，皂囊白简之事，当待他人。乃若丧请留，病请祷，某即死勿为矣。"

天性孝友，侍太仆公若安人疾，汤药非口所尝，勿进。比卒，栾栾柴瘠，丧葬悉遵古礼，尽革燕宾崇佛诸弊俗，越人化之。有异母弟二人，公抚之，恩义隆备，居常饭脱粟，衣浣补，而赈施宗党若勿及，盖公行谊力追古人。

其文章春容尔雅，粹然一出于正。所著有《绍兴府志》、《山阴、会稽县志》、《云门志略》诸书行世。又有《不二斋稿》、《志学录》、《读〈书〉、〈诗〉考》、《读史肤评》、《大政记》藏于家。

佳曰："阳明先生之学，一传而后，大抵略践履而言超悟，以虚见为高妙，乐放旷自然，标立宗指，混一儒释，群言乱淆，圣涂榛塞，诽毁洛闽，莫可穷诘。呜呼，学以讲而明，乃以说而晦，是谁之过欤？故于隆、万以来，诸儒采其践修纯实者数公，若事口耳以自附于讲学之列者，概勿录焉。"

邹南皋曰："公自登第后，所至求友汲汲皇皇，闻一言当于心也，拜而受之。里民有疾痛也，引而为己辜，不难以其身为百姓请命。"公何心哉！真以斯道为己任，而任道者必以明明德于天下为极致，此公学之崖略也。盖尝论谈学华亭时易，谈学江陵时难。华亭时右名理而以理学为窟宅，朝登讲堂，夕踞华要。江陵时，禁锢斥逐殆尽，世且为波流，且为芽靡，公亭亭孤骞至冒江陵，诮不辟易。公勇矣！或者以公未大行天下为憾，不知古人不得志，独行其道，道无穷达也。昔有大臣善鉴人者，睹舒文节未第时曰："子今之文毅。"既文节魁天下，再过之，问曰："止此乎？"曰："忠孝状元，子小子耶？"假令起罗、舒二先生与得意者论，必不以彼易此。先生为秀才时，作赋吊杨忠愍。登仕未几，上书危言，而扶掖太仆公崎岖羊肠鸟道万余里，两上书叩阍鸣太仆公冤，心可剖，血可枯，命可捐，以报亲九原。即古忠孝何加焉。先儒云："学之为言孝也。忠孝立，百善从之。"先生之学，其必传也无疑。(《同时尚论录》)

(清) 黄宗羲《明儒学案》卷十五·浙中王门学案五·侍读张阳和先生元忭　张元忭，字子荩，别号阳和，越之山阴人。父天复，行太仆卿。幼读朱子《格致补传》，曰："无乃倒言之乎？当云心之全体大用无不明，而后物之表里精粗无不到也。"嘉靖戊午，举于乡。隆庆戊辰，太仆就逮于滇，先生侍之以往。太仆释归，先生入京颂冤。事解，又归慰太仆于家。一岁之中，往来凡三万余里，年逾三十而发白种种，其至性如此。辛未，登进士第一人，授翰林修撰。寻丁外艰。万历己卯，教习内书堂。先生谓"寺人在天子左右，其贤不肖为国治乱所系"，因取《中鉴录》谆谆诲之。江陵病，举朝奔走醮事，先生以门生未尝往也。壬午，皇嗣诞生，赍诏至楚，丁内艰。丁亥，升右春坊左谕德，兼翰林侍读。明年三月卒官，年五十一。

先生之学，从龙溪得其绪论，故笃信阳明四有教法。龙溪谈本体而讳言工夫，识得本体，便是工夫。先生不信，而谓"本体本无可说，凡可说者皆工夫也"。尝辟龙溪欲浑儒释而一之，以"良知"二字为范围三教之宗旨，何其悖也。故曰"吾以不可学龙溪之可"。先生可谓善学者也。第主意只在善有善几，恶有恶几，于此而慎察之，以为良知善必真好，恶必真恶，格不正以归于正为格物，则其认良知都向发上。阳明独不曰良知是未发之中乎？察识善几、恶几是照也，非良知之本体也。朱子《答吕子约》曰："向来讲论思索，直以心为已发，而所论致知格物，以察识端倪为初下手处，以故缺却平日涵养一段工夫。"此即先生之言良知也。朱子易箦，改《诚意章句》曰："实其心之所发。"此即先生之言格物也。先生谈文成之学，而究竟不出于朱子，恐于本体终有所未明也。

不二斋论学书　动静者，时也。无动无静，常翕而不张，常聚而不散者，心也。夫心无动静，而存心之功，未有不自静中得之者。初学之士，未能于静中得其把柄，遽欲以憧憧扰扰之私，而妄意于动静合一之妙，譬之驾无柁之舟，以浮江、汉，犯波涛，其不至覆且溺者鲜矣。(《寄张洪阳》)

吾兄谓摹拟古人之言行，庶几可进于忘物，以此为下学而上达。窃谓摹拟古人之言行，一一而求其合，所谓博而寡要，劳而无功也。曷若摹拟于吾一心之为易且简乎？万事万物皆起于心，心无事而贯天下之事，心无物而贯天下之物，此一贯之旨也。故不离于事物言行之间，而穷理尽性以至于命，下学上达无二事也。若以摹拟为下学，忘物为上达，是二之矣。（《答田文学》）

人有知觉，禽兽亦有知觉，人之知觉命于理，禽兽之知觉命于气。今但以知觉言良知，而曰良知不分善恶，不将混人性物性而无别耶？夫所谓良者，自然而然，纯粹至善者也。参之以人为，蔽之以私欲，则可以言知，而不得谓之良知矣。谓良知有善无恶，则可；谓良知无善无恶，则不可。致知之功，全在察其善恶之端，方是实学。今人于种种妄念，俱认为良知，则不分善恶之言误之也。

有不善，未尝不知，良知也；知之，未尝复行，致良知也。知行合一以成其德，其颜子之学乎？

周子曰："几，善恶。善有善几，恶有恶几。"于此而慎察之，善必真好，恶必真恶，研几之学也。吾兄论几，则曰："善恶是非，未落对待，而以念上用功为几浅，非第一义。"窃谓未然。所谓独者，还是善念初动之时，人不及知，而已独知之，非无可对待之谓也，无对待则不可以言几矣。人心之欲，固以先事预防，禁于未发，为不犯手工夫。然岂易言哉！此心即是天理，方其未动，本无人欲，才一萌动，则有天理便有人欲。此危微之训，尧、舜所为惓惓也。

人心少有无念之时，方其未萌，著一防字，即属思善一边，是一念矣。克念作圣，只在一念之间，不分有事无事。此念常存，正是动静合一之学，恐无浅深先后之可言也。

几，一而已矣。自圣人言，则为神化之几；自吾人言，则为善恶之几，其实非有二也。作圣之功，则必由粗以入精，由可知以进于不可知，而知几之学毕矣。

意者，心之所发。心本无意也，动而后敬，言而后信，此心之本体，有时而息矣。不动而敬，敬以心也；不言而信，信以心也，此心之中，无非敬信，未发已发，纯乎天理矣。

释氏以心为槁木死灰，而尽外闻见，吾儒亦从而宗之，是以吾心为有内也。心无内外，无隐显，无寂感。不见不闻，此心也；独见独闻，此心也；共见共闻，此心也。目之视也，可得而见也，谓视非心也，可乎？耳之听也，可得而闻也，谓听非心也，可乎？天之高也，地之广也，鸢飞鱼跃于其间，礼仪三百，威仪三千，则孰非心也？而谓其偏于空虚，可乎？（以上《寄冯纬川》）

杨复所谈本体，而讳言功夫，以为识得本体便是功夫。某谓本体本无可说，凡可说者皆工夫也。识得本体，方可用工夫。明道言"识得本体，以诚敬存之"是也。（《寄罗近溪》）

仁之为物，未易名状，故孔门罕言仁，凡所言者，皆求仁之功而已。其曰"仁者，人也。仁人，心也"。此则直指仁体矣。生生不已者，天地之心也。人之生，以天地之心为心，虚而灵，寂而照，常应而常静，谓其有物也，而一物不容，谓其无物也，而万物皆备。无物，无我，无古今，无内外，无始终，谓之无生而实生，谓之有生而实未尝生，浑然廓然，凝然炯然，仁之体倘若是乎！(《寄查毅斋》)

近世谈学者，但知良知本来具足，本来圆通，窥见影响，便以为把柄在手，而不复知有戒慎恐惧之功。以嗜欲为天机，以情识为智慧，自以为寂然不动，而妄动愈多，自以为廓然无我，而有我愈固，名检荡然，阳明之良知，果若是乎？一念之动，其正与否，人不及知而己独知之，即此是独，即此是良知，于此格之，即是慎独，即是致良知。物与知无二体，格与致无二功也。但于意念之间，时时省克，自然欲净理还。来教以则训格，谓物物皆有定则，一循其则而不违，是为格物也。知体无穷，物则有定，若然，是将以知不足恃，而取则于物矣；是将舍吾心之天则，又索之于外矣；是将歧知与物而二之矣。请就兄之言而反覆之，知体无穷，物之体亦无穷，何也？凡物之理，千变万化，不可为典要，若云有定，不为子莫之执中乎？物则有定，知之则亦有定，何也？帝降之衷，天然自有，不爽毫发，若曰无穷，则将舍规而为圆，舍矩而为方乎？(《与许敬庵》)

兄尝问："相天下当用何术？"对曰："无私。"兄曰："无私不足以尽相之道，必加意于知人。知人有法，必令人举一人，严连坐之法，而后举必得人，人无遗举，天下可理矣。"弟曰："固也。独不曰取人以身乎？自古才相、智相，代不乏人，往往徇私而败，故无私而后能知人。辟之鉴常空，衡常平，妍媸轻重，自不患其或爽。且人举一人之法，自昔亦常行之，而卒不能得人，何也？其人君子也，则所举必多君子，虽举百十人，亦何不可！其人小人也，则所举必多小人，虽举一人，亦安可听耶？"兄又尝问"圣学之要"，对曰："在心。"兄曰："心不足以尽天下之理，必存心以察天下之理，而后可以人圣。"弟曰："万物皆备于我，非心外有理也。孔、孟之学，但曰正心，曰存心，心正则理无不正，心存则理无不存，千古圣贤何曾于心外加得一毫。"(《答吕心吾》)

立人达人，毕竟是仁发用处。仁自有体，就如喜怒哀乐是心之发用处，心自有体也。(《答孟我疆》)

近时之弊，徒言良知而不言致，徒言悟而不言修。仆独持议，不但曰良知，而必曰致良知；不但曰理以顿悟，而必曰事以渐修，盖谓救时之意。(《答周海门》)

心外无道，言心而曰易偏、易恣者，即非心也。道外无心，言道而不本于心者，即非道也。夫惟析心与道而为二，是故舍我喜怒哀乐本然之情性，而求之于难穷之物理；舍我事亲敬长本然之知能，而索之于无常之事变，考之愈勤，讲之愈彻，而以之应感、酬酢，漠然愈不相关，此则学术之过也。(《与毛文学》)

秋游记 窃疑世儒口口说悟，乃其作用处，殊是未悟者。悟与修分两途，终未能解。龙溪曰："狂者志大而行不掩，乃是直心而动，无所掩饰，无所窝藏，时时有过可改，此是入圣真路头。世人总说修持，终有掩饰窝藏意思在，此去圣学路径，何啻千里？"定宇曰："所贵乎不掩藏者，为其觉而能改也，非谓其冥然不顾，而执之以为是也。"

予谓定宇曰："昨所言天地都不做，得无骇人之听耶?"定宇笑曰："毕竟天地也多动了一下。"予曰："子真出世之学，非予所及也。然尝谓此体真无而实有，天不得不生，地不得不成，譬如木之有根，而发为枝叶花实，自不容已。天地亦何心哉？佛氏以大地山河为幻妄，此自迷者言之耳。苟自悟者观之，一切幻相皆是真如，而况于天地乎?"定宇曰："学在识真，不假断妄，子言得之矣。"

志学录 当思父母生我之始，光光净净，只有此性命，一切身外物，真如水上沤。奈何抛我之本来，而汲汲营营于身外暂生暂灭之浮沤乎！

吾邑萧静庵曰："目力有余，则当遍读《六经》，以窥圣贤之心事；足力有余，则当纵游五岳，以观天地之形骸。若夫莳一花卉，畜一奇玩，虽力有余，弗为也。"

有壁立万仞之节概，乃可以语光风霁月之襟怀。

善树木者芟其枝叶，则其本盛矣。善为学者敛其英华，则其神凝矣。

眼前一草一木，皆欣欣向荣；一禽一鸟，皆嘤嘤自得，满腔子是恻隐之心。

以祸福得丧付之天，以赞毁予夺付之人，以修身立德责之己，岂不至易至简乎！

颜子当仰钻瞻忽时，只是于本体上想像追寻，终不可得。后来得夫子之教，却于博文约礼用工夫。工夫既到，而后本体卓尔，如有可见，始悟向者想像追寻之为非也。

日之长短有时矣，然意有所营，若促之而短；事无所系，若引之而长，心之无时如此。身之所处有方矣，然神之所主，忽而九天，忽而万里，心之无方如此。

（清）朱彝尊《明诗综》卷五十六·张元忭（一首） 元忭，字子荩，绍兴山阴人。隆庆辛未赐进士第一。历官左谕德兼侍读。有《不二斋稿》。

（清）孙岳颁《御定佩文斋书画谱》卷四十四·书家传二十三·明五·张元忭 张元忭，字子尽，别号阳和，其先蜀人，徙家山阴。隆庆辛未进士第一人。授翰林修撰，万历中为左谕德兼侍读。(《李氏续藏书》)

（清）张豫章等《御选明诗》姓名爵里五·诸家姓名爵里 张元忭（字子荩，绍兴山隆人。隆庆辛未赐进士第一。历官左谕德兼侍读。有《不二斋集》）。

（清）邵廷采《思复堂文集》卷一·传·王门弟子所知传 山阴张元忭，字子荩，号阳和。性笃孝。父天复，为云南副使，击武定叛者有功，谗人文致逮讯。扶父万里赴滇就理，复驰京师颂冤，一岁三返始得辨释。屦及门，血缕缕灭趾，天下闻而哀之。隆庆辛未进士第一，官修撰。故事，词林惟清茗，元忭独讲求世务人才，学宗文成。摘考亭论著与文成意符者，祛世儒之惑。初出张居政门，不诡不亢，历左谕德。卒年五十一。时越中先后有三鼎元，诸大绶、罗万化及元忭，皆修身洁行，著忠孝节。大绶为讲官六年，以哭穆宗升遐而卒。念生母例不得封，哀请于朝，报可。人臣之得封生母，自大绶始也。万化与元忭读书龙山，谓："近世讲良知者，率言自然，沿二王之习，务崇躬行，砥实践，而元忭更多发明。”见《旧志》。王门弟子惟立徐爱、季本，传疑未备，然终不敢以己意辄增，其用心之慎如此。

（清）王鸿绪等《明史稿》卷二百六十五·列传第一百六十·儒林三·邓以谠（附张元忭） 邓以谠，字汝德，新建人。张元忭，字子荩，绍兴山阴人。二人皆生有异质，又好读书。以谠幼，见父与人论学，辄牵衣尾之，间出语类夙儒。父悯其勤学，尝扃之斗室。

元忭素羸弱，母戒毋过劳，乃藏灯幕中，俟母寝始诵。十余岁时，以节气自负，闻杨继盛死，为文遥诔之，慷慨泣下。父天复，官云南副使，击武定贼凤继祖有功。已，贼还袭武定，官军败绩，巡抚吕光洵讨灭之。至隆庆初，议者追理前失亡状，逮天复赴云南对簿，元忭适下第还，万里护行，发尽白。已，复驰诣阙下白冤，当事怜之，天复得削籍归。

隆庆五年，以谠举会试第一，廷试第三，授编修。而元忭以廷试第一，授修撰。万历初，座主张居正枋国政，以谠时有匡谏，居正弗善也，移疾归。久之，补原官，旋引退。诏起中允，至中途复以念母返。再起南京祭酒，就擢礼部右侍郎，复就转吏部，再疏请建储，且力斥三王并封之非，中言：“中宫钟爱元子，其愿早正春宫，视臣民尤切。陛下以厚中宫而缓册立，殆未谅中宫心。况信者，国之大宝，建储一事，屡示更移，将使诏令不信于天下，非所以重宗庙，安社稷也。”会廷臣多谏者，事竟寝。寻召为吏部右侍郎，力辞不拜。以谠登第二十余年，在官仅满一考。居母忧，不胜丧而卒，赠礼部尚书，谥文洁。

元忭尝抗疏救御史胡涍，又请进讲《列女传》于两宫，修《二南》之化，皆不省。万历十年，奉使楚府还，过家省母，既行，心动，辄驰归，仅五日，母卒。元忭奉二亲疾，汤药非口尝弗进，居丧毁瘠，遵用古礼，乡人多化之。服阕，起故官，进左谕德，直经筵。先是，元忭以帝登极恩，请复父官，诏许给冠带。至是，复申前请，格不从。元忭泣曰：“吾无以下见父母矣。”遂悒悒得疾卒。天启初，追谥文恭。

以谠、元忭自未第时，即从王畿游，传良知之学，然皆笃于孝行，躬行实践。以谠品端志洁，而元忭矩矱俨然，无流入禅寂之弊。元忭子汝霖，江西参议。汝懋，御史。

（清）沈翼机等《浙江通志》卷一百七十六·人物五·儒林中·绍兴府·明 张元忭（《分省人物考》：字子荩，号阳和，其先蜀人，徙家山阴。父天复，官太仆卿。元忭好读书，负意气，会杨忠愍谏死，遥为诔词，泣下沾襟，太仆奇之。尝读书至《朱子格致》篇，辄覆卷沉思。已，闻王文成良知之说，遂潜心理学。嘉靖戊午举于乡。戊辰，太仆有滇难，驰京白状，诏免太仆官。庚午，游太学。明年，举南宫廷对第一，授修撰。聚徒讲求世务人才，户外屦常满。教习内书堂。寻管理诰敕，直起居馆，超为左谕德兼侍读。疏白太仆冤状，请以恩及己者移太仆冠服，格不行，以此郁郁致疾。平生有志圣贤，学宗王文成，然不空事口耳，颛务以实践为基。初，太仆作《山阴县志》，未成，元忭续成之。又创《绍兴府志》、《会稽县志》，称一方信史。又有《不二斋稿》、《志学录》、《读〈尚书〉考》、《读〈诗〉考》、《读史肤评》、《皇明大政记》。《理学见闻录》谓："朱、陆同源，而末流乃歧之，非是。"手摘考亭所论著与文成意符者汇集之，题曰《朱子摘编》，以祛世儒之惑）。

（清）张廷玉等《明史》卷二百八十三·列传第一百七十一·儒林二·邓以谠（附张元忭） 邓以谠，字汝德，新建人。张元忭，字子荩，绍兴山阴人。二人皆生有异质，又好读书。以谠幼，见父与人论学，辄牵衣尾之，间出语类夙儒。父闵其勤学，尝扃之斗室。

元忭素羸弱，母戒毋过劳，乃藏灯幕中，俟母寝始诵。十余岁时，以节气自负，闻杨继盛死，为文遥诔之，慷慨泣下。父天复，官云南副使，击武定贼凤继祖有功。已，贼还袭武定，官军败绩，巡抚吕光洵讨灭之。至隆庆初，议者追理前失亡状，逮天复赴云南对簿，元忭适下第还，万里护行，发尽白。已，复驰诣阙下白冤，当事怜之，天复得削籍归。

隆庆五年，以谠举会试第一，廷试第三，授编修。而元忭以廷试第一，授修撰。万历初，座主张居正枋国政，以谠时有匡谏，居正弗善也，移疾归。久之，补原官，旋引退。诏起中允，至中途复以念母返。再起南京祭酒，就擢礼部右侍郎，复就转吏部，再疏请建储，且力斥三王并封之非，中言："中宫钟爱元子，其愿早正春宫，视臣民尤切。陛下以厚中宫而缓册立，殆未谅中宫心。况信者，国之大宝，建储一事，屡示更移，将使诏令不信于天下，非所以重宗庙，安社稷也。"会廷臣多谏者，事竟寝。寻召为吏部右侍郎，力辞不拜。以谠登第二十余年，在官仅满一考。居母忧，不胜丧而卒，赠礼部尚书，谥文洁。

元忭尝抗疏救御史胡涍，又请进讲《列女传》于两宫，修《二南》之化，皆不省。万历十年，奉使楚府还，过家省母，既行，心动，辄驰归，仅五日，母卒。元忭奉二亲疾，汤药非口尝弗进，居丧毁瘠，遵用古礼，乡人多化之。服阕，起故官，进左谕德，直经筵。先是，元忭以帝登极恩，请复父官，诏许给冠带。至是，复申前请，格不从。元忭泣曰："吾无以下见父母矣。"遂悒悒得疾卒。天启初，追谥文恭。

以谠、元忭自未第时，即从王畿游，传良知之学，然皆笃于孝行，躬行实践。以谠品端志洁，而元忭矩矱俨然，无流入禅寂之弊。元忭子汝霖，江西参议。汝懋，御史。

（清）倪涛《六艺之一录》卷三百七十一·历朝书谱六十一·明·张元忭 张元忭，字子荩，别号阳和，其先蜀人，徙家山阴。隆庆辛未进士第一人。授翰林修撰。万历中为左谕德兼侍读。（《山阴志》）

（清）阎湘蕙《明鼎甲征信录》卷三 张元忭，字子荩，浙江山阴人。有异质，又好读书。□□弱，母戒毋过劳，乃藏灯幕中，俟母寝始诵。十余□□，以气节自负。闻杨继盛死，为文遥诔之，慷慨泣下。长潜心理学。嘉靖戊午，举于乡。父天复，由进士官云南副使，击武定贼凤继祖有功。已，贼还袭武定，官军败绩。隆庆初，议者追理前失亡状。逮天复赴云南对簿，元忭适下第还，万里护行，发尽白。已，复驰诣阙下白冤。当事怜之，天复得削籍归。元忭奉二亲疾，汤药非口尝弗进。居丧毁瘠，遵行古礼，乡人多化之。与邓以谠从王畿游，传良知之学，然皆笃于孝友，躬行实践，无流入禅寂之弊，而元忭尤矩矱俨然。隆庆五年，以第一人及第，官至侍读。谥文恭。元忭子汝霖，江西参议。汝懋，御史。(《明史并续藏书》)

（清）陈田《明诗纪事》庚签卷十·张元忭（一首）　元忭，字子荩，绍兴山阴人。隆庆辛未第一人及第。授修撰。进左谕德，兼侍读。有《不二斋文选》七卷。

科　第

（一）乡试

（清）沈翼机等《浙江通志》卷一百三十八·选举十六·明·举人·嘉靖三十七年戊午科　张元忭（山阴人。辛未状元）。

（二）会试、殿试

（明）张元忭《张阳和先生不二斋文选》卷一·制策疏·廷试策一道　（存目）

（明）张朝瑞《皇明贡举考》卷八　（隆庆五年）三月十五日，临策天下贡士，制曰：朕昭承天命，缵御丕基，五年于兹。夙夜皇皇，图惟治理，每思与天下共享和平之福，而未臻厥效，朕甚惑之。黄虞尚矣，三代以成周为盛。说者谓太和在其宇宙，果何道以致之？或谓周礼九职八则，五礼六乐，三物六容，使民勤事而不暇，习于上下等威之中，消其尊崇富侈之心，是以化行俗美，天下和平。然欤？否欤？汉治号为近古，当其时，献议之臣犹有欲定经制者，欲建万世之业者，欲不严而成化者。之三臣者，皆病徒法不足以兴治。然则，如何而可以致太平欤？洪惟我太祖高皇帝开天建极，六合同风。以政防民，若职掌所载，同符六典。以礼教民，若《洪武礼制》、《礼仪定式》、《大明集礼》所载制度精详，达于上下，可万世行之而寡过矣。乃今治绩罔效，风教未孚，长厚之意薄，虚伪之习滋，民或侈泰以相炫，士或睢恣以陵上。庶几所谓卿大夫和于朝，士庶人和于野者而不可得，岂政之文徒具而礼之实未至欤？今欲兴教化，厚风俗，使天下志虑不易，视听纯一，相安于荡荡平平之治，礼让之风，媲美成周，必何施而后可？诸士子综古度今，试究其说，朕将采而行焉。

（时廷对之士三百九十六人，赐张元忭等进士及第出身有差。……）

第一甲三名赐进士及第：张元忭，浙江山阴县。……

（明）王世贞《弇山堂别集》卷八十三·科试考三 （隆庆）五年辛未，命少傅太子太傅吏部尚书建极殿大学士张居正，掌詹事府事吏部左侍郎兼翰林院学士吕调阳主会试，取中邓以讚等四百人。廷试，赐张元忭、刘瑊、邓以讚及第。

（明）张弘道、张凝道《皇明三元考》卷十二·隆庆五年辛未科大魁 状元张元忭（浙江山阴人。字子荩，号阳和。治《易》。年三十四。戊午举人。仕至左谕德。卒祀乡贤祠。父天复，丁未进士，行太仆寺卿。兄元吉，州判。元庆，癸酉举人。子汝霖，乙未进士，提学佥事。懋，癸丑进士）。

（清）沈翼机等《浙江通志》卷一百三十三·选举十一·明·进士·隆庆五年辛未科张元忭榜 张元忭（山阴人。状元。左谕德兼侍读）。

（清）张廷玉等《明史》卷十九·本纪第十九·穆宗 （隆庆五年春）三月己卯，赐张元忭等进士及第出身有差。

轶　　事

（明）王同轨《耳谈》卷六·张殿元汴 辛未科张殿元汴未第时，梦乘云上天，见玉皇宣表中二联云："大造无私天地，普生成之德；太平有象明良，庆方泰之期。"又觉一年少者随之。后果首捷，探花邓以讚年甫二十。

（清）毛奇龄《四书剩言》卷一 又山阴张阳和亦尝读书至《格致》篇，沉思未得，后潜心文成良知之学。及举殿试第一作东宫讲官，每讲《大学》必首阐诚意曰："格物者，格此致知者知此耳。"

（清）彭定求《明贤蒙正录》卷下 谕德张公元忭（浙江山阴人。隆庆辛未状元。学者称阳和先生）。总卯时，闻杨忠愍公以谏世宗任用严嵩论死，遥为诔词，泣下沾襟。父大奇之。

著　　作

（清）黄虞稷《千顷堂书目》卷一·书类 张元忭《读〈尚书〉考》。

又，卷四·编年类 张元忭《明大政纪》。

又，卷五·史学类 张元忭《读史肤评》。

又，卷七·地理类中 张元忭、孙钅广《绍兴府志》五十卷（万历丙戌。修郡人）。

又，卷八·地理类下 张元忭《云门志略》五卷。

又，卷九·职官类 张元忭《馆阁漫录》十卷。

又，卷十一·儒家类 张元忭《张子志学录》一卷。

又，卷十二·小说类 张元忭《槎间漫录》。

又，卷二十五·别集类·隆庆辛未科（五年） 张元忭《不二斋遗稿》十二卷（字子荩，山阴人。一甲第一人。右春坊，右谕德兼翰林院侍讲）。又《张阳和文选》八卷。又《山游漫稿》。又《不二斋文选》六卷。

（清）朱彝尊《经义考》卷九十·书十九·张氏（元忭）**《读〈尚书〉考》** 未见。《人物考》：张元忭，字子荩，号阳和，山阴人。隆庆辛未赐进士第一。除翰林院修撰，迁左谕德兼侍讲。所著有《读〈尚书〉考》、《读〈诗〉考》。

（清）沈翼机等《浙江通志》卷二百四十一·经籍一·经部上·书 《读〈尚书〉考》（《分省人物考》：张元忭著）。

又，卷二百四十一·经籍一·经部上·诗 《读〈诗〉考》（《分省人物考》：张元忭著）。

又，卷二百四十三·经籍三·史部上·时政记 《明大政记》（《两浙名贤录》：张元忭著）。

又，卷二百四十三·经籍三·史部上·史论 《读史肤评》（《两浙名贤录》：张元忭著）。

又，卷二百四十四·经籍四·史部下·职官 《馆阁漫录》十卷（《焦氏经籍志》：张元忭撰）。

又，卷二百四十五·经籍五·子部上·儒家 《朱子摘编》（《两浙名贤录》：张元忭著）。

又 《张子志学录》一卷（《山阴县志》：张元忭著）。

又，卷二百四十六·经籍六·子部中·小说家 《槎间漫笔》（《两浙名贤录》：张元忭著）。

又，卷二百五十一·经籍十一·集部四·别集·明 《不二斋稿》十二卷，《山游漫稿》（《山阴县志》张元忭著，字子荩。按，《焦氏经籍志》有《张阳和集》十六卷，《黄氏书目》有《阳和文选》八卷，邹元标有《不二斋文选》六卷）。

又，卷二百五十三·经籍十三·两浙志乘 《绍兴府志》五十卷（《内阁书目》：万历丙戌，郡人张元忭、孙钅广同修）。

又 《会稽志》十六卷。（《万历绍兴府志》：嘉靖中，无锡华舜钦为知县，尝属金阶马尧相辑之，未成，后南充张镒来属余姚岑原道为之，又未成。隆庆初，祥符杨节复经纪其事，会以召行而丹徒杨维新继之。时张元忭子荩适请告家居，遂以志属子荩，子荩又荐徐渭使专编摩，而子荩相雠榷焉。时岑稿已不复存，惟求得马氏本加之，十七润色。其山川大约本郡旧志，文辞尔雅可观，而户书、徭役特详，核为邑志，最人物传独出子荩乎。人服其公。）

又 《云门志略》五卷。（《黄氏书目》：张元忭撰。）

（清）张廷玉等《明史》卷九十七·志第七十三·艺文二 张元忭《绍兴府志》六十卷。

又 张元忭《云门志略》五卷。

又，卷九十九·志第七十五·艺文四 张元忭《不二斋稿》十二卷。

（清）曹仁虎等《钦定续通志》卷一百五十九·艺文略·史类第五下·地理·郡邑 《绍兴府志》五十卷（明张元忭、孙鑛同撰）。

又 《云门志略》五卷（明张元忭撰）。

又，卷一百六十一·艺文略·类书类第十一 《翰林诸书选粹》四卷（明张元忭撰）。

（清）纪昀等《钦定四库全书总目》卷七十四·史部三十·地理类存目三·《绍兴府志》五十卷（两淮马裕家藏本） 明张元忭、孙鑛同撰。元忭，字子荩，山阴人。隆庆辛未进士，官至左谕德。事迹具《明史·儒林传》。鑛有《月峰评经》，已著录。是志分十八门，每门以图列于书后。较他志易于循览，体例颇善。末为《序志》一卷，凡绍兴地志诸书，自《越绝书》、《吴越春秋》以下，一一考核其源流得失，亦为创格。

又，卷七十六·史部三十二·地理类存目五·《云门志略》五卷（浙江巡抚采进本） 明张元忭撰。元忭有《绍兴府志》，已著录。云门山在会稽城南。元至正十年，相里允若作《云门集》，黄溍序之。元忭以其未备，补辑是编。以《山川》、《古迹》、《名贤》为一卷，而余四卷皆《艺文》，又末大于本矣。

又，卷八十·史部三十六·职官类存目·《馆阁漫录》（无卷数，浙江范懋柱家天一阁藏本） 不著撰人名氏。据焦竑《国史·经籍志》载，是书十卷，题张元忭撰。二人相去不远，必有据也。元忭有《绍兴府志》，已著录。是书所录皆明成祖至武宗时翰林除授迁改之事，编年纪载，亦间有论断。首题“洪武三十五年”者，成祖革除建文四年年号，仍称洪武三十五年故也。

又，卷一百三十八·子部四十八·类书类存目二·《翰林诸书选粹》四卷（内府藏本） 明张元忭撰。元忭有《绍兴府志》，已著录。是书采掇诸子之语，分编二十五类。其第四卷臣道类外，又分吏、户、礼、兵、刑、工六科，门目殊嫌冗杂。

又，卷一百七十九·集部三十二·别集类存目六·《不二斋文选》七卷（浙江巡抚采进本） 明张元忭撰。元忭有《绍兴府志》，已著录。《明史·儒林传》称，元忭少负气节，年十九，闻杨继盛死，为文遥祭之。又称其自未第时，即与邓以瓒从王畿游，传良知之学。然皆励志潜修，躬行实践，以瓒品端志洁，元忭亦矩薙俨然，无蹈入禅寂之病，与畿之恣肆迥殊。是集凡文六卷，诗一卷，亦无语录粗鄙之习，但于是事非当行耳。

（清）曹仁虎等《钦定续文献通考》卷一百六十九·经籍考·史（职官）**·明** 《馆阁漫录》（无卷数）。不著撰人名氏。

臣等谨案，焦竑《国史·经籍志》载，是书十卷，题为张元忭撰。

又，卷一百七十·经籍考·史（地理上）**·明** 张元忭、孙鈩《绍兴府志》五十卷。元忭，字子荩，山阴人。隆庆进士。官至左谕德。事迹具《明史·文苑传》。

又，卷一百七十一·经籍考·史（地理下）**·明** 张元忭《云门志略》五卷。元忭，见本类。

又，卷一百九十四·经籍考·集（别集六）**·明** 张元忭《不二斋文选》七卷。元忭，见史类。

评 论

（明）邓以瓒《刻张宫谕文集叙》 此予年友张宫谕遗稿也。予与宫谕同官词林，予最善病，药物是须，何暇及其他。即宫谕有所著作，不以示予。惟时又与予从事问学，要以万物一体为宗，而以明明德于天下为愿。其望圣人而祈至之，切于饥渴，予所习知也。乃今读其文，析理于几微，而□戒于恍惚。谈民之寞若己推之，道人之善若己有之，真意溢发，使予对之如对宫谕之面，亲承其语，岂非精神所注，有通接于言外者耶？昔人比立言于功德，抑惟是真之所传，自不可朽。如徒粉饰其辞，以是为行远容，非虚车之喻乎？宫谕又尝修郡、邑二志，其人物传引以自专，或欲限以年所，宫谕曰："莫信于耳目所睹闻。又以嫌自避，而欲推之所不知，何人自视得无薄乎？"于是概取而裁之，不以一语相借。是时予南昌亦修志，予与同郡邑二三君子皆谦让不敢居，且为限年。予谓诸君子曰："以此视宫谕，其力量岂不相远哉！"诸君子曰："委有专、不专耳。"予曰："试再思之，即委专矣，其能任乎？"诸君子凝神久之，答曰："子言是也。"闻今乡论久而益定，又孰非一真所屈耶？嗟夫！真者圣门所未见，而思国家所寤寐而求也。由予私心之望宫谕，实谓极其所止，将有兴于斯文。又且秉国之政，使贤者在位，能者在职，如昔人所谓天下文章莫大焉。顾徒以此留其精爽，予能无慨夫！予能无慨夫！

万历癸巳年，弟新建邓以讃顿首书。

（录自［明］张元忭《张阳和先生不二斋文选》卷首）

（明）王祖嫡《阳和张公赞像》 制科大魁，讲幄从官。远宗明道，近淑伯安。千仞崒嵂，万顷清寒。如击金玉，如挹芝兰。所可模者，人貌翩翩尔。若夫肫肫孝思，烈烈忠肝，如水行地，如日丽天，使后世□□愿为执鞭者，又岂在于缣素间邪！

汝南友人王祖嫡书。

（录自［明］张元忭《张阳和先生不二斋文选》卷首）

（明）邹元标《阳和张先生文选序》 清江令张肃之氏抱其先宫谕牍过泣曰："此先大夫生平心神所寄，然简衮烦重，愿更定以传。子与先大夫辱在心期，曷无让！"予思与公相遭星沙之滨，公先一日登岳麓去，予后公一日宿古寺，睹公诗淋漓壁间，次韵急归慰吾母，意谓与公合并有日，乃公再出，而元标乞归旧隐，公遂为古人。两人徒书牍往来，今复从故牍中拟公，嗟哉！元标杜门旬日，凡公所谈学者，碎语尺牍亟收之，而所阐扬忠孝节烈事亦并收不遗。公志也，昔人有巨魁者曰："志不在温饱。"然史不载其学术钻研何似？

公自登第后，所至求友汲汲皇皇，若击鼓求三亡。子闻一言当于心也，拜而受之。里民有疾病也，引为己辜，不难以其身为百姓请命。公何心哉！真以斯道为己任。而任道者，必以明明德于天下为极致，此公学之崖略也。盖尝论谈学，华亭时易谈学，江陵时难。华亭时右名理，即以理学为窟宅，朝登讲堂，夕踞华要。江陵时禁锢斥逐殆尽，世且为波流，且为茅靡，公亭亭孤骞，至冒江陵诮不辟易，公勇矣。或者以公未大行于天下为憾，不知古人不得志，独行其道，道无穷达也。

昔有大臣善鉴人者，睹舒文节未第时，曰："子今之文毅。"既文节魁天下，再过之，问曰："止此乎？"曰："忠孝状元，子小之耶？"假令起罗、舒二先生与得意者论，必不以彼易此。先生为秀才时，作赋吊杨忠愍，登仕未几，上书危言，而扶掖太仆公崎岖羊肠鸟道万余里，两上书叩阍鸣太仆公冤，心可剖，血可枯，命可捐，以报亲九泉，即古忠孝何加焉！先儒云："学之为言孝也。忠孝立，百善从之。"先生之学，其必传也无疑。

往予闻先辈论学，谓："夫子言仁，子舆言义，横渠言礼，新建言知，今当提信字。"此皆谜语也。夫道犹水然，溟渤虽汪洋不测，然一勺之水亦具全海。言仁而义、礼、知、信毕具，语一德而四德浑然。天下宁有无仁、义、礼、信之良知乎？顾谈良知者多凭神识为家舍，王汝中氏发挥详明，公羽翼汝中，如两轸然，神而明之，存乎其人。汝中以之不言而信则公其人矣。

嗟乎！予自立朝，睹绍兴多贞纯不二心之儒，与公辈同心同德以阐绎圣真，而近复名儒班班辈出，如公冢嗣肃之两令剧邑，以循良著行，见新建之学浸明浸昌，夫孰谓种佳谷于地而弗生生也者？新建之传，藉公等无涯哉。

时万历壬寅孟秋月旦，吉水侍教生邹元标顿首拜撰。

（录自［明］张元忭《张阳和先生不二斋文选》卷首）

（明）吴达可《题阳和张先生文选序》 余筮仕稽阳，获瞻阳和张先生矩范，气温言侃，盖有道君子也。去稽阳几十载而后再聆声咳于京国间，先生以夙谊视余，亹亹不倦，无非乐与人善之心欤。迨余视鹾晋东，而先生已不可作矣。天生哲人，学未竟用，惜哉！越十又七年，余出按江右，适嗣君绾绶临阳，亟索其遗文读之，闳深渊懿，类夕论学邃语也。先生之学，妙契良知宗旨，至语以示人，则云本体本无可说，凡可说者皆工夫也。旨哉言乎！阳明先生病俗学之支离，特揭本体为圣学真诠，而后之袭其说者，往往脱略于检点，至令聪慧无忌之徒藉口超悟以掩护躬行，其去圣门之训愈远矣。先生自悟本体，而以操修立教，可谓善发阳明氏之蕴奥者乎。门人序言有曰："见彻则进以禔修，行高则启以觉悟。摹拟古人则以自信为真，空谈玄妙则以践履为实。"提醒人心，修悟并进，是岂徒事口耳者可窥闯其藩篱也？嗟乎！安得起先生于九原，相与觌面论心，以订正圣学哉！遗编会心，追感昔雅，因俞嗣君之请，以寄神交之志云尔。若其文章经济，观者当自得之，余何容赘焉？

时万历壬寅岁季秋月，荆溪吴达可书于临阳公署。

（录自［明］张元忭《张阳和先生不二斋文选》卷首）

（明）周汝登《题阳和张先生文选序》 盖自阳明子以理学倡于越，而我越中人士溯其旨而邃于学者，先后不乏。当时及门固有独传其心邱者矣。后数十年，而有阳和张公。公笃信良知，归依诚切。惧末学谈本体而忽工夫，则揭"致"字以为提撕，谓知良知而不知致者，终非阳明子之所以教也。故其禔身率先伦理，竭力事其太仆公，生死以之。忠愍之吊，自弱冠已然，其后抗疏立朝，所建树往往有同臭味之意。"忠孝状元"，海内人人知颂之矣，然此固其大节之显然者。更有一片精神流贯，为世道攸赖，实近世士人之所希。公处江陵柄国时，人人讳言学，而公亹亹口不绝谈，在京师联群京师，在越张群于越。尝登公怀永之堂，朋徒满座，子弟侍侧，三子诸孙方为童子，布衣革履，洒扫诗歌，志意忻畅。而一郡兴起，不戒以喻，其在它所可知矣。见人之善，多方接引。义所当为，有瞻前顾后之士所逡巡者，而公挺身，一无所逊。至今想见其恳恳之衷，直前之气，犹令人神往而心竦。以此精神心目担当世道，鼓舞人心，宇宙间不可一日无若人者，公之于世重矣。昔闻肃皇帝之谓阳明子也，曰："王守仁是有用道学。"大哉王言！道学而无用，则亦无用此学矣。世之谈学不少，而有实用者几人？彼嗜学之念不切，而毁誉得丧挠其中，则精神不贯，而所学卒成无用。无用之学，虽称孝称弟，犹为士之次。忠节比于东汉诸人，犹谓之无当于道，无救于时，而况其下者乎？此公所为重于世，而余深有叹乎近时之不亦得也。已然公学足用，而世又以其不究于用为惜。夫既以精神为用，则亦何间于存亡？公往矣，而今其弟若子修公之业而联群不废。今伯子清江君以其学施之政事，且我辈讲究是事者日满文成之祠而孳孳济济，凡此皆公之精神，公之作用，未尝一时不在也。公有遗文若干卷，一句一言皆精神所寄，业已付梓。而近吉水南皋邹公知公最深，复加选订，精光愈露。既成而清江君与其弟太学君乞言于余，以余素辱公奖可，而且同学阳明之学也。余因为之叙述，以附邹公之后。夫兹集行而公之究于用者，其更有终穷也乎哉！

万历癸卯午月之望，同郡侍教生周汝登顿首拜撰。

（录自［明］张元忭《张阳和先生不二斋文选》卷首）

（明）杨起元《刻张阳和先生论学书序》 后世谈学者各有一时之说。宋人多言天理人欲，其在近世则多言本体工夫。要之，皆属支离，而非孔孟宗旨也。此理在人，无方无体，自感自通，平铺于日用之间，学则圣，不学则凡，岂能加减于毫末哉？孰为天理，孰为人欲，孰为本体，孰为工夫，种种色色，皆由见生，复以我见而破彼见，此言所以转多也。虽然，任斯道之责者，固不得而辞也，亦各云救而已矣。盖昔王文成公云："戒慎恐惧是本体，不睹不闻是工夫。"则本体、工夫，原无二项，明矣。阳和先生最尊信文成公者，顾于此独不甚肯其说，曰："本体本无可说，凡可说者，皆工夫也。"先生之论主于救世人之不用工夫者，故不嫌于分析欤？后之学者果能由工夫以达本体，则始虽分而竟必合。否则徒守文成公之绪论，虽说到浑合无缝罅处，亦对塔相轮，去此尚远也。起陋劣，实赖先生提醒。今先生已逝，痛何可言！曾舜徽氏刻先生书稿以公同志，爰弁数语于简端，志不忘也。

归善杨起元书。

（录自［明］张元忭《张阳和先生不二斋文选》卷首）

（明）曾凤仪《阳和先生论学书后序》 世所推尊圣学者，岂不以尽性至命哉？顾性不易知，而以虚灵当之，则局于见；而功不易尽，而以笃行当之，则泥于迹。此下学上达一贯之所为难也。诚知于穆之体，不以见见，不以闻闻，而流动充满，无微不贯。则复性之功，不容不戒，不容不惧。而收摄保聚，无间可驰。如是之体，是谓真体。如是之功，是谓实功。融彻外内，齐一天人，注我六经，觌面千古，则谓之绍明圣绪岂虚哉！吾师阳和先生英姿伟识，好学乐群，求友四方，不忘规戒，见彻则进以褆修，行高则启以觉悟，摹拟古人则以自得为真，空谈玄妙则以践履为实，补偏救弊，宛乎下学上达之旨，不蕲以文词胜也。一日手其书若干以示某曰："近见如此，试与子商之。"亡何，而先生不起矣。呜呼痛哉！先生孝友在宗党，端洁在乡闾，直节在朝廷，令闻在天下，无不可为后学法程。至默契良知之体，虽文成入室弟子自谓弗如也。某无能为役，恐终殆弃，谨守其遗书，奉若蓍蔡，因梓之请正四方有道，以终先生之志云。

门人曾凤仪识。

（录自［明］张元忭《张阳和先生不二斋文选》卷首）

（明）张岱《明越人三不朽图赞》·立德·理学·张文恭公 张文恭元忭，山阴人。文恭生时，诸父梦文昌降于庭。其第也，龙山夜鸣如吼。戊子年，水大潦，山裂数处，郡守梦文昌堕地而文恭卒。其生死实关天地大数，郡人异之。后照罗洪先例，以五品官特谥文恭。

李按，文恭受业龙溪，为阳明再传弟子。《明史》与邓以谠合传。

姚江孙钅赞曰：奏封天人，江都三策。生主斯文，死司奎壁。刘向《列女》，请为内则。为父陈情，缇萦涕泣。出位谠言，翰林苏轼。忠孝状元，一峰、梓泽。同谥文恭，念庵比德。宜祀庙廷，以绳祖迹。（文恭为南轩公后裔。）

平按，舒芬号梓溪，月峰误作"梓泽"。

（清）黄宗羲《明儒学案》·师说·张阳和元忭 吾乡文恭张先生，则所谓附骥尾而名益彰者乎？读《二孟行》（张文恭作）可信也。文恭又尝有《壮哉行》赠邹进士遣戍贵阳，其私吾党臭味如此。君子哉若人！于今吾不得而见之矣。文恭与同郡罗文懿为笔砚友，其后文懿为会试举主，文恭自追友谊如昔，亦不署门生。文懿每憾之，文恭不顾。廷对系高中元，读卷后相见，亦不署门生，其矫矫自立如此。文恭又与邓文洁交莫逆，及其殁也，文洁祭以文，称其"好善若渴，以天下为己任"云。

杂　　录

（明）王畿《龙溪王先生全集》卷五·语录·天柱山房会语（与张阳和、周继实、裘子充问答）（存目）

又，卷五·语录·书同心册卷（存目）

又，卷五·语录·与阳和张子问答（存目）

又，卷七·语录·兴浦庵会语（存目）

又，卷十一·书·与张阳和（存目）

又，卷十一·书·答张阳和（存目）

又，卷十一·书·与张阳和（存目）

又，卷十一·书·答张阳和（存目）

又，卷十一·书·与张阳和（存目）

又，卷十七·说·不二斋说 阳和子深信良知之学、灵明变化为千圣传心正法，谓学主于静，非静不足以成学，扫景玉山房以"不二"名其斋，时时习静其中，以求证悟，其志可谓勤矣。或者疑其命名之义，质于予曰："不二，禅宗也。昔者文殊与维摩二大士说法，共谈不二。众谓一者善，二者不善，佛法非善非不善，故名不二。一者常，二者无常，佛法非常非无常，故名不二。一者悟，二者迷，佛法非悟非迷，故名不二。文殊以无说澄之，维摩以默表之，是为深入不二法门。今阳和子，儒宗也，命名若是，岂所谓有所托而逃焉？非耶？”予曰：“子何以其名为哉，亦究其实而已。《中庸》，尽性之书，孔氏家学也。天地之道，可一言而尽；为物不二，故生物不测，性一而已。是为未发之中发之，则为喜怒哀乐之情有未发之中斯有发，而中节之和以位以育天地万物，所不能违焉，其致一也，禅固有同于儒矣。而儒者之学渊源有自，固非有所托而逃，亦非有所泥而避也。”阳和子闻之曰：“有是哉。忭则尤有取于伊尹一德之训曰‘德无常师，主善为师；善无常主，协于克一，先正谓精一’数语外，惟此最为邃密旨哉？其言之也。”予曰：“然哉。此四言者，当浑全以求其义，不当分析以乖其实。究而言之，所谓德惟一也。后儒不得其义，附以臆见，博而求之万殊，谓之惟精约而会之一本，谓之惟一德而师于善为，资于人善而协于一为，反诸己德，以事言善，以理言是，二三其德，支离缪裂，并虞廷精一之旨而失之，此吾儒之异端，不可以不辨也。”阳和子谓予曰：“古人谓此学如龙养珠，目注耳凝，念念无间。吾人见在，优游超脱，以为忌机，迹若相反，未能会而通之，则如之何？”予曰：“所谓如龙养珠，非专在蒲团上讨活计，须从人情事变上深磨极炼，收摄翕聚，以求超脱，确乎不为所动，是为潜龙之学，只此便是养之之法。吾儒与禅家毫厘不同，亦在于此良知，性之灵也，虚明洞微，原是无物不照，以其变化，不可捉摸，故亦易于随物。古人谓之疑道，谓之凝命，亦是苦心不得已之言。良知即道，良知即命，若不知凝聚，则道终不为我有，命终不为我立。吾人但知良知之灵明变化，倏忽存亡，不知所以养，或借禅家活计，而不知从人情事变、煅炼超脱即为养之之法，所以纷成二见，不能会通作一。夫养深则迹自化，机忘则用自神，若果信得良知及时，即此知是本体，即此知是功夫，固不从世情嗜欲上放出路，亦不向玄妙意解内借人头。良知之外，更无致法；致知之外，更无养法。良知原无一物，自能应万物之变。譬之规矩无方圆，而方圆自不可胜，用贞夫一也。有意有欲皆为有物，皆属二见，皆为良知之障，于此消融得尽，不作方便，愈收敛愈精明，愈超脱愈神化，变动周流，不为典要，日应万变，而心常寂然。无善无不善，是为至善；无常无无常，是为真常；无迷无悟，是为彻悟，此吾儒不二之密旨，千圣绝学也。”予复谓阳和子曰：“维摩所说经亦顷理会，此印证法也。”権以统万行，慈以济□蒙，觉以显宗极，不二之法象也。身为白衣，严持律行，示有眷属而常离于欲，混迹尘劳而不失静业，博奕游戏，利行同事，常善救人，助法弘教也。乞食借座行于非道，通达佛道，同众病而不舍，入众魔而不堕。忘毁誉，无八风可吹；齐得丧，无三界可出，不二之摄化也。先民询于刍荛，况出世之大士乎。阳和子因取是经诵之，憬然若有所悟，复书谓予：“日用应感，念念不离，不抗不随，思与人同归于善，即遭疑谤，处之坦然，无非维摩宗旨。此学自是众上乘不二法门，恐非初学所能遽到，不肖自量罪乃种种，岂敢遽云解脱，但如来教所谓理会性情者，同时时不敢不勉，亦稍觉日异而月不同，然未免局于二乘之见耳。”予曰：“声闻过情，君子所耻，如子云云，则岂敢当。既幸有闻，则亦不敢不勉一念，自信庶无负于师门之传，固非以维摩为榜样也。此段因缘不可学，不可传，自证自悟，始见彻头，果能终始此志，日新其德，辨吾儒之异端，不惑于臆见，得其所谓不二之旨，儒与禅毫厘之辨，亦可以默而识矣。”阳和子请说于予，因次第其语遗之。

（明）杨起元《续刻杨复所先生家藏文集》卷四·题跋·张阳和先生寿诞册小序（存目）

（明）邓以赞《祭张子荩文》 呜呼！痛哉！予子荩遽舍我耶！予病居山中，尝两月不通问，子荩辄督过之，曰："子能忘物宁我忘我。"然予实不忘兄，兄今乃能真舍我耶！予初与子荩遇也，盖传胪之日阙门之东，时在众中两相许矣。尝从兄出东门偶论管鲍，予曰："此其难不在鲍而在管。彼不遮饰其情而甘以其身受人之知，此为难也。"兄曰："予有意焉。"予未答，遂各上马去。自是十有八年，或合或离。予不能为夷吾，兄必曲为鲍叔。知我病则供奉之役常代其劳，知我贫则节春秋供其匮乏，又以寿母为号使不得辞，知我忧生不在形骸也，数以好言相慰，不以我为不达。己卯之会，骤谓予曰："予近见一先生像其貌酷似子，其年望八十，无虑也。"知我不为苟比，则是非可否不求必同不以我为执；知我意有择，虽杂陈别家书细而读之不以我为支；知我有老母，即依依子舍至虚国恩不以我为固。盖骨肉之恩而道义之好，悠悠百岁，永矢弗谖，奈何遽舍我耶！

呜呼！兄雅意当时，洞知大计，常受事静悉办，斯亦足明其能矣。然人有片长，其心好之，又乐称之，常曰："使国有人焉，何必我则所谓其为人也，好善不切于此矣。"本其意直欲平康斯世，而弗究其施能无介然耶！

呜呼！痛哉！兄学先行谊，以戒慎恐惧为门，以出处辞受为则，即深谈妙至，而行不掩言无取焉，且曰："学之不讲是吾忧也。"群而聚之，用相警戒，故其要言曰："斯言既出，一念万年，所谓以友辅仁，莫专于此矣。"本其意直欲主张斯文，而未见其止又能无介然耶。

呜呼！痛哉！兄使楚还，常迂而过予里，徘徊三日，忽动倚闾之思，予溯游从之，有怀如焚，则又自解以为予与子荩皆未及艾，后会且多，何必尔尔。盖癸未之春，乌盆之浒也。孰知此别竟成永诀。

呜呼！痛哉！丙戌之秋，书来告我曰："古人有云死归生寄，予藉天之灵而赐之土矣。"自今日以往，无夕不可予之适也。抑又何求予读之舌挢而不能下？盖喜兄之达而过其早计也。由今观之，机固有先动者耶？予求静久矣。四月维夏，意忽忽不乐，则深自责志，以为山中虚度如是。细而求之，又无所倚。盖纷者未解而讣者忽闻。由今观之，神盖先示之耶？

呜呼！痛哉！兄殁之后，两有报音，不逮记室，予请读之。其一为答重施其书，曰："兄不忘老亲之耄，而重之以大贶，如天之福为荣多矣。又孱弱之躯以为兄忧而贻之，参杞之直其何谊高焉。山中无能谢无，亦斯征斯迈，庶几无有慆心逸志以忝所生，所以报也。"是二月之某日也。其一为兄疑予之以论学为讳也，故详道其所以。其书曰："闻兄以友辅仁千载之大业也，微兄之力不及此前予所谓慎重者。抑谓今之学士多浮慕耳？人心之不同有如其面聚而相蒙为损，滋多予故。愿兄之朝于直谅而夕于多闻也，不然圣远言湮庸讳讲乎？”是三月之某日也。当予作书时，孜孜切切如对兄语，岂谓弗达？

呜呼！痛哉！呜呼已矣！予尝闻之古之至人死生一条。兄之殁，辨而不乱，亦既超断续矣。幽冥之中，其亦无忘前念而益图圆神乎？人之大患为有吾身外身而为之，其何患也。所过者化，所存者神，此予所为效其区区也。

呜呼！痛哉！予自兄没，竟承内召传除书而读之，又承兄缺，谓余能无痛乎？不遂乞骸，今复陈情，况昔在直，幸布腹心。兄今已矣，无可为属，谓予能无念？

呜呼！嘻吁！子荩，子荩！十有八年，子荩在口。今辄向人，昔者吾友。梦寐之间，再三握手，谈笑如生，兄真来否？五十非夭，百岁非久，得正而毙，是谓不朽。我来渡江，白马素车，百年肝胆，一束生刍，我肠欲断，我泪欲枯，喋喋千言，兄知不知？状者窗友，铭者胄师，传以传之，予亦何辞！

呜呼！痛哉！

（录自［清］黄宗羲《明文海》卷四百七十五）

（明）杨起元《续刻杨复所先生家藏文集》卷五·祭文·同会奠张阳和先生文（存目）

（明）朱赓《朱文懿公文集》卷十二·祭张阳和宫谕文　（存目）

（明）邹元标《愿学集》卷七·祭文·祭张阳和中允文　世固有眉面千里，亦有衽席越秦，余托知先生也，盖自不知其何因。昔余羁系黔天也，亲友避匿，形影凋零，而先生手琅玕托吾师朱先生以赠我也。历千古其并陈及，余奉诏归里，先生适持节星沙之滨，虽左道，未获相识也。拟长安千古而为邻，不谓羽翰差池先生。已返其真，徒令开箧笥，而拟心神。

呜呼！世艳公者谓公掇元魁，芥上第，不知公抱足以酌元斗，秉大钧。世才公者谓公富著述，裕经纶，不知公学近宗文成，而上溯乎伯淳。

呜呼！时非龙蛇，文曜沉湮，士失山斗，人泣凤麟，如可赎兮，何啻百身？元标感念畴曩，千古酸辛，遥望若耶？薪刍敬陈，灵兮不爽，鉴此明禋。

（明）鲍应鳌《明臣谥考》卷下　万历三十七年，礼部会议，题准与谥二十九人，并三十一年题准杨源，内阁具拟各谥候旨。……张元忭（左谕德兼侍读。文恭，文简。浙江山阴县人）。

（明）张弘道、张凝道《科名盛事录》卷二·科第盛事·三世进士　山阴张天复（嘉靖丁未。太仆寺卿），兄天衢（壬午举人。府同知），子元忭（隆庆辛未状元。谕德。天复子)，元庆（万历癸酉举人。知州。天衢子)，孙汝霖（乙未。提学佥事)，汝懋（癸丑。俱元忭子)。

(清）沈翼机等《浙江通志》卷二十七·学校三（书院附）**·绍兴府·阳和书院**（在卧龙山阳）《绍兴府志》：明张宫谕元忭与朱赓、罗万化读书其中。

又，卷二百二十一·祠祀五·绍兴府·山阴县附郭·张文恭祠 旧《浙江通志》：在山阴县右，明万历间建，祀谕德张元忭。(传详《儒林》)

又，卷二百三十八·陵墓四·绍兴府 明左谕德张元忭墓 《绍兴府志》：在小南山。(传详《儒林》)

万历二年（1574）甲戌科状元孙继皋

传　记

（明）过庭训《明分省人物考》卷二十八·南直隶常州府二·补遗·孙继皋　孙继皋，号柏潭，无锡人。万历甲戌一甲一名，授翰林院修撰，给假。甲申，复除原职。乙酉，主考浙江。丙戌，升右谕德兼侍读。丁亥，升右庶子兼侍读，丁外艰。壬辰，升少詹兼侍读学士。癸丑，升礼部右侍郎。乙未，推吏部右。丙申，升左，告病。庚戌，卒。

继皋为诸生时，与顾宪成同受知于郡守施公，以元魁期许，孙果大魁天下。顾亦发解南畿，而顾之庚辰成进士，又出自孙门下。继皋在词林以舍弘博大称，而其中卓有执持，乡评亦共推为长者。

（明）顾祖训原编、（明）吴承恩增补、（清）陈枚续补《状元图考》卷三·状元孙继皋　万历二年甲戌，廷试孙钅广等三百五十一人，擢孙继皋第一。

按，继皋，字以德，号柏潭，直隶无锡人。始生时，父梦前甲戌状元唐皋至其家，遂名继皋。年二十六，亦以甲戌魁天下，其相符亦奇矣。皋在庠时，郡守福清施公观民奇其文章气宇，常会考而皋屡居首，隐然以大魁许之。癸酉举乡荐，公曰："吾所望不止此也。"联捷，公又曰："吾所望不止此也。"及廷试，施公先时盛服坐堂待报，俄而闻报至，公不觉大笑："吾素望于皋者，今果酬矣。"令诸吏酌酒贺之。是日，公大醉。

（清）朱彝尊《明诗综》卷五十七·孙继皋（六首）　继皋，字以德，无锡人。万历甲戌赐进士第一。历官吏部左侍郎。有《柏潭集》。

（清）张豫章等《御选明诗》姓名爵里五·诸家姓名爵里　孙继皋（字以德，无锡人。万历甲戌赐进士第一。历官吏部左侍郎。有《柏潭集》）。

（清）黄之隽等《江南通志》卷一百四十二·人物志·宦绩四·常州府·明 孙继皋，字以德，无锡人。万历甲戌廷试第一。历官吏部侍郎。尝疏救御史曹学程于狱，及诸言官之被遣者佐铨时，屡陈选途壅滞之弊。以谏孝安太后山陵事，忤旨罢归。继皋清不近名，峻不绝俗，独能持大体。

（清）张廷玉等《明史》卷二百三十四·列传第一百二十二·卢洪春（附王就学）（万历）二十四年，孝安陈太后梓宫发引，帝嫡母也，当送门外，以有疾，遣官代行。吏部侍郎孙继皋言之。帝怒，抵其疏于地。就学抗疏曰："人子于亲惟送死为大事。今乃靳一攀送，致圣孝不终。岂独有乖古礼，即圣心岂能自安。于此而不用其情，乌乎用其情？于此而可忍，乌乎不可忍？恐难以宣诸诏谕，书诸简册，传示天下万世也。"疏奏，不省。逾二年，诏甄别吏部诸郎，斥就学为民。寻卒于家。

继皋抗疏未几，给事中刘道亨劾文选员外郎蔡梦麟紊铨政，并及继皋。乞罢，不报。及三殿灾，大臣自陈，皆慰留，独继皋致仕去。卒，赠礼部尚书。继皋，字以德，无锡人。万历二年进士第一。

（清）和珅等《大清一统志》卷六十一·常州府二·人物·明 孙继皋（字以德，无锡人。万历甲戌殿试第一。历吏部侍郎。万历二十四年，陈太后梓宫发引，帝嫡母也。当送门外，以有疾，遣官代行。继皋言之，帝怒，抵其疏于地。及三殿灾，致仕去，卒）。

科　第

（一）乡试

（清）黄之隽等《江南通志》卷一百二十九·选举志·举人五·万历元年癸酉科 孙继皋（无锡人）。

（二）会试、殿试

甲戌科（万历二年）**状元策** 皇帝制曰：朕惟自昔哲后膺乾，良弼纳诲，未有不以典学勤政为务者，乃嗣服之初，尤斤斤焉。若《伊训》、《说命》、《访落》、《无逸》诸篇，详哉其言之矣。三代以还，强学励精之主代有作者。然考德论治，犹未可匹埒于姬姒，矧曰唐虞？又有可疑者，夜分讲经，岁周《太平御览》，只日不废讲读，学非不笃矣。而兴造鸿业，顾出于马上，得之不事《诗》、《书》者，何欤？衡石程书，卫士传餐，汗透御服，日旰忘倦，政非不勤矣。而致理之效，顾独称躬修玄默、清静无为者，何欤？

朕以冲年履祚，未烛于理，惟仰遵我皇考遗命，讲学亲贤，日勤观览，细大之务，悉咨辅臣，以求厥中。夙夜孜孜，罔敢暇逸，亦欲庶几乎《诗》、《书》所称，无坠我二祖八宗之丕绪。然论者谓帝王之学与韦布不同，盖不在章句间也。不知舍章句之外又何学欤？又或谓主好要则百事详。所谓要者，果安在欤？往代陈谟，有裨正始，如贤良三策，神爵言人俗，永光言审尚及治性六戒、劝学四仪，初元节俭，建初荡涤烦苛，先天、元祐十事，治平三札，熙宁稽古，正学定志。论总之不越此二端矣。可得而悉数之欤？亦有可行于今者欤？

尔多士习先圣之术，明当世之务，其为朕折衷众论，究其指归。典学何急？立政何先？或古今异宜，创守殊轨，悉茂明之。以副朕慎始笃初之意。毋泛毋隐。

臣孙继皋

臣对：臣闻帝王之继天以立极也，学必务乎其本，而后天下之化原以端；政必审乎其要，而后天下之化机以运。何者？人君之学，非徒以洽闻为也。凝神于宥密，养邃于穆清，固羲皇以来之道统，所赖以衍之于无穷者也。本之弗务，则不过为口耳之学，而何以造于天德之精？人君之政，非徒以住智为也。负君师之责，立政教之宗，固羲皇以来之治统，所赖以引之于不替者也。要之弗审，则不过为炫饰之政，而何以要于王道之极？惟求端于本而不徒事于口耳之粗，则愈退藏而愈精密，不以豫内而亦以利外也，圣德所以同天而大化之原，于此乎端矣。惟专持其要而不徒事乎炫饰之具，则愈简约而愈恢弘，所操至约而所及至广也，圣治所以宪天而大□之□于此乎运矣。学以基政，政以显学，道合一而不偏；学务其本，政举其要，事不劳而可据。自古帝王不出密勿之内，而道积厥躬，允底于渊微纯粹之归，不假□□之劳而事得其理，适臻于淳庞敦大之盛者，此道行也。况出震维新，正□命凝承之日，继离方始，尤人心属望之初，可不循其所当急者以为典学之本，择其所当先者以为立政之要也哉！

钦惟皇帝陛下躬不世出之资，具大有为之略，登极一诏，万方同爱戴之心；平台一询，百辟起钦承之念，命书《四箴》、《六箴》而顾諟不怠，一舜典尧谟之式；嘉纳《帝鉴图说》而披览不忘，一汤盘武几之铭。近又时经筵之御，严觐吏之饬，盖学已勤矣，政已修矣，轶于唐虞三代之隆矣。□犹不自满假，进臣等于廷，俯赐清问。首举商周之训，次及汉唐宋君臣之事，而终策臣等以典学立政之要，慎始笃初之规。岂意臣等习先圣之术，明当世之务，有足以稗万分之一者乎？而臣非其人也。虽然，臣愚学惭稽古，志切摅忠，敢不披沥罄竭以对。

臣闻之，君者天之子也，民之主也，其道为往圣继绝学也，其责为万世开太平者也。故美玉弗琢则射斗之光不生，宝鉴弗拭则映宿之辉不发，圣人弗学则光天之德不耀。甚矣哉！学之不可已也。然不曰壮而好学如日中之光，少而好学如日中之阳。嗣服之始，学其不尤要乎？六律不具，则师旷不能正五音；规矩不设，则□娄不能成方圆；仁政不立，则尧舜不能平天下。甚矣哉！政之不可已也。然不曰能慎其初，如未雨之巢；不慎其初，如直突之薪。嗣服之始，政其不尤要乎？是故临朝愿学，临政愿治，尤为哲后者皆然，而始尤重也。论学以辅德，论政以辅治，凡为良弼者皆然，而始尤切也。粤稽诸商，太甲、高宗，善守成者也。臣考其初，则有伊尹、傅说之诲矣。人纪肇修，风愆致儆，非尹之所为训王者乎？逊志乃来，聪明时宪，非说之所为诏王者乎？臣言焉，君行焉，此所以终允德而靖殷邦也。故终商之世，而曰中兴之令主者，必推太甲、高宗也。载稽诸周，成王亦善守成者也。臣考其初，则有周公之诲矣。绍庭上下，陟降厥家，非《访落》之诗所为作乎？稼穑艰难，治民祗惧，非《无逸》之书所为戒乎？臣言焉，君听焉，此所以觐耿光而扬大烈也。故终周之世，而曰继述之贤君者，必推成王也。

然学勤矣，而所以典其学者有本；政勤矣，而所以立其政者有要。三代以后，此义不明。强学之主诚代有之，而夸靡之风盛矣。光武夜分讲经而昧三公之体，太宗岁周《太平御览》而失兄弟之义，仁宗只日不废讲读而牵夷狄之祸。乃鸿业之建，反出于不事《诗》、《书》之汉高，此其故何也？词章训诂，帝王之所以为学者不在焉。故学非不足务，而务非所以务者，固不如豁达之资之足以有为也。励精之主，诚代有之，而刻覈之习兴矣。始皇衡石程书，而适基秦乱；文帝卫士传餐，而滋速隋亡；宪宗汗透御衣，日旰忘倦，而实酿唐衰。乃致理之效，反出于清净无为之汉文，此其故何也？簿书期会，帝王之所以为政者不在焉。故政非不足勤，而勤非所勤者，固不如玄默之修之足以有效也。

天启休明，生我皇上，日亲讲幄，而寒暑之际，讨论不辍；日咨辅臣，而细大之务，委任不贰。盖法天行以励学，独超于章句之外；宪天道以出政，深探夫理道之原。即商周之主不能过之，虽《诗》、《书》所称何以加焉！我二祖八宗之丕绪，真足以振扬于不坠矣。顾臣伏读圣制有曰：论者谓帝王之学与韦布不同；又谓主好要则百事详。臣有以见陛下之心，望道未见之心也，求治无已之心也。夫帝王之学与韦布不同，此程颢之言也，所谓知学之本者也。主好要则百事详，此荀卿之言也，所谓知政之要者也。是故往代之臣，各执其见以陈正始之谟，而往代之君亦各因其谟以裨正始之治，如仲舒贤良之策，析天人也；王吉变俗之论，正风化也；匡衡审向之疏，与夫治性六戒、劝学四仪之陈，崇德政也；贡禹节俭之劝，先敦朴也；陈宠荡烦苛之议，尚宽厚也；先天间则有姚崇之十事，明时务也；元祐间则有吕公著之十事，□治纪也；在治平则司马光以三札进，重英□也；熙宁间则程颢以稽古正学定志之说进，慎趋向也。此其言则人人殊矣。顾岂无上关君德，而足以为□□之助；下系民生，而足以为□□之□□乎？然其本则未彻也，其要则未明也。本何在哉？闻之正学以心，下学以耳，欲得其本，纯心之道不可不讲也。要何在哉？闻之用人则裕，自用则小，欲得其要，任人之道，不可不讲也。请因圣问之所及而极论之。

陛下终篇策臣曰：典学何急？立政何先？或古今异宜，创守殊轨，悉茂明之，以副朕慎始笃初之意。臣愚以为，人之一心，操存舍亡，其几至可畏也。况人君之心，百欲伺之？一念弗纯，欲且乘之以入焉。其系于学之进退，非渺小也。必也主敬于渊蠖之中，研几于独知之地，夜气清明则有常惺之法，平旦好恶则有允执之功，大庭临御则凛乎天鉴之在兹，宫闱秘密则森乎神明之若对。至善为的，主善为师，不杂不息，允迪为期。帝王为学之本，或者其在是欤？譬则水焉，澄之终日，止见眉睫，不过一挠，方圆莫辨，诚不可以不慎也。故曰：日月久照，不改其明；星辰久旋，不改其度。圣人久于其道，不辍其功。明此以为学，圣德之所以纯也。非博综群籍，藻缋是工，矻矻终无者比也，臣故以为，学之有本也，人之一身，应务酬物，其事尚难兼也。况人君之身百责，萃之忠贤弗任事，且因之以隳焉。其系于政之得失，非渺小也。必也精其选于未任人之先，专其任于既得人之后。姬旦在前，则委心听顺；山甫任后，则改容嘉纳。边廷有颇、牧，则授之斧钺而不疑；郡县有龚、黄，则锡之玺书而不惜。不听谗言，不责近功，惟和惟一，以考厥成。帝王为政之要，或者其在是欤？譬之车马，轮辕徒饰，非人弗行，造父为御，一日千里。诚不可以不审也。故曰千金之裘，非一狐之腋；大厦之才，非一丘之木；太平之功，非一人之略。明此以立政，圣治之所以扩也。非形神独劳，厪身从事，沾沾自好者比也。臣故以为，政之有要也，然要而论之，则纯心以为学，而任人之本以端。是故有缉熙之主，则四友同心；有敬胜之君，则十人汇进。《传》曰："为政在人，取人以身。"此之谓也。任人以立政，而进学之资益广，是故有仲虺之诰，则汤德丕显；有尚父之戒，则武德日休。《经》曰："朝夕纳诲，以辅台德。"此之谓也。于乎，此天下之化原所以端也，天下之化机所以运也。

乃臣之所献者抑有进焉，以陛下非常之资，其于问学之际，必有永贞而勿替者，故学之不纯不足患也，独患夫聪明之太过，或以为商宗周王之学为不足事，而求其所不必学者焉。以陛下非常之略，其于委用之际，必有善任而不疑者，故人之不任不足患也，独患夫英敏之有余，或以商宗周王之政为不足师，而求其所不必行者焉。求其不必学，则索之愈高，而失之愈远，将有务为迂阔之谈以欺陛下，如王安石之惑神宗者出矣。求其不必行，则更之愈急而□之愈坏，将有尚为刻薄之政以罔陛下，如公孙鞅之惑孝公者出矣。此固臣之愚过计则，然而亦岂可以弗辨哉？伏愿我皇上上畏天命，下念民生。以学，则皇祖之《存心录》可鉴也，而奉之以为训。以政，则皇祖之《圣政记》可法也，而率之以为行。无以天下之义理皆吾晰也，而厌其卑近。无以天下之贤才皆吾下也，而待之邈绝。无以安居无事而从逸游，无以物力丰盛而兴土木，无以海宇升平而事远夷，无以安处深宫而狎近习，则道德高厚，功化洋溢，功化洋溢，内恬外熙，祥臻瑞应，商周不足侔矣，而况汉唐宋也乎哉！

草莽微臣不识忌讳，干冒天威，无任战栗陨越之至。臣谨对。

（录自［明］焦竑辑、［清］胡任兴增辑《历科廷试状元策》卷五，又见［明］孙继皋《宗伯集》卷一）

（明）张朝瑞《皇明贡举考》卷八 （万历二年）三月十五日，□□□下贡士，制曰：……

（时廷对之士三百人，赐孙继皋等进士及第出身有差。）

第一甲三名赐进士及第：孙继皋，南直隶无锡县。……

（明）王世贞《弇山堂别集》卷八十三·科试考三 万历二年甲戌，命太子太保礼部尚书武英殿大学士吕调阳，吏部左侍郎兼翰林院学士掌詹事府事王希烈主会试，取中孙铲等三百人。廷试，赐孙继皋、王应选、余孟麟及第。

（明）张弘道、张凝道《皇明三元考》卷十三·万历二年甲戌科大魁 状元孙继皋（直隶无锡人。字以德，号柏潭。治《书》。年二十五。癸酉举人。仕至吏部左侍郎）。

（清）黄之隽等《江南通志》卷一百二十三·选举志·进士五·（明）万历甲戌科孙继皋榜 孙继皋（无锡人。状元）。

（清）张廷玉等《明史》卷二十·本纪第二十·神宗一 （万历二年春）三月癸巳，赐孙继皋等进士及第出身有差。

仕　宦

（明）王世贞《弇山堂别集》卷八十四·科试考四 （乙酉万历十三年）分命翰林院修撰孙继皋主浙江。

（明）俞汝楫《礼部志稿》卷四十二·历官表·左右侍郎 孙继皋（字以德，直隶无锡人。甲戌进士。万历二十一年，由詹事府少詹兼翰林院侍读学士，升礼部右侍郎，兼官照旧）。

（明）张萱《西园闻见录》卷之四十四·礼部三·科场 万历十三年乙酉，分命翰林院修撰孙继皋主浙江试。

（清）傅恒《御批历代通鉴辑览》卷一百十一·明·神宗皇帝 （丙申万历二十四年秋）九月，葬孝安皇后。

梓宫发引，帝托疾不送，遣官代行。吏部侍郎孙继皋（字以德，无锡人）、员外郎王就学抗疏谏，帝怒，抵继皋疏于地，而置就学疏不省。已而，诏吏部甄别郎官，斥就学为民，继皋亦罢去。

（清）舒赫德《御定资治通鉴纲目三编》卷二十八 （丙申万历二十四年秋）九月，葬孝安皇后。

（梓宫发引，帝托疾不送，遣官代行。吏部侍郎孙继皋、员外郎王就学抗疏谏，帝怒，抵继皋疏于地，而置就学疏不省。已而，诏吏部甄别郎官，斥就学为民，继皋亦罢去。）质实（孙继皋，字以德，无锡人）。

轶　　事

（清）阎湘蕙《明鼎甲征信录》卷三　孙继皋，字以德，江南无锡人。美丰姿。未遇时，馆于某家，主母窥而悦之。一日，遣婢送茶，中一金戒指，孙佯不知，令收去。是夜，婢来叩门云："主母到矣。"孙即取大板顶门不纳。明日遂归，人问其故曰："生徒不受教也。"终不泄其事。万历二年，大魁天下。（《欲海慈航》并《警惕录》）

著　　作

（清）黄虞稷《千顷堂书目》卷二十五·别集类·万历甲戌科（二年）　孙继皋《柏潭集》十卷（字以德，无锡人。一甲第一人。吏部左侍郎）。

（清）朱彝尊《经义考》卷九十·书十九·孙氏（继皋）**《尚书意解》**　（未见。）

严绳孙曰："孙继皋，字□□，无锡人。万历甲戌进士第一。历官吏部左侍郎。

（清）黄之隽等《江南通志》卷一百九十四·艺文志·集部二（诗文集）**·明**《孙宗伯集》（无锡孙继皋）。

（清）曹仁虎等《钦定续通志》卷一百六十二·艺文略·文类第十二上·别集·明《宗伯集》十卷（明孙继皋撰）。

（清）纪昀等《钦定四库全书总目》卷一百七十二·集部二十五·别集类二十五·《宗伯集》十卷（浙江孙仰曾家藏本）　明孙继皋撰。继皋，字以德，无锡人。万历甲戌进士第一。官至吏部侍郎。当陈太后梓宫发引时，神宗称疾不肯送，继皋疏争忤旨。及三殿灾，大臣自陈皆慰留，独继皋致仕去。后追赠礼部尚书。此编题曰《宗伯集》，从所赠官也。凡杂文九卷、诗一卷。第二卷末有其子源文跋语，称其父"生平不敢自居于名，以故谏草都焚，箧中只存辞疏十八，又求得其三，其留中者无从觅稿，即其他著述亦多不存。今所刻碑铭志传之文，皆源文杂得之其子若孙暨朽缣败扇与行于世者"云云。故集中所录，多应制及酬赠之作。然当继皋之时，士习佻而文体亦弊，七子之风未艾，三袁之焰方新，或棘句钩章，或矜奇吊诡，操觚者出此入彼，大抵随波而靡。继皋诗文独雍容恬雅，有承平台阁之遗风，亦可谓不移于俗矣。

（清）永瑢等《钦定四库全书简明目录》卷十八·集部六·别集类五（明洪武至崇祯）《宗伯集》十卷。（明孙继皋撰。是集由掇拾而成，不足尽继皋之所作。然是时七子交驰，三袁横骛，继皋诗文独雍容恬雅，有承平台阁之风，亦可见其不移于习俗矣。）

（清）曹仁虎等《钦定续文献通考》卷一百九十四·经籍考·集（别集六）**·明**孙继皋《宗伯集》十卷。继皋，字以德，无锡人。万历甲戌进士第一。官至吏部侍郎，赠礼部尚书。

评　论

（明）孙源文《卷末跋语》　先大夫生平不敢自居于名，以故谏草都焚，箧中止存辞疏十八。《攀送疏》，源文得之先。源孝遗箧《请发推拟》、《宽降谪》二疏，殁而觅得之。京邸若署篆首日率属《请升储公疏》、《救荒疏》、《救曹侍御典刑公疏》，特疏条上，出阁议凡四二十通，部事通行者不与焉。昔时，同事耆硕人人能言之业皆留中，惜无从觅稿，即其它著述亦多不存。若今所刻碑铭志传之文，亦源文杂得之其子若孙暨朽缄败扇与行于世者耳。十不存一，挂遗至多，拊心涕零，伏惟垂鉴。

季男源文谨识。

（录自［明］孙继皋《宗伯集》卷二）

（清）陈田《明诗纪事》庚签卷十一·孙继皋（十二首）　继皋，字以德，无锡人。万历甲戌第一人及第，授修撰。历谕德、庶子、少詹事，兼侍读学士。迁礼部侍郎，改吏部，赠礼部尚书。有《宗伯集》十卷。

（《四库总目》：继皋诗文，雍容恬雅，有承平台阁之遗风。

叶向高《苍霞草》：孙公论撰，温夷冲粹。

田按，宗伯五言冲淡，有其乡华子潜风调。）

杂　录

（明）崔嘉祥《崔鸣吾纪事》　万历乙酉，又当乡试之期，科道官交章论奏，下礼部议，准弘治甲子、嘉靖辛卯故事，特敕翰林等官知贡举。而两浙则孙太史继皋、常给舍居敬佐以新科，教职外帘，有司一无所与，二公亦欲力变文体，敦尚实学，所取多平正典雅，不尚奇诡，间有特以论策高等甄录者，于是老成积学之士始得与选，而私门桃李尽皆摈弃，一时号称得士云。国家取士盛典往往为营私之窟，甚非朝廷求贤雅意，而百年旷举乃见于今。予时以内艰，不与试，而心窃为士类快之，若使此法著为定例，不惟可以公得人之选，而奔竞之风可息，士习亦少变矣。

（清）黄之隽等《江南通志》卷三十九·舆地志·坛庙（三）祠墓附·常州府·明 侍郎孙继皋墓，在无锡县白茅山。

万历五年（1577）丁丑科状元沈懋学

传　　记

（明）王世贞《弇州续稿》卷一百二十五·文部·墓表·翰林院修撰承务郎沈君典先生墓表　万历之五年丁丑，上临轩策天下士，赐宣城沈君典先生为第一人，授翰林院修撰。而其第二人则故相国江陵公之子嗣修也。

沈先生既负国士材器，相国得之喜，以异日有通家子可凭，而先生嘿嘿其间，嗣修亦不可得而亲疏。居六月，而相国有父丧，内意欲留之，而外廷以为不可，然莫敢倡言。而先生奋然贻书其客李侍郎劝之奔丧，复贻书责言路诸贵人以不能匡正。而李侍郎故尝与相国计夺情者，发书强嘻笑而已，言路诸贵人愕然不能答。而先生意未已，复贻书嗣修，谓："相国为天子师表，奈何弁髦纲常而弃之，饱人以口实？"嗣修恧，亦不能答。先生乃与其友翰林编修吴君检讨、赵君汝师谋各上疏请止夺情，且属草而曰："上即幸听，二君子疏已足。不幸不听，则必且祸二君子，我得以疏解之，或有济乎？不然，是我曹自为名，而使二君子无继也。"寻，二君子疏上，相国果恚，而取中旨欲下之理。先生知事迫，复具疏，大略谓："上以仁孝治天下，必不忍夺宰辅情。即不获已而夺宰辅情，必不忍更以是罪言者。"袖而入长安门，道遇坐主徐吏部，诘先生所往，得其故，即请疏观之。已，纳之袖，曰："中有谬误，可再商也。"吏部知先生疏上，必重祸，故以难先生。不获请，出而呼书疏者，书甫讫，则二君子与他言者拜杖阙下矣。先生自恨甚，亲为傅膏药，啖以汤粥，度其出国门，即移疾在告，满三月，上书称："狗马不任史职，乞骸骨生还故里。"相国业已闻沈先生诸前事，大恨曰："我何负于天下，而动鱼肉我若是？"纵沈先生归。

于是，诸得相国心者，颇以其所忌畏扬于人，冀有以报，而江南诸大吏则争钓奇，欲以沈先生身为饵饵相国。先生卧陵阳敬亭之傍，筑一室溪水中，两头贮书籍，坐起唯意长啸，自舒适。有胡中丞者，伺先生过，亡所得，得一不羁客罗致之，征使自诬共先生为妖言。客至死不能染，而相国意亦小缓。先生乃稍稍憩息九华，寻西游徙中，陟白岳、黄山，泝严滩，下罗刹江，泛西湖六桥，尽览两高之胜。

已，出语儿口，挈冯太史开之访屠令长卿于由拳，遂循娄水，谒王宗伯元驭，即不佞贞亦获从焉。时元驭之女昙阳子道成矣，属先生去，而谓元驭曰："向客来者何人？不可失也。"元驭曰："毋若彼之任侠何？"昙阳子曰："侠者果锐而不顾滞，此可以激进也。"于是元驭露之先生，以昙阳子之化期来。昙阳子且化，嘱之曰："人道修身，圣道修神，神在身中，以有情为运用，用情不用为修持。凡好名好事分别是非，一切种种总持善趣，亦属尘缘。"先生宝奉之若头目，且少负大志，多奇梦，梦再之上帝所有所遇。至是，益自信以神仙可立致，而天下之事亡足难者，然弗能遽绝耳目之好，欲兼得之。而客以异端进，谓循此亦可袭而得道，如《悟真》之谬注。先生信之，方自以为快，而病乘间起矣。

会相国之子书报先生，为："相国殊自悔，不能以金马三尺地留先生，使天下笑我。且人生若隙驹，不以时树勋业而坐槁岩穴为策。得耶？否欤？"先生心动，且促装。客闻之，则争趣先生门，周旋报谒，亡寝食暇，而病益剧。已梦昙阳子趋之去，又梦所奉关帅者亦趣之曰："不能为斯世挽，先生奈何？"先生醒而曰："已矣。不复有所为矣。"顾其子有，则趣嫁诸姬之无子者而卒。嗟乎！先生前后所梦真耶？幻耶？岂幻者真而真者幻耶？抑真与幻皆梦耶？

先生讳懋学，字君典，号少林，一号白云山樵。具父少参公宠，为名台察皱历，中外皆著声实，而又好称余姚之学。先生顾不肯帖帖一家言，工属文，亦不纯治经谊而旁通诸子史，尤精于天文、地理、黄石、阴符、短长、姑布、方朔之术。为人短小精悍，秀眉娟眼，便捷饶力善射，步走山涧若飞，以至跳丸、弄钩、戏马、击球、鼓琴、握槊诸技，亡所不习晓，宽仁喜施，意豁如也。

尝上春官不第，则走之塞上，长揖大将军，与谈纵横、略行、游猎，出飞狐穿塞，抵花马池而后归。悉揽形势、要害、营壁、堡垒，目眺手画，慨然有封狼居胥意，暇则与六郡良家子射，生取热血作生洛河，倒服匿，注挏马酒，使胡姬剪头，椎歌出塞，吹觱篥而和之。塞外客见者谓："是何吴儿貌，而气凌我，出伧父上数倍也。"先生家故饶，以义散之，挥霍千金不挂齿，既为侠不已则渐窭，而亟从他豪借贷以继，或风之，辄笑曰："裴叔则何人哉？损有余补不足，岂所不解，而从汝曹斤斤升斗如十三贾人子，亦裈中死虱耳。"以故其赐及第日，而贤豪缙绅甲胄，下至剑客酒徒，亡不扼揽言："国家必有异祯，乃得先生。"而及其归，亡一鸟散者，出则益麕集，而至于死，相率悲惋而呕诔之。州里远近不问识不识，咸咨嗟叹，恨其不可作，而族戚之受恩偏者为之恸哭欧血，独其家窭益甚。诸受责者以券来不可已，而欲从受责者偿之，抱空券而不尽，可迹矣。

先生之诗与文不名一家，而纵横捭阖，往往出人意表，人亦喜称之，而不自留稿草。与先生交最厚者屠长卿已为之传，甚详。而汪司马伯玉使来言，谓："先生近游徙有金石诺，我当任其幽，而子任其明可也。"于是有则以长卿传来请表墓。忆与先生游，微征庚辰事，先生不尽答，而赵汝师尝从容言之。与先生初同志者管登之，复言之。余因以益信先生之为长者，而尤惜其死之早也。

老子云："死而不亡者，寿自寿也。"夫岂其叔孙氏之所谓"三立"而已。盖必有真不亡者，惟昙阳子知之。沈先生之不亡，吾虽略得之，而不敢以表先生墓，姑取其应迹之似，以志余惜而已。虽然，先生岂以余惜为信然哉！

（明）屠隆《白榆集》卷十九·传·沈太史传（存目）

（明）王兆云《皇明词林人物考》卷十二·沈君典 沈公名懋学，字君典，万历丁丑之第一人，授翰林院修撰，而其第二人则故相国江陵公之子嗣修也。沈先生既负国士材器，相国得之喜，以异日有通家子可凭，而先生嘿嘿其间，嗣修亦不可得而亲疏。居六月，而相国有父丧，内意欲留之而外廷以为不可，然莫敢倡言，而先生奋然贻书其客某侍郎劝之奔丧，复贻书责言路诸贵人以不能匡正。而某侍郎故尝与相国计夺情者，发书强嘻笑而已，言路诸贵人愕然不能答，而先生意未已，复贻书嗣修谓："相国天子师表，奈何弁髦纲常而弃之，饱人以口实？"嗣修恧，亦不能答。先生乃与其友翰林编修吴君检讨、赵君汝师谋各上疏请止夺情，且属草而曰："上即幸听，二君子疏已足。不幸不听，则必且祸二君子，我得以疏解之，或有济乎？不然是我曹自为名，而使二君子无继也。"寻，二君子疏上，相国果恚，而取中旨欲下之理。先生知事迫，复具疏，大略谓："上以仁孝治天下，必不忍夺宰辅情。即不获已而夺宰辅情，必不忍更以是罪言者。"袖而入长安门，道遇坐主旧吏部，诘先生所往，得其故，即请疏观之。已，纳之袖，曰："中有谬误，可再商也。"吏部知先生疏上，必重祸，故以难先生。不获请，出而呼书疏者，书甫讫，则二君子与他言者并杖阙下矣。先生自恨甚，亲为傅膏药，啖以汤粥，度其出国门，即移疾在告，满三月，上书称："狗马不任史职，乞骸骨生还故里。"相国业已闻沈先生诸前事，大恨曰："我何负于天下，而动鱼肉我若是？"纵沈先生归。

于是，诸得相国心者，颇以其所忌畏扬于人，冀有以报，而江南诸大吏则争钓奇，欲以沈先生身为饵饵相国。先生卧陵阳敬亭之傍，筑一室溪水中，两头贮书籍，坐起唯意长啸，自舒适。有某中丞者，伺先生过，亡所得，得一不羁客罗致之，欲使自诬共先生为妖言。客至死不能染，而相国意亦小缓。先生乃稍稍憩息九华，寻西游裀中，陟白岳、黄山，泝严滩，下罗刹江，泛西湖六桥，尽览两高之胜。

时昙阳子道成矣，访之而语合。昙阳之且化去，颇属意于先生。已而，梦之上帝所，有所遇，自信以神仙可立致，而天下之事亡足难者，然弗能遽绝耳目之好，欲兼得之。而客以异端进，谓循此亦可袭而得道，如《悟真》之谬注，先生信之，方自以为快，而病乘间起矣。

会相国之子书报先生，为："相国殊自悔，不能以金马三尺地留先生，使天下笑我。且人生若隙驹，不以时树勋业而坐槁岩穴为策。得耶？否欤？"先生心动，且促装。客闻之，则争趋先生门，周旋报谒，亡寝食暇，而病益剧，遂卒。

其父少参公宠，为名台察駊历，中外皆著声实，而又好称余姚之学。先生顾不肯帖帖一家言，工属文，亦不纯治经谊而旁通诸子史，尤精于天文、地理、黄石、阴符、短长、姑布、方朔之术。为人短小精悍，秀眉娟眼，便捷饶力善射，步走山涧若飞，以至跳丸、□钩、戏马、击球、鼓琴、握槊诸技，亡所不习晓，宽仁喜施，意豁如也。

尝上春官不第，则走之塞上，长揖大将军，与谈纵横、略行、游猎，出飞狐穿塞，抵花马池而后归。悉揽形势、要害、营壁、堡垒，目眺手画，慨然有封狼居胥意，暇则与六郡良家子射，生取热血作生洛河，倒服匿，注挏马酒，使胡姬剪头，雏歌出塞，吹觱篥而和之。塞外客见者谓："是何吴儿貌，而气凌我，出伧父上数倍也。"先生家故饶，以义散之，挥霍千金不挂齿，既为侠不已则渐窭，而亟从他豪借贷以继，或风之，辄笑曰："裴叔则何人哉？损有余补不足，岂所不解，而从汝曹斤斤升斗如十三贾人子，亦裈中死虱耳。"以故其赐及第日，而贤豪缙绅甲胄，下至剑客酒徒，亡不扼览言："国家必有异祯，乃得先生。"而及其归，亡一鸟散者，出则益麕集，而至于死，相率悲惋而呕诔之。州里远近不问识不识，咸咨嗟叹，恨其不可作。

先生之诗与文不名一家，而纵横捭阖，往往出人意表，人亦喜称之，而不自留稿草。余与先生交颇洽，常录得其数十首，然亦非全璧矣。

（明）过庭训《明分省人物考》卷三十八·南直隶宁国府·沈懋学 沈懋学，字君典，宣城人。父侍御古林公宠，莅官严肃。尝备兵湖广，疏捕九龙湾大贼，潴其巢。又尝迹一寺僧污妖，得，即用铁锤碎其颅，立毙。致政里居，孜孜为德，不忍使民间有饥寒冤抑事。懋学生而跌宕竞风概，少善骑射，又能于马上舞丈八矟，诎首书生弄柔翰非其好也。然率意落落，随其牍之所止伸泚立，盈有藻思。书法出入王、虞，自行韵格，腕疾于乌。天文、地里、阴符、黄石、参同、内外丹、星相、卜医之学杂及五木、六箸、藏驱、累丸、蹴踘、投壶、弹筝、掀僪，一切骄弛可喜之艺术，无所不涉，于人亦无所不交。

丁卯，举应天一不第，跳而之塞上。辫杂胡儿射生饮潼酪，驰骤飞狐花马池间，悉蹑诸部虏所由出没走集曲折处，归以语人曰："河套可复也。"时大将军猎得名马，悍啮不可络悬双蹄秣之，大将军饮之酒霑醉矣，前曰："吾欲一试。"或谏之："此马骄鬖思故水草，纵之即蓦塞去矣。"不听。强辔勒跨上，果大嘶嗷，掣如暴风雨去，几薄虏王庭，急以两袖扑马额障其目，甫控取回道。须臾，至矣。门外屦骑交错，客座常满，数从里中贷金钱贳酒饷客。岁斥父产偿之，最后客益集，产益落，里人出责者沓凑诟于门，亲族相唇至举以为谚。丁丑，与计偕，越元旦后不能装。已，进士射策拟第三，天子亲擢第一，里中人始狂顾叹鄂矣。江陵当国，负意宠收人材，宿其名，器爱重之，又凭其子嗣修同鼎甲，连结为通家好，朝夕往还，卒以不可得而亲疏也。

亡何，江陵相有父之丧，夺情之议起，日絮语其子嗣修辈劝奔丧。已，移书李侍郎某切责台省官侍郎，江陵所亲特主夺情议者也。未几，台御史保留疏出。未几，六科九列保留疏出。闻之，发竖于顶曰："勉留出自天子可耳，出自言官，若何人道尽矣。"戟手拉其同官吴、赵两君子犄之角之："吾三人事也。"吴、赵两疏上，曰："是且不测，吾意不得独生。”则豫为草疏救两君，两君疏上之三日，廷杖命下。则袖疏入长安门，遇座主徐吏部，诘以所往，因索疏观之，曰：“中有谬误，可再商也。”疏既不得上，忐意无所伸。于是饮泪吮血，调两君出国门，遂移病归。归而相国闻前事，乃大恨，怒：“我爱沈生何如者，沈生乃尔，何望他人为然？”而江南大吏争欲阴中之以市江陵矣。会宣有吴生仕期亦尝为拟上执政书，大吏竟属所私，以妖言律捕，仕期下于狱，欲以钩致懋学，仕期死芜湖狱中，竟不肯承诬，由是得免。因与所善冯开之、屠长卿为虎丘、西湖、由拳、檇李之游，双鬟丝竹，昼夜歌舞不废，或有危之者曰：“中外贵官，方四迹先生，盖闭门谢客，断声伎可乎？”不答久之。江陵自觉不容于正人，亦偃蹇失意，而其诸子数书敦迫谓言，其父恚不能以金马尺席地留君典也。而一时林伏诸君子辈，趣之出，为治舟宛水之涯，若为将驾然者，而以一日病死矣。死之日，州里远近不问识不识，咸咨嗟叹，恨其不可作。至万历庚戌，子有则成进士，官行人，乃始交手而相庆，曰：“名臣有子然。”未几，亦卒于官。

（明）顾祖训原编、吴承恩增补、（清）陈枚续补（明）《状元图考》卷三·状元沈懋学　万历五年丁丑，廷试冯梦祯等三百五十人，擢沈懋学第一。

按，懋学，字君典，号少林，直隶宣城人。慷慨有大志，尝题凤凰台云：“丈夫意气何相若，万里风云指顾中。”每曰：“元魁，吾分也。”葬其父大参公，梦送一联云：“虔其始必厚其终，循其名当责其实。”及廷对，策冒中用此语。是时，圣上励精图治，阅此，顾谓辅臣曰：“此二语即可作状元。”遂首擢之。时年四十四。

（清）查继佐《罪惟录》·列传卷十三中·沈懋学　沈懋学，字君典，别号少林，晚称白云山樵，南直吴县人。父宠，为名台察，笃好余姚之学。万历丁丑，懋学射策第一人，授翰林院修撰。其第二人，相国江陵子嗣修也。居六月，而相国有父丧，诏夺情。懋学贻书相国所善客，劝之奔丧。复贻书责言路诸臣以不能匡正，并柬嗣修谓：“相国为天子师表，即奈何自轶伦彝？”嗣修恧，不能答。遂与其友编修吴中行、检讨赵用贤谋各上疏争之。既又曰：“上即幸听，二公疏已足。不幸，必及祸，我得踵疏解之。”寻，吴、赵疏上，相国果恚。懋学遂具疏，大略谓：“上以仁孝治天下，必不忍夺宰辅情。即不获不夺宰辅情，必不忍更以劝止夺情罪言者。”袖入长安门，□□□□吏部，吏部索疏观之，纳袖中，指曰：“此有谬误，可□□，□□□此疏人，必得严旨。”故以难懋学，则更呼□□□□□□□，□□□与他言者拜杖阙下矣。懋学恨不得□□，□□□□药，伺汤饮。已被削，遣出国门。懋学移疾在告，满□□，□骸骨归，即陵阳敬亭之旁筑室溪水中，充书籍，坐□□□。时，中丞胡甲为相国，伺懋学状，亡所得，懋学□□□□□□，稍稍为任侠，坐有不羁客，中丞偶得之，严刑使自诬□懋学为妖言，客至死不承，而相国殊无意报复，懋学乃得一意游息诸胜。尝入王宗伯元驭座，时元驭之女昙阳子道成矣，谓父：“向客座何人？”元驭曰：“沈白云先生，且任侠。”昙阳子曰：“侠可教也。”于是，元驭语懋学，约昙阳子化期来，昙阳子且化，懋学至。

昙阳子曰："人道修身，圣道修神，神在身□，□□情为运用，用情而不用为修持。"懋学（下阙）位而忘□□□□李文达时，又自不同。若其必罪言者似过亢，而曲□其子，则私矣。是故江陵非纯臣，而不可不称功臣。此一□□功臣尤亟也。用贤、懋学其以纯臣望江陵，犹未知时。

（清）徐乾学等《明史》卷八十二·吴中行（附沈懋学） 懋学，字君典，宣城人。父宠，字畏思，嘉靖中举乡试，授行唐知县，以民不谙织纴，置机杼教之。调获鹿，征授御史，官止广西参议。师贡安国、欧阳德，又从王畿、钱德洪游。知府罗汝芳创讲会，御史耿定向聘宠与梅守德共主其席。懋学少有才名，举万历五年进士第一，授修撰。居正子嗣修，其同年生也。

疏既格不入，乃三贻书劝嗣修谏，嗣修不能用。以工部尚书李幼滋与居正善，复贻书为言，幼滋报曰："若所言，宋人腐语，赵氏所以不竞也。张公不奔丧，与揖让征诛，并得圣贤中道，竖儒安足知之。"幼滋初讲学，盗虚名。至是，缙绅不齿焉。懋学遂引疾归。居数年，卒。福王时，追谥文节。

（清）张豫章等《御选明诗》姓名爵里五·诸家姓名爵里 沈懋学（字君典，宣城人。万历丁丑赐进士第一。授翰林修撰。追谥文节。有《郊居遗稿》）。

（清）王鸿绪等《明史稿》卷二百十三·列传第一百八·田一儁（附沈懋学） 懋学，字君典，宣城人。父宠，字畏思。嘉靖中举乡试，授行唐知县。以民不谙织纴，置机杼教之。调获鹿，征授御史，官至广西参议。师贡安国、欧阳德，又从王畿、钱德洪游。知府罗汝芳创讲会，御史耿定向聘宠与梅守德共主其席。

懋学少有才名。举万历五年进士第一，授修撰。居正子嗣修，其同年生也。疏既格不入，乃三贻书劝嗣修谏，嗣修不能用。以工部尚书李幼滋与居正善，复贻书为言，幼滋报曰："若所言，宋人腐语，赵氏所以不竞也。张公不奔丧，与揖让征诛，并得圣贤中道，竖儒安足知之?"幼滋初讲学，盗虚名，至是缙绅不与焉。懋学遂引疾归。居数年，卒。福王时追谥文节。

（清）黄之隽等《江南通志》卷一百六十七·人物志·文苑三·宁国府·明 沈懋学，字君典，宣城人。风骨奇矫，工草隶，善骑射及诗歌、古文。万历丁丑廷对第一。授翰林修撰。尝应诏赋《宣宗元元图诗》，称旨，眷遇日优。会张居正夺情，赵用贤、吴中行以疏论，廷杖。懋学持章往救，格不入，遂引疾归。扁舟野服，放浪西湖苕霅间。崇祯时追谥文节。

（清）张廷玉等《明史》卷二百十六·列传第一百四·田一儁（沈懋学） 懋学，字君典，宣城人。父宠，字畏思。嘉靖中举乡试，授行唐知县。以民不谙织纴，置机杼教之。调获鹿，征授御史，官至广西参议。师贡安国、欧阳德，又从王畿、钱德洪游。知府罗汝芳创讲会，御史耿定向聘宠与梅守德共主其席。

懋学少有才名。举万历五年进士第一，授修撰。居正子嗣修，其同年生也。疏既格不入，乃三贻书劝嗣修谏，嗣修不能用。以工部尚书李幼滋与居正善，复贻书为言。幼滋报曰："若所言，宋人腐语，赵氏所以不竞也。张公不奔丧，与揖让征诛，并得圣贤中道，竖儒安足知之？"幼滋初讲学，盗虚名，至是缙绅不与焉。懋学遂引疾归。居数年，卒。福王时，追谥文节。

科　第

（一）乡试

（清）黄之隽等《江南通志》卷一百二十九·选举志·举人五·隆庆元年丁卯科 沈懋学（宣城人）。

（二）会试、殿试

丁丑科（万历五年）**状元策**　（存目。参见［明］焦竑辑，［清］胡任兴增辑《历科廷试状元策》卷五）

（明）张朝瑞《皇明贡举考》卷八　（万历五年）三月十五日，临策天下贡士。制曰：朕惟自古帝王抚运握图，统一寰宇，所以综辑庶务，调剂群品，其道盖多端矣。至语其治效，自《诗》、《书》所述，章灼较著，则莫盛于虞周。夫其七政齐，庶尹谐，六府修，三事治，与夫谟烈佑启，礼乐刑政焕然也。朕甚嘉之慕之，未审果由何道而致然欤？或谓舜兢业万几，文王自朝至于日中昃不遑食也。唯其精勤，故化理若是。然书称庶狱庶慎，文王罔兼。而孔子复谓舜无为而治，何欤？我太祖神圣乘乾，再造函夏，建立法制，博大详密，用以跻世平康，与虞周焕盛矣。御历三十余年，早朝晏罢，未尝时刻少怠，其所以畏天人而衍昌祚者，视舜、文其道同欤？朕以冲昧获缵丕基，栗栗夙夜，图所以顺帝则，建皇极，以庶几帝王之治者，今且五年。经费节矣，而帑庾未充；赋敛宽矣，而民生寡遂；守宰久任矣，而吏治罔宣；伍籍加覈矣，而武备靡振。岂因循之积习难骤变欤？久弛之旧章难遽举欤？兹欲革文冒，破拘挛，使人得其情，事循其理，将何如而后可？盖盛帝显王，人称之必曰大有为，乃复有谓王者中心无为以守至正，此其说安是？将各有主，谓不相蒙欤？抑或其道相须也。子大夫习先圣之术，其于古今治理之原，讲之豫矣。尚各摅所蕴，明著于篇，朕将亲览而择焉。

（时廷对之士三百一人，赐沈懋学等进士及第出身有差。……）

第一甲三名赐进士及第：沈懋学，南直隶宣城县。……

（明）王世贞《弇山堂别集》卷八十三·科试考三　（万历）五年丁丑，命礼部尚书东阁大学士张四维，詹事府詹事兼翰林院侍读学士掌院事申时行主会试，取中冯梦祯等四百人。嗣修、兴周复与焉。

廷试，少师兼太子太师吏部尚书中极殿大学士张居正，少保太子太傅户部尚书武英殿大学士吕调阳，少保太子太保刑部尚书王崇古以子嫌辞读卷，不许。赐沈懋学、张嗣修、曾朝节及第。

（明）张弘道、张凝道《皇明三元考》卷十三·万历五年丁丑科大魁　状元沈懋学（直隶宣城人。字君典，号少林。治《易》。年三十九。丁卯举人。官修撰。未几，上书论首相张居正夺情起复，不合，移疾归）。

（清）黄之隽等《江南通志》卷一百二十三·选举志·进士五·（万历）丁丑科沈懋学榜　沈懋学（宣城人。状元）。

（清）张廷玉等《明史》卷二十·本纪第二十·神宗一　（万历五年春）三月乙巳，赐沈懋学等进士及第出身有差。

轶　　事

（明）王同轨《耳谈》卷三·沈殿元　沈殿元君典暨其尊人宪使中盗。一盗髯者，闭其妇女一室，戒群盗勿得入。旋亦获，殿元即造邑堂称："盗无髯者得释。"盗出问故，曰："尔非闭妇女室者耶!"汪明生谈。

（清）阎湘蕙《明鼎甲征信录》卷三　沈懋学，字君典，江南宣城人。父宠，嘉靖中举乡试，授行唐知县。以民不谙织纴，置机杼教之。调获鹿，征授御史，官至广西参议。尝卜一葬地，舆师叹美不置。及启土，内有旧葬遗棺，有志，乃先朝名公之墓，舆师欲弃诸水，宠曰："不忍。"舆师曰："失此吉地，岂可复得？盍更择地埋之?"宠又曰："不忍。"急命掩之，复恐后有发者，为立碑以志。是夜，梦峨冠博带者谢曰："君施德于不报，当送状元为公嗣。"明年，懋学生，聪慧异常，性慷慨，喜大节。弱冠，举于乡。万历五年，病不能会试。将归，梦人告曰："君今当大发，姑力疾入场。"得题若有神助，果中式。又以病不能赴廷试，复梦前人言："君且大魁天下，何可归?"懋学梦中谢曰："屡蒙见教！公是何人?"曰："君不知我，尊翁当知之。"果状元及第，始知前报。授修撰，遂引疾归。福王时，追谥文节。（《明史》并《迪吉录》、《择识录》、《丹桂初阶》、《厚德录》、《节议》）

著　　作

（清）黄虞稷《千顷堂书目》卷二十五·别集类·万历丁丑科（五年）　沈懋学《郊居遗稿》六卷。（字君典，宣城人。一甲第一人。翰林院修撰。追谥文节。一作十卷。）

（清）黄之隽等《江南通志》卷一百九十四·艺文志·集部二（诗文集）**·明**《郊居集》六卷（宣城沈懋学）。

（清）张廷玉等《明史》卷九十九·志第七十五·艺文四　沈懋学《郊居稿》六卷。

（清）纪昀等《钦定四库全书总目》卷一百七十九·集部三十二·别集类存目六·《郊居遗稿》十卷（安徽巡抚采进本）　明沈懋学撰。懋学，字君典，宣城人。万历丁丑进士第一。授翰林院修撰。追谥文节。事迹附见《明史·田一儁传》。是编诗三卷，杂文七卷。万历乙巳，其兄子有容刊于福建。懋学官翰林时，值张居正夺情，与吴中行、赵用贤谋各上疏，吴、赵皆受杖去国，而懋学疏章为人所持，不果进。乃贻居正子嗣修书，又与工部尚书李幼滋书以争之。今集中有《拟救建言诸臣令大学士张居正奔丧疏》一篇，盖即其时未上之稿。然非拟疏之难，上疏之难也。既未上矣，存之何为乎？

（清）曹仁虎等《钦定续文献通考》卷一百九十四·经籍考·集（别集六）**·明**沈懋学《郊居遗稿》十卷。懋学，字君典，宣城人。万历丁丑进士第一。官翰林院修撰。追谥文节。

评　　论

（明）屠隆《由拳集》卷十四·书·与王元美先生　友人沈懋学者，其人英雄，善谈艺、谈兵、谈堪舆家言。体貌不甚伟，能运铁矛，手馘百夫。畴昔尝散千金，走九边，观戍垒，结交豪杰将帅。藻思超逸，落笔万言。虽不甚深古，而雄快可喜。又慷慨忠义，重然诺，笃交游，多情称丈夫哉。先生不可不识其人。

（清）朱彝尊《静志居诗话》卷十五　沈懋学，字君典，宣城人。万历丁丑赐进士第一。授翰林修撰，追谥文节。有《郊居遗稿》。

君典少任侠，兼精技勇，能上马舞丈八稍。尝出塞纵观飞狐花马险塞，突为虏骑追。至幕南，君典挟一矢命中其党，乃不敢追。既登状头，是年第二人即江陵相君子嗣修。江陵方欲引以相助，会夺情之举，君典贻书嗣修，谓："相君天子师表，奈何弃纲常饱人以口实?"嗣修恧，不能答也。又贻书李尚书养河，辞颇激切，养河发书嘻笑而已。君典乃与吴编修子道、赵检讨汝师谋，各上疏。吴、赵受杖，而君典疏草为人所持，不果进，然江陵业恨其异己，而海内皆服其风节矣。君典四十而夭，年寿不将，命尔。而王元美作墓表、屠纬真作传，欲传会昙阳子升真之确至，以妖梦厚诬光明磊落之君典，是岂爱人以德者邪?《次别曾直卿太史》云："年来多病检方书，梦入双溪把钓余。贾谊岂能收涕泪，嵇康元自愧粗疏。翻愁草色春将晚，却笑桃花锦不如。恋别可堪风雨夕，江天搔首坐踌躇。"

(清)朱彝尊《明诗综》卷五十八·沈懋学(三首)　懋学，字君典，宣城人。万历丁丑赐进士第一。授翰林修撰，追谥文节。有《郊居遗稿》。

(王元美云：先生诗文不名一家，纵横捭阖，往往出人意表。

《静志居诗话》：君典少任侠，兼精技勇，能上马舞丈八稍。尝出塞纵观飞狐花马险塞，突为虏骑追。至幕南，君典挟一矢命中其党，乃不敢追。既登状头，是年第二人即江陵相君子嗣修。江陵方欲引以相助，会夺情之举，君典贻书嗣修，谓："相君天子师表，奈何弃纲常饱人以口实?"嗣修恧，不能答也。又贻书李尚书养河，辞颇激切，养河发书嘻笑而已。君典乃与吴编修子道、赵检讨汝师谋，各上疏。吴、赵受杖去官，而君典疏草为人所持，不果进，然江陵业恨其异己，而海内皆服其风节矣。君典四十而夭，年寿不将，命尔。而王元美作墓表、屠纬真作传，欲传会昙阳子升真之确至，以妖梦厚诬光明磊落之君典，是岂爱人以德者邪?)

(清)陈田《明诗纪事》庚签卷十二·沈懋学(三首)　懋学，字君典，宣城人。万历丁丑第一人及第。授修撰。福王时，追谥文节。有《郊居遗稿》十卷。

(《弇州山人续稿》：先生诗文不名一家，纵横捭阖，往往出人意表。

《静志居诗话》：君典少任侠，兼精技勇，能上马舞丈八稍。尝出塞纵观飞狐花马险塞，突为虏骑追。至幕南，君典挟一矢命中其党，乃不敢追。既登状头，是年第二人即江陵相子嗣修。江陵方欲引以相助，会夺情之举，君典贻书嗣修，谓："相君天子师表，奈何弃纲常饱人以口实?"嗣修恧，不能答也。又贻书李尚书养河，辞颇激切，养河发书嘻笑而已。君典乃与吴编修子道、赵检讨汝师谋，各上疏。吴、赵受杖去官，而君典疏草为人所持，不果进，然江陵业恨其异己，而海内皆服其风节矣。君典四十而夭，年寿不将，命尔。而王元美作墓表、屠纬真作传，欲传会昙阳子升真之确至，以妖梦厚诬光明磊落之君典，是岂爱人以德者耶?

田按，江陵夺情，五君子抗论，先后被杖，君典拟救建言诸臣，疏格不得上。今疏存集中，论者谓非拟疏之难，上疏之难，即未上矣，存之何为乎？其贻江陵子嗣修书，余见之于沈纯甫《南征录》中，婉转开陈，不失忠告之义，集反未载。君典豪隽之士，余阅朱竹垞《诗综》，施愚山《宛雅》所录，均不惬余意，特从《郊居稿》中甄录三诗，庶几见君典之豪情逸韵耳。）

杂　　录

（明）屠隆《由拳集》卷十三·书·与沈君典诸子　（存目）

又，卷十三·书·与沈君典三首　（存目）

又，卷十五·书·与沈君典　（存目）

又，卷十六·书·与君典　（存目）

又，卷十六·书·与沈君典　（存目）

又，卷十七·书·与君典　（存目）

又，卷十七·书·与沈君典　（存目）

又，卷十七·书·与君典开之　（存目）

又，卷十七·书·与君典开之　（存目）

又，卷十七·书·与君典　（存目）

又，卷十七·书·与君典开之　（存目）

（明）屠隆《白榆集》卷六·书一·与沈君典　（存目）

又，卷六·书一·与君典　（存目）

又，卷六·书一·与君典约婚书　（存目）

又，卷六·书一·与君典　（存目）

又，卷六·书一·与沈君典　（存目）

又，卷六·书一·与君典　（存目）

又，卷七·书二·与君典　（存目）

又，卷二十·祭文·哭君典文　（存目）

（明）王世贞《弇州续稿》卷一百五十三·文部·祭文·祭沈修撰君典文　万历之辛巳七月，故翰林国史修撰沈先生君典偄然而来玄都谒群真，寻与锡爵、世贞缱绻者久之，而后别。明年壬午之二月，其友青浦令屠君隆遣书来，谓君典且治装北首矣。亡何，君典亦以书告别矣。又一月所，而有传君典病者矣。又一月所，而有传君典死者矣。其传者落魄亡竖，参互不伦，以故锡爵等怪而绌之，且谓："君典年仅逾不惑，不当死。气清骨劲，髓实而精完，不当死。重节概，信然诺，急人后，已而中宽然长者，不当死。自坟典丘，索百家众流，射驭音声，支离覆逆，靡所不博，综其精神，实有以摄之，不当死。生负奇兆，感异梦，又为师真之所注挹，不当死。”而亡何青浦以讣至矣，乃定死矣。

呜呼！今者亡暇论君典不当死，乃又有不可死者。以天子之临轩，收天下士，裦然而举为第一人，将望之以异日，寄宗社之大事，不可死。天下以是期君典，不可死。君典少喜谈兵，走塞外，指扐形势，思以勒迹于燕然，不可死。士俗蔑典礼，而力欲树一赤帜于茅靡之地，不可死。文虽高而未成一家言，学虽博而未究其归，不可死。今定死矣！君典之死耶，岂唯吾二人惜之，天下之人能惜之。而吾二人之所臆结而不能吐者，念君典志度世而不久世，口无生而中伐生，上不能报师真而下无以慰知己耳。然以君典之秀异廓落，即死其神岂遽泯泯者！第业已圜居，不能走水陆，絮酒炙脯，而躬哭君典。谨叙其事，使奴某告之殡所，而系以辞曰：

呜呼君典！为死为非。如凤翀霄，而铩羽仪。八极初朗，而即屯夷。桂酒椒浆，奠子一卮。子之未生，此身为谁。子之既殁，子将安归？以字呼子，子当应之。应我者谁？子当自知。竺乾先生，手珠牟尼。冥冥之中，岂无子师。而我沉沦，虽生何为？呜呼哀哉！

（明）张凤翼《处宝堂集》卷七·祭文·祭沈君典文 （存目）

（明）梅鼎祚《鹿裘石室集》文集卷二十二·合宗祭沈君典太史 （存目）
又　祭沈君典太史 （存目）

（明）张弘道、张凝道《科名盛事录》卷二·科第盛事·三世进士　宣城沈宠（嘉靖丁酉举人。参议），子懋学（万历丁丑状元），孙有则（庚戌。行人）。

（明）沈德符《万历野获编》卷十四·科场·师弟相得　弱侯与宣城沈少林（懋学）同乡榜，同计偕，途次梦骑牛头入京城，回顾则焦尾其后，因自负必得鼎元，而戏谓焦“且迟吾十二年”。比乙丑同下第，直以魇呓置之矣。至丁丑沈果得第一，而焦将就选人，因举前梦力止之。后焦以丑科踵其盛，则沈殁将十年矣，此事已有纪之者。但思功名迟速素定，先人往时，即真得焦卷，未必能使之入彀也。

（清）查继佐《罪惟录》·志卷十八·选举志　时拟宋希尧一甲第一，嗣修二甲第一。及拆卷，上特置嗣修第二，盖慈寿太后及大珰冯保意也。希尧遂居二甲第一而易懋学。

万历八年（1580）庚辰科状元张懋修

传　　记

（明）顾祖训原编、（明）吴承恩增补、（清）陈枚续补《状元图考》卷三·状元张懋修　万历八年庚辰，廷试萧良有等三百四十七人，擢张懋修第一。

按，懋修，号斗枢，湖广江陵人。首相居正之子也，兄嗣修前科榜眼，弟敬修同科进士。父子兄弟及亲戚并列，簪缨贵显，称极盛矣，后以罪谪云。

（清）夏力恕等《湖广通志》卷五十三·人物志（行业）**·荆州府·张懋修**　《三楚文献录》：字斗枢，居正第四子，庚辰进士，殿试第一人。授修撰。积书好古，清约如寒素。中遘家难，冤愤投井不死。不食者累日，又不死。遂脱屣一切，日抱其父手迹，每有感触，则呜咽哭不成声。怀宗时公论昭雪，年八十卒。仲兄嗣修，丁丑榜眼，齐名一时。

科　　第

（一）乡试

（清）夏力恕等《湖广通志》卷三十五·选举志·举人·万历七年己卯乡试榜　张懋修（江陵人）。

（二）会试、殿试

庚辰科（万历八年）**状元策**　皇帝制曰：朕惟治古帝王大经大法，具在《周书·洪范》。其所以宰持万化，统摄九畴，则建用皇极，备矣。而论者谓乂用三德，实为权衡。又谓皇极以体常，以立本；三德以尽变，以趋时，则正直刚柔，固与建极殊路欤，抑亦异用而同体也？三季以还，英辟代有，若躬修玄默，庶几刑措，力行仁义，身致太平，与刑名绳下，而表用循良，柔道理物，而总揽权纲者，于三德亦有合欤？又有可疑者，政务严切，事从宽厚，异施也，胡以各适于治？优柔好儒术，威强则武宣，异尚也，胡以同归于衰？含容姑息见谓养乱，而仁柔有余、刚武不足者，胡以称庆历之隆？猜忌刻薄，遂致播迁，而精于听断、无复仁恩者，胡以媲贞观之美？至于唐虞夏殷之盛，所谓平康之世也。乃弼教以象刑，格苗以干羽，戮后会，泣罪人，敷政优优，秉钺烈烈，其治亦兼用刚柔，何欤？

朕绍休鸿业，精求上理，思建皇极为天下先。尝深诏执事，黜朋比，期荡平，祛伪划浮，敦本责实，八载于兹矣。然而教化未洽，风俗未同，吏治未尽还淳，人心未尽归厚，岂朕之不敏不明，无能端好恶以示之极欤？抑三德之用，犹有未当欤？昔人论治，以水火喻宽猛，以阴阳配刑德，以琴瑟证缓急。与夫芒刃斧斤之说，粱肉药石之譬，是可采而行欤？夫舍刚柔而求正直，不善用三德而猥云极建，朕不知其解也。故进尔多士于廷，爰咨爰度，其尚阐析经训，标揭化原，若何以明教正俗，驭吏率人，俾斯世会归皇极，用追古帝王之治？悉心敷对，称朕意焉。毋有所讳。

臣张懋修

臣对：臣闻帝王之道，天道也。故必有合天之心法，以端化理之原，亦必有宪天之治法，以妙化裁之用。何谓心法？全体天德以为敷锡庶民之本，无偏无陂大公而顺应者是已。何谓治法？奉若天道以为变通宜民之政，知柔知刚鼓舞以尽神者是已。心法立，而纯粹之精与于穆而并运，斯圣人之所以合天也。治法行，而神应之妙与大造而同流，斯圣人之所以宪天也。合天者以立本而建极之体，主持乎三德之用。宪天者以趋时而刚柔之用，流行于正直之中。体用合一，显微无间，古之帝王所以不降阶序而化行若神，纳天下于王极，措斯世于平康者，率由此道也。

钦惟皇帝陛下，躬不世之资，抚綦隆之运，天下喁喁然称圣主矣。临驭以来，孜孜讲学，寒暑不替，而表正之极端；事事访求，细大不遗，而平康之化普。任贤图治，敛福锡民，八柄驭臣，九德咸事，德之所及与河海而同深，威之所加与风霆而并迅。治化之隆，固已六五帝而四三王矣！乃犹不自满假，于万几之暇，进臣等于廷，俯赐清问。谓帝王之大经大法具在《洪范》，故首以皇极三德同体而异用者为言，继以古昔君人异用而同体者为证，复询臣等以明教正俗、驭吏率人之策，期使斯世会归于皇极，以媲美古帝王之盛。斯虞帝清问下民，周王望道未见之心也。臣敢不披沥以对扬休命乎？

臣闻《书》曰：天锡禹《洪范》九畴，彝伦攸叙。则《洪范》之书乃天道也。人君奉天以子民，则必法天以运治。臣请言天道。夫太虚无形，秉握化权，溟茫漠泯，澒濛鸿洞，是天道之所以立体也。嘘之以阳，吸之以阴，鼓之以雷霆，烜之以日月，润之以雨露，肃之以雪霜，是天道之所以致用也。生者杀之机，翕者张之地，万物各得其和以生，各得其养以成，风霆日月霜雪雨露，日流行于亭毒之中，而太虚之体漠然不见其迹，斯天道之所以尽神也。人君法天以治，故皇极之畴曰：无有作好，无有作恶。无党无偏，王道荡平。无反无侧，王道正直。是圣人之心法与太虚而同体也。夫使天下而尽由于荡平，则圣人固可不赏不怒，垂衣拱手而默顺于理。乃人之才性殊科而世之情伪多变，将默然而任之乎？不容以无为也。将一法而治之乎？不能以尽变也。于是以其皇极之体敷之为三德之用，抚平康以正直，驭强弱以刚柔，有正治之者焉，以刚克刚，以柔克柔是已。有反治之者焉，以刚克柔，以柔克刚是已。其情为喜怒，其发为好恶，其事为生杀予夺，其权为威福命讨，其具为礼乐法制、爵禄铁钺，是圣人之治法与日月风霆雨露霜雪并运者也。然其为用妙矣，或纯用乎刚而天下不见以为毒，或纯用乎柔而天下不见以为懦，或刚而行之以柔，或柔而行之以刚，或先刚而后柔，或先柔而后刚，鼓之舞之，使天下日迁善远罪，而莫测其所以然者，是圣人之所以法天而尽神也。蕴之于内则浑涵精粹，贯彻于几微而化原以正；运之于外则交发互施，错综于万变而化理以弘。其相须之妙用如此，朱熹所谓乂用三德，实为权衡；陈卿所谓皇极以体，常以立本，三德以尽变，以趋时，盖得其旨哉！三五之隆，至德渊闳，运用之妙，六籍所不能模焉。略观其迹，弼教明刑，疑于刚矣；格苗舞羽，又何柔也。下车泣罪，疑于柔矣；后至之诛，又何刚也。秉钺烈烈，疑于刚矣；敷政优优，又柔也。凄然似秋，而人不以为私怨；煦然似春，而人不以为私德。要之归于平康正直而已，斯舜禹成汤之所以善法天也。

自时厥后，世道浸衰，天亦不畀以《洪范》九畴，世主暗于大道，好恶反侧，既无以建皇极之体，至其治理则亦就其才性之近者而成之。汉文躬修玄默，几致刑措，似矣，而强宗悍虏莫能制也。汉宣刑名绳下，表用循良，似矣，而无辜被戮不尽无也。光武总揽权纲，盖亦兼用柔道，而信谶失刑有遗议焉。唐太宗力行仁义固已身致太平，而推刃同气有余愧焉。明帝政务严切，章帝事从宽厚，唐宣精于听断、无复仁恩，宋仁仁柔有余、刚武不足，则又知其一而不知其二，所谓东壁而望不见西墙者也。彼所谓英君哲王也，而犹如是，况乎优柔好儒术而倒持国柄，威强刚武宜而见制外戚，含忍姑息而凌逼于方镇，猜忌刻薄而播迁于奉天，如元、哀、代、德者又乌足道哉！

我太祖高皇帝崛起淮甸，肇造区夏，体备玄德，治兼往圣。观其和抚四夷，不勤远略，则舞干不足以为文；蹙吴灭汉，拯民水火，则秉钺不足以为武；定律令，锄强梗，则象刑戮逆不足以为威；赦灾眚，蠲田□，则泣罪解网不足以为德。臣尝伏读御注《洪范》，以阴骘下民属之天，以相协厥居属之君，盖仰而颂曰：斯天再锡我圣祖以《洪范》九畴也。斯世斯民归极会极二百年矣。我陛下绍休圣绪，精求上理，虚己悬衡，因物顺应，则好恶之私不作。袪伪划浮，敦本责实，则偏陂之习已消。蠲逋税，谨谳狱，奖贤能，行久任，至恩也，柔道也。振材官，饬学校，诛侠少，申禁令，至威也，刚道也。臣尝伏读圣谕，曰朕方嘉与臣民会归皇极之略，曰用臻师师济济之风，归于荡荡平平之域。盖又仰而颂曰：斯天三锡我皇上以《洪范》九畴也。纪纲振举，黎庶乐业，四夷向风，百嘉畅遂，建极之本，三德之用，陛下盖允蹈之而平康会归之化，盖已同符烈祖，追配哲王矣。

乃圣问犹以为教化未洽，风俗未同，吏治未尽还淳，人心未尽归厚，自引以为好恶未端，三用未当，而求所以明教正俗、驭吏率人之化。臣愚何足以知之？虽然，臣闻古语："君行意，臣行事。"故明其义者君也，能其事者臣也。今朝廷所以明教正俗、驭吏率人，布之诏令、著之章程者，固已至精至备。第令有司能其事而奉其职，陛下端拱受成事耳，奚必更求他术哉？惟是意之所在，则臣敢以两言献焉。其一曰明刚柔之实，其二曰坚持久之志。斯两者，臣之所谓治天下之意也。夫圣人之所谓刚，非曰严刑峻法以立威也。法立而使民不敢犯，令一而使民知所守。赏当而信，罚行而必，兴事考成，实事求是，而偷惰浮窳者不得以病吾治，是刚之实也。圣人之所谓柔，非曰姑息委靡以市恩也。矜不能赦小过，不侮鳏寡，不虐无告，恤困穷使闾阎无愁叹之声，理冤抑使犴狴无沉滞之狱，是柔之实也。寓敦大于明作，行正直于忠厚，以义为威而不以怒为威，以德为惠而不以私为惠，则圣问所谓善用三德是也。世之论治者不知乎此，苟见朝廷才一用法，则以为过刚，而与严刑峻法者并讥，徒见姑息萎苶则以为用柔，而与子惠保爱者齐誉，非知变达化之士也。故刚柔之实，臣愿陛下辨焉。夫天道运而不已，故能成悠久之化。帝道运而不已，乃能深沦洽之仁。故事美成在久，而人之情始乎勤，常卒乎怠，是以圣人治天下，兢兢业业，慎终如始，譬之日月递照，阴阳代谢，无日不运于太虚之中，而不见其止息，故气化无壅而岁功成。世之务近小者，苟见人之不率于教，与世之不登于理，不忿顽而求备，即苦难而中止，斯治之所以小康也。故恒久之道，臣愿陛下体焉。允若兹以之明教，而何患乎教化之未洽；以之正俗，而何患乎风俗之未同；以之驭吏，而何患乎吏治之不淳；以之率民，而何患乎民心之不厚哉！若夫子产以水火喻宽猛，贾谊以芒刃斧斤拟德法，崔寔以粱肉药石譬宽严，其意则一，主于用刚者也。董仲舒以阴阳配刑德，陈宠以琴瑟证缓急，其意则一，主于用柔者也。斯愤世之孤谈，非致理之通议也。夫天不能以奇阳独阴育成万物，而人主之治独可以偏用刚柔也与哉？欲矫世主之偏，而不知已自蹈于一偏，不足为陛下诵也。虽然，有本焉，三德之用原于一心，心不可以一有蔽也。蔽于爱憎则喜心用而好恶作矣，蔽于私邪则用舍谬而偏党成矣，蔽于逸乐则志意昏而颇僻彰矣。化原不端而欲三德之用，不亦难乎？臣愿陛下建皇极必求之于心，恭以作肃，从以作乂，明以作哲，聪以作谋，睿以作圣。敬止之德必务于缉熙，刚健之精必期于纯粹，则一念之慈爱即为仁，一念之裁制即为义，斯之谓合天之心法，而行之为宪天之治法，民归皇极，世底平康，而康强逢吉之庆端有在于今日矣。臣愚幸甚，天下幸甚。

臣草茅新进，罔识忌讳，干冒宸严，不胜战栗陨越之至。臣谨对。

（录自［明］焦竑辑，［清］胡任兴增辑《历科廷试状元策》卷五）

（明）张朝瑞《皇明贡举考》卷九 （万历八年）三月二十五日，临策天下贡士。制曰：……

（是月十五日，例当廷试，以上谒山陵未还，故奏移于二十五日。时廷对之士三百二人，赐张懋修等进士及第出身有差。是科张敬修、张懋修，萧良有、萧良誉，王廷撰、王廷谕，于文□、于孔兼，谢吉卿、谢台卿，十兄弟同登，且会试第一人、廷试一甲三人俱属张、萧、王三氏。兄弟同登，未有盛于斯者。）

第一甲三名赐进士及第：张懋修，锦衣卫官籍，湖广荆州卫人。

（明）王世贞《弇山堂别集》卷八十三·科试考三 （万历）八年庚辰，命礼部尚书文渊阁大学士申时行，礼部左侍郎兼翰林院侍读学士余有丁主会试，取中萧良有等三百人。时懋修与其兄敬修、次辅张四维子嘉征复俱中式，敬修即嗣文更名者。

廷试，少师兼太子太师吏部尚书中极殿大学士张居正，少保太子太保礼部尚书武英殿大学士张四维俱以子入试请回避，不许。赐张懋修、萧良有、王廷撰及第，懋修有兄敬修、良有弟良誉、廷撰弟廷谕同榜进士。或云首辅戏之也。

（明）张弘道、张凝道《皇明三元考》卷十三·万历八年庚辰科大魁 状元张懋修（湖广江陵人。丁丑榜眼张嗣修弟也。字惟时，号斗枢。治《易》。年二十五。己卯乡试十二名。会试十三名。后为民）。

（清）夏力恕等《湖广通志》卷三十二·选举志·前朝进士·明·万历八年庚辰张懋修榜 张懋修（荆州人。状元。修撰）。

（清）田易等《畿辅通志》卷六十二·进士·万历庚辰科张懋修榜 张懋修（锦衣卫籍）。

（清）张廷玉等《明史》卷二十·本纪第二十·神宗一 （万历八年春三月）丁卯，赐张懋修等进士及第出身有差。

轶　事

（明）徐复祚《花当阁丛谈》卷五 相传懋修中状元时，传胪之日，江陵自阁中归，方饮酒欢甚，忽传兵部送紧急塘报，开函内有简云："侍生公论拜贺，老牛舐犊，爱子谁无，野鸟为莺，欺君特甚！"盖全用刺秦桧语。及是科江陵卒，有人作诗曰："状元榜眼尽归张，岂是文星照楚乡，若是相公身不死，五官必定探花郎。"

著　作

（清）黄虞稷《千顷堂书目》卷十二·杂家类·小说类 张懋修《墨卿谈乘》十四卷。

杂 录

(明) 王世贞《弇山堂别集》卷二·皇明盛事述二·庚辰首甲兄弟 万历庚辰，第一甲第一人江陵张懋修兄敬修，第二人汉阳萧良有弟良誉，第三人华州王庭撰弟庭谕皆同科进士，又同胞也，古今所稀。

又，卷二·皇明盛事述二·兄弟翰林 若二人入翰林……张编修嗣修，修撰懋修。……张氏居正居首揆，而嗣修兄弟复以及第，凡三人，亦一时盛事。

又，卷三·皇明盛事述三·父子兄弟贵盛一时 万历初，张公居正太师当揆，而子懋修为仪部郎，嗣修榜眼、敬修状元为翰林编修、修撰，简修为锦衣卫指挥同知。

(明) 张弘道、张凝道《皇明三元考》卷十三·万历五年丁丑科大魁 榜眼张嗣修（湖广江陵人。字□□，号岱舆。治《书》。年二十四。丙子举人。后为民。

父居正，丁未进士，中极殿大学士。谥文忠。寻削。兄敬修，庚辰进士，礼部主事。弟懋修，庚辰状元。简修，锦衣卫指挥佥事。壬子年，俱为民。

读卷官初拟□宜宋希克为第一，而嗣修在二甲第二。上擢嗣修第二，且谓居正曰："朕无以报先生功，当看先生子孙。"后始知慈寿及大珰冯保意也。宋遂二甲第一）。

(明) 张弘道、张凝道《科名盛事录》卷一·元魁盛事·兄弟元魁 江陵张嗣修（万历丁丑榜眼），弟懋修（庚辰状元）。

又，卷四·科第盛事·同胞三进士 江陵张敬修（万历庚辰），嗣修（丁丑榜眼），懋修（庚辰状元。少师。张居正子）。

又，卷四·科第盛事·兄弟同榜进士 万历庚辰科张敬修、张懋修（湖广江陵人。懋修状元）。

又，卷五·官爵盛事·父子翰林 江陵张居正（嘉靖丁未进士。至少师），子嗣修（由编修），子懋修（由修撰）。

(明) 徐应秋《玉芝堂谈荟》卷二 万历庚辰科状元张懋修、二甲张敬修，榜眼萧良有、二甲萧良誉，探花王庭撰、二甲王庭谕，皆同父兄弟也。

(清) 谷应泰《明史纪事本末》卷六十一·江陵柄政 （万历八年春三月）甲子，赐进士张懋修等三百人及第出身有差。懋修兄敬修，亦成进士，得礼部主事，俱居正子。

(清) 郑方坤《全闽诗话》卷七·明·田一儁 田一儁《无题诗》："两朝勋业列

旗常，连正台阶十五霜。功格皇天谁可比，只应前世有空桑。”为江陵夺情发也。又《春日偶感》诗：“两夜东风作意吹，桃红李白冠当时。多情却恨春光少，底事同林隔一枝。”似指张懋修、嗣修兄弟，若云曷少渠家一探花云尔，情见乎词。(《国史唯疑》)

（清）傅恒《御批历代通鉴辑览》卷一百十·明·神宗皇帝 （庚辰万历八年春三月）张居正乞罢，诏慰留之。

……（初居正子敬修、嗣修、懋修先后领乡荐。帝改元之二年，敬修会试不第，居正怒，因停是科馆选。至五年，嗣修遂以第二人及第。是年，复当会试，懋修、敬修皆中式，会居正方乞休，遂特擢懋修第一人及第。自居正私其子连举上第，而他辅臣吕调阳、张四维、申时行之子亦皆先后成进士。……）

（清）舒赫德《御定资治通鉴纲目三编》卷二十六 （庚辰神宗显皇帝八年春三月）张居正乞罢，诏慰留之。

（……初，居正子敬修、嗣修、懋修先后领乡荐，帝改元之二年，敬修会试不第，居正怒，因停是科馆选。至五年，嗣修遂以第二人及第。至是年，复届会试，懋修、敬修皆中式。会居正方乞休，遂特擢懋修第一人及第。……）

万历十一年（1583）癸未科状元朱国祚

传　　记

（明）顾祖训原编、（明）吴承恩增补、（清）陈枚续补《状元图考》卷三·状元朱国祚　万历十一年癸未，廷试李廷机等三百四十人，擢朱国祚第一。

按，国祚，字兆隆，号养淳，顺天太医籍，浙江秀水人。公父精岐伯之术，为太医院使，所活人甚多。公自少目不视邪色，足不履非礼之地。尝赴通州试，试后，友人载酒邀公饮于舟，舟至张家湾，同登岸。友人拉入酒家，有妇靓妆，公知为妓也，急出门不停足，徒步二十余里至通州寓，若将浼焉。乡举时，紫芝产于庭，尝梦有双头人骑马而前，公以为怪，乃急策己所乘马而更前之。是科，后公一步者，李公廷机也。李公乡、会试皆元，应双头人之梦，梦更前之者，应公登状元也。

廷试后，李公廷机梦削发为僧，投一僧结为师兄，问其姓曰朱，闽语无发为元，李公心疑状元有属矣。胪唱，果朱公第一。公是年二十五，乡、会联捷及第，年四十，升礼部侍郎，今吏部侍郎，升礼部尚书，入内阁。

（清）邹漪《启祯野乘》一集卷七·朱文恪传　公名国祚，字兆隆，秀水人。万历己丑进士，廷对第一。授修撰。内艰起，补故官，奉命册封周府郡王。外艰起，除洗马，充皇子侍班官。已，进谕德兼侍讲。寻升礼部右侍郎。时东封事起，兵部尚书石星信沈惟敬甚坚，公谓星曰："此我乡曲无赖，因缘为奸利耳，公独不计辱国乎？"星不能用。

湖广税珰陈奉横甚，巡按御史曹楷欲投劾去，公贻书曰："洁身自全，曷若为民请命？"楷乃上疏发其状。上怒，几逮楷，而奉亦竟撤。御史曹学程论东事，下诏狱，冬至当决，公请阁臣申救，事得解。王德完亦以言事被杖，居逆旅，公独往视，慰劳甚。至总兵李如松战死，奉命致祭，其父成梁厚赠公，峻拒之，成梁曰："此真清学士。"二十七年，署尚书事，上疏争册立，谓："九庙神灵，万邦黎庶，日望此举。天下有大本，愿陛下早定之。国家有大礼，愿陛下早举之。朝廷有大信，愿陛下早践之。勿更推诿。”节届立秋，又上疏请就三礼并举之中先行册储之礼。明年春，又疏请言：“士庶之家，衣食稍给，未有十九岁不冠婚之礼，况天子之元子。”未几，贵妃弟郑国泰合勋戚李承恩等倡先冠婚后册立之说，公据祖制特言：“册立而后冠婚，仪仗、冠服其等辨，祝醮、敕戒其辞严，升降、坐立其位别，称贺、拜舞其节隆，此皆因名生分，因分生礼，不可更易。”奏上，切责承恩等。明年正月，又上疏请大典吉期，上报以旦夕有旨。已而不下。三月，复请信皇言，不报。则又合辞奏请，卒奉旨择日册立皇太子并封福、瑞、惠、桂四王，中外大悦。咸谓公功。

时陕西狄道山崩，其南更涌五山，公疏请痛自修省，定社稷之本，攘转圜之度，蠲无艺之征，积饷练兵，宁绸缪于未事之先，勿周章于多事之日。又尚宝司印绶监灾，社稷坛枯树烟发，复上四事陈安民心、收人望、通下情、清滥狱，消弭之计在实政不在弥文。云南巡抚陈用宾输额贡以土物附进，公劾之曰：“进贡自有常额，附贡则不经。以今日附贡为他日成规，以滇南一省为各边常例，乞赐却回。”他如请御殿，开日讲，止采榷，辟言路，崇正学，凡职掌所关，危言侃论，无少避忌。上嘉其直，弗罪也。三十年，改吏部右侍郎，请告归，家居。

十八年，光宗即位，起南礼部尚书兼东阁大学士，至则已晏驾矣。公每事持正，不肯依阿。邹公元标偶于经筵失足，上疑其疏慢，公曰：“元标昔年受杖，不能久立耳。”朱钦相等以劾客氏忤旨，趣同官方从哲申救，得寝。寻加太子太保进文渊阁。有同官偶与中官立谈，公以阁体未可轻亵为规。中官每传旨诘阁臣误拟，叶公向高力辨，公曰：“无庸，第坚持之耳。”二年，推主会试，中旨特用公，给事侯震旸疏纠，公乞休，不许。三年，加少保，兼太子太保、户部尚书，入武英殿。疏十二上，告归。加少傅兼太子太傅，予荫，遣行人护送，赐银币，驰驿归。寻卒，赠太傅，谥文恪。

论曰：文恪立朝，不徇门户，至今儿童妇女犹称道之。盖其直节足以动人主，而廉介足以风有位也。迹其册立，屡疏侃侃力诤，岂非引君子当道者与?

（清）项玉笋《槜李往哲续编》·大傅朱文恪公传 朱文恪，名国祚，号养淳，秀水人也。万历癸未，廷对第一。授翰林院修撰，时年二十有五。清慎持重，不事党援，惟杜门尽馆职而已。辛卯，主江西乡试。又以宫谕主丁酉应天乡试，寻升礼部右侍郎兼侍读学士，领经筵日讲，知辛丑贡举，旋转左，署本部事。

时东朝未建，国祚先后抗疏谓：“建储一事，有虑及国本未定者，上谕曰：‘长幼之序，即此而定。’而人心稍安。有虑宫闱隐情者，上谕曰：‘非有别意紊乱国典。’而人心更安。今则岁复一岁，疑外生疑。宸衷断如金石，而天下且疑皇上为不断；明旨信如四时，而天下且疑皇上为不信矣。”适节届立春，复疏曰：“皇储之位曰震位，宫曰春宫，皆取象于春者也。建储大典必乘春举行，皆所以凝天休而重主器。今阳和已著，万象已新，请就三礼并举之中先行册储之礼。储礼既定，而后冠礼可以致祝辞，婚礼可以致醮辞。皇长子受册于先，淑女受册于后，此万世不易之定典，而三礼相继之定序也。”又疏曰：“阅累朝实录，太祖、成祖、仁宗登极之初即建储贰。宣宗、英宗、孝宗建储时年皆六岁，宪宗建储亦年六岁，世宗建储时年四岁。从来未有十九岁不册立者，亦未有不先举册立后举冠婚者。”其言剀切如此。锦衣使郑国泰倡先冠婚后册立之说，复特疏请诛之，其略云：“本朝外戚不与政事。册立大典，非所宜言。”疏上，即有旨切责国泰云。时值孟冬，忽一夕中使召公甚急，至宫门传旨即择日册立皇太子，并封福、瑞、惠、桂四王。时转吏部右侍郎仍兼礼部，会有谗者，公乞归，疏十一上，始予告。里居十九年，公府不得望其履。绚光宗御极，起南大宗伯，特旨召拜礼部尚书兼东阁大学士，未束装而登遐诏至。熹宗嗣位，遣行人敦趋就道，福清叶向高同时赴召。壬戌，会试，上特点用公。时刑部尚书王纪以稽留狱事触圣怒，御批褫职，公适当直，即上疏力救，不允，叹曰：“去一大臣如小吏，事不可为矣。”时封疆多事，又阉珰专擅，郁郁不得志，遂至感疾，请告，积十有三疏，得允。时已官少保、武英殿大学士矣。越岁冬月，病笃，夜分起坐而逝，笥中预有遗表，谆谆以好学勤政法祖敬天，亲君子，远小人为当宁勗勉焉。

公学问务真知实践，读书必整衣冠危坐，立日月限程，未尝废阙。为文醇雅宏畅，本之经史。生平清白，不染一尘，门人有致三百金为草堂赀者，谢之曰：“吾义不受门墙之饷。”力却之。公四典文衡，所得文行士如赦敬、舒日敬、唐大章、顾起元、刘光复、瞿汝说、文震孟、陈仁锡，先后死事如顾大章、夏嘉遇、田景猷、卢象升、黄炯、马如蛟、卫景瑗、倪元璐、王家彦、吴麟征、孟兆祥、傅冠、黄道周、张国维、徐石麒、祁彪佳等。前明专以制科取士，名臣将相皆出其中，舍此虽抱经济之才，不能致身自见。司文者苟一玩徇，流祸无穷，如公者可以告无罪矣。卒后，上闻，辍朝三日，赠太傅，谥文恪。子六人，五以荫补，一为壬子贡士。孙茂暻，庚辰进士。从侄大启，历吏部文选郎，为少司冠，乡里推重如公。公冢孙茂晖，江左名士也，鼎革之际，薙发为头陀，不入城郭，感激矐目而死。今翰林检讨彝尊，其嗣子也。

项玉笋曰：阅汉史至丙吉闭门，拒使不纳，后为宰相。群斗者死伤横道，不问。余掩书而叹曰：“噫，是足佐天子相，为天下法矣。正所谓有不为而后可以有为也。”纷纷侵细务、失体要为能，乌足道哉！《诗》云：“高山仰止，景行行止。”吾于文恪亦云。

（清）沈季友《槜李诗系》卷十五·明·朱文恪公国祚　国祚字兆隆，号养淳，秀水人。万历癸未状元。授修撰，历礼、吏侍郎。光宗立，起礼部尚书，命下而光宗晏驾。熹宗嗣位，与叶向高同赴，召晋少保，武英殿大学士。因疏救大司寇王纪不报，叹曰：“去大臣如小吏，事不可为矣。”遂告归。卒赠太傅，谥文恪。有《介石斋集》。

国祚学问淹雅，言行醇笃，为政持大体，以清白自励。方其为宗伯也，东朝未建，祚先后疏请，言甚剀切。锦衣郑国泰希贤妃旨，倡先冠婚后册立之议，祚复请诛国泰，神宗感悟。一夕召祚甚亟，至宫门传旨，册立并封福、瑞、惠、桂四王。仓卒奉上谕，而仪注预定巨典，遂行，皆祚力也。已，因灾异请罢开矿撤税使，举赵世卿为少宰，救谏官曹学程、王德完等，皆不令知之。及入相，凡于人才用舍、军旅虚实诸务，虽阁议纷然，而祚片言立决，可谓有大臣之风矣。

（清）孙岳颁《御定佩文斋书画谱》卷四十四·书家传二十三·明五·朱国祚 朱国祚，字兆隆，秀水人。万历癸未进士第一人。授修撰。熹宗时，为户部尚书，武英殿大学士。赠太傅，谥文恪。为文醇雅宏畅，书法遒劲。（项玉笋《槜李往哲续编》）

（清）张豫章等《御选明诗》姓名爵里五·诸家姓名爵里 朱国祚（字兆隆，秀水人。万历癸未赐进士第一。除修撰，累官户部尚书，武英殿大学士，加少傅。赠太傅，谥文恪。有《介石斋集》）。

（清）王鸿绪等《明史稿》卷二百二十四·列传第一百十九·朱国祚 朱国祚，字兆隆，秀水人。万历十一年进士第一。授修撰，进洗马，为皇长子侍班官，寻进谕德。日本陷朝鲜，石星惑沈惟敬言，力主封贡。国祚面诘星："此我乡曲无赖，因缘为奸利耳，公独不计辱国乎?"星不能用。

二十六年，超擢礼部右侍郎。湖广税监陈奉横甚。国祚贻书巡按御史曹楷，令发其状。帝怒，几逮楷，奉亦因此撤去。尚书余继登卒，国祚摄部事。

时皇长子储位未定，冠婚逾期，国祚屡疏谏。戚臣郑国泰请先冠婚，后册立。国祚抗疏言："本朝外戚不得与政事。册立大典，非国泰所宜言。况先册立后冠婚，其仪仗、冠服之制，祝醮、敕戒之辞，升降、坐立之位，朝贺、拜舞之节，因名制分，因分制礼，甚严且辨。一失其序，名分大乖。违累朝祖制，背皇上明纶，犯天下清议，启国家无穷患，皆此言也。"又言："册立之事，理不可缓。初谓小臣激聒，故迟之。后群臣勿言，则曰待嫡。及中宫久无所出，则曰皇长子体弱，须其强。今又待两宫落成矣。自三殿灾，朝廷大政令率御文华殿。三礼之行，在殿不在宫。顷岁趣办珠宝，户部所进视陛下大婚数倍之。远近疑陛下借典礼之将举以罗珠宝，借珠宝之未备以迟典礼。且诏旨采办珠宝，额二千四百万，而天下赋税之额乃止四百万。即不充国用，不给边需，犹当六年乃足。必待取盈而后举大礼，几无时矣。"已，又言："太祖、成祖、仁宗即位初即建储贰。宣宗、英宗册为皇太子时止二岁，宪宗、孝宗止六岁，陛下亦以六岁。未闻年十九而不册立者。"国祚摄尚书近二年，争国本至数十疏，储位卒定。

陕西狄道山崩，其南涌小山五，国祚请修省。社稷坛枯树生烟，复陈安人心、收人望、通下情、清滥狱四事。云南巡抚陈用宾进土物，国祚劾之。寻转左侍郎，改吏部。御史汤兆京劾其纵酒逾检，帝不问，国祚遂引疾归。

光宗即位，以国祚尝侍潜邸，特旨拜礼部尚书兼东阁大学士，入阁参机务。天启元年六月还朝。寻加太子太保，进文渊阁。国祚素行清慎，事持大体，称长者。明年会试，故事，总裁止用内阁一人，是科用何宗彦及国祚，有讥其中旨特用者。国祚既竣事，即求罢，优诏不允。都御史邹元标侍经筵而蹶，帝遣中使问状。国祚进曰："元标在先朝直言受杖，故步履犹艰。"帝为之改容。刑部尚书王纪为魏忠贤所逐。国祚合疏救，复具私揭争之。纪为礼部侍郎时，尝以事忤国祚者也。

三年，进少保兼太子太保、户部尚书，改武英殿。十三疏乞休，诏加少傅兼太子太傅，乘传归。明年卒，赠太傅，谥文恪。从子大启，文选郎中，终刑部左侍郎。

（清）沈翼机等《浙江通志》卷一百五十八·人物一·名臣一·嘉兴府·明 朱国祚（《槜李往哲续编》：字养淳，秀水人。万历癸未廷对第一。授翰林院修撰，历升礼部侍郎。先后抗疏请册立，其言剀切。会有谗者，遂乞归里居。十九年，光宗召拜礼部尚书兼东阁大学士，未束装而熹宗嗣位，遣行人敦趣就道。时刑部尚书王纪以稽留狱事褫职，国祚上疏力救，不允，叹曰："去一大臣如小吏，事不可为矣。"请告，积十有三疏，得允。卒谥文恪）。

（清）张廷玉等《明史》卷二百四十·列传第一百二十八·朱国祚 朱国祚，字兆隆，秀水人。万历十一年进士第一。授修撰，进洗马，为皇长子侍班官，寻进谕德。日本陷朝鲜，石星惑沈惟敬言，力主封贡。国祚面诘星："此我乡曲无赖，因缘为奸利耳，公独不计辱国乎？"星不能用。

二十六年，超擢礼部右侍郎。湖广税监陈奉横甚。国祚贻书巡按御史曹楷，令发其状。帝怒，几逮楷，奉亦因此撤去。尚书余继登卒，国祚摄部事。

时皇长子储位未定，冠婚逾期，国祚屡疏谏。戚臣郑国泰请先冠婚，后册立。国祚抗疏言："本朝外戚不得与政事。册立大典，非国泰所宜言。况先册立后冠婚，其仪仗、冠服之制，祝醮、敕戒之辞，升降、坐立之位，朝贺、拜舞之节，因名制分，因分制礼，甚严且辨。一失其序，名分大乖。违累朝祖制，背皇上明纶，犯天下清议，皆此言也。"又言："册立之事，理不可缓。初谓小臣激聒，故迟之。后群臣勿言，则曰待嫡。及中宫久无所出，则曰皇长子体弱，须其强。今又待两宫落成矣。自三殿灾，朝廷大政令率御文华殿。三礼之行，在殿不在宫。顷岁趣办珠宝，户部所进视陛下大婚数倍之。远近疑陛下借珠宝之未备，以迟典礼。且诏旨采办珠宝，额二千四百万，而天下赋税之额乃止四百万。即不充国用，不给边需，犹当六年乃足。必待取盈而后举大礼，几无时矣。"已，又言："太祖、成祖、仁宗即位初即建储贰。宣宗、英宗册为皇太子时，止二岁，宪宗、孝宗止六岁，陛下亦以六岁。未闻年十九而不册立者。"国祚摄尚书者年余，争国本至数十疏，储位卒定。

陕西狄道山崩，其南涌小山五，国祚请修省。社稷坛枯树生烟，复陈安人心、收人望、通下情、清滥狱四事。云南巡抚陈用宾进土物，国祚劾之。寻转左侍郎，改吏部。御史汤兆京劾其纵酒逾检，帝不问，国祚遂引疾归。

光宗即位，以国祚尝侍潜邸，特旨拜礼部尚书兼东阁大学士，入阁参机务。天启元年六月还朝。寻加太子太保，进文渊阁。国祚素行清慎，事持大体，称长者。明年会试，故事，总裁止用内阁一人，是科用何宗彦及国祚，有讥其中旨特用者。国祚既竣事，即求罢，优诏不允。都御史邹元标侍经筵而蹶，帝遣中使问状。国祚进曰："元标在先朝直言受杖，故步履犹艰。”帝为之改容。刑部尚书王纪为魏忠贤所逐。国祚合疏救，复具私揭争之。纪为礼部侍郎时，尝以事忤国祚者也。

三年，进少保、太子太保、户部尚书，改武英殿。十三疏乞休，诏加少傅兼太子太傅，乘传归。明年卒，赠太傅，谥文恪。从子大启，文选郎中，终刑部左侍郎。

……

赞曰：……朱国祚、何宗彦绌于党人，孙如游又皆以中旨特用，为外廷所诟。于是而知明良相遭，诚千载之一遇也夫。

（清）沈德潜、周准《明诗别裁集》卷九·朱国祚（三首）　（国祚，字兆隆，秀水人。万历癸未赐进士第一，官至南京礼部尚书，入东阁后加少傅。赠太傅，谥文敏。）

（清）倪涛《六艺之一录》卷三百七十一·历朝书谱六十一·明·朱国祚　朱国祚，字兆隆，秀水人。万历癸未进士第一人，授修撰。熹宗时为户部尚书，武英殿大学士。赠太傅，谥文恪。为文醇雅宏畅，书法遒劲。（项玉笋《檇李往哲续编》）

（清）和珅等《大清一统志》卷二百二十一·嘉兴府·人物·明　朱国祚（字养淳，秀水人。万历十一年进士，廷对第一。授修撰，进谕德，擢礼部侍郎摄部事。时储位未定，国祚争国本至数十疏。后因灾异请修省，并陈安人心、收人望、通下情、清滥狱四事，其言剀切。会有谗者，遂乞归里居。光宗立，拜礼部尚书兼东阁大学士，入参机务。天启三年，进少保，户部尚书，改武英殿。累疏乞归。卒赠太傅，谥文恪。国祚居官廉慎，持大体。时称长者）。

科　第

（一）乡试

（清）沈翼机等《浙江通志》卷一百三十九·选举十七·明·举人·万历十年壬午科　朱国祚（秀水人。癸未状元）。

（二）会试、殿试

癸未科（万历十一年）**状元策**　（存目。参见［明］焦竑辑，［清］胡任兴增辑《历科廷试状元策》卷五）

（明）张朝瑞《皇明贡举考》卷九　（万历十一年）三月十五日，临策天下贡士。

制曰：朕闻治本于道，道本于德。古今论治者必折衷于孔子，孔子告鲁君为政在九经，而归本于三德。至宋臣司马光言人君大德有三，曰仁、曰明、曰武，果与孔子合欤？光历事三朝，三以其言献，自谓至精至要矣。然朕观古记可异焉。曰其仁如天，其智如神，曰明物察伦，由仁义行，曰其仁可亲，其言可信，皆未及武也。独自商以下，有天锡勇□□竞维烈之称，岂至后王始尚武欤？近世伟略隆基之主，或宽仁爱人，知人善任；或明明庙谟，赳赳雄断；或迹比汤武，治几成康；或仁孝友爱，聪明豁达；则洵美矣，而三德未纯，然亦足以肇造洪绪，何也？其守成缵业者似又弗如？或以仁称，如汉文帝、宋仁宗；以明称，如汉明帝、唐明皇，以武称，如汉武帝、唐武宗，独具一德而又增光宗祏，何也？彼所谓兼三者则治，阙一则衰，二则危，毋亦责人太备欤？又有疏六戒者，曰戒太察，戒无断；陈九弊者，曰眩聪明，励威强；上六事者，曰不喜兵刑、不用智数。其于三德果有当否欤？朕乘乾御极十有一年于兹，夕惕晨兴，永怀至理，然纪纲饬而吏滋玩，田野垦而民滋困，学校肃而士滋偷，边鄙宁而兵滋哗，督捕严而盗滋起。厥咎安在？岂朕仁未溥欤？明或弊欤？当机而少断欤？夫一切绳天下以三尺则害仁，然专务尚德缓刑，恐非仁而流于姑息；一切纳污藏疾则害明，然专务发奸擿伏，恐非明而伤于烦苛；一切宽柔因任则害武，然专务用威克爱，恐非武而病于亢暴。是用诏所司，进多士详延于廷，諏以此道。诸生得不勉思而茂明之，其为朕阐典谟之旨，推帝王之宪，稽当世之务，悉陈勿讳，朕眷兹洽闻，将裁览而采行焉。

（时廷对之士三百四十一人，赐朱国祚等进士及第出身有差。……）

第一甲三名赐进士及第：朱国祚，太医院籍，浙江秀水县人。……

（明）王世贞《弇山堂别集》卷八十三·科试考三 （万历）十一年癸未，命太子太保礼部尚书文渊阁大学士余有丁，掌詹事府吏部左侍郎翰林院学士许国主会试，取中举人李廷机等。廷机，福建解元也。

廷试，少师兼太子太师吏部尚书中极殿大学士张四维，少保兼太子太保户部尚书武英殿大学士申时行以子田征用懋中式，引嫌辞读卷，不许。赐朱国祚、李廷机、刘应秋及第。

（明）张弘道、张凝道《皇明三元考》卷十三·万历十一年癸未科大魁 状元朱国祚（太医院籍。浙江秀水人。字兆隆，号养淳。习《书》。年二十五。壬午顺天乡试十九名。累官礼部尚书，东阁大学士）。

又 入阁：朱国祚（泰昌元年，由礼部尚书入东阁）。

（清）沈翼机等《浙江通志》卷一百三十三·选举十一·明·进士·万历十一年癸未科朱国祚榜 朱国祚（秀水人。状元。少傅。武英殿大学士）。

（清）张廷玉等《明史》卷二十·本纪第二十·神宗一 （万历十一年春三月）庚

子，赐朱国祚等进士及第出身有差。

仕 宦

（明）俞汝楫《礼部志稿》卷四十二·历官表·左右侍郎 朱国祚（字兆隆，太医院官籍，浙江秀水人。癸未进士。万历二十六年，由左春坊左庶子兼翰林院侍读，升本部右侍郎兼翰林院侍读学士）。

（清）谷应泰《明史纪事本末》卷六十七·争国本 （万历二十八年）十一月，戚臣郑国泰疏请皇子先冠婚后册立，科臣王士昌纠之。署礼部朱国祚以“国泰颠倒其词与明旨有背，恐酿无穷之祸”，不报。

（清）孙承泽《春明梦余录》卷四十一·礼部三 明制，会试……未用贰相者，自天启壬戌始有何宗彦、朱国祚，后皆因之。

（清）查继佐《罪惟录》·志卷十九·直阁志·光宗 朱国祚（养醇，秀水人。由状元、吏部侍郎，进武英殿少保，兼太子太傅、户部尚书。谥文恪）。

（清）陈鼎《东林列传》卷末上·明·附熹宗原本本纪上 （天启二年春二月）辛未，命大学士何宗彦、朱国祚为会试主考。

又 （三年四月）己巳，朱国祚致仕。

（清）张廷玉等《明史》卷二十一·本纪第二十一·神宗二 （万历）四十八年七月，神宗崩。……八月丙午朔，（太子）即皇帝位。……乙丑，以南京礼部尚书朱国祚为礼部尚书兼东阁大学士，预机务。

又，卷七十·志第四十六·选举二 天启二年壬戌会试，命大学士何宗彦、朱国祚为主考。故事，阁臣典试，翰、詹一人副之。时已推礼部尚书顾秉谦，特旨命国祚。国祚疏辞，帝曰：“今岁朕首科，特用二辅臣，以光重典，卿不必辞。”嗣后，二辅臣典试以为常。

又，卷二十二·本纪第二十二·熹宗 （天启三年夏四月）己巳，朱国祚致仕。

（清）傅恒《御批历代通鉴辑览》一百十二·（明）光宗皇帝 （庚申泰昌元年秋八月）以何宗彦、刘一燝、韩炉、朱国祚（字兆隆，秀水人）并为礼部尚书兼东阁大学士，预机务。召叶向高复入阁。

时内阁止方从哲一人，史继偕、沈潅尚未至，帝遂复有宗彦等命，而宗彦、国祚、向高亦俱在籍，惟一爆、炉入直。（明年六月，宗彦、国祚至。十月，向高至。复为首辅。）

又，卷一百十三·明熹宗皇帝　（癸亥天启三年）夏四月，朱国祚罢。

国祚在阁素行清慎，事持大体。及是，十三疏乞休，遂许之。……（先是刑部尚书王纪为魏忠贤所逐，国祚疏救，复具揭争之。纪为礼部侍郎，尝以事忤国祚者也。人以是称国祚长者。归后家无余赀，逾年卒。赠太傅，谥文恪。）

（清）窦光鼐等《钦定日下旧闻考》卷四十八·城市（内城东城四）　（原明初会试主考，或待诏，或典籍，或编修，纪善初不论官。宣德癸丑，始命少保黄淮与少詹事王直主之，淮久致仕，以谢恩至京点用。至弘治庚戌，命大学士徐溥。己未，命大学士李东阳。然未有用二辅臣者，自天启壬戌始命何宗彦、朱国祚同主试，后遂因之。《春明梦余录》

原天启二年二月辛未，命大学士何宗彦、朱国祚主会试。故事，会闱以阁臣典试，而翰、詹一人副之。已推礼部尚书掌詹事府事顾秉谦，上特命国祚，国祚疏辞，上曰：“今岁系朕首科，特命二辅臣，以光重典，卿不必辞。”　《明熹宗实录》）

朱彝尊原按，是年，宗室子朱慎鋆登进士榜。先太傅文恪公请于朝，优选京秩，遂除慎鋆为中书舍人。宗室举进士，前此未有，盖始于是科也。

（清）舒赫德《御定资治通鉴纲目三编》卷三十一　（庚申光宗贞皇帝泰昌元年秋八月）以何宗彦、刘一爆、韩炉、朱国祚并为礼部尚书兼东阁大学士，预机务。召叶向高复入阁。（时内阁止方从哲一人。史继偕、沈潅尚未至，帝遂复有宗彦等命。而宗彦、国祚、向高亦俱在籍，惟一爆、炉入直。明年六月，宗彦、国祚至。十月，向高至。复为首辅。）质实（……朱国祚，字兆隆。秀水人）……

又，卷三十二　（癸亥熹宗哲皇帝天启三年夏四月）朱国祚罢。

（国祚在阁素行谨慎，事持大体，十三疏乞休，遂许之。未几，史继偕亦致仕。先是刑部尚书王纪为魏忠贤所逐，国祚疏救，复具揭争之。纪为礼部侍郎，尝以事忤国祚者也，人以是称国祚长者。）

（清）曹仁虎等《钦定续通典》卷十九·选举三·历代制下（明）　熹宗天启二年，命大学士何宗彦、朱国祚主会试。嗣后，主会试皆用二辅臣，以为常。

（清）曹仁虎等《钦定续文献通考》卷三十五·选举考·举士　熹宗天启二年会试，命大学士何宗彦、朱国祚为主考。国祚以故事辞，帝曰：“今岁朕首科，特用二辅臣，以光重典，卿不必辞。”嗣后，二辅臣典试以为常。

轶　　事

（清）查慎行《人海记》卷上·李九我　李九我乡试举第一，申少师瑶泉即留为馆宾，转馆于归安董宗伯家。癸未，李得会元，申正当国，廷试时，文定以子用懋入试避读卷。是科秀水朱文恪公一甲第一，李在第二。赐第后，九我见秀水，颇怏怏。一日秀水疾，李过，候坐榻旁，推窗见庭松蟠屈，笑曰："弟尝梦历此境，或云功名在是，今得之矣。名次兄后，非豫兆耶！"自后欢恰无间。

（清）查慎行《人海记》卷下·朱文恪传胪　秀水朱文恪公，万历癸未进士第一。传胪日，文恪公太医院使东山，绯服侍班。乙未，以修撰朱国祚为司经局洗马。故事，鼎元无任洗马者。八月，充皇太子侍班。寻清理贴黄，靖难功臣旧署奉天征讨，文恪曰："文皇不得已值此，奈何以同姓加征讨名。悉改靖难。"

（清）黄之隽等《江南通志》卷一百九十五·杂类志·纪闻一·苏州府　申文定时行在政府日，秀水朱太傅国祚见时行于邸第，时方九龄。时行特起避席留之读书。一日，从师出游，国祚失足蹈污泥，时行命僮子回取履。僮子误持时行朝鞵至，国祚不敢纳，时行笑曰："履之，终当践我迹耳。"及举顺天乡试，同学少年有侮之者，时行怫然曰："是且大魁天下，若辈焉知？"明年国祚果胪传第一。

（清）阎湘蕙《明鼎甲征信录》卷三　朱国祚，字养淳，浙江秀水人。父讳儒，以医显。平生急友谊，尝深入诏狱救沈先生思孝，海内传之。而仁术尤见重当代，为太医院使，事定陵。一日，于乾清宫切脉，奏曰："宜宽平以养气，安静以益精。"上喜，命书之屏。万历十一年殿试，胪传日，国祚名在第一，定陵顾左右曰："此老子积德之报也。"累官至宰辅，谥文恪。曾孙彝尊，国朝康熙己未，举博学鸿儒，授检讨。（《日下旧闻》）

著　　作

（清）黄虞稷《千顷堂书目》卷五·别史类　朱国祚《孝宗大纪》一卷。……朱国祚《请册立东宫疏》。

又，卷九·仪注类　朱国祚《册立仪注》一卷。

又，卷二十五·别集类·万历癸未科（十一年）　朱国祚《介石斋集》。（字兆隆，秀水人。一甲第一人。少傅，户部尚书兼武英殿大学士。赠太傅，谥文恪。）

又，卷三十·表奏类　朱国祚《册立疏草》一卷。

（清）沈翼机等《浙江通志》卷二百四十四·经籍四·史部下·仪注　《册立仪注》一卷。（《黄氏书目》：朱国祚撰。）

又，卷二百五十一·经籍十一·集部四·别集·明　《介石堂集》。（《秀水县志》：朱国祚著，字兆隆。）

又，卷二百五十二·经籍十二·集部五·表奏　《册立疏草》一卷。（《澹生堂书目》：朱国祚著。）

（清）张廷玉等《明史》卷九十七·志第七十三·艺文二·史类　朱国祚《孝宗大纪》一卷。……朱国祚《册立仪注》一卷。

又，卷九十九·志第七十五·艺文四·集类　朱国祚《介石斋集》二十卷。

评　论

（清）朱彝尊《静志居诗话》卷十五　朱国祚，字兆隆，号养淳，秀水人。以太医院籍补顺天府学生。万历癸未赐进士第一。除修撰，历官户部尚书兼武英殿大学士，加少傅。卒赠太傅，谥文恪。有《介石斋集》。

朱朗诣云：先大父文懿公尝过秀水，文恪不出迎。既升堂，先公意不怿，询之，则文恪袍带留质库，方令人取之，叹息不置，其清介如是。诗亦非肉食人语，正如冰荷在壑，冷香袭人。

陆丽京云：《易》称知几，《诗》咏明哲，朱文恪足当之。闻利玛窦进异物，公曰："此辈小智，足以惑人，将来必有助之更历法者。"景陵诗派初行，公览之，惊曰："安得此亡国之音？吾不忍见之也。"知几其如神乎！

俞右吉云：王献之能为一笔书，陆探征能为一笔画，郭恕先能为一笔风筝图。朱太傅《天台诗》虽五十言，一气融贯，即谓之一笔也。可诗云："人言天台高，四万八千丈。中有瀑布泉，飞流众山响，多少采药人，石梁不得上。我思劚寿藤，削作过头杖。柱上最高峰，云中一拊掌。"

吴巨手云：元时杏花，齐化门外最繁，东岳庙石台群公赋诗张宴，传为盛事。葛逻禄易之诗云："上东门外杏花开，千树红云绕石台。最忆奎章虞阁老，白头骑马看花来。"至明，城东花事衰，郊西渐盛。万历后，摩诃庵杏花多至千株，吾乡朱太傅养淳诗云："摩诃庵外袖吟鞭，繁杏春开十里田。曾与村翁旧相识，看花不费酒家钱。"承平之日，翰苑风流，后先一致也。

（清）朱彝尊《明诗综》卷五十九·朱国祚（五十八首）　先公字兆隆，号养淳，秀水人。以太医院籍补顺天府学生。万历壬午中乡试，明年癸未赐进士第一人。除翰林院修撰，知起居注。己丑，充会试同考官。辛卯，典试江西，历司经局洗马，迁谕德。丁酉，典试应天，进右庶子。戊戌，以礼部右侍郎兼翰林院侍读学士摄礼部尚书事。壬寅，转吏部右侍郎，引疾归。光宗即位，起南京礼部尚书。是年，命入东阁加太子太保，进文渊阁。壬戌，主会试，寻以户部尚书兼武英殿大学士加少傅回籍。卒赠太傅，谥文恪。有《介石斋集》。

（曹洁躬云：吾乡巨公若吕文懿、项襄毅、屠康僖、朱文恪俱研心风雅，而不与作者争名。文恪诗尤婉秀，轩轩霞举，一无俗尘，望而知其品之清也。

朱朗诣云：先大父文懿公尝过秀水，文恪不出迎。既升堂，先公意不怿，询之，则文恪袍带留质库，方令人取之，叹息不置，其清介如是。诗亦非肉食人语，正如冰荷在壑，冷香袭人。

陆丽京云：《易》称知几，《诗》咏明哲，朱文恪足当之。闻利玛窦进异物，公曰："此辈小智，足以惑人，将来必有助之更历法者。"景陵诗派初行，公览之，惊曰："安得此亡国之音？吾不忍见之也。"知几其神乎！

俞右吉云：太傅清而能容，质而有大体，忠著三朝，无事不可为后世法。即以诗论，自抒性情，不事沿袭，诸体俱合，不失正始之音。

钟广汉云：文恪处门户纷争之日，中立不倚，人所难能。建储事，公私疏七十上。其劾郑国泰云："本朝外戚不与政事，册立非国泰所宜言。"可云犯颜强谏，不畏强御矣。而吴人有《先拨志始》一编没而不书，则以公名不列东林之籍也。尚得谓公非公是乎？公与福清同年入翰苑，同典试南畿，晚岁同心辅政，闻福清初告归，中途绝不会客，独过公谈宴三日然后行。公赠诗有"拙免书钩党，衰犹话典坟"，公盖自安于无咎无誉矣。公初不以诗名，而同时浙右诸公未有过焉者。

缪天自云：定陵中岁，吾乡朱文恪公叶与临朐冯文敏同被命入阁，将宣麻矣，沈阁老蛟门以密揭止之，遂以少宰归田。篴车栗杖，偕同里郁伯承游天台、雁荡诸山，吟咏不辍。其诗率写胸臆，未尝摹仿前人。惜其集未刊行，为乡曲一老儒涂窜朱墨，混淆难辨，失其真矣。）

（清）陈廷敬《午亭文编》卷四十八·题跋杂文·朱文恪诰命书后 右明故相国谥文恪朱公，为太子太保、礼部尚书兼文渊阁大学士，诰命二道。其曾孙今翰林先生竹垞以示余，余方总史事既，即史官所为公传征文考信，采摭遗阙于横见侧出之中加简括焉，事厘然具矣。

诚见公所为功甚大，而其所自挟持为独正也，公翼储副、定国本厥功大矣。而吾所为公功在审人家国极重难返之势，独立不惧，而阴以救天下之弊，此其为功大而可传也。当公之时，党朋不解，阉祸滋兴，士大夫角风尚，猎名誉，以虚声撄小人之怒，虽罹祸败而不悟，顾沾沾自喜，吾真东林真党魁矣。彼小人者，不乐君子，有是名而直使之，无救于其祸败，必尽快其意而后止。由是君子日亡，国势日去。夫苟以取一日之名，至于亡人家国，而不恤吾于东林之君子，有余恫焉。公当时议嚣喧，正邪杂糅，独中立不倚，出乎流俗之表，不变容改度，终始一节，使向者东林之君子尽皆如公，彼小人者亦不得横被之以祸败。君子不亡则国之存亡不可知也。不幸而功不就然，其大者又讵可泯没而无传哉？故曰：其所挟持者独正也。

公固以清廉闻于世，其子孙往往仕宦而能贫，独以文学传其家。吾友竹垞尤显名，天下是皇，勿替公侯，必复于吾，竹垞终有望焉。此卷留余所且逾年，一旦竹垞来告别也，含毫黯然，题其后以归之。

（清）陈田《明诗纪事》庚签卷十四·朱国祚（一首） 国祚，字兆隆，秀水人。万历癸未第一人及第。授修撰，历洗马、谕德、庶子，擢礼部侍郎，改吏部，引疾归。起南礼部尚书，召入东阁，参预机务。加太子太保，进文渊阁大学士。改户部，进武英殿大学士。加少傅。赠太傅，谥文恪。有《介石扇斋》二十卷。

（朱彝尊《明诗综》：曹洁躬云："文恪诗婉秀，轩轩霞举，一无俗尘。"朱朗诣云："文恪诗如冰荷在壑，冷香袭人。"俞右吉云："太傅诗，自抒性情，不事沿袭，诸体俱合，不失正始之音。"

田按，文恪诗清挺。《介石斋集》不传，赖文孙彝尊辑《诗综》，所录甚夥，犹得观其大略。）

《摩诃庵观杏花作》

摩诃庵外袖吟鞭，繁杏春开十里田。曾与村翁旧相识，看花不费酒家钱。

（《明诗综》：吴巨平云："元时杏花，齐化门外最繁，东岳庙石台，群公赋诗张宴，传为盛事。葛逻禄易之诗云："上东门外杏花开，千树红云绕石台。最忆奎章虞阁老，白头骑马看花来。"至明，城东花事衰，郊西渐盛。万历后，摩诃庵杏花多至千株，吾乡朱太傅养淳诗云云。承平之日，翰苑风流，后先一致也。）

杂　　录

（明）于慎行《谷城山馆集》卷十三·七言律诗·送朱养淳太史册封周藩 蓬莱阙下五云飞，桐叶封函出帝畿。汉苑花香随使节，河桥柳色上征衣。天临玉署恩偏渥，星近银河夜更辉。试向汴京城里望，六街何处不朱扉。

（明）申时行《赐闲堂集》卷十五·序·寿少宰学士朱公五十序 （存目）

（明）吴道南《送朱养淳太史典试江右》 紫陌新轺夹道看，词臣分命出金銮。片帆左蠡乘新涨，一榻秋屏对早寒。南国文裁运斤手，西江脉重采诗官。何当更问闾阎苦，归与君王策治安。

（录自［清］陶成等《江西通志》卷一百五十五）

（清）朱彝尊《曝书亭集》·曝书亭集原序 秀水朱文恪公，以名德著。万历中，诸子姓彬彬继起，号能文章。四十年来，浙西言文献者，必首朱氏文恪公之曾孙曰彝尊，锡畅最晚出，文章之名播海内，一旦出诸父之右。

（清）陈鼎《东林列传》卷末下·明·附熹宗原本本纪下 （天启四年十一月辛亥朔）前大学士朱国祚卒。

又 （天启五年夏五月庚戌）赠朱国祚太傅。

（清）沈翼机等《浙江通志》卷二百三十六·陵墓二·嘉兴府·秀水县 明大学士谥文恪朱国祚墓。《秀水县志》：在百花庄。（传详名臣朱彝尊《鸳鸯湖棹歌》：百花庄口水沄沄，中是吾家太傅坟。当暑黄鹂鸣灌木，经冬红叶映斜曛。）

万历十四年（1586）丙戌科状元唐文献

传　记

（明）过庭训《明分省人物考》卷二十六·南直隶松江府二·唐文献　唐文献，号抑所，华亭人。母怀孕时梦一人送糖饼撞至其家，觉来异香满室，遂应时而生。少即岐嶷不凡，颖敏喜学。万历丙戌，捷南宫，廷对擢第一人，果符前兆。授修撰，请告归里，依然寒素。越二年，补任，历中允、谕德、少詹、礼部侍郎，掌院事。辛丑，分考。甲辰，副考，最称得人。乙巳，值内计，公正掌院所，甄别词林，不少假借。山阴、归德一时去国，独以身周旋其间。而楚狱妖书事起，赖以多所斡旋，正气得稍申。盖其生平严请托，绝符丽，崭崭孤立，故诸所掞裁和平婉丽而慷慨，正直之气戛戛笔札间。册立东宫，诏出其手笔。所著《忠清仁辨性习解》于理学多羽翼，《仁明武箴》、《三省箴》于庙谟多补裨，至《立家训》数千言，而其要旨则欲“以学问磨砻气质，以礼法检束身心，以良友、益友为蓍龟，以挟邪恶少为酖毒”数语更堪不朽，人多诵法之。居官二十年，斤斤守儒生故我，而临大事、决大疑则屹然不为利害、死生所夺。未及大用而卒，海内知与不知靡不叹惜云。

（明）何三畏《云间志略》卷二十二（人物）·唐文恪抑所公传　唐文献，字道征，更字元征，号抑所，华亭人。公之生也，赠公澹窝翁构一厅事，而梦巨星丽于栋，印大如斗，垂一足，有三字曰“敷子魁”。盖敷锡者，赠公之名，而公为之子，系之以魁，故公诞而占其贵征也。公少岐嶷颖秀，无童子心而有成人度，识者奇之。盖自十六补文学弟子，为御史温公所赏识，而时誉已烝烝起矣。赠公殁，而里中儿、族中子无赖者相构而齮龁公，以役以讼中之，而公强项直躬，卒不为其所鱼肉。

已而，偕吾党十数辈结社为文，公年不长于诸君子，而以直谅方正若执牛耳而主其盟，诸君子亦事之惟谨。无论以名行相勖，廪廪畏公月旦评，即游行杯酌间，亦视之为耆宿、为祭酒也。社友范牧之有狎邪之行，相与规切之，既则鸣鼓而攻之，至与之绝。富人有事涉公故奴暮夜馈百金者，指河水为誓，峻却之。而吾郡张黄门、陈太史，毗陵白光禄重公之为人，延而傅其子，其子皆贵介，而公面目严冷，师道自尊，亦无敢以纨绔膏粱态见。盖公当缝掖时，隐然负公辅之望，而独屡试屡蹶，不得志于棘围，遂以食饩生入赀为六馆士。公故不饶于赀，范尔孚慨然以二百精镪代之输，亦一义举。而公即以乙酉举于北省，丙戌第于南宫，入对大廷而贤良策当上心，遂首被御批，大魁天下。盖公貌如处子，羸羸体不胜衣，胪传之日，与诸进士亦步亦趋，朝中大小臣僚第以为此举得一名隽，而孰知其为正士端人也耶。既入院为修撰官，雅意不傍人门户，座师如娄江王文肃、虞山赵少宰，而教习为山阴朱文懿，亦未尝数数谒门屏作附丽状，为寒暄语。诸老亦心折之，以为是公饶有刚气，非世所为绕指柔者，悉属目高仰之。而公自筮仕以来，持使节归里。而还朝以后，其以原官充皇太子讲筵，而晋春坊，而晋庶子，而晋詹事府少詹事，而晋礼部右侍郎。

十九年间衣绯横金，身致华膴，而公朗度冲襟处之，一如儒素，其裘马仆从务从简约，绝不似禁林贵人。布衣贫交见时必相慰劳如故，若不佞之就选人待命久而淹滞辇下也，时问馈而饮食之，且出金钱赈之。而宅相黄武定孟威、老友沈新宁公绪、张郡幕兼之亦以选以差逗留旅邸，无不为之通殷勤者，其故旧不遗类如此。当是时，公且再入讲筵，子夜策马建章门，入候供奉，每遇积雪长安道中，几没马腹，或夏秋骤潦，湿透中衣，曾不敢以一日浣沐请。而礼闱之役其校艺核而且勤，常额手吁天期得人为国家用。而场事甫毕，所撰三场程式及诸批语当事者悉以属公，公兼昼夜拮据之为，始得录成，上呈御览。时又掌院事，公为剔奸搜弊，抑绝幸门吏人，凛凛如对神明而负霜雪。公方抱病而执政过从私室中，欲□大计事，阴有所指授，而终不敢关其说以去也。比亦感触时事，往往投筯抚床有不胜其愤激者，而会闻夫人之变从家报中来，辄哀惋不自胜。长君中翰允恭在侍，再三宽解之不得，而寝疾逾甚，竟易箦逝矣。逝之日，天子震悼，采朝议而赠官大宗伯，予全葬，遣行人周应期治隧道，谕祭加二坛，亦可谓终始荣哀，而易名之典尚未有命也。又十余年而历神宗、光宗以至今上临朝，始谥之曰文恪。夫亦朝论之公久而后定也哉。

公之生平孝友，自其天性，故其所以奉两尊人像者，岁祭时祭，靡不悲涕交颐。而其字兄、姊之子，教养而婚娶之，不啻己出。姊之夫莫生为雠家所构，坐杀人律，必申其枉而出之狱中，他如悯彭钦之之飞祸而释其囚，痛张仲仁之奇冤而白其事，哀袁微之之客死而经纪其丧。每遇故乡水旱大灾，必议赈议蠲，得请乃已。而凡武弁功曹之辈流于京，踬于邸，落魂而无所依者，不难辄呼而辄应也。若乃首胪九年之考例，得升谕德。不复需次者慨以让其先辈词林，人以此服其有度。礼部议以公为北畿副考，疏名上而复以他属公，亦怡然即请告还里，人以此服其有容。赵少宰以改婚事有讼于朝，求去甚力，首揆难其去，而公一日往返者数四，少宰乃得请归，人以此服其有义。会妖书事起，将波及江夏郭少宗伯，司隶业械其家奴数人，而公独诣政府力白其冤，事乃解。华司理钰以抗税貂下诏狱，而公数数慰藉之圜扉中。李黄门沂以论阉宦，上怒杖之午门，而公手调汤药视之旅邸，盖至两公无恙，幸得再见公而呱呱泣，两手据地不能起也。而其为感可知也。

盖公平日以主持风教，奖借人伦为念。时手一编《见名臣风节》，有会心处辄书之片纸以佩韦弦，故其进止皆有坊表，竿牍不驰于外，筐篚不入于庭，岳岳棱棱得大臣体。论者谓公一生品望独于刚处得力，然惟其无欲所以能刚。若他人临时矫饰，以缴伉沽名，其何能有此矣。公虽殁，而光皇帝嗣服录公帏幄功，荫一子而复加长君中翰晋廷评，簪缨累累不绝，而其仲季诸君允执、允釐、允谐及诸录同申辈皆世雕龙业。而允谐举天启甲子乡书，公不亡矣。构一堂于第中名之曰占星，社友徐孟孺益孙为之记。所著有《占星堂集》十六卷，门生杨鹤、崔尔进先后为盐使者，按部此中，为之梓行，孙承宗为之序。

（明）顾祖训原编、（明）吴承恩增补、（清）陈枚续补《状元图考》卷三·状元唐文献 万历十四年丙戌，廷试袁宗道等　三百五十人，擢唐文献第一。

按，文献，字元征，号抑所，直隶华亭人。父进士，好施予。自少有深沉之资。十五岁入泮。雅量笃学，善属文。梦中顺天试，遂发奋。入国学愈洁己好修。常梦月中金花灿烂，顷之满身。又梦龙浴于室。有徽友梦唐云：“余卷已入慈宁宫，奈何?”首唱年三十八。

（明）董其昌《容台文集》卷九·行状·嘉议大夫礼部右侍郎兼翰林院侍读学士赠尚书抑所唐公行状　（存目）

（清）查继佐《罪惟录》·列传卷十四·讽谕臣列传·唐文献　唐文献，字元征，号抑所，南直华亭人。万历丙戌进士第一人，授修撰。颇清辩，每注意本朝掌故及名臣风节。侍皇长子讲学，曲譬为多。晋礼部右侍郎，历都御史。端居忧国，提奖人伦。妖书事起，辅臣沈一贯与礼部正域议不合，言官逢一贯遂疑郭宗伯为之，事不测。文献曰：“四明颇好名，宜有以怵之。”率同志入四明坐，坐定曰：“相公能赞天子喜怒，持国是，幸甚!”四明蹙然曰：“不敢也。”曰：“相公不杀人，人知之；相公不杀正人，人知之矣。”四明以言激，益警，则又曰：“郭宗伯海内交口，清质无他，闻相公有意杀之。幸暴其实于天下，以见正人亦每触不讳，而相公之杀正人有辞也。”四明惊，色赭，局促不能自容，曰：“无是。”曰：“固知无是也。而诸台省所欲为具为相公承之，则奈何?”四明挥茗洒地质天：“一贯尔尔有如此茗。”文献曰：“宗伯故不免，文献辈不能持相公茗告天下也。”曰：“奈何?”曰：“相公不力讯此狱，即是有意兴此狱。幸无以疑杀正人，此关天下万世口不细也。”曰：“此当以缓得之矣。”狱卒解。华司理以抗税珰被诬诏狱，李黄门欣以论权珰触怒廷杖，文献俱为周旋调护。卒赠礼部尚书，谥文恪。

论曰：四明颇习事而不能于同官鲤，因及正域，此明党之所由始也。元征即以危语中之，顾不如温语待之曰：“如妖言不宜问，问则益增不如。妖言不必问，问益赘。且夫不问久自露也。以问使秘之非计，以急问使酷秘之益非计，设非缴生光，当作何下场?”而元征顾未及此。

（清）徐乾学等《明史》卷七十五·郭正域（附唐文献） 文献，字元征，华亭人。万历十四年进士第一。自修撰，历詹事。既争正域事，逆失政府意，不复大用。寻拜礼部右侍郎，掌翰林院事。初，文献出赵用贤门，以名节相矜许。同年生给事中李沂劾张鲸被廷杖，文献掖之出，资给其汤药。荆州擢官华钰忤税监逮下诏狱，文献力周旋，得无死。掌翰林院日，当考察，执政欲庇一人，执不许。卒官。赠礼部尚书，谥文恪。

（清）张豫章等《御选明诗》姓名爵里五·诸家姓名爵里 唐文献（字元征，松江华亭人。万历丙戌赐进士第一。授修撰，历官礼部侍郎，翰林院学士，教习，庶吉士。赠尚书，加太子少保。谥文恪。有《占星堂集》）。

（清）王鸿绪等《明史稿》卷二百三·列传第九十八·郭正域（附唐文献） 文献，字元征，华亭人。万历十四年进士第一。自修撰，历詹事。既争正域事，逆失政府意，不复大用。寻拜礼部右侍郎，掌翰林院事。初，文献出赵用贤门，以名节相矜许。同年生给事中李沂劾张鲸被廷杖，文献掖之出，资给其汤药。荆州擢官华钰忤税监逮下诏狱，文献力周旋，得无死。掌翰林日，当考察，执政欲庇一人，执不许。卒官。赠礼部尚书，谥文恪。

（清）黄之隽等《江南通志》卷一百四十一·人物志·宦绩三·松江府·明 唐文献，字元征，华亭人。万历丙戌廷试第一。授修撰，为东宫讲官。每讲毕，大珰出揖，不通一言。辅臣沈一贯忌侍郎郭正域刚直，欲以妖书事陷之。文献邀同列力白其诬，正域获免。给谏李沂劾大珰廷杖，文献徒步掖之，手调汤药，人多其义。历礼部侍郎，掌翰林院。卒谥文恪。从子，诸生允振，字叔起，有文行。

（清）张廷玉等《明史》卷二百十六·列传第一百四·唐文献 唐文献，字元征，华亭人。万历十四年进士第一。授修撰，历詹事。

沈一贯以“妖书”事倾尚书郭正域，持之急。文献偕其僚杨道宾、周如砥、陶望龄往见一贯曰：“郭公将不免，人谓公实有意杀之。”一贯蹋踖，酹地若为誓者。文献曰：“亦知公无意杀之也，第台省承风下石，而公不早讫此狱，何辞以谢天下?”一贯敛容谢之。望龄见朱赓不为救，亦正色责以大义，愿弃官与正域同死，狱得稍解。然文献等以是失政府意。久之，拜礼部右侍郎，掌翰林院事。

初，文献出赵用贤门，以名节相矜许。同年生给事中李沂劾张鲸被廷杖，文献掖之出，资给其汤药。荆州推官华钰忤税监逮下诏狱，文献力周旋，得无死。掌翰林日，当考察。执政欲庇一人，执不许。卒官。赠礼部尚书，谥文恪。

（清）倪涛《六艺之一录》卷三百七十四·历朝书谱六十四·式古堂书画汇考目 唐文献，字元征，万历十四年进士及第第一。官至礼部尚书，太子少保。谥文恪，松江人。《唐元征与公觐札》，小行书。

（清）和珅等《大清一统志》卷五十九·松江府二·人物·明 唐文献（字元征，华亭人。万历殿试第一。自修撰历詹事，既争郭正域事，遂失政府意，寻拜礼部右侍郎，掌翰林院事。初文献出赵用贤门，以名节相矜许，同年生给事中李沂劾张鲸被廷杖，文献掖之出，资给其汤药。掌翰林日，当考察，执政欲庇一人，执不许。卒官。赠礼部尚书，谥文恪）。

科　第

丙戌科（万历十四年）**状元策** 皇帝制曰：盖闻上古无为而治，不赏而民劝，不怒而威于铁钺，何甚盛也。而儒者之论治曰：有功不赏，有罪不罚，虽唐虞不能化天下。又谓夏后氏先赏而后罚，殷人先罚而后赏，周人修而兼用之。则二帝三王所由，固与上古殊路欤？何同归于治也？又有言赏疑从予、罚疑从去者，有言宁僭无滥者，有言仁可过、义不可过者，以为古昔帝王皆以君子长者之道待天下。然则先罚后赏者非欤？抑赏罚者帝王致治之具，而非其所以治欤？

我圣祖继天立极，垂宪万世，恩威莫测，其用赏罚务协于中。其揭诸《祖训》首章，及载诸《圣政记》者，同符治古，可得而陈其概欤？

朕以寡昧托于臣民之上，十有四年矣。夙夜兢兢，惟古训是式，成宪是遵，不爱爵禄，赐予以待功能之士，而不法者以三尺重绳之，明示好恶以与天下更始。然德泽壅而不究，法令泥而不行，任老成，奖恬退，以教让也，而淳竞之风益甚；革苞苴，罪贪墨，以训廉也，而澄清之效罕闻。习俗奢侈，示之以俭，而人心犹溺于纷华。刑狱冤滥，示之以宽，而吏议多工于锻炼。蠲租赈穷，诏尝数下矣，胡闾阎之困未苏？振旅诘戎，令亦屡申矣，胡牖户之防未密？无乃劝惩之法阙而未备欤？抑所谓修职任事者漏赏而欺谩，避课者佚罚欤？殆朕之不敏不明，所以风励之者非其本，而督率之者非其实也？兹欲赏信罚必，以绍明圣祖之法而追古帝王之治，何修而可？

尔多士居则称先王，谈当世之务，其尚究析当今，根极体要，详著于篇，勿泛勿隐。朕将亲览焉。

臣唐文献

臣对：臣闻帝王之临驭宇内也，必有宪天之实心，而后可以端治本；必有法天之实政，而后可以宏治功。何谓实心？蕴诸宥密之中，运诸渊微之表。意所予而速于令，神所慑而惕于威，操潜孚默化之术，而使天下以惩以劝者是已。何谓实政？审诸时势之交，达诸经制之际，予而必期于当功，夺而必期于当罪，执精明严密之权，而使天下以荣以辱者是已。实心以运于内，是谓喻天下以神，而天下以即以神孚之。故其道同天之无为，而治本自我以端。实政以措于外，是谓维天下以法，而天下即以法遵之。故其道同天之有为，而治功自我以举。古帝王所以不下阶序而化驰于风行，不出庭帷而令捷于桴答，用此道耳。藉令本之不端，而徒以其法令之粗与天下相把持，则精神与治道不相贯通，而虽有所经画注措，要亦只为粉饰之虚文，其何以培天下之化原？功之不举，而徒以其循行之迹与天下相从事，则法制与人情不相维系，而虽有所鼓舞率作，要亦仅为太平之壮观，其何以臻天下之至理？以是为政，是末世之陋风，世主之浅术也。即欲跻一世于纲纪法度之中，而措四海于均齐宁一之域，其道无由矣。

钦惟皇帝陛下，聪明睿智，具足以有临之资，惕励忧勤，存不敢康宁之意。宵衣以图政，而巨细必亲；日新以问学，而寒暑不辍。忧旱则步祷郊坛，立致甘霖之应；纳谏则躬御暖阁，不觉晷刻之移。斯固已囿天下于春风和气之中，而震天下以雷厉风行之烈。天下喁喁然，谓五帝可六，三王可四矣。乃犹圣不自圣，进臣等于廷，俯垂清问，惓惓乎举古帝王所以用赏罚之道，古儒先所以论赏罚之旨，而继之以风厉督率、赏信罚必两言，欲臣有所陈说。臣不敏，其敢无辞以对扬休命于万一耶？

盖臣闻之《书》曰："天降下民，作之君，作之师，惟其克相上帝，宠绥四方。"是知君者，天所命也。天有福善祸淫之理，而其权恒寄之君。君握命德讨罪之柄，而其道恒法乎天。故润之以雨露，天所以示恩，而人君法之，则于是有赏。折之以雷霆，天所以示威，而人君法之，则于是有罚。赏罚者，帝王制驭人群之上术也。彼上古之世，其政熙熙，其民皞皞。非无赏也，而朝野皆相率以劝于善，即赏有时而不必用。非无罚也，而远近皆相率以惩于恶，即罚有时而不必施。斯无为之至治，而极盛之休风矣。自是厥后，皇王之政若循环，而儒者之论亦人人殊指。故稽九官之命，则知唐虞不能废有功之赏。而夏后氏承勋华继美之后，成周当文明大备之时，则或先赏后罚，或兼用夫赏。夫孰非彰善以示天下劝者耶？考四凶之诛，则知唐虞不能废有罪之罚。而有殷氏承夏桀淫比之后，成周氏当殷顽未靖之时，则或先罚后赏，或兼用夫罚。夫孰非瘅恶以示天下惩者耶？彰善以示天下劝，而激励鼓舞之恩，固常寓于爵秩褒嘉之内。瘅恶以示天下惩，而哀矜悯恤之意，亦常流于刍艾诛夷之中。故古帝王赏疑则从其予，不虞其失之僭也，是所谓仁可过者也。罚疑则从其去，惟恐其失之滥也，是所谓义不可过者也。盖政则代有变更，而其适之治则一，言则人有可否，而其宜于治则均。要之，皆以精神心术之蕴，运之庆赏刑威之中。而世底熙平，人还洳穆，端不越此矣。

洪惟皇祖继天立极，垂宪万世。当夷风甫殄之秋，适海宇清宁之日，时则恩威莫测，其用赏罚，务协于中。至今诵《祖训》首章，及载在《圣政记》者，大都煦育与震曜并行，而矜全之意常胜；浑厚与精明尽运，而峻法之戒常严。是所以培①十一朝之忠厚，而贻亿万载之太平者，信有自矣。而我皇上复承之，夙夜兢兢，日惟古训之与成

① "以培"二字原缺，据《唐文恪公文集》补。

宪是遵是式，故微长必录，片善必褒，即雨露之恩，不渥于此也。俭夫必黜，奸党必诛，即雷霆之威，不肃于此也。盖十有四年以来，而淳风既已翔洽，和气既已郁蒸矣。然臣伏读圣制，谓“德泽壅而不究，法令泥而不行”，则臣以为诚亦有之。故任老成，奖恬退，将使百官兴让矣，而脂韦幸进，巧宦若神，浮竞之风，果尽戢乎？单苞苴，罪贪墨，将使群辟兴廉矣，而羔雁塞途，筐篚载路，澄清之效，果可冀乎？习俗奢侈，示之以俭，而倡优后饰，墙屋文绣者，所在如是，纷华犹故耳。刑狱冤滥，示之以宽，而法拟秋荼，僇甚屠伯者，随处而有，锻炼犹故耳。蠲租赈穷，诏尝屡下矣，而盖藏未备，逋逃未复，未敢谓闾阎之困已苏也。振旅诘戎，令亦屡颁矣，而韬钤未谙，尺伍未实，未敢谓牖户之防已密也。盖庙堂之上，所劝诱者如此，而天下或有赏之而未必劝者，是雨露之恩，有时而不润也。所惩创者如此，而天下或有罚之而未必惩者，是雷霆之威，有时而不慑也。兹欲一举而厘之，其道亦岂有加于赏罚二者而已哉！

盖赏罚者，人主所以饬治，非苟为具已也。我未行一赏，天下已于我乎觊恩，而或谓为饰喜之迹，即疏茅土，锡圭绶，往往优于暱近，而修职任事，卓有成效者，乃或抑而不予，则不僭谓何？而人于是莫知劝矣。我未行一罚，天下已于我乎觊威，而或谓为饰怒之文，即褫章服，移郊遂，往往苛于疏下，而欺谩避课，具有实迹者，乃或幸而逋诛，则不滥谓何？而人于是莫知惩矣。故欲行赏罚，莫大于法天。法天之道，莫先于核功罪之实，而行之以断。是故旌考盘之高蹈而嗜荣若渴者黜，勿予退让之风，何不可几也？褒酌泉之雅操而趋利若赴者摈，弗齿澄清之效，何不可必也？奢侈未殄，则必示等威之式，严僭紊之诛，而俗必知崇俭矣。刑狱未平，则必惇蒲鞭之化，诎烹鲜之理，而吏必知崇宽矣。① 欲苏闾阎之困，则奉宣德惠者陟以显秩，而壅阏涝泽者，罪之无赦可也。欲密牖户之防，则加志训练者优以重典，而玩愒戎行者置之不原可也。如是，则风厉之术，操之在上，而民从之如流水，非从赏罚之法，而从以心也。督率之权，亦握之在上，而下式之如转枢，非式赏罚之文，而式以实也。又何德化之不可洽，升平之不可致？雍熙太和之理，即唐虞非所尚，奚况三代哉！

抑臣犹有献焉。朝廷者，四方之极也。君心者，万化之原也。惟不好逢迎之术，而竞进者无所容；惟不营帑藏之积，而好嗜利者有所惮；惟不侈供御，则奢者愧；惟不峻刑戮，则残者戢。惟轸恫瘝之视，而民困可苏；惟切外宁之惧，而边防可固。故臣亦愿陛下实求之心而已。勿以左右近习为悦而蛊此心，勿以贤士大夫为厌而逸此心，勿以物力丰盛而或以土木荒此心，勿以运际承平而或以毕弋荡此心，勿以边境无虞而或以战伐黩此心。惟益务讲学，益勤顾问，则渊微密勿之内，皆清心寡欲之资，而虚冲恬淡之中，皆端本澄源之计。故爵赏未颁，而意所向往即为霈泽；刑罚未施，而神所凝注即灵爽。自是而臣工日以式化，疆宇日以宁谧。即以绍明圣祖之法，而追古帝王之治，又何难哉！此正所谓风励之有本，而督率之以实者。惟陛下垂神而采纳焉，天下幸甚，臣愚

① “刑狱未平，则必惇蒲鞭之化，诎烹鲜之理，而吏必知崇宽矣。”一句原缺，据《唐文恪公文集》补。

幸甚！

臣草茅下士，不识忌讳，冒渎宸严，不胜战栗陨越之至。臣谨对。

（录自［明］焦竑，［清］胡任兴增辑《历科廷试状元策》卷五）

（明）王世贞《弇山堂别集》卷八十四·科试考四 （万历）十四年丙戌，命礼部尚书文渊阁大学士王锡爵，掌詹事府吏部左侍郎兼翰林院侍读学士周子义充考试官，取中袁宗道等。是岁，以言官请取三百五十人，著为令。

廷试，赐唐文献、杨道宾、舒弘志及第。

（明）张弘道、张凝道《皇明三元考》卷十三·万历十四年丙戌科大魁 状元唐文献（直隶华亭人。字元征，号抑所。治《诗》。年三十一。乙酉举人。累任礼部左侍郎，掌翰林院事）。

（清）黄之隽等《江南通志》卷一百二十三·选举志·进士五·（明万历）**丙戌科唐文献榜** 唐文献（华亭人。状元）。

（清）张廷玉等《明史》卷二十·本纪第二十·神宗一 （万历十四年春三月）癸丑，赐唐文献等进士及第出身有差。

轶　事

（清）李林松《文献唐公轶闻》 璜溪吴履震《五茸志逸》云：梦龟有必应者。吾松鼎元文献唐公，其尊人名敕，号澹窝。其从叔号鹇谷者，一日寝于兄之堂，梦有星岸然，蹒跚而走，独垂一印大如斗，厥文则奇曰："敕子魁。"碧眼瞳矇，朱发葳蕤。鹇谷心动，起告其兄，召占者卜之，得鼎之六五。占者曰："金铉印累也夫。敕为澹窝，先生名其后，必居鼎之首。"时尚未举元征。及元征弱冠，虽才名鹊起，然家中落，此堂寄他人手者已多年，而今始得克还旧物，一如占者之言。于是绘以金书，雕以藻文，题曰"占星堂"。

今按唐氏族谱，文恪父敷锡初名稠，字世饮，号澹窝，初无名敕事。其号鹇谷者，澹窝弟，名师锡，乃文恪叔，亦非从叔，吴长公偶误耳。

嘉庆十九年春八世外从孙李林松识。

又按，何三畏《云间志略》：澹窝翁梦臣星丽于栋，印大如斗，垂一足，有三字，曰：敷子魁。即赠公名，与此小异。

（录自［明］唐文献《唐文恪公文集》卷末）

著　　作

（清）黄虞稷《千顷堂书目》卷二十五·别集类·万历丙戌科（十四年） 唐文献《占星堂集》十六卷。（字元征，华亭人。一甲第一人。礼部侍郎，翰林院学士，赠尚书，加太子少保。谥文恪。）

（清）黄之隽等《江南通志》卷一百九十四·艺文志·集部二（诗文集）·明 《唐文恪集》十六卷（华亭唐文献）。

（清）张廷玉等《明史》卷九十九·志第七十五·艺文四·集类 唐文献《占星堂集》十六卷。

（清）曹仁虎等《钦定续通志》卷一百六十二·艺文略·文类第十二上·别集·明 《占星堂集》十五卷（明唐文献撰）。

（清）纪昀等《钦定四库全书总目》卷一百七十九·集部三十二·别集类存目六·《占星堂集》十五卷（浙江孙仰曾家藏本） 明唐文献撰。文献，字符征，南直隶华亭人。万历丙戌进士。官至礼部右侍郎，翰林院学士，谥文恪。事迹具《明史》本传。朱彝尊《静志居诗话》载：文献未第时，曾见奎宿于堂上，故以占星名其堂，因以名集。

（清）曹仁虎等《钦定续文献通考》卷一百九十四·经籍考·集（别集六）·明 唐文献《占星堂集》十五卷。文献，字元征，华亭人。万历进士。官至礼部右侍郎，翰林学士。谥文恪。

评　　论

（明）孙承宗《大宗伯抑所唐先生文集叙》 昔苏子瞻称："刚者必仁，佞者必不仁。"盖予读唐先生集及其传而信之。郭宗伯传唐先生，叙其慷慨正直，反复周挚，曲尽刚仁之概。而予读之，因念今天下有绾毂一方身在去留者，至烦举国争之不置。乃向者宗伯当癸甲之际，于国关宗社，于身关死生，独一二人如唐先生坚持明诤于要人，而曾无一人引大义、明可否于朝。至要人退而正人有宁宇，天下始争系籍于其下，而奏牍一挂其爵里，则搤腕题为名流。而向之坚持明诤者，或生或死，或显或晦，率不闻。自诩结交之素，而此正人者乃一一标其人曰："某为我坚持，某为我明诤。"嗟乎！何向之君子轻人于死生，而今之君子重人于进退也？然则论唐先生于向之君子，岂独威凤之在鸡群乎？夫正人当忧危踣顿，其誉我于贤圣者，既挤我于崄。而胆智悸骇，耳之雷霆者，亦复穴豫夺常。乃先生低佪于正人去国之际，不难犯要人之锋，以激发天下之正气，而解散其谋，此岂词臣弄柔翰者？至今读北风雨雪之章，可涕可愤，尚令腐心裂眦，有请剑上方之意。而中间宜婉宜直，亦疏亦密，斟酌于语言操纵之间，卒以消腹剑于既加，甚至执政所欲庇不能得之先生，而执政所欲杀先生，卒得之执政，此又岂区区以口舌脱人于槅者？嗟乎！先生可为大臣矣。先生经济大略，百未一试于朝，独其酬应诸著作，尚留什一于箧。冢君涕而授简，不佞宗以叙。宗因念古之立言者，有言以人重，有人以言重，有言与人俱重，而要其立言必皆卓然有所自持，不肯低靡以随天下，而唯道之合故能为天下重，而有所托以不朽。先生生平严请托，绝附丽，崭崭孤立，其气定于养，而词成于气，故诸所掞裁和平婉丽，而慷慨正直之气戛戛笔札间。即其原本山川，极命草木，牢笼载籍之菁华，而与子言孝，与臣言忠，要以抒所宿藉，如长年三老谈河海曲折。至正色直言于癸甲之际，而片牍只字皆足以翊世扶人，真刚者之仁哉。世称天生正人以遏佚要人，而宁知天生要人以成天下豪杰之正气。故尝谓天之风雨晦冥，人之嘻笑怒骂，皆佐我词料，而世间豪棼势焰倾附缩朒之徒皆足以促我怒生之气，而显其不贰之节，令天下从正人片牍只字中赞叹颂说无已时，而正人之言与人乃俱重于天下，而有所托以不朽。盖郭宗伯之言曰："先生诗有辋川之致，文如陆敬舆。"此未必尽先生，而要之先生不尽于其集。其曰："人似李元礼，不可夺。"又曰："大旱金石流，玉山焦而不热；大浸稽天而不溺。"几于尽先生矣。

赐进士及第右春坊右中允兼翰林院编修直起居注馆编纂六曹章奏、门生高阳孙承宗顿首拜撰。

（录自［明］唐文献《唐文恪公文集》卷首）

（清）朱彝尊《静志居诗话》卷十六　唐文献，字元征，松江华亭人。万历丙戌赐进士第一。授翰林修撰，历中允、谕德、左右庶子，掌詹事，升礼部侍郎，翰林院学士、教习、庶吉士。卒赠尚书，加太子少保，谥文恪。有《占星堂集》。

郭文毅坐妖书被逮，人莫敢前。文恪周旋患难，不避危机，当时称为长者。其治家整肃，尝患江南子弟无家法，贻书告诫。二子，长讳允恭，字钦甫，即彝尊之外祖也。仕两浙盐运司副，迁石屏知州，家藏殿试策、神宗御题，卷面瘦硬通神，曾捧观于占星堂上。占星堂者，文恪未第日，人或见奎宿于堂，于是徐奉化献忠作记，孙汉阳克弘以八分书于门屏，乱离尚存，今已易主矣。《长安春日感怀》云："已觉吾衰久，行藏未自由。江乡千里思，梦醒五更愁。乌自吟清昼，花应笑白头。初衣频取拭，肯负竹林游。"

（清）朱彝尊《明诗综》卷六十·唐文献（五首）　文献，字元征，松江华亭人。万历丙戌赐进士第一。授翰林修撰，历中允谕德，左右庶子，掌詹事，升礼部侍郎，翰林院学士，教习庶吉士。卒赠尚书，加太子少保。谥文恪。有《占星堂集》。

（《诗话》：郭文毅坐妖书被逮，人莫敢前。文恪周旋患难，不避危机，当时称为长者。其治家整肃，尝患江南子弟无家法，贻书告诫。二子，长讳允恭，字钦甫，即彝尊之外祖也。仕两浙盐运司副，迁石屏知州，家藏殿试策、神宗御题，卷面瘦硬通神，曾捧观于占星堂上。占星堂者，文恪未第日，人或见奎宿于堂，于是徐奉化献忠作记，孙汉阳克弘以八分书于门屏，乱离尚存，今已易主矣。）

（清）朱彝尊《曝书亭记》卷五十一·跋首善书院碑　万历丁酉，先太傅文恪公偕福清叶文忠典应天乡试，得华亭吕公原先生卷。先文恪欲置第一，文忠谓是卷文虽高，恐不得第，欲以所拟第二人领解。先文恪曰："此时文尔，虽第与不第，等未若不第者之文，其人必以学行闻于时。"遂定先生卷第一。后先生试礼部辄摈落。……予母，华亭唐文恪公孙也。先君安度先生侍先太傅于京邸，两家结婚，吕先生实为行媒。

（清）陈田《明诗纪事》庚签卷十五·唐文献（一首）　文献，字元征，松江华亭人。万历丙戌第一人及第。授修撰，历中允、谕德、庶子、少詹事、礼部侍郎，掌翰林院事。赠礼部尚书，谥文恪。有《占星堂集》十六卷。

（《王文肃文集》：元征诗如襄阳、辋川，笔法端楷，即家报皆蝇头细书，语语可训。）

杂　录

（明）鲍应鳌《明臣谥考》卷下　（万历三十七年）礼部会议题准与谥二十九人，并三十一年题准杨源，内阁具拟各谥候旨。

唐文献（礼部右侍郎赠礼部尚书。文恪、文穆。南直隶华亭县人）。

（明）董其昌《容台集》卷二·五言律诗·同唐元征宫允游善权洞四首　（存目）

（清）陈鼎《东林列传》卷十五·明·郭正域传　翰林唐文献、杨道宾、周应宾、陶望龄等正告一贯："郭侍郎将不免，人谓公有意杀之。"一贯挥杯茗酬地，以子孙为誓。文献复进曰："亦知公无意杀之，台省方希风下石，而公不早结此狱，似有意瓜蔓，何以对天下后世？"一贯色沮，狱渐解。

（清）黄之隽等《江南通志》卷三十一·舆地志·古迹二·松江府　占星堂在华亭

县北艾家桥东，明宗伯唐文献宅。今为学士沈荃宅，二公俱谥文恪，郡人以为美谈。

又，卷三十九·舆地志·坛庙（三）祠墓附·松江府·明　尚书唐文献墓在府城北。

万历十七年（1589）己丑科状元焦竑

传　记

（明）过庭训《明分省人物考》卷十三·南直隶应天府三·焦竑　焦竑，字弱侯，别号漪园，学者称为澹园先生，先世山东日照，隶南京旗手卫籍。竑生有异质，闻道甚早而好学，虽至老不倦。幼师其兄镜川公。年十六，应童子试，督学赵公大奇讶之。毗陵方山薛公见其文，爽然称异。嘉靖甲子，年廿四举于乡。乙丑下第，益淬励身心性命之学，以耿恭简、罗盱江两先生为师，时时以古学相切劘。恭简构崇正书院，遴十四郡之俊，群鼓铸之，属竑领其事。适恭简忤权里居，担簦入楚，偕游天台，大畅厥旨，内外兼融，自是以斯文为己任。屡困公车，万历己丑，始举会试第七人，廷对，胪传第一，天下咸以不愧科名归之。时司寇李、司徒温饷金为费，遣还，两公曰："何俭约至此？"竑曰："无心为俭，但觉无事于此耳。"京兆欲为树棹楔，谢以赈饥东省，亦欲表于乡里，竑曰："幸为田饘粥宗人足矣。"

授修撰，读书中秘。往岁贡，廷试文惫者率罢归，竑读卷恻然曰："嘻！其甚也。"为具言："老生需次久矣，一旦罢去，终无路得沾升斗，且广文席即毳居，独不能授伏生一经乎？"自是老生始绝无报罢者。

壬辰，分试礼闱，所举拔皆名流，虽三场废牍，亦品骘多方曰："吾无负天下士也。"是岁，持节封周藩，尽却馈遗。癸巳，还朝，会开史局，南充相公意专属竑，乃更谦让未遑，为条四议以进，然正史卒不就。于是网罗四海旧闻，为《献征录》百二十卷。受书中贵往第为具文耳，竑曰："此辈今之刑余，异日天子之昵近也。"乃取古寺人垂芳遗诫，教之中贵，皆濔雪自喜。

甲午，诏简东宫讲读官，遴者仅六人，竑与焉，即毅然以辅导自任。尝讲次，值鸟飞鸣过之，偶移睿览，即肃立辍讲，东宫敛容以听，然后复讲，取典籍中可备劝戒者绘图演之，名《养正图解》，神宗详加省览，温旨慰藉。丁酉，顺天典试，事忌者取士子牍中二三奇险语以为坏文体，调外任。后事得白，所司推择为冏丞，最后推南雍司业，而年已七十矣。

生平养深性定，无旁睇，无倚容，淡然于得失之场，家居廿载如一日，惟问奇之，屦常满户外。拥书数万卷，日哦咏其中。有若寒生副墨之传得其片楮剩牍，争珍袭之。所著有《东宫讲义解》、《易荃》、《禹贡解》、《考工记解》、《老庄翼》、《阴符经解》、《支谈》、《焦氏笔乘》、《续笔乘》、《焦氏类林》、《澹园集》、《澹园续集》、《澹园别集》、《经集志》、《俗书刊误》、《逊国忠节录》、《京学志》、《献征录》、《词林历官表》、《玉堂丛语》。以泰昌元年卒，得寿八十有一。讣闻，上念其讲幄功，予祭二坛，赠秩宫谕，荫子一人入太学。

（明）顾祖训原编、（明）吴承恩增补、（清）陈枚续补《状元图考》卷三·状元焦竑 万历十七年己丑，廷试陶望龄等三百五十人，擢焦竑第一。

按，焦竑，字弱侯，号漪园，应天旗手卫人。少负大志奇才，每试辄冠多士。督学耿公唱明道学，公从之闻道甚早，常称此生宿学懿行，当魁海内。未第时，馆阁诸公慕其名行，皆重之。赴会试，寓燕市祖师庙，道士梦神告云："庙中有大状头。"相公是科果首唱。是年五十一。

（清）钱谦益《列朝诗集小传》丁集下·焦修撰竑 竑，字弱侯，南京人。为举子二十余年，博极群书，束修讲德，巋然负通人之望。万历己丑举进士，廷试第一人，除翰林修撰。选择为东宫讲官，讲读故事，旅进退，依经解义而已。弱侯讲毕，拱揖而进曰："臣等敷陈，或有未备，愿殿下垂赐明问。"东宫称善。自是每讲，必从容扣击，应答如响。是时睿龄才十三，聪明日启，弱侯之功为多。太仓谓元子冲龄，典学当引诱以图史故事，弱侯遂采辑成书，绘图演义，名曰《养正图解》。同官相与侧目喧传，已私进禁中，乃具疏上之，上详加省览，温语批答，忌者益众。丁酉北试，上度原推两宫坊，别用弱侯。原推者愧恨，媾新建合谋倾弱侯。言官遂用科场事，抉擿诋毁。弱侯陈辩甚力。新建从中主之，以文体调外任。自是屏居里中，专事著述，李卓吾、陕季立不远数千里相就问学，渊博演迤，为东南儒者之宗。年八十乃卒。尝自言胸中有国家大事二十件，在翰林九年未行一事，林下讲求留京事宜，行得六事，至今不知二十事为国家何等事也。惜哉！天启元年，以先帝旧学，优赐祭葬。南渡时，补谥曰文□。所著书二十余种，皆行于世。

（清）查继佐《罪惟录》·列传卷十八·文史诸臣列传·焦竑 焦竑，字弱侯，南直江宁旗手卫人。以贤书讲学崇正书院。万历己丑，廷对第一，授修撰。二十一年，大学士陈于陛请修国史，意属竑，竑辞不可，因条七议，略曰："建文、景泰二朝向无专纪，即景帝位号已经题复，而《实录》犹然附载，孙蒙祖号，弟袭兄年，名实相违，传信何据，此专纪之当议，一也。睿宗献皇帝位终北面，犹人臣之称，事属追王，无编年之体，宜如德、懿、熙、仁四祖列载本纪之前，此附纪之当议，二也。旧例，大臣三品以上乃得立传，是高门在跖、跻亦书，而寒族虽夷、鳅不录，何以阐明公道，昭示来兹，则贵贱并列之当议，三也。《吾学编》、《名臣录》之类多载懿行，而巨憝宵人，幸逃斧钺，史称梼杌，义不甚然，则善恶并存之当议，四也。累朝《实录》，禀于总裁，苟非其人，牵于爱憎，如谓方正学之乞哀，于肃愍为迎立，以至野史小说尤多不根，则纪载失实之当议，五也。凡系史材，必由阁请，而星历、乐律、河渠、盐铁等若非专门，难于透晓，则采择预员之当议，六也。国初北平甫下，属大将军收秘书监，图书、典籍、太常、法服、祭器、仪卫及天文、仪象、地里、户口、版籍，寻从解缙之请，复购民间遗书，今中秘所藏存者无几。宜责成提学官岁购故家轶本，一贮翰林院，一贮国子监，以备纂修之用，则考据必周之当议，七也。为粗具凡例事迹名《献征录》。"会于陛殁，事已。

直讲东宫，太子偶仰视飞鸟，竑即肃立辍讲，及太子敛容以听，始毕其说。冬日，偶因内竖厮裹太子出，惊问之，曰："冒寒，无旨不敢辍也。"太子仿书日进御览，一日偶辍，上严责宫婢，阁臣位惊疑，竑曰："父子至情，无他。"上继见书法颇进，喜曰："前无是能尔。"以玉砚赐太子。尝论东封平酋之非，荣昌公主坐受驸马拜为非礼，侍班官代检对灯失讲筵体，冬至斋宫不得私传免，仁圣太后上宾未成服之三日不应误传白衣冠入临。作《养正图解》，劝诫元子，上取览，褒答之，阁臣位等忌竑。主考顺天，取士过奇，坐不如式，左迁福宁同知。家居二十年，卒。

泰昌中，赠左春坊左谕德。竑性不肯诡随，而推挽善类，疏理冤滞，每阴为之地，不使人知。事母以孝闻。所著《养正图解》以外，《东宫讲义》、《易筌》、《禹功解》、《考功记解》、《老庄翼》、《阴符解》、《支谈》、《焦氏笔乘》、《续笔乘》、《焦氏类林》、《澹园集》、《续集》、《别集》、《经籍志》、《俗书刊误》、《逊国忠节录》、《京学志》、《献征录》、《词林历官表》、《玉堂丛语》行世。谥文端。

论曰：弱侯文望著朝野，修史七议已征大端。顾尝师耿天台、罗盱江而友李卓吾，此三人者，颇溺释老，则使弱侯果专史事，或亦未能审得其正矣。庄钺曰："《致身录》一书，童子皆知其伪，而弱侯宝之。"且《献征录》所载多谀墓之言，此即舜禹之口，或不敢遽信，是故未详大事纪而任志铭，遂有胜败互影，是非易位，内外衡决，万不能达者矣，况又惑齐东不省欤？

（清）徐开任《明名臣言行录》卷七十四·修撰焦文端公竑　字弱侯，号漪园，先世山东日照，隶南京旗手卫籍。万历己丑进士，廷对第一。官止翰林修撰。卒年八十一。崇祯末，补谥文端。

公生有异质，闻道甚早而好学，虽老不倦。幼师其兄镜川公。年十六，应童子试，督学赵公大奇之。毗陵方山薛公见其文，爽然称异。嘉靖甲子，年廿四举于乡。乙丑下第，益励身心性命之学，以耿天台、罗近溪两先生为师，时时以古学相切劘。天台构崇正书院，遴十四郡之俊，群鼓铸之，属公领其事。适天台忤权里居，担簦入楚，益倡明绝学，大畅厥旨，内外兼融，自是以斯文为己任。屡困公车，万历己丑，始举会试第七人，时年已五十矣。廷对，胪传第一，天下咸庆得人。时司寇李、司徒温饷金，不受，曰："何俭约至此？"公曰："无心为俭，但觉无事于此耳。"京兆欲为树棹楔，谢以赈饥东省，亦欲表于乡里，公曰："幸为田馆粥宗人足矣。"

授修撰，读书中秘。往岁贡，廷试文龠者率罢归，公读卷恻然曰："嘻！其甚也。"为具言："老生需次久矣，一旦罢去，终无路得沾升斗，且广文席即耄居，独不能授伏生一经乎？"自是老生始绝无报罢者。

壬辰，分试礼闱，所举拔皆名流，虽三场废牍，亦品骘多方曰："吾无负天下士也。"是岁，持节封周藩，尽却馈遗。癸巳，还朝，会开史局，南充陈文宪公意专属公，乃更谦让未遑，为条四议以进，然正史卒不就。于是网罗四海旧闻，为《献征录》百二十卷。受书中贵往第为具文耳，公曰："此辈今之刑余，异日天子之昵近也。"乃取古寺人垂芳遗诫，教之中贵，皆澌雪自喜。

甲午，诏简东宫讲读官，遴者仅六人，公与焉，即毅然以辅导自任。尝讲次，值鸟飞鸣过之，偶移睿览，即肃立辍讲，东宫敛容以听，然后复讲，取典籍中可备劝诫者绘图演之，名《养正图解》，神宗详加省览，温旨慰藉。丁酉，顺天典试，事忌者取士子牍中二三奇险语以为坏文体，调外任。后事得白，所司推择为同丞，最后推南雍司业，而年已七十矣。

生平养深性定，无旁睇，无倚容，淡然得失之场，家居廿载如一日，惟问奇之，履常满户外。拥书数万卷，日哦咏其中。有若寒士副墨之传得其片楮剩牍，争珍袭之。所著有《东宫讲义解》、《易荃》、《禹贡解》、《考工记解》、《老庄翼》、《阴符经解》、《支谈》、《焦氏笔乘》、《续笔乘》、《焦氏类林》、《澹园集》、《澹园续集》、《澹园别集》、《经籍志》、《俗书刊误》、《逊国忠节录》、《京学志》、《献征录》、《词林历官表》、《玉堂丛语》。以泰昌元年卒。讣闻，上念其讲幄功，予祭二坛，赠秩宫谕，荫子一人入太学。

顾文庄公表先生墓曰：先生之宦迹在金马玉堂，先生之道价在儒林文苑，先生之大业在名山大都，先生之风教在九州四海，先生之遗思在稷丘槐市。噫！知言哉！

（清）黄宗羲《明儒学案》卷三十五·泰州学案四·文端焦澹园先生竑　焦竑，字弱侯，号澹园，南京旗手卫人。万历己丑进士第一人。京兆欲为树棹楔，谢以赈饥。原籍山东，亦欲表于宅，改置义田。授翰林修撰。癸巳，开史局，南充意在先生。先生条四议以进，史事中止，私成《献征录》百二十卷。甲午，简为东宫讲读官，尝于讲时有鸟飞鸣而过，皇太子目之，先生即辍讲，皇太子改容复听，然后开讲。取故事可为劝诫者，绘图上之，名《养正图解》。丁酉，主顺天试，先生以陪推点用，素为新建所不喜，原推者复构之，给事中项应祥、曹大咸纠其所取险怪，先生言："分经校阅，其所摘，非臣所取。"谪福宁州同知，移太仆寺丞。后升南京司业，而年已七十矣。先生积书数万卷，览之略遍。金陵，人士辐辏之地，先生主持坛坫，如水赴壑，其以理学倡率，王弇州所不如也。泰昌元年卒，年八十一。赠谕德。崇祯末，补谥文端。

先生师事耿天台、罗近溪，而又笃信卓吾之学，以为未必是圣人，可肩一狂字，坐圣门第二席，故以佛学即为圣学，而明道辟佛之语，皆一一绌之。明道辟佛之言，虽有所未尽，大概不出其范围。如言："佛氏直欲和这些秉彝都消煞得尽。"先生曰："如此是二乘断灭之见，佛之所诃。夫佛氏所云不断灭者，以天地万物皆我心之所造，故真空即妙有，向若为天地万物分疏，便是我心之障，何尝不欲消煞得尽？即如《定性书》'情顺万事而无情'一语，亦须看得好。孔子之哭颜渊，尧、舜之忧，文王之怒，所谓情顺万事也。若是无情，则内外两截，此正佛氏之消煞也。"明道言："尽其心者，知其性也，佛所谓识心见性是也。若存心养性，则无矣。"先生曰："真能知性知天，更说甚存养？一翳在眼，空华乱坠。夫存心养性，正所以尽心之功，《识仁篇》所言'存久自明'是也。若未经存养，其所谓知者，想象焉而已，石火电光而已，终非我有。存养其无翳之本体，无翳乃可谓之存养，安得以存养为翳乎？"明道言："《传灯录》千七百人，无一人达者，临死不能寻一尺布帛裹头。"先生谓："是异国土风是也。"然此千七百人者，生于中国而习异国土风，胡谓乎无乃服桀之服也？先生又谓："明道叹释氏、三代威仪，非不知其美，而故为分异。"夫明道之叹，叹儒者不能执礼，而释氏犹存其一二，亦如言夷狄之有，不如诸夏之无也，岂以三代之礼乐归之哉！朱国祯曰："弱侯自是真人，独其偏见不可开。"耿叔台在南中谓其子曰："世上有三个人说不听，难相处。"问："为谁？"曰："孙月峰、李九我与汝父也。"

论学语 学期于上达，譬掘井期于及泉也，泉之弗及，掘井何为？性命之不知，学将安用？

为恶无碍也，为善岂有碍乎？为善惧有着心也，为恶不惧有着心乎？以彼所托意出禅宗，禅宗无是也。《内典》云："无我无作无受者，善恶之业亦不亡。"无作无受者，言"于有为之中，识无为之本体"云尔，未尝谓恶可为，善可去也。又云："善能分别诸法相于第一义而不动。"言"分别之中，本无动摇"云尔，未尝谓善与恶漫然无别也。

佛氏所言"本来无物"者，即《中庸》"未发之中"之意也。未发云者，非拨去喜怒哀乐而后为未发，当喜怒无喜怒，当哀乐无哀乐之谓也。故孔子论"憧憧往来，朋从尔思"，而曰"天下何思何虑"，于憧憧往来之中，而直指何思何虑之本体也。

伯淳斥佛，其言虽多，大抵谓"出离生死为利心"。夫生死者，所谓生灭心也。《起信论》有真如、生灭二门，未达真如之门，则念念迁流，终无了歇，欲止其所不能已；以出离生死为利心，是《易》之止其所，亦利心也。然止亦非殄灭消煞之云也。艮其背，非无身也，而不获其身；行其庭，非无人也，而不见其人。不捐事，以为空，事即空；不灭情，以求性，情即性。殄灭消煞，则二乘断灭之见矣。（以上《答耿师》）

吾人应事，虽属纷纭，乃其枢纽之者，却是一物。所谓随事体验云者，于纷纭中识取此一物而已。得此人手，如马有衔勒，即纵横千里，无不如意，此颜子之所谓礼也。工夫只是复礼，能约于礼，则视听言动头头是道，奚繁且劳之虑焉？原宪不识源头，却以支派求之，用力愈勤，去之愈远。何者？人之在道，如鱼之在水，疑生智隔，乃觉其离。苟破疑城，即登彼岸，非无疑之外，更有彼岸可登也。（《答陈景湖》）

仕而优即为学，不必离仕求学也；学而优即为仕，不必离学求仕也。优者无困于心，而自得之之谓。(《答人问》)

人之不能治世者，只为此心未得其理，故私意纠棼，触途成窒。苟得于心矣，虽无意求治天下，而本立道生，理所必然，所谓正其本，万事理也。藉令悟于心，而不可以治天下，则治天下，果何以？而良知为无用之物矣。

礼也者，体也，天则也。是礼也，能视听，能言动，能孝弟，能贤贤，能事君，能交友；可以为尧、舜，可以通天地，可以育万物；人人具足，人人浑成。所谓与天地万物为一体者，乃其体自如是，非我强与之一也。学者不知目之自视，又为视以视之；不知耳之自听，又为听以听之；不知口之自言，身之自动，又为言动以言动之，此所谓己也。夫不识不知，顺帝之则，苟率于己，则知识耳矣，意必固我耳矣，何天则之能顺乎？

人之性体，自定自息，《大学》之知止，《易》之艮，正论此理，非强制其心之谓也。不然既为神明不测之物，则岂人力所能束缚之？苟其为束而缚之，则亦不可言定，不可言息矣。

问：“但尽凡情，别无圣解，乃日求圣解，而凡情不尽，奈何？”曰：“语非不佳，第所指凡情不同耳。”其人固问，曰：“即圣解是也。安于所伤，则物不能伤，物不能伤，而物亦不伤之。”

《诗》言“遍为尔德”，在“日用饮食”。日用饮食，何人不尔，而独指之为德？则悟不悟之谓耳。在圣非丰，在凡非啬，悟之非增，迷之非损。虽然，未有不悟而道为我有者，所谓贵知味也。

性未易知，不得不精思以求之，非随事体察之谓。知性，则人伦日用不必致力而自当；若本之未立，但逐事检点，自以为当，只落世儒义袭窠臼，而于道愈远矣。

觉字最难说，今人世情略能放下，道理略能分疏，便自谓觉，此犹梦中语耳。若是真觉，无不了了，如睡者醒，眼一开，万象分明，历历皆见，何有渐次？

某往日看世人，无一当意，然只是自心未稳妥，非干人事。《净名经》云：“仁者心有高下，故见此土为不净耳。”若真能致中和者，岂有不位之天地，不育之万物哉！

答友人问释氏 王伯安言：“佛氏言无，吾儒岂能加个有？且以出离生死为念，则于无上不免加少意，所以与吾圣人异。”曰：“出离者，人法俱空，能所双遣，何以言加？”

古云：“黄、老悲世人贪着，以长生之说，渐次引之入道。”余谓：“佛言出离生死，亦犹此也。盖世人因贪生，乃修玄，玄修既彻，即知我自长生；因怖死，乃学佛，佛慧既成，即知我本无死。此生人之极情，入道之径路也。儒者或谓出离生死为利心，岂其绝无生死之念耶？抑未隐诸心而漫言此以相欺耶？使果毫无悦生恶死之念，则释氏之书，政可束之高阁，第恐未悟生死，终不能不为死生所动。虽曰不动，直强言耳，岂其情乎？又当知超生死者，在佛学特其余事，非以生死胁持人也。”

“周茂叔言：‘看一部《华严经》，不如看一《艮卦》。’如何？”曰：“此言是也。

学者苟能知《艮卦》，何须佛典？苟能知自性，又何须《艮卦》也？”

“程伯淳言：‘释氏说道，如以管窥天，只是直上去’。如何？”曰：“否。道无上下。”

“伯淳言：‘佛氏直欲和这些秉彝都消煞得尽，然以为道毕竟消煞不得。’如何？”曰：“安得此言？如此是二乘断灭之见，正佛之所诃也。”

“伯淳言：‘佛有个觉之理，可谓敬以直内矣；然无义以方外。’如何？”曰“觉无内外。”

“伯淳言‘佛唯务上达，而无下学’，然则其达，岂有是也？”曰：“离下学无上达。佛说种种方便，皆为未悟者设法，此下学也。从此得悟，即名上达。学而求达，即掘井之求及泉也，泉之弗及，掘井奚为？道之弗达，学将安用？”

“伯淳言：‘尽其心者，知其性也，佛所谓识心见性是也。若存心养性，则无矣。’”曰：“真能知性知天，更说甚存养？尽心知性，所谓明得尽渣滓便浑化是也。存心养性，所谓其次庄敬以持养之是也。即伯淳之言，可以相证。”“然释氏亦有保任之说，是否？”曰：“古德不云乎，一翳在眼，空华乱坠。”

“伯淳言：‘《传灯》千七百人，无一人达者，不然何以削发披缁而终？’”曰：“削发披缁，此佛国土风。《文中子》所云‘轩车不可以之越，冠冕不可以适戎’者也。然安知彼笑轩车冠冕，不若我之笑削发披缁者耶？故老聃至西戎而效其言，禹人裸国，忻然而解裳。局曲之人，盖不可与道此。”

“伯淳言：‘佛穷神知化，而不足以开物成务。’如何？”曰：“学不能开物成务，则神化何为乎？伯淳尝见寺僧趋进甚恭，叹曰：‘三代威仪，尽在是矣。’又曰：‘洒扫应对，与佛家默然处合。’则非不知此理，而必为分异如是，皆慕攻异端之名而失之者也。不知天下一家，而顾遏籴曲防，自处于偏狭固执之习。盖世儒牵于名而不造其实，往往然矣。乃以自私自利讥释氏，何其不自反也？”

“伯淳言：‘释氏之学，若欲穷其说而去取之，则其说未能穷，固已化而为佛矣。’且于迹上攻之，如何？”曰：“伯淳未究佛乘，故其掊击之言，率揣摩而不得其当。大似听讼者，两造未具，而臆决其是非，赃证未形，而悬拟其罪案，谁则服之？为士师者，谓宜平反其狱，以为古今之一快，不当随俗尔耳也。”

（清）沈辰垣等《御选历代诗余》卷一百十·词人姓氏·明 焦竑，字弱侯，金陵人。万历己丑进士，廷试第一。官翰林院修撰。

（清）孙岳颁《御定佩文斋书画谱》卷四十四·书家传二十三·明五·焦竑 焦竑，字弱侯，号漪园，学者称为澹园先生。南京人。万历己丑进士，廷试第一人。授修撰，赠宫谕。（《分省人物考》）

焦弱侯真行结法眉山，散朗多姿，而古貌古骨，有长剑倚天、孤峰削日之象。（《客座赘语》）

（清）张豫章等《御选明诗》姓名爵里五·诸家姓名爵里　焦竑（字弱侯，上元人。万历己丑赐进士第一，授翰林修撰，谪福宁州同知，追谥文宪。有《澹园集》）。

（清）彭定求《明贤蒙正录》卷下　修撰焦文端公竑（山东日照人，万历己丑状元），生有异质，闻道甚早，而好学尤笃，切劘心性。

（清）王鸿绪等《明史稿》卷二百六十九·列传第一百六十四·文苑四·焦竑　焦竑，字弱侯，江宁人。为诸生，有盛名。从督学御史耿定向学，复质疑于罗汝芳。举嘉靖四十三年乡试，下第还。定向遴十四郡名士读书崇正书院，以竑为之长。及定向里居，复往从之。万历十七年，始以殿试第一人官翰林修撰，益讨习国朝典章。二十二年，大学士陈于陛建议修国史，欲竑专领其事，竑逊谢，乃先撰《经籍志》，其他率无所撰，馆亦竟罢。翰林教小内侍书者，众视为具文，竑独曰："此曹他日在帝左右，安得忽之？"取古奄人善恶，时与论说。

皇长子出阁，竑为讲官。故事，讲官进讲，罕有问者。竑讲毕，徐曰："博学审问，功用维均，敷陈或未尽，惟殿下赐明问。"皇长子称善，然无所质难也。一日，竑复进曰："殿下言不易发，得毋讳其误耶？解则有误，问复何误？古人不耻下问，愿以为法。"皇长子复称善，亦竟无所问。竑与同列谋曰："吾侪启其端，以便下问，若何？"众然之。适讲《舜典》，竑举"稽于众，舍己从人"为问，皇长子曰："稽者，考也。考集众思，然后舍己之短，从人之长。"又一日，举"上帝降衷，若有恒性"，皇长子曰："此无他，即天命之谓性也。"时方十三龄，答问无滞，中外咸知睿质之美，亦由竑善启迪也。尝讲次，群鸟飞鸣，皇长子仰视，竑辄肃立辍讲。皇长子敛容听，乃复讲如初。竑尝为《养正图说》，采古储君事可为法戒者，拟进之。同官郭正域辈恶其不相闻，目为贾誉，竑遂止。竑既负重名，性复疏直，时事有不可，辄形之言论，政府亦恶之，张位尤甚。二十五年，主顺天乡试，举子曹蕃等九人文多险诞语，竑被劾，谪福宁州同知。岁余大计，复镌秩，竑遂不出。

竑博极群书，自经史至稗官杂说，无不淹贯。善为古文，典正驯雅，卓然名家。集名《澹园》，竑所自号也。自未仕至家居，无日不讲学，以汝芳为宗，而善定向兄弟及李贽，时颇以禅学讥之。万历四十八年卒，年八十。熹宗时，以先朝讲读恩，复官，赠谕德，赐祭荫子。福王时，追谥文端。子润生，见《忠义传》。

（清）黄之隽等《江南通志》卷一百六十五·人物志·文苑一·江宁府·明　焦竑，字弱侯，江宁人。为举子即博极群书，负重望。万历己丑殿试第一，除修撰，充东宫讲官。进讲必从容叩击，随机纳诲，又采故事绘图演义名《养正图说》进之，忌者日甚。以丁酉主试北闱，文体险诞，谪州同知，复削籍归，益专事著述，讲求留都事宜言于当事行之。所著有《经籍志》、《献征录》、《笔乘》、《类林》等书。

（清）张廷玉等《明史》卷二百八十八·列传第一百七十六·文苑四·焦竑　焦竑，字弱侯，江宁人。为诸生，有盛名。从督学御史耿定向学，复质疑于罗汝芳。举嘉靖四十三年乡试，下第还。定向遴十四郡名士读书崇正书院，以竑为之长。及定向里居，复往从之。万历十七年，始以殿试第一人官翰林修撰，益讨习国朝典章。二十二年，大学士陈于陛建议修国史，欲竑专领其事，竑逊谢，乃先撰《经籍志》，其他率无所撰，馆亦竟罢。翰林教小内侍书者，众视为具文，竑独曰："此曹他日在帝左右，安得忽之?"取古奄人善恶，时与论说。

皇长子出阁，竑为讲官。故事，讲官进讲罕有问者。竑讲毕，徐曰："博学审问，功用维均，敷陈或未尽，惟殿下赐明问。"皇长子称善，然无所质难也。一日，竑复进曰："殿下言不易发，得毋讳其误耶？解则有误，问复何误？古人不耻下问，愿以为法。"皇长子复称善，亦竟无所问。竑乃与同列谋先启其端，适讲《舜典》，竑举"稽于众，舍己从人"为问，皇长子曰："稽者，考也。考集众思，然后舍己之短，从人之长。"又一日，举"上帝降衷，若有恒性"，皇长子曰："此无他，即天命之谓性也。"时方十三龄，答问无滞，竑亦竭诚启迪。尝讲次，群鸟飞鸣，皇长子仰视，竑辍讲肃立。皇长子敛容听，乃复讲如初。竑尝采古储君事可为法戒者，为《养正图说》，拟进之。同官郭正域辈恶其不相闻，目为贾誉，竑遂止。竑既负重名，性复疏直，时事有不可，辄形之言论，政府亦恶之，张位尤甚。二十五年，主顺天乡试，举子曹蕃等九人文多险诞语，竑被劾，谪福宁州同知。岁余大计，复镌秩，竑遂不出。

竑博极群书，自经史至稗官、杂说，无不淹贯。善为古文，典正驯雅，卓然名家。集名《澹园》，竑所自号也。讲学以汝芳为宗，而善定向兄弟及李贽，时颇以禅学讥之。万历四十八年卒，年八十。熹宗时，以先朝讲读恩，复官，赠谕德，赐祭荫子。福王时，追谥文端。子润生，见《忠义传》。

（清）于敏中等《钦定天禄琳琅书目》卷二·宋版史部·程氏演蕃露（一函一册）　明焦竑藏本有印记。考《明史》：竑字弱侯，江宁人。万历十七年进士，殿试第一，官翰林修撰。博极群书，自经史至稗官杂说无不淹贯，善为古文，典丽驯雅。集名《澹园》，盖竑所自号也。

（清）倪涛《六艺之一录》卷三百七十一·历朝书谱六十一·明·焦竑　焦竑，字弱侯，号漪园，学者称为澹园先生。南京人。万历己丑进士，廷试第一人。授修撰，赠宫谕。（《分省人物考》）

焦弱侯真行结法眉山，散朗多姿，而古貌古骨，有长剑倚天、孤峰刺日之象。（《客座赘语》）

（清）和珅等《大清一统志》卷五十三·江宁府四·人物·明　焦竑（江宁人。学于耿定向、罗汝芳。举嘉靖乡试，定向遴十四郡名士读书崇正书院，竑为之长。万历十七年，殿试第一，官修撰。时皇长子出阁择讲官六人，竑与焉。尝讲次，群鸟飞鸣，皇长子仰视，竑肃立辍讲，皇长子敛容听，乃复讲如初，讲毕，备陈先朝兴制及闾阎疾苦。为《养正图说》，采古储君事可为法戒者拟进之，同官沮之，遂止。所著有《易筌》、《禹贡解》、《逊国忠臣录》、《澹园集》）。

科　第

（一）乡试

（清）黄之隽等《江南通志》卷一百二十八·选举志·举人四·嘉靖四十三年甲子科　焦竑（旗手卫籍）。

（清）岳濬等《山东通志》卷十五之一·选举志·明·制科（举人）**·甲子科**（嘉靖四十三年）　焦竑（日照人。己丑进士）。

（二）会试、殿试

（明）焦竑《焦氏澹园集》卷二·策·廷试策一道　皇帝制曰：朕惟自古帝王立纲陈纪，移风易俗，一禀于礼法，使尊卑有等，上下相承，然后体统正于朝廷，教化行于邦国，所以长久安宁有此具也。当周之隆，天子总六官，六官总百执事，分职率属而万国理，朕甚嘉之，甚慕之，是操何术而臻此？迨其叔季，先王之遗泽固在也，何以陵夷若是？其兴衰得失之故可指而言欤？至汉文时有以弃礼义、捐廉耻长太息者，神爵中有以述旧礼、明王制为本务者，宋嘉祐间有论审势称殷之先罚者，有疏谨习比唐之季世者。或谓西汉贵刑名而阙于礼文，宋盛声容而疏于法制。然则诸臣之言果皆应古谊合时宜者欤？

我太祖高皇帝用夏变夷，敷政立教，尝谕侍臣曰："礼法明则人志定，上下安。"又曰："制礼立法非难，遵礼守法为难。"乃集为礼制，著为定式，颁律令大诰于天下。洋洋圣谟，布在方策，可得而扬厉欤？

朕以冲昧，嗣守鸿业，十有七年，夙夜兢兢，惟成宪旧章是监是率。间者深诏儒臣进讲礼经，重辑《会典》，使诸司有所遵守，庶几绍休圣绪，以兴太平。乃世教浸衰，物情滋玩，习尚亦少敝焉。其甚者士伍辱将校，豪右凌有司，宗庶讦亲藩，属吏傲官长。凌替若此，何以消其悖慢，使就约束欤？贪黩败节，奢侈逾制，谗说殄行，虚声贸实，诡异坏心术，倾危乱国是。浇漓若此，何以救其颓靡，使还雅道欤？今诏书数下，申令既严，而帘陛之间，辇毂之下，犹有壅阏不行者。无乃礼教不修，法度不饬欤？抑风会日流而不返，积习已成而难变欤？将朕暗于大道，无能率作省成而示之极也，兹欲礼达而分定，法举而令行，纲维振肃，习俗淳美，以觐扬圣祖之光烈，而远追成周之隆，何施而可？

尔多士其悉抒所蕴，详著于篇，称朕意焉，毋有所讳。

臣对：臣闻帝王之临驭宇内也，必有经治之实政，然后其具彰，而有以成整齐天下之化。必有宰治之实心，然后其本立，而有以妙转移天下之机。何谓实政？饬制度，明宪典，使天下分定而心安，威行而志慑，日范于精明严密之规，而清和咸理者是已。何谓实心？惩玩愒，谨几微，使天下不约束而严，不刑名而肃，独运于渊微宥密之妙，而鼓舞莫测者是已。实政厝于上则相维相制，能创之必能行之，能倡之必能遂之，是明示天下以轨也，而我之治具既绸缪于礼与法之著。实心孚于下则相渐相靡，身奉之又心安之，始从之又终守之，是潜喻天下以神也，而我之治本又绾结于礼与法之先。古帝王所以陶范一时，舄奕千载，端居黼扆而朝廷之上巍然，体统之常尊；高拱堂皇而裨海之远荡然，教化之四达者，此道行焉耳。藉令有治天下之心而其具不备，则虽有宵衣旰食之勤，而卒病于经画之无术；有治天下之具而其本不豫，则虽欲国纪世风之振，而卒病于斡旋之无机。此治古而下，化瑟罕调，王纲绝纽，而一代之隆理，不能不有待于今日也。

钦惟皇帝陛下，挺圣哲之英姿，纂祖宗之庥烈，经筵临御，亲贤讲礼而匪事乎文，为斋阁箴铭，养性收心而豫端乎轨，则百僚奉法，四海向风，盖已收太阿于掌上，鼓大冶于域中，而成周之治行，且轶而驾之矣。乃犹不自满假，进臣等而策之于廷，诹以立纲陈纪、移风易俗之道，鹭前王之得失，慨当世之陵夷，且欲挽悖慢浇漓之习，而明乎率作省成之术也。臣愚何足以及此？虽然，发愤毕诚，图策安危，臣之愿也，敢不披沥以对。

臣观人君之于国，必有所与立。上之率乎下也为纪纲，则君之所以提挈振举之谓也。下之化于上也为风俗，则世之所为渐摩成就之谓也。乃纪纲之所由立，风俗之所由孅，必有具焉。有礼则上下辨，民志定，而收天下清静宁一之功。有法则寇贼息，奸宄宁，而杜天下倍畔侵凌之习。有率作屡省为礼法之本，则礼严于无体，法威于不怒，而神天下潜移默化之机。此其尊卑有等，上下相承，纪法立而风化行，由此出也。尝稽成周辨方正位，体国经野，设官分职，以为民极，故以三百六十属而统之六卿，以六卿而统之天子。其和邦国者曰六礼，以吉礼祀邦国之鬼神，以凶礼哀邦国之忧，以军礼同邦国，以宾礼亲邦国，以嘉礼亲万民，无非肃然示天下以不可易之分也。其禁邦国者曰五刑，野刑上功纠力，军刑上命纠守，乡刑上德纠孝，官刑上能纠职，国刑上愿纠异，无非凛然示天下以不可犯之威也。然其董正治官也，必曰祗勤于德。师听五辞也，必曰敬逆天命。而又日成考日，月要考月，岁终则命百官府各正其治，受其会，听其致事而诏王废置。三岁则大计群吏之治，而诛赏之。然则兴事省成之说，虽肇于有虞，而惟周为备矣。故教化缠绵，法度毖敕。当其时，兔罝备干城之材，游女励贞一之操，下之化也方沛如建瓴，则在上可知也，而何风俗有弗醇？周礼可以寒省难之大夫，明德可以折问鼎之楚子。世之衰也犹惮于委裘，则盛时可知也，而何纪纲有弗饬？昔人论太和在成周，宇宙间以此具此本修也。迨及后世，即维持世道之具，不能备举，而况其本乎？故汉宋诸臣，因时立论有不能概同者。贾谊以弃礼义、捐廉耻而太息，王吉以述旧礼、明王制为本务，彼非不知法制不可疏，而顾惓惓于礼也。苏洵论审势则称殷之先罚，司马光疏谨习比唐之季世，彼非不知礼文不可阙，而顾惓惓于法也。炎汉尚刑名而礼教多乖，赵宋盛声容而威刑或弛，故诸臣各就其所不足勉之，乃矫世之孤谈，非适治之通理也。何也？汉当列国离析之余，危疑震撼，而非振刷之以法，其势终衡决而难行。宋承五季陵夷之后，寡廉鲜耻，而非驯扰之以礼，其心终顽顿而难格。然而治偏则补，敝则救，极重则反。以彼创业之主，审于时；继体之世，暗于变。即诸臣陈见悃诚，补苴罅漏，亦托之空言而已。欲其厚风俗，正纪纲，而复睹成周之盛也，必无冀矣。

我太祖高皇帝驱除元孽，用夏变夷，乾坤辟而载正，日月涤而重朗，其功高千古，不待言者。乃其修明政纪，与关石而俱垂；经纬礼文，媲典则而俱茂。又何其醇且备也！尝谕侍臣曰："礼法明则人志定，上下安。"又曰："制礼立法非难，遵礼守法为难。"故集为礼制，颁为定式，与夫律令大诰诸书，其所以示十一朝之型范，开亿万载之太平者至矣。暨我皇上起而承之，夙夜兢兢，唯成宪旧章是遵是式，故宫闱有贯鱼之序，藩辅绝剪桐之嬉，忧旱灾则躬步祷之仪，敬大臣则隆召对之典。其修礼也，即天泽之辨，不秩丁此也。凌肆虽贵近必斥，权横虽身后必诛。马湖蛮菓之核不以功掩，夙沙竖貂之黜不以昵释。其修法也，即雷霆之威，不赫于此也。固宜治化，绍休祖烈，趾美《周南》，易易耳。何世教浸衰，物情滋玩于习尚，不无少敝焉者。故《春秋》之法，贵理贱尊统卑，所以肃纪纲也。乃令长分符，而豪右得以扼其吭；阃帅建牙，而悍卒得以哗于伍；以宗庶而讦亲藩，以属吏而傲官长，则凌替甚矣。而何以成运臂使指之势？有周之罚，析言破律，乱名改作，所以正风俗也。今贪黩与汰侈齐彰，谗说与虚声并肆，尚权谲者以危言摇国是，标奇诡者以左道坏人心，则浇漓甚矣。而何以弘风行草偃之化？故德虽覆六合，而帘陛之间或壅而不尽究；威虽慑四裔，而辇毂之下或亢而不尽行。诚有如圣制所言者，兹欲消其悖慢而使就约束，挽其颓靡而还之雅道，非有他也，臣愿陛下于实政加之意而已。何则？礼教之不修，非可易复也，臣以为行之莫要于倡。夫贪婪邪侈至亡行也，彼乃甘心无悔者，诚见夫鸱张之得志，而悃愊者之无以自完也。故机巧者珪组立升，訾诟者夤缘自免，至恬淡拙讷之人且退而不敢胁息，则何行之能修？虽然，不尽尔也。其特立独行者，必有一二人焉，廉其实即一举而风厉之。世方轻恬淡也，我则必重。世方贱拙讷也，我则必贵。如李牧之立标命射人无不赴者，则孰不回心向道以象上指乎？此所谓修礼教之实政也。法度之不饬，非可易振也。臣以为行之莫先于断，无犯分冒上至亡等也。彼乃肆行无忌者，诚见夫恣睢之幸免，而检柙者之无以自异也。故辱监司则解监司之组，凌将领则夺将领之符，到瞋目语难之人且任而不敢谁何，则奚惮而不为？虽然，不尽尔也。其裂眦首乱者不过十数人焉，廉其实即一举而大创之。攘臂干行，则渠魁在所必戮；讹言动众，则两观在所必诛。如董阏于之论高山深堑马牛不入者，则孰不抟心揖志以奉上令乎？此所谓饬法度之实政也。夫严母之育贞女也，入有重关，出有鸣佩，寝有绖结，而后修洁之行成焉。造父之驭马也，齐辑于辔衔，正度于胸臆，执节于掌握，而后调良焉。礼教者，士人之绖结；而法度者，稗民之辔衔也。是可不行之以实也哉！

虽然，臣犹有进焉。语有之：“君行意，臣行事。”盖礼教之不修则修之而已，法度之不饬则饬之而已，此有司事也。至若深惟表正之原，规恢综核之务，率于修礼明法之先，而省于教成法行之后，则臣所谓实心而治天下之意也。臣愿陛下一加勉焉。盖讲《戴记》，修《会典》，此礼之文也，诚因此而务实以兴之。玩好可以悦心，曰得无为礼之妨乎？美丽可以适志，曰得无为礼之蠹乎？法行戚畹而沁水之田园必裁，威始貂珰而斜封之恩泽必节。虽礼法未备，而虚己竦神、悦而承流者翕如矣。回风会，挽旧习，此下之事也。诚因此而务实以省之，昼接不可倦矣；而章疏之出入必稽，日讲不可旷矣。而典制之废兴必核，诛奸欺则不使有漏纲之疏，释冤抑则不使遗覆盆之照。将礼法具举，而奔走服从、闻命恐后者禀禀矣。盖礼法之维天下也，是耳目形体之相摄属也，而率作省成，则精神以纽载之沦浃之者也。譬首有所向，足不烦论而行；心有所之，口不待言而喻。实之感人何以异此？故臣始终以实之一言为陛下告，盖非能为新奇可喜之论，而自效其区区之芹曝如此。伏望陛下矜其愚，不录其罪，而垂神采纳焉。臣愚幸甚，天下幸甚。臣谨对。

（明）王世贞《弇山堂别集》卷八十四·科试考四 （万历十七年）二月，命少傅兼太子太傅礼部尚书建极殿大学士许国，詹事府掌府事太子宾客吏部左侍郎兼侍读学士王弘诲主会试，取中举人陶望龄等。

廷试，赐焦竑、吴道南、陶望龄及第。

（明）张弘道、张凝道《皇明三元考》卷十三·万历十七年己丑科大魁 状元焦竑（南京旗手卫籍。山东日照人。字弱侯，号漪园。治《书》。年四十九。甲子举人。会试第七名。竑学问该博，于书无所不窥，著述甚富，并行于世。父文杰，副千户。兄瑞，知县）。

（清）黄之隽等《江南通志》卷一百二十三·选举志·进士五·明·（万历）**己丑科焦竑榜** 焦竑（江宁人）。

（清）岳濬等《山东通志》卷十五之一·选举志·明·制科（进士）**·己丑科**（万历十七年焦竑榜） 焦竑（日照人。状元）。

（清）张廷玉等《明史》卷二十·本纪第二十·神宗一 （万历十七年春三月）乙丑，赐焦竑等进士及第出身有差。

仕　宦

（清）沈翼机等《浙江通志》卷九十五·海防一　《万历杭州府志》：正统七年，户部侍郎焦竑奉命来浙江整饬备倭。

（清）谢道承等《福建通志》卷二十六·职官七·福宁州·明·州同　焦竑（旗手卫人，以修撰谪）。

轶　事

（明）沈德符《万历野获编》卷十四·科场·师弟相得　座主偏重会试分考，执弟子礼终身不衰。若乡试分考，或滞下僚，而弟子登要津，其房考不敢复居尊，而门生礼亦稍杀矣。至焦弱侯太史（竑）则异是，其举甲子应天乡试，适世宗新更典制，先大父以仪曹正郎为书一房，得焦卷欲首荐，而主考赏大父次卷，沈太史虹台（位）定为解元，焦稍居后，然相知最深。焦久困公车，每岁必至吾家，留浃月，借观书籍，时焦贫窭，至手自节录；或遇巨函，则大父撤以贻之。先人少于焦十四年，而早登第，然每兄事之，焦亦不少降意。至己丑抡大魁，先大父喜甚，遣人贺之，先人因寓书令其勿循词林故套，必称昆弟如平日。焦复书云："兄高谊不可违。"已不用"晚"字矣，其真率如此。但焦是科为蜀人范太史凝宇（醇敬）首卷，而情意殊不惬。至于焦丁酉科场之谤，己亥计典之谪，虽张新建、郭江夏诸公不肯相忘，或云座师亦与闻，则不可晓矣。癸未，先人以阅《尚书》分考，得一南卷，赏异之，云非吾叔度老手不辨。此时焦尚未改字，而先人自幼同砚席，识其文甚稔，因荐高等。比拆卷登榜，则广东邓宗龄，其年甫弱冠，焦年逾不惑久矣。邓入词林，又六年焦以龙首继之，邓未几夭，焦虽晚达，又罹谪籍，然年位未可量也。弱侯与宣城沈少林（懋学）同乡榜，同计偕，途次梦骑牛头入京城，回顾则焦尾其后，因自负必得鼎元，而戏谓焦"且迟吾十二年"。比乙丑同下第，直以魇呓置之矣。至丁丑沈果得第一，而焦将就选人，因举前梦力止之。后焦以丑科踵其盛，则沈殁将十年矣，此事已有纪之者。但思功名迟速素定，先人往时，即真得焦卷，未必能使之人彀也。

（清）黄之隽等《江南通志》卷一百九十六·杂类志·纪闻二·六安州　焦焕，建炎间赴试京师，旅中主舍妇失一金环为其仆所获。既行数日，方告焕，焕遽返而还之。或以试迫告，焕曰："此妇失物必疑其左右，捶楚急则赴水投缳，势必有之。吾忍以一第误一命哉！"既还入京，已过试期，而以场屋灾，仍得入试，举第一。谚曰："不因

场屋火，怎得状元焦?”亦奇矣！（或作焦竑事同）

（清）阎湘蕙《明鼎甲征信录》卷四 焦竑，字弱侯，江宁旗手卫籍，原籍山东日照。父文杰，三岁失怙恃，备尝艰辛，卒能自立。年十六，以荫袭千户。振武营兵变，群起攫赏，文杰按剑戢所部，无敢哗。为人伉直不欺，心事如直绳，可一引而尽从，无违心之言行。主簿吴密以八百金寄其家，一日暴陨，家人觅金失所在，文杰还之，仍护归其丧，人称盛德。平生无求于世，无怨于人。晚年笃信因果，独居一室，绝荤酒不茹，惟礼佛诵经，信心而游，尽意而止。

次子竑，生而端敏。六岁时，从师登观象台，叹曰：“天阔如此，人乃蔽之以垣，撤之则六合为一矣。”长好学博览，请益者踵至。登万历十七年鼎元，咸谓文杰积善之报。又临川周迪，其父所延馆塾，皆名师。一旦迪逝去，逾日而苏，言至地府云云。父初以为妄，久之，颇有验者。一日，谓父曰：“明年焦、祝两先生皆进士。状元某人焦者漪园竑，祝者武功世禄也。”又数月谓父曰：“焦先生改状元，其先定者改后榜二甲矣。”问何故，曰：“焦师以某事某事，其先定元者以某事某事，皆细行也。”明年，焦果一甲第一，祝三甲。其父往贺焦，述迪所见，焦曰：“然诚有之，是隐事也，然其细已甚矣。”故曰：“勿以小善而不为也。”其所先云为元者，壬辰二甲出身，如迪言云。竑与修国史，一代巨典，犁然略具。充东宫讲官，多所启沃，尝辑《养正图解》，具疏上之。上详加省览，称善。会为忌者所中，调外。竑归杜门著书，东南学者仰若山斗，其学惟以性命名理为极，而济时御变咸中窾要，卒年八十。赠谕德，谥文端。子尊生、周，并有才名。周，癸卯举人。季子润生，以荫叙，仕至曲靖知府，殉国难。孙纲，官户部主事。（《明史》并《江宁府志》、《江西通志》、《青州府志》、《李氏遗书》）

按，世传焦竑赴京会试，仆于途中某店楼下拾一金钗，竑数日后始知，偕仆送还，全婢与主母两命。比入京，已过场期，忽火焚贡院，展期另试，竑中式，殿试第一。时人语曰：“不是南宫火，怎得状元焦。”《关帝戒士子文注》与《水镜集》皆载斯事。然《贡举考略》云，天顺七年癸未试日场屋火，至万历己丑科并无失火事，所云火焚贡院，未知何据。《无为州志》，焦蹈、邢宽二状元祠记云，考之郡史，质之乡评，如焦公者，四举省元，还逆旅之金珥，其英华心术可式也。又《江南通志》暨《庐阳郡志》云，宋状元焦蹈，元丰八年以省试后期，俄因南宫火改试，擢大魁。《韵府群玉》、《明一统志》所载亦然。益信送还金钗及“安得状元焦”之语为焦蹈事，非焦竑事矣。是编原稿备录此事，今删去，因详辨于此。

著　作

（明）朱睦㮮《授经图义例》卷四·论说 《易筌》六卷（焦竑）。

又，卷八·训说 《禹贡解》一卷（焦竑）。

（清）黄虞稷《千顷堂书目》卷一·易类　焦竑《易筌》六卷。

又，卷一·书类　焦竑《禹贡解》一卷。

又，卷二·三礼类　焦竑《考工记解》一卷。

又，卷二·春秋类　焦竑《春秋左传抄》十四卷。

又，卷三·经解类　焦竑《东宫讲义》六卷。

又，卷三·小学类　焦竑《俗书刊误》十二卷。

又，卷五·别史类　焦竑《玉堂丛语》八卷。

又，卷六·地理类上　焦竑《金陵旧事》十卷。

又，卷八·地理类下　焦竑《关公祠志》九卷。

又，卷九·职官类　焦竑《词林历官表》三卷。

又　焦竑《京学志》八卷（南京应天府学）。

又，卷十·传记类　焦竑《明史献征录》一百二十卷(《经籍志》作三百六十卷)。

又　焦竑《逊国忠节录》四卷。

又，卷十·簿录类　焦竑《国史经籍志》六卷、《纠缪》一卷。

又　《焦氏藏书日》二卷（焦竑）。

又，卷十一·儒家类　（耿定向）又《雅言》一卷（焦竑辑）。

又　焦竑《养正图解》二卷。（万历二十五年九月，修撰竑为皇长子讲官编进。上命赐皇长子，同官有嫉之者，言其私因陈矩以进。）

又，卷十二·小说类　焦竑《焦氏笔乘》六卷。又《续笔乘》八卷。又《笔乘别集》六卷。又《玉堂丛语》八卷。又《明世说》八卷。

又，卷十五·类书类　焦竑《焦氏类林》八卷。又编次《杨升庵外集》一百卷。

又，卷十六·道家类　焦竑《庄子翼》八卷。又《南华真经余事杂录》二卷。又《拾遗》一卷。

又　焦竑《阴符经解》一卷。

又，卷二十二·别集类·正德辛未科（六年）　又《升庵外集》一百卷（焦竑辑）。

又，卷二十五·别集类·万历己丑科（十七年）　焦竑《欣赏斋集》四十九卷。（字弱侯，南京旗手卫籍，上元人。一甲第一人。翰林院修撰，谪福宁州同知，追谥文宪。）又《续集》三十五卷。

（清）黄之隽等《江南通志》卷一百九十·艺文志·经部·明　《易筌》（上元焦竑）。

又　《禹贡解》一卷（上元焦竑）。

又　《考工记解》二卷（上元焦竑）。

又　《俗书刊误》十二卷（上元焦竑）。

又，卷一百九十一・艺文志・史部・明 《国史献征录》一百二十卷、《逊国忠节录》八卷（俱上元焦竑）。

又 《京学志》八卷、《词林历官表》三卷（俱上元焦竑）。

又，卷一百九十二・艺文志・子部・明 《养正图解》（上元焦竑）。

又 《支谈》、《古珠玑》、《焦氏笔乘》、《焦氏类林》、《玉堂丛话》（俱上元焦竑）。

又 《国史经籍志》（上元焦竑）。

又 《老庄翼》、《阴符经解》（俱上元焦竑）。

（清）张廷玉等《明史》卷九十六・志第七十二・艺文一・经类 焦竑《易筌》六卷。

又 焦竑《禹贡解》一卷。

又 焦竑《考工记解》二卷。

又 焦竑《俗书刊误》十二卷。

又，卷九十七・志第七十三・艺文二・史类 焦竑《养正图解》二卷。

又 焦竑《词林历官表》三卷。

又 焦竑《京学志》八卷。

又 焦竑《国史献征录》一百二十卷(《经籍志》作三百六十卷)、《逊国忠节录》八卷。

又，卷九十八・志第七十四・艺文三・子类 焦竑《笔乘》二十卷、《玉堂丛语》八卷、《明世说》八卷。

又 《杨慎升庵外集》一百卷（焦竑编次）。

又 焦竑《类林》八卷。

又 焦竑《孝子翼》二卷、《考异》一卷、《庄子翼》八卷、《南华经余事杂录》二卷、《庄子解》五卷。

又，卷九十九・志第七十五・艺文四・集类 焦竑《诗文集》四十九卷、《续集》三十五卷。

（清）秦蕙田《五礼通考》卷首第二・礼经作述源流下 《明史・艺文志》：……焦竑《考工记解》二卷。

（清）曹仁虎等《钦定续通志》卷一百五十六・艺文略・易 《易筌》六卷，《附论》一卷（明焦竑撰）。

又，卷一百五十七・艺文略・小学类第四・文字 《俗书刊误》十二卷（明焦竑撰）。

又，卷一百五十九・艺文略・史类第五下・传记・列传 《献征录》一百二十卷

（明焦竑撰）。《熙朝名臣实录》二十七卷（明焦竑撰）。

又，卷一百五十九·艺文略·史类第五下·目录·总目 《国史经籍志》六卷（明焦竑撰）。

又，卷一百六十·艺文略·诸子类第六·道家 《老子翼》三卷，《老子考异》一卷（明焦竑撰）。《庄子翼》八卷，《庄子阙误》一卷，《附录》一卷（明焦竑撰）。

又 《阴符经解》一卷（明焦竑撰）。

又，卷一百六十·艺文略·诸子类第六·杂家·杂学 《支谈》三卷（明焦竑撰）。《焦弱侯问答》一卷（明焦竑撰）。

又，卷一百六十·艺文略·诸子类第六·杂家·杂说 《焦氏笔乘》八卷（明焦竑撰）。

又，卷一百六十·艺文略·诸子类第六·杂家·杂纂 《焦氏类林》八卷（明焦竑撰）。

又，卷一百六十·艺文略·诸子类第六·小说·琐事 《玉堂丛话》四卷（明焦竑撰）。

又，卷一百六十三·艺文略·文类第十二下·总集 《中原文献》二十四卷（旧本题明焦竑编）。

又，卷一百六十六·图谱略二·学术·性理 明焦竑《养正图解》。

（清）于敏中等《钦定天禄琳琅书目》卷七·明版经部·养正图解（一函四册） 明焦竑撰。不分卷。前祝世禄序、竑自序。

《明史·焦竑传》称皇长子出阁，竑为讲官，竭诚启迪，尝采古储君事可为法戒者，为《养正图说》拟进之，同官郭正域辈，恶其不相闻，目为贾誉，竑遂止。……

《养正图解》（一函二册） 篇目同前。

（清）姚之骃《元明事类钞》卷五·君道门二·太子·养正图 《万历注略》：修撰焦竑为皇长子讲官，进《养正图》。

（清）纪昀等《钦定四库全书总目》卷八·经部八·易类存目二·《易筌》六卷、《附论》一卷（江苏巡抚采进本） 明焦竑撰。竑字弱侯，应天旗手卫籍，山东日照人。万历己丑进士第一，授翰林院修撰，寻迁东宫讲读官，谪福宁州州同。事迹具《明史·文苑传》。是书大旨欲以二氏通于《易》，每杂引《列子》、《黄庭内景经》、《抱朴子》诸书以释经。史称竑讲学以罗汝芳为宗，而善耿定向、耿定理及李贽，时颇以禅学讥之，盖不诬云。

又，卷四十一·经部四十一·小学类二·《俗书刊误》十二卷（江苏巡抚采进本）明焦竑撰。竑有《易筌》，已著录。是书第一卷至第四卷类分四声，刊正讹字。若丰之非丰，容不从谷是也。第五卷考字义，若赤之通尺，鼬之同犹是也。第六卷考骈字，若句娄之不当作岣嵝、辟历之不当作霹雳是也。第七卷考字始，若对之改口从士，本于汉文；迭之改晶从畾，本于新莽是也。第八、第九卷考音同字异，若庖牺之为炮羲、神农之为神由是也。第十卷考字同音异，若敦有九音、苴凡两读是也。第十一卷考俗用杂字，若山岐曰岔、水岐曰汊是也。第十二卷考字形疑似，若禾之与禾、支之与支是也。其辨最详，而又非不可施用之僻论，愈于拘泥篆文，不分字体者多矣。

又，卷六十二·史部十八·传记类存目四·《献征录》一百二十卷（浙江巡抚采进本） 明焦竑撰。竑有《易鉴》，已著录。是书采明一代名人事迹。其体例以《宗室》、《戚畹》、《勋爵》、《内阁》、《六卿》以下各官分类标目。其无官者则以《孝子》、《义人》、《儒林》、《艺苑》等目分载之。自洪武迄于嘉靖，搜采极博。然文颇泛滥，不皆可据。又于引据之书或注或不注，亦不免疏略。考竑在万历中，尝应陈于陛聘，同修国史，既而罢去。此书殆即当时所辑录欤。

又，卷六十二·史部十八·传记类存目四·《熙朝名臣实录》二十七卷（浙江巡抚采进本） 明焦竑撰。此书《明史·艺文志》不著录。前有《自序》，谓明代诸帝有《实录》，而诸臣之事不详，因撰此书。自王侯、将相及士庶人、方外缁黄、僮仆、妾伎无不备载。人各为传，盖宋人"实录"之体。凡书诸臣之卒，必附列《本传》，以纪其始末，而明代《实录》则废此例，故竑补修之。其书郭子兴诸子之死，及书靖难诸臣之事，皆略无忌讳。又如纪明初有通晓四书等科，皆《明史·选举志》及《明会典》所未载。韩文劾刘瑾事，有太监徐智等数人为之内应，亦史传所未详。颇足以资考证。然各传中多引《寓圃杂记》及《琐缀录》诸书，皆稗官小说，未可征信。又或自叙事，或仅列旧文，标其书目，于体裁亦乖。所附李贽评语，尤多妄诞，不足据为定论也。

又，卷八十七·史部四十三·目录类存目·《国史经籍志》六卷（两江总督采进本） 明焦竑撰。竑有《易筌》，已著录。是书首列《制书类》，凡御制及中宫著作，记注、时政、敕修诸书皆附焉。余分经、史、子、集四部，末附《纠缪》一卷，则驳正《汉书》、《隋书》、《唐书》、《宋书》诸《艺文志》及《四库书目》、《崇文总目》、郑樵《艺文略》、马端临《经籍考》、晁公武《读书志》诸家分门之误。盖万历间陈于陛议修国史，引竑专领其事。书未成而罢，仅成此志，故仍以"国史"为名。顾其书丛抄旧目，无所考核。不论存亡，率尔滥载。古来目录，惟是书最不足凭。世以竑负博物之名，莫之敢诘，往往贻误后生。其谲词炫世，又甚于杨慎之《丹铅录》矣。

又，卷一百二十五·子部三十五·杂家类存目二·《支谈》三卷（两江总督采进本） 明焦竑撰。竑有《易筌》，已著录。是书主于三教归一，而并欲阴驾佛、老于孔子之上。此姚江末流之极弊，并其本旨失之者。虽亦讲学之言，不复以儒家论之，亦不复以儒理责之矣。

又，卷一百二十五·子部三十五·杂家类存目二·《焦弱侯问答》一卷（浙江巡抚采进本） 明焦竑撰，潘曾纮编。竑师耿定向而友李贽。于贽之习气沾染尤深，二人相率而为狂禅。贽至于诋孔子，而竑亦至尊崇杨、墨，与孟子为难。虽天地之大无所不有，然不应妄诞至此也。曾纮乃缀拾刻之，以教新郑之士子，可以见明季风气矣。

又，卷一百二十八·子部三十八·杂家类存目五·《焦氏笔乘》八卷（安徽巡抚采进本）　明焦竑撰。竑有《易筌》，已著录。是书多考证旧闻，亦兼涉名理，然多剿袭说部，没其所出。如“周易举正”一条，乃洪迈《容斋随笔》语。“秃节”一条，乃宋祁《笔记》语。“开塞书”一条，乃晁公武《读书志》语。“一钱”一条，乃师古伪苏轼《杜诗注》语。“花信风”一条，乃王逵《蠡海集》语。“玉树青葱”一条，乃封《演见闻记》语。“何逊诗”一条，乃黄伯思《东观余论》语。“乌鬼”一条，乃沈括《梦溪笔谈》语。“仓颉”一条，乃张华《博物志》语。“续史记”一条，乃无名氏《尊俎余功》语。如斯之类，不可缕数。其中“周易举正”条，末称此书世罕见，晁公武所进《易解》多引用之。盖洪迈当南宋孝宗时，故其言云尔。至明代则郭京书有刊本，而晁公武书久佚，正与迈时相反，乃仍录原文，斯非不去葛龚耶？竑在万历中，以博洽称，而剽窃成书，至于如是，亦足见明之无人矣。其讲学解经，尤喜杂引异说，参合附会。如以孔子所云空空及颜子之屡空为虚无寂灭之类，皆乖迕正经，有伤圣教。盖竑生平喜与李贽游，故耳濡目染，流弊至于如此也。

又，卷一百三十二·子部四十二·杂家类存目九·《焦氏类林》八卷（江西巡抚采进本）　明焦竑撰。竑有《易筌》，已著录。是编前有自序，谓庚辰读书有感葛稚川语，遇会心处辄以片纸纪之。残稿委于箧笥，李君士龙见之，乃手自整理，取《世说》、篇目括之。其不尽者括以他目，譬之沟中之断文以青黄，则士龙之为也。士龙为上元李登字，然则竑特偶为标出，而成此书者则登也。凡分五十有九类，皆非奇秘之文。

又，卷一百四十三·子部五十三·小说家类存目一·《玉堂丛语》八卷（江苏巡抚采进本）　明焦竑撰。竑有《易筌》，已著录。是编仿“世说”之体，采摭明初以来翰林诸臣遗言往行，分条胪载。凡五十有四类，而终以雠隙。案，朱国祯《涌幢小品》曰：“焦弱侯率直任真，元子初出阁，定讲官六人。癸未则郭明龙，丙戌唐抑所、袁玉蟠、萧元圃、全元洲，己丑则弱侯。太仓相公谓宜择其近而易晓者勒一书进览。无何，太仓去国，诸公不复措意。惟弱侯纂《养正图说》一册。郭闻之不平，曰：‘当众为之，奈何独出一手？’后其子携归，刻于南中，送之寓所。正在案珰，陈矩适至，取去数部呈御览。诸老大恚，谓由他途进图大拜。又载其序吕坤《闺范》，郑国泰乞取添入后妃一门，众大哗，谓郑氏著书，弱侯交结作序云云。”竑作是书，以雠隙终篇，盖感此二事，借以寓意。然陈矩为司礼太监，郑国泰为贵妃之侄，何以二书适入二人之手，俱得进于宫禁？当时物议，实有其因，未可尽委之排挤也。

又，卷一百四十六·子部五十六·道家类·《老子翼》三卷，《老子考异》一卷（浙江巡抚采进本）　明焦竑撰。竑有《易筌》，已著录。是编辑韩非以下解《老子》者六十四家，而附以竑之《笔乘》，共成六十五家，各采其精语，裒为一书。其首尾完具，自成章段者，仿李鼎祚《周易集解》之例，各标举姓名，列本章之后；其音义训诂但取一字一句者，则仿裴骃《史记集解》之例，联贯其文，缀本章末句之下。上下篇各为一卷，《附录》及《考异》共为一卷。不立“道经”、“德经”之名，亦不妄署篇名，体例特为近古。所采诸说，大抵取诸道藏，多非世所常行之本。竑之去取，亦特精审。大旨主于阐发元言，务明清净自然之理。如葛长庚等之参以道家炉火，禅学机锋者，虽列其名，率屏不录。于诸家注中为博赡而有理致。盖竑于二氏之学本深于儒学，故其说儒理者多涉悠谬，说二氏之理者转具有别裁云。

又，卷一百四十六·子部五十六·道家类·《庄子翼》八卷，《庄子阙误》一卷，《附录》一卷（安徽巡抚采进本）　明焦竑撰。是编成于万历戊子，体例与《老子翼》同。前列所载书目，自《郭象注》以下凡二十二家。旁引他说互相发明者，自《支遁》以下凡十六家。又《章句音义》自郭象以下凡十一家。今核其所引，惟郭象、吕惠卿、褚伯秀、罗勉学、陆西星五家之说为多，其余特间出数条，略备家数而已。又称褚氏《义海》引王雱注《内篇》，刘概注《外篇》，道藏更有雱《新传》十四卷，岂其先后所注不同，故并列之欤？今采其合者著于编，仍以《新传》别之云云。今考书中所引，自雱《新传》以外，别无所谓雱注。而《养生主注》引“刘概”一条，则概注亦有《内篇》，其说殆不可解。盖明人著书，好夸博奥，一核其实，多属子虚。万历以后，风气类然，固不足深诘也。至于支遁注庄，前史未载。其“逍遥游”义本载刘孝标《世说新语注》中，乃没其所出，竟标支道林注，亦明人改头换面之伎俩，不足为凭。然明代自杨慎以后，博洽者无过于竑，其所引据，究多古书，固较流俗注本为有根柢矣。末附《庄子阙误》一卷，乃全录宋陈景元《南华经解》之文，亦足以资考证。又《附刻》一卷，列《史记·庄子列传》，阮籍、王安石《庄子论》，苏轼《庄子祠堂记》、潘佑《赠别王雱杂说》、李士表《庄子九论》。考南唐潘佑以真谏见杀，而此列苏轼、王雱之间，未审即其人否？李士表自陈振孙《书录解题》已不知为何许人，《宋史·艺文志》载其《庄子十论》一卷，此惟存其九，亦未喻何故。又此“九论”，书中已采其《解牛》、《壶子》、《濠梁》三篇，而仍全录之于末，亦为例不纯。殆随手编纂，未及删并之故欤？

又，卷一百四十七·子部五十七·道家类存目·《阴符经解》一卷（两江总督采进本）　明焦竑撰。竑有《易筌》，已著录。考《战国策》称苏秦得太公《阴符》之谋，其书《汉志》、《隋志》皆不著录，盖已不传。今世所行之本，出唐李筌。宋黄庭坚以为即筌所托。注其书者，自筌而后凡数十家，或以为道家言，或以为兵家言，或以为神仙家言。竑此注虽引张永叔真土擒真铅，真铅制真汞之说，似乎神仙家言。而核其宗旨，实以佛理解之，与刘处元注相近。盖竑与李贽友善，故气类熏染，喜谈禅悦，其作此注，仍然三教归一之旨也。

又，卷一百九十三·集部四十六·总集类存目三·《中原文献》二十四卷（两江总督采进本）　旧本题明焦竑编。竑有《易筌》，已著录。是书分《经集》六卷、《史集》六卷、《子集》七卷、《文集》四卷，末附《通考》一卷。其自序云：“一切典故无当于制科者，概置弗录。”识见已陋。至首列六经，妄为删改，以为全书难穷只揭大要，其谬更甚。竑虽耽于禅学，敢为异论。然在明人中尚属赅博，何至颠舛如是。殆书贾所伪托也。

（清）永瑢等《钦定四库全书简明目录》卷四·经部十·小学类·字书之属 《俗书刊误》十二卷。（明焦竑撰。前四卷以四声隶字刊正其讹，五卷考字义，六卷考骈字，七卷考字始，九卷考音同字异，十卷考字同音异，十一卷考俗字，十二卷考字形疑似，辨订颇详。）

又，卷十四·子部十四·道家类 《老子翼》三卷，《考异》一卷。（明焦竑撰，采古来解《老子》者六十四家，裒其精语，以成一编，而益以自著之《笔乘》。竑讲学皆涉老庄，其讲老庄之书，乃多得其本旨。所附考异，亦颇赅备。）

又 《庄子翼》八卷，《庄子阙误》一卷，《附录》一卷。（明焦竑撰。体例与《老子翼》同，所采《庄子注》，自郭象以下凡二十二家。旁引他说者，自支遁以下凡十六家。又章句、音义自郭象以下凡十一家。而大旨以郭象、吕惠卿、褚伯秀、罗勉学、陆西星五家为主。所附《阙误》一卷，乃陈景元之旧文。《附录》一卷，则庄子列传之类也。）

（清）曹仁虎等《钦定续文献通考》卷一百四十五·经籍考·经（易）·明 焦竑《易筌》六卷，《附论》一卷（竑字弱侯，山东日照人。万历己丑进士第一，授翰林院修撰，迁东宫讲读官，谪福宁州州同。学者称澹园先生，事迹具《明史·文苑传》）。

又，卷一百六十·经籍考·经（小学）·明 焦竑《俗书刊误》十二卷。

又，卷一百六十五·经籍考·史（传记下）·明 焦竑《献征录》一百二十卷，《名臣实节录》二十七卷。

又，卷一百七十二·经籍考·史（目录）·明 焦竑《国史经籍志》六卷。

又，卷一百七十五·经籍考·子（道家、法家）·明 焦竑《老子翼》三卷，《庄子翼》八卷，《庄子阙误》一卷，《附录》一卷，《阴符经解》一卷。

又，卷一百七十六·经籍考·子（杂家上）·明 焦竑《支谈》三卷，《焦弱侯问答》一卷。

又，卷一百七十七·经籍考·子（杂家中）·明 焦竑《焦氏笔乘》八卷。

又，卷一百七十八·经籍考·子（杂家下）·明 焦竑《焦氏类林》八卷。

又，卷一百七十九·经籍考·子（小说家上）·明 焦竑《玉堂丛语》八卷。

又，卷一百九十七·经籍考·集（总集上）·明 焦竑《中原文献》二十四卷。

评　　论

（明）方扬《方初庵先生集》卷五·序·焦弱侯社义序 （存目）

（明）耿定力《焦太史澹园集序》 夫文奚为而作？以诠道也。世之畸人韵士，自托于清虚，一切土苴词章，而不知其用。至子墨者流，又第取古之胜语而离合之，钩章棘句以相矜严，总之于道无当也。焦太史弱侯之文，播于海内者久，其全编未出也。直指黄公顷板行之，而以书勉余曰："子宜有序。"

忆自先恭简倡道东南，一时从游者众，而弱侯以弱冠辄为之先，行解兼胜。先恭简特属意焉。计其所得，当在渊、参之间邪！久之，识弥高，养弥邃，综万方之略，究六艺之归，其于道深矣。迨时时泚笔为文，要以阐古先之微言，抒胸怀之本趣而止。即海内人士，得其片言，莫不叹以为难得，而弱侯不以屑意也。盖其所苞蓄者秘且富，故有吞天浴日之奇，而莫测其涯；所冥契者渊且醇，故有弄丸承蜩之巧，而不见其迹。子之言曰："辞达而已矣。"夫未有不通乎道而能达者也。弱侯挺命世之才，而负穷理尽性至命之学，宜其旨远辞文，直指横发，借书于手无不了然，以至于达也欤？

余无似，浮湛世涂，上之不敢溺于清虚之见，而下之无以与乎文章之观，其何足以当弱侯？窃自谓与弱侯所切劘，有出于语言文字之外者，姑以是复直指公云尔，非敢为海内心仪弱侯者嚆矢也。

万历丙午季冬，通家友弟楚黄耿定力纂。

（录自［明］焦竑《焦氏澹园集》卷首）

（明）吴梦阳《焦太史弱侯先生集序》 弱侯先生之文之行放世者，人皆诵习而宗之，而犹以不得尽窥其全为憾。会其友直指黄公将刻而布之，因出其诗若文若干卷，而属不佞为之叙。

曰文之无用者，其文非文；文之无质者，其用非用。故善观文者观其质，而质不易观也。仲尼有云：其旨远，其词文，词达其旨。不期文而文者，六艺是也。文不以旨为质，而以无文为质，浅之乎观质已，苟能不悖其旨，文不必六艺之袭，而质犹其遗也。至乃昧其旨而强援六艺以自文，此在僭为经者导之，而后世竞为貌言者，溺其波而莫可挽已。吾必求文放质，合扬侯先生之文，奚观焉？

弱侯弱冠而志于道，其文未尝凿凿求合乎道，而出之皆道也。未尝祖《法言》而诣益精，未尝祖《中说》而理益畅，未尝祖《中垒》父子而识益括，而终不以文掩其质者，旨为之也。论其诗而为古之正始，为唐之大历，为其后乎此者而质无所贬；论其文而为唐之元和，为宋之元丰，为其前乎此者而质无所加。则诗所谓"唯其有之，是以似之"，非求似于似，而似其质之所自有者而已。在《易》之贲，以志文也，贲之上九，文之极也，而必举质以基之，白而贲，斯曰"无咎"，用之占也，是足以观弱侯已。

或谓后质以观文，诚无切于用，而用之则易；先质以观文，诚切于用，而用之则不易，是乃人事之适然，而君子所不道也。试论两汉之文，厥质存焉，其时汲大夫黯、宋大夫弘，皆无文者也，一黜乐府之非真，一黜繁声之夺雅，同时娴于词者皆所勿逮，即其言有用有不用，而要之一言而溯其旨，其用微矣。矧乃质有其文，奚患无用哉？

昔弱侯以廷对第一人，进其文指斥时事，反复数千言，甚伟而约，其旨则唯曰求其实而已。有如江都、平津皆以廷对第一人进，其所陈皆谠言也，或如其言而不用，或变其言而用之，此其质较然已，用不用暇论哉？乃今三事，大夫贤如直指公者在，卒之上以实求，下以实应，将无江都其人，平津其遇，而斯足以究弱侯之文之实用。嘻，是亦人事之适然，而君子之所愿也。

（录自［明］焦竑《焦氏澹园集》卷首）

（明）陈懿典《尊师澹园先生集序》 《传》曰："通天地人曰儒。"而世乃析言之，曰：有道德之儒，有功业之儒，有文学之儒。夫通则合三才，宁有偏致之用，独胜之场哉？自三立分途，文士以文为经国大业，而学道者嗤以为雕虫小技。谈道讲学不复以修辞为务，而文士仅仅以绨章琢句相雄长，后世竞效为之，衣冠形似，神情不传，无论学失其宗，而文章词赋亦非其真久矣。夫宁有不知学而能文者乎？又岂有通天人而文不足传者乎？周公、孔子，象系《易卦》，出入鬼神，条析《周礼》，删述《诗》、《书》，丽若星日，何尝不极文之妙用，又何尝以德业为大而遂废文章？特未如后世之沾沾模仿以求工耳。而当时如史佚、丘明，有能窥其藩者乎？自汉至宋，称文者自为文，言学者自为学，独韩、欧、曾、王、苏氏诸君子，知本之《六经》以为文，有志于圣人之学，而不肯为徒文之士，庶几足传，而学犹未能知性，是以犹未免于文人之名。

我朝惟王新建伯安、唐中丞应德志真儒之学，而擅通人之才，其为文得古人之法，不寻今人之习。王与何、李同时，唐亦先李王而驾两先生，务先举所重，不近取文之名，而卒举文之实。今试举两先生集与诸君子较之，可观也。然犹惜两先生弱冠登朝，名太著，用太早，坎壈中外，周旋兵革，皆逾五十而以身殉国，犹未竟其晚岁透悟之妙，于文顾亦绝伦超群矣。小子典不及事两先生，而幸以薄技出澹园焦先生之门。

先生之学，以知性为要领，而不废博综。为诸生以迨上公车、入词林，无日不搜猎于古人之载籍，闻有异本秘册，必为购写。又日与海内名流讨析微言，订正谬误。坟索遗义，朝家故实，无不如指掌。虽其精神所注，在大道与经世，而不在于为文，乃感触酬应，发为诗文，积久益多。小子典尝请为诠次以传，先生未遽出也。小子典间请作者之旨，先生曰："仆于此道，盖嗜古而无成，有其志而未暇也。忆十五、六始得《左传》、《国语》、《战国策》、《史记》、《庄》、《骚》，读而好之，摹拟为文。侪辈姗笑，不为衰止。顾以举业萦怀，不得专力。迨晚岁入仕，阅历日久，见古人之著作日益多，洞然悟为文之法度，益信近世剽窃支离者之为非。欲奋然大肆其力，而年已后矣。又念大道难闻，余生有限，不欲敝精于此。"先生自道云尔，典则谓先生惟功深好古，故妙契古人之作法，惟学先闻道，故尽洗文人之习气。以明道、象山之见解，运昌黎、南丰之笔力，语无不透，说必有据，即使博如子政，奥如子云，不能傲之以所不知；虽相如含毫，少陵苦吟，亦不敢谓此儒者不闲于词，而独逊此席也。盖所谓举其大而细无不苞，先沃其根，不必叶叶雕枝者也。岂与夫学步效颦，诗必初、盛，文必秦、汉，乃称工者同日语哉？

嗟乎，真儒不世，通才实难，理学、文苑、名臣，可合为一传者，独余姚、武进。伯安良知一脉，独契千古，勋名烂然，而惜未竟其用于赞化，应德有新建之具体，而功业未就，并其文而疑信者半。若先生之学力，仰接圣真，其为孝廉时，已身任斯道之重，出入承明、东朝，启沃功在社稷，云卧累岁，天下靡不日为苍生望。兹赐环召起，行且以学术燮和宇宙，俾斯世复见三代之盛，润色辉煌之大，固不尽于兹集。侍御黄公揽辔江北，特以付梓，盖深知先生，欲以先生之文为鹄于今日，其意盛甚。不独以文为先生重也。小子典辱先生之知，感侍御之知先生，非世相知之比，辄为引其端如此。

奉训大夫右春坊右谕德兼翰林院侍讲、门生槜李陈懿典撰。

（录自［明］焦竑《焦氏澹园集》卷首）

（明）臧尔劝《焦澹园先生集叙》 侍御内黄黄公既为吾师焦澹园先生梓其集，序而传之矣。劝适受事侍御，属宜言末简，序曰：

韩退之有言："欢愉之辞难工，而穷苦之言易好。"夫情之愉莫愉于占上第、登玉堂，故达官贵人务在采天地之和美，以写其快，夫是以无幽情；境之穷莫穷于御魑魅、伍山鬼，故逐臣迁客务在抉天地之黮黯，以泄其不平，夫是以无旷趣。要以朱弦疏越之音与弹丝击筑分曹而奏，则听者异焉。

明兴，东关之词恬淡春容为宗，布鹄于潜溪，树表于乌伤，固入作□□室矣。一时魁标龙翔之英，徒取大雅，未遑千秋而至，风采星华，为国黼黻，乃过而问之泽之畔之滨，何也？即其才独高，名独重，正喻德涵、用修两君子。然德涵中道废斥，用修则没齿碧鸡，执干戈老矣。两君子皆遭右文之代，柏梁雅奏，宝剑雄篇，终不足勤圣明之一顾。独其遗文，彝鼎千古。距今读对山、升庵诸集，亦如靴如真，有不可磨灭者。天挺名也文，非籍穷工也，实因穷而著。天下高其名而悲其废，叹其才而寄其赏，而穷于两君子，有貺焉，并先生而三矣。当先生翱翔中秘，簪笔侍主上，姓名噪于媪竖，蓬瀛伏其高骞，而又娴于古而绘于才，一时训诰制敕之词，勒金铭石之章，非经巨裁，则无以耀鸿景流盛美，抑何盛也？一朝以直道忤时，辍侍从而栖迟于家，遭延七、八载，其视两君子综迹不必同。废有久近，困有甚有不甚，要其无妄以取踬，一也。先生浑升沉约，情性和平，与幽渺相剂为用。然自其岩居久，著述益富，文益工，而世若有羡先生之穷而掩其愉。今隶诸集者，彬彬矣。其榷故实，翻经典，若倒囊，若涌泉，若数一二，足与两君子为敌国。意天之生是才也，将假以经国之鸿业，而不徒以科名岌嶪独步当代，则必投之坎壈迍邅之乡，使耀华呈实，益致其造而已邪？

嗟乎！贤者初世，晦屯夷而亨晋泰。读《明良起》之歌，未尝不讽味之也，诵《卜居》、《吊湘》之什，未尝不嗟叹之也。人生世为丈夫，其得厕兰台、木天之选，盖千载一时。即令按辔和鸾，鸣清庙明堂之盛，意有孰难，而中道蹉跌，仅记之逐臣迁客之怀，而为文若诗，天下亦逐日为文人与诗人，此其时可念也。今上博采舆谋，澄自田间。西川先生以不次宣室，讽议倾刻，以冀旃厦燕间，抒谟遂歌，断非两君子泽吟湘咏所可仿佛，则兹集为嚆矢矣。

万历丙午嘉平朔，整饬颍州兵备、河南布政司右参政兼佥事、前奉敕提督学校、陕西按察司副使、礼部仪制司郎中、琅琊门人臧尔劝撰。

通家子方时俊书。

（录自［明］焦竑《焦氏澹园集》卷首）

（明）许吴儒《刻澹园集记》 澹园先生所著多不自惜，顷直指黄云蛟公欲刊布之，乃稍稍检括，裁什二三耳，属谢利州嵩总校入梓，而何州端台、龙含山为光、王学博中启参校督刻，皆有劳焉。先是有《焦氏类林》八卷、《老庄翼》十一卷、《阴符解》一卷、《焦氏笔乘》六卷、《续笔乘》八卷、《养正图解》二卷、《经籍志》六卷、《京学志》八卷、《逊国忠节录》四卷，业已行于时，《东宫讲义》六卷、《献征录》一百二十卷、《词林历官表》三卷、《词林嘉话》六卷、《明世说》八卷、《笔乘别集》六卷，尚藏于家。余刊行文字书籍托名者，亦识者自能辨之。

门人许吴儒记。

（录自［明］焦竑《焦氏澹园集》卷首）

（明）金励《焦氏澹园续集序》 金陵焦先生著有《澹园集》，往者侍御黄公请梓之，以公宇内，宇内业已奉为拱璧。不佞励近承乏江左，获领先生性、学之宗，以及文章之事则五六年，澹园所裒又已侈矣。因请并广之，而以其意窃质于先生。

盖理学极盛于宋，当乾道、淳熙间，则朱、陆两先生相焉羽翼。顾以“无极”之辨，偶成异趣，而解者遂借中庸之语以文之，谓“德性”、“问学”各有传宗。夫性、学而有两宗哉？传曰：“文以足志，志以足言。”吾夫子言性矣，焉不学也。文章固问学事，而世之言者何其末也？自羲轩以迄今，传授赓续，其精神心思，相沿阐发，较如一日。至于抉精剔微，翻经叙史，以逮记述、传疏、碑碣、赞颂，推类人事，驱使草木，有慨于心，即发于辞，既以道其一时不可已之衷，而后之人亦从而得其用心之所极，则文之为也。不佞励尝疑之：语以其事，则虽负奇豪宕者，亦各极其才之所就，而圣门文学，乃不得兼德行；语以其礼，则虽苦心肆力者亦能工一事，而诗如李、杜顾不能兼叙记，即有能者，又靡焉而不合于道。若是乎深不可穷，而其薄而不语者，亦未游其藩而窃其至也。天命之谓性也，经纶天地之谓才也。敬有才不合于本，如史氏所讥违道哗众，固宜谈道者薄不为矣。若夫天之所命，从寂起知，灵明圆莹，无所不合，无所不兼，方将扶圆景以丽空旷，而照莫穷焉，以之为经纶天地，以之为经国大业，不朽盛事，无以异也，何必有才名，而亦何必处于不才？

夫先生则以知性立教者也，而不辍典学，故综览之富，考核之详，当世之精博，未有两焉，而先生亦用此穷年，少而习之，晚而不厌。履其门如公超之成市，即其言如孔绪之吹枯，先生之于古今会而人已化矣。而乃随其兴会，发为文章，浑厚峻肆，如洞、岳、沧海，不可涯矣；即降为六朝、唐、宋，语无不穷工极变。才士刻楮而不逮者，先生弄刃而有余。盖自我明制科来，有其遇不必见乎性，见乎性不必优于才，求其道则合而礼则兼如先生者，尤未有两焉。而今乃知先生之学，定悟参彻于所谓灵明圆莹者，自信而得之，万应不竭，奚诗若文之足多乎？则尝喻诸庄生庖割之刃解，曰官知止也。乃瞿昙氏亦以山河大地之象，指其涵于玄明而窍于灵觉，彼诚异教，然而窥见枢牙者，吾儒未有以易之也。今文章之技不卑于鼓刀，而其象不滞于山河大地，先生独以灵明圆莹之本驭之，宜其纵横浩渺，卒有所成，以舒其衷而裨于道也。

不佞励向来志窥伊洛之秘，苦于入门，退而沾沾焉，教信自足。今雅奉先生教，而豁然还吾真性命焉。倘不遇先生，几虚此生矣。因即先生文章，还质先生，以证之于性，而先生直以为未始出吾宗耶？

万历辛亥夏日，整饬徽宁等处兵备副使大梁后学金励季儒甫撰。

（录自［明］焦竑《焦氏澹园续集》卷首）

（明）徐光启《尊师澹园焦先生续集序》 吾师澹园先生，粤自早岁则以道德经术标表海内，巨儒宿学，北面人宗；余言绪论，流传人间，亡不视为冠冕舟舫矣。洎登朝列，珥笔承明著作之庭，高文大篇，奇丽雄富。暂卧东山，休息乎道林艺圃，远近宗挹，履满限穿，答问更繁，述作尤盛。于是侍御今大京兆黄公梓其集行世，世既人人颂述之。越五载，复有兹集，则宪使金公命其属朱君汝鳌刻之当涂，以嘉惠来学者也。刻成，以序属诸小子启。小子启无似，用研削薄技，受知于先生为深，自惟浅陋，无所窥于文章。第尝通观古今之际，而有概于文之所由始也。

古之圣贤，其知在事天，至命立命，亡不终始乎身心性情，默而存之，不言而躬行之，夫安所藉文为？凡文之设，以为人也。阐道述德，发覆振蒙，文为人户牖；纪功颂烈，旗衷标行，文为人徽识；矫枉揉曲，砭愚订顽，文为人砺砥；代言橐笔，出纶布宪，文为人雨露；谋事断义，建法虑方，文为人菽帛。综其实有三端：有朝家之文，有大儒之文，有大臣之文。其被于人也亦有三端：当物者使人油然以思，若润于膏泽；入心者使人惕然以动，若中于肌骨；切用者，使人俯拾仰取，若程材于邓林而征宝于春山也。微斯数者，虽复擒藻华繁，飞辩云涌，犹之乎文士之文，刻脂镂冰而已。以彼算计见效高者，使人说情思、虞耳目，无所能益于德，利于行，济于事也；又况有使人损于德，咈于行，废于事者哉？夫大臣之文，伊、傅、周、召其至也；朝家之文，自汉以来，典则迁、固，通则贾太傅、陆敬兴；大儒之文，延于江都，振于仲淹，醇于伯淳。此数君子者，趣操事用悉不类，其各有所益于世，不为文士之文则一也，顾犹未得兼长备美以为恨。然其能兼长而备美者，近世见阳明氏焉，于今见先生。

盖先生之文，于理学家言则备矣；身为国史，未获裁成帝坟，金马石渠之间，未及于政，诸所诠次擘画，斯亦绍明世，继《春秋》，敷赞翼新之端，灼然可见者也。即所论撰《经籍志》，若诸藏史，何渠非我明一代文献足征，而曩昔临轩大对，醇乎其醇，视之洋洋汉廷者何如哉？夫方阳明于迁、固以下诸君子，若同若异，如世俗之言文者，余小子弗敢知也。以先生之文絜之阳明，若同若异，如世俗之言文者，余小子亦弗敢知也。所知者，两先生之兼长备美，读其文而有能益于德，利于行，济于事，则一而已。

世之言文者，以为文不必为世用，麒麟凤凰不与鸡犬并。夫鸡犬之为用则小矣。不有潜跃随时，不崇朝而雨天下者龙乎？探之靡所不藏，施之靡所不应，左之宜之，右之有之。若先生者，斯亦文章之龙，早服重积为初之潜，中而跃渊进退之间耶！上主眷惟求旧，方且虚席泰阶，居先生于玉铉大斗之间，燮和翼赞，殆将进而为伊傅周召之文，是则见龙在田，天下文明者乎？余小子敬拭目以竢之。

万历辛亥春王正月，翰林院检讨、门生吴淞徐光启撰。

（录自［明］焦竑《焦氏澹园续集》卷首）

（明）顾起元《玉堂丛语序》 《玉堂丛语》若干卷，太史澹园先生，以其腹笥所贮词林往哲之行实，昉临川《世说》而记之者也。其官则自阁部元僚，而下逮于待诏应奉之冗从。其人则自鼎甲馆选，而旁及于征辟荐举之遗贤。其事则自德行、政事、文学、言语，而微摭于诣谑、排抵之卮言。其书则自金镄石室、典册高文，而博采于稗官野史之余论。义例精而权量审，闻见博而取舍严。词林一代得失之林，煌煌乎可考镜矣。起元盖常揽前辈之为衙门存掌故者，如《殿阁词林记》、《馆阁类录》、《翰林记》诸书，视前代韦、苏之志，不啻至明且备，然大都以垂典制、辨职掌、纪恩遇、详事例云尔。至于人品之淑慝，注措之得失，朝廷之论建，隐居之讲求，顾有未之及者。有先生此书，而使人益知其地重，所以居之者恒不得轻；其名高，所以副之者恒不得易。应违之主，綦迅于玑衡之间；衮钺之权，别严于目睫之外。所以扬前徽而诒后鉴者，岂其微哉？先生洽闻强记，酬对若流，奥篇隐牒，了辨如响。常试咨以朝家之宪章，人伦之品目，矢口而谈，援笔而写，靡不批析枝条，根极要领。即王俭之阐忆朝典，挚虞之详练谱学，亡以踰之。使其承旃厦之顾问，应廊庙之諏询，所以翊润万微，调训九品，必有度越兹录上者。而以抗节高蹈，未究厥施。然经国大业，出其绪余，流而布之，犹使蓬山之秘史，副在人间；东观之新书，传诸天上。先生所以为玉堂重者，又自有在矣。起元三复斯编，为之舞蹈，私谓后之君子，讽而求之，所以矢谟揆策。抚世长民之道，有不下带而存者。若夫成规未泯，轶典如新，于以折衷是非，纲罗文献，又其余事。其它流润麈尾，丐馥笔端，咸号碎金，并失拱璧。第曰与前纪录诸书，存之为词林掌故，犹未敢谓窥其大也。

万历戊午秋日，同里晚学顾起元书。

（录自［明］焦竑《玉堂丛语》卷首）

（明）郭一鹗《玉堂丛语序》 《玉堂丛语》一书，成于秣陵太史焦先生。先生蔚然为一代儒宗，其铨叙今古，津梁后学，所著述传之通都巨邑者，盖凡几种。是书最晚出，体裁仍之《世说》，区分准之《类林》。而中所取裁抽扬，宛然成馆阁诸君子一小史然。嘻，奇矣。夫岩穴之士，何与于东观之盛也；姝媛之儒，何接于长宿之谈也；夏虫井蛙之见，何能承宏议崇论之绪也。一旦得是书读之，且咀嚼之，若亲聆名硕之謦咳，躬造金马之创业也。以方之稗官琐说，道之所不该，义之所不出者，是徒侈说铃传赝鼎也。其得失悬绝何如。嘻，亦奇矣！

夫国家二百年来，名臣硕老，强半出自玉堂精选。以故得其寸楮只字、一事片语者，信之若蓍蔡，珍之若夜光。笺笺世儒，安所得全帙一庄诵乎？焦先生脑库茹纳万有，邺架珍藏万卷，能裒集，更能衷裁。抽精骑于什伍，拣粹腋于众白。都内好事者，往往祈得而梓行之，俾千古后学，不致慨我明馆阁无成书，因而补苴国史之弗备也。先生之功，于是为大。不佞粗知《易》者也，闻之《易大畜象》曰："君子以多识前言往行，以畜其德。"夫德惟一耳，不多也。以不多借资于多，究且化，多而还一，则善畜德者乎！以跻于笃实光辉之盛宁远乎！夫学者得先生所集《丛语》一善畜之，弘裨身心，匪浅鲜者。讵惟国典朝章、前言往行之蠡测已也。余以是窥先生裒集之深心，敢为之弁其首云。

江右庐陵郭一鹗汝荐甫题。

（录自［明］焦竑《玉堂丛语》卷首）

（明）沈德符《万历野获编》卷二十五·著述·吕焦二书 乙未丙申间，焦弱侯（竑）为皇长子讲官，撰《养正图说》进之东朝，而同事者不及闻。时郭明龙为讲员之首，已不悦之极。既而徽州人所刻，梨枣既精工，其画像又出新安名士丁南羽之手，更飞动如生，京师珍为奇货，大榼陈矩购得数部以呈上览。于是物议哄然，而张新建相公与郭江夏尤怒甚，谓焦且将由他途大用。丁酉，焦又不幸承乏典试，遂借闱事摭拾之，调外去。己亥，复中之大狡浮躁降调。后虽屡登荐章，再膺启事，而议者终求多，至今未起也。

……两公俱当世羽信仰，焦以博洽冠世，吕以理学著名，一则勇于献替，一则过朴诚，俱遭忌口，动以宫闱见指摘，因迟柄用。君子处末世，即著书立言，亦当毖慎，况其它乎？

按，焦书曾进呈，奉旨留览；吕书仅行人间，郑氏偶见而赏之耳。

按，焦书至赏之耳共二十四字，据写本补。

（清）朱彝尊《静志居诗话》卷十六 焦竑，字弱侯，上元人。万历己丑赐进士第一。授翰林修撰，谪福宁州同知，追谥文宪。有《漪园集》。

修撰晚掇巍科，仕虽不达，公望归之。亳州李文友仁卿诗云："文章南国多门下，翰墨西园集上才。"盖实录也。诗特寄兴，若储书之富，几胜中簿，多手自抄撮，惜近年俱散佚矣。绝句云："花明月淡海天秋，三十六重烟雨楼。数载欲归归未得，看君先上木兰舟。"

（清）陈田《明诗纪事》庚签卷十六·焦竑（三首） 竑，字弱侯，南京旗手卫人。万历己丑第一人及第。授修撰，谪福宁州同知。天启初，赠谕德。福王时，追谥文端。有《澹园集》四十九卷、《续集》三十五卷。

(《静志居诗话》：修撰晚掇巍科，仕虽不达，公望归之。亳州李文友仁卿诗云："文章南国多门下，翰墨西园集上才。"盖实录也。诗特寄兴，若储书之富，庶几中簿，多手自抄撮，惜近年俱散佚矣。

田按，弱侯为东宫讲官，是时太仓当国，谓元子冲龄典学，当引进图史。弱侯辑古储君事可为法戒者，绘图衍义，名曰《养正图解》，拟进之。同官郭美命辈恶其不相闻，目为贾誉，贤者乃相厄如此。弱侯著述甚富，小诗亦有清放之致。)

杂　　录

(明) 李贽《李温陵集》卷一·书答·与焦弱侯　(存目)

又，卷一·书答·答焦从吾　(存目)

又，卷二·书答·与焦从吾　(存目)

又，卷二·书答·又与从吾　(存目)

又，卷二·书答·又与从吾孝廉　(存目)

又，卷四·书答·复焦秣陵　(存目)

又，卷四·书答·又与焦秣陵　(存目)

又，卷五·书答·与焦漪园　(存目)

又，卷五·书答·与焦弱侯　(存目)

又，卷五·书答·与弱侯　(存目)

又，卷五·书答·与焦弱侯书　(存目)

又，卷二十·诗·山中得弱侯下第书　(存目)

又，卷二十·诗·送郑子玄兼寄弱侯　(存目)

(明) 陶望龄《歇庵集》卷十一·书·与焦弱侯十二首　(存目)

(明) 邹元标《愿学集》卷四·序·焦弱侯太史还朝序　弱侯以文行为士林祭酒者二十余年，年五十始魁天下，天下士闻而欣喜。习其文者曰："罗络经史，贯穿百家，无坚不讨，无微不究，与之处如游琼林武库，探之无尽藏也。"服其行者曰："髫龄慕古，贫不变塞，即登第来，矢志一德，未尝以温饱动念。斯诚儒林中之踔绝者也！"而余谓不足以概弱侯也。

盖自予友海内同志来高者，检束其身，视天下人无一可语者，不知医家谓之痿痹，而孔门则谓之不仁。哆谈说者广著述，严辨驳，以为绍圣真开来学知者，譬之贫子数巨室宝藏，身受其馁而彼不知也。又笃志自信者，望影为月，以识为知，自谓得三教之宗无极之旨，不知生灭相续，毫厘千里，其孰能觉之？余观弱侯不尚谈说，不执意见，浑浑乎若无知也，若无见也，视世儒之珍见健言直将土苴之，弁髦之，斯岂得而探其窍奥耶？盖自得者真矣！

今天下士习诪张，人心变幻，忧世君子患无正己物，正之大人。嗟乎！世无正己物，正之大人，非学术不明之故与？弱侯殚心明学，亦既有年，其所谓正己之义将安所在？余谓大人者惟明己，而后可语正己，正己则天地万物莫非己也。故先儒曰："认得为己，何所不至？"然认岂易语哉？《易》曰："默而成之，不言而信。"夫曰不言而信，必有不蕲言而言，不蕲信而信者在，和以天倪，神感神应，此非予所得而知也。弱侯勉矣夫！

又，卷四·序·焦弱侯太史七十序 子思子括天地一言曰："为物不二。"不二者何？物乎之物也，先天地而独存，后天地而不朽。先儒谓汉唐诸儒不识此义，非不识也，择不精，语不详，犹未识也。有宋诸大儒寻绎坠绪，至我朝而始大明。国初诸儒即有窥明此脉者，未敢张言，至姚江始一提嗣后传者，各以其推测所至感人，亦随其所至而止。嗣是罗盱江起，学者闻其说，始奋然各各自信，然未有我友弱侯先生之超然独诣者。

先生弱冠即举孝廉，博及群书，为文步武，诸代取一第犹掇之尔，乃先生不得与诸少年分席而入。及艾登上第，人望先生计日领缙绅，乃先生又以方枘取忌，复不得偕同事联袂而仕。人始谓先生困诸生，今谓先生困锢籍，不知天所以成先生也。盖斯道至淡，非历憔悴困苦之味则不入；斯道至难，非历毁誉荣辱之境则不凝；斯道至微，非坚清静宁一之域则不研。

先生为孝廉，陋巷箪瓢，至不能具饘粥，驱驰南北，飘泊二十余年，憔悴苦困极矣，此恂恂一书生也。倏而登玉堂誉腾九霄，倏而归故乡毁生求全，先生不知其所自起，人亦莫测其所自至，毁誉无端至矣。处四国之中，谢客一室，兀然穆然，手一经看飞鸟，数游鱼，庭草蓊郁，绝鲜世趣，清静宁一极矣。夫非所以坚先生之操之定之微耶！故先生言一吐，学者闻之，若听金石、破蟋蟀之鸣；文一出，世争布之，若悬夜光以照于市。先生不以世用舍为重轻，而世之尊先生亦不以世之用舍视先生。先生今七十矣。吉郡诸同志谓邹子与先生莫逆，属邹子为祝辞，余何以祝先生！忆先生尝有言曰："吾夫子十五志学，三十则舍志学矣，四十舍立矣，七十从心则舍耳，顺矣！"此千古独到语。

余尝欲问先生云："使夫子而在七十以往，舍从心何似元某，今愿有请于先生。"夫天之宰斯世也，必生博大淳固之儒以翼道统，使后学有所禀承，而又不以世间所称爵位者苦其身形前。己丑魁天下者，吾邑文恭罗公文恭淡泊宁静，当时与诸得意者较，文恭似不得与之比肩，今以文恭为何如人而兹？己丑，先生复步文恭后尘，孰谓天无意斯文哉！谨函词献先生！先生其慎眠食，为斯道自爱。昔人谓："子云容貌爵位不能动人，故不好其文。"余谓今人于先生亦云，他日始知吉州人士不以爵位容貌视先生者，盖吉州学术根株者远矣。

（明）邓伯羔《艺彀》卷下·姓字奇奥 吾友焦竑，字弱侯，取《考工记》竑其辐广，以为之弱之义，魏相钟傅、孔巢父俱字弱翁，此其义易晓耳。

（明）沈德符《万历野获编》卷十五·科场·乡试借题攻击 （万历）丁酉顺天二主考，独焦漪园（竑）被议，攻之者惟二三科臣，皆次揆张新建客也。焦以进《养正图记》为新建所痛恨，而郭明龙以宫僚为皇长子讲官，亦深嫉之。焦既出闱，即以所撰《图说》具疏呈御览，其时祸本已成矣。监生吴应鸿、生员郑棻先被斥，而曹蕃、张蔚然等数人，则重罚以待覆试。分考行人何崇业、主事费（写本费作曹）学佺等调南京，焦亦调外任。盖物情惟欲焦早离青宫讲筵足矣。其关节固无影响，即指摘文体亦借多名耳，焦既补冗僚，己亥再入大计，直至丙午，始一补藩幕，推南司业，又论罢。盖新建厄之于前，江夏尼之于后，两公非同志也，时憎焦则无异辞。

（清）黄宗羲《明儒学案》卷三十二·泰州学案一·处士王东崖先生襞（附田夫夏叟） 夏廷美，繁昌田夫也。一日听张甑山讲学，谓：“为学，学为人也。为人须求为真人，毋为假人。”叟怃然曰：“吾平日为人，得毋未真耶?”乃之楚，访天台。天台谓：“汝乡焦弱侯可师也。”归从弱侯游，得自然旨趣。弱侯曰：“要自然便不自然，可将汝自然抛去。”叟闻而有省。叟故未尝读书，弱侯命之读《四书》，乐诵久之，喟然曰：“吾阅《集注》，不能了了。以本文反身体贴，如思知人，不可以不知天。窃谓仁者人也，人原是天，人不知天，便不是人。如何能事亲称孝子?《论语》所谓异端者，谓其端异也。吾人须研究自己为学初念，其发端果是为何，乃为正学。今人读孔、孟书，只为荣肥计，便是异端，如何又辟异端?”

（清）王士禛《池北偶谈》卷二十五·名字 予兄叔子十余岁时在家塾。一日会食，有举焦太史姓名为问者，或曰：“此无它，亦如魏相字弱翁之类耳。”兄在末坐，遥对曰：“非也，此本《考工记》‘轮人竑其辐广，以为之弱’。”

（清）黄之隽等《江南通志》卷三十七·舆地志·坛庙祠墓附（江宁一府）**·江宁府** 修撰焦竑墓在江宁县皮家库。

万历二十年（1592）壬辰科状元翁正春

传　　记

（明）顾祖训原编、（明）吴承恩增补、（清）陈枚续补《状元图考》卷三·状元翁正春　万历二十年壬辰，廷试吴默等三百人，擢翁正春第一。

按，正春，字兆震，号青阳，福建怀安人。生时火光满堂，焰至榻前，经宿始散。己卯，领乡荐。后以父命就漳郡龙溪教职，督学耿公大奇之。郡守李公望见紫云起学宫，意漳士是科有取鼎元者，起送科举日，命妆蟾宫折桂，极其华丽，期以先登。入见者卜之，俄而先登者翁也。父亦任延平教职，元旦，梦人赠彩帐，其上书“以娣元吉”四字，郡守周解曰：“‘以娣’乃《易》‘帝乙归妹’爻辞；‘元吉’为状元吉兆，郎君首唱奚疑。”是科，内阁取进御第一洪启濬也。未唱第，洪梦清源山神与五虎山神战，不胜，圣上竟以翁易洪，而置洪二甲第一，梦之验如此。是状元之得固山川之力也。岂清源气运未至状头，将有待而然耶！

（清）徐乾学等《明史》卷七十五·翁正春　翁正春，字兆震，侯官人。万历中，为龙溪教谕。二十年，擢进士第一。授修撰，累迁少詹事。三十八年九月，拜礼部左侍郎，代吴道南署部事。十一月，日有食之，正春极言阙失，不报。明年秋万寿节，正春献“八箴”，曰清君心，遵祖制，振国纪，信臣僚，宝贤才，谨财用，恤民命，重边防。帝不能用。

吉王翊銮请封支子常源为郡王，正春言：“翊銮之封在《宗藩要例》已定之后，其支庶宜止本爵。”乃授镇国将军。王贵妃薨，久不卜葬，正春以为言，命偕中官往择地，得吉，中官难以烦费，正春勃然曰：“贵妃诞育元良，他日国母也，奈何以天下俭乎?”奏上，报可。代王欲废长子鼎渭，立次子鼎莎，朝议持二十余年，正春集众议上疏，鼎渭卒得立。琉球中山王遣使入贡，正春言：“中山已入于倭，今使臣多倭人，贡物杂倭器，绝之便。否，亦宜诏福建抚臣量留土物，毋俾入朝。”帝是之。

皇太子辍讲九年，正春累疏请，最后具三疏并及福王之国、瑞王婚礼，语切挚，弗听。四十年，进士邹之麟分校乡试，私举子童学贤，为御史马孟祯等所发。正春议黜学贤，谪之麟，而不及主考官，给事中赵兴邦、亓诗教因劾正春徇私，正春求去，不许。顷之，言官发汤宾尹、韩敬科场事，正春坐敬不谨，敬党大恨。诗教复劾正春，正春疏辨，益求去，帝虽慰留，然自是不安其位。寻改吏部，掌詹事府，以侍养归。天启元年，起礼部尚书，协理詹事府事，抗论忤魏忠贤，被旨谯责。明年，御史赵胤昌希指劾之，正春再疏乞归，帝以正春尝为皇祖讲官，特加太子少保，赐敕驰传，异数也。时正春年逾七十，母百岁，率子孙奉觞上寿，乡间艳之。未几，卒。崇祯初，谥文简。

正春风度峻整，终日无狎语，倦不倾倚，暑不裸裎，目无流视，见者肃然。明三百年间，职官冠廷对者二人，曹鼐以典史，正春以教谕云。

（清）陈鼎《东林列传》卷十七·明·翁正春传 翁正春，字兆震，侯官人。举万历七年乡试，屡上春官不第，循例署龙溪教谕。二十年，举进士第一，授翰林院修撰。奉使册封周藩。历中允、庶子、少詹事兼侍读学士。三十八年，升礼部左侍郎，充日讲官，寻署部事。

时神宗高居大内，大僚多不点用。群臣疏请考选起废，凡数百上，皆不报。会十一月壬寅朔日食，正春上言："日者，众阳之宗，本不宜蚀，况仲冬律中黄钟，于卦为复，乃阴极阳生之候，有此亏蚀，其变尤甚。臣考万历三十年来，八岁之间，日食者三。前两岁为四月朔，是纯阳之月也。今岁为十一月朔，是又阳生之月也。夫以纯阳蚀，则阳既受侵，以阳生蚀，则阳益浸弱，岂非阳德实亏故，上天垂象乎？君德象日，宜照临，不宜藏闭；宜发扬煦育，不宜收敛摧抑。皇上自万历二十年后，财货日敛聚，人才日剥落，旨意日留中，至今已极矣。一切请补大僚，推考选，起废弃，皆不省。而横征逮系者终不止，致黄扉紫阁寥寥孤曜，六卿九列，三五晨星，阊阖徒号，天听愈远，天下不见阳和舒育之气，而冰凝之象独坚。夫日之食与更只在一时，皇上之寝与行亦只在一念。诚鉴于天变之不可不畏，而翻然转移，举从前缺失，立见施行，将日中之治行，天变可挽回矣。"不报。

又言："钦天监奏十一月壬寅朔日食，差至三刻。历法果按成法而差，当如前代岁差之法随时修改，以合天道。今官生辈于理数未精，安望吻合？宜访求精通历学之人，如原任按察使邢云路、兵部郎中范守已照先年给事中乐濩例，改授京堂；又翰林院检讨徐光启、原任工部员外李之藻皆精历数；又大西洋归化之庞迪莪、能三拔等有推彼国历法测验推步，足备采用，请令光启对译，与云路等参讨修复。然历法疏密莫显于交食，真伪莫逃于测验，观象台年久渗漏，地势失平，仪器欹斜与天度不合，宜及时修造，并择天文生、阴阳人等。"疏入，亦留中。

三十九年八月万寿节，仿古人《金鉴录》之意献"万寿八箴"：清君心，遵祖制，振国纪，信臣僚，宝贤才，罢聚敛，恤民命，重边防。帝虽不能用，然心善之。王恭妃之薨也，久停不择地。正春力请之，乃命偕中贵人往。既得吉矣，中贵有所附，以地广费繁难之。正春作色曰："妃诞育元良，他日国母也，讵以天下俭乎？"奏上，得报可。

初代王无嫡子，御人裴生鼎渭，已奏立为嗣。已，妾张氏有宠，进次妃生鼎莎，复援《宗藩要例》请改正。李廷机为礼部主鼎莎，谓裴未经奏选，渭不立也。至是，王两子争袭，廷议以鼎渭长宜立。下礼部，正春曰：“均庶立长宜也。然讼父得立，是有兄弟无父子矣。请以爵予长子之子，而以前所立者为将军，则兄弟之伦正，而父子之恩亦不至扫地。”识者韪之。时倭寇未息，琉球国遣使入贡，正春言：“中山已服于倭，今使臣多倭人，物杂倭器，其心巧谲，绝之便。即不然，亦宜诏福建抚臣按验量留土物，以见恭顺，使臣如例给赏，不必入朝。”帝是之。

当是时，皇太子辍讲已九年。福王之国无期，瑞王婚礼亦久不举。廷臣章满公车总不得命。正春以职掌所关，屡疏上请，至引天时、祖制、人情反复入告。至是，复连上三疏，其请开讲曰：“东宫辍讲日久，控陈愈切，概置不闻，意临御日久，静摄多年，视天下事无一足为吾急者。遂并大本之地，子孙之计而亦缓之乎？其何以对列圣，慰四海臣民？且天下亦多事矣。元日风，二日火，宫府釜鬵之形，朝绅水火之象，闾阎困敝，内外交讧，是尚可泄泄从事乎？夫皇上四十年金瓯，不宜学倦于勤。而东宫之为人子，可知皇元孙九龄岐嶷，将蒙养其正。而东宫之为人父，可知陛下聪明天纵。奈何于目前大事迟疑如此?”请之国曰：“藩封一事，中外竭蹷以待，乃吉期至今未定。夫亲王典礼有先时而备者，有临时而催者，督之早，民不能堪；督之迟，又恐一时贻误。今之国无期，百司何以为准也?”请婚期曰：“高皇帝诏民男十六以上、女十四以上许及时婚配。况帝子天孙顾乃盼积李于深宫，嗟摽梅于邃阁，盛事犹未举哉！宜亟举行，上承圣母欢心，下衍宗支大庆，倘仍逾时不举，是国家为愆礼，臣子为溺职，臣所大惧也。”皆不报。

四十年八月，顺天府乡试，进士邹之麟分校，搜中落卷童学贤等，为御史马孟祯等所纠。孙居相复发科场积弊，追论庚戌汤宾尹、韩敬事。正春议覆学贤黜革，之麟降闲散官，而给事中赵兴邦、亓诗教谓正春不参论主考为徇私，于是考官郭淐、朱延禧各疏引罪，正春议分别罚治，未上，给事中孙振基欲并议庚戌事，遂疏论正春及吏部尚书赵焕等。正春言：“宾尹庚戌事，与臣今日先后不同时，乡会不同事，臣安敢于诏旨外擅议？请终养回籍。”有旨一并议奏。诗教复参正春支吾首鼠，正春具辩，益求去。大学士叶向高言：“年来礼部事最繁，正春止一人独任，言者犹未见亮，益见大臣任事之难。”得旨慰谕，正春疏谢，条《场议八事》。四十一年，再知贡举。四月，改吏部左侍郎，掌詹事府日讲如故。以母老再疏请假归养，许之。天启元年，起礼部尚书，协理詹事府事。四年，都御史杨涟劾太监魏忠贤二十四大罪，举朝交章攻之，正春亦上疏论劾，有旨以沽直不谙切责，遂抗章乞归。明年，御史陈朝辅希忠贤意参正春年逾七十，母近百龄，犹夜行不休。时正春罢归久矣。袁鲸复论正春呈身门户，为东林巨魁。又明年，母夫人百岁，正春率子孙为寿，乡闾荣之。九月，以劳疾卒。崇祯初，谥文简。

正春在礼部最久，职举政修，为人峻整，终日无狎语，倦不倾倚，暑不裸裎，目无流视，见者肃然起敬。其教龙溪时，芝生学宫，又有五色云之异，遂魁天下。有明三百年间，职官领廷对者二人，曹鼐以典史，正春以教谕，而正春乡试居榜末，为尤奇云。

外史氏曰：明代之事，全败坏于神宗。其不即亡者，未至荒淫耳。若夫既以聚敛为事，加之般乐怠傲而刚愎自用，抑君子而尚佥佞，未有不当其身而见祸者也。观兆震先生诸疏，其亦危矣。噫！若无东林诸贤在朝执持，天下事岂可料哉！

（清）王鸿绪等《明史稿》卷二百三·列传第九十八·翁正春 翁正春，字兆震，侯官人。万历中，为龙溪教谕。二十年，擢进士第一，授修撰，累迁少詹事。

三十八年九月，拜礼部左侍郎，代吴道南署部事。十一月，日有食之，正春极言阙失，不报。明年秋万寿节，正春献“八箴”，曰清君心，遵祖制，振国纪，信臣僚，宝贤才，谨财用，恤民命，重边防。帝不能用。吉王翊銮请封支子常源为郡王，正春言：“翊銮之封在《宗藩要例》已定之后，其支庶宜止本爵。”乃授镇国将军。王贵妃薨，久不卜葬，正春以为言。命偕中官往择地，得吉。中官难以烦费，正春勃然曰：“贵妃诞育元良，他日国母也。奈何以天下俭乎？”奏上，报可。代王欲废长子鼎渭，立次子鼎莎，朝议持二十余年。正春集众议上疏，鼎渭卒得立。琉球中山王遣使入贡，正春言：“中山已入于倭，今使臣多倭人，贡物杂倭器，绝之便。否，亦宜诏福建抚臣量留土物，毋俾入朝。”帝是之。

皇太子辍讲九年，正春累疏请，最后具三疏并及福王之藩、瑞王婚礼，语切挚，弗听。四十年，进士邹之麟分校乡试，私举子童学贤，为御史马孟祯等所发。正春议黜学贤，谪之麟，而不及主考官。给事中赵兴邦、亓诗教因劾正春徇私。正春求去，不许。顷之，言官发汤宾尹、韩敬科场事。正春坐敬不谨，敬党大恨。诗教复劾正春，正春疏辩，益求去。帝虽慰留，然自是不安其位。寻改吏部，掌詹事府，以侍养归。

天启元年，起礼部尚书，协理詹事府事。抗论忤魏忠贤，被旨谯责。明年，御史赵胤昌希指劾之，正春再疏乞归。帝以正春尝为皇祖讲官，特加太子少保，赐敕驰传，异数也。时正春年逾七十，母百岁，率子孙奉觞上寿，乡闾艳之。未几，卒。崇祯初，谥文简。

正春风度峻整，终日无狎语，倦不倾倚，暑不裸裎，目无流视，见者肃然。明一代，科目职官冠廷对者二人，曹鼐以典史，正春以教谕云。

（清）谢道承等《福建通志》卷四十三·人物一·福州府·明 翁正春（字兆震，侯官人。万历壬辰廷对第一，授翰林院修撰。风仪峻整，与人终日谈无一狎语，为文赡丽典重，有冠裳佩玉之度。分校会闱，主试京省得士最多。历官至礼部尚书，协掌詹事府事。王恭妃薨，正春与中贵人往卜，兆得吉，中贵阻之，谓地广工费繁难，正春曰：“妃诞育元良，他日乃国母也。岂有以天下俭其亲者哉?”奏之，报可。会给事中杨琏疏论厂珰魏忠贤，正春率詹事府僚弹治之，辞甚激烈，珰矫旨切责，正春随乞终养归。子登彦，举人，历四川参议，有全城功）。

（清）张廷玉等《明史》卷二百十六·列传第一百四·翁正春 翁正春，字兆震，侯官人。万历中，为龙溪教谕。二十年，擢进士第一，授修撰，累迁少詹事。

三十八年九月，拜礼部左侍郎，代吴道南署部事。十一月，日有食之，正春极言阙失，不报。明年秋万寿节，正春献“八箴”，曰清君心，遵祖制，振国纪，信臣僚，宝贤才，谨财用，恤民命，重边防。帝不省。吉王翊銮请封支子常源为郡王。正春言：“翊銮之封在《宗藩条例》已定之后，其支庶宜止本爵。”乃授镇国将军。王贵妃薨，久不卜葬，正春以为言。命偕中官往择地，得吉。中官难以烦费，正春勃然曰：“贵妃诞育元良，他日国母也。奈何以天下俭乎？”奏上，报可。代王欲废长子鼎渭，立次子鼎莎，朝议持二十余年。正春集众议上疏，鼎渭卒得立。琉球中山王遣使入贡，正春言：“中山已入于倭，今使臣多倭人，贡物多倭器，绝之便。否，亦宜诏福建抚臣量留土物，毋俾入朝。”帝是之。

四十年，进士邹之麟分校乡试，私举子童学贤，为御史马孟祯等所发。正春议黜学贤，谪之麟，而不及主考官。给事中赵兴邦、亓诗教因劾正春徇私。正春求去，不许。顷之，言官发汤宾尹、韩敬科场事。正春坐敬不谨，敬党大恨。诗教复劾正春，正春疏辩，益求去。帝虽慰留，然自是不安其位。寻改吏部，掌詹事府，以侍养归。

天启元年，起礼部尚书，协理詹事府事。抗论忤魏忠贤，被旨谯责。明年，御史赵胤昌希指劾之，正春再疏乞归。帝以正春尝为皇祖讲官，特加太子少保，赐敕驰传，异数也。时正春年逾七十，母百岁，率子孙奉觞上寿，乡闾艳之。未几，卒。崇祯初，谥文简。

正春风度峻整，终日无狎语，倦不倾倚，暑不裸裎，目无流视，见者肃然。明一代，科目职官冠廷对者二人，曹鼐以典史，正春以教谕云。

（清）李清馥《闽中理学渊源考》卷四十八·翁氏家世学派·文简翁兆震先生正春 翁正春，字兆震，侯官人。父兴贤，以贡士起家，建阳教谕。历两浙运判，粹于《易》学。正春久不得志于会场，已谒授龙溪教谕矣。大比之年，郡太守梦明岁状元出龙溪劝驾焉。万历壬辰廷对第一。明代状元及第，典史则曹公鼐，广文则正春，无两也。授翰林修撰，分校会闱，主试京省得士最多。历官礼部尚书。会都御史杨涟疏论厂珰魏忠贤，正春率詹事府僚弹治之辞甚激烈，珰矫旨切责，正春随乞终养归。天启末，起原官，寻卒。崇祯初，谥文简。正春方毅严重，不妄言笑，与人谈终日无一狎语。为文赡丽典重，朝端式其风采，知其矩律君子也。（《闽书通志》）

（清）和珅等《大清一统志》卷三百二十六·福州府·人物·明 翁正春（字兆震，侯官人。万历中进士第一，累官礼部左侍郎，署部事。作《八箴》以献王。贵妃薨，以费多久不葬，正春言：“贵妃诞育元良，奈何以天下俭？”青宫辍讲久，屡疏恳请，并及福王之国、瑞王婚礼，语并切挚。仕至礼部尚书）。

李掞《东林党籍考》·翁正春列传第一百四十八 翁正春，字兆震，又字益斋，福建侯官人。万历中，为龙溪教谕。二十年（壬辰），擢进士第一，授修撰，累迁少詹事，升礼部左侍郎，寻改吏部，掌詹事府事，以侍养归。天启元年，起礼部尚书，忤魏忠贤，降旨切责。明年，御史赵荫昌希旨劾之，正春再疏乞归。加太子少保，赐敕驰传。未几，卒。崇祯初，谥文简。（参《明史》二一六，《东林列传》一七、《四库提要》一三〇、《馆课宏词》、《剥复录》、《盗柄东林夥》、《同志录》。）

科　第

（一）乡试

（清）谢道承等《福建通志》卷三十八·选举六·明举人·万历七年（己卯）陈文选榜　翁正春（壬辰进士第一人）。

（二）会试、殿试

壬辰科（万历二十年）状元策　（存目。参见［明］焦竑辑，［清］胡任兴增辑《历科廷试状元策》卷六）

（明）张弘道、张凝道《皇明三元考》卷十三·万历二十年壬辰科大魁　状元翁正春（福建侯官人。字兆震，号青阳。治《易》。年三十五。己卯举人，署龙溪教谕。登第，历吏部左侍郎，兼侍读学士，掌詹事府事。曾祖弼，乡饮宾。祖朝建，寿官。父兴贤，两浙运判）。

（明）张弘道、张凝道《科名盛事录》卷一·元魁盛事·卑官登鼎甲　万历壬辰科状元翁正春，由龙溪县教谕。

（清）谢道承等《福建通志》卷三十六·选举四·明进士·万历二十年（壬辰）翁正春榜　侯官县翁正春（第一人，传见《人物》）。

（清）张廷玉等《明史》卷二十·本纪第二十·神宗一　（万历二十年春三月）戊寅，赐翁正春等进士及第出身有差。

李棪《东林党籍考》·东林登科录·万历二十年壬辰科翁正春榜　是科翁正春以教谕大魁天下，有明三百年第二人而已。以附杨涟劾魏忠贤，乞归，卒于家。……

翁正春（列传一四八）贯福建福州府侯官县民籍，廷试一甲第一名。

仕　宦

（明）俞汝楫《礼部志稿》卷四十二·历官表·左右侍郎　翁正春（字兆震，福建侯官人。壬辰状元。万历三十八年，由詹事府少詹兼翰林院侍读学士，升礼部左侍郎，兼翰林院侍读学士）。

（清）陈鼎《东林列传》卷末上·明·附熹宗原本本纪上　（天启元年十一月丙寅）起翁正春为礼部尚书。

又，卷末下·明·附熹宗原本本纪下　（天启四年六月）癸巳午刻，南方五色云见。……礼部尚书翁正春……等各疏纠魏忠贤，皆不听。

又　（五年五月）丁巳，翁正春罢。

（清）谢道承等《福建通志》卷二十四·职官五·龙溪县·明·教谕　翁正春（侯官人）。

（清）傅恒《御批历代通鉴辑览》一百十二·明神宗皇帝　（庚戌万历三十八年）冬十一月壬寅朔，日食。

礼部右侍郎翁正春（字兆震，侯官人）言："前两岁食四月朔，纯阳之月也。今食十一月朔，阳生之月也。岂非阳德有亏，是以上天谴告如此？日之食与更在一时，而皇上之寝与行只在一念，诚翻然转移，太平盛业将绵万世。"疏入，不报。

又　（癸丑四十一年秋七月）兵部尚书孙玮罢。

玮素负时望，以兵部尚书兼掌都察院左都御史事。方欲振肃风纪，而是时朋党势成，言路大横。……

（进士邹之麟分校顺天乡试所取童学颜有私，居相并宾尹事发之旨，下部院议。顾不及宾尹事，振基疏请并议，未得命。礼部侍郎翁正春议黜学颜，谪之麟，亦不及宾尹等。振基谓议者庇，汤上疏论劾，帝再下廷臣议，正春乃坐敬不谨，落职。于是党人亓诗教等交章论列，并劾正春，纷呶不已。）

又，卷一百十三·明熹宗皇帝　（甲子天启四年秋七月）大学士叶向高及礼部尚书翁正春请遣忠贤归私第，以塞谤，帝不许。

（清）舒赫德《御定资治通鉴纲目三编》卷二十九　（庚戌万历三十八年）冬十一月壬寅朔，日有食之。

（礼部右侍郎翁正春言："前两岁食四月朔，纯阳之月也；今食十一月朔，阳生之月也。仲冬之月，于律为黄钟，于卦为复，乃群阴已极，一阳初生之候而有此亏蚀，其灾异尤甚。君德象日，宜照临宣布，不宜暗汶闭藏。自万历二十年后，财货日敛聚，人才日剥落，一切请补、大僚、考选、起废率皆不报。六卿九列之地，三五严星间阖徒号，天听愈杳，天下不见阳和舒育之气，如在穷阴冰寒之中。是以上天谴告如此。然日之食典更只在一时，而皇上之寝与行只在一念。诚翻然转移，立见改辙，将日中之治，可保无疆矣。"疏入，不省。）质实（翁正春，字兆震，侯官人。）

又，卷三十 （癸丑万历四十一年）秋七月，兵部尚书掌都察院事，孙玮罢。

（……至四十年十二月，……会进士邹之麟分校顺天乡试，所取童学颜有私。御史孙居相、给事中孙振基并发汤宾尹为会试分校时越房取其私人韩敬事，旨下部院议，顾不及宾尹事。振基疏请并议，未得命。礼部侍郎翁正春议黜学颜，谪之麟，亦不及宾尹等，振基谓议者庇之，上疏论劾，帝再下廷臣议。正春乃坐敬不谨，落职。于是党人亓诗教等交章论列并劾正春，纷呶不已。）

又，卷三十三 （甲子天启四年）秋七月，杖杀工部郎中万爆。

（……大学士叶向高及礼部尚书翁正春请遣忠贤归私第，以塞谤。帝不许。）

（清）曹仁虎等《钦定续文献通考》卷二百十二·象纬考·日食 《神宗实录》：……又三十八年十一月，礼部侍郎翁正春言："前两岁食四月朔，纯阳之月也；今食十一月朔，阳生之月也。君德象日，宜照临宣布，不宜黯汶闭藏。自万历二十年后，财货日敛聚一日，人才日剥落一日，旨意日中留一日，黄扉紫阁之中真如寂寥孤曜，六卿九列之地不满三五晨星，阊阖徒号而天听愈杳，巡方莫代而霜斧久劳，天下不见阳和舒育之气，而冰凝之象独坚，一时如在穷阴冰寒之中，而融通之意尽塞。是以上天谴告如此。诚翻然转移，太平盛业将绵万载。"疏入。不报。

轶　事

（明）王同轨《耳谈》卷三·翁殿元朱进士 万历壬辰，龙溪县主簿衙灵芝生焉。其藩司戟门之内，芝又生焉。而元旦五色云蟠结不散。是岁，邑博士翁公正春以状元登第。先是己丑岁朱公家相，亦以是邑博士登第。盖瑞在天下，故芝不必生广文斋中，犹云之蟠结于天，而应之者自在也。彼称家瑞者，空自喜耳。二公家闽县人，而皆为予郡蕲阳李公载阳所赏识。时李公守漳郡，试二公卷，大异之。而尤钦翁公，曰"必魁多士"。知人之鉴，亦足多云！

（明）沈德符《万历野获编》下卷二十六·谐谑·四喜诗 向来有《四喜诗》曰："久旱逢甘雨，他乡遇故知。洞房花烛夜，金榜挂名时。"成弘间人曾以宋公序、子京兄弟事实之演为传奇，后因戊辰科有广文登第者，山阴王对南相国，每一句上加二字，曰十年、曰万里、曰和尚、曰教官，以谑之，已堪捧腹。至今上壬辰科，翁青阳太史以浙中教职抡大魁，馆中又于七字之下，增曰甘雨又带珠，故知为所欢，和尚乃选驸马，教官乃得状元。一时传笑，以为无加矣。近复有覆试被斥者，改四喜为四悲，曰：雨中冰雹损稼，故知是索债人，花烛娶得石女，金榜以覆试除名。盖俱重在末句，而他则借以翻案，闻者亦为之捧腹。

（清）阎湘蕙《明鼎甲征信录》卷四 翁正春，字兆震，福建侯官人。父兴贤，以贡任金山卫学职。武弁虑文盛范已为木将军关弓射文庙，甚者毁弃圣像为厌术，兴贤素究青乌家言，捐俸浚泮池，得木将军圣像于污泥中。未几，诸生张翼轸等相次登第，皆兴贤扶翼文教之功也。子正春，风度峻整，终日无狎语，倦不倾倚，暑不裸袒，目无流视，见者肃然。万历中，为龙溪教谕。二十年壬辰，擢第一名进士。累官礼部尚书。年逾七十告归。母百岁卒。子孙奉觞上寿，乡闾艳之。未几，卒。谥文简。明一代科目，职官冠廷对者二人，曹鼐以典史，正春以教谕云。(《明史》并《福州府志》)

著　　作

（清）黄虞稷《千顷堂书目》卷三十·表奏类 翁正春《南宫奏草》四卷。

（清）陈元龙《御定历代赋汇》卷六十二·文学 明翁正春《读秘阁藏书赋》（存目）

杂　　录

（清）宫梦仁《读书纪数略》卷二十一·人部·才贤类 三卑官登鼎甲（明初，未入流亦应试，故有驿丞译字总旗中式者，而教官为多。鼎甲三人而已）。洪武辛未探花吴言信由钞局副使。宣德癸丑状元曹鼐由泰和县典史。万历壬辰状元翁正春由龙溪县教谕。

（清）姚之骃《元明事类钞》卷十二·仕进门·状元·由职官 《明史稿》：明代以职官冠廷对者二人，曹鼐以典史，翁正春以教谕。

万历二十三年（1595）乙未科状元朱之蕃

传　　记

（明）顾祖训原编、（明）吴承恩增补、（清）陈枚续补《状元图考》卷三·状元朱之蕃　万历二十三年乙未，廷试汤宾尹等三百人，擢朱之蕃第一。

按，之蕃，字元介，号兰嵎，直隶锦衣卫人。父梦东方朔送一大桃，而生屡试必先选贡。游南雍屡掇。元尝梦神赠联“光腾剑锷三千丈，风送莺声十二楼”，《扶鸾诗》：“蛟龙吞海日，雏凤出岐山。万里长安道，三千尔独先”。未第时，读书于宁国寺，忽见斋中红光，壁有题云：“万方宝历开八运，一跃金鳞奋九天。”其事甚奇。甲午，领荐应天。乙未会试，主人梦朱养淳至其家，明日朱公入宿，与梦姓符。及廷试第一，则乙未状元又与癸未状元符矣。始悟八运者，万历第八科也；一跃金鳞者，龙头之兆也。乙未，属金之年也。时年三十五。

是科，榜眼孙慎行、探花汤宾尹俱自南都联捷，即甲午年九我李公典试所举士也，亦盛矣哉！

（清）钱谦益《列朝诗集小传》丁集上·朱侍郎之蕃　之蕃，字元价，金陵人。万历乙未状元，官终吏部右侍郎。元价为史官，出使朝鲜，尽却其赠贿。鲜人来乞书，以貂参为贽，橐装顾反厚，尽斥以买法书、名画、古器，收藏遂甲于白下。诗篇冗长，颇不为艺林所许。《和移居》二首，颇瘦劲，非其本色，喜而亟录之。

（清）孙岳颁《御定佩文斋书画谱》卷四十四·书家传二十三·明五·朱之蕃　朱之蕃，字元价，金陵人。万历乙未状元。官终礼部右侍郎。元价为史官，出使朝鲜，尽却其赠贿。鲜人来乞书，以貂参为贽，橐装顾反厚，尽斥以买法书、名画、古器，收藏遂甲于白下。（《清河书画舫》）

之蕃真行师赵魏公，间出入颜鲁公与文征仲，日可万字，运笔若飞。小则蝇头，大则径尺，咄嗟而办。（《江宁府志》）

（清）孙岳颁《御定佩文斋书画谱》卷五十八·画家传十四·明四·朱之蕃 朱之蕃，字元介，号兰嵎，金陵人。（见《书家传》）官至侍郎，善画山水花卉。（《画史会要》）

元介所摹古人有南宫夺真之妙。（《江宁志》）

（清）张豫章等《御选明诗》姓名爵里五·诸家姓名爵里 朱之蕃（字元介，南京锦衣卫籍，茌平人。万历乙未赐进士第一。授翰林院修撰，历官少詹事，礼部右侍郎，改吏部右侍郎，赠礼部尚书。有《使朝鲜稿》、《南还纪胜》诸集）。

（清）夏力恕等《湖广通志》卷七十三·流寓志·郧阳府·明 朱之蕃，南锦衣卫人。父朱衣，任房县，生蕃于房。后中状元。

（清）黄之隽等《江南通志》卷一百六十三·人物志·儒林一·明 朱之蕃，字元介，衣之子。万历乙未殿试第一。奉使朝鲜，遇属国君臣严重有体，事竣，尽却馈赆，朝鲜重之。擢右谕德，掌南翰林院事，晋南礼部侍郎。丁艰归，不复出。素行孝友，既贵，悉以遗田推弟办同产子女之婚嫁，分宅居，父执之。妻孥、乡党重之。

（清）倪涛《六艺之一录》卷三百七十一·历朝书谱六十一·明·朱之蕃 朱之蕃，字元价，金陵人。万历乙未状元。官终礼部右侍郎。元价为史官，出使朝鲜，尽却其赠贿。鲜人来乞书，以貂参为贽，橐装顾反厚，尽斥以买法书、名画、古器，收藏遂甲于白下。（《静志居诗话》）

科　　第

（一）乡试

（清）黄之隽等《江南通志》卷一百二十九·选举志·举人五·万历二十二年甲午科 朱之蕃（锦衣卫人）。

（二）会试、殿试

乙未科（万历二十三年）**状元策** （存目。参见［明］焦竑辑，［清］胡任兴增辑《历科廷试状元策》卷六）

（明）张弘道、张凝道《皇明三元考》卷十三·万历二十三年乙未科大魁 状元朱之蕃（南京锦衣卫籍。山东茌平人。字元介，号兰嵎。治《易》。年三十八。甲午举人。历官南京礼部侍郎）。

（清）黄之隽等《江南通志》卷一百二十三·选举志·进士五·（明万历）乙未科朱之蕃榜　朱之蕃（江宁人。状元）。

（清）岳濬等《山东通志》卷十五之一·选举志·明·制科（进士）**·乙未科**（万历二十三年朱之蕃榜）　朱之蕃（茌平人。状元。侍郎）。

（清）张廷玉等《明史》卷二十·本纪第二十·神宗一　（万历二十三年春）三月乙未，赐朱之蕃等进士及第出身有差。

轶　事

（清）黄之隽等《江南通志》卷一百九十五·杂类志·纪闻一·江宁府　朱侍郎之蕃，和易长者。父衣，与焦弱侯同乡举，焦重学识之士，颇轻蕃，每见即遭讥让，然蕃终身父执事之。惟谨蕃官南侍郎，历绾五部尚书印，每乘舆回，西及仓巷口东及桥，即下舆徒步至家，邻有婚丧，虽细民之家必亲至延之饮，亦往与里人噱笑，无异寒素。

（清）阎湘蕙《明鼎甲征信录》卷四　朱之蕃，字元介，江宁锦衣卫籍，原籍山东茌平。父衣，少以倜傥称。嘉靖甲子，举于乡，谒选临淄令。邑多逋赋，乃令里各自置柜自投，民皆乐输赋，更早完。调房县。房，故岩邑，讼牍填委。衣至，斥讼师锄强猾，月完奇案七百有奇，民乃慑服。邑有巨堰，多方疏筑，岁灌千余顷，邑人便之。迁守沅州，将离任，会矿徒作乱，督抚檄衣率民兵治之。闻命辄往，下令："执铁者贼，空拳者民，不得妄戮。"乃获乱首诛之，余党解散。沅有防兵以缺饷为变，衣闻报，曰："非反也，迫于饥耳。"先遣牌抚之定期给饷而乱息，擒其首四人置之法，为郧守所忌，遂归。

子之蕃母梦东方曼倩投以巨桃。而生自幼体度端凝，气质颖拔，长为人谨。愿以选贡游两雍。梦神赠一联云："光腾剑锷三千丈，风送莺声十二楼。"知是佳兆，旋举于乡。未第时，又梦神语曰："今科状元当是镇江徐希孟，因彼私一奔女，黜之。汝家世德与彼相等，但彼三代不食牛肉，汝父子独未戒此。倘能早戒，状元属汝无疑矣。"觉语其父，父不信。明夜，父梦亦如之。次早，父子焚香告天，誓不食牛。万历二十三年，果状元及第，徐止得二甲第三名。之蕃累官礼部侍郎。丁内艰，后屡召，不复出。生平奉亲尽孝，既贵，悉以遗田推与弟办同产子女之婚嫁。改卜叔可怡之吉壤。父执李梦相死，妻子无所归，以余房处之翠岩。张叟老而贫且病，以园右屋假寓焉，并赀遣其子，病将革，语其子从义曰："人生聚则成形，散则成气，一去来间耳。"谈笑而逝，相传之蕃册封朝鲜，泊岛屿间，闻钟磬声，步访至岩下，一室扃闭，旁僧云："昔有老衲修持，偶见册封贵人过此，心动而逝，此其塔院也。"启视几案，尘封恍如素历，乃豁然太息而返。然则之蕃身登贵显，急流勇退，其来固有自矣。(《江宁府志》，并《东昌府志》、《善言纂要》、《劝惩录》、《好生救劫编》)

著　　作

(清) 黄虞稷《千顷堂书目》卷二十五·别集类·万历乙未科(二十三年)　朱之蕃《使朝鲜稿》四卷。(字元介，南京锦衣卫籍，茌平人。一甲第一人。吏部右侍郎，赠礼部尚书。)

又，卷三十一·总集类(诗)　朱之蕃《集中唐十二家诗》十二卷。又《晚唐十二家诗》十二卷。《唐科试诗》四卷。

又　谢宗可、瞿佑、朱之蕃《咏物诗》六卷。

(清) 黄之隽等《江南通志》卷一百九十二·艺文志·子部·杂说·明　《南还杂著》(上元朱之蕃)。

又，卷一百九十四·艺文志·集部二(诗文集)**·明**　《奉使朝鲜集》、《落花诗》(俱上元朱之蕃)。

(清) 曹仁虎等《钦定续通志》卷一百六十二·艺文略·文类第十二上·别集·明　《奉使稿》无卷数(明朱之蕃撰)。

又，卷一百六十三·艺文略·文类第十二下·总集　《明百家诗选》三十四卷(明朱之蕃编)。

(清) 纪昀等《钦定四库全书总目》卷一百七十九·集部三十二·别集类存目六·奉使稿(无卷数　两江总督采进本)　明朱之蕃撰。之蕃字元介，茌平人。南京锦衣卫籍，万历乙未进士第一，官至吏部右侍郎。之蕃以万历乙巳冬，被命使朝鲜，丙午春仲出都，夏抄入关，与馆伴周旋，有倡必和，录为二大册，第一册为《奉使朝鲜稿》，前诗后杂著，之蕃作也；第二册为《东方和音》，朝鲜国议政府左赞成柳根等诗也。末有《乙未制策》一道，及东阁倡和诗数首，为读卷官沈演等作，盖后人所附入。案，《千顷堂书目》载之蕃《使朝鲜稿》四卷，《纪胜诗》一卷，《南还杂著》一卷，《廷试策》一卷，《落花诗》一卷，与此大同小异，盖所见者又一别本云。

又，卷一百九十三·集部四十六·总集类存目三·《明百家诗选》三十四卷(通行本)　明朱之蕃编。之蕃有《奉使稿》，已著录。是编前有万历丙辰自序，称"锡山俞公宪殚生平之精力，搜罗四百余家，编帙浩繁，难于广布。阅之几半载，始克卒业。因汰其七八，存仅二三。友人周时泰谬相许与，用广梓传。因人成事，良足自愧”云云。其标题称百家，而首卷所载名氏实三百一十八人，盖用王安石《唐百家诗》之例。惟以诗分体，而不以诗系人，与分家之说名实相迕。首列赋二卷，末附诗余二卷，与编录之体亦乖。其去取尤漫无持择，非善本也。

（清）曹仁虎等《钦定续文献通考》卷一百九十六·经籍考·集（诗集下）**·明**　朱之蕃奉使稿（无卷数）。之蕃，字元介，茌平人。万历乙未进士第一。官至吏部右侍郎。

又，卷一百九十八·经籍考·集（总集下）**·明**　朱之蕃《明百家诗选》三十四卷。之蕃，见别集类。

评　论

（清）姜绍书《无声诗史》卷四·朱之蕃（子仕附）　朱之蕃，字元介，号兰嵎，金陵人。万历乙未一甲第一名及第。仕至吏部侍郎，赠尚书。楷法敏速，腕际有神，居平不事生产，惟喜法书名画，牙签玉轴，埒于宝晋。写山水得米襄阳、梅道人、顾宝幢标韵，竹石兼东坡、与可之妙。自来鼎甲能画者极少，翰墨风流，兰嵎擅之矣。弟之仕，绘事清洒可观。

（清）朱彝尊《静志居诗话》卷十七　朱之蕃，字元介，南京锦衣卫籍，茌平人。万历乙未赐进士第一。授翰林院修撰，以右春坊右谕德掌院印，以右春坊右庶子掌坊印，升少詹事，进礼部右侍郎，改吏部右侍郎，卒赠礼部尚书。有《使朝鲜稿》、《南还纪胜》诸集。

元介文翰兼工，张旃东国，与馆伴周旋，有倡必和。微嫌诗材惬熟，语不惊人。《和周吉甫春日移居》云：“墙短山斋出，庭空月易留。泉香浮茗盌，渔唱起蘋洲。终岁一无事，平生百不忧。奔忙浑未解，酒伴且相求。”

（清）朱彝尊《明诗综》卷六十三·朱之蕃（一首）　之蕃，字元介，南京锦衣卫籍，茌平人。万历乙未赐进士第一。授翰林院修撰，以右春坊右谕德掌院印，以右春坊右庶子掌坊印，升少詹事，进礼部右侍郎，改吏部右侍郎，赠礼部尚书。有《使朝鲜稿》、《南还纪胜》诸集。

（《静志居诗话》：“元介文翰兼工，张旃东国，与馆伴周旋，有倡必和。微嫌诗材惬熟，语不惊人。”）

（清）陈田《明诗纪事》庚签卷十八·朱之蕃（一首） 之蕃，字元介，南京锦衣卫人。万历乙未第一人及第。授修撰，历谕德、庶子、少詹事，进礼部侍郎，改吏部。赠礼部尚书。有《奉使稿》四卷、《南还杂著》一卷、《纪胜诗》一卷、《落花诗》一卷。

(《列朝诗集》：元介出使朝鲜，尽却其赠贿。鲜人来乞书，以貂参为贽，橐装顾反厚，尽斥以买法书、名画、古器，收藏遂甲于白下。

《无声诗史》：元介，楷法敏速，腕际有神，写山水得米襄阳、梅花道人标韵，竹石兼东坡、与可之妙。)

杂　录

（明）沈德符《万历野获编》卷十五·科场·读卷官取状元 自嘉隆以来，春榜会元，大都出词臣之门。盖馆阁本文章之府，而大主考又词林起家，亦理势使然。……惟今上乙未状元朱之蕃，则工部右侍郎沈继山（思孝）所读，沈居六曹贰卿之末，而以人望新起，时政府四人，为赵兰溪、张新建、陈南充、沈四明，俱与沈同年，夙称气类。孙富平虽为太宰，与沈隙未开，亦相厚善，故沈所取，竟得大魁，莫敢与争，亦累朝以来仅见事也。

（清）黄之隽等《江南通志》卷三十七·舆地志·坛庙祠墓附·江宁府·明 侍郎朱之蕃墓在江宁县牛首山前。

万历二十六年（1598）戊戌科状元赵秉忠

传　　记

（明）顾祖训原编、（明）吴承恩增补、（清）陈枚续补《状元图考》卷三·状元赵秉忠　万历二十六年戊戌，廷试顾起元等三百人，擢赵秉忠第一。

按，秉忠，字季卿，号岐阳，山东益都县人。少负奇才，以公辅自期。髫龄时，青郡太守唐维城公试而奇之曰："此东齐白眉也。"上春官，响卜，福建解元作状元，乃辛酉闽解元，实与公同名姓焉。忽一日，于旅邸见双靴自跃上床，既而果甲天下。赵君仙才隽抱，翘楚东鲁，一发而魁。乡书与礼闱、策大廷冠多士。盖自韩城武、马临朐而后，青土之鼎元，凡三出矣。

是年，及第俱由诸生连捷，亦一奇也。

（清）朱彝尊《明诗综》卷六十三·赵秉忠（一首）　秉忠，益都人。万历戊戌赐进士第一，官礼部尚书。

（清）张豫章等《御选明诗》姓名爵里五·诸家姓名爵里　赵秉忠（字季卿，益都人。万历戊戌赐进士第一。除修撰，累官礼部尚书，赠太子太保。有《峡山集》）。

（清）岳濬等《山东通志》卷二十八之三·人物三（明代）**·明**　赵秉忠（字季卿，益都人。万历戊戌廷对第一。授修撰。壬子典试江南，所取士如张玮、姚希孟之介直，周顺昌之忠节，皆为一代名臣。充经筵日讲官，启沃甚多。疏请加建文帝庙号，累官礼部尚书，忤珰削夺归里。殁后，魏珰败，赠太子太保，赐祭葬。所著有《峡山集》）。

（清）和珅等《大清一统志》卷一百三十六·青州府三·人物·明　赵秉忠（字季卿，益都人。万历中殿试第一。官翰林，分校礼闱得孙承宗，典试江南得张玮、姚希孟、周顺昌，充日讲官，请加建文庙号，累迁礼部尚书，以忤魏忠贤削籍）。

（清）陈田《明诗纪事》庚签卷十九·赵秉忠（一首）　秉忠，官季卿，益都人。万历戊戌第一人及第。授修撰，历中允、谕德、庶子、少詹事，迁礼部侍郎，加太子宾客，进本部尚书，赠太子太保。有《峅山集》十二卷。

科　第

（一）乡试

（清）岳濬等《山东通志》卷十五之一·选举志·明·制科（举人）**·丁酉科**（万历二十五年）　赵秉忠（益都人。戊戌进士）。

（二）会试、殿试

戊戌科（万历二十六年）**状元策**　皇帝制曰：朕惟自昔帝王理人群，凝庶绩，率以综核名实为先务。唐虞之时，明良相信称无为矣，而询事考言、敷奏明试，三载九载，屡省乃成，为法亦何备欤？世降而法愈详，人益伪，名实溷淆，治亦刓敝，或乃曰诚感则孚，第宜一切用君子长者之道，但不知诚在中何由而达，昔之考询云者岂其诚未至欤？后世之综核者毋若汉宣帝，当时吏称民安，可谓效矣。乃尚有伪增受赏者，意检察之犹未密欤？若文帝躬修玄默，简节疏目，镇天下以无名之朴，而人顾谓孝宣不如，又何指也？

洪惟我太祖高皇帝勇智天锡，超越千古，立纲陈纪，法度森严，旌廉能，摧奸暴，用夏变夷，重辟鸿荒，列圣遵承，有加无坠。至我皇祖世宗肃皇帝，英断如神，振怠起衰，制礼作乐，品式具备，滋雨露，威风霆，赫然中兴，光绍前烈于铄哉！范垂当年而功流万祀矣。

朕嗣守祖宗丕业，任人图政，惟名实为兢兢，夫何与我共理者不明朕心，诞谩成习，旷官不惭而越局以逞，浮靡相尚而利口惟贤？求其循理奉法、忧国如家者，曾几何人？嗟乎！文盛则质衰，言华则行薄，自古记之矣。故上下以空文相加遗①矣而吏习尚偷，教化宣矣而士风尚诡，赈恤颁矣而民困未苏，戎兵诘矣而挞伐未张，虑谳详矣而冤滞犹多，工费厘矣而虚冒犹故。束旧章而不守，悬新诏而不遵。求治弥劳，取效弥远，诚不足恃，法不能维。意者朕不敏不明无能风之欤？兹欲循名责实，黜无稽，旌有功，俾治理远驾汉宣，以溯唐虞雍熙之盛，何施而可？

尔诸士方当始进，心志精白，俯仰世变，必有概于中矣。宜各摅所怀备言之，朕将

① 此处当有脱文。

采而行焉。

臣赵秉忠

臣对：臣闻帝王之临驭宇内也，必有经理之实政，而后可以约束人群，错综万几，有以致雍熙之治。必有倡率之实心，而后可以激励百工，振刷庶务，有以臻郅隆之理。何谓实政？立纪纲，饬法度，悬诸象魏之表，行乎令甲之中，首于岩廊朝宁，散于诸司百府，暨及于郡国海隅，经之纬之，鸿巨纤悉，莫不备具，充周严密，毫无渗漏者是也。何谓实心？振怠惰，励精明，发乎渊微之内，起于宥密之间，始于宫闱穆清，风于辇毂邦畿，灌注于边疆遐陬，沦之洽之，精神意虑，无不畅达，肌肤形骸，毫无壅阏者是也。实政陈，则臣下有所禀受，黎氓有所法程，耳目以一，视听不乱，无散漫飘离之忧，而治具彰。实心立，则职司有所默契，苍赤有所潜孚，意气以承，轨度不逾，无丛脞惰窳之患，而治本固。有此治具，则不徒驭天下以势，而且示天下以守，相维相制，而雍熙以渐而臻。有此治本，不徒操天下以文，而且喻天下以神，相率相勖，而郅隆不劳而至。

自古帝王所为，不下堂阶而化行风驰，不出庙廊而令应于桴海，用此道耳。厥后崇清净者，深居称朕，不理政务；尚综核者，欺蒙虚冒，总事空文。人日以伪，治日以敝，亦何以继帝王之上理，复隆古之休风，而称统理民物，恤承天地之责哉！

恭惟皇帝陛下，毓聪明睿智之资，备文武圣神之德，握于穆之玄符，承国家之鸿业。八柄以驭臣民而百僚整肃，三重以定谟猷而九围式命，盖已操太阿于掌上，鼓大冶于域中，固可以六五帝四三王，陋汉以下矣。乃犹进臣等于廷，图循名责实之术，欲以绍唐虞雍熙之化，甚盛心也。臣草茅贱士，何敢妄言。然亦目击世变矣，顾身托江湖，有闻焉而不可言，言焉而不得尽者。今幸处咫尺之地，得以对扬而无忌，敢不披沥以献。

臣闻人君，一天也。天有覆育之恩，而不能自理天下，故所寄其责者，付之人君。君有统理之权，而实有所承受，故所经其事者，法之昊天。用是所居之位则曰天位，所司之职则曰天职，所治之民则曰天民，所都之邑则曰天邑。故兴理致治，要必求端于天。今夫天幽深玄远，穆然不可测也；渺茫轻清，陨然莫可窥也。而四时五行各效其官，山岳河海共宣其职，人人沾浩荡普济之泽，在在蒙含弘广大之休。无欠缺以亏其化，无阻滞以塞其功者，盖不贰之真默酝酿于太虚，不已之精潜流衍于无极，故实有是化工耳。然则人君法天之治，宁可专于无为，托以深密静摄哉！是必有六府三事之职司为实政者。人君宪天之心，宁可专于外务，强以法令把持说①！是必有不贰不已之真精为实心者。

粤稽唐虞之世，君也垂裳而治，贻协和风动之休；民也画象而理，成击壤从欲之俗。君臣相浃，两无猜嫌；明良相信，两无顾忌，万古称无为之治，尚矣。而询事考言，敷奏明试，三载九载，屡省乃成，法制又详备无遗焉。盖其濬哲温恭，日以精神流

---

① 语义不通，似应作“哉”。

注于堂皇；钦明兢业，日以志虑摄持于方寸。故不必综核而庶府修明，无事约束而而九官效职，固以实心行实政也。后世语精明者首推汉宣，彼其吏称民安，可为效矣。而专意于检察，则检察之所不及者，必漏遗焉，故伪增受赏所从来也。语玄默者推汉文，彼其简节疏目，可谓阔矣。而注精于修持，则修持之所默化者必洋溢焉，故四海平安所由然也。盖治具虽设而实心不流，则可欲责之臣①，臣已窥我之怠而仿效之；我欲求之民，民已窥我之疏而私议之。即纪纲法度灿然明备，而上以文下以名，上下相蒙，得聪察之利，亦得聪察之害。实心常流而治其少疏，则意动而速于令，臣且孚我之志而靖共焉；神驰而慑于威，民且囿吾之天而顺从焉。凡注厝规画裕焉不设，而上以神下以实，上下交儆，无综核之名，而有莫大之利，彼汉宣不如汉文者，正谓此耳。

洪惟太祖高皇帝睿智原于天授，刚毅本于性生。草昧之初，即创制设谋，定万世之至计，章考盘之高蹈。颍川之治理，必旌奖之，以风有位；浚民之鹰鹯，虐众之枭虎，必摧折之，以惕庶僚。用能复帝王所自立之地，成古今所未有之功。乾坤辟而再位，日月涤而重朗。盖以一心行实政，因以实政致弘勋。其载在祖训有曰：诸臣民所言有理者，即付所司施行，各衙门毋得沮滞，而敬勤屡致意焉。列圣相承，守其成法，接其意绪，固有加无坠者。至世宗肃皇帝，返委靡者，振之以英断；察废弃者，作之以精明。制礼作乐，议法考文，德之所被与河海而同深，威之所及与雷霆而共迅。一时吏治修明，庶绩咸理，赫然中兴。诚有以远绍先烈，垂范后世也。

今我皇上任人图治，日以实政望臣工矣。而诞谩成习，诚有如睿虑所及者。故张官置吏，各有司存，而越职以逞者，有代庖之讥。有所越于职之外，必不精于职之内矣。则按职而责之事，随事而稽之功，使春官不得参冬署，兵司不得分刑曹，今日所当亟图者也。耻言过行，古昔有训。而竞靡以炫者，招利口之羞。有所逞于外之靡，必不深于中之抱矣。则因言而核之实，考实而责之效，使捷巧不得与浑朴齐声，悃愊不至与轻浮共誉，又今日所当速返者也。巡行者，寄朝廷之耳目，以激浊扬清也，而吏习尚偷，既使者分遣，无以尽易其习。为今之计，惟是广咨诹，严殿最，必如张咏之在益州，黄霸之在颍川，斯上荐剡焉，而吏可劝矣。教化者，齐士民之心术，以维风振俗也，而士风尚诡，即申令宣化，无以尽变其风。为今之计，惟是广厉学官，独重经术，必如阳城之在国学，胡瑗之在乡学，斯畀重寄焉，而士可风矣。四海之穷民，十室九空，非不颁赈恤也，而颠连无告者，则德意未宣，而侵牟者有以壅之；幽隐未达，而渔猎者有以阻之，上费其十，下未得其一，何不重私侵之罚，清出支之籍乎？四夷之内讧，西支东吾，非不诘戎兵也。而挞伐未张者，则守圭纨绔之胄子，无折冲御侮之略，召募挽强之粗才，暗驰张奇正之机，兵费其养，国不得其用，何不严遴选之条，广任用之途乎？黎氓之积冤，有以干天地之和，而抑郁不伸，何以召祥，则刑罚不可不重也。故起死人，肉白骨，谳问详明者，待以不次之赏；而刻如秋荼者，置不原焉，而冤无所积矣。天地之生财，本以供国家之用，而虚冒不经，何以恒足，则妄费不可不禁也。故藏竹头，惜

① 据下文“我欲求之民”，此处宜作“我欲责之臣”。

木屑，收支有节者，旌以裕国之忠，而犹然冒费者，罪无赦焉，而财无所乏矣。盖无稽者黜，则百工惕；有功者赏，则庶职劝。劝惩既明，则政治咸理，又何唐虞之不可并轨哉！而实心为之本矣，实心以任人，而人不敢苟且以应我。实心以图政，而政不致惰窳而弗举。不然，精神不贯，法制虽详，无益也。

而臣更有献焉，盖难成而易毁者，此实政也；难操而易舍者，此实心也。是必慎于几微，戒于宥密。不必明堂听政也，而定其志虑，俨如上帝之对；不必宣室致齐也，而约其心神，凛如师保之临。使本原澄彻，如明镜止水，照之而无不见。使方寸轩豁，如空谷虚室，纳之而不容。一念萌，知其出于天理，而充之以期于行。一意动，知其出于人欲，而绝之必期于尽。爱憎也，则察所爱而欲近之与所憎而欲远之者何人。喜惧也，则察所喜而欲为与所惧而不欲为者何事。勿曰屋漏人不得知，而天下之视听注焉。勿曰非违人不得禁，而神明之降监存焉。一法之置立，曰吾为天守制，而不私议兴革。一钱之出纳，曰吾为天守财，而不私为盈缩。一官之设，曰吾为天命有德。一奸之锄，曰帝为讨有罪。盖实心先立，实政继举，雍熙之化不难致矣，何言汉宣哉！

臣不识忌讳，干冒宸严，不胜战栗陨越之至。臣谨对。

（录自［明］焦竑辑，［清］胡任兴增辑《历科廷试状元策》卷六）

（明）张弘道、张凝道《皇明三元考》卷十四·万历二十六年戊戌科大魁　状元赵秉忠（山东益都人，字季卿，号崌阳。治《诗》。年二十九。丁酉乡式第九名，见任庶子。父禧，文水县丞）。

（清）岳濬等《山东通志》卷十五之一·选举志·明·制科（进士）**·戊戌科**（万历二十六年赵秉忠榜）　赵秉忠（益都人。状元。尚书）。

（清）张廷玉等《明史》卷二十一·本纪第二十一·神宗二　（万历二十六年春）三月癸卯，赐赵秉忠等进士及第出身有差。

轶　　事

（明）王同轨《耳谈》卷十四·戊戌鼎甲先兆　万历戊戌，会元顾公，始实顾氏后，冒姓张。父太守公任楚，始贻书公，令复姓，命名曰“元”，又曰“起元”亦可，断不可违，而不言其故。今公果以起元登上第，同榜复有启元。意当时必于所谓天榜见之也。状元赵公在旅，揭晓先一日，双靴自上床。吾里穆进士天颜，火星常出其袖，几欲焚衣。其先兆皆如此。

（清）阎湘蕙《明鼎甲征信录》卷四　赵秉忠，字季卿，山东益都人。父禧，天性笃厚，以爱人利物为心，儒久而厌罢，推择为邑功曹，独持仁恕。尝出见遗金于道，守不去。俟其人至，还之。有被重刑几殒者，所雠犹从旁厄之，人莫敢言。为疗治于弥陀寺，得不死。苏而问治者姓名，匿不告，其好为阴德如此。后为文水丞，未尝受人一钱。岁饥，佐长令赈贷，私治粥，食饿人，全活甚众。永宁以南初被兵，暴骨如阜，遣人持畚锸瘗骼无算。上司拟荐用，念母老坚请休致，民留不得，为肖像祀之，立去思碑以志遗爱。癸巳，县大饥，斗粟千钱，煮粥以给，而未尝言德，识者谓有陈太邱、王彦方风范。又传其作邑掾时，有袭荫指挥某系冤狱，禧力出之，指挥愧无以报，请以女奉箕帚。禧摇手曰："此名家女，使不得。"强之，又摇手曰："使不得。"力辞之。万历二十六年，季子秉忠上公车途中若有拊其舆者曰："使不得的中状元。"如是者再。廷试果首擢。归语其父，父太息曰："吾未尝告人，何神明之告尔也。"秉忠甲辰分闱，得高阳孙承宗。壬子典试江南，取士如张玮、姚希孟、周顺昌皆为一代名臣。充经筵讲官，启沃甚多。累官礼部尚书，忤魏珰，削夺归里。卒赠太子太保。所著有《岷山集》。(《青州府志》，并《益都县志》、《警惕录》)

著　作

（清）黄虞稷《千顷堂书目》卷二十五·别集类·万历戊戌科（二十六年）　赵秉忠《岷山集》十二卷。(字季卿，益都人。一甲第一人，礼部尚书，赠太子太保。)

（清）岳濬等《山东通志》卷三十四·经籍志·集总目·明　赵秉忠《岷山集》(六卷)。

杂　录

（清）岳濬等《山东通志》卷三十二·陵墓志·青州府·益都县·明　赵秉忠墓(在县东郑母店)。

万历二十九年（1601）辛丑科状元张以诚

传　　记

（明）何三畏《云间志略》卷二十三·张宫谕瀛海公传　张以诚，字君一，号瀛海。青浦人。公生时几不举，媪婢见红光满堂，惊相告而举之。在儿童已有异兆。四岁能读书，出语惊其塾师，辄谢去。八岁能属文，奇警。

袁相国履善与公旧居邻比，一见叹赏之曰："此非凡儿也。"时封公见峰翁家日中落，愀然为门祚忧。惟是儿曹诵读是赖，而族里中多所齮龁。公独仰体封公心，下帷发愤，即寒无衣、饥无食而昼夜咿唔不绝声，且结同志为文社，专精制举言，而于诸史百家及国朝典故诸书无不博览。丙戌，食芹于泮，则司空柱宇罗公县试所首拔士。而庚寅食饩于官，则海澄立台柯公督学所首拔士也。自是文誉籍甚，人争延之为子弟师，而钱肇阳蓬莱公与公为内兄弟，奇之于未遇之先，令其长子文学稚宣圣锡、仲子太史稚文龙锡执经备弟子礼。甥舅相与砥砺，读书课文，识者知腾骧有日。

而壬辰之春，诏天下举郡邑俊英为选贡生，而公领袖诸生，得与选入六馆下。廷试归里，舟次青徐间，忽堕水，同舟者以为必无幸矣。有一从仆故善泅，皇遽赴水救之，已漂下流数里许，而竟出之波涛汹涌中，非鬼神呵护不及此。癸巳正月，遭元配陈安人之变，而七月丧其生母华安人，亲戚皆引压嫡旧制请之。封公恐再误甲午之试，而公怆然以失养为痛，竟服斩衰之服者三年，拮据襄事，幸且告完，公亦无意再娶。而徐贡士时夫继溥与公文字相知，力推毂之乃翁尚宝前，遂归其妹。时公以寒士而为相府东床，即其家不以常婿相畜，而公亦欿然不有其家也。

丁酉，游成均为两司成具区冯公、毅庵黄公所甄异，以天下士目之。而是岁以监元入试棘闱，又不得隽。公以久善败北，不无阴陵再迷、荆璞三刖之叹，且复自疑，欲易辙改弦，以投主司之好，而又不能更其故步，辄衡于奇正今古之间，日事铅椠而纵笔成之，遂为时髦先登，而与方家并驾，以庚子、辛丑联登科第矣。至入对大廷，神庙亲擢第一人及第，倚马万言，规切时政，虽贤良天人策何以过之。且公亭亭玉立，气宇清严，士绅咸属目公，以得人为国家庆。而京洛诸贵人又知为东海翁裔，益心仪之。

公亦敦尚名节，动以古人自期。同馆诸名流一时倚公为重。会东朝册立，以覃恩封乃翁如其官，而冯母太安人之讣音适至，公即跣奔辞朝，归而执丧，读礼乃所以侍翁养志而承欢，靡所不至。非但修甘脆之细节，袭温清之虚文，如世俗所称孝也者。一日扫墓凤山，见所陈奠，慨然增叹："奈何以高曾肹飨之地，而令蒸尝简率至此乎！"即筮仕，未饶禄，入先捐产三十亩为祭田，其哀之请以异日，是又其追远之孝思矣。

甲辰，服除，奉乃翁而北，得以拜恩阙下，宠受貤封，斯亦家门吉祥盛事，而公自簪笔校书外，不轻见一人，亦不轻出刺。独吾松细布白粮诸役人久候待而若勒掯者，不靳折柬为之转白所司，曰："吾何忍重困故乡父老也。"是冬，公上疏乞归省，正乃翁八十诞辰，公于亲朋燕见之后，偕兄弟辈再捧一觞，跽而进之膝下，以祝千秋。而翁神气益王，亟呼公而谓之曰："吾全家叨国厚恩，惟汝一人报效，如徒恋恋椿阴，岂汝志，亦岂余志也？且汝非独子，汝即行，尚有兄弟六人逮侍余侧。"日趣公治装，乃发。

比己酉还朝，公以东宫久虚讲席为圣学忧，同官上疏具奏，其略云："宫闱非进学之地，内侍非劝学之官。乞早命皇太子出御讲筵，以重国本，以慰人心。"而中间援引古今，详明剀切，读者谓公不忝宫坊之职云。庚戌，分考《诗》一房。壬子，又奉简书往八闽主考，必晨起焚香祝天曰："是役也，愿得正人端士，以翼我邦家。"既入，苦心缁阅，务无遗珠而后已，故所录皆海内知名。又尝三阅例贡廷试卷，其拔之前茅亦多才隽抡魁者，岂亦公之诚心所感召耶？

癸丑，公以思亲，两上疏省觐，未报可。而会乃翁有都门之役，公既迎之远郊，拜而泣曰："儿子亦数数乞归，以比例不得；又请封差，以资浅，又不得。若之何令吾父倚闾，且匆遽就道，间关至此！"于是益务承膝下欢，且乞在京诸老摛诗若文，以介眉寿。而公旋拜谕德之命，乃翁益衔上恩，喜淹留京邸，而衰颓种种，公窃心忧之。适颁大行皇后哀诏，勉就山西及万全都司，兼程竣事，从容奉乃翁南还才两月，抵舍而乃翁病，病且剧矣。公迎医视药无停日，且愿以身代，终夜吁天，亦靡神弗祷，而翁竟不起也。公哭之哀，有泣尽而继之以血者，而即以乙卯从凤山祖茔间举窀穸之事，上下陵麓一皆身亲其劳，以至神伤貌瘁，此实公致病之由。

而公仕宦十五年来，室无二姬，门无杂客，居恒自朝至晡，端坐斋头第亦披阅书史，或与宾客弟昆对奕一两局而已。盖真淡然于声色货利外者。第海内文字之托，靡不亲为构思洒翰，甚至短笺小疏必出公手，是亦公之所以致病者也。而自大葬乃翁后，于孟冬之朔日侵晨，入山奔号，具祭墓前一恸，几令草木生愁。归不越三日，而公咯血数升，竟无起色，非所谓死孝者耶！夭以公之望之资，以需大拜有日，乃进不过视草，出不过衡文，而一时鼎铉之业尚虚，天何夺之速也！独其笑言不假，绳检不驰，景行前修，奖借后进，包荒片长薄技，缓急故友穷交，此其行谊之不可及者。

其楷书仿赵吴兴，行草法王子敬，文章宗苏学士，而诗律拟孟襄阳。其篇章尺幅藏家者固多，而流传四方者亦不少。是在公之诸子安苞、安芑、安茂、安蕚裒而集之，刻而行之，而更有继志述事阐扬而光大之者。余于嗣君端有望焉。尝忆辛丑之前一岁，为庚子之冬，余与公及海上唐圣涯、朱尔师同赴计偕之役，道多雪色冰花，相与晓行夜宿，至除夕始抵芦沟桥。四人浮白醉余，吁天祈梦，我三人者皆朦胧若无若有，而公独梦人捧一大盒赠。公启视之，则金花一枝也。众皆以为金花者宫花，一枝者第一人之兆，辄相庆当得鼎元，公唯唯谢不敏。而至胪传之日，公果及第矣，乃知功名自有前定之数，而梦之奇验如此。

（明）顾祖训原编、（明）吴承恩增补、（清）陈枚续补《状元图考》卷四·状元张以诚 万历二十九年辛丑，廷试许獬等三百人，擢张以诚第一。

按，以诚，字君一，号瀛海，直隶青浦县人。自幼英敏，日诵数千言。为诸生时，学院柯公阅其试卷云："天下奇才，大廷独对舍子其谁?"选贡南雍，乡荐魁京闱。尝读书云间精舍，梦身骑金牛，有空中人呼曰："长安春独早，走马看花归。"盖金牛乃兆辛丑状头也。至京会试，梦一角兽触己，己跨而上。是科许獬会元，己为状元。

（清）孙岳颁《御定佩文斋书画谱》卷四十四·书家传二十三·明五·张以诚 张以诚，字君一，华亭人。万历辛丑进士，廷对第一人。授翰林修撰，官至右谕德。文章宗苏，诗拟孟襄阳，小楷规模大令，清劲有法。（《松江志》）

（清）张豫章等《御选明诗》姓名爵里五·诸家姓名爵里 张以诚（字君一，松江华亭人。万历辛丑赐进士第一。授翰林修撰，官至右谕德。有《酌春堂集》）。

（清）黄之隽等《江南通志》卷一百四十一·人物志·宦绩三·松江府·明 张以诚，字君一，弼玄孙。肆力于经史百家、朝章典故，莫不该洽。万历辛丑廷试第一人。授修撰，迁左中允。疏请东宫出御讲筵，以重国本慰人心，词旨恺切，寻转右谕德。丁外艰归，以哀毁卒。以诚举止安雅，敦尚名节，士论推重。

（清）姚弘绪《松风余韵》卷二十六·张以诚 郭《志》：以诚，字君一，南安太守弼四世孙也。万历壬辰选入太学，制举业清纯高古，可与冯具区、陶若箕、董元宰并称，时冯为祭酒，得所试艺，恨相遇晚，首列之，示六馆为楷式。辛丑成进士，廷对擢第一人，授翰林院修撰。丁母忧，孺慕无间所生，人以为难。服阕，起，知起居注。庚戌，分校会试。壬子，主考八闽，多得名隽。迁右中允。以东宫久虚讲席，上言："宫闱非进学之地，内侍非劝学之官，宜命皇太子出御经筵，以重国本，慰人心。"援引得失，词旨剀切，时论韪之。癸丑，转谕德，颁诏山西，事竣奉父南还。父疾作，晨夕吁天，愿以身代。及卒，哀毁如不欲生，营葬劳瘁，归而咯血，遂不起，年四十八。

以诚勤于笔墨，短笺小疏，咸出手裁。其文章宗苏，诗拟孟襄阳，小楷规摹大令，清劲有法。所著有《酌春堂集》，又有《须友堂集》、《国史类记》。《云间志略》：瀛海张先生以选贡廷试归，舟抵青徐间，忽堕水，同舟者以为必无幸矣，有一从仆素善泅，皇遽赴水救之，已漂下流数里许，已而竟出波涛汹涌中，若有鬼神呵护者。庚子公车，同行者四人，皆吁天求梦，三人者若有若无，公独梦人赠一大盒，启视之，乃金花一枝。金花者宫花，一枝者第一人也。传胪果符其兆。

公在都不轻见一人，不轻出一刺，独惓惓于故乡细布白粮诸役人守候勒措之苦，乃折柬白之所司焉。丁母忧归，扫墓凤山，见所陈奠简率，慨然增叹，捐产三十亩为祭田，尚冀加厚于异日。生平笑言不苟，绳检不驰，景行前修，奖借后进，包荒片长薄技，缓急故友穷交，皆行谊之不可及者。

（清）倪涛《六艺之一录》卷三百七十一·历朝书谱六十一·明·张以诚 张以诚，字君一，华亭人。万历辛丑进士，廷对第一人，授翰林修撰，官至右谕德。文章宗苏，诗拟孟襄阳。小楷规模大令，清劲有法。（《松江志》）

科　第

辛丑科（万历二十九年）**关元策** （存目，参见（明）焦竑辑、（清）胡任兴增辑《历科廷试状元策》卷六）

（明）张弘道、张凝道《皇明三元考》卷十四·万历二十九年辛丑科大魁 状元张以诚（直隶青浦人，字君一，号瀛海。治《诗》。选贡生。年二十六，庚子乡试第八名。会试三十七名。见任中允。

高祖弼，成化丙戌进士，知府。曾祖弘宜，辛丑进士，给事中。从曾祖弘至，弘治丙辰进士，副使。兄以诜、以诚，俱举人）。

（清）黄之隽等《江南通志》卷一百二十三·选举志·进士五·辛丑科张以诚榜 张以诚（松江人。状元）。

（清）张廷玉等《明史》卷二十一·本纪第二十一·神宗二 （万历二十九年春）三月乙卯，赐张以诚等进士及第出身有差。

轶　事

（明）朱国祯《涌幢小品》 云间张瀛海状元刻意自立，而父兄不亮，里中来诉。稍进正言，每每见拒，无如之何。后凡来诉者，告云："汝只去诅张某死，便无所恃，汝辈庶得免累。"万历乙卯，果暴殁，去登上第仅十有五年。

著　　作

（清）黄虞稷《千顷堂书目》卷五·别史类　张以诚《明史类记》一卷。

又，卷二十六·别集类·万历辛丑科（二十九年）　张以诚《酌春集》十卷。（字君一，青浦人。一甲第一人，右谕德。）

（清）黄之隽等《江南通志》卷一百九十·艺文志·明　《毛诗微言》二十卷。（一华亭张以诚，一华亭唐汝谔。）

又，卷一百九十一·艺文志·史部·杂史传·明　《明史类记》（华亭张以诚）。

又，卷一百九十四·艺文志·集部二（诗文集）**·明**　《酌春堂集》十卷（华亭张以诚）。

（清）张廷玉等《明史》卷九十九·志第七十五·艺文四　张以诚《酌春堂集》十卷。

（清）曹仁虎等《钦定续通志》卷一百五十六·艺文略·诗　《毛诗微言》二十卷（明张以诚撰）。

（清）纪昀等《钦定四库全书总目》卷十七·经部十七·诗类存目一·《毛诗微言》二十卷（内府藏本）　明张以诚撰。以诚，字君一，华亭人。万历辛丑进士第一。官翰林院修撰。是书杂采旧说，无所发明，如丰坊伪诗传之类，皆不辨而滥收之。

（清）曹仁虎等《钦定续文献通考》卷一百四十九·经籍考·经（诗）·明·张以诚《毛诗微言》二十卷　以诚，字君一，华亭人。万历辛丑进士第一，授翰林院修撰。

评　　论

（清）朱彝尊《明诗综》卷六十四·张以诚（一首）　以诚，字君一，松江华亭人。万历辛丑赐进士第一。授翰林修撰，升右中允，终右谕德。有《酌春堂集》。

（清）陈田《明诗纪事》庚签卷二十·张以诚（一首）　以诚，字君一，松江华亭人。万历辛丑第一人及第。授修撰，历中允，迁谕德。有《酌春堂集》十卷。

（田按，君一，南安太守弼四世孙。有《送同年佐南安诗》云：“侬家王祖守兹乡，至今祠宇梅花傍。”以弼守南安有遗爱也。）

杂　录

（清）黄之隽等《江南通志》卷十二·舆地志·山川二·松江府　日月河在府城中普照寺南。古谚云：“日月河通，出状元。”河久湮塞。明代成化间，知府樊莹浚之，钱福果状元及第。后复淤，万历间知府许维新又浚之，张以诚状元及第。

又，卷三十九·舆地志·坛庙三祠墓附·松江府　张宫谕祠在凤凰山，祀张以诚，崇祯时建。

又　谕德张以诚墓在朱桥镇。

（清）和珅等《大清一统志》卷五十八·松江府·山川　日月河（在华亭县治普照寺南。旧志云：“日月河通，出状元。”河久湮塞。明成化间知府樊莹浚之，钱福果状元及第。后万历间又浚，张以诚状元及第）。

万历三十二年（1604）甲辰科状元杨守勤

传　　记

（明）过庭训《明分省人物考》卷四十八·浙江宁波府二·杨守勤　杨守勤，号昆阜，慈溪县人。中浙丁酉第三，甲辰会试第一，廷对复赐一甲一名。授翰林院修撰。丙午，丁忧。甲寅，补原职，起居注。乙卯，升左中允，顺天主考。丙辰，升右谕德、讲读，管理诰命。己未，房考，本年升右庶子，旋以册封归。庚申，欲赴京报命，得疾卒于家。守勤之文不加雕琢，而大雅不群，有成、弘先辈遗风。其人之博大温润，酷似其文。又矜气节，重名行，辞受取于间，凛然不少假借。与人交则推诚吐赤，不觉鄙吝，潜消汪汪千顷波也，惜未及柄用耳。

（明）顾祖训原编、（明）吴承恩增补、（清）陈枚续补《状元图考》卷四·状元杨守勤　万历三十二年甲辰，廷试杨守勤等三百人，擢杨守勤第一。

按，守勤，字克之，号昆阜，浙江慈溪人。为人旷达，多大志。每见题咏云："邺架抽缗嫌日短，吴钩拂拭引杯长。五陵侠气轻裘马，三峡词源倒玉霜。"尝访友于官，叹曰："富贵吾所自有，何以人为？"其自负如此。每试首选，丁酉春，梦元峰袁公招饮，经会元及第，牌坊顶上过抵袁宅，逊之上座。袁前丁酉乡荐第二，公后丁酉第三，将谓不验。今掇殿元视袁公探花，果高出其右矣。甲辰场前一日，自梦举联元，同袍置酒为贺，尽醉而罢。及入场，醉甚，试日熟睡不醒，梦有人推曰："君可脱稿矣。"觉足下踹着一卷《春秋》，盖二名鲁史也，尽符其梦。

科　　第

（一）乡试

（清）沈翼机等《浙江通志》卷一百四十·选举十八·明举人·万历二十五年丁酉

科　杨守勤（慈溪人。甲辰会、状）。

（二）会试、殿试

甲辰科（万历三十二年）状元策　（存目。参见［明］焦竑辑，［清］胡任兴增辑《历科廷试状元策》卷六）

（明）张弘道、张凝道《皇明三元考》卷十四·万历三十二年甲辰科大魁　会元杨守勤（浙江慈溪人。字克之，号琨阜。治《诗》。年三十八。丁酉乡试第三名。廷试一甲第一名。见任庶子。

祖孙仲，举人。从兄汝升，举人）。

状元杨守勤。

（明）张弘道、张凝道《科名盛事录》卷一·元魁盛事·两中元魁　慈溪杨守勤，万历甲辰会元、状元。

（清）沈翼机等《浙江通志》卷一百三十三·选举十一·明进士·万历三十二年甲辰科杨守勤榜　杨守勤（慈溪人，状元，右庶子）。

（清）张廷玉等《明史》卷二十一·本纪第二十一·神宗二　（万历三十二年三月）乙丑，赐杨守勤等进士及第出身有差。

仕　宦

（清）舒赫德《御定资治通鉴纲目三编》卷三十　（万历丙辰四十四年八月）皇太子出阁讲学。（以……杨守勤为讲读官。……）质实（……杨守勤，慈溪人）。

著　作

（清）黄虞稷《千顷堂书目》卷二十六·别集类·万历甲辰科（三十二年）　杨守勤《宁澹斋集》十卷（慈溪人。会元。一甲第一人。右春坊右庶子，赠少詹事）。

（清）沈翼机等《浙江通志》卷二百五十一·经籍十一·集部四·别集·明　《宁澹斋集》十卷(《黄氏书目》：慈溪杨守勤著)。

（清）张廷玉等《明史》卷九十九·志第七十五·艺文四 杨守勤《宁澹斋集》十卷。

评　论

（明）李维桢《宁澹斋全集序》 慈溪杨克之公以举业之文两魁天下，而为古文辞粹然一出于正，精心以思之，博学以储之，修饰以裁之，润色以成之，才不窘而不尽骋才，法不越而不尽泥法，无粗厉猛赵，无缀属陈言，无强造非情，无僻违吊诡，无雕镂纤巧……酌于文质之中而用之者也。

大泌山人李维桢本宁父撰并书。

（录自［明］杨守勤《宁澹斋全集》卷首）

（明）刘尚信《宁澹斋文集序》 《宁澹斋全集》，吾师杨琨阜先生所作也。先生以岁之乙卯，天下当大比，奉上命较顺天诸誉髦，司命文章，权衡人物。一时经其品题者，靡不称佳士。信以菲材，亦幸备数药笼，滥竽宫墙，以故得师事先生。其宏深奥渊，灵珠昆玉所得于管窥蠡测之万一者，辄心识不忘。今上之四年甲子，复试士于乡，窃意曩时，受先生国士之知，缺然琼报。会先生次君集其应制酬答诸作，索叙于余，余忻然色喜，曰："金薤琳琅，久当梓行于世，余何敢以不文辞点佛头，令天下不得睹先生摛藻，而斤斤明照一室也？"

尝谓明兴文章莫盛于馆阁，自潜溪、括仓、东里导源，长沙辟户，其丝纶选暇，添火为章，亦既纸贵鸡林，檥传凤阁矣。隆万以来，代兴之权，似属旁落，少年凌厉，高视坛坫。遂远祧法匠，而近宗末师，风向所趋，气格顿尽。彼如春红斗嫣，秋潦狂溢，亦奚裨于用而垂不朽？为读是集，而窃幸笙簧金玉之章，芽茁浑灏之气，尚留人间也。先生钟灵扬域，储精牛女，负黼黻之性，具绮练之才，湛深经术，博综群史，撷英咀华，即未弁南宫，而钟鼓词林，领袖文苑，无不人人推先生矣。亡何鹏飞鹊起，以一经冠武林多士，竞传其制举义，家习户诵，争取矩焉。已而上春官，入对大廷，首胪传，直禁掖词源翰薮，日取金匮石室之藏，奇纪玄训之载，搜探渔猎，益用概括百家，贯穿六籍。缉萃萼于毫端，扬清澜于学海。披文则金碧交辉，落纸则云霞散彩。鹓鹭呈其羽仪，虎豹凝为炳蔚。郁郁斌斌，岂非天下之至文与！昔人谓韩休之文，如太羹玄酒，有典则而薄滋味；许景先之文如丰肌腻体，秾华可爱而乏风骨；张九龄之文如轻缣素练，实济时用而窘边幅。维古之作者不仅仅如数君子，而有余不足亦卞璧之类也。先生制策、疏表、传略、志状、碑铭、文课、语录及神道墓碣，丽牲之石，争徼一言为重者，莫不浚发于巧心。以理致为心胸，气调为筋骨，事义为皮肤，华丽为冠冕。构造宏杰，纵横纾郁。极先秦、西京之变，而洞括人伦物理之常。盖有台阁规模而无其庸俗，有山林雅趣而无其寒俭。使读者如登天府，见天球缀络，错列广庭；大剑高冠，环侍左右。

又如登岱跂华，睹日万里之外，匹练分明，而不知其地位之崇、攀跻都断也。亦何味不隽永、风骨不棱棱而边幅不整饬耶！盖先生才高学富，神清气定，故不必摹调袭格，刻染烟云，与墨卿藩士争奇于豪颖，而直无不合。所谓厚积勃发，而山辉泽媚，各阐玄倪，岂区区雕虫篆刻业哉。诗赋裳华之四章而曰："维其有之，是以似之。"先生之谓也。

兹集行敷，治者奉之为蓍蔡，学古者资之为矩矱。膏馥精华，凌云飞雪，直与皇上綦隆之治相炳朗。奚至为魏田父所获，始疑之，而卒怪之，弃之惟恐不远，必不然矣。

时天启甲子秋八月黎阳门人刘尚信拜手谨撰。

（录自［明］杨守勤《宁澹斋全集》卷首）

（明）刘荣嗣《宁澹斋全集序》 此余师琨阜先生遗稿也。余向习帖括，便诵法先生制举义，如航海然望为斗极。迨幸厕先生桼笼，释褐官部曹，遂朝夕登堂，炙余辉，聆绪屑，如鱼处湿，蜂膳甘，相习者久，忘其大美之所自也。今先生殁且七载，始获卒业是编，遂奉其仲君世兄献美，属而为之叙，曰：文章经国大业，古名公哲匠所以鼓吹人代黼黻隆平须是焉。藉若是而徒取品置泉石，荟萃烟云，无当天下国家人伦物纪之用，斯诚壮夫所耻。或者操戈作者之堂，高视阔步，诋诃三代以下先秦两汉六朝隋唐诸名家曰："我用我法，安用祖祢他人，句比而字栉为！在《易》有变化日新之旨，顾不曰拟议之以成其变化乎？"夫拟之议之而变化成，则先民法程，何可废也。今夫诗称律，乐亦称律，乐不奸于律而后翕纯皦。绎之妙理成不取裁于法。而才之骜，譬书者于篆籀虫鸟，然略未仿佛，遽谓凌钟跨王，奴虞隶柳，曰："恨古人不见我也。"夫斗蛇争道之悟而师心杜撰，揵得之乎？彼其自谓新奇时，识者已嗤其后矣。

先生才无所不际，学无所不窥，蓄厚发徐，出绪余犹足千人腹果，而往往受裁于法，不惜屈吾才以殉之，其为诗若文，赡而庄，丽而雅，博大精实，而粹然还宅之和平，非人伦物纪弗道也，非经纶理学弗详也，非《左》、《国》、班、马、黄初、大历诸法程，弗人趋而我步也。今其集具在，有典有则，俨然先民，正犹草、隶、楷、行日新月异，而篆籀之遗依然虫鸟，不知者以为虫鸟之遗迹也，知者以为拟议之变化而已矣。所以然者，先生渊源家世，宗派慈湖，父子兄弟间自相师友，每兢兢矩矱，罔溢尺寸，而发为文章，符券合焉。尝以所结纂度所向，真屹乎有起衰八代、胥一世、返大雅之思，而天不整遗，竟令公辅之业赍志以殁。虽然，德、功与言，三称不朽。读先生之言，想见先生之功与先生之德，和平尔雅，秩乎其为治世之音无疑也。予小子鲁，绘天测海，不能为左氏之玄晏，庶其为杨子之君山乎。因盥手而为之叙。

崇祯戊辰春正月曲周门人刘荣嗣熏沐拜撰。

（录自［明］杨守勤《宁澹斋全集》卷首）

（明）姜应麟《宁澹斋文集叙》 往余读中秘书，历览一时名宿鸿裁绝构，□以抒法弼之猷，维隆灿之运，抉今古之秘，笔墨精湛，并德功不朽。夫德、功，实也；言，虚也。实者规恢易树，虚者吐露难模。然德言相因，犹或兼之；至功立而德言废者，不可缕数。孰有言以德宣，功因言见，标表当世，辉映来祺，如琨阜杨公者乎？昔神庙中叶，崇尚无为，诸天下几务一切休之以静，即储讲亦久缀焉。公以南宫第一人人对制策，力请□神慎德，晋接畴咨，以奏其凝者，洒洒万余言，天子心仪之，仍擢为第一人，盖近代殊遇，仞获自公矣。已乃计先根本即以储讲请，其言曰："学以濯磨德性，讲授之顷，必有竦然振励之精神，然后听受真而体会至。夫心之精神，是为圣。精神之振励，作圣之阶也。"旨哉斯语。盖有尧舜其君之思乎。比陟宫端，直日讲，必肃衣问夜，因事进规，不端端句读为事。故先皇帝每改容听受，至以宏亮嘉之。精神之竦，有出于声音之表者焉。间辍讲，连章劝学，剀切精详，载在史册，琅琅可考也。既而光庙嗣服嘉与，宇内更始，国家二百余年来神气忽张，元气逾固，静极受之以动，昭苏旁魄，上克缵，下克昌，俄顷顿新开系綦大于都铄哉。夫孰知公所以启沃者固居多也。士君子立朝，实以"三立"，凭以不朽。公德著宾师，言垂金石，当世已尽耳。而目之而或者以伊衡传楫，曷不须臾辄先骑箕去，致大用未竟，以为惋惜，而又孰知启沃之功所为光庙濯磨德性、振励精神者，固已大堪不朽耶！

盖公从尊公见洲先生受慈湖文成之学，渊源道德，是以处为真儒，出为名世。以其余绪为文章，有董太傅之该洽焉，有司马子长之疏宕焉，有韩昌黎之宏奥焉，有欧阳文忠之深淳焉，有苏坡仙之雄健焉，上追先民，一当作者，公亦奚让？然亦吉光一毛耳。载德与功而炳之千秋，岂徒栩栩焉修椠人之业以自予雄者哉！即不佞老矣，生平葵藿之私，鳃鳃国本，恃有公启沃以□我怀来属。主上神圣，绍庭陟降。然窃闻事君尧舜之遗训，犹□以公讲幄之旨为美芹可献也。海内有识之士，潜而绎之，以究公三立之归趣，则庶乎其知公云。

赐进士第中议大夫赞治尹太仆寺少卿予告前户科给事中翰林院庶吉士、姻侍生姜应麟顿首拜撰。

（录自［明］杨守勤《宁澹斋全集》卷首）

杂　录

（清）沈翼机等《浙江通志》卷二百三十七·陵墓三·湖州府·慈溪县·明少詹事杨守勤墓　天启《慈溪县志》在觉林寺侧。

万历三十五年（1607）丁未科状元黄士俊

传　记

（明）顾祖训原编、（明）吴承恩增补、（清）陈枚续补《状元图考》卷四·状元黄士俊　万历三十五年丁未，廷试施凤来等三百人，擢黄士俊第一。

按，士俊，字□□，号象南，广东顺德人。少负伟志，抱奇才，尤敦孝悌。早岁入泮，督学许尚志公羡其文且贵其品，屡试冠多士，每以大魁期之。年二十七，领乡荐。赴京会试途中，闻兄病笃，叹曰："恶得急功名而缓吾兄哉。"遂速归。丙午冬，北上将至京，梦入殿庭拜高皇帝，帝曰："汝来耶，今首用汝矣。"及廷试，条对称旨，卷字精楷，擢第一。其梦果验，许公诚知人云。时年三十一。

（明）陈盟《崇祯阁臣行略》·黄士俊　号玉仑，广东顺德人。以万历丁未第一人历官宫坊、少詹，升礼部侍郎，协理詹事。己巳，升尚书。乙亥，掌部事。丙子，以原官同孔贞运、贺逢圣、林钎入阁。是时乌程秉政，武塘、淄川佐之。士俊中材伴食，无所建明，然以地远不与门户相暱。逾年，予告去。

（清）凌雪《南天痕》卷十·列传十四　黄士俊，字亮垣，号玉仑，顺德人。万历丁未状元也。崇祯丙子，以尚书入阁，累加少傅兼太子太保。丁丑十二月，予告。其归也，父母皆耆年在堂，封如其官，锦衣侍养，里人以为荣。丙戌，隆武召之，未行而闽亡。及永历朝，年老目昏，每召对，嘿然不能决一事，数为台省论列。庚寅，帝西行幸德庆，士俊辞归。当吾驺之与震孟同罢也，党人造"一箭落双雕"之谣，以讥切首辅。今观吾驺之末路，亦可以得人矣。呜呼！好恶凭臆、是非失实，至庙堂之上不能进退一人、用舍一事，此明之所以亡也。而后之弄笔者，犹哓哓不止，岂非皆逐臭之夫乎！

（清）曹溶《崇祯五十宰相传（初稿）》·黄士俊　黄士俊，字亮垣，号玉仑，顺德人。万历丁未进士。崇祯丙子六月，由礼部尚书兼东阁大学士。十一月，叙功，加太子太保。丁丑二月，叙云镇功，加太傅，进文渊阁。十二月初六日，予告。己卯七月，存问。

士俊归时，父母俱在堂，称觞侍养，人以为荣。丙戌六月，闽以原官召士俊，不及赴而闽败。

（清）曹溶《崇祯五十宰相传》·宰相列传三 黄士俊，顺德人，丁未状元。……丙子入阁。

（清）王夫之《永历实录》卷四 黄士俊，字□□，广东顺德人。万历丁未廷试，赐进士及第第一。历官宫詹、侍郎，闲住。隆武中，起拜东阁大学士、礼部尚书，未赴，闽陷。苏观生立唐王于广州，士俊与焉。□兵陷广州，士俊就李成栋降。成栋反正，士俊丐成栋疏荐入直，上始难之，重违成栋之请，姑敕召之。士俊偕何吾驺入见，以故相位居上瞿严上。诸殿阁唯文渊阁上有印进呈文字，则用之。居首揆者，司其封掌。上在粤，瞿式耜掌之。上奔象州，时遽，式耜不及缴。及幸肇庆，起恒班式耜后，而式耜方留守督师，起恒实首揆也。式耜方欲缴印付起恒，闻吾驺、士俊入，遂不果。起恒固有钦赐图书印进呈文字及发红本阁票下科，而吾驺、士俊为上所厌，薄无所赐，皆以白版行。吾驺与袁彭年互讦，解官去，士俊以柔顺为上所留，时年已七十八矣。以票拟失当，为吏科丁时魁所屡驳，士俊泣语人曰："老夫于诸公为前辈远甚，老夫叨鼎甲时，诸公尚皆未生，今乃相窘如此。老夫亦何所负于国家，所少者唯一死耳。"闻者哂而怜之。南雄陷，上幸梧州，士俊遽以病请归里，不知所终。

（清）王鸿绪等《明史稿》卷二百三十八·列传第一百三十三·张至发（附黄士俊） 士俊，顺德人。万历三十五年殿试第一人也。入阁累加少傅，归而父母皆在堂，人以为荣。唐王以原官召，未赴。后相永明王，耄不能决事，数被劾，辞归而卒。

（清）张廷玉等《明史》卷二百五十三·列传第一百四十一·张至发（附黄士俊） 黄士俊，顺德人。万历三十五年殿试第一。授修撰，历官礼部尚书。崇祯九年入阁，累加少傅，予告归。父母俱在堂，锦衣侍养，人以为荣。唐王以原官召，未赴。后相永明王，耄不能决事，数为台省论列。辞归而卒。

科　第

（一）乡试

（清）鲁曾煜等《广东通志》卷三十三·选举志三·举人·明·万历三十一年癸卯

乡试榜 黄士俊（顺德人，状元）。

（二）会试、殿试

丁未科（万历三十五年）**状元策** （存目。参见［明］焦竑辑，［清］胡任兴增辑《历科廷试状元策》卷六）

（明）张弘道、张凝道《皇明三元考》卷十四·万历三十五年丁未科大魁 状元黄士俊（广东顺德人。字亮垣，号振宇。治《诗》。年二十五。癸卯举人。见任洗马）。

（清）鲁曾煜等《广东通志》卷六·编年志一·明纪 （神宗万历）三十五年丁未春二月，赐顺德黄士俊状元及第。

又，卷三十二·选举志二·进士·明·万历三十五年丁未黄士俊榜 黄士俊（顺德状元，大学士）。

（清）张廷玉等《明史》卷二十一·本纪第二十一·神宗二 （万历三十五年春）三月辛巳，赐黄士俊等进士及第出身有差。

仕　　宦

（明）陈盟《崇祯阁臣行略》·崇祯阁臣年表 九年（丙子） 黄士俊（六月入阁）。

十年（丁丑） 士俊（十二月予告）。

（清）孙灏等《河南通志》卷三十一·职官二·明·巡按监察御史·崇祯 黄士俊（湖广人，进士）。

（清）张廷玉等《明史》卷二十三·本纪第二十三·庄烈帝一 （崇祯九年六月甲申）礼部尚书贺逢圣、黄士俊以本官兼东阁大学士，预机务。

又 （十年）十二月癸卯，黄士俊致仕。

（清）傅恒《御批历代通鉴辑览》卷一百十四·明庄烈帝 （崇祯丙子九年六月）以孔贞运、贺逢圣、黄士俊（广东顺德人）并为礼部尚书兼东阁大学士，预机务。……三人皆不能有所匡益。

又，卷一百十五·明庄烈帝 贞运先与黄士俊、贺逢圣同相，已而，两人相继罢去。（士俊十年十二月罢）

又，卷一百十九·附明唐桂二王本末·桂王二　（己丑我大清世祖章皇帝顺治六年正月）由榔乃召何吾驺、黄士俊入直。

（清）舒赫德《御定资治通鉴纲目三编》卷三十六　（丙子九年六月）以孔贞运、贺逢圣、黄士俊并为礼部尚书兼东阁大学士，预机务。

（……三人皆不能有所匡益。）质实（……黄士俊，广东顺德人）。

又，卷三十七　（丁丑十年）十二月，黄士俊罢。

（士俊在阁，甫余一载，累加少傅，予告归。）

轶　事

（明）刘宗周《人谱类记》卷上·体独篇　黄士俊，敦笃孝弟，赴公车，途闻兄病，笃叹曰："焉有急功名而缓视胞兄之死耶！"半途归，后一科会试，大魁天下。

（清）阎湘蕙《明鼎甲征信录》卷四　黄士俊，字玉轮，广东顺德人。曾祖斌，潜修博古，性慷慨，质直无私，乡里敬服，教授邻邑。偶岁暮馆归，遇人投水，询之，则失金绝食，为父母室人交谪，遂捐所得修金，尽与之，不闻于人，后其人终身设主事之。群从交□，至以人命移祸于斌，斌不辨，赴狱。及二子廷瑾、廷珣以邑庠诣抚按陈诉，得释，乡党服其德义。廷巩亦斌之子，性孝友，喜施济，不介名利。手辑古今忠孝人事曰《伦谊编》。廷巩子镐，博学能文，隐居不求闻达，平生修德行善，颇负知人之鉴，一生无怒，教子弟以孝友。五十有母，每外归辄怀果嬉戏，母前进食。而后己自居母忧，四时祭扫耄耋，必躬涕泣竟日。庚申、甲子两奉封章，至墓悲号，傍人俱泣。岁丙辰，乡中水灾决围，捐金修复，易土以石，民赖以安，名黄公堤。每行游必带钱帛，道遇饥寒人辄施之，岁以为常。年百岁卒。镐子士俊，素敦孝弟，赴京会试途，闻兄病笃，叹曰："乌有急功名而缓视胞兄之死者哉！"遂速归。万历丙午冬，又北上，将至京，梦入殿庭拜高皇帝，帝曰："汝来耶，今首用汝矣。"三十五年丁未，廷试第一人。黄氏自斌以下三世皆德行长者，至士俊而状元宰相，乃累代积德之验也。（《广州府志》，并《丹桂籍》、《人谱类记》）

杂　录

（明）宋懋澄《九籥集》卷一·顺天府宴状元记　万历丁未春三月十八日，偶之顺天府，答拜一贵人。既及门，见群役骏奔，有驱数羊入府门者，余不知所为，随众而入，避于土地庙。须臾，鼓乐喧甚，有旗数十队，列于大门内，见首甲三公，至旗前下马，顺天府丞乘暖舆继其后，抵二门，余为衙官所拒，遂趋至贵人门投刺，谒者云："主人方有事公宴，至七献始毕，郎君须面谒，何不乘暇至厅事一观乎?"余然之，遂脱从者帽，衣青衫，作赵武灵故事，自堂后趋至院中，见首甲三公，与府中五公，分宾主礼，献酬之仪备具，每行礼，府丞不与诸寮属同，就位则三公面南，府中五公俱北。其食前三公皆方丈，而有花罩踞其前，府丞亦如之，群公咸稍杀。酒初献，止乐，教坊官致辞毕，有优人戴判官面目而上，手持数笼，两绮服人从傍赞辞，判官持笼，照耀数番，提一寿星出，复纳其中，簸弄再三，若复有所出，竟杳然而下。二献，则上弦索调，唱"喜得功名遂"，乃吕圣功《破窑记》末出也。唱者之意，岂欲讽状元毋以温饱为事耶？迨三献，则一人手持三丸，弄之良久。四献，更事弦索。五献，则二人戴钟、吕假面作胡旋舞。夫三公方极人间之荣，而遽儆之以钟、吕，若浓若淡之间，似于有意无意矣。六献，复陈弦索。七献，奏细乐，止献，先彻榜首五卓，每彻一卓，则榜首之头渐露少许，由此思之，当优人演剧，榜首直埋头于菓间耳。当其时，蓝缕之夫，踉跄枯事，殊失大体，以次渐彻，彻至府丞，而八座悉起，宾主各一揖而出，主人送客至二门，候客上马，复出一拱而散，府丞随送榜首归第。

嗟乎！国家待士之隆，至于此而极矣，回视囚首跣足之时，荣辱不天壤乎！余谓始之辱之，如汉高之踞见黥布，已而荣礼之，如黥布之集籓邸中，此皆英主所以驭豪杰也。方之师友之朝，虽遐哉邈矣，顾今日之宠荣，其谁锡之，秋毫皆天子之恩泽，而敢有二志。余以为若黄子澄之于圣祖，杨用修之于孝、武二宗，可谓无愧处变。商弘载之忠荩庙廊，罗豫章之经济田野，可谓上无负天子，下不负所学矣。余观三公皆恂恂不失儒者，而榜首公犹故衣敝靴，不事修饰，观者皆唧唧叹异。使能终守其恂恂，由此而卿相，亦何至于骄吝哉？三公服饰皆等，惟榜首所披之红，乃金绣云鹭，它无异也。草野之见，不敢妄訾大典，窃意教坊杂剧，不当陈于醮进之初，宜一切罢去，而独存八音之奏，七献毕，则宾主当速起别，以下寮司彻，不宜坐俟彻毕，似以酒食为重者，未审莅事以为云何。

余久居京师，当皇太子初出阁就讲，有故人为讲官，约余往观，余耻衣青衣，与奴仆等，辞之。后遇皇太子冠婚册立，及皇太孙生，咸可遥瞻圣颜，友人亦拉余往，余皆苦晨兴，卒不肯就微服，今竟以邂逅得睹盛典，虽见所未见，然亦可以占余之衰矣。

万历三十八年（1610）庚戌科状元韩敬

传　记

（明）顾祖训原编、（明）吴承恩增补、（清）陈枚续补《状元图考》卷四·状元韩敬　万历三十八年庚戌，廷试韩敬等三百人，擢韩敬第一。

按，敬公，字求仲，号止修，浙江归安人。祖多隐德，父大参冏卿。公宰宁德，地产断肠草，小民有睚眦，辄自毒。冏卿公命以芟薙代杖赎。岁余，种遂绝。官三十年，未尝逮一旄倪及女妇。太夫人性笃孝，事老姑备至，姑疾革，时谓："妇事我尽孝，当从冥司乞一状元儿为妇报。"比公初娠时，太夫人梦日入室，觉而晃然。冏卿公梦日月入怀而产公。盖日月两圆即两元之兆。公少颖敏过人，读书十行俱下，性洒落，不事生产，里中或目摄之不屑也。癸卯冬，过广德一友人，先日梦张阳和公至诘："朝公款门矣。"己酉春，公配沈园中多生并头花，忽睹红绿二蝶，如团扇巨，飞集花间，良久方去。又阁中所存来段产翠条二尺许，人以为绝异。春雷起自郡城文昌阁中，但闻震声，不见损坏。无何，游北雍，举秋试，魁京辅。冏卿公梦一羽衣捧若玺书者来谓曰："而有大德三，姑以此举偿其一，庚岁更偿其二，当有加焉。"果联掇大魁不爽。公廷对条答精详，作字逼真古晋卷，进□御。时阁拟第三人，上拔置第一，及胪唱，知与会试合。上自喜得人云，时年三十一。

（清）邹漪《启祯野乘》一集卷七·韩修撰传　公名敬，字简与，号求仲，归安人。父绍，登嘉靖辛丑进士，居兵垣，有重望。公生而颖敏，不群异之曰："此千里驹，不复久居盐下也。"时宣城汤宾尹未遇，延于家，读书清权堂，相得为忘年交。公后宣城十五年始举于乡，万历庚戌，宣城分会试房，公中进士第一人。叩之，即出宣城门，一时争奇，廷赐第一甲第一名。时以词林壅滞，请停馆选，公独以鼎甲授修撰。未几，部臣丁元荐疏纠宾尹，语侵及公，公告归。壬子，台臣孙居相再论顺天场事株及。庚戌，会试诸生，首及公事，寻得白，谪南行人司司副，复中计典以归。公屡为浮议所抑，居官不得大显，退而校一代之文，额曰《文在文闲》，以告天下，天下奉为金科玉律。公尝曰："崇侯能谮文王，而无可奈何文王之《易》；公伯寮叔孙武叔能毁孔子，而无可奈何孔子之《易》、《诗》、《书》、《春秋》。"其感概有如此。公博极群书，一目数行下，书法在苏米之间，居乡不殖生产，四方名辙至必饮，饮必醉。选制义，树规标的，为世宗风，南都复赠公官修撰。

论曰：今天下童而习举业者，莫不知有韩求仲先生。迹先生选定《文在文闲》一书，准古型今，存先民之模范；引绳削墨，作后学之津梁，厥功诚不小矣。近代丹黄杂出，汗牛充栋，惟南昌之定待，吴门之同书，溧阳之大家，金少之纪年，虞山之定本，并皆羽翼传注，海内翕然称之，庶几永嘉之末，犹闻正始之音焉。乃有铜臭之子甫离句读，便附名流，擅操选政，不曰某先生手评，即曰某同学谕定，岂非韩公万世之罪人哉！

（清）朱彝尊《明诗综》卷六十五·韩敬（一首） 敬，字求仲，归安人。万历庚戌赐进士第一，授修撰。寻谪行人司副。

（清）张豫章等《御选明诗》姓名爵里六·诸家姓名爵里 韩敬（字求仲，归安人。万历庚戌赐进士第一，授修撰，降行人司副）。

（清）王鸿绪等《明史稿》卷二百十九·列传第一百十四·孙振基（附韩敬）韩敬者，归安人也，受业宣城汤宾尹。宾尹分校会试，敬卷为他考官所弃。宾尹搜得之，强总裁侍郎萧云举、王图录为第一。知贡举侍郎吴道南笔之号簿，及廷对，大学士叶向高拟敬卷置第三，帝拔之第一，而以钱谦益置第三，谦益负才名，依附东林，敬望轻，又为宣党宾尹所拔，士论颇不惬。后宾尹以考察褫官，敬亦称病去，事三年矣。会进士邹之麟分校顺天乡试，所取童学贤有私，于是御史孙居相并宾尹事发之。旨下礼官，会吏部都察院议，顾不及宾尹事。振基乃疏请并议，未得命。礼部侍郎翁正春等议黜学贤，谪之麟，亦不及宾尹等。振基谓议者庇之，再疏论劾，帝乃下廷臣更议。御史王时熙、刘策、马孟祯亦疏论其事，而南京给事中张笃敬证尤力。方宾尹之分较也，越房取中五人，他考官效之，竞相搜取，凡十七人。正春乃会九卿赵焕及都给事中翁宪祥、御史余懋衡等六十三人议坐敬不谨，落职闲住。御史刘廷元、董元儒、过庭训谓敬关节果真，罪非止不谨，宜夺职听勘，执不署名。正春等不从，持初议上，廷元遂疏劾之。于是，振基、居相、笃敬及御史魏云中等连章论列。

……

宾尹党必欲十七人并罪，以宽敬。孙慎行代正春，复集廷臣议。仍坐敬关节，而为十七人昭雪。疏竟留中。笃敬复上疏论敬，阴诋诸党人，笃敬亦旋出外。慎行与居相、策相继引去，之祥外迁。孟祯不平，疏言："廷弼听勘一事，逐去一总宪，外转两言官矣，独介介于之祥。敬科场一案，亦去两言官矣，复断断于笃敬，毋乃已甚乎！"孟祯遂亦调外。敬由是仅谪行人司副。盖七年而事始竟云。

（清）沈翼机等《浙江通志》卷一百七十九·人物六·文苑二·湖州府·明 韩敬（崇祯《乌程县志》：字求仲，万历庚戌会试、廷对俱第一，授翰林院修撰。为忌者所中，迁行人，寻闲住。性卓荦遭踬，后著书自娱，诸所选辑为后学津梁）。

（清）张廷玉等《明史》卷二百三十六·列传第一百二十四·孙振基（附韩敬）韩敬者，归安人也，受业宣城汤宾尹。宾尹分校会试，敬卷为他考官所弃。宾尹搜得之，强总裁侍郎萧云举、王图录为第一。榜发，士论大哗。知贡举侍郎吴道南欲奏之，以云举、图资深，嫌挤排前辈，隐不发。及廷对，宾尹为敬夤缘得第一人。后宾尹以考察褫官，敬亦称病去，事三年矣。会进士邹之麟分校顺天乡试，所取童学贤有私，于是御史孙居相并宾尹事发之。下礼官，会吏部都察院议，顾不及宾尹事。振基乃抗疏请并议，未得命。礼部侍郎翁正春等议黜学贤，谪之麟，亦不及宾尹等。振基谓议者庇之，再疏论劾，帝乃下廷臣更议。御史王时熙、刘策、马孟祯亦疏论其事，而南京给事中张笃敬证尤力。方宾尹之分较也，越房取中五人，他考官效之，竞相搜取，凡十七人。时宾尹虽废，中朝多其党，欲藉是宽敬。正春乃会九卿赵焕及都给事中翁宪祥、御史余懋衡等六十三人议坐敬不谨，落职闲住。御史刘廷元、董元儒、过庭训，敬同乡也，谓敬关节果真，罪非止不谨，执不署名，意欲迁延为敬地。正春等不从，持初议上。廷元遂疏劾之，公议益愤。振基、居相、笃敬及御史魏云中等连章论列。给事中商周祚亦敬同乡，议并罪道南。

……

宾尹党必欲十七人并罪，以宽敬。孙慎行代正春，复集廷臣议。仍坐敬关节，而为十七人昭雪。疏竟留中。宾尹、敬有奥援，外廷又多助之，故议久不决。笃敬复上疏论敬，阴诋诸党人。诸党人旋出之外，并逐慎行。既而居相、策引去，之祥外迁。孟祯不平，疏言："廷弼听勘一事，业逐去一总宪，外转两言官矣，独介介于之祥。敬科场一案，亦去两侍郎、两言官矣，复断断于笃敬，毋乃已甚乎！"孟祯遂亦调外。凡与敬为难者，朝无一人。敬由是得宽典，仅谪行人司副。盖七年而事始竣云。

科第

（一）乡试

（清）沈翼机等《浙江通志》卷一百四十·选举十八·明举人·万历三十七年己酉科 韩敬（归安人，庚戌会、状）。

（二）会试、殿试

庚戌科（万历三十八年）**状元策**　（存目。参见［明］焦竑辑，［清］胡任兴增辑《历科廷试状元策》卷六）

（明）张弘道、张凝道《皇明三元考》卷十四·万历三十八年庚戌科大魁　会元韩敬（浙江乌程人。字求仲，号止修。治《易》。年二十七。己酉乡试第八名。廷试一甲第一名。

父绍，辛未进士。行太仆寺卿）。

状元韩敬。

（明）张弘道、张凝道《科名盛事录》卷之一·元魁盛事·两中元魁　乌程韩敬，万历庚戌会元、状元。

（清）沈翼机等《浙江通志》卷一百三十三·选举十一·明进士·万历三十八年庚戌科韩敬榜　韩敬（归安人，会、状，翰林院修撰）。

（清）张廷玉等《明史》卷二十一·本纪第二十一·神宗二　（万历）三十八年春三月癸巳，赐韩敬等进士及第出身有差。

仕　　宦

（清）谷应泰《明史纪事本末》卷之六十六·东林党议　（万历）三十九年五月，翰林院修撰韩敬疾去。敬先师事汤宾尹，在礼闱，越房拔为第一。敬有时名，而好纵横之学，恣色货之好。时攻宾尹，因及敬。

轶　　事

（明）谢肇淛《五杂俎》卷十四　今万历庚戌，汤宾尹为房考，越房取韩敬为第一，言官论之不已，但终无佐证，韩与汤皆坐褫职。

（明）徐复祚撰《花当阁丛谈》卷五　（万历）三十七年己酉，赵□□主试。□□中韩敬第八名。先是□□试应属汤宾尹，宾尹恐妨次年会场，乃逊赵，赵德其让，汤以敬为嘱，赵遂徇之。三十八年庚戌，韩敬中会元，是年汤果入场，而敬卷则分别房，汤搜得之，亟叹赏，以为佳绝，然已有直处。乃特诣主司，以为必当会元。主司谓卷亦可中，汤乃大言曰：此卷非韩敬不能办，敬为江南第一才子，宁不中，不可不元。以彼才即百宾尹无当也。主司尚犹豫，汤遂以去，就死生争之，竟跻为元。及榜出士论哗然，乃益为之地道，而敬居然状元矣。闻之传言，汤与宣城梅讦讼，时敬出二千金为之解纷，得寝其事，汤感之切，誓以为元相报云。

（清）阎湘蕙《明鼎甲征信录》卷四　韩敬，字求仲，浙江归安人。祖某忠厚好善，尝为府中皂隶。时遇一官酷虐，每行杖，必要三板见血，受杖者不胜其苦，韩密钻杖下一孔，藏猪血于中，复以竹片镶好，不使人知，持以行杖，不及三，拔而猪血溅出，人阴受其福者不少。又凡于衙门中随笔方便，委曲救人。见诈索人财者，为之劝解，终身不倦。后生子为参政，当子入泮时，初试浙闱，房考不甚赏其文，倦而假寐，忽梦一皂隶巾内藏一纱帽，醒而再阅，终不惬意，将弃去，复梦如前，大异之，荐而获售，即世传怀愚先生敬之父也。其居官之概，作县未尝轻挞一人，谏垣未尝轻论一人。粤西开路四百里，有以捕猺请者，辞曰："吾不以人肝脑贸功名。"后生子敬，才高通内典，少从莲池禅师，放生西湖胜莲社，历年所放甚多。万历三十八年正月，友人梦金甲神指一鼎曰："韩生有信心得此鼎，应助浚三池放生。"是科，果会状及第。社多名士，敬笃于放生，故报尤显。（《腄庵稿》，并《警心录》、《择识录》、《荟萃集》）

著　　作

（清）沈翼机等《浙江通志》卷二百五十二·经籍十二·集部五·表奏　《韩求仲疏草》一卷（《澹生堂书目》：韩敬著）。

杂　　录

（明）谭元春《谭友夏合集》卷一·五言古诗·丁卯秋场前一日看童子买草鞋戏送夏长卿兼寄韩求仲太史　（存目）

又，卷七·书启·答韩求仲书　（存目）

又，卷二十·五言律·过韩求仲同出城看吴兴山水　（存目）

（清）沈翼机等《浙江通志》卷二百三十七·陵墓三·湖州府·乌程县　明修撰韩敬墓，《乌程县志》：在仁王山。（传详《文苑》）

（清）张廷玉等《明史》卷七十·志第四十六·选举二　（万历）三十八年会试，

庶子汤宾尹为同考官，与各房互换闱卷，共十八人。明年，御史孙居相劾宾尹私韩敬，其互换皆以敬故。

（清）傅恒《御批历代通鉴辑览》一百十二·明神宗皇帝 （万历辛亥三十九年三月）图先典庚戌会试，宾尹以庶子为分校官，尝越房取其私人韩敬（字求仲，归安人）为第一。（敬受业宾尹，及会试敬卷为他考官所弃，宾尹搜得之，与各房互换闱卷，凡十八人。强图录敬为第一。）

（清）舒赫德《御定资治通鉴纲目三编》卷二十九 （万历辛亥三十九年春）三月，大计京官祭酒汤宾尹等降黜有差。

（……图先典庚戌会试，宾尹以庶子为分校官，举人韩敬尝受业宾尹，及会试敬卷为他考官所弃，宾尹越房搜得之，与各房互换闱卷，凡十八人，强图录敬为第一，知贡举。……）质实（……韩敬，字求仲，归安人）。

万历四十一年（1613）癸丑科状元周延儒

传　记

（明）顾祖训原编、（明）吴承恩增补、（清）陈枚续补《状元图考》卷四·状元周延儒　万历四十二年癸丑，廷试周延儒等三百五十人，擢周延儒第一。

按，延儒公，字玉绳，号抑斋，直隶宜兴人。宜兴史孟麟曰："玉绳方舞象，余与谈艺，辄雕龙绣虎。甫齿，学余与谈道。又彻形上窥帝先。已而，以性道为艺，三吴士若绅推为艺林之冠冕。玉绳之先，有静庵先生者，王文成高弟，以性道木铎吾义兴。祖太康公有文先鸣，则性道文学世其家从来远矣。"其初生隔晚，祖太康公梦家中开大池。又中百鸟会集门前竖大牌坊。又上"武魁"二大金字，遂乳名武人。曰武者，大也。果中大魁。既而父梦徐文靖公语云："第三令郎宜教之谦抑，如何在余前。"瓮徐中榜眼在前即状元矣。遂定号曰抑斋，以文静号谦斋故也。中举北上，寓浦口陈店一房，素有邪祟，卧不安寝，闻有声云："会元、状元在此，不可惊闹。"而父梦臂生两翼，飞到嵩华绝顶。盖子中两元，父即两元也。未中元时，常梦出游，前摆瓜槌金灯，遂应公。又临场梦关帝送贺礼。又金曰殿金，盖古有"玉殿传金榜，君恩赐状头"之句，应梦。"殿金"二字即殿元之乖。张延登曰："余分校礼闱，湛澳孙公知贡举。"将放榜之夕，公坐假寐，忽若有言者："荆川先生在。"睨之，见绯耆而皤东立者，荆川也。惊寤而榜适填，第一则周玉绳也。荆川年少，以前戊子举南畿，己丑会元；玉绳亦年少，子、丑魁天下，其后身耶。

（明）陈盟《崇祯阁臣行略》·周延儒　号挹斋，宜兴人。登癸丑会殿，皆第一人。授修撰，升中允、庶子，掌司经局少詹，礼部侍郎。时怀宗初政，简核各边兵粮。八月，宁远兵哗，毙其巡抚毕自肃。上怒，召廷臣语问："宁远兵何遽哗？"天语再三，莫有对者。久之，延儒厉声奏曰："古有罗雀掘鼠而士心不变者。"上深以为是，复诵其语再三，亦终莫有对者。上起，令中官出询班中奏对何官，以职名入，上已意属矣。

十一月，枚卜，延儒丐廷推不得。会推疏上，内钱谦益，为温体仁以谦益主辛酉浙场钱千秋关节事奏讦，上怒，褫谦益官，听勘，罢枚卜。己巳十月，又枚卜，两人复不与，独点用大名。十一月，乃特旨召延儒以礼部尚书同何如宠、钱象坤入内阁。延儒年方强仕，从来词林跻政地，除涿鹿外，未有壮齿若斯者。庚午，加太子太保，晋文渊阁。七月，蒲州高邑大名相继去，延儒遂为首辅。辛未，偕何如宠会试总裁。壬申，加少保、少傅，吏部尚书，进建极殿。癸酉，予告，驰驿，恩礼优渥。先是，戊辰冬之役，延儒不获与谦益，嫉视其乡人，而与乌程比，自此与门户角立。既罢归，犹时时瞻望三台，其门人庶吉士张溥为延儒调停其间，与谦益捐除宿憾，冀复秉用，为门户周旋。乃醵金近十余万付盛顺者，辇之长安，大珰王裕民等咸纳其重赂。于辛巳春，同淄川、江夏并召，寻加太傅兼太子太保。是时，流寇猖獗，闯毒痛中原，献蹂躏楚蜀，边腹糜溃，力不能支，锦州围困甚急。先是，辅臣谢升有款边制寇之议，大司马陈新甲以独封平台，遂及此上曰："可款则款在卿部，优宜从事耳。"乃遣职方郎马绍愉往议，岁以百万饷之。绍愉入报，上问："何以答之?"盖谓名号言也。延儒俯伏不对，上慨然起。言官遂劾新甲辱国，下之狱。大司寇拟新甲在事，寇陷襄福，二藩抵辟，決不待时。其实因新甲过被宠任，将有爰立意，故必杀之为快。癸未，加太师，奉命督师，败于永平，乃以捷闻，监军御史蒋拱辰据实入告，上艴然。其门人范志完为总督，御兵德州，败衄，亦掩败为功。延儒调旨庇之，德州道雷演祚发其事。六月，遂引疾去。八月，御史何纶等益尽发其贪秽，遣缇骑逮。十月，至京，赐死顺城门外红庙。追赃十二万。延儒之再入也，引用吴昌时为吏部，浊乱朝政，逢迎窥伺，一以蒙饰为巧，至于在廷寮寀阴阳操纵，备极牢笼。壬午，南闱，子弟姻戚俱登贤书，虑门户人不为己用，欲援夙昔同好者继之，知廷臣甚畏，渝州每每操之以市重卒之，兴化甫入，随挤之出。科臣熊开元、台臣姜埰交章论其欺饰诸状，俱被杖，革职。已而，渝州竞起门户，乃群起攻之，不遗余力。由延儒上下蒙徇，生齿涂炭已极，而惟贿是闻，偷安旦夕，身死。未几，而国亦随之矣。

（清）曹溶《崇祯五十宰相传（*初稿*）》·周延儒 周延儒，字玉绳，号挹斋，宜兴人。万历癸丑进士第一，廷试第一，授修撰。丙辰，会同考。辛酉，江西主考。己巳□月，□旨升礼部尚书兼东阁大学士。庚午七月，叙城守功，加太子太保，进文渊阁。九月，首揆。十二月，叙《实录》成，加少保，改户部尚书，进武英殿。辛未，会试主考。壬申三月，叙陵工，加少傅，改吏部尚书，进建极殿。癸酉六月廿四日，予告。己卯六月，存问。辛巳二月，以原官召。九月十四日至壬午二月，考满，加少师，进中极殿，辞允。七月，叙东省剿逆功，加衔，辞允。癸未三月初八日，行边。五月十四日，准告病。六月，提问。十一月，到京，勒自尽，追赃十二万金。

（清）曹溶《崇祯五十宰相传》·宰相列传五·周延儒 周延儒，宜兴人。癸丑状元。历任礼部侍郎。崇祯初，召对廷臣，上目视之曰："常时召对，卿等当面别无一言，只有这官奏了几句。"令自奏职名。己巳冬，入阁办事。癸酉正月，宣府巡视，太监王坤奏劾延儒，乞罢，不允。左副都御史王志道上言：“王坤内监，不宜侵辅臣。”上召群臣于平台，谓志道曰：“遣用内臣，原非得已。何议论之多也？”志道奏曰：“坤劾辅臣，举朝皇皇，为纲纪法度之忧，臣为纪纲惜，非为诸臣惜也。”上曰：“朝廷于国家大计不言，惟因内臣在镇不利，奸弊乃借坤疏要挟，诚巧佞也。”复诘至再。延儒曰：“志道非专论内臣，实责臣等溺职。”上色稍霁曰：“职掌不修，沽名立论，何堪宪纪？”立退志道，延儒遂放归。辛巳四月，复召延儒入朝。初，丹阳监生盛顺伯及虞城侯氏共敛金，属太监翼乘间图延儒再起，礼部主事吴昌时力谋之，果得再相。壬午元旦，召延儒及贺逢圣、谢升入殿曰：“古帝王皆崇师道。卿等朕之师也。宗社奠安，惟诸先生是赖。”命东向立，上降座西向揖之，延儒愧谢。四月，命延儒督师。会天气渐炎，兵不战而退，延儒乃奏捷班师，加太师。时人讥之曰：“出关一月无消息，昨日元戎报捷来。”既而，台省交章论延儒受贿纵敌，上頟之。九月，诛兵部尚书陈新甲，延儒为营解曰：“国法，大司马兵不临城不斩。”上变色曰：“他边疆即勿论，僇辱我亲藩七，不甚于薄城乎？”延儒为之汗下。癸未五月，科道郝䌹、蒋拱宸、何纶劾论吏部郎中吴昌时、礼部郎中周仲琏窃附延儒行私纳贿，延儒天下之罪人，昌时、仲琏又延儒之罪人也。延儒罢。七月，召山东兵备，雷演祚面质总督范志完纵兵行贿，演祚因参延儒招权纳贿诸状，上怒，即逮其幕客董廷献，诛志完，征延儒听勘。延儒当中外交讧之日，不能为上画一筹，然受眷特深，故其罢内监、撤厂卫甚易。诸珰日夜伺隙媒孽，上俱不信，延儒益忽之。迨行边之后，上意稍移，诸珰乃尽发其蒙蔽。至是，圣怒不可回，延儒遂赐死。方延儒之再召也，门生张溥、马世奇以公论感动之，尽反前辙。向之所排更援而进之，上亦虚己以听。溥既没，世奇远权势，而延儒左右皆昌时、仲琏辈，以至于败。

（清）王鸿绪等《明史稿》卷二百三十七·列传第一百三十二·周延儒 周延儒，字玉绳，宜兴人。万历四十一年会试、殿试皆第一。授修撰，年甫二十余。美丽自喜，与同年生冯铨友善。天启中，迁右中允，掌司经局事。寻以少詹事掌南京翰林院事。

庄烈帝即位，召为礼部右侍郎。延儒性警敏，善伺意指。崇祯元年冬，锦州兵哗，督师袁崇焕请给饷。帝御文华殿，召问诸大臣，皆请发内帑。延儒揣帝意惜帑，独进曰：“关门昔防敌，今且防兵。宁远哗，饷之，锦州哗，复饷之，各边效尤，帑将安给？”帝曰：“卿谓何如？”延儒曰：“事迫，不得不发。但当求经久之策。”帝说曰：“卿言是也。”降旨责群臣。居数日，复召问，延儒曰：“饷莫如粟，山海积粟不缺也，缺银耳。何故哗？哗必有隐情，安知非骄弁构煽以胁崇焕邪？”帝方疑边将要挟，闻延儒言，复说曰：“卿言是。”由此属意延儒。

十一月，会推内阁，廷臣以延儒望轻置之，列成基命、钱谦益、郑以伟、李腾芳、孙慎行、何如宠、薛三省、盛以弘、罗喻义、王永光、曹于汴十一人名上。帝以延儒不预，大疑。及温体仁讦谦益，延儒助之。帝遂发怒，黜谦益，尽罢会推者不用。二年三月，召对延儒于文华殿，漏下数十刻乃出，语秘不得闻。御史黄宗昌劾其生平秽行，御史李长春论独对之非。延儒乞罢，不允。南京给事中钱允鲸言："延儒与冯铨密契，延儒柄政，必为逆党翻局。"延儒疏辨，帝优诏褒答。南京御史刘之凤则言："延儒独对时，必谓举朝无一人不欺上，独臣不惜守公捐躯，使陛下尽疑群臣，遂得树私人，翦所忌。"帝复责之凤渎奏，优诏慰延儒。其年十一月，京师有警，特旨拜延儒礼部尚书兼东阁大学士，参机务。明年二月，加太子太保，改文渊阁。六月，体仁亦入。九月，成基命致仕，延儒遂为首辅。寻加少保，改武英殿。

体仁既并相，务为柔佞，帝意渐响之。而体仁阳曲谨媚延儒，阴欲夺其位，延儒不知也。体仁与吏部尚书王永光谋起逆案王之臣、吕纯如等。或谓延儒曰："彼将翻逆案，而外归咎于公。"延儒愕然。会帝以之臣问，延儒曰："用之臣，亦可雪崔呈秀矣。"帝悟而止。体仁益欲倾延儒。四年春，延儒姻娅陈于泰廷对第一，及所用大同巡抚张廷拱、登莱巡抚孙元化皆有私，时论籍籍。其子弟家人暴邑中，邑中民爇其庐，发其先垄，为言官所纠。兄素儒冒锦衣籍，授千户，又用家人周文郁为副总兵，益为言者所诋。

五年正月，叛将李九成等陷登州，囚元化。侍郎刘宇烈视师无功，言路咸指延儒庇宇烈。于是给事中孙三杰、冯元飙，御史余应桂、卫景瑗、尹明翼、路振飞、吴执御、王道纯、王象云等，屡劾延儒。应桂并谓延儒纳巨盗神一魁贿。而监视中官邓希诏与总督曹文衡相讦奏，语侵延儒。给事中李春旺亦论延儒当去。延儒数上疏辩，帝虽慰留，心不能无动。已而，延儒令于泰陈时政四事，宣府太监王坤承体仁指，直劾延儒庇于泰。给事中傅朝佑言中官不当劾首揆，轻朝廷，疑有邪人交构，副都御史王志道亦言之。帝怒，削志道籍，延儒不能救。体仁各复嗾给事中陈赞化劾延儒"昵武弁李元功等，招摇罔利。陛下特恩停刑，元功以为延儒功，索狱囚赇谢。而延儒至目陛下为羲皇上人，语悖逆"。帝怒，下元功诏狱，且穷诘赞化语所自得。赞化言得之上林典簿姚孙榘、给事中李世祺，而副使张凤翼亦具述延儒语。帝益怒，方辗转诘问。未已，而锦衣卫帅王世盛拷掠元功无所承。狱上，镌世盛五级，令穷治其事。延儒觊体仁为援，体仁卒不应，且阴黜与延儒善者，延儒大困。六年六月，引疾乞归，赐白金、彩缎，遣行人护行。体仁遂为首辅矣。

始延儒里居，颇从东林游，善姚希孟、罗喻义。既陷钱谦益，遂仇东林。及主会试，所取士张溥、马世奇等，又皆东林也。至是归，失势，心内惭。而体仁益横，越五年始去。去而张至发、薛国观相继当国，与杨嗣昌等并以媢嫉称。一时正人郑三俊、刘宗周、黄道周等，皆得罪。溥等忧之，说延儒曰："公若再相，易前辙，可重得贤声。"延儒以为然。溥友吴昌时为交关近侍，冯铨复助为谋。会帝亦颇思延儒，而国观适败。十四年二月，诏起延儒，疏辞，不允。以九月至京，复为首辅。寻加少师兼太子太师，进吏部尚书、中极殿大学士。

延儒被召，溥等以数事要之。延儒慨然曰："吾当锐意行之，以谢诸公。"既入朝，悉反体仁辈弊政。首请释漕粮白粮欠户，蠲民间积逋，凡兵残岁荒地，减见年两税。苏、松、常、嘉、湖诸府大水，许以明年夏麦代漕粮。宥戍罪以下，皆得还家。复诖误举人，广取士额及召还言事迁谪诸臣李清等。帝皆忻然从之。延儒又言："老成名德，不可轻弃。"于是郑三俊长吏部，刘宗周掌都察院，范景文长工部，倪元璐佐兵部，皆起自废籍。其它李邦华、张国维、徐石麒、张玮、金光辰等，布满九列。释在狱傅宗龙等，赠已故文震孟、姚希孟等官。中外翕然称贤。尝燕侍，帝语及黄道周，时道周方谪戍辰州。延儒曰："道周气质少偏，然学与守皆可用。"蒋德璟请移道周戍近地。延儒曰："上欲用即用之耳，何必移戍。"帝颔之，即日复道周官。给事中王士禄疏指温体仁、杨嗣昌、薛国观、谢升为四凶，帝怒，延儒曰："尧有四凶。"怒乃解。帝尝命降敕切责言事者，延儒代草诏，语极诋斥而末言既往不咎。其因事开释如此。

帝尊礼延儒特重，尝于岁首日，东向揖之，曰："朕以天下听先生。"因遍及诸阁臣。然延儒实庸驽无材略。当边境丧师，李自成残掠河南，张献忠破楚、蜀，天下大乱，延儒一无所谋画，任其自败而已，且性贪黩。门下客盛顺、董廷献因缘为奸利。溥已卒，世奇远嫌不至，左右无正言。用侯恂、范志完督师，皆偾事，延儒无忧色，而信用吴昌时，特擢为文选郎中，及任给事中曹良直、廖国遴、杨枝起、曾应遴辈。

昌时，嘉兴人。有干材，颇为东林效奔走。然为人墨而傲，通厂卫，把持朝官，同朝咸嫉之。行人司副熊开元廷劾延儒纳贿状，触帝怒，与给事中姜埰俱廷杖，下诏狱。或谓延儒救此两人，延儒不从。左都御史宗周、佥都御史光辰以救开元、埰罢，尚书石麒又以救宗周等罢，延儒又弗救，朝议皆以咎延儒。会昌时以年例出言路十人于外，言路大哗。掌科给事中吴麟征、掌道御史祁彪佳劾昌时挟势弄权，延儒颇不自安。

初，延儒奏罢厂卫缉事，都人大悦。朝士不肖者因通赂遗，而厂卫以失权，胥怨延儒。又傲同官陈演，演衔刺骨。掌锦衣者骆养性，延儒所荐也，养性狡狠背延儒，与中官结，刺延儒阴事。十六年四月，大清兵略山东，还至近畿，帝忧甚。大学士吴甡方奉命办流寇，延儒不得已自请视师。帝大喜，降手敕，奖以召虎、裴度，赐章服、白金、文绮、上驷，给金帛赏军。延儒驻通州不敢战，惟与幕下客饮酒娱乐，而日腾章奏捷，帝辄赐玺书褒励。侦大清兵去，乃言敌退，请下兵部议将吏功罪。既归朝，缴敕谕，帝即令藏贮，以识勋劳。慰劳有加，及论功，加太师，荫子中书舍人，赐银币、蟒服，旨犹称首辅调度合宜，劳绩懋著。延儒辞太师，许之。居数日，养性及中官尽发所刺军中事。帝乃大怒，谕府部诸臣责延儒蒙蔽推诿事，多不忍言，令从公察议。陈演等公揭救之，延儒席稿待罪，自请戍边。帝犹降温旨，言"卿报国尽忱，终始勿替"，许驰驿归，赐路费百金，以彰保全优礼之意。定国公掌左军都督府事，徐允祯等言："延儒颇有大臣度，而用人多模棱两可，回护瞻徇，至奉命视师，即日就道，忠愤有足多。"吏部尚书李遇知等议略同，而言："延儒身系天下安危，视师无功，咎安可解？"太常少卿王都、给事御史吴麟征、祁彪佳等各疏言："延儒受宠最渥，不克担荷重任，辜负国恩。"帝复谕延儒功多罪寡，令免议。延儒遂归。

既去，给事中郝絧疏请除奸，以指延儒，帝不听。山东佥事雷演祚纠范志完，亦及延儒。已而，御史蒋拱宸劾吴昌时赃私巨万，大氐牵连延儒，而中言昌时通中官李端、王裕民，泄漏机密，重贿入手，辄预揣温旨告人。给事中曹良直亦劾延儒十大罪。帝怒甚，御中左门，亲鞫昌时，折其胫，无所承，怒不解。拱宸面讦其通内，帝察之有迹，乃下狱论死，始有意诛延儒。初，薛国观赐死，谓昌时致之。其门人魏藻德新入阁有宠，恨昌时甚，因与陈演共排延儒，养性复腾蜚语。帝遂命尽削延儒职，遣缇骑逮入京师。时旧辅王应熊被召，延儒知帝怒甚，宿留道中，俟应熊先入，冀为请。帝知之，应熊既抵京，命之归。延儒至，安置正阳门外古庙，上疏乞哀，不许。法司以戍请，同官申救，皆不许。冬十二月，昌时弃市，命勒延儒自尽，籍其家。

（清）张廷玉等《明史》卷三百八·列传第一百九十六·奸臣·周延儒 周延儒，字玉绳，宜兴人。万历四十一年会试、殿试皆第一。授修撰，年甫二十余。美丽自喜，与同年生冯铨友善。天启中，迁右中允，掌司经局事。寻以少詹事掌南京翰林院事。

庄烈帝即位，召为礼部右侍郎。延儒性警敏，善伺意指。崇祯元年冬，锦州兵哗，督师袁崇焕请给饷。帝御文华殿，召问诸大臣，皆请发内帑。延儒揣帝意，独进曰：“关门昔防敌，今且防兵。宁远哗，饷之，锦州哗，复饷之，各边且效尤。”帝曰：“卿谓何如?”延儒曰：“事迫，不得不发。但当求经久之策。”帝颔之，降旨责群臣。居数日，复召问，延儒曰：“饷莫如粟，山海粟不缺，缺银耳。何故哗?哗必有隐情，安知非骄弁构煽以胁崇焕邪?”帝方疑边将要挟，闻延儒言，大说，由此属意延儒。

十一月，大学士刘鸿训罢，命会推，廷臣以延儒望轻置之，列成基命、钱谦益、郑以伟、李腾芳、孙慎行、何如宠、薛三省、盛以弘、罗喻义、王永光、曹于汴十一人名上。帝以延儒不预，大疑。及温体仁讦谦益，延儒助之。帝遂发怒，黜谦益，尽罢会推者不用。二年三月，召对延儒于文华殿，漏下数十刻乃出，语秘不得闻。御史黄宗昌劾其生平秽行，御史李长春论独对之非。延儒乞罢，不允。南京给事中钱允鲸言：“延儒与冯铨密契，延儒柄政，必为逆党翻局。”延儒疏辨，帝优诏褒答。其年十二月，京师有警，特旨拜延儒礼部尚书兼东阁大学士，参机务。明年二月，加太子太保，改文渊阁。六月，体仁亦入。九月，成基命致仕，延儒遂为首辅。寻加少保，改武英殿。

体仁既并相，务为柔佞，帝意渐响之。而体仁阳曲谨媚延儒，阴欲夺其位，延儒不知也。体仁与吏部尚书王永光谋起逆案王之臣、吕纯如等。或谓延儒曰：“彼将翻逆案，而外归咎于公。”延儒愕然。会帝以之臣问，延儒曰：“用之臣，亦可雪崔呈秀矣。”帝悟而止。体仁益欲倾延儒。四年春，延儒姻娅陈于泰廷对第一，及所用大同巡抚张廷拱、登莱巡抚孙元化皆有私，时论籍籍。其子弟家人暴邑中，邑中民爇其庐，发其先垄，为言官所纠。兄素儒冒锦衣籍，授千户，又用家人周文郁为副总兵，益为言者所诋。

五年正月，叛将李九成等陷登州，囚元化。侍郎刘宇烈视师无功，言路咸指延儒庇宇烈。于是给事中孙三杰、冯元飙，御史余应桂、卫景瑗、尹明翼、路振飞、吴执御、王道纯、王象云等，屡劾延儒。应桂并谓延儒纳巨盗神一魁贿。而监视中官邓希诏与总督曹文衡相讦奏，语侵延儒。给事中李春旺亦论延儒当去。延儒数上疏辩，帝虽慰留，心不能无动。已而，延儒令于泰陈时政四事，宣府太监王坤承体仁指，直劾延儒庇于泰。给事中傅朝佑言中官不当劾首揆，轻朝廷，疑有邪人交构，副都御史王志道亦言之。帝怒，削志道籍，延儒不能救。体仁复嗾给事中陈赞化劾延儒"昵武弁李元功等，招摇罔利。陛下特恩停刑，元功以为延儒功，索狱囚赇谢。而延儒至目陛下为羲皇上人，语悖逆"。帝怒，下元功诏狱，且穷诘赞化语所自得。赞化言得之上林典簿姚孙渠、给事中李世祺，而副使张凤翼亦具述延儒语。帝益怒。锦衣卫帅王世盛拷掠元功无所承。狱上，镌世盛五级，令穷治其事。延儒觊体仁为援，体仁卒不应，且阴黜与延儒善者，延儒大困。六年六月引疾乞归，赐白金、彩缎，遣行人护行。体仁遂为首辅矣。

始延儒里居，颇从东林游，善姚希孟、罗喻义。既陷钱谦益，遂仇东林。及主会试，所取士张溥、马世奇等，又皆东林也。至是归，失势，心内惭。而体仁益横，越五年始去。去而张至发、薛国观相继当国，与杨嗣昌等并以媢嫉称。一时正人郑三俊、刘宗周、黄道周等，皆得罪。溥等忧之，说延儒曰："公若再相，易前辙，可重得贤声。"延儒以为然。溥友吴昌时为交关近侍，冯铨复助为谋。会帝亦颇思延儒，而国观适败。十四年二月，诏起延儒。九月，至京，复为首辅。寻加少师兼太子太师，进吏部尚书、中极殿大学士。

延儒被召，溥等以数事要之。延儒慨然曰："吾当锐意行之，以谢诸公。"既入朝，悉反体仁辈弊政。首请释漕粮白粮欠户，蠲民间积逋，凡兵残岁荒地，减见年两税。苏、松、常、嘉、湖诸府大水，许以明年夏麦代漕粮。宥戍罪以下，皆得还家。复诖误举人，广取士额及召还言事迁谪诸臣李清等。帝皆忻然从之。延儒又言："老成名德，不可轻弃。"于是郑三俊长吏部，刘宗周掌都察院，范景文长工部，倪元璐佐兵部，皆起自废籍。其它李邦华、张国维、徐石麒、张玮、金光辰等，布满九列。释在狱傅宗龙等，赠已故文震孟、姚希孟等官。中外翕然称贤。尝燕侍，帝语及黄道周，时道周方谪戍辰州。延儒曰："道周气质少偏，然学与守皆可用。"蒋德璟请移道周戍近地。延儒曰："上欲用即用之耳，何必移戍。"帝即日复道周官。其因事开释如此。

帝尊礼延儒特重，尝于岁首日，东向揖之，曰："朕以天下听先生。"因遍及诸阁臣。然延儒实庸驽无材略，且性贪。当边境丧师，李自成残掠河南，张献忠破楚、蜀，天下大乱，延儒一无所谋画。用侯恂、范志完督师，皆偾事，延儒无忧色。而门下客盛顺、董廷献因缘为奸利。又信用文选郎吴昌时及给事中曹良直、廖国遴、杨枝起、曾应遴辈。

昌时，嘉兴人。有干材，颇为东林效奔走。然为人墨而傲，通厂卫，把持朝官，同朝咸嫉之。行人司副熊开元廷劾延儒纳贿状，触帝怒，与给事中姜采俱廷杖，下诏狱。左都御史宗周、佥都御史光辰以救开元、采罢，尚书石麒又以救宗周等罢，延儒皆弗救，朝议皆以咎延儒。会昌时以年例出言路十人于外，言路大哗。掌科给事中吴麟征、掌道御史祁彪佳劾昌时挟势弄权，延儒颇不自安。

初，延儒奏罢厂卫缉事，都人大悦。朝士不肖者因通赂遗，而厂卫以失权，胥怨延儒。又傲同官陈演，演衔刺骨。掌锦衣者骆养性，延儒所荐也，养性狡狠背延儒，与中官结，刺延儒阴事。十六年四月，大清兵略山东，还至近畿，帝忧甚。大学士吴甡方奉命办流寇，延儒不得已自请视师。帝大喜，降手敕，奖以召虎、裴度，赐章服、白金、文绮、上驷，给金帛赏军。延儒驻通州不敢战，惟与幕下客饮酒娱乐，而日腾章奏捷，帝辄赐玺书褒励。侦大清兵去，乃言敌退，请下兵部议将吏功罪。既归朝，缴敕谕，帝即令藏贮，以识勋劳。论功，加太师，荫子中书舍人，赐银币、蟒服。延儒辞太师，许之。居数日，养性及中官尽发所刺军中事。帝乃大怒，谕府部诸臣责延儒蒙蔽推诿事，多不忍言，令从公察议。陈演等公揭救之，延儒席稿待罪，自请戍边。帝犹降温旨，言"卿报国尽忱，终始勿替"，许驰驿归，赐路费百金，以彰保全优礼之意。及廷臣议上，帝复谕延儒功多罪寡，令免议。延儒遂归。

既去，给事中郝絅疏请除奸，以指延儒。帝不听。山东佥事雷演祚纠范志完，亦及延儒。已而，御史蒋拱宸劾吴昌时赃私巨万，大抵牵连延儒，而中言昌时通中官李端、王裕民，泄漏机密，重贿入手，辄预揣温旨告人。给事中曹良直亦劾延儒十大罪。帝怒甚，御中左门，亲鞫昌时，折其胫，无所承，怒不解。拱宸面讦其通内，帝察之有迹，乃下狱论死，始有意诛延儒。初，薛国观赐死，谓昌时致之。其门人魏藻德新入阁有宠，恨昌时甚，因与陈演共排延儒，养性复腾蜚语。帝遂命尽削延儒职，遣缇骑逮入京师。时旧辅王应熊被召，延儒知帝怒甚，宿留道中，俟应熊先入，冀为请。帝知之，应熊既抵京，命之归。延儒至，安置正阳门外古庙，上疏乞哀，不许。法司以戍请，同官申救，皆不许。冬十二月，昌时弃市，命勒延儒自尽，籍其家。

科　　第

（一）乡试

（清）黄之隽等《江南通志》卷一百三十·选举志·举人六·万历四十年壬子科　周延儒（宜兴人）。

（二）会试、殿试

（明）张弘道、张凝道《皇明三元考》卷十四·万历四十一年癸丑科大魁　会元周延儒（直隶宜兴人。字玉绳，号挹斋。治《书》。年二十五。未娶，壬子乡试二十二名。廷试一甲第一名。

祖淳，乙卯举人，知县）。

状元周延儒。

又　少年进士：周延儒（年二十五，未娶）。

（明）文秉《定陵注略》卷九·庚戌科场　万历癸丑会试，第三道以天文为问。有竺调元者，江西人，游于海南，遇王、李二生讲论天文，尽得其说，及是条对甚悉。末云："前代及昭代诸名家皆不足信，惟海上王、李二生可聘人修定。"其一、二场佳甚，福清取中会元，已七日矣。阅竺此策大惊，批云："如此荆棘之世，何物二生敢妄言之？又有妄信者，公然笔之试卷耶？"遂黜落不录，而改擢周延儒为第一。

（明）张弘道、张凝道《科名盛事录》卷一·元魁盛事·两中元魁 宜兴周延儒，万历癸丑会元、状元。

（明）张弘道、张凝道《科名盛事录》卷一·元魁盛事·元魁少年人及未娶 宜兴周状元延儒（年二十五未娶）。

（清）黄之隽等《江南通志》卷一百二十三·选举志·进士五·（万历）癸丑科周延儒榜 周延儒（宜兴人，状元）。

（清）张廷玉等《明史》卷二十一·本纪第二十一·神宗二 （万历四十一年春）三月癸酉，赐周延儒等进士及第出身有差。

仕 宦

（明）陈盟《崇祯阁臣行略》·崇祯阁臣年表 二年（己巳） 周延儒（十二月入阁）。

三年（庚午） 延儒。

四年（辛未） 延儒。

五年（壬申） 延儒。

六年（癸酉） 延儒（六月予告）。

十四年（辛巳） 是岁，再召周延儒、张至发、贺逢圣复入阁。至发以病不赴。

十五年（壬午） 延儒。

十六年（癸未） 延儒（五月去任，八月逮，十月至京赐死）。

（清）吴伟业《绥寇纪略》卷七·开县败 天子梦想贤杰，再以资地推择阁员。台谏举攀龙居首，礼侍郎周延儒、尚书温体仁皆不得与，延儒缘召对承恩眷，体仁锐身出，借科场事讦攀龙，目为党魁，排去之。延儒、体仁相继晋用。

（清）谷应泰《明史纪事本末》卷六十六·东林党议 （愍帝崇祯元年）十一月庚申，会推阁员吏部侍郎成基命、礼部侍郎钱谦益等。礼部尚书温体仁讦谦益天启初主试浙江，贿中钱千秋，不宜枚卜。上召廷臣及体仁、谦益于文华殿，质辨良久。上曰：

“体仁所参‘神奸结党’，谁也？”曰：“谦益党与甚众，臣不敢尽言。即枚卜之典，俱自谦益主持。”吏科给事中章允儒曰：“体仁资深望轻，如纠谦益，何不先于枚卜也？”体仁曰：“前犹冷局，今卜相事大，不得不为皇上慎用人耳。”允儒曰：“朋党之说，小人以陷君子，先朝可鉴。”上叱之，下锦衣卫狱，削籍。礼部以钱千秋试卷呈，上责谦益，引罪而出，旋回籍，除名为民。下千秋于刑部。周延儒曰：“自来会推会议，皆故事，仅一二人主持，余无所言。即言出，而祸随之矣。”上大称善，遂停枚卜，卒用延儒。延儒力援体仁，明年亦入政府。初，延儒以召对称旨，至是，枚卜，谦益必欲得之，而虑以延儒同推，势必用延儒，遂力扼止之。不知上果意在延儒，不推适滋上疑耳。于是党同之疑，中于上者深。体仁发难，而延儒助之，谦益不知也。

又 六年三月，刑科都给事陈赞化劾大学士周延儒“招权纳贿，游客李元功借丛威人，延儒尝语去辅李标事云：‘上先允放，余封还原疏，上即改留。颇有回天之力，今上羲皇上人也。’此是何语，岂徒小人之轻泄乎！至指借停刑，以罔贿利，此固通国所共闻也”。且引刑科给事李世祺为证。世祺亦奏延儒有此言。不问。户科给事中朱文焕亦劾延儒“重荷国恩，毫无补救”。六月，大学士周延儒罢。始，温体仁与延儒深相结纳，延儒力援之以进。至是，体仁将夺其位，太监王坤疏攻延儒，体仁无一语相助。于是陈赞化屡纠延儒，即“羲皇上人”一语，穷究不已。体仁知上意，凡与延儒为难者，必阴助之，而助延儒者皆诎。延儒放归。

又 （十四年）夏四月，召前大学士周延儒、张至发、贺逢圣入朝。至发辞不出，逢圣不久以病归。初，延儒既罢，丹阳监生贺顺、虞城侯氏共敛金，属太监曹化淳等营复相。至是，得召用，主事吴昌时之力居多，延儒德之。

又 （十五年）八月，召还黄道周，仍任少詹事。时周延儒承上眷最深，凡上怒莫能回，延儒能谈言微中。先是，道周在狱，人谓必不可救。延儒以微词解之，得减放。至是，上偶言及岳飞事，叹曰：“安得将如岳飞者而用之？”延儒曰：“岳飞自是名将。然其破金人事，史或多溢辞。即如黄道周之为人，传之史册，不免曰其不用也，天下惜之。”上默然。甫还宫，即传旨复官。

又 （十六年）五月，吏部尚书郑三俊以荐吴昌时引咎罢，大学士周延儒放归。给事中郝䌹复劾吏部郎中吴昌时、礼部郎中周仲琏“窃权附势，纳贿行私。内阁票拟机密，每事先知。总之，延儒天下之罪人，而昌时、仲琏又延儒之罪人”。御史蒋拱宸、何纶交劾之。七月乙卯，上自讯昌时于中左门，拷掠至折胫乃止。征延儒听勘，延儒先荐大学士王应熊，途中密语，令先抵京。上遣缇骑趋延儒入，侦知之。罢应熊，寻诛昌时，赐延儒死。初，延儒再召时，庶吉士张溥、马世奇以公论感动之，故其所举措，尽反前事。向之所排，更援而进之，上亦虚己以听。溥既没，世奇远权势不入都。延儒左右皆昌时辈，以至于败。

又，卷七十二·崇祯治乱 （愍帝崇祯元年）三月，以周延儒为礼部右侍郎。

又 十月己丑，召廷臣于平台，以锦州军哗，袁崇焕请饷疏示阁臣。阁臣求允发，上责户部尚书毕自严，礼部侍郎周延儒曰：“关门昔防敌，今且防兵。前宁远哗，锦州尤而效之，未知其极。”上问延儒若何。对曰：“臣非阻发帑，虽予之，当益求经久之策。”上称善。

又 （二年）十二月，进礼部侍郎周延儒为礼部尚书、东阁大学士。

又 十四年夏四月，召前大学士周延儒入朝。

又 十五年春正月辛未朔，上朝毕，召大学士周延儒、贺逢圣、谢升入殿，曰：“古圣帝明王，皆崇师道。卿等朕之师也。宗社奠安，惟诸先生是赖。”命东向立，上降座，西向揖之，各愧谢。

又，卷七十四·宦侍误国 （崇祯）六年春正月，大学士周延儒以宣府阅视，太监王坤疏劾，乞罢，不允。左副都御史王志道上言：“王坤不宜侵辅臣。”上召廷臣于平台，谓志道曰：“遣用内臣，原非得已，朕言甚明，何议论之多也！昨王坤之疏，朕已责其诬妄。乃廷臣举劾，莫不牵引内臣，岂处分各官皆为内臣耶？”对曰：“王坤直劾辅臣，举朝皇皇，为纪纲法度之忧。臣为法度惜，非为诸臣地也。”上曰：“廷臣于国家大计不之言，惟因内臣在镇，不利奸弊，乃借王坤疏，要挟朝廷，诚巧佞也。”因诘志道者再。周延儒曰：“志道非专论内臣，实责臣等溺职。”上色稍霁，曰：“职掌不修，沽立名论，何堪宪纪！”立命志道退，延儒遂放归。

又 十四年夏四月，召大学士周延儒入朝。

又 （十六年）冬十二月，前大学士周延儒有罪赐死。延儒当中外交讧，竟无能为上画一策。其罢内监，撤厂卫，内臣日夜文致之，故延儒始终皆以珰败。初，延儒受主眷深，诸珰稍稍乘间媒孽，上俱不信。延儒益忽之，不为虑。追视师行边，上意稍移，而诸珰乃尽发其蒙蔽状，上信之。吴昌时事发，圣怒遂不可回矣。

（清）孙承泽《春明梦余录》卷九·文华殿 崇祯十五年八月，经筵，敕谕：“……兹特命太傅成国公朱纯臣、少傅兼太子太傅吏部尚书建极殿大学士周延儒知经筵事……”

又，卷二十四·内阁·会推二变 （崇祯元年十一月初六日癸亥）上御文华殿，诸臣行礼毕，召入。诸臣肃立，召温体仁曰：“卿参钱谦益受钱千秋贿以一朝平步上青天为关节，结党欺君之罪，可是实的么？”……礼部右侍郎周延儒奏曰：“钱千秋朱卷招案已经御览，关节已有确据，不必又问诸臣。”上又诘诸臣曰：“今后会议要公，若不公，不如不会议。”延儒曰：“大凡会议、会推，只是相沿故套，原无许多人，只是一两个把持住了，诸人都不敢开口，就开口也不行，徒是言出而祸随。”上目视延儒，令奏职名。

又，卷三十三·詹事府·附记·少詹黄道周赦罪记 至崇祯十五年壬午八月二十四日，上御文华后殿。日讲毕，召阁臣周延儒等入后殿，上手一本，问：“张溥、张采何如人？”延儒对：“读书的好秀才。”上曰：“张溥已死，张采小官。科道官如何尚说他好？”延儒对：“他颇有胸中书，亦会做文章。科道官做秀才时，见其文章，又以其用未竟，惜之。不然，张溥已死，说他亦无用。”上曰：“亦不免偏。”延儒对：“即黄道周皆有些偏。只是曾读书，所以人人惜他。”上默然。……延儒言：“道周在狱中尚写许多书，即向前章奏皆系亲手写的。”德璟言：“道周写有《孝经》一百本，每本有一篇文字各一样，共一百样。多是感颂圣德。”景昉言：“皇上表章《孝经》，所以道周写有一百本。”德璟言：“顷皇上问知乐之人，即道周便知乐。”甡言：“道周无不博通，不止知乐，且其清苦极不可及。”德璟言：“臣与道周同年，他登第后多徒步往来，至今尚未有住屋，最是清苦。且子方十岁，但得免其永戍便好。”延儒言：“道周也不在永戍，不永戍就是读书亦还用得。”上不答，微笑而已。翼日，手敕云：“昨先生每面奏永戍黄道周清藻博学，见今戍远子幼，朕心不觉怜悯，彼虽偏迂，经此一番惩创，想亦改悔。人才当惜，宜作何释罪酌用？先生每密议来奏。”阁臣延儒等奏：“黄道周为人励行力学是其所长，偏执迂疏是其所短。然而本心则愿为君子，素矢忠孝者。至于博通典籍，贯串古今，刻苦廉隅，摛词吐藻，实有一种人不能及，足以感动人心之处，是以誉望蔚然。但向来未经追琢，每有任性率意之咎，自蒙恩谴裁抑陶镕，闻已甚悔前非。每日在狱，手书《孝经》，极其感佩天恩，颂扬圣德，此臣等皆得于目击者。近日恭睹皇上勤学好问，稽古考文，臣等自惭固陋，未能仰承万一，因思及道周之博雅，庶不愧词臣职掌，遂率陈奏。伏蒙皇上怜其贫苦，鉴其改悔，而轸及于人才当惜，赦罪酌用，斯真造化生成之恩，天地覆载之量，播之海内，传之奕世，有不欢呼赞叹我大圣人之举动超出寻常万万者乎？照得道周原职系詹事府少詹事，今既蒙恩赦用，当还其故秩，以备史局编摩，更足资其一。得此则又非从道周起见也。”二十六日，上谕吏、兵二部：“永戍黄道周罪本应得，念其清操力学，尚堪策励，已经一番惩创，想知悔改自新。特准赦罪复职，以昭朕奖廉尚学、宥过惜才之至意。”谕下，中外加额，以为圣朝善政。

又，卷四十四·刑部一·崇祯 十五年二月清狱诏：兹特遣元辅周延儒前去会同三法司官，将大小一应狱情悉心清理。

又，卷四十八·都察院·召对王副宪纪 辅臣周延儒、温体仁、吴宗达、郑以伟、徐光启等同出班跪，延儒奏曰：“臣等辅理无状，表率无能。在内部院各衙门，在外督抚按各官，不能尽心修职，以致封疆多事，寇盗繁兴，皇上万不得已，遣出内臣，查核边备，原是忧勤图治之苦心，屡谕甚明，外廷皆知。今于皇上原无不颂服，只是臣等罪状多端，所以外廷都来责备王志道，说臣等不能申救，不能执争，也是外廷议论。他就轻率入告了，伏望皇上特赐优容，外廷愈知感颂圣德。”上色稍霁，曰：“朕昨在讲筵，前日在平台面谕卿等。甚明他这等议论，正是借好名目挟制朝廷，不便处他。”辅臣延儒奏：“生杀予夺，听命皇上。朝廷处人，谁敢挟制？适蒙圣谕诘责王志道种种诬揑情罪甚明，原是该处，只是他的本心原非敢议论朝廷，亦不是专为内臣。其意只是责备臣等溺职，臣等原实有罪，义当任受。伏祈皇上委曲宽宥。外廷人心自皆帖然，决不敢再有烦嚣渎扰圣怀。”上曰：“各人分内职掌，不修假借，虚名张大，其说占一个好地步，再不管朝廷事体若何，此是何心？似这样人品可堪宪纪表率，诸御史可使得么？”上徐命辅臣承旨归班，上嘿思久之，曰：“疏中诬揑款项还说不尽，本该拿问。念辅臣屡次申救，候旨起去。”志道叩头退。

上召吏部尚书、兵部尚书、都察院左都御史，吏部尚书李长庚、兵部尚书张凤翼、都察院掌院事左都御史张延登同出班跪。上曰：“吏、兵二部用人根本近来弊窦最多，未用一官先行贿赂，文武俱是一般。近闻选官动借京债若干，一到任所便要还债。这债出在何人身上，定是剥民了。这样怎的有好官肯爱百姓？卿等新任须把旧弊彻底清厘，情面一毫不顾，才用得好人，才尽得职掌。若别人说的就用，自己漫无主见，大误事情。朕前日为两部尚书费几许推敲才用卿等二人，须能革去旧弊，用好人才，为国家任事，才不负委任。吏部文选司兵部职方司尤最紧要，吏部十三省一省一人，原为要知那一省人才，其实名虽为公，实未必然，他们何曾用心遴访到了。用人的时节，仍旧南直不知北直，北直不知南直。今后若司官不堪，有徇情的，作弊的，有抗违的，就要参来，不要说堂属一体，只徇情面。若见有人向部里嘱托把持，也要据实参来。”辅臣延儒从傍奏曰：“吏、兵二部须是自己能参别人，不怕别人参方能任怨任事。”上曰：“各尽职掌，朕自鉴裁，浮言岂能动朕？”

（清）查继佐《罪惟录》·志卷十九·直阁志·毅宗　周延儒（挹斋，宜兴人。由状元、侍读学士、礼部右侍郎，进尚书，东阁办事。进武英殿大学士、太子太傅、礼部尚书，加少师、吏部尚书。赐死）。

（清）张廷玉等《明史》卷二十三·本纪第二十三·庄烈帝一　（崇祯二年冬十二月）丁丑，以礼部侍郎周延儒、尚书何如宠、侍郎钱象坤并为礼部尚书兼东阁大学士，预机务。

又　（崇祯六年夏六月）庚辰，周延儒致仕。

又，卷二十四·本纪第二十四·庄烈帝二　（崇祯十四年秋九月）甲申，周延儒、贺逢圣复入阁。

（崇祯十六年）夏四月丁卯，周延儒自请督师，许之。

又　五月癸巳朔，张献忠陷汉阳。壬寅，周延儒还京师。

又　丁巳，周延儒罢。

又　（六月）乙卯，亲鞫前文选郎中吴昌时于中左门，征周延儒听勘。

又　（十二月）乙丑，周延儒有罪赐死。

又，卷八十九·志第六十五·兵一　崇祯十年八月，车驾阅城，铠甲旌旗甚盛，群臣悉骛带策马从六军，望见乘舆皆呼万岁，帝大悦。召完学人，御幄奖劳酌以金卮，然徒为容观而已。时兵事益亟，帝命京军出防剿，皆监以中官廪给优渥，挟势而验，多夺人俘获以为功，轻折辱诸将士，将士益解体。周延儒再入阁，劝罢内操，撤诸监军。

又，卷九十四·志第七十·刑法二　崇祯十五年，命首辅周延儒同三法司清理淹狱，盖出于特旨云。

又，卷一百十·表第十一·宰辅年表二　（崇祯）二年己巳，周延儒十二月晋礼部尚书兼东阁大学士入。

（清）傅恒《御批历代通鉴辑览》卷一百十四·明庄烈帝 （崇祯元年冬）十一月，召对廷臣于文华殿。……侍郎周延儒（字玉绳，宜兴人）方奏对称旨。（先是锦州兵哗，袁崇焕请给饷。帝召问诸大臣，皆请发内帑，延儒独进曰："关门昔妨敌，今且防兵。宁远哗，饷之；锦州哗，复饷之。各边效尤，帑将安给？"帝曰："卿谓如何？"延儒曰："事□，不得不发，但当求经久之策。"帝悦曰："卿言是也。"降旨责群臣。越数日，复召问，延儒曰："饷莫如粟，山海积粟不缺也，缺银。月何故哗，安知非骄弁构煽以胁崇焕邪？"帝方疑边将要挟，□延儒言，复悦曰："卿言是。"由此属意延儒）。

又 （崇祯二年冬十一月）太宗文皇帝嘉元雅忠，命赐棺殓。阅日，燕京始得报，帝召见廷臣于平台谘方略，侍郎周延儒言："本兵备御疏忽，调度乖张。"

又 （冬十二月）以周延儒、何如宠、钱象坤并为礼部尚书兼东阁大学士，预机务。

延儒性机警，并伺意指。以会推不预，与温体仁比，数为言者所劾，帝不听，特命入阁。

又 （崇祯六年）夏六月，周延儒罢。

延儒为首辅，温体仁欲夺其位，务为柔佞，取悦于帝，帝渐向之。复曲谨以媚延儒，而阴伺其隙，延儒不知也。体仁与王永光欲起逆案王之臣、吕纯如。帝以之臣问延儒，对曰："用之臣，亦可雪崔呈秀矣。"帝悟而止，体仁益大恨。会延儒子弟家人暴邑中，邑中民爇其庐，所用巡抚孙元化复陷登州。于是言路交章劾延儒，并谓其受巨盗神一魁贿，帝意颇动。体仁复嗾给事中陈赞化劾延儒"昵武弁李元功，招摇罔利"，且谓延儒至谓"陛下为羲皇上人"语悖逆，帝大怒，下元功诏狱穷治。延儒觊体仁为援，体仁不应，延儒大窘，引疾归。

又，卷一百十五·明庄烈帝 （辛巳崇祯十四年秋九月）召周延儒、贺逢圣复入阁。

初，延儒里居，颇从东林游，善姚希孟、罗喻义。既陷钱谦益，遂雠东林。及主会试，所取士张溥、马世奇等又皆东林也。归后失势，心内惭，而体仁益横。比体仁去后，张至发、薛国观相继当国，与杨嗣昌等并以媢嫉称。一时正人若刘宗周、郑三俊、黄道周等皆得罪，溥等忧之，说延儒曰："公若再相，易前辙，可重得贤声。"延儒以为然。溥友吴昌时为交关近侍，冯铨复助为谋，会帝亦颇思延儒，而国观适败。至是，因与贺逢圣复召入阁，溥等因以数事要之，延儒慨然曰："吾当锐意行之，以谢诸公。"既入朝，悉反体仁辈弊政，首请释漕白粮欠户，蠲民间积逋。凡近兵残岁荒地，减见年两税。苏、松、常、嘉、湖诸府大水，许以明年夏麦代漕粮，及召还言事，迁谪诸臣李清等，帝皆忻然从之。

又 （崇祯十五年）五月，以郑三俊为吏部尚书。

周延儒言于帝以“老成名德，不可轻弃”，请召三俊复故官。会吏部尚书李日宣以会推阁臣得罪，即命三俊代之。延儒又请以刘宗周长都察院，范景文长工部，倪元璐佐兵部，皆起自废籍。其它李邦华、张国维、徐石麟等皆复官，布满九列，中外翕然称延儒为贤。（延儒尝偕同列燕侍帝，语及黄道周。时道周方谪戍辰州，延儒曰：“道周气质少偏，然学与守皆可用。”同列因请移戍道周近地，延儒曰：“上欲用即用之耳，何必移戍？”帝颔之，即日复道周官。）

又（冬十一月闰月）下给事中姜采、行人司副熊开元于锦衣狱，寻遣戍。

……开元欲论周延儒，屡请召对，及入见，延儒同在，不敢言。一日，帝御德政殿，秉烛独坐，开元从辅臣入，奏言：“《易》称‘君不密则失臣，臣不密则失身。’请辅臣暂退。”延儒等引退，帝不许。帝疑开元意有所为，诘问者久之，开元但言：“小臣面奏而大臣皆在左右，谁敢为异同之论以速祸？”帝不怿，命之退。延儒等请令补牍，从之。开元本欲尽发延儒罪，以其在侧，不敢言。而延儒虑其补牍，阴令吴昌时沮之，及奏上，不更及延儒他事，帝大怒，命锦衣卫逮治。卫帅骆养性，开元乡人也，素怨延儒，令尽发延儒之隐以闻……方采、开元下狱时，或谓延儒当救不从，既而刘宗周以救二人削籍，徐石麟又以救宗周罢去，延儒竟无一言。

又（崇祯十六年）夏四月，我大清兵北还，周延儒自请督师，许之。

时大清兵自山东还至近畿，帝忧甚。大学士吴甡方奉命办流寇，延儒度不得已，遂自请视师。帝大喜，奖以召虎、裴度，赐章服、白金、文绮、上驷，给金帛赏军。延儒驻通州，不敢战，惟与幕下客饮酒娱乐，而日腾章奏捷。及大清兵至怀柔，赵光抃合唐通、白广恩等八镇兵邀战于螺山，皆溃。总兵张登科和应荐败没。延儒侦大清兵已还，乃言兵退，请下兵部议将吏功罪，遂归京师。

又（五月）周延儒罢。

延儒自通州回，帝大加奖劳。居数日，掌锦衣卫事。骆养性尽发所刺军中事（养性本延儒所荐，背延儒与中官结，及是以军中事与中官并发之），帝大怒，责延儒蒙蔽推诿，下廷臣察议，延儒席稿待罪，自请戍边，帝犹降温旨，许驰驿归。（自延儒再相，帝尊礼特重。尝于岁首日，东向揖之曰：“朕以天下听先生。”因遍及诸阁臣。然延儒实庸驽，无他材略。当边境丧师，李自成残掠河南，张献忠蹂躏楚、蜀，天下大乱，延儒一无所谋，尽任其自败，而已性故贪黩。会张溥已卒，马世奇以远嫌不至，左右无正言。所信用惟吴昌时与门下客盛顺、董廷献辈，因缘为奸利，故败。）

十二月，周延儒以罪逮至赐死。

初，延儒荐用侯恂、范志完督师，皆偾事，又任选郎吴昌时交通内侍，把持朝局。延儒既去，山东佥事雷演祚劾志完纵兵淫掠，御史蒋拱辰劾昌时赃私巨万交通中官，漏泄机密，词皆连延儒，帝亲鞫志完、昌时于中左门，折昌时胫，察其事皆有迹，乃下狱论死，始有意诛延儒。初，薛国观赐死，人皆谓昌时致之。其门人魏藻德新入阁有宠，恨昌时甚，因与陈演共排延儒，骆养性复腾蜚语，帝遂命尽削延儒职，遣提骑逮入京师。时旧辅王应熊被召，延儒知帝怒甚，宿留道中俟应熊先入，冀为请，帝知之，应熊既抵京命之归。延儒至，安置正阳门外古庙，上疏乞哀，不许。法司以戍请，同官申救，皆不许。及是，志完、昌时弃市，勒延儒自尽，籍其家。

（清）舒赫德《御定资治通鉴纲目三编》卷三十四 （戊辰庄烈帝崇祯元年）十一月，召对廷臣于文华殿，礼部侍郎钱谦益以罪削职，都给事中章允儒等降有差。（诏会推阁臣，廷臣列吏部侍郎成基命及谦益等名以上。……礼部尚书温体仁、侍郎周延儒以无素望不与。

延儒性警敏，善伺意指。方锦州兵哗，袁崇焕请给饷，帝召问诸大臣，皆请发内帑。延儒独进曰："关门昔防敌，今且防兵，宁远哗，饷之，锦州哗，复饷之，各边效尤，帑将安给？"帝曰："卿谓如何？"延儒曰："事迫，不得不发。但当求经久之策。"帝悦曰："卿言是也。"降旨责群臣。越数日，复召问，延儒曰："饷莫如粟，山海积粟不缺也，缺银耳。何故哗？安知非骄弁构煽以胁崇焕邪？"帝方疑边将要挟，闻延儒言复悦曰："卿言是。"由此属意延儒。

而会推弗及，体仁揣帝意必疑，遂上疏讦谦益为考官时关节受贿，不当与阁臣选。……时大臣无助体仁者，独延儒奏曰："会推名虽公主持之，止一二人。余皆不敢言，即言徒取祸耳。且千秋自有成案，不必复问诸臣。"帝乃即日罢谦益官，命议罪坐杖论赎。允儒及给事中瞿式耜、御史房可壮等皆坐谦益党，降谪有差。千秋复被逮，荷校死。）质实（……周延儒，字玉绳，宜兴人……）。

又 （己巳二年）冬十一月，我大清兵下遵化，遂薄燕京。（大兵至，世禄军溃，桂独进战，协理戎政。尚书李邦华督兵守城……误伤桂军，桂亦负伤。……桂解衣示创，帝深嘉叹，咨廷臣方略。侍郎周延儒言："本兵备御疏忽，调度乖张，检讨项煜继之。"且曰："世宗斩一丁汝夔，将士震悚，强敌宵遁。"帝颔之，遂下兵部尚书王洽狱，邦华亦以误伤桂军，为言官劾罢。）

又 （十二月）以周延儒、何如宠、钱象坤并为礼部尚书兼东阁大学士，预机务。（延儒性机警，善伺意旨。以会推不预，与温体仁比，数为言者所劾，帝不听，特命入阁。……）

又，卷三十五 （癸酉崇祯六年）六月，周延儒罢。

（延儒为首辅，温体仁欲夺其位，务为柔佞，取悦于帝，帝渐向之。复曲谨以媚延儒，而阴伺其隙，延儒不知也。体仁与王永光欲起逆案王之臣、吕纯如，帝以之臣问延儒，对曰："用之臣，亦可雪崔呈秀矣。"帝悟而止，体仁益大恨。会延儒子弟家人暴邑中，邑中民爇其庐，所荐巡抚孙元化复陷登州。于是言路交章劾延儒，并谓其受巨盗神一魁贿，帝意颇动。体仁复嗾给事中陈赞化劾延儒"昵武弁李元功招摇罔利"，且谓延儒至称"陛下为羲皇上人"语悖逆，帝大怒，下元功诏狱穷治，延儒觊体仁为援，体仁不应，延儒大窘，引疾归，体仁遂为首辅。……）

又，卷三十八 （辛巳崇祯十四年九月）召周延儒、贺逢圣复入阁。

（初，延儒里居，颇从东林游，善姚希孟、罗喻义，既陷钱谦益，遂仇东林。及主会议，所取士张溥、马世奇等又皆东林也。归后失势，心内惭，而体仁益横，比体仁去后，张至发、薛国观相继当国，与杨嗣昌等并以娼嫉称。一时正人若刘宗周、郑三俊、黄道周等皆得罪，溥等忧之，说延儒曰："公若再相，易前辙，可重得贤声。"延儒以为然。溥友吴昌时为交关近侍，逆案中旧辅冯铨复助为谋，会帝亦颇思旧臣，而国观适败，因与贺逢圣复召入阁。溥等要以数事，延儒慨然曰："吾当锐意行之，以谢诸公。"既入朝，悉反体仁辈弊政，首请释漕粮、白糟欠户，蠲民间积逋。凡遭兵荒诸州县减见年两税，苏、松、常、嘉、湖诸府大水，许以明年夏麦代漕粮。召还言事迁谪诸臣李清等，帝皆忻然从其请，尊礼之特重。明年岁旦朝会，帝进延儒等而揖之曰："朕以天下听先生。"然延儒实庸驽无材略，且性贪。门下客盛顺、董廷献因缘为奸利，给事中章正宸因言："陛下隆礼阁臣，愿阁臣积诚以格君心，毋缘中官，毋修恩怨，毋以宠利居成功，毋以爵禄私亲昵。"语皆讽刺，延儒不悦。）

又（壬午十五年）五月，张献忠陷庐州，起马士英总督庐凤军务。

（……周延儒之再召也，大铖辈金钱要之维扬求湔濯。延儒曰："吾此行，谬为东林所推，子名在逆案，可乎？"大铖沉吟久之曰："瑶草何如？"瑶草，士英别字。延儒许诺。至是，礼部侍郎王锡衮荐士英知兵，延儒力赞之，竟得起用。……）

又（闰十一月）下给事中姜采、行人司副熊开元于锦衣卫狱，寻遣戍。

（周延儒之再相也，颇力矫其前所为，广引清流。于是郑三俊长吏部，刘宗周掌都察院，范景文长工部，倪元璐佐兵部，多起自废籍。其他李邦华、张国维、徐石麒等皆布满九列，又请释黄道周于戍所，复其官，言路亦得发舒。……

开元初以给事中左降，淹久不迁，颇觖望，诣延儒，诉已困顿状。延儒适以他事辄命驾出，开元大愠。会京师戒严，帝下诏求言，凡官民陈事者，即日召对。开元欲论延儒，屡请召对，及入，见延儒在，不敢言。一日，帝御德政殿秉烛坐，开元从辅臣入，奏言："《易》称'君不密则失臣，臣不密则失身。'请辅臣暂退。"延儒等引退者再，帝不许。……帝与诘问久之，疑开元有所为，曰："尔有人欲用乎？"开元辨无有，且奏且频目延儒，延儒跪谢。帝曰："天下不治皆朕过，于卿何与？"开元言："陛下令大小臣工不时面奏，而辅臣在左右，谁敢为异同之论以速祸？且昔日辅臣繁刑厚敛，屏弃忠良，贤人君子攻之。今辅臣奉行德意，释累囚，蠲逋赋，起废籍，贤人君子皆其所引用，偶有不平，私慨叹而已。"帝责开元有私，开元辨，延儒等亦前为辨解，帝命之退。延儒等请令补牍，从之。开元本欲尽发延儒罪，以其在侧，不敢言。而延儒虑其补牍，阴令吴昌时等沮之，及奏上，止述奏辞，不更及延儒他事。帝大怒，令锦衣逮治。卫帅骆养性，开元乡人也。素怨延儒，令尽发延儒之隐以闻。……）

又，卷三十九（癸未十六年）夏四月，我大清兵北还。

（……近畿峰火日亟，帝忧甚。大学士吴甡方奉命办流寇，周延儒不得已，自请视师，帝大喜，降手敕奖以召虎、裴度，赐章服、白金、文绮、上驷，给金帛赏军。延儒驻通州，亦不敢战，惟与幕下客饮酒娱乐，而日腾章奏捷。及大清兵北旋至怀柔，赵光抃合唐通、白广恩等八镇兵邀战于螺山，皆溃，总兵张登科和应荐败殁。延儒侦大清兵已还，乃言兵退，请下兵部议将吏功罪，遂归京师。……）

（五月）周延儒罢。

（延儒自通州还朝缴上督师敕，帝即令藏贮以识勋劳，论功加太师，荫子中书舍人，赐银币、蟒服，延儒辞太师，许之。居数日，掌锦衣卫事，骆养性及中官尽发所刺军中事，帝乃大怒，责延儒蒙蔽推诿，下廷臣察议，陈演等公偈救之，延儒席稿待罪，自请戍边，帝犹降温旨言："卿报国尽忱终始，勿替。"许驰驿归，赐路费百金，以彰保全优礼之意。及廷臣议上，帝复谕延儒功多过少，令免议，延儒遂归。）

又 十二月，周延儒有罪赐死。

（延儒当国时，荐用侯恂、范志完督师，皆偾事，又任文选郎中吴昌时交通内侍，把持朝局。延儒既去，山东佥事雷演祚纠范志完，御史蒋拱宸劾吴昌时赃私巨万，词皆连延儒。而中言昌时通中官李端、王裕民泄漏机密，重贿入手，辄预拟温旨告人事，颇有迹，帝怒甚，御中左门亲鞫昌时，折其胫，无所承，怒不解，拱宸面讦其通内，帝察之皆实，乃下狱论死，始有意诛延儒。初，薛国观赐死，人皆谓昌时致之，其门人魏藻德新入暗有宠，恨昌时甚，因与陈演共排延儒，锦衣骆养性复腾蜚语，帝遂命尽削延儒职，遣缇骑逮入京师。时旧辅王应熊被召，延儒知帝怒甚，宿留道中，俟应熊先入，冀为请，帝知之。应熊既抵京，命之归，延儒至，安置正阳门外古庙，上疏乞哀，不许。法司以戍请，同官申救，皆不许。及是，昌时弃市，勒延儒自尽，籍其家。）

轶　　事

（清）窦光鼐等《钦定日下旧闻考》卷三十四·宫室·明二　补思陵在游艺堂。一日，忽命中官问词臣曰："今市肆交易，止言买东西而不及南北，何也？"词臣猝无以对，辅臣周延儒曰："南方火，北方水，昏暮叩人之门户求水火，无勿与者，此不待交易，故惟言买东西。"中官以其言入奏，上善之。(《兔园册》)

（清）姚之骃《元明事类钞》卷十五·人品门一·言语·复道周　《明纪编年》：黄道周在狱，人谓必不可救。时周延儒承眷最深，多以微词回上意。一日，上言及岳飞事，延儒曰："飞自是名将，然史或多溢词，即如黄道周之为人，传之史册，不免曰其不用也，天下惜之。"上默然，即传旨复官。

评　　论

（清）刘统勋等《评鉴阐要》卷十二·明庄烈帝·"周延儒归后失势，内惭。张溥言：'公再相，易前辙，可重得贤声。'因与其友吴昌时等为交关近侍，复召入阁" 目延儒稔恶已久，其失势内惭，与万安之夜望三台何异？张溥等乃欲以易辙相要，冀其复收桑榆之效，真不啻痴人说梦！其尤可怪者，人品之贤奸，朝廷纵茫无鉴别，而赐环起废，何至以昌时等一二憸人交通内侍，遽得预操升庸大柄？东林铮铮者尚有所交关于延儒乎何诛？而当时所谓清流者亦可知矣。

杂　录

（明）李长祥《天问阁集》下　帝既诛陈新甲。久之，觉首辅周延儒诸所为之奸，宫掖左右近习皆延儒之赂通者，而莫得其实。一日，帝御德政殿，欲与延儒语，尽屏去诸臣，又尽屏去左右内侍，随又并屏去司礼监太监，且出御座，犹左右顾盼，若犹恐人窃听，乃竟出殿，至露台言之。延儒退归，谓："皇上露台言，无他秘事，可人人闻之者，何如此？"方惶惑揣其故，忽报皇上与相公言之后，立缚一太监斩之矣。其太监位高素忠谨，无他过，内侍莫不亲之，不知其何故，诸内侍皆疑延儒之在露台与帝言，帝故杀之。于是，思中延儒，尽发其阴事，帝遂罢之归，随征入死焉。其征入也，赍黄金十万两，先期至京师，冀买脱，无敢受者，叹曰："死我张天如，使我不得闻过。"天如，太仓张溥也。

（清）孙承泽《春明梦余录》卷四十八·都察院·召对刘总宪宗周纪　熊开元亦以奏讦辅臣周延儒得罪，虽是出位妄言，第谚曰："家贫思贤妻，国乱思贤相。"封疆事败坏至此，岂得不责备首辅，此亦人情所必至。

（清）陈鼎《东林列传》卷十六·明·陈于廷传　魏忠贤伏诛，阮大铖以逆党禁锢，日夜谋于故相周延儒，思起用延儒，已许之矣，而周镳不从。会宣城人沈寿民保举入京，首劾杨嗣昌，并及大铖。大铖始沮丧，而贞慧等之揭又继之。于是大铖恨次骨，会延儒再相，大铖遣私人迓于虎丘，贻以金爵，延儒返爵曰："息壤犹在，然南都清议亦可畏。"大铖曰："废籍马士英，某之化身也。其可乎？"延儒诺之而去。

（清）乔莱《易俟》卷二·震下坎上·九五屯其膏小贞吉大贞凶　（明庄烈帝，英主也。恭俭至于亡国者，屯其膏也。时秦晋岁饥，盗起。廷臣请发帑金，帝有难色，侍郎周延儒出班奏曰："帑藏非不竭之源，发帑非善后之计，诸臣还该寻个长策。"帝大悦，尽疑廷臣之忠直者。寻相延儒，引用温体仁，而国事日非，正与此爻义合。）

又，卷六·兑下坤上·六五知临大君之宜吉　（明庄烈帝之二年，魏党诛夷，窜逐殆尽，起用东林君子满朝矣。乃君子戆直，奏对多不称旨，独王永光、周延儒、温体仁善逢帝意，帝疑诸君子而信三小人。未几，韩炉、曹于汴、乔允升辈尽去，而国事日非矣。大君之宜岂不以知人为重哉。）

（清）张廷玉等《明史》卷二百五十八·列传第一百四十六·傅朝佑 明年（崇祯四年）八月，疏劾首辅周延儒："以机械变诈之心，运刑名督责之术。见佞则加之膝，结袁弘勋、张道濬为腹心；遇贤则坠之渊，摈钱象坤、刘宗周于草莽。倾陷正士，加之极刑，曰'上意不测也'。攘窃明旨，播诸朝右，曰'吾意固然也'。皇上因旱求言，则恐其扬己过，故削言官以立威；皇上慎密兵机，则欲其箝人口，故挫直臣以怵众。往时纠其罪恶者尽遭斥逐，而亲知乡曲遍列要津。大臣之道固如是乎？"忤旨切责。

又，卷二百五十八·列传第一百四十六·熊开元（崇祯十三年）会光禄丞缺，开元诣首辅周延儒述己困顿状。延儒适以他事辄命驾出，开元大愠。……开元欲论延儒，次日即请见。帝召入文昭阁，开元请密论军事。帝屏左右，独辅臣在，开元不敢言，但奏军事而出。越十余日，复请见。帝御德政殿，秉烛坐。开元从辅臣入，奏言："《易》称'君不密则失臣，臣不密则失身'，请辅臣暂退。"延儒等引退者再，帝不许。……帝与诘问久之，疑开元有所为，曰："尔意有人欲用乎？"开元辨无有，且奏且频目延儒。延儒谢，帝曰："天下不治皆朕过，于卿等何与？"开元言："陛下令大小臣工不时面奏，而辅臣在左右，谁敢为异同之论以速祸。且昔日辅臣，繁刑厚敛，屏弃忠良，贤人君子攻之。今辅臣奉行德意，释累囚，蠲逋赋，起废籍，贤人君子皆其所引用。偶有不平，私慨叹而已。"帝责开元有私。开元辨，延儒等亦前为解。

开元复请遍召廷臣，问以辅臣贤否："辅臣心事明，诸臣流品亦别。陛下若不察，将吏狃情面贿赂，失地丧师，皆得无罪，谁复为陛下捐躯报国者。"延儒等奏情面不尽无，贿赂则无有。开元复言："敌兵入口四十余日，未闻逮治一督抚。"帝曰："督抚初推，人以为贤，数月后即以为不贤，必欲去之而后快。边方与内地不同，使人何以展布。"开元言："四方督抚，率自监司。明日廷推，今日传单，其人姓名不列。至期，吏部出诸袖，诸臣唯唯而已。既推后，言官转相采访，而其人伎俩亦自露于数月间，故人得而指之，非初以为贤，继以为不贤也。"帝命之退。延儒等请令补牍，从之。

当是时，开元欲发延儒罪，以其在侧不敢言。而延儒虑其补牍，谋沮之。大理卿孙晋、兵部侍郎冯元飙责开元："首辅多引贤者。首辅退，贤者且尽逐。"开元意动。大理丞吴履中至，亦以开元言为骤。礼部郎中吴昌时者，开元知吴江时所拔士也，复致书言之。开元乃止述奏辞，不更及延儒他事。帝方信延儒，大清兵又未退，焦劳甚。得奏，大怒，令锦衣卫逮治。卫帅骆养性，开元乡人也，雅怨延儒，次日即以狱上。帝益怒，曰："开元谗谮辅弼，必使朕孤立于上，乃便彼行私，必有主使者。养性不加刑，溺职甚，其再严讯以闻。"十二月朔，严刑诘供主谋。开元坚不承，而尽发延儒之隐，养性具以闻。帝乃廷杖开元，系狱。

又，卷二百八十·列传第一百六十八·瞿式耜（崇祯元年）十月，诏会推阁臣，礼部侍郎钱谦益以同官周延儒方言事蒙眷，虑并推则己绌，谋沮之。式耜，谦益门人也，言于当事者，摈延儒弗推，而列谦益第二。温体仁遂发难，延儒助之。谦益夺官闲住，式耜坐贬谪。

又，卷二百八十八·列传第一百七十六·文苑四·张溥 （崇祯十四年）周延儒当国，溥座主也，其获再相，溥有力焉。……明年，御史刘熙祚、给事中姜采交章言溥砥行博闻，所纂述经史，有功圣学，宜取备乙夜观。帝御经筵，问及二人，延儒对曰："读书好秀才。"帝曰："溥已卒，采小臣，言官何为荐之?"延儒曰："二人好读书，能文章。言官为举子时读其文，又以其用未竟，故惜之耳。"帝曰："亦未免偏。"延儒言："诚如圣谕，溥与黄道周皆偏，因善读书，以故惜之者众。"帝颔之，遂有诏征溥遗书，而道周亦复官。

又，卷三百八·列传第一百九十六·奸臣·马士英（附阮大铖） 周延儒内召，大铖辇金钱要之维扬，求湔濯。延儒曰："吾此行，谬为东林所推。子名在逆案，可乎?"大铖沉吟久之，曰："瑶草何如?"瑶草，士英别字也，延儒许之。

（清）曹仁虎等《钦定续文献通考》卷一百二十三·兵考·兵制 崇祯十年而后，兵事益急。帝命京军出防剿，皆监以中官，将士益解体。周延儒再入阁，劝罢内操，撤诸监军，京兵班师还。

万历四十四年（1616）丙辰科状元钱士升

传　　记

（明）顾祖训原编、（明）吴承恩增补、（清）陈枚续补《状元图考》卷四·状元钱士升　万历四十四年丙辰，廷试汪应元等三百五十人，擢钱士升第一。

按，士升公，字抑之，号御冷，浙江嘉善人。曾祖贞公，奉政大夫、汝宁府同知。祖吾仁公，国子生。父继科公，庠生，授鸿胪。乡饮大宾，三世好行阴德，真积善之家。父先梦宋状元张九成至其家。而公初生时，背上隐隐现一“元”字。自幼颖异，髫年游泮试，辄冠多士。戊戌，以选贡廷试。刘楚先公奇其才，首拔之。后因久厄公车，旁究堪舆家，自为其尊公营葬，尝语友人曰：“此殆可致鼎甲，顾予才德不副耳。”至乙卯，举北闱，所营冢上有异光，亘照十余丈，竟月乃已。未第之先，至神农黄帝庙祈梦，梦见神帝以香鼎与之，曰：“汝事业在此鼎中。”其大夫人与夫人家居，晚间见空中有火成球，自上而下，坠天井中，久之方散。人谓祥光焕发，调燮台鼎之兆。丙辰，适刘公典南宫试，先期梦上以金牌特召之，视其朱书，则昔戊戌所首拔钱某也，意必中大魁，而榜揭仅首龙腹，深叹息之。比胪传，首天下，始应其梦，并应前二梦云。

生乙亥年己卯月己酉日己巳时。

（明）陈盟《崇祯阁臣行略》·钱士升　号御冷，浙江嘉善人。以丙辰第一人授修撰。升中允、庶子，掌司经局少詹事，掌南翰林院，寻改北詹。辛未四月，升南礼部侍郎。癸酉，以尚书入阁。士升本依附东林，而私结好乌程，乌程善之，以为己助。是时，阳羡去，乌程当国，毗陵、巴县皆不为门户所喜，独士升与香山是其臭味。乌程慎守其官，上眷倚殊切，诸人亦无隙可乘。三五年间，小得宁谧。丙子，以病请放归。士升初以明经赴吏部考注选主簿。是秋中北闱，遂登状头，时四十二岁云。壬辰年卒于家。

（明）许重熙《年谱》·年谱引　烈皇帝在位十七年，执政者四十余人，其引君当道，以票拟执争去者，武塘钱文贞公一人而已。公生平进礼退义，卓然古大臣风度。晚遘沧桑，流离颠踣，始终完节，为海内宗仰，重熙何赘述焉。惟是谫劣辱公三十年遇知，追随几杖，其于师友渊源、立朝本末、居乡厚德，获识其大略。伏念公年来仲子棅既殉节震泽，从子栴又死事白门，其他群从，飘零异地，缁笠深山，全家骨肉，半为国殇。而同志若漳海、虞山，后先毕命。寝门屡恸，泪尽血枯，徒存葵藿之心，弥迫桑榆之迫。于乎！公之心事，谁复知之！不揣固陋，追维曩事，掇拾遗文，为年谱二卷。昌言不讳，共钦魏相之风裁；小物克勤，亦念毕公之懋德。至其心事，终莫得而罄书也。君子表微，其有得公志于熙论著之外也夫！门下许重熙拜题。

又，年谱　公姓钱氏，讳士升，字抑之，号御冷，又号塞庵，晚自称息园老人。其先出吴越武肃王后裔，始迁祖国冯，元时为嘉兴镇守万户，因家焉。四传名琼，始徙魏塘镇之梅花里，后析为嘉善。五传名世华，遂廪于善庠。六传名萼，精岐黄术，撰《医林会海》四十卷。八传名贞，隆庆丁酉举人，令尤溪，有惠政，历汝宁郡丞，祀名宦，是为公曾祖。九传名吾仁，号心亭，以诸生入太学，为人倜傥，以孝友闻郡国，是为公祖。十传名继科，号忠所，鸿胪寺丞，文行兼至。里中有太邱彦方之目，是为公父。三世皆以贵累赠光禄大夫、太子太保、礼部尚书兼东阁大学士。曾祖妣李氏，继吴氏，祖妣曹氏，妣陆氏，俱一品夫人。公兴趣万历丙辰廷试第一人，历仕至光禄大夫、太子太保、文渊阁大学士，年七十八卒。门人谈迁等私谥公曰“文贞先生”。

乙亥，万历三年正月九日，公生。

母陆夫人任身七月而生，公初生多异征，以诞不具述，乡党已卜其非常矣。

丁丑，五年，公年三岁。

是岁弟士晋生。

己卯，七年，公年五岁，出就外傅。

公初就塾，即善属对。一日公从祖宁州公吾德试之曰：“孺子幼而敏。”公对曰：“忠臣犯勿欺。”宁州喜顾公父曰：“此子必大我门。”其对语至今脍炙里塾。

癸未，十一年，公九岁。

公自就傅后，日课万言，至是九经三史俱成诵，忠所公复手抄诸子百氏书授之(见公跋幼时《吕氏春秋》读本后)。公母陆太夫人善操家，课公兄弟甚严有法。忠所公尝笑曰：“家秉有健妇，书种有佳儿，岂复理逢掖，埋没萤枯蠹老中哉!”自是遂绝意仕进。

乙酉，十三年，公年十一，禀学于梁溪顾泾阳先生之门。

公承父命，负笈梁溪，忠所公训之曰：“我愿汝曹为须眉丈夫，不顾为肉食男子。恨我老无能纳弟子于乃公。汝游泾里而犹然，故我非夫也。”及谒见，泾阳称许倍至。时公同里夏进士九鼎先受业于泾阳，称高第。泾阳贻之书曰：“抑之冲年而意甚广贤之所以朝夕切劘者，可知得才士易，得志士难。仆诚不胜惓惓。”其赏识如此。(泾阳先生撰忠所公《墓志》：“往岁武塘钱抑之垂髫，以文贽余，余迎曰：‘子安从来?’曰：‘父命也。父尝云，经师易得，人师难得。孺子有志，盍负笈泾里。’别三年，而抑之试辄第一。”）

丁戊，十六年，公年十四，补郡诸生。

初试童子，邑令蔡侯彭奇公文，拔第一。及院试，督学紫溪苏公浚复把文惊叹，遂以第一人补郡庠。

甲午，二十二年，公年二十，科试补饩。

为督学萧公雍所拔。公少时文好以才胜，出试必压其侪偶。泾阳先生每以变化气质为言，乃深自陶炼，披华务根，中年文字一归浑成矣。

娶夫人孙氏。

为同里顺昌令孙公朝宁女。

冬，之梁溪迎侯泾阳先生。

泾阳时以会推阁臣事罢归。公自后时时从之游，退益讲求理学经济，不徒思以科名显。尝遭火厄，室藏烬焉，公怡然讲论不辍。泾阳称：“吾弟志意翩翩，不以此置胸臆间，可谓卓矣。”

乙未，二十三年，公年二十一，偕弟读书于郡南湖包氏园中。

与陈仲醇继儒辈以文章道义相切劘。举业之暇，搜取经史及儒先语录读之，反复辨难，至夜分不休。公晚年每举以示子弟，谓得丽泽之益。（陈仲醇作忠所公《行状》，有：“往岁乙未，余读书槜李包氏园中，因得与抑之游，又善康侯。”而《陆太君七十寿序》云：“往与抑之兄弟读书槜李南湖包园。湖去城远，不复闻城头榜鼓，率候鸡鸣□尽为节，甚或过之。文成奏予，予谬为涂乙。间谈经史以及掌故稗官家言，彼此反复送难，无讳无猜，似犹有古道存焉。”）

丁酉，二十五年，公年二十三，科试拔贡。

学使伍公袁萃把卷击节曰：“博大渊涵，苞孕宇宙，异日必登公辅。”以第一人贡诸朝。

戊戌，二十六年，公年二十四。春，入都廷对。

复定第一，遂为诸道贡士之冠。

夏，南还，遂入南雍肄业。

时浔上朱公平涵副南雍，相得欢甚，曰：“子，我畏友也。”

己亥，二十七年，公年二十五，顾泾阳先生延主讲席。

公时文誉翔溢，问字者屦满户外，名流推为祭酒，远近荐绅家争走束帛延训其子弟，而泾阳与弟主政季时亦走币延公家塾，因日与高景逸先生辈讲求濂洛关闽之学。

庚子，二十八年，公年二十六。偕弟读书于郡之天宁禅寺妙隐房。

是秋，弟士晋领乡荐。

癸卯，三十一年，公年二十九。

秋试南都，仍抑副车。

甲辰，三十二年，公年三十。春，侍忠所公疾。

公日夜伏处幕中，躬浣濯，候声响，目不交睫，衣不解带者累月，每夜必搏颡吁天，请身代。已而忠所公瘥，人以为孝感。

冬，从泾阳先生会讲于东林。

东林书院为宁杨龟山先生讲学地，后废为僧舍。泾阳与景逸先生兴复之，是冬大会吴越士友，一以考亭白鹿洞规为教，公因会讲焉。

丙午，三十四年，公年三十二，读书南雍。

公志在显扬，忠所公家书言："三月中得课艺逾一百八十首。"其励志如此。

戊申，三十六年，公年三十四。春，遭父忠所公丧。

忠所公病复作，公百方疗治如曩时，卒弗效。公痛不欲生，居庐三月，日食一溢米，杖而后能起。

己酉，三十七年，公年三十五，辑《家礼考证》。

居忧读《礼》，以朱子晚岁之论多与家礼不合，而《通解》丧、祭二礼又成勉斋手，乃取仪礼，参考历代礼制、诸儒同异，准以《孝慈录》为《考证》一书，又定宗祠四祭仪节。

庚戌，三十八年，公年三十六。十二月，长子格生。

先是，公艰于嗣，孙夫人为置媵者再。公并觅其母家还之日，生子迟速命也。母恩乃公。至是，孙夫人始举子。

辛亥，三十九年，公年三十七，读书于清鉴堂。

公自弱冠后，岁以寻师友走四方，至是念陆太夫人年高，乃与从叔尔先、弟康侯就家园课业，四方延主讲席者俱不赴。

十月，葬忠所公于大云里东之朱仙汇。乞顾泾阳先生为之志。

壬子，四十年，公年三十八。五月，之梁溪哭顾泾阳先生。

泾阳先生卒，公闻丧即日奔赴，为行弟子之服。比葬，再会之。

十二月，遭王母曹太夫人丧。公以冢嫡持重哀毁如丧赠公。

癸丑，四十一年，公年三十九，辑《泾阳十书》。

泾阳所著《札记》、《藏稿》及《大学通考》、《质言》、《东林会约》、《商语》俱行世，尚存《还经录》、《证性编》及《札记》三之一、《存稿》十之三未梓。公感念师传，搜辑商定，合为《泾阳十书》。

冬，葬曹太夫人。

是岁，公弟士晋成进士。

乙卯，四十三年，公年四十有一。春，服阕，入都。

时弟士晋方官比部，公往视之，遂留就试。

秋，举顺天乡试。

座主宫谕龚公三益，□□人；宫允杨公守勤，慈溪人。房师固原县尹孙公□□，许州人。是岁，公从叔继登亦捷浙榜。

丙辰，四十四年，公年四十二。二月，会试中式。

座主吴公名道南，崇江人。刘公名楚先，江陵人。房师钱公名龙锡，华亭人。从叔继登亦登进士。

三月，廷试擢第一甲第一人。

时上以会元沈同和事颇有疑于外廷，廷试皆自为位置，览公对，擢置第一。

授翰林院修撰。

公生平志不在温饱，登第后惟以不愧科名自砥砺，贻书家人曰："吾以祖宗积德，侥幸一第。今后吾家务益修德，勿以我贵生事。"乡党至今传诵焉。

丁巳，四十五年，公年四十三，在翰林。

时海宇熙恬，官辇下者，惟歌咏太平为乐。公日讨先朝故实读之，自宫府以及诸曹，自三韩以西，六诏以北，历历往来胸中。良辰令序，间挟一二同志连骠出平子门，婆娑高梁净业间，领略花香鸟语，邸舍阒如，门无杂宾，室无艳婢，士林翕然宗之。

戊午，四十六年。公年四十四，在翰林。初刻制举义。

公登第后，坊人即以文稿请。公笑曰："李怿有言，令予复试礼部，未必不落第，安能与英俊为准格?"竟不得请。久之始问世。（杨公守勤作制艺《序》云："客岁□□，得钱抑之卷，浑犹精金，粹犹良玉，而总之不离一真者近是。比接其器宇，询其生平，则恂恂寡言，若嘿若沉，而兰蕙为质，珪璋为度，将所谓澄不清、淆不浊者。居恒雅意斧藻，择地而□，不随俗为慕尚，而知其人殆真人也。兹者联上春官，首膺胪唱，即之温如，□之□如，予于抑之盖莫测其涯涘者夫！非一真独抱，纯□内守，而□崇积累以致于是，岂与炫□驰腐以谋合当世者较醇疵、量浅深也与哉!)

己未，四十七年，公年四十五，在翰林。二月，分较南宫。

受曲台礼，所得士十二人。

三月请假归省。

公以母陆太夫人年高，礼闱事竣，即请归侍。循陔御典，极色养之乐。平居杜门却扫，严饬苍头不与户外事。至地方大兴革如编役、漕兑、蠲赈诸巨务，则与同里改亭丁公、廓园魏公辈悉心讲求，无少诿焉。

十月次子棅生。

庚申，四十八年（即泰昌元年），公年四十有六，在籍。夏筑梅花庵，祀元高士吴仲圭。

仲圭名镇，元末隐居魏塘，临没自题墓碣曰："梅花和尚之塔。"在寰□间，为市廛所窘。公乃商之邑令吴旭如，修其墓，甃以石。又就其旁筑室祀之，董宗伯思白题曰"梅花庵"，陈征君仲醇为之记，复勒其所画梅竹于石，贮庵中。又辑其遗集轶事为志林。暇即与四方名士及邑彦讲论其中，视世荣进泊如也。

辛酉，天启元年，公年四十七。春，进京。

公依依子舍，阅岁无治装意，至是陆太夫人以两遭国恤，虽史馆闲曹，臣子难以私废公，趣就职。

夏，分纂《显皇帝实录》。

编摩多暇，时与名彦往来论学。是冬，景逸先生起光禄丞，公所撰先生墓碑言：

"自为诸生时从泾阳先生于东林，因亲炙先生。及先生起勋署，得侍同朝，数过从受教。"盖指是时云。

壬戌，二年，公年四十八。在翰林。

时从正汇征昌言霓吐，天下想望风采，然初政即有加恩奉圣夫人、切责王御史心一事，而邹公元标、冯公从吾又以讲学被论去。公以金柅羸豕为忧，决志乞归。

冬，请终养，归。

癸亥，三年，公年四十九。秋，在籍，筑遁溪于北郊外。

公早烛时艰，萧然有高隐之志，与吴门文公湛持书云："微闻朝端岐路渐生，和衷未协，伏戎莧陆，已见端倪，消长机括，尚未可知。"时清流咸贻书敦趋，公高卧不起。

甲子，四年，公年五十。在籍，升左中允，不赴。

与侯公恪书云："弟循陔未久，情难割裾。且编纂已完两年，或可稍逭。严□戒途，未有期也。"

乙丑，五年。公年五十一，在籍。

时党焰鸱张，流毒海宇。公弟士晋官河南右布政，方提问，又列公名于《东林同志录》。公屹不为动。凡被难诸贤，皆力营救。同里魏公廓园就逮，公奔走救护，捐金钱为首倡，送之吴门，恋恋不忍别。工部万公元白死廷杖，悬赃无所出，则贻书南昌守彭公期生代为撒旦置。太宰赵公侪鹤提问，当事承奄旨，按验甚急，并及其子清衡、外孙王钟庞。公又贻书门人真定守蔡君官治，勉以千秋义问，卒得蔡保护力。（同时《尚论录》载赵清衡、王钟庞跋公予蔡书后曰："痛自贼珰窃柄，乱臣风靡，佥壬高张，正人同难。大臣奴辱，妻子汤火。不助焰者即贤，敢望明目相救？顾于友人唐宜之而得钱抑冷太史书，虽至人德贵其阴，第衔恩者不能默默，敬梓以见仁人长者之用心。"其孤行于晦蚀之间者如此。）

一时咸以舐糠及米为虑，公恬然顺命，与瞿公稼轩书云："微闻长安有以余波相及者，藉手一割，如决疣溃痈，殊用自忧，惟坚卧以听其自至耳。"又与缪公西溪书，有"同文一狱，不肖兄弟俱在箝网中，不肖何以独脱，耻不与党"。窃比古人云。

十一月，遭母陆太夫人丧。

太夫人以中丞中珰祸，忧郁成疾，公迎医调药，匝岁竟不起。公哀毁一如赠公丧。

丙寅，六年，公年五十二，在籍。

时忠贤权倾天下，侧目东林，削夺逮问无虚日。景逸先生暨吏部周公蓼洲复先后死难。公感慨时事，作《五君咏》以悲之。五君：高景逸先生、魏孔时同年、周蓼洲吏部、杨大洪副院、李仲达同年也。平居杜门键户，不入省会，不通长安，书惟时过文湛持、瞿稼轩、姚现闻诸公，攒眉相对而已。

丁卯，七年，公年五十三，在籍。

是岁八月，逆奄伏诛。正人之死难及削夺者，赠恤录用相继。公移书同年臧明远，极论魏都谏恤典。复劝门生牛君翀玄为顾泾阳及邹南皋、高景逸三先生并列三大儒请谥。与李公懋明书云：“决雍之后，邪气已尽，不当复用攻毒之剂。今日要着，无大于明圣学，定圣志，使是非邪正炯然，不为宵小所眩。”又与姚公现闻书云：“平、恕二字，正今日补中益气剂。前案已经抹杀者，不必更提，以滋多事。而小人中之可备驱策者，不妨收之，以散其党。此泰之九三所称‘包荒朋亡得尚于中行’者也。”

冬，葬陆太夫人。

戊辰，崇祯元年，公年五十四，在籍。二月，起南京少詹事，掌南院。九月起行，十月抵任。

公仕进素恬，得南中闲曹，意甚乐之，与朱公平涵书有：“闲署寥寂，雅惬素怀，无车轮马足之劳，有拄笏看山之乐。中庭紫薇，亭亭百尺。后庭松柏，苍翠郁然。婆娑啸歌其下，三百年流风余韵宛焉可掬。”又有与李公懋明书：“不肖以冬初抵留署，此中闲寂，殊惬素怀。且声气之交尽不落寞，如司成文铁庵、台长陈益吾、部曹王中讱、曾霖寰，皆称臭味。”时众正方登留署闲适，公尝言“一生游宦之乐，无如此时”云。

己巳，二年，公年五十五。春，在南院补刻《词林志》。

留署曹务希简，地望清高，居官者或传舍视之。公事事不敢暇逸，搜得张文毅、刘云峤、李本宁诸公旧牍，因合刻《词林志》以备考镜。又博求遗书，藏之院署。

北山堂成。

翰林有废园，已鞠为茂草。公为兴复之，构北山堂读书拥笏其间，有诗曰：“留京官署对钟山，卷幔衔杯紫翠间。更喜容台多隙地，草堂初就好登攀。”其地遂为瀛洲胜境。

冬，晋正詹事，充《实录》副总裁。

公虽处陪京，而正直忠厚，默为世道主持书问往来，多所匡救。时蒲州秉钧，华亭辅之，力欲招公北，公意显勿欲，至是以詹尹召力辞未赴。〇是岁公弟士晋起山西右布政。

庚午，三年。公年五十六。春，犹在南院。夏，请假归。

公既奉詹尹之召，以省墓请假。属房师华亭相君因袁崇焕斩帅事，为御史史堃攻，遣使逮问，琅珰肆出，祸将不测。公感师谊，日侍槛车，周旋患难，无所回避，送至江干即引疾归。

秋，长子格（*后更名栻*）举浙江乡试。

主试为漳浦黄公石斋。闻报后公与子书曰：“阳明先生云，得志时能收，歙非大勇？不能若此，心一放恣，于舆马酒色以为愉快，识者窥其究竟矣。石斋真而师也。”

辛未，四年。公年五十七，在籍。起南京礼部右侍郎。

旋摄尚书篆。

十月，祭告皇陵，上《轸汤沐以固邦本疏》。

公往返濠上，目击流亡，坐卧不宁。礼成回奏，因上《请轸汤沐以固邦本疏》，略云：“……”疏人，奉俞旨。

重修表忠祠。

祠建于万历四年，祀建文死事诸臣，岁久浸颓，非复旧观。公至，即日属营缮司郎中吴之京、董成复旁考祀典所未备者二十九人，移札应天府尹撰日奉主祀焉。

壬申，五年，公年五十八。在南礼部。二月，上《实陈职掌疏》。

时奉旨查滥受武生吴国麟词状一案，公遵旨回奏，因言僧道乐户至卑且贱，专辖祠曹，祖宗良有深意，别衙门不得径提。而向来法守弁髦略一牵累，擅拘淹系，一夫不获，是予之辜。此独非皇上之赤子，而忍听其流离失所也？

三月，又上《清冒滥、正士风疏》。

与前疏皆奉俞旨。

序刻《高子遗书》。

公素严事高子。高子殉节后，公与文公湛持论及谥法，言："景逸先生当以学问为重。"至是，高公门人陈中翰几亭辑《遗书》成，公一见欣悦，序而梓之留署，略言："宋儒周元公以后，为禅学者无极与太极分，而程朱合之。明儒薛文清以后，为心学者致知与格物分，而高子合之。分合之间，性学一大明晦也。"又曰："程朱同一穷理，亦各有入门。淳公从戒慎恐惧入，文公从学问思辨入，先生兼之，而得力于居敬居多。"

辑《五子近思录》。

先是，景逸先生取《紫阳全书》比《近思录》类而纂之，名《朱子节要》。公以先生本旨不敢遽拟大儒，故尔行以俟后人之合，乃与朱子所辑《近思录》依类编入，合刻之，名《五子近思录》。

癸酉，六年，公年五十九，在南礼部。四月，修《皇明表忠纪》成。

公既修表忠祠，念诸忠取义成仁，各有本末，散在载记。如《逊国臣记》简而多漏，《朝埜汇编》博而寡裁，《忠节录》取义未精，《拊膝录》鲁鱼或误，因搜辑诸家，次为《列传》九卷，先亲臣，次死难，次死事，次死战，次从亡，次隐遁，次后死，以三不忠终焉。

九月，召拜礼部尚书兼东阁大学士。

公自离史局，徘徊南署，金瓯枚卜，点墨不入长安，廷推名列第二，爰立之命忽由特简，盖异数也。

疏辞简命，不允。

有《简命殊常恳乞圣明俯容辞免疏》，拜疏即归家，与弟士晋书有："闻命以来，不啻如新穿鞋袜。"初九日拜疏，十三日东还，二十日入里门，恬静之风，无改畴昔，庶无愧古人，亦门祚之幸也。已而，有旨："卿资性端恪，才学优醇，政本重司，特兹简授，宜上紧应召，殚忠佐理。"不允辞。

十一月，自家启行。

时简命敦迫。旧辅桐城何公如宠同被简，亦贻书劝驾。南中诸君子俱以消长机括为言。乃于仲冬自家启行，由水路入，一路所见民生利病，谆谆为当道言之。

十二月，过徐州。

与杨总漕一鹏论蠲赈略，言："中都属邑，比屋逃亡，地皆瓯脱，询之土人，有司非不招徕，而牛种无资，追呼迸集，相戒裹足，宁转沟壑而死耳。嗟乎！此祖宗汤沐之地，三百年生聚之民，一旦至此哉！闻监城、睢阳荒祲尤剏，灵壁逋税至十余万，非乞特恩蠲赈，救此一方，恐转为盗贼，不俟寇警，而腹心已岌岌矣。"〇又与刘总河荣嗣书论开支河略云："弟驻徐四日，见沧桑变换，城无居人，怪而问之。土人云，城中旧有支河以泄积水，岁久淤塞，一遇雨潦，平陆成渠，以此缘岸盖茅宁为风波之民。今河身犹存，不难浚也。以叩署州事徐二府亦力言宜浚。弟不晰河事原委，而第据此中舆论，则浚河泄水，真容民蓄众之永利乡约。一呈奉览，一为徐民请命，一为年翁造福耳。"又言："归仁一带，南高北洼，将来隐忧有甚于运事者。明主可与忠言，必年翁上疏疾呼力请，而后庙议可从旁赞决也。"

甲戌，七年，公年六十。正月，入都，再辞新命，不允。

有《遵旨急趋循分难进疏》，奉旨："卿以才望简佐机司，奉命已久，赴召即次近郊，着即趋朝辅理，以副延伫，慎勿再稽。"

疏让名次。

以香山何吾驺、巴县王应熊被命在后，而入直在先也。奉旨："不必陈逊。"

二月入阁。

《谢恩疏》云："臣诵法孔子，谓以道事君，不可则止，凛凛于患得患失之戒。臣自惟才能谫劣，何能仰佐庙谟。所籍以对扬皇上者，独此朴心耳。但知事理有是非，不知有亲疏爱憎；但知人才有臧否，不知有南北东西。事有提纲，体无屑瑟，此臣愿随诸臣后，不敢不勉者也。若乃借法以行私，比党而丑正，营窟以树援，容悦以希宠，此孔子所戒鄙夫不可与事君者，臣矢不敢出也。"疏上，朝论韪之。及后，果以执争去位。〇时上励精求治，文华日讲毕，时留阁臣与商机务，公多所匡救。一日论剿抚及处置难民，上曰："只免他死罢了。"公奏言："难民必须资遣方得全活，若只给他免死票，此一纸，饥不能食，寒不能衣，势必还聚为贼。"上咨嗟久之。复言："近日人才不堪。"公奏言："全才难得，尺有所短，寸有所长，只要随才器使，自足供一代之用。"又一日留对，时边城初解围，公奏边将功罪讫，极言兵贵精不贵多，兵多靡饷，民且重困，上为首肯。香山又奏言："恢复辽阳，非积千万金钱于太仓，不足以赡军饷。今各省存留不解钱粮甚多，当悉令起解到京。"公奏言："地方情事不同，吾驺所言是广东事。臣江南人，地方自搜括之后，府藏空虚，并无存留可充起解，且加派江南独多，民力已竭，不堪再困。"上曰："加派照田起科，原不厉民，只是有司加耗播虐，所以民生不安。"公奏："加派虽未必尽为民厉，但地方肥瘠处处不同，大都、江、广、吴、浙地方膏腴，民居稠密，重去其乡，即加派不敢不竭力。至江北淮、凤一带，臣自南都经过其地，一望皆不毛之土。臣问凤阳太守徐世荫曰：'一路见榜书招徕流亡，开垦荒田，如何不行？'世荫曰：'要行也难。'臣问其故，世荫曰：'业户田荒，即挈妻子而逃，税粮无所出，责令户头赔，累户头逃；复责里长，于是相率而逃，田之未荒者并荒矣。郡邑非不招徕，民自思牛种无出，又恐田未及熟，赔累者索负至门，以是裹足不入，总是地瘠民贫，一遇荒歉，无可系恋，即挈妻襁子，行乞四方。所以加派不可一例论。”上为动色而起。盖公之本意在收拾人心，培国元气。故柄国者专事操切，而公必剂以宽厚。江南为陵寝重地，丰镐旧乡，尤力请宽恤。明年流寇入凤阳，钟簴震惊，惜乎公言之不早用也。

加太子太保，改文渊阁大学士。

行登城恢复之赏也。公以事在去春未尝参帷幄运筹，疏辞。

三月，上《铸钱揭》。

先是，公在南礼，稔知芜湖一关两榷及工曹钱局夹铸之害，被召时因购钱式藏之。及入直，适工部题芜关课额，属公拟进。有户关课额并归工部之旨。及兵部覆南兵会议铸钱疏，公又拟旨：“钱法系朝廷大权，近闻留部铸局除样钱、俸钱外，并带铸私铸，非铜非铅，纯用伪物，薄小轻脆，如同鹅眼，以致铸息竟饱婪腹，民间绝少制钱。增局虽多，徒滋弊孔。该部委任何官，着查明具奏，以便处分。”会查复本上属同官分拟庇其座师。公曰：“是欺君也。”因草揭具述情事，并钱式上之。

闰八月，乞罢，不允。

奏为谋国无能，恳立赐罢斥，以明功罪，以图安攘事。奉旨俞留。

九月，贻书陈总督奇瑜，论剿抚。

流贼伪请就抚，既出栈道，攻掠转炽。秦中抚按俱连章告急，政地鉴华亭前事，不发一策，冀无后咎。公谊不忍嘿，乃贻陈书言：“闻入陕之后，即解散一万三千余众，可谓劳苦功高。而秦中复有危急之请，岂前解散未尽胁从欤？抑经过地方奉行不善欤？窃闻盗贼平之非难，绝之为难。招降穷治，各有其弊，惟歼厥渠魁，胁从罔治，最得弭乱之术。今屡旨中所谓剿散，正是此意。宜定计而力行之。”陈不能用。是岁，公弟士晋擢云南巡抚，与公书言：“欲振兵威以靖逆孽。”公复言：“治以不治，便可相安无事。以诸葛公之才，其治西南，不过曰夷汉粗安。粗之一字，正御夷妙理。”盖所急者腹心之疾也。

乙亥，八年，公年六十一。正月，在直。上疏自陈。

是年计典，例当自陈。奉旨：“倚注方殷，岂得引例求退？”不允。所辞时，宇内多事，阁务殷繁，入直至夜分不休。公有诗云：“深宫衡石程章奏，纶阁推敲费论思。子夜漏深才退食，门官犹报是申时。”盖故事：日晡，门官报申牌时分，同官一揖而出禁地，以早出为常也。

二月，丁祭文庙，受命行礼。

三月，请假。五月，又请假。

公素有火症，入直以后，阁务殷烦，不时举发。再疏请假，俱得旨在寓调理。

六月，上《开河济运揭》。

从来漕至通仓佥报车户四人，朋充一名。殷实者营脱，贫弱者力不能当，往往自经。公按通州至齐化门外俱有河形，因请疏浚，费止百金可。岁省脚价巨万，奉旨该部科会同总理详查确议，一时翕然以为可行。而忌者有形家不利震方之说，事遂中寝。

七月。

吴门文公震孟入相，公喜得左右手。先是上以《春秋》有俾治乱，命择人进讲。文公本《春秋》名家，或虑其讥切时政，且当上意受知，隐不推列。公力荐之，因以名上，果大称旨，遂有是命。

进《小学新序》。

时上令天下学校皆诵习《小学》，因以陈公选集注缮写进呈，奉旨拟撰《新序》以进。公具言："海宇多故，动称乏才，揆厥所由，士子幼学时父师之教不明，即以利禄汩其心术，全不从德行立根。譬之树本先拔，安望成栋梁之用?"奉旨刊行。

八月请假至九月。

以眩晕也。

上《拟论南京操江回奏揭》。

上召对新操臣王道直于平台，恐其承旨未悉，命阁臣拟论以进。公因奏而论所未及者，谓："城守江防，军民各有职掌。而标营、新江口营、水兵营，则文武操臣为政，水兵所恃惟船，新江口营战巡船一百六十二只，水兵营沙□沙船□百二十只，皆板薄丁稀，不堪乘风破浪。是今日文武操臣所急宜料理者。又南都最苦，各衙门滥受词讼，而操江所辖甚广，有牵累数百里外，至拘提经年，破产倾家，而案终不结者。则治刁息讼，安江南之民心，正以弭江北之流寇也。"揭上，允行。

十月，复疏求斥，不允。

奏："为圣旨殷忧独至，臣佐理无能，乞赐谴斥，以明臣谊事。"奉旨："时艰方亟，正赖协心佐理，共图荡平，何乃有此陈请？着即入直，副朕眷倚至意。"时流寇稀突蹂躏，豫省尤甚。陈公必谦为豫抚，公又予书言："制寇之法，不出歼渠、宥胁二言。然处置分别，事亦大难。贼魁绰号皆八寸四分帽子耳，姓名、籍贯不可知，何从得其要领？又古人多因闲于敌，使其自相疑忌，以破散其党。前拟票中有自相擒捕以开自拔之路，已奉旨而未见有行之者，岂惩旧督误抚乎？旧督正误在不知分别，误在不善抚耳。至所散之党，安插何所，衣食何出，拊循安戢之法何由，譬之横流之水，必有归墟方能消歇。若不收拾得法，仍纵横流漫耳。"

十一月。

吴门、香山俱罢。先是吴门与首揆争票吏部，参许给谏誉卿本有债，言为所构。香山叹于室，同日被逐。公力救不得，自是亦怀去志，与从叔尔先书有："吴门、香山同日被逐，侄处此千难万难，惟有早办抽身一着而已。"（明年春，公亦去国。比归里，文公已卒。公哭之哀，为文以祭，有："每劝以国儒子皮'安身启动，不密害成'之戒进说，而卒不果。公既去国，当事者蜂起益励，独行其恣睢之意，而余遂引谊乞身。虽两载碌碌无所短长，而抽身不俟终日，以此不负公耳。"）

庚申，陪祀南郊，受命分献。

公有诗云："万乘亲临帝稷坛，斋宫肃穆护金銮。夜阑分献祠官代，恍惚精灵星斗寒。"

癸亥，请假。

以陪祀冒寒出直，寒热陡作，遂请假，逾旬乃入直。

十二月，上《为乞废诸臣乞恩宽恤揭》。

先是祖陵告变，条议宽恤及罪谴诸臣奉旨下刑部，具各招情节，列名疏请。旨未下，而太宰谢升即欲疏请起用。公谓："俟刑部疏下，先释罪而后起废。"太宰不听，亟疏上胪列无遗。佥人挑之，上大怒，下选郎狱而事不可为矣。至是覆请凡一百六员，适公独在直，因进此揭，已而仅以数人了事。盖柄国者一手握定，同官无所关其口矣。（太宰天启时为选郎，素以清执为侪鹤赵公所知，又曾贻书魏南乐论中旨不可轻出，颇著时望。其掌铨也，公推荐之。受事以后，执拘自用，因与友人书有"六州铁铸不成一个错"之叹。）

丙子，九年，公年六十三，正月，在直。

先是首揆被言杜门，阁员缺，诏推在籍堪任者，特召孙公慎行、林公钎、刘公宗周。三人皆公臭味也。至是入都，而孙已卒。及对文华殿，刘又以奏语恺切忤旨，命他用，仅授工部侍郎，公扼腕叹息曰："不相不足为念台惜，但此时不用此人，如国事何！"已而晤刘公于长安会馆，相与反复于君子小人喻义喻利之辨，语具载全集。○逾月，刘公复上《痛愤时艰疏》，力指斥时政，上大怒，命文书官口传重拟，公调旨，但谓论事须体国度时，语中仍奖其鲠直，上发令改票，首揆遂从重票拟进，公密为挽救，上亦手刘疏再阅，竟得轻拟。

二月，请假。闻弟中丞士晋滇南之讣。

中丞以去冬十二月初十日卒于滇，至是讣闻，公以足疾在告，惊痛委顿，上《为亡弟吁情疏》，属有奸人吴鲲化讦奏中丞，盖为忌者所使，恤典竟不行。

三月，上《奏明心迹疏》。

辨吴鲲化事，奉旨："卿清公辅政，朕所鉴，孚奏问讯至情，票拟日期，心迹昭然，何待剖辨？吴鲲化散员，借端妄生疑揣，不必介意。阁务殷繁，着即入佐理。"

上疏乞休，不允。

奉旨："昨有旨谕卿，何复有此请？大臣公忠体国，岂可辄思引避？"

疏献四箴。

时政益操切，公挽救不得，然自以受天子特达知，冀一言悟主，身虽去国，事犹可为。乃撰《宽简虚平四箴》以献，疏言："虞舜戒禹，予违汝弼，汝无面从，退有后言。臣幸遇圣明，每奉宸谟，一辞莫赞，然退而思，维心口自语，不免有疑而未安，怀而未吐者。若终于隐忍，不敬莫大焉。……"疏上，奉旨："所奏宽、简、虚、平，有稗治理。并献《四箴》，朕深嘉尚。"然帝虽优答之，而同官忌深矣。

四月，疏争武生李琎请行首实籍没法。

时长安游棍章满公车，有江南武生李琎上言："致治在足国，请搜括巨室，行首实籍没法。"公恶之，拟下刑部提问。上命改票，首揆以上欲通言路，遂改轻拟。公谓同官龙溪林公钎曰："此乱本也。职在代言，当以去就争。"乃秉烛草疏，达旦不寐，具言：……疏已具，首揆闻之，延公至中堂，惊问曰：“老先生有疏参李琎乎？”公出疏示之，首揆以事属可已，公曰：“此虽小事，关系民生安危、国家元气不小。”首揆指“秦皇、汉武”二语大戆，公曰：“血心已发，不可复遏。得罪谴斥，亦所甘心。”疏入，而琎下法司提问。翌日，降旨切责公，有“密勿大臣即欲邀誉，前疏已足致之，毋庸汲汲”语。前疏指《四箴》也。

己卯，引疾乞休。壬午，再疏引疾。戊子，予致仕。

公虽在政府，未得一日操政，秉扼于同事。多病，数引疾请告。辅政者二年，立朝止三百有旬日。居恒屏绝馈遗，肃括童仆。票拟之际，宽严得中。便殿召对，开陈必尽。而奥窔中尤在力护善类，如孙文介慎行之予谥，董宗伯其昌之晋阶，郑司徒三俊之温旨谕留，刘京兆宗周之敦趋就道，皆迎机立沛，口不言功。至如袁佥宪继咸因参内侍辞不赴职，则鼓励前往。内官张彝宪因总理户工，请官督征新旧饷，则虑其滋扰，第责成抚按。他若停事例息鼓铸、严赃吏之诛，皆国是之大者。方公初入也，或以同事为海内侧目，宜早自立异。公以形迹一生，便难补救，每诵泾阳《上申瑶海书》云：“顺而听之，吾惧其为随，究也两相扶同，以成壅蔽，而国家之事坏。逆而挽之，吾惧其为激。究也两相矫异以成乖睽，而国家之事亦坏。不激不随之间，有妙用存焉。故事事婉解默救，化溪刻为和平。”与华亭相君书谓：“在直数月，思欲连属桑梓，共做好事。”又言：“今日密勿，宽一分，百姓受一分之益。用一贤，朝廷收一贤之功。”无如事权不在，转移甚难。其后物情搏击，毒手愈辣，国是日非，浩焉归志，然犹一疏再疏，冀回天听，公心良苦矣。〇时詹御史尔选上《辅臣以去明心疏》争之，语直公而抵时政，并侵乌程。上怒，召对诘责，詹廷辩不挠，竟削籍去。（御史詹尔选上《辅臣以去明心，国事因嫌滋诿》一疏，词云：“……”）

癸巳，辞朝。

辞朝疏中，犹劝上以“敦崇体要，默运神明。道为治原，先德体而后刑罚。民惟邦本，惠中国以绥四方。剿寇宜招抚并行，毋令师老酿不戢之患。募兵须土著兼用，勿以乌合靡有限之材。”盖生平蕴而不尽施者，去国之余，三致意焉。

甲午，启行。

从水路南回。诗有“三年伴食惭无补，一去明心罪有余”之句。又与子栻书云：“天津一带，河道浅阻，又苦风逆行，十九日始抵德州，到家当六月尽矣。偶成古诗数章，夙尚情见乎词，读之知我胸中洒洒也。北园新笋切须长养成阴，待我归耳。”

七月，抵家。

《回籍谢恩疏》仍请“少抒宵旰，颐养圣躬，镇定人心，奠安根本。潜消土寇交讧之患，预防援兵哗溃之虞”。奉旨：“著慎摄以需召用。”〇先是公被召，过陈征君仲醇山中，仲醇告以“易事难悦”、“难进易退”两言，已又贻书云：“民惟邦本，本固邦宁，老生以为常谈，实治天下之大纲骨。知无不言，言无不尽，时调以为甚讳，乃爱君父之真精神。”公为揭其言坐隅。及公遂初，仲醇过公，把臂曰：“久要不失尺寸，今而后两人面目相对无惭矣。”

秋，仲子棅举浙江乡试。

冬，息园成。

园去宅数武，颇具泉石。公素无声色舆马好，归里以后，朝夕寝兴其中，姬娈削迹，左右长须给役而已。四方客至，谈经讲德，语及世道人材，则怆然忧形于色。署其堂符云："宾山空回，漫说为苍生出；故园投老，还期与赤松游。"又一联云："但能一念不生，其中自乐；惟愿四方无事，此外何求?"名所居室曰"楚颂"，有《息园诸咏》。

丁丑，十年，公年六十三，在籍。春，仲子棅成进士。

棅时年甫十九，观政吏部，搤腕时事，尝上疏陈《宁攘数事》，虽留中不报，而公甚喜之。已又诲之曰："有犯无隐，事君之义。然亦须知信而后谏，若专恃议论，未免用口之咎。至于居官尽职，折槛补牍所勿论也。"

四月，请罢乡兵。

时练乡兵，里中骚扰殊甚，公为言之守道，罢乡兵，复民壮。

秋，讲求社仓法。

是岁颇有秋，公以四方多事，备预不虞，乃讲求社仓法。

陈公几亭官秘垣，公与书商略行之。

倡均里役。

先是，辛未大造绅袍，优免之外，例克官图。公以官图悉居轻运，便非"克己济物，法行自贵"之义。其里长满四、五名以上，应同民间殷户佥点重运，而以中役、轻役品搭均授，庶官与民均。盖变通之义，专苏编氓。又以北解最苦，多至破家，请以一南一北肥瘠相间，以恤其困。陈几亭所著《均役议》多载其说。至是复商之邑令李公陈玉行焉。

戊寅，十一年，公年六十四，在籍。辑《今文类体》成。

与友人书云："归田以后，羸病日增，杜门偃仰，已不复知户外事。每山居寂寥，纵览往集，先达遗徽宛焉在目。因略加荟萃，庶几九原可作，赵武知归，仰对古人，俯候来世。"

五月，上《贺东宫出讲疏》。

时绵竹刘公宇亮秉用，公门下士也。因贻书言："东宫出讲，万国欢腾。向来诖误废弃诸臣，宜量才使过，嘉与维新，子孙黎民尚亦有利。言路中如徐蓼莪、孙鲁山、姚永言、冯邺仙、章格非、李洧盘诸君子，皆仆所心仪而折节者，想俱入夹袋中，联络众正，以为相业之光，仆亦与有荣施。"盖公初入相，意在推毂众正，其荐德州为太宰，亦以其在南中与正气颇臭味，故力引之，以为吏部得人，而诸贤可相继登用矣。不意中变，起废之举，又成屯膏。去国之后，与瞿公稼轩书，每以众正未尽登为憾。家居，闻一君子进则骤然喜，闻一君子退则悄然不怡者累日。故因令典，惓惓及此。其后仲子棅为选郎，上《请广起废》一揭，力荐黄公石斋辈四十余人，皆海内人望，承公志也。○又言："古之成大功者，不出帷幄，而于敌人隐谋阴事皆从诇刺得之，故设间出奇，兔起鹘落。今所推边材不过能带小帽、穿箭衣、骑马尾，与老兵何异？贼势鸱张。边疆破坏，皆由于此。仆在直时，曾与同事屡言之，今复三年前言益验矣。”

己卯，十二年，公年六十五，在籍。辑《皇明经济文编》成。

公好读书。予告后，研阅不异诸生。时流寇四起，目击时事，或对案废食。《答同年汤参予道衡书》云：“流氛日恶，东西交讧，当事者和抚搜括而外，不闻远略。漆室私忧，未知所底。因取本朝名臣集中关经世大略者，分曹汇辑之，名《经济文编》。”

庚辰，十三年，公年六十六，在籍。春，赴同善会讲。

公家居一意训率乡里。先是辛未请假，陈公几亭商立“同善会”，公为之记。及公归里，几亭又入秘垣，公仍倡义举行，每会必躬至，为细民讲说。时四方兵荒相继，独嘉禾频岁有收。是春，忽米价腾贵。公于会讲时，谆谆劝戒，大略谓“比来天道人心，可幸亦可惧。可幸者，处处兵荒，嘉禾晏如。可惧者，米价腾贵，比万历戊子、己丑间连遭水旱价犹过之，乃人情恬不知怪，市肆酒肉盈门，游船欢呶终日，绝不像米珠薪桂光景。灾荒已现端倪，饥馑就在眼前。惜福莫如禁奢，消孽莫如崇俭。大禹克勤克俭，何况我辈薄德?”又曰：“富厚人，养其有余以济人，则省一事之奢华，便可作数桩之方便。贫穷人，节其有限以自养，则忍得一时之口腹，即可保一日之生涯。”其忧时悯俗、畏天爱物之念蔼然（详载《同善会馆讲语》）。越岁，果旱蝗相继，兵戎蜂起，公实先忧之矣。

秋，行平粜。

时南北大饥，米价翔贵，富民闭粜，劫掠四起。贫民携钱入市竟日无从得米。公罄廪平粜。值陈中翰几亭南旋，因与讲求救荒之法，复遍吁诸当事，大略谓：“目前虽幸无事，平粜原非长策。窃意古人良法，不越常平社仓。而行之今日既难，集事又恐扰民，惟通商广粜，则米多而价自平。今江广上流率皆过粜，非得省直各抚军呼吸关通、合力拯救不可”云云，详见《全集》。〇是岁，仲子棅补南京武选司主事。

辛巳，十四年，公年六十七，在籍。大修荒政。

是岁大旱蝗，东南赤地千里，死骸弃孩盈路，有阖户自毒、自经者。公恻然痛心，与陈中翰设法约同志分坊认赈。极贫者赈之，次者平粜之，又躬诣乡城，劝富户各自平粜其邻里，有至往返数次者。一时东南千里，望武塘为乐园，饥民扶携四集，沿途求食，多颠踣而毙者，公为设粥厂食之。适有担粥以施于道者，公复效行其法，每晨挑至通衢或郊外，凡遇贫乞，令其列坐，以次周给。烈日焦灼，屏去舆盖。所至亲尝其旨否。又分遣子侄戚友四出侦察，不以任僮仆。且移书抚台熊公汝望，劝其照南直苏、松例，概官民田，计亩输米，以供赈济。且劝其概示全浙，庶几方二千里之生齿各得所天。娓娓数百言，深于痛哭。复劝邻邑绅士共举平粜，同日煮粥。更设义冢，以收道殣。与陈几亭书有：“一朝收至四百余具，皆力疾检察，不知体之惫也。”又遣使粜籼助赈。时仲子棅官南吏部，得给部批以免关津及彼地禁约。而吏部君家书亦述：“见在煮粥赈饥，涉江来者，不知其数。”公因教以倡捐风劝及移会各州刻日举行，全活无算。

壬午，十五年，公年六十八，在籍。五月，仲子棅擢粤宪，归省。

七月，长子栻卒。

先是，黄公石斋下狱，孝廉供橐饘惟谨。及黄公买山大涤，孝廉病初起，蹇裳往从，流连几杖，为几雾所侵，竟以是殒。黄公来，哭之恸。

十月，仲子棅疏请终养。

十一月，夫人孙氏卒。

夫人相公五十年。公少以盛名困场屋，而弟中丞先显达，夫人处之恬然。比通显，亦无骄色。甲戌之岁，再朝长秋命妇望为女宪。公在直，感慨时事，每怀去志，夫人亦劝知几早退。及公以争执李琎事草疏，达旦不寐，夫人知其故，即理归装以待，其相成如此。令甲大臣妻先卒者得请祭葬，公以四方多事，岂臣子邀荣之日，不为请。

癸未，十六年，公年六十九，在籍。《周易揆》成。

公为诸生即留心易学，老而弥笃。闭户覃思，一卦作数日玩味。一义未安，或累夕不寐。及其既得，忻然忘餐。因广罗汉、宋诸儒《易》解，剃其繁芜，衷以己意，卦前设互卦，后设对卦，两说分举，先儒气与理象兼融而并摄之，命之曰《揆》，丹铅矻矻，稿数易而后成，书犹藏弃箧中，公没始刻行世。

右先公年谱一卷，为虞山许子洽先生纂。先生宫詹石门许公从子，熟于掌故，好著述，所辑《五朝注略》一书，时宰尝嗾刘孔昭劾先生私撰国史，将以连宫詹，宫詹以其书进御者也。方先公登第家居，先生即从游。先生师事公，公以良友目先生。先公晚年逊荒修南宋书，衰闼土室，自一二行脚往来外，至戚亦罕觏其面。独先生至，一编相对，或泣或欢，有非左右所得知者。公殁，先生既为诔，又为纂次年谱。惜岁久简脱末卷半帙，又无从就先生家而求其全，然于先公生平本末，足以佐史书而翼家传所未备。敬重梓以登卷首。乾隆五年庚申中秋前四日元孙佳百拜敬识。

（录自［明］钱士升《赐余堂集》卷首）

（清）曹溶《崇祯五十宰相传（初稿）》·钱士升　钱士升，字抑之，号御令，又号寒庵，嘉善人。万历乙卯，顺天第八。丙辰，廷对第一。癸酉九月，由南京礼部侍郎升尚书兼东阁大学士。丙子四月，回籍（有传）。

（清）曹溶《崇祯五十宰相传》　钱士升，嘉善人。丙辰状元。以南京礼部侍郎召入阁。盖异数也。丙子四月，武生李琎请搜括巨室助饷，士升拟下之法司，上不听。士升上言："比者借端幸进，实繁有徒。而琎乃倡为缙绅豪右输官籍没之法，此衰世乱政，而敢陈于圣人之前，小人无忌惮至此。且所恶于富者，兼并小民。巨郡邑之有富家，亦贫民衣食之源也。以兵荒之故归罪富家而籍没之，此秦始皇所不行于巴清，汉武帝所不行于卜式者也。此议一倡，而亡命无赖之徒相率而与富家为难，大乱自此始矣。"时温体仁以上欲退言路，竟改拟，仍切责士升以密勿，大臣即欲要誉，已足致之，毋庸汲汲。又经历吴化鲲讦奏士升弟士晋，体仁亦拟严旨，士升遂乞罢，许之。士升性和易，与物不忤，而严正之气自在。故珰焰灼天之日，家食数年。及登政府，又恬淡不久于位。

（清）张豫章等《御选明诗》姓名爵里六·诸家姓名爵里 钱士升（字抑之，嘉善人。万历丙辰赐进士第一，累官太子太保，文渊阁大学士）。

（清）王鸿绪等《明史稿》卷二百三十五·列传第一百三十·钱龙锡（附士升） 钱士升，字抑之，嘉善人。万历四十四年殿试第一，授翰林修撰。天启初，乞假归。久之，进左中允，不赴。魏大中、赵南星被难，辄为营护。同年生万燝杖死，恤其家。以是有名。

崇祯元年，起少詹事，掌南京翰林院。明年，以詹事召。会座主钱龙锡被逮，送之河干，即谢病归。起南京礼部右侍郎。六年九月，召拜礼部尚书兼东阁大学士，参预机务。初，龙锡出狱，周延儒诣之，极言上怒甚，挽救殊艰，龙锡深德延儒。未几，温体仁至，龙锡述延儒语且谢曰："非公等，安得生？"体仁佯曰："上固不甚怒也。"闻者直体仁而恶延儒。士升本出龙锡门，自是归心体仁，体仁党唐世济以士升东林所附，劝体仁急收之，体仁因引与其政。当是时，次体仁者吴宗达，伴食而已。士升未至，帝复用王应熊、何吾驺，亦体仁所引，权尽归体仁。

帝操切，体仁以刻薄佐之，上下嚣然。士升颇以为非，上疏献《宽简虚平四箴》，大指讥切时政，帝优旨报闻，意殊不怿也。

无何，武生李琎请括江南富户充饷，士升恶之，拟旨下刑部提问，帝不许，发改拟。体仁遂轻拟以进，士升曰："此乱本也，当以去就争。"乃疏言："流寇所在蹂躏，皇上悯生民，惩吏治，因陈启新言事，擢置省闼。比来借端幸进者，实繁有徒，然未有诞肆如琎者。谗说殄行，不容于尧舜之世。其曰缙绅豪右家，大者千百万，中者百十万，以万计者不能枚举。臣不知其所指何在。就江南论之，富家数亩以对，百计者什六七，千计者什三四，万计者什一二耳。乃动称敌国之富，何诞妄也。且郡邑有富家，亦小民利。贫者佃富家田，因收其余养八口稽事，与富家贷母钱，而商贾亦以质库应民急。且富家养生送死，宾客游观，百工力役，皆仰给焉。富家固贫民衣食源也。地方水旱，有司令出钱粟，均粜济饥。寇警，令助城堡捍御，富家未尝无补于国家。《周礼》荒政十二，保富居一。今以兵荒故，罪富家，朘削议括其财而籍没之，此秦皇不行于寡清，汉武不行于卜式者，而欲行于圣明之世乎？今秦、晋、楚、豫、江北已无宁宇，独江南数郡稍安。此议一倡，无赖亡命相率与富家为难，缙绅豪右、富商大贾尽化为穷民，不驱天下为流寇不止。或疑此辈乃流贼心腹，倡横议摇人心，非直借端幸进，望皇上亟屏绝，毋使小人因启新之进，以言利窥朝廷。"疏入，而琎已下法司提问，乃降严旨责士升疑上，且诘曰："即欲沽名，前疏已足，毋汲汲。"前指前《四箴》疏也。士升惶惧，引罪乞休，帝即许之。

初，士升为体仁所引，体仁欲有所为，每令士升先发，如用谢升掌铨、唐世济秉宪皆体仁意也，而士升成之。体仁攻文震孟亦引士升为助。及体仁欲既遂，弃之若遗。

士升弟士晋，抚云南，著贪声，为部民所讦。体仁即拟严旨，且属同官林钎弗泄，欲因弟以去其兄。命下，而士晋已卒，事乃已。至是，士升两疏忤旨，遂去。国变后七年卒。

（清）沈翼机等《浙江通志》卷一百五十八·人物一·名臣一·嘉兴府·明 钱士升(《嘉禾征献录》：字抑之，嘉善人。万历丙辰殿试第一，授翰林修撰。天启初，乞假归，进左中允，不赴。魏大中、赵南星被难，并为营护。同年生万爆杖死，恤其家，以是有名。崇祯元年，起少詹事，历礼部尚书兼东阁大学士。上疏献《宽简虚平四箴》，上优旨报。闻武生李琎请括江南富户充饷，士升恶之。拟旨下刑部提问，上不许发，改拟。温体仁遂轻拟以进，士升曰："此乱本也，当以去就争。"乃疏言："周礼荒政十二，保富居一。今以兵荒故罪富家，朘削议括其财而籍没之，此秦皇不行于寡清，汉武不行于卜式者，而欲行于圣明之世乎?"疏入，降严旨切责。士升引罪乞休，后七年卒)。

（清）张廷玉等《明史》卷二百五十一·列传第一百三十九·钱龙锡（附钱士升） 钱士升，字抑之，嘉善人。万历四十四年殿试第一，授修撰。天启初，以养母乞归。久之，进左中允，不赴。高邑赵南星、同里魏大中受珰祸，及江西同年生万爆杖死追赃，皆力为营护，破产助之，以是为东林所推。

崇祯元年，起少詹事，掌南京翰林院。明年，以詹事召。会座主钱龙锡被逮，送之河干，即谢病归。四年，起南京礼部右侍郎，署尚书事。祭告凤阳陵寝，疏陈户口流亡之状甚悉。六年九月，召拜礼部尚书兼东阁大学士，参预机务。明年春入朝。请停事例，罢鼓铸，严赃吏之诛，止遣官督催新旧饷，第责成于抚按。帝悉从之。

帝操切，温体仁以刻薄佐之，上下嚣然。士升因撰《四箴》以献，大指谓宽以御众，简以临下，虚以宅心，平以出政，其言深中时病。帝虽优旨报闻，意殊不怿也。

无何，武生李琎请括江南富户报名输官，行首实籍没之法。士升恶之，拟旨下刑部提问，帝不许，同官温体仁遂改轻拟。士升曰："此乱本也，当以去就争之。"乃疏言："自陈启新言事，擢置省闼。比来借端幸进者，实繁有徒，然未有诞肆如琎者也。其曰缙绅豪右之家，大者千百万，中者百十万，以万计者不能枚举。臣不知其所指何地。就江南论之，富家数亩以对，百计者什六七，千计者什三四，万计者千百中一二耳。江南如此，何况他省？且郡邑有富家，固贫民衣食之源也。地方水旱，有司令出钱粟，均粜济饥，一遇寇警，令助城堡守御，富家未尝无益于国。《周礼》荒政十二，保富居一。今以兵荒归罪于富家，朘削议括其财而籍没之，此秦皇不行于巴清、汉武不行于卜式者，而欲行圣明之世乎？今秦、晋、楚、豫已无宁宇，独江南数郡稍安。此议一倡，无赖亡命相率而与富家为难，不驱天下之民胥为流寇不止。或疑此辈乃流寇心腹，倡横议以摇人心，岂直借端幸进已哉!"疏入，而琎已下法司提问。帝报曰："即欲沽名，前疏已足致之，毋庸汲汲。”前疏谓《四箴》也。士升惶惧，引罪乞休，帝即许之。

士升初入阁，体仁颇援之。体仁推毂谢升、唐世济，士升皆为助。文震孟被挤，士升弗能救，论者咎之。至是乃以谠言去位。

弟士晋，万历中由进士除刑部主事。恤刑畿辅，平反者千百人。崇祯时，以山东右布政擢云南巡抚。筑师宗、新化六城，浚金针、白沙等河，平土官岑、侬两姓之乱，颇著劳绩。已而，经历吴鲲化讦其营贿，体仁即拟严旨，且属同官林钎弗泄，欲因弟以逐其兄。命下，而士晋已卒，事乃已。士升，国变后七年乃卒。

科　　第

（一）乡试

（清）沈翼机等《浙江通志》卷一百四十·选举十八·明·举人·万历四十三年乙卯科　钱士升（嘉善人。丙辰状元）。

（二）会试、殿试

丙辰科（万历四十四年）**状元策**　（存目。参见［明］焦竑辑，［清］胡任兴增辑《历科廷试状元策》卷七）

（明）张弘道、张凝道《皇明三元考》卷十四·万历四十四年丙辰科大魁　状元钱士升（浙江嘉善人。字抑之，号御冷。治《书》。选贡生。乙卯举人。

父继科，庠生。叔继登，乡会同科。弟士晋，癸丑进士，见任刑部主事）。

（清）沈翼机等《浙江通志》卷一百三十三·选举十一·明·进士·万历四十四年丙辰科钱士升榜　钱士升（嘉善人。状元。太子太保，文渊阁大学士）。

（清）张廷玉等《明史》卷二十一·本纪第二十一·神宗二　（万历四十四年春三月）乙酉，赐钱士升等进士及第出身有差。

仕　　宦

（明）陈盟《崇祯阁臣行略》·崇祯阁臣年表　六年（癸酉）　钱士升（十一月入阁）。

七年（甲戌）　士升。

八年（乙亥） 士升。

九年（丙子） 士升（四月予告）。

（清）谷应泰《明史纪事本末》卷六十六·东林党议 （愍帝崇祯四年）五月，释故大学士钱龙锡狱，戍定海卫。龙锡出狱，周延儒即过之，极言上怒甚，挽回殊难，龙锡深德之。未几，温体仁至，龙锡因述延儒语，体仁曰："上固不甚怒也。"于是闻者谓体仁质直而延儒虚伪，然亦体仁之巧于挤延儒也。嘉善钱士升为龙锡门生，闻体仁语，颇多之，而轻延儒。体仁遂与相结。

又 （九年）夏四月，大学士钱士升罢。初温体仁深结士升，其入相也，体仁凡有所为必力推之，如用冢宰谢升总宪、唐世济皆体仁意，而士升成之。体仁逐文震孟，颇引士升为证。士升亦助体仁。至是体仁并欲去士升，因福建右卫经历吴鲲化讦奏士升弟士晋，即拟严旨，仍嘱林焊毋泄，言欲借弟以逐其兄也，士升遂引归。

又，卷七十二·崇祯治乱 （愍帝崇祯九年）夏四月，武生李琎奏致治在足国，请搜括巨室助饷。大学士钱士升拟下之法司，不听。士升上言："自流寇蔓延，皇上悯生民之憔悴，惩吏治之贪残擢，陈启新置省闼，岂真谓其言遂为确论哉！毋亦借此以励缙绅，动其愧惧耳。比者借端幸进实繁有徒，而李琎者乃倡为缙绅豪右报名输官，欲行手实籍没之法。此皆衰世乱政，载在史册，而敢陈于圣人之前，小人之无忌惮一至于此。其曰缙绅豪右之家大者千百万，中者百十万，其万计者不胜枚举。臣江南人也，以江南论之，数亩以对大数，以百计者十之六七，以千计者十之三四，以万计者千百中一二，江南如此，他郡可知。且所恶于富者，兼并小民耳。郡邑之有富家，亦贫民衣食之源也。兵荒之故归罪富家而籍没之，此秦始皇所不行于巴清，汉武帝所不行于卜式者也。此议一倡，亡命无赖之徒相率而与富家为难，大乱自此始矣。"已而，温体仁以上欲通言路，竟改拟上，仍切责士升，以密勿大臣即欲要誉已足致之，毋庸汲汲。士升遂乞罢，许之。初，士升以助体仁，几见摈公论。至是，复为体仁所构去。

（清）查继佐《罪惟录》·志卷十九·直阁志·毅宗 钱士升（塞庵，嘉善人。由状元，历侍读学士，进东阁大学士，兼礼部尚书）。

（清）张廷玉等《明史》卷二十三·本纪第二十三·庄烈帝一 （崇祯六年秋）九月庚戌，南京礼部侍郎钱士升为礼部尚书兼东阁大学士，预机务。

又 （九年）夏四月戊子，钱士升致仕。

又，卷一百十·表第十一·宰辅年表二 六年癸酉：钱士升九月晋礼部尚书兼东阁大学士入。

七年甲戌：士升二月晋太子太保文渊阁大学士。

九年丙子：士升四月免。

（清）傅恒《御批历代通鉴辑览》卷一百十四·明庄烈帝 （癸酉六年秋）九月，以钱士升（字抑之，嘉善人）为礼部尚书兼东阁大学士，预机务。

士升故出钱龙锡门下。龙锡出狱，周延儒诣之，极言上怒甚，挽救殊艰，龙锡深德延儒。未几，温体仁至，龙锡述延儒语且谢曰："非公等，安得生?"体仁佯曰："上故不甚怒也。"闻者直体仁而恶延儒。士升以座主故，因归心体仁，体仁亦以士升乡人，遂引与共政。

又 （丙子九年夏四月）罢钱士升。……时温体仁以刻核导帝，士升献《四箴》，大指谓宽以御众，简以临下，虚以宅心，平以出政，帝优旨报闻而意不悦。有武生李琎者，请括江南富户令报名输官，士升拟旨下刑部提问，上疏言："郡邑有富家，固贫民衣食之资，未尝无益于国。《周礼》荒政十二，保富居一，今秦晋楚豫已无宁宇，独江南数郡稍安。此议一倡，无赖亡命相率而与富家为难矣。"帝报曰："即欲沽名，前疏已足。"前疏，谓《四箴》也。士升引罪乞罢，许之。

（清）舒赫德《御定资治通鉴纲目三编》卷三十五 （明庄烈帝崇祯癸酉六年秋）九月，以钱士升为礼部尚书兼东阁大学士，预机务。（士升，故出钱龙锡门下。龙锡出狱，周延儒诣之，极言上怒甚，挽救殊艰，龙锡深德延儒。未几，温体仁至，龙锡述延儒语且谢曰："非公等，安得生?"体仁佯曰："上固不甚怒也。"闻者直体仁而恶延儒。士升以座主故，因归心体仁，体仁亦以士升乡人，遂引与共政。）质实（钱士升，字抑之。嘉善人。）

又，卷三十六 （明庄烈帝崇祯丙子九年夏四月）罢大学士钱士升（时体仁以刻核导帝，上下嚣然，士升因撰《四箴》以献，大指谓宽以御众，简以临下，虚以宅心，平以出政。其言深中时病，帝优旨报闻，而意不怿。有武生李琎者，请括江南富户，令报名输官，行首实籍没之法。士升恶之，拟旨下刑部逮问，帝不许，体仁遂改轻拟，士升曰："此乱本也，当以去就争之。"乃疏言："自陈启新言事擢置省闼比来，借端幸进者实繁有，徒然未有诞肆如琎者也。其曰缙绅豪右之家，大者千百万，中者百十万，以万计者不能枚举，臣不知其所指何也。就江南论之，富者数亩以对，百计者什六七，千计者什三四，万计者千百中一二耳。江南如此，何况他省? 且郡邑有富家，固贫民衣食之源也。地方水旱，有司令出钱粟均粜济饥，一遇寇警，令助城保守御，富家未尝无益于国。周礼荒政十二，保富居一，今秦晋楚豫已无宁宇，独江南数郡稍安。此议一倡，无赖亡命相率而与富家为难，驱天下之民胥为流寇不止。"报曰："即欲沽名，前疏已足致之，毋庸汲汲。"前疏，谓《四箴》也。士升惶惧，引罪乞休，帝即许之）。

著　作

（清）黄虞稷《千顷堂书目》卷一·易类 钱士升《易揆》十二卷。

又，卷五·别史类 钱士升《逊国逸书》（辨：《致身录》、《从亡随笔》、《拊膝录》皆伪书）。

又，卷十·传记类 钱士升《明忠表纪》九卷。

又 钱士升《明表忠录》二卷。

又，卷十六·释家类 钱士升《楞严外解》。

又，卷十六·道家类 钱士升《庄子内篇诠》二卷。

又，卷三十·表奏类 钱士升《纶扉奏草》。

（清）沈翼机等《浙江通志》卷二百四十一·经籍一·经部上·易 《易揆》十二卷(《尤氏艺文志》：钱士升撰)。

又，卷二百四十三·经籍三·史部上·杂史 《逊国逸书》(《黄氏书目》：钱士升辑)。

又，卷二百四十四·经籍四·史部下·传记 《明表忠录》二卷（钱士升著）。

又，卷二百四十五·经籍五·子部上·道藏 《庄子内篇诠》二卷(《黄氏书目》：钱士升著)。

又，卷二百四十六·经籍六·子部中·释藏 《楞严外解》(《黄氏书目》：钱士升著)。

又，卷二百五十二·经籍十二·集部五·表奏 《纶扉奏草》(《黄氏书目》：钱士升著)。

又，卷二百五十五·碑碣一·杭州府 《复古法华寺碑记》(《西溪梵隐志》。一吴应宾撰，一钱士升撰)。

（清）张廷玉等《明史》卷九十六·志第七十二·艺文一 钱士升《易揆》十二卷。

又，卷九十七·志第七十三·艺文二 钱士升《皇明表忠录》二卷。

（清）曹仁虎等《钦定续通志》卷一百五十六·艺文略·经类第一·易 《周易揆》十二卷（明钱士升撰）。

又，卷一百五十八·艺文略·史类第五上·别史 《南宋书》六十卷（明钱士升撰）。

又，卷一百五十八·艺文略·史类第五上·杂史 《逊国逸书》七卷（明钱士升撰）。

又，卷一百五十九·艺文略·史类第五下·传记·列传 《明表忠记》十卷（明钱士升撰）。

（清）纪昀等《钦定四库全书总目》卷八·经部八·易类存目二·《周易揆》十

二卷（浙江巡抚采进本） 明钱士升撰。士升，字抑之，嘉善人。万历丙辰进士第一，官至文渊阁大学士。事迹附见《明史·钱龙锡传》。是书用注疏本，杂采前人之说，断以己意。许誉卿序云："邵子揆诸气，程子揆诸理，朱子揆诸象，此书自屯以下于每卦前设互卦，后设对卦，举气与理象而兼融之，此揆之所以名也。在明人《易》解中持择尚为详审，特溺于河洛反对之说，体例纠纷，未能尽除锢习耳。"

又，卷五十·史部六·别史类·《南宋书》六十卷（浙江鲍士恭家藏本） 明钱士升撰。士升有《周易揆》，已著录。是编以《宋史》繁冗，故为删薙。然所刊削者，不过奏疏及所历官阶而已，别无事增文省之处，亦不见翦裁镕铸之功，又去奸臣叛臣之例，仍列于众人之中。按，《隋书》以前，奸臣、叛臣本不别传，《新唐书》始另列之。后来作者多仍其例，亦足见彰瘅之公，今并而一之，殊失示戒之意，未足以言复古。至所增郑思肖数人列传，亦疏略不详，惟遵循古例，不以《道学》、《儒林》分传，能扫除门户之见，为短中之一长耳。

又，卷五十四·史部十·杂史类存目三·《逊国逸书》七卷（内府藏本） 明钱士升编。士升有《周易揆》，已著录。是书前有崇祯甲申自序，所录书凡四种。一曰《拊膝录》，称玉海子刘琳撰。琳，不知何许人，所记皆建文君臣事迹，分纪传三十余篇。一曰《从亡随笔》，称程济撰；一曰《致身录》，称史仲彬撰。皆叙建文帝出亡之事。一曰《铁老先生冤报录》，所记陈瑛中茾之恶，尤极秽亵，乃恶瑛者所为，大都诞妄不可信也。

又，卷六十二·史部十八·传记类存目四·《明表忠记》十卷（浙江巡抚采进本） 明钱士升撰。士升有《周易揆》已著录。是书载建文死难诸臣，首列二亲臣，次殉难，次死义，次死事，次死战，次从亡，次隐遁，次后死，次三不忠，次正讹，并附载《表忠祠碑记》，大旨坚主建文帝出亡之说，非疑以传疑之义也。

（清）曹仁虎等《钦定续文献通考》卷一百四十五·经籍考·经（易）**·明** 钱士升《周易揆》十二卷。士升，字抑之。嘉善人。万历丙辰进士第一，官至文渊阁大学士。

又，卷一百六十三·经籍考·史（杂史）**·明** 钱士升《南宋书》六十卷，《逊国逸书》七卷。士升，见经类。

又，卷一百六十五·经籍考·史（传记下）**·明** 钱士升《表忠记》十卷。士升，见经类。

评　　论

（明）徐石麒《纶扉奏草原序》 （存目。参见［明］钱士升《赐余堂集》卷首，清乾隆四年钱佳刻本）

（明）李陈玉《赐余堂集原序》 世称燕许为大手笔。夫燕许，唐体尔，而当时亟称之者，岂非以其文章负日星云汉之气，而关一代制作之盛也哉？是故庙堂金石之业，匪兔园寒士所可望其皮毛。况进燕许而上之者乎？古之大儒，备正学于身，本不仅以文辞见，然而即文辞亦自可观一代人才之领袖，与一代人主所以教化作兴，天亦遂生出类拔萃之才以应其运而鸣其盛。故其鸿博尔雅自不同于余子。其大者，政治得失，人才进退，史氏所考，后王所镜，咸取衷焉。次者，一话一言，游戏醉墨之间，亦自是典刑具备。是故大用之则为《伊训》，为《说命》；小用之则为《关雎》、《鹿鸣》，为杨柳雨雪；而其头角夙成，锋芒早露，则为《赋棋》，为《正字》。其立身善世也，进则为《卷阿》之矢，退则为《梁父》之吟。世治则为《天人》之对，为治安之策；世乱则为讨贼之檄，为《出师》之表；甚者为湘沅之《离骚》，为燕楼之《正气》。遭时有幸有不幸，而其抉汉分章，争光日月，卓然为世所大则一也。

武塘相国钱公为海内士林之望者数十年，盖衣服之有冠冕也。公自少时便已名重三吴，一时贵公巨卿，咸推庙堂之器，以为此头头第一者。已而，公果胪传首唱矣，则岂非日星云汉之气有以逼人眼光，令相气者望而自失哉！日五色既奏，天下群诵圭璧之章，想望其风采，而公经筵讲读，敷赉儒先，有张子韶之规模；制诰词命，洞中机宜，有李文饶之精采。词都闲地，留都闲曹，公不以为闲也。而章疏屡上，嘉谟数告，先帝简畀，特召黄扉。公既掌丝纶，一以忠厚正直树中流之克期。为上为德，为下为民，上下都无依倚。吁嗟！时事竟以此不尽其用矣！急流勇退，杜门却扫，忧国之外，日惟对青山读书，白社谈禅，笔墨所积，较寒士为尤多，此岂名誉富贵之人所能同其枯寂哉！未几而普天下大祸作矣，公之子弟尽于鲁阳之戈，公之耄身寄于雪庵一叶，殆有所用其未足也。于是《易》有揆，《庄》有诠，《离骚》有注，《楞严》有解，《宋史》有删，痛扫脱脱之芜秽，放情文文之悲歌。公之文章人则知之，公之心事谁则知之哉？呜呼！吾终不许夫世人之知公也。且即公之文章，亦何可易知乎？公学问该博，才气雄浑，丰蔚而不靡，典致而非琢，此举世所共赏者。至其陶炼性情之微，一出之温粹，则有德之言、古人之辞也。森行笔墨之表无一非典章，则圣学之清微、王制之大端也。若乃孤臣泽畔之行吟，逋客山中之响答，憔悴悲凄，虽善听者其孰从而知之乎？呜呼！一代之文章，至公而极盛，亦至公而极不幸矣。公子孝廉仲芳裒集公平生所著为《赐余堂稿》，以序属陈玉。陈玉固公门下再传弟子也。昔授武塘大邑，亦公所谬采。明农而后，朝夕奉教尤深。犹记公执陈玉手数数谓曰："子入□入细，学古有获。时事纷纭，属望在子矣。子必勉之！"嗟乎，予负公哉！予负公哉！抚公之遗编，能不腹痛而有愧于知己之言哉！胥余有言，欲哭则无声，欲泣为其近于妇人，请以此数行弁言代西州之恸，可乎？

吉州门人李陈玉拜撰。

（录自［明］钱士升《赐余堂集》卷首）

（清）朱彝尊《静志居诗话》卷十七 钱士升，字抑之，嘉善人。万历丙辰赐进士第一。累官太子太保、文渊阁大学士。

相君晚达，爰立未久，旋遂初衣荐丁乱离，故其诗多郁。《辖南园即事》云：世情不到处，独寤寐歌时。但有云山入，兼无樵牧知。竹光虚牖白，花气雄林迟。不觉斜阳下，邻家起晚炊。

（清）朱彝尊《明诗综》卷六十六·钱士升（一首） 士升，字抑之，嘉善人。万历丙辰赐进士第一，累官太子太保，文渊阁大学士。

（《静志居诗话》：相君晚达，爰立未久，旋遂初衣荐丁乱离，故其诗多郁思。）

（清）陆奎勋《赐余堂集序》 “以道事君，不可则止。”先圣所称为大臣者，不越两言。至孟子则云：“惟大人为能格君心之非。”其旨更属简要。顾求人于三代以下，君相交孚，一德一心者，盖寥寥无几焉。尝阅《崇祯五十辅臣考》，内中若孙高阳稚绳、范吴桥梦章，固李伯纪、文宋瑞之匹俦也。惜乎高阳经略于外，不得一日立于朝廷；吴桥见用已晚，以其身为殉难诸臣之倡。当时信之、专任之久者莫如乌程，彼其器小易盈，机深莫测，而欲与为同寅协恭，斯尤事之万难者矣。魏里塞庵钱公以翰撰起家，洊登揆席，其勋名可谓极盛，究未能倾否而转泰，则由同官之龃龉尔。当公为诸生时，即以锡山顾端文为师、高忠宪为友，而魏忠节廓园则又同里之同年生也。平居志学，源于道南，毫不染东林标榜气习，故天启初年以养母告归，脱然于魏奄之祸。迨思陵践阼，起南少詹，历宗伯。虽国计民瘼时形章奏，而素性恬淡，本无望于枚卜秉钧。既膺特简，抗疏三辞，不获命。甫入阁办事，即撰《四箴》以献，大指谓：“宽以御众，简以临下，虚以宅心，平以出政。”盖审时度势、竭忠尽诚，乃为此格心之论。无如阳奉之而阴违之也。吴县文文起与乌程有隙，未三月而罢去，并及香山，公亦默默不得伸其志。会武生李琎请括江南富户，票拟下刑部提问，大忤旨，乌程遂改轻拟。公曰：“此乱本也，当以去就争之。”嗟夫，国恩深厚，报称良难。谗言既兴，噬脐何及！然则公之引咎乞休，洵有合于鲁经“不可则止”之义，而亦大《易》所云：“君子见几而作，不俟终日”者欤！甲申变后，遁迹空门。原其深衷，复何歉乎高阳、吴桥之殉国也者？子称“殷有三仁”，或去、或奴、或死，所行不必一辙。即宋之文丞相，亦有“黄冠归故乡”之语，岂必杀身柴市始足为千秋青史之荣乎哉？公所著《赐余堂集》，辞达气昌，而散佚者多。嗣君孝廉仲芳手为编次，迟之又久，四世孙佳乃雕版行世。此足见象贤之有人，而余泽之未艾也。予甲辰岁承乏《明史》馆，曾为公作传一通，兹于文集刊成，复为之序，非敢膺东阿定文之任，亦聊以表维桑敬止之意云尔。

时乾隆四年己未冬月，当湖后学陆奎勋拜撰。

（录自［明］钱士升《赐余堂集》卷首）

（清）陈以刚《赐余堂集序》 尚论古人之心，当考古人之事，要非读其书不可。

崇祯六年九月，召嘉善钱公讳士升，拜礼部尚书兼东阁大学士，加宫保，改文渊阁大学士。伟哉！相业彪炳，两问国脉民岩，寸心若揭。读其书，知公为孺慕慕君者，明良喜起，载在典谟。及汤武《誓诰》作，则一代为盛为衰，人才辈出。吁！读《诗》至《板荡》而诗人伤之矣。

钱公为万历四十四年状头，官修撰。天启初，以养母归。久之，进中允，不赴。其时珰祸作，东林人物尽付浊流。公之不为波臣也，几希矣。汉以党禁锢贤士，惟申屠蟠超然免于疑论。后世皆为申屠幸，未尝以申屠为非也。盖鉴于空言无补者徒自毙耳。崇祯四年，公署南京礼部尚书，祭告凤阳陵寝，即披陈“户口流亡，先宜轸恤汤沐，以固邦本”。及入阁办事，隐然以翼为明听自许，上《宽简虚平四箴》资启沃，千秋金鉴不是过也。魏阉荼毒之后，国家阴气盛，流寇起，公先事筹边，且赈恤行救荒之政，濡手足，焦毛发，力为推挽。值横民李琎横议“请括江南富户输官”，微中首相温体仁意，天下将惊为贾似道，公田关子也。公持疏斥琎创言造乱，欲置琎于法。体仁忌之。当宁虽可其奏，然大拂当宁意。九年，公引疾乞骸骨归，杜门注《周易》。虽然，公忍置理乱于不闻耶？余读《明史》，崇祯甲申距建文壬午二百四十二年，靖难诛戮，元气已丧，及珰祸，元气丧尽，贤人死，天地闭。沧桑变局，或殉或隐，各行其志。托迹空门，岂公志耶？夏史官靡历四十年以一成一旅为少康复国，胥余奴矣，乃为胜国。陈范演畤云，孙拥昰昺居涯门，则宋不亡，欲建中兴第二碑。此文丞相诗也。公岂未之闻耶？忠臣系恋旧主，大都如此耳。余官嘉善，得读钱宫保所著书。昨官青田，读刘诚意伯书，不禁穆然。有感于读《召南》而知周之盛，读《召旻》而知周之衰，人才辈出，虽遇有不同，辅引其君，用心则一。惟证之于古人之书而已。

天长陈以刚书。

（录自［明］钱士升《赐余堂集》卷首）

（清）钱佳《赐余堂集跋》 忆佳甫就塾，先君子即抱沉疴，遗书散佚。及佳少知句读，求读高祖遗集不得，访诸通族，皆以不知对。乃询诸老仆王扬。扬故相国侍书捧砚童，潸焉泣曰：“先生著作数箧，鼎革后尽付祝融。”佳用是悼遗文之不可得读矣，不意丙戌夏过爱吾庐，值曝书，忽睹遗集三十卷，乃先曾伯祖孝廉仲芳公所裒集。盖先高祖捐馆舍时，佳本生曾王父孝廉公已前卒，曾王父文部公又殉节，在丧次者惟本生王父中翰公暨王父茂才公，又不六年而继谢世。斯时先伯、先君尚在襁褓，相国一脉不绝如线，遗编残墨谁复为之计及者！仲芳公以犹子继承，搜辑成帙，不忍先公忧世经国苦心湮没不彰也，拜诵之下不胜欣幸，即拟付之剞劂氏，其如遭家多故，先君竟偃蹇床褥，先伯父又苦食贫，且仲、季两弟相继沦丧，因循卉载，而佳以年逾六旬矣。青毡冷落，既老且贫，自分全集无力开雕，爰于戊午冬拜恳当湖太史陆陆堂先生，择集中有关国计民生、持身范俗者，厘为十卷，先付枣梨，余则编为续集、别集，藏诸宗祊，以俟来兹。是刻也，未知有合于公焚稿初心否，亦少慰孝廉公裒辑苦心云尔。然而劫灰余烬，剥落良多，其不尽于搜罗者可胜计哉！梓既成，谨识始末于后。

乾隆四年岁次己未嘉平月，元孙佳百拜谨识。

（录自［明］钱士升《赐余堂集》卷首）

（清）陈田《明诗纪事》庚签卷二十三·钱士升（一首）　士升，字抑之，嘉善人。万历丙辰第一人及第。授修撰，历中允、南少詹事，迁南礼部侍郎，召拜礼部尚书兼东阁大学士，参预机务。加太子太保，进文渊阁大学士。以疏忤旨，引疾致仕。国变后七年卒。有《赐余堂集》十卷。

《入直诗》

深宫衡石论章奏，纶阁推敲费论思。子夜漏深才罢直，门官犹报是申时。

（《枣林杂俎》：嘉靖以来，票拟颛首揆，余旁睨而已。万历之季，疏多留中。福清叶向高、德清方从哲相继首揆，尝闲坐终日。福清曰："安得票一疏全我体乎？"天启间事繁，福清及蒲州韩爌间送次辅票一二。宜兴周延儒始分票计疏若干，析以为常，晨入夕出，拮据不遑。阁例不宿人，申刻散班。崇祯初，遂燃蜡更余，堂吏犹循故事，高呼申时。钱塞庵诗："子夜漏深才退食，门官犹报是申时。"）

杂　录

（清）张廷玉等《明史》卷二百五十一·列传第一百三十九·何如宠（附钱象坤）　象坤在翰林，与龙锡、谦益、士升并负物望，有"四钱"之目。

万历四十七年（1619）己未科状元庄际昌

传　　记

（明）顾祖训原编、（明）吴承恩增补、（清）陈枚续补、《状元图考》卷四·状元庄际昌　万历四十七年己未，廷试庄际昌等三百五十人，擢庄际昌第一。

按，际昌公，原名梦岳，字景悦，号羹若，福建泉州府永春人。生而岐嶷。孩识之无初操觚时，即能椽笔立就，文不加点。其德量浑如秋月寒江。母尝梦神龙吐二珠以现第，光耀而复晦，如是者三，吞而孕。公卿试第九，会试、殿试俱第一。且廷对因补数字，当路有言。故修省三年二珠，即二元之兆。复晦即修省之兆也。

尝梦身骑两头青羊，口诵："子在陈曰忽焉在后。"二语莫喻其意。及是科首冠南宫，连擢进士第一，而榜眼为孔公贞运，探花乃陈公子壮。方悟"两头羊"乃"己未年"，连占两首而孔陈在其后也。梦征之符，何验如此。

（清）谢道承等《福建通志》卷四十五·人物三·泉州府·明　庄际昌（晋江人。万历己未会试、殿试俱第一。以修撰充经筵，展书起居注。时魏珰煽虐，际昌授事未数日即乞差归。丙寅秋，当复命，会修《三朝要典》，蹙然曰："是固欲以国史为刑书乎？无何为魏珰所褫夺。"珰诛，起原官，历升春坊庶子，数召对，秉笔记言，漏尽入侍，率二鼓方罢。际昌赴召时，途中得末疾，用是困惫，竟卒）。

（清）李清馥《闽中理学渊源考》卷七十二·詹事庄羹若先生际昌　庄际昌，字景说，号羹若。曾祖用宾梦张襄惠岳投刺相谒而际昌生，因名梦岳，以试更今名。九岁善属文，十一而孤。万历己未会试、廷试皆第一，泉抡魁天下。自宋己未曾枢密从龙而后，五百年始克再睹，邦人士艳传之。廷对制策一字偏傍偶误被勘，遂乞假归。

天启元年，授翰林院修撰经筵，展书《起居注》，纂修国史，编葺《六曹章奏》。乙丑，分校礼闱，寻管理诰敕。时魏珰擅权，求为撰祠记，拒不应，珰衔之。视事数日，奉使赵藩，却诸馈遗，无所纳，便道抵家。丙寅秋，当复命，会修《三朝要典》，蹙然曰："是固欲以国史为刑书者，奈何居词垣受珰指使哉？"丁卯，天下大比士，论资当衡文，两京亲友劝驾长安，中有促之者曰："公速来，可步武三事也。"夷犹不赴。会部推迁秩为魏珰所挤夺职。崇祯初，珰诛，即家起谕德道，升左庶子，至京召对，升侍读兼记注官。时怀宗励精宵旰，五漏入侍，率二鼓方罢。际昌赴召时，途中已得末疾，用是困惫，卒于邸，年五十二。上闻心悼，降旨："庄际昌起废词臣，效劳卒官，赠詹事。"盖示优异云。

际昌胸次坦洞，绝不为矜倨态，而性峭直，好引掖后进。孝友切至，伤其弟重岳孝廉早卒，抚遗孤如己子。终身茹素，午惟一荤而已。为文泚笔立就，初若不经思索而天动辄随。入仕若干年，里居强半族经倭难，修谱牒，葺祠屋，家居肃饬，自将苍头，戢戢不敢问户外事，独好为德于乡。尝与乡先辈合力筑溜石陡门，浚新溪水道，独捐费二百金，增旧规三之二，四十二乡咸利之。天启末，海氛不靖，乡人将远窜，为立约编伍，守望相助，濒海以安焉。孙延裕好古，鲠亮有祖风。（《新郡志》，《史文简撰墓志》，《闽书》，《林麟祯补八闽掇名记》）

科　第

己未科（万历四十六年）**状元策**　（存目，参见（明）焦竑辑、（清）胡任兴增辑《历科廷试状元策》卷七）

（明）张弘道、张凝道《皇明三元考》卷十四·万历四十七年己未科大魁　会元庄际昌（福建永春人。字景说，号羹若。治《易》。年三十六。乙卯乡试第九名。廷试一甲第一名。曾祖用宾，嘉靖己丑会魁，浙江佥事）。

状元庄际昌。

（明）张弘道、张凝道《科名盛事录》卷一·元魁盛事·两中元魁　永春庄际昌，万历己未会元、状元。

（清）谢道承等《福建通志》卷三十六·选举四·明进士·万历四十七（己未）**年庄际昌榜**　永春县庄际昌（会试廷对俱第一，传见《人物》）。

（清）张廷玉等《明史》卷二十一·本纪第二十一·神宗二　（万历四十七年春三月）辛丑，赐庄际昌等进士及第出身有差。

轶　事

（明）谈迁《枣林杂俎》·圣集　万历己未科会元庄际昌，廷试策偶误笔，以涂注不便进呈，例任之，果第一。其后，论者谓“醪”“酪”不辨之状元，遂回籍读书。

（清）孙承泽《春明梦余录》卷三十二·翰苑考　鼎甲不入翰林……万历己未，庄际昌廷试，卷误书“醪”字为“胶”，言者劾之，请告归。

又，卷四十一·礼部三·贡院　（万历）己未，会元庄际昌殿试卷有误字，人讥其“胶”“醪”不辨，遂以进士回籍。

（清）姚之骃《元明事类钞》卷十二·仕进门·状元·作别字　《万历注略》：赐进士庄际昌等，时际昌进呈卷有别字，洗补字。科臣杨涟疏曰：“以状元而别字，必三百进士皆不识字。人可以状元而洗补，必三百进士皆曳白可。”

评　论

（清）郑方坤《全闽诗话》卷八·明·庄际昌　际昌，雅善谈谑，风发泉流，四座厌心，兼通禄命、医药、形家之书，人服其多才，尤旷达。自筑生圹题曰“龑玄真息”，镌诗其傍曰：“百年忙半逝，四大本归虚。”竟年五十二，亦诗谶也。（《闽书》）

天启二年（1622）壬戌科状元文震孟

传　记

（明）顾祖训原编、（明）吴承恩增补、（清）陈枚续补《状元图考》卷四·状元文震孟　天启二年壬戌，廷试刘必达等四百人，擢文震孟第一。

按，震孟公，字伯起，号湛持，南直隶长洲人。初讳从鼎，后易今名。早负才望，作字甚工，不让衡山公笔力。闻其居京邸时，尝梦与文山先生而语，盖其系出庐陵，或以天生人龙，亦世德之佑启耳。文山公当宋运将颓之时，未竟大用，或于我明中兴之会呵护后裔，大展徽猷，以致太平之治耶？

（明）陈盟《崇祯阁臣行略》·文震孟　号湛持，长洲人。天启壬戌廷试第一名，授编修，时四十九岁矣。曾祖征明，授翰林待诏，以书画名于世，所称衡山者也，世以清白称。震孟二十一举于乡，吴俗一荐贤书，立可致富。震孟为孝廉廿九年，家泊如也，吴人以是重之。为人伉爽激昂，气节自负。初登第时，朝政纷庞，大司寇王公纪以谳中官狱不当，内旨革职去位，震孟有愤于中，上封事言时政得失，内有“破帽蒙头，荣于蟒玉。及朝仪唱赞，如傀儡之登场”等语，疏入，不报。庶吉士郑鄤因上言：“留中之渐不可开。”于是，并下前疏责以出位沽名，丑诋朝政，降震孟边方禁职而褫鄤官。魏珰用事，震孟岌岌不免。崇祯改元，以原官起补，升中允、谕德、掌司经局少詹事。乙亥七月，以礼部侍郎入阁。甫一月，为都给事中许誉卿求转官太宰，谢升以其事入告。上怒，革誉卿职为民，而罢震孟归里。震孟少游东林，为时趋所赴。太宰素独立不以为然，故有是举。甲戌、乙亥间，乌程柄用门户，以为嗛知上意向，莫敢谁何，而亟攻其所与。震孟夙负时望，标表人物，传冠以西江附之。倪元璐主议，论政府铨曹籍为月旦，言路皆取决焉。归之次年，卒。

（明）张岱《石匮书后集》卷九·文震孟姚希孟列传　文震孟，直隶长洲人，字文起，号湛持。宋文丞相裔也。曾祖征明，祖彭。震孟生而嶷岐，面长盈尺，剑眉插鬓。

二十一，举于乡。初名从鼎。有兄从龙者好任侠，以盗败。震孟为之百计援救，几累革籍，更今名。为贤书三十年，萧然四壁，闭户读书。少工临池，求书者接踵至。

天启壬戌，始举礼部，为廷对第一人，授修撰。本年十月，见妇寺用事，主柄下移，遂伏阙上疏曰："为国步綦艰，圣衷宜启，敬陈勤政讲学之实，以裨治本，杜乱原事。职闻古语有谓：'厝火积薪以为安者，可为痛哭。'乃今日之势，岂惟厝火，几于燎原矣。边塞凶氛正炽，朝廷隐祸方深。徐、淮一震，则江北、江南将为蹂躏之地。黔、滇不守，则东楚、西楚且虞恇扰之忧。蹙地丧师，无岁不有；败军杀将，所在相闻。此诚大小臣工尝胆卧薪之日，而因循格套，粉饰虚文。即皇上具为尧、为舜之资，亦毫无启心、沃心之助。将使祖宗金瓯无缺之宇宙，日销月削，势将瓦解；东支西溃，又同河决。此皆诸臣误国，以至于此。今日非皇上独奋精明，大破常格，以鼓舞豪杰之心，发舒忠义之气，天下事固未知所终也。盖常人之情，激于震发，则富贵之士，皆可引于功名，安于颓靡；即道德之士，未免流于朽腐。皇上昧爽视朝，寒暑靡辍，于政非不勤矣，而勤政之实未见也。鸿胪引奏，跪拜起立，第如傀儡之登场，了无生意，则皇上之聪明何由开畅？职意祖宗之制：唱六科，则六科必当以次白事；唱西台，则西台必当以次白事；奉旨'某部知道'，则某部之正卿、亚卿又必当以次白事。职纠弹者纠弹，职条奏者条奏。剖析机宜，献替可否。皇上冯而听焉，与辅弼大臣面商而裁决焉。雷厉风行，断不逾顷。不惟圣智日以明习练达，即在廷诸臣亦且可以征其气节，可以试其仓卒。当事者日精思于职守之内，而无有轶志；事外者亦兴起于景色之新，而各有奋心。若仅揭帖之纸，长跪一诺，北面一揖，周旋进反，祗毕朝仪，安取此鸳行豸绣、横玉腰金者为也？经筵日讲，临御有期，于学非不讲矣，而讲学之实未见也。史臣进讲，铺叙文辞，第如蒙师之诵说，无少开悟，则皇上之睿智何自周通？职闻祖宗之朝，君臣相对，如家人父子。军国重事，闾阎隐微，无不谘询，无不洞达。故虽深居九重，而情形毕照。若仅尊严若神，上下拱手，精神不振，提醒不灵，恭默之容，或久而生倦，疲倚之众，亦怠而欲休也。皇上之神情，既与群臣不相浃洽，则退入内廷，而耳目所触发，德性所薰蒸，自不越于中涓常侍之口颊。夫大君临照之体段，帝王宏远之规模，又岂若辈之所能解乎？于是无名滥予，而藩封之逾额，屡烦中旨之传宣。且以一藩之越礼，吁咈盈庭，以致诸藩之停封，恩膏久壅。国典家范，尽蔑之为弁髦。此何礼也！有罪不诛，而失机之成案，更来众喙之纷纭。恣罗织者，既引绳而批根；护善类者，复因枝而惜叶。国宪刑章，悉付之于葛藤。此何法也！危如山海，而阁臣一出，共偷安于无事，全虚庙算。何以张挞伐之威！惨如黔围，而抚臣坐视，竟严谴之莫施，每事优柔。何以成臂指之势！乃近日中朝举动，则更有可异者。空人国以庇私党，几似浊流之投置，道学以逐名贤，有甚伪学之禁。唐、宋末季，可为永鉴！去者为荣，则仕者不贵。职史官也，本无言责。但念世受国恩，更蒙宠拔，目击时事阽危，人心玩愒，每当食长叹，中宵涕零：故不避谴诃，胪陈时弊。倘蒙睿览，稍见施行，职虽坐妄言生事之罪，所甘心矣。"

十八日疏入，适有皇女之庆，未入御览，而群小侧目切齿。二十五日，宫中喜宴，为偶人之戏。宴毕，魏忠贤进曰："前新状元文书中所称傀儡，即此偶人也。以比万岁，殆不可赦。"上曰："何故比我？"忠贤对曰："渠见万岁身材短小，奴辈朝夕扶持上金台，遂以相比。不杀之，无以示天下。"二十八日，讲筵毕，忠贤传上语："新进士文震孟出位妄言，藐视朕躬，与杖八十！"辅臣韩炉应曰："皇上首取文震孟冠多士，海内方庆得人。岂宜遽加摧折？"忠贤云："既是皇上首取士，便当尽忠。何得放肆如此？"炉云："新进书生，不谙事体，直以此为尽忠耳。"忠贤云："比至尊于傀儡，可谓忠乎？"炉云："疏中语意自明，何敢指拟皇上。"忠贤声色愈厉。炉云："此大事，诸讲官俱来一言。"讲官郑以伟进云："文震孟家世忠孝，即宋文丞相之裔，宁敢指拟皇上？"忠贤曰："谁为文丞相？非今三忠嗣神耶？"众曰："然。"讲官盛以弘慷慨云："尔来新政，惟首取得士，差快人意。今必欲处之，即朝廷亦非吉祥善事。我辈尚当面奏力请。"忠贤云："若更面奏，便著锦衣卫拏了。"比上复出，众遂不敢言而退。疏到阁，止票拟"罚俸一年"，中旨改批"切责"，遂罢职回籍。忠贤蓄恨，必欲杀之。丙寅三月，逮周顺昌，有击杀缇骑事。诘门更端究主使，阁票所拟"巨魁"，盖明指震孟也，徼幸获免。至冬，复有顾同寅事，马牛不及，煅炼成狱，厕及震孟名。已传旨逮问，又徼幸中止，仅予削夺。群小犹指震孟名，语忠贤曰："此人非可留者！"忠贤乃大书其名，揭于坐屏。丁卯六月，忠贤欲兴大狱，籍海内名流五十余人，勒令自尽，首震孟名。事尚未发，会有传震孟已削发披缁，不知所往，忠贤因使两骑至苏侦踪迹。而朝事已变，震孟始得安。

明年戊辰，崇祯改元。以左谕德兼侍讲，充经筵讲官。震孟在讲筵，反覆敷陈，皆关切时事。旧例以《春秋》多忌讳，置不讲。上特命进讲，震孟以专家与其选，每进讲，尝当上意。及官史局，尝较对《光宗实录》，疏言："册立、梃击、红丸三案，皆祖邪说，请改定。"有旨申饬前案。震孟为上所眷注已久，遂以少詹超拜礼部侍郎兼东阁大学士，盖特简也。宣麻之日，朝野称庆，咸以司马君实相期。数十年来，阁臣多有内应外援，震孟自以受知主上，一切不顾。而首辅温体仁素不能容人，时方撤镇守中官，罢内操，外廷多归功震孟。于是有"新参居功"之谮闻于上前。已而，首辅票拟，同官皆不以为然，震孟语稍寓讥讽，遂以深文中之，与次辅何吾驺同日罢去。震孟在政府仅两月，来竟其用，天下惜之。

归，半年而卒。科道官为请恤请谥，数年犹相格不下。弘光朝，始谥文肃。

（明）龚立本《烟艇永怀》卷二　文震孟，初名从鼎，乡举后以字行，更字文起，中岁，自号湛持。状貌魁梧，双眉直竖，望而知其卓荦端人也。忆余结交之初，兄尚居北城，虽浮沉公车，而名节籍甚。杨忠烈公每抵郡，必造请焉。已而，移家金阊，斋头饶广池高柳，门无杂宾。每过从，辄摘蔬小饮，啸咏终朝，淡若世外。己未，共寓燕市东南，兄以笔误不得人二场，时兄已九上春官，余劝之折节小草，兄默默然归，锐思借一。壬戌，廷对遂擢魁首，兄雅意不在温饱，感愤时事，上书，罢归。无何，逆珰焰发，削夺里居。会周忠介被逮，吴儿噪击诏使，兄且岌岌波及。比还朝，旋疏逆珰之啮忠介者。癸甲，闻列在讲筵，常以君子小人立论，情词忼爽，上为改容倾耳，群邪重而立。又谓《光庙实录》讹舛，侃侃廷诤上賓，兄奏于御座。久之，突谕阁臣，称兄忠谠。阁有主邪议者授意同党阴窜玉意，为言路所摘。兄累疏引疾，不允。余考选见擯，兄持斗酒饯之南郊。别未几，而遂大拜，拜未几，而遂去国，海内且喜且惊。而兄之口占则云："素心原不染风尘，流落风尘惜此身。今日纵鱼归大壑，桃花流水隔千春。"此其胸次岂与捐廉鲜耻、恋恋黄扉者同日道哉！无疾奄逝，山颓梁坏之怆，匪独一知交矣。

（清）邹漪《启祯野乘》一集卷一·文文肃传 公讳震孟，初名从鼎，字文起，号湛持，直隶吴县人。翰林院待诏征明之曾孙，国子博士彭之孙，卫辉同知元发之长子也。世以道德文雅冠冕海内。十五出应童子试，名噪一时。年二十一，举甲午贤书，束躬砥操，日手一编咿唔，绝迹城市，尤严竿牍之戒。居父丧，哀毁几于灭性，营竺坞新阡以葬父，即倚墓结庐而居，一时有真孝廉之目。时海内名贤若吉水邹忠介、关中冯恭定、高邑赵忠毅皆以麟凤在野，与公名相慕说而主盟。东南如高忠宪、顾端文尤引重公，远近清流，或千里命驾，或北面执经，坐无虚位，户无停轨。以公车久次，人拟之如张文忠孚敬。未第，居罗山，时而行义过之。由甲午至壬戌，凡十上春官，及熹庙龙飞首科始成进士，廷对赐第一人及第。传胪之日，欢声动辇毂，自通都大邑以至深岩穷谷，皆欣欣庆得人。制科以来，未尝有也。先是，光宗以神庙遗诏，召久废诸臣于田间，故熹庙初元新政，众正盈朝，天下想见太平。而公又以宿学登上第，物望倾注，与忠宪诸贤侃侃发舒，凡貂珰戚畹力谢往还。既而，外廷有偕逆珰以指鹿始祸者，因禁讲学，兴党议，邹忠介、冯恭定两公以次窜逐。公上疏请讲学勤政，谓："常人之情，激于振发，则富贵之士皆可引于功名，安于颓靡，即道德之士未免流于迂腐。今昧爽临朝，寒暑靡撤，政非不勤，而鸿胪引奏，跪拜起立，仅如傀儡之登场，则聪明何由开畅？经筵日讲，临御有期，学非不讲，而史臣进讲，铺叙文辞，第如蒙师之诵说，则睿智何日周通？皇上之精神既与群臣不相浃洽，则皇上之灵爽必与天下不相昭融。退入内廷而耳目所触发，德性所薰蒸，自不越于中涓常侍之口颊。夫大君炤临之体段，帝王宏远之规模，岂若辈所能解？至于中朝，举动更有可异者，空人国以营私窟，几似浊流之投，詈道学以逐名贤，有甚伪学之禁。唐、宋末季，可为永鉴。夫去者为荣，则仕者不贵。顷尚书王纪削籍归农，策蹇出都，人谓快于驰驿；破帽蒙头，人谓华于蟒玉。今诸臣被道学之名以去其贵，且甚于三公九卿也。天子所以厉世作人者，惟此爵禄名号，而至使角巾尊于衮冕，岂清平之世所宜有哉？"疏上，中外侧目，要逆珰取内旨重处，摘书中"傀儡"二字，激圣怒，逆珰传旨谓："公出位妄言，藐视朕躬，当予杖。"赖阁臣与讲官礼部尚书盛公以弘等力救，始获改批降二级调外。公归而时事微异，银铛四出，数起大狱。及吴民颜佩韦以周忠介之逮，击杀缇骑，告密者欲一网尽东南正人。公与甥姚文毅公自分必死，公计日俟诏使至，即当效高忠宪投渊自沉，义不受辱，会当事者心动，得免。未几，竟以顾同寅狱削公官。

烈皇御极，诛珰剪凶，犹有持门户之见力尼公出者，久乃起升翰林院侍读，寻进左春坊左中允，再进左谕德，掌司经局事，充日讲官。公之在讲筵也，以帝王之学必以经术经世，故反覆开陈，务切时事，上每为改容。尝讲“君使臣以礼”，力劝上培养士气，推心感人，勿徒峻刑法，以启猜疑，上倾听久之。罢讲，即传旨释前司寇乔允升、副宪易应昌于狱。又因讲筵上疏谓：“国步方艰，大小臣工当为在山之虎豹，不当为处堂之燕雀；当为朝阳之鸣凤，不当为抱叶之寒蝉；当视国如家，除凶雪耻，不当分门别户，引类呼朋。”疏上，报闻。寻以奉使益藩礼成，升右春坊右庶子，掌坊事。又升少詹兼翰林侍读学士，纂修《熹庙实录》。公在史局，较对《光宗实录》副本，多所舛误。而悖谬之大者，尤在册立、梃击、红丸三案，具疏请行改定。上为之御平台，诏诸辅臣相商榷。

故事，经筵说书，置《春秋》、《礼记》，历朝因之。神宗曾命官专讲《礼记》，为缉熙盛事，上从。乙夜，览《春秋》，以为有关于拨乱反正，命特选专经者进讲。公宿学，久以《春秋》著名，辅臣以公名上。讲至“宰咺归赗传”，赗，凶礼也，当缺，上令补牍，公乃悉言：“咺位六天卿之长而坏法乱纪，自王朝始，焉用彼相。”上颔之。既奉御笔“‘咺’一章，正见当时朝政失宜，所以当讲，今后以此类推”，举朝皆知。宸眷有属，枚卜将举，上遂谕吏部上公名，为超拜礼部左侍郎兼东阁大学士。公感知遇非常，陈谢就列，且念孤忠特拔，不由他途，内应外援，一切谢绝。天下方以中国相司马为庆，而比肩者不能一朝容矣。入直仅两月，有疏参工垣许公誉卿、闽方伯申公绍芳者。柄臣故示商榷于公，公片语调停。柄臣即露章入告，遂一疏并同官何公吾驺俱逐，公即日出直，骡车就道。计公通籍十九年，立朝不满三载，忧谗畏讥十居其九，然公天性恬淡，夷犹旷远。归后惟与子弟谈艺读史，品古法书名画、金石鼎彝，位置香茗几案、亭馆花木，以存门风雅，事丘壑之好，老而不衰。佳辰令节载酒湖山，徜徉赋咏，陶情写意，不废丝竹。甫六月，而姚文毅卒，公哭之恸。居，恒辄独坐呜咽。越十五日夜坐，正寝瞑目长逝，盖崇祯丙子岁也。生平律身清介，历宦以来，负郭不满数顷。身没未几，诸子已家徒壁立。诗文秀达庄雅，楷隶行草，规模家法，而隶书尤入汉人室。所著有《姑苏名贤小纪》，盖吴中文献所系云。礼臣顾锡畴为公请易名，南都谥公文肃。

论曰：公固宋信国裔，剑眉棱竖，目光如电，与信国遗像酷肖。故公少引镜照颜，辄自负不凡云。信国以宝祐登状元，公与异代继起。信国厄于贾似道，公厄于权珰媚相。信国辟文山，自娱十年；公考盘筑室，亦极严壑之美。又俱以丝纶黄阁，位极人臣。若信国之就义燕市，与公昌言盛世，虽所遇不同，其孤忠报主，明国家数百年尊贤敬士之报，则一未可优劣论也。然则公真信国后身哉！

（清）褚亨奭《姑苏名贤后纪》·文氏五世志传　文文起先生，初名从鼎，字震孟，后以字行，别号湛持。翰林待诏征明之曾孙，国子博士彭之孙，卫辉同知元发之子也。曾王以来，素以道德风雅为人士宗。先生生而早慧。甫四龄，即能叱驭。五龄，就外传目十行下。七龄，丧母，哭泣尽哀，有“圣童”、“孝童”之誉。八龄，属文有见龙之□，作《梦龙记》。十五，出应童子试，名噪一时。年十作，补邑诸生。年二十一，以《春秋》中甲午应天乡试，年少歌《鹿鸣》，束躬砥操，绝不染熏时世习，不知车裘飨之□，而自存王谢家风，□□□□□。日手一编，伊吾不辍，六经左国，手录成帙，而其所绝不通者公府竿牍，户外亦不闻有载酒客。当父丧，哀毁几灭性，营竺坞之新阡以葬父，即倚墓结庐而居，绝迹城市，月旦乃益推重。登荐剡，应纁璧，有江左真孝廉之目。

时海内理学经济直谏诸名贤，若吉水邹忠宪公元标、关中冯恭定公从吾、高邑赵忠毅公南星、山阴刘公宗周皆一时以麟凤在野，公以后进与之名相慕说而主盟。东南则顾端文公宪成、孙文介公慎行、高忠宪攀龙辈相与推，本圣贤之学，而以名节风厉一世。同里先后辈之矜尚节义与远近之清流，或千里命驾，或北面执经，坐无虚位，户无停轨，为人伦之标准，以公车久次，人拟之如永嘉张文忠公孚敬。未第，居罗山，时而笃行过之。盖自待诏公称景庆于正嘉间，名动华夷，辉映今古，至公而以林公俊及辈推为领袖。乃若笔墨流传，衣被天下，亦与待诏公埒矣。由甲午至壬戌，凡十上春官，及熹庙龙飞首科，始成进士，廷对赐及第第一人。胪传之日，辇毂欢动，有得人之庆。学士大大无论识与不识佥谓应期名世，无妨晚成。而下至贩夫走卒、舆台厮养、田畯野老、缁黄妇孺，自通邑大都以迨深岩穷谷，莫不欣欣相谓：“某已作状元。”制科以来，未之有也。先是，光宗以神宗遗诏，召起诸废臣于田间，故熹庙初元新政，众正盈位，天下想见太平。而公又以宿学登上第，物望倾注，与忠宪诸贤侃侃发舒，至貂珰戚畹，力谢往还。甫立朝半岁，而外廷遂有借逆珰以指鹿始祸者，因禁讲学，兴党议，同时老成以次窜逐。公上疏力言邪正之辨，谓：“臣不愿以清平之世，令诸臣被道学之名以去重于三公九卿。”且引汉唐宋末季伪学之禁，空人国而危宗社，可为永鉴。疏入，丑正者要逆珰从中旨重有处分，摘疏中“傀儡”二字，矶激圣怒，逆珰传旨谓：“文某出位妄言，藐视朕躬，当与杖。”辅臣及讲幄诸臣力救，改批降二级调外。时同事者劝公且省愆归，归而时事亦大变，锒铛四出，数起大狱。始公于家居，应山杨忠烈公琏令海虞气谊相投，又尝师事同郡太仆卿吴公默，而孝廉张公世伟同社称执友，周忠介公与朱孝介先生称晚合，詹事姚孟长以甥舅而同学，长同庠序，既同朝同史局称□舅，素同志，其为人皆洁廉自好相勖勉，以道义谢干谒，却苞苴。而每闻民间有冤狱苛政，必瞿然改容白于当事，而不居德，遂有持有司逐台使之谤蜚长安。忠介公，刚肠嫉恶，生平戒传山之温阏，卒以口语贾奇祸，咸谓告密有人，迨缇骑出而崩城变起。公与孟长自分提汤蹈火诛，而料理忠介后事。计日俟诏使至即引决，从高宗宪后，盖忠宪闻逮自沉于渊，义不受辱也。后幸得免。未几，京师一妄男子赋《步天歌》以刺讥时政，捕获煅炼，辞连公，已有旨逮，中止，仅削夺。会今上御极，翦殛元凶，□升公正，乃起升翰林院侍读，寻进左春坊左中允，再进左谕德，掌司经局事，充日讲官。公之在讲筵也，以帝王之学必以经术经世，乃为实用，故反覆开陈，必与时事相关切，上每为改容。而尝进讲“君使臣以礼”一章，力劝上培养士气，推心感人，勿徒峻刑法，以启猜疑之渐，上为倾听。既罢讲，即传旨释前刑部尚书乔公允升、前副都御史易公应昌于狱。人谓公善于启迪也。寻以奉使益藩礼成，升右春坊右庶子，掌坊事。逾年，同试礼闱，所取陈大士以宿学、颜茂猷以通五经疏闻者也。升少詹兼翰林侍读学士，纂修《熹庙实录》。公在史局，校对《光宗实录》副本，多所舛误。而悖谬之大者，尤在册立、梃击、红丸三案，皆祖《要典》之邪说而附和之。具疏请改定。上为之御平台，召诸辅臣为之商榷。

故事，讲筵说书，置《春秋》、《礼记》弗讲，历朝因之。神宗曾命官专讲《礼记》，为缉熙盛事，今上□天聪明从。乙夜，览《春秋》，以为有关于拨乱反正，传旨令特选专经者进讲。公宿学，久以《春秋》著名，辅臣虽娼嫉，不得已以公名进。讲至“宰咺归赗传”，赗，凶礼也，当缺，上令补牍，公乃□：“喧以六卿之长而坏法乱纪，自王朝始，焉用彼相。”上颔之。既奉御笔“‘咺’一章，正见当时朝政失宜，所以当讲，今后以此类推”，举朝皆知圣意有属矣。当枚卜，上谕吏部以文某进，为超拜礼部左侍郎兼东阁大学士。公感非常知遇，陈谢就列，天下有中国相司马之庆，而比肩事主者不能一朝容矣。且公自以受上知，不由他途进，内应外援，一切谢绝。即有以行权之说进者，谢之曰：“孤僻之素，主上所知。今擢居政本而反丧厥守，义不敢出也。”入直仅两月，遂有疏参前工科都给事中许誉卿、福建右布政申绍芳者。于公一为同乡厚善，一为通家子。柄臣欲借此以起支蔓，故示商榷于同官，公从旁微一言。柄臣即露章入告，并次补香山何吾驺一疏并逐。公与香山即日出直，僦骡车以行，冰雪载途，萧然行李，逼除抵家，即有江湖邃远、不胜恋主之思，而交知讯以去国事。惟以两月政地，一语招尤，虚圣明特达，无以报称，至夔伯戈矛，不置齿颊也。

计公通籍十五年，立朝不满三载，而忧谗畏讥之日，十居其九。然公素以义命自安，绝无怨怼。家居，惟与子弟谈推艺文，品□法书名画、金石鼎彝，位置香茗几案、亭馆花木，以存门风雅事，旁及抚丝弄竹，以寄陶写。佳辰令节，载酒湖山，徜徉赋咏。坐有津津朝事及洛蜀争者，辄浮白混之曰：“无烦洗耳也。”归家甫六月，会孟长詹事以疾暴卒，公往，哭之恸。虽应对居处，无改其常，而病在神情间。居，恒独坐辄呜咽，谓：“已矣。谁为宅相者。”去孟长之卒仅十有五日，对客亹亹无一语失度，入夜欲移榻露坐，子弟告曰：“不可以，风。”遂坐正寝瞑目长逝。盖实其心无□□，故脱然于去来之际，若此也。

公生而奇伟，貌如其人，眉□上指，目光炯然，与信国公遗像酷肖。故少时引镜自照，自负不凡。信国登宋宝祐状元及第，公与之异代继起。史称信国登第后，辟文山以自娱者十年，公考盘筑室，亦极严壑之美。信国殉节燕市，庙食赫濯京师；公首疏触珰几陷于死地者数四而不死。信国致位宰相，当宋末，造间关板荡，卒以首领击纲常，为宋三百年养士之报；而公生当隆盛，遭逢圣明，出九死而再生之，由侍从登宰辅，为儒者极荣，至保牖下，而正首丘，人皆谓信国再世而食其报矣。

生平律身清介，历官以来，负郭不满数顷，同成都八百桑而训饬诸子于义利之介，斤斤勉励，期无愧于先世之清白。其为文皆用维世之言，其为诗庄雅而不佻，其为书隶宗汉、楷宗晋、行草出入唐宋而不离家法，碑版屏幛、上交私觌、堂署榜额、山川名胜以及二氏之欲新其宫者，非其书不重。所著有《姑苏名贤小纪》，吴中文献也。公恬泊无他嗜好，而最深山水缘。既成墓田丙舍于竺坞矣。吴中故有雅宜先生故居，在石湖之越来溪，群山黛围，一湖如镜，菰蒲欸乃声在枕簟，曲流到门，渔网四集，乔木百章，佐以松竹，蒨蒨碧窈，间有堂曰采芝。文氏自待诏公以降，皆于此琴樽诗酒，所谓“一片云林带草堂，居人遥指石湖庄”者，即其地也。公自幼顾而乐之，每致忘返，既罢政归，出月俸赐金，并斥弃酒余长物割券买田，遂有乐哉斯土之志。去卒之前四日，犹与群从子弟辈泛舟纳凉于湖，徘徊至夜分始归，公子欲以此地为公之幽宫，承先志也。不为平泉午桥，而为牛眠马鬣，令人有河山今古之慨焉。

（清）陈济生《天启崇祯两朝遗诗小传》卷·文文肃公（附子乘）　公讳震孟，字文起，别号湛持，苏州长洲人，翰林院待诏征明之曾孙也。万历甲午，以《春秋》举于乡，时年二十一。至天启壬戌始成进士，廷试第一人，授翰林院修撰。先文庄亦老于公车。是年登第，廷试第三人，一县两鼎甲，一时以为盛事。公为孝廉垂三十年，清标绝世，物望所归。及第后，海内即以公辅期之。

时国家多故，而冲主在位，逆珰渐用事，大臣多放逐。公抗章极论，祸几不测，赖蒲州力救得降调。丙寅，周忠介被逮缇骑，激变吴民。传闻珰欲以主使坐公与公之甥姚文毅公，二公皆岌岌不自保。丁卯，先文庄以孙文豸事诬构削籍，辞，并及公。初拟逮，以贵池救，仅得削夺，而谣诼者犹未已，必欲杀吴门三太史。三太史者，公与姚公及先文庄也。会烈皇登极，逆珰诛，起公翰林院侍读，寻与姚公及先文庄皆入宫坊。公历中允、谕德，掌司经局，为讲官，使藩封。甲戌，分考礼闱，先文庄以是年拜南司，成命而卒。

公以明年入相，当公在讲筵，反覆敷陈，皆关切时事。故事，以《春秋》多忌讳，置不讲，上特命进讲，公以专家与其选，每进讲，尝当上意。官史局时，尝校对《光庙实录》副本，公疏言：“册立、梃击、红丸三案皆祖邪说，请改定。”有旨申饬前案，公既久为上所眷注。至是，遂以少詹事超拜礼部侍郎兼东阁大学士，盖特简也。宣麻之日，朝野称庆，咸以司马君实相期。数十年来，阁臣多有内应外援，公自以受知主上，一切不顾。时与公同入阁者为淄川，先在列者香山、嘉善，而乌程为首辅，素不能容人。时方撤镇守，中官罢，内操外廷多归功于公。于是，有新参居功之谮，闻于上前。已而，首辅票拟，同官皆不以为然，公语稍寓讥讽，首辅遂以深文中公于上，香山亦求去，遂同日罢。公在政府仅两月，未竟其用，天下惜之。归半年而卒，南京谥公文肃。

弟震亨，子乘。震亨，字启美，官中书舍人，豪宕不羁，风流文采，掩映一时。精音律，制琴曲数十调，传入宫中，烈皇帝特爱之。世变后隐于澄湖，愤悒发病死。乘，字应符。丙戌，以起兵被擒见杀，有绝命诗云云。

文氏自待诏以来，累世皆以风雅为士林所推。公生平诗不多作，然不失馆阁气象，舍人之才情风调出其上矣。

（清）查继佐《罪惟录》·列传卷十三下·谏议诸臣列传·文震孟 文震孟，初名从□，字文起，号湛持，南直长洲人。父元发，同知。为博士彭之孙，翰林待诏征明之曾孙也。世以道德文雅冠冕海内。

……

震孟以万历中贤书束躬砥操，为东林所推重。登天启壬戌及第第一，盖为孝廉者三十余年矣。授编修。时要人交结中官，外内呼应，有如桴鼓，震孟伤之。乃借朝讲发端，有曰："皇上昧爽临朝而勤政之实未见也。鸿胪引奏，跪拜起立，第如傀儡登场，了无生意。皇上聪明何由开畅？经筵日讲，临御有期而讲学之实未见也。史臣铺叙文词，等于蒙师之诵说，了无开悟，皇上于事理何自周通？臣闻祖宗之朝，君臣相对如家人父子，军国重事、闾阎隐微无不得达。故虽深居九重而情形烛照，左右近习亦无缘可以蒙蔽，若仅仅尊俨若神，上下拱手，情神不振，提醒不灵，安取此垂绅正笏展书籍笔者为已？皇上之神情既与群臣不相浃洽，退入内廷自不越中涓常侍数人，于是无名滥溢，中旨屡传，恣罗织者既引绳而披根，护善类者遂因枝而借叶。更可异者，总宪邹元标行矣，佥院冯从吾杜门矣，首揆冢宰相率而请去矣。此皆三朝整遗，一旦以讲学之故使俱不得安于其位，唐、宋末季，可为永鉴。顷尚书王纪削籍归农，策蹇出都，人谓快于驰驿。天子所以励世作人者，惟此爵禄名号，而至使角巾反尊冠冕，此岂清平之世所宜有哉！"疏入，会有皇女之庆，宫中喜宴为偶戏，魏珰指偶人进上曰："昨新状元奉此以比万岁，大胆。"上曰："云何？"珰曰："昨文震孟文书所云'傀儡登场'，此是也。"上曰："何至是？"珰复曰："万岁体短小，奴婢辈朝夕扶持，上下金台，遂以讥讪。"越日直讲，卑珰传上语："新进文震孟出位妄言，藐视朕躬，与杖八十。"辅臣炉争之，谓："书生不解事，以此为尽忠耳。"珰大言："比至尊于偶人，可谓忠乎？"时同官郑以伟、盛以弘俱力为解，以弘且欲面奏力请。珰曰："若更面奏，须烦锦衣，比上复出。"众遂不敢言，而退阁票罚俸一年，以中旨落职回籍。丙寅，周忠介被逮，捃摭百端，阁票拟震孟为巨魁，寻复逮顾常熟，强厕名其间，已有旨逮讯矣，幸仅从削夺。丁卯六月，或传震孟削发度缁去。珰使两骑至吴门侦其踪迹，及复命，而熹宗宴驾。震孟入竺坞山读书，为跋数语于前疏，有曰："空言无施，不能稍报国恩万一。若谓沽敢言之名，树先见之帜，则梦寐所不敢出矣。"

毅庙初，特起为侍读。越岁，始出山，历左春坊左谕德，掌司经局事。遂有《仰祈圣鉴》一疏，卒从讲事及之。时刑法日峻，猜疑益启，于"君使臣以礼"章，请培养士气，推心感人，而辨贤奸，酌用舍，尤惓惓焉。上倾听，即释前司寇乔允升、副宪易应昌于狱。时车师驻遵永十有余旬，于"管子器小"章，请审管子所言兵事"主不足畏则战难胜"二语。顷见群小合谋，必欲借边才以翻逆案，于"子语鲁太师乐"章，请悟一音杂而众音皆乱，一小人进而众君子皆废，因并指吕纯如向曾惨杀名贤，今将奥援辩雪。且以吏部尚书王永光用舍倒置，擅行私臆，至比之卢杞、李林甫，随引"甘誓"及"五子之歌"二章，以为曲譬。疏入，得温旨本后失写日期，台臣杨维垣指为不检，上弗罪。寻以奉使益籓礼成，历升侍读学士，因谓先帝实录为黄三极等所重修，挺击、红丸、移宫三案不实，请改，不果行。

故事，经筵不及《春秋》、《礼记》。神庙中一及礼为盛事，上以《春秋》为拨乱反正，特命进讲。震孟得旨，讲至“宰咺归赗传”，赗，凶礼也，当缺，上令补牍，及悉“咺系六乡之长，坏法乱纪，焉用彼相”，上颔之。既奉御批“‘咺’一章，正见当时朝正失宜，所以当讲，今后以此类推”。先是，朱童蒙在官吴时，有一犯毙狱，其妻贫不能殓，苦乞丐。里中震孟从众题助二金，童蒙指以为把持。于是，维垣复袒是语，词臣倪元璐争之，得解。己亥，以少詹超拜礼部侍郎兼东阁大学士，与首辅乌程不相能。时方撤镇守，中官罢，内操外廷多归功于震孟。乌程遂以居功谮上，与香山何吾驺同日罢去。在政府三月，天下惜之。丙子，卒。诗文庄雅，楷录行草，规摹家法。

（清）徐开任《明名臣言行录》卷八十七·大学士文文肃公震孟 字文起，号湛持，吴县人。天启壬戌进士第一。官至礼部左侍郎兼东阁大学士。卒年六十三。南都补谥文肃。

年二十一举万历甲午贤书，束躬砥操，日诵一编，绝迹城市，尤严竿牍之戒，一时有真孝廉之目。时海内名贤，若高忠宪、顾端文俱引重。远近清流，或千里命驾，或北面执经，坐无虚位，户无停轨。以公车久次，人拟之如张文忠孚敬。未第，居罗山，时而行义过之。壬戌，始成进士，廷对赐第一人及第。传胪之日，欢声动辇毂，朝野皆为得人庆。

熹庙初元，众正盈朝，天下想见太平。既而，外廷有偕逆珰以指鹿始祸者，因禁讲学，兴党议，邹忠介、冯恭定两公以次窜逐。公上疏请讲学勤政，谓：“尝人之情，激于振发，则富贵之士皆可引于功名，安于颓靡，即道德之士未免流于迂腐。今昧爽临朝，寒暑靡撤，政非不勤，而鸿胪引奏，跪拜起立，仅如傀儡之登场，则聪明何由开畅？经筵日讲，临御有期，学非不讲，而史臣进讲，铺叙文辞，第如蒙师之诵说，则睿智何日周通？皇上之精神既与群臣不相浃洽，则皇上之灵爽必与天下不相昭融。退入内廷而耳目所触发，德性所薰蒸，自不越于中涓常侍之口颊。夫大君炤临之体段，帝王宏远之规模，岂若辈所能解？至于中朝，举动更有可异者，空人国以营私窟，几似浊流之投，詈道学以逐名贤，有甚伪学之禁。唐、宋末季，可为永鉴。夫去者为荣，则仕者不贵。顷尚书王纪削籍归农，策蹇出都，人谓快于驰驿；破帽蒙头，人谓华于蟒玉。今诸臣被道学之名以去其贵，甚于三公九卿也。天子所以厉世作人者，惟此爵禄名号，而至使角巾尊于衮冕，岂清平之世所宜有哉？”疏上，中外侧目，要逆珰取内旨重处，摘书中“傀儡”二字，激圣怒，谓：“公出位妄言，藐视朕躬，当予杖。”赖阁臣与讲官礼部尚书盛公以弘等力救，始获改批降二级调外。未几，竟以顾同寅狱削公官。

烈皇御极，充日讲官。公之在讲筵也，以帝王之学必以经术经世，故反覆开陈，务切时事，上每为改容。尝讲“君使臣以礼”，力劝上培养士气，推心感人，勿徒峻刑法，以启猜疑，上倾听久之。罢讲，即传旨释前司寇乔允升、副宪易应昌于狱。又因讲筵上疏谓：“国步方艰，大小臣工当为在山之虎豹，不当为处堂之燕雀；当为朝阳之鸣凤，不当为抱叶之寒蝉；当视国如家，除凶雪耻，不当分门别户，引类呼朋。”疏上，报闻。

故事，经筵说书，置《春秋》、《礼记》，历朝因之。神宗曾命官专讲《礼记》，为缉熙盛事，上从。乙夜，览《春秋》，以为有关于拨乱反正，命特选专经者进讲。公久以《春秋》著名，辅臣以公名上。讲至“宰咺归赗传”，赗，凶礼也，当缺，上令补牍，公乃悉言：“咺位六卿之长而坏法乱纪，自王朝始，焉用彼相。”上颔之。既奉御笔“‘宰咺’一章，正见当时朝政失宜，所以当讲，今后以此类推”，举朝皆知。宸眷有属，枚卜将举，上遂谕吏部上公名，为超拜礼部左侍郎兼东阁大学士。是年乙亥七月也。

公念孤忠特拔，不由他途，内应外援，一切谢绝。历陈致乱之源有四：一曰缪种渐芽，蔓延滋长，孤阳时翳于阴暖，砥柱莫挽于狂澜。二曰堂陛之地，欺猜愈深，朝野之间，刻削日甚，缙绅鹭靡骋之怀，士子嗟束湿之困。三曰兵不精而日增饷，随兵而日益，饷益则赋重，赋重则刑烦，使愁苦之气上薄于天，冤痛之声下彻于地。四曰将无纪律，兵无节制，故民间有“流贼如梳，官兵如栉”之谚。具此乱源而当事诸臣不能忧国奉公，而强分畛域，日寻干戈，加膝坠渊，总由恩怨，张罗布网，费尽机关。即如流贼一事，飘忽已久，先事无堵截之谋，临时无决胜之略。既失一夫当关之势，纵虎出林，复误各抚分镇之谋，教猱升木。今日神人怨恫，幽明悲愤，国事至此，诸臣之肉岂足食乎！皇上宜赫然一怒，以安天下，按失事之诛，正误国之罪，行抚绥之实事，蠲民间之积逋。先收拾人心，以遏绝寇盗，无徒养痈不决，弛瑟不张，俞咈无闻而但云已有明旨，方圮既极而尚言戴罪立功。臣恐忽忽悠悠将安底止？疏入，深中温辅之忌。时方撤镇守，中官罢，内操多归功于公。于是有新参居功之谮闻于上，遂以深文中公，入直仅两月而罢。

公初入直，温辅有票拟必请正，有改必从。公曰：“温公虚怀乃尔，何云奸？”同官何吾驺曰：“是人伏机甚深，何可信？”越数日，温辅知其疏凡公票拟，径抹去不用，公拍案大呼，以诸疏掷温辅，温辅亦不顾。未几，许都谏誉卿被谢冢宰陛纠，拟旨为民，公力争之不得，曰：“言官以革职为荣。”温辅持其语入奏，并吾驺罢之。

公通籍十九年，立朝不满三载，忧谗畏讥十居其九，然公天性恬淡，夷犹旷远，丘壑之好，老而不衰。归甫六月，而姚文毅卒，公哭之恸。居，恒辄独坐呜咽，正寝瞑目长逝，盖崇祯丙子岁也。生平律身清介，历宦以来，负郭不满数顷。身没未几，诸子已家徒壁立。所著有《姑苏名贤小纪》，盖吴中文献所系云。南都补谥文肃。公入都与庶常刘公之纶语甚相得。及陷没，议谥，公格之曰：“刘元诚以一书生，特恩授侍郎死，绥正其分也。”乃止。

故事，新参入直后，以名帖及礼帖致司礼大珰，珰亦来答。时大珰曹化淳系王安名下，素附正人，托其侄中书某转致许公霞城，盛称曹向慕之切，且云：“旧例，当循相通，后当在上前左右之。”许述之于公，公曰：“无论素不与若辈往来，且授同事以口实。”卒不听。未两月，而见逐矣。深服公之持正，而叹当时揆席之难居如此。

（清）曹溶《崇祯五十宰相传（初稿）》·文震孟 文震孟，字文起，号湛持，长洲人。乙亥七月，以礼部右侍郎兼东阁大学士。十月，忤温体仁，闲住。丙子九月，卒。己卯，复原官，予恤。壬午正月，赠尚书，谕祭。甲申十月，南都谥文肃（有传）。

（清）曹溶《崇祯五十宰相传》 文震孟，长洲人。壬戌状元。清标绝世，有先祖征仲之风焉。为孝廉三十年，名闻海内，固已物望咸归矣。及第后，首疏斥珰，几中危法。辅臣韩炉力救之，仅落职，寻以珰修前隙废黜编氓，隐居吴下。戊辰，环召，累官少詹。乙亥七月，以进讲《春秋》称旨，特简入阁，一时士大夫相庆得人，然非温体仁意也。会给事许誉卿补南太常吏部尚书，谢升难之，遂疏纠誉卿。震孟拟旨上夺誉卿俸，体仁不肯，震孟作色掷笔曰："即削籍，无害。"体仁夕揭上而震孟朝罢。何吾驺叹息于阁中，亦同去国。论者谓："朝阳之之瑞，一鸣惊人。鸱枭为之扼，其吭可慨也夫。"

（清）汪琬《尧峰文钞》卷二十五·传二·文文肃公传 公讳震孟，字文起。先世衡州人，自衡屡迁，始定居于苏。有讳林者，偕其弟森后先举进士。林官至温州知府，森巡抚都御史，而文之族始大。林生翰林待诏征明，征明生国子博士彭，彭生卫辉同知、赠左谕德兼侍讲元发，元发生公。年二十一，以《春秋》经举应天乡试，凡十上礼部。天启二年，始举会试，以殿试第一人，授翰林院修撰。

于是，熹宗幼冲，太监魏忠贤擅权，群小相次用事，方下讲学之禁，而谋尽逐东林党人。公乃疏请劝学勤政，语侵忠贤，忠贤怒，指摘疏中字以为嘲讪，有旨将予杖，阁臣力救，改降二级调外，遂策蹇以归。公故与姊子姚文毅公希孟，及里中周忠介公顺昌友善，其志节略同。又视东林，诸先生辈行甚后，而丰采论议，数相企慕，故群小争目为党魁。及归里，忠介公既被逮死，文毅复以事镌职。公日夜惧不免，豫诀家人，竢缇骑到，即引决，幸而不及于祸。未几，一妄男子作《步天歌》以寓，刺讥厂卫，捕获，即锻炼狱辞，令牵连公，公亦遂削籍。崇祯改元，荐起侍读，寻进左中允、左谕德，充日讲官，累至左庶子、少詹事兼侍读学士，纂修《熹宗实录》，日讲如故。

公在讲筵，见人主聪察过甚，而诸臣方用门户相龃龁，莫有能当上心者，每临讲必反复开陈，务关切时事以讽，帝辄改容，嘉纳焉。旋察公挺挺忠正，论说有裨于国，中宰辅选，尝曰："文某倒好。"始，讲筵于五经废《春秋》、《礼记》不讲，神宗方命讲《礼记》。至是，又命讲《春秋》，阁臣温体仁辈素不乐公，而《春秋》非颛门不能讲，公少习是经，为大师，体仁不得已以公应命。讲至"宰咺归赗传"，赗，凶礼也，于例当阙，帝令补讲章进览，公乃推明《春秋》之义，极言"咺以六卿之长而坏法乱纪，自王朝始，焉用彼相？"帝甚嘉叹，降谕诸讲官，今后当讲者，悉以此类推，举朝益知公将大用矣。其明年，廷推阁员，公资浅不在推中，特旨命吏部取公年籍、履历入，遂拜礼部左侍郎兼东阁大学士，入阁办事。

公之为史官也，值北兵甫退，吏部将借边才以翻前所定逆案。公再疏争之，群小已相与侧目，继又上疏请改正《光宗实录》，其略曰："臣猥以菲才备员史局，顷因纂修，恭请《光宗实录》副本校对，见中间舛误甚多。而悖谬之大者，莫如先帝之册立，与梃击、红丸三大事，祖《要典》邪说而应和之。盖逆党崔呈秀等请旨重修，见今藏于皇史宬者是也。方进呈之时，皇上初登大宝，《要典》未毁，逆案未订，以故含糊从事，后来亦无复发金匮之秘，洗石渠之藏者，至今邪说犹在，傥谓一入史宬不可复改，则流传后世，将安取衷？国是攸关，非细故也。因条次所宜改正者。"其目凡五疏入，大忤体仁辈意，而帝独心善其言，出御平台，手公疏示阁臣，帝锐意向公，而体仁及王应熊两人犹断断力持之，诘问良久，两人者辞穷无以对，方叩首曰："此诚逆党所造邪说也。今《要典》之毁已久，又蒙皇上申饬，即可垂示后世矣。"《实录》虽不果改，而奉俞旨申明略如公之奏焉。由是益与体仁辈忤。

既入直，应熊去位，而体仁深中多数，乃力求所以中伤公者。会都给事中许公誉卿，及公婚家福建右布政申绍芳得罪，公竟以是罢去。先是吏部尚书谢升不厌众望，数为科道官所纠，升颇疑誉卿指使，誉卿故公所推重者也，用是并疑公。最后，升纳山东布政劳某贿，推擢登莱巡抚，众议大哗，因交章弹升，升窘甚，具疏自辨，遂诬誉卿、绍芳，坐以冯藉奥援争官讲阙，其事绝无左验，盖阴借以倾公也。故事，凡奏疏至阁中，阁臣以次分票，是疏不隶体仁所，而体仁徼取之，竟拟旨削誉卿籍，且票且目公，公从容曰："言官为民，极荣事也。彼方德公玉成之耳。"体仁益愠，露章言："皇上所以鼓励天下者，惟此爵禄名位，而文某云云。以股肱心膂之臣，出此悖伦灭法之语。"欲以激怒帝，帝果意公有私，得旨闲住，公罢而誉卿削籍，绍芳亦下狱矣。

公归里，甫半岁而病殁。当公之病也，闻文毅公讣，往哭之恸，其病遂革，距文毅殁时相去仅十有五日，四方贤士大夫争悼惜之。公性方严，不苟合，以是数忤小人。在内阁不满三月，虽屡见宠顾而受同官排陷，讫未及有所设施。家居，公廉自守，苞苴不敢及门。通籍凡十有五年，至于贵显，其第宅犹仍诸生时所居，从未尝拓地一弓，建屋一椽也。生平深恶内阉，不与交通，有太监曹化淳者，故出王安名下，浮慕公贤，尝遣私人祈公："傥得循例往来外廷，事敢不惟命？"或劝公往投谒，公哂曰："此谒一入，其辱尚可湔洗乎？"其后见排体仁，咸谓化淳与有力也。越三年，始复原官，致仕。又二年，赠礼部尚书。福王立，追谥文肃公。尝因流贼不靖，疏言致乱之源有四，中间指斥庙堂猜疑、党人蒙蔽，与将无纪律、兵无行伍、淫污惨劫、驱民为贼之状，尤极痛切。及公既殁，明竟以此亡天下云。

有两子，长子秉，最知名，明亡，隐居竺坞之丙舍，杜门著书终其身。

前史官汪琬曰：琬尝访公故居，盖已易主矣。因抵其读书之所，所谓青瑶屿者，俯清沼，攀修柳，慨然久之。适大风飒飒起，林木间辄想象公掀髯抵手痛诉逆党时也。琬谨按，公行状及秉所撰《愍帝小识》，诠次为传，以授秉之子点，俾后生有考焉。

（清）孙岳颁《御定佩文斋书画谱》卷四十四·书家传二十三·明五·文震孟 文震孟，字文起，别号湛持，待诏之曾孙。生而奇伟，眉棱上指，目光射人，与世所传文信国像无异。年五十始成进士，为熹庙改元之岁，廷对大魁天下。崇祯初，拜礼部左侍郎兼东阁大学士。谥文肃。书迹遍天下，一时碑版署额与待诏埒。（《文氏族谱》）

（清）张豫章等《御选明诗》姓名爵里七·诸家姓名爵里 文震孟（字文起，翰林待诏征明曾孙。天启壬戌赐进士第一，授翰林修撰，以言事镌级。崇祯初，复原官，历坊局，进少詹事以礼部左侍郎兼东阁大学士。谥文肃。有《药圃诗稿》）。

（清）陈鼎《东林列传》卷二十三·明·文震孟姚希孟列传 文震孟，字文起，长洲人。弱冠举万历甲午贤书。居父丧，哀毁庐墓竹坞三年，未尝见齿，有真孝廉之目。十上春官，至天启二年始成进士，廷对第一，授翰林院修撰。时魏忠贤渐用事，因禁讲学，兴党议，正人以次窜逐。震孟上疏言："勤政讲学之实，谓君臣相对，如家人父子，则左右近习无缘可以蒙蔽。"且曰："空人国以营私窟，几似浊流之投，詈道学以逐名贤，有甚伪学之禁。"疏上，忤忠贤意。乘上观剧，摘疏中傀儡登场语谓比上偶人，激怒上，传杖八十。辅臣救免，降调。未几，逆珰矫旨削籍。

崇祯改元，复原官，充日讲，纂修《熹宗实录》，校对《光宗实录》副本，请改定三案之误。其在讲筵，尝讲"君使臣以礼"，力劝帝培养士气，推心感人，勿徒峻刑法以启猜疑。讲罢，即传旨释刑部尚书乔允升、副都御史易应昌于狱。又讲《春秋》"宰咺归赗"，言："咺位六官之长而坏法乱纪，自王朝始，焉用彼相。"盖有所讽也。在春坊时，疏劾吕纯如罗织诸贤，今籍奥援思借边才，起用吏部尚书王永光，假窃威柄，变乱祖制，考选摈斥清才。上命指实具奏，永光旋罢。历升詹事府少詹事，上知可大用。

八年七月，进礼部左侍郎兼东阁大学士，既与首辅温体仁忤。十一月，遂罢。初，震孟讲《春秋》称旨，已而引疾，不允。体仁语之曰："行相君矣。何避也？"其相也，值体仁在告，出不意骤命之。震孟自恃特简，于体仁无所依附。始入，体仁有票拟，必请正，有改必从。震孟语人曰："温公虚怀乃尔，何云奸？"同官何吾驺曰："是人机械甚深，何可信也？"越数日，体仁知其疏凡震孟票拟，径抹去不用，震孟拍案大呼，以诸疏掷体仁，体仁亦不顾。至是，震孟、吾驺欲以工科给事许誉卿补南京太常卿，体仁与吏部尚书谢升难之。升遂疏纠誉卿，震孟票拟夺俸，体仁不可，震孟作色掷笔曰："言官以去为荣，即革职无害。"体仁遂揭此语入告，与吾驺俱罢。誉卿击珰有直声，十年不调，削籍以去。而震孟清劲，负时望入相仅三月，体仁挤之，不竟其用，天下惜之。十年，卒于家，福王南立，谥文肃。

……

外史氏曰：文起在朝席，不及暖而即被逐。孟长入朝未久，亦即被谪。夫天未欲存明也，故使其舅甥历坎坷焉。天欲存明，岂肯使之遽亡哉！

（清）王鸿绪等《明史稿》卷二百三十五·列传第一百三十·文震孟　文震孟，字文起，吴县人，待诏征明曾孙也。祖国子博士彭，父卫辉同知元发，并有名行。震孟弱冠举于乡，绩学砥行，负盛名，十赴会试。至天启二年，始以殿试第一授翰林院修撰。

时天下多故，而魏忠贤渐窃柄，外廷应之，数斥逐大臣。震孟愤，其年十月，上《勤政讲学疏》，言："今四方多故，无岁不蹙地陷城，覆军杀将，乃大小臣工卧薪尝胆之日，而因循粉饰，将使祖宗天下日销月削。非陛下奋然大破常格，鼓舞豪杰心，天下事未知所终也。陛下昧爽临朝，寒暑靡辍，政非不勤，然鸿胪引奏，跪拜起立，如傀儡登场已耳。请按祖宗制，唱六部，则六部以次白事；唱六科，则六科以次白事，纠弹敷奏，陛下与辅弼大臣面裁决焉。则圣智日明习，而百执事各有奋心。若仅揭帖一纸，长跪一诺，北面一揖，安取此鸳行豸绣、横玉腰金者为？经筵日讲，临御有期，学非不讲，然侍臣进读，铺叙文辞，如蒙师诵说已耳。祖宗之朝，君臣相对，如家人父子。咨访军国重事，闾阎隐微，深居九重，情形毕照，奸诈无所藏，左右近习亦无缘蒙蔽。若仅尊严如神，上下拱手，经传典谟只守故事，安取此正笏垂绅、展书簪笔者为？且陛下既与群臣不洽，退入内廷耳目所触发，德性所薰蒸，自不越中涓常侍之言，帝王宏远规模，岂若辈所能解？于是危如山海，而阁臣一出，其偷安无事；惨如黔围，而抚臣坐视，竟严谴莫施。近日举动，更可异者，邹元标去，冯从吾杜门，首揆冢宰亦相率求退。三朝耆遗，一旦以讲学故不安其位，空人国逐名贤，有似伪学之禁。唐、宋末季，可为前鉴。尚书王纪削籍，策蹇出都，人谓快于驰驿；破帽蒙头，人谓华于蟒玉。今诸臣被道学名以去其贵，且甚于三公。国家爵禄名号，不足为荣，岂平世所宜有？"

疏入，忠贤屏不即奏。俟帝内宴为偶人戏毕，因进震孟疏曰："所言傀儡即偶人也。见圣躬短小，遂以相比，不杀无以示天下。"帝颔之。一日，讲筵竣，忠贤传旨，廷杖震孟八十。首辅叶向高在告，次辅韩爌力争。会庶吉士郑鄤疏复入，内批俱贬秩调外。言官交章论救，向高言尤力，不纳。震孟不赴调而归。六年冬，太仓进士顾同寅、生员孙文豸坐以诗悼惜熊廷弼，为兵马司所缉获。御史门克新指为妖言，以震孟及编修陈仁锡、庶吉士郑鄤皆与往还，株连及之，并斥为民。

崇祯改元，召为侍读。改左中允，充日讲官。三年春，都城戒严，大臣多去国，忠贤遗党王永光辈日乘机报复，顺天巡抚方大任遂希指力诋东林，震孟抗疏，极陈其谬，因言："永光乘朝廷仓猝，谋翻钦定刑书，深筹密算，无非续崔魏游魂。方今摧抑之余，士气已尽，何忍复与党议，空人国而后已。"帝方眷永光，不报。寻进左谕德，掌司经局，直讲如故。五月，复上疏曰："群小合谋，欲借边才翻逆案。天下有无才误事之君子，必无怀忠报国之小人。今有平生无耻，惨杀名贤之吕纯如，且藉奥援思辩雪。永光为六卿长，假窃威福，倒置用舍，无事不专而济以狠，发念必欺而饰以朴，机深计巧，投无不中。人皆知卢杞奸邪，畏林甫岸谷以年例大典而变乱祖制，以考选盛举而摈斥清才。举朝震恐，莫敢讼言。臣下雷同，岂国之福！"帝以杀名贤及年例考选无所指，令再陈。震孟言："杀名贤者，故吏部郎周顺昌。年例则抑吏科都给事中陈良训，考选则摈中书舍人陈士奇、潘有功是也。纯如常语人：'冢宰不去，此案必翻。'故永光倡边才之说，而纯如辨冤疏即继之，非合谋而何？”永光窘，密结大奄王永祚，谓：“士奇出姚希孟门。震孟，希孟舅也。”帝遂疑之。永光辩疏得温旨，而责震孟任情牵诋，然群小翻案之谋亦由是中沮。

震孟在讲筵，最严正。尝讲“君使臣以礼”章，反覆规讽，帝即出尚书乔允升、侍郎胡世赏于狱。一日进讲，见帝足加膝，适讲《五子之歌》，至“为人上者，奈何不敬”，以目视帝足，帝即袖掩之，徐为引下，时称“真讲官”。既忤权臣，欲避去。出封益府，便道归，遂不复出。

五年，即家擢右庶子。久之，进少詹事。初，天启时，诏修《光宗实录》，礼部侍郎周炳谟载神宗时储位觊觎及妖书、梃击诸事，直笔无所阿。其后魏忠贤盗国柄，御史石三畏劾削炳谟职，忠贤使其党重修，是非倒置。震孟摘尤谬者数条，疏请改正。帝特御平台，召廷臣面议，卒为温体仁、王应熊所沮。炳谟，字仲觐，无锡人。万历三十二年进士。三畏劾，时炳谟已假归，卒于家矣。崇祯初，赠礼部尚书，谥文安。其父子义，嘉靖中庶吉士，万历中至吏部侍郎，卒谥文恪。父子皆以学行称于世。

八年正月，贼犯皇陵。震孟陈致乱之源，言：“陛下初御极，废籍诸臣汇征连茹，而谋国罔效，致圣衷怀疑，群邪伺隙。沿至于今，魑魅啸舞于离明，狐鼠纵横于城社，逆气足以召逆，妖氛足以成妖，此致乱之源也。堂陛之地，欺猜愈深，朝野之间，克削日甚。缙绅蹙靡骋，士子嗟束湿。万民失业，商旅怨咨，此又致乱之源也。兵不精而日增饷，随兵而日益，饷益则赋重，赋重则刑繁，有司惕功令之严，日取鹄形鸠面之赤子，笞之枯之，冤痛之声下彻于地。此又致乱之源也。盗贼四起，调将征兵，而兵无纪律，淫污杀掠，惨不可言。民间有‘贼兵如梳，官兵如栉’之谣。民安得不为盗，盗安得不日增？此又致乱之源也。当事诸臣，不能忧国奉公，一统之朝，强分畛域，加膝坠渊，总由恩怨。数年来，振纲肃纪者何事，推贤用能者何人，安内攘外者何道，富国强兵者何策？陛下宜奋然一怒，发哀痛之诏，按失律之诛，正误国之罪，行抚绥之实政，宽闾阎之积逋。先收人心以遏寇盗，徐议财源之濬，毋徒竭泽而渔。尽斥患得患失之鄙夫，广集群策群力以定乱，国事庶有瘳乎！”帝优旨报之，亦不能尽行也。

故事，讲筵不列《春秋》，帝以有裨治乱，令择人进讲。震孟，《春秋》名家，体仁虑其讥切时政，或当帝意受眷知，隐不举。次辅钱士升指及之，体仁佯惊曰：“几失此人。”遂以其名上。及进讲，果大称帝旨。震孟乃两疏辞疾，不许。

六月，帝将增置阁臣，召廷臣数十人，试以票拟。震孟疾不入，祭酒倪元璐无疾亦不入。明日，命取姜逢元、陈子壮、张至发及震孟等九人履历，又命廷推在籍者。体仁方得疾在告。帝以七月特擢震孟礼部左侍郎兼东阁大学士，入阁预政。两疏固辞，不许。阁臣被命，即投刺司礼大奄，兼致仪状，震孟独否。掌司礼者曹化淳，故王安从奄，雅慕震孟，令安从子官中书者属震孟，乡人述其意，震孟卒不往。震孟既入直，体仁疾愈，亦入，每拟旨必商之，震孟有所改必从，喜谓人曰：“温公虚怀，何云奸也？”同官何吾驺曰：“此人机最深，胡可信？”震孟不谓。然越十余日，体仁窥其疏，所拟不当，辄令改，不从，则径抹去。震孟大愠，以诸疏掷体仁前，体仁亦不顾。

都给事中许誉卿者，故劾忠贤有声，震孟及吾驺欲用为南京太常卿。体仁忌誉卿伉直，讽吏部尚书谢升劾其与福建布政使申绍芳营求美官，语侵震孟。体仁拟殊干法纪当贬谪，度帝欲重拟必发改，已而果然。遂拟斥誉卿为民，绍芳提问。震孟争不得，有愤言。及誉卿疏辨，侵体仁，体仁因述拟旨始末。且言升疏改拟时，士升以升劾故，重而述吾驺、震孟意，谓："当行勘，或令回奏，臣以冢臣所纠复谁勘?"遂拟削籍，震孟咈然曰："科道为民，是天下极荣事。陛下劝惩天下，止赏罚大权，如震孟言是朝廷赏罚不足为劝惩。以股肱心膂，臣为此悖理灭法语。臣不知其何心？数日以来，聚谋授草，欲为誉卿攻臣者实繁有徒。臣身可杀心不可移也。"帝果怒，责吾驺、震孟徇私挠乱。二人疏辨，不听。遂罢吾驺，落震孟职闲住。

方震孟之拜命也，即有旨召还诸边镇守内臣，不知者遂谓震孟力。及次辅王应熊之去，在直者止震孟及张至发，忌者谓震孟为之。由是有谮震孟居功者，帝意遂移。其在阁止两月尔。震孟刚方贞介，有古大臣风，扼于权奸，不竟其用。

归半岁，会甥希孟卒，哭之恸。未几，亦卒。廷臣屡请恤典，不许。十二年，诏复故官。十五年，赠礼部尚书，赐祭葬，官一子。福王时，追谥文肃。二子秉、乘，俱有学行。乘遭国变，死于难。

（清）黄之隽等《江南通志》卷一百四十·人物志·宦绩二·苏州府·明　文震孟，字文起，吴县人。待诏征明曾孙。弱冠举于乡，以学行负盛名，十赴会试，至天启壬戌始举进士第一。授修撰。时魏忠贤渐窃柄，累逐大臣。震孟上疏规切时政，镌秩调外，旋斥为民。崇祯初，召为侍读，历少詹事，频有建白，谠直益著，特拜礼部左侍郎兼东阁大学士。甫两月，为温体仁所构而罢。震孟刚方贞介，有古大臣风节。卒谥文肃。子诸生秉，字孙符，有高行。

（清）张廷玉等《明史》卷二百五十一·列传第一百三十九·文震孟　文震孟，字文起，吴县人，待诏征明曾孙也。祖国子博士彭，父卫辉同知元发，并有名行。震孟弱冠以《春秋》举于乡，十赴会试。至天启二年，殿试第一，授修撰。

时魏忠贤渐用事，外廷应之，数斥逐大臣。震孟愤，于是冬十月上《勤政讲学疏》，言："今四方多故，无岁不蹙地陷城，覆军杀将，乃大小臣工卧薪尝胆之日。而因循粉饰，将使祖宗天下日销月削。非陛下大破常格，鼓舞豪杰心，天下事未知所终也。陛下昧爽临朝，寒暑靡辍，政非不勤，然鸿胪引奏，跪拜起立，如傀儡登场已耳。请按祖宗制，唱六部六科，则六部六科以次白事，纠弹敷奏，陛下与辅弼大臣面裁决焉。则圣智日益明习，而百执事各有奋心。若仅揭帖一纸，长跪一诺，北面一揖，安取此鸳行豸绣、横玉腰金者为？经筵日讲，临御有期，学非不讲。然侍臣进读，铺叙文辞，如蒙师诵说已耳。祖宗之朝，君臣相对，如家人父子。咨访军国重事，闾阎隐微，情形毕照，奸诈无所藏，左右近习亦无缘蒙蔽。若仅尊严如神，上下拱手，经传典谟，徒循故事，安取此正笏垂绅、展书簪笔者为？且陛下既与群臣不洽，朝夕侍御不越中涓之辈，岂知帝王宏远规模？于是危如山海，而阁臣一出，莫挽偷安之习；惨如黔围，而抚臣坐视，不闻严谴之施。近日举动，尤可异者。邹元标去位，冯从吾杜门，首揆冢宰亦相率求退。空人国以营私窟，几似浊流之投，詈道学以逐名贤，有甚伪学之禁。唐、宋末季，可为前鉴。”

疏入，忠贤屏不即奏。乘帝观剧，摘疏中“傀儡登场”语，谓比帝于偶人，不杀无以示天下，帝颔之。一日，讲筵毕，忠贤传旨，廷杖震孟八十。首辅叶向高在告，次辅韩爌力争。会庶吉士郑鄤疏复入，内批俱贬秩调外。言官交章论救，不纳。震孟亦不赴调而归。六年冬，太仓进士顾同寅、生员孙文豸坐以诗悼惜熊廷弼，为兵马司缉获。御史门克新指为妖言，波及震孟，与编修陈仁锡、庶吉士郑鄤并斥为民。

崇祯元年以侍读召。改左中允，充日讲官。三年春，辅臣定逆案者相继去国，忠贤遗党王永光辈日乘机报复，震孟抗疏纠之。帝方眷永光，不报。震孟寻进左谕德，掌司经局，直讲如故。五月，复上疏曰：“群小合谋，欲借边才翻逆案。天下有无才误事之君子，必无怀忠报国之小人。今有平生无耻，惨杀名贤之吕纯如，且藉奥援思辩雪。永光为六卿长，假窃威福，倒置用舍，无事不专而济以狠，发念必欺而饰以朴。以年例大典而变乱祖制，以考选盛举而摈斥清才。举朝震恐，莫敢讼言。臣下雷同，岂国之福！”帝令指实再奏。震孟言：“杀名贤者，故吏部郎周顺昌。年例则抑吏科都给事中陈良训，考选则摈中书舍人陈士奇、潘有功是也。”永光窘甚，密结大奄王永祚，谓士奇出姚希孟门，震孟，希孟舅也。帝心疑之。永光辩疏得温旨，而责震孟任情牵诋。然群小翻案之谋亦由是中沮。

震孟在讲筵，最严正。时大臣数逮系，震孟讲《鲁论》“君使臣以礼”一章，反复规讽，帝即降旨出尚书乔允升、侍郎胡世赏于狱。帝尝足加于膝，适讲《五子之歌》，至“为人上者，奈何不敬”，以目视帝足，帝即袖掩之，徐为引下。时称“真讲官”。既忤权臣，欲避去。出封益府，便道归，遂不复出。

五年，即家擢右庶子。久之，进少詹事。初，天启时，诏修《光宗实录》，礼部侍郎周炳谟载神宗时储位飘摇及妖书、梃击诸事，直笔无所阿。其后忠贤盗柄，御史石三畏劾削炳谟职。忠贤使其党重修，是非倒置。震孟摘尤谬者数条，疏请改正。帝特御平台，召廷臣面议，卒为温体仁、王应熊所沮。

八年正月，贼犯凤阳皇陵。震孟历陈致乱之源，因言：“当事诸臣，不能忧国奉公，一统之朝，强分畛域，加膝坠渊，总由恩怨。数年来，振纲肃纪者何事，推贤用能者何人，安内攘外者何道，富国强兵者何策？陛下宜奋然一怒，发哀痛之诏，按失律之诛，正误国之罪，行抚绥之实政，宽闾阎之积逋。先收人心以遏寇盗，徐议濬财之源，毋徒竭泽而渔。尽斥患得患失之鄙夫，广集群策群力以定乱，国事庶有瘳乎！”帝优旨报之，然亦不能尽行也。

故事，讲筵不列《春秋》。帝以有裨治乱，令择人进讲。震孟，《春秋》名家，为体仁所忌，隐不举。次辅钱士升指及之，体仁佯惊曰：“几失此人！”遂以其名上。及进讲，果称帝旨。

六月，帝将增置阁臣，召廷臣数十人，试以票拟。震孟引疾不入，体仁方在告。七月，帝特擢震孟礼部左侍郎兼东阁大学士，入阁预政。两疏固辞，不许。阁臣被命，即投刺司礼大奄，兼致仪状，震孟独否。掌司礼者曹化淳，故属王安从奄，雅慕震孟，令人辗转道意，卒不往。震孟既入直，体仁每拟旨必商之，有所改必从，喜谓人曰："温公虚怀，何云奸也？"同官何吾驺曰："此人机深，讵可轻信？"越十余日，体仁窥其疏，所拟不常，辄令改，不从，则径抹去。震孟大愠，以诸疏掷体仁前，体仁亦不顾。

都给事中许誉卿者，故劾忠贤有声，震孟及吾驺欲用为南京太常卿。体仁忌誉卿伉直，讽吏部尚书谢升劾其与福建布政使申绍芳营求美官。体仁拟以贬谪，度帝欲重拟必发改，已而果然。遂拟斥誉卿为民，绍芳提问。震孟争之不得，怫然曰："科道为民，是天下极荣事，赖公玉成之。"体仁遽以闻。帝果怒，责吾驺、震孟徇私挠乱。吾驺罢，震孟落职闲住。

方震孟之拜命也，即有旨撤镇守中官。及次辅王应熊之去，忌者谓震孟为之。由是有谮其居功者，帝意遂移。震孟刚方贞介，有古大臣风，惜三月而斥，未竟其用。

归半岁，会甥姚希孟卒，哭之恸，亦卒。廷臣请恤，不允。十二年，诏复故官。十五年，赠礼部尚书，赐祭葬，官一子。福王时，追谥文肃。二子秉、乘。乘遭国变，死于难。

……

赞曰：庄烈帝在位仅十七年，辅相至五十余人。其克保令名者，数人而已，若标等是也。基命能推毂旧辅以定危难，震孟以风节显，德璟谙悉旧章。以陆喜之论薛莹者观之，所谓侃然体国，执正不惧，斟酌时宜，时献微益者乎？至于扶危定倾，殆非易言也。呜呼！国步方艰，人材亦与俱尽，其所由来者渐矣。

（清）沈德潜、周准《明诗别裁集》卷十·文震孟（一首）　（震孟，字文起，长洲人。天启壬戌赐进士第一，授翰林修撰。忤逆阉，镌级归。崇祯初，复原官，历仕至礼部侍郎，东阁大学士，卒谥文肃）。

（清）倪涛《六艺之一录》卷三百七十三·历朝书谱六十三·明·文震孟　文震孟，字文起，别号湛持，待诏之曾孙。生而奇伟，眉棱上指，目光射人，与世所传文信国像无异。年五十始成进士，为熹庙改元之岁，廷对大魁天下。崇祯初，拜礼部左侍郎兼东阁大学士。谥文肃。书迹遍天下，一时碑版署额与待诏埒。（《文氏族谱》）

（清）和珅等《大清一统志》卷五十六·苏州府三·人物·明　文震孟（字文起，吴县人。天启二年殿试第一，授修撰。疏陈勤政讲学，忤魏忠贤意调外，震孟遂归。崇祯初，召置讲筵，连劾王永光、忠贤遗党，乘机报复。及贼犯皇陵，痛陈致乱之源，擢礼部左侍郎兼东阁大学士，与温体仁不协，被劾落职，归卒，赠礼部尚书，谥文肃）。

李棪《东林党籍考》·文震孟列传第八十二 文震孟，字文起，号湛持，南直隶长洲人。天启二年（壬戌）进士第一，授修撰。以言事贬秩调外，旋斥为民。崇祯初，起侍读，历中允、谕德、庶子、少詹事，擢礼部侍郎兼东阁大学士，参预机务。寻落职闲住，卒。诏复原官，赠礼部尚书。福王时，追谥文肃。（参《明史》二五一，《盗柄东林夥》，《籍贯录》，《同志录》，《点将录》，《朋党录》，《夥坏封疆录》，《天监录》，《剥复录》，《尚论录》一、七、一二、一五，《启祯野乘》一，《思旧录》二，《两朝遗诗传》，《明诗纪事》辛一九，《四库提要》六二，《东林书院志》一〇，《东林列传》二三。）

科　　第

壬戌科（天启二年）**状元策**　（存目，参见（明）焦竑辑、（清）胡任兴增辑《历科廷试状元策》卷七）

（清）陈鼎《东林列传》卷末上·明附熹宗原本本纪上　（天启二年春三月）辛亥，策天下贡士，赐文震孟等四百人进士及第出身有差。

（清）黄之隽等《江南通志》卷一百二十三·选举志·进士五·明天启壬戌科文震孟榜　文震孟（长洲人，状元。）

（清）张廷玉等《明史》卷二十二·本纪第二十二·熹宗　（天启二年春三月）甲寅，赐文震孟等进士及第出身有差。

李棪《东林党籍考》·东林登科录·天启二年壬戌科文震孟榜　是科一甲两人，少同籍，长同官，又皆以文学见称于世。……郑鄤与文震孟同建言，相友善。……

文震孟（列传八二）贯直隶苏州府长洲县民籍，吴县人，字文起。万历甲午举人。廷试一甲第一名。

仕　　宦

（明）陈盟《崇祯阁臣行略》·崇祯阁臣年表　八年（乙亥）　文震孟（七月入阁，十月罢）。

（清）谷应泰《明史纪事本末》卷六十六·东林党议 （熹宗天启二年八月）翰林修撰文震孟上言勤政讲学之实，留中。庶吉士郑鄤疏促之。俱降调。

又 （崇祯）三年五月，左谕德文震孟上言："吕纯如罗织诸贤，今籍奥援，思借边才起用。吏部尚书王永光假窃威柄，年例变乱祖制，考选摈斥清才。"疏入，命指实具奏。永光有清执，东林以其异已，给事中张国维、御史毛羽健等交劾之。俱不问。至是，震孟再纠之。

又 （崇祯八年）秋七月，进少詹事文震孟为礼部左侍郎兼东阁大学士。震孟讲《春秋》称旨，既而以疾告，不允。温体仁语之曰："行相君矣，何避也！"至是，出特简入政府。

十一月大学士何吾驺、文震孟罢。初，吾驺、震孟在直，欲以工科给事许誉卿补南京太常卿，温体仁与吏部尚书谢升难之。升遂疏纠誉卿。震孟自恃特简，于体仁无所依附。尝与体仁论庶吉士郑鄤当迁除，大拂体仁意。至是，票升疏，止欲夺誉卿俸，体仁不肯。震孟作色掷笔曰："即削籍，无害！"体仁夕揭上，而吾驺、震孟朝罢矣。誉卿击珰有直声，沉沦谏垣，十年不调，即是削籍。震孟有时望，入相仅三月而龃龉同官，不竟其用。

又，卷七十一·魏忠贤乱政 （熹宗天启二年）冬十月，修撰文震孟上言勤政讲学之实，中云："君臣相对如家人父子，则左右近习无缘可以蒙蔽。"疏入，忤魏忠贤，不下。庶吉士郑鄤复疏促之，曰："经御览而留中，则非止辇转圜之义；不经御览而留中，必有藏伏奥援之奸。本朝故事，惟武宗及神宗末年有之。权珰炀灶，相顾太息，无可如何矣。"忠贤深恶之。承上观剧，摘震孟疏中"傀儡登场"语激怒上。时太仆寺卿满朝荐亦言之力。俱谪归。

又 （天启五年冬）十一月，以崔呈秀为工部右侍郎。岁加魏忠贤禄米一千二百石，为殿工也。呈秀初倚许秉彝，通忠贤。至是，殿工兴，忠贤借督工，无日不与呈秀相见，屏人密语移时。呈秀授党人姓名，如《天鉴》等录，忠贤奉为圣书。……《点将录》者，首曰天罡星：……圣手书生文震孟……共三十六人。

又 （天启七年春正月）削翰林陈仁锡、文震孟、郑鄤籍。

又，卷七十二·崇祯治乱 （崇祯七年）冬十月，上数御经筵，遇雪不辍……少詹事文震孟讲《春秋》，上论仲子归赗云："此见当时朝政有阙，所以当讲。自今进讲，当以此类推。"

又 （崇祯八年）秋七月，进文震孟礼部左侍郎兼东阁大学士。寻忤温体仁，罢归。

（清）查继佐《罪惟录》·志卷十九·直阁志·毅宗 文震孟（湛持，长洲人。由状元、编修中旨落职，削籍。起读，历左春坊左庶子，掌司经局事，协理少詹事，进礼部尚书，兼东阁大学士，罢归。谥文肃）。

（清）陈鼎《东林列传》卷末上·明附熹宗原本本纪上 （天启二年冬十月）己丑，左都御史邹元标致仕，修撰文震孟上《国势綦艰疏》，奉旨调外。

（清）张廷玉等《明史》卷二十三·本纪第二十三·庄烈帝一 （崇祯八年）秋七月甲戌，少詹事文震孟、刑部侍郎张至发并为礼部侍郎兼东阁大学士，预机务。

又 （冬十月）辛卯，李自成陷陕州。十一月庚戌，何吾驺、文震孟罢。

又，卷一百十·表第十·宰辅年表二 （崇祯）八年乙亥：文震孟（七月，晋礼部侍郎兼东阁大学士入。十一月，闲住）。

（清）傅恒《御批历代通鉴辑览》卷一百十三·明熹宗皇帝 （天启五年秋八月）杀前辽东经略熊廷弼传首九边。……（武弁蒋应阳为廷弼称冤，立诛死。太仓人孙文豸、顾同寅作诗诔之，为逻者所得，二人坐诽谤俱斩。连及其同郡编修陈仁锡、修撰文震孟，并削籍。）

又，卷一百十四·明庄烈帝 （崇祯乙亥八年）秋七月，以文震孟、张至发并为礼部侍郎兼东阁大学士，预机务。

震孟在讲筵，每因事规谏帝，数逮系大臣。震孟讲《鲁论》"君使臣以礼"，反复陈说，帝为出尚书乔允升、侍郎胡世赏于狱。帝尝足加于膝，适讲《五子之歌》至"为人上者，奈何不敬"，以目视帝足，帝即袖掩之，徐为引下。贼焚凤阳陵寝，震孟历陈致乱之源，谓："当事诸臣不能忧国奉公，一统之朝强分畛域。"又言："陛下宜行抚绥实政，先收人心，以遏寇盗，徐议浚财之源，毋徒竭泽而渔。"语多切中时弊。至是，帝将增至阁臣，以翰林不习世务，思用他官参之，召廷臣数十人各授一疏，令票拟。震孟引疾不入，至发所拟独当，帝特命至发与震孟并入阁。

又 冬十一月，何吾驺、文震孟罢。

震孟与温体仁不合，给事中许誉卿以凤阳皇陵被焚，劾体仁误国，体仁憾甚。会有劾誉卿为人营求迁擢者，体仁拟旨，斥誉卿为民。吾驺、震孟力争，帝责二人徇私挠乱，并罢之。

（清）舒赫德《御定资治通鉴纲目三编》卷三十三 （明熹宗天启五年秋八月）杀前辽东经略熊廷弼传首九边。（……时太仓人孙文豸、顾同寅作诗诔廷弼，为逻者所得，二人坐诽谤俱斩，连及其同郡编修陈仁锡、修撰文震孟，并削籍。）

又，卷三十六 （崇祯八年）秋七月，以文震孟、张至发并为礼部侍郎兼东阁大学士，预机务。

（震孟在讲筵，每因事规谏帝，数逮系大臣。震孟讲《鲁论》"君使臣以礼"，反复陈说，帝为出尚书乔允升、侍郎胡世赏于狱。帝尝足加于膝，适讲《五子之歌》至"为人上者，奈何不敬"，以目视帝足，帝即袖掩之，徐为引下。贼焚凤阳陵寝，震孟历陈致乱之源，谓："当事诸臣不能忧国奉公，一统之朝强分畛域。"又言："陛下宜行抚绥实政，先收人心，以遏寇盗，徐议浚财之源，毋徒竭泽而渔。”语多切中时弊。至是，帝将增置阁臣，以翰林不习时务，思用他官参之，召廷臣数十人各授一疏，令票拟。震孟引疾不与，至发所拟独当，帝意特命至发与震孟并入阁。……）

又 十一月，罢大学士何吾驺、文震孟。

（震孟既入阁，体仁每拟旨必商之，有所改必从。喜谓人曰：“温公虚怀，何云奸也。”吾驺曰：“此人机深，讵可轻信？”未几，体仁窥其疏所拟不当己意，辄令改不从，则径抹去。震孟大愠，以诸疏掷体仁前，体仁亦不顾。给事中许誉卿者，故劾忠贤有声。震孟及吾驺欲用为南京太常卿，体仁忌誉卿伉直，讽其私人，诬劾誉卿为福建布政使申绍芳营求美官，体仁拟以贬谪，度帝欲重拟必发改，已而果然。遂拟斥誉卿为民。绍芳提问，震孟争之不得，咈然曰：“科道被诬见斥，是天下极荣事，赖公玉成也。”体仁遽以闻帝，果怒，责吾驺、震孟徇私挠乱。吾驺罢，震孟落职间住。震孟刚方贞介，有古大臣风，惜三月而斥，未竟其用。）

轶　事

（清）孙承泽《春明梦余录》卷九·文华殿　文震孟在讲筵，端悫能致人主之听。一日，上偶加足于膝。文讲时诵讲章中语，拱手曰：“为人君者可不敬哉！”又重申之曰：“为人君者可不敬哉！”上竦然为之下足端听。

（清）阎湘蕙《明鼎甲征信录》卷四　文震孟，字文起，江南长洲人。曾祖征明，孝友其弟，修长者行。幼随父林官温州守，林卒，吏民哀千金为赙，固辞不受，温人修却金亭以记之。俞中丞谏者与征明世讲，念其贫，欲遗之金，谓曰：“若不苦朝夕耶？”曰：“朝夕饘粥具也。”指其衣曰：“敝至此乎？”曰：“雨，故以敝衣出耳。”谏竟不敢言遗金事。一日，过征明庐门，渠沮洳，谏顾曰：“通此渠，堪舆言当第。”征明谢曰：“公幸无念渠，渠通，当损旁民舍。”会尚书李充嗣抚吴，荐于朝，授翰林院待诏。相张璁以议礼贵讽征明使附己，辞焉。居三年，乞归，工诗文书画。有以书画求鉴定者，虽赝物，必曰：“真迹。”人问其故，征明曰：“凡买书画者，必有余之家，此人贫而卖物，待此举火，我一言沮之，举家受困矣。”尝宿一富贵家，于帐中见友人窃一银杯而出，佯为不知，又恐奴仆受冤，因语主人曰：“案上杯系我暂假，明日送还。”归即仿原式制之，以杯偿主家，终不泄其事。遇人有过不肯出诸口，亦不愿人于耳，有道者必以他端易之，使不得言。见道旁粘贴谤书者，急揭而焚之，终身如是。年六十余，疾笃，乡人为之祷神，梦神告曰：“文某好隐人过，德甚厚，寿正绵绵，汝辈勿为彼忧也。”后享年九十。卒之日，方为人书志石，未竟，欠伸阁笔，端坐而逝。子国子博士彭，彭生卫辉同知元发，并有名行。元发生震孟，初以孝廉作教，事先圣备极诚敬，朔望瞻礼俨然如在。春秋丁祭，则致斋礼祀。凡笾豆之类，无不先期亲洁濯，如是者三年。一日，丁祭，见宣圣空中伸一巨手，取芹菜而起，见者咸惊神异。次年，天启壬戌，殿试第一，官至东阁大学士，谥文肃。（《明史》并《择识录》、《寄园寄所寄》、《续太平广记》、《明史拟稿》）

著　作

（清）黄虞稷《千顷堂书目》卷十·传记类　文震孟《姑苏名贤小记》二卷。

又，卷二十七·别集类·天启壬戌科（二年）　文震孟《药圃诗稿》（字文起，长洲人。一甲第一人，礼部左侍郎兼东阁殿大学士。谥文肃）。

又，卷三十·表奏类　文震孟《奏疏》一卷。

（清）黄之隽等《江南通志》卷一百九十一·艺文志·史部·明　《姑苏名贤小记》（长洲文震孟）。

又，卷一百九十四·艺文志·集部二·明　《竹坞藏稿》（长洲文震孟）。

（清）曹仁虎等《钦定续通志》卷一百五十九·艺文略·史类第五下·列传　《姑苏名贤小记》二卷（明文震孟撰）。

（清）纪昀等《钦定四库全书总目》卷六十二·史部十八·传记类存目四·《姑苏名贤小记》二卷（两淮马裕家藏本）　明文震孟撰。震孟，字文起，长洲人。天启壬戌进士第一，官至东阁大学士，谥文肃。事迹具《明史》本传。是书大意以当世目吴人为轻柔浮靡，而不知清修苦节之士可为矜式者不少，故择长洲吴县人物卓绝者，各为之传，而系以赞。首高启，终王敬臣，凡五十人。盖既以表前贤又以励后进也。震孟以天启二年及第，而是书成于万历甲寅，盖其未遇时命意已如此，其立朝清介有自来矣。

（清）曹仁虎等《钦定续文献通考》卷一百六十五·经籍考·史（传记下）　文震孟《姑苏名贤小记》二卷。震孟，字文起，长洲人。天启壬戌进士第一，官至大学士。谥文肃。

评　论

（明）倪元璐《倪文贞集》奏疏卷一·首论国是疏　又如词臣文震孟，正学强骨，有古大臣之器，乡人月旦比于陈实、王烈。迨夫三月居官，昌言获罪，人又以方之罗伦、舒芬。与臣同年同官，侪辈惮其方严，不敢以雁行相畜，而当其去国，飘然耸身天际。有臣如此，自堪千古，而今起用之旨再下，谬悠之谈不已。岂以数十年前有其兄文从龙不逞之事乎？夫人知有从龙以为之兄，而不知有文征明、文彭之至德特行以为之祖父，且贤愚相越，舜象已然，世不闻柳下惠膺盗跖之诛，司马牛受向魋之罚，震孟何罪遭此嫌讥？将无“门户”二字不可重提，聊用更端以相遮抑耶？臣所谓正气未伸者，此也。总之，臣之论东林不主调停，而主别白。臣之论韩炉、文震孟，不争二臣之用舍，而争一朝之是非。伏乞陛下以臣此说申谕诸臣，凡于持局用人之际，俱不当存形骸芥蒂之心，要本公虚以消偏党。其韩炉虽廷论未属，而早奉鉴知之旨，何难特命召还？文震孟虽谕旨已颁，而既来不简之言，尚冀温文奖、雪于以破方隅，而伸正直之气。道无出此者矣。

（清）陈贞慧《山阳录》·五先生赞·文相国湛持先生震孟　先生祥麟威凤，两月平章，海内重之，如山先少保，生平耐久交指不多屈，先生其一也。每过吴门，流连竟日，盖竺坞居中，苍苔历历，时有两人杖头痕。慧亦辱在先世。诗章赠答，赫蹏往还，累累成册。盖月得令金便面者一，雪□旧纸者三四焉。少保去世后，有修怨者，先生翼之，以是为生死交矣。

赞曰：方先生之为孝廉也，以天下为己任，而志轸于安危。先生之为相国也，麛裘两月而望著乎华夷，余犹获见其人也。盖霞姿伟干，丰下而剑眉。

（清）吴伟业《绥寇纪略》卷七·开县败　当崔魏时，词臣最著节者，江南高攀龙、姚希孟、文震孟、江西姜曰广等十数人。

……

时浙东称为多贤诸词臣，惟文震孟至相，值体仁在告日，帝出不意骤命之。已而，显为难不两月罢。（震孟初入直，体仁有票拟必请正，有改必从。震孟曰：“温公虚怀，乃尔何云奸？”同官何吾驺曰：“是人伏机甚深，何可信？”越数日，体仁知其疏凡震孟票拟，径抹去不用。震孟拍案大呼，以诸疏掷体仁，体仁亦不顾。未几，许都谏誉卿被谢冢宰升纠，拟旨为民。震孟力争之，不得，曰：“言官以革职为荣。”体仁持其语入奏，并吾驺罢之。）

（清）朱彝尊《静志居诗话》卷十八　文震孟，字文起，长洲人。天启壬戌赐进士第一，授翰林修撰。以言事镌级。崇祯初复原官，历中允、谕德、掌司经局右春坊，进少詹事，以礼部左侍郎兼东阁大学士，卒谥文肃。有《药圃诗稿》。

文氏自温州守以来，累叶风流儒雅，为士林所推。相国晚达早归，崇祯五十辅臣骨鲠称首，乌衣子姓名节相继，不愧清门，是难能也。诗颇平缛。《拟古》一章缠绵婉约，庶几屈宋唐景之遗音乎？

又，卷二十四　长洲文震孟，性孝友，居翰苑未逾年，罢官家居。吴人语曰：“求忠臣，须孝子。繄为谁？文文起。”

(清)朱彝尊《明诗综》卷七十一·文震孟(二首)　震孟，字文起，长洲人。天启壬戌赐进士第一，授翰林修撰。以言事镌级。崇祯初复原官，历中允、谕德、掌司经局右春坊，进少詹事，以礼部左侍郎兼东阁大学士，卒谥文肃。有《药圃诗稿》。

(陈皇士云："文公诗不多作，然不失台阁气象。"

《静志居诗话》：文氏自温州守以来，累叶风流儒雅，为士林所推。相国晚达早归，崇祯五十辅臣骨鲠称首，乌衣子姓名节相继，不愧清门，是难能也。诗颇平孱。《拟古》一章缠绵婉约，庶几屈宋唐景之遗音乎?)

又，卷一百·吴人语　长洲文震孟性孝友，居翰苑未逾年，罢官家居。吴人语曰：求忠臣，须孝子。翳为谁？文文起。

(清)舒赫德《御定资治通鉴纲目三编》卷三十四　(崇祯三年春正月)兵部侍郎刘之纶帅师战于遵化，败绩死之。(……廷臣见之纶骤贵，受命视师，皆不允。中允文震孟使人讽之纶，谓当辞侍郎而易科衔以行，不听。)

……

发明(明末国是日非，其亡悬于呼吸。虽百之纶亦无益，然慷慨誓师，诚心为国，而众忌其骤贵而挠之，乞兵不与，致自募驯，至于败。及临阵捐躯，庄烈欲优恤以励其余，宜也。文震孟又从而沮之，惟任私意而罔顾公义，天良澌灭尽矣。震孟立朝风节，在当日颇有可观而亦复出此，殆不免为习气之所移耶)。

(清)陈田《明诗纪事》辛签卷十八·文震孟(二首)　震孟，字文起，长洲人。待诏征明曾孙。天启壬戌第一人及第，授修撰。以言事贬秩调外，斥为民。崇祯初，起侍读，历中允、谕德、庶子、少詹事，擢礼部侍郎兼东阁大学士，参预政务。寻落职闲住，卒。诏复故官，赠礼部尚书。福王时，追谥文肃。有《药圃诗稿》。

(徐枋《居易堂集》：文公每侍讲，烈皇尝目迎而送之。讲筵多忌讳，置《春秋》弗讲，时上命辅臣选《春秋》专经者进讲。首辅温体仁故以《春秋》起家，而讲臣中则公以《春秋》名天下。乌程忮，几见厄。久之，始进讲，至"宰咺归赗"，凶礼，当缺，上命补牍，公乃言："咺以六卿之长而坏法乱纪，自王朝始，焉用彼相。"乌程衔之。既入相，以公争言官许誉卿不当削，即露章入告，诋公为指斥，以次辅何公吾驺持正不传，遂并斥之。枘凿一言，并罢两相，即擅政如分宜、江陵，未之有也。

《枣林杂俎》：经筵对御案设几，列讲章其上，讲官易为口，直讲从御案傍敷陈，即自撰讲章也。盖讲章先期呈阁臣阅定，中书舍人录置御前。往时讲官，第阐本义，末规数语，不繁引也。崇祯时，好衍时事，辄千百言，如豫章礼部右侍郎罗喻义讲《尚书》"布昭圣武"，泛引国朝三大营志，乌程屡删之，不受，忤去。钱蹇庵曰："讲官致规，不过篇末，今累牍连章。乌程坐是与词林不协，予所见讲官，文湛持、倪鸿宝学问该洽，声容闲雅，真其选也。姚孟尝次之，姜箴胜有仪度，其学不逮。姜燕及气粗，许石门语冗。”)

杂　　录

(明) 周顺昌《忠介烬余集》卷二·与文湛持孝廉书一 (存目)

又，与文湛持书二 (存目)

又，与文湛持书三 (存目)

又，与文湛持修撰书四 (存目)

又，与文湛持书五 (存目)

又，与文湛持书六 (存目)

又，与文湛持书七 (存目)

(明) 娄坚《学古绪言》卷二十一·书牍八首·与文文起太史书　昨岁承珠玉之贶，旋奉一缄陈谢，未有以报也。所属写《圆觉经文》“殊问”一章虽已完纳，衰年眼昏，兼以素不便分窠书再写，终未惬意，惭悚！惭悚！

自闻胪传之报，知与不知咸为欣欣。明德之后，一也；令闻久播，二也；淹迟大发，三也。尤在人皆以王孝若相期。伏想令姊、夫人正在京邸，欢忭又当何如耶？闻十年前济川师风雨舟中之梦相继两验，一何奇耶？此适足以彰数之前定，而达人处世正不烦一毫计较，尤其章章者也。儿子得程文三首读之，仆久与此别，疾读再过，语语骇心动魄，真是奇观。廷对一篇，至今未得寓目，虽然，此犹吐奇舒愤之文也。自今以往，一言必正论，一行必成法，当自此始耳。吾吴先达之文如王文恪。嘉靖初《劝学》一篇，虽古人何以远过，而操觚者妄目为无奇，吾当为秦为汉耳。嗟乎！此苏文忠少而欲为贾陆，晚而且较正陆奏议以进者也。二公之文岂有一毫相似，而其意自相悬合如此？此可以概古文之脉正不在词采炫饰之间而已。东汉六朝之文，至韩柳而一振；唐末五代之文，至欧苏曾王而一振。今读其文，虽此数公者亦各自为词，未尝相袭。世乃有谓古文之法亡于韩者，彼不知也。曷足怪乎？独怪夫耳？而目之者辄因而肆其猖狂耳。凡为文章，但意高识远而味长，古今一而已矣。其有不同者，遣辞布格之间耳。仁兄绩学缀文之日久，何待鄙言，正虑初在词垣，或恐为时尚所夺耳。辄不自量而覙缕及之，勿骇其唐突也。近闻之淑士云仁兄为吴苑先贤传，已有刻本而未蒙颁示。并附以为请不宣。

(明) 刘宗周《刘蕺山集》卷七·书二·与温员峤相公(名体仁)　长洲(文震孟)为皇上特简，数月参知，天下未见其有可摘之过，而竟以许誉卿之处一语不合，遽激圣怒以去，则近于罔上。夫长洲肮脏之姿以语言得过阁下，诚有之矣。是时香山(何吾驺)并未尝赞一词，而亦以长洲同调，故坐腹诽去，则近于诬下。

（明）① **钱谦益《牧斋初学集》卷三十六·序九·赠文文起宫相六十序**　（存目）

（明）倪元璐《倪文贞诗集》卷下·送文长洲相国放归　只看波旬斗曲多，魔宫震动转多魔。暴公昔亦持三物，陆子今方出一鹅。中必迭双真射手，戏如格五小风波。南园碑记秦城咏，可及君家正气歌。

（明）张岱《石匮书后集》卷九·文震孟姚希孟列传　震孟姊子詹事姚希孟，与震孟同学同官，酷似其舅。震孟尝曰："吾甥舅如桧柏旋叶，无殊共饱霜雪耳。"

姚希孟，字孟长，号现闻，长洲人。生未周岁，赠公颖庵逝世，母文太君方二十有二，坐荼蓼中，乳血杂哺。时以征徭之累，从父借雏毂弛担，祖母施太孺人尚在，抱希孟跻公堂对簿。是日正希孟周岁，踞堂上，弄饴笑视太孺人。太孺人归，哭告文太君，文太君乃益哭，然心喜是儿有福是堂上人。既三岁，撄疾几废矣，诸大母环卫之。忽闻庭中声訇然，如大鸟翼击而去。质明，遂瘥。自是岐嶷，善占对。外大父文卫辉公甚器之，尝曰："外孙与吾儿，异日当比珪廊序。"遂与舅父文震孟同学。震孟万历甲午登贤书，困于南宫十九载，而壬子希孟举于乡，又七载己未，希孟成进士。又三载壬戌，而舅震孟始为廷对第一人，与希孟同官翰林。是时给谏杨涟、御史左光斗与希孟同道相勖，每言"世界即有缺陷，只此方寸却缺陷不得耳。"

庚申后，有停封、红丸、移宫诸秘事，杨、左先后发疏，皆从希孟质疑义，希孟亦匡直不辞。由庶常授简讨，为史官，修两朝《实录》。是时名贤尽起田间，叶文忠当国，邹忠介、赵忠毅、王庄毅、冯恭定、高忠宪皆在九列。而震孟以鼎甲硕望，与希孟翱翔其间。及同邑周忠介、嘉善魏忠节日夕讲析善首之堂，商榷古今，娓娓不倦。亡何，震孟以建言归，王庄毅、冯恭定先后去国，希孟亦请假予告。

里居二年，杨忠烈上疏讨逆，万工部殴死，而逆珰手滑，希孟与震孟日夕惋叹。周中丞起元引贾彪事，劝希孟北上，希孟曰："吾不为范滂足矣！至河而反，是何人乎！"入问文太君，太君欣然曰："尔行。观尔志行沉笃，祸必不及。"奉太夫人抵畿，而杨、左并褫，忠毅、忠宪同日解职。举朝泛泛，方颂玉玺河清，致符命之奉。乙丑二月，勉就房考，所获多天下名士。先是，党祸既发，诸君子就槛中，累累无一免者。希孟出对朋友，凝涕在睫；入侍太君，怡怡汤药如平时。太君亦微闻外间有异，疾日笃，遂不起。希孟绝水浆三日，扶榇出国门，徒步哭，趾血目肿。舟行至淮上，得削夺之命，星驰归。即金泾阡之旁，诛茅庐墓，不入城市。于是缇骑四出，银铛相望。希孟念袁夏甫在土穴中穴垣视母，翳我独无，亦大恸祈死。丙寅三月，缇骑至吴门逮周忠介，齐民数万为呼冤，捽旗尉杀之。当事者恒，欲迁祸于震孟及希孟，而朝议惮吴民，恐东南遂叵测，仅戮五人，余置不问。希孟始放迹湖山，高啸缥缈，幽探林屋，自号闰生道人，自谓得生之余也。丁卯秋，熹宗不豫，逆珰谋遍籍海内清流五十余人，勒令自尽，首震

---

① 钱谦益《牧斋初学集》有明崇祯瞿式耜刻本，故标以"（明）钱谦益"，以宜排序。

孟，次即希孟。事未发而新主登极，海内庆更生矣。

明年戊辰，崇祯改元。以太子赞善征，陟三阶以右庶子充经筵日讲。希孟在讲筵，本正叔、淳夫之意，竭诚悟主。又善为言词、娴威仪，法巽并致。每出班，黼扆必为改容。是时，诸奸人又谋翻案急，阁中诸老以次罪去，群小议先去希孟，次及震孟。庚午秋，典北闱，而冒籍之衅发矣。攘柄者犹谓冒籍不足以阱希孟，诠移冒籍而诛文议，下二武生狱。久之谳上，希孟以宫詹坐镌秩。忌者犹虑希孟以文行被主知，乃阴摘讲章语深中之，遂废置，不复起用。

丙子五月，示微疾端坐而逝，震孟实纪其事。越十二日，震孟亦逝，人益奇之。弘光朝，追谥文毅。

希孟局量恢廓，才识通敏。见万历以来数十年邪正消长之势，欲以宽大持之，尝以裴中立、韩稚圭自许。其于世务，凡人才、兵农、河渠、漕屯之事，无不讲究。尝语当道诸君子："宜先实事，后虚声。"故人皆以"救时宰相"目之。而不究其用，为世所惜。

《石匮书》曰：逆珰之欲甘心于两太史也，盖无顷刻忘。后且将以卢杞大狱，一网打尽，而缇骑之先至吴门，非响马之嚆矢乎？乃万姓怒呼，几沼吴地。于是缇骑虽猛如哮虎，不敢轻离巢穴矣。故五人者，于周吏部则为焦头烂额，于两太吏则为曲突徙薪也。人畏虎，虎亦畏人；石压笋，笋能斜出。其亦奈之何哉！

（清）褚亨奭《姑苏名贤后纪》·文氏志传增附·武英殿中书舍人致仕文公行状 弘光元年五月，南都既陷。六月，略地至苏州，武英殿中书舍人致仕文公辟地阳澄湖滨，呕血数日卒，幼子果，既长，谋葬公于东郊之新阡，属公之弥甥顾苓具状以请铭于当世大人先生。

公讳震亨，字启美。七世祖定聪于武昌，侍高皇帝，为散骑舍人。赘浙江，生惠，惠自浙江来，占籍长洲，生成化乙酉举人、涞水教谕洪，洪生成化壬辰进士、温州知府林，林生翰林院侍诏征明，世所称衡山先生者也。征明生国子监博士彭，彭生卫辉府同知元发，元发生礼部尚书、东阁大学士文肃公震孟及公。公生于万历乙酉，少而颖异。生长名门，翰墨风流，奔走天下。辛酉，以诸生卒业南雍，流寓白下。明年，文肃公廷对第一，遂慨然称王无功语云："人间名教，有兄尸之矣。"天启甲子，试秋闱不利，即弃科举，清言作达，选声伎，调丝竹，日游佳山水间。寻值逆阉擅政，捕天下贤士大夫杀之狱。文肃公旦夕虑不免，公乃归故园侍文肃公。烈皇帝登极，召文肃公还朝，或劝公仕，不应。丙子，文肃公薨。逾年，脂车而北就选人，得陇州半刺。先是以琴书名达禁中，蒙上特改中书舍人，协理校正书籍事务，交游赠处，倾动一时。历三年，值漳浦黄道周以词臣建言，触上怒，穷治朋党，词连及公，下刑部狱。久之，复职。壬午，奉命劳军蓟州，给假归里，将以甲申还朝，而有三月十九日之变。事出非常，人情旁午。郡中士大夫皆就公问掌故，谋进止焉。皇帝即位南京，原官召公，以覃恩赠公生母史氏为孺人。时柄国者为公诗酒旧游，不堪负荷，公亦不为之下，渐不能容，上疏引疾，奉旨致仕。散员致仕，前此未有也。

公长身玉立，善自标置，所至必窗明几净，扫地焚香，所居香草垞，水木清华，房栊窈窕，阛阓中称名胜地，曾于西郊构碧浪园，南郊置水嬉堂，皆位置精洁，人在画图。致仕归于东郊，水边林下，经营竹篱茆舍，未就而卒。今即其地为新阡矣。所著有《秀草诗选》五卷，《秣陵诗》、《岱宗琐录》、《武夷胜□》、《金门集》、《土室缘》、《长物志》、《开读传信》诸刻行世。未刻者有《陶诗注》、《前车野语》，其他遗稿散佚甚多。

元配王氏，故征君王百谷先生女孙，生子东郡诸生。侧室生子果，能诗画，世其家学云。

（清）褚亨奭《姑苏名贤后纪》·文氏志传增附·文公子传　文公子名乘，字应符，礼部侍郎兼东阁大学士、谥文肃公之仲子也。幼倜傥能文章，年十六，补诸生。崇祯丙子，将试应天，而文肃公薨。既免丧，颇托迹声伎，阴结客，故人问遗，随手散尽。乙酉五月之变，出信国公画像，悬中堂，朝夕起居，意若有所经营者。思文皇帝即位，福建改元。隆武遣吴江孙某密召前总督漕运都御史路振飞于太湖中。主吴趋赵生家，赵生素善公子，出孙某所赍登极、亲征二诏出示公子，公子慨然曰："吾有君矣。"赵生随孙某入福京，公子具表自陈世受国恩，将纠结草泽应援之师。状上，相国黄道周、陈洪谧书趣王师西征，封以蜡丸、珍重投赵生，赵生许诺。既出门，毁弃之。及抵福京，以父官吏部得官。逾年，以谩语报，公子信之，遂集故所结客治兵太湖中，湖中义士亦共推公子。丙戌六月，部署将登土，国宝伺湖中事，刺得状，急发卒捕公子，被获连所亲数人，公子语国宝曰："吾一人事，事不成，死耳。彼皆不得与闻。"国宝悉遣所亲而令公子招余众以赎死，公子骂曰："吾有死不为若用。"先是，公子姊丈、兵部主事严栻于乙酉六月起兵常熟，不克，弃去。国宝疑两人共事，招主事书曰："君来，任公子则生之。"主事至，国宝与言："所以任公子者，辞不与闻。"公子亦坚请死。遂以是月二十六日被杀，年二十九。死之先一夕，赋诗云："阀阅名家旧姓文，一身许国死谁闻。忠魂今夜归何处，明月滩头卧白云。"死之日，过其甥顾苓家，与妻子决，饮食如平时，悬首阊门。越一日，犹视。国宝从城外来望见，恶之，函送主事以敛。死之日，流星附所陈尸寺中。

论曰：翟义有言，为宰相子，死国埋名，固其所也。不亦亮哉！

余因家表兄夏荐玄文学得交似召兄，虽未登堂晋拜纳交，然每一相见，未尝不流连握手有倾，盖如故之欢，徒以其绪论慷慨，意气如云，可当以坎爻相许。今读其著述载记，善善恶恶，方知其千秋自命为吾辈中有心人，直可无愧不朽云。康熙甲寅重阳日通家小弟伊元瀚浪翁跋。

文文肃公撰《姑苏名贤小纪》一卷，文肃公子孙符先生撰《续纪》一卷，刻于文氏竺坞。光绪间，吴中蒋氏《心矩斋丛书》仅刻《小纪》而遗《续纪》。盖自明以来数百年，《续纪》不得，无从刊刻也。余家有藏本，为匪类劫失，后借虞山丁芝孙先生所藏，钞得《续纪》，已排印于《甲戌丛编》中。今夏，登吾友王君佩诤海粟楼，获见《姑苏名贤后纪》稿本二册，朱墨烂然，古色盎然，亟倩人钞录一册，而撰人名氏只有图章阴文亨奭，阳文似召。考《吴县志艺文目》，有褚亨奭公召，盖似召一称公召，今姑定此纪为褚亨奭似召撰，以俟博学者考定。所奇者，褚氏在清初已不见孙符先生之《续纪》，故所采诸名贤颇有雷同，余乃删去之。《义士葛贤传》后附《丙寅颜佩韦等五义士小传》，有乖已定案之公论，故亦去之。至文氏自温州公以下，列墓志铭及传略，不敢诊断，可谓慎重，而文起先生则立小传次于前，是又何也？今移于子悱先生之后，题为《文氏五世志传》。文起先生谥文肃，传中不称其谥，又不可解也。编次将毕，于顾云美苓《塔影园集》得文肃公弟、中书舍人启美先生行状，及文肃公仲子应符先生传，遂增附于后。前人稿本，余为之董理删增，实有出于不得已者，后人读此书，其恕吾罪乎。甲戌十二月昆山赵诒琛跋。

是书校印既毕，于《汪钝翁类稿》中得《竺坞山人墓志铭》，即文肃公长子讳秉，字孙符，著《名贤纪》者也。不及增入，用以为憾，附识于此。赵诒琛又跋。

右《姑苏名贤后纪》一卷，清褚亨奭撰。按，亨奭，字似召，吴县人。其仕履无考。同治《苏州府艺文志》著录《吴中先贤品节》，《传是楼书目》著录《濠南人物纂》，疑皆即此书，而《志》作字公召，《传是楼书目》作诸亨爽，皆形近之伪也。自文文肃公撰《姑苏名贤小纪》，后续为之者有公子孙符（秉）、徐氏损之（晟）及此共三家。孙符书最完善，已印入《甲戌丛编》，损之书上海涵芬楼以吴枚庵钞本影印。据枚庵跋，亦疑非全。此书原稿藏吴县王氏海粟楼，朱墨涂乙本非定本，赵君学南重为编次，而去其与孙符书雷同者，别以顾云美所作文肃弟及子行状与传增附于末，遂厘然可观。诸公皆晚明节义之士，百世之下，清风亮节，犹如在目前，洵足增虎阜茂苑之光已。亟付手民与文徐二书并传焉。乙亥清明吴县王大隆跋。

（清）孙承泽《春明梦余录》卷三十四·吏部·附载 （崇祯七年甲戌八月）二十三日，上特召升、世济之命下矣。既而谢升入吏部，与体仁合力以逐文震孟。

（清）钱谦益《牧斋有学集》卷三十七·哀词·严宜人文氏哀辞（并序） 宜人姓文氏，东阁大学士谥文肃讳震孟之长女，兵部主事严栻少保谥文靖讳讷之孙也。文肃忠果，正直耿然，如秋霜夏日，爱其女以为类己。文肃参大政，百日而罢，归里逾年而卒。宜人从夫官信阳，哭其父过时而毁，忽忽如不欲生。越九年而卒，崇祯甲申之十一月也。年四十有六。日月有时，卜葬于虞山祖茔之侧，哀子熊属其舅氏秉撰述行状，来请为志，伏地哭不能起，余为感而泣下。往文肃辍讲筵归，改葬陆夫人，以丘嫂之谊谒余为铭，今老居此世，忍复执笔而铭其女乎？宫邻金虎感倚伏于前，左带沸唇悼横流于后。纮么征急，塀叹壑盈，俯仰三世，于余心有戚戚焉。弹毫缀思，百端交集，聊为哀辞一，通以写余怀。曾子固有言：“墓铭埋之墓中，而哀辞刻之冢上，以辞代铭亦可以慰人子之思于没世。其辞曰：……

（清）陈鼎《东林列传》卷十三·王纪传 天启二年，改刑部尚书，会议三案。纪愤怀忠鲠，嫉诸用事者甚严。……会佟卜年、刘一獬等下狱，指为边疆奸细，帝怒，欲立讯诛之。纪不肯附和，坐违慢忤旨。潅遂劾纪二大罪，内批削籍。纪既负清直声，大学士叶向高等合疏力救，……不听。向高再疏独救，又不听。纪与夫人骑二驴幞被以归，朝论大哗。修撰文震孟上疏白纪，言："纪策蹇出都，人谓快于驰驿；破帽蒙头，人谓荣于蟒玉。"遂并斥震孟去。

又，卷末下·明附熹宗原本本纪下 （天启四年丁丑）叶向高请召还文震孟等，不听。

（清）黄之隽等《江南通志》卷三十八·舆地志·坛庙二祠墓附·苏州府 三贤祠在元和县虎丘山，祀明文震孟、姚希孟、陈仁锡。

（清）张廷玉等《明史》卷二百六十一·列传第一百四十九·刘之纶 初，讲官文震孟入都，之纶、声往见之，震孟教以持重。之纶既受命视师，骤贵，廷臣抑之。震孟使人讽之，谓宜辞侍郎而易科衔以行，不听。既行，通州守者不纳，雨雪宿古庙中，御史董羽宸劾其行留。之纶曰："小人意忌，有事则委卸，无事则议论，止从一侍郎起见耳。乞削臣今官，赐骸骨。"不许。及战死，天子嘉其忠，从优恤，赠兵部尚书。震孟止之曰："死绥，分也，侍郎非不尊。"遂不予赠，赐一祭半葬，任一子。

又，卷二百六十六·列传第一百五十四·成德 文震孟入都，德郊迎，执弟子礼，语刺温体仁，体仁闻而恨之。兖州知府增饷额，德固争，又尝捕治其牙爪吏。知府怒，谗于御史禹好善。好善，体仁客也，诬德贪虐，逮入京。滋阳民诣阙讼冤。震孟在阁，亦为之称枉。德道中具疏极论体仁罪，而震孟已被体仁挤而去之。好善再劾德，言其疏出震孟手，帝不之究。

又，卷二百八十七·列传第一百七十五·文苑三·文征明 文征明，长洲人，初名壁，以字行，更字征仲，别号衡山。父林，温州知府。叔父森，右佥都御史。林卒，吏民醵千金为赙。征明年十六，悉却之。吏民修故却金亭，以配前守何文渊，而记其事。

征明幼不慧，稍长，颖异挺发。学文于吴宽，学书于李应桢，学画于沈周，皆父友也。又与祝允明、唐寅、徐祯卿辈相切劘，名日益著。其为人和而介。巡抚俞谏欲遗之金，指所衣蓝衫，谓曰："敝至此邪？"征明佯不喻，曰："遭雨敝耳。"谏竟不敢言遗金事。宁王宸濠慕其名，贻书币聘之，辞病不赴。

正德末，巡抚李充嗣荐之，会征明亦以岁贡生诣吏部试，奏授翰林院待诏。世宗立，预修《武宗实录》，侍经筵，岁时颁赐，与诸词臣齿。而是时专尚科目，征明意不自得，连岁乞归。

先是，林知温州，识张璁诸生中。璁既得势，讽征明附之，辞不就。杨一清召入辅政，征明见独后。一清亟谓曰："子不知乃翁与我友邪？"征明正色曰："先君弃不肖三十余年，苟以一字及者，弗敢忘，实不知相公与先君友也。”一清有惭色，寻与璁谋，欲徙征明官。征明乞归益力，乃获致仕。四方乞诗文书画者接踵于道，而富贵人不易得片楮，尤不肯与王府及中人，曰：“此法所禁也。”周、徽诸王以宝玩为赠，不启封而还之。外国使者道吴门，望里肃拜，以不获见为恨。文笔遍天下，门下士赝作者颇多，征明亦不禁。嘉靖三十八年卒，年九十矣。

长子彭，字寿承，国子博士。次子嘉，字休承，和州学正。并能诗，工书画篆刻，世其家。彭孙震孟，自有传。

吴中自吴宽、王鏊以文章领袖馆阁，一时名士沈周、祝允明辈与并驰骋，文风极盛。征明及蔡羽、黄省曾、袁帙、皇甫冲兄弟稍后出。而征明主风雅数十年。与之游者王宠、陆师道、陈道复、王谷祥、彭年、周天球、钱谷之属，亦皆以词翰名于世。

又，卷三百六·列传第一百九十四·阉党·曹钦程（附门克新） 太仓人孙文豸，与同里武进士顾同寅尝客廷弼所。廷弼死，文豸为诗诔之，同寅题尺牍亦有追惜语，为逻卒所获。克新遽以诽谤闻，两人遂弃市，连及同郡编修陈仁锡、故修撰文震孟，并削籍。

又，卷三百八·列传第一百九十六·奸臣·温体仁 文震孟以讲《春秋》称旨，命入阁。体仁不能沮，荐其党张至发以间之，而日伺震孟短，遂用给事中许誉卿事，逐之去。先是，秦、楚盗起，议设五省总督，兵部侍郎彭汝楠、汪庆百当行，惮不敢往，体仁庇二人，罢其议。贼犯凤阳，南京兵部尚书吕维祺等议，令淮抚、操江移镇，体仁又却不用。既而贼大至，焚皇陵。誉卿言：“体仁纳贿庇私，贻忧要地，以皇陵为孤注，使原庙震惊，误国孰大焉。”体仁素忌誉卿，见疏益憾。会谢升以营求北缺劾誉卿，体仁拟旨降调，而故重其词。帝果命削籍，震孟力争之，大学士何吾驺助为言。体仁讦奏震孟语，谓言官罢斥为至荣，盖以朝廷赏罚为不足惩劝，悖理蔑法。帝遂逐震孟，并罢吾驺。

（清）傅恒《御批历代通鉴辑览》卷一百十六·明庄烈帝崇祯十七年我大清世祖章皇帝顺治元年·明赐北京死节诸臣赠谥 （礼部尚书顾锡畴又言：“温体仁得君行政最专且久，其负先帝罪大且深，乞削其文忠之谥，而补文震孟、罗喻义、姚希孟、吕维祺诸臣谥，庶天下有所劝惩。”王亦从之。）

（清）舒赫德《御定资治通鉴纲目三编》卷四十 （顺治元年八月）明赐北京死节诸臣赠谥。

（……礼部尚书顾锡畴又言：“温体仁得君行政最专且久，其负先帝罪大且深，乞削其文忠之谥，而补文震孟、罗喻义、姚希孟、吕维祺诸臣谥，庶天下有所劝惩。”王亦从之。……）质实（……文震孟，谥文肃）。

（清）和珅等《大清一统志》卷五十五·苏州府二·陵墓·明 文震孟墓（在吴县行春桥右）。

天启五年（1625）乙丑科状元余煌

传　记

（明）顾祖训原编、（明）吴承恩增补、（清）陈枚续补《状元图考》卷四·状元余煌　天启五年乙丑，廷试华琪芳等三百人，擢余煌第一。

按余煌公，字武贞，号□□，浙江会稽人。生而颖异，气宇不凡。甲子夏夜，凭阑玩池荷，见叶中光辉闪烁有寸许，魁星跳舞其上，毛发毕具，心奇之，起而视曰："果属瑞征，当现广长像。"俄而渐大，环绕腾空而去。是科遂大魁天下。

（明）高宇泰《雪交亭正气录》卷三·丙戌纪　余煌，字公逊，山阴人。乙丑状元。监国时，为冢宰。绍兴失守，冠服自缢。

（清）计六奇《明季北略》卷二十一（上）·崇祯十七年甲申（续）·殉难文臣·刘理顺（附）　余公煌，字武贞，绍兴会稽人。天启乙丑状元，授翰林院修撰起居注。时魏忠贤方用事，修《三朝要典》一书，公以史官连署衔名。崇祯中，历官至中允、谕德，至左庶子。以前事为论者所龁，故不得大用。鲁王监国浙东，起拜为兵部尚书。北兵至，投水而死。

（明）张岱《石匮书后集》卷第四十五·余煌列传　余煌，会稽人。天启乙丑廷试第一，历官左庶子。煌事封公极孝，登第后，犹跪地受杖。应对稍错，则披其颊，煌仰面受之无忤色。

乙丑，释褐。魏珰用事，势焰薰灼，凡在仕路，无不委蛇。诏修"梃击"、"红丸"、"移宫"三大案，掌院施凤来题史官七人，煌与其列。《要典》成，大干物议。思宗丁丑，煌在经筵，礼科给事中韩源疏劾礼部侍郎吴士元，词连煌。有旨曰："纂修诸臣，各有本末。"煌上疏辩曰："纂修一事，臣之本末，鉴在圣明。臣冤久白，臣复何言！顾臣名节所关，有不能已于言者。臣以新进，控辞不获。稽延数日，乃始供事。纂修之始，不过因吏部尚书张问达汇刻成书，稍加裁节。迨总裁正副互相笔削，陆续进呈，先经奉旨删润，后又有‘更加详慎’之旨，屡呈屡发、愈改愈详，非复臣等所得而寓目矣。未几，逆党刘志选复有《要典功罪》一疏，请增入逆珰。臣等死拒，而史臣从此得罪。诘臣等以隐漏，逼勒原文。责臣等以私交，抗藐国法。同事诸臣，贬黜相继。臣以剪桐之役，引退归里，始免窜逐。今目《要典》者曰‘罗织’、曰‘献谀’。当逆焰孔炽，片词未下，鼎镬先悬。臣等据事直书，可谓‘罗织’乎？仕途速化，人竞奔营。臣等纂修告竣，半级不加，乞差归里，可谓献谀乎？后之诸臣，苛求不已，盖以当时议论与击逆诸臣相左。不知黄尧缵、韩炉俱忤珰被黜，其议论未尝不与击逆诸臣相左也。臣纂修始末，事迹甚明。故十余年间吹垢索瘢，不遗余力，未尝有加于臣。使果有纤瑕可摘，已在放流之列。何待今日之韩源哉！”上温旨慰谕之。

戊寅六月，请急归省，赐银币、驰驿，礼遇甚隆。遂丁封公感。里居数岁，不以一牍干有司。郡中有大利害，辄攘臂言之，不少逊。己卯，修三江闸。庚辰，修麻溪坝。壬午，修郡城。皆科派田亩，未免筑怨，致来舆人之讥。然识者能亮其心也。

甲申，北变，煌哀思悲切，便欲以死殉先帝。乙酉，北骑抵浙，檄绍郡士大夫归款会城。煌独不往，会议兴兵起。鲁王监国，起煌户部侍郎、礼部尚书，皆辞不就。丙戌，各镇挨户打粮，民不堪命。廷议煌为兵部尚书，弹压内外。固辞不获，乃始受职。疏言：“藩镇各自成军，不相统率。司马不得过而问焉，是缀旒也。如必相统率，则法纪久已凌夷。一旦绳之，将为射的。顷者田仰与郑遵谦争饷，两营格斗，喋血宫庭。臣冒锋镝，幸而解散。今若受事而构怨不已，臣罪何辞！况兵丁肆横，赤子流离，戢暴禁奸，非兵勿克。自非砣然环卫，不足以居重驭轻也。”监国然之。由此兵丁稍戢，民用稍安。晋吏部尚书，不受。时内外诸臣处堂自娱，请乞无厌。煌复言：“国势愈危，民生愈蹙，朝政愈非。且恢剿未能，尺土未复。请祭，则当思先帝烝尝未备；请葬，则当思先帝山陵未起；请封，则当思先帝宗庙未享；请荫，则当思先帝子孙未保；请谥，则当思先帝光烈未扬。”时以为名言。

五月，江上失守，各藩骇散。监国奔天台，二三迂儒，犹欲闭城死守。煌曰：“江上数万兵，不能当一战。欲以二三老弱守城，是聚肉待虎也。”亟开之。后清兵入，以城门不闭，兵不血刃，人皆归德余司马。五月晦，入山，别其家属。六月朔，复入城。晚，出宿石旗草庵。次日，至渡东桥赴水，舟人拯之起，复宿草庵。一日夙兴，挐舟至大河头，复赴水。时水涸，深不及腰，煌泅水入、泅而出者三四。舟人复欲拯之，有仆曰：“勿尔，好成就之。”乃止。比得尸，衣带间有小木板，书绝命词曰：“穆骏自驰，老骓勿逝。止水汨罗，以了吾事。有愧文山，不入柴市。”棺殓，俟地方官看验，暴城下者久之。

（明）屈大均《皇明四朝成仁录》卷八·绍兴死事诸臣传 余煌，字公逊，一字武贞，山阴人。天启五年进士，殿试第一人。由翰林院修撰官至右春坊右庶子，以忧归。杭州之陷，与郑遵谦连谋举兵，上笺台州迎鲁王监国，擢礼部尚书，管兵部尚书事。绍兴陷，煌启九门纵兵民尽出，书案云："身不可降，发不可弃，乘波而死，湘累之志。"遂赴渡东（原注云一作东渡）桥水而死。

（清）邵廷采《思复堂文集》卷二·传·余陈陈三公传 余公讳煌，字武贞，绍兴会稽人。天启五年进士及第第一，累官翰林院修撰、左春坊左中允、右庶子，兼侍读日讲经筵，尝与修《三朝要典》。崇祯中，给事中韩源追论其事，公疏陈本末，免归。乙酉，王师下杭州，檄召越绅渡江，公独不往。鲁王莅越，起户部侍郎、礼部尚书，皆辞不就。陈时政："马士英卖官误主，兵未至而先逃，国已亡而复用，为失刑之失。"丙戌，起兵部尚书，言："藩镇各自成军，久不相属。顷田仰与郑遵谦争饷，喋血禁庭。臣冒锋镝，幸而解散。司马职统六师，今行朝之官特缀旒也。岂能绳以平世法哉?"公见越事益急，而诸臣文恬武嬉，请乞纷然，上疏争之，谓："请祭，则当思先帝烝尝未备；请葬，则当思先帝山陵未起；请封，则当思先帝宗庙未享；请荫，则当思先帝子孙未保；请谥，则当思先帝光烈未扬。"人读之叹息。江上失守，郡城不闭，有议守陴者，公叹曰："临江数万众不能一战，乃欲以老弱守孤城乎?"亟开九门，纵民避逃。自出东郭，赴水死。后数日，贝勒渡西陵，下绍、宁郡邑，不戮一人。

（清）邵廷采《东南纪事》卷五·余煌 余煌，字武贞，浙江会稽人。天启五年乙丑进士及第第一，累官翰林院修撰、左春坊左中允、右庶子，兼侍读日讲经筵，尝与修《三朝要典》。崇祯中，给事中韩源追论其事，煌疏陈本末，免归。乙酉，王师下杭州，檄召越绅渡江，煌独不往。鲁王莅越，起户部侍郎、礼部尚书，皆辞不就。陈时政："马士英卖官误主，兵未至而先逃，国已亡而复用，为失刑之失。"丙戌，起兵部尚书，言："藩镇各自成军，久不相属。顷田仰与郑遵谦争饷，喋血禁庭。臣冒锋镝，幸而解散。司马职统六帅，今行朝之官特缀旒也。岂能纯以平世法哉?"煌见越事益急，而诸臣文恬武嬉，请乞纷然，上疏争之，谓："请祭，则当思先帝烝尝未备；请葬，则当思先帝山陵未起；请封，则当思先帝宗庙未享；请荫，则当思先帝子孙未保；请谥，则当思先帝光烈未扬。"人读之叹息。江上失守，郡城不闭，有议守陴者，煌叹曰："临江数万众不能一战，乃欲以老弱守孤城乎?"亟开九门，纵民避逃。自出东郭，赴水死。后数日，贝勒渡西陵，下绍、宁郡邑，不戮一人。

（清）杨陆荣《殷顽录》卷三·余煌 余煌，字武真，会稽人。天启五年殿试第一。历官右庶子，艰归。鲁王监国，起礼部左侍郎，再起户书，皆不起。丙戌，复拜兵书，始受命。上言："今国势愈危，朝政愈纷，尺土未复，战守无资。诸臣请祭，则当思先帝之烝尝未复；请葬，则当思先帝之山陵未营；请封，则当思先帝之宗庙未享；请荫，则当思先帝之子孙未保；请谥，则当思先帝之光烈未昭。"时以为名言。大兵渡钱塘，王航海遁。六月二日，煌赴水，舟人拯之。阅二日，复投水死。

（清）陈济生《天启崇祯两朝遗诗小传》·刘文正公（附余尚书）　余公煌，字武贞，绍兴会稽人。天启乙丑状元及第，授翰林院修撰，纂修起居注。时魏奄门事修《三朝要典》一书，公以史官连署衔名。崇祯中，历官中允、谕德，至左庶子。以前事为论者所訾，不得大用。鲁王监国浙东，起拜兵部尚书。北兵至，投水死。

（清）查继佐《国寿录》卷三·礼兵二部尚书余煌传　余煌，字公逊，号武贞，绍兴会稽人。先世自龙游学录公教授，公父子同官于越，因家焉。曾祖定所公，嘉靖戊午，乡荐，历任新乡、肇庆，有惠政。父心成公，母王安人，教煌攻苦。戊子，入国子。辛酉，乡荐。乙丑，殿试第一人，授翰林院编修。时逆珰魏忠贤用事，作《三朝要典》，煌与名。乃乞剪桐之役，道出新乡，为其故祖牧地，竞以为仁君有后。崇祯丁丑，晋宫詹，陪讲筵，多所规谏。时人才每不称使，特开保举法。煌以为弊益滋，不如少增科目，究之保举无用。又议罢驿递。穷民往往走贼乞生，煌请稍宽其禁，多一夫，少一贼也。不听。西北盗起，苦兵糗，使内监责房税甚严，至有嫠妇投缳，廷臣莫敢言，煌曰："根本重地，奈何以锱粒重失其心?"会有檄省兵入卫之议，煌曰："未警而檄，则戍不能久。既警而檄，则猝不及事。宜近畿要害，量设游兵，即以劝王之食食之。缓则分防，急则合应。"时皆不能用。戊寅，外艰。庚辛，岁馑，煌赈活有方。癸未冬，许都为乱东阳，猝起破三县，煌密奏记司李陈子龙，以故戡定不费力。甲申，燕京失守，煌作诗号之，有"血流火龙草木悲，投缳惨听深宫泣"之句。建康有君，煌驰书讽大臣，触时宰相马士英之忌。乙酉，清兵自建康直下临安。煌又有"手板难书至正年"之句，遂以死自誓。会义兴兵起，煌驰语之曰："今日之事，始之非难，成之难。郡中百万生灵，系子一呼，匪细也，子其勉之。"时王大将军之仁移守西陵，郡中多蜚语，独深相结，监国以是益眷顾之。力劝亲征，不果。复上疏曰："刻今关系全在江干，正宜痛哭誓师，感激忠义，而栖迟越土，旦夕偷安，钱唐一华，晷刻不戒而骑踏山阴矣。每念及斯，一恸欲绝，乃者簿书期会，全无涉于军兴，交际往还，徒虚縻乎时日。宫室妻妾之奉，不去于怀。事权利禄之谋，各争其便。昔两都气象，积岁月始成。今不旬日，抑又甚之矣。伏祈严敕臣工，非兵事不言，非军功不赏。除凶雪耻，饮至策勋，而后润色，太平未晚也。"时马士英浸且复入，遂直陈南都误国之罪，谓："拥兵自卫，莫敢谁何。敌未至而先逃，国既亡而复用，可为殷鉴。"加司农，不受。晋宗伯兼拜大司马，复五辞。念宫詹为先故官，不忍改，乃带衔供职，复有《三危》、《三蹙》、《三非》诸奏，号称敢言。时国势促甚，兵食两穷，无智愚皆危旦夕。谓："人寿几何？乃在廷犹以先帝时故案相水火争力，且又二郡互为党，以浙西为外国，请托贿赂，甚于曩昔，争考求选，有似太平。"科臣王玉藻等引故预修《要典》指煌，至有追谕故兵部尚书杨维垣其殉国不足尚，监国曰："皆大司马缙彦，与维垣同日语哉。"煌勇引退，监国故不许，拜吏部。五月廿八日，桐庐失守，江上争焚其营，火涨二三百里，一时诸师尽溃去。监国东迁，煌恸曰："是何足守?"乃纵城中人入山，而誓以必死。出宿显圣寺，旦为六月朔，复入城，拜辞家庙木主，焚其故往来书启，抽所为文稿二，出宿石旗草庵。初二日，宿孟葑。早起衣冠，呼子妇辈诀，则北向拜地曰："吾此时死幸甚！毋悲！诚勿伺我。"且曰："未也。"独登舟，从两童子，至渡东桥，忽跃水，童子呼岸救，不得死，宿舟中。初四日，令一童子归语嗣君："速以棺来。否，一苇席足矣。"一童子去，语其一曰："吾不复死。"手弄一木板，阔三寸许，长五倍之，笑曰："执此作笏，以朝崇祯皇帝。"方移舟大湖头，复赴水。三跃出水面，舟子欲持之，童子遽摇手曰："勿尔。"乃竟死，则前小板出衣带间，一书绝命辞曰："膝不可屈，发不可披。乘箕而去，孤竹之遗。"其一书十诫曰："棺用杉，殓以常服，祭止五器，勿杀，勿作佛事，不受吊，不入乡贤，不刻文集，葬不择善地，不求墓志、行状，立一石，书'明高士武贞余公之墓'而已。"详视日月，则系乙酉六月云云，知其必死不自此日也。元配韩安人，惨痛成病，九月十三日亦不起。煌生万历戊子十月十七日。子金鼎，诸生。

（录中余公有两传，此其后本也。前本殊率略，但叙兵溃事较详，而死节事稍异，今并录如左。）

余煌，字武贞，绍兴人。登乙丑第一甲第一名，授词林。天启中，逆珰魏忠贤用事，至有伦拟文宣，生祠遍天下。撄其锋者，无不立碎，尽缇骑日出，道路莫敢叹息。杨左诸公，相继沦擢，且数十百人。煌知难衡，如孔子夏之自持云。鲁王监国，拒清兵江上，以其初不与四公俱渡江礼迎，老成典型，征视事。煌醇谨温靖，养鼎台之度，监国益眷顾之。时国势促甚，浙但有八府。隆武称尊号，浙之接闽者附丽之，所存五六耳。兵与食两穷，无智愚皆危旦夕，谓："人寿几何？乃在廷犹以先帝时故案相水火争力，且又二郡互为党，以浙西人为外国，请托贿赂，甚于曩昔，争考求选，有似太平。"煌淡然不竞进，上欲入煌内阁备顾问，吏部姜垓昌言于朝曰："即武贞秉揆，垓疾走谷中不反矣。"兵科曹广，至追论故兵部尚书杨维垣之及难，谓死不足多，意以讽煌不用。上曰："人谁不欲活在？皆大司马缙彦与维垣同日语哉？"张缙彦，甲申三月从贼乞生者，然终格于物论，兼拜礼、兵二部尚书，而推李、柯、夏、熊、孙五人皆进大学士。煌兼职持重，亦不轻有所建白。五月廿八日，方国安部卒私负盐徒涉江，就清守卒贸易，争价，彼卒击之，卒反走，彼卒十余人追至半江。岸望见者，以为敌至，各自焚其守窝，突奔，火涨烛天，连窝俱烧，光彻二三百里，沿沙诸师尽惊失色，相对曰："岂敌数万至，顷刻尽诸营乎？"亦相率溃去。不一时，自江及海数百里讫无一人，而清兵未知之也。望见诸火，不解何谓。廿九日晚，监国军驾东迁，有乱兵拥门索货，持妇女，煌张榜毋得闭难民，门无蹂践。六月初一日午刻，始有清兵至城，煌独不去。谓其子曰："此何之？"子曰："大人位高巍，与不免，不如早自引。"意遂决，赴东门渡东桥下，身浮抗不没，家人辄扶起，恨曰："忠臣若是难哉。"复饮醉，接手登桥临流，得靖其志。群以为（"为"字下有"夺"字）监国信煌独真。

（原本清兵至城下，有"煌仓猝不及扈驾，又闻郑之尹自投水死。之尹者，郑遵谦父也"数句，后遂去。）

（清）翁洲老民《海东逸史》卷五·列传二　余煌，字武贞，号公逊，会稽人。天启五年进士第一。历官至右庶子，乞假归，遂丁外艰，服除久不起。鲁王监国，起礼部右侍郎，再起户部尚书，皆不就。明年，以武将横甚，拜煌兵部尚书，始受命。时内阁田仰与义兴伯郑遵谦争饷，两军格斗，喋血禁廷。煌至，叱之，始去。乃申严军纪，将士稍戢。诸臣竞营高爵，请乞无厌。煌上言："今国势愈危，朝政愈纷。尺土未复，战守无资。诸臣请祭，则当思先帝烝尝未备；请葬，则当思先帝山陵未营；请封，则当思先帝宗庙未亨；请荫，则当思先帝子孙未保；请谥，则当思先帝光烈未昭"。时以为名言。江干师溃，王航海遁，众有议据城抗守者，煌以徒害民生，不可。遂大张硃示，放兵民出走。毕，赋绝命词一章（按，《小腆纪年》载其词云：穆骏自驰，老驹忽逝。止水汨罗，以了吾事。有愧文山，不入柴市）自沈渡东桥下。舟人拯起之，乃叹曰："忠臣不易做也！"居二日，复投深处乃死（国朝赐谥忠节）。

（清）温睿临《南疆绎史》卷二十·列传十四·浙东阁辅督师从亡诸臣·余煌　余煌字武贞，号公逊，会稽人。天启乙丑进士第一。初名皇，熹宗御笔改之。授翰林修撰。崇祯时，转中允；历左谕德右庶子，充经筵讲官。给事中韩源劾其与修《三朝要典》，宜斥。煌疏辨，帝慰谕之。然由是不得显用。户部尚书陈国祥请借京城房租，煌力争，不可。乞假归。煌事亲孝，登第后，犹俯仰受杖。家居不妄谒当事，邑有大利害则言之。

鲁王监国，初起礼部侍郎，再起户部尚书，皆不就。明年，以武将横恣，拜兵部尚书，始受命。时内阁田仰与义兴伯郑遵谦争运饷，两军格斗，喋血禁门。煌至，申严军纪，将士敛戢。诸臣竞营高爵，请乞无厌。煌上言："今国势愈危，尺土未复。朝政愈繁，战守无资。诸臣请祭，则当思先帝烝尝未备；请葬，则当思先帝山陵未营；请封，则当思先帝宗庙未享；请荫，则当思先帝子孙未保；请谥，则当思先帝光烈未昭。"时以为名言。后乞师滃州，煌寄书黄斌卿主之，不从。

及王航海去，有欲据城抗者。煌以徒害生民，乃大开诸门任其避难，由是一城获全。旋赋绝命诗，投城东渡东桥下。久之，浮出水面曰："忠臣不易为也！"复奋力自沉而死。

《勘本》曰：丙戌五月晦日，江上失守，众议登陴。余司马叹曰："临江数万军犹不能战，乃欲以老弱守孤城，是聚肉待虎也！"亟开九门，纵民所之。而自出东郭，沉渡东桥下。朝衣广袖猝不没，老仆陈二钒迹及之，拯以起。复急袖巨石自沉。比得尸，衣带间有小木版，书绝命辞曰："穆骏自驰，老驹勿逝。止水汨罗，以了吾事。有愧文山，不入柴市"。（又案《余氏家乘》载："公投渡东桥水，会男妇出奔，齐呼'公活我辈，公死敢不救！'急拯之，负以逃。及梅龙堰，公苏，谢诸民。民去，再投堰水以死。"存此备质。）

（清）凌雪《南天痕》卷十四·列传二十四　余煌，字武贞，号公逊，会稽人。天启乙丑进士第一，授翰林院修撰。崇祯时，历官右庶子。以与修《三朝要典》，不得大用。煌事亲孝，登第后犹俯伏受杖。家居不以事牍干有司，邑中大利、大害则言之。鲁王监国，擢兵部尚书。时，内阁田仰与义兴伯郑遵谦争饷，两军格斗，喋血禁廷。煌至，叱之，始去。乃申严军纪，将士稍戢。诸臣竞荣高爵，请乞无厌。煌上言："今国势愈危，朝政愈紊，尺土未复，战守无资。诸臣请祭，则当思先帝蒸尝未备；请葬，则当思先帝山陵未营；请封，则当思先帝宗庙未享；请荫，则当思先帝子孙未保；请谥，则当思先帝光烈未昭。"时以为名言。舟山将乞师日本，煌寓书黄斌卿止之。江滨失守，王航海，有欲据城抗守者。煌以为徒害民生，不可。大开诸门，任其避难。由是，一城获全。煌赋绝命诗，投城东东渡桥下。久之，浮于水面曰："忠臣不易为也。"复奋力自沉而死。

（清）王鸿绪等《明史稿》卷二百五十七·列传第一百五十二·余煌 余煌，字武贞，会稽人。天启五年，由殿试第一人授翰林修撰，与修《三朝要典》。崇祯时，以内艰归，服阕，起左中允，历左谕德、右庶子，充经筵讲官。给事中韩源劾礼部侍郎吴士元、庶子华琪芳及煌皆与修《要典》，宜斥，帝置不问。煌疏辩，帝复温旨慰谕之。户部尚书程国祥请借京城房租，煌争，不可，乞假归。遂丁外艰。服除，久不起。

鲁王监国绍兴，起礼部右侍郎，再起户部尚书，皆不就。明年以武将横甚，拜煌兵部尚书，始受命。时诸臣竞营高爵，请乞无厌。煌上言："今国势愈危，朝政愈纷，尺土未复，战守无资。诸臣请祭，则当思先帝烝尝未备；请葬，则当思先帝山林未营；请封，则当思先帝宗庙未享；请荫，则当思先帝子孙未保；请谥，则当思先帝光烈未昭。"时以为名言。大清兵过江，王航海遁。六月二日，煌赴水，舟人拯起之。居二日，复投深处，乃死。

（清）沈翼机等《浙江通志》卷一百六十四·人物二·忠臣二·绍兴府·明 余煌（旧《浙江通志》：字武贞，会稽人。天启乙丑进士第一，授修撰，迁左春坊。会岁频旱饥，逋税久蠲。有司附征如故，于经筵中极言之。明亡，自沉渡东桥下而死）。

（清）张廷玉等《明史》卷二百七十六·列传第一百六十四·余煌 余煌，字武贞，会稽人。天启五年进士第一。授翰林修撰，与修《三朝要典》。崇祯时，以内艰归，服阕，起左中允，历左谕德、右庶子，充经筵讲官。给事中韩源劾礼部侍郎吴士元、御史华琪芳及煌皆与修《要典》，宜斥，帝置不问。煌疏辩，帝复温旨慰谕之。户部尚书程国祥请借京城房租，煌争，不可，乞假归。遂丁外艰。服除，久不起。

鲁王监国绍兴，起礼部右侍郎，再起户部尚书，皆不就。明年以武将横甚，拜煌兵部尚书，始受命。时诸臣竞营高爵，请乞无厌。煌上言："今国势愈危，朝政愈纷，尺土未复，战守无资。诸臣请祭，则当思先帝烝尝未备；请葬，则当思先帝山陵未营；请封，则当思先帝宗庙未享；请荫，则当思先帝子孙未保；请谥，则当思先帝光烈未昭。”时以为名言。大清兵过江，王航海遁。六月二日，煌赴水，舟人拯起之。居二日，复投深处，乃死。

（清）和珅等《大清一统志》卷二百二十七·绍兴府二·人物·明　余煌（字武贞，会稽人。天启中进士第一，授修撰。崇祯中，历右庶子。乞假归，鲁王监国，绍兴拜煌督师兵部尚书。绍兴破，赴水死。本朝乾隆四十一年，赐谥忠节。弟增，字若水。崇祯进士。明亡，隐迹稽山，躬耕自给，时人罕见其面）。

科　　第

（一）乡试

（清）沈翼机等《浙江通志》卷一百四十·选举十八·明举人·天启元年辛酉科　余煌（会稽人。乙丑状元）。

（二）会试、殿试

（清）陈鼎《东林列传》卷末下·明附熹宗原本本纪下　（天启五年春三月）丙寅，策试天下贡士，赐余煌等三百人进士及第出身有差。

（清）沈翼机等《浙江通志》卷一百三十三·选举十一·明进士·天启五年乙丑科余煌榜　余煌（会稽人。状元。侍讲学士）。

（清）张廷玉等《明史》卷二十二·本纪第二十二·熹宗　（天启五年春三月）丙寅，赐余煌等进士及第出身有差。

仕　　宦

（清）傅恒《御批历代通鉴辑览》卷一百十七·附明唐桂二王本末·唐王　（世祖章皇帝顺治三年）三月，唐王聿键遣使劳鲁王军于绍兴，鲁王以海复遣柯夏卿、曹惟才聘于唐王聿键。……（时以海兵力孱弱，武将横甚，竞营高爵请乞无厌。兵部尚书余煌上言：“今国势愈危，朝政愈纷，尺土未复，战守无资。诸臣请祭，则当思先帝烝尝未备；请葬，则当思先帝山陵未营；请封，则当思先帝宗庙未享；请荫，则当思先帝子孙未保；请谥，则当思先帝光烈未昭。”时以为名言。煌字武曾，会稽人。）

又　六月一日，大兵入绍兴……兵部尚书余煌等皆死之。（煌赴水，舟人拯起之。

居二日，复投深处乃死。）

（清）舒赫德《御定资治通鉴纲目三编》卷四十 （我大清世祖章皇帝顺治元年六月）明命鲁王以海居处州（时山东残破，以海弃藩南奔，泊舟京口，命暂驻处州。明年，南京破，兵部尚书张国维等迎以海居于绍兴，号鲁监国。本朝顺治三年六月，大兵克绍兴，以海遁入海。图维及礼部尚书余煌、侍郎陈函辉等皆死。……

以海监国，起庶子余煌礼部右侍郎，再起户部尚书，皆不就。明年王以武将横甚，拜煌兵部尚书，始受命。时诸臣竞营高爵，请乞无厌，煌上言："今国势垂危，朝政愈纷，尺土未复，战守无资。诸臣请祭，则当思先帝蒸尝未备；请葬，则当思先帝山陵未营；请封，则当忠先帝宗庙未享；请荫，则当思先帝子孙未保；请谥，则当思先帝光烈未昭。"时以为至言。及大兵过江，王航海，煌赴水死。……）质实（……余煌，字武贞，会稽人。……本朝乾隆四十一年俱追谥忠节）。

评　　论

（明）张岱《明越人三不朽图赞》·立德·忠节三·余武贞公 余武贞煌，会稽人。乙丑登第后，养重家居。修闸、修城、修麻溪坝，任劳任怨，不避艰辛。鲁王监国，藉其连络诸镇，加兵、礼二部尚书。丙戌殉节。

陈本"丙戌殉节"下增"渡东桥下"四字。

赞曰：公生笃孝，父责不耻。大杖亦受，长跽不起。泣杖伯俞，耘瓜曾子。身发大魁，犹若童稚。鲁王监国，尚书兵礼。势不可为，洁身止水。若不开门，血流漂杵。公撤婴城，保全桑梓。

陈本作赞曰：泣杖伯俞，耘瓜曾子。高第先登，讲筵入仕。名震谏垣，望重乡里。国步倾危，匡扶鲁邸。耿耿孤忠，陈书流涕。时不可为，有死而已。衣带留铭，文山自拟。

杂　　录

（清）李瑶《绎史恤谥考》卷四·通谥·浙中监国诸臣·余煌·忠节 督师、兵部尚书

会稽人。绍兴破，王航海去。煌投水死。

（清）傅恒《御批历代通鉴辑览》卷一百十六 （明庄烈帝甲申崇祯十七年我大清世祖章皇帝顺治元年六月）明命鲁王以海（鲁荒王檀之九世孙）居处州，时山东残破，

以海弃藩南奔，泊舟京口，命暂驻处州。（明年，南京破，兵部尚书张国维等迎以海居于绍兴，号鲁监国。顺治三年六月，大兵克绍兴，以海遁入海，国维及礼部尚书余煌、侍郎陈函辉等皆死。……余煌，字武贞，会稽人）

（清）纪昀等《钦定胜朝殉节诸臣录》卷三·通谥忠节诸臣 督师兵部尚书余煌，会稽人。绍兴破，王航海遁，煌投水死。（见《明史》及《辑览》）

崇祯元年（1628）戊辰科状元刘若宰

传　　记

（明）顾祖训原编、（明）吴承恩增补、（清）陈枚续补《状元图考》卷四·状元刘若宰　崇祯元年戊辰科，廷试曹□勋等三百五十八人，擢刘若宰第一。

按，若宰，字□□，南直怀宁籍潜山县人。祖父有世德，至公临试，梦天神下，仙乐齐鸣。

（清）黄之隽等《江南通志》卷一百六十四·人物志·儒林二·安庆府·明　刘若宰，字颖平，怀宁人，崇祯戊辰廷试第一，以宫允充日讲官。会讲修己，以敬章反复陈说，上微倦，斜倚御座，乃旁引《五子之歌》曰："为人上者，奈何不敬？"上为端坐。闻母微疴，五疏乞终养，情词悲切，特允之。

科　　第

戊辰科（崇祯元年）**状元策**　（存目，（明）焦竑辑、（清）胡任兴增辑《历科廷试状元策》卷七）

（明）李逊之《崇祯朝记事》卷一　以熹庙梓宫发引，廷试进士改于四月初二日。上留心策士，是日吁天祈得真才，又将进呈三十六卷并贮金瓯中，以金箸夹之。首得刘若宰，遂定为状元。

（清）孙承泽《春明梦余录》卷七·策士　崇祯戊辰廷试卷，阁拟刘若宰第一，庄应会次之。上翻驳再三，竟用刘第一，而抑庄为二甲首，其第二、第三皆特拔。

（清）黄之隽等《江南通志》卷一百二十三·选举志·进士五·崇祯戊辰科刘若宰榜 刘若宰（怀宁人）。

（清）张廷玉等《明史》卷二十三·本纪第二十三·庄烈帝一 （崇祯元年）夏四月癸巳，赐刘若宰等进士及第出身有差。

轶　事

（清）黄之隽等《江南通志》卷三十四·舆地志·古迹·安庆府五 紫玻璃亭，在府城双莲寺后。明刘若宰读书处，梦神以紫玻璃授之，因以名亭。

评　论

（清）姜绍书《无声诗史》卷四·刘若宰 刘若宰，字胤平，潜山人。崇祯戊辰廷试一甲第一名及第。其居官律身清谨，自奉俭约，虽大魁蕊榜，而素丝砥节，淡如也。晋经筵日讲，容止酝藉，启沃精详，上属目之，将不次擢用，缘体质清癯，在讲筵未久，遘疾卒，中外惜之。先生诗歌隽永，兼擅临池之誉，戏作墨花，皆有别趣，乃寓兴于毫颖者也。

崇祯四年（1631）辛未科状元陈于泰

传　　记

（明）顾祖训原编、（明）吴承恩增补、（清）陈枚续补《状元图考》卷四·状元陈于泰　崇祯四年辛未，廷试吴伟业等三百五十人，擢陈于泰第一。

按，于泰公，字大来，直隶宜兴人。少时聪敏，倜傥不群，常已以天下为己任。及殿试，果大魁天下。

科　　第

辛未科（崇祯四年）**状元策**　（存目，参见［明］焦竑辑、［清］胡任兴增辑《历科廷试状元策》卷七）

（清）黄之隽等《江南通志》卷一百二十三·选举志·进士五·辛未科陈于泰榜　陈于泰（宜兴人，状元）。

（清）张廷玉等《明史》卷二十三·本纪第二十三·庄烈帝一　（崇祯四年春三月）己丑，赐陈于泰等进士及第出身有差。

轶　　事

（清）阎湘蕙《明鼎甲征信录》卷四　陈于泰，字大来，江南宜兴人。祖俊章，年未及五十而殁。临终语子一教曰："吾虽三子，大吾门者汝也。"兄若弟为吾始终赡养之。殁后，一教养其兄，婚其弟，悉遵父遗训，至万历辛丑，得成进士。是年，兄殁，抚兄子如己子。后弟殁，又抚孤，使成立。一教次子于鼎，崇祯元年翰林。长子于泰，四年辛未以第一人及第。于泰书策字不工，而思陵赏之曰："笔笔钟王，遇合有数，不独文章也。"鼎革后以隐逸终。(《宜兴县志》)

著　　作

(清)黄之隽等《江南通志》卷一百九十·艺文志·经部·明　《补六十二卦文言》(宜兴陈于泰)。

杂　　录

(清)谈迁《枣林杂俎》·圣集　辛未状元宜兴陈于泰，为首辅周延儒表弟。故事，会元策另封。有二锦衣官问知太仓吴伟业也另封矣。阁拟于泰、伟业及夏日瑚第一甲，上如之。御前拆封，首辅高声曰："第一甲第一名陈睛泰，常州宜兴县人。"不觉汗出浃背。幸上不问。伟业谒周，周曰："吾以当国，而拔宜兴人状元，天下其谓我何?"又语于泰曰："事有不辨而自明，有辨之而后明，今吾弟首胪，虽辨之，谁为明我者。"先是，周买陈氏宗人宅，毁其家庙，陈氏攻之，实非有私也。于泰倨诞，亦不执师弟礼。

(清)张廷玉等《明史》卷二百四十五·列传第一百三十三·周宗建(附蒋英)　宜兴故多豪家，修撰陈于泰、编修陈于鼎兄弟尤横，遂激民变，群执兵鼓噪，势汹汹。赖英，事旋定。而周延儒方枋国，与陈氏有连，衔英，再贬两秩，遂归。

又，卷二百五十六·列传第一百四十四·李长庚　六年正月，修撰陈于泰疏陈时弊，宣府监视中官王坤力诋之，侵及首辅周延儒。长庚率同列上言："陛下博览古今，曾见有内臣参论辅臣者否?自今以后廷臣拱手屏息，岂盛朝所宜有?臣等溺职，祈立赐谴黜，终不忍开内臣轻议朝政之端，流祸无穷，为万世口实。"帝不怿。

又，卷二百六十·列传第一百四十八·余应桂　崇祯四年，(余应桂)征授御史，劾户部尚书毕自严朋比，殿试读卷，取陈于泰第一。于泰者，首辅周延儒姻也。劾延儒纳孙元化参、貂，受杨鹤重赂，帝方眷延儒，责应桂。

又，卷二百七十五·列传第一百六十三·祁彪佳　宜兴民发首辅周延儒祖墓，又焚翰林陈于鼎第、于泰庐，亦发其祖墓。

崇祯七年（1634）甲戌科状元刘理顺

传　记

（明）邹漪《启祯野乘》一集卷十一·刘文正传（附配万氏等）　公讳理顺，号湛六，河南杞县人也。万历癸卯举于乡。凡十上春官不第，人惜公数奇，公自视夷然。崇祯甲戌成进士，廷试第一人。争荣之，公曰："科名固分内事，昔宋王曾及第，或嘲之。曾曰：'平生志不在温饱。'今兹之举，吾惧伊始，何荣为？"人服其志，谓异时必卓有竖立。初授修撰，丙子记注起居。乙卯，典闽试。逾年，迁谕德。癸未，分较会试，所得多文章节义士。甲申，贼变，闻驾崩，公遥望阙恸哭谓："荷上厚恩，无所报效。国事至此，万死莫赎。"遂载拜死之，妻万氏、妾李氏及仆四人俱殉。公素为德维桑，其魁天下也，乡人书榜于门曰："天从人愿。"至是，贼多秦中人，有数百骑环寓，皆以"公善，居乡有殊惠，吾等今日来欲为拥卫报公赐，何竟至此！"俱下马痛哭，罗拜乃去。南都赠公詹事府正詹事，谥文正。妻万氏，赠淑人，并妾李氏，同祀旌忠祠。

论曰：刘公其逊国时黄伯澜后一人哉！不然，并列鼎元，适遭大故，一门靖节，何大致相类也。先后相距，几三百年，取义成仁，较如一辙。语云："非常之时，贤者出焉。"其谓是与？

（明）李长祥《天问阁集》上·甲申廷臣传　刘理顺，号湛六，河南杞县人。甲戌进士，翰林院修撰。城陷，死。贼多陕西、河南人，当城陷，理顺署所有数百贼骑来，下马言曰："毋恐，来此皆河南人也，同公里。公居里有殊惠，今之来此皆沐公惠者也。其来将拥卫公尔。"门内以死对，贼向惊曰："何至此！"哭拜去。理顺殿试第一人，将死，痛流涕曰："我为第一人，国事至此，我不能报效，何取于第一人乎？我何以处此，自顾何堪？"遂死。

（明）高宇泰《雪交亭正气录》卷一·甲申纪　刘顺理（理顺），字湛六，杞县人。甲戌状元，左中允。都城陷，亟命家人速置棺。城既破，妻万氏、妾李氏愿先死，公大喜，视其投缳，笑而拜之，乃冠带自缢。冠不得入，大笑，取其冠翅，既就缳，仍正其冠。须臾，乃殒。有四仆，公犒而去之，不去，亦同殉。一时死者十二人。弘光朝，赠侍郎，谥文正。万氏、李氏，俱赠淑人。公居乡极善，里人皆德之。城既陷，贼有籍河南者数十人至，云："吾侪正来卫公，不期全家死矣！"罗拜涕泣而去。

自赞：成仁取义，孔孟所传。文山践之，吾何不然。既掇巍科，岂可苟全。三忠祠内，不愧前贤。

（明）张岱《石匮书后集》卷第二十·甲申死难列传 刘理顺，号湛陆，河南开封杞县人。万历丙午举于乡，累试春官不第。至崇祯甲戌，十上公车，行年五十三岁，始成进士。应殿试，外传策问题，诸进士皆宿构入对。理顺独无所闻，详览制诏，内有一事，条对甚悉；其一事，上所增入者也。上见大喜，擢第一，授修撰。理顺为人，端方正直，言动皆可为法；馆师贺逢圣深器重之，同馆诸门人尊为"一贤一圣"。

甲申，官至左中允兼翰林院侍读。三月十九日闻召，肃衣冠入。平旦，门未启，大理卿凌义渠、侍郎吴履中至，传报闯贼入城，相顾愕然。俄传上崩，理顺抚膺恸曰："理顺荷上特简，生不能出一奇殄乱，致逆寇披猖、国家沦丧，臣之罪也。请先死！"还寓，大书于壁曰："成仁取义，孔孟所传；文信践之，吾何不然！"乃携其妻妾及其子孝廉某并婢仆等共十二人，阖门缢死。贼至其宅，曰："此吾乡杞县刘状元，居乡极好；吾辈奉李将军令来护卫，刘公何遽死也！"数百人皆下拜，涕泣而去。京师人传臣死君、妻死夫、子死父、仆死主一家殉难者，以刘状元为最。（南京）赠詹事府正詹事，谥文正。

（清）陈济生《天启崇祯两朝遗诗小传》·刘文正公 公讳理顺，字复礼，号湛陆，开封杞人。万历丙午，举于乡，累试春官不第。垂三十年至崇祯甲戌，状元及第。先是，拟首李焆，上亲阅公卷，称旨，遂擢冠多士，而李置二甲第一人，士荣之。授翰林院修撰，充经筵展书官，起居注，编纂章奏。己卯，典试福建，其程式皆深于理学，湛于道德之言。癸未，分考礼闱，升左春坊左中允兼翰林院侍读。时东兵深入内地，闯、献二贼陆梁，连陷楚、豫、秦、晋诸郡县。公虽无戎事之责，而时以军国为忧。三月十九日，闻召，肃衣冠入。平旦，门未启，大理卿凌义渠、侍郎吴履中至，传报贼骑入城，相顾愕然。俄传上崩，公抚膺恸曰："理顺荷上特简，生不能出一奇殄乱，致逆寇披猖，国家沦丧，臣之罪也。请先死！"还寓，北面再拜，自缢。妻万氏，妾李氏，及仆四人皆死之，手书赞曰："成仁取义，孔孟所传。信公践之，吾何不然。既欐巍科，岂可苟全。三忠祠内，不愧前贤。"呜呼！公可谓不负先帝之知矣。弘光朝，赠詹事府詹事，谥文正。万氏赠淑人。生尝历考宋元以来以状元及第死事者。于宋得三人，何桌、文天祥、陈文龙；于元得三人，李黼、泰不华、李齐；而本朝乃五人焉，逊国之时则有黄侍中观、土木之难则有曹文忠鼐、北京之变有刘文正理顺，而浙东有余庶子煌、江右有刘中允同升，先后皆死国事。此亦科名人物之盛轶于前代者也。

（清）锡思圣《刘文烈公世系》 刘文烈公之先，淯川人也。永乐中，徙杞邑西花园铺，赘于白氏，因家焉。谱失其名，或曰荣，或曰邦彦云。生子义，义生鉴，鉴生汝忠。汝忠字良节，始业儒。会同邑孙襄敏公有侄女，生而端严，公爱之，乃抚为己女。既长择婿，人或言汝忠公曰："吾闻刘氏三世醇悫过人，其将有大焉者乎？"遂妻之。生五子，长承业、次承绪即文烈祖、次承勋、承家、承泽，皆子姓蕃衍迄今，力田学古，列黉序者不绝。而承绪独以文烈公著。汝忠淹雅弘通，卒未得遇，以周藩典膳卒于家。承绪亦未遇，因输粟为义官，生子清源、正源。清源字溶庵，赠翰林修撰、儒林郎，文烈公父也。治《春秋》，早饩于庠，试辄冠军，入与乡闱，卒不遇。会岁荐且及，乃笑曰："丈夫生不逢时，奚事以明经老牖下。"遂不就，以教授生徒为乐。讥李侍御用中于寒微，诫徐兵□自得以归养，其大略也。嫡配袁氏，赠安人。继配边氏，再继又边氏，以病弗克家，于是聘单安人，文烈公生母也。清源六十一年卒，文烈公生弥月矣。

文烈公者，名理顺，字复礼，号湛六，溶庵公季子也。初袁安人生子大顺、行顺而殁。后单安人生向顺及公。公既弥月而孤，其长兄拓落，不事生人产。仲兄与族人讼积年，尽鬻产偿贷。至是而文烈公益贫窘。单安人率子孙媳纺绩自给，艰辛万状，然每见长吏导骑吹盖则不食。公见母不怡，辄泣请。母曰："彼亦人子也。汝家积学未遭，而小子无刺骨之行，未亡人奚恃乎！"于是而文烈公学益力。仲兄虽窭困，亦善承单安人意，课公不怠。公之卒以有成者，母与兄之力也。公十四而庠于邑，十七而娶，二十五年丙午荐贤书，鹿鸣，归奠赠君前，单安人始色喜。盖自公襁褓以来，未尝见其开霁焉。次年上春官不第，后屡踬困。值侄庠生自立殁，其妻许烈妇殉之。次侄庠生自省、三侄自修皆夭。自修妻曹氏因其父夺志自毁而死。三人皆行顺子。公痛念仲兄乏嗣，以大顺次子圣笠嗣之。今四子皆诸生。适公配马安人又病卒，丧葬相仍，公益不支，遂偃息病榻间，呻吟诵读几十载。单安人年益长，公百计调摄，年七十六而终，时公年四十四矣。越九载甲戌，而公魁多士。当是时，国事孔亟，秦寇大起，掠豫、楚，焚凤陵，蹂躏江、黄间。公忧时感事，多所建白，悉为当事者沉搁。盖公自立清慎，不希宰相意旨，以故既忤武昌，又触韩城，见衔于宜兴。即乌程者，公虽出其门，而意见亦常枘凿焉。但以先皇帝特简，宸眷优渥，皆阳敬礼之。先皇帝常引对，见公忧深虑远，意甚重公，数欲大拜，而为当事者所阻止。历官修撰、经筵、东宫讲官，领起居注。六曹章奏诰敕撰文及纂修《二程》、《大明会典》、《武经七书》。癸未冬，始授左春坊左中允。明年三月十九日而寇陷神京，帝、后殉社稷，公乃冠带自赞，与继配万安人、妾李氏投缳死。两河闻之为罢市哭焉。公立朝十年，家无储财，而先后家人死王事者与公计十一人。一典闽试，一分礼闱，二与特授，七阅贡牍，皆称得人。后公以义殁者累累。元配马安人生子圣箴、圣箓，继万安人生子圣符。圣箓、符者，皆从公先后死京师。

圣箴，字辩山，少聪敏过人。庚午，荐贤。辛未，偕文烈公试南宫不利。甲戌，文烈公廷对第一，圣箴还。后癸未，文烈公分礼闱，圣箴引嫌及河，则闯寇已入关陕。圣箴遂走扬州，闻变为主而哭，扬人怪之。比数日而施爋至，言文烈公死状甚悉。会扬民噪杀郑元勋，圣箴适客其侄为虹家，锋且及。一人曰：“此河南忠臣状元刘家也。”乃免走江西，依曾亨应所，家人四十余人悉付嫡子。始莒独与一婿二仆陈情金陵，时福藩立而荒淫，奸相桀骜，诸死事家或恤或否，以贿赇为轻重。圣箴曰：“吾父阖门报国，千秋公论自在，何冀此为！”竟去走浙。浙人闻圣箴来，相与遮道，留之恐后，如见文烈。门生故吏辈诸凡馈遗一无所受，比还汝，则王师已南下，于是携家至丰城同造里。会有寇，圣箴及妻孥家人流离艰难，且恐相失，乃依箕城吴中奇而还。丁亥，迎文烈公柩归。癸巳冬，为营葬于邑西祖茔之傍。文烈公在殡，圣箴立风雪中数日得疾，历丁酉而卒。卒之前十日，力疾遍行诸故人家饮酒，人或劝之就医，辄笑不应，独谓子莒曰：“我年已五十，不为夭折，但汝祖遗文未刻，坟未封树，汝叔婶棕寄燕云，未歉于怀耳。若崇祠一事，则听之长吏与缙绅先生，小子无得妄与焉。勉哉，小子勿忘汝祖父器汝之意！”言讫卒，年五十一。子四人。长始莒。次始蒲，继庠生圣箓嗣。次始菡，俱列弟子员。次始莒，尚幼。孙四人，忠嗣、忠昆、忠夏、忠羽。始蒲子忠裔。

太史氏曰：“读书怀古之士凡所景行，辄如见其人焉，虽千百世罔间也。矧车服未湮，箕裘克肖者乎。”余不及见文烈公，然慕其行义，每向往不置。此辖豫驻杞，则公珂里也。而长君孝廉念父自毁，遂已早世，忠臣孝子，出于一门，余益深叹惋，乃急进公元孙与之游，见其卓荦英迈，动止维则，虽年未强立，而意念深矣。固得悉文烈公及孝廉君行事，读其遗文，又知其累世醇笃，节烈相承，积厚流光，匪伊朝夕。噫！何天之笃于刘氏耶？抑刘氏之自为笃者耶？于是为之谱其世系，使天下知文烈之令母友兄开其先，孝子慈孙绳其后，生也不偶，无愧一堂，其视世之称阀阅、咏蝉联者，盖不啻霄壤也。然则公之风百世而立顽懦者，宁两河也哉！

（录自［明］刘理顺《刘文烈公全集》卷首）

（清）申涵光《刘文烈公本传》 刘文烈公者，杞人也，名理顺，字复礼，号湛六，举崇祯甲戌进士第一。先是拟元者李公焻，烈皇帝厌文事之敝，思得圣学大儒为天下模楷，阅公卷称旨，亲洒翰墨，为订易数字，擢冠多士，而置李二甲第一，廷臣未知也。传胪日，皆愕然。中州人为徐言刘公生平学行状，实无其偶，则又人人嗟异，谓帝知人。是夕，帝入宫喜甚，谓左右曰：“朕今得一德行耆硕！”盖公已十上春官，为士林属望者垂三十余年矣。授翰林院修撰，历左春坊左中允司、起居注、六曹奏章，纂修《大明会典》、《武经七书》，皆悉心讨论。及侍经筵东宫日讲，尤多所开导。为性简穆醇谨，不交外务，每朝退，鞬户诵读，于性理宋儒语录诸书皆研究，得其蕴。即燕闲对妻子奴仆，必正襟危坐。与客言煦煦如家人，无崖岸，然中实耿介，非其人不与交。当武陵相夺情大拜时，公常斥言于朝：“绝不与通。”武陵闻之，怒夺其讲席，予展书，卒亦不动也。庚午以后，寇日炽，疆臣缩脑，庙谋无胜算，公忧形于色。数与召对，引陈皆石画。及汴园垂陷，公大感恸曰：“中原破裂，则京师危，尚以门庭玩视耶？”建议于河北设屯抚，练敢死士为后图，如李抱真泽潞故事，贼庶可歼为。疏条上之，格不行。当是时，秉枢参帷幄者率宴安，或饮酒高会，公与二三闲曹蹩躠骑羸马，日叩当路，谋所以灭寇者，往往笑不应。甲申三月，寇犯都城甚棘。公诣朝房谓执政曰："守卒缺饷，又阴雨饥冻，急请上出内帑金钱，鼓战士背城借一，或坚守待勤王之师，不然民怨，国事去矣。"皆唯唯。公愤然归，捐俸锾及盘卮簪珥输犒城卒。诸僚友咸诣公所问进止，公正色曰："存亡视国，尚须商耶!"是日，命家人掘坎于室中，深数尺，为藏柩计。十九日城破，配万安人暨妾李氏请先死，公笑许之。俟其瞑目，呼具袍笏，北向再拜，又入祠别祖先，遂大书三纸付家人，曰："成仁取义，孔孟所传。文信践之，吾何不然。既占科名，岂肯苟全。三忠祠里，无愧前贤。"书毕，遂投缳死，年六十有三。方未死时，门人词林传姓者谒公，问计安出，公曰："既及吾门，此事当自办。"传仓皇去，公送递如常仪。传后为人言："吾时乱甚无所措，师从容谈笑如平日也。"群寇过其庐者皆下马拜泣而去，不敢入。事闻金陵。恤如例。顺治九年，朝廷举封墓典，遣少宗伯设坛祭于都市，谥文烈，赐田七十亩，春秋致祭。

刘氏其先洧川人，徙杞花园铺，四世传汝忠，官典膳。典膳公生五子，季承绪。承绪生溶庵公清源，始业儒，治麟经，有声，用公贵，赠文林郎、翰林院修撰。娶袁氏，生大顺、行顺。继娶边氏，再继又边氏，晚娶单氏，乃生公。公弥月而溶庵公殁。母氏督之严，公奉教唯谨，以孝称。事仲兄如严父，常捐产代偿兄。逋弱冠举贤书。家固贫，然未常以竿牍通长吏。在朝十载，宅不改饬，亩不增畔，茅屋箫然如故也。己卯典闽试，癸未分较礼闱，俱称得人。嫡配马安人生子圣箴，字讲山，庚午举人，难后自毁不仕。次庠生圣箓先公死京师。万安人生子圣符公，死后未几，殇于涿。其后子孙益盛，皆能不愧家声，而冢孙始莒望尤著。

申子曰："光尝谒公于京邸，修眉丰髯，进退襜如，望而知为长者。闻初及第时，汴及杞中多异征，大贤之出，固不偶哉。公以文信公自期，论者谓状元死节，公实无愧。文信公常仕在外，故能号召豪杰，兴师图恢复。公始终珥笔为儒臣，凡所建白皆不用，徒以一死报国，非其志也。其后余公煌、刘公同升皆以状元死国事，倘亦闻公之风而兴者与?"

（录自［明］刘理顺《刘文烈公全集》卷首）

（清）孙奇逢《中州人物考》卷三·忠节·刘文正理顺　理顺，号湛露，杞县人。弥月而孤，母育教，甫成，童而孝弟肫肫，宗族乡党咸嘉尚之。弱冠举于乡，清修自励，不逐时趋，屡困公车，戚友有目其寒者，有嗤其老者，皆置不较。亦有指囷分宅如昔人哀王孙者，则识其惠，偿其直，平仲久敬之谊，盖无忝焉。思以一身维系风化纲纪人伦，且诲子："学贵为第一流，人以为吾受困者在病，吾得力者正在病，周、程、张、朱，今知所从事矣。但云博一第，非所愿也。"甲戌成进士，殿试第一，除翰林修撰。与刘宗周、金铉、陈龙正作知己交，司起居注，管理六曹章奏，纂修《大明会典》及《程子武经七书》，他人故事而已，理顺则悉心讨论，俾为后日法。继登经筵，启沃独任，多所指陈，又遵旨条列，俱蒙嘉纳，至侍讲青宫。虽对少主倍为庄毅，典试闽中与吴公甘来声气孚合，一榜称得人。后癸未同考礼闱，甲申同日殉难，丽泽之益如此。知制诰时，不事丽辞，专以矜重端庄为体。一日上欲勉励阁臣，阁臣不便撰敕命，制诰者为之。理顺所撰，规戒甚至雅，称上意，遂颁示之。

是时，闯贼盘踞已久，理顺习知其势，渐薰灼，且知建帜拥旄者，不肯实心办贼，徒将无数金钱为功罪格，每切向当事者言，而柄非己操，乃叹曰："天下事不可为矣。吾其与国同休乎！"甲申三月中旬，帝且欲死社稷，同乡诸僚佥商进止，理顺正色告曰："国存与存，国亡与亡，古之制也。无可商量处。"乃括俸金并旅邸费共得百五十金，送城上作犒军需，命家僮掘坑数尺为覆柩地。十九日寅时，整衣冠入朝，期急叩帝，作背城一战，而贼已入城矣。归寓，有门人傅翰林往谒问所向，理顺曰："既及吾门，尚辨得一字，无庸多言也。"送傅出杜门，整冠带袍笏，拜谢君亲，继配万安人、妾李氏各就缢。一子尚幼，嘱家僮善视，乃自赞云："成仁取义，孔孟所传。文信践之，吾何不然。既占科名，岂肯苟全。三忠祠里，无愧前贤。"字字端楷，其神不乱。又云："他日来取吾骸，恐沿途有劫，发者可暴吾柩示之。"遂缢死。后果为贼发，三年矣颜色如生。理顺生平积德，难以尽述，学足济时，惜未柄用耳。尝曰："吾愿在一日，维一日纲常。"盖不惭形影，不愧屋漏，数百年来大有关于气运也。赠正詹事，谥文正。

野史氏曰：公之自赞有云："文信践之，吾何不然？"盖明以信国自况，余亦谓公于信国事有合焉。信国以状元死宋之亡，公亦以状元死明之亡，乃信国柄用。独晚议犹谓其志大才疏，惟以衣带数语留正气于人间。若公固心小，而才足以有为者，未尝一日得展布其所学，而视死如归，临终赋诗，与成仁取义之旨，数百年同符其于信国何如也。公之言曰："我于周、程、张、朱，知所从事，真当代大儒也哉！"才识两合，见危授命，理学节义，统体一身，公之死真不死矣。

（清）谷应泰《明史纪事本末》卷八十·甲申殉难·左中允刘理顺　贼入城，理顺题于壁曰："成仁取义，孔孟所传。文信践之，吾何不然？"酌酒自尽。其妻万氏、妾李氏，及子孝廉，并婢仆十八人阖门缢死。贼多河南人，至其居曰："此吾乡杞县刘状元也。居乡厚德，吾军奉李将军令护卫公，何遽死也。"数百人下拜，泣涕而去。时谓臣死君、妻死夫、子死父、仆死主一家殉难者，以刘状元为最。

……

考其时阖门同死者：中允刘理顺、新乐侯刘文炳、惠安伯张庆臻、宣城伯卫时春、驸马巩永固、金吾高文采是也。

（清）傅维麟《明书》卷一百十·列传二·忠节传十·范景文等死国难诸臣传　刘理顺，字湛持，杞县人。崇祯甲戌进士第一人。历官右谕德。闻京城破，乃题名于壁，字盈尺，有"成人（仁）取义"之词，乃自缢。其妻妾及四仆俱死之。贼多河南人，约一二百人相率觅之，踵其门曰："刘公居乡良善，里人咸沐其恩，此来正欲护卫以报之，何至于此!”乃罗拜奠献而去，有留守其居，仍纪其丧者。

（清）计六奇《明季北略》卷二十一（上）·崇祯十七年甲申（续）·殉难文臣·刘理顺（十九日缢） 刘理顺，字复礼，号湛六，河南开封杞县人。万历三十一年癸卯，举于乡。凡十上春官，不第。人惜公数奇，公自视夷然。至崇祯甲戌成进士，廷试第一。先是拟首李焆，上亲阅公卷称旨，遂擢冠多士，而李置二甲第一人，争荣之。公曰：“科名固分内事。昔宋王曾及第，或嘲之。公曰：‘平生志不在温饱。’今兹之举，吾惧伊始，何荣为?”人服其志，谓异时必卓有竖立。初授修撰，丙子记注起居。己卯，典闽试，其程式皆深于理学、湛于道德之言。逾年，迁谕德。癸未，分考礼闱，所得多文章节义之士。甲申三月十九平旦，公入朝，门未启，大理卿凌义渠、侍郎吴履中至，传报贼骑入城，相顾愕然。俄传上崩，公抚膺大恸曰：“理顺荷上特简，无所报效。国事至此，万死莫赎。”还寓，手书赞于壁曰：“成仁取义，孔孟所传。文信践之，余何不然。既掇巍科，岂可苟全。三忠祠内，无愧前贤。”北面再拜，自经。妻万氏、妾李氏及子孝廉并仆四人俱殉。一云：并婢仆十八人，阖门缢死。公素为德乡里，其魁天下也，乡人书榜于门曰：“天从人愿。”至是，贼多中州人，有数百骑至其寓口：“此百乡杞县刘状元，居乡极善，里人无不沐其惠者。吾辈奉李将军令，正来护卫公，以报厚德，何遽死也。”俱下马痛哭，罗拜而去。时为臣死君、妻死夫、子死父、仆死主，一家殉难者，以刘状元为最。南都赠公詹事府正詹事，谥曰文正。妻万氏，赠淑人，并妾李氏，同祀旌忠祠。

尝历考宋、元以来以状元死事者。于宋得三人，何㮚、文天祥、陈文龙；于元得三人，李黼、泰不华、李齐；而本朝乃五人焉，逊国之时则黄侍中观，土木之难则有曹文忠鼐，北京之变则刘文正理顺，而浙东有余庶子煌，江右有刘中允同升，先后皆死国事。此亦科名人物之盛轶于前代者也。……

论曰：刘公其逊国时黄伯澜后一人哉！不然，并列鼎元，适遭大故，一门靖节，何大致相类也。先后相距，几三百年，取义成仁，较如一辙。语云：“非常之时，贤者出焉。”其谓是欤?

臣死君，忠也；子死父，孝也；妻死夫，节也；仆死主，义也。忠孝节义，萃于一门，可谓盛矣，可谓难矣。而刘公复以状元及第，兼此匹美，尤盛中之盛，难中之难也。馨昭青史，休哉!

（清）查继佐《罪惟录》·列传卷十二下·致命诸臣列传下·刘理顺（妻万氏妾李氏仆四人） 刘理顺，字复礼，号湛陆，河南杞县人。其学湛于道德，以乡荐，罢春官垂三十年。崇祯甲戌成进士。殿试已拟李焆第一，上特简，领多士，授翰林院修撰，历左春坊左庶子兼侍读。时内外交讧，委任不称，理顺课智功之策有曰：“智于小不智于大，智于私不智于公，是无智也。而亦无功，必以道致之，以信通之。阿衡不聘则野农，非熊不载则钓叟，淮阴不拜亡卤耳。亚夫之骸骨彭城，疑也；绛侯之四万斤恣出入不问，信也。”意欲推保举法，以汉制郡太守得辟除调用之意行之，俾各自遴其属，且令有司凡因小过罢黜及迁谪远方者即有偏长并应举用，事不得行。

甲申之变，闻召，肃衣冠入。平旦，门未启，俄大理卿凌义渠等至，传贼已入城，相顾骇愕。须臾，宫眷尽出，欲从行在不可得，还见百姓填街巷且欢迎贼，理顺悲痛曰：“独非高皇帝豢养至今日者哉！”甫就寓，忽有红衣随数卒至谓门者曰：“而公安在？勿惊。”理顺出，见红衣拜地不起，曰：“公长者，公先人常活我。念无以答厚谊，今颇能自达于李将军，请得为公地，署公要官。”理顺辞曰：“君休矣，义不能从。”红衣去，理顺题壁有：“成仁取义，吾何不然”之句，遂北面再拜，恸曰：“理顺久荷特恩，愧无一奇殄乱，以致逆寇披猖，万死莫赎。”引带自缢死。妻万、妾李及仆四人皆死之。顷之，贼持顺令至卫其家，乃见阖门尽节如此，咸罗拜去。弘光中，赠詹事府正詹事，谥文正。妻万，赠淑人。子圣箴贤书。

论曰：近代以来，状元及第仗节死者，明最烈。宋三人，何栗、文天祥、陈文龙；元亦三人，李黼、泰不华、李齐；而明则黄侍中观死逊国，曹文忠鼐死土木，余庶子煌死越暨，两刘中允：中允同升死江右，中允理顺死京师，盖五人焉。乃出自睿览特隆，知人知文哉！妻万、妾李，岂读书翰林院共侍讲者欤？

（清）查继佐《国寿录》卷一·左中允刘理顺传　刘理顺，字湛陆，河南杞县人。甲戌进士，历左中允。国家多故，所急兵食，故于词林无所自见。甲申三月十九日早，闻宫眷尽出，曰：“帝驾岂密迁乎？”使人四踪迹，不可得。须臾，贼入，百姓欢迎。理顺叹曰：“独非我高皇帝豢养至今者也。何忍生见此？”忽有衣红衣一人，随数卒至其寓，谓家人曰：“而公何在？勿惊，吾将报公德。”理顺因出见，红衣拜地不起，曰：“公长者，公先人尝活我。念无以答厚谊，今颇能自达于李将军，请得为公地。”理顺辞曰：“君休矣。义不能从，幸为吾收遗骨。”红衣不能强，寻弃去。理顺因题壁曰：“成仁取义，孔孟所传。文山已矣，吾何不然？”遂以带自绞死，二妾亦同殉节，时家人既棺敛，红衣令其卒卫门者数日。

（清）徐开任《明名臣言行录》卷九十二·谕德刘文正公理顺　号湛六，河南杞县人。万历癸卯举人，崇祯甲戌进士。官至谕德。甲申殉难南都。赠詹事府正詹事，谥文正。

公十上春宫不第，自视夷然。至甲戌拟首李焻，上亲擢冠多士，置焻二甲第一，士论荣之。公曰：“昔宋王曾及第，或嘲之。曾公曰：‘生平志不在温饱。’兹吾惧伊始，何荣为？”授翰林院修撰，充经筵展书官，记注起居。

己卯，典试福建。癸未，分较礼闱，升春坊中允兼侍读。时大兵深入，流贼陆梁。公虽无戎事之责，而时以军国为忧。甲申三月十九，肃衣冠赴召。门未启，大理卿凌义渠、侍郎吴履中遽传贼已入城，鼎湖龙去。公抚膺大恸曰：“理顺荷上特简，不能出一奇殄乱，致逆寇披猖，国家沦丧，臣之罪也。”还寓，北面再拜，自缢。妻万氏，妾李氏，并次子圣箓、圣符及仆四人皆死，手书赞曰："成仁取义，孔孟所传。信公践之，吾何不然。既掇巍科，岂可苟全。三忠祠内，不愧前贤。"呜呼！公可谓不负先帝之知矣。

公素为德桑梓，其子以庚午登贤书偶关说一事，遂挞其子而返其物。及中鼎元，乡人榜其门曰："天从人愿。"至是，贼多中州人，有数百骑环寓，皆以"公善，居乡有殊惠。吾等今日来欲为拥卫报公赐，何竟至此？"俱下马痛哭，罗拜乃去。本朝以殿元死事者得五人焉，逊国时则有黄侍中观、土木之难则有曹文忠鼐、北都之变则有刘文正理顺，而浙东有余庶子煌、江右有刘中允同升，先后皆死国事。此亦科名盛事也。

（清）沈佳《明儒言行录续编》卷二·刘理顺 字复礼，河南杞县人。崇祯甲戌进士，仕至左春坊左中允兼翰林院侍读，甲申徇难。

好濂洛之学，敦尚古道，持论不为偏苛，而人皆敬畏之。举万历丙午乡荐，所居一茅屋。子某，崇祯初亦举乡荐，偶有所关说，公挞其子而还其赀。领乡荐二十有八载，困约甚，不改其素，里中无不重刘公为人。崇祯七年，始成进士。廷试前一日，阁拟制策问，有预得其稿者，人皆夙构成，及对果如所闻。公独至期，详览制诏中增一事，上所自发问也，条对甚悉，阁以李焆名首上，上覆阅诸卷，独公对称旨，亲擢第一甲第一人，由此心倚重之，授翰林院修撰。

十二年二月，上言六事：作士气、矜民穷、简良吏、定师期、信赏罚、招胁从。上是之。

十六年，进左中允。时闯、献二贼陆梁，连陷楚、豫、秦、晋诸郡县。朝廷起大师，命重臣，讫无成功。公故无军旅寄，然君国之忧内切于心，外形诸颜色，于经筵讲读时，每痛切言之。

十七年三月丁未，闻召对，晨趋朝，户部右侍郎吴履中、大理卿凌义渠先在，相与咨嗟叹息，而已，传城陷贼入矣。三人相顾骇愕，仓皇归。随闻上徇社稷，公抚膺大恸曰："臣荷特简，不能出奇殄乱，致逆寇披猖以有今日，臣罪何辞！"遂北面稽颡，书绝命词，投缳而死。妻宜人万氏、妾李氏俱从死。顷之，贼数百人至，寓云欲保护刘状元，而公已死，相与叩头，号恸去。盖贼帐下多中州人，素稔刘公德也。刘念台哭公诗曰："公之徇国也，自妻子而外，若婿若外孙若仆从无一免者。以时而言，玉汝第一；以事而言，公第一。呜呼！圣矣乎！"

佳按，此念台先生当时所闻异辞。余尝问之睢州师，云止妻妾从死耳。

良玉维温金砺寒，一回把袂一回看。周情孔思推同调，方矩圆规式大官。十族止怜朋友在，九原谁问此心安。异时伊洛推人物，诚敬渊源似尔难。

有同年子候先生因问曰："闻中鼎甲者，手纹直透中指。有诸？"先生举手细视曰："想是幸中，未尝有此耳。"其宽宏不拒人如此。

先生幼孤，奉母至孝，稍失意辄涕泣，母悦乃已。事兄如严师，弱冠举于乡，久之不第。以风教人伦为己任，恬淡自持，尝语人曰："学贵绝欲，吾生平困于病，然其所得，卒亦不出此也。”

擢廷试第一，烈皇帝喜甚，顾左右曰：“朕今日自擢得一德行耆老。”盖以先生历十试且策语多危论也。授修撰。司起居注，管理六曹章奏，纂修《大明会典》，先生皆与焉。为经筵讲官开陈详切，上每嘉纳之，太子出学复选任焉。尝入侍东朝，一宫僚以体丰滞，几间太子忽笑，众皆笑。先生挺立端视，丰采隐然，太子笑为顿止。上闻愈贤之。

兵部尚书杨嗣昌议夺情，忽中旨内用，中外骇然，相继论劾。嗣昌力诋言者曰：“君纲在父纲上，战国分裂谊固可逃，天下一家无可逃也。”先生深疾之。既而，易吉入阁，先生大痛，即归草疏曰：“嗣昌果有嘉谋，即在兵部，尽可入告，如刘大夏戴珊故事，以候服阕，入侍未晚。岂有政本之地，先忘其亲乎？且嗣昌只宜引罪，岂宜罪人？君纲、父纲之论，悖道极矣。嗣昌殆病狂丧心者耳！”嗣昌见其疏深衔之。已而，馆中皆谒贺，先生又不往，复向所亲曰：“文弱不能灭贼，可谓进退失据矣。”于是嗣昌大怒，嗾忌者夺其讲席，转展书先生，不起久之。上念其名，遂畀经筵兼知制诰。其在制诰也，虽撰予不一，率皆端士劳臣、鼓忠褒勤之词。至于宦官恩幸，为上所宠幸者，终不得邀其一语。故当其视草，竞相诩曰：“此刘公语也。”持之以为荣。

是时，闯寇蹂躏中原，先生习知寇形，且以诸将无办寇志，不过辇金钱，集都门，分贿权，要为蔽隐计，而秉铨司枢职封驳者，亦凭是为予夺奖劾，感愤隐忧，义形于色。每于众中论天下大势以为积薪厝火，祸将不救。汴围，急复议援剿之策，请分屯河北抚练死士如李抱真泽潞事，以图恢除。当事率以为狂，不能用也。继而贼破潼关，入三秦，先生叹曰：“事去矣。”遂遣其长子归，留妻妾处京师，自分必死。甲申三月，贼薄都城，先生括所得百五十金，送城上犒守者。翼日，黎明入朝，欲请上发帑金募死士，为背城计。抵长安门，警卫散落，觐班寂然，遇一宦者曰：“大家已不知所在，尚欲谁谒也？”是时，城中贼骑充斥，还至寓，有门生来谒，请所向先生曰：“既及吾门，须辨一忠字。”客去送之，如平时。乃具袍笏，北面再拜，起书一纸曰：“成仁取义，孔孟所传。文信践之，吾何不然。既占科名，岂敢苟全。三忠祠内，无愧前贤。”笔势端劲，无异暇时，写毕正冠投缳而尽。甲申谥文正，国朝改谥文烈，与祭田春秋致祭。（田兰芳撰传）

先生生平学问以诚为主，一言一动必准于礼，造次颠沛，未尝稍违，亲戚子弟无少长，每见必正容揖让，即密友终未见其嬉笑燕惰之色。人有过，必婉曲导之，请改方。已有贫困疾病滨于死者，设法救济，保全人骨肉伦理者甚众。至遇时事有阙，则痛哭流涕，披露肝膈，虽触嫌犯，危勿恤也。卒至国变，从容殉节以死，非诚之所积而能然乎。

（清）赵吉士、卢宜《续表忠记》卷七·刘文烈公传（附妻万氏、妾李氏） 春坊中允刘理顺，号湛六，河南杞县人。万历丙午举于乡，潜心理学，慨然有经世之志，不以富贵萦心。十上春官不第，人咸以数奇为惜，理顺志益坚，学益邃，自视廓如也。

甲戌，始成进士。廷试前一日，阁拟策问外传，人多夙构。至期而制诏中独增一事，乃上自发问也，适理顺对此条甚详悉。阁拟李焻为首，上善理顺策，拔置第一，朝士咸称帝知人。帝还宫，喜曰："朕今日得一耆硕矣。"乡人争荣之，理顺曰："功名者，读书分内事也。所以不朽者，正不在此。王沂公曰：'生平志不在温饱。'今兹吾惧伊始，何荣之有？"闻者叹服。

初授翰林院修撰，晋中允，兼侍读。十二年春，畿辅告警，疏陈作士气、矜穷民、简良吏、信赏罚诸事，下所司议行，因蠲畿辅、山东被兵逋赋，皆理顺发之也。入侍经筵，兼东宫讲官。性简默谦和，而中实介然，素不媚权贵，更历杨嗣昌、薛国观、周延儒诸相，一无所附丽。即出温体仁之门，而言论多枘凿不少徇也。杨嗣昌夺情，理顺昌言诋之，嗣昌怒夺其讲席。壬午，边警深入内地，闯、献二贼陆梁，豫、楚、秦、蜀间杀亲藩，陷名城，所在见告。理顺虽无封疆责，而深以军国为忧，同官反有嗤之者曰："此真杞人也。"未几，贼逼京师，僚友或问进止，正色曰："存亡视国，尚何商耶?"三月十九日，入朝。平旦，门未启，俄传贼入彰仪门，道上皆狂奔，继闻上崩于煤山，抚膺大恸曰："理顺三十，年老举子，荷皇上恩特拔状头，列于清华侍从，不能展一筹，致国事至此，万死莫赎。"自书于壁曰："成仁取义，孔孟所传。信国践之，吾何不然。既掇巍科，岂可苟全。二忠祠内，不愧前贤。"酌酒自缢，妻万氏，妾李氏及仆四人俱殉。

理顺精研理学，尤严儒禅之辨，盖慥慥之君子也。其言曰："学禅最便于仕宦，以爱之者杂也。宫庭无论自勋爵、戚畹、武弁、中贵靡不奉佛，士大夫借参禅徜徉其间，无限稳便。以佛理之圆言湛语诱人，使悟轮回祸福，逼人使迷。又有世法宦情为之援引盘桓，无入不得宜，谈禅礼佛，无剩人，无休时矣。"又曰："宋朝吕申国公著喜，释其相业，务简静，士罕晋接。躁进者多幅巾道袍，随僧斋粥，假说禅学，异以自售，时谓禅锁。夫以正献之清严，犹为人所中，信乎？转移风气不在无位之君子，而在有位之大人也。"素为德维桑，长子庚午登贤书，偶向本县关说一事，理顺闻而挞之，亟反其物。支诎公车，父子重趼不恤也。及中大魁，乡人书榜于门曰："天从人愿。"贼多河南人，城破之日，群趋其寓，见已就义，惊相告曰："此吾乡杞县刘状元也。居乡厚德，吾等来欲为拥卫报公赐，何遽死耶?"数百人皆下马，罗拜涕泣而去。南渡，赠正詹，谥文正。本朝赐谥文烈。

卢宜曰：怀宗六鼎元死节者，二皆以受上特恩也。彼魏藻德者，四年前是一书生，既占状头，旋登揆席，其受特恩更何如哉？

（清）张豫章等《御选明诗》姓名爵里七·诸家姓名爵里　刘理顺（字湛六，杞县人。崇祯甲戌赐进士第一，授修撰，升左中允。殉难，谥文正，定谥文烈。有《刘文烈公集》）。

（清）陈鼎《东林列传》卷九·汪伟王家彦吴麟征孟兆祥（子章明）刘理顺合传

我朝顺治十年，赐谥文毅立祠江宁。同死者则王家彦、吴麟征、孟兆祥及子章明、刘理顺等。……刘理顺，字复礼，号湛陆，杞县人。幼与吕维祺结洛社之会，有志于圣贤，跬步不苟，乡党有“刘夫子”之称。甲戌成进士，历官左春坊右中允。妻万氏、妾李氏全家死者十八人。赠正詹事，谥文正。妻赠淑人，妾赠孺人。

外史氏曰：甲申，当天地否塞阴阳混沌之时，诸君子能以皎皎之身归之君父，不为贼污。呜呼！此诗书礼义之教深也。

（清）高承埏《崇祯忠节录》卷一·京师甲申殉难·正祀文臣二十三人 左春坊左中允兼翰林院编修刘理顺，字复礼，别号湛六，河南杞县人。生平学行，人无间言。万历丙午举于乡。十上公车，崇祯甲戌，会试始中式，年已长矣。殿试故事，内阁拟策问二条，请上点用，其一无所窜改。是科，策问知人安民，上更定过半，亲挥宸翰，语意淋漓，求治之殷，具可想见。又故事，读卷官拟上卷十六卷进呈请御，批定一甲三人。是科，十六卷中已拟李焻、杨昌祚、陈组绶为一甲三人矣。上命再呈十二卷，阅至刘理顺卷，喜曰：“此必老成可用者。”特擢第一甲第一名，而以吴国华为第二，改杨昌祚为第三名。顺天府尹用伞盖仪从送状元归第，理顺于马上献诗报杞县知县云：“三十年中幞被行，盐齑滋味足平生。宫袍恩重难图报，不向输赢梦里争。”理顺感上知遇，在讲筵以启沃自任，多所指陈，知制诰不尚浮华，规戒切至，称上意。己卯正月，上言六事，曰作士气，曰矜民穷，曰简良吏，曰定师期，曰招胁从，曰信赏罚，上是之。是秋偕兵科右给事中吴甘来典福建乡试，称得人。撤棘后，闽帅郑芝龙来谒甘来，欲拒之，理顺曰：“彼今既为王臣，正当乘此勉以忠义。”即延，见询其关粤要害，芝龙指画精详，理顺遂语之曰：“将军勉旃为皇上息鲸波于数千里外，定不吝通侯之赏。”芝龙武人有甚解，但俯首唯唯，出而语人请解之，大喜曰：“刘状元乃不鄙薄我。”馈明珠翡翠之属，值数千金，皆一无所受。癸未，解严后八月，补行会试，理顺为同考官，阅闱牍多纵横家言，叹曰：“此兵气也，乱其未已乎？”是冬，首辅周延儒以有罪赐死，同官见其所供受恩至重，负恩至深，并揶揄之，理顺独曰：“吾辈恨之是也，幸其得祸非也。宜兴固罪无所逭，然其救黄石斋先生，撤内监，罢厂卫，蠲租，起废，解网，肆赦，以奉扬上德，亦别有作用。惜张天如既没，马君尝未服阕，门无正人，以致于败。至于视师行边，误在不能直言彼此强弱之形，惧祸蒙蔽，罪及于此耳。”时咸称为持平之论。

甲申，逆闯犯京师，同乡有商行止者，理顺正色对曰：“国存与存，国亡与亡，古之制也，无可商量处。”即括清俸百余金，犒守城军以作倡，命家人于中庭掘坎数尺为瘗棺地。三月十九日昧爽，入朝，欲请上背城一战，而太监已开门迎贼入，遂归寓闭门治后事，贼营中河南人来，踪迹者踵相接，理顺戒家人不启门，亦不应声，即整冠带袍笏，恸哭望阙拜曰：“臣荷皇上特简，不能画一策灭贼，致逆寇披猖，国家沦丧，臣之罪也。请先死！”又遥拜先人，视继妻万安人及妾李氏等各就缢，以一幼子托家人保全，遂书自赞云：“成仁取义，孔孟所传。信公践之，吾何不然。既占科名（一作“科名既掇"），岂可苟全。三忠祠内，无愧前贤。"笔法端楷，神气不乱，即自缢死之。二子刘圣箓、刘圣符从死，仆四人用白布缠身，互书姓名于背，齐跪理顺前曰："主人殉忠，主母殉节，奴仆辈敢不殉义？"盖其妻妾子媳女及婿与外孙以至婢仆死者，阖门十二人（一云十八人），惟长子举人刘圣箴卒于家。理顺素有德于乡里，京城破，有贼数百骑持令箭驰至其寓，叩门无应者，破扉而入，见其已殁，齐声叹曰："此吾乡杞县刘状元，居乡真厚德，且有赈饥恩，今奉将令特来护卫之，不意其全家先自尽。"痛哭罗拜毕，乘马而去，竟有经纪其丧，守护其邸第者。左都御史山阴刘宗周谓："京师甲申殉难者，以时而言，倪元璐第一；以事而言，刘理顺第一。"盖以臣殉君，妻殉夫，子殉父，仆殉主也。大学士进贤傅冠有诗挽之曰："天人首封重明光，玉质亭亭映雪霜。矢为彭咸从帝服，翠旌抚簪焕寒芒。"理顺既以状元殉难，厥后乙丑状元余尚书煌死节浙东，丁丑状元刘阁部同升死节江西，合之黄文忠公观死靖难，曹文忠公鼐死土木之难，先后其得死难五状元，亦见本朝科名人物之盛，过于宋元仅各得死节状元三人矣。

赠詹事府正詹事，谥文正，赐祭葬，荫子惟理顺及成德为最先，余皆再请始得之。万氏赠淑人，李氏赠孺人，建坊旌表。〇按，顺治壬辰，复谥文烈。

（明）顾祖训原编、（明）吴承恩增补、（清）王鸿绪等《明史稿》卷二百五十三·列传第一百四十八·刘理顺　刘理顺，字复礼，杞县人。万历中举于乡。十赴会试，至崇祯七年始中式。及廷对，帝亲擢第一，还宫喜曰："朕今日得一耆硕矣。"理顺素有学行，朝士咸称帝知人。理顺益感激，其乡人争义之，理顺曰："昔王曾志不在温饱，吾岂异是。且忧惧方始，何羡为？"拜修撰，益勤学，朝退辄键户读书，非其人不与交。

十二年春，畿辅告警，疏陈作士气、矜穷民、简良吏、定师期、信赏罚、招胁从六事。下所司议行，因蠲畿辅、山东被兵逋赋。历南京司业、左中允、右谕德，入侍经筵兼东宫讲官。杨嗣昌夺情入阁，理顺昌言于朝，嗣昌怒，夺其讲官。开封垂陷，理顺大恸曰："中原破则京师危矣。"建议河北设重臣，练敢死士为后图，疏格不行。杨嗣昌、薛国观、周延儒迭用事，理顺一无所附丽。出温体仁门，言论无少徇。

十七年三月，贼犯京师急，理顺诣朝房谓诸执政曰："守卒缺饷，阴雨饥冻。急宜请内帑，鼓勇士背城一战，或坚守以待勤王师。不然，大事去矣。"众唯唯。理顺太息归，悉捐家赀分犒守城卒。僚友或问进止，正色曰："存亡视国，尚须商酌耶！"城破，妻万、妾李请先死，理顺许之。俟其既绝，具袍笏北向再拜，入别宗祠，大书曰："成仁取义，孔、孟所传。文信践之，吾何不然。既占科名，岂敢苟全。三忠祠内，无愧前贤。"书毕投缳，死年六十三。仆四人皆从死。群盗多中州人，闻其死，入唁曰："此吾乡杞县刘状元也，居乡厚德，何遽死？"罗拜号泣而去。后赠詹事，谥文正。

本朝赐谥文烈。

（清）孙灏等《河南通志》卷六十三·明·忠烈　刘理顺，字复礼，杞县人。少孤，奉母以孝闻。弱冠，领乡荐，崇祯甲戌年五十，始成进士。殿试日，上于下卷中拔置第一，谓左右曰："朕今日自得一德行老宿。"授修撰，起居注。后转中允，值闯寇围汴急，理顺议援剿策，请分屯练士云云，当事弗听。甲申，贼逼京师，攻城益急，理顺犹括所藏百余金往犒守城军士。已而，城破，理顺具袍笏，北面再拜，起书绝命词，投缳死。妻万氏、妾李氏皆从死。一老仆殓主尸毕，亦死。国朝赐谥文烈，祀乡贤。

（清）张廷玉等《明史》卷二百六十六·列传第一百五十四·刘理顺 刘理顺，字复礼，杞县人。万历中举于乡。十赴会试，至崇祯七年始中式。及廷对，帝亲擢第一，还宫喜曰："朕今日得一耆硕矣。"拜修撰。益勤学，非其人不与交。

十二年春，畿辅告警，疏陈作士气、矜穷民、简良吏、定师期、信赏罚、招胁从六事。历南京司业、左中允、右谕德，入侍经筵兼东宫讲官。杨嗣昌夺情入阁，理顺昌言于朝，嗣昌夺其讲官。开封垂陷，理顺建议河北设重臣，练敢死士为后图，疏格不行。嗣昌、薛国观、周延儒迭用事，理顺一无所附丽。出温体仁门，言论不少徇。

贼犯京师急，守卒缺饷，阴雨饥冻。理顺诣朝房语诸执政，急请帑，众唯唯。理顺太息归，捐家赀犒守城卒。僚友问进止，正色曰："存亡视国，尚须商酌耶！"城破，妻万、妾李请先死。既绝，理顺大书曰："成仁取义，孔、孟所传。文信践之，吾何不然！"书毕投缳，年六十三。仆四人皆从死。群盗多中州人，入唁曰："此吾乡杞县刘状元也，居乡厚德，何遽死！"罗拜号泣而去。后赠詹事，谥文正。本朝赐谥文烈。

（明）顾祖训原编、（明）吴承恩增补、（清）陈枚续补《状元图考》卷四·状元刘理顺 崇祯七年甲戌，廷试李清等三百人，擢刘理顺第一。

按，理顺公，字文理，河南杞县人。为人浑厚有德，忠孝性成，在乡在官人咸推重。甲申，城陷，不欲以死强下人，乃曰："我骨肉至亲，自宜全节，汝等可分我所有，各寻活路。"众泣："愿随主往。"及闻变，公从容酌酒，与妻妾、子女、奴婢共十八人皆死。后贼至公寓，叹曰："我素重公，今日来护持耳，不料已死。"皆叩拜而去，无不钦其忠烈。

（清）汪有典《史外》卷四·刘文烈公传 公讳理顺，字复理，号湛六，河南杞县人。万历癸卯举于乡。十上春宫（官）不第，人惜公数奇，公自视夷然。崇祯甲戌成进士。帝厌文事曰："敝思得大儒，模楷天下。"廷试时，阅公卷称旨，亲洒宸翰易数字，擢冠多士，人争荣之。公曰："吾惧伊始，何荣为？"其志量如此。授修撰，历左春坊左中允。性严毅耿介，对妻子奴仆，必正襟危坐，非其人不与交。杨嗣昌夺情入阁，斥言于朝，绝不与通。寇氛日炽，疆臣缩朒，庙谋无胜算，公数与召对，引陈皆硕画，不能用。及汴国垂陷，建议于河北设屯抚，练敢死士为后图，如李抱真泽路。故事，贼庶可歼，为疏条上之，格不行。当是时，秉枢参帷幄者，率晏安，或饮酒高会。公与二三闲曹蹩躠骑羸马，曰："叩当路，谋所以灭寇者。"往往笑不应。甲申三月，寇犯都城甚急，公诣朝房谓执政曰："守卒缺饷，又阴雨饥冻，急请上出内帑金钱鼓战士，背城借一，或坚守待勤王之师。不然，民怨，国事去矣。"皆唯唯，公愤归，捐俸镪及盘卮簪铒输犒城卒。诸僚友咸诣公问进止，公正色曰："存亡视国，尚须商耶?"令家人掘坎室中，为藏柩计。十九日，城破，妻万、妾李请先死，公笑许之。俟其目瞑，冠带自赞，投缳死。贼过其庐，皆下马拜泣而去。赞曰："成仁取义，孔孟所传。信国践之，吾何不然。科名既占，岂肯苟全。三忠祠内，无愧前贤。"福王赠正詹事，谥文正，定谥文烈。

汪有典曰：呜呼！世莫不艳称状元，然不愧状元有几哉？有明以制科取士，所谓状元者，盖八十有九人，其亦非少也矣。然可指目者，才数人耳，余皆随时荣灭，无异湿萤腐草矣。又其甚者，顽顿无耻，谈之污齿颊，书之秽毫素矣。夫黄观死建文之难，曹鼐死土木之难，谢迁以斥刘瑾免相，杨慎、舒芬以争大礼谪戍，罗伦、沈懋孝以劾坐主罢，烈皇帝时余煌殉难浙江，刘同升愤卒军中，公则抗节自尽，此其表表者。彼若降燕之胡靖，父事严嵩之唐汝楫，擅权误国赐死之周延儒，降贼输贿不遂拷掠死之魏藻德。状元之累人与，人之累状元也？宋仁宗祝天，愿得忠孝状元。嗟乎！至求取忠孝为状元，而状元可愧矣。

（清）和珅等《大清一统志》卷一百五十三·开封府五·人物　刘理顺（字复理，杞县人。崇祯七年进士。帝擢第一，还宫喜曰："朕今日得一耆硕矣。"即授修撰。朝退辄键户读书，非其人不与交，历右谕德，入侍经筵兼东宫讲官。甲申之变，理顺具袍笏，北面再拜，入别宗祠，投环死。妻万、妾李皆徇。本朝赐谥文烈，于田供祀）。

科　　第

甲戌科（崇祯七年）**策问**　皇帝制曰：朕闻帝王之治，莫隆于唐虞，乃皋陶陈谟，不出知人安民两端，而谓能哲而惠，惟帝其难，何廪廪也。又有谓尧舜知不遍物，仁不遍爱，急亲贤之为务似觭重，知人者岂翕受敷施，在敦庸命讨之先，而哲能官人尤为要欤？

洪惟我太祖高皇帝肇造区夏，成祖文皇帝载靖邦家，皆孜孜访求贤才，以图治理，令内外诸司各举所知，责成吏部甄别贤否，因材授职，都察院奏闻。又如六部官毋得轻调，藩臬选用贤能，牧守须令久任。洋洋圣谟，作述同揆，真轶殷周而媲唐虞，可得扬厉其概欤？

列圣相承，率遵兹轨，奕叶重熙，良非偶然之故已。朕嗣缵丕图，觐扬先烈，兢兢惟恐失坠。第所与共治天下者，士夫也。今士习不端，欲速见小，兹欲正士习，以复古道，何术而可？

边陲本我属夷，地窄人寡，一日称兵犯顺，而三韩失守，其故何欤？目今三协关宁，以及登津等处，各宿重兵防边也。边不靖，兵不可撤，饷不可减。今欲灭奴恢疆，如何作用？

且流寇久蔓，钱粮缺额，言者不体国计，每欲蠲减。民为邦本，朝廷岂不知之？岂不恤之？但欲恤民，又欲饱军，何道可能两济？即屯田、盐法，诚生财之源，屡条议申饬，不见实效，其故何欤？至于漕粮为三军续命，马匹为战阵亟需，折截挂欠，遂失原额原制，何道可复？

今虽东奴猖獗，河套有可复之机，边外尽可作之事，但难于奴贼窥伺，朝野匮乏。近降夷继至，作何间破，流贼渐逸郧广，海寇时扰浙闽，剿灭不速，民难未已，兼之水旱频仍，省直多故，作何挽回消弭？

又唐宋曾以武臣为中书令、枢密使，文武似不甚分。我太祖高皇帝曾以直厅布政、典史为佥都，今奈何牢不可破？

尔多士留心世务久矣，其逐款对答无讳，朕将亲览焉。

（录自［明］焦竑辑，［清］胡任兴增辑《历科廷试状元策》卷之七）

（明）刘理顺《刘文烈公全集》卷一·策·甲戌廷试策① 臣闻帝王之弘先绪而隆大业也，必其君以实事课其臣，而后分猷佐理，有百度维新之象。必其臣以实心效于君，而后政修事举，成一人垂拱之休。何谓实事？因职以察其能是也。人不必问崇卑，局不必分内外，而惟以职察其能。贤者有以见长，庸者无以覆短，殿最迥若苍素，而国家因以有纪纲。何谓实心？尽忠以致其身是也，事不必问难易，时不必问顺逆，而惟以忠致其身。智者无不竭之才，勇者无不殚之力，忠贞笃于堂陛，而人心乃以有分谊。盖有实心方能措实事，而课实事政以求实心，唐虞三代之所以熙庶绩而联一德者，此其道也。第国家当平治之日，法令未弛而振举之极易。然防微杜渐，圣人犹有忧焉。盖以为易而狃之者，治之所自隳也。国家承熙洽之后，情俗日偷，而整顿之颇难。然拯溺济否，圣人必且劳焉。盖不以为难而诿之者，治之所日茂也。慨然以用贤图治为己任者，真大有为之君，而尧舜亲见政在今矣。

钦惟皇帝陛下刚健中正之咸备，聪明睿智以有临，念念敬天出王，游衍罔怠，事事率祖，上下陟降惟勤，重农事而躬耕籍田，薄赋轻徭，不必陈七月之风。勤问学而身亲讲幄，日就月将，非徒穷二酉之秘。建中和之极，兼总条贯，五百年金声玉振，久而弥光。一后先之揆，远溯渊源，十六字帝典王谟，掺之有要。允矣！太平天子。卓哉！至道圣人。固已六五帝而四三王矣。乃圣不自圣，谦而又谦，进臣等于廷，悉以咨之，首推唐虞知人安民之谟，仰追二祖因才器使之方，以及九边之若何靖安，群寇之若何扑灭，兵饷之若何通融，军民之交相利赖，屯盐之欲复其旧，漕马之必循其原。而归于破格用人以臻康乂。大哉王言！真所谓訏谟定命，远犹辰告也。草茅之士郁积久矣，敢不

① （明）焦竑辑，（清）胡任兴增辑《历科廷试状元策》卷七所录策对与策问明显不符，今从《刘文烈公全集》。

倾沥对扬，摅其葵藿，以副明问也乎？

臣闻国家之与治者，人也。有人则天下治，无人则天下扰，人材之效用于国家者，非一途也。任得其人则无不治，用违其才则无不扰。尧舜之如天好生，濬哲文明，称极仁极智矣。而陈谟矢训，惓惓于知人以安民者，则转移天下之要枢，固不出于明明扬陋之外矣。太祖高皇帝肇造区夏，成祖文皇帝载靖邦家，孜孜访求贤才，以图治理。令内外诸司各举所知，责成吏部甄别贤否，因材授职，都察院考察核实。六部勿轻调，藩臬选贤能，守牧须久任，何其用之殷、责之专而虑之远也。创业垂统，绥奠斯民，与勋华无异轨矣。列圣丕承，奕叶重熙，盖二祖以尧舜之心为心，故都俞赓于堂帘。列圣又以二祖之心为心，故拊髀兴于梦寐。二百六十年治安如一日者，非偶然之故也。我皇上求贤若渴，用人不次。谓宜麟游于郊，凤翔于邑，偕斯民于协和风动之域。乃数年□□窥伺于东，□□挟要于西，盗寇之蔓延无已，氓庶之征调未息。金瓯全盛之天下，而有捉襟露肘之形，固宜有以烦圣虑也。噫嘻！此孰非士大夫事？而不肯抒忠宣力，为国家勘定之绩，此殊不可解也。

夫四民之中，士为首（原策落此字，系御笔亲添）。磨励之术，士为先。离经叛道者黜而经术重，巧躐速化者摈而德行出，士心定，而后天下之治可次第而言也。□□□□□□，羁縻无术，遂致披猖。一坏于四路之轻入而开铁陷，再坏于经抚之易局而辽沈危，三坏于战守之争执而广宁弃，□□□□□我为可乘耳。诚以守为战，反客为主，夜郎之疆不及汉大，未见长缨之不可请也。流寇本我穷民，积渐不已，遂至蹂躏。一穷于倚山之为固而窟未易清，再穷于各省之观望而权不归一，三穷于移徙之无常而突不可御。非寇不可除，我无以除之耳。诚师出以律，有进无退，鼠窃狗偷，假息旬余，未见一鼓之不可散也。兵诚不可撤矣，今日定营制，明日更营制，而兵终无一定之数，则老弱之不汰可乎？训练则鹅鹳成行，鼓舞则风鹤助劲，请以精之说易其撤可矣。饷诚不可减矣，今日请额例，明日请压欠，而饷终无报足之期，则虚冒之不核可乎？守则四知之常严，侵则一钱之罔贷，请以核之说易其□可矣。阡陌未常不垦也，咸鹾未常不煮也，自抽屯补伍而耕种无人，自贵戚乞讨而耕种无地，自商不输粟而输银而开中之法坏，自盐壅于公复壅于私而度支之用窘，则修屯政以复盐法者，不可以条议为塞责也。舟楫非不时往来也，验烙非不时申饬也，自雨旸失序而漂滞可虞，自包揽公行而弁蠹莫问，自食之不必尽其力而云锦之色以减，自策之不能过其材而驰驱之则罔闲，则通漕粮而修马政者，不可以奉行为尽职也。果韩白之登坛，何受降之城不可筑？果刘陈之持筹，何东南之赋不可蠲？果郭李之在边，何豢饵者不可成臂指之用？果龚虞之治郡，何窃发者不可成绥定之功？故天下不患多事，而患人之莫肩其任也。不患无人，而患用之莫究其施也。如必门第以取士，停年以用人，虽无双之国士终受抑于胯下矣。官人惟贤之义不如是也，豪杰特出之资其可拘滞欤？如必一眚为大德之掩，寸朽有合抱之弃，虽三败之孟明无收功于焚舟矣。使人以器之义不如是也，铅刀一割之有其可不珍惜欤？常诵高皇帝谕群臣用人之道曰：材大者当重任之，材小者当轻任之。又曰：凡事勤则治，怠则废。贤人君子尽心如此，岂有废事？盖所谓用人而又以课人，用者抒其约结欲伸之气，而课者作其寅亮笃棐之忠也。

抑臣更有进焉，《书》曰：后克艰厥后，臣克艰厥臣，君臣固交任之者也。则提纲挈领，合群策群力，而义安一世，是在皇上之一奖率间耳。臣草茅新进，干渎宸严，无任战栗陨越之至。臣谨对。

（明）李逊之《崇祯朝记事》卷二 又故事：读卷官拟上卷十六卷，朱圈句读进呈，御批定一甲三名。今上命再呈十二卷无句读者，特拔刘理顺为第一甲（*后殉甲申之难*）。

（清）孙承泽《春明梦余录》卷七·策士 甲戌廷试，阁拟李焆为第一。上在文华殿翻阅初进十二卷。顷之，阁臣趋出，入阁再搜十二卷以进，特拔第二十二卷刘理顺为状元。

（清）孙灏等《河南通志》卷四十五·选举二·进士·明·甲戌科刘理顺榜 刘理顺（*杞县人，状元，左中允*）。

（清）张廷玉等《明史》卷二十三·本纪第二十三·庄烈帝一 （崇祯七年春三月）甲辰，赐刘理顺等进士及第出身有差。

仕 宦

（清）孙承泽《春明梦余录》卷三十三·詹事府 崇祯丁丑秋，皇太子出阁。预题……讲读六人：礼侍方逢年、宫谕项煜、修撰刘理顺、编修吴伟业、杨廷麟、林增志。

轶 事

（清）阎湘蕙《明鼎甲征信录》卷四 刘理顺，字复礼，河南杞县人。幼孤，奉母至孝，稍失意辄嘑泣，母悦乃已。事兄如严父。弱冠，登乡荐，以风教人伦为己任，恬淡自持而常病，语人曰："学贵绝欲，吾生平困于病，然其所得卒亦不出此也。"尝馆于巨室，东翁择一家生端慧幼女，令传馆餐，夜则卧理顺榻侧，意欲赠之。越三年，辞馆嘱择婿配之，主人曰："先生带去为侧室可耳。"理顺曰："翁以我为小人乎？我实未敢一犯。"仆妇验女，果犹处子也，主人佩服不已，因赠诗曰："冶容堪爱又堪怜，三载随君一室眠。情近坐怀终未乱，方知柳下不虚传。"答诗曰："谁谓娇娆我亦怜，情牵不动只孤眠。席间有妓胸无妓，明道于今语尚传。”其持身严正如此。

后数上公车不第，读书二郎神庙，闻哭声甚哀，问之，乃一人出外，七年不归，其母年老窘极，嫁媳以图两活，得远商十二金，晚即随去，姑媳心伤离别耳。理顺急营措，适有纳粮银十余两，亦从质借来者，即取封固，伪作子书言：“近获利五百余金，十日后即归，先寄银十二两”等语，秘遣人送去，姑媳得书银以示远商，商知夫在，即取原价去。越十日，其子果归，果获利五百余金。母以书问子，子骇甚，意或神明悯佑，望空拜谢而已。后其子于庙中见理顺题咏字迹，与书相类，乃知书银出自理顺手，举家往谢，终弗认。其全人夫妇又如此。崇祯七年甲戌科，赴京会试，庙祝，见二郎神起送，始中式。及廷对，帝亲擢第一。还宫喜曰：“朕今日得一耆硕矣。”拜修撰，与诸进士游于街，都人填道观，千户王树德亦与焉。归告其父曰：“顷见新状元刘公，必以节殉者也。”父曰：“何以言之?”曰：“刘公天地之正气也，而于秋霜衰飒之序，凝结为多，以是觇之矣。”理顺由南京司业晋谕德，充东宫讲官。及闯贼陷京师，有门生来谒，请所向，理顺曰：“既游吾门，须辨一忠字。”客去，送之如平日仪，归杜门，具袍笏，北面再拜，起书一纸曰：“成仁取义，孔孟所传。文信践之，吾何不然。既占科名，岂可苟全。三忠祠内，无愧前贤。”写已，正冠自尽。时群盗多中州人，入唁曰：“此吾乡杞县刘状元也。居乡多厚德，何遽死?”罗拜号泣而去。后赠詹事，谥文正。本朝赐谥文烈。(《明史》并《朴村文集》、《洛学编》、《感应篇》、《说定信心应验录》。)

著　作

(清) 黄虞稷《千顷堂书目》卷二十七·崇祯甲戌科(七年)　刘理顺《刘文烈公集》十二卷(字湛六，杞县人。一甲第一人，左中允，殉国难。初谥文正，定谥文烈)。

(清) 张廷玉等《明史》卷九十九·志第七十五·艺文四　《刘理顺文集》十二卷。

评　论

(清) 高珩《谕祭文》　维顺治十年十月二十六日，皇帝遣礼部右侍郎兼内翰林国史院学士高珩谕祭故明左中允今谥文烈刘理顺之灵曰：“仗节死义，臣子以致身为先；阐微表幽，国典以教忠为大尔。故明左中允刘理顺品端圭璧，业富缥缃。奋迹衡门，宿志不求温饱；横经丹地，正学无愧科名。望已重于当时，谊更贞于末造。阖门殉难，身家具见修齐；十载尘埋，俎豆谁怜烟草？爰采舆论，用表孤忠。呜呼！骑箕化碧，留节义于千秋；崇祀易名，照荣施于万世。尔灵不寐，尚克歆承。”

……

顺治十年十月二十日。

（录自［明］刘理顺《刘文烈公全集》卷首）

（清）叶先登《刘文烈公全集序》　岁己卯，雍丘刘先生湛六、豫章吴先生和受□旨□试，冰蘖励操，尺度程文，一时得人，海内有藻鉴之誉。癸未二先生复同分较礼闱，得人尤盛。甲申之变，二先生慷慨殉节，又不谋而合。噫，异矣。余小子先登忝出二先生之门，时跧伏菰芦中，赋诗志恸，中有成仁取义之言。既而传刘先生所遗铭语，余诗适符，岂有神告耶。乙未冬余给假还葬，便道过雍丘，谒刘先生松楸间，因就长公讲山所得观铭语真迹，端严遒上，诚如所传。语次环视堂庑，谓讲山曰：“此殊湫隘，不容祀坛。”讲山悲云：“曩家公登第后，未尝还里，以试闽行抵乡，初至门，见瓦檐鳞鳞，稍易旧观，停骖不肯入，呼予切责之，以为大坏素风也，令请戚属助为陈诉，久之乃解，即此堂也。而公犹少之乎？”余时愧汗弥日也。抵里，与同籍王子麒生述此二事。王子曰：“淳备哉，先生文行具是矣。文山忠烈，考其初豪少年耳，不及先生超群绝伦也。”余乃言曰：“忆在杞时，杞人谋集先生所著作诗歌古文付诸剞刻以教后学，谓余以珥笔之业，令数言道其所以，子谓何如?”王子则云：“奚尔为哉。韩文有神，云波惟命而笔札既多，横遭口语，刘生讥其谀墓，裴相谓之狂奔，文章流播适为累耳。必欲嘉惠来者，则择其卓者，如夺情之疏，御寇之议，或东宫日录，与此绝命之铭，数条可矣。先生之教行于梱内，元配侧室，节烈同时。使尽如道韫能谈，朝云解事，未必从容永讫如斯也。且先生有道者也，游戏翰墨，恐非所经。”余曰：“不然。文托于道或不相观，而道托于文如相语也。君家右军其人其文萧然高寄，救时之论如身创深，徒以临池掩其至行；休征孝子家声籍甚，仕宦无可存者，无所见其论述也。由二子以观，道隐于技与咛心其言，其累正等。先生世焉忠孝之学，身为忠孝之人。文者淡于心而形于手心，手非身哉亲昵可以身教疏远必以文传，其来旧矣。风尘辩色，零丁浩歌，声情烂焉，岂在游戏乎？”余之持论如此，王子时亦韪之。距今又四年，所始获观全集，端厚奥衍，如觏其人。后有作者得是集读之，慕思宗之，有若先生之人第一，文第一，羞其行而昌其邦，将终赖之。科名第一何足云云。但先生之铭则犹曰：“既占科名，不肯苟全而已。”绎其意，有若侍从之臣，策格不行，社稷无功，以为懊恨者。此尤可念也。今先生远矣，讲山亦尔仙化，历岁几何，遽悲两世。然讲山长公妙龄飚发，所为古今文浩汗高流，又复既道江河，余溢犹万顷湖。先生渊源可谓藏于不涸耳。会豫中方伯犹龙杨公慕先生义，刻先生集行世，征言于余。盖以余素出先生门，稔知先生者。余小子安敢当游、夏？独自己卯来坐佛春风，历交讲山、桥梓三世，所得其梗概绪论，有为诸荐绅先生所未尽阐者，不揣固陋，附缀数语，副名山焉。若和受吴先生其行其文，余别有志铭载之，俱愧不能表章万一。他日有合传二先生全集以垂不朽者，其在王子虖。

时顺治十五年戊戌端午日，门弟子内翰林秘书院检讨叶先登百拜敬书。

（录自［明］刘理顺《刘文烈公全集》卷首）

（清）江禹绪《刘文烈公全集序》　或问于余曰：“言与人孰重?”余曰：“脍炙其言，而吐弃其人，非言之至者也。尸祝其人，而糟粕其言，讵得为人之至者乎?”惟我湛六先生，盖其人不朽，其言与之俱已。余与先生同梓里，同笔砚，故知先生之人者莫若余，即知先生之言者亦莫若余。乃余之知先生则殊有异乎人之知先生者？先是辛未岁，余早先生成进士。先生归嘱余简闱中试牍，余搜得，骇然者久之。见先生首作录真后，通篇窜改，不遗只字。噫！强弩之末，而神力健旺乃能如是！越三载，而先生裒然冠多士矣。甲申岁余出请室，先生视余曰：“羞相见也。无端诬蔑，岂第不能效绵力，即欲置一公道语不可得。”余愕然。噫！是实人所讳言者，先生侃侃道之。不数日而先生从容殉贼难矣。嗟乎！先生之为人如是，故其为言乃能如是。惟先生之言能为如是，乃其为人实无不如是。今天下无不知尊先生之人，而未必尽知先生之言。令天下尽知脍炙先生之言，当亦愈知尸祝先生之人矣。先生殉国后，诗文遂致散轶，仅存若干卷。长公孝廉讲山会病未及举，遗命冢孙菖石为之。菖石克绳先志于苫次中，即携而过余，谋授剞劂。余曰：“是不可不公之天下，以示天下之因言征人与因人考言者。”故特为表而著之此两端，用见先生之为人、为言其特异于人者如此，而此篇其绪余也。

顺治戊戌仲夏，同里社弟江禹绪顿首拜撰。

（录自［明］刘理顺《刘文烈公全集》卷首）

（清）梁羽明《刘文烈公全集序》　忆甲戌胪传之晨，辨色入朝，百官鹄竢。时先康僖以西台侍班印授结花如盖，适寺人自内出云：“上亲自遴定鼎元为中州人。”凡我中州咸作痴想。及临轩首唱，则文烈公也。先康僖绶花亦五色云现征耳，叶龟登梦，洵非偶然。举朝手额，为得人庆。公弱冠乡荐即以孝友称。文传梦鸟，学重灵蛇，仁及溺蚁，诚格豚鱼，屡困公车，其业弥精，穷居研讨，虽汉人流麦、晋人聚萤，实兼其苦，而性命之旨洞了宗极，经济之术博通典要。积丝成采，散茧腾花，裒然冠冕一时，抑绪余耳。及第后读书中秘，花砖日影，寸阴是惜。枕典席坟，诰诏皆所草定。每著一艺，辄上规姚姒，远过殷周，浑浑噩噩，真所谓台阁文章。经筵讲贯，理晰牛毛，矢口吁谟，多所规谏调护。《春禁》、《德重》二疏，经天纬地，明体达用，谈天下事如数家珍，延接同侪元气灏瀁，去饰存素。人有一介之善，便咨嗟称叹，为之延誉，诱进不倦。见余虚怀，北面把臂抗手，知无不言，言无不尽。偶一日过余斋，阅苍头办簿仍有措大风，则曰：“夫人能约其躬，则担石之稻以丰。苟肆其欲，则海陵之积不足。今而后知子之不敢肆欲也。”此吾辈大受用，至今佩之。或共吟联句，复谬相许可，肝胆彼此示。癸未夏，余得请定省，公送之潞河，登我画鹢曰：“此去何异登仙。”洒泪而别。呜呼！谁知此即永诀之日也。甲申，四海舟覆，二仪云倾；孟诸焚燎，芝兰俱尽；宣房河决，玉石同沉。数已难挽，即有八师，亦无能为。公仰天唏嘘，首扳龙髯，阖室投环，从容就义。长安争传，袍笏簪珥具有生气。余在武林闻其节烈，为位陆宣公祠，聚吾党之族而哭之，楼船箫鼓为之辍响，率皆承睫泪下。呜呼！节烈感人，不可磨灭也如是。夫至今清朝圣人采酌舆论，祀之、谥之，足称巨典。象贤讲山扶衬归窆后，鸡骨不支，亦复赍志以殁。一家忠孝，重规沓矩。元孙莒石搜其著作梓以行世，窃思和氏之璧，千载垂光；屈子之篇，万世称善。文烈其人传，其文未有不传者。浑浑噩噩之气，直与天地同流，所谓台阁文章，岿然别构，岂句栉字比、雕虫小技所敢望其涯际也耶！余读其文如见其人，思其烈如见其生，盖德行文章、死生忠义，无非第一流，即传之千万祀，仍作第一流观。

顺治戊戌夏月，豹陵眷年弟梁羽明盥手书于愈愚斋。

（录自［明］刘理顺《刘文烈公全集》卷首）

（清）贾开宗《刘文烈公全集序》 （存目。参见［明］刘理顺《刘文烈公全集》卷首）

（清）孙奇逢《刘文烈先生全集序》 人生天地，藐焉中处，即百年亦旦暮耳。然其形虽微，而有可以参天地者存焉。其时虽无几，而有可以与天地相终始者存焉。故君子当平居无事之时，凡有关于忠孝大节必慎守深惜，罔敢殒越。及当大故、临大难，其所以参天地者以之而立，其所以与天地相为终始者以之而行。以余所知，刘文烈先生者殆其人欤！先生弱冠举于乡，即刻励躬修，网维风化自任。逾壮始及第。尝曰："周、程、张、朱，今知所从事。区区搏一第，非吾志也。"与刘公宗周、金公铉、吴公甘来缌缌为斯道斯民忧。当逆闯猖獗，建帜拥旄者不肯实心办贼。公每向当事区画深远，咸格不能行。暨势已危迫，僚友门人辈佥商进止，公曰："国存共存，国亡与亡，古之制也。"竟以身殉，妻妾皆就义。嗟乎！禽视鸟息于天地者无论，即矜激于意气，慨慕乎声闻，此中顾恋迟回，涕连儿女，即非中庸之行，且犹不能与蹈白刃者同科。公致命遂志，妻妾同殉，非刑于有素，安能从容引决若是乎？孔子曰："杀身成仁。"孟氏曰："舍生取义。"盖亦时至事起，中心安焉者也。虽一身之微，百年之顷，而所以参天地、终始天地者，正借乎此。自天地未生之初，极天地既坏之后，前瞻后察，独此一段忠孝精光，巍然不磨。公之生也洵不虚生，而其死也真不死矣。余生刘文靖、杨忠愍之里，向公于生前，匪朝伊夕余。有《甲申大难录》、《中州人物考》，皆详公殉难事。曾过雍丘，欲谒公祠不可得，闻公之子讲山君能克家难，后自毁不仕，未几以忧瘁死。冢孙莒石始梓公《遗集》十二卷行世。莒石过余苏门问序，余钦公之人，固不待读其文。今读公之文，当益钦其人。盖人与文未可歧视也。周、程、张、朱之人至今在，则其文至今在也。龙逄、比干之文至今在，则其人至今在也。天下事皆可伪袭于一时，而言之所发，本乎志气，声容可假，而其精神不可假者尝存。今余读先生之文者，亦第谓即先生之人而已矣。庚子春分之次日，容城孙奇逢拜撰。

（录自［明］刘理顺《刘文烈公全集》卷首）

（清）许作梅《刘文烈公全集序》 余与文烈先生定交也，在先帝壬午。一近光辉，见其泰山岩岩，凛然难犯，退而心仪之，知正人君子不示人以可狎也。因时相过从，一言之玷，一行之乖，先生必面教焉。大约处己以谦待人，以恕尽之，又知君子爱人以礼也。既而余咏皇华，仆马骁骁载道，先生遣使遗诗箑为赠。芸窗展玩，如坐春风，乃识先生为诗自浣花深处来，而诸体文词未觏也。迨癸未仲冬，余复命抵长安，时干戈内外相讧之际，每与先生晤言，辄忡忡然有忧色，至诚前知信云。越明年甲申三月望旬，秦寇薄居庸，先帝虑危社稷，召群臣于便殿议御盗策。先生与议出，余就问于邸舍，先生愀然曰："今日之议，竟有及双悬日月照乾坤者。"两人相对泣数行下。盖指南迁之议也。伊时秦寇蹦河阳，掠山左，所至瓦解。如举国播迁，何异驱羊豕于虎狼穴中，是以君王为孤注耳。议及南迁，计诚左矣。仅三日而内竖陷城，宫女溃走。先生乃书铭于带，有"成仁取义，无愧文信"等语，遂阖门自经。

清顺治九年壬辰，皇帝恤殉难明臣，先生谥文烈，赐祭田，享祀春秋。忠臣洵可为也。己亥，余休沐居里，先生孙莒石持先生全集以示，凡十二卷。余正襟危坐而读之，其疏类宣公，其文比退之。其为诗则远追少陵，近抿空同。而经筵诸义，真所谓谏官不能言而讲官言之者。其诸体大率皆旨尚忠质，词取简朴，不以繁缛为工耳。于戏！先生往矣。文章果足以尽生平哉？人以文重，文尤以人重也。尝阅先生为坦公先生改垣封事序，以摘发武陵，谓举朝翕然称快，其品可概见焉，而集中未载，岂编辑尚有轶文与？

顺治庚子清明日，古新乐城后学许作梅题于咏闲堂。

（录自［明］刘理顺《刘文烈公全集》卷首）

（清）吴淇《刘文烈公全集凡例》 一、文烈公一代大儒，所言非经国之鸿谟，即人伦之准则，当与六经并传，非若文人才士之翰墨可加芟裁。且片言只字，皆经手订数次，寡陋后学，宁敢妄有取舍。故所有诗文尽载，以公千秋。

一、公生平著述最富，原稿纪以甲子，今逸亡者半矣，不便编年，谨照文体汇辑。以对君者居前，诗次之，余文又次之，而其中则仍各以类次。

一、公同时掌诰敕者四人，每遇赠封，百轴属公撰者常什七。公以代天之言，不敢侪列私集，另为一帙，竟致散失。遂令兹集如无首之群龙，惜夫！

一、公殉难时，家事无主，仆人王独能护取公之文集，固义仆也。然亦天不忍斯文之磨灭，而假手于此仆矣。但出于偬倥之际，又经流离之余，其中不无一二残缺，兹不敢臆为增益，唯于篇内脱略处仍阕几字，以附古人存疑之义。

锦襄后学吴淇谨识。

（录自［明］刘理顺《刘文烈公全集》卷首）

（清）朱彝尊《静志居诗话》卷二十 刘理顺，字湛六，杞县人。崇祯甲戌赐进士第一，授修撰，升左中允。甲申，殉国难。初谥文正，定谥文烈。有《刘文烈公集》。

刘公退朝，贼骑猝入，回寓舍书曰："成仁取义，孔孟所传。信公践之，吾何不然！"暨其妻妾并缢，可谓不负科名矣。诗多直抒胸臆，不为体格所拘。

附录　陈皇士云：考宋元以来，状元及第死事者，于宋得三人，何㮚、文天祥、陈文龙；于元得三人，李黼、泰不华、李齐；而明有五人，靖难之时则有黄侍中观、土木之祸则有曹文忠鼐、北京之变则有刘公，而浙东有余庶子煌、江右有刘中允同升，先后皆死国事。此亦科名人物之盛轶于前代者也。

（清）朱彝尊《明诗综》卷七十五·刘理顺（一首）　理顺，字湛六，杞县人。崇祯甲戌赐进士第一，授修撰，升左中允。甲申殉国难，初谥文正，定谥文烈。有《刘文烈公集》。

（陈皇士云：考宋元以来，状元及第死事者，于宋得三人，何㮚、文天祥、陈文龙；于元得三人，李黼、泰不华、李齐；而明有五人，靖难之时则有黄侍中观、土木之祸则有曹文忠鼐、北京之变则有刘公，而浙东有余庶子煌、江右有刘中允同升，先后皆死国事。此亦科名人物之盛轶于前代者也。

《诗话》：刘公退朝，贼骑猝入，回寓舍书曰："成仁取义，孔孟所传。信公践之，吾何不然？"暨其妻妾并缢，可谓不负科名矣。诗多直抒胸臆，不为体格所拘。）

（清）邹汝鲁《跋文烈公集后》　中州死义之臣，以文烈公为最，虽妇人女子知之。甲申岁，余宰获吕，阅邑乘，有贺先生讳仲轼者，以兵备副使致政家居，闻难痛哭，率妻与妾同日自尽，大节与公无异，而史册不著。余谒其祠吊之以诗，既缘公为比。后二岁，邑学博陈子昌言与公同里，以公全集见示，望古有怀，潸然泪下，不觉言之重，词之复，敬题百韵，附于卷末。……康熙四十六年七月望，楚亭州后学邹汝鲁钝斋氏敬跋。

（录自［明］刘理顺《刘文烈公全集》卷末）

（清）陈田《明诗纪事》辛签卷三·刘理顺（一首）　理顺，字复礼，一字湛六，杞人。崇祯甲戌第一人及第。授修撰，迁中允。京城陷，自缢死。福王立，赠詹事，谥文正。顺治中，赐谥文烈。有集十二卷。

（《启祯两朝遗诗》：考宋、元以来，状元及第死事者，于宋得三人，何㮚、文天祥、陈文龙；于元得三人，李黼、泰不华、李齐；而明有五人，靖难之时则有黄侍中观、土木之祸则有曹文忠鼐、北京之变则有刘公，而浙东有余庶子煌、江右有刘中允同升，先后皆死国事。此亦科名人物之盛轶于前代者也。

《自靖录》：山阴刘宗周谓："京师甲申殉难者，以诗而言，倪元璐第一；以事而言，刘理顺第一。"盖以臣殉君，妻殉夫，子殉父，仆殉主也。

田按，刘公甲戌廷对策，谓明之失策，一坏于四路之轻入而开畿陷，再坏于经抚之易局而辽沈危，三坏于战守之争执而广宁弃。洞若观火，思陵亲拔第一。甲申殉节，可以答思陵之知遇矣。）

杂　录

（明）李琬《来护君》　刘理顺，官左中允，居乡有长厚名。贼入城，全家阖门缢死。贼百余至其门曰：“正来护君，君已死。”罗拜哭之。

来护君，君已死，护君不得臣之耻。北山有鸟，南山罗，鸟飞罗破当如何。

（录自［清］沈季友《槜李诗系》卷二十七）

（清）王士禛《池北偶谈》卷二十五·杞县状元　明中州状元二人皆杞县人。一正德甲戌孙襄敏公贤，一崇祯甲戌刘文正公理顺，相距百二十年。

（清）宫梦仁《读书纪数略》卷二十二·人部·辅佐类·甲申节义二十五人　刘理顺（文烈。中允。一家殉难）。

（清）孙灏等《河南通志》卷四十九·明·陵墓　刘理顺墓（在杞县城北一十里。理顺，状元，左中允，谥文烈）。

又，卷六十七·列女上·开封府·明　刘清源妻单氏，杞县人。中允理顺母也。清源卒，理顺甫，弥月家贫，氏纺织自给。理顺及第，氏已歿九载，追赠安人。

中允刘理顺妻万氏、妾李氏，杞县人。夫及第，终身布素，纺织不辍。崇祯甲申三月十九日，夫殉难，二氏先自缢死。

（清）傅恒《御批历代通鉴辑览》卷一百十六·明·庄烈帝·甲申崇祯十七年·京师陷帝崩于煤山　时群臣殉难者，文臣则……刘理顺（城陷，理顺与妻万氏、妾李氏、子孝廉，并婢仆十八人阖门缢死。群盗多中州人，闻其死，入唁曰：“此吾乡之刘状元也。居乡多厚德，何遽死？”罗拜号泣而去。本朝赐谥文烈。理顺字复礼，杞县人）。

又，卷一百十六·明·庄烈帝·甲申崇祯十七年·赐北京死节诸臣赠谥　北京文武臣殉难者并予赠谥，世荫立庙于鸡鸣山，赐额曰“旌忠”。其列于正祀者，文臣二十四人（……刘理顺……）。

妇人九人（……刘理顺妻万氏、妾李氏……）。

（清）舒赫德《御定资治通鉴纲目三编》卷三十九·京师陷帝崩　质实（……刘理顺，字复礼，杞县人。畿辅告警，理顺疏陈作士气、矜穷民、简良吏、定师期、信赏罚、招胁从六事。及贼犯京师，急守卒缺饷，理顺诣朝房，语诸执政，急请帑，众唯唯。理顺太息归，捐家赀犒守城卒，僚友问进退，正色曰：“存亡视国，尚须商酌耶？”

城陷，理顺与妻万氏、妾李氏、子孝廉并婢仆数人，阖门缢死。群盗多中州人，闻其死，入唁曰："此吾乡之刘状元也。居乡多厚德，何遽死？"罗拜号泣而去。福王时赠詹事。本朝顺治九年，追谥文烈）。

又，卷四十·明赐北京死节诸臣赠谥 质实（正祀文臣二十四人……刘理顺赠詹事，谥文正）。

（清）和珅等《大清一统志》卷一百五十·开封府二·陵墓 刘理顺墓（在杞县北十里许）。

崇祯十年（1637）丁丑科状元刘同升

传　　记

（明）高宇泰《雪交亭正气录》卷三·丙戌纪　刘同升，字孝则；吉水人。丁丑状元，授修撰。杨嗣昌夺情督师，公邀同官赵士春劾之；谪福建按察司知事。旋复官，时周延儒当国，坚不出。弘光时，屡召，不赴。丙午年，起义据吉安；无援，城陷而死。今上赠庐陵伯。

檗庵曰：庐陵，文山故里也。文山起家大魁，今公亦然；岂金粟后身与？昔人曾刊“吉州正气”一书，继续者公矣；灵杰所会，非偶然也。抑予考太祖起兵时，死绥殉节之臣祀南昌者十有三人、祀康郎山者三十六人；蠡潴、庐阜之间，山川秀洁与忠灵庙貌相映发者，乃三百年以迄今日，西江之彦先后殉国殆尽。至虔州之役，国难以后，死封疆者莫此为多；节义渊薮，终始国朝矣。

（明）屈大均《皇明四朝成仁录》卷九·赣州死事传　赣州死事，曰刘同升，曰万元吉，曰杨廷麟，曰郭维经，曰杨文荐，曰胡重明，曰龚芬，曰姚奇胤，曰黎遂球，曰卢观象，曰吴安世，曰唐周慈。

刘同升，字孝则，一字晋卿，吉水人。崇祯十年丁丑，中进士第一人，即万历间探花刘应秋之长子。父子鼎甲，家计不敷，盖以祖芳兴为黎平理刑，平反冤狱不下千余，累代甘贫乐施故也。同升官修撰，以劾杨嗣昌夺情，谪福建按察司知事，寻复职。十七年三月，贼李自成陷京师，时同升以忧家居，闻变痛哭几绝，檄告江西十三郡举义复仇，缟素别丘垄而出。至南昌，遇职方郎中杨廷麟大集绅士于澹台祠，为大行皇帝发丧，蠲吉誓师进发。五月，思宗立，授同升左中允，廷麟左庶子，俱辞不拜。弘光元年闰六月，绍宗即位，擢同升少詹事加兵部侍郎，总理江西，而廷麟以东阁大学士召。廷麟以国破君亡偷安海甸为非，计辞不拜。初，同升、廷麟与赣督李永茂起义，会有滇广兵过赣，因疏留之。滇兵者，先帝时命中书科舍人张同敞用牙牌调发入京，兵未集而京师陷。思宗朝，复敕云南巡按御史陈荩押赴南京，及抵江省，南京已失，退回吉安，廷麟以客礼待之。滇将赵印选、胡一青亦德廷麟夺勇建功，颇多斩获，复立忠诚社于赣州，招致四方之士。于是王其宖、王其窿、刘明保、彭曰趣等各率家丁自赍粮入社，立功者几二万人。廷麟乃大享士于城西，率兵收万安，抵泰和，复吉安全郡，乃奉表至天兴，迎上赴赣。隆武元年十一月，永茂以忧归，而万元吉以总制七省至赣，与同升、廷麟同心规画。时永宁王已复抚州、建昌二府，约同下南昌，而同升以忧劳得病。未几，湖东告溃。十二月，同升病革，卒于雩都，事遂不果。或曰，同升殉难赣州。谥文忠。有《□翰集》行世。第四子季质，官兵部侍郎，亦殉难广西。

（清）凌雪《南天痕》卷十·列传十三·杨廷麟刘同升 杨廷麟，字伯祥，临江人。刘同升，字晋卿，吉水人。两人皆好学，有文名；意气豪迈，跅弛自放。廷麟举崇祯辛未进士，选入翰林。丁丑，同升举进士第一人。庄烈帝召见，问其年。对曰："臣五十有一，老矣。恐无以报圣恩。"帝曰："若尚似少年，勉之。"授翰林院修撰。两人尝劾杨嗣昌，而嗣昌方有宠，言于上，改廷麟兵部赞画主事，赴总督卢象昇行营；同升谪福建按察使知事。廷麟之为赞画也，嗣昌欲假手段杀之。及象昇贾庄败衄报至，嗣昌急问杨翰林死否？报者答以出差得免；嗣昌不怿者久之。北都陷，廷麟募兵勤王。时，马士英与姜曰广不合，廷麟为曰广门人，将兵在外；士英忌之，命散其所募兵。御史祁彪佳疏荐，升左庶子，不赴召；同升复原官，亦不赴。南京失守，廷麟与同升以义师恢复临江、吉安二县乡郡也。隆武立，加廷麟吏部侍郎、东阁大学士，督师；同升加少詹事兼兵部左侍郎。廷麟兵既胜，追至樟树镇不戒，反为大兵所败，弃临江，退守吉安。请于上，以同升巡抚南赣。时，同升已有羸疾，拮据劳瘁，逾月而卒，谥"文忠"。廷麟在吉安，所恃有广营、滇营兵。滇营者，崇祯时命中书张同敞用牙牌调发入京，兵未集而京师陷；弘光时复敕云南巡按陈荩帅赴南京，及是始抵江西。闻南京溃，退还吉安。廷麟留之守城，以客礼待之。时时椎牛飨，军士流涕，陈誓以死报国之义；滇将赵印选、胡一青亦德之。廷麟奋勇建功，颇多斩获。及上用元吉为督，召廷麟入直；过赣州，会大兵至，且围城。四营兵在雩都，廷麟亲往邀之，再战再败，遂散遣之；单骑入城，与元吉同守。其后，兵事主于元吉。滇营亦溃，城破，见城中火起；走马至西城，赴池死。清将贾熊为棺殓，葬之西门外河上。粤中立国，赠新淦伯，谥曰"文正"。

（清）陈济生《天启崇祯两朝遗诗小传》·刘文正公（附余尚书、刘司马） 刘公同升，字晋卿，吉安吉水人。崇祯丁丑状元及第，授翰林院修撰。枢辅杨嗣昌之夺情也，上方锐意灭贼，向用之。公与编修赵士春交章劾奏，俱降谪。公补福建按察司知事。复官，升右中允，起义不克，死于峡江。二公（编者按，指余煌、刘同升）死皆崇祯以后，以科名故，连次书之。

（清）计六奇《明季北略》卷之二十一（上）·崇祯十七年甲申（续）·殉难文臣·刘理顺（附） 刘公同升，字晋卿，吉安吉水人。崇祯丁丑科状元及第，授翰林院修撰。枢辅杨嗣昌之夺情也，上方锐意灭贼向用。公与编修赵士春交章劾奏，因俱降谪。公补福建按察司知事。复官，升右中允，起义不克，遂死于峡江。二公（余煌、刘同升）之死，皆死于崇祯以后，以科名故，连次书之。

（清）徐乾学等《明史》卷七十五·刘应秋（附子同升） 刘应秋，字士和，吉水人。万历十一年进士及第，授编修，迁南京司业。

……

子同升，字晋卿。师同里邹元标。崇祯十年，殿试第一。庄烈帝问："年几何?"对曰："五十有一。"帝曰："若尚如少年，勉之。"授翰林修撰。杨嗣昌夺情入阁，何楷、林兰友、黄道周言之俱获罪，同升抗疏言："日者策试诸臣，简用嗣昌，良以中外交讧，冀得一效，拯我苍生，圣明用心，亦甚苦矣。都人籍籍谓嗣昌缞绖在自，止入阁非金革比。臣以嗣昌必且哀痛恻怛，上告君父，辞免纶扉；乃循例再疏，遽入办事。叛礼灭亲，垂之史册，万世诟骂，传之边徼，四裔窃哂。夫人有所不忍，而后能及其所忍；有所不为，而后可以有为。臣以嗣昌所忍，觇其所为，知嗣昌心失智短，必不能为国建功。何也？成天下之事在乎志，胜天下之任在乎气。志败气馁，而能任天下事，必无是理。伎俩已穷，苟且富贵。兼枢部以重纶扉之权，借纶扉为解枢部之渐。和议自耑，票拟由己。与方一藻、高起潜辈敷同罔功，掩败为胜。岁縻金缯，养患边圉。立心如此，独不畏尧、舜在上，共谴谁欺？而欲以袁崇焕故智用于今日乎？曩自陛下切责议和，而嗣昌不可以为臣；今一旦忽易墨缞，而嗣昌不可以为子。若附和党比，缄口全躯，嗣昌得罪名教，臣亦得罪名教矣。"疏入，帝大怒，谪福建按察司知事。移疾归。廷臣屡荐，将召用，而京师陷。

福王立，召起故官，不赴。明年五月，南都不守，江西郡县多失。同升携家将入福建，止雩都，与杨廷麟谋兴复。唐王加为祭酒。同升乃入赣州，偕廷麟筹兵食，取吉安、临江，加詹事，兼兵部左侍郎。同升已羸疾，日与士大夫讲忠孝大节，闻者咸奋。廷麟请以同升抚南赣。十二月，卒于赣州。唐王赠为东阁大学士，谥文忠。

（清）张豫章等《御选明诗》姓名爵里七·诸家姓名爵里 刘同升（字孝则，吉水人。崇祯丁丑赐进士第一，授翰林修撰，谪按察司知事，寻复官）。

（清）陈鼎《东林列传》卷二十四·明刘同升传 刘同升，字孝则，一字晋卿，江西吉水人。少有至性，居父应秋丧，邹元标来吊，见其哀毁，语人曰："吾侪讲学，不如刘孝子之一哭也。"时遂称为"刘孝子"云。读书刻励，以古人自命，文非班、马，书非钟、王，弗好也。屡困场屋，有谓不宜专力于古者，弗应。久之，至天启辛酉，举于乡，上疏为父应秋请恤典。戊辰，再上疏请易名，赐谥文节。甲戌，删《宋史》，期以三年。丁丑，上春官，箧无他卷，携《宋史》自随而已。同行者私窃诮之。是年，登进士第一，盖思宗特擢之也。在翰林，独行己志。黄道周曰："刘殿撰养其身以有为，中立不倚者也。”然小人辄指曰：“此东林之余波也，将大不利于国家矣。”戊寅，杨嗣昌夺情入内阁，服绯上任，诸臣交章劾之，俱被严旨申饬。同升愤然上疏曰：“臣备员侍从，待罪二年，每见皇上至孝，永慕庙祀致诚，颁行《孝经》，小学风励天下，臣仰窥渊源，宣弘教化。窃惟朝廷所以为四方观望，赖有伦纪以为之维也，是谓大经。原本大经，变通其制，使伦纪之立，万世勿坠，是谓大权。权者，权乎其经，未有离经而言权者也。是故孝子有终身之丧，而圣人制三年之礼，非过于情之礼而不及于情之礼也。纵有弗类，必无毁制，而忍于情，天性然也。臣于杨嗣昌有不忍言而不容不言者，敢昧死为我皇上陈之。臣官，史官也。依阿洪涊以附阁臣，则愧良史，上负圣明，下负所学。日者策试诸臣简用，嗣昌良以国事多艰，焦劳宵旰，如人亟欲疾去，杂试诸方，以冀一效，圣明之用心，亦甚苦矣。都门喧传，谓嗣昌缞绖在身，姓名不祥，非若军旅，可以凶事行之也。臣所以隐忍未发，意嗣昌亦人子也，良心不昧，父死谓：‘何必且哀痛恻怛？’上告君父辞免纶扉，庶几善体圣意，曲尽舆情。夫邦政之权，亦非轻于揆地也。辞纶扉而掌邦政，亦可效于时艰也。何乃循例再疏，遽入办事，服绯安忍叛礼灭亲，垂之史册，万世唾詈传之。边徼四裔窃笑，以为国家乏人如此，大臣自处如彼，何以弹压折服遐迩之心哉？夫人有所不忍，而后能及其所忍；有所不为，而后可以有为。臣于嗣昌以其所忍，觇其所为，嗣昌之失而志短也。臣已逆知其后矣。何也？成天下之事在乎志，胜天下之任在乎气。志败气馁，鬼神瞯之，必有非恒之灾。动乎四体，病则为狂，魄已先夺如此，其人即欲有所用于天下，而必不能有所用于天下。明矣！嗣昌清夜平旦试一扪心，何以对其父鹤？志气馁败，不知何如。即廷辩饰非，尽昧本心，而清夜平旦亦痛心疾首，悔其志之短而心之失也。嗟乎！彼其之子，自忘其父，而臣犹责之，亦不足责之，甚也。且嗣昌自号闻人，岂其见不及此？无奈伎俩已穷，苟且富贵，兼枢部以重纶扉之权，借纶扉为解枢部之渐。和议非他，票拟由己，将与方一藻、高起潜数辈结连边抚，敷同罔功，掩败为胜，岁縻金缯，立心如此，何所底极？独不畏尧、舜在上，共欢难欺，而欲以袁崇焕之故智用于今日，不见皇上之处崇焕不动声色，而忽奋乾断乎？曩自皇上切责，而嗣昌不可以为臣。今又一旦忽易墨缞，而嗣昌不可以为子。若犹附和党谀，缄口全躯，不惟臣以为不可，天下后世亦皆以为不可。臣不及远引古昔，近如李贤夺情，人望顿失，张居正夺情，身名不终。夫物未有本，实先拨而倾折不随之者也。岂非志败气馁已事之明证哉！国家亦何赖焉。当贤居正，时抗言而犯其锋者，先臣罗文毅伦、邹忠介元标。是二臣者，初入班行，直节报主。臣生二臣之乡，志二臣之学，当言不言，颜面何施？且臣念及先臣应秋，而不禁哽咽也。先臣起家及第五载，讲幄疏纳，忠争册立，讲冠婚，东封议起，力排和戎，后忤赵志皋等，遂嗾群小陷以不测。皇考深怜忠直皇祖，特鉴清操，得免身家之危，卒至忧愤而殒。伏遇皇上登极，赐谥文节。臣一介书生，钦蒙皇上特恩，亲裁进士第一，宠锡隆盛，感激涕零，父母发肤，竭尽思报。臣之一家，皇祖所保全之一家也；臣之一身，皇上所生成之一身也。兢兢励志，惟恐有负知遇，欲尸默充位，义之所不敢出也。沥血拜疏，冒犯新命，罪无所逃，然生死荣辱，皆是致身之地。臣亦遑恤其私也。伏乞皇上广择刍荛，折衷典礼，勒令嗣昌终丧守制。”庶几纶扉不玷，伦纪无斁。疏上，谪福建按察司知事，遂至东林讲学，月余而往。壬午，召复职，未赴。甲申，闻思宗殉社稷，一恸几绝，卧病吐血卒。所著有诗文二集，删改《宋史》、《五经四书注大全》，合编《明名臣传》、《明文选》、《明诗选》、《文苑英华》，删选《金陵游览志》、《音韵汇编》、《金石宝鉴录》等书行世。

外史氏曰：先生之劾嗣昌也，义严而词雅，余故具录其语，以为后之进言者法。嗟乎！当思宗之朝，贤材不乏也。奈何以嗣昌不祥之失，而玷辱纶扉耶！独恶嗣昌与石斋先生廷辩，引不如郑曼之言，以支饰不特，志败气馁，其亦丧心亡耻之甚矣。而何可以当国哉？乃思宗不察，反咎石斋者，何耶？又恨嗣昌不自量力，而请督师，及至军中，手足无措，一筹莫展，惟日与门下客以形家言，相度山川，曰：“某地葬可封拜也，某地葬可科第也，某地葬可丰腴也。”此岂军旅之事乎？督师宰相之举动应如是乎？或进兵机正言则掩耳，而不欲闻？如有恶鬼附之者，安得不亡人天下乎？嗟乎！志败气馁，乌足以负荷军国大事哉。先生之言，若操左券矣。

（清）杨陆荣《殷顽录》卷二·刘同升孟钦季钅广　刘同升，字孝则，吉水人。崇祯丁丑殿试第一，授翰林修撰，谪归。甲中，闻变，恸哭几绝，檄告十二郡绅士举义复仇，缟素别丘垄而出。至南昌，遇杨廷麟大集绅士于澹台祠，为先帝发丧，涓吉誓师进发。闻福王立，乃止。马士英深嫉姜曰广，并及廷麟、同升，因嗾党疏劾，谓其集兵意欲拥立潞藩兵，遂散。江南既覆，唐王擢同升国子祭酒，寻擢少詹事，总理江西军事。同升结忠诚社于赣州，以忠义相激劝，士皆裹粮投社，兵众大集，与赣抚李永茂出师复万安、泰和及吉安全郡，移檄抚、建、信、饶，掎角进图省会。乙酉十二月九日，呕血数升，卒。同升子四人：孟钦完发不顺命死，仲锌出亡不知所之，季钅广从同升起兵，同升死，走从唐王，唐王死于汀州，复入粤，从永明王，累授佥都御史，战死于桂阳之九峰，为己丑十月四日。

（清）王鸿绪等《明史稿》卷二百三·列传第九十八·刘应秋（附子同升）　刘应秋，字士和，吉水人。万历十一年进士及第，授编修，迁南京司业。

……

子同升，字晋卿。师同里邹元标。崇祯十年，殿试第一。庄烈帝问：“年几何？”对曰：“五十有一。”帝曰：“若尚如少年，勉之。”授翰林修撰。杨嗣昌夺情入阁，何楷、林兰友、黄道周言之俱获罪，同升抗疏言：“日者策试诸臣，简用嗣昌，良以中外交讧，冀得一效，拯我苍生，圣明用心，亦甚苦矣。都人籍籍谓嗣昌缞绖在身，且入阁非金革比。臣以嗣昌必且哀痛恻怛，上告君父，辞免纶扉；乃循例再疏，遽入办事。叛礼灭亲，垂之史册，万姓诟骂，传之边徼，四裔窃哂。夫人有所不忍，而后能及其所忍；有所不为，而后可以有为。臣以嗣昌所忍，觇其所为，知嗣昌心失智短，必不能为国建功。何也？成天下之事在乎志，胜天下之任在乎气。志败气馁，而能任天下事，必无是理。伎俩已穷，苟且富贵。兼枢部以重纶扉之权，借纶扉为解枢部之渐。和议自专，票拟由己。与方一藻、高起潜辈扶同罔功，掩败为胜。岁糜金缯，养患边圉。立心如此，独不畏尧、舜在上，共谴谁欺？而欲以袁崇焕故智用于今日乎？曩自陛下切责议和，而嗣昌不可以为臣；今一旦忽易墨缞，而嗣昌不可以为子。若附和党比，缄口全躯，嗣昌得罪名教，臣亦得罪名教矣。”疏入，帝大怒，谪福建按察司知事。移疾归。廷臣屡荐，将召用，而京师陷。

福王立，召起故官，不赴。明年五月，南都不守，江西郡县多失。同升携家将入福建，止雩都，与杨廷麟谋兴复。唐王加为祭酒。同升乃入赣州，偕廷麟筹兵食，取吉安、临江，加詹事，兼兵部左侍郎。同升已羸疾，日与士大夫讲忠孝大节，闻者咸奋。廷麟请以同升抚南赣。十二月，卒于赣州。唐王赠为东阁大学士，谥文忠。

（清）陶成《江西通志》卷七十九·人物十四·吉安府五 刘同升，字晋卿，师同里邹元标。崇祯十年，殿试第一，授翰林修撰。杨嗣昌夺情入阁，言者俱获罪，同升复抗疏言之，谪福建按察司知事，移疾归。京师陷，福王立，召起故官，不赴。乙酉五月，南都不守，江西郡县多失，同升乃入赣州，偕杨廷麟筹兵食，复吉安、临江。唐王加祭酒詹事兼兵部左侍郎，同升已羸疾。日与士大夫讲忠孝大节，闻者咸奋，廷麟请以同升抚南赣。十二月，卒于赣州。（《白志》）

（清）张廷玉等《明史》卷二百十六·列传第一百四·刘应秋（附子同升） 刘应秋，字士和，吉水人。万历十一年进士及第，授编修，迁南京司业。

……

子同升，字晋卿。师同里邹元标。崇祯十年，殿试第一。庄烈帝问：“年几何?”对曰：“五十有一。”帝曰：“若尚如少年，勉之。”授翰林修撰。杨嗣昌夺情入阁，何楷、林兰友、黄道周言之俱获罪，同升抗疏言：“日者策试诸臣，简用嗣昌，良以中外交讧，冀得一效，拯我苍生，圣明用心，亦甚苦矣。都人籍籍谓嗣昌缞绖在身，且入阁非金革比。臣以嗣昌必且哀痛恻怛，上告君父，辞免纶扉；乃循例再疏，遽入办事。夫人有所不忍，而后能及其所忍；有所不为，而后可以有为。臣以嗣昌所忍，觇其所为，知嗣昌心失智短，必不能为国建功。何也？成天下之事在乎志，胜天下之任在乎气。志败气馁，而能任天下事，必无是理。伎俩已穷，苟且富贵。兼枢部以重纶扉之权，借纶扉为解枢部之渐。和议自专，票拟由己。与方一藻、高起潜辈扶同罔功，掩败为胜。岁糜金缯，养患边圉。立心如此，独不畏尧、舜在上乎？曩自陛下切责议和，而嗣昌不可以为臣；今一旦忽易墨缞，而嗣昌不可以为子。若附和党比，缄口全躯，嗣昌得罪名教，臣亦得罪名教矣。”疏入，帝大怒，谪福建按察司知事。移疾归。廷臣屡荐，将召用，而京师陷。

福王立，召起故官，不赴。明年五月，南都不守，江西郡县多失。同升携家将入福建，止雩都，与杨廷麟谋兴复。唐王加同升祭酒。同升乃入赣州，偕廷麟筹兵食，取吉安、临江，加詹事，兼兵部左侍郎。同升已羸疾，日与士大夫讲忠孝大节，闻者咸奋。以廷麟请，抚南赣。十二月，卒于赣州。

（明）顾祖训原编、（明）吴承恩增补、（清）陈枚续补《状元图考》卷四·状元刘同升　崇祯十年丁丑，廷试吴贞启等三百人，擢刘同升第一。

按，同升，号晋卿，江西建昌府吉水县人。丁酉年四月初五日生。父讳应秋。以解元而擢鼎甲探花，历任至礼部侍郎。生同升时，梦神人语曰："汝当得贵子，名高二级，两授修撰。"后果中一甲一名，授翰林院编修。及大清定鼎后，降补福建按察司知事。壬午，复授翰林院编修。功名自有定数，信不爽也。

（清）汪有典《史外》卷七·杨相国传（附刘同升）　刘公同升者，字晋卿，吉水人，祭酒应秋子。崇祯丁丑，廷对第一，授修撰。亦以论杨嗣昌降调，归。甲申春，李自成陷京师，帝崩，公（编者按，指杨廷麟）闻变痛哭，与刘公大集绅士于澹台祠，为烈帝发丧，举义旗，誓灭贼复疆土，削列圣仇耻。是时，福王南渡，授公左庶子，刘公左中允，俱不拜。南都没，唐王擢刘公少詹事、兵部侍郎，总理江西，而公以东阁大学士召，亦辞不赴。是二公者，义急贼，不复计名位也。遂结连赣抚李永茂，立忠诚社于赣，招致四方义勇，于是王其宖、其僊、刘明葆、彭曰趣等各率家丁赍粮入社，立功者几二万人。大享士于城西，率兵收万安，抵太和，复吉安全郡，奉表迎唐王赴赣，拜公兵部尚书，兼东阁大学士，开府南赣。公念国破君亡，偷安海甸非计，刻意图中原。未几，而刘公以集劳卒于军，永茂亦以忧归，按察副使彭公期生与公同保孤城。公将入闽，会万公元吉以总制七省至，遂留办军事。先是公招降峒寇，得四万人，赐名龙武新军，所谓四营者也。……刘公谥文忠。

（清）和珅等《大清一统志》卷二百五十·吉安府二·人物　刘同升（字晋卿，应秋子。崇祯，中殿试第一，授修撰。杨嗣昌夺情入阁，抗疏劾之，谪福建按察使知事，移疾归。南都不守，偕杨廷麟共谋兴复，唐王授以兵部左侍郎。巡抚南赣时已得疾，日与士大夫讲明忠孝大节，慷慨激烈，闻者感愤，以劳瘁卒。赠东阁大学士，谥文忠）。

（清）李瑶《绎史摭遗》卷三·闽疆督师守赣诸臣列传·列传三·刘同升　刘同升字晋卿，吉水人；祭酒应秋之子。崇祯丁丑，廷试第一。帝问年纪何？对曰："臣年五十一，老矣。恐无以报圣恩。"帝曰："尔尚似少年，勉之！"授翰林修撰。乞假省墓，归。后以论杨嗣昌，谪福建按察司知事。未赴而国变，同升闻之，痛哭几绝；乃驰檄遍告十三郡乡官士庶兴义复仇，缟素辞墓。书□至会城，与杨廷麟遇；大集澹台祠，为思宗发丧，蠲吉誓师启行。

会南都立，以左中允召，不赴。明年，与廷麟谋邀巡抚李永茂共建义旗，保守赣州。唐王闻而嘉之，诏加国子祭酒，转詹事。遂建忠诚社，招致四方豪健。乡官王其宏、刘明保、赵曰諏等各率家丁赍粮相从，集几二万人，克复吉安、临江。

既而永茂内召，即擢同升兵部左侍郎，总理江西；寻命巡抚其地。时益宗永宁王慈炎复取建昌、抚州诸路，约并下省；而同升拮据劳瘁，已疾作。是冬十二月，徇至雩都，卒于道。赠东阁大学士，谥“文忠”。

（清）吴山嘉《复社姓氏传略》卷六·吉安府·吉水 刘同升，字晋卿，一字孝则，祭酒应秋子。崇祯丁丑赐进士第一，授修撰。杨嗣昌夺情入阁，同升上疏以为不可，上怒，谪福建按察司主事。移疾归，廷臣屡荐，将召用，而京师陷。福王立，召起故官，不赴。明年五月，南都不守，江西郡县多失。同升携家将入福建，止雩都，唐王加为祭酒。乃入赣州，偕杨廷麟复吉安、临江，加詹事兼兵部左侍郎。同升已羸疾，日与士大夫讲忠孝大节，闻者咸奋。廷麟请以同升抚南赣。十二月，卒于赣州。唐王赠东阁大学士，谥文忠。（王鸿绪《明史稿·刘应秋列传》）

科　第

（一）乡试

（清）陶成《江西通志》卷五十五·选举七·明·天启元年辛酉乡试 刘同升（吉水人）。

（二）会试、殿试

丁丑科（崇祯十年）**状元策** （存目。参见［明］焦竑辑，［清］胡任兴增辑《历科廷试状元策》卷七）

（清）陶成《江西通志》卷五十五·选举七·明·崇祯十年丁丑刘同升榜 刘同升（吉水人。状元。修撰）。

（清）张廷玉等《明史》卷二十三·本纪第二十三·庄烈帝一 （崇祯十年春三月）丁巳，赐刘同升等进士及第出身有差。

仕　宦

（清）蓝鼎元《鹿洲初集》卷一·上车学宪请补漳浦县乡贤书 杨嗣昌夺情，楷与黄道周、林兰友、刘同升、赵士春先后纠参，长安谓之“夺情五谏”。

（清）傅恒《御批历代通鉴辑览》卷一百十七·附明唐桂二王本末·唐王 江西诸郡皆平，惟赣州未下。适唐王聿键手书至赣，加左庶子杨廷麟兵部尚书，修撰刘同升（字晋卿，吉水人）国子祭酒。廷麟、同升乃与永茂集士大夫于明伦堂，劝输兵饷，协谋举事，立忠诚社，招致四方之士，各率家丁，自赍粮入社者几三万人。

……

先是大兵屯泰和，故明副将徐必达战败，杨廷麟乃大享士于赣州城西，与刘同升乘虚复取吉安、临江。唐王聿键命加廷麟兵部尚书兼东阁大学士，赐剑，便宜从事。是月，大兵进攻吉安，必达迎战，大败，赴水死。（必达赐谥节愍）会广东援兵至，大兵还屯峡江。（聿键召南赣巡抚李永茂为兵部右侍郎，以张朝綖代甫任事，复擢万元吉兵部右侍郎，总督江西、湖广诸军。召朝綖还，以刘同升代之，元吉至赣，同升已卒。遂以元吉兼巡抚。）

（清）舒赫德《御定资治通鉴纲目三编》卷三十七 （戊寅崇祯十一年）秋七月，谪少詹事黄道周官。（初迁，安郭巩以逆案谪戍，其乡人为讼冤，杨嗣昌时巡抚永平，闻于朝，为科臣所驳。自异与东林郄，及夺情入阁，又起复逆案。陈新甲代卢象升为宣大山西总督。于是给事中何楷、御史林兰友、修撰刘同升、编修赵士春相继论之。……同升、士春皆谪外。）质实（……刘同升，吉水人）。

轶　事

（清）阎湘蕙《明鼎甲征信录》卷三 刘应秋，字士和，江西吉水人。……

子同升，幼学文，见者即信其能继家声。庚子，应秋捐馆。同升擗踊几绝者数四，邹忠介公来吊，见其□骨惨怛，语冢宰曾恭端公曰："吾辈讲学，不如刘孝子之一哭也。"时遂称为"刘孝子"。所遭虽艰，益自刻励，以千古自命，文非班、马，诗非李、杜，书非钟、王，弗好也。有谓不宜专力于古者，曰："穷达不有命乎？"嗜古益甚。辛酉，举于乡。崇祯甲戌，游西朔剋期，云："年了，《宋史》删削之，愿十年。"丁丑，计偕襆被之外无他物，携《宋史》一卷而已。同行者私窃诮之，若为弗闻也者。榜发高捷，同行者私相骇曰："不意《宋史》可以取第也。"及殿试进呈，拟第五，怀宗亲拔第一。传胪之日，识者皆称："忠孝郑公再见矣！"同升是日亦有"千行马上思亲泪，一寸阶前报主心"之句，盖其盟心决不为温饱，具见于此。后官至侍郎，谥文忠。（《吉水县志》并存《真集皇华纪闻》）

著　　作

（清）黄虞稷《千顷堂书目》卷三·经解类　刘同升《五经四书大全注疏合编》。

又，卷三·小学类　刘同升《音韵类编》。

又，卷八·地理类下　刘同升《金陵游览志》。

又，卷十·传记类　刘同升《明朝名臣传》（自洪武至崇祯）。

（清）王士禛《居易录》卷十　吉水刘晋卿（同升）状元，亦曾删定《宋史》。

（清）朱彝尊《经义考》卷二百五十一·群经十三　存。刘氏（同升）《五经四书大全注疏合编》。

评　　论

（清）朱彝尊《静志居诗话》卷二十一　刘同升，字孝则，吉水人。祭酒应秋子。崇祯丁丑赐进士第一人，授修撰。谪按察司知事，寻复官，守赣州死。

刘公与杨、万诸公固守赣州，或云城未陷先病卒，或云城破死之，传闻异辞。再考。

（清）朱彝尊《明诗综》卷七十七·刘同升（二首）　同升，字孝则，吉水人。祭酒应秋子。崇祯丁丑赐进士第一人，授修撰，谪按察司知事，寻复官，守赣州死。

（《诗话》：刘公与杨、万诸公固守赣州，或云城未陷先病卒，或云城破死之，传闻异辞。再考。）

（清）陈田《明诗纪事》辛签卷六上·刘同升（三首）　同升，字孝则，吉水人。祭酒应秋子，崇祯丁丑第一人及第，授修撰。以劾杨嗣昌谪福建按察司知事。福王立，起故官，不赴。唐王时，擢祭酒，进詹事，兼兵部侍郎，守赣州。病卒。有《锦鳞集》。

（《自靖录》：孝则，崇祯丁丑状元及第。当顺天府尹用伞盖仪从送归时。马上赋诗云："千行马上思亲泪，一寸阶前报主心。"人已知其立志忠孝矣。明年戊寅，偕同榜探花赵士春合疏救少詹黄道周，论新辅杨嗣昌夺情，孝则谪福建按察司知事，士春亦谪福建布政司检校。吾朝状元以直谏被谪者，罗伦论李贤夺情，张昇劾刘吉，舒芬谏武宗南巡，三人皆江西产。而孝则复以江西人谏谪。可谓先后一辙、不负大魁矣。乙酉，间道归，同杨廷麟、郭维经等守吉安，驻兵赣州，力疾勤事。城垂陷，卒于赣州分巡道署中。）

杂　录

（明）徐应秋《玉芝堂谈荟》卷二·父子兄弟状元　吉水刘应秋，以万历壬午解元中癸未探花，而子同升中崇祯丁丑状元。

（清）陶成《江西通志》卷一百十·邱墓·吉安府　状元刘同升墓，在吉水文昌乡。

又，卷一百五十五·艺文·诗九·七言律·庐陵过文信国墓　黄冠偶忆少陵诗，方外生还岂所期。呜咽墓前流北水，寂寥垄畔向南枝。徇身柴市成仁义，合葬螺川感孝慈。正气此邦常不泯，九原把臂有新知。（明末刘状元同升国亡殉节，其墓亦在江边。）

（清）张廷玉等《明史》卷二百十六·列传第一百四·刘应秋（附子同升）　刘应秋，字士和，吉水人。万历十一年进士及第，授编修，迁南京司业。

十八年冬，疏论首辅申时行言："陛下召对辅臣，谘以边事，时行不能抒诚谋国，专事蒙蔽。贼大举入犯，既掠洮、岷，直迫临、巩，覆军杀将，频至丧败，而时行犹曰'掠番'，曰'声言入寇'，岂洮河以内，尽皆番地乎？辅臣者，天子所与托腹心者也。辅臣先蒙蔽，何责庶寮。故近日敌情，有按臣疏而督抚不以闻者，有督抚闻而枢臣不以奏者。彼习见执政大臣喜闻捷而恶言败，故内外相蒙，恬不为怪。欺蔽之端，自辅臣始。夫士风高下，关乎气运，说者谓嘉靖至今，士风三变。一变于严嵩之黩贿，而士化为贪。再变于张居正之专擅，而士竞于险。至于今，外逃贪黩之名，而顽夫债帅多出门下；阳避专擅之迹，而芒刃斧斤倒持手中。威福之权，潜移其向；爱憎之的，明示之趋。欲天下无靡，不可得也。"语并侵次辅王锡爵。时主事蔡时鼎、南京御史章守诚亦疏论时行。并留中。应秋寻召为中允，充日讲官。历右庶子、祭酒。

二十六年，有撰《忧危竑议》者，御史赵之翰以指大学士张位，并及应秋。所司言应秋非位党，宜留。帝命调外，应秋遂辞疾归。初，御史黄卷索珠商徐性善赇，不尽应，上章籍没之。应秋詈卷启天子好利之端。男子诸龙光奏讦李如松，至荷枷大暑中。应秋言："一妄人上书，何必置死地？"时词臣率优游养望，应秋独好讥评时事，以此取忌，竟被黜。归数年，卒。崇祯时，赠礼部侍郎，谥文节。

子同升，字晋卿。……

又，卷二百七十八·列传第一百六十六·杨廷麟　顺治二年，南都破，江西诸郡惟赣州存。唐王手书加廷麟吏部右侍郎，刘同升国子祭酒。同升自雩都至赣，与廷麟谋大举。乃偕巡抚李永茂集绅士于明伦堂，劝输兵饷。九月，大兵屯泰和，副将徐必达战败，廷麟、同升乘虚复吉安、临江。加兵部尚书兼东阁大学士，赐剑，便宜从事。十月，大兵攻吉安，必达战败，赴水死。会广东援兵至，大兵退屯峡江。已而万元吉至赣。十二月，同升卒。

（清）和珅等《大清一统志》卷二百四十九·吉安府·陵墓 刘同升墓（在吉水县西南夏朗）。

崇祯十三年（1640）庚辰科状元魏藻德

传　　记

（明）陈盟《崇祯阁臣行略》·魏藻德　号思令，顺天通州人。登崇祯庚辰廷试第一人，授修撰。时北兵大入，往来经过潞水，既不能御，又不能追，逗留玩怯。藻德稔之甚悉，乃具疏言其事，然条奏寥寥，又卑卑无甚高论。上独心异之，意其能兵。癸未，枚卜，遂特召以少詹事，入阁。即命副陈演总裁会闱，以示优异，然时事日非，卒罢罢不能展一筹，寇陷都城，被杀。

（清）计六奇《明季北略》卷二十二·崇祯甲申十七年（续）**·诛戮诸臣·魏藻德**　魏藻德，顺天涿州籍，应天上元人。崇祯庚辰状元，官大学士。贼点名日，藻德首向自成叩头求用。自成旁揖之，藻德请试题。自成有所命，藻德听之不真，而又不敢再请，皇遽而起。一日殿上唱名，急呼魏藻德来见，欲为周延儒等报仇。三呼藻德不应，即命速拿。少顷，绳系至，命送伪刑官拷打。刘宗敏责以首辅致乱。魏藻德曰：臣本书生不谙政事，又兼先帝无道，遂至于此。宗敏怒曰：汝以书生擢状元，不三年为宰相，崇祯有何负汝，诋为无道。呼左右批其颊。夹二夹，追出银一万七千两。其妻拶二次，子亦二夹。《国变录》云：与演等同诛，或云自勒死，又云饮水一大碗死。《甲乙史》云：四月初二，魏藻德被夹，五日不释而死。后逮其子，云无错置，即斩之。

予观藻德之对宗敏，宗敏之责藻德，与晋之王衍、石勒酷肖，小人贼渠，千古一辙。

《大事记》云：藻德首向自成叩头，言罪臣某参谒。臣三载新进书生，叨任宰辅，大明主不听臣言，以有今日。自成旁揖之。夫藻德庚辰状元，癸未五月入相，荣贵极矣，无道之言，虽丧心病狂，恐不忍出之口也。

（清）曹溶《崇祯五十宰相传（初稿）**》·魏藻德**　魏藻德，字思令，号清躬，北通州籍南上元人。崇祯庚辰状元，授修撰。癸未五月，升礼部右侍郎兼东阁大学士，辞衔，以少詹事兼大学士。八月，会试主考。甲申二月廿七日，升兵部尚书，进文渊阁，督师天津，旋止。国难，为流贼拷死。

（清）曹溶《崇祯五十宰相传》·魏藻德　魏藻德，通州人，庚辰状元。召见于文华殿问："边隅多警，何以报仇雪耻？"对曰："使大小诸臣皆知所耻，则功业自建。"先后娓娓数百言，更自陈戊寅城守功，上心识之。工部主事李振声请限品官占田，如一品田十顷，屋十间，其下递减。下部议，藻德争之，遂寝。辛巳十月，请设裕国足民奇谋异勇科，上然之。随谕朝臣咨访征辟，以称破格旁求之意。十一月，请禁朝臣秘探内阁通内侍。于是，待漏者俱露立，毋敢入直舍。癸未五月，以侍读学士入阁办事，请命勋臣子弟亲骑射。六月，召见诸生蒋臣于中左门，臣言钞法曰："经费之条银钱钞，三分用之。纳银卖钞者以九钱七分为一金。民间不用，以违法论，不出五年，天下之金钱尽归内帑矣。"给事马嘉植纠正之，藻德力寝其议。甲申二月，进礼部尚书，总督河道、屯练，往济宁。会有言各官不可令出，出即潜逃，遂止不遣。京师陷后，贼追胁献金，自勒而死。藻德以书生新进，受知甚殷，国朝文臣早达无出其右者。

（清）王鸿绪等《明史稿》卷二百三十八·列传第一百三十三·陈演（附魏藻德）　藻德，顺天通州人。崇祯十三年举进士。既殿试，帝思得人，复召四十八人于文华殿，问："今日内外交讧，何以报仇雪耻？"藻德曰："以臣所见，不离明问中。诚使文武诸臣皆知所耻，则才能自生，功业自建。故孔子论政曰：'知耻近乎勇。'论士曰：'行己有耻。'孟子亦曰：'一人横行于天下，武王耻之。'如勾践豢马以沼吴，燕昭式蛙以灭齐，皆知耻之效也。"又自叙十一年守通州功。帝善之，擢为第一，授翰林修撰。

十五年，都城戒严，疏陈兵事。明年三月，召对称旨，深加奖励。藻德有口才，应对捷给。帝以己所亲擢，且意其有抱负，五月，骤擢礼部右侍郎兼东阁大学士，入阁辅政。藻德力辞部衔，乃改少詹事。正统末，兵事棘，彭时以殿试第一人，逾年即入阁，然仍故官修撰，未有超拜大学士者。陈演见帝遇之厚，与相比附。八月，会试，演当为总裁，引藻德为副，遂越蒋德璟、黄景昉而用之。自藻德居位，一无建明，但倡议令百官捐助而已。十七年二月，诏加兵部尚书兼工部尚书、文渊阁大学士，总督河道、屯田、练兵诸事，驻天津，而命方岳贡驻济宁，盖欲出太子南京，俾先清道路也。有言百官不可令出，出即潜遁，遂止不行。

及演去后，藻德遂为首辅。同事者李建泰、方岳贡、范景文、丘瑜，皆新入政府，亦不能有所为。至三月，都城陷，景文死之，藻德、岳贡、瑜并被执，幽刘宗敏所。贼下令勒内阁十万金，京卿、锦衣七万，或五三万，给事、御史、吏部五万或三万，翰林三万或万，部曹数千，勋戚无定数。藻德输万金，贼以为少，酷刑五日夜，脑裂，以四月初二日死。复逮其子追征，诉言："家已罄尽。父在，犹可丐门生故旧家。今已死，复何所贷？"贼挥刃斩之。

（清）张廷玉等《明史》卷二百五十三·列传第一百四十一·魏藻德　魏藻德，顺天通州人。崇祯十三年举进士。既殿试，帝思得异才，复召四十八人于文华殿，问："今日内外交讧，何以报仇雪耻？"藻德即以"知耻"对，又自叙十一年守通州功。帝善之，擢置第一，授修撰。

十五年，都城戒严，疏陈兵事。明年三月，召对称旨。藻德有口才。帝以己所亲擢，且意其有抱负，五月，骤擢礼部右侍郎兼东阁大学士，入阁辅政。藻德力辞部衔，乃改少詹事。正统末年，兵事孔棘，彭时以殿试第一人，逾年即入阁，然仍故官修撰，未有超拜大学士者。陈演见帝遇之厚，曲相比附。八月，补行会试，引为副总裁，越蒋德璟、黄景昉而用之。藻德居位，一无建白，但倡议令百官捐助而已。十七年二月，诏加兵部尚书兼工部尚书、文渊阁大学士，总督河道、屯田、练兵诸事，驻天津，而命方岳贡驻济宁，盖欲出太子南京，俾先清道路也。有言百官不可令出，出即潜遁者，遂止不行。

及演罢，藻德遂为首辅。同事者李建泰、方岳贡、范景文、邱瑜，皆新入政府，莫能补救。至三月，都城陷，景文死之，藻德、岳贡、瑜并被执，幽刘宗敏所。贼下令勒内阁十万金，京卿、锦衣七万，或五三万，给事、御史、吏部、翰林五万至一万有差，部曹数千，勋戚无定数。藻德输万金，贼以为少，酷刑五日夜，脑裂而死。复逮其子追征，诉言："家已罄尽。父在，犹可丐诸门生故旧。今已死，复何所贷？"贼挥刃斩之。

……

赞曰：天下治乱，系于宰辅。自温体仁导帝以刻深，治尚操切，由是接踵一迹。应熊刚很，至发险忮，国观阴鸷，一效体仁之所为，而国家之元气已索然殆尽矣。至于演、藻德之徒，机智弗如，而庸庸益甚，祸中于国，旋及其身，悲夫！

（明）顾祖训原编、（明）吴承恩增补、（清）陈枚续补《状元图考》卷之四·状元魏藻德　崇祯十三年庚辰，廷试杨琼芳等三百人，擢魏藻德第一。

按，藻德，号思令，北直隶顺天府通州人。乙巳年五月十六日生。祖讳茂，系武略将军，遇一神相惊赏曰："看公尊相，日后必有一好儿孙当大魁天下。"及生思令，公果为状元及第。

（清）李调元《制义科琐记》卷三·四十八人　崇祯庚辰殿试，帝思得人，复召四十八人于文华殿，问："今内外交讧，何以报仇雪耻？"魏藻德对曰："以臣所见，使诸大臣皆知所耻，则才能自生，功业自建。故孔子论政曰：'知耻近乎勇。'论士曰：'行己有耻。'孟子亦曰：'一人横行于天下，武王耻之。'如勾践券乌以治吴，燕昭式蛙以减齐，皆知耻之效也。"又自叙十一年守通州功。帝善之，亲擢第一，且意其有抱负，从修撰超拜大学士。一无建白，惟倡议令百姓捐助而已。闯贼至京，即首同陈演开门迎降，为贼考，赃献万金，贼以为少，酷刑五日，脑裂而死，时四月初二也。

科　第

（一）乡试

（清）田易等《畿辅通志》卷六十五·举人·崇祯庚午科　魏藻德（通州人）。

（二）会试、殿试

（清）谷应泰《明史纪事本末》卷七十二·崇祯治乱　（崇祯十三年春三月）策贡士于建极殿，赐魏藻德第一。先是，上召贡士四十八人于文华殿，上问："边隅多警，何以报仇雪耻?"藻德对曰："以臣所见，使大小诸臣皆知所耻，则功业自建。"娓娓数百言。藻德，通州人，更自言戊寅守城功，上心识之，得拔第一。

（清）孙承泽《春明梦余录》卷七·策士　庚辰殿试日，上御舆张盖下丹墀，遍观诸进士对策。及十六日呈进，十七日上忽召四十人对文华殿，遂拔顺天通州魏藻德第一。

（清）田易等《畿辅通志》卷六十二·进士·崇祯庚辰科魏藻德榜　魏藻德（通州人，大学士）。

（清）张廷玉等《明史》卷二十四·本纪第二十四·庄烈帝二　（崇祯十三年春三月）丙申，赐魏藻德等进士及第出身有差。

仕　宦

（明）陈盟《崇祯阁臣行略》·崇祯阁臣年表　十六年（癸未）　魏藻德（五月入阁）。

十七年（甲申）　藻德（贼入京，被贼害）。

（清）谷应泰《明史纪事本末》卷七十二·崇祯治乱　（崇祯十六年夏）五月，进修撰魏藻德为礼部右侍郎兼东阁大学士。

又，卷七十九·甲申之变　（十七年春，二月）进魏藻德礼部尚书、文渊阁大学士，总督河道屯练，往天津。……魏藻德辞新衔，允之。有言各官不可令出，出即潜遁，遂止藻德等不遣。

又 （三月己丑）魏藻德请自出京议饷，不许。

又 （庚寅）初，议佥民兵，魏藻德曰：“民畏贼，如一人走，大事去矣。”上然之，禁民上城。

又 （乙未）上按籍勋戚大珰，征其助饷。遣太监徐高谕嘉定伯周奎为倡，奎谢无有，高泣谕再三，奎漫词以对。高拂然起曰：“外戚如此，国事去矣。多金何益!”奎奏捐万金，上少之，勒其二万。奎密书皇后求助，后勉应以五千金，令奎以私蓄足其额。奎匿中宫所畀二千金，仅输三千金。太监王永祚、曹化淳助至三万、五万。王之心最富，上面谕之，仅献万金。诸内官各大书于门曰：“此房急卖。”复杂出雕镂玩好诸物，陈于市以求售。后贼拷王之心，追十五万，他金银器玩称是。周奎抄见银五十二万，珍币复数十万。魏藻德首输百金。陈演既放未行，召入，诉清苦。

又 （三月丙午）麟征至午门，遇大学士魏藻德，止之曰：“兵部调度兵饷已足，公何事张皇耶？藻德且出阁。上方休，公安从入?”麟征流涕，固请得以非时见，藻德挽之出。

丁未，昧爽，天忽雨，俄微雪。须臾，城陷。……大学士魏藻德等未闻变，犹传单醵金。

（清）孙承泽《春明梦余录》卷二十四·内阁·特用阁员 崇祯十三年庚辰殿试后，上召诸士问：“边腹交讧，何以复雠雪耻?”进士魏藻德对曰：“以臣所见，不离明问之中。内外诸臣皆知所耻，则才能自生，功业自建。”累数百言，朗朗可听，上为倾耳久之，特定一甲一名。至壬午十一月，上疏陈兵事。次年三月，上召对，大加称奖，遂升礼部右侍郎兼东阁大学士，入阁办事。藻德辞侍郎之衔，上改为侍读学士，再辞，下阁议，乃以少詹兼大学士。

（清）查继佐《罪惟录》·志卷十九·直阁志·毅宗 魏藻德（思令，北通州人。由状元、翰林修撰、礼部尚书，进东阁大学士，兼原官）。

（清）张廷玉等《明史》卷二十四·本纪第二十四·庄烈帝二 （崇祯十六年五月）丙午，修撰魏藻德为少詹事兼东阁大学士，预机务。

又，卷一百十·表第十一·宰辅年表二·十六年癸未 魏藻德五月擢少詹事兼东阁大学士入。

又，卷一百十·表第十一·宰辅年表二·崇祯十七年 藻德二月晋兵部尚书文渊阁大学士，死于贼。

（清）傅恒《御批历代通鉴辑览》卷一百十五 （崇祯十六年）五月，以魏藻德（顺天通州人）为少詹事兼东阁大学士，预机务。

藻德时官修撰（庚辰殿试第一），长于辨说，应对捷给。先是都城戒严，疏陈兵事，又召对称旨，帝意其有抱负，遂擢至政府，去释褐，甫四年也，既入阁。一无建白，但倡议令百官捐助而已。

又 十二月，周延儒以罪逮至，赐死。……初，薛国观赐死，人皆谓昌时致之。其门人魏藻德新入阁，有宠，恨昌时甚，因与陈演共排延儒。

（清）舒赫德《御定资治通鉴纲目三编》卷三十九 （崇祯十六年）五月，以魏藻德为少詹事兼东阁大学士，预机务。（藻德以十三年举进士，既殿试，帝思得异才，复召四十八人于文华殿问方略，藻德口才捷给，自叙十一年佐有司守通州功，帝善之，擢置第一，授修撰。及都城戒严，疏陈兵事，又召对称旨，帝意其有抱负，擢礼部右侍郎兼东阁大学士，入阁辅政。藻德力辞部衔，乃改少詹事。……陈演见帝遇之厚，曲相比附，八月补行会试，引为副总裁，越蒋德璟、黄景昉而用之。藻德居位一年，无所建白，但偶议令百官捐助而已。）质实（魏藻德，顺天通州人）。

又 十二月，周延儒有罪赐死。（……初，薛国观赐死，人皆谓昌时致之。其门人魏藻德新入暗，有宠，恨昌时甚，因与陈演共排延儒。）

评　　论

（明）杨士聪《玉堂荟记》卷下 （崇祯）庚辰殿试，照例进呈十二卷，上取余卷至再三，皆以十二卷进，遂至三十余卷，因而召对，问“绥边靖患，报仇雪耻”之策，诸人各有所对。独通州魏藻德对曰：“以臣所见，不离明问之中”，因以“耻”字立论，累数百言，朗朗可听。上为倾耳久之。时朝臣在列者，皆谓且为状元，已而果然。《中庸》曰：“知耻近乎勇。”魏之立论，亦奏疏体，单拈一字，易于见奇。谓内外文武诸臣皆知所耻，则才能自生，功业自建，论诚高矣！其所以生才能建功业者，未之及也。一段利口，不惟将状元骗去，其后来柄用，实原于此。夫能言未必能行，周勃重厚少文，然安刘氏者必勃也。一旦爰立，吾恐海内拭目俟之矣。

（明）李逊之《崇祯朝记事》卷三 （崇祯）十三年庚辰三月十五日，上御皇极殿策诸进士。……二十日传胪，赐魏藻德、葛世振、高尔俨及第。……初，阁中照例进十二卷，上命取余卷再三，皆以十二卷进，共至四十余卷，皆一一召对，亲拔数人。藻德，北通州人，自言三次守城功，上心识之，遂拔第一。壬午冬，复以面对称旨，超拜詹事入阁，旋正首揆。甲申之变，不能尽节，为贼夹辱而死，负恩甚矣。

轶　　事

（清）吴伟业《绥寇纪略》卷十二　十七年二月，大学士魏藻德夜闻刀兵之声入其寝。三月初，举家闻哭泣。……万历末年，有道士歌于市曰："委鬼当头坐，茄花遍地生。"北人读客为楷，茄又转音，魏客之兆也。

杂　　录

（清）张廷玉等《明史》卷二百六十六·列传第一百五十四·汪伟　明年三月，贼兵东犯。伟语阁臣："事急矣，亟遣大僚守畿郡。都中城守，文自内阁，武自公侯伯以下，各率子弟画地守。庶民统以绅士，家自为守。而京军分番巡徼，以待勤王之师。"魏藻德笑曰："大僚守畿辅，谁肯者？"伟曰："此何等时，犹较尊卑、计安危耶？请以一剧郡见委。"藻德哂其早计。

又，卷二百六十六·列传第一百五十四·吴麟征　贼攻益急，麟征趋入朝，欲见帝白事。至午门，魏藻德引麟征手曰："国家如天之福，必无他虞。旦夕兵饷集，公何匆遽为？"引之出，遂还西直门。明日城陷。

又，卷三百九·列传第一百九十七·流贼　越三日己酉，昧爽，成国公朱纯臣、大学士魏藻德率文武百官入贺，皆素服坐殿前。自成不出，群贼争戏侮，为椎背、脱帽，或举足加颈，相笑乐，百官慑伏不敢动。太监王德化叱诸臣曰："国亡君丧，若曹不思殡先帝，乃在此耶！"因哭，内侍数十人皆哭，藻德等亦哭。

……

自成南向坐，金星宗敏、企郊等左右杂坐，以次呼名，分三等授职。……其余勋戚、文武诸臣奎、纯臣、演、藻德等共八百余人，送宗敏等营中，拷掠责赇赂，至灼肉折胫，备诸惨毒。藻德遇马世奇家人，泣曰："吾不能为若主，今求死不得。"

（清）傅恒《御批历代通鉴辑览》卷一百十六·京师陷帝崩于煤山　越三日，己酉，昧爽，成国公朱纯臣、大学士魏藻德、陈演等率百官入贺，演首劝进，自成不许，大改官制，召见朝官。以大僚多误国，概囚系之，庶官则或用或否。系纯臣、藻德、演及诸勋戚大臣等，悉付刘宗敏营（藻德与马世奇家人泣曰："我不能为若主人，求死不得矣。"），拷掠责赇赂，至灼肉折胫，备诸惨毒，金足辄杀之。

（清）舒赫德《御定资治通鉴纲目三编》卷三十九·京师陷帝崩（贼既入城，污殿庭。越三日，己酉，昧爽。成国公朱纯臣、大学士魏藻德、陈演率文武百官入贺，皆素服坐殿前。

……

令召见朝官，自成南向坐，金星宗敏企郊等左右杂坐，以次呼名，分三等授职。……勋戚文武诸臣奎纯、臣演、藻德等共八百余人，送宗敏等营中拷掠责赎赂，至灼肉折胫，备诸惨毒。藻德遇马世奇家人，泣曰：“吾不能为若主，今求死不得。”)

崇祯十六年（1643）癸未科状元杨廷鉴

传　记

（清）计六奇《明季北略》卷二十二·崇祯甲申十七年（续）**·从逆诸臣·杨廷鉴**　杨廷鉴，字冰如，号靖山，南直武进人。崇祯癸未状元，官修撰。剪发欲遁不得，降授伪宏文馆修撰。睹记伪相牛荐杨与周钟草诏，两人互相争草，几至攘臂。

以状元而至此，载之青史，不亦羞乎？然则名者造物所忌也，惟有福者能享之。

（清）黄之隽等《江南通志》卷一百五十八·人物志·孝义二　杨廷鉴，字冰如，武进人。崇祯癸未廷试第一，授翰林院修撰。工诗文、书法，师张玮。玮卒于京，廷鉴经纪其丧，谢绝赙赠，曰："不敢伤吾师身后廉。"倡修郡邑学宫，赈饥施乏，宗党多被其泽。

（明）顾祖训原编、（明）吴承恩增补、（清）陈枚续补《状元图考》卷四·状元杨廷鉴　崇祯十六年癸未，廷试陈名夏等三百人，擢杨廷鉴第一。

按，廷鉴，号冰如，南直隶常州府武进人。癸丑年十月二十七日生。父讳启谟，邑庠生。为人端方博学，为乡里所推重。于廷鉴对策夜，梦子同多人赴宴会到迟，而筵已将散。一人云："来迟，只好饮三杯。"后果应改革不显之兆。

科　第

（清）黄之隽等《江南通志》卷一百二十三·选举志·进士五·癸未科杨廷鉴榜　杨廷鉴（武进人，状元）。

（清）张廷玉等《明史》卷二十四·本纪第二十四·庄烈帝二　（崇祯十六年九

月）辛亥，赐杨廷鉴等进士及第出身有差。

杂　录

（清）王士禛《池北偶谈》卷一·僚婿状元　武进杨修撰廷鉴，吕阁学宫僚婿也，一明崇祯癸未状元及第，一顺治丁亥状元及第。（廷鉴二子：大鹍，己亥庶吉士，按察使；大鹤，己未谕德。）

（清）黄之隽等《江南通志》卷一百四十二·人物志·宦绩四·常州府　杨大鲲，字陶云，武进人。廷鉴子，顺治己亥进士，授庶吉士。为姻戚所累，谪新建丞，大臣荐边才，擢九江同知。有军功，历升贵西分巡道。入觐，请裁并黔西诸府，随擢按察山东，卒于官。

（清）张廷玉等《明史》卷二百七十五·列传第一百六十三·解学龙　（崇祯）十七年五月，福王立于南京，召拜兵部左侍郎。十月，擢刑部尚书。时方治从贼之狱，仿唐制六等定罪，学龙议定，以十二月上之。其……四等应戍拟赎者：礼部主事王孙蕙，翰林院检讨梁兆阳，大理寺正钱位坤，总督侍郎侯恂，山西副使王秉鉴，御史陈羽白、裴希度、张懋爵，礼部郎中刘大巩，吏部员外郎郭万象，给事中申芝芳、金汝砺，举人吴达，修撰杨廷鉴及黄继祖十五人也。

（清）舒赫德《御定资治通鉴纲目三编》卷四十　明定北都从逆诸臣罪，削刑部尚书解学龙籍。

（先是命治从贼诸臣狱，仿唐制六等定罪，学龙定议为爰书分别上之。……其四等应戍拟赎者，礼部主事王孙蕙，翰林院检讨梁兆阳，大理寺正钱位坤，总督侍郎侯恂，山西副使王秉鉴，御史陈羽白、裴希度、张懋爵，礼部郎中刘大巩，吏部员外郎郭万象，给事中申芝芳、金汝砺，举人吴达，修撰杨廷鉴及黄继祖十五人也。）

引用书目

（以大体成书年代先后为序）

史部：

（明）《明实录》

（明）李贤等：《明一统志》

（明）郁衮：《革除遗忠录》

（明）程敏政：《新安文献志》

（明）王鏊：《姑苏志》

（明）黄佐：《革除遗事》

（明）黄佐：《南雍志》

（明）黄佐：《翰林记》

（明）徐纮：《皇明名臣琬琰录》

（明）王道端：《皇明名臣琬琰续录》

（明）皇甫录：《皇明纪略》

（明）袁帙：《皇明献实》

（明）张芹：《备遗录》

（明）徐咸：《近代名臣言行录》

（明）廖道南：《殿阁词林记》

（明）杨廉：《新刊皇明名臣言行录》

（明）朱大韶：《皇明名臣墓铭》

（明）田汝成：《西湖游览志》

（明）王弘诲：《国朝名臣录》

（明）陈鎏：《皇明历科状元录》

（明）朱睦㮮：《授经图》

（明）施显卿：《古今奇闻类纪》

（明）凌迪知：《万姓统谱》

（明）凌迪知：《氏族博考》

（明）雷礼：《内阁行实》
（明）雷礼：《国朝列卿纪》
（明）黄训：《名臣经济录》
（明）项笃寿：《今献备遗》
（明）郑晓：《建文逊国臣记》
（明）严从简：《殊域周咨录》
（明）刘孟雷：《圣朝名世考》
（明）申时行等：《大明会典》
（明）邓球：《皇明泳化类编》
（明）耿定向：《先进遗风》
（明）王世贞：《嘉靖以来内阁首辅传》
（明）邓元锡：《皇明书》
（明）彭大翼：《山堂肆考》
（明）郭棐：《粤大记》
（明）李贽：《藏书》
（明）李贽：《续藏书》
（明）王圻：《续文献通考》
（明）王兆云：《皇明词林人物考》
（明）朱睦：《皇朝中州人物志》
（明）张朝瑞：《皇明贡举考》
（明）章潢：《图书编》
（明）刘元卿：《贤奕编》
（明）刘孟雷：《圣朝名世考》
（明）鲍应鳌：《明臣谥考》
（明）苏茂相：《皇明宝善类编》
（明）郭良翰：《明谥纪汇编》
（明）焦竑：《国朝献征录》
（明）焦竑编次，翁正春校：《皇明人物考》
（明）郑岳：《莆阳文献》
（明）李之藻：《泮宫礼乐疏》
（明）张弘道，张凝道：《皇明三元考》
（明）张弘道，张凝道：《科名盛事录》
（明）林之盛：《皇明应谥名臣备考录》
（明）汪国楠：《皇明名臣言行录新编》
（明）刘廷元：《国朝名臣言行录》
（明）俞汝楫：《礼部志稿》

（明）朱国祯：《皇明开国臣传》
（明）朱国祯：《皇明逊国臣记》
（明）过庭训：《明分省人物考》
（明）何三畏：《云间志略》
（明）文震孟：《姑苏名贤小记》
（明）董斯张：《吴兴备志》
（明）朱谋垔：《续书史绘要》
（明）朱谋垔：《续画史会要》
（明）佚名：《皇明本纪》
（明）娄坚：《学古绪言》
（明）何乔远：《名山藏》
（明）陈仁锡：《皇明世法录》
（明）钱士升：《皇明表忠纪》
（明）尹守衡：《明史窃》
（明）曹参芳：《逊国正气纪》
（明）张岱：《明越人三不朽图赞》
（明）张岱：《石匮书后集》
（明）唐鹤徵编，陈睿谟评：《皇明辅世编》
（明）邹漪：《启祯野乘一集》
（明）刘宗周：《人谱类记》
（明）褚亨奭：《姑苏名贤后纪》
（明）陈盟：《崇祯阁臣行略》
（明）高宇泰：《雪交亭正气录》
（清）文秉：《定陵注略》
（清）屈大均：《皇明四朝成仁录》
（清）吴伟业：《绥寇纪略》
（清）孙奇逢：《中州人物考》
（清）孙承泽：《畿辅人物志》
（清）孙奇逢：《畿辅人物考》
（清）谷应泰：《明史纪事本末》
（清）陈宏绪：《江城名迹》
（清）傅维鳞：《明书》
（清）顾炎武：《日知录》
（清）计六奇：《明季北略》
（清）陆世仪：《思辨录辑要》
（清）查继佐：《罪惟录》

（清）查继佐：《国寿录》
（清）徐开任：《明名臣言行录》
（清）项玉笥：《檇李往哲续编》
（清）曹溶：《崇祯五十宰相传》
（清）陈鼎：《东林列传》
（清）沈佳：《明儒言行录》
（清）黄虞稷：《千顷堂书目》
（清）汤斌：《拟明史稿》
（清）黄宗羲：《明儒学案》
（清）王夫之：《永历实录》
（清）徐乾学等：《明史》
（清）徐乾学：《读礼通考》
（清）赵吉士：《续表忠记》
（清）朱彝尊：《经义考》
（清）宫梦仁：《读书纪数略》
（清）邵廷采：《东南纪事》
（清）陈鼎：《东林列传》
（清）彭定求：《明贤蒙正录》
（清）杨陆荣：《殷顽录》
（清）乔莱：《易俟》
（清）高承埏：《崇祯忠节录》
（清）王鸿绪：《明史稿》
（清）查慎行：《人海记》
（清）葛万里：《别号录》
（清）鲁曾煜等：《广东通志》
（清）陶成等：《江西通志》
（清）夏力恕等：《湖广通志》
（清）张晋生等：《四川通志》
（清）钱元昌等：《广西通志》
（清）储大文等：《山西通志》
（清）田易等：《畿辅通志》
（清）沈青崖等：《陕西通志》
（清）孙灏等：《河南通志》
（清）沈翼机等：《浙江通志》
（清）黄之隽等：《江南通志》
（清）靖道谟等：《云南通志》

（清）岳濬等：《山东通志》
（清）谢道承等：《福建通志》
（清）靖道谟等：《贵州通志》
（清）张廷玉等：《明史》
（清）鄂尔泰、张廷玉等：《钦定授时通考》
（清）姚弘绪：《松风余韵》
（清）鄂尔泰等：《词林典故》
（明）顾祖训原编，（明）吴承恩增补，（清）陈枚续补：《状元图考》
（清）《石渠宝笈》
（清）汪有典：《史外》
（清）李清馥：《闽中理学渊源考》
（清）秦蕙田：《五礼通考》
（清）曹仁虎：《钦定续通志》
（清）曹仁虎：《钦定皇朝通志》
（清）傅恒等：《御批历代通鉴辑览》
（清）刘统勋等：《评鉴阐要》
（清）窦光鼐等：《钦定日下旧闻考》
（清）于敏中等：《钦定天禄琳琅书目》
（清）纪昀等：《钦定胜朝殉节诸臣录》
（清）永瑢等：《钦定历代职官表》
（清）弘历：《御选明臣奏议》
（清）舒赫德等：《御定资治通鉴纲目三编》
（清）纪昀等：《钦定四库全书总目》
（清）曹仁虎等：《钦定续通典》
（清）《钦定古今储贰金鉴》
（清）和珅等：《钦定大清一统志》
（清）梁国治等：《钦定国子监志》
（清）张廷玉等：《皇朝文献通考》
（清）曹仁虎等：《钦定续文献通考》
（清）张树勋：《续武功县志》
（清）吴山嘉：《复社姓氏传略》
（清）阎湘蕙：《明鼎甲征信录》
（清）永瑢等：《钦定四库全书简明目录》
（清）孙云锦：《淮安府志》

子部：

（明）金幼孜：《北征录》
（明）李贤：《天顺日录》
（明）叶盛：《水东日记》
（明）尹直：《謇斋琐缀录》
（明）许浩：《复斋日记》
（明）陆容：《菽园杂记》
（明）黄瑜：《双槐岁钞》
（明）李东阳：《燕对录》
（明）王锜：《寓圃杂记》
（明）曹安：《谰言长语》
（明）郑瑗：《井观琐言》
（明）祝允明：《野记》
（明）宋端仪：《立斋闲录》
（明）陈沂：《畜德录》
（明）王鏊：《王文恪公笔记》
（明）王鏊：《震泽长语摘抄》
（明）许浩：《复斋日记》
（明）刘昌：《悬笥琐探》
（明）黄溥：《闲中今古录摘抄》
（明）张志淳：《南园漫录》
（明）黄暐：《蓬轩类记》
（明）陈洪谟：《治世余闻》
（明）陈洪谟：《继世纪闻》
（明）唐枢：《国琛集》
（明）刘凤：《续吴先贤赞》
（明）郎瑛：《七修类稿》
（明）郑晓：《今言》
（明）丰坊：《书诀》
（明）陆楫：《蒹葭堂杂著摘钞》
（明）李绍文：《皇明世说新语》
（明）王世贞：《弇州四部稿》
（明）王世贞：《弇州续稿》
（明）王世贞：《弇山堂别集》
（明）王世贞：《凤洲杂编》
（明）郭子章：《潮中杂记》

（明）王同轨：《耳谈》
（明）蒋一葵：《尧山堂外纪》
（明）王肯堂：《郁冈斋笔麈》
（明）徐树丕：《识小录》
（明）曹臣：《舌华录》
（明）焦竑：《玉堂丛语》
（明）杨仪：《明良记》
（明）徐㶿：《徐氏笔精》
（明）张丑：《真迹日录》
（明）刘仕义：《新知录摘抄》
（明）焦竑：《玉堂丛语》
（明）徐应秋：《玉芝堂谈荟》
（明）朱国祯：《涌幢小品》
（明）谢肇淛：《五杂俎》
（明）张萱：《西园闻见录》
（明）徐复祚：《花当阁丛谈》
（明）沈德符：《万历野获编》
（明）冯梦龙：《智囊》
（明）安世凤：《墨林快事》
（清）姜绍书：《韵石斋笔谈》
（清）孙承泽：《春明梦余录》
（清）卞永誉：《书画汇考》
（清）王士禛：《居易录》
（清）王士禛：《池北偶谈》
（清）王士禛：《香祖笔记》
（清）陆陇其：《松阳钞存》
（清）西亭凌雪：《南天痕》
（清）高士奇：《江村销夏录》
（清）温睿临，李瑶，杨凤苞：《南疆绎史》
（清）孙岳颁：《御定佩文斋书画谱》
（清）《御定渊鉴类函》
（清）李光地：《榕村语录》
（清）倪涛：《六艺之一录》
（清）姚之骃：《元明事类钞》
（清）李调元：《制义科琐记》
（清）李瑶：《绎史摭遗》

（清）梁章钜：《巧对录》

集部：

（明）宋濂：《文宪集》
（明）钱宰：《临安集》
（明）吴伯宗：《荣进集》
（明）练子宁：《练中丞集》
（明）任亨泰：《状元任先生遗稿》
（明）宋讷：《西隐集》
（明）王偁：《虚舟集》
（明）解缙：《文毅集》
（明）胡广：《胡文穆公文集》
（明）金幼孜：《金文靖集》
（明）杨荣：《文敏集》
（明）杨士奇：《东里集》
（明）王直：《抑庵文集》
（明）梁潜：《泊庵集》
（明）曾棨：《曾西墅先生集》
（明）陈循：《芳洲文集》
（明）马愉：《马学士文集》
（明）周旋：《畏庵集》
（明）商辂：《商文毅公集》
（明）彭时：《彭文宪公集》
（明）徐有贞：《武功集》
（明）张宁：《方洲集》
（明）李时勉：《古廉文集》
（明）李贤：《古穰集》
（明）柯潜：《竹岩集》
（明）黎淳：《黎文僖公集》
（明）谢一夔：《谢文庄公集》
（明）何乔新：《椒邱文集》
（明）彭教：《东泷遗稿》
（明）李东阳：《怀麓堂集》
（明）程敏政：《明文衡》
（明）倪岳：《青溪漫稿》
（明）罗伦：《一峰集》

（明）陈献章：《陈白沙集》
（明）倪谦：《倪文僖集》
（明）贺士谘：《医闾集》
（明）张昇：《柏厓集》
（明）罗玘：《圭峰集》
（明）邵宝：《容春堂集》
（明）王慎中：《遵岩集》
（明）夏良胜：《东洲初稿》
（明）黄仲昭：《未轩文集》
（明）吴宽：《家藏集》
（明）王鏊：《震泽集》
（明）谢迁：《归田稿》
（明）郑纪：《东园文集》
（明）费宏：《太保费文宪公摘稿》
（明）钱福：《鹤滩稿》
（明）顾清：《东江家藏集》
（明）毛澄：《三江遗稿》
（明）邱濬：《重编琼台稿》
（明）顾鼎臣：《顾文康公集》
（明）何瑭：《何文定公文集》
（明）吕柟：《泾野先生文集》
（明）李梦阳：《空同集》
（明）何景明：《大复集》
（明）杨慎：《升庵集》
（明）舒芬：《梓溪文集》
（明）王守仁：《王文成全书》
（明）陆深：《俨山集》
（明）孙绪：《沙溪集》
（明）魏校：《庄渠遗书》
（明）陆深：《俨山文集》
（明）张邦奇：《张文定公纡玉楼集》
（明）王廷相：《王氏家藏集》
（明）吴子玉：《大鄣山人集》
（明）顾璘：《山中集》
（明）周复俊：《泾林诗文集》
（明）王立道：《具茨文集》

（明）张四维：《条麓堂集》
（明）方扬：《方初庵先生集》
（明）杨爵：《杨忠介集》
（明）尹台：《洞麓堂集》
（明）张岳：《小山类稿》
（明）王慎中：《遵岩集》
（明）罗洪先：《念庵文集》
（明）林大钦：《东莆先生文集》
（明）唐顺之：《荆川集》
（明）赵时春：《赵浚谷文集》
（明）孙承恩：《文简集》
（明）李春芳：《贻安堂集》
（明）唐汝楫：《小渔先生遗稿》
（明）谢榛：《四溟集》
（明）温纯：《温恭毅集》
（明）文彭：《博士诗集》
（明）皇甫汸：《皇甫司勋集》
（明）张元凯：《伐檀斋集》
（明）屠隆：《由拳集》
（明）屠隆：《白榆集》
（明）王宋沐：《敬所王先生文集》
（明）袁尊尼：《袁鲁望集》
（明）黎民表：《瑶石山人稿》
（明）吴承恩：《射阳先生存稿》
（明）文嘉：《和州诗集》
（明）徐阶：《世经堂集》
（明）申时行：《赐闲堂集》
（明）胡直：《衡庐精舍藏稿》
（明）海瑞：《备忘集》
（明）文肇祉：《录事诗集》
（明）林大春：《井丹先生集》
（明）罗万化：《世泽编》
（明）张元忭：《张阳和先生不二斋文选》
（明）王世贞：《明诗评》
（明）王世贞：《弇州四部稿》
（明）汪道昆：《太函集》

(明）董份：《泌园集》
(明）王樵：《方麓集》
(明）田一儁：《钟台先生文集》
(明）徐熥：《幔亭集》
(明）余继登：《澹然轩集》
(明）李贽：《李温陵集》
(明）焦竑：《澹园集》、《澹园续集》
(明）唐文献：《唐文恪公文集》
(明）陶望龄：《歇庵集》
(明）于慎行：《谷城山馆文集》
(明）孙继皋：《宗伯集》
(明）顾宪成：《泾皋藏稿》
(明）张凤翼：《处宝堂集》
(明）陈继儒：《陈眉公集》
(明）张以诚：《张宫谕集》
(明）杨守勤：《宁澹斋全集》
(明）钱士升：《赐余堂集》
(明）邹迪光：《石语斋集》
(明）邹元标：《愿学集》
(明）杨起元：《续刻杨复所先生家藏文集》
(明）曹学佺：《石仓历代诗选》
(明）梅鼎祚：《鹿裘石室集》
(明）朱赓：《朱文懿公文集》
(明）董其昌：《容台集》
(明）刘宗周：《刘蕺山集》
(明）倪元璐：《倪文贞集》
(明）李长祥：《天问阁集》
(清）钱谦益：《列朝诗集》
(清）钱谦益：《列朝诗集小传》
(清）陈贞慧：《山阳录》
(清）李元鼎：《石园全集》
(清）吴伟业：《梅村集》
(清）张英：《文端集》
(清）胡文学：《甬上耆旧诗》
(清）姜绍书：《无声诗史》
(清）施闰章：《学余堂诗集》

（清）施闰章：《学余堂文集》
（清）吴景旭：《历代诗话》
（清）汪琬：《尧峰文钞》
（清）黄宗羲：《姚江逸诗》
（清）姜宸英：《湛园未定稿》
（清）魏裔介：《兼济堂文集》
（清）朱彝尊：《明诗综》
（清）朱彝尊：《静志居诗话》
（清）朱彝尊：《曝书亭集》
（清）王士禛：《带经堂集》
（清）陈元龙：《御定历代赋汇》
（清）沈辰垣：《御选历代诗余》
（清）陈廷敬：《午亭文编》
（清）《御选明诗》
（清）沈季友：《槜李诗系》
（清）张玉书：《张文贞集》
（清）邵廷采：《思复堂文集》
（清）毛奇龄：《西河集》
（清）汪森：《粤西文载》
（清）蓝鼎元：《鹿洲初集》
（清）方苞：《钦定四书文》
（清）储大文：《存研楼文集》
（清）郑方坤：《全闽诗话》
（清）吴景旭：《历代诗话》
（明）焦竑辑、（清）胡任兴增辑：《历科廷试状元策》
（清）杜荫棠：《明人诗品》
（清）陈田：《明诗纪事》
（清）张其淦撰，祁正注：《元八百遗民诗咏》